DICIONÁRIO DE
ESPIRITUALIDADE

ERMANNO ANCILLI E
PONTIFÍCIO INSTITUTO DE
ESPIRITUALIDADE TERESIANUM
(ORGS.)

DICIONÁRIO DE
ESPIRITUALIDADE

VOL. II

TRADUÇÃO
Orlando Soares Moreira
Silvana Cobucci Leite

Título original:
Dizionario Enciclopedico di Spiritualità II
© Città Nuova Editrice, 1990
Via degli Scipioni, 265 – 00192 – Roma
ISBN 88-311-9222-1

Dados Internacionais de Catalogação na Publicação (CIP)
(Câmara Brasileira do Livro, SP, Brasil)

Dicionário de espiritualidade, vol. II / Ermanno Ancilli, Pontifício Instituto de Espiritualidade Teresianum (orgs.) ; tradução Orlando Soares Moreira, Silvana Cobucci Leite. -- São Paulo : Edições Loyola : Paulinas, 2012.

Título original: Dizionario enciclopedico di spiritualita II
Bibliografia
ISBN 978-85-15-03911-1 (Edições Loyola)
ISBN 978-85-356-3175-3 (Paulinas)

1. Espiritualidade - Dicionários 2. Teologia - Dicionários   I. Ancilli, Ermanno. II. Pontifício Instituto de Espiritualidade Teresianum.

12-04944   CDD-248.403

Índices para catálogo sistemático:
   1. Espiritualidade : Dicionários   248.403

Preparação: Carlos Alberto Bárbaro
Capa: Walter Nabas
Diagramação: So Wai Tam
Revisão: Renato da Rocha

Paulinas
Rua Dona Inácia Uchoa, 62
04110-020 São Paulo, SP
T 55 11 2125-3500
Telemarketing 0800-7010081
editora@paulinas.com.br
www.paulinas.org.br

Edições Loyola Jesuítas
Rua 1822, 341 – Ipiranga
04216-000 São Paulo, SP
T 55 11 3385 8500
F 55 11 2063 4275
editorial@loyola.com.br
vendas@loyola.com.br
www.loyola.com.br

Todos os direitos reservados. Nenhuma parte desta obra pode ser reproduzida ou transmitida por qualquer forma e/ou quaisquer meios (eletrônico ou mecânico, incluindo fotocópia e gravação) ou arquivada em qualquer sistema ou banco de dados sem permissão escrita da Editora.

ISBN 978-85-15-03911-1

© EDIÇÕES LOYOLA, São Paulo, Brasil, 2012

ISBN 978-85-356-3175-3

© PAULINAS, São Paulo, Brasil, 2012

SUMÁRIO

831 Verbetes do dicionário – letras E a M

1725 Índice de verbetes deste volume (II)

E

ECKHART, JOÃO. 1. NOTA BIOGRÁFICA. Nascido em 1260 na Turíngia, ingressou na Ordem dominicana (c. 1275) em Erfurt e, terminado o noviciado, frequentou o curso de "artes" (filosofia) em Paris e o estudo geral de Colônia (c. 1280), onde absorveu o pensamento filosófico-teológico de Santo → ALBERTO MAGNO († 15-11-1280), embora este já tivesse deixado a cátedra.

Depois de um primeiro período de ensino em Paris em São Tiago, centro internacional dominicano (1293-1294), como leitor das *Sentenças* de Pedro Lombardo, Eckhart foi eleito prior em Erfurt, onde realizou conferências para os jovens confrades: os *Reden der Unterscheidung* (Discursos sobre o discernimento) (1294-1298). Em seguida, foi por cerca de um ano vigário provincial da Turíngia, mestre de teologia sacra em Paris (1299-1302), provincial da nova província da Saxônia com cinquenta conventos (1304-1310) e também vigário geral da Boêmia (1307-1310), sendo por fim eleito provincial da Teutônia. Mas não aceitou o cargo por ter sido chamado para a Universidade de Paris, por mais três anos.

Em 1314, encontramos Eckhart em Estrasburgo, onde se dedicou à pregação e à direção espiritual das claustrais, especialmente das dominicanas. Nesse período, compôs para a rainha Inês da Hungria o *Liber "Benedictus"*, juntamente com o sermão "Vom edlen Menschen".

Transferindo-se para Colônia (1322-1323) como reitor da escola geral dos dominicanos, foi acusado de heresia (1326) pelo arcebispo de Colônia, Henrique de Virneburg. A intervenção por parte da Ordem para defender a ortodoxia de Eckhart foi inútil, bem como a disposição deste de se retratar e de se submeter à Igreja (13-2-1327) caso encontrassem doutrinas heréticas em seus escritos. Apelou-se ao papa João XXII. O processo foi transferido para Avignon, onde finalmente Eckhart pôde se defender, mas morreu provavelmente no início de 1328, antes do final do processo. Com a bula *In agro dominico* (27-3-1329), das 59 proposições apresentadas como heréticas pelo arcebispo de Colônia, apenas 28 foram consideradas objeto de julgamento, das quais 17 foram condenadas e 11 declaradas temerárias (mas suscetíveis de uma interpretação católica ortodoxa).

Por causa da acusação de heresia, os sermões de Eckhart foram transmitidos no anonimato e, juntamente com os escritos, lidos em ambientes divididos da Igreja (protestantes, ateus, marxistas). Hoje a catolicidade do pensamento de Eckhart é inegável.

2. OBRAS. a) *Escritos latinos*: A *opera latina*, organizada por J. KOCK — K. WEISS — H. FISCHER, Stuttgart, 1936-1978 (*LW* I-V); publicados: vls. I-IV. — Do comentário de Eckhart ao livro das Sentenças (1294) existe apenas a *Collatio in libros Sententiarum*, ou seja, o seu discurso de abertura ao curso acadêmico. — As *Quaestiones parisienses*, que eram "questiones disputae" na classe da universidade de Paris, retomam temas desenvolvidos na *Catena aurea* de Santo Tomás, mas, distanciando-se do Aquinatense, ressaltam o conhecimento como fundamento do ser de Deus. — *Opus tripartitum* (1311-1313), que deveria ter, como escreve Eckhart no *Prologus generalis* (*LW* I, 148-165), três partes distintas: *Opus propositionum* (do qual permaneceu o prólogo), *Opus quaestionum* (uma série de disputas na esteira da "Summa theologica", não transmitidas), *Opus expositionum*, dividido em duas partes, a primeira com comentários bíblicos e a segunda com discursos (*sermones*). Temos os comentários ao Gênesis, ao Êxodo, ao Livro da Sabedoria e ao Evangelho de João e também um "livro de parábolas do Gênesis" e dois discursos sobre o Eclesiástico. Mais difícil é a identificação dos Sermões (ou melhor, esboços) da segunda parte (in *LW* IV). O *Opus tripartitum* foi escrito na intenção de interpretar "a doutrina da santa fé cristã e da Escritura do Antigo Testamento e do Novo Testamento com a ajuda das *rationes naturales* dos filósofos".

b) *Escritos alemães*: *Die deutschen Werke*, organizados por J. QUINT, Stuttgart, 1936-1976 (*DW* I-III [Prédicas], V [Tratados]. — Ainda existem dúvidas sobre a autenticidade das prédicas atribuídas a Eckhart (c. 150), encontradas esparsas em códices escritos não antes da metade do século XIV, transmitidos sem nome, com exceção de uma (n. 57) que faz parte da coletânea *Paradisus animae intelligentis* (c. 1350). — *Reden der Unterscheidung* (1294-1298), conferências (*collationes*) realizadas em Erfurt aos seus religiosos que tratam da conformidade à vontade de Deus, da separação daquilo que não é Deus, do retorno a Deus deixando a si mesmo através do profundo conhecimento das próprias imperfeições: "Nim dîn selbes wâr". — *Liber "Benedictus"*, "Buch der göttlichen Tröstung", com a prédica "Vom edlen Menschen" (1308-1314). — A sequência *Granum sinapis*, obra-prima de teologia mística alemã, e *Brani vari*, reproduzidos no texto do seu processo.

3. DOUTRINA. a) *Fontes*. Antes de tudo Santo → TOMÁS DE AQUINO, ainda que Eckhart só se inspire nele com certa liberdade e independência. De maneira notável, Eckhart segue as pegadas também dos escritores da mística trinitária, particularmente do pseudo-Dionísio e de Santo → AGOSTINHO e deles haure alguns elementos da estrutura da alma e alguns elementos da imagem divina no fundo da alma. Além disso, mediante a influência de Santo Alberto Magno e Ulrico de Estrasburgo, inspira-se notavelmente no neoplatonismo.

Não obstante esse ecletismo, Eckhart sabe plasmar os diversos elementos, sabe aprofundá-los e fundi-los com as próprias intuições pessoais e deduções geniais. Deve-se observar, ainda, como diversos temas, caros a Eckhart, se encontram também em alguns místicos da época (→ MATILDE DE MAGDEBURGO e Margarida Porete).

b) *Fundamento doutrinal: a estrutura da alma*. O evento mais importante para Eckhart é o "nascimento de Deus" (*Gottesgeburt*) no "fundo da alma". Para compreender como Deus nasce no fundo da alma, é fundamental a descrição da estrutura da alma.

O "fundo da alma" (*grunt der sêle*), em que acontece o "nascimento de Deus", evoca, como por uma lei de reversibilidade, o "fundo de Deus" (*grunt Gottes*), mas também outros termos equivalentes. Esse "fundo da alma" nada mais é que a perfeita interioridade e a mais íntima profundidade que existe em nós e com a qual Deus está em relação estreitíssima tanto na ordem da natureza quanto na ordem da graça, bem como na ordem da glória: "Deus, de fato, está no fundo da alma como toda a sua divindade" e fala à alma a partir do seu fundo (essência), mas para ouvir Deus no próprio íntimo é preciso superar qualquer elemento sensível e natural, é preciso praticar sobretudo a pobreza de espírito, o desapego, a solidão.

A santidade não se fundamenta, portanto, na ação, mas no ser, que leva o fundo da alma de volta à sua ordem originária que está em Deus e que realiza a mais estreita união entre a alma e Deus: mediante a graça divina, obra da misericórdia divina. Só então o mistério da fé se transfigura no fundo da alma em mistério de amor trinitário: "Como o Pai gera o Filho na sua única natureza divina, assim ele o gera no mais íntimo do espírito, ou seja, no mundo interior. Aqui o íntimo de Deus é o meu íntimo, e o meu íntimo é o íntimo de Deus".

A misteriosa habitação de Deus no fundo da alma tem evidentemente um sentido escatológico, e é por isso que ela é um prelúdio, uma pregustação da outra vida. Não é de admirar que Eckhart insista, depois de ter destacado sua riqueza ontológica e seu enfoque psicológico, nas exigências ascéticas, em que não admite meias medidas e se revela verdadeiramente drástico. O "nascimento de Deus" exige um processo de purificação e de despojamento de si que leve à pobreza espiritual e ao desapego completo, à nudez na inteligência e nas faculdades afetivas (*quanto nudius tanto capacius*), à aceitação de qualquer sofrimento, de maneira a criar o "vazio", que é disponibilidade e abandono à vontade divina: "Deus quer este templo vazio, para que nele não se encontre nada exceto ele", porque "quem renuncia a si mesmo pertence a Deus e Deus a ele".

Essa possibilidade de unir-se a Deus nos é oferecida pelo → BATISMO que, com a graça, nos diviniza e esta, por sua vez, nos une mediante as virtudes teologais.

É consequencial que o amor de Deus, que leva à → UNIÃO COM DEUS, leva também ao amor ao próximo (→ CARIDADE), concluindo-se o ciclo do amor (Deus, os outros, nós).

A alma, em suma, que vive retornando ao próprio "fundo", termina vivendo a vida trinitária: é então que se torna imagem eficiente de Deus.

c) *Espiritualidade e mística*. Na interpretação da doutrina eckhartiana formaram-se, nos últimos decênios, duas "escolas": a primeira (A. De Libera, B. Mojsisch, K. Flasch) ressalta em Eckhart o pensador, o autor de um sistema místico-teológico especulativo, ontológico, de caráter dialogal, em que, para delinear a relação entre Deus e homem, são colocadas em questão as tradicionais vias ascensionais da experiência sobrenatural e tudo se reduz a uma relação entre Ser e existência; a outra, em contrapartida, formada no ambiente dos estudos germanistas (A. M. Haas, K. Ruh, J. A. Hernández), afirma em Eckhart o místico, especulativo sem dúvida, mas autor de um sistema espiritual-teológico baseado na experiência transcendental, realizado em uma relação dinâmica entre Deus-Criador e homem-criatura, em que o homem é comparado ao espelho (*Spiegelontologie*). Refletindo fielmente a imagem divina, o homem torna-se "uma *configuratio* atual" dela, e por todo o tempo que se dispõe a recebê-la (*DW* I, 154, 1-4). Esta segunda escola está empenhada em demonstrar, como ponto cardeal de toda a obra eckhartiana, a intenção fundamental do Mestre de estudar a íntima união entre Deus e homem sob um pano de fundo bíblico-metafísico com todas as implicações místicas.

O conhecimento de Deus, não entendido como percepção abstrata do Ser de Deus, mas termo de um processo unitivo realizado com todas as forças da alma, pressupõe no homem eckhartiano um "sair" de si mesmo, um "entrar" no deserto mais despojado, um "abismar-se" no "nada", radicalmente, de modo a poder falar de uma "mística do êxodo" (A. M. Haas), de um perder-se no abismo mais profundo de Deus. Na prédica 13: "Qui audit me", Eckhart chega a dizer que é preciso até "deixar Deus por Deus", ou seja, renunciar a tudo o que Deus pode dar ao homem, para ouvir a sua voz, na qual Deus se comunica no seu divino "ser si mesmo em si mesmo" — ou em outros termos — em que Deus gera a Palavra, para que no seu "nada" o homem gere a Palavra. Mas ser "nada" significa em Eckhart que o homem criou em si a condição de poder voltar a Deus, a sua "causa exemplar", cuja existência divina difere radicalmente de qualquer maneira de existir no mundo. É uma volta do nada da criatura ao Nada de Deus, uma volta que permite à criatura tornar-se aquilo que ela foi antes de ser criatura no mundo.

Essa volta, na medida em que é realizada pela graça, é passiva, mas exige a colaboração ativa por parte do homem. Eckhart não conhece uma mística de imersão passiva. Não escreveu um tratado sobre a contemplação inativa. Sempre falou com desconfiança de → FENÔMENOS EXTRAORDINÁRIOS que às vezes se seguem à experiência mística. Por isso dá a preferência a Marta, rompendo a tradição que atribui a Maria a melhor parte. Em Marta, a palavra ouvida e "recebida" já está madura e já se tornou serviço, ao passo que em Maria, sentada aos pés de Jesus, ela permanece inativa: não é "parturida", é desprovida de radicalidade.

O perigo de perder a dimensão histórica que está ligado à *Spiegelontologie* eckhartiana é superado na categoria da experiência ativa: como Deus se doa repetida e incessantemente ao homem, assim o homem, ao se dar conta da comunicação divina (experiência), se confia continuamente a Deus em uma troca de amor que tem o seu modelo na encarnação do Verbo. Mas a dinâmica de uma relação como essa exige, da parte de Deus, encontrar-se com o nada da criatura (para preenchê-lo com sua plenitude) e, da parte da criatura, de aceitar a absoluta alteridade — o Nada — de Deus.

4. INFLUÊNCIA. É verdadeiramente notável. Toda a mística alemã do século XIV se remete a Eckhart. Seus discípulos diretos, João → TAULERO († 1361), provavelmente, e o beato Henrique → SUSO († 1366) (que o vê em visão cercado de glória), experimentam o fascínio da sua personalidade e da sua doutrina bem como muitos outros místicos agostinianos, carmelitas, franciscanos, dominicanos e dominicanas (Elisabete Staeglin, Ana de Ramschwag), os "Amigos de Deus", dos quais particularmente o místico mais célebre, Rulmann Merswin.

Sua doutrina do "fundo de Deus" e do "fundo da alma" torna-se uma doutrina comum entre os grandes místicos. Uma influência, nesse sentido, sofre João → RUUSBROEC († 1381), cuja doutrina espiritual trinitária parece um eco da eckhartiana. Pode-se dizer o mesmo de outros flamengos da → DEVOTIO MODERNA, de Nicolau de Cusa, de Louis de Blois († 1566), ainda que através dos escritos de Taulero e de M. Sandaeus; aplica-se sobretudo aos místicos espanhóis do século XVI, não excluindo São → JOÃO DA CRUZ.

Nossa época está redescobrindo Eckhart, valorizando sua doutrina em comparação com as espiritualidades asiáticas e as ideologias existenciais (Heidegger, Bloch), ateias e cristãs, mas sobretudo no esforço de reconhecer nele um mestre espiritual de indiscutível atualidade.

BIBLIOGRAFIA. 1) Edições: *Meister Eckhart. Die deutschen und lateinischen Werke*. Organizado pela DEUTSCHEN FORSCHUNGSGEMEINSCHAFT. Stuttgart, 1936 ss.; *L'oeuvre latine de Maître Eckhart*. I.

Commentaire de la Génèse. Precedido dos *Prologues.* Paris, 1984 (é o vl. I da obra latina em 10 vls.); *Meister Eckhart. Deutsche Predigten und Traktate.* Organizado e traduzido por J. QUINT. München, 1963; Diogenes Taschenbuch 202, 1979; Trad. it.: *Prediche e Trattati.* Bologna, 1928; Milano, 1982 (reimpressão revista e ampliada org. por G. FAGGIN); *La nascita eterna* (com textos introdutórios). Firenze, 1953; texto em latim com tradução em francês: *Maître Eckhart à Paris. Une critique médiévale de l'ontothéologie.* Les Questions Parisiennes n. 1 et n. 2 d'Eckhart. Bibliografia de l'École des Hautes Études 86, Paris, 1984; em tradução alemã: PFEIFFER, P. *Meister Eckhart* (vl. II de *Deutscher Mystiker des 14. Jahrhunderts*). Reimpressão: Aalen, 1996; *Meister Eckhart.* Org. por D. MIETH, coleção: Gotteserfahrung und Weg in die Welt, Olten/Freiburg, 1979. 2) *Estudos*: Albert, L. *Meister Eckharts These vom Sein: Untersuchungen zur Metaphysik des Opus tripartitum.* Saarbrücken, 1976; Beierwaltes, W. Balthasar, H. U. von Haas, A. M. *Grundgragen der Mystik.* Einsiedeln, 1974; Brunn, E. Zum – Libera, A. de. *Maître Eckhart. Métaphysique et théologie négative.* Paris, 1984; Brunner, F. *Eckhart.* Paris, 1969; Dempf, A. *M. E. Eine Einführung in sein Werk.* Leipzig, 1934; Dempf, A. *Meister Eckhart*, Freiburg B. 1960; *Meister Eckhart der Prediger.* Festschrift, Freiburg-Basel-Wien, 1960; Eckert, W. P. Meister Eckhart Spekulative Mystik. In *Zeugen christlicher Gotteserfahrung.* Mains, 1981, 95-112 (com bibliografia); Faggin, G. *M. E. e la mistica tedesca protestante.* Milano, 1946; Festugière, A. J. De la mystique dans les Instructions spirituelles d'Eckhart. *La Vie Spirituelle* 59 (1977) 912-919; Flasch, F. Die Intention Meister Eckharts. *Sprache und Begriff.* Meisenheim, 1974, 292-318; Gierath, G. M. *Reichtum des Lebens. Die deutsche Dominikanermystik des XIV. Jahrh.* Düsseldorf, 1956 (com antologia); Haas, A. M. *Meister Eckhart als normative Gestalt geistlichen Lebens.* Einsiedeln, 1979; ID. Seinsspekulation und Geschöpflichkeit in der Mystik Meister Eckharts. In *Sein und Nichts in der abendländischen Mystik.* Freiburg, 1984, 33-58; ID. *Geistliches Mittelalter.* Freiburg (Sv.), 1984; Hauke, R. *Trinität und Denken. Die Unterscheidung der Einheit von Gott und Mensch bei Meister Eckhart.* Frankfurt/Bern/New York, 1986; Hornstein, X. de. *Les grands mystiques allemands du XIV siècle.* Lucerne, 1922; Hustache, J. Ancelet. *Maître Eckhart et la mystique rhénane.* Paris, 1956; Jostes, F. *M. E. und seine Jünger.* Leipzig, 1915; Kaeppeli, Th. Praedicator monoculus. *Archivum Fratrum Praedicatorum.* 1957, 120-167; Karrer, O. *Das Göttliche in der Seele bei M. E.* Würzburg, 1928; Kelley, C. F. *Meister Eckhart on Divine Knowledge,* New Haven/London, 1977; Linnewedel, J. *Meister Eckharts Mystik.* Zugang und Praxis für heute. Stuttgart, 1983; Lossky, V. *Théologie négative et connaissance de Dieu chez M. E.* Paris, 1960 e 1973; Mieth, D. Meister Eckhart. In *Mittelalter II* (Gestalten der Kirchengeschichte 4). Stuttgart, 1983; Mojsich, B. *Meister Eckhart, Analogie, Univocität und Einstik.* Hamburg, 1983 (contra a interpretação mística de Eckhart); Ruh, K. *Meister Eckhart, Theologe – Prediger – Mystiker.* München, 1985; ID. *Tratkat von der Minne. Eine Schrift zum Verständnis und zur Verteidigung von Meister Eckharts Metaphysik.* Göttingen, 1987; Ueda, S. Der Zen-Buddhismus als Nicht-Mystik unter besonderer Berücksichtigung des Vergleichs zur Mystik Meister Eckharts. *Transparente Welt.* Festschrift. Bonn, 1965; ID. *Die Gottesgeburt in der Seele und der Durchbruch zur Gottheit.* Gütersloh, 1965; Volpe, G. della. *Eckhart o della filosofia mistica.* Roma, 1952; Welte, B. *Meister Eckhart, Gedanken zu seinen Gedanken.* Freiburg/Basel/Wien, 1979; Zapf, J. *Die Funktion der Paradoxie im Denken und im sprachlichen Ausdruck bei Meister Eckhart.* Köln, 1966.

D. ABBRESCIA – GIOVANNA DELLA CROCE

ECOLOGIA. **1. NOÇÃO.** Inicialmente a ecologia era um ramo das ciências naturais inerente às relações que ocorrem entre seres vivos e entre estes e o ambiente inorgânico circunstante. Por volta do final dos anos 1950, nos Estados Unidos, e dos anos 1960, na Itália, impôs-se uma nova acepção do termo. Ecologia é ciência de fronteira entre o homem e seu *habitat*, entre natureza e sociedade humana, entre vida e cultura. A ocorrência de desastres e sua divulgação por parte das fontes oficiais de informação tornaram o desastre ecológico ou a devastação ambiental um problema social que merece a atenção das pessoas comuns.

A atenção ecológica atual foi suscitada pelo fato de o desenvolvimento moderno ter revelado uma radical ambivalência: difundiu um processo de degradação não irreversível. As desordens tornam-se um estímulo urgente à busca de um novo equilíbrio social. Os próprios instrumentos científicos hoje dominantes não são neutros, já que incorporam em si uma ideologia. M. Benjamin convida a reencontrar as coisas (natureza e homem) livres da escravidão de serem úteis. É necessária a volta do gratuito, da contemplação, da abordagem não instrumental das coisas. Poder-se-ia dizer que o atual interesse ecológico se impôs sobretudo pelos desastres que ameaçam a humanidade por tê-lo negligenciado.

2. UMA NOVA SENSIBILIDADE ESPIRITUAL. A ecologia foi ignorada pela reflexão espiritual. Ela se defronta com a necessidade de ser enriquecida por essa nova dimensão. Qual nova perspectiva veio sendo realizada? Houve uma época em que a vida espiritual equivalia a → VIDA INTERIOR, fechada no interior do espírito. Ela se mostrava inteiramente afastada de uma participação ampla, diversificada e responsável quer na vida sociopolítica externa, quer em relação ao delineamento das estruturas ecológicas do mundo. Ela significava tão somente que o virtuoso podia e devia ser interiormente vivido na variedade das concepções políticas e da múltipla exploração socioindividual do ambiente.

O social-ecológico só era submetido ao espiritual quando traduzido em sagrado religioso. O próprio Concílio Vaticano II convidava a distinguir "entre as ações que os fiéis, isoladamente ou em grupos, guiados pela consciência cristã, executam em seu nome como cidadãos e as que realizam em nome da Igreja, juntamente com os pastores" (GS 76). Na assembleia dos cristãos críticos (realizada em Lyon em 17-18 de novembro de 1973), o episcopado francês esclarecia: "Nós nos recusamos a identificar esta libertação política, econômica e social com a salvação em Jesus Cristo".

A consciência ecológica atual contribuiu ao solicitar a espiritualidade cristã a se sintonizar na dimensão cultural-política. O espiritual não foi encarregado de aprisionar as condições da vida terrestre em uma dada mensagem não escatológica, mas de dar o próprio sentido espiritual à vida pública e social. O homem espiritual, em relação com sua própria experiência virtuosa, deve ser responsabilizado por tudo o que acontece na terra; deve considerar-se encarregado de favorecer a autêntica felicidade, até mesmo da felicidade terrena; deve dispor-se a ser criador não tanto de tecnologias, mas de uma civilização tecnológica espiritual; é chamado a atuar no presente com espírito profético não apenas sobre a aproximação do desígnio salvífico entre as aventuras humanas, mas também sobre as contribuições que podem brotar do progresso da ciência, da defesa e segurança nacional, do crescimento econômico. Não mais uma experiência espiritual que reúna no Espírito de Cristo para além da realidade natural. O espírito está presente na história humana e pede aos crentes que protejam a criação, não abdicando ao atribuir toda responsabilidade a Deus. A dimensão política é uma característica da consciência do homem contemporâneo na medida em que está envolvido em um processo de libertação.

No passado, haviam-se apresentado indicações espirituais inerentes à ecologia, mas só e sempre com a preocupação de inculcar uma passividade contemplativa ou reparadora. Às vezes considerou-se a natureza como realidade sagrada em que a onipotência divina se reflete (mística da natureza); ou então como intermediário que testemunha a maldição divina decorrente do pecado original (teologia da historicização); ou ainda como uma realidade que Deus abandonou às capacidades de ação do homem em vista da libertação humanizadora (teologia do progresso). O monge, que fugia do mundo, enunciava que se devia deixar de lado a realidade criada presente, esperando a realidade escatológica pneumatizada.

Subjacente às condições teológicas do passado surgia a proposta de extrair da ordem natural existente a normativa conveniente para a conduta humana. Considerava-se que Deus tivesse difundido no íntimo do mundo, na estrutura essencial dos seres, na finalidade das ações humanas uma espécie de código claramente normativo. O homem, desejoso de sua maior felicidade, seria convidado a se limitar a descobrir o finalismo normativo difundido no universo e harmonizar-se com ele.

Essa concepção teológica considerava que se devia louvar a providência divina, que forneceu tudo para o bem do indivíduo e de todo o universo do melhor modo possível. Em contrapartida, segundo a palavra revelada, Deus não impôs ao homem o respeito absoluto do universo, mas que expressasse nele as suas qualidades concriadoras. As exigências difundidas no interior da criação não foram feitas para aprisionar o critério da atuação humana, mas para despertar corretamente a sua atividade criativa com o objetivo de encaminhar tudo o que existe para uma contemplação escatológica.

Em relação à ecologia, o homem espiritual não envolveu tempestivamente a criação na sua ascese e no seu caminho místico. "A lei do Espírito, que dá a vida por meio de Jesus Cristo" (Rm 8,2), foi relegada à interioridade humana. Chegou o tempo de conceber e de tentar uma experiência espiritual bioecológica sob a influência de uma humanidade pneumatizada.

3. PRIMEIRAS TENTATIVAS DE ECOLOGIA ESPIRITUAL.

A espiritualidade convida a olhar as realidades criadas que compartilham o nosso destino, de modo a senti-las solidárias em nosso amor. São Francisco incluía em seu canto místico seres inanimados, animais e homens com uma mesma disposição afetiva. O amor do homem, do mesmo modo que o amor de Deus, é chamado a se propagar e a vivificar qualquer coisa existente.

O objetivo último deste nosso amor, que tende a animar toda a atividade ecológica, tem a única finalidade suprema de realizar o senhorio de Cristo sobre todo o universo, segundo o desígnio salvífico de Deus trinitário. "Por meio dele [o Filho], Deus Pai criou o universo e agora o constituiu como Senhor de todas as coisas" (Hb 1,2). Uma missão espiritual que o fiel realiza não isoladamente, mas com o Espírito, que torna a humanidade atual cada vez mais consciente de que "agora o que conta é Cristo, que é tudo e está em todos" (Cl 3,11).

→ TEILHARD DE CHARDIN vislumbra o universo imerso em uma evolução universal ditada por um plano divino preconcebido que tende (através de escolhas rápidas e de eventos casuais) a metas que se delineiam no tempo indefinido, mas no fim das contas já identificáveis claramente no presente. O surgimento do homem na terra assinalou um dos momentos mais expressivos dessa evolução: a inauguração da era da hominização consciente e racional. Esta época, afirmando-se cada vez mais, é chamada a preparar a época terminal cristocêntrica, que constitui o "ponto Ômega" do imenso caminho ecológico universal. O Cristo ressuscitado e cósmico, o Cristo universal cada vez maior, é o motor e o termo da evolução. Para ele a criação, a redenção, o cumprimento escatológico constituem uma só realidade unitária, o grande evento salvífico. Deus conduz o mundo para a frente rumo ao seu cumprimento, e está ao mesmo tempo em devir com o mundo, mas não se dissolve nele, não se identifica com ele, porque Deus é o futuro do mundo. Perscrutando o íntimo do universo, Teilhard experimentara uma contínua, exclusiva e apaixonada espera do Ressuscitado, do Cristo universal cada vez maior (*Oeuvres complètes*, Paris, 1955-1968).

Sabemos que o Espírito Santo, ao conduzir a humanidade ao seu estado salvífico definitivo, assume e comunica a modalidade espiritual vivida por Jesus: o devir dialético de morte-ressurreição, de *kenôsis*-glorificação, de sofrimento-alegria. A lei da cruz domina também a evolução do mundo ecológico? Já que o procedimento pascal testemunha como o Espírito de Cristo está na base do devir de todo o universo, parece que é preciso afirmá-lo. Ainda que o mistério pascal assuma várias facetas no interior dos seres em função de suas especificidades. O mistério pascal de Cristo se manifesta em uma renovação redentora do próprio universo inanimado, mas respeitando a sua configuração existencial.

São Paulo lembra que o mundo inorgânico se renova enquanto percebe por reflexo o homem renovado que atua e está em contato com ele. "Pois a criação espera com impaciência a revelação dos filhos de Deus: entregue ao poder do nada — não por vontade própria, mas pela autoridade daquele que lha entregou —, ela guarda a esperança, pois também ela será libertada da escravidão da corrupção, para participar da liberdade e da glória dos filhos de Deus. Com efeito, sabemos: a criação inteira geme ainda agora nas dores do parto. E não só ela: também nós, que possuímos as primícias do Espírito, gememos interiormente, esperando a adoção, a libertação para o nosso corpo". Inserido em Cristo e na harmonização interior ao Espírito, o homem se apoia na própria tecnologia com o objetivo de humanizar-pneumatizar o universo e assim encaminhá-lo a se tornar "novos céus e nova terra" (Ap 21,1) para a instauração definitiva do reino de Deus.

BIBLIOGRAFIA. BELTRÃO, P. C. (org.). *Ecologia umana e valori etici religiosi*. Roma, 1985; BONNEFOUS, E. *Dossier completo sull'ecologia nel mondo*. Roma, 1975; BOOKCHIM, M. *L'ecologia della libertà*. Roma, 1984; COMMONER, B. – BETTINI, V. *Ecologia e lotte sociali*. Milano, 1978; DERR, TH. SIEGER. *Ecologia e liberazione umana*. Ed. de T. Goffi, Brescia, 1974; FAZIO, M. *L'inganno nucleare*. Torino, 1978; INGEGNOLI, V. *Ecologia e progettazione*. Milano, 1980; JENSEN, O. *Condannati allo sviluppo? Le religioni di fronte al problema ecologico*. Torino, 1981; MARZI, M. DE. *L'ecologia e Francesco d'Assisi*. Roma, 1982; PECCI, A. *La qualità umana*. Milano, 1976; SCHUMACHER, E. F. *Il piccolo è bello*. Milano, 1977; VACCA, R. *Tecniche modeste per un mondo complicato*. Milano, 1978; WARD, B. *Una nuova creazione?* Roma, 1973.

T. GOFFI

ECUMENISMO. O decreto do Concílio Vaticano II *Unitatis redintegratio* descreve o ecumenismo deste modo: "É o conjunto das atividades e iniciativas suscitadas e ordenadas em favor das várias necessidades da Igreja e oportunidades dos tempos, no sentido de favorecer a unidade dos cristãos" (*UR* 4).

1. ORIGEM. Nascido no interior das comunidades protestantes e anglicana no final do século XIX em um contexto de testemunho missionário, o

movimento ecumênico se desenvolveu e se organizou de forma cada vez mais precisa e incisiva no século XX, englobando no Conselho Mundial de Igrejas com sede em Genebra quase todas as Igrejas e comunidades eclesiais não católicas. Preparado pelos movimentos que na Igreja católica haviam promovido a renovação bíblica, patrística, litúrgica e teológica, favorecida pelos encontros com os anglicanos (P. Portal), pelo interesse pelo → MONASTICISMO ORIENTAL (L. Baudouin), pelos escritos teológicos (Y. Congar) e pela oração (P. Wattson, P. Couturier), o ecumenismo ingressou oficialmente na Igreja católica com o Concílio Vaticano II, que teve entre seus objetivos também o de abrir caminho para a unidade dos cristãos. Os grandes documentos católicos referentes ao ecumenismo são o decreto conciliar sobre o ecumenismo (*UR*), o Diretório para a aplicação das decisões do Concílio Vaticano II sobre o ecumenismo, publicado pelo Secretariado para a União dos Cristãos em duas ocasiões, em 1967 e 1970, e outros documentos sobre a pastoral ecumênica publicados pelo mesmo Secretariado.

2. **PRINCÍPIOS TEOLÓGICOS**. O movimento ecumênico é único, envolvendo todas as Igrejas e comunidades cristãs e assumindo como objetivo a supressão das divisões entre os cristãos e o restabelecimento da unidade de fé e de caridade. Contudo, a atividade ecumênica apresenta diversos pontos de partida, uma vez que as bases históricas e doutrinais em que se fundamenta a concepção da unidade cristã são diferentes em cada Igreja e comunidade cristã. A Igreja católica tem a consciência de representar aquela comunhão, na qual subsiste a una e única Igreja de Cristo, à qual foram dados em plenitude os meios da salvação. Contudo, a divisão dos cristãos impede que a Igreja manifeste em todo o seu esplendor o mistério de unidade e de catolicidade que lhe é próprio. A Igreja tende à plenitude de unidade em termos tanto quantitativos como qualitativos. A purificação e a renovação das estruturas e da vida da Igreja a tornarão mais semelhante a Cristo e mais resplandecente da sua glória aos olhos dos homens. Ela é chamada a se tornar plenamente aquilo que sempre foi em seu princípio fundamental pela graça de Cristo.

O movimento ecumênico parte da viva tomada de consciência de que a divisão entre os cristãos é uma situação anormal, devida aos pecados dos homens, não à vontade de Cristo, que exortou que todos sejam uma só coisa (Jo 17,20-22). As separações não são aceitas como um fator imutável da história, mas como um fenômeno produzido pelos homens e, portanto, suscetível de mudança. A divisão provoca sofrimento e arrependimento, porque ela foi gerada não só por causas externas, mas também pela falta de compreensão mútua e de caridade (*UR* 14). O movimento cada dia mais amplo referente ao restabelecimento da unidade de todos os cristãos, e difundido entre muitos homens de todos os lugares e confissões, é um sinal dos tempos e acontece sob o impulso do Espírito Santo (*UR* 1).

3. **ATITUDE POSITIVA**. A partir do Vaticano II, a Igreja católica não fala mais de retorno dos dissidentes à unidade, mas se empenha seriamente em caminhar junto com os outros cristãos para a plenitude da unidade e para a complementaridade dos bens espirituais possuídos. Reconhece que o batismo validamente administrado incorpora todos os fiéis no único corpo de Cristo, pelo qual todos os cristãos, mesmo se existem divergências entre eles, são irmãos e como tais devem ser tratados. "Aqueles que creem em Cristo e foram devidamente batizados estão constituídos numa certa comunhão, embora não perfeita, com a Igreja católica" (*UR* 3). Existe uma comunhão de fé que, baseada no núcleo cristológico e trinitário, é maior e mais ampla que o conjunto que forma os elementos discriminantes. Reconhece-se que as outras Igrejas e comunidades cristãs são um instrumento de salvação e de graça devido aos bens autênticos que nelas se encontram, embora não no estado de plenitude, pelos quais com pleno direito são denominadas "Igrejas" ou "comunidades eclesiais". São positivamente avaliados e apreciados o caráter e a história própria dos orientais, sua tradição litúrgica e espiritual, sua disciplina, o caráter próprio ao expor os mistérios cristãos. Das comunidades nascidas da Reforma do século XVI enfatizam-se o amor e a veneração pelas Sagradas Escrituras, a vida cristã e as obras de caridade. Admite-se que na vida dos outros cristãos se revelam as riquezas de Cristo e as obras virtuosas, e até que nas comunhões separadas se pode atingir de modo mais perfeito o conhecimento do mistério de Cristo e da Igreja, de modo que "tudo o que se realiza nos irmãos separados pode contribuir também para a nossa edificação" (*UR* 4).

4. **A ATIVIDADE ECUMÊNICA**. A ação que tende à superação das divisões dos cristãos se exerce em

várias direções. O ecumenismo teológico ou doutrinal se ocupa do diálogo que leva às causas institucionais, sacramentais e disciplinares das divisões. Quase todas as grandes famílias confessionais, entre as quais a Igreja católica, estão empenhadas em diálogos bilaterais e multilaterais. Procura-se apresentar a fundo e com clareza a doutrina da própria comunidade, confrontá-la com a da parte dialogante e submetê-la ao juízo da → PALAVRA DE DEUS e da tradição. Daí deriva uma maior fidelidade ao dado revelado e a consequente obra de renovação e reforma (*UR* 4).

O ecumenismo prático ou pastoral está empenhado em uma cooperação comum entre as Igrejas no campo do serviço social, do estabelecimento da justiça e da paz no mundo.

O ecumenismo espiritual se manifesta na súplica da graça do Espírito Santo em favor da unidade eclesial por meio da conversão do coração, da santidade da vida e da oração (*UR* 16). Um momento forte do ecumenismo espiritual é representado pela semana de orações pela unidade cristã que se pratica no mês de janeiro por todos os cristãos de acordo com a data estabelecida pelo sacerdote de Lyon, P. Couturier. Cada confissão cristã, em plena liberdade e independência, se abre para Cristo, o Senhor amado, adorado e pregado por todos, pedindo a santificação dos membros das várias confissões, de modo a aprofundar a própria fidelidade e reencontrar em Cristo a unidade perdida, na forma como ele quer e quando ele quer. A partir de 1958, os preparativos para o desenvolvimento da semana universal de orações pela unidade foram coordenadas pelo Conselho Mundial de Igrejas e pelo Secretariado Vaticano pela União dos Cristãos. Desde 1960, os dois organismos citados discutem juntos o conteúdo das publicações destinadas à animação da semana e desde 1966 se constituiu um grupo misto que é responsável pelas publicações solicitadas.

5. A RENOVAÇÃO ECLESIAL. A busca da unidade dos cristãos empenha toda a Igreja como comunidade e cada fiel, cada um segundo seu próprio estado e condição. A paixão da unidade do corpo de Cristo imprime certa dimensão a toda a vida da Igreja e dos cristãos. Cada forma de vida eclesial está destinada a assumir uma dimensão ecumênica. Antes de se explicitar em uma atividade externa, o ecumenismo é uma atitude interior, uma disposição de espírito. Exige-se uma lealdade a toda prova e uma profunda fidelidade a Cristo e à sua esposa, baseada em fontes reveladas. Esse conhecimento e esse apego iluminado à verdade evangélica certamente farão com que se reconheçam as próprias faltas contra a unidade no presente e as cometidas pelos membros da Igreja no passado, sobretudo no momento em que se produziram as dolorosas lacerações. A penitência deve ser praticada publicamente juntos e diante dos irmãos divididos. "Das culpas, também as contra a unidade, vale o testemunho de São João: 'Se dissermos que não temos pecado, fazemo-lo de mentiroso e sua palavra não está em nós' (1Jo 1,10). Por isso pedimos humildemente perdão a Deus e aos irmãos separados, assim como também nós perdoamos aos que nos têm ofendido" (*UR* 7). Essa atitude penitente produzirá uma visão mais radicada na fé, da Igreja e da história da → SALVAÇÃO, favorecerá uma atitude humilde, tranquila e generosa, pondo de lado a busca de si mesmo e a autossuficiência humana e eliminando qualquer discurso que não seja objetivamente igualitário e verdadeiro. Não evitará ser questionado e julgado pelos outros, doando a própria vida pelos outros em plena docilidade à ação do Espírito Santo. Sem abandonar a adesão de fé devida à Igreja católica, se distinguirá melhor o que pertence à essência da fé e o que se deve a condicionamentos históricos e culturais ou à simples maneira de se expressar. A fé católica será explicada de modo mais genuíno e exato utilizando uma maneira de falar e uma linguagem que sejam facilmente acessíveis aos irmãos divididos (*UR* 11).

6. A ESPIRITUALIDADE ECUMÊNICA. Denomina-se "espiritualidade ecumênica" o conjunto de atitudes, valores ou aspectos que são exigidos ou explicitados pelo fato de se abrir e se devotar à santa causa da unidade dos cristãos. Ela se fundamenta em um ardente desejo de realizar o projeto de Cristo concernente à unidade dos seus seguidores: pressupõe uma informação correta sobre as causas das divisões, sobre a situação atual dos cristãos divididos e as vicissitudes contemporâneas do movimento ecumênico. Produzir-se-á no espírito ecumênico uma reviravolta na maneira de ver, sentir e julgar. De um modo limitado e obtuso de ponderar as coisas se passará a uma atitude mais correta e iluminada; em vez da polêmica baseada em preconceitos e em certas restrições, a conduta em relação aos outros cristãos será positiva, com compreensão, com disponibilidade para a escuta e com amor,

reconhecendo "tudo o que a graça do Espírito Santo realiza nos irmãos separados", e os "valores verdadeiramente cristãos, oriundos de um patrimônio comum, que se encontram entre eles" (*UR* 4). O cristão ecumênico estará sempre disposto a colaborar com os outros cristãos nos vários campos da atividade humana em vista do bem comum. A abertura ecumênica fará com que o Senhor Jesus, único caminho para o Pai, e sua obra salvífica e reconciliadora sejam postos de um novo modo no centro da própria existência; o conteúdo da fé será centrado no essencial, se ampliarão os horizontes e serão mais bem reconhecidas as dimensões do plano de Deus, fruto de amor, para a salvação de todos os homens.

A expressão mais elevada da espiritualidade ecumênica, que sente vivamente o sofrimento pelas divisões e anseia pela unidade eclesial no Espírito de Cristo, manifesta-se de modo excepcional na oração feita na própria comunhão e juntamente com os outros cristãos. Com a oração, o crente se submete completamente à soberana vontade de Deus, oferecendo-se a ele, pedindo que sua vontade se cumpra nele e por meio dele em benefício de todos os cristãos. A vontade de Deus e de Cristo é que todos formem uma só coisa, uma unidade que é o reflexo do mistério do Deus uno e trino (Jo 17,20-22). Quando os cristãos divididos repetem a mesma oração pela unidade, tornam atual e presente no corpo de Cristo o supremo desejo do Salvador. Essa oração será certamente atendida, porque pede aquilo que Deus quer, mesmo se for ouvida de maneira provavelmente imprevista e inesperada, porque os pensamentos de Deus não são os dos homens e seus caminhos não são objeto de exploração humana (Is 55,8-9). Seja como for, a simultânea invocação dos irmãos divididos de alguma maneira já realiza uma profunda unidade. "Esta prece convergente e unânime começa a realizar, malgrado as divisões, o milagre da unidade, já que as divisões só serão sanadas quando os cristãos, indo paralelamente ao encontro do Senhor em uma conversão progressiva, estimulados por contatos recíprocos, tiverem entrado plenamente na oração do próprio Cristo pela unidade da Igreja" (S. Spinsanti, "Ecumenismo spirituale", in *Nuovo dizionario di spiritualità*, Roma, 1979, 465).

7. OS SANTOS ECUMÊNICOS. Pode-se afirmar que são os homens de oração animados pelo Espírito Santo que fazem avançar mais a grande causa do ecumenismo. Uma contribuição decisiva foi dada pela semana de oração universal pela unidade dos cristãos renovada pelo piedoso sacerdote de Lyon, Pe. Couturier (1881-1953). Ouvindo o relatório ecumênico anual enviado ao convento dos trapistas de Grottaferrata por Lyon, a freira Maria Gabriella Sagheddu (1906-1939), natural da Sardenha, sentiu-se impelida a oferecer a si mesma a Deus como vítima de imolação pela unidade da Igreja. O Senhor aceitou essa heroica oferta feita no dia da sua profissão religiosa, e a freira morreu de tuberculose depois de sofrimentos atrozes. São Leopoldo Mandich (1866-1942), capuchinho croata, que viveu por muitos anos em Pádua como apóstolo do confessionário, orientava a si mesmo e aos seus penitentes à caridade evangélica, unindo as almas ao Espírito de Cristo, contribuindo assim para a união entre as Igrejas do Oriente e Ocidente cristão.

Esses exemplos mostram bem o valor e a importância da oração e do aprofundamento espiritual na obra em favor do ecumenismo.

O restabelecimento da unidade entre os cristãos divididos é uma tarefa que supera as possibilidades humanas. Mediante a renovação e a purificação da Igreja, com a santidade de vida dos cristãos e com a fervorosa oração se apressa o dia conhecido só por Deus em que os seguidores de Cristo unidos em torno da única mesa do Senhor glorificarão o Pai celeste por meio do Filho no Espírito Santo.

BIBLIOGRAFIA. Bea, A. *Il decreto de Oecumenismo*. Roma, 1965; Bonadio (P. J. de la Croix). *Dialogo ecumenico*. Bolonha, 1968; Cereti, G. *Ecumenismo. Corso di teologia ecumenica 2*. Roma, 1986; Congar, Y. *Chrétiens en dialogue: contributions catholiques à l'oecuménisme*. Paris, 1964; Id. *Saggi ecumenici. Il movimento, gli uomini, i problemi*. Roma, 1986; Id. *Vera e falsa riforma della Chiesa*. Milano, 1971; Dumont, C. J. *Les voies de l'unité chrétienne. Doctrine et spiritualité*. Paris, 1954; Frost, F. Oecuménisme. In *Catholicisme*, IX. Paris, 1982, 1.501-1.536; *Catholicisme*, X, Paris, 1985, 1-21; Jaeger, L. *Il decreto conciliare sull'ecumenismo. Storia, contenuto, significato*. Brescia, 1965; Javierre, A.-M. *Promozione conciliare del dialogo ecumenico*. Torino, 1965; Pattaro, G. Ecumenismo. In *Nuovo dizionario di teologia*. Roma, 1977, 349-70; Spinsanti, S. Ecumenismo spirituale. In *Nuovo dizionario di spiritualità*. Roma, 1979, 460-78; Id. *Ecumenismo*. Roma, 1982; Id. *Corso di teologia dell'ecumenismo*. Brescia, 1985; Testa, B. *La concezione teologica della preghiera per l'unità*. Brescia, 1969; Thils, G. *Le décret sur l'Oecuménisme: commentaire doctrinal*.

Paris, 1966; VILLAIN, M. *Ecumenismo spirituale. Gli scritti di P. Couturier*. Alba, 1965; VILLAIN, M. *La prière de Jésus pour l'unité des chrétiens*. Tournai, 1960; VIRGULIN, S. *L'ecumenismo della Chiesa cattolica*. Milano, 1965.

S. VIRGULIN

EDUCAÇÃO. 1. DEFINIÇÃO. Por *educação* se entende o conjunto de atividades intencionalmente destinadas a promover o desenvolvimento da pessoa humana e sua integração na vida da sociedade. Distinguem-se duas orientações — particularmente acentuadas na cultura contemporânea — que ressaltam o significado dos objetivos que a educação se preestabelece:

a) transmitir a própria cultura, intacta, educando o indivíduo durante o desenvolvimento a receber toda a sua instância ética (essa orientação, peculiar nas sociedades primitivas ou dos regimes totalitários, está em forte contraste com o dinamismo das ciências modernas);

b) tender à melhoria das técnicas que a própria cultura dispõe, apresentando ao indivíduo em formação novos modelos de comportamento — ou novos "projetos de vida" —, mais adequados à evolução da sociedade humana.

A *espiritualidade* da educação consiste não tanto na adoção de técnicas específicas no exercício dessa tarefa educativa — quer por parte do discente, quer do docente —, quanto no *fim* que determinado método educativo se preestabelece e nas modalidades em que se configura no âmbito de uma sociedade "civil".

Com efeito, pode-se considerar que existe uma "civilização" na qual há uma hierarquia de valores em conformidade com a dignidade da pessoa humana na sua totalidade de corpo e espírito, reconhecendo a este último a supremacia na identidade humana.

A educação da pessoa integral, de fato, inclui entre seus objetivos não apenas finalidades de ordem contingente, mas também respostas adequadas às exigências do espírito. Nesse sentido e nessa visão deve ser considerada válida toda educação que, no contexto do próprio ambiente sociocultural, educa a criança à transcendência. No entanto, nem sempre a educação humana se conjuga com a educação religiosa, ou seja, com o sentido do sagrado cuja marca o ser humano traz em seu espírito.

A educação, na sua acepção completa, é a ciência que se move no duplo campo da antropologia e da teologia, uma vez que tem como objeto o conhecimento e a formação da pessoa integral, para *conduzi-la* (*educere*) à plena maturidade do seu ser psico-físico-espiritual, como indivíduo, como membro da comunidade humana, como crente que extrai da sua fé a luz e as orientações para um *caminho* cuja meta é supraterrena.

A própria Igreja, mantendo firmes as suas indicações para uma acurada e apropriada educação dos formadores do povo de Deus, exorta a que "se observem diligentemente as normas da educação cristã e estas sejam convenientemente aperfeiçoadas com os dados recentes da boa psicologia e pedagogia" (*Optatam totius*, n. 11). A pessoa humana é *unidade* indivisível e na ação educativa todos os aspectos da sua personalidade merecem atenção especial, fazendo toda finalidade parcial convergir para o centro da própria pessoa, na sua realidade concreta, complexa, original e misteriosa.

2. TIPOLOGIA DA EDUCAÇÃO. A definição da educação varia segundo as concepções filosóficas e as perspectivas antropológicas com as quais se aborda o homem (concepção naturalista, positivista, pragmatista, imanentista, materialista, espiritualista); assim como variam as modalidades e as metodologias que aplicam os seus critérios ou buscam as finalidades inspiradas por tais correntes científicas. A ação educativa pode portanto mostrar-se redutiva se a orientação é unívoca; ou seja, se pretende oferecer um tipo de educação em que predominam mais as finalidades ideológicas que os objetivos realmente pedagógicos, os quais se conjugam no esforço de conduzir o homem à sua plena maturidade em todos os aspectos da sua personalidade.

Uma educação de tipo laico significa uma ação educativa segundo "a índole secular [que] é própria e peculiar dos leigos", à qual "cabe de maneira especial iluminar e ordenar de tal modo todas as coisas temporais a que estão intimamente unidos, que elas continuamente se façam e cresçam segundo Cristo, para louvor do Criador e Redentor" (*Lumen gentium*, n. 31). Uma educação como essa é tarefa daqueles que atuam no campo social do ensino e em geral no da cultura, quando não estejam presentes estruturas ou organizações específicas que os habilitem a publicar testemunhos de sua fé religiosa.

A educação de tipo laico, em contrapartida, exclui de sua metodologia e da sua finalidade qualquer apelo à transcendência, com excessiva referência apenas ao dado científico, pronunciando-se por sua própria autonomia absoluta.

Um tipo de educação religiosa é possibilitada em ambientes e estruturas adequadas e com metodologias em que o fato religioso é considerado parte integrante da dimensão do homem e a religião constitui a forma histórica em que o homem realiza a própria relação com o princípio absoluto das coisas e encontra uma explicação das origens e dos destinos humanos.

Pode ocorrer que certo tipo de educação tenha caráter espiritualista, excesso a que se chega quando a pessoa é considerada alheia à terra em que vive e a relação com ela, idealmente espiritualizada, ocorre sem nenhuma referência a seus problemas concretos. Nesses casos, o indivíduo adere passivamente à ação educativa, ministrada mais a um ser ideal que a um homem concreto.

Na base de qualquer forma de educação está o direito fundamental da pessoa humana de usufruir um tipo de educação que atenda a suas exigências pessoais e corresponda ao seu ambiente sociocultural, incluindo a adequada educação do próprio núcleo religioso. Esse direito é universalmente reconhecido e tem origem na história mais remota de todo povo.

Em nível mundial, em nossa época, no âmbito civil, encontramos a *Declaração universal dos direitos humanos* (ONU, 10 de dezembro de 1948) e a *Declaração dos direitos das crianças* (ONU, 20 de novembro de 1959); no âmbito da Igreja católica, as declarações *Gravissimum educationis* e *Dignitatis humanae* do Concílio Vaticano II (1965), com sucessivas intervenções sobre os problemas referentes à educação humana e cristã, e para incremento da atividade educativa em todas as fases do desenvolvimento da criança e do jovem (ver, por exemplo, o documento da Sagrada Congregação para a Educação Católica, *Orientações educativas sobre o amor humano — Linhas gerais para uma educação sexual*, 1º de novembro de 1983). Aliás, a Igreja Mãe e Mestra de vida não se detém nas primeiras etapas da idade evolutiva, mas acompanha o homem em todas as épocas de sua vida (cf. *GE* 1), porque a extrema importância da educação e as exigências da cultura contemporânea demandam "uma certa formação contínua dos adultos" (*GE, Proêmio*).

A tipologia da educação demonstra a complexidade da pessoa humana — mistério, fenômeno e enigma — sobre a qual, desde sempre, o próprio homem reflete, procurando respostas para seus problemas através das ciências filosóficas e humanistas, mas que permanecem parciais se não são integradas com os dados de uma antropologia teológica. A Igreja promove e solicita essa síntese científica, especialmente depois do grande evento do Concílio Vaticano II, que abriu novos caminhos para as buscas do homem contemporâneo, que se tornou mais exigente e problemático.

3. FINALIDADES DA EDUCAÇÃO. O educador se põe ao lado da criança e do jovem para agilizar o caminho do crescimento, indicando-lhe a meta e propondo os valores adequados para dar sentido e significado à vida. É essencial ao homem, de qualquer ideologia, ter metas que ultrapassem o limite das realidades terrenas, para poder agir com entusiasmo e coragem na obtenção de objetivos em que o *bem*, o *belo* e a *verdade* sejam buscados para benefício pessoal e coletivo. É um compromisso proposto a todos, mas para se tornar "projeto de vida" é preciso que a pessoa seja apoiada por uma educação válida ou por uma corajosa autoeducação.

Essa tarefa é tão importante que, desde os primórdios da cultura — da eclesial à laica, quando respeita a integralidade da pessoa —, se recorre aos pais, primeiros e naturais responsáveis pela educação dos filhos, para que a ação educativa seja iniciada no começo da vida e, com sabedoria pedagógica, se torne uma ajuda gradual ao longo de toda a idade evolutiva e se prolongue, com a autoeducação, por toda a vida racional.

A pessoa humana é um *ser em devir*: tende constantemente ao desenvolvimento e ao progresso em todas as suas dimensões. As várias correntes filosóficas e antropológicas que constituem o ponto de partida para estudar o homem podem reduzi-lo a um elemento parcial do universo: "pureza química" (Heidegger), ou vê-lo como "animal que ainda não está determinado" e que aparece "como uma contradição em si mesmo" por seus desvios, pois traz em si um sofrimento "por ter sido separado de seu passado de animal", mas é "um animal que faz promessas" (Nietzsche); contudo, apenas uma concepção niilista do ser humano pode negligenciar a sua instância de se realizar através de modalidades e metodologias de que a educação oferece contribuições importantes e indispensáveis. De fato, não é possível desvincular a pessoa humana da necessidade de metas ulteriores para as quais tende essencialmente desde o seu ser mais profundo.

Consequentemente, a própria dignidade da pessoa exige que coloquem em prática um tipo e um método de educação capaz de fazer com que aquilo que a pessoa já possui como potencialidade chegue ao pleno amadurecimento. A antropologia filosófica contribui para aprofundar seu conhecimento, oferecendo oportunos esclarecimentos sobre esse homem-enigma (→ PASCAL), fenômeno (Husserl), o grande "profundum" (Santo → AGOSTINHO), mas nem sempre esclarece a tarefa da educação, que se mostra truncada e parcial se não se levam em conta a necessidade de uma educação harmoniosa do homem e a motivação religiosa dos atos educativos.

À luz da revelação divina, tanto do Novo como do Antigo Testamento, delineia-se a figura do homem "total" — corpo e espírito — que sai "íntegro" do *projeto* de Deus, mas com a missão de se desenvolver mais sob o aspecto material, espiritual, pessoal e social, com a ajuda de "mestres" instruídos pelo próprio Deus e habilitados a transmitir as suas determinações aos homens. Um povo foi particularmente "educado" por Deus, o povo hebreu (cf. *Lumen gentium*, n. 9), do qual sairá o novo povo de Deus, a quem o único e verdadeiro Mestre, Jesus (cf. Jo 13,12-17; 16,12-15), ministrará uma educação que se encarna no amor (cf. Mt 22,34-40; Mc 7,1-13; Lc 10,25-37; Jo 13,34).

Trata-se de um tipo de educação em que o professor humano é uma espécie de mediador entre Deus e o discípulo, inicia-o ao conhecimento de Deus, das leis da criação e o conduz ao reino dos céus. O último apelo, ao final da vida, inclui um "exame" por meio do qual o homem deverá se mostrar apto a "ver" o rosto de Cristo como fruto de uma educação evangélica que o habilitou a descobri-lo no rosto do irmão necessitado: "Tive fome... tive sede...; era estrangeiro... estava nu... doente... e na prisão...". "Senhor, quando foi que te vimos assim?". "E o rei lhes responderá: 'Em verdade eu vos declaro, todas as vezes que o fizestes a um destes mais pequenos, que são meus irmãos, foi a mim que o fizestes" (cf. Mt 25,31-46).

4. A EDUCAÇÃO NA IGREJA. A Igreja proclama o direito de todo homem à educação humana, cultural, profissional, social, política, pois se encarrega de todo problema que lhe diz respeito. No entanto, na base e no topo de toda educação humana, promove e defende a educação moral e religiosa. De fato, à Igreja cabe a tarefa de educar, quer porque ela mesma é uma sociedade humana capaz de transmitir a educação, quer sobretudo porque "lhe incumbe anunciar o caminho da salvação a todos os homens, comunicar aos fiéis a vida de Cristo, ajudando-os por uma solicitude contínua a atingirem a plenitude desta vida" (*GE* 3).

A educação humana, contudo, não está em segundo plano nos interesses da Igreja, porque esta última recebeu de seu divino fundador um "mandato" que diz respeito a toda a vida do homem, também à terrena, na medida em que está vinculada à vocação celeste, e por isso tem uma missão específica visando ao progresso e ao desenvolvimento da educação (cf. *GE, Proêmio*).

Através de todos os instrumentos ou meios de que a pedagogia e a didática se valem, a Igreja promove a formação integral da pessoa humana, particularmente mediante as escolas, declarando "maravilhosa e de grande influência a vocação de todos aqueles que, para ajudarem os pais no desempenho de seu ofício e para fazerem as vezes da comunidade humana, se incumbem da tarefa de educar nas escolas" (*GE* 5).

Ao mesmo tempo, exorta os pais a não negligenciar "o primeiro e inalienável dever e o direito de educar os filhos", sendo seus primeiros e principais educadores. Essa função educativa dos pais é tão importante — afirma a Igreja — que, se falha, dificilmente pode ser suprida (cf. *GE* 6 e 3).

A educação tem por finalidade a perfeição ou amadurecimento da pessoa em todos os seus aspectos e para todas as tarefas a ser desempenhadas na vida: a Igreja vê nessa finalidade a garantia do "bem da sociedade terrestre e a edificação do mundo, de maneira mais humana" (cf. *GE* 3). Portanto, promove e solicita um tipo de educação que alcance o homem naqueles setores da vida que o tornam membro ativo da comunidade civil e política.

A educação aos valores da justiça e da paz, da sinceridade e da honestidade, deve ser ministrada desde os primeiros anos de formação da personalidade. A Igreja defende a ação educativa dos pais e dos professores e recomenda que ela seja ampliada e aprofundada com intervenções e iniciativas próprias, como associações de jovens com finalidades educativas, escolas e instituições em que instrução humana e formação cristã se fundem em uma única finalidade e através de múltiplas formas de presença educativa. A "aula de religião" nas escolas foi planejada e desejada pela Igreja como momento não apenas de evangelização, mas também de educação para aprender, juntamente com a doutrina cristã, também as orientações para uma vida honesta e operante diante de Deus e dos homens.

Embora "no cumprimento de sua tarefa educacional a Igreja se interesse por todos os subsídios aptos, ela cuida sobretudo dos que lhe são próprios. Entre estes figura, em primeiro lugar, a formação catequética" (cf. *GE* 4).

A catequese pode ser considerada como a ação pastoral da Igreja para o desenvolvimento da fé daqueles que já aderiram a Cristo mediante o batismo, destinada não só às crianças, mas a ser ministrada a todas as idades da vida; de fato, "todos têm necessidade de ser catequizados" (cf. *Catechesi tradendae*, n. 35-45).

A Igreja desenvolve a sua ação educativa sobretudo com o *anúncio da palavra de Deus*, especialmente durante as assembleias litúrgicas, exigindo que as pessoas mais diretamente interessadas na colaboração pastoral "sejam educadas com cuidado... ao espírito litúrgico" (cf. *Sacrosanctum Concilium*, n. 29) e é seu ardente desejo que todos os fiéis sejam levados a uma plena, consciente e ativa participação das celebrações litúrgicas (cf. *SC* 14); com a *administração dos sacramentos* (cf. *LG* 11) que, além de ser "destinados à santificação dos homens", têm também "a função de instruir", seja a "cultuar devidamente a Deus", seja a "praticar a caridade", levando a termo aquilo que a fé batismal depositou no coração do fiel (cf. *SC* 59).

Uma vez que a graça batismal é participação na vida divina (cf. 2Pd 1,1-4.11), a educação da Igreja visa sensibilizar o fiel a viver conscientemente essa inefável comunhão com o Deus trino e uno (cf. Jo 14,15-20.23), particularmente desenvolvendo as sementes das virtudes teologais: da *fé*, para educar para uma visão religiosa das coisas. Por ela Deus se faz presente ao homem e com essa experiência também a vida adquire o seu verdadeiro e último significado, porque é descoberta e acolhida como um projeto de amor que o Pai dedica a cada um de seus filhos; da *esperança* como certeza de um futuro melhor (cf. Ap, cc. 21 e 22), preparado também através da humilhação, do sofrimento e da morte do homem terreno, recebidos como prelúdio de "novos céus e uma nova terra", em que Deus dará o supremo reconhecimento ao bem realizado e a devida compensação pelo mal sofrido; da *caridade* para fazer da vida uma resposta de amor a Deus que é amor (cf. 1Jo 4,16) e para dispor o homem a viver com serenidade na alegria e na paz e a se tornar, por sua vez, portador de alegria e de paz em meio aos outros homens.

A realização dessa missão comporta a tarefa de abrir o espírito do discípulo à influência da graça e de desenvolver as suas energias adormecidas, plasmando-as à imagem de Deus. Trata-se de uma educação que se nutre da oração, que é, por sua vez, educação da mente, do coração, da vontade para um diálogo interior com o Pai, o Filho e o Espírito Santo, que varia de formas e de intensidade, desde o diálogo da criança inocente com Jesus no tabernáculo até o místico colóquio da pessoa que atingiu elevados graus de santidade.

Uma vida vivida no *espírito de oração* e no exercício das *virtudes teologais* oferece, como "critérios" de autenticidade, a *interioridade* e a *retidão de intenção* com que a pessoa age, demonstrando a aquisição daquela educação evangélica apontada pelo próprio ensinamento do Senhor: "O que sai do homem, isto é que torna o homem impuro. De fato, é do interior, é do coração do homem que saem as más intenções, desregramentos, cupidez, perversidades, astúcias, inveja, injúrias, vaidade, insensatez. Todo este mal sai do interior e torna o homem impuro" (Mc 7,20-23).

A retidão de intenção, fruto de uma educação cujo grande mestre é o Espírito Santo, torna capazes de viver responsavelmente na presença de Deus. "Eu sou o Deus Poderoso. Anda na minha presença e sê íntegro", disse Deus a Abraão, nosso pai na fé (cf. Gn 17,1), e Jesus, que educou seus discípulos e seus ouvintes a falar e a agir sob o olhar do Pai dos céus, levará sua obra educativa a termo enviando o Espírito Santo, o *Mestre interior*. O apóstolo Paulo recomendava aos primeiros cristãos: "Sede irrepreensíveis e simples, filhos de Deus sem mancha..." (cf. Fl 2,15).

É um tipo de educação que deve ser buscada com empenho pessoal, em todas as fases da vida, e pode ser eficazmente transmitida através da → DIREÇÃO ESPIRITUAL, meio e escola de educação que formou os verdadeiros imitadores de Cristo, em todas as épocas da história cristã.

BIBLIOGRAFIA. Bertin, G. M. *Crisi educativa e coscienza pedagogica*. Roma, 1971; Laeng, M. *L'educazione nella civiltà tecnologica*. Roma, 1971; Marrou, H.

I. *Storia dell'educazione nell'antichità*. Roma, 1971 (III. ed. it. com base na VI francesa: *Histoire de l'éducation dans l'antiquité*. Éditions du Seuil, Paris); MERCATALI, A. *L'uomo pluridimensionale. Riflessioni pedagogiche alla luce del Magistero*. Roma/Brescia, 1987; ID. *La persona umana. Conoscenza e formazione*. Roma, 1987; MIALARET, G. – VIAL, J. (orgs.). *Storia mondiale dell'educazione*. Roma, 1986: a obra, em quatro volumes, revela as diversas modalidades com as quais, ao longo da história, as várias instituições educativas se dedicaram ao ensino, os métodos adotados, o material didático e os instrumentos utilizados são considerados em relação com o grau de civilização que cada povo atingiu no decorrer de sua história; NOSENGO, G. *La persona umana e l'educazione*. Brescia, 1967; PERETTI, M. *Armonie e dissonanze nell'educazione cristiana*. Brescia, 1962; PORRO, R. *Bibliografia ragionata sui processi educativi*. Bologna, 1975; RIVA, S. *L'educazione religiosa del fanciullo*. Bologna, 1977; RIVA, S. – MERCATALI, A. *I fanciulli e l'educazione religiosa*. Firenze, 1977; TAUSCH, R. – TAUSCH, A. M. *Psicologia dell'educazione*. Roma, 1979; WYNNE, J. P. *Le teorie moderne dell'educazione*. Roma, 1971; ZAVALLONI, R. *Le strutture umane della vita spirituale*. Brescia, 1971.

A. MERCATALI

EFRÉM (Santo). 1. NOTA BIOGRÁFICA. Efrém, cultuado pelos sírios como "doutor do universo, coluna da Igreja, boca eloquente, profeta dos sírios, harpa do Espírito Santo", é o maior e o mais qualificado representante da Igreja siríaca e seu mais fecundo escritor. É preciso considerar que, quando se fala de *Síria*, se deseja indicar a região romana de Antioquia, onde a cultura das classes dominantes era grega: quando se fala de *língua e literatura siríaca*, deseja-se indicar a fala e as composições literárias aramaicas realizadas, quase sempre, fora dos limites do Império.

Nascido em Nísibe (Mesopotâmia, a noroeste de Mossul, hoje Nusaybin, cidade da Turquia, próxima à fronteira com a Síria), por volta do ano 306, de família cristã, recebeu educação cristã, como testemunha o próprio Efrém; sob a direção do bispo Tiago, recebeu a formação espiritual e a instrução. Não se sabe ao certo quais estudos realizou e de qual extensão. Os escritos evidenciam o seu conhecimento das Escrituras quer quanto à interpretação, quer quanto ao método exegético seguido, o antioqueno, e nota-se a perfeição da língua materna. Há também em Efrém rudimentos de filosofia grega sob a forma sincretista; quanto à teologia, não é um pesquisador profundo e genial, nem tampouco mestre e líder de uma corrente. Até o ano de 367 vive em Nísibe, onde, ordenado diácono, exerce a atividade de professor, pregador e escritor. Em 367, sob a pressão dos persas, abandona Nísibe e se estabelece em Edessa (Orfa), próximo ao Eufrates. Na nova sede, em território imperial, retoma a atividade desenvolvida em Nísibe e contribui para a fundação da célebre escola dos persas. Morre no ano de 373, em 9 de junho.

Efrém é apresentado como asceta que não come "senão pão de cevada e legumes secos e bebe apenas água". O tipo de vida monástica e ascética de Efrém não é o dos monges que vivem na solidão, e sim o vivido pelo bispo Vologeso (346-361), ou seja: castidade perfeita, jejum, mortificação e vigílias, retiro entre um grupo de ascetas e ao mesmo tempo disponibilidade para o serviço da Igreja.

2. ESCRITOS. A produção literária de Efrém, tanto em prosa quanto em versos, é muito abundante; ela foi submetida a uma seleção crítica para estabelecer quais são as obras autênticas e quais as apócrifas (*Dizionario patristico e di Antichità cristiane*, I, 1.106-1.107). Aos escritos de Efrém não tardaram a se juntar muitíssimos outros, de autores desconhecidos. Já estão superadas as antigas edições de J. Assemani, P. Mabarek, S. E. Assemani, eruditos maronitas que publicaram entre 1732 e 1746 seis volumes *in folio* (três para as obras siríacas e três para as gregas com tradução latina) sob o título *S. Ephraemi Syri opera omnia quae exstant graece, syriace, latine in sex tomi distributa*, Roma, 1732-1746. Também está superada a edição de TH. J. LAMY em quatro volumes: *Ephraemi Syri hymni et sermones*, Malines, 1882-1902, e a de G. BEKELL: *S. Ephraemi. Carmina Nisibena*, Leipzig, 1886. As edições recentes encontram-se, em grande parte, no *Corpus Scriptorum Christianorum Orientalium, Scriptores Syri o Armeni* (organizado por R. M. TONNEAU ET AL., com tradução latina e alemã) e em *Sources Chrétiennes* 121-137 (L. LELOIR — F. GRAFFIN — R. LAVENANT).

Os escritos de Efrém são de cunho exegético, oratório, polêmico e poético.

3. DOUTRINA. Efrém, asceta e místico, oferece uma doutrina que reflete essas suas características. A vida cristã é luta pela superação do conflito interior entre o bem e as tendências ao mal. As forças à disposição da alma, para o triunfo da virtude e a ascensão a Deus, encontram-se no jejum, na oração, na solidão e na leitura dos livros sagrados. Os vícios capitais só são eliminados no contínuo esforço ascético de controle e → DOMÍNIO DE SI, na separação radical de tudo. A vida no deserto é para Efrém a mais apropriada para a contemplação de Deus: "É muito melhor o deserto que os campos habitados para quem tende ao louvor de Deus e melhores são os montes que as cidades para quem compreendeu a sua graça". Silêncio quebrado só pela oração que é "proteção da temperança, freio da ira, repressão da soberba: chamado à modéstia, remédio para o ódio pelas ofensas recebidas, destruição da inveja, correção da impiedade... É um diálogo com Deus, honra semelhante à dos anjos, promoção dos bons, afastamento dos maus, transformação dos pecadores" (*Da oração*). Ascese sincera e convicta "para não cumprir o serviço de Deus na mentira, para não ocultar sob a aparência de justiça uma realidade odiosa, para não ostentar por fora as vestes do jejuador e torná-lo inútil no íntimo, para não usar o hábito de monge e abandonar-se ao sono à tarde, para não caminhar descalço e depois ungir (os pés), para não dar motivos, com um comportamento insincero, à ofensa do nome de Deus" (*Sermão aos monges*, 17). O retiro ao eremitério, a dureza de vida na penitência dão à vida do monge o caráter de verdadeiro martírio, de testemunho autêntico de um cristianismo intensamente vivido "na tua pessoa e na tua liberdade de mártir e juiz e corretor da tua alma". Austeridade na oração noturna para não ser vencidos pelo sono, para se manter despertos e viver o martírio "entre ti e Deus". "Os mártires deram testemunho de dia, os ascetas nas vigílias noturnas... os mártires coroados no fogo, o vigilante nas vigílias; a espada tornou célebres os mártires; o ofício, os ascetas; os mártires sofreram a forme, os ascetas as aflições; os mártires foram atormentados pela sede; os penitentes, pelas macerações... os mártires obtiveram o reino por meio da constância; os virgens, com a castidade; os mártires venceram os perseguidores; os ascetas, as tentações do deserto; os espectadores assistiram aos combates dos mártires nos anfiteatros; Deus invisível vos observa triunfantes" (*Exortação aos monges*, 5). O exemplo de Cristo humilde e paciente é realidade sempre presente à alma para seguir seus passos e se tornar cada vez mais semelhante a ele (cf. *Sermão de Nosso Senhor*, 33; *Hino pela Bem-aventurada Virgem Maria*, 18, 12; *Carmes nisibenos*, 3, 1). No caminho para Deus é importante a → EUCARISTIA na qual "se recebe fogo e espírito" (*Sermão na Semana Santa*, 4, 4; *Em Joel*, 2, 24). Quanto mais a alma vive o sentido do divino tanto mais ascende para Deus, e, quanto mais sofre o sofrimento e o arrependimento dos próprios pecados, mais a sua oração é pura e queima tudo no fogo do amor (*Da compunção*, 1, 154). Assim purificada, recebe a graça do Espírito Santo que "a transforma em jardim régio" com abundância de frutos saborosos. "Feliz a alma que goza da presença da graça de Deus. Quanto esplendor a ilumina, quanta suavidade a invade, quanta alegria da contemplação a inunda... Esta alma nada vê na terra; está toda arraigada em Deus; a suavidade do Esposo e a graça não lhe permitem afastar-se dele" (*Dos temores de seu espírito*).

BIBLIOGRAFIA. KIRCHMEYER, J. Ephrem. In *Dictionnaire de Spiritualité*, IV, 788-822 (com bibliografia selecionada); MARGERIE, B. DE. *Introduzione alla storia dell'esegesi*. I. *I Padri greci e orientali*. Roma, 1983, 153-72; RILLIET, F. Efrem Siro. In *Dizionario patristico e di Antichità cristiane*, I. 1.103-1.107 (com indicação precisa das edições críticas e das traduções dos escritos de Efrém). Destaco, além disso, alguns estudos sobre temas específicos: BOUYER, L. – DATTRINO, L. *La spiritualità dei Padri* (3/A). Bologna, 1984, 27.98 ss.; LELOIR, L. L'actualité du message d'Éphrem. *Parole de l'Orient* 4 (1973) 55-72; TEIXIDOR, J. *Muerte, cielo, e seol en san Efrem*. Valentiae, 1978; TERZOLI, R. *Il tema della beatitudine nei Padri siri*. Brescia, 1972, 81-142 (com bibliografia).

C. SORSOLI – L. DATTRINO

EGOÍSMO. Amor desordenado por si mesmo que faz que todas as coisas se concentrem no próprio bem. É um excesso daquele amor equilibrado que cada um deve ter por si mesmo e que é necessário à manutenção da vida. O excesso consiste em considerar como objeto final e supremo da vontade não o bem universal e infinito que é Deus, mas o próprio eu. Como a identidade consigo mesmo é anterior a qualquer relação que se possa estabelecer com os outros, só com um ato reflexo, ou seja, com um ato de vontade, se projeta sobre os outros uma igualdade que originariamente e naturalmente só se tem consigo mesmo. "Eu" quero o "meu" bem porque sou "eu", porque pertenço a mim mesmo antes de pertencer a qualquer outro e a ordem de coisas que dizem respeito a mim é anterior a qualquer ordem de coisas que possa se referir aos outros. Precisamente por esse motivo, Nosso Senhor tomou como medida do amor para com os outros aquele amor que naturalmente temos por nós mesmos (Mt 19,19). Antes de ser uma lei moral, essa é uma lei metafísica. O egoísta excede o amor por si mesmo porque não conhece outra coisa a não ser esse vínculo e faz da vida uma relação contínua e exclusiva de outra realidade para com sua própria pessoa.

Para o egoísta, Deus não existe; a sua lei, que impõe o respeito, o amor e o interesse pelos outros, é algo desconhecido. O egoísta vive no próprio mundo, surdo a qualquer reclamo de equilibrado altruísmo e por isso mesmo condenado à própria limitação e à própria miséria.

O autêntico egoísmo consiste, portanto, na negação prática de qualquer relação moral com os outros, de modo a constituir o próprio eu como último bem da alma, fazendo com que, não obstante toda dependência de Deus e toda limitação humana, ele tome o lugar do bem último e supremo que é Deus. O egoísta pode chegar, como diz Santo → AGOSTINHO, a um amor tão desordenado por si mesmo a ponto de ser praticamente um "desprezo de Deus" (*De civ. Dei*, XIV).

O egoísta não se pergunta como deve empregar os dons recebidos por Deus para amá-lo e servi-lo, mas, afirmando a própria superioridade sobre qualquer ser, pergunta-se apenas como deve empregar aquilo que Deus colocou em suas mãos para extrair daí o máximo benefício, em detrimento de qualquer outra coisa. A mais clara consequência do egoísmo é a dureza de coração, que se fecha a qualquer necessidade e a qualquer urgência para não ceder um pouco que seja daquilo que se conquistou com tanto esforço. Uma segunda consequência é a → SOBERBA, que impele o amor-próprio a um exagerado amor pela própria excelência. Esse vício deve ser combatido sobretudo pela → HUMILDADE, lembrando aquilo que somos e especialmente desejando a luz de Deus, abrindo-nos a suas iniciativas de graça e trabalhando da melhor maneira com o maior desprendimento. A humildade verdadeira é adquirida com o conhecimento da grandeza de Deus e de nossa correspondente pequenez. Para se tornar altruísta é necessário também uma boa dose de abnegação e de espírito de renúncia, de modo a poder controlar o impulso instintivo que deseja fazer tudo convergir para si mesmo.

A ascética cristã sempre procurou estabelecer o equilíbrio de graça que estabelece as relações corretas entre nós e Deus, nós e os outros. Esse equilíbrio entre graça e natureza é um pouco a volta à justiça original, em que a parte sensitiva do homem era completamente submetida à racional e esta a Deus.

BIBLIOGRAFIA. FINKELHOR, D. C. *Come utilizare i propri sentimenti*. Roma, Paoline, 1969; *Gaudium et spes* 31; HÄRING, B. *Testimonianza cristina in un mondo nuovo*. Roma, Paoline, 1963; *Nuovo Dizionario di Spiritualità*. Roma, Paoline, 1979, 233.275; PERRIN, J. M. *Il mistero della carità*. Brescia, 1965.

C. GENNARO

ELIAS. 1. FONTES. Um dos grandes personagens de mais sugestiva e profunda espiritualidade do Antigo Testamento é sem dúvida o profeta Elias de Tesbi (provavelmente o atual *Istib* no *wadi'l-jâbis* na Transjordânia), que viveu na primeira metade do século IX a.C. sob o domínio do rei de Israel Acab (874-853) e Ocozias (853-852) e de cujos feitos temos uma documentação histórica de origem muito antiga (contemporânea ou quase) no chamado "ciclo de Elias" (1Rs 17–20: os grandes milagres e o itinerário externo e espiritual de Elias; 2Rs 1–2: os últimos feitos; 2Rs 9–10: cumprimento das profecias de Elias sobre a punição da casa real).

Além dessas fontes, temos no Antigo Testamento outras reminiscências aos feitos e à espiritualidade de Elias, como, por exemplo, o relato sobre a carta que endereçou, provavelmente após a morte do profeta, a Ioram de Judá (853-841), que traz a previsão, depois consolidada, da tristíssima morte daquele rei ímpio e fratricida (2Rs 21,12-20), bem como o elogio de Elias no trecho chamado de "elogio dos antepassados" (Sr 48,1-12); temos, ademais, a evocação do exemplo de Elias nas últimas palavras do moribundo Matatias, pai dos Macabeus (1Mc 2,58), e finalmente um texto de cunho messiânico-escatológico com o qual se encerra o livro de Malaquias, último dos profetas (Ml 3,22-24 no texto massorético ou no grego da Septuaginta; na Vulgata 4,4-6; cf. Ml 3,1).

Depois de → MOISÉS, → ABRAÃO e Davi (que aparecem 80, 73 e 59 vezes, respectivamente), é Elias, com 30 recorrências (contando também a *lectio varia* de Lc 9,54), um dos personagens da antiga aliança de que se fala com mais frequência no Novo Testamento.

2. DOUTRINA. Através da narração bíblica dos feitos de Elias — feitos um tanto tempestuosos e

muitas vezes acompanhados de milagres estrepitosos — delineia-se um itinerário espiritual de notável interesse.

Elias tem como programa de vida o seu nome, que significa "o meu Deus é YHWH". O Senhor, de fato, é o seu único e verdadeiro diretor espiritual, diante do qual o profeta se distingue por aquela atitude fundamental que é a sua absoluta dependência de Deus, no sentido profundo de uma escolha pessoal de criatura livre que com docilidade sempre renovada aceita como única norma de vida a conformidade à vontade divina. Sobre essa base bem sólida se constrói o edifício da sua vida espiritual; Deus nos ensina o desprendimento: primeiro o da pátria e daquele pequeno mundo demasiado humano que tão facilmente se cria em torno de nossas atividades um pouco prolongadas, mandando-o continuamente de um lugar para outro, de uma atividade para outra, de uma missão para outra. Depois, o mais difícil, o desprendimento de si mesmo, que caminha junto com a verdadeira humildade e o purifica dos ranços de um temperamento muito impetuoso na dolorosa experiência da própria insuficiência e do próprio nada e através da noite espiritual o leva à luz no ápice da contemplação divina para a qual, aliás, se prepara mediante uma contínua e equilibrada sucessão de exercícios e de missões de vida ativa e apostólica, por um lado, e períodos de vida retirada e solitária, por outro. Essa contínua docilidade diante do Invisível e Inapreensível obriga o profeta a um contínuo e crescente exercício de fé heroica e de esperança imperturbável e o torna cada vez mais forte em um amor não só afetivo, mas sobretudo efetivo. E enfim, Deus, querendo-o livre de todo vínculo de amor conjugal e de paternidade física, tão desejada no tempo do Antigo Testamento, torna-o pai espiritual de almas desejosas do encontro com o Senhor; uma paternidade destinada a se perpetuar em seu sucessor imediato, o profeta Eliseu, e na multidão de almas que se consagram a uma vida de busca de → DEUS segundo o seu exemplo, que nos seus traços essenciais e interiores transcende todos os limites de espaço e de tempo.

No âmbito do "mistério de Israel", a ele é confiada a tarefa de "reconstituir" as tribos de Jacó (Sr 48,10; Is 49,6), o que vincula o profeta aos mistérios dos tempos messiânicos e escatológicos.

No mesmo contexto, diz-se que Elias está destinado a aplacar a cólera de Deus e a atenuar os conflitos entre os anciãos e os jovens (Sr 48,10; Ml 3,24 [na Vulgata 4,6]), de modo que a terra não seja atingida pelo anátema no dia do Senhor; aliás, o próprio Senhor enviará Elias na qualidade de precursor antes que venha aquele temível dia (Ml 31,24 [Vulgata, 3,1; 4,26]).

Nas páginas do Novo Testamento encontramos, em relação ao nosso profeta, um quadro bastante rico de crenças populares (em parte confirmadas pelo próprio Jesus e pelos autores sagrados) e que em parte vai além das doutrinas já anunciadas nos textos referentes a Elias do Antigo Testamento. Sobretudo digna de nota é a convicção de um "retorno de Elias" como precursor do Messias — uma tarefa que, ao menos em parte (cf. Mt 11,10-14 em que se cita Ml 3,1), é assumida pelo Batista vindo "com o espírito de força de Elias".

Da intervenção de Elias se espera o final e definitivo "restabelecimento de todas as coisas" (Mt 17,11; Mc 9,12; Lc 1,17), mas também nas extremas necessidades pessoais se invoca Elias e se confia em sua ajuda até milagrosa (cf. Mt 27,47-49; Mc 15,35-36). Não devemos deixar de mencionar que há certa semelhança (ao menos literária) entre o relato da agonia psicológica de Elias sob a giesteira e o relato lucano da agonia de Jesus no Getsêmani (1Rs 19,4 ss. = Lc 22,28 ss.). Além disso, quanto à função escatológica de Elias, deve-se comparar a profecia das "duas testemunhas" (Ap 11,1-13) com a aparição de Moisés e Elias sobre o monte da Transfiguração (Mt 17,1-13; Mc 9,2-13; Lc 9,28-36). Finalmente, deve-se considerar que Elias é para nós o exemplo típico do homem de oração que é atendido (Tg 5,16) e que nos é apresentado pelo próprio Jesus (juntamente com o seu sucessor) como precursor da salvação dos povos (cf. Mt 17,10-13 e Mc 9,11-13).

3. ELIAS NA HISTÓRIA DA ESPIRITUALIDADE CRISTÃ-JUDAICA. Com o Antigo Testamento e o Novo Testamento, também a figura de Elias passou à espiritualidade cristã.

Entre os sírios encontramos todos os elementos bíblicos, enriquecidos pelas tradições pós-bíblicas de proveniência hebraica, e notamos uma agora elaborada concepção que pode ser considerada já típica para os cristãos. A atenção, de fato, se concentra na figura do profeta exuberante, educado na escola de Deus, modelo de → VIDA ativa e contemplativa, exemplo de austeridade e de desprendimento, de vida celibatária e quase monástica, exemplo clássico do homem de oração, figura excelsa, transportado milagrosamente para outro mundo para depois voltar com Henoc a esta terra para lutar contra o anticristo nos tempos escatológicos.

Entre os gregos encontramos as mesmas ideias já desde os primeiros escritores eclesiásticos, em especial a insistência na dedicação total ao serviço de Deus (por exemplo, em → ORÍGENES e em Atanásio) e na pureza e no desprendimento que conduzem à → UNIÃO COM DEUS (cf. GREGÓRIO DE NISSA, *De virgin.* 6).

Na tradição latina, podem-se distinguir três períodos: na época das perseguições, Elias é apresentado sob o aspecto da sua ação profética e das perseguições sofridas; no período seguinte predomina a consideração de outro aspecto quase oposto: o de Elias homem do deserto e da solidão, da austeridade e do jejum, da luta espiritual com seus altos e baixos, da virgindade e da oração, do homem de contemplação e de união com Deus. Certamente, Elias não era apenas um eremita ou um pai de monges; o mais próximo da realidade bastante complexa de sua vida talvez seja o texto de Santo → AMBRÓSIO que na *Laudatio de Eusébio de Vercelli* compara este último, "bispo e monge" com o profeta Elias.

Quanto mais a Antiguidade se dirige para a Idade Média, mais predomina o gosto pela alegoria; e assim Elias, nos diversos episódios de sua vida, torna-se o *typus Christi*: vislumbra o batismo atravessando o Jordão, torna-se símbolo do sacrifício de Cristo que lança a graça sobre os homens por causa do sacrifício sobre o Carmelo e da chuva que cai na terra de Israel, sendo transportado para o céu na carruagem de fogo que prefigura a → RESSURREIÇÃO etc.

Dos gregos a devoção a Elias passou também ao mundo eslavo evangelizado por Bizâncio. Observemos especialmente que a primeira igreja erigida na Rússia é dedicada a Elias no ano de 944. Nesse ambiente quase exclusivamente rural o culto de Elias assume um caráter particular: pede-se a ele a chuva e a fertilidade da terra (como aliás fazem também certos camponeses muçulmanos); por outro lado, porém, os círculos de espiritualidade monástica consideram-no modelo de sua vida: o homem que, vivendo neste mundo, ascende desta terra rumo ao próprio Deus; assim deparamos mais uma vez com aquela sua função de "guia das almas espirituais" que lhe é atribuída também pelos círculos místicos muçulmanos.

No Ocidente, a partir da Idade Média, a "espiritualidade eliana", no seu aspecto contemplativo e ao mesmo tempo apostólico, é cultivada sobretudo na Ordem carmelita, onde Elias é invocado *dux et pater*. São → JOÃO DA CRUZ cita o profeta Elias como exemplo de homem que experimentou o toque de Deus, e menciona a opinião teológica de que, sobre o monte Horeb, Elias viu Deus.

BIBLIOGRAFIA. BARCLAY ALLEN, R. Elijah the broken prophet. *Evangelical Theological Society* 22 (1979) 193-202; BOTTINI, G. C. "Pose la sua faccia tra le ginocchia": 1Re 18,42 e paralleli estrabiblici. *Studium Biblicum Franciscanum* liber annuus 32 (1982) 73-84; BOTTINI, G. C. Una aggadah giudaica su Elia ripresa dai Padri. *Studium Biblicum Franciscanum* liber annuus 30 (1980) 167-176; BROWER, K. Elijah in the Markan Passion Narrative. *Journal for the Study of the New Testament* 18 (1983) 85-101; CHILDS, B. S. On reading the Elijah narrations. *Interpretation* 34 (1980) 128-137; COULOT, C. L'investiture d'Élisée par Élie (1R 19,19-21). *Revue des Sciences Religieuses* 57 (1983) 81-92; Elie le prophète. *Études Carmnélitaines*. Bruges-Paris, 1956; FAIERSTEIN, M. M. Why do the Scribes say that Elijah must come first? *Journal of Biblical Literature* 100 (1981) 75-86; FORESTI, F. Il rapimento di Elia al cielo. *Rivista Biblica* 31 (1983) 257-72; HELEWA, G. Elia profeta. *Rivista di Vita Spirituale* 21 (1967) 48-72; MACINA, R. Le rôle eschatologique d'Élie le Prophète dans la conversion finale du peuple juif. *Proche Orient Chrétien* 31 (1981) 71-99; NORDHEIM, E. VON. Ein Prophet kündigt sein Amt auf (Elia am Horab). *Biblia* 59 (1978) 153-173; *Nuovo Dizionario di Teologia Biblica*. Cinisello Balsamo (Milano), 1988, 458-464; PAVONELLO, N. Il profeta Elia nella liturgia ebraica. *Rivista Biblica* 29 (1981) 393-404; RITTER, H. A. Anmerkungen zum Eliasbild. *Pastoraltheologie* 71 (1982) 500-507; THIERING, B. E. The tree and a half years of Elijah. *Novum Testamentum* 23 (1981) 41-55; VELOSO DA SILVA, M. A. Elias, o juízo sobre a monarquia ou a desfeita de Baal. *Estudios Bíblicos* 4 (1984) 33-40.

S. SIEDL

EMOÇÃO. O termo "emoção", em seu emprego atual por psicólogos e por filósofos, tem os mais diversos significados, indo do de reação sensorial injustificada ao de consciência. Assim, faz-se com que ele corresponda: à palavra "paixão" em sentido clássico, quer na acepção positiva de Aristóteles, quer na negativa dos estoicos; a uma percepção de mudanças corpóreas (James); a uma repetição de movimentos derivados de instintos ancestrais herdados (escola psicológica de

Chicago); a uma reação de fracasso ou de sucesso, sempre inútil (Janet); a uma maneira de ser fundamental do homem (o medo e a angústia em Heidegger); à consciência do mundo (Sartre) etc. Com essas acepções, o termo beira a indeterminação. A emoção não é um fenômeno simples, elementar, nem tampouco um fenômeno superior. Não é a *patibilis qualitas* dos escolásticos, que designava a mera alteração somática da cor do rosto ou do calor do corpo em caso de medo, de vergonha, de alegria etc. À emoção não corresponde nem mesmo a *passio*, na medida em que esta é um ato do apetite sensitivo influenciado pela imaginação, acompanhada de mudanças no corpo. Em relação à primeira, a emoção diz algo mais; em relação à segunda, tem um significado mais restrito. A emoção se diferencia também do sentimento; este contém manifestamente uma carga emotiva que, no entanto, não assume a forma da emoção. O sentimento é um processo emotivo contínuo, equilibrado, ordenado e reflexo, que surge dos estados afetivos revelados à consciência e aceitos por ela por serem profundos e ampliados na psique e reconhecidos como úteis, de certo modo, para a ação do sujeito. Fala-se de sentimento de amor, de coragem, do belo, da religião, da angústia etc. Isso não impede que o sentimento possa recair na emoção e nesta resolver-se, sob um maior controle da situação, em um correspondente sentimento; daí se extrai uma graduação entre emoção e sentimento difícil de definir. Contudo, em sua realidade normal, a emoção tem uma descrição fenomênica e constitucional própria, devendo, além disso, ter uma funcionalidade e incidência próprias no comportamento da pessoa.

Comumente reconhecem-se como fenômenos da emoção aqueles comportamentos humanos característicos (ainda que a ela não peculiares) nos quais se observam externamente observações de cor, de temperatura, de pulsação, de motilidade, de transpiração etc., derivadas quase repentinamente de um estímulo ou situação que aparentemente não justifica tal reação. A essas alterações periféricas correspondem as neurovegetativas, as endócrinas que as precedem e as causam; de outro lado, os sistemas nervoso e endócrino são, por sua vez, estimulados pelos centros físicos depositários dos instintos, das tendências, dos estados afetivos ou receptivos dos estímulos externos. Além disso, a emoção apresenta características de descontinuidade, de intensidade excessiva e com diferentes graus, de irreflexão, de confusão. Ela pode atingir quer o grau de "emoção aguda" em que o auge emocional destrói o poder de crítica objetiva, quer o do máximo do choque e o mínimo de uma simples explosão, logo contida. Os componentes da emoção são psíquicos e orgânicos, com preponderância destes últimos. Embora a emoção seja interpretada por muitas pessoas como um fato humano de nenhum ou de pouco valor biológico, não se pode negar que em todas as situações ela desempenha uma função positiva, mesmo que mínima, sempre que a psique superior não dispõe daqueles elementos de regulação que valem para resolver o problema de uma situação de forma refletida e ordenada. Não se pode dizer que a emoção seja um substituto do sentimento; também ela é uma forma de comportamento humano. A emoção pode ser descrita como uma alteração psicossomática descomedida e irrefletida que detecta a presença de um valor favorável ou desfavorável ao homem, assinalada imediatamente pelos estados afetivos lançados em confusão por um estímulo ou por uma situação. A observação demonstra-nos facilmente que a atitude emocional não é conveniente para a solução do problema apresentado por uma situação nova; o sujeito submetido à emoção não se adapta à situação e reage com um excesso ou uma insuficiência de ação. A emoção aparece mais frequentemente quando o campo afetivo está desordenado e a esfera noética e volitiva é pobre. Contudo, isso não impede que a emoção proteja algum interesse oculto do sujeito. Quando a emoção surge do sentimento, por uma concessão do eu, ela consegue potencializar a ação em ordem ao fim que se busca na nova situação. Se, ao contrário, antecede algum sentimento, ela representa uma primeira tentativa de resolver repentinamente o problema em favor do sujeito, embora seja antes um obstáculo para a rápida obtenção do fim desejado. As emoções mais conhecidas são as do medo, da fuga, da raiva, do desespero, da exaltação, da imprudência.

A especificação ética da emoção é remota. A emoção que precede o sentimento escapa ao controle da pessoa. Mais que de seus pressupostos (o instinto, os apetites, as atitudes, as tendências, os estados afetivos, a saúde física, o sistema nervoso etc.), a emoção extrai certa moralidade daquela soma de elementos psíquicos que se chama caráter, porque parece verossímil que quanto mais o caráter foi formado convenientemente mais contidas são as emoções. A moralidade das emoções remonta predominantemente à educação responsável do sujeito. O ato nelas realizado é declarado semivoluntário, às vezes até involuntário, dependendo do fato de a emotividade ter ou não impedido as forças superiores de interferir na situação. No campo ascético, algumas emoções religiosas (medo do inferno, fuga da ocasião de pecado, comoção pela paixão de Cristo etc.) têm um valor no início da conversão, na medida em que servem para orientar plenamente o sujeito para valores religiosos que devem substituir aqueles valores profanos. Nas experiências místicas, as emoções não têm nenhuma incidência, porque os fenômenos que podem se assemelhar externamente a elas têm uma origem e natureza bem diferente.

BIBLIOGRAFIA. ABBAGNANO, N. Emozione. In *Dizionario di Filosofia*, Torino, 1961; COFER, C. N. *Motivazione ed emozione*. Franco Angeli, Milano, 1977; DELAY, I. – PICHOT, P. *Abregé de psychologie*. Paris, 1962; FLETCHER, P. *I conflitti emotivi*. Torino, 1960; GEMELLI, A. – ZUNINI, G. *Introduzione alla psicologia*. Milano, 1957, 256 ss.; GREENACRE, P. *Studi psicanalitici nello sviluppo emozionale*. Martinelli, Firenze, 1979; LEVI, L. *Emotions, their parametres and measurements*. Raven Press, New York, 1975; OKSENBERG, A. RORTY. *Explaining Emotions*. USA, University of California Press, 1980; PLUTCHIK, R. *Emotions theory, research and experience*. I- *Theories of emotions*. 1980; II- *Emotions and early development*. Acad. Press, New York/London, 1980-1983; RAPAPORT, D. *Emotions and memory*. New York, 1950; SIWEK, P. *Psychologia esperimentalis*. Roma, 1958; YOUNG, P. T. *Motivation and emotion*. New York/London, 1961; ZAVALLONI, R. La vita emotiva. In *Questioni di psicologia*. Brescia, 1962, 367-395; ZUCKERMAN, M. –SPILBERGER, C. D. *Emotions and anxiety*. L.E.A., Hillsdale (N. Jersey), 1976.

G. G. PESENTI

EMULAÇÃO. 1. DEFINIÇÃO. No âmbito pedagógico e no ascético, o termo "emulação" pode assumir diversos significados. Em pedagogia, a emulação é uma experiência individual com orientação social produzida pelo homem que aspira a se colocar em evidência. Estimulado pela comparação dos próprios rendimentos com os de outra pessoa, o emulador visa melhorar sua própria classificação através da intensificação de seus esforços. Em ascética, a emulação é a aspiração do homem a atingir metas particulares de perfeição, comparando-se com a experiência de outros dos quais obtém estímulo e encorajamento.

Na base das duas concepções, contudo, está sempre o confronto; a diferença encontra-se no fim e nos meios. A técnica educativa moderna prefere chamar a emulação com o termo "agonismo" ou "competição". Examinada do ponto de vista psicológico, percebe-se a presença, consciente ou inconsciente, de uma rivalidade: o perigo das formas emulativas ou agonistas situa-se sempre na interferência da rivalidade e no confronto dos rivais dotados de possibilidades desproporcionadas de rendimento.

No campo espiritual, a emulação é frequentemente sugerida e suscitada para despertar alguns sujeitos lentos ou inertes em seus recursos de aperfeiçoamento, servindo-se do exemplo de outros mais bem-sucedidos: quer para corrigir a si mesmos, quer para avançar na santidade.

2. JUÍZO MORAL. Expressa em seus termos exatos, a emulação é uma espécie de luta de interesses que impele os competidores a lutar em causa própria, que é comum, mas que se diferencia pelo elemento subjetivo e pela tendência a obter uma vantagem pessoal. Como tal, é moralmente neutra: pode-se agir com disposições de espírito positivas, desprovidas de hostilidade e com a exclusão da violação dos direitos alheios, e, no campo ascético, com a ausência de preocupação por um insucesso ou uma improdutividade.

Não se deve ocultar o perigo de que os competidores, arrastados por um comportamento perturbador das boas relações da vida social e comunitária, intensifiquem a luta a ponto de esquecer o fim proposto e se deixar arrastar pela técnica agonística. A emulação requer sempre uma atenta vigilância moral por parte dos educadores.

3. TENDÊNCIAS NORMATIVAS. A atual pedagogia religiosa faz um uso intenso das técnicas agonísticas, especialmente sob a forma de concursos, competições, jogos de perguntas e respostas, testes, disputas. É preciso observar desde logo que há uma diferença intrínseca nos objetos assumidos como motivos agonísticos, alguns dos quais se excluem peremptoriamente da ação emuladora, como, por exemplo, os atos sacramentais, os atos da devoção cristã, as obras que devem ser notadas somente pelo Pai que vê no segredo das consciências; outros, ao contrário, são recomendados, observadas as devidas cautelas, a uma emulação inteligente e vigiada, como a frequência externa a alguns exercícios religiosos, a pontualidade aos horários, o comportamento externo, a multiplicação razoável de alguns atos.

A emulação, segundo alguns, pareceria menos sujeita a desvios sempre que se realizasse entre grupos que entre indivíduos: a realidade é que o risco permanece em ambos os casos, se não forem eliminadas as causas de perturbação geralmente constituídas pelo egoísmo individual ou de grupo. É sobretudo o exemplo e a experiência de sujeitos afirmados que estimula espontaneamente a emulação no campo ascético: a visão de homens cujo comportamento reflete o exercício personificado das virtudes e a superação das tendências inferiores é talvez o maior estímulo para uma emulação sentida e disciplinada.

4. AVALIAÇÃO PEDAGÓGICA. Na experiência educativa cristã do passado a emulação era considerada positiva sem reservas, quase em sentido absoluto, correspondente a uma pedagogia de rendimentos, ao passo que hoje uma nova concepção pedagógica que responde a uma escola de educação ressalta os perigos derivados da emulação, que são: a perturbação do espírito comunitário, o comportamento desleal para garantir-se um sucesso ou uma afirmação, o surgimento de uma ambição alheia aos valores objetivos que constituem a meta da própria emulação.

Entre os dois conceitos avaliativos, convém buscar um acordo que rejeite a fé incondicionada no agonismo e, de outro lado, favoreça com discrição o instinto de emulação, que é um recurso positivo da natureza humana. Trata-se de educar os sujeitos para as virtudes sociais da → LEALDADE, da → GENEROSIDADE, da colaboração, que tornam o homem apto a observar as leis da moralidade em todas as lutas e nas competições de lucro.

BIBLIOGRAFIA. BABIN, P. *Opzioni per una educazione della fede nei giovani*. Torino, 1967; ID. *Metodologia per una catechesi dei giovani*. Torino, 1967; *Educazione morale*. Roma, 1983; ELL, E. *L'educazione oggi: problemi scottanti*. Roma, 1971; GEVAERT, J. *Antropologia e catechesi*. Torino, 1971; IMBERDIS, P. *Punti di vista dei giovani*. Torino, 1972; LUFT, J. *Introduction à la dynamique des groupes*. Paris, 1967; MILANESI, G. C. *Sociologia della religione*. Torino, 1973; *Progetto educativo pastorale*. Roma, 1984.

S. RIVA

ENCARNAÇÃO. Mistério primordial da revelação cristã e ponto de convergência da relação de Deus com o homem, com a história e com o cosmos. Tanto a teologia como a espiritualidade procuraram viver e explorar seus conteúdos inesgotáveis. Ocupa sempre o lugar central na experiência da fé.

1. O MISTÉRIO. A encarnação é o ato de assumir uma natureza humana por parte do Verbo, segunda Pessoa da Santíssima Trindade; e também a união permanente e indestrutível que existe entre elas. São → JOÃO EVANGELISTA fornece-nos a fórmula mais breve e exata que possuímos desse mistério: "O Verbo se fez carne" (Jo 1,14). É o Verbo, Filho de Deus, Deus eterno também ele igual ao Pai na essência, na vida e no poder, como explica o evangelista nos versos que precedem. Se faz "carne" é expressão hebraica equivalente a fazer-se homem, mas que evidencia nele tudo o que no homem existe de frágil e de humilde. A revelação nos diz que sua humanidade é como a nossa.

No Novo Testamento, a encarnação aparece inserida no dinamismo do mistério total de Cristo: preexistência, encarnação, vida, morte, ressurreição; e só a partir desse círculo pode ser compreendida em todo o seu alcance e no seu valor salvífico. Como apropriação do ser humano, ela se realiza progressivamente ao longo de toda a existência humana de Cristo e atinge sua plenitude na ressurreição. Na morte, a condição encarnada, humana e servil é assumida da forma mais radical e visível. Na ressurreição a humanidade de Cristo recebe e manifesta a glória que lhe é própria como Filho de Deus. Os três mistérios: encarnação, morte e ressurreição, formam um só mistério, que se estende real e salvificamente da encarnação à glória.

O realismo dos relatos evangélicos sobre a condição humana de Cristo não pretende fundar uma ontologia, mas uma soteriologia. Com os fatos contados e as palavras referidas se procura colocar em destaque, por meio de um realismo manifesto ou suposto, o valor de revelação da palavra, do amor, das maravilhas e do poder de Deus que opera em Jesus.

O Novo Testamento faz com que a unidade entre o Verbo e o homem Jesus se manifeste sobretudo na natureza com que atribui ao próprio sujeito propriedades divinas e humanas em perfeita continuidade. Um texto fundamental a esse respeito é o hino de Fl 2,6-11: Cristo, mesmo sendo de natureza divina, assume a condição de servo, até a morte e morte de cruz. Por isso Deus o exaltou etc. (cf. 1Tm 3,16).

2. DOGMA E TEOLOGIA. A ocasião inicial para levar adiante o discurso dogmático e teológico sobre a encarnação foram as heresias trinitárias e cristológicas dos primeiros séculos do cristianismo. Toda essa atividade cristológica influenciou amplamente a espiritualidade cristã.

A história das primeiras heresias já assinala quase todas as tendências errôneas que depois se repetirão constantemente. Primeiramente, a maior dificuldade consistia em admitir a perfeita divindade de Cristo. Isso se explica porque o fato é simplesmente inusitado e pela oposição do ambiente judaico, que julgou ter destruído o dogma fundamental do monoteísmo. A heresia de Ário, muito difundida, negava que Cristo fosse Deus, igual ao Pai. Foi condenada no Concílio de Niceia (325), e a partir de então trouxe pouco prejuízo à Igreja. Maior influência na devoção teve o erro contrário, que nega a integridade da natureza humana em Cristo: corpo, alma, espírito (apolinarismo). Em decorrência da luta contra Ário, a atenção dos fiéis se concentra na divindade de Jesus Cristo, desinteressando-se parcialmente dos valores de sua humanidade. O apolinarismo favorece tal tendência que modificou as fórmulas litúrgicas e quase todas as manifestações da devoção cristológica durante muitos séculos.

A plenitude da natureza humana, que Cristo assume, implica corpo e alma. Não se trata de um corpo humano mantido e vivificado somente pela divindade. Possui todas as propriedades específicas da natureza humana: intelecto, vontade, consciência, liberdade; possui-as como potências e em sentido dinâmico, ou seja, em atividade normal e em parte aumentadas pelo uso e pela experiência (cf. Hb 5,8). É carente de pessoa humana, mas possui aquilo que denominamos personalidade humana: caráter, firmeza de espírito, critério, decisão, grandeza de espírito. Seu modo humano de agir é sincero e autêntico; submeteu-se a essas condições porque quis, mas agora elas se tornaram conaturais para ele. A experiência enriquece os seus conhecimentos da vida humana. Assume a forma de pensar e de sentir, assume as necessidades e os sofrimentos do homem: tem sede, chora, sofre, reza, procura consolo, se enfurece. A perfeição e a integridade da sua natureza humana são bem evidenciadas pelos dois fatos extremos da sua vida: concebido e nascido de uma mulher (cf. Gl 4,4), morto na cruz com sofrimentos de alma e de corpo.

A encarnação tem fins bem determinados. Cristo se faz homem para ser mediador do homem e de toda a criação. A estrutura divindade-humanidade perfeitas é requerida por esse fim. Se um dos dois elementos se enfraquece, a mediação permanece imperfeita. Seus atos de redenção se fundem na autenticidade da sua psicologia humana e ao mesmo tempo no fato de ter sido elevada a união com a Pessoa divina. A encarnação é o primeiro passo escatológico na obra da salvação. Em Cristo se manifesta a vontade irremovível de Deus, que começa a pôr em ação os seus desígnios para salvar os pecadores, que somos todos nós (cf. Mt 9,13; 1Tm 1,15). Com a humanidade assume também o mundo irracional, o resume, o eleva e o torna partícipe da sua glória de primogênito e dos destinos do homem (cf. Cl 1,13-23). Com a encarnação, Cristo se fez "fermentador do mundo" (Santo Atanásio).

Os Padres gregos viram no próprio fato da encarnação a redenção realizada, não apenas uma preparação para esta. O Verbo, ao se fazer homem, recebe a sua natureza dos homens e a toma para uni-la à divindade. Não sem razão o Evangelho traça uma genealogia dele. A humanidade começa a preparar, desde Adão, sob a ação divina, a carne do Verbo. Jesus é membro de uma família, de um povo, de uma raça. Que maior redenção se pode exigir? Deus ama e restaura uma coisa que faz sua com uma união tão íntima. Apropria-se de todas as partes da nossa natureza porque deseja divinizar todas elas. O que ele não tivesse assumido teria ficado irredento.

3. ECONOMIA CRISTÃ. Entre as qualidades mais importantes da encarnação está incluída a perenidade: perdura a união da Pessoa divina com a natureza humana, em virtude do princípio: nunca mais abandona aquilo que assumiu uma vez; e sobretudo permanece a humanidade assumida como centro de todas as relações entre Deus e os homens. Fez-se mediador enquanto homem e continua a sê-lo hoje enquanto homem. Compreende-se, uma mediação plena, nas duas direções: de Deus para o homem, do homem para Deus. A história da liturgia e a da espiritualidade demonstram a existência, na devoção cristã, de uma tendência impelida a acentuar a divindade de Cristo no céu, esquecendo em parte o caráter permanente da encarnação, que comporta não só a permanência da humanidade glorificada, mas também a sua contínua eficácia mediadora. Compreende-se a preferência pela parte que mais se evidencia em Jesus Cristo até porque é a parte que mais facilmente é atacada por não cristãos. Mas nem por isso deixa de ser prejudicial. Trata-se de um gnosticismo dissimulado, que põe Deus como forma de homem, mas sem funções especificadamente humanas.

A teologia e sobretudo o Novo Testamento nos dizem claramente que o Cristo que hoje nos protege e age e a quem falamos e dirigimos orações é o mesmo que viveu na terra, com a mesma estrutura e igualmente operante. A carta aos Hebreus mostra bem a importância de Cristo homem no céu, como sacerdote e como intercessor, ou seja, em suas funções de mediação ascendente. Ele escuta as nossas orações e também reza e adora o Pai conosco. Reduzir as dimensões da humanidade gloriosa de Cristo a um ser que é objeto da nossa adoração é deformar gravemente a economia divina da salvação.

A encarnação, além da sua importância e da sua eficácia, é norma de toda a economia religiosa, à qual serve de base. O cristianismo é religião encarnacionista. É economia do mediador, do Cristo humanizado. Em segundo lugar, porque se valoriza aquilo que é sensível em geral, o simbolismo e o instrumentalismo das coisas criadas. A encarnação é o ponto de partida e o modelo da Igreja nas suas funções, diz a *Mediator Dei* (cf. *AAS*, 1947, 527-528). Entre os judeus, por exemplo, eram severamente proibidas as imagens e as representações de figuras de Deus, dos anjos ou dos grandes santos; ao contrário, no cristianismo, logo se introduzem as representações do Bom Pastor, de Maria, e especialmente do Crucifixo etc. As imagens são uma característica do cristianismo entre as religiões ocidentais; seria melhor dizer do catolicismo: certamente não dos muçulmanos e tampouco dos protestantes. E a Igreja lutou duramente para defender esse privilégio. Ela compreende a transcendência da encarnação, e por isso ousa representar Deus, acreditando obedecer a uma economia instituída por ele mesmo, que quis apresentar-se ao homem em forma visível.

A encarnação do Verbo na cultura, herança religiosa e social do seu povo, torna-se a norma e o modelo da Igreja na atividade apostólica e missionária. "A Igreja, portanto, para ter condições de oferecer a todos os mistérios da salvação e a vida que Deus trouxe para o homem, deve procurar se inserir em todos esses grupos com o mesmo método, com que o próprio Cristo, *através da sua encarnação*, se libou àquele determinado ambiente sociocultural dos homens, entre os quais viveu" (*AG* 10).

O fato de o Verbo, assumindo a natureza humana, elevar e santificar toda a criação é motivo de uma atitude peculiar diante da realidade terrena. Os mais otimistas consideram justificada uma atitude abrangente de seus valores divinos, francamente amigável: o *encarnacionismo*. Até os mais reservados veem o mundo sensível como um elemento constitutivo na vida religiosa, mesmo quando julgam necessário certo grau de purificação interior para sabê-lo compreender e para se beneficiar dele.

4. DEVOÇÃO. O aspecto que adquire mais destaque na encarnação é o seu caráter redentor. Cristo se encarna para redimir os pecadores, para redimir toda a humanidade necessitada de perdão. Essa realidade fundamental é vista sob duas perspectivas diferentes: descendente (Deus se humilha até se fazer homem), ascendente (o homem é elevado até Deus); a primeira focaliza diretamente a redenção, a segunda a recapitulação e o triunfo. Esta última é a preferida pela teologia da espiritualidade grega que enfatiza mais a divinização do homem que a humilhação de Deus. A teologia latina deteve-se antes na condescendência divina que se abaixa até a humanidade e se submete aos sofrimentos.

O tema da "condescendência", numa ou noutra forma, é comum à tradição. Aproximação de Deus do homem. A encarnação constitui um encontro íntimo entre Deus e o homem, no qual, além de ser eliminada a distância estabelecida pelo pecado, se instaura uma intimidade infinitamente mais estreita e mais cordial do que a que existia antes. Costuma-se dizer que a humanidade de Cristo nos oculta a sua divindade; ao invés disso, ela a revela para nós. A divindade não é perceptível por si mesma. Se tirarmos de Cristo a humanidade sensível, não veremos mais a divindade sem véus; ao contrário, não veremos nada. No seu corpo e nas suas ações são vívidos os sentimentos divinos que se refletem na sua psicologia humana, e através dela e nela são acessíveis para nós.

O motivo da *kenôsis*, ou privação voluntária das honras divinas, é tomado como exemplo de humildade. Encontra-se em São Paulo, o qual diz que Cristo se humilhou, renunciou voluntariamente às honras divinas, mostrando-se entre os homens como qualquer um deles, a ponto de morrer crucificado (cf. Fl 2,5-11). No mesmo sentido, apresenta-o como exemplo de pobreza e de renúncia a qualquer tipo de bem e de comodidade: Cristo, sendo rico, quer fazer-se pobre, com o objetivo de enriquecer-se com a sua pobreza (cf. 2Cor 8,9). Ele já o havia declarado como programa de toda a sua vida: não vem para ser servido, mas para servir (cf. Mt 20,28); ao final de sua vida, reconhece ter realizado o seu propósito: eu vos dei exemplo de humildade, de caridade (cf. Jo 13,15). A encarnação, como exemplo de humildade, é considerada em bloco com todos os atos da sua vida terrena, incluída a morte de cruz. Observando os diversos atos separadamente, ela denota mais condescendência para com a própria morte de cruz, uma vez que a distância que Deus deve superar para se fazer homem é maior que a de ser crucificado, uma vez feito homem.

O mistério da encarnação tem a sua festa litúrgica (25 de março), que ainda é sentida mais como a anunciação de Maria. Dado que, na primeira vez em que se realizou, a encarnação não é um fato sensível, a devoção cristã popular e de algum modo também a liturgia concentraram a celebração desse mistério na festa do Natal de Jesus, quando o Verbo aparece na condição humana plenamente visível. Precisamente por esse valor revelador da encarnação, são associadas outras duas festas em que o mistério assume caráter propriamente histórico: a Epifania e o Batismo de Jesus.

A união hipostática está na origem do culto de adoração que se deve às diversas partes da humanidade assumida pelo Verbo divino. Poder-se-ia tributar o culto a cada uma em particular. A devoção normalmente se limita às mais significativas, que oferecem um aspecto de particular destaque ou simbolismo; o coração, as cinco chagas, o preciosíssimo sangue. Não por sua matéria, mas enquanto estão unidas e sobretudo enquanto se referem à obra realizada por Jesus em favor dos homens, ou manifestam um dos seus atributos. Algumas devoções mais particulares, a partir da humanidade do Salvador, foram desaprovadas pela Igreja como irreverentes ou desprovidas de significado.

BIBLIOGRAFIA. AMANN, E. Le grandi controversie cristologiche. In *Enciclopedia cristologica*. Alba, 1960, 406-430; BONNEFOY, G. F. Il primato di Cristo nella teologia contemporanea. In *Problemi e orientamenti di Teologia Dommatica*. Milano, 1957, 123 ss. (com bibliografia, 228-235), vl. II; BOURGY, P. *Teologia e spiruralità dell'Incarnazione*. Vicenza, 1964; DURRWELL, F. X. *La risurrezione di Gesú, mistero di salvezza*. Roma, 1969, 61 ss.; FERRIER, F. *L'incarnation*. Paris, 1960; GONZALEZ FAUS, J. I. *Carne de Dios. Significado salvador de la encarnación en la teología de san Ireneo*. Barcelona, 1969; ROUSSEAU, O. Incarnation et anthropologie en Orient et en Occident. *Irenikon* 26 (1953) 363-375; VIGUE, P. Il problema teologico dell'incarnazione. In *Enciclopedia cristologica*. Alba, 1960, 431-449.

F. RUIZ

ENCRATISMO. O encratismo (do grego *enkrateia* = continência) é uma doutrina moral e ascética muito rigorosa que, nos primeiros séculos da Igreja, predominou não só em alguns ambientes heréticos, mas também entre cristãos que haviam permanecido em comunhão com a Igreja. As seitas heréticas (gnosticismo, marcionismo, maniqueísmo, montanismo, a fundada pelo apologista Taciano depois de sua apostasia por volta do ano 170 etc.) impunham antes de tudo a abstinência do matrimônio e do uso da carne e do vinho como se fossem coisas pecaminosas. Os cristãos, em vez disso, abstinham-se de determinados alimentos e de determinadas satisfações legítimas por motivo de perfeição, algumas vezes de modo exagerado: nesse sentido falam os → PADRES APOLOGISTAS da vida matrimonial; nesse sentido, Pinitos, bispo de Cnossos em Creta, na segunda metade do século II, quer impor o celibato a todos sem distinção; nesse sentido se comporta Alcibíades, um dos confessores de Lião nos anos 177-178, alimentando-se apenas de pão e água.

A Igreja, porém, opõe-se a todos os excessos: aprova o ascetismo abraçado livremente e mantido dentro dos limites da razão, mas condena qualquer tentativa leviana que desejasse impô-lo a todos e não tolera que o asceta chame de ruim aquilo de que se priva por motivos sobrenaturais. São Paulo já diz que todas as criaturas de Deus são boas e que nenhum alimento deve ser rejeitado desde que seja tomado com ação de graças (1Tm 4,2-5); declara bom também o matrimônio, embora o culto da virgindade voluntária seja melhor (1Cor 7). Santo → IRENEU DE LIÃO (c. 202) afirma que quem se abstém sem boa justa razão peca de ingratidão contra Deus que tudo criou (*Adv. haereses*, I, 28). Todos aqueles que, no decorrer dos séculos, exaltam a virgindade voluntariamente abraçada se pronunciam no sentido de São Paulo. O Sínodo de Ancira (314) e os *Cânones dos apóstolos* (c. 400) decretam contra aqueles, sejam clérigos ou leigos, que se abstêm do uso da carne, do vinho e do casamento, por desprezo e não por motivos de perfeição. Santo Epifânio († 403) pode ser considerado o porta-voz da tradição de todos os tempos quando escreve: "A Igreja cultiva a virgindade mas não despreza o matrimônio; tem o culto da pobreza voluntária, mas não maldiz aqueles que de modo justo possuem bens e receberam os próprios pais tudo o que possa socorrer a si mesmos e aos necessitados; muitos na Igreja se abstêm de certos alimentos mas nem por isso se julgam superiores aos que fazem uso deles" (*Haer.* 61, 4).

BIBLIOGRAFIA. BLOND, C. L'hérésie encratite vers la fin du quatrième siècle. *Recherches de Science Religieuse* 32 (1944-1945) 157-210. Para uma informação completa, cf. *Atti del Convegno "La tradition de l'Enkrateia"*. Milano, 1982.

MELCHIORRE DI SANTA MARIA – L. DATTRINO

ENTUSIASMO. O verbete entusiasmo, em decorrência de sua derivação grega (ἐνθουσιασμός), conservou por muito tempo um significado originário de inspiração divina que em sentido translato podia substituir os termos: delírio, mania, ardor, furor, fanatismo, preferência por coisas excelentes, grande imaginação, sentimento muito nobre, êxtase. Mais recentemente, após a confusão entre entusiasmo e termos afins, incluindo o fanatismo, Karl Jaspers atribuiu ao entusiasmo um valor positivo, considerando-o um estado em que o homem, na posse de uma ideia qualquer, se sentiria tocar até o seu íntimo, em sua essência mais profunda, e teria condições de reagir de modo vital e aberto a novas situações. A noção de entusiasmo situa-se no quadro dos sentimentos tanto no seu aspecto fenomenológico quanto no psicológico. De fato, o sentimento, em sua acepção mais aproximada, é um estado afetivo consciente, profundo e amplo na psique do homem, que lhe permite reagir de modo regulado, útil e constante a situações ou estímulos correspondentes. O sentimento emprega preponderantemente a memória, a inteligência, a imaginação, a vontade e, mais estritamente, os sentidos e o sistema nervoso e endócrino. A gama dos sentimentos é extremamente graduada e contínua pela própria natureza dos seus componentes e também porque foram incluídas, com a denominação de sentimentos sensitivos e vitais, as sensações de dor e de prazer localizadas em uma parte do corpo e as sensações de tensão, cansaço etc. difundidas em todo o corpo (os escolásticos atribuíam essas sensações à consciência sensitiva). Limitando a classificação dos sentimentos aos do eu e aos espirituais (classificação proposta por Max Scheler e depois ulteriormente completada), podem-se agrupar, entre os primeiros, os sentimentos de estado agradáveis ou desagradáveis e os sentimentos de valor de si ou dos outros no duplo aspecto positivo ou negativo. Entre os sentimentos espirituais incluem-se os religiosos e metafísicos: por exemplo, os de esperança, de serenidade, de contemplação, de êxtase, de desespero etc. A origem do entusiasmo é idêntica à do sentimento que rege os estados afetivos, as tendências etc. Sempre que um desses sentimentos atinge um grau de intensidade capaz de atingir o sujeito, de condicionar sua atitude externa, de potencializar a capacidade ordenada de ação, determina uma situação entusiástica, ou seja, um estado subjetivo de fervoroso dinamismo afetivo, ideativo, volitivo e também ativo, que geralmente permite a obtenção do fim com facilidade, prontidão e satisfação. Só um sentimento superior e positivo pode se tornar entusiasmo, que pode ser definido como um sentimento positivo, agradável, aceito pelo sujeito como elemento dominante no clima endotímico da vida e como motivo de força na ação que reage às múltiplas e diversas situações. O sentimento superior com tendência afirmativa, tornando-se entusiasmo, considera a moralidade permitida pelo objeto e pelas circunstâncias em que se move o homem entusiasta.

No campo moral e religioso, o entusiasmo é uma coordenação eficaz de todas as forças subjetivas para ideais que muitas vezes são difíceis de conseguir. O enstusiasmo não torna o homem cego, mas lhe permite a pronta ligação de qualquer situação ou estímulo novo ao centro afetivo e ideativo do próprio clima entusiástico. O entusiasmo religioso é geralmente o estado psicológico mais comum aos apóstolos da ideia religiosa, e todos os que fazem do apostolado um ambicionado privilégio. Não se deve, porém, confundir o entusiasmo religioso com a exaltação religiosa ou com o fanatismo religioso que são degenerações do entusiasmo: de fato, uma é a índole eufórica e desordenada, o outro é um sentimento é um sentimento fechado, fixo, antissocial. O entusiasmo não corrige as deficiências psíquicas e de caráter do sujeito, às vezes até as acentua; mas eleva o tônus interior e dinâmico do sujeito e é altamente contagiante em razão da efervescência vital e otimista que difunde em torno de si. O entusiasmo religioso observa-se especialmente nos convertidos, nos comprometidos seriamente na perfeição cristã, nos favorecidos por graças de oração mística, sobretudo nas de recolhimento, de quietude, de união. A centelha do entusiasmo religioso pode ser acesa por uma verdade qualquer por um fato referente à religião, que sejam repletos de valor, porém; então todo o mundo afetivo e criativo religioso é envolvido e inserido no nicho sentimental daquela situação religiosa. Ocorre, por exemplo, no estado de contemplação mística denominado oração de quietude, que a alma se inebrie de amor a ponto de produzir externamente saltos, gritos, cantos de alegria: são as loucuras de amor dos místicos.

BIBLIOGRAFIA. Abbagnano, N. Entusiasmo. In *Dizionario di filosofia*. Torino, 1961; Carroll, E. Izard. *Human emotions*. Plenum Press, New York, 1977-1978; Fabro, C. *I sentimenti*. Firenze, 1956; Maisonneuve, J. *I sentimenti*. Milano, 1953; Miotto, A. *Psicologia del sentimento*. Firenze, 1945; Schwartz, L. *Les névroses et la psychologie dynamique de Pierre Janet*. Paris, 1955, cc. 5-6.

G. G. Pesenti

EPIFANIA. 1. ORIGEM E DESENVOLVIMENTO DA FESTA. No nosso calendário litúrgico, a Epifania parece quase o complemento natural do → NATAL, um pouco como → PENTECOSTES é o complemento da → PÁSCOA. No entanto, com respeito à Páscoa-Pentecostes, a relação Natal-Epifania, embora apresente alguma afinidade no plano celebrativo, é historicamente de origem totalmente diferente e tem também um significado liturgicamente bastante distinto. De fato, enquanto o Pentecostes, desde o início incluído na celebração global do mistério da Páscoa, só num segundo momento adquiriu importância como solenidade conclusiva de toda a "quinquagésima" pascal, a Epifania nasceu autônoma, e com características próprias no Oriente, antes de o Natal ser celebrado no Ocidente: só o subsequente intercâmbio recíproco das duas festas entre as duas Igrejas favoreceu seu processo evolutivo e a consequente diferenciação misterico-celebrativa.

O primeiro testemunho, de 361, nos é fornecido por Amiano Marcelino e é ambientado no Ocidente, precisamente na Gália: algo que não só não invalida a origem oriental da festa, mas constitui também uma confirmação indireta de tal origem, quer pelo nome grego — *epiphania* — com que é indicada pelo autor, quer pelas bem conhecidas relações estreitas das Igrejas da Gália com as várias cristandades do Oriente.

Pelo que se depreende das palavras de Amiano Marcelino, a Epifania já era tradicionalmente celebrada na Gália naquela época; delas se deduz que a sua instituição no Oriente podia remontar a mais ou menos quarenta anos antes; ou seja, a um período de tempo pouco anterior àquele em que no Ocidente se começou a celebrar a festa do Natal.

Depois dos estudos de Botte e de Leclercq, parece bastante verossímil a conclusão de que a Epifania oriental, quanto à instituição, corresponda quase exatamente ao Natal celebrado em Roma: uma cristianização, ou seja, uma referência a Cristo de uma festa pagã preexistente realizada em 6 de janeiro, em que se comemorava o nascimento milagroso de um deus, em relação com o solstício de inverno e com o aumento da luz. O deslocamento de treze dias em relação à data solsticial do calendário juliano — 25 de dezembro-6 de janeiro — refletiria a antiga datação do solstício egípcio, estabelecida no calendário do segundo milênio antes de Cristo.

De acordo com um testemunho de Clemente de Alexandria (*Strom.* 1, 21), há muito tempo, em ambiente gnóstico, começara a se desenvolver em sentido cristão a solenidade pagã e a celebrar nela o batismo de Jesus, considerado pelos gnósticos a primeira manifestação verdadeira da divindade na vida do homem e no mundo. Contudo, só no século IV a festa é encontrada nas Igrejas católicas do Oriente, ainda que com uma pluriforme variedade no próprio objeto da celebração: em alguns lugares a natividade, o batismo, as núpcias de Caná (Egito), em outros a natividade e a adoração dos Magos (Jerusalém), em outros ainda a natividade, a adoração dos Magos e o batismo (Síria e Constantinopla).

Uma pluralidade, uma diversidade e uma fusão de objetos celebrativos, que à primeira vista não se saberia explicar. De fato, se não é difícil, até mesmo em decorrência do paralelo romano, entender a natividade — nela incluída a adoração dos Magos — como substituição cristã do nascimento de um deus solar, mais problemática se apresenta a aproximação: natividade-batismo de Jesus-milagre de Caná. Contudo, parece que mesmo esses dois aspectos recorrentes da Epifania estão ligados a crenças e costumes pagãos vinculados com a festividade de 5-6 de janeiro, de que conservamos testemunhos diversos: águas tiradas naquele dia, que não se estragam por todo o ano; jatos de água de fontes transformados em vinho etc. A festa seria o resultado, portanto, não só da versão cristã dessas crenças, mas também da fusão de tradições localmente diferentes, porém sempre com o objetivo de solenizar, mediante a reevocação dos vários mistérios, a manifestação de Cristo homem-Deus ao mundo. Daí o nome grego de *epiphania*, traduzido em latim por *apparitio-manifestatio*.

É sintomático que seja possível encontrar essa fisionomia original e pluriforme da celebração da Epifania não no Oriente, onde a festa celebra unicamente o batismo de Jesus, mas na tradição ocidental galicana; São Paulino de Nola († 431), de origem aquitana, alude precisamente aos *tria miracula* da Epifania. Ter-se-ia verificado, portanto, precisamente o inverso do que parece ter ocorrido em relação ao Natal, cuja fisionomia originária romana não era a nossa atual, limitada à celebração da natividade, mas a conservada ainda hoje na liturgia natalícia oriental, que compreende numa única celebração a natividade e a adoração dos Magos. É um fenômeno, como se sabe, bastante frequente, mesmo no campo linguístico: evolução nos lugares de origem, invariabilidade nos de importação.

Mesmo em Roma a Epifania foi "importada"; apesar disso não se encontra, na primitiva tradição litúrgica romana, a pluralidade celebrativa de origem oriental, "fixada" na tradição galicana. Tudo porque, enquanto na Gália a Epifania fora a primeira a ser introduzida, derivada diretamente do Oriente, em Roma o Natal era celebrado havia tempo quando, na segunda metade do século IV, a nova festa foi ali adotada em derivação indireta, através da África e da Espanha.

Em Roma, a Epifania constitui o desdobramento do Natal: ou seja, desvincula-se da celebração de 25 de dezembro a adoração aos Reis Magos, que foi transferida inteiramente para o dia 6 de janeiro, tornando-se assim o objeto único da nova festa. Se depois, um século mais tarde, também o batismo de Jesus e as bodas de Caná são incorporados, como mistérios secundários, na tradição romana da Epifania, isso se deve sem dúvida a um aumento da influência oriental e galicana, especialmente através daquelas Igrejas que, como Ravena e Turim, tinham relações mais estreitas com o Oriente e com a Gália.

2. LITURGIA DA EPIFANIA. O centro da celebração litúrgica da Epifania é a grande manifestação de Cristo aos sábios vindos do Oriente, como primícias daquela universalidade da salvação oculta no Antigo Testamento e agora evidenciada com a → ENCARNAÇÃO. Na missa da solenidade se proclama Is 60,1-6, o texto profético que fala da morada de Deus em Jerusalém, inundada de luz, lugar da reunião escatológica de todos os povos. Faz-lhe eco o Salmo 71 messiânico e régio que expressa a alegria de Israel por seu Rei, reconhecido por outros soberanos que vêm com presentes e se prostram diante dele. A leitura de Ef 3,2-6 descortina o significado teológico da festa à manifestação de Cristo a todos os povos. Enfim, Mt 2,1-12 é a narração da vinda dos Magos a Jerusalém guiados pela estrela e da adoração do menino que encontram com Maria, sua mãe, na casa de Belém.

Alguns textos dos hinos e das antífonas do *Magnificat* e do *Benedictus* conservam ainda os traços dos outros episódios que a liturgia romana uniu à "manifestação do Senhor", o batismo e as bodas de Caná. Os textos eucológicos da missa, especialmente o Prefácio, focalizam o sentido do mistério: Cristo luz do mundo se revela a todos os povos (Prefácio); na Eucaristia nós recebemos o verdadeiro dom de Deus (Sobre as ofertas); mediante a fé devemos chegar à contemplação e à participação da glória do Senhor (Coleta e após a comunhão). Seguindo uma antiga tradição, nesse dia, após a proclamação do Evangelho, se faz o anúncio da Páscoa do Senhor e de outras festas importantes do → ANO LITÚRGICO.

No domingo depois da Epifania, a liturgia romana, em continuidade com o mistério da manifestação do Senhor, celebra, com solenidade e com belos textos eucológicos na missa e na liturgia das horas, o mistério da manifestação da → TRINDADE no batismo de Jesus no Jordão.

A Igreja oriental, que desde o final do século IV também celebra a festa do Natal do Senhor na data correspondente ao 25 de dezembro, segundo os vários calendários, na festa da Epifania, que é chamada de Santa Teofania ou de festa das luzes, celebra o batismo de Nosso Senhor. As homilias dos Padres e os textos litúrgicos orientais colocam em relevo a riqueza teológica do mistério do Jordão como manifestação da Santa

Trindade, unção de Cristo mediante o dom do Espírito, participação dos cristãos na natureza divina de Cristo pelo mistério do batismo. Os textos litúrgicos da bênção da água ressaltam o significado misterioso da graça que santifica o cosmos e habilita as águas a serem veículo da graça do Espírito Santo. A descida de Jesus nas águas do rio é prelúdio da sua descida ao sepulcro e imagem do seu mistério pascal.

Após a divina liturgia eucarística, no rito bizantino se realiza a bênção da água, estendida em algumas regiões como a Rússia à bênção dos rios e das torrentes. Em algumas Igrejas ainda se conserva o costume de administrar o batismo nesse dia, lembrando o sentido da iluminação batismal que deu também o nome à festa oriental: *ta phôta* (as santas luzes).

Como em todas as festas orientais, o centro da celebração é o mistério da Trindade que se revela no Jordão e da economia da salvação transmitida ao homem mediante a comunhão com o Filho e com o Espírito Santo. A luz de Cristo é transmitida aos batizados. Jesus é o iluminador, sol que reflete no rosto dos cristãos a luz da Trindade, como se expressa Gregório Nazianzeno na leitura que a Igreja romana proclama na festa do batismo do Senhor.

O ciclo Natal-Epifania só se encerra idealmente com a festa da apresentação de Jesus ao tempo ou *Ipapantí* (Encontro), em 2 de fevereiro. Essa festa, celebrada já em Jerusalém desde o século IV, reúne harmoniosamente os temas do Natal e da Epifania em Cristo Luz dos povos, e projeta no mistério de Cristo "sinal de contradição" para o cumprimento de seu mistério na paixão-ressurreição.

3. ESPIRITUALIDADE DA EPIFANIA. Nela domina o sentido da "manifestação" aos gentios e, portanto, a "luz da fé" que leva ao conhecimento do Senhor e à sua adoração.

É característica a insistência com que na liturgia se repete e de modo significativo se retoca a expressão do Evangelho: "*Vidimus stellam eius in oriente, et venimus cum muneribus adorare Dominum*". No menino de Belém os Magos reconhecem o Senhor, que concede a eles o dom de se manifestar, e diante dele se prostram, oferecendo, por sua vez, um presente. Do Verbo encarnado diz João no prólogo: "Ele veio para o que era seu e os seus não o acolheram" (Jo 1,11). No mistério da Epifania são os gentios que o acolhem e podem, portanto, contemplar a sua glória (Jo 1,14), glória a que o próprio evangelista se remete ainda, ou expressamente ou em termos equivalentes, quando relata aos outros dois episódios relembrados na Epifania (cf. Jo 1,33-34; 2,11).

Os temas litúrgico-espirituais da Epifania são os mesmos do Natal: a contemplação, a glória, o dom, entendidos porém num sentido mais amplo e mais profundo ao mesmo tempo; o mistério da encarnação se expande aqui e se dilata no mistério do Corpo místico (→ IGREJA, COMUNHÃO DOS SANTOS), que Cristo une a si, tornando-o partícipe da sua vida e da sua dignidade de Filho do Pai.

Epifania: festa da Igreja, a nova Jerusalém que se reveste de luz, para que rumo àquela luz caminhem todos os povos e filhos venham até ela de longe e filhas brotem nela de todos os lados (cf. Is 60,1-34). Mas todo essa convergência tem uma meta definitiva e uma conclusão suprema: "a epifania gloriosa de nosso grande Deus e salvador Jesus Cristo" (Tt 2,13). A *oratio* da Epifania o expressa com uma bela progressão, passando da luz da estrela à luz da fé e à luz da visão. A Epifania coloca assim no máximo destaque aquela tensão escatológica que é talvez, ao lado da teologia do *commercium*, a característica mais profunda da liturgia natalícia.

Os outros dois mistérios da Epifania — o batismo de Jesus e as bodas de Caná — são celebrados só à margem, não sem se inserir plenamente na dinâmica da solenidade, para a qual contribuem para ampliar os horizontes e aprofundar o mistério. Nas duas grandes antífonas ao *Benedictus* e ao *Magnificat*, ora o banquete nupcial ora o batismo no Jordão parecem polarizar todo o sentido da celebração. Cristo se encarnou e veio ao encontro da humanidade para uni-la a si em místicas núpcias; no batismo, ele a purifica de modo que, repleta de dons, possa participar do seu convite nupcial: o convite do céu, sem dúvida; mas também o convite que aqui embaixo é seu símbolo e penhor: a → EUCARISTIA. Não por acaso, alguns textos litúrgicos acrescentam aos *tria miracula* também a multiplicação dos pães: clara alusão à completude do sinal. Assim, na Eucaristia, ceia mística que consuma a união do esposo e da esposa por ele purificada nas águas do batismo, brilha sempre a estrela de uma manifestação atual, que perpetua a manifestação no tempo e antecipa aquela da "gloriosa epifania de nosso grande Deus e salvador Jesus Cristo".

BIBLIOGRAFIA. Cf. em geral a bibliografia indicada em → NATAL; além disso, *Tempo di Natale*. Brescia,

976. Para a liturgia oriental, ANDRONIKOF, C. *Il senso delle feste*. Roma, 1973, 165-208.

S. MAZZARELLO – J. CASTELLANO

EQUILÍBRIO. 1. DEFINIÇÃO. A noção de equilíbrio (do latim: *aequa* e *libra* = balança cujos pratos são iguais, no mesmo nível) é essencialmente dinâmica: designa o estado de um corpo ou de um sistema qualquer que está em condição de repouso, porque as suas partes são solicitadas por forças contrárias que se anulam.

a) *Nos corpos físicos não vivos* há uma determinada quantidade de energia inicial que representa um máximo, do qual é eliminada certa parte a cada vez que muda a distribuição interna de energias ou mudam as condições externas, com repercussões sobre as condições internas do corpo ou do sistema considerado. Portanto, um sistema físico em equilíbrio não pode deixar de se deteriorar a cada mudança, se não se transmitem a ele novas energias para compensar o progressivo desequilíbrio interno ou externo do sistema.

b) *Nos corpos vivos* a energia inicial pode aumentar: esse é um dos sinais mais característicos da vida, de poder renovar as próprias energias por meio de uma assimilação ativa de energias externas (fotossíntese nas plantas, nutrição e digestão nos animais). Porém, como estão submetidos às condições gerais da matéria, também os corpos vivos, depois de uma fase crescente de progresso, atingem um ponto limite além do qual tem início um processo irreversível de deterioração, que termina com a morte.

c) *Nos seres vivos espirituais* há uma energia inicial que se pode desenvolver indefinidamente, sem deterioração obrigatória, porque estes não estão submetidos às condições da matéria; qualquer deterioração é fruto de uma iniciativa do ser, ou seja, de uma violação das leis internas das suas energias espirituais. Segundo o impulso dessas energias, o ser espiritual está destinado a explicitar progressivamente aquilo que no início estava implícito (passagem progressiva da potência ao ato); além disso, ele pode receber novas energias de fora, ou seja, de Deus, como se verifica na infusão ou no aumento da graça. A curva normal de desenvolvimento do ser espiritual tende, portanto, para um máximo, que nunca será alcançado, já que são ilimitadas as suas condições de desenvolvimento e infinitamente perfeito é o termo, o próprio Deus, para o qual tende.

d) *Variações de equilíbrio*. O equilíbrio admite variações mais ou menos amplas, dependendo da quantidade de energias iniciais e do máximo ao qual tende o sistema físico ou o ser espiritual. O valor mínimo de equilíbrio é aquele em que as energias contrárias são neutralizadas a ponto de não permitir um progresso ou um desenvolvimento do ser: é o que ocorre no caso dos corpos físicos, ou ainda nos seres vivos sumetidos à ação de forças externas fortes ou de forças internas contrastantes (caso da → NEUROSE, por exemplo, ou de qualquer doença que reduza o ritmo normal da atividade). O valor máximo de equilíbrio é aquele em que, uma vez neutralizadas as energias antagonistas, resta um máximo de energias livres que podem ser aplicadas a diversos objetos ou fins, e permite assim um enriquecimento contínuo do ser espiritual.

2. CARÁTER PRÓPRIO DO EQUILÍBRIO PSÍQUICO E ESPIRITUAL. O homem possui diversos planos de atividade correspondentes aos diversos níveis estruturais da sua natureza. O seu equilíbrio tipicamente humano é aquele que encontra a sua substância na relação com os objetos e com os fins próprios da sua dimensão espiritual: equilíbrio que é essencialmente o de um conjunto de funções voltadas para seus objetos. Nesse caso, quanto mais intensa é a tendência dessas funções para seus fins, mais estável é o equilíbrio humano. Por sua vez, essas funções devem manter o equilíbrio entre suas inclinações e as das funções inferiores, sensíveis e biológicas. A mente, portanto, deve captar de modo proporcional o impulso das funções inferiores para orientá-lo para o cumprimento normal de seus atos e servir-se dele como de outros instrumentos na obtenção de seus fins nitidamente espirituais. Homem realmente equilibrado é aquele que é suficientemente atraído pelos valores espirituais, não só para poder resistir à atração antagonista das funções inferiores, mas também para poder permitir o exercício normal dessas funções sensíveis e biológicas de maneira a conferir a toda a pessoa as condições necessárias para favorecer o exercício cada vez mais forte do espírito, e o exercício cada vez mais integrado de todas as atividades da pessoa. O equilíbrio é decorrente, assim, do domínio da mente sobre as funções inferiores, segundo uma hierarquia de fins que solicitam todo o homem, os fins do espírito polarizando os da sensibilidade e as tendências profundas do espírito orientando e mobilizando as da sensibilidade e da esfera biológica. O homem progride assim em um campo de tensões internas sempre superadas, graças a um movimento contínuo para um estado mais perfeito: qualquer estagnação seria uma ameaça de desequilíbrio.

BIBLIOGRAFIA. Assagioli, R. *Armonia della vita*. Roma, 1977; Piaget, J. *L'equilibrazione delle strutture cognitive*. Torino, 1980; Revers, W. J. Equilibrio. In *Dizionario enciclopedico di pedagogia*. Torino, 1958, 126, vl. II; Storr, A. *L'integrazione della personalità*. Roma, 1969.

A. M. Perrault

ERASMO. 1. Nota biográfica. Desidério Erasmo nasceu em Rotterdam em 28 de outubro de 1466 ou 1469. Completou os primeiros estudos em Gouda (1470-1475) e em Deventer (1475-1484), continuando-os depois entre os "Fratres vitae comunis" da → DEVOTIO MODERNA em Bois-le-Duc (1484-1487), três anos que depois considerou perdidos. Por insistência de seu tutor, ingressou entre os cônegos regulares de Santo Agostinho em Steyn em 1487, pronunciando os votos religiosos. Os primeiros anos de vida religiosa foram relativamente piedosos, em particular por suas aspirações literárias da juventude; dedicou-se apaixonadamente à leitura dos clássicos e pouco a pouco diminuiu o seu fervor e a sua estima pela vida religiosa. Todavia, foi ordenado sacerdote em 25 de abril de 1492.

Iniciou o estudo da teologia segundo o costume da escolástica decadente de Paris, primeiro no colégio de Montaigu, onde conheceu o célebre reformador João Standonck (1495-1496), depois fora do colégio, entre 1496 e 1499. Insatisfeito com o método escolástico, nasceu nele de um lado uma espécie de ódio, de outro um irresistível desejo de reformar a teologia. As duas tendências se conciliaram por ocasião da sua viagem à Inglaterra, em 1499; os contatos com Thomas Morus e com J. Colet, promotores do movimento bíblico e reformista, terminaram de decidir a sua orientação teológica positiva. De volta a Paris, em 1500, inicia suas publicações com os famosos *Adagia*, uma coleção de provérbios clássicos, e desde então a sua vida é uma contínua peregrinação através da Europa em busca de humanistas, editores, patrocínios, amizades. Em diversas viagens através da França, de Flandres, da Inglaterra, da Itália e da Suíça em que, pode-se dizer, estabelece a sua residência a partir de 1525, data que assinala a época das suas lutas contra os protestantes e contra os teólogos tradicionalistas, "monges" incultos. Com o breve de Leão X (janeiro de 1517) em que é absolvido das censuras em que havia incorrido em decorrência do seu "forçado absenteísmo" do convento, considera-se mais livre para se dedicar a suas atividades científicas, cada vez mais absorventes, por causa de sua fama e dos convites de príncipes e nobres de toda a Europa, que disputam os seus serviços. Erasmo prefere a liberdade de ação e, após a instauração em Basileia do protestantismo feita por Ecolampádio, retira-se da luta contra os protestantes e da vida mundana e se recolhe na tranquila sé católica de Freiburg-im-Brisgau (1529-1535), onde publica em 1534 o opúsculo *Quomodo se quisque debeat praeparare ad mortem*. Enquanto trabalhava em seu último escrito, *De puritate Ecclesiae christianae*, sem se dar conta ditava o seu testamento literário e espiritual. Morreu na Basileia poucos meses depois (no dia 11 ou 12 de julho de 1536).

2. Escritos espirituais. Ao folhear-se os 10 volumes (em 11 tomos) da edição de J. Clericus, *Desiderii Erasmi opera omnia*, Leiden, 1703-1706, imperfeita, mas a mais completa das existentes, percebemos que a maior parte dos escritos oferecem elementos úteis para reconstruir a sua fisionomia espiritual. Contudo, é fácil distinguir entre as obras que se referem à sua vida ou à sua espiritualidade pessoal e aquelas que propõem um olhar mais objetivo e universal; é fácil distinguir quais são os estudos que poderiam ser considerados teóricos e, de certo modo, sistemáticos. À primeira série pertencem, juntamente a outros de menor importância: as *Enarrationes*, série de comentários a vários salmos, publicados entre 1515 e 1524; as *Paraphrases*, comentários ao Novo Testamento (entre 1517 e 1524); *Precatio dominica*, glossa ao *Pater noster* (1523); o *Modus orandi Deum* (1524); *De inmensa misericordia Deis* (1524); *De vidua christiana* (1529) e o *Symbolum sive catechismus* (1532). A concepção moral do cristianismo e a sua espiritualidade são desenvolvidas principalmente nas seguintes obras: *Enchiridion militis christiani*, publicado pela primeira vez nas suas *Lucubratiunculae* (Antuérpia, 1503); *Ratio seu methodus compendio perveniendi ad veram theologiam* (1519); os prólobos ao *Novum Testamentum* (Basileia, 1616); *Familiarum colloquiorum formulae* (Basileia e Antuérpia, desde 1518). O mais significativo de todos continua a ser o *Enchiridion*, composto "para sanar os erros de quem centra a vida cristã nas cerimônias e nas práticas exteriores, excessivamente judaizantes, que deturpam a verdadeira devoção". Nessas palavras mostra-se inconfundível o tom e o sentido da devoção erasmiana, incluída aquela forma de "evangelismo" humanista conhecido em nossos dias com o nome de "erasmismo".

3. ESPÍRITO E DOUTRINA. Erasmo foi, mais que um espiritual genuíno, um "moralista" convertido em pedagogo pelo humanismo cristão que invadiu a Europa às vésperas da revolta protestante. Sua vida e sua obra literária não podem ser dissociadas, uma vez que personificam uma atitude e uma mentalidade, as do "erasmismo". O programa, que talvez seja a manifestação mais extremista dos evangelismos da época, proclama: a Bíblia contra a Escolástica; o cristão interior contra o formulismo exterior; a liberdade espiritual contra a opressão das regras e das leis; a cultura clássica contra a devoção monótona e inculta. Em sua juventude, Erasmo e seus seguidores mais extremistas exageraram mais de uma vez na aplicação desses princípios programáticos, sonhando com um cristianismo puro e simples, isento das cerimônias e das regras humanas. Eles desprezaram e desacreditaram os religiosos e a cultura escolástica; ridicularizaram as devoções populares, as peregrinações, os votos, as indulgências etc., como superstições contrárias à dignidade e à liberdade de um cristão "piedoso e culto". Assim como Erasmo nos últimos anos, também seus seguidores espirituais mais genuínos (especialmente na Espanha) souberam equilibrar corretamente os novos elementos e atitudes com as formas e princípios tradicionais. Nessa direção, o "erasmismo" acabou sendo um movimento de autêntica regeneração espiritual nas forças da Contrarreforma.

Para compreender as características mais gerais do "erasmismo" como atitude e corrente espiritual, é preciso libertar-se da sistematização que representa o *Enchiridion militis christiani*. O autor ensina que a vida do homem é uma luta, uma milícia contínua, segundo o testemunho de Jó. Só os que lutam *corajosamente* chegam à meta. Erasmo quer ensinar a maneira de alcançar "uma mente digna de Cristo", servindo-se de preferência de uma estratégia de interiorização. As duas armas fundamentais são a *precatio* e a *scientia*; a primeira purifica a vontade; a segunda nutre o sentimento. A primeira é reduzida ao impulso ou sentimento de interiorização, e o autor quase não se ocupa dela. A ciência é representada sobretudo pela palavra divina ou Escritura, que o cristão deve meditar dia e noite. Como preparação serve o estudo dos clássicos antigos, literários ou filosóficos, em particular platônicos, que se completam com os melhores exegetas, → ORÍGENES, → AMBRÓSIO, → AGOSTINHO, → JERÔNIMO. O primeiro passo na verdadeira sabedoria cristã é o conhecimento de si mesmo e das forças que existem no homem: afetos passionais, humanos e razoáveis, ou de acordo com a tríade de origem paulina desenvolvida por Orígenes: "o espírito, a alma, a carne".

O homem exterior luta contra o interior ao qual deve se submeter, e não existe nenhum movimento que a razão não possa dominar ou que a virtude não possa dirigir, não obstante as consequências do pecado original. As regras ou cânones que o cristão deve seguir em sua luta prática (trata-se de 22 normas colocadas ao final da obra) giram em torno dos princípios supremos de Erasmo: Cristo, centro e fim da vida devota (n. 4) e afirmação de que a devoção perfeita consiste não nas práticas exteriores, e sim nas interiores (n. 5). As outras são regras minuciosas contra o pecado, as tentações, o mal etc., além da primeira, em que recomenda a fé ardorosa e sólida na Sagrada Escritura. Como conclusão, insiste na condenação do formulismo farisaico próprio dos religiosos, afirmando que "*Monachatus non est pietas, sed vitae genus*".

Características peculiares da concepção cristã do "erasmismo" são, em substância, as seguintes: a interioridade diante da devoção exterior, compreendida a litúrgica; a tendência exclusiva para a adoração de Deus "em espírito e verdade" com a prática sincera do Evangelho. Trata-se de um moralismo que prega a luta contra a superstição e o formulismo religioso. É uma espiritualidade cristocêntrica fria que não vê em Cristo nada além que o exemplar e o modelo da verdadeira sabedoria, que no fim recai num antropocentrismo, uma vez que a felicidade da alma, fim psicológico da vida, se encerra na satisfação dos apetites pessoais do homem. Deriva daí que a santidade deve ser forma eminente de sabedoria, de prudência e de equilíbrio, ou seja, meta de um puro moralismo que divide o Evangelho ao meio. Embora a marca da espiritualidade erasmiana seja manifestamente intelectual mais que afetiva, ela ainda apresenta uma forte tendência antiespeculativa e relativamente adogmática.

Tudo se reduz a um evangelismo ou biblismo extraídos diretamente das fontes sagradas, mas sem fórmulas complicadas nem sistematizações teóricas que tentem concilía-los ou explicá-los.

BIBLIOGRAFIA. 1) Relação das edições das obras de Erasmo: HAEGHEN, F. VAN DER – ARNOLD, TH. Bibliotheca erasmiana. Bibliographie des oeuvres d'Érasme. In *Bibliotheca Belgica*. Gand, 1897-1936, tt. 6-14. A edição moderna mais completa é a de Leyden, 1703-1706 em 10 vls. A edição crítica do epistolário em 11 vls., Oxford 1906-1947, foi realizada por P. S. ALLEN et al.; os *Índices* publicados em 1958 compõem o t. 12 da série.
2) ABELLÁN GARCÍA, J. L. *El erasmismo español*. Madrid, 1976; ID. *El erasmismo español*. Madrid, 1982; GODIN, A. *Érasme, lecteur d'Origène*. Genève, 1982; AVILÉS. MIGUEL DE. *Erasmo y la Inquisición*. Madrid, 1980; BAITON, R. H. *Erasmus of Christendom*. New York, 1969/London, 1970; BATAILLON, M. *Érasme et l'Espagne. Recherches sur l'histoire spirituelle du XVI siècle*. Paris, 1937; BEUMER, J. *Erasmus der Europäer. Die Beziehungen des Rotterdamers zu den Humanisten seiner Zeit unter den verschiedenen Nationen Europas*. Wer. Westf., 1968; *Scrinium Erasmianum. Mélanges historiques publiés sous le Patronage de l'Université de Louvain à l'occasion du cinquième centenaire de la naissance d'Érasme*. Leiden, 1969, 2 vls.; BIERLAIRE, F. *Les "Colloques" d'Érasme. Réforme des moeurs et réforme de l'Église au XVIe siècle*. Paris, 1978; BORGHI, L. *Umanesimo e concezione religiosa in Erasmo di Rotterdam*. Firenze, 1935; COPPENS, J. Déboires, préoccupations et évolution religieuse d'Érasme. *Ephemerides Theologicae Lavanienses* 56 (1980) 113-121; FALUDY, G. *Erasmus*. New York, 1970; GUTH, K. Volksfrömmigkeit im Urteil des Erasmus von Rotterdam. *Zeitschrift für Schweizerische Kirchengeschichte* 70 (1976) 168-192; HALKIN, L. E. *Erasmus ex Erasmo*. Aubel (Bélgica), 1982; HUIZINGA, J. *Erasmus*. Haarlem, 1924 (com versões nas principais línguas); MARGOLIN, J. CL. *Neuf années de bibliographie érasmienne (1962-1970)*. Paris, 1977; PADBERG, R. *Erasmus von Rotterdam. Seine Spiritulität. Grundlage seines Reformprogramms*. Paderborn, 1979; PETRUZZELLI, N. *Erasmo pensatore*. Bari-Napoli, 1948; POLLET, J. V. M. Quelques aspects du problème érasmien d'après les publications récentes. *Erasmiana* 26 (1952) 387-404 (com bibliografia); SANCHIS, A. MESTRE. Influjo erasmiano en la espiritualidad del Inquisidor general Felipe Bertrán (1704-1783). *Anales Valentinos* 1 (1975) 277-96; SOWARDS, J. K. *Desiderius Erasmus*. Boston, 1975.

E. PACHO

EREMITISMO. Do grego ἔρημος = solitário, é o estado de quem se desvincula de qualquer contato humano e vive separado em localidades isoladas: deserto, pântanos, florestas etc., satisfeito apenas com o que é necessário à vida: pão, água, ervas, frutos, para se dedicar tão somente à contemplação de Deus.

Sob esse aspecto, é o tipo de vida mais perfeito do ascetismo cristão. O eremitismo, como de resto a vida religiosa em geral, fundamenta-se em conselhos evangélicos enunciados em Mateus: "Se alguém quer vir em meu seguimento, renuncie a si mesmo, tome a sua cruz e siga-me. Se queres ser perfeito, vai, vende o que possuis, dá-o aos pobres e terás um tesouro nos céus. Depois, vem e segue-me!" (16,24; 19,21).

O próprio Jesus gostava de se retirar para lugares solitários para ficar ali em colóquio com seu divino pai: "*Exit in montem orare, et erate pernoctans in oratione Dei*" (Lc 6,12).

Os historiadores, com base no testemunho de São → JERÔNIMO, veem em São Paulo o Tebano (234-347) o primeiro seguidor do eremitismo na sua expressão mais absoluta, denominada pelos historiadores de eremitismo puro, ou anacoretismo, por causa da perfeita separação do santo de qualquer contato com o homem: só com Deus sozinho.

Essa experiência foi ocasional: Paulo penetrara no deserto para fugir à perseguição de Décio (249-251); mas, experimentadas as belezas da vida solitária, permaneceu ali até a sua morte. A notícia dessa experiência eremítica singular chegou até nós pelo famoso encontro de Santo Antão com Paulo, silenciado por Atanásio, mas relatado por São Jerônimo.

Uma segunda experiência eremítica, da qual restam notícias mais abundantes, é a de Santo → ANTÔNIO ABADE (250-356) e dos seus inúmeros seguidores, que se diferencia da primeira.

Os ascetas disseminados pelo amplo deserto, chamado de eremitério (centros mais conhecidos: Tebaída, Nítria, Skete), formavam uma espécie de comunidade ainda não suficientemente organizada. Moravam sozinhos, ou então em dois ou em três, nas cavernas, nas grutas ou à sombra de uma palmeira, guiados por um eremita mais idoso famoso pela longa experiência no eremitério. Observavam jejuns rigorosos, vigílias prolongadas, e passavam grande parte do dia na contemplação. Reuniam-se aos sábados e domingos para assistir à missa, receber a Eucaristia e ouvir a conferência de um renomado eremita. O trabalho encontrava o seu lugar, mas era entendido sobretudo como meio para fugir à ociosidade, e se apresentava sob a forma de artesanato: tecer esteiras, cestos, cilícios etc.

Esse tipo antoniano de eremitismo suscitou um grande entusiasmo entre os cristãos, especialmente nos séculos IV-V, primeiro no Oriente e depois no Ocidente. Com Santo Hilário (291-371) o eremitismo passa do Egito, onde havia surgido, para a Palestina. O santo, dirigindo-se a Alexandria para estudar, conheceu Antão e com ele ficou por cerca de dois meses. Atraído por aquele tipo de vida, abandonou os estudos e, ao voltar a sua terra natal, abraçou a vida eremítica nas proximidades de Majuma. Experimentou também a reclusão, construindo uma pequena cela que depois ficou famosa no ascetismo eremítico.

Essa primeira tentativa encontrou em São Caritão (250?-350) um inteligente organizador. Contrariamente a Santo Antão, que distribuía os discípulos pelo eremitério, ele os agrupava em pequenas colônias de celas, oferecendo desse modo o aspecto de um rústico vilarejo. Daí o nome de "laura", que na linguagem monástica significa aglomerado de pequenas celas habitadas por ascetas. A primeira e mais famosa laura é a construída pelo santo em Feran, no deserto de Judá; também são de sua autoria as lauras de Douka, no deserto de Jericó, e de Souka, nos arredores de Belém. Os ascetas da laura eram denominados habitantes de celas.

Outro famoso divulgador da laura é Santo Eutímio o Grande, de Metilene, na Armênia (377-460). Depois de se dedicar ao ascetismo por um quinquênio em Feran, retirou-se para o deserto; mas, assediado pelos devotos em razão dos muitos milagres que realizava viu-se obrigado a vagar de um lugar para outro em busca de solidão, suscitando em todas as partes grande entusiasmo pelo eremitismo e construindo diversas lauras para os numerosos discípulos.

Santo Eutímio é reconhecido como um dos primeiros organizadores da laura e pelas diretrizes sobre a vida eremítica e sobre o culto divino, incluídas depois no *Typicon* de São Saba (439-512). Este santo também difundiu o eremitismo de tipo palestinense, fundando duas lauras, uma no vale do Cedron e outra em Theuca.

Em seguida, a laura se propagou também fora da Palestina. Os centros mais conhecidos são o monte Sinai e o monte Athos (Grécia).

Podemos aproximar dos eremitas outras categorias de ascetas; recordemos as mais conhecidas.

Os → ESTILITAS, bastante numerosos, viviam habitualmente sobre uma coluna sem nunca descer dela; o mais famoso de todos foi São Simeão Estilita (517-92); desapareceram definitivamente por volta do século X. Os dendritas viviam nas concavidades de troncos ou em pequenas cabanas construídas entre os ramos das árvores; não tiveram muitos seguidores. Os reclusos, encerrados por toda a vida ou por algum tempo no restrito espaço de uma cela, foram conhecidos também no Ocidente; aliás, devemos dizer que essa instituição é ainda praticada entre os camaldulenses.

Os historiadores relacionam a presença do eremitismo no Ocidente com a publicação da *Vita Antonii*, escrita por Santo Atanásio durante o seu primeiro exílio em Treves (335-7), e com os escritos de São Jerônimo e de outros, sobretudo → CASSIANO. Não é improvável, porém, que um primeiro divulgador tenha sido o próprio Santo Hilário, que depois do ano 329 encontramos presente, ainda que por um curto período, na Sicília e até na Dalmácia. É provável, embora não documentável, que a presença do grande anacoreta tenha suscitado vários seguidores naquelas regiões. No Ocidente, ao menos no século X, não existem personalidades da estatura dos grandes ascetas orientais. O eremitismo apresenta-se estreitamente ligado a pessoas isoladas e em ambientes bem restritos; e a comunidades eremíticas que nunca se transformam em grandes centros de irradiação.

No tempo de São Bento, o eremitismo atravessava uma grave crise, bem evidenciada no primeiro capítulo da *Regra*. Com a publicação dessa *Regra*, o ascetismo ocidental agora se polarizava em torno da vida monástica; esta avança por todas as partes e pouco a pouco supera as outras regras monásticas, tornando-se no século XI o único código do monasticismo ocidental.

O eremitismo, contudo, não desaparece de todo, embora passe a segundo plano. Podemos encontrá-lo em várias partes e especialmente naquelas regiões da Itália meridional dominadas pelos bizantinos.

A vida monástica não rejeita o eremitismo; ao contrário, coloca-o a seu lado e abre caminho para os monges mais experientes (*Regra* de São Bento, cc. 1 e 73). Comumente se manifesta sob a forma de reclusão; mas existem também verdadeiros eremitérios com celas separadas e agrupadas em torno de uma igreja. Lembramos, como exemplo, os eremitérios construídos sobre o Monte del Silenzio (Espanha) ao longo do século X pelo bispo São Genádio.

Um acontecimento de importância excepcional para o eremitismo ocidental é dado pela obra desenvolvida por São Romualdo e por São Pedro Damião, durante os séculos X-XI. Esses dois personagens são sem dúvida os ascetas mais célebres que podem ser comparados aos grandes eremitas do Oriente. De São Romualdo escreve o biógrafo São → PEDRO DAMIÃO: "Tanto entusiasmo em produzir bons frutos habitava o coração do santo homem que, nunca satisfeito com o que havia feito, enquanto fazia uma, logo se apressava a dar início a outra (fundação): a ponto de que se poderia pensar que queria transformar todo o mundo num eremitério e associar todo o povo à Ordem monástica. Na verdade, naquele lugar (Orvieto) muitos subtraiu ao século, e depois os distribui em diversos lugares" (*Vita Romualdi*, 37). Infelizmente o biógrafo não cita todos os eremitérios fundados pelo santo: lembra, muitas vezes só de passagem, apenas oito; a eles é preciso acrescentar outros seis mencionados pelos historiadores locais. Entre os mais conhecidos lembramos: Camaldoli e Fonte Avellana. São Pedro Damião, por outro lado, fundou cinco eremitérios.

No eremitério de Romualdo observavam-se com grande fervor os costumes que encontramos entre os eremitas orientais: solidão, silêncio, rigorosos jejuns a pão e água, flagelações, vigílias prolongadas, oração contínua e algumas atividades de artesanato para fugir à ociosidade. A recitação do → OFÍCIO DIVINO e a celebração da missa tinham lugar na igreja comum, obedecendo à tradição monástica. A comunidade monástica era dirigida pelo prior, raramente pelo abade, eleito vitaliciamente pelos eremitas. Durante o Advento e a Quaresma, a quase totalidade dos eremitas observava a reclusão. O eremitério era composto de poucas celas alinhadas em volta da igreja e de um ou outro edifício, como a aula capitular etc. O lugar preferido eram os vales profundos ou as densas florestas das montanhas. Em geral, a pequena colônia eremítica estava ligada a um monastério próximo; e isso por uma finalidade no mínimo prática: a formação monástica de todos os que deixavam a vida secular para se transferir para o eremitério; a assistência sanitária aos eremitas doentes; a gestão dos bens anexos aos eremitérios; e a hospitalidade aos peregrinos e devotos. Na falta do monastério, São Romualdo construía nos arredores do eremitério um abrigo com as mesmas características, mas nesse caso os seculares eram enviados ao mosteiro mais próximo para a formação monástica.

Em Fonte Avellana, ao menos com São Pedro Damião, os seculares eram rapidamente admitidos no eremitério, onde cumpriam o ano de noviciado; trata-se, contudo, de uma inovação, aliás reconhecida pelo próprio São Romualdo. A novidade foi adotada também em Camaldoli, mas depois do ano 1080 retornou-se à tradição originária. Se depois São Romualdo construía ao lado do eremitério também o monastério, este era submetido ao prior eremítico e as duas famílias formavam uma única comunidade. Essa prática ainda vigora em Camaldoli.

Depois de ingressar no eremitério, o asceta geralmente ali permanecia até a morte; aos monges que se transferiam para o eremitério não se requeria outra formalidade a não ser o assentimento da comunidade eremítica e do abade de origem. Não se praticava apostolado externo. A única forma permitida era a → DIREÇÃO ESPIRITUAL realizada no interior do eremitério. Em Camaldoli a existência dessa forma é documentada desde o ano de 1080 (*Annales Camaldulenses*, III, Ap. 544).

A organização da cela eremítica era mais ou menos como a de hoje: lavatório, alcova, escritório, pequena capela, depósito de lenha e pequeno jardim circundado por uma cerca ou um muro. São Romualdo não deixou para os eremitas nenhuma Regra escrita, além da beneditina, por ele professada em Classe, e dos exemplos de sua interpretação eremítica, colocados por escrito por São Pedro Damião, para Fonte Avellana, e por São Rodolfo para Camaldoli. O primeiro é considerado o teórico do eremitismo ocidental.

O movimento eremítico romualdiano nunca foi antimonástico, como algumas vezes julgaram historiadores desprevenidos. Comprovam-no as fundações monásticas suscitadas pelo santo e por seus discípulos diretos. No máximo se pode dizer que ele mantinha aberta polêmica com o monasticismo decadente e comportava uma tácita recriminação ao exagerado luxo de não poucos monastérios ainda que observantes. Aproximando o eremitério da vida monástica, São Romualdo pretendia oferecer aos monges a livre ascensão à vida eremítica e um forte chamado à pobreza evangélica.

São Romualdo não criou uma Ordem eremítica e monástica; tampouco confiou a algum eremitério ou mosteiro a tarefa de ser o centro de direção de uma Congregação. Respeitou a autonomia das casas e nunca quis assumir o governo definitivo de eremitérios ou mosteiros. Só mais tarde, na metade do século XI, Camaldoli e Fonte Avellana iniciaram uma verdadeira organização que era ao mesmo tempo eremítica e monástica.

No século XVI, parte de Camaldoli, por iniciativa do beato → JUSTINIANO, uma corrente exclusivamente eremítica, depois denominada de Monte Corona, que difundiu com muito sucesso o eremitismo na Itália e em outros países. Outras Congregações camaldulenses de cunho eremítico surgiram ao longo do século XVII no Piemonte e na França. A tradição eremítica ainda floresce entre os camaldulenses que contam ao todo com onze eremitérios na Itália e no exterior.

Em torno do eremitismo romualdiano (séculos X-XX) surgiram cerca de oitenta eremitas, nove santos e quatro beatos que ainda hoje são objeto de culto litúrgico público na Ordem e em algumas dioceses.

Evidentes influências eremíticas, ao menos desde os primeiros tempos, encontram-se em outras congregações monásticas, como, por exemplo: os cluniacenses; os → CISTERCIENSES, os silvestrinos etc. Em Vallombrosa as origens da abadia (c. 1038) remontam à tradição eremítica com prováveis influências camaldulenses: celas separadas unidas em torno da igreja. Desaparecido o eremitério, os valombrosianos não renunciaram à vida eremítica, que permaneceu viva, na forma de reclusão, até os últimos anos do século XVIII. Outra Congregação monástica, com elementos eremíticos, é a da Cartuxa; aliás, devemos dizer que esta, pela estrutura das celas unidas à igreja por alpendres, não se diferencia muito da laura oriental.

Outras Ordens não monásticas, como os → AGOSTINIANOS, os → FRANCISCANOS, os servitas, os → CARMELITAS, desde o início dependeram claramente da vida eremítica; aliás, os carmelitas organizam em alguns carmelos, denominados desertos, um ascetismo de tipo eremítico.

Nestes últimos anos, Charles → DE FOUCAULD (1858-1916) deu origem a uma Congregação eremítico-apostólica para a conversão dos muçulmanos.

BIBLIOGRAFIA. FERRERO, F. Eremitismo individuale in Occidente (desde o século XV). In *Dizionario degli Istituti di Perfezione* III. Roma, 1976, 1245-1258 (com bibliografia); GERALDO I. *Memoriale Eremiticae vitae*, a. 1278, Ibid., Ap. 212-231; *Vita Fratrum Eremitarum Camaldulensium*, a. 1278, Ibid., Ap. 231-240; GRIBOMONT, J. – ROUILLARD, PH. – OMAECHEVARRIA, I. Eremitismo. In *Dizionario degli Istituti di Perfezione* III. Roma, 1976, 1224-1244 (com bibliografia); P. JUSTINIANO. *Regula Vitae Eremiticae*, Fontisboni, 1520; PENCO, G. *Storia del monachesimo in Italia*. Roma, ²1983 (cf. c. V, *La riforma cluniacense e i movimenti eremitici*); SAINSAULIUE, J. Erémites en Occident. In *Dictionnaire d'Histoire et de Géographie Ecclésiastiques* XV. 771-787; *L'eremitismo in Occidente nei secolo XI e XII*. Milano, 1965 (com seleção bibliográfica); SÃO PEDRO DAMIÃO. *Vita Beati Romualdi*. PL 144, 953-1008; *Vita SS. Rodulphi et Dominici Loricati*: PL 144, 1.009-1.024; *Epistola XII*, lib. ep. VI: *PL* 144, 392-396; *Op. XI*; contém no c. XIX a *Laus Vitae Eremiticae*: PL 145, 246-251; *Op. XIV, De Ordine eremitarum Eremi Fontis Avellanae*: PL 145, 327-336; *Op. XV, De suae Congregationis Institutis*: PL 145, 335-364; *Op. LI, De Vita Eremitica*: PL 145, 749-764; SÃO RODOLFO. *Consuetudo S. Eremi Camaldulensis*, c. 1080 in *Annales Camaldulenses*, III, Ap. 512-541; *Consuetudo S. Eremi Camaldulensis a. 1271*, Ibid., VI Ap. 202-211; ZIMMERMANN. B. *Les saints deserts des Carmes déchaussés*. Paris, 1927; Erémitisme. In *Dictionnaire de Spiritualité* IV. 936-982.

G. CACCIAMANI

EROS E ÁGAPE. É comum contrapor eros, o amor-paixão de proveniência pagã, ao ágape, ou amor-doação, de proveniência cristã. Esta é a tese de A. Nygren: "O ágape ingressa num mundo que já foi marcado pelo eros". O eros, porém, apresentava-se ao ágape como "amor celeste" e como tal reunia em si todas as idealidades do mundo antigo. "O cristianismo", escreve Nygrn, "é penetrado por um princípio específico, o do ágape, passando a ocupar [...] um terreno cultivado pela religiosidade do eros."

O eros, segundo o pensamento grego, configura-se como desejo de posse, como amor egocêntrico. Segundo o neoplatonismo, Deus é eros, pois desperta na alma o desejo de reunir-se ao Uno. No cristianismo, Deus é ágape, no sentido de que se doa à alma alcançando-a no abismo da finitude e do pecado. Temos, portanto, duas "religiões": uma egocêntrica e uma teocêntrica, sempre de acordo com Nygren. Na primeira a relação religiosa é essencialmente centrada no homem, na segunda em Deus. Na primeira, celebra-se a elevação do homem ao divino; na segunda, o abaixar-se do divino por compaixão pelo humano.

Podemos tomar do autor que estamos citando um texto de resumo (p. 184):

O eros é desejo, aspiração	O ágape é sacrifício
O eros é tensão para o alto	O ágape se abaixa
O eros é o caminho do homem para Deus	O ágape é o caminho de Deus para o homem
O eros é uma conquista do homem, baseia-se na sua autorredenção	O ágape é graça, a redenção é uma obra do amor divino
O eros é amor egocêntrico, uma maneira de afirmar a si mesmo na sua forma mais elevada, nobre e sublime	O ágape é amor desinteressado, "não busca a própria vantagem", é doação de si
O eros quer conquistar sua vida, tornar-se divino, imortal	O ágape vive a vida de Deus, ousa portanto "perder a própria vida"
O eros é em primeiro lugar o amor do homem; Deus é objeto do eros. Mesmo se este se dirige para Deus, é feito à semelhança do amor humano	O ágape é em primeiro lugar o amor de Deus: "Deus é ágape". Mesmo se o ágape se dirige ao homem, é feita à semelhança do amor de Deus
O eros é determinado pela qualidade, pela beleza e pelo valor do seu objeto; não é espontâneo, mas "conquistado", "motivado".	O ágape é soberano em relação a seu objeto, vale tanto para os "bons" quanto para os "maus", é amor espontâneo, que "brota como uma fonte", "não motivado"
O eros constata um valor no seu objeto e o ama	O ágape ama e cria um valor no seu objeto

Eros e ágape são, por outro lado, fonte de duas éticas diferentes. Segundo a primeira, a moralidade pede o sacrifício da corporeidade em benefício do espírito. Segundo a ética do ágape, corpo e espírito são chamados a viver no amor, superando desse modo um conflito que reside substancialmente na livre vontade do homem e não pode ser atribuído a um dos seus dois componentes essenciais.

Nygren nota que na história (e no coração do homem) predominam três motivos: o nomos (lei), o eros e o ágape, que caracterizam respectivamente o Antigo Testamento, o helenismo e o Novo Testamento. Deve-se observar, porém, que o tema do eros está presente também no Antigo Testamento e na tradição cristã.

Em particular, a sabedoria está repleta de eros. É concedida a todos os que a amam (Sr 1,8), e todos os que a amam estão em condições de contemplá-la (Sb 6,12). Pede-se ao homem que a ame, para que ela desça sobre ele (Pr 4,6). Se ele a abraçar, será sua glória (Pr 4,8). Diz-se que Salomão amou e buscou a sabedoria desde sua juventude, na intenção de tomá-la como esposa (Sb 8,2). O homem descansa ao lado dela depois dos esforços do trabalho cotidiano, uma vez que sua companhia traz contentamento e alegria (Sb 8,16). Quem ama a sabedoria ama a vida, e quem a possui herdará a glória (Sr 4,12-13). Eis, portanto, o comando: "Aproximai-vos dela com toda a alma" (Sr 6,26). Não passará despercebida a linguagem "erótica" que domina essas expressões bíblicas.

A tradição cristã grega, como a mais próxima da cultura helenística, herda o conceito de eros e de algum modo o batiza. Reconhece que existe um eros infeliz, passional, satânico, mas também um eros divino. Será esse eros divino que gerará na alma o eros bom. A alma afirma-se, por exemplo, na → FILOCALIA (III, 468), "é ferida pelo eros por Deus"; por ele deve nutrir um ardente, indescritível eros; deve dar-se "ao eros do divino conhecimento" (III, 399), transformando "a concupiscência no prazer imaculado do eros divino" (II, 226).

Sempre na Filocalia chega-se a afirmar que o "eros é ágape adiado" por Deus (IV, 414). Fala-se do "eros do ágape por Deus" (III, 465) e se afirma que o Espírito Santo é o Eros divino por excelência (IV, 81).

Nesse sentido, lógos e eros expressam o Verbo e o Espírito, que com Deus-Pai constituem a Tríade celeste. Em decorrência disso, "as criaturas acolhidas no seio da Trindade reviverão o inefável mistério da paternidade-maternidade divina e num júbilo esponsal encontrarão no Verbo a plenitude da dimensão masculina do lógos e no Espírito Santo verão exaltada a beleza da dimensão feminina do eros" (A. GENTILI, *Se non diventerete come donne*, Milano, 1987).

O tema do eros e do ágape desenvolve-se também em relação a outras temáticas. Basta lembrar aqui a trilogia "filía-eros-ágape", que faz referência ao amor de amigo, ao amor passional e ao oblativo.

Recentemente retomou-se a relação entre eros e *ethos*. Nas *Catequeses sobre o amor humano* João Paulo II afirma que o ponto de chegada de uma autêntica evolução humana consiste no fato de que o que é ético seja também erótico e o que é erótico seja ético: "O eros e o *ethos* são chamados a se encontrar no coração humano e nesse encontro frutificar" (*Catequese* de 5 de novembro de 1980).

Nesse sentido, acrescentamos nós, eros e *ethos*, impulso de amor e norma moral, convergem no ágape, força que transforma um e outro em doação.

BIBLIOGRAFIA. LEWIS, C. *I quattro amori. Affetto Amore Eros e Carità*. Milano, 1982; NYGREN, A. *Eros e agape*. Bologna, 1971; RIZZI, A. *Differenza e responsabilità. Saggi di antropologia teologica. Eros o Agape?* Casale Monferrato, 1983, 261-276; ROUGEMONT, D. DE. *L'amore e l'Occidente*. Milano, 1977, 113 ss.

A. GENTILI – M. REGAZZONI

ESCADA. Já conhecida das religiões e das filosofias não cristãs, a imagem da escada como símbolo de ascensão espiritual encontrou na mística católica um amplíssimo uso. Desde a época patrística, o ponto de partida mais frequente é dado pela referência ao texto de Gn 28,12, relativo à visão da escada por parte de Jacó, ao longo da qual subiam e desciam os anjos. Contribuiu eficazmente para a difusão desse tema literário e espiritual o uso que dele fez São Bento a propósito da humildade (*Regra*, c. 7), inclusive por causa dos numerosos comentários suscitados por tal passagem (cf. *PL* 66, 377-378). Afastamento do pecado, progresso nas virtudes e → UNIÃO COM DEUS são, com efeito, ilustrados com frequência pelos autores ascéticos mediante o recurso ao símbolo da escada, cujo significado mais geral é o de uma comunicação de graça entre o mundo celeste e o terreno, na antecipação da alegria e da "visão" paradisíaca; às vezes (PIER DAMIANI, *Opusc.* 11, 19: *PL* 145, 248) nela se vislumbra uma imagem da subida da vida cenobítica à vida eremítica. É impossível compendiar todas as interpretações propostas a respeito especialmente pelos autores do século XII, entre os quais o primeiro é São Bernardo (*Tractatus de gradibus humilitatis* e alhures). Subida dinâmica nas virtudes, variedade de vocações na Igreja, diversos graus do amor divino, precariedade do progresso espiritual são os desenvolvimentos mais frequentes do tema, associado às vezes à consideração mariana e cristológica (a cruz como escada para subir ao céu). Dessa vasta orientação é testemunha também o grande número de escritos ascéticos, que, a começar da *Scala paradisi*, de São → JOÃO CLÍMACO até os tempos mais recentes expressarão já no título a imagem da escada como programa de vida espiritual. Uma difusão amplíssima do tema da escada constata-se depois na hagiografia medieval como expressão da mais alta oração contemplativa e também da revelação do querer divino, juntamente com o conceito de uma fecunda paternidade espiritual: os casos mais conhecidos são os lembrados na biografia de São Romualdo e do beato Bernardo Tolomei.

BIBLIOGRAFIA. BERTAUD E. – RAYEZ, A. Échelle. In *Dictionnaire de Spiritualité*, IV, 62-86; COLOMBÁS, G. *Paraíso y vida angélica*. Montserrat, 1958, 99-102; PENCO, G. Un tema dell'ascesi monastica: la scala di Giacobbe. *Vita Monastica* 14 (1960) 99-113; *Rivista Liturgica* 49 (1962) 281-284.

G. PENCO

ESCAPULÁRIO. O escapulário é um vestuário próprio das Ordens monásticas e consiste em duas longas tiras de pano pendentes uma sobre o peito e a outra sobre as costas. Embora estivesse em uso desde o tempo de São Bento, como roupa de trabalho, assumiu a forma atual nos séculos XII-XIII. Para exprimir sua adesão à Ordem, os → OBLATOS ou os terciários portam sob as vestes uma forma reduzida do escapulário, chamada "bentinho". Entre os muitos escapulários — da Santíssima Trindade (século XIII), das sete dores de Nossa Senhora (desde 1255), da Imaculada Conceição (desde 1691), da Paixão (desde 1847) —, o mais célebre e difundido é o da Virgem do Monte Carmelo, recebido por São Simão Stock († 1265) por volta da metade do século XIII. Com referência ao escapulário do Carmo e aos privilégios que se consideram concedidos por Nossa Senhora aos que o portam, é preciso distinguir entre a hipotética promessa feita a São Simão Stock (privilégio essencial) e a que foi feita ao papa João XXII (privilégio sabatino). Trata-se de dois fatos diferentes e independentes, ambos desprovidos de qualquer fundamento histórico, que exigem, na mente da Igreja, única avalista do valor deles, condições diferentes: no primeiro caso, no qual Nossa Senhora concede o privilégio da preservação do inferno, apenas se exige que se porte o escapulário dia e noite; já no privilégio sabatino, que consiste na imediata libertação do purgatório, exige-se, além da observância da castidade segundo o próprio estado, a recitação do → OFÍCIO DIVINO canônico ou do pequeno ofício de Nossa Senhora e a abstinência de carne às quartas-feiras e sábados.

Por pelo menos duas vezes no decurso dos tempos foi impugnada a validade histórica da visão de São Simão Stock. As primeiras discussões aconteceram por volta da metade do século XVII, originadas dos escritos de João Launoy († 1678), o qual impugnava a historicidade da visão de São Simão pelo fato de que os testemunhos são tardios, do final do século XV, e também pela duvidosa consistência teológica do conteúdo, como se a salvação eterna, ao depender do uso do escapulário, não estivesse mais condicionada pela prática da virtude e das obras boas. Contra essa sentença, e aduzindo testemunhos anteriores ao século XV, levantaram-se João Chéron, Tomás de Aquino de São José, Teófilo Raynaud, SI. No início do século XX foi novamente posta em dúvida, pelo menos indiretamente, pelo padre Benedetto della Croce (Zimmermann) em seus *Monumenta Historica Carmelitana* e em diversos artigos dos "Analecta OCD". Continuou firmemente fiel à historicidade da visão a quase totalidade dos historiadores carmelitas, entre os quais emergem Elisée de la Nativité e sobretudo Bartolomeu Xiberta. A conclusão a que chega esse último historiador é que o primeiro documento em que é afirmada a visão de São Simão Stock remonta à primeira metade do século XIV, a cerca de cem anos do fato, portanto. Ulteriores estudos, conduzidos sobretudo por L. Saggi, põem em dúvida a própria existência de São Simão. Desprovida de qualquer consistência histórica e totalmente lendária é a visão que teria tido João XXII. Os primeiros documentos que nós atualmente conhecemos remontam a meados do século XIV, a 150 anos de distância do fato narrado. Além da tardia época em que é afirmada essa visão, outras graves dificuldades a tornam historicamente inacreditável e inconsistente. Certamente jamais houve e jamais foi publicada uma bula particular. A chamada *bula sabatina*, atribuída a João XXII, é com certeza apócrifa. Todavia, o seu conteúdo juntamente com o escapulário foi aprovado inúmeras vezes desde 1528 até nossos dias, mediante uma imponente série de documentos pontifícios seguramente autênticos, que fizeram dele, juntamente com o → ROSÁRIO, uma das devoções marianas mais recomendadas e mais praticadas. O escapulário, como sinal de consagração à Virgem, conserva uma perene validade espiritual e até uma indubitável atualidade no relançamento da teologia dos sinais. No novo Ritual das bênçãos, a Igreja confirmou a validade do sinal do escapulário e em particular do escapulário do Carmo como forma de devoção pessoal para com Maria.

BIBLIOGRAFIA. ALBINO DEL BAMBIN GESÚ. *Lo scapolare della Madonna Del Carmine.* Milano, 1958; ELISÉE DE LA NATIVITÉ. *Le scapulaire du Carmel. Étude historique.* Tarascon, 1959; ESTEVE, E. M. *De valore spirituali devotionis S. Scapularis.* Roma, 1953; GEAGEA, N. *Maria Madre e decoro del Carmelo. La pietà mariana dei Carmelitani durante i primi tre secoli della loro storia.* Roma, 1988; MACCA, V. Carmelo. In *Nuovo Dizionario di Mariologia.* Cinisello Balsamo, 1985, 312-316; SAGGI, L. *La "bolla sabatina".* Roma, 1967; ID. Lo scapolare del Carmine oggi. In *Maria mistero di grazia.* Roma, 1974, 214-226; XIBERTA, B. *De visione s. Simonis Stock.* Roma, 1950; ZIMMERMANN, B. *Monumenta Historica Carmelitana.* Lérins, 1907.

E. ANCILLI

ESCATOLOGISMO. Lexicalmente deriva de "escatologia", termo com que a teologia cristã designa o tratado dos *eschata*, coisas e eventos finais; a série orgânica de eventos salvíficos em que termina a história da → SALVAÇÃO de cada indivíduo, da humanidade e do cosmos. O escatologismo é uma corrente doutrinal que procura interpretar todo o mistério cristão em função desses eventos finais, e que por sua vez determina um movimento espiritual que acentua a importância das realidades escatológicas na orientação da vida cristã. Como sistematização unilateral, o escatologismo pode ter um significado pejorativo: deformação da mensagem cristã e da via espiritual, exagerando tendenciosamente as verdades escatológicas diante dos outros dados que integram a economia da salvação.

Na sua aplicação à vida espiritual, o escatologismo não se refere ao próprio fato das realidades futuras, mas à presença e influência destas na vida presente. O fato escatológico fundamental é que a parúsia do Senhor, pondo fim ao tempo e à nossa atual forma de existir, realizará o reino de Deus em plenitude, para além do temporal. Ao mesmo tempo, porém, as coisas e os eventos escatológicos não são tão estritamente futuros a ponto de não atualizar já a sua presença no tempo, dando significado cristão às realidades presentes. A nossa vida está entre o temporal e o eterno, num cenário de seres cósmicos encaminhados para a plenitude escatológica. Isso impõe a toda a espiritualidade cristã uma atitude característica: obriga-a a um movimento de transcendência diante da relatividade e precariedade do temporal, ao caráter provisório da nossa vida, aos limites do bem e ao enigma do mal escondido nas coisas; impõe-lhe a necessidade de se manter a caminho, de "passar" sem se deter nas coisas, mas "trazendo-as" para essa meta, de "peregrinar" para a própria "cidade"; exige dela a esperança como atitude teologal e psicológica, sustentada em um apoio não ultrapassado; e uma ascese de vigília que dure a noite inteira (Lc 12,39) e de paciência na espera (Mt 24,45-49; Lc 21,19), enquanto continua na alternativa concreta de ignorância e certeza, de presença e de distância do reino dos céus.

Só nos últimos anos, o escatologismo adquiriu uma fisionomia própria como corrente doutrinal e como movimento espiritual. Isso se deveu à polêmica que contrapôs dois modos diferentes de enfocar a vida cristã: encarnacionismo e escatologismo, baseados respectivamente na encarnação de Cristo e na sua parúsia, na medida em que nossa vida presente depende dessas verdades. A → ENCARNAÇÃO, entrada de Deus no mundo, trouxe a mensagem de salvação aos homens (história) e às coisas (cosmos); mostra o sério interesse de Deus pelas realidades terrestres e impõe ao homem o compromisso (*engagement*) de se aproximar delas e o dever de trabalhar para salvá-las. Em contrapartida, a parúsia e os eventos finais demonstram a inconsistência e a caducidade de todo valor terreno, que deve ceder lugar aos "novos céus e nova terra" (1Pd 3,13): o reino de Deus, a vida da graça, a fé transcendem as realidades terrestres e só no final se manifestarão adequadamente, precisamente quando o mundo e os seus valores (cidade terrena, cultura, ciência) mudarão e, enquanto tais, desaparecerão. Duas atitudes espirituais claramente definidas e contrastantes: ou o cristão deve imergir-se na esfera temporal e terrena para salvá-la com todos os valores que contém, ou deve transcendê-la para não permanecer prisioneiro da sua caducidade e transitoriedade e esperar *soli Deo*. Representante dessa teologia escatológica é L. Bouyer, e em forma muito rígida e extremista, fora do catolicismo, K. Barth; promotores da teologia da encarnação são D. Dubarle e G. Thils. Este último esboçou uma linha do tempo dos dois movimentos no nosso século: o "cristão de encarnação", disposto a "recristianizar o profano e a intensificar a vida interior a serviço do apostolado", predominou entre os anos 1920-1940; o cristão "da transcendência", o escatologista que "vive de Deus e atua no mundo em acréscimo" predomina desde o início da guerra, 1940... (G. Thils, *Transcendance ou Incarnation?*, 5). Na verdade, os dois movimentos se alternaram e coexistiram ao longo de toda a história cristã, ainda que com nomes diferentes. Sem forçar a mão, é fácil descobri-los nas várias correntes do "espiritualismo" e do "humanismo" dos séculos passados. Entre as correntes espirituais contemporâneas — pós-conciliares — a tendência encarnacionista teve boa acolhida e desenvolvimento positivo na espiritualidade laica e no movimento de secularização, ambos seriamente preocupados com a santificação do mundo, respeitando e salvando os valores profanos que, sem ser eliminados de sua esfera própria, pertencem a Cristo e não são desprovidos de significado e de destino escatológico. Na mesma linha, levando aos extremos essa orientação e desvinculando-a do dado escatológico, desenvolveu-se a espiritualidade teilhardiana, mais eufórica e naturalista que evangélica e espiritual. Contudo, não parece que depois do Concílio o movimento escatológico tenha se expressado em formas novas ou tenha aberto novos horizontes.

Os dois movimentos espirituais são insuficientes e fragmentários para explicar ou orientar a vida espiritual cristã. O cristão na história da salvação está imobilizado entre encarnação e parúsia; sua vida deve ser consequente com ambas; deve encarnar a mensagem e a salvação de Cristo em si mesmo e nas realidades presentes; mas ele e elas já possuem significado escatológico: "chegou o fim dos tempos" (1Cor 10,11); "toda a criação geme e sofre" à espera da plenitude escatológica (Rm 8,22). Esse sentido escatológico da vida foi vivido com especial intensidade pela primeira geração cristã: a espera de Cristo serviu para plasmar sua espiritualidade; tanto nos Atos dos Apóstolos como em São Paulo e em São João é clara a consciência da iminência do fato escatológico sobre o presente; "vem, Senhor Jesus" (Ap 22,20; 2Cor 16,22) é a expressão dessa atitude, que prolonga a espera espiritual messiânica do Antigo Testamento, transfigurando-a.

Isso demonstra que o escatologismo não é uma matização ou uma versão arbitrária ou possível da vida cristã; ele pertence à sua própria essência. O c. VII da constituição *Lumen gentium* e os primeiros capítulos da constituição *Gaudium et spes* reafirmaram essa doutrina: a Igreja se realiza no → TEMPO e se consumará na → ETERNIDADE, mas a Igreja terrena e a celeste já formam agora uma única realidade; nela o cristão percebe o sentido eterno da vida temporal e tem o dever de se empenhar na missão presente com a esperança dos bens futuros. Bens presentes e futuros não se contrapõem nem se excluem. Nem todos os valores presentes são absolutos, ou seja, destinados à perenidade escatológica. A certeza escatológica ajudará o cristão a escolher entre eles, a observar o uso das coisas e a descobrir o valor eterno do temporal, a viver profundamente o → MOMENTO PRESENTE no cumprimento do próprio dever, como determinam as parábolas evangélicas.

BIBLIOGRAFIA. BENI, A. Su alcune questioni concernenti l'escatologia. *Rivista di Ascetica e Mistica* 50 (1981) 119-28; BESRET, C. *Incarnation ou Eschatologie?* Paris, 1964; BIFFI, G. *Linee di escatologia cristiana*. Milano, 1984; BOUYER, L. *Christianisme et eschatologie*. Paris, 1948; ID. *Humain ou chrétien?* Paris, 1958; COLLEL, J. GRAU. *Escatologia*. Tarrasa, 1982; COLOMBÁS, G. M. *Paraíso y vida angélica. Sentido escatológico de la vocación cristiana*. Monteserrat, 1958; LECLERCQ, J. *Le défi de la contemplation*. Paris, 1970; MOREY, R. A. *Death and the Afterlife*. Minneapolis, 1984; ROLFES, H. L'escatologia. In *Enciclopedia di Teologia Fondamentale*. Marietti, Genova, 1987, 703-734.THILS, G. *Teologia delle realtà terrestri*. Alba, 1951; ID. *Trascendenza o Incarnazione?* Roma, 1957.

T. ALVAREZ

ESCRÚPULO. 1. NATUREZA. O escrúpulo, ao poder se dar em contextos dinâmico-psíquicos entre si muito diferentes, reveste-se de formas muito variadas. Com efeito, toda constelação neurótica ou psicopática pode se exprimir em atitudes de escrúpulo mais ou menos típicas. A natureza do escrúpulo é um fenômeno complexo, de possíveis modalidades concretas díspares. Todavia, os psiquiatras reduzem predominantemente o escrúpulo a uma espécie de psicastenia ou de neurose obsessiva: seria o reflexo do que uma constituição psicastênica introduz na consciência moral. É sabido que o ânimo humano é dotado de uma quantidade variada de energia psíquica; quando dela carece é chamado de "psicastênico". Essa carência é a desproporção entre recursos psíquicos e esforço a ser feito, entre tensão vital disponível e dificuldades a serem superadas. Existe certa hierarquia de fenômenos psíquicos quanto ao empenho de energia vital por eles exigida. Os atos de adaptação à realidade implicam o máximo esforço; o mínimo é exigido pelas ideias abstratas; ao passo que são intermédias as ações indiferentes à realidade. A energia exigida é tanto maior quanto mais o indivíduo é pessoal e atualmente empenhado no real concreto.

Entre os atos que implicam copiosa energia psíquica estão os juízos de consciência, porquanto eles dizem respeito ao ser concreto, empenhado no tempo, limitado por mutáveis circunstâncias. A respeito deles, observava Santo Antonino (*Summa mor.* 1, 3, 10, 11), é viciso postular uma certeza absoluta: devemos nos contentar com uma certeza que nem sempre suprime todas as hesitações. E o ânimo se mostra escrupuloso precisamente quando, não tendo suficiente energia para fazer valer na complexidade da ação moral concreta, insiste em atingir uma certeza plena, pondo em destaque desse modo a própria insuficiência.

O escrupuloso pode parecer, ao contrário, seguro ao especular sobre os princípios abstratos. E isso porque o conhecimento especulativo, ao abstrair, contenta-se com um aspecto do real. A ansiedade escrupulosa normalmente se mostra quando se julga moralmente uma ação que se deve realizar pessoalmente (juízo prático-prático); às vezes pode ser mais profunda e se estender ao próprio ato de aconselhar outros (juízo especulativo-prático).

E, uma vez que o escrupuloso se sente mal decidido ao juízo moral, sente-se igualmente (e até mais) bloqueado para passar à decisão e à execução, pois toda ulterior concretização exige suplemento e integração de energia. Lentamente, expande-se em seu ânimo uma falsa prudência, cresce um único desejo: escapar a todo custo ao risco de pecado. Está então fadado a estagnar: querendo por demais se preservar, atrofia-se, se recusa a existir moralmente. É dominado por um tal pesadelo do pecado que gera desconfiança a respeito do próprio poder de resistência e suscita angústia. Em toda a pessoa transpira uma sensação de triste ansiedade e de dolorosa perplexidade. Se a causa fundamental do escrúpulo é de natureza psíquica, pode haver depois a influência de vários fatores (por exemplo:

educação, crise de puberdade, início de conversão espiritual ou de vocação particularmente difícil, o início da noite escura na vida mística). Deus e o demônio podem estar presentes, do mesmo modo como acontece nos outros fenômenos na vida religiosa-moral. Concluindo, o escrúpulo é fútil ideia obsessiva de culpa num sujeito psicastênico; é insuficiência de vigor e de energia em aderir ao real moral, retalhado em aspectos vários e complexos; é fraqueza de controle mental, incapaz de eliminar da consciência os inúteis produtos parasitários. Ele é uma vã, cruel, torturante e doentia procura da verdade moral no próprio agir; uma consciente e dolorosa suspensão ou privação de juízo em matéria de consciência. O fator emotivo da inquietude e da angústia está presente, mas somente como consequência da insuficiente tensão psíquica a uma síntese mental sobre a moralidade do ato.

2. TERAPIA. Parece que o escrúpulo não é totalmente curável, uma vez que a insuficiência psicológica é constitucional, hereditária, crônica, e os deveres, que superam a energia psíquica do doente, são dificilmente suprimíveis. Se o escrúpulo é devido a um enfraquecimento psíquico acidental, ocasionado por deveres redutíveis, torna-se superável, e facilmente o é, se o ânimo é apenas ofuscado por inquietude ou perplexidade leve. Em todo caso, um alívio, uma melhora sempre é possível. O escrupuloso, por ser prejudicado por insuficiência psíquica, tem necessidade de uma integração de energia. Incapaz, sozinho, de pensar e de querer com suficiência, tem necessidade de uma ajuda externa, homogênea, ou seja, psíquica. Abandonado às próprias forças, não sabe reagir a seu mal. Com efeito, se o paciente se concentra para barrar o caminho à ideia escrupulosa ou para a sufocar, espontaneamente a exalta justamente pela atenção que lhe dá, e enfraquece a si mesmo pela emoção que o desagrega. "Os escrúpulos são como o pez: quanto mais se maneja ao raciocinar e pensar sobre ele, mais grudam" (G. B. SCARAMELLI, *Direttorio ascetico*, t. II, 11, 3, 451). Torna-se oportuna, até necessária, a intervenção do diretor espiritual. Mediante sua caridade, ele pode entrar em comunhão com a personalidade do escrupuloso, ajudando-o a se desvencilhar de suas superestruturas. O diretor espiritual encontra no escrupuloso um ânimo que deseja se abrir à colaboração. Para esse fim procurará compreender a personalidade, o seu rosto espiritual, as suas ansiedades morais; oferecerá a ele uma atmosfera de confidência e de confiança. É preciso amar o doente para poder servi-lo.

O diretor espiritual ajudará o escrupuloso a ver claro, quanto possível, em si mesmo, para saber se dominar. Num segundo momento, a alma escrupulosa deve ser tirada de suas ruminações interiores. E a única terapia válida está em impor ao escrupuloso uma obediência total e cega ao diretor. O escrupuloso não tem mais necessidade de raciocínios; pede o apoio de uma autoridade que tenha o lugar do *praecipere* prudencial de que é incapaz. Se o diretor mostra que titubeia ou entra no jogo das discussões ou dos raciocínios escrupulosos, não faz senão aumentar o conteúdo emocional do próprio escrúpulo. Especialmente com esses escrupulosos verifica-se grave dificuldade de obter a absoluta obediência. O confessor deve, de modo constante, falar com autoridade, com segurança absoluta e com clareza.

Em particular, o diretor espiritual procurará suprimir temores e conjecturas de pecado no escrupuloso, proibindo-lhe determinados comportamentos (exames detalhados de consciência, confissões frequentes e minuciosas, acusações repetidas, recitação repetida da penitência) ou lhe impondo determinadas ações (receber a Eucaristia sem prévia confissão, considerar não pecaminosas as imaginações obsessivas impuras etc.). O confessor assumirá a responsabilidade total do que prescreve e induzirá o escrupuloso a considerar os próprios afetos ansiosos e os próprios pensamentos obsessivos como algo que não lhe pertence, como corpos estranhos. Esse método terapêutico se justifica, porquanto a consciência do escrupuloso é doente: não é útil julgar sobre o que constitui objeto de escrúpulo. Deve por isso ser substituída pela norma dada pelo confessor. Sobretudo, quando é uma criança que mostra um fundo psicastênico, é preciso fazê-lo crescer (também espiritualmente) numa atmosfera de segurança e de serena e cordial alegria. Saberá assim se manter numa equilibrada paz interior. Às vezes, o escrúpulo pode gerar angústia e confusão extremas. O ato que se segue nem sempre é igualmente imputável. A liberdade do escrupuloso poderá variar do pleno consentimento ao semiconsenso.

3. INTERPRETAÇÃO PSICANALISTA. Atualmente, costuma-se considerar o escrúpulo numa perspectiva psicanalítica. Para o psicanalista o escrúpulo é

a manifestação da frustrada evolução do sentimento infantil de culpa.

Apresentando-se à vida, a criança se sente totalmente tomada e determinada por espontaneidade instintual. Diante das inibições dos pais é levada a inibir e regular a sua instintividade, mas com dificuldade e pesar. Por medo de perder o amor dos pais, faz a remoção dos impulsos, que, todavia, continua a desejar. Se o desgosto em relação aos impulsos reprimidos é fonte de rancor em relação aos pais, origina-se na criança um sentimento de → CULPA em relação à norma inculcada. Por esse motivo, percebe em relação aos pais atração e repulsa, amor e ódio. Uma reação ambivalente, que se estabelece na origem, antes de se formar a consciência. Estrutura-se no eu um conflito, que é fonte de remorso imotivado; cria-se um sentimento de culpa cruelmente doentio e profundamente arraigado no psicomoral da criança.

Enquanto o adulto supera o conflito mediante um consciente acolhimento da norma moral como escolha compreensivelmente racional, o escrupuloso permanece fixado no conflito originário. Ele sente sempre viva a sua instintividade em conflito com a norma imposta; vê-se continuamente sob acusação. O escrupuloso, atormentado por um sentimento doentio de culpa, tenta sufocá-lo, aspirando a uma espiritualidade totalmente irrepreensível. Na origem da ansiedade não estão os fatos morais, que o escrupuloso vai ruminando e analisando com insistência. Eles podem ser em si mesmos insignificantes, mas são uma angustiante tormenta, porquanto estão ligados a representações retiradas do sentimento infantil de culpa. A ansiógena inquietação escrupulosa terminaria se as lembranças do conflito infantil fossem trazidas à tona do consciente e fossem aceitas na configuração realista do próprio eu. O escrupuloso deve ser ajudado a amadurecer afetivamente; a se aceitar serenamente nas pulsões íntimas e instintivas; a se abrir com confiança no amor pelos outros, sobretudo pelo pai tanto terreno como do céu.

4. NO DEVIR CULTURAL TEOLÓGICO. O escrúpulo não tem uma presença determinante na espiritualidade medieval. Ele se propõe um tanto difuso na época moderna, quando a ideia de Deus aparece sufocada pela do dever, lei, vontade imperativa judiciária. A lei tirou de Deus o caráter de interlocutor divino e o uniu à ameaça de morte, ao juízo supremo e ao inferno. Tudo isso gerou o modo angustiante de perceber e viver a realidade do pecado. Ao mesmo tempo o pecado foi apresentado numa explicação jurídica que suscitou a preocupação angustiante de uma conduta de exatidão. E, enquanto a casuística imerge na tentativa de aplicar com rigor a lei humano-evangélica aos casos difíceis de interpretar, o escrupuloso se arrasta doentiamente na investigação de suas possíveis responsabilidades e imputabilidades subjetivas.

Do século XVI ao início do século XX, o discurso espiritual sobre o escrúpulo torna-se cada vez mais atual. Depois do Concílio Vaticano II, parece um tanto deixado de lado e não mais solicitado. Do lado espiritual, o escrúpulo foi avaliado em perspectivas parcialmente diferentes. No século XVIII, São → PAULO DA CRUZ, em suas *Cartas*, convida a queimar os escrúpulos com o fogo do divino amor, a fim de que os santos pensamentos de Deus possam permanecer no coração.

No século XIX, A. → ROSMINI, no *Tratado da consciência moral*, embora admitindo que o escrúpulo possa ter causa muito variada, todavia o caracteriza como vontade não somente de fazer o bem, mas também de perceber de o ter feito: uma intenção de segurança nascida de uma vaidade não totalmente pura. Já para A. Manzoni o escrúpulo é uma "doença moral que atesta, ao mesmo tempo, tanto a miséria do homem como a beleza da religião". A respeito do homem revela, com efeito, "a incerteza, a trepidação, a perturbação, a desconfiança"; e, ao mesmo tempo, "a tendência à perfeição tão própria da religião cristã" (*Osservazioni sulla morale cattolica*, c. XVII).

5. SANTIFICAÇÃO DOS ESCRUPULOSOS. A santificação da natureza humana operada pela infusão da graça santificante não está subordinada a uma participação ativa do ânimo; ela se produz também no neonato batizado. A santidade de vida, ao contrário, somente se atinge mediante o exercício de uma prática heroica das virtudes cristãs. Ela é realizável também em ânimos escrupulosos? É um fato verificável também pela → HAGIOGRAFIA que no escrupuloso não é agredida essencialmente a capacidade psíquica de santificação. Ele continua sendo uma pessoa que pode usar da liberdade interior e sabe fazer sacrifícios e se abrir num dom de amor. Por isso, quando o escrupuloso não pode ser curado, não basta ajudá-lo a aceitar com sentimentos filiais o seu estado; é preciso orientá-lo a dar à sua vida o significado espiritual positivo que ainda é permitido. O escrúpulo é uma predestinação ou uma facilitação à santidade? Segundo G. B. → SCARAMELLI (op. cit., n. 429), o escrúpulo pode ser permitido por Deus para purificar a alma das culpas cometidas, para lhe infundir um justo temor do pecado, para a humilhar num vil conceito de si mesma, para a fazer exercer obediência, negação da própria opinião, paciência e outras virtudes. A alma escrupulosa tem a ocasião de uma purificação contínua, de um purgatório antecipado. Por esse motivo, Santo Inácio podia dizer: o escrúpulo "serve não pouco, pelo menos durante certo tempo", para o proveito espiritual (*Exercícios espirituais*. Regra sobre os escrúpulos). Na verdade, se se concebe a vida cristã como uma contínua conversão, no empenho para uma purificação e uma santificação cada vez mais profunda, uma momentânea crise escrupulosa pode ser benéfica. Por ela a alma limitar-se-ia a perder, temporariamente e de modo salutar, uma segurança espiritual muito ingênua que possuiu por muitos anos de vida superficial.

Todavia, esses benefícios espirituais permanecem secundários em relação à realidade do escrúpulo, ainda que obtidos apesar dele e em reação a ele. Em si mesmo, o escrúpulo é um mal: amá-lo é condenável e quem sabe pode ser sinal de amarga vontade masoquista ou um modo de atrair sobre si a atenção do diretor espiritual. O escrúpulo se torna uma ocasião de santificação unicamente por força da maneira virtuosa usada para o debelar. "Os escrúpulos são meios para a perfeição do mesmo modo como o são as tentações mais sórdidas, mais ímpias e mais horrorosas. [...] E como não é lícito demorar-se voluntariamente nas tentações, ainda que possam ser vantajosas para a perfeição; assim não é lícito demorar-se nos pensamentos e afetos escrupulosos, ainda que possam no final servir de benefício para a alma. Enfim, todo o bem das tentações e dos escrúpulos consiste em não aderir a eles e em usar os devidos meios de nos livrarmos deles" (G. B. SCARAMELLI, *op. cit.*, n. 440).

O escrúpulo como tal sugere uma particular vocação ou orientação precisamente para a santidade? Na ordem sobrenatural as várias vocações são determinadas unicamente pelas exigências do Cristo total (Ef 4,7). Isso não impede que, ao chamar à santidade em conformidade com as exigências do Corpo místico, o Espírito Santo não leve em consideração também as instâncias dispersas no psiquismo da pessoa. Tanto mais que um psiquismo já predisposto a uma sua prática virtuosa natural oferece a possibilidade de determinar a vocação pessoal espiritual (*STh*. I-II, q. 63, a. 1). Todavia, seria realmente errôneo afirmar que somente o fato escrupuloso pode por si mesmo qualificar integralmente uma atitude espiritual, ou exigir e justificar uma vocação totalmente particular à santidade. O ânimo escrupuloso é somente um dos muitos elementos que intervêm na constituição de um caráter pessoal e exprime, antes, um seu aspecto negativo. Somente a figura integral de uma personalidade em seus aspectos constitutivos, positivos e negativos, sabe sugerir a orientação espiritual condizente com o próprio ser psíquico. A → DIREÇÃO ESPIRITUAL deve se interessar pelo desenvolvimento geral da espiritualidade pessoal e não se limitar somente a seu aspecto escrupuloso. Todavia, querendo-se delinear o esforço ascético oportuno para reequilibrar o psiquismo escrupulosamente perturbado, é necessário inculcar o desenvolvimento de determinadas atitudes virtuosas.

Em primeiro lugar, o escrupuloso deve saber respeitar a ordem da providência divina sobre a conduta da própria vida, a ponto de "das duas vontades (divina e humana) ser feita uma só: a vontade de Deus se torna a vontade da alma" (*Subida*, 1, 11, 3). O sofrimento psíquico e interior será acolhido em espírito de penitência e de expiação. Contemporaneamente, o escrupuloso deve se empenhar na luta contra o seu mal: dominará a sua angústia, caminhará e agirá virilmente, a despeito da hesitação interior. Deverá sobretudo renunciar a ver claro nas próprias coisas; confessar que não é capaz de se equilibrar sozinho, e se abandonar a uma direção exterior (como cego que se fia da mão de quem vê): sacrifício muito duro para o amor próprio.

O escrúpulo induz a ruminar sobre um passado que se julga pecaminoso, a viver num sentimento permanente de culpa, a se angustiar no temor obsessivo de cometer culpas. O escrupuloso deve aprender o que é a verdadeira dor ou o medo virtuoso do pecado. Ele é sobretudo um temor filial que teme se perder entre as imundícies, uma vez que gosta de ficar no amor de Deus. A verdadeira psicologia do penitente cristão somente se compreende na revelação do amor de Deus: uma uniformidade entre o nosso querer retificado e o de Deus. E também se na própria vida está presente o pecado, é preciso retornar com confiança a Deus, que é Pai misericordioso.

O escrupuloso deve abandonar suas pequenas preocupações, que o mantêm miseravelmente escravo, para se abrir espiritualmente às grandes intenções da Igreja; o seu ânimo terá então outras dimensões, e ele se sentirá vivente na → COMUNHÃO DOS SANTOS; e a consciência irá assim se conformando às inspirações interiores do Espírito Santo.

Em resumo, pode-se dizer que o escrupuloso deve ser educado para a vida cristã entendida como expressão de caridade. Aqui está a essência da vida espiritual: não é o que fazemos que nos torna santos, mas o amor com o qual o fazemos. O próprio viver de modo responsável significa sobretudo estar num diálogo de amor com Deus e o próximo. O escrupuloso não sabe se situar diante das coisas senão como fonte de possível mal moral. Ao passo que é fundamental exigência espiritual não se preocupar da própria salvação, mas voltar-se para Deus e amá-lo com todo seu ser. A oração essencial do escrupuloso, a despeito da multiplicidade das fórmulas, gira em torno de um ponto essencial: "Ensina-me, ó Senhor, a esquecer de mim, para saber amar com intenção voltada para o Cristo místico".

BIBLIOGRAFIA. CORCORAN, J. D. Análisi tomística y cura de la escrupulosidad. *Teología Espiritual* 2 (1958) 43-58; DE SAINT-LAURENT, R. *Le scrupule.* Avignon, 1952; EYMIEUX, A. *L'ossessione e lo scrupolo.* Roma, 1958; GARCIA VICENTE, J. *Fenomenologia del escrúpulo religioso.* Madrid, 1963; GEMELLI, A. *De scrupulis.* Florentiae, 1913; GOFFI, T. *L'animo scrupuloso.* Roma, 1958; HAPMAIER, G. – GLEASO, R. W. *Compendio di psichiatria pastorale.* Torino, 1967, 221-262; JERÔME, J. *Lo scrupolo.* Roma, 1956; LOMBEZ, A. *Petit traité du scrupule.* Blois, 1962; MAHONEY, V. P. Scrupolosity from the psychoanalytic viewpoint. *Bulletin of the Guild of Catholic Psychiatrists* 4 (1957/n. 2) 11-20; MORRA, G. The psychotherapeutic treatment of scrupulous patients. *Cross Currents* (1957) 29-40; Obsession et scrupules. *Cahiers Laënnec* 20 (1960) n. 2; RAYMOND, V. *La guida dei nervosi e degli scrupolosi.* Roma, 1925; Relazioni del Congresso sulla scrupolosità. *Psyché* (1995) 313-330.337-404; *Anima* 11 (1956) 1; *La Vie Spirituelle.* Supplément 39 (1956); ROSSI, G. Scrupolo. In *Dizionario Enciclopedico di Teologia Morale.* Roma, 1973, 887-892; SNOECK, A. *Skrupel-Sünde-Beichte, Pastoralpsychologische Anregungen.* Frankfurt a. M., 1960; STOCKER, A. *La cura morale dei nervosi,* Milano, 1954; SULLIVAN, J. D. The problem of scrupolosity. *Bulletin of the Guild of Catholic Psychiatrists* 4 (1957/n. 2) 21-35; TURCO, N. *Il trattamento "morale" dello scrupuloso e dell'ossessione morbosa.* Torino, 1919-1920.

T. GOFFI

ESLAVOS ORIENTAIS (espiritualidade dos).
1. DIVERSOS TIPOS DE SANTOS. Os primeiros santos canonizados no velho reino de "Rus" chamam-se em eslavo os "strastoterpzi", "aqueles que sofreram a paixão". Diz-se com frequência que estamos diante de um tipo de santidade exclusivamente eslava. São Boris e são Gleb, filhos de são Vladimir, morrem no ano 1015, como vítimas de um delito político e não como mártires da fé cristã. Apesar disso, aos olhos do povo, eles representam um ideal cristão, em sua humilde e voluntária aceitação da morte, não importa de onde e por qual motivo ela chegasse, por ser um meio para chegar à semelhança com Jesus. A persuasão de que "o sofrimento é uma coisa boa e por meio dele tudo é expiado" (Dostoiévski) e que "o cristão não é senão uma maravilhosa transfiguração do sofrimento" (Kologrivoff) fez se tornar familiar aos eslavos considerar entre os "strastoterpzi", venerados como santos, também numerosas crianças, vítimas de morte violenta, santificados, como se acredita, pela "purificação da dor".

"O contraste entre a Rússia e a Europa — escreve Masaryk — é visto em toda sua importância no mosteiro russo. A Rússia, velha Rússia, é o monge russo." Masaryk não tem razão ao ver nos mosteiros russos tal contraste com a Europa, mas avaliou bem a importância deles na vida espiritual dos eslavos orientais. Na antiga Rússia, o monasticismo tornou-se popular com a fundação da laura de Pečersk, em Kiev, na Ucrânia, por parte de Santo Antonio († 1073), um solitário que, depois de ter feito uma peregrinação ao monte Athos, estabeleceu-se na gruta (*pečera*), junto ao rio Dnieper. Seu discípulo, são Teodósio († 1074), construiu ali um mosteiro e lhe deu uma Regra, levada de Constantinopla, do mosteiro dos estuditas. A laura foi várias vezes destruída pelos tártaros, transformada em museu depois da revolução de 1917, novamente aberta em 1946, mas sucessivamente fechada; foi sempre um dos centros espirituais mais importantes na vida da Igreja ortodoxa.

Em suas criptas foram encontrados os corpos de 118 monges canonizados em bloco, em 1643. Seus nomes, ditos e fatos anedóticos leem-se num documento interessante, chamado *Paterik Pečerskij,* uma espécie de imitação das coleções conhecidas como as *Vitae Patrum, Geronticon, Alphabeticon.*

Um novo centro de vida monástica surgiu no século XIV, nas florestas virgens da Rússia do norte. O iniciador desse movimento dos "pustygniki", solitários, foi são Sérgio de Radonež († 1392) (→ SERGIJ RADONEŽSKIJ), místico, fundador da célebre laura da Santíssima Trindade, em Moscou (hoje Zagorsk). Tornou-se ela um centro de irradiação das novas fundações monásticas em direção ao sul, na cidade capital, mas sobretudo no norte, nas florestas da margem do Volga, onde surgiu a chamada "Tebaida russa". Dos anacoretas e fundadores dos conventos, os mais famosos foram são Cirilo de Beloozero (Lago Branco, † 1427), cujo mosteiro observava a mais perfeita vida cenobítica, ao passo que São Paulo de Obnora († 1429) viveu como anacoreta e solitário.

O lago de Kuben com a sua margem pitoresca era semelhante ao monte Athos. Um grego, Dionísio, fundou ali, numa rocha, o mosteiro Spasso-Kamennyi na segunda metade do século XIV. Sabbatios († 1435) e Zosima († 1478) penetraram até o mar Branco, e foram os fundadores do mosteiro de Solovki.

No final do século XV, os mosteiros se multiplicaram e se enriqueceram. Surgiram as dificuldades disciplinares e até os adversários. Entre os reformadores desse tempo, os mais célebres foram são Nilo Sorskij († 1508) (→ NIL SORSKIJ) e são José de Volokolamsk († 1515) (→ IOZIF VOLOKOLAMSKIJ). O primeiro conheceu no monte Athos um novo movimento ascético hesicasta e o propagou na sua pátria. Foi defensor da pobreza absoluta dos monges, declarando ilícitas as grandes posses de terras. À vida cenobítica preferiu o chamado "skit", cabanas nos bosques, habitadas por dois ou três monges amigos.

A sua Regra monástica *Ustav* é uma instrução ascética sobre a oração e sobre a guarda do → CORAÇÃO contra os pensamentos maus. Mas em oposição a ele prevaleceu a tendência de José Volokolamskij, que conseguiu introduzir nos mosteiros a observância cenobítica, com base nas Regras de São Basílio e de São → TEODORO ESTUDITA. O defeito dessa reforma foi um tradicionalismo rígido e um apego às formas externas.

Um sopro de novo espírito se sente nos mosteiros com a aparição do "starčestvo", no século XVIII. O "starets", literalmente, o velho, é um padre espiritual, guia das almas, que, mesmo não sendo sacerdote, atrai a si o povo por causa de sua experiência na vida espiritual e de dons especiais, sobretudo o diorático, a → CLARIVIDÊNCIA espiritual. O autor desse renascimento é Paisij Veličkovskij († 1794) (→ STARČESTVO). Os "startsi" tornaram célebre o mosteiro de Optino, em Kozelsk. Aí viveram Leão Nagolkin († 1841), Macario Ivanov († 1860), o qual teve relações com o mundo cultural e literário russo, Macario Grenkov († 1891), descrito por Dostoiévski nos *Irmãos Karamázov*. Junto ao rio Sarov levou uma vida de estilita e recluso Serafim de Sarov († 1833) (→ SERAFIM SAROVSKIJ), conhecido como taumaturgo, místico, diretor das almas, dotado de faculdade diorática.

A Igreja russa venera cerca de setenta santos bispos, os "sviatiteli". Uma imagem ideal desse tipo de santidade nos foi conservada na *Vida de Santo Eutímio*, arcebispo de Novgorod, escrita por Pacômio Logoteta na segunda metade do século XV. O santo bispo é apresentado como defensor da fé e dos costumes cristãos, da observância das leis canônicas da Igreja e da justiça na sociedade civil. Entre os bispos, vários cultivavam as letras. São Cirilo de Turov (século XII) é cognominado "Crisóstomo russo" por causa dos seus sermões, tratados e orações. Entre os quatro metropolitas canonizados um é mártir, são Felipe de Moscou, estrangulado por ordem de Ivan o Terrível, em 1569, porque ousou abertamente censurar a crueldade do czar.

No tempo do Iluminismo e do voltairianismo, nos séculos XVII-XVIII, há dois bispos venerados como santos que contribuíram para a renovação eclesiástica e moral: Dimitri di Rostov († 1709) e Tichon de Zadonsk († 1783) (→ TICHON ZADONSKIJ). O primeiro é autor das vidas dos santos segundo a ordem do calendário, de numerosas prédicas, obras didáticas, pastorais e ascéticas (entre as quais há meditações sobre a paixão de Cristo e sobre o coração de Jesus, "tesouro de uma riqueza infinita"). Tichon, depois de ter renunciado ao governo da diocese, retirou-se na solidão de um mosteiro, tornando-se "starets". Escreveu também várias obras, foi dotado de visões. Na sua doutrina retorna com facilidade o tema da → IMITAÇÃO DE CRISTO, da alegria pascal e da justiça social.

Vários bispos foram missionários. A mais graciosa biografia conservada é a de são Sefano de Perm († 1396), apóstolo dos sírios, um pequeno povo mongol na região da Dvina setentrional. Compôs para eles uma escritura própria e traduziu para a língua deles a liturgia e parte da Sagrada Escritura.

Entre os católicos de rito oriental é venerado são Josafá Kunczewicz († 1623), mártir pela união das Igrejas, bispo de Vitebsk e depois arcebispo de Polock.

O calendário eslavo inclui também um grande número de santos príncipes cujas relíquias são veneradas nas igrejas; mas amiúde são raras as notícias históricas a respeito da vida deles. A princesa Olga e o seu sobrinho Vladimir († 1015) receberam um título honorífico: "iguais aos apóstolos", por seu mérito na cristianização de sua terra. Alguns príncipes fizeram-se monges, como, por exemplo, André Zaozerskij († 1453); sua vida se assemelha à de são Luís Gonzaga. Mas a maior parte desses santos príncipes é de personagens que prestaram serviço, muitas vezes até o martírio, à fé ortodoxa e a seu país no tempo da invasão mongólica (séculos XIII-XIV). Por exemplo, Michele de Tver ofereceu-se livremente à cólera do Khan e foi morto na Orda de ouro, em 1318, salvando assim sua cidade da invasão dos tártaros.

Uma imagem ideal de príncipe cristão é magistralmente traçada na *Instrução* de Vladimir Monomaco († 1125), bisneto de são Vladimir. O cavaleiro cristão "se mostra preparado a qualquer obra boa, louvando a Deus e aos santos". O espírito patriótico é evidente na *Vida* de Alexandre Nevskij († 1263), herói nacional na luta contra os suecos e os cavaleiros teutônicos.

Um tipo de santidade conhecido também em outras partes recebeu em eslavo um nome especial: "jurodivyje", os loucos pelo Cristo (→ LOUCOS EM CRISTO), os "saloi", dos gregos e dos sírios. Na Rússia, no século XVI e seguintes, tornaram-se populares como reação natural contra o ritualismo predominante na Igreja daqueles tempos e contra o formalismo despótico da vida social. O jurodivyj finge imbecilidade e com seus ditos e fatos simbólicos faz uma sátira mordaz da hipocrisia que domina na sociedade que se diz cristã. Por causa de sua coragem contra os poderosos deste mundo, foram pelo povo muito estimados como profetas. No calendário eslavo são cerca de 35 os canonizados. A catedral de Moscou leva o nome de São Basílio Beato († por volta de 1555), um jurodivyj que ali está sepultado.

Muito estranho é o fato de a Igreja eslava conhecer poucas mulheres canonizadas: nomeiam-se apenas cinco, e mesmo a respeito delas poucas notícias históricas são seguras. Ao contrário, conservou-se uma edificante biografia da venerável Juliana de Lazarevskoje († 1604), escrita por seu filho; uma imagem graciosa de uma mulher justa e de uma família perfeitamente embebida de cristianismo.

2. CARÁTER GERAL DA ESPIRITUALIDADE. Todo povo, como toda pessoa, deve "nascer" duas vezes: pela natureza e pela graça. E, como o segundo nascimento supõe o primeiro, o cristianismo numa determinada nação sofre a influência inegável das características particulares do povo.

Há alguns autores (Berdjaev, Arseniev, Kologrivoff) que falam da "geografia natural" da alma russa. Tentou-se estabelecer uma relação estreita entre a terra em que habitam os eslavos orientais e sua fisionomia espiritual. "Somos imensos, imensos — já dizia Dostoiévski — como o nosso país natal que não conhece limites!". Essa falta de limites na terra ampla, unida às duras e contraditórias mudanças de clima, teria formado nos eslavos orientais um caráter de radicalismo tanto no bem como no mal, um ardor que não sabe onde parar, seja no pecado, seja na penitência, seja nos prazeres, seja na oração. Tendo diante dos olhos o estupendo milagre da primavera que em breve tempo sucede o deserto invernal das estepes, os eslavos orientais deixaram-se facilmente convencer da verdade cristã de que a vida não nasce senão depois da morte, e os que se tinham afastado do cristianismo assumiram a mesma atitude no sentido revolucionário: "Destruir significa criar" (Bakunin). A secular vida coletiva nos vilarejos eslavos persuadiu os cristãos de que "ninguém poderá se salvar senão na união com os outros", na comunhão dos santos na Igreja (Chomjakov), e os não crentes sonharam um paraíso coletivista sobre a terra.

Do ponto de vista histórico, é claro que houve um predomínio da influência bizantina. O primeiro centro cultural formou-se depois do ano 900, na Bulgária, onde se estabeleceram os discípulos de são Cirilo e de são Metódio, expulso da Morávia. Foi aí que se realizou a grande obra de tradução para o eslavo dos textos litúrgicos, de livros teológicos e ascéticos, numa proporção que não conhece analogias em outras nações. O fato deixou vestígios na mentalidade. Os livros sagrados, designados comumente, sem muitas distinções, com o nome de "Sagradas Escrituras", adquiriram uma autoridade imensa. Formou-se a persuasão de que tudo o que diz respeito à vida da Igreja e à vida espiritual já se encontra resolvido nos documentos escritos. Nenhuma autoridade humana tem, portanto, poder de mudar ou negligenciar sequer a mínima prescrição litúrgica, canônica, ascética. E, como nessas fontes bizantinas não se fazia distinção clara entre leis eclesiásticas e estatais, manifestou-se um tradicionalismo rígido, muitas vezes também na vida pública.

De Bizâncio chegaram aos eslavos orientais também os ritos e as cerimônias. Particularmente sensíveis à beleza, os eslavos orientais procuraram, com a riqueza dos paramentos, com os ornamentos das igrejas e o canto reproduzir "o céu na terra". O lado negativo dessa tendência foi chamado "obriadovoje blagočestije", uma espécie de ritualismo exagerado que encontra a sua satisfação mais nas cerimônias imponentes e no escrupuloso apego às rubricas do que na vida espiritual interior.

O culto dos santos, em especial da Mãe de Deus, ocupa um lugar considerável na piedade dos eslavos orientais. Suas imagens sagradas, os ícones, são pintados em tábuas de madeira. Os crentes consideram o → ÍCONE como um lugar de encontro com a pessoa representada, a qual ali está presente por sua graça, num modo quase sacramental. Por isso, prefere-se orar sempre diante das imagens e em todos os cômodos de toda moradia cristã deveria haver um "krasnyj ugol", um pequeno santuário particular.

Desde o início do cristianismo foi traduzido para o eslavo o famoso *Nomocanon* bizantino, uma coleção de leis eclesiásticas e estatais. Essa união de duas fontes diferentes favorecia naturalmente a concepção da única sociedade perfeita estatal e eclesiástica, cujas leis obrigam todos em consciência. Depois da queda de Constantinopla, quando a "segunda Roma" foi ocupada pelos muçulmanos, nasceu em Moscou a ideia da "terceira Roma", da "santa Rússia", única terra e único povo que teria conservado em suas instituições o cristianismo em sua pureza. Essa persuasão, embora sob aspectos diferentes, manifestou-se no século XX como o "messianismo russo" (por exemplo, Dostoiévski), e também na filosofia dos "slavófilos" (Chomjakov).

Em geral, pode-se dizer que o espírito cristão lançou profundas raízes entre os eslavos orientais. Os traços particulares que o distinguem são, segundo S. Tyszkiewcz, sobretudo estes: amor da pobreza e desejo de viver apenas dos produtos da terra; espírito de penitência, ideia da expiação geral e da força redentora do sofrimento; amor do silêncio, contemplação na solidão, nos bosques; espírito de sinceridade e de simplicidade;

mansidão, sobretudo com os inimigos; obediência para com os padres espirituais.

Essa relação esquemática certamente não poderá dar senão uma imagem aproximativa e vaga. E não é preciso sequer exagerar, como observa com razão → SOLOV'ĔV: "Agora, se a piedade é verdadeiramente o caráter distintivo do nosso espírito nacional, o fato de os principais emblemas dessa piedade serem partilhados com os ocidentais obriga-nos a reconhecer nossa solidariedade com eles naquilo que consideramos mais essencial".

BIBLIOGRAFIA. AMMANN, A. M. *Storia della Chiesa russa*. Torino, 1948; ARSENIEW, N. *Das heilige Moskau*. Paderborn, 1940; ARSENIEW, N. *La piété russe*. Neuchâtel, 1963; BARSOTTI, D. *Cristianesimo russo*. Firenze, 1948; ID. *Mistici russi*. Torino, 1961; BEHR-SIGEL, E. *Prière et sainteté dans l'Église russe*. Paris, 1950; BEMZ, E. *Russische Heiligenlegenden*. Zürich, 1953; ID. *Die Ostkirsche und die russische Christenheit*. Tübingen, 1949; BOLSHAKOFF, S. *I mistici russi*. Torino, 1962; FEDOTOV, G. P. *A treasury of russian spirituality*. London, 1950; ID. *The russian religious mind*. Cambridge, 1946; GRUNWALD, C. *Quand la Russie avait des saints*. Paris, 1958; GUARIGLIA, G. *Messianismo russo*. Roma, 1956; ISWOLSKY, H. *Christ in Russia*. Milwaukee, 1960; JANEŽIČ, S. *Imitazione di Cristo secondo Tichon Zadonskij*. Trieste, 1962; KOLOGRIVOFF, I. *Saggio sulla santità in Russia*. Brescia, 1955 (nova ed.: *Santi russi*. Milano, 1977); MALONEY, G. *The spirituality of Nil Sorsky*. Westmale, 1964; NOETZEL, K. *Russische Frömmigkeit*. München, 1931; PALMIERI, A. *La Chiesa russa*. Firenze, 1908; ŘEZÁČ, J. *De monachismo secundum recentiorem legislationem russicam*. Roma, 1952; ROUET DE JOURNEL, M. J. *Monachisme et monastères russes*. Paris, 1952; SMOLITSCH, I. *Das altrussische Mönchtum*. Würzburg, 1940; ID. *Russisches Mönchtum*. Würzburg, 1953; ŠPIDLÍK, T. *I grandi mistici russi*. Roma, 1977; ID. *La spiritualità russa*. Roma, 1981; ID. *La spiritualità slava oggi*. *La Civiltà Cattolica* (1983/III) 17-31. ID. *Joseph de Volokolamsk. Un chapître de la spiritualité russe*. Roma, 1956; ID. *La doctrine spirituelle de Théophane le Reclus. Le Coeur et l'Esprit*. Roma, 1965; TYSZKIEWICZ, S. – BELPAIRE, Th. *Écrits d'ascètes russes*. Namur, 1957; TYSZKIEWICZ, S. *La spiritualité orthodoxe russe*. In *La mystique et les mystiques*. Paris, 1965, 463-518; ID. *Moralistes de Russie*. Roma, 1951; ID. *Spiritualité et sainteté russe pravoslave*. *Gregorianum* 15 (1934) 349-376; VON LILIENFELD, F. *Nil Sorskij und seine Schriften*. Berlin, 1963.

T. ŠPIDLÍK

ESPÉCIE. 1. NOÇÃO. Na gnosiologia escolástica, a espécie é um elemento necessário do conhecimento, cuja tarefa é precisamente a de conferir ao objeto o estado de cognoscibilidade necessário para realizar, entre o objeto e a faculdade, aquela união e assimilação intencional em que consiste o conhecimento. A escolástica reconheceu uma espécie sensível e uma espécie intelectiva segundo o conteúdo do conhecimento; bem como uma espécie impressa e uma espécie expressa: a primeira como uma determinação do objeto sobre o intelecto agente, como início ativo para o conhecimento, a outra como termo produzido pela faculdade cognoscitiva em seu ato de identificação e posse intencional do objeto. A espécie é considerada sobretudo por parte do objeto: a espécie impressa é chamada de *medium quo*, a expressa, de *medium in quo* a faculdade cognoscitiva atinge seu objeto e a ele se une. A segunda, na ordem intelectual, é chamada também de *verbum mentis*.

2. ESPÉCIES INFUSAS. Na questão nitidamente de sabor místico escolástico a respeito da natureza e dos princípios do conhecimento contemplativo infuso, o problema versa sobretudo sobre a espécie impressa; e pode-se perguntar genericamente qual sua necessidade ou mais em particular se essa forma de contemplação comporta a necessidade de espécies infusas. Há uma concordância de visões sobre o primeiro problema, porquanto também no conhecimento contemplativo existe o estado de potencialidade na ordem cognoscitiva que justifica a intervenção da espécie para tornar o objeto imediatamente unível ao intelecto. Isso vale tanto para as verdades de ordem natural como sobrenatural, seja para o conhecimento adquirido, seja para o objeto conhecido eventualmente por comunicação divina. As espécies serão sensíveis, ou imaginárias, ou puramente intelectuais, de acordo com a natureza do objeto ou do mundo e do grau de conhecimento. Aplicando os princípios gerais da gnosiologia, deve-se afirmar normalmente, de algum modo, a presença também do chamado "fantasma", ou "espécie sensível" na contemplação em seu aspecto de conhecimento, dado que o conhecimento humano, originado do contato com a realidade sensível percebida pelas faculdades sensíveis, continua ligado a essas fontes na passagem para o intelecto. Daí a afirmação de que o ato do conhecimento intelectivo se faz "*per conversionem ad phantasmata*" (cf. *STh*. I, q. 84, aa. 6-7; q. 85, as. 1-2). Há autores que restringem a lei à contemplação, mesmo sobrenatural, que se faz "de modo humano", mas não a certas formas muito elevadas que transcendem esse modo (cf. Philippus a Sanctissima Trinitate, *Summa theologiae mysticae*, II, tr. 3, disc. 2, a. 2; ed. 1874, 320-329 e Joseph a Spiritu Sancto, *Enucleatio mysticae theologiae*, ed. 1927, 31-35). Sobre a necessidade da intervenção das espécies "inteligíveis", no complexo, há acordo de opiniões pela razão acenada. Mas sobre a necessidade de espécies infusas, sempre a propósito da contemplação infusa, os autores que mais trataram do assunto nos dão respostas muito diferentes. A. Farges (*Phénomènes mystiques*, vl. I, Paris, 1923, 81 ss.) é por uma afirmação mais geral, vendo precisamente na infusão da espécie um elemento constitutivo da contemplação, que ele considera semelhante ao conhecimento angélico: daí também o caráter de fato não "normal", ou seja, não ligado à evolução do organismo da graça. O padre → Garrigou-Lagrange (cf., em parte, *Perfection chrétienne et contemplation*, Paris, 1923, apênd., 1-51, vl. I) analisa a fundo e rebate essa opinião, pronunciando-se no conjunto pela não necessidade de espécies infusas — admitindo-as, portanto, em alguns casos — e apelando, antes, para a eficácia da luz particular infusa por Deus e conexa com os dons, especialmente da → inteligência e da sabedoria. Outros teólogos apresentam soluções mais flexíveis, distinguindo entre necessidade e fato e entre graus diferentes de contemplação. Na contemplação infusa intervêm às vezes somente espécies naturais ou adquiridas preexistentes; às vezes, embora permanecendo as mesmas, são coordenadas e iluminadas por Deus, de diferente modo, adquirindo assim uma eficácia muito mais clara de revelação; às vezes são infusas espécies novas, dando origem a conhecimentos particularmente elevados. As espécies naturais ou infusas são postas em relação com os graus e com os modos da contemplação: afirmativa ou negativa, distinta ou geral; até pôr e resolver afirmativamente o problema de uma possível espécie criada "representativa" de Deus: "*objective et immediate quoad an est et saltem secundario aliquo modo quoad quid est, confuse tamen, universaliter et imperfecte...*" (Joseph a Spiritu Sancto, *op. cit.*, 47). Obviamente, a questão das espécies infusas se põe a respeito da contemplação como ato cognoscitivo do intelecto, não como experiência afetiva. Os defensores dessa última opinião creem ser possível uma forma tão alta de contemplação infusa, na qual a própria essência

divina faria o papel de espécie impressa no intelecto elevado por certa participação da luz da glória. Não se trata, evidentemente, da visão beatífica, mas da suprema contemplação na fé (cf. PHILIPPUS A SANCTISSIMA TRINITATE, *op. cit.*, 327 e vl. III, 58; JOSEPH A SPIRITU SANCTO, *op. cit.*, 50).

Como é natural, essas opiniões se reportam às descrições dos místicos nas quais de modo concorde se proclama a sublimidade de certas formas de contemplação. Todavia, é difícil poder delas extrair soluções realmente coercivas.

BIBLIOGRAFIA. DE GUIBERT, J. *Theologia spiritualis ascetica et mystica*. Roma, 1946, 398; JOSEPH A SPIRITU SANCTO. *Cursus theologiae mysticae-scholasticae*, ed. 1928, vl. II, d. 14, 703-743; vl. III, d. 17, *passim*; vl. IV, d. 20, 1-59.

R. MORETTI

ESPERANÇA. A virtude teologal da fé realiza o primeiro contato da alma com as Pessoas divinas. Do fato de ela mostrar na ordem sobrenatural a nossa verdadeira felicidade, nasce na vontade uma tensão para sua procura e sua posse, que é a essência da esperança.

1. NA ESCRITURA. É surpreendente o fato de o substantivo "esperança" (grego *elpis*) estar totalmente ausente nos Evangelhos. Os exegetas nos dizem que a esperança dos judeus estava toda voltada para o advento de um Messias que seria o rei de um Estado político. Jesus, para não confundir o caráter completamente espiritual do seu reino, evitou se ligar a essa esperança por demais terrena. Com efeito, o verbo "esperar" (*elpizein*), usado umas poucas vezes, parece refletir a mentalidade judaica (Lc 24,21; Jo 5,45). Era, pois, necessário espiritualizar o conceito de Messias para poder depois falar da esperança sem perigo de confusão. Assim, Jesus, evitando, de uma parte, o uso da palavra esperança e fazendo, de outra parte, apelo às profecias, queria dar a entender e afirmar que o objeto da autêntica esperança israelita já estava presente: "O Reinado de Deus já vos alcançou" (Lc 11,20; 17,20-21). A essa presença devia corresponder não uma atitude de esperança, mas de fé. De outra parte, Jesus ensina que a presença do Reino não é ainda perfeita; embora iniciado, o Reino deve crescer como uma semente (Mt 13,31-32), deve transformar a massa como um fermento (Mt 13,33). Sua completa manifestação está reservada ao tempo futuro, o escatológico. Entrementes, os bons viverão em meio aos maus (Mt 13,24-40) e os discípulos de Cristo sofrerão perseguições (Mt 5,11-12; Lc 21,12). O glorioso resultado final fica garantido, porém (Mt 25,31-46), e é para essa meta que Jesus dirige a expectativa dos seus ouvintes (Lc 21,28-32). A esperança dos profetas completa-se com o advento do Messias; mas na vinda de Cristo a mesma esperança toma um novo impulso para um acontecimento mais elevado e mais espiritual. A esperança, portanto, está ausente dos Evangelhos, mas a sua realidade é por eles proposta com força e insistência.

Falando aos gentios, São Paulo podia usar a palavra esperança sem perigo. Com efeito, ela se repete nele 40 vezes sobre as 53 contidas em todo o Novo Testamento, ao passo que o verbo "esperar" ocorre 20 vezes sobre 31. Essa constatação é significativa. Paulo pode se chamar o Apóstolo da fé, mas com igual direito também o Apóstolo da esperança. Ele não faz senão desenvolver a doutrina do Mestre. O objeto da esperança é a segunda vinda de Cristo (1Ts 1,3; 2,19; 1Cor 1,7; 2Cor 1,14; Fl 3,20). Então ter-se-ão todos os bens; todos os males que suportamos agora nada são em comparação com nossa glorificação futura (Rm 8,18). A atenção se concentra em permanecer sempre com o Senhor e a ressurreição dos mortos não é mais que um acontecimento preliminar ao encontro definitivo com ele (1Ts 4,13-18); a vida eterna que esperamos (Tt 1,2; 3,7) ou a nossa salvação (1Ts 5,8) são uma participação da glória de Cristo (Rm 8,17; Fl 3,20-21). Além disso, o advento de Cristo não diz respeito somente aos indivíduos, mas a toda a comunidade: estaremos para sempre juntos com o Senhor (1Ts 4,17).

Os motivos que mantêm a nossa esperança e lhe dão firmeza estão conexos entre si. Deus nos chamou (1Ts 5,24); ora, ele é fiel e não pode negar a si mesmo (2Tm 2,13). O seu chamado brota de seu amor salvífico (Rm 8,28-33) e contém, portanto, uma promessa segura, sobre a qual podemos nos apoiar (2Cor 7,1; Tt 1,2). Mais ainda; a execução do plano divino já teve início, antes na ressurreição de Cristo, depois no dom do Espírito Santo. A ressurreição de Cristo, como "primícias dos que morreram" (1Cor 15,20), inaugurou a era escatológica; essa última prosseguirá infalivelmente para seu cumprimento, termo final em que todos os que morreram em Cristo (1Ts 4,14; 1Cor 15,18) ressurgirão à sua semelhança (Fl 3,20-21). Por isso podemos compreender como a celebração eucarística, que desde o tempo dos apóstolos se fazia no domingo (At 20,7), estava embebida da expectativa do Senhor (1Cor 11,26). Não só na ressurreição de Cristo, nosso irmão (Rm 8,29), a quem fomos feitos semelhantes pelo → BATISMO (Rm 6,1-17), mas também na presença do Espírito Santo nós temos outro motivo de segurança (2Cor 1,22; Ef 1,13). Deus, que ressuscitou Cristo, ressuscitará também a nós por causa da presença em nós do próprio Espírito (Rm 8,11); mais, esse Espírito nos faz esperar com confiança aquela redenção final (Rm 8,23) que parece tomar proporções cósmicas (Rm 9,19-22).

Os sofrimentos da vida presente, mais que sufocar nossa esperança, são um motivo que a tornam mais sólida, não apenas porque as diversas tribulações merecem um prêmio (2Ts 1,4-10), mas também porque nos garantem que rumamos pelo caminho certo, percorrido por Cristo, que chegou à glorificação mediante a cruz. Nossas dores nos unem a ele (Fl 3,10-12) e nos encaminham para nossa ressurreição (Rm 8,17). A união com Cristo no sofrimento é, por isso, uma garantia da nossa participação na sua glorificação.

Nossas obras boas podem ser motivo de esperança? Em certo sentido é lícito afirmá-lo: Deus é justo e não as deixará sem recompensa (1Tm 4,8). Temos de ter presente, porém, que é da presença do Espírito Santo que essas obras adquirem valor. E se quisermos conciliar os dois dados diremos que, ao fazer o bem em virtude do Espírito Santo, já realizamos a era futura. Quanto mais deixamos para trás as trevas do pecado e caminhamos na luz, mais antecipamos a nossa vida futura (Rm 13,11-12), vida agora escondida em Cristo, mas que espera apenas o advento dele para se manifestar na glória (Cl 3,1-5). Mais que motivo de esperança, as boas obras manifestam a presença do Espírito e nos ajudam a esperar que estaremos preparados para o encontro definitivo com Jesus.

Por isso, a esperança é compromisso de uma vida moral perfeita e exige muitos esforços (1Cor 9,10.24-27; Cl 1,21-23). Toda voltada para aquele encontro, ela não é, portanto, uma atitude passiva, mas uma espera vivíssima que estimula a estarmos cada vez mais preparados, não apenas individualmente, mas também coletivamente; toda a Igreja está em marcha para a sua glorificação (Cl 1,24-28). Tal esperança é fonte de paciência nas tribulações (1Ts 1,3; Rm 8,25; 12,12) e de gáudio (Cl 1,11; Fl 1,7; 4,4-5), porque nada e ninguém é capaz de fazer vacilar o seu fundamento.

Nos escritos de São João está novamente ausente a palavra "esperança" (ocorre apenas em 1Jo 3,3); mas sua realidade é expressa de diversos modos não apenas nas palavras de Jesus, mas também na Primeira Carta e no Apocalipse, o qual poderia ser chamado o livro da esperança, porquanto descreve o triunfo definitivo de Cristo sobre o mal. Agora já somos filhos de Deus, mas a nossa riqueza será revelada apenas quando virmos Deus como ele é (1Jo 3,2). Portanto, a expectativa cristã segue na direção daquele futuro definitivo; o Apocalipse termina com estas palavras que exprimem todo o ardor da Igreja: "O Espírito e a esposa dizem: 'Vem!'. E o que ouvir diga: 'Vem!'" (Ap 22,17). "Vem, Senhor Jesus!" (Ap 22,20).

2. O CONCÍLIO VATICANO II. A doutrina sobre a esperança tem um lugar tão importante no Vaticano II que merece uma exposição especial, embora sumária. O último termo da esperança cristã é proposto na constituição dogmática *Lumen gentium*, c. VII: "Índole escatológica da Igreja peregrina e sua união com a Igreja celeste". Todos os homens são chamados à Igreja terrestre e com ela são peregrinos em direção à meta, a restauração universal: "com o gênero humano, também todo o mundo, o qual está intimamente unido com o homem e por meio dele atinge o seu fim, será perfeitamente restaurado em Cristo" (*LG* 48). A esperança cristã, portanto, não tende apenas para o bem próprio, mas tem essencialmente um aspecto eclesial, até cósmico. Estamos todos em marcha, e o mundo conosco, para a renovação final em Cristo. A certeza desse acontecimento futuro deriva não da razão, mas da revelação e somos convidados a dar testemunho da nossa certeza diante do mundo (*LG* 10.35) e faremos isso mais com a vida do que com as palavras, porquanto manifestamos nas nossas ações que permanecemos conscientes da nossa condição de peregrinos (*LG* 48). O Concílio indica na mesma constituição o motivo fundamental sobre o qual se apoia a nossa esperança: é o mistério pascal ao qual o cristão está associado, e mais em particular é a ressurreição de Cristo e a presença do Espírito Santo (*LG* 48): elas demonstram que a renovação dos últimos tempos já começou e que, portanto, caminhará inevitavelmente para sua última realização. A constituição *Gaudium et*

spes acrescenta um motivo que se liga ao mistério pascal: "O Senhor deixou aos seus um penhor dessa esperança e um viático para o caminho no sacramento da fé, no qual elementos naturais, cultivados pelo homem, são transmudados no corpo e no sangue glorioso dele, em banquete de comunhão fraterna, que é prelibação do banquete do céu" (*GS* 38).

A tendência para a meta final não pode nos fazer esquecer os nossos compromissos sobre esta terra. Eles se referem fundamentalmente a dois: à antecipação do estado celeste e ao trabalho para aperfeiçoar o mundo material e o homem, especialmente na sua cultura.

A vida celeste é antecipada na união com as três Pessoas divinas e na união entre todos os homens. É verdade que essa união já está presente nos justos e que, portanto, sob esse aspecto não pode mais haver objeto de esperança; porém, deve crescer continuamente (*LG* 48). Todos os homens, pois, são convidados a essa união antecipada. Eis que a esperança é estímulo da virtude e procura aproximar todos de Cristo. É especialmente sob o seu aspecto social que o Vaticano II considera a vida divina nos homens e a propõe à esperança cristã. Todos se destinam a formar "uma união social" (*GS* 32), "uma só família", em que todos se tratem "entre si com ânimo de irmãos" (*Ibid.*, n. 24). Esse projeto do Criador encontra a sua mais perfeita realização na Igreja, na qual estamos inseridos por meio do batismo (*LG* 11.14.31) e cujo modelo é a unidade da Trindade (*UR* 2). Aqui se encontra o último motivo da atividade missionária. A união de todos numa convivência natural "em amigável fraternidade" faz parte do compromisso e da esperança dos católicos (*GS* 88), mas ela tem um fim mais elevado: realizar a união de todos em Cristo. Assim o compromisso do católico pela paz, pela concórdia entre os povos não é uma atividade puramente profana, porque a concórdia no plano natural é um elemento indispensável da paz em Cristo (cf. PAULO VI, *Populorum progressio*, nn. 16.21.79). O Concílio insiste, aliás, sobre a "mútua estima, respeito e concórdia" entre os próprios católicos, depois entre os católicos e os "irmãos que não vivem ainda em plena comunhão conosco", a fim de que a Igreja se torne "sinal daquela fraternidade que permite e reforça um sincero diálogo" (*GS* 92). "Porque o Pai quer que em todos os homens nós reconheçamos Cristo nosso irmão, e eficazmente o amemos com a palavra e com a ação, dando assim o testemunho da verdade, e comuniquemos aos outros o mistério do amor do Pai celeste. Assim fazendo, despertaremos em todos os homens da terra uma viva esperança, dom do Espírito Santo, a fim de que finalmente eles sejam recebidos na paz e na felicidade suma, na pátria que resplandece com a glória do Senhor" (*Ibid.*, n. 93). Com essas últimas palavras vê-se que o compromisso pela união entre os homens e os povos é inspirado pela esperança da união eterna e tende a suscitar a mesma esperança nos outros.

A segunda tarefa essencial, própria da vida presente, é o trabalho que tem como objeto o uso dos bens materiais e como fim a transformação do mundo e da cultura do homem. De uma parte, é verdade que a esperança da vida futura nos impede de mergulhar em nosso trabalho a ponto de esquecermos o último fim nosso; de outra parte, porém, essa esperança não pode servir de pretexto para nos subtrair a nossa obrigação de trabalho (*GS* 43). Antes, a esperança cristã, iluminada por motivos mais altos, nos impulsiona a um maior compromisso (*GS* 21): o cristão sabe muito bem que com o seu trabalho colabora com o seu Criador, de quem manifesta a magnificência (*GS* 34.57), que presta serviço aos outros (*GS* 57), porque torna a vida mais humana (*GS* 43.55) e, enfim, que, ao aperfeiçoar a natureza, faz com que a terra presente seja uma imagem mais perfeita da futura (*GS* 39). O Concílio nos lembra, porém, que o progresso técnico é ambivalente (*GS* 3,4; cf. PAULO VI, *Populorum progressio*, nn. 18.19.28.41): isso, com efeito, pode elevar a personalidade humana, mas pode também destruí-la: tudo depende do amor que inspira o trabalho (*LG* 34). Somente enquanto ama é que o cristão colabora com Cristo para libertar ulteriormente o homem e aperfeiçoá-lo em vista do advento definitivo de Cristo (*GS* 2). É a verdadeira esperança cristã que, de uma parte, nos faz trabalhar intensamente para o progresso da humanidade e, de outra, nos mantém na justa perspectiva.

3. NA TEOLOGIA. A teologia procurou aprofundar os dados revelados, seja confrontando-os com as outras verdades sobrenaturais, seja examinando como devem ser inseridas na psicologia humana ou como a experiência dos cristãos, especialmente dos → SANTOS, manifesta a influência da esperança na vida. Assim se construiu um tratado orgânico que, partindo da natureza da esperança, indica o seu objeto, o seu motivo, propriedades, crescimento e efeitos.

a) *Natureza, objeto, motivo*. Tomada em sentido genérico, a esperança é um movimento da vontade humana que se volta para um bem futuro, difícil, mas possível. A inteligência faz ver que sua consecução é causa de perfeição e, portanto, de felicidade; e faz nascer o desejo. Preveem-se, porém, algumas dificuldades que o tornam difícil; o bem se mostra então não como um objeto a ser esperado passivamente, mas a ser conquistado. Mas, além da dificuldade, vê-se sua possibilidade; caso contrário, seguir-se-iam o abatimento e o desespero, ou seja, a renúncia ao esforço e, portanto, à própria plenitude. A esperança, porém, é rejeição ao desânimo, é vontade confiante de vencer os obstáculos. O homem é por natureza inclinado ao bem e à esperança; nela encontra coragem, alegria na segurança e na superação dos impedimentos. A esperança é fonte de energia e de atividade; o desespero, ao contrário, tende para a destruição da personalidade: seu último ato é o suicídio. No plano natural, o objeto que corresponde à esperança resume-se na palavra "ideal", que assume para qualquer pessoa um caráter e uma dimensão diferentes, embora tenha necessariamente aspectos essenciais comuns. O ideal natural, objeto da esperança natural, fundamenta-se na consciência de adequadas capacidades para o realizar. A fé, porém, nos propõe um ideal superior insuspeito: a comunicação plena com a vida trinitária para a qual somos convidados e da qual podemos desde já participar de um modo imperfeito. Jamais o homem teria a ousadia de a ela aspirar se não fosse movido pelo próprio Espírito Santo, o qual eleva a vontade ao nível do ideal revelado, fazendo-o desejar como um bem possível e sumamente conveniente. A elevação habitual que torna o homem capaz de tender para esse bem se faz por meio da virtude da esperança, cujo objeto concreto não é uma coisa, mas as três Pessoas divinas, em cuja comunicação seremos felizes. Dizemos "seremos", até para ressaltar o aspecto social da esperança. A companhia de Jesus, de Maria, dos anjos, de todos os santos faz parte do objeto concreto da esperança: esperamos nos encontrar todos juntos no seio da Santíssima Trindade.

Embora voltados para o futuro celeste, não esqueçamos que somos ainda peregrinos nesta terra. Portanto, o objeto secundário da esperança será tudo o que nos ajuda a conseguir a meta. Tudo concorre para o bem dos eleitos (Rm 8,28): os bens ou males naturais, a saúde, as riquezas, as perseguições, a doença podem dele fazer parte. Para esses bens, porém, a esperança se voltará somente de modo condicional, por não saber — como futuros que são — se fazem parte do plano divino. Temos certeza deles somente quando estiverem presentes; nesse caso não são mais objeto, mas, sim, motivo de esperança. Entre os bens sobrenaturais, temos de distinguir sobretudo os que são absolutamente necessários, a graça santificante e as graças atuais; os outros, como, por exemplo, as graças contemplativas, não sendo de per si necessários, entram no objeto da esperança apenas de modo condicional.

Como a esperança tende para um bem futuro, pode estar presente também num pecador, supondo que ele conserve ainda a fé, a qual deve sempre propor à esperança o seu objeto. A esperança de ter ainda a ocasião para se converter pode ser uma válida barreira que mantém o pecador longe do vórtice dos vícios, ao passo que o desespero, embora não seja em si o pecado mais grave, é a situação mais perigosa, porquanto tira qualquer impedimento às paixões (*STh*. II-II, q. 20, a. 3).

O motivo que dá à esperança sua indestrutível firmeza não é evidentemente a nossa ação humana tão defeituosa, mas a ajuda infalível de Deus, o qual pode nos dar tudo o que é necessário para atingir nosso fim sobrenatural, porque é onipotente e, ao mesmo tempo, no-lo quer dar porque é infinitamente bom. Que, de fato, nos fará conseguir o nosso fim consta de seu convite e da sua fidelidade. Prometeu-nos a vida eterna (Tt 1,2), e duvidar de sua fidelidade seria ofendê-lo num dos seus atributos mais próprios. Poderiam talvez os pecados constituir um obstáculo à nossa esperança? É preciso lembrar que a bondade de Deus em relação a nós é uma bondade misericordiosa (Rm 11,30-32; 2Cor 1,3; Ef 2,4; Tt 3,5) e, portanto, encontra justamente na nossa miséria a ocasião para melhor se manifestar. Não se deve concluir daí que os pecados em si mesmos ou a nossa fraqueza moral sejam precisamente motivo de esperança; queremos dizer que os nossos pecados não devem nos impedir de nos apegarmos ao verdadeiro motivo, o divino, que jamais diminui.

Ao dizer, aliás, que o verdadeiro motivo da esperança está em Deus, não pomos freio ao nosso empenho em fazer o bem, porque a ajuda divina não deve ser entendida como um dom dado de fora, mas como uma força interior que procura nos transformar e nos preparar para o encontro com Cristo. Portanto, também essa preparação, realizada por nós em dependência de Deus, é motivo, ainda que secundário, da esperança, a qual como que galvaniza as nossas energias e as torna ativas como nunca para chegar às possibilidades mais altas. Aqui a esperança sobrenatural é semelhante à natural: toma o aspecto de uma conquista a se realizar também — se não principalmente — com as nossas débeis forças.

Notemos ainda que o aspecto eclesial da esperança estimula o apóstolo ao empenho pela saúde dos outros, desejando quanto mais possível que estejam para sempre com o Senhor.

b) *Qualidade da esperança*. Já observamos que a esperança é um dom sobrenatural de Deus. Esse dom se reveste de duas qualidades, a firmeza e a honestidade, que parecem pôr dificuldades.

A firmeza se apoia no juízo da fé que nos apresenta o objeto e o motivo. Dessa parte, portanto, a esperança tem um fundamento indestrutível. Mas a possibilidade do pecado faz nascer o temor ao lado da firmeza (1Cor 10,12; Fl 2,12), motivo pelo qual o Concílio de Trento afirma, no mesmo capítulo, a firmeza da esperança e, ao mesmo tempo, a necessidade do temor (DENZ. 806). Se esse temor fosse excessivamente preponderante, poderia incidir perigosamente sobre a firmeza como acontece quando o homem, dominado pela própria fraqueza, esquece a misericórdia de Deus. Mas então não se falaria mais de temor, mas de ansiedade, a qual, exacerbada, poderia levar até ao desespero total. Mas, ainda que não se chegue a esse extremo, o exacerbado temor bloqueia a alma numa vida medíocre, cortando-a fora do caminho da santidade. O temor, de que fala o Concílio Tridentino, é real e fundado; um confronto leal com as faltas cotidianas basta para o alimentar; serve de barreira a quem se sente levado à → PRESUNÇÃO. Mas a constatação da própria miséria e o temor que se segue devem dar a partida para se prender novamente à misericórdia onipotente de Deus. Toda derrota moral, seja ela pequena ou grande, deve nos estimular a um renovado ato de confiança. Vê-se, portanto, que a firmeza da esperança, que empenha mais a livre vontade, não deve ser confundida com a certeza da fé. Ao lado da fé, com efeito, não há lugar para a dúvida ou para o temor de errar: eles devem ser simplesmente descartados como tentações. A esperança, porém, coexiste com o temor de opor-se à graça divina. Mas esse temor nos estimula a pedir com mais insistência a ajuda divina e a evitar com maior diligência qualquer ocasião de pecado. É verdade que a esperança é uma virtude otimista, mas o seu otimismo deve ser defendido e desenvolvido dia a dia. Não apenas o objeto da esperança é árduo, mas a virtude em si mesma tem todo o aspecto de uma contínua conquista.

A honestidade da esperança foi negada várias vezes no decurso da história, especialmente pelo → QUIETISMO e semiquietismo. Sendo a esperança uma tendência para um bem, porquanto o homem nela encontra seu aperfeiçoamento e, portanto, sua felicidade, poder-se-ia pensar que, se a criatura tende para Deus como seu bem, rebaixa-o ao nível de meio e o subordina à própria perfeição. A objeção provém de uma superavaliação da criatura e de uma concepção errônea da esperança. Com efeito, toda criatura, como imperfeita, tende naturalmente à sua perfeição. Assim também o homem; condenar essa tendência significa condenar o que Deus pôs de mais fundamental nele. E como o homem foi feito por Deus e somente em Deus encontra a sua felicidade, é inteiramente natural que procure se aproximar a ele. Ora, a esperança sobrenatural se insere precisamente nessa tendência natural, impulsionando o homem para uma felicidade insuspeita. E é também nesse desejo de felicidade que Cristo muitas vezes se apoia para estimular os homens ao bem moral. Porém, deve-se talvez censurar o desejo de possuir a Deus? Notemos com exatidão qual a natureza da esperança. Há diversas espécies de amor. Pode-se querer uma coisa simplesmente para o próprio aperfeiçoamento, ainda que para esse fim seja necessário destruí-la. É o amor "de concupiscência" em que a coisa é completamente subordinada à pessoa. Esse amor "egoísta" para com as coisas irracionais é lícito porque elas estão a serviço do homem. Mas não o é em relação a uma pessoa, porquanto não lhe respeita a integridade e a independência. É possível, porém, manter o respeito por uma pessoa na sua individualidade e procurar, ao mesmo tempo, o próprio aperfeiçoamento na união com ela. Esse amor, mesmo sendo interessado, não ofende a personalidade alheia, mas até inclui uma homenagem à sua excelência. Assim é a esperança, diferentemente da caridade, a qual ama a Deus por sua própria amabilidade. A esperança é um amor interessado, mas totalmente legítimo, e até uma necessidade da pessoa humana enquanto viver sobre a terra e sentir a própria imperfeição. Desse modo, esperamos tudo de Deus. E isso não lhe daria glória? Estejamos sempre atentos a não tomar a palavra "interessado" no sentido de egoísmo pejorativo e a objeção perderá toda a sua força. Porém, poder-se-ia ainda insistir dizendo que a esperança deveria ser excluída pelo menos do estado dos perfeitos, porquanto é mais perfeita a caridade que a esperança. Mas é preciso observar que os "perfeitos" da terra jamais são perfeitos em todos os sentidos e enquanto não gozam da visão de Deus sentem também eles a própria miséria. A Igreja não diz que o cristão seja incapaz de um ato de pura benevolência, mas o afirma ao asseverar a obrigação do ato de caridade; nega, porém, que o homem possa nesta terra chegar a tal estado de perfeição a ponto de poder excluir habitualmente um ato menos elevado, como é o desejo da própria salvação, ou seja, um ato de esperança (Denz. 1327-1349). Ao querer se apoiar unicamente no motivo do amor puro e desinteressado, o cristão perderia um estímulo ao bem, algumas vezes muito mais eficaz na prática do que o mais elevado. → Teresa de Jesus o lembra explicitamente: as tentações podem às vezes ser tão fascinantes que somente o pensamento de que tudo acaba e que existe um paraíso e um inferno pode manter o pecado a distância (*Vida*, 15,12).

c) *Crescimento da esperança*. Como é dom divino, o crescimento da esperança depende da influência de Deus, exatamente como para as outras virtudes sobrenaturais. Porém apresenta também um aspecto psicológico que faz parte do âmbito do nosso empenho direto, o qual pode estar sujeito a muitas imperfeições. Essas imperfeições são de variados gêneros e dizem respeito sobretudo à natureza, ao objeto e ao motivo da esperança.

— Imperfeições em relação à natureza. Sendo a esperança fundada num amor "interessado", um primeiro perigo pode provir do egoísmo, o qual, com o pretexto de pensar na própria santificação, faz com que a alma se volte sobre si mesma, fechando-a às necessidades dos outros e criando nela uma mentalidade calculadora e egocêntrica. Semelhante mentalidade pode ser encontrada também naqueles que usam os meios recomendados pela Igreja, como se fossem talismãs que dispensam do empenho pessoal na prática das virtudes. A santidade e a felicidade não se adquirem senão com o exercício da caridade e, portanto, com o altruísmo perfeito. E é a isso, portanto, que a esperança nos introduz por seu próprio dinamismo interior.

— Imperfeições em relação ao objeto. Sendo, pois, a esperança desejo da felicidade eterna na união definitiva com as três Pessoas divinas, tudo o que atenua esse desejo diminui também o seu dinamismo. Sobre esse princípio São → João da Cruz constrói a sua doutrina do desapego e de modo especial a doutrina da purificação da memória (*Subida* 3, 1-15). Todo apego a uma coisa criada é acompanhado por um sentimento de posse, que restringe automaticamente o desejo ilimitado de Deus. Ora, a fantasia e a memória podem causar facilmente esse dano: a primeira ao criar ilusões ou nutrir sonhos irreais nos quais o homem procura uma compensação para a própria insatisfação; a segunda, porque as lembranças criam um sentido de riqueza e de complacência espirituais. As duas nos fazem nos voltar sobre nós mesmos. A mortificação da memória e da fantasia é, portanto, indispensável para nos manter ativos no desejo de Deus. É evidente que a indiferença afetiva das coisas externas é o primeiro requisito. Na indiferença afetiva, embora nem sempre real, a esperança encontra seu clima favorável. É preciso acrescentar que, por mais que o homem se aplique nisso, jamais poderá chegar a se libertar completamente de todos os laços que impedem o pleno desenvolvimento da esperança. Por isso, Deus vem ao encontro de seu esforço ascético, enviando provas e privações, tanto exteriores quanto interiores, para tirar qualquer satisfação com qualquer outro objeto fora dele. Assim, o desejo da alma se amplia cada vez mais e a esperança tende ao infinito.

Da doutrina da indiferença surge espontaneamente a objeção de que a esperança cristã leva inevitavelmente ao desinteresse pelo progresso cultural e técnico da humanidade. A dificuldade é apenas aparente, porque a esperança usa de todas as coisas terrenas que podem contribuir para a realização do seu fim, que continua sendo principalmente a união com as divinas Pessoas. Ora, seria errôneo afirmar que o homem, vivendo na total indigência corporal e cultural, tenha mais ardente o desejo do céu. O mal físico, a doença, a miséria etc. são ambivalentes: podem oprimir o homem, como podem também purificá-lo. Assim também o bem-estar físico, as comodidades corporais e a cultura intelectual; com a diferença de que os últimos são de per si mais favoráveis; mais, um mínimo de bem-estar e de cultura são indispensáveis para a felicidade humana, na qual deve se inserir a esperança. Normalmente, a boa saúde, a paz etc. formam o ambiente em que o homem caminha com menores riscos para a pátria celeste. Eis o último motivo por que o Vaticano II insiste tanto no empenho temporal. Por isso a esperança cristã procurará criar para o homem um maior bem-estar com a finalidade de atingir com segurança a própria meta. É necessário, porém, observar que esse bem-estar não é um valor absoluto nem estritamente necessário, tendo uma função instrumental e de fim intermédio, que pode até constituir uma ocasião de abuso e fazer esquecer a nossa condição de peregrinos. Portanto, ainda que o cristão deva se comprometer com a prosperidade temporal, jamais o fará com aquela obstinação que se encontra naquele que deposita toda a sua felicidade no âmbito deste mundo terreno. Por isso, o cristão jamais perde a coragem quando encontra desilusões no campo temporal e quando os seus esforços permanecem sem sucesso.

A ambivalência do bem-estar temporal tem outra consequência prática. É verdade que o cristão deve promover tudo o que pode tornar a vida dos homens mais serena. Mas com relação a si mesmo deve se perguntar em que medida a própria vida espiritual tem necessidade dos bens naturais e quando eles podem sufocar a vida da sua esperança. É uma questão delicada, mas inevitável para quem quer realmente tender para Deus. Não é lícito impor certas limitações a outros, mas pode ser totalmente necessário impô-las a si mesmo para conservar pura a própria esperança. Estamos aqui diante de um campo vastíssimo de mortificações e de renúncias, tanto corporais como espirituais, que cada qual deve explorar por conta própria, na máxima fidelidade à graça e possivelmente com uma grande docilidade à guia de um perito diretor. Não podemos esquecer que para sermos abertos à invasão de Deus precisamos deixar uma infinidade de coisas até lícitas.

— Imperfeições em relação ao motivo. Além da graça de Deus, o homem conta com as próprias forças e com a presença de causas naturais sobre as quais tranquilamente se apoiar. Teoricamente se persuade de que o objeto último de esperança é um dom de Deus; mas pelo fato de que nisso deve pôr também todo seu empenho e que Deus se serve muito dos meios naturais, a atenção se orienta facilmente para esses últimos, mais que para a obra escondida de Deus. Daí provém uma perigosa superavaliação das próprias capacidades e dos meios naturais, seja para a santificação individual, seja para a expansão da Igreja. Essa presunção é mais frequente nos jovens, que com excessiva confiança na própria energia pensam que o ideal se atinja em pouco tempo. A cada dia, porém, a distância se acentua: os insucessos, as faltas cotidianas fazem sentir de modo mais agudo o contraste entre o ideal e a realidade. O contraste poderia ser anulado com o rebaixamento do ideal a uma honesta mediocridade; mas a graça faz entender que essa atitude seria uma traição e um ato de desespero. A solução autêntica está em aceitar humildemente os próprios limites, em se apegar cada vez mais à misericórdia divina, sem, por isso, negligenciar o renovado esforço próprio. Até as desilusões provenientes das pessoas, do ambiente de onde esperávamos ajuda nos fazem aderir mais a Deus, único apoio que jamais falha. Do mesmo modo, deve se purificar a esperança eclesial. É verdade que o apostolado católico deve usar os meios modernos de penetração social e que o prestígio humano da Igreja pode ajudar muito sua missão. Seria um erro fazer depender completamente desses meios humanos o sucesso sobrenatural. Para purificar a nossa esperança eclesial Deus permitirá às vezes o insucesso dos nossos métodos, como permitirá as perseguições e as calúnias. Assim, somos obrigados não só a uma revisão dos nossos métodos — o que de fato não se deve negligenciar — mas a nos aproximar dele, como nossa força transcendente. Os insucessos, tanto individuais como sociais, não podem, portanto, gerar um ceticismo universal com relação ao esforço humano — atitude que tenta as pessoas maduras — nem justificar a renúncia ao esforço ou a teimosia em métodos ultrapassados. Mas, se nos fazem recorrer mais a Deus e nos mostram que sem ele não podemos nada, galvanizam a nossa energia, porque estamos também convencidos de que, embora Deus possa fazer tudo sozinho, pede a nossa colaboração e temos alegria em prestá-la. Também aqui o equilíbrio entre presunção e ceticismo assume o aspecto de uma conquista contínua.

d) *Efeitos da esperança.* Estão em relação com o seu crescimento. Tensão para a futura vinda de Cristo, a esperança nos compromete para o presente na sua real situação. Com efeito, também o presente nos leva continuamente para um devir que prepara. Essa tensão se manifesta no esforço realizado por todo indivíduo para estar preparado para o encontro com Cristo ao praticar a virtude; e no esforço social que procura promover tudo o que possa tornar os homens felizes. E como a felicidade é antes de tudo sobrenatural, e se encontra no Evangelho, a esperança estimula a um empenho para que todos os homens estejam unidos na Igreja e possam caminhar juntos para o acontecimento final. Sendo o encontro com Deus um dom seu, a esperança cristã, embora estimulando à ação, faz com que nos voltemos finalmente para Deus numa atitude de súplica: é na oração que a esperança encontra a sua mais pura expressão. Na oração, o cristão encontra a serenidade e a paz até diante das derrotas humanas mais clamorosas. A segurança do êxito final está garantida pelo próprio Deus. À medida que a esperança é purificada das escórias psicológicas, pode exercer toda sua influência vital. No final, a esperança assume cada vez mais o aspecto de abandono, mas não significa renúncia, e sim adesão à divina vontade e onipotência, das quais brota nova e confiante coragem.

BIBLIOGRAFIA. 1) Geral: BARS, H. *Marche de l'espérance.* Paris, 1963; BERNARD, R. *L'espérance.* Le Puy, 1957; CARRÉ, A. M. *Espérance et désespoir.* Paris, 1954; DELHAYE, Ph – BOULANGÉ, J. *Espérance et vie chrétienne.* Tournai, 1958 (com problemática moderna e ampla bibliografia); GARCIA BORREGUERO, L. *El mundo moderno y la esperanza cristiana.* Madrid, 1963; LAIN-ENTRALGO, P. *La espera y la esperanza. Historia y teoría del esperar humano.* Madrid, 1957; MOUSSÉ, J. *L'espérance des hommes.* Paris, 1963; OLIVIER, B. La speranza. In *Iniziazione teologica.* Brescia, 1955, 441-496, vl. III; RAMIREZ, S. *La esencia de la esperanza cristiana.* Madrid, 1960; URDÁNOZ, T. Para una filosofia y teología de la esperanza. *La Ciencia Tomista* 84 (1957) 549-612.
2) Especial: ANGELINI, G. Speranza. In *Nuovo Dizionario di Teologia Morale.* Roma, 1977, 1.508-1.533; ASIAIN, M. A. *Gritando nuestra esperanza.* Salamanca, 1978; BERNARD, Ch. A. *Théologie de l'espérance selon saint Thomas d'Aquin.* Paris, 1961; DESBUQUOIS, G. *L'espérance.* Paris, 1979; *Educazione della speranza.* Paoline, Roma, 1963; FEDELE, L. La speranza cristiana nelle lettere di san Paolo. *Studi di Scienze Ecclesiastiche* 1 (1960) 21-67; GRELOT, P. *Dans les angoisses: l'espérance. Enquête biblique.* Paris, 1982; GROSSOUW, A. W. L'espérance dans le Nouveau Testament. *Revue Biblique* 61 (1954) 508-532; GÜNTHÖR, A. *Chiamata e risposta.* Alba, 1975, 179-239, vl. II; *La speranza impegno di Dio e impegno dell'uomo.* Roma, 1972; LACAN, M. F. Nous sommes sauvés par l'espérance. in *À la rencontre de Dieu.* Lyon, 1961; LYONNET, S. La speranza cristiana. In *La storia della salvezza.* Napoli, 1966, 221-240; MARCEL, G. *Homo viator. Prolegomeni ad una metafisica della speranza.* Torino, 1967; MEHL, R. La fonction de l'espérance dans la réflexion étique. *Revue d'Histoire et de Philosophie Religieuse* 61 (1981) 453-459; METZ, J. B. *Un credo per l'uomo d'oggi. La nostra speranza.* Brescia, 1976; MOLTMANN, J. *L'esperimento speranza.* Brescia, 1976; MONDIN, B. Attualità della teologia della speranza. *Sapienza* 36 (1983) 385-504; MONSEGU, B. L'angoscia del nostro mondo e il suo superamento mediante Cristo crocifisso secondo san Paolo. *Fonti Vive* 10 (1964) 259-286; PIANA, G. Speranza. In *Nuovo Dizionario di Spiritualità.* Roma, 1978, 1.504-1.515; PINCKAERS, S. La nature vertueuse de l'espérance, *Revue Thomiste* 58 (1958) 405-442; 623-644; ID., Peut-on espérer pour les autres? *Mélanges de Science Religieuse* 16 (1959) 31-46; PLOEG, Van der L'espérance dans l'Ancien Testament. *Revue Biblique* 61 (1954) 481-507; RÉGAMEY, P. R. La condition de notre espérance. In *Portrait spirituel du chrétien.* Paris, 1963, 203-218; *Saggi sulla speranza. Rivista di Vita Spirituale* 34 (1980) 5-96; SCHLIER, H. Über die Hoffnung. Eine neutestamentliche Besinnung. *Geist und Leben* 33 (1960) 16-24; TESCAROLI, C. *Testimoni della speranza.* Roma, 1980; TILLARD, J. M. R. *Eucaristia, Pasqua della Chiesa.* Paoline, Roma, 1964; VIARD, A. Expectatio creaturae (Rom. VIII, 19-22). *Revue Biblique* 59 (1952) 337-354.

A. DE SUTTER – M. CAPRIOLI

ESPÍRITO SANTO

"O que se entende por Espírito?", perguntava R. Bultmann na sua famosa e sempre fundamental *Teologia do Novo Testamento,* e logo acrescentava: "De que maneira é definida por meio dele a existência cristã?" (*Theologie des Neuen Testaments,* Tübingen, ²1954, 151). Para essas duas perguntas, entendidas em sua estrita correlação, não é fácil encontrar uma resposta. Diante do Espírito Santo, a teologia se vê numa tensão lancinante: dele, dizia Barth, é "impossível falar, impossível calar" (*L'epistola ai Romani,* Milano, 1974, 654). Impossível falar: ele não pode ser posto entre os objetos sobre os quais o homem inicia uma pesquisa, mas aí está a nos lembrar irresistivelmente que Deus é mistério. A respeito da palavra de Deus, é de uma clareza amarga: "o homem entregue unicamente à sua natureza não aceita o que vem do Espírito de Deus" (1Cor 2,14). Nessa severa evocação, a experiência mística e a teologia apofática têm uma indicação sensibilíssima: ao Inefável, diz Santo Tomás, o homem deve o "casto silêncio" da adoração (*Venerantes indicibilia Dei casto silentio: De div. nom.* c. 1, lect. 2). Mas, depois da humilde e honesta confissão da própria insuficiência, a teologia reconhece que falar do Espírito é necessidade inevitável: sem ele, "Deus está distante; Cristo fica no passado; o Evangelho é letra morta; a Igreja, uma simples organização; a autoridade, uma dominação; a missão, uma propaganda; o culto, uma evocação; o agir cristão, uma moral de escravos" (I. Hazim, in Conseil Oecuménique des Églises, *Rapport d'Uppsala 1968*, Genève, 1969, 297). De resto, o Espírito é inefável, mas não incognoscível; a Escritura fala dele abundantemente e garante que ele próprio vem em auxílio à nossa fraqueza (cf. Rm 8,26). Se para o homem natural o Espírito é incompreensível, para o homem espiritual ele é a grande luz da revelação: "recebemos o Espírito que vem de Deus a fim de conhecermos os dons da graça de Deus" (1Cor 2,12). O Espírito faz conhecer tudo e, antes de tudo, dá a luz que permite conhecer: à sua luz nós vemos a luz (cf. Sl 36,10). Tentaremos, pois, falar dele, mas não segundo a sabedoria humana, e sim segundo "a linguagem ensinada pelo Espírito" (1Cor 2,13), ou seja, segundo as Escrituras, porque "foi o próprio Espírito que ditou as Escrituras, foi ele mesmo que disse de si tudo o que quis e tudo o que nós somos capazes de entender" (Cirilo de Jerusalém, *Cat.* 16, 2).

1. O ESPÍRITO DE DEUS. O traço original da pneumatologia veterotestamentária é a sua relação com a verdade central da religião hebraica: o monoteísmo. Embora se possam encontrar aqui e ali no Antigo Testamento vestígios de linguagem mitológica, a rejeição da idolatria colore toda a pneumatologia de Israel com uma tonalidade decisiva: o Espírito é "de Deus" para todos os efeitos. É lógico, portanto, que o discurso veterotestamentário sobre o Espírito esteja estritamente engrenado com o discurso sobre Deus. Ora, são três os temas principais em torno dos quais se pode organizar o discurso sobre Deus, segundo o Antigo Testamento, ou seja, que somente Deus é Deus, somente Deus é o salvador, somente Deus é santo.

O primeiro tema (somente Deus é Deus) exprime a fé de Israel num Deus cuja existência se impõe como um fato inicial, que não tem necessidade de nenhuma explicação; essa anterioridade absoluta traduz-se em presença ativa e eficaz, como indica o nome que ele se dá: "Eu sou" (Ex 3,14). YHWH vive uma existência plena que se traduz em plenitude transbordante de vida, em presença amável e amorosa. É esse radical monoteísmo bíblico que decide como interpretar a frequente locução "Espírito de Deus": ela não pode ser entendida no sentido forte de uma hipóstase divina, mas tampouco no enfraquecido de uma pura ficção literária, a partir do momento que essa personificação se distingue — por qualidade e consistência de textos — de outras (Verdade, Guerra, Paz etc.) muito esporádicas. "Espírito" é o poder pessoal do Deus vivo, que lhe pertence como a sua respiração.

O segundo tema (somente Deus é salvador) esclarece e aprofunda a ideia de Deus como o único que com o seu Espírito pode libertar o homem e salvar a história. Não faltam textos no Antigo Testamento que acenam ao Espírito de Deus como agente criador (cf. Gn 1,2; Sl 104,29-30; Jó 33,4), mas a novidade da tradição bíblica é de ter feito do Espírito um protagonista de primeira grandeza na história da → ALIANÇA: mediante o seu Espírito, Deus liberta Israel, guia-o por meio dos juízes e reis, fala-lhe por meio dos profetas, e depois, quando a crise for total e Israel for semelhante a um vale imenso de ossadas, intervém diretamente, ressuscitando o povo: "o sopro entrou neles e eles reviveram; puseram-se de pé" (Ez 37,1-14).

O terceiro tema (somente Deus é santo) justifica os outros dois e os completa. Se Deus é salvador do homem, é porque é absolutamente diferente do homem. A sua irresistível vitalidade, a sua vontade poderosa e vitoriosa têm um nome: a *santidade*. Deus é santo (Is 6,3), ou seja, espírito, infinito poder de vida, ao passo que o homem é carne, realidade efêmera e caduca: "O egípcio é um homem, e não um deus, seus cavalos são carne, e não espírito", afirma Isaías (31,3). Essa transcendência intransponível não se afasta num impassível alheamento, mas se faz proximidade e ternura: "Não darei curso ao ardor da minha cólera, pois sou Deus e não homem, sou santo no meio de ti: não virei com furor" (Os 11,9). Portanto, o Espírito não está aí a separar Deus numa infinitude gélida e distante; ele é "como uma torrente que transborda" (Is 30,28), uma força transbordante que procede de Deus e estabelece uma relação entre o infinito poder vivificante e a realidade dependente, vivificada. Santo Tomás gostava de ressaltar esse aspecto dinâmico e relacional do Espírito, lembrando que o próprio termo "espírito" indica movimento, impulso (*STh.* I, q. 36, a. 1). Realmente, na literatura hebraica, o Espírito não diz oposição ao corpo, como no dualismo grego ou no racionalismo cartesiano: nada tem a ver com realidade evanescente, imóvel. Confirmava-o com linguagem apaixonada o cardeal Daniélou: "Quando falamos de 'espírito', quando dizemos que 'Deus é espírito', o que queremos dizer? Falamos grego ou hebraico? Se falamos grego, dizemos que Deus é imaterial etc. Se falamos hebraico, dizemos que Deus é um furacão, uma tempestade, um poder irresistível. Daí todas as ambiguidades quando se fala de espiritualidade. A espiritualidade consiste em nos tornarmos imateriais ou em sermos animados pelo Espírito Santo?" (cit. in Y.-M. Congar, *Credo nello Spirito Santo*, Brescia, 1981, 18, I).

2. O ESPÍRITO DE CRISTO. Jesus não veio mudar a revelação veterotestamentária de Deus, mas confirmá-la integralmente; na mais rigorosa fidelidade ele leva a cumprimento a tradição de Israel e lhe confere um timbre de absoluta, inédita novidade. Essa originalidade na continuidade deve ser identificada na revelação de Deus como Pai e na comunicação do seu Espírito. O Pai é o que envia, a fonte total da vida: "Deus amou tanto o mundo…" (Jo 3,16 s.). O Espírito é o termo da missão de Cristo; toda a obra salvífica culmina em seu dom: "Quando vier o Paráclito que eu vos enviarei de junto do Pai, o Espírito da verdade, que procede do Pai, ele próprio dará testemunho de mim; e, por vossa vez, vós dareis testemunho" (Jo 15,26 s.).

a) *O Espírito dado a Jesus.* Mas, antes de poder dar o Espírito, Jesus deve deixar-se "levar" por ele. É pelo Espírito que o Verbo "se torna" Jesus (encarnação: cf. Lc 1,35; Mt 1,18); e é no Espírito que Jesus "se torna" o Cristo (batismo: cf. Mc 1,10-11 e par.). Esse "tornar-se Cristo" não deve ser entendido em sentido adocionista, como queria Paulo de Samosata, ou seja, que no Jordão Jesus, por sua extraordinária plenitude do Espírito Santo, teria sido adotado por Deus como Filho (IRENEU, *Adv. haer.* 3, 17, 1); todavia, não se pode deixar de ressaltar, em linha com a tradição primitiva, a ação do Espírito *sobre* Jesus: "Vós o sabeis. O acontecimento propalou-se em toda a Judeia; ele começou pela Galileia, após o batismo proclamado por João; esse Jesus, oriundo de Nazaré, sabeis como *Deus lhe conferiu a unção do Espírito Santo* e do poder; ele passou por toda parte como benfeitor, curava todos os que o diabo mantinha escravizados, pois Deus estava com ele" (At 10,37-38). Essa etapa do Jordão é uma outra etapa na história da → SALVAÇÃO; começa realmente algo de novo: inauguram-se os tempos messiânicos. Jesus, ontologicamente Filho de Deus desde a concepção e, portanto, desde então dotado do Espírito, não tinha até o Jordão demonstrado uma existência "pneumática": os seus compatriotas em Nazaré não tinham percebido nada. Agora, com o batismo, ele "é *elevado* aos olhos de Israel como Messias, ou seja, 'ungido' com o Espírito Santo" (*DeV* 19): o Espírito intervém sobre Jesus, o Filho *unigênito*, para dele fazer o Filho *primogênito*, o consagrado para salvar uma multidão de irmãos: é uma verdadeira "exaltação" (esse é o outro termo com que a *Dominum et vivificantem*, no n. 19, fala do batismo) de Jesus como Cristo. "No batismo do Jordão, Jesus foi, *actu* e não só virtualmente, constituído Salvador dos homens. Virtualmente o era, como Verbo encarnado, a partir da sua concepção. Somente no Jordão a natureza humana do Verbo foi, como tal, santificada com um Espírito destinado aos homens. […] Isso significa que o Espírito Santo no Jordão começou a conaturalizar-se, na ordem dinâmica, com a nossa natureza, a fim de que uma vez 'humanizado' em Jesus, pudesse por meio dele passar aos outros homens. No batismo do Jordão, não antes, começa a humanização do Espírito. O Pneuma enviado pelo Pai santificou num instante Jesus e com ele, *secundum primitias*, a Igreja" (A. ORBE, *La unción del Verbo*, Roma, 1961, 633).

Em síntese, três são os efeitos da plenitude do Espírito sobre Jesus: é conduzido ao deserto pelo Espírito para enfrentar a luta contra o espírito do mal (Mc 1,12); pelo Espírito é consagrado com a unção para levar a Boa-Nova aos pobres (Lc 4,18); no Espírito Jesus exulta na oração de louvor ao Pai (Lc 10,21). Como se vê, o Espírito é força de *libertação*, de *evangelização*, de *contemplação*.

— O tema da *libertação* de satanás percorre toda a trama dos Evangelhos: depois de ser libertado *de* satanás (Mc 1,12), Jesus dá início à sua atividade e satanás começa a voltar atrás: "Ele manda até nos espíritos impuros e eles lhe obedecem" (Mc 1,27). De onde vem a Jesus esse poder? Certamente não de satanás: quem ousar afirmar isso blasfema contra o Espírito Santo (Mc 3,22-30), porque ele caça os demônios "pelo Espírito de Deus" (Mt 12,28). Anunciando o Evangelho da salvação a Cornélio, o primeiro pagão convertido, Pedro oferecerá uma síntese da história de Jesus vista como uma luta dramática e supervitoriosa sobre o espírito do mal: "sabeis como Deus lhe conferiu a unção do Espírito Santo; ele passou por toda parte como benfeitor, curava todos os que o diabo mantinha escravizados" (At 10,38). Na verdade, com Jesus "o diabo perdeu o seu poder em presença do Espírito Santo" (Basílio de Cesareia, *De Spir. S.* 19; cf. R. Cantalamessa, *Lo Spirito Santo nella vita di Gesù*, Milano, 1983).

— O Espírito como força de *evangelização* na obra de Jesus é muito evidente em Lucas. No seu Evangelho — de modo ainda mais estrito que em Mateus e em Marcos — o início da atividade evangelizadora de Jesus é ligado à ação do Espírito: depois da tentação no deserto, "Jesus voltou para a Galileia *pelo poder do Espírito* e ensinava nas suas sinagogas" (Lc 4,14-15). Jesus ensinava — parece aludir o terceiro evangelista — porque cheio do poder do Espírito e como vencedor definitivo de satanás. Essa presença do Espírito na ação evangelizadora de Jesus é explicitada por Lucas na visita a Nazaré (Lc 4,16-30), uma verdadeira cena programática que serve de prólogo a toda a atividade pública de Jesus. As primeiras palavras com que Jesus inaugura a sua pregação remetem ao Espírito: "O Espírito do Senhor Deus está sobre mim: o Senhor fez de mim um messias, ele me enviou a levar alegre mensagem aos humilhados (*euaggelisasthai*)". É a citação de Is 61,1-2, que para no versículo "proclamar o ano do favor do Senhor", ao passo que o trecho original prosseguia com "um dia de vindicta do nosso Deus": o Espírito manda Jesus anunciar o Evangelho da misericórdia, não do juízo punitivo de Deus, de que, ao contrário, tinha sido porta-voz o Batista (Lc 3,7-9.19; cf. 7,18-23). Carregada da energia do Espírito, a palavra de Jesus é uma palavra nova ("ensinamento novo": Mc 1,27), de autoridade ("ensinava como quem tem autoridade": Mc 1,22.27), livre e libertadora ("manda até nos espíritos impuros e eles lhe obedecem": *Ibid.*). Esse sopro de novidade e de força que anima a sua palavra leva Jesus a superar a lei ("Ouvistes que foi dito, [...] mas eu vos digo": Mt 5-7), a se dirigir de modo peremptório aos pescadores para fazê-los discípulos (Mc 1,16-20), a realizar milagres que inauguram a era messiânica (Lc 7,22). Em síntese, o Espírito dá a Jesus-Messias a unção profética, fazendo dele não "um" profeta, mas "o" profeta definitivo (cf. At 3,22 s.; Dt 18,15); se nos profetas do Antigo Testamento a inspiração estava ligada a particulares momentos, em Jesus a influência do Espírito é plena e permanente: "aquele que Deus enviou diz as palavras de Deus, que o Espírito lhe dá sem medida" (Jo 3,34).

— Força de libertação e de evangelização, o Espírito move Jesus também para a *oração*. Lucas liga ao momento de receber o Espírito Santo no batismo a primeira menção da oração de Jesus: "Jesus, batizado também ele, rezava; então o céu se abriu; o Espírito Santo desceu sobre ele" (Lc 3,21-22). É ainda Lucas que explicita a presença do Espírito na origem da oração de Jesus: "Nessa hora, Jesus exultou *sob a ação do Espírito Santo* e disse: 'Eu te louvo, Pai...'" (Lc 10,21).

Ainda que a menção explícita do Espírito Santo esteja contida apenas nessa oração, já foi repetidamente observado que todas as orações de Jesus relatadas nos quatro Evangelhos — sendo a única exceção o grito lançado na cruz: Mc 15,34, que, porém, é uma citação do Salmo 22,2 — têm em comum a invocação "Pai": como demonstrou Jeremias, essa invocação tem em sua substância a forma aramaica *Abbá* (papai), um termo de uma intimidade inaudita que nenhum judeu piedoso jamais se teria permitido usar para se dirigir a Deus (J. Jeremias, *Abba*, Brescia, 1968). Ora, nós sabemos que é exatamente o Espírito que nos faz gritar → ABBÁ, continuando nos crentes a oração de Jesus (Gl 4,6).

b) *O Espírito dado por Jesus.* "Vinda de Cristo: o Espírito Santo precede; encarnação: o Espírito Santo está presente; obras milagrosas, graças e curas: por meio do Espírito; os demônios expulsos, o diabo acorrentado: mediante o Espírito Santo; remissão dos pecados, união com Deus: mediante o Espírito Santo; ressurreição dos mortos: por virtude do Espírito" (Basílio de Cesareia, *De Spir. S.* 19). Toda a história de Cristo se desenvolve no Espírito. Retornando aos três temas centrais da revelação veterotestamentária (*acima*: 1), deve-se dizer que é no Espírito que Jesus vem revelar que Deus, o único Senhor, é Pai (evangelização), que esse Pai é salvador (libertação) e que é Pai-salvador justamente porque dá a Jesus o seu Espírito Santo (santificação). Dessa revelação o evento pascal constitui o perfeito cumprimento e a máxima manifestação. Sobre a cruz Jesus se oferece ao Pai "com um Espírito eterno" (Hb 9,14), ou seja, abrindo-se totalmente à ação do Espírito. É sobretudo João que ressalta o papel do Espírito Santo na hora pascal: para dizer que Jesus morreu, o quarto evangelista cunha uma fórmula totalmente nova (*paredôken to pneûma*: Jo 19,30), na qual parece que se deve divisar o significado mais profundo do "transmitir o Espírito", comunicar o dom "sem medida" (Jo 3,34). A cena do lado trespassado ilustra simbolicamente o tema da água viva: "um dos soldados feriu-lhe o lado com a lança, e imediatamente saiu sangue e água" (Jo 19,34); na verdade, agora "tudo está consumado" (Jo 19,30), tudo se realiza em plenitude, inclusive a promessa de que do seio do Messias haveriam de brotar rios de água viva, ou seja, a água que é o Espírito (Jo 7,37-39).

"Justificado em sua carne, mas restituído à vida segundo o Espírito" (1Pd 3,18), no encontro pascal com os discípulos, Jesus vem pessoalmente comunicar o dom da vida nova: "Recebei o Espírito Santo" (Jo 20,22); isso ele diz "soprando sobre eles", como a inaugurar a nova criação (cf. Gn 2,7) e comunicando a eles o poder de perdoar os pecados.

Agora o Espírito é Espírito *de Cristo*: é a marca decisiva da pneumatologia do Novo Testamento. *Paulo* foi o primeiro a ter "cristificado" o conceito de Espírito. A imensa literatura vetero-intertestamentária não conhece realmente uma atribuição direta do Espírito ao Messias. Na linguagem judaica, o Espírito é essencialmente "de Deus", no sentido de que é o modo, para Deus, de intervir fora de si, tanto na natureza como, sobretudo, na história. Paulo é o primeiro autor bíblico a atribuir de modo direto e pessoal o Espírito a Jesus. Essa atribuição não deve ser entendida no sentido de um puro genitivo qualificativo, como quando se diz "o espírito de São Francisco", para entender o conjunto das atitudes franciscanas (nesse sentido Paulo exorta os cristãos: "Comportai-vos entre vós assim como se faz em Jesus Cristo": Fl 2,5). Muito menos essa expressão pode ser entendida no sentido de um genitivo epesegético, como quando se fala do "espírito de paz, de pobreza" etc.: se assim fosse, o Espírito se confundiria e se dissolveria em Cristo. "Trata-se, antes, de um genitivo possessivo instrumental, que em forma braquilógica quer dizer: 'o Espírito de Deus que está em Cristo e que opera mediante Cristo' (ou também: 'Cristo que vive e opera mediante o Espírito de Deus'), em que no primeiro plano está sempre o Cristo ressuscitado e a *ruah YHWH* dele distinta" (R. PENNA, *Lo Spirito di Cristo*, Brescia, 1976, 297). Veja, por exemplo, o texto de Rm 15,18-19: "Não ousaria mencionar nada, a não ser o que Cristo fez por meio de mim para conduzir os pagãos à obediência, pela palavra e pela ação, pelo poder dos sinais e dos prodígios, pelo poder do Espírito"; como se vê, Cristo é o sujeito ("fez") de uma ação levada a termo por meio do Pneuma; o Cristo é "Senhor" porquanto age única e totalmente mediante o Espírito.

As mais qualificadoras perspectivas pneumatológicas do Novo Testamento (lucana, paulina, joanina) ressaltam três diferentes aspectos da obra do Espírito de Cristo.

Em Lucas o Espírito é mostrado como fonte de *missão profética*. Antes da ascensão ao céu, o Ressuscitado promete o Espírito como "força (*dynamis*) do alto" e esclarece que esse dom tem por finalidade o cumprimento da missão apostólica: "e em seu nome (de Cristo) se pregará a conversão e o perdão dos pecados a todas as nações, a começar por Jerusalém. E vós sois as testemunhas disso" (Lc 24, 47-48). A essa promessa liga-se o início dos Atos: "vós, é no Espírito Santo que sereis batizados daqui a poucos dias [...] recebereis uma força (*dynamis*), a força do Espírito Santo que virá sobre vós; e sereis então minhas testemunhas em Jerusalém, em toda a Judeia e Samaria, até as extremidades da terra" (At 1,5-8). A promessa se realiza em Pentecostes, quando Cristo derrama sobre a Igreja nascente o Espírito de profecia ou de palavra evangelizadora: "Todos ficaram repletos do Espírito Santo, e se puseram a falar outras línguas, conforme o Espírito lhes concedia exprimirem-se" (At 2,4). Segundo a explicação de Pedro, trata-se do Espírito de profecia de que tinha falado Joel (3,1 ss.), que havia projetado para os tempos escatológicos a extensão do carisma profético a todos os membros do povo de Deus (At 2,15-17). A ligação Espírito-profecia encontra-se também nas outras experiências pentecostais descritas nos Atos: 4,31; 10,44-47; 19,5-6.

Se em Lucas o Espírito era entendido como "uma força histórica para o tempo intermédio" (E. SCHWEIZER, in *Grande Lessico del Nuovo Testamento*, X, 1.000), é a *Paulo* que cabe o mérito de o entender propriamente como fonte de *vida nova*. Tornado por força da ressurreição "um ser espiritual que dá a vida" (*pneuma zoopoioûn*: 1Cor 15,45), Cristo dá aos crentes, por meio do batismo, o Espírito como dinamismo de vida nova, criador de um novo ser (*kainê ktisis*: Gl 6,15; 1Cor 5,17). Esse Espírito que dá a vida (*pneûma tês zôês*: Rm 8,2) contrapõe-se à "carne" (*sarx*) e produz frutos de vida nova (Gl 5,16-24; Rm 8,5-9a), até levar à salvação final (Rm 8,11), que será uma verdadeira "espiritualização" do corpo dos crentes (1Cor 15,35-44).

Em João o Espírito se mostra como *Espírito de verdade*; a sua atividade típica é a de comunicar a verdade de Jesus fazendo-a penetrar em nós (Jo 14,17; 15,26; 16,13; 1Jo 4,6). À ação interior do Espírito revelador está ligado também o título joanino de "Paráclito". Tendo presente que a teologia joanina é dominada pelo grande processo entre Jesus e o mundo, e que esse processo continua na história da Igreja com o conflito entre os cristãos e o mundo, o Paráclito é aquele que defende a causa de Jesus junto aos crentes, contra o mundo. Tanto o Espírito como os discípulos darão testemunho de Jesus (Jo 15,26-27); os discípulos diante dos tribunais do mundo, o Espírito com a sua assistência interior, inspirando e apoiando o testemunho dos discípulos. Nesse sentido o Paráclito "confundirá o mundo a respeito do pecado" (Jo 16,8), quer dizer, mostrará a culpa do mundo, fazendo ver que esse mundo, com a sua incredulidade em relação a Cristo e com as suas perseguições contra os seus discípulos, está fundamentalmente no erro e no pecado.

Nessa fecunda revelação neotestamentária se insere a tradição da Igreja e seu magistério. No campo do esclarecimento dogmático em relação ao Espírito Santo, a frente mais candente foi a relativa à heresia ariana; reduzindo Cristo à primeira criatura, o arianismo acabava por diminuir o alcance da salvação proclamada pelo cristianismo: se o Verbo não fosse ele mesmo Deus e Filho do Pai, não teria podido nos deificar, tornando-nos filhos do Pai. Igualmente, a nossa divinização seria totalmente esvaziada se a salvação realizada por Cristo fosse irradiada por outro não igual a ele. Na esteira de Nicéia (a. 325), que tinha definido a "consubstancialidade" do Filho, o Concílio de Constantinopla (a. 381) definiu a divindade e a personalidade do Espírito Santo, reconhecendo-o digno de adoração, porquanto "Senhor" (*Kyrios*) e "fazedor de vida" (*zôopoios*); esclarece-se que o Espírito procede do Pai para combater toda redução do Espírito a criatura do Filho (DENZ. 150). Fica, porém, na sombra a relação Filho-Espírito: no Ocidente, procurar-se-á suprir essa carência com o *Filioque* (cf. F. LAMBIASE, *Lo Spirito Santo: mistero e presenza*, Bologna, 1987, 119-120.165-179).

A tradição latina, influenciada por Agostinho e aprofundada por Santo Tomás, vê o Espírito como o dom de amor que o Pai e o filho se dão reciprocamente. Procedendo "principalmente" do Pai e do Filho (*Filioque*) em virtude da sua geração pelo Pai, o Espírito é visto como a comunhão do Pai e do Filho; nele se fecha o círculo da vida trinitária.

A tradição ortodoxa prefere representar as Pessoas da Trindade no modelo da linha ou das três estrelas postas no mesmo eixo: a luz é comunicada linearmente da primeira estrela (o Pai), através da segunda (*di'Hyiou*) até a terceira (o Espírito Santo) e dessa a nós. Aqui o Espírito é visto como a extrema abertura de Deus fora de si. Rejeitando todo exclusivismo intransigente, pode-se reconhecer, com base no Concílio de Florença (a. 1439: DENZ. 1.330-1.332), a recíproca complementaridade das duas tradições e ver o Espírito como aquele "que abre na liberdade e une no amor" (B. FORTE, *Trinità come storia*, Roma, 1985, 132).

3. O ESPÍRITO NA IGREJA. "A Igreja viu que lhe foi confiado esse dom (da fé) por Deus, do mesmo modo como Deus deu o sopro à carne modelada, para que todos os membros recebam sua vida; e nesse dom estava contida a intimidade do dom de Cristo, ou seja, o Espírito Santo. [...] Porque onde está a Igreja, aí está também o Espírito de Deus; e onde está o Espírito de Deus, aí está a Igreja e toda graça" (IRENEU, *Adv. haer.* 3, 24, 1). O Cristo, que se tornou com a Páscoa "Espírito dador de vida" (1Cor 15,45), faz com que o que foi realizado nele pelo Espírito seja operado mediante o mesmo Espírito na Igreja, a qual, por isso, acaba participando de sua função profética (*evangelização*), sacerdotal (*santificação*) e real (*libertação*).

a) Graças à unção do Espírito, a Igreja possui a Palavra, ou melhor, é possuída pela Palavra: "Tendes uma unção que vem do Santo, e todos vós sabeis" (1Jo 2,20; cf. Jo 16,13; 1Cor 2,10-15 etc.). A Igreja nasce da Palavra: foi da Palavra que os apóstolos receberam a missão de chamar os homens à fé (cf. Mt 28,18-20), é com o

Evangelho que Paulo "gera" os coríntios "em Jesus Cristo" (1Cor 4,15). A Palavra convoca e gera a Igreja, mas não sozinha e sim com o Espírito: a comunidade cristã se constitui em torno do anúncio de que Jesus é o Senhor, mas "ninguém pode dizer 'Jesus é o Senhor' a não ser pelo Espírito Santo" (1Cor 12,3). De Pentecostes à parúsia, o Espírito deve operar juntamente com a pregação, fecundando a palavra e a obra visível da Igreja por intermédio de sua graça interior, porque "onde não se prega Cristo, o Espírito Santo não opera, ele que cria a Igreja cristã" (M. LUTHER, *Grosser Katechismus*, comentário ao 3º art., in ID., *Oeuvres*, VII, Genève 1957 ss., 174). Toda a revelação é atestada no arco da conjugação entre a Palavra e o Espírito "*qui locutus est per prophetas*": "Nós aprendemos — afirma São João → DAMASCENO — que o Espírito é aquele que acompanha a Palavra" (*De fide orth.* 1,7). Como pelo Espírito a Palavra se fez história (→ ENCARNAÇÃO), assim pelo Espírito a história de Cristo se fez Palavra (inspiração). Em torno dessa Palavra, o Espírito opera a "conspiração" de todos os fiéis no incessante crescimento em direção à plenitude da verdade divina: todo batizado recebe do Espírito Santo o *sensus fidei*, ou seja, o dom de discernir na verdadeira fé, e a *gratia verbi*, o dom de anunciar fielmente (*LG* 12,35); assim fazendo, o Espírito não abre a um anarquismo arbitrário e desordenado, mas se faz princípio ativo de comunhão, dando a todos "doçura no consentir e no crer na verdade" (*DV* 5): "sob a guia do sagrado magistério" (*LG* 12), a Igreja se põe sob a Palavra: o *sensus fidei* leva ao *consensus fidelium*.

b) O Espírito opera também a comunhão da Igreja com o Cristo sacerdote (*leitourghia*). "Prestamos o nosso culto pelo Espírito de Deus" (Fl 3,3); é pelo Espírito que a → LITURGIA é verdadeira história, passada, presente, futura: sinal "rememorativo" do evento salvífico acontecido, "indicativo" da salvação realizada no presente, o sacramento abre ao futuro do Reino antecipando o termo último da história (sinal "prefigurativo"). Incorporado a Cristo sacerdote, o cristão se torna pelo Espírito o sacerdote de uma liturgia que tem como objeto toda a sua vida e toda a história do mundo: "Todas as suas obras, as orações e as iniciativas apostólicas, a vida conjugal e familiar, o trabalho de cada dia, o descanso espiritual e corporal, se são feitos *no Espírito*, e até as moléstias da vida, se são suportadas com paciência, tornam-se espirituais sacrifícios agradáveis a Deus por Jesus Cristo (cf. 1Pd 2,5); e essas coisas na celebração da Eucaristia são piissimamente oferecidas ao Pai juntamente com a oblação do corpo do Senhor" (*LG* 34). Enquanto o ministro ordenado "realiza o sacrifício eucarístico na pessoa de Cristo e o oferece a Deus em nome de todo o povo", também os fiéis "concorrem para a oblação da Eucaristia" (*LG* 10), oferecendo a Deus a vítima divina e eles mesmos com ela: "Assim também os leigos, como adoradores que santamente operam em qualquer parte, consagram a Deus o próprio mundo" (*LG* 34; cf. também *AA* 3).

c) Enfim, o Espírito faz participar da função real de Cristo, fazendo compartilhar de sua libertação do pecado. O cristão vive essa libertação vencendo em si mesmo o reino do mal com a abnegação e o → DOM DE SI (cf. Rm 6,12) e servindo a Cristo nos irmãos; desse modo, todo o povo de Deus concorre para a ampliação do reino de Cristo preparando o campo do mundo para acolher a semente da palavra divina. Em particular, os leigos cristãos serão os agentes diretos da transformação cristã da sociedade em vista de uma preparação da sociedade mesma para receber o acontecimento da salvação (cf. *LG* 36). No exercício dessa tarefa, o cristão não se comportará como homem carnal que se apossa do mundo, o explora e investe contra ele com toda a virulência da sua agressividade, acabando por se fazer escravo dos ídolos das suas mãos. A soberania que o homem espiritual exerce sobre as coisas não é de tipo despótico, de destruição do mundo, como se fosse sua propriedade exclusiva, mas de "senhorio" vivido como pessoa livre e responsável. Somente o homem espiritual pode fazer com que a terra — que sem o Espírito poderia deixar de ser um caos somente para se tornar um cárcere ou um cemitério — se transforme realmente no campo magnífico e doloroso em que se constrói a civilização do amor.

4. A VIDA SEGUNDO O ESPÍRITO. "Se vivemos pelo Espírito, andemos também sob o impulso do Espírito" (Gl 5,25). Esse caminho segundo o Espírito não é um puro esforço humano, mas dom; é um ser antes que agir; mais, um "ser possuído" ("Haberi a Deo": BOAVENTURA, *I Sent.* d, 14, a. 1. 2, q. 1, ad 3).

A ação do Espírito na obra de santificação não pode ser considerada como simples "apropriação" a ele, mas deve ser vista como uma sua ação própria e pessoal (cf. LAMBIASI, *Lo Spirito Santo*, cit., 270-275; G. COLZANI, *Antropologia teologica*, Bologna, 1988, 252); a divinização consiste precisamente em sermos introduzidos na vida trinitária, ou seja, na participação da vida filial que o Filho encarnado vive em relação ao Pai; ora, tudo isso acontece *in Spiritu Sancto*: "graças a ele [Cristo], num só Espírito, temos acesso ao Pai" (Ef 2,18). A analogia com a encarnação do Verbo é iluminadora: como a encarnação é causada pelas três divinas Pessoas, mas uma só, o Verbo assumiu a natureza humana no plano da pessoa ou plano hipostático, assim *analogamente*, a justificação implica que o Espírito Santo em pessoa seja enviado invisivelmente a todo justo na obra de santificação (cf. Gl 4,4 ss.). Nesse caso, não se dá união hipostática; eu sou uma pessoa humana, o Espírito Santo é uma pessoa divina, ele não se encarna em mim, mas no plano do agir — não do ser — pode-se dizer que o princípio é único: ele reza em mim (Rm 8,26; Gl 4,6), habita em mim (1Cor 3,16), guia-me (Rm 8,14) e faz com que Cristo viva em mim (Gl 2,20): "Os nossos atos mais íntimos de crer, amar e esperar, os nossos humores e sensações, as nossas resoluções mais pessoais e livres, todo esse inconfundível que *nós* somos é de tal modo por ele ocupado que ele é o sujeito último, sobre o fundamento do sujeito que nós somos" (H. U. von BALTHASAR, *Spiritus Creator*, Brescia, 1982, 99). Santo Tomás o tinha ressaltado de modo ainda mais nítido: as obras do crente em graça são mais do Espírito Santo que do próprio crente. (*STh*. I-II, q. 93, a. 6, ad 1). A existência cristã se torna assim "ser conduzidos pelo Espírito de Deus" (cf. Rm 8,14), uma história que se desenvolve na liberdade ao amor trinitário: a alma ama a Deus com o mesmo amor com que é amada, ou seja, no Espírito Santo. A vida dos fiéis e a história da Igreja são marcadas pelo Espírito de modo a ser um reflexo da personalíssima propriedade que ele possui dentro da Trindade. Como na feliz intimidade de Deus, o Espírito é a caridade que une o Pai e o Filho e em conjunto abre sua comunhão à alteridade da criação, assim ele, de uma parte, nos impulsiona para dentro, juntamente com o Filho para nos unir ao Pai, e, de outra, nos abre ao mundo: é comunhão e missão. É "uma água viva que murmura em mim e me diz: Vem ao Pai" (INÁCIO DE ANTIOQUIA, *Ad Rom.* 7), e ao mesmo tempo uma força que "expulsa da pátria originária e imaginária, para lançar sobre a estrada de um devir insuspeito" (C. DUQUOC, *Un Dio diverso. Saggio sulla simbolica trinitaria*, Brescia, 1978, 103).

Concretamente, a vida segundo Espírito é uma existência teologal, a exemplo de Maria: o Vaticano II apresenta a santidade da Igreja que "à imitação da Mãe do seu Senhor, *com a virtude do Espírito Santo*, conserva virginalmente íntegra a *fé*, sólida a *esperança*, sincera a *caridade*" (*LG* 64).

a) *Vida de amor e de liberdade*. Entre os frutos do Espírito, há um que jamais falta em qualquer relação do Novo Testamento e que ocupa sempre uma posição-chave: é o *amor*, que na série de Gl 5,22 está no primeiro lugar, e na de 2Cor 6,6, no último. Em Ef 4,30-32, a ordem do Apóstolo de fazer desaparecer qualquer falta contra a caridade (amargura, irritação, cólera etc.) e a exortação a um exercício positivo das atitudes da caridade (benevolência, misericórdia etc.) estão diretamente ligadas à recomendação de não "contristar o Espírito Santo de Deus". Diz Santo → AGOSTINHO: "Interroga o teu coração; se nele encontrares a caridade em relação a teu irmão, tens o Espírito Santo" (*In Jo ep. tr.* 8,12). É em primeiro lugar dentro da Igreja que o Espírito faz viver a caridade: "O Espírito, unificando ele próprio o corpo com a sua força e com a íntima conexão dos membros, produz e estimula a caridade entre os fiéis" (*LG* 7) e assim faz da Igreja o sinal e o instrumento "da unidade de todo o gênero humano" (*LG* 1).

Do Espírito, o amor vivificante e unificante, nasce a *liberdade*: "Quanto mais alguém tem a caridade, tanto mais tem a liberdade, porque 'onde está o Espírito do Senhor, aí está a liberdade' (2Cor 3,17). Mas quem tem a perfeita caridade tem em grau eminente a liberdade" (TOMÁS DE AQUINO, *In III Sent.* d. 29, q. un., a. 8; q. 1, 3 s.c.). "Vós, irmãos, é para a liberdade que fostes chamados. [...] Se sois guiados pelo Espírito não estais mais sujeitos à lei" (Gl 5,13.18). "Pois a lei do Espírito, que dá a vida em Jesus Cristo, liberou-me da lei do pecado e da morte" (Rm 8,2). A lei do Espírito abre à liberdade porque faz evitar o mal por amor, ou seja, não tanto porque é proibido, mas porque é mau. "Ora", escreve Santo Tomás, "é precisamente isso o que opera o Espírito Santo, o qual aperfeiçoa interiormente o nosso espírito, comunicando-lhe um dinamismo (*habitus*) novo, de modo que ele se abstém do mal por amor, como se o mandasse a lei divina; e desse modo é livre, não no sentido de que não esteja submetido à lei divina, mas é livre porque o seu dinamismo interior o leva a fazer aquilo que a lei divina prescreve" (*In 2Cor 3,17*, lect. 3; cf. *STh.* I-II, q. 106, a. 1c).

b) *Vida de fé e de oração.* A atividade fundamental do Espírito de verdade é de suscitar e desenvolver nos cristãos a *fé* em Jesus: ninguém crê em Cristo senão por meio do Espírito (1Cor 12,3); e daí se pode reconhecer a presença e a atividade do Espírito de Deus, se se reconhece que Jesus Cristo é de Deus (cf. 1Jo 4,2). "Também o início da fé, e até a própria disposição pia de acreditar [...] é em nós a força de um dom da graça, ou seja, da inspiração do Espírito Santo, o qual leva a nossa vontade da incredulidade à fé", assim afirma o segundo Concílio de Orange (a. 529: DENZ. 375).

Se o dinamismo da fé é o de sair de dentro de nosso eu para entrar totalmente em Jesus como "filhos no Filho", compreende-se como, se ela é profunda, brota espontaneamente em *oração*. Mas justamente na oração é que medimos toda nossa impotência: "O Espírito vem em socorro da nossa fraqueza, pois nós não sabemos rezar como convém; mas o próprio Espírito intercede por nós com gemidos inexprimíveis" (Rm 8,26) e nos faz reviver a oração de Jesus: "Abbá, Pai" (Rm 8,15; Gl 4,6). Percebe-se nessa perspectiva o específico da oração cristã, ou seja, ser uma oração "no Espírito"; "Que o Espírito suscite a vossa oração sob todas as suas formas, vossos pedidos, em todas as circunstâncias", exorta São Paulo (Ef 6,18), e a carta de Judas: "Orai no Espírito Santo" (Jd 20). A ligação entre o Espírito e a oração é contínua na tradição cristã: "Sem ele (o Espírito Santo) grita em vão Abbá quem quer que o grite" (SANTO AGOSTINHO, *Serm.* 71, 18; cf. também ORÍGENES, *De orat.* 2). O catecismo de Trento fixa de modo expressivo essa certeza: "É o Espírito Santo o autor das nossas orações" (4, 7, 5).

c) *Vida de esperança e de testemunho.* Posse inicial e penhor antecipado (*aparchê, arrabón*; Rm 8,23; 2Cor 1,22; 5,4-5; Ef 1,14), o Espírito orienta e prepara à plena participação à sua própria vida: o Espírito prepara a receber o Espírito, dá-se para se doar mais, até a plenitude: "Que o Deus da esperança vos cumule de alegria e de paz na fé a fim de que transbordeis de esperança pelo poder do Espírito Santo" (Rm 15,13). Fundada no infinito amor de Deus realizado em Cristo, a esperança cristã brota da presença dinâmica do Espírito Santo no coração do crente:

"A esperança não engana, pois o amor de Deus foi derramado em nossos corações pelo Espírito Santo que nos foi dado" (Rm 5,5). O Espírito Santo, amor de Deus por nós, suscita em nós a resposta de amor por ele. Essa resposta se exprime no *testemunho* (*martyria*): o Espírito, que levou Jesus a dar o sangue por amor, leva também a Igreja a dar a vida, a "morrer com Cristo" (2Tm 2,11): "Se vos ultrajarem por causa do nome de Cristo, felizes sereis vós, porque o Espírito de glória, o Espírito de Deus, repousa sobre vós" (1Pd 4,14). Nessa luta, o Espírito Santo é, segundo a bela imagem de → TERTULIANO, o nosso treinador: "Vós estais por enfrentar um belo combate, em que espectador e árbitro é somente Deus, o Espírito Santo o nosso treinador, o prêmio, uma coroa eterna. Por isso, o nosso recrutador Jesus Cristo, que vos ungiu com o Espírito Santo e que vos fez subir na arena para o dia da luta, vos tirou de um mundo de vida fácil para um duro tirocínio a fim de vos adestrar de modo mais firme. [...]. Quanto mais duras forem as provas do treinador, tanto mais firme será a esperança da vitória" (*Ad mart.* 3).

A força renovadora do Espírito não se exaure em formar a Igreja e em criar o homem novo, mas atinge o cosmos inteiro. São Paulo mostra como a libertação do criado está em estreita relação com a libertação do cristão (Rm 8,5-18; 19-23). A criação espera ser liberada da servidão da corrupção para ter parte na liberdade e na glória dos filhos de Deus. A espiritualização do homem redimido por Cristo torna-se assim via para a espiritualização do mundo. Somente quem possui as primícias do Espírito de Cristo ressuscitado é capaz de fazer ressurgir o mundo para a vida dos novos céus e da terra nova, quando o Espírito, que não tem a sua imagem numa outra hipóstase, manifestar-se-á no rosto da Igreja celeste e todos serão "um no outro, um na Pomba perfeita" (GREGÓRIO DE NISSA, *Hom. 15 in Cant.*; cf. V. LOSSKY, *La teologia mistica della Chiesa d'Oriente*, Bologna, 1967, 165).

BIBLIOGRAFIA. 1) Obras de caráter sistemático: é fundamental a imponente trilogia de CONGAR, Y.-M. *Credo nello Spirito Santo.* Brescia, 1981-1983, I-III. Excelente ensaio de pneumatologia bíblica: DURRWEL, F.-X. *L'Esprit Saint de Dieu.* Paris, 1983. Vejam-se também: BOUYER, L. *Il consolatore.* Brescia, 1983; LAMBIASI, F. *Lo Spirito Santo: mistero e presença.* Bologna, 1987.

2) O Espírito na Palavra revelada: sobre o Espírito no Antigo Testamento, devem ser destacados:

ALBERTZ, R. – WESTERMANN, C. Ruach-Spirito. In *Dizionario Teológico dell'Antico Testamento*. 654-678; Pneuma. In *Grande Lessico del Nuovo Testamento* X, 848-928. Para uma visão sintética, pode-se fazer referência a CAZELLES, H. L'apport de l'Ancien Testament à la connaissance de l'Esprit Saint. In *Credo in Spiritum Sanctum*. Roma, 1983, vl. I.
Para uma análise do judaísmo extrabíblico, é útil consultar PENNA, R. *Lo Spirito di Cristo*. Brescia, 1976, 61-156; SJÖBERG, E. Pneuma. In *Grande Lessico Del Nuovo Testamento* X, 891-928.
Sobre o Espírito no Novo Testamento, pode-se ter presente, além dos dicionários de teologia bíblica, também CHEVALIER, M. – A. *Souffle de Dieu. Le Saint Esprit dans le Nouveau Testament*. Paris, 1978; mais sintético: LE GUILLOU, M. J. Le développement de la doctrine de l'Esprit Saint dans les écrits du Nouveau Testament. In *Credo in Spiritum Sanctum* II, 791-808; valioso para as orientações de caráter metodológico: MILANO, A. Considerazioni metodologiche sulla pneumatologia del Nuovo Testamento. In *Studi in onore di M. Marti*. Congedo, 1981, 455-493, II.
Para algumas pneumatologias neotestamentárias em particular, devem ser lembrados diversos ensaios monográficos: para o de Lucas, HAYA PRATS, G. *L'Esprit force de l'Église*. Paris, 1974; para a pneumatologia paulina, o estudo mais completo parece ser PENNA, R. *Lo Spirito di Cristo*, cit.; para João, veja-se FERRARO, G. *Lo Spirito e Cristo nel Vangelo di Giovanni*. Brescia, 1984.
3) O Espírito na fé da Igreja: sólidas e documentadas parecem ser as sínteses de BOLGIANI, F. Spirito Santo. In *Dizionario Patristico e di Antichità Cristiane* II, 3.285-3.298; SIMONETTI, M. Note di cristologia pneumatica. *Augustinianum* 12 (1972) 201-232; KRETSCHMAR, G. La doctrine du Saint Esprit du Nouveau Testament à Nicée. *Verbum Caro* 88 (1968) 5-55.
Estudos particulares sobre cada Padre podem ser encontrados nas coleções: *Credo in Spiritum Sanctum*. Roma, 1983, I; FELICI, S. (ed.) *Spirito Santo e catechesi patristica*. Roma, 1983 (espec. sobre Agostinho, Crisóstomo, Basílio, Ambrósio, Leão Magno etc.).
Uma ótima resenha sobre os Padres gregos e latinos que trataram do Espírito Santo como dom é oferecida por LAVATORI, R. *Lo Spirito Santo dono del Padre e del Figlio*. Bologna, 1987, 67-155.
Para a história da pneumatologia da Idade Média ao Vaticano II impõe-se por clareza de projeto e abundância de referências CONGAR, Y. – M. *Credo nello Spirito Santo. I- Rivelazione e esperienza dello Spirito*. Brescia, 1981, 101-186; é também útil a leitura dos capítulos 12, 13 e 15 de BOUYER. *Il Consolatore*, cit.
4) Questões particulares. Para um rápido esboço histórico da controvérsia sobre o *Filioque*, remete-se ao número 15 de *Concilium* (1979), dedicado a *La disputa sullo Spirito Santo*, em que a questão é abordada numa perspectiva evangélica (RITSCHL, D. Storia della controversia sul "Filioque", 33-47); católica (FAHEY, M. A. Il Figlio e lo Spirito: teologie divergenti tra Costantinopoli e l'Occidente, 48-60); ortodoxa (STYLIANOPOULOS, Th. La posizione ortodossa, 61-73). Para um aprofundamento da posição ortodoxa será útil consultar EVDOKIMOV, P. Lo Spirito Santo nella tradizione ortodossa. Roma, ³1983, 60-101. Para a vertente linguística do problema, pode-se ter presente VALENZIANO, C. Suggestioni linguistiche circa l'ipotesi di "formulazione di un nuovo credo verso una comune professione di fede". In *Credo in Spiritum Sanctum* I, 365-374. Para as perspectivas ecumênicas, cf. CONGAR, Y. – M. *Credo nello Spirito Santo. III – Teologia dello Spirito Santo*. Brescia, 1983, 206-221; ID. *La parola e il soffio*. Roma, 1985, 126-150.
Fecundo em sugestões e aberto a vastos horizontes teológicos, BALTHASAR, H. U. Von. *Spiritus Crestor*. Brescia, 1982, 91-234.
A relação cristologia-pneumatologia merece ser ulteriormente aprofundada, tanto sob o aspecto histórico como sob o teológico. Para o primeiro, oferece uma densa contribuição CANTALAMESSA, R. "Incarnatus est de Spiritu Sancto ex Maria Virgine". Cristologia e pneumatologia nel simbolo costantinopolitano e nella patristica. In *Credo in Spiritum Sanctum* I, 101-125. Sob perfil teológico, veja-se o ensaio de KASPER, W. Spirito, Cristo, Chiesa. In *L'esperienza dello Spirito*. Estudos em louvor de E. Schillebeeckx (Giornale di Teologia, 83). Brescia, 1974, 58-79.
Sobre a Igreja-sacramento do Espírito Santo, cf. KASPER, W. *La Chiesa come sacramento dello Spirito*. In KASPER, W. – SAUTER, G. *La Chiesa luogo dello Spirito* (Giornale di Teologia, 124). Brescia, 1980, 69-98).
Sobre a vida no Espírito, limitamo-nos a destacar MALEVEZ, L. L'existence chrétienne dans sa relation à l'Esprit. In *Ecclesia a Spiritu Sancto edocta. Mélanges théologiques. Hommage à Mgr. Gerard Philips* (Bibliotheca Ephemeridum Theologicarum Lovaniensium, 27). Louvain, 1970, 127-140; DELHAYE, Ph. L'Esprit Saint et la vie morale du chrétien. In *Ecclesia a Spiritu Sancto edocta...*, 141-152; *L'esperienza dello Spirito*. Brescia, 1974; *Lo Spirito Santo nella vita spirituale*. Roma, 1981.
Para um sólido estudo ascético, cf. CANTALAMESSA, R. *Rinnovarsi nello Spirito*. Roma, 1984, e LAFRANCE, J. *Perseveranti nella preghiera* (comentário ao *Veni Creator* e ao *Veni Sancte Spiritus*). Milano, 1984.

F. LAMBIASI

ESPIRITUAIS. São os seguidores do movimento por uma mais integral, mais zelosa, mais rígida e mais espiritual observância da Regra da

Primeira Ordem e do testamento de São Francisco. Nas fontes medievais são chamados de vários modos: *fratres zelantes, pauperes fratres, pauperes eremitae, spirituales* ou *spirituraliores* (os últimos dois nomes lhes foram dados por outros). Surgiram pouco depois da morte de São Boaventura (1274) e foram condenados em 1318 pelo papa João XXII, com a bula *Gloriosam Ecclesiam*. Depois da condenação tiveram diferente sorte: em parte, se submeteram; em parte, formaram uma nova fundação sob a chefia de Angelo Clareno (chamados clarenianos); em parte, passaram para os rebeldes → FRATICELLI. Até 1318 as três sedes dos espirituais foram as Marcas com a Toscana, na Itália, a Provença, na França, e Aragão, na Espanha.

1. IDEIAS CARACTERÍSTICAS. A elas pertence antes de tudo o joaquinismo, ou seja, a adesão às ideias espirituais, teológicas e exegéticas do célebre abade calabrês Joaquim de Fiore († 1202); segundo as fontes adversárias, a ideia joaquimita teria sido a que mais que qualquer outra os movia. Depois, como referido, a insistência numa rígida observância das vontades e do exemplo pessoal de São Francisco, especialmente no que diz respeito à pobreza (o uso estritamente pobre das coisas, embora permitidas). Por isso, rejeitavam qualquer interpretação pontifícia da Regra franciscana, chegando a negar a competência papal a propósito. Além disso, havia aversão pelos estudos em geral, especialmente se não teológicos, ou seja, considerando os outros *studia paganica*; essa aversão se deve à sua convicção de que o estudo compromete os primitivos ideais de São Francisco, que são a pobreza, a humildade, a simplicidade, a penitência. Enfim, a tendência à vida mais retirada, contemplativa e eremítica, pospondo assim as exigências de apostolado.

A esse propósito temos de lembrar o que sabemos das características das Ordens mendicantes em geral: particularmente as de pobreza absoluta e de ministério apostólico, que entre esses franciscanos degeneraram em antinomias mal enfocadas e mal resolvidas.

2. ORIGEM E DESENVOLVIMENTO ATÉ A CONDENAÇÃO. Os que pensam e falam de uma rápida decadência da Ordem de São Francisco creem que antecessores dos espirituais estivessem também entre os supérstites companheiros de São Francisco, entre os quais não foi o último fra Leone d'Assisi († 1271). É certo que antes da morte de São Boaventura não é possível falar do movimento espiritualista em sentido vasto e marcado. Inclusive seus famosos chefes — Angelo Clareno e Chiarino da Cingoli († 1337), Hubertino de Casale († depois de 1329) e Pedro João Olivi († 1298) — pertencem àquele período. Foram beneficiados pelo papa-monge Celestino V, que lhes concedeu certa autonomia (por isso, às vezes, eram chamados de *celestinianos*). Mas o papa Bonifácio VIII não quis ouvir falar deles, infligindo-lhes excomunhão. Sob o papa Clemente V († 1314) os espirituais da Provença foram os primeiros a levantar a voz e de acusados se tornaram acusadores da *Communitas Ordinis* (ou seja, a maioria da Ordem, que é preciso distinguir dos futuros conventuais). Nas acusações exageraram, contando a primitiva história franciscana (Clareno escreveu a *Historia septem tribulationum Ordinis Minorum*), interpretando tendenciosamente algumas ideias de São Francisco, falseando as ideias a respeito da pobreza de João de Parma, de Hugo de Digne e do próprio Olivi. Essas acusações encontraram crédito em algumas cortes reais e, em parte, na Cúria pontifícia, em Avinhão. Levado por tudo isso, Clemente V tomou a decisão, em 1310, de fazer uma pesquisa em relação à Ordem franciscana. Foram quatro as questões impostas: as relações da Ordem com a seita dos pobres católicos, chamados *spiritus libertatis*; a doutrina e os escritos de Olivi; a disciplina e a observância regular dentro da Ordem, especialmente com relação aos abusos em matéria de pobreza; enfim, as denunciadas perseguições infligidas aos espirituais pelos superiores da Ordem. Os pontos mais duros pareciam os da doutrina oliviana e da observância regular; o primeiro foi levado adiante pela Ordem contra os espirituais, o segundo, porém, foi levado adiante por esses últimos contra a Ordem. Entrementes surgiram libelos de acusação e de defesa de ambas as partes. Também o Concílio Vienense, de 1311-1312, se ocupou dessas questões. Enfim, em 6 de maio de 1312, foi publicado o decreto dogmático *Fidei catholicae fundamento* (in *Enchiridion Symbolorum*, nn. 480-483), bem como foi promulgada a declaração papal da Regra franciscana, *Exivi de paradiso*, que, aliás, denunciou os abusos contra a pobreza. O primeiro documento deveria ter contentado a *Communitas Ordinis*, e o segundo, os espirituais.

Mas esses últimos recalcitraram de modo quase unânime. Nesse ínterim morreu o papa, e eles apelaram ao sucessor. Foi ele João XXII

(1316), o qual pensou logo em chamar os espirituais à obediência. Encontrando graves resistências, o papa decidiu publicar dois documentos: a célebre Constituição *Quorumdam exigit*, de 7 de outubro de 1317, com a qual declarou que os superiores da Ordem são os únicos com competência para julgar as necessidades materiais dos súditos e reafirmou a necessidade da obediência: "*Religio namque perimitur, si a meritoria subditi oboedientia subtrahantur*". À constituição seguiu-se pouco depois a lembrada bula *Gloriosam Ecclesiam*, de 23 de janeiro de 1318, com a qual os espirituais desobedientes e contumazes foram definitivamente condenados.

Quanto ao balanço das "lutas dos espirituais" é preciso reconhecer antes de qualquer coisa alguns aspectos positivos: zelo pela observância regular e especialmente pela pobreza, austeridade de vida e muito boa fé. Mas para isso não lhes era lícito opor-se à autoridade pontifícia e à obediência, ofender a caridade — essência de toda perfeição —, servir-se às vezes de razões não totalmente verdadeiras. Enquanto os tais aspectos positivos pertencem ao patrimônio espiritual franciscano, os negativos existem a despeito da Regra de São Francisco e da sua espiritualidade.

BIBLIOGRAFIA. RICCI, A. *Il francescanesimo e le sue deviazioni ereticali*. In Pontifícia Universidade Católica do Rio Grande do Sul, Porto Alegre, 1951-1952, 45-99; VON AUW, L. *Angelo Clareno et les spirituels franciscains*. Lausanne, 1952; FRUGONI, A. *Celestiniana*. Roma, 1954; SALVATORELLI, L. *Movimento francescano e gioachinismo*. In *Relazione del X Congresso Internazionale di Scienze Storiche* III. Firenze, 1955, 403-418; MANSELLI, R. *Spirituali e beghini in Provenza*. Roma, 1959; *Jacopone e il suo tempo*. Todi, 1959; LAMBERT, M. D. *Franciscan poverty*. London, 1961; New DURHMAM, Th. A. *The doctrine of the franciscan spirituals*, Roma, 1963; BERARDINI, L. *Frate Angelo da Chiarino alla luce della storia*. Osimo, 1964; BREZZI, P. *La spiritualità cattolica da Gioacchino da Fiore a Dante*. Napoli, 1965; INI, A. M. Nuovi documenti sugli spirituali di Toscaza. *Archivum Franciscanum Historicum* 66 (1973) 305-377 (com bibliografia); *Franciscains d'Occident. Les spirituels*, c. 1280-1340, Toulouse-Fanjeux, 1975; Chi erano gli spirituali. *Atas do III Congresso Internacional da Sociedade Industrial de Estudos Franciscanos*. Assisi, 1976; VON AUW, L. *Angelo Clareno et les spirituels italiens*. Roma, 1979; PODESTÀ, L. *Storia ed escatologia di Ubertino da Casale*. Roma, 1980; BARONE, G. Spirituali. In *Dizionario degli Istitui di Perfezione*, VIII (1988) 2.034-2.040.

A. MATANIĆ

ESPIRITUALIDADE. 1. TERMO E CONCEITO. O termo "espiritualidade" pode ter os seguintes significados: a espiritualidade é "a qualidade do que é espiritual" (de Deus, dos anjos, da alma humana, da Igreja); é o sinônimo de piedade realmente possuída (de um santo, até de qualquer um que tenha relações de "serviço" com o *divinum*, embora não seja cristão); é a ciência mesma que estuda e ensina os princípios e as práticas dos quais se compõe aquela dada real piedade, aquele dado serviço de Deus. Nesse terceiro caso, o termo espiritualidade equivale ao de doutrina espiritual e até à própria "teologia espiritual ascética e mística". Essa última equivalência se encontra facilmente em autores de língua francesa (Saudreau, Pourrat, Tanquerey, Gauthier, Thils), mas somos de parecer que é melhor reservar o termo às doutrinas espirituais específicas ou particulares, como são as de cada santo, dos fundadores de Ordens religiosas e semelhantes. O termo pode ter ainda um quarto significado, quando se identifica com "escola de espiritualidade". Essa identificação nem sempre é justificada, porque nem toda espiritualidade tem uma respectiva escola, ao passo que toda escola supõe uma dada espiritualidade; as espiritualidades, além disso, entendidas seja como sinônimos de piedade, seja como particulares doutrinas espirituais, podem ser muito numerosas e diferentemente distintas e classificadas. Já ao falarmos de "escolas de espiritualidade" pensamos num número mais estrito e habitualmente nos referimos a algumas das maiores fundações de famílias religiosas.

Há também muitos sinônimos usados ou preferidos por autores para indicar a espiritualidade, entendida como serviço de Deus e como ciência espiritual. Apresentamos alguns: via de vida espiritual, método, modo ou modalidade, orientação, mentalidade, corrente, rumo, atitude, fórmula, forma ou norma de vida, aplicação ou interpretação particular do mesmo ideal evangélico, estilo ou tipo ou gênero de vida religiosa, matiz, tradição espiritual, experiência, caracterização. Nos documentos pontifícios recorrem com muita frequência os seguintes sinônimos: via, método, forma, gênero de vida, doutrina ascética, ensinamento espiritual, fisionomia ou família religiosa, espírito, enfim escola espiritual.

Dificilmente se pode dar uma definição universalmente aceita, e de fato temos muitas. Não é um exagero dizer que todo autor tem uma própria. Depois de atento estudo ousamos oferecer um "esquema" para uma eventual mais aplicável definição: é um particular serviço cristão de Deus, que acentua determinadas verdades da fé, prefere algumas virtudes segundo o exemplo de Cristo, persegue um específico fim secundário e se serve de particulares meios e práticas de piedade, revestindo às vezes notas distintivas características (cf. MATANIĆ, *Le scuole di spiritualità nel magistero pontificio*, Brescia, 1964, 36).

2. EXISTÊNCIA. Todos os autores católicos que conhecemos admitem a existência de específicas espiritualidades no meio da comum espiritualidade cristã e católica, embora existam diferenças e divergências no modo de as conceber, no modo de tratar as questões das relações que existem entre a comum espiritualidade cristã e cada uma delas, no modo de as distinguir das escolas filosóficas ou teológicas, muitas vezes homônimas, no modo de julgar sobre sua oportunidade. Mas cremos que a afirmação da existência delas não pode ser negada por ninguém que não seja totalmente ignorante da matéria em questão. Sobretudo com a ajuda da tradição católica e do magistério da Igreja é fácil demonstrar a existência de específicas espiritualidades, embora sempre cristãs e católicas. Mais, à luz do mesmo magistério e da tradição, pode-se arguir a possibilidade das específicas espiritualidades, inclusive com a ajuda da Escritura.

Uma das maiores dificuldades para admitir a existência das específicas espiritualidades é o fato de que nem sempre é fácil ver a especificidade de cada uma; não é fácil, além disso, ver a diferença entre os elementos comuns a todos os cristãos e os elementos que se dizem específicos de uma espiritualidade Com esse discurso se chega ao problema de natureza, ou de índole, ou de diversificação das espiritualidades. É o problema principal, porque, se não podemos saber em que especificamente consistem, em que se diversificam as espiritualidades, então seria preciso pôr em dúvida a própria existência. Com isso nos referimos especialmente à diversificação das espiritualidades e das respectivas escolas das grandes fundações religiosas na Igreja de Cristo.

3. CLASSIFICAÇÕES. Uma das graves razões pelas quais há interrogações a propósito das espiritualidades é o fato de que nem sempre são adequadamente diferenciadas e classificadas. Há diversos critérios para a sua classificação, e conforme se siga um ou outro muda também o tipo de espiritualidade. A nosso ver, elas devem ser classificadas nos seguintes agrupamentos:

a) segundo o critério étnico-geográfico (oriental e ocidental, italiana, francesa, espanhola, alemã, russa, inglesa, americana etc.); b) segundo o critério doutrinal ou segundo as verdades de fé preferidas (trinitária, cristológica, pentecostal, eucarística, mariana e, num determinado sentido também, a liturgia etc.); c) segundo o critério ascético-prático ou segundo as virtudes preferidas, ensinadas e praticadas particularmente (da caridade, da humildade, da pobreza, da penitência etc.); d) segundo o critério antropológico ou psicológico (intelectualista ou especulativa, afetiva, prática); e) segundo o critério dos estados e das profissões (laical, presbiteral e religiosa; dos médicos, dos professores, dos camponeses, dos trabalhadores, dos literatos etc.); f) segundo o critério histórico-cronológico (paleocristã, medieval, moderna, renascentista, barroca, contemporânea); g) segundo o critério dos grandes fundadores de Ordens ou Congregações religiosas (basiliana, agostiniana, beneditina, franciscana, dominicana, carmelita, inaciana, filipina, salesiana etc.).

Não gostaríamos de esconder a preferência que damos a esse último critério, e isso por muitas razões (de história, de influência recebida e exercida, de agrupamento). Esse critério nos parece mais tradicional e também de maior importância prática (pensemos nas famílias religiosas!), e estamos convencidos de que nenhum outro critério é tão justificado e até tão documentável como esse. Além disso, fazendo assim, cremos interpretar melhor também o conteúdo do ensinamento pontifício a respeito. Não obstante, não negamos as possíveis e efetivas contribuições a cada uma das espiritualidades e de cada uma delas, diferentes segundo os outros critérios, tanto mais porque essas contribuições podem ser os fatores que determinam a diversificação das espiritualidades dos religiosos e das respectivas escolas (pensemos no fator étnico-geográfico ou no antropológico e psicológico com relação aos fundadores de famílias religiosas).

4. OPORTUNIDADE. Embora todos os autores católicos admitam a existência das diversas e específicas espiritualidades católicas e, no caso, das respectivas escolas, nem todos aprovam sua oportunidade (por exemplo, Herling, Bouyer, → VON BALTHASAR, Jiménez Duque, Barsotti). Objeta-se, por exemplo, que assim se favorece o particularismo, que se renuncia ao universal

para gozar do particular, que na prática tudo isso tem pouca ou nenhuma importância.

As objeções são em parte justificadas, pelo menos no sentido de que assim possa ser ou acontecer, o que seria condenável. Mas na realidade as específicas espiritualidades, especialmente das famílias religiosas, têm sua importância, porque, a nosso ver, aquela determinada espiritualidade constitui "o conteúdo específico" da vocação a uma e não a outra fundação religiosa; a espiritualidade específica, além disso, corresponde à "razão de ser" da relativa fundação; ela é a metafísica "próxima" da vida e da história da respectiva fundação; ela, enfim, ajuda os que a seguem a realizar melhor a própria perfeição cristã, que, precisamente, se atinge por caminhos diferentes, assim como o querer ser bom religioso ajuda a ser melhor cristão (cf. Y. de MONTECHUIL, *Problemi di vita spirituale*, Milano, 1955, 60-65).

BIBLIOGRAFIA. BUTLER, C. Ways of Christian Life. London, 1932; ALBINO DEL BAMBIN GESÙ. I fondamenti teologici della spiritualità. *Rivista di Vita Spirituale* 13 (1959) 387-407; MADUEL, A. De espiritualidades. *Teología Espiritual* 4 (1960) 269-287; VINAY, G. "Spiritualità". Invito a una discussione. *Studi Medievali* 2 (1961) 705-709; TRUHLAR, C. V. *Problemata theologica de vita spirituali laicorum et religiosorum*. Roma, 1961; MARCHETTI, A. *Spiritualità e stati di vita*. Roma, 1962; MATANIĆ, A. *Scuole di spiritualità nel magistero pontificio*. Brescia, 1964; WALSH, J. *Spirituality through the Centuries*. London, 1964; SANCHIS, A. La vida de perfección en la Iglesia y las formas de espiritualidad. *Teología Espiritual* 8 (1964) 303-321; BERNARD, Ch. A. La conscience spirituelle. *Revue d'Ascétique et de Mystique* 41 (1965) 441-466; VANDENBROUCKE, F. Spiritualité et spiritualités. *Concilium* 1 (1965) 9.41-62; MATANIĆ, A. *Vocazioni e spiritualità*. Roma, 1968; LAZZARINI, R. Sul concetto di spiritualità. In *Chiesa e spiritualità nell'Ottocento italiano*. Verona, 1971, 31-52.

A. MATANIĆ

GUERRA, S. *Espiritualidad fundamental*. Madrid, 1983; *La spiritualità. Ispirazione, ricerca, formazione*. Roma, 1984; MATANIĆ, A. *Temi fondamentali di spiritualità scientifica*. Roma, 1976; *Problemi e prospettive di spiritualità*. Brescia, 1983; RUIZ, F. *Caminos del spíritu. Compendio de teología espiritual*. Madrid, [3]1988; ID. *Espiritualidad sistemática*. Madrid, 1984; *Spiritualità: fisonomia e compiti*. Roma, 1981; *Study of spirituality*. London, 1986.

M. CAPRIOLI

ESPIRITUALIDADE (escolas de). Ao diferenciar necessariamente as escolas de espiritualidade das simples espiritualidades, definimos as primeiras como o conjunto de representantes (santos e beatos, teólogos, mestres, autores e homens de espírito) que ensinam, estudam e praticam uma específica espiritualidade católica, entendida, precisamente, como ciência de piedade. Todavia, quando no campo católico se fala de escolas de espiritualidade, pensa-se quase exclusivamente nas respectivas escolas de algumas famílias religiosas. O que quer dizer que, como existem as diferentes espiritualidades segundo o supremo critério da pertença a uma dada fundação religiosa, algumas dessas espiritualidades tiveram ou têm a respectiva escola. Às vezes se fala também de escolas de espiritualidade nacionais (alemã, espanhola, francesa), ao passo que não se fala ainda de escolas de espiritualidade dos leigos ou do clero diocesano.

1. TERMO E EXISTÊNCIA. A problemática referente às escolas de espiritualidade é mais difícil do que a que se refere às simples espiritualidades. Em primeiro lugar, há autores que não gostam de usar o termo "escola" nesse campo. Alguns autores duvidam da existência das "escolas" espirituais. Alguns outros ainda pensam que não é fácil distinguir as espiritualidades e as escolas de espiritualidade. Ainda que reconhecendo as dificuldades a respeito, cremos, todavia, que hoje, depois de cerca de cinquenta anos de estudos e depois de ter recebido ensinamentos pontifícios sobre o assunto, as dificuldades se reduziram muito.

Entretanto, o termo "escola" nesse campo não é desconhecido da tradição cristã e hoje é correntemente usado também nos documentos oficiais do magistério pontifício. Mas, se a distinção entre as espiritualidades e as escolas é muito clara, não são totalmente claros os critérios segundo os quais é preciso julgar se uma espiritualidade tem também a respectiva escola. Cremos, modestamente, que se uma espiritualidade não é consideravelmente original, pelo menos do ponto de vista formal, quanto a suas ideias e práticas particulares, se não é forte quanto ao número de representantes que a sustentam e praticam, se não é fértil quanto aos frutos de santidade, deve-se concluir que não tem sequer a sua escola. Consequentemente, ao falarmos de escolas de espiritualidade nós pensamos nas seguintes: eremítico-oriental com a basiliana, agostiniana, beneditina, dominicana, franciscana, carmelita, da → DEVOTIO MODERNA, inaciana, filipina, salesiana, berulliana, vicentina, passionista, alfonsiana.

Com isso não excluímos a possibilidade de que a espiritualidade de algum santo, tanto passado como futuro, especialmente se fundador de uma família religiosa, se desenvolva numa específica escola, ao passo que até agora não é ou não existe.

2. DIVERSIFICAÇÃO E NATUREZA. O problema das diversificações das escolas é muito semelhante ao das diversificações das simples espiritualidades. Podemos nos perguntar: em que diferem todas e cada uma das espiritualidades cristãs particulares, que, todavia, têm em comum tantos princípios e práticas? Da resposta desses interrogativos depende a natureza específica das espiritualidades e, no fundo a própria existência delas.

Ao estudar o problema com a ajuda do magistério da Igreja e também levando em consideração a história das fundações religiosas (e duas são as vias: a teológica e a histórica ou experimental, para o relativo conhecimento), os fatores e os elementos que determinam a especificidade de cada uma das espiritualidades e escolas são os seguintes: a) a preferência dada a alguma verdade de fé ou pelo menos um particular modo de conceber, acentuar e formular aquela verdade (elemento doutrinal, teológico, teorético); b) uma determinada virtude, ou mais virtudes, que uma espiritualidade se propõe particularmente realizar, sempre na imitação de Cristo e seguindo a experiência e o ensinamento do iniciador (elemento prático, mais propriamente ascético, às vezes conexo com o de devoção); c) a particular graça de Deus que move e prossegue a obra de uma fundação religiosa e, portanto, da sua espiritualidade (elemento eminentemente sobrenatural, apropriado, dificilmente controlável cientificamente); d) o ambiente histórico-geográfico, do tempo e do espaço, de uma fundação, o qual, por sua vez, influi na respectiva finalidade; e) a personalidade do iniciador, seja com as suas qualidades ou propriedades naturais, seja com as sobrenaturais (elemento antropológico ou psicológico); f) o fim ou o escopo específico que o iniciador de uma fundação religiosa se propôs; é o fator entre os mais determinantes, e em função dele são também muitas vezes os precedentes; os antigos o chamam preferivelmente de "os deveres do próprio estado", levando em consideração também a própria família religiosa.

Certamente, nem todos esses fatores são levados em consideração na determinação ou na definição de toda espiritualidade e de toda escola, até porque nem sempre todos estão presentes ou são sentidos ou particulares (pense-se nos ambientes histórico-geográficos dos séculos XIII ou XVI, comuns a diversas espiritualidades e escolas).

3. DISPOSIÇÃO HISTÓRICA DAS ESCOLAS. Admitida a existência das determinadas escolas de espiritualidade diferentes segundo algumas grandes famílias religiosas, vamos subdividi-las em três grupos: a) espiritualidades eremítico-monásticas e canonicais, nascidas e predominantes até 1200 aproximadamente; b) espiritualidades das Ordens mendicantes ou apostólicas, surgidas depois de 1200 e predominantes na Baixa e Tardia Idade Média; c) espiritualidades dos → CLÉRIGOS REGULARES, ou seja, das Ordens dos Institutos religiosos mais recentes, surgidos depois de 1500. Cada um desses grupos tem um ou mais denominadores comuns, mas depois, como é compreensível, cada espiritualidade aí incluída reveste-se de uma particular fisionomia, segundo os diversos fatores ou elementos, como foram acima relacionados.

BIBLIOGRAFIA. ANASTASIO DEL SANTISSIMO ROSARIO. La "spiritualità" delle famiglie religiose. In *Per una presenza viva dei religiosi nella Chiesa en el mondo*. Torino-Leumann, 1970, 655-668; BLATNICKY, R. Il concetto di "scuole di spiritualità". *Rivista di Pedagogia e Scienze Religiose* 5 (1967) 48-108; COLOMBO, G. La storia della spiritualità e le scuole di spiritualità. *Rivista di Ascetica e Mistica* 10 (1965) 443-461; MATANIĆ, A. *Le scuole di spiritualità nel magistero pontificio*. Brescia, 1964 (com bibliografia, 181-182); Seminario y espiritualidad. *Seminarios* 10 (1964) 22-23; SUDBRACK, J. *Probleme – Prognosen einer kommenden Spiritualität*. Würzburg, 1969.

A. MATANIĆ

ANCILI, E. *Le grande scuole della spirittualità cristiana*. Milano-Roma, 1984; Espiritualidad y espiritualidades. In *Gran Enciclopedia Rialp*. Madrid, ⁵1987, 203-215, t. IX; GAITÁN, J. D. Espiritualidad y espiritualidades. *Revista de Espiritualidad* 43 (1984) 673-697.

M. CAPRIOLI

ESPIRITUALIDADE CRISTÃ (história da). O cristianismo é a maior revolução de todos os tempos que a humanidade realizou. Historicamente não se explica senão por meio de um milagre, uma intervenção de Deus nas coisas humanas. O segredo da radical transformação do mundo realizada pelo cristianismo é, sem dúvida, a mensagem da sua espiritualidade. Os documentos fundamentais da mensagem cristã são evidentemente os escritos do Novo Testamento: é nesses livros que podemos tomar contato imediato com a vida espiritual que transborda dos apóstolos e dos primeiros discípulos depois de Pentecostes. Ao lado dos livros neotestamentários, são reveladores os chamados "escritos apostólicos", que completam essa tomada de contato e nos mostram os primeiros cristãos como pioneiros num mundo a ser pacificamente conquistado e transformado, mediante uma vida santa, marcada sobretudo pelo amor e pela pureza que fazia a admiração dos pagãos.

1. OS PRIMEIROS SÉCULOS. a) *Martírio e virgindade.* Os primeiros cristãos tinham o sentido vivíssimo do homem como filho de Deus, incorporado, no batismo, a Cristo, que ele deve tornar visível na sua carne mortal e testemunhar quando preciso por meio do sangue (2Cor 2,14 ss.; Tertuliano, Clemente de Alexandria, Hipólito, Orígenes, Cipriano). Durante os primeiros três séculos o martírio foi expressamente considerado como o vértice da perfeição e o culto religioso dos mártires se tornou uma das manifestações mais importantes e significativas da piedade cristã (cf. no século II as duas cartas da Igreja de Esmirna sobre o martírio de Policarpo e da de Leão sobre os mártires de 177; assim também Cipriano, Tertuliano, Orígenes).

A espiritualidade se concentrou sobre a cruz, mas sobre a cruz gloriosa. A paixão foi considerada uma exaltação: dom da vida de Deus aos homens, manifestação do maior amor, vitória da luz sobre as trevas, da revelação sobre a ignorância e sobre a recusa a ela. A morte já não era uma derrota, mas um dom livremente aceito, uma assimilação a Cristo vencedor. Essa assimilação se realizava sobretudo no martírio.

Logo depois do martírio punha-se a virgindade e o culto da pureza. Contra a corrupção galopante, o cristianismo, que se apresentava como uma força purificadora, oferecia o milagre da própria luminosa castimonia. Os continentes voluntários surgiam na Igreja e, continuando a viver em suas famílias e a participar das normais atividades de seu ambiente social, se destacavam dos outros pela profissão de castidade, pela conduta exemplar, pelo zelo nas práticas do culto e no exercício da caridade. As virgens formavam o orgulho da Igreja e os autores cristãos (Tertuliano, Cipriano, Pseudo Clemente, Metódio de Olimpo e depois Ambrósio, Jerônimo, Agostinho, João Crisóstomo etc.) competem em celebrá-las como o sinal da excelência e da superioridade do cristianismo.

Ao lado da pureza, a oração e a penitência. A oração era o elemento essencial da vida cristã, fosse na forma litúrgica, fosse na devoção particular (Tertuliano, Orígenes, Cipriano, Agostinho etc.). Desde os primeiros tempos encontra-se na Igreja o uso comum de jejuar às quartas e sextas e na preparação da Páscoa. Penitências públicas eram impostas para os pecados graves (apostasia, homicídio, adultério), cuja duração podia ser abreviada por intercessão dos confessores ou dos mártires (antecipação das indulgências).

b) *O monasticismo.* Os autores dos primeiros séculos deram algumas orientações de vida espiritual, mas não uma doutrina metodicamente pensada, que se terá somente com a paz religiosa. No final das perseguições começou a grande época de estabilização e de organização da Igreja. Os concílios fixaram o dogma; o surgimento da vida monástica levou ao florescimento de uma literatura ascética e mística que não se limitou mais a celebrar a beleza da perfeição cristã, mas ensinou os meios para atingi-la. Não sendo exigida mais a prova do martírio, os monges acabam por tomar aos olhos do mundo cristão o lugar que os mártires tinham antes ocupado, como testemunhas vivas da fé e das realidades do mundo sobrenatural, mediante a perseverante e radical renúncia à própria vontade. O monge, que leva ao extremo a lógica do seu batismo, já pertence à vida futura e sai, por isso, quanto lhe é possível, do mundo presente, antecipando a sua destinação final.

Com o século IV a vida espiritual da Igreja não se diferenciava das experiências religiosas próprias do monasticismo. É no Oriente que surge a primeira forma de vida monástica cristã: anacorética antes (Antonio), cenobítica depois (Basílio). Os Padres do deserto ficaram célebres por suas penitências, evocadas e parcialmente seguidas também na Idade Média latina. Todavia, não faltam em seus escritos textos que louvam a discrição e põem em guarda contra os rigores imprudentes, embora permanecendo negativo o modo de propor o caminho da perfeição. Ao fugirem de uma sociedade profundamente corrupta, têm a impressão de que serão de Deus somente quando tiverem se desembaraçado das imundícies do mundo. Ressaltavam sobretudo a pureza do coração e a liberdade das afeições desordenadas, que pode se realizar somente em condições interiores de renúncia e exteriores de calma e de silêncio. O lado positivo da vida cristã, a → UNIÃO COM DEUS, embora não falte, é menos posto em evidência do que o será depois. Todavia, a procura de Deus leva o asceta a envolver a própria vida com orações breves e frequentes, das quais nascerá mais tarde a prática da → JACULATÓRIA.

c) *A mística*. Depois começou-se a pôr a atenção em certos estados extraordinários da oração, de que tinha falado acidentalmente também Paulo. A escola alexandrina pôs os primeiros elementos de uma teoria do êxtase, como inefável experiência do divino, realizada pelo processo catártico da ascese e da graça. Clemente de Alexandria († 215) e → ORÍGENES († 253) foram os iniciadores de uma espiritualidade especulativa, a que deu prosseguimento → GREGÓRIO DE NISSA († 394) e que com → EVÁGRIO PÔNTICO († 399) constitui o ponto de partida da especulação cristã com base em teorias neoplatônicas, posteriormente aprofundadas por um misterioso escritor do final do século V, chamado → DIONÍSIO AREOPAGITA. A autoridade quase apostólica (assim considerada sob a influência de → MÁXIMO O CONFESSOR) e a profundidade da doutrina fizeram de seus escritos o texto fundamental da mística especulativa, também ocidental.

2. **SANTO AGOSTINHO E SÃO BENTO**. Também no Ocidente a vida monástica (e a doutrina ascética) desenvolveu-se quando cessaram as perseguições e foi inicialmente dependente da oriental, difundida sobretudo por → CASSIANO († 435), o qual viveu por muitos anos entre os eremitas egípcios.

O gênio romano de organização apossou-se da vida monástica com → BENTO DE NÚRSIA († 547), o qual tempera as excessivas austeridades tão caras ao ascetismo oriental e codifica com rara discrição e sobrenatural sabedoria um modo de vida em que os recursos do homem se aperfeiçoam com os recursos do cristão. A união do trabalho à oração constitui o aspecto novo do monasticismo beneditino e a razão principal da sua importância histórica, não somente no plano da cultura espiritual e humanística, mas também como centro de vida econômica e de educação cívica. Por certo também os monges orientais, no deserto ou nos cenóbios, trabalhavam; mas seu trabalho era concebido como algo que preenchia os momentos livres da ocupação, que era uma só, a oração. Bento, porém, concebe o trabalho como um dever, ao lado da oração. Assim, o trabalho é imposto e regulado pelo horário cotidiano, como é imposta e regulada a oração. *Ora et labora*, o mote beneditino, é o símbolo da união do humano com o divino, da atividade com a contemplação, e representa a síntese das energias que lentamente tornaram mais civis os bárbaros e prepararam o advento da nova civilização medieval. Assim o Ocidente, antes tributário do Oriente, tem com São Bento uma forma própria de vida monástica e com Santo → AGOSTINHO († 430) uma fórmula de espiritualidade própria, que se distingue pela insistência em concentrar a atenção na mortificação interior, que tem, porém, valor quando vinculada à caridade. A vida cristã é para Agostinho uma tensão contínua para o amor de caridade, para Deus.

Agostinho é o grande mestre da Igreja ocidental. Em todos os campos teológicos mostra a força criadora do seu gênio, e a sua profunda e sofrida experiência humana e cristã o tornou um dos maiores espirituais de todos os tempos. A piedade, repete Agostinho, consiste no amor. E esse amor é sempre o mesmo, aplique-se a Deus, ou dirija-se ao homem. "O amor pelo próximo não é diferente do amor por Deus. Não se trata de outro gênero de amor. Com o mesmo amor com que amamos o próximo amamos a Deus" (*Serm.* 265,9). O amor do próximo tende a buscar para os outros o amor de Deus, mediante o mistério da → IGREJA, Corpo místico de Cristo. Pondo assim claramente o amor no vértice de tudo, automaticamente os bens deste mundo se põem em seu devido lugar. Eles não podem constituir a felicidade e a bem-aventurança do homem, mas devem servir às necessidades da vida. Nós devemos nos tornar bons nas coisas terrenas e, por meio delas, subir às coisas eternas e divinas. As criaturas se apresentam assim como degraus sobre os quais o cristão, na fé e no amor, pode subir ao Criador.

Agostinho insiste, para a aquisição da caridade, na necessidade da oração. O desejo de Deus é a oração; quem tem habitualmente tal desejo ora sempre. A via, pois, que leva à caridade é a humildade, na qual Agostinho vê a principal lição do Verbo encarnado e a medida do progresso espiritual. Jesus Cristo dá, ao mesmo tempo o exemplo das virtudes e a força para as praticar. Como Deus, é o termo; como homem, é a via.

Essa doutrina agostiniana revelou-se muito fecunda na história da espiritualidade ocidental, marcando seus melhores momentos. Os escritos de Agostinho tiveram uma extraordinária influência. Os papas São → LEÃO MAGNO, são Gelásio, São → GREGÓRIO MAGNO deles se nutriram. A Idade Média até o início do século XIII é toda agostiniana. Mas também depois a presença do grande Doutor continuou a dar vida a uma rica corrente de pensamento e de espiritualidade que se estendeu até nossos dias. A corrente espiritual que se reconhece em → PASCAL, Malebranche, Gerdil, Gratry, Blondel, no existencialismo cristão e em muitos filósofos cristãos contemporâneos remonta a Agostinho. Diversos temas prediletos da filosofia moderna são agostinianos: autoconsciência, dinamismo da vontade, insuficiência do finito e outros. Sobretudo toda a piedade ocidental está penetrada pelas suas ideias e muitas vezes por suas expressões.

Depois da separação entre Oriente e Ocidente, a espiritualidade ocidental assumirá aquele caráter de otimismo e de prudência, de ousadia e de circunspeção que se encontra em toda a vida católica, a qual, sem negligenciar as práticas ascéticas, atribui profunda importância somente ao espírito que anima a vida e à via real do amor. Já no Oriente a penitência continua a manter o seu prestígio e o seu predomínio de uma forma tal que, embora não possa constituir a essência da santidade, esta a custo é concebida como separada de uma ascese severa. Desse conceito ficarão vestígios até na Idade Média latina, na qual se encontram retornos à dura austeridade dos Padres do deserto, que continuam a gozar em todo o Ocidente de um extraordinário prestígio.

3. DO SÉCULO VIII AO SÉCULO XII. Os primeiros séculos da Idade Média não acrescentam nada à doutrina dos Padres. São séculos durante os quais a cultura intelectual desaba, e os homens mais cultos se limitam a salvar o que podem da antiga cultura clássica e religiosa. Por isso, mesmo do ponto de vista espiritual, o período que vai do final do século VI ao início do século XII não tem particular importância. Temos no curso desses séculos grandes monges, grandes santos, mas que são essencialmente missionários. Basta lembrar são Willibrordo († 739), são Bonifácio († 754) com a multidão de seus colaboradores. Mas eles não nos deixaram escritos espirituais, nem São → BEDA, O VENERÁVEL († 735), que foi essencialmente um historiador, embora tenha composto diversos comentários à Escritura, pouco originais, na verdade. O único grande escritor do início desse período é São Gregório Magno († 604), que com São Bento encerra a idade patrística e abre a medieval, e que apresenta a prática da vida cristã em toda a sua amplitude, valendo-se de uma interpretação fortemente alegórica da Escritura. A doutrina de Santo Agostinho e de São Gregório Magno é exposta sistematicamente por Santo Isidoro de Sevilha († 636) nos livros II e III das suas célebres *Sentenças*, das quais a Idade Média irá buscar numerosos axiomas e ditos espirituais.

A constituição do Império carolíngio, no final do século VIII, foi uma tentativa de organização unitária, dominada pela tradição cultural e espiritual romana cristianizada. Uma notável reviravolta se realizou no mundo europeu. O norte da Europa substituiu o sul como centro literário e como centro político. Do último quarto do século VIII ao primeiro do século IX, o movimento patrocinado por Carlos Magno propagou-se por todo o território da Europa ocidental e o unificou num vivo renascimento cultural e espiritual, entrincheirado em geral nas catedrais e nas abadias, que iam se disseminando aos milhares, constituindo centros de piedade, de estudo e de arte.

Com a decadência do império carolíngio, elas eram as únicas luzes no rápido suceder-se de uma noite profunda, que atingiu no século X seu ponto mais obscuro. A situação espiritual do clero e da Igreja estava em plena decadência. Junto com a simonia, especial dificuldade apresentava a lei do celibato, em vigor no Ocidente desde o século IV, que obrigava o clero a se abster do matrimônio. Com frequência era por muito inculcada, mas também amiúde transgredida, e não somente pelo baixo clero, mas até por bispos, os quais, por sua vez, não se ocupavam mais de questões dogmáticas e espirituais, mas de lutas com os camponeses para reivindicar terras ou com os feudatários por questões jurisdicionais. O próprio papado se tornara um feudo desta ou daquela família de feudatários romanos e conheceu imundícies e crueldades. Muitos grandes mosteiros também tinham assumido a fisionomia de um castelo, em que se revezavam envenenamentos de abades, opressão de camponeses, exigências de exorbitantes privilégios. No Oriente bizantino, os dois principais autores desse período são, depois de São → JOÃO CLÍMACO († 649) e São João → DAMASCENO († 749), São → TEODORO ESTUDITA († 826) e → SIMEÃO, O NOVO TEÓLOGO

(† 1022), cujos sermões e hinos místicos serão muitas vezes citados pelos hesicastas (→ HESICASMO), tornando-se ele o mais importante dos místicos bizantinos.

Nesse tempo, os beneditinos — que já no período carolíngio assumiram a tarefa de conservar e transmitir a cultura, com homens, como Alcuíno († 804), → BENTO D'ANIANE († 821) e Rábano Mauro († 856) — foram os iniciadores de um novo movimento espiritual que remontava ao mosteiro de Cluny e teve seus melhores frutos na ação reformadora de Gregório VII († 1085) e na doutrina de → ANSELMO D'AOSTA († 1109), o qual une a alta especulação dogmática a uma ardente piedade. Parece, porém, que, no final do século XI a forma de que o monasticismo se revestia na tradição beneditina não bastava mais para satisfazer as aspirações ascéticas de muitas almas generosas. Dois elementos constantes se encontram nas novas formas de vida religiosa que germinam nesse século: a exigência de uma pobreza efetiva com um consequente aumento de austeridade e a aspiração fortíssima à vida solitária. Um exemplo clássico dessa onda profunda e poderosa que, a partir da segunda metade do século XI, leva homens generosos para uma vida pobre e solitária tem-se no ideal traçado por São Romualdo († 1027) e por São → PEDRO DAMIÃO († 1072) na Itália, por São Bernardo e por São Bruno († 1101) na França: padres e mestres de homens que vivem em verdadeiras solidões, longe das cidades, que procuram somente a Deus num diálogo incessante com ele e se dão às mais heroicas penitências em celas pobres e apertadas.

4. SÃO BERNARDO E OS VITORINOS. O renascimento da literatura espiritual começou com o século XI, e no século XII São → BERNARDO DE CLARAVAL († 1153) imprimiu uma forte marca na devoção do seu tempo, a tal ponto que não se compreende a alma religiosa da Idade Média se não se leva em consideração o movimento por ele originado. Por 40 anos guiou, dominou, encarnou e resumiu a história do seu século. São Bernardo passou uma parte da sua existência nas estradas da Europa, regularizou numerosos negócios, chocou-se com a perfídia dos homens e as contradições do mundo, conservando em si pungente a nostalgia de uma vida contemplativa naquele lugar de paz que é o mosteiro.

São Bernardo nos apresenta um quadro bastante completo da vida espiritual: um itinerário que vai do conhecimento de si à posse de Deus, da humildade ao êxtase, do pecado à glória; o encontro da miséria do homem e da misericórdia de Deus no Verbo encarnado; a restauração na alma da imagem divina, mediante o gradual desenvolvimento do amor, que na sua extrema expressão realiza, no plano da vontade, a união nupcial da alma com Deus.

Mesmo sendo autor principalmente místico, que cantou o amor divino em termos cuja suavidade foi raramente superada, Bernardo jamais esquece a exigência e a importância da → ASCESE. O ardor místico não está nele no campo da abstração, mas toma corpo e forma na devoção à humanidade santíssima de Jesus e à Virgem. Não é de admirar, por isso, que pela concretude e riqueza da sua piedade, ele tenha exercido uma influência cujo efeito não desapareceu ainda. São Bernardo deve ser considerado o último grande autor da primeira época medieval, que se segue à época patrística sem substanciais mudanças: de Santo Agostinho e São Gregório Magno a São Bernardo nota-se um contínuo progresso na mesma linha. Mas vivo ainda São Bernardo, com o surgimento do método escolástico, temos as primeiras análises e classificações da vida espiritual em geral e da oração em especial, com Guigo II o Certosino († 1188) e sobretudo com a escola de São Vítor.

Hugo († 1141) e Ricardo († 1173), principais representantes da escola, partindo de uma base platônico-agostiniana, trazem preciosas contribuições para a elaboração da mística católica, influenciando notavelmente os autores posteriores. Os → VITORINOS veem na criação a obra do Verbo, a sua "palavra" exterior, e em toda criatura uma sílaba que o exprime e da qual o homem deveria elevar-se ao Criador. E, uma vez que o pecado original perturbou a ordem do universo, eles veem na humanidade de Cristo o sinal novo e sobrenatural que Deus deu ao homem para chegar a ele. A humanidade de Cristo estimula à imitação e leva à contemplação amorosa, em que, na união mais íntima, a alma se torna esposa de Deus. Tomás Gálico († 1226), último dos vitorinos, abade dos cônegos de Vercelli e partidário das teorias pseudodionisianas, marcou a passagem da mística vitorina à espiritualidade que desenvolverão as Ordens mendicantes e à qual ficarão alheios um grupo de místicos ingleses dos séculos XIV e XV: Richard → ROLLE († 1349), o anônimo autor da *Nubes ignorantiae*, Walter → HILTON († 1396) e → JULIANA DE NORWICH († 1442).

5. A SEGUNDA IDADE MÉDIA. a) *As ordens mendicantes.* Com o surgimento das ordens mendicantes, no início do século XIII, acabam os séculos do luminoso predomínio beneditino que durou por mais de seiscentos anos, o qual, por intermédio dos inumeráveis cenóbios que ataviaram cada vez mais a Europa, constituiu o tecido mais sólido e tenaz da admirável unidade de fé e de sentimentos que, embora em meio a tanta ferocidade de paixões e de guerras, caracteriza a Idade Média. Os → MENDICANTES levaram uma profunda inovação à vida religiosa, até aquela época predominantemente monástica e contemplativa, como o ministério da pregação e do ensinamento, reservado geralmente aos bispos e aos pastores das almas. Inovação essa que vem se juntar à vida de oração, não mais acidentalmente, em razão de particulares circunstâncias, como para os antigos monges, mas de modo permanente, porquanto parte essencial da vocação, sem ser, além disso, como para os → CLÉRIGOS REGULARES, ligada ao serviço paroquial. Daí a cessação da estabilidade monástica e a fusão completa dos conventos numa só família. Daí também o determinar-se de uma tensão entre a vida interior da comunidade, orientada exclusivamente para a santificação dos próprios membros e a ação externa para a salvação dos outros.

b) *A espiritualidade dominicana.* O autor dessa grande guinada que se deu no século XIII foi São → DOMINGOS DE GUSMÃO († 1221). São Francisco († 1226), os sete fundadores dos servitas, os organizadores dos Carmelos como os eremitas agostinianos e outros ainda não tiveram no início senão um desejo de procura de → DEUS, e foram as circunstâncias de tempo e o exemplo dos → DOMINICANOS que os impulsionaram para uma nova estrada. A espiritualidade dominicana teve, desde o início, um caráter doutrinal, contemplativo e ao mesmo tempo apostólico, expresso na fórmula tomista *contemplari et contemplata aliis tradere* ou na das primeiras constituições de 1220 *loqui cum Deo vel de Deo in animarum fructum.* O caráter original dessa espiritualidade foi confirmado e desenvolvido pela influência de Santo → TOMÁS DE AQUINO († 1274), dominante na vida da Ordem, o qual realiza admiravelmente a união do pensamento especulativo mais claro com a piedade mais ardente. O seu gênio não esteve ausente de nenhuma das questões até então agitadas; portanto, nenhuma maravilha que tenha tratado, de acordo com suas qualidades e seu caráter, da vida mística, da contemplação e da vida espiritual em geral, de que muito se havia escrito no século XII. Santo Tomás, com efeito, deixou uma síntese completa da doutrina espiritual, dispersa de modo diversificado em suas obras, da *Suma* aos opúsculos que referem a controvérsia sobre a vida religiosa com Guilherme de Saint-Amour, a qual, por sua objetividade, é precioso patrimônio comum a toda escola.

No desenvolvimento ulterior da espiritualidade dominicana é preciso lembrar os espanhóis São Vicente Ferrer († 1419) e o cardeal Juan de Torquemada († 1468). Mas é particularmente na Itália e na Alemanha que floresce essa escola. Na Itália os autores dominicanos medievais, como Domenico → CAVALCA († 1342), João Dominici († 1419), Santo Antonio († 1459), Jerônimo → SAVONAROLA († 1498), propõem uma doutrina de caráter prático e ascético. Já os dominicanos renanos do século XIV, como → ECKHART († 1327), → TAULERO († 1361) e → SUSO († 1366), apresentam uma doutrina eminentemente mística e especulativa.

c) *A mística renana.* Os místicos alemães se põem no limiar da alma para investigar seu "fundo", seu "centro" (Grund, Gemüt) em que Deus está presente uno e trino; ou seja, eles pretendem descrever as etapas da oração contemplativa, da experiência mística; determinar a natureza e a vida íntima de Deus nas suas relações de presença na alma em graça. Com base nessa exigência elaboram uma sua teoria da estrutura da alma, enfocando assim a oração contemplativa num intimismo que ainda conserva o primitivo frescor (místico da introversão) e que é sua principal característica.

Embora eles em parte se desvencilhem da escolástica, aceitam muitas doutrinas albertinas e tomistas e, sobretudo, conservam muitos dados neoplatônicos, plasmando-os e fundindo-os na própria teologia. Eles se diferenciam, portanto, por seus procedimentos lógicos e metafísicos, mais que por experiência pessoal: mística apriorística, em última análise, mas nem por isso menos luminosa e menos rica, como demonstra sua persistente influência até nossos dias.

Em torno dos três grandes místicos renanos supracitados reúnem-se outras personalidades que ficam mais na sombra, membros do movimento místico dos Amigos de Deus ("Gottesfreunde"), ligados à tentativa de reformar a vida religiosa do século XIV, fortemente corrupta e desordenada. De um desses desconhecidos provém a joia literária do movimento, *Theologia germanica* (→ THEOLOGIA DEUTSCH), uma das mais felizes tentativas de tornar as doutrinas místicas acessíveis ao cristão comum.

d) *O franciscanismo*. A outra grande corrente espiritual da Segunda Idade Média é o franciscanismo, todo imbuído de amor terno e apaixonado por Cristo. São → FRANCISCO DE ASSIS († 1226) provocou no início do século XIII um forte desejo pela renovação da Igreja e da sociedade, mediante uma ação de caráter espiritual, servindo-se do amor e da pobreza como instrumentos principais. O ascetismo que às vezes antes tivera um caráter negativo transformou-se com São Francisco numa alegre superação do que se abandona, conseguindo assim conquistar as coisas sem ser conquistado por elas. Na realidade, a vida de Francisco foi toda ela um louvor ao Senhor, por meio de suas criaturas, que ele soube olhar com infinito amor. As criaturas não são mais simples símbolos, como para os vitorinos, mas realidades vivas, filhas de Deus. Francisco é um dos santos mais abertos às alegrias da vida: canta e exalta o sol, o ar, a água, a terra, os frutos e todas as criaturas como bons irmãos e boas irmãs, como transparência da glória e do amor de Deus. O amor de Francisco pela criação representou assim algo de realmente novo e o cristianismo se mostra com ele como perfeito júbilo, alegria até, e sobretudo, nas adversidades, na pobreza e na morte. Outra novidade de enorme importância social e espiritual foi a instituição da Ordem Terceira. Com ela Francisco oferecia aos leigos um tipo de vida de oração, caridade e penitência que satisfazia o desejo de perfeição e de volta ao Evangelho difundido entre os que não podiam abandonar o mundo.

Para o ideal da → IMITAÇÃO DE CRISTO que a animava, nenhum movimento na história da piedade como a Ordem Terceira entusiasmou a massa dos leigos, que procuravam assim assimilar o mais possível a vida profana à vida religiosa.

A visão pessoal da vida e a singular experiência religiosa colhidas nos exemplos e nas admoestações de São Francisco foram uma fonte da qual brotou uma das mais ricas correntes espirituais da Igreja.

Por essa sua riqueza de conteúdo ideal, o franciscanismo foi não somente um fato religioso, mas um modo de vida, uma forma de cultura e de civilização, como se vê pela inspiração franciscana em grande parte da literatura, da pintura e da arte em geral dos séculos XIII-XIV. Os → FRANCISCANOS se tornaram, especialmente na Itália, a Ordem religiosa mais próxima do povo, cujos problemas sentiram e cujas angústias partilharam, defendendo-o contra a usura, protegendo-o contra as insídias de um mundo econômico que se fazia cada vez mais duro e implacável.

O doutor máximo da espiritualidade franciscana é São → BOAVENTURA DE BAGNOREGIO († 1274), em quem o misticismo se expressa, na linha da tradição agostiniana, como impulso do coração e intuição estática. A excepcional autoridade de São Boaventura fez atribuir a ele numerosos escritos espirituais, alguns dos quais, extraordinários em si mesmos (por exemplo, as conhecidíssimas *Meditationes vitae Christi*), exerceram sob seu nome uma considerável influência até nossos dias.

As figuras que, com São Boaventura, tiveram maior destaque como homens espirituais, como oradores e como reformadores sociais foram → JACOPONE DE TODI († 1306), o cantor típico da espiritualidade franciscana, São → BERNARDINO DE SENA († 1444), difusor da devoção ao nome de Jesus e agitador de multidões, e o beato Bernardino de Feltre († 1494), reformador dos costumes e fundador, contra a usura, das casas de penhores.

Um lugar à parte deve ser dado aos escritos do grupo dos "espirituais franciscanos", cujo exagero extremo é representado por Gerardo de Borgo San Donnino († 1254), por Ubertino de Casale († 1327) e por Angelo Clareno († 1377): escritos apaixonados de almas ardentes, tomados por visões escatológicas e por uma concepção demasiadamente estreita da pobreza evangélica, mas cheios de amor por Cristo.

A mística italiana é representada sobretudo por algumas mulheres, santas ilustres que referem as visões com que foram favorecidas ou os estados místicos pelos quais passaram: → ÂNGELA DA FOLIGNO († 1309), → CATARINA DE SENA († 1380), → CATARINA DE BOLONHA († 1463) e → CATARINA DE GÊNOVA († 1510).

e) *Ruusbroec e a Devotio moderna*. Mas uma das manifestações mais esplêndidas de toda a mística medieval foi a da escola flamenga dos séculos XIV e XV, cujo fundador e representante maior, João de → RUUSBROEC, sob a influência de Eckhart, desenvolveu uma doutrina particularmente profunda, sustentada por uma árida especulação metafísica, cuja ortodoxia, porém, foi contestada por João → GERSON († 1429), também ele teólogo e contemplativo, e defendida por outros místicos flamengos, como → DIONÍSIO, O CARTUXO († 1471) e o franciscano Henrique → HERP († 1477).

Do ambiente místico criado por Ruusbroec nasceu um notável movimento espiritual chamado → DEVOTIO MODERNA, que, tendo se desenvolvido durante o século XV predominantemente nos Países Baixos, uniu a Idade Média ao Renascimento: tributário da mística alemã e também da espiritualidade franciscana, exerceu uma influência variada, quer sobre as reformas monásticas da sua época, quer mais tarde sobre a ascese e a mística espanhola. Esse movimento, que teve como centro os irmãos da vida comum e os cônegos regulares de Windesheim, é caracterizado por um atenuado (talvez não querido) misticismo e por um sólido ascetismo, por um ardente ímpeto de amor e por uma aplicação atenta a organizar a → VIDA INTERIOR (método de oração, exame de consciência etc.), por um voluntarismo que acaba num repousante abandono em Deus. Segundo muitos, o fruto mais requintado da *Devotio moderna* seria o áureo opúsculo *De imitatione Christi*.

6. A ESPIRITUALIDADE DE SÉCULO XVI. Na piedade cristã, do século XV ao século XVI, especialmente com o surgimento e com a expansão do complexo fenômeno renascentista, realizou-se uma mudança notável em diversas manifestações suas, embora sem interromper o contato com a espiritualidade anterior. A espiritualidade medieval se transformou lentamente no decurso de um século, sob a ação de diversas vicissitudes históricas, em primeiro lugar o humanismo e o protestantismo. No humanismo deu-se uma concentração do interesse sobre o homem, sobre a vida civil e, como reflexo, uma atenuação daqueles grandes movimentos espirituais que explodiram nos tempos de São Francisco e de São Domingos, seguidos aos poucos de movimentos de brilhantes figuras religiosas. De uma concepção teocêntrica, transcendente e teológica passou-se gradualmente a uma concepção humanística, antropocêntrica, imanentista e, enfim, materialista. É evidente nos movimentos dos séculos XV e XVI um menor impulso do desejo espiritual da sociedade, e temos uma indicação disso nas próprias artes figurativas que se tornam mais terrenas e citadinas. Se antes a mais alta expressão arquitetônica se concentrava habitualmente nas catedrais, agora está mais voltada para o palácio renascentista. Novas ideias e novas exigências acabaram por dar rosto a uma nova espiritualidade, chamada de "moderna", e por imprimir um vigoroso dinamismo à vida espiritual, agora mais orientada para a ação do que no período anterior, devido a novas instituições religiosas de caráter decididamente apostólico, como os jesuítas, os → MÍNIMOS, os → TEATINOS, os oratorianos e muitos outros.

A difundida e universal aspiração a uma vida cristã mais íntima e mais pessoal, se explicava em grande parte o sucesso de Lutero, dos → "ILUMINADOS" e do movimento bíblico e erasmiano, favoreceu igualmente o surgimento de uma mística ortodoxa, na qual perdurava a influência dos prestigiosos mestres da Idade Média. De outra parte, a reação contra o paganismo do Renascimento e os erros dos protestantes, realizada pelas novas e antigas Ordens religiosas, imprimiu aos escritores católicos de espiritualidade um caráter particular que deu à vida espiritual um sentido de luta e de combatividade. Se as Ordens mendicantes realizaram já no século XIII uma profunda mudança na concepção da vida religiosa em relação sobretudo ao monasticismo beneditino, um ulterior passo para uma mais decidida atividade apostólica, livre de qualquer vínculo coral e contemplativo de origem monástica, foi dado no século XVI pelas novas Congregações. Elas não conhecem limites na forma de seu apostolado, que se estendia da pregação ao cuidado dos enfermos, do ministério paroquial à atividade nas missões e no ensino.

Com o lançamento numa atividade absorvente que concede pouco tempo aos → EXERCÍCIOS ESPIRITUAIS, surgiu a necessidade de propor e de usar um método que permitisse o desenvolvimento de uma intensa vida de oração entre as múltiplas e distrativas ocupações do dia. Ao lado da oração afetiva que dominou na Idade Média e que era ainda cultivada, simplificada e aperfeiçoada, surgiu assim uma nova forma de oração, ordenada à vida apostólica, que será chamada de oração prática. Na ausência de longas horas dedicadas à oração e à recitação coral, realizou-se então, mais que nunca, o esforço para transformar o trabalho externo em oração e para dar a ela — que se tornara em geral um exercício particular — uma forma sistemática e metódica.

No âmbito do movimento da *Devotio moderna*, para não falar de São Boaventura e dos certosinos do século XII, já se teve mais que uma tentativa de organização prática da oração mental. Foi até por meio da divulgação dessas práticas que se renovaram diversas Congregações monásticas, depois dos tristes acontecimentos do século XIV.

Do século XIII ao século XVI, a noção e o método ficam mais precisos. Mas foi no século XVI que o método se fixou completamente, e ao mesmo tempo tomou na piedade cristã o lugar preponderante que a seguir se manteve. Deveu-se isso principalmente a Santo → INÁCIO DE LOYOLA (1492-1556), e seus filhos foram os grandes propagadores do método. A influência deles foi tanta que deixou seu sinal em toda a piedade moderna. O surgimento e difusão da meditação, concebida como um exercício especial e regulamentado, foi um acontecimento tal que alguns autores veem neles, não sem exagero, uma revolução da piedade, o segredo mesmo da piedade moderna.

A espiritualidade inaciana floriu num ambiente de polêmicas e de lutas, em que se entrelaçavam e se batiam no setor, por assim dizer, externo da cultura e da religião, três complexos movimentos: o humanismo, o protestantismo e a reforma católica. O → HUMANISMO foi, sob muitos aspectos na Itália e na Alemanha e apenas em alguns aspectos na França, um movimento iluminista e irreligioso, mais nocivo que útil à Igreja. Num só país, na Espanha, o humanismo demonstrou a sua capacidade de se pôr, sem reservas e em grande estilo, a serviço da verdadeira religião. O humanismo encontrou lá uma situação intelectual que ficou imune a qualquer desagregação eclesiástica e religiosa. Igreja e piedade, por causa da luta secular contra os mouros, tinham se mantido intactas como na Idade Média.

Quanto à piedade, devem-se distinguir dois aspectos diferentes que ela assumiu naquele período: o aspecto místico e o aspecto ativista. Toda a piedade oscila entre esses dois polos: o ativismo e a mística. Somente quando, escreve J. Lortz, esses dois elementos em perfeita harmonia guiam um movimento, ele é sadio e pode ter efeitos dignos de destaque. Nesse período a Espanha oferece a demonstração do seu pleno esplendor, porquanto dá à renovação da Igreja o concurso determinante de ambas as formas: Santo Inácio e os seus → JESUÍTAS, expressão da piedade e da oração ativa, até ativista; Santa → TERESA DE JESUS († 1582) e o seu Carmelo, com o qual se toca o vértice da mística cristã.

a) *A espiritualidade inaciana*. A espiritualidade inaciana, embora seguindo substancialmente a linha tradicional, inseriu-se num quadro novo de vida religiosa, que lhe conferiu sobretudo dois caracteres distintivos: uma intenção prática, ativa e uma organização metódica.

Consagrando a sua Ordem ao serviço da Igreja, mediante uma atividade intensa e variada, e desejando uma Regra que pudesse se aplicar sem contínuas dispensas, Santo Inácio chegou a suprimir, apesar de suas vivas preferências pelas cerimônias litúrgicas, a maior parte das práticas da vida comum, consideradas anteriormente como elementos constitutivos da vida religiosa: ofício coral, austeridades físicas de Regra, de hábito religioso. Pelo contrário, não cessou de insistir para que os superiores desenvolvessem em seus religiosos o espírito de oração. Sem impor longas orações (reduziu a oração mental a uma meia hora), exigia uma oração contínua: encontrar Deus em tudo, aproveitar de tudo para subir até Deus.

O importante na oração concebida por Santo Inácio não era o aspecto material do tempo, mas o espírito; criar um contato com Deus, encher de Deus as potências e os sentimentos. Para criar esse clima, exigia como condição essencial para uma vida da oração uma renúncia total aos afetos, ou seja, a mortificação do coração. O espírito de oração pode ser criado e alimentado somente mediante a renúncia ou a mortificação.

Santo Inácio não foi um inovador: repetia uma instrução dada por todos os ascetas. A novidade estava na função específica dessa mortificação, a qual devia criar no coração do apóstolo aquela clausura interna que, na oração monástica, era produzida pelo isolamento externo. Quando se pratica a oração numa vida agitada e dinâmica, é ainda mais necessário criar esse vazio psicológico do coração e mortificar os afetos desordenados que impedem o exercício da caridade. Assim, o apostolado, mesmo o mais absorvente, ao invés de ser causa de distrações, transforma-se em autêntica oração. E, para que a vida interior não se desgaste no contato com atividades que muitas vezes dispersam, é necessário dar uma regra, um método para o tempo consagrado exclusivamente à oração propriamente dita. Certo procedimento metódico, especialmente no início da vida espiritual, é uma necessidade psicológica. Por isso, Inácio de Loyola e, depois dele, os grandes autores da Companhia de Jesus — → RODRÍGUEZ († 1616), São → BELARMINO († 1621), Segneri

(† 1694), Grou († 1803) etc. — ensinaram um método preciso de recolhimento, segundo o qual o esforço da vontade ocupa, no plano divino da nossa santificação, um lugar preponderante. Embora insista para que a alma se abandone aos impulsos e às → INSPIRAÇÕES DIVINAS, Inácio a estimula a pôr em ação, para se elevar a Deus, todos os meios de que a natureza a dotou, imaginação, sensibilidade e raciocínio, indicando o modo de tirar das faculdades humanas o máximo proveito. Depois de Santo Inácio, os jesuítas dos séculos XVII e XVIII aprimorarão o método, esperando precisar e multiplicar os atos que devem se suceder numa oração perfeita, e esse movimento de análise se desenvolverá até quase o final do século XIX, com prejuízo, às vezes, do recolhimento e da verdadeira piedade. Além disso, o caráter predominantemente ascético da doutrina inaciana pareceu acentuar cada vez mais, do século XVII a todo o século XIX, a tendência a dar como finalidade imediata e essencial à meditação uma resolução prática, a reforma dos costumes, deixando em segunda linha a união com Deus, a qual será, ao contrário, o fim imediato das correntes espirituais medievais (beneditina, dominicana, franciscana etc.), que continuam a florescer e a exercer uma ampla influência.

b) *A mística teresiana.* A escola carmelita, que, embora aprofundando suas raízes no século XIII, somente agora se impõe mediante a prestigiosa autoridade de Teresa de Ávila e de → JOÃO DA CRUZ († 1591), é sobretudo uma escola de recolhimento e de união com Deus.

Na subida para Deus ela dá à oração o devido valor, mas suas aspirações a levam à contemplação, cujos princípios São João da Cruz ensinou e cujas sublimes ascensões Santa Teresa descreveu de modo inimitável. Suas obras adquirirão logo tal autoridade que faz delas até hoje mestres oficiais da ciência mística, deixando na sombra toda a literatura dos séculos anteriores. Unidas, as obras dos dois santos constituem um ensinamento particularmente rico em torno do desenvolvimento completo da vida espiritual, inclusive também as experiências místicas mais elevadas. As análises e as descrições psicológicas de Teresa são reconhecidas universalmente como de primeira ordem; não menos preciosas são as de João da Cruz, acompanhadas por uma interpretação teológica que as eleva à perfeição de uma verdadeira organização científica. Nas obras dos dois santos as vias da intimidade com Deus são indicadas e expostas com grande clareza e segurança.

A clareza provém da união entre a descrição psicológica e a interpretação teológica. A vida de intimidade com Deus é também uma experiência e é uma experiência que, pelo menos nas suas formas mais intensas, não é comum a todos e é necessariamente nova para a alma nela introduzida. As cuidadosas descrições dos santos do Carmelo fazem conhecer com precisão os fenômenos experimentados pelas almas que caminham nas vias de Deus, põem com mais clareza diante do teólogo o problema que ele é chamado a resolver com a sua interpretação, permitem identificar com maior facilidade nas almas os estados psicológicos que derivam do progresso espiritual.

A especial segurança da doutrina dos santos fundamenta-se, como observa padre → GABRIEL DE SANTA MARIA MADALENA, num duplo motivo: as exigências de seu ascetismo e a sua crítica severa às mesmas graças místicas. No *Caminho de perfeição*, Teresa não quer ensinar às suas filhas as vias da oração antes de ter estabelecido o sólido fundamento das virtudes perfeitas; e no *Castelo interior* as graças contemplativas de que goza a alma nas varias Mansões se desenvolvem constantemente no pano de fundo de uma vida cada vez mais generosa. Não menos exigente é João da Cruz.

Nem todas as graças místicas são postas no mesmo plano: a contemplação propriamente dita é cuidadosamente diferenciada das graças de importância secundária, chamadas visões, revelações, locuções etc. (→ COMUNICAÇÕES MÍSTICAS) e dos fenômenos puramente acessórios que acompanham o desenvolvimento da contemplação na alma, como são os → ÊXTASES, os → ESTIGMAS etc. A atitude indicada à alma é totalmente diferente segundo as graças das quais se trata. Diante de todas as graças extraordinárias, a atitude é nitidamente negativa: é preciso renunciar a elas, evitá-las, não fazer caso delas; a mesma → CONTEMPLAÇÃO é, porém, o verdadeiro tesouro da alma com que se adentra a intimidade divina e se encaminha para a união. Somente a contemplação, que consiste essencialmente num exercício intenso das virtudes teologais, acompanhadas pelos → DONS DO ESPÍRITO SANTO, é considerada segura; e ela é totalmente diferente de um gozo contínuo, porque os períodos em que exerce a sua função purificadora são dolorosíssimos; finalmente, porém, estabelece a alma na parte serena em que, submetida plenamente à moção divina, consuma-se toda na amorosa glorificação do Senhor. Teresa de Jesus e João da Cruz traçaram com mão direita as linhas fundamentais da vida mística que os teólogos posteriores não fizeram senão enriquecer com suas explicações. Os numerosos escritos que a seguir provieram dos carmelitas, como → JOÃO DE JESUS MARIA († 1615), → TOMÁS DE JESUS († 1627), → FILIPE DA SANTÍSSIMA TRINDADE († 1671), Baldassarre de Santa Caterina († 1673), → JOSÉ DO ESPÍRITO SANTO († 1730) etc., associam a teologia tomista às perspicazes investigações psicológicas e místicas dos dois insignes reformadores.

c) *A espiritualidade italiana*. Bem diferente foi a mística italiana, pouco especulativa, orientada para a ação e sobretudo para a reforma da Igreja, segundo o grande exemplo deixado como herança por Santa Catarina de Sena e que muitas religiosas daquele tempo, como Santa → CATARINA DE RICCI († 1590) e Santa → MARIA MADALENA DE PAZZI († 1607), se esforçaram por imitar. É uma doutrina serena, mas muito difícil e exigente no plano ascético. O mais típico representante foi São Filipe Neri († 1595), fundador do Oratório.

A literatura espiritual italiana se expressou de uma forma moralizante em alguns autores (muitas vezes menores) e com orientação decididamente estática em outros (habitualmente nos maiores), cujas obras são constituídas por relatórios de revelações e de êxtases. A grandeza da espiritualidade italiana, especialmente do século XVI, encarnada por uma brilhante plêiade de santos, como Gaetano de Thiene, Jerônimo Emiliani, Antonio Maria Zacaria, Carlos Borromeu, Camilo de Lellis e muitos outros, é feita mais de exemplo que de obras literárias, é mais vida vivida que doutrina escrita.

O século XVII italiano não teve, porém, figuras de primeiríssima ordem nem grandes fundadores nem as grandes místicas experimentais do século XVI. A sua religiosidade não se encarnou em nenhuma gigantesca figura de primeiro plano; influenciou, todavia, uma multidão de mestres espirituais dignos de consideração. Como símbolo do "barroco", é o século dos êxtases, não só religiosos, mas estéticos, artísticos e culturais. Por toda parte constatamos tentativas de tornar evanescente e espiritual tudo o que é corpóreo e sensível. Em contraste com a tendência mística, encontramos a atitude marcada pelo → EXAME DE CONSCIÊNCIA, pela consideração das misérias humanas, pelo estudo da própria alma.

Outro elemento de grande importância na vida espiritual foi a ampla propaganda da oração mental metódica. A meditação discursiva se apresentou, todavia, pobre de sólida teologia; foi até fantasiosa, analítica e moralizante. A difusão da oração mental e a multiplicação das → DEVOÇÕES foram dois fenômenos que correspondiam às exigências do incipiente espírito moderno, propenso à introspecção e ao procedimento metódico. Mas o triunfo da meditação e das devoções aconteceu com prejuízo do autêntico espírito litúrgico. Desde o século XV assistimos a uma gradual separação entre a liturgia e a piedade popular. A liturgia ia se tornando formalista e vazia de espírito, ao passo que a piedade popular se refugiava às vezes em práticas devotas sem base doutrinal.

A fé e a piedade foram alimentadas nesses dois séculos pelas missões ao povo, pelos retiros fechados, pelas várias congregações espirituais, verdadeiros cenáculos de intensa religiosidade, pela → DIREÇÃO ESPIRITUAL praticada em larga escala e por um sustentado compromisso com o ensino da doutrina cristã. Para realçar o tom geral da vida religiosa não foi pouca a contribuição da melhor formação do clero nos seminários e da mais assídua frequência do povo aos sacramentos, até o momento em que o → JANSENISMO começou a se difundir na península.

A espiritualidade italiana desses séculos encontrou, pois, a sua máxima expressão na vida religiosa, ao passo que teve relativa importância na literatura espiritual, a qual não produziu nem obras clássicas de permanente valor histórico nem escolas de sucessiva influência universal e duradoura. Temos de ir ao coração do século XVIII para encontrar figuras de grande prestígio e de indubitável valor doutrinal, como → SCARAMELLI († 1752), → PAULO DA CRUZ († 1775) e → AFONSO DE LIGÓRIO († 1787).

7. O SÉCULO XVII. a) *São Francisco de Sales*. Se a espiritualidade italiana do século XVI faz má figura, no plano da doutrina, se comparada à espanhola, a espiritualidade francesa e das outras nações ficam num plano secundário e de pouco destaque. É preciso chegar ao fim do século XVI, ou seja, a São → FRANCISCO DE SALES († 1622), para encontrar nos ambientes de língua francesa homens que se impõem por vigor de mente e santidade de vida. São Francisco de Sales se alinha com Santa Teresa, São João da Cruz e Santo Inácio como um dos fundadores da ascese e da mística moderna.

Ele soube tornar amável a piedade sem lhe tirar nada da sua austeridade. Com a sua doçura e com a preocupação de fazer de todo exercício de ascese um testemunho de amor, faz eco a Santo Agostinho, mostrando-se, porém, como ele, inflexível a respeito do despojamento da própria vontade. A ascese e a espiritualidade salesiana se colorem de otimismo e de alegria e se adaptam à situação vital de cada um. Reconhecendo claramente que a perfeição do amor é possível em qualquer estado de vida, Francisco se opôs à fuga do mundo (→ FUGA MUNDI) e afirmou com vigor a vocação de todos à santidade, prestando um grande serviço à espiritualidade leiga.

Especialmente na sua *Filotea*, o santo está todo voltado a demonstrar como a santidade é perfeitamente conciliável com toda sorte de ofício ou de condição da vida civil e como em meio ao mundo cada qual pode se comportar de modo condizente com a salvação da alma, desde que se mantenha imune do espírito mundano. Ninguém se exclui da verdadeira vida devota: o soldado, o artesão, os príncipes, os casados etc. Trata-se apenas de harmonizar vida interior e vida exterior, que começavam a se separar e a se opor. É preciso não esquecer que o santo combatia também contra outro erro, contra a exagerada avaliação do extraordinário, a que opunha suas "pequenas virtudes". A influência que São Francisco de Sales exerceu durante a sua vida não fez mais que aumentar durante os séculos seguintes, servindo de válido contrapeso às doutrinas protestantes, jansenistas e naturalistas, tão diametralmente opostas ao seu espírito. E teria sido certamente maior, especialmente nas classes cultas e no clero, se não houvesse a infiltração por toda parte do frio e rígido jansenismo, que se propunha anular com o rigor a "doçura" do santo bispo de Genebra, que teria se afastado, segundo eles, da verdadeira piedade da Igreja primitiva.

b) *A "escola" francesa*. Os movimentos espirituais que, entre os rigores dos jansenistas e as exagerações dos quietistas, se desenvolveram na França no século XVII formam um complexo variado e original: escola dos jesuítas franceses sob o padre → LALLEMANT († 1635), escola do Oratório sob o cardeal de → BÉRULLE († 1629), escola sulpiciana sob J. J. → OLIER († 1657). A índole dessas correntes foi mais ascética que mística, embora tenha se tratado de um ascetismo mais elevado, apanágio de espíritos eleitos, que está entre a simples ascese e a mística pura. Embora mais que em outras nações tenha sido evidente a tendência especulativa e teológica, todos os grandes autores dessa escola demonstram um profundo e íntimo conhecimento do coração humano.

Não menos afetiva que muitas outras, a espiritualidade francesa do século XVII desenvolveu difusamente temas referentes ao amor divino; temas preferidos, numa forma ou noutra, por quase todos os seus escritores e infelizmente nem sempre segundo uma segura e sadia doutrina. Com efeito, foram as disquisições e as polêmicas sobre o amor puro que prepararam o caminho ao → QUIETISMO.

Entre os princípios doutrinais que constituíram as constantes fundamentais dessa espiritualidade devem ser lembrados: o "mistério de Cristo", o valor e a prática da virtude da religião, a doutrina sobre o sacerdócio, o culto à humanidade de Cristo e aos corações de Jesus e de Maria.

c) *A espiritualidade nos países protestantes*. A Alemanha protestante teve nesse período um dos grandes da mística cristã em Jakob → BÖHME († 1624), o qual deixou sua marca na filosofia alemã e ao mesmo tempo na história da espiritualidade ocidental. O horizonte da visão de Böhme inclui ao mesmo tempo o homem e o universo, a natureza de Deus e a da alma. Nele encontramos ainda a velha doutrina do nascimento divino no fundo do espírito ("Gottesgeburt"), tão cara aos místicos renanos do século XIV.

No século XVII, também a Inglaterra protestante teve os seus espirituais. O misticismo brotou e se difundiu sob diversos disfarces e influenciou variadas formas de vida. Com Jorge Fox († 1690), fundador dos quacres, temos um "ativo" de primeira ordem, realmente independente das linhas tradicionais. O próprio movimento a que deu origem foi uma explosão de genuíno misticismo, comparável sob certos aspectos ao movimento renano dos Amigos de Deus, acima lembrado.

8. O ILUMINISMO. Seguindo o desenvolvimento histórico da espiritualidade ocidental, chegamos à metade do século XVIII e assistimos a um perigoso declínio, quase uma ruptura, que se resolveu lentamente somente na segunda metade do século seguinte. Nos séculos XVIII e XIX alastraram-se por toda parte, nas nações europeias, o Iluminismo, o racionalismo e o materialismo, como negações do sobrenatural e dos valores do espírito.

Duas foram sobretudo as consequências do Iluminismo sobre a espiritualidade: a secularização ou laicização da vida e a descristianização da sociedade. O Iluminismo rompeu com a concepção tradicional da vida, aberta e projetada para valores sobrenaturais e transcendentes, interpretando tudo (direito e moral, Estado e sociedade, economia e política, religião e cultura) numa perspectiva decididamente naturalista e racionalista. Essa visão da vida levou gradual e consequentemente à laicização da sociedade, penetrando no coração mesmo das massas, que foram se descristianizando cada vez mais. Do laicismo, mais ou menos inócuo, passou-se insensivelmente ao desprezo e ao abandono da prática religiosa, como indigna de gente "nova" e "iluminada". A fé, a humildade, a caridade, a obediência, cristãmente sobrenaturais foram substituídas pela razão, pela filantropia, pela autonomia pessoal que, segundo os iluministas, levam ao máximo as forças vitais da natureza, freadas pelo tradicional e estático dogmatismo da Igreja.

9. O RENASCIMENTO ESPIRITUAL DO SÉCULO XIX. A vida religiosa, sob a influência do Iluminismo, passou por um evidente torpor. Foi se refazendo lentamente ao longo de todo o século, sustentada por grandes espíritos, como → ROSMINI, Manzoni, → NEWMAN, dom Bosco e muitos outros. Refloresceu a literatura ascética, à qual se juntou no final do século XIX (→ TERESINHA DO MENINO JESUS) e início do século XX (→ ISABEL DA TRINDADE, C. Marmion), o renascimento da literatura mística, da qual somos ainda testemunhas.

Os protagonistas desse renascimento se inspiraram antes quase exclusivamente nos grandes autores do século XVI. Depois, em continuação ao florescimento da filosofia tomista, reportaram-se a Santo Tomás e descobriram a tradição medieval e monástica.

Sobretudo no último século foram reimpressos e traduzidos os místicos antigos, especialmente da patrística grega, mas também da Igreja ortodoxa, a qual, depois da separação da Igreja-mãe, foi cada vez mais se exaurindo, juntamente com os protestantes. A Bíblia, enfim, voltou a ser a fonte direta da piedade e a fonte da vida espiritual, que veio a assumir em nossos dias um conteúdo teológico e litúrgico, raramente verificáveis nos séculos passados.

10. CORRENTES ESPIRITUAIS CONTEMPORÂNEAS. São formadas predominantemente por movimentos de caráter místico-contemplativo, cristocêntrico-eclesial, bíblico-litúrgico e de abertura aos valores terrenos.

a) *Movimento místico*. O movimento místico começou no início do século XX, principalmente na França e quase contemporaneamente na Espanha. Foi mérito sobretudo de dois estudiosos, A. Saudreau e P. Poulain. Suas obras, que tiveram grande sucesso, marcaram o início de vivas discussões sobre a natureza da vida mística e sobre o chamado de todos à contemplação, nas quais intervieram teólogos de grande nome, como → ARINTERO, → GARRIGOU-LAGRANGE, Gabriele di Santa Maria Maddalena, e também filósofos, como Farges e Maritain, os quais do estudo da mística em geral passaram depois a pesquisas de caráter especulativo e histórico sobre as relações entre mística cristã e não cristã. Nesse último tipo de pesquisa distinguiram-se particularmente Maritain, Maréchal, Otto, Kraemer, Dumoulin, Gardet, Massignon, Zaehner, Lacombe, Anawati, Mircea Eliade, E. Zolla.

Juntamente com o estudo da mística, a atenção dos teólogos se dirigiu, entre as duas guerras mundiais, para outro problema: para a natureza e consequentemente, para o método da própria → TEOLOGIA ESPIRITUAL, considerada disciplina teológica. O fervor das discussões teológicas levou os estudiosos a refletir sobre o próprio procedimento de suas pesquisas, o que suscitou um número considerável de estudos sobre o caráter específico da teologia espiritual. Também aqui as discussões começaram na França, mas depois se espalharam pela Áustria e finalmente pela Itália (→ STOLZ, → MAGER, Gabriele di Santa Maria Maddalena, Colosio, Deman, Penido, Lemonnyer etc.).

b) *Cristocentrismo e eclesiologia*. A orientação cristocêntrica e eclesial sempre foi um elemento de fundo da espiritualidade cristã, mas nas últimas décadas teve uma particular acentuação, densa de conteúdo teológico e de sugestão mística. A centralidade do mistério de Cristo que se identifica com o mistério da história da → SALVAÇÃO e de que são aspectos a devoção à Eucaristia, a *via crucis* (→ CRUZ), a crescente atenção dada à missa e à sua participação etc. encontra sua explicação nas valiosas vidas de Cristo publicadas nos últimos tempos, nas obras de espirituais como → MARMION, Plus, Jurgensmeier e nos estudiosos da teologia do Corpo místico (Mersch, Journet, Tromp etc.) e de outros movimentos (→ RAHNER, Congar, Schillebeeckx, De Lubac etc.), que estão na base das orientações promovidas e sancionadas pelo concílio Vaticano II. Esse grande Concílio, que apresenta uma reviravolta nas orientações teológicas contemporâneas, apresenta a Igreja como *sacramentum-mysterium*, como realidade complexa, visível, sensível, organizada, mas também interior, invisível, sagrada e mistérica, com subordinação do visível ao invisível, da organização à contemplação, do presente ao futuro. A forte acentuação posta no aspecto místico e sagrado — que não significa certamente desvalorização do elemento externo organizativo igualmente essencial — abre fecundas perspectivas à espiritualidade, a qual tende a se concentrar cada vez mais na caridade, nos sacramentos, a ser mais escatológica, mais ecumênica, mais dinâmica e mais apostólica, socialmente mais comprometida e responsável.

c) *Bíblia e liturgia*. O caráter cristocêntrico e eclesial da espiritualidade contemporânea é um dos frutos mais refinados do movimento bíblico e litúrgico, que teve início na Alemanha, entre as duas guerras, e se estendeu pouco a pouco para todo o mundo católico. A exegese do passado imediato, antes de 1940, estava dominada por problemas de crítica literária e de cronologia, e por preocupações arqueológicas e filológicas do texto. Hoje, porém, a preocupação principal é de fazer ressaltar as riquezas doutrinais e vitais contidas na Escritura (Huby, Paul de la Croix, Wikenhauser, Grossow, Barsotti etc.). Essa preocupação de fazer convergir o estudo da Bíblia numa espiritualidade, considerada a sua natural coroação e a quinta-essência da sua mensagem, reabilita a Escritura como forma de → LECTIO DIVINA, que estava no auge entre os monges da alta Idade Média (cf. os estudos de B. Calati e de J. Leclercq) e, portanto, como parte de vida espiritual e instrumento de salvação. No setor, não mais diretamente da vida, mas da doutrina espiritual, o movimento bíblico apresenta essas características fundamentais: preferência pelos valores da Escritura com relação imediata com os problemas ascético-místicos, e preocupação de fundamentar na Escritura as devoções e as estruturas da espiritualidade tradicional.

Paralelo ao movimento bíblico desenvolveu-se o litúrgico. Os primeiros esforços remontam ao século XIX. Dom Guéranger († 1875) já programava a liturgia, sobretudo como forma particular de espiritualidade e de oração. A mesma preocupação se observa na obra de D. L. Beaudiun, *La Piété de l'Église* (1914), com uma observação marcadamente pastoral. D. M. Festugière já tende a delinear nitidamente a liturgia como forma mais ou menos completa de vida espiritual. Esses esforços deram o primeiro impulso ao movimento litúrgico, que no período 1920-1947 teve uma notável fase de expansão e de crescimento, na qual sobressaíram o centro de Maria Laach com Herwegen e → CASEL, e um grupo de estudiosos alemães, tendo como chefe R. → GUARDINI († 1968). Nos últimos tempos, o movimento assumiu um caráter polêmico em torno da questão das relações entre oração litúrgica comunitária e oração privada, entre piedade litúrgica objetiva e piedade individual subjetiva. Como sempre acontece nas polêmicas, não faltaram excessos e desvios. Isso provocou a intervenção da Santa Sé com um documento solene, a *Mediator Dei* (1947), que foi um pôr em evidência os problemas de teologia, de pastoral, de espiritualidade implicados no movimento litúrgico, e marcou uma nova fase de aprofundamento. A partir do documento pontifício, o movimento litúrgico se desenvolveu sobretudo sob o aspecto pastoral, atraindo, ao mesmo tempo, a atenção dos estudiosos na elaboração dos grandes princípios teológicos e das sínteses integrais.

Contemporaneamente, aprofundaram-se as relações entre liturgia e espiritualidade, que tomaram forma em importantes estudos de espiritualidade litúrgica (Bouyer, Daniélou, Martimort, Vagaggini, Roquet, Brasò, Jungmann, Fisher, Barsotti, Neunheuser etc.). Portanto, o que desde o fim da Idade Média tinha gradualmente se separado e dissolvido tende agora a se recompor. Liturgia, teologia e espiritualidade estão retornando ao caminho de sua natural unidade.

d) *Retorno aos Padres*. Os movimentos bíblicos e litúrgicos levaram os estudiosos à descoberta do rico filão espiritual dos → PADRES DA IGREJA, completando assim o retorno às fontes da piedade cristã. O significado concreto desse retorno aos Padres baseia-se na consideração de que eles não são apenas testemunhas de um passado remoto, mas são sobretudo fonte de temas apropriados à mentalidade moderna, dado que neles se encontram um certo número de categorias, próprias do pensamento contemporâneo, que a teologia escolástica tinha perdido de vista. Uma dessas categorias é o conceito de história, tão em voga hoje, que constitui o núcleo dos sistemas teológicos de Ireneu, Orígenes,

Gregório Nisseno, para os quais o cristianismo, além de ser uma doutrina, é uma história, a história de uma "economia divina", segundo a qual Deus, tomando a humanidade em seu estado originário a eleva pouco a pouco com uma pedagogia plena de misericórdia até torná-la capaz de receber a encarnação do Verbo. Outra categoria que busca origem nessa renovação patrística é o aspecto coletivo da salvação. Para os Padres, especialmente para os gregos, a humanidade, em relação à história da salvação, é uma realidade compacta, cheia de vida e em si já salva. Essa perspectiva aproxima o pensamento cristão aos modernos, tão sensíveis ao aspecto social dos problemas. Enfim, outra categoria, a percepção da coexistência, segundo a qual as nossas existências se repercutem nas dos outros. É preciso também acrescentar que o modo de apresentar a mensagem revelada por parte dos Padres é bem mais rico, do ponto de vista religioso, do que o modo analítico e dialético da teologia posterior; a exposição do dogma, que neles se encontra na maior parte dos casos em comentários à Escritura ou a cerimônias litúrgicas, revela-se tanto como alimento vital quanto como tradução da espiritualidade. As pesquisas sistemáticas sobre a doutrina dos Padres, iniciadas e prosseguidas particularmente na França (de Lubac, Daniélou, → VON BALTHASAR, Bardy, de Ghellinck etc.), representam, portanto, outra orientação interessante da espiritualidade contemporânea, cujos frutos serão de incalculável valor, não apenas para o alimento das almas, mas também para o progresso da teologia espiritual.

e) *Encarnação e escatologismo*. Paralelamente ao "retorno às fontes", delineia-se no movimento teológico contemporâneo uma outra orientação complementar, que tem notáveis repercussões no campo da espiritualidade: é a chamada "abertura ao mundo moderno", definida como um esforço da teologia para estabelecer um contato com as preocupações e as correntes do pensamento hodierno. Esse esforço se traduz numa vontade decidida de presença e de aproximação e, portanto, de confronto entre o pensamento religioso e a nova mentalidade, entre o mundo cristão em geral e o mundo moderno, que constitui um dos motivos de maior atração para o catolicismo contemporâneo, não somente no campo teológico, mas também no pastoral. Nessa linha se inserem e se movem as principais correntes teológicas dos últimos anos — carismática, querigmática, pastoral, teologia nova, teologia existencial, teologia da história, teologia das realidades terrestres, do laicato — e dos movimentos pastorais surgidos no último século no seio da Igreja: movimento social, missionário, apostólico, ecumênico, fundação de novos Institutos seculares e, em geral, a preocupação da → ATUALIZAÇÃO (*AGGIORNAMENTO*) em todos os campos da vida eclesiástica. Todos esses movimentos obedecem substancialmente a uma "política de presença". Tradicionalmente a literatura espiritual manteve em relação ao mundo uma atitude negativa e de clara reserva, favorecendo assim a ideia — muito comum nos tempos passados e que perdura até nossos dias — de que para realizar uma profunda vida cristã é preciso abandonar o mundo com todas as suas preocupações profanas. Hoje, ao contrário, a espiritualidade se põe abertamente o problema de uma santidade no mundo, mediante as ocupações terrestres e profanas, em oposição à santidade fora do mundo, por meio das obras de culto e de piedade. Fala-se, por isso, de integração dos valores terrenos no ideal de santidade, de imersão na vida do mundo, no qual vão se descobrindo, em medida cada vez mais crescente, os genuínos valores intrínsecos da esfera terrena, sem negligenciar a relação dela com a obra da criação e da salvação. Essa tendência, que é uma das consequências do chamado "humanismo cristão" — tema tão debatido no último século (Berdjaev, Dawson, Charmot, Maritain, Masure, Mouroux, Russel, Moeller etc.) —, foi chamada de "encarnacionismo". Quer ressaltar o valor definitivo da ação cristã também no profano e no material. Muitas de suas instâncias se encontram no documento do concílio Vaticano II *Gaudium et spes*.

Ao encarnacionismo opõe-se o → ESCATOLOGISMO, ou espiritualidade de transcendência, que tende a ressaltar o "salto" entre a vida cristã atual e as últimas realidades, e a pôr o acento na cruz, no sacrifício, na vida monástica e em geral na ruptura com o mundo, considerado uma das fontes principais de sedução. Essas duas tendências opostas se equilibram, na melhor literatura corrente, numa superior síntese em que se encontram e se fundem encarnação e escatologia, imanência e transcendência, presença e fuga, perpetuando no tempo o mistério de Cristo, Verbo encarnado, homem-Deus. No plano da vida religiosa organizada encontramos uma concretização dessa nova espiritualidade nos

Institutos seculares, aprovados oficialmente pela Igreja, em 1947, os quais pretendem renovar os primeiros tempos cristãos, quando aqueles que se davam à perfeição evangélica viviam confusos entre os outros, em qualquer estrato social, levando o fermento de uma irresistível revolução espiritual. Essa nova forma de vida religiosa, que vai se difundindo dia a dia, revela talvez um dos caracteres de fundo da espiritualidade contemporânea, a qual tende a realizar no mundo uma presença e um testemunho, conciliando a sua sede de Absoluto (escatologismo) com todos os valores terrestres (encarnacionismo).

11. A ESPIRITUALIDADE DO FUTURO. As linhas de força da espiritualidade contemporânea são, pois: a) acentuado sentimento eclesial e comunitário e ânsia do Absoluto; b) retorno às fontes da vida cristã: Bíblia, liturgia e Padres; c) abertura e compromisso em relação à vida do mundo. Essas linhas de força tiveram no Concílio apoio e relançamento. O Concílio marca um ponto de partida e uma reviravolta em toda a vida da Igreja. Redescobrindo e relançando certos filões teológicos e espirituais que havia tempo já não alimentavam as almas (como o sentido da → PALAVRA DE DEUS, o sacerdócio universal dos batizados, a vocação de todos à santidade etc.), terá repercussões cada vez mais profundas e não facilmente previsíveis no desenvolvimento da espiritualidade futura. Estamos atravessando, sob todos os aspectos, um período de tensões e de dificuldades, como sempre aconteceu nas voltas da história. A tensão na espiritualidade dos nossos dias é particularmente aguda, como já insinuamos, nos dois componentes de fundo da mensagem cristã: presença ou fuga do mundo, com o consequente compromisso ou desempenho ascético; valor da pessoa e função da comunidade.

Essa tensão, que está na alma mesma do cristianismo, deveria se exprimir numa forma mais harmônica e pacífica num futuro mais ou menos próximo. Tendo presentes os dinamismos que operam na Igreja e a situação religiosa da sociedade civil, podem-se propor hipóteses e previsões. A vida espiritual do crente cristão será determinada obviamente de modo decisivo pelos impulsos que para tal fim receber da sua Igreja. A acentuada consistência litúrgica da Igreja porá em crise e levará à superação diversas devoções tradicionais que têm ainda hoje uma certa aceitação na piedade dos fiéis. A Igreja de amanhã estimulará e promoverá a vida interior dos crentes com menores obstáculos do que ontem. A espiritualidade do futuro estará mais fundamentada no dogma, na Bíblia, nos sacramentos; menos sentimental, menos moralizante, menos individualista; mais ativa, mais apostólica, mais otimista.

A espiritualidade do futuro estará condicionada também pela evolução da cidade terrena, a qual parece se orientar para uma completa secularização, para uma visão mais comunitária do viver social e para uma afirmação cada vez mais acentuada dos "comforts" econômicos que levará a um provável desempenho ascético.

A espiritualidade habitualmente adquire diante do mundo em seu momento histórico uma dupla atitude: uma de aceitação, assumindo o que percebe de válido nas instâncias temporais; uma de reação, rejeitando o que não deve ser assimilado pela alma cristã e ressaltando os empenhos que levam a uma superação, não excluída certa forma de exagero, inconscientemente polêmica.

Assim, exemplificando, é presumível que sob o impulso da → SECULARIZAÇÃO seja ressaltada, num próximo futuro, uma dupla tendência: uma em minoria, decididamente contemplativa, vertical; a outra horizontal, com um nítido predomínio, no setor da vida religiosa, dos Institutos seculares e com uma gradual deterioração das formas religiosas tradicionais, as quais serão apanágio de um restrito círculo de almas particulares. Certa separação do mundo, todavia, é e continuará sendo uma categoria irrenunciável da compreensão cristã da existência e da sua atuação. Essa forma de vida religiosa será provavelmente redimensionada no número, mas enriquecida no conteúdo. Os leigos em número cada vez maior serão certamente chamados à ribalta dos compromissos espirituais da cidade cristã, com a finalidade de animar e consagrar os diversos setores das atividades humanas (→ ANIMAÇÃO CRISTÃ DO MUNDO). Será essa talvez a lógica conclusão de uma dialética que está presente e em fermentação, como acenamos, dentro da espiritualidade contemporânea, em fase de clara tensão entre instâncias encarnacionistas e expectativas escatológicas. Num futuro mais distante é possível uma superior, serena e fecunda síntese dessa dialética imanente à própria mensagem cristã; por isso, a espiritualidade caminhará para um relativo equilíbrio de valores absolutos, quanto é possível nesta terra.

O vertiginoso e maravilhoso progresso tecnológico e a progressiva e espetacular conquista do espaço favorecerão e facilitarão a recuperação da ideia de Deus no coração do homem, e isso levará a um relançamento da espiritualidade contemplativa e a um difuso sentido místico da vida. Em meio a um mundo que concentrará em si a atenção e as forças dos cientistas, dos pensadores, dos técnicos e dos trabalhadores, não poderão faltar almas místicas, entregues completamente a Deus, como em todos os tempos da Igreja, necessárias ao mundo como a respiração à vida.

BIBLIOGRAFIA. 1) Geral: AUMANN, J. *Christian spirituality in the catholic tradition.* London, 1985; CAYRÉ, F. *Patrologie et histoire de la théologie.* Paris, 1950-1955; *Dictionnaire de spiritualité ascétique et mystique, doctrine et histoire.* Paris, 1936 ss.; *Historia de la espiritualidad.* Barcelona, 1969, 4 vls.; *La spiritualità cristiana. Storia e testi.* Roma, 1982 ss.; *La spiritualité catholique.* Paris, 1953; MOLINER, I. Ma. *Historia de la espiritualidad.* Burgos, 1972; PORTALUPPI, A. *Dottrine spirituali.* Alba, 1943; POURRAT, P. *La spiritualité chrétienne.* Paris, 1921-1930; ROYO MÁRIN, A. *Los grandes maestros de la vida espiritual: historia de la espiritualidad cristiana.* Madrid, 1973; *Scuole cattoliche di spiritualità.* Milano, 1950; *Stoire de la spiritualité chrétienne.* Paris, 1961 ss.; *Storia della spiritualità.* Roma 1983 ss., 7 vls.; WALSH, J. *Spirituality through centuries.* London, 1964.
2) Especial: a) Patrística: BARDY, G. *La vie spirituelle d'après les Pères des trois premiers siècles.* Paris, 1935; CAYRÉ, F. *Spirituali e mistici dei primi tempi.* Catania, 1957; VILLER, M. *La spiritualité des premiers siècles chrétiens.* Paris, 1930. b) Medieval: ANCILLI, E. *Spiritualità medievale.* Roma, 1983; BREZZI, P. *Il cristianesimo medievale.* Milano, 1950; GÉNICOT, L. *La spiritualité médiévale.* Catania, 1958; VERNET, F. *La spiritualité médiévale.* Paris, 1929. c) Moderna: COGNET, L. *Storia della spiritualità moderna.* Catania, 1958; WEYERGANS, F. *Mistici del nostro tempo.* Catania, 1960. d) Contemporânea: GARCÍA, C. *Corrientes nuevos de teología espiritual.* Madrid, 1971 (com bibl.); PACHO, E. *Storia della spiritualità moderna.* Roma, 1984.

E. ANCILLI

ESPIRITUALISMO.

1. NOÇÃO. Por espiritualismo se entende a concepção do homem, característica do pensamento ocidental, a qual reconhece a este, como ser pensante e desejante, a independência e a autonomia com respeito à realidade sensível e material: o fundamento e a expressão da espiritualidade do homem são as atividades do pensamento que se realiza com as ciências e as artes e o compromisso da liberdade na consecução do bem. Consequentemente, também o ser próprio do homem não é representado tanto pelo corpo, sujeito às insídias dos elementos e à corrupção da morte, quanto pela subsistência da alma, que é incorruptível e imortal e passa com a morte à forma de vida que lhe convém de modo definitivo.

Há, pois, na posição do espiritualismo um tríplice elemento: metafísico, existencial e espiritual ou místico se assim quisermos. Reivindica antes de tudo que a alma, embora seja forma substancial única e adequada do corpo (Santo Tomás) é de natureza diferente do corpo e em certo sentido o "transcende": e é esse paradoxo que constitui o aspecto enigmático da natureza humana. Em segundo lugar, o homem se afirma não tanto por aquilo que ele é na origem como essência e natureza, mas segundo o que ele faz de si mesmo mediante a liberdade, ou seja, na existência. Em terceiro lugar, o significado e o valor dessa atuação da liberdade do homem devem ser julgados sobretudo em relação a seu elevar-se sobre a matéria e os interesses materiais para se unir com Deus como seu último fim. O espiritualismo, portanto, pode ter formas e graus múltiplos, de acordo com a diversidade em conceber esses aspectos ou várias dimensões do Espírito e em realizar as suas possibilidades de ação e de tendência para o último fim. Como o materialismo, que é o seu contrário, apresenta-se em formas múltiplas e até contrastantes (por exemplo, o empirismo teísta de Bacon e o ateu de Hobbes, Haeckel, Büchner, Feuerbach...), também o espiritualismo tem uma variedade ainda mais ampla de formas e de matizes: das mais moderadas, como a tomista, que afirmam uma relação positiva da alma com o corpo, às mais extremistas, de tipo platônico e idealista, que opõem uma absoluta incompatibilidade entre os dois princípios. É esse dualismo fundamental da estrutura do homem que alimenta as crises insolúveis da vida e da cultura ocidentais e mantém em tensão contínua a vida, tanto dos povos como dos indivíduos, ao passo que as civilizações da Ásia se estabeleceram em concepções da vida de fundo predominantemente monista-materialista (→ JAINISMO, → BUDISMO, xintoísmo...). O dualismo, que fundamenta o espiritualismo, reflete-se na concepção de todos os aspectos da vida, da arte à filosofia e à ética, e sobretudo no modo de conceber as relações com Deus e a união da alma com o sumo Bem.

2. LINHAS DE DESENVOLVIMENTO DO ESPÍRITO. a) *Filosofia grega*. Contra a tese tradicional, codificada pela fama de Zeller, segundo a qual o pensamento pré-socrático está envolto em reflexões imediatas naturalistas e fechado ou muito pouco comprometido com o problema psicológico e religioso, K. Joël afirmou categoricamente que o primeiro pensamento grego está todo impregnado do problema teológico: é a realidade da divindade que se encontra em primeiro plano, e era a partir da própria concepção da divindade ou do Primeiro princípio que os primeiros filósofos interpretavam a natureza.

Nessa concepção a alma representa evidentemente um momento decisivo: aqueles primeiros pensadores podem afirmar a animação e a vida de toda a natureza tanto quanto concebem claramente a "unidade" do todo, ou seja, que a natureza não está sem Deus e fora de Deus e que Deus não está fora da natureza, mas como princípio imanente da sua vida, do seu contínuo e incansável processo como um todo unitário (*als Ganze, als Einheit*). Nesses três elementos então, o mundo, a alma e Deus, é Deus o principal, o qual está no princípio do ser e da vida, e a realidade da natureza, como multiplicidade de seres contida num todo e multiplicidade de fenômenos unificada na vida universal, é algo condicionado e explicitado. A compreensão do divino se torna assim o pressuposto da compreensão da natureza: esses filósofos merecem justamente o cognome de θεολόγοι e não de φυσιολόγοι, e a tese de Zeller fica literalmente invertida. Justamente agora, observa Joël, a alma, a noção da vida e da animação universal constitui o intermediário teórico para a compreensão da unidade do mundo e da presença ou da imanência de Deus no cosmos: Deus, com efeito, tem a sua primeira e fundamental expressão na *anima mundi* e é como alma, como princípio de movimento, como razão que organiza do início ao fim e por um fim de processos do real, que se concebe e se expressa propriamente a natureza da divindade. Portanto, já nos albores da tradição histórica do pensamento grego é mediante o ingresso do homem no real, da alma no cosmos, e não ao contrário, que o real obtém uma sua explicação adequada e integral e se anuncia o espiritualismo em sentido próprio.

Consequentemente, o caráter próprio desse pensamento não é realmente o ilozoísmo ou o panteísmo, como se continua a dizer, mas, sim, a mística, o mundo que é abraçado e dirigido e tomado pela divindade e, portanto, se tem um mundo divino, um "panpsiquismo", que é panteísmo. Não se trata de modo algum, nessa centralidade que obtém a alma entre os filósofos pré-socráticos, do ingênuo "animismo" que a moderna etnologia encontrou junto aos povos chamados de primitivos ou selvagens, porque ficaram fora de uma civilização evoluída. Na realidade, já entre os filósofos jônicos, a começar por Tales, Anaxímenes e Anaximandro, as relações entre Deus, a alma e a natureza são concebidas com o rigor teórico da relação dos "muitos" ao "um", dos mutáveis ao imutável, das partes ao todo, como à realidade e ao fim supremo. E note-se, observa Joël, que essa é a única interpretação que assegura a "continuidade" do desenvolvimento no pensamento grego: os estoicos e antes os cínicos, como depois os neoplatônicos, quando põem no centro de seu pensamento a doutrina da *anima mundi*, reportam-se explicitamente aos pré-socráticos. O mesmo se diga da filosofia místico-naturalista do Renascimento, de Agrippa de Nettersheim a Paracelso, a Frank, a Weigel, até a Böhme, cujas especulações chegam a fermentar a especulação idealista de Schelling e de Hegel.

Com Platão, a alma preexiste ao corpo, ao qual se une e do qual tende a se separar para voltar a obter a própria vida, ao passo que para Aristóteles somente a parte superior da alma, ou seja, o νοῦς, é separável e imortal (*De anima*, III, 5, 430a 24). Enquanto o epicurismo e o estoicismo se voltavam para o materialismo, atribuindo à mesma divindade uma natureza corpórea, o neoplatonismo retomava o espiritualismo com uma tentativa de síntese das concepções de Platão e de Aristóteles, valendo-se do profundo moralismo e da complexa religiosidade do pensamento estoico.

b) *O espiritualismo bíblico-cristão*. O cristão tem na Escritura os fundamentos da concepção da natureza do homem e em particular da alma como espírito.

Origem. A alma é criada diretamente por Deus, diferentemente do corpo, que é, sim, formado, mas mediante uma matéria preexistente (Gn 2,7).

Natureza. A alma é de natureza diferente do corpo, é afim a Deus e é chamada também de "espírito" (*ruah*) como Deus e, comunicada ao corpo, o faz viver e operar: é graças à alma que o homem é feito à imagem de Deus e imortal.

Elevação. Deus tinha dotado o homem da justiça original e de particulares dons preternaturais (integridade, imortalidade) que ele perdeu com o pecado original, mas a graça lhe foi restituída com Cristo na forma de uma participação própria na divina natureza, num grau ainda mais alto do que antes. Daí o desenvolvimento que tiveram na teologia patrística e medieval as especulações sobre a natureza da graça, das virtudes teológicas e morais e de suas mútuas relações como dos estados superiores da contemplação e da vida mística: eles são oferecidos a toda alma que se esforça por viver em graça. É essa a concepção autêntica de um espiritualismo integral no qual, graças sobretudo à especulação tomista, encontram-se a afirmação da independência e responsabilidade da liberdade humana e o reconhecimento da necessidade da graça, como raiz última das virtudes infusas e princípio dos atos que levam à justificação e salvação (*STh*. I-II, qq. 109-114).

c) *O espiritualismo da idade moderna*. A filosofia moderna pôs em crise a concepção cristã da vida: o averroísmo e o naturalismo alexandrino do Renascimento voltaram, embora por caminhos diferentes, ao materialismo grego (Pomponazzi, Telesio, G. Bruno), apesar dos esforços de Ficino em consolidar o espiritualismo tradicional mediante a acentuação do platonismo e com insistentes recursos ao próprio Santo Tomás. Na filosofia moderna propriamente dita, a que se faz começar em Descartes, o problema da alma como espírito esvaece e dá lugar ao da "consciência", pondo-se em dependência dela. Não logo, porém, porque até se tem no primeiro período uma intensificação da concepção substancialista; e nunca totalmente, de modo a não se poder observar alguma sua sobrevivência mesmo nos períodos de maior furor fenomenista, idealista ou materialista. Bastam breves acenos às fases mais visíveis desse movimento.

O dualismo cartesiano de alma e corpo oferece o paradigma da dissolução do racionalismo moderno em empirismo e idealismo, conforme à consciência se dá por objeto o "conteúdo" da experiência imediata, ou o próprio "ato" de reflexão. É evidente que não só o empirismo cai no materialismo (Spinoza, Hobbes, Diderot, Lamettrie, D'Holbach, Helvetius), mas o próprio idealismo em todas as suas formas (Berkeley, Kant, Fichte, Schelling, Hegel, Schleiermacher) não consegue se mostrar como espiritualismo, mas pouco a pouco deve ceder à pressão materialista do "princípio da consciência". Com efeito, a concepção de todo o pensamento moderno é que a consciência não pode transcender a si mesma, ou seja, que ela fica limitada à esfera espaciotemporal (Schopenhauer, Nietzsche) e fechada, por isso, nos limites da temporalidade como é hoje o horizonte de toda a filosofia ateia contemporânea (marxismo, → EXISTENCIALISMO, empirismo lógico, estruturalismo).

3. ESPÍRITO CRISTÃO PURO E AUTÊNTICO. Com o termo equívoco de "espiritualismo cristão" costuma-se indicar no segundo pós-guerra, especialmente na França e na Itália, a orientação de alguns filósofos idealistas que passaram para o cristianismo, os quais queriam de vários modos conciliar o princípio moderno da imanência com a transcendência cristã. No plano objetivo — seja qual for a situação subjetiva que possa ser objeto de discussão — o equívoco compromete radicalmente o sentido e a validade do próprio espiritualismo cristão autêntico: se se faz derivar o início da consciência e da subjetividade de uma liberdade que é regra e princípio para si mesma, como quer o princípio de imanência, não é possível encontrar um princípio superior à consciência mesma. Portanto, deve-se dizer, com uma fórmula técnica: a qualidade do resultado não pode ser diferente do princípio e do método. M. Sciacca, o mais conhecido expoente do espiritualismo italiano, na sua procura de uma proposta especulativa plenamente correspondente às exigências espiritualistas, acolheu o idealismo transcendente, embora tendo se aproximado de Blondel. O próprio Blondel, que na *Action I*, de 1893, tinha tentado semelhante método não teve medo na idade adulta de o confessar e de se aproximar abertamente do espiritualismo Tomista, como testemunha a trilogia *L'être. La pensée. L'action II*. Não se vê, com efeito, como os defensores desse espiritualismo cristão, com fundamento no princípio de imanência, possam escapar às consequências do modernismo, denunciadas pela encíclica *Pascendi* (1907), de Pio X, como a negação do sobrenatural ou naturalismo, o agnosticismo e o próprio ateísmo.

O espiritualismo cristão autêntico, tanto do ponto de vista teórico como do moral, contrapõe-se ao mundo da Antiguidade oriental-helenística que estava sob o sinal do dualismo pessimista: eternidade do mundo, matéria increada, dualismo insuperável de bem e de mal, necessidade do fato, incerteza da imortalidade pessoal. O espiritualismo, como é afirmado pelo cristianismo, é, pois, antes de qualquer coisa, uma afirmação de realismo, no reconhecimento de que, no campo gnosiológico, a consciência humana depende da existência do mundo da experiência e, portanto, da fundação do conhecer sobre o ser. Consequentemente, o espiritualismo cristão deve ser o reconhecimento de uma dualidade do mundo e do homem, bem como da duplicidade do ser (finito-infinito), não estática, porém, como a greco-oriental, mas dinâmica, ou seja, fundada na verdade da criação do mundo e do homem por parte de Deus e, portanto, da distinção metafísica entre a criatura e o Criador e por isso também entre a consciência humana ou espírito finito e o Espírito infinito e absoluto. Enfim, o espiritualismo cristão afirma-se como personalismo, ou seja, concebe a liberdade humana, embora na sua total dependência de Deus — e precisamente sobre esse fundamento — como um princípio original de realidade e de causalidade, que é a que fundamenta a responsabilidade do bem e do mal moral na história, motivo pelo qual precisamente o homem se torna um agente responsável e por isso merecedor de prêmio ou de castigo.

Assim, têm destaque no cristianismo, para atuar o desenvolvimento espiritual do homem, não somente as leis e os preceitos propriamente ditos, mas também os "conselhos" de perfeição que guiam o homem às formas de superior vida espiritual até a santidade.

BIBLIOGRAFIA. Sobre o conceito de "espírito" e seu desenvolvimento na idade clássica e na Bíblia, cf. o tratamento magistral de KLEINKNECHT, H. – BAUMGÄRTEL, Fr. – BIEDER, W. – SJÖBERG, E. – SCHWEIZER, E. *Theologisches Wörter-buch zum Neuen Testament.* Stuttgart, 1959, 330-353 (πνεῦμα), vl. VI; Cf. ainda: AALL, A. *Geschichte der Logosidee.* Leipzig, 1896; BESCHIN, G. Lo spiritualismo francese contemporaneo. *Cultura e Scuola* 8 (1969) 92-107; FABRO, C. *L'anima. Introduzione al problema dell'uomo.* Roma, 1955; FESTUGIÈRE, A. J. *L'idéal religieux des Grecs et de l'Évangile.* Paris, ²1932; HEINZE, M. *Die Lehre vom Logos.* 1872, rist. Aalen, 1961; JOËL, K. *Der Ursprung der Naturphilosophie aus dem Geiste Mystik.* Jena, 1906, espec. 117 ss.; KRISTELLER, OP. *Il pensiero filosofico di Marsilio Ficino.* Firenze, 1953; ID. *Renaissance concepts of man and other essays.* New York, 1972; ROVIGHI, S. Vanni. *Storia della filosofia contemporanea.* Brescia, 1980, 175-268; SCIACCA, M. F. *Dialogo con M. Bondel.* Milano, 1962; Spiritualismo. In *Lessico della persona umana.* Roma, 1987; VERBEKE, G. *L'évolution de la doctrine du stoïcisme à s. Augustin.* Paris-Louvain, 1945; ZELLER, E. *Die Philosophie der Griechen in ihrer geschichtlichen Entwicklung.* Leipzig, ⁶1919, 53 ss., vl. I.

C. FABRO

ESPORTE (espiritualidade do). O esporte é um exercício físico que tende a cultivar a dignidade e a harmonia do corpo humano, a desenvolver sua saúde, seu vigor, sua agilidade, sua graça. O corpo humano é uma obra-prima de Deus na ordem da criação visível, destinada a florescer sobre a terra para se tornar imortal no céu, e o esforço de o manter sadio e aumentar seus recursos é em si mesmo honesto e louvável. O desenvolvimento e o domínio das energias contidas em nosso corpo põem em evidência a amplitude dos dotes atribuídos pelo Senhor ao homem e a coordenação das suas leis e dos seus dinamismos. Contribui também para tornar o corpo humano instrumento dócil e eficiente do espírito. Com efeito, embora fundamentado num esforço físico, o esporte tem sempre como fator determinante o espírito que anima toda atividade do homem. O esporte é uma atividade livre, responsável, moral, que pode contribuir para o aperfeiçoamento do homem e para o aumento da vida espiritual. Nas suas variadíssimas formas, praticado individualmente ou em associação com outros, o esporte jamais é um valor absoluto, indispensável à formação humana e cristã, e não deve ser elevado como finalidade suprema da vida; tem uma função instrumental no conjunto das atividades humanas e no quadro mais vasto das finalidades pretendidas pelo Criador. Praticado desde a Antiguidade, o esporte assumiu em nossa época proporções enormes, pelo número dos participantes e pelas multidões que por ele se interessam, até se tornar um fenômeno típico da sociedade moderna. Esse desenvolvimento é devido, pelo menos em parte, à valorização do seu conteúdo educativo e espiritual.

1. VALOR EDUCATIVO. O esporte hoje não é mais considerado unicamente uma distração, uma recreação, segundo o sentido original da palavra, mas uma forma de educação, um meio para formar o homem completo. O esforço voltado ao desenvolvimento das faculdades físicas está ordenado à formação do caráter, no domínio e no exercício harmônico de todas as próprias forças. Submetendo o corpo a uma disciplina rígida, habituando-o à fadiga, à resistência na dor, à temperança, o esporte é um remédio contra a tendência à moleza e à preguiça, apura os sentidos e confere acuidade ao intelecto, suscita a coragem e educa ao desprezo do perigo sem cometer imprudências e, desse modo, predispõe à grandeza moral. A competição leal e cavalheiresca põe acima da fraude e da vigarice mesquinha, dispõe à decisão, à tolerância e à convivência todas as virtudes naturais que servem de base para as elevações ascéticas e preparam para a manutenção dos deveres e das responsabilidades da vida familiar e social. Pio XII louva "um moderado exercício dos esportes, que, se bem entendidos, podem e devem ser valioso auxílio na formação completa do homem e do perfeito cristão, que pensa e age segundo a razão iluminada pela fé" (Carta à XXIII Semana Social do Canadá, 27 de julho de 1946: AAS 38 [1946] 380). A preparação paciente, minuciosa, perseverante, o exercício físico, dosado com método, a constância no esforço levam à reflexão, à racionalização do emprego das próprias energias, à perseverança nos empreendimentos, à tolerância nas dificuldades, que são as qualidades das personalidades fortes e o pressuposto para o sucesso de toda iniciativa, tanto no plano natural como no sobrenatural.

2. CONTEÚDO ESPIRITUAL. Todos os problemas e atividades humanas encontram nova luz e mais amplas perspectivas à luz da fé. A concepção cristã enobrece o esporte, pondo-o a serviço de um ideal superior, para conquistas definitivas no campo da perfeição pessoal. O convite de São Paulo a "fazer tudo para a glória de Deus" (1Cor 10,31) contém uma máxima ascética fundamental no cristianismo, válida também para o esporte, que aí encontra a norma para se inserir como elemento positivo no movimento de tendência e de aproximação ao último fim. O concílio Vaticano II considera o esporte como um dos "meios que pertencem ao patrimônio comum dos homens e que são particularmente adequados ao aperfeiçoamento moral e à formação humana" (*GE* 4). Contribui, com efeito, para o desenvolvimento da vida cristã de diferentes modos:

a) *Como símbolo e lembrete da luta espiritual*, incessante, que o cristão deve sustentar para o controle dos instintos e das tendências inferiores, para resistir aos estímulos e tentações que provêm de fora, do mundo e do demônio, e para empregar de modo sábio todos os próprios recursos físicos, morais e intelectuais a serviço do Senhor, em vista de um prêmio eterno. São Paulo usa imagens tiradas do esporte para enquadrar na realidade concreta a vida cristã, e das exigências atléticas tira as normas do → COMBATE ESPIRITUAL: "Não sabeis acaso que, no estádio, os corredores correm todos, mas um só recebe o prêmio? Correi, pois, de modo a levá-lo. Todos os atletas se impõem uma ascese rigorosa; eles, por uma coroa perecível, mas nós, por uma coroa imperecível. Eu, portanto, corro assim: não vou às cegas; e o pugilismo, pratico-o assim: não dou golpes no vazio. Mas trato duramente o meu corpo e o mantenho submisso, a fim de que não ocorra que depois de ter proclamado a mensagem aos outros, eu mesmo venha a ser eliminado" (1Cor 9,24-27). O pensamento paulino é retomado e explicado por Pio XII: "O esporte, quando entendido de modo cristão, é de per si uma eficaz escola para a grande prova que é a vida terrena, cujas metas são a perfeição da alma, o prêmio da bem-aventurança, a glória incorruptível dos santos. Dessa luta mais alta o esporte não é senão uma pálida imagem, mas com que diferença! Se somos livres para participar das provas esportivas, na luta espiritual é necessário que todos entrem e perseverem; se nas primeiras um só dentre muitos obtém a palma, na segunda a vitória é própria para coroar a todos e a cada um; mas, sobretudo, enquanto nas primeiras, se faltam as energias, nada resta senão nos retirar e nos declarar vencidos, na segunda está sempre pronta a erguer e a fortalecer as forças diminuídas a própria força de Deus, que quer todos os homens salvos e vencedores. Exortamo-vos portanto [...] a reservar a melhor parte da vossa ambição e das vossas energias para o combate do espírito, na firme confiança de chegar vitoriosos à palma, mediante a indômita vontade e com a graça e o exemplo do único vencedor do mundo, Jesus Cristo" (Discurso aos membros do Centro esportivo italiano, 9 de outubro de 1955: AAS 47 [1955] 732). O esporte lembra aos fiéis que a perfeição da vida cristã não é uma flor que cresce sozinha, mas a conquista de esforços coordenados e diuturnos, da disciplina e da coragem. Todo cristão verdadeiro é um atleta do espírito que combate pela verdade e pela virtude, em vista do prêmio eterno prometido à fidelidade no âmbito dos compromissos batismais: "Combati o bom combate, terminei a minha carreira, guardei a fé. Desde já me está reservada a coroa de justiça que o Senhor me dará em recompensa naquele dia, ele, o justo juiz; e não só a mim, mas a todos os que tiverem ansiado a sua manifestação" (2Tm 4,7-8).

b) *Como preparação e subsídio à vida de perfeição*. Com o seu conteúdo ético e agonístico o esporte se torna um elemento de equilíbrio interior, favorece o desenvolvimento harmônico de todas as energias, oferecendo ao cristão os instrumentos idôneos para o trabalho de santificação. Não é um meio adequado para aumentar diretamente a vida da graça, mas pode concorrer indiretamente para isso, educando o intelecto e a vontade e desenvolvendo as virtudes humanas que precedem o trabalho ascético. A lealdade, a docilidade às ordens de quem dirige a competição, a fidelidade aos compromissos, a coragem e a disciplina, a modéstia nos triunfos, a generosidade com quem perde, a serenidade no mau resultado são disposições adquiridas no exercício do esporte que servem e ajudam a um compromisso firme e tenaz na aquisição e no exercício das virtudes sobrenaturais, em vista da perfeição pessoal e da vida eterna. O vigor da vontade, que no esporte competitivo é determinante para o bom êxito, é também seu fruto. Esse vigor se torna um recurso de valor incalculável quando se empreende o trabalho espiritual, para a purificação da alma e para a aquisição das virtudes, com todas as dificuldades, as resistências, as lutas que o acompanham. A coragem física e a firmeza de caráter conquistados com o exercício dos esportes servem não apenas para ganhar estima e prestígio entre os homens, mas para empreender com maior entusiasmo e mais fundadas probabilidades de sucesso a ascese do espírito: "A luta física torna-se, assim, como que uma ascese de virtudes humanas e cristãs; e até deve se tornar e ser uma ascese, por mais que seja duro o esforço exigido, a fim de que o exercício do esporte supere a si mesmo, consiga um dos seus objetivos morais e seja preservado de desvios morais materialistas que lhe baixariam o valor e nobreza" (Discurso de Pio XII aos participantes do Congresso científico nacional italiano do Esporte e da Educação Física, 8 de nov. de 1952; *AAS* 44 [1952] 875). O Concílio Vaticano II reconhece que "as atividades esportivas ajudam a manter o equilíbrio do espírito também na comunidade e oferecem uma ajuda para estabelecer fraternas relações entre os homens de todas as condições, de nações ou de origens diferentes" (*GS* 61).

c) *Como afirmação dos direitos de Deus e meio de apostolado*. O elemento religioso abre ao esporte novas perspectivas, como demonstração da concordância que existe entre as aspirações e as atividades humanas e os princípios cristãos. O cristianismo autêntico não renega os valores humanos, mas favorece seu desenvolvimento gradual e o máximo emprego; rejeita somente o que é degradante e em contraste com os bens e as finalidades supremas. O melhor modo de fazer a apologia da religião e de a fazer penetrar na mentalidade refratária do mundo moderno é o de apresentá-la em harmonia com os deveres sociais e civis, como apoio e defesa dos mesmos valores humanos. O esporte, sem ser uma atividade especificamente apostólica, mostra com os fatos a força dos princípios religiosos capazes de fermentar e valorizar toda forma de vida humana, inserindo-a no seio da vontade divina e, desse modo, revelando aspectos menos conhecidos e destruindo preconceitos inveterados, favorece o encontro com Deus no plano da atividade profissional. Levando em consideração, aliás, que o esporte é praticado comumente em associações, oferece também a possibilidade de exercer, com o exemplo e com a palavra, uma influência direta nos companheiros. Professando serenamente a própria fé e cumprindo com fidelidade os deveres religiosos, os esportistas exercem um apostolado fecundo em seu ambiente e colaboram para a cristianização de uma atividade específica que, exercida de modo honesto, pode deixar impressões construtivas sobre todos os que dela participam.

BIBLIOGRAFIA. BEDNARSKI, A. F. *Cultura ed educazione fisica alla luce del pensiero di san Tommaso*. Roma, 1972; BUCCIARELLI, C. *Lo sport come ideologia: alienazione o liberazione*. Roma, 1974; DE PANFILIS, E. *Tempo libero, turismo e sport*. Padova, 1986; ID. *Fare Chiesa nel tempo libero. Documenti pastorali sulle vacanze, il turismo e lo sport*. Padova, 1986; JOÃO PAULO II. *Ai partecipanti ai XII Giochi della Gioventù* (2 ottobre 1980); ID. *Ai partecipanti alla LXXXV Sessione del Comitato Internazionale Olimpico* (10 maggio 1982); ID. *Ai partecipanti ai campionati europei di atletica leggera* (5 settembre 1974); ID. *Messaggio per la XXI Olimpiade a Montreal* (16 luglio 1976); PAULO VI. *Ai partecipanti alla XXIV Associazione Generale del Consiglio Internazionale dello Sport* (29 novembre, 1969); PERI, V. *Sport e libertà: utopia?* Torino, 1974; PERICO, G. Sport. In Dizionario Enciclopedico di Teologia Morale. Roma, 1987, 1.034-1.043 (com bibliografia); PINTO, G. *Lo sport negli insegnamenti pontifici da Pio X a Paolo VI*. Roma, 1964.

A. MARCHETTI – M. CAPRIOLI

ESTADOS DE VIDA. Por estado de vida se entende um modo próprio e estável de ser e de agir. A estabilidade é o elemento comum de todo estado; o modo próprio de ser ou de agir constitui o elemento característico e diferenciado de cada estado. O estado pode definir uma condição puramente interior (estado de graça e estado de pecado), ou uma situação externa e pública. Nesse último caso se diz "estado social" quando indica uma condição de fato, não vinculada a alguma lei (estado de pobreza e estado de riqueza); "estado jurídico" quando está fundado num rito sagrado ou numa formalidade legal de que brotam direitos e deveres próprios (estado matrimonial, estado religioso). O estado jurídico exige sempre uma certa solenidade ou rito determinado pela lei, que dá origem e estabilidade a um gênero próprio de vida.

1. ESTADOS DE VIDA NA IGREJA. Na Igreja católica há diversos estados de vida, queridos por "Cristo Senhor, para apascentar e aumentar cada vez mais o povo de Deus" (*LG* 18). Com efeito, "os dons do Espírito são vários: a alguns ele chama a dar testemunho manifesto da morada celeste com o desejo dela, contribuindo assim para o manter vivo na humanidade; a outros chama a se consagrarem ao serviço dos homens na terra, a ponto de preparar, por meio desse mistério, como que a matéria para o reino dos céus" (*GS* 38). A constituição *Lumen gentium*, do Vaticano II, apresenta nitidamente distintos o estado dos leigos, dos sacerdotes, dos religiosos. O estado leigo compreende todos os batizados que vivem no mundo a sua consagração a Deus. Em virtude do caráter batismal, eles são filhos adotivos de Deus, membros do Corpo místico e participam do poder sacerdotal, profético e real de Jesus Cristo. Ao estado clerical pertencem os fiéis que, após um convite divino, se consagraram aos ministérios sagrados e se dedicam ao serviço de Deus e à salvação das almas. O estado religioso é próprio dos sacerdotes ou leigos que se comprometem a tender à perfeição na prática dos → CONSELHOS evangélicos. "Semelhante estado, se se olha para a divina e hierárquica constituição da Igreja, não é intermédio entre a condição clerical e leiga, mas de ambas as partes alguns fiéis são chamados por Deus a gozar desse especial dom na vida da igreja" (*LG* 43). Santo Tomás observa que os estados de vida, com a diversidade dos direitos e dos deveres, têm uma função social e cooperam para a perfeição interior da Igreja, vão em socorro de suas múltiplas necessidades, contribuem para sua beleza visível e para a santificação dos seus membros (*STh.* II-II, q. 183, a.2). A unidade da fé, própria de todos os cristãos não se identifica com a unidade das funções; a semelhança usada por São Paulo, que compara a Igreja a um corpo, comporta variedade de membros e de funções, na cooperação respeitosa de todos (cf. 1Cor 12).

2. ESCOLHA DO ESTADO. A escolha do estado é um direito e uma responsabilidade pessoais. Todo homem, depois de uma avaliação ponderada das próprias inclinações e das circunstâncias concretas em que se encontra, deve decidir o gênero de vida que quer abraçar de modo estável. Essa tarefa não pode ser delegada a outros, ainda que se peça o parecer deles. Os genitores, os superiores, os diretores espirituais podem ajudar, orientar, aconselhar, jamais impor-se com autoridade. Os critérios a serem seguidos na escolha do estado são propostos por Santo → INÁCIO DE LOYOLA no final da segunda semana dos Exercícios espirituais, em que demonstra que tudo deve estar subordinado à vontade de Deus e à própria santificação: "Em toda boa eleição, quanto é de nossa parte, o olho da nossa intenção deve ser simples, tendo em mira somente o fim para o qual fui criado, ou seja, o louvor de Deus Senhor nosso e a salvação da minha alma" (*Exercícios espirituais*, 169). Uma escolha prudente exige um conhecimento conveniente das obrigações e das vantagens do estado que se quer abraçar, e uma avaliação cuidadosa, objetiva, não irrefletida das próprias inclinações, disposições, ideais. Uma escolha apressada, em oposição às tendências e forças pessoais, condena com muita frequência à inquietação e ao insucesso. A escolha do estado deve levar em consideração seja a propensão da vontade, seja as qualidades e os dotes naturais, seja a presença dos requisitos necessários para aquele estado de vida. Uma escolha dessa importância, destinada a influenciar de modo determinante toda uma vida, prepara-se: a) com a oração para obter de Deus a luz necessária para discernir o que é mais conforme à sua vontade e ao próprio bem espiritual; b) com o pedido de conselho aos superiores e ao padre espiritual que podem julgar com maior objetividade a idoneidade pessoal para o estado que se quer escolher, revelando seus dotes e dificuldades talvez ignorados pelo sujeito; c) com o estudo da vocação pessoal.

3. DEVERES DE ESTADO. A diversidade dos estados tem como consequência diversidade de atitudes

interiores. A perfeição consiste essencialmente na plenitude da caridade, expressa no cumprimento fiel e constante do próprio dever. Todo estado de vida comporta deveres próprios, que dão as dimensões externas da santidade, a qual tem a sua medida formal no grau de amor. Há problemas espirituais e deveres comuns a todos os cristãos, e outros que são específicos de algumas pessoas e categorias em relação à sua condição particular. Os deveres de estado são propriamente os inerentes ao gênero de vida escolhido livremente, ao trabalho pessoal, à profissão. A escolha do estado obriga a viver no modo por ele exigido. Escolher um gênero de vida e não satisfazer as obrigações que dele derivam é uma falta de seriedade e de lealdade moral. Os deveres não se acrescentam ao estado, mas fazem parte dele e constituem sua substância. Quando Deus chama um homem a um estado particular manifesta o desejo de o ver levar uma vida correspondente a esse estado. Na vida espiritual, a aceitação e o cumprimento consciencioso das obrigações inerentes ao próprio estado têm uma importância decisiva. O cristão demonstra o seu amor ao Senhor ao cumprir a vontade dele, a qual se manifesta nas obrigações que derivam do estado ao qual foi chamado, ou que nascem de situações concretas por ele queridas e que se acrescentam às obrigações gerais que todo cristão contrai com o batismo. Os deveres de estado limitam a liberdade pessoal, comprometem muitas energias, impõem muitas vezes um trabalho escondido, mas ao mesmo tempo se inserem no plano divino e dão a certeza de realizar um programa nobre, adequado às próprias condições e possibilidades. O cumprimento dos deveres de estado é exigido também pela ética natural e obrigam todos os homens que sentem a própria responsabilidade e defendem a própria honra. No cristão o cumprimento do dever especifica-se ao manifestar uma livre adesão à vontade de Deus e é oferecido ao Senhor como um serviço e um sacrifício. As ações mais comuns, como comer, dormir, divertir-se, são redimidas pelo fim sobrenatural e se tornam fonte de mérito. A santificação do dever cumprido como manifestação de obséquio e de sujeição a Deus torna-se mais fácil pela certeza da ajuda da graça do momento. Deus assiste aqueles que dão conta dos encargos por ele mesmo confiados, e com sua intervenção torna possível e fácil o que pede. Por isso, o Vaticano II lembra que "cada qual, segundo os próprios dons e ofícios deve avançar sem demora pela via da fé viva, a qual acende a esperança e age por meio da caridade" (*LG* 41).

BIBLIOGRAFIA. États de vie. In *Dictionnaire de Théologie Catholique* V/1, 905-911; MARCHETTI, A. *Spiritualità e stati di vita*. Roma, 1962; États de vie. In *Dictionnaire de spiritualité* IV/2, 1.406-1.428; BLATHICKY, R. Il concetto di "scuola di spiritualità". *Rivista di Pedagogia e Scienze Religiose* 5 (1967) 48-108; *Mysterium Salutis*, t. VIII, 485-520.558-649; Rahner, K. Stati dell'uomo. In *Sacramentum Mundi*, t. VIII, 27-31; SPINSANTI, S. Gli stati di vita: vecchie e nuove prospettive. In GOFFI, T – SECONDIN, B. (eds.). *Problemi e prospettive di spiritualità*. Brescia, 1983, 327-349 (um pouco crítico); VON BALTHASAR, H. U. *Gli stati di vita del cristiano*. Milano, 1985; RUIZ, F. *Caminos del espíritu*. Madrid, ³1988, 577-613.

A. MARCHETTI – M. CAPRIOLI

ESTÉTICA. 1. TERMINOLOGIA. O termo, com seu significado moderno, remonta a Alexander Baumgarten (1714-1764), que o utiliza em sua dissertação de doutorado e depois o coloca como título da obra principal *Aesthetica* (Trasjecti cis Viadrum, 1750, 2. parte, 1758). Para Baumgarten, o objeto da estética é "a perfeição da cognição sensitiva" e, portanto, a sua beleza (*Aesth.* 1, 2). Atualmente, para indicar a pesquisa filosófica sobre o belo e sobre a arte, o termo "estética" se sobrepôs às outras denominações ainda em uso (filosofia da arte, ciência da arte).

2. PROBLEMAS DA ESTÉTICA. Referem-se à conceptualização do belo e da arte, à determinação do seu significado na realidade e na história, à definição das relações da esteticidade com os outros valores espirituais. De um ponto de vista predominantemente psicológico, a arte apresenta o problema do dinamismo criativo produtivo da imagem, da relação inspiração-elaboração, da continuidade da arte, como originalidade criatividade, com a técnica enquanto aprendizagem. Os problemas do lugar da arte na totalidade da síntese pessoal: arte e vida; arte e trabalho; arte e educação; arte e escola; arte e ciência; arte e verdade; arte e liberdade; arte e moralidade; arte e religião; arte e oração; arte e culto.

3. INDICAÇÕES HISTÓRICAS. Grande parte da problemática sobre o belo e sobre a arte é fruto do pensamento moderno, mas os elementos de fundo pertencem à filosofia grega. Platão exalta o belo como valor objetivo e universal: no mundo

do devir "só a beleza teve essa sorte de ser mais que todas (as ideias) visível e mais que todas amada" (*Fedro*, XXIX, 250d-e, Bari, 1946, 111).

No pensamento cristão é repleta de temas, em parte emprestados do platonismo, a estética de Santo Agostinho. O belo, propriedade universal do ser ("*omnia pulchra sun conditori et artifici suo*", *De gen. c. man.* 16, 25-26), é relacionado antes de tudo à categoria da ordem (harmonia, coerência, proporção) e da beleza. A arte é também "mimese"; mas agora, no contexto de uma ontologia cristã e personalista, em um significado bem mais intenso, a arte é palavra, verbo interior por meio do qual no conhecimento e no amor expressamos a nós mesmos e às coisas.

Realismo e objetivismo definem a estética em Santo Tomás: "belo" é todo valor de ser enquanto alegria do conhecer; o belo não é objetividade pura, mas consiste na relação da objetividade (perfeição, valor, ser) com o momento cognoscitivo afetivo do espírito.

4. NATUREZA E DEFINIÇÃO DA ARTE. A esteticidade como vida do espírito nunca é puro momento passivo. Unindo o conceito clássico de arte como produtividade de formas com a aquisição moderna da vida espiritual como interioridade, pode-se qualificar a arte como atividade criativa-expressiva do espírito, produtora de formas. Enquanto atividade do espírito, a arte está na esfera da liberdade.

5. RELIGIOSIDADE DA ARTE. A tensão imanente da arte para o absoluto, no valor da beleza e da perfeição expressiva leva a esteticidade quase naturalmente a encontrar o momento religioso. A arte está entre as esferas mais profundas do mistério humano: na interioridade do artista existe quase um contato maravilhado com o infinito subjetivo, ao passo que nas aberturas e dimensões expressivas sem limites da grande obra de arte (*A Divina Comédia*, *Hamlet*, o Parthenon, Reims, a *IX Sinfonia*) há uma apresentação do infinito objetivo. Na verdade, como nunca em outras partes, na arte se evidencia quase o ponto de convergência e unificação de uma tríplice dimensão de infinito: infinidade do ser (coisas, universo, Deus, conteúdo da arte); infinidade do sujeito (genialidade do artista, profundidade ontológica da criatividade espiritual); infinidade da forma (potencialidade de palavra e de leitura inesgotável na grande obra de arte).

6. ARTE E ORAÇÃO. Nesta tomada de consciência da riqueza da arte, na experiência ativa e "passiva" que muitas vezes é dado ao homem viver e usufruir em formas requintadas e raras, a arte atua como uma revelação do homem para si mesmo, abre um itinerário para as regiões mais íntimas e mais repletas do próprio ser, onde lhe é possível encontrar e sentir, mesmo que na transcrição indicativa e alusória da analogia, a presença que o orienta na profundidade do seu existir e atuar, a palavra que se revela a ele como convite misterioso do seu além metafísico.

É nesse ponto que a arte se abre em *oração*, já traz em si a oração, às vezes se confunde com ela. Ela exige, para lançar dentro toda a alma, o símbolo, religiosa e artisticamente mais rico e atuante da arte cristã (Chartres, a cúpula vaticana...): junta-se a ela luminosa e poderosa a medida composta e sublime do templo oriental e grego (o templo do céu em Pequim, Paestum). Contemplação e alegria da perfeição e do valor, revelação maravilhada das medidas resolutivas do nosso ser, a arte é talvez o anúncio daquilo para que o ser humano é chamado no mistério trepidante de Deus.

→ ARTE E VIDA ESPIRITUAL

BIBLIOGRAFIA. BREMOND, H. *Prière et poésie*, Paris, 1926; TEA, E. *L'arte*. Milano, 1949; SERTILLANGES, A. D. *Preghiera e musica*. Milano, 1954; Estetica. In *Enciclopedia dell'Arte*. Venezia/Roma, 1958, 67-110, vl. V; Estetica. In *Enciclopedia Italiana della Pedagogia e della Scuola*. Bergamo, 1968, 285-287, vl. 2; TRUHLAR, V. *Lessico di spiritualità*. Brescia, 1973, 37-88; BALTHASAR, H. URS VON. *Gloria. Un'estetica religiosa*. Milano, 1976-1980, 7 vls.

P. SCIADINI

ESTIGMAS. O verbo "estigmatizar" deriva do grego e significa: ferir, perfurar, abrir com fogo ou também marcar a fogo, com ferro incandescente, como se fazia com os escravos da antiga Roma e da Grécia.

1. NOÇÃO. Os estigmas são a espontânea aparição no corpo humano de feridas semelhantes às produzidas no corpo de Jesus Cristo pelos instrumentos da paixão. Na linguagem comum, entende-se por estigmas somente as feridas que se veem. Fala-se também de estigmas invisíveis, que consistem em fortes dores percebidas nas partes do corpo correspondentes às feridas externas, mas sem feridas evidentes. Os estigmas podem ser permanentes ou periódicos, conforme permaneçam constantemente ou apareçam apenas irregularmente, em ocasiões periódicas. Podem se verificar simultaneamente em todas as partes do corpo ou às vezes numa parte e às vezes em outra. Tanto a forma como o ponto exato dos estigmas e as diversas circunstâncias se apresentam com muita variedade, conforme os casos.

2. EPISÓDIOS. O episódio histórico mais famoso e entre os mais antigos e conhecidos é o de São → FRANCISCO DE ASSIS: a realidade é inegável. O doutor A. Imbert-Gourbeyre fornece-nos uma ampla lista de pessoas que os receberam. Muitos casos, todavia, foram rejeitados. Mesmo o caso de São Francisco de Assis oferece suas peculiaridades se se tomam os estigmas como impressão visível na carne das chagas da paixão.

3. SINAIS DOS ESTIGMAS DIVINOS. Os autores católicos falam muitas vezes de várias notas características dos estigmas divinos: a repentina aparição das feridas e seu repentino desaparecimento; a posição nos lugares em que Cristo teve suas chagas; a extraordinária modificação dos tecidos que elas produzem; o escorrimento periódico de sangue em determinados dias ou em determinadas festividades litúrgicas, às vezes com a transferência para o corpo, sem que a pessoa estigmatizada tenha disso consciência: o caráter de o sangue ser puro, límpido, abundante; a ausência de supuração, mesmo que os estigmas estejam abertos, expostos ao ar e durem por anos; a permanência dos estigmas que não se curam nem com os medicamentos nem com outras proteções.

4. ORIGEM. As chagas dos estigmatizados podem ter uma origem natural? O assunto se apresenta em geral e em abstrato, prescindindo de qual tenha sido a origem dos estigmas que se verificam no decurso dos séculos e dos que se poderão verificar no futuro, pois uma coisa é a possibilidade e uma outra a necessidade. Do fato de uma coisa ser possível não se segue necessariamente que ela venha a acontecer. No nosso caso, o fato de os estigmas poderem ter uma origem natural não impede que possam ter também, num caso determinado, uma origem sobrenatural, uma vez que se admite que Deus não está privado do seu poder superior ao natural. Se se trata, num caso concreto, de uma ou de outra hipótese, é preciso determiná-lo por meio de outros argumentos. No problema proposto, deixamos de lado as teorias racionalistas em relação aos fatos e os casos de fraude conscientes ou inconscientes, bem como os fatos de autoestigmatização física subjetiva, calculada e realizada voluntariamente com meios físicos, ainda que com boas intenções.

Com respeito ao nosso problema, até recentemente houve autores católicos que não consideraram verificada a impossibilidade de uma origem natural dos estigmas. Além disso, para alguns, certos fatos provariam suficientemente a possibilidade dessa origem natural; outros creem que esses fatos estão muito longe de poder ser comparados aos verdadeiros estigmas, não lhes concedendo, portanto, valor probatório e negando que os estigmas possam ter uma origem natural.

Em relação ao assunto há o problema que se refere ao mecanismo, ou seja, ao processo psicofisiológico. Existe um mecanismo ou um processo psicofisiológico natural dos estigmas? Há autores católicos que o admitem. Uma tese a favor dessa afirmação poderia ser vista no fato de, por exemplo, São → JOÃO DA CRUZ afirmar ser a estigmatização exterior uma consequência da estigmatização interior e os estigmas serem o termo de um processo que tem início na alma com a estigmatização interior. De outra parte, o que foi dito sobre o assunto dos estigmas e o fato de santos fisicamente fortes e cheios de grande piedade para com Jesus crucificado não terem tido estigmas exteriores seriam indícios favoráveis. Passando por cima das diversas questões, exporemos apenas e de modo breve a teoria do doutor G. Wunderle sobre o assunto.

Segundo esse autor, dois elementos integram o mecanismo supracitado: uma interior e intensa compaixão e a repercussão dessa compaixão no corpo. Na estigmatização sobrenatural, Deus produz determinadas condições psicológicas, excitando de maneira a nós desconhecida tendências que fazem a alma participar das dores e dos sofrimentos de Cristo. Esse estado de compaixão na alma é suscitado por Deus na estigmatização sobrenatural e influi no corpo. Por isso, os estigmas exteriores supõem sempre os interiores. A existência do estado de compaixão na alma é provada pelos testemunhos que desde a época de São Francisco tratam dos estigmas, e é confirmada pela convicção unânime de que os estigmas espirituais são o fundamento dos estigmas exteriores. O processo dos estigmas é um caso típico de ideoplástica; a força plástica — para repetir a expressão de Görres — imprime a semelhança ou a imagem corporal no corpo segundo as disposições interiores da compaixão do estigmatizado.

Esse efeito ideoplástico no corpo verifica-se quando todas as forças da alma se concentram no espetáculo de Cristo crucificado.

Todavia, nem todas as vezes que a alma atinge esse máximo sentimento de compaixão verificam-se os estigmas exteriores. A plena eficácia ideoplástica depende também de outras causas e pressupõe outras condições: com efeito, não consta que a Virgem Maria tenha tido os estigmas exteriores, quando sem dúvida teve a máxima compaixão. Essas condições poderiam ser: a vontade de Deus, por exemplo, ou as condições especiais do sujeito favoráveis ao supracitado processo, a hipersensibilidade, para citar um outro caso.

Essa explicação — que não tem a pretensão de dar a solução a todas as dificuldades — não nega a ação de Deus nos estigmas exteriores, mas induz a pensar que normalmente se trataria de uma ação indireta: diretamente terminaria na estigmatização interior da qual proviria a exterior pela repercussão do interior sobre o corpo. Mas isso não impede que Deus possa, em alguns casos determinados, produzir o estigma por uma ação direta.

5. NATUREZA TEOLÓGICA. Para os que acreditam ser necessária uma ação direta de Deus, pessoalmente ou por meio de um anjo, os estigmas são uma graça carismática. Para aqueles que afirmam que basta a ação indireta de Deus, os estigmas são um epifenômeno místico; ou seja, um fenômeno que em determinadas circunstâncias procede conaturalmente da ação mística de Deus na alma mediante a sua repercussão na parte somática. O elemento interior seria o mais válido.

6. FINALIDADE. Os estigmas não podem ser considerados uma óbvia imitação exterior física das chagas de Cristo e do próprio Cristo, algo como um elemento cristão decorativo. Eles devem ter um significado bem mais profundo, mais escondido, e ao mesmo tempo uma dimensão mais ampla e uma projeção mais religiosa. Em primeiro lugar, os estigmas, pela dor que causam, levam a uma maior e mais perfeita semelhança com o Cristo que sofre. Os estigmas são uma participação nos sofrimentos de Cristo. Cremos que nesse fato estão incluídos dois aspectos, um pessoal ou individual e um social. O aspecto individual comporta quanto foi dito. O aspecto social assume o valor de contribuição para uma maior semelhança do Corpo místico de Cristo com o seu corpo físico, ou melhor, com o próprio Cristo. O estigmatizado, sendo membro do Corpo místico e tendo uma missão nele, contribui para fazer com que o Corpo místico de Cristo reflita em si com maior perfeição o próprio Cristo e para isso contribui com seus estigmas dolorosos. De outra parte, com suas feridas, ele se apresenta diante dos outros membros do Corpo místico como um exemplo especial que chama a atenção deles, recorda-lhes o mistério da redenção e os impulsiona a uma maior caridade, a um maior amor à cruz e ao desejo da expiação dos próprios pecados. Nesse sentido, Pio XI fala de São Francisco de Assis, o qual, por seus estigmas, foi um particular exemplo de Cristo crucificado; com seus estigmas ele veio como que propor à humanidade a meditação e a imitação de Jesus Cristo crucificado.

Enfim, com os estigmas o estigmatizado, une-se à obra redentora de Cristo, sofrendo pelos outros, contribuindo para a difusão e para a consolidação do Reino de Cristo.

7. ATITUDE DIANTE DOS ESTIGMAS. Diante de um fato concreto de estigmas, temos muitas hipóteses: pode se tratar de um fingimento, pode se tratar de alguma coisa semelhante aos estigmas, mas por um fato nitidamente natural e bem diferente deles; e é bom lembrar, além disso, que poderia se tratar de um suplemento de menstruação ou de feridas periódicas com perda de sangue como consequência da cessação do ciclo menstrual na mulher, que pode às vezes provocar perdas periódicas ou regulares de sangue em diversas partes do corpo, ou até poderia ser um fato real causado pelo próprio sujeito ou pelo demônio e, enfim, poderiam ser estigmas de origem divina.

O fingimento pode ter também um caráter patológico. Com efeito, parece provado que na história dos estigmas terá havido fatos causados voluntária e fisicamente pelo sujeito nas partes do corpo (pelo menos em algumas). A beata Cristina di Spoleto furou um pé para imitar a Cristo e Beatriz de Ornacieux perfurou as mãos com um prego para ficar semelhante a Jesus, e todas as sextas-feiras introduzia o prego nas feridas para que não cicatrizassem. Não se exclui que às vezes a ferida tenha sido feita por fins menos nobres ou por motivos de natureza patológica.

Existem também estigmas produzidos inconscientemente pela própria pessoa estigmatizada, a qual em boa-fé afirmará não ser causa deles; mas pela observação e rigoroso exame se descobrirá que as produz inconscientemente por si mesma por uma duplicação psicológica da própria personalidade. E não há dúvidas de que também o demônio pode produzir materialmente os estigmas. A ação diabólica deve ser desmascarada com base nos critérios que se estabeleceram sobre o assunto no estudo do → DISCERNIMENTO DOS ESPÍRITOS e na crítica do prodigioso.

Enfim, os estigmas podem ter uma origem divina tanto direta como, segundo alguns, indireta. Para poder determinar essa origem divina é preciso aplicar de algum modo, pelo menos, as normas gerais de discernimento dos → FENÔMENOS EXTRAORDINÁRIOS. Por isso, deve-se levar em consideração a pessoa com todas as diferentes circunstâncias, não apenas as anteriores aos estigmas, mas também as concomitantes, pois acontece que as → ANOMALIAS PSÍQUICAS às vezes aparecem repentinamente e, portanto, não basta o conhecimento que se pode ter da pessoa até aquele dia, mas é preciso observá-la também no momento atual. No que diz respeito ao fenômeno dos estigmas, ele deve ser provado de modo a excluir o engano ou qualquer outro fenômeno semelhante aos estigmas, mas diferente deles. E não somente se deve constatar a existência do fenômeno, mas é preciso também levar em consideração as circunstâncias intrínsecas ou extrínsecas aos estigmas; concomitância de outros fenômenos como visões, êxtases etc., extensão, profundidade das feridas e sua periodicidade, natureza do sangue vertido, dor que os acompanha e suas possíveis variações de intensidade em relação aos estigmas exteriores etc. Constatado o fato com as suas circunstâncias e conhecido o sujeito, deve-se determinar a origem divina ou não divina dos estigmas. Adotam-se nesse ponto os critérios dos efeitos e das circunstâncias morais e espirituais, tanto na pessoa estigmatizada como nos próprios estigmas. Seus frutos de santidade e sua maior semelhança com Cristo na vida prática são índice de um espírito de Deus que não é alheio ao fenômeno. A conexão deles com uma autêntica vida mística e com a estigmatização interior, a participação de certas características das feridas de → AMOR, como a causa de dor física e ao mesmo tempo de prazer espiritual delicioso, são sinais favoráveis à origem divina dos estigmas.

Desenvolvem amplamente esse aspecto → GARRIGOU-LAGRANGE e Lavaud ("Études Carmélitaines", ott. 1936) e falam também da atitude de quem é encarregado de examinar os estigmas: deve ser competente, equilibrado, de critério sadio, livre de preconceitos, amante da verdade seja ela qual for, desinteressado, constante etc.

Sobre esse fato particular dos estigmas, o diretor espiritual deve proceder com cautela com as pessoas por ele dirigidas, sobretudo com as neuróticas. Com um modo imprudente de proceder, poderia provocar, por causa da sugestionabilidade delas, uma espécie de exigência dos estigmas, o que poderia levá-las a procurá-los por si mesmas.

BIBLIOGRAFIA. BIOT, R. *L'énigme des stigmatisés*. Paris, 1955; BON, H. *Medicina e religione*. Torino, 1946, 186-199; Douleur et stigmatisation. *Études Carmélitaines* (outubro de 1936); LHERMITTE, J. *Mistici e falsi mistici*. Milano, 1955, 67-140; M. EUGENIO DEL BAMBINO GESÚ. *Sono figlia della Chiesa*. Milano, 1959, 301-320; MARIANESCHI, P. M. *Stimmate e medicina*. Terni, 1987 (com bibliografia); OCTAVIUS A RIEDEN. De sancti Fracisci testimoniorum saeculi XIII. *Collectanea Franciscana* 33 (1963) 210-266.392-422; 34 (1964) 5-62.241-338; STAEHLIN, C. M. Los estigmas pasionarios de Santa Gema Galgani. *Manresa* 22 (1950) 41-72; THURSTON, H. *I fenomeni fisici del misticismo*. Alba, 1956, 57-173; VACA, C. *Ensayos de psicología religiosa*. Madrid, 1958, 42-61; VEZZANI, V. *Mistica e metapsichica*. Verona, 1958, 124-139.

I. RODRÍGUEZ

ESTILITAS. O admirável desenvolvimento que adquiriu a vida monástica no início do século IV, após o exemplo de São Paulo de Tebe († 341), de Santo Antonio († 356) e de São → PACÔMIO († 356) teve manifestações curiosas e chegou a um incrível grau de mortificação com os estilitas, ascetas dos séculos V e seguintes, assim denominados pelo fato de escolherem uma vida de penitência em cima de uma coluna (στῦλος).

Da vida dos estilitas chegaram até nós suficientes descrições para torná-la conhecida sob todos os aspectos. Com efeito, sabe-se que o isolamento não era completo, pois a coluna refúgio não podia ser escolhida longe de um centro habitado, tendo o eremita necessidade de contínua assistência por parte dos fiéis. Um cuidadoso resumo desses relatos foi publicado pelo bolandista Delehaye, em 1923. Um dos quesitos que o douto jesuíta se põe é o técnico, da acomodação material do asceta. O espaço em cima da coluna era indubitavelmente limitadíssimo, mas não tanto quanto faria supor a tradicional iconografia oriental, que apresenta os ascetas debruçados numa espécie de taça escavada no capitel. Esse coroamento arquitetônico, proporcional ao diâmetro médio de uma coluna monumental, podia ter uma superfície de três ou quatro metros quadrados, evidentemente com uma balaustrada e era, pelo menos em parte, coberta, dado que se encontra citado o caso do estilita são Lucas, que tinha uma coluna sem teto. A altura total da base, mais o fuste e o capitel, parece que era um pouco superior aos dez metros para as colunas "construídas", mas tem-se memória de colunas monumentais, normalmente de blocos redondos de pedra, que ultrapassavam os vinte metros. Em baixo, junto à coluna, num recinto, estabeleciam-se discípulos, os quais chegavam às vezes a constituir uma comunidade e, portanto, um mosteiro.

O mais conhecido dos estilitas é são Simeão, chamado "o Velho", nascido por volta de 390, que é o primeiro a ser lembrado entre os que quiseram seguir esse gênero de vida. Ele se dedicou muito cedo ao ascetismo, decidindo, pois, viver recolhido em cima de uma coluna. Várias vezes mudou de coluna até ficar definitivamente na que ele ocupava a trinta quilômetros a noroeste de Aleppo, com a altura original de 21 metros.

Simeão viveu nessas condições por 27 anos, até quando morreu, em 459. O seu exemplo foi imitado logo por Daniel († 493), seu discípulo, que introduziu o estilitismo em Constantinopla; Simeão o Jovem († 596, depois de bem 68 anos de permanência sobre uma coluna); Alípio, que no tempo do imperador Heráclio nela permaneceu por 67 anos; Lucas o jovem (meados do século X). Os que escolhiam essa forma severíssima de ascetismo se instalavam sobre a coluna com a intervenção solene do bispo e assumiam o compromisso, equivalente a um voto, de não deixar a coluna senão em casos particularmente graves, de doença etc., reconhecidos pela autoridade eclesiástica. O isolamento deles não os subtraía, porém, à vida cultual; os que eram padres (Daniel, Lucas, Lázaro, Simeão o Jovem etc., alguns ordenados sacerdotes sobre a própria coluna) celebravam os sagrados mistérios lá em cima, à vista do povo; se eram leigos, levavam até ele a comunhão por meio da escada (como se fazia para a alimentação comum), ou eles baixavam um cálice dentro do qual se punham as Espécies consagradas. O estilitismo difundiu-se quase exclusivamente nos países orientais: Síria, Mesopotâmia, Palestina, Ásia Menor, Egito; exemplos esporádicos na Grécia e mais tarde na Rússia, até que o uso desapareceu definitivamente no século XVI. Nos países ocidentais a moda não pegou; a tentativa de são Wulflaico (século VI) de o adotar na Gália falhou, por oposição dos bispos, que julgaram esse tipo de vida adequado aos climas do Oriente, mas não aos da Europa. De resto, para apreciar com acerto o estilitismo é preciso revestir-se dos hábitos e da *forma mentis* de outros tempos e de outros países; hoje não seria sequer pensável.

No período de maior voga, os estilitas foram muito numerosos, até constituir uma classe especial; longe de se isolarem do mundo, eles eram muito consultados, até por personagens importantes, por bispos, abades, príncipes etc., e exerciam uma útil função social, dirimindo litígios, convertendo pecadores, operando prodígios. Muitas vezes, em torno de suas colunas surgiram não apenas verdadeiros mosteiros, mas também asilos (por exemplo, *Kalat Siman*). Lembram-se também alguns raros exemplos de mulheres estilitas.

Depois das últimas pesquisas *in situ* levadas a termo na Síria pelo franciscano Inácio Peña, não há nenhuma dúvida da existência, importância e grandeza do movimento dos estilitas na antiga Igreja cristã, embora as fontes narrativas contemporâneas — Teodoro de Ciro, Sozomeno, Evágrio Escolástico, Palladio, João Moskos e as inumeráveis *Vitae Patrum* — devam ser lidas com critérios de crítica histórica moderna que vê nelas mais uma teologia da história ou tratados de espiritualidade do que verdadeira história. A vida dos antigos estilitas, como outros formas "excêntricas" podem ser lidas hoje sob o ponto de vista de uma espiritualidade ecologista (→ ECOLOGIA) que procura um encontro fraterno com a natureza destruída ou espoliada.

BIBLIOGRAFIA. Delehaye, H. *Les saints stylistes*. Bruxelles, 1923; De Pablo Maroto, D. El "hombre espiritual" y la naturaleza a través de la historia. *Revista de Espiritualidad* 46 (1987) 53-81; Peña, I. – Castellana, P. – Fernandéz, R. *Les stylistes syriens*. Jerusalem-Milano, 1975; Peña, I. *La desconcertante vida de los monjes sirios (siglos IV-VI)*. Salamanca, 1985.

E. Ancilli – D. de Pablo Maroto

ESTUDO. 1. O ESTUDO OFERECE DIFICULDADE À ASCESE? Pode-se considerar o estudo como elemento que favorece a vida espiritual, ou é elemento profano que exige ser consagrado? Em particular, a intensa aplicação ao estudo pode obstaculizar o progresso da vida espiritual? Na comunidade cristã existiu uma corrente de ascese que nutriu desconfiança em relação à intensa atividade intelectual (por exemplo, São → FRANCISCO

DE ASSIS, *Imitação de Cristo*, → LALLEMANT). Não é raro o religioso ouvir lembrar a oposição entre estudo e vida espiritual: "Entraste no convento para ser monge e não estudioso. Para ti a vida religiosa deve ser mais importante do que o amor ao saber". Prescindindo da má leitura — que imerge a mente nos erros e desperta no coração a concupiscência desordenada — considera-se que o próprio estudo bom, quando absorve muito o ânimo, expõe com facilidade a um senso de orgulho, torna árida a caridade, distraindo-a da necessária dedicação apostólica, habitua a catalogar Deus e Cristo entre os objetos de uma abstrata procura intelectual, induz a avaliar as práticas de piedade como enfadonho impedimento a uma integral reflexão doutrinal. Ora, tudo isso pode até acontecer com um determinado estudioso, mas não necessariamente; e, mesmo quando se verifica, não é por motivo do estudo em si mesmo, mas, antes, por causa do modo como alguém estuda.

Antes de tudo, deve-se reconhecer que em si mesmo o estudo exprime um valor nitidamente humano; atua concretamente a nossa capacidade de conhecer e, por consequência, favorece a nossa semelhança com Deus. Todo conhecimento humano é uma participação criada do bem intelectivo divino. "Pois tudo é dele, e por ele, e para ele. A ele a glória eternamente!" (Rm 11, 36); "Só há um Deus, o Pai, de quem tudo procede e para o qual nós vamos" (1Cor 8,6). Pelo fato de o estudo aperfeiçoar a pessoa, tornando-a mais semelhante ao Senhor, é chamado em si mesmo a dar glória a Deus. Além disso, aqueles que se ocupam seriamente do estudo sabem por experiência como é uma vida dura e difícil, muitas vezes mais dura e mais difícil que qualquer outra. O estudo põe à prova a boa vontade, porquanto é uma ocupação regulada por uniformidade e monotonia, as quais agravam a sensação de solidão: ele priva a alma da alegria da distração, que também se encontra em outras atividades de trabalho. Por esse seu aspecto, o estudo favorece a união a Cristo numa intenção expiatória e redentora.

Do lado subjetivo, a bondade do estudo fica muito condicionada pela intenção cultivada no estudioso. Segundo São Bernardo, a ciência pela ciência é somente curiosidade; a ciência pela fama é vaidade; a ciência pela riqueza é vergonhoso tráfico; a ciência para a própria edificação é verdadeira sabedoria; a ciência pela edificação dos outros é requintada caridade (*In Cant. Canticorum*, sermo 36). É preciso, porém, reconhecer que as intenções boas são variadíssimas e podem ser catalogadas segundo uma hierarquia de valores. Assim, pode-se estudar por pura curiosidade, para exploração dos segredos da natureza, para aprender um ofício, para adquirir maturidade pessoal, para estar mais bem preparado para o dom caritativo apostólico, para a glória de → DEUS.

O estudo predispõe realmente ao orgulho? O saber, considerado na sua objetividade, inclina mais para a humildade. Amplia, com efeito, a visão, faz experimentar a própria limitação, faz aparecer a escassez dos próprios conhecimentos e a própria pequenez diante da grandeza dos verdadeiros gênios, oferece experiência acerca da relatividade de cada verdade humana. Com efeito, se depois se cultivam sentimentos de humildade ou uma orgulhosa complacência numa certa superioridade que se atingiu em relação aos outros, tudo isso dependerá do temperamento, do espírito de fé e do → AMADURECIMENTO ESPIRITUAL conseguido por quem estuda. Justamente porque a humildade não se verifica no setor cognoscitivo, mas no apetitivo.

O estudo distrai a alma da oração e da união com o Senhor? Isso pode acontecer quando o estudioso introduz uma nítida separação entre estudo e piedade, ou sobrepõe as duas ocupações como se fossem estranhas entre si. Então a alma, depois do estudo, deve fazer o esforço de se pôr em contato com Deus, deve subir acima do que constitui a sua reflexão ordinária e obsessiva, deve quase que interromper a meditação sobre o que prefere. Tudo isso obstaculiza o fervor da oração, torna árido o sentimento religioso, impede o recolhimento interior espiritual, torna fugaz toda união com o Senhor. D. Stanisloae recomendava: "É preciso estarmos atentos a não ficar na teologia, ou a não escorregar para ela na hora em que queremos rezar, ou durante a oração. O pensamento de Deus interrompe a relação direta com Deus ou o encontro com ele" (*Prière de Jésus et expérience du Saint-Esprit*, Paris, 1981, 41). Mas se o estudo for entrelaçado com a oração, se a alma dele se servir para se elevar ao Senhor, então ele mesmo alimenta o espírito de oração. O estudo adquire uma existencial orientação subjetiva em direção a Deus, até sentir que o Espírito do Senhor coopera para a penetração da verdade. Então também o estudo se torna oração. Certamente a alma deve praticar uma atenta e assídua ascese antes de saber sujeitar de modo habitual o estudo à vida de oração. No início pode-se consagrar o estudo mediante invocações ao Senhor; depois será uma visão de fé que se difunde sobre as mesmas verdades que se estudam; no final, será um estudo de tal modo sapiencial que o Espírito, com os seus dons, assistirá a alma, dirigindo-a a conhecer e amar a verdade no Senhor. "A ciência não é por si mesma contrária, mas utilíssima à devoção; e, se as duas coisas se juntam, ajudam-se mutuamente de modo admirável, embora com muita frequência aconteça que, por fraqueza nossa, a ciência impeça o nascimento da devoção; porque a ciência incha e faz envaidecer, e o orgulho, contrário a toda virtude, é a total ruína da devoção" (FRANCISCO DE SALES, *Teotimo*, 6,4).

2. UTILIDADE DO ESTUDO DA TEOLOGIA ESPIRITUAL. O estudo da teologia espiritual foi sempre considerado obrigatório para quem tem a tarefa de assistir espiritualmente os fiéis. É um saber necessário "para proporcionar aos inexperientes a prudência, aos jovens, conhecimento e discernimento" (Pr 1,4). Tudo isso é de tal modo evidente que não parece necessária uma ulterior demonstração. Teresa de Ávila preferia o diretor espiritual douto, ainda que parecesse menos santo que outro (*Vida*, 5, 3; *Caminho*, 5).

Isso leva a considerar que o estudo da teologia espiritual é necessário unicamente a diretores espirituais dedicados a almas religiosas ou consagradas? Toda vida cristã é autêntica vocação à santidade. "É claro a todos, portanto, que todos os fiéis de qualquer estado ou grau são chamados à plenitude da vida cristã e à perfeição da caridade: a partir dessa santidade promoveu-se, também na sociedade terrena, um teor de vida mais humano" (*LG* 40). Consequentemente, nenhum confessor ou diretor espiritual pode se considerar ausente da obrigação de aprofundar a → TEOLOGIA ESPIRITUAL.

O estudo da teologia espiritual traz também uma grande ajuda à vida interior pessoal. Com efeito, ele desenvolve uma função iluminadora sobre o próprio mundo interior; por seu fim específico inato tende a fazer adquirir uma iluminada prudência espiritual; tira a atenção das preocupações terrenas para concentrá-la nos valores espirituais; oferece pensamentos que estão na raiz de sentimentos e de ações; torna a alma consciente dos esforços que deve fazer, fortificando-a na constância; orienta sobre as metas imediatas a que é preciso se orientar; previne contra as fáceis ilusões pseudomísticas; lembra que a santificação é um dom do Senhor, uma realização obtida por obra do Espírito. "É preciso estudar para aumentar a própria estatura espiritual, é preciso estudar para fazer de si uma oferta mais perfeita e mais agradável a Deus!" (Francisco de Sales).

No estudo da doutrina espiritual o objetivo de formação pessoal é considerado primário e predominante em relação ao de → DIREÇÃO ESPIRITUAL. Todos os que desejam se preparar para a tarefa de diretores espirituais deveriam se preocupar em estudar para formar espiritualmente a si mesmos: a doação apostólica iluminada seguir-se-á como expressão de uma perfeição interior e intelectual conseguida (*LG* 41).

De modo particular, o estudo da teologia espiritual pode ajudar na aquisição da sabedoria contemplativa. As virtudes morais são exigidas pelo ato contemplativo somente como disposições capazes de refrear o que de fora pode provocar ofuscamento à mente. A própria caridade é elemento informante e não especificamente constitutivo do ato contemplativo (*causae moventes quae non intrant essentiam rei, sed disponunt et perficiunt*, *STh.* II-II, q. 180, a. 2, ad 1). Já os atos cognoscitivos (como estudo, leitura e meditação), que precedem o intuito contemplativo, cooperam intrinsecamente em remeter para a contemplação adquirida. "Como o mel está na sujeira da cera, e quanto mais a espremes, tanto mais doçura dela tiras; espreme as Santas Escrituras, ou seja, as sentenças, e quanto mais leres e estudares, tanto mais doçura delas tirarás e mais suavidade de sabor de Deus sentirás; e se o provares o saberás, do contrário não" (BERNARDINO DE SENA, *Le prediche volgari inedite*, Siena, 1935, 188).

Não é possível santificar-se ignorando a teologia espiritual? Certamente. "Nas balanças de Deus não se pesa a beleza do entender, mas a bondade do querer, nem lhe penetram o coração os agudos pensamentos, mas os afetos acesos" (D. Bartoli).

Todavia, deve-se também reconhecer que uma santidade teologicamente iluminada é muito preferível. "Que a santidade sem letras seja importante e valiosa, não há quem o negue. Que é melhor ser santo que literato quem duvida? Mas que seja melhor ser santo e sábio do que apenas santo, não sei quem possa com razão condená-lo. Ser como Cristo disse do grande Batista: *lucerna ardens et lucens*, em que a luz com o fogo e a chama com o esplendor se unem, que é exatamente o *perfectum* de São Bernardo, em quem concorrem ambas as partes, *lucere et ardere*" (D. Bartoli). Com efeito, mediante o estudo da espiritualidade a alma adquire uma dada perfeição intelectiva e ao mesmo tempo facilita-se a criação de uma mente cheia de pensamentos e de fantasias orientadas para a caridade pelo Senhor. Um servo de Deus, por exemplo, aconselhava às pessoas que tivessem essa capacidade que aprendessem de cor salmos e sentenças da Sagrada Escritura ou que se dedicassem ao estudo das vidas dos santos, com o objetivo de santificar a memória com as divinas palavras e com os admiráveis exemplos virtuosos. Esse exercício é particularmente necessário aos que têm a mente entregue a ocupações terrestres.

Toda alma deve ser convidada a estudar e aprofundar a teologia espiritual que pareça adequada à própria vocação na Igreja. O leigo, por exemplo, deve aprender qual é o modo próprio de cooperar com a criação-redenção. As realidades profanas a que ele está dedicado são receptivas aos valores da encarnação e destinadas a se realizarem num plano providencial divino universal (cf. *GS* 34). Mediante o estudo, o leigo poderá descobrir que realidades e valores terrestres "na medida mesma da sua realidade dependem de Deus e, a ele intimamente orientados, são vestígios ou imagens da Santíssima Trindade" (*STh*. I, q 45, a. 7). Permitindo descobrir o sentido espiritual das coisas, o estudo ajuda o leigo a orientar o universo à sua realidade escatológica. Justamente porque a missão eclesial, a que se dedica o leigo, é de "reunir o universo inteiro sob um só chefe, Cristo, o que está nos céus e o que está sobre a terra" (Ef 1,10). Todavia, a teologia oriental lembra que a verdade espiritual contém em si mesma um mistério insondável ("que jamais ciência humana será capaz de compreender", dizia São → JOÃO DA CRUZ). A fim de poder de algum modo entendê-la, o próprio espiritualista deve suplicar o Espírito de Cristo a fim de que o inicie na experiência mística. Ele está à procura de uma verdade que é o mesmo Verbo encarnado, o qual está sempre para além das formas teológicas; está empenhado num estudo que ambicionaria ser um exercício do carisma do Espírito; tem o desejo de exprimir seus pensamentos em forma de profecia; pede que saiba estar à escuta da Palavra a ponto de se deixar imergir na luz do Espírito.

3. O ESTUDO TEOLÓGICO. Ao mesmo tempo em que o estudo teológico se desenvolvia predominantemente dentro dos muros dos monastérios, florescia em contato com a liturgia, bebendo continuamente nas fontes da → LECTIO DIVINA, ou seja, nas Escrituras e nos Padres. O estudo teológico dos monges reduzia-se à leitura da Bíblia e dos Padres, no quadro litúrgico da vida monástica. Um estudo conduzido, portanto, como um exercício de ascese na união com Deus.

No estudo teológico tem início uma mudança fundamental quando se instaura a pesquisa escolástica. Com a escolástica, a teologia assume um aspecto científico-racional, com caráter especulativo e até dedutivo. Como toda ciência, a teologia se torna desinteressada. Não tem mais a intenção de alimentar a vida espiritual, como acontecia com os teólogos monásticos. A leitura, o estudo e o ensinamento da Bíblia estão agora orientados para um saber científico e não mais subordinados ao favorecimento de uma caridade ardente e sapiencial; é teologia, que manifesta um caráter mais intelectual e menos contemplativo, mais objetiva, mas menos adequada a uma ascese pessoal interior. À Escritura se dá uma interpretação teológica mediante uma rigorosa exegese literal.

Num período sucessivo o estudo teológico procura se fazer mestre de humanismo; esforça-se por assimilar todos os valores humanos, mesmo novos, segundo o que tinha dito São Paulo ("tudo o que há de verdadeiro, tudo o que é nobre, justo, puro, digno de ser amado, de ser honrado", Fl 4,8). Instaura-se um equilíbrio integrativo entre os valores humanos e os sobrenaturais, enquanto o pensamento cristão vai abraçando amplos valores terrestres e, ao mesmo tempo, mostrando capacidade de conciliar a tradição com audacioso espírito inovador.

Todos esses aspectos metodológicos e de conteúdo que a teologia foi adquirindo devem ser conservados e ulteriormente aprofundados. O estudo teológico deve permanecer rigorosamente científico e ao mesmo tempo aproximar-se da cultura humana, aceitando as novas contribuições e com ela se confrontando (cf. *GS* 62). Todavia, põe-se, do lado espiritual, um quesito fundamental: essa riqueza científica e humana exige necessariamente a separação entre rigor de saber e sustento da ascese pessoal interior? Para ser científica, a teologia deve renunciar a ser formativa pelo lado espiritual? É possível que uma autêntica teologia sirva à vida espiritual, como acontecia para a *lectio divina* no estudo monástico? O Concílio Vaticano II convidou a iniciar os seminaristas num estudo teológico capaz de favorecer sua formação espiritual. "Nessa iniciação aos estudos, o mistério de salvação seja proposto de modo que os alunos possam perceber o significado dos estudos eclesiásticos, a sua estrutura e o fim pastoral, e ao mesmo tempo sejam ajudados a fazer da fé o fundamento e a alma de toda a sua vida e sejam fortalecidos a abraçar a sua vocação com plena dedicação pessoal e com alegre ânimo" (*OT* 14). Em particular, o estudo teológico deve ser testemunhado como uma vivência pascal: um lento morrer às próprias categorias culturais para se deixar renovar nos pensamentos do Espírito de Cristo.

A essa orientação de formação espiritual não leva qualquer estudo teológico. E o motivo parece evidente: "O amor ao estudo não é o amor do que se estuda" (P. J. Berthier). É errôneo confundir a alegria pela descoberta de uma verdade com o amor que temos pelo objeto conhecido: a primeira pode ser somente a satisfação intelectual pelo ato do conhecer. O estudo pode permitir uma melhor exploração do objeto de fé, sem realizar uma maior radicação da própria fé no sujeito; pode fazer intuir o desígnio de Deus, sem orientar para ele as próprias obras: falta então o progresso espiritual subjetivo de quem estuda. A fim de que se traduza em proveito espiritual, o conhecimento aprofundado deve proceder da caridade e na caridade. O maior conhecimento de Deus, segundo a lei da coerência, exigiria um correspondente aprofundamento da caridade; mas essa, na alma, pode também não acolher as solicitações apresentadas pelo conhecimento acontecido. Consequentemente, o teólogo deve se aproximar da "palavra de Deus que salva", não unicamente com a inteligência, mas com todo o seu ser. O teólogo deve se sentir plenamente empenhado em enunciar e testemunhar uma mensagem de salvação: ele é, de modo eminente, o profeta do Senhor.

4. VIRTUDE DA ESTUDIOSIDADE. Os escolásticos exaltaram a virtude da estudiosidade como moderadora da excessiva paixão pelo estudo e estimuladora da atonia intelectual; ela dá equilíbrio ao ânimo do estudioso, de modo a fazê-lo evitar os vícios por excesso (a curiosidade) e por defeito (a negligência). A estudiosidade não é virtude intelectual, mas moral: ela não enriquece diretamente a inteligência, mas a vontade, de modo a torná-la forte na resistência contra a inquietação imprudente ou desonesta do saber. Não se trata de moderação sugerida por diletantismo ou mediocridade, não é limitação da ousadia e da tenacidade, mas, antes, seleção severa do objeto de estudo e de intenção na aplicação a ele. A estudiosidade convida a assumir o compromisso de estudo com generosa constância, mas sempre em relação a uma verdade, a qual seja merecedora do dom pessoal. Já os espiritualistas de hoje prefeririam falar não de estudiosidade, mas de sabedoria para sublinhar uma escuta o mais possível mística do Espírito de Cristo.

A estudiosidade, que orienta ao sacrifício em favor da verdade, pressupõe que o sujeito seja sobretudo interiormente disponível. A pessoa que não é livre de ânimo não sente o fascínio da pesquisa da verdade; e, mesmo se sentisse esse fascínio, não saberia dedicar-se integralmente com alegria. A civilização de hoje opõe particular dificuldade à disponibilidade interior à verdade. Ficamos fascinados hoje diante das imagens audiovisuais. Se o estudioso não sabe impor a si uma severa disciplina, fica submerso pela opinião pública, pelo alucinante espetáculo. Se outrora a informação se objetivava mediante a leitura, hoje ela é geralmente satisfeita de modo pleno mediante a visão ou olhar de imagens. O espetáculo da imagem (televisiva ou cinematográfica) é uma arte intensamente acrítica. Com o rápido desenvolvimento das suas sequências, impede que o pensamento crítico se desenvolva e se insira. De um enquadramento se passa a outro, e não sobra tempo para refletir e pensar. O ritmo psicológico do espetáculo audiovisual é estruturalmente mais veloz do que o mental; e isso explica o adormecimento das faculdades críticas imediatas do espectador e como essa visão suscita reações emotivas incontroladas e incontroláveis, provocando movimentos inconscientes e irracionais, talvez deletérios. O espectador é quase incapaz de desenvolver uma lógica diferente da lógica da imagem viva; é quase uma forma de momentânea sujeição psíquica. Somente depois de terminado o espetáculo é que poderá refletir, catalogar e, portanto, criticar. O hábito, além disso, da leitura visual das imagens torna a mente preguiçosa; ela é como que invadida por curiosidade diletante, a qual é avessa ao estudo racional metódico e prolongado.

Segundo os escolásticos (por exemplo, Santo Antonino, *Summa theologiae moralis*, II, 3, 7), abandonar-se ao mundo das imagens sensíveis pode constituir uma notável falta de laboriosidade, um hábito pecaminoso capaz de diminuir lentamente a inteligência, de a afastar de uma reflexão pessoal autônoma e prudencial, de a imergir e de a dissipar entre os amores terrestres. Curiosidade é um sensualismo vagabundo que se abandona à onda agradável de saborear as imagens sensíveis, sem se preocupar com as possíveis consequências deletérias na mente. Do lado ascético, porém, os espiritualistas afirmaram fortemente a necessidade da mortificação, para consentir que no ânimo se introduzam somente imagens ou pensamentos convenientes. Mais; desejando a alma caminhar para a perfeita união em Deus, deveria submeter o próprio campo cognoscitivo à mais rígida mortificação. Para São João da Cruz, o candidato à experiência mística deve se despir de todo aspecto humano, até de todo tipo de conhecimento humano natural e inferior à fé. É verdade que se pode oferecer louvor a Deus até num conhecimento humano (como em contemplar as belezas da natureza), mas mediante uma mortificação podemos nos abrir de modo mais radical à experiência da união íntima e total com Deus.

Hoje, porém, a afirmação é de que a própria imagem viva oferece conhecimento e experiência de riqueza humana. Privar-se dela seria um verdadeiro empobrecimento. Os modernos, em lugar da mortificação, o que sugerem? Quando a visão do espetáculo audiovisual se torna humanamente rica e virtuosa? Na verdade, os riscos do espetáculo audiovisual diminuem à medida que o espectador se torna consciente diante do valor da imagem. O espectador que não tem espírito crítico torna-se, por isso mesmo, vulnerável. Para se imunizar deve aprender a ler o filme, a conhecer a linguagem das imagens luminosas, a formar gosto e sensibilidade estéticos, a desenvolver certa qualidade de atenção, a saber dar destaque ao valor espiritual do filme. É fundamental saber refletir diante de uma representação, atingir uma certa independência, uma certa distância do espetáculo, salvando o próprio espírito crítico. O fenômeno da hipnose fílmica fica vencido se o espectador aceita e interpreta o filme segundo uma sua consciência vígil. Pessoa espiritualmente adulta não é aquela que simplesmente "vai ao cinema", abandonando-se à onda fílmica que a arrasta, mas aquela que vai ver e julgar um filme.

Se a ascese de outrora era nitidamente monacal (renunciar a toda visão sensível, que constitui uma distração da meditação das verdades espirituais), hoje é apresentada a possibilidade de uma ascese leiga: tornar-se adulto para, com senso crítico, saber dominar as imagens que se recebem, conservando certa ordem sapiencial interior. Na perspectiva leiga, vale mais o uso virtuoso que a privação: a realidade sensível deve ser aceita, dominada, aperfeiçoada numa ordem de revisão criativo-redentora. Todavia, não se pode ignorar que o domínio ascético do conhecimento audiovisual, até para o leigo, atinge-se mediante uma mortificação exterior, pelo menos praticada parcialmente.

O dever de evitar a curiosidade estrutura-se de modo diferente não só de acordo com os estados ou vocações (monge, sacerdote ou leigo), mas também conforme a idade. O jovem tem necessidade de se abrir a vários campos, de se sentir completo, interessando-se ao mesmo tempo por vários saberes, de estar presente aos valores e interesses talvez disparatados entre si. O idoso sente necessidade de se voltar para a contemplação de poucas ideias fundamentais e para a oração; mais facilmente se sente como que consagrado a um dado trabalho intelectual particular, organiza-se como monge que vive sob uma regra, oferece um bom tempo ao retiro interior, recusa saber de tudo um pouco: *nescire quaedam magna pars sapientiae* (Grotius).

5. ASSISTÊNCIA CULTURAL E ESPIRITUAL JUNTO AOS ESTUDANTES. Os estudantes de escolas superiores ou universitárias têm necessidade de uma assistência espiritual especializada. Com efeito, a cultura cria neles problemas religiosos, não enfrentados normalmente pela catequese paroquial; e seu espírito de estudante universitário suscita movimentos culturais, políticos, religiosos, vivos no plano do proselitismo, extremistas e revolucionários por tendência. São energias que é bom encaminhar de formas apostólicas, tratando-se de jovens que poderão formar a futura classe dirigente do laicato; todavia, mal se adaptam aos costumeiros formatos juvenis paroquiais.

Para a formação cultural (espiritual-religiosa) dos estudantes parecem auxílios muito eficazes os chamados "círculos de estudo". Neles os problemas doutrinais são aprofundados em função da problemática que se agita na escola, na sociedade, entre os indivíduos. Mediante um estudo desenvolvido em equipe cria-se uma integração intelectual também qualitativa: tem-se como um contínuo fluxo e refluxo de luz fraterna. O trabalho em grupo parece possível, quando em sua base floresce uma amizade comum. Para serem eficazes, em sentido sapiencial, esses círculos de estudo deveriam poder se exprimir numa pesquisa interdisciplinar, fundada no diálogo integrativo entre as várias competências e experiências.

Esses círculos levam muitas vezes os membros a traduzir em ação as descobertas feitas: pode-se criar centros de vida interior elevada, movimentos espirituais de forma integral, doações totais a vocações de apostolado, práticas litúrgicas etc. Nesses círculos é preciso prestar atenção seja aos elementos essenciais (a coerência entre doutrina e vida, cristianismo de ímpeto e de compromisso, uma substancialidade doutrinal e religiosa), seja aos secundários (um certo ar descontraído, uma compreensão das originalidades de expressão, de um certo radicalismo e extremismo, de desinibição e semelhantes). O grupo deseja muitas vezes uma revista própria, símbolo de uma vontade fundamentalmente cristã de revolução, de proselitismo, de compromisso. Os estudantes têm boa vontade e exigem ser introduzidos em compromissos de ação, que facilitarão sua formação religiosa e ao mesmo tempo abrirão seu ânimo a uma verdadeira ascese espiritual. Esses grupos devem conservar uma adequada liberdade e desembaraço de estruturas para estarem vitalmente adaptados ao personalismo estudantil sempre em evolução.

BIBLIOGRAFIA. ANTONIUTTI, I. *Studiare per edificarse ed edificare*. Milano, 1969; BARTOLI, D. *L'uomo di lettere difeso ed emendato*. Milano-Balsamo, 1960; CEI. *La preparazione al sacerdocio ministeriale. Orientamenti e norme*. Roma, 1972; DONDEYNE, Ch. *L'intellectuel chrétien. Formation religieuse et apostolique*. Louvain, 1948; *Formation doctrinale des religieuses*. Paris, 1954; GEVAERT, J. *Studiare catechetica*. Torino-Leumann, 1983; GUITTON, J. *Il lavoro intellettuale. Arte nuova di pensare*. Roma, 1960; LATOURELLE, R. *Theologia scientia sacra*. Roma, 1965; LECLERCQ, J. *L'amour des lettres et desir de Dieu*, Paris, 1957; ID. *Le problème de la foi dans les milieux intellectuels du XXeme siècle*. Tournai, 1950; MEYER, E. *Vita sociale e insegnamento di gruppo. Panoramica internazionale*. Roma, 1967; NICOLE, P. *De la manière d'étudier chrétiennement*. Paris, 1682; PARISOT, J. *Étude et ministère*. Bruxelles-Paris, 1958; *Studio e vita interiore*. Firenze, 1960; *Regards sur les étudiants de Louvain*. Louvain, 1948; SERTILLANGES, A. D. *La vita intellettuale*. Roma, 1961; TINELLO, F. *Vita intelletuale del sacerdote*. Torino, 1966.

T. GOFFI

ETERNIDADE. A palavra "eternidade", aparentada com o termo latino *aevum* e com o grego *aiōn*, comumente evoca aquilo que dura sempre, quer essa duração seja ilimitada em sentido anterior e posterior (passado-futuro), quer se estenda indefinidamente num só sentido (futuro). Houve uma época em que se falava da possibilidade da eternidade do mundo, atribuindo ao cosmos uma duração ilimitada nos dois sentidos, e ainda hoje se fala da eternidade dos espíritos criados, entre os quais a alma humana, na medida em que possuem uma duração sem fim.

1. A REFLEXÃO FILOSÓFICA. A filosofia considera impróprio esse significado da eternidade fundamentado na etimologia da palavra e no senso comum e aprofunda o seu conceito sobre o fundamento do ser. Assim como o → TEMPO, a eternidade é uma propriedade do ser: o primeiro é uma modalidade característica da estrutura do ser criado, a segunda é uma propriedade do ser que possui uma perfeita atualidade, por isso o que é *"totaliter in aeternitate, totaliter est ens"* (SANTO TOMÁS, *In librum De Causis exp.* 36, 461). A diferença que ocorre entre uma duração temporal e a eternidade é de caráter qualitativo e não quantitativo: ou seja, não se deve pensar o eterno como uma duração homogênea, sucessiva, que não tem fim, em comparação com a qual o tempo seria só uma fração dela. A eternidade está para o tempo como o ser divino está para o criado.

Se a eternidade é a propriedade característica do ser supremo, isso significa que ela se identifica com o próprio ser divino, o qual, como é sua essência, é também sua eternidade: *"Deus autem est suum esse uniforme; unde, sicut est sua essentia ita est sua aeternitas"* (*STh.* I, q. 10, a. 2c.), e assim a eternidade se identifica com o próprio Deus: *"aeternitas non est aliud quam ipse Deus"* (*Ibid.*, I, q. 10, a. 2, ad 3). Propriamente a eternidade exprime a perfeição transcendental do ser divino do ponto de vista da duração; e, como esta em geral está em relação com o valor de atualidade do ser (*duratio respicit esse in actu*), a eternidade designa o ser em ato supremo: ou seja, exprime o modo próprio do ser divino enquanto é perfeita posse de si mesmo, plenitude de atualidade e de vida. Como diz Boécio: *"aeternitas est interminabilis vitae total simul et perfecta possessio"* (*De Consolat*, 5, 6: *PL* 63, 858). Por isso, para determinar o conceito de eternidade, Boécio integra a ideia do ser com a de vida. A categoria da vida expressa uma perfeição mais elevada, reabsorvendo em si a do ser: Deus é o ser supremo que se possui perfeitamente e totalmente na sua vitalidade.

Se a eternidade transcende a perfeição do tempo, como o ser divino transcende o ser criado, isso não significa porém que entre uma e o outro não existam relações ontológicas. Toda perfeição está no mundo por ser causada pela perfeição divina, e toda causalidade implica uma relação de semelhança. Assim, toda duração é uma participação e semelhança da duração divina que é a eternidade: *"Deus dicitur esse auctor aeternitatis, non qua ipse aeternus est, sed aeternitatis participatae, quae aevum est"* (*In I Sent.* d. 19, q. 2, a. 1, ad 1). O que é válido para o *aevum* é válido também para o tempo que, a seu modo, participa da eternidade, medida de todas as durações (*Quodl.* V, q. 4, a. 7). O ser divino, enquanto eterno, é ao mesmo tempo exemplar e fonte ontológica do tempo, e por isso nem no tomismo nem no agostinismo o tempo compara-se à eternidade na relação do exemplado com o exemplar. Aliás, essa relação metafísica implica um contato de presencialidade existencial, e por isso o instante da eternidade (*nunc aeternitatis*) está ontologicamente presente a todos os instantes do tempo (*nunc temporis*); presente por sua ação exemplar e finalizante, que faz com que todo ser criado, no tempo e para o tempo, tenda a se reunir com o ser eterno.

2. O CONCEITO DE ETERNIDADE NAS PERSPECTIVAS BÍBLICO-TEOLÓGICAS. O conceito de eternidade é expresso na Bíblia com o termo *aiôn*, que indica uma duração de tempo ilimitada ou no passado, no sentido de tempo antiquíssimo, "desde a eternidade" (Lc 1,70; At 3,21; 15,18), ou no futuro, no sentido de "para sempre", "pela eternidade" (Jo 4,14). Para exprimir o conceito de eternidade o estilo bíblico utiliza frequentemente o plural do termo, e isso não apenas no Novo Testamento. Observe-se que também no judaísmo helênico, em que o termo *aiôn* corresponde a *'ôlam*, em épocas mais recentes aparece o plural (Is 45,17) para indicar um longo intervalo de tempo. Propriamente, contudo, o estilo bíblico emprega o termo *aiôn* no sentido de eternidade quando o relaciona a Deus, o qual é "o Deus eterno" (Rm 16,26; 1Tm 1,17). O fato de que, especialmente no Antigo Testamento, a eternidade de Deus é representada por um termo que exprime a ideia de um espaço de tempo ilimitado explica-se por uma concepção mais elementar desse atributo divino. Aliás, dissemos que a forma comum de representação da eternidade se concretiza na ideia imaginária de uma duração indefinida. Assim, no Antigo Testamento a eternidade de Deus é concebida predominantemente como um tempo infinito que se exprime nas imagens da preexistência e da sobrevivência. Deus sempre existiu, e por isso é chamado "o Antigo em dias" (Dn 7,9). Em épocas mais recentes, a ideia do Deus eterno (*'elohê 'ôlam*) indica um tempo infinito no sentido de que a sua existência supera o tempo destinado ao mundo.

Com base nessa terminologia bíblica não se pode deduzir que, segundo a Escritura, não existe distinção entre tempo e eeternidade. De fato, no judaísmo tardio não faltam intuições explícitas de uma absoluta superioridade do eterno sobre o temporal: "Mas quando toda criatura chegar ao fim... então serão anulados os tempos e não existirão mais anos, nem meses, nem dias; estes desaparecerão e não serão mais calculados, mas então começará o único *aiôn*" (*Hen. slav.* 65). Aqui a eternidade é claramente concebida como extratemporalidade (cf. também Sl 90,4; 2Pd 3,8).

Podemos afirmar, portanto, que no Antigo Testamento o conceito de eternidade, mesmo se expresso de forma elementar, é sempre colocado em relação íntima com Deus, que está acima do tempo. No Novo Testamento essa relação é expressa com mais clareza na medida em que a eternidade é apresentada como "vida eterna", realidade que pertence à intimidade de Deus vivo na Trindade (1Jo 1,2). Já vimos como a eternidade no seu conceito filosófico centra-se na perfeição da vida; agora, graças à contribuição da revelação divina, nós podemos conhecer de perto o aspecto dessa perfeição da eternidade como vida trinitária. Ela exprime aquela suprema atividade vital que, através do círculo das processões divinas, se possui de modo perfeito pela absoluta imanência na mesma e numericamente idêntica natureza. "A vida comunitária de Deus é do mais elevado dinamismo. Naturalmente deve-se excluir desse vocábulo qualquer significado de mudança, sucessão, estímulo, e sim tomá-lo unicamente no sentido de interioridade e potência de vida" (M. Schmaus, *Kath. Dogm.* 324).

A eternidade divina, enquanto vida trinitária, que nasce do Pai e retorna ao Pai, manifesta-se como vida filial. Essa vida eterna, por uma livre e amorosa decisão divina, se revelou ao homem no Cristo, não num modo abstrato, mas operativo e histórico. Na história cristã a distância entre a eternidade e o tempo é, desse modo, encurtada; o tempo do Cristo é sacramento da eternidade na medida em que a vida terrena do Salvador traduz historicamente, no seu movimento de origem e de retorno ao Pai, o caráter filial da vida eterna.

O *curriculum* temporal do cristão que se modela no de Jesus Cristo torna-se desse modo "via de acesso" à eternidade divina. Por isso quem acredita no Filho já passou da morte à vida (Jo 5,24). Através do tempo da fé se estabelece já no presente um contato do homem com a eternidade divina (Jo 17,2.3), o qual só se completará no além, na visão e na posse definitiva de Deus. Então, superadas as vicissitudes do tempo, ele entrará plenamente na vida eterna.

BIBLIOGRAFIA. 1) Para a reflexão filosófica: Amerio, R. Eternità. In *Enciclopedia Filosofica.* Firenze, 1968, 1.094-1.105, vl. II; Bordoni, M. Presenza dell'eternità divina nella durata temporale. In *Il tempo valore filosofico e mistero teologico.* Roma, 1965; Decloux, S. L'éternité du monde. In *Temps, Dieu, Liberté dans les commentaires aristotéliciens de Saint Thomas d'Aquin.* Desclée, Paris, 1967; Guitton, J. *Le temps et l'éternité chez Plotin et Saint Augustin.* Paris, 1933; Lavelle, L. L'éternité. In *Du temps et de l'éternité.* Paris, 1945, 403 ss.; Mourox, J. Le Dieu éternel. In *Le mystère du temps.* Paris, 1962, 21-24; Przywara, E. Tempo, spazio, eternità. In *Tempo e Eternità.* Padova, 1959, 45 ss.; Trapè, A. Il temporale e l'eterno nella spiritualità di S. Agostino. *Rivista di Vita Spirituale* 8 (1954) 431-452.

Para a reflexão teológica: Bordoni, M. Eternità e tempo nelle missioni divine. In *Il tempo valore filosofico e mistero teologico.* Roma, 1965, 108-157; Durandeux, J. *L'éternité dans la vie quotidienne.* Paris, 1964; Eternité. In *Dictionnaire de Théologie Catholique* V, 912-921; Mourox, J. L'éternité et le Dieu Trinité. In *Le mystère du temps.* Paris, 1962, 27-33; Tempo. In *Dizionario dei Concetti Biblici del Nuovo Testamento.* Bologna, 1976, 1.819-1.844; Vanbergen, P. Eternité. In *Index des thèmes du N.T.* Saint André, 1962.

M. Bordoni

ÉTICO-ESPIRITUAL. Ético e espiritual se entrelaçaram e integraram entre si em relações bastante variadas no decorrer do contexto sócio-cultural-salvífico. Precisamente por serem concebidos com base na maneira como eram vividos. Mesmo quando moralistas e espiritualistas buscaram defini-los com precisão, em si mesmos, por sua entidade essencial, de maneira inconsciente os retrataram de acordo com suas próprias convicções ditadas pela vivência da época (cf. T. Goffi, *Etico-spirituale. Dissonanze nell'unitaria armonia,* Bologna, 1984). Aqui parece preferível refletir sobre como pode ser concebida e sugerida no presente a relação entre ético e espiritual.

1. INEFABILIDADE DE CRITÉRIO. Quando se examina a maneira como é abordada a relação entre ético e espiritual, inicialmente fica-se desorientado. A impressão é de que se está diante de uma polêmica múltipla e bastante contraditória. Até porque cada opinião se apresenta com motivações e sob pontos de vista que parecem no mínimo significativos. De fato, não estamos diante de opiniões que se eliminem reciprocamente; não se verifica uma polêmica entre posições opostas; não são indicadas visões que necessariamente se contrapõem, excluindo-se. Tanto o ético quanto o espiritual dizem respeito à realidade existencial, repleta de facetas intimamente entrelaçadas umas com as outras. Não é possível reunir numa única formulação todas as possíveis variações entre a vivência ética e a espiritual.

A multiplicidade das sentenças parece útil e profícua para a compreensão da relação ético-espiritual, já que permite apreendê-la em uma globalidade mais significativa. Deter-se numa só sentença talvez seja carecer de uma visão mais completa; e considerar verdadeira a própria afirmação reprovando as outras significa não compreender o sentido mais amplo da relação em exame.

De acordo com o que se disse, não se pretende aqui reunir exaustivamente todos os aspectos em que ético e espiritual se contrapõem e se coordenam integrando-se entre si. Indicam-se alguns exemplos ou sentenças que ajudem a ver a riqueza de matizes em que se põe o problema e, ao mesmo tempo, estejam disponíveis para uma visão e acolhida ampla dos outros aspectos possíveis. O tempo subsequente fará com que aflorem outros aspectos ulteriores não observáveis no contexto atual.

2. ASPECTOS DE DIVERSIFICAÇÃO. Tradicionalmente se afirma que a ética é vivida na horizontalidade da convivência humana em contato íntimo com o universo. Ela pressupõe a autonomia do humano inserido no terrestre, ao passo que o espiritual acolhe também todo o humano-terrestre no seu devir sociocultural mas em vista de uma perspectiva transcendente deste. Para a moral, Deus pode permanecer na obscuridade, pode ocultar-se sob a realidade existencial, e talvez até mesmo ser esquecido; ao passo que para o espiritual Deus está sempre em uma luz central, para a qual tudo se orienta e à qual tudo se subordina de maneira explícita e consciente.

Enquanto o sujeito ético sublinha a sua relação aos valores pela mediação da lei ou da norma, o espírito sabe que não pode realizar nenhuma relação específica com Deus a não ser na mediação de Cristo. Cristo aparece aqui não só como um princípio de avaliação, mas no próprio ato que se revela a nós como caminho para o Pai; permite-nos percorrê-lo com ele, nele e por meio dele. A ética, quando se propõe para além da norma, sugere apreender a si mesmo entre os outros e com os outros; a espiritualidade cristã só tem sentido quando é vivida no Senhor Jesus Cristo.

O homem ético deve saber realizar seu próprio juízo prudencial, ao passo que o homem será espiritual na medida em que a sua avaliação corresponder a uma sugestão do Espírito, de modo que as suas propostas apareçam iluminadas pela luz tabórica do Senhor. E isso porque o viver em Cristo só é possível em virtude do Espírito, o único que tem a missão de nos tornar membros vivos do Corpo místico do Senhor.

O homem ético está empenhado em progredir para uma libertação própria, em levar a criação para uma forma humanizada, em abrir a convivência humana para um bem-estar global que reflita cada vez mais a dignidade humana. O homem espiritual sabe que o Espírito o inicia para a vida do Senhor tornando-o partícipe do morrer-ressuscitar pascal de Cristo. E isso porque o viver em Cristo significa requalificar-se com um ser pessoal pneumatizado, inaugurar uma existência que é própria do reino de Deus, sintonizar seus próprios pensamentos e sentimentos na → PALAVRA DE DEUS.

Poder-se-ia dizer que o homem ético é chamado a difundir por todas as partes a amabilidade do seu amor que tudo anima e renova, ao passo que o homem espiritual se dispõe permear-se pelos albores de uma divina vida trinitária que evangelicamente é denominada → CARIDADE.

Em conclusão, se a ética compromete seriamente a assimilar os valores com esforço ininterrupto, prolongado e às vezes até difícil, a espiritualidade orienta para o radicalmente-outro, que só pode se apresentar na medida em que nos torna disponíveis para a ação do Espírito de Cristo em nós. O homem ético sabe que não age a não ser com e pela graça do Senhor, ao passo que o espiritual tem consciência de que só o Espírito pode ultrapassá-lo na sua específica experiência santa.

3. ÉTICO-ESPIRITUAL DIANTE DA SALVAÇÃO. Na espiritualidade oriental deseja-se recordar que a ética não oferece indicações suficientes para a salvação. Tudo isso é verdade. Mas é preciso lembrar que tampouco a indicação espiritual salva. Salvador é somente o Espírito de Cristo para glória de Deus Pai.

Seria uma atitude não apropriada considerar que a moral é necessária só para a vida presente e não indica pré-requisitos que são pressuposto para aceitar e permitir a ação salvífica do Espírito de Cristo. Mesmo que numa modalidade diferente que a espiritualidade, também a ética indica um caminho que não pode ser negligenciado, se se deseja responder à graça salvífica e santificante do Espírito. De fato, o Espírito, no próprio ato em que nos emancipa da escravidão da lei (Gl 5,1), nos torna espontaneamente servos na caridade para com os irmãos.

BIBLIOGRAFIA. ANSALDI, J. *Ehtique et sanctification*. Genève, 1983; BALTHASAR, H. U. VON *Con occhi aperti*, Roma-Brescia, 1970; GOFFI, T. *Etico-spirituale. Dissonanze nell'unitaria armonia*. Bologna, 1984; MAGGIONI, B. Esperienze spirituali nella Bibbia. In *Nuovo Dizionario di Spiritualità*. Org. por T. GOFFI – S. DE FIORES. Roma, 1979, 542-601; MCDONAGH, E. *Morality and Spirituality. In libertatem vocatem vocati estis*. Roma, 1977, 121-137; RANWEZ, E. *Morale et perfection*. Tournai, 1959; *Spiritualität in Moral*. Wien, 1975; WENDLAND, H. D. *Etica del Nuovo Testamento*. Brescia, 1975; ZUNDEL, M. *Morale et mystique*. Paris, 1962.

T. GOFFI

EUCARISTIA. A Eucaristia é, segundo a expressão de Santo Tomás citada pelo Vaticano II, "a plenitude da vida espiritual" ("*consummatio totius vitae spiritualis*", cf. *STh*. III, q. 73, a. 3c. e

PO 5); afirmação teológica que tem sua legítima confirmação na opinião de um exegeta moderno: "Na Eucaristia temos num modo concentrado tudo aquilo que Deus fez e deve ainda fazer pelos homens na história da salvação" (A. Stöger). Essa plenitude de vida espiritual tem o seu fundamento na presença do Senhor ressuscitado no seu mistério pascal, na comunhão de vida com a → TRINDADE a que nos introduz, na perfeita realização do mistério eclesial que a Eucaristia atinge, segundo estes três expressivos textos do Vaticano II: "A Santíssima Eucaristia contém todo o bem espiritual da Igreja, a saber, o próprio Cristo, nossa Páscoa e pão vivo, dando vida aos homens, através de sua Carne vivificada e vivificante pelo Espírito Santo" (*PO* 5); por meio dela "os fiéis têm acesso a Deus Pai mediante o Filho, o Verbo encarnado, morto e glorificado na efusão do Espírito Santo, e chegam à comunhão com a Santíssima Trindade" (*UR* 15); "a unidade dos fiéis que constituem um só corpo em Cristo é significada e realizada pelo sacramento do pão eucarístico" (*LG* 3). Para aprofundar as riquezas do mistério eucarístico em relação à vida espiritual parece necessário considerar a revelação do seu mistério por parte de Cristo, de modo como foi vivida pela Igreja, os aspectos teológicos destacados pelo magistério, a resposta existencial que exige dos fiéis.

1. REVELAÇÃO DO MISTÉRIO EUCARÍSTICO. a) *Os relatos da instituição.* Quatro testemunhos sobre a instituição da Eucaristia foram conservados no Novo Testamento: Mt 26,26-29; Mc 14,22-25; Lc 22,15-20; 1Cor 11,23-25; todos remontam provavelmente a uma fonte comum primitiva e nos transmitem as fórmulas litúrgicas com as quais as primeiras comunidades celebraram a Eucaristia obedecendo ao mandato de Jesus de celebrar a ceia como seu memorial e repetindo os gestos e as palavras do Mestre na última ceia; as diferenças e características notadas nesses relatos levaram a reconhecer uma dupla tradição que une Mateus a Marcos e Lucas a Paulo: a diversidade de alguns elementos não significa um conceito diferente da Eucaristia, mas uma sensibilidade cultural e teológica própria das diversas comunidades nos termos escolhidos e uma explicação completa da riqueza contida nas palavras e gestos de Jesus, compreendidos pela Igreja à luz do Espírito; mas a convergência sobre o sentido da Eucaristia é indiscutível. A ceia de Jesus é celebrada no contexto da Páscoa judaica e da paixão; enquanto ceia pascal sintetiza toda a história passada do povo de Israel, os prodígios realizados por Deus para a salvação de seu povo, o cumprimento de todas as promessas escatológicas; enquanto realizada no clima da paixão, Cristo pode antecipar simbolicamente e realmente numa ação profética o seu sacrifício redentor na perspectiva da sua vitória sobre o pecado. Os *elementos* da nova ceia, o pão ázimo e o vinho tinto são escolhidos por Cristo entre as outras comidas e bebidas do banquete pascal, repletos de todo o simbolismo adquirido ao longo das páginas da história sagrada; o pão, dom de Deus e meio indispensável de vida, símbolo de comunhão, recordação do maná do deserto, multiplicado nas mãos de Cristo, prometido como carne para a vida do mundo (cf. Jo 6); o vinho, "sangue da uva" (Gn 49,11), oferecido em libação sobre os sacrifícios (Ex 29,40), símbolo da alegria dos tempos messiânicos (Jr 31,12); o cálice, sinal ambivalente da participação na alegria e da aceitação do sofrimento (Sl 80,6), recordação da aliança de Moisés (Ex 24,6 ss.), símbolo da paixão de Cristo (Mt 8,11; 26,39-42); pão e vinho, alimentos da aliança entre Melquisedec e Abraão (Gn 14,18), frutos que a Sabedoria promete aos seus discípulos (Pr 9,1-6).

Os *gestos* de Jesus, como os do pai de família, na ceia pascal têm todo o simbolismo de uma ceia ritual: a oração de bênção de que falam as duas tradições, ainda que com termos diferentes ("abençoou", "deu graças"): o pai de família agradecia especialmente naquela ceia pela libertação e pela → ALIANÇA da qual todo israelita se sentia participante "como se tivesse sido retirado pessoalmente do Egito"; o gesto de partir o pão, ação funcional repleta de significado de comunhão, que dará nome às primeiras Eucaristias cristãs e que evoca o corpo doado ("partido" segundo algumas versões de 1Cor 11,24) em sacrifício. Mas o sentido definitivo dado aos elementos e significado pelos gestos está contido nas *palavras de Cristo*. Nas palavras sobre o pão, todos coincidem: "Este é o meu corpo"; Lucas e Paulo acrescentam: "que é dado por vós"; o sentido pleno dessas palavras à luz da exegese moderna seria este: "Eis a minha carne (toda a minha pessoa viva) que se oferece em sacrifício por vós". As palavras sobre o cálice têm redações diferentes, embora convergentes: Mateus e Marcos enfatizam o sangue: "Este é o meu sangue da aliança"; Lucas e Paulo suavizam a expressão:

"Este cálice é a nova aliança no meu sangue"; mas se trata da mesma realidade: o sangue de Cristo "que será derramado por vós" (Lc), "que será derramado em prol da multidão", "para a remissão dos pecados" (Mt), sinal ainda de toda a pessoa viva que se oferece em sacrifício redentor, na suprema oferta da própria vida. As palavras sobre o cálice evocam outras figuras e promessas que se cumprem em Cristo: a aliança marcada com o sangue aos pés do Sinai (Ex 24,8) é cumprida por Jesus, o novo Moisés, com o próprio sangue, constituindo o novo povo de Deus; a nova aliança — prometida pelos → PROFETAS (Jr 31,31 ss.) — torna-se realidade no Cristo com todos os seus frutos, como a remissão dos pecados e o dom do Espírito; Jesus aparece ainda como o servo de YHWH que toma sobre si os pecados da multidão (Is 53,3 ss.). Toda a história da → SALVAÇÃO parece convergir para o pão ázimo que Jesus parte e para o vinho tinto que ele verte no cálice e oferece aos discípulos, antecipando nos sinais o seu sacrifício da cruz.

Sob essa perspectiva sacrifical, as palavras da súplica escatológica abrem um vislumbre de vitória: "Doravante não beberei deste fruto da videira até o dia em que o beber, de novo, convosco no Reino do meu Pai" (Mt 26,29), palavras que foram traduzidas como um "encontro no paraíso" (Benoît) e dão à Eucaristia o caráter de banquete escatológico, antecipação da vitória definitiva de Cristo no reino e da nossa participação. Lucas e Paulo transmitem ainda as palavras com que Cristo manda repetir o seu gesto: "Fazei isto em memória de mim"; o memorial da Páscoa antiga, evocação cultual que realizava e tornava presente tudo o que era recordado, é substituído pelo memorial da nova Páscoa de Cristo; Jesus, portanto, manda repetir o seu gesto como o seu memorial no sentido forte de uma atualização do mistério, segundo o sentido atribuído por Paulo nestas palavras que procuram explicar a uma comunidade não semita o profundo significado do memorial: "Pois todas as vezes que comerdes deste pão e beberdes deste cálice, anunciais a morte do Senhor, até que ele venha" (1Cor 11,26), expressão que nesse contexto litúrgico significa, como explica Max Thurian: "Vós tornais atual na proclamação da palavra e na realização do mistério o evento salvífico da morte do Senhor". As palavras da instituição contêm, assim, os grandes temas do Antigo Testamento: aliança, reino de Deus, expiação, Páscoa, martírio voluntário do servo de YHWH, memorial; todas tornadas realidade e concentradas em Cristo, feitas sacramentais na celebração do memorial eucarístico do novo povo de Deus que é a Igreja.

b) *A celebração da Eucaristia nas comunidades primitivas*. Ao lado dos relatos da instituição temos os testemunhos da celebração da Eucaristia e do seu significado nos outros escritos do Novo Testamento. Os Atos dos Apóstolos falam-nos da "fração do pão" (2,42-46; 20,7-11); aqui encontramos logo a fidelidade da Igreja ao mandato de Cristo; a "fração do pão" dos Atos é toda invadida pela alegria pascal; as refeições do Senhor ressuscitado com os seus discípulos, especialmente dos peregrinos de Emaús (Lc 24,30), conferem à Eucaristia o sentido de uma comunhão com o Senhor na espera da sua volta gloriosa; a comunidade dos irmãos se sente ligada pela mesma comunhão de vida significada e realizada pela fração do pão, a ponto de viver a comunhão dos bens e de se sentir um só coração e uma só alma (At 4,32). Essa dupla comunhão com o Cristo ressuscitado e com os irmãos é expressa por Paulo em 1Cor 10,16-17 com os termos fortes da *koinônia*, a imagem do único pão, a realidade do único corpo: "A taça da bênção que nós abençoamos não é porventura uma comunhão com o sangue de Cristo? O pão que partimos não é uma comunhão com o corpo de Cristo? Visto haver um só pão, todos nós somos um só corpo; porque todos participamos desse pão único". Daí a firme tomada de posição do Apóstolo no capítulo 11 da mesma carta contra aqueles que falseiam a realidade da "ceia do Senhor" e se aproximam da Eucaristia sem discernir o corpo do Senhor.

c) *A catequese sobre o pão de vida no Evangelho de João*. A essa síntese de mistérios que a Igreja primitiva vive na celebração eucarística, o evangelista João acrescenta um aprofundamento particular no capítulo 6 do seu Evangelho. Na exposição cronológica esse texto aparece como uma "promessa da Eucaristia"; no seu contexto teológico temos a contribuição pessoal de João sobre o mistério eucarístico que enriquece a inteligência da Igreja. Segundo o estilo peculiar do quarto Evangelho, encontramos aqui as palavras de Jesus envolvidas na meditação teológica de João como a última palavra apostólica que nos revela o sentido íntimo do pão da vida. Em seguida João interpreta as palavras de Jesus enfatizando aspectos novos do mistério. O capítulo 6, que recebeu tantas interpretações ao longo dos séculos, é explicado hoje pelos exegetas em um sentido eucarístico global. Fala-se explicitamente da Eucaristia a partir do versículo 51; mas o discurso global que precede é a revelação que Cristo faz de si mesmo como pão de vida, descido do céu, num processo cíclico de expressões e de conceitos da história da salvação continuamente retomados e enriquecidos, que têm como eixo o "eu sou" de Cristo, fórmula que exprime a revelação da sua divindade. O discurso continua em seguida partindo do milagre da multiplicação dos pães, descrito com os termos litúrgicos da ceia: "tomou os pães, deu graças e os distribuiu aos convivas" (v. 11); é o *sêmeion* que explica o sentido da Eucaristia; depois o outro milagre de Jesus que caminha sobre as águas (vv. 16-21) inicia o grande discurso catequético no qual ele se apresenta como o verdadeiro pão, descido do céu para dar vida aos homens e que deve ser aceito por meio da fé (vv. 35-51). A transição para a Eucaristia acontece em uma continuidade de termos vinculados sempre à sua Pessoa e que exprime as diversas etapas dos mistérios realizados na sua carne, dos quais a Eucaristia será o sacramento: "O pão que eu darei é a minha carne, dada para que o mundo tenha a vida" (v. 51). Na progressiva revelação do mistério que vai até o fim do capítulo podemos encontrar estas afirmações fundamentais: realismo na identificação entre a pessoa de Jesus e o pão que dará; o pão é sinal da sua carne na síntese dos mistérios salvíficos; a participação desse pão constitui uma comunhão de vida trinitária que comporta a imanência recíproca, o dom do Espírito, a ressurreição corporal. Há uma identificação progressiva entre os termos que aparecem no discurso: eu sou o pão de vida, o pão é a minha carne; até a identificação mais forte: "aquele que comer de mim, viverá por mim" (v. 57). A afirmação é clara: o pão eucarístico é o próprio Jesus na sua realidade divino-humana; aqui o acento é colocado na pessoa viva de Cristo na sua carne; o realismo dessas expressões não deixa dúvidas; Jesus insiste na necessidade de comer a sua carne e de beber o seu sangue diante dos protestos dos fariseus, usando termos ainda mais realistas (*trôghei, pinein*, vv. 53-54); o realismo torna-se mais compreensível para aqueles que acreditam nele na medida em que é a sua carne gloriosa, perfeita e vivificada pelo Espírito Santo que será dada aos fiéis (v. 63). A identificação de Cristo com o pão de vida é enriquecida pela síntese dos mistérios salvíficos que se realizam na sua carne: como observam os exegetas, há ali uma fortíssima alusão ao mistério da → ENCARNAÇÃO, tanto na palavra *sarx*, que lembra as palavras do prólogo "o Verbo se fez carne" (1,14), quanto nas expressões: "o pão que desceu do céu"; alude-se ao sentido sacrifical da morte de Cristo: "a minha carne, dada para que o mundo tenha a vida" (v. 51); finalmente, se faz alusão à sua realidade gloriosa (vv. 62-63); a Eucaristia aparece assim como a síntese dos mistérios salvíficos de Cristo. → INÁCIO DE ANTIOQUIA, discípulo de João, sintetizará esse pensamento na sua célebre frase: "A Eucaristia é a *carne* de nosso Senhor Jesus Cristo, que *sofreu* pelos nossos pecados e que o Pai bondosamente *ressuscitou*" (*Ad Smyrn.* 7, 1). Finalmente o sentido da Eucaristia é expresso como a plenitude da vida que vem do Pai, que está contida no Filho e é transmitida por ele a ponto de realizar a imanência e a identificação vital: "Como o Pai, que é vivo, me enviou e eu vivo pelo Pai, assim aquele que comer de mim viverá por mim; [...] permanece em mim e eu nele" (vv. 57-56); esta comunhão acontece pelo dom do Espírito que vivifica a carne de Cristo e é ao mesmo tempo dom de Cristo ressuscitado aos seus discípulos (vv. 62-63); a vida plena de Cristo ressuscitado faz da Eucaristia o penhor da vida eterna e da ressurreição final: "e eu o ressuscitarei no último dia" (v. 54). João oferece-nos assim, numa profunda revelação das palavras do Mestre, o sentido pleno da Eucaristia numa síntese harmoniosa com todas as outras afirmações do seu Evangelho.

2. A EUCARISTIA NA VIDA DA IGREJA: ASPECTOS HISTÓRICO-LITÚRGICOS. Desde as primeiras gerações cristãs até os nossos dias a Igreja celebrou sempre a ceia do Senhor, fiel ao mandato de cumprir o seu memorial. A Eucaristia, coração da Igreja, registrou sensivelmente as próprias experiências dos cristãos e sofreu suas consequências. Em torno da mesa eucarística, através da teologia e da → LITURGIA, a Igreja conservou a fé íntegra no mistério eucarístico, acentuando ora um aspecto, ora outro, sobretudo nas ocasiões de heresias eucarísticas; naturalmente, a ênfase de um aspecto comportou eventualmente o obscurecimento de outros com o risco de desvirtuar toda a realidade do mistério eucarístico. A própria celebração da Eucaristia sofreu evoluções, experimentou enriquecimentos teológicos na medida em que houve um progresso na penetração do mistério revelado, concretizou-se de diferentes maneiras segundo os tempos e as culturas. Assim, em torno da própria Eucaristia, observamos ao longo da história da Igreja evoluções e involuções, progressos e retrocessos, fervor e tibieza, séculos de equilíbrio na teologia e na liturgia, tempos nos quais se rompe a unidade de todos os aspectos do mistério deixando que um prevaleça sobre os outros. Mas a Eucaristia sempre foi o centro da vida da Igreja, o viático do seu caminho ao longo da história, a fonte da sua renovação interior, como nos demonstra a história da espiritualidade eucarística. É difícil tentar uma síntese histórica dessa evolução. Vamos nos limitar, portanto, às linhas gerais através da expressão da liturgia eucarística.

a) *Vida eucarística da Igreja primitiva*. As primeiras gerações cristãs vivem em torno da celebração eucarística, na alegria renovada da comunhão com o Senhor e na espera do seu retorno. Todos os aspectos doutrinais e vitais da revelação eucarística são colocados em destaque. A realidade central da presença do Senhor e a comunhão real no seu corpo e no seu sangue, o sentido sacrifical da Eucaristia são claramente afirmados pelos primeiros testemunhos da fé, Inácio, Ireneu, Justino. A fração do pão amadurece nos fiéis a consciência de ser um só corpo e nos revela suas exigências. A *Didaché* lembra a obrigação de comungar nos bens mortais pelo fato de participar dos próprios bens imortais; Justino é ainda testemunha da comunhão dos bens realizada ao final da celebração eucarística como sinal de caridade. A *Didascalia* dos apóstolos adverte os fiéis a não abandonar as celebrações eucarísticas para não privar o corpo de Cristo de um membro; Inácio enfatizará a necessária unidade na fé sob o bispo como exigência e ao mesmo tempo como fruto da Eucaristia que é una. As perseguições fazem com que os cristãos reencontrem o vínculo do próprio sacrifício com o de Cristo celebrado na Eucaristia. Assim, Inácio nos fala do seu martírio em termos eucarísticos: "sou trigo de Cristo"; Policarpo de Esmirna faz do seu martírio uma "Eucaristia", vinculando numa oração espontânea o seu martírio com a celebração do sacrifício de Cristo; inicia-se assim o tema da relação entre Eucaristia e martírio tão fecunda na literatura patrística; um exemplo clássico da passagem da celebração eucarística ao martírio é o que nos fornecem os *Atos dos mártires* sobre a comunidade de Abitene (século IV): o presbítero Saturnino e a comunidade de Abitene são presos e condenados por terem celebrado a Eucaristia (o "*dominicum*"); os mártires não o negam, aliás afirmam com força: "Não podemos viver sem celebrar a ceia do Senhor" (*sine dominico non possumus!*).

A celebração eucarística acontece de preferência no dia do Senhor, como recordação da ressurreição de Cristo. Observa-se uma pronta ritualização da "fração do pão" da comunidade apostólica, mas nos termos de uma celebração familiar como atesta a carta de Plínio a Trajano e mais claramente do leigo Justino na sua *I Apologia* quando nos descreve a Eucaristia dominical. Aqui a celebração já tem um esquema claro, mas não rígido, de leituras, orações, apresentação e consagração do pão e do vinho com a água, comunhão dos presentes e dos ausentes; esquema que permanece durante os primeiros tempos até a paz constantiniana com uma tendência a se ritualizar cada vez mais, perdendo sua característica familiar primitiva. A *oração eucarística*, centro e coração da celebração, registra os desenvolvimentos e os aprofundamentos do mistério e suas expressões existenciais; tem suas raízes nas "bênçãos" da mesa em uso entre os judeus, mas se desenvolve num sentido cada vez mais "cristão" à luz das realidades expressas por Cristo. A *Didaché* oferece-nos o primeiro ensaio de oração eucarística, ainda fortemente influenciada por expressões judaicas, mas aberta ao sentido genuíno da Eucaristia cristã e à sua dimensão eclesial; fala nela o relato da instituição, por isso alguns não reconhecem que seja nitidamente eucarística; outros, em contrapartida, procuram explicar sua ausência com a lei do arcano que aconselharia os cristãos a ocultar aquelas palavras; ao lado da chamada anáfora dos apóstolos Adai e Mari (que provavelmente carece também do relato da instituição), é o único caso de orações eucarísticas sem as palavras de Jesus; Justino, por outro lado, diz-nos explicitamente que as ofertas são "eucaristizadas" pelas palavras de Jesus. Fruto de um primeiro período de evolução dessa oração eucarística é o esquema doutrinal que Hipólito nos oferece na *Traditio apostólica*, descrevendo-nos a consagração de um bispo; nele já encontramos atitudes, formas e temas da oração eucarística que serão desenvolvidos na época posterior e que constituem a síntese da espiritualidade eucarística dos primeiros séculos da Igreja (cf. abaixo). A comunhão eucarística se faz sob as duas espécies e predomina a introdução do pão normal, fermentado. Na descrição que → CIRILO DE JERUSALÉM nos oferece do modo de comungar dos fiéis admiramos o respeito e a veneração com que é distribuído e recebido o pão eucarístico, o cuidado para com os fragmentos, o sentido de santificação do corpo; o fiel, de fato, explicam-nos as *Catequeses mistagógicas*, se aproxima para receber o pão colocando a mão esquerda sob a mão direita para que a mão em concha ofereça uma espécie de trono ao Rei do céu; igualmente Cirilo recomenda que se passem os dedos nos lábios, ainda úmidos depois de ter recebido o sangue de Cristo, e com eles se santifiquem os olhos. Diversos testemunhos, como o de Hipólito, recordam-nos o respeito pelos fragmentos eucarísticos que os fiéis levam da assembleia para fazer a comunhão durante a semana; sinal da fé na presença real mesmo além da celebração eucarística. Os almoços de caridade oferecidos pela Igreja aos pobres e aos necessitados são como o sacramento que vincula ainda a participação da única mesa eucarística e a caridade fraterna. Finalmente, a Eucaristia tem na consciência dos fiéis a sua dimensão de sacramento da imortalidade, penhor de ressurreição final como atesta a conhecida expressão de Inácio de Antioquia: "remédio de imortalidade antídoto contra a morte" (*Ad Eph.* 20); os fiéis, de fato, têm consciência de que se a sua alma pode ser unida a Cristo depois da morte, o corpo só pode sê-lo por meio da ressurreição corporal.

b) *A época de ouro da liturgia do Oriente e do Ocidente.* No período áureo da liturgia oriental e ocidental, os Padres aprofundam teologicamente alguns aspectos da Eucaristia em continuidade com a tradição precedente e em harmonia com os textos escriturísticos.

Merecem destaque especial o aprofundamento da Eucaristia como sacrifício que torna presente o mistério pascal de Cristo e a necessária contribuição por parte dos fiéis na oferta interior e na vida de caridade, tema caro a Santo → AGOSTINHO e expresso na sua célebre frase: "Este é o sacrifício dos cristãos, muitos somos um em Cristo".

É sobretudo a celebração litúrgica a que exprime a vida da Igreja. É o momento da afirmação das diversas famílias litúrgicas em torno das grandes sedes patriarcais, mas com mútuas influências rituais e doutrinais. Da simplicidade das liturgias domésticas dos primeiros séculos passa-se a uma ritualização cada vez mais complicada; o modelo estruturante da celebração não é mais o de um banquete, mas o de uma cerimônia solene na qual é enquadrada a Eucaristia; lugares, vestes, atitudes do culto pagão e do ritual imperial são "cristianizados" por exigências pastorais com o objetivo de oferecer aos novos cristãos um válido substitutivo das antigas liturgias pagãs.

O aspecto mais positivo desse período é a maturidade teológica e a riqueza espiritual das orações eucarísticas. É o momento em que começam a se tornar fixos e obrigatórios os formulários de orações eucarísticas das diversas famílias litúrgicas. Elas exprimem a confissão de fé da Igreja no mistério eucarístico e a vida que brota do mistério. Ao lado da variedade de orações com suas características encontramos uma grande unidade temática e uma constante das partes essenciais das anáforas. O relato da instituição, de que se desenvolvem certos detalhes e se ritualizam os gestos, está fundamentado na grande oração eucarística que tem geralmente estas partes: — o agradecimento com que se inicia a anáfora e que canta: os atributos de Deus (*oratio theologica*), o mistério de Cristo, ou todo o arco da história da → SALVAÇÃO (assim, por exemplo, na anáfora de São Basílio e na muito longa, de estilo acadêmico, do livro VIII das *Constituições apostólicas*); mas a atitude de agradecimento atravessa toda a oração e é expressa também na doxologia final (como no cânone romano); — a anamnese, o memorial, vem logo depois do relato da instituição, frequentemente ligado por alguma frase de ligação como a de Paulo: "todas as vezes que comerdes deste pão"; exprime a obediência da Igreja ao mandato de Cristo, que faz memória do seu mistério pascal (com alusões também à segunda vinda) tornando atual sua oferta e associando a ela a própria oblação; as palavras centrais que expressam essa atitude são, por exemplo, no cânone romano: "*memores... offerimus*"; — a epiclese ou invocação ao Pai para que envie o Espírito Santo; esta parte se aperfeiçoa e se desenvolve à medida que se aperfeiçoa a teologia do Espírito Santo; na tradição alexandrina encontramos uma primeira epiclese, ligada ao tema do *Sanctus*, para que os dons sejam repletos do Espírito, consagrados e santificados, e uma segunda invocação depois da anamnese pela aceitação do sacrifício e pela santificação dos participantes;

na tradição antioquena, ao contrário, a epiclese é única e é colocada depois da anamnese; essas invocações colocam em destaque a obra do Espírito para a consagração do pão e do vinho, para a santificação da Igreja, para a aceitação da oferta, para a transformação dos fiéis em oferta agradável a Deus; a continuidade com a tradição bíblica é evidente; — finalmente, as anáforas exprimem a recordação dos santos do céu, em uma espécie de memorial dos santos, e as intercessões por toda a Igreja, num modo genérico ou em forma detalhada e prolixa, dependendo das tradições; de qualquer modo, indicam o sentido pleno da Eucaristia como comunhão com toda a Igreja e como intercessão pelo mundo inteiro. Esses elementos de oração exprimem a espiritualidade eucarística desse período; são as atitudes da alma da Igreja "una" que celebra com a mesma fé o mistério eucarístico e o vive nos seus fiéis; o mesmo Espírito liberta na Igreja orante os sentimentos de agradecimento, de oferta, de intercessão, a súplica ansiosa pelo cumprimento de um mistério que supera as forças humanas. Embora a oração eucarística tenha sido sempre uma oração presidencial, reservada ao bispo ou ao presbítero que celebra a liturgia, ela revela a consciência de ser oração de toda a assembleia celebrante; em sua catequese, os Padres insistirão nessa dimensão eclesial e na correspondência que as coisas expressas pelo presidente devem ter no espírito dos fiéis; o "nós" da anáfora não é majestático, mas "eclesial"; os atores do mistério são todos os participantes (*nos servi tui sed et plebs tua sancta*), cada um de acordo com os próprios poderes sacramentais; o único ministro de Cristo e voz da Igreja é o presbítero; mas ainda "o consagrador de todas as Eucaristias continua a ser só Cristo, palavra feita carne, na medida em que ele é o dispensador do Espírito, porque se entregou à morte e ressuscitou por meio do poder desse Espírito" (Bouyer). As orações eucarísticas permanecerão assim os monumentos de fé e de vida eucarística da Igreja; o desconhecimento de tais orações por parte dos teólogos medievais e pós-tridentinos será uma das causas do empobrecimento doutrinal sofrido pela Eucaristia no seu todo, até nossos dias, nos quais a redescoberta delas é garantia de equilíbrio na doutrina eucarística e esperança de comunhão entre todos os cristãos na mesma fé eucarística.

c) *As devoções e as contribuições da Idade Média no Ocidente.* A múltipla crise eclesial, especialmente litúrgica, da Idade Média se reflete no modo de viver a Eucaristia. Esta perde o seu caráter popular e comunitário e se torna mais hierática: a oração eucarística é recitada em silêncio; desaparece pouco a pouco a comunhão sob as duas espécies, aumentam as missas privadas; o acréscimo no cânone romano das palavras *pro quibus tibi offerimus* revela a ausência de uma comunidade celebrante; os fiéis abandonam cada vez mais a mesa eucarística; na liturgia da missa entram cada vez mais as apologias do sacerdote pelos próprios pecados a ponto de obscurecer os elementos próprios do mistério eucarístico na plenitude com que os viveu a Igreja nos primeiros séculos. O vício das alegorias deforma a celebração da missa a ponto de convertê-la na mente de alguns alegoristas numa representação da paixão e morte do Senhor com bizarras interpretações de cada gesto e de cada cerimônia em sentido dramático. A crise litúrgica está vinculada à crise dogmática que tem no século XI, em Berengário de Tours, um dos primeiros negadores da presença real de Cristo na Eucaristia.

A negação de Berengário e sua condenação por parte dos Sínodos romanos suscitam no povo uma reação de fé na presença real eucarística; realismo que os vários "milagres eucarísticos" com hóstias e corporais manchados de sangue aumentam na mente dos fiéis. Nasce assim a veneração da presença de Cristo na Eucaristia por si mesmo, ou seja, sem conexão com as outras realidades do mistério; esta tem início com atitudes de devoção ambígua; os fiéis acorrem de igreja em igreja no momento da consagração pelo desejo de "ver a hóstia"; os sacerdotes se veem obrigados a prolongar a elevação do pão consagrado; a essa visão são atribuídas raras virtudes de curas etc.; ao mesmo tempo, em uma espécie de "jansenismo *ante litteram*", são exageradas as condições para receber a Eucaristia; da comunhão se passa à "visão" da hóstia consagrada; em 1215 o IV Concílio de Latrão será obrigado a prescrever a comunhão ao menos uma vez por ano sob pena de privação da sepultura eclesiástica. Esses inícios da devoção eucarística são realmente ambíguos pela novidade de certas formas, ignoradas pela tradição, pelas motivações às vezes supersticiosas em que se fundamentava, por ter suplantado as autênticas formas de vida eucarística da Igreja primitiva.

Contudo, a partir desse fenômeno se desenvolve toda a vida e a espiritualidade eucarística da Igreja do Ocidente até os nossos dias. A teologia e a espiritualidade medievais se concretizam na festa eucarística do Corpus Domini, estabelecida por Urbano IV em 1264 com a bula *Transiturus de hoc mundo*. → TOMÁS DE AQUINO será o teólogo e o poeta da Eucaristia na Idade Média. As formas de culto eucarístico floresceram e se desenvolveram com bênçãos, exposições, procissões teofóricas com o Santíssimo Sacramento. Com sua teologia e sua espiritualidade, a Idade Média trará um aprofundamento do mistério eucarístico em relação à presença real e pessoal de Cristo, verdadeiro Deus e verdadeiro homem na Eucaristia, e fará da adoração e do culto latrêutico dessa presença em todas as suas formas o modo mais popular de celebrar a Eucaristia; infelizmente, muitos outros aspectos serão ignorados e em certa medida, como no caso da missa como sacrifício, distorcidos por uma piedade pouco iluminada e por uma teologia decadente, a ponto de suscitar o protesto dos reformadores.

d) *A devoção eucarística do Concílio de Trento à renovação litúrgica.* A devoção eucarística dos últimos quatro séculos está sob o signo das devoções da Idade Média. A negação protestante da adoração eucarística e do sacrifício da missa endureceu a Igreja em suas posições. A obra do Concílio, tão válida no seu aspecto teológico em relação à presença real e ao sacrifício da missa, permaneceu inacessível em nível pastoral com a negação da introdução da língua comum na liturgia, a negação da comunhão sob as duas espécies para toda a Igreja, pedida primeiro em sentido polêmico pelos hussitas e requerida em Trento pelos bispos da Alemanha. Houve apenas um desenvolvimento do mistério eucarístico no nível de adoração e de comunhão; esta mais como adoração do Cristo presente que na sua amplitude teológica de participação do banquete. Em seguida se desenvolverão até nossos dias todas as formas de devoção eucarística tradicional: exposição, adoração das Quarenta Horas, adoração noturna, a visita ao Santíssimo Sacramento que terá em → AFONSO MARIA DE LIGÓRIO o seu grande divulgador, até a criação dos congressos eucarísticos de caráter diocesano, nacional e internacional que constituirão no nosso século a apoteose da Eucaristia; o primeiro deles foi celebrado em Lille, na França, em 1881, sob o incentivo de Emilia Tamisier (1834-1910). Fruto dessa devoção e como que confirmação de sua autenticidade foi o florescimento de Congregações e institutos religiosos dedicados à adoração do Santíssimo Sacramento, como os padres sacramentinos, fundados por São Juliano Eymard, e outras Congregações femininas, como as servas do Sagrado Coração, as adoradoras etc. Também certas escolas de → ESPIRITUALIDADE desse período tiveram uma orientação eucarística especial, da devoção sacrifical-sacerdotal da escola berulliana francesa até as famílias espirituais de Charles → DE FOUCAULD nos nossos tempos.

Essa predominância da devoção eucarística de adoração e das suas formas de culto fora da missa não nega de modo algum uma participação dos fiéis na comunhão eucarística durante esse período. Nos ambientes espirituais da Itália e da Espanha dos séculos XVI-XVII aumentou a prática da comunhão frequente. O rigorismo jansenista contribuiu de novo para a rarefação da comunhão entre o povo; a arquitetura do barroco fará dos tabernáculos das igrejas a manifestação de apoteose da Eucaristia, mas deixará a impressão de algo de distante, quase inacessível. Num tempo em que a liturgia eucarística é fortemente clerical e imita o cerimonial de corte, o povo se sente excluído da participação do mistério da missa, enquanto encontra no culto eucarístico de adoração formas mais apropriadas e compreensíveis para a sua mentalidade.

Uma visão exata da história da espiritualidade nesse período obriga-nos a ser cautelosos nos juízos negativos em relação às formas de culto eucarístico. Os frutos de santidade, as riquezas espirituais de santos e famílias religiosas, as formas populares de devoção eucarística, corroboradas por autênticos exemplos de vida cristã, estão ali para evitar julgamentos superficiais. Num longo período da história na qual a comunicação do mistério eucarístico era proibida e os tesouros da revelação eram vetados aos fiéis, essas formas de culto tiveram a tarefa de ser a "liturgia do povo" e mantiveram vivas as verdades de fé e o compromisso de vida cristã num grau talvez ainda não alcançado por nossas gerações que têm abertos os tesouros da → PALAVRA DE DEUS e a plena participação da liturgia eucarística com todas as suas riquezas.

e) *A redescoberta dos aspectos do mistério litúrgico no nosso século.* Em nosso século, enquanto se desenvolvem ainda e se afirmam as orientações e formas de devoção eucarística do período pós-tridentino, assistimos a uma progressiva redescoberta dos diversos aspectos do mistério eucarístico e à participação cada vez mais ativa dos fiéis na celebração da missa. Podemos dizer que com Pio X começa esse movimento de redescoberta com o decreto sobre a comunhão frequente e sobre a comunhão das crianças, *Sacra tridentina Synodus* e *Quam singulari*.

A renovação litúrgica iniciada por D. Guéranger estende-se progressivamente na Bélgica com D. L. Beaudouin e passa à Alemanha. Os esforços de redescoberta dos valores teológicos e pastorais da Eucaristia através das fontes da liturgia primitiva, os escritos dos Padres e o interesse pela Bíblia não acontecem sem uma crise das formas litúrgicas tradicionais. A alegre redescoberta das liturgias eucarísticas primitivas na Alemanha, em condições de vida catacumbais, sob a perseguição de Hitler, provoca um entusiasmo pelas antigas formas litúrgicas; mas ao mesmo tempo uma nítida rejeição de todas as outras formas de devoção que durante os séculos haviam suplantado o culto dos primeiros cristãos. A crise da Alemanha, denunciada com vigor em Roma por alguns bispos, leva Pio XII a assumir o movimento litúrgico. A encíclica *Mediator Dei* de 1947 será o primeiro grande documento sobre a liturgia; nele o papa, no que diz respeito à devoção eucarística, traçará uma síntese de conciliação entre o velho e o novo na Igreja. A celebração eucarística com a comunhão frequente que é encorajada, a participação do povo fundada no → SACERDÓCIO DOS FIÉIS, são colocadas no lugar correto como a forma primária da experiência eucarística da Igreja; ao mesmo tempo as formas de devoção eucarística tradicional são preservadas e fundamentadas com argumentos teológicos. É o início da reforma litúrgica de caráter universal que o Vaticano II levará a termo.

Nos últimos tempos a vida eucarística da Igreja desfruta a plena afirmação e assimilação da reforma litúrgica pós-conciliar. Em nível teológico foram recuperados todos os aspectos da Eucaristia: memorial, sacrifício de Cristo e da Igreja, banquete de comunhão com Cristo e com os irmãos. Precisamente a predominância da celebração eucarística mesmo nas horas dedicadas em outros tempos a formas de culto de adoração deslocou o acento, na vida dos fiéis, do culto da presença e da adoração para o da participação na missa e na comunhão; os próprios congressos eucarísticos recentes mostram a evolução do pensamento teológico. A celebração tende para formas mais simples, familiares, participadas.

A vida eucarística reflete em suas orientações as tendências da espiritualidade moderna, o compromisso de caridade; o acento se desloca do *sacramentum* à *res sacramenti*, não sem riscos. As formas tradicionais (procissões, exposições) estão em baixa, ainda que geralmente não se negue sua legitimidade, e se tende para formas mais sóbrias como a oração diante do Santíssimo Sacramento. Contra opiniões que negaram a legitimidade do culto eucarístico fora da missa, Paulo VI reforçou a fé da Igreja na encíclica *Mysterium fidei*. No âmbito da reforma litúrgica pós-conciliar, a Congregação para o Culto Divino regulamentou essas expressões de devoção eucarística com o *Rito da comunhão eucarística fora da missa e do culto eucarístico* (1973).

Em 1980, João Paulo II publica sua carta aos sacerdotes sobre o mistério eucarístico, *Dominicae coenae*, à qual se segue uma instrução da Congregação para o Culto Divino, *Inaestimabile donum*. O significado desses dois documentos é evidente: corrigir os abusos que se infiltraram na celebração da Eucaristia, favorecer o sentido do mistério e do sagrado que envolve a liturgia eucarística, favorecer uma retomada do culto eucarístico fora da missa, um tanto negligenciado nos últimos tempos. Ao lado dessas perspectivas, o documento de João Paulo II que se recomenda para uma rica documentação litúrgica, patrística e magisterial propõe alguns temas que são hoje objeto de um aprofundamento teológico, pastoral e espiritual sobre o mistério eucarístico: como, por exemplo, a relação fecunda entre Eucaristia e Igreja, liturgia eucarística e caridade, no amor efetivo do próximo e no compromisso social que brota da dignidade de cada ser humano. Com palavras aflitas, o papa lembra o sentido sagrado da Eucaristia, reavalia o seu caráter sacrifical, a relação entre a palavra e o corpo do Senhor, o respeito pelas normas legítimas da Igreja na celebração de um mistério que é um bem comum de toda a Igreja.

3. A CELEBRAÇÃO EUCARÍSTICA: DIMENSÕES TEOLÓGICAS E ORIENTAÇÕES DE ESPIRITUALIDADE. Uma autêntica vida eucarística deve ser iluminada pela teologia que, partindo dos dados bíblicos e da experiência da Igreja em oração, concentrou suas afirmações em alguns pontos chaves do mistério: o guia seguro dessa teologia é o magistério da Igreja que constantemente, mas de maneira particular em momentos de crise, voltou a propor a nova doutrina da fé: ora em sentido negativo, condenando os erros e heresias, ora de maneira positiva, apontando as riquezas e os compromissos de vida cristã contidos no memorial do Senhor; os textos do Vaticano II nos servirão de orientação ao lado das orações eucarísticas da liturgia atual ao traçar a síntese de teologia e espiritualidade eucarística; eles reúnem as riquezas da tradição da Igreja e exprimem em sentido pleno o modo de viver a Eucaristia no equilíbrio de todos os seus aspectos, que são como raios do único sol.

a) *O diálogo entre Deus e o seu povo*. A Eucaristia como vértice da liturgia é "história da salvação em ação". Na atual organização da reforma pós-conciliar tem em comum com as outras celebrações sacramentais a liturgia da Palavra, elemento originário das celebrações eucarísticas primitivas (cf. Justino), agora proposto em geral para todas as outras celebrações dos sacramentos; muitas vezes, também a celebração eucarística é o modelo da celebração de outros sacramentos. Como toda liturgia, supõe uma assembleia celebrante, a *ekklêsia*, estruturada segundo os dons hierárquicos e carismáticos da comunidade eclesial na variedade de ministérios e de funções; mesmo se o signo pode ser reduzido ao mínimo, apenas ao sacerdote celebrante, a celebração eucarística terá sempre o seu caráter eclesial e comunitário como ato de toda a Igreja.

Os ritos iniciais enfatizam a existência dessa comunidade congregada no nome do Senhor que desfruta da sua presença espiritual, que se purifica antes de entrar no santuário da Palavra e da Eucaristia; o ato penitencial deveria ter esse sentido de purificação inicial para entrar na santificação através da Palavra e da Eucaristia. Inicia-se assim o dinamismo dialogal da celebração, precisamente pelo ritmo da história da → SALVAÇÃO: Deus fala ao seu povo; a Igreja escuta e responde com fé.

A liturgia da Palavra, no seu dinamismo de leituras e de salmos responsoriais, aclamações e profissões de fé, instaura a comunhão entre Cristo, presente na Palavra, e a sua Igreja. A palavra da Igreja interpreta a mensagem bíblica, atualiza-a, inserindo-a no hoje da experiência dos fiéis. Finalmente a oração universal que encerra a liturgia da Palavra abre os horizontes da Igreja às necessidades de toda a humanidade próxima e distante para confiá-los ao Pai.

Esse esquema, originário da Eucaristia primitiva, hoje comum a todas as celebrações, tem uma relação estreita com a liturgia eucarística. O anúncio de salvação torna-se realidade no memorial da morte e da ressurreição de Cristo; a Palavra proclamada atinge o seu ápice no relato da instituição em que é proclamado e realizado o querigma original da salvação; a revelação de Deus tem a sua resposta na grande oração de agradecimento da Igreja. Palavra e Eucaristia estão intimamente unidas no dinamismo de comunhão entre a Trindade e a Igreja.

b) *A Eucaristia como oração*. A Eucaristia aparece na experiência dos fiéis como uma oração-ação; esta é a sua estrutura; um diálogo inquieto da Igreja com o Pai por Cristo no Espírito, no qual a Igreja tem consciência de obter o que pede e de tornar real tudo o que comemora, numa completa confiança em relação às palavras de Cristo: "Fazei isto em memória de mim". No decorrer da oração eucarística, nos lábios da Igreja afloram as atitudes mais nobres da oração cristã: o agradecimento, a invocação, a confissão de fé, o relato das maravilhas de Deus, a oferta da própria existência, a intercessão ardente por todas as Igrejas e por todos os fiéis vivos e mortos; a Eucaristia é assim a fonte, o ponto alto e a norma da oração da Igreja. Esta é a teologia a Eucaristia como oração, sua necessária dimensão trinitária e ascensional, sua essencial verticalidade no pedir e no receber.

I. *O agradecimento*. A Eucaristia, como exprime a etimologia, é o grande agradecimento ao Pai pelas maravilhas realizadas na história da salvação, tornadas atuais em Cristo pela Igreja no mistério eucarístico; de fato, para ele convergem todas as obras do Antigo Testamento, dele nasce toda a riqueza do Novo Testamento, a seu encontro caminha a Igreja neste tempo de salvação. O agradecimento é a oração adulta de quem sabe conhecer e reconhecer os dons recebidos e de quem os recebe; é a oração adulta da Igreja que glorifica, que rende glória ao Pai, no reconhecimento de seus prodígios. Todas as anáforas são penetradas por esse sentido de agradecimento, desde os prefácios romanos, desde o relato da *Historia salutis* da IV oração eucarística, até a anamnese ("te oferecemos em ação de graças") da III, até a doxologia final. Temos, portanto, uma atitude de vida que deve atravessar uma autêntica espiritualidade eucarística, ou seja, a de louvor, glorificação, reconhecimento pelas maravilhas de Deus na criação e na redenção.

II. *A oferta sacrifical*. A oração eucarística expressa o sentido completo do memorial de Cristo na oferta sacrifical do seu sacrifício; a fórmula clássica do cânone romano "*memores... offerimus*", liga indissoluvelmente a celebração do memorial e a oferta da vítima santa na recordação que se torna presença de todos os mistérios de Cristo, incluindo especialmente a bem-aventurada paixão, a ressurreição e a ascensão, mas sem esquecer o mistério da → ENCARNAÇÃO, como fazem algumas orações eucarísticas orientais e a espera da vinda gloriosa na glória. A Igreja, oferecendo a vítima que o próprio Pai preparou, reconhece o dom do sacrifício de Cristo, oferece o que lhe foi doado (a fórmula romana "de tuis donis ac datis" e a oriental: "te oferecemos aquilo que vem de ti") e apresenta também a si mesma juntamente com Cristo como vítima agradável em louvor de sua glória. Realiza-se desse modo o ideal da mais pura teologia do sacrifício eucarístico como sacrifício de Cristo e da Igreja segundo a feliz fórmula agostiniana: "A Igreja celebra este mistério com o sacramento do altar, conhecido por todos os fiéis, porque nele se revela que na coisa que oferece a si mesma é oferecida. [...] Ele quer que o sacramento cotidiano dessa realidade seja o sacrifício da Igreja, a qual, sendo o corpo dele enquanto cabeça, sabe que por meio dele oferece a si mesma" (*De civ. Dei*, 10, 10.20: *PL* 41, 298).

III. *A invocação do Espírito Santo*. O cumprimento do memorial eucarístico supera as forças humanas da Igreja; na medida em que os fiéis aprofundaram o papel do Espírito na economia da salvação e no mistério de Cristo, desenvolveu-se a epiclese nas suas diversas expressões. De fato, é o Espírito quem intervém na encarnação de Cristo, na sua ressurreição; a ele é atribuído tudo de maravilhoso que Deus realiza na história da salvação. Cristo cumpriu o seu sacrifício "no Espírito Santo". A humanidade de Cristo repleta de Espírito é a fonte da santificação dos fiéis e da humanidade da Igreja. Essa teologia pneumatológica da Eucaristia, acentuada especialmente no Oriente e contida nas anáforas, está presente hoje nas nossas preces eucarísticas nos diversos matizes que atribuem ao Espírito a consagração das ofertas, a aceitação da oferta por parte de Deus, a sua efusão santificante sobre os comungantes para fundi-los no único corpo, a obra de transformação da Igreja em oferta agradável ao Pai: "Santifica estas ofertas com a efusão do teu Espírito para que se tornem para nós o corpo e o sangue de Jesus Cristo"; "concede a todos os que comerem deste único pão e beberem deste único cálice que, reunidos num só corpo pelo Espírito Santo, se tornem uma oferta viva em louvor da tua glória".

IV. *As intercessões*. Na Eucaristia a Igreja toma consciência dos seus limites locais e exprime na oração a comunhão com as outras Igrejas, com a hierarquia, com o bispo de Roma, centro de unidade e presidente na caridade; o mistério eucarístico, como celebração da *catholica ecclesia* presente na Igreja local celebrante, deve estender sua influência santificante a todos os fiéis; o tema é expresso na oração eucarística da *Didaché*: "Do mesmo modo que este pão partido havia sido semeado sobre as colinas e depois foi recolhido para se tornar um, assim também seja reunida a tua Igreja desde os confins da terra no teu reino... Lembra-te, Senhor, da tua Igreja; liberta-a de toda adversidade e torna-a perfeita no teu amor". A Eucaristia, sinal e causa da unidade das Igrejas espalhadas (é esse o sentido primitivo da *sanctorum communio* do Símbolo dos apóstolos: a comunhão nas coisas santas), registrou com dor nessas intercessões, e registra ainda hoje, os cismas e as divisões da história da Igreja. Como comunidade de salvação, a Igreja celebrante se dá conta de que o mistério eucarístico é para a salvação do mundo e amplia os horizontes da sua intercessão a todos os fiéis vivos e mortos para que sejam alcançados pela salvação de Cristo. A Igreja aparece assim neste momento no seu papel de intercessão orante pela salvação de todos os homens.

c) *A Eucaristia presença de Cristo*. A Eucaristia é a presença de Cristo. Na celebração eucarística chega a seu ápice de realismo e de simbolismo a presença de Cristo manifestada no sinal da assembleia, transmitida através da Palavra. Ao cumprir o memorial, a Igreja tem a certeza de que, pela invocação e obra do Espírito Santo e pela proclamação eficaz das próprias palavras da instituição eucarística, o seu Senhor glorioso, com o poder que tem sobre todas as coisas, se torna presente realmente, pessoalmente, substancialmente no pão e no vinho, mudando a natureza destes na sua pessoa de Verbo encarnado que sofreu e foi glorificado, em toda a riqueza da sua humanidade impregnada de paixão e de glória, assim como ele está atualmente no céu; deixa, porém, intactas as espécies eucarísticas, ou seja, tudo o que sensitivamente aparece à experiência humana do pão e do vinho, de modo que possam desenvolver o seu papel sacramental de signos da realidade eucarística e veículos da comunhão com o próprio Senhor.

A fé da Igreja em relação a esse ponto é firme e intransigente. O magistério reafirmou solenemente essa confissão de fé na presença real do seu Senhor na Eucaristia, todas as vezes que houve alguma incerteza ou erro a esse respeito; desde a negação do realismo eucarístico feita por Berengário no século XI, até as afirmações parciais de Lutero e dos outros reformadores, no Concílio de Trento; diante das teorias ambíguas ou errôneas sob o nome de transignificação e transfinalização dos nossos tempos com a encíclica de Paulo VI *Mysterium fidei*. Uma espécie de reação instintiva da Igreja diante da negação ou atenuação da presença real de Cristo na Eucaristia, o tuciorismo dogmático em relação à mudança ontológica do pão e do vinho expresso na fórmula "transubstanciação" conservou intacta a doutrina da fé, fundamentada na revelação, até mesmo em benefício daquelas confissões cristãs que hoje recuperam à luz da → PALAVRA DE DEUS o sentido pleno da Eucaristia, após as dúvidas e as expressões polêmicas de outros tempos.

A teologia moderna procura colocar em destaque o sentido pessoal e glorioso dessa presença para evitar, como houve na história, atitudes que aceitavam um conceito demasiado "coisista" da Eucaristia ou concentravam a atenção em um Cristo sofredor, presente no altar na dor do seu sacrifício, ou fechado no tabernáculo no estado de vida que precedeu o seu mistério pascal. Com o Concílio de Trento, a Igreja afirma a presença eucarística de Cristo glorioso, do modo como atualmente está no céu, com a sua Pessoa divina, com a sua humanidade que passou pelo sofrimento e pela morte mas que se tornou viva e vivificante pelo Espírito. O Vaticano II se exprime de bom grado nessa linha pessoal e de síntese de mistérios quando fala da presença eucarística (cf. *PO* 5; *UR* 15). Igualmente se sublinha o sentido dinâmico e operante dessa presença como autocomunicação de vida à Igreja, como mediação sacerdotal em relação ao Pai na oferta do próprio sacrifício e do sacrifício da Igreja.

Os sinais do pão e do vinho nos quais Cristo realiza a sua presença desenvolvem o seu papel sacramental de manifestação e de comunicação real. São símbolos plenos da realidade de Cristo que revelam o sentido específico da sua presença como pão de vida, no memorial da sua paixão, veículo de comunhão plena que santifica todo o homem, também o corpo, chamado pela Eucaristia para a ressurreição final, sinal de unidade e comunhão entre todos os membros da Igreja. No pão e no vinho está prefigurada também a "Páscoa" do universo, a transformação de todo o cosmos, segundo a *Gaudium et spes*, n. 38, que fala da Eucaristia na perspectiva da transformação do mundo realizada inicialmente pelo mistério pascal: "O Senhor deixou para seus fiéis um penhor desta esperança e um viático para esta caminhada: aquele sacramento de fé, no qual os elementos da natureza, cultivados pelo homem, se convertem no Corpo e Sangue glorioso, na ceia da comunhão fraterna e prelibação do banquete celeste".

Na oração eucarística, a fé da Igreja na presença real do Senhor nos símbolos do pão e do vinho se expressa quer falando em termos simbólicos ("pão da vida", "cálice da salvação"), quer reais ("corpo", "sangue") ou pessoais ("vítima"). O sentido profundo dessa presença se revela através das categorias de sacrifício e de comunhão.

d) *A Eucaristia sacrifício de Cristo e da Igreja.* A Eucaristia é um sacrifício. O Concílio de Trento definiu como dogma essa afirmação da fé da Igreja diante da negação de Lutero. É a renovação do sacrifício da cruz com a mesma vítima e o mesmo sacerdote; só muda a forma: no Calvário de um modo cruento; no altar, de maneira incruenta. Na encíclica *Mysterium fidei*, Paulo VI reafirmou essa doutrina da Igreja.

Além das afirmações doutrinais do magistério, permanecem questões abertas no aprofundamento da missa como sacrifício relativo ao da cruz; por exemplo, o vínculo profundo que liga esses dois sacrifícios para além da afirmação do próprio sacerdote e da própria vítima, e a razão última que faz com que a missa seja um sacrifício. A questão é difícil também em vista de uma fé comum eucarística entre todos os cristãos, em virtude dos preconceitos das confissões protestantes. Vamos nos limitar a oferecer as linhas de síntese para uma compreensão mais plena desse mistério.

A via bíblica nos demonstrou como a Eucaristia, por vontade de Cristo, é um memorial do seu sacrifício redentor, o sacrifício de expiação da nova aliança, segundo as figuras bíblicas evocadas pelas palavras da instituição. Os sinais sacramentais, por sua estrutura simbólica e as palavras de Cristo que as acompanham, são na ceia a realidade antecipada da cruz, na ação profética levada a termo por Cristo, na realidade do seu espírito imerso já no sofrimento da paixão e na clara visão de tudo o que o espera. Depois da morte e da ressurreição de Cristo, Paulo confirma que a Igreja celebra a Eucaristia como um memorial no sentido semítico do termo ("evocação cultual que realiza e torna presente o que recorda"), quando diz aos Coríntios que toda celebração eucarística é o anúncio da morte do Senhor.

A liturgia evocou a ceia e a cruz nas suas celebrações não como uma simples narração, mas com a consciência de realizar um sacrifício litúrgico. Os termos sacrificais das orações eucarísticas são muito explícitos: "Oferecemos a vítima pura, santa e imaculada"; "te oferecemos este sacrifício vivo e santo"; "reconhece a vítima imolada para a nossa redenção"; "por esta vítima da nossa reconciliação". Mas a evocação do sacrifício está inserida no memorial de todo o mistério pascal recordado explicitamente na anamnese como uma realidade total e indivisível: "celebrando o memorial da morte e ressurreição do teu Filho", "celebrando o memorial do teu Filho, morto por nossa salvação, gloriosamente ressuscitado e elevado ao céu". É à luz da ressurreição que é necessário interpretar o sacrifício de Cristo.

A perspectiva de sacrifício glorioso, tão bem expressa na anamnese do cânone romano, não havia passado despercebida ao Concílio de Trento, que, ainda que de passagem, havia afirmado que na Eucaristia "são representados a vitória e o triunfo da sua morte". O Vaticano II falará quase sempre da Eucaristia nessa visão integral do mistério pascal como memorial da morte e da ressurreição de Cristo (cf. SC 6.47, LG 26, AG 14, PO 4.5, UR 15.22).

A teologia moderna, embora não excessivamente preocupada como em outros momentos da discussão sobre o sacrifício da missa, busca a solução à luz da visão sacerdotal da Carta aos Hebreus: Cristo é o sacerdote e a vítima gloriosa, "sempre vivo para interceder por nós junto ao Pai", com a sua alma aberta no seu amor oblativo pelo Pai por nós, com o seu corpo que traz os estigmas gloriosos da paixão para ser sacramento eterno do seu sacrifício redentor. Se o sacrifício da cruz persiste na sua essência, embora as circunstâncias históricas tenham desaparecido no tempo, é porque permanece no Cristo glorioso e se torna atual quando ele se torna presente especificamente na celebração litúrgica que evoca nas palavras, nos gestos e nos elementos a sua "bem-aventurada paixão". O ato eterno de Cristo se torna temporal todas as vezes que a Igreja celebra o seu memorial; o sacrifício da cruz torna-se nosso, contemporâneo na sua essência e nos seus frutos, naquele que desse sacrifício conserva a atitude de oferta para com o Pai e os sinais gloriosos da paixão no seu corpo. No plano do simbolismo, temos a evocação do ato histórico, no da realidade temos a essência daquele sacrifício naquele que é a própria vítima gloriosa e o mesmo sacerdote.

O sacrifício eterno de Cristo torna-se temporal no sacrifício da Igreja. A comunidade eclesial, pelo ministério específico do sacerdote que age em nome de Cristo e da Igreja, desenvolve a sua missão sacrifical de diversas maneiras. Realiza o sacrifício nos gestos, palavras e orações do memorial; apresenta ao Pai a oferta de Cristo, atualizando no tempo em benefício dos fiéis a oblação eterna realizada de uma vez para sempre: "nós te oferemos este sacrifício vivo e santo", "reconhece na oferta da tua Igreja a vítima imolada para a nossa redenção", finalmente associa a oferta de si mesma e de toda a humanidade à de Cristo. A Igreja é assim envolvida por Cristo na sua oferta ao Pai: "Que o Espírito Santo faça de nós um sacrifício agradável a ti"; Cristo associa a Igreja na sua oblação a ponto de poder afirmar que a verdadeira participação no sacrifício se realiza quando ela se oferece juntamente com Cristo; os fiéis, "participando do sacrifício eucarístico, [...] oferecem a Deus a vítima divina e com ela a si mesmos" (LG 11). No sacrifício eucarístico e na comunhão, a Igreja atinge a máxima atualidade existencial do seu ser, segundo a feliz frase de → BOSSUET: "O mistério do corpo de Cristo só se realiza quando todos os membros se fundem na unidade para se unir nele e com ele".

e) *Comunhão com Cristo e com os irmãos*. Na sua origem e na sua celebração, a Eucaristia é um banquete; o pão e o vinho nos indicam que se trata de algo para comer e beber; o mandato de Cristo é explícito: comam, bebam; até obrigatório no discurso sobre o pão de vida: "se não comerdes a carne do Filho do homem e não beberdes o seu sangue, não tereis a vida em vós" (Jo 6,53). Ainda que ritualmente separada da consagração, a comunhão assume o sentido pleno da Eucaristia e a própria teologia da oração eucarística exige que seja um só ato.

O sinal do banquete exprime a profunda realidade de uma comunhão com a pessoa de

Cristo, a doação da sua vida e do seu Espírito como princípio de vida nova, o esforço de identificação e de assimilação a ele, a participação-comunhão no seu sacrifício. O sinal pleno da comunhão é o do pão e do cálice; a comunhão no cálice, na sua ambivalência de alegria e aflição, exprime claramente a participação na alegria do Reino através da aceitação da vontade do Pai, como Cristo; o pão e o vinho da Eucaristia tornam-nos, segundo a expressão de → CIRILO DE JERUSALÉM, "concorpóreos e consanguíneos" com o Senhor glorioso; o penhor dessa comunhão é o dom que ele nos faz do seu Espírito na participação do sacrifício-banquete da nova aliança, como princípio vital que realizará em nós a assimilação à sua vida e aperfeiçoará a obra de santificação. A estrutura sensível do sacramento fala também da participação à qual o próprio corpo do cristão é chamado, segundo uma visão completa do homem.

A comunhão eucarística exprime o caráter nupcial do sacrifício da aliança. A Igreja esposa se une ao seu esposo, é por ele renovada, associada ao seu sacrifício, e antegoza a alegria do banquete escatológico. Cumpre em Cristo a sua "passagem" para o Pai em uma transformação progressiva que é prelúdio da Páscoa eterna: "a comunhão do corpo e sangue de Cristo não faz outra coisa senão transformar-nos naquilo que tomamos" (*LG* 26). Esse princípio teológico demonstra como para certas almas santas o momento da comunhão tenha sido a ocasião de um diálogo pleno com Cristo, a circunstância na qual atingiram o ápice da experiência mística (por exemplo, Santa → TERESA DE JESUS); o caráter esponsal e eclesial da comunhão justifica aquela visão de comunhão íntima e transformadora com Cristo que pode atingir pontos elevadíssimos de → EXPERIÊNCIA CRISTÃ; talvez hoje se minimize demasiado essa realidade que foi o eixo e o ponto alto da experiência eucarística dos santos nos últimos séculos.

A Eucaristia faz a Igreja. A plena comunhão de todos os membros, a *koinônia* eclesial tem na Eucaristia o seu sinal e a sua causa. Alimentados pelo único pão, temos a mesma vida, formamos o único corpo. A Eucaristia é comunhão em Cristo com os irmãos. O Concílio reafirma esse aspecto tradicional da Eucaristia em alguns textos principais: "A unidade dos fiéis que constituem um só corpo em Cristo é significada e realizada pelo sacramento do pão eucarístico" (*LG* 3), "somos elevados à comunhão com ele e entre nós" (*LG* 7). As orações eucarísticas o afirmam: "Doa a nós, que nos alimentamos do seu corpo e do seu sangue, a plenitude do Espírito Santo, para que nos tornemos em Cristo um só corpo e um só espírito".

A Eucaristia é, portanto, "sinal de unidade, vínculo de caridade" (*SC* 47); da comunhão eucarística brotam exigências de caridade, de comunhão dos bens espirituais e materiais, compromissos de promoção humana dos irmãos necessitados; "a missa é uma tranquila mas comprometida palestra de sociologia cristã" (Paulo VI). Como observou Lyonnet, a Eucaristia como sacrifício da nova aliança exige o cumprimento do preceito da caridade que resume os compromissos do novo pacto; João, o evangelista, que não falou da instituição da Eucaristia no momento da ceia, enfatiza, contudo, o preceito do amor recíproco, o serviço mútuo, as exigências da unidade. A Eucaristia é, segundo as palavras do Doutor Angélico, o sacramento do amor fraterno: "Como o batismo é chamado sacramento da fé, assim a Eucaristia é chamada sacramento da caridade que é o vínculo da perfeição" (*STh.* III, q. 73, a. 3, ad 3). A prática da comunhão dos bens que tinha na Eucaristia a sua fonte nas primitivas comunidades cristãs torna-se hoje uma das urgências mais vivas de uma espiritualidade eucarística. O Vaticano II resume essas orientações dinâmicas da Eucaristia na vida da Igreja com estas palavras: "Não se edifica nenhuma comunidade cristã se ela não tiver por raiz e centro a celebração da Santíssima Eucaristia: por ela, há de iniciar-se por isso toda educação do espírito comunitário. Para que esta celebração se realize de maneira sincera e plena, contudo, deve constituir-se da mesma forma em canal para as múltiplas obras de caridade e auxílio mútuo, para a ação missionária, bem como para as várias formas de testemunho cristão" (*PO* 6).

f) *Da celebração à vida*. A riqueza do mistério eucarístico exige que ela seja assimilada na oração e seja levada à existência concreta.

A devoção eucarística tradicional reservou para a assimilação do mistério eucarístico o chamado "agradecimento após a comunhão"; essa prática é bastante antiga, uma vez que Teodoro de Mopsuéstia já recomendava: "Depois de ter recebido a Eucaristia, elevarás obrigatoriamente a Deus a tua ação de graças e de bênção e a oferta de ti mesmo; permanecerás um pouco em oração para levar também aos outros o teu agradecimento". A assimilação pessoal do mistério exige o encontro pessoal com Cristo não apenas para adorá-lo presente em nós e agradecer-lhe pelo seu dom, mas também para fazer com que se depositem em nosso espírito todas as riquezas do mistério eucarístico e possamos experimentar a imanência dele em nós, a comunhão de vida que com ele nos une, a realidade do mesmo corpo que formamos com os outros irmãos. Na liturgia atual, teoricamente o momento de silêncio e de assimilação foi inserido na celebração, mas muitas vezes não se reserva o tempo psicologicamente necessário para essa comunhão espiritual com Cristo; é preciso prolongá-lo pessoalmente para que a Eucaristia passe mais facilmente à vida concreta; o abandono desse espaço de assimilação pessoal é um sinal de negligência para com o dom de Deus, influi negativamente sobre a inserção da Eucaristia na vida. A instrução *Eucharisticum mysterium* explica assim o sentido desta oração pessoal depois da comunhão: "A união com Cristo, para a qual está destinado este sacramento, não deve ser suscitada apenas durante o tempo da celebração eucarística, mas deve ser prolongada durante toda a vida cristã, de modo que os fiéis, contemplando ininterruptamente na fé o dom recebido, passem a vida de cada dia em ação de graças, sob a orientação do Espírito Santo, e produzam mais abundantes frutos de caridade" (n. 38).

A presença eucarística de Cristo permanece em nós enquanto duram as espécies sacramentais; assim a riqueza da comunhão com a humanidade gloriosa de Cristo se prolonga por certo espaço de tempo; mas o Senhor ressuscitado nos transmite e deixa em nós o seu Espírito para que a nossa comunhão com ele seja ininterrupta, possa ser reavivada a qualquer momento, produza em nós os frutos de assimilação dos seus sentimentos vitais; é esse o sentido que hoje tem na teologia a chamada comunhão espiritual; não se trata, em primeiro lugar, de um desejo de receber sacramentalmente o Senhor, como expressavam as fórmulas tradicionais, mas de reativar na fé e no amor a presença espiritual de Cristo em nós mediante o dom do seu Espírito de modo que se aprofunde cada vez mais a comunhão de vida trinitária iniciada pelo → BATISMO; o Espírito, com a nossa colaboração, realiza progressivamente aquela assimilação a Cristo da qual a celebração eucarística foi o início e o sinal sacramental.

A Eucaristia é também missão. A despedida dos fiéis expressa pelas palavras do celebrante ou do diácono, "A missa terminou; vão em paz!", frequentemente foi interpretada como o envio missionário dos fiéis no mundo. Para além das discutíveis aproximações verbais entre "missa" e "missão" ou da semelhança entre as palavras do envio missionário dos apóstolos por parte do Senhor, "ide e pregai" (Mt 28,19), há a própria realidade da Igreja que se "congrega" para a celebração e manifesta sua realidade de *ekklêsia*, mas ao mesmo tempo se "dispersa" no mundo e é epifania de Cristo entre os homens, o sinal da sua presença. A Igreja que é essencialmente peregrina e missionária vive no ritmo vital da Eucaristia e encontra nela como que o duplo movimento de "sístole" e "diástole". Ainda que a Eucaristia não seja indiferente para a salvação do mundo, não é precisamente o meio com o qual o mundo recebe a salvação e o anúncio de Cristo; isso ocorre mediante a vida dos fiéis que, nutridos pela Palavra e pela Eucaristia na celebração, tornam-se — com os frutos de caridade e os gestos de serviço, com a pregação do Evangelho e o convite a preencher os lugares ainda vazios da mesa eucarística à qual todos são convidados — a presença viva de Cristo entre os homens. A Igreja torna Cristo presente através daqueles sinais humanos de caridade e de serviço que remetem os homens ao Evangelho que se tornou vida.

Toda a vida do cristão tem, portanto, uma dimensão eucarística, de agradecimento, de comunhão com Cristo, de manifestação da sua presença no mundo, de união com os outros fiéis na caridade. Mas tem também uma dimensão sacrifical. Na linha da teologia veterotestamentária do verdadeiro culto, Jesus no Evangelho e os apóstolos em seus escritos enfatizaram como a vida cristã na fé e na caridade é o verdadeiro culto agradável a Deus; Paulo escreve aos Romanos: "Eu vos exorto, pois, irmãos, em nome da misericórdia de Deus, a vos oferecerdes vós mesmos em sacrifício vivo, santo e agradável a Deus" (Rm 12,1). A vida do cristão, em virtude do seu sacerdócio espiritual, torna-se culto, oblação, sacrifício agradável a Deus. A Eucaristia se prolonga na vida que se torna como que uma contínua "anáfora", oblação em virtude da união vital com Cristo e na participação de seu sacrifício: "Todas as obras dos fiéis, a vida conjugal e familiar, o trabalho cotidiano, o descanso do corpo e da alma, se praticados no Espírito, e mesmo os incômodos da vida, se suportados com paciência, tornam-se sacrifícios espirituais agradáveis a Deus por Jesus Cristo (cf. 1Pd 2,5), que na celebração eucarística são piedosamente oferecidos ao Pai juntamente com a oblação do corpo do Senhor' (*LG* 34).

g) *Aspecto escatológico da Eucaristia*. Na revelação do mistério eucarístico há uma clara perspectiva escatológica. A Eucaristia é já uma participação no banquete escatológico e é o penhor da ressurreição do corpo, como enfatizam os → PADRES DA IGREJA, também pela relação com o martírio cristão. A celebração eucarística das primeiras comunidades mantém viva e renova a espera da última e definitiva vinda do Senhor; nessas assembleias, como lembra a *Didaché*, ecoa o "Maranatha", "Vem, Senhor", expressão característica dos primeiros cristãos (cf. 1Cor 16,22; Ap 22,20). Os Padres da Igreja, a começar por Ireneu, põem em relevo a relação entre a Eucaristia e a ressurreição dos corpos; os cristãos que se alimentaram da Eucaristia levam em seu corpo os germes da imortalidade e mesmo depois da morte física esperam a ressurreição corporal para estar junto com Cristo. Mas a perspectiva da Eucaristia se amplia à promessa de céus novos e uma nova terra, como sugere no contexto o n. 38 da *Gaudium et spes*: "O Senhor deixou para os seus um penhor desta esperança e um viático para esta caminhada: aquele sacramento de fé, no qual os elementos da natureza, cultivados pelo homem, se convertem no Corpo e Sangue glorioso, na ceia da comunhão fraterna e prelibação do banquete celeste".

4. TEOLOGIA E ESPIRITUALIDADE DO CULTO EUCARÍSTICO FORA DA MISSA. Na Igreja católica do Ocidente, o uso antiquíssimo de reservar e conservar as espécies eucarísticas para a comunhão dos enfermos e dos ausentes deu origem a uma diversidade de cultos à presença de Cristo na Eucaristia mesmo fora da celebração eucarística. Vimos num breve panorama histórico a consolidação desse culto através da Idade Média até a época moderna, com as suas formas características e os frutos de santidade. Gostaríamos de oferecer agora os esboços de uma reflexão atual sobre o culto da presença eucarística nas suas linhas teológicas, nas suas atitudes, nas suas formas mais apropriadas.

a) *O fundamento teológico*. A Eucaristia é a presença real e permanente de Cristo Senhor sob as espécies sacramentais; onde quer que essas espécies se encontrem agora, elas devem ser guardadas com cuidado e nelas deve ser adorado Cristo Senhor presente. Essa presença de Cristo merece o culto de adoração devido a Deus, oferece a ocasião para entrar em comunhão com ele, o Emanuel, o Deus conosco. Essa é a síntese dos princípios dogmáticos sobre o culto eucarístico propostos pelo Concílio de Trento e reafirmados por Paulo VI na *Mysterium fidei*. O Vaticano II acolheu o eco da encíclica paulina sobre o culto eucarístico em um dos últimos documentos (*PO* 5 e 18). Não há nenhuma dúvida, portanto, sobre o fundamento teológico desse culto fora da missa, ainda que não tenha sido praticado desse modo na Igreja até a Idade Média. O magistério tem sólidos fundamentos na revelação bíblica do mistério eucarístico, no respeito e veneração com que as espécies sacramentais eram tratadas pelos primeiros cristãos, na reflexão teológica sobre a presença permanente de Cristo, nos frutos de santidade, no unânime consenso dos fiéis, confirmado também pelo culto implícito de latria com que mesmo os cristãos separados honram as espécies eucarísticas reservadas aos doentes e à qual se comungam na "liturgia dos pré-santificados".

A esses sólidos fundamentos dogmáticos e teológicos a reflexão hodierna acrescenta em favor do culto eucarístico algumas observações válidas, úteis especialmente para aqueles que contestam esse culto à luz da Bíblia ou da tradição dos primeiros cristãos. Vimos como a exegese moderna enfatiza o sentido pessoal da presença eucarística: "corpo", "sangue", "carne" significam toda a pessoa viva de Cristo; a atitude personalista da Idade Média e do culto eucarístico para com a Eucaristia tem sua plena justificação bíblica sem necessidade de recorrer ao princípio de "concomitância" para reencontrar o *totus et integer Christus* (Rahner). A conexão fortemente ressaltada por João entre Eucaristia e encarnação remete-nos a toda a teologia da presença de Deus no Antigo Testamento através dos diversos "sinais" da sua morada entre os homens, desde Cristo, Deus conosco, tenda, templo, morada e manifestação suprema da presença de Deus entre os homens; a Eucaristia, conservada no tabernáculo, prolonga de algum modo essa presença, ainda que em uma linha mais lógica seja preciso afirmar que na economia atual é a liturgia eucarística e é a Igreja o lugar da manifestação de Deus em Cristo; mas o culto eucarístico está estreitamente ligado à celebração eucarística e à Igreja local na qual se torna de algum modo o centro de referência fora da própria celebração: "A Eucaristia é conservada nos templos e nos oratórios como o centro da comunidade religiosa e paroquial, ou melhor, da Igreja universal e de toda a humanidade" (*Mysterium fidei*). Finalmente, a visão sacerdotal da Carta aos Hebreus que nos apresenta Cristo como a oferta eterna e permanente diante do Pai encontra, de algum modo, a sua representação sacramental na presença eucarística permanente, ainda que a atualização na oferta de Cristo por parte da Igreja seja exclusiva da celebração eucarística (Galot). Em relação aos costumes das primeiras gerações cristãs, Rahner nota como a devoção para com o altar onde se celebrava a Eucaristia, por sua relação com Cristo e com o seu sacrifício, encontra na adoração de Cristo no tabernáculo o seu desenvolvimento lógico e a sua concretização. Por último, se a prática pastoral moderna concede tanta importância ao culto da Palavra, às suas celebrações mesmo fora da missa, à sua exposição para a leitura e veneração por parte dos fiéis, parece ainda mais obrigatório o culto, a celebração e a adoração da Palavra feita carne conservada em nossos tabernáculos. Esses motivos, extraídos do enfoque bíblico e teológico moderno, valem especialmente na medida em que se fundamentam nas afirmações do magistério sobre a legitimidade e utilidade do culto eucarístico.

b) *As atitudes do culto eucarístico.* O culto eucarístico fora da missa deve ser vivido em conexão com a própria celebração e como prolongamento dela. A estrutura sacramental da santa reserva eucarística diz-nos que provém do sacrifício e tende à comunhão eucarística (*Eucharisticum mysterium*, n. 50). Nunca será, portanto, um substitutivo da celebração eucarística na devoção dos fiéis, mas o sacramento que prolonga a presença do Senhor e do seu sacrifício, que suscita o desejo da comunhão sacramental plena, que atualiza e aprofunda a graça da participação na liturgia eucarística.

Por isso devem prevalecer as atitudes próprias da oração eucarística: o agradecimento, a oferta da própria vida, a intercessão pela salvação de todos os homens. O fiel renova diante de Cristo a sua comunhão com ele, no sacramento da sua presença; se a comunhão espiritual com o Senhor pode ser reavivada a qualquer momento do dia, o sinal sacramental da sua presença facilita essa comunhão com ele. Esta se realiza com o diálogo familiar de palavras ou de silêncio diante daquele que é Palavra feita carne, resposta definitiva do Pai, e que contém em síntese todas as palavras da revelação. Assim, a oração, nas suas formas mais simples ou nas mais elevadas como a contemplação amorosa, a adoração, tem diante do tabernáculo o seu lugar e espaço privilegiado. Essa comunhão de vida faz com que Cristo envolva aqueles que estão diante dele nas suas mesmas atitudes para com o Pai pelo dom do seu Espírito; esse é em síntese o pensamento da Igreja sobre a adoração eucarística num dos seus mais recentes documentos: "A devoção que impele os fiéis a se prostrarem diante da Santa Eucaristia os atrai a participar mais profundamente do mistério pascal e a responder com gratidão ao dom daquele que, com a sua humanidade, infunde incessantemente a vida divina aos membros do seu corpo. Detendo-se junto do Senhor Cristo, eles desfrutam da sua íntima familiaridade e diante dele abrem o seu coração para si mesmos e para todos aqueles que lhes são caros e rezam pela paz e pela salvação do mundo. Oferecendo toda a vida com Cristo ao Pai no Espírito Santo, obtêm daquela troca admirável um aumento de fé, de esperança e de caridade. Desse modo, alimentam as justas disposições, para celebrar com a devoção conveniente o memorial do Senhor e receber frequentemente aquele pão que nos é dado pelo Pai" (*Eucharisticum mysterium*, n. 50).

c) *As formas do culto eucarístico.* Na pastoral atual devem prevalecer no culto eucarístico as formas mais sóbrias e íntimas. Sem negar a legitimidade de outras expressões tradicionais, como as procissões teofóricas ou as grandes manifestações de culto de adoração, hoje é mais difícil que no seu desenvolvimento e na devoção dos participantes tenham o mesmo significado de outrora; sempre que o pleno respeito, a veneração, a plena participação espiritual de uma multidão possa ser garantida sem suscitar reações negativas, e desde que as verdadeiras motivações de fé prevaleçam sobre outros motivos ambíguos de culto, essas expressões podem ter o seu sentido e contribuir para manifestar o senhorio de Cristo sobre todos os homens, a sua presença de Emanuel, Deus conosco, em meio aos homens do nosso tempo. O povo de Deus que acompanha com fé e devoção as procissões teofóricas com o Santíssimo Sacramento, exprime a sua condição de povo peregrino no meio do mundo, confortado, porém, pela presença do seu Senhor em torno do qual se reúne e pela esperança daquele que é o Senhor que vem e virá definitivamente no fim dos tempos para dar cumprimento à história.

Na vida espiritual de cada fiel e das comunidades cristãs devem prevalecer aquelas formas que a tradição garante como mais legítimas e eficazes e a Igreja assume na sua estrutura litúrgica, ou seja: a oração diante do Santíssimo Sacramento, máxima manifestação da presença de Cristo entre nós fora das ações litúrgicas, mesmo na forma simples da visita e adoração do Santíssimo Sacramento, de dia e de noite, a exposição solene com a bênção eucarística. Tudo deve ser feito de acordo com as normas litúrgicas que aconselham formas de celebração especiais com a proclamação da → PALAVRA DE DEUS, orações de louvor e de intercessão apropriadas, eventualmente também a inserção de uma celebração da liturgia das horas (→ OFÍCIO DIVINO), momentos prolongados de silêncio, cantos apropriados.

O valor do culto eucarístico e a força que brota dessa espiritualidade eucarística, corroborada por inúmeros frutos na história, não depende tanto das formas externas de celebração, mas dos sentimentos e das atitudes que devem permear o espírito dos fiéis e que devem estar em plena sintonia com as grandes atitudes da oração eucarística da Igreja: louvor, adoração, escuta, contemplação, oferta, intercessão, reparação, de maneira a alimentar a espiritualidade genuinamente eucarística da presença, do sacrifício e da comunhão com todas as exigências que foram descritas acima.

A Eucaristia, que é a própria presença de Cristo no seu mistério pascal, está no verdadeiro centro da fé e da vida da Igreja. Toda a espiritualidade cristã encontra nela a sua fonte e o seu ápice. Mas a celebração cotidiana do mistério eucarístico permanece sempre também uma autêntica escola dos grandes valores da espiritualidade cristã, uma espécie de "marca" que continuamente configura a comunidade cristã ao Cristo eucarístico. Torna-se, assim, "forma" da Igreja e imprime às pessoas e às comunidades um rosto eucarístico para que sejam no mundo transparência eficaz do mistério de Cristo, de maneira que, assim como Cristo é Eucaristia para a Igreja, seja a Igreja Eucaristia para a humanidade.

BIBLIOGRAFIA. 1) Obras gerais: *Eucaristia*. Roma, 1957; *Enciclopedia eucaristica*. Roma, 1962; BETZ, J. L'Eucaristia come mistero centrale. In *Mysterium Salutis*. Brescia, 1975, 229-287, vl. VIII; GERKEN, A. *Teologia dell'Eucaristia*. Roma, 1977; PIOLANTI, A. *Il mistero eucaristico*. Roma, 1983.
2) Estudos bíblicos: BENOÎT, P. I racconti dell'Istituzione dell'Eucaristia e il loro valore. In *Esegesi e Teologia*. Roma, 1964, 163-204, vl. I; GALBIATI, E. *L'Eucaristia nella Bibbia*. Milano, 1982; JEREMIAS, J. *Le parole della Cena*. Brescia, 1973; LÉON-DUFOUR, F. X. *Le partage du pain eucharistique selon le Nouveau Testament*. Paris, 1982.
3) Aspectos litúrgicos e históricos: *Anamnesis. Eucaristia. Teologia e storia della celebrazione*. Torino, 1983; BOUYER, L. *Eucaristia. Teologia e spiritualità della preghiera eucaristica*. Torino, 1968; CABIE, R. L'Eucaristia. In *La Chiesa in preghiera. Introduzine alla liturgia*. Brescia, 1985, II. CUVA, A. *Fate questo in memoria di me. Vivere la messa*. Roma, 1980; JUNGMANN, J. A. *Missarum sollemnia*. Torino, 1954-6, 2 vls.; RIGHETTI, M. *La Messa* (vl. 4 de *Storia liturgica*). Milano, 1966; THURIAN, M. *L'Eucaristia. Memoriale del Signore, sacrificio di azione di grazie e di intercessione*. Roma, ²1972.
4) Teologia e espiritualidade: AMATO, A. Eucaristia. In *Nuovo Dizionario di Mariologia*. Roma, 1985, 527-541; DURRWELL, F. X. *L'Eucaristia. Sacramento del mistero pasquale*. Roma, 1982; *L'Eucaristia. Aspetti e problemi dopo il Vaticano II*. Assisi, 1968; *L'Eucaristia. Simbolo e realtà*. Bologna, 1973; LYONNET, S. *Eucaristia e vita cristiana*; MAGRASSI, M. *Vivere l'Eucaristia*. Noci, 1981; *Nuovo Dizionario di Liturgia* vários verbetes: AUGE, A. Concelebrazione, 259-269; VISENTIN, P. Eucaristia, 482-508; CASTELLANO, J. Escatologia, 448-462; NEUNHEUSER, B. Memoriale, 820-838; SORCI, P. Mistero pasquale, 883-903; BROVELLI, F. Prece eucaristica, 1.083-1.094; NEUNHEUSER, B. Sacrificio, 1.285-1.303); TILLARD, J. M. R. *Pasqua della Chiesa*. Roma, 1965.

J. CASTELLANO

EUDES, JOÃO (São). 1. NOTA BIOGRÁFICA. Eudes nasceu em Ri, diocese de Sées, em 14 de novembro de 1601. Depois de realizar os estudos no colégio dos jesuítas de Caen, pediu para ser admitido no Oratório do padre → BÉRULLE, em 1623. Em 1625 foi ordenado sacerdote. Sua atividade sacerdotal desenvolveu-se no campo missionário, na assistência aos atingidos pela peste, na → DIREÇÃO ESPIRITUAL das irmãs beneditinas e carmelitas descalças sobretudo. Em 1641 fundou a "Congrégation de Notre-Dame de la Charité", sob a Regra de Santo Agostinho, cujas Constituições revelam a influência daquelas da Visitação, para cuidar da perseverança das mulheres de vida duvidosa convertidas nas missões. Congregação que em seguida foi estendida também às mulheres honestas. No mesmo ano iniciou as conferências aos párocos da área rural, tornando-se consciente da necessidade de fundar seminários para reunir os ordenados e formá-los nas virtudes e nas funções próprias do seu estado. Em 1643, abandonado o → ORATÓRIO, fundou a "Congrégation de Jésus et Marie", em 25 de março, dedicando-a à formação dos clérigos nos seminários e à renovação do espírito cristão no povo por meio das missões. A obra dos seminários, ainda que hostilizada, no final atingiu completo sucesso. Ao morrer havia instituído seminários em Caen (1650), Coutances (1650), Lisieux (1653), Rouen (1658), Evreux (1667) e Rennes (1670). Na organização interna inspirou-se no Oratório; como neste, os seguidores não fazem os votos, estão sob jurisdição episcopal, têm espiritualidade sacerdotal. Também foi obra sua a fundação das irmandades dos Corações de Jesus e de Maria e da "Société du Coeur de la Mère admirable", organizada de modo semelhante à Ordem Terceira. Morreu em 19 de agosto de 1680; beatificado por Pio X, foi canonizado por Pio XI.

2. OBRAS. Foi um dos escritores mais fecundos do século XVII, de estilo fácil e popular. Enquanto ainda no Oratório, publicou o *Exercice de pieté* (Caen, 1636), um opúsculo prático para todos os cristãos aos quais se ensinam as orações da manhã e da noite, a maneira de assistir à missa, de se confessar e de comungar. Posteriormente acrescentou a ele um *Abregé de la vie chrétienne* em nove artigos. Em 1637 publicou *La vie et le royaumme de Jésus dans les âmes chrétiennes*, em Caen; trata-se de um comentário prático das palavras de São Paulo, "*vivo autem iam non ego, vivit vero in me Christus*" (Gl 2,12). Ali se encontram as teorias de São Paulo sobre a nossa incorporação em Cristo; trata da vida e das virtudes cristãs, com os exercícios apropriados. Obra desenvolvida com nove anexos nas edições de 1648, 1662, 1670. Como subsídio para as missões, publicou *La vie du chrétien, ou le catechisme de la mission* (Caen, 1642), para ser empregado nas aulas de catecismo, e os *Advertissements aux confesseurs missionaires* (Caen, 1644). *La dévotion au T. S. Coeur et au T. S. Nom de la Bienheureuse Vierge* (1648) reúne o ofício e a missa desses dois mistérios aos quais, na edição de Caen, 1650 e 1653, acrescentou um discurso sobre a devoção ao coração de Maria. Em 1652 publicou em Caen os *Offices*, em honra de nosso Senhor Jesus Cristo, da Santíssima Virgem, de São José etc.; a edição de 1672, sempre de Caen, contém sua forma definitiva. Em 1654 foi publicado *Le contract de l'homme avec Dieu par le saint baptême*, em Caen, que depois teve frequentes reimpressões; nele analisa o conteúdo do → BATISMO, as promessas e as obrigações, o modo de viver segundo as promessas, a reparação quando se rompem e a renovação destas. *La manière de bien servir la sainte messe* (Caen, 1660) é um pequeno opúsculo. As *Meditations sur l'humilité et entrétiens intérieurs de l'âme avec son Dieu* (Caen, 1663) acabaram formando a oitava parte do *Royaume de Jésus*. *Le bon confesseur* (Paris, 1666) é uma adaptação dos *Advertissements aux confesseurs*. O *Manual de prières pour une communauté d'ecclésiastiques* (Caen, 1668) reúne as orações da Congregação de Jesus e de Maria, em grande parte obra sua. As *Règles de saint Augustin et Constitutions pour les religieuses de Notre-Dame de la Charité* (Caen, 1670) são inspiradas em parte nas da Visitação. Em 1676, publicou *l'enfance admirable de la très sainte Mère de Dieu*, em Paris. O mesmo espírito mariano encontra-se no volume *Le coeur admirable de la Mère de Dieu* (Caen, 1681), a obra mais importante: é dividida em doze livros, dos quais o último trata da devoção ao → CORAÇÃO DE JESUS. Com *Le mémorial de la vie ecclésiastique* (Lisieux, 1681), reúne instruções e conselhos para a vida sacerdotal; e *Le prédicateur apostolique* (Caen, 1685) é o primeiro tratado em francês sobre o tema. Em épocas posteriores foram editadas as *Règles et Constitutions* e as *Cartas* e opúsculos.

3. PENSAMENTO. O pensamento de João Eudes está em direta relação de dependência com o pensamento berulliano, do qual foi um grande divulgador: nele reencontramos as ideias sobre a importância, na vida cristã, da incorporação aos estados do Verbo encarnado, sobre o aspecto principal da virtude da religião, sobre a dignidade do sacerdote como a mais elevada entre todos os estados da vida cristã. A vida espiritual caracteriza-se pela adesão a Cristo não apenas de modo habitual, mas também atual, o que traz consigo a oblação a Cristo e a oração ou petição formal para que ele supra em nós tudo o que nos falta e para honrá-lo em nós mesmos. Nossa abnegação exige um esforço humano, mas antes de tudo é Cristo quem a realiza e devemos, portanto, deixá-lo livre. A → IMITAÇÃO DE CRISTO deve estar sempre presente na aquisição das virtudes até alcançar a participação dos seus estados e de seus méritos. A aceitação das teorias berullianas caracteriza-se pela importância que o santo dá à teoria sobre o coração de Jesus. Eudes celebrou durante muitos anos a festa de Jesus de Bérulle, mas no final trocou-a pela festa do coração de Jesus. Não se pode negar a prioridade formal da devoção de Eudes sobre a de santa Margarida. Discutiu-se o objeto formal de tal devoção. Alguns, como H. → BREMOND, viram no coração o símbolo da pessoa; outros, como Lebrun, afirmaram que o santo, sob o nome de coração, entendia primeira e principalmente o amor de Jesus, todo o seu amor, divino, espiritual e sensível, do qual o coração material é a sede, sendo a caridade divina o objeto da festa.

A resposta do cristão a Cristo não consiste apenas na adoração e no louvor, mas também e sobretudo no amor. O *Royaume de Jésus* insiste nesta ideia: Jesus é todo amor por nós e com um amor, amor puro, devemos corresponder (Prólogo). A sua mariologia e suas doutrinas sobre o sacerdócio seguem os passos de Bérulle, mas Eudes tornou-as mais acessíveis. Jesus é o fundador, o chefe do sacerdócio. Essa é a ordem mais perfeita, a que santifica as outras ordens, superior a todas, incluindo a angélica, inferior apenas à da maternidade divina, da qual, contudo, participa de algum modo. O sacerdócio é a obra mais excelente de Cristo e tem em si uma exigência de santidade superior à do estado religioso. A virtude fundamental que se exige do sacerdote é o → ZELO. Na doutrina da oração, segue Bérulle. É peculiar o tríplice → EXAME DE CONSCIÊNCIA cotidiano sobre o qual fornece esclarecimentos concretos: exame de previsão pela manhã, exame de erros à tarde e exame das disposições interiores ao meio dia; todos são marcados por diversos atos e por orações cuidadosamente determinadas.

BIBLIOGRAFIA. ALONSO, J. M. *El Corazón de Maria en san Juan Eudes*. Madrid, 1958; BOULAY, D. *Vie du Vén. Jean Eudes*. Paris, 1905-1908; GEORGES, E. *Saint Jean Eudes, modele et maître de vie mariale*. Paris, 1946; JOLY, H. *Saint Jean Eudes (1601-1680)*. Paris, 1926; LEBESCONTE, F. *La spiritualité de saint Jean Eudes*. Paris, 1952; LEBRUN, CH. – DAUPHIN, J. *Oeuvres complètes du vénérable Jean Eudes*. Vannes-Paris, 1905-1911, 12 vls.; ID. *La spiritualité de saint Jean Eudes*. Paris, 1933; MILCENT, P. *La spiritualité de la charité envers les pauvres selon saint Jean Eudes*. *XVII Siècle* 90-91 (1971) 47-56; ID. Jean Eudes (saint, 1601-1680). In *Dictionnaire de Spiritualité* VIII. 488-501; ID. *Un artisan du renouveau chrétien au XVIIe siècle. Saint Jean Eudes*. Paris, 1985.

F. ANTOLÍN RODRÍGUEZ

EUSÉBIO DE VERCELLI. Eusébio nasceu na Sardenha, provavelmente em Cagliari; indo a Roma ainda jovem, acompanhado pela mãe, foi nomeado leitor e permaneceu com essa função até ser eleito bispo de Vercelli (JERÔNIMO, *De viris illustribus*, 96). Durante a estada em Roma, teve ocasião de se encontrar com Atanásio, admirando sua santidade, a firmeza heroica na fé e a completa dedicação à Igreja. Atanásio certamente influenciou as escolhas de vida de Eusébio: o grande apego à ortodoxia nicena e o estilo de vida monástico (JERÔNIMO, *Ep.* 127, 5). Durante o Concílio de Milão (355), convocado por Constâncio II para impor o arianismo também no Ocidente, Eusébio defendeu Atanásio e por isso foi exilado em Citópolis (Palestina), depois na Capadócia e por fim no Egito. O exílio terminou em 362, data do "Concílio dos Confessores" convocado por Atanásio em Alexandria. De volta a Vercelli, Eusébio retomou a atividade pastoral e intensificou com seu clero o tipo de vida que podemos definir como cenobítica: uma comunidade organizada cuja vida é marcada pela oração, estudo e trabalho. Eusébio foi o primeiro no Ocidente (seguido depois por → AGOSTINHO) a associar, no seu serviço episcopal, a continência praticada nos mosteiros e a disciplina de quem deve governar a Igreja (AMBRÓSIO, *Ep.* 63). Assim, exercitando-se na prática do jejum e da paciência, pôde enfrentar os sofrimentos do exílio e educar um pequeno grupo de apóstolos que guiarão as Igrejas do norte da Itália.

Sob o nome de Eusébio foram publicadas três cartas. A primeira contém a resposta do bispo de Vercelli ao imperador Constâncio, que havia solicitado sua presença no Concílio de Milão (355). A segunda, escrita durante o exílio de Citópolis e dirigida ao clero e ao povo da diocese (355-360), dá notícia das pressões e dos maus-tratos infligidos ao santo por parte do bispo-carcereiro, o partidário do arianismo Patrófilo. A terceira, endereçada a Gregório de Elvira, não é, em geral, considerada autêntica. O protobispo de Vercelli morreu por volta do ano de 370.

BIBLIOGRAFIA. A carta certamente autêntica está reproduzida por BULHART in *CCL* 9 (1957) 104-109. BOUYER, L. *La spiritualità dei Padri*. 3/B: *Il monachesimo antico*. Org. por L. DATTRINO – P.

TAMBURRINO. Bologna, 1986, 245; CAPELLINO, M. *Storia di S. Eusebio di Vercelli e spiritualità del suo cenobio nella chiesa del IV secolo*. Roma, 1971; CROVELLA, E. *S. Eusebio di Vercelli*. Vercelli, 1961; DATTRINO, L. La lettera di Eusebio al clero e al popolo della sua diocesi. *Lateranum* 45 (1979) 60-82; ID. Eusebio di Vercelli: vescovo "monaco", vescovo "martire"? *Augustinianum* 24 (1984) 167-187; ID. *Il primo monachesimo*. Roma, 1984, 40-41.

L. DATTRINO

EUTRAPELIA. 1. DEFINIÇÃO. Foi definida por Santo Tomás *bona versio quia bene convertit aliqua dicta vel facta in solatium* (*STh*. II-II, q. 168, a. 2c.). Portanto é a virtude que modera o uso da brincadeira e da diversão; é o cuidado de se dedicar ao lazer de forma virtuosa e santa; é a virtude do bom-humor. O divertimento e a brincadeira são uma necessidade do ser humano. As potências da alma, as quais, em seu exercício, se servem das faculdades corporais, são limitadas em sua capacidade; e o espírito se cansa quer pela duração quer pela intensidade da utilização; em decorrência disso precisa de descanso, de lazer. O descanso do corpo ocorrerá suspendendo o exercício corporal; a mente, por sua vez, que no estado de vigília não pode suspender todas as suas funções, encontra o seu descanso em divertir (em sentido etimológico significa: tirar de… para aplicar a…) sua atenção a outros objetos agradáveis, diferentes dos que formam o seu trabalho habitual.

A busca e o uso de tais objetos agradáveis, que podem contribuir para a perfeição do homem, são regulados pela eutrapelia, que é parte subjetiva da virtude da → MODÉSTIA, e parte potencial da virtude da → TEMPERANÇA.

2. EUTRAPELIA E VIDA ESPIRITUAL. Sem dúvida é possível uma intensa vida espiritual também no exercício de uma diversão saudável e razoável. A alegria, de fato, pode ser buscada licitamente também nessas manifestações: contudo, exige a reta aplicação daquilo que a moral católica ensina sobre o uso dos divertimentos. Estes nunca são fim em si mesmos, mas por sua natureza são um meio para atingir o mais perfeito funcionamento de todo o homem, e como ação humana estão sujeitos à moral e não podem estar em contradição com nenhuma outra virtude cristã. Por isso, o limite da diversão é marcado não pela capacidade ou pelo desejo de aproveitar, mas pela necessidade de uma recreação honesta proporcional ao cansaço a ser compensado: ultrapassar esse limite significa fazer da diversão um fim em si mesma; permanecer voluntariamente abaixo do limite significa deixar de cumprir um dever, porque diminui a capacidade de trabalho. A diversão nunca deve impedir o trabalho habitual e nunca deve prejudicar as capacidades físicas e morais do sujeito; na sua natureza e no modo de se divertir deve formar uma ocupação conveniente ao homem segundo as diversas circunstâncias objetivas e subjetivas e nunca deve degradar sua dignidade; além disso, nunca deve ser ocasião de pecado para si nem para os outros.

Entendida nesse sentido, a diversão pode ser regulamentada pela virtude da eutrapelia: não está portanto desvinculada da vida espiritual do homem, mas pode tornar-se ocasião de virtude e de mérito, sobretudo se inspirada ou pela obediência, como pode ocorrer para um religioso, ou pela caridade que impele a se sacrificar pelos outros, como pode ocorrer para todo cristão que não está obrigado à obediência no uso do tempo e do lazer.

A eutrapelia pode ter uma dupla finalidade: tornar mais intenso o exercício das outras virtudes às quais está necessariamente unida e fazer com que a própria virtude pessoal seja mais apreciada pelos outros. A ascese cristã mostra santos prontos a se sacrificar pelos outros também nesse campo, tudo dirigido por uma virtude não comum, e sem por isso nada perder da própria dignidade e compostura.

BIBLIOGRAFIA. BIOT, R. *Il corpo e l'anima*. Brescia, 1948; ODDONE, A. I divertimenti e la vita cristiana. *La Civiltà Cattolica* 99 (1948/III) 463-474; ID. La moralità del piacere. *La Civiltà Cattolica* 99 (1948/IV) 463-476; ID. Lo sport nel pensiero di Pio XII. *Aggiornamenti Sociali* 8 (1952) 413-418; GRASSO, D. Turismo e pastorale. *La Civiltà Cattolica* 111 (1960/II) 574-587; GIANNATTASIO, F. Olimpiadi a Roma. *La Civiltà Cattolica* 111 (1960/III) 225-239; ALBINO DO MENINO JESUS. Valori ascetici del turismo. *Rivista di Vita Spirituale* 18 (1964) 339-351; MIRANDA ARRAIZA, J. M. La alegria virtud humana y virtud cristiana. *Vida Sobrenatural* 28 (1970) 7-18; MATTAI, G. Gioco. In *Dizionario Teologico Interdisciplinare*. Torino, Marietti, 1977, 209-217 (com bibliografia).

M. CAPRIOLI

EVÁGRIO PÔNTICO (Santo). 1. NOTA BIOGRÁFICA. Evágrio nasceu por volta do ano 345 em Ébora, no Ponto, e morreu por volta do ano 400 na solidão de "Celle", no Egito. Ordenado leitor por São Basílio e diácono por São → GREGÓRIO NAZIANZENO, por volta do ano 370 ingressa o círculo dos dois grandes mestres e vive suas primeiras experiências espirituais. Em Constantinopla, depois da partida de Gregório, é eleito arcediago pelo patriarca Nectário e desenvolve intensa atividade de pregador, especialmente contra os hereges. Atraído pela solidão e pelo desejo de maior perfeição, toma o caminho de Jerusalém, onde cai vítima de grave doença. Curado, decide transferir-se para o Egito, seguindo também as sugestões de Santa Melânia, e se encerra entre os montes da Nítria sob a orientação experiente de São Macário, o Jovem. Ali permanece por dois anos, fortalecendo o seu espírito na ascese e na contemplação. Deixa o mestre e procura, no silêncio de Celle, o clima mais apropriado para viver em contato com Deus. E em Celle passa o resto da sua existência no estudo, na transcrição dos códices, em jejuns e macerações.

2. ESCRITOS. É a figura característica do monge erudito: sua personalidade logo se impôs em um ambiente em que a cultura era muitas vezes quase nula. Foi graças a ele que a voz dos mestres alexandrinos e capadócios se fez ouvir no deserto, porque foi discípulo de ambos, mas discípulo de personalidade forte e grande inteligência.

Sua produção literária, vasta e original, perdeu-se em grande parte em razão das várias condenações (por parte de Justiniano, em 553, e por um Sínodo de Constantinopla) que sofreu pela fidelidade à memória e ao ensinamento de → ORÍGENES. Temos notícias de suas obras em Sócrates (*História eclesiástica*, 4, 23) e em Genádio (*Dos homens ilustres*, II). Os escritos remanescentes, chegados até nós em traduções armênias e siríacas ou latinas e em alguns fragmentos em grego, podem ser catalogadas nesta ordem (*Clavis Patrum Graecorum*, 2430-82): *Antirrético*, obra em oito livros contra os oito pecados capitais; a tradução latina de Genádio se perdeu; é uma coletânea de sentenças bíblicas. *Monástico*, coletânea de sentenças espirituais para os anacoretas, divididas em duas partes: a primeira de 100 máximas, denominada *Prático*, a segunda de 50, para os monges mais cultos, chamada *Gnóstico*. *Espelho para monges e monjas*, que chegou até nós no original grego e nas versões latina e siríaca, 600 problemas gnósticos de diferente conteúdo teológico e moral, divididos em seis *Centúrias*. 67 *Cartas* às quais se deve acrescentar a oitava do epistolário de São Basílio. Um pequeno *Tratado sobre a vida monástica* em particular sobre a quietude, em grego e siríaco. Quatro escritos atribuídos a São → NILO: 33 *Capítulos* de índole alegórica, *Sentenças* espirituais em quatro séries, *Da oração* e *Dos maus pensamentos*. *Comentários aos Salmos e aos Provérbios*, dos quais restam fragmentos notáveis. Perderam-se *Da indiferença*, lembrada por São → JERÔNIMO, e algumas *Sentenças* atribuídas a ele por Genádio; talvez seja de Evágrio o escrito *Os dez nomes hebraicos de Deus*, mas há dúvidas que seja de sua autoria o pseudoatanasiano *Da virgindade*. Outros escritos em siríaco e armênio são ainda inéditos.

3. DOUTRINA. A perfeição se realiza para Evágrio numa dupla ordem: prática e gnóstica: "o temor de Deus confirma a fé, é confirmado pela continência, que se torna estável pela paciência e pela esperança e pelas quais é gerada a impassibilidade, cujo fruto é a caridade; mas a caridade é a porta do conhecimento natural, à qual sucede a teologia e suprema beatitude" (*Monástico*, Preâmbulo). Esclarece-se a doutrina de Evágrio nas suas linhas fundamentais. A vida ativa ou prática é ordenada à contemplativa ou gnóstica da Trindade, termo de toda perfeição. A ascese do desapego, a oração, a luta contra os vícios e o demônio, o exercício das virtudes, são condição absoluta para dispor a alma aos graus mais elevados do encontro com Deus, ao estado de → APATHEIA, entendido como tranquilidade de espírito, domínio das paixões, pleno controle de si. É caminho árduo, subida íngreme e difícil, mas fecunda de bens que compensam, de modo inefável, os esforços realizados.

Que a oração seja contínua: "O sol, ao surgir, te veja com o códice (livro de oração), nas mãos... reza continuamente e lembra-te de Cristo que te gerou" (*Às virgens*, 4), porque o encontro com Deus na oração "torna a alma mais forte e pura para a luta" (*Monástico*, 2, 49). Que a purificação seja ativa, porque "quem quer que Deus habite nele, com grande diligência purifica a própria alma de todos os outros afetos" (*Centúrias*, 5, 39). De fato, a mente não pode ver o lugar que Deus ocupa na alma "se não se desvincula de todos os pensamentos que dizem respeito às coisas do mundo: não pode soltar-se e subir mais alto, se não se liberta dos afetos que a mantém ligada às coisas sensíveis; depõe os afetos (terrenos) por meio das virtudes, os simples pensamentos com a contemplação espiritual"

(*Monástico*, 1, 71). O desapego dos bens terrenos: como a vida e a morte não podem coexistir no mesmo indivíduo, "assim também a caridade com as riquezas" (*Ibid.*, 1, 9). Aliás, a caridade, na sua exigência totalitária, não só "é destrutiva das riquezas, mas também da nossa vida temporal" (*Ibid.*).

Que a → PRESENÇA DE DEUS seja alimentada e reavivada por santos pensamentos: estes, como o ímã, "movem e atraem" a mente para Deus (*Centúrias*, 2, 34) e transmitem energias para repelir as investidas do demônio, na tríplice direção: contra os mandamentos de Deus, contra o verdadeiro conhecimento e contra a teologia, ou seja, contra a caridade perfeita. Dos múltiplos exercícios ascéticos brota a "perfeita impassibilidade" (*Monástico*, 2, 60), que abre a porta para a gnose, ou seja, para o conhecimento de Deus e para a contemplação da sua realidade infinita, e enriquece a alma da caridade, a qual "é o estado altíssimo da alma racional no qual é impossível amar qualquer coisa deste mundo mais do que Deus" (*Centúrias*, 1, 86); caridade que é o resultado da purificação de todos os desejos corruptíveis e torna quem a possui capaz de renunciar a tudo, até mesmo à própria vida (*Cartas*, 60). Caridade que espiritualiza ao máximo a alma que "desfruta da contemplação da Trindade" (*Centúrias*, 3, 30).

A teologia ou gnose de Deus na caridade tem a suprema beatitude. Conhecimento de Deus não discursivo, mas visão pura, simples, imediata; e em Deus a alma vê a si mesma agora purificada, investida da mesma beleza divina. É claro que tal conhecimento não pode compreender Deus, enquanto ser infinitamente acima das criaturas, e que, em consequência disso, a visão de que goza a alma é também "infinita ignorância", a qual é, contudo, sempre o mais elevado ato e estado de conhecimento concedido à criatura.

Evágrio reconhece no caminho ascensional para o conhecimento de Deus a ajuda que oferecem os → ANJOS, os quais "por meio do conhecimento e da observância dos mandamentos divinos nos libertam de nossa maldade e nos tornam impassíveis; libertam-nos de nossa ignorância... e nos tornam sábios e espirituais" (*Centúrias*, 6, 35); e a influência, altamente positiva, de Cristo: "a carne do qual são as virtudes: quem come delas torna-se impassível; o sangue de Cristo é a consideração das suas obras: quem bebe dele é iluminado; o peito do Senhor é a ciência de Deus: quem nele apoia a cabeça é transformado em pregador das realidades divinas" (*Aos monges*, 118).

BIBLIOGRAFIA. BERTOCCHI, P. Evagrio Pontico. In *Bibliotheca Sanctorum* V, 356-363 (com bibliografia); BOUYER, L. *La spiritualità dei Padri* (Storia della Spiritualità 3/B). Bologna, 1986, 109-113 (ed. revista e atualizada por L. DATTRINO – P. TAMBURRINO); GUILLAUMONT, A. C. Évagre le Pontique. In *Dictionnaire de Spiritualité*, IV, 1.731-1.744; GUILLAUMONT, A. *Les "kephalaia gnostika", d'Évagre le Pontique et l'histoire de l'origénisme chez les Grecs et les Syriens*. Paris, 1962 (comentário indispensável ao pensamento de Evágrio); HAUSHERR, I. *Les Leçons d'un contemplative. Le traité de l'oraison Évagre le Pontique*. Paris, 1960; LEVASTI, A. Il piú grande mistico del Deserto: Evagrio il Pontico. *Rivista di Ascetica e Mistica* 13 (1968) 242-264; MARSILI, S. *Giovanni Cassiano ed Evagrio Pontico. Dottrina sulla carità e contemplazione*. Roma, 1936; RONDEAU, M. J. Le commentaire sur les Psaumes d'Évagre le Pontique. *Orientalia Christiana Periodica* 26 (1960) 307-348; VILLER, M. Aux sources de la spiritualité de saint Maxime. Les oeuvres d'Évagre le Pontique. *Revue d'Ascétique et de Mystique* 11 (1930) 155-184.239-268.331-336.

C. SORSOLI – L. DATTRINO

EXAME DE CONSCIÊNCIA. 1. DEFINIÇÃO E NATUREZA. Não é possível definir o exame de consciência sem fazer primeiro uma distinção. De fato, pode-se falar de tal exame em dois sentidos: como ato preliminar à confissão sacramental e como exercício ascético particular. No primeiro sentido, o exame de consciência consiste na busca voluntária e diligente dos próprios pecados em ordem a uma apropriada acusação sacramental. Embora não seja um ato integrante do sacramento da → PENITÊNCIA, normalmente é um pré-requisito necessário para ele, destinado a assegurar à acusação a integridade da matéria necessária. Para garantir ao sacramento tal propriedade existe uma obrigação grave de efetuar uma atenta reflexão sobre os próprios atos considerados sob o aspecto moral para estabelecer, com a maior clareza possível, sua natureza, gravidade, o número e as circunstâncias. A diligência com que se deve buscar tudo isso é a que os homens considerados prudentes costume empregar nas coisas muito importantes.

Como prática diferenciada, o exame de consciência é "um exercício de ascese individual, metódico e controlado que permite que o homem se conheça, tome consciência das próprias faltas, estabeleça as próprias responsabilidades, disponha-se ao perdão de Deus com uma sincera contrição, organize a própria vida com prudência visando um progresso moral e espiritual" (A. DELCHARD, Examen de conscience, in *Dictionnaire de Spiritualité*, IV, 1831). O pressuposto e o fundamento de qualquer trabalho espiritual é o conhecimento de si. Quem não conhece a si mesmo encontra-se na impossibilidade moral de progredir, ao passo que o claro conhecimento do próprio interior estimula à perfeição. O exame de consciência é o caminho para conseguir se conhecer profundamente tanto nas virtudes como nos defeitos, nas vitórias como nas derrotas. Tal prática tem tanta vantagem que é recomendada por toda a tradição espiritual e pelo magistério da Igreja como um meio normalmente requerido para o progresso na → VIDA INTERIOR. O caráter e as finalidades espirituais distinguem o exame de consciência que é realizado no cristianismo de práticas semelhantes encontradas fora dele.

Não é um exercício próprio do cristianismo se se o considera no seu aspecto exterior e técnico, mas o é no espírito que o anima. As principais manifestações da religiosidade humana comportam frequentemente também esboços de exame de consciência. As escolas filosóficas pitagórica, estoica e socrática o recomendavam, e homens como Sêneca e Plutarco o praticavam cotidianamente como fortalecimento psicológico, como terapêutica psicológica contra a angústia, como fator de distensão nervosa ou, no máximo, como elemento de uma moral naturalista e individualista de que o homem é o centro e a fonte, constituindo a medida com a sua natureza. Em uma visão igualmente naturalista se põe a atual psicologia do profundo para a qual o exame de consciência não passa de um meio terapêutico para evidenciar os complexos de culpa e para superar os desvios psíquicos que daí derivam. Sem menosprezar esses valores, a concepção cristã põe em relevo o aspecto religioso, moral e espiritual. A revelação mais antiga o apresenta como um pressuposto para um digno encontro com Deus no ato litúrgico, como uma reflexão do homem sobre si mesmo para descobrir a própria culpabilidade percebida nos castigos divinos que o afligem, como um juízo que o homem deve realizar sobre si mesmo antes de se aproximar da Eucaristia e como confronto das próprias disposições espirituais com a lei evangélica enunciada nas bem-aventuranças. Os primeiros Padres retomam a concepção estoica. Mais que um ato bem definido, o exame de consciência consiste numa contínua vigilância em que devem viver os cristãos por causa das perseguições. Com a paz de Constantino, talvez para se proteger da tentação da facilidade, começa a surgir e a se consolidar o exame de consciência propriamente dito, primeiro entre os simples fiéis e depois entre os monges. Enquanto o exame de consciência estoico é um monólogo, o cristão "é essencialmente um diálogo em que o fiel comprova a própria conformidade não à razão natural, mas à lei divina, a lei da caridade revelada pelo próprio Deus em Jesus Cristo" (J. C. GUY, Examen de conscience, in *Dictionnaire de Spiritualité*, IV, 1807). Tal espírito persevera na prática cristã e pouco a pouco se enriquece com referência ao conhecimento e presença de Deus e à oração, ao exercício das virtudes teologais e uma relação viva com Cristo, divino modelo ao qual devemos nos configurar. Os conceitos mencionados predominam numa ou em outra escola de espiritualidade, dando origem aos diversos métodos, e são fruto de maior aprofundamento do tema por ocasião de objeções feitas ao exame de consciência, partindo ora de uma pretensa fragmentariedade da vida espiritual inerente a tal exercício, ora do perigo de se deter nos detalhes, perdendo de vista o essencial do trabalho espiritual, ora da secreta busca de si que favoreceria, ora enfim da excessiva valorização do esforço humano no progresso espiritual (cf. I. NOYE, Examen de conscience, in *Dictionnaire de Spiritualité*, IV, 1829).

Para o cristão, portanto, o exame de consciência não se reduz ao conhecimento de si, ao recolhimento ou à simples atividade da consciência moral: ele é, no fundo, ato de vida em Deus que, no processo de interiorização, o homem descobre no próprio íntimo e que é, ao mesmo tempo, juiz e pai misericordioso pronto ao perdão quando encontra humildade de confissão, propósito de reparação e docilidade à sua vontade. Além disso, nunca deve ser considerado como realidade isolada, mas no conjunto da → ASCESE: de fato, é inerente a todos os seus momentos de oração, requer o exercício das virtudes morais e é sustentado pelas teologais. Apresenta-se, assim, como instrumento de livre cooperação com o obra de Deus, dispondo a alma às mais profundas purificações e fazendo viver e agir em Deus através da docilidade para a graça. O caráter espiritual e teologal do exame de consciência impõe as disposições interiores com que deve ser realizado: "o exame deve ser feito num clima de oração, na presença de Deus, com a preocupação de se conformar à vontade de Deus e de ser dóceis ao Espírito Santo" (*Dictionnaire de Spiritualité*, IV, 1838).

2. OBJETO E DIVISÃO. Enquanto o exame de consciência é feito tendo como objetivo a confissão, tem como objeto direto os pecados que constituem a matéria do sacramento da penitência, o exercício ascético, em contrapartida, versa não só sobre os lados negativos da situação espiritual, mas também sobre os positivos. Imediatamente, o exame de consciência leva a julgar os atos, mas se completa e se torna profícuo quando através dos atos revela os hábitos que conduzem a eles: só assim o exame pode oferecer um juízo total de si diante de Deus e tornar clara a própria configuração espiritual. Todo exame deve tender a isso, mas essa é uma tarefa específica do exame particular. Ele leva a descobrir a disposição principal tanto no bem como no mal, disposição que subordina e condiciona todas as outras. Acenou-se assim à divisão principal do exame de consciência.

Único na essência, o exame de consciência pode assumir vários matizes. Em referência ao objeto que se leva em consideração, ele se divide em *geral* e *particular*. O primeiro se ocupa de toda a atividade moral e espiritual de períodos de tempo de diferentes durações (dia, mês, ano, toda a vida); o segundo, por sua vez, diz respeito a um ponto especial (uma falha a ser corrigida ou uma virtude a ser cultivada) sobre o qual se pretende concentrar a atenção e os esforços. Nem sempre os dois exercícios são diferentes, podendo-se muito bem conciliar num mesmo ato, em que precede um olhar de conjunto para as ações do dia, com um ponto particular de aprofundamento. O mais importante é, sem dúvida, o exame particular. Santo Inácio o valorizava mais que a → MEDITAÇÃO; sua eficácia baseia-se, porém, numa escolha cuidadosa do objeto. Chegar-se-ia a conclusões pobres se essa escolha se fizesse por acaso e não depois de uma madura reflexão sobre os atos e sobre os motivos destes. Ele deve focalizar o defeito predominante e o exercício da virtude contrária. Os autores espirituais compararam o primeiro ao general-chefe do exército inimigo: quando ele é derrotado, todo o exército é desbaratado. Contudo, não se deve ter ilusões: as forças derrotadas mas não destruídas se coalizarão em torno de uma outra disposição principal, que se tornará, por sua vez, o objeto do exame particular. Seu ressurgimento não significa que não tenham sido realizados progressos verdadeiros no caminho da virtude: não só a virtude contrária foi favorecida, mas também todas as outras ligadas a ela. Em outras palavras, não é só um componente que melhora ou piora, mas é todo o organismo espiritual que sente a sua repercussão tanto no bem como no mal. O efeito é garantido pela convergência de todas as forças espirituais para um ponto. O exame de consciência particular "é uma aplicação à vida moral do princípio estratégico de evitar a dispersão das forças. Ele visa eliminar um a um os principais defeitos do indivíduo segundo a célebre frase da *Imitação de Cristo*: 'se a cada ano eliminássemos um vício, logo estaríamos perfeitos'".

O exame é essencialmente um olhar retrospectivo sobre aquilo que se fez ou se deixou de fazer. Contudo, não faltam autores que falam de um exame preventivo, realizado no início do dia. Ele tende a garantir a boa direção mediante o propósito de servir a Deus da melhor maneira possível, de cumprir com amor a sua vontade e de evitar os pecados ou os defeitos aos quais a debilidade humana de cada um está mais propensa. Tal exame se identifica na verdade com o primeiro momento do exame particular de Santo Inácio.

Do exame particular normalmente entendido, que visa descobrir as diversas manifestações de um defeito na multiplicidade do agir humano, se distingue um exame especial que recai sobre um único ato concreto importante para descobrir imediatamente eventuais falhas nele presentes (cf. ALBINO DEL B. G., *Compendio di teologia spirituale*, Torino, 1966, 313). Pode-se falar também de um exame comparativo a ser realizado em determinadas circunstâncias (exercícios, retiros) para comparar um estado atual da alma com o de um mês ou de um ano antes e avaliar se houve um progresso ou uma piora na vida espiritual, determinar suas causas e estudar as eventuais soluções para isso (cf. *Ibid.*).

O padre Pollien (*A vida interior simples*, 502) fala também de um exame habitual diferente do atual. Ele consiste na repetição fácil e frequente do simples olhar, na qual consiste essencialmente o exame, a ponto de se habituar a ele e não saber mais distinguir se se trata de um ato habitual ou de um hábito atual. Não é outra coisa que o exame atual tornado habitual. Ele permite um autocontrole espiritual contínuo e por isso imensamente profícuo. A nosso ver, porém, mais que de um exame específico, trata-se do resultado normal do exame atual e bem praticado. Por sua própria natureza este tende a se tornar contínuo, a não se limitar a um momento do dia, mas a ser efetuado várias vezes no decorrer do dia para poder responder sempre e atualmente às exigências de uma vida espiritual em contínuo progresso. O exame, tanto particular como geral, "supõe uma atitude constante de disponibilidade total e uma tomada de consciência daquilo que nós somos e daquilo que temos de viver e de fazer" (*Dictionnaire de Spiritualité*, IV, 1.837). Continuará a ser sempre um ato ligado a "tempos fortes", mas "esses tempos fortes, que são os exames propriamente ditos, tendem a colocar a alma em estado de vigilância sobre o ponto escolhido durante o restante do tempo... Reduzir o exame particular a esses tempos fortes é deixar escapar aquilo que constitui a sua originalidade" (A. LIUJMA — A. DERVILLE, Examen particulier, in *Dictionnaire de Spiritualité*, IV, 1.839 s.).

3. MÉTODO. As vantagens espirituais que derivam do exame de consciência o recomendam aos cristãos desejosos de perfeição como um meio quase imprescindível para progredir na → VIDA INTERIOR: a tradição espiritual insiste unanimemente nisso. Contudo, não se pode afirmar que tais benefícios estejam ligados mais a um método que a um outro: cada um os extrai daquilo que corresponde a sua própria índole e a suas próprias necessidades. Cada um é, portanto, livre para escolher entre os métodos que os autores espirituais descreveram, para modificá-los, para trocá-los; não se exclui nem mesmo a iniciativa de criar. Convém, no entanto, que ao menos no início se recorra a algum dos métodos recomendados pelas diversas escolas de → ESPIRITUALIDADE, cuja validade é comprovada pela história. A partir do século XV surgiram diversos desses métodos, entre os quais não será difícil escolher o que corresponde mais adequadamente à própria índole. Os mais comuns são os de Santo Inácio e o da escola de São Sulpício.

No livro dos exercícios espirituais, Santo Inácio oferece normas práticas para fazer tanto o exame geral quanto o particular. O primeiro consta de cinco momentos: a) agradecimento pelos benefícios recebidos; b) oração para obter a graça de conhecer e vencer os pecados; c) o exame propriamente dito, "percorrendo uma após a outra as horas do dia ou certos espaços de tempo determinados pela ordem das nossas ações. Primeiro se fará o exame dos pensamentos, depois das palavras, depois das obras"; d) pedido de perdão, sendo a contrição o elemento principal do exame e efeito da graça divina; e) formulação do propósito prático de adotar os meios necessários para emendar-se. O exame particular abarca três tempos: a) de manhã, assim que se levanta, a pessoa deve prometer guardar-se atentamente do pecado ou defeito particular que deseja corrigir; b) depois do almoço, se procederá da seguinte maneira: a pessoa pedirá a Deus que faça com que ela se lembre quantas vezes incorreu na falha particular e que possa corrigi-la; depois fará o primeiro exame sobre aquele ponto, passando em revista todas as ações do dia e marcando numa ficha apropriada as quedas registradas e prometendo, por fim, emendar-se; c) à noite fará o mesmo para as ações subsequentes ao primeiro exame particular. Registrar por escrito os resultados do trabalho espiritual permite comparar facilmente um dia com o outro, assim como uma semana ou um mês com o outro, o que constituir um estímulo para o ardor espiritual.

A escola sulpiciana apresenta o exame de consciência de uma maneira mais vital, ou seja, em relação com uma pessoa viva, Jesus Cristo. A atenção, a sensibilidade para a ação de Jesus constitui o fundamento e caracteriza toda a doutrina dessa escola e é, portanto, natural que ela afirme também a concepção e o método do exame de consciência. Os principais autores dessa escola, o cardeal de → BÉRULLE e → OLIER, lembram insistentemente que toda vida deve reproduzir a de Jesus, deve ser vivida em espírito de adoração, em íntima adesão ao Verbo encarnado concebido como o meio para chegar ao Pai mediante a adoração e como o modelo a retratar na alma. O exame, portanto, nada mais é que se expor à ação de Jesus, ser impressionado pela luz das suas virtudes adoradas e admiradas na contemplação. O esquema seguido por esse exame é o seguinte: a) adoração e admiração de Jesus Cristo sob o aspecto preciso que se deseja examinar; b) segue-se o exame propriamente dito; c) oração a Jesus Cristo para imprimir na alma a virtude ou a disposição desejada.

Merece uma menção especial a concepção que tem do exame o padre cartuxo Pollien († 1936); ele o considera na perspectiva da unificação da vida espiritual. Para que os → EXERCÍCIOS ESPIRITUAIS sejam eficazes, é preciso evitar sua dispersão. Isso é obtido por meio do exame de consciência, quando este supera os inúmeros atos para alcançar os hábitos e especialmente a disposição predominante, que é como a mola que põe em movimento as várias partes do relógio. Uma vez controlada esta, tem-se o domínio de toda a situação. No entanto, não se pode ficar restrito ao simples conhecimento: este não amadurece enquanto não leva à contrição e ao propósito. A contrição corrige o mal, o propósito fortalece o bem; a contrição olha o caminho percorrido, o propósito olha o caminho que ainda falta percorrer. Segundo o autor, são três os elementos constitutivos do exame: o olhar panorâmico, a contrição e o propósito.

À variedade de concepções sobre o método, acrescentam-se as divergências dos autores em relação ao caminho a ser seguido para conhecer os pecados e as disposições espirituais: o sistema dos preceitos e o das virtudes, o exame dos deveres em relação a Deus, aos outros e a si mesmo ou o dos pensamentos, palavras, obras e omissões, ou enfim o relato ordenado das ações do dia, dividem os autores. Diante disso, só se podem estabelecer critérios gerais. Ele deve ser feito com sinceridade, lealdade, humildade; deve ser acompanhado pela oração destinada a obter luz para se conhecer bem e força para se corrigir; deve suscitar gratidão pelos progressos obtidos e contrição pelas falhas notadas; o propósito deve coroar uma e a outra. O exame deve ser adaptado ao grau de vida espiritual alcançado, às disposições psicológicas ou às necessidades espirituais; deve tender a dar o conhecimento mais das disposições que dos atos e ele mesmo deve se tornar cada vez mais um hábito, vida, estado de vigilância e de escuta dócil do Senhor.

4. **VANTAGENS**. O exercício do exame de consciência nasce tanto de motivações extrínsecas quanto de motivações intrínsecas. A legislação canônica do Códice pio-beneditino de 1917 impunha explicitamente aos clérigos (cân. 125, § 2) a análise da própria consciência (*quotidie conscientiam suam discutiant*) como exercício ascético cotidiano. Era uma disposição canônica sobre o que a Igreja recomendara continuamente. As Ordens e as Congregações religiosas haviam repetido fielmente a norma canônica. Mas já São Pio X, na exortação apostólica *Haerent animo* de 1908, o recomendava aos sacerdotes como controle e sustento da → LEITURA ESPIRITUAL e da → MEDITAÇÃO e como meio de superar "a frequência dos maus exemplos através do hábito de uma censura frequente e severa, sobre os pensamentos, palavras e ações". "Quanto isso é conveniente e proveitoso para o progresso da virtude cristã, os mais sábios mestres de espírito luminosamente o confirmam com seus ótimos 'avisos'." Pio XII, na exortação apostólica *Menti nostrae* de 1950, voltava ao tema e recomendava "o exame cotidiano de consciência, quer como o meio mais eficaz para se dar conta do andamento da vida espiritual durante o dia, quer para remover os obstáculos que impedem ou atrasam o progresso da virtude, quer enfim para conhecer os meios mais apropriados para garantir ao ministério sacerdotal maiores frutos para implorar ao Pai celeste indulgência para com as nossas misérias".

O Vaticano II faz um chamado explícito ao exame de consciência quando exorta os sacerdotes "à frutuosa recepção dos sacramentos, sobretudo com a confissão sacramental frequente, que deve ser preparada *com um cotidiano exame de consciência*" (*PO* 18). O novo Código de Direito Canônico de 1983 fala do exame de consciência para todos os fiéis quando estes são exortados a submeter os pecados à Igreja no sacramento da confissão individual depois de um cuidadoso exame da própria consciência (cân. 988, § 1); prescreve-o aos membros dos institutos de vida consagrada como um meio cotidiano de conversão interior (cân. 664). Para os clérigos não há uma prescrição explícita; no entanto, eles são exortados a uma frequência regular do sacramento da confissão e ao uso de todos os meios comuns e específicos de santificação (cân. 276, § 2, 5.º): por isso, a remissão ao decreto *Presbyterorum ordinis* parece evidente.

Assim, todas as almas desejosas de perfeição devem praticar o exame de consciência por causa das vantagens espirituais que derivam dele e que podem ser enunciadas desta forma: educação à interiorização, conhecimento de Deus e de si mesmos, fortalecimento da vontade, avanço na perfeição mediante a extração progressiva dos defeitos e a aquisição das virtudes, apoio da oração e da contemplação, vitória sobre as tentações e promoção da sutileza de consciência, auxílio para a confissão e para a → DIREÇÃO ESPIRITUAL, generosidade na cooperação para a graça, unificação e consolidação do trabalho espiritual.

Tais frutos estão ligados à prática fiel e iluminada do exame de consciência, mas não necessariamente com um método particular para praticá-lo. A Igreja e os mestres espirituais concedem a máxima liberdade a esse respeito. Um conselho sábio é que na escolha do método se siga apenas o critério da própria propensão e utilidade e que ele seja seguido enquanto se mostrar proveitoso, estando prontos a modificá-lo ou a trocá-lo assim que necessário: as disposições interiores, de fato, nem sempre são as mesmas e as exigências da alma mudam com o progresso da vida espiritual. Delchard sabiamente adverte: "A lei aqui é que o exame deve ser adaptado às capacidades de cada um e responder a suas necessidades e, se Deus faz conhecer a maneira como deseja que andemos até ele, é preciso responder a esse convite" (op. cit. 1836). Se o exame se impõe a todos os que desejam progredir, a aplicação demasiado rígida do método pode tornar-se um obstáculo, quando não responde de modo adequado ao temperamento, à psicologia e às condições de vida de quem o pratica (cf. A. LIUJAM — A. DERVILLE, op. cit., 1840).

BIBLIOGRAFIA. ANCIAUX, P. Confession régulière et examen de conscience. *Collectanea Mechlinesia* 46 (1961) 50-68; ASCHENBRENNER, G. A. L'examen de conscience spirituel. *Cahiers de Spiritualité Ignatienne* 3 (1979) 30-42; ID. L'examen de conscience spirituel. *Vie Consacrée* 52 (1980) 283-297; BONDUELLE, J. Examen de conscience et révision de vie. *La Vie Spirituelle* 63 (1962) 644-662; FIORITO, M. A. La conciencia y su examen según S. Ignacio de Loyola. *Stromata* 35 (1979) 61-100; GOICHOT, E. Pour une histoire des "Examens particuliers". *Revue d'Ascétique et de Mystique* 45 (1969) 425-450; 46 (1970) 71-98; HAERING, B. *Shalom: pace. Il sacramento della riconciliazione*. Roma, 1969; MAGGIOLINI, S. *Peccato e perdono nella chiesa*. Brescia, 1968; MONDEN, L. *La coscienza del peccato*. Torino, 1968; POLLIEN, F. *La vita interiore semplificata*. Roma, 1961; ROYO-MARIN, A. *Teologia della perfezione cristiana*. Roma, 1963; SOTO ARTUNEDO, W. El examen particular como autoobservación conductual. *Manresa* 57 (1985) 3-16; TILLMANN, K. *La catechesi della confessione*. Brescia, 1963.

A. CAPPELLETTI – M. CAPRIOLI

EXEMPLO. 1. NOÇÃO. Exemplo é aquilo que serve e pode servir como modelo. Se se trata de uma pessoa, é alguém cuja conduta, ações e qualidades são propostas como modelo a ser imitados.

O cristão, aliás qualquer ser humano, é chamado a imitar Deus, causa exemplar de todo o criado: "Fazei-vos portanto imitadores de Deus" (Ef 5,1). Na ordem presente, a causa exemplar é Cristo e, ao imitá-lo, imitamos a Deus, não nas suas perfeições ontológicas, mas evidentemente nas morais. Desde a eternidade Deus dispôs a nossa configuração ao seu Filho encarnado (Rm 8,29). O próprio Cristo se apresenta como modelo aos que desejam segui-lo (Mt 16,24). São Pedro: "Cristo sofreu por vós, deixando-vos um exemplo, a fim de que sigais suas pegadas" (1Pd 2,21; cf. 1Cor 11,1).

Trata-se, essencialmente, de uma imitação interior, ou seja, de uma assimilação ao espírito de Cristo, à qual se seguirá a imitação exterior: "é um exemplo que eu vos dei: o que eu fiz por vós, fazei-o vós também" (Jo 13,15).

Quanto mais um cristão for perfeito, tão mais perfeita será a sua → IMITAÇÃO DE CRISTO. Uma imitação que, aliás, não deve ser feito de modo material e literal, mas com base nos juízos práticos da consciência, levando em conta o modo de agir de Cristo nas várias circunstâncias; exercitando as mesmas virtudes exercitadas por ele (como a paciência, a bondade, a coragem, a humildade etc.) e sempre levando em conta o fato da união hipostática, da suprema santidade, da função de cabeça, que são do próprio Cristo.

Os → SANTOS, fiéis imitadores de Cristo, por sua vez, servem de modelo para nós. São Paulo, ao exortar os Coríntios a imitá-lo, explica o seu convite apresentando-se ele próprio como imitador de Cristo (1Cor 4,16; Fl 3,17; 2Ts 3,7). A liturgia evoca frequentemente o exemplo dos santos, imitando os quais se agrada a Deus (cf. *Oremus*, missa de São Calisto, 14 de outubro etc.).

2. EFICÁCIA. O exemplo, mais que a inteligência, fala ao coração. Enquanto os argumentos da razão nos levam a ver o que se deve fazer, o exemplo nos dispõe, nos estimula a fazer. Só os exemplos heroicos são capazes de nos fazer sair da mediocridade: "É uma lei da psicologia coletiva que só os grandes exemplos e os gestos heroicos, aparentemente excessivos, sabem arrastar para as coisas difíceis, árduas, mas indispensáveis. Os heróis, cuja tarefa providencial é impelir a multidão para tais atos, é fermentar a massa, devem, portanto, chegar aos grandes exemplos para dar, com autoridade e eficácia, grandes lições" (L. DE GRANDMAISON, *La religione personale*, Brescia, 1934, 134). Daí a constante tradição da Igreja de recomendar a leitura das vidas dos santos, por sua força propulsora.

Para os menos cultos, para os vacilantes no exercício das virtudes, o que vale é o exemplo dos bons e dos fortes. O mesmo deve ser dito das crianças em relação à sua formação: o que nelas influi de maneira decisiva é ver encarnados em qualquer pessoa os ideais apenas vislumbrados. É irresistível a força do exemplo "sobre a indiferença e sobre a indolência, sobre o respeito e sobre as paixões" (Pio XII, Discurso aos italianos da Ação Católica, 20 set. 1942, in *Discorsi e Radiomessaggi*, vl. 4, 207); "Hoje a Igreja, mais que de apologistas, precisa de testemunhos, que com sua vida façam resplandecer a face de Cristo" (Pio XII, Radiomensagem ao Congresso eucarístico nacional francês, em 4 jul. 1497, in *Discorsi e Radiomessaggi*, vl. 9, 140).

3. OBRIGAÇÃO MORAL DO EXEMPLO. Tal obrigação é hoje mais comumente conhecida como "testemunho". Ser testemunha de Cristo significa, consequentemente, apresentar-se como imitador de Cristo. Todos são chamados a dar testemunho de Cristo, ou seja, a dar o exemplo: "Todos os fiéis, sem exceção, são membros do Corpo místico de Jesus Cristo. Em decorrência disso, a lei da natureza e, ainda mais urgente, a lei de Cristo, obriga-nos a dar o bom exemplo de uma vida verdadeiramente cristã" (Pio XII, Discurso aos participantes do I Congresso Mundial do Apostolado dos Leigos, 14 out. 1951, in *Discorsi e Radiomessaggi*, vl. 13, 296).

Os que são chamados a dar o exemplo são particularmente as autoridades e aqueles que, por sua posição social, acabam tendo muita influência sobre o próximo. Sacerdotes, religiosos, genitores, educadores são considerados de modo especial. Sem a efetuação daquilo que se afirma com os lábios até as palavras mais verdadeiras correm o risco de permanecer sem eficácia. "Sabeis", assim afirmou Paulo VI aos Padres conciliares reunidos em São Pedro, ao retornar da visita à ONU, "que o anúncio de uma palavra obriga quem a profere a graves deveres... É claro que a autoridade da palavra nasce da verdade de que se faz eco, mas, no âmbito humano, ela se torna mais eficaz à medida que quem a enuncia ao mesmo tempo a realiza; a voz fala, mas o que convence é o exemplo do arauto do Evangelho". A falta do exemplo por parte de quem é dotado de algum tipo de autoridade, ou de quem é instado a anunciar a verdade, é ocasião de grave escândalo.

O ato de dar o exemplo não é isento de dificuldades; seja como for, importa sempre algum sacrifício. Sempre haverá a oposição dos medíocres, para os quais o bom exemplo é recriminação, condenação; sempre haverá a relutância da natureza em cumprir obras que implicam renúncia, esforço, sofrimento. O discípulo de Cristo jamais poderá se subtrair à sorte do Mestre (cf. Mt 10,24-26). Nessas circunstâncias, será preciso lembrar a recomendação de São Paulo: "Sim, pensai naquele que sofreu da parte dos pecadores tal oposição contra si, a fim de não vos deixardes desacorçoar pelo desânimo" (Hb 12,3).

BIBLIOGRAFIA. Cian, L. *Educhiamo i giovani d'oggi come don Bosco*, Torino, 1988; Guibert, J. de *Theologia spiritualis*. Romae, 1952, nn. 97-110; Richard, T. *Théologie et pieté d'après s. Thomas*. Paris, 1937, 2. seç., c. 5; Rodríguez, A. *Esercizio di perfezione e virtú cristiane*. Parte I, tr. I, c. 13; Tanquerey, A. *Compendio di teologia ascetica e mistica*. 136-141.379-400; Tonelli, R. *Pastorale giovanile e animazione*. Torino, 1986.

E. BORTONE

EXERCÍCIOS ESPIRITUAIS. 1. DEFINIÇÃO. Entende-se, em geral, o conjunto das práticas espirituais que tendem à santificação, e, em particular — esse é o único sentido aqui considerado —, o retiro espiritual praticado durante certo tempo para se dedicar à realidade da alma.

Esses retiros, de uma forma ou de outra, sempre foram praticados no seio da Igreja católica, mas também nas principais religiões da humanidade. Não podia ser de outro modo, uma vez que essa prática se baseia numa profunda necessidade natural da alma de ouvir a própria consciência, de se pôr em contato com as grandes forças sobrenaturais (Deus e o mundo do futuro), de controlar o comportamento pessoal, de se renovar e se superar. O → ZEN e a → IOGA são dois exemplos dessas correntes.

Na Igreja católica o exemplo de Jesus no deserto e dos apóstolos no Cenáculo (At 1,13) foi um dos motivos que desde a Antiguidade impeliram primeiro indivíduos, depois grupos selecionados a se retirar para lugares desertos, muitas vezes ao lado de eremitas, especialmente na Quaresma. O uso se generaliza cada vez mais. Na Idade Média, em muitos mosteiros se construíam quartos ou celas, ou até eremitérios, especialmente para alojar os eventuais exercitantes.

Com a decadência da vida monástica, gradualmente se perdeu esse uso, que nos séculos XIII e XIV, com o florescimento das Ordens mendicantes e particularmente com a fundação dos Carmelos e dos novos eremitérios, começou a se desenvolver de novo. Aliás, sobretudo sob a influência da → DEVOTIO MODERNA, essa prática começou a ser organizada; publicaram-se diversos manuais, dentre os quais se destaca o *Ejercitatorio* de García de → CISNEROS, monge de Montserrat (Espanha). Nesse ambiente situa-se a obra de Santo Inácio e o seu método dos exercícios espirituais, que se torna o método clássico desses dias de retiro.

2. INFLUÊNCIAS NA CONCEPÇÃO INACIANA. São muitas e de diferente ordem, mas as dos livros e pessoas na verdade são secundárias e válidas apenas para o aperfeiçoamento do método. Vamos indicar esquematicamente as principais.

a) *O temperamento reflexivo* do próprio Santo Inácio, que Deus sem dúvida lhe concedeu em função da missão a ele confiada, graças ao qual conseguiu realizar uma síntese das correntes espirituais antigas e reunir as experiências, quer pessoais, através de uma forte introspecção, quer externas, que conseguiu colher nas longas viagens, durante as quais entra em contato com as mais variadas mentalidades.

b) *Livros*. Embora poucos, os principais: *A imitação de Cristo*, a *Vida de Cristo*, de Landolfo de Saxônia, na versão espanhola de Ambrósio de Montesinos, o *Flos sanctorum* de Tiago de Voragine, e provavelmente, depois de Manresa, algum outro autor escolástico, sobretudo Santo Tomás e Pedro Lombardo, embora estes últimos só sejam identificáveis através de expressões secundárias.

c) *Os métodos de meditação* vistos e seguidos pelo santo em Montserrat, sobretudo através do *Ejercitatorio* já indicado. É muito provável que Juan de Chanones, por ocasião da confissão geral que o santo fez com ele durante três dias, tenha feito exercitar aquele método.

d) *Ambiente espiritual do momento histórico*. Embora seja quase impossível determinar concretamente cada uma das influências que recebeu do período em que viveu, não é menos certo que em muitos elementos ele foi condicionado pelas ideias e preferências da época. Entre outras, indicamos a forte influência franciscana, sobretudo de Arévalo, da qual provém, entre outras coisas, a sua terna devoção pela humanidade do Senhor e a sua sede de pobreza; o anseio de generosidade e de perfeição que então dominava os ambientes frequentados pelo santo; a redescoberta dos valores humanos efetuada pelo humanismo; a estima dedicada na época a tudo o que fosse método, ordem, processo gradual em função de um fim.

3. PROCESSO DE COMPOSIÇÃO. Santo Inácio, antes de escrever o livro, experimentou em si mesmo os exercícios espirituais e percorreu integralmente as etapas espirituais em que está estruturado o seu método. O livro é, portanto, mais que uma composição literária, o reflexo de um determinado estado espiritual e da evolução interna do santo.

Não escreveu o livro todo "de uma só vez", mas, como o santo declarou ao padre Gonçalvez de Câmara, "tinha a impressão de que algumas coisas que ele observava em sua alma e as considerava úteis poderiam ser úteis também a outros, e assim as colocava num escrito. Disse-me especialmente que havia retirado as lições daquela variedade de sentimentos e de pensamentos que tinha quando estava em Loyola" (*Autobiografia*, 99). Podemos dividir as grandes etapas da composição do livro da seguinte forma:

Sementes lançadas em Loyola (1521). Começou lá, à luz de uma grande variedade de sentimentos e de pensamentos, a julgar o valor variável das coisas; descobriu assim a verdadeira norma que lhe permitiria orientar corretamente a vida, o ideal que daria um sentido autêntico aos seus gestos. Em contato com as novas leituras, comparando com os heróis que agora contempla o comportamento que até agora tivera em relação a cada situação, brotou nele um desejo forte e intenso de servir o verdadeiro rei, de distinguir-se o mais possível no serviço do seu verdadeiro e eterno Senhor, de vencer os inimigos. Surgiu assim o espírito da 5ª anotação e o núcleo do Princípio e ao mesmo tempo o fundamento com o substrato psicológico e espiritual das meditações do reino de Cristo.

Esboço da estrutura fundamental em Manresa (1522-1523). A iluminação ocorrida em Manresa, junto ao rio Cardoner, foi a grande graça que integrou numa unidade superior todas as experiências precedentes e está na base de tudo aquilo que os exercícios espirituais têm de verdadeiramente grande e eficiente. Naquela "clara ilustração", o Senhor se dignou "abrir os olhos do intelecto... e fazer-lhe conhecer as coisas de maneira tão exímia que lhe pareciam novas" (*Autobiografia*, 30).

O santo, iluminado por essa luz, refez as meditações anteriores e escreveu, ao menos em esboço, as meditações fundamentais da primeira e da segunda semana, sobretudo as que constituem a estrutura da eleição: reino de Cristo, símbolos, conjunto com diversos elementos das regras de → DISCERNIMENTO DOS ESPÍRITOS, os modos de eleição, a primeira semana, a contemplação da vida de Cristo, as formas de orar, as linhas mestras do Princípio e Fundamento e da Contemplação para obter o amor.

Aperfeiçoamento e revisão posterior. Depois de Manresa, o santo aproveitou novas experiências e outras leituras para aperfeiçoar o seu esboço. Modificou também a forma externa e, sobretudo, transformou o que no início eram anotações privadas para uso pessoal em um guia prático para quem desejasse empregar aquele método. Como diz Nadal, o santo "acrescentou muitas coisas e reelaborou tudo" (*digessit omnia: Monumenta Historica Societatis Iesu. Fontes narr*. I, 319). Quase todo o livro já tinha sido terminado em Paris (c. 1535), mas até 1548 ele fez um ou outro acréscimo, como por exemplo as últimas regras para ouvir na Igreja, e algumas correções de expressões particulares. Pinard de la Boullaye, em seu livro *Les étapes de la rédaction des exercices*, traz a lista das correções.

Texto definitivo. Em 31 de julho de 1548, com a aprovação solene de Paulo III, mediante o breve *Pastoralis officii*, terminaram todas as emendas. A partir de então o santo não quis mudar nem sequer uma palavra, não obstante as sugestões que recebeu para uma ou outra expressão que podia ser mal interpretada. A aprovação pontifícia era, para ele, garantia definitiva.

4. NATUREZA E CONTEÚDO ESPIRITUAL DO LIVRO.
a) *Caráter especial*. O caráter é condicionado pelas modalidades um pouco singulares que ocorrem na sua composição. Propriamente não foi feito para ser lido, mas como guia para determinar práticas. Escrito mais para o diretor que para o praticante, supõe um conhecimento prévio do seu conteúdo e uma experiência interna das verdades ali indicadas, já que, para ter uma visão direta do livro, era condição necessária, segundo Santo Inácio, ter sido primeiro exercitado no método. Em consequência, o livro não pode ser compreendido sem essa prática precedente.

Podem-se distinguir no conjunto a forma interna e a matéria. A forma é constituída pelas várias normas indicadas pela direção prática. São normas gerais — anotações (n. 1-20), adições (n. 73-90) — e normas particulares que se encontram, quase todas, depois das meditações sob a rubrica de "nota". Há ainda outras normas para a direção e instrução do exercitante, ou seja, as diversas regras: para orientar-se sobre a dieta (n. 210-217); para distribuir as esmolas (n. 338-344); para os escrúpulos (n. 345-351); para o discernimento dos espíritos (n. 313-336); para ouvir na Igreja (n. 352-370).

A matéria é constituída pelas várias considerações, como, por exemplo, o Princípio e Fundamento n. 23 (outras: n. 22, 91, 135, 164-189), as meditações e contemplações, sejam elas fixas ou variáveis, como as dos pecados, inferno, vida de Cristo, duas insígnias, contemplação *ad amorem*; sejam complementares, como as das verdades eternas, três classes de homens; sejam variáveis, como muitas contemplações concretas da vida de Cristo.

b) *Características principais*. Podem ser consideradas sobretudo três: nos exercícios espirituais, o santo oferece, de uma maneira gradual e adaptada a toda necessidade espiritual, o alimento das grandes verdades da Escritura e dos dogmas fundamentais da religião; ensina a descobrir a voz e a passagem de Deus na alma, de modo que o exercitante consiga servir a Deus na maneira desejada por ele; desenvolve um processo espiritual harmonioso sob a orientação de um diretor.

c) *Fundamento dogmático e escriturístico*. Na bula de aprovação indicada, Paulo III alude claramente às fontes de onde brota o verdadeiro valor: são, diz, exercícios "extraídos da Sagrada Escritura, e da experiência da vida espiritual". De fato, as grandes verdades, nas quais baseia o seu sistema, e que constituem o objeto do método, são as verdades fundamentais do dogma: a ação contínua de Deus criador e conservador que dirige e conforta toda a atividade do homem e do mundo; o plano de salvação divino realizado através da encarnação, vida, morte, ressurreição, ascensão de Jesus Cristo, continuado através da → IGREJA e dos → SACRAMENTOS; a inserção dos homens nesse plano salvífico, no lugar estabelecido por Deus para cada um no desígnio universal.

Em outras palavras: trata-se de viver e realizar no momento presente o mistério pascal. Deus enviou seu Filho e com ele continuamos a sua ação salvífica. Por isso, tudo nos exercícios é centrado na ação divina e em Cristo.

d) *Processo espiritual*. No início dos exercícios, no "princípio e fundamento" (*Exercícios espirituais*, n. 23), o santo mostra a ação de Deus e faz dela a norma e o critério da vida. Com sentido de profundo equilíbrio, indica as dificuldades reais para poder cumprir o plano divino, os males que atingiram a humanidade por causa dos que atuaram contra esse desígnio, os que pecaram. Cria, dessa maneira, uma profunda aversão ao pecado e a todas as desordens e afecções que impedem a atuação da ação divina, e mostra como Jesus Cristo foi aquele que evitou que sofrêssemos os castigos merecidos por esse comportamento.

Na primeira semana o exercitante pecador é um pouco como o povo israelita guiado por → MOISÉS, que caminha através do deserto deste mundo, deixando-se dominar pelos ideais e pelas afecções que obrigam Deus a castigar o povo. Mas a misericórdia divina se impõe e o povo conseguirá chegar à terra abençoada e cumprir sua missão, que é a de dar à humanidade o Messias. Num clima fortemente escatológico, consideram-se as grandes realidades sobrenaturais e sobretudo se apresenta Jesus como o Salvador, aquele que realiza o desígnio divino e chama cada um a cumprir com ele a sua missão. O exercitante, à luz do Evangelho, examina a maneira como deve participar do plano universal, em consequência do qual, depois que o santo gradualmente o dispôs e o preparou, faz a eleição de estado e de vida na melhor maneira para responder adequadamente à iniciativa do Senhor. Assim, o exercitante penetra o mistério de Deus e se identifica cada vez mais com Cristo. Esse trabalho se faz principalmente na terceira e quarta semanas, nas quais a alma obtém uma compenetração e transformação no Senhor cada vez mais íntima, mediante uma verdadeira crucifixão e apropriação dos pensamentos e dos sentimentos de Jesus Cristo. Como fruto dessa inserção no Senhor ocorre a perfeita ordenação do amor, como se indica na contemplação para obter amor, e em consequência a alma se dedica a servir e a amar Deus em todas as coisas. O próprio Cristo, glorificado e que ascendeu ao céu, juntamente com o Pai e os santos, assiste o exercitante em seu trabalho.

e) *Modo característico de apresentar as verdades*. Indicamos as formas mais notáveis.

Santo Inácio parte sempre de fatos soteriológicos, não de princípios teóricos ou definições. Quando trata, por exemplo, da criação, do → PECADO ou da → VOCAÇÃO não começa com a definição dessas realidades, mas afirma antes de tudo que Deus criou o homem e o mundo; que o homem desfez o plano de Deus com o pecado (tudo isso, como se vê, constitui os três primeiros capítulos do Gênesis); como Deus decidiu enviar o seu Filho para salvar o mundo, e como este quis fundar a Igreja de maneira que se desenvolvesse guiada por colaboradores: os apóstolos e outros discípulos. Mas não se contenta em expor a verdade. Sobre elas, constrói as suas mediações, descobre as consequências que daí derivam e procura fazer com que o exercitante possa dirigir sua vida segundo esses princípios e as consequências dele derivadas.

Centra tudo em torno do plano salvífico de Deus e da maneira com que o exercitante deveria participar dele. Primeiro, examina-se tudo sob a luz de Deus: o mundo, os outros, si mesmo; depois as coisas que podem impedir o sucesso desse desígnio, ou seja, o pecado e as desordens; e, finalmente, a arte de descobrir a maneira como o exercitante deve inserir-se nesse plano divino e conformar a ele a sua vida.

Por esse motivo, o santo nunca apresenta nada ao exercitante isolado dos outros e do plano geral. Leva-o à solicitude não para que se reflita em si mesmo e prescinda da realidade, mas para que possa ver e julgar aquela mesma realidade com mais objetividade e clareza. É por esse motivo que nos exercícios espirituais ele fala primeiro dos outros e só depois daquilo que diz respeito pessoalmente ao exercitante. Diz-se primeiro que Deus criou "o homem", todos os homens e todas as outras coisas (n. 23). O exercitante é um desses homens criados por Deus. Mostra-se primeiro o pecado dos outros (n. 45); indica-se como também outros foram condenados (n. 71); como Cristo faz a escolha de tantos discípulos (n. 95, 145). Assim, contemplam-se as coisas na sua verdadeira realidade, contempla-se a ação universal de Deus e desenvolve-se o sentido de generosidade e abertura aos outros que condicionam a resposta verdadeira.

5. DADOS HISTÓRICOS. No início os exercícios espirituais eram individuais. Muitos colégios dos jesuítas eram dotados de alguns quartos para alojar os exercitantes, mas havia também pequenas casas reservadas para esse ministério. Houve uma pequena casa de campo situada em Siena, em 1538. Em 1553, edificou-se uma casa de exercícios espirituais em Alcalá. Seguiram-se outras em Colônia (1561), em Louvain (1569), em Vale de Rosal, em Portugal (1570). Foi famoso o *Ascterium* instituído em Milão por São Carlos Borromeu (1569). Já no século XVII os exercícios se estenderam para muitas nações da Europa, na América, Índia e Japão. Entre os exercitantes encontravam-se homens dos mais influentes por sua posição e também muitos religiosos das principais Ordens.

No século XVII, os exercícios para grupos eram ministrados apenas a sacerdotes e religiosos. No século XVIII, tiveram um desenvolvimento extraordinário, graças aos grandes apóstolos do sacerdócio: São → FRANCISCO DE SALES, Pedro de → BÉRULLE, J. J. → OLIER, São → VICENTE DE PAULO, que os ministrou pessoalmente a mais de 20 mil pessoas. O início do grande movimento de exercícios espirituais para os leigos é dado pela fundação da casa de Vannes, na França (1659). O padre Huby foi o animador da obra. Ao lado daquela casa, Catarian de Francheville fundou uma outra casa para mulheres com 330 quartos.

No século XVIII a prática dos exercícios espirituais se generalizou graças sobretudo às recomendações dos papas, principalmente de Clemente XI, Clemente XII e Bento XIV. Com a extinção da Companhia de Jesus os exercícios espirituais sofreram um gravíssimo golpe, mas não desapareceram de todo. Permaneceram centros isolados, como em Buenos Aires, onde María Antonia de la Paz († 1799), chamada precisamente "a beata dos exercícios espirituais", conseguiu organizá-los para 250 mil pessoas; na Itália, graças à obra de Santo → AFONSO MARIA DE LIGÓRIO e dos redentoristas; na França, onde colaboraram várias mulheres piedosas.

No século XIX, o padre Roothaan († 1853) foi o verdadeiro restaurador da teoria e da prática. Recomeçaram a surgir casas de exercícios espirituais quase por toda a parte. Entre os restauradores e promotores destaca-se o padre Watringant († 1926).

Hoje, os exercícios tomaram um desenvolvimento muito notável. Eles se tornaram obrigatórios para sacerdotes, religiosos e clérigos, e são realizados por muitos leigos (segundo cálculos aproximados, ao menos dois milhões por ano). Mas sua influência se estende a muitos outros meios: missões populares, literatura e direção espiritual fundamentada em seus princípios, penetração dos elementos dessa espiritualidade em muitos órgãos, instituições e práticas da Igreja.

6. OS EXERCÍCIOS ESPIRITUAIS HOJE. A marca deixada por Santo Inácio nos exercícios espirituais foi decisiva. Até há pouco tempo praticamente os exercícios se identificavam com o método de Santo Inácio. O livro inaciano era o único paradigma, embora houvesse muitas e várias tendências na forma de interpretá-lo e aplicá-lo.

Mas aqui interessa-nos destacar que o método de Inácio trazia em sua natureza íntima a exigência de uma evolução, já que incluía como um dos requisitos fundamentais a adaptação às capacidades do exercitante, à sua mentalidade espiritual, cultural, às exigências dos tempos. O desenvolvimento do homem através dos séculos, a evolução da teologia e da espiritualidade, bem como as grandes mudanças da sociedade deviam incidir na maneira de aplicar o método.

Santo Inácio não explica as realidades teológicas que estão na base de seu método: Deus criador que age na humanidade; Cristo restaurador do plano divino de salvação; o homem inserido na história da → SALVAÇÃO; as palavras de Deus, luz e norma da vida; as forças que Deus oferece ao homem na Igreja para colaborar com a restauração da humanidade em Cristo. O diretor deve mostrá-la a ele, à luz da revelação, como é apresentada em qualquer época e enquanto pode ser assimilada pelo exercitante.

Em relação ao passado, hoje se percebe o desejo de um enfoque mais teológico e pastoral, uma necessidade de tornar mais intenso e pessoal o trabalho de cada exercitante. As numerosas coletâneas de estudo e de reflexão sobre os exercícios espirituais, organizadas um pouco por toda parte, serviram para canalizar as tendências que emergiam do novo ambiente e para inserir os exercícios espirituais na pastoral e na espiritualidade dos tempos modernos.

O Concílio Vaticano II obrigou a repensar o método e iniciou um novo tempo no campo dos exercícios espirituais. Estes, dada a exigência de adaptação intrínseca ao método inaciano, para continuar a ser inacianos deviam inserir-se no clima pós-conciliar.

Foi Paulo VI, pessoalmente, quem insistiu na necessidade de atualizar o método à luz e com elementos do Concílio Vaticano II. Escrevendo ao cardeal Cushing, em 25 de julho de 1966, dizia: "Os diretores de exercícios espirituais não deverão deixar de aprofundar a compreensão das riquezas doutrinais e espirituais dos textos inacianos, nem de adequar essas riquezas à terminologia teológica do Concílio Vaticano II. Certamente os exercícios não deverão se transformar num estudo dos documentos conciliares, mas o Diretório saberá apresentar o pensamento que os orienta — como de qualquer outro método que siga — no contexto teológico que deve ser familiar aos leigos de hoje" (*Notiziario degli esercitanti in Italia*, 4 [1966], 10).

Paulo VI fez ainda mais. Não só indicou o caminho a seguir, mas também o trabalho a ser desenvolvido. Sintetizou esse trabalho numa palavra: "reelaboração dos exercícios espirituais". Para fazer isso, deve-se antes de tudo evitar um perigo: deixar-se atrair pelo encantamento do "paradigma maravilhoso que Santo Inácio deixou", reduzindo os exercícios espirituais a "uma repetição formalista, diria preguiçosa, desse esquema". E deve realizar-se uma obra concreta: "ver a profundidade de doutrina que ele contém, a riqueza espiritual de que é fonte, a vasta aplicabilidade que ele descortina" (Discurso de 20 dez. 1965, *Ibid.*, 6-7).

Desde então, deu-se início à reelaboração. Os exercícios espirituais encontram-se nessa fase.

a) *Características dos exercícios espirituais de hoje.* Os exercícios espirituais não nasceram de um ato do magistério, mas do povo de Deus, como uma prática que gradualmente se impôs entre os fiéis. Eles não são, propriamente, uma doutrina a ser transmitida, mas uma experiência de vida cristã, "uma experiência forte de Deus em clima de escuta da palavra, em vista de uma conversão, que é doação cada vez mais total a Cristo na Igreja nas circunstâncias atuais concretas". Reduzidos aos termos essenciais, os elementos de fundo seriam três: escuta da palavra, experiência de Deus, conversão e doação cada vez mais total a Cristo na Igreja.

Um tempo de experiência vital da ação de Deus. Os exercícios deixam cada vez mais de ser considerados uma prática espiritual, ou uma série de verdades a ser transmitidas ou uma linha moralizante a ser imposta a partir de fora. Ao contrário, são considerados tempo de experiência forte. Mas experiência vital tomada na sua totalidade, plenamente pessoal, que implica o homem no seu âmbito universal: "segundo todas as suas dimensões naturais e sobrenaturais, afetivas e cognoscitivas, individuais, sociais, cósmicas... Experiência pessoal do ponto de vista objetivo, ou seja, por parte de Deus... uno e trino, e não da ideia de Deus. Não tenho de saber quem é Deus: tenho de encontrar Deus nas três Pessoas divinas... O Deus da salvação, o Deus que entrou e entra na história da humanidade e de cada indivíduo isoladamente, o Deus que cria e perdoa, o Deus que salva, que se faz um de nós, que vive a vida comum dos homens, que morre, que ressuscita, que funda a Igreja, que tem um plano para cada um de nós, e tudo isso por amor, para estar perto de nós: o Deus conosco" (M. COSTA, *La preghiera negli Esercizi*, 46-47).

Uma atitude de escuta da palavra de Deus. A base dos exercícios espirituais sempre foi a → SAGRADA ESCRITURA. O exercitante assimilou sempre as grandes verdades e sempre contemplou as grandes realidades da Escritura. Mas, com frequência, primeiro se chegava à Escritura através do diretor que a apresentava em uma perspectiva particular; hoje, ao contrário, tende-se a deixar a semente vital da → PALAVRA DE DEUS diretamente no exercitante, para que ele mesmo a assimile. No passado, o diretor primeiro oferecia a reflexão teológica da realidade e só no fim, como confirmação, indicava um ou outro texto; hoje, ao contrário, a reflexão segue a exposição do texto bíblico. Antes o exercitante procurava ouvir sobretudo o pregador; hoje, ele procura ouvir antes de tudo a palavra divina. O exercitante se põe em contato vital com a história da salvação.

Atenção à dinâmica pessoal. Como consequência da atitude de escuta da palavra divina, há uma passagem de um estilo ascético para um estilo bíblico-teológico.

Não interessam tanto as considerações piedosas e espirituais quanto as realidades de fundo. Deseja-se descobrir o ritmo normal da ação divina, a passagem de Deus para a alma e da alma para Deus. Contemplar Deus que se revela vivo, que age na humanidade, que repete o processo bíblico seguido com o seu povo. Esse estilo de conduta divino se descobre, ao longo do Antigo Testamento, na maneira como Deus guia o povo hebreu; no Novo Testamento, na maneira como Jesus Cristo e os apóstolos proclamam a boa nova do Reino; no Concílio Vaticano II, no modo de atestar a ação divina no homem e no mundo, que é precisamente aquele que se deve tentar descobrir.

Em seguida, o exercitante, à luz da fé, contempla todas as realidades, a si mesmo, e à história do mundo, e se descobre associado à missão de Cristo, que desejou servir-se dele para completar a sua ação no mundo de hoje. A percepção dessa dinâmica não permanece num plano teórico, mas o impele a uma resposta concreta, a tentar descobrir a sua missão na sociedade, a fazer o possível para levá-la adiante em Cristo e na Igreja.

Unificação em torno do Cristo de hoje. O exercitante, uma vez entrado nessa órbita divina, vê tudo através de Cristo. No estilo dos exercícios espirituais de ontem e nos de hoje, há uma mudança de planos: um centra-se nas verdades eternas, e o outro num encontro pessoal e vital com Cristo. Ora, mais que o conhecimento de belas ideias, busca-se o conhecimento do estilo de Cristo; mais que planos teóricos de reforma, busca-se uma adesão vital a Cristo. As contemplações do Evangelho não são apresentadas, como se fazia outrora, em perspectiva didática, nem Cristo é proposto como modelo de virtude, mas como o ser a que somos enxertados vitalmente. Procura-se um conhecimento aprofundado e íntimo de Cristo; procura-se segui-lo mais que imitá-lo.

O Cristo que se contempla é o Cristo que vive hoje ressuscitado à direita do Pai e que continua a vivificar, a chamar "sempre da multidão dos seus discípulos aqueles que ele quer" (*AG* 23) e que resume tudo em si, como "chefe da nova humanidade" (*AG* 3). O sentido da vida é iluminado pelas exigências e pelas necessidades do mundo, vistas através do plano da salvação.

Atenção à ação do Espírito Santo. Na prática atual ocorre também outra passagem: de um esquema feito com base em planos preestabelecidos, a um deixar-se guiar pela ação do Espírito, em clima de escuta. Essa atitude é uma consequência da escuta da palavra de Deus indicada acima. O Espírito age no exercitante e transforma o conhecimento de Cristo num diálogo, numa ação vital. O exercitante é guiado pelo diretor na terra do Espírito.

Visão universal eclesial. Como consequência da mudança de perspectiva, o exercitante se situa num contexto mais objetivo e mais amplo. Não centra os problemas em si mesmo, mas os considera antes nos outros. Vê-se como parte de um todo. Não vê apenas a ação de Deus sobre si mesmo, mas Deus que age no mundo e nele enquanto parte do mundo. Considera os seus pecados e a sua vida em função da humanidade. Sua missão, sua santidade é inserida no contexto do conjunto e em função da Igreja.

b) *Maneira de apresentar os exercícios espirituais hoje.* Todas essas realidades de fundo podem ser vividas de diversas maneiras. A transformação gradual que se realizou na apresentação dos exercícios espirituais diz respeito sobretudo à maneira como são apresentados. Queremos observar que não se trata de uma conquista moderna, mas de uma volta às fontes, efeito de uma depuração de superestruturas que se acrescentaram a eles ao longo dos séculos.

Criação de uma presença. Nos exercícios espirituais, como hoje são apresentados, tudo é endereçado à formação de uma presença do exercitante nas grandes realidades sobrenaturais. Deseja-se, em outras palavras, que o exercitante se sinta presente no plano salvífico de Deus. O método ativo e vital está em função dessa finalidade. O exercitante aproxima Cristo de si, ou melhor, se aproxima ele mesmo de Cristo. O conhecimento e a reflexão são as condições necessárias para chegar a essa penetração interna. Dessa compenetração brotará espontaneamente o amor por Cristo que se doa e o desejo de dar-se a ele. Realiza-se um processo psicológico interno, que através do conhecimento e da reflexão se conclui numa identificação com o objeto. O exercitante recebe uma carga de força capaz de provocar uma reação de todo o ser que o leva a se identificar com Cristo na Igreja.

Trabalho pessoal, ativo, em clima de independência. Apenas uma atitude de esforço pessoal pode levar à compenetração vital. A criação de uma presença exige um clima de serenidade, de independência, de prontidão. O diretor poderá estimular, mas não criar a presença. Isso será o resultado de um lento processo pessoal. A solidão e a experiência de deserto tendem a criar o clima adequado para que o exercitante, livre de qualquer influência alienante, possa perceber a sua missão. A presença vital exige uma totalidade de percepção, impossível de ser obtida sem uma concentração de todo o ser.

Amadurecimento da personalidade. Deve-se chegar à escolha definitiva não através de pressões vindas de fora (o encantamento que pode ser provocado pelo estilo fascinante do diretor, as emoções suscitadas em momentos de tensão), mas seguindo o processo psicológico normal de um amadurecimento vital. A reflexão faz com que o exercitante conheça melhor a relação das realidades sobrenaturais consigo mesmo; a oração purifica os afetos que, como nuvens, não deixam que o sol da graça penetre; o trabalho pessoal, os propósitos impelem a vontade a abraçar o desígnio desejado pelo Pai. Apenas com um desenvolvimento pessoal com Deus o exercitante descobre os "magnalia Dei" e, nessa luz, a sua missão.

Conexão vital da ligação com os outros. É a consequência da apresentação do plano universal da salvação. O exercitante, nesse clima de objetividade e interioridade, sem choques violentos vindos de fora, percebe objetivamente a realidade concreta, sua ligação com ela. O mundo, que se descortina diante dele, opera insensivelmente uma transformação profunda do seu ser. A isso se segue uma iluminação e esclarecimento do plano de Deus, do "mistério" paulino e, ao mesmo tempo, do ponto de inserção da sua vida em Cristo na Igreja, na humanidade. O exercitante vê-se, assim, como parte de um todo, descobre a maneira como Deus age, ou seja, percebe "os sinais dos tempos", as constantes da ação de Deus, a força que o Senhor infunde nele: o → ESPÍRITO SANTO, os → SACRAMENTOS, a → IGREJA, a ajuda dos outros, o valor da sua pessoa.

Integração litúrgica. Essa integração é o efeito da maneira de se inserir na ação divina e de se pôr à escuta da palavra de Deus na Igreja. Essa integração não se reduz a uma intensificação das práticas litúrgicas, nem a uma maneira mais profunda de participar da celebração eucarística. É algo de mais vital. É a participação no mistério da Igreja, é viver o mistério pascal mediante a morte de tudo o que não é Cristo para ressuscitar com ele para uma nova vida. É por isso que o exercitante se sente compenetrado com a Igreja.

Processo gradual, orgânico, vital. Chegamos assim à conclusão e à síntese das formas específicas dos exercícios espirituais de hoje. Santo Inácio falava de um "modo", não tanto de um método, hoje poderíamos dizer de uma "passagem", de uma "páscoa". O exercitante, sob a guia de um diretor que, sobretudo no início, orienta o trabalho e controla o processo, se identifica cada vez mais nessas realidades, percebe as suas relações e responsabilidades, chega a uma escolha vital. Esse processo, como todo processo vital, deve desenvolver-se gradualmente, em ritmo progressivo. Pode ser realizado de muitas maneiras. Por isso se verifica um pluralismo de formas. Mas deve seguir uma linha concreta. Esse pluralismo deve mover-se dentro de uma série de notas fixas que formam a estrutura do todo. Nestes últimos tempos surgiram outras formas de grande utilidade que tendem a uma formação interior, a um progresso espiritual ou a uma transformação; mas como seguem outras vias, como a comoção psicológica com base em incentivos oratórios, experiências comunitárias, meditações em grupo, são movimentos afins, mas não são propriamente exercícios espirituais no sentido explicado acima. Assim, ultimamente têm-se desenvolvido grupos do Evangelho, → CURSILHOS DA CRISTANDADE, exercitações do mundo melhor, encontros espirituais, cursos de formação.

Na Igreja de Deus há muitas moradas. Hoje se prefere, em vez de uma híbrida mescla de elementos dissonantes, a especificação do carisma e da natureza de cada movimento espiritual.

BIBLIOGRAFIA. ANCILLI, E. Ruolo e significato degli Esercizi spirituali nella storia della spiritualità cristiana. *Presenza Pastorale* 42 (1972) 671-689; BOULLAYE, Pinard de la. *Les étapes de la rédaction des exercices.* Paris, 1950; COSTA, M. Esercizi, esperienza di Dio. In *La preghiera negli Esercizi.* Roma, 1970, 42-61; CUSSON, G. *Pédagogie de l'expérience spirituelle. Bible et exercices spirituels.* Montréal, 1968; *Dimensión eclesial de los Ejercicios.* Bilbao, 1974; *Ejercicios – Constituciones. Unidad vital.* Bilbao, 1975; ESPINOSA, C. *Los ejercicios de san Ignacio a la luz del Vaticano II.* Madrid, 1968; GIL, D. *Discernimento según S. Ignacio. Exposición y comentario práctico de los espíritus contenidas en el libro de los Ejercicios (EE 313-336).* Roma, 1980; *Gli Esercizi spirituali e la Bibbia* (= CIS Ejercicios 14). Roma, 1977; GONZALEZ, L. – IPARRAGUIRRE, I. *Ejercicios espirituales. Comentario pastoral.* Madrid, 1965; IPARRAGUIRRE, I. *Historia de los ejercicios*, Bilbao-Roma, 1946-1955; *Rivista di Ascetica e Mistica* 1 (1956) 321-698; ID. La "reelaboración" de los ejercicios. *Manresa* 41 (1969) 163-180; ID. *Guida pratica di Esercizi oggi.* Torino, 1969; ID. El problema de la práctica de los ejercicios hoy. *Manresa* 42 (1970) 169-178; ID. *Orientaciones bibliográficas sobre san Ignacio de L.* Roma, 1965; MAGANA, J. *Misterio Pascual y Ejercicios ignacianos. Hacia una integración.* Santander, 1968; PETERS, W. A. *The Spiritual Exercices of St. Ignatius Loyola. Exposition and interpretation.* Roma, [4]1980; RAHNER, K. *The spirituality of St. Ignatius Loyola. An account of its spiritual development.* Chicago, 1966; STANLEY, D. M. *A modern scriptural approach to the Spiritual Exercices.* Chicago, 1967.

I. IPARRAGUIRRE

EXISTENCIALISMO. 1. NOÇÃO. Com esse termo, extremamente instigante e ambíguo ao mesmo tempo, se designa a última e mais enérgica forma de reação ao abstratismo idealista: "existência" de fato é a liberdade do indivíduo que se contrapõe à essência como ato do Espírito absoluto, como necessidade da história universal e substância da realidade. O existencialismo tomou nome e programa do pensador dinamarquês S. → KIERKEGAARD (1813-1855), mas se difundiu na cultura europeia no intervalo entre as guerras mundiais do século XX graças sobretudo à Kierkegaard-Renaissance alemã sob a influência de múltiplas correntes de pensamento como a *Lebensphilosophie*, a fenomenologia, o titanismo nietzschiano, a → PSICANÁLISE, o próprio idealismo e neokantismo e a chamada "teologia dialética". Mas deve-se observar desde logo que a instância kierkegaardiana original de remontar do idealismo ao realismo greco-cristão e de recuperar a pessoa como "ser diante de Deus" é deturpada e mistificada no existencialmente contemporâneo alemão e francês como finitude e, portanto, negatividade do ser com a perda radical daquela mesma liberdade que se pretende reivindicar. O existencialismo, portanto, na sua inspiração fundamental e nos seus princípios, não tem nenhuma relação direta com a *existentia* da Escolástica antitomista, a não ser pela antítese e como extrema denúncia da confusão teórica latente naquela concepção.

2. PRINCIPAIS FORMAS DO EXISTENCIALISMO CONTEMPORÂNEO. O existencialismo contemporâneo se propõe a tarefa de realizar a mediação e a superação entre a metafísica da imanência de Hegel e a teologia da salvação de Kierkegaard, optando pelo tempo contra a eternidade, pelo finito contra o infinito, pela ontologia da existência contra a posição metafísica do transcendente. Entre o historicismo teológico de Hegel e a providência cristã de Kierkegaard, o existencialismo contemporâneo propõe o historicismo radical do existente humano que se atesta na escolha de "ser si mesmo". Uma vez que a "projeção ontológica" dessa liberdade é diferente (deve-se dizer até "antitética") nas várias escolas existenciais, cada uma das quais propõe, ao tema comum da existência, como liberdade de ser, uma dialética diferente, até oposta. A antítese não nasce nem pode nascer do tema da existência como tal, e sim da orientação profunda imposta à dialética, a qual se assume como uma referência explícita a uma forma de pensamento histórico que assume as rédeas de todo o processo. Os representantes mais significativos do existencialismo como movimento de pensamento filosófico do século XX são, para o existencialismo francês: *J.-P. Sartre* (1905-1980) e *G. Marcel* (1899-1973), e para o existencialismo alemão: *K. Jaspers* (1883-1969) e *M. Heidegger* (1889-1976).

a) *Sartre optou por Descartes*. A principal obra de Sartre começa com o princípio do historicismo fenomenológico: "O pensamento moderno reduzir o ser do existente à sua aparência" (*L'être et le néant*, 11). A aparência de tal ser é apresentada por Sartre nos dois blocos impenetráveis que se consumam na recíproca negação, ou seja, a consciência como *pour-soi* e o mundo como *en-soi*. O ser é interpretado, portanto, no âmbito do dualismo cartesiano de matéria e espírito, de pensamento e extensão, como o próprio Sartre abertamente confessa (*L'être et le néant*, 308; cf. 342 e *passim*). O imoralismo que Sartre proclama em toda a linha da liberdade brota da impossibilidade de qualquer relação positiva para com "o outro"; por isso, a má-fé dos nossos projetos altruístas, a mentira das nossas relações reais... até à fórmula radical de que "o inferno... são os outros!" (*Huis clos*, final). O ateísmo de que Sartre diz partir na interpretação do *Dasein* humano está ligado com a sua opção do *cogito*, calcado na análise fenomenológica de tipo husserliano e de conteúdo psicanalítico no pior sentido, como se sabe.

b) *Jaspers optou por Kant*. Sabe-se que Kant eliminou a metafísica como ciência válida, por meio da oposição de fenômeno e número; conservou-se, porém, num certo sentido (e talvez num sentido bem mais profundo que o da metafísica iluminista) na forma de aspiração infinita da razão, a qual apresenta a verdade (o em-si) do real em forma de totalidade e precisamente segundo as três totalidades do mundo, da alma e de Deus (as três "Ideias" da dialética transcendental). No campo teórico, Kant apresentara a dupla abertura para o ser por parte da imediação do sentimento (*Crítica do juízo*) e da "fé filosófica" (*Crítica da razão prática* e *Crítica da religião segundo os limites da razão pura*). Jaspers, na última forma do seu pensamento, optou cada vez mais decisivamente pela "fé filosófica" como a única atitude própria do filósofo.

c) *Heidegger optou por Hölderlin e Nietzsche*. O itinerário de Heidegger realmente foge a qualquer redução ou aproximação; contudo, é inquestionável que nos últimos escritos a influência de Hölderlin e de Nietzsche, quase ausente nos primeiros escritos, tornou-se predominante. Uma influência de natureza dialética: negativa-positiva a de Nietzsche, na medida em que a sua doutrina do valor "valor" leva ao extremo o erro que, segundo Heidegger, está na base de toda a metafísica ocidental que é a concepção da verdade (e do ser) como "síntese" (Nietzsche, de sua parte, o supera quando muito identificando o próprio ser com a "vontade de potência"); de revelação-ocultamento a do poeta Hölderlin, que mostrou o poder evocativo que a poesia essencial tem para realizar a presença do ser e a manifestação do "sacro".

Mas o ateísmo, na sua forma de desgaste metafísico e de impossibilidade de instituir uma relação com o Absoluto, não vale só para Sartre, mas também para Jaspers e Heidegger e para as próprias posições espiritualizantes de origem imanentista-idealista (G. Marcel, E. Castelli, gentilianos da Itália e orteguianos na Espanha, heideggerianos da Alemanha...) na medida em que professam em geral a prioridade de fundamento da consciência sobre o ser.

O existencialismo, que entrou na teologia protestante como filosofia da existência é tematizado por *K. Barth* (1888-1968), sob forte influência de Kierkegaard, é desenvolvido por *R. Bultmann* (1884-1976) em perspectiva heideggeriana no tema da demitização, conceito do qual depende o da secularização de *F. Gogarten* (1887-1967). Uma base de existencialismo religioso encontra-se também no russo *N. Berdiaev* (1874-1914) e no judeu *M. Buber* (1878-1965).

Em relação à → TEOLOGIA ESPIRITUAL, o existencialismo continua a basear-se nas categorias kierkegaardianas da existência do homem (ente superior, dotado de possibilidade, capaz de escolhas livres), retomadas de vários pensadores nos primeiros decênios do século XX, mas válidas também para o nosso tempo.

3. CARACTERÍSTICAS DA ESPIRITUALIDADE KIERKEGAARDIANA. Visto na sua temática fundamental e na continuidade da sua aspiração, o significado da obra de Kierkegaard não admite dúvidas e pode ser resumido nos seguintes pontos:

a) *Profissão de realismo*: mundo, homem e Deus representam três esferas diferentes do ser e o homem pode reportar-se tanto ao finito (vida ascética) quanto ao infinito (vida ético-religiosa): contra o idealismo imanentista especialmente hegeliano.

b) *Profissão de espiritualismo*: o homem é um sujeito livre que deve decidir sobre o seu ser como "espírito" e decide precisamente com a "escolha". Essa escolha da liberdade é suspensa para o homem, espírito finito: a angústia do nada e do pecado, que só se supera mediante a escolha, ou melhor, o "salto" da fé que é o verdadeiro "ponto de Arquimedes" da vida: contra qualquer forma de materialismo, subjetivismo e imanência da razão mesmo socrática.

c) *Profissão de cristianismo*: o homem é um ser decaído e presa do pecado. Na realidade e pessoa de Cristo homem-Deus se encontram tempo e eternidade, finito e infinito, e assim Cristo pôde salvar o homem do pecado com a sua vida, paixão e morte. Mas Cristo é graça e modelo ao mesmo tempo, e isso significa que o cristão, embora salvo pela graça de Cristo, é obrigado também a mostrar a sua correspondência e reconhecimento pela graça com a "imitação de Cristo": momento da ascese, contra o eudemonismo do cristianismo protestante (defesa do celibato católico). Esses três pontos representam aproximadamente também as três fases principais da existência de Kierkegaard, especialmente na última luta contra a concepção de cristianismo do bispo Mynster, que lhe custou a vida. Kierkegaard afirma repetidamente a superioridade do cristianismo católico sobre o protestante, mas não chega a uma aceitação explícita do catolicismo como fizeram depois muitos, impelidos pelo ardor e pela força de seus protestos.

O ponto decisivo de toda essa metafísica da positividade do espírito finito, que Kierkegaard, com os → PADRES DA IGREJA e com os escolásticos, volta a defender para garantir a salvação do homem, está expresso nos dois princípios ou asserções fundamentais: primeiro, tanto o propósito de Deus de criar o mundo e de salvar o homem com a → ENCARNAÇÃO, quanto o ato com que o homem aceita a encarnação são duas decisões absolutamente livres que quebram o ritmo uniforme da história; segundo, em decorrência disso, o tempo, nos momentos da inserção nele tanto da decisão divina quanto da decisão humana — mas também apenas nesses dois momentos —, adquire para o homem um significado e um valor absolutos. Por isso o tempo se tornou, com a encarnação do Verbo de Deus, o "tempo da salvação" e tem para o homem um valor infinito porque é apenas no tempo que se pode (e se "deve") decidir a "salvação eterna". Assim, a história não tem de modo algum, como pretende Hegel, um significado ascendente, ao infinito: o que levou à aberração da teologia pós-hegeliana com o princípio da "perfectibilidade do cristianismo". O ápice da história foi atingido de uma vez para sempre com Cristo e com ele foi estabelecida a situação definitiva do homem. Desse modo, a vida do homem no tempo se torna "o exame"; a vida é o "tempo de exame" e o homem não sabe quanto dura, porque pode ser chamado a qualquer "momento" à prestação de contas do juízo.

Documentos imponentes da sua intensa espiritualidade são sobretudo, além das últimas obras pseudônimas (*Doença mortal, Exercício do cristianismo*) e dos ensaios biográficos póstumos (*O ponto de vista da minha atividade de escritor, Julguem vocês mesmos...*), o enorme volume dos *Discursos edificantes* e o monumental *Diário*, repleto de ardentes elevações a Deus e de comovidas orações inspiradas nas mais genuínas fontes da devoção cristão como a Sagrada Escritura (especialmente o Novo Testamento) e a mística tradicional (*A imitação de Cristo*, → TAULERO, pietismo...). Mas a riqueza dessa espiritualidade e o sentido de suas eventuais lacunas só podem ser apreendidos imergindo no ritmo dialético da obra de Kierkegaard que no segundo pósguerra passou a revelar sua autêntica fisionomia. Assim, as acusações de individualismo, de irracionalismo, de voluntarismo... que se repetem há mais de um século contra o existencialismo kierkegaardiano vão ao encontro da mesma ambiguidade da temática de Kierkegaard que permanece essencialmente suspensa na antítese da desagregação do seu ambiente espiritual: idealismo = protestantismo. O seu individualismo não contraria a socialidade, nem o seu irracionalismo a racionalidade ou o seu voluntarismo o trabalho do intelecto. Sua oposição tem sentido e conteúdo diretamente em função polêmica da desagregação dupla e convergente acima indicada. Certamente Kierkegaard devia ir além, e sua obra, tanto para os protestantes quando para os católicos, permaneceu como que suspensa no ar. Mas o seu caminho não foi em vão.

BIBLIOGRAFIA. BATTAGLIA, F. *Il problema morale nell'esistenzialismo*. Bologna, 1949; BRUNNER, E. *Christlicher Existenzialismus*. Zürich, 1956; CASTELLI, E. et al. *Esistenzialismo cristiano*. Padova, 1947; FABRO, C. *Dall'essere all'esistente*. Brescia, 1965; ID. *L'uomo e il rischio di Dio*. Roma, 1967; ID. *Introduzione all'esistenzialismo*. Milano, 1943; ID. *Problemi dell'esistenzialismo*. Roma, 1946; HALZETON, R. *Existentialism and religious Belief*. New York, 1959; MIHALICH, J. C. *Existentialism and Thomism*. New York, 1960; MOLLER, J. *Existenzialphilosophie und katholische Theologie*. Baden-Baden, 1952; MORANDO, D. *Esistenzialismo teologico*. Brescia, 1949; PAREYSON, L. *Studi sull'esistenzialismo*. Firenze, 1943; PELLOUX, L. *L'esistenzialismo* (Ensaios e estudos em colaboração). Roma, 1943; PENZO, G. *Essere e Dio in Karl Jaspers*. Firenze, 1972; ID. Esistenzialismo. In *Dizionario Teologico Interdisciplinare*. Torino, 1977, 133-137 (biblio.), vl. II; ID. *Jaspers. Esistenza e trascendenza*. Roma, 1986; ID. *Max Stirner. La rivolta esistenziale*. Torino, 1971; PRINI, P. *Storia dell'esitenzialismo*. Roma, ²1971; STEFANINI, L. *Esistenzialismo ateo ed esistenzialismo teistico. Esposizione e critica costruttiva*. Padova, 1952.

A. FABRO

ÊXODO. Etimologicamente e nos numerosos textos bíblicos, êxodo (*ex-odos*) indica a saída do Egito. Mas o termo abarca toda a história dos acontecimentos que tiveram início com a noite pascal e terminaram com a conquista da terra prometida (cf. Jz 24,5-13; Sl 136,10-25). História unitária, dirigida pela mão poderosa de Deus, em que foram definitivamente estabelecidas as bases das relações entre Israel e YHWH. É a história santa por excelência, o objeto sempre atual da meditação religiosa do povo de Deus (cf. VON RAD, Das formgeschichtliche Problem des Hexauteuch, in *Geammelte Studien zum AT*, München, 1961, 9-20).

1. **ANTIGO TESTAMENTO**. Nessa história emergem dois momentos principais, um inicial, o outro conclusivo: a saída do Egito e a entrada na terra prometida (cf. Dt 26,5-9). Os limites que nos são impostos aqui obrigam-nos a concentrar nossa atenção nesses dois acontecimentos, a não ser para tratar do período intermediário do deserto, de modo global e genérico.

O êxodo como libertação de Deus. A ideia fundamental que se liga à saída do Egito na tradição constante de Israel é a de uma libertação milagrosa gratuitamente feita por YHWH. É o conteúdo preciso dos mais antigos testemunhos bíblicos concernentes ao êxodo (Ex 14; 15; Dt 6,21 s.; 26,6-8). Encontrando-se diante de perigo mortal e sem saída, os hebreus são salvos por uma intervenção pessoal de Deus: eis o significado mais essencial do acontecimento do Mar Vermelho (cf. Ex 14.15). E é essa ideia primeira — ideia inseparável de uma experiência vivida — que está na origem das múltiplas ressonâncias espirituais que a passagem do Mar Vermelho provocará ininterruptamente na alma de Israel. Essa perspectiva de libertação é muitas vezes expressa com uma asserção tradicional, de intenso conteúdo espiritual: os hebreus "clamaram" a YHWH e YHWH os salvou da escravidão do Egito e do exército de Faraó (Ex 2,23-25; 3,7; 14,10; Dt 26,7; Jz 24,6). Clamores de um povo votado à escravidão e à morte; salvação gratuita e decisiva realizada por Deus.

O êxodo como fundamento histórico da espiritualidade israelita. Com a saída do Egito, Israel teve uma experiência concreta de Deus, experiência que constitui a própria base da sua fé. "Naquele dia o Senhor salvou Israel da mão do Egito e Israel viu o Egito morto na orla do mar. Israel viu com que mão forte o Senhor havia agido contra o Egito. O povo concebeu temor ao Senhor, acreditou no Senhor e em Moisés, seu servo" (Ex 14,30 s.). Testemunha da libertação milagrosa, o povo teve fé em YHWH e o temeu. Pode-se parafrasear deste modo: Israel conheceu Deus e se agarrou a ele. Agora YHWH é "o Deus que fez Israel sair da terra do Egito" e Israel é, aos próprios olhos, o povo que YHWH salvou da escravidão egípcia. Dupla convicção que constitui o artigo de fé mais frequentemente lembrado na leitura bíblica. A meditação assídua de tal argumento de fé permite que de repente Israel descubra a verdade da própria eleição (Dt 7,6 s.; Am 3,2): povo eleito e primogênito de Deus (Ex 19,5-6; Is 43,1). Logo Israel acrescentou a essa ideia de eleição duas outras verdades, igualmente hauridas da experiência do êxodo: YHWH fez de Israel o objeto exclusivo da sua solicitude libertadora porque o amou, porque amou os seus pais e permaneceu fiel a esse amor (Dt 7,6-9). Amor de YHWH, fidelidade de YHWH: duas convicções cuja importância na ordem da vida espiritual dificilmente pode ser exagerada. Mas a conclusão mais imediata que Israel tirou do milagre do Mar Vermelho foi sem dúvida a ideia do poder de YHWH. É a ideia que predomina nas mais antigas invocações bíblicas do êxodo (Ex 14; 15). Com o tempo, Israel reunirá numa visão unitária o poder divino e o amor divino: o poder de YHWH está a serviço do seu amor pelo povo que escolheu para si; e como esse amor é fiel, Israel pode sempre contar com o poder salvador do seu Deus.

O êxodo como motivo de confiança. Tais convicções — eleição, amor, fidelidade, poder de YHWH — permitiram que Israel erigisse o êxodo em motivo infalível de confiança. A partir de então as numerosas evocações do passado, em geral, e do êxodo, em particular, são explicadas nos textos em que se exprime a confiança de Israel em YHWH (cf. entre outros, Dt 7,17-24; 20,1; Os 12,10-11; Hab 3; Jr 32,16 s.; Br 2,11 s.; Is 63,7-64,11; Sl 44; 46; 60; 66; 68; 74; 80; 83; 106; 132; Jt 9 etc.). Nos momentos de calamidade iminente ou de catástrofe já ocorrida, o povo de Deus lança de bom grado um olhar de esperança para o passado e se lembra do gesto de YHWH no êxodo. Uma relação de continuidade é assim estabelecida entre a experiência do passado e a situação do presente; e essa continuidade, fonte de esperança, Israel a coloca em evidência na seguinte verdade: outrora, como hoje, é o próprio Deus, YHWH, o principal envolvido. E a certeza que daí deriva: YHWH, que outrora deu a seu povo a libertação e a vitória contra o Egito, intervirá de novo agora em favor dele. A meditação do êxodo já demonstrara a Israel que o amor de YHWH por ele, povo eleito e primogênito de Deus, é fiel e que, desde o início, YHWH está sempre pronto a servir-se do próprio poder ilimitado em seu favor.

O êxodo como motivo de fidelidade. Paralelo à confiança de YHWH, existe o dever de fidelidade a YHWH que Israel aprendeu particularmente na escola do êxodo. Em todas as épocas, o serviço de YHWH e o apego obediente à sua vontade estão presentes como consequência lógica da história e, particularmente, da história do êxodo (Ex 19,3-6; 20,2 s.; Dt 5,6 s.; 20-25; 1,1-8; 29,1 s.; Jz 24; 1Sm 78,1-8 etc.). Esses textos pertencem em sua maior parte à tradição da → ALIANÇA, e o raciocínio que neles se encontra impresso é o seguinte: às intervenções repetidas de YHWH na sua história — e sobretudo ao gesto divino do êxodo — Israel deve tudo o que tem e tudo o que é; por eles, portanto, YHWH adquiriu um direito de soberania absoluta sobre Israel; e Israel, por sua vez, tem a obrigação de reconhecer tal direito por espírito de justiça e por espírito de gratidão (cf., entre outros, W. MORAN, De Foederis Mosaici Traditione, *Verbum Domini* 40 [1962] 3-17). Se é lógico que Israel sirva na fidelidade e na perfeição (Jz 24,14) o Deus do êxodo, é ao contrário absurdo e monstruoso que se mostre infiel ao próprio Deus. Essa ideia complementar encontra-se sobretudo na literatura profética (Am 2,10-11; 3,1-2; Os 8,14; 11,1-4; 13,4-8; Mq 6,1-8; Jr 2,5-7; Ez 16; 20 etc.). Nesses textos, a lembrança do êxodo tem o objetivo de ressaltar a enormidade da prevaricação de Israel. Ser infiel a YHWH significa colocar-se contra a própria lógica da história santa, contra a ordem objetiva e revelada, instaurada pela intervenção de YHWH com o êxodo.

Espiritualidade do deserto. Já entre o povo do Antigo Testamento, o período intermediário do deserto adquiriu o valor de uma norma bastante rica de vida espiritual. Esse período, vivido por quarenta anos numa atmosfera maravilhosa de milagres ininterruptos, caracterizado por uma presença contínua, tangível, quase física de YHWH com seu povo, período em que Deus parece ter "suspenso em favor do seu povo as condições normais da vida" (J. GUILLET, *Thèmes bibliques*, Paris, 1934, 9), exerceu sobre os pensadores de Israel uma atração irresistível. Eles vislumbraram nela como que uma imagem ideal das relações de Israel com YHWH. Mais que de um lugar, o deserto dá a ideia de um estado: estado interior, disposição religiosa em que nada é obstáculo para a presença operante de Deus. Daí surge a nostalgia do deserto, ainda viva em Israel (por exemplo: os recabitas), a recordação do deserto, verdadeiro retorno às fontes do javismo que várias vezes é expresso nos textos proféticos como antídoto à impureza do sincretismo triunfante e do ritualismo árido (Am 5,25; Os 2,16-17; 9,10; 12,10; Jr 2,2-3 etc.). Dessa corrente espiritual, ainda viva nos primórdios da era cristã (→ QUMRÂN) e transformada em sede de absoluto, numa recusa de meias-medidas, numa busca de Deus na pureza integral da fé, → ELIAS e → JOÃO BATISTA são os exemplos bíblicos mais elevados. A essa espiritualidade do deserto se opõe em todas as épocas a tentação por excelência de Israel: a de se tornar como as outras nações, de fazer como os outros povos (Ez 20,32), de ignorar o vínculo particularíssimo que o une a YHWH e o separa das outras nações. Porque é precisamente no deserto que Israel se torna para YHWH "um reino de sacerdotes e uma nação santa" (Ex 19,6); e é no deserto que compreende ser diferente dos outros povos (Nm 23,9) e que o seu comportamento, longe de seguir o das nações (Lv 18,3; 20,23-26), deve inspirar-se na própria santidade de YHWH (Lv 11,45; 19; Dt 7,1-6; 14,2; 26,19). O êxodo, separação física de Israel, traz consigo também a exigência de uma separação moral e religiosa, mais que uma volta ao Egito (Ex 16,2-3; 17,3; Nm 14,13; cf. também Lv 18,3; 20,23-26; Js 24,14-15). Tendo reencontrado o próprio Deus no deserto (Os 12,10), Israel é para sempre marcado com o nome de YHWH; a sua dignidade é única; é santo como YHWH é santo (Lv 19,2).

Doação da terra. YHWH fez os hebreus saírem do Egito com o objetivo de dar a eles a terra prometida antes dos seus pais. Esse benefício, que coroa a epopeia do êxodo, devia levar o povo a um apego mais fiel ao seu Deus (Js 24,13-14); ao contrário, levou-o a esquecer o próprio benfeitor e eleger o próprio interesse como valor absoluto. É a grande tentação da terra prometida. Acostumadas às dificuldades do deserto, as tribos encontram-se repentinamente em meio à abundância da terra conquistada, "terra onde leite e mel escorrem em rios". O contraste revelou-se demasiado forte e a atração das novas riquezas, irresistível. Israel "comeu... engordou... e se rebelou... Deixou o Senhor, que o fez, desonrou o Rochedo, sua salvação" (Dt 32,15; cf. também 31,20 e Os 13,6). Daí a parênese deuteronômica dos seguintes textos: Dt 6,10-13; 8,7-20; 9,1-6. A obtenção dos bens da terra não deve fazer Israel esquecer que esse benefício ainda faz parte do dom de Deus; a abundância do presente, ao invés de tornar o povo insensível a qualquer exigência religiosa de ordem superior, deve suscitar um sentimento de reconhecimento diante de YHWH e colocá-lo a serviço de seu Deus. Aplicado ao caso de Israel, tem-se o eterno problema da atitude religiosa que devem ter todos aqueles que, pela graça de Deus, estão repletos dos bens desta vida.

Tipologia do êxodo. Muito antes da era cristã, Israel soube desenvolver uma tipologia surpreendente do êxodo. Referimo-nos sobretudo aos cc. 40–55 do Livro de Isaías. Nesses capítulos, um profeta genial anuncia aos exilados da Babilônia a libertação próxima e evidencia que a volta à terra dos pais renovará diante das nações maravilhadas a antiga epopeia do êxodo, será um novo êxodo. E o dêutero-Isaías descreve esse retorno maravilhoso com a ajuda de traços extraídos da travessia do Mar Vermelho (43,16-21; 51,10), da água milagrosa que brota da rocha (48,21); da nuvem luminosa (52,12), da marcha pelo deserto (40,3) etc. A lembrança do êxodo não tem nada de maravilhoso na literatura bíblica; mas o que faz a originalidade do profeta é ter concebido o êxodo como "tipo", como modelo da libertação próxima. Para dizer a verdade, houve a ajuda da semelhança das duas situações; de uma e de outra parte existe a escravidão opressiva que tem necessidade da intervenção divina, que deve atravessar um grande deserto e uma barreira de água (Mar Vermelho, Jordão) etc. Essas semelhanças, talvez, se de um lado explicam certas características concretas da descrição do profeta, de outro não explicam de modo algum o significado eminentemente teológico de tal tipologia. Outra semelhança, e bem mais profunda, unia no pensamento do dêutero-Isaías a libertação de Egito com a da Babilônia: YHWH e as suas disposições inalteradas em relação ao seu povo. O próprio Deus que intervém antes contra o Egito e conduz os hebreus através do mar, do deserto, do rio, até o país de Canaã, realizará de novo a libertação dos prisioneiros e os reconduzirá para sua terra. YHWH permaneceu fiel ao seu amor pelo povo que escolhera para si (41,8-10; 43,1-3; 44,21 etc.). Tipologia profunda, teológica, em que se expressa a confiança de Israel no Deus do êxodo.

2. NOVO TESTAMENTO. A lembrança do êxodo mostra-se excepcionalmente viva nos escritos do Novo Testamento. Ao contrário, talvez, da tendência "histórica" que predomina na literatura veterotestamentária, ali é a aplicação teológica do êxodo que passa ao primeiro plano. A ideia fundamental é esta: a nova economia, nos seus diversos componentes essenciais, realiza o tipo perfeito do velho êxodo. Seguramente, esta tipologia, aos olhos da primeira comunidade cristã, não se apoia de modo algum na constatação de uma semelhança puramente externa e a antiga e a nova realidade, mas indica uma profunda exemplaridade desejada por Deus que se insere na própria lógica da história da → SALVAÇÃO. Do enorme material posto à nossa disposição, vamos expor apenas os pontos mais essenciais.

a) *Os Sinóticos*. Para os três primeiros evangelistas, Jesus assume realmente o Israel do êxodo; na sua pessoa e na sua obra, ele retoma, num plano infinitamente superior, a realidade complexa do antigo êxodo. A narração da fuga no Egito (Mt 2,13-15) dá a Mateus a oportunidade de citar as palavras de Oseias: "Do Egito chamei o meu filho" (Os 11,1) e a ideia do evangelho é que a experiência vivida por Israel na época do êxodo e que o tornou "filho primogênito" de Deus encontra agora em Jesus o seu perfeito e definitivo cumprimento. O cuidado de evidenciar esse cumprimento transparece nos três Sinóticos pela tentação de Cristo no deserto. Os quarenta dias de jejum, assim como as três tentações, são uma "lembrança evidente dos quarenta dias no deserto" (J. GUILLET, *Thèmes bibliques*, 23), quarenta anos que foram, substancialmente, uma tentação desejada por Deus (Dt 8,2). De maneira semelhante, a cena da Transfiguração lembra detalhes similares do primeiro êxodo: a montanha, a nuvem, as tendas que Pedro queria montar, a voz teofânica, a presença de Moisés e de Elias (cf. 1Rs 19,9-13). Poderíamos acrescentar esta passagem de Lucas: Moisés e Elias falaram do "êxodo" que Jesus estava para "realizar" para Jerusalém (9,31; cf. sobre esse tema R. LE DÉAUT, *La Nuit Pascale*, 315 s.). Para os → SINÓTICOS e sobretudo para Lucas, Jesus realiza também o tipo perfeito de → MOISÉS. A menção aos 70 discípulos é indicativa a esse respeito (Lc 10,1; Ex 24,1-9); até mesmo a palavra divina na Transfiguração: "Este é meu Filho, aquele que eu escolhi, ouvi-o" (Lc 9,35; Mt 17,15), lembra no cumprimento a promessa do Deuteronômio (18,15): "Será um profeta como eu que o Senhor, teu Deus, para ti suscitará...; a ele é que dareis ouvido". Jesus é esse "profeta como Moisés". A ideia é confirmada também pela narração dos discípulos de Emaús (Lc 24,13-35), em que se diz que Jesus é um "profeta poderoso em obras e em palavras" (Lc 24,19; a mesma expressão é usada para Moisés em At 7,22), e que é aquele que, como Moisés (At 7,35), devia "libertar Israel" (Lc 24,21).

b) *São Paulo*. Para São Paulo, a vida cristã se resume nesta definição: é um êxodo. O texto fundamental dessa teologia é 1Cor 10,1-11. O batismo cristão é explicado ali com as imagens da nuvem e da travessia do Mar Vermelho sob a liderança de Moisés. Por outro lado, o maná (Ex 16), "alimento espiritual", representa ali a → EUCARISTIA e a "bebida espiritual", que brota da rocha (Ex 17,1-6), representa o tipo que anuncia a presença vivificante de Cristo no meio da comunidade de fiéis: "eles efetivamente bebiam de uma rocha espiritual que os acompanhava e essa rocha era Cristo". Sobretudo é o batismo que dá a chave do paralelismo de São Paulo entre êxodo e redenção cristã. Paulo imprime à sua teologia da salvação uma perspectiva nitidamente batismal (Rm 6,1-11). E, como o batismo renova a experiência antiga do êxodo, o Apóstolo considera normal apresentar a vida cristã como uma libertação: da lei (Rm 7,1 s.), do pecado (6,12-13), da morte (5,12-20). Libertação, salvação de Deus, o êxodo mosaico é a imagem providencial da redenção de Cristo. O êxodo prefigura também a redenção cristã porque convida o povo salvo a uma ruptura com o passado a uma vida nova. Os hebreus comeram o pão ázimo pascal antes de deixar o Egito; os cristãos, unidos com o batismo a Cristo, "nossa Páscoa", devem "purificar-se do fermento velho para ser uma massa nova", ou seja, dos ázimos (1Cor 5,6-8). Como os hebreus por meio do ministério de

Moisés, os cristãos por meio do ministério de Cristo são mortos para a antiga escravidão do pecado (Rm 6,6) e introduzidos numa nova vida (Rm 6,4). A Carta aos Hebreus, certamente de inspiração paulina, oferece uma aplicação tipológica interessante do êxodo: o povo mosaico, peregrino no deserto e a caminho do "repouso" da terra prometida, é a imagem do povo dos redimidos que caminha rumo ao repouso de Deus (3,7-4,11). Os hebreus, contudo, incrédulos na palavra de Deus, foram excluídos do repouso para o qual tendiam (Hb 3,17-19; cf. Nm 14,23; Sl 95,11). Os cristãos, por sua vez, instruídos por esse exemplo, devem se esforçar para não sucumbir como seus antepassados às tentações do caminho (4,11); mas devem avançar sob a liderança de Cristo (2,10), chefe e guia superior a Moisés (3,1-6) e a Josué (4,8), mantendo até o fim inabalável a sua confiança inicial (3,14), uma vez que eles têm certeza de esperar efetivamente a terra prometida, o repouso em Deus, a salvação (2,10).

c) *São Pedro.* Fruto de uma catequese batismal elaborada no seio da primeira comunidade de fiéis, a Primeira Carta de São Pedro apresenta a realidade cristã como uma reprodução superior da aventura espiritual vivida pelo povo do êxodo. Batizados em Cristo, os cristãos formam um novo povo de Deus (2,9; cf. Ex 19,5-6); eles foram redimidos pelo Cordeiro imaculado (1,19; cf. Ex 12,5-14) da sua primitiva vida dedicada ao pecado (1,4; cf. Lv 18,3) para conquistar a herança celeste (1,4-5). De fato, exilados nesta terra (1,17), os cristãos vivem como estrangeiros (1,1) e viajantes (2,11); e é com "os rins cingidos" (1,13; cf. Ex 12,11) que eles se põem a caminho para a pátria celeste, esforçando-se como fizeram os seus antepassados no deserto, para se tornar santos como santo é aquele que os chamou (1,15-16; cf. Lv 19,2).

d) *São João.* "O êxodo serve-lhe de modelo para escrever o seu Evangelho que é como que o cumprimento dele" (R. Le Déaut, *La Nuit Pascale*, 324). Para São João, assim como para a comunidade cristã primitiva (At 3,22-23; Hb 3,1-11), Cristo é primeiro o "novo Moisés" que dirige o novo êxodo: ele fornece uma lei muito superior à que Moisés proclamou no deserto (1,17); ele é o profeta "semelhante a Moisés" que YHWH devia suscitar e por meio de quem devia falar ao seu povo (1,45; 12,49; cf. Dt 18,15-19); ele alimenta as multidões famintas no deserto com o pão milagroso, novo maná celeste (Jo 6; cf. Ex 16). E, se Moisés conduziu os hebreus para a terra prometida, Jesus conduz o povo dos redimidos para o Pai: "Antes da festa de Páscoa, sabendo Jesus que a sua hora tinha chegado, a hora de passar deste mundo para o Pai..." (13,1). A Páscoa mosaica inicia a passagem do Egito à terra prometida; a → PÁSCOA cristã significa a passagem deste mundo ao Pai. É uma libertação; e é efetuada sob a liderança de Cristo, que foi o primeiro a realizar essa passagem. Novo Moisés, Cristo, além disso, "realiza na própria pessoa os diversos temas do êxodo que prefiguram a nossa libertação e a nossa salvação" (M. E. Boismard, *Exode, marche vers Dieu*, 163). "Elevado" sobre a cruz, ele se torna a "serpente de bronze" (Nm 21,4-9) que liberta da morte eterna (6,32 s.); ele é a nova rocha (Ex 17,1 s.) de cujo interior brota a água vivificante, ou seja, o Espírito, que sacia a sede daqueles que creem nele (7,37-39); Jesus é o verdadeiro cordeiro pascal (Ex 12-13), cujo sangue confere ao povo de Deus a salvação (18,28; 19,31-42); e essa salvação consiste não mais na libertação da escravidão do Egito, mas na libertação da escravidão do pecado e de satanás (1,29; cf. também 8,31-46 e 1Jo 3,5-6); além disso, essa libertação é realizada por "aquele que é", pelo "eu sou" (8,24), ou seja, pelo mesmo que realizou primeiro a vitória do êxodo, YHWH (Ex 3,14).

e) *O Apocalipse.* A libertação realizada por Cristo ainda não é perfeita. Como os hebreus no dia seguinte da travessia do Mar Vermelho e do deserto, também os cristãos ainda estão a caminho para o repouso definitivo; eles vivem na terra um período intermediário, feito de provações e de tentações. Sua vida é uma luta contínua contra as forças do mal; mas o cordeiro pascal, imolado e ressuscitado, triunfará sobre satanás e sobre os seus satélites (5,5-10). Nessa luta, os maus, filhos de Belial, inimigos de Deus e do seu povo, são perseguidos pelos flagelos, do mesmo modo que os egípcios que se opuseram à libertação dos hebreus (11,6 = Ex 7,17-24; 16,10 = Ex 8,3; 16,2 = Ex 9,8-11; 8,7 = Ex 9,23-26; 9,3 = Ex 10,12-15; 16,10 = Ex 10,21; e 16,21). Quando ao grupo dos "redimidos", reunidos na orla do mar, como outrora os hebreus, celebrarão o triunfo do cordeiro cantando o Cântico de Moisés (Ex 15; Ap 15,1-4). E o cordeiro que traz essa vitória final não é outro senão aquele "que é, que era e que vem" (1,4.8; 4,8; 11,7; 16,5); é, portanto, sempre "YHWH aquele que é" que vem salvar o seu povo (Ex 3,14). Assim toda a história humana, desenvolvendo-se sob o impulso do cordeiro, "daquele que é", é verdadeiramente um êxodo e uma volta à liberdade da terra prometida redescoberta, à nova Jerusalém (21,1), ao verdadeiro paraíso (22,1-2).

A comunidade apostólica concebeu, portanto, a realidade cristã como um novo e definitivo êxodo. É uma história de salvação, uma redenção, uma libertação. Essa realidade começa com o sacrifício salutar do verdadeiro cordeiro pascal, Cristo; e é aplicada aos fiéis por meio do → BATISMO, verdadeira passagem de uma vida de escravidão para uma vida de liberdade, na união com Cristo e na intimidade de Deus; o povo dos batizados, se está salvo na esperança, não está, todavia, no final do seu caminho para Deus; encontra-se na terra, num estado intermediário, verdadeiro deserto, pleno de provações e de tentações, às quais ele deve continuamente fazer frente; nessa luta, ele é confortado pelo maná eucarístico e pela bebida espiritual que brota da rocha milagrosa, Cristo; desde que não sucumbam durante as provações que recaem sobre eles e não permitem passar, como os hebreus no deserto, e não se deixem vencer pelo espírito de incredulidade e de desobediência, os cristãos estão seguros de alcançar um dia a terra prometida, o repouso de Deus, a glória. Será essa a sua libertação definitiva e a vitória final de Deus. As diversas etapas e os aspectos do êxodo cristão são, além disso, acompanhadas de duas verdades que as unem e as explicam: Cristo, novo Moisés, que guia a caravana dos redimidos para o repouso de Deus, na sua qualidade de chefe, de libertador e de pastor do povo de Deus; a força de Deus, de YHWH, "daquele que é", do Verbo encarnado no cordeiro, que opera todas as maravilhas e faz resplandecer assim a sua benevolência para com os homens.

3. TRADIÇÃO CRISTÃ. É um fato que tanto a liturgia cristã quanto a espiritualidade pós-apostólica aproveitaram as riquezas do êxodo seguindo o esquema escritural que traçamos. Os Padres, primeiro, e os autores espirituais que vieram depois deles beberam abundantemente da fonte generosa do êxodo, não acrescentaram nada de essencial aos temas já elaborados pelos Sinóticos, por Paulo, por Pedro e por João. Em seu desenvolvimento ascético e místico, mesmo quando se afastam da sobriedade vigorosa do Novo Testamento ou se deixam arrastar pelo gosto exagerado pela alegoria, seguem sempre a esse respeito, basicamente, uma linha uniforme de tradição que remonta à comunidade apostólica dos fiéis. Assim, é possível resumir as grandes linhas da espiritualidade cristã do êxodo da seguinte maneira:

a) *Libertação que é ruptura com o passado.* O Antigo Testamento e o Novo Testamento, a liturgia cristã e os autores espirituais de todas as épocas viram revelada na história do êxodo a atitude constante de Deus em relação àqueles que "clamam" por ele, que necessitam de sua intervenção: ele é aquele que põe o seu poder a serviço do seu amor para libertar, para salvar. Com o milagre do Mar Vermelho, ele libertou os hebreus da escravidão egípcia; com o batismo, ele liberta os cristãos da escravidão do pecado. É uma libertação, um resgate; mas é também uma ruptura com um modo de viver agora passado. Os hebreus, uma vez resgatados, não deviam mais pensar nos bens do Egito, nem voltar atrás e voltar a se submeter às ordens do faraó; os cristãos batizados não devem mais retomar os seus antigos anseios nem se permitir cair de novo na tríplice servidão da lei, do pecado, da morte. Resgatados, eles devem agir como tais, sob pena de cair no absurdo e ignorar o dom de Deus.

b) *Intimidade com Deus, que é novidade de vida.* Se o êxodo significa ruptura com um passado inaceitável, pela mesma razão significa também novidade contrária. Resgatados da escravidão do Egito, os hebreus tornaram-se no deserto o povo de Deus, em meio ao qual YHWH vive e age continuamente. É a imagem do deserto que tanto impressionou os profetas e suscitou a sua nostalgia: não servindo mais a Faraó, os hebreus devem servir apenas a YHWH e viver na sua intimidade. Eles deviam ser santos como YHWH era santo. Também os batizados que romperam com o mundo do pecado devem agora proceder em "novidade de vida"; "chamados das trevas para a maravilhosa luz de Deus", eles devem conformar-se às exigências da sua nova intimidade com Deus; "à imagem do Santo que vos chamou, também vós tornai-vos santos em toda a vossa conduta, porque está escrito: Sede santos, porque eu sou santo" (1Pd 1,15-16). Eis uma das aplicações mais frequentes e mais ricas da história do êxodo.

c) *A vida na terra é um período de provações.* Depois da vitória do Mar Vermelho, os hebreus não entram imediatamente na terra onde "mana leite e mel". Eles tiveram de percorrer durante muitos anos uma estrada deserta, árdua e repleta de dificuldades; tiveram de enfrentar uma série de inimigos que barravam o caminho para a terra prometida. E se as testemunhas do milagre do Mar Vermelho foram eliminadas ao final pelas alegrias desta terra foi porque elas tinham sucumbido às provações durante o caminho. Paralelamente, a comunidade dos batizados ainda não experimentou a vitória definitiva. Antes de entrar no repouso de Deus, antes de entrar na glória e na casa do Pai, é preciso resistir ao inimigo que nos tenta, ao espírito do mal. A nossa vida na terra é uma luta espiritual que só é vencida por aqueles que a empreendem sob a liderança de Cristo, cujo poder é divino.

d) *Deus vem em socorro de seu povo.* Os hebreus não teriam sobrevivido às dificuldades do caminho sem o maná vindo do céu e sem a água milagrosa da rocha; não teriam sido capazes de abrir caminho até a terra prometida, sem as intervenções vitoriosas de YHWH em favor deles. O povo cristão, igualmente, é sustentado nas suas lutas pelo poder "daquele que é, que era e que vem"; por outro lado, o caminho é mais fácil e as provações são menos temíveis porque ele é alimentado pelo maná eucarístico, tem a sede saciada pelo Espírito consolador de Cristo e é confortado pelo pão da → PALAVRA DE DEUS. Portanto, é na confiança e na certeza da vitória final que devemos nos empenhar na vida cristã.

e) *A caminho para Deus.* A Igreja está em estado de êxodo: ela vive um período transitório; está a caminho para a terra prometida. Assim como os que não possuem essa herança eterna, os cristãos, vivem na terra como "estrangeiros e peregrinos", do mesmo modo que os hebreus no deserto. Não podem, portanto, considerar a sua vida presente como um estado permanente e apegar-se a ela. São sustentados por uma aspiração para a "verdadeira pátria" da qual são cidadãos no exílio. Quando todo o povo de Deus tiver entrado onde Cristo nos precedeu como precursor e guia vitorioso, o êxodo da Igreja chegará ao fim e Deus terá concluído a sua salvação.

BIBLIOGRAFIA. ANDERSON, B. T. The role of the desert in israelite thought. *The Journal of Bible and Religion* 27 (1959) 41-44; AUZOU, G. *Dalla servitù al servizio.* Bologna, 1975; BARSOTTI, D. *Meditazione sull'Esodo.* Brescia, 1970; BOISMARD, M. E. Le Dieu des Exodes. *Lumière et Vie* 3 (1952) 107-128; BONDUELLE, J. Les trois temps de notre Exode. *La Vie Spirituelle* 84 (1951) 274-301; BOSCHI, B. G. *Esodo*, Roma, 1978; CHILDS, B. S. *The Book of Exodus: a critical theological commentary.* Philadelphia, 1974; DÉAUT, R. LE. *La Nuit Pascale.* Roma, 1963; *Esodo ebraico. Esodo cristiano.* Treviso, 1970; ERRMANN, S. *Il soggiorno di Israele in Egitto.* Brescia, 1972; HILD, J. L'exode dans la spiritualité chrétienne. *La Vie Spirituelle* 84 (1951) 250-273; LENSSEN, A. *L'esodo nella Bibbia.* Roma, 1967; MICHAELI, F. *Le Livre de l'Exode.* Neuchâtel, 1974; PESCH, O. H. *I dieci comandamenti.* Brescia, 1978; PLASTARAS, J. *Il Dio dell'Esodo. La teologia dei racconti dell'Esodo.* Torino, 1977; RAVASI, G. *Esodo.* Brescia, 1987; ID. Esodo. In *Nuovo Dizionario di Teologia Biblica.* Torino, 1988, 507-518; SEGRE, A. *Mosè.* Fossano, 1975; STEINMANN, J. L'exode dans l'AT. *La Vie Spirituelle* 84 (1951) 229-240; TESTA, E. *Dall'Egito a Canaan.* Assisi, 1975; ZENGER, E. *Il Dio dell'Esodo.* Bologna, 1983.

G. HELEWA

EXORCISMO/EXORCISTA. Exorcismo. 1. DIVERSAS NOÇÕES. A palavra "exorcismo", do grego ἐξορκισμός, é conhecida somente na linguagem eclesiástica; o verbo correspondente, ἐξορκίζω, tem três significados: fazer jurar (cf. Gn 24,3); exconjurar, perguntar com insistência (cf. 1Rs 22,16; Mt 26,63); libertar do espírito do mal (cf. At 19,13). Este último é o significado usual, técnico, da palavra.

Os exorcismos são, portanto, exconjuros, comandos feitos em nome de Deus ao demônio, para que desista de exercer uma influência maléfica em lugares e coisas ou sobre uma determinada pessoa.

Há, pois, exorcismos de lugares e coisas, para proibir o diabo de exercer influências negativas sobre eles, e exorcismos de pessoas molestadas ou até possuídas pelo demônio, que tendem a libertar das influências maléficas e do poder de satanás; estes últimos retratam o termo em seu significado mais próprio, aquele de que queremos falar.

Os exorcismos, assim entendidos, são considerados públicos, oficiais, solenes se realizados pelo sacerdote autorizado e com fórmulas e modalidades estabelecidas pela Igreja; do contrário, trata-se de exorcismos privados. Nas considerações a seguir pretendemos nos referir aos primeiros, quer por sua maior eficácia, quer por serem ao mesmo tempo objeto de várias disposições particulares.

No que concerne aos chamados exorcismos batismais, no novo Ritual (1969 e 1972) a maneira imperativa com que se apostrofava o demônio foi substituída por uma forma suplicante dirigida a Deus; o objetivo é o mesmo: pede-se a libertação do → DIABO, mas não parece ser mais o caso de continuar a falar de exorcismos, para não estender ainda mais um termo que antes já era aplicado a eles num sentido amplo.

2. DADOS HISTÓRICOS. Nos primeiros três séculos não existiam fórmulas e modalidades precisas, até porque no início todos os fiéis, por um dom extraordinário, tinham o poder de expulsar os demônios (poder carismático); ocorrerá uma especificação quando, diminuindo a frequência do dom carismático, a Igreja pensará em transmitir seu poder a determinadas pessoas.

Encontramos o primeiro testemunho de um livrinho para exorcismos nos *Statuta Ecclesiae Latinae*, uma coleção canônica do final do século XVI que reproduziria a doutrina da Igreja de Arles na época de São → CESÁRIO (cf. P. FOURNIER — G. LE BRAS, *Histoire des collections canoniques en Occident*, I, Paris, 1931, 20, nota 1).

Pouco a pouco, ao lado das fórmulas oficiais propostas pela Igreja, vai surgindo uma literatura privada, que atinge o seu ápice nos séculos XVI-XVII.

Entre os mais famosos livros de fórmulas exorcistas figuram: *Malleus maleficarum* (J. SPRENGERUS — H. INSTITORIS, Coloniae, 1494), *Flagellum daemonun...* (G. MENGHI, Bononiae, 1580), *Compendio dell'arte esorcistica* (G. MENGHI, Macerta, 1580), *Iugum ferreum Luciferi* (D. GOMEZ, Valentiae, 1676), *Manuale exorcistarum* (C. BROGNOLUS, Venetiis, 1720), *Gran dizionario infernale* (F. PIQUÉ, Milano, 1871), *Le livre secret des grands exorcismes et bénédictions* (ABBÉ JULIO, Paris, 1950).

A disciplina atual encontra-se no Ritual Romano, cuja primeira edição remonta a 1614, sob o pontificado de Paulo V.

Na sua mais recente edição (de 1952), tudo o que diz respeito aos exorcismos faz parte do último título, o XII (*De exorcizandis obsessis a daemonio*): num primeiro capítulo (*Normae observandae circa exorcizandos a daemonio*) apresentam-se regras e sugestões sobre os requisitos do exorcista, a prudência a empregar-se, as diretrizes para discernir os verdadeiros endemoniados dos simples doentes, o tempo, o lugar, a forma de realizá-los; no segundo capítulo (*Ritus exorcizandi obsessos a daemonio*) é apresentado o chamado grande exorcismo, que na sua estrutura remonta a Alcuíno, que, por volta do final do século VIII, o introduziu no apêndice acrescentado por ele ao Sacramentário Gelasiano (cf. M. RIGHETTI, *Manuale di storia liturgica*, IV, Milano,

n. 349, p. 410); o terceiro (*Exorcismus in satanam et angelos apostaticos*) contém o exorcismo de Leão XIII para a infestação.

Essa matéria ainda é objeto de estudo dos competentes Dicastérios eclesiásticos para uma nova edição do texto, já realizada, em publicações separadas, para os títulos precedentes do Ritual Romano.

3. EFICÁCIA. Os exorcismos incluem-se na categoria dos → SACRAMENTAIS, ou seja, daqueles "sinais sagrados com que, por alguma imitação dos sacramentos, são representados e obtidos, pela impetração da Igreja, efeitos sobretudo espirituais" (CIC, cân. 1166). Eles têm, portanto, uma eficácia toda particular, que depende não só das disposições do exorcista e do paciente, mas também das orações da Igreja, dotadas de um valor de impetração especial.

A eficácia dos exorcismos, embora muito grande, não é infalível, seja porque as próprias orações da Igreja, segundo a economia habitual que Deus segue ao atendê-las, não têm um efeito incondicional (cf. *STh*. II-II, q. 83, a. 15, ad 2), seja ainda porque o poder da Igreja sobre os demônios não é absoluto, mas condicionado ao beneplácito de Deus, que às vezes poderia ter justos motivos para retardar ou proibir sua saída (cf. F. SUÁREZ, *De sacramentis*, I, disp. 15, sect. 4, n. 14, *Opera omnia*, XX, Parisiis, 1866, 294-295; G. ARENDT, *De sacramentalibus*, Romae, 1900, n. 318, pp. 342-344). Isso não contraria nem um pouco a forma imperativa do exorcismo, uma vez que a condição diz respeito apenas à vontade divina e não à demoníaca, plenamente sujeita por si só ao poder da Igreja.

Ao condicionar essa eficácia, é evidente que Deus não pode ignorar as qualidades e as condições do exorcista e do paciente; é por isso que a Igreja, nas prescrições relativas aos exorcismos, insiste na conduta irrepreensível do exorcista e em todas aquelas disposições e auxílios espirituais que, tanto no sacerdote como no endemoniado, enquanto desconcertam e enfraquecem a relutância de satanás, contribuem bastante para obter de Deus a graça desejada.

Exorcista. 1. VÁRIAS DEFINIÇÕES. Exorcista (do grego ἐξορκιστής) é aquele que realiza exorcismos. Satanás, por direito de natureza, depende exclusivamente da divindade, por isso a força coercitiva e ao mesmo tempo a liceidade dos exorcismos será justificada só quando praticados em nome de Deus e daqueles que dele receberam tal capacidade.

Concretamente, excluído no homem um poder natural sobre os espíritos malignos, bem como qualquer pacto com o demônio, porque sumamente supersticioso e ofensivo a Deus, só resta uma tríplice via, um tríplice título para justificar a legitimidade do poder exorcista, ou seja: a) *uma concessão comum feita por Cristo à sua Igreja*; b) *uma comunicação extraordinária carismática*; e ainda, embora isso não tenha sido positivamente excluído nas duas primeiras formas, c) *a apropriação de tal poder por parte de qualquer um*, motivada quer pela vitória que nosso Senhor teve sobre satanás, quer por uma união com Cristo através da fé ao menos atual (cf. G. ARENDT, op. cit., n. 307, pp. 331-332).

Esses títulos encontram sua plena justificação nas fontes da revelação; e em particular: na tradição de maneira explícita, na Sagrada Escritura de um modo explícito o segundo e de maneira implícita o primeiro e o terceiro (cf. G. ARENDT, art. 23-26, pp. 329 ss.).

2. DESENVOLVIMENTO HISTÓRICO. Nos primeiros séculos, o poder carismático, concedido por Jesus aos apóstolos e aos discípulos (cf. Mt 10,1.8; Mc 3,14-15; 6,7; Lc 9,1; 10,17-20) e prometido depois a todos os crentes (cf. Mc 16,17), era muito difundido mesmo entre os simples fiéis, não sem um desígnio particular da divina providência, que desse modo queria facilitar no início a difusão da fé cristã (observou-se no verbete → POSSESSÃO como os Padres recorriam frequentemente ao argumento da expulsão do demônio para provar a verdade da fé cristã).

No entanto, é mais fácil explicar essa universalidade no uso dos exorcismos se, além do carisma extraordinário, já muito difundido, recorremos à apropriação desse poder por parte de qualquer um, justificada pela união com Deus através da fé, uma vez que alguns textos não nos falam de uma eficácia infalível (cf. por exemplo ORÍGENES, *In librum Iesu Nave, hom.* 24, 1: *PG* 12, 939-940), algo dificilmente conciliável com um poder carismático (cf. G. ARENDT, op. cit., pp. 349-350).

Por outro lado, até este terceiro título baseia-se em testemunhos explícitos (cf. por exemplo *Hermae pastor, mandat.* 7, 2, ed. F. X. FUNK, *Patres apostolici*, I, Tubingae, 1901, 491; também *mandat.* 12, 6, *Ibid.* 517; cf. também o autor das *Recognitiones*, 4, 32; *PG* 1, 1.329).

Assim, diante da grande difusão do poder carismático, a Igreja dos primeiros tempos não considera necessário intervir para definir modalidades e pessoas sobre os exorcismos nos endemoniados; mas teve o cuidado de fazê-lo para os exorcismos batismais, determinando o quanto antes um cerimonial (cf. Traditió apostolica Hippoliti, in *Constitutiones ecclesiae aegyptiacae*, 15, ed. F. X. FUNK, *Didascalia et cosntitutiones apostolorum*, II, Paderbornae, 1905, 108-109; EUSÉBIO DE CESAREIA, *De vita Constantini*, 4, 61: *PG* 33, 354-355; SANTO AGOSTINHO, *Contra Iulianum*, 3, 3, 8: *PL* 44, 705-706) e num segundo momento criando uma categoria particular de indivíduos com essa tarefa específica. Tem-se assim a ordem do exorcistado, cujo primeiro testemunho é do papa Cornélio (a. 251; *Ep. ad Fabianum Antioch.*: *PL* 3, 768).

A frequência do poder carismático, porém, foi diminuindo com o passar do tempo; era portanto natural que, na falta da pessoa dotada de tal poder, os fiéis se dirigissem a indivíduos investidos do poder da ordem, ou seja, aos sacerdotes, aos bispos, e comumente, como era costume, aos exorcistas dos catecúmenos.

Em seguida, a menor frequência dos endemoniados e especialmente a dificuldade em diagnosticá-los, bem como a importância e a sutileza de tal ofício, levaram a Igreja a limitar o exercício desse poder a um número mais restrito de pessoas, exigindo para o seu uso determinadas faculdades e garantias de vida e de prudência.

Um primeiro testemunho a esse respeito é uma carta de Inocêncio I a Decêncio, bispo de Gubbio, de 416, que já supõe que os exorcismos são realizados por sacerdotes e diáconos, acrescentando a autorização do bispo (cf. *Ep.* 25, 6: *PL* 20, 557-558).

A partir de então o exorcistado é considerado apenas um entre os vários graus através dos quais se é preparado para as ordens maiores, grau que concederá sempre o poder sobre satanás, mas não o exercício dele (esta ordem menor será depois suprimida em 1972; cf. motopróprio *Ministeria quaedam*, par. IV: *AAS*, 64 [1972], 529-534).

Em seguida, vários direitos particulares assumiram essa disciplina; especialmente nos séculos XVI e XVII, diversos concílios provinciais exigiam tal autorização (assim, por exemplo, o I Concílio de Milão de 1565, p. 2, 48; MANSI XXIV, 56 BC; o IV Concílio de Milão de 1576, p. 2,

1: Mansi XXXIV, 216E; o Concílio de Salerno de 1596, c. 18: Mansi XXXV, 998CD). Pouco a pouco, a essa orientação acrescentaram-se também diretrizes da Cúria romana.

Contudo, só passou a haver uma disposição geral a partir de 27 de maio de 1917 com a promulgação do Código de Direito Canônico, que no cân. 1.151 adotava e sancionava a prática que então se tornara universal depois das numerosas decisões particulares e da própria Santa Sé.

Tal disposição encontra-se no cân. 1.172 do novo Código de Direito Canônico, promulgado em 25 de janeiro de 1983. No parágrafo I lemos: "Ninguém pode legitimamente exorcizar os possessos, a não ser com licença especial e expressa do Ordinário do lugar". E no parágrafo II: "Esta licença só será concedida pelo Ordinário do lugar ao sacerdote dotado de piedade, ciência, prudência e integridade de vida".

3. PODER CARISMÁTICO E PRIVADO. Tudo o que foi exposto mostrou especialmente os casos históricos do poder exorcista ordinário, público; aliás, só dessa forma é possível um verdadeiro desenvolvimento disciplinar. Não devemos nos esquecer, porém, que continuam a ser sempre e igualmente legítimos — por si sós — os outros dois títulos: o poder carismático, que, embora tenha diminuído muito, nunca deixou de existir, como revelam as biografias dos santos e — no que diz respeito ao tempo presente — pela existência de pessoas, de vida muito exemplar, que o "sensus fidelium" não tarda a descobrir; e, em segundo lugar, a apropriação desse poder por parte dos crentes, que faz com que qualquer fiel possa exorcizar satanás.

Por essas duas formas, igualmente privadas, convém esclarecer alguma coisa sobre a eficácia e o modo de fazer exorcismos.

A eficácia no poder carismático é segura, infalível, uma vez que o próprio Deus, ao conferir tal → CARISMA, com uma inspiração o fará de maneira a conformar o seu uso aos seus desígnios (cf. G. Arendt, op. cit., n. 311, p. 336). Contudo, na apropriação por parte dos crentes, ela, condicionada sempre ao beneplácito divino, mostra-se sempre inferior àquela inerente ao poder ordinário, público, faltando a força impetrante da Igreja.

Sobre o modo, em ambos os casos deve-se excluir o uso das fórmulas do Ritual reservadas a quem recebeu a devida licença do bispo; no que diz respeito aos simples fiéis, deve-se recomendar uma prudência particular em evitar todas aquelas solenidades e formalidades, incluindo a forma imperativa, toda vez que esse poder possa fazer pensar que se trata de um carisma extraordinário ou do poder ordinário da Igreja.

Deve-se lembrar aqui um documento da Congregação para a Doutrina da Fé (de 29-9-1985), sob forma de Carta aos Ordinários, motivado pelo fato que há alguns anos vêm sendo realizadas reuniões de fiéis, dirigidas por fiéis, mesmo com a presença do sacerdote, com o objetivo de obter a libertação das influências de satanás, ainda que não se faça uso dos exorcismos propriamente ditos.

Antes de tudo, o Dicastério convida os bispos a empenhar-se para que seja observado o cân. 1.172, de que se depreende que sequer é lícito que os fiéis usem só um trecho da fórmula do exorcismo de Leão XIII. Além disso, os bispos são instados a vigiar para que, mesmo nos casos em que, embora descartada uma verdadeira possessão diabólica, pareça se manifestar alguma influência diabólica, quem não possui a devida licença não presida reuniões nas quais procura obter a libertação de tais influências mediante orações no decorrer das quais se instaura um diálogo com os demônios e se procura conhecer a identidade deles (cf. *AAS* [1985], 1.169-1.170).

4. EXPULSÃO DO DEMÔNIO. Os espíritos malignos, depois de entrar numa pessoa, só deixam o corpo dela com muita dificuldade, como prova a experiência, que testemunha o quanto é difícil e arriscado o trabalho do exorcista.

O motivo dessa relutância é o mesmo que explica o prazer do demônio ao entrar no corpo dos indivíduos, ou seja, a enorme satisfação, a volúpia que satanás experimenta ao molestar o homem (cf. P. Thryraeus, *Daemoniaci...*, Coloniae Agrippinae, 1604, 184, n. 1).

Os espíritos malignos, depois, quase sempre vinculam a saída a sinais particulares.

Entre estes, os mais comuns são: a confissão dos próprios demônios (cf. Mt 8,29), um vômito totalmente diferente, a saída de alguns bichinhos da boca, gritos terríveis (cf. Mc 1,26), um odor nauseabundo, uma hiperatividade exagerada dos membros (cf. sempre Mc 1,26), a aparente morte do endemoniado (cf. Mc 9,25); às vezes, vários desses sinais manifestam-se ao mesmo tempo, tornando ainda mais assustadora a cena da libertação (cf. sempre Mc 9,25).

Tais sinais não representam uma prova infalível da saída do demônio, uma vez que ele pode permanecer quieto, mesmo depois de ser repetidamente sacudido por essas manifestações. Ao contrário, eles também não devem ser considerados necessários à libertação, que não está ligada a eles de modo algum (cf. P. THYRAEUS, op. cit., 195-196, n. 19-20).

Mesmo que a possessão de um indivíduo fosse devida a vários espíritos, a saída destes pode ocorrer ou ao mesmo tempo ou sucessivamente, até mesmo em decorrência do poder diferente que eles têm sobre o paciente.

O demônio, uma vez expulso da pessoa que possuía, de preferência gosta de ir aonde melhor possa molestar o homem (cf. P. THYRAEUS, op. cit., 204, n. 11), desde que não seja impedido pelo exorcista; em todo o caso, não gosta nem um pouco do → INFERNO, não porque nele aumentam os sofrimentos, uma vez que onde quer que esteja leva consigo os próprios tormentos (cf. P. THYRAEUS, op. cit, 37-38, n. 5-6; 206, n. 7), mas porque seria privado da enorme satisfação de vagar pelo mundo para atormentar a humanidade.

BIBLIOGRAFIA. ARENDT, G. *De sacramentalibus*. Romae, 1900; BALDUCCI, C. *Gli indemoniati*. Roma, 1969, especialmente 81-104; ID. *La possessione diabolica*. Roma, ⁹1988, especialmente 115-124; ID. *Il diavolo*. Casale Monferrato, 1988, ⁵1989, especialmente 281-308; BONNAERT, F. CLAEYS. Exorcisme/Exorciste. In *Dictionnaire de Droi Canonique*. Paris, 1951, 668-671/671-678; BROGNOLUS, C. *Manuale exorcistarum*. Venetis, 1720; BURCH, J. Exorcismos de la Iglesia. *Reseña Eclesiástica* 22 (1930) 203-208; CAPPELLO, F. M. *De sacramentis* I. Torino-Roma, 1947; FORGET, J. Exorcisme/Exorciste. In *Dictionnaire de Théologie Catholique*. Paris, 1924, 1762-1780/1780-1786; MAQUART, F. X. L'esorcista di fronte alle manifestazioni diaboliche. In *Satana*. Milano, 1953, 209-232; NICOLA, J. *Diabolical possession and exorcism*. Rochford (Illinois) 1974; Demonios y exorcismos. *Biblia y Fe* 4 (1976); OPPENHEIM, P. *Sacramentum ordinis secundum Pontificale Romanum*. Roma, 1946, 34-42.

C. BALDUCCI

EXPERIÊNCIA CRISTÃ. "Experiência" é um termo genérico, presente nos mais variados âmbitos da cultura. Praticamente, todos, com razão, podem presumir ter uma experiência. "Experiência" não é um vocábulo técnico, próprio de uma especialização, que depois passou para áreas diferentes. Assim, é oportuno esclarecer o âmbito em relação ao qual falamos de experiência.

Aqui consideramos a experiência do ponto de vista da → ESPIRITUALIDADE, tentando uma síntese orgânica, o mais simples e clara possível, da sua problemática essencial. E, dado esse caráter orgânico e o gênero concreto em que nos movemos (um dicionário de espiritualidade), não podemos deixar de seguir uma ordem lógica e de abordar vários aspectos, sem nos deter demasiado neles.

É bom ter em conta desde o princípio estas duas realidades: *primeira*, que nos situamos no âmbito da espiritualidade, mas que a espiritualidade é uma ciência não claramente delimitada. Essa indeterminação da espiritualidade reflete-se necessariamente no desenvolvimento de cada um dos temas. *Segunda*, não obstante o caráter sintético destas páginas, vamos nos deter um pouco mais em dois aspectos que consideramos do maior interesse hoje, até para reequilibrar o campo da experiência: a ampliação do campo da experiência e a verificação da experiência cristã.

1. **EXPERIÊNCIA CRISTÃ.** Vamos começar reconhecendo que é difícil definir a experiência e, em consequência, a experiência cristã. A afirmação de que "a experiência é um dos conceitos mais enigmáticos da filosofia" (K. Lehmann) não é fácil de contestar. Alinha-se a ela a seguinte observação: frequentemente, a palavra é grafada entre aspas, o que nos leva a pensar que estamos diante de um conceito não suficientemente esclarecido.

A semântica, não de pouca importância no mundo das noções, já é a primeira a fazer intuir a dificuldade que envolve a palavra experiência. O sema *per* e a preposição *ex* estão na base da palavra *experi*ência; e o jogo das palavras parece tão audacioso que é necessário esforçar-se para reduzir a um significado único algo que parece irredutível. Com base nessa perspectiva semântica, "a experiência é... um *saber* que tem um *sabor*. Um saber que o homem foi conquistando com todo tipo de realidade, viajando através da totalidade desta (*per*), sofrendo, suportando, aprendendo, corrigindo e aperfeiçoando o saber acumulado" (L. Boff).

Filosoficamente, a experiência gira em torno do *empirismo* e do *idealismo*. Ambos os sistemas controlam as formulações mais lógicas, embora pequem por parcialidade. Passividade e atividade são duas atitudes antropológicas necessárias para que ocorra a experiência. Apresentados como opostos entre si, podem fazer da experiência algo de incompreensível (para uma exposição ampla, cf. X. PIRAZA, *Experiencia religiosa y cristiana*, Salamanca, Sígueme, 1981).

Para nos aproximar do mundo da experiência, vamos considerar aqui as várias experiências que o homem adquire, procurando captar aquilo que estas apresentam de comum. Esses elementos comuns, de fato, podem constituir o núcleo da experiência.

Talvez seja verdade, como diz Santo Tomás seguindo Aristóteles, que "a experiência é constituída de muitas lembranças" (*STh.* I, q. 54, a. 5, ad 2), e que, portanto, a experiência é como o segundo ato ou síntese. Mas também é verdade que essas lembranças existem e vivem separadamente antes de ser sintetizadas. As etapas que precedem a síntese são tão ou mais importantes que a própria síntese. Por isso, é oportuno começar do início.

Cronologicamente, a primeira coisa na experiência é a existência de uma realidade exterior ao sujeito, os que comumente são chamados "dados de experiência", e que podem ser múltiplos e insuspeitos: na vida, tudo é objeto de experiência. A segunda é, manifestamente, o sujeito, o sujeito concreto e existencial, não um conceito de sujeito ou um sujeito ideal. O objeto se apresenta diante do sujeito, e o dinamismo da experiência começa o seu caminho real. Dizer "começa" não é talvez totalmente exato, em relação ao que vamos dizer agora. Apesar disso, o termo parece o menos inadequado.

O sujeito não reage assepticamente. Entre a apresentação do objeto e a reação pessoal têm lugar múltiplos dinamismos de diverso caráter, difíceis de precisar cronologicamente, que provocam ou condicionam tanto a experiência como os seus possíveis níveis. Entre esses dinamismos (condicionantes de primeiro grau na experiência) incluem-se: a predisposição genética, o impacto causado espontaneamente, o desejo ou o temor que foi alimentado anteriormente (com aquilo que um e outro costumam ter de exagerado), a familiaridade que se teve ou a que se chegou com tal objeto, o estado de espírito do sujeito senciente, o grau de percepção etc. Tudo isso é anterior à experiência, mas não indiferente, e sim necessariamente condicionante. O próprio sujeito ou realidades alheias ao objeto intervêm de modo decisivo na gênese e no nível da experiência.

Dinamismo da experiência. A experiência propriamente dita começa com o contato objeto-sujeito, numa inter-relação de ação-paixão-reação. Depois a reação se converte numa nova ação, que por sua vez é seguida de uma nova paixão-reação. E assim por diante. Muitos mecanismos precedentes entram aqui em ação com novas características (com frequência, de confirmação ou frustração), entre os quais não podemos esquecer os imprevistos, cedendo aos esquemas mentais, frios e calculistas, com que deparara a experiência.

Todo esse dinamismo, que se desperta e atua, retrocede e se extingue, suscita ações e reações absolutamente imprevisíveis, como novos estados de consciência energicamente configuradores do sujeito. Não é necessário recorrer aos místicos — que falam de verdades não cognoscíveis, de conhecimentos não suspeitados etc. — para pensar que, efetivamente, objeto e sujeito se configuram numa estreita inter-relação difícil de ignorar.

A gama das ações-reações pode ser quase infinita. E tampouco aqui é necessário recorrer à mística — ou a experiências similares em qualquer manifestação religiosa — para afirmar que ela leva também à perda da consciência, ao se entrar em certos níveis hoje desconhecidos, mas dos quais a ciência não mais duvida. E existem também muitas experiências humanas que chegam a esses limites ou deles se aproximam, e que permitem intuir a profundidade de tais experiências. Poder-se-ia dizer, diante da realidade desta imensa gama de níveis experienciais, que se apresenta a necessidade de calcular um limiar mínimo diferencial, abaixo do qual não se deveria falar de experiência, ainda que não houvesse mais nada para inutilizá-la. Poderíamos chegar a um acordo, embora seja muito difícil estabelecer o nível mínimo diferencial.

Ver, sentir, fazer. Se quiséssemos nos aproximar verbalmente da experiência, procurando a palavra que melhor possa *descrevê-la*, talvez pudéssemos utilizar a palavra *sentimento* — que os místicos relacionam à substância da alma — ou melhor, *sentir* (com a força ativa que o verbo sempre exprime). Em geral costuma-se perguntar: "E o que *se sente* quando...?". Trata-se de uma pergunta que é formulada sobretudo em momentos importantes. Isso indica que de algum modo esse sentimento é comum. Não parece, porém, que possa servir o verbo *ver*. Ver, de fato, indica uma relação demasiado externa ou não necessariamente personalizante em medida profunda.

Pode ser oportuno atentar aqui para a linguagem experiencial da mística, concretamente na de Santa → TERESA DE JESUS. Nas visões intelectuais — as mais profundas —, a santa confunde espontaneamente, com plena consciência, os verbos "ver" e "sentir": "Vi, ou melhor, senti" (*Vida*, 27, 2). Com o mesmo verbo "sentir" exprime o conteúdo íntimo da experiência, sem dúvida em níveis elevados. Falando de certas locuções interiores, a santa diz: "produzem *sentimentos* de tão vivo remorso a ponto de quase fazer morrer" (*Vida* 38, 16). E numa outra ocasião: "que provoca uma confusão que anula" (*Vida*, 15, 14). Nesses jogos de palavras vislumbra-se a atividade do objeto experiencial no âmbito mais profundo da pessoa. Guiada pela experiência, a pessoa deixa de estar à mercê — talvez até mesmo a serviço — do controle mental e racional. E isso permite distinguir a experiência de qualquer outro evento que permanece no exterior: a palavra ouvida sem compreendê-la, a leitura normal, a reflexão puramente racional... A própria Teresa de Jesus, falando do inferno, estabelece a diferença entre aquilo que se lê e aquilo que se experimenta: "Admira-me que tendo lido tantos livros sobre as penas do inferno, não fizesse caso delas, não as temesse" (*Vida*, 32, 5). A partir do momento em que "experimentou" o que era o inferno, não havia uma única vez que o recordasse sem notar como se sentia "gelar" (*Vida*, 32, 4).

Há outra palavra que exprime o conteúdo da experiência talvez com mais força ainda, a palavra "fazer". Já a encontramos anteriormente junto com a palavra "sentimento". Trata-se de um *fazer* importante, que atinge intimamente a pessoa, libertando o sentimento de um mero romantismo ou de um angelismo anestesiado. Nesse sentido do verbo "fazer" como verbo da experiência é preciso acrescentar outro: quero fazer uma *experiência*. Não dizemos: quero *pensar* uma experiência. E tampouco: quero *sentir* uma experiência. A experiência *se faz*. E isso significa que a ação é um momento intrínseco à experiência. Não é uma dedução, não é uma consequência. É sua essência mais profunda.

Talvez só quando tivermos percorrido todo esse círculo objeto-sujeito, que se encerra com o ato de pôr mãos à obra, poderemos falar de experiência.

Quando esse percurso tem lugar no circuito cristão, então temos a experiência *cristã*. Por enquanto não é necessário descrever esse circuito. Ele se manifestará no decorrer destas páginas. E com isso ingressamos numa exposição de certo modo nova daquilo que é a experiência *cristã*.

2. CAMPO DA EXPERIÊNCIA CRISTÃ. Todos têm consciência de que restringimos o campo da experiência. A experiência filosófica fala da "necessidade da sua ampliação" (A. López Quintás). E o mesmo acontece com a experiência cristã. Essa redução significou um empobrecimento radical da experiência, que provavelmente há tempos já perdeu seu centro.

A restrição empobrecedora produziu-se a partir de distintos ângulos:

a) *Do da mística*. Nesse sentido, parece justo afirmar que "nós costumamos falar da experiência só a propósito dos místicos. Com isso se prejudica a vida cristã, que fica enfraquecida, e se prejudica o misticismo, que representa uma inovação alheia" (F. Ruiz). Não é tudo: uma não indiferente corrente na → TEOLOGIA ESPIRITUAL define a mística como experiência da graça.

Essa restrição tornou o misticismo suspeito, precisamente pela *raridade* com que aparecia aos olhos de qualquer simples observador. Este via as coisas da mística como insólitas e não se identificava com aqueles que eram apresentados como modelos últimos, exemplares e típicos de qualquer cristão sensato e sério. Intuía que faltava algo de elementar e fundamental, algo capaz de se afirmar-se mais como cristão que como raro.

b) *Do ângulo da tradição religiosa ocidental*. Parece até um fato histórico inegável que "a tradição religiosa ocidental indica alguns lugares como especialmente adequados para realizar a experiência religiosa (culto, oração, silêncio etc.)" (Ll. Duch). Desse "especialmente adequados" passou-se com facilidade, no ambiente cristão geral, ao "exclusivamente ou quase exclusivamente adequados". Isso que diz → TEILHARD DE CHARDIN é significativo a esse respeito: "A massa dos fiéis defende obscuramente a ideia de que o tempo passado no escritório, no consultório, nos campos ou na fábrica é tempo subtraído à adoração". Aqui, certamente, não se usa a palavra "experiência". Mas é evidente que nesse sonho adorador se busca a relação direta com Deus, o encontro com ele etc. Se fosse assim, e se continuássemos com essa mentalidade, estaríamos numa nova etapa de exclusiva espiritualidade monástica, vivida em estruturas próprias das elites, às quais se reserva a possibilidade — ou se concede o privilégio — de *fazer* a experiência de Deus. E permaneceriam fora dessa possibilidade os de sempre, os que *fazem* vida normal, que levam a história adiante etc.

c) *Do da interpersonalidade*. Praticamente existe a suposição de que a experiência comporta a interpersonalidade direta e imediata. Se fosse assim, a experiência cristã — e a experiência religiosa no que concerne a isso — teria lugar unicamente na experiência pessoal de Deus. Qualquer outro conteúdo experiencial estaria fadado ao insucesso. Diante dessa posição é preciso dizer que, se é verdade que a experiência deve sempre ser *pessoal*, nem por isso deve ser sempre *interpessoal*. Há muitos outros conteúdos capazes de gerar experiência, experiência religiosa e experiência cristã.

d) *Do da atenção psicológica*. Essa causa de redução pode ser unida à precedente. Existe também a suposição prática muito difundida de que a atenção psicológica atual é um elemento constitutivo da experiência. Seria como se a experiência se identificasse com um estado de consciência, precisamente com o nível consciente. Nessa concepção, para *fazer* uma experiência se deveriam escolher certas circunstâncias de não "distração" mental, capazes de permitir ser dependentes da pessoa ou objeto que atinge a nossa consciência.

Essa concepção da consciência contradiz a existência de uma experiência inconsciente, que provavelmente não é só a mais completa, mas também a mais abundante e rica. Ser pessoal, hoje, é ser dinamizado por forças ocultas ou desconhecidas. Pode-se aplicar à experiência a parábola da semente que cresce por si só: "Sucede com o reino de Deus (vamos colocar em seu lugar a experiência) o mesmo que com um homem que lança a semente à terra: quer ele durma, quer esteja levantado, de noite e de dia, a semente germina e cresce, *sem que ele saiba como*" (Mc 4,26-27).

I. *Novos campos da experiência*. As palavras que denunciam a restrição dos campos da experiência são complementadas por estas outras: "Temos a obrigação de explorar outras áreas da realidade com o objetivo de construir aquilo que Paulo chama o *homem novo* e o *homem total*, porque poderia muito bem acontecer que os lugares tradicionais estivessem desgastados e que fosse necessário sair em busca de uma maneira apropriada ao nosso tempo de se atingir o sentido e a verdade daqueles lugares obscurecidos ou gastos pela passagem desagregadora da história" (Ll. Duch). Embora o tema não nos pareça inteiramente convincente, consideramos importante a afirmação central: é preciso buscar novos espaços para a experiência cristã.

Ao procurar ampliar os campos e os conteúdos da experiência cristã, devemos levar em conta que esses campos são muito diferentes. Tão diferentes quanto a própria vida, uma vez que a experiência cristã é a vida cristã em exercício. Apesar disso, cada tempo e lugar (condicionamentos importantes em e para cada vida) são marcados de forma especial por certas peculiaridades que configuram um momento da história. E é natural que essas peculiaridades interessem, ainda que de formas diferentes, a todos os que vivem neste momento da história. É nesses espaços particulares que gostaríamos de insistir aqui, sem esquecer os espaços tradicionais, precisamente pela natureza destas páginas (escritas para um *dicionário*).

Falando desses espaços novos, não podemos prescindir hoje da matéria, da atividade mundana, da marginalização. Trata-se de campos que não se beneficiaram da preocupação da espiritualidade. E tampouco da teologia em geral. Os dicionários teológicos mais respeitáveis (por exemplo: o *Dictionnaire de Théologie Catholique*), dos quais se alimentaram os teólogos, ignoram termos dos quais a teologia e a espiritualidade não podem prescindir nunca: termos que deverão começar a entrar tranquilamente na experiência cristã (por exemplo, corpo, amor humano, família, prazer, dor, alegria etc.).

Eis, em resumo, alguns dos novos campos da experiência cristã:

a) *Matéria*. Entendemos por matéria tudo o que se refere à nossa origem da terra e do sangue: corpo, amor humano, sexo, prazer, beleza, dor, amizade, afinidade, alegria… São campos diferentes, nem todos na mesma linha (o que seria claramente um sinal negativo), mas todos dependentes da existência e do dinamismo do corpo humano. Todos esses espaços abrem um mundo *amplo* e *novo*. A *amplitude* é percebida observando os conteúdos enunciados e sua contínua presença na vida, seja qual for a concepção que se tenha deles. A *novidade*, sobretudo entre os que são chamados espirituais, está sutilmente inserida nestas palavras da *Gaudium et spes*, críticas em relação à tradição e chave de abertura para o futuro: o homem "não deve, portanto, desprezar a vida corporal, mas, ao contrário, deve considerar bom e honrar o próprio corpo" (*GS* 14). É evocado aqui inteiramente o tema, complexo e muitas vezes obscuro, da → ASCESE, com as relações entre "experiência espiritual e corpo" (G. Lafont).

Não se trata de uma *novidade* absoluta. Queiramos ou não, o corpo esteve presente na experiência cristã. É preciso também reconhecer que Chenu, em 1962, se arriscou a falar da espiritualidade da matéria. Mas foi uma *ousadia*. As vozes comuns não passavam na época por ali.

b) *Esforço mundano*. Esse novo espaço se refere à transformação do mundo através da ação técnica e política. Inclui-se nele a atividade profissional do homem, que passa o tempo empreendendo certos programas que agora são considerados normais entre pessoas normais. O trabalho manual e técnico, a política, a economia, a indústria, a arte etc. são algumas das áreas desse novo espaço.

Na base dele está a teologia do trabalho (M.-D. Chenu) com o seu desenvolvimento subsequente, que é conhecido como teologia do progresso (A. de Nicolás). Teologia das realidades terrenas (G. Thils) soa melhor e dá uma ideia melhor desse novo espaço. A maior parte dos homens lida cotidianamene com esses trabalhos, não isentos de conflitos, aliás quase sempre conflituais.

c) *Marginalização*. Como indica o próprio termo, os marginalizados são aqueles que se encontram à margem da vida normal, sobretudo no nosso mundo técnico. Consideramos a marginalização não tanto em seu aspecto material quanto nas situações psíquicas pessoais-familiares-sociais que a geram: desemprego, condições abusivas de trabalho, miséria, falta de cultura, uso de droga, emigração, violência, discriminação racial e social...

Esse espaço é tão amplo que nele existem continentes, ou ao menos subcontinentes, estruturados pela marginalização. A marginalização dirige a situação, é a sua circunstância essencial, com as preocupações, os sentimentos e as atitudes que gera. Ela domina a oração e o pranto, a esperança e a impotência, a angústia e a coragem.

II. *Campos de experiência cristã*. As pessoas que vivem imersas no mundo descrito acima são pessoas com *experiência*. Costumamos dizer que têm "grande experiência" ou "muita experiência". Podemos dizer igualmente que têm grande experiência *cristã*? Aqui está em jogo a espiritualidade, e em suma a experiência, a sua nota de realismo e a sua vitória sobre o elitismo, que parece necessário superar de uma vez por todas.

Acreditamos que a pergunta pode ser respondida desta maneira: há uma experiência cristã a partir do momento em que uma pessoa se move nesses espaços com critérios cristãos: não importa se são critérios de virtude ou de pecado, de aprovação ou reprovação, de dúvida, de busca etc. A experiência cristã não é sempre idêntica a si mesma, existem diferentes níveis de experiência etc. Mas, lembrando o que diz a *Lumen gentium* sobre a santidade, podemos afirmar: uma só é a experiência que cultivam, nos múltiplos gêneros de vida e ocupação, todos aqueles que são guiados pelo Espírito de Deus... (cf. *LG* 41). E aqui se abrem dois caminhos para explicar essa experiência:

a) *O método de correspondência* (J. Daniélou). Esse método manifesta uma mentalidade próxima da que chamamos redução do ponto de vista da atenção psicológica. Ele deseja ver nas coisas, expressamente, atualmente e conscientemente, duas dimensões ou níveis: a realidade em si e a sua capacidade hierofânica. A experiência cristã teria lugar quando se toma consciência dessa dimensão hierofânica. Por exemplo, pode-se explicar um temporal fisicamente. Mas ele tem também uma dimensão hierofânica. Só quem sabe captar essa dimensão, acima da puramente física, apreendeu sua realidade profunda, seu sentido: é o momento em que faz a experiência de Deus no temporal.

b) *A consistência objetiva das coisas*. "De sua própria condição de criaturas... todas as coisas recebem a sua própria consistência, verdade, bondade" (*GS* 36). É o que outros chamam de "dignidade interior" (M.-D. Chenu) ou objetividade. A experiência *cristã* consistiria aqui na experiência vivida (experiência = vida em exercício) das realidades — não importa quais — em harmonia com essa consistência, dignidade interior ou objetividade, sem a necessidade de captar consciente e atualmente a própria relação com o divino. Não que se desvalorize a atenção atual. Às vezes, ou para determinadas pessoas, ela pode até ser oportuna. O que se busca é avaliar as coisas por seu valor essencial, vivendo essa realidade. São muitas as coisas, a grande maioria, que participam da verdade e da bondade de Deus — participação naquilo que são, naquilo por que anseiam, naquilo que denunciam etc. — e nessa mesma participação comportam a atração ou o chamado — dependendo dos casos — em cuja experiência vivida se dá o encontro inominado, inconsciente, às vezes insuspeitado, mas real, com Deus.

Vamos dar só um exemplo, um exemplo que na verdade é a realização concreta das explicações dadas. Trata-se de ver a experiência cristã naquele que luta para sair da miséria ou para defender os direitos humanos etc. É provável que ainda haja quem não percebe aqui a presença de Deus, do Deus libertador, ou que deseja sacralizar também a violência que essa luta poderá comportar. Para nós, Deus como encarnação pessoal não só está presente em tudo o que é bom, mas *é* tudo o que é bom. A pessoa que dá a sua vida — ou boa parte dela — para fazer sair e tirar dessa miséria e desse abuso os homens com os quais vive fará a experiência cristã múltipla do que é a fraternidade, a → CRUZ, o desapego, a → GENEROSIDADE etc., ou seja, uma experiência cristã múltipla e esplêndida.

Ao fazer tudo isso não se pensou verticalmente, mas horizontalmente? É a mesma coisa. Além disso, Deus está também onde os homens não construíram nenhum altar para ele (K. Rahner). Ainda existem cristãos que dizem: "Não o faz — ou não o fez — por amor a Deus, pensando em Deus!". É algo que leva a refletir, como tantos bons cristãos puderam chegar a uma consciência semelhante.

Ao exemplo dado poderíamos acrescentar muitos outros: histórias de vida escondidas, resplandecentes de valor na solidão e, muitas vezes, na pobreza da casa, na família, na harmonia pessoal. São vidas que não merecem a ofensa de ter negada sua experiência cristã, ao passo que esta é concedida a tantas outras com menos valor.

Nesses casos não é exato falar de experiência cristã *anônima*, expressão que provavelmente não é correta (Ph. Roqueplo). É suficiente falar, sem dúvida, de experiência cristã em sintonia com o Deus oculto e incompreensível de uma fé que age através da caridade (nas suas múltiplas encarnações), não de uma fé que é pura clareza mental.

III. *Campos tradicionais de experiência.* Enumeramos acima aqueles que podem ser considerados espaços tradicionais da experiência religiosa e cristã (culto, oração e silêncio). O cristão desejoso de ampliar o campo da experiência cristã não nega espaços tradicionais. E não porque não ousa, mas por convicção, porque acredita que possam e devam existir espaços de autêntica experiência cristã, distintos dos precedentes, mas ainda assim espaços de experiência, mesmo que agora libertos de uma aura mística que conservaram no decorrer de toda a história. De fato, quanto mais monástica foi a vida e a concepção espiritual, tanto mais predomínio tiveram esses espaços, uma vez que eram eles que formavam o núcleo organizador de uma vida e os que a justificavam.

De todos esses espaços tradicionais, talvez o mais significativo tenha sido a *oração pessoal* silenciosa. Não falamos de oração implícita, que provavelmente não passa de uma expressão pedante e sem consistência. Falamos de oração explícita, de momentos intensos de oração, em solidão exterior. Essa experiência é essencialmente experiência de gratuidade (G. Gutiérrez), categoria com que se exprime hoje aquela antiga e sempre fundamental da amizade (Santa → TERESA DE JESUS). E pode-se afirmar, sem dúvida, que um cristão que não reza não é um cristão (J. M. González Ruiz). Hoje essa experiência encontra-se hipotecada pelos métodos orientais (principalmente → IOGA e → ZEN) discutidos e discutíveis. Enquanto alguns os consideram adequados aos cristãos de nossos dias (W. Johnston), outros não hesitam em falar de traição (H. U. → VON BALTHASAR). Seria difícil negar que esses métodos induzem a um tipo de experiência mais individual e menos preocupada com a história, e, de outro lado, exposta a prescindir de qualquer mediação, inclusive da mediação da pessoa de Cristo.

O *culto* experimenta hoje uma ampliação importante, unida a uma maior relação com a vida real. A reforma litúrgica do Concílio realizou um passo importante. Sejam quais forem as deficiências e imperfeições, elas não podem obscurecer a importância daquilo que foi obtido. Em relação ao mundo da experiência dever-se-ia dizer com clareza que a experiência litúrgica é preferível à experiência pessoal (da oração pessoal), embora elas se apoiem reciprocamente. A experiência cristã possui uma nota essencial na comunidade. A palavra foi escrita por e para a comunidade, a celebração exige a comunidade como âmbito conatural, e a ceia do Senhor é um ato comunitário (lembro da história de um grupo vivido em grupo). Queiramos ou não, as conotações da experiência cristã se distinguem nesta ou naquela forma. E se essas conotações não são mais visíveis, isso se deve ao fato de que várias formas litúrgicas custam a assumir o caráter comunitário que lhes é próprio (cf. *SC* 27). E ao caráter comunitário se une toda uma vida e experiência.

3. PROPRIEDADES DA EXPERIÊNCIA. O exame das experiências humanas, e a aproximação de novos espaços da experiência cristã, podem dar-nos o

sentido das propriedades da experiência. Não se trata propriamente de propriedades da experiência cristã, mas da experiência em geral. Não há dúvida, contudo, que a experiência *cristã* participa dessas propriedades. Eis algumas:

a) *Universalidade.* Todos têm experiências (e experiência), embora nem todos tenham as mesmas experiências. Aqui reside um aspecto da unidade do gênero humano (o homem "animal de experiências"), bem como da sua diversidade. A experiência pode ser invocada e será sempre um argumento respeitável e ao alcance de todos. A experiência se converte em linguagem universal, acima de todas as interpretações e teorias.

b) *Configuração.* A experiência é configuradora. A pessoa *faz* experiências e as experiências *fazem* a pessoa. Há uma profunda simbiose que explica essas realidades. As experiências produzem lenta e secretamente novas espontaneidades. Não se nega que a experiência atue explosivamente, só que não é esse o seu método. Nesse caso, trata-se mais de um fato de sensação que de experiência.

A dimensão configuradora da experiência, e talvez também dessa sua ação lenta, explica a possessividade, de que vamos falar agora.

c) *Possessividade.* A experiência se apossa da pessoa e se converte em sua dona e senhora. As palavras, teorias, impressões etc. ricocheteiam com força na experiência e não conseguem penetrar nela. É difícil convencer quem tem uma experiência, ainda que se trate de uma experiência falsa. Se o sujeito da experiência é assim, então se sentirá prisioneiro dela.

Talvez seja preciso distinguir entre o grau de convicção a que leva a experiência no momento em que é feita e aquele que subsiste quando passou certo tempo desde esse momento. Não só a mística, mas a própria observação comum admitem graus distintos dependendo dos diferentes momentos. Enquanto a experiência perdura no plano consciente, é praticamente impossível contradizê-la com sucesso. Mas, depois, no mínimo as muitas pessoas serenas e capazes de dúvida em sua vida *sentirão* que a dúvida também se manifesta e a força da experiência começa a diminuir, reduzindo-se dentro de limites mais estreitos.

d) *Inefabilidade.* É talvez a propriedade que mais está unida à experiência. Os místicos foram aqueles que mais insistiram nessa propriedade. Sem dúvida, porque ela caracterizava quase inteiramente a experiência deles (como vimos). É claro que essa propriedade pode dizer respeito a qualquer experiência. Bastará levar em conta que na expressão das experiências, de todas elas, abundam as formulações genéricas, comuns, tópicas... Mas abundam também os pontos de exclamação ("todas as vezes que se pronunciam fazem entender aquilo que é interior mais do que se expressa com as palavras", São → JOÃO DA CRUZ), os símbolos e as comparações, as parábolas, as narrações. E se a palavra experiência é escrita, frequentemente, entre aspas, porque não se sabe bem o que ela exprime, essa mesma dificuldade será encontrada no momento de manifestar *as* experiências.

4. "FOME DE EXPERIÊNCIA"? Acrescento o ponto de interrogação porque a expressão, mesmo sendo fundamentalmente correta se deseja refletir a atualidade da experiência, poderia não ser bem interpretada ou apresentar-se como unilateral. Enunciaremos aqui alguns fatos que podem exprimir a atualidade da experiência e as suas peculiaridades.

a) *A experiência, realidade clássica.* Não podemos pretender ter descoberto a experiência no nosso tempo. Dentro dos limites a que aludimos, a experiência foi uma realidade de todos os tempos. Também sua avaliação foi muito positiva, embora não tenha faltado quem tenha feito dela objeto de suspeita. Teresa de Jesus formulou de maneira quase excessiva a presença da experiência em sua obra: "Não direi que não tenha experimentado várias vezes" (*Relatórios*, 5, 1. Embora essa afirmação se encontre em um *relatório espiritual*, ela vale para toda a sua obra escrita). Santa Teresa não foi um caso isolado na experiência cristã.

b) *Experiência e revelação.* No decorrer da história, a experiência como origem, e também avaliação, da expressão e da vida cristã, às vezes entrou em conflito também com certas concepções clássicas da revelação, chegando a formas de substituição. Foi o que ocorreu com o *modernismo*. G. Tyrrell fala da necessidade de que a fé "seja radicada necessariamente numa experiência pessoal e não apenas em proposições e princípios aceitos, por assim dizer". É a dimensão irracional do modernismo, que surpreende tantos (ao menos porque para eles se revela dificilmente compatível, num mesmo sistema, com os princípios críticos e até científicos do próprio modernismo).

c) *Antimodernismo.* A reação da Igreja diante dessa avaliação da experiência foi provavelmente exagerada. Seja como for, a referência à experiência visivelmente perdeu pontos. "Por causa do antimodernismo, a expressão 'experiência religiosa' caiu em descrédito e desapareceu quase completamente do vocabulário dos católicos" (B. Häring). É provável que essa atitude tenha prejudicado não só o vocabulário, mas a própria realidade.

d) *Experiência de ausência*. Não é o mesmo falar de ausência experiencial e de experiência de ausência. Por não ter levado em conta essa distinção elementar, caiu-se em juízos pouco objetivos sobre o nosso mundo. Falar de ausência experiencial é referir-se a algo que não existe ou, se se preferir, a algo que falta. Em contrapartida, falar de experiência de ausência é falar da existência de uma modalidade da experiência, a experiência de ausência. Sentir a ausência tem quase tanta importância quanto sentir a presença. É claro que o cristão prefere sentir a experiência de presença, mas uma coisa é o que se prefere, outra coisa muito diferente é a realidade.

Do ponto de vista sociológico, no final dos anos 1960, pareceram importantes estas palavras de W. Kasper, que pareciam harmonizar-se com muitas outras: "Presentemente (1969), a palavra de Deus se converteu para muitos em um termo vazio, que não interessa mais à realidade que vivem, nem tem uma colocação em seu contexto experiencial. Todos sentimos atualmente essa experiência da ausência de Deus". Essas palavras parecem ter assustado muitos, como se fosse uma época em que o cristianismo tivesse chegado a essa atrocidade. Contudo, quando se analisam as causas que motivam essa situação, e se leva em conta a distinção que fizemos (entre ausência experiencial e experiência de ausência), as coisas se apresentam sob um aspecto diferente. É muito provável que realmente exista ausência experiencial de Deus (um conteúdo da experiência cristã, o mais importante, mas não o único; veja-se o que se disse acima sobre novos espaços), devida ao fenômeno generalizado da descrença. E isso é grave para o cristianismo. Mas é também muito provável que na experiência de ausência esteja em jogo a purificação da experiência cristã e intervenha a pedagogia de Deus. Pode haver, de fato, muitos cristãos aos quais parece que Deus tenha desaparecido de suas vidas e não saibam explicar por quê. Não se diz, contudo, que tenha desaparecido, mas que na realidade não está presente, no mínimo na maneira como esses cristãos creem, em muitos lugares, situações etc. E pode também ser que o próprio Deus brinque de se esconder — que não é ausentar-se — para ver quem o busca realmente, quem sente sua falta. Os místicos sabem bem dessas "ausências". João da Cruz as imortalizou na *Noite obscura*.

Sem querer entrar aqui na análise dessa experiência de ausência, pareceu-nos necessário estender-nos um pouco para eliminar um equívoco que está, em nossa opinião, em julgar os nossos tempos — ou certos anos dos nossos tempos — como tempos de ausência experiencial.

e) *"Fome de experiência"*. Essa expressão de F. Ruiz quer descrever a situação atual. Ela deve ser relacionada, talvez, com a situação descrita acima. Se é assim, pretender-se-ia dizer: a um tempo de ausência de experiência segue-se um outro de fome de experiência. É precisamente essa ausência que suscita, por uma reação necessária, o desejo ou fome de experiência. Nesse caso, sobre a expressão "fome de experiência" seria preciso fazer as considerações que fizemos antes em relação a W. Kasper.

Seja qual for a sua forma, é certo que a experiência tem um seu presente quase monopolista. A pastoral, nos seus vários ramos, parte sempre da experiência e nela encontra a sua pedagogia; a antropologia define o homem como "animal de experiência" (X. Pikaza); a teologia assegura que "agora passou ou está passando o tempo dos grandes sistemas, dos esquemas racionais que tudo resolvem [...]. Já não contam as razões, mas as experiências significativas" (X. Pikaza). A espiritualidade ganha com esta afirmação": "O cristão do futuro ou será um 'místico', ou seja, uma pessoa que 'experimentou' alguma coisa, ou não será cristão" (K. Rahner). E se descemos cátedra e colocamos de lado o livro, para participar de uma simples reunião, podemos insistir numa descrição, entre as muitas, que diga: "Poderia ser o ponto de partida: provocar uma experiência de oração, em que intervenham a imaginação, a afetividade, até o corpo. Não se trata, em suma, de explicar o que o catecismo diz sobre Cristo, mas de manifestar como eu sinto Cristo".

Muitas outras referências poderiam aumentar essa consciência de fome de experiência. Entre outras, a referência ao mundo oriental, que é tipicamente experiencial, a ponto de se recusar a ser considerado uma doutrina. Bem como as expressões mais desconcertantes das tentativas de superar a superfície da nossa vida monótona e consumista. As "experiências" psicodélicas reivindicam um lugar no nosso mundo.

5. COMPROVAÇÃO DA EXPERIÊNCIA CRISTÃ. O vasto mundo da experiência apresenta-se antes ambíguo. Dificilmente essa conotação de ambiguidade pode ser negada à experiência *atual*, às conclamadas e reivindicadas experiências atuais. Por isso, talvez pareça ainda mais necessário hoje que em outros momentos a comprovação da experiência cristã.

Comprovar significa aqui discernir quando uma experiência, que se apresenta como cristã, o é realmente e quando, não obstante qualquer aparência contrária, é falsa. Hoje, comprovação comporta por si só certo aspecto de dúvida e risco, não dando por suposta nem uma conclusão nem outra e expondo-se a se confundir ao emitir um juízo de valor sobre a mencionada experiência cristã.

a) *Necessidade da comprovação*. Vozes distintas e de tons diferentes chamaram a atenção para a *necessidade* da comprovação cristã em geral ou sob qualquer aspecto concreto. Afirmou-se que a teologia "não pode continuar a funcionar em estado de inocência, ou seja, de ingenuidade, nessa época em que se experimenta criticamente" (J. Martín Velasco). É uma admoestação prudente, que se aplica perfeitamente à experiência religiosa e cristã. Mas não é só isso e é preciso dizê-lo claramente: a suspeita de autoengano em numerosas experiências religiosas parece bastante fundamentada.

Para justificar essas hipotéticas experiências, não ajudaria muito buscar o abrigo das palavras de São Paulo: "O homem entregue unicamente à sua natureza não aceita o que vem do Espírito de Deus. Para ele, é uma loucura" (1Cor 2,14). Seria uma maneira equivocada, uma pretensão que se veria desbancada mais depressa do que desejaria.

Os místicos expressaram-se com prudência a esse respeito. Revelando-se quase como mestres da suspeita → JOÃO DA CRUZ e → TERESA DE JESUS constituem exemplos excelentes sob esse aspecto. Talvez sobretudo João da Cruz. Contudo, nos limitamos aqui a uma ou outra citação de Santa Teresa, no contexto da oração, tão específico dela. Eis o que diz a santa: "(A alma) permanece sempre com dúvida... e tantos outros medos: os quais, de resto, *não é bom que faltem*" (*Moradas*, 5, 1, 5). E mais: "É bom andar sempre com medo" (*Moradas*, 6, 3, 17). E, por fim, escrevendo às suas freiras: "Uma vez que encontro perigo por todos os lados... parece-me que quereis me perguntar o que se deve fazer" (*Moradas*, 6, 6, 8).

b) *Dificuldade da comprovação*. A necessidade não facilita a comprovação. Limita-se a exigi-la. E trata-se de uma dificuldade que atinge tanto os espaços tradicionais quanto os novos.

A experiência costuma trazer consigo um grau de convicção difícil de superar. Isso, em princípio, torna muito difícil admitir que se possa equivocar. Isso ocorre praticamente com todas as pessoas: quem teve uma experiência — boa ou má, de um ou de outro tipo — permanece impenetrável às palavras ou às reflexões que a desmintam. Talvez só uma experiência de intensidade ou nível igual ou superior possa introduzir uma mudança nessa pessoa. Normalmente, a experiência convence mais que a fé. É um de seus pontos fracos.

Apesar disso, é preciso fazer um esforço, na formulação e na vida, para submeter a experiência a certos critérios capazes de dotá-la de uma garantia suficiente.

c) *Critérios de comprovação*. Se é importante tomar consciência da necessidade e dificuldade da comprovação da experiência, é não menos importante identificar os critérios que, ao menos provavelmente, nos permitam considerar a experiência concreta como realidade configuradora da vida de um cristão. Quais podem ser esses critérios?

I. *Jesus e o Espírito*. Quando pensa nos critérios de comprovação, vêm logo à mente do cristão, como referências últimas, as palavras, as ações e a pessoa de Jesus. Nele se manifesta o reino de Deus (*LG* 5) e nele deverá manifestar-se também a experiência do Reino. Essa referência mostra-se mais premente e ao mesmo tempo mais possível em nossos dias, em que a consciência do Jesus histórico foi mais comprovada. Uma atenção tão insistente à vida de Jesus não pode ser alimentada como em outros tempos. Os dados cristológicos devem converter-se em dados operativos em qualquer campo da realidade cristã. Do contrário, a cristologia se converterá em pura ideologia e perderão qualquer missão na história concreta.

Pode-se dizer o mesmo da referência ao Espírito Santo. A pneumatologia — que não é uma invenção dos nossos dias — adquiriu hoje um prestígio que antes não tinha. Essa referência ao Espírito pode fornecer aos critérios de comprovação pouca concretude, mas muita amplidão, predispondo o espírito dos pesquisadores para as múltiplas possibilidades e até surpresas que normalmente o Espírito significa e representa. Estas últimas constituem uma característica importante do Espírito, sobretudo em tempos em que se deseja ver tudo muito claro e nítido: o que está em contradição com uma religião guiada pelo Espírito.

O que se acabou de dizer é imprescindível. Apesar disso, surge logo a ideia e a dúvida de quantos cristãos têm acesso razoável a esses critérios de verificação. Não estaríamos novamente diante de um elitismo, apresentado nas melhores roupagens de objetividade e valor, mas contra o qual vão se chocar os de sempre, os simples?

A dúvida é justificada, embora talvez não muito grave, se se sabe viver com Espírito a presença do Espírito na vida. Algo diferente, em contrapartida, é educar os cristãos, manifestamente e talvez sobretudo a dos simples, a tomar consciência e a responder à voz do Espírito. Seria muito positivo poder aconselhar os fiéis: "Preste atenção ao que mais a inclina o seu espírito" (Santa Teresa de Jesus. A palavra "espírito" poderia ser tranquilamente escrita aqui com letra maiúscula).

II. *O magistério como critério.* São muitos os que exigem contar com um critério mais perceptível e mais simples, que não exponha a subjetividade ao mero subjetivismo. Esse critério seria precisamente o magistério da Igreja. Pensa-se que seja um critério simples e resolutivo. Em princípio não há o que duvidar sobre sua resolutividade. Quanto à sua simplicidade, também ela pode ser confirmada, se se considera a corrente de transmissores disso, capazes de fazê-lo chegar a toda pessoa interessada.

E, contudo, está ocorrendo com o magistério algo que não aproveita a ninguém esconder. Acontece que ele se está enfraquecendo teoricamente. O n. 12 da *Lumen gentium*, de fato, apoia-se literalmente em 1Ts 5,12.19-21, e "o texto do Concílio é restritivo em relação ao sentido que lhe dá São Paulo" (J. A. Estrada). E acontece que também na prática o magistério perdeu credibilidade e suscita indiferença, quando não animosidade, em amplos círculos do cristianismo. Enquanto em outros círculos desperta respeito, mas não seguimento. Não é sério recusar-se a reconhecer que, em vastos bolsões da Igreja, vive-se naturalmente em relação ao magistério uma notável "identidade parcial" (H. Schlette).

Os problemas que isso suscita para os critérios comprovadores da experiência cristã, sobretudo à experiência desses novos espaços ou campos aos quais aludimos, são graves. Aliás, chegam a ponto de parecer insolúveis. E não pela dúvida que normalmente acompanha o cristão na sua ação como criatura, mas por uma razão de princípio.

III. *O critério da prática.* O Evangelho parece favorecer o critério da prática. Tanto em geral ("conhece-se a árvore pelos seus frutos", Lc 6,44) quanto em particular na própria pessoa de Jesus (cf. Jo 8), a referência à prática é frequente e enérgica. Vale a pena citar, para corroborar essa linha, um texto do Evangelho de João, porque, para além do seu significado, entra em concorrência com outro critério externo, o de uma autoridade que era pouco discutível naquele ambiente, a de João: "Ora, eu possuo um testemunho que é maior do que o de João: são as obras que o meu Pai me deu para fazer; eu as faço, e são elas que prestam testemunho a meu respeito de que o Pai me enviou" (Jo 5,36).

Não seria difícil desenvolver toda uma linha da melhor tradição em apoio à eficácia como prova e instância crítica da verdade de algo que parece vivenciar-se. Bastaria este testemunho de Santa Teresa de Jesus, que, falando da oração, um dos espaços clássicos da experiência cristã, escreve: "Essas coisas de oração se conhecem melhor examinando os efeitos e as obras que se seguem delas: de fato, para prová-las não há melhor cadinho" (*Moradas*, 4, 2, 8).

Esse critério é cada vez mais valorizado. Nossa época não esconde a sua predileção por ele, ao menos em amplos setores da teologia do compromisso (cf. C. Boff, *Teología de lo político. Sus mediaciones*, Sígueme, Salamanca, 1980). Apesar disso, para esclarecer esse critério de comprovação e não expô-lo ao descrédito, é necessário distinguir entre *eficácia* e *eficientismo*. Não pode ser um critério aquilo que despersonaliza, convertendo o rendimento na única coisa que importa. A eficácia, ao contrário, é a prova da verdade intrínseca das coisas, mesmo da experiência cristã.

Comprovação parcial. A insistência na referência ao Espírito, que apresenta sempre um quê de anonimato (cf. Jo 3,8), obriga-nos a não querer as coisas assim tão claras quanto outros desejariam. Não devemos ser obcecados pela clareza.

Por outro lado, sempre no que diz respeito ao critério da prática, não devemos tampouco cair na ingenuidade de pensar que finalmente as coisas estão claras. Sem dúvida, o critério das obras — realizadas em si mesmos, nos outros, nas estruturas da história etc. — parece importante, mas também, ao mesmo tempo, mais passível de contestação que outros. E pode também ser que seja um tanto destituído de fundamento. Porque, se é verdade que uma pessoa é capaz normalmente de observar a sua vida e de emitir um juízo aproximativo sobre sua melhora ou piora, também é verdade que ninguém é juiz em causa própria e que com frequência é em nossa casa que vemos pior. E, se é verdade que nas relações com os outros podemos observar qualquer mudança no serviço generoso e na aceitação benévola em múltiplos níveis (as duas dimensões de relação mais amplas e profundas), também é verdade que corremos o risco de nos projetar, com uma busca de nós mesmos (sem a necessidade de que proceda da má intenção), em tudo o que procuramos dar aos outros. E, se é verdade que podemos dar a vida para mudar estruturas claramente injustas, também é verdade que a história pode testemunhar a existência de aparentes redentores do mundo que na realidade foram seus carrascos.

A experiência cristã é suficientemente importante na vida cristã (ela mesma está em exercício) para que se dê a atenção que merece tudo o que é importante. É difícil como tudo aquilo que é fundamental. É arriscada como tudo aquilo que tem valor. É obscura como tudo aquilo que supera o homem. E a experiência supera o cristão, porque é ela que o vai tornando cristão.

BIBLIOGRAFIA. BARZEL, B. *Mystique de l'ineffable dans l'hindouisme et le christianisme.* Paris, 1982; BAUM, G. *El hombre como posibilidad. Díos en la experiencia secular.* Madrid, 1974; CODINA, V. *Teología y experienza espiritual.* Santander, 1977; DUCH, LL. *La experiencia religiosa en el contexto de la cultura contemporánea.* Madrid/Barcelona, 1979; *Experiencia religiosa: actualidad, riesgos, posibilidades.* Madrid, 1977; *Experimentar Deus hoje.* Petrópolis, 1976; GARDEIL, A. *La structure de la grâce et l'expérience mystique.* Paris, 1927; GRIFFITHS, B. *Expérience chrétienne. Mystique hindoue.* Paris, 1985; GUERRA, S. *La meditación y la nueva era. Temas para un diálogo. Revista de Espiritualidad* 45 (1986) 203-386; HEIMLER, A. *Selbsterfahrung und Glaube.* München, 1976; JOHNSTON, W. *La música callada. La ciencia de la meditación.* Madrid, 1980; MALDONADO, L. *La experiencia religiosa.* Madrid, 1982; MOUROUX, J. *L'expérience chrétienne.* Paris, 1952; PARENT, M. *Expériences de Dieu: religieuse, mystique, de conversion.* Montréal/Paris, 1985; PIKAZA, X. *Experienza religiosa y cristianismo.* Salamanca, 1981; ROQUEPLO, PH. *Experiencia del mundo, ¿experiencia de Díos?* Salamanca, 1969; *Vita cristiana ed esperienza mistica.* Roma, 1982.

A. GUERRA

EXPIAÇÃO. 1. Ato penitencial com que o homem se propõe aplacar a justiça divina, ofendida pelo pecado. A ideia de expiação remete a uma concepção religiosa, predominantemente jurídica, baseada no princípio de que uma culpa ou um erro podem ser reparados através da punição, infligida pela autoridade ou aceita e requerida pelo culpado. Essa concepção encontra-se um pouco por toda a parte na história das religiões e está na origem de uma série de atos cultuais, especialmente de ritos sacrificais. Nessa fase, o pecado é concebido ainda como uma impureza legal mais que como ofensa pessoal da divindade; e a expiação pode comportar até mesmo práticas imorais, como a imolação de prisioneiros, de escravos ou de crianças.

Entre os hebreus, a expiação tinha uma importância considerável. No ritual dos sacrifícios, a imolação da vítima era muitas vezes interpretada como um modo de aplcar a ira de Deus, ofendido pelo pecado (este é já concebido como ofensa pessoal da divindade). Elementos sociológicos humanos e aspectos religiosos estavam mesclados ali; mas mesmo nos danos causados ao próximo se considerava que o mais ofendido era Deus. Ritos e sacrifícios de expiação eram prescritos mesmo para faltas individuais (Lv 4 e 5). Todo o povo, aliás, é frequentemente advertido para se manter, na presença de Deus, na atitude do pecador que implora perdão e se declara disposto a expiar as próprias culpas. A solene festa anual da expiação testemunha precisamente essa vontade: o bode expiatório, expulso para o deserto, leva consigo todos os pecados do povo (Lv 16,22); um outro bode era depois imolado no templo, e com o seu sangue se aspergiam coisas e pessoas, para representar a reconciliação do povo com Deus (Lv 16,16 ss.; Hb 9,19 ss.).

A ideia de expiação está presente também na doutrina católica da redenção, na medida em que Jesus, com sua paixão e morte, deu satisfação a Deus pelos pecados dos homens. Essa doutrina, que já havia sido antecipada pelo Dêutero-Isaías no canto do servo de YHWH ("A sanção, garantia de paz para nós, estava sobre ele; e nas suas chagas encontrava-se cura para nós"), encontra-se de algum modo também nos ensinamentos de Jesus, quando diz que a sua vida é dada "em resgate" (*eis lytron*) e "em remissão dos pecados" (*eis aphesin amartiôn*); pela qual São Paulo e São João verão nela o *hilastêrion*, o "instrumento de expiação", que redime os pecados do mundo.

Não devemos, porém, acentuar demais o caráter penal da redenção realizada por Cristo. Mais que a entidade material da pena, aos olhos de Deus valem as disposições internas de obediência e de amor com que Jesus Cristo se ofereceu, por nós e conosco, ao Pai. A própria concepção jurídica de expiação vicária, que se tornou clássica com Santo → ANSELMO D'AOSTA, deve ser retificada e interpretada à luz da doutrina de São Paulo e de São João da solidariedade mística de Cristo com toda a humanidade, pela qual em Cristo, que morre para o pecado para ressuscitar para Deus, é toda a humanidade que morre com ele e por meio dele o homem velho, para reencontrar-se depois como "nova criatura" em Cristo ressuscitado e glorioso.

2. Na vida espiritual, a expiação tem um significado próprio, quer como participação voluntária da ação expiadora de Cristo, na solidariedade da → COMUNHÃO DOS SANTOS, quer como empenho a práticas penitenciais particulares, para redimir os próprios pecados e os dos outros. Na história da Igreja, essa espiritualidade teve representantes eminentes sobretudo a partir dos séculos, ou seja, desde quando se tornou popular a devoção a Cristo sofredor e crucificado. Além das irmandades populares de "penitentes" e de "flagelantes", podemos lembrar Santa Lutgarda, Santa Coletta, a beata → ÂNGELA DE FOLIGNO, Ubertino de Casale. Mas foi sobretudo com Santa → MARGARIDA MARIA ALACOQUE, e pela devoção ao → CORAÇÃO DE JESUS propagada por ela na Igreja, que se desenvolveu no seio do povo cristão uma forte corrente de espiritualidade "vitimal" e "reparadora". Numerosos exercícios de piedade, e formulários de orações foram compostos com esse espírito e difundidos entre as pessoas: como a Hora Santa, a reparação honrosa, as orações reparadoras; também a comunhão da primeira sexta-feira do mês e a própria festa do Sagrado Coração de Jesus geralmente se propõem finalidades expiadoras. A alma dessa festa, escrevia o padre Gallifet, é "de expiar e reparar as injúrias cometidas contra Nosso Senhor no Santíssimo Sacramento". Os dois exercícios mais importantes dessa festa são: "a comunhão feita para reparar as negligências de todas as outras comunhões e a reparação honrosa que o Sagrado Coração de Jesus prescreveu como prática essencial a essa festa".

Não raro, especialmente durante o século XIX, prescreviam-se "práticas de expiação" especiais por graves escândalos públicos, até mesmo de caráter local. Para elas contribuíram: a mensagem de La Salette, a obra de eminentes personalidades e a ocorrência de graves conflitos sociais. Nesse clima construiu-se o templo votivo nacional de Montmartre, oferecido ao coração de Cristo por uma França *poenitens et devota*, e surgiram, em vários países, Congregações religiosas, especialmente femininas, para levar as pessoas à prática de uma espiritualidade vitimal e expiadora. As pessoas que, dóceis à voz da graça, abraçaram essa vida cumprem frequentes atos de penitência em espírito de expiação, que oferecem em união com o sacrifício de Cristo, para aplacar a justiça divina e impetrar a conversão dos pecadores, considerando próprios também os pecados alheios.

Em decorrência dos mais recentes desenvolvimentos da teologia católica, também esta espiritualidade, que no passado conheceu alguma forma um pouco mais exagerada de dolorismo ou de sentimentalismo, está se abrindo para uma visão mais bíblica e litúrgica, inserindo-se no contexto global do mistério cristão: Cristo imolado e glorioso, no qual se cumpre a "páscoa" da humanidade.

BIBLIOGRAFIA. MORALDI, L. Expiation. In *Dictionnaire de Spiritualité* IV. 2.026-2.045; SCHENKER, A. *Chemins bibliques de la non-violence*. Cambrai, 1987.

A. TESSAROLO

ÊXTASE. 1. DEFINIÇÃO. Na sua acepção original, êxtase significou a ação material de se deslocar ou de se encontrar fora. Transposto do plano material ao psicológico, significou a "saída de alguém de si mesmo", geralmente em sentido pejorativo, "desvio mental", alienação. O uso filosófico resgatou o vocábulo indicando com ele o estado superior do espírito ou da mente que procura superar o seu âmbito corpóreo: evasão da mente da esfera do sensível, do múltiplo, do contingente. O uso religioso recorreu a ele para exprimir uma forma de evasão do espírito do âmbito humano para o divino: evasão do quadro criatural e entrada na esfera da divindade. A reabilitação filosófica do termo deve-se a → PLOTINO e ao neoplatonismo. O seu enriquecimento espiritual, por sua vez, deve ser creditado à Bíblia e aos vários séculos de espiritualidade cristã. A psicologia e a medicina moderna estenderam o significado de êxtase a outros setores e manifestações do espírito ou da vida humana, que não nos interessam aqui.

Na sua acepção espiritual genérica, êxtase designa o ato com que o espírito supera as dimensões e a norma da sua vida funcional comum e entra em um campo dinâmico excepcional. Pode fazê-lo em três dimensões diferentes que, por sua vez, determinam três formas de êxtase profundamente distintas: normal, anormal e supranormal ou sobrenatural.

A intensificação de uma função do espírito pode "extasiá-lo", distanciando-o de si, concentrando-o em uma função privilegiada e projetando-o no seu objeto, a ponto de "fixá-lo" neste, objetivando-o: situação possível e relativamente frequente em múltiplos ramos como o enamoramento (êxtase afetivo), o gozo estético ou filosófico (contemplação), o momento criativo ou o processo inventivo (*transe* do artista, atenção ou tensão do inventor). É o êxtase *normal*: o espírito foi captado pelo objeto da sua própria função, chegando a certo ponto até a arrancá-lo e a afastá-lo do próprio sujeito. Em contrapartida, o espírito (mente, consciência) pode ser arrancado de si de maneira contraditória, às vezes por uma disfunção de origem interna (estados mórbidos, histeria, epilepsia, onirismo...), outras vezes por uma força produzida violentamente a partir de fora (droga, hipnose, sugestão), sempre com evidente degradação do espírito, empobrecendo seu conteúdo (manias, monoideísmo, desdobramento da pessoa), violando sua autonomia, desviando-o para uma ordem de coisas fantástica e irreal, e, portanto, falsa e deformante. É o êxtase *anormal*.

O êxtase *supranormal* ou *sobrenatural* se distingue dos outros dois tanto pelo conteúdo como pela origem. Antes de tudo, pelo conteúdo noético e afetivo de ordem superior: o êxtase sobrenatural implica sempre algo do objeto divino, obtido de forma inefável pela mente ou experimentado pelo afeto. Origina-se em forma de "dom" ou de "infusão", graças a uma particular atividade de Deus, presente no homem e dele distinto: sob o impulso dessa força e atraído por essa ordem de realidade, o espírito "sai de si" e se polariza em Deus e em seu dom.

Essa caracterização do êxtase sobrenatural em comparação aos outros dois é feita a partir de um ponto de vista deliberadamente cristão. Observe-se, porém, que as barreiras que separam as três expressões do êxtase não são absolutas, nem assinalam regiões incompatíveis. Têm um substrato comum na estrutura do espírito humano, nos seus limites funcionais e na sua necessidade de transcendência: capacidade de sair e de se realizar fora de si, impotência de sincronizar a plenitude de todas as suas funções, necessidade de transcender-se e de transcender a criação. Sob essa base comum, as três formas de êxtase podem entrecruzar-se.

Na ordem religiosa, como dado de fato, o êxtase é um fenômeno universal: está presente constantemente nas religiões, do xamanismo às confissões religiosas mais evoluídas (Mircea Eliade, em seu estudo *Le chamanisme et les techniques archaïques de l'extase*, Paris, 1951, vê no xamanismo "uma técnica arcaica do êxtase à disposição de uma elite", p. 41, e por sua constância como fato religioso chega a interpretá-lo "como constitutivo da condição humana e, portanto, conhecido na sua totalidade pela humanidade arcaica", p. 437). Não é, pois, produto exclusivo da espiritualidade cristã. Tampouco se pode afirmar que só nela seja um fenômeno autenticamente religioso, ou que só êxtase cristão seja sobrenatural. É certo, porém, que tem um lugar de honra na mística cristã; não só pelas outras formas que assumiu na experiência dos grandes místicos (história), mas pela qualidade e pela riqueza doutrinal nos testemunhos escritos (literatura espiritual). Falaremos apenas do êxtase cristão.

2. O FATO DO ÊXTASE NA ESPIRITUALIDADE. Não é fácil determinar até que ponto a experiência religiosa veterotestamentária se tenha expressado em formas extáticas ou acompanhada destas. Os modernos exegetas, especialmente não católicos, tendem a associar o êxtase ao profetismo. Chegou-se até a pensar que todo *nabhi* era um extático; e que em certos momentos da história do povo (Samuel, Eliseu; cf. 1Sm 10,5-13; 2Rs 3,15-19; 5-6) o êxtase coletivo caracterizou o profetismo profissional, chegando a ver nele fortes afinidades com a "mântica" das religiões limítrofes (*Balaão*...): afirmações difíceis de ser documentadas com base unicamente no texto sacro. Por sua vez, a teologia clássica (*STh*. II-II, q. 174, a.

4) e os grandes mestres espirituais cristãos (SANTO AGOSTINHO, *De videndo Deo*, cc. 6-8: *PL* 33, 603-605; *De Genesi ad litteram*, 12, 26-28: *PL* 34, 476-478; e *Salita*, 2, 24, 3; *Cantico B*, 14, 14-15) vislumbraram dois momentos de forte experiência extática nas teofanias do Sinai (Ex 33,20-23; Nm 12,8) e do Horeb (1Rs 19,9-18), protagonizados por → MOISÉS e → ELIAS: a moderna exegese avalia os dois casos com claras atenuações.

É preciso ir ao Novo Testamento para encontrar experiências extáticas testemunhadas com força e clareza. Mesmo tendo visto no Senhor o tipo e a plenitude de toda realidade sobrenatural, a tradição cristã recusou sistematicamente a imagem de um Jesus extático (entre os exegetas modernos, católicos e protestantes, interpretaram-se como extáticos o batismo de Jesus [Mt 3,16-17], a sua tentação [Mt 4,1 s.] e transfiguração [Mc 9,1] e o hino de júbilo [Lc 10,21]; cf. M. DE GOEDT, in *Dictionnaire de Spiritualité*, IV, 2.083-1.086). Efetivamente há na estrutura do êxtase um fator negativo difícil de compatibilizar com a vida espiritual de Jesus. O êxtase neotestamentário aparece, depois da sua ressurreição, com um fato pentecostal; difundir-se-á entre os fiéis das primeiras comunidades e terá em Pedro e Paolo os dois protagonistas mais evidentes. Ambos relatam formalmente, ainda que de maneira diferente, a própria experiência extática. Pedro cai em êxtase (At 10,10 *mentis excessus*, no original de Lucas ἔκστασις; e cf. 11,5) e tem a visão de Jope em que é incitado a batizar o pagão Cornélio; Paulo entra em êxtase no templo (At 22,17 *in stupore mentis*, no grego de Lucas ἐν ἐκστάσει) para ouvir a ordem divina de pregar aos gentios. São as únicas passagens do Novo Testamento em que o vocábulo *exstasis* mantém o seu significado místico.

Mas o fato e o testemunho que exerceram uma influência decisiva na espiritualidade cristã se encontram em outro relato, desta vez direto, de Paulo: 2Cor 12,1-5, em que o termo "êxtase" cede lugar a um outro mais forte, que, por sua vez, terá grande ressonância na tradição e na vida cristã: "arrebatamento". "É preciso orgulhar-se! De que valeria? Contudo, chegarei às visões e revelações do Senhor. Conheço um homem em Cristo que, faz catorze anos — era no meu corpo? não sei, Deus o sabe — este homem foi arrebatado até o terceiro céu. E sei que este homem — era em seu corpo? era sem o seu corpo? não sei, Deus o sabe — foi arrebatado ao paraíso e ouviu palavras inexprimíveis que não é permitido ao homem repetir. Quanto a este homem eu me orgulharei, mas quanto a mim…". Com fortes pinceladas são pintadas as características específicas do êxtase cristão: a) conteúdo noético que dá significado à experiência: "palavras", isto é, "realidades misteriosas" alcançadas com a mente; sua inefabilidade: coisas "inexprimíveis" "que não é permitido ao homem repetir"; situadas em um mundo transcendente, "o paraíso", "o terceiro céu"; b) repetida alusão ao duplo fenômeno, psíquico e somático: "arrebatado", "com ou sem corpo", "com o corpo, fora do corpo"; notando bem o caráter secundário da intervenção ou repercussão somática "não sei se em seu corpo ou sem ele", em contraste com a afirmação direta do "arrebatamento" do espírito à visão ou às "palavras"; c) "em Cristo": a expressão usada por Paulo para indicar a "união" e com ela a situação mística do cristão renovado e instalado no Senhor; nela se encontra a origem secreta do fato, a verdadeira excelência do fenômeno extático; a única razão para "orgulhar-se".

É possível que em outras passagens Paulo faça alusão a graças extáticas semelhantes (cf. 2Cor 5,8-13) e que até mesmo o carisma da glossolalia tenha caráter extático. Mas o relato de 2Cor permanecerá firmemente presente em toda a experiência cristã subsequente. Não é possível esboçar aqui a história de vinte séculos. Basta assinalar as figuras mais importantes do ponto de vista literário. Entre os Padres gregos, Gregório de Nissa e o pseudo-Dionísio oferecem as primeiras elaborações doutrinais. No Ocidente é possível apontar as figuras que assinalam o cruzamento entre experiência e reflexão teológica, partindo de Santo → AGOSTINHO não só pelo famoso êxtase de Óstia (cujo caráter místico não é de modo algum certo; cf. *Confissões*, 9, 11: *PL* 32, 775), mas também por seu comentário aos Salmos (*PL* 36, 67 s.) em que se nota uma clara dependência da sua experiência contemplativa pessoal; São Gregório, em seu *Comentário ao livro de Jó* (*Moralia*, X, 8, 13) e a sua referência à experiência de São Bento (*Diálogos*, IV, 7: *PL* 77, 332; II, 34-35: *PL* 66, 196-198); São Bernardo, em seu *Comentário ao Cântico dos Cânticos*; São Boaventura, que elabora uma explicação teológica do êxtase na *Mystica Theologia*, integrando-a à sua síntese da vida espiritual; Raimundo → LÚLIO (séculos XIII-XIV), que antecipa a época moderna com o testemunho pessoal das suas experiências. Para chegar aos grandes mestres do século XVI, Santa → TERESA DE JESUS e São → JOÃO DA CRUZ, nos quais a experiência e a elaboração doutrinal atingem o ápice da história do êxtase cristão.

Não é possível delinear uma história, nem sequer aproximativa, da espiritualidade extática cristã não só porque a inefabilidade é uma barreira que anula o testemunho dos místicos, mas sobretudo porque o número de testemunhos é muito inferior ao dos fatos. (Existem ensaios parciais, como o de Petrocchi referentes a um período da espiritualidade italiana: *L'estasi nell mistiche italiane della Riforma cattolica*, Napoli, 1959).

Na espiritualidade cristã, o êxtase é uma constante. Não como fator individual que acompanha a santidade em cada cristão que chega à plenitude da graça, e sim enquanto está presente na Igreja: o êxtase não pertence ao número dos carismas ocasionais que florescem na comunidade primitiva e os que surgem e desaparecem em determinados momentos da história do povo de Deus. É um sinal da tensão escatológica da Igreja; marca a condição terrena e temporal da sua santidade, evidenciando a sua condição de peregrina, obrigada à alternativa de "deixar a morada deste corpo" ou estar "longe do Senhor" (2Cor 5,8.6): ou "estar fora dos sentidos para Deus" ou "ser sensatos para os irmãos" (*Ibid.*, 13).

3. NATUREZA E ESTRUTURA DO ÊXTASE. O êxtase é um fato místico. Brota de uma graça mística especial e geralmente é experimentado em um contexto de graças místicas que o precedem e o completam. Sem ser um → CARISMA, fará com que a nova mina de vida mística se insira no mistério da Igreja visível e irradie em torno de si o eflúvio do seu perfume.

Em todos os êxtases há dois planos contrastantes: um, visível, de ordem funcional, com reflexos somáticos: fenomenológico; outro oculto e santificante de ordem sobrenatural: teológico. Desses dois componentes, é normal que o primeiro, mais visível, tenda a atrair a atenção, incluindo a dos estudiosos. É, porém, o mais acessório e periférico, comum ao êxtase místico e a qualquer outro fenômeno. O essencial no fato místico é o seu núcleo de graça; o que introduz o místico em contato com a divindade, e que para chegar a ele traça no espírito uma região dinâmica profunda para fortalecê-la, e põe de lado os outros dinamismos periféricos (certos setores conscienciais, sensoriais e somáticos) para que se enfraqueçam e entrem em crise. Esse núcleo interior do êxtase transmite a condição de qualquer vida mística: é um fato recôndito, envolto no mistério da graça; e como tal escapa à completa análise do teólogo. Toda a curiosidade do espectador ou do psiquiatra fica circunscrita ao plano do fenômeno exterior.

Determinados esses limites, podemos distinguir os três elementos que integram o êxtase: a) o conteúdo; b) a expressão funcional interior; c) a repercussão somática.

a) O centro da experiência somática é a graça mística em si, com um tríplice conteúdo: noético, afetivo, unitivo. Sem esses elementos o êxtase deixaria de ser um fato místico. Seria uma experiência desprovida de realidades sobrenaturais e sem significado no contexto das relações pessoais do homem com Deus. O êxtase se realiza invariavelmente no campo da fé; sem chegar — com toda a probabilidade nunca — à visão da divindade, comporta sempre uma iluminação da mente; não necessariamente nocional; com um conteúdo não fácil de conciliar e de encaixar ao saber antecedente e à reflexão pós-extática: ao sair do êxtase, o místico vê aquela iluminação como um ofuscamento luminoso, experimenta a sua inefabilidade, não só como impossibilidade de transmitir a sua experiência aos outros, mas até mesmo à sua própria consciência; tem, contudo, plena consciência de ter estado imerso em uma esfera de luz e de sabedoria superiores; e que isso purificou sua inteligência e sua fé.

Típico do êxtase é o "prazer intenso", espécie de alegria espiritual embriagante, às vezes espasmódica, estranhamente compatível com a interferência de sofrimentos espirituais e corporais. Ambas as coisas, alegria e dor, são simples expressões de uma afetividade que aumenta e se dilata sem se completar; que não se satisfaz nem na alegria nem na dor, mas se inclina à posse da pessoa misteriosamente implicada.

A união com Deus-pessoa é o objetivo do êxtase: abrir-se a ele ou se deixar aproximar e iluminar por ele, presente e disposto a comunicar-se; sofrendo ao mesmo tempo a pressão de todos os obstáculos espirituais, psíquicos e morais, que refreiam e adiam a verdadeira união com ele. É normal que no momento do ímpeto extático se tornem presentes as manchas, a pobreza funcional, o peso do corpo que sobrecarrega o espírito. O que explica a situação de violência, inerente ao momento extático: união e desunião; tentativa e fracasso.

b) Não parece que o êxtase místico possa reduzir-se a um determinado esquema funcional; nem parece que se realize apenas no plano funcional; é unânime o testemunho dos místicos sobre o "compreender sem compreender" (atuação transfuncional) que vale não apenas para a linha intelectual, mas para todo o dinamismo interior. É sem dúvida no plano funcional que o êxtase tem a sua expressão. Como no êxtase normal, assim também no êxtase místico ocorre uma dissociação das funções mais profundas do espírito, com um princípio de desdobramento da pessoa: "sair de si"; intensificação de uma função com atenuação das outras, até a fixação de uma e o desaparecimento das outras: amar a tal ponto que o espírito esgote o seu dinamismo nessa função e se retire das outras. Nas descrições de Santa Teresa, essa cisão funcional provoca o êxtase de duas maneiras: em forma leve, quando a intensidade funcional causa a concentração em um setor, desgastando os outros; e em forma forte, quando o ato tem tal intensidade que põe em crise a função correspondente, a ponto de anulá-la. É evidente que esse desequilíbrio só pode ser extremamente passageiro; que toda a sua razão de ser é o ingresso fragmentário e progressivo no mundo transcendente, onde a "verdade" é mais luminosa que o olhar da mente, e o bem é mais forte que a capacidade amorosa do amante; que finalmente tudo isso só tem significado em um mecanismo de "infusão" sobrenatural, destinada a purificar e ampliar a capacidade espiritual do místico.

c) Os fenômenos somáticos que acompanham, ou podem acompanhar, o êxtase são mero reflexo ou simples ampliação dessa cisão funcional. Repete-se a alternativa: intensificação do dinamismo espiritual, atenuação no setor sensorial. A imobilidade, a insensibilidade, a perda da consciência por parte do corpo... são reflexos, mais ou menos normais, do fato interior. Em todo caso são periféricos e secundários. Outros possíveis fenômenos concomitantes, como os → ESTIGMAS ou a → LEVITAÇÃO, não têm, por si só, nenhuma relação com o êxtase e seu conteúdo. Não servem para garantir sua autenticidade.

Santa Teresa, que sem dúvida é a mística que mais agudamente penetrou no mistério do êxtase, distingue nele várias espécies: suave (suspensão prazerosa) e violenta (enlevo, arrebatamento, transporte, voo do espírito); de ordem intelectiva, quando predomina no êxtase o conteúdo noético (visão ou palavras), e de ordem afetiva, quando é determinado por uma tensão afetiva ou emotiva (ímpeto, transverberação, sofrimento extático). Há êxtases esporádicos ou ocasionais, mais ou menos disseminados ao longo do caminho do desenvolvimento místico (da iniciação, "sono das potências": *Moradas*, IV e "terceira água" de *Vida*, até o ingresso na última jornada mística: *Moradas*, VII); e período extático, localizado por ela nas *Moradas*, VI e que constitui uma etapa típica do processo místico: a etapa das purificações intensas que preparam o estado final de união e contemplação perfeita. Em todo caso, segundo Santa Teresa, o êxtase é sempre um momento de breve duração.

→ FENÔMENOS EXTRAORDINÁRIOS.

BIBLIOGRAFIA. ANCILLI, E. *Santa Maria Maddalena de' Pazzi. Estasi, dottrina, influsso*. Roma, 1967; Extase. In *Dictionnaire de Spiritualité* IV. 2.046-2.189; HOLMS, NILS G. *Religious Ecstasy. Based on Papers read at the Symposium on Religious Ecstasy, held at Abo, Finland, on the 26th-28th of August 1981*. Stockholm, 1982; PETROCCHI, M. *L'estasi nelle mistiche italiane della Riforma cattolica*. Napoli, 1959.

T. ALVAREZ

EXTROVERSÃO E INTROVERSÃO. A notoriedade dos termos "extroversão" e "introversão" vem principalmente da autoridade do psiquiatra e psicólogo suíço Carl Gustav Jung (1875-1961), fundador da psicologia analítica, que os introduziu na doutrina da pessoa. De extroversão e introversão derivam os termos "extrovertido" e "introvertido". Não devem ser confundidos com os de exterioridade e interioridade, embora estes sejam favorecidos respectivamente pela extroversão ou introversão. As palavras "extroversão" e "introversão" geralmente têm um significado positivo; às vezes, porém, especialmente na linguagem não científica, assumem um sentido pejorativo. Os estudiosos mais modernos utilizam-nas bastante porque importam conceitos muito extensivos e próprios da psicologia analítica.

Por extroversão e introversão podem-se entender aqueles estados psíquicos, próprios da pessoa, que caracterizam seu equilíbrio entre o mundo íntimo e o mundo externo. Estes, no plano fisiológico, são marcados pela atividade psicomotora abundante ou reduzida que se desprende do córtex cerebral através do sistema piramidal. A extroversão é o estado psíquico em que a atividade psicomotora é abundante e pode até atingir a turbulência; a introversão é o estado psíquico em que essa atividade é reduzida e pode chegar até o entorpecimento. Psicologicamente os dois estados são típicas atitudes ou disposições da pessoa que, na sua necessidade e na sua faculdade de exteriorização, tende a se dirigir predominantemente fora ou dentro de si, colocando no centro os interesses ou a realidade exterior ou a interna. Fala-se também de movimento centrífugo e centrípeto da personalidade. Obviamente, as duas disposições não se excluem; a exclusão de uma levaria à anormalidade; geralmente predomina uma ou outra atitude, e podem regular-se reciprocamente, ou seja, a introversão pode moderar o sistema inconsciente dos indivíduos predominantemente extrovertidos, e vice-versa. Tanto uma como outra atitude podem ser determinadas por circunstâncias ocasionais, caso em que se alternam, e deve ser levada em conta a que habitualmente domina no comportamento pessoal. Há outras subdivisões: introversão egocêntrica ou narcisista, e introversão objetiva; extroversão egocêntrica e extroversão objetiva; a esta correspondem as distinções de introversão regressiva e progressiva, e de extroversão igualmente regressiva e progressiva.

A primeira forma de introversão regressiva propõe o tipo de pessoa que se recolhe voluntariamente ao mundo da vida íntima, vivaz no pensamento e na imaginação, que busca a solidão, que sofre a sociedade de que se alheia por considerar difícil ter acesso a ela e desembaraçar-se na atividade prática. A segunda forma de introversão progressiva refere-se ao tipo de pessoa que é calma, observadora da realidade tanto interna quanto externa, que é ao mesmo tempo ativa, constante, fiel, linear na programação e realização das próprias ideias até obter o objetivo planejado. A forma de extroversão regressiva descreve o tipo de pessoa que prefere a ação externa, aceita o estilo do mundo atual, sem se deixar, porém, absorver completamente pelos interesses externos. A outra forma de extroversão progressiva apresenta o tipo de pessoa que faz da ação a essência da vida: coisas, homens, relacionamentos, encargos são o espaço indispensável da sua energia de ação; é a pessoa que se mantém ligada aos tempos que correm e corre o risco de se deixar levar completamente pelo ritmo.

Jung não se limita a descrever tipos apenas com o critério da extroversão e introversão, mas o combina com o critério das funções psíquicas: pensamento, sentimento, sensibilidade sensorial, intuição; cada uma dessas funções delineia mais especificamente as quatro formas da extroversão e introversão.

Há uma semântica aproximativa para identificar a forma dominante em uma pessoa. Classifica-se como introvertido o homem que tem um comportamento hesitante em relação aos atos e impressões e bloqueado no agir, inibido nas manifestações de suas ideias, reservado, quase taciturno, metódico, conservador, fiel; tem os gestos contidos e olhar indefinido. Nele há o risco de subjetividade, obstinação, severidade, sensibilidade excessiva, fuga dos outros, satisfação entediada, ou masturbação e até o prazer solitário são frequentes. O empenho na generosidade e no diálogo é benéfico para ele. É classificada como extrovertida a pessoa que se abre repentinamente aos outros, que oferece facilmente informações e opiniões, que apressadamente pensa em público, que aceita logo e com flexibilidade e simpatia pessoas e ambientes, que tem gestos amplos espontâneos, olhar vivo e aberto. Corre o risco da → VAIDADE, → LEVIANDADE, ostentação, controle sobre os outros, otimismo instável, dispersão da força reflexiva, alienação; tende a se esvair na trama do inconsciente que vive no homem sob a forma de sombra e de dubiedade, alimenta a angústia e é subjacente aos acordos éticos. O extrovertido se beneficia com a ironia, a → MEDITAÇÃO, o → EXAME DE CONSCIÊNCIA.

Religiosamente, a introversão leva ao → RECOLHIMENTO, à interioridade, à mística; se se mantém na medida equilibrada, ou seja, sem excluir a abertura para a sociedade segundo as tarefas confiadas a ela e as intuições certas, garante uma personalidade de alto valor, representada pelos melhores artífices da literatura religiosa. A extroversão, em contrapartida, impele à relação externa, à fecundidade visível de obras, à organização, à atividade missionária; não é inclinada a impulsos místicos.

BIBLIOGRAFIA. DEMAL, W. *Psicologia pastorale pratica*. Paoline, Roma, 1956, 233 ss.; FREUD, S. *Opere*. Boringhieri, Torino, 1974, vl. VI; HILGARD, E. R. *Psicologia*. Firenze, 1971, 542 ss.; JUNG, C. G. *Tipi psicologici*. Torino, 1948; METELLI, F. *Introduzione alla caratteriologia moderna*. Padova, 1951, 115 ss.; MOUNIER, E. *Trattato del carattere*. Paoline, Roma, 1949; ZUNINI, G. *Psicologia*, Brescia, 1962, 180 ss.

G. PESENTI

F

FABER, FREDERICK WILLIAM. 1. NOTA BIOGRÁFICA. Oratoriano (1814-1863), naturalizado inglês, discípulo de → NEWMAN, é autor de hinos e de obras espirituais que tiveram grande difusão na Inglaterra e na França no século XIX.

Após os primeiros estudos realizados em Shrewsbury e Harrow, Faber chegou à universidade de Oxford em 1833; inicialmente de tendência evangélica, interessou-se pelo movimento de Oxford por volta de 1836, sob forte influência de Newman. Depois de diversas viagens ao continente e de uma tentativa de levar uma vida plenamente "católica", mesmo sendo ministro anglicano, e de formar uma comunidade religiosa, Faber acompanhou Newman em 1845, convertendo-se ao catolicismo, juntamente com os membros de sua comunidade. Ordenou-se sacerdote em 1847 e em 1848 decidiu ingressar no Oratório com Newman em Birmingham, sempre junto com sua comunidade. Newman encarregou-o de fundar o Oratório de Londres em 1849, cidade em que ele iria passar o resto de sua vida. Depois de 1850, em decorrência de diversos mal-entendidos sobre questões de jurisdição, suas relações com Newman se enfraqueceram, e a amizade não mais foi retomada.

2. OBRAS. As principais obras, muitas das quais foram publicadas também em francês assim que apareceram na Inglaterra, são: *Tudo por Jesus* (1853), *Crescer na santidade* (1854), *O Santíssimo Sacramento* (1855), *Criador e criatura* (1858), *Ao pé da Cruz* (1858), *Conferências espirituais para a Quaresma* (1859), *O Sangue precioso* (1860), *Belém* (1860) e *Notas sobre pontos doutrinais e espirituais* (póstumo, 1866).

Como escritor, Faber se revela muito desigual, porém geralmente inteligente, ainda que um pouco ingênuo em relação às revelações privadas e às "curiosidades teológicas": um autor em que se encontram muitas pérolas autênticas de espiritualidade, que devem ser extraídas de uma massa de material de má qualidade.

BIBLIOGRAFIA. CHAPMAN, R. *Father Faber*. London, 1961; GOZZELINO, G. M. *La vita spirituale nel pensiero di F. G. Faber*. Zurich, 1969 (com abundante bibliografia); MARY MERCEDES (Sóror) (org.). *A Father Faber Heritage*. London, 1961; MURPHY, G. J. *The Marian doctrine and devotion of Father Faber*. Ottawa, 1944; THIELEN, T. T. *The Sacred Humanity of Christ in the Sacrament of the Eucharist according to Father Frederick William Faber*. Columbus, 1955.

B. EDWARDS

FAMÍLIA. 1. ESPIRITUALIDADE FAMILIAR. Uma noção de família deve expressar tão somente o essencial, aquilo que subsiste dela no decorrer das transformações sociais e econômicas. Reduzida a suas dimensões mais simples, compõe-se de pai, mãe e filhos. Em sua situação normal, fundamenta-se tanto no compromisso pessoal (casamento) quanto nos laços de sangue (filiação), embora, excepcionalmente, possa se manter na presença de apenas um desses dois elementos (como a sociedade conjugal ou somente a filiação adotiva).

Todo cristão (religioso ou leigo) é chamado à perfeição (Mt 5,48). A santidade é a mesma para todos, e reside essencialmente na → CARIDADE. A santidade é única, mas são várias as espiritualidades ou os caminhos para atingi-la. Há espiritualidades próprias de cada condição, que configuram de múltiplas formas o único rosto de Cristo. Os leigos chegam à santidade não a despeito, ou apesar, de sua condição, mas graças a ela. A condição pessoal é uma passagem necessária e providencial para a santidade, ainda que efetivamente, de maneira ambivalente, comporte riscos e facilidades para a santificação.

Na verdade, embora a perfeição esteja essencialmente na união caritativa da alma com o Senhor, o estado conjugal confere uma modalidade caritativa própria para essa união, ou seja, oferece uma presença particular do casal no Corpo místico. A missão dos esposos é buscar Cristo um e outro, um com o outro, um pelo outro; entre eles, instaura-se uma integração espiritual.

Mas a vida conjugal não é a única nem a principal fonte de santificação, nem tampouco absorve todas as forças espirituais da pessoa casada. A perfeição cristã é a união caritativa da alma com o Senhor, união que adquire uma modalidade comunitária própria no casal. Por conseguinte, cada cônjuge deve favorecer uma espiritualidade comunitária com seu parceiro e, ao mesmo tempo, estar perfeitamente decidido a responder, mesmo que sozinho, ao menor apelo de Deus, a que se sente particularmente chamado, sem forçar o outro, mas sem que este ignore nada, para que possa se juntar a ele assim que quiser.

Essa santificação comunitária dos cônjuges se amplia, acolhendo a presença dos filhos, para que, juntamente com seus pais, eles também se encaminhem para Cristo. Educando os filhos, os pais santificam a si mesmos e realizam uma determinada espiritualidade uniformemente aceita e vivida por todos os membros da família.

Enquanto a união espiritual dos cônjuges permanece estreitamente íntima, e é até bom que se aprofunde com o passar dos anos, a familiar normalmente vai se enfraquecendo de modo a acolher as espiritualidades claramente autônomas dos filhos. À medida que o filho se torna capaz de discernir e de garantir a própria vida diante de Deus, a orientação espiritual dos pais diminui e se transforma em simples amizade e colaboração. Os pais são induzidos a renunciar a vínculos já legítimos, a abandonar a posse do filho, já que este é instado a seguir a sua vocação espiritual, ainda que singular (Lc 14,26; SANTO AMBRÓSIO, *Expositio Ev. secundum Lucam*, 7, 136; *PL* 15, 1735).

Em conclusão, a → TEOLOGIA ESPIRITUAL da família tem a tarefa de convencer que a santidade é um dever de todos os membros reunidos na comunidade familiar e segundo uma modalidade própria do estado de cada indivíduo. Despertando a esperança dessa perfeição entre pais e filhos, ela é semeada e difundida na vasta comunidade de fiéis, os quais enriquecerão a Igreja com esplêndidos valores virtuosos (SÃO JOÃO CRISÓSTOMO, *PG* 62, 147). O Concílio Vaticano II discorreu longamente sobre a santidade da família (*GS* 48, 52). João Paulo II, na exortação apostólica *Familiaris consortio*, de 22 de novembro de 1982, trata da existência conjugal e familiar de que "nascem a graça e a exigência de uma autêntica e profunda *espiritualidade conjugal e familiar* que se inspire nos motivos da criação, da aliança, da cruz, da ressurreição e do sinal sacramental" (n. 56), e traça as linhas diretrizes para o crescimento e o desenvolvimento da vida cristã com os sacramentos e com a oração (cf. n. 57.63).

2. PRESSUPOSTOS TEOLÓGICOS. Os esposos cristãos, obedecendo à lógica interna de sua fé, procuram antes de tudo conhecer melhor o dogma do matrimônio nos seus fundamentos bíblicos e teológicos, já que dele se originam todas as leis morais e espirituais que inspiram sua vida. É oportuno, portanto, relembrar sinteticamente os pressupostos teológicos sobre o → MATRIMÔNIO e a família Assim, é preciso "remontar ao gesto criativo de Deus se a família deseja conhecer-se e realizar-se segundo a verdade interior não só do seu ser, mas também do seu agir histórico" (*Familiaris consortio*, n. 17).

Deus, desde a eternidade, deliberou reunir todos os seres sob uma só cabeça, Cristo ressuscitado e glorioso, que acolha o louvor universal que ascende ao Pai. Cristo será como a cabeça do corpo imenso da humanidade salva. Pela ação dos diversos sacramentos, Cristo, em virtude do Espírito Santo, pouco a pouco imprime em seus discípulos os diferentes traços de seu rosto, associa-os aos vários aspectos do seu mistério, faz deles uma imagem cada vez mais semelhante à sua, assim como deseja o seu Pai (Rm 8,29). De fato, pelo → BATISMO cada fiel pertence a Cristo (1Cor 6,19); pertence a ele em sentido biológico-jurídico de corpo e alma.

Quando dois batizados pretendem se casar, devido a essa sua pertença a Cristo, não pode realizar o casamento a não ser no nome dele. Cristo dá um ao outro, de modo que formem uma só carne. E o novo ser, formado de dois batizados casados "no Senhor", é ele também "no Senhor" (1Cor 7,39); uma nova criatura ligada íntima e organicamente a Cristo.

Essa ligação especial a Cristo significa ter adquirido uma presença especial no Corpo místico. De fato, o sacramento do matrimônio torna os esposos órgãos permanentes na realização do Corpo místico, na sua realidade interior e na sua realidade visível: eles transmitem um ao outro a graça sacramental, se integram na educação sobrenatural de si mesmos e dos filhos, e o seu amor passa a ser sinal visível do amor de Cristo-Igreja. O casal é permeado, penetrado e santificado pela vida do Corpo místico. "O casamento cristão recebe a sua fisionomia do mistério da união de Cristo com a Igreja, da qual, segundo São Paulo, é a imagem viva... um casal, uma reprodução germinada daquela união, impregnada da mesma essência, que não só representa, mas reproduz, ativo e eficiente dentro de si, o mistério das relações de Cristo com a Igreja" (M. J. Scheeben, *I misteri del cristianesimo*, Brescia, 1949, 445).

Através do amor dos cônjuges é Cristo quem ama; mas através desse amor, é também Cristo que é amado. O marido ajuda sua mulher a progredir incessantemente na descoberta de Cristo e a mulher, a seu marido na descoberta da Igreja e, por meio desta, de Cristo. Não há nada que aproxime mais os esposos um do outro e que ao mesmo tempo possa uni-los mais estreitamente a Cristo (1Pd 3,7). Do mesmo modo, via o sacramento do matrimônio, Cristo se apossa do poder gerador, consagrando-o, de modo que esse poder passa do serviço da espécie humana ao serviço do reino de Deus, multiplicando os filhos de Deus.

O sacramento do matrimônio introduz os cônjuges como um casal no Corpo místico (→ IGREJA e → COMUNHÃO DOS SANTOS), mas não definitivamente; tampouco os habilita de maneira completa a uma vida caritativa conjugal-familiar. O sacramento é realidade mística de graça, que se introduz no dinamismo progressivo salvífico dos indivíduos e das comunidades. Desperta e, ao mesmo tempo, pressupõe a situação espiritual dos cônjuges para infundir neles a força sacramental. Precisamente por esse fato a caridade conjugal tem uma dimensão pascal: é um purificar-elevar a experiência matrimonial em construção.

3. TAREFAS ESPIRITUAIS DA FAMÍLIA. O estado conjugal, inserido mediante o sacramento do matrimônio no Corpo místico, é fonte de tarefas eclesiais e de graças a elas correspondentes.

a) *Função caritativa.* A família nasce e se constitui no amor. "O princípio interior, a força permanente e a meta última da missão da família é o amor: como, sem o amor, a família não é comunidade de pessoas, assim, sem o amor, a família não pode viver, crescer e se aperfeiçoar como comunidade de pessoas" (*Familiaris consortio*, n. 18). No dia das núpcias, o amor, votado no casamento, é colocado no estado sobrenatural de caridade conjugal. Essa caridade não destrói o aspecto humano do amor. Aliás, o aspecto sobrenatural torna mais rica, mais íntima e mais profunda a própria alegria de amar e de ser amados. → CLEMENTE DE ALEXANDRIA fala da "graça paradisíaca" do matrimônio: este permite viver já na terra algo da alegria do Éden. O paraíso terrestre era um paraíso também pelo amor dos progenitores.

Em seguida, porém, experimenta-se a desilusão, talvez inconfessada ou inconsciente, mas sempre ativa. Também o amor conjugal se percebe ferido pelo pecado original: o cônjuge não é como se pensava que fosse, nem o casamento traz tudo o que se esperava dele. A vida em comum logo faz com que se manifestem pequenos desacordos, gostos diferentes, tendências opostas. Uma existência totalmente compartilhada anula qualquer tipo de aparência. Exigem-se concessões e sacrifícios para os quais não se estava nem um pouco preparado. Ao mesmo tempo, o casal descobre a existência do pecado no próprio cerne de sua união. Onde julgava encontrar a comunhão, depara com a frieza; no lugar da complementaridade, a incompatibilidade; no lugar da generosidade, o egoísmo; em vez de pureza, a insurreição do instinto de rebeldia. O casal se dá conta de que seu próprio amor é uma realidade incapaz de salvá-los.

No plano humano, é habitual oferecer aos cônjuges conselhos preciosos, de modo a devolver a eles um amor serenamente confiante. Suas desavenças não são necessariamente acidentes lamentáveis, ou o sinal de que eles não se dão bem ou que não se importam um com o outro; servem para lembrar que o casamento deles é um processo vital, uma contínua transformação, uma passagem incessante de seus seres individuais para um ser conjugal. No casamento, homem e mulher, mesmo continuando a ser pessoas autônomas, tornaram-se pouco a pouco uma só criatura, a pessoa conjugal. Se os esposos não amadurecem nesse sentido, a ruptura é inevitável.

A exigência de se desenvolver presente no amor conjugal é também requerida por seu próprio simbolismo sobrenatural: a caridade conjugal deve caminhar para a perfeição de modo a se tornar cada vez mais semelhante ao amor existente entre Cristo e a Igreja. As múltiplas situações dolorosas desorientam os aspectos genuinamente humanos do amor, são providenciais para purificar o espírito dos cônjuges e abri-lo para um amor inteiramente novo no Senhor. Enquanto o contrato sacramental encontra desde o início e imediatamente toda a sua realidade, o amor, por sua vez, começa a se oferecer ao lento trabalho e aos enriquecimentos da caridade. No início, o amor humano parecerá predominar na sua realidade sensível e ativa; mas, à medida que passam os anos, mais a caridade vai purificando, esclarecendo, guiando e elevando o amor humano. Para cada cônjuge, permanece o dever de aperfeiçoar o seu amor caritativo conjugal. Até porque este não é apenas um dom e um tesouro para o casal cristão, mas para toda a Igreja e para todo o Corpo místico. De fato, a caridade conjugal torna presente e visível na Igreja o amor de Cristo pela humanidade e para cada indivíduo, de uma forma e numa medida que, sem ela, jamais se realizaria.

O cônjuge, que percebe no outro uma correspondência alegre e generosa ao chamado a um amor total por Cristo, pode ser submetido a uma insidiosa tentação de ciúme: o amor conjugal ambiciona viver tudo a dois, mas constata que Deus se introduz entre eles, dividindo-os, aquele Deus que no início aparecera como o que os unira. De fato, no plano pessoal-humano, o amor pelo cônjuge deve aparecer como dominante e coordenador de todos os outros amores. Mas esse princípio não vale em relação a Cristo. A alma casada deve doar-se a Cristo de maneira a amar tudo (até mesmo o esposo) no próprio Cristo: e a caridade, participando do próprio amor de Cristo, não divide mas une os esposos no plano superior do Corpo místico.

b) *Função vital.* Os genitores são os colaboradores indispensáveis de Deus na obra da criação. Suscitar a vida é o objetivo irrenunciável e específico do matrimônio. "A missão fundamental da família é o serviço à vida, a realização ao longo da história da bênção originária do Criador, transmitindo na geração a imagem divina de homem para homem. A fecundidade é o sinal e o fruto do amor conjugal, o testemunho vivo da plena dedicação recíproca dos esposos" (*Familiaris consortio*, n. 28). As descobertas ginecológicas modernas permitem aos esposos um pleno domínio das leis da fecundidade. É portanto mediante uma decisão cada vez mais livre que os esposos suscitarão a vida: se terá cada vez mais uma procriação consciente, refletida, assumida com total lucidez. Essa liberdade não deve se colocar a serviço do prazer egoísta, mas do dever de uma generosa fecundidade, confiando na providência.

Os pais não apenas se dispõem a colaborar na obra de criação, mas na procriação agem como membros eficientes do Corpo místico: enquanto participantes da caridade que se verifica entre Cristo e a Igreja, comprometem-se a procriar e a educar os filhos para a extensão do Corpo místico. Eles são órgãos da edificação do Corpo místico, quer reproduzindo em si uma imagem da união de Cristo com a Igreja, quer transmitindo a vida, que depois se comprometem a fazer crescer por Cristo. Por isso a união carnal deve ser vivida em uma visão sobrenatural. Ela simboliza também a intimidade perfeita de Cristo e da Igreja; intimidade que começou a partir da → ENCARNAÇÃO, quando o Filho de Deus assumiu uma natureza humana completa; intimidade que se completou na cruz, quando Cristo abandonou o seu corpo através do amor pela Igreja; intimidade que se renova ainda fisicamente para cada cristão, quando se transmite mediante a eucaristia à própria carne do Senhor. Cada vez que os esposos cristãos se unem conjugalmente segundo o espírito de Cristo, comemoram aquela tríplice aliança carnal de Cristo com a humanidade.

O problema espiritual sobrenatural não é o de saber o que é permitido ou proibido na vida conjugal, e sim o de tornar a carne dócil e ao mesmo tempo transparente ao amor e à graça. Os cônjuges devem ter como objetivo consagrar seu próprio corpo a serviço de Deus. Eles precisam ultrapassar a crença no instinto e pouco a pouco adquirir o gosto pela bondade de uma caridade virginal (Santo Agostinho, *De bono coniugali*: PL 40,375 ss.). Santo Agostinho, fazendo da → VIRGINDADE um dote da Igreja, vinha proclamar que ela é uma propriedade obrigatória de todos os fiéis, incluindo os casados, já que também estes são membros do Corpo místico. Mas o que significa exatamente caridade virginal no casamento? Indica uma, ainda que provisória, comunhão dos dois numa continência voluntária para se unir íntima e imediatamente a Deus. A continência forçada, ou realizada por motivos humanos, mesmo sendo boa, não satisfaria a exigência virginal. Deve ser a caridade conjugal que se abre terminalmente em caridade virginal teologal (1Cor 7,5 ss.).

c) *Função cultural.* Como qualquer realidade consagrada da Igreja, e sobretudo quando fundamentada num sacramento, a família está destinada ao culto de Deus (cf. São João Crisóstomo, *In epist. ad Ephesios*: PG 65, 135 ss.). Por meio do sacramento do matrimônio, Cristo une homem e mulher, de modo a exprimir por intermédio desse casal o culto filial de louvor, de adoração e de intercessão junto ao Pai.

A oração conjugal é o meio privilegiado para obter do sacramento do matrimônio as graças que ele reserva aos esposos; é o grande artífice que vai forjando nos esposos como que uma alma comum, de modo que certa união íntima e sobrenatural é possível somente entre os que rezam juntos.

Para que a oração conjugal seja realmente culto de Cristo, exigem-se dos esposos algumas disposições: que sejam realmente unidos também no plano espiritual; que renovem sua fé em Cristo presente em sua caridade conjugal; que ouçam e meditem juntos a palavra de Cristo. Então poderão rezar mesmo sem um manual ou até baseando sua própria oração na oração litúrgica.

Quando o casal conjugal se torna família, a oração conjugal passa a ser oração familiar. O grande objetivo da fecundidade, em uma família cristã, é o de suscitar e formar "adoradores em espírito e verdade", para que na terra permaneça o culto do verdadeiro Deus: os filhos devem ser associados à oração conjugal, e devem passar de uma presença a uma participação ativa.

Será uma oração que saberá se recolher na meditação silenciosa sobre a palavra de Deus nas Escrituras, que ocorrerá lentamente, com inspiração litúrgica, em um tempo curto, de forma simples, viva e variada. É essa oração que oferece o instante de verdade à casa, em que todos os membros da família se sentem irmanados em pedir perdão a Deus por suas próprias faltas, em que se instaura a verdadeira paz de espírito. A oração familiar permite que a oração conjugal permaneça de forma distinta, já que esta exprime o valor conjugal em si mesmo, sobre a qual germina a oração familiar: "A oração familiar tem características próprias. É uma oração *feita em comunhão*, marido e mulher juntos, pais e filhos juntos. A comunhão na oração é fruto e exigência daquela comunhão que é dada pelos sacramentos do batismo e do matrimônio... Tem como conteúdo original *a própria vida de família*, que em todas as suas circunstâncias é interpretada como vocação de Deus e realizada como resposta filial ao seu chamado" (*Familiaris consortio*, n. 59).

d) *Função apostólica*. O casamento não suscita, por si só, o dever do → APOSTOLADO, mas se acrescenta ao batismo-crisma: o fundamento remoto do apostolado conjugal reside no → SACERDÓCIO DOS FIÉIS. No entanto, o casamento não oferece apenas novos campos ou novas modalidades na realização do dever batismal do apostolado; ele expressa realmente um novo fundamento desse dever, um caráter próprio dele. Apóstolos por serem casados. De fato, o casamento impõe aos cristãos o dever de testemunhar a santidade da própria condição; cria o apostolado do casal; por isso, o amor conjugal torna-se progressivamente o sinal sensível da caridade Cristo-Igreja; ajuda a edificar e a expandir o Corpo místico de Cristo. "A missão da família é também a de formar os homens no amor e de praticar o amor em qualquer relacionamento com os outros, de modo que ela não se encerre em si mesma, mas permaneça aberta à comunidade, sendo movida pelo sentido da justiça e da solicitude para com os outros, bem como dever da própria responsabilidade para com toda a comunidade" (*Familiaris consortio*, n. 64).

O sacramento do matrimônio oferece ao casal, enquanto tal, um *officium* missionário insubstituível na Igreja e ao mesmo tempo impõe que a missão apostólica se expresse na forma conjugal e familiar, ou seja, de modo comunitário: não tanto no cumprimento material de um mesmo ato do apostolado, e sim no seu princípio inspirador, no sentido de que a ação apostólica seja a expressão concreta de uma caridade comum.

O apostolado conjugal pode desenvolver-se fora ou dentro da família. Dentro dela, o primeiro apostolado obrigatório está na ajuda entre os dois esposos para a santificação recíproca. Pelo sacramento do matrimônio cada esposo é constituído responsável pela santificação do outro. Os dois esposos, em relação ao reino dos céus, não caminham um ao lado do outro, mas juntos, um com o outro, agora responsáveis um pelo outro. Para a realização dessa missão, os esposos recebem e participam do amor esponsal de Cristo, amor este que é essencialmente redentor e santificante: transmitido aos esposos cristãos, imprime neles a própria graça e a própria tarefa redentora.

Esse apostolado pode ter a sua nota dolorosa quando o outro cônjuge é incrédulo e não praticante. O cônjuge deve usar de discrição, respeitando a liberdade de consciência do outro, de modo a não afastá-lo ainda mais da Igreja por meio de pressões indiscretas. O próprio Deus espera a livre adesão das almas. O cônjuge crente não deve desistir, mas testemunhar Cristo na casa por meio da oração e do exemplo; deve encontrar as formas e os momentos oportunos para manter o cônjuge informado sobre a própria evolução espiritual; deve criar união espiritual real com o cônjuge, mas de modo que se conserve a necessária solidão para o diálogo íntimo e solitário com Deus; comprometer os filhos na oração em favor do genitor incrédulo, chamando a atenção deles para os valores cristãos que nele aparecem e não para sua incredulidade. O apostolado dos cônjuges deve desenvolver-se de forma harmonizada sobre os filhos: tendo sido estes desejados para o aumento do Corpo místico, são o primeiro objeto de seu cuidado apostólico e educativo, para fazer deles eleitos do céu.

O apostolado familiar não exime do extrafamiliar, embora este deva permanecer subordinado àquele. Cada um dos esposos pode exercer esse novo apostolado também individualmente: eles têm profissões distintas, personalidades diferentes. O primeiro apostolado fundamental dos esposos cristãos é essencialmente para com as outras famílias. As famílias são salvas e santificadas mediante o apostolado das próprias famílias. Esse apostolado vem sendo exercido em diversas modalidades: com o exemplo, a palavra, o auxílio, a benevolência; participando dos encontros espirituais entre grupos familiares ou frequentando retiros espirituais de casais, ajudando os jovens noivos a se preparar para formar famílias cristãs.

Uma forma particular de apostolado familiar é vivida por aqueles casais que vivem tão intensa e tão profundamente a sua caridade conjugal que induzem os que não têm fé ou que a perderam a vislumbrar, a intuir e a desejar conhecer o Autor desse amor, e por fim a acreditar nele (Jo 17,21). Eles darão testemunho de Cristo quando, oferecendo aos outros hospitalidade na própria fé, farão com que se experimente a difusa suavidade que provém do amor conjugal e familiar inserido no amor de Cristo-Igreja. A função apostólica da família é enfatizada pelos documentos do Vaticano II: *Apostolicam actuositatem*, n. 11.16; *Gaudium et spes*, n. 52.

e) *Função régia e profética*. A família cristã participa da função régia da Igreja. O homem manifesta a autoridade do Cristo-cabeça, e a mulher, o coração materno da Igreja: funções simétricas, que não são antagônicas entre si, mas se integram. Na família, os genitores funcionam como pastores com a missão de favorecer sua ordem caritativa, e por isso Santo → AGOSTINHO testemunhava que os pais de família cumprem de algum modo uma função episcopal. Seja como for, é oportuno favorecer o diálogo entre pais e filhos também no plano espiritual; convém que eles compartilhem entre si experiências, avaliações, intuições, atividade apostólica. Essa é uma boa maneira de conservar a confiança recíproca e a coesão espiritual da família.

A família cristã participa da função profética da Igreja. A missão dos pais e das mães é anunciar aos próprios filhos a Boa Nova da salvação e do desígnio de Deus e levá-los através da educação a conformar o pensamento, a vontade e a vida deles à mensagem divina (cf. *Familiaris consortio*, n. 53).

Essa dupla função (régia e profética) constitui a essência da educação cristã, a principal tarefa dos genitores. Eles devem amar e educar os filhos não apenas como o próprio fruto, mas como os filhos de Deus; devem assumir o lugar de Cristo e da Igreja para com eles; devem conduzi-los à idade perfeita de Cristo. Sob esse aspecto, a família é denominada "útero espiritual" (Santo Tomás), já que ela alimenta a fé de seus filhos. Os pais ajudarão as crianças a considerar todos os grandes mistérios da salvação à luz da realidade batismal; procurarão obter deles uma obediência não meramente exterior: a realidade do crisma exige que os adolescentes sejam educados para a liberdade dos filhos de Deus, que sejam conduzidos à verdadeira idade adulta sob a lei da graça (cf. *Familiaris consortio*, n. 54).

Para poder cumprir essa missão, os pais se empenharão em criar um ambiente familiar impregnado de amor cristão, utilizando, juntamente com a inteligência, os meios pedagógicos de que a família pode dispor. Se no início (na primeira infância) os pais cuidam sozinhos da formação espiritual dos filhos, em seguida a família deve colaborar com outros ambientes educativos, particularmente com a Igreja e a escola.

O sentimento paterno e materno nos pais tem como correspondente nos filhos o sentimento filial. O sentimento filial é amor pela vida recebida, considerada como um dom: é respeito e reconhecimento eterno para com os pais; é compromisso de prolongar a vida e a imagem visível dos pais (o homem, que deixa um filho vivo, parece permanecer com sua própria imagem viva no mundo); é sentir-se instado a compreender a grande paternidade de Deus. A função profética da família é lembrada na constituição conciliar sobre a Igreja (*LG* 11.35).

4. A GRAÇA SACRAMENTAL DO MATRIMÔNIO. Ao desenvolver suas próprias tarefas, o casal é favorecido pela graça sacramental.

Quando se recebe o sacramento do matrimônio, ele realiza no casal uma espécie de consagração sacramental. Os atos subsequentes de amor, que ocorrem entre os cônjuges, não são mais consacratórios, mas continuam a participar do amor Cristo-Igreja e a ser sobrenaturais e santificantes.

Por meio desse amor caritativo conjugal difunde-se na família a graça sacramental, que não constitui tanto uma ajuda para cumprir os deveres próprios do estado matrimonial, quanto uma força sobrenatural que purifica e transfigura amores e funções que se entrelaçam na comunidade familiar. De fato, a graça sacramental confere a cada amor familiar um aprofundamento de intimidade, uma interioridade purificadora, uma nova intimidade sobrenatural e uma fecundidade espiritual. Por essa graça, o amor de Jesus se doa e se casa com o de cada membro da família. Nenhum detalhe da vida familiar escapa ao benefício da graça sacramental (cf. *Familiaris consortio*, n. 56).

A graça sacramental torna os genitores capazes de realizar a sua missão de educadores cristãos dos filhos. O amor dos pais pelos filhos se torna uma imagem e uma encarnação visível do amor de Cristo; a própria família, vivificada pela graça desse duplo amor sobrenatural, torna-se para eles a primeira Igreja, a *ecclesia domestica* (São João Crisóstomo, *Expositio in Psalm.*, 41.2: *PG* 55, 158), a primeira e insubstituível → COMUNHÃO DOS SANTOS (cf. *LG* 11).

Se a graça sacramental do matrimônio é uma comunicação do amor de Cristo e da Igreja, os esposos tomam plena consciência dela quando participam da missa e comungam. Já que a → EUCARISTIA, sacrifício e sacramento, é o ato comemorativo do matrimônio entre Cristo e a Igreja, fonte de toda caridade conjugal sacramental, "e é a própria fonte do casamento cristão" (*Familiaris consortio*, n. 57).

BIBLIOGRAFIA. Avanti, M. e G. *La famiglia sorgente di vocazioni*. Roma, 1972; Caffarel, H. *Pensieri sull'amore e la grazia*. Milano, 1959; Campanini, G. *Il matrimonio nella società secolare*. Roma, 1972; Carré, A. M. *Compagni d'eternità*. Torino, 1960; Colombo, C. La spiritualità della vita familiare. In *Enciclopedia del Matrimonio*. Brescia, 1960, 585-680; Donati, P. *La famiglia nella società relazionale. Nuove reti e nuove regole*. Milano, 1986; Evdokimov, P. *Sacramento dell'amore*. Vicenza, 1966; *Famiglia cristiana e perfezione. Esercizi Spirituali*. Brescia, 1962; *Famiglia e società*. Vicenza, 1986; Goffi, T. *Spiritualità familiare*. Roma, ²1965; Grelot, P. *La coppia umana nella Scritura*. Milano, 1968; *I doni dello Spirito Santo nell'ascesi familiare*. Roma, 1961; *Il divino artefice dell'ascetica familiare. Lo Spirito Santo*. Sestri Levante, 1960; *Il matrimonio* (Insegnamenti pontifici). Roma, 1957; *Indagine suule strutture e i comportamenti familiari*. Roma, 1985; *La "Familiaris consortio" nel commento di H. Alessandri e C. Caffarra*. Città del Vaticano, 1982; *La famiglia* (X Settimana di Spiritualità). Milano, 1961; *Matrimonio e Verginità. Saggi di teologia*. Vengono Inferiore, 1963; *Nuova enciclopedia del Matrimonio*. Brescia, 1975; Perrin, J. M. *Perfezione cristiana e vita coniugale*. Torino, 1959; Schillebeeckx, E. *Il matrimonio: realtà terrena e mistero di salvezza*. Roma, 1968; Severgini, A. *Liturgia nella famiglia*. Roma, 1957; *Spiritualità familiare*. Roma, 1961.

T. Goffi – M. Caprioli

FAMILIARIDADE. Sentimento de intimidade que nasce das relações entre pessoas pertencentes à mesma família.

Na vida espiritual, é fundamental a atitude do ser humano que sabe que é amado por Deus: a revelação dessa realidade constitui a estrutura do Evangelho, em que se deve basear qualquer programa de santidade: "Deus nos amou primeiro" (1Jo 4,10). Esse fato introduz nas relações entre homem e Deus uma nova exigência porque o amor proveniente de Deus, um amor paterno, quer em troca uma atitude de amor filial. A maior revelação de Jesus é a que nos faz sentir Deus como Pai e, consequentemente, todos os homens como irmãos. Se a → IGREJA no Novo Testamento nos apresenta como Corpo místico de Cristo, também nos apresenta como uma grande família ligada pelos vínculos da graça e do amor. Deus, por ser Pai, não pode nos deixar sozinhos e condiciona sua presença no interior da alma ao amor da própria alma: "Se alguém me ama, observará a minha palavra, e meu Pai o amará; nós viremos a ele e estabeleceremos a nossa morada" (Jo 14,23). O Verbo estará sempre conosco para garantir a nossa salvação, a purificação dos nossos pecados e o aumento da graça: "Eu estou convosco até a consumação dos tempos" (Mt 28,20). O Espírito Santo nos é dado (Jo 14,26) para que compreendamos os mistérios de uma familiaridade divina em que a alma entra em comunhão de vida com a Trindade. E, quanto mais aumenta a graça, mais a proximidade progride, a ponto de a alma, como diz São → JOÃO DA CRUZ (*Subida ao Monte Carmelo*, 1, 2, 5 ss.), poder chegar a se parecer com o próprio Deus. É sobretudo no momento da oração que a familiaridade espiritual se vive e se acentua, que a nossa solidão se povoa da presença de Deus e daquelas criaturas que nele e por ele se amam.

O conceito de familiaridade pode também indicar um desvio da relação afetuosa que existe entre pessoas da mesma família e significar uma confiança mórbida que pode trazer sérias consequências para a vida espiritual. "Demasiada familiaridade gera o desprezo, enfraquece os vínculos, faz com que se evidenciem algumas misérias morais, intelectuais, até mesmo físicas, que uma discrição delicada mantivera numa adequada penumbra. Misturar nossas vidas sem um pingo de respeito é o mesmo que aviltá-las; toda a poesia desaparece, e todos sabem que um pouco de poesia é tão necessária quanto o pão para uma boa amizade. Onde faltam esses imponderáveis, os choques e mal-entendidos estão prontos a se insinuar; um ofende o outro e surgem os conflitos. Além disso, todos precisamos de um certo orgulho próprio. Doamo-nos aos outros, mas para doar-se é preciso antes de tudo possuir a si mesmo; e essa plenitude interior, esse repouso de cada individualidade em si mesma exige um pouco de silêncio e de isolamento, a suspensão momentânea das trocas e, nas próprias trocas, um pouco de moderação que é a discrição do coração" (Sertillanges, *L'amore*, 160-161).

BIBLIOGRAFIA. Perrin, J. M. *Nel segreto del Padre*. Roma, 1961; *Schede Bibliche Pastorali* 3. EDB, Bologna, 1983, 1.265; Sertillanges, A. D. *L'amore*. Brescia, 1951; Siri, G. *Esercizi Spirituali*. Assisi, 1962.

C. Gennaro

FANTASIA. O nome "fantasia", de origem grega, correspondeu ao termo "imaginação" ou "criatividade", três termos que sempre foram usados indistintamente (também Santo Tomás: "*Ad sensibilium autem formarum retentionem aut conservationem ordinatur phantasia sive imaginatio, quae idem est*", *Sth.*, I, q. 78, a. 4) para designar uma faculdade ou potência orgânica capaz de captar e de reproduzir as impressões dos objetos externos sobre os sentidos. Os dois termos assumem significado diferente quando Immanuel Kant, mesmo considerando a imaginação intermediária entre a sensação e a cognição intelectual, atribuiu-lhe uma dupla capacidade de síntese: síntese das percepções sensoriais que se associarão em uma imagem individual, particular, denominada "especiosa"; e síntese das imagens individuais, particulares, que oferece o conceito empírico, mas transcendental, do objeto conhecido através da sensação. Depois de Kant, entre os filósofos não escolásticos, a distinção foi quase nítida: a imaginação é faculdade sensitiva; a fantasia é faculdade espiritual. Os psicólogos modernos, de preferência, empregam o termo "fantasia" para a função criadora e "imaginação" para a função conservadora e reprodutora das imagens.

Um conceito descritivo da fantasia ou imaginação pode ser formulado mais ou menos assim: atividade psíquica que transforma os dados da experiência em imagens e as conserva, reproduz e modifica na consciência humana ainda que os respectivos objetos não estejam mais concretamente presentes aos sentidos. Os aspectos fenomenologicamente mais interessantes são a desenvoltura e a não originalidade da fantasia. De fato, observa-se que a imagem é suscitada à vontade e várias vezes somam-se a ela dados sensoriais nunca percebidos juntos; sua capacidade a esse respeito parece calidoscópica pela indefinida variedade das suas combinações que dão superficialmente a aparência de criatividade absoluta. Na verdade, a imagem contém apenas dados sensoriais, aproximados de diferentes maneiras, e sua natureza não é diversa da dos seus componentes. A fantasia não é original no sentido de que possua uma criatividade de estruturas heterogêneas aos dados de que a imagem é composta.

No âmbito da atividade perceptiva sensorial, com relevante aproximação dos produtos da fantasia, é preciso anotar algumas categorias de imagens que possuem propriedades singulares derivadas de causas ainda não bem definidas. Há imagens alucinatórias que induzem a pessoa normal a assumir uma determinada atitude, em virtude de uma suposta realidade que é apenas fruto de uma sensação imperfeita; elas podem verificar-se em todos os sentidos; semelhantes às precedentes são as imagens de semivigília, tanto as hipnogênicas que antecedem o sono, quanto as hipnopômpicas que precedem o pleno despertar; uma terceira categoria é a das imagens eidéticas, frequentes nas crianças e nos artistas, que apresentam um conteúdo sensorial tão vivo a ponto de ser consideradas percepções reais e circunstanciadas; uma quarta categoria é a das imagens consecutivas, ou seja, das que permanecem na consciência depois de uma longa e intensa fixação do objeto; podemos acrescentar as imagens oníricas, próprias dos sonhos, repletas de interessante simbolismo, as imagens mnésicas ou próprias da memória.

A fantasia faz parte de um complexo mundo interior cujo dinamismo é no mínimo misterioso. Ela está ligada aos instintos, às tendências, aos estados afetivos, aos apetites etc. Também a → MEMÓRIA que define a temporalidade das imagens tem relações estreitas com a fantasia; o mesmo se deve dizer de toda a atividade sensorial. Se a atividade fantástica é controlada pelas faculdades superiores, as imagens sofrem aquela influência e se conformam a elas quanto mais as faculdades impõem os seus esquemas. Em suma, a atividade da fantasia responde aos interesses do indivíduo (sejam eles conscientes ou inconscientes) que têm como base os fatos psíquicos cognoscitivos do sentido e da razão, e os da vida de relação.

Observam-se na atividade da fantasia três formas de composição ou de síntese: uma de simples *reprodução*, mediante a qual se imprimem na psique humana os dados da percepção, que em geral se apresentam em menor número, imprecisos, apagados e confusos, com relação aos dados resultantes diretamente do objeto. Uma segunda forma de atividade fantástica é a de *integração*: a imagem é construída não só com o esquema sensorial próprio do objeto que determinou a percepção, mas de fragmentos de imagens suscitados por estímulos diferentes correspondentes às necessidades efetivas e aos interesses de ordem cognoscitiva. Na terceira forma, denominada de *criação*, a combinação de dados prescinde integralmente de uma estrutura correspondente à percepção de um objeto: a síntese ocorre com elementos diferentes e em proporções imprevisíveis. A psicologia de outrora explicava a criatividade da fantasia com os esquemas da origem e reprodução das associações.

Para os psicólogos modernos, a criação das imagens é relacionada às condições biopsíquicas mais complexas, especialmente quando a fantasia está ligada a estados afetivos intensos e é orientada pelas faculdades superiores para manifestações de arte, de ciência, de filosofia, de relações sociais. As modernas invenções da eletrônica aplicada à linguagem oferecem uma exemplificação do mecanismo psíquico da fantasia na qual infinitos detalhes, apreendidos por via sensorial e acumulados na memória, são chamados pelo gênio criador a construir representações de natureza visual (pintura, escultura, arquitetura etc.), ou musical (música, dança), literária ou científica (geometria, matemática etc.), ou filosófica (basta pensar nas construções de ideias dos maiores pensadores), ou social (por exemplo, os planos econômicos), ou ainda religiosa (as visões dos teólogos, dos ascetas, dos místicos). Também a interpretação dos filósofos escolásticos (que tradicionalmente definem a fantasia como faculdade realmente distinta dos sentidos externos e internos e do intelecto) reconhece como objeto próprio da fantasia as imagens sensíveis dos objetos, recebidos por meio dos sentidos externos, e como funções específicas desta, seja a retenção das imagens (que levou Santo Tomás a atribuir à fantasia a frase "*thesaurus quidem formarum per sensu receptarum*"), seja a reprodução das imagens dos objetos ausentes, e enfim a sua construção ou criação. A fantasia explica esta última função compondo e dividindo os elementos percebidos com uma originalidade que permitiu que os escolásticos a denominassem "mãe" das belas-artes. A força da fantasia se manifesta também na emotividade e alteração do sistema psicofísico humano tanto no → SONO quanto no estado de vigília.

As imagens fantásticas durante o sono e as ações que daí derivam não são consideradas atos humanos; são totalmente indiferentes do ponto de vista moral. Na vigília, ao contrário, a fantasia pode encontrar-se sob o controle mais ou menos intenso da razão; esta se torna responsável pela atividade fantástica. Não são incomuns durante a vigília breve fugas da realidade ("sonhos de olhos abertos") nas quais a fantasia é a atividade predominante que nos move fora das faculdades superiores e tenta construir o irreal. A onda fantástica se expande em um movimento autônomo, a que a vontade não pode opor-se eficazmente. Também a moralidade dessas *delectationes morosae* deve ser avaliada nos limites da imperfeição humana ou, no máximo, da venialidade, mesmo se o objeto é por sua natureza gravemente imoral. Na avaliação ética, nunca se deve esquecer que a fantasia é uma função sensitiva que escapa ao pleno domínio da razão. No campo da vida de perfeição cristã a fantasia é objeto de preocupação. Os estudiosos de ascese afirmam sua importância porque ela é considerada quase mediadora entre corpo e alma, entre sentido e intelecto. À fantasia creditamos as dissipações (Santa Teresa de Ávila, antes de Malebranche, chamava a fantasia de "a louca habitual"), as tentações ocasionadas pela excitação que ela produz nas paixões desordenadas. Admitem a utilidade da fantasia nas primeiras fases da oração mental e sempre que seja necessário apelar à imagem para fixar o espírito no objeto religioso (construção de ambiente) e para suscitar mais emocionalmente afetos correspondentes. Solicitam a purificação da fantasia: negativamente com a proteção dos sentidos, com a fuga do ócio, com o desinteresse pelas coisas imaginárias; positivamente, com o emprego dela em relação a objetos legítimos e com uma atenção interna da mente a tudo o que se realiza. Nas formas da oração mística (oração de recolhimento sobrenatural, de quietude etc.), a fantasia reduz notavelmente a própria atividade. Para os místicos, as imagens da fantasia são meios inadequados para a → UNIÃO COM DEUS, por serem impróprios para representar a realidade divina. A contemplação de Deus em pura fé comumente exclui qualquer imagem fantástica mesmo se derivada de um precedente sobrenatural.

BIBLIOGRAFIA. BARISON, F. Arte e schisofrenia. *Archivio di Psicologia, Neurologia, Psichiatria e Psicopatologia* 25 (1964); CORNOLDI, C. *Memoria e immaginazione*. Libr. Ed. Univers., Padova, 1976; FOSSI, G. *Fantasia e onnipotenza*. Boringhieri, Torino, 1981; GROLNICK, S. A. & BARKIN, L. *Between reality and fantasy*. Jason Aronson, New York, 1978; HENRY, W. E. *The analisys of fantasy*. New York, 1956; HILGARD, E. R. *Psicologia*. Firenze, 1971, 531 ss.; MORGAN, C. D. & MURRAY, H. A. A method for investigating fantasies. *Arch. Neurol. Psychiat.* 34 (1935) 289-306; SHEIKH, A. A. & SHAFFER, J. T. *The potential of fantasy and imagination*. Bradon House Inc., New York, 1979.

G. G. PESENTI

FÉ. A fé, em certo sentido, é a virtude teologal mais importante, na medida em que está na base de toda a vida cristã. De fato, ela determina a atitude inicial que o homem deve assumir diante de Deus e condiciona o encontro amoroso com ele. É verdade que esse encontro se realiza perfeitamente só na → CARIDADE; mas esta, por sua vez, não é possível, como tampouco a → ESPERANÇA, sem um contato inicial, como se tem precisamente mediante a fé.

1. NA SAGRADA ESCRITURA. Nos Sinóticos, a palavra "fé", acreditar, indica antes de tudo uma atitude de confiança para com Jesus; é condição dos milagres (Mt 8,26; 9,29; 17,20; Mc 5,34-36; 10,52; Lc 8,25); obtém a remissão dos pecados (Mt 9,2; Lc 7,50). A fé admite que existe uma relação íntima entre Cristo e Deus (Mt 14,31-33; 16,16-17) e por isso se refere também a Deus (Mc 11,22-24). Portanto, o ato de crer pode ter como objeto também o caráter messiânico de Jesus (Mc 15,32) ou sua própria mensagem (Mc 1,15). Essa fé comporta enfim uma conversão (Mc 1,15) e é condição de salvação (Mc 16,16). Esses vários aspectos podem ser resumidos em uma síntese orgânica: o crente se dirige a Jesus, considera-o Messias e Filho de Deus, tem toda confiança nele, aceita a sua palavra, pronto a colocá-la em prática; assim se salvará.

As mesmas ideias, de maneira mais explícita, encontram-se em São Paulo: a fé é uma atitude de toda a pessoa em relação a Deus e a Cristo. Podemos distinguir um aspecto intelectual e um afetivo. De acordo com o primeiro, a fé é uma aceitação do Evangelho, pregado pelos apóstolos, doutrina que vem de Deus e é comprovada por ele (1Ts 1,5; 1,8; 1Cor 2,5); por isso é uma fé em Deus (1Ts 1,8). O centro da fé é Cristo, especialmente a sua morte e ressurreição (1Cor 15,1-19); estas são a causa e a garantia da nossa vida presente em Cristo e da ressurreição futura. A aceitação intelectual é acompanhada de uma plena confiança em Deus, que nos salvou em virtude de Cristo (Rm 4,24-25), apoiada em sua vontade de nos salvar (Rm 8,29-39) e em sua fidelidade (1Cor 1,9). Deve-se notar que essa aceitação envolve toda a pessoa: quem crê deve também se conformar a todas as solicitações da nova vida à qual é levado (Rm 6,4; Ef 4,1). Todos esses elementos estão compreendidos na fé: aceitação do Evangelho, confiança inabalável em Deus e em Cristo Salvador, vontade de fazer o que Cristo pede. No fundo, São Paulo nada faz além de desenvolver em sentido cristão a palavra hebraica *he'emin* do Antigo Testamento (Is 7,9; 28,16). → ABRAÃO é o exemplo típico de uma fé semelhante (Gn 15,6; Rm 4,3). É evidente que aquele que tem fé nesse sentido pleno é justificado. No entanto, dizer que a fé justifica (Rm 3,28; Gl 2,10) não significa afirmar que alguém pode justificar a si mesmo com as próprias forças. A iniciativa vem sempre de Deus e a fé não é outra coisa senão uma humilde aceitação do seu dom (Rm 4,4-6), de modo que ninguém pode se vangloriar nem da sua fé nem da graça recebida (Ef 2,8-10).

A Epístola aos Hebreus dá mais destaque ao aspecto intelectual, dizendo que a fé "é um modo de possuir desde agora o que se espera, um meio de conhecer realidades que não se veem" (11,1). Em outras palavras, na fé temos uma certeza absoluta sobre coisas desconhecidas, a ponto de tê-las como presentes, sobre as coisas que Deus nos prometeu (12,1-2) e também sobre as passadas (11,3). Essa fé também tende a se manifestar nas obras (11,7).

A Epístola de Tiago, talvez por uma reação contra a interpretação errônea de São Paulo, afirma com força que a fé sem obras é morta (2,17.26) e não é suficiente para a salvação (2,24); por fim, a compara à fé dos demônios (2,19).

Nos escritos de São João, o aspecto intelectual é muito acentuado: devemos crer que Jesus é o Messias (1Jo 5,1), enviado pelo Pai (Jo 8,28-32; 11,42), Filho de Deus (3,16; 6,40), que é luz (12,36.46), vida (11,25), o Redentor do mundo (4,42). Mas tampouco aqui a fé é separada da atitude total que o homem deve assumir em relação a Cristo e à sua mensagem. Crer e conhecer o Filho de Deus são quase a mesma coisa (6,69; 10,38; 16,30-32); esse conhecimento importa a submissão (8,31; 1Jo 2,3-5) e o amor (1Jo 4,7-8; 5,3). Crer em Deus é também crer no seu amor (1Jo 4,16) e não se chega a isso a não ser amando. Com razão falamos indiferentemente de fé em Jesus e de fé em Deus: trata-se de fato da mesma coisa (Jo 12,44; 14,1), e assim devem ser consideradas, porque Jesus e o Pai são um (10,30; 17,21-22).

A partir do que foi dito, pode-se concluir que a fé não se identifica com a esperança e com a caridade. São Paulo as enumera uma ao lado da outra a atribui a cada uma delas uma tarefa especial (Cl 1,4-5). Seu entrelaçamento recíproco, porém, evidencia que elas estão unidas e definem, ainda que sob aspectos diferentes, a atitude total da pessoa diante de Cristo e de Deus. Além disso, como a fé, tomada como aceitação da economia divina revelada, é o fundamento da esperança e da caridade e manifesta nelas o seu dinamismo (Gl 5,6), compreende-se que os escritores sagrados, quando querem definir com uma palavra a vida cristã, recorram à fé e que os cristãos sejam chamados "fiéis", ou seja, "crentes" (At 2,44; 4,32). A mensagem divina não é contudo mero anúncio de algumas verdades transcendentes, mas contém em si um convite a entrar na economia da salvação. São Tiago tem razão, portanto, quando afirma que não basta crer no sentido de admitir intelectualmente a verdade, embora este ato seja fundamental; é necessário "crer" segundo o significado que os escritos do Novo Testamento entendem geralmente e que expusemos acima.

2. **NA TEOLOGIA.** A atitude complexa do cristão "crente" foi estudada sob os seus diversos aspectos. Elaborou-se assim o tratado da fé, tomada segundo seu significado próprio: assentimento intelectual. Logo veremos que essa abstração não pode ser completa se queremos conservar uma visão correta desse assentimento; a partir dessa premissa, é lícito e até necessário eliminar o aspecto fundamental da fé e procurar responder aos vários quesitos que se apresentam a esse respeito. Vamos nos limitar aqui aos pontos que podem ilustrar o valor da fé e a algumas de suas consequências práticas.

a) *Natureza e propriedade da fé.* O Concílio Vaticano I resume o trabalho secular dos teólogos sobre os dados revelados quando diz que a fé é "uma virtude sobrenatural pela qual, sob a inspiração e a com a ajuda da graça de Deus, nós acreditamos ser verdadeiro aquilo que nos foi revelado por ele, não por causa da verdade intrínseca das coisas, percebida com a luz natural da razão, mas por causa da autoridade do Deus revelador, que não pode nem se enganar, nem enganar" (Denz. 1789).

Essa descrição, que parece insistir exclusivamente no aspecto intelectual, o que é próprio da primeira virtude teologal (embora depois indique a influência da vontade), é completada pelo Vaticano II, que se vincula diretamente à Sagrada Escritura. A fé é a resposta dada pelo homem à revelação. Ora, esta é a manifestação do próprio Deus e do "mistério da sua vontade, pelo qual os homens, por intermédio de Cristo, Verbo feito carne, e no Espírito Santo, têm acesso ao Pai e se tornam participantes de sua natureza divina" (*DV* 2). É portanto a manifestação da vida íntima de Deus e do convite concreto, dirigido aos homens, de se tornar participantes dela: comunicação de verdade e ao mesmo tempo manifestação de amor. Isso ocorreu, continua o Concílio, seja pela palavra, seja pelas obras realizadas por Deus. Depois de explicar como a revelação foi preparada no Antigo Testamento (n. 3) e como chegou a sua plenitude em → JESUS CRISTO (n. 4), diz imediatamente qual resposta se deve dar a ela: "Ao Deus que revela deve-se a obediência da fé, pela qual o homem livremente se entrega todo a Deus, prestando ao Deus revelador um obséquio pleno do intelecto e da vontade, e dando voluntário assentimento à revelação feita por ele" (n. 5). Não se nega nada do que afirmou o Vaticano I; ao contrário, ele é várias vezes mencionado explicitamente e se insiste nas relações que existem entre o crente e as Pessoas divinas e como o afeto (o abandono) é intrínseco à fé. Além disso, afirma-se mais explicitamente que as verdades reveladas não são verdades abstratas, mas outros aspectos do plano divino para a salvação dos homens. No entanto, levando em conta essa perspectiva bíblica, nós tomamos como base da nossa explicação a descrição do Vaticano I, que analisa mais claramente o aspecto intelectual da fé segundo os seus vários componentes.

A fé é uma virtude sobrenatural, um dom de Deus, portanto, e ninguém pode adquiri-la, dá-la ou conservá-la com suas próprias forças (cf. Denz. 1791). Os raciocínios que demonstram a credibilidade do fato da revelação e são expostos na apologética nunca serão causa de uma fé sobrenatural. Para obtê-la, portanto, mais que argumentos, ainda que necessários, valem a oração e o sacrifício. A fé admite como verdadeiro aquilo que foi revelado por Deus. Isso é concretamente, como dissemos, o próprio Deus e toda a economia da nossa salvação; contém, de um lado, o mistério da vida trinitária em Deus, a cuja participação somos chamados, e, de outro, o mistério da iniquidade do homem decaído por causa do pecado de → ADÃO. Em decorrência desse pecado, a economia divina compreende o mistério da → ENCARNAÇÃO ou da → REDENÇÃO que tem, como seu prolongamento, o mistério da → IGREJA com seus sacramentos e a pregação da Palavra divina. Tudo tende a reconduzir o homem decaído no seio da Santíssima Trindade e a fazer com que ele reencontre de maneira superabundante a felicidade perdida em Adão. Dizemos que Jesus está no centro da nossa fé; isso é verdade na medida em que nele é revelada a vontade salvífica do Pai. Mas é ao Pai que Jesus nos leva, e é no Pai que termina finalmente o movimento da fé. É evidente que a razão, por si só, nunca poderia imaginar semelhante destino para nós; mesmo depois que ele nos foi revelado, permanece em grande parte impenetrável enquanto não formos admitidos à visão beatífica. Nossa fé é essencialmente obscura: é uma adesão a Deus que não se apoia em uma evidência intrínseca da coisa; quando essa evidência se tornar manifesta — e isso ocorrerá na glória —, já não haverá lugar para a fé enquanto tal.

O motivo da nossa adesão de fé é a autoridade do Deus revelador; motivo no mínimo razoável se consideramos que Deus não pode enganar-se nem enganar. O Vaticano I condena o racionalismo, o qual exalta tanto a autonomia da razão humana a ponto de não querer admitir senão aquilo de que possui a evidência intrínseca. No ato de fé, ao contrário, é necessária uma humildade intelectual, que aceita a própria limitação e reconhece a competência superior de Deus. Nossos conceitos são capazes de exprimir de algum modo as realidades sobrenaturais, porque existe uma semelhança, ainda que distante, entre o sentido que damos às nossas palavras e aquilo que Deus deseja nos fazer entender por meio delas; não por acaso, Deus escolhe uma palavra em vez de outra para nos transmitir suas ideias. Portanto, também é lícito — aliás, é totalmente normal — examinar mais a fundo o conteúdo da → PALAVRA DE DEUS; essas investigações devem porém ser feitas sempre com sobriedade, sem jamais ter a intenção de esgotar o mistério. A nossa fé é também razoável porque temos certeza do fato que Deus nos revelou. A apologética lista e avalia cada um dos sinais que podem indicar esse fato. Aqui é suficiente mencionar um sinal especial e certíssimo: A Igreja, que leva em si mesmo tantas notas que permitem reconhecê-la, com a ajuda da graça, como sinal da divina revelação nela contida (Denz. 1793 s.). A nossa fé é condicionada por nossa adesão à Igreja, que nos transmite a verdade revelada. De fato, o Evangelho de Cristo foi anunciado primeiro pelos apóstolos, depois por seus sucessores e por outros que receberam deles o mandato (*DV* 7-10.12). O fiel deve, portanto, sentir-se unido com a Igreja e com a sua doutrina, exatamente como ela é expressa primeiro pela hierarquia e depois pelos fiéis como um todo. Crer implica aceitar a própria condição de membro e o próprio vínculo com o corpo místico de Cristo.

Além de ser obscura, sobrenatural e razoável, a fé é também uma adesão livre e inequívoca. Não é uma conclusão lógica, que se seguiria necessariamente a duas premissas como estas: tudo o que Deus revela é verdadeiro; ora é evidente que Deus revelou uma determinada verdade; portanto, é verdadeira. Mesmo supondo que a admissão da conclusão fosse necessária — o que nem todos os teólogos afirmam —, não seria o ato de fé que Deus pede de nós. Ele deseja um ato livre. Até os demônios são capazes de fazer um raciocínio semelhante (ainda que não seja um raciocínio no sentido estrito da palavra). Lembremos a natureza da revelação: é uma manifestação de realidades insuspeitadas e, ao mesmo tempo, um convite amoroso para participar delas. Ora, a admissão de uma manifestação como essa, embora não implique necessariamente um compromisso total da pessoa que crê, é sempre uma homenagem ao amor convidador, bem como à verdade das realidades apresentadas; e essa homenagem não pode não ser livre. Ao dizer isso, gostaríamos de completar a distinção, feita comumente, entre fé científica (necessária) e fé de autoridade (livre). De fato, a revelação divina não pode ser colocada no mesmo plano que uma revelação humana. Nesta, a pessoa que nos afirma uma verdade pode permanecer completamente alheia a ela; aqui, ao contrário, é sempre Deus que manifesta qualquer coisa de si mesmo e do seu amor.

A fé, fundamentando-se na autoridade divina, é em si inequívoca: é uma adesão incondicional. Quando é claro que uma verdade está contida nas fontes da revelação, quer porque o fato é evidente por si mesmo, quer porque a Igreja o declara com autoridade infalível, não é lícito duvidar dela: seria um pecado de heresia. Contudo, embora a fé seja em si inequívoca, o crente pode ser assaltado por dúvidas; estas devem ser superadas ou com um conhecimento mais acurado sobre aquilo em que se deve crer e sobre seus motivos, ou com um ato decisivo da vontade que realmente quer crer, malgrado todas as aparências que induziriam ao contrário.

b) *Crescimento da fé*. Sendo a fé um dom que Deus nos concede gratuitamente e que depende continuamente da sua bondade, é claro que também o seu aumento tem Deus como causa própria; mas como tal é objeto de mérito, não depende diretamente da nossa atividade nem é passível de experimentação. Porém, a fé apresenta também um aspecto psicológico e é este que vamos considerar aqui. Podemos examinar seu crescimento segundo o objeto, segundo o motivo e segundo as propriedades da fé.

Crescimento segundo o objeto: o nosso conhecimento de fé pode ser em extensão ou em intensidade. Ela se tornará mais extensa quando o intelecto descobrir novas possibilidades, quer teóricas, quer práticas, contidas na palavra de Deus. Trata-se, portanto, de um aumento extensivo de caráter especial, porque a nova verdade já era, ainda que de modo obscuro, conhecida e admitida em outra; assim, por exemplo, a Imaculada Concepção é afirmada implicitamente dizendo que Maria é inteiramente santa.

O conhecimento se torna mais intenso quando penetra mais a fundo ou um determinado aspecto da revelação, ou a economia divina em toda a sua amplitude. Essa penetração às vezes pode causar uma explicitação de novas verdades, ou seja, um aumento em extensão, de que falávamos antes, ou uma maior compreensão sem que sejam descobertas novas verdades. Poder-se-ia concluir que nosso conhecimento de Deus pode ser aumentado por dois meios independentes; de fato, não é assim: a ciência deve ser apoiada pelo amor sobrenatural e por outro lado a devoção, que faz pressentir novas verdades, nunca poderá aceitá-las incondicionalmente e nunca será satisfeita, até que não tiver a justificação rigorosamente científica.

Vamos falar primeiro da ciência da fé: é a teologia. A razão pode adquirir um conhecimento menos imperfeito dos mistérios divinos, quer comparando-os uns com os outros para descobrir o nexo intrínseco a eles, quer examinando o respectivo lugar que eles ocupam em toda a economia da nossa salvação, quer ainda procurando aprofundar as analogias existentes entre a palavra humana e a divina (Denz. 1786). O próprio Vaticano II, que afirma a possibilidade de tal ciência, nota ao mesmo tempo que esse trabalho deve ser alimentado por uma devoção adequada. É evidente, portanto, que a mediação da palavra de Deus deve fomentá-la continuamente (*DV* 24). Sem ela, de fato, o teólogo corre o risco de se contentar com um árido conceptualismo ou com um historicismo profano, ou ainda de perder o *sensus Ecclesiae*, ou seja, a união conatural com a Igreja, que deve guiá-los em suas pesquisas. A devoção faz com que o teólogo entre em consonância com o objeto que estuda; ainda que a teologia seja especificamente o fruto não da sua devoção, mas do ponto alto de sua inteligência, ele não pode negligenciar a devoção se quer continuar a ser um teólogo completo.

Nosso conhecimento dos mistérios divinos pode enriquecer-se também com um estudo mais profundo deles. Os teólogos falam da "luz da fé"; trata-se de uma força sobrenatural, dada ao intelecto primeiramente para torná-lo capaz de aceitar as verdades reveladas, fazendo-o ver a credibilidade de sua revelação; depois se soma às próprias realidades divinas e finalmente à Pessoa que nelas se manifesta. Como no plano natural se fala de um "sentido" da música etc., assim a luz da fé nos dá o sentido de Deus. Aumentando este, aumenta também a compreensão das verdades. Aqui se desenvolve a atividade dos dons intelectuais do Espírito. Ora, essa compreensão depende do amor: ele nos faz entrar na Pessoa amada e compreender de modo quase intuitivo, a partir de dentro, todas as suas qualidades. É evidente que, falando do amor como fonte de conhecimento sobrenatural, entendemos o amor de caridade. Quanto mais um cristão ama as Pessoas divinas, mais perceberá o que elas nos quiseram fazer compreender de si mesmas. Os conceitos e as palavras permanecerão os mesmos, mas se tornarão mais transparentes. Desse conhecimento, que se chama conhecimento por conaturalidade, podem surgir certas intuições profundas, cujo fundamento, porém, a inteligência só poderá descobrir mais tarde. Muito antes de os teólogos entrarem em acordo no campo especulativo, o senso divino dos fiéis já intuíra que Maria não teria sido santíssima nem a mãe digníssima de Jesus se não tivesse sido concebida imaculada. Uma vez mais, porém, devemos lembrar que, se de um lado os teólogos devem levar em conta o senso dos fiéis, quando este é universal, e devem se sentir unidos à devoção católica, de outro não seria lícito para um católico opor a sua experiência individual ao que a teologia considera certo.

Crescimento segundo o motivo. No ato concreto de fé podem influir ainda outros motivos, que, sem excluir a autoridade de Deus que se revela, ajudam o fiel a aceitar a revelação: a experiência da sublimidade da revelação, a sua utilidade individual ou social, a estima das pessoas que a anunciam, as qualidades eminentes das autoridades eclesiásticas etc. Ora, todos esses motivos podem sofrer um eclipse: o homem se sente no vazio e a religião cristã "não diz mais nada" nem ao sentimento, nem à inteligência. Crise dolorosa, mas salutar, dolorosa porque leva a questionar toda a sua vida, salutar porque nos fará aceitar mais conscientemente, se somos fiéis à graça, o verdadeiro motivo da nossa fé: o seu ato será uma homenagem perfeita de confiança cega à verdade e ao amor de Deus. Toda desilusão da vida deve ser uma ocasião não de ceticismo ou de negação, mas de superação; no nosso caso: de aceitação mais consciente e mais amorosa de Deus apenas. Fala-se da "fé nua"; é precisamente esta, que é despojada de todos os motivos secundários que costumam influir no ato de fé; também as razões intelectuais parecem perder o seu valor de persuasão. É um momento decisivo na via espiritual: alguém realiza um ato de abandono cego a Deus ou se volta para si mesmo e, com a pretensão da própria autonomia, se recusa a crer ainda mais. Também é possível se refugiar na indiferença; continua-se a viver acreditando, mas sem que a fé tenha nenhuma influência nem sobre as convicções nem sobre a prática. Infelizmente essa é a solução escolhida por muitos cristãos nos dias de hoje.

Mencionamos o fundamento teológico da doutrina de São → JOÃO DA CRUZ, que dá tanta importância à fé e à sua pureza: devemos procurar aderir à → PALAVRA DE DEUS, não porque tenhamos alguma compreensão dela (ao contrário, devemos saber que ainda temos muito a compreender), nem porque tivemos alguma experiência dela, mas unicamente porque ele nos disse para fazê-lo.

Deve-se notar, desde logo, que a crise deverá ser resolvida de uma maneira muito diferente quando é condicionada por certa imaturidade psicológica ou intelectual. Sob esse aspecto, fala-se da fé da criança, do adolescente e do adulto. A criança crê quase espontaneamente na palavra da mãe e acredita em tudo sem fazer distinções. O adolescente, ao contrário, é tentado a questionar tudo; sua crise de independência leva-o a se perguntar sobre os motivos da sua religião e, ao mesmo tempo, ele deseja compreender melhor a própria doutrina. Trata-se de uma crise útil que, com o esforço pessoal e com a graça de Deus, faz com que ele descubra com mais consciência o verdadeiro motivo da sua fé de infância e lhe permite diferenciar também o que não pertence à revelação divina do que é o objeto próprio desta. Essa crise pode durar muito tempo, mas se o jovem usar todos os meios chegará a uma relativa maturidade porque saberá com precisão em que acredita e por quê. Contudo, é necessário que, quando se apresentarem novas dificuldades, ele não se esforce em negá-las simplesmente ou em sufocá-las, mas procure lealmente uma solução adequada, quer com a própria inteligência, quer pedindo conselho a pessoas mais competentes. É a grande responsabilidade dos teólogos e dos cientistas católicos (caso as dificuldades surjam em seu campo), a de conduzir os fiéis a uma fé cada vez mais madura. Por essa razão, os próprios cientistas católicos devem desenvolver uma ciência religiosa própria juntamente com a profissional, de modo a intuir facilmente as convergências ou aparentes divergências entre as conclusões das duas ciências. Têm o dever de buscar uma resposta para as numerosas objeções, de modo que nela possam se apoiar os menos instruídos. Aqui não se precisa de uma "fé nua", mas de uma fé muito acurada. Por outro lado, porém, não se pode esquecer que a inteligência não é capaz de resolver todas as antinomias com que se defronta. Se já no campo natural ela sente as suas limitações, quanto mais ao se aproximar dos mistérios divinos. Apesar dessas limitações, o trabalho intelectual dará à fé bases psicológicas mais sólidas e, portanto, normalmente mais estáveis. Especialmente no ambiente materialista dos nossos tempos, os cristãos têm o dever de buscar uma fé mais madura tanto para o benefício da própria vida intelectual quanto em favor dos outros.

Crescimento segundo as propriedades. O enriquecimento destas caminha paralelamente ao anterior. Quanto mais alguém ama a deus e mais se sente inclinado a aceitar o seu testemunho, mais percebe as suas intenções secretas: a fé torna-se cada vez mais livre quanto mais espontânea e decorrente de uma disposição habitual. Pelo mesmo motivo, a fé, sempre inequívoca em si mesma, dá ao sujeito maior segurança psicológica, que não é perturbada facilmente. Certamente a obscuridade do mistério divino é inerente ao ato de fé; porém, à medida que a "luz da fé" aumenta, o intelecto humano vislumbra melhor a coerência intrínseca da economia divina e o plano divino em todos os acontecimentos do mundo. Obscuridade e iluminação caminham juntas na cognição de fé, mas esta última pouco a pouco se sobrepõe àquela e prepara a visão de Deus.

c) *Perda da fé.* A fé pode permanecer em um pecador; é uma fé morta porque perde o influxo vivificante da caridade. Mas é ainda um dom sobrenatural (Denz. 1791.1814); de fato, Deus permanece fiel nos seus dons e não os retira a não ser quando o homem os recusa. Ora, é impossível que este se recuse a conformar sua vida à mensagem divina, sem negar a realidade da própria mensagem; recusa-se a amar, mas não recusa a manifestação do amor. Contudo, uma situação como essa é violenta e anormal; portanto, o pecador fiel ou se converterá depois de um período de aberração ou não aceitará mais essa mensagem, embora continue a ver nela o compromisso vital, e cometerá um ato de infidelidade. Mas nem sequer esta perda é inevitável: Deus, na sua misericórdia, pode conservar a fé mesmo em um pecador obstinado, como último chamado à conversão.

Porque a fé é um dom que depende de Deus, nunca diminui; pode ter estagnada a sua influência na vida, mas Deus não a retira, nem sequer parcialmente, a não ser que o homem a renegue. A fé perde a sua influência vital se deixamos de alimentá-la quando se apresenta a oportunidade, se não aproveitamos a crise, se não mantemos o contato com a palavra de Deus e com a Igreja, se exaltamos a nossa autonomia intelectual por certo orgulho, recusando-nos a aderir a ela a não ser quando se impõe a nós com evidência. Embora não possamos ser crédulos no sentido pejorativo da palavra, devemos reconhecer os nossos limites e saber dizer com simplicidade: "Creio, ajuda-me na minha incredulidade" (Mc 9,24). Quando as dúvidas nos assolam, devemos procurar resolvê-las, como dissemos; mas não é lícito duvidar voluntariamente de tudo o que Deus nos revelou por meio da Igreja. A esse respeito o Vaticano I aponta claramente a diferença entre a situação de um católico e a de quem ainda não conseguiu encontrar a Igreja (Denz. 1794). Para este último a Igreja não aparece no seu esplendor sobrenatural enquanto ele não recebe a graça; ora, este só costuma fazer sentir a sua influência pouco a pouco, dependendo de o sujeito estar intelectual e moralmente disposto. Para ele, as dúvidas são inevitáveis, excetuando-se um ou outro caso extraordinário em que a luz se torna fulgurante. A situação dos que já possuem o dom da fé é muito diferente; aqui vale o axioma geral, repetido pelo próprio Concílio: Deus, "com a sua graça os confirma para que perseverem nessa luz e não os abandona a não ser quando é abandonado". Embora estas palavras não sejam interpretadas no mesmo sentido por todos os teólogos, parece-nos que podemos afirmar, com a maioria, que os que tiveram um contato suficiente com a Igreja, sabendo no que creem e no motivo por que o fazem, não se afastarão dela sem uma verdadeira culpa. Mesmo que essa culpa não se manifeste no momento da separação, ela estará presente nos atos precedentes, porque eles se deixaram levar ao indiferentismo prático ou se expuseram deliberadamente aos perigos em que sua fé fatalmente teve de começar a vacilar. O dom de Deus, como é a fé, deve ser protegido e alimentado com cuidado.

d) *O espírito de fé*. Por espírito de fé se entende a atitude tanto especulativa quanto prática, que está em plena conformidade com a economia divina. A fé nos leva a aderir à palavra de Deus e, portanto, nos torna participantes do seu mistério. E como este apresenta dois aspectos, um que é objeto de conhecimento, outro que comporta ao mesmo tempo a ação, a fé procura se aprofundar mais na realidade divina e inspirar toda a atividade humana segundo a perspectiva revelada. De um lado, a fé dá o sentido da eternidade e da transcendência divina: Deus é o Pai que governa tudo pelo bem dos eleitos, seus filhos: convida, portanto, a buscar acima de todas as coisas "o reino de Deus e a sua justiça" (Mt 6,33). Por outro lado, vendo o valor, ainda que relativo, das coisas, dos acontecimentos e de cada criatura, a fé percebe por toda a parte um reflexo e um apelo de Deus, ao qual deve dar a sua resposta pessoal. Assim, bem longe de alimentar uma passividade inoperante, a fé impele ao compromisso também temporal, porque intui que as causas secundárias fazem parte do plano divino; preserva, porém, tanto da presunção quando do desânimo porque sabe que a última palavra será sempre de Deus.

A busca do reino de Deus se efetua praticamente com a aceitação e observação fiel da lei evangélica, sob a orientação da Igreja: adesão, portanto, filial à doutrina e às diretrizes práticas da hierarquia eclesiástica sem subterfúgios e sem o intuito de subtrair-se a elas com distinções sutis, inspiradas apenas pela arrogância e pelo egoísmo: a fé viva sabe distinguir onde a casuística é inteiramente legítima e onde, ao contrário, serve apenas para disfarçar um espírito de independência e uma falta de docilidade. A mesma atitude, ainda que em grau diferente, deverá ser tomada em relação às autoridades civis, porque também elas são desejadas por Deus e segundo a ordem determinada por ele (Rm 13,1 ss.).

Quem alimenta em si mesmo, nesse sentido, uma leal correspondência em todas as exigências da economia divina adquire maior espírito de fé. Ter esse espírito e viver a fé é a mesma coisa; significa consagrar toda a vida em todas as suas manifestações ao reino de Deus, a Cristo. Cada um percebe facilmente que não se chega a ele a não ser por meio de uma longa purificação ou de uma renúncia de si mesmo, na sua sensibilidade e nas suas preferências pessoais, bem como — o que talvez custe um pouco mais — por meio de um abandono do juízo demasiado humano sobre as coisas e os acontecimentos, para poder aderir ao juízo de Deus.

O espírito de fé, enquanto significa uma consagração consciente a uma realidade que nos transcende, torna-se mais profundo se apelamos mais explicitamente aos motivos sobrenaturais para as nossas ações. Ao contrário, quem se limita aos motivos meramente naturais, ainda que nobres, perde pouco a pouco o espírito de fé e no final não entende mais o significado de certas ações, que encontram sua justificação apenas em Cristo, como, por exemplo, a humildade, a obediência em circunstâncias muito penosas, a mortificação etc.; ações inspiradas na "loucura da cruz".

Por seu dinamismo interior, a fé tende a comprometer toda a pessoa, que observará tudo com um "olhar de fé". Esse olhar nos impele mais adiante na realidade divina e ao mesmo tempo é forma da vida concreta. Não se entra no reino apenas com a inteligência, mas com toda a pessoa. O espírito de fé dirige as ações e, por sua vez, o compromisso leal desenvolve esse espírito. Ao chegar à perfeição, o espírito de fé coloca o cristão na paz perfeita, que é característica dos santos: "Nada te perturbe./ Nada te assuste./ Tudo passa./ Deus não muda" (Santa Teresa de Jesus).

BIBLIOGRAFIA. Age adulte: la maturité de la foi. *Lumen Vitae* 15 (1960) n. 4; ALFARO, J. Fides in terminologia biblica. *Gregorianum* 42 (1961) 463-505; ID. Problematica teologica attuale della fede. *Teologia* (Brescia) 6 (1981) 218-231; ALLEN, A. Justification by faith. *Bibliotheca Sacra* 135 (1978) 109-116; AUBERT, R. *Le problème de l'acte de foi.* Louvain, 1958; ID. Questioni attuali intorno all'atto di fede. In *Problemi e orientamenti di teologia dommatica* II. Milano, 1957, 655-708 (com abundante bibliografia comentada); BOBEL, F. *Questions fondamentales de foi.* Paris, 1976; BOFF, G. Fede. In BARBAGLIO, G. & DIANICH, S. (orgs.). *Nuovo Dizionario di Teologia.* Roma, 1977, 508-531; BONIFAZI, D. *Immutabilità e relatività del dogma nella teologia contemporanea.* Roma, 1959; COVENTRY, J. *Teologia della fede.* Catania, 1968; DANIÉLOU, J. *La fede cristiana e l'uomo d'oggi.* Milano, 1970; DELHAYE, P. L'emprise de la foi sur la vie morale. *La Vie Spirituelle. Supplément* (1960) 375-414; DILLENSCHNEIDER, C. *Le dynamisme de notre foi.* Paris, 1968; DUNAS, N. *Connaissance de la foi.* Paris, 1963 (com bibliografia comentada); DUROUX, P. *La psychologie de la foi chez saint Thomas.* Tournai, 1963; FEINER J. et al. *La fe de los cristianos.* Barcelona, 1977; GARRONE, G. M. CARD. *Il cristiano e la sua fede.* Torino/Leumann, 1977; ID.

Cosa credere? Il credo non cambia. Milano, 1968; GUÉRARD DES LAURIERS, M. L. *Dimensions de la foi.* Paris, 1952; GUITTON, J. *Le difficoltà della fede.* Torino, 1961; GUZZETTI, G. B. Necessità e perdita della fede. In *Problemi e orientamenti di teologia dommatica* II. Milano, 1957, 709-749 (com bibliografia); HIRE, R. P. *Our Christian Faith: One, Holy, Catholic and Apostolic.* Humington (IN), 1977; *Il linguaggio teologico oggi.* Milano, 1969; Indifférences, incroyances et foi: quelle parole? *Lumen Vitae* 38 (1983) 127-182; JOHN (FRÈRE DE TAIZÉ). *Le chemin de Dieu. Étude biblique sur la foi comme pèlerinage.* Presses de Taizé, 1983; JOLY, E. *Che significa credere.* Roma, 1957; JOSEPH DE SAINTE MARIE. L'acte de foi: décision, adhésion, et assentissement. *Doctor Communis* 24 (1971) 278-324; *La fede.* Roma, 1971; *La vita nella fede.* Roma, 1972; LANDUCCI, P. *Problemática della miscredenza e della fede. Itinerario logico-psicologico.* Roma, 1964; LIEGÉ, A. La fede. In *Iniziazione teologica* III. Brescia, 1955, 339-400; MALEVEZ, L. *Pour une théologie de la foi.* Paris, 1969; MOUNIER, E. *L'engagement de la foi.* Paris, 1968; MOUROUX, J. *Io credo in Te.* Brescia, 1950; PEDERZINO, N. *L'atto di fede. I dati della Sacra Scrittura, della Tradizione, del Magistero Ecclesiastico e le moderne teorie psicologiche.* Roma, 1960; PEÑA-MARÍA DE LLANO, A. *La salvación por la fe.* Burgos, 1980; PIEPER, J. *Sulla fede*, Brescia, 1963 (temática filosófica); POTTERIE, I. DE LA. L'onction du chrétien par la foi. *Biblica* 40 (1959) 12-69; RAHNER, K. *Corso fondamentale sulla fede. Introduzione al concetto di cristianesimo.* Roma, 1977; REY, B. Vie de foi et vie filiale selon saint Paul. *Mélanges de Science Religieuse* 32 (1982) 3-18; RINALDI, G. *Il problema della fede.* Milano, 1950; RODRÍGUEZ, V. Fórmula dogmática y progreso dogmático. *Ciencia Tomista* 95 (1968) 389-420; ROSA, G. DE. *Fede cristiana, tecnica e secolarizzazione.* Roma, 1970; RUDASSO, F. Fede. In *Dizionario Teologico Interdisciplinare.* Marietti, 1977, 176-182; RUPP, J. *La foi selon l'évangile.* Munchen, 1969; TILLICH, P. *Dynamique de la foi.* Tournay, 1968; Una confessione di fede ecumenica. *Concilium* 14 (1978/8) 1.317-1.480; VERGA, F. Il problema della fede nell'esistenzialismo In *Problemi e orientamenti di teologia dommatica* II. Milano, 1957, 759-826.

A. DE SUTTER – M. CAPRIOLI

FÉNELON. 1. NOTA BIOGRÁFICA. Em 6 de agosto de 1651 nasceu Fénelon (François de Salignac de la Mothe Fénelon), em Périgord, no Sarladais. Seu pai, caçula dos Salignac, foi senhor de Pons de Salignac. A primeira educação, "simples, racional, cristã", é humanista. Em 1664 estuda na universidade de Cahors, onde aperfeiçoa a formação humanística e os estudos filosóficos.

Seu tio Antoine, impressionado com os progressos do sobrinho, levou-o a Paris, onde conheceu → OLIER e entrou em Saint-Sulpice, do qual conservará sempre uma boa recordação e de que receberá uma grande influência. Em 1675 (?) é ordenado sacerdote e até 1678 é encarregado de explicar as Sagradas Escrituras na paróquia de Saint-Sulpice. Harlai, o arcebispo de Paris, sabendo da fama do jovem pregador, nomeia-o superior das *Nouvelles Catholiques* e de *La Madeleine de Trainel*, beneditinas reformadas. Em 1685, após a revogação do Édito de Nantes, → BOSSUET propõe enviar Fénelon para pregar em Poitou e em Saintonge. Fénelon escolhe como colaboradores o *abbé* Langeron, Fleury, Bertier, Milon. Terminada a missão, em 1687, publica *De l'éducation des files* e *Ministère des pasteurs* e dois anos depois é nomeado, através do duque de Beauvilliers, preceptor do duque de Bourgogne, para quem escreverá *Fables, Dialogues des morts, Aventures de Télémaque.* Agora a corte lhe abrira as portas e qualquer ambição podia ser alimentada, mas ele se obrigou a não pedir nenhum favor para si nem para os outros. Em 1693 é eleito membro da Academia Francesa para substituir Pellisson, e Madame Maintenon o considera segundo pai espiritual, juntamente com Godet de Marais, bispo de Chartres. Em 1688 conheceu Madame → GUYON, mulher não desprovida de talentos e de grandes virtudes, adepta de um quietismo moderado. Por isso seus escritos foram submetidos primeiro a Godet de Marais e depois a Bossuet, que o obrigaram a se demitir. Por insistência de Madame Guyon de um exame das doutrinas e dos costumes, instituiu-se uma comissão com três comissários eclesiásticos: Bossuet, Noailles, Tronson, com a participação ao menos indireta de Fénelon. Nas "Conférences d'Issy", que duraram oito meses, eles concluíram com uma codificação da doutrina mística em 34 artigos. No mesmo ano, Fénelon foi nomeado arcebispo de Cambrai, onde residirá até morrer. Mas com os *Articles d'Issy* se iniciara e ainda não terminara a polêmica sobre o → QUIETISMO. Enquanto Bossuet escrevia a *Instruction sur les états d'oraison*, Fénelon o precedia um pouco antes com as *Maximes de Saints*, depois condenadas em Roma (1699), onde ambos os autores comentavam os *Articles d'Issy.* Do duelo de escritos que se seguiu (cf. t. X da edição de Paris, pp. 214-215, onde são enunciados 31 escritos de Fénelon; e C. URBAIN, *Bossuet*, Paris, 1900, 9-11, que computa

20 de Bossuet) participou todo o mundo intelectual da época. À condenação de Roma seguiu-se a desgraça na corte do Rei Sol, que se tornou irreparável após a publicação do *Télémaque*.

Em Cambrai foi bispo muito zeloso e, após a morte de Bossuet, combateu o → JANSENISMO. A publicação do *Traité de l'existence et des attributs de Dieu* (1712) foi acompanhada pela *Lettre à l'Academie* (1714); no ano seguinte, em 5 de janeiro de 1715, aos 64 anos, teve uma morte edificante.

2. DOUTRINA. Madame Guyon exerceu influência sobre Fénelon porque o conheceu em um período de aridez espiritual devida à frieza do temperamento e ao caráter discursivo da oração praticada. Ela o fez tomar consciência de que seu estado era normal e o incentivou a aprofundar a experiência mística tomando como base a problemática da época. Mas os vários mestres que determinaram a espiritualidade de Fénelon devem ser buscados antes em São → FRANCISCO DE SALES, São → JOÃO DA CRUZ, Santa → CATARINA DE GÊNOVA, Olier Tronson.

Em Issy, em 1695, com os 34 artigos abordou-se o problema da vida espiritual com intelectualismo cartesiano, expondo as verdades comuns aos cristãos e não os momentos místicos. O puro amor feneloniano (cf. *Maximes des Saints*), alfa e ômega da sua doutrina espiritual, nada mais é senão a incapacidade do amor de se realizar sem destruir o eu do amante, chamado "extático" por Roussellot (*Pour l'histoire du problème de l'amour au moyen-âge*, Paris, 1933) para distingui-lo do "físico", que considera imprescindível a beatitude pessoal do amor. Esse amor é diferente particularmente do quarto, dos cinco tipos de amor (cf. *Maximes des Saints*, in A. MARTIN, *Oeuvres de Fénelon*, II, 6), e se distingue também dos três primeiros na medida em que se estrutura subordinando o interesse próprio à glória de Deus.

As teses fundamentais das *Maximes* são expressas por Gosselin, sulpiciano, que preparou a melhor edição das obras de Fénelon: "Na sua intenção, todo o plano do seu livro (*Maximes*) se reduzia a estabelecer e a desenvolver esses quatro pontos, aos quais ele julgava que se podiam relacionar todas as máximas dos santos sobre a vida interior: primeiro, que todos os caminhos interiores tendem ao amor puro ou desinteressado; segundo, que o objetivo das provações da vida interior é a purificação do amor; terceiro, que até a contemplação mais sublime nada mais é senão o doce exercício desse amor puro ou desinteressado; quarto, que o estado da perfeição mais elevada, chamado pelos místicos 'vida unitiva' ou 'estado passivo', não é senão a plenitude da pureza ou estado habitual desse amor" (cf. *Oeuvres complètes de Fénelon*, I, 244).

A condenação de 23 proposições, que sob forma de breve exclui a forma extrema como *haeretica, haeresi proxima* e atinge o "estado habitual" do puro amor, não se limita a determinar ou condenar a natureza do puro amor ou da caridade.

Certamente, ao redigir as *Maximes* Fénelon se deixara levar pela pressa e, mesmo polemizando com o quietismo, havia adotado as teses de Madame Guyon, mas Bossuet viu nisso uma afronta a sua pessoa e sutilezas espirituais desnecessárias, nascendo daí polêmica que atingiu violência particular não só no plano doutrinal, mas também no pessoal (cf. M. S. SCHMITTLEIN, *L'aspect politique du différend Bossuet-Fénelon*, Baden, 1954). A diferença que afastava os dois consistia no fato de que Bossuet era o teólogo clássico, especulativo, do *a priori* teológico, ao passo que Fénelon fazia emergir a sua doutrina da experiência da tradição mística. De temperamento ascético, o primeiro; mais atento aos reclamos da experiência mística, o segundo. Humanista excelente, Fénelon compreendia a necessidade concreta do homem, e por isso foi um incomparável diretor de almas; teólogo e orador, Bossuet sabia enunciar os princípios do cristianismo com uma lucidez tão clássica a ponto de ser chamado "cartesiano". Com certeza a polêmica quietista desacreditou a mística, e os escritores espirituais terão de se disfarçar, como → CAUSSADE, sob o nome de Bossuet para afirmar teses fenelonianas pessoalmente reelaboradas. Fénelon, contudo, não teve seguidores (cf. *Enciclopedia Cattolica*, V, 1.148-1.149), mesmo se Caussade e Grou tenham sido essencialmente fenelonianos, mas agora com a sua condenação atingia-se implicitamente a mística que no século XVIII declinará cada vez mais, afetada também pelo novo clima cultural, o Iluminismo.

BIBLIOGRAFIA. 1) Obras: a edição de Paris, também denominada de Saint-Sulpice, ou dos quatro editores, *Oeuvres complètes de Fénelon*, em 10 vls. (1850-1852), embora não sendo crítica, representa o que existe de melhor. O vl. I contém uma *Histoire littéraire de Fénelon ou revue historique et analytique de ses oeuvres*, pp. 1-254, utilíssima pela introdução a Fénelon. No vl. X incluiu-se uma *Histoire de Fénelon*, pp. 1-330 de Bausset, que continua a ser fundamental como biografia, juntamente com a de Ramsay, *Histoire de la vie de Messire François de Salignac de la Motte-Fénelon, archevêque de Cambray*, Bruxelles, 1724. O índice, vl. X, pp. 213-219, contém as obras de Fénelon por ordem de conteúdo e com a primeira edição das *Máximes des Saints*, in A. Martin, *Oeuvres de Fénelon*, 3 vls., Paris, 1865, vl. II, 1-39.

2) Estudos: Bremond, H. *Apologie pour Fénelon*. Paris, 1910; Carcassone, E. *État présent des travaux sur Fénelon*. Paris, 1939; Id. *Fénelon, l'homme et l'oeuvre*. Paris, 1946; Chérel, A. *Fénelon ou la religion du pur amour*. Paris, 1934; Delplanque, A. *La pensée de Fénelon d'après ses oeuvres morales et spirituelles*. Paris, 1930; Gore, J.-L. *L'itineraire de Fénelon. Humanisme et spiritualité*. Grenoble, 1956; Gouhier, H. *Fénelon philosophe*. Paris, 1977; Joppin, G. *Fénelon ou la Mystique du pur Amour*. Paris, 1938; Leuenberger, R. "Gott in der Hölle lieben". Bedeutungswandel einer Metapher im Streit Fénelons mit Bossuet um den Begriff des "pur amour". *Zeitschrift fur Theologie und Kirche* 82/2 (1985) 153-172; Orcibal, J. Le procès de *Maximes des Saints* devant le Saint-Office. *Archivio Italiano per la Storia della Pietà* V (Roma, 1968) 412-536; Spaemann, R. *Reflexion und Spontaneität. Studien uber Fénelon*. Stuttgart, 1963; Varillon, F. *Fénelon. Oeuvres spirituelles*. Paris, 1954; Zovatto, P. *Fénelon e il quietismo*. Udine, 1968; Id. Intorno ad alcuni recenti studi sul quietismo francese. *La Scuola Cattolica*, Supl. 1 (1969) 37-67.

P. Zovatto

FENÔMENOS EXTRAORDINÁRIOS. Os fenômenos extraordinários são aqueles fatos fora do comum que podem verificar-se em algumas almas que se dão conta (com maior ou menor certeza) da intervenção direta de Deus na própria vida espiritual. Com frequência esses fenômenos se verificam em almas místicas, elevados por Deus à → contemplação, ou seja, a um conhecimento e amor especial de Deus, mas podem ser encontrados também em almas que não são místicas. Eles podem ser de diferentes tipos: ou porque a pessoa experimenta fenômenos insólitos em seu corpo (→ êxtases, → estigmas, → levitação) ou porque recebe (ou julga receber) manifestações divinas (visões, locuções, revelações). Podem ser, portanto, de ordem cognoscitiva (visões, locuções, revelações, profecias, → discernimento dos espíritos...) ou de ordem física ou psicofisiológica (êxtase, levitação, luminosidade, inédia, vigília prolongada...).

Para que sejam fenômenos extraordinários, sobretudo de caráter místico, devem ser o efeito de uma ação especial de Deus, sobrenatural ou preternatural, e devem ter em si um caráter extraordinário. Por si só, de fato, qualquer fenômeno extraordinário da vida espiritual não é fenômeno místico, mas pode ser também fenômeno diabólico; tampouco qualquer fenômeno supranormal ou que cause admiração é um fenômeno místico, porque se pressupõe que o que está além do normal é parte das forças da natureza e o que produz admiração nos indica apenas uma atitude de espanto do espectador diante do fenômeno que, por si só, pode ser incluído no patológico.

Os autores espirituais e sobretudo os místicos forneceram amplas descrições desses fenômenos. A dificuldade está em discerni-los: ou seja, em saber se são sinais claros de intervenção extraordinária de Deus ou fatos puramente patológicos ou psicológicos, a ser estudados não à luz da mística, mas tão somente da patologia.

Neste verbete queremos delinear qual é a atitude de prudência da Igreja diante de tais fenômenos, quais deles são realmente extraordinários, como diferenciá-los e qual a conduta das pessoas e dos diretores espirituais.

1. Atitude da Igreja diante dos fenômenos extraordinários. A prática da Congregação para as Causas dos Santos, confirmada autorizadamente por Prospero Lambertini no *De servorum Dei beatificatione et beatorum caninizatione*, tratando do heroísmo das virtudes, costuma estudar também os eventuais fenômenos extraordinários que muitas vezes os acompanham. Contudo, como adverte sabiamente o próprio Lambertini (*Ibid.*, III, c. 42), esses fenômenos são estudados apenas na presença de virtudes heroicas, e apenas depois de a existência destas ter sido comprovada com segurança. É o que ele repete, depois da exposição geral (*Ibid.*, n. 7), enfatizando — com a mais válida tradição teológico-jurídica — que tais fatos extraordinários, mesmo se fossem verdadeiras graças *gratis datae*, não são de modo algum necessários para a santidade e que "esses fenômenos não deverão ser levados em conta se não houver heroicidade das virtudes" (cf. *Ibid.*, c. 47, 2; c. 48, 5; c. 49, 14; c. 52, 2, 10).

É claro que, quando estão presentes em um servo de Deus cuja fidelidade evangélica foi comprovada, é mais provável que sejam ação do Espírito e, mesmo se ordenados essencialmente para a edificação do corpo de Cristo, costumam ter uma influência santificante particular mesmo no servo de Deus, em que fortalecem maravilhosamente a fidelidade constante e pronta, na alegria do espírito, ao serviço de Deus e dos irmãos, no cumprimento por amor do menor dever, expressão da vontade do → PAI CELESTE.

A presente síntese pretende oferecer algum raio de luz no campo dos fenômenos místicos, apresentar princípios e normas de discernimento, servir — portanto — de auxílio para a compreensão e para a seleção e a organização correta de eventuais dados e fatos para a preparação das *Positiones super virtutibus*.

Se em alguns pontos há uma avaliação mais contida e comedida em relação aos fenômenos extraordinários, isso se deve à vontade precisa de dar às coisas o lugar que teologicamente lhes cabe e também como reação a certo pseudomisticismo, sempre tão forte em períodos de amadurecimento eclesial no sofrimento. A reflexão teológica sobre a maneira como os servos de Deus responderam ao Espírito Santo não pode deixar de enfatizar da forma mais nítida e precisa o que é essencial e primário para conduzir a vida evangélica de acordo com uma lei ineludível no itinerário da perfeição em qualquer estado ou condição de vida. Lei que pode ser resumida no compromisso amoroso de cumprir com constância, prontidão, alegria da vontade, nas horas de cada dia e nas horas marcadas pela cruz, o que agrada a Deus, deixando-se guiar por ele, abandonando-se a ele, doando-se como ele.

2. FENÔMENOS EXTRAORDINÁRIOS E VIDA ESPIRITUAL. Embora os fatos preternaturais ou "fenômenos místicos" — como frequentemente são chamados — não pertençam de nenhum modo à essência da vida espiritual, que pode atingir a sua perfeição e plenitude mesmo sem eles (cf. P. LAMBERTINI, *De servorum Dei beatificatione...* III, c. 42), é raro encontrar servos de Deus que não tenham experimentado algum fato do gênero — e às vezes de maneira muito acentuada —, mesmo nos nossos dias, acrescentando o testemunho de tais "fenômenos" ao da mais íntima e profunda união mística com Deus e do exercício heroico das virtudes, que brotam dessa união (cf. TERESA DE JESUS, *Castelo*, 4, 6).

De fato, o que mais conta e que mais deve ser enfatizado no estudo da vida espiritual de um servo de Deus e do seu autêntico heroísmo é a uniformidade plena à vontade de Deus; era isso que, quase resumindo a tradição, afirmava vigorosamente Santa Teresa quando escrevia: "É claro que a suprema perfeição não está nas doçuras interiores, nos grandes arrebatamentos, nas visões e no espírito de profecia, e sim na perfeita conformidade da nossa vontade com a vontade de Deus, de modo a querer, e firmemente, o que sabemos ser de sua vontade, aceitando com a mesma alegria tanto o doce quanto o amargo, como ele quer" (*Fundações*, 5, 10; cf. também *Castelo*, II, 1, 8; I, 2, 7).

A heroicidade das virtudes, considerada na sua essência teológica, é o desabrochar concreto e existencial dessa disponibilidade plena a Deus e à sua graça. De fato, só depois do *sim verdadeiro e total* (SÃO JOÃO DA CRUZ, *Cântico B*, 20, 2) do namoro espiritual, para o qual "a vontade de Deus e da alma são uma única vontade em um consentimento pronto e livre" (ID., *Chama B*, 3, 24), e depois da "mútua cessão" da "transformação do Amado" (ID., *Cântico B*, 22, 3), se pode pensar em uma virtude heroica pela qual o fiel realize "expedite, prompte et delectabiliter supra commune modum ex fine supernaturali, et sic sine humano ratiocionio, cum abnegatione operantis et affectuum suiectione" (P. LAMBERTINI, op. cit., III, c. 22, n. 1). Por isso, embora a virtude heroica possa ser também de quem ainda é inclinado, através da purificação, à perfeição da caridade, como considera justamente Lambertini (*Ibid.*, nn. 6-7) com expoentes representativos da teologia, deve-se considerar que o heroísmo pleno das virtudes se realiza de maneira eminente precisamente quando a criatura, sob a ação do Espírito transformador, atingiu a união mística contemplativa com o seu Deus. "Nesse estado da íntima união da alma com Deus — escreveu Filipe da Santíssima Trindade — todas as virtudes são em grau heroico" (*Summa theologiae mysticae*, III, tr. II, intr.: ed. Bruxelles, 1874, 3º, 131).

É então que a fusão da vontade humana com a divina impele solicitamente (*prompte*) e expeditamente (*expedite*) ao → DOM DE SI no cumprimento sobrenatural do próprio dever, expressão de busca amorosa e constante do que agrada a Deus no desinteresse de qualquer busca pessoal egoísta e na renúncia a si mesmos (*cum abnegatione operantis*) e no domínio do próprio coração (*et affectuum subiectione*). Os efeitos da união transformadora coincidem quase literalmente com tais realidades: o *delectabiliter* encontra o seu correspondente na serenidade e paz obtida pela alma (cf. *Cântico B*, 24, 5); o *prompte et expedite* na generosidade que impele a criatura a agir sem cálculos (cf. *Castelo*, VIII,

3, 6-9; *Cântico B*, 29, 10-11); o esquecimento de si e a abnegação são a expressão da totalidade com que o ser se dispõe, com o sacrifício de si, ao cumprimento de qualquer vontade divina (cf. *Castelo*, VII, 3, 2, 9; *Chama B*, 1, 28).

Conclui-se que a virtude heroica e a plena uniformidade à vontade de Deus, como expressão vital da união mais íntima com Deus e, portanto, da perfeição da caridade, devem ser o centro de reflexão para o juízo discricionário da santidade de um servo de Deus. E é sempre em relação com essa união de vontade com Deus, muitas vezes caracterizada por graças de oração contemplativa, em que a alma entra em contato íntimo com Deus e de certo modo o experimenta unido a ela, que devem ser vistos e autenticados os fenômenos extraordinários, como as visões, as revelações, o espírito profético, a perscrutação dos corações, e certos fatos somáticos, como o êxtase, o arrebatamento, a levitação etc.

Trata-se de fenômenos acidentais e secundários à vida espiritual, à qual podem até mesmo ser completamente alheios, dado que sua proveniência às vezes pode ser fruto de uma reação paranormal da psique. Por isso devem ser estudados com seriedade e probidade científica, com base em uma informação histórica segura, no recurso iluminado à teologia das *gratiae gratis datae* e dos "carismas", em uma serena aceitação da possibilidade objetiva de tais realidades preternaturais de caráter sobrenatural, mantendo sempre a mente livre da facilidade simplista de ver desde logo a intervenção de Deus em todo fenômeno extraordinário, especialmente de ordem somática, com o risco de dar importância fundamental ao que deve ser considerado apenas com a heroicidade das virtudes e, depois dela, além de manifestação da plenitude contemplativa mística essencial que invade o sujeito *patiens*.

3. DISCERNIMENTO DOS FENÔMENOS EXTRAORDINÁRIOS. Uma vez comprovado que se está diante de um fato historicamente provado, o teólogo não deve temer investigar o dado fenomênico, estudando-o e "lendo-o" à luz de toda a vida espiritual do servo de Deus, do seu equilíbrio físico e psíquico, do seu comportamento diante do fato extraordinário.

Convém dizer isso porque é muito fácil encontrar pessoas que, diante de um dado preternatural, especialmente de ordem somática, prefere não aprofundar teologicamente o assunto em norma da prudência e sabedoria. Estas, contudo, às vezes se fundamentam mais em afirmações mais ou menos válidas de psiquiatras e psicanalistas que rejeitam *a priori* o sobrenatural por preconceitos que nada têm de científico, que na cautela normal que deve servir de apoio e de orientação em um campo particularmente delicado e difícil.

A simples possibilidade de um fenômeno místico poder provir da ação de Deus é por si só a afirmação de que é um dom de graça que deve ser estudado. Se realmente é obra de Deus, é um favor que, através da criatura, é feito a toda a Igreja. O Concílio Vaticano II indicou claramente o caminho exato a ser tomado diante dos carismas e das graças especiais. Trata-se de realidades "extraordinárias ou até mais simples e mais comuns", "a ser aceitas com gratidão e alegria"; se de caráter fora do comum, não devem ser pedidas imprudentemente; o julgamento de sua autenticidade e sobre o uso que se faz delas cabe à autoridade eclesiástica, que deve "não extinguir o Espírito, mas examinar tudo e preservar aquilo que é bom" (cf. *Lumen gentium*, n. 12).

É indubitável que essas graças e carismas são uma riqueza para toda a Igreja. De fato, diretamente destinam-se à edificação do Corpo místico de Cristo: são "manifestações do Espírito para o bem comum" (1Cor 12,7; cf. *Ibid.*, 1-31). Santo Tomás enfatiza essa finalidade das graças *gratis datae* (*STh.* I-II, q. 111, a. 1), enquanto os autores não deixam de notar que precisamente "não se destinam à própria santificação, mas à utilidade do próximo", podem ser encontradas até mesmo "no homem desprovido de graça e de caridade" (cf. J. López Esquerra, *Lucerna mystica*, tr. IV, c. 1, n. 2).

Contudo, embora isso possa ocorrer — e no caso se deverá buscar a causa do fato —, é preciso afirmar que, em geral, tais graças e carismas, na medida em que são úteis a toda a Igreja, aperfeiçoam notavelmente quem os possui e, além disso, dotam de especial atenção amorosa de Deus a pessoa que, no exercício da virtude, se tornou particularmente cara a ele (cf. Salmanticenses, *Cursus theologiae*, arbor praedicament., § 17, n. 164).

No entanto, se a graça *gratis grata* e o → carisma devem sempre ser vistos teologicamente em conexão com o exercício da virtude, ao mesmo tempo é preciso ter presente tudo o que eles podem propiciar de graça, de luz e de caridade a quem os recebeu para ser instrumento deles para os outros. Para São Paulo (1Cor 12,7-11), por exemplo, a fé (ao menos como a entende Santo Tomás, na I-II, q. 111, a. 4, ad 2), o *sermo sapientiae* e o *sermo scientiae*, a profecia e o discernimento dos espíritos supõem uma iluminação interior da graça que, naquele que está atento ao Espírito, não pode deixar de criar uma comunhão mais íntima com Deus, fonte de maior fidelidade a serviço de Deus e dos irmãos. A → HAGIOGRAFIA afirma e prova abundantemente que os servos de Deus escolhidos por ele por meio das graças *gratis datae* como instrumentos de bênção na Igreja, pelos carismas que experimentavam em si mesmos eram impelidos a um sentimento de humildade tão grande e a um tão grande conceito do amor misericordioso de Deus que encontravam em cada um desses carismas uma fonte de progresso espiritual extraordinário.

Se essas graças são "instrumento de graça", por serem chamado ao bem e edificação de toda a Igreja e ao mesmo tempo, indiretamente, instrumento de progresso espiritual para quem as recebeu, ao menos em certos casos (cf. ANTONIUS A SPIRITU SANCTO, *Directorium mysticum*, tr. III, disp. 4, s. 4, nn. 290-297), a expressão da ação do Espírito e da sua obra santificante é ainda mais clara e forte nas graças místicas ligadas intimamente ou mais diretamente à vida contemplativa do sujeito, como o êxtase místico, as visões, as revelações, as locuções.

É claro que a mais elementar prudência exige nesse campo, mais que em qualquer outro, um esforço iluminado de estudo e de interpretação teológica, que devem ter presente ao mesmo tempo todo o quadro da vida espiritual e psicológica do sujeito, com atenção acurada, embora sem preconceitos, para aquelas que podem ser as adulterações da mística ou simplesmente as reações patológicas de alguém que fisicamente ou, com mais frequência, psicologicamente é fraco ou, ao menos, desequilibrado. Tendo estabelecido isso como norma diferencial, deve-se prestar atenção se no êxtase, ao lado do elemento negativo (ou seja, a suspensão mais ou menos completa da atividade sensível, que pode ser causada tanto pela intensidade da comunhão com o espiritual quanto pela fraqueza da criatura, incapaz de sustentar a força da ação do alto), prepondera o fator positivo, ou seja, a presença da contemplação infusa que produz a suspensão da alma e dos sentidos (cf. *STh*. II-II, q. 175, a. 1). Por isso, a validade do dom é medida não pela ressonância que tem sobre o corpo — ressonância que, em geral, desaparece à medida que a vida espiritual progride — mas pela união íntima com Deus que, com um domínio cada vez mais pleno do Espírito Santo e da sua ação, faz com que a alma experimente um sentido contemplativo intenso e seguro da sua presença (cf., para toda a questão, F. D. JORET, *La contemplation mystique d'après Saint Thomas*, Lille-Bruges, 1927, c. 8, 266-300). Estamos diante do primeiro efeito do amor teologal que possui e domina a criatura: "A alma, arrastada pelo amor de Deus, é levada fora de si em direção àquilo que ama; sempre em estado de fervor (*exaestuans*: fervente). Esse excesso de amor ou direção para o que se ama se chama êxtase" (IOANNES A IESU MARIA, *Theologia mystica*, Neapolis, 1607, VI).

Santa Teresa fala longamente dos efeitos maravilhosos nelas produzidos pelo êxtase (cf. *Vida*, 20; *Castelo*, VI, 4-6), especialmente sob o aspecto de graças confirmadoras no serviço de Deus, de dons de preparação pedagógica do amor para um compromisso de serviço e disponibilidade, de força para carregar generosamente a cruz. São os efeitos que servem também de diagnóstico para avaliar o caráter sobrenatural do próprio êxtase e que são elencados de modo bem completo pelo cardeal Giovanni → BONA: "se os costumes de quem é arrebatado se coadunam com esse dom divino, [...] ou seja, se despreza o mundo, se detesta as suas pompas e vaidades, se tem um propósito eficaz de servir a Deus, se se considera indigno da graça concedida, se progride a cada dia, se cresce na humildade, na mortificação, no ódio a si mesmo e no amor a Deus" (*De discretione spirituum*, 14, ed. Venetiis 1742, 214, n. 7).

4. PRIMADO DA VIDA TEOLOGAL. Mesmo não esquecendo que tais fatos ou fenômenos acidentais, quando vêm de Deus, são sempre fonte de graça para a criatura que é favorecida por eles (cf. SANTA TERESA, *Vida*, 24, 5-6; *Castelo*, VI, 9, 17; *Ibid.*, 1, 10; *Vida*, 28, 9.13; *Castelo*, VI, 8, 4-5), contudo é preciso sempre enfatizar diante deles *o absoluto primado da vida teologal*, liberando a alma de qualquer interesse e — mais ainda — de qualquer adesão a tais coisas, interesse e adesão que muitas vezes servem muito bem para captar o lado humano, eventualmente pedagógico, do fenômeno, que nada tem de sobrenatural. É um meio de controle, de exame que, no seu conjunto, devem ter presentes todos os fatos válidos para uma avaliação que diga realmente se se trata de uma ação divina ou de invenção humana, ainda que inconsciente, na experiência de um servo de Deus.

Resumindo o que a tradição ensina sobre o discernimento dos espíritos, o venerável → JOÃO DE JESUS MARIA exprimia desta maneira os vários aspectos da investigação a ser realizada por parte do diretor em relação a esse aspecto: "Deve examinar a natureza e o caráter do orante, ou seja, se é forte, melancólica ou fraca...; os costumes: se são bons e quando começaram a ser assim. Deve notar se as revelações e locuções são verdadeiras e conformes com a Escritura e a doutrina dos santos. Além disso, deve observar se a matéria das visões [...] é honesta, santa, útil ou necessária, ou se, ao contrário, é curiosa e pouco adequada à majestade divina. Devem igualmente ser observados os efeitos que provêm dessas graças interiores: se são bons e se contribuem para julgar bem os fatos acima mencionados e ajudam a cooperar para o divino Espírito Se não é assim, afaste o sujeito para que seja liberto do espírito maligno" (*Schola orationis*, Roma, 1611, tr. de oratione, duv. 58). Trata-se de um complexo de normas que devem ser estudadas juntas e concretamente no indivíduo e na sua personalidade e psique, para que a partir do exame atento, metódico e completo se possa com alguma segurança discernir o que é da natureza e da graça em um amigo do Senhor.

5. CRITÉRIOS PRÁTICOS DE DISCERNIMENTO DOS FENÔMENOS EXTRAORDINÁRIOS. a) Sabe-se, como já ressaltou J. Maréchal, SJ, que nas próprias visões autenticamente sobrenaturais o mecanismo da apresentação objetiva da comunicação é simplesmente natural (*Études sur la psychologie des mystiques*, Paris, 1938², 125-127); a observação é da maior importância por afirmar que a intervenção da natureza é em todos os fenômenos extraordinários mais notável do que se costuma acreditar, e por isso, sem "se assustar à simples menção do nome de visões e revelações" (cf. SANTA TERESA, *Fundações*, 8, 1), segundo a boa norma da sabedoria cristã, nunca se deve recorrer ao preternatural enquanto não se tiverem tentado todas as possíveis explicações naturais. Todos os grandes mestres espirituais concordam em enfatizar o poder que tem nesse campo uma natureza facilmente impressionável, em especial quando levada ou simplesmente disposta a esse tipo de "experiências". Santa Teresa (*Castelo*, VI, 9, 14-15) já o observara, e São → JOÃO DA CRUZ recriminou severamente tudo o que pode haver de desordenado na busca de tais coisas às quais "a natureza pode ser inclinada" (cf. *Subida*, II, 18, 8). Santa Teresa observou sabiamente: "Lembre-se que a fraqueza humana é muito grande, especialmente nas mulheres; e como ela se manifesta mais no caminho da oração, precisamos nos precaver de pensar logo em visões, assim que algo se apresenta... Exige-se maior cautela no caso de as videntes sofrerem de uma certa melancolia, porque em relação a isso soube de algumas coisas que me surpreenderam muito, que me permitiram compreender por que se pode acreditar que se vê quando não se vê nada" (*Fundações*, 8, 6).

A experiência pastoral demonstra com quanta facilidade certos indivíduos sonhadores e desequilibrados tendem, nesse âmbito, ao:

— *exagero*: em geral um sentimento inconsciente de megalomania em pessoas cheias de si e sem uma visão exata da realidade religiosa;

— *ilusão*: "percepção à qual não corresponde um estímulo adequado" de fora do indivíduo que a sofre. "É uma percepção falsa e imprecisa, causada por uma sensação externa, deformada pela atividade anormal do senso comum ou da imaginação" (cf. H. BLESS, *Manuale di psichiatria pastorale*, Torino, 1950, c. 4, 77);

→ ALUCINAÇÃO, "percepção sem objeto", que leva alguém a acreditar que vê coisas ou tem sensações sem que nada no mundo externo justifique a visão ou sensação, a qual pode ser até mesmo psíquica, com a impressão de uma voz que fala de dentro (cf. P. LACHAPELLE, *Psichiatria pastorale*, Brescia, 1953, 94-103), com os famosos "fenômenos", facilmente considerados revelações ou locuções divinas.

Se a isso se acrescenta o perigo da histeria (→ HISTERISMO) com o desenvolvimento patológico da imaginação normal e a tendência da própria imaginação a "realizar" todos os objetos por ela construídos (cf. R. DE SINÉTY, *Psicopatologia e direzione spirituale*, Brescia, 1944, 21-28) e da *psiconeurastenia*, pela qual a hiperexcitabilidade do sistema nervoso muito debilitado, vinculado a uma sensação de angústia profunda, pode impelir o indivíduo a fugir da realidade e a se refugiar no irreal que a fácil reação emotiva pode, ainda que inconscientemente, fazer crer realmente existente, compreende-se tudo o que cada servo de Deus deve estudar.

b) São realidades que devem ser sabiamente consideradas ao examinar um espírito para poder julgar com prudência o que existe de intervenção divina ou simplesmente de jogo da natureza nas várias manifestações que aparentemente têm algo de preternatural. E, mesmo não negando que na vida espiritual e nas suas várias manifestações o → DIABO pode ter uma parte considerável (cf., para o pensamento de São João da Cruz, o estudo de NILO DI SAN BROCARDO, "Demonio e vita spirituale", in *Sanjuanistica*, Roma, 1943, 135-223), é preciso também reconhecer que muito o que comumente se atribui à ação diabólica está intimamente ligado com fatos tipicamente naturais, redutíveis a alguma das anomalias acima citadas. Santa Teresa, embora admitisse por experiência tudo o que satanás podia fazer no campo dos fenômenos extraordinários (cf. *Vida*, 28, 10), não temia afirmar que nesse campo "o que nos causa mal não é tanto o demônio quanto a nossa imaginação e os maus humores, especialmente os da melancolia: as mulheres são muito fracas por natureza, sem falar do amor-próprio que em nós é agudíssimo" (*Fundações*, 4, 2). A afirmação é importante porque precede em questão de experiência e de bom senso muitas aquisições da psicologia, especialmente pelo fato de se enfatizar que "muitas vezes nos enganamos mesmo sem querer" (*Ibid*.), o que é afirmado pela ciência que admite pacificamente que mesmo os verdadeiros místicos, com mais facilidade do que em geral se acredita, inconscientemente podem inserir elementos patológicos na experiência sobrenatural. Foi o que afirmou a própria Santa Teresa (cf. A. ROLDÁN, S.J., "La misión de Santa Teresa em la Iglesia a la luz de la hagiotipología", *Revista de Espiritualidad*, 22 [1963], 334), e tudo o que a santa disse sobre a "→ MELANCOLIA" ou "os humores" obriga o estudioso a um diagnóstico de conjunto cuidadoso e sério.

c) Mesmo não admitindo, por constituir um verdadeiro preconceito metodológico, a norma de A. Brennimkmeyer: "Diante de um caso que parece fugir ao comum, até prova contrária, suspeitar de *uma anomalia*", não se pode deixar de aceitar como regra de ação o princípio sucessivo sugerido por ele: "Na presença do maravilhoso religioso, até que não se prove a intervenção extranatural, observe-se o maior ceticismo" (cf. *Traitement pastoral des névrosés*, Lyon/Paris, 1947, 60). O simples exame espiritual da vida teologal do indivíduo e mesmo a constatação de que ele leva uma vida virtuosa, até excelente, não devem dispensar de um diagnóstico dos componentes humanos da questão, de modo a "não admitir o maravilhoso preternatural ou sobrenatural a não ser que seja absolutamente comprovado" (*Ibid*., 57).

A mencionada "melancolia", que aparece com tanta frequência nos escritos de Santa Teresa (cf. J. J. LÓPEZ IGOR, "Ideas de S.ta Teresa sobre la melancolía", *Revista de Espiritualidad*, 22 [1963], 432-443), é um fenômeno que pode "afetar" o indivíduo mesmo nas suas reações espirituais, caracterizando-as e modificando-as patologicamente. Na imaginação, essa "melancolia" fabrica quimeras, levando a crer em revelações que não passam de fantasia (*Castelo*, VI, 2, 7; 3, 1). E quem sofre desse problema não pode ser convencido do contrário: está mais do que persuadido de "ver" e "ouvir" realmente (*Ibid*., 3, 2). Algumas vezes se trata de apego mórbido à própria comodidade e à própria vontade (cf. *Fundações*, 6, 8), ou de instabilidade ou imperfeição moral (*Ibid*., 27, 10), mas especialmente quando a "melancolia" é visível, existe uma "doença", e quem está sujeito a ela deve ser tratado precisamente como pessoa doente (cf. *Castelo*, VI, 3, 1-2).

d) Com a "melancolia", e muitas vezes como expressão desta, mais que como causa, existe a "debilidade da imaginação" ou de fantasia (*Ibid*., 3, 1-2). A santa de Ávila garante ter conhecido "muitas pessoas" que, "devido à debilidade de sua fantasia ou à atividade de seu intelecto ou não sei por qual outro motivo, mergulham de tal modo em suas imaginações a ponto de ter certeza absoluta de ver tudo aquilo que pensam... Por isso não se deve levá-las em conta" (*Castelo* VI, 9, 9). A "debilidade da imaginação" praticamente coincide com a "vivacidade da imaginação", da qual fala São João da Cruz; ao menos em parte, estamos no mesmo plano de fantasia doentia e desequilibrada que vê em todas as partes a intervenção sobrenatural de Deus. "Há alguns intelectos tão ágeis e maleáveis que, estando recolhidos em alguma meditação, enquanto discorrem sobre os conceitos, naturalmente ou com muita facilidade os vão formulando nas palavras acima e em motivos muito vivos, pensando nem mais nem menos que provêm de Deus, quando na verdade é apenas o seu intelecto que, livre da operação dos sentidos, sem nenhuma ajuda sobrenatural, os forma servindo-se da luz natural. Isso se verifica com frequência, e se enganam bastante aqueles que, acreditando que isso seja oração e comunicação com Deus, escrevem ou fazem com que se escreva nesse sentido, quando talvez não seja nada, não tenha substância de nenhuma virtude, e sirva apenas para gerar vaidade. Estes devem aprender a não levá-las em conta e a fundamentar a vontade unicamente em um amor humilde, no exercício das boas obras e do sofrimento, imitando o Filho de Deus na sua vida e nas suas mortificações: este, e não aquele de muitos discursos interiores, é o caminho para alcançar o absoluto bem espiritual" (*Subida*, II, 29, 8-9). Seja como for, é sempre regra de sabedoria procurar estudar a pessoa e analisar todas as suas possíveis reações naturais, especialmente de ordem patológica, antes de pensar numa eventual intervenção preternatural na vida do servo de Deus.

Isso vale também para elementos que à primeira vista pareceriam necessariamente incluir um verdadeiro espírito carismático de profecia, de perscrutação dos corações. O Doutor Místico, com muito bom-senso, observa que "os que têm o espírito purificado, alguns mais outros menos, *naturalmente* podem conhecer melhor o que está no coração ou no íntimo das almas, bem como as inclinações e os talentos das pessoas, servindo-se de indícios exteriores, ainda que ínfimos, como palavras, gestos e sinais semelhantes" (*Subida*, II, 26, 14). A observação, por si só, revela quanta prudência se exige em um campo de ação em que o poder das forças da natureza é cada vez mais conhecido.

e) O princípio do recurso às ciências da natureza e da psique aplica-se também para os fatos de ordem somática, êxtases, arrebatamentos, visões, ferida do coração, estigmatização que se verificarem. Se é verdade que alguns deles, como a → LEVITAÇÃO, por exemplo, segundo a opinião mais comum, são de ordem preternatural (cf. *Problemi attuali della direzione spirituale*, Roma, ²1951, 129), também é verdade que muitos, prescindindo do dado místico propriamente dito, podem encontrar uma explicação natural. Por isso, um olhar prolongado e severo para toda a atividade psíquica e sensorial do sujeito, sobre o seu equilíbrio e a sua sinceridade, é indispensável ao lado da consideração teológica do diretor. De fato, se — como às vezes se costuma enfatizar — é verdade que "Deus não concede nenhuma graça ao corpo sem fazê-la primeiro e principalmente à alma" (São João da Cruz, *Chama B*, 2, 13), deve-se verificar, porém, se tudo o que se afirma é de origem divina e não fruto do mecanismo humano, jogo do inconsciente, ilusão ou até mesmo simulação e engano, o que normalmente submetemos ao estudo de um especialista.

f) O julgamento — aliás — cabe ao teólogo que, além dos dados da sagrada doutrina, terá o cuidado de empregar tudo o que de mais certo oferecem a psicologia, a psiquiatria e, em geral, as ciências que estudam o dinamismo e as reações da alma humana. De fato, o mencionado juízo discricionário nunca pode ser deixado ao sujeito *patiens* (cf. Santa Teresa de Jesus, *Castelo*, V, 1, 11; *Vida*, 18, 1), que se encontra na condição menos propícia para um diagnóstico como esse e, acima de tudo, deve ser liberto vigorosamente de qualquer tipo de interesse por qualquer fato paramístico, que, precisamente por não pertencer ao âmbito do comum, pode criar um espírito de busca e de aceitação, muito prejudicial para o equilíbrio psíquico, bem como a uma vida espiritual autêntica (cf. São João da Cruz, *Subida*, II, 27, 6).

Esta se encontra em uma dinâmica teologal que faz sair de si para aderir a Deus na busca da sua glória e do serviço dos irmãos, e por isso — em vez de insistir ou simplesmente demonstrar que se dá importância a fenômenos fora do comum — deve-se prestar a máxima atenção para ver se na pessoa em que ocorrem tais coisas adquire cada vez mais consistência uma fé que, para além de qualquer notícia ou visão, se julga âmbito da verdade revelada; se se fortalece uma esperança que permite abandonar qualquer apoio *sensível* para aderir em espírito e verdade a Deus, procurando o único apoio na Igreja; se aumenta muito a caridade, manifestada com obras de dedicação, especialmente com a obediência até a morte para que Deus receba da criatura a maior homenagem na disponibilidade de um ser que não está em busca de tais coisas acidentais, mas deseja apenas servir a Igreja.

g) Nunca se enfatizará o bastante que muitos fatos "carismáticos", mesmo autênticos, encerram elementos humanos que não têm nada de diretamente "divino"; os fenômenos, além disso, mesmo os de origem sobrenatural, são apenas a casca de uma realidade interior, a graça, que interiormente inclina e liga a alma a Deus, que deve ser considerada e enfatizada. Na linha de São Paulo e do seu *aemulamini charismata meliora*, que se manifesta em uma vida de intensa caridade teologal (cf. 1Cor 12,31; 13,1-13), Santa

Teresa observou que todo fato extraordinário tem na vida espiritual a finalidade "de estimular as almas" (*Castelo*, VI, 3, 1), ou seja, de impeli-las a viver com plenitude um cristianismo feito de amor. Além disso, colocando — se é autêntico — em contato com Deus e sob o domínio da sua ação, aumenta na alma o sentido profundo da própria pequenez. "O Espírito de Deus, quando é ele que realmente age, traz consigo humildade" (*Fundações*, 8, 9), e a humildade nos servos de Deus floresce em obediência, que é escuta da Igreja e docilidade a ela, única intérprete do Espírito de Deus e de sua ação nas almas que generosamente tendem à perfeição.

h) Por isso, quem deve fazer uma avaliação dos fatos preternaturais — ou que têm a aparência de ser preternaturais — na vida de um servo de Deus:

I. Não deve negar *a priori* a possibilidade de uma intervenção especial de Deus na vida espiritual de seus amigos. A Sagrada Escritura fornece amplas provas dessa ação divina que, se é orientada para o bem de todo o povo de Deus ou para uma influência que — como se enfatiza no Novo Testamento — tende à edificação do Corpo místico, é porém sempre um contato especial com o Onipotente e com a sua graça de amor, uma experiência da presença de Deus e de seu agir misterioso na profundidade do ser, e por isso realidade santificante e transformadora. "Quem se aproxima de Deus se torna um só espírito com ele" (1Cor 6,17): todo contato místico, mesmo aquele caracterizado por um "fenômeno", leva a uma progressiva e cada vez mais notável "vida no espírito". Por isso, o homem misticamente *patiens*, enquanto é impelido fortemente a mortificar em si "*facta carnis*" (Rm 8,13), positivamente, como verdadeiro filho de Deus, cada vez mais "movido pelo Espírito", vive com toda a fidelidade o Evangelho. O autêntico "espiritual" cristão é precisamente o homem, a mulher, totalmente entregue ao Espírito de Jesus, que o introduz a toda a verdade e faz com que a experimente. A luz que pode iluminar seu intelecto ou "tocar" a vontade, transpondo até mesmo os limites naturais, pode ser considerada participação carismática do poder do Espírito de "sondar tudo, até as profundezas de Deus" (cf. 1Cor 2,10). O dom "gratuito" (*Ibid.*, 12) que todo fiel recebe para poder conhecer "os segredos de Deus" (cf. *Ibid.*, 12) é oferecido ao carismático com uma especial abundância, para que, "experimentando" e "usufruindo" a presença e a ação do Espírito em si, se torne testemunha e "profeta" da graça divina entre os irmãos, chamado forte aos valores teologais interiores, nos quais e pelos quais o homem aceita o mistério da salvação, que em uma comunhão plena de fé e de amor, o torna operador de santidade transformante na própria vida e força dinâmica de santificação para todos os homens. Por isso, mesmo o dado "extraordinário", quando é de Deus, é uma riqueza para toda a Igreja.

II. Como o "contato" que ocorre entre Deus e o fiel nesses fatos extraordinários se realiza sempre em um contexto psicológico e em uma "natureza" humana concreta, que, mesmo na "experiência" mais elevada, não pode "despojar-se" do seu caráter, das suas ideias e conceitos, das suas condições de saúde, todas essas realidades deverão ser levadas em conta para julgar um fato extraordinário. Principalmente porque na experiência religiosa o jogo da psique sempre se mostra muito mais presente do que parece à primeira vista, tornando muito difícil um juízo que até os mínimos detalhes afirme com segurança sobrenatural a origem e o desenvolvimento subsequente de um → CARISMA. Deixando aos especialistas o exame de casos de provável anomalia patológica, o teólogo, em sua avaliação, deverá prestar atenção sobretudo no que diz respeito ao lado humano: ao equilíbrio, à maturidade e ao senso de realismo do sujeito; à sinceridade que deve estar unida a esse equilíbrio; à "disposição" ou tendência que houvesse no sujeito em relação ao fato extraordinário.

III. Tratando-se de diagnosticar um "contato com Deus" de ordem carismática, para efeitos práticos, depois de ter positivamente comprovado equilíbrio, maturidade, senso de realismo, sinceridade e liberdade interior de tendência ao extraordinário, será preciso ver no sujeito o "extraordinário" no exercício concreto da virtude. É impossível aproximar-se de Deus e não refletir de algum modo o seu rosto. Foi o que os Padres antigos enfatizaram, ao comentar em perspectiva espiritual tudo o que o Antigo Testamento diz do esplendor que brilhava no rosto de Moisés quando ele voltava do grande diálogo com Deus sobre o Sinai (cf. Ex 34,29.35). O reflexo deve manifestar-se sobretudo na vida teologal mais intensa, mais constante, mais generosa, na qual fé, esperança e caridade encontram um novo dinamismo sempre em um clima de humildade serena, de desinteresse absoluto pelos fatos extraordinários, de obediência dócil e plena aos diretores e aos superiores. Tal obediência e docilidade devem se destacar de maneira extraordinária quando se está diante de carismas com conteúdo "reformador" relativo aos sacerdotes, à hierarquia, à Igreja, uma vez que precisamente então obediência e docilidade deverão fundir-se em um sentido de amor e de respeito, de prudência e de reserva.

São as notas que se revelam nos verdadeiros místicos chamados perenemente a colaborar para a renovação da Igreja (cf. *Lumen gentium*, n. 12): em contato com Deus na graça de Cristo, aprendendo a amar a Igreja no estilo do próprio Cristo, que "amou a Igreja e se entregou por ela; ele quis com isto torná-la santa, purificando-a com a água que lava, e isto pela Palavra; ele quis apresentá-la a si mesmo esplêndida, sem mancha nem ruga, em defeito algum; quis a sua Igreja santa e irrepreensível" (Ef 5,25-27). Um sentido da Igreja, que brota do amor e, para além da palavra, leva a se doar e a imolar pela Igreja, será em última análise o critério que nesses casos ajudará a ver se realmente se está diante de um *carisma* difusor de graça de *edificação* do Corpo místico e não de um engano humano de ruína e destruição. Em última análise, um heroísmo das virtudes vivido com a Igreja e sob a Igreja, mãe de santidade, será o selo de autenticidade de todo carisma e dom "extraordinário".

BIBLIOGRAFIA. Além da fornecida no verbete: ARENA, E. Psicopatologia ed esperienza mistica. In *Mistica e scienze umane*. Napoli, 1983, 221-238; FARGES, A. *Les phénomènes mystiques*. Paris, 1923; PARISI, R. – IMBESI, R. Cammino mistico, fenomeni mistici e psichiatria. In *Mistica e scienze umane*. Napoli, 1983, 249-65; Phénomènes mystiques. In *Dictionnaire de Spiritualité* XII/1. Paris, 1984, 1.259-1.274 (com bibliografia até 1983); POULAIN, A. *Des grâces d'oraison*. Paris, 1922; RUGGERI, G. Psicologia del profondo e vita mistica. In *Mistica e scienze umane*. Napoli, 1983, 189-219; SAUDREAU, A. *Les faits extraordinaires de la vie spirituelle. État angelique. Extase. Révelations. Visions. Possessions*. Paris/Angers/Bruxelles, 1908; THURSTON, H. *The physical phenomena of mysticism*. London, 1952; VEZZANI, V. *Mistica e metapsichica*. Verona, 1958; ZAVALLONI, R. Grazia e fenomeni mistici. In *Vita cristiana ed esperienza mistica*. Roma, 1982, 159-182.

Para uma avaliação psicológica e um aprofundamento dos fenômenos extraordinários da vida espiritual e de sua incidência na psique, cf. BECATTINI, C. Esperienza mistica e fenomeni mistici: linee di interpretazione psicologica. In ANCILLI, E. – PAPAROZZI, M. (orgs.). *La mistica. Fenomenologia e riflessione teologica*. Roma, 1984, 387-447, vl. II (com biblio.); CALLIERI, B. Esperienza mistica e psichiatria: elementi per una riflessione, *Ibid.*, 449-471.

V. MACCA – M. CAPRIOLI

FENÔMENOS MÍSTICOS → FENÔMENOS EXTRAORDINÁRIOS e → COMUNICAÇÕES MÍSTICAS.

FEOFAN ZATVORNIK → TEÓFANO, O RECLUSO.

FERVOR. Estado de espírito produzido pelo amor que leva a desejar intensamente a própria santificação, o fervor é antes de tudo um estado de espírito, por tratar-se de um constante esforço de tender à perfeição. Pode haver também um fervor passageiro, produzido por alguma circunstância especial, mas, geralmente, na vida espiritual se entende por fervor sempre algo de duradouro e de sério, que faz a alma viver em uma atmosfera de amor e de doação particular. O fervor é um dos efeitos do amor (*STh*. I-II, q. 28, a. 5, ad 1), e por isso seu componente psicológico deve ser buscado precisamente na intensidade do amor. Ser fervorosos significa viver com ardor intenso a própria vida de amor a Deus e ao próximo, significa aceitar com alegria a vontade divina sob qualquer forma em que ela possa se apresentar. No fervor designam-se, portanto, diversas atitudes da alma que manifestam na sua multiplicidade o único desejo que move o espírito: o desejo intenso de Deus. O fervor em geral é concedido e coadjuvado por Deus no início e no final da vida espiritual. Assim se expressa São → JOÃO DA CRUZ: "No início da purificação espiritual, o fogo divino dirige toda a sua ação mais para secar e a preparar a alma que para aquecê-la; mas à medida que o tempo passa, quando a aqueceu o bastante, a alma frequentemente sente o amoroso ardor. Por outro lado, o intelecto, por meio das trevas, vai se purificando cada vez mais e então algumas vezes acontece que a mística e amorosa teologia, enquanto inflama a vontade, atinge também o intelecto, iluminando-o com alguma notícia e luz divina tão saborosa e delicada que a vontade, com a ajuda dela, maravilhosamente se torna mais fervorosa. Nesse fogo divino a vontade, sem fazer nada por si só, arde de vivas chamas, a ponto de parecer à alma, pela viva inteligência que se comunica a ela, um fogo divino" (*Noite*, 2, 11, 7). O fervor é, nesse ponto da vida espiritual, uma consequência necessária daquele amor divino que permeia a alma desde sua parte mais íntima. "A alma é tão altamente transformada em fogo de amor que não apenas esse fogo é uma coisa só com ela, mas a própria alma desprende chamas vivas" (*Chama*, Prol. 4). "Essas chamas de amor são o Espírito Santo que a alma sente em si, não apenas como fogo que consome e transforma suavemente em amor, mas como um braseiro que emite faíscas" (*Ibid.*, 3). Portanto, o fervor é antes de tudo obra de Deus que envia o seu Espírito ardente e, depois, opera na alma que acolhe o amor e o desenvolve mediante uma total correspondência às exigências da graça. É na oração que se mantém e se desenvolve o fervor; na oração entendida não só como pedido, mas sobretudo como adoração e glorificação de Deus e entendida também como atmosfera de proximidade de Deus, em que ele nos faz entender a sua vontade em relação a nós.

BIBLIOGRAFIA. ALESSANDRO DI SAN GIOVANNI. Il fervore. *Rivista di Vita Spirituale* 4 (1950) 71-86; *Dizionario dei Concetti Biblici*. EDB, Bologna, 1979, 2.034-2.037; GENNARO, C. *Virtú teologali e santità*. Roma, 1963; PHILIPON, M. M. *I doni dello Spirito Santo*. Milano, 1966.

B. GENNARO

FIDELIDADE. Usamos aqui o termo no sentido que nos sugere em seu caráter imediato: uma qualidade da vontade por meio da qual se permanece constante nas próprias boas disposições diante dos outros e em relação aos próprios princípios e se levam a termo os compromissos assumidos: é-se fiel aos próprios amigos, à família, à sociedade em que se vive, às promessas feitas, ao próprio ideal. Do ponto de vista teológico, a fidelidade humana é um reflexo da fidelidade divina, do modo como ela se manifestou na revelação.

1. A FIDELIDADE NA SAGRADA ESCRITURA. a) *A fidelidade de Deus*. É uma das qualidades mais afirmadas. No Antigo Testamento ela tranquiliza e dá confiança ao povo eleito. Pela aliança que realizou com Israel, Deus se comprometeu a protegê-lo e este pode contar com ele (Dt 7,9; 1Rs 8,23; 2Esd 1,5; 9,32; Dn 9,4). Deus, além disso, é fiel também nas promessas feitas aos patriarcas (Dt 4,31; Mq 7,20), à dinastia de Davi (2Sm 7, 28-29; 1Rs 8,26). Tudo o que ele fez se inspira no seu amor e na sua fidelidade (Sl 24,10); é uma garantia para todas as ocasiões (Sl 90). Nas calamidades que oprimem, mesmo naquelas que deve sofrer como punição por seus próprios erros, o povo de Israel não deixa de apelar à fidelidade divina (Sl 88,1-9.25-38). A fidelidade é uma qualidade inerente à natureza de Deus. Ela comporta constância e solidez; Deus é como um rochedo seguro (Dt 32,4; Sl 17,32). Podemos confiar inteiramente naquilo que ele diz e promete; ele é o Senhor e nunca muda (Mt 3,6); nunca mente nem volta atrás (Nm 23,19).

As promessas de Deus a Israel se cumpriram eminentemente em Jesus Cristo (At 13,32-34; Rm 15,8). O Novo Testamento, que exalta a fidelidade de Deus (1Cor 1,9; 10,13; 1Ts 5,24; 2Ts 3,3), exalta também a fidelidade de Cristo (2Tm 2,13) que continua a ser sempre aquele que é (Hb 13,8), fiel e verdadeiro (Ap 19,11). Cristo nos amou e se imolou por nós; não nos abandonará nunca e nada poderá nos separar do seu amor (Rm 8,28-39).

b) *A fidelidade do homem*. Depois de ter conhecido a fidelidade de Deus, a reação espontânea do homem deverá ser uma resposta de confiança e de fidelidade a ele. Mas não é suficiente: ele deve procurar imitar aquele de que é a imagem, refleti-lo na sua atitude para com o próximo.

Fidelidade a Deus. É mais que simples confiança; ela implica um pouco de constância, de perseverança, de esforço na própria confiança apesar dos obstáculos que possam obscurecê-la ou torná-la mais difícil (cf. Is 26,1-6; 28,26; Lc 18,8; 22,31-32; 1Ts 3,1-7). E, se Deus dá leis, a fidelidade se confundirá com a obediência submissa e total ao que ele ordena (Sr 44,20; 1Mc 2,52). → ABRAÃO continua a ser um exemplo perfeito para todos os tempos. Pode-se afirmar, portanto, que a fidelidade envolve a mesma realidade complexa da fé bíblica, com a diferença de que esta não parece dar a impressão de ter a ressonância intelectual que a palavra "fé" geralmente possui. Não nos esqueçamos que a fidelidade total é impossível para o homem abandonado a suas próprias forças; ele, por si só, tem tão pouca resistência que acabaria sendo infiel se Deus não o apoiasse fortemente. A história do povo de Israel fornece-nos uma confirmação convincente sobre isso. O "coração fiel" deve ser plasmado pelo próprio Deus; ele o fará com a vinda de Cristo (Jr 31,31-34; Ez 36,26-28); por meio dele tivemos a possibilidade de superar as dificuldades e de nos manter fiéis até o fim (1Cor 1,8-9;

10,13; 1Ts 5,23-24; 2Ts 3,3). No fundo, a fidelidade do homem é um efeito da fidelidade de Deus que, mesmo respeitando o livre-arbítrio do homem, nunca o abandona completamente, é uma fé que o atrai para a graça. Os dons de Deus são irrevogáveis (Rm 11,29).

Fidelidade ao próximo. Ela comporta, em primeiro lugar, as virtudes naturais de lealdade e de boa-fé que estão na base da sociedade. Devemos ser fiéis com nossos amigos (Sr 6,14-16), com os companheiros de viagem (Tb 5,4; 10,6); um empregado (1Sm 22,14), um funcionário (Dn 6,4), um mensageiro (Pr 13,17; 25,13), um aliado (Ne 9,8), um juiz (Sl 95,13), uma testemunha (Pr 14,5) e tantos outros ainda devem ter a virtude da fidelidade, virtude rara mas necessária (Pr 20,6), uma vez que onde não existe a fidelidade a Deus desaparece também a fidelidade aos homens. Com amargura, os profetas viram-se obrigados a constatar que não se pode contar com ninguém (Jr 9,2-8); não existe mais nem lealdade nem sinceridade (Os 4,1-2; Jr 5,1-3; 7,28).

Tendo sido transformados pela graça, os discípulos de Cristo se distinguirão por sua fidelidade para com o próximo. É um elemento essencial de sua caridade: o amor de Cristo não pode ser separado do amor pelo próximo e esse amor nunca desaparece (1Cor 13,4-8). A fidelidade ao próximo não é uma simples qualidade moral, ela se transfigura por meio da fidelidade a Cristo. Os que "creem" em Cristo no verdadeiro sentido da palavra serão também os seus fiéis (Ap 17,14) sob todos os pontos de vista; eles vivem no seu duplo amor (Jo 15,9-17).

2. A FIDELIDADE NA TEOLOGIA ESPIRITUAL. A fidelidade do amor divino é claramente o ponto de apoio da confiança e do abandono. Consideramos aqui apenas a fidelidade do homem. A fidelidade cristã não é uma atitude estoica, baseada na consciência e no desejo de ser um homem perfeito; ela é inspirada pelo amor de Deus e de Jesus Cristo. É o amor fiel deles que se procura imitar e ao qual se deseja responder.

A *fidelidade a Deus* expressa-se, em primeiro lugar, no cumprimento do próprio dever cotidiano, até nos menores detalhes. Essa exatidão provém do amor que deseja conformar-se em tudo à vontade de Deus. Se falta essa inspiração interior, a exatidão exterior torna-se farisaica e insuportável; se ela existe, porém, a observância das leis se torna uma fonte de alegria e, por outro lado, ficaremos felizes mesmo se algumas vezes tivermos necessidade de prescindir dela. A negligência na observância do que é prescrito acusa uma falta de fidelidade ao amor por Deus; mas quem se exercita nela em uma ascese cotidiana, sente-se livre e poderá agir bem mesmo quando, em circunstâncias extraordinárias, nenhuma lei particular parece poder aplicar-se. Sendo a fidelidade a Deus uma resposta ao seu amor, convidará o cristão a recorrer com frequência aos sacramentos da → EUCARISTIA e da → PENITÊNCIA, e estes, por sua vez, a sustentarão. Ela encontrará ainda a sua manifestação na fidelidade da Igreja, o Corpo místico de Cristo; e isso não apenas nos dias felizes, mas também quando vierem as contradições e as incompreensões. Enfim, trata-se de ser fiéis a si mesmos e ao próprio ideal, mas iluminado pela luz de Deus. Ser fiel a si mesmo não significa permanecer obstinadamente presos a uma ideia preconcebida, e sim aceitar aquilo que Deus e Cristo esperam de nós e que pouco a pouco nos fazem compreender.

Para os religiosos, a fidelidade encontra a sua aplicação também nos votos. Estes foram dados a Deus de acordo com uma forma de vida determinada. Sua fidelidade exige não apenas que eles permaneçam ligados a sua Ordem ou a sua Congregação, mesmo no caso de surgirem dificuldades, mas também que vivam cada vez mais e cada vez melhor segundo o próprio espírito e as próprias leis.

A *fidelidade ao próximo* começa com o cumprimento dos contratos realizados e das promessas feitas. Contudo, vai além disso, porque comporta uma nota de benevolência constante e perseverante para com os outros. Isso supõe um olhar otimista: presta-se atenção às boas qualidades que os outros possuem, ou, levando em conta os seus defeitos, acredita-se firmemente no bem que eles serão capazes de realizar quando tiverem encontrado o bom caminho: o amor "tudo espera" (1Cor 13,7). Essa fidelidade se cumula de um tipo de afeto que muda em função de se dirigir a amigos, parentes, superiores, companheiros. Está sempre exposta, contudo, a certo desgaste e decadência, quer em decorrência dos erros que tornam as relações humanas menos espontâneas, quer simplesmente por causa da monotonia do tempo, que prepara insidiosamente o esquecimento e torna as relações mais superficiais. A fidelidade deve ser defendida e alimentada por atos positivos de benevolência, assim como o amor.

A fidelidade conjugal foi consagrada pelo sacramento do matrimônio. Poder-se-ia dar duas razões para isso; a primeira é que, entre os cristãos, ela é o sinal mais manifesto da fidelidade recíproca de Cristo e da Igreja; depois está exposta a tantas dificuldades que, mais que qualquer outra, precisa da graça divina.

Mas, se é verdade que o casal deve ter uma assistência especial para conservar e iluminar sua fidelidade, não é menos verdade que toda fidelidade perfeita é uma graça. O homem está tão voltado para si mesmo que facilmente prefere os seus próprios interesses aos dos outros; ou seja, mais de uma vez trai, se não exteriormente, ao menos interiormente, o seu próximo e Deus. É por isso que se diz, com razão, que a fidelidade deve crescer em um clima de humildade: na consciência da própria fragilidade e da possibilidade de ser um traidor, que se dirige a Deus para lhe pedir constantemente a graça de ser fiéis. E se, por azar, somos vítimas de uma infidelidade por parte dos outros, no sentimento da própria inconstância se encontrará a compreensão necessária para perdoá-los. Como Jesus, poderemos permanecer fiéis mesmo àqueles que nos traíram.

BIBLIOGRAFIA. AYEL, V. Dinamique de la fidelité. Approches d'anthropologie spirituelle. *Revue de Droit Canonique* 33 (1983) 213-231; AYEL, V. *Reiventer la fidelité aux temps de certitudes provisoires.* Paris, 1976; BALTHASAR, H. U. VON. Dove ha il suo nido la fedeltà. *Communio* 5 (1976/26) 5-20; DAYEZ, M. La fidelité. *Foi* 6 (1976) 343-368; GELIN, A. Fidelité de Dieu – fidelité à Dieu. *Bible et Vie Chrétienne* 15 (1956) 38-48 (cf. todo o número); IMSCHOOT, P. VAN. *Théologie de l'Ancien Testament.* Paris, 1954, 65-67.70-71, t. I; RENAUD, B. Fidelité humaine et fidelité de Dieu dans le livret d'Osée 1-3. *Revue de Droit Canonique* 33 (1983) 184-200; SPICQ, G. La fidelité dans la Bible. *La Vie Spirituelle* 98 (1958) 311-327.

A. DE SUTTER – M. CAPRIOLI

FILIPE DA SANTÍSSIMA TRINDADE (*Esprit Julien*)

1. NOTA BIOGRÁFICA. Nasceu em Malaucène (Vaucluse) em 19 de julho de 1603. Ingressou no convento dos carmelitas descalços de Lyon e ali proferiu os votos em setembro de 1621. Realizou seus estudos em Paris e, a partir de 1626, em Roma. De lá foi enviado para a Pérsia em 1629, e em seguida destinado ao convento de Goa, aonde chegou em setembro de 1631. Nesse famoso convento carmelita do Oriente foi por vários anos leitor de filosofia e de teologia, e quando era prior admitiu ao hábito (24 de dezembro de 1634) e à profissão religiosa o futuro protomártir da Ordem, Dionísio da Natividade. Transmissor dos processos oficiais do martírio dos beatos Dionísio e Redento da Cruz, sofrido na ilha de Sumatra em 1638, voltou a Roma em 1640 e em fevereiro do ano seguinte retornou a sua província na França, onde várias vezes desempenhou a função de prior de várias casas, de diretor provincial e de provincial. Diretor geral da Congregação da Itália em 1659-1662 e depois em 1662-1665, foi nomeado VII consultor da Sagrada Congregação do Índex e exerceu também a função (1662-1665) de reitor do seminário das Missões, havia pouco transferido junto à basílica de São Pancrácio. Finalmente eleito prepósito-geral em 25 de abril de 1665, foi o primeiro a ser eleito por um sexênio. Pouco antes do término da função, por ocasião da visita canônica nas regiões do sul da Itália e da Sicília, morreu em Nápoles em 26 de fevereiro de 1671.

2. OBRAS E DOUTRINA ESPIRITUAL. Não obstante suas viagens quase contínuas através da Europa, do Médio e Extremo Oriente, e as mais variadas ocupações de suas missões e incumbências, o padre Filipe é um dos autores mais fecundos da literatura carmelita. Escritos missionários, biográficos, históricos, filosóficos, teológicos e místicos compõem sua notável biografia: *Itinerarium orientale* (Lugduni, 1649); *Historia Carmelitani Ordinis ab Elia Sanctissimo Propheta instituti* (Lugduni, 1656); *Decor Carmeli Religiosi* (Lugduni, 1665); *Theologia Carmelitana, sive Apologia Scholastica Religionis Carmelitanae pro tuenda suae nobilitatis antiquitate...* (Romae, 1665); *Summa Philosophiae...* (Lugduni, 1648, e Coloniae, 1654, 1665); *Summa Theologiae Thomisticae...* (Ludguni, 1667); *Generalis Chronologia ab initio mundi* (Lugduni, 1663); *Divinum Oraculum S. Cyrillo Constantinopolitano missum* (Lugduni, 1663); *Vita Ven. P. Dominici a Iesu Maria* (Lugduni, 1659, trad. it., Roma, 1668).

Mas sua obra principal, que se sobrepõe às outras e que o próprio autor considerava a mais importante e que foi e continua a ser bastante apreciada na história da espiritualidade católica, é a *Summa* de teologia mística, intitulada: *Summa Theologiae Mysticae* (Lyon, 1656). Alguns capítulos, traduzidos em francês, foram publicados com o título: *Nous devons aspirer tous à la contemplation surnaturelle* (*La Voix de Notre-Dame du Mont-Carmel*, 1 [Haifa, 1932], 14-20.45-50.

70-74). A obra é constituída de introdução e de três partes. Na introdução ou proêmio tratam-se das questões fundamentais da teologia mística, ou seja: a sua definição, o objeto e a terminologia técnica. Nas três partes seguintes se estuda o desenvolvimento da vida espiritual segundo as três vias: purgativa, iluminativa e unitiva. Na primeira se fala da purificação, tanto ativa quanto passiva, do intelecto e da vontade humana, por meio das noites escuras. Na segunda, da iluminação, também ativa e passiva, do intelecto pela contemplação e da vontade pelo exercício das virtudes. Na terceira, a união da alma com Deus segundo as partes intelectiva e afetiva e da elevadíssima chamada → MATRIMÔNIO ESPIRITUAL. Revela profunda ciência teológica e um conhecimento e experiência incomum das almas.

A *Summa* do padre Filipe é um dos principais tratados místicos da escola carmelita, repleta de experiência espiritual e de ciência teológica. Além dos autores clássicos como Santo Tomás de Aquino, São Boaventura, → HUGO e → RICARDO DE SÃO VÍTOR, São Bernardo e → DIONÍSIO, O CARTUXO, → TAULERO e Gérson, inspira-se sobretudo em Santa Teresa e em São → JOÃO DA CRUZ, e segue também a influência dos padres → JOÃO DE JESUS MARIA → TOMÁS DE JESUS. Foi a primeira *Summa* completa que, com método e linguagem escolástica, tentou descrever as causas e os efeitos dos fenômenos sobrenaturais. Sua influência foi grande tanto entre os escritores carmelitas da segunda metade do século XVII e da primeira do século XVIII como entre os estrangeiros (a obra do dominicano Vallgornera *Mystica Theologia* é quase um plágio da obra do autor carmelita). Estudou sobretudo os problemas da contemplação adquirida e infusa, e as purificações ou noites do sentimento e do espírito.

BIBLIOGRAFIA. BARTHOLOMAEUS A SANCTO ANGELO – HENRICUS A SANCTISSIMO SACRAMENTO. *Collectio scriptorum*. Savonae, 1884, 110-113, t. 2; ELISÉE DE LA NATIVITÉ. La vie intellectuelle des Carmes. *Études Carmélitaines* 20 (1935) 143-148; HONINGS, B. La contemplazione secondo Filippo della SS. Trinità. *Ephemerides Carmeliticae* 13 (1962) 691-713; KUEMMET, H. *Die Gotteserfharung in der "Summa Theologiae Mysticae" des Karmeliten Philippus a SS. Trinitate*. Wurzburg, 1938; MELCHIOR DE SAINTE-MARIE. Pour une biographie du P. Philippe de la Trinité (1603-1671). *Ephemerides Carmeliticae* 2 (1948) 343-403; Philippe de la Trinité. *Dictionnaire de Spiritualité* XII, 1325-1328 / *Catholicisme* XI, 188-189.

SIMEONE DELLA SACRA FAMIGLIA

FILOCALIA (A). É uma coleção de textos ascéticos e místicos realizada por Macário de Corinto (1731-1805) e por Nicodemos, o Hagiorita (1749-1809), editada em Veneza pela primeira vez em 1782. É considerada justamente uma enciclopédia ou "breviário" do → HESICASMO e exerceu uma profunda influência na espiritualidade ortodoxa até hoje. O título "Filocalia" é provavelmente inspirado na coleção de trechos de obras de → ORÍGENES compilada por volta de 358-359 por → BASÍLIO MAGNO e → GREGÓRIO NAZIANZENO. A coletânea se inicia com alguns fragmentos que a tradição atribui a Antão, o Grande, a que se seguem as melhores sentenças dos Padres (→ EVÁGRIO, → CASSIANO, Isaías Abade, → DIÁDOCO DE FOTICEIA, → MÁXIMO, O CONFESSOR...) e muitos textos de hesicastas bizantinos (Nicéforo Monge, Gregório Sinaíta, Calisto e Inácio Xanthopuloi, Gregório Palamas, Simeão de Tessalônica, → SIMEÃO, O NOVO TEÓLOGO...).

Em eslavo eclesiástico, a Filocalia foi publicada por Paisij Veličkovskij (1722-1794) (→ STARČESTVO) em 1793 em Moscou, com o título de *Dobrotoljubie*. Durante sua estada no Monte Athos (1746-1763), Paisij já começara a traduzir para o eslavo os escritos dos Padres gregos e continuou a fazê-lo depois de se estabelecer na Moldávia. Os textos sobre os quais trabalhava Paisij correspondem em grande parte aos escolhidos por Macário e Nicodemos. Ainda está aberta a questão de se houve uma influência de Paisij sobre os compiladores gregos ou se ambos se basearam em coletâneas antológicas precedentes; seja como for, é indubitável a dependência da edição eslava de 1793 da edição grega.

Tanto para os gregos quanto para os eslavos e os romenos, a Filocalia abriu caminho para um grande despertar da vida monástica. Lembramos, entre outras, a sucessiva tradução russa de I. Brjančaninov (1807-1867), Petersburgo, 1857, e a monumental de Feofan Zatvornik (1815-1894) (→ TEÓFANO, O RECLUSO), ainda mais ampla que a edição grega, em que aparecem em segundo plano os aspectos prático-ascéticos e são privilegiadas as atividades interiores e a "oração do coração".

Os principais temas dos textos selecionados são a oração interior, a vigilância (νήψις) e a memória contínua de Deus. Fala-se da busca assídua de Deus, da luta contra o demônio, da invocação contínua do nome de Jesus, que pode libertar o homem das paixões e torná-lo filho de Deus. Todo o homem — a mente, o coração, o corpo — é chamado a se renovar no Espírito Santo. Em Cristo, novo Adão, o homem pode reconquistar a semelhança com Deus que perdera com o pecado: o homem deve empreender zelosamente esse caminho e, sob a orientação de um padre espiritual, passar pela purificação e pela luta com o demônio para alcançar aquela paz ($\dot{\eta}\sigma\upsilon\chi\acute{\iota}\alpha$) que é um dom de Deus e se manifesta antes de tudo na oração pura. Essa renovação do homem em Cristo tem a participação ativa do intelecto, que deve lutar continuamente para que no coração não penetrem os "pensamentos maus", deve manter-se vigilante e rejeitar todas as imaginações enganosas. Na verdade, o homem, enquanto não domina os seus pensamentos e não discerne quais deve aceitar e quais deve rejeitar, não pode atingir a verdadeira oração. Dela participa, antes de tudo, o coração: o pensamento do homem, de fato, deve penetrar até a interioridade do coração, nos recessos mais profundos da consciência humana, atingindo assim o centro espiritual do homem. Só então se desenvolve no coração um profundo senso de Deus e, ao mesmo tempo, o sentimento do estado de pecado em que se encontra o homem: é esse o sentido da oração de Jesus, "Senhor Jesus Cristo, Filho de Deus, tem piedade de mim, que sou pecador!". O homem viverá, assim, imerso na memória de Deus, constantemente voltado para ele. Ao coração humilde e contrito se unem frequentemente as lágrimas, que, longe de ser um desabafo dos sentidos, representam um dom de Deus no caminho de oração: é a vitória do Espírito sobre a dureza do coração humano.

Para concluir, devemos lembrar que a obra, no seu todo, é concebida em um contexto ligado tradicionalmente à teologia palamita (→ PALAMAS, GREGÓRIO) e reflete suas concepções, mesmo não deixando muito espaço para os escritos polêmicos e para a controvérsia hesicasta. No Ocidente, a Filocalia foi traduzida para várias línguas e contribuiu muito para divulgar a espiritualidade do Oriente cristão.

BIBLIOGRAFIA. Edições gregas: *Philokalia tôn hierôn nêptikôn*, 2. ed., Atenas, 1893; 3. ed. Atenas 1957-1963; 4. ed. Atenas 1974-1976; russas: *Dobrotoljubie*, Peterburg 1857 (org. I. BRIANCANINOV); *Dobrotoljubie*, Moskva, 1877-1905 (org. por FEOFAN ZATVORNIK), reimpressão Jordanville, New York, 1963-1966; italianas: *La Filocalia* (trad. it. M. B. ARTIOLI – M. F. LOVATO), 4 vls., Torino, 1982-1988; *Piccola Filocalia della preghiera del cuore*, Roma, 1988.

ANTONIADOU, R. Le thème du coeur dans la Philocalie. *Dictionnaire de Spiritualité* XII (1984) 1.336-1.352 (contém uma acurada descrição das mais diversas edições; SCRIMA, A. L'avènement philocalique dans l'orthodoxie roumaine. *Istina* 5 (1958) 295-328.443-474; TACHIAOS, A. N. De la Philocalie ou Dobrotoljubie. *Cyrillometodianum* 5 (1981) 208-213; UN MOINE DE L'ÉGLISE D'ORIENT (L. GILLET). *La prière de Jésus*. Chevetogne, ²1959, 58-79.

T. ŠPIDLÍK – M. GARZANITI

FOCOLARES (Movimento dos). É um dos movimentos eclesiais contemporâneos mais importantes por seu forte caráter espiritual, a ampla difusão no mundo, a rica composição de seções e obras em seu interior. Seu nome oficial *Obra de Maria* destaca o desejo de ser uma presença ativa de Maria no nosso tempo por contribuir na Igreja para a unidade de todos, segundo o desejo de Jesus expresso na oração sacerdotal da última ceia (Jo 17).

1. ORIGEM E DESENVOLVIMENTO. O Movimento dos Focolares está ligado à experiência espiritual de sua fundadora, Chiara Lubich, nascida em Trento em 22 de janeiro de 1920. Uma primeira intuição do futuro Movimento remonta a 1939 quando, na casa santa de Loreto, a jovem C. Lubich teve a intuição de que na Igreja surgiria com a graça de Deus uma família de virgens em meio ao mundo. Em 7 de dezembro de 1943, consagra-se a Deus. Com um grupo de companheiras, relê o Evangelho e, ao colocá-lo em prática, descobre a força das palavras de Jesus, uma a uma; encontra em Deus o ideal da sua vida e começa a delinear-se uma síntese original de espiritualidade evangélica e comunitária que parece uma volta ao cristianismo primitivo. Com a aprovação do arcebispo de Trento, D. Carlo de Ferrari, funda-se o primeiro focolar feminino e mais tarde, em 1948, o primeiro focolar masculino. A palavra "focolar", que designará em seguida o Movimento, é a expressão popular dada a essa experiência na qual se viam como lenha na lareira doméstica a queimar e a fornecer luz e calor na comunhão da caridade. O ano de 1949 é considerado na história do Movimento um período especial de luz vivido por Chiara com as primeiras companheiras, com os primeiros focolarinos e com Igino Giordani, então deputado e famoso escritor católico que logo aderiu a essa experiência na qual via realizado o ideal da Igreja primitiva. Nos anos seguintes, desenvolve-se o Movimento

em toda a Itália e em algumas nações da Europa e de outros continentes através da experiência das Mariápolis de verão que realizam nos Alpes o ideal de uma pequena cidade cristã que vive a lei do Evangelho sob a proteção de Maria. Nesse período, intensificam-se os contatos com a Igreja, examinam-se a espiritualidade e as atividades da Obra nascente, e ela é dirigida para uma sistematização jurídica. Enquanto o Movimento se difunde, ocorrem os primeiros contatos com os cristãos de outras Igrejas e comunidades eclesiais, primeiro com os evangélicos da Alemanha e mais tarde com os reformados da Suíça. A fundadora conhece pessoalmente o patriarca Atenágoras de Constantinopla que gosta de se definir como um membro do Movimento; através desse grande testemunho da unidade, o Movimento se abre para o contato com as Igrejas ortodoxas. Em 1962, a Obra é aprovada pela Igreja como associação piedosa com dois ramos, masculino e feminino, e em 1965 recebe a aprovação do Estatuto do Conselho Geral da Obra pela harmoniosa coordenação das suas seções. Em seu caminho eclesial o Movimento assiste ao desenvolvimento de uma série de vocações no interior da única Obra de Maria com uma certa originalidade; é o caso, por exemplo, da dos focolarinos casados que se empenham nos → CONSELHOS evangélicos de pobreza, castidade e obediência, como os outros focolarinos e focolarinas, de acordo com sua condição; sacerdotes, religiosos e religiosas, seminaristas sentem-se renovados na sua vocação e participam da vida da Obra de Maria. Desde 1956 nascem os "voluntários", leigos que vivem no mundo e testemunham a espiritualidade da unidade. Nos anos que se seguem ao Concílio, nasce a nova geração dos jovens do Movimento. Dada a amplitude da experiência, surgiram no interior da Obra movimentos de massa que lideram algumas das seções acima mencionadas, tais como o Movimento Novas Famílias, o Movimento Paroquial, o Movimento dos Religiosos e das Religiosas, o Movimento Sacerdotal, o Movimento Nova Juventude, por exemplo. Em 1977, a fundadora Chiara Lubich recebe o prêmio Templeton pelo progresso da religião. Trata-se de uma data importante que lança o movimento dos Focolares em uma nova abertura de diálogo para com as religiões orientais, especialmente entre os budistas no Japão, mas também com os judeus, muçulmanos e hindus. Assim, o movimento, que nascera com um desejo de atrair especialmente os afastados da Igreja, os ateus, viu desenvolver-se um amplo raio de ação dentro e fora da Igreja. A sua característica é "o radicalismo do amor", segundo o Evangelho, como João Paulo II definiu o Movimento. Como Movimento da unidade — assim era chamado no início da sua história —, aponta para a realização do testamento de Jesus, que deu a vida pela unidade de todos, em plena comunhão com a vida e a missão da Igreja e a cordial adesão ao papa e aos bispos.

2. ESPIRITUALIDADE. A espiritualidade do Movimento dos Focolares é constituída pelas ideias fundamentais de vida evangélica que desde o início foram intuídas e vividas por Chiara e por suas companheiras e pouco a pouco foram expressas pela fundadora nos seus escritos espirituais e na contínua animação espiritual do Movimento até se tornar uma rica e sólida síntese de experiência cristã, notável patrimônio de ideias e de experiências de vida dado à Igreja pela sua aprovação nos Estatutos gerais da Obra de Maria.

Atualmente, a espiritualidade do Movimento é expressa em doze pontos fundamentais que são outras realidades vivas do Evangelho e da experiência cristã para o nosso tempo: — a descoberta e a experiência de Deus Amor, ideal da vida; — a vontade de Deus como verdadeiro caminho para realizar em todos os estados de vida a vocação para a santidade; — a presença de Jesus no irmão como luz que ilumina as relações recíprocas; — o mandamento novo como síntese da vontade de Jesus expressa no Evangelho e característica dos cristãos, até dar a vida pelos irmãos; — a unidade, ou seja, o amor recíproco à maneira do amor trinitário, segundo as palavras de Jesus (Jo 17,21-23), para realizar o testamento de Jesus; — Jesus em meio ou a presença de Jesus em meio àqueles que estão unidos em seu nome (Mt 18,20) como experiência fundamental que guia as relações com todas as pessoas mediante o amor que gera essa presença; — Jesus Abandonado ou o amor por Cristo no ápice de seu sofrimento e de seu amor na cruz quando grita a sua entrega ao Pai (Mt 27,46), chave de compreensão de qualquer sofrimento de si mesmo e dos outros, motivo de amor generoso e puro; — a palavra de vida, o exercício de viver o Evangelho palavra a palavra através da proposta periódica de uma frase do Evangelho que se torna ponto de referência para orientar a vida cristã; no Movimento geralmente se propõe uma palavra bíblica para ser vivida por todos a cada mês; — a Eucaristia como centro da espiritualidade cristã que nos une à Trindade, entre nós mesmos e impele a realizar o desejo de Cristo que é a unidade de todos; — Maria, realidade pessoal e misteriosa, doce e próxima; Maria amada como Mãe, admirada como discípula da Palavra, servida através de uma intensa comunhão com ela para que se torne presente como Mãe de todos na Igreja; — a Igreja lugar da vida e da colaboração ativa da Obra de Maria, em perfeita comunhão com os pastores; — o Espírito Santo, dom inefável do Ressuscitado aos seus discípulos, fruto do amor de Jesus Abandonado pelo Pai que continua a ser no coração dos crentes o amor que impele para a unidade da vida trinitária.

Na síntese espiritual que parte de Deus Amor e se expande como em círculos concêntricos até o amor dos irmãos, especialmente os mais distantes, são dois os eixos da espiritualidade do Movimento e marcam, por assim dizer, a sua proposta original: o amor a Jesus Crucificado e Abandonado e a unidade.

Por outro lado, a espiritualidade do Movimento, no seu rico patrimônio de ideias e de experiências, difunde na Igreja uma série de propostas originais que facilmente se põem em sintonia com as necessidades de nosso tempo e manifestam que está ligado a um → CARISMA dado por Deus para a nossa época. O Movimento propõe uma espiritualidade e uma mística comunitária: ir até Deus juntos, através do caminho do irmão, com a presença de Jesus no meio, partindo da própria vida trinitária, fonte e meta da vida cristã, onde Deus vive a inefável comunhão na trindade das Pessoas. A abertura apostólica do Movimento, que privilegia mais as pessoas que as obras em si, deseja realizar também o projeto de uma humanidade nova, especialmente através dos leigos "voluntários" que, no meio do mundo, devem orientar as realidades mundanas segundo o desígnio de Deus. Constitui igualmente um interessante patrimônio da Obra de Maria a visão da vida cristã na concretização dos seus diversos aspectos como a refração da luz em um arco-íris de sete cores que são os aspectos da vida espiritual pessoal e comunitária, que tanto contribuem para o realismo e para o equilíbrio de uma vida orientada harmoniosamente pela vontade de Deus e inclinada à perfeição. Tais aspectos são: a comunhão dos bens e o trabalho; a espiritualidade e a vida de oração; a natureza e a vida física das pessoas; o testemunho e a irradiação apostólica; a harmonia e o ambiente; a sabedoria e o estudo; a unidade e os meios de comunicação social. Finalmente, é preciso destacar a importância da ideia da progressividade e da maturidade na vida espiritual que o Movimento propõe através da visão do caminho evangélico de Maria, a *via Mariae*, no qual Nossa Senhora aparece como modelo de uma crescente fidelidade até a cruz na experiência da sua desolação e na posterior fecundidade no Cenáculo de Pentecostes.

O Movimento dos Focolares, nas suas várias seções e na sua ampla irradiação, é composto de membros que se consagram a Deus mediante os votos de pobreza, castidade e obediência (focolarinos e focolarinas); outros estão ligados por promessas; outros, enfim, participam da vida e das obras do Movimento diretamente ou recebem a sua benéfica influência como simpatizantes; para estes últimos, obviamente, não existem fronteiras e a eles pertencem pessoas de todas as religiões. O compromisso de viver a espiritualidade e as múltiplas formas de unidade que se estabelecem no interior da Obra garantem a vitalidade e a renovação contínua da Obra de Maria.

BIBLIOGRAFIA. 1) Escritos espirituais de C. LUBICH: *Scritti Spirituali* I-IV. Roma, 1978-1981; *L'unità e Gesù Abbandonato*. Roma, 1984; *La vita, un viaggio*. Roma, 1984. 2) Escritos de P. FORESI: *Parole di vita*. Roma, 1963; *Il testamento di Gesù*. Roma, 1966; *Conversazioni con i Focolarini*. Roma, 1967; 3) História do Movimento: *Movimento dei Focolarini*. Roma, 1965; *Il Movimento dei Focolari*. Roma, 1975; *Il Movimento dei Focolari. L'unità è la nostra avventura*. Roma, 1986; BACK, J. PATRICIA. *Il contributo del Movimento dei Focolari alla Koinonia ecumenica. Una spiritualità del nostro tempo al servizio dell'unità*. Roma, 1988.

J. CASTELLANO

FORTALEZA. 1. A FORTALEZA NA SAGRADA ESCRITURA. O Antigo Testamento apresenta a força como perfeição característica de Deus (Ex 15,6; Sl 21,14; 93,1; 147,5 etc.). Uma força que Deus evidencia por meio dos prodígios extraordinários, que vai realizando, e da qual torna participante o fiel povo de Israel. Toda força humana (guerreira, moral etc.) é apenas e sempre um dom de Deus; do lado do homem existe apenas fragilidade e impotência. Por isso, a força do povo eleito é o próprio Deus: "O Senhor é minha rocha, minha fortaleza, meu libertador.

Deus, o rochedo onde me refugio, meu escudo, arma de minha vitória, minha cidadela, meu abrigo, meu salvador, tu me salvas dos violentos" (2Sm 22,2-3). No Antigo Testamento, a força vitoriosa de todos os que confiam em Deus é constantemente contraposta à violência bruta dos outros orgulhosos guerreiros. No combate contra Golias, Davi testemunha: "E toda esta assembleia saberá: não é pela espada, nem pela lança que o Senhor concede a vitória, mas a guerra pertence ao Senhor, e ele vos entregará em nossas mãos" (1Sm 17,47). Na luta contra Holofernes, Judite reza: "Faze conhecer a toda a nação e toda tribo que tu és o Deus de todo o poder e de toda a força e que nenhum outro além de ti vigia pela raça de Israel" (Jt 9,14). A própria força de Sansão é um dom de Deus: ela provém da sua consagração ao Senhor pelo nazireato (Jz 13,4-5); e ele permanecerá invencível enquanto durar essa consagração. E Deus quer demonstrar claramente que tudo depende apenas da sua força: "O Senhor disse a Guideon: 'É muito numeroso o povo que está comigo para que eu entregue Midan em suas mãos. Israel poderia gloriar-se às minhas custas e dizer: 'A minha mão me salvou'" (Jz 7,2; cf. Dt 8,17). Com os Livros sapienciais é valorizada não mais a força física, mas a da inteligência e da sabedoria. "Quem é sábio é forte; a pessoa instruída tem vigor redobrado" (Pr 24,5). A força bruta leva à arrogância orgulhosa, inteiramente voltada para gestos espetaculares; a verdadeira força, porém, deve interiorizar-se (Pr 16,32).

Se no Antigo Testamento a força divina atua no mundo em uma simples rivalidade com a força dos homens, no Novo Testamento ela se torna presente no combate interior ao homem: o dom da fortaleza se interioriza na própria vida espiritual. A carne é fraca, não só por seus aspectos fisiológicos, mas porque participa do mundo do pecado. O dom divino da força se torna uma graça de cura: pouco a pouco faz desaparecer a fraqueza interna. No Novo Testamento, todo discurso sobre a fortaleza deve começar de Cristo. O Verbo se faz carne, assumindo a fraqueza humana. "De fato, nós não temos um sumo sacerdote incapaz de compadecer-se das nossas fraquezas; à nossa semelhança, ele foi provado em tudo, sem todavia pecar" (Hb 4,15). Mas nele está presente o Espírito com o dom da fortaleza (At 10,38), fortaleza que enalteceu toda a sua vida terrena (Lc 4,18), expressando-se também em manifestações singulares (por exemplo, na luta contra o demônio no deserto, Lc 4,1-2; no combate supremo da cruz, Jo 12,31-32; sobretudo na ressurreição, Ap 5,12). Essa mesma força do Espírito é necessária para a vida de qualquer cristão: uma força que será a participação da força de Cristo ressuscitado (Ef 1,19 ss.). "Tudo posso naquele que me fortalece" (Fl 4,13). O Espírito do Senhor é força de ressurreição para o cristão (Fl 3,10); fortifica a sua → VIDA INTERIOR (Ef 3,16), permitindo-lhe penetrar na própria plenitude de Deus (Ef 3,19). Essa fortaleza de ressurreição exige que a alma aceite a morte para o mundo. A cruz, que é loucura para o mundo, torna-se a força da salvação (1Cor 1,18). "Mas o que é fraco no mundo, Deus o escolheu para confundir o que é forte" (1Cor 1,27). É o paradoxo da vida cristã que, inserida em Cristo, reflete suas características essenciais da vida.

2. VIRTUDE DA FORTALEZA. A fortaleza é uma das quatro virtudes cardeais. Antes de ser uma virtude especial, ela é uma disposição geral da firmeza, uma condição necessária ao exercício de qualquer virtude. É um dos traços característicos e gerais de quem é moralmente adulto e acostumado a agir bem. "Não existe virtude que, no exercício dos próprios atos, não encontre alguma dificuldade. Assim o obediente sente repugnância em ir contra a inclinação natural, que todos temos, de subordinar a própria vontade, para se submeter aos desejos de outros. Assim, o humilde sente pena de vencer o instinto natural, que o homem possui, de comandar, submetendo-se ora a isto, ora àquilo. O mesmo digo das outras virtudes. E, contudo, permanecer firme e imóvel contra essas dificuldades comuns e não permitir que elas o desviem do sentimento correto não é uma virtude especial, mas uma virtude que diz respeito a todas as virtudes" (G. B. SCARAMELLI, *Direttorio ascetico*, III, 3, 1, 87).

Torna-se virtude específica se a alma se propõe como objetivo fortificar-se para superar a fraqueza da sensibilidade. Ela se traduz no esforço de enfrentar tarefas difíceis, esforço feito intencionalmente (*ex electione*), não por impulso ou por ignorância. Forte é quem enfrenta o perigo, tendo consciência das suas dificuldades, não por instintivo otimismo ou por presunção da própria força; é aquele que não ignora o medo, e, contudo, não deixa de fazer o bem por causa dele.

A fortaleza, enquanto virtude, tem como finalidade as boas intenções, e não objetivos ou utilidades egoístas. Ela não se confunde com a obstinação ou o → ORGULHO: para a fortaleza continua essencial prodigalizar-se pela grandeza do bem. O que expressa a virtude não é a mera intrepidez diante dos grandes males, mas a que se oferece em serviço de uma grande causa. "*Martyres non facit poena, sed causa*" (SANTO AGOSTINHO, *Enarrationes in Psalmos*, 34, 13). "A fortaleza sem justiça é matéria de iniquidade" (SANTO AMBRÓSIO, *De officiis*, I, 35). Pela fortaleza, o medo é derrotado pelo amor. "Mesmo que entregue o meu corpo às chamas, se me falta o amor, nada lucro com isso" (1Cor 13,3).

A fortaleza, mesmo quando orientada para uma boa missão, não pode expressar-se irrefletidamente, mas, assim como qualquer outra virtude, deve ser introduzida e regulada pela → PRUDÊNCIA. Não é forte aquele que, sem refletir e sem discernir, se expõe a um perigo ("*Non qualitercumque, sed secundum rationem*", *STh*. II-II, q. 126, a. 2, ad 1). A verdadeira fortaleza pressupõe uma avaliação correta das coisas, tanto das que se arriscam quanto das que se espera conservar e conquistar. A fortaleza não necessariamente torna os atos virtuosos agradáveis, como não os torna fáceis e frequentes. Ela certamente leva a apreciar o fruto do sacrifício, que aqui se revela preeminente, mas o sofrimento (se é grande) pode impedir que a sensibilidade se associe a essa alegria, a não ser que exista uma graça inteiramente especial. Ela garante o triunfo da razão sobre os sentidos, de modo a fazer com que sejam preferidos os bens superiores.

3. TAREFA DA FORTALEZA. A fortaleza incide imediatamente, regulando-os a partir de dentro, tanto sobre os temores que surgem de males iminentes ou já presentes, induzindo o espírito a resistir a eles e a suportá-los, quanto sobre as temeridades, permitindo que se enfrentem e ataquem os obstáculos de modo regulado e ordenado.

Normalmente considera-se mais difícil suportar que atacar. Não é que, por si só, seja mais heroico resistir que lutar. Diante do mal predominante pelas consequências do pecado original, o amor predomina de acordo com o sermão da montanha, renunciando à violência: suportar é a única possibilidade objetiva que resta à oposição virtuosa reduzida à impotência. Por isso a última prova decisiva da fortaleza está em suportar a própria morte por amor ao bem, sem fazer nenhum tipo de concessão. Em suma, essa resistência implica grande atividade espiritual, exige agarrar-se ao bem com todas as forças. É certo que o confronto entre resistir e combater deve ser entendido em relação a um único perigo; do contrário, ele é equivocado.

Afirmar que a tolerância é mais importante e fundamental não significa que ela seja suficiente e que, diante do mal, seja preciso exercer apenas a paciência. A fortaleza exige também a presença simultânea de tolerância e de iniciativa: são atos necessariamente complementares um ao outro. A pessoa forte não apenas suporta sem desânimo o mal inevitável, mas continua a investir contra ele, procurando afastá-lo na medida do possível.

4. PERFEIÇÃO DA FORTALEZA E MARTÍRIO. A fortaleza pode apresentar-se em vários graus. Sua perfeição, em relação ao modo, é evidenciada quando a alma sabe tolerar com firmeza os males em casos repentinos e imprevistos; sobretudo quando sabe recebê-los com prazer. O sofrimento do corpo não impede que haja satisfação espiritual na alma, que se compraz em sofrer em favor de seu divino Senhor. Por outro lado, em relação ao objeto doloroso, é um grau diferente de fortaleza perseverar com firmeza na abnegação contínua das próprias falhas e em um tipo de vida dura, penitente e austera.

Mas a fortaleza só cumpre totalmente a sua tarefa de virtude quando é capaz de enfrentar os perigos mais temíveis, os que suscitam o medo mais paralisante: o perigo de morte. Enquanto não tiver chegado a esse ponto, a permanência do bem será precária, poderá ser comprometida por uma nova situação. A fortaleza revela-se perfeita quando sabe enfrentar a morte com decisão para permanecer na verdade e no bem; abaixo dessa nobreza interior, a pessoa é forte até certo ponto, até certo grau (*secundum quid*), mas não de modo eminente (*simpliciter*).

Não se deve pensar que a fortaleza se ocupa exclusivamente do medo da morte: só chega a esse estágio de virtude adulta quando se mostra capaz de enfrentar os perigos de morte. Então, com mais razão, saberá reprimir os outros medos. Por outro lado, toda virtude, por sua vez, por contar sempre com certa firmeza, reprime os temores inerentes ao próprio objeto; são exclusivos e específicos da fortaleza, porém, os medos da morte. Para caracterizar com perfeição a fortaleza, não é suficiente não ter medo da morte. Existem mortes comuns, sem nenhum tipo de grandeza. "A aceitação da morte é louvável apenas em virtude da sua orientação para o bem"

(*STh*. II-II, q. 124, a. 3). Forte não é o apático ou o obtuso (insensível aos sofrimentos), nem o desesperado (que não ama mais a vida), mas aquele que, numa oferta consciente, quer morrer em paz por um grande bem (por exemplo, aceitando confiantemente a vontade divina no leito de morte). "Forte como a morte é o amor" (Ct 8,6).

No plano eclesial, a perfeição da fortaleza é oferecida a quem sofre o martírio para dar testemunho da fé de Cristo. O → MÁRTIR não revela uma força pessoal natural; nele atuam energias sobrenaturais, a começar da → ESPERANÇA teologal. É a força divina que transfigura os pequenos e fracos. Por isso o martírio é a alma de toda a espiritualidade dos primeiros séculos: ele se transformou no símbolo da própria perfeição cristã. Os mártires são as "imagens do amor" de Cristo (POLICARPO, *Segunda Carta aos Filipenses*, I, 1). Por isso Santo → INÁCIO DE ANTIOQUIA suplicava aos romanos que não tivessem tantas qualidades como empecilho: "Rogo-vos, poupai-vos de uma benevolência inoportuna. Deixai que me transforme no pasto das feras: só assim poderei chegar a Deus... Permiti-me imitar a paixão do meu Deus" (*Epístola aos Romanos*, IV; *Patres Apostolici*, II, Tubingen, 1901, 209). O Concílio Vaticano II agradece a Deus que, em meio às perseguições atuais, suscita leigos de heroica f. (*AA* 17).

5. SACRAMENTO DA CRISMA E MEIOS PARA ADQUIRIR A FORTALEZA. Ao cristão é transmitida a força do Espírito, particularmente por meio do sacramento da crisma (*Spiritus Sanctus ad robur*).

Segundo o ensinamento dos → PADRES DA IGREJA, o cristão, por obra do sacramento da crisma (→ CONFIRMAÇÃO), assume uma semelhança especial a Cristo; é comprometido publicamente pelo reino de Deus; torna-se imensamente forte contra os múltiplos ataques de satanás e do mundo hostil a Deus (cf. CIRILO DE JERUSALÉM, *Catechesi mistagogiche*, III, 2: *PG* 33, 1089B; JOÃO CRISÓSTOMO, *In Math. hom.* 13, 1: *PG* 57, 207-209; SANTO AMBRÓSIO, *De mysteriis*, VII, 41: ed. B. BOTTE, 121 etc.).

A graça, conferida pela crisma, é similar à força do espírito que invadiu os apóstolos no dia de Pentecostes: "Recebereis uma força, a força do Espírito Santo que virá sobre vós; e sereis então minhas testemunhas" (At 1,8). O Espírito já é recebido no → BATISMO; na crisma se acentua a sua forma especial de presença de fortaleza.

Essa graça de fortaleza traz não tanto a virilidade atual, mas a assistência do Espírito para a maturidade espiritual: não suprime as falhas do caráter, as deficiências do comportamento, não substitui o esforço pessoal. Assim como qualquer outra graça, ela é oferecida para ser aceita livremente e requer a colaboração da pessoa, que tem a possibilidade de realizar a fortaleza em um plano sobrenatural e no espírito de fé, mediante um esforço ininterrupto e generoso.

Antes de tudo, é necessário pedir insistentemente a Deus não a isenção dos sofrimentos, mas a força necessária para tolerá-los. Oração que deve ser unida ao alimento eucarístico, fonte viva de qualquer dom sobrenatural (Tg 1,17). A alma, além disso, deve prever a possibilidade de ter de enfrentar coisas difíceis e árduas (de modo a predispor o seu espírito); deve acostumar-se a fazer o próprio dever com fidelidade, apenas das pequenas dificuldades cotidianas; e procurar meditar com frequência a paixão do Senhor, de modo que se sinta impelida a uma imitação generosa. Sobretudo quando a alma se abre à doação apostólica, então as contrariedades são recebidas como uma maneira de expressar melhor o amor por Cristo.

6. O DOM DA FORTALEZA. Os atos que procedem da virtude da fortaleza permanecem contaminados por inúmeras falhas leves, mas reais (por exemplo: de muitas pequenas fraquezas, de inconfessados sentimentos de amor-próprio por seus méritos, de movimentos de desânimo, de apreensões excessivas, de ciúme exagerado). Elas podem ser curadas inteiramente e aperfeiçoadas só pela força do Espírito Santo, mediante a obra do dom da fortaleza.

O dom da fortaleza difere da respectiva virtude moral adquirida na medida em que se situa em uma perspectiva sobrenatural inovadora em sentido global (na visão, na vontade constante, na virilidade agressiva, na paciência). Pelo dom, a alma é abandonada em Deus, e não tem mais ansiedade humana ("O Senhor é meu pastor; nada me falta", Sl 22,1): ela se sente como instrumento plenamente dócil à onipotência do Espírito Santo. Pela presença atuante do dom, a alma não se abate mais: permanece habitualmente calma, segura, decidida, vitoriosa. Em particular, o dom da fortaleza introduz e acompanha a alma em algumas experiências místicas: a conduz às posições mais arduamente ambicionadas do reino de Deus; a eleva até o abandono absoluto para o amor consumante e a torna capaz de entrar e de suportar a escuridão dolorosa da purificação passiva. Realiza-se, assim, uma fortaleza heroica, fruto do Espírito Santo e própria da vida mística (cf. At 5,41; SANTA TERESA DE ÁVILA, *Mansões*, VI, 5; SÃO FRANCISCO DE SALES, *Tratado do amor de Deus*, 11, c. 15; L. LALLEMENT, *Doctrine spirituelle*, Milano, 1943, parte 4, c. 4, a. 6).

O dom da fortaleza tende a distanciar cada vez mais a alma das alegrias terrenas e assimilá-la ao ideal de Cristo Crucificado.

7. PARTES DA FORTALEZA E PECADOS CONTRÁRIOS A ELA.

Existem várias virtudes que estão correlacionadas à fortaleza. Algumas estão unidas a ela como partes integrantes (regulando-lhe um ou outro aspecto, colaboram para realizar a fortaleza de modo perfeito); outras são unidas como partes potenciais (na medida em que regem situações menos difíceis ou secundárias em comparação com as primárias, próprias da fortaleza). A fortaleza, no seu ato de ataque ou de iniciativa audaciosa, tem afinidade com as virtudes de → MAGNANIMIDADE e de → MAGNIFICÊNCIA. Essas virtudes manifestam atitudes repletas de grandeza, e suscitam admiração.

A fortaleza, na sua resistência, vai desenvolvendo uma atitude virtuosa particularmente complexa, em que é auxiliada e integrada pelas virtudes da → PACIÊNCIA, da generosidade, da → PERSEVERANÇA e da constância. São as virtudes da tolerância e da tenacidade, que expressam força de espírito e virilidade: elas tornam os homens íntegros.

A fortaleza se equilibra entre dois extremos: a audácia temerária e o medo pusilânime. A primeira aspira enfrentar o risco, encontrando a alegria amarga em viver perigosa e intrepidamente; o segundo é uma timidez excessiva, frequentemente acompanhada de uma fraqueza natural, todo preocupado em se proteger na indolência. Revela-se igualmente desprovido de fortaleza deixar de sentir medo, quando a razão o exige (*intimiditas*).

> BIBLIOGRAFIA. BEAUCAMP, E. Forza. *Dizionario di Teologia Biblica*. Torino, 1971, 422-425; BREHM, B. *Uber die Tapferkeit*. Wien, 1940; DEWALLY, L. M., GOURBILLON, G. *Force chrétienne*. Paris, 1943; *Fortezza e pazienza nella spiritualità francescana*. Assisi, 1986; GARDEIL, A. Le don de force et la faim de la justice. *La Vie Spirituelle* 77 (1933) 204-226; GAUTHIER, A. La fortezza. *Iniziazione teologica* III. Brescia, 1955, 785-823; GOFFI, T. Rivoluzione e violenza. *Dizionario Enciclopedico di Teologia Morale*, Roma, 1973, 842-858; JANVIER, M. A. *La virtú della fortezza*. Torino, 1938; MENNESSIER, J. Psychologie du don de force. *La Vie Spirituelle* 78 (1934) 81-95; PIEPER, J. *Sulla fortezza*. Brescia, 1956; PRIBILLA, M. *Tapferkeit und Christentum*. Hamburg, 1947; ROSSI, A. *Sii forte. Dottrina e pratica della fortezza cristiana*. Milano, 1940; ROSSI, L. Fortezza. *Dizionario Enciclopedico di Teologia Morale*, Roma, 1973, 397-405; SAINT-THOMAS, J. DE. *Les dons du Saint-Esprit*. Paris, 1950; SCHÖLLGEN, W. *Christliche Tapferkeit in Krankheit und Tod*. Wurzburg, 1940; STÉVAUX, A. Grandeur d'âme païenne et force chrétienne. *Revue Diocésaine de Tournai* 14 (1959) 454-470; TREVELYAN, R. *La fortezza*. Milano, 1961.

T. GOFFI

FRANCISCANOS. Por *franciscanos* ou *frades menores* entendem-se aqui os religiosos da Primeira Ordem masculina, fundada por São → FRANCISCO DE ASSIS em 1209, atualmente reunidos em três famílias distintas e independentes, denominadas especificamente deste modo: *frades menores simpliciter* (que são efetivamente a união de quatro reformas, realizada em 1897 por Leão XIII: *observantes, reformados, alcantarinos, recoletos*); *frades menores conventuais*, cujas origens remontam ao fundador e constituíam inicialmente a *Comunidade da Ordem* diante das minorias que viviam nos eremitérios; *frades menores capuchinhos*, surgidos como uma reforma franciscana nos primeiros decênios do século XVI: todas as famílias professam a mesma Regra de São Francisco (1223), mas com Constituições, tradições e características próprias.

A Ordem franciscana, contudo, no início não tinha essa multiplicidade de famílias, não só autônomas, como existem hoje, mas nem sequer internas. No começo era uma só família, ligada por um único ideal. A multiplicidade se delineou depois da morte do santo fundador, de início como tendências, depois com reagrupamentos orgânicos, até chegar a autonomias relativas ou plenas. O motivo, sempre o mesmo, o ideal primitivo, buscado em sua força e rigor original.

1. A ORDEM FRANCISCANA DOS PRIMEIROS TEMPOS À PRIMEIRA REFORMA (1368).

O primeiro período franciscano, que constitui a chamada "primavera franciscana", traz uma nota característica de idílio espiritual, que a própria pessoa de São Francisco favorecia com a genialidade da sua vida toda evangélica. Em torno dele, de fato, constituiu-se um grupo de voluntários, conquistados pelo mesmo ideal, com espírito cavalheiresco, que se propunha uma profissão de vida caracterizada por uma pobreza absoluta segundo o Evangelho, em uma perspectiva de amor, a ponto de fazer da própria pobreza como que a outra face do amor.

Assim, entre os primeiros discípulos encontravam-se Bernardo de Quintavalle, Pedro Cattani, Egídio de Assis, até chegar com Francisco ao número de doze. O santo compilou para eles uma "formula vitae" (protorregra), composta de textos evangélicos, com o acréscimo de uma ou outra norma de vida comunitária, e com seu grupo se apresentou a Inocêncio III para a aprovação dessa regra e estilo de vida. Depois de hesitar um pouco, o papa aprovou oralmente a Regra (na primavera de 1209, para outros em 1210, mas a data tradicional é 16 de abril de 1209), que depois confirmou no IV Concílio de Latrão (novembro de 1215).

A nova Ordem, que Francisco quis denominar dos *frades menores*, se difundiu em pouquíssimo tempo, até atingir números elevados, a ponto de em 1217, ano do primeiro *Capítulo geral*, sentir-se a urgência de organizar a estrutura dos padres com uma primeira divisão em doze províncias, distribuídas segundo os lugares, em cismontanas (as italianas e da Terra Santa) e ultramontanas (as europeias), com superiores próprios, denominados ministros provinciais.

Com a expansão crescente, o santo pensou em redigir uma regra mais orgânica, ampla e detalhada, que foi apresentada no Capítulo geral de 1221, com a presença de cerca de 5 mil frades, entre os quais o futuro Santo → ANTÔNIO DE PÁDUA, atraído para a Ordem franciscana pelo gesto heroico de cinco protomártires franciscanos em Marrocos (16 de janeiro de 1220). A Regra, de 23 capítulos, denominada Regra I, não bulada, era repleta de textos bíblicos, de caráter sobretudo ascético. Entretanto, no período que vai de 1221 a 1223 foi redigida a II Regra, denominada bulada, por ser confirmada por Honório III com a bula *Solet annuere* (29 de novembro de 1223): a redação era mais concisa que a precedente, em doze capítulos com caráter mais jurídico, mas, mesmo na concisão, transbordante de espírito evangélico. Sua compilação contou com a preciosa contribuição do cardeal protetor de Óstia, Hugolino, o futuro papa Gregório IX. Ela traça as linhas essenciais da vida franciscana, que se condensa na observância do Evangelho, considerado *vida e regra* dos frades menores (c. I); propõe a pobreza absoluta e oferece normas de comportamento entre os frades e de relação com o mundo; aborda o tema da pregação quanto à maneira e ao conteúdo, deixando para o último capítulo (o XII) o tema das missões externas; e, finalmente, a última declaração: "sempre submissos e sujeitos à mesma santa Igreja, *firmes na fé católica*, observemos a pobreza e a humildade e o santo Evangelho" (XII).

É essa a Regra ainda vigente nas três atuais famílias da Primeira Ordem, a sua *magna charta* e código constitutivo. Como Regra original, ela ocupa o quarto lugar na história das Regras, depois das de São Basílio, de Santo → AGOSTINHO e de São Bento.

O cardeal Jacques de Vitry, que conheceu o santo, escreveu que com ele o Senhor realizou "a precisão" do estado religioso: "Haec est — referindo-se desse modo à Ordem menorita — religio vere pauperum 'Crucifixi' et ordo praedicatorum, quos fratres minores appellamus" (*Historia Orient. et OccId.*, c. 1221-1224, 1. II, c. XXXII, in L. LEMMENS, *Testimonia minora saec. XIII de S. Franc. assis.*, Quaracchi, 1926, 81).

Depois da morte de São Francisco iniciou-se um período de reorganização e de consolidação da sua instituição, para cuja realização se empenhou, num primeiro momento, o benemérito frei Elias, já vigário-geral da Ordem quando São Francisco ainda vivia, e depois, de 1232 a 1239, ministro geral. Sua ação foi muito construtiva, mas interpretada de outro modo, por seu autoritarismo, que não contribuiu para o desenvolvimento da paz na Ordem, levando-o a ser exonerado do governo, no Capítulo de 1239, pelo próprio papa Gregório IX, ali presente, com a alegação de que "não era mais aceito por toda a Ordem".

O sucessor de frei Elias foi o frei Haymo de Faversham (1240-1244), que favoreceu muito os estudos, como já fizera frei Elias, apoiou a promoção dos clérigos e sacerdotes no ministério pastoral, retirando, por outro lado, os irmãos leigos dos cargos da Ordem e reduzindo ao mesmo tempo as novas vocações, de modo que a Ordem passou a ser clerical.

O papa Inocêncio IV, porém, com a bula *Cum tamquam* (5 de abril de 1251 e 21 de agosto de 1252) elevou as igrejas principais da Ordem, com convento regular anexo (com treze frades), a igrejas *conventuais*, ou seja, públicas, equiparando-as às igrejas colegiadas do clero, com respectivos direitos para as celebrações das missas e funções sacras, a administração dos sacramentos, o uso de sinos e cemitérios, com exceção dos direitos paroquiais. Com o passar do tempo, os frades residentes nos conventos anexos às igrejas conventuais, e que constituíam a maioria ou a "Comunidade da Ordem", foram chamados "conventuais". O nome posteriormente se tornou distintivo da família dos conventuais em 1400, pela presença dos "observantes" e das outras reformas, enquanto em 1517, após a divisão da Ordem, tornou-se título oficial e ainda específico.

Voltando ao período subsequente a frei Elias, deve-se registrar certo mal-estar, bem como os primeiros sintomas de divisão no interior da Ordem, ocasionados pelo novo surto de crescimento em número e atividade, que levara à renúncia de um ou outro aspecto de rigor, não compatível com a nova realidade histórica.

Essa situação ocorreu quando ainda estavam vivos inúmeros companheiros de São Francisco, e houve uma profusão de discípulos da primeira hora, e por isso a passagem para um modo de vida mais brando, embora não arbitrário, não agradou a muitos observantes da Regra. Em consequência, houve uma insatisfação por parte dessa parte minoritária contra a grande maioria, representante da chamada "Comunidade" da Ordem.

Os adeptos do primitivo regime franciscano foram chamados *zelantes*, por seu zelo em promover a observância literal da Regra. Sua intenção era sem dúvida boa e, por outro lado, justificada também pela presença de abusos que a nova vida ocasionava, às vezes a pretexto de estudos, então bastante florescentes no seio da Ordem. Ao mesmo tempo, porém, a oposição deles revelava certa incompreensão em relação ao novo estado de coisas que impunha aquele novo regime de vida, mostrando-se também unilateral na avaliação de toda a estrutura da Ordem, não distinguindo entre o culto da ciência e os abusos, entre a regularidade e a bondade dos frades eruditos, que conciliavam a ciência com a vida de piedade, particularmente entre os mestres eminentes (basta pensar em Alexandre de Hales e em São Boaventura, para permanecer na primeira geração) e os casos de relaxamento, bem parciais e individuais.

Uma supervalorização da virtude da pobreza material, em tantos deles, ofuscava a correta percepção dos fatos, que levou a considerar a presença de estudos como uma decadência religiosa, quando aquele relativo relaxamento devia ser na verdade atribuído a motivos bem diferentes (cf. Léonard de Carvallo e Castro, *Saint Bonaventure le docteur franciscain. L'idéal de saint François et l'oeuvre de saint Bonaventure à l'égard de la science*, Paris, 1923, 44-45).

Reclamou-se dos conventos de estudo muito mais espaçosos que outros conventos, censurou-se nos literatos a vaidade, a ambição da dignidade, a apropriação dos livros, a ociosidade, a retórica na pregação, as isenções da vida comum (cf. Léonard de Carvallo e Castro, *Ibid.*).

Esse mal-estar ainda estava bem presente quando o governo da Ordem passou a São → BOAVENTURA, proclamado, no mesmo ano, doutor em teologia na Sorbonne. O Seráfico Doutor veio no momento certo, para realizar uma obra de esclarecimento e de distensão, para dizer uma palavra correta e justificativa em favor do novo momento da Ordem e, ao mesmo tempo, para, com suave firmeza que só ele possuía, eliminar os abusos introduzidos. Na verdade, como se reconheceu, foi o "segundo fundador" da Ordem franciscana (cf. A. Blasucci, *Ritorno di san Francesco*, Roma, 1978, 87-107).

Durante o governo de Boaventura (1257-1274), a Ordem readquiriu o seu fervor e a sua unidade interior, uma vez que suas ideias, referentes à vida da Ordem, se encontram refletidas no documento pontifício *Exiit qui seminat* de Nicolau III, de 4 de agosto de 1279.

Após a morte de São Boaventura, infelizmente, o movimento de insatisfação contra a Comunidade foi retomado com mais força por alguns outros apaixonados pela pobreza, denominados *espirituais*. O número de adeptos, mesmo relativamente exíguo diante da totalidade da Ordem, tinha em seu favor homens de influência, que o lideravam, como Pedro de João Olivi, mais liderado em comparação com os outros, até mesmo "patrocinador de uma reforma no interior da Ordem e na obediência aos superiores" (L. di Fonzo, Francescani, in *I Frati Minori Conventuali. Storia e vita [1209-1976]*, Roma, 1978, 42), Hubertino de Casale e, sobretudo, o inflamado Ângelo Clareno. A eles se juntou, com seu impetuoso amor pela pobreza, o próprio → JACOPONE DE TODI, cujos versos contra a escola franciscana de Paris são bem conhecidos: "Mal vedemmo Parisi/ ch'n'ha destrutto Ascisi;/ con la loro lettoria/ l'han messo in mala via" [Não apreciamos Paris,/ que destruiu a nossa Assis;/ com a leitoria deles/ ao mau caminho a levaram.]

O movimento de contestação pôs em discussão a legitimidade da vida da Comunidade, a obrigatoriedade do Testamento de São Francisco, declarado não obrigatório por Gregório IX (1230), a intangibilidade da Regra, por se acreditar que era "ditada por Cristo" e, portanto, considerada quase como um novo Evangelho.

Infiltrações joaquinistas, por outro lado, acirravam os ânimos dos → ESPIRITUAIS, à espera de uma nova Igreja, reformada, "pobre e espiritual".

Clemente V, com sua declaração da Regra *Exivi de paradiso* (6 de maio de 1312), mesmo solicitando a todos a observância fiel da Regra, a obediência e a união total fraterna, confirmou a vida e as atividades da "Comunidade" da Ordem.

Na origem do conflito entre "Comunidade" e "espirituais" estava, no fundo, o óbvio desencontro entre o ideal em sua roupagem nativa e rigorosa, que comportava o heroísmo da sua observância literal, e, por outro lado, uma concepção mitigada da profissão de pobreza, sem se chocar com a Regra, tornada acessível e adaptável aos tempos, às circunstâncias, às pessoas, às novas atividades da Ordem. No conflito, porém, estavam em jogo também a ignorância e a obstinação de inúmeros "espirituais", e, de outro lado, uma reação exagerada da Comunidade contra eles.

Seja como for, é incontestável que o movimento dos "espirituais" acabou com a condenação de João XXII (1317-1318), mediante três intervenções: com a constituição *Quorundam exigit*, que anunciava a condenação; com a bula *Sancta romana*, com a qual se condenavam todos os espirituais; com a bula *Gloriosam Ecclesiam*, que condenava e excomungava os renitentes que se haviam refugiado na Sicília, sob a proteção do rei da ilha (com essa intervenção era sancionada a condenação definitiva dos espirituais e dos → FRATICELLI.

Muitos dos espirituais submeteram-se às disposições supremas da Igreja, outros preferiram se agregar ao grupo liderado por Ângelo Clareno (os seguidores de Clareno, denominados *clarinos*, eram chamados também "pobres eremitas" ou *fraticelli* "de paupere vita", distintos dos "miguelistas" ou *fraticelli* "de opinione", ligados a Miguel Fuschi de Cesena). O papa dissera claramente: "É grande a pobreza, mas é ainda melhor a castidade, e o maior bem é a obediência" (*Bull. Francis.*, V, 128.130): bula *Quorundam exigit*, 7-10-1317). Tratava-se de conservar a ordem hierárquica dos valores professados, ao passo que um culto exagerado da pobreza levava a violar a caridade, a obediência e a própria verdade.

Outra controvérsia, infelizmente sempre em relação à pobreza, afligiu a Ordem menorita, agora em um plano doutrinal. No Capítulo geral realizado em Perúgia em 1322, enquanto em Roma se tratava da questão da Igreja no Consistório, afirmou-se abertamente que Cristo e os apóstolos não tinham posses nem individuais nem em comum, e que isso deveria ser considerado a máxima perfeição. Chegou-se até a compilar uma carta encíclica sobre esse tema, em duas redações, ambas endereçadas a todos os fiéis do mundo, a alguns cardeais e a outras pessoas eminentes. A opinião dos franciscanos foi declarada herética, embora não se deixasse de afirmar que Cristo e os apóstolos tivessem de fato vivido em extrema pobreza (constituição *Cum inter nonnullos*, 12 de novembro de 1322).

Apesar desses estremecimentos internos, porém, a Ordem continuou o seu caminho de atividade e de expansão, alcançando na primeira metade do século XIV (c. 1335) a cifra de 35 mil religiosos, em 34 províncias, 211 custódias e 1.422 conventos, além de 5 vicariatos missionários: na Rússia, Médio e Extremo Oriente (China). Nomes célebres, aqui, no campo missionário e pela narrativa histórica dos lugares de missão: João de Pian de Carpine († 1252); beato João de Montecorvino († 1328); beato Odorico Mattiussi de Pordenone († 1331); João Marignolli († 1358 ou 1359).

Um indicador do serviço prestado à Igreja é também o número de frades elevados a funções e dignidades eclesiásticas, como inquisidores, bispos, cardeais, núncios apostólicos. O século XIV representou, por outro lado, um período de decadência para a Ordem, mas esse foi um fenômeno comum a todos os institutos religiosos, ocasionado pela peste negra, que flagelou toda a Europa (1348-1362), e pelo cisma papal (1378-1417).

Permanecia viva a aspiração a um retorno de expressão do ideal franciscano, de acordo com a visão originária, que encontrou sua concreta realização graças ao irmão Paoluccio Trinci de Foligno, que em 1368, sob licença do ministro-geral da Ordem, deu início à reforma franciscana, denominada da "observância regular", no eremitério de Brogliano, próximo a Colfiorito, entre Foligno e Camerino.

2. "COMUNIDADE" DA ORDEM E REFORMAS FRANCISCANAS ATÉ 1517. A iniciativa do beato Paoluccio mostrou-se muito séria e duradoura, promovendo a primeira reforma, que teve sucesso na Itália e em toda a Ordem. Em 1348, o movimento já tinha seus primeiros noviços; e mais tarde, na época da morte do beato (1391), contava 22 conventos com sessenta religiosos, elevados a duzentos em 1415, com 34 conventos.

O movimento aspirava estender a toda a Ordem o mesmo estilo de vida, mas teve de se contentar com uma convivência pacífica, até favorecida. Teria sido melhor se não tivesse se desvinculado do corpo da Ordem, então existente e sempre prolífico, como chama viva de edificação para a mesma "Comunidade", e atendesse ao chamado tácito e contínuo de se manter, o mais possível, na pureza do ideal professado, mesmo usufruindo as concessões pontifícias. Mas a grande evolução da recente reforma e os eventos da época levaram à primeira cisão da Ordem franciscana, com a separação entre os observantes e os conventuais.

Outras reformas menores, antes da separação, verificaram-se, assumindo o nome de seus iniciadores:

I. *Da família dos conventuais* (a "Comunidade" da Ordem) houve: a) os *villacrecianos*, do beato Pedro Villacrees em La Aguilera próximo a Burgos (1403-1471); b) os *amadeítas*, do beato Amadeu Menez de Sylva (1460-1517), e depois, mesmo unidos aos observantes, ainda distintos destes até 1568; c) os *coletenses*, de santa Coleta de Corbie, fundadora das clarissas coletinas, com a colaboração do beato Henrique Beaume, da família dos conventuais (1412-1517); d) os *guadalupenses*, do beato João de Guadalupe, eremitas descalços (1495-1517); e) é preciso acrescentar os *martinianos* (c. 1450), da província de Saxônia, conventuais, sem bens estáveis porém, denominados "martinianos" por causa das constituições *Martinianas* (1430).

II. *Da família da observância regular* houve, por sua vez: a) os *capreoletantes*, de Pedro Capreolo, na Lombardia (1467-1480); b) os *clarinos*, readmitidos na Ordem durante o pontificado de Sisto IV e seus sucessores (1473-1517); e depois, mesmo unidos, como os amadeítas, distintos dos observantes até 1568; c) os *frades de recoleção* (1487-1517).

Todas essas reformas foram depois absorvidas pela família dos observantes, com a união a ela no momento da cisão da Ordem, no pontificado de Leão X, em 1517.

Antes desse momento histórico, porém, a observância apresenta uma grande expansão, graças sobretudo a São → BERNARDINO DE SENA († 1444), inicialmente comissário e depois vigário-geral. Com Bernardino de Sena devem ser mencionados também: São João de Capistrano († 1456), São Tiago da Marca († 1476), o beato Alberto de Sarteano († 1450), considerados com ele as "quatro colunas da Observância".

A Comunidade dos conventuais também continuou o seu processo de expansão, recebendo com o decreto papal de 23 de agosto de 1430 (*Ad statum Ordinis Fratrum Minorum*) a confirmação jurídica do tipo de via adotado no passado (*confirmação*, deve-se esclarecer, não proveniente dos conventuais); com a notificação explícita do uso simples de qualquer bem móvel e imóvel, sob a propriedade da Santa Sé (uma condição jurídica que, para os conventuais, foi mantida até o decreto tridentino de 1563, quando foi concedida aos conventuais e às outras Ordens mendicantes a propriedade em comum). Daquele decreto eram excluídos os observantes, já canonicamente aprovados em 1415.

Assim, para se diferenciar dos frades menores observantes, que num primeiro momento eram chamados também de *espirituais*, os frades da Comunidade foram chamados *frades menores conventuais*, permanecendo historicamente como continuidade da antiga "Comunidade" organizada por São Boaventura (cf. WILLIBRORD DE PARIS, Frères Mineurs, *Cathol.*, 4 [1956], 164 e 1610-1611).

No pontificado de Eugênio IV, os "observantes" obtiveram plena autonomia prática da "Comunidade", com a criação de uma hierarquia própria, constituída por *vigários-gerais e provinciais*, divididos em dois grupos: cismontanos e ultramontanos (1446), vinculados juridicamente, porém, pelo mesmo ministro-geral, o dos conventuais e por seus ministros provinciais. Antes de se ligarem aos observantes, no entanto, permaneceram mais estreitamente unidos aos conventuais: os coletenses, os amadeítas, os guadalupenses e os martinianos.

Por outro lado, houve tentativas de anexação dos conventuais tanto por parte dos observantes quanto por parte dos próprios coletenses, mas muitos fatores desaconselhavam aquele evento. Assim, os conventuais mantiveram o seu sistema histórico, conservando o título de *frades menores* simplesmente (Ordem Minorita), até 1517, e realizando suas próprias atividades científicas e acadêmicas, permanecendo nas antigas igrejas e conventos, com institutos universitários e bibliotecas, e cedendo apenas eremitérios e conventos menores — alguns importantes, porém, como os santuários do Vale Reatina (1370-1373), o Alverne (1431), os Cárceres, São Damião e a Porciúncula em Assis (1432), a Custódia da Terra Santa (1434-1439), o convento de Aracoeli em Roma (1445).

No período 1490-1506, por causa do movimento da reforma, muito atuante, os conventuais perderam pelo menos trezentos conventos na França e na Espanha. Por fim, quando toda tentativa de conciliação entre os conventuais e as reformas se revelou inútil, o papa Leão X, com a bula *Ite vos* (29 de maio de 1517), decretou a separação dos conventuais e do grupo das reformas, reunidos em um só corpo (observantes, reformadores, amadeítas, coletenses, clarinos do Santo Evangelho e do Capucho ou descalços — ou seja, os guadalupenses — e outras de qualquer outra denominação).

O grupo das reformas teve assim o seu primeiro ministro-geral na pessoa de padre Cristóvão Numai de Fogli, que já fora vigário-geral cismontano dos observantes (1514-1517) e mais tarde se tornou cardeal, enquanto os conventuais elegeram, no convento dos Santos Apóstolos (nova sede da Cúria generalícia, após a cessão do convento de Aracoeli), o seu 44º geral, a partir de São Francisco, na pessoa do padre diretor Antônio Marcelo de Petris de Cherso.

No momento da separação, os conventuais contavam entre 25 a 30 mil religiosos, com cerca de quarenta províncias e cerca de 1.500 conventos; os observantes, por sua vez, juntamente com as outras reformas unidas a essas, contavam cerca de 30 mil religiosos, com 52 províncias (denominadas "vicariatos", antes da separação) e cerca de 1.500 conventos.

Deve-se assinalar ainda que o grupo das reformas, que assumiu o nome de Frades Menores da Observância (OFM Obs.), obtém do papa o primado jurídico e de honra, bem como o selo da Ordem, ao passo que os conventuais continuaram o seu percurso histórico, com o título de Ordem dos Frades Menores Conventuais (OFM Conv.).

No todo, finalmente, deve-se registrar a presença da Ordem Minorita, não só em todas as nações da Europa, mas também no norte da África, na Pérsia, na Índia, na Mongólia, na China; e depois das novas descobertas, em outras regiões da África (1404) e na América (1493).

Nesse vasto campo de atuação, a Ordem Minorita produziu frutos admiráveis tanto no apostolado interno como externo, com um nível espiritual, no todo, excelente.

No âmbito da santidade, por outro lado, a própria Ordem, até o momento da separação (1517), contava 22 santos, incluindo São Francisco, os três promotores da Observância (são Bernardino de Sena, São João de Capistrano, São Tiago da Marca) e São Diego de Alcalá. Juntavam-se a eles 37 beatos, entre os mais conhecidos: Egídio de Assis, Lucas Belludi de Pádua, Oderico de Pordenone.

No período em questão, a opinião popular aponta cerca de 1.500 beatos, entre os quais o beato Tomás de Celano, primeiro biógrafo de São Francisco, e o beato João Duns Scotus, fundador da escola franciscana. Mas a hagiografia franciscana, por parte de todas as famílias, se enriquecerá com o passar dos tempos, até os nossos dias, com tantas figuras, em parte elevadas à honra dos altares, em parte à espera, e outras talvez apenas na memória: elas estão registradas no *Martyrologium Franciscanum*, de Artur (Paris, 1637-1653; Roma, 1938), que precisa, contudo, de uma atualização até os nossos dias.

Permanecendo ainda no período exposto, deve-se assinalar por fim as personalidades da Ordem, elevadas na hierarquia eclesiástica: 1.200 arcebispos e bispos, entre os quais dez patriarcas, 28 cardeais e três papas (Nicolau III, Alexandre V, denominado o "papa de Pisa", Sisto IV, todos os três da família dos conventuais).

3. AS FAMÍLIAS FRANCISCANAS DE 1517 AOS NOSSOS DIAS. De início, deve-se ressaltar o fato único na história da Igreja, da multiplicidade das reformas, quanto ao número, embora esse fenômeno tenha ocorrido, mas em menor intensidade, em outras instituições religiosas. O fenômeno reformista no interior da Ordem franciscana não se deteve com a união das reformas realizada em 1517. Outras reformas surgiram depois daquele evento. O motivo, uma vez mais, reside no próprio ideal franciscano, sempre aberto a novas expressões, e na tentativa de exprimi-lo mantendo-se fiel às origens.

Foi assim que, poucos anos depois da separação da Ordem, em 1525, houve uma divisão da Observância com a reforma dos "frades menores capuchinhos", nascidos com a intenção de uma observância mais rigorosa da Regra e de professar como obrigatório o "Testamento" de São Francisco, que o papa Gregório IX, como vimos, declarou isento de obrigação (20 de setembro de 1230).

Quase na mesma época dos → CAPUCHINHOS, surgiu uma outra reforma (1518-1532), a dos "frades menores reformados" ou da "observância estrita", a que se seguiu, mais tarde (1540 e 1541), a dos "pasqualitas", assim denominados por causa de seu iniciador, João Pasqual, ou também "descalçados" ou "descalços", porém mais particularmente "alcantarinos", por seu maior promotor, São → PEDRO DE ALCÂNTARA († 1562), então guadalupense: essa reforma inicialmente verificou-se sob a dependência jurídica dos conventuais, e se chamou também família dos "frades menores conventuais reformados".

Mais tarde, como tempo de afirmação, surgiram ainda os "frades menores recoletos" (1560-1570), que, por preferirem um recolhimento (*recollectio*) mais intenso, se reuniram em pequenos conventos de "recoleção", daí o seu nome.

Todas essas novas reformas, com exceção dos frades menores capuchinhos (até 1619 com alguma dependência do ministro-geral dos frades menores conventuais e depois autônomos), e por pouco tempo os "alcantarinos" (também estes com alguma dependência dos frades menores conventuais até 1563), mesmo tendo Constituições próprias, estatutos e privilégios próprios, bem como províncias, custódias e conventos próprios, e seus próprios vigários, procuradores gerais, ministros provinciais e custódios, passaram a obedecer ao único ministro-geral da observância regular. Passou a haver assim quatro famílias sob um único geral: os observantes, os reformados, os alcantarinos, os recoletos, com relativa autonomia das três últimas, que durou até o final do século XIX, quando Leão XIII, com a constituição *Felicitate quadam* (4 de outubro de 1897), reuniu as mencionadas reformas em uma única família, sob um só governo, com uma única organização de províncias e conventos, as mesmas Constituições (as *Leoninas*, a que se seguiram as *Pianas*), bem como o mesmo hábito e regime, além de idênticas hierarquias.

Os religiosos das famílias reunidas foram denominados simplesmente "frades menores", mas, para evitar equívocos e confusões, para que o nome não parecesse exclusivo das famílias reunidas, São Pio X determinou que o nome fosse especificado em "frades menores da união leonina" (enc. *Septimo iam pleno saeculo*, 4 de outubro de 1909; *Paucis ante diebus*, 1º de novembro de 1909; *Seraphici Patriarchae*, 16 de agosto de 1910). Prevaleceu, porém, o nome de "frades menores", ainda vigente.

A união das famílias acima citadas, incompleta no pontificado de Leão XIII, foi retomada por Pio XI e levada a termo por Pio XII (cf. a esse respeito: G. ODOARDI, *San Francesco e i francescani*, Assisi, 1961, 35-46; L. DI FONZO, *loc. cit.*, 34-71).

Até aqui abordamos o aspecto organizativo das famílias franciscanas na sua estrutura original. Vamos agora dar uma rápida olhada em sua respectiva vitalidade interior e exterior, em grandes linhas, até os nossos dias.

Não está em discussão, como é óbvio, a legitimidade do título de *frades menores* para todas as famílias franciscanas, uma vez que todas têm como vínculo histórico o mesmo fundador, São Francisco de Assis, e a mesma Regra, "fundamento e princípio da legislação" de toda a Ordem minorita. Uma única diferença jurídica deve ser destacada sobre a profissão da pobreza, na medida em que os frades menores conventuais aceitaram, como vimos, a propriedade comunitária dos bens, salvo a absoluta pobreza de cada frade, ao passo que os frades menores *simpliciter* e os frades menores capuchinhos atribuem à Santa Sé a propriedade dos bens de que dispõem.

Por outro lado, no que diz respeito a todos os franciscanos, o problema da exclusão do dinheiro, imposto pela Regra, foi resolvido tendo presente "o uso do dinheiro enquanto meio de troca, hoje necessário também para os pobres", o que torna o seu uso lícito, mesmo para eles, à maneira dos pobres.

I. *Os frades menores simpliciter dicti.* Trata-se do corpo das várias reformas reunidas com a divisão da Ordem minorita em 1517. Nem todas as reformas encontraram na união uma convivência autônoma, ainda que relativa. Historicamente, apenas quatro tiveram uma organização própria, ao passo que as outras foram assimiladas, sem uma sobrevivência distinta.

As quatro reformas em questão apresentam-se na história com seu nome distintivo: *frades menores observantes*; *frades menores reformados* (destes, em 1662, surgiu a *Pequena Reforma*, que durou até 1897); *frades menores alcantarinos*; *frades menores recoletos*. Com decreto de Leão

XIII (1897), a essas quatro famílias reunidas atribuiu-se, como vimos, o nome de *frades menores simpliciter*.

Não é fácil agora reconstruir um perfil histórico único das quatro famílias antes da união, uma vez que cada reforma tem sua própria história.

Uma constatação numérica, em um período avançado da vida franciscana das quatro famílias, pode oferecer um critério de avaliação de um caminho religioso percorrido e da simpatia encontrada, bem como da opção na escolha vocacional.

É verdade que esse número deve ser relacionado a um outro subsequente, mais negativo, mas justificado pelos tempos. Na estatística de 1762, as quatro famílias contavam no todo 76.900 religiosos, número considerado o maior na história dos franciscanos, tão repleta de obras e benemerências na Igreja, considerando a sua presença geográfica em todo o mundo então conhecido.

Na véspera da união, em 1897, contudo, aquele número tão elevado descera para 14.780 religiosos. A motivação é comum a todas as instituições religiosas, que tiveram de sofrer abalos externos, com as várias supressões impostas nos séculos XVIII-XIX. O centro de gravidade desse fenômeno para os franciscanos foi, infelizmente, a Itália, com a perda de 55% das províncias, e de 51% dos religiosos (cf. E. Frascadore, Frati minori simpliciter, in *Dizionario degli Istituti di Perfezione*, IV, 866).

A redução do número continuou na Itália mesmo depois da união de 1897, mas em compensação houve um aumento no número de frades e expansão geográfica com a migração para a América, bem como pela maior afluência de vocações em outras províncias da Europa.

De 1920 a 1963, contudo, registra-se como fenômeno comum a todos os institutos religiosos um reflorescimento numérico dos religiosos; fenômeno que infelizmente se inverteu após o Concílio Vaticano II, ainda que em percentuais diferentes, em todos os institutos religiosos, a ponto de constituir o problema alarmante da crise religiosa!

No entanto, nestes últimos anos houve prenúncios de retomada que parecem pôr fim à desagregação ocorrida no campo religioso após o Concílio.

Uma estatística recente traz os seguintes números: frades (incluindo os noviços), 20.295; conventos, 3.001.

Mas a história não é feita só de números, e sim de fatos e de obras. A Ordem dos frades menores *simpliciter dicti*, tanto antes como depois da união, empenhou-se bastante em todos os campos com suas atividades pastorais e com o imenso trabalho em terras de missão, em muitas partes do mundo, bem como no campo intelectual (cf. *Dizionario degli Istituti di Perfezione*, IV, 869-903).

Deve-se lembrar, particularmente, no plano intelectual, a atividade editorial dos padres de Quaracchi (outrora nas proximidades de Florença, agora em Grottaferrata, Roma); o "Pontificium Athenaeum Antonianum", com os institutos anexos: Instituto Apostólico, Instituto Pedagógico Franciscano, Instituto Franciscano de Espiritualidade (este último promovido e dirigido pelos frades menores capuchinhos); a Escola Franciscana de Jerusalém (parte integrante do Antonianum desde 1960); a "Commissio scotistica", para a edição crítica da *Opera omnia* de Duns Scotus, O. Min. († 1308); a "Academia Mariana Internationalis", fundada em 1946 e declarada pontifícia em 1959; a universidade de São Boaventura, nos Estados Unidos (Nova York), reconhecida pelo Estado em 1950; no que diz respeito a fundação e organização, a Universidade Católica do Sagrado Coração em Milão, em 1921, por parte do padre Agostino Gemelli, OFM, reconhecida pelo Estado italiano em 1924; o Instituto Bíblico fundado em Pequim em 1945 e transferido para Hong-Kong em 1948, ligado ao padre Gabriele Allegra e sua tradução da Bíblia para o chinês (cf. Ch. Bigi, in *Dizionario degli Istituti di Perfezione*, IV, 895-904).

E, finalmente, a grande profusão de santos: de 1517 aos nossos dias contaram-se 29, entre os quais São Pedro de Alcântara (mais ligado aos conventuais que aos observantes, porém; os seus alcantarinos foram unidos a estes últimos pela Ordem poucos meses antes da morte do santo [12-4-1562, † 10-8-1562] e pela Igreja poucos meses depois [25-1-1563]); São Pasqual Baylon († 1592), São Francisco Solano († 1610), São → Carlos de Sezze, irmão leigo e escritor fecundo de livros espirituais; São Teófilo de Corte († 1740), São → Leonardo de Porto Maurício († 1751), promotor da *via crucis* (M. Bertagna, in *Dizionario degli Istituti di Perfezione*, IV, 904-910); L. Iriarte, *Storia del francescanesimo*, Napoli, 1982, 619-622). Até esta data há também 47 beatos, bem como um bom número de veneráveis e de causas em curso.

II. *Os frades menores conventuais.* Com a bula de separação *Ite vos*, a família dos conventuais viu-se de algum modo em uma situação de inferioridade, pela passagem do seu primado jurídico ao corpo das reformas reunidas com os observantes. Conservou, contudo, a sua autonomia, e, superadas as dificuldades, o título de *ministro* para os seus superiores (havia sido imposto o de *mestre*: cf. G. ODOARDI, in *I frati minori conventuali. Storia e vita [1209-1976]*, Roma, 1978, 115-122).

Conservou, sobretudo, o direito inalienável de primado histórico, por sua primogenitura, como reconheceu o próprio papa Bento XIII: "inter ceteros Ordines sub uno et eodem Seraphico Patre et Capite Deo formulantes, vetustissimus…" (*Singularis devotio*, 5-7-1726).

De resto, o conventualismo, ou melhor, *conventualidade*, historicamente ligado para os conventuais à elevação de suas igrejas, "ubi conventus existuntis", a igrejas conventuais, segundo a concessão de Inocêncio IV (bula *Cum tamquam*, 5 de abril de 1250, 21 de abril de 1252), assumiu um significado relacionado ao desenvolvimento das instituições religiosas, comum também a outras Ordens religiosas, e indicava a passagem a um estado mais maduro, evoluído e dinâmico de uma estrutura religiosa, sem contudo afetar a essência do ideal, mesmo atenuando, nos limites das concessões pontifícias, o seu rigor original. Essa situação já se manifestava na época de São Boaventura, que se tornou o principal intérprete e autêntico modelo de vida conventual, segundo a observação histórica do cardeal Erhle: "São Boaventura", afirma o eminente estudioso, "representa a *comunidade* em sua forma mais bela e mais correta. Ele pensava que não era nem interesse da Igreja nem interesse do Instituto voltar à vida austera, praticada pelos frades menores no vale de Spoleto. Ele considerava o progresso da Ordem ao mesmo tempo natural e necessário, e era favorável a ela. Contudo, queria firmemente que o espírito do fundador animasse o progresso e a mudança de disciplina, que circunstâncias diferentes haviam imposto" (in *Archiv fur Literatur-und Kirchengeschichte des Mittlelaters*, III, Berlim, 1887, 591).

E foi assim que a conventualidade, por si só, em geral nunca foi expressão de relaxamento de uma instituição religiosa, e sim exigência de adequação aos tempos, coincidente com a fase da sua maior afirmação organizativa, dinâmica e expansiva, preservando sempre a integridade interior da sua espiritualidade. Os abusos e as decadências, testemunhados pela história, têm origem bem diferente!

A família dos conventuais, no seu conjunto, ateve-se a esse estilo de vida, mesmo registrando fases negativas, ligadas contudo a estratos parciais, e não à sua totalidade!

No momento da divisão da Ordem conservou o qualificativo "conventual", como título especificador e distintivo, mas também outros qualificativos distinguiram os seus membros, segundo o costume das várias nações: assim, "minoritas" na Alemanha, Áustria, Boemia e Hungria; "frades cinzas" (*Grey Friars*), devido ao antigo hábito cinzento, na Inglaterra; "cordeliers" nos países de língua francesa; "franciscanos" na Polônia e na América.

Os frades menores conventuais, como todas as outras famílias franciscanas, professam a Regra II de São Francisco, a denominada "bulada", por ter sido aprovada com a bula *Solet annuere* de Honório III (1223), cujo original se conserva ainda na basílica de São Francisco de Assis, sob a guarda dos próprios frades menores conventuais. Com a Regra, os frades obedecem a Constituições próprias, no mínimo 25 alternadas, desde a *Antiquae*, realizada em Roma em 1239, às vigentes, as *Assisenses* (1983), aprovadas pela Sagrada Congregação dos Religiosos em 2 de outubro de 1984, e promulgadas em 4 de outubro do mesmo ano.

Sobre a expansão dos frades menores conventuais, partindo do momento da divisão (1517), quando contava cerca de 25 a 30 mil religiosos, com mais ou menos quarenta províncias (incluindo as 34 tradicionais do tempo de São Boaventura), e cerca de 1.500 conventos, depois de várias vicissitudes desceu-se, segundo um cálculo de 1586, a 25 províncias mais quatro vicariatos-missões, com cerca de mil conventos e mais ou menos 20 mil religiosos.

No plano da atividade, a família conventual distinguiu-se particularmente no apostolado pastoral nos dois célebres santuários das basílicas de São Francisco de Assis e Santo Antônio em Pádua, e em outras basílicas da Ordem, como as de São Francisco em Bolonha, da Santa Cruz em Florença, Santa Maria Gloriosa dos Frades em Veneza, São Lourenço Maior em Nápoles, São Francisco em Palermo. Atuou no campo missionário na Ásia, África e nas Américas; e adquiriu um mérito especial no campo dos estudos, com os seus mestres nas cátedras universitárias da Itália e da Europa, e com a fundação de uma nova escola universitária em Roma, o Colégio Sistino em São Boaventura, com a faculdade de conferir o doutorado em teologia (Sisto V, *Ineffabilis divinae*, 18 de dezembro de 1587).

Deve-se lembrar ainda a presença de 91 conventuais no Concílio de Trento (1545-1563), particularmente do bispo Cornélio Musso, denominado "o braço direito do Concílio", mas sobretudo a elevação ao papado de outros dois conventuais: Sisto V e Clemente XIV. Entre os homens eminentes no campo doutrinal e artístico, deve-se mencionar especialmente outros célebres teólogos, como, entre outros, Angelo Volpi († 1647), Bartolomeo Mastrio, denominado "mestre dos scotistas" († 1693), o matemático Luca Pacioli († 1517), o astrônomo Hilário Astrobelli († 1637), o cosmógrafo Vincenzo Coronelli († 1718), o historiador Giovanni Giacinto Sbaraglia († 1764), o músico mundialmente famoso Giambattista Martini († 1784), o pedagogo Gregorio Girard († 1850).

Mas o destaque maior cabe ao florescimento da santidade: desde 1517 até aqui houve três Santos: São José de Copertino († 1663), São Francisco Antônio Fasani († 1742), São Maximiliano Kolbe († 1941); três beatos reconhecidos: Boaventura de Ponteza († 1711) e dois mártires: João Francisco Burté († 1792), João Batista Triquerie († 1794), ambos pertencentes aos 38 mártires conventuais da Revolução francesa; 8 veneráveis, entre os quais o bispo Antônio Lucci († 1752) e o místico Benvenuto Bambozzi († 1875), além dos inúmeros religiosos mortos em conceito de santidade.

Finalmente, acerca da situação da família dos conventuais nos últimos tempos devem-se registrar os momentos penosos, que redimensionaram notavelmente a estrutura dos religiosos e as casas a eles pertencentes, que por sua amplitude e centralidade foram convertidas em casernas, museus, salões, escolas, círculos, escritórios públicos.

Desde o momento de esplendor do século XVIII, quando os conventuais, após várias passagens dolorosas, podiam contar com 25 mil religiosos em quarenta províncias, duas missões e 1.257 conventos, no final do século XIX (1895), segundo uma estatística, havia: 1.480 religiosos, 22 províncias, uma missão e 306 conventos. Essa redução desastrosa está ligada às supressões, que atingem a família conventual, talvez mais do que qualquer outro instituto religioso, a começar das repressões regalistas, à Revolução francesa do século XVIII, às supressões napoleônicas e à italiana do século XIX.

Essa foi uma tempestade devastadora, mas também purificadora, a que se seguiu um vigoroso renascimento, especialmente desde o início do século XX até os nossos dias, também com a ampliação missionária: na África, na Ásia, na Oceania, na América do Sul, além de uma afirmação maior na América do Norte com atividades mais diversificadas (*Rinascita serafica*, Roma, 1951).

No novo período deve-se atribuir um mérito especial à figura do novo Santo, Maximiliano Kolbe (canonizado em 1982), mártir e santo do "nosso difícil tempo" (assim definido por João Paulo II), com a sua iniciativa, em nível mundial, a "Milícia de Maria Imaculada", e a fundação de duas Cidades da Imaculada (uma na Polônia, Niepokalanow, e a outra no Japão, Mugenzaino-Sono), com um conjunto de obras religiosas, editoriais, sociais.

No campo intelectual, deve-se lembrar a atividade da Pontifícia Faculdade Teológica de São Boaventura — "Seraphicum" — em Roma, com a sua revista oficial *Miscellanea Francescana* de ciências teológicas e estudos franciscanos; bem como, enquanto realização no âmbito científico, a obra de grande interesse como o *Bullarium Franciscanum* (iniciado por Sbaraglia e continuado por Eubel); e especialmente, no plano eclesial, a poderosa obra da *Hierarchia Catholica*, também ligada a Eubel, assim como aos padres Ritzler e Sefrim, que a levaram adiante até o pontificado de São Pio X.

Ainda no plano intelectual, pode-se lembrar a fundação, em várias cidades da Itália, das escolas e institutos teológicos para leigos, dos quais dois ainda se mantêm (em Pádua, junto à basílica do Santo, e em Florença, no convento da basílica da Santa Cruz), com a difusão da revista bimestral *Città di Vita*, órgão oficial de tais escolas e institutos. Outras revistas de caráter cultural são *O Santo*, de Pádua, o *Miles Immaculatae*, de Roma, *Schede Medievali*, de Palermo, *Biblioteca Francescana Sarda*, de Oristano. Dois centros característicos de cultura e espiritualidade: o Centro Dantesco de Ravenna na Tumba de Dante, e o Centro de Attività Varie de Carini (Palermo). Para uma visão de conjunto das atividades dos conventuais em todos os campos, cf. G. ODOARDI, "Frati minori conventuali", in *I frati minori conventuali. Storia e vita (1209-1976)*, cit., 153-176.

Uma estatística recente fornece os seguintes dados: frades (incluindo os noviços) 4.127; conventos, 665.

III. *Os frades menores capuchinhos.* Surgidos logo depois da divisão da Ordem minorita (1517) em 1525, por iniciativa de Matteo de Bascio, frade menor observante, com a ajuda de Ludovico de Fossombrone, os frades menores capuchinhos (assim chamados por causa do capuz alongado de seu hábito) receberam o seu reconhecimento jurídico no pontificado de Clemente VII, com a bula *Religionis zelus* (2 de julho de 1528).

A nova reforma se propunha um retorno radical ao mais autêntico "franciscanismo". De fato encontrou uma aceitação entusiasta entre os melhores frades observantes como, entre outros, Bernardino de Asti, Francisco de Iesi, João de Fano.

As características da reforma se condensam nestes traços: simplicidade austera, busca de intensa → VIDA INTERIOR, apostolado multiforme, especialmente através da pregação popular.

Dez anos depois de inaugurada, a reforma contava com setecentos religiosos, distribuídos em doze províncias. Depois de cinquenta anos, apesar do escândalo suscitado pela apostasia de Bernardino Ochino, terceiro vigário-geral, que se converteu ao calvinismo em 1542, o instituto se multiplicara admiravelmente, com 3.500 religiosos em dezoito províncias. Até 1574, foram obrigados, por decisão pontifícia (5 de janeiro de 1534), a se difundir apenas na Itália; mas em 1574, Gregório XIII concedeu-lhes a permissão de se espalhar também além dos Alpes, devido à fama e acolhida que conquistaram em todas as partes: desse modo, em pouco tempo se difundiram na França, na Espanha, na Suíça, no Tirol, na Boemia, na Baviera, na Renânia e na Irlanda.

Passados cem anos desde o seu início (1525-1625), o número de religiosos subira para 16.697, em 42 províncias e 1.260 conventos. Eram amados pelo povo por seu estilo de vida. Os capuchinhos professavam a Regra franciscana, a bulada (1223), mas com a obrigação de observar também o Testamento de São Francisco.

Sua personalidade, nesse período de evolução, como se reconhece historicamente, foi garantida por sua própria dependência jurídica dos frades menores conventuais, que impediu qualquer tipo de absorção, como ocorreu com outras reformas. Em 1619, Paulo V concedeu-lhes a autonomia.

Na história, contam com uma gloriosa tradição de espiritualidade, tanto experiencial quanto literária. Em um segundo período, destacou-se muito também a sua contribuição no plano científico, De maneira especial, deve-se lembrar o grande mestre, Doutor da Igreja, São → LOURENÇO DE BRINDISI († 1619), cuja *Opera omnia*, reunida em 15 grandes volumes, com o acréscimo de dois apêndices, foi publicada em Pádua (1928-1964).

No plano da santidade, encontram-se muitas figuras elevadas à honra dos altares. Entre os Santos: São Félix de Cantalice († 1587), o amável e divertido apóstolo de Roma; São Serafim de Montegranaro († 1604); São José de Leonessa († 1612); o já citado São Lourenço de Brindisi († 1619); São Fidel de Sigmaringen († 1622), o protomártir de Propaganda Fide; São Crispino de Viterbo († 1750); Santo Inácio de Laconi († 1781); São Francisco Maria de Camporosso († 1866); São Conrado de Parzham († 1894); São Leopoldo de Calstelnuovo († 1942), o apóstolo do confessionário. A essas figuras devem-se acrescentar inúmeros beatos e outros cuja causa de canonização já foi iniciada.

Quanto ao apostolado, tanto interno quanto externo, foi imenso o mérito da família dos capuchinhos, por tudo o que fizeram, quer no mundo católico, quer pela conversão dos heréticos e dos cismáticos, mas sobretudo no campo missionário; no Oriente Médio, na África, tanto ocidental quanto norte-ocidental, no Centro-equatorial, no sul da Ásia, na América do Norte, do Sul e Central. Segundo uma estatística de 1975, contavam-se 58 missões, com 1.562 missionários (IRIARTE, *Storia del francescanesimo*, 503).

Por fim, em relação às atividades científicas, deve-se lembrar, entre outras, a publicação de inúmeras revistas de alto nível, entre as quais: *Études Franciscaines* (1899-), *Estudios Franciscanos* (Barcelona, 1907-); *Collectanea Franciscana* e *Bibliographia Franciscana* (Assis-Roma, 1931-); *Laurentianum* (Roma, 1960-). Uma das iniciativas, no campo educacional, foi da fundação do Instituto Franciscano de Espiritualidade, anexo ao "Antonianum", mas dirigido pelos frades menores capuchinhos.

Segundo uma estatística recente, os capuchinhos contam: frades (incluindo os noviços), 11.878; conventos, 1.659 (cf. em relação a isso, com mais detalhes, MELCHIORRE DA POBLADURA, in *Dizionario degli Istituti di Perfezione*, II, 203-

252; IRIARTE, *Storia del francescanesimo*, 259-290.298-302.364-369.482-486.502-506).

d) *Os franciscanos hoje*. O fenômeno reformista recorrente no franciscanismo sem dúvida trouxe frutos positivos através dos tempos, mas também, às vezes, espetáculo não edificante, ocasionado por uma aspiração a querer impor a toda a estrutura franciscana o seu estilo de vida, professado por uma ou pela outra reforma.

Hoje, porém, predomina a visão de um "pluralismo franciscano", com uma tendência à unidade de ação através da colaboração, mesmo preservando a própria individualidade. É uma pluralidade de expressão na unidade de uma mesma Regra, com Constituições próprias.

Talvez esse pluralismo autônomo pudesse ser evitado com o passar do tempo, mas seria necessária uma mentalidade diretiva como a de São Boaventura, a que se refere o escritor franciscano L. Lemmens: "Na Regra havia lugar para dois grupos. Só era necessária nas duas partes prudência e boa vontade, e foi precisamente isso que muitas vezes faltou. Quanto maior bem teria realizado a Ordem, quantos escândalos e dissabores teriam sido evitados no mundo e na Igreja, se se tivesse atido às concepções e ao exemplo de São Boaventura, se os conventos e os eremitérios tivessem agido pacificamente de acordo, se se tivessem edificado e renovado reciprocamente, se o impulso fatal para a divisão tivesse sido impedido e corrigido a tempo" (*San Bonaventura cardinale e dottore della Chiesa*, vers. ital. Milano, 1921, 198).

Seja como for, permanece a consciência do carisma franciscano, com a vontade de o expressar com coerência e fidelidade ao ideal professado no tempo presente.

BIBLIOGRAFIA. Eis uma breve seleção, com remissão à bibliografia mais ampla sobre São Francisco: BENOTTI, F. A. *Compendio di storia minoritica*. Pesaro, 1829; CRESI, D. *San Francesco e i suoi Ordini*. Firenze, 1955; ESSER, G. *Origini e inizi del movimento e dell'Ordine Francescano*. Milano, 1975; FONZO, L. DI – ODOARDI, G. – POMPEI, A. *I frati minori conventuali. Storia e vita (1209-1976)*. Roma, 1978; FONZO, L. DI. I francescani. In ESCOBAR, M. (org.). *Ordini e Congregazioni religiose*. Torino, 1951, 157-220, vl. I (até 1517); Frati minori *simpliciter dicti*. In *Dizionario degli Istituti di Perfezione* IV (1977) 839-910; GEMELLI, A. *Il francescanesimo*. Milano, 1956-7; HOLZAPFEL, H. *Manuale historiae Ordinis Fratrum Minorum*. Freiburg i. Br., 1909; IRIARTE, L. *Storia del francescanesimo*. Napoli, 1982; *Dizionario Francescano*. Padova, 1984; LOMBARDI, T. *Storia del francescanesimo*. Padova, 1980; MELCHIORRE DA POBLADURA. Cappuccini, Ordine dei frati minori cappuccini. In *Dizionario degli Istituti di Perfezione*,II (1973) 203-52; SESSEVALLE, F. DE. *Histoire générale de l'Ordre de St. François*. Paris, 1935-7, 2 vls. (até 1517); STANISLAO DA CAMPAGNOLA. *Le origini francescane come problema storiografico*. Perugia, 1974.

A. BLASUCCI

FRANCISCO DE ASSIS (São).

1. NOTA BIOGRÁFICA. Nasceu em Assis nos primeiros meses de 1182 ou, segundo outras informações, no final de 1181, filho de Giovanna, denominada senhora Pica, e de Pietro de Bernardone, rico comerciante de tecidos, ambos naturais daquela cidade (não parece admissível a origem provençal atribuída à mãe de Francisco). No batismo recebeu o nome de João Batista, conferido pela mãe, na ausência do pai, que queria chamá-lo de Francisco, por sua simpatia para com a França, que muito o ajudara em sua atividade comercial. O nascimento de Francisco teve circunstâncias semelhantes às do divino Redentor: em um presépio improvisado no térreo da casa paterna, segundo o desejo da mãe no momento do parto, o que foi considerado um capricho de parturiente, daí o sobrenome de Pica (de picaismo: desejos de mulheres grávidas). Francisco lembrará mais tarde "a humildade de seu nascimento" (CEL. I, 53), aludindo provavelmente ao estábulo improvisado, em que nasceu entre um boi e um asno.

De inteligência viva e penetrante, de espírito ardente e sonhador, de caráter nobre e magnânimo, Francisco destacou-se na sua juventude entre seus coetâneos como o rei das festas e dos grupos animados. Apesar disso, manteve ilibados os seus costumes.

Em busca de fama via o caminho das armas e da cavalaria, abandonou a ocupação paterna e participou da guerra entre Assis e Perúgia, mas com a derrota de sua cidade foi aprisionado (1202-1203). Ao ser libertado, aspirou ainda à vida cavalheiresca e pensou em viajar para a Apúlia (1205), para se colocar a serviço de Gualtieri de Brienne, ou do conde Gentile (Gualtieri de Palearis?), que lutava em favor do papa, pela proteção da tutela dos direitos de Frederico II, ainda menor de idade. Na noite em que se preparava para partir, teve um misterioso sonho de um castelo repleto de armas cruzadas e de insígnias cavalheirescas, reservadas, de acordo com a voz que respondeu a sua pergunta, a ele e a seus cavaleiros (Cel. I, 5). Em Spoleto, depois, também de noite, o Senhor pediu-lhe que retornasse, para seguir "o senhor e não o servo" (São Boaventura, *Legenda maior*, c. 1, n. 3). Apreciava a solidão e, para permanecer longamente em oração, retirava-se para uma gruta da cidade (Cel., I, 6), onde, segundo São Boaventura, teve a primeira aparição do Crucificado (op. cit., c. 1, n. 5).

Sua vocação adquiriu contornos mais nítidos em São Damião, pequena igreja nos arredores de Assis, onde o santo, inteiramente absorto na oração, ouviu de Jesus Crucificado, ao menos três vezes, as famosas palavras do convite: "Francisco, vai e repara a minha igreja, que, como vês, está toda em ruínas" (Cel. II, 10; São Boaventura, op. cit., c. 2, n. 1). É verdade que, na ocasião, Francisco interpretou a solicitação em sentido material e se dedicou a restaurar a igrejinha onde rezava, realmente necessitada de reforma. Mas depois compreendeu o elevado sentido da mensagem e pensou na restauração moral da Igreja.

Em março-abril de 1206 ocorreu o que seus biógrafos chamam de sua "perfeita conversão", ou seja, a renúncia à herança paterna feita de forma espetacular na presença do bispo de Assis, Guido II, a quem o santo já antes pedia aconselhamento.

Depois de ter vivido por algum tempo uma vida eremítica e de "arauto do grande Rei" (1207), Francisco encontrou finalmente o seu programa de vida na leitura do Evangelho dos apóstolos ou da pobreza, na igrejinha da Porciúncula (início de abril de 1208; segundo outros, 24 de fevereiro de 1208 ou 1209, festa de São Matias Apóstolo; para outros, 23 de fevereiro de 1208). Vestiu então uma túnica rústica, à maneira dos camponeses da Úmbria, e, amarrando à cintura uma corda branca, dedicou-se a pregar o Evangelho, a penitência, a pobreza, a paz.

Homens de talento, atraídos por seu ideal, dispuseram-se a segui-lo: Bernardo de Quintavalle, rico mercador; Pedro Cattani, doutor em leis (16 de abril de 1208), Egídio de Assis (23 de abril de 1209), ingênuo e arguto camponês; e outros, até atingir, incluindo Francisco, o número de doze. Antes de admitir os seus dois primeiros discípulos, porém, Francisco quis consultar o Senhor mais uma vez, na pequena igreja de São Nicolau, perto da praça de Assis. Abrindo três vezes o Evangelho em nome da Trindade, por três vezes seus olhos recaíram sobre o tema da pobreza (Mt 19,21; Lc 9,23; Mt 16,24; cf. Cel. II, 15).

Com seus companheiros, Francisco escolheu como primeira casa o tugúrio [casebre] de Rivotorto (na planície de Assis), onde estabeleceu uma norma de vida (*formulae vitae* ou *regula evangelii*), a primeira Regra franciscana, embrionária, para ser mais preciso, composta principalmente de trechos do Evangelho, que depois é aprovada oralmente por Inocêncio II (16 de abril de 1209; 1210, para outros).

Seguiram-se as primeiras missões na Itália e no exterior. Francisco, já ordenado diácono (por humildade não assumiu o sacerdócio), passou a percorrer as cidades e as regiões, pregando a todos, sem distinção de classes, uma mensagem de vida, que se resumia na saudação "Paz e Bem" (*Legenda trium sociorum*, n. 26). Sua pregação era simples, mas ao mesmo tempo repleta de conceitos e profunda. Seu primeiro biógrafo assim o retrata nesse apostolado: "Preenchia todas as terras do Evangelho de Cristo, anunciando o reino de Deus e edificando os ouvintes tanto com o exemplo quanto com a palavra — *de toto corpore fecerat linguam*" (Cel. I, 97). Percebia-se nele um "novo evangelista", quase um "homem do outro mundo", uma "nova luz enviada do céu para a terra", para iluminar e chamar todos à realidade de Deus (cf. Cel. I, 23-36.89.97; Id., II, 107).

Devorado pela sede de almas, com o objetivo de alcançá-las o mais amplamente possível, Francisco fundou três Ordens, que ostentam orgulhosamente o seu nome: a Primeira Ordem, denominada dos *frades menores* (1209); a Segunda Ordem (1212), chamada num primeiro momento das *pobres senhoras de São Damião* e depois, após a morte de Santa Clara, cofundadora († 1253), das *clarissas*; e a Ordem Terceira, denominada dos *penitentes terciários* (1221), atualmente Ordem Franciscana Secular (OFS).

O santo abriu para seus seguidores o campo das missões (1217-1219), e ele mesmo fez pessoalmente uma tentativa de realizá-las, primeiro na Palestina (1212-1213), depois na Espanha e no Marrocos (1213-1214), sem sucesso, e finalmente na Terra Santa, Síria e Egito (1219-1220), onde teve a oportunidade de pregar "na presença do Soldan soberbo" (Dante, *Paraíso*, XI, 101; Cel. I, 55-57; São Boaventura, c. 9, n. 5-9).

Por intercessão de Nossa Senhora dos Anjos, em julho de 1216, Francisco obtém do Senhor o grande Perdão ou Indulgência da Porciúncula, confirmado depois, em 2 de agosto, pelo recém-eleito papa Honório III.

Ao retornar do Oriente, por volta da metade de 1220, depois de ter deixado em parte o governo da Ordem aos seus vigários Pedro Cattani (1220-1221) e frei Elias (1221-1227), dedicou-se à formulação de uma Regra mais ampla (*Regula I*), a que se seguiu outra, mais restrita, em doze capítulos (*Regula II*, denominada "bulada"), ditada pelo Santo a frei Leão, sob especial assistência divina, contribuindo com o seu iluminado conselho o cardeal protetor da Ordem, Hugolino, depois papa com o nome de Gregório IX.

Mesmo não partidário da ciência, Francisco não se opôs a ela, mas mostrou a sua apreciação autorizando a abertura da primeira escola franciscana de teologia em Bolonha, e aprovando Santo → ANTÔNIO DE PÁDUA, que por reverência chamada de "seu bispo", primeiro a lecionar nela (1223-1224).

Na noite de Natal de 1223, em Greccio, perto de Rieti, Francisco fez com que se representasse a natividade do Senhor, com a intervenção do boi e do burrinho, ao lado da manjedoura, situada sob o altar onde é clebrado o sacrifício eucarístico, com grande alegria de sua alma, favorecida pela presença do Menino Jesus entre seus braços (CEL. I, 84-87; SÃO BOAVENTURA, op. cit., c. 10, n. 7). Esse episódio refletia o ardor do seu amor por Cristo, que ele busca revivendo com paixão os mistérios da sua humanidade. Ele contemplava o Cristo pobre, e dele se aproximava por meio da imitação amorosa integral. Interiormente todo transformado nele, em 14 de setembro (com festa em 17 de setembro) de 1224, sobre La Verna, recebe do próprio divino Crucificado, que lhe apareceu sob a forma de um serafim alado, os sagrados → ESTIGMAS, "selo" externo da sua conformidade interior a ele, e "bula celeste", que o apresentava como "doutor autêntico" da perfeição evangélica (SÃO BOAVENTURA, op. cit., c. 13, n. 9; ID., *Apologia pauperum*, c. 3, n. 10; VIII, 247a; ID., *De S.P.N. Francisco*, serm. 5; IX, 593a).

Com as forças abaladas e afligido por vários males, o último dos quais afetou os olhos (glaucoma ou tracoma de córnea), não desistia de se doar às almas, viajando "no lombo de um burro", "não podendo caminhar a pé" (CEL. I, 98), e dirigindo "a todos os fiéis" e "aos governantes dos povos" missivas e exortações, para que guardassem "as odoríferas palavras do Senhor" (*Op.S.P. Francisci*, Quaracchi 1949, 87-98.111-112).

Morreu na Porciúncula, no final da tarde do sábado, 3 de outubro de 1226, com cerca de 45 anos de idade, deposto sobre a terra nua, cantando e dando as boas-vindas à própria morte, a quem chamava de "irmã" (CEL. II, 217), como chamara de "irmãs" às suas enfermidades. A morte era para ele "a porta da vida" (*Ibid.*). Sua alma, voando "bem-aventuradamente para Deus" (*Ibid.*), foi vista pelo frei beato Tiago de Assis, "transportada diretamente ao céu, sob a forma de fulgidíssima estrela", "pousada sobre uma cândida nuvenzinha" (SÃO BOAVENTURA, op. cit., c. 14, n. 6; CEL. I, 110).

Na madrugada do dia seguinte, 4 de outubro, o corpo do santo foi levado de Santa Maria dos Anjos em Assis, passando por São Damião, onde recebeu de Santa Clara e das clarissas a despedida final, foi deposto num primeiro momento na cripta da igreja paroquial de São Jorge (onde fica a atual igreja de Santa Clara); após a construção da basílica inferior, na parte baixa da cidade, anteriormente denominada "Colina do inferno", que Gregório IX chamou de "Colina do paraíso", foi definitivamente sepultado, em 25 de maio de 1230, sob o altar principal da nova igreja, dedicada a ele, onde ainda repousa, mesmo depois de ter sido encontrado, em 1818, no mesmo sarcófago de pedra.

Gregório IX elevou Francisco às honras dos altares na própria Assis, em 16 de julho de 1228, na presença, entre outros, de João de Brienne, rei de Jerusalém († em 1237 como frade menor), da mãe, senhora Pica († 1236) e do irmão Ângelo († 1228-1229). O próprio papa fixou a festa do santo em 4 de outubro.

A atualidade de Francisco através dos séculos é atestada por sua própria exaltação e influência exercida em todos os campos, religioso, social, artístico, cultural, bem como pelos reconhecimentos e atribuições da Igreja. Pio VII o declarou protetor do pontificado romano; Bento XV proclamou-o patrono particular da → AÇÃO CATÓLICA (16 de setembro de 1916); Pio XII, por sua vez, primeiro patrono da Itália, juntamente com Santa → CATARINA DE SENA (18 de junho de 1939), e patrono especial de todos os comerciantes italianos (23 de fevereiro de 1952). O papa João Paulo II, por fim, com a bula de 29 de novembro de 1979, proclamou-o patrono dos defensores da → ECOLOGIA. Está em andamento a petição ao Sumo Pontífice para a proclamação de Francisco patrono universal dos turistas (cf. C. CAPPELLO, *Un ideale francescano per i turisti*, Milano, 1965).

2. OS ESCRITOS. Francisco não foi um escritor no sentido profissional. Aliás, faltava-lhe cultura sistemática, tanto profana quanto sacra, a ponto de se considerar pessoalmente um "idiota" (*Testamentum*; *Opuscula*, 79). Era dotado, porém, de uma sabedoria não adquirida, que lhe permitia penetrar "o significado mais recôndito dos mistérios" e alcançar com o seu "intelecto de amante" "aquilo que permanecia inacessível à ciência dos mestres" (Cel. II, 102). Muitas vezes resolvia oralmente questões controversas e, "sem nenhuma arte no dizer, revelava uma grande inteligência e perspicácia" (*Ibid.*).

Os escritos de Francisco, poucos em quantidade, mas preciosos como documentos dessa sabedoria celeste, constituem o meio mais direto de conhecer sua espiritualidade pessoal.

Até 1976, editores críticos e estudiosos dos escritos de Francisco haviam estabelecido uma lista de 21 escritos autênticos, considerando outros duvidosos ou espúrios. Na edição crítica organizada pelo franciscano G. Esser (cf. *Opuscula Sancti Patris Francisci Assisiensis*, Grottaferrata, 1978), porém, os considerados autênticos seriam 28, mas no 28º estariam incluídos oito opúsculos ditados pelo santo, entre os quais uma *carta a Giacomina dei Settesoli* e o *Diálogo da perfeita alegria*, contido também nos *Fioretti*, mas de forma mais ampliada e dramatizada.

Em sentido amplo, esses escritos são chamados de *opúsculos*, mas não passam de breves composições que, segundo o conteúdo, podem ser divididas em quatro grupos: 1) *textos legislativos*, entre os quais a *Regra I* não bulada, de 23 capítulos (1221), que inclui a primeira "*formula vitae*" ou "Protorregra" da Ordem, aprovada verbalmente por Inocêncio III em 1209; a *Regra II* de doze capítulos, denominada bulada, por ter sido aprovada por Honório III em 29 de novembro de 1223, com a bula *Solet annuere*, ainda em vigor na Primeira Ordem Franciscana; 2) *Advertências e exortações*, entre as quais os *Verba admnonitionis* para os frades em 28 capítulos; o *Testamentum* de agosto-setembro de 1226, que o santo chamou de "uma lembrança, uma advertência, uma exortação", sem valor jurídico, por isso não obrigatório, como foi declarado por Gregório IX (*Quo elongati*, 30 de setembro de 1230); 3) *Nove cartas*, em particular a dirigida a *todos os fiéis*, eclesiásticos e leigos (uma em redação mais sucinta; a segunda, posterior, muito mais longa); uma outra aos clérigos, intitulada *De reverentia Corporis Domini*, uma outra a toda a Ordem (1223); outra a frei Leão (autógrafo que se conserva na catedral de Spoleto; outra a Santo Antônio de Pádua, à maneira de um bilhete, com que era autorizado a ensinar teologia aos frades (1123-1124); outra, finalmente, *Ad populorum rectores*, ou seja, aos magistrados e cônsules das cidades; 4) *Orações, Hinos, Cânticos*, entre os quais as *Laudes Dei* no verso da *chartula* de bênção a frei Leão (1224), autógrafo conservado na basílica de São Francisco em Assis; as *Laudes Domini*, com a paráfrase do *Pater noster*; o *Officium Passionis Domini*; a *Salutatio virtutum*, elogio de algumas virtudes apreciadas pelo santo; a *Salutatio B. Virginis*, louvor a → MARIA SANTÍSSIMA em forma de litania; e, finalmente, o *Cântico das Criaturas* e o *Cântico do Irmão Sol* (1224-1225), único escrito em língua vulgar conservado do santo, considerado uma pequena joia do nascente idioma italiano, além de expressão da maturidade espiritual de Francisco.

Além dos escritos autênticos, podem-se assinalar alguns escritos de atribuição duvidosa ou inteiramente espúrios, no mínimo 24 segundo o estudo crítico de Esser (cf. op. cit., 37-43). Entre os escritos duvidosos encontra-se a oração *Absorbeat, quaeso, Domine*, para pedir o amor de Deus; em contrapartida, deve ser considerada inteiramente espúria, não obstante sua beleza, a invocação corrente: "Senhor, fazei de mim um instrumento de vossa paz", que São Francisco teria pronunciado, mas que na verdade surgiu no início do século XX, e só depois foi erroneamente atribuída ao santo (cf. G. Esser, op. cit., 43). Do mesmo modo, não é de Francisco o famoso *Memoriale Propositi* para os penitentes terciários (1221-1228), bem como textos de sermões, outras cartas, orações, cânticos vulgares etc. (cf. G. Esser, op. cit., 37-43).

3. ESPIRITUALIDADE. O magistério espiritual de Francisco não se limita efetivamente aos seus escritos, mas se estende a toda a sua pregação, conservadas como relíquias em suas fontes biográficas. Mais do que isso, é sua própria vida que constitui, por si só, uma cátedra de espiritualidade, como testemunha o seu primeiro biógrafo: Francisco "quer percorrer o caminho de toda perfeição, atingindo o cume da mais sublime santidade, tocando o vértice de todas as alturas. Por isso, cada categoria social, cada sexo, cada época da vida encontram nele perfeitamente realizada a doutrina que salva e exemplos muito eficazes de obras santas" (CEL. I, 90). O santo tinha consciência dessa missão da sua vida em relação aos seus irmãos, e por isso muitas vezes lhes dizia que deviam ser "*formam et exemplum omnium fratrum*" (*Legenda perusina*, n. 73).

a) *Espiritualidade teocêntrica e cristocêntrica.* É preciso partir do vértice para apreender a íntima essência e a estrutura profunda da espiritualidade de Francisco. As chamadas virtudes franciscanas características e todas as formas expressivas da devoção do santo adquirem cor e vida a partir daquele vértice, em que se move seu espírito.

Francisco passa como o santo da humanidade de Jesus, e por isso se quer ver em seu cristocentrismo espiritual a nota mais característica da sua espiritualidade. O destaque é objetivo, mas deve ser integrado com a ressalva da orientação final de toda a devoção de Francisco, que é eminentemente teocêntrica. O cristocentrismo desemboca obviamente no teocentrismo, uma vez que, para Francisco, Cristo é apenas o mediador para o Pai (*Regula I*, c. 22).

Esse esclarecimento é justificado pelo comportamento aberto do santo e por sua expressa declaração. Chamado *Sanctae Trinitatis cultor perfectus* (*Legenda trium sociorum*, c. 14), planejara para si e para seus seguidores um programa de vida inteiramente articulado em uma relação totalitária com as Pessoas divinas: "Nós todos, em todos os lugares, horas e tempo, em todos os dias e sempre acreditamos com firmeza e humildade e levamos no coração, amamos, servimos, louvamos e bendizemos, glorificamos e exaltamos, magnificamos e agradecemos ao altíssimo e supremo Deus eterno, Trindade e Unidade, Pai, Filho e Espírito Santo, criador de todas as coisas, salvador dos que nele creem e esperam e amam a ele, que é sempre princípio nem fim, imutável, invisível, inenarrável, inefável, incompreensível, imperscrutável, abençoado, digno de louvor, glorioso, exaltado acima de todas as coisas, sublime, excelso, suave, amável, agradável e tudo e sempre e sobretudo desejável nos séculos dos séculos" (*Regula I*, c. 23).

Escrevendo a todos os fiéis, Francisco usa a mesma linguagem: "Amemos, portanto, a Deus e adoremo-lo com pureza de coração e de mente [...] ofereçamos a ele os nossos louvores e as nossas orações, dia e noite, dizendo: 'Pai nosso, que estás nos céus', porque é necessário que rezemos sempre sem nos cansar nunca" (*Carta I*, n. 3; Lc 18,1). Francisco é denominado também o santo do *Pater noster*. Para os irmãos convertidos havia concentrado todo o ofício cotidiano na recitação do *Pater noster*, distribuídos segundo as horas canônicas (*Regula II*, c. 3).

Nas *Laudes Dei*, de que se conserva o autógrafo, há uma espécie de litania dos atributos divinos, que o santo repetia com contemplação amorosa: uma verdadeira teologia em forma de canto. Em outra oração, finalmente, que começa com a invocação: "Onipotente, eterno, justo e misericordioso Deus", os dois aspectos, teocêntrico e cristocêntrico, da piedade de Francisco, se encontram admiravelmente conciliados: "concede a nós, infelizes, que façamos por graça tudo o que te agrada, para que, purificados no coração e interiormente iluminados e inflamados pelo fogo do Espírito Santo, possamos seguir os passos de teu Filho e nosso Senhor Jesus Cristo, e a ti, Altíssimo, unicamente por tua graça chegar" (*Carta II*, no final). Temos aqui um itinerário espiritual expresso em forma de súplica, terminalmente teocêntrico, na medida em que se encerra em Deus Pai, e programaticamente cristocêntrico, uma vez que a ascensão ao Pai se realiza via a → IMITAÇÃO DE CRISTO.

Os dois aspectos encontram-se no santo mesmo quando não são expressos abertamente, revelando-se assim em toda a sua vida um "adorador lírico da Trindade por Cristo e em Cristo" (E. LONGPRÉ, *François d'Assise*, Paris, 1958, 125).

Por outro lado, é indiscutível que a devoção de Francisco se caracteriza por uma maneira própria de viver Cristo como o caminho para o Pai. Desde a época do encontro com o Crucificado em São Damião até a sua estigmatização no Monte Alverne, e ao momento de seu trânsito, Francisco só pensa em aderir a Cristo, seguindo-o totalmente através da imitação, segundo a letra e no espírito do Evangelho, até o extremo limite. A beata → ÂNGELA DE FOLIGNO podia atestar, segundo a sua experiência mística: "Não posso ver outro santo que mais singularmente me manifeste o caminho do Livro da Vida, ou seja, o modelo da vida do Deus e Homem Jesus" (*Autobiografia*, Città di Castello, 1932, 269). "Estava sequioso de seu Cristo — sublinha Celano — com toda a alma, e a ele dedicava não só o próprio coração, mas também todo o seu corpo" (CEL. II, 94). O Cristo da vida pobre, humilde e dolorosa preenchia sua alma de desejo e de vontade de se transformar nele, até fazer com que se tornasse todo crucificado com ele e configurado a Cristo (cf. São Boaventura, op. cit., c. 13, n. 2-3.5.10; c. 14, n. 4).

Seu programa é interiorizar Cristo sob todos os aspectos de seus mistérios, da encarnação do Verbo (e por isso foi denominado também "o místico da encarnação"; cf. E. Longpré, op. cit., 43; São Boaventura, *De S. Francisco*, serm. I; IX, 584-585) à natividade (representou ao vivo a gruta da natividade em Greccio), à sua paixão e morte, à sua ressurreição e ascensão, à sua realeza e vinda definitiva para o juízo final (*Regula I*, c. 23).

O mistério da paixão de Cristo, porém, o absorvia mais profundamente. Sua espiritualidade, aliás, partia da → cruz, e culminava na cruz. A partir do momento em que o Crucificado se manifestou a ele, não conseguia se separar da lembrança da paixão de Cristo (São Boaventura, op. cit., c. 1, n. 5). Francisco a vivia em sua alma e desejava ardentemente "andar pelo mundo chorando a paixão do Senhor" (*Legenda perusina*, n. 37; Cel. II, 11; *Speculum perfectionis*, c. 92). "Viveu sempre pregado na cruz" (Cel. I, 115), e gostava de ficar "escondido durante longo tempo nas feridas do Salvador" (*Ibid.*, 71); "meditando com gemidos e chorando dia e noite a sagrada paixão de Cristo" (Cel., *Legenda chori*, n. 10). Os estigmas no corpo "sobressaíam externamente em sua carne, porque no interior se afundavam profundíssimas raízes na sua mente" (Cel. II, 211), alimentada, por sua vez, pela recitação cotidiana do *Officium Passionis*, que ele mesmo havia composto. Ensinou a seus discípulos "o livro da cruz de Cristo" (São Boaventura, *op. cit.*, c. 4, n. 3), enquanto o *Thau* (cruz grega) tornou-se o seu selo oficial.

Nessa linha de devoção cristocêntrica se insere o comportamento do santo em relação à Eucaristia. São Boaventura destaca o imenso amor que Francisco nutria pelo "Santíssimo Sacramento do altar, admirando enormemente aquela grande condescendência e aquela excelsa caridade". Lembra ainda como o santo "se aproximava com frequência da mesa eucarística e com tanta devoção, a ponto de despertar a reverência dos que o rodeavam; inúmeras vezes, para saborear a suavidade das carnes imaculadas do Cordeiro, como ébrio de espírito, ficava fora de si" (*Legenda maior*, c. 9, n. 2).

Via a → eucaristia como o centro da sua vida religiosa (I. Felder, *L'Ideale di S. F.*, 51) e fazia dela o seu "tema predileto" (H. Boehmer, *Analekten zur Geschichte des Franziskus von Assisi*, Tubingen, 1904, XXIX), considerando-a "coração do cristianismo" (I. Felder, op. cit., 58).

Cinco de suas cartas, particularmente a segunda, ao Capítulo geral e a todos os irmãos, tratam da Eucaristia, e uma das suas exortações, a primeira, traz o título *De corpore Christi* (cf. B. Cornet, Le "De Reverentia corporis Domini", exhortation et lettre de S. François, *Études Franciscaines*, 6 [1955], 65-91.167-180; 7 [1957], 20-35.155-171; 8 [1957], 35-58). É significativo portanto, e justificado no conjunto, o apelativo atribuído a Francisco de *Doctor eucharisticus* (L. le Monnier, *Nuova Vita di S. F. d'A.*, versão italiana, Assisi, 1895, 332).

b) *Espiritualidade mariana*. Afirmou-se que, entre os místicos, Francisco "leva a palma da devoção mariana" (B. Klein-Schmidt, *Maria und Franziskus in Kunst und Geschichte*, Dusseldorf, 1926, 13).

A nota mariana da espiritualidade de Francisco depende estritamente de sua nota cristológica. Francisco não sabia ver o Filho sem a Mãe. Nutria pela Virgem um amor indizível, porque "por ela o Senhor, na sua Majestade, se tornou nosso irmão" (Cel. II, 198); e afirmava que toda a honra dedicada a ela deve-se ao fato "de ter carregado Jesus em seu santíssimo seio" (*Carta II*). Pessoalmente, "cantava-lhe louvores especiais, dirigia-lhe preces, oferecia-lhe tanto afeto que não podia ser expresso em linguagem humana" (Cel. II, 198). Passava noites inteiras em oração e a "louvar Deus e a gloriosa Virgem sua mãe" (Cel. I, 24), a "mãe de toda bondade: *totius bonitatis mater*" (Cel. I, 21).

Essa devoção mariana não era fruto de puro sentimento, mas tinha origem na revelação, na liturgia e na tradição doutrinal corrente dos mestres, concretizando-se, por sua vez, no plano de ação, na vida de imitação e de união com a Virgem. Francisco contemplava Maria particularmente na sua pobreza, e chamava a própria pobreza de "virtude régia", por resplandecer admiravelmente em Cristo, Rei dos reis e na Rainha, sua mãe (São Boaventura, op. cit., c. 7, n. 1). Em cada pobre, ele via o Filho "da pobre Senhora, e o trazia nu no coração como ela o carregara nu em seus braços" (Cel. II, 83).

Confiou sua Ordem pobre à "Virgem pobre", constituindo-a "sua advogada e de seus irmãos" (São Boaventura, op. cit., c. 3, n. 1; Cel. II, 198); também ordenou a seus seguidores de todos os tempos "que sempre honrassem e magnificassem por todos os meios e modos que lhes fossem possíveis a Virgem abençoada", tendo-a "em suprema devoção e veneração", e permanecendo sempre "seus fiéis servidores" (*Fioretti di S. F.*, Firenze, 1960, 387 s.), ou seja, em sua linguagem própria, "cavaleiros", pois eles eram cavaleiros de Cristo (cf. J. M. BENOÎT, *Le chevalier Courtois de Notre-Dame-des-Anges*, Montréal, 1952).

Uma amostra dos "louvores especiais" a Nossa Senhora é a *Salutatio B. Virginis*, uma pequena suma mariológica em roupagem de *laudes*, que exalta a Virgem nas suas relações trinitárias e a sua grande supereminente, sede "de toda plenitude de graça e de todo bem", com uma terminologia repleta de mistério, onde se poderia vislumbrar a "predestinada diante de todas as criaturas", e a Imaculada, como será defendida pelos futuros filhos de Francisco.

Com relação aos homens, Francisco viu em Maria a "mediadora junto a Cristo", assim como Cristo era o "mediador junto ao Pai" (ENRICO D'AVRANCHES, *Leg. versif. S. F. A.*, 1. 7, vv. 7-8, QUARACCHI, 1936, 59).

c) *Espiritualidade evangélica*. Outra nota característica da espiritualidade de Francisco e de sua Ordem é a configuração diretamente evangélica, sem deliberada dependência ou derivação de outras regras ou instituições religiosas; e isso constitui também a sua novidade. "Por mais que Francisco fosse habitualmente humilde, doce, condescendente, tornava-se inexorável quando se tratava da alma, da substância, da individualidade da sua fundação: da sua evangélica singularidade" (I. FELDER, op. cit., 28; CEL. I, 33); *Speculum perfectionis*, Paris, 1898, 131 s.).

Ele pretendeu acolher o Evangelho como forma de vida, sem condições: "A regra e a vida dos frades menores é esta: observar o santo Evangelho de nosso Senhor Jesus Cristo" (*Regula II*, c. 1; cf. *Ibid.*, c. 12; *Legenda antiqua*, n. 69; *Legenda tirum sociorum*, n. 28; *Speculum perfectionis*, c. 5, n. 76). Na verdade, essa escolha partia de uma inspiração divina, como ele mesmo atestou em seu *Testamento*: "Esse Altíssimo me revelou que eu devia viver segundo a forma do Santo Evangelho". O Evangelho era, assim, para ele e para a sua irmandade, o código de vida e, mais ainda, tema de pregação oral e escrita (SÃO BOAVENTURA, op. cit., c. 12, n. 12).

Seus escritos estão a tal ponto repletos do "perfume do Evangelho" que se pode dizer: "Se eliminássemos o Evangelho dos escritos de Francisco, nada restaria" (E. FRANCESCHINI, Il Vangelo nella vita e negli scritti di S. Francesco, *Quaderni di Spiritualità*, 6 [1963] 74), uma vez que, nesse caso, suas palavras não seriam "sustentadas pelas de Cristo", sendo, portanto, "palavras sem sentido e sem alma" (*Ibid.*).

Francisco falava a linguagem da Bíblia, que lia e meditava assiduamente (CEL. II, 102). Em seus escritos, ainda que poucos, encontram-se 403 citações das Escrituras, das quais 124 são do Antigo Testamento e no mínimo 213 do Novo. Só a *Regula I* (1221) conta 112 passagens bíblicas; em contrapartida, há quinze na *Regula II* que, no entanto, ostenta "um *sensus Evangelii* ainda mais profundo" (E. FRANCESCHINI, loc. cit., 73 s.).

Pio XI, na encíclica *Rite expiatis* (3 de maio de 1926), afirmava: "Não parece ter existido outra pessoa em que a imagem de Cristo Senhor e o modo de vida evangélico resplandecem em grau tão conforme e manifesto como em Francisco".

d) *Espiritualidade eclesial*. Francisco quer viver segundo o Evangelho, mas não sem a intermediação da Igreja (cf. K. ESSER — E. GRAU, *La conversion du coeur*, Paris, 1960, 110-123). O próprio P. Sabatier teve de reconhecer: "A grande originalidade de São Francisco é o seu catolicismo. A Igreja era o seu lar espiritual, e ele tinha bastante consciência de que todo progresso da sua vida espiritual havia sido marcado por ela. Mais que qualquer outro, ele se sentia filho dessa educação secular. Filho, não escravo" (L. LAURENT, *Lumière d'Assisi*, 2-3 [Paris, 1946], 124). Por seu sentimento eclesial, Francisco se distinguia assim do comportamento dos hereges e reformadores de sua época, considerando a "Santa Igreja Romana como o único caminho de salvação para todos" (CEL. I, 62).

Sua espiritualidade, aliás, foi impulsionada pelo mandado eclesial, recebido em São Damião e reconhecido por Inocêncio III, por sua vez, depois do sonho da Basílica de Latrão em ruínas sustentada nos ombros por "um homem desvalido e desprezível": "será este — ou seja, São Francisco — quem, com o seu exemplo e a doutrina de Cristo, sustentará a Igreja" (CEL. II, 17).

Francisco nutriu imensa estima pela Igreja de Roma, que costumava chamar "a nossa mãe". Respeitava a hierarquia eclesiástica e o sacerdócio, vendo no sacerdote o "Filho de Deus" (*Testamento*) e nos pregadores e teólogos os colaboradores de Cristo (CEL. II, 163). Por isso, queria os seus filhos "sempre submissos e aos pés da mesma santa Igreja, firmes na fé católica" (*Regula II*, c. 12). Prescrevia que o → OFÍCIO DIVINO seguisse as normas da santa Igreja de Roma (*Regula II*, c. 3) e a missa fosse celebrada "segundo a forma da santa Igreja" (*Cartas II*). Uma das suas advertências pode ser consideranda uma bem-aventurança eclesial: "Bem-aventurado o servo de Deus que tem confiança nos clérigos que vivem segundo a lei da santa Igreja romana" (*Admonitiones*, 26).

A Igreja santa, católica, romana, com o papa, era para ele a continuação visível de Cristo. Por esse motivo foi chamado "o eclesialismo personificado" (I. FELDER, op. cit., 77 s.), e a sua espiritualidade corretamente reconhecida "de modo eminente de essência sacramental e eclesial" (E. LONGPRÉ, op. cit., 68).

e) *Vida ativa e contemplativa.* Por tendência preferencial Francisco era levado à vida de oração, ligada à solidão e à vida eremita (CEL. I, 71); mas por intermédio de Santa Clara e frei Silvestre, a quem se dirigira por tranquilidade de espírito, percebeu que o Senhor o queria no meio do mundo, tendo-o escolhido também "para a salvação dos outros" (*Fioretti di S. F.*, c. 16).

O apostolado, em toda a sua extensão, se inseria assim no programa de vida do santo e de sua Ordem, ao passo que a pregação e as missões entravam como dois temas explícitos de respectivos capítulos da legislação franciscana (*Regula I*, c. 17; *Regula II*, cc. 9.12).

Em coerência com essa finalidade apostólica, Francisco quis que a pregação verbal fosse precedida e acompanhada pelas obras, acessíveis e impostas a todas (*Regula I*, c. 17), dando ele mesmo o exemplo ao converter "em linguagem todo o seu corpo" (CEL. I, 97). No mesmo plano de ação se aceitava o trabalho, como primeira fonte de sustento, a que se juntava, em caso de necessidade, a mendicância praticada com confiança e sem vergonha, tendo em mente a pobreza de Cristo (*Regula II*, c. 6). O trabalho manual predominou no primeiro período franciscano, mas depois da morte de Francisco, com a afluência de freis eruditos à Ordem, o trabalho intelectual passou a predominar, em todas as esferas, mantendo-se, contudo, o pedido do santo, expresso na Regra, de trabalhar "fiel e devotamente" para não extinguir "o espírito de oração e devoção, ao qual devem servir todas as outras coisas temporais" (*Regula II*, c. 5). O trabalho, consequentemente, impregnado de devoção, devia converter-se em oração de louvor a Deus (cf. SÃO BOAVENTURA, *Expositio super Regulam*, c. 5, n. 1: VIII, 419b), o que equivalia a dar um tom de espiritualidade ao próprio trabalho, em todas as suas formas de expressão, salvaguardando, ao mesmo tempo, aquela primazia da contemplação professada por Francisco e por seus filhos, que permanecia inalterada também na presença simultânea e equilibrada da → VIDA ativa e contemplativa, ou "vida mista", característica da própria espiritualidade franciscana.

A liturgia antiga o saudava *vir catholicus et totus apostolicus* (JULIANO DE ESPIRA, *Officium rhythm. S. F.* 1ª ant. ad I Vesp.), mas Francisco foi também um contemplativo por antonomásia ou, como esclarecia o seu primeiro biógrafo, a oração personificada "*totus... oratio factus*" (CEL. II, 95). Essa definição, porém, baseava-se mais na conduta externa do santo, ao passo que escapava aos olhos alheios a sua experiência mística, o "seu segredo" (*secretum meum mihi*), conservado para permanecer fiel ao seu ensinamento de silêncio a esse respeito (cf. *Admonitiones*, 22.28; CEL. I, 90.96); ela é testemunhada, porém, por inúmeros reflexos externos, como a transfiguração nas longas noites de intimidade com Deus, a absorção em Deus até o êxtase do corpo (CEL. II, 98-99; SÃO BOAVENTURA, op. cit., c. 10, n. 2.4), a surpreendente alegria no sofrimento, e a própria impressão dos → ESTIGMAS, que coroava exteriormente a sua estigmatização interna, iniciada em São Damião, quando o Crucificado falou com ele (CEL. II, 10).

Mas o testemunho mais expressivo vem das próprias orações e cânticos que chegaram até nós, quase uma relíquia de sua alma, onde o lirismo místico se sensibiliza na linguagem verbal (CEL. I, 115), destinado a promover o louvor divino também nos outros. O *Cântico das Criaturas*, "a celeste pervinca do jardim místico" (E. NENCIONI, *La letteratura mistica*, in *La vita italiana nel Trecento*, Milano, 1924, 228), composto para essa finalidade (*Speculum perfectionis*, n. 118), tinha o objetivo de envolver todas as criaturas em um canto coral cósmico de louvor amoroso ao Criador, contemplado nas suas obras e por elas exaltado: cântico que em Francisco era, por sua vez, expressão concreta da sua visão de Deus nas coisas e das coisas em Deus, com um relativo amor, sempre em um plano místico, que o inclinava para toda a criação com um sentimento de fraternidade universal, com a simplicidade e a candura da inocência original reencontrada (CEL. II, 165-170).

Por fim, outro aspecto da vida contemplativa de Francisco é a nota litúrgica da sua devoção, que nele se harmonizava admiravelmente com a nota pessoal da sua própria devoção, com influência recíproca. Revive intensamente em sua vida íntima o ciclo litúrgico, tornando-o plástico, às vezes encenando-o (basta pensar no presépio de Greccio), "conferindo-lhe um acento pessoal ou revestindo-o de sugestiva poesia animadora" (cf. M. CICCARELLI, *I capisaldi della spiritualità francescana*, 77), um comportamento de particular atualidade edificante no clima hodierno de reforma litúrgica, promovida pelo Concílio Vaticano II.

f) *Virtudes características*. No opúsculo *Verba admonitionis* e na *Salutatio virtutum*, Francisco reúne como em uma pequena suma, à maneira de exortação ou de exaltação, o seu pensamento sobre as virtudes mais caras ao seu espírito, vividas por ele com um estilo todo seu, e que deseja ver brilhar em seus filhos, para que ofereçam ao mundo um espetáculo de edificação.

A *caridade* na sua dupla relação, a Deus e às criaturas, constitui a alma da própria espiritualidade de Francisco. Em relação a Deus, um amor ilimitado, com a nota claramente pessoal de seraficidade no ardor, e de extaticidade na pureza de doação ao amado, sem atenção voltada para si mesmo. Em relação às criaturas, um amor fraterno universal, vivido em relação com a paternidade universal divina, que não admite exceção, estendido até mesmo às criaturas inanimadas, e que na comunidade religiosa, por ele instituída à maneira de uma fraternidade, deve superar em ternura o próprio amor natural de uma mãe pelo próprio filho (*Regula II*, c. 6). Amor cordial e respeitoso também pelos inimigos (*Regula I*, c. 7), mas especialmente pelos pobres, os leprosos, os enfermos, os necessitados, para os quais é impelido com "vísceras de misericórdia"). Pelos pecadores, o amor a ponto de inverter as partes no pedido de misericórdia: "se ele — o pecador — não pedisse misericórdia, tu mesmo deves perguntar-lhe se quer ser perdoado. E mesmo se se apresentar diante de ti mil vezes, ama-o tanto quanto me amas, a fim de trazê-lo para o Senhor, e tem-lhe sempre piedade" (*Carta IV*, a frei Elias).

À caridade em Francisco está intimamente ligada a *pobreza* como uma exigência dela, que deve assumir, em consequência disso, uma nota de universalidade e passar a ser uma virtude caracteristicamente franciscana. De fato, Francisco considerou-a não uma mera expressão penitencial, mas a outra face do amor, a ponto de representá-la, no seu espírito de concretude, como uma pessoa amada, a "dama do coração, Senhora Pobreza", tendo diante dos olhos a pobreza de Cristo e da divina Mãe, cujas pegadas queria seguir incondicionalmente (de um trecho de Francisco em *Regra de Santa Clara*, c. 6). Um motivo cristocêntrico e mariano encontra-se efetivamente na origem da pobreza de Francisco. A realeza da pobreza deriva do fato de ela ter resplandecido em Cristo e em Maria (CEL. II, 200), e ainda porque ela assegura, segundo a bem-aventurança evangélica, o reino dos céus (cf. Mt 5,3), fazendo de seus possuidores "herdeiros e reis" (*Regula II*, c. 6). Francisco viveu a pobreza em sentido totalitário, material e espiritualmente, a ponto de ser um *christianissimus pauper*, como se expressou São Boaventura (op. cit., c. 8, n. 5), ou, como a beata → ÂNGELA DE FOLIGNO o definiu, "a própria pobreza interior e exteriormente" (*Autobiografia*, 271, n. 164), a ponto "de adquirir o título da suprema pobreza: *Summae paupertatis apprehendere titulum*" (CEL., *Legenda chori*, n. 4). Pobreza universal e expropriação radical, até a nudez corporal e espiritual, o que no erudito, que entrava na Ordem, devia importar, em certo sentido, a expoliação até mesmo da própria ciência, para "oferecer-se inteiramente ao abraço do Crucificado" (CEL. II, 196), subordinando-a à sabedoria da cruz (*Ibid*. II, 105).

Associada à pobreza, e como que uma forma superior dela, Francisco via a *humildade*, entendida como despojamento da própria personalidade e reconhecimento do próprio nada. Pessoalmente "enamorado de toda a humildade, *totius humilitatis amator*" (*Legenda maior*, c. 2, n. 6), o santo se considerava "nada mais que um pecador" (*Ibid*., c. 6, n. 1), "o maior dos pecadores" (*Ibid*., c. 6, n. 6), embora não desconhecesse os dons extraordinários que havia recebido do céu: "Se o Altíssimo tivesse dado a um ladrão — dizia de si mesmo — tudo o que te deu, seria muito melhor que tu, Francisco" (CEL. II, 123). "Era humilde no comportamento, mais humilde ainda no julgamento, humilíssimo na opinião que tinha de si mesmo" (CEL. II, 140). Queria que a humildade fosse a divisa do frade menor (CEL. II, 145.148), e a programava juntamente com a pobreza como busca de conformidade a Cristo

(*Regula I*, c. 9; *Regula II*, cc. 6.12). Pelo mesmo amor à humildade quis que os superiores da Ordem se chamassem "ministros" (São Boaventura, op. cit., c. 6, n. 5), considerando bem-aventurado "quem se encontrar tão humilde entre os súditos, como se estivesse com os superiores" (*Admonitiones*, 24), e verdadeiro frade menor, se deposto, mesmo de forma humilhante, se mantivesse "com a mesma expressão, com a mesma alegria, com o mesmo propósito de santidade" (Cel. II, 145; *Speculum perfectionis*, n. 64).

A *obediência*, assim como a humildade, também é para Francisco uma forma superior de pobreza, uma vez que é abandono total nas mãos do superior (*Admonitiones*, 3), "*sub figura corporis mortui*" (Cel. II, 152), figura na obediência retomada mais tarde por Santo → Inácio de Loyola na frase: *perinde ac cadaver*. Obediência humilde prestada também a todo homem deste mundo, e até aos seres irracionais, aos animais, às flores, "de modo que possam fazer dele — do obediente — o que quiserem, por estar ligado a eles pelo poder de Deus" (*Salutatio virtutum*). Obediência ainda integral, salvo no caso de pecado e de infração da Regra (*Regra II*, c. 10), e amorosa ("*caritativa obedientia*", in *Admnotiones*, 3), lembrando-se da renúncia "por amor de Deus, à própria vontade" (*Regula II*, c. 10). A mais elevada forma de obediência para Francisco é andar entre os infiéis "tanto pelo bem do próximo quanto pelo desejo de martírio", e até a solicitação deste é julgada por ele "sumamente agradável a Deus" (Cel. II, 152).

Simplicidade e sabedoria. Na *Salutatio virtutum* conjuga a simplicidade à sabedoria, chamando-as irmãs, como também chama irmãs a pobreza e a humildade, a caridade e a obediência.

Essa solidariedade das virtudes reflete-se, para Francisco, no plano da vida em um estilo próprio de socialidade fraterna, pela qual o simples não se sente incomodado ao lado do erudito, que vive a mesma simplicidade, e o erudito não sente vergonha ou arrogância conversando com o simples, que estima por sua própria simplicidade. O santo denomina a santa simplicidade "filha da graça, irmã da sabedoria, mãe da justiça" (Cel. II, 189). Ele a "exigia nos irmãos letrados e nos irmãos leigos, não a considerando de modo algum contrária à sabedoria" (*Ibid.*). Seguindo o seu exemplo, isento de qualquer tipo de dubiedade, e que distinguia como coerente "entre a língua e a vida, entre o externo e o interno" (Cel. II, 130), nascia assim uma geração de filhos "tão simples, inocentes e puros que não tinham nem mesmo ideia da duplicidade de espírito, de modo que tinham um só espírito, uma só vontade, uma só caridade" (Cel. I, 46).

Mortificação e discrição. A prática penitencial pessoal de Francisco tem quase algo de inverossímil em seu rigor, levando em conta também a fragilidade do corpo e as suas doenças, e aliás, na opinião do beato Egídio, companheiro do santo, se Francisco tivesse uma força física semelhante à sua, o mundo não conseguiria segui-lo de nenhuma maneira (*Dicta B. Aegidiis Ass.*, Quaracchi, 1939, 108). Só nisso, de fato, esclarecerá o seu biógrafo, "a vida do pai amadíssimo discordava da sua doutrina" (*dissona fuit manus a lingua*, Cel. II, 129).

Rigorosíssimo consigo mesmo, mas respeitoso com os outros, com os seus irmãos e com a própria Santa Clara de Assis, que por sua vez prezava muito a mortificação rigorosa, Francisco exerceu uma sábia mortificação, ensinando que o irmão corpo deve ser tratado "com discrição, até para que não se desencadeie a tempestade da melancolia" (Cel. II, 129). A Regra é um válido testemunho dessa discrição penitencial. No fim de seus dias, Francisco estabeleceu uma trégua com "irmão corpo", pedindo-lhe até perdão pelos grandes maus-tratos infligidos a ele (Cel. II, 211), mas não pôde ignorar o fruto de tal rigor (*Ibid.*), ou seja, a plena docilidade do corpo à alma, quase uma reintegração da harmonia original, pela qual, assim aprimorada, "aquela santíssima carne competia com sua alma no desejo de se unir a Deus" (Cel. II, 129).

A *alegria*. Não é propriamente uma virtude, mas fruto de virtudes vividas, com paixão de amor. Francisco é considerado o santo da "perfeita alegria". Uma página muito famosa dos *Fioretti* (c. 8) conta-nos uma lição do santo sobre o tema, que nos revela sua alma repleta de alegria, conquistada e alimentada através da dor e da humilhação, na nudez da pobreza. Ele mesmo, nas suas *Admoestações*, faz uma aproximação entre as duas: "pobreza com alegria — *paupertas cum laetitia*" (*Admonitiones*, 27), enquanto o seu *Cântico das Criaturas* representa o canto puro da alegria florescida da pobreza perfeita, que liberta de qualquer preocupação de posse das coisas, não perdidas, mas reencontradas, depois do total despojamento, com domínio de amor em Deus e por Deus.

"Naturalmente risonho e alegre" (*Legenda trium sociorum*, n. 4), Francisco foi por virtude um herói da alegria: "Suportava rindo alegremente o que outros não podiam nem sequer ver sem ficar assustados!" (Cel. I, 107). Ele foi, com toda a certeza, "um virtuoso da alegria, alguém sempre feliz, alguém que dificilmente terá par na história" (I. Felder, *L'ideale di S. F.*, 223). Vivia a alegria e a solicitava nos seus irmãos, exortando-os a "não se mostrar tristes por fora e sombrios como os hipócritas", mas "alegres no Senhor, contentes e amáveis, sem perder o decoro" (*Regula I*, c. 7).

4. ATUALIDADE PERENE. Observou-se: "A experiência de Iacopone vale apenas para Iacopone, ao passo que a experiência de São Francisco vale para todos" (N. Fabretti, Le alterazioni della spiritualità francescana, *Quaderni di Spiritualitá Francescana*, 1 [1961], 132). Os biógrafos e os estudiosos de Francisco são unânimes em exaltar o seu universalismo e a perene atualidade de seu espírito, que a partir da Idade Média deixa sua marca em todas as camadas sociais e manifestações de vida dos homens, que tomam consciência dele. Por isso G. K. Chesterton podia escrever: "Com ele se iniciou o despertar do mundo e surgiu a aurora em que formas e cores assumiram um novo aspecto" (*San Francesco d'Assisi*, 221); e outro escritor: "Nenhum homem teve uma influência tão profunda e tão difundida sobre a civilização como a teve São Francisco; uma influência que, ao contrário de todos os casos históricos, vem se fortalecendo cada vez mais" (F. Rossetti, *San Francesco vivo. Testimonianze di uomini d'oggi*, Assisi, 1952, 277).

No atual clima ecumênico, a opinião de Lunn parece mais relevante: "Francisco é o santo que, mais do que todos os santos, serve de ponte entre católicos e protestantes e atrai muitas pessoas mesmo entre os protestantes" (cit. por C. Cecci, La spiritualità francescana e gli uomini di oggi, *Quaderni di Spiritualitá Francescana*, 1 [1961], 108).

Como "homem novo de uma nova época", aparecendo assim a seus contemporâneos (J. Lortz, *Un santo único*, 54), Francisco não deixa efetivamente de surgir sempre novo em todas as épocas, uma vez que "sua tarefa em todos os tempos continua a ser esta: ensinar uma vez mais a enxergar o que constitui o centro da mensagem cristã: a sua loucura, o seu escândalo; mas ensinar a vê-lo como objeto digno de amor e capaz de libertar as energias mais sublimes" (*Ibid.*, 42). "Os escritos que possuímos do santo e outros documentos sobre a sua pessoa e a sua obra dão a sensação de algo completamente extraordinário, inaudito" (*Ibid.*, 54), mas, devemos acrescentar, também de algo tão próximo e tão digno de amor que, com sua irresistível simpatia, atrai almas em todas as camadas.

BIBLIOGRAFIA. 1) Fontes: duas edições críticas foram publicadas em 1904: Lemmens, L. *Opuscula s. p. Francisci Assisiensis*. Quaracchi, 1904, e Bohmer, H. *Analekten zur Geschichte d. hl. Franz von Assisi*. Uma boa versão italiana: Facchinetti, V. *Gli scritti di san F. d'A.* Milano, 1921 (⁵1957). Entre as inúmeras legendas pouco posteriores a São F., as principais e mais autorizadas são a *Vida I* (escrita em 1228) e *II* (escrita em 1246) de Tomás de Celano, com o *Tractatus de miraculis* (1250 ss.) do mesmo autor, e a *Legenda maior* e *minor* de São Boaventura. Estas, com muitos outros textos dependentes delas e textos litúrgicos, estão publicadas no tomo X da *Analecta Franciscana*, Quaracchi, 1926-1941. Boas versões italianas das legendas de Celano são a de Casolini, F., Quaracchi, 1926; a de Macali, L., Roma, 1954; para a de São Boaventura, por sua vez, ver a versão de Battelli, G., San Casciano, Val di Pesa, 1926, e a de Russo, F., Roma, 1951. Outras legendas, importantes sobretudo para conhecer o espírito de São F. são o *Speculum perfectionis* e a *Legenda trium sociorum*, acerca das quais deve-se fazer algumas reservas sobre o valor histórico e que suscitaram acirrados debates, que constituem a chamada Questão Franciscana. Destacamos, por fim, uma versão italiana, com amplas introduções, das *Fonte Francescane* (Assisi, 1977), com o *Dizionario Francescano di Spiritualità* (Padova, 1984), redigido com base nas Fontes acima mencionadas, bem como 4 vls., que reúnem conferências sobre as *Fontes* (ed. "Antonianum", Roma, 1979-1981).

2) Estudos: a) Bibliografia geral. A literatura sobre São Francisco é enorme e teve um desenvolvimento excepcional sobretudo desde o início do século XX; por esse motivo, indicamos apenas alguns trabalhos bibliográficos sobre o tema: Pitollet, C., Bibliographie franciscaine de 1920 a 1926, *Revue d'Histoire Franciscaine* 3 (1926) 579-591; J. Pou y Marti, Studia recentiora circa vitam s. Francisci, *Antonianum* 2 (1927) 3-20; Facchinetti, V., *San F. d'A. (Guida bibliografica)*, Roma, 1928; Palandri, E., Rassegna bibliografica dell'ultimo triennio, *Studi Francescani* 12 (1940) 161-231. A produção bibliográfica franciscana em curso é sistematicamente resenhada, em seção própria, pela revista *Collectanea Franciscana*, Roma, 1931 ss.

b) Estudos biográficos: Attai, S. *San F. d'A.* Padova, 1947; Beaufreton, M. *St. François d'Assise*. Paris, 1925; Calamita, F. *San F. d'A., note di antropologia*.

Assisi, 1927; CHESTERTON, G. K. *San F.* Milano, 1950; CUTHBERG, FR. *Life of St. Francis.* London, 1921; DOORMIK, N. G. M. VON. *F. d'A. profeta per il nostro tempo.* Assisi, 1974; ENGLEBERT, O. *Vita di San F. d'A.* Milano, 1976; FACCHINETTI, V. *San F. d'A.* Milano, 1926; FONZO, L. DI. *F. d'A. Dizionario degli Istituti di Perfezione.* Roma, 1977, 513-527, vl. IV; FORTINI, A. *Nova vita di san F. d'A.* Milano, 1926; JOERGENSEN, G. *San F. d'A.* Roma, 1946; LEPROBON, P. *F. d'A.* Assisi, 1974; LORTZ, J. *F. d'A.* Paoline, Roma, 1974; MANSELLI, R. *San F.* Roma, ²1981; SABATIER, P. *Études inédites.* Paris, 1932; SABATIER, P. *Vie de S. François d' Assise.* Paris, 1894 (ed. definitiva, *Ibid.*, 1931, póstuma, a cargo de S. GOFFIN); SHNÜRER, G. *Francesco d'Assisi.* Firenze, 1907; SPARACIO, D. *Storia di San F. d'A.* Assisi, 1928; STICCO, M. *San F. d'A.* Milano, 1949; THODE, H. *Franz v. Assisi.* Wien, 1934; WUHRER, C. – PONTE, J. DE. *F. d'A.* Milano, 1977.

c) Espiritualidade. 1) Aspectos gerais: ASCOLI, EMIDIO D'. *L'anima di San F,* Ascioli Piceno, 1949; ASCOLI, EMIDIO D'. *La vita spirituale anteriore a San F. d'A. Collectanea Franciscana* 2 (1932) 5-34.153-178; BETTONI, E. *Visione francescana della vita.* Brescia, 1956; BUSSUM, VITO DA. *De spiritalitate franciscana.* Roma, 1949; CASUTT, L. *L'eredità di San F. Riesame della sua spiritualità.* Roma, 1952; *Che cos'è la spiritualità francescana* (Quaderni di spiritualità francescana, n. 1). Assisi, 1961; CICCARELLI, M. *I capisaldi della spiritualità francescana.* Monza, 1955; ID. *I misteri di Cristo nella spiritualità francescana.* Benevento, 1961; FELDER, I. *Die Ideale des hl. Franziskus v. A.* Paderborn, 1924; GEMELLI, A. *Il Francescanesimo.* Milano, 1932; ID., *San F. e la sua "gente poverella".* Milano, 1945; GHINATO, A. *Profilo spirituale di san F.* Roma, 1961; GOBRY, I. *Saint F. d'A. et l'esprit franciscain.* Paris, 1957; GRACIANO DE PARIS. *Saint F. d'A. Sa personnalité, sa spiritualité.* Paris, 1928; POURRAT, P. *La mystique de Saint F.* in *Saint F. d'A., son oeuvre, son influence (1226-1926).* Paris, 1927, 176-202; REMY [DE AALST]. *L'ascèse franciscaine. Études Franciscaines* 41 (1929) 14-72; WILLIBRORD DE PARIS. *Le message spirituel de Saint F. d'A. dans ses écrits.* Blois, 1960.

2) Características: ALENÇON, U. D'. *L'âme franciscaine.* Reggio Emilia, 1928; BLASUCCI, A. *L'anima della spiritualità francescana. Miscellanea Francescana* 62 (1962) 3-15; BORAK, H. *Spiritualitatis franciscanae natura et monumentum. Laurentianum* 3 (1962) 257-281; BRACALONI, L. *Le caratteristiche della spiritualità francescana. Studi Francescani* 27 (1930) 1-38; 37 (1940) 7-31; 44 (1947) 145-163; CHAUVET, E. *Intorno alla natura della spiritualità francescana. Vita Minorum* 31 (1960) 387-406; QUAGLIA, A. *L'originalità della Regola francescana.* Sassoferrato, 1943; WINGENE, HILARIUS A. *Sancti Francisci Fundatoris "Spiritus proprioque proposita". Laurentianum* 7 (1996) 359-381.

3) Bibliografia recente: BLASUCCI, A. *Ritorno di San F.* (com biblio.). Roma, 1978; *F. Otto secoli di uma grande avventura cristiana.* Milano, 1981; *De Francisco Assisiensi Commentarii* (1282-1982); MATANIC, A. *F. d'A. Fattori causali della sua spiritualità* (com biblio.). Roma, 1984; MOLLAT, M. *La povertà di San F.: opzione cristiana e sociale. Concilium* 9 (1981) 43-68; NGUYEN, N. – KHANH, VON. *Gesú Cristo nel pensiero di San F. secondo i suoi scritti.* Milano, 1984.

Números únicos das seguintes revistas franciscanas para o oitavo centenário do nascimento do santo: *Miscellanea Francescana* 82 (1982); *Archivum Franciscanum Historicum* 75 (1982); *Antonianum* (1982); *Collectanea Franciscana* 52 (1982); *Laurentianum* 23 (1982); *Analecta Tertii Ordinis Regularis* 15 (1982); *F. d'A. nella storia.* Roma, 1983, 2 vls.

A. BLASUCCI

FRANCISCO DE SALES (São).

1. A VIDA. Nenhum outro ambiente além da Alta Saboia, *país doce* pelo encanto da natureza e *forte* pela dureza das montanhas que o coroam, podia ser o berço de um homem como Francisco de Sales.

E foi precisamente em Thorens, localidade não muito distante da cidadezinha de Annecy e do lago homônimo, que nasceu o santo: de um casal nobre, mas certamente mais ilustre pela prática da fé, pela convicção na religião da pátria e pela honestidade dos costumes. Virtudes que se destacam particularmente no senhor De Boisy: de espírito generoso, já combatente na vitoriosa batalha de São Quintino (1557), servo fiel primeiro de seu duque Emanuel Filiberto e depois de Carlos Emanuel I. Mas a coroa de virtudes familiares parecia resplandecer ainda mais — naquele ambiente doméstico — pela presença da delicada e doce figura de Francisca de Sionnaz. Sem exagero, será preciso admitir que a primogenitura de Francisco trazia consigo toda aquela bagagem de qualidades e virtudes domésticas. Em particular a devoção e o temor de Deus, agarrados aos joelhos da mãe, constituíam a base da vida cotidiana: quase como um feliz presságio, a piedosa dama quisera consagrar ao Senhor e à Virgem o seu bebê ainda antes do nascimento, diante da imagem do santo Sudário e depois na igreja de Notre Dame de Liesse: 21 de agosto de 1567 a data de nascimento, e 28 do mesmo mês a regeneração na fonte batismal.

Depois dos estudos primários realizados na cidadezinha de La Roche e de Annecy, o jovem Francisco completará a sua formação cultural e religiosa em Paris no Colégio Clermont, mantido por padres jesuítas (1582-1588), e depois em Pádua, onde coroou brilhantemente o seu currículo de teologia e de direito com a láurea *in utroque iure* (1591): em ambas as estadas acompanhou-o o fiel abade Déage, seu primeiro educador e capelão do castelo de Sales. Após uma breve estada de devoção ao santuário de Loreto, em peregrinação e em sinal de devoção à Santa Virgem, voltou a sua cidade natal. Se foi grande a desilusão do pai pela escolha agora decidida pelo estado eclesiástico, imensa foi a alegria da mãe: o pai já o imaginara magistrado no senado de Chambéry! A ordenação sacerdotal, que ocorre em 18 de dezembro de 1593 em Annecy, destinava o jovem prelado a uma atividade de ministério que não conheceria nenhum tipo de limites: um zelo levado ao extremo do heroísmo. De fato, aceitando o convite de seu bispo, D. Claude De Granier, Francisco partia em companhia de seu primo, abade Luís, para percorrer o território de Chablais, que havia cerca de meio século caíra sob o domínio político e religioso dos ministros calvinistas. Um projeto temerário, que já vira outras tentativas, durante aquele período precedente, todas destinadas ao insucesso. O jovem Francisco Xavier tinha em seu apoio e defesa tão somente estas armas: breviário, Bíblia, e as *Controvérsias* de → BELARMINO. Improvisou-se certa estratégia original: fazia-se acompanhar a instrução pela força da caridade, pela persuasão; portanto, mais que o uso da controvérsia, o diálogo, mais que o debate, o confronto, mais que a agitação externa, o alívio da oração. Se havia cem católicos quando eles puseram os pés em Chablais — essa foi uma das coisas que ele pôde verificar —, cem teriam encontrado os calvinistas ao final do empreendimento (cf. *Oeuvres*, XII, 237). Brilhante sucesso de fé e de coragem, cujo eco se fez ouvir a distância, obtendo a aprovação até mesmo do Sumo Pontífice. Inúmeras e convictas as conversões: se algo faltou àquela missão foi a tentada conversão de Teodoro Beza, sucessor de Calvino. Foram infrutíferos, portanto, os reiterados encontros na primavera de 1597.

O papa Clemente VIII teria ouvido dos próprios lábios do interessado o vivo relato daquele titânico empreendimento de sabor legendário. Mas a visita a Roma (dezembro de 1598 a março de 1599) não teria sido apenas uma simples peregrinação: diante do Pontífice — a seu expresso pedido — Francisco submeteu-se ao exame canônico para ser proclamado bispo. Um verdadeiro encontro de "espíritos magnos" aquela sessão, que nada teve de acadêmica: falavam "de cadeira" oito personagens como examinadores, entre os quais o cardeal Baronio, o cardeal Federigo Borromeo, o cardeal Borghese (o futuro papa Paulo V), acompanhados de cerca de vinte bispos e prelados: o chefe da comissão era o cardeal Roberto Bellarmino. A brilhante superação do "periculum" teve como recompensa o abraço do papa Ippolito Aldobrandini: e todos aqueles "examinadores" togados tornaram-se amigos de Francisco de Sales.

De volta a Annecy, depois de ter levado a termo importantes processos e negociações, junto à corte do duque, a consagração episcopal, por sua expressa decisão, é adiada para depois da morte do bispo Claude de Granier. Na festa de Nossa Senhora Imaculada de 1602, na presença da devotíssima mãe e precisamente naquela igreja que o acolhera para a celebração do batismo e para conferir-lhe a Crisma, foi proclamado bispo, escolhido e disposto pelo Espírito Santo para ser o pastor daquela diocese. Desde os exórdios sobressaiu nele o *munus docendi*: sua maior preocupação voltou-se tanto para a instrução catequética de seu povo quanto para a formação eclesial de seus sacerdotes, ministros do altar. Determinara-se a seguir um programa de vida pastoral capaz de refletir o exemplo do santo cardeal Carlos Borromeu, de quem possuía algumas relíquias e cuja tumba em Milão visitaria, por veneração, em abril de 1613.

Foi *escritor* além de pastor: no decênio que vai de 1606 a 1616, Francisco se dedicou a realizar duas obras de grande fôlego: a *Filoteia* ou *Introdução à vida devota* (1609) e o *Teotimo* ou *Tratado do amor de Deus* (1616).

Além de escritor, foi *fundador* de uma Ordem religiosa: após o encontro com Joana Francisca de Chantal — 5 de março de 1604 —, ele acalentou a ideia de instituir uma Congregação que adotasse o estilo do instituto das Oblatas (fundadas por Santa Francisca Romana) que tivera a oportunidade de visitar em Tor de' Specchi em Roma (9 de março de 1599). O pequeno rebanho era formado de três virgens, candidatas à vida contemplativa: Bréchard, Favre e Coste, guiadas pela baronesa de Chantal, que com a ardente caridade e profunda humildade enriquecia o carisma de sua viuvez. Quanto aos mosteiros da Visitação, passará à França com o fundador de

Saboia, e depois à Itália, com a fundadora. Uma expansão realmente prodigiosa: no breve espaço de trinta anos (1611-1641), de treze conventos chegou-se a 86. Uma bela coroa de cenáculos que conhecerão a alegria da mística e da contemplação do Carmelo e que poderão exaltar a glorificação de seu pai e fundador na terra: proclamado beato em 1661 e santo em 1665 pelo pontífice Alexandre VII, que tanto estimava a doutrina do Salesiano.

Os milagres (já iniciados em vida) de fato floresceram no sepulcro logo depois de sua morte, que chegou prematura, mas esperada com amor, na tarde de 28 de dezembro de 1622, em Lyon. A suas *filhas* espirituais do mosteiro de Belle-Cour, Francisco deixou o seu coração (hoje guardado pela nova Belle-Cour em Treviso), ao passo que seus despojos mortais repousam na capela do mosteiro de Annecy; mas deixara a *todas* a preciosa herança do seu espírito, encerrado no ensinamento de uma doutrina de prodigiosa fecundidade.

2. AS OBRAS. Os escritos de Francisco de Sales são de diferentes gêneros: vão do apologético ao místico, do ascético ao epistolográfico. Um vasto campo não só de leitura, mas também de profícua investigação: de fato, ainda restam aspectos a esclarecer ou ao menos a voltar a tomar em consideração.

a) Escritos apologéticos são aqueles que precedem não só na organização das *Oeuvres*, mas também cronologicamente falando. De fato, pelo tom de sua inspiração e de conteúdo, refletem o momento contingente de defesa da verdade e se situam no período de missão no território de Chablais.

A *Defesa do estandarte da Santa Cruz* (1596-1597) é talvez a obra mais polêmica escrita por Francisco de Sales, porém mais por aquele forçado embate que a precedeu e a seguiu que pelo conteúdo propriamente dito: de fato, a inspiração de suas palavras é sublime e de prudente moderação. O conflito havia sido desencadeado por uma provocação feita pelos chefes calvinistas: então, o fervor dos missionários capuchinhos guiados pelo fervoroso padre Querubim no convite à adoração da cruz impelira-os a aceitar o desafio. Não faltara a contribuição teórica na palavra e na pessoa do ministro La Faye, que se envolvera na disputa por sugestão e sob a orientação de Teodoro Beza. Daí a réplica com todas as bênçãos da autoridade e da ciência no jovem sacerdote e missionário, Francisco. À luz e por causa de um *leitmotiv* caro à crença católica, discutia-se sobre a necessidade de honrar e adorar o sagrado símbolo da redenção. Em suma, portanto: *Honra e virtude da Cruz; Honra e virtude da imagem da Cruz; Honra e virtude do sinal da Cruz; Que tipo de honra se deve prestar à Cruz.*

A defesa do estandarte da cruz (aspecto teórico-apologético) não demorou a se fazer acompanhar da ostentação dela (aspecto prático-pastoral); de fato, em 9 de setembro de 1597 fez-se erigir a cruz (chamada Cruz Filiberta) no cruzamento da estrada que levava a Genebra, como nos relata o *Année Sainte de la Visitation* (Annecy, t. IX, 189).

As Controvérsias (1597): antes de tudo, é preciso esclarecer que o título é impróprio, e além dos mais nem originário (ou seja, não atribuído pelo autor) nem original. No início, nada de mais ocasional e fragmentário. A estrutura (em essência, mas não propriamente na forma) limitava-se a imitar aquelas *Controvérsias* famosas que haviam sido compiladas pelo erudito amigo cardeal Roberto Belarmino. Para além de sua origem, essa obra era motivada por fortes situações contingentes que a enriqueceram e a ampliaram. Quanto às não poucas dificuldades que se encontraram no caminho do apostolado missionário, talvez se devesse considerar mais a indiferença da multidão que a hostilidade de alguns poucos; seja como for, estes últimos foram acérrimos inimigos no verdadeiro sentido da palavra, hostis de fato, dispostos até a recorrer ao uso das armas.

Daí a ideia das chamadas *folhas volantes* (hoje as chamaríamos cartazes ou folhas murais): uma ideia — diz o próprio santo — nascida e inspirada pelo próprio Espírito do Senhor durante uma celebração eucarística. De fato, ele pensava consigo mesmo: se os hereges tampam os ouvidos para não ouvir a verdade, abrirão os olhos para ler esses escritos. As *folhas volantes*, escorregando furtivamente por baixo das portas das casas, eram lidas às escondidas, avidamente: via-se a Igreja católica sob outra luz e com ela também o seu Chefe visível. Daí as conversões convictas, e logo numerosas. O inusitado aspecto de amostra de catequese não deixou de suscitar debates abertos, confrontos engajados, e muitas vezes ideias perturbadoras: eram os próprios chefes que não hesitavam em "capitular"!

Reunidas essas *folhas*, caracterizadas pela brevidade das sentenças e pela segurança da doutrina, com o tempo tomaram corpo e se estruturaram em um volume; aliás, tiveram a honra — um dia — de transpor o próprio limiar do Concílio Vaticano I (1870) e de ser apresentadas em cópia aos Padres conciliares, quanto ao ponto essencial, ou seja, sobre o problema da infalibilidade pontifícia: foram portanto bem recebidas, oferecendo mais um motivo plausível para o convencimento. Assim, o futuro Doutor da Igreja granjeava antecipadamente não pequeno mérito, em relação ao dogma que de fato foi aprovado. A isso aludirá o próprio papa Pio IX no decreto *Dives in misericordia Deus* para a proclamação do doutorado (19 de julho de 1877). A famosa passagem do longo capítulo, referente ao primado de Pedro e ao seu poder de infalibilidade "ex cathedra" sobre a fé e os costumes, comportava a esperada frase de efeito: "L'Église a tousjours besoin d'un *Confirmateur infallible!*" (*Oeuvres*, I, 305).

Consequentemente, nascia em muitos o desejo de propor Francisco de Sales como patrono dos escritores católicos: esse desejo, então apenas projetado, concretiza-se em 1923 com o decreto *Rerum omnium* do papa Pio XI.

b) Escritos parenético-pastorais: poderíamos incluir nesse grupo os *Sermões* e os *Entretenimentos*, mesmo se os destinatários são ou pertencem a diversas categorias de pessoas ou de determinada condição sociorreligiosa.

Os *Sermões*: nas *Oeuvres* eles ocupam pelo menos quatro volumes; trata-se de uma obra considerável, portanto, a partir do momento em que nos trazem os discursos realizados ao longo de cerca de 25 anos de atividade sacerdotal e de ministério episcopal. Ao menos 160 são textos autógrafos, ao passo que mais ou menos setenta foram gravados "*vivae vocis oraculo*" pelas freiras visitandinas. Em geral, tendiam a dar destaque às várias festas e aos momentos litúrgicos da ocasião: de considerável extensão, embora alguns apareçam em sua redação abreviada, na qualidade de simples apontamentos. Estes últimos foram na maioria das vezes redigidos em latim, de fundo tipicamente "bíblico". Ainda que, de um lado, a roupagem seja indubitavelmente oratória (quando não declamatória: talvez mais as primeiras tentativas!), o conteúdo é tangivelmente concreto, aceitável e apreciado pelos eruditos, embora acessível a todos. Naturalmente, nesse gênero literário é mais que óbvia a necessidade de se aprofundar, de apreender as várias problemáticas, que iluminam *in toto* as verdades de fé mais que se deter nos detalhes em suas limitações ou linhas fragmentárias.

Os *Entretenimentos*: descobre-se neles uma maior tendência à unidade. De fato, na medida em que o desenvolvimento é quase desprovido de tons declamatórios, entra-se mais diretamente na dimensão do íntimo, do reservado, do coloquial. Ali se reflete o pensamento do mestre, que não se senta na cátedra ou sobe ao púlpito, mas se abandona docilmente à expressão simples, adotando o tom de família, com o coração nas mãos. Francisco de Sales fala a suas filhas na intimidade da conversa em conjunto, precisamente no momento da serena recreação. Entretenimentos chamados *espirituais*, porque mais que nunca marcados pela luz e pela presença do Espírito de verdade, invocado e solicitado na força dos seus dons.

As freiras os reuniram com cuidado, e se enumeram 23 de diferentes extensões, que formam o 6º volume das *Oeuvres*. Os temas são os próprios da vida religiosa: mas, para que tivessem cada vez mais o correspondente tom familiar, eram apresentados pelas próprias irmãs ou mais frequentemente pela madre de Chantal. Além dos habituais temas referentes às Constituições ou votos e respectivas obrigações de observância, são típicos os que abordam algumas atitudes concretas, como a *cordialidade* (4º entretenimento), a *simplicidade* (13º), a *condescendência* (15º) etc. Também se levava em conta o aspecto jurídico-prático, sobre comportamentos de vida ou de consciência específicos; veja-se, por exemplo, o 18º entretenimento: "*Normas a serem observadas na votação para a aceitação ou a profissão das irmãs*". Palavras que naturalmente eram recebidas mais com o coração que com os ouvidos.

Ao lado da figura do mestre se erigia, portanto, também a do pastor, que não esquecia o seu específico *munus regendi*: assim nascia aquela pequena obra-prima que é o 19º entretenimento sobre os "sacramentos". Cabe ao historiador ou especialista em → TEOLOGIA ESPIRITUAL descobrir quanta abundância de doutrina brota daqueles discursos espirituais, analisando-os com a devida reflexão ou investigação. Trata-se de uma matéria abundante capaz de suscitar grande proveito: dada a sistematicidade dos temas, os *Entretenimentos* tendem a se configurar como monografias isoladas, mas uma leitura atenta permite perceber facilmente um fio condutor que as enriquece, coordenando-as e iluminando-as. Além disso, com amorosa inteligência madre Chantal se debruçou sobre eles, estabelecendo uma acurada edição para diferenciá-los de imitações arbitrárias (1629).

c) Escritos ascéticos e místicos: a consideração a esse respeito é feita globalmente, ou seja, tudo é visto na perspectiva da espiritualidade, embora seja preciso proceder gradualmente: percebe-se a passagem que, tanto na entonação quanto no conteúdo, vai da ascética à mística. Essa é a parte mais complexa e válida de todo o *corpus salesianum*: duas obras-primas, às quais pretendemos acrescentar, quase como um coroamento, o Epistolário.

Introdução à vida devota: é a primeira e mais importante obra ascética; aliás, pela sua notoriedade, comumente é considerada a obra-prima absoluta, ainda que mais na consideração dos outros que na intenção do autor. Sabe-se que a *Filoteia* (esse é o título de uso corrente) foi o *best-seller* do século XVII: popular na entonação, preciosa no ensinamento. Uma divulgação surpreendente, quase imprevisível (já em 1656 havia sido traduzida em dezessete línguas!): um sucesso ainda mais estrondoso. Esteve nas mãos de todos, repousou nas escrivaninhas de reis e estadistas, de pessoas ilustres e de rainhas. Uma ou outra cópia teve a honra de ser recoberta de diamantes.

No entanto, talvez quem mais se beneficiou dela foi o povo humilde, que sabiamente olhava para o conteúdo: deliciava-se com aquelas aspirações simples, plenas, repletas de sabor divino; um livro que a boa gente do povo de todos os tempos orgulhava-se de ter entre as mãos do mesmo modo que o teólogo em consultar ou meditar a *Summa* de Santo Tomás!

É preciosa, portanto, a matéria: seu conteúdo era iluminador; ali se desenvolvia a ideia de fundo de que a *santidade* não é privilégio de poucos, mas é uma aspiração de todos: todas as almas (igualmente Filoteias) podem, aliás devem, aspirar a ela. Uma das inúmeras antecipações do Vaticano II: a santificação dos leigos (cf. *Sainteté et vie dans le siècle* [Laïcat et sainteté, II], Herder, Roma, 1965).

Já no prefácio, assim se expressava o santo bispo: "[...] tenho a intenção de instruir precisamente aqueles que vivem nas cidades, entre os afazeres domésticos, nos empregos públicos".

A *Filoteia* também teve um exórdio ocasional: só mais tarde e graças ao trabalho do padre Jean Fourier chegou-se a uma fusão e ampliação da trama. Os primeiros "blocos" (ou melhor, "conselhos espirituais") não passavam de temas relacionados com a direção espiritual: a primeira e verdadeira Filoteia (em carne e osso) foi madame De Chamoisy; na verdade, era apenas uma prima do santo, que se submetera a sua disciplina e direção espiritual. Depois as Filoteias ideais e reais aumentaram cada vez mais: chegaram aos milhares, em todos os tempos e por todos os lugares.

Tratado do amor de Deus: se a *Filoteia* era dirigida aos leigos, o *Teotimo* (esse era o outro título corrente) tendia a chamar para a colheita almas qualificadas. Precisamente por isso, o tom se tornava mais elevado: a esses destinatários, o autor não hesitava indicar "viam excellentiorem". De fato, da vida devota se passava à → CONTEMPLAÇÃO, oferecendo às pessoas interessadas um alimento mais substancioso. Também aqui, porém, sem distinção entre homens e mulheres: o nome podia ser trocado, porque tanto Filoteia quanto Teotimo indicava "aquele que ama a Deus", que busca, portanto, um Deus que queria ser honrado por si mesmo, por ser digno de ser amado e glorificado.

A obra nascia quase na sequência daquela que a precedera: pelo menos como gênese, embora a composição tenha sido mais longa, mais trabalhada. Essa era a época em que o santo estava lançando os fundamentos da sua instituição religiosa: e as primeiras destinatárias, portanto (e de maneira privilegiada e prioritária), foram precisamente a suas filhas espirituais. É de imaginar que idealmente as tivesse presentes. De fato, dirigindo-se à senhora de Chantal ele faz alusão a isso; e estamos em 11 de fevereiro de 1607 (data muito significativa, uma vez que marca, por assim dizer, a véspera daquele encontro que se mostrará decisivo: abril de 1607). São estas as suas palavras: "quando consigo ter alguns minutos de descanso, escrevo a vida amável de uma santa de quem ainda não ouvistes falar, e peço-vos que guardeis silêncio sobre isso. Mas é um empreendimento de grande fôlego, que não teria ousado iniciar se algum de meus confidentes não me tivesse incentivado; podereis ver algum trecho quando vierdes" (*Oeuvres*, XIII, 265). *A vida da Santa Caridade*, esse era o título original. Uma vida de "santa" que transcendia a simples biografia: aliás, pretendia-se realizar um tratado, como se fosse uma obra clássica, com a habitual subdivisão em doze *livros*. Por isso, com mais clareza, ele explica na primavera de 1609: "Tenho pensado, portanto, em um livrinho sobre o *Amor de Deus*, não para tratar dele de maneira abstrata, mas para mostrar sua prática na observância dos Mandamentos da Primeira Tábua" (*Oeuvres*, XIV, 126). O principal tema era o *amor*, uma vez que "Tudo na Igreja de Deus é *do* Amor, *pelo* Amor e *de* Amor", como revelava o prefácio da obra (cf. *Ibid.*, IV, 4). O tecido da trama se estendia em toda a sua complexidade: a gênese do amor, o seu crescimento, o seu desenvolvimento (aspecto positivo), a sua decadência (aspecto negativo); e por último o seu fim felizmente glorioso (aspecto beatificante).

Para essa meta tendia o desejo do asceta, do místico, como o revelará à própria pessoa que, mais do que as outras, se interessara por ele, madre de Chantal: "Fiquei aflito esta manhã, porque fui obrigado a interromper o trabalho precisamente no ponto em que recebera uma *certa luz* referente ao sentimento que teremos ao ver Deus no Paraíso" (*Oeuvres*, IV, p. XIV). Assim, para ter uma compreensão mais adequada e mais segura, verdadeiramente exaustiva, desse trabalho, temos de nos remeter àquela introdução que magistralmente o padre Mackey, beneditino, redigiu para o vl. IV das *Oeuvres*, que traz a primeira parte do *Teotimo*.

Observa ele, acertadamente: "Este livro é um produto espontâneo do seu coração, o fruto da sua longa experiência e da sua íntima união com o Senhor". Não existe, contudo, melhor comentário que o expresso pelo próprio autor, Francisco de Sales: em várias passagens, considera-o fruto de "oração extraordinária [...] porque — atesta — realmente a Bondade de Deus difundiu no meu espírito tanta luz e no pobre coração tantos afetos, para escrever no nosso *caro livro* do amor divino, que não sei onde vou encontrar palavras para expressar aquilo que concebi!" (*Oeuvres*, XV, 330).

Cartas: na obra completa e, em parte, crítica das *Oeuvres* o Epistolário ocupa precisamente o lugar central (vls. XI-XXI), e quanto ao gênero literário é justamente o meio-termo entre a parte parenético-pastoral e a ascético-mística. Seja como for, tratamos dele aqui, no final de todo o conjunto de escritos, porque também cronologicamente a redação desse Epistolário ocupa um longo e continuado espaço de mais ou menos trinta anos.

Um material antes de tudo consistente e considerável: fala-se até de entre 3mil e 4 mil cartas, das quais restaram atualmente 2.103, segundo um crítico, Ravier: "Naturalmente, não todas. [...] Apesar das manipulações, as cartas continuam a ser uma mina inesgotável de espiritualidade para todas as categorias de pessoas. Algumas são verdadeiras obras-primas [...] e estão endereçadas aos filhos e filhas espirituais, a amigos, a pessoas que pediam a Francisco luz e orientação no caminho espiritual. A parte preponderante é dedicada ao epistolário salesiano dirigido a Joana de Chantal, a filha predileta: constitui um modelo estupendo e sempre atual de profunda amizade espiritual" (*Lettere di amicizia spirituale*, org. por A. RAVIER, Paoline, Roma, 1984).

Dessas cartas se depreende o dado qualificante: a maior parte delas destina-se à direção intimamente concebida. Entre os autores do seu século, Francisco de Sales se impõe provavelmente por essa característica, e o Epistolário é a documentação mais fervorosa e mais exaustiva disso. Mente e coração com a riqueza dos dons de graça e de natureza confluem nele, trazendo-lhe a contribuição de sublime complementaridade: são o espelho do seu espírito, bem como de seu tempo. Ali se concentra um espírito de suavidade e de → DOÇURA, de → FORTALEZA e de → DOMÍNIO DE SI que dificilmente encontra igual. Os dotes mais característicos e mais próprios de Francisco de Sales, como *homem* e como *homem de Deus* comportam aquela força humana e divina, que o qualifica e o torna especialista em humanidade, no campo da → DIREÇÃO ESPIRITUAL: profundamente homem, profundamente santo. Além disso, nesse exercício, que se reveste de graça e de genialidade, desempenha papel fundamental aquela capacidade psicológica que vai à raiz das questões e encontra, quase imediatamente, a solução de tantos problemas que se apresentam de maneiras diferentes, contrastantes, imprevistas e às vezes imprevisíveis.

Seja como for, trata-se de uma direção espiritual que conhece mais a influência superior que a contribuição da intuição, ao menos com base na fé, pelo qual ele tinha um vivo interesse. Sobressaía nele aquele dom ou carisma do Espírito que é chamado → DISCERNIMENTO DOS ESPÍRITOS, sobremaneira necessário para os que tratam de questões de ordem interior. No emaranhado das vicissitudes humanas, que manifestam na superfície os seus aspectos mais profundos e as inextricáveis regiões obscuras, o atento conselheiro das almas não tem dificuldade em vislumbrar implícita uma presença superior que é a do protagonista por excelência, o Espírito do Senhor. O Espírito intervém, quando não está já presente com seus dons e com a ajuda da sua consolação.

Eis o testemunho de um dos mais renomados autores e críticos da espiritualidade salesiana em relação a tal diretor espiritual: "Ele sabe — e não só por ciência teórica, mas também por experiência vivida — que Deus só age no coração do homem e da mulher, e que só o Espírito dá eficácia às palavras do pastor" (*Ibid.*, 10).

Já tratamos desse amplo e delicado problema em outras obras (às quais remetemos), em especial: *La direzione spirituale nell'insegnamento di S. Francesco di Sales*, Ed. O.R. Teresianum, Roma, 1985, 143-162; e "Il discernimento degli spiriti nella direzione spirituale di S. Francesco di Sales", *Rivista di Ascetica e Mistica*, 3 (1985).

3. A DOUTRINA E A ESPIRITUALIDADE SALESIANAS. Algumas linhas, quanto à riqueza de pensamento e ao carisma singular com que Francisco de Sales foi favorecido, já se evidenciaram na apresentação de suas obras; e isso facilita a nossa tarefa, dada a restrição do espaço de que dispomos. Vamos nos referir, portanto, diretamente à *doutrina* e à *espiritualidade*, limitando-nos a uma ou outra conotação de destaque referente ao *homem* (e ao cientista) e ao *santo* (ao teólogo, ao devoto e ao místico).

a) *Doutrina: a antropologia cristã*. Se o binômio "Deus e alma", de derivação e inspiração agostiniana, guiou os passos de Francisco de Sales e iluminou o caminho a percorrer, não se poderá negar ou até mesmo apenas duvidar de que nele o segundo termo teve o seu peso específico, permitindo-lhe lançar uma luz no setor da antropologia cristã. De fato, para ele o termo "alma" não era apenas uma simples concepção filosófica, conceito relegado ao âmbito da metafísica, mas significava concretamente o *homem* dotado de corpo e de espírito, um ser completo, ainda que limitado, mas sempre inclinado à perfeição. O aspecto criatural, portanto, nunca foi negligenciado; aliás, por meio do santo bispo de Genebra deu-se início a uma típica corrente espiritualizante no seio da própria escola francesa de sua época, a ponto de permear profundamente o tecido da visão e da vitalidade cristã.

Bastaria pensar naquela frase que nos é oferecida em uma passagem do *Teotimo*, e que é como que um condensado de sabedoria humana e de sabedoria divina: "O homem é a perfeição do universo, e o *espírito* é a perfeição do homem" (*Oeuvres*, V, 165). Um ser livre, portanto, superior à criação: traz em si a marca criadora e criativa do seu Deus.

O homem. Compreendido esse mistério "homem como livre criatura de Deus", Francisco de Sales fundamenta o seu *humanismo* que é devoto (aspecto religioso-divino) e ao mesmo tempo otimista (aspecto temporal-humano). Tem confiança no homem tanto por aquilo que é quanto ainda por aquilo que poderia ou deveria ser.

Não desdenha de se sentir ele mesmo parte da humanidade e de compartilhar a mesma sorte dela: aliás, considera o homem um ser que goza o fruto de tanta prodigalização divina; por isso não tem medo de se definir com aquele, por assim dizer, *slogan* que causa admiração, mas que inclui uma surpreendente verdade: "*Je suis tant homme que rien plus*: eu sou um pobre homem e nada mais. E o meu coração se enterneceu mais do que eu poderia imaginar" (*Oeuvres*, XIII, 330).

É a expressão que, com toda a sinceridade e modéstia, ele dirige a madre de Chantal: 2 de novembro de 1607, e precisamos notar que nos encontramos quase no ápice de sua maturidade. Uma atitude consciente, portanto: não tem medo de se mostrar "enternecido", ou seja, de possuir um "coração de carne", que está sujeito a mudanças como essas! Daí a afirmação mais verdadeira: "de modo que neste meu *coração de carne* sinto sensivelmente certa suavidade, uma grande alegria mesmo nos maiores desgostos!" (*Ibid.*). Nada mais que um homem: uma formulação que certamente se enquadra em toda uma vasta problemática, mas na perspectiva de um renovado humanismo, saudável e objetivo.

Considera a criatura com todos os seus limites, às vezes lançada ou até mesmo só imersa no emaranhado de provações e de separações, de morte; porém mostra-se mais confiante pelo patrimônio de tantas riquezas e dotes de natureza e de graça: desse modo configura-se o homem no seu constitutivo, como parte daquela humanidade que foi assumida por Cristo no mistério da → ENCARNAÇÃO. Por isso o homem pode ser considerado a perfeição do universo: uma natureza que a graça não destrói, mas, ao contrário, aperfeiçoa, segundo o pensamento de Santo Tomás: um ser *mirabiliter* criado, mas *mirabilius* recriado, ou seja, redimido. Francisco de Sales não ambiciona mais que isso: um homem que é pouco menos que os anjos (cf. Sl 8,6).

Por isso dirá com simplicidade e clareza: "Devemos aceitar com paciência que temos natureza humana e não angélica", e continuará na sua argumentação: "A insensibilidade imaginária dos que não querem se resignar a ser homens sempre me pareceu uma quimera" (*Oeuvres*, XIV, 163). O homem: nada de mais divino, portanto. Com um coração de carne: mas, bem entendido, "é necessário que a carne seja espiritual, e não que o espírito seja carnal" (*Oeuvres*, VII, 181; cf. XVII, 205-207).

Cientista. A qualificação de cientista pode ser imprópria para um homem de Igreja e particularmente para um diretor espiritual. Evidentemente, aqui se toma o termo na sua acepção mais ampla, portanto também a ciência sagrada, mas não se exclui também aquela específica referente à esfera terrena, para permanecer sempre no campo natural de uma antropologia cristã. Uma ciência, portanto, dominada por uma visão angélica, onde ciência e fé se casam muito bem. De fato, o bispo de Genebra não admite, não aceita a separação, ou pior, o divórcio entre religião e cultura; com efeito, se dirá: "Deus, o dispensador das graças, é também o Criador do universo e do homem" (Lajeunie).

Além de possuir uma capacidade de reflexão, o homem — para Francisco de Sales — é dotado de um espírito, que aspira ao conhecimento da verdade: e essa tendência constitui um elemento distintivo de sua liberdade, e de sua criatividade, portanto. Nisso ele se aproxima de Deus: tende a imitá-lo, tendo sido criado a sua imagem. Francisco de Sales sempre amou a ciência, desde o período de sua juventude. Além de se dedicar ao estudo da ciência sagrada, sabe-se que em Paris, mas sobretudo em Pádua, teve a oportunidade de seguir com interesse e seriedade cursos de matérias científicas. Assim, um dia terá a possibilidade de apreciar e compartilhar as teorias de Copérnico e de Galileu, expressas e apoiadas por um estudioso barnabita como padre Redento Baranzano. Não terá medo de defendê-lo diante dos teólogos e de seu próprio superior, preocupado e perplexo com tais novidades. Aliás, diz Ravier, "cette prise de position portait même au-delà de Baranzano et de Galilée. La solide théologie de François de Sales lui permettait de rejeter d'emblée tout conflit entre la science et la foi. Dieu, créateur de l'univers et lumière de la raison humaine, est le même que le Dieu de la révélation. À l'aube des temps modernes, François, grâce à la profondeur sereine de sa foi, et à son expérience spirituelle, se dresse comme un précurseur" (A. RAVIER, *Un sage et un saint. François de Sales*, Nouvelle Cité, Paris, 1985, 140).

Desse interesse inteligente e efetivo pela ciência terrena e em particular para que pudesse ser patrimônio de todos, em favor também dos humildes, especialmente dos jovens, ele instituiu e apoiou a Academia Florimontana (1606/1607), estabelecendo sabiamente os seus *estatutos* (cf. *Oeuvres*, XXIV, 242-245). Um grupo de estudiosos, cientistas pesquisadores, dedicados, porém, ao apoio da verdade católica e em benéfico interesse de todos os que tivessem desejo ou necessidade dela. De nível elevado, "as reuniões tiveram caráter de verdadeiros cursos científicos. [...] Desse modo, a iniciativa cultural se enxertava na profunda reforma diocesana promovida pelo bispo" (G. PAPÀSOGLI, *Come piace a Dio*, Città Nuova, Roma, 1983, 342).

Academia que de acadêmico tinha bem pouco, senão apenas o nome: na verdade unia "o útil ao agradável"; e por isso trazia um título não só glorioso e vistoso, mas de um desejo concreto: *Flores e frutos!*. Para ampliar esse projeto de atividade científica e cultural, o bom pastor não hesitou implantar a suas expensas uma tipografia: também nisso seguiu o exemplo de seu grande modelo de reformador de Milão, o cardeal Carlos Borromeu. Tinha em vista a instrução de seu povo: queria que este, em poucas palavras, fosse mais capaz de receber a mensagem evangélica. Por isso obrigou os seus sacerdotes ao estudo da ciência, naturalmente desta vez mais sagrada que profana. Ainda não havia passado um mês desde sua ordenação episcopal e de ter assumido a diocese quando manifestou o expresso comando: "Meus caros irmãos, suplico-vos que vos empenheis seriamente no estudo, pois a *ciência* é, para um padre, o *oitavo sacramento* da hierarquia da Igreja. [...] Exorto-vos a estudar com empenho para que, sendo *instruídos* e de boa conduta, sejais todos irrepreensíveis e prontos a responder a todos aqueles que se fazem perguntas sobre a fé!" (*Oeuvres*, XXIII, 303-304).

Era lógico, portanto, que se determinasse a passagem da doutrina à espiritualidade: o comércio era, antes de tudo, o das almas, e a única intenção era a de salvá-las. Era-lhe familiar a expressão bíblica: *Da mihi animas, cetera tolle tibi*" (ver Bibliografia).

b) *Espiritualidade: a ascese mística e cristã.* Como pai e pastor, Francisco era o primeiro a dar o exemplo: não fazia apenas convites, ou melhor, não se limitava a vagos conselhos. Antes disso, ele dera um testemunho formal deles, para depois ser realmente "forma gregis"; e o lema episcopal era este: "*tomado por Deus e dado ao seu povo*" (cf. *Oeuvres*, XIV, 91; XV, 312). Com as palavras e com as obras teria informado e permeado profundamente de espírito divino o tecido da história, mesmo da história humilde de seu rebanho, chegando diretamente ao coração de seus fiéis. Poderia perceber assim todas as suas ressonâncias mais profundas. De fato, "o coração é em nós o ponto de encontro entre Deus e homem, entre o chamado de Deus e as respostas do homem. E tudo isso porque, graças ao coração, somos feitos a imagem e a semelhança de Deus" (Ravier).

Ora, alguns aspectos na vida de Francisco de Sales, no nível da espiritualidade, se evidenciam de modo característico, precisamente na medida em que descobrimos nele a figura do *teólogo*, do *devoto* e do místico.

Teólogo. É fácil para nós captar o primeiro aspecto, referindo-nos a uma expressão pronunciada por ele mesmo: "Vou me esforçar para cooperar na obra do Senhor, dedicando-me sempre ao *estudo da teologia*" (*Oeuvres*, XII, 253). Se foi homem de estudo e de estudo sacro, ainda assim nunca foi teólogo, no sentido corrente da palavra. Foi teólogo a seu modo: não foi nem quis ser teólogo profissional; e por isso mesmo recusou-se a seguir expressamente a escola de um mestre. Aliás, ele teve muitos mestres: inspirou-se em Santo → AGOSTINHO (e não só para as Constituições das Visitandinas!); consultou Santo Tomás e a sua *Summa*, preferiu o misticismo de São Bernardo particularmente quanto à interpretação do Cântico dos Cânticos.

Para ele, teólogo era quem estudava Deus e procurava amá-lo; daí a diferença que fazia entre o *santo* e o *teólogo*, caso este último se tivesse limitado a raciocinar friamente sobre Deus e sobre os problemas da ciência sacra.

Decidira estudar para poder penetrar mais facilmente o mundo das almas; e parecia especialista por excelência de uma matéria: o direito! Mas deu prova de conhecimento "*de universa*" no dia em que teve de se submeter ao exame para a obtenção do episcopado (22 de março de 1599). Agradou ao próprio Pontífice, que ternamente lhe dirigiu aquelas palavras realmente admiráveis: "Filho meu, bebei da água de vossa cisterna, a água que brota dos vossos poços. Que as fontes se difundam para fora e os riachos cheguem às praças para que todos se beneficiem deles!" (cf. Pr 5,15-16).

O sucessor Paulo V também deseja fazer-lhe uma demonstração de confiança; na famosa questão *De auxiliis* (1607), o papa não encontrou melhor modo, para dirimir a intricada confusão — motivo de dissidências e de diatribes —, que aceitar o parecer de Francisco de Sales. Tal sentença pôs fim à contenda, e não só por uma imposição do Pontífice: admiravelmente jesuítas e dominicanos concordaram com ela. Incrível a ponto de se dizer: "Dominicains et Jésuites ne se méprirent pas sur l'inspirateur de la décision pontificale et tombèrent au moins d'accord [...] pour rémercie Francóis de Sales. Du général des Dominicains, Luigi Istella, il reçut le 12 septembre 1607, un diplôme d'affiliation à l'Ordre des Frères Prêcheurs et il reçut aussi de divers endroits plusieurs belles et honorables lettres de plus célèbres Jesuites" (A. RAVIER, *Un sage et un saint*, 142-143).

Poder-se-ia dizer que estudou teologia, por amor e respeito, de joelhos; que cultivara a ciência sacra, como por um ato de devoção.

Devoto. Se existe um escrito que tornou Francisco de Sales famoso, esse certamente é a *Introdução à vida devota*; ora, da vida assim concebida, além da parte inicial, ele conheceu e praticou a devoção no caráter mais pleno e completo do termo. De fato, ele reflete uma espécie de correspondência entre o que escreveu e o que viveu. Por isso pôde ser mestre dessa arte realmente difícil (*ars artium*) e dedicar ao tema uma *introdução*, dirigida tanto aos principiantes quanto aos proficientes ou ainda aos perfeitos. E a este último estágio se adscreve ele mesmo *tout court*: não indica apenas o caminho, mas o percorre com toda a velocidade. Um devoto no verdadeiro sentido da palavra; de modo que continua a haver um paralelismo significativo entre a doutrina e a sua aplicação aos casos particulares.

Esta é a sua bela expressão a esse respeito: "A *virtude da devoção* não é outra coisa senão uma geral inclinação e prontidão do espírito a fazer aquilo que agrada a Deus; é a dilatação do coração. [...] Os que se limitam a ser pessoas de bem caminham na estrada de Deus, mas os *devotos* correm e, quando são *muito devotos*, então voam!" (*Oeuvres*, XII, 346-347).

Conheceu a devoção na sua acepção mais correta: sem dúvida, não deixou de considerá-la suave, doce, mas também a quer forte e viril. Em uma palavra, que fosse útil para a pessoa interessada, mas que fosse apreciada também pelos outros. Por isso, não hesitará em dizer a madame de Brûlart: "Não deveis ser devota e amar a devoção; deveis antes fazer com que todos a amem" (*Oeuvres*, XII, 270).

Dirigindo-se ao duque de Bellegarde, cortesão convertido, e que aos próprios olhos do pastor poderia parecer a reprodução típica do seu *Teotimo*, assim se expressa: "Sois sem dúvida chamado a uma devoção viril, corajosa, valorosa e invariável para servir como que de espelho a muitos em favor da verdade e do amor celeste" (*Oeuvres*, XVI, 56-57).

Francisco de Sales foi devoto porque foi o primeiro a praticar a devoção: evidentemente, ao mesmo tempo também as várias devoções, até as mais conhecidas ou comuns na vida do cristão. Assinalamos as notas características dessas devoções, em grande parte herdadas do ambiente da própria família ou de sua terra: portanto, a devoção à Santíssima Trindade, ao Espírito Santo, à Eucaristia e por fim à Virgem Santíssima sob os diversos títulos. Para esta última um dia se destacará o título característico de Nossa Senhora da Visitação, a que se dedicará e devotará um grupo eleito de virgens consagradas. Em relação ao sacramento do altar, procurou captar a riqueza e a profundidade do mistério; conhecia muito bem, portanto, os conceitos da → REPARAÇÃO e da participação: daí nascia a devoção à Santa Cruz. De fato, observará: "O caminho mais seguro da devoção é o que se encontra *aos pés da cruz*: caminho de humildade, de simplicidade, de doçura do coração!".

Ainda antes que surgisse e se desenvolvesse no interior de um de seus mosteiros a devoção ao → CORAÇÃO DE JESUS por intermédio de uma filha espiritual, ele havia previsto seu início e seu sucesso! Seria longa, portanto, a lista de estudos a esse respeito: dispensamo-nos de fornecê-la, remetendo à indicação da nota bibliográfica que encerra este verbete.

Místico. A missão de Francisco de Sales, como pastor e diretor de almas, foi a de mostrar o caminho da santificação comum a todos por meio da *ascese*, como elemento indispensável na vida cristã. Ele traduzira plenamente a aspiração contida no adágio: *aliis contemplata tradere*. Em certo sentido, contudo, nele a ação prevalecera sobre a contemplação. Ou melhor, não deixara de oferecer o genuíno fruto de sua meditação e da sua própria vida plenamente devotada a Deus.

Em certo momento de sua vida, sentiu a imperiosa necessidade de se voltar para si mesmo, até de se encerrar no silêncio de um claustro. Para tanto, quase como uma solução concreta, a providência parecia ter ido ao seu encontro com a consagração episcopal de seu irmão João Francisco, seu coadjutor na direção da diocese (12 de fevereiro de 1620). "Cela est résolu — dit-il — puisque j'ai un coadjuteur [...]; il faut que ceci soit mon repos; j'habiterai en cet hérémitage parce que je l'ai choise [...]; avec notre chapelet et notre plume nous y servirons Dieu et son Église" (A. Ravier, *Un sage et un saint*, 224). Precisamente desse modo ele sonhará com o eremitério de Saint-Germain de Taillores.

Não lhe bastava a ascese; se dedicaria à mais elevada mística. Mas sua estada no eremitério monástico nada teve de inoperante! Seu desejo era o de se concentrar na contemplação do Deus de todas as consolações, mas ao mesmo tempo sob a luz do Espírito de verdade dedicar-se ao estudo para completar aquele tecido que já havia iniciado: continuar assim a série de tratados. Esse podia ser o melhor tempo para realizar aquilo que planejara desde 1609: escrever um *Tratado sobre a pregação* (cf. *Oeuvres*, XIV, 126). Mas a verdadeira continuação do *Teotimo* seria: *Tratado sobre o amor ao próximo* (ou *Filadelfo*); e ainda outro: *Exposição das principais virtudes*, ou seja, *História teândrica em quatro livros* (cf. *Ibid.*, XIV, 372). E, para começar, marca uma data que tanto prezava: 6 de junho de 1621, 11º aniversário da fundação do instituto da Visitação; mas os compromissos e depois a morte prematura impediram-no de atingir a meta, na tentativa de buscar aquele itinerário de sabor místico.

Seja como for, foi místico no verdadeiro sentido da palavra: ainda que sua vida não seja constelada de tantos fatos extáticos continuados como a de tantos outros santos, Francisco de Sales viveu a oração de quietude e gozou da intimidade de uma → UNIÃO COM DEUS não comum. Alguns simples exemplos: na véspera da festa do *Corpus Domini* (1596), ao alvorecer, teve a percepção viva e prolongada da presença real eucarística no sacramento do altar; durante a celebração da missa do papa — em São Pedro — na festa da Anunciação do Senhor (15 de março de

1599), no momento da comunhão, experimenta o mistério da encarnação que se renova em seu interior; no dia da solenidade de sua consagração episcopal (8 de dezembro de 1602), vislumbra sensivelmente a presença da Santíssima Trindade, que imprime em seu espírito o sinal indelével da plenitude da ordem; e, finalmente, durante a pregação quaresmal em Chambéry — sexta-feira santa de 1606 — um raio de luz proveniente do crucifixo atinge o pregador e transfigura seu rosto, quase como um prelúdio da glória celeste.

Se reunidas, as mais belas e significativas definições de Francisco de Sales como asceta e como místico preencheriam um volume. Prodigalizaram-se em exaltá-lo sobretudo os sumos pontífices, a começar de Alexandre VII (Fabio Chigi), que o canonizou; depois Pio IX, que o imortalizou na glória dos Doutores da Igreja; e, nos nossos tempos, Paulo VI, que, no quarto centenário de seu nascimento, o exaltou com a preciosa carta apostólica *Sabaudiae gemma*.

É atual, portanto, a sua doutrina; digna de imitação sobretudo a sua vida. O papa João XXIII dá a palavra final, que nos parece a mais clara, sublime, e no mínimo exaustiva; ainda jovem clérigo, quase na véspera de sua ordenação, ele escrevia: "Hoje foi um dia de festa completa. Passei-o em companhia de Francisco de Sales, o meu santo dulcíssimo. Que bela figura de *homem*, de *sacerdote*, de *Bispo*! Se pudesse ser como ele, não desejaria mais nada, mesmo se me elegessem papa. Minha vida, o Senhor me diz, deve ser uma cópia perfeita da vida de São Francisco de Sales, se quer ser fecunda de algum bem!" (*Giornale dell'anima*, 29 de janeiro de 1903).

BIBLIOGRAFIA. Fontes: *Oeuvres de S. François de Sales évêque et Prince de Genève et Docteur de l'Église*. Édition complète d'après les autographes et les éditions originales enrichie de nombreuses pièces inédites publiées par les soins des RELIGIEUSES DE LA VISITATION du premier Monastère d'Annecy: Impr. J. Niérat, Annecy, 1892-1932; *Lettere di amicizia spirituale*, org. por A. RAVIER, Paoline, Roma 1984 (trad. do francês *Correspondance: les lettres d'amitié spirituelle*, Paris, 1980; *Introduzione alla vita devota*, org. por B. PAPÀSOGLI, Bibliografia Universale Rizzoli, Milano, 1986).

Resenhas bibliográficas: BRASIER, V. – MORGANTI, E. – ŠT. ĎURICA, M. *Opere e scritti riguardanti S. Francesco di Sales*. Repertório bibliográfico 1623-1955 (Bibliografia del Salesianum, n. 44), Roma, 1955; PEDRINI, A. Bibliografia específica (dos últimos 25 anos). In *L'azione dello Spirito Santo nel Cristo e nel suo Corpo mistico secondo il pensiero di S. Francesco de Sales*. Roma, 1979, 65-70 (extraído da tese, Pontifícia Universidade Gregoriana, Roma, 1978); PEDRINI, A. – PICCA, J. Rassegna bibliografica. Pubblicazioni riguardanti san Francesco di Sales, curate o edite da don Bosco e dai membri delle Congregazioni da lui fondate (SDB e FMA). In PICCA, J. – STRŮS, J. (orgs.). *San Francesco di Sales e i Salesiani di Don Bosco* (Studi di Spiritualità 4). LAS, Roma, 1986, 303-317; PEDRINI, A. *St. Francis de Sales Don Bosco' Patron*. Don Bosco Publication, New Rochelle – New York, 1988; STRŮS, J. S. Francesco di Sales (1567-1622). Resenha bibliográfica de 1956. *Salesianum* 45 (1983) 653-671.

Dicionários – Enciclopédias: GORDINI, G. D. Francesco di Sales. *Bibliotheca Sanctorum*. Roma, 1964, 1207-1226; PERNIN, R. François de Sales. *Dictionnaire de Théologie Catholique* VI. 736-762; SERQUET, P. François de Sales. *Dictionnaire de Spiritualité*. Beauchesne, Paris, 1962, 1057-1097.

Biografias: PAPÀSOGLI, G. *Come piace a Dio. Francesco di Sales e la sua "grande figlia"*. Città Nuova Editrice, Roma, ²1982; RAVIER, A. *Un sage et un saint. François de Sales*. Nouvelle Cité, Paris, 1985.

Espiritualidade salesiana (consideramos apenas as publicações realizadas a partir de 1982): AUBRY, J. S. Francesco di Sales. In BARACCO, L. (org.). *Spirito del Signore e libertà. Figure e momenti della spiritualità*. Morcelliana, Brescia, 1982, 124-134; BRIX, A. *François de Sales commente le Cantique des Cantiques*. Evain-les-Bains, 1986; CORRIGAN, F. *La spiritualité de S. François de Sales. Un chemin de vie*. DDB, Annecy, 1989; *François de Sales prophète de l'amour*, C.I.F., Epinay-sur-Seine, 1986; *Temen Salesianischer Theologie. Ein Kompendium*. Franz-Verlag, Eichstätt, 1989.

1) Francisco de Sales e as várias espiritualidades de inspiração salesiana: BRIX, A. *L'actualité de S. François de Sales*. In *San Francesco di Sales e i Salesiani*. LAS, Roma, 1986, 98-124; DUMEIGE, G. S. Francesco di Sales nel contesto culturale del suo tempo. In *San Francesco di Sales e i Salesiani*. LAS, Roma, 1986, 17-41; *Journal intime d'une mystique française Visitandine: Louise Marguerite Claret de la Touche (1868-1915)*. Scuola Grafica Salesiana, Torino, 1984; KÖNIGBAUER, L. *L'umanesimo nella vita e nella dottrina di S. Francesco di Sales*. In *San Francesco di Sales e i Salesiani*. LAS, Roma, 1986, 42-63; L'HONRÉ, H. Les institutions de vie consacrée qui se réclament de la pensée de S. François de Sales. In *San Francesco di Sales e i Salesiani*. LAS, Roma, 1986, 127-138; *La Visitazione di S. Maria nel 375° di fondazione: 1610-1985*, org. por A. PEDRINI. Federazioni Italiane Monasteri della Visitazione, Roma, 1985; PEDRINI, A. La salesianità del servo di Dio mons. Paolo Taroni di Faenza. *Palestra del Clero* 61 (1982) 441-461; ID. *Il Ven. Pio Brunone Lanteri e la spiritualità salesiana nel Piemonte del*

primo Ottocento (aspetti storico-ascetici). 1236-1247.1308-1320.1366-1373; Pedrini, A. La Visitazione nella mente e nel cuore di San Francesco di Sales. In *La Visitazione di S. Maria nel 375° di fondazione: 1610-1985*, org. por A. Pedrini. Federazioni Italiane Monasteri della Visitazione, Roma, 1985, 19-47; Picca, J. – Struš, J. (orgs.). *San Francesco di Sales e i Salesiani*. LAS, Roma, 1986; S. Francesco di Sales nella vita della Congregazione dei Salesiani di Don Bosco, III parte. In *San Francesco di Sales e i Salesiani*. LAS, Roma, 1986, 161-322. Stella, P. Don Bosco e S. Francesco di Sales: incontro fortuito o identità spirituale? In *San Francesco di Sales e i Salesiani*. LAS, Roma, 1986, 139-159; Struš, J. La spiritualità di S. Francesco di Sales. In *San Francesco di Sales e i Salesiani*. LAS, Roma, 1986, 64-97.

2) Francisco de Sales comparado a outros santos: Pedrini, A. *L'ispirazione a S. Tommaso in S. Francesco di Sales*. Atti dell'VIII Congresso Tomistico Internazionale "S. Tommaso nella storia del pensiero". Città del Vaticano, 1982, 145-166; Id. San Giuseppe Cafasso nella scia della dottrina del Salesio. *Palestra del Clero* 62 (1983) 625-637.718-736; Id. Due apostoli a confronto: San Carlo Borromeo e S. Francesco di Sales nel periodo della Controriforma. *Palestra del Clero* 63 (1984) 1.211-1.219.1.269-1.285.1.333-1.343; Id. Elementi ascetico-mistici di S. Bernardo nelle Opere di S. Francesco di Sales. *Palestra del Clero* 64 (1985) 68-98; Rensi, M. G. *Il Dottore dell'amore e la sua cetra melodiosa: Francesco di Sales e Teresa di Lisieux*. Ancora, Milano, 1986; Valentini, E. *Due pionieri della spiritualità dell'azione: S. Francesco di Sales e S. Vincenzo de Paoli. Palestra del Clero* 61 (1982) 574-580.

3) Estudos de ascetismo e mística: Pedrini, A. La "plenitudo charitatis" nei doni, nelle beatitudini, nei frutti dello Spirito Santo secondo la dottrina di S. Francesco di Sales. In *Credo in Spiritum Sanctum*. Atas do Congresso Teológico Internacional de Pneumatologia. Città del Vaticano, 1983, 1.133-1.150; Id. L'umanesimo devoto di S. Francesco di Sales. In *Le grandi scuole della spiritualità cristiana*. Teresianum, Roma, 1984, 519-551; Id. La direzione spirituale nell'insegnamento di S. Francesco di Sales. In *Mistagogia e direzione spirituale*. Opera della Regalità. Milano, 1985, 143-162; Id. Il discernimento degli spiriti nella direzione spirituale di S. Francesco di Sales. *Rivista di Ascetica e Mistica* 54 (1985) 254-275; Id. La "theologia crucis" nella vita e nelle opere di S. Francesco di Sales. In *Salvezza cristiana e culture odierne*. Atas do II Congresso Internac. "La Sapienza della croce oggi". LDC, Torino-Leumann, 1985, 120-143; Id. La preghiera secondo il pensiero di S. Francesco di Sales. *Rivista di Vita Spirituale* 40 (1986) 154-166; Struš, J. La meditazione salesiana nell'itinerario cristiano verso la contemplazione (*Quaderni di Spiritualità Salesiana n. 2*). Org. pelo Istituto di Spir. UPS, Roma, 1985, 5-15.

4) Vários: Boracco, P. G. Francesco di Sales. In Ancilli, E. – Paparozzi, M. (orgs.). *La Mistica. Fenomenologia e riflessione teologica*. Città Nuova Editrice, Roma, 1984, 599-620, I; Colombo, G. S. Francesco di Sales e il clero diocesano. *Ambrosius* (1986) 204-210; Fiorelli, F. L. *The sermons of St. Francis de Sales on Prayer*. Rockford (Illinois), 1985; Papàsogli, P. Philothée ieri e oggi: il flauto sommerso. François de Sales e la poetica della clarté. In *La lettera e lo spirito. Temi e figure del Seicento francese*. Libreria Goliardica, Pisa, 1986, 21-75; Pedrini, A. La spiritualità salesiana nella prassi ascetica di Rosmini. *Rivista Rosminiana di Filosofia e di Cultura* XVIII (1984) 273-292; Id. Il motto "Da mihi animas" nel pensiero di Don Bosco e nella tradizione salesiana. *Palestra del Clero* 63 (1984) 48-60.79-90.164-178; Id. Due figlie del Manzoni (allieve) nella Visitazione di Milano. *Palestra del Clero* 64 (1985) 672-681; Id. Francesco di Sales e la Sindone. *Rivista Rosminiana di Filosofia e di Cultura* 65 (1986) 479-494; Id. Francesco di Sales e la città de Genevra. *Teresianum* 37 (1986) 483-498; Id. Francesco di Sales e i santuari mariani d'Italia. *Miles Immaculatae* 25 (1989) 89-98; Saldarini, G. Il santo Curato d'Ars e il Vescovo Santo. *Ambrosius* (1986) 232-235.

A. Pedrini

FRAQUEZA. 1. FRAQUEZA FÍSICA. Há uma fraqueza natural e totalmente inocente: a dos idosos e doentes, dos indigentes e prisioneiros, do órfão, da viúva e das gestantes. Essa fraqueza não pode ser objeto de recriminação.

Por outro lado, um corpo fragilizado não representa, necessariamente, um obstáculo para a formação de um espírito forte; do mesmo modo que um corpo vigoroso nem sempre é sinal de alto valor espiritual. Antes, pode até ocorrer que um equilíbrio psíquico-orgânico bem constituído corra o risco de estagnar a vida espiritual, igualmente como uma grande miséria física: existe como uma espécie de ofuscamento pelo excesso de saúde, que afasta o coração humano da condição humana dos outros e da preocupação por eles. A força só é grande quando exprime uma grandeza de espírito alcançada no → DOMÍNIO DE SI.

Os fracos, que têm a aventura de serem sempre vítimas, já que não sabem e não podem defender-se, despertam veneração nos espíritos bons e generosos: recomendam-se pela própria impotência. Foram a oportunidade para fazer florescer, ao longo dos séculos, especialmente na história da → ESPIRITUALIDADE CRISTÃ, iniciativas inteiramente dedicadas e consagradas ao seu socorro caritativo.

Socorrer o fraco é socorrer o Salvador Jesus, porque os seres humanos (especialmente os fracos) formam com o Senhor "um só em Jesus Cristo" (Gl 3,28); são membros de seu corpo (1Cor 6,15; Rm 12,5; Cl 1,18). Deus, em Cristo, entre os seres humanos, continua a ter necessidade de auxílio (Mt 25,40). Cristo, verdadeiro Deus e verdadeiro homem, "rico em suas riquezas, pobre em nossas misérias, continua a receber as nossas ofertas (na pessoa dos pobres) e distribui os seus dons (na Eucaristia), compartilhando a nossa condição mortal e dando vida aos mortos" (São → LEÃO MAGNO). Não se pode amar o Senhor se não é socorrido em seus membros que sofrem: "Não pode cantar gregoriano quem não grita pelos judeus (perseguidos)" (D. Bonhoeffer).

A fraqueza física possui uma missão sobrenatural a ser enunciada: é a oportunidade para evidenciar muito mais o poder divino. "Aquilo que no mundo é vil e desprezado, aquilo que não é, Deus o escolheu para reduzir a nada o que é, a fim de que nenhuma criatura possa orgulhar-se diante de Deus" (1Cor 1,27-28). Se a fraqueza física não encontrasse em Deus o seu escudo e a sua defesa, ela se transformaria em pusilanimidade desordenada.

2. FRAQUEZA PSICOFÍSICA. A fraqueza psíquica pode ter sua origem em uma constituição pobre em força ou porque o espírito está sujeito a compromissos que lhe são muito onerosos. Cada um de nós conhece estados de fraqueza passageira. Só se deve falar de astenia no caso de uma fraqueza habitual, que condicione o conjunto do comportamento. Algumas astenias constitucionais redundam em → NEUROSES, outras (mais numerosas) acomodam-se com uma vida de normalidade.

A fraqueza psíquica constitucional costuma situar-se na base da consciência e da vontade, atentando contra a sua estabilidade; ela pode prejudicar todos os aspectos (em grau variado) da conduta humana. Trata-se de psicastenia, que gera estados de incompletude, alimenta sentimentos de insatisfeita insuficiência, e se exprime em um → COMPLEXO de inferioridade diante da própria situação.

Esses fracos constitucionais são inclinados a submeter-se à disciplina militar ou a uma regra, imaginando que isto os isenta de responsáveis decisões pessoais. Não sabendo pertencer a si mesmos, ignoram que a virtude da → FORTALEZA é a alma de todas as outras virtudes, e que não é possível criar uma → VIDA INTERIOR com desistências.

Os astênicos leves, porém, nada fazem de anormal, mas parecem incluir a má vontade em todos os atos de seu comportamento ordinário. São recriminados por não se esforçarem o bastante, embora não possam fazê-lo: são acusados de perder-se nos detalhes, quando a sua desgraça é feita justamente de detalhes. Sofrem, mais fortemente que os outros, os efeitos nocivos do cansaço, da fraqueza irritável e da impossibilidade de estímulo.

Às vezes organizam a sua fraqueza para atrair sobre si o interesse e a compaixão alheia, e a fazem degenerar em rancor ou inveja maldosa pelos mais afortunados no aspecto psíquico, e até se fecham para satisfazer-se em consolações imaginárias ou puramente interiores.

Procurou-se restituir o equilíbrio recorrendo a medicamentos que proporcionassem a chance de sair da sua situação depressiva. Graças ao ópio, ao álcool e ao tranquilizante, a pessoa abatida obtém um alívio passageiro. A sua personalidade humilhada parece-lhe mais bela, exaltada; todas as suas faculdades veem-se colocadas em um grau superior. Mas é uma melhora artificial, de curta duração. Quando a ação fisiológica do estimulante cessa o efeito, renova-se a queda muito mais amarga. Volta-se a buscar a droga com a avidez da secura. E a pessoa reduz-se a uma ruína humana.

Na verdade, quando uma fraqueza, sobretudo se pecaminosa, se ramifica, enraizando-se nos dinamismos psicofísicos, não se cura somente com o medicamento, nem existe uma indicação médica que funcione mecanicamente: somente um ato que abrace a totalidade da pessoa pode reordenar esse desequilíbrio. O fraco desviado deve ser tratado e reeducado, ao mesmo tempo, na totalidade de sua personalidade psicofísica e espiritual. A grandeza do psicastênico está principalmente em dominar as suas fraquezas através de um constante empenho espiritual, de modo a obter um equilíbrio interior.

Viver a própria fraqueza psicofísica com fortaleza cristã é um dom do Espírito. Isto acontece quando o espírito psicastênico aceita a própria fraqueza psicofísica a fim de que outros possam gozar a fortaleza psicoespiritual (exemplo: Gertrud von Le Fort). É um viver a fraqueza como Cristo e em Cristo, que se fez fraco para que nos tornássemos fortes (Fl 2,7). Deus não só conforta os fracos (2Cor 1,4), mas coloca-se ao seu lado para compartilhar a sua sorte de sofredores (Hb 4,15). "Deus é impotente e frágil no mundo, e só assim ele nos ajuda e permanece conosco" (D. Bonhoeffer).

A fraqueza pode ser premissa para uma vida recuperada na dimensão da fé. Ainda que a fé em Deus, em Cristo, seja proposta não como exploração da fraqueza e da desventura humana, mas como exigência de uma maturidade do ser humano. "Gostaria de chegar a isto, que Deus não seja introduzido ardilosamente em algum extremo e secreto refúgio, mas que se reconheça o caráter adulto do mundo e do ser humano" (D. Bonhoeffer).

3. FRAQUEZA ASCÉTICA. Os moralistas escolásticos traçaram sobriamente a fraqueza como o defeito em contraste com a virtude da fortaleza. Esta afirmação é exata, mas não extensiva a toda a realidade fenomenológica do estado de fraqueza.

Antes de tudo, a desistência ou a cedência de um momento não determinam necessariamente um estado de fraqueza espiritual. Cada vida possui altos e baixos; todo ser humano possui defeitos e lacunas. Ninguém pode ser sempre vitorioso, nem bem-sucedido em tudo. A fraqueza não chega ao ser humano vinda do exterior, como uma consequência do acontecimento. A fortaleza não é idolatria de si mesmo, um imaginar-se acima das fragilidades humanas. A força só se torna virtude quando supõe compreendida e aceita a fraqueza natural do ser humano.

As várias atitudes de verdadeira fraqueza têm sua origem em uma enganosa estima de si mesmo. No segredo de seu coração, o ser humano pesou-se e considerou-se muito leve. Sem cessar, pede à experiência a confirmação para essa sua condenação. Obstina-se em apostar contra si próprio sobre o que lhe acontece, a fim de atestar melhor aos olhos de todos e aos seus que todos os recursos estão fechados, que não tem mais futuro. A fraqueza se delineia no fato de entregar-se, quando ainda seria possível restabelecer-se. "Ter um fraco" por alguém, ou por alguma coisa (dinheiro, mulher, jogo etc.) é um não poder resistir-lhe, é um abdicar da própria liberdade em seu favor.

Procura-se então encobrir as próprias fraquezas com intenções humanitárias, a fim de justificar-se interiormente aos apelos renascentes. O fraco pode conseguir iludir a si mesmo e aos outros, mas penetrando no mais profundo recôndito de sua consciência, sabe que é um vencido. A camuflagem de intenções honestas exprime uma piedade misericordiosa pela própria fraqueza interior, mas, ao mesmo tempo, uma falta de coragem de tomar consciência da sua profunda realidade.

O fraco, se soubesse perscrutar sua vida espiritual, descobriria que a sua enfermidade surgiu quando se obstinou em caminhar sozinho e abandonou a mão de Deus. A medida com a qual desprezou recorrer a Deus é a mesma de sua queda. A alma que confia nas próprias forças cairá sempre; resistirá aquela que pôs unicamente em Deus a sua esperança (2Cor, 12,5 ss.).

BIBLIOGRAFIA. BELAVAL, Y. *Les conduites d'échec*. Paris, 1953; BRACHFELD, O. *Les sentiments d'infériorité*. Genève, 1945; DESCHAMPS, Dr. *La maladie de l'esprit et les asthénies*. Paris, 1910; FOLGHERA, J. D. *Saint Thomas d'Aquin. Somme Théologique. La force*. Paris, 1949; JANET, P. *La force et la faiblesse psychologiques*. Einstein, 1930; *L'homme devant l'échec*. Paris, 1959; *Trattato di psicologia*. Torino, 1970.

T. GOFFI

FRATICELLI. Hereges do final da Idade Média (c. 1300-1500), devem sua origem aos espirituais franciscanos que se recusaram a aceitar as disposições e declarações do papa João XXI referentes à pobreza franciscana. Devem, portanto, ser diferenciados dos → ESPIRITUAIS que os precederam até 1318, embora compartilhassem algumas ideias. Além disso, devem ser incluídos entre os *fraticelli* inúmeros grupos heréticos do século XIV e XV, embora não estivessem ligados a eles organizativamente, como os apostólicos, os miguelistas, os bizoques, os beguinos, os *fratres de opinion*.

Em parte parecidos com os espirituais franciscanos, os *fraticelli* levaram suas ideias aos extremos, especialmente as referentes à pobreza, a absoluta intangibilidade da Regra da Primeira Ordem franciscana, seguindo, além disso, as ideias joaquinitas. Sob a influência dos neomaniqueus, os *fraticelli* aceitaram a ideia das duas Igrejas, uma espiritual e outra carnal (esta seria a romana, hierárquica e jurídica), chegando a negar a validade dos sacramentos, por causa do seu elemento material e por serem administrados pelo clero ilegítimo (autorizado pela hierarquia "romana"). Por fim, pelo menos alguns adotaram aberrações morais em nome da castidade.

Difundiram-se bastante na Itália, de onde passaram, perseguidos e submetidos à Inquisição, à Catalunha, à Grécia e à Pérsia. No século XV, aliaram-se também aos hussitas da Boêmia. Trabalharam e escreveram contra eles, frequentemente seguindo orientação pontifícia, André Ricci de Florença, João de Capistrano, Tiago da Marca, Antonino de Florença, Jean de Celles.

BIBLIOGRAFIA. SPÄTLING, L. *De apostolicis, pseudoapostolis, apostolinis.* Monachii, 1947; MATANIĆ, A. Joannes Papa XXII (1316-1334) cavet "periculosum dominium". *Antonianum* 30 (1995) 137-150.

A. MATANIĆ

FRUIÇÃO. O sentido mais imediato e natural de fruir é o de "gozar dos frutos", seja qual for o campo em que se considere o gozo. Os filósofos preferem o termo "deleite" ao de "fruir" ou de "fruição", que se encontra em todos os teólogos e na Sagrada Escritura. A fruição tem uma grande importância na teologia da fé, sobretudo na vida divina. Dela falaram particularmente Santo → AGOSTINHO, São Boaventura e Santo Tomás.

1. A FRUIÇÃO EM SANTO AGOSTINHO. O teólogo mais interessado no assunto é Santo Agostinho, que fala dela em diversas obras, em especial no *De doctrina christiana*, livro I (*PL* 34). Partindo da premissa de que cada doutrina pertence ao âmbito "das coisas ou dos signos" (*Ibid.*, 19), ele estabelece a célebre divisão das "coisas". "Existem coisas que devem ser objeto de fruição, coisas a ser usadas, coisas das quais se frui e de que se faz uso. As coisas que devem ser objeto de fruição nos tornam felizes; as que devemos utilizar nos servem de ajuda e de alívio para obter a felicidade, aquilo que nos permite chegar às coisas que nos trazem a felicidade e aderir a elas. Constituídos entre uma coisa e outra, nós que delas fruímos e utilizamos, ao querermos fruir das coisas que se devem usar, impedimos o nosso curso, e mesmo o desviamos às vezes, de modo a retardar ou a anular o curso para as coisas das quais se frui, impedidos pelo amor das coisas inferiores" (*Ibid.*, 20).

Fruir é "ter presente o que se ama" (*De moribus eccle.: PL* 32.33). Mais propriamente, "fruir é aderir com amor a uma coisa por si mesma" (*Ibid.*, 20). Enfim, "fruir é deter-se nas coisas conhecidas pela vontade dileta por si mesma" (*De Trin.* X, 10, 13: *PL* 42, 981). O fruir agostiniano é a operação da vontade elevada pela caridade. Em decorrência do paralelismo exemplar entre a Trindade criadora e a mente humana, de fato, Agostinho concluiu que a vontade representa o Espírito Santo no homem; em particular e propriamente segundo a caridade dele (*De Trin.* XIV, 17, 29: *PL* 42, 1.081). Fruir Deus, portanto, é tê-lo presente como próprio exemplar perfeitíssimo e terminar pela caridade no Espírito Santo, como termina nele a própria → TRINDADE, que ele criou para transmitir a própria beatitude.

A mente humana é criada à "imagem da Trindade", de modo que nunca se pode existir "sem se lembrar, sem se compreender e sem se amar" (op. cit., XIV, 15, 18: *PL* 42, 1.049); nem sequer nos males e nos erros o homem "pôde abandonar completamente sua memória, inteligência e amor natural" (*Ibid.*, 19; col. 1.050). Contemplação e pecado se medem sempre no exercício ou na falta de exercício das três faculdades: viver bem-aventuradamente na natureza ou na graça é exercer a memória, a inteligência e o amor. A fé viva do justo, própria do homem interior, implica "a contemplação e o amor da mesma fé" (XXV, 2, 4; col. 1.038): é a imagem de Deus-Trindade conveniente à vida na terra e consiste na trindade de memória, lembrança e amor das coisas sempre presentes da fé (*Ibid.*).

Agostinho vinculou o fruir ao amor da caridade também com base na literatura, que ele, como retor perfeito, conhecia muito bem; mas quando o fez em suas obras, assumiu o ponto de vista da vida cristã, da beatitude divina consistente na Trindade, em que o → ESPÍRITO SANTO é o Amor em pessoa. Por isso ele disse que o fruir é a operação da vontade, do amor de caridade, sem excluir, porém, que pressuponha "o conhecimento das coisas em que reside a vontade diletada por si". O fruir agostiniano pressupõe a operação da memória e da inteligência, de modo a ser o complemento natural delas e a totalidade da natureza com elas (*De Trin.* X, 17; col. 982-983). À afirmação explícita de Agostinho pode-se acrescentar a de seus seguidores (cf. E. PORTALIÉ, Augustinisme e Développement historique de l'Augustinisme, in *Dictionnaire de Théologie Catholique*, I, 2.485-2.561).

2. A FRUIÇÃO NA ESCOLA UNIVERSITÁRIA. A doutrina agostiniana entrou na história com as *Sentenças* de Pedro Lombardo. Desde o primeiro capítulo, o autor leva a acreditar que não existe nenhuma diferença entre a posição de Agostinho e a sua, uma vez que a divisão da obra é a do *De doctrina christiana* de Agostinho: "*primum de rebus, postea de sienis disseremus*" (I, 1). E logo depois trata das "coisas das quais se deve fruir ou usar, e das coisas que fruem e usam" (*Ibid.*, 2); depois define: "Em que consiste fruir e usar" (*Ibid.*, 3).

No segundo capítulo encontramos a análise de algumas passagens agostinianas — extraídas sobretudo do *De doctrina christiana* e do *De Trinitate* — das quais se extraem as seguintes conclusões: há três tipos de coisas, "aquelas das quais se frui, outras das quais se faz uso, outras que se fruem e se usam"; as coisas das quais se frui são o Pai e o Filho e o Espírito Santo; as coisas a ser usadas são o mundo e as coisas que existem nele; "fruir é aderir com amor a uma coisa por si mesma"; usar é servir-se de uma coisa para obter dela uma outra, da qual se deve fruir; as coisas das quais se deve fruir nos tornam bem-aventurados, as coisas a ser usadas nos ajudam a chegar às coisas que se deve fruir: "Vamos fruir as coisas conhecidas nas quais a vontade diletada por elas repousa; em contrapartida, vamos usar as coisas que relacionamos a outras, das quais se frui".

No terceiro capítulo, Lombardo nota que Santo Agostinho tem duas sentenças sobre os mesmos termos. No *De doctrina christiana* o fruir "é aderir com amor a uma coisa por si mesma" (I, 4: *PL* 34, 20), no *De Trinitate* é "usar com alegria não na esperança, e sim na própria realidade" (X, 11, 17: *PL* 42, 982). O mesmo se aplica ao usar. Na primeira obra "é servir-se de uma coisa para obter outra, da qual se deve fruir" (I, 4; col. 20); na segunda "é assumir uma coisa na condição de desejante" (X, 11, 17; col. 982).

3. A FRUIÇÃO EM SÃO BOAVENTURA. A escola franciscana é teologicamente representada por São → BOAVENTURA e por Jan Duns Scotus. Seu fundamento é agostiniano; o sobrenatural tem a precedência absoluta em qualquer consideração mesmo filosófica, segundo o esquema agostiniano da "imagem da Trindade" exposto nas *Sentenças* de Pedro Lombardo.

A posição de São Boaventura, mesmo se é agostiniana nas palavras, de fato assume uma sistematização própria, distinta também da de Pedro Lombardo. As relações fundamentais entre a "imagem" e o "exemplar" estabelecidas por Santo Agostinho terminam perdendo em parte o seu valor precisamente por São Boaventura ter concluído com a "superioridade" da vontade sobre o intelecto e sobre a memória, ao passo que para Santo Agostinho, como ele mesmo admite, as três faculdades são "iguais". Rohmer (*La finalité morale chez les théologiens de S. Augustin à Duns Scot*, Paris, 1939, 144 ss.) demonstra que essa posição da escola franciscana — de São Boaventura e de Duns Scotus — depende da doutrina de Santo Anselmo.

4. A FRUIÇÃO EM SANTO TOMÁS DE AQUINO. A escola dominicana também teve origem nas *Sentenças* de Pedro Lombardo ensinadas em Paris, onde se formaram → ALBERTO MAGNO e → TOMÁS DE AQUINO. A posição deles, especialmente a de Santo Tomás, logo se distinguiu tanto da agostiniana quanto da franciscana, sobretudo por ter tomado como base também a filosofia de Aristóteles. Não há dúvida: Deus é a Trindade e o homem é criado "à imagem e semelhança" da Trindade; mas, quando o Doutor Angélico organiza a "sacra doutrina", a "mente" agostiniana torna-se a "natureza intelectual" aristotélica. A autêntica analogia entre Deus-Trindade e as suas criaturas deve-se à "natureza intelectual e divina" (*STh.* I-II, q. 27, a. 5); ela se diversifica da "mente" agostiniana, na medida em que exclui a "memória" como faculdade distinta do intelecto; da "natureza intelectual" franciscana, segundo a qual a "vontade" é "superior" ao intelecto.

O homem é o seu intelecto, a máxima potência voltada para o objeto máximo (*Ibid.*, q. 82, a. 3): todas as outras potências corporais, como a própria vontade, são subordinadas a ele (*Ibid.*, q. 77, 4.7); a vontade nada mais é que o "apetite do intelecto", e por isso o seu fim último é o próprio bem do intelecto, ou seja, a operação beatificante ou a "visão da essência divina" (*Ibid.*, q. 12, a. 1). Nessa perspectiva sistemática deve-se colocar a fruição. Santo Tomás tratou do assunto em muitas obras (expressamente *In I Sent.* d. 1, qq. 1-3; *C. Gent.* III, 117; III, 26; *STh.* I-II, q. 11; em outras obras encontram-se passagens ocasionais), mas sempre no mesmo sentido doutrinal.

A fruição é o ato da potência apetitiva e pertence ao amor ou ao deleite (*STh.* I-II, q. 11, a. 1), não se encontra, portanto, nas criaturas que não têm o conhecimento, é imperfeita nos animais que conhecem só o fim e o bem particular (*Ibid.*, q. 11, a. 2). No homem, ao contrário, em que existe, além do conhecimento do fim e do bem, também a razão universal destes, verifica-se a fruição segundo a razão perfeita. A fruição própria do homem implica tanto "o prazer" do corpo, que se encontra em qualquer operação naturalmente virtuosa (*Ibid.*, q. 32), quanto "o júbilo" (*Ibid.*, q. 31, aa. 3-4), próprio do apetite intelectivo que é a vontade. A felicidade natural do homem termina precisamente no júbilo consequente da visão da essência divina (*Ibid.*, q. 4, a. 2): é "uma perfeição concomitante com a visão; não como perfeição que torne a visão perfeita na sua espécie" (*Ibid.*, ad 1), e sim como consequente a esta, uma vez que o "deleite aperfeiçoa a operação como o decoro, a juventude" (ARISTÓTELES, *Ethica*, X, 4: 1174b, 19-23).

A autêntica fruição, como a beatitude, é própria de Deus e da Trindade (*STh.* III, q. 23, a.), em que Deus "compreende" o ato do próprio ser no Pai, que o personifica e exprime, "vê" o verdadeiro do próprio ser no Filho, que o expressa em Pessoa, "frui" o bem do próprio ser no Espírito Santo, que o exprime em Pessoa: são três atos necessários na beatitude da criatura (*STh.* I-II, q. 4, a. 3) porque constituem em Deus a beatitude própria da Trindade.

E, como a graça é a comunicação da "divina natureza", é causada pela Trindade, reproduzida na criatura agraciada segundo as virtudes teologais por meio e segundo os dotes correspondentes na origem: a fruição corresponde à → CARIDADE, assim como a visão corresponde à → FÉ e a compreensão corresponde à → ESPERANÇA. E como segundo a natureza divina é no ser infinito a natureza intelectual que subsiste nos termos próprios e pessoais do Princípio ou Pai, do Verbo ou Filho, do Amor ou Espírito Santo, assim a criatura intelectual, elevada pela graça à comunicação da própria natureza divina que subsiste na Trindade, é ordenada de modo a terminar e termina de fato na origem da própria Trindade; por isso "os bem-aventurados recebem a missão invisível (ou a doação das Pessoas divinas) no próprio princípio da bem-aventurança" (*STh.* I, q. 63, a. 6, ad 1).

A definição tomista, portanto, poderia ser esta: "A fruição é o gozo da vontade que consegue como acidente próprio à operação com que o intelecto aprende o bem supremo da essência divina, em que consiste essencialmente a bem-aventurança formal". Mas na fruição bem-aventurada se desfruta o bem divino como está expresso no Espírito Santo, do mesmo modo que se compreende o ato do ser divino personificado no Pai que o exprime e se vê o verdadeiro do ser divino expresso no Verbo e nele personificado. Concordam com essa conclusão todos os Doutores da Igreja, resumidos nas palavras de Santo Agostinho: "Nosso pleno júbilo, do qual não existe maior, consiste em fruir a Trindade, Deus, à imagem do qual fomos feitos. E por isso às vezes falamos do Espírito Santo como se só ele bastasse para a nossa beatitude: só ele basta, porque não pode se separar do Pai e do Filho" (*De Trin.* I, 8, 18: *PL* 42, 832). Aqui a fruição da criatura atingiu a própria fruição de Deus-Trindade, o objetivo divino da sua criação.

BIBLIOGRAFIA. Fruition. *Dictionnaire de Spiritualité* V, 1546-69.

A. GRION

FRUSTRAÇÃO. O termo "frustração", divulgado pela literatura anglo-saxã, traduz a palavra alemã "Versagung" (recusa, desdita), usada por Freud com significado incerto: ora indica a ausência de um objeto capaz de satisfazer uma pulsão, ora uma relação que implica uma exigência-pedido por parte do sujeito e uma recusa por parte do parceiro-objeto do pedido, ora a recusa do sujeito, em consequência de conflitos interiores ou de fixações, a se satisfazer com a presença do objeto já desejado. O vocábulo, já de início, tem por isso um significado amplo. Os psicólogos contemporâneos que pesquisam particularmente o aprendizado consideram a frustração uma condição de um organismo obrigado à ausência de um estímulo agradável. Para outros é o estado em que passa a se encontrar uma pessoa sempre que a seu impulso, necessidade ou tendência para algo de agradável se opõe ou a falta de uma condição indispensável para a satisfação ou um impedimento qualquer: o dinamismo no desenvolvimento psíquico é inibido.

A importância da frustração é considerada negativamente em relação às neuroses e a determinados estados de espírito: a renúncia à ação para um objetivo, a resignação, um comportamento fútil ou estereotipado, uma regressão de humor, o estado de ansiedade, de hostilidade, de agressão etc. Segundo Freud e, depois dele, segundo outros estudiosos, a frustração levaria especialmente à agressividade do indivíduo frustrado contra pessoas e coisas interpretadas como causas da privação da única satisfação pedida, ou mesmo à agressividade do indivíduo contra si mesmo impelido pela ansiedade até os extremos da autodifamação e do suicídio.

A frustração pode se manifestar em um indivíduo ou em um grupo; pode ser parcial ou total, moderada ou excessiva, relativa ou absoluta, positiva (no caso de substituição por uma satisfação diferente) ou negativa (privação de satisfação); apresenta componentes muto diferenciados quer em relação à intensidade do impulso ou tendência, quer em relação à condição faltante ou ao obstáculo que determina a frustração Assim, é preciso levar em conta as estruturas individuais e sociais particulares, as condições físicas e ambientais dos diversos indivíduos e grupos. A psicopatologia classifica os sentimentos de frustração entre os mais danosos à adaptação e à saúde mental. Relacionada particularmente à criança, uma das causas principais de → NEUROSES e de psicopatização é, juntamente com a falta de afeto, a frustração: de fato, ela indica que a criança sofre e se defende porque está profundamente insatisfeita na esfera instintiva e freada na tendência ao crescimento psíquico.

Deve-se ressaltar, porém, que nem todas as frustrações são negativas do ponto de vista do desenvolvimento da personalidade: se são parciais e moderadas, elas podem contribuir para o equilíbrio e a adaptação das pessoas que as sofrem.

Na doutrina tradicional da espiritualidade cristã, o termo "frustração" não está presente. A falta de obtenção da perfeição cristã e religiosa ou das suas etapas encontra explicações não só de caráter psicológico, mas também de ordem sobrenatural; contudo, as atitudes das pessoas frustradas em suas tentativas de alcançar a perfeição são bastante parecidas com os fenômenos da frustração: pessimismo, autodifamação, atonia espiritual etc. Até mesmo os fenômenos da covardia e do desespero podem ser causados por frustração no crescimento da vida espiritual. Uma terapia viável consiste em restabelecer a confiança na graça e na definição daquilo que levou à frustração.

BIBLIOGRAFIA. BONINO, S. et al. *La frustazione: teoria e sperimentazione.* Boringhieri, Torino, 1976; DOLLAR, J. et al. *Frustrazione e aggressività.* Giunti Barbera, Firenze, 1973; FIDORA, G. Frustrazione. In *Enciclopedia Filosofica.* Firenze, 1967, 1538-1539 (com bibliografia selecionada).

G. G. PESENTI

FUGA MUNDI. A expressão "fuga do mundo" designa uma possível atitude cristã, consequência do significado que se atribui ao conceito de → MUNDO. Na acepção em que se entende por mundo o conjunto dos bens materiais, das atividades temporais etc. que, buscados de maneira desordenada e marcados pelo pecado, impedem e tornam difícil que a alma se aproxime de Deus, a *fuga mundi* é uma atitude necessária e fundamental em todo cristão, e poderia ser identificada, ao menos em parte, com a virtude do desapego. Se, ao contrário, entendemos por mundo o conjunto das atividades seculares, a vida social e familiar etc., sem nenhuma qualificação pejorativa, a *fuga mundi* é a atitude — não do mero afeto: aliás, fundamentalmente prática — que Deus pede a alguns cristãos como meio pessoal de santificação e como testemunho diante do mundo da fugacidade do temporal, do fato de que o objetivo último e verdadeiro do homem são apenas os bens sobrenaturais, mesmo que possam ser obtidos por meio dos bens naturais.

Na verdade, é possível — e isto ocorreu em alguns momentos da história — que os dois conceitos de "mundo" se confundam e se conjuguem de modo a afirmar — mais ou menos dissimuldamente — que o temporal é por si só prejudicial à vida espiritual e, portanto, só a fuga plena — pelo menos do afeto — dessas realidades seria a atitude cristã correta tanto do ponto de vista moral quanto espiritual.

1. A *FUGA MUNDI* NA SAGRADA ESCRITURA. O conceito de *fuga mundi* não aparece enquanto tal nos livros bíblicos; neles, contudo, podem ser encontrados alguns dos elementos que o configuram.

a) *Antigo Testamento.* O mundo, que Deus colocou à disposição do homem, é por essência bom: essa convicção encontra sólidas raízes no antigo Israel (Gn 1,31; 9,1-7). Paralelamente, é evidente que esses bens do mundo não são absolutos (cf., por exemplo, a literatura sapiencial e profética, *passim*), a ponto que o próprio Deus pode pedir o desapego efetivo de todos os bens ou de uma parte deles: é o que ocorre a alguns profetas e particularmente a → ELIAS.

Também a experiência do → ÊXODO, e em especial da vida no deserto durante aqueles anos, mostrou ao povo eleito a necessidade do desapego dos bens materiais; convém não esquecer, porém, que o plano divino — que se realizaria mais tarde e que o próprio YHWH continuamente convidava a desejar — era conduzir o povo à "*terra* prometida". A experiência do cativeiro e a do exílio na Babilônia podem ser consideradas um novo e concreto ensinamento do desapego do mundo; mesmo neste caso, porém, tanto as promessas divinas quanto as aspirações do povo consistem no retorno à terra prometida. Este, embora excluído da escatologia, caracteriza a realidade da ressurreição dos corpos e a da renovação da criação material.

Na atitude veterotestamentária de desapego do temporal que nós chamamos de *fuga mundi*, não há nenhum desprezo formal do mundo enquanto tal.

b) *Novo Testamento*. Na vida de Jesus manifesta-se bem claramente a compatibilidade entre o real desapego dos bens do mundo e a utilização e usufruto desses bens. Nos trinta anos de vida oculta, Jesus é uma pessoa como qualquer outra, não mostra nenhum desprezo ou tristeza pelo fato de ter de trabalhar, viver em uma família qualquer e no ambiente social próprio de sua época etc.; não deixa de modo algum, aliás, precisamente naquela época e com aqueles meios "seculares", de realizar a → REDENÇÃO. Depois, nos três anos de vida pública, embora não tenha "onde descansar a cabeça" (Mt 8,20), sem deixar de ensinar com clareza e com força a supremacia do sobrenatural (cf. Mt 6,24-33; 18,8-9; Mc 9,43-49; Lc 12,32-34) e a necessidade de deixar todas as coisas para ser seu discípulo (Mt 19,21.28-29; Mc 10,21.29-30; Lc 18,22.29-39; 12,33, 14,33), come e bebe, participa das festas, paga os impostos etc., chegando ao ponto de escandalizar os fariseus por causa disso (Mt 9,10-15; 11,18-19; Mc 2,15-20; Lc 5,29-35; 7,33-34).

Nessa atitude e nesses ensinamentos não há nenhum paradoxo: o Senhor demonstra ao mesmo tempo a bondade do mundo — que torna possível a sua santificação e a santificação através dele — e o seu valor relativo ao reino dos céus. Por amor ao Reino ele exige de todos o desapego afetivo das coisas temporais e, de alguns e pelo menos por alguns aspectos, também o desapego efetivo. É o caso dos apóstolos.

Talvez São Paulo e São João sejam os escritores sagrados que com mais frequência falam de um "mundo" oposto ao "Espírito de Deus" e inimigo do cristão, enquanto aliado das paixões e do diabo, "príncipe deste mundo" (cf. 1Cor 1,20; 2,6.12; 3,19; 2Cor 4,4; Ef 2,1-2; Rm 3,19; Jo 1,10; 7,7; 8,23; 14,17; 15,18; 17,14-16; 1Jo 5,19); ao mesmo tempo, porém, defendem a bondade do mundo enquanto tal e não exigem uma renúncia efetiva a ele, mas a seus elementos negativos (cf. 1Cor 7,24; Rm 14,20; 1Tm 4,3-4; 1Jo 2,15).

2. A *FUGA MUNDI* NOS TRÊS PRIMEIROS SÉCULOS. A vida dos primeiros cristãos e a literatura patrística dos três primeiros séculos testemunham um modo de vida caracterizado pelos ensinamentos neotestamentários. De um lado, enfatiza-se a bondade do mundo (cf. *O Pastor* de HERMAS, *Mand*. 12, 4, 2; TERTULIANO, *De spectaculis*, 2 etc. e toda a literatura antignóstica, antimaniqueia etc.; uma vez que estas primeiras na maldade da matéria: por exemplo, SANTO IRENEU, *Adversus haereses*, 1, 5 e 26; 4, 11; etc.): todos os fiéis estão imersos no mundo, vivendo como qualquer outro cidadão todos os aspectos próprios da vida "secular"; graças à nova vida sobrenatural, eles são a "alma" do mundo (*Discurso a Diogneto*, 5), ou seja, íntimos ao mundo como a alma no ser que vive.

Ao mesmo tempo, por outro lado, são abundantes as advertências contra os perigos que a vida no mundo frequentemente traz consigo, e os ensinamentos sobre a necessidade de viver com o coração desapegado das coisas da terra (cf. SANTO INÁCIO DE ANTIOQUIA, *Rom*. 3–4; 6, 1; 7, 1; *O Pastor* de HERMAS, *Vis*. 4, 3, 2-4; *Mand*. 11, 8; *Sim*. 5, 3, 6; SÃO POLICARPO, *Fil*. 5, 3; TERTULIANO, *De spectaculis*, 29, em que se cunha a expressão "saeculi totius contemptus", embora esta esteja relacionada aos vícios do século e do mundo impregnado de paganismo; *De oratione*, 5, 2; SÃO CIPRIANO, *De dominica oratione*, 13; *De mortalitate*, *passim*; etc.). Talvez nada mostre melhor esse ensinamento que a atitude diante do martírio, aspecto fundamental da espiritualidade cristã destes primeiros séculos.

Talvez → CLEMENTE DE ALEXANDRIA ofereça a síntese mais completa, quando afirma que o uso dos bens terrenos, verdadeiro dom de Deus, e a renúncia a eles são duas manifestações complementares da própria virtude da temperança (cf. *Stromata*, 2, 18; 7, 11; *Paedagogus*, 1, 12, 98; etc.). Em contrapartida, → ORÍGENES, que reflete uma maior influência helenística e em quem se basearão quase todos os futuros escritores monásticos, dá mais ênfase à importância da *fuga mundi*, também efetiva e ao menos simbólica, como meio para alcançar a perfeição (cf. *Hom*. *3 in Ex*. 3; *Hom. in Lc*. 11; *Hom. in Num*. 27, 12; *Comm. in Mt*. 41.45; etc.).

3. A *FUGA MUNDI* E OS RELIGIOSOS. Os inícios do estado religioso, a começar do fenômeno monástico, incluem a *fuga mundi* como elemento essencial de sua espiritualidade; para a maioria dos primeiros monges — escritores ou não — essa é a característica que define sua vocação específica em relação aos outros cristãos, que continuam a estar imersos no mundo (para essas referências

e para as afirmações subsequentes, muito abundantes em toda a literatura monástica e religiosa em geral, cf., por exemplo, o verbete Fuite du monde, in *Dictionnaire de Spiritualité*, 1593 ss.; e a bibliografia final). A "caminhada no deserto" — ambiente de vida da grande maioria dos monges dos primeiros séculos, e lugar de construção dos primeiros mosteiros — o demonstra com clareza: é a *fuga mundi* tomada no sentido mais literal possível para aquela época.

Um problema diferente é saber o que os Padres do deserto entendiam por "mundo" do qual queriam fugir. Para muitos, como para os autores pré-monásticos, tratar-se-ia do conceito pejorativo do mundo; ou seja, eles procuravam evitar os perigos que muitos ambientes e hábitos dos seus comportamentos constituíam para a vida de santidade a que aspiravam. O problema é mais complexo para aqueles autores que identificavam — já então, e com maior frequência durante a Idade Média — o "mundo", entendido como conjunto de elementos inimigos do homem; como indicamos antes, por esse meio se acaba concluindo facilmente que só a *fuga mundi* é compatível com uma vida cristã perfeita, ou até mesmo com a própria possibilidade de uma vida cristã moralmente aceitável.

Não faltam, contudo, já nesta primeira época, os autores que falam do "mundo" de um lado, e do "deserto" ou da "montanha" do outro, como dois âmbitos diferentes da vida cristã, com as mesmas possibilidades e as mesmas obrigações de santidade. Um deles, por exemplo, é São João → CRISÓSTOMO, o que não é contradito pelo fato de ele ter vivido por algum tempo como monge e de não poupar elogios à forma primitiva de vocação religiosa. Ressalta-se que os monges eliminam, de uma só vez — por assim dizer —, os perigos que o mundo traz consigo, enquanto os outros cristãos serão obrigados a lutar contra eles cotidianamente; não se deixa de lembrar, ao mesmo tempo, que novos perigos surgem para a vida no deserto: a luta é essencial na vida do cristão.

Até o surgimento das Ordens mendicantes, a *fuga mundi* continua a se apresentar como característica essencial das diversas regras monásticas, incluindo os → CLÉRIGOS REGULARES — basta ler, por exemplo, Santo Agostinho —, mesmo quando materialmente os mosteiros são instalados nas próprias cidades. Os → MENDICANTES dão início a uma tendência — continuado nos séculos sucessivos pelos → CLÉRIGOS REGULARES, pelas Congregações, pelas sociedades de vida comum sem → VOTO etc. — que podemos definir de aproximação do estado religioso ao mundo; uma tendência que vem coincidir com as elaborações teológicas mais importantes sobre a natureza desse estado.

Nos últimos anos esse fenômeno recebeu múltiplas interpretações; às vezes não sem grandes ou pequenas polêmicas; no entanto, mesmo simplificando os termos, pode-se dizer que, ao menos em muitos casos, essa aproximação do mundo é mais de tipo apostólico que espiritual; ou seja, a *fuga mundi*, o afastamento do mundo, pelo menos de modo psicológico e espiritual continua a ser considerado um dos meios principais, se não o principal, da busca específica da santidade pela condição própria do estado religioso; ao mesmo tempo, porém, e sem tergiversar sobre a genuína vocação religiosa, se afirma que as necessidades da Igreja e do mundo — universais, de uma época ou então de alguns determinados lugares — chamam a desenvolver um trabalho apostólico, no mundo, mas não de dentro do mundo — como ocorre para os leigos — e sim a partir de seu estado peculiar, a partir da consagração e do retiro no qual o religioso vive a sua vida cristã pessoal e comunitária.

4. DOUTRINA DO CONCÍLIO VATICANO II. O último Concílio, não obstante se concentre sobretudo, como se sabe, nos aspectos ou valores positivos do mundo, não esquece a noção de *fuga mundi* quer afirmando em geral a necessidade do desapego, quer considerando o termo mundo na sua segunda acepção, ou seja, no contexto da → VIDA RELIGIOSA. Assim, por exemplo, falando dos elementos comuns a todos os modos de vida religiosa, o decreto *Perfectae caritatis*, no número 5, afirma: "Recordem antes de tudo os membros de todo instituto que, pela profissão dos conselhos evangélicos, deram resposta a um chamamento divino, de forma que, não apenas mortos para o pecado (cf. Rm 6,11), mas também, renunciando ao mundo, vivam unicamente para Deus". Doutrina que a constituição *Lumen gentium* n. 44, justifica deste modo: "E porque o Povo de Deus não tem na terra a sua cidade permanente, mas vai em busca da futura, o estado religioso, tornando os seus seguidores mais livres das preocupações terrenas, manifesta também mais claramente a todos os fiéis os bens celestes, já presentes neste mundo; é assim testemunha da

vida nova e eterna, adquirida com a redenção de Cristo, e melhor preanuncia a ressurreição futura e a glória do reino celeste". Desse modo, o testemunho dos religiosos é a expressão paradigmática dos aspectos escatológicos cristãos, diferentemente da existência secular cristã que demonstra de modo exemplar o amor com que Deus amou o mundo a ponto de lhe entregar seu Filho unigênito (cf. Jo 3,16; constituição apostólica *Gaudium et spes*, n. 38).

BIBLIOGRAFIA. BATAILLON, L. J. – JOSSUA, J. P. Le mépris du monde. De l'intérêt d'une discussion actuelle. *Revue de Sciences Philosophiques et Théologiques* (1967) 23-38; BULTOT, R. Spirituels et Théologiens devant l'homme et devant le monde. *Revue Thomiste* (1964) 517-548; ID. Un numéro de revue sur la notion de mépris du monde, *Revue d'Histoire Ecclésiastique* (1966) 512-528; Le mépris du monde. La notion de mépris du monde dans la tradition spirituelle occidentale. *Revue d'Ascétique et de mystique* (1965) 233-432; LECLERCQ, J. Séparation du monde er relations avec le monde. In *Vie religieuse et vie contemplative*. Paris-Gembloux, 1970, 55-71; TILLARD, J. M. R. *Religieux aujourd'hui*. Bruxelles, 1969; ID. *Devant Dieu et pour le monde. Le projet des religieux*. Paris, 1974; TRUHLAR, C. V. Transformación y fuga del mundo. In *Antinomias de la vida espiritual*. Madrid, 1964; WINANDY, J. L'idée de la fuite du monde dans la tradition monastique. In *Le message des moines à notre temps*. Paris, 1958, 95-104; *La séparation du monde*. Paris, 1961.

F. SESÉ

G

GABRIEL DE SANTA MARIA MADALENA.
1. NOTA BIOGRÁFICA. Nascido em Beverlez-Audernade (Bélgica), em 24 de janeiro de 1893, ingressou no noviciado dos carmelitas descalços da província flamenga em 1910. Teve a ventura de encontrar dois promotores da renovação espiritual: Afonso de Nossa Senhora das Dores († 1927) e Jerônimo da Mãe de Deus († 1954). Estudou na Universidade de Louvain e no Angelicum de Roma. Em 1926 foi chamado para o colégio internacional da Ordem em Roma, onde desde 1931 até sua morte ensinou → TEOLOGIA ESPIRITUAL na faculdade do Teresianum. Desde 1939 começou o que poderíamos chamar de sua vida pública: conferências, retiros, participações em congressos, colaboração em revistas e em dicionários, publicações em nível científico e de alta divulgação. Em 1941 fundou a revista *Vita Carmelitana*, que em 1947 tornou-se *Rivista di Vita Spirituale*, com um programa mais amplo e mais aberto. Arrancado de uma atividade intensa de escritor e de conferencista, morreu em 15 de março de 1953. Seu campo de apostolado foi sobretudo a Itália, onde contribuiu de modo substancial para o progresso do movimento espiritual.

2. OBRAS. Deixando de lado as numerosas e também importantes publicações feitas em revistas ou em colaboração, mencionamos a tradução italiana do *Cântico espiritual* de São → JOÃO DA CRUZ (Florença, 1948) e fornecemos uma lista das principais obras, lembrando que a maior parte foi traduzida para várias línguas e teve diversas edições. *Le Message de la petite Thérèse*, Courtrai, 1924; *La mistica teresiana*, Firenze, 1935; *Santa Teresa di Gesú maestra di vita spirituale*, Milano, 1935; *San Giovanni della Croce dottore dell'amore divino*, Firenze, 1937; *La contemplazione acquisita*, Firenze, 1938; *Visioni e rivelazioni nella vita spirituale*, Firenze, 1941; *San Giovanni della Croce direttore spirituale*, Firenze, 1942; *Piccolo catechismo della vita d'orazione*, Firenze, 1943; *La spiritualità di Santa Teresa Margherita Redi del Cuore di Gesú*, Firenze, 1950; *L'unione con Dio secondo san Giovanni della Croce*, Firenze, 1950; *Intimità divina*, Roma, 1952 ss., 6 vls., (teve um sucesso extraordinário); *La via dell'orazione. Esposizione e commento dell'opera "Cammino di perfezione" di Santa Teresa di Gesú*, Roma, 1955; *Dal Sacro Cuore alla Trinità*, Milano, 1961; *Catechismi di vita spirituale*, Milano, 1962; *Pagine di direzione spirituale*, 2 vls., Roma, 1963-1964.

3. DOUTRINA. Embora não quisesse ser um inovador nem propor uma doutrina diferente da que encontrava na tradição do Carmelo, Gabriel foi obrigado a tomar posição nas controvérsias que agitavam sua época.

a) *Natureza da teologia espiritual.* A controvérsia, antes limitada à natureza da teologia mística, originou-se do livro de A. → STOLZ, *Theologie der Mystik* (Ratisbona, 1936), que apresentava o texto das conferências realizadas na Semana de Estudos de Salisburgo, em 1935. A natureza da mística era estudada partindo-se dos princípios teologais, tais como aparecem na Escritura e na tradição; o aspecto psicológico havia sido confiado a A. → MAGER. Segundo A. Stolz, os místicos espanhóis, particularmente os carmelitas, haviam negligenciado demais a explicação teológica dos estados místicos. O debate se ampliou e abarcou não apenas os estados místicos, mas também a natureza da teologia espiritual. É essencialmente dogmática ou simplesmente descritiva? Se se concordava em excluir o segundo termo da alternativa, podia-se fazer abstração do condicionamento psicológico do sujeito e contentar-se em explicar os princípios doutrinais que sustentam e guiam a ascensão espiritual da alma?

A. Stolz, embora admitisse a necessidade de unir os dois aspectos, tendia a manter o aspecto psicológico à margem da teologia espiritual, uma vez que a → GRAÇA, tanto no seu início como no seu desenvolvimento, não depende de fatores psíquicos especiais. A. Mager, ao contrário, insistira excessivamente na mudança radical que o conhecimento místico trazia ao psiquismo humano (*Mystik als Lehre und Leben*, Innsbruck, 1934; *Le fondement psychologique de la purification passive*, *Études Carmélitaines*, outubro de 1938, 240-253). A acusação lançada contra os místicos espanhóis suscitara defensores: A.

Winklhorer (*Zeitschrift für Aszese und Mystik* 12 [1937] 78-82) e M. T. L. Penido (*Revue Thomiste* 43 [1937] 496-8; 44 [1938] 838-839).

Gabriel tomou o partido de Penido e afirmou ainda mais fortemente que o ponto de vista dogmático não pode excluir o psicológico. Trata-se de reconhecer que essas duas teses são complementares. Teresa de Ávila fornece descrições psicológicas precisas, e São João da Cruz traz profundas explicações teológicas. Juntos, apresentam uma teologia espiritual autêntica, que, para guiar as almas para a perfeição, não pode se limitar a dar princípios teóricos, mas deve ter em conta os condicionamentos psicológicos do sujeito. No entanto, isso não significa cair em um mero psicologismo, pois nós os referimos antes de tudo ao organismo sobrenatural da graça e da iniciativa, soberanamente livre, do Espírito Santo (cf. Indole psicologica della teologia spirituale, *Rivista di Filosofia Neoscolastica* 32 [1940] 31-42). Assim, afirmar que a teologia espiritual tem como tarefa a direção das almas significa concluir que se diferencia da dogmática. Mas será que ela é igualmente diferente da teologia moral? Essa era a posição de J. Maritain (*Degrés du savoir*, Paris, 1932, 615-697), defendida em seguida contra as objeções de J. M. Ramirez e de R. Deman, em *Science et sagesse* (Paris, 1935, 227-246): a teologia moral é ciência "especulativamente prática". Gabriel, que não fala de teologia moral, mas de teologia comum, sem dúvida para destacar a unidade da teologia, não concorda com essa distinção. Para ele, a teologia espiritual é apenas uma função especial da teologia comum.

b) *Natureza da perfeição cristã; problema místico*. Baseando-se por um lado na natureza da graça e, por outro, nos documentos pontifícios mais recentes, Gabriel insistia fortemente no chamado de todos à perfeição. A esse respeito, um problema dividia os teólogos. Como a santidade consiste essencialmente na perfeição da caridade, os estados de união mística, tais como os descrevem, entre outros, → TERESA DE JESUS e João da Cruz, são um meio indispensável para chegar a ela? Ressaltamos que sua distinção entre a via comum e a via contemplativa não se baseia em uma distinção da própria caridade e que a via comum não é a via da mediocridade: faz-se distinção entre a via mística e os estados de contemplação infusa. A primeira supõe a influência dominante do Espírito Santo e, consequentemente, é essencial para a perfeição.

Um estado de contemplação infusa, ao contrário, indica uma iluminação passivamente recebida e habitual durante a oração. Mas uma alma pode estar habitualmente sob a influência divina, sem por isso receber de maneira mais ou menos habitual essas iluminações. Então, que aspecto assume a oração habitual? Surge uma nova controvérsia.

c) *Contemplação adquirida*. Segundo Gabriel, as iluminações passivas não estão inteiramente excluídas da oração das almas que caminham na via comum. O que ocorre é apenas que esses momentos serão mais raros e a oração será comumente caracterizada por atividade e passividade, depois de um período inicial de meditação ativa. O estado em que um olhar amoroso simples é fixado em Deus, e no qual é preciso ainda exercer o amor adquirido na meditação, define a "contemplação adquirida". Gabriel aceitava a terminologia empregada por muitos comentadores carmelitas, mas o nome se prestava a equívocos e tinha suscitado acirradas polêmicas. Esse estado de oração é precisamente, segundo ele, o que caracteriza o estado de uma alma que segue a via comum. Ele julga encontrar um exemplo em Santa Teresa de Lisieux: alma perfeitamente mística, mas que não gozava habitualmente de orações sublimes descritas por seus mestres espirituais, Teresa de Ávila e João da Cruz, sendo essas orações reservadas às que seguem a via contemplativa.

BIBLIOGRAFIA. BENJAMIN DA SANTÍSSIMA TRINDADE. Il fondatore della Rivista di Vita Spirituale. *Rivista di Vita Spirituale* 7 (1953) 113-161; C. S. G. Dal distacco all'amore puro. Insegnamenti di P. Gabriele di S. Maria Maddalena alle Carmelitane. *Rivista di Vita Spirituale* 37 (1983) 482-490; ID. Il fondatore della Rivista di Vita Spirituale nel XXV della morte. *Rivista di Vita Spirituale* 32 (1978) 121-130; ID. Un maestro di vita. P. Gabriel di S. Maria Maddalena. *Rivista di Vita Spirituale* 32 (1978) 289-303; CARMELITAS DO CARMELO DE SÃO JOSÉ (ROME). *A master of the Spiritual Life. Father Gabriel of St. Mary Magdalen 1893-1953*. Oregon, 1982; SUTTER, A. DE. Gabriel de Sainte-Marie Madeleine. *Dictionnaire de Spiritualité* VI, 814.

A. DE SUTTER

GAGLIARDI, ACHILLE. 1. NOTA BIOGRÁFICA. Nascido em Pádua em 1537 ou 1538, tornou-se jesuíta em 1559 e estudou teologia no Colégio Romano. De 1563 a 1580, foi quase ininterruptamente professor de filosofia e teologia. De

1580 a 1606 foi repetidamente superior. Morreu em Modena em 16 de julho de 1607.

2. ESCRITOS. De seus numerosos escritos, relacionamos apenas os principais (cf. Iparraguirre, *Répertoire de spiritualité ignatienne*, Roma, 1961): *Exhortationes aliquot de Christi mysteriis nostro instituto accommodatae* (*Répertoire*, n. 131), meditações sobre a vida de Cristo e a sua imitação por parte dos jesuítas. *Commentarii seu explanationes in Exercitia spiritualia Sancti Patris Ignatii de Loyola*, Bruges, 1882; a melhor parte, *De discretione spirituum*, é editada separadamente (Napoli, 1851). *De disciplina interioris hominis* (*Répértoire*, n. 596): o plano da obra devia constar de 7 graus de → PERFEIÇÃO, do pecado mortal (primeiro grau) à união de amor com Deus (sétimo grau). Cada grau devia ser subdividido em cinco partes. Infelizmente, Gagliardi se deteve na revisão da terceira parte do primeiro grau. *Breve compendio intorno alla perfettione christiana, dove si vede una pratica mirabile per unire l'anima con Dio, aggiuntasi l'altra parte con le sue meditazioni* [Breve compêndio sobre a perfeição cristã, que traz uma prática admirável para unir a alma com Deus, acrescido de suas meditações], Brescia, 1611: nascido das experiências que teve oportunidade de adquirir durante a obra de direção de uma devota dama de Milão, Isabella Bellinzaga (cf. *Répértoire*, n. 610); esse livro tornou-o conhecido por seu caráter místico e por sua força analítica. Ele sistematiza as luzes de sua dirigida e as oferece aos jesuítas como modelo de perfeição (cf. *Archivum Historicum Societatis Iesu* 20 [1960] 99).

Base da perfeição: um desejo intenso de alcançá-la. Um duplo princípio: profundo menosprezo pela criação e elevada estima de Deus "por meio da prontidão e submissão da vontade e de todo o homem à divina majestade". O fruto: a deificação. Itinerário: uma anulação profunda que se concretiza em atos de oblação, doação, dedicação, reparação, holocausto.

A anulação vai se estendendo e se aprofundando, até que a alma se reduz "ao mero e simples ato dirigido pela virtude" que é "mera virtude expropriada de qualquer tipo de interesse de nossa parte". Nesse estado, a alma não pode fazer outra coisa senão "sofrer tudo por amor de Deus e contentar-se com isso". Permanece em "uma quietude passiva", em um estado de "subtração de toda a parte ativa da alma". Nesse estado, "o Senhor, elevando-a (a alma) em um êxtase prático e virtuosíssimo, opera nele plenamente aquilo que lhe apraz. Este é um *padecer divino* na maneira mais elevada".

Aqui a alma pode passar ao terceiro estado que "cede em tudo *iuri suo* e se entrega à outra vontade". O Senhor priva a alma, "por subtração interna, do ato ativo e passivo e de qualquer tipo de ato". Faz tudo como se fosse desejado "imediatamente" por Deus, "sem nenhum concurso seu, como seu, colocando a vontade de Deus em lugar da sua". "Com essa renúncia, a vontade se liga, absorve e abisma em Deus, inteiramente perdida de sua propriedade, permanece na vontade de Deus sumamente deificada por perfeita identidade com ela quanto à propriedade".

Submetido a censura já em 1588, o livro foi publicado postumamente e bastante emendado em 1611. Acusações referentes às relações entre Gagliardi e Isabella Bellinzaga e dúvidas sobre a ortodoxia do livro obrigaram a superior a tomar medidas prudenciais sobre o primeiro ponto e a enviar o manuscrito a Roma. O julgamento dos teólogos romanos, contudo, é favorável (*Archivum Historicum Societatis Iesu* 14 [1946] 70). Em 1590, o padre Giovanni B. Vanino voltou a pôr sob acusação a doutrina do livro. O teólogo Stefano Tucci denuncia as passagens inadmissíveis (*Archivum Historicum Societatis Iesu* 20 [1951] 245-52). Gagliardi corrige. Examinado depois pelo Tribunal Eclesiástico em 1600, o resultado é desfavorável ao livro a ponto de preocupar Clemente VIII, que se contenta com uma retratação por parte de Gagliardi, a quem se impôs perpétuo silêncio. Ele se submeteu, mas esclareceu o seu pensamento em uma longa carta ao padre Acquaviva.

3. AVALIAÇÃO. Mais que escritor espiritual, foi teólogo de apurada sensibilidade que se iludiu de ter encontrado o acordo entre teólogos, espirituais e reformadores. Realizou, de fato, penetrantes análises espirituais; deu uma base teológico-espiritual à doutrina inaciana da abnegação e da conformidade com a vontade de Deus. Soube descobrir o fundo místico da ascética inaciana e a íntima relação entre abnegação e deificação. Nem todos estiveram à altura de perceber a sua síntese; contudo, teve a ilusão de unir extremos inconciliáveis.

Demasiado teórico, talvez, e idealista, seus limites residem precisamente na sua apurada sensibilidade e ingenuidade. Eternamente desconfiado de si, estava envolvido numa eterna luta dos elementos conflitantes de sua rica e complexa personalidade dialética e afetiva, mística e ascética, contemplativa e ativa. Julgou encontrar sua serenidade e a solução para os problemas da Companhia nas experiências de Isabella Bellinzaga e nos ideais dos reformistas. Na deificação a que chegara sua dirigida, encontrou a resposta para as exigências mais profundas do seu ser. Imaginou restabelecer nela a unidade do seu espírito. E se dedicou a transmitir a outros essa mensagem.

> BIBLIOGRAFIA. BENDISCIOLI, M. Gagliardi. *Dictionnaire d'Histoire et de Géographie Ecclésiastiques* 19 (1980) 110-111; *Breve compendio di perfezione cristiana*. Firenze, 1952; GIL, D. Gagliardi y sus comentarios a los Ejercicios. *Manresa* 44 (1972) 273-284; ID. Gagliardi e la consolación sin causa. *Manresa* 45 (1973) 61-80; MARCOCCHI, M. A. Gagliardi. *Problemi di storia della Chiesa nei seculi XV-XVII*. Napoli, 1978, 223-265; ID. A. Gagliardi. Per la storia della spiritualità in Italia. Rassegna di studi e prospettive di ricerca. *La Scuola Cattolica* 106 (1978) 433-7; PETROCCHI, M. Interpretazione de la "Dama Milanese" e del Gesuita Gagliardi. *Storia della spiritualità italiana*. Roma, 1984, 273-289; PIRRI, P. Il P. Achille Gagliardi, la Dama milanese, la riforma dello spirito e il movimento degli zelatori. *Archivum Historicum Societatis Iesu* 14 (1945) 1-72; ID. Il "Breve compendio" di A Gagliardi al vaglio di teologi gesuiti. *Archivum Historicum Societatis Iesu* 20 (1951) 231-253; ID. Gagliardiana. *Archivum Historicum Societatis Iesu* 29 (1960) 99-129; STANISLAO DA CAMPAGNOLA. La "Scala dell'anima" di Pietro Battista da Perugia e il "Breve compendio" di Achille Gagliardi, Un plagio letterario. *Collectanea Franciscana* 49 (1979) 5-21.
>
> I. IPARRAGUIRRE

GARRIGOU-LAGRANGE, REGINALD. 1. NOTA BIOGRÁFICA. Nasceu em Auch, em 20 de fevereiro de 1877. Enquanto estudava medicina em Bordeaux, em 1887, leu *L'Homme*, de E. Hello, e, segundo seu próprio testemunho, se "converteu" (cf. J. E R. SANS VILA — L. CASTIGLIONE, *Perché divenni sacerdote*, Roma, 1962, 186-188); pouco depois vestiu o hábito dominicano. Depois de terminar os estudos, passou a fazer parte do grupo de professores que padre Gardeil dirigia em Saulchoir. O "tomismo" de Garrigou-Lagrange é reflexo da formação gardeiliana. Em 1909 vai a Roma como professor de apologética. No mesmo ano conheceu padre → ARINTERO e leu a sua *Evolución mística*, obra que "teve em mim uma grande influência e me esclareceu importantes pontos que em seguida procurei expor segundo a doutrina de Santo Tomás" (*Evol. míst.*, Madrid, 1952, I-LI). Até 1960, dedicou-se ao ensino oral e escrito e colaborou muito ativamente nos dicastérios da Santa Sé. Morreu em 15 de fevereiro de 1964.

2. OBRAS E DOUTRINA. Seus livros são na maior parte retomadas de lições escolares. Apreciador das grandes sínteses doutrinais, que preferia à exegese minuciosa dos textos, em seus escritos, com um estilo linear, claro, serenamente apaixonado, sem academicismos retóricos, expõe as "ideias mestras" da mística do Aquinata, com inflexível fidelidade e com uma linguagem intuitiva e didaticamente perfeita. Nessas qualidades se apoia seu imenso prestígio, sem dúvida um dos autores espirituais modernos mais lidos e traduzidos na primeira metade do século XX.

A bibliografia de Garrigou-Lagrange é imensa, mesmo sem contar os livros e os artigos de caráter filosófico e teológico que formam uma parte consistente e tocam com frequência pontos "espirituais". Por isso preferimos uma indicação sumária dos temas e das teses que cultivou, lembrando apenas as obras principais.

a) *O problema místico*. Padre Arintero, em 1908, havia traçado abertamente o "problema místico" (cf. *Evol. míst.* 734). O que ele colocava em discussão era "o verdadeiro conceito" da mística; partindo dos "seus elementos constitutivos" se chega a determinar se ela entra no processo normal da santidade e quais são os meios para alcançá-la. Garrigou-Lagrange fala do esboço e dos postulados de Arintero, mas infunde neles um toque pessoal: tomismo e joanismo. *Perfeição cristã e contemplação* (ed. it., Torino-Roma, 1933, XIX, 726) constitui a sua resposta vigorosa e clara, ágil e polêmica, para o "problema místico"; a contemplação infusa dos mistérios da fé faz parte da vida normal da santidade. Essa é a tese fundamental de Arintero e também a tese fundamental de Garrigou-Lagrange. Na maturidade continuará a defendê-la, mas sem confutações polêmicas (cf. Unidad de la vida espiritual, *La Vida Sobrenatural* 57 [1955] 1-10; Espèces infuses, *Dictionnaire de Spiritualité*, IV, 1203-1206).

b) *A evolução espiritual*. A solução dos problemas fundamentais causou-lhe algumas dificuldades; mas, uma vez fortificados os alicerces, dedicou-se com perseverança a expor o processo psicológico progressivo da → VIDA INTERIOR: antes de tudo, em *Les trois conversions et les trois vois* (Juvisy 1933), que reflete a leitura do padre → LALLEMANT no uso de "conversões", observa que a divisão clássica das "três vias" pode ser banal se não é bem compreendida, e descobre "sa verité profonde, son sens, ss portée, son intérêt vital losqu'on l'esplique, comme l'a indiqué s. Thomas, par analogie avec les divers âges de la vie corporelle, et aussi, ce qu'on oublie trop souvent, par comparaison aux divers moments de la vie intérieure des Apôtres"; em seguida, em *Le tre età della vita interiore* (ed. it., 5 vls., Torino, 1949), sintetiza toda a sua doutrina espiritual "sem perder de vista os grandes princípios diretores que iluminam" a problemática da vida interior; é uma obra com aparência de manual, mas, pela amplitude, pela animação, pela característica vital de sua exposição, ultrapassa os limites manualísticos. "Os grandes espirituais — diz ele — nunca expuseram o seu pensamento de uma forma esquemática, que corre o risco de apresentar um esqueleto lá onde pretendiam encontrar a vida".

c) *O claro-escuro da contemplação e as noites da alma*. No quadro vital do esquema místico há uma infinidade de problemas que são, por assim dizer, as constantes da sua doutrina; o "claro-escuro" da contemplação dos mistérios da fé, o contraste entre predestinação e providência, as "noites escuras da alma", especialmente as passivas, a atuação dos → DONS DOS ESPÍRITO SANTO. A essa série de problemas respondeu com uma série de obras: *Le sens du mystère et le clair-obscur intellectuel* (Paris, 1934); *La prédestination des saints et la grâce* (Paris, 1936); *La provvidenza e la confidenza in Dio* (Torino, 1933); *L'amour de Dieu et la Croix de Jésus. Étude de theologie mystique sur le problème de l'amour et les purifications passives* (2 vls., Juvisy, 1929) etc.

d) *A espiritualidade sacerdotal*. Sacerdote e professor de sacerdotes, gostava de falar aos seus alunos com sinceridade, com profundidade teológica, com fervor, da "espiritualidade sacerdotal". *Le Sauveur et son amour pour nous* (Juvisy, 1933) contém belíssimas páginas sobre o sacrifício da missa; mas os dois livros que tratam particularmente do tema são: *De santificatione sacerdotum, sec. nostri temporis exigentias* (ed. it., Taurini-Romae, 1946) e *De unione sacerdotis cum Christo sacerdote et victima* (ed. it. Taurini-Romae, 1948), ambos fruto de cursos de "teologia espiritual para sacerdotes". Neles expõe a doutrina tradicional, adverte para os perigos que hoje correm os ministros de Deus e expõe, com vitalidade, que a vida do sacerdote deve ser vida da íntima união com Cristo "sacerdote e vítima".

e) *Espiritualidade mariana*. Pode-se afirmar, como de → CONTENSON, seu conterrâneo, que Garrigou-Lagrange teve uma "alma *naturaliter* mariana". A devoção à Virgem e o renascimento dos estudos mariológicos impeliram-no a escrever sobre Nossa Senhora, situando-se em uma perspectiva espiritual. *La teologia del Rosario* foi exposta no Congresso Mariológico de Roma (1950) e *La valeur rédemptrice des douleurs de Marie* no de Lourdes (1958). Nessas ocasiões, sintetizou a sua devoção e a sua teologia marianas que primeiro tratou amplamente em um precioso livro: *La Mère du Sauveur et notre vie intérieure* (Juvisy, 1941; ed. it. Firenze, 1953); "as duas grandes verdades marianas" — maternidade divina, plenitude da graça — são "como dois cumes" de que derivam todas as outras; o teólogo as projeta na "nossa vida interior"; "o teólogo, em um primeiro período de sua vida, se sente levado para elas por um sentimento de devoção e de admiração; no segundo período, dando-se conta de algumas dificuldades e das dúvidas de alguns autores, é menos categórico; em um terceiro período [...] volta ao seu primitivo ponto de vista, não só pelo sentimento de devoção e de admiração, mas também por conhecimento de causa [...] e então afirma não apenas porque é belo, mas também porque é verdadeiro".

BIBLIOGRAFIA. COLOSIO, I. Il P. Maestro R. G.-L. Ricordi personali di un discepolo. *Rivista di Ascetica e Mistica* 9 (1964) 139-150.226-240; 10 (1965) 52-68; GAGNEBET, M. R. L'oeuvre du P. G.-L. Itinéraire intellectuel et spirituel vers Dieu. *Doctor Communis* 17 (1964) 159-182; HUERGA, A. Il cammino mistico di P. G.-L. *Tabor* 18 (1964) 250-263; ID. El p. G.-L., maestro de la vida interior. *Teología Espiritual* 8 (1964) 463-486; LAVAUD, B. Le P. G.-L. *Revue Thomiste* 64 (1964) 181-199; MARINON, R. Meure el P. G.-L. *Horizontes* 7 (1964) 36-47; ZORCOLO, B. Bibliografia del P. G.-L. *Angelicum* 32 (1965) 200-272.

A. HUERGA

GENEROSIDADE. 1. NOÇÃO. No uso corrente, o termo "generosidade" é usado com diferentes matizes. No seu significado mais difundido, indica a prodigalização cumprida com abundância, além do devido, do estabelecido ou das maneiras usuais.

Em um significado mais próprio à vida espiritual, proclama-se generoso não tanto quem oferece abundantemente um dado bem exterior, e sim quem se põe desinteressadamente à disposição do bem dos outros. Isso se verifica normalmente abraçando algumas vocações ou profissões. Assim, a jovem se oferece para prestar uma constante assistência aos doentes; o jovem se consagra a uma vocação missionária; o adulto assume um cargo de organização social que se revela difícil e desprovido de glória humana.

Enfim, generosidade pode indicar não tanto o gesto benéfico e prodigalizador, não tanto uma conduta habitual em que o sujeito se oferece, quanto uma atitude característica da pessoa. Aparece nela como qualidade íntima, que torna um espírito nobre e magnífico. Nesse sentido, costuma-se empregar generosidade para designar o comportamento espiritual espontâneo dos jovens: estes frequentemente se entusiasmam com valores, são inclinados a promover novas idealidades, sabem sacrificar-se e até pagar com a própria vida.

Assim, a generosidade pode indicar um gesto extremamente benéfico, o dom altruísta de si mesmo, uma disposição habitual interior a viver em um amor oblativo.

2. VIDA CRISTÃ COMO VOCAÇÃO PARA A GENEROSIDADE. O Novo Testamento revela como Deus se doou, com divina generosidade, por amar a salvação de todos: evidenciando claramente a insensata generosidade de Deus (Rm 5,7 ss.), vem subverter as costumeiras perspectivas prudenciais humanas. A humanidade não pôde conhecer um amor benéfico maior que o do Senhor: "Se conhecesses o dom de Deus" (Jo 4,10).

O Pai revela esse seu amor por nós, dando-nos o Filho (Jo 3,16); e, no Filho, o Pai se doa a si mesmo, já que Cristo está inteiramente repleto da riqueza do Pai (Jo 1,14). Na fidelidade ao amor que o une ao Pai (Jo 15,10), Jesus realiza a oferta total da sua vida por nós (Mt 20,28). Verdadeiro pão do céu dado pelo Pai, ele oferece a sua carne pela vida do mundo (Jo 6,23). "Este é meu corpo que é dado por vós" (Lc 22,19). Através do seu sacrifício, Cristo consegue nos comunicar o Espírito prometido (At 2,33).

Quem pode medir a grandeza da generosidade desse dom por parte de Deus? Com ele nós somos enriquecidos de todo dom espiritual (1Cor 1,5 ss.).

A generosidade de Deus para conosco funda e constitui o dever da nossa generosa correspondência. Deus obriga doando. Correspondência generosa, antes de tudo, para com Deus. Como o sacrifício de Cristo é ao mesmo tempo dom de Deus para a humanidade (Jo 3,16) e dom da humanidade para Deus (Hb 2,16), o homem é convidado a se entregar ao Pai unindo-se a essa vítima (Rm 12,1). Não se pode conceber melhor modo de se oferecer a Deus.

Unir-se a Jesus vítima compromete também a se colocar à disposição e a serviço dos outros (Gl 5,13 ss.), em uma amplitude e uma intensidade nunca conhecidas. Quando se foi tão beneficiado por Deus, todo calculismo ou estreiteza de coração tornam-se escandalosos (Mt 18,23 ss.). "Dá a quem te pede" (Mt 5,42); "de graça recebestes, de graça dai" (Mt 10,8).

3. FUNDAMENTOS DA GENEROSIDADE CRISTÃ. Com base em tudo o que se disse, o cristão é chamado à generosidade porque foi beneficiado pelo amor fortemente generoso de Deus: e pode corresponder a essa vocação de generosidade uma vez que está inserido no Cristo integral.

São → FRANCISCO DE SALES observava que a generosidade cristã tem o seu fundamento na valorização dos dons que Deus faz à alma por meio da infusão das virtudes teologais. Se a alma tem o desejo de se doar de maneira grande e constante, é porque tem confiança não em si mesma, mas no Senhor. Em outras palavras, a generosidade é um fruto da verdadeira humildade: esta não se detém na própria nulidade, mas põe toda a sua confiança no Senhor.

Deus bondosamente se inclina para os humildes (Sl 128,6); glorifica-se na fraqueza deles (2Cor 12,9). A sabedoria do Deus onipotente gosta de se manifestar através dos humildes, que o mundo despreza (1Cor 1,25 ss.). E os próprios humildes se sentem abertos à graça do Senhor, que não é estéril neles (1Cor 15,10). A uma humilde virgem, que se proclama sua serva, Deus confere a dignidade de Mãe de seu Filho (Lc 1,38 ss.).

O que leva a alma a se dispor confiantemente a levar uma vida generosa é precisamente a certeza de possuir o dom do Senhor. A alma se compromete a tender à união mais perfeita com Deus e com os irmãos, já que tem conhecimento e experiência de que a perfeição da caridade será possível, sendo sustentada pela graça do Senhor.

A alma que se percebe generosa deve dar graças ao Senhor (tanto ou mais de quem se beneficia da sua generosidade), já que sabe que sua própria generosidade é uma graça (2Cor 8,1), um fruto do amor que vem de Deus (Jo 3,14 ss.). O Senhor proclamou: "Há mais felicidade em dar do que em receber" (At 20,35).

Essa visão sobrenatural não exclui tudo o que os filósofos moralistas afirmam sobre os fundamentos humanos da generosidade. É preciso reconhecer — como atesta Descartes no seu *Tratado das paixões* — que a generosidade em uma pessoa é facilitada por seu próprio temperamento psicofísico: o impulso de generosidade não é unicamente expressão de um dom do Espírito e de uma virtude, mas também de uma paixão. As boas disposições inatas têm grande valor ao permitir a abertura para a generosidade, ainda que a graça e a boa educação podem ajudar a se corrigir dos defeitos herdados.

4. GENEROSIDADE E VIDA MÍSTICA. O chamado universal à vida mística se traduz em um convite concreto feito a cada alma. A graça do Senhor é proporcional a cada estado espiritual da pessoa. No interior desse apelo pessoal, Deus solicita continuamente a alma a atingir um estado mais elevado. "Se a alma continuar a ser fiel e imperturbável, Deus não se deterá enquanto não conseguir elevá-la, pouco a pouco, à união e à transformação divina" (São João da Cruz, *Subida*, 2, 11, 9).

Por que são limitadas as almas que chegam ao ápice da santidade? "Porque ao agir estão apegadas ao prazer e à consolação. Quando nas suas ações e exercícios não encontram aqueles dois sentimentos — algo que ocorre sempre que o Senhor quer que progridam, dando-lhes o pão duro [...] para experimentar suas forças e purgar neles o apetite delicado onde possam experimentar o alimento dos grandes —, eles em geral se desencorajam e perdem a perseverança porque nas suas ações não encontram o sabor a que nos referimos acima" (São João da Cruz, *Subida*, 3, 28, 7).

Existe conexão necessária entre o desígnio de Deus, que quer levar a alma à meta espiritual mais elevada, e a generosidade por parte da alma. A alma que Deus de fato conduz em atmosfera espiritual elevada é aquela que se mostra espiritualmente generosa. Quando ela se mostra indolente, porém, Deus a abandona à sua liberdade preguiçosa. Então "Deus se acomoda à debilidade da alma. [...] Isso ocorre não porque ele queira ou sinta prazer em que se utilize esse meio ou esse caminho para tratar com ele, mas porque dá a cada um segundo a própria natureza" (São João da Cruz, *Subida*, 2, 21, 2). Deus oferece purificações proporcionais à vocação a que chama, mas faz com que sejam experimentadas na medida em que a generosidade da alma as acolhe (cf. Conc. Trid. VI, 7).

O homem espiritual é chamado a ser transformado em todo o seu ser, na sua potencialidade e na própria prática da sua virtude. Mas recebe do Espírito de Cristo graças e solicitações práticas a progredir espiritualmente em proporção à disponibilidade próxima concreta em que vive. Essa acolhida é considerada generosa uma vez que se revela uma contínua disponibilidade a subir cada vez mais alto.

5. EDUCAÇÃO PARA A GENEROSIDADE VIRTUOSA. O adolescente se abre à generosidade se é introduzido no amor consciente dos valores essenciais cristãos. E deve tomar consciência da sua missão cristã de resposta ao amor de Deus em Cristo; deve saber que toda sua confiança reside no Senhor. Deus é a rocha e a fortaleza para o espírito humano. A coragem na iniciativa e a firmeza na solução tomada se apoiam nos dons de Deus. "Tudo posso naquele que me dá força" (Fl 4,13). A generosidade implica, no fundo, uma atitude religiosa.

Em segundo lugar, o espírito do adolescente, para perseverar na generosidade, deve amadurecer em um amor oblativo. Toda alma, permeada de amor desinteressado pelo outro, conheceu instantes de generosidade. A pessoa que ama percebe que a verdadeira felicidade está em tornar os outros felizes.

Ao mesmo tempo, o adolescente deve ser educado no alegre desejo da realização concreta; o seu espírito deve inclinar-se à segurança e à confiança na criatividade; deve dispor-se a enfrentar com coragem e serenidade as dificuldades que impedem o seu gesto magnânimo. Nunca poderá ser generoso quem é atormentado pela avareza, pela preocupação em conservar para si, pelo anseio de se poupar, pelo medo de se dar ao trabalho de ser criativo. A generosidade é virtude que não teme riscos, nem recusa a se aventurar no pensamento e na ação.

E enfim, o adolescente, para ser virtuosamente generoso, deve se tornar digno do dom do → CONSELHO. Um espírito que se deixasse dominar indiscriminadamente pelo impulso, poderia ver-se arrastado para ações falaciosas. Infelizmente, às vezes se observa em espíritos generosamente ativos certo desprezo pela avaliação prudencial. É preciso educar os jovens a condicionar a própria generosidade a uma avaliação exata de si mesmos e dos valores que se apresentam a eles.

6. VIRTUDES AFINS À GENEROSIDADE. Pode-se aludir à relação que ocorre entre generosidade e liberalidade, magnanimidade e dom de si mesmo.

Liberalidade, virtude quase sinônima de generosidade, é disposição a doar amplamente. Ela implica um certo desapego em relação aos bens, com a consequente capacidade de distribuí-los como doação. Pressupõe, portanto, uma liberalização interior do espírito. Mas a liberalidade se distingue da generosidade. Enquanto liberalidade designa imediatamente o dom daquilo que se tem, a generosidade indica antes o dom daquilo que se é (embora liberalidade também possa indicar esse sentido).

A → MAGNANIMIDADE conduz o espírito a grandes ações; ela impele para uma corajosa esperança; chamada a acompanhar todas as virtudes, leva-as a seu cumprimento grandioso. Enquanto a magnanimidade dirige a alma para a grandeza, a generosidade leva a tomar consciência da própria bondade que a alma assume.

O → DOM DE SI é fruto da generosidade, entendida como uma disposição a se doar.

BIBLIOGRAFIA. JANKÉLÉVITCH, V. *Traité des vertus*. Paris, 1949, 520-533; KÖHLER, H. *Teologia dell'educazione*. Brescia, 1971; MOUNIER, E. *Trattato del carattere*. Alba, 1957; S. FRANÇOIS DE SALES. Les vrais entretiens spirituels.. *Oeuvres complètes*. Annecy, 1895, 74-85, t. VI.

T. GOFFI

GENUFLEXÃO. Os antigos monges tinham o costume de se prosternar ao final do canto dos salmos durante a coleta ou oração. Em seguida, em lugar da *prosternatio*, recorreu-se à genuflexão. Já na Antiguidade há testemunhos de genuflexão em comum antes de deixar a igreja. Na Idade Média, durante a celebração da missa, os monges se ajoelhavam no momento da coleta, enquanto o diácono e o subdiácono o faziam também durante o canto do *Agnus Dei*. Os monges faziam genuflexões especiais no momento do canto do *Gloria in excelsis* na missa da noite de Natal. A *Regula Magistri*, no c. 45, prescreve que do Natal à Epifania todas as antífonas sejam pronunciadas com o aleluia e naqueles dias não se jejue, não se faça abstinência e não se faça genuflexão. A mesma *Regula*, no c. 33, prescreve habitualmente muitas genuflexões durante a oração da noite. As normas da abadia de Farfa prescrevem que se omitam as genuflexões no tempo pascal (ALBERS, *Consuetudines mon*. I, 62); as de Subiaco estabelecem a genuflexão ao final do ofício, durante a *Salve Regina* (*Ibid.*, II, 171). Em Montecassino, durante a oração particular, os monges *genuflectunt* (*Corpus Cons. mon*. I, 134). As normas de Vallombrosa prescrevem genuflexões ao *Gloria Patri*, no momento da coleta e também após o sinal da cruz (ALBERS, op. cit., IV, 224-225). Nos mosteiros alemães ajoelha-se também no *Domine ad adiuvandum me festina* (*Ibid.*, V, 25).

A partir da análise desses elementos, apontados com objetivo indicativo porque são inúmeros os testemunhos, conclui-se que a genuflexão é um ato que acompanha a oração, quer como sinal de penitência, quer como ato de suprema adoração.

BIBLIOGRAFIA. ALBERS, B. *Consuetudines monasticae*. Stuttgart-Montecassino, 1900 ss.; BERTAUD, E. Génuflexions et métanies. *Dictionnaire de Spiritualité* VI, 213-226; *Corpus consuetudinum monasticarum*, I, Siegburg, 1963; MARTENE, E. *De antiquis monachorum ritibus*. Lugduni, 1960, 36.185.287.295; MISTRORIGO, A. Genuflessione. *Dizionario Liturgico Pastorale*. Padova, 1977, 719-720.

G. PICASSO

GERSON, JEAN CHARLIER DE. 1. NOTA BIOGRÁFICA. Nascido em 14 de dezembro de 1363 em Gerson-les-Barby (diocese de Reims), foi admitido no colégio de Navarra em 1377. Diplomado em letras em 1381, logo iniciou os estudos de teologia, e teve como um de seus mestres Pierre d'Ailly (1383-1389); tornou-se bacharel em estudos bíblicos em 1387-1389, mestre de sentenças em 1389-1390, licenciado em teologia em 18 de dezembro de 1392. Toda a sua vida transcorreu no período da Guerra dos Cem Anos e, de 1378 a 1418, no do Grande Cisma do Ocidente. Primeiro esmoler do duque de Bourgogne, decano do Capítulo de Saint Donatian de Bruges (18 de abril de 1394-1411), sucedeu Pierre d'Ailly como chanceler de Notre Dame e da Universidade de Paris, em 13 de abril de 1395. Foi grande a sua atividade de professor, pregador, escritor. Lecionou na faculdade de teologia. Pregou aos universitários e ao povo. A partir de 1402 deu início a seus cursos de teologia mística.

De 28 de agosto a 16 de janeiro de 1407, compôs em Gênova a parte prática do seu *De mystica theologia*, que publicará completo ao retornar de Paris, onde permaneceu durante o Concílio de Pisa (25 de março a 26 de junho de 1409). No fim de janeiro de 1415 partiu para o Concílio de

Constance, na qualidade de delegado do rei, da universidade e da província de Sens. Chegou a Constance em 21 de fevereiro. Em 20 de março, João XXIII fugiu. Para evitar a dissolução do Concílio, pronunciou em 2 de março o seu discurso: *Ambulate dum lucem habetis*. Permaneceu em Constance até a partida do Papa (16 de maio de 1418), depois partiu para o exílio. Retornou à França por volta de setembro de 1419 e morreu em Lyon em 12 de julho de 1429.

2. OBRAS. A *Opera omnia* foi publicada de 1483 a 1706 por E. du Pin em 5 vls. *in folio*. Em 1960, Glorieux iniciou, pela editora Desclée et Cie., Tournai/Roma/Paris/New York, a publicação das obras completas: I. *Introduction générale*, 1960; II. *L'oeuvre épistolaire*, 1960; III. *L'oeuvre magistrale*, 1962; IV. *L'oeuvre poétique*, 1962; V. *L'oeuvre oratoire*, 1963. Infelizmente, essa não é uma edição crítica.

P. Glorieux, em *La vie et les oeuvres de Gerson* (*Archives d'Histoire Doctrinale et Littéraire du Moyen Âge* 18 [1951] 149-192), fornece uma apresentação bastante completa de bibliografias: o total das obras gersonianas se elevaria a 434. Seria preciso acrescentar as inéditas. A maior parte dessas obras se refere, mais ou menos diretamente, à espiritualidade. Temos de nos limitar a considerar o essencial, distinguindo quatro grandes categorias: os tratados e opúsculos, os sermões, as cartas e as poesias.

a) Tratados e opúsculos. Em francês, entre 1395 e 1400, são as obras destinadas à formação religiosa das suas cinco irmãs, a maioria publicadas por Vasteenberghe, na *Revue des Sciences Religieuses*, em 1935-6. Depois, publicadas por Pascal, as duas obras mais importantes: *La montagne de contemplation, La mendicité spirituelle*.

Em latim, para uso de seus estudantes parisienses, depois pelos padres do Concílio de Constance, enfim, em Lyon, pelos celestinos e cartuxos, sem excluir, é claro, os outros leitores, são: por volta de 1398, o *De vita spirituali animae*; por volta de 1400-1401, as *Notule super quaedam verba Dionysii de caelesti hierarchia*, esquema de comentário psicológico e espiritual dos temas dionisianos e vitorianos que não tardou a desembocar na criação original do *De mystica theologia speculativa* (1402-1403). Em 1401, as *Lectiones II super Marcum* e o *De distinctione verarum visionum a falsis*. No ano seguinte, o *De temperantia in cibis, potus et vestibus praelatorum*; e sobretudo, 8 e 9 de novembro de 1402, as *Lectiones II contra vanam curiositatem in negotio fidei*, para introduzir na Universidade de Paris a sua reforma contra a inflação metafísica e científica que perturbava a faculdade de teologia, com o seu *De mystica theologia*. O tratado completo foi publicado em Paris em fevereiro-março de 1408. Em Constance compôs, terminou e difundiu os seus quatro opúsculos: *De meditatione cordis, De illuminatione cordis, De simplificatione seu mundificatione cordis, De directione cordis*. Em 3 de agosto de 1415, publicou o seu *De probatione spirituum*. Em 1417, o tratado *Contra sectam flagellantium*. No fim do Concílio depois de 3 de abril de 1418, para defender os irmãos da vida comum, as suas *Propositiones contra conclusiones fr. Matthaei Graben*. No exílio, provavelmente em Melk (setembro-outubro de 1418), o *De consolatione theologiae*. Enfim, em 1420, o *Monotessaron*, concordância evangélica com finalidade espiritual. No início de 1423, o tratado *De canticis*, bastante complexo. Em 1424, o *Centilogium de impulsibus*, que constitui como que uma segunda parte do *De vita spirituali animae*. Em 1º de junho, o *De elucidatione scolastica mysticae theologiae*, para submeter a um exame aprofundado a tese de → HUGO DE BALMA sobre o amor sem conhecimento; e o *De oculo*, sobre os diversos modos do conhecimento de Deus. Em 20 de julho, o *De illuminatione cordis*. Em 1427-1428, os doze tratados unidos sob o título *Collectorium super Magnificat*, dos quais o nono estuda as relações entre a Eucaristia e a mística. Em 1428, o *Anagogicum de verbo et hymno gloriae*; entre 15 de março e 9 de julho de 1429, o *Tractatus super Cantica Canticorum*.

b) Sermões. Com exceção do período de sua estada em Lyon, pregou muito. *L'oeuvre oratoire* contém o texto conservado de 46 sermões latinos. Os sermões franceses estudados e em parte publicados por L. Mourin perfazem o número de 56. Todos os sermões franceses pertencem ao período de sua estada em Paris. O último (*Rex in sempiternum vivet*) é de 4 de setembro de 1413. A maior parte dos sermões latinos (34 conservados) pertence igualmente a esse período. Dez foram pronunciados em Constance. Dois pertencem ao período que passou em Lyon. O último é de 8 de outubro de 1421. Desses cem anos, há poucos que não se refiram, de perto ou de longe, à vida espiritual. Muitos permanecem no limite da moral. É preciso citar, como necessário a qualquer estudo mais acurado, a série dos sermões universitários para a quinta-feira santa: *Ante diem tradidit Jesum, Omne dedit, A Deo exivit, Ad Deum vadit, Si non lavero,* cujas datas de composição são desconhecidas, mas que se situam sem dúvida entre 8 de abril de 1395 e 24 de março de 1407; o *In nomine Patris* (Trindade) de 28 de maio de 1396; o *Certamen forte* (Santo Antônio) de 17 de janeiro de 1402; o *Videmus nunc in speculum* (Trindade) de 21 de maio de 1402 e, de 25 de maio, para o Corpus Domini, *Memoriam fecit*. Em 17 de janeiro de 1404, o *Dedit illi scientiam* e, provavelmente em 20 de agosto do mesmo ano, o panegírico de São Bernardo, *Fulcite me*. É importantíssimo o sermão de Constance (7 de junho de 1416), *Spiritus Domini*, embora não se possa afirmar que tenha sido pronunciado. É preciso completá-lo com os três sermões *Jacob autem* (8 de setembro de 1416), *Nutpiae factae sunt* (17 de janeiro de 1417) e *Suscepimus Deus* (2 de fevereiro de 1418).

c) Cartas. Entre as 86 cartas editadas por Glorieux que se referem frequentemente a questões de vida espiritual, é preciso lembrar sobretudo, em Paris, a n. 13, *Epistola I ad Bartholomaeum* para condenar a terceira parte do *De ornatu spiritualium nuptiarum* de → RUUSBROEC, e a n. 26, *Epistola II ad Bartholoamaeum*, para confirmar essa condenação contra a apologia de Jan Schoohoven (1408). A n. 25, a Jean Morel, sobre a vida de Santa Hermínia (ca. 1408); as duas cartas a Pierre d'Ailly, n. 28 (de 16 de outubro de 1408 ou 1411, mas com mais probabilidade 1401) e n. 30 (de 18 de agosto de 1409 ou 1413, mas com mais probabilidade 1402). De Constance, a n. 37 (28 de outubro de 1416), n. 38 (1416-1417) e n. 39, que constituem verdadeiros tratados sobre a oração; a n. 40 (9 e 21 de junho de 1417) a São Vicente Ferreri. No exílio, a n. 44 (10 de agosto de 1918) de Neuburg do Danúbio, patético adeus a seus irmãos. De Lyon, a n. 49 (30 de outubro de 1422). *De religionis perfectione et moderamine*; n. 50 (por volta de maio de 1423) sobre o seu culto da solidão e do silêncio; n. 54 (10 de julho de 1424), *De uma preciosa margarita*; n. 56 (18 de setembro de 1426), *De susceptione humanitatis Christi*; n. 57 (9 de junho de 1426), *De libris legendi a monacho*; n. 83 (fim de 1428), *De cruce Christi ferenda*; mas sobretudo a carta n. 55 (1º de fevereiro de 1925), sobre a *Arbor vitae crucifixae*, de Ubertino de Casale, de importância excepcional porque aqui Gerson manifesta sua concepção radicalmente nova da teologia mística.

d) Poesias. Sobretudo em Constance, mas também em Lyon, cultivou a poesia. Muitos temas espirituais são tratados nas obras poéticas, de natureza e de dimensões extremamente diferentes. Entre as 101 composições editadas por Glorieux (apenas poesias latinas), deve-se dar destaque a *Josephina*, cujos 3 mil versos aludem frequentemente aos tratados técnicos; a *Carmina super Magnificat* (cerca de 1.700 versos); ao *Centilogium de meditatione crucis* (duzentos versos); e ao *Centilogium de theologia mystica* (cem versos).

3. DOUTRINA. A doutrina espiritual de Gerson caracteriza-se por um dado primitivo, por um grande desejo de adaptação pedagógica, por uma modificação renovada e às vezes profunda, finalmente por uma mudança que atinge o essencial. A convicção inicial é que com o → BATISMO é infundida na alma uma vida espiritual propriamente dita, que tem uma origem, um movimento e um local específicos: *in ipso vivimus, movemur et sumus* (At 17,28). Daí o *De vita spirituali animae*, que, para precisar as condições biológicas dessa vida, estuda sobretudo aquilo que a ameaça e a mata, pecado venial ou mortal; o *De impulsibus*, que descreve os assaltos que vêm de fora; o *De mystica theologia*, que analisa a união da alma com o seu fim, que é Deus. Mas é impossível compreender a estrutura desse tratado fundamental ou as modificações sofridas pela doutrina gersoniana sem esclarecer o plano de acordo com o qual foi composto. Na verdade, ele não constitui uma continuação do *De vita spirituali animae*, e sim das *Lectiones II contra vanam curiositatem in negotio fidei*. Responsável pelos estudos teológicos da Universidade de Paris e constatando um entusiasmo extraordinário pelas pesquisas científicas e pela especulação metafísica, em particular a dos *formalizantes* que, através da inteligência, pretendem atingir a própria essência de Deus e realizar nela distinções reais, Gerson pretende mostrar que o melhor conhecimento de Deus não é intelectual, mas afetivo, que ele não consiste apenas em uma elaboração de conceitos, mas em uma união de amor extático. Para chegar a isso, ele constrói uma "speculativa" que propõe essencialmente uma psicologia hierárquica. Distinguindo na alma seis faculdades que caminham juntas, ele coloca na ordem do conhecimento a inteligência pura, a razão, a imaginação ou sensibilidade; depois, na ordem afetiva, os seus homólogos respectivos, sindérese, vontade, apetite sensitivo, conferindo a

primazia ao elemento afetivo. A sindérese leva-o, portanto, à inteligência, cuja purificação prepara o êxtase do amor. A partir de então a teologia mística não é nada mais que a operação da sindérese. O amor a constitui essencialmente. Por suas três propriedades, esgota sua essência: *amor rapit, unit, satisfacit*. Um breve tratado sobre o arrebatamento e o êxtase (onde curiosamente se diz que o arrebatamento é menos eficaz que o êxtase) prepara uma exposição muito reduzida sobre a união, que consiste tão somente na união de vontade, e leva ao ponto culminante da obra que, pela análise da transformação (consid. 41), mostra como a alma espiritualizada pelo amor vivificante e assim assimilada a deus, qualifica e toca, em consequência, o seu próprio corpo, a tal ponto que o corpo assume certas propriedades do próprio espírito, abandonando e suspendendo as suas. Nessa união admirável do espírito a Deus e do corpo ao espírito, que é a própria teologia mística, Gerson vê a realização perfeita do voto de Aristóteles: *in virtuoso omnia consonant rationi*. Sendo pacificada, saciada, consolidada por essa união de amor que é a teologia mística (consid. 42), a alma é assim elevada à oração perfeita e encontra nessa teologia mística a sua felicidade, aqui na terra, muito melhor que na contemplação intelectual (consid. 43-44). Depois de demonstrar a sua tese, Gerson se volta para a prática. Para permitir que seus alunos se dirijam para essa união do amor, para a qual os seus estudos universitários não os formarão, ele compôs, mais lentamente, a *Pratica*, cujas doze *industries* exprimem, com o seu próprio enunciado, aquilo que procuram promover: *Dei vocationem attendere; propriam complexionem agnoscere; officium proprium vel statum aspicere; semet ad perfectionem extendere; occupationes effugere; curiositatem deponere; longanimitatem assumere; passionum vel affectionum origines animadvertere; tempus idoneum et locum inquirere; somno et cibo moderanter indulgere; meditationibus piis generativis affectum silenter insistere; spiritum a phantasmatibus avertere*.

Gerson nunca abandonou essa "prática". Esse duplo tratado exprimiu sua doutrina e dirigiu sua vida, sem modificações, até o Concílio de Constance. Uma de suas características essenciais é a preferência dada aos comentadores de Dionísio em detrimento do próprio Dionísio. Mesmo apresentando-se como discípulo do Areopagita, Gerson substitui o seu negativismo pelo positivismo afetivo de Hugo de Balma e de Tomás Gálico. Por outro lado, em tudo o que diz respeito a operações da vida espiritual, meditação e contemplação, ele segue → HUGO e → RICARDO DE SÃO VÍTOR. Em Constance, designado por Pierre d'Ailly para substituí-lo repentinamente como orador conciliar na festa de Pentecostes, em 7 de junho de 1416, Gerson improvisa o discurso *Spiritus Domini*, cuja importância não tem comparações. Desejoso de propor aos padres do Concílio uma doutrina espiritual que os torne capazes de restabelecer a unidade, ele abandona completamente a sua "speculativa", de que não fala, e elabora uma pneumatologia que, em três etapas, faz da influência do Espírito Santo o princípio de uma contemplação deificante que se expande em ação apostólica: a influência suficiente caracteriza os principiantes; a excelente, os contemplativos e os perfeitos. Algumas semanas mais tarde, o sermão *Jacob autem* (8 de setembro) completa esse esquema aprofundando as noções de nascimento místico do Verbo, e explicando como a alma pode ser "verbigena".

Profundamente desiludido por ver o Concílio e o Papa se omitirem diante da condenação do tiranicídio, e condenado ele mesmo ao exílio, passa a se dedicar à ascese e à teologia bíblica, de que o *De consolatione theologiae* constitui o testemunho mais claro. Em Lyon publica uma nova edição do *De mystica theologia* (1422-1423) e se abandona de novo a um impulso místico. Sua concordância evangélica intitulada *Monotessaron* ou *Unum ex quatuor* tem como objetivo principal consolidar a sua união com Cristo, alimentando a sua meditação. Tudo leva a pensar que ele conserva as grandes linhas do seu tratado fundamental, quando, repentinamente, em 1º de outubro de 1425, sem causa aparente, ele é convidado, sem dúvida por uma experiência espiritual inédita, a mudar completamente de opinião. A teologia mística não lhe parecia mais causa de união e de amor produzida pela operação da sindérese. Não pode ser operação de faculdade, mas se situa no nível da essência, ao ponto da inserção da graça santificante, além de todas as virtudes. Ela constitui uma percepção experimental do próprio Deus; pode ser chamada *unio defectiva* ou *defectio unitiva*, e coincide com a união supramental, de que fala Dionísio, quando trata da nossa união à maneira de desconhecimento com o desconhecido. Essa "conversão" mística se une a uma conversão exegética. Gerson abandona os comentadores de Dionísio pelo próprio Dionísio. Essa conversão definitiva é testemunhada também pelo *Collectorium super Magnificat* e pelo *Anagogicum de verbo et hymno gloriae*.

Este último tratado, de 1428, composto para explicar a teologia mística de Dionísio, constitui uma réplica ao *De mystica theologia*, em função da "conversão", e elimina todas as partes especulativas do primeiro tratado. Contrariamente às esperanças que suscita o seu título e a sua natureza, o *Tractatus super Cantica Canticorum* não supera o *Anagogicum*, porque a morte interrompe Gerson no momento em que, terminada a segunda parte — que tratava do *Amor sponsae* —, deveria continuar a terceira, que devia analisar o *Amor sponsi*. Apesar dessa lacuna irremediável, sua última palavra é de um místico: *Osculetur me osculo oris sui*.

Considerada no todo, e segundo o seu movimento evolutivo, a doutrina de Gerson é antes de tudo uma inspiração ascetizante à mística, mais que uma teologia mística. Isso explica o uso que → BOSSUET e M. Pourrat fizeram dela. Mas esse uso só é possível em virtude de uma mutilação. Na sua última fase, a → TEOLOGIA ESPIRITUAL de Gerson é mística no sentido forte do termo. Ela busca uma união de essência a essência, uma divinização, uma habitação trinitária que, pela marca que imprime, faz com que a alma coopere com as próprias operações de Deus. Restabelecida a sua plenitude, essa doutrina não tende apenas a se harmonizar com a dos maiores místicos, mas constitui o testemunho impressionante de uma teologia bem informada, dotada de uma ampla experiência e gratificada de dons espirituais, que encontrou a sua plena verdade apenas no absoluto da união essencial.

BIBLIOGRAFIA. COLLEDGE, E. – MARLER, J. C. "Tractatus Magistri Johannis Gerson De mistica théologia": St. Polten, Diozesanarchiv Ms. 25. *Medieval Studies* 41 (1979) 354-386; COMBES, A. *Essai sur la critique de Ruysbroeck par Gerson*. Paris, 1945, t. I; ID. *Jean Gerson commentateur dionysien*. Paris, 1974² (Bibliografia); ID. *Essai...* Paris, 1959, t. III/I; ID. *La Theologie mystique de Gerson: profil de son évolution*. Roma, 1963, t. I; Roma, 1965, t. II; ID. *Jean de Montreuil et le chancelier Gerson. Contribution à l'histoire des rapports de l'humanisme et de la théologie en France au début du XVe siècle*. Paris, 1973²; CONNOLY, J. L. *John Gerson reformer and mystic*. Louvain, 1928 (Bibliografia); ENGLEBERDT, J. G. *De Johanne Gersonio mystico*. Erlangen, 1923; GERZ VON BUREN, V. *La tradition de l'oeuvre de Jean Gerson chez les Chartreux, la chartreuse de Bâle*. Paris, 1973; GLORIEUX, P. Les "Considérations sur saint Joseph" de J. Gerson. *Cahiers de Joséphologie* 23 (1975) 5-22; JOURDAIN, C. *Doctrina Johannis Gersonii de theologia mystica*. Paris, 1838; LUPO, T. Nuovi codici del "De imitatione Christi". *Aevum* 53 (1979) 313-327; MARXER, F. *La vie chrétienne dans un temps de crise. Étude théologique des premières oeuvres de Jean Gerson*. Paris, 1984; MOURIN, L. *Six sermons français*. Bruges, 1952; OLIVAR, A. Le sermon pour la Toussaint sur "Beati qui persecutionem patiuntur" de Jean Gerson. *Bullettin de Littérature Ecclésiastique* 77 (1976) 265-285; PASCOE, L. B. Jean Gerson, Mysticism, Conciliarism and Reform. *Annuarium Historiae Conciliorum* 6 (1974) 135-153; POSTHUMUS MEYJERS, G. H. M. Gerson Preek "Diligite justitiam". *Nederlands Archief vorr Kerkgeshiedenis* 56 (1975) 253-268; ID. *Jean Gerson et l'Assemblée de Viennes 1929. Ses conceptions de la juridiction de "De jurisdictione spirituali et temporali"*. Leyde, 1978; SAVIGNAC, J. P. L'ebauche d'une spiritualité populaire dans le Sermons en français (1389-1413) de J. Gerson. *Scripta Theologica* 5 (1973) 279-341; SCHWAB, J. B. *Johann Gerson Professor der Theologie und Kansler der Universität Paris. Eine Monographie*. Würzburg, 1858; SMOLINSHY, H. Johannes Gerson (1363-1429), Kanzler der Universität Paris, und seine Vorschlage zur Reform der Theologischen Studien. *Historisches Jahrbuch* 96 (1978) 270-295; STELNZENBERGER, J. *Die Mystik des Johanns Gerson*. Breslau, 1928 (Bibliografia); VANSTEENBERGHE, E. *Un écrit de Vincent d'Aggsbach contre Gerson*. Münster, 1913; ID. *Autour de la docte ignorance*. Münster, 1915.

A. COMBES

GERTRUDES DE HELFTA (conhecida como "Gertrudes a Grande"). 1. NOTA BIOGRÁFICA. Nascida em uma família burguesa em 16 de janeiro de 1256, aos cinco anos de idade Gertrudes passou a ser aluna do mosteiro cisterciense de Helfta (Saxônia), dedicando-se ao estudo de letras, gramática e arte. Depois de escolher o estado monástico, o amor que ela dedicava a todo saber e a sua riqueza intelectual, iluminada por conhecimentos sobrenaturais, levaram-na a se voltar para a teologia, concentrando-se no estudo da Escritura e dos Padres latinos, particularmente os de Santo → AGOSTINHO e São → GREGÓRIO MAGNO, bem como das obras de São Bernardo e → HUGO DE SÃO VÍTOR, e passa a dominar perfeitamente o pensamento escolástico. Mas o zelo pelo estudo levou-a a negligenciar a vida espiritual. Só depois de uma profunda crise espiritual (1280), conseguiu superar o seu estado de indiferença religiosa. A graça mística (a aparição de

Jesus) de 27 de janeiro de 1281 foi decisiva para uma mudança interior radical. Recebeu os estigmas no coração e foi favorecida por numerosas graças místicas. Depois de uma grave e longa doença, morreu em 1301 ou 1302.

2. OBRAS. De seus escritos permaneceram os *Exercícios espirituais* e o *Mensageiro da divina piedade*, obra que Gertrudes iniciou em 25 de março de 1289. A coletânea de *Preces Gertrudianae* não é uma terceira obra da santa, mas apenas uma coletânea de textos.

a) O *Mensageiro* contém as suas visões e graças místicas. Ela é "confissão autobiográfica" da sua alma transparente, vibrante de maravilhosa harmonia de graça e de virtude. É também o seu testamento espiritual. "Quero ter nos teus escritos um testemunho seguro de minha divina piedade", dissera-lhe o Senhor, e ela, que se considerava indigna disso, superou na humilde obediência a pretensa insuficiência. O original latino: *Legatus divinae pietatis* divide-se em cinco livros, cada um com uma breve introdução. O livro I é uma espécie de apresentação da santa ("de commendatione personae et testimoniis gratiae") e da sua obra. O livro II — o único escrito de próprio punho e, portanto, em primeira pessoa — constitui, sob o título "Memoriale abundantiae divinae suavitatis", a primeira parte do *Legatus*. Os livros III-V, a segunda parte, foram escritos pelas coirmãs ou pouco antes ou pouco depois de sua morte e receberam o título de "Legatus divinae pietatis", contendo inúmeros detalhes. No início do século XV, o *Legatus* foi traduzido para o alemão medieval com o título: *ein botte der götlichen miltekeit*. O texto é abreviado, dividido em capítulos, não mais em livros. Uma terceira redução, feita a partir do texto alemão, forma a chamada *Leggenda di Santa Trutta* (século XV).

b) Os *Exercícios* (*Esercitia spiritualia septem*) introduzem à vida da alma de Gertrudes e refletem sobre os impulsos amorosos do seu coração palpitante sob a irradiação divina. Apropriando-se dos textos litúrgicos, ela lembra neles a graça batismal (I) e os aniversários da sua investidura e profissão religiosa (II-IV) ou celebra o infinito amor de Deus (V), digno de louvor (VI), para terminar por implorar o perdão, preparando-se para a morte (VII).

3. ESPIRITUALIDADE. A mística de Gertrudes deixa-se absorver no mais puro amor de Deus e tem por fonte a Escritura e a liturgia. Gertrudes sempre tentou interpretar e adaptar o texto sagrado às exigências e situações particulares da vida interior, sem extrapolar as realidades humanas e sem se perder no perigo de exageros sentimentais ou fruto da imaginação. Sem jamais abandonar a base das virtudes teologais, nas quais havia encontrado as únicas guias para a união com Cristo, sua espiritualidade continuou saudável, simples, genuína, "natural". No centro dela figuram os mistérios de Cristo: → ENCARNAÇÃO, paixão, → REDENÇÃO, → EUCARISTIA. Aberta a vozes sobre-humanas, gostava de se expressar por alegorias ou por metáforas, que revelam não só o seu apuradíssimo sentido para a arte, mas também a sua capacidade de envolver as suas experiências místicas em cenas líricas, idílicas, de singular eficácia. Na história da espiritualidade medieval é representante da "terceira era", que percebe a mística como experiência de amor unitivo, nupcial, transformador. Em Gertrudes a mística alemã medieval atingiu o ponto culminante da sua história de mística afetiva, o que só voltara a se repetir no século XIV, pelo beato → SEUSE. Na história da devoção ao Sagrado Coração, Gertrudes é considerada a primeira apóstola e "precursora" de Santa → MARGARIDA MARIA ALACOQUE.

BIBLIOGRAFIA. a) Escritos: edição latino-francesa com ampla introdução: *Le Héraut*. Ed. de P. DOYÈRE. Paris, 1967-1968; *Les exercises*. Ed. de J. HOURLIER – A. SCHMIDT. Paris, 1967; *Gertrud von Helfta, ein botte der götlichen miltekeit*. Ed. de O. WIELAND. Ottobeuren, 1973 (trad. do original latino dos cinco livros do *Legatus* em alemão medieval = primeira impressão, Leipzig, 1505); *Gesandter der göttlichen Liebe*. Ed. de J. WEISSBRODT. Stein a/Rhein, [11]1979 (tradução alemã do texto latino de Solesmes).
b) Estudos: CRUZ, D. DA. Mistica feminina alemana de los siglos XII y XIII. *Revista de Espiritualidad* 83-84 (1962) 218-223; DINZELBACHER, P. *Vision und Visionsliteratur in Mittelalter*. Stuttgart, 1981; ID. *Revelationes* (Typologie des sources du Moyen Âge occidental). Turnhoult, 1991; DOYÈRE, P. *Le mémorial spirituel de sainte Gertrude*. Paris, 1954; LUNARDI, G. *Dizionario degli Istituti di Perfezione* IV, 1.111-1.112 (com Bibliografia); NICCOLÒ DEL RE. *Bibliotheca Sanctorum* VI, 277-287 (com seleção bibliográfica); RINGLER, S. *Viten-und Offenbarungsliteratur in Frauenklöstern des Mittelalters*. Zurich/Munchen, 1980; VAGAGGINI, G. L'esempio di uma mistica: santa G. e la spiritualità litúrgica. In ID. *Il senso teologico della liturgia*. Roma, [4]1965, 696-752; VOLMER, A. *Die heilige Gertrud die Grosse von Helfta*. Kevelaer, 1937.

GIOVANNA DELLA CROCE

GESTOS CORPORAIS. A espiritualidade cristã é encarnada. Não despreza o corpo, antes, encontra nele uma rica expressividade de sentimentos, especialmente no âmbito da oração litúrgica e pessoal. Obviamente, não só os gestos de oração são expressão de espiritualidade; na ascese corporal, na doença que envolve a saúde física, nos gestos de caridade e de misericórdia, de consolação e de participação, vibra toda a espiritualidade cristã. Referimo-nos aqui especialmente aos gestos corporais da liturgia e da oração.

1. ALGUNS PONTOS DE REFERÊNCIA. A gestualidade do homem cristão tem o seu pleno sentido a partir de alguns pontos de referência que são comuns aos sinais litúrgicos. Na base de todo gesto corporal de oração ou de culto está a própria expressividade humana, que muitas vezes se fez presente como sinal sagrado em todas as religiões e no uso social corrente. A esse primeiro estrato significante deve-se sobrepor o sentido bíblico que certos gestos adquirem nas páginas do Antigo Testamento e do Novo Testamento, no uso do povo de Israel, de Jesus e da comunidade apostólica. A ele se acrescentou também o significado pleno dado aos gestos corporais na tradição da Igreja até os nossos dias, em uma abertura às mudanças culturais, às adaptações, aos novos valores significativos dependendo das épocas e das situações geográfico-culturais.

O valor ou os valores dos gestos corporais, como os de outros sinais litúrgicos, são múltiplos. Indicam ou expressam sentimentos humanos em relação a Deus e às outras pessoas; às vezes transmitem uma misteriosa relação com a divindade, como ocorre no caso dos → SACRAMENTOS que transmitem a graça significada. O sinal e o gesto corporal caracterizam-se também por serem um compromisso, uma vez que a verdade dos sentimentos pede uma coerência de vida e deve indicar a fidelidade ética ao gesto expresso.

Inseridos no diálogo da salvação, no nível de liturgia ou de oração pessoal, os gestos corporais expressam a mediação entre o invisível e o visível, tanto no nível de revelação e de santificação quanto no caso dos sinais sacramentais, bem como no nível de manifestação ascendente e cultual de resposta.

A gestualidade cristã é rica, polivalente. Pode-se afirmar que, no seu conjunto, a → LITURGIA oferece uma imensa riqueza de gestos corporais. Mas também se observou que especialmente hoje, no âmbito da liturgia das horas (→ OFÍCIO DIVINO), o simbolismo dos gestos corporais foi excessivamente reduzido. Hoje, amiúde nos lamentamos desse fato; talvez tenhamos passado com demasiada rapidez de uma suposta ritualidade vazia, minuciosa e burocrática, a um verbalismo orante, precisamente em um momento em que se recuperava em outros âmbitos o valor antropológico de rezar com o corpo e se começava a reavaliar a gestualidade em nível humano e religioso em nossa época. O fato, notado também por Ratzinger em seu livro *Rapporto sulla fede* (pp. 115-116), merece a nossa atenção, principalmente porque a religiosidade cristã é encarnada, valoriza o corpo e a relação com os outros e com o cosmos, de acordo com o célebre texto de Tertuliano: "O corpo é o eixo da salvação. De fato, quando a alma se une a Deus é o corpo que torna possível essa união. Portanto, o corpo é lavado para que a alma seja purificada; o corpo é ungido para que a alma seja consagrada; o corpo é marcado para que a alma se fortaleça; a carne é coberta pela imposição das mãos, para que também a alma seja iluminada pelo Espírito; a carne se alimenta do corpo e do sangue de Cristo, para que também a alma se alimente abundantemente de Deus" (*De resurrectione mortuorum*, 8, 3; PL 2, 852). Aliás, Paulo exorta-nos a "glorificar a Deus em nosso corpo" (cf. 1Cor 6,20), a oferecê-lo como hóstia viva e santa agradável a Deus, como culto espiritual encarnado (cf. Rm 12,1).

2. UMA ENORME VARIEDADE DE GESTOS CORPORAIS NA ORAÇÃO LITÚRGICA. Não é fácil fornecer um panorama completo de gestos rituais da liturgia da Igreja, dada a riqueza e a diversidade de significados e de contextos na qual são inseridos. Vamos procurar destacar algumas constelações simbólicas agrupando alguns dos gestos corporais mais importantes.

Comecemos pela gestualidade litúrgica dos sacramentos. No → BATISMO, o banho com a água é sinal de purificação e de renovação e o gesto da imersão e emersão da água constitui um sinal expressivo da morte-ressurreição. Na crisma, a unção, acompanhada na verdade tanto pela imposição das mãos quanto da "consignatio" ou sinal da cruz com o crisma, óleo perfumado, traz consigo o significado da unção profética, sacerdotal e régia no Espírito, a transmissão do dom do Altíssimo que é o Espírito Santo, a marca ou *sphraghis* de pertencimento ao Senhor, o perfume de bom odor de Cristo que deve manifestar-se nas boas obras. O gesto de comer e beber no banquete eucarístico exprime a simbiose ou participação profunda na vida daquele que está presente com o seu corpo e o seu sangue, a assimilação vital à pessoa de Cristo, em um gesto que tem também valor comunitário na participação comum do mesmo pão/corpo e sangue/cálice; a fração do pão indica esse sentido de comunhão, mas também beber do cálice é sinal de participação e de jura ou juramento de fidelidade na aliança, além de significar participação no sofrimento e na alegria da taça eucarística. Os gestos penitenciais, bater no próprio peito ou pedir perdão de joelhos oferecem no sacramento da reconciliação uma plenitude de significado antropológico: consignar a Deus na penitência e na conversão todo o corpo no qual foram realizados os pecados; por outro lado, a eventual imposição de mãos e o sinal da cruz traçado sobre o penitente valorizam o gesto ao mesmo tempo "deprecativo"/epiclético e indicativo/declarativo da remissão dos pecados. A imposição das mãos no sacramento da ordem e o gesto epiclético que acompanha as diversas orações de consagração exprime bem a transmissão do Espírito no diaconado, presbiterado, episcopado. A unção do corpo no sacramento dos corpos é sinal da doação do Espírito como força, saúde, consolação; mas ao mesmo tempo como salvação de todo o corpo do doente que compartilha no Espírito os sofrimentos de Cristo e está destinado à glória da ressureição. No matrimônio cristão, o aperto das mãos dos contraentes e a troca das alianças são sinais da comunhão de vida, do dom corporal recíproco, da fidelidade ratificada verbalmente.

No interior da celebração dos sacramentos há outros gestos corporais. Basta pensar na unção dos catecúmenos, na entrega do círio e da veste imaculada, na unção crismal do neófito no batismo. Nas ordenações diaconais, sacerdotais e episcopais há outros gestos como a entrega dos diversos instrumentos (Evangelho, cálice e patena, pastoral e mitra) e as unções das mãos para os presbíteros, da cabeça para os bispos.

O significado do corpo em oração é intenso e polivalente. A prostração total, com o rosto por terra, ou dobrados sobre si mesmos no gesto da oração de → ELIAS no Carmelo (1Rs 18,42) é sinal da total humildade diante de Deus, do contato físico com a terra da qual fomos formados, da disponibilidade mais absoluta na adoração de Deus. Também é gesto de humildade e de veneração a oração feita de joelhos, à imitação de Jesus (Lc 22,41) ou dos apóstolos Pedro (At 9,40) e Paulo (At 20,36). As diversas inclinações são sinal de reverência e de louvor ao nome de Jesus ou na doxologia trinitária. A atitude de rezar em pé é destacada na Antiguidade cristã como sinal de liberdade, de condição sacerdotal, de participação da ressureição do Senhor; por isso era proibido rezar de joelhos durante o tempo pascal. Sentados, por outro lado, com uma atitude de recolhimento e de oração, manifesta-se a acolhida da mensagem ouvida ou interiorizada; sentados se fala também em atitude de autoridade no nome de Cristo Mestre, trono da sabedoria.

É igualmente muito expressiva a linguagem contemplativa dos olhos. O olho humano é o órgão da luz; o homem vê, mas através de seus olhos se torna luminoso: "a lâmpada do corpo é o olho" (Mt 6,22). A espiritualização do homem se manifesta no seu aspecto de luz; o olhar do santo é luminoso; por isso nos ícones orientais o centro da imagem são os olhos. Os Salmos falam da oração feita com os olhos voltados para Deus (Sl 24,15; 68,4; 122,1.3; 140,8) em uma expressão de confiante espera. Jesus reza levantando os olhos para o céu (Mc 6,41; Jo 17,1). Reza-se com o olhar voltado para o Pai, ou então com os olhos fixados em uma imagem sagrada da qual também se deixam olhar, em um intenso diálogo feito só de olhares; reza-se no recolhimento fechando os olhos, evidenciando assim a abertura dos sentidos interiores à contemplação do invisível.

Em todas as religiões a linguagem das mãos é valorizada. São as mãos elevadas para o Senhor em atitude de pedido (Sl 62,5) ou de oferta (Sl 140,2), indicando com a elevação das mãos o sacrifício vespertino; ou então as mãos abertas em atitude de intercessão, segundo o conselho de Paulo (1Tm 2,8). Na imposição das mãos, gesto da *chemissah* hebraica, temos o significado da bênção protetora, da assunção de uma pessoa a um encargo ou então também a aplicação de um rito expiatório; esse gesto, assumido pela Igreja primitiva, mas usado também por Jesus como sinal de bênção, de consolação e de cura (cf. Mt 19,13-15; Mc 8,22-25), pode significar a imposição da mão abençoante de Deus, a proteção da oração de cura pelos doentes (At 28,9), a transmissão do Espírito Santo aos batizados (At 8,17; 19,6) e a agregação à Igreja apostólica; no seu significado mais elevado a imposição das mãos indica o dom do Espírito para o ministério na Igreja de Cristo (At 6,6; 13,3; 1Tm 4,14). Com essa riqueza, esse gesto ainda é usado pela Igreja em diversos contextos sacramentais. As mãos elevadas são também sinal de oferta sacrifical; as mãos juntas ou cruzadas no peito indicam uma atitude de reverente aceitação.

Na Antiguidade cristã foi amplamente comentado o gesto orante dos cristãos com as mãos elevadas, mas com a abertura dos braços em uma posição que lembra o mistério da cruz. Assim aparece o orante cristão no cubículo do Orante nas catacumbas de Priscila em Roma. A Tradição Apostólica na oração eucarística faz alusão a um tema caro a Hipólito: o Senhor abriu as mãos na cruz para trazer-nos a salvação. As Odes de Salomão lembram o significado primitivo desse gesto: "Abri minhas mãos e proclamei santo o meu Senhor. A abertura das mãos é o sinal dele, e meu ato de ficar em pé é a madeira erigida" (*Ode* 27 e 42; versão italiana de M. Erbetta). Tertuliano afirma: "Não apenas elevamos as nossas mãos, mas as elevamos em cruz como o Senhor na paixão, e com essa atitude confessamos Cristo" (*Sobre a oração*, 14). Sinal de Cristo e atitude de confiança, com esse gesto deverão rezar sempre os cristãos o → PAI-NOSSO.

Uma forte intensidade de sentimentos passa pelo sinal do beijo, troca de carinho e de comunhão entre pessoas apaixonadas, de amizade e de reverência em outras expressões da vida social. A Igreja acrescentou também esse gesto na liturgia. É o beijo da esposa no esposo Cristo em alguns sinais da sua presença como o altar ou o livro dos Evangelhos; é o humilde e sentido gesto de reverência dos orantes por uma cruz, uma imagem, um ícone de Cristo, de Maria ou dos santos. Pelo beijo passa a intensidade do amor da Igreja. É também o sinal da fraternidade cristã segundo a tradição dos apóstolos: "Saudai-vos uns aos outros com um ósculo santo" (Rm 16,16), "com o ósculo fraterno" (1Pd 5,14). Em diversas circunstâncias na liturgia os irmãos trocam o beijo da paz como sinal de fraternidade, perdão, acolhida, na comunidade eclesial. Os neófitos eram recebidos, beijados e elevados ao alto como se faz com os recém-nascidos; o bispo troca esse sinal com os diáconos, presbíteros e bispos nas respectivas ordenações; os esposos trocam o beijo do modo habitual na liturgia do matrimônio. A liturgia oriental faz preceder o beijo de paz das palavras: "Amemo-nos uns aos outros..."; depois, enquanto trocam essa saudação, os concelebrantes dizem um ao outro: "Cristo está no meio de nós"/ "E sempre será". No tempo pascal (e também por ocasião da morte de um fiel), a troca do beijo se faz com estas palavras: "Cristo ressuscitou"/ "Sim, ele realmente ressuscitou".

O sinal da cruz feito sobre as coisas e sobre as pessoas tem uma importância especial. A liturgia da Igreja coloca-o frequentemente no início e no fim das celebrações. Tem importância especial o sinal feito na testa, nos lábios e no peito/coração no momento da proclamação do Evangelho; expressa o desejo de que a → PALAVRA DE DEUS esteja na mente, nos lábios e no coração. A Tradição Apostólica (n. 42) oferece uma série de conselhos sobre o uso desse sinal, especialmente na tentação. São célebres as catequeses sobre o sinal da cruz realizadas por → CIRILO DE JERUSALÉM aos catecúmenos (*Cat.* 13, 36-41), das quais reproduzimos aqui o início: "Não devemos nos envergonhar de confessar o Crucificado! Que nossos dedos tracem corajosamente o sinal da cruz na testa e sobre todas as coisas; quando comemos um pão ou bebemos uma bebida, ao entrar e sair, antes de dormir e enquanto estamos deitados e quando nos levantamos, caminhando e descansando...".

Outros gestos rituais são a incensação, sinal da oração que se eleva como o incenso (Sl 140,2), da adoração do Deus vivo, do bom odor de Cristo e do perfume do Espírito que se deve espalhar no templo santo de Deus e naqueles que são igualmente o templo vivo do Espírito, a assembleia cristã com seus ministros. Incensam-se as coisas como sinal de bênção ou de respeito e veneração. A lavagem dos pés é um sinal sacramental que na Antiguidade chegou a ser considerado um sacramento; sinal de serviço humilde dos irmãos à imitação do Mestre (Jo 13,4-17), de purificação interior. São importantes os gestos de oferta elevando as coisas para o céu, como se faz na apresentação das ofertas e na doxologia da Eucaristia. E não podemos esquecer os sinais penitenciais das cinzas sobre a cabeça, da manifestação do sofrimento pelos pecados batendo no próprio peito...

Outro capítulo interessante é o da dança sagrada. O Antigo Testamento lembra a dança alegre de Davi diante da arca da aliança (2Sm 6,14). A tradição litúrgica da Igreja conheceu expressões semelhantes de alegria e de veneração também no interior da celebração eucarística, como os "seises" de Sevilha que dançavam diante do Santíssimo Sacramento ou as danças rítmicas que se realizavam durante as exposições eucarísticas em Valência, na Espanha. Hoje em alguns lugares se alude timidamente a essa ritualidade festiva e expressiva, especialmente nas celebrações com as crianças e na área africana, particularmente sensível a essa expressividade total do corpo.

3. REZAR COM O CORPO. Os gestos corporais podem ser integrados em uma autêntica oração cristã. Antes de tudo no âmbito da liturgia, em que essa gestualidade está prevista e é amplamente valorizada com sentido pastoral, com uma autêntica pedagogia das assembleias litúrgicas. Particularmente exigente deveria ser a recuperação de alguma gestualidade na oração litúrgica das horas, onde as sóbrias prescrições atuais não deveriam fechar a porta para uma criatividade mais ampla e uma maior integração do corpo na oração comunitária. As indicações rituais a esse respeito parecem reduzir-se praticamente a simples indicações sobre permanecer em pé ou sentados e fazer o sinal da cruz (cf. *Princípios e normas sobre a liturgia das Horas*, nn. 263-266).

Outro capítulo é o que diz respeito à oração pessoal e silenciosa, meditativa e contemplativa, e a integração dos gestos corporais. A atual atenção pela maneira de rezar nas grandes tradições espirituais do Oriente não cristão levou a revalorizar o corpo e suas posições para a oração, especialmente na → IOGA e no → ZEN. Não há dúvida de que algumas posições ou *assanas* podem contribuir para a quietude do corpo e do espírito e favorecer o recolhimento e a oração. Mas não devemos nos esquecer de que, mesmo na variedade que os gestos corporais da liturgia assumem hoje, também a Igreja possui um rico patrimônio de gestos expressivos de oração que podem ser revalorizados na oração pessoal.

A regra de ouro dessa integração reside precisamente na unidade antropológica do orante, na progressiva interiorização de todas as atitudes corporais para uma quietude e uma unificação de maneira que todo o homem esteja em oração, todo o ser seja oração. Dessa unificação poderá derivar o uso correto dos gestos corporais expressivos da oração pessoal, intensa e sentida, como um recurso adequado para uma oração total do homem. Deve-se, portanto, tender para a unificação em uma atitude total de receptividade e de escuta, no silêncio orante e contemplativo que supõe a unificação da mente e do coração para Deus. Mas será útil servir-se delicadamente da linguagem dos olhos que são elevados ao céu ou fixam uma imagem ou se fecham em atitude de recolhimento; ou então empregar a linguagem simples das mãos unidas, postas, elevadas, cruzadas no peito, abertas em sinal de cruz. Às vezes o orante precisará expressar com ainda mais intensidade a sua oração com o corpo em uma humilde prostração com a fronte e o rosto por terra ou então com todo o corpo estendido no chão.

A tradição monástica medieval conservou-nos uma pequena joia sobre isso, as *nove maneiras* de rezar de São Domingos, expressas no código "Rossianus" 3 da Biblioteca Vaticana: 1) a oração feita com uma profunda inclinação diante do altar e do Crucificado; 2) a prostração total estendidos no chão; 3) a oração penitencial acompanhada da disciplina corporal; 4) de joelhos; 5) de pé com as mãos abertas como um livro, unidas diante do peito ou abertas e elevadas; 6) a oração com os braços em forma de cruz; 7) oração com as mãos juntas e voltadas para o céu como uma flecha apontada; 8) a meditação da Palavra sentados e com a Bíblia aberta diante dos olhos; 9) a oração feita caminhando em viagem com os irmãos (cf. *Dizionario degli Istituti di Perfezione*, VII, Roma, 1983, 616, 630).

Também na tradição oriental, a oração hesicasta e a invocação do nome de Jesus encontrou diversas disciplinas corporais para uma total expressividade, da contemplação do umbigo ao controle rítmico das batidas do coração e da respiração. Nem todas essas técnicas devem ser recomendadas, até porque não estão ligadas essencialmente ao valor da oração.

Hoje são propostas diversas formas de oração com o corpo; oscila-se entre a expressividade do movimento carismático que valoriza as formas corporais da oração bíblica e litúrgica, e a interiorização dos grupos de oração que propõem uma gestualidade orante a meio caminho entre o imobilismo oriental e os gestos da tradição bíblica e eclesial.

Não podemos esquecer que a gestualidade corporal na oração pode assumir formas passivas como as suscitadas por Deus no → ÊXTASE ou até no simples recolhimento infuso onde o corpo participa da união da alma com Deus. São, poderíamos dizer, formas passivas, não buscadas mas impostas a partir de fora na oração e que envolvem o corpo. Mas existe também uma outra forma de oração que não é buscada por técnicas ou propostas bíblicas ou litúrgicas e que sem dúvida oferece como que o ponto alto do valor da oração com o corpo. Referimo-nos à oração feita com o corpo fraco, cansado, doente. Ali não são as atitudes buscadas as que dão valor à oração; é a plena participação de todo o ser do cristão em uma oração total feita, às vezes, na impossibilidade de proferir orações ou de interiorizar pensamentos, com a linguagem da oferta, dos olhos voltados para o céu ou do doloroso suportar dos sofrimentos físicos, morais ou espirituais. Nessa atitude orante, o cristão pode participar desse gesto corporal expressivo da oração mais intensa e do sacrifício mais apreciado: a paixão e a morte de Cristo na cruz para a salvação de todos. Essa maneira de rezar é, sem dúvida, momento culminante e que constitui um resumo daquela gestualidade da oração que tende, como se disse, a glorificar o Senhor com o próprio corpo (cf. 1Cor 6,20).

BIBLIOGRAFIA. 1) Sobre os gestos corporais na liturgia e na oração: ALDAZABAL, J. *Simboli e gesti. Significato antropologico, biblico e liturgico*. Torino-Leumann, 1987; BOUYER, L. *Il rito e l'uomo*. Brescia, 1964; CIBIEN, C. Gesti. *Nuovo Dizionario di Liturgia*. Roma, 1984, 609-623; *Gestes et paroles dans les diverses familles liturgiques*. Conférences Saint-Serge, XXIV Semaine d'Études Liturgiques. Roma, 1977; GUARDINI, R. *I santi segni*. Brescia, 1960; WEIDINGER, G. – WEIDINGER, N. *Gesti, segni e simboli nella liturgia*. Torino-Leumann, 1986.
2) Sobre a oração com o corpo: CAFFAREL, H. *Il corpo e la preghiera*. Assisi, 1976; *Ascolto te. In preghiera con il corpo*. Montaggio audiovisivo. Roma, 1979; LASSALLE, H. M. *Meditazione zen e preghiera cristiana*. Roma, 1979; GENTILI, A. – SCHNOLLER, A. *Dio nel silenzio. La meditazione nella vita*. Milano, 1986; DUMORTIER, J. M. *Chemins vers l'oraison profonde*. Paris, 1986.

J. CASTELLANO

GIORDANO DE RIVALTO (Beato). 1. NOTA BIOGRÁFICA. Nasceu em Rivalto por volta de 1260. Tendo ingressado no convento dominicano de Santa Catarina (1280), em Pisa, começou ali os estudos que continuou em Bolonha e concluiu em Paris. Lecionou em Pisa e em Florença, onde explicou as *Sentenças* de Pedro Lombardo, admirado pela vasta cultura filosófica e teológica. Mas sua atividade precípua foi a pregação: em Florença falava até cinco vezes por dia, muitas vezes nas praças, porque as igrejas não conseguiam abrigar os ouvintes.

Em Pisa instituiu a Confraria do Santíssimo Salvador ou do Crocione. Enviado para lecionar em Paris, morreu durante a viagem, em Piacenza, em 19 de agosto de 1311. Em 1833, Gregório XVI aprovou o seu culto.

2. OBRAS. De Giordano foram preservados muitos *Sermões* reunidos a partir de seus pronunciamentos graças à boa vontade de copistas. Muito provavelmente é de sua autoria *A vida que devem observar os confrades da Companhia da Cruz* (os estatutos da congregação fundada por ele).

3. DOUTRINA. A obra de Giordano chegou até nós desfigurada e alterada pelos que a coligiram; permanecem, porém, muitas partes originais que revelam uma oratória de sólido conteúdo doutrinal (a Bíblia, Santo Agostinho e, sobretudo, Santo Tomás são as fontes primárias) e de forma espontânea e viva; a jovem língua italiana é usada com perfeito domínio e levada a expressar os mais sutis matizes do pensamento.

Giordano insiste muito na transcendente grandeza de Deus e na miséria radical do homem: "Os senhores do mundo são vermes, em comparação com Deus" (ed. de Milão, vl. I, 44). O homem, para preencher de algum modo o próprio vazio, dirige-se para os bens criados, "mas as coisas deste mundo não são feitas para preencher a alma" (*Ibid.*, 32); só Deus pode satisfazê-la, e Deus se doa a ela em Cristo.

"Poderia ter-nos dado coisa melhor que si mesmo e que seu Filho? Não!", porque só Cristo tem condição de satisfazer os desejos mais profundos da alma, sobretudo a necessidade de verdade e de amor: "Tens diante de ti a fornalha do amor, porque [Cristo] não apenas te dá amor, mas ele é amor" (ed. NARDUCCI, 418). O segredo da santidade é colocar "a intenção em Cristo", ou seja, empenhar-se a fazer tudo por amor de Cristo (ed. de Milão, vl. I, 158). Para subir, porém, é indispensável se libertar do pecado e da tirania das criaturas: de fato, conquista-se a liberdade interior reprimindo todas as coisas terrenas (*Ibid.*, 38). Deus nos ajuda a obter essa liberação com as provações que nos envia na vida; até mesmo o homem justo e santo é provado com tentações "fortíssimas, de fogo" (*Ibid.*, 25). Através da mortificação chega-se, nesta vida, a um conhecimento mais vivo de Deus e das realidades celestes, mas não a visão da essência divina: esta é concedida, excepcionalmente, a → MOISÉS e a São → PAULO: "Convém que aquele que quiser conhecer Deus seja mortificado aos sentidos, e quanto mais for mortificado, mais terá consciência de ver a sabedoria e as coisas espirituais, uma vez que de nenhum modo Deus ou algum espírito podem ser vistos em sua essência nesta vida. Por esse motivo, os homens que atingem o êxtase são todos mortificados aos seus sentidos. Nisso eles não veem, não aspiram, nem sentem nada do mundo, mas também não veem nem Deus nem os anjos em sua natureza ou substância" (*Ibid.*, 387); "... jamais existiu um homem a quem Deus se revelasse [...] nesta carne mortal, a não ser a São Paulo e a Moisés" (*Ibid.*, 388).

Giordano dá muito valor à virgindade, precisamente porque facilita a superação da tirania das criaturas: "A virgindade é o supremo estado e a perfeição desta vida e da outra: é semelhante aos anjos"; "... é o estado que rende cem por um"; "... é melhor um mínimo grau de glória na vida eterna que nunca desaparece que ter todos os filhos do mundo" (*Ibid.*, 459-460).

BIBLIOGRAFIA. Cardini, F. Un contributo alla conoscenza di Giordano da Pisa. *Rivista di Storia della Chiesa in Italia* 28 (1974) 133-141; Delcorno, C. Società e pubblico nelle prediche di Giordano da Pisa. *Rivista di Storia e Letteratura Religiosa* 10 (1974) 251-304; Galletti, A. Fra G. da Pisa, predicatore del sec. XIV. *Giornale Storico della Letteratura Italiana* 31 (1898) 1-48.193-243; 33 (1899) 192-264; Giordano da Pisa. *Quaresimale fiorentino 1305-1306.* Edição crítica de C. Delcorno. Firenze, 1974; Levasti, A. *Mistici del Duecento e del Trecento.* Milano-Roma, 1935, 58-61.469-527.999-1.001.

P. Grossi

GNOSTICISMO. 1. Trata-se de um número bastante grande de sistemas heréticos, surgidos por volta do final do século I ou no começo do século II e que sobreviveram, ao menos em parte, até o século V. Têm como característica comum o fato de ser um esforço tanto do pensamento filosófico para transformar a religião cristã em uma mera filosofia religiosa, quanto do pensamento religioso para dar aos mistérios da fé uma explicação razoável mais satisfatória que a fornecida pela fé. A gnose, ou seja, a ciência, toma portanto o lugar da fé. Essa gnose é nitidamente diferente da outra que, por volta do final do século II, por obra de → CLEMENTE DE ALEXANDRIA, procura penetrar os mistérios partindo da fé e em conformidade com ela.

Embora os sistemas gnósticos apresentem pontos de vista muito diversificados, possuem um único problema fundamental: a origem do mundo e do mal no mundo e no homem. Os gnósticos, admitindo certo dualismo irredutível, têm uma ideia muito elevada de Deus que habita longe do mundo material, e uma ideia muito baixa da matéria que exerce uma influência nefasta sobre o coração do homem que se apega a ela. Entre Deus e a matéria são necessários, portanto, seres intermediários, chamados éons, que, pelo menos em alguns sistemas, atuam em duplas (macho e fêmea: sizígias): o primeiro par provém de Deus; o segundo vem do primeiro, e assim por diante. Mas, na medida em que se afastam de seu princípio, tornam-se cada vez mais imperfeitos: estão sujeitos a uma degradação progressiva. Além disso, houve um verdadeiro desvio: um éon prevaricador, ou produto de outro éon prevaricador, foi gerado fora do mundo dos éons, ou seja, a partir do "pleroma divino" produziu uma nova série de éons e, por fim, criou o mundo material e os homens. Esse éon, também chamado de "demiurgo", é identificado com o Deus dos judeus.

No entanto, nem tudo é mau no homem: há nele também uma centelha do "pleroma divino", quer o demiurgo a tenha roubado e depois inserido nas suas criaturas onde se propaga incessantemente, quer um outro éon, inconscientemente, a tenha deixado cair no homem. Essa "encarnação" de um elemento divino na matéria constitui o pecado original, ou seja, a queda primitiva do gênero humano.

Uma primeira consequência refere-se aos próprios homens: eles estão divididos em três categorias dependendo da preparação que existe entre o elemento divino e a matéria. Nos espirituais ou "pneumáticos" (ou seja, nos gnósticos) o elemento divino domina e, consequentemente, eles têm certeza da própria salvação; nos cristãos, chamados "psíquicos" ou animais (no sentido paulino), os dois elementos têm a mesma proporção e por isso eles ainda têm a possibilidade de se salvar; nos materiais ou "hílicos" (os pagãos) domina a matéria e, portanto, eles são irrevogavelmente excluídos da salvação, ou melhor, na restauração geral, que terá lugar no fim do mundo, serão destruídos junto com a matéria.

Uma segunda conclusão refere-se à libertação do elemento divino encerrado na matéria: é efetuado por meio da redenção realizada por Cristo não com a sua morte na cruz, mas com a sua pregação, principalmente com a revelação de alguns mistérios feita, e depois transmitida, a alguns discípulos prediletos (entre os quais está Maria

Madalena). Cristo não é o Verbo encarnado, mas um éon, descido do "pleroma divino", que ou não assumiu um verdadeiro corpo humano (docetismo: só é homem na aparência), ou se uniu a um simples homem, chamado Jesus, habitando nele desde o momento do batismo até a véspera da paixão.

Uma última conclusão diz respeito à atitude que é preciso assumir diante da matéria, essencialmente má e, portanto, a doutrina moral. Alguns afirmam que se pode, ou melhor, se deve abusar da matéria e pregam a moral do laxismo (é o caso de Carpocrátes que, ao lado do comunismo dos bens, propõe também o das mulheres, já ensinado por Platão na *República*, 5, 6); outros, porém, professam a moral da abstinência (encratismo: do grego *enkrateia* = temperança), especialmente do uso da carne e do vinho (mesmo na celebração da missa: são chamados "aquários") e do matrimônio como se fosse uma coisa pecaminosa.

Os sistemas gnósticos são ecléticos: utilizam elementos extraídos da religião cristã (por exemplo, a ideia da queda original e de Cristo redentor), da filosofia grega, sobretudo da platônica (por exemplo, a ideia de um mundo perfeito e de um mundo imperfeito, irredutivelmente opostos um ao outro), das religiões orientais, sobretudo dos mistérios (por exemplo, a ideia de seres intermediários, dispostos em duplas, entre Deus e o mundo), da mistagogia (por exemplo, o uso de ritos misteriosos e de fórmulas mágicas). Entre os grandes adversários, no século II, está Santo → IRENEU DE LIÃO, aliás o único cuja confutação chegou até nós na íntegra.

2. Marcião, o adversário mais temível da Igreja no século II, merece menção especial. Filho de um bispo do Ponto e excomungado pelo próprio pai, estabeleceu-se finalmente em Roma, onde abandonou inteiramente a fé cristã, fundando uma Igreja própria com uma hierarquia e um culto litúrgico próprios. Sua doutrina reduz-se fundamentalmente a um antagonismo radical entre o Antigo e o Novo Testamentos, ou seja, entre o Deus criador dos judeus e o Deus pai dos cristãos, entre a justiça e a vingança que caracterizam o Antigo Testamento e o amor que é a nota característica do Novo, cuja doutrina encontra-se em um único Evangelho, que é o de Lucas, e em 10 cartas de São Paulo, tudo mutilado e interpolado por Marcião, porém. Uma rigorosa ascese é imposta a seus seguidores, tanto no comer e beber quanto nas relações sexuais: o matrimônio é absolutamente proibido, a ponto de o batismo não ser administrado se os esposos não se separam. O grande adversário, no início do século III, foi → TERTULIANO.

3. O gnosticismo é semelhante ao maniqueísmo; este, por si só, não é um sistema cristão nem uma heresia no sentido estrito do termo, mas merece ser mencionado porque o seu fundador pretendia propor uma nova religião na qual todas as outras se fundiriam, e também porque, ao longo do tempo, o maniqueísmo assumiu numerosos elementos da religião cristã, exerceu uma forte atração sobre muitos cristãos e foi várias vezes refutado por escritores cristãos. O autor, Manes, de origem persa mas nascido na Babilônia, pregou, desde o ano de 240, primeiro em várias regiões da Ásia, depois na Pérsia com a permissão do rei Sapor; ali foi condenado à morte pelo rei Bahram em 277. O fundamento do seu sistema é o dualismo persa: reino da luz e reino das trevas. Mas os homens estão divididos apenas em duas categorias: os "eleitos" e os "auditores". Os primeiros, os verdadeiros maniqueus, não podem possuir nada nem podem dedicar-se aos trabalhos profanos; devem impor-se um triplo sigilo: o da boca, que proíbe os discursos obscenos e os alimentos impuros (a carne, o vinho etc.); o da mão, que impede tocar certos objetos em que estão encerrados elementos do reino das trevas (as armas, por exemplo, de modo que não podem fazer a guerra ou atos com que se fere a alma no mundo) e também o trabalho manual; o do ventre, que proíbe as relações sexuais, ou seja, o casamento; devem, além disso, submeter-se a uma série de minuciosas prescrições referentes aos inúmeros jejuns, as frequentes orações cotidianas, as abluções etc., mas têm certeza de ser acolhidos, depois da morte, no reino da luz. Os "auditores" devem servir os "eleitos" e observar os dez mandamentos de Manes, ou seja, abster-se da idolatria, da mentira, da magia, do furto, do adultério, do homicídio etc.; só chegarão ao reino da luz depois de ter sido submetidos a inúmeras purificações no além. Apesar das repetidas perseguições por parte do Estado, especialmente do romano, o maniqueísmo conseguiu propagar-se rapidamente, difundir-se em várias regiões e manter-se por muito tempo: na segunda metade do século IV encontrará o seu maior adversário em Santo → AGOSTINHO. Os paulicianos e os bogomiles (→ ILUMINISMO MÍSTICO) dos

séculos VII e VIII, os albigenses do século XIII são algumas das suas distantes ramificações.

BIBLIOGRAFIA. BIANCHI, U. *Le origini dello gnosticismo.* Leiden, 1967; BOUYER, L. – DATTRINO, L. *La spiritualità dei Padri* (3/A). Bologna, 1984, 123 ss.151 ss.181 ss.202 ss.; CASAMASSA, A. Gli gnostici e i polemisti antignostici. *Scritti patristici.* Roma, 1956, 45-101, vl. II; FAGGIN, G. Gnosi e Gnosticismo. *Enciclopedia Filosofica.* Firenze, 1967, 292-298, vl. III (com Bibliografia abundante); FAYE, E. DE. *Introduction à l'étude du gnosticisme.* Paris, 1903; FILORAMO, G. *L'attesa della fine. Storia della gnosi.* Bari, 1983; *Gnostiques et gnosticisme. Étude critique des documents du gnosticisme chrétienne au IIe et IIIe siècles.* Paris, 1925; ORBE, A. *Cristología gnóstica.* Madrid, 1976, I-II; VÖLKER, W. *Quellen zur Geschichte der christlichen Gnosis.* Tübingen, 1932 (coletânea de textos).

MELCHIORRE DI SANTA MARIA – L. DATTRINO

GRAÇA. A palavra "graça" pode ter vários significados na teologia. Em geral, chama-se graça tudo aquilo que é dado gratuitamente por Deus para ajudar a criatura humana a alcançar o seu fim, a salvação eterna. Nesse sentido, pode-se dizer, com → TERESA DO MENINO JESUS, que tudo é graça, a começar da própria criação, porque também esta é desejada livremente e ordenada gratuitamente para o único fim, realmente proposto: o sobrenatural. Em um significado menos amplo, entende-se a criação com tudo o que ela comporta: o homem com suas capacidades naturais, o mundo físico, a sociedade em que vive etc. Nesse caso, graça indica aquilo que é concedido ao homem para elevar sua condição de modo a torná-lo adequado ao seu fim sobrenatural. Como a perfeição social do homem assim elevado se efetua na Igreja da qual depende, também esta e todos os seus meios de santificação podem ser considerados uma graça de Deus. Além disso, também se denominam "graças" certos dons que servem diretamente para o bem da Igreja: são as graças *gratis datae* ou carismas. Todos esses significados não são considerados aqui, mas pretendemos falar especificamente dos dons divinos que transformam inteiramente o homem que os recebe ou ao menos tendem a essa finalidade, de modo a torná-lo capaz de viver uma vida nova: as graças *gratum facientes*, assim chamadas porque apenas por elas o homem se torna agradável a Deus. A transformação sobrenatural mais radical é a que abarca todo o homem, realizada por meio da graça santificante, também chamada, embora menos acuradamente, graça habitual. Dessa transformação fundamental brota a das potências por meio das virtudes e dos → DONS DO ESPÍRITO SANTO, e a transformação das ações sob a influência da graça atual.

1. A GRAÇA SANTIFICANTE. A transformação real, que não destrói a natureza humana, mas a eleva internamente a um nível de vida superior, divina, é chamada de divinização; pode ser considerada sob dois aspectos: como ação transformadora de Deus e como transformação do homem. A graça santificante é o efeito criado pela influência divina. A teologia fala, com razão, da graça incriada, constituída pelas três Pessoas divinas, enquanto se dão ao homem em união estreitíssima, e da graça criada, que é o efeito desta. Esta última não é uma "coisa" isolada, como poderia ser sugerido pela palavra "dom"; é antes um determinado modo de ser da natureza criada e, portanto, inseparável dela, assim como é inseparável das três Pessoas divinas que a causam. Dizemos que a natureza do homem é transformada.

Também o corpo, pelo fato de ser o corpo da pessoa humana, participa realmente da comunicação divina transformante. Portanto, ao falar da divinização da alma deve-se entender a transformação de todo o homem.

a) *Essência da graça santificante.* A Sagrada Escritura procura explicar a divinização do cristão, com imagens e comparações concretas e com referência às nossas relações com as três Pessoas divinas. Vamos supor o fato da nossa divinização com o seu duplo efeito, negativo, ou seja, a remissão dos pecados, e positivo, ou seja, a santificação; ele é especialmente afirmado quando os autores sagrados descrevem os efeitos do → BATISMO. Ora, nos perguntamos: o que recebemos, o que nos tornamos mediante essa divinização? A resposta vem particularmente de São Paulo e São João, o primeiro indicando as nossas relações com as Pessoas divinas, o segundo deixando-nos vislumbrar também a natureza da própria transformação. Temos uma comunhão com o Pai e com o Filho (1Jo 1,3) enquanto somos gerados pelo Pai, o qual deu seu Filho (Jo 3,16) precisamente com essa finalidade: para que tivéssemos a vida por meio dele (1Jo 5,12). A vida divina ou vida eterna (Jo 3,15 s.) não provém, portanto, de um princípio humano, mas do alto (Jo 1,13; 3,58), é infundida em nós como uma semente divina que germina em boas obras (1Jo 3,9), especialmente em atos de caridade fraterna. Todas as obras boas são uma consequência da geração divina, mas a caridade é o seu fruto mais eminente (1Jo 2,29; 3,7.10 s.). A graça é, portanto, vida transmitida pelo Pai, fonte de toda vida, ao Filho para que ele a transmita aos homens (Jo 5,21-26). Com o Filho permanecemos unidos vitalmente como sarmentos com a videira (Jo 15,5) para produzir frutos abundantes. Em virtude da nossa geração divina no Filho, nós também somos filhos do → PAI CELESTE (Jo 1,12), realidade sublime que faz o Apóstolo exclamar: "Vede que grande amor nos outorgou o Pai, que sejamos chamados filhos de Deus; e nós o somos!" (1Jo 3,1). Para compreender ainda melhor a transformação do homem, é preciso analisar ulteriormente as relações que implica e que são explicadas mais amplamente por São Paulo.

A teologia procurou formular o mistério de modo a prevenir qualquer concepção errônea. Define a graça como uma participação ontológica da natureza divina. Sendo apenas uma participação, exclui qualquer forma de → PANTEÍSMO. Por outro lado, essa participação não se limita a uma manifestação de Deus na prática da justiça ou da bondade porque não é só moral, mas ontológica: transforma a natureza antes de qualquer prática de virtudes. Mas como a própria natureza divina é essencialmente divina, em uma atividade interna necessária (manifestada nas relações pessoais trinitárias), assim a participação nessa natureza tende à atividade, que será também uma imagem da atividade divina: conhecimento e amor das Pessoas divinas e de tudo aquilo que as Pessoas divinas livremente amam. O mistério da graça santificante está precisamente aqui: como pode uma pessoa criada, mesmo permanecendo criada, e portanto sempre a uma distância infinita das Pessoas divinas, ser elevada a uma comunicação da vida divina tão íntima e ontológica? É certo que, com esse objetivo, o infinito e o finito, embora não confundidos um com o outro, devem ser unidos de uma maneira inteiramente especial. Muitos teólogos dizem hoje que as Pessoas divinas como que configuram a pessoa humana para dar-lhe essa nova maneira de ser. Mas nossa compreensão jamais saberá como é essa forma de união. O amor infinito da Trindade podia transpor o abismo que separa o infinito do finito, e na verdade o fez. Podemos aceitar esse amor, sem que compreendamos sua excelência.

b) *Efeitos da graça santificante.* Deus, causa única, transforma-nos segundo o caráter próprio de cada Pessoa divina. Como tudo provém do Pai pelo Filho no Espírito Santo, assim nós voltamos ao Pai; o caminho é Cristo, a que somos feitos semelhantes sob a influência do Espírito Santo. Assim, se falamos de efeitos da graça santificante, podemos com igual direito falar da causa: causa e efeitos se correspondem. Aqui consideramos as relações do homem divinizado com as Pessoas divinas enquanto efeitos da graça.

Pelo Espírito Santo. Toda a vida de Cristo esteve sob a influência do Espírito Santo: a sua encarnação (Mt 1,18; Lc 1,35), a sua vida pública (Lc 3,22; 4,1.14), a sua ressurreição (Rm 8,11). Os apóstolos, que devem continuar a obra de Cristo, receberão também esse Espírito (Lc 24,49; Jo 16,13; At 1,8); isso se verifica de fato na festa de Pentecostes (At 2,4). O Espírito Santo reúne todos os cristãos em um edifício cuja pedra angular é Cristo (Ef 2,17-22). Pode fazê-lo porque habita nos cristãos como em seu templo (Rm 8,9; 1Cor 3,16; 6,19). É ele que nos santifica (1Cor 6,11), nos torna capazes de viver como filhos (Rm 8,9) e de pregar o Pai como filhos (Rm 8,15; Gl 4,6). O Espírito Santo faz tudo isso porque é Espírito do Pai e ao mesmo tempo de Cristo (Rm 8,9-29; Gl 4,6). Sendo ele mesmo toda relação ao Pai e ao Filho, realiza a sua missão mantendo-nos em relação com essas duas Pessoas divinas.

Com o Filho. Do fato de termos a vida de Cristo (Gl 2,20), de vivermos dele (Jo 15,5), segue-se que somos semelhantes a ele, seus amigos (Jo 15,13.15), ou melhor, seus irmãos (Rm 8,29), e isso não apenas enquanto fazemos como ele a vontade do Pai (Mt 12,50; Lc 8,21), mas sobretudo enquanto somos igualmente imagens vivas dele (Rm 8,14-17). Essa conformidade interna com Cristo tem como consequência que cada cristão seguirá a sorte de Cristo homem; reunindo-se a ele na imitação perfeita na ressurreição (Rm 8,19; 1Cor 15,20-23; 1Ts 4,14), mas também passando com ele pela paixão (Rm 8,17). A irmandade de todos os cristãos com Cristo e a sua união em um só corpo (Ef 4,15-16) faz com que todos sejam irmãos uns dos outros; todos são uma coisa em Cristo (Gl 2,28-29). Portanto, as palavras "fraternidade" (Rm 12,10; 1Ts 4,9; Hb 13,1; 1Pd 1,22; 3,8) e "irmão" (Rm 14,15; 1Cor 8,11 etc.) indicam uma realidade bem mais sublime que uma relação externa social entre conterrâneos ou membros de uma associação qualquer.

O Concílio Vaticano II lembra-nos as figuras bíblicas que exprimem essa união de todos os irmãos de Cristo. Depois de ter explicado a missão do Filho e a santificação da Igreja realizada pelo Espírito Santo (*LG* 3-4), alude brevemente às imagens que indicam mais diretamente a relação da Igreja com Cristo (n. 6), mas se detém mais longamente naquela que exprime melhor a íntima união de todos os membros de Cristo: a de Corpo místico (n. 7); depois dedica um capítulo inteiro ao termo de povo de Deus, explicitando todas as suas possibilidades (nn. 9-17).

Em direção ao Pai. O princípio de todo bem é o Pai (1Cor 8,6), bem como o fim último a que Cristo levará tudo, como sua propriedade (*Ibid*., 15,23-28). Nós, que somos feitos semelhantes ao Filho, temos também uma relação de filhos com o Pai. Essa nossa relação especial é chamada por São Paulo de *huiothesia* (Rm 8,15.23; Gl 4,5; Ef 1,5), termo que é traduzido como "adoção", "adoção de filhos". E tais palavras indicam uma realidade realmente inexprimível.

c) *Propriedades da graça santificante*. Indicamos quatro, duas das quais permanecem mesmo no estado celeste: a gratuidade e a desigualdade; duas outras, porém, estão ligadas à nossa condição terrena: a incerteza e a admissibilidade.

A gratuidade. Todo bem, mesmo o natural, vem do amor completamente livre de Deus. Mas a graça é gratuita por uma razão especial: o homem não pode fazer valer nenhuma exigência propriamente dita em relação a si mesmo. Na Sagrada Escritura, a gratuidade da nossa santificação é afirmada com extrema firmeza por São Paulo, que aplica e explicita alguns dados fundamentais do Antigo Testamento. O amor de Deus por seu povo concretizou-se na conclusão da → ALIANÇA, a qual não é um contrato bilateral, mas brota de uma iniciativa misericordiosa de Deus (Ez 16,3-16). Foi ele que escolheu como próprio um determinado povo (Dt 14,12), formando-o até com uma escolha repleta de livre benevolência (Dt 10,15; Is 41,8-10). O povo eleito deve apenas aceitar a sua escolha e ao mesmo tempo tem a obrigação de fazer tudo o que Deus lhe pede (Ex 19,5; 24,6-8), especialmente a obrigação de não adorar outros deuses (Ex 34,15), de observar o → DECÁLOGO (Ex 20,1-17; Dt 5,1-33). A gratuidade da escolha manifesta-se ainda mais na história. De fato, em vez de agradecer a Deus, o povo eleito renega regularmente os seus compromissos e se deixa arrastar pela idolatria; mesmo assim, Deus não rompe a aliança; a sua fidelidade é eterna; ele permanece esposo fiel mesmo quando a sua esposa se torna infiel (Os 2,16-24; Ez 16,59-63), e todas as calamidades que envia ao seu povo não são senão convites a retornar (Ez 14,12-23). Enfim, Deus deixa vislumbrar uma nova aliança, que comportará uma transformação interna dos indivíduos (Ez 36,25-28) e a formação de um povo completamente renovado (J5 31,31-34). A antiga aliança foi concluída no sacrifício no monte Sinai e consagrada pelo sangue das vítimas (Ex 24,8); vem a nova aliança, concluída no sangue de Cristo (Lc 22,20; 1Cor 11,25).

São Paulo, que vê a relação entre as duas alianças, não faz outra coisa senão exaltar a gratuidade da segunda com um *a fortiori*, fundamentado na própria natureza dela. É pelo sangue de Cristo que somos redimidos (Rm 8,1-4; Cl 2,13-15), criaturas novas (2Cor 5,17; Gl 6,15), um novo povo eleito que supera o antigo como a realidade supera a figura, ou como o espírito santificante supera a letra morta (2Cor 3,6-18). São Paulo reage com veemência contra a mentalidade farisaica da sua época. Os profetas haviam explicado que o cumprimento dos preceitos significava a obsequiosa aceitação da escolha, mas não dava nenhum direito. Havia-se formado uma mentalidade que quase atribuía a própria iniciativa à própria retidão moral. Contra essa pretensão, São Paulo afirma insistentemente a absoluta gratuidade da benevolência divina: "o homem é justificado pela fé, independentemente das obras da lei" (Rm 3,28); fé é assumida aqui não como um serviço, mas como uma aceitação confiante da graça de Deus, "do contrário a graça não é mais graça" (Rm 11,6).

A reflexão teológica procura iluminar ainda mais a gratuidade da ação de Deus considerando a natureza da graça santificante. A amizade e a visão de Deus dependem exclusivamente da sua absoluta e livre liberalidade. Porque se trata da transmissão daquilo que é unicamente de Deus e que constitui o seu *proprium* pessoal. Podemos compreender melhor tudo isso prestando atenção à natureza das relações humanas. Nas próprias relações humanas encontramos limites por si sós intransponíveis, na medida em que nos encontramos diante daquilo que constitui o núcleo mais profundo da pessoa humana. Ora, se não é legítimo ultrapassar o limiar do sacrário da intimidade da pessoa humana, muito menos podemos alegar nenhum direito em relação a Deus — o totalmente outro de nós. Se para qualquer pessoa humana é verdadeiro que a inviolabilidade da própria intimidade constitui um direito inalienável, isso é muito mais verdadeiro em relação a Deus, absoluta transcendência.

A gratuidade da graça permanece em toda a sua absolutidade mesmo considerando o fato da existência em nós do desejo natural pelo infinito. O desejo natural, pondo-se na ordem do fim, se não fosse satisfeito, mais que orientar o homem para a sua plenitude, o levaria a ficar frustrado precisamente naquilo que constitui a sua aspiração mais profunda. A existência em nós do desejo natural de tender e de ver Deus não afeta a gratuidade da iniciativa e da ação de Deus. É que o homem é de "*fato*" e não por natureza orientado necessariamente para Deus. Depende, portanto, da pura e gratuita iniciativa de Deus se o homem, em vez de existir para um fim natural e finito, foi desejado e criado para um fim sobrenatural. Ao homem, já no projeto divino, Deus deu a "graça" de desejar aquilo que por natureza e como criatura jamais poderia desejar. Depende inicialmente da vontade amorosa inicial de Deus se o homem sente a exigência de chegar à visão divina. A exigência e o desejo de Deus nascem não da natureza humana mas da graça, em cuja ordem a natureza humana foi desejada e determinada por Deus.

A desigualdade. A desigualdade na graça é compreensível no interior do plano de salvação que brota do amor de Deus. Na história da → SALVAÇÃO, uma coisa sobressai: a soberana liberdade e liberalidade de Deus na distribuição de seus dons. Constatamos inúmeros exemplos de graças ou vocações singulares, feitas pelo Senhor apenas a algumas pessoas, que são autênticos chamados a um tipo de participação particular na vida íntima de Deus. Alguns tipos de intimidade e relação pessoal com Deus, como no caso da Bem-Aventurada Virgem Maria, são irrepetíveis. Há também o fato de Deus, mesmo na sua absoluta liberdade, ter como objetivo da sua atenção cada pessoa individualmente. Ou seja, ele dirige a sua graça a cada um e com cada um quer estabelecer uma união pessoal. E como toda união entre pessoas humanas possui uma marca irrepetível, determinada pela irrepetibilidade da própria pessoa, assim se pode falar analogamente também da união irrepetível de Deus com cada pessoa humana. Mas o verdadeiro princípio basilar é que o tipo da participação da amizade divina depende unicamente da vontade gratuita de Deus de se revelar e de se autocomunicar a nós. Outra razão encontra-se na natureza da → IGREJA, enquanto novo corpo de Cristo ressuscitado, no qual cada membro, em virtude do dom recebido, desempenha uma determinada função ou ocupa um lugar por uma harmoniosa edificação do Corpo místico de Cristo.

A incerteza. O Concílio de Trento ensina que ninguém pode saber com certeza de fé infalível que possui a graça (DENZ. 802). Para compreender essa afirmação é preciso ter presente a doutrina condenada pelos Padres conciliares: para ser considerado justificado por Deus, era necessário saber com certeza que os méritos de Cristo haviam sido aplicados. Colocava-se, portanto, um vínculo necessário entre a certeza, à qual o pecador tinha de se esforçar para chegar, e o fato da sua justificação. O Concílio excluiu antes de tudo a necessidade de tal certeza (DENZ. 823-824). No entanto, perguntando-se se alguém pode ter a certeza de estar em graça, quis negar explicitamente apenas uma certeza de fé infalível, deixando aos teólogos a tarefa de investigar se é ou não possível chegar a uma certeza de outro tipo. Os teólogos estão de acordo em excluir uma certeza metafísica ou a que seria proveniente de uma experiência imediata (exceto algum raro privilégio); admitem, porém, a possibilidade de uma certeza fundamentada o suficiente para tranquilizar as almas, que precisamente se atormentam em relação a isso. Embora a graça santificante ultrapasse qualquer experiência terrena, é o princípio dinâmico de uma nova vida e procurará manifestar-se em atitudes e ações concretas. Temos aqui os famosos "sinais" da graça; mesmo não sendo decisivos, se considerados separadamente, convergem todos para indicar a presença da mesma realidade, como seus sintomas característicos. Tomados no todo, especialmente quando são bem pronunciados, fornecem uma garantia segura da nossa orientação para Cristo e permitem concluir que estamos enxertados nele e inseridos no seu Corpo místico. O sinal fundamental é a atração que se encontra no serviço de Cristo, em estar junto com ele em oração e durante o dia. Com isso não pretendemos necessariamente uma consolação muito sentida; esta, aliás, pode estar inteiramente ausente. Pretendemos uma adequação da vontade que decidiu doar-se a Cristo a qualquer preço, fazer tudo por ele e estar com ele. Logicamente ela procura empregar os meios oportunos para realizar o seu programa de vida. A ele corresponde a aversão ao pecado, a vontade de evitá-lo sempre e de prevenir as suas ocasiões com a prática da mortificação. A vontade de agradar a Cristo leva à observância fiel de todos os seus mandamentos, não tanto por medo das penas quanto por inclinação intrínseca a se conformar à vontade dele.

A vida espiritual se desenvolve em função da Igreja; o critério da graça, portanto, é se sentir unido a ela na obediência filial a todas as suas diretrizes e em se aproximar frequentemente dos seus meios de fé: os sacramentos da → EUCARISTIA e da → PENITÊNCIA (*LG* 15.42). A frequência desses sacramentos é particularmente importante; a teologia, de fato, considera como certo que mesmo se alguém estivesse em estado de pecado mortal e se aproximasse dos seus sacramentos sem se lembrar mais do seu estado, receberia igualmente a graça, desde que tivesse pelo menos o devido arrependimento dos seus pecados em geral. É verdade que alguém poderia também levantar alguma dúvida sobre a sinceridade do seu arrependimento, mas a partir do momento em que pode se considerar leal diante de Deus, deve-se considerar infundada essa dúvida. As almas que procuram realmente viver com Deus não devem deixar-se, portanto, perturbar nem se voltar para si mesmas em um exame estéril. Essas análises freiam o seu impulso na medida em que as impedem de ficar o olhar em Cristo a que cada um deve finalmente se confiar em um abandono total. É fato também que quanto mais uma alma se empenha no serviço de Cristo mais a sua consciência se torna sutil e mais agudamente vê até as mínimas faltas. A ansiedade que essa constatação frequentemente suscita e que deve ser bem diferenciada da dos escrupulosos não elimina, ao menos comumente, a confiança serena em Deus.

A admissibilidade. Se é possível chegar a uma certeza moral em relação ao estado presente de graça, essa possibilidade não existe em relação ao futuro. É um dogma de fé que a graça pode ser perdida e que se perde de fato por todo pecado mortal (DENZ. 805.806.808 etc.). Essa doutrina explica todas as advertências que os apóstolos dirigem aos cristãos (por exemplo, Rm 12–15): supõem que permanece sempre possível voltar ao pecado (1Jo 2,1). Exceto o privilégio especial da confirmação na graça, nunca podemos ter certeza da nossa perseverança. A possibilidade de perder a amizade divina, por um lado, preserva-nos da presunção e leva-nos a evitar com cuidado qualquer ocasião de pecado; por outro lado, porém, não deve causar uma ansiosa preocupação. Temos certeza de que Cristo nos ama e não quer a nossa condenação (Rm 8,31-38); é portanto nele que encontraremos a serenidade.

O pecado venial, mesmo se se repete com frequência, não elimina nem tampouco diminui a graça santificante. Logo se apresenta uma objeção, proveniente das amizades humanas: estas se esfriam lentamente com pequenos conflitos até desaparecer de todo. A resposta dos Salmanticenses (*De caritate*, disp. VI, n. 4) toca um aspecto pouco considerado nas nossas relações com Deus: os homens não veem as disposições interiores e, a partir da falta de cuidados, concluem a ausência ou a diminuição do próprio amor. Não é o caso de Deus: vê o coração bem ancorado nele mesmo se o homem não age logicamente segundo as suas disposições mais fundamentais. Por isso Deus não se preocupa tanto com essas faltas superficiais quanto com a disposição fundamental da vontade; não retira, portanto, nem sequer diminui sua amizade. Como efeito dessa amizade inalterada também permanece sempre inalterada a caridade do homem. Deve-se ter presente, porém, que os pecados veniais impedem o desenvolvimento vital da graça e diminuem o seu fervor, como ele deveria manifestar-se nas ações. Quem não se corrige toma o caminho da mediocridade e se expõe a uma queda grave à primeira tentação que se apresentar.

2. A GRAÇA ATUAL. Esta pode ser entendida de diferentes maneiras. É sempre uma ajuda atual interna que Deus concede para realizar uma ação moralmente boa. Consiste concretamente em iluminações da inteligência e inclinações para o bem, quer na vontade quer na sensibilidade. Pode ser proporcional às forças naturais humanas, talvez aperfeiçoadas por virtudes adquiridas, ou superar completamente tudo aquilo que o homem é capaz de fazer por si mesmo. No primeiro caso, fala-se de graça atual curadora porque cura a debilidade humana, causada quer pelo pecado original quer também pelos próprios pecados. No outro caso temos a graça atual elevadora, porque eleva as potências, além de curá-las, para torná-las capazes de ações divinas

por participação. A opinião dos teólogos é dividida sobre a questão de dizer se essas duas graças são tão distintas a ponto de poder ser separadas: se é possível haver uma graça curadora que não seja ao mesmo tempo elevadora ou intrinsecamente sobrenatural. Parece-nos mais provável que na atual economia de salvação, em que tudo deve ser orientado para Cristo, toda ajuda divina para uma ação boa é intrinsecamente sobrenatural. Assim podemos dizer que todas as vezes que o homem, mesmo se pecador, supera uma dificuldade para fazer um bem, por exemplo para ajudar o próximo, superando considerações egoístas, está sob a influência de Cristo e dá o primeiro passo em direção a ele. Em seguida, fazemos abstração dessa controvérsia e olhamos primeiro para o pecador e depois o justo para considerar que ajuda Deus dá a eles.

a) *O pecador*. Que o pecador seja capaz de cumprir atos honestos é uma verdade afirmada inúmeras vezes pelo magistério (DENZ. 817.915; cf. 1.025 etc.). É também certo que nem sempre, ou seja, nem toda boa ação exige por si só a graça. Mesmo sendo pecador, o homem continua livre e racional e não rejeita sempre o que a razão diz ser conveniente, principalmente porque certas boas ações são agradáveis, como, por exemplo, amar os pais. Mas também é verdade que, sem a ajuda especial de Deus, o pecador não poderá evitar por muito tempo qualquer falta grave em relação à lei natural. Essa verdade vale para o justo (DENZ. 132.832), e muito mais para o pecador. De fato, este, após o seu pecado precedente, permanece habitualmente orientado para a criatura e, portanto, está predisposto a preferi-la de novo, quando uma escolha diferente exigiria uma renúncia a seus próprios interesses (*STh.* I-II, q. 109, a. 8). Daí se evidencia a importância de não permanecer nesse estado. A partir do momento em que o pecador se converte, dedica toda a sua vida a uma opção completamente diferente e, portanto, terá mais facilidade em agir de acordo com essa primeira orientação. Uma outra conclusão mais reconfortante se deduz da verdade precedente. Dada a impossibilidade prática para um pecador de permanecer por muito tempo no seu estado sem cometer novos pecados, se este não peca, a graça já está atuando nele e o aproxima de Cristo. Aliás, talvez ele já esteja convertido internamente, ainda que externamente a sua atitude não tenha mudado muito e ele mesmo não tenha plena consciência disso.

Essa conclusão preserva-nos de julgamentos apressados e leva-nos a esperar sempre.

Se o pecador tem necessidade da graça para evitar novos pecados, precisa ainda mais dela para voltar a Deus. Até o primeiro desejo pela amizade divina depende da graça: "Ninguém pode vir a mim se o Pai que me enviou não o atrair" (Jo 6,44.65). Uma verdade que levou Santo → AGOSTINHO a lutar tenazmente contra os pelagianos e, no fim da sua vida, contra os semipelagianos. Em contrapartida toda a iniciativa deve ser atribuída ao Pai; portanto, o homem não pode vangloriar-se de nada; aqui não é capaz nem sequer da menor ação apropriada (DENZ. 178.179.797.813). A reflexão teológica confirma essa verdade revelada: toda preparação positiva para a amizade divina deve estar no mesmo nível e, portanto, ser inteiramente sobrenatural. Ora, dessa preparação já faz parte o primeiro desejo que não seja uma simples veleidade, mas um desejo sincero; portanto, supera tudo aquilo que o homem pode fazer por si mesmo. Uma conclusão prática: para a conversão dos pecadores e infiéis, são fundamentais a oração e o sacrifício para obter de Deus aquela ajuda indispensável. E o apóstolo deve se manter na humildade: todo o seu trabalho externo de pregação, de contatos pessoais etc., mesmo sendo necessário, não pode por si só suscitar diretamente o menor desejo de conversão; Deus continua a ser o agente supremo a quem ele deve recorrer continuamente.

b) *O justo*. Por seu dinamismo interior, a natureza e as potências transformadas procuram manifestar a própria vitalidade em ações adequadas. Deus, que causou a transformação dos princípios de ação, não pode recusar sua ajuda apropriada, exigida por aquele dinamismo radical, completamente novo. Enquanto no pecador as ações, realizadas sob a influência da graça atual, são apenas uma antecipação parcial da transformação, antecipação que se limita às ações isoladas, no justo, ao contrário, todas as ações moralmente boas participam da nobreza da pessoa divinizada da qual provêm. Admitindo, portanto, com a grande maioria dos teólogos, que no caso do justo não é necessário pensar expressamente em um motivo sobrenatural, podemos dizer que as Pessoas divinas, presentes no justo, estão sempre trabalhando para levar a seu pleno desenvolvimento a divinização iniciada e que esse progresso pode ser efetuado em toda boa ação. Como também a sua disposição para o bem está enfraquecida, a graça terá, o mais das vezes, também um efeito de cura. Essa cura é necessária para evitar todos os pecados, tanto mortais quanto veniais. Em relação aos pecados mortais, é doutrina da Igreja (DENZ. 832) que, sem a ajuda especial de Deus — que nunca a recusa a quem é dócil a suas inspirações —, nem mesmo o justo pode evitar por muito tempo todo pecado grave, e muito menos pode perseverar no bem até a morte. De fato, as tentações, tanto externas quanto internas, são tão frequentes e às vezes tão insistentes que a vontade se deixa derrotar; é preciso recorrer à oração para pedir a ajuda especial de Deus. Essa ajuda consiste quer em remover ou diminuir as tentações, quer em fortalecer a vontade, de modo que não seja desfavorecida pelo cansaço na luta.

Em relação aos pecados veniais, é praticamente possível evitar todos sempre, tão inconstante é a nossa vontade e tão superficial a nossa inteligência (DENZ. 833). Seria necessário um privilégio inteiramente especial de Deus, como o que foi concedido à Virgem Maria. Não dizemos que, com o esforço ascético e com a ajuda comum da graça, alguém não consiga evitar sempre todos os pecados veniais plenamente percebidos: esse é o ápice a que chegaram os → SANTOS. Mas afirmamos a impossibilidade de evitar por muito tempo, e *a fortiori* para sempre, as faltas que, mesmo não cometidas com plena consciência, não passam inteiramente despercebidas e deixam a consciência de que, com um esforço maior, poderiam ter sido evitadas. Pecados de negligência que se explicam tanto pela preguiça espiritual quanto pelo cansaço do corpo que deprime, bem como pela própria monotonia da vida: é difícil empenhar-se profundamente em amar sempre Cristo, que faz sentir, juntamente com o seu amor, também as suas exigências. Por isso preferimos, embora não admitamos claramente, fechar os olhos e os ouvidos para não ouvir a voz que nos convida do alto. O sentimento dessas faltas, sinceramente reconhecidas, mantém o cristão na humildade e o torna compreensivo em relação às faltas dos outros. Por outro lado, serve-lhe de incentivo para corrigir-se continuamente. No entanto, aqui é preciso evitar um excesso que é fácil encontrar entre as almas fervorosas: a consciência de suas culpas causa uma preocupação tão grande que lhes tira a paz interior. Devem lembrar que todo pecado, e principalmente todo pecado venial, é eliminado por um ato subsequente de caridade. Aliás, para reparar o pecado venial é suficiente a tristeza inspirada por algum motivo sobrenatural. Portanto, embora não seja lícito desprezar esses pecados como se fossem algo sem importância nem negligenciar as correções dos defeitos, não seria conveniente dirigir todas as forças para esse aspecto negativo. Em vez disso, é preciso insistir principalmente na caridade, na repetição dos seus atos e da sua influência consciente na vida moral.

BIBLIOGRAFIA. ALSZEGHY, Z. – FLICK, M. L'opzione fondamentale della vita morale e la grazia. *Gregorianum* 41 (1960) 593-619; ARDUSSO, F. *Natura e Grazia*. Brescia, 1970; BAUMGARTNER, CH. *La grazia del Cristo*. Roma, 1966; BAVAUD, G. Le mystère de la justification. *Freiburger Zeitschrift fur Theologie und Philosophie* 19 (1972) 127-142; BECQUÉ, L. e M. Nature et grâce. *Nouvelle Revue Théologique* 69 (1947) 713-730; BOURASSA, F. Communion du Père et du Fils. *Gregorianum* 48 (1967) 657-705; ID. Le don de Dieu. *Gregorianum* 50 (1969) 201-238; CERFAUX, L. *Le chrétien dans la théologie paulinienne*. Paris, 1962; CUTTAZ, F. *La nostra vita di grazia: le sue meraviglie, i suoi tesori*. Roma, 1960; DIANICH, S. *L'opzione fondamentale nel pensiero di S. Tommaso*. Brescia, 1968; FLICH, M. – ALSZEGHY, Z. *Fondamenti di una antropologia teologica*. Firenze, 1969; ID. *Il Vangelo della grazia*. Firenze, 1964; FORTMAN, E. *Teología del hombre y la de la gracia*. Santander, 1970; FRANSEN, P. *La grazia: realtà e vita*. Assisi, 1972; GALOT, J. *Dans le Corps mystique*. Paris, 1961; GLEASON, R. M. Grace, London, 1962; JOURNET, CH. *Riflessioni sulla grazia*. Milano, 1962; MERSCH, E. *La théologie du Corps mystique*. Paris, 1949, 9-68, vl. II; MONDA, A. DI La teologia della grazia nel Vaticano II. *Asprenas* 17 (1970) 329-391; NICOLAS, J. M. *Les profondeurs de la grâce*. Paris, 1969; PAVESE, R. *Para-psicologia e teologia: Natura e soprannatura*. Padova, 1968; PEREGO, A. *La grazia*. Brescia, 1960; PHILIPPE DE LA TRINITÉ. Réflexions de théologie dogmatique IV. Filiation adoptive et vertus théologales. *Ephemerides Carmeliticae* 23 (1972) 3-82; PIOLANTI, A. *Natura i grazia*. Roma, 1958; RAHNER, K. *La grazia come libertà*. Roma, 1970; RONDET, H. *Essais sur la théologie de la grâce*. Paris, 1964; ID. *La grazia del Cristo* (desenvolvimento histórico da doutrina). Roma, 1966; SCHEEBEN, M. J. *Le meraviglie della grazia divina*. Torino, 1957; SPICQ, C. *Dieu et l'homme selon le Nouveau Testament*. Paris, 1961; TAILLE, M. DE LA. Actuation créé par Acte incrée. *Recherches de Science Religieuse* 18 (1928) 253-268; ZEDDA, S. *L'adozione a figli di Dio e lo Spirito Santo*. Roma, 1952.

A. DE SUTTER

AGUILAR, M. *A descoberta da graça*. Petrópolis, 1983; ARIALDO, B. *La grazia di Cristo*. Torino, 1974;

Colzani, G. *L'uomo nuovo*. Torino, 1977; Ebacher, J. Grace and supernaturalization. *Angelicum* (1981) 21-32; Lubac, H. de. *Petite catéchèse sur Nature et Grâce*. Paris, 1980; Pesch, O. H. *Liberi per grazia*. Brescia, 1988; Rizzi, A. *La grazia come libertà. Per un'attualizzazione del trattato di antropologia teologica*. Bologna, 1975; Sanchez-Sorondo, M. *La gracia como participación de la naturaleza divina según Santo Tomás de Aquino*. Salamanca, 1979; Toon, P. *Justification and sanctification*. Westchester, 1983; Vajta, V. La doctrine de la justification. *PosLuth* (1981) 275-288.

A. de Sutter – C. Laudazi

GRAÇAS (confirmação em). Trata-se de um dom especial de Deus a alguns privilegiados com o objetivo de preservá-los do pecado. Não nos referimos, evidentemente, à confirmação que recebem todos os que morrem na graça de Deus e que, portanto, não podem mais pecar, mas da confirmação que algumas pessoas recebem e que diz respeito ao restante de sua vida terrena. Foi o que ocorreu certamente com a Virgem Maria durante toda a sua vida; o fato é atestado também por São → joão da cruz: segundo seu testemunho, Deus lhe teria revelado, durante sua primeira missa, que lhe concedia essa grande graça (Crisógono de Jesus, *Vida y obras de san Juan de la Cruz*, Madrid, 1960, 74, nota 21; Bruno de Jesus Maria, *Saint Jean de la Croix*, Paris, 1961, 88). Mencionam-se também outros exemplos: o do padre Gaspar Druzbicki (1590-1662), de São Luís Gonzaga (1568-1591) etc. Não temos condições de saber a frequência da confirmação, procuramos apenas determinar a natureza e responder a alguns problemas especiais.

1. NATUREZA. Distinguimos, antes de tudo, a confirmação do conhecimento que o sujeito privilegiado tem dela; esse conhecimento, fruto de uma revelação, é um novo favor que não está necessariamente vinculado à primeira. Se, de acordo com o Concílio de Trento, não se pode saber com certeza de fé que se está em estado de graça (Denz. 802), a não ser por meio de uma revelação especial, está será ainda mais necessária para saber se se está confirmado (cf. Denz. 826).

Com relação a seus efeitos, a confirmação é idêntica à impecabilidade? Se por impecabilidade se entende a impossibilidade de cometer um pecado mesmo venial, a confirmação é mais restrita: ela exclui apenas os pecados mortais. A impecabilidade total só foi afirmada para a Virgem (Denz. 833). É preciso distinguir ainda a impecabilidade, do modo como ela pode ser realizada na terra, daquela que é consequência necessária da visão beatificante. Aqui na terra vivemos sempre sob o regime da fé: não vemos Deus em si mesmo, por isso ainda se conserva a possibilidade absoluta de pecar. Contudo, se existe impedimento de pecar, ele não poderá ser proveniente da visão de Deus como único bem, mas de uma proteção especial. Segundo a tese de muitos teólogos, essa proteção dá uma perfeição particular devida não à graça habitual, mas a uma série de graças atuais muito abundantes que ajudar a vontade a fazer sempre o bem. É evidente que o dom das graças eficazes é o elemento essencial da confirmação: a alma é continuamente sustentada por Deus, e mesmo nos ambientes mais corrompidos podem ser encontradas flores de beleza cintilante. O amor divino tudo pode.

O dom da confirmação pode ser identificado com o dom da perseverança final? Também aqui é preciso fazer uma distinção, uma vez que, de fato, a perseverança pode ser entendida de duas maneiras diferentes; o essencial é morrer em estado de graça. Pode-se conseguir isso por não ter cometido nenhum pecado grave antes ou então depois de uma ou diversas quedas, desde que reconciliados com Deus. No primeiro caso, se terá a perseverança perfeita, que coincide, ao menos em relação ao seu efeito, com a confirmação. Embora a palavra perseverança sugira imediatamente o esforço pessoal do homem, ela efetivamente, segundo afirma o Concílio de Trento, é um dom de Deus (Denz. 826.805) e não significa, portanto, senão a confirmação, termo que exige a iniciativa divina, sem porém excluir o esforço humano.

2. O SUJEITO. Do que dissemos anteriormente depreende-se que a confirmação não é dada necessariamente a todos os eleitos: o dom da predestinação implica que se morra em estado de graça, não que se tenha perseverado durante um período de tempo mais ou menos longo. É dogma de fé que os que receberam a graça podem também perdê-la e que os predestinados também são capazes de pecar. Assim, a confirmação significa antes de tudo uma benevolência especial e por isso não está garantido que todos os santos tenham sido objeto dela. Nós só podemos conjecturar as razões da ação de Deus em relação a essas almas. Contudo, pode-se dizer que, como toda graça tem um valor eclesial, também a confirmação é

concedida para o bem da Igreja: para que o sujeito possa cumprir melhor a sua missão. Essa missão pode até mesmo ser exclusivamente interior: por exemplo, garantir ao Corpo místico aquela santidade que lhe convém, de que ele precisa para que se mantenha, como Cristo prometera que teria sido até o final dos tempos.

Será que a confirmação é uma consequência necessária do → MATRIMÔNIO ESPIRITUAL? A pergunta não deve ser entendida no sentido de que ela não pode ser concedida às almas que não usufruem do dom da mais elevada união mística: pode-se ser confirmado na graça sem ainda ter chegado àquele grau. Perguntamo-nos, nesse caso, se a alma que o atingiu está necessariamente confirmada em graça. Duas autoridades místicas eminentes assumem duas posições contrárias nesse campo: a de Santa → TERESA DE JESUS, que afirma que mesmo nesse grau elevado não se pode ter certeza da salvação (*Castelo*, 7, 2, 9), e a de São João da Cruz (*Cântico*, 22, 3): "Assim, penso que a alma jamais chega a esse estado sem ter sido confirmada em graça". Essas palavras parecem-nos muito claras. Contudo, aceitando o testemunho do Doutro Místico, não saberíamos indicar uma razão intrínseca obrigatória para concluir a necessidade da confirmação para as pessoas que chegaram ao matrimônio espiritual. É esse o tema que suscita as divergências entre os teólogos. Por outro lado, as pessoas que atingiram esse grau estão tão purificadas que não estão mais sujeitos aos menores movimentos desordenados (*Cântico*, 40, 1). Aqui seria preciso concluir, portanto, que um pecado grave, embora possível nelas, deve praticamente ser eliminado. São essas as almas confirmadas de fato na graça, não por um dom diferente do matrimônio espiritual, mas como uma consequência natural deste.

BIBLIOGRAFIA. GUMMERSBACH, J. *Unsundlichkeit und Befestigung in der Gnade.* Frankfurt, 1933; GUMMERSBACH, J. – VILLER, M. Confirmation en Grâce. *Dictionnaire de Spiritualité* II, 1.421-1.441; JOSEPH A SPIRITU SANCTO. *Cursus theologiae mystico-scholasticae.* Brugis, 1931, 224-234, t. IV.

A. DE SUTTER

GRAÇAS (abusos das). 1. NOÇÃO. O termo pode ser usado em dois sentidos. Em um sentido impróprio significa simplesmente ausência de uso: não se aproveita o dom recebido; é o caso do servo que escondeu seu talento debaixo da terra (Mt 25,18); do mesmo modo, qualquer falta de correspondência ou de docilidade à inspiração do Espírito pode ser considerada abuso das graças (1Cor 6,1; Ef 4,30). No seu sentido próprio, como por outro lado sugere o próprio termo, entende-se um uso do dom de Deus para um fim diferente daquele para o qual deve ser usado: a exaltação de si mesmo. Tomado neste conteúdo mais restrito, é claro que o termo não pode ser aplicado às graças atuais ou habituais: sendo estas dirigidas a fins sobrenaturais, não podem deixar de conduzir a eles, uma vez aceito livremente seu dinamismo interno. Pode-se rejeitá-las, não se pode dirigi-las para outra finalidade. Em contrapartida, alguém pode se vangloriar da própria virtude ou da própria pretensa santidade; mas na verdade o abuso não consiste nisso; desse modo se continua a ser tão virtuosos quanto antes, a não ser que se encontre aí o motivo para pecar por → ORGULHO. Fala-se de abuso em sentido estrito quando se trata de graças em um significado mais amplo; de dons tanto naturais quanto sobrenaturais que, embora dirigidos na intenção de Deus à felicidade sobrenatural do homem, não o são tão essencialmente a ponto de não poder ser desviados por uma intervenção maldosa da criatura.

Dissemos que o abuso deriva de uma intervenção maldosa. A causa imediata é, portanto, a vontade maldosa que se opõe à vontade divina. No demônio é uma consequência irremediável da sua rebelião voluntária e contínua contra o seu Criador; no homem, é uma determinação livremente escolhida em cada caso particular. Isso é verdadeiro sobretudo quando o abuso é um pecado mortal; no entanto, há no homem abusos menos graves: os que não alteram completamente o fim desejado por Deus; estes poderão ser pecados veniais ou até mesmo apenas imperfeições. Mas na base está sempre o egoísmo moral e o apego desordenado à exaltação de si mesmo.

2. CONSEQUÊNCIAS. O abuso que chamamos negativo tem como consequência imediata a ausência da ação divina virtuosa à qual a graça nos convidava. Quando se repete frequentemente, produz uma dureza cada vez maior, o que torna a alma insensível e surda aos movimentos e às inspirações da graça. Chega-se até a uma mediocridade muito baixa, resvala-se para a → PREGUIÇA e para um perigosíssimo relaxamento.

O abuso positivo, embora muitas vezes seja mais consciente, produzirá os mesmos efeitos, mas de modo mais pronunciado. Além disso, causará o desprezo dos dons sobrenaturais dos quais se abusa; poder-se-á até chegar a não acreditar mais neles.

Será que podemos dizer, então, que Deus retira as suas graças dos que abusam delas? A resposta depende do significado que damos ao termo "retirar". Vamos nos lembrar, antes de tudo, que Deus doa em todos os momentos tudo aquilo que a criatura é e tudo o que ela tem. Sua existência concreta é um dom continuamente renovado. Deus, portanto, nunca retira aquilo que deu. A pergunta deve ser feita desta maneira: um abuso pode ter como consequência que Deus não conceda mais os seus dons? A resposta geral deve ser afirmativa no sentido de que é possível, mas não no sentido de que é sempre um fato. Há dons que continuam a existir no homem que os recebeu uma vez; por exemplo, o caráter sacramental. Um sacerdote tem o poder de consagrar o corpo e o sangue de nosso Senhor mesmo se faz o mais horrível abuso desse poder. Outros dons podem de fato ser perdidos; por exemplo, a saúde do corpo. Contudo, não devemos imaginar Deus como um vingador humano, que, para punir, toma de volta a benevolência e os presentes. Antes de tudo, Deus não precisa vingar-se, pois, em si mesmo, ele nunca muda. Ele continua a amar o homem que se opõe a ele. No que diz respeito às graças atuais, as → INSPIRAÇÕES DIVINAS, serão mais raras por dois motivos. Primeiro, porque não são mais merecidas. Assim como pode-se merecê-las em maior quantidade pela própria bondade, uma recusa da graça interrompe a cadeia dos benefícios divinos. Em segundo lugar, por nos termos tornado mais surdos à voz interior, ela não consegue mais penetrar na consciência; é como se não existisse. Embora o amor de Deus permaneça inalterado, o homem é responsável pela raridade dos seus efeitos na própria vida espiritual. Reiteramos, contudo, que por uma só rejeição da sua graça Deus não deixará de inspirar quem permanecer unido a ele; e mesmo se a rejeição se tornou quase contínua ou se nos distanciamos de Deus com um pecado mortal, continuaremos a receber a iluminação sobrenatural que nos convida a retornar ao seio de Deus. Não é preciso tomar demasiado literalmente a imagem da chamada cadeia interrompida. Desde quando o homem está na terra Deus o acompanha com a sua graça. Mas é também verdade que, quanto mais o homem se obstina no mal, mais deixa de estar psicologicamente disposto a perceber a aspiração ao bem e a segui-la. O abuso comporta um risco tão mais grave quanto maior sua frequência.

BIBLIOGRAFIA. → GRAÇA.

A. DE SUTTER

GRAÇAS DE ESTADO. Entende-se com essa expressão a assistência que Deus dá aos homens para poder realizar bem o próprio dever de estado e santificar-se. Essa assistência pode ser exterior no sentido de que cria uma situação favorável ao cumprimento do próprio dever; mas ela é sobretudo interior e consiste na concessão de graças atuais apropriadas. A primeira pode deixar de existir; a segunda, nunca. É neste último sentido que o termo "graças" é comumente entendido; todo o resto se refere ao "estado", ou melhor, à situação na qual nos encontramos. "Estado" significa qualquer situação humana de um indivíduo determinado; compreende aquilo que é permanente, isto é, a pessoa com o seu caráter, o seu passado, a sua dignidade, as suas funções etc. (estado de cristão, de sacerdote, de professor etc.) e aquilo que é transitório, em relação às circunstâncias mutáveis nas quais a pessoa está implicada (doente, paciente etc.). As graças têm o efeito de nos colocar em condições de dar a Deus a resposta que ele espera de cada um de nós em particular, na sua situação concreta.

É necessário determinar claramente o fim das graças, do contrário se corre o risco de cair em um sobrenaturalismo perigoso. O fim último delas é o crescimento pessoal na caridade: qualquer situação contém um apelo divino, um convite a um empenho pessoal. As graças dão a possibilidade de seguir esse apelo e, portanto, de se unir ainda mais a Deus. Tudo isso está encerrado na fórmula usual: santificar-se no → MOMENTO PRESENTE. Esse empenho compreende antes de tudo o controle da fé que descobre em tudo a providência divina, infinitamente amorosa, e um movimento de boa vontade: procuramos fazer tudo o que está nas nossas possibilidades para fazer o que nos pedem. As graças dão, portanto, luz e boa vontade para nos santificar. Será que elas têm como efeito a boa execução da missão conferida? Parece que a língua corrente supõe a resposta afirmativa. É sobretudo nesse sentido que se entendem as graças. Teologicamente falando, é preciso convir que, se alguém é investido de um cargo para o bem da comunidade, receberá também a ajuda de Deus para cumprir bem o seu dever. No entanto, essa ajuda em geral pressupõe capacidades inatas ou adquiridas e não faz senão dirigi-las para seu pleno cumprimento.

É verdade que os carismas podem suprir todas as deficiências humanas; se são dados, também pertencem às graças; mas serão sempre uma exceção. Um médico terá as graças para cuidar dos doentes com dedicação e prudência usando plenamente os próprios conhecimentos; mas as graças não lhe fornecerão os conhecimentos técnicos se ele mesmo não os tiver adquirido. Uma professora nunca poderá contar com as graças para preencher as lacunas da sua preparação profissional; as graças, ao contrário, a farão sentir mais as suas deficiências e a impelirão a um esforço suplementar para remediá-las.

Muitas consequências práticas derivam dessas verdades elementares. Um superior não deve confiar um encargo a um indivíduo incapaz. É verdade que este deverá obedecer e que receberá de Deus as graças necessárias para santificar-se nessa situação. Mas não se pense que ele possa ter as graças para levar a termo a sua missão; é absurdo. Ainda menos podemos, por iniciativa própria, assumir encargos para os quais não estamos preparados. Não só pecaríamos contra qualquer prudência humana, mas também pecaríamos por presunção ou por tentação de Deus contando com as graças dessa maneira. Naturalmente, isso vale para os casos normais; podemos nos encontrar em uma necessidade urgente na qual não seria pecado pedir a Deus o dom de suprir, para o bem dos outros, algo que nos falta. Outras consequências: em vez de nos dispensar dos esforços perseverantes para ampliar e aperfeiçoar os conhecimentos que nos são necessários ou úteis para o perfeito cumprimento do nosso dever de estado, as graças nos estimulam continuamente. Seria um grande erro querer santificar-se aplicando-se o menos possível em se manter atualizado sobre as novas invenções ou dos novos métodos propostos na própria disciplina. Deus não nos pede apenas que cumpramos o bem moral tendo o cuidado de trabalhar com boa intenção e boa vontade; ele quer também que nos esforcemos para fazer o bem da melhor maneira possível para melhor beneficiar o nosso próximo.

Todos os cristãos e todos os cristãos em particular recebem as graças da forma já indicada. Essa verdade fundamenta-se na vontade redentora universal de Deus e na sua providência. A primeira implica que as graças necessárias para se salvar sejam oferecidas a todos os homens; pode-se também dizer que se o homem é fiel receberá uma tal abundância de graças que poderá chegar à perfeição a que aspira, em todas as situações em que vier a se encontrar. A providência divina tem o cuidado de fazer com que a cada missão corresponda logo uma rede de graças que ajudem a levá-la a termo. No Corpo místico de Cristo cada um tem a sua vocação e a sua missão. Não importa onde nos encontremos, devemos sempre dirigir-nos a Deus com confiança para receber as graças.

No entanto, podemos nos perguntar se essa verdade é válida também para aqueles que voluntariamente se subtraíram à vocação que Deus lhes enviara. No caminho que escolheram livremente, contra as intenções divinas, podem contar com as graças. O exemplo clássico é aquele de quem se desviou de sua vocação religiosa ou sacerdotal, claramente percebida, para seguir, por exemplo, a carreira de médico. Alguns autores sustentam que essa pessoa se expôs gravemente à sua danação eterna porque não podia mais contar com certeza com a ajuda de Deus. Essa opinião parece-nos uma ofensa à bondade de Deus e, além disso, parece-nos partir de uma concepção errada da vocação. De fato é inconcebível que, mesmo supondo que se pecou gravemente ao recusar a própria vocação, Deus rejeite a sua graça a quem lhe foi infiel. A infidelidade do homem jamais abalará a fidelidade de Deus. E, se voltamos a ele com um arrependimento sincero, não os faltará a sua assistência não apenas para que possamos nos salvar, para também para nos tornarmos úteis à Igreja. Isso vale particularmente para aquele que, estando já comprometido definitivamente por ter feito os votos perpétuos ou pelo caráter sacerdotal, chega a renegá-los. Não sendo o novo caminho aquele que Deus lhe destinara, ele passará por maiores dificuldades, mas seria um erro afirmar que lhe faltarão as graças para vencê-las. Supomos, é claro, que tenha havido um arrependimento sincero e que tenha sido feito todo o possível para retornar ao estado anterior.

Quanto à pessoa que ainda não se comprometeu definitivamente, estaremos ainda menos certos se afirmarmos que, ao não seguir a sua vocação, ele se priva das graças. Independentemente da maneira como se conceba a obrigação de responder ao apelo de Deus, é certo que, salvo em casos mais teóricos, a recusa nunca será, por si só, um pecado grave. A recusa não se dirige para o amor de Deus, é apenas recusa de responder a Deus da forma como ele nos sugeriu. A → VOCAÇÃO indica o caminho mais adequado a seguir, mas não exclui de modo absoluto todos os outros caminhos.

BIBLIOGRAFIA. BOVIS, A. DE. Grâce d'état. *Dictionnaire de Spiritualité* VI, 750-63; GARRIGOU-LAGRANGE, R. La grâce propre du directeur spirituel dans l'exercice de son ministère. *Problemi attuali di direzione spirituale*. Roma, 1957, 131-56; HENRIQUE DE SANTA TERESA. L'apport de la grâce d'état dans la direction spirituelle. *Études Carmélitaines* 30 (1951) 343-62.

A. DE SUTTER

ANCILLI, E. (ed.). *Mistagogia e direzione spirituale*. Roma, 1985; *L'esperienza dello Spirito*. Brescia, 1974; *La riscoperta dello Spirito. Esperienza e teologia dello Spirito*. Milano, 1977; Provvisorietà dei carismi. Número especial de *Sacra Doctrina*. Bologna, 1970; SARTORI, L. Carismi. *Nuovo Dizionario di Teologia* (1977) 79-98; SCHÜRMAN, H. I doni spirituali della grazia. *La Chiesa del Vaticano II*. Firenze, 1965.

C. LAUDAZI

GRANADA, LUÍS DE. 1. NOTA BIOGRÁFICA. Luís de Sarria nasceu em Granada em 1504, de uma família oriunda da Galícia. Órfão em 1509, teve uma infância muito pobre. Acolhido pelos condes de Tendilla, senhores da cidade reconquistada, formou-se naquele ambiente em que o padre italiano Martire de Angleria abrira uma academia de belas-letras e onde Fernando de Talavera, primeiro arcebispo de Granada, dava aulas de vida exemplar. Em 1524, pediu para entrar em Santa Cruz a Real, o convento dominicano em que, quando criança, pedia esmola "pelo amor de Deus". Em 1529 ingressou como colegial em São Gregório de Valladolid; organizou a edição dos *Comentários* a Aristóteles de autoria de seu professor Astudillo. Em seguida, atendeu ao chamado para as missões na América e se inscreveu como voluntário em um grupo de missionários; foi a Sevilha (agosto de 1534) para embarcar; mas a obediência levou-o a Córdoba; restaurou Escalaceli, imitou o beato Álvaro, pregou. O beato → JOÃO DE ÁVILA honrou-o com sua amizade e transmitiu-lhe o seu espírito. Em 1556 foi eleito provincial. São Domingos de Lisboa torna-se a residência "oficial" de Granada: ali escreveu livros e sermões; para lá acorriam, para encontrar o frade famoso, reis, cardeais, santos, mendicantes; depois correspondeu-se com pontífices, com São João de Ribeira, São Carlos Borromeu, Santa Teresa (cf. *Obras de S.T.*, III, Madrid, 1959, 126). E ali terminou os seus dias em 31 de dezembro de 1588.

2. OBRAS. A produção literária de Granada é uma selva multiforme e riquíssima. Suas obras, traduzidas em mais de vinte línguas, foram reimpressas cerca de 6 mil vezes. Apesar disso, falta uma edição crítica do *opus scriptum*. E a Biblioteca de Autores Cristãos renunciou ao projeto, ao que parece por motivos econômicos. A melhor edição é a de J. Cuervo, em catorze volumes (Madrid, 1906 s.); mas não inclui as obras latinas, que preenchiam outros catorze volumes na tradução espanhola de Pedro Duarte, só dos sermões. No século XIX, o abbé Bareille realizou um formidável esforço com sua edição de *Oeuvres complètes*, em 22 volumes (Paris, 1862-8). Uma classificação temática compreende várias seções:

a) Espiritualidade teórico-prática: *Libro de la oración y meditación* (Salamanca, 1554), *Guía de pecadores* (primeira reed.: Salamanca, 1556-1557, 2 vls.; texto definitivo, Salamanca, 1567, 1 vl.); *Manual de diversas oraciones y espirituales ejercicios* (Lisboa, 1557); *Memorial de la vida cristiana* (Lisboa, 1565, 2 vls.); *Adiciones al Memorial* (Salamanca, 1574); *Doctrina espiritual* (Lisboa, 1587).

b) Apologética e catequese: *Compendio de doctrina cristiana* (Lisboa, 1559); *Introducción del símbolo de la fe* (Salamanca, 1583, 4 vls.); *Compendio de la introducción* (Salamanca, 1585); *Breve tratado de la manera de proponer la doctrina cristiana a los nuevos fieles* (Salamanca, 1585).

c) Hagiografia: *Biografias do beato João de Ávila, de B. dos Mártires* etc.

d) Oratória sacra. Teoria da pregação: *Ecclesiasticae Rhetoricae sive de ratione concionandi livri sex* (Lisboa, 1576). Fontes do orador sacro: *Collectanea philosophiae moralis* (Lisboa, 1571, 3 vls.); *Silva locorum communium* (Salamanca, 1585, 2 vls.). Sermões: 4 vls. *de tempore* (Lisboa, 1574-1576), 2 *de sanctis* (Lisboa, 1578).

e) Várias: edições, traduções, prólogos etc. No entanto, é preciso considerar que algumas centenas de opúsculos e livros com o seu nome não passam de resumos, florilégios, reelaborações feitas a partir de seus escritos. São desse tipo obras muito conhecidas na Itália como *Ghirlanda spirituale, Istruttione dei peregrini que vanno alla Madonna de Loreto, Il Rosario della gloriosa Vergine Maria*.

3. DOUTRINA. As obras de Granada são admiráveis pelo estilo — criador da moderna prosa espanhola —, pela modernidade do seu método, pela documentação e, sobretudo, pela densidade doutrinal. Profundamente formado nos estudos de humanidades, fiel à trajetória tomista de sua Ordem, desenvolve a sua doutrina espiritual, no âmbito teórico e no âmbito prático.

a) Quanto à teoria, o seu primeiro livro é um convite aos caminhos da → VIDA INTERIOR mediante o monólogo com Deus. A oração é o núcleo da doutrina de Granada, que fascina os seus leitores, solicitando-os, guiando-os, nutrindo-os de sabedoria devota. Uma vez iniciados, deixa-os nas mãos do Espírito para que os mergulhe no mar da contemplação infusa (cf. *Obras*, II, 18, 228-242). O *Libro de la oración* entrou em conflito com as teorias de M. Cano e foi proibido em 1559. Granada fez algumas alterações no texto e voltou a publicá-lo em 1565. A *Guía de pecadores* — a segunda obra-prima e, pela arquitetura teológica, a primeira — expõe a psicologia sobrenatural das virtudes, contrariadas pelos vícios e, em síntese, entabula um diálogo com o homem para que abrace a "vida virtuosa" (*Ibid.*, I, 7). O *Memorial* trata dos meios, lembrando ao cristão como deve viver: "Os bons operários procuram ter todos os instrumentos pertinentes ao seu ofício, os que estudam alguma arte ou ciência trabalham para poder ter alguns livros em que se resuma tudo... assim parece conveniente fazer o mesmo aqui, que é a arte das artes e a ciência das ciências" (*Ibid.*, III, 5-6). O *Memorial* tem o objetivo de "formar um perfeito cristão, acompanhando-o através de todos os graus, do princípio da conversão até o fim da perfeição" (*Ibid.*, IV, 8). Mas "a perfeição da vida cristã consiste na perfeição da caridade" (*Ibid.*, III, 543). Granada volta incansavelmente ao tema do amor e escreve as *Adiciones al Memorial*, em dois tratados: um, *Libro del amor de Dios*; o outro, *Meditaciones de la vida de Cristo*, porque "entre todos os exercícios da vida espiritual, um dos mais vantajosos e capazes de elevar a alma a um grau mais elevado de perfeição é a consideração da vida e da morte de nosso Salvador" (*Ibid.*, IV, 252). Nos últimos tempos de sua vida, resumiu essa doutrina no pequeno manual intitulado precisamente *Doctrina espiritual*. A *Introducción del símbolo de la fe* pertence a um outro tipo ou gênero literário: é uma "introdução" à catequese (*Ibid.*, V, 5). É dirigida a todos os cristãos, e contém uma boa projeção apologética para os não cristãos. Daí provém o tom "ecumênico", sem polêmicas com os heréticos (*Ibid.*, V, 6-7), e o constante convite a contemplar alegremente o cosmos. O ponto de partida da *Introducción* é estabelecido neste postulado: "O conhecimento de Deus é princípio e fundamento de toda a nossa felicidade e da nossa fortuna". Então "os afortunados no céu, por clara visão da essência divina", já o atingiram; o homem pode chegar a conhecê-lo nas suas obras, que são "algumas de natureza, outras de graça". As de natureza são as obras da criação, a começar dos seres insensíveis e invisíveis ao homem e ao anjo; as da graça "que pertencem à santificação do homem", são também inúmeras, mas "a principal e a fonte" é "a obra da nossa redenção". Ambas são como "dois grandes livros nos quais podemos ler e estudar toda a vida" (*Ibid.*, V, 12). A grandiosidade, a amplitude e a força da sua doutrina tornou possível realizar recentemente uma *Suma de la vida cristiana* na esteira da *Summa theologiae* (Madrid, 1952).

b) Quanto à prática, Granada procurou encontrar cristãos que encarnassem, nos diversos estados da vida, a doutrina espiritual. Grande psicólogo, conhecia o poder do exemplo "vivo" não desgastado pelo tempo nem anulado pela distância. O conjunto das *Vidas ejemplares*, que saem da sua pena, apoia-se em dois grandes pilares metodológicos: a modernidade (pessoas contemporâneas) e a variedade: rei (dom Henrique), bispos (B. dos Mártires), pregadores (João de Ávila), leigos.

Não cabe aqui tratar de sua vastíssima obra relativa ao mistério e ao ministério da palavra. Só nos parece oportuno ressaltar que Carlos Borromeu a incentivou, como um dos meios mais eficazes para obter a "restauração católica" pós-tridentina. E Granada, que tinha uma lúcida consciência disso, dedicou anos e anos a escrever em latim para o clero da cristandade.

4. INFLUÊNCIA. Seria uma tarefa supérflua e impossível tentar realizar um esboço da influência de Granada na história da espiritualidade cristã. A *Bibliografia* de M. Llaneza reúne um número importante de edições. Mas à prova quantitativa é preciso acrescentar a prova de profundidade: o estudo dos reflexos de Granada sobre os autores e os movimentos espirituais que se nutrem das suas obras. → BREMOND, Mackey, Hagedorn, Antheunis, Bataillon, F. de Ros e tantos outros exploraram o campo da influência com resultados positivos. Do Peru ao Japão são traduzidos e lidos os livros de Granada que, como somos levados a pensar, invadem a Europa.

BIBLIOGRAFIA. BRENTANO, M. *The nature in the works of L. de G.* Washington, 1936; GONZALEZ-BARBADILLA, N. El ministro de la palabra según la doctrina de L. de G., O. P. *Revista Española de Teología* 23 (1963) 61-75; JERECZEK, B. L. de G. disciple de J. d'Avila. *Teología Epiritual* 17 (1972) 239-269; HUERGA, A. L. de G. *Dictionnaire de Spiritualité* IX, 1.043-1.054; LAIN ENTRALGO, P. *La antropología en la obra de fray L. de G.* Madrid, 1946; LLANEZA, M. *Bibliografía de L. de G.* Salamanca, 1926-1928, 4 vls.; OECHSLIN, R. L. *L. de G. ou la rencontre avec Dieu.* Paris, 1954.

A. HUERGA

GREGÓRIO NAZIANZENO (São). 1. NOTA BIOGRÁFICA. Nasce em 329 (330) em Arianzo ou Nazianzo, de família cristã. Seu pai Gregório, convertido pela seita judeopagã dos hipsitários (*Adoradores do Altíssimo*), torna-se, em seguida, padre e bispo de Nazianzo. Sua mãe, Nonna, "de caráter superior ao de qualquer homem" (*De vita sua,* 59), é piedosa e de virtude extraordinária. Seus irmãos, Cesário e Gorgonia, são santos. A primeira formação religiosa é no clima familiar, a literária se realiza em vários centros de estudos: em Cesareia da Capadócia, onde encontra Basílio com quem inicia fraterna amizade; em Cesareia da Palestina; em Alexandria do Egito e, por fim, em Atenas. Na capital da Grécia revê o amigo Basílio e conhece Juliano, o futuro imperador (*Ibid.*, 211.2356). Retorna à Capadócia em 358-359 passando por Bizâncio, onde encontra seu irmão Cesário e recebe o batismo. A convite de Basílio, acompanha-o por algum tempo na solidão da Íris, mas sem se decidir a deixar a família. Aqui mesmo, os dois amigos estudam os escritos de → ORÍGENES. Chamado de volta a Nazianzo pelo pai, é ordenado sacerdote apesar da enorme relutância por posição tão digna. Pouco depois, atraído pelo desejo de silêncio, volta a ficar com Basílio, mas em 362 encontra-se de novo em Nazianzo, onde permanece por nove anos como auxiliar e conselheiro preferencial do pai. Em 368, seu irmão Cesário morre e em 372 Gregório é escolhido por Basílio, havia dois anos bispo de Cesareia, para dirigir a nova diocese de Sasima. Embora relutante, deixa-se consagrar bispo, mas nunca tomará posse do cargo. Refugia-se na solidão, da qual é retirado por insistentes orações do pai, que o quer junto a si. Com a morte do pai em 374, refugia-se no convento de Santa Tecla em Selêucia na Isauria, onde recebe a notícia da morte de Basílio (379). No mesmo ano é chamado à cátedra de Constantinopla. Gregório chega a Constantinopla por volta do final de 379 e trabalha na pequena igreja, a Anastasis, até dezembro de 380 quando, por ordem de Teodósio, os arianos são obrigados a ceder aos nicenos as igrejas da cidade, entre as quais a catedral de Santa Sofia. Na Anastasis, Gregório realiza as cinco célebres orações que o levaram a ter o nome de "teólogo". Os dois anos de vida de episcopado na capital são motivo de sofrimentos: primeiro a oposição ariana, depois a de alguns bispos, que contestam a legitimidade de sua eleição em Constantinopla sendo bispo de outra diocese. A oposição torna-se mais acirrada após a morte de Melécio de Antioquia, presidente do Concílio convocado por Teodósio em 381. Escolhido para presidir a assembleia conciliar, posto diante da sucessão na cátedra de Antioquia, Gregório prefere Paulino a Flaviano contra a decisão unânime dos melecianos, em maioria no Concílio. Contra estes se insurgem os bispos egípcios e os da Macedônia, favoráveis a Paulino. Gregório é acusado de estar a serviço dos melecianos, de ocupar, em aberto contraste com os cânones, a atual sé episcopal, de ser a causa do caos que se delineia. Diante de tais atitudes, demite-se da sua função e em julho do mesmo ano de 381 deixa Constantinopla; retoma o caminho para a Capadócia e vai a Nazianzo, onde por dois anos intensifica a sua ação pastoral para reconstruir a vida cristã no povo, abandonado a si mesmo. Nomeado um sucessor na pessoa de Eulálio, deixa a cidade para viver em Arianzo a contemplação, o estudo, a ascese. Morre em 389-390.

2. ESCRITOS. a) *Orações*: são 45, com vários temas de grande interesse, tanto sob o aspecto dogmático quanto escriturístico, histórico e moral-ascético. Exegéticos: 37 e 45. Dogmáticos: 27-31. Históricos: *A volta da fuga* (1), *Apologia da própria fuga* (2), *Da sua nomeação para bispo de Sasima* (9-11), *Da tentativa de Máximo para a cátedra de Constantinopla* (26), *Da sua proclamação solene em Santa Sofia* (36), *Por ocasião de sua partida de Constantinopla* (42), *Em relação ao cisma*

de Antioquia (23 e 32), *Da atitude de seu público em Nazianzo* (3) e *Do seu estabelecimento na mesma cidade ao lado do pai* (12), *Da consagração de Eulálio como bispo de Doara* (13), *Da reconciliação do pai com os monges* (6), *Das condições da cidade de Nazianzo* (16-17 e 19), *Na controvérsia com os arianos para a restituição das igrejas aos católicos em Constantinopla* (33 e 35), *Por ocasião da chegada dos egípcios ao Concílio* (34). Polêmicos: *Contra Juliano o Apóstata* (4-5). Litúrgicos: *Natal* (38), *Epifania* (39), *Páscoa* (45), *Pentecostes* (42), *Sobre o batismo* (44). Necrológicos: *Para o irmão Cesário* (7), *Para a irmã Gorgonia* (8), *Para o pai* (25), *Para Basílio* (43). Elogiosos: *Eron* (25), *Máximo* (25), *Macabeus* (15). Panegíricos: *Para São Cipriano* (24), *Para Santo Atanásio* (21). Morais: *Do amor pelos pobres* (14). Uma edição completa das *Orações* está em fase avançada de realização (SCh).

b) *Poemas*: são algumas centenas de carmes com cerca de 17 mil versos. Destacam-se os carmes biográficos: *De vita sua*, em 1.949 versos; teológico-morais: *Hino vespertino, Exortação a uma virgem*; cristológicos, polêmico-satíricos. Podem-se acrescentar os epitáfios e epigramas. Embora muitas vezes seja apenas prosa em versos, o conteúdo tem enorme valor, tanto histórico como teológico espiritual, e revela a alma do autor, sequiosa de Deus, em que vive mesmo em meio às atormentadas vicissitudes de sua atividade de bispo. Uma edição crítica dos *Poemas* foi organizada por M. Sicherl — J. T. Cummings.

c) *Epistolário*: as cartas escritas, na maioria no último decênio de sua vida, têm mais valor literário que histórico e teológico. São inferiores, sob este último aspecto, às de Basílio. Destacam-se as *cartas* 101 e 102, ao padre Cledônio e, pela doutrina espiritual, as 36.212.223.224.

3. DOUTRINA. Na síntese espiritual confluem múltiplas correntes de pensamento, reunidas na visão centrada no mistério de Cristo redentor. Os elementos de proveniência tanto helenística quanto da escola de Alexandria, Clemente, Orígenes, Atanásio, Dídimo, servem para um estudo mais profundo dos livros sagrados, em que o mistério de Cristo é apresentado em todos os seus componentes. E, no mistério de Cristo, Gregório compreende o mistério do homem. Sua espiritualidade é eminentemente cristocêntrica, com referências trinitárias adicionais. Como para Gregório de Nissa e para Basílio, a Trindade é princípio e fim da vida e atividade do homem: princípio de que deriva, fim para o qual tende. Cristo encarnado é ponte de ligação do homem com Deus. A encarnação do Verbo recompõe no homem a imagem que o próprio Verbo-Artífice havia modelado no início (*Orações* 38, 11).

Cristo se faz remédio do homem: "Esse remédio foi o próprio Filho de Deus, o que existiu antes de todos os séculos, invisível, incompreensível, incorpóreo, princípio derivado do princípio, esplendor que emana do esplendor, fonte de vida e de imortalidade, expressão viva do arquétipo, sinal desconhecido, imagem em tudo semelhante, fim e razão do Pai. Ele, portanto, atua segundo a sua imagem e, por amor à carne humana, se encarna; se une a uma alma intelectual, por causa da minha, com o objetivo de purificar, segundo a sua semelhança, o que em mim não se assemelha a ele... Que mistério me circunda? Recebi a imagem divina, mas não a conservei. Ele vem, se faz homem para transmitir salvação à imagem e imortalidade à carne. Inicia-se para nós uma nova comunhão de vida, muito melhor que a primitiva" (*Ibid.*, 38, 13). Há nessas palavras a síntese soteriológica da obra de Cristo (cf. também *Orações* 30, 2; 33, 9; 40, 45). Soteriologia que é salvação e divinização do homem: força de inserção deste último na esfera do divino, seja quanto à realidade de graça seja quanto à atividade (cf. *Orações* 2, 73; *Carm.* 77; *Orações* 38, 11.13). Em Cristo reside a unidade de vida: "Veio para nos tornar um em Cristo; veio perfeitamente e completamente em nós para depositar em nós tudo o que ele é... Não há outra coisa senão a imagem divina que nós todos trazemos em nós, segundo a qual fomos criados e que devemos imprimir em nós, de modo a nos fazer conhecer" (*Orações* 7 e 37, 4). Graças a essa unidade os mistérios da vida de Cristo se tornam realidades vividas pelo cristão: "Ontem eu estava na cruz com Cristo, hoje sou glorificado com ele; hoje sou vivificado com ele; ontem fui sepultado com ele, hoje ressuscito com ele... Tornamo-nos como Cristo, porque Cristo se tornou como nós: tornamo-nos deuses por meio dele, como ele se tornou homem por nós" (*Orações* 1, 4-5). Daí a necessidade e a urgência de segui-lo e de reproduzir em nós todas as fases da sua vida mesmo se marcadas pelo sangue: "Se fores flagelado, pede maiores tormentos... experimenta o fel, bebe o vinagre, procura as cuspa-radas, recebe os tapas e os socos, esforça-te para ser coroado de espinhos, ou seja, pelas durezas de uma vida mortificada... Finalmente, com espírito viril, deixa-te crucificar: junto com Cristo morre, faz com que te enterrem para ressuscitar com ele, para ser com ele glorificado, para reinar com ele" (*Ibid.*, 38, 18).

A união real com Cristo e, consequentemente, a posse de Deus e a divinização, pressupõem a íntima ação divina na alma e a resposta positiva e incondicionada por parte do homem. O termo do caminho é Deus: só chegamos a Deus se nos deixamos conduzir pelo próprio Deus. A ação divina se desenvolve pela intervenção do Espírito Santo e no batismo. O Espírito Santo, "dedo de Deus, fogo... Espírito que tudo conhece, ensina, inspira onde quer e quando quer: guia, fala, ordena, separa; revelador e comunicador de vida, porque ele mesmo é vida e luz; constrói o templo de Deus, deifica, aperfeiçoa de modo que é invocado antes do batismo e depois é solicitado, porque tudo realiza, distribui os dons, cria os apóstolos, os profetas, os evangelistas e os doutores" (*Ibid.*, 5, 29-20), e forma o Corpo místico "integro e realmente dino de nossa cabeça, Cristo" (*Ibid.*, 3; cf. *Ibid.*, 32, 10-11). O batismo emerge-nos não no Jordão, mas no sangue de Cristo para a renovação radical (cf. *Ibid.*, 40, 8-9.31, 28; *Carm.* 35, 312 ss.; 9, 91-94). A atitude da alma é esclarecida pelo exercício das virtudes, com particularidades e caracterizações especiais, de acordo com o estado de vida adotado. A dupla distinção de → VIDA ativa e contemplativa exige uma atitude diferente de espírito diante do ideal cristão: não de base, mas nas manifestações concretas. A atitude básica é o sincero reconhecimento dos dons divinos recebidos e o compromisso de transformá-los em ato de amor (*Orações* 14, 4); a aceitação reconhecida das provações, para a perfeita conformação a Cristo sofredor (cf. *Cartas* 36), para elevar-nos acima da vaidade terrestre: "Para nós é remédio providencial, quando sentimos dor, evocar à mente Deus e a esperança da vida futura... e fixar o olhar na beatitude reservada àqueles que, com espírito paciente, suportam as adversidades" (*Ibid.*, 223); a luta contra as paixões para dominar os movimentos incontrolados dos sentidos e conservar a dignidade e o brilho da alma (*Orações* 2, 91; cf. também *Ibid.*, 19, 1-3; *Cartas* 32); o amor pelo próximo, especialmente pelos pobres: "Visitemos, quando possível, Cristo (vivo nos irmãos), cuidemos de Cristo, alimentemos Cristo, vistamos Cristo, acolhamos Cristo, honremos Cristo..." (*Orações* 14, 40), porque "o homem não tem nada de mais divino que a bondade e a beneficência" (*Ibid.*, 17, 9).

A profissão dos consagrados, monges e virgens, assume aspectos particulares. A ascese de oração, de penitência, de separação, o incessante caminho para Deus, implicam decisão sincera e constância heroica para viver na carne e fora da carne e ter Deus como herança e a posse do reino (*Orações* 6, 2). A contemplação que leva, por si só, acima das vicissitudes terrenas exige desapego, fidelidade, sabedoria e constância (*Ibid.*, 4, 113; cf. *Ibid.*, 20, 1 ss., em que se canta a felicidade de quem vive o encontro com Deus na contemplação). A → VIRGINDADE, que transforma quem a professa em propriedade exclusiva de Cristo, exige cuidadoso controle de todos os movimentos, dos sentidos e, sobretudo, a consciência da consagração como dom oferecido a Deus, dom a ser conservado íntegro e santo. Meios eficazes: a oração, a leitura de textos sagrados, o → JEJUM, a dureza de vida e a totalidade de amor a Deus (*Carm.* 3; *Orações* 37, 10 ss.).

BIBLIOGRAFIA. ALVÉS DE SOUSA, P. GONÇALO. El sacerdocio permanente en la "Oratio II – Apologetica" de San Gregorio Nacinceno. *Teología del Sacerdocio* VI. Aldecoa, 1972, nn. 25-41; BELINI, E. La figura del Pastore d'anime in san Gregorio Nazianzeno. *Scuola Cattolica* 49 (1971) 261-296; BENOVET ESCUIN, E. Valoración de la cultura y obstaculos de la fé según el Nacinceno. *Miscellanea Comillias* 34-35 (1960) 51-86; FERRARINI, E. *Gli epigrammi di san Gregorio di Nazianzo*. Catania, 1982; GALAIS, P. *Grégoire de Nazianze*. Paris, 1959; GALLO, P. *Apologeticus de fuga (studio sul sacerdozio)*. Roma, 1985 (com Bibliografia); MOSSA, J. Perspectives eschatologiques de saint Grégoire de Nazianze. *Questiones Liturgiques et Paroissales* 45 (1964) 320-339; ROUSSE, J. Saint Grégoire de Nazianze. *Dictionnaire de Spiritualité* VI, 932-971; RUDASSO, F. *La figura di Cristo in S. Gregorio Nazianzeno*. Roma, 1968; SERRA, M. La carità pastorale in S. Gregorio Nazianzeno. *Orientalia Christiana Periodica* 21 (1955) 337-345; ŠPIDLÍK, T. *Grégoire de Nazianze*. Roma, 1971; STEPHAN, L. *Die Soteriologie des hl. Gregor von Nazianz*. Wien, 1938; SZYMUNIAK, J. M. Amour de la solitude et vie dans le monde. *La Vie Spirituelle* 114 (1966) 129-160; TRISOGLIO, F. *San Gregorio di Nazianzo, in quarantennio di studi (1925-1965)*. Torino, 1974.

C. SORSOLI – L. DATTRINO

GREGÓRIO DE NISSA (São). 1. NOTA BIOGRÁFICA. Irmão mais novo de Basílio, cresce no clima de intensa vida cristã de uma família de santos.

Nasce em 335 e se distingue por sua inteligência e criatividade. Orienta-se para a vida eclesiástica, talvez influenciado pelo irmão Basílio e pela irmã Macrina, que se consagrara a Deus na virgindade. Assume as ordens menores e o leitorado, mas, atraído pela literatura profana e pelo desejo de uma brilhante carreira como retor, abandona a vida eclesiástica e se dedica ao estudo dos clássicos. Nesse período de desorientação, talvez tenha se casado, como se pode deduzir a partir de uma carta de Gregório Nazianzeno (*PG* 37, 321-324). O apelo para a vida de perfeição se torna insistente: o irmão Basílio, com → GREGÓRIO NAZIANZENO e outros amigos, retirou-se na solidão junto ao Íris, a irmã Macrina se encerrou no mosteiro de Anési. Cede e se encaminha para o Íris: oásis de repouso, de meditação e de estudo. Os livros sagrados são alimento para sua alma sequiosa de Deus; os escritos dos mestres, especialmente de → ORÍGENES, tornam-se companheiros inseparáveis do solitário; a contemplação da verdade, vista, conhecida e aprofundada através das ininterruptas leituras, abre a sua alma para aquelas elevações espirituais de que deixará luminoso testemunho. É sintomático que, precisamente no retiro de Íris, Gregório tenha composto a obra *Sobre a virgindade*, em que, com exceção da parte estilística, própria do retor refinado, se percebem vibrações sinceras da alma agora estabelecida na posse de Deus.

Em 372, o irmão Basílio o elege para a nova sé episcopal de Nissa. É a límpida fé nicena que o torna intransigente diante da oposição ariana, é o alvo preferido de Demóstenes, o vigário imperial do Ponto; em 376, Demóstenes faz com que seja deposto com o pretexto da dilapidação dos bens da Igreja. Gregório volta a ocupar o cargo em 378, entre as aclamações do povo. Em 379 participa do Sínodo de Antioquia e é incumbido de realizar uma viagem de inspeção pelas regiões do Ponto e da Armênia. No início de 380, encontra-se em Anési e cuida da irmã Macrina, à beira da morte, e tem com ela a célebre discussão sobre a alma e sobre a ressurreição. Em 381, está entre os padres do Concílio de Constantinopla, designado por Teodósio, com outros quatro, como testemunha da ortodoxia oriental. Realiza o discurso fúnebre pela morte de Melécio de Antioquia, não está de acordo com Gregório Nazianzeno sobre a solução do cisma antioqueno. Parece que o Concílio o encarregara de inspecionar as Igrejas da Palestina e da Arábia e de reorganizá-las. Suas cartas aludem a essa situação. Mas sua atividade não se limita a essas ações de ordem pastoral; Gregório é teólogo, e sua pena está a serviço da verdade nas controvérsias trinitárias. Herdeiro também nisso de Basília, ataca profundamente a posição teológica de Eunômio, expoente do arianismo radical, e refuta suas teses; com a mesma força de pensamento, derruba as teorias de Apolinário e dos pneumatômacos. Morre em 394.

2. ESCRITOS. Gregório é o escritor mais fecundo dos três capadócios. Aborda temas variados e em todos deixa a marca do seu gênio: exegese, dogmática, moral, ascética.

a) Exegéticos: *Explicação apologética do Hexameron*, em que tenta conciliar os dados bíblicos com a ciência de sua época (*PG* 44, 61-124). *Da criação do homem*: segue o escrito precedente e tem suas características. Dois escritos nos quais predomina a exegese literal, não desvinculada, porém, de um moderado alegorismo. *Vida de Moisés*, que deveria ser situada entre os escritos ascéticos por sua estruturação interna. É um comentário histórico-literal ao Êxodo com a explicação alegórica — *theôria* — em que se esclarece o itinerário da alma para Deus (*Ibid.*, 297-429). Dois tratados *Sobre os Salmos*, ou seja, *Sobre as inscrições dos Salmos* e *Exposição do Salmo 6* (*Ibid.*, 432-485; 608-616); *Homilias sobre o Eclesiastes* (*Ibid.*, 615-753), e *sobre o Cântico dos Cânticos* (*Ibid.*, 756-1120). Constituem, com a *Vida de Moisés*, a construção mais elevada da doutrina espiritual e mística de Gregório. Tratado *Da oração do Senhor*: comentário ao *Pai-nosso* em perspectiva espiritual (*Ibid.*, 1.119-1.193). *Sobre as bem-aventuranças*: comentário com particular insistência na pureza do coração, de importância relevante na doutrina espiritual.

b) Dogmáticos: *Contra Eunômio*, confutação direta da *Apologia* do bispo ariano. São três escritos correspondentes aos três livros do heresiarca. *Do Espírito Santo*, contra os macedonianos pneumatômacos. *A Simplício acerca da fé* (*PG* 45, 115-135) e *A Eustáquio sobre a Trindade* (*PG* 32 entre os escritos de Basílio). *Contra os gregos* (*PG* 45, 175-187) e *Dois tratados contra Apolinário* (*Ibid.*, 1123-1286): são uma vigorosa demolição da doutrina apolinarista. *Sobre a afirmação "Tudo lhe foi dado"* (*PG* 44, 1.304-1.325). *Oração catequética grande* (*Ibid.*, 1-105), tratado teológico da criação, pecado original, encarnação, redenção e sacramentos em que Gregório expõe a doutrina católica, com argumentos lúcidos e profundidade de pensamento. *Diálogo acerca da alma e da ressurreição*, de clara imitação formal do *Fédon* de Platão e com base em → METÓDIO DE OLIMPO (*Corpus berolinense* 27, 220-234). *Sobre as crianças mortas prematuramente* (*PG* 46, 161-193) e *Sobre os mortos* (*Ibid.*, 498-538): dois tratados que idealmente estão ligados ao precedente sobre a condição do homem após a morte. *Contra o destino* (*PG* 45, 145-175) e *Sobre a Pitonisa*: dois pequenos tratados em que condena a fatalidade astral e reconhece na aparição a Samuel uma ilusão diabólica. *Carta canônica ao bispo Letoio* (*Ibid.*, 222-237): trata da disciplina penitencial como era observada na sua Igreja.

c) *Ascéticos*: *Da virgindade* (*PG* 46, 318-410), em que exalta a virgindade como retorno do homem à sua verdadeira natureza e como participação na vida angélica. *Vida de Santa Macrina virgem* (*Ibid.*, 959-999), de grande valor histórico e espiritual.

d) *Discursos*: fúnebres sobre Melécio, São Basílio, Pulquéria e Flecília (são excessivamente retóricos); morais sobre o *Amor pelos pobres* e *Contra aqueles que adiam o batismo*; litúrgicos para as solenidades de *Páscoa, Ascensão* e *Pentecostes* (*Ibid.*, 600-638 e 652-684; 689-694; 696-701) e do *Natal* (*Ibid.*, 577-600); panegíricos para *São Pedro e Paulo* (*Ibid.*, 539) e para *Santo Estêvão* (*Ibid.*, 701-736); vários: *No dia da própria ordenação* (*Ibid.*, 544-553) e *Da divindade do Filho e do Espírito Santo* (*Ibid.*, 553-576).

e) *Cartas*: são de particular interesse as cartas 2.5.14-15.20.25.

3. DOUTRINA. É o mais filósofo e teólogo dos Padres gregos do século IV. Na sua formação intelectual confluem várias correntes de pensamento: neoplatonismo plotiniano, filonismo, origenismo. Sua cultura vasta e profunda move-se livremente pela filosofia, teologia, Escritura, medicina, astronomia. É devedor a muitos mestres, tanto profanos quanto eclesiásticos, mas o seu talento filtrou todas as contribuições de conhecimento em uma síntese muito pessoal. E essa observação vale também para sua doutrina espiritual, que deve ser vista na sua síntese teológica, antropológica, cristológica e sacramentária.

A teologia do conhecimento de Deus afirmada por Gregório, na esteira do irmão Basílio, é "teologia negativa" em oposição às pretensões intelectualistas de Eunômio. Conceitualmente, Deus é incompreensível: nem mesmo na visão beatífica conheceremos Deus como ele é. Só Deus conhece Deus. O itinerário da alma para Deus será uma penetração, cada vez mais acentuada, de tal conhecimento parcial: o mistério de Deus permanecerá sempre inacessível à mente criada. Só a caridade pode realizar o "conhecimento de presença" de Deus. E o homem tem condição de aproximar de Deus em conhecimento e amor, por ter sido feito à "imagem e semelhança de Deus", isto é, partícipe dos mesmos atributos divinos: vida, inteligência, vontade, liberdade, incorruptibilidade, bondade etc. A "natureza" do homem é o homem como Deus quis que ele fosse, compreendendo tanto os dons naturais quanto os sobrenaturais (*Da criação do homem*, *PG* 44, 137). A natureza animal, ou seja, a condição do homem após a queda, é suscetível de aperfeiçoamento, na medida em que o homem, por intermédio da purificação, a última das quais é a decomposição da sepultura, se liberta da natureza animal e volta à natureza primitiva como era no pensamento de Deus. A liberdade e o demônio criaram a situação anormal da queda; Cristo, que na → ENCARNAÇÃO se une à humanidade, é força divina que leva o homem de volta ao estado de graça e reproduz nele a imagem de Deus. O homem é tornado partícipe de Cristo através dos sacramentos do batismo e da Eucaristia. No → BATISMO se revive misticamente a morte de Cristo, que purificou a natureza do mal que a alterava, e a sua ressurreição, que restituiu a humanidade à sua integridade. O banho na água, no seu simbolismo e na sua realidade, é só o início da nova vida em Cristo suscetível de aperfeiçoamento na sua ação santificadora e unificadora a Cristo: implica uma decidida morte mística e uma ressurreição subsequente. A bem-aventurança suprema do homem é a → UNIÃO COM DEUS. Essa união pressupõe a eliminação de qualquer imperfeição, quer quanto aos efeitos e sentimentos, quer quanto aos vícios e obras do mal. No caminho para Deus, Gregório distingue, seguindo a divisão realizada por Orígenes e Basílio, três fases ou vias que correspondem a três livros sagrados: Provérbios (incipientes), Eclesiastes (proficientes), Cântico dos Cânticos (maduros ou perfeitos) (cf. *PG* 44, 768). A distinção é dada por fatores preponderantes que caracterizam as várias fases, embora tenham em comum o conhecimento e o amor, mas em graus diversos. A fase dos "incipientes" caracteriza-se pela purificação que se realiza em dois planos: humano e divino, que correspondem à terminologia clássica de purificação ativa e passiva. É a passagem das trevas para a luz na medida em que o é o distanciamento dos conceitos errados em relação a Deus (*Homilias sobre o Cântico dos Cânticos*, 11) e o esforço de imitar a Cristo, tanto nos pensamentos quanto nas palavras e nas obras, porque Cristo é regra e medida da vida cristã, e de se libertar das obras demoníacas: vanglória, ambição, riqueza, luxúria etc. (*Da forma perfeita do cristão* e *Da profissão cristã*). Ao lado dos homens, age Deus, com as divinas Escrituras, e sobretudo com os Salmos: "elimina com o trabalho mais sutil, ou seja, disciplinando pensamentos e ideias, tudo o que não pode corresponder a essa semelhança; lima e limpa a nossa mente, segundo as exigências da virtude e forma em nós Cristo segundo aquela configuração e conformação que tínhamos desde o princípio" (*Sobre os Salmos*, 11). O final dessa fase de purificação integral é a → APATHEIA (abandono das preocupações inúteis) e a *parrhêsia*, ou seja, a plena confiança em Deus, livre do medo e da vergonha. Estado espiritual que insere a alma na segunda fase ou caminho: a dos "proficientes". Caracteriza-se por uma reprodução mais acentuada da imagem de Cristo na alma, pela manifestação de Deus de modo misterioso e obscuro e pela experiência da presença de Deus. Quanto mais a alma se encaminha para a via da perfeição tanto mais reflete em si os traços de Cristo: seguir Cristo, porque daí se aprende a não preferir nenhuma coisa a Deus... a esperar só Deus e a nenhuma outra coisa. Como um espelho polidíssimo reflete as feições do rosto, assim a alma, depois de se ter purificado, reflete em si a pura imagem da incorruptível beleza... Cristo, o dileto, que é santificação, pureza, imortalidade, luz, verdade e tudo o que nutre a alma' (*Homilias sobre o Cântico dos Cânticos*, 15). Intensifica-se e espiritualiza-se sempre o amor por Deus que impele a alma na ação, livre de qualquer temor servil, na esfera da pura caridade teologal: "Ama com todo o coração, a alma e as forças... só Deus, fonte dos bens" (*Ibid.*). É movimento ascensional de caridade que tem o correspondente na esfera de conhecimento. Deus fala à alma, como a Moisés, na nuvem, ou seja, veladamente. O sensível dá lugar ao espiritual, o conhecimento do divino é comunicação que desce do alto, a voz do criado é substituída pela voz de Deus: "Procedendo das coisas visíveis para as invisíveis, a alma vê obscurecer as realidades sensíveis e se acostuma à contemplação das coisas ocultas" (*Ibid.*, 11). Entra-se no mistério de Deus, que se torna estímulo a uma progressiva busca do próprio Deus na dupla trajetória afetiva e cognoscitiva. A presença de Deus é percebida e experimentada nas profundezas da própria alma. Não é visão de Deus, mas sentimento de presença na realidade de graça: "Quem purificou o coração de toda criatura e afeto pecaminoso, vê na própria beleza a imagem da natureza divina". Deus é amor, é o bem: quem vive a graça é partícipe desse amor, desse bem, "porque quem é semelhante ao bem é bem. Por isso quem vê a si mesmo contempla em si aquilo que deseja: torna-se bem-aventurado quem é puro de coração, porque contemplando a própria pureza percebe, por meio da imagem (si mesmo), a realidade principal" (*Sobre as bem-aventuranças*, 6). Experiência que satisfaz, mas por pouco tempo, o desejo da alma de ver Deus. Deus é infinito e o conhecimento dele torna-se tormento para a alma que, ao longo do caminho de ascensão, descobre novos horizontes, que a estimulam cada vez mais na busca, percebe e experimenta os silêncios de Deus, os seus abandonos: silêncios e solidão tão mais dolorosos quanto mais vivo e impaciente é o desejo de possuir o Bem que a atrai, a volúpia sagrada de se abandonar totalmente a ele (*Homilias sobre o Cântico dos Cânticos*, 15). Situações que poderiam levar ao desespero se não interviesse a fé, que tem um lugar de importância fundamental: "Deixando toda a criação e ultrapassando tuto quanto nela pode ser conhecido, renunciando à ajuda de qualquer conceito, encontrei pela fé aquele que amo, e tendo aquele que encontrei por meio da pura fé, não o deixarei enquanto não entrar no meu leito nupcial" (*Ibid.*, 3, 9). E em fé se vive o exercício da → PRESENÇA DE DEUS com a mais perfeita coerência virtuosa (*Ibid.*, 9.4.14; 3.1.12). "A pureza, a ausência de paixões, o afastamento do mal são coisas próprias da divindade: se, portanto, tudo isso está em ti, Deus está realmente em ti" (*Sobre as bem-aventuranças*, 6). Espiritualização total do homem. Mediante essa espiritualização passa-se à fase mais elevada dos "maduros" que, na esfera afetiva, é união no mínimo atuante e profunda com Deus por meio da caridade; e na esfera cognoscitiva vive-se a experiência da "treva", ou seja, o grau mais elevado de conhecimento negativo: a pessoa toma consciência de que Deus é incognoscível na sua infinitude e, ao mesmo tempo, se sente envolvida pela treva que é luz para a alma. "Depois, a alma que, abandonando todas as coisas, caminha para as realidades supremas... entra nos recônditos de Deus, envolvida por todos os lados pelo divino nevoeiro... na qual à alma só resta contemplar aquilo que não pode ver e é incompreensível, no qual se encontra Deus" (*Ibid.*, 11). Estado elevadíssimo de contemplação-conhecimento-amor que não esgota seu próprio projeto, Deus, nem esgota o desejo da alma de penetrar cada vez mais na treva misteriosa (*Ibid.*, 12; *Vida de Moisés*: PG 44, 376.401). Vive-se a experiência mística mais elevada e verdadeira, expressa por Gregório com os termos de "sóbria ebriedade", de "sono desperto", de "eros impassível", este último entendido como sinônimo de caridade intensa, violenta, de loucura de amor que agarra a alma e a lança com força em Deus.

BIBLIOGRAFIA. CANÉVET, M. G. Grégoire de Nysse. *Dictionnaire de Spiritualité* VI, 971-1.011; ID. *Grégoire de Nysse et l'herméneutique biblique*. Paris, 1983; DANIÉLOU, J. Moyses exemple chez Grégoire de Nysse. *Cahiers de Lyon* (1955) 386-400; ID. *Platonisme et Théologie Mistique. Essai sur la doctrine spirituelle de Saint Grégorie de Nysse*. Paris, 1954; DÖRRIE, H. (org.). *Gregor von Nyssa und die Philosophie*. Atas do II Colóquio Internacional, Munster, 18-23 setembro, Leiden, 1976; Fine, professione e perfezione del cristiano (introd., trad e notas de S. LILLA). Roma, 1970; GARGANO, G. I. *La teoria di Gregorio di Nissa sul Cantico dei Cantici*. Roma, 1982; GREGÓRIO DE NISSA. *La vita di Mosè*. Alba, 1967; *Gregorio di Nissa – Giovanni Crisostomo. La verginità* (Introd. trad. e notas de S. LILLA). Roma, 1976, 9-119 (com Bibliografia); GRIBOMONT, J. Le panégyrique de la virginité. *Revue d'Ascétique et de Mystique* 43 (1967) 249-266; GROSS, J. *La Divinisation du chrétien d'aprés les Pères Crecs*. Paris, 1938, 219-239; GROUZEL, H. Grégoire de Nysse est-il le fondateur de la Théologie mystique? *Revue d'Ascétique et de Mystique* 35 (1957) 189-202; HEINE, R. E. *Perfection in the virtuous life*. Philadelphia, 1975; HORN, G. L'amour divin. Note sur le mot "Eros" dans Saint Grégoire de Nysse. *Revue d'Ascétique et de Mystique* 6 (1925) 378-399; ID. *Le "miroir" et la "ténèbre", deux manieres de voir Dieu d'aprés Saint Grégoire de Nysse. Revue d'Ascétique et de Mystique* 8 (1927) 113-131; KANNENGIESSER, CH. L'infinité divine chez Grégoire de Nysse. *Recherches de Science Religieuse* 55 (1967) 55-65; *L'anima e la risurrezione* (trad., intr. e notas de S. LILLA). Roma, 1981; *La grande catechesi* (trad., intr. e notas de M. NALDINI). Roma, 1982; *La preghiera del Signore* (5 homilias sobre o Pai-nosso) (trad., intr. e notas de G. CALDARELLI). Roma, 1983; MC. GRARH. *Gregory of Nyssa's Doctrine on the Knowledge of a God*. New York, 1964; PISI, P. *Genesis e Phtora. Le motivazioni protologiche della verginità in Gregorio di Nissa e nella tradizione dell'enkrateia*. Roma, 1981; SALMONA, B. *Gregorio di Nissa. L'uomo* Roma, 1982; SALMONA, B. Il progetto di Dio sull'uomo: analisi del "De hominis opificio" di Gregorio di Nissa. *Temi di antropologia teologica*. Roma, 1981, 343-376; SALMONA, B. Ragione e libertà in Gregorio di Nissa. *Vetera Christianorum* 16 (1979) 251-258; SAUGET, M. J. Gregorio di Nissa. *Bibliotheca Sanctorum* VII, 205-210; VOLKER, W. *Gregors von Nyssa als Mystiker*. Wiesbaden, 1955.

C. SORSOLI – L. DATTRINO

GREGÓRIO MAGNO (São). 1. NOTA BIOGRÁFICA.

Nasceu em Roma no ano de 540. Não há provas suficientemente claras de que era descendente da família Anicia (cf. BATIFFOL, *Grégoire le Grand*, Paris, 1928, 16). Seu pai chamava-se Jordão; sua mãe, Sílvia, foi venerada como santa juntamente com as tias Tarsila e Emiliana; o bisavô havia sido papa com o nome de Félix III. Depois de completar os estudos humanísticos, tornou-se prefeito da Urbe por volta do ano 572. A vaidade do mundo não tardou a despertar na sua alma aquele sentido cristão do "retorno" à pátria verdadeira, o paraíso, que depois constituirá o tema preferido de seus escritos, marcados pela indubitável influência agostiniana. Vendeu, então, parte dos seus bens, destinando a obras de caridade a soma arrecadada. Fundou seis mosteiros na Sicília, um sétimo em Roma, na sua casa do Célio onde ele mesmo passou a levar vida monástica. O problema de saber se Gregório aceitou a profissão e regra monástica beneditina parece mal colocado ou ao menos enunciado com critérios um tanto posteriores, que não refletem, portanto, o ambiente em que ele viveu; e na época de Gregório a unidade do monasticismo ocidental sob a Regra beneditina ainda não existia, pois se vivia com as normas ascéticas da tradição clássica oriental vivificada pela experiência espiritual e pela paternidade e magistério de cada abade e padre da comunidade. No entanto, pelo fato de nos *Diálogos* Gregório ter elevado acima de qualquer outra coisa a figura e a norma espiritual do "homem de Deus Bento", justamente a tradição espiritual beneditina o filia a si, como ilustre filho. Além disso, quando se considera se o *vir Dei Benedictus* representa a concretização de todo o pensamento espiritual de Gregório, como atesta a atenta análise das obras lidas no confronto contínuo do ensinamento dos *Diálogos*, a filiação beneditina de Gregório então assume uma luz cada vez mais própria, enquanto redescobre Gregório como seu autêntico pai espiritual e mestre inspirado.

A vida monástica de Gregório é interrompida pela estada forçada em Constantinopla na qualidade de apocrisiário de 578 a 585. Mas também em Constantinopla Gregório continuou a viver a vida monástica, confortado pela presença de alguns irmãos, vindos de Roma, que a compartilhavam com ele. E devemos até atribuir à insistência desses irmãos monges o fato de Gregório ter começado então a *lectio spiritualis* de Jó (que depois se tornou os *Moralia*) continuada em seguida em Roma. A permanência em Constantinopla foi proveitosa para Gregório por ter-lhe possibilitado um conhecimento mais aprofundado dos homens, mas especialmente pelo conhecimento da tradição espiritual daquelas Igrejas orientais que será tão vivo nas suas obras. Em 586, Gregório voltou à quietude monástica de Santo André em Clivo de Scauro. A peste do ano 590 ceifou como primeira vítima o papa Pelágio II. Gregório foi assim aclamado pontífice em uma situação tão trágica a ponto de justificar plenamente as suas lágrimas e a sua visão tão opressiva do fim dos tempos. Foi sumo pontífice por catorze anos (590-604). A "arte das artes", como ele chama o governo das almas, é-nos amplamente testemunhada no seu *Registrum epistolarum*, constituído de 848 cartas em catorze livros, e depois na sua *Regula pastoralis*. A nota que caracteriza esse homem verdadeiramente *vigilans* do seu rebanho (esse é o sentido do nome Gregório) é uma discrição inspirada entre o sentido do carisma e a institucionalidade da Igreja; entre o invisível e o visível; entre a paternidade espiritual e a *administratio* das coisas temporais, de modo que não temmos afirmar que Gregório se apresenta ainda como o momento culminante da apostolicidade da Igreja de Roma, na sua presença diretiva do cumprimento do mistério e da história da → SALVAÇÃO nesta última fase na terra. E na consciência tão iluminada de bispo e "servo dos servos de Deus", ou seja, de primaz da Igreja, que explica o entusiasmo resoluto com que Gregório se voltou para os novos povos para conquistá-los para o Evangelho. São → BEDA, na *Historia gentis Anglorum*, transmite-nos a epopeia de evangelização da Inglaterra, revelando os expedientes apostólicos que garantem a eclesialidade daquela missão. Mas o espírito pastoral de Gregório estendeu-se também aos francos, aos burgúndios e aos lombardos.

Quase como um elogio, diz-se que a Gregório caberia a glória de ter preparado o poder temporal dos papas (cf. CAYRÉ, *Patrologia*, vl. 2, 251). Não nos cabe discutir a validade espiritual daquela fórmula. Contudo, é preciso afirmar com urgência que o *patrimonium Petri* administrado por Gregório difere daquela estrutura que sustenta o poder temporal dos papas, ainda que materialmente o *patrimonium Petri* possa fornecer-lhe alguns vínculos externos. Mas ao examinar o problema não se pode prescindir da visão carismática do novo tempo messiânico de Ezequiel que Gregório expõe e comenta ao seu povo, e de considerar aquela sua Igreja romana que tem também o seu *patrimonium* na terra para a comunidade dos seus pobres! Elementos que faltaram cada vez mais ao poder temporal da Igreja pós-gregoriana, até a temporalização mais arrogante do século XIII e dos seguintes.

Gregório Magno, conforme o testemunho de João Diácono (*Vita Greg.* 2, 17), como chefe da comunidade do povo de Deus, preocupou-se muito com a reorganização da liturgia. No entanto, não temos condições de afirmar com segurança até que ponto sua obra adiantou-se nesse setor.

Morreu em 12 de março de 604.

2. OBRAS. *Moralia* ou *Expositio in Job* (*PL* 75, 509-1.162; 76, 9-782; *CCL* 143/143A). Iniciado em Constantinopla e concluído em Roma no ano de 590 (?); dedicado a Leandro, bispo de Sevilha, a convite de que, e premido pelos pedidos dos irmãos, Gregório passou a comentar Jó. De acordo com as afirmações de João Diácono e de Beda, naquele comentário Gregório lê os *sacramenta* de Cristo e da Igreja; além disso, adapta o sentido espiritual às necessidades de cada fiel (*Historia gentis Anglorum*, II, 1). Esse ponto de vista não é o daquelas avaliações guiadas por escasso senso histórico que veem nos *Moralia* um repertório de casuística, mesmo que de grande valor, juntamente com um jogo de alegorismos e adaptações bíblicas. Embora ali possamos encontrar traços de tudo isso, não devemos nos limitar a isso, mas é preciso antes de tudo compreender a *mens* que guiou Gregório. Pois bem, João Diácono e Beda (tão próximos da tradição gregoriana viva) veem nos *Moralia* "uma catequese bíblica e litúrgica" com o objetivo último da edificação de cada fiel; e é essa a verdadeira *mens* de Gregório naquela *lectio divina*.

Pastoral (*Liber Regulae pastoralis*) (*PL* 77, 19-128; ed. N. TURCHI, Roma, 1905). Foi escrito em 591 e dedicado a João, bispo de Ravena. Voltaremos a falar sobre o valor espiritual da *Regula pastoralis*.

Homilias sobre os Evangelhos (*PL* 76, 1.075-1.312): em número de quarenta, reunidas em dois livros com vinte em cada tomo (590-591), juntamente com as *Homilias sobre Ezequiel*, são admiráveis exemplares do gênero homilético dos Padres ocidentais. Nas *Homilias sobre os Evangelhos*, Gregório insiste principalmente no sentido "moral" da Sagrada Escritura. Os fiéis que já participam dos sacrossantos mistérios se supõem doutrinados no sentido doutrinal e alegórico, como o próprio Gregório adverte em *Hom. 40 in Evang*. Percebemos, assim, como a catequese bíblica na ação litúrgica deve preocupar-se mais com a reforma dos costumes e com o progresso na vida espiritual dos fiéis que com o aspecto estritamente doutrinal. Este, de fato, encontrará o seu lugar nos outros grupos ou reuniões da comunidade eclesial que no tempo de Gregório não faltavam.

Homilias sobre Ezequiel (*PL* 76, 785-1072; *CCL* 142). Foram pronunciadas ao povo de Roma no ano de 593. Gregório não pôde comentar todo o profeta. Explicou, portanto, os três primeiros capítulos e o início do quarto nas doze *Homilias* do primeiro livro. Nas dez *Homilias* do segundo, explicou o capítulo quarto de Ezequiel sobre o novo templo da era messiânica. Oferecem-nos o que de mais profundo já se escreveu sobre a compreensão espiritual das Escrituras e sobre a contemplação como amadurecimento espiritual do mistério ou cumprimento da história sagrada na Igreja e na alma do eleito.

Diálogos (*PL* 77, 147-430; ed. crítica MORICCA, Roma, 1924). Inserem-se na temática bíblica e, a seu modo, são também um comentário bíblico. De fato, as narrações da vida dos santos monges que viveram na Itália e especialmente nas proximidades de Roma, que é o tema da obra, são concebidas pelo autor em estreita ligação com a história sagrada. A vida admirável dos monges, sobretudo a do "homem de Deus, Bento" a quem é consagrado o livro II, é a concretização daquela economia salvífica que Gregório lê nas Escrituras. E é por isso que as *Enarrationes* das vidas dos monges e principalmente a *Vita Benedicti* obedecem a um esquema estritamente bíblico. Trata-se do homem bíblico na sua nova vida por Jesus Cristo. É o próprio Gregório que, no início dos *Diálogos*, faz a admirável comparação entre a *lectio bíblica* e a *Lectio hagiográfica*: "Nas exposições das Sagradas Escrituras conhecemos como a virtude deve ser encontrada e conservada; depois, na narração da vida do herói, conhecemos como aquela virtude deve ser praticada de demonstrada" (ed. MORICCA, 16). No livro IV dos *Diálogos*, Gregório sugere uma teologia espiritual da morte vista como o epílogo da volta ao paraíso, que é a pátria a que estamos destinados; esse é um tema fundamental de todo o ascetismo gregoriano.

Comentário ao Livro dos Reis. Embora modificado, representa bem o pensamento de Gregório e seu estilo próprio. O mesmo deve ser dito do *Comentário aos Cânticos*, que não chegou até nós completo. O texto crítico do *Comentário ao Livro I dos Reis* e das suas *Homilias sobre o Cântico*, ambos atribuídos a Gregório, encontra-se no *Corpus Christianorum*, séries lat. 144.

3. DOUTRINA ESPIRITUAL. a) *A Sagrada Escritura, guia da alma para Deus*. Gregório Magno vê a vida espiritual intimamente ligada à história sagrada reproduzida nas Escrituras. Segundo a grande tradição patrística, considera a vida espiritual de cada "eleito" como a maturidade e o cumprimento do sentido profético da história sagrada; portanto, o *electus* é visto no caminho do retorno ao paraíso! Mantendo-se afastado de qualquer influência filosófica, Gregório tem mais condições que os outros Padres de nos transmitir esse vínculo da vida espiritual com toda a economia salvífica presente nas Escrituras. Ao final dos *Moralia*, encontramos claramente enunciada esta regra espiritual: "*Hanc itaque mortem hanc dierum plenitudinem, et in beato Job, uno scilicet membro Ecclesiae, credamus factam, et in tota simul Ecclesia speremus esse faciendam: quatenus ita teneatur rei gestae veritas, ut non evacuetur rei gerendae prophetia*". Essa é a dialética em que se debate a história da salvação concretizada depois no homem perfeito. Enquanto se afirma a existência do bem salvífico realizado no "eleito" de todos os tempos, desvela ao mesmo tempo o seu mistério com referência a um ulterior cumprimento. Assim, a nossa compreensão espiritual deverá ser considerada sempre profundamente vinculada com a história sagrada transcorrida e voltada ainda para o cumprimento ulterior: "*in* *quodam medio constitutum* (o intelecto de cada um) *et erga futura spes, et erga praeterita fides ligat*" (*Mor.* XXXV, 15, 49). E um pouco antes Gregório já havia declarado: "*Haec historice facta credimus, haec mystice facienda speramus*" (*Ibid.*, 35) e finalmente: "*Litterae igitur veritate servata... quatenus ea quae scripta sunt, dispensatione Sancti Spiritus cuncta mirabiliter ordinanter et transacta nobis refererant, et futura praedicant*" (*Ibid.*, 41).

É com esse critério que se deverá julgar a → LECTIO DIVINA, que podemos muito bem proclamar como o método da sua doutrina espiritual. *Lectio divina* não no sentido moralista e devocional, mas orientada precisamente por um sentido histórico e profético. Ou seja: quanto mais se aprimora na caridade, tanto mais cada "eleito" cumpre a história sagrada que, em última análise, tende precisamente para ele. A Bíblia, portanto, deve ser lida com um sentido de verdadeira objetividade, porque se vislumbrará nela o caminho espiritual da alma. Os *Comentários* de Gregório sobre as Escrituras são o fruto da sua *lectio divina*. Com seus monges, quando abade, ou com seu povo, quando bispo e papa, Gregório lê espiritualmente a Bíblia, que levará mestre e discípulos à compunção do coração: "*Inter eos per studiosae lectionis alloquium quotidianae eum aspiratio compunctionis animabat*" (*Mor., praef.*). Seria inútil, portanto, buscar em Gregório um tratado sistemático de questões espirituais. Suas obras são repertórios de regras morais muito profundas, mas sempre intimamente ligadas ao comentário bíblico e concebidas com aquela *mens* bíblica classicamente patrística, garantida ademais por uma profunda e autêntica experiência espiritual.

Gregório lê as Escrituras com um método que implica um triplo procedimento: "modo por *expositionis ministerium*, modo por *contemplationis ascensum*, modo por *moralitatis instrumentum*". E explica: "*Primum... fundamenta historiae ponimus; deinde per significationem typicam, in arcem fidei, fabricam mentis erigimus; ad extremum quoque per moralitatis gratiam quase superducto aedificium colore vestimus*" (*Ep. missoria*, II-III). Depois dos últimos estudos realizados sobre o procedimento bíblico dos Padres medievais pelo triplo sentido, não é mais lícito duvidar da objetividade daquele método. Para compreender realmente toda a sua vitalidade é preciso ter presente tudo o que já falamos sobre o sentido profético da *lectio divina*, que, por sua vez, evoca toda a doutrina da unidade dos dois Testamentos com a vida da Igreja e de cada pessoa chamada. Será possível compreender também por que, nos seus comentários, Gregório é sempre levado a desenvolver muito mais amplamente o segundo sentido e mais ainda o terceiro: o *instrumentum moralitatis* ou a *gratia moralitatis* sobrepõem-se ao sentido histórico e literal. Como mestre e pai da sua comunidade eclesial, Gregório está muito preocupado com o último momento da história salvífica que está ocorrendo no seu povo de Deus, na sua Igreja!

Daí a importância que Gregório reconhece ao carisma da inspiração como último motivo do sentido profético da história sagrada. Desde o início de seus comentários a Jó, Gregório apresenta a questão tão fundamental de que a Escritura é *verbum Dei* e pouco importa conhecer o seu autor secundário. Foi o Espírito Santo que, nas Escrituras, nos transmitiu a sua verdade, para que pudéssemos aprender a viver bem segundo o Espírito e com a mediação dos santos Padres que nos precederam, inserir-nos nela e realizá-la em cada um de nós (*Mor., praef.*). No homem espiritual, essa mesma moção do Espírito ainda permanece, mesmo na variedade das graças e dos dons; como o "verbo" foi impresso no profeta e é proferido por ele, é o mesmo "Verbo" que garante a vida espiritual de cada um de nós como sua consequência "lógica".

Desse ponto de vista, para Gregório a Escritura marca o itinerário de todo "eleito" para Deus. Todo o ascetismo de Gregório obedece ao tema da "volta ao paraíso", que é também o de toda a história salvífica do Gênesis ao Apocalipse; daí a Escritura ser como que a escada que nos leva ao → PARAÍSO. As várias etapas dessa ascese são quase determinadas pelo sentido literal ou histórico, e pelo sentido espiritual. Há a história dos pais do Antigo Testamento; depois há o cumprimento em Cristo e em seguida na Igreja e em cada alma fiel. A Escritura sagrada, portanto, funda e estabelece na alma a vida espiritual. É essa a "regra" por excelência: "*... a coelestem patriam vocat... cor legentis immutat, dictis obscuris exercet fortes; parvulis humili sermone blanditur*" (*Mor.* XX, 1, 1). Por isso a revelação enquanto história sagrada é suficiente, mesmo agora, para sugerir a cada alma a própria resposta ao Senhor. Deus, dirá Gregório, responde às almas não com vozes privadas, mas com seu discurso comunitário que é a Escritura (*Mor.* XXIII, 19, 34).

O fruto da assimilação da → PALAVRA DE DEUS é o "crescimento" espiritual até a contemplação e a caridade perfeita. A Escritura, dirá Gregório com frequência, *cum legente crescit*, ou seja, se cumpre nele à medida que se eleva na contemplação e no amor. É memorável a *Homilia VII* do livro I *sobre Ezequiel*. Como os seres vivos da visão de Ezequiel se movem simultaneamente com as rodas pela presença do próprio Espírito que os anima, assim os "eleitos" na vida espiritual, representados naqueles seres vivos do profeta, se movem simultaneamente com as Escrituras representadas naqueles rodas de Ezequiel pelo mesmo espírito a que obedecem tanto a Sagrada Escritura como o homem espiritual.

Em suma: a palavra de Deus permanece inativa se a mente do homem não amadurece na → CONTEMPLAÇÃO. Portanto, é em proporção ao progresso na graça contemplativa e na caridade perfeita que a Escritura é viva e operante, porque então cada uma de suas frases, cada uma de suas palavras se "cumpre".

Compreende-se, por fim, por que Gregório insiste na leitura da Bíblia necessária para todos os fiéis. É indispensável ao bispo, que Gregório quer sempre preocupado com esse estudo (*Reg. past.* III, 11). É indispensável aos monges (III, *Ep.* 3). Finalmente, é necessária a cada fiel. É na carta a Teodoro, médico, que Gregório faz o mais profundo chamado a essa santa leitura e que permanece o aforismo mais profundo de todo o seu ensinamento a esse respeito: "Aprende a conhecer o coração de Deus na sua palavra (*Disce cor Dei in verbis Dei*), para que chegues a suspirar mais ardentemente pelas coisas eternas, e tua mente se inflame de maior desejo de alegrias celestes" (IV, *Ep.* 31).

b) *Vida ativa e contemplativa: ascese e mística*. Gregório avalia toda a atividade sobrenatural do homem com a clássica denominação de → VIDA ativa e vida contemplativa. Entre os Padres alexandrinos, a vida ativa e contemplativa, entendida sempre no sentido de atividade espiritual do cristão, sofre notáveis influências da filosofia neoplatônica com compreensíveis consequências sobre a natureza da contemplação. Em Gregório, ao contrário, dada a exclusiva dependência da Sagrada Escritura, a teologia da vida ativa e contemplativa readquire a sua visão harmônica resultante das categorias da *historia salutis*, e esse não é um mérito pequeno da influência que Gregório exerceu na Igreja em relação a essa doutrina.

Podemos resumir o profundo ensinamento do grande Doutor nas conclusões a seguir.

União da vida ativa e contemplativa. O sentido realmente católico de Gregório foge de qualquer posição unilateral nesse problema. O homem espiritual é perfeito quando harmonicamente se dedica à vida ativa e à vida contemplativa. Inúmeras passagens bíblicas corroboram o ensinamento de Gregório A mais tocante é certamente o seu apelo ao exemplo do Redentor *qui per diem praedicabat et nocte instabat orationi*, para que o "perfeito" conheça a necessidade de não abandonar inteiramente a vida ativa por amor à vida contemplativa, nem se deixe subjugar demasiado pelas ocupações, de modo a esquecer a alegria da vida contemplativa. No silêncio contemplativo, a alma se enriquece daquilo que deverá depois aplicar no trabalho entre os irmãos (*Mor.* VI, 30, 56). A harmonia entre a vida contemplativa e ativa em Gregório realiza-se especialmente porque, em última análise, trata-se apenas de amor a Deus e ao próximo; assim, como os dois preceitos movidos pelo único amor não podem ser desvinculados, o mesmo ocorre com a ação e a contemplação. Veja-se especialmente a *Homilia VI* sobre *Ezequiel*: "*Amor quippe Dei ad contemplativam, amor vero proximi pertinet ad activam*" (II, 5).

A união da vida ativa e contemplativa implica um profundo discernimento. Há indivíduos que são mais adequados à vida ativa; outros, ao contrário, adaptam-se melhor à vida contemplativa. A união das duas praticamente não vale para todos no mesmo grau nem sempre do mesmo modo. Trata-se, em última análise, de amadurecer bem a própria vocação. No livro VI dos *Moralia*, no c. 37, n. 57, Gregório enuncia estes princípios, quase uma regra de discernimento de espírito, a que faz seguir uma tipologia diversificada de almas, e depois o grau de união entre a vida ativa e contemplativa que se adapta a cada um. Há almas naturalmente mais aptas à contemplação, assim como há almas naturalmente mais inclinadas à ação.

A *mens* bíblica de Gregório conclui: assim, não se deve dar um trabalho exagerado ao indivíduo inclinado à contemplação, nem intenso silêncio contemplativo a quem é mais apto à ação: "*Necesse est ut nec quieta mens ad exercitationem se immoderati operis dilatet, nec inquieta ad studium contemplationis angustet*". As coisas mais santas usadas sem discernimento transformam-se em fonte de morte para a alma. De qualquer modo, a alma perfeita incentivada pelo santo temor será humilde no seu trabalho e, além disso, animada pela caridade, não terá medo de se lançar no caminho da dedicação aos outros e da contemplação de Deus: *"Machina quippe mentis est vis amoris"*, dirá Gregório, reportando-se plenamente ao primado do amor de São Paulo e depois de Agostinho.

A história sagrada, no Antigo Testamento, insinua essa doutrina na história de Jacó, na sua missão com Lia e com Raquel. Gregório, seguindo Santo → AGOSTINHO, comenta o relato bíblico com admiráveis e sábias aplicações práticas: a maior fecundidade de Lia corresponde à maior fecundidade da vida ativa em relação à vida contemplativa, embora a vida contemplativa personificada por Raquel *"plus videt"*, tem mais condições de ver Deus. E, como Jacó convive primeiro com Lia e depois com Raquel, ensina-nos que cada um precisa se dedicar primeiro ao exercício das santas operações antes de se dedicar ao prazer da contemplação.

O Novo Testamento apresenta-nos Marta e Maria. E também nisso Gregório segue Santo Agostinho e → CASSIANO ao descobrir a teologia da vida ativa e contemplativa nos vários momentos daquela perícope evangélica.

Da vida ativa em relação à vida contemplativa. Com o exercício das santas operações, o espírito se prepara para a vida contemplativa. A vida ativa é como a medida da virtude. Gregório é categórico sobre esse ponto. "Quem deseja atingir o vértice da perfeição, exercite-se antes no campo das obras e, na experiência da ação, aprenda o exercício das virtudes: *Prius mens exudet in opere et postmodum refici debeat per contemplationem*" (*Mor.* VI, 37, 59). Daí se seguem algumas condições da ação transformadas em aforismos clássicos e aceitas por todos os Doutores da Igreja posteriores a Gregório: *"Activa via prior est tempore, contemplativa major est merito"*; *"Actio est in necessitate, contemplatio in voluntate"*; *"Actio in servitute, contemplatio in libertate"*; *"Facilius perseveratur in actione quam in contemplatione"*; *Activa est multorum; contemplativa paucorum"*. A prioridade da vida ativa deve-se às condições da vida presente, do mesmo modo que a sua natureza de serviço. A maior facilidade de perseverança decorre do fato de a vida ativa ser mais adequada à natureza humana enquanto vive a vida terrena e, portanto, é justo que a ocupação e o trabalho sejam destinados à maioria.

Uma primeira manifestação da vida ativa segundo Gregório é a → TENTAÇÃO, que é uma ideia fundamental do seu ascetismo, como fato estritamente bíblico. Gregório observa, antes de tudo, a história da tentação vista no triplo diálogo, que é um verdadeiro combate contra Deus, contra Cristo na sua vida terrena, na sua paixão e morte, e finalmente contra a Igreja e os eleitos. Esse combate é sempre coroado pela vitória absoluta e inconteste de Deus, como se pode ver no diálogo entre Deus e o demônio no Livro de Jó. Do mesmo modo Cristo vence e debela o demônio na sua ressurreição, e uma vitória semelhante será concedida à Igreja e, portanto, ao homem fiel à graça. Daí se depreende a "providência" da tentação e a sua grande utilidade para a vida espiritual. Gregório saúda a tentação como a "epifania" dos eleitos. Como o grão de mostarda que produz o seu ardor quando é bem triturado, assim o justo *"si qua vero illam tritura persecutionis opprimat, mox omne quod calidum sapit, ostentat"*.

A vida ativa, segundo Gregório, se desenvolve principalmente no exercício das virtudes. Não existe verdadeira vida contemplativa sem esse dinamismo interior da virtude. Como todos os antigos, mais que de virtudes específicas entendidas no sentido da teologia moderna, fala-se de "estado de espírito" virtuoso ou de "mentalidade" virtuosa que supõe, portanto, o exercício de várias virtudes. Essa visão integral e unitária do ascetismo das virtudes também tem sua fonte na contínua e imediata inspiração bíblica de todo o pensamento gregoriano. Aludimos com esse critério àquelas virtudes mais características da espiritualidade gregoriana.

Do deixar tudo para seguir Cristo (*Mor.* VII, 30). Para seguir Jesus é necessário deixar tudo. Essa disposição de espírito admite vários graus, que correspondem em última análise às várias vocações do cristão. Há uma primeira manifestação fundamental que diz respeito a todos. Ou seja, trata-se de viver no mundo, mas com o coração separado de tudo o que é do mundo. Um segundo aspecto é sugerido por um grau de maior liberdade, isto é: desvincular-se cada vez mais dos cuidados e preocupações das coisas familiares. Temos um início de verdadeira consagração total. De fato, Gregório observa que se encontram nesse grau aqueles que *"sacris eloquiis sitiunt, vacare supernis contemplationibus concupiscunt"*. É portanto um atestado de amor peculiar ao Senhor. Finalmente, existe a consagração total propriamente dita: não apenas separação das coisas familiares, mas do próprio vínculo de sangue: *"Por Deo privata obsequia etiam propinquis negant"*. Nesse grau, o eleito vive já espiritualmente *extra mundum, extra carnem, extra cognatos!* Não se trata de renegar os valores dos vínculos de sangue, mas apenas de uma renúncia prudencial e tática, poderíamos dizer, em vista de um amor absolutamente superior, como é o que impele a uma consagração total e completa a Deus. A mente continuará a amar sempre os parentes, desde que, porém, *a spiritali proposito non avertat*. Ao perfeito se impõe esse programa de máxima *ut nec in parvo ac in minimo a recto itinere non declinet*.

Valor do silêncio. Não é a poesia do silêncio, quanto à solidão para melhor sentir Deus. Gregório insiste, portanto, na solidão do coração a que deve levar a solidão externa. Nesse silêncio interior se instituirá aquele colóquio com Deus que é a contemplação: *"secretum quaerere intra se cum Domino ubi cessante exteriori strepitu per interna desideria silenter cum illo loqui"*. Portanto, o valor do *habitare secum* em vista da → UNIÃO COM DEUS (*Dial*. 3). Assim, o silêncio ou a solidão tem esse sabor estritamente bíblico: calar para as coisas externas para melhor ouvir o colóquio de Deus e para melhor falar com Deus (*Mor*. XXX, 16, 52; XXXI, 12, 19).

Obediência. Gregório atribui grande importância à obediência, porque a vê como a virtude típica do retorno do homem ao paraíso. O homem, tendo-se afastado pela desobediência, deverá voltar pelo esforço da → OBEDIÊNCIA. Essa visão histórica da economia divina dará o lugar preeminente à obediência tanto no ascetismo de Gregório quanto no ascetismo clássico da história antiga.

A obediência é vista, assim, como o melhor meio de imitação de Cristo e de dedicação total a ele (*Mor*. XXXII, 21; XXXV, 14).

E a *humildade* é compreendida com a mesma *mens bíblica*. Essa virtude estabelece os eleitos, e é como que o selo da eleição, assim como a soberba é a marca impressa nos réprobros...: *"evidentissimum reproborum signum superbia est, et contra humilitas electorum. Unusquisque enim quase quendam titulum portat operis, quo facile ostendat sub cuius serviat potestate rectoris"* (*Mor*. XXXIV, c. ultimum).

Intimamente vinculada com a → HUMILDADE está a *compunção*. É a nova mentalidade do homem que é tocado pela palavra de Deus. São as santas lágrimas de temor pelo → INFERNO, de ódio pelo pecado, de ansiedade pelos males da vida presente e de alegria pela recordação do paraíso (*Mor*. XXIII, 16).

Segundo Gregório, dedicar-se ao bem direto do próximo pertence ao exercício da vida ativa. Em um clássico texto da *Homilia II sobre Ezequiel*, livro II, Gregório faz uma relação dos vários atributos da vida ativa: dar de comer aos que têm forme, ensinar os ignorantes, corrigir quem erra, fazer com que o soberbo retorne à humildade, tratar dos doentes, atender de qualquer modo a quem está em trânsito e dar a cada um o que lhe cabe. Em outro texto dos *Moralia* (XIX, 25), vê toda a vida espiritual do perfeito desenvolvendo-se por um exercício cada vez mais intenso de obras em benefício do próximo. Toma como base de suas palavras a teologia da união de todos em Cristo, da qual surge a doação das várias graças em vista do bem de todo o organismo sobrenatural da Igreja. Uma primeira doação, verdadeira graça, é, nas palavras de Gregório, a sabedoria de administrar as coisas materiais para o bem da Igreja: *"Sapientia exteriorum rerum, largita a Dominio ad examinationem exteriorum bonorum"*. Trata-se de uma verdadeira graça, ainda que de ordem inferior, mas sumamente necessária para o bem do corpo. Outros, mais dotados de bens espirituais, não devem envolver-se normalmente em formas de caridade materiais, mas, com sua sabedoria, devem iluminar os que cuidam das coisas mais materiais. Gregório os compara aos "olhos" da Igreja. Há casos bem específicos em que os perfeitos, ou seja, os ascetas ou monges, devem dedicar-se ao bem da Igreja com a graça mais humilde. Quando faltam os que sabiamente podem servir o próximo nas coisas materiais, quem recebeu a graça mais espiritual deve dedicar-se com toda a humildade a esse serviço material, imitando o exemplo do Redentor. *"Quando desunt qui apte deserviunt proximum in causis exterioribus, debent hii quoque qui spiritualibus donis pleni sunt, eorum infirmitatibus condescendere in quantum decenter valeant, charitatis condescensione servire."* Através desse exercício de caridade mais humilde, o perfeito estará mais apto a penetrar depois as altitudes da contemplação. Há, contudo, um trabalho reservado ao contemplativo: é o verdadeiro "zelo" da saúde das almas que coincide com a graça do martírio se este for necessário para levar a termo esse zelo (*Mor*. XXXII, 21, 49).

Da vida contemplativa. Certamente, entre os Padres, Gregório é talvez o que fala com mais insistência da vida contemplativa e tudo direciona a ela. Como para os outros aspectos da sua vida espiritual, também para a contemplação ele se deixa guiar para uma *mens* e por uma linguagem bíblica. As notas da "definição" da vida contempaltiva sugerem-nos uma primeira série de conceitos gregorianos sobre a vida contemplativa.

Em última análise resume a vida contemplativa no amor a Deus e ao próximo: "*Contemplativa vita est charitatem quidem Dei et proximi tota mente retineri...*" (*Hom. II super Ex.* II, 8: *PL* 76, 953). Essa caridade bem dominada pela mente conduz à visão da fé. *Ad videndam faciem sui Creatoris animus inardescat*. Trata-se do tema fundamental do ascetismo gregoriano. O homem, no paraíso, usufruía a "face" de Deus. Pela contemplação, o homem novo retorna ao paraíso e, portanto, volta a ver a "face" de Deus. Esse amor de Deus e visão de Deus importa um descanso da ação externa: *quiescere ab actione exteriori*. Não se trata de abandonar totalmente as obras, mas de descansar da ação. A contemplação não pode ser contínua, daí a necessidade de voltar ao trabalho. Mas este também deve ser temporário para possibilitar a verdadeira experiência contemplativa. Um efeito da contemplação é sentir o peso do próprio corpo: "*ita ut iam noverit carnis corruptibilis pondus cum moerore portare*".

Contemplação = caridade, visão = amor são, portanto, as fórmulas gregorianas da vida contemplativa e experiência mística. "*Per amorem agnoscimus*" (*Mor.* I, 10, 13); e melhor ainda: "*Amor ipse notitia est*" (*In Ev.* 27, 4; 14, 4).

Estamos cada vez mais convencidos de que essa unidade de inteligência e de amor tem origem na perspectiva bíblica do problema.

Essa já é a tradição pura agostiniana, mas Gregório a corrobora com a sua autoridade, a ponto de a Idade Média a repetir com suas próprias palavras.

Uma segunda série de conceitos determina melhor a natureza da experiência contemplativa. O texto é o mesmo já citado anteriormente (*Hom. II super Ez.* II, 8 ss.).

A vida contemplativa é vista como um combate da mente: "*est autem in contemplativa vita magna mentis contentio*". Esse combate é determinado pela necessidade de fugir de todo desejo terreno e fixar decisivamente a mente na "Luz ilimitada". "*Cum transgredi nititus omne quod corporaliter videtur cum sese angustata ut dilatetur.*" Ou seja, trata-se de se elevar acima de si mesmo. A percepção da luz infinita é momentânea: "*futim ac tenuiter*". Em seguida, a mente ofuscada por tanto esplendor volta a entrar em si mesma no lamento da vida presente, esperando ser elevada ainda acima de si, a realizar um novo "combate contemplativo", ou seja, a usufruir a furtiva e tênue intuição de Deus. Essa natureza da contemplação é sugerida a Gregório pelo tema bíblico: a luta de Jacó com o anjo (Gn 32,24 ss.). Todos os detalhes dessa inspirada perícope da história sagrada são aproveitados admiravelmente por Gregório para determinar os vários aspectos da vida contemplativa. Na alternada vitória do anjo e de Jacó, Gregório vê a imagem da alma: "*quia intelligendo et sentiendo de incircunscripto lumine aliquid degustat: modo succumbit, quia et degustando iterum deficit. Quase ergo vincitur angelus, quando intellectu intimo apprehenditur Deus*". Jacó por fim vence, mas o anjo lhe rompe o nervo do fêmur para designar com isso a permanente renúncia em que a alma deverá continuar para usufruir a contemplação: "*Dum crescit in nobis fortitudo amoris intimi, infirmatur proculdubio fortitudo carnis*".

A essa série de ideias sobre a natureza da → CONTEMPLAÇÃO é preciso acrescentar que, segundo Gregório, a experiência da contemplação é sempre uma visão na fé. Enquanto estivermos nesta terra, "ninguém será capaz de se aprofundar tanto na contemplação a ponto de intuir a essência divina". Trata-se, portanto, sempre de uma visão parcial: "*Nullus proficit in contemplationis virtute, ut in ipso iam incircumscripto luminis radio mentis oculos infigat*" (*Hom. II super Ez.* II, 1: *PL* 76, 956). Seja como for, embora se trate de uma visão *in fide*, pode-se sempre falar de uma verdadeira contemplação: "*infirmae tamen mentis desiderio satisfacit, ut si adhuc maius non potest, iam tamen minus quod videt admiretur*".

Além disso, a medida da contemplação é sempre reconhecida na → CARIDADE, precisamente na caridade para com o próximo. Toda alma, quanto mais for abrangente no amor ao próximo, tanto mais penetrará no mistério do conhecimento de Deus; tanto mais se elevará acima de si mesma pela contemplação, quanto mais se prodigalizar no amor ao próximo. "*Tantum supersemetipsam excelsa fit, quantum se iuxta se in proximi amore tendat!*" (*Ibid.*, 15).

Gregório tem sugestões preciosas também em relação ao método, se assim podemos dizer, da contemplação. Na *Homilia I sobre Ez.* II, 8 ss., fala amplamente disso. Trata-se do ingresso espiritual no novo templo, símbolo dos tempos messiânicos, de que fala o profeta Ezequiel no c. 40, que segundo a exposição espiritual de Gregório se realiza desde esta vida com a graça da contemplação. Reconhece um triplo movimento espiritual que leva a alma no templo da glória pela fé: "*Primus gradus est ut se ad se colligat. Secundus ut videat qualis est collecta; tertius ut supersemetipsam surgat, ac se contemplationi auctoris invisibilis intendendo subiciat*". Explica cada momento: o primeiro implica a purificação dos sentidos e dos fantasmas da mente. É o momento em que a alma volta a ser imagem pura de Deus. Em seguida, a alma é preparada para habitar consigo mesma, não para permanecer ali, mas para que, a partir da compreensão da sua natureza, possa depois se elevar para fixar o olhar em Deus: "*Ex sua aestimatione anima colligit quid de incircumscripto spiritu sentiat, qui incomprehensibiliter regit, quae incomprehensibiliter creavit*". Finalmente, há a *scientia mirabilis* cantada pelo salmista (Sl 138,6), a contemplação que é como que o ingresso momentâneo no templo visto por Ezequiel: "*Sed cum conantes atque tendentes quiddam iam de invisibili natura conspicere cupimus, lassamur, reverberamur, repellimur; et si interiora penetrare non possumus, tamen iam ab exteriore ostio interius ostium videmus*" (*Hom. I super Ez.* II, 11). Note-se a profundidade da intuição mística de Gregório, garantida sempre por uma perspectiva bíblica que o mantém distante de toda confusão de neoplatonismo também nesse processo do método da contemplação. Na experiência mística, a alma já desfruta a alegria do paraíso desde a vida presente.

c) *A tripla ordem*. Gregório fala da tripla ordem na Igreja. Existem: os leigos, os monges, e os *rectores* e pastores da Igreja. Trata-se do único povo de Deus com a variedade das graças. Ninguém está excluído da graça da contemplação, mas todos devem tender a ela. É no mínimo importante observar que Gregório, precisamente nas *Homilias sobre Ezequiel*, pronunciadas ao povo de Roma no ano de 593, desenvolve mais que em outros lugares a doutrina da contemplação, da leitura espiritual da Escritura e dos seus sentidos místicos mais recônditos. Assim o *Comentário a Jó*, iniciado em Constantinopla quando ele era apocrisiário, para os seus monges, é continuado em Roma quando Gregório já é papa, e destinado a todos os fiéis, embora obedecesse aos critérios metodológicos exigidos pelo primeiro auditório monástico. Um sinal evidente da unidade do ensinamento gregoriano aos fiéis, mesmo na aderência mais objetiva às necessidades individuais. É o povo de Deus no seu todo que desenvolve e realiza a profecia da história sagrada, mas com as várias graças; nas várias *ordines*, e depois no crescimento da fé de cada membro da Igreja: "Depois de tudo, consideramos quem somos nós discutindo sobre essas coisas, de onde viemos e quais mistérios profundos da Palavra santa somos capazes de perscrutar. Certamente fomos idólatras nos nossos antepassados, mas agora pela graça podemos proclamar já palavras celestes" (*Hom. III super Ez.* I, 19: *PL* 76, 814).

Gregório reserva aos monges os seus cuidados especiais. É o que demonstram os *Diálogos*. Gregório tece o elogio do "homem de Deus, Bento", saudado como o modelo do eleito, ou do chamado à perfeição. Bento é o homem que se afastou de tudo o que podia distanciá-lo de Deus; habita "consigo mesmo", acrescentando a esse seu estado interior o testemunho de uma vida anacorética pura. Torna-se depois pai de almas, daí o valor do seu → CENOBITISMO. Bento conhecerá também uma profunda experiência mística, que continua a ser o paradigma da experiência do monge fiel. Nesse ponto, a descrição de Gregório atinge a expressão mais elevada da doutrina mística: "Para uma alma que vê o Criador, toda coisa criada se torna pequena, porque mesmo aquele pouquinho que pode ver à luz do Criador basta para apequenar qualquer coisa criada. É que, graças à luz dessa mesma visão, os olhos da mente se ampliam e se estendem em Deus a ponto de ficar acima de todo o criado e a própria alma de quem vê transcende a si mesma. E quando, na luz divina, é arrebatada acima de si, se dilata interiormente, de modo que, ao voltar a olhar as grandes coisas abaixo de si, compreende o quanto era pequeno aquilo que não podia conhecer por estar em baixo" (*Diálogos*, II, 35, 129).

Trata-se de uma experiência espiritual profundíssima da realidade de Deus; da subordinação permanente do criado a Deus; do retorno do homem a Deus, ao término da peregrinação terrestre. De fato, nessa mesma visão, Gregório vê a alma de Germano, bispo de Cápua, levada pelos anjos ao paraíso, em uma bola de fogo.

A busca espiritual de Gregório reconhece ao monge um carisma de paternidade espiritual sobre a Igreja que foge à paternidade espiritual comumente entendida. É uma paternidade que supõe uma plenitude de Espírito Santo; manifesta-se por um domínio carismático sobre a tripla concupiscência e por uma compreensão peculiar da palavra de Deus (cf. *Diálogos*, I, 6, 28; II, 2, 79).

Finalmente, Gregório esclarece o primado do *Pastor animarum* ou do *Rector animarum* que se exprime fundamentalmente no bispo. É a ele que Gregório consagra toda a sua *Regula pastoralis*, uma das obras que tiveram mais influência na formação da Idade Média cristã. O *Rector animarum* na teologia espiritual de Gregório constitui a expressão mais elevada da Igreja. Sua eleição corresponde a uma designação do Espírito Santo que dá todas as *ordines* ou as várias graças da Igreja, escolhe quem é mais adequado ao "serviço" por excelência da Igreja (*In I Regum*, IV, 205). Por isso, quando o Espírito Santo, pela autoridade da Igreja, chama para o ofício de pastor também quem se dedicou à vida contemplativa, à vida monástica, este deverá responder, assumindo os ônus da vida ativa. A perfeição do eleito estará precisamente nessa disponibilidade ao chamado da Igreja, tendo presente que o ato de se doar por amor aos irmãos é a maior manifestação da atividade espiritual.

Guiado por esse Espírito, Gregório enviará os monges à Inglaterra para a evangelização, permitindo e garantindo com a autoridade da sua experiência a entrada dos monges no sacerdócio (BEDA, *Hist. eccl.* I, 23). "O chamado, portanto, chegando ao *regimen animarum*, deverá pensar seriamente em qual graça recebeu, qual a responsabilidade que provém de sua missão. Como superior deve estar próximo de cada súdito com a caridade e a compaixão; do mesmo modo, deverá elevar-se acima de todos com a contemplação" (*Reg. past.* II, 5). A eminência da graça pastoral exige uma contemplação eminente. O c. 11 da segunda parte da *Regra pastoral* elimina toda ansiedade e dúvida sobre uma perspectiva de distinção entre o ofício pastoral e a graça interior. Todo *rector animarum* deve meditar a lei divina com assiduidade, e é em proporção à compreensão da → PALAVRA DE DEUS que o pastor é guia da Igreja, é garantia da sua unidade. Nessa perspectiva, o *regimen* é um verdadeiro carisma no sentido que a antiga teologia dava a esse termo, e por isso a direção das almas é saudada como a *ars artium* (*Reg. past.* I, 1: *PL* 77, 14A).

A terceira parte da *Regra pastoral* sugere ao *rector animarum* o grande discernimento com que deverá conduzir cada alma. Trata-se de quarenta divisões em capítulos e "tipos" de almas que deverá corresponder à arte iluminada do pastor, mestre e pai.

BIBLIOGRAFIA. ANTONELLI, F. De re monastica in Dialogis S. Gregorii Magni. *Antonianum* 2 (1927) 401-436; BOUCHAGE, F. *Saint Grégoire le Grand. Méthode de vie spirituelle tirée de ses écrits.* Paris, 1930; BUTLER, C. *Il misticismo occidentale: contemplazione e vita contemplativa nel pensiero di Agostino, Gregorio e Bernardo.* Bologna, 1970; CALATI, B. La preghiera nella tradizione monastica dell'Alto Medioevo. In *La preghiera nella Bibbia e nella tradizione patristica e monastica.* Roma, 1964, 515-614; ID. La "lectio biblica" negli autori monastici dell'Alto Medievo. In *Bibbia e vita spirituale.* Roma, 1967; ID. S. Gregorio Magno maestro di formazione spirituale. *Seminarium* 2 (1969) 245-268; CREMASCOLI, G. *Novissima hominis nei Dialoghi di Gregorio Magno.* Bologna, 1980; ID. *Omelie sui Vangeli e Regola pastorale.* Torino, 1968; GANDOLFO, E. *Omelie su Ezechiele* I-II. Roma, 1979; HERNANDO PEREZ, J. La potestad de Orden em S. Gregorio M. In *Teología del sacerdocio.* Burgos, 1976, 129-180, t. 8; LECLERCQ, J. *La doctrine de saint Grégoire.* Paris, 1961, 2 vls.; MANSELLI, R. L'escatologismo di G. Magno. In *Atti del I Congresso Internazionale di Studi Longobardi.* Spoleto, 1952; ID. S. Gregorio Magno e la Bibbia. In *La Bibbia nell'Alto Medioevo.* Spoleto, 1963, 67-102; MÉNAGER, A. La contemplation d'après saint Grégoire le Grand. *La Vie Spirituelle* 9 (1929) 242-282; ID. Les divers sens du mot "contemplatio" chez saint Grégoire le Grand. *La Vie Spirituelle. Supplément* 59 (1939) 145-169; 60 (1939) 39-59; PARONETTO, V. *Gregorio Magno. Un maestro alle origini cristiane d'Europa.* Roma, 1985; ID. Note Gregoriane. A proposito di alcune recenti pubblicazioni su Gregorio Magno. *Rivista di Storia della Chiesa in Italia* 34 (1980) 174-187; PORCEL, O. M. S. *La doctrina monástica de S. Gregorio Magno y la Regula monachorum.* Madrid, 1951; ID. Gregorio Magno y el monacato. Cuestiones controvertidas. *Studia Monastica* 2 (1960) 1-95; RECCHIA, V. Il "praedicator" nel pensiero e nell'azione di Gregorio Magno. *Salesianum* 41 (1979) 333-374; ID. *L'esegesi di Gregorio Magno al Cantico dei Cantici.* Torino, 1967; SERENTHÀ, L. Introduzione bibliografica allo studio di S. Gregorio Magno. *La Scuola Cattolica* 102 (1974) 283-301; ID. *Servi di tutti. Papa e vescovi a servizio della Chiesa secondo S. Gregorio Magno.* Torino, 1980; STENDARDI, A. *Dialogi* II. Roma, 1975; WESTHOFF, F. *Die Lehre Gregors des Grosses über die Gaben des Heiligen Geistes.* Hiltrup, 1940.

B. CALATI – L. DATTRINO

GUARDINI, ROMANO. 1. NOTA BIOGRÁFICA. Nasceu em Verona em 17 de fevereiro de 1885. Quando era ainda criança, a família se mudou para Mainz (Alemanha). Dedicou-se a diversos estudos na universidade de Munique (ciências naturais, química, economia política) até que uma crise religiosa mostrou-lhe o seu caminho vocacional: o sacerdócio. Depois dos estudos eclesiásticos em Freiburg, em Mainz e na universidade de Bonn, foi ordenado sacerdote em 1910. Obteve o doutorado em teologia em Freiburg em 1915, com uma dissertação sobre a teologia da redenção em São Boaventura.

Depois de cinco anos de ministério apostólico, foi chamado à faculdade teológica da universidade de Bonn como livre-docente ("Privatdozent"). Em 1923, foi-lhe oferecida a cátedra de teologia dogmática na universidade de Breslau, e ao mesmo tempo foi encarregado de criar em Berlim a cátedra de *Katholische Weltanschauung* (concepção católica do universo; filosofia católica). Apesar das dificuldades iniciais (Guardini era o único professor oficial da religião católica na universidade), o jovem professor teve grande sucesso. Em torno dele formou-se um grupo dinâmico de jovens ("Quickborn") que ele dirigia para uma vida cristã e interior renovada e mais profunda. Surgiram as "semanas de trabalho" ("Werkwoche"), dirigidas por Guardini, onde se descobria a beleza da liturgia e a realidade da vida cristã.

De 1923 a 1939 Guardini lecionou filosofia da religião e de "Welstanschauung" católica na universidade de Berlim. O nazismo viu nele e na sua popularidade um elemento perigoso. Na primavera de 1939 foi privado da sua cátedra. Foi readmitido na sua cátedra de filosofia católica em 1945 na universidade de Tubingen, e três anos mais tarde na universidade de Munique da Baviera. Morreu nesta cidade em 2 de outubro de 1968.

Filósofo, teólogo, animador litúrgico, pedagogo, Guardini soube estudar a sabedoria e a ciência dos grandes homens do passado, e depois interpretar e aplicar a doutrina deles às situações e aos problemas dos nossos tempos.

2. ESCRITOS. Os escritos de Guardini são numerosíssimos — mais de quinhentos títulos —, e os temas tratados são muito diversificados: filosofia, teologia, liturgia, espiritualidade, eclesiologia, pedagogia, interpretação de figuras etc. Para uma lista ampla de suas obras e dos estudos a seu respeito, cf. *Bibliographie Romano Guardini (1885-1968).* Guardinis Werke. Veröffentlichungen uber Guardini. Rezensionen, erarbeitet von HANS MERCKER. Hersg. von der Kath. Akademie in Bayern, Paderborn, 1978; e R. GAMERRO, *Romano Guardini. Filosofo della religione,* Milano, 1981, 377-384. Fornecemos aqui uma seleção segundo as seguintes divisões temáticas que devem ser entendidas em sentido aproximativo:

a) Filosofia: *Der Gegensatz. Versuche zu einer Philosophie des Lebendig-Konkreten* (Mainz, 1925; trad. it. *L'opposizione popolare.* In *Scritti filosofici,* Milano, 1964, 133-272, I/II); *Welt und Person. Versuche zur christlichen Lehre vom Menschen* (Würzburg, 1939; trad. it. *Mondo e Persona.* In *Scritti filosofici.* 1-133, II/II); *Das Ende der Neuzeit. Ein Versuch zur Orientierung* (Brescia, 1950; trad. it. *La fine dell'epoca moderna.* Brescia, 1960); *Die Macht. Versuch einer Wegweisung* (Würzburg, 1952; trad. it. *Il potere.* Brescia, 1954); *Sorge um den Menschen* (Würzburg, 1962; trad. it. *Ansia per l'uomo.* Brescia, 1969-1979, 2 vls.).

b) Teologia: *Vom Sinn der Kirche* (Mainz, 1922; trad. it. *Il Senso della Chiesa.* Brescia, 1961); *Die Kirche des Herrn* (Würzburg, 1965; trad. it. *La realtà della Chiesa.* Brescia, 1967. Contém também a trad. de *Vom Sinn der Kirche*); *Freiheit, Gnade, Schicksal. Drei Kapitel zur Deutung des Daseins* (München, 1948; trad. it. *Libertà, grazia, destino.* Brescia, 1954); *Das Wesen des Christentums* (Würzburg, 1949; trad. it. *L'essenza del cristianesimo.* Brescia, 1962); *Die menschliche Wirklichkeit des Herrn. Beiträge su einer Psychologie Jesu* (Würzburg, 1958; trad. it. *La realtà umana del Signore. Saggio sulla psicologia di Gesù.* Brescia, 1979); *Die Letzten Dinge. Die christliche Lehre vom Tode, der Läuterung nach dem Tode, Auferstehung, Gericht und Ewigkeit* (Würzburg, 1940; trad. it. *I novissimi.* Milano, 1951).

c) Espiritualidade: *Der Herr. Betrachtungen über die Person und das Leben Jesu Christi* (Würzburg, 1949[6]; trad. it. *Il Signore.* Brescia, 1964); *Vorschule des Betens* (Einsiedeln, 1943; trad. it. *Introduzione alla preghiera.* Brescia, 1979[6]); *Theologische Gebete* (Frankfurt, 1948; trad. it. *Preghiere.* Brescia, 1964); *Vom lebendigen Gott* (Mainz, 1930); *Tugenden. Meditationen über Gestalten sittlichen Lebens* (Würzburg, 1963; trad. it. *Virtú. Temi e prospettive della vita morale.* Brescia, 1980[2]); *Wille und Wahrheit. Geistliche Übungen* (Mainz, 1950[3]; trad. it. *Volontà e Verità.*

Esercizi spirituali. Brescia, 1978); *Vom Leben des Glaubens* (Mainz, 1935; trad. it. *La vita della fede*. Brescia, 1965); *Das Gebet des Herren. Versuch einer Auslegung des Vaterunser* (Mainz, 1932), ampliado em *Gebet und Wahrheit* (Mainz, 1959; trad. it. *Meditazioni sul Pater*. Brescia, 1970); *Das Bild von Jesus dem Christus im Neuen Testament* (Würzburg, 1936; trad. it. *La figura di Gesú Cristo nel Nuovo Testamento*. Brescia, 1950); *Der Kreuzweg unseres Herren und Heilandes* (Mainz, 1919; trad. it. *La via Crucis del nostro Signore e Salvatore*. Brescia, 1976); *Der Rosenkranz unserer lieben Frau* (Würzburg, 1940; trad. it. *Il Rosario della Madonna*. Brescia, 1959); *Die Mutter des Herrn. Ein Brief und darin ein Entwurf* (Würzburg, 1955); *Der Anfang aller Dinge. Meditatione über Genesis I-II* (Würzburg, 1961); *Joahnneische Botschaft. Meditationen über Worte aus dem Abschiedsreden und dem Ersten Johannes-Brief* (Würzburg, 1962; trad. it. *Il Messaggio di San Giovanni*. Brescia, 1972); *Weisheit der Psalmen. Meditationen* (Würzburg, 1963); *Das Jahr des Herrn. Ein Betrachtungsbuch* (Mainz, 1946, revisto e ampliado, 1949); *Náhe des Herrn. Betrachtungen über Advent, Weihnachten, Jahreswende und Epiphanie* (Würzburg, 1960).

d) Liturgia: *Vom Geist der Liturgie* (Freiburg in B., 1918; trad. it. *Lo spirito della liturgia*. Brescia, 1961); *Von heiligen Zeichen* (Mainz, 1927; trad. it. *I santi segni*. Brescia, 1960); *Liturgie und liturgische Bildung* (Würzburg, 1966); *Ein Wort zur liturgischen Frage. Ein Brief an den Hochw. Herrn Bischof von Mainz* (Mainz, 1940).

3. DOUTRINA TEOLÓGICA E ESPIRITUAL. Guarini deixou-nos estudos e intuições profundas no campo teológico e espiritual, embora não tenha um "sistema" teológico próprio. Aliás, tinha quase uma aversão por aqueles que extraíam de seu sistema a resposta pronta para todas as dificuldades. Ele mesmo denominou-se "um pensador ocasional". Parte sempre do fenômeno da existência cristã e o seu objetivo é levar a humanidade na sua totalidade a um estado de unidade na salvação oferecida por Cristo. Entre fé e razão, entre filosofia e teologia, entre cultura e religião, Guarini não vê conflito, mas harmonia. Suas obras são uma tentativa admirável "de alcançar uma visão de conjunto que abarque a existência cristã no seu todo" (*Libertà, grazia, destino*, 7).

Em toda vida há uma oposição ou uma tensão de dois elementos: o famoso "Gegensatz", que é como o fio condutor de todos os escritos de Guarini. A oposição polar, ou seja, a tensão entre os polos opostos é uma expressão concreta e tangível de todo ser vivo e, portanto, também do homem. No equilíbrio desses polos opostos está a verdade e a vida.

O trágico problema dos homens de hoje, segundo Guarini, é conceber Deus como um oposto opressor, um grande outro que se opõe à existência do indivíduo. Guarini vê as razões profundas do ateísmo no desejo do homem de ser livre, autônomo, de ter vida própria. Mas o erro básico aqui é ver Deus como um outro, oposto e inimigo, e não como a fonte, a origem e o protetor da existência. Com uma doutrina nitidamente agostiniana, Guarini examina o delicado problema da ação soberana de Deus no homem e a real autonomia ou liberdade da criatura (cf. *Libertà, grazia, destino*).

O homem moderno, porém, está perdido: encontra-se à beira de um caos que ele mesmo criou. Os meios para uma restauração da sua "existência dilacerada", conservando ao mesmo tempo todos os verdadeiros valores humanos, são predominantemente de ordem espiritual. Resumem-se em três virtudes fundamentais: a seriedade que é imposta pela verdade que perscruta os verdadeiros e reais fundamentos da existência; uma coragem espiritual e pessoal que sabe resistir à desordem que existe no mundo e dentro do próprio homem; enfim, uma liberdade interior que não é dominada pelo encanto dos *slogans*, dos meios de comunicação, nem pela ambição de poder. Para conquistar essas virtudes, é necessária uma ascese que Guarini vê como o caminho obrigatório para a vitória final: "Não existe grandeza que não se fundamente no domínio de si e na renúncia" (cf. *Il potere*, 112).

Jesus Cristo está no centro da teologia de Guarini. Ele, o maior personagem do passado, transcende todas as categorias humanas. O homem precisava da revelação trazida por Cristo para alcançar a plena e autêntica verdade sobre Deus. Acreditar em Cristo significa acreditar em Deus que se revela, porque Cristo não apenas anuncia uma mensagem, mas ele mesmo é o que diz, o Verbo de Deus. Assim, em sua obra-prima teológica e espiritual (*O Senhor*), Guarini contempla Cristo. E, enquanto o apresenta, tem sempre o cuidado de fascinar os seus leitores com o encanto e a absoluta preeminência da pessoa de Cristo, e de instá-los à imitação de Jesus.

É na Igreja que o cristão encontra o Senhor. Deve-se obediência à Igreja porque a ela foi confiada a autoridade de reunificar a sociedade moderna. Guarini considera a Igreja não uma simples aglomeração de indivíduos, cada um dos quais tem o dom da fé, e sim uma comunidade crente e viva, a atmosfera em que o cristão respira, onde encontra o próprio lugar na criação de Deus e onde todos os valores e direitos do homem e do mundo são respeitados. Essa Igreja está aberta para o mundo, mas não segue os caminhos do mundo: entre eles haverá sempre um inevitável antagonismo. Na sua essência, portanto, a Igreja é "mistério" e "rocha". "Mistério" porque não é derivada de qualquer necessidade psicológica, sociológica ou histórica, mas "nasceu da fundação de Cristo e da descida do Espírito Santo" e porque "quanto ao núcleo, vive pela cruz de Cristo e pela influência do Espírito" e porque a salvação que anuncia e a salvação à qual conduz o homem está "acima de qualquer razão". E é "rocha" porque não está ligada a nenhum efeito subjetivo, mas é "mensagem objetiva de Deus... irremovível em discriminar o verdadeiro do falso" (*La realtà della Chiesa*, 136).

a) *A liturgia*. O nome de Guarini está ligado de maneira especial ao renascimento litúrgico do nosso século, do qual ele foi pioneiro e promotor na Alemanha. Por um tempo ele foi coeditor, juntamente com Odo → CASEL, do *Jahrbuch fur Liturgiewissenschft*. Traduziu em um alemão elegante, do qual era professor, textos litúrgicos do breviário e da liturgia romana (observe-se particularmente a do Saltério de Pio XII que os bispos alemães confiaram a ele).

A contribuição de Guarini nesse campo realiza-se sobretudo na educação litúrgica da sua geração. Procurou criar assembleias não tanto de espectadores passivos quanto de participantes ativos. Para chegar a isso, deu destaque ao aspecto "epifânico" da liturgia, ou seja, ensinou a buscar nos sinais sagrados da liturgia a manifestação de Deus, e sob os símbolos materiais e visíveis um mundo invisível. Trabalhou muito para restituir à liturgia todo o seu frescor e beleza, e torná-la mais apropriada para conduzir o homem moderno às realidades divinas (cf. *O espírito da liturgia; Os santos signos*).

b) *A oração pessoal*. Tem o seu papel indispensável ao lado da liturgia. Apesar de toda a sua cultura litúrgica, Guarini apreciava os exercícios de devoção como a via-crúcis (→ CRUZ) e o → ROSÁRIO. Guarini acredita que o homem moderno tem necessidade da oração pessoal para conquistar o próprio equilíbrio em meio às forças desagregadoras da vida. Ofuscado pelos valores sensíveis do progresso e das utilidades imediatas, o homem deve reencontrar o valor da vida contemplativa. No silêncio da oração pessoal, ele encontrará a luz para ver e a força para superar as falsidades do mundo feitas de pressa e de exterioridade. De fato, é a oração que une as tendências do homem ao colocá-lo diante da Verdade (cf. *Introdução à oração*).

BIBLIOGRAFIA. BABOLIN, A. *Romano Guardini filosofo dell'alterità. Realtà e persona*. Bologna, 1968-1969, 2 vls.; BALTHASAR, H. URS VON. *Romano Guardini. Riforma dalle origini*. Milano, 1970; BISER, E. *Interpretation und Veränderung: Werk und Wirkung Romano Guardinis*. Paderborn, 1979; ENGELMANN, H. – FERRIER, F. *Introduzione a Romano Guardini*. Brescia, 1968; GAMERRO, R. *Romano Guardini. Filosofo della religione*. Milano, 1981. HALDA, B. *Christianisme et humanisme chez Romano Guardini*. Paris, 1978; KUHN, H. *Romano Guardini. L'uomo e l'opera*. Brescia, 1963; LOPEZ QUINTAS, A. *Romano Guardini y la dialéctica de lo viviente*. Madrid, 1966; MONDIN, B. *I grandi teologi del secolo ventesimo*. Torino, 1969, 89-120, vl. I; RAHNER, K. Romano Guardini. Omaggio nell'ottantesimo compleanno. *Humanitas* 20 (1965) 390-401; RIVA, G. *Romano Guardini e la katholische Weltanschauung*. Bologna, 1975; SOMMAVILLA, G. *Scritti filosofici*. Milano, 1964, 3-132, vl. I; WECHSLER, F. *Romano Guardini als Kerygmatiker*. Paderborn, 1973. Para a bibliografia de seu centenário, cf. SCHLETTE, H. R. Guardini Literatur im Jubiläumsjahr. *Theologische Revue* 81 (1985) 441-450.

F. BOYCE

GUIBERT (DE), JOSÉ. 1. NOTA BIOGRÁFICA. Nascido em 14 de setembro de 1877 em Montaigu, realizou seus estudos em Toulouse e, munido do bacharelado em letras e ciências, ingressou no noviciado dos jesuítas em Toulouse em 19 de outubro de 1885 e pronunciou os primeiros votos em 25 de outubro de 1897. De 1898 a 1900 estudou filosofia em Vals-près-le-Puy, depois história em Paris e licenciou-se em letras na Sorbonne. De 1903 a 1907 estudou teologia em Enghien, na Bélgica. De 1908 a 1910 lecionou teologia no seminário regional de Lecce. No outono de 1910 iniciou o terceiro ano de postulado na Bélgica. Aqui o seu pensamento recebeu a orientação definitiva para o ápice da perfeição. Em 13 de novembro de 1910 fez "o voto do mais perfeito", mas repensado e esclarecido por sua própria conta e expresso com a fórmula do "escolher durante toda a jornada aquilo que se revelar claramente ser mais agradável ao coração divino de Jesus". A partir de 1911, lecionou teologia em Enghien, onde em 2 de fevereiro de 1912 fez a profissão solene de quatro votos e, aproveitando a rica biblioteca fundada por Watrigant, orientou-se para a → ESPIRITUALIDADE. Durante a guerra mundial de 1914-1918, foi mobilizado e passou os anos de 1916 a 1919 como capelão nos Bálcãs. Depois da desmobilização, em Toulouse predominou o seu projeto referente à espiritualidade: seguindo o exemplo dos bolandistas, situava-se exclusivamente no plano científico e queria assegurar os progressos da teologia na vida espiritual. Em maio de 1919 ele elaborou o programa da *Revue d'Ascétique et de Mystique* e anunciou sua execução para janeiro de 1920, como de fato ocorreu. Mas nesse trabalho estava praticamente sozinho: tinha apenas a aprovação dos superiores, mas pouca compreensão e poucos colaboradores. Contudo, a sua energia e a sua dedicação souberam imprimir à revista um ímpeto e uma característica que respondiam às exigências do tempo em matéria de história e de doutrina. Assim que o sucesso da revista foi garantido, ele foi chamado a Roma. Passou a contar com o auxílio do padre F. Cavallera, mas continuou a se ocupar ativamente da direção da revista e só em 1926 transferiu definitivamente a direção ao padre Cavallera.

Em setembro de 1922 havia chegado a Roma para assumir na Universidade Gregoriana a cátedra de teologia espiritual, ascética e mística, destinada ao clero de Roma; em seguida, foi-lhe atribuída também a cátedra de espiritualidade na faculdade de teologia. Além disso, foi prefeito dos estudos (1928-1932), ensinou teologia fundamental (1926-1928) e metodologia geral (1928-1942). Absorvido pela atividade universitária e apostólica, jamais pôde realizar o seu plano, mas teve grande participação na fundação do *Dictionnaire de Spiritualité ascétique et mystique*, encorajando, aconselhando, colaborando, participando da direção (A. RAYEZ, Le Dictionnaire de Spiritualité, *Gregorianum* 36 [1955] 308-318). Especialista em história e em espiritualidade, em 1932 foi nomeado consultor da Congregação dos Ritos, sobretudo para os processos de beatificação e de canonização, para os quais era particularmente apreciado. Morreu em 1942.

2. OBRAS. O ensino na universidade e a fundação da *Revue d'Ascétique et de Mystique*, assim como a participação na fundação do *Dictionnaire de Spiritualité*, obrigaram-no a realizar determinadas pesquisas no campo da → TEOLOGIA ESPIRITUAL e da história. No *Dictionnaire de Spiritualité*, encontramos mais de trinta notas e artigos, a maioria notas biográficas, mas também artigos importantes, como *Abnégation, Ascétique (théologie), Avarice spirituelle*. Além disso, *De Ecclesia Christi* (Roma, 1928); *Breves adnotationes in cursum Methodologiae generalis* (Roma, 1944). Participou das discussões da época sobre os problemas da espiritualidade. São seus também artigos publicados primeiro nas *Recherches de Science Religeuse*, depois na *Revue d'Ascétique et de Mystique*, na *Gregorianum*, no *Archivum Historicum Societatis Iesu*. Inúmeros desses estudos foram reunidos por ele e publicados em um volume: *Études de théologie mystique* (Toulouse, 1930). Para facilitar o trabalho de pesquisa, ele fez um inventário dos textos do magistério com referência aos problemas da vida espiritual: *Ecclesiastica documenta perfectionis christianae studium spectantia* (Roma, 1931). É uma mina de informações precisas e sugestivas que podem ser encontradas tanto nos próprios textos quanto nas notas que Guibert acrescentou a eles. Sua obra principal é a *Theologia spiritualis ascetica et mystica* (Roma, 1937).

Ele preparou esse estudo também em francês, refazendo-o com alguns acréscimos importantes. O primeiro volume, *Leçons de théologie spirituelle*, foi publicado postumamente em Toulouse em 1943. Essa obra foi traduzida para o espanhol e para o inglês. Do segundo volume só chegaram até nós esboços. Este volume, sobretudo, mostra-nos claramente a vasta e segura erudição de mestre, sua clarividência, sua equidade, a penetração e a moderação de juízo. Em 1935, em vista do quarto centenário da fundação da Companhia de Jesus, o padre De Guibert recebeu do superior geral, Wl. Ledóchowski, a incumbência de escrever a história da espiritualidade inaciana. O trabalho foi retardado pela guerra, mas no conjunto estava concluído em 1941. A obra, deixada em manuscrito quase pronta para a publicação, foi publicada por E. Lamalle, SJ: *La Spiritualité de la Compagnie de Jésus. Esquisse historique* (Roma, 1953, XL-660). Nessa última obra se encontrará também a bibliografia (livros e artigos) do padre De Guibert preparada pelo padre Polgár (pp. XIII-XVI). Além disso, devemos mencionar os numerosos resumos, resenhas e as notas publicadas sobretudo na *Revue d'Ascétique et de Mystique*, que não são citados na bibliografia de Polgár.

3. DOUTRINA. Ele não foi um lógico ou um construtor de teorias e de doutrinas abstratas, mas foi antes de tudo um historiador, um teólogo e um diretor espiritual, cujo ideal e preocupação constante foi oferecer uma espiritualidade fundamentada na reflexão teológica, mas também conforme à experiência e à tradição em sentido amplo. Estava convencido de que o método original da teologia espiritual estava na síntese de uma dedução exata dos princípios revelados e da observância respeitosa da conduta providencial em relação às almas das pessoas. Todos os problemas de que trata, problemas de temas delicados que são objeto de discussões ardorosas, ou problemas cuja importância é maior ou cuja solução é mais contestada, ele os resolve com muita competência, com segurança de informação e de moderação, de modo que podemos admirar sempre as suas qualidades de clareza, de moderação e de perspicácia nos juízos e segurança teológica. No que diz respeito à ascética e à mística, ele teve uma autoridade universalmente reconhecida e respeitada. Admiravam-se e apreciavam-se seu rigor da probidade e seu gosto pela perfeição.

BIBLIOGRAFIA. CAVALLERA, F. – VILLER, M. Avant-Propos. In J. DE GUIBERT. *Leçons de Théologie spirituelle*. Toulouse, 1946, III-VIII; CAVALLERA, F. P. J. de Guibert. *Revue d'Ascétique et de Mystique* 22 (1946) 192-193; GALTIER, P. Le P. J. de Guibert. *Revue d'Ascétique et de Mystique* 26 (1950) 97-120; In memoriam: P. J. Guibert. *Liber Annualis Pontificiae Universitatis Gregorianae*. Roma, 1943, 59-60; J. Guibert. *Archivum Historicum Societatis Iesu* 11 (1942) 211; OLPHE-GALLIARD, M. Guibert (Joseph de). *Dictionnaire de Spiritualité* VI, 1.147-1.154; ID. Cinq lettres d'Henri Bremond au Père Joseph de Guibert. *Bulletin de Littérature Ecclésiastique* 69 (1968) 185-196.

A. LIUJMA

GULA. Antes de tudo, é preciso distinguir a necessidade de se alimentar da gula (como um dos sete pecados capitais).

A alimentação tem o objetivo de sustentar a existência física do ser humano. Está ligada à sensibilidade, ao gosto e ao olfato porque deve ter requisitos de atração e de estimulação fisiológica para que possa ser atingido da melhor maneira o objetivo biológico. De fato, se o alimento provoca náusea ou repugnância pode diminuir ou alterar o instinto da nutrição. Essa sensibilidade está ligada a hábitos nacionais e regionais muito variados. Alimentar-se em condição de tensão ou de pressa é nocivo; nesse caso, é preferível alimentar-se pouco ou com alimentos líquidos (leite etc.). Por fim, está ligada à necessidade de alimentos por parte de cada pessoa.

A biologia oferece um ponto de referência para poder estabelecer quando ingerir alimentos é uma ação regular e quando deixa de sê-lo e se pode começar a falar de gula.

Algumas vezes a necessidade frequente de se alimentar, e exageradamente, depende de imaturidade psíquica: no plano psicológico, a gula pode responder a uma necessidade de autogratificação em estados de depressão psíquica ou de carência. O indivíduo desprovido de qualquer coisa que tenha valor afetivo recorre a mecanismos substitutivos e de compensação em um plano físico; uma dessas compensações pode ser precisamente comer mais que o realmente necessário. Em certo sentido, esse mecanismo deve ser respeitado enquanto a problemática psíquica de fundo não for resolvida por meio de psicoterapia, se necessário, ou por meio de uma *metanoia* que torne verdadeiramente autêntica a própria posição existencial.

BIBLIOGRAFIA. ANCONA, L. *Psicanalisi.* Brescia, 1965; Gourmandise. *Catholicisme* V (1962) 124-125; Gourmandise. *Dictionnaire de Spiritualité* VI (1967) 612-622; OBLET, V. Gourmandise. *Dictionnaire de Théologie Catholique* VI, 1.520-1.525.

P. SCIADINI

GUYON, JEANNE MARIE BOUVIER DE LA MOTHE. 1. NOTA BIOGRÁFICA. Nasce em 13 de abril de 1648 em Montargis (Paris), de família nobre. Apesar de suas inclinações para a vida religiosa, casa-se aos dezesseis, mas aos 28 já está viúva, e com cinco filhos. Em 1671, tem o primeiro encontro com o padre barnabita De la Combe, com quem inicia uma profunda amizade espiritual. Abandona a família para se dedicar ao apostolado da caridade, primeiro em uma casa para neoconversos em Gex, depois, a partir de 1683, viajando com o padre De la Combe (Thonon, Vercelli, Grenoble, Marselha, Nice, Gênova, Turim, Paris). Vendo-se em sonho com a aparência da mulher apocalíptica (Ap 12), sente-se impelida a uma missão de "maternidade espiritual" entre leigos e religiosos. Em 1686 encontra-se em Saint-Cyr com → FÉNELON, que se tornará seu admirador e o mais forte defensor de sua mística de interiorização. Acusada de quietismo, em decorrência das intrigas e das difamações de Mme. de Maintenon, é colocada na prisão (de 1695 a 1703). Gravemente doente, deixa a prisão e se retira para Blois, onde acolhe em sua casa, entre o círculo de velhos amigos, também protestantes e estrangeiros, desenvolvendo até a morte (6 de junho de 1717) o apostolado de uma espiritualidade ecumênica, bastante apreciada pelo → PIETISMO.

2. ESCRITOS. A obra escrita de Mme. Guyon, que consta na primeira edição completa de pelo menos 39 volumes, ocupa um espaço fundamental na sua existência de "mãe espiritual". Escreve como que inspirada pelo Espírito Santo, muitas vezes sem reler, por obediência ao diretor espiritual, na precisa intenção de comunicar a outros as próprias experiências interiores e torná-las úteis para o caminho espiritual de todos.

A primeira obra: *Les torrents spirituels* (1682), fruto de exercícios espirituais, circula já antes de ser publicada (1704), em numerosas cópias. Contém o seu ensinamento sobre as purificações ativas e passivas, o seu caminho de silêncio interior para chegar à união com Deus, comparado por ela à torrente que se dirige para o mar (Deus), na qual, assim que a alma entra, desaparece nas águas divinas. Consequentemente, a alma afogada em Deus — como explica na segunda parte, composta em seguida — não vive mais em si mesma, mas unicamente em Deus, usufruindo liberdade e paz.

A segunda obra importante: *Moyen court et très facile de faire oraison* (iniciada em 1683, depois de sua grave doença de seis meses, e impressa em Grenoble em 1685), é o escrito mais conhecido de Guyon. Composto depois da experiência do "estado de infância", atingido na mística conformidade ao Menino Jesus, Guyon. indica em 24 capítulos (em referência simbólica ao Apocalipse) a oração afetiva, pacífica, passiva e contemplativa como o método mais rápido e mais simples para ascender à união com Deus. Na prática dessa oração, Guyon enfatiza o recolhimento passivo e o esforço de chegar à interioridade, mas considerando necessário complementar a atitude de oração silenciosa com a oração vocal e com outros elementos secundários: → LEITURA ESPIRITUAL, sacramentos, vida ascética.

Seguem-se os grandes comentários bíblicos (por exemplo, *Le Cantique des Cantiques de Salomon interpreté selon le sens mystique*, Vercelli, 1686), os *Opuscules spirituels*, a *Autobiografia* (Paris, 1686, concluída em Blois pouco antes de sua morte), numerosas *cartas*: são importantes as endereçadas a Fénelon sobre temas de experiências interiores, e as dos últimos anos dirigidas a protestantes e a alguns neoconversos. Além disso, *Poésies et cantiques spirituels sur divers sujets qui regardent la vie intérieure ou l'esprit du vrai christianisme* (Colônia, 1716).

3. DOUTRINA. Na doutrina espiritual de Guyon, o ponto de partida é o convite, que o padre A. Enguerrand (recoleto) lhe fez em 1668, de buscar Deus dentro de si mesmo. Desde o seu primeiro livro, *Les torrents spirituels*, ela ensina a vida cristã centrada na "interiorização", inclinada à exclusiva busca de → DEUS presente na alma. Essa busca deve invadir toda a existência, sem admitir outros interesses além do "amor puro" de Deus. O homem deve assumir uma atitude decisiva de indiferença diante dos fatos negativos da vida (como calúnias, perseguições, sofrimentos), deve permanecer indiferente mesmo nos momentos de aridez e de "sécheresse", para não dificultar a ação de Deus que pressupõe a passividade da alma. A graça divina "atrai com força" o homem para o seu centro, até a sua absorção no "imenso mar de Deus". Por isso, essa busca, mais que realizar-se num caminho para a aquisição das virtudes cristãs, significa uma anulação interior total, uma descida com a oração passiva no íntimo mais pessoal onde Deus está presente, um afogar-se nele, do qual nasce a posse da paz sem interrupção. Toda a perfeição, que Guyon entende como estado permanente já nesta vida, se reduz a esse viver perdidos em Deus.

Nessas ideias de Guyon se manifestam as tendências quietistas que chegaram até ela em parte através de suas principais fontes (Bento de Canfield = *Regra de perfeição*; Jean de Bernières-Louvigny = *Le chrétien intérieur*), em parte através das amizades com o padre de la Combe e mais tarde com Fénelon, mas substancialmente elas coincidem com a doutrina dos grandes místicos (espanhóis, alemães, italianos). Guyon não é uma figura típica do → QUIETISMO. Nela, a anulação total não deve ser entendida em sentido niilista, como uma espécie de desintegração física, mas unicamente no sentido místico, como atitude indispensável para a transformação do homem velho em nova criatura à imagem e semelhança de Deus, realizada pela Palavra encarnada. No fundo, não é outra coisa que a consciência e a plena afirmação do: "eu não sou nada", enquanto: "em mim deve viver a Palavra", em toda a sua plenitude, até desembocar e se expandir na Igreja em silenciosa comunicação.

Por isso dificilmente se poderá condenar em juízo o quietismo de Guyon apenas com base em um conhecimento anterior proveniente dos documentos do tribunal eclesiástico. É verdade que o seu *Moyen court...* não foi aceito nos ambientes jansenistas arrastado pela onda antiquietista, provocada pelo *Guía espiritual* de → MOLINOS, e por fim colocado no Índex (só na versão italiana). Mas essa acusação não leva em conta que Guyon propõe em seu livro uma espiritualidade superior e reservada a uma elite, a pessoas avançadas na → VIDA INTERIOR, embora afirme querer falar a todos sem distinção.

4. INFLUÊNCIA. Os católicos consideram Guyon uma figura do quietismo francês, embora tenha conseguido influenciar muito o → PROTESTANTISMO. Especialmente o pietismo inspirou-se no seu caminho para a interioridade. O primeiro organizador de suas obras foi o pastor Pierre Poiret (1646-1714), e enquanto as primeiras traduções italianas, realizadas quase ao mesmo tempo que o texto francês, logo foram esquecidas, as traduções alemãs de G. Arnold (1666-1714) e de G. → TERSTEEGEN (1697-1769) exerceram uma grande influência sobre a devoção protestante na Alemanha. No século XVIII o pastor calvinista J. Ph. Dutoit-Membrini, editor de suas obras em quarenta volumes (Lausanne, 1767-1791), fundou junto com F. von Fleischbein uma sociedade religiosa para a difusão da doutrina espiritual de Mme. Guyon. Em seguida, Guyon é apreciada por J. Wesley, J. Paulo, A. Schopenhauer.

Hoje se tende a revalorizar Guyon por sua abertura ecumênica, a orientação bíblica e o cristocentrismo (mística do Logos) da sua espiritualidade, que adquirira ressonância mais forte após a sua morte nos ambientes protestantes, e sobretudo por suas experiências de encontros de oração, frequentados ao mesmo tempo por católicos e protestantes.

BIBLIOGRAFIA. 1) Obras: AARBURG, SJ. *La vie de Mme Guyon écrite par elle-même*. Paris, 1983; POIRET, P. (org.). *Madame Guyon, Oeuvres et Opuscules spirituels*. Colonia, 1720 (reimpressão Hildesheim, 1978; em trad. alemã em 14 vls., Uitikon-Waldegg, 1980 ss. [reimpressão da tradução alemã de 1727], em particular: *Die geistlichen Ströme [Les torrents spirituels]*, 1981 [também Marburg, 1978], *Das innere Gebet [Moyen court et très-facile de faire oraison]*, 1980; *Die heilige Liebe Gottes* [*L'amour de Dieu*].
2) Estudos: AEGERTER, E. *Mme Guyon, une aventurière mystique*. Paris, 1941; BRUNO, J. *La vie de Mme Guyon*. Paris, 1961, 2 vls.; COGNET, L. Guyon. *Dictionnaire de Spiritualité* VI; ID. Quietismus. *Lexicon für Theologie und Kirke*. Freiburg, 1963², vl. VIII; GONDAL, M. L. *L'acte mystique. Témoignage spirituel de Madame Guyon* (tese de doutorado). Lyon, 1985; JUNGCLAUSSEN, E. *Suche Gott in dir. Der Weg des inneren Schweigens nach einer vergessenen Mystikerin J.-M.-Guyon*. Freiburg, 1986; PETROCCHI, M. *Il quietismo italiano del Seicento*. Roma, 1948.

GIOVANNA DELLA CROCE

H

HÁBITO. Termo derivado do latim *habitus*. Indica um comportamento, uma assiduidade, uma constância, um costume; porém, numa acepção mais determinada significa um processo constante no mesmo agir, uma organização de comportamento, um repetido modo no desenvolvimento de uma operação induzida pela frequência de estímulos adequados, naturais ou voluntários, internos ou externos à pessoa, a qual pode ser mais ou menos consciente do que nele se determina. A pessoa *habituada*, por força do hábito, pode realizar precisas funções e pôr os relativos atos com determinação interior, com concreta imediatez, com maior segurança e velocidade, com economia de forças, sem o compromisso da normal energia psíquica, ou seja, sem que se ponha ali a atenção e a voluntariedade exigida no costumeiro operar humano.

Por definição não podem coincidir com o hábito termos a ele análogos: "habilidade", que indica poder de índole técnica e artística; "adaptação", que importa passividade e uso a uma situação externa; "costume", que indica sobretudo comportamento constante de um grupo; "uniformidade", que exprime uma repetição de eventos naturais, apta a sugerir uma previsão quase certa; "reflexo condicionado", que equivale à reação derivada da percepção do simples sinal de um estímulo ao qual foi antecedentemente associado.

O termo "automatismo" tem uma particular evocação a hábito: deriva do grego αὐτόματος (que faz por si) e pode significar seja o processo involuntário e inconsciente de atos realizados por uma pessoa, seja a doutrina que classifica como automáticas algumas séries de atos ordinariamente tidos como voluntários e conscientes. Por automatismo, em sentido estrito, entende-se aqui a atividade humana, interna ou externa, que se estende fora da área da consciência psicológica e moral. Distingue-se de um automatismo primário, congênito, autóctone, tanto físico como mental, devido a causas físicas (centros nervosos) ou psíquicas (perturbações mentais), e um automatismo secundário, adquirido, seja físico (caminhar) seja mental (calcular); porém, só se pode falar de verdadeiro automatismo quando a consciência nem explicitamente nem implicitamente considera o realizado ou — para usar termos escolásticos — nem atualmente nem virtualmente controla a ação e o seu fim. Enquanto ao hábito se reconhece o controle da parte da consciência de um máximo a um mínimo, e sempre a possibilidade de um pronto domínio, ao automatismo, pelo contrário, se desconhece tal controle, mesmo se a ele não são indiferentes os estratos inferiores da psique.

Às vezes se fala de hábito automatizado; deve-se, porém, considerá-lo sempre superior a um verdadeiro automatismo.

A *origem* do hábito encontra o seu âmago na plasticidade da natureza física, psíquica e espiritual do homem, a qual é ordenada, no seu agir, à obtenção de qualquer bem, à realização de qualquer interesse, em medida sempre mais satisfatória, com praticidade mais imediata e menos dispendiosa de tempo e de energia.

Esta lei se manifesta em todos os setores: no setor físico a repetição frequente do ato realizado sob as estimulações nervosas e musculares, favorecidas pela aceitação da consciência, cria uma espécie de pista sobre a qual decorrem mais facilmente atos idênticos ao inicial; no setor psíquico e espiritual sob a repetição do ato correspondente, os conteúdos da consciência se reforçam, se associam, se unem a determinados impulsos, favorecendo uma precisa finalidade. Os atos realizados por hábito aparecem com a nota de realização espontânea, de reflexos sem consciência e sem esforço psíquico; fala-se então de segunda natureza e de ideia substanciada (ideia transformada em substância), quase a indicar que o hábito permite à pessoa maturar um ato ou uma cadeia de atos com a mesma naturalidade com que se expandem as funções elementares da vida.

Fator remoto do constituir-se de um hábito pode ser uma exigência, uma → TENDÊNCIA, um propósito, um prazer, uma experiência, um sentimento etc., reconhecido pela pessoa como valor de duradouro interesse e de possível aquisição;

segue o exercício ativo ou repetição do ato para conseguir a finalidade; o exercício deve ser sustentado por um esforço coerente para inibir oposições e superar a inicial dificuldade. A este processo a consciência está presente; de fato, a principal função na formação do hábito é realizada pelo espírito, isto é, pela inteligência, que explica a presença dos hábitos úteis, selecionados pela vontade livre que sustenta os prolongados treinos do eu superior que justifica o emprego de responsabilidade moral colocado no exercício.

É perceptível que na aquisição de um hábito joga o fator da maturidade da própria pessoa. Um hábito vicioso pode constituir-se durante a idade juvenil ou em período de debilidade psíquica, nos quais o conhecimento do valor negativo do ato é limitado.

Experimentalmente, parece certo que não basta somente a repetição dos atos para constituir um hábito, sobretudo aqueles sociais; deve participar aí a consciência pessoal, ao menos com uma mínima percepção da finalidade.

Os sinais que indicam a presença de um hábito são a facilidade na realização do ato, a periodicidade constante do ato, a plácida aceitação do seu valor, o prazer que dele deriva, a resistência a estímulos contrários, o concomitante desempenho da atividade psíquica na qual não se radica o hábito.

A *vantagem* que o hábito, seja esse bom ou ruim, traz ao homem é a grande economia de energia psíquica que deveria empregar na repetição dos atos caso estes não estivessem misteriosa e naturalmente ligados a estímulos elementares; de tal forma a pessoa pode atender com consciência atual a outros interesses, a outras conquistas sem perder o valor assegurado pelo hábito. Esta vantagem é de imenso alcance na economia psíquica caso se reflita na possibilidade de inumeráveis hábitos.

A extensão do hábito abrange a todos os graus da atividade humana; no setor motório, sensitivo, afetivo, intelectual etc. pode-se determinar hábitos de escasso interesse ou de suma moralidade.

Excluem-se da presente descrição os problemas a respeito da natureza profunda das particulares modificações psicofísicas produzidas no homem pelo hábito; ao mesmo tempo, não são aqui exigidas as referências em torno à definição de hábito e à sua utilização pelas várias filosofias.

Fora do campo estritamente filosófico o hábito assume um peso ainda maior.

Na *educação* da criança e do jovem o hábito desenvolve um papel de indiscutível valor; por ele se pode refrear as tendências e as → PAIXÕES, anular pronunciamentos de índole negativa, desenvolver positivamente os imensos recursos da psique humana, por tempo e em forma duradoura. Por outro lado, o hábito pode piorar os defeitos congênitos de formas quase incorrigíveis. Nas duas alternativas a pessoa comprometida em adquirir um hábito é chamada a colaborar para fixar os valores e a superar as metas alcançadas. Mesmo se aparentemente o habituado parece esquecer o dado consciente enquanto age, é certo que está presente sua vontade, ou, se se deseja, sua consciência naturalizada é tornada espontânea por si mesmo ao fim de expandir-se ulteriormente.

O aspecto *moral* do hábito é definido pelas mesmas fontes que especificam um ato conforme ou disforme a norma de moralidade: o objeto, o fim e as outras circunstâncias. Em cada hábito bom ou ruim, pelo menos no seu constituir-se, está presente a consciência individual; de outro modo, não se trataria de hábito, mas de simples automatismo (correlativo ao *actus hominis* dos moralistas tradicionais).

A responsabilidade pois do hábito é proporcionada à maior ou menor tomada de consciência durante a formação do hábito, ou na descoberta da sua presença ou da sua finalidade ética, e de todas as implicações que esta comporta na vida. A virtualidade da consciência, ou seja, da vontade livre e iluminada, deve considerar-se sempre presente no hábito, seja bom ou ruim; consequentemente, os hábitos são imputáveis na medida da responsabilidade consciente.

A retratação dos hábitos viciosos esvazia de responsabilidade o ato emitido por hábito e reduz um pouco a inclinação adquirida; somente uma ação contrária e duradoura pode dissolver um hábito materialmente vicioso.

O hábito bom pode considerar-se na religiosidade cristã uma *lei de graça* (com maior razão do que aquela que permitia então o uso dessa expressão por Ravaisson) enquanto se constitui de articulações e sistemas sólidos para a vida cristã, consentindo e garantindo uma estável interiorização da virtude de Cristo na pessoa. Na vida do cristão os hábitos bons são permeados pela realidade sobrenatural que a teologia chama → GRAÇA ou → CARIDADE, e que reconduz à "categoria aristotélica" da qualidade modificadora do ser substancial. A afinidade estrutural dessa qualidade, ou seja, dos *habitus* de origem sobrenatural, com os hábitos bons legitima a persuasão de uma operosidade na ordem sobrenatural, assim que toda a vida do indivíduo torna-se um testemunho alegre, seguro e fecundo de bem.

As consequências do hábito no trabalho *ascético* e na experiência *mística* são um tanto quanto surpreendentes. No compromisso perfectivo as várias metas das virtudes, em particular das cristãs, são superadas, mas jamais distanciadas no sentido de que a positiva eficiência das virtudes persevera também quando a alma está empenhada num outro setor. Na vida mística temos o testemunho de almas que podem gozar a união íntima com Deus, a qual absorve — por assim dizer — o eu superior, e podem contemporaneamente realizar uma atividade variada e indefesa. A misteriosa presença de Deus na alma, enquanto autor de novas relações estabelecidas pela → REDENÇÃO, pode resolver problemas de compatibilidade entre um estado místico, mesmo extático, e uma qualquer atividade humana; porém, é certo que os hábitos permitem uma maior disponibilidade à "presa" da parte do divino, pondo à sua disposição a consciência que vem quase desimpedida de ocupações profissionais.

Não se pode omitir um aceno ao perigo, denunciado frequentemente, do automatismo na vida espiritual, enquanto o hábito poderia — assim parece — degenerar nele. Isso pode acontecer quando a pessoa se detém nas suas conquistas espirituais, não retoma o controle dos interesses habituais, e se acomoda num procedimento mecânico, imutável, sem atividade nova, sem novos interesses; isso pode acontecer mais facilmente com os temperamentos pouco emotivos e pouco ativos ou em pessoas cansadas ou frustradas. Então se verifica o domínio do passado e se determina uma árida estereotipia de práxis, também religiosas. Com razão diz-se que o automatismo é um antro, mesmo para o espírito religioso (Mounier). Para evitar esse grave perigo da vida espiritual (para outras atividades vitais o automatismo pode considerar-se normal; por exemplo: muitos movimentos dos operadores de máquinas) é indispensável um periódico controle da parte da consciência. Normalmente isso acontece por solicitação de exigências físicas, intelectuais ou morais, que podem exigir modificações nos hábitos e impedem sempre a flexão no automatismo.

BIBLIOGRAFIA. ABBAGNANO, N. Abitudine. In: *Dizionario di Filosofia*. Torino, 1960; COLOZZA, G. A. *Psicologia e pedagogia dello sforzo*. Mazara, 1951; LUMBRERAS, P. *De habitibus et virtutibus in communi*. Roma, 1952; DE SAINT LAURENT, R. *L'habitude*. Avignon, 1950; DEMAL, W. *Psicologia pastorale partaica*. Paoline, Roma, 1956; GUILLAUME, P. *La formazione delle abitudini*. Roma, 1970; LAGAJEAN, C. *Comment combattre les mauvaises habitudes*. Avignon, 1946; LEMONTIN, R. C. Adaptation. *Scientific American* 239/3 (1978) 156-169; LINDWORSKI, J. *L'educazione della volontà*. Brescia, 1946; MOUNIER, E. *Trattato del carattere*. Roma, 1949; OLIVIERI, G. *Psicologia delle abitudini*. Milano, 1937; SIMON, R. *Morale filosófica della condotta umana*. Brescia, 1966.

G. G. PESENTI

HADEWICH. 1. NOTA BIOGRÁFICA. Nada sabemos ao certo sobre Hadewich, mística flamenga que, provavelmente, deve ser identificada com Helwigis de São Cyro, beguina de Nivelles e sepultada na abadia de Villiers, em 1269, mas não com a cisterciense Hawidis, abadessa de Aquiria, como pensou Vercoullie na sua introdução à obra de Hadewich. A análise crítica de sua obra permite pensar que presumivelmente nasceu entre os anos de 1180 e 1190 de "uma conhecida família de Antuérpia e desenvolveu um papel de ponta no movimento religioso feminino dirigindo a comunidade de beguinas de Nivelles" (E. Ennen). A hipótese de que era pessoa consagrada ou beguina é confirmada pelo fato de algumas de suas cartas serem endereçadas a uma "superior", chamada "joncffer" (mulher não casada), na qual, ao que parece, é possível reconhecer a *magistra* ou diretora de outra comunidade de beguinas.

2. OBRAS. A obra de Hadewich, expressão dos seus sentimentos mais íntimos, revela sua alma transbordante de um insaciável conhecimento amoroso de Deus. Temos *Visões* de dimensões apocalípticas ou vibrantes de um amor apaixonado, escritas talvez por volta de 1240; *Cartas em prosa* e dez *Cartas em rima*, *Escritos menores*, *Poesias estróficas* e seis *Poesias de ritmo livre*, não métrico, cuja autenticidade é comprovada, ao passo que outras doze *Poesias* erroneamente atribuídas a ela e inseridas como tais nos manuscritos, são antes obras do início do século XIV, e não carecem de um certo parentesco com a

espiritualidade de → ECKHART. Hadewich compôs poesias e cartas sob a ação da plenitude do amor: cada página, repleta de imagens poéticas, impressionantes e muitas vezes de suprema tensão para o infinito, reflete inspirações celestes e irrompe em um único cântico de amor.

3. A MÍSTICA. Por mais que fosse mística visionária e mística de amor, insaciável nos seus mais ardentes desejos de conformidade com Cristo, para ser uma com ele, perdendo qualquer existência própria, Hadewich apresenta um corpo de doutrina bem organizado em torno do tema do amor. Visa delinear os problemas gerais da existência humana enquanto são expressão dos desígnios amorosos de Deus. Transportando o amor cavalheiresco, a "Minne", ao plano sobrenatural e metafísico, chegou a atribuir a ele não só um lugar central na → VIDA INTERIOR, mas também a afirmar que o amor é a essência de tudo e motivo de toda atividade humana. O homem é criado por amor e para possuir Deus no amor. Para realizar essa meta, todo esforço humano deve colocar-se a serviço do amor, em total esquecimento de si mesmo e em plena submissão à vontade de Deus, sem condições nem limites, doando-se inteiramente ao amor incriado, a Cristo. Chama os que renegaram a si mesmos de uma "armada espiritual", termo que mais tarde, na mística franciscana, será amplamente utilizado. Essa concepção supõe que na alma estejam impressos profundamente os traços de semelhança com Cristo e que o espírito seja plasmado à imagem do modelo divino: atividade espiritual que frequentemente pode tornar-se dura luta por causa da insuficiência ou da limitação das faculdades psicológicas. Mas a ideia central do "exemplarismo", de que talvez tenha sido a primeira representante nos Países Baixos, impele-a a enfrentar a árdua subida. A alma é a imagem da Santíssima Trindade. Por meio das suas faculdades, torna-se semelhante às três Pessoas e encontra a sua verdadeira vida em Deus. Incluída no movimento circular do amor que emana de Deus como da sua natureza para voltar a ela ou em Deus, a alma participa do eflúvio e refluxo amoroso de Deus, porque o Pai se inclina para a criatura para doar-lhe o Verbo, o qual volta ao Pai, e porque o Pai infunde no seu íntimo o Espírito Santo que, por sua vez, volta ao seio do Pai. No entanto, a participação da alma é considerada menos na ordem ontológica que na histórica. Hadewich a vê mais condicionada por uma apaixonada devoção a Cristo, que se expressa através do contato ininterrupto, vital e transformador, com ele. Na sua espiritualidade predomina, portanto, um → CRISTOCENTRISMO de acentuado sabor bernardiano. Convida à contemplação amorosa das virtudes de Cristo e um fervoroso culto da Eucaristia. Para a transformação ou divinização da alma enfatiza a obra da graça, acompanhada da atividade dos sete → DONS DO ESPÍRITO SANTO, aspecto novo na sua época e continuado conscientemente por → RUUSBROEK. Tendo elevado o conceito do amor, enriquecendo-o de uma base metafísica, descobre na doação absoluta e incondicionada ao grande ideal do amor, revelado em Cristo, o sentido da existência humana e apresenta uma solução para realizar aquilo que o homem desejaria ser, sem sê-lo ainda, e possuir aquilo que ainda não lhe pertence. A mística de Hadewich, e particularmente suas noções sobre o amor unitivo e transformador, exerceram não pouca influência sobre Ruusbroek.

BIBLIOGRAFIA. 1) ESCRITOS: MIERL, J. VAN. *Hadewijch: Visioenen.* Leuven, 1924-1925, 2 vls.; *Strophische Gedichten.* Antwerpen, 1942, 2 vls.; *Brieven.* Antwerpen, 1947, 2 vls.; *Mengeldichten.* Antwerpen, 1952. Em trad. em inglês: COLUMBA HART. *Hadewijch. The complete works.* New York, 1980. Em trad. em francês: J. B. P. (PORION). *Hadewijch d'Anvers, Poèmes des béguines.* Paris, 1954; HADEWICH D'ANVERS. *Amour est tout. Poèmes strophiques.* Paris, 1984.
2) Estudos: CARNEY, SH. Exemplarism in Hadewijch: The Quest for Full-Growness. *Downside Review* 103 (1985) 276-295; COLLEDGE, E. *Medieval Netherlands Religious Literature. Hadewijch of Antwerp.* Leiden, 1965; HART, M. C. Hadewijch of Brabant. *The American Benedictine Review* 13 (1962) 1-24; HESZLER, E. Stufen der Minne bei H., in *Frauenmystik.* Ostifildern, 1985, 99-122. Numerosos estudos e bibliografia in *Ons Geestilijk Erf*; KERSTENS, C. De wazige spiegel van Hadewijch. *Ons Geestelijk Erf* (1973) 347-385; MIERL, J. VAN. Hadewijch, une mystique flamande. *Revue d'Ascétique et de Mystique* 5 (1924) 269-289.380-404; MOMMAERS, P. Het VIe Visioen van H., e Het VIIe en VIIIe Visioen van H. *Ons Geestelijk Erf* (1975) 3-17.105-132; PORION, J. B. Hadewijch, mystique flamande et poétesse, 13e siècle. In *Dictionnaire de Spiritualité* VII, 13-23; REYNAERT, J. *De Beeldspraak van H.* Tielt-Bussum, 1981; ID. Het licht in de beeldspraak van Hadewijch. *Ons Geestelijk Erf* (1974) 3-45; ID. Attributieproblemen in verband net de Brieven van H. *Ons Geestelijk Erf* (1975) 225-247; SCHOTTMANN, H. Autor und Hörer in den "Strophischen Gedichten" Hadewijchs. *Zeitschrift fur deutsches Altertum und deutsche Literatur* 102 (1973) 20-37; ST. AXTERS. *La spiritualité des Pays-Bas.* Leuven-Paris,

1948; TANIS GUEST, M. *Some aspekts of Hadewijch's poetic form in the "Strofische gedichten"*. Den Haag, 1975; ID. *De visionen van H*. Nijmegen, 1979; VEKEMAN, H. *Het visioenenboek van H*. Nijmegen/Brugge, 1980; WILLAERT, F. *De poëtica van Hadewijch in de Strofische Gedichten*. Utrecht, 1984.

GIOVANNA DELLA CROCE

HAGIOGRAFIA. Verbete derivado de dois vocábulos (ἄγιος = santo, e γράφειν = escrever) que distingue: 1) o complexo das biografias dos santos; 2) num sentido mais técnico, a ciência que se ocupa dos escritos que tratam deles.

1. A HAGIOGRAFIA COMO COMPLEXO DE LIVROS QUE TRATAM DOS SANTOS. a) Os documentos hagiográficos cristãos dos primeiros séculos tratam exclusivamente dos mártires da grande perseguição romana. Ainda que tais escritos diferenciem-se entre si em muitas particularidades, pode-se dizer que eles, pela sobriedade, forma literária e sua típica espiritualidade, são de tal forma afins que podem ser considerados como constituindo uma categoria especial a eles própria. Esses documentos, que começam as atas dos mártires, encontram a sua expressão mais genuína nos poucos exemplares hoje restantes de "atos proconsulares", ou melhor, de cópias de tais atos oficiais nos quais eram anotadas fielmente todas as etapas dos processos: interrogatórios, respostas, condenação final.

Não se trata obviamente de biblografias, isto é, de escritos que descrevem a inteira vida dos mártires (a primeira tentativa desse gênero será a biografia de São Cipriano escrita pelo diácono Ponzio no século III), mas de documentos que narram de modo continuado as últimas frases da existência de alguns daqueles cristãos que deram a vida por Cristo sob a epidemia das perseguições. Embora na sua sobriedade de documentos processuais, eles contêm elementos suficientes e preciosos para valorizar e compreender a riqueza do espírito animador e da caridade dos protagonistas.

Tendo início no fim do século IV, quando a situação geral mudou radicalmente, gradualmente se desenvolve um novo tipo de escritos hagiográficos: aqueles que embora tratando dos mesmos personagens, os mártires, têm características que os diferenciam sempre mais das notícias vivas e exatas acima descritas. Trata-se de "panegíricos", dos quais se origina e se desenvolve sucessivamente o tipo hagiográfico tecnicamente conhecido com o nome de "legendas" e de "paixões épicas". O nascimento e crescimento deste tipo de hagiografia devem, de uma parte, relacionar-se ao desejo dos fiéis de conhecer qualquer coisa sobre os mártires dos quais se celebravam já publicamente as festas e, de outra parte, à escassez de informações a respeito da vida e dos particulares do martírio: é assim que, quanto mais nos afastamos dos fatos narrados e vem a faltar o ajuda do conhecimento direto de eventos e circunstâncias a propósito daqueles que viveram em tempos de perseguição, tanto mais se nota que são introduzidos elementos inventados, puro fruto da fantasia. Quando sobretudo por obra dos panegíricos, os quais — para satisfazer ao desejo do povo de saber e, muitas vezes, sob a perseguição exercida pelo espírito de emulação entre uma cidadezinha e outra —, ao celebrar a glória dos mártires locais (dos quais frequentemente não se conheciam mais que o nome, a data do martírio e o lugar da sepultura) não hesitavam em reunir-se aos elementos mais diversos, acumular vários gêneros de tormentos e gradualmente inserir sempre mais fatos extraordinários e miraculosos, descrevendo as figuras dos mártires segundo um modelo irreal. Esse fenômeno de progressiva passagem da narração objetiva e sóbria dos fatos à descrição imaginosa que recolhe elementos fantásticos e extraordinários se encontrará depois também, de certo modo, naquelas outras categorias de biografias que, com o passar dos tempos, serão escritas em relação aos santos que deram origem aos grandes movimentos de espiritualidade suscitados por Deus na Igreja.

b) De fato, após o fim das grandes perseguições romanas, embora em relação aos mártires se desenvolvam os tipos acima descritos, aparecem obras hagiográficas nas quais se celebra não a constância heroica dos mártires, mas a virtude heroica daqueles que a si impuseram um martírio incruento. Embora, com efeito, no tempo das perseguições o ideal da perfeição cristã era respondido na caridade demonstrada em sofrer o martírio cruento, no período seguinte tal conceito foi objeto de uma evolução, em virtude da qual foram considerados santos também aqueles que viviam uma vida de austeridade, mortificação, virgindade e de separação do mundo. A primeira obra hagiográfica dessa categoria é a vida de Santo Antão composta por Santo Agostinho. Essa biografia, que exercitará uma enorme influência sobre a hagiografia seguinte, pode com razão ser considerada a que deu início a uma nova categoria de escritos hagiográficos, que se ocupa dos eremitas, depois, com o passar dos tempos, dos cenobitas e, em seguida, dos monges (bem conhecida entre estas é a biografia de são Marcos escrita por São → JERÔNIMO). Embora a forma de vida e de santidade próprias de cada uma dessas categorias de pessoas divirja em muitos aspectos, nos elementos fundamentais convergem entre si, de modo que as biografias que tratam de tais pessoas podem justamente ser consideradas como constituindo uma nova categoria de escritos hagiográficos.

Também neste caso, ao lado das biografias mais históricas e atendíveis, acrescerá uma ingente quantidade de obras nas quais predomina o elemento maravilhoso e milagroso: vejam-se como exemplo os escritos de São Gregório de Tours, morto em 594: *De gloria martyrum; de gloria confessorum*.

c) Enquanto continua a aumentar a literatura sobre os mártires e se evolui a dos eremitas, cenobitas e monges, são compostos outros escritos hagiográficos que se ocupam dos grandes bispos, missionários e fundadores da Igreja entre os povos francos, britânicos e germânicos: nos séculos VII e VIII são particularmente notáveis as biografias de são Villibrordo e de são Bonifácio. Pelas características próprias da vida de tais personagens e do espírito pastoral que os anima, as suas biografias podem, de modo justo, ser reagrupadas em uma terceira grande classe.

d) Além dessas três principais categorias que formam o fundo substancial e quase exclusivo da hagiografia do Medievo, a partir do século XII forma-se um novo grupo de biografias, que tratam dos fundadores das grandes Ordens e dos religiosos pertencentes a elas. Basta recordar, a título de exemplo para o século XII, as vidas verídicas de São → BERNARDO DE CLARAVAL, escritas por vários autores contemporâneos, e a vida de São Norberto, escrita por um anônimo. Para o século XIII, a vida de São → FRANCISCO DE ASSIS, devida a Tomás de Celano e a São Boaventura. Naturalmente, não faltarão também, junto a essas vidas verídicas, as lendas populares.

e) Na época seguinte, embora continuem a evoluir os grupos até agora indicados, e muitas novas biografias venham a ampliar o material que nelas se recolhe, existirão outras obras que tratam de santos que pelo seu gênero de vida não podem ser considerados como pertencentes às categorias precedentes. Se a hagiografia torna-se mais individualística, o modo porém como os escritos sobre os santos são normalmente compostos ressente-se e se modela geralmente sobre o tipo daqueles estudos que exigem o gradual fixar-se de um procedimento para a causa de beatificação e → CANONIZAÇÃO: as biografias são geralmente compostas sobre um esquema que serve de modelo a todos: um prospecto biográfico, um catálogo das virtudes, seguido de uma parte que trata dos milagres: cria-se assim um tipo de biografia espiritual que caracterizará quase toda a produção da vida dos santos até os tempos mais recentes. Embora com as suas vantagens — que não devem ser ignoradas —, tal gênero hagiográfico levou facilmente a perder de vista o princípio unificador e animador da existência de cada santo e teve como consequência que fossem facilmente oferecidas hagiografias sobretudo padronizadas e despersonalizadas. O fato que um considerável número dessas obras tenham sido escritas por autores de segunda ou terceira categoria explica por que a hagiografia frequentemente tenha degenerado em uma produção de ínfimo valor, com funestas consequências tanto para o culto sadio dos santos como para a espiritualidade cristã.

f) A partir do século XIX, por reação a essas deformações, e como consequência e fruto do aprofundamento dos estudos de espiritualidade e de história, encontram-se numerosas biografias escritas segundo os mais precisos critérios e que abrem a estrada a um novo e promissor florescimento neste setor.

À luz deste sumário, que é um olhar de conjunto necessariamente incompleto, dado em grandes linhas sobre as quais se desenvolveu a hagiografia, e ainda tendo em conta o enorme número de obras que tratam da vida, atividade e glória dos santos (de alguns períodos da história pode-se bem dizer que a literatura hagiográfica constitui uma parte considerável, se não preponderante, de toda a produção literária), pode-se compreender a importância do trabalho realizado e ainda em vias de realização por parte dos bolandistas.

g) A sociedade dos bolandistas deve os seus inícios ao padre João Bollandus, SJ (1596-1665), que por sua vez retomou e aperfeiçoou o programa concebido pelo padre Eriberto Rosweyde, SJ (1564-1628). Ela tem por escopo primário pesquisar e submeter a um exame crítico toda a vasta literatura hagiográfica existente, a fim de conhecer e fazer conhecido o valor das fontes relativas aos santos dos quais se faz menção nos vários martirológios. E, consequentemente, de poder separar os dados historicamente certos daqueles lendários ou falsos, estando em grau de reconstituir a verdadeira história e espiritualidade daqueles que merecem o nome de santo.

Os *Acta Sanctorum* foram a primeira obra dirigida pelos bolandistas: seguindo o calendário, tem a oferecer a evidência manuscriturária relativa aos respectivos santos (de 1643 a hoje foram publicados 70 volumes). A essa ingente empresa se juntaram, com o passar do tempo, obras integrativas de máximo valor, a saber: *Analecta Bollandiana*, periódico científico de questões hagiográficas, e *Subsidia Hagiographica*, série de publicações na qual encontraram lugar os volumes de fontes hagiográficas editadas (*Bibliotheca Hagiographica Latina, Graeca, Orientalis*); volumes de códigos hagiográficos dispersos nas várias bibliotecas (*Cataloghi Codicum*) e estudos sobre questões hagiográficas.

2. A HAGIOGRAFIA COMO CIÊNCIA. Pode ser considerada o ramo especial da → TEOLOGIA ESPIRITUAL a quem cabe recolher e ordenar os escritos a respeito dos santos e interpretá-los historicamente e teologicamente, com a finalidade de melhor conhecer e depois fazer apreciar a função dos santos na Igreja. Essa descrição, enquanto indica os vários aspectos e as várias fases do complexo trabalho próprio a essa disciplina, alude a critérios aos quais devem se ater os cultivadores da hagiografia para realizar devidamente a sua função. Esses devem utilizar os mais rígidos e seguros critérios que dirigem tanto a historiografia como a teologia, valendo-se das contribuições oferecidas pela psicologia experimental e tendo em conta os sãos critérios literários.

a) *A pesquisa histórica*. Se se considera que o escopo fundamental da hagiografia é descrever o desenvolver-se progressivo do contato íntimo que Deus estabelece com o homem, compreende-se bem como a primeira preocupação de um hagiográfico deva ser a de chegar a ter um cuidadoso e objetivo conhecimento dos fatos. Ele deve procurar a verdade histórica liberando-a das superestruturas e das narrações falsas ou lendárias devidas ao reino da fantasia. Para completar isto, deve naturalmente estudar e descrever objetivamente também as circunstâncias gerais e particulares em que o santo viveu. O hagiógrafo deve enfim chegar ao trabalho de interpretar esse complexo material à luz de uma sã e completa metodologia teológica.

b) *Estudo e interpretação teológica*. O princípio fundamental que se deve ter presente em tal trabalho é o de que os santos viveram substancialmente nas mesmas condições teológicas em que nós vivemos. Isso significa que eles não são pessoas ontológica e psicologicamente diferentes dos outros homens: como todos os outros, pertencem à ordem da natureza elevada, caída e redimida e, portanto, como todas as outras pessoas, enquanto são convidados a responder livremente às graças do Redentor merecidas pelos homens são também sujeitos às consequências do pecado original, consequências que só mediante um longo processo de → PURIFICAÇÃO se podem atenuar e reparar. O que distingue os santos dos outros cristãos é o fato de que, vivendo em condições substancialmente iguais às nossas, eles se abriram incondicionalmente à graça, e, vivendo uma vida de sempre maior união a Cristo no exercício da → CARIDADE e das outras virtudes, viveram exemplarmente: por esse motivo que eles vêm justamente propostos como pela Igreja como modelos aos outros homens. À luz desse basilar princípio compreende-se em que propriamente consiste a função "teológica" do hagiógrafo, ou seja, em estudar objetivamente os elementos sobrenaturais que se encontram na vida dos santos a fim de descobrir — quanto possível — a ação de Deus neles e como eles colaboraram para isso, procurando individuar ao mesmo tempo em qual sentido essa intensa tarefa foi cumprida por Deus para a nossa instrução e edificação.

O hagiógrafo deve pois cuidadosamente concentrar sua atenção sobre aquilo que é verdadeiramente essencial na santidade (o exercício constante da virtude em modo pronto e solerte por amor de Deus), distinguindo-o dos elementos que são só acidentais, como as graças especiais na oração, os fenômenos secundários da vida mística, revelações, visões etc. Pois ele deve ter em conta e fazer compreender como o santo gradualmente cresceu no exercício heroico das virtudes e como nela fez progressos. Expondo as várias fases desse crescimento conseguirá fazer ver como a caridade sempre moldou grandemente toda a vida do santo, o qual precisamente sempre correspondeu melhor à graça ao aplicar os princípios cristãos a cada um dos aspectos de sua vida pessoal. Cada pessoa, de fato, embora vivendo substancialmente nas mesmas circunstâncias naturais e sobrenaturais comuns a todos os homens, tem a sua vida e o seu modo de tender a Deus dependentes pelo menos em parte de algumas circunstâncias particulares de → TEMPERAMENTO, de → AMBIENTE, de tempo e de lugar: circunstâncias que o tornam particularmente vizinhos e, portanto, imitáveis por aqueles que se encontram em situações análogas.

c) *A apresentação*. Conhecida a verdadeira realidade da existência de um santo e de sua relação pessoal com Deus por um atento estudo das fontes, o hagiógrafo deverá depois procurar confiar ao escrito os frutos da sua pesquisa: não há necessidade de recordar que ele cumprirá seu papel somente quando apresentar a matéria para não cansar a atenção dos leitores, mas preferivelmente, assim, fará que aquele fascínio, que deriva da vida de um santo, chame em modo sempre crescente a atenção de quem lê, desperte nele a admiração pelo santo e a santidade mesmo, o convide a uma vida mais fervorosa. Com essa finalidade é evidente que o hagiógrafo deve procurar fazer suas as qualidades de bom escritor, ter em conta os critérios literários vigentes e recordar as explícitas exortações moralizantes, as explicações e interpretações excessivamente frequente, sobretudo se proferidas com excessiva certeza, que cansam e irritam o leitor, o qual deseja entrar em contato com a pessoa do santo e conhecê-lo por meio de suas palavras e de seus fatos, e não pelas considerações de quem escreve, o qual é muitas vezes incapaz de penetrar no mais íntimo da personalidade do santo, ou não sabe encontrar palavras aptas a exprimir a verdadeira realidade de uma vida cristianamente oculta em Deus.

BIBLIOGRAFIA. AIGRAIN, R. *L'hagiographie. Ses sources, ses méthodes, son histoire*. Paris, 1954; BARDY, G. – HAUSHERR, I. – VERNET, F. – POURRAT, P. – VILLER, M. – DAESCHLER, R. Biographies spirituelles. In: *Dictionnaire de Spiritualité* I. 1.624-1.719; DE GAIFFIER, B. Hagiographie et historiographie. In: *La storiografia altomedievale*. Spoleto, 1970, 139-196; DELEHAYE, H. Cinq leçons sur la méthode hagiographique. In: *Subsidia Hagiografica* 12. Bruxelles, 1943; ID. *L'oeuvre des Bollandistes à travers trois siecles*. In: *Subsidia Hagiographica* 13a. Bruxelles, 1959; ID. Les légendes hagiographiques. In: *Subsidia Hagiographica* 18a. Bruxelles, 1955; ID. *Les passions des martyrs et les genres littéraires*. Bruxelles, 1921; HERTLING, L. V. Statistisches zur Geschichte des Heiligentypus. *Zeitschrift fur Aszese und Mystik* 3 (1928) 349-352; ID. Der mittelalterliche Heiligentypus nach den Tugendkatalogen. *Zeitschrift fur Aszese und Mystik* 8 (1933) 260-268; LAZZATI, G. *Gli sviluppi della letteratura sui martiri nei primi quattro secoli*. Torino, 1956; MOLINARI, P. *I santi e il loro culto*. Roma, 1962; ID. Il problema della agiografia; esigenze storiche e uso della psicologia. *La Civiltà Cattolica* 113 [3] (1963) 15-26; ID. Il problema della agiografia; forma letteraria e principi teologici. *La Civiltà Cattolica* 113 [3] (1963) 221-231; PEETERS, P. L'oeuvre des Bollandistes. In: *Subsidia Hagiographica* 24a. Bruxelles, 1961; ID. Orient et Byzance. Le tréfonds oriental de l'hagiographie byzantine. In: *Subsidia Hagiographica* 26. Bruxelles, 1950.

Para ulteriores indicações bibliográficas veja a rubrica *Hagiographia*, publicada anualmente em *BIS* (Bibliographia Internationalis Spiritualitatis), que vem sendo publicada desde 1966.

P. MOLINARI

HEDONISMO. O termo (do grego: *êdonê* = prazer) indica uma doutrina filosófica particular que põe o prazer material como objetivo e critério da atividade humana. E, por extensão, qualifica qualquer atitude do espírito que considere essencial a obtenção do prazer.

1. A raiz do hedonismo é o sensismo gnosiológico: de fato, quando se nega à inteligência humana a capacidade de ultrapassar a esfera da experiência sensível, a consequência é a impossibilidade de conhecer os valores e as realidades espirituais (bem, → VIRTUDE, → DEUS, → ALMA, vida futura) que servem de fundamento e de norma da vida moral; desse modo, é fácil substituí-los pelo critério imediato do prazer que cada ação pode trazer ao indivíduo.

No pensamento grego, o hedonismo surge com Aristipo de Cirene (435-360 a.C.), que ensinou que o prazer é desejável e bom por si mesmo e que a virtude do sábio consiste na arte de se deleitar, dominando o prazer e até mesmo seguindo-o como suprema norma da ação. Esse hedonismo foi criticado por Platão, que negou a identificação de bem e prazer sensível, e por Aristóteles, para quem o verdadeiro prazer não é o sensível, mas uma consequência do ato virtuoso. Epicuro reelaborou o hedonismo cirenaico pondo como "princípio e fim da vida feliz" não o prazer em movimento que perturba a alma, mas o prazer como estado permanente do espírito, como serenidade interior.

Uma superação decisiva do hedonismo verifica-se com o cristianismo, que afirma os valores superiores da alma e do reino de Deus a que se tem acesso por intermédio da prática do amor e da aceitação do sofrimento como meio de purificação e de elevação em conformidade com Cristo. "O reino de Deus não é questão de comida ou bebida; ele é justiça, paz e alegria no Espírito Santo" (Rm 14,17).

No Renascimento, em contraste com o ascetismo medieval, o hedonismo renasce e encontra seus principais representantes no humanista Valla, autor do *De voluptate ac de vero bono*, e no filósofo Gassendi, autor de *De vita et moribus Epicuri*.

Na época moderna, o hedonismo é o motivo ético dominante de todas as filosofias sensacionistas, materialistas e positivistas que põem no útil e na sensação o fundamento da vida moral. Seus representantes típicos são: Hobbes, Condillac, Helvetius, Bentham, Mill, Spencer. Esse posicionamento encontrou um crítico severo em Kant, que concebe a moralidade como luta contra todas as tendências, contra os sentimentos de prazer e de dor.

2. É mais difundido o hedonismo prático, que consiste em uma atitude de espírito que vê no prazer sensível o bem supremo da vida.

Essa tendência, além de privar o homem da fruição dos prazeres do espírito (alegrias) muito mais variados e duradouros ainda que menos intensos, é refutada tanto pela psicologia quanto pela experiência.

A psicologia moderna ensina que a evolução psíquica do indivíduo comporta a elevação do plano fisiológico, em que é dominante a exigência do prazer ligado aos instintos, ao plano psíquico, em que vigora a lei da realidade, até chegar ao plano espiritual, em que predominam os motivos cognoscitivos que dirigem o homem para a busca dos valores. Um indivíduo que se detém na busca do prazer é um tipo psicologicamente imaturo.

Além disso, tanto a experiência comum quanto a dos poetas, romancistas e artistas demonstram que a busca exclusiva do prazer desemboca na insatisfação, na tristeza, no tédio, na náusea. Um hedonismo integral não consegue evitar as contradições que → KIERKEGAARD delineia, na sua fenomenologia da vida estética, no retrato de Don Juan cada vez mais inclinado à busca do prazer e nunca satisfeito.

BIBLIOGRAFIA. CENTINEO, E. Edonismo, in *Enciclopedia filosofica*, II. Firenze, 1967, 727-729 (com bibliografia); Edonismo. iIn *Enciclopedia italiana della Pedagogia e della Scuola*, II. Bergamo, 1968, 147.

P. SCIADINI

HEMATIDROSE.

1. NOÇÃO. A hematidrose é um fenômeno que, falando em termos gerais, consiste no derramamento mais ou menos abundante e duradouro de gotas de sangue pelos poros da pele e, particularmente, do rosto. Em poucas palavras, seria suar sangue.

2. EPISÓDIOS. Cristo suou sangue no jardim de Getsêmani (Lc 22,44). Vários autores católicos consideraram o fato como puramente natural; o grande teólogo F. Suárez também afirma que o Senhor suou sangue "por causa da dor interna e da agonia que sofreu naquela oração", embora admita que Cristo conseguiu suportar aquela tristeza em virtude de um poder milagroso (*Misterios de la vida de Cristo*, disp. 34, sec. 2, n. 4 e 7, t. II, Madrid, 1950, 38.41). Os médicos admitem que a hematidrose é um fato natural, de suor de verdadeiro sangue.

3. EXPLICAÇÃO. Os autores que procuraram explicar a hematidrose do ponto de vista médico apresentaram diversas hipóteses; como se trata de hemorragias cutâneas, o seu caráter natural não apresenta dificuldades. Outros autores falam também de hemorragia através do canal de secreção das glândulas sudoríparas.

Embora seja considerado um fenômeno natural, e independentemente da explicação médica atribuída a ele, isso não impede que, em certos casos, ele tenha uma origem preternatural diabólica ou divina. Por outro lado, pensamos que possa ter origem sobrenatural mediada, ligada a um estado de espírito espiritual, efeito da graça sobrenatural. Nesse caso, seria um epifenômeno místico. O padre Royo afirma que a hematidrose é uma graça dada gratuitamente.

Sobre a distinção da hematidrose religiosa cristã da mais ou menos patológica, podemos concluir com as seguintes palavras de Bom: "O caráter das pessoas religiosas de que nos ocupamos, a oportunidade e a legitimidade dos fenômenos revistos em relação às circunstâncias nas quais eles se produzem e a grandeza dos sentimentos de que nascem autorizam-nos a colocar num plano diferente do patológico uma boa parte dos suores e lágrimas de sangue que encontramos na história religiosa… Os santos, no seu amor a Cristo, puderam reviver as cenas da paixão, traduzindo em seus corpos, até mesmo com o sangue, suas emoções ou sua devoção" (*Compendio de medicina católica*, Madrid, 1942, 216).

BIBLIOGRAFIA. BARABAN, DR. Agonie du Christ. La sueur de sang. In *Dictionnaire de Théologie Catholique* I, 621-624; BON, H. *Medicina e religione*. Torino, 1946, 180-186; HOLZMEISTER, U. Exempla sudoris sanguinei. *Verbum Domini* 18 (1938) 73-81; 23 (1944) 71-76; PICCHINI, L. *La sudorazione di sangue in Cristo secondo i Vangeli, la anatomia, la fisiopatologia e clinica*. Torino, 1953; ROYO, A. *Teologia della perfezione*. 628-630; SURBLED, G. *La moral en sus relaciones con la medicina y la higiene*. Barcelona, 1950, 694-702.

I. RODRÍGUEZ

HERMAS. 1. Personagem que, assim como sua obra intitulada *Pastor*, suscitou muitas discussões. Ele mesmo se apresenta como contemporâneo de → CLEMENTE DE ROMA (final do século I), ao passo que o *Fragmento muratoriano* (compilado por volta do ano 200 e descoberto em 1740 por Muratori), do final do século II, diz que ele é irmão de Pio I, papa do ano 140 a 155. O autor é um compilador que reuniu, retocando-os, dois livros anteriores ao século II, dos quais um (*Visões* I-IV) é obra de um certo Hermas e o outro (*Visão* V, *Preceitos, Similitudes*), anônimo. O escrito, de cunho predominantemente apocalíptico, deve seu nome ao anjo da penitência que, em trajes de "pastor", aparece na quinta visão. A obra é constituída de cinco *Visões*, doze *Preceitos* e dez *Similitudes* ou parábolas; mas logicamente pode ser dividida em duas partes: na primeira é a Igreja que, na aparência de nobre matrona, mostra-se e fala a Hermas (*Visões*, I-IV); na segunda, é o anjo da penitência, o "pastor", que vem pregar a penitência, com a proximidade do fim do mundo. A obra gozou de grande fama e autoridade nos primeiros cinco séculos tanto no Ocidente como no Oriente.

2. A doutrina teológica é pobre e até duvidosa (binitarismo e adocionismo). A importância do escrito está na sua doutrina sobre a necessidade da reforma moral e da "segunda" penitência que é concedida após o batismo, considerado "primeira" penitência.

A reforma moral era necessária na família de Hermas, bem como na Igreja. O próprio Hermas, liberto da escravidão, dedicou-se ao comércio e enriqueceu, mas negligenciou a educação de seus filhos e a vida de devoção enganando os homens com suas mentiras; por isso o Senhor o puniu com a pobreza (*Vis.* 1, 1, 1-2; 1, 3, 1; 2, 3, 1; 3, 6, 7; *Prec.* 3, 3); sua mulher maldizia continuamente, não sabendo frear a língua (*Vis.* 2, 2, 3); os filhos blasfemavam contra Deus, acumulavam os pecados de lascívia, e um dia não hesitaram em denunciar os pais à polícia imperial (*Ibid.*, 2, 2, 2). A Igreja aparece várias vezes a Hermas: primeiro na aparência de uma velha matrona que, sentada por estar cansada por causa dos pecados e negligências dos fiéis, recrimina Hermas por sua conduta e lê em um livro terrível ameaças contra os pagãos e os apóstatas e vários encorajamentos para os justos (*Ibid.*, 1, 2-4; 3, 10, 3 e 11, 2-4); depois, em pé e com aspecto mais jovem e mais alegre, embora mantivesse a pele e os cabelos de velha, promete uma espécie de jubileu extraordinário para aqueles que fizerem penitências e prediz uma "grande tribulação" ou perseguição (*Ibid.*, 2, 1-4; 3, 10, 4 e 12, 1-3); enfim, inteiramente jovem, com uma beleza impecável e extremamente feliz, graças às melhorias realizadas entre os fiéis pelas revelações e pelas exortações de que Hermas se fez o instrumento, mostra-lhe, sob a figura de uma torre em processo de construção, a Igreja que é edificada sobre as águas do batismo, por miríades de homens que representam os anjos e levam inúmeras pedras de diversas espécies e de diferentes proveniências, ou seja, as diversas categorias dos cristãos (*Ibid.*, 3, 1-9; 10, 5 e 13, 1-3). Uma outra vez, a Igreja é representada por uma torre construída sobre uma grande pedra, branca e quadrada, ou seja, Cristo (*Sim.* 9): a certa altura, a construção é suspensa para depois ser retomada; é representada também por uma vinha confiada aos cuidados de um servo fiel (*Sim.* 5).

A doutrina sobre a penitência constitui o tema principal da obra. Sem dúvida, Hermas considera uma grave queda após o batismo uma decadência indigna (*Prec.* 4, 3, 2), e portanto não quer pensar em uma repetição indefinida de tais quedas; apesar de tudo, diante das múltiplas infidelidades aos compromissos assumidos no batismo e diante da iminente "tribulação", ele lembra que a Igreja é severa e misericordiosa ao mesmo tempo, exortando e admoestando os seus filhos; assim, acaba se encontrando em meio a duas correntes radicalmente opostas, a dos rigoristas, ou seja, dos encratistas exagerados que negavam a eficácia da penitência (*Prec.* 4, 3, 1), e a dos laxistas, ou seja, gnósticos que negavam a necessidade desta (*Sim.* 8, 6, 5). A penitência é possível, aliás é necessária, porque é o único meio eficaz da reforma moral e o único de meio de Deus o perdão dos pecados cometidos depois do batismo (*Vis.* 1, 3, 2; 2, 2, 4); ela parece ser extraordinária (é esse o ponto mais controvertido entre os estudiosos), porque só é concedida uma única vez pelos pecados cometidos até aquele instante, a subsequente recidiva sendo considerada sinal de obstinação e de má vontade (*Prec.* 4, 1, 8 e 3, 4-6; *Vis.* 2, 2, 4-5). Ela é universal, porque se estende a todos os pecados, por mais graves que sejam (*Vis.* 2, 2, 4; 3, 2, 2; *Prec.* 4, 1, 4-11: adultério; *Vis.* 2, 2, 8; *Sim.* 9, 26, 6: apostasia) e a todos os pecados não obstinados (*Vis.* 2, 2, 4; 3, 5-7; *Sim.* 8, 6-11; 9, 19-33); não pode ser adiada, mas deve ser realizada antes que a construção da torre, ou seja, da Igreja, chegue ao fim: a parúsia é iminente, e não existe possibilidade de salvação fora da Igreja; portanto, por meio do penitência se volta a fazer parte da Igreja (*Vis.* 3, 5, 5 e 9, 5; *Sim.* 8, 9, 4; 9, 26, 6 e 32, 1). Inclui a conversão total, ou seja, a "metanoia", e a satisfação, ou seja, a expiação: o pecador deve converter-se sinceramente, "e de todo o coração", a Deus para se tornar de novo o seu templo, isto é, deve compreender que agiu mal diante do Senhor, atormentar a sua alma e humilhar-se fortemente em todas as coisas, aceitar todas as tribulações com que Deus deseja purificá-lo (*Vis.* 2, 2, 4; 3, 7, 6; *Prec.* 4, 2, 2; *Sim.* 6, 3, 6; 7, 4 etc.). A satisfação é proporcional à duração do pecado, de modo que aos dias que alguém tiver vivido de maneira dissoluta corresponderá o mesmo número de anos de tormentos e submissão à penitência (*Sim.* 6, 4, 4 e 5, 3-4).

3. Hermas insiste em um ascetismo sadio, impregnado de confiança e de alegria. Ele conhece o duplo caminho proposto pela *Didaché* e pelo pseudo-Barnabé, segundo o qual é preciso abster-se do mal e fazer o bem ou praticar as virtudes, combater as más ambições e satisfazer os bons desejos: a abstinência é dúbia, porque é preciso conter-se em relação a algumas coisas, e não a outras (*Prec.* 2; 8; 12, 1-3; *Vis.* 3, 8, 2-8; *Sim.* 9, 15, 1-3); o homem é acompanhado por dois anjos, um da justiça, outro da maldade (*Prec.* 6, 2, 1-9. 5, 2, 5-7). Ele lembra as obras de supererrogação, entre as quais é incluído o jejum, que deve ser acompanhado da reforma moral e da esmola (*Sim.* 5, 1-3); enfatiza o bom uso das riquezas e dos bens da terra, ou melhor, o desapego destes para não renegar o Senhor na provação: o rico e o pobre devem ajudar-se mutuamente, aquele com a esmola, este com a oração (*Sim.* 1 e 2; *Vis.* 1, 1, 8; 3, 5, 5-6 e 9, 6; *Prec.* 10, 1, 4 etc.). Afirma a necessidade da fidelidade conjugal (*Prec.* 4, 1, 1-10). Mais que os outros → PADRES APOSTÓLICOS, recomenda a simplicidade e se opõe à duplicidade de espírito (*dipsychia*): esta última, feita de hesitação, indecisão, dúvida etc., é talvez o principal obstáculo para receber os favores celestes e cumprir com efeito salutar as obras de penitência; torna impossível a oração confiante ao Senhor e a alegria espiritual, porque é inevitavelmente acompanhada pela tristeza e pela ira (*Vis.* 2, 2, 4; 3, 4, 3; 4, 2, 4-6; *Prec.* 5, 1-2: ira; 9: *dipsychia*; 10: tristeza; *Sim.* 8, 7-8; 9, 21, 1-4; etc.; os termos *dipsychia*, *dipsychos* e *dipsycheo* aparecem cerca de cinquenta vezes). Em suma, J. quer que a mente e o coração do cristão, frequentemente denominado "servo de Deus", estejam inteiramente voltados para Deus, e que o Cristo viva por Deus e para Deus (expressão que aparece uma centena de vezes): a primeira virtude do cristão é a fé em Deus (*Prec.* 1; 12, 4, 2; *Vis.* 3, 8, 4 e 7; *Sim.* 9, 15, 2), inseparável do temor de Deus (*Prec.* 1, 2; 7), principalmente porque o Senhor é todo misericordioso com relação a seus servos (*Vis.* 2, 2, 8; 4, 2, 3; *Prec.* 4, 3, 5; 9, 2, 3; *Sim.* 8, 6, 1 etc.). É preciso temer também as obras do → DIABO, mas não o próprio diabo: este pode combater, mas não abater (*Prec.* 7, 2-3; 12, 5, 1-4).

BIBLIOGRAFIA. Bardy, G. *La vie spirituelle d'après les Pères des trois premiers siècles*. Paris, 1935, 73-87; Bouyer, L. – Dattrino, L. *La spiritualità dei Padri* (3/A), Bologna, 1984, 15.20.25.32.35.61.116.160; Grotz, J. *Die Entwicklung des Busstufenwesens in der vornicänischen Kirche*. Freiburg Br., 1955, 11-70; Joly, E. *Hermas. Le Pasteur*. Paris, 1958; Medica, G. M. La penitenza nel "Pastore" di Erma. In *La Penitenza. Dotrrina, storia, catechesi, pastorale*. Torino, 1968, 90-141; Poschmann, B. *Poenitentia secunda. Die kirchliche Busse im ältesten Christentum bis Cyprian und Origenesi*. Bonn, 1940, 134-205; Rahnher, K. Die Busslehre im Hirten des Hermas. *Zeitschrift fur Katholischen Theologie* 77 (1955) 385-431.

Melchiorre di Santa Maria – L. Dattrino

HEROÍSMO. Heroísmo, na vida cristã, identifica-se com a santidade, ou seja, com o exercício de todas as virtudes em grau heroico. Para resolver o problema referente à natureza do heroísmo das virtudes, é necessário esclarecer os três pontos seguintes: 1. a noção de heroísmo na evolução histórica; 2. o atual conceito de heroísmo; 3. a importância da doutrina do heroísmo para a vida espiritual.

1. NOÇÃO DE HEROÍSMO NA EVOLUÇÃO HISTÓRICA. Os heróis e o heroísmo das virtudes são mencionados também pelos gentios, que honram com o nome de heróis personagens como Heitor, Aquiles, Eneias, Cipião o Africano, Catão, Sócrates, Platão e outros. Alguns teólogos afirmam que a luz da razão é suficiente para que os gentios possam praticar virtudes heroicas no próprio gênero; para outros, porém, os gentios não podem ser chamados realmente de heróis porque para tanto é exigida a posse de todas as virtudes morais em grau heroico; ou melhor, os infiéis destacavam-se em uma ou outra virtude, mas em geral faltavam-lhes as outras (BENTO XIV, *De beatificatione*, III, 21, 7). Para os cristãos, Santo → AGOSTINHO já escrevia acerca dos mártires: "A estes, com maior razão, se o uso comum da linguagem eclesiástica o permitisse, chamaríamos nossos heróis" (*De civ. Dei* 10, 21: *PL* 41, 299). Bento XIV afirma que a verdadeira virtude heroica e quase divina foi reservada apenas ao povo de Deus na antiga lei, e à Igreja católica na nova lei da graça, e chama de heróis → ABRAÃO, José, Jó, Davi, os Macabeus, → JOÃO BATISTA, os apóstolos, os mártires, os confessores, as virgens. "O gênero divino e teológico da virtude heroica é relacionado apenas àquelas virtudes que Deus, acima de qualquer exigência da natureza, infunde em nossas almas, em vista do objeto, ou seja, do fim sobrenatural" (op. cit., III, 21, 9). Entre as virtudes que dispõem ao heroísmo, lembram-se todas as virtudes infusas, quer teológicas: fé, esperança e caridade, quer morais: prudência, justiça, fortaleza e temperança com as virtudes anexas. Consideradas e confrontadas todas as noções do heroísmo tradicional, Santo Tomás diz, sinteticamente: "A virtude ordinária aperfeiçoa o homem segundo o mundo humano; a virtude heroica acrescenta a ela a perfeição sobre-humana" (*Comm. ad Matth.* c. V, 1); "A virtude humana, que dispõe ao ato conveniente à natureza humana, distingue-se da virtude divina ou heroica, que dispõe ao ato conveniente a uma natureza superior" (*STh.* I-II, q. 54, a. 3). Segundo a doutrina de Bento XIV, "a virtude heroica é a que atua de maneira fácil, rápida e agradável acima da maneira comum" (op. cit., III, 22, 1). O elemento "acima da maneira comum" com que indevidamente é indicada e delimitada a noção tradicional de heroísmo influi negativamente na opinião sobre a própria essência do heroísmo. Assim, por exemplo, o padre Martino de Espaza diz: "Herói é aquele que supera muitos outros homens que agem bem, pelo esplendor e pelo louvor da virtude" (cf. *Ibid.*, III, 21, 10). Essa expressão indica a ação heroica quase como atos praticados com certo esplendor externo e com louvor, ou seja, materialmente extraordinários. O conceito exagerado do heroísmo prevalece até a época de Bento XV, tanto na teologia quanto no procedimento da beatificação e canonização.

2. O CONCEITO ATUAL DE HEROÍSMO. Em 1916, por ocasião do decreto do heroísmo das virtudes do ven. Antonio M. Gianelli (*AAS*, 1920, 170), Bento XV escrevia: "Nem mesmo ao julgar as virtudes heroicas é conveniente aceitar qualquer coisa de incerto e de duvidoso [...] pelo fato de faltarem obras singulares (desejam-se fatos insólitos e extraordinários) que impressionem as mentes dos homens pelo assombro". De fato, "para realizar feitos admiráveis e insólitos é necessária a ocasião apropriada. Mas essa ocasião, quase sempre rara, não depende da vontade do homem, nem as perseguições, por exemplo, nem as pestes, nem os terremotos podem ser causados deliberadamente... por isso, a santidade não dependeria da vontade dos homens, o que é absurdo". Contra o absurdo dessa consequência está a doutrina dos últimos pontífices: Pio XI, Pio XII, João XXIII, Paulo VI, João Paulo II, que afirmaram com força a vocação à santidade de todos os cristãos. A mesma verdade foi claramente expressa também pelo Concílio Vaticano II no c. V da *Lumen gentium*. O heroísmo, portanto, não exige esplendor externo e atos extraordinários de virtude, no sentido de que também materialmente o modo de agir de um homem heroico deve brilhar por esplendor e louvor sobre o modo de agir dos outros. No entanto, não há dúvida de que o herói cristão deve, de qualquer modo, brilhar pelas virtudes acima dos outros homens. Então, como se devem entender as palavras tradicionais "acima da maneira comum"? No decreto supracitado afirma-se que elas não expressam a "substância do heroísmo", mas apenas algumas de suas "propriedades acidentais"; por isso é preciso buscar alguma outra coisa absoluta que vem antes, que pode servir de fundamento para o heroísmo. Esse algo absoluto não se situa em uma obra externa árdua e admirável, mas encontra-se "na fiel

e continuada guarda dos preceitos juntamente com sua observância, segundo os próprios deveres". Para mostrar que o servo de Deus realmente agira "acima da maneira comum", o decreto insiste também na inata e natural inconstância do homem na ordem presente, e na sua impossibilidade moral de "agir por muito tempo de maneira uniforme e invariável". A perfeita e continuada fidelidade aos deveres do próprio estado por muitos anos (dez anos antes da morte) eleva o homem "acima da maneira comum" de agir e de viver. Em 1916, por ocasião da publicação do decreto de heroísmo do ven. João Batista de Borgonha, Bento XV fez um discurso em que proferiu as palavras que depois se tornaram célebres: "A santidade consiste propriamente apenas na conformidade à vontade divina, expressa em um contínuo e exato cumprimento dos deveres do próprio estado" (*AAS*, 1920, 173). Ninguém ignora a importância dessa definição moderna da santidade, tanto para a → TEOLOGIA ESPIRITUAL quanto sobretudo para a determinação da própria noção de heroísmo. O heroísmo das virtudes, de fato, prática e materialmente se identifica com a própria santidade; e a santidade, segundo a definição do pontífice, praticamente consiste no "contínuo e exato cumprimento dos deveres do próprio estado". Esse cumprimento deve ser exato, contínuo e sobrenatural, ou seja, realizado por amor a Deus. Então, são três os elementos constitutivos do heroísmo. Em poucas palavras: heroísmo é fidelidade sobrenatural. "O esplendor externo, portanto — escreve o padre → GABRIEL DE SANTA MARIA MADALENA —, antes frequentemente buscado nas ações dos servos de Deus, agora dá lugar à mais escondida, mas não menos árdua, fidelidade de todos os momentos em todos os deveres cotidianos, até nos mínimos" (*Sermonum Summaria*, 12).

Essa mesma noção clara e precisa de santidade e de heroísmo foi seguida por outros pontífices, pela Sagrada Congregação dos Ritos, por autores modernos. Os deveres, contudo, são diferentes para cada pessoa e é preciso julgá-los a partir das circunstâncias concretas em que cada um se encontra. Por esse motivo será conveniente formular o juízo concreto e válido apenas sobre aquela fidelidade natural cotidiana que constitui o verdadeiro heroísmo e que S. Indelicato chama de "excelência integral no exercício das virtudes" (*Monitor Ecclesiasticus*, 75 [1950], 113). A excelência integral deve ser *habitual*, no sentido de que nenhuma virtude praticamente exigida seja positivamente negligenciada ou violada; *constante* na maneira de observar perfeitamente os deveres do próprio estado; *pronta*, ou seja, que com facilidade e alegria cumpra os seus deveres mesmo em circunstâncias de vida muito difíceis. Avaliamos o grau superior do heroísmo das virtudes a partir da abundância dos frutos, enquanto a santidade heroica, mesmo nos seus deveres mais simples, se empenha em obter e produzir frutos cada vez maiores, mais vivos e mais intensos. À luz desse conceito, as virtudes heroicas, exigidas para a beatificação, podem estar presentes mesmo nas crianças que atingiram o uso da razão. Esse problema suscitou nas últimas décadas uma crescente atenção dos estudiosos e deu origem a uma notável produção de estudos e discussões.

3. IMPORTÂNCIA DA DOUTRINA DO HEROÍSMO PARA A VIDA ESPIRITUAL. É sumamente desejável que esse conceito moderno de heroísmo seja colocado em evidência em toda a doutrina espiritual, tanto nas obras ascéticas como nas místicas e hagiográficas. Quanto às ascéticas, é muito útil que as almas que se dedicam à vida espiritual tenham um conceito claro de santidade e heroísmo para que mais fácil e mais prontamente possam chegar à perfeição cristã; para as almas que já se encontram nos graus superiores da vida espiritual, por sua vez, a genuína noção de heroísmo lhes servirá para abandonar o zelo e o desejo de realizar obras extraordinárias, que às vezes produzem efeitos funestos na vida espiritual. Aos hagiógrafos, enfim, a moderna noção de heroísmo oferece a norma principal para que, nas obras referentes à vida e às virtudes dos heróis cristãos, ofereçam uma visão completa do heroísmo. Da maneira como é hoje concebida, esta de fato exige essa visão histórica, que se manifesta a partir de um olhar abrangente de toda a vida do herói cristão e que dificilmente pode ser obtida a partir de um relatório fragmentário dos atos heroicos de cada virtude em especial, atendo-se ao hábito e ao estilo tradicional. As obras hagiográficas, seguindo as normas e as exigências do novo conceito de heroísmo, podem servir muito bem para as causas de beatificação e canonização.

→ CANONIZAÇÃO, → SANTOS.

BIBLIOGRAFIA. BENEDICTUS XIV. *De servorum Dei beatificatione et beatorum canonizatione*. Prates, 1839-1842, 7 vls.; BRUNO DE JÉSUS-MARIE, P. L'enfant et la Voie d'Enfance. *Études Carmélitaines* 19 (1934)

18-106; Fiocchi, A. Virtú eroiche nei fanciulli. *La Scuola Cattolica* 20 (1942) 203-220; Gabriel de Santa Maria Madalena. Normes actuelles de la sainteté. *Études Carmélitaines* 28 (1949) 175-188; Garrigou-Lagrange, R. Parvuli. *La Vie Spirituelle* 12 (1931) 174-186; Gherardini, B. La santità della Chiesa nella teologia dall'epoca post-tridentina. In *Miscellanea in occasione del IV Centenario della Congregazione per le Cause dei Santi (1588-1988)*. Città del Vaticano, 1988, 89-112; Indelicato, S. De "sanctitate" quae pro beatificatione et canonizatione servorum Dei requiritur probanda. *Monitor Ecclesiasticus* 75 (1950) 109-123; Id. *Il processo apostolico di beatificazione*. Roma, 1945, 195-302; Lelièvre, V. La canonizzabilità dei ragazzi confessori. In *Miscellanea in occasione del IV Centenario della Congregazione per le Cause dei Santi (1588-1988)*. Città del Vaticano, 1988, 265-297; Rossi, A. Concetto di virtú eroica secondo Benedetto XIV. *Rivista di Ascetica e Mistica* 6 (1961) 608-614; Id. Virtus heroica in pueris. *Divus Thomas* 64 (1961) 3-26; 66 (1963) 171-188; Id. Possibilità delle virtú eroiche nei bambini secondo il giudizio degli psicologi. *Rivista di Ascetica e Mistica* 7 (1962) 72-87.

M. T. Machejek

HERP, HENRIQUE. **1. NOTA BIOGRÁFICA.** Nascido no início do século XV (denominado também *Harphius, Herpius, Citaroeda*), pertence ao movimento da → DEVOTIO MODERNA, no qual teve posição elevada; distinguiu-se também como pregador e pastor de almas. Em 1450, foi a Roma e ordenou-se franciscano na basílica de Aracoeli. Parece ter passado um período na Itália, mas depois voltou a sua terra natal. Morou por muito tempo no convento de Malines, onde várias vezes foi nomeado guardião, e por isso frequentemente é chamado "o guardião de Malines". Morreu em fama de santidade nesse mesmo convento em 1478 (segundo outros em 1477; cf. *Martyrologium Franciscanum*, 1939, 13 de julho).

2. OBRAS. Herp é autor de diversas obras oratórias e ascético-místicas. Entre as primeiras, temos diversas edições dos *Sermones*; um ciclo desses sermões refere-se ao Decálogo (cf., a esse respeito, *Brabantia*, 2 [1953], 79-82). As obras ascético-místicas criticamente comprovadas são seis: *Eden seu paradisus contemplativorum, Scala amoris* (distingue nove graus de amor), *Speculum perfectionis seu Directorium contemplativorum, Directorium brevissimum* (subdividido em três *collationes*), *Soliloquia super Cantica* e *De processu humani progressus* (ainda inédita).

As cinco primeiras dessas obras foram editadas várias vezes, quer separadamente quer unidas sob o título comum de *Theologia mystica* (ed. Colônia, 1538, 1545 e 1556).

O volume de *Theologia mystica* é alvo de suspeita da Inquisição romana, particularmente por causa da segunda parte, que contém *Speculum perfectionis seu Directorium contemplativorum* (escrito originalmente, como se dizia, em alemão antigo). Por isso o dominicano Pedro Paulo Filipe preparou uma edição "moderada" dessa obra (Roma, 1586), a famosa e única edição romana cujo texto foi reproduzido inúmeras vezes. As edições precedentes foram colocadas no Índex dos livros proibidos e ali permaneceram até o pontificado de Leão XIII. Hoje temos a edição crítica latino-holandesa da segunda parte da *Theologia mystica*: Hendrik Herp, OFM, *Spieghel der Volcomenheit*, Antwerpen, 1931, 2 vls. (o primeiro volume é um estudo crítico da vida, dos escritos e das edições de Herp, ao passo que o segundo contém apenas o texto).

3. PENSAMENTO ESPIRITUAL E INFLUÊNCIA. O termo "Theologia mystica" não é invenção dos editores, mas provém também de Herp, embora, por sua vez, tomado emprestado do cartuxo → HUGO DE BALMA: é a ciência e a arte de chegar à união fruitiva com Deus; difere da "Theologia scholastica", que também nos ensina coisas divinas, mas não nos permite chegar a tal união.

Herp não distingue, nem na teoria nem na prática, o aspecto ascético do místico da vida espiritual, porque todos somos chamados à perfeição mística, embora não seja a todos que Deus concede graças místicas. Nesse aspecto, bem como no ensinamento do processo ascético-místico, Herp se revela discípulo de São Boaventura (*De triplici via*). Ao chegar, porém, à *Devotio moderna*, revela a influência dos autores nela dominantes: → TAULERO, → ECKHART e especialmente → RUUSBROEK. Deste último tomou a distinção dos "três graus da perfeição", mas talvez seja melhor falar de três categorias dos "servos fiéis": de vida ativa, de vida contemplativa espiritual e de vida contemplativa supereminente ou supra-essencial, representadas, por sua vez, por Lia, Raquel e Maria Madalena. Herp concebe a → VIDA ativa de acordo com a tradição agostiniano-escolástica, e inclui nela também a atividade apostólica. Assim, a nosso ver, ele ignora e negligencia o conceito de "vida apostólica", também denominada "vida mista". A vida contemplativa espiritual seria, de acordo com ele, a vida iluminativa tradicional, ao passo que a vida contemplativa supra-eminente é o prelúdio da contemplação celeste, em que praticamente cessa qualquer atividade humana, e prevalece inteiramente a graça de Deus. Segundo Herp, em nossa vida espiritual agem dois grandes atores: a nossa vontade e a graça divina. Frequentemente, embora de boa-fé, ele não diferencia muito bem as tarefas das duas, e por isso foi alvo de suspeita e "corrigido", como explica o próprio Filipe na edição romana de 1586.

Quanto à vida ativa, Herp possui uma doutrina bem desenvolvida dos obstáculos (que são doze, aos quais corresponde o mesmo número de mortificações) e das virtudes, e depois desenvolve mais a doutrina da oração afetiva e "aspirativa" (essa é uma expressão tipicamente herpiana, que inclui também o desejo da perfeição).

Herp, por sua vez, exerceu grande influência, especialmente em sua terra natal, na Bélgica e na Alemanha, mas também na Espanha, França e Itália. Nos séculos XVI e XVII, alguns autores capuchinhos o seguiam na França. O teólogo alemão M. J. Scheeben colocou-o lado a lado com Tomás e Boaventura pela interpretação teológica da mística.

BIBLIOGRAFIA. COGNET, L. *Introduction aux mystiques rhénoflamands*. Tournai-Paris, 1968, 282-314; JANSSEN, C. L'oraison aspirative chez Herp et chez ses prédécesseurs. *Carmelus* 3 (1956) 19-48; KALVERKAMP, J. D. *Die Vollkommenheitslehre des Franzskaners Heinrich Herp (m. 1477)*. Werl in Westf. 1940; PERINELLE, J. Saint François de Salles, Harpius et le Père Philippi. *La Vie Spirituelle. Supplément* 13 (1931) 29.65.95; VERSCHUEREN, L. Harphius et les capucins français. *Études Franciscaines* 35 (1933) 316-329; 36 (1934) 272-288.

A. MATANIĆ

HESICASMO. Na língua bizantina significa um sistema espiritual que aspira à *hêsychia*, tranquilidade, paz, como meio para atingir a união íntima com Deus na contemplação. Por si só, o termo *hêsychia* pode significar a paz externa ou interna. Os estoicos pretendiam alcançar a quietude da alma mesmo em meio aos tumultos externos. Muitos santos cristãos também a atingiram. Entre os hesicastas, porém, aparece uma clara tendência a unir e identificar as condições externas com seu reflexo no espírito, por isso o hesicasta (*hêsychastês*) é idêntico ao eremita, o qual considera como vocação própria tender a Deus por meio da oração, não se preocupando com outra coisa.

Como programa dessa vida pode servir a resposta que Arsênio recebeu do céu (p. 65, 88C): "*Arseni fuge, tace, quiesce (hêsychase)!*". O primeiro grau de *hêsychia* é, portanto, a solidão, a fuga do mundo, dos homens. Foi recomendada já pelos filósofos (PLATÃO, *República*, VI, 496d) como condição necessária para a contemplação filosófica. Fílon de Alexandria (*De vita contemplativa*, 2, 20; ed. CONYBAERE, 53) fala dos *therapeuti* que viviam nos *monasteria*, células ou casinhas separadas. Os monges cristãos consideram de bom grado como seus predecessores o profeta → ELIAS ou São → JOÃO BATISTA, e Santo → ANTONIO ABADE é apresentado como seu imitador (*Vita prima*, n. 2; ed. HALKIN, 2). Um verdadeiro "teólogo do deserto" é, sem dúvida, → EVÁGRIO PÔNTICO. Os homens no mundo, segundo a sua opinião, são capazes de alcançar a "gnose simples", mas a "gnose verdadeira" é reservada aos solitários: "Não é possível ter sucesso na vida monástica e ao mesmo tempo frequentar as cidades onde a alma se enche com uma infinidade de vários pensamentos que lhe vêm de fora" (*Ep.* 41; FRANKENBERG, *Evagrius Ponticus*, Berlin, 1912, 595).

Numerosos elogios da vida solitária encontram-se nos → APOTEGMAS dos Padres, nas cartas de Santo Amonas, discípulo de Santo Antonio. Acrescentamos que até hoje os religiosos orientais consideram a vida eremítica um estado normal de vida.

O segundo grau de *hêsychia* é o → SILÊNCIO. Na Antiguidade grega, a continência da língua foi elogiada sobretudo por Pitágoras, e por isso a vida em silêncio era denominada o "modo de vida pitagórico" (PLATÃO, *República*, 600b). Nos *Apotegmas* encontram-se vários monges que louvavam e observavam um silêncio perfeito (Tithoes, Poimen, João Colobos, Or, Pampo, Silvanos, Sisoes). Entre os sírios, Acepsimas e Salamanes (TEODORETO, *Religiosa historia*, 15.19: PG 82, 1.413 s.1.427 s.) observam um silêncio absoluto, o qual, segundo Isaac de Nínive (*De perfectione religiosa*, c. 65; ed. BEDJAN, 450 s.), conduz a alma aos estados místicos, sendo o "silêncio mistério do mundo futuro, e a língua órgão do mundo presente" (*Ibid.*, 470). A vida dessa era organizada dessa maneira também nos cenóbios, para que o monge não tenha de dizer uma única palavra inútil, ou seja, "aquela que não serve para objetivo que se propôs no serviço de Deus" (BASÍLIO MAGNO, *Regras breves*, 23: *PG* 31, 1.197).

O último e mais perfeito grau de *hêsychia* é a do coração, idêntica à *amerimnia*, incúria, *apôthesis noêmatôn*, eliminação de todos os pensamentos que possam perturbar a quietude da alma. Liberto das atividades externas e das regras de vida comum, o hesicasta se concentra na *nêpsis*, sobriedade interna, controle dos pensamentos e luta contra os "maus pensamentos", que foram classificados em oito espécies (de onde provêm os "sete pecados capitais" dos ocidentais). Com apurada observação psicológica, os autores distinguem cinco ou mais graus, ou seja, estados, descrevendo como um pensamento penetra na alma e se apodera dela. O hesicasta, exercitado nessa "luta invisível", expulsa qualquer perturbação interna desde o início e assim atinge a desejada paz do coração, "o paraíso terrestre", caracterizado pela ausência "de todos os cuidados terrestres racionais ou irracionais" (JOÃO CLÍMACO, *PG* 88, 111D) e pela oração "pura" e contínua (CASSIANO, *Collationes*, 14, 9: *PL* 49, 966B).

Segundo o quarto cânone do Concílio de Calcedônia, todo monge é obrigado a tender à *hêsychia*. Na época bizantina, porém, os hesicastas são apenas aqueles que vivem separados da comunidade nas grutas ou celas isoladas. Os *Typici* estabelecem o número máximo desses eremitas dependentes do monastério.

Os autores clássicos de tendência hesicasta são sobretudo os Padres da "escola sinaítica": São → JOÃO CLÍMACO († ca. 600), Esíquio, Filoteu Sinaíta (ambos posteriores a Clímaco). O hesicasmo difundiu-se também nos conventos de Constantinopla, onde o representante principal foi o místico → SIMEÃO, O NOVO TEÓLOGO († 1022). Mais tarde, essa tendência encontrou cálida acolhida no Monte Athos, para onde no século XIV vai o sinaíta Gregório. No início desse mesmo século, o monge athonense, natural da Calábria, Nicéforo, inventou um "método físico" para abreviar o esforço para alcançar a contemplação, que expôs no opúsculo *Sobre a sobriedade e proteção do coração*. Por um erro de divisão, como parece, o trecho foi depois atribuído a Simeão, o Novo Teólogo, que é o autor da citação precedente.

O trecho famoso do "método hesicasta" diz o seguinte: "Depois senta-te em uma cela tranquila, num canto isolado, faz o que te digo: fecha a porta, leva o espírito além de qualquer objeto fútil e temporal. Depois apoia a barba no peito, dirige o olhar dos olhos do corpo com toda a tua mente para o centro do ventre, o umbigo, retém a respiração do ar que passa pelo nariz, de modo que não respires facilmente, e procura mentalmente dentro de tuas vísceras para encontrar lá o lugar do coração, onde residem as faculdades da alma. No início encontrarás trevas e densidade impenetrável. Mas se perseverares, se fizeres este exercício dia e noite, então encontrarás, oh milagre!, uma felicidade sem fim. Quando o espírito encontrar o lugar do coração, logo verá coisas jamais sabidas, verá o semblante que existe no meio do coração, verá a si mesmo todo luminoso, repleto de discernimento. A partir de então, qualquer pensamento (mau) se manifestará, antes de se desenvolver e tomar forma, será posto em fuga pela invocação do nome de Jesus, que o expulsa e o destrói. A partir de então, o espírito, repleto de aversão pelos demônios, se inflamará com aquela ira que é própria da natureza, isto é, para combater os inimigos espirituais. O resto o aprenderás com a ajuda de Deus, quando te exercitares na guarda da mente, mantendo Jesus no coração, porque foi dito: 'fica na cela e esta te ensinará tudo!'" (L. HAUSHERR, *La méthode d'oraison hêsychaste*, 164-165; cf. M. PAPAROZZI, *La spiritualità dell'Oriente cristiano. L'esicasmo* [La Spiritualità Cristiana, 11], Roma, 1981, 111 s.).

Praticando o "método", harmonizando as batidas do coração com a invocação da fórmula "Senhor Jesus Cristo, Filho de Deus, tem piedade de mim, pecador", pretendia-se chegar à visão da "luz do Tabor", que ilumina o mundo. Como a invisibilidade de Deus e da sua essência foi constantemente inculcada pelos Padres gregos, Gregório → PALAMAS († 1359), depois arcebispo de Salônica, ensinou a distinção entre a essência de Deus e a sua operação, a *energeia*. O hesicasta visa ver a luz dessa energia. O palamitismo encontrou o seu principal adversário em Barlaão, monge da Calábria († 1347); mas os palamitas venceram e no Sínodo de 1351 excomungaram seus opositores. O hesicasmo e o método foram levados à Rússia por → NIL SORSKIJ († 1508) proveniente de Athos.

Para o despertar da oração hesicasta, teve grande importância a edição da *Philokalia*, uma antologia de textos dos Padres e dos autores hesicastas, organizada por Nicodemos Hagiorita († 1809), publicada em Veneza em 1782 (última ed., Atenas, 1957 s.; → FILOCALIA). Mais completa é a edição russa realizada por → TEÓFANO, O RECLUSO (ed. Athos, 1877), que, no entanto, corrige deliberadamente certos exageros do "método" e diminui sua importância, insistindo na ascese tradicional.

Em tempos recentes, teve grande difusão a Oração de Jesus, invocação jaculatória com a fórmula indicada. O rosário monástico grego e russo consiste na recitação dessas invocações, que podem substituir até a recitação do → OFÍCIO DIVINO. O Ocidente tomou conhecimento dessa oração graças às numerosas traduções dos *Relatos de um peregrino russo* (Milano, 1955, Assisi, 1970 e Milano, 1973; A. SOLIGNAC, Pélerin russe, in *Dictionnaire de Spiritualité*, XII, 885-887).

BIBLIOGRAFIA. ADNÈS, P. Hésychasem. In *Dictionnaire de Spiritualité* VII, 381-399; ID. Jésus (prière à). In *Dictionnaire de Spiritualité* VIII, 1.126-1.149; AMMAN, A. M. *Die Gottesschau im palamitischen Hesychasmus. Ein Handbuch der spätbyzantinischen Mystik*. Wurzburg, 1938; HAUSHERR, I. *Hésychasme et prière*. Roma, 1966; ID. L'Hésychasme. Étude de spiritualité. *Orientalia Christiana Periodica* 22 (1956) 5-40.247-285; ID. *La méthode d'oraison hésychaste*. Roma, 1927; ID. *Noms du Christ et voies d'oraison*. Roma, 1960 (com bibliografia); LECLERCQ, J. "Sedere". À propos de l'hésychasme en Occident. In *Milénaire du Mont Athos* I. Chevetogne, 1963, 253-264; MEYENDORFF, J. Palamas (Grégoire). In *Dictionnaire de Spiritualité* XII, 81-107; ŠPIDLÍK, T. *La spiritualità dell'Oriente cristiano. Manuale sistematico*, Roma, 1985 (bibliografia sobre o hesicasmo, pp. 338-339); ID. La preghiera esicastica. In ANCILLI, E. (org.) *La preghiera. Bibbia, teologia, esperienze storiche*. Roma, 1988, 261-275, vl. I; ID. *La spiritualité de l'Orient chrétien*, II. *La prière*. Roma, 1988; UN MOINE DE L'ÉGLISE D'ORIENT. *La prière de Jésus*. Chevetogne, 1959; UN MOINE DE L'ÉGLISE ORTHODOXE ROUMAINE. *L'avènement philocalique dans l'Orthodoxie roumaine*. Istina, 1958, 295-328; WUNDERLE, G. *Zur Psychologie des hesychastischen Gebets*. Wurzburg, 1947.

T. ŠPIDLÍK

HIEROGNOSE. Do grego ἱερός (= sagrado) e γνῶσις (= conhecimento), é a faculdade de conhecer as coisas santas e sagradas e distingui-las imediatamente, sem examinar os objetos profanos. Distinguir, por exemplo, as hóstias consagradas das não consagradas, os objetos bentos dos não bentos.

Narram-se muitos fatos históricos, como, por exemplo, os de Catarina Emerick, de Santa → CATARINA DE SENA, de Luísa Lateau etc.

Trata-se de algo sobrenatural, na medida em que diz respeito a realidades sobrenaturais, que devem ser reconhecidas, cujo conhecimento ultrapassa o poder humano e até mesmo o dos anjos. No entanto, é preciso considerar que o conhecimento ou a percepção devem terminar no objeto enquanto sobrenatural e em si mesmo; não devem ser fruto de dedução a partir de outros fatos naturais. Neste último caso, mesmo se não intervêm fraudes ou truques, pode-se chegar ao conhecimento mesmo sem a hierognose. Por exemplo, saber alguma coisa por intermédio da "leitura do pensamento" na mente dos que assistem e que o sabem ou então chegar a reconhecer o fato da consagração e da bênção de um objeto através da retrocognição.

Em alguns casos fala-se de hierognose diabólica ou repulsiva: quando o endemoniado foge dos objetos bentos etc., ao passo que não fugiria dos não bentos. No entanto, esse não é um sinal seguro para distinguir um endemoniado, uma vez que é possível estar possuído pelo demônio e não experimentar nenhuma repulsa.

Por esse motivo não há contradições entre esta hierognose repulsiva e o fato de a hierognose ser algo sobrenatural, porque o demônio pode sentir os efeitos daquilo que é sobrenatural e sagrado e também pode ter o conhecimento dedutivo normal disso, assim como pode tê-lo o homem que presencia a bênção ou a consagração dos objetos. Qual a natureza dessa faculdade sobrenatural? → ARINTERO parece explicá-la com uma simpatia ou uma conaturalidade com as coisas divinas adquirida pela alma transformada. Reigada a explica com o sentido espiritual de visão, ato secundário do dom da inteligência. Mas parece melhor explicá-la como uma graça *gratis data*, porque, mais que o bem do indivíduo, a hierognose envolve o bem de todos os outros e não parece ser um fato permanente na pessoa, nem necessário às almas místicas, nem tampouco exclusivo delas.

BIBLIOGRAFIA. REIGADA, I. G. M. *Los dones del Espíritu Santo y la perfección cristiana*. Madrid, 1948, 362; ROYO, A. *Teologia della perfezione*. 607-609; SURBLED, G. *La moral en sus relaciones con la medicina y la higiene*. Barcelona, 1950, parte II, c. 16, 659-663.

I. RODRÍGUEZ

HILDEGARDA DE BINGEN. NOTA BIOGRÁFICA. Filha do nobre de Bermesheim, nasceu no povoado homônimo nas proximidades de Alzey (Palatinado) em 1098. Aos oito anos de idade foi confiada a Jutta de Spanheim, reclusa de uma pequena comunidade beneditina próxima ao convento Disibodenberg; separada do mundo, portanto, Hildegarda não aprendeu outra coisa além de salmodiar e realizar trabalhos femininos. Depois da morte de Jutta (1136), a comunidade escolheu Hildegarda para sucedê-la, e esta, desejosa de uma vida mais monástica, transferiu as religiosas para Rupertsberg, outeiro isolado diante de Bingen, onde fez reconstruir a igreja e o convento de um antigo santuário do duque Roberto (Rupert), destruído pelos normandos em 893. Ali morreu santamente em 1179.

2. OBRAS. Hildegarda foi "celebérrima" em seu século (*ep.* Joh. a Salisb., 1167). Mais vidente que mística, e favorecida pelo dom da profecia, pôde influenciar imperadores e eclesiásticos alemães e de outras nacionalidades em questões políticas importantes, religiosas, morais e disciplinares, não só participando ativamente com a palavra viva e com as cartas na luta contra as correntes heterodoxas da época, sobretudo contra a doutrina racionalista de Berenger e o dualismo antimoral dos cátaros, mas também lutando contra os ataques à autoridade eclesiástica por parte de Arnaldo de Brescia ou a concepção da pobreza dos valdenses.

Sua obra — totalmente estabelecida depois das últimas pesquisas — reflete o conteúdo da sua penetração, por meio de visões, nos mais elevados mistérios de Deus. Teve o carisma já na primeira infância. Mas, assim que se deu conta do dom extraordinário, buscou a solidão e o escondimento, tendo o único anseio de aperfeiçoar a própria vida. Depois de conquistar maior profundidade de pensamento e de experiência, recebeu a ordem divina de escrever aquilo que havia visto e ouvido. Com a ajuda do monge beneditino Volmar, escreveu a primeira parte da sua trilogia: o *Scivias* (1141-1151), grandiosa visão apocalíptica que suscitou enorme admiração dos monges. Ainda incompleta, a obra teve a plena aprovação de Eugênio III no Sínodo de Treves (1147) e foi muito elogiada por São Bernardo, ali presente. Seguiu-se o *Liber subtilitatum diversarum naturarum creaturarum*, dividido em duas partes: o *Liber simplicis medicinae*, chamado *Physica*, e o *Liber compositae medicinae*, conhecido pelo título *De causis et curis*, dois estudos que lhe trouxeram a fama de primeira estudiosa alemã de ciências naturais e de medicina. Antes de 1158 concluiu também a *Symphonia harmoniae coelestium revelationum* (*Carmina*), uma coletânea de 68 cânticos (antífonas, responsórios, hinos, sequências) e o *Ordo virtutum*, recitação sacra musical que tem como tema a atividade interior, espiritual, ascética de uma alma que se transforma sob a ação das virtudes infusas, as quais a incorporam no Cristo místico. Depois de ter composto escritos teológicos e hagiográficos (a *Expositio evangeliorum*, a *Lingua ingnota*, as *Lettere ignotae*), retomou, impelida por uma visão, a sua grande trilogia e continuou, no auge do sofrimento físico, o *Scivias* com o *Liber vitae meritorum* (1158-1163), exposição genial dos efeitos cósmicos no ser e agir humanos. Assim que concluiu a obra, acolhida com entusiasmo pelos cistercienses de Villers (Brabant), outra "visão terrível" a colocou no completo isolamento interior e foi decisiva para a redação de sua última obra, o *Liber divinorum operum*, a última parte da sua trilogia e obra mais madura de toda a sua produção literária (1163-1170), com exceção do *vix consummavi*; conclusão e epílogo: 1173-1174). Nela trata das relações estáticas e dinâmicas entre homem, cosmos e Deus, uma verdadeira "teologia do cosmos". Além disso, escreveu inúmeras *cartas* que ainda hoje são admiradas pela clareza da opinião e pela força da palavra inspirada, e alguns tratados menores, frequentemente unidos às cartas, como: a *Explanatio Regulae s. Benedicti*, o *Ex-Ruperti*, a *Vita s. Disibodi* e as *Solutiones triginta octo quaestionum*.

3. ESPIRITUALIDADE. Sua espiritualidade é a de uma alma formada na experiência imediata de Deus. Através de uma penetração, por meio de visões, da obra da criação e da redenção e mediante a sua participação misteriosa na visão de Deus e do universo em Cristo, a vidente imergiu em Deus que se revelou em Cristo. Por isso, no centro da sua vida espiritual encontram-se o mistério da encarnação, a Eucaristia e o mistério da Igreja, concebida como Corpo místico de Cristo e unida essencialmente com Cristo, mas considerada no seu aspecto escatológico. Nas suas visões, por mais que sejam "maravilhosas, ultraluminosas" ou experimentadas "na obscuridade" ou "fortes e terríveis", nada se encontra de pessoal e de subjetivo. O conteúdo permanece frequentemente velado ou incompreensível. Expressa-se na língua simbólica do século XII. Interpretando cada ser e existência em relação exclusiva a Deus, rejeita categoricamente tudo o que não serve para representar no símbolo a realidade metafísica. Embora em sua obra seja excluída complacência dos mistérios revelados e qualquer conhecimento amante ou unitivo, é preciso lembrar que teve uma terna devoção por Nossa Senhora, que revela a natureza íntima de sua alma.

BIBLIOGRAFIA. 1) Obras: Sanctae Hildegardis Opera. *Analecta Sacra*. Monte Cassino, 1882; *PL* 197 e nova edição em latim: *Scivias* (ed. A. FUHRKÖTTER). Corpus Christianorum. Continuatio medievalis 43. Turnholt, 1978; *Liber divinorum operum* (ed. A. DEROLEZ – P. DRONKE), *Ibid.*, 1987. Em tradução alemã: *Gott ist am Werk (De operatione Dei)*. Trad. de H. SCHIPPERGES. Olten, 1958; FUHRKÖTTER, A. *Hildegard von Bingen. Briefwechsel*. Salzburg, 1965; *Heilkunde (De causis et curis)*. Trad. de H. SCHIPPERGES. Salzburg, ²1967; *Wisse die Wege. Scivias* (M. BÖCKELER). Salzburg, ⁷1981.
2) Estudos: BUNGERT, A. *Die hl. H. von Bingen*. Wurzburg, 1979; ENNEN, E. *Le donne nel Medievo*. Bari, 1986, 162 ss.; FUHRKÖTTER, A. *H. von Bingen*. Salzburg, 1972; GIOVANNA DELLA CROCE. *I mistici del Nord*. Roma, 1981, 15-18; ID. Ildegarda di Bingen e il mistero della Chiesa. *Ephemerides Carmeliticae* 17 (1966) 158-173 (com bibl.); GÖSSMANN, E. Das Menschenbild der H. von Bingen... In *Frauenmystik im Mittelalter*. Ostfildern, 1985, 24-47; *H. von Bingen*. Festschrift zum 800. Todestag der Heiling (ed. A. PH. BRUCK). Mainz, 1979; JESKALIAN, B. J. *H. of Bingen: the creative dimensions of a medieval personality*. Theological Union, Berkeley, 1982; LAUTER, W. *Wegweiser zur Hildegard-Literatur*, vl. I (até o ano de 1969). Alzey, 1970; vl. II (1970-1982). Alzey, 1984; NEWMAN, B. *Sister of wisdom: St. Hildegard's theology of the feminine*. California Press, 1986; SCHIPPERGES, H. *Die Welt der Engel bei H. von Bingen*. Salzburg, 1963; ID. *H. von Bingen. Ein Zeichen fur unsere Zeit*. Frankfurt, 1981; SCHRADER, M. In *Dictionnaire de Spiritualité* VII. 505-521.

GIOVANNA DELLA CROCE

HILTON, WALTER. 1. NOTA BIOGRÁFICA E OBRAS. Autor do século XIV de alguns tratados em inglês sobre a vida espiritual, dos quais o mais importante é a *Escala de perfeição*. Hilton morreu em 1395 ou 1396, enquanto era cônego agostiniano de Thurgarton (Nottinghanshire), mas considerando seus escritos parece ter sido anteriormente eremita por algum tempo, depois de ter concluído o curso de teologia, talvez em Paris. Outros dados biográficos são desconhecidos.

O grande número de manuscritos preservados, cerca de cinquenta, e a edição impressa por Wynkyn de Worde, a pedido de dona Margarida, mãe de Henrique VII, em 1494, atestam a popularidade da *Escala de perfeição*, obra que seria reimpressa quatro vezes antes de 1533, e três vezes (em forma um pouco modificada) no século XVII.

A *Escala* é constituída de dois livros, não compostos na mesma época, mas que formam um conjunto harmonioso e unido. O primeiro é dirigido a uma filha espiritual do autor, freira, dedicada à vida anacorética; o segundo não tem um destinatário explícito, e talvez tenha sido composto após alguns anos, como indica a maior maturidade de estilo e de doutrina, para completar o ensinamento do primeiro, que já desfrutava uma certa difusão. O título da obra parece póstumo e é tomado de uma expressão do c. 17, livro II, que se refere ao progresso espiritual sob a imagem de escala. A obra, de fato, é um tratado completo da vida espiritual, e sob a abundância de detalhes segue um plano bem determinado. Depois de esclarecer o fim para o qual o seu leitor deve tender: a união com Deus na contemplação (livro I, cc. 1-14), fala dos meios a serem utilizados para dispor a alma para tal fim: as virtudes (cc. 16–23), a oração (vocal) e a "meditação" (cc. 24–36). No livro II, fala da vida contemplativa, da natureza e dos efeitos da contemplação.

Hilton com certeza é o autor de pelo menos dois outros tratados, ambos em latim. O *De imagine peccati*, e a *Epistola aurea* a um amigo, na qual o encoraja no seu propósito de se tornar cartuxo. Outros escritos são atribuídos a Hilton com diferentes graus de probabilidade.

O vocabulário do autor pode criar alguma dificuldade no início, porque não parece fácil adivinhar o equivalente moderno dos seus termos ingleses do século XIV. Por exemplo, na linguagem de Hilton, a "meditação" parece indicar o que hoje se conhece pelo nome de "oração afetiva".

2. DOUTRINA. Na linha dos místicos ingleses, segue a corrente difundida no Ocidente pelo pseudo-Dionísio, que culmina nos escritos de São → JOÃO DA CRUZ. De fato, existem em Hilton notáveis antecipações das imagens empregadas pelo Doutor carmelita, especialmente a da noite mística.

A doutrina de Hilton é decisivamente cristocêntrica, sobretudo no livro II da *Escala*; para ele, Deus e Jesus são praticamente sinônimos. Trata da vida de contemplação como desenvolvimento normal da vida de graça iniciada com o → BATISMO, e sobretudo como "pré-formação" da imagem de Deus na alma — o termo é característico de Hilton — por meio da "busca de Jesus" escondido no fundo da própria alma. Distingue entre a "re-formação na fé", que seria a vida comum daqueles que não chegam à contemplação, e a "re-formação na fé e no sentimento" (*in faith and feeling*), pela qual entende o caminho da experiência mística, ou dos contemplativos. Mostra uma clara desconfiança pelos → FENÔMENOS EXTRAORDINÁRIOS e em certos trechos parece querer contradizer propositalmente → ROLLE, que atribui grande importância a alguns desses fenômenos.

Na questão da ascese corporal, Hilton se mostra muito moderado, declarando que a fome e o sofrimento físico excessivo impedem a contemplação, mas insiste fortemente na necessidade da mortificação interna. O espírito do verdadeiro discernimento é muito marcado em sua obra. A alma deve descobrir em si mesma e eliminar "a imagem do pecado", ou seja, a raiz de todos os pecados: o amor-próprio, antes de buscar Jesus, mas sempre com grande serenidade e paz.

BIBLIOGRAFIA. CLARK, J. P. H. Action and contemplation in Walter Hilton. *Downside Review* 97 (1979) 258-74; ID. Walter Hilton and the "Stimulus Amoris". *Downside Review* 102 (1984) 79-118; GARDNER, H. Walter Hilton and the mystical tradition in England. *Essays and Studies* 22 (1936) 103-127; HILTON, W. *The stairway of perfection*. Trad. de M. L. Del. Castro. Garden City (NY), 1979; HUGHES, A. C. *Walter Hilton's directions to contemplatives*. Roma, 1962 (com abundante bibliografia); KENNEDY, D. G. *Incarnational element in Hilton's spirituality*. Salzburg, 1982; KNOWLES, M. D. *The english mystical tradition*. London, 1966, 100-118; MILOSH, J. E. *The scale of perfection and the english mystical tradition*. Madison (Wisconsin), 1966; RUSSEL SMITH, J. M. Hilton. In *Pre-Reformation English Spiritualy*. London, 1965, c. 15.

B. EDWARDS

HINDUÍSMO. O nome "hindu" deriva do nome do rio Sindhu (hoje chamado Indo), em cujas férteis margens os indo-arianos estabeleceram sua primeira morada na Índia por volta da metade do segundo milênio antes de Cristo. Os persas designaram-nos com o nome do rio pronunciando-o "hindu", em vez de "sindhu". Hoje, porém, esse nome tem um sentido predominantemente religioso, e se denominam hindus todos os que professam a religião indo-ariana em uma de suas múltiplas formas.

O hinduísmo é a antiga religião indo-ariana que, por um longo processo de evolução interna e de absorção de elementos externos, tornou-se um conjunto religioso-social indefinido que encerra altos valores espirituais e profundas intuições, por um lado, e grosseiras superstições e pueris mitologias, de outro. A essa massa heterogênea é dada uma certa coerência e uma fisionomia singular por algumas crenças e práticas que formam a essência do hinduísmo. Podem ser reduzidas a quatro pontos fundamentais: a) fé nos *Veda* (livros sagrados dos indo-arianos) como fonte infalível de verdade; b) fé no *Karmasamsāra*, ou seja, na transmigração (*samsāra*) das almas de um corpo para outro segundo a lei da retribuição (*karma*); fé em *Muksi* (libertação da transmigração) como o último fim do homem; d) aceitação do *Varnaāsramadharma* (leis da casta e da condição de vida) como uma ordem religioso-social que brota da eterna lei do *Karma*. Na prática, este último é o único critério de distinção do hindu dos outros.

A longa evolução do hinduísmo é comparável ao percurso de uma bola de neve que recolhe tudo o que se encontra ao longo do caminho e cresce avançando. Nessa capacidade de absorver qualquer tipo de elementos, até mesmo os mais diversificados e discordantes, consiste o segredo do crescimento e da longevidade do hinduísmo. Ele atingiu sua plena estatura e a sua forma clássica nos primeiros séculos depois de Cristo. A história do hinduísmo, portanto, divide-se naturalmente em dois grandes períodos: o período pré-cristão e o pós-cristão. A forma pré-cristã geralmente é denominada "vedismo" e a pós-cristã, "hinduísmo clássico". Do século XVIII em diante temos o "neo-hinduísmo", isto é, o hinduísmo em processo de reforma para enfrentar o desafio da religião cristã e da cultura moderna.

1. O VEDISMO. *Veda* (da raiz "vid" = ver, saber) é o nome dos livros sagrados do hinduísmo, considerados *nitya* (eternos) e *apauruseya* (sem autor). São a verdade eterna existente desde sempre como *Vāk* (palavra ou *logos*) e revelada com termos humanos no início de cada círculo cósmico. A aceitação ou não da autoridade dos *Veda* é a primeira norma para julgar se alguém é fiel ou infiel.

Os *Veda* são quatro: *Rik*, *Sāma*, *Yajus* e *Adharva*, o último dos quais se diferencia dos outros tanto pelo estilo quanto pela matéria, e só foi admitido no cânone dos *Veda* por volta do ano 300 a.C. Cada *Veda* é constituído de três partes, que representam os três primeiros estados na evolução do hinduísmo. A primeira, e mais venerável, denominada *Samhita* (coleção), é formada de hinos compostos entre 1500 e 1000 a.C. *Rig-samhita*, a primeira de todas e fundamento das outras, é formada por 1.028 hinos distribuídos em dez capítulos, e é uma das mais antigas obras literárias do gênero humano conhecidas até agora.

A religião fundamentada nessa primeira parte dos *Veda* chama-se vedismo simples. Foi uma forma de religião natural, na prática politeísta, que adorava as forças da natureza deificadas: havia 22 deuses igualmente distribuídos entre o céu, a atmosfera e a terra. Na teoria, porém, os *Veda* afirmam insistentemente o monoteísmo; por exemplo: "Um só é, que os estudiosos chamam com diversos nomes" (*Rig-samhita*, 1.164.46); "os sacerdotes e os poetas multiplicam com as palavras aquela realidade que é realmente Única" (*Ibid.*, 114). No vedismo primitivo falta a ideia da metempsicose, ponto essencial do hinduísmo posterior.

A segunda fase (entre o ano 1000 e 800 a.C.) corresponde à parte dos *Veda* que se chama *Brāhmana*, e por isso foi denominada bramanismo, com elaborados ritos sagrados e inúmeros sacrifícios. Enquanto no primeiro estágio os sacrifícios foram simples oblações de alimentos e bebidas, a nota distintiva deste é o sacrifício cruento. São muito interessantes as especulações teológicas em torno do sacrifício. A função expiatória do sacrifício é claramente expressa em diversos textos. Ele tem origem divina, não só por ter sido instituído por Deus, mas por ser uma imolação do próprio Deus: "O Senhor do universo deu a si mesmo a suas criaturas celestes para ser sacrificado; ele se fez vítima deles. Depois de ter se dado a eles como vítima, instituiu o sacrifício como seu substituto, e assim se redimiu das mãos deles" (*Catapatha-brahamana*).

Mas, como em tantas outras doutrinas do hinduísmo, a ideia de sacrifício sofreu exageros e aberrações até que os sacrifícios se tornaram pura magia, eficaz por si mesma, e os deuses passaram a ser apenas os degraus correspondentes para sustentar os sacrifícios. Essa forma de religião não durou muito nem jamais se tornou popular. Depois da propagação do → BUDISMO, os sacrifícios cruentos tornaram-se cada vez mais repelentes e foram gradualmente abandonados. No entanto, as leis religioso-sociais e o sistema dos sacramentos derivados do bramanismo continuam a ser os eixos do hinduísmo.

A terceira fase, do ano 800 ao ano 300 a.C., aproximadamente, foi em parte uma reação dos intelectuais contra o excessivo ritualismo da fase precedente. O resultado foi a extraordinária coleção dos livros denominados *Upanishad*, os quais, como a última e a mais perfeita parte dos *Veda*, se chamam também *Vedānta* (o fim dos *Veda*). Essa foi uma época de grande despertar intelectual para todo o mundo, a era de Pitágoras na Grécia, de Zoroastro na Pérsia, de Confúcio na China e de Buda na Índia. Mas esse despertar na Índia manifestou-se sobretudo em uma intensa busca de Deus. Nas intuições sobre Deus, a mente hindu atingiu uma altura verdadeiramente surpreendente. Citemos alguns textos dos *Upanishad*: "O olho não consegue se aproximar dele, nem a voz nem a mente. Nós não o conhecemos nem podemos descrevê-lo. É diferente de qualquer coisa que se conhece além de todo desconhecido" (*Kena Up.* ii. 3); "Compreende-o quem não o compreende; por outro lado, quem o compreende não entende nada. Porque ele é desconhecido ao homem sábio, mas o ignorante o conhece" (*Ibid.*, ii. 3); "Ele move, mas não se move; está distante e ao mesmo tempo próximo; está dentro de tudo e acima de qualquer coisa" (*Iça Up.* 5); "O imortal Brahamn é a morada do mundo e tudo o que existe. Ele é vida, verbo, intelecto, realidade, imortalidade" (*Mund Up.* II, ii. 2). A definição vedântica de Deus é: *Sat-Cit-Ānanda*, isto é, existência-inteligência-beatitude. A mente humana não concebeu uma melhor.

Mas a especulação sobre o mundo foi funesta. Sem a noção da *creatio ex nihilo*, que de resto nos foi dada pela revelação, o problema do mundo se resolve em três alternativas: ou admitir um mundo real, coeterno a Deus, comprometendo sua soberania absoluta; ou concebê-lo como uma emanação de Deus no sentido panteísta, sacrificando a sua imutabilidade; ou defender a absoluta perfeição e a imutabilidade de Deus, negando a realidade do mundo. Os *Upanishad*, em sua maioria, assumiram a última posição, o monismo absoluto, que sempre permanecerá na alma do hinduísmo.

Essa foi a época das grandes escolas filosóficas no seio do hinduísmo, e das seitas janista e budista que se separaram dele. Ao mesmo tempo, eram agregados ao hinduísmo diversos povos com suas crenças e mitos, aumentando assim a variedade tanto da população quanto da religião hindu. Por volta do final desse período surgiram algumas obras de importância primordial para o hinduísmo, porque prepararam o terreno para o desenvolvimento e a notável renovação pelos quais ele passaria nos primeiros séculos do cristianismo. As principais são: a *Brahmasutra* de Badarayana, na qual é condensada a doutrina dos *Upanishad*; esta servirá de base para todas as escolas teológicas futuras; a *Dharma-sastra*, de Manu, uma legislação religioso-social muito acurada: é a legislação que deu corpo orgânico ao hinduísmo, e ainda hoje o mantém unido; a *Mahabharata*, uma epopeia de dimensões gigantescas, que é uma verdadeira enciclopédia do hinduísmo e o tesouro de todos os mitos populares; a *Bhagavat-Gita*, o cântico do Senhor, uma das mais belas gemas da literatura universal, a mais rica fonte da espiritualidade hindu e ainda hoje a inspiração dos grandes devotos hindus.

2. O HINDUÍSMO CLÁSSICO. Nos primeiros séculos depois de Cristo, observa-se um despertar e uma profunda transformação na religião antiga, provocados principalmente pelo desafio do budismo. A partir do século III a.C., ou seja, desde que o imperador Asoka se tornou um devoto budista, esta religião tinha a primazia na Índia. Mas o hinduísmo não se deu por vencido. Reagiu à sua maneira característica, ou seja, absorvendo o adversário. Aceitou completamente a ética do budismo e concedeu ao próprio Buda um nicho no panteão hindu, até que os budistas na Índia um belo dia passaram a ser hindus.

Mas o principal acontecimento dessa época foi a unificação das várias correntes filosóficas, religiosas e mitológicas em luta umas contra as outras. A *Bhagavad-Gita* já traçara o plano de uma ampla síntese, modificando um pouco as várias doutrinas e colocando em torno delas a sua doutrina de *Bhakti*, ou seja, a religião do amor e da devoção pelo Deus pessoal. Não é uma síntese estrita que anula as contradições, mas um compromisso que as tolera em uma convivência pacífica. Por volta do século IV ou V, o hinduísmo atingiu sua plena estatura e a forma clássica que conserva até hoje.

Nesse hinduísmo unificado é possível distinguir três estratos. Num extremo está a metafísica, radicalmente monista; mas, como a irrealidade do mundo não convence plenamente ninguém, na prática o monismo se expressa em vários matizes de → PANTEÍSMO. No outro extremo temos a religião popular, praticamente politeísta, embora admita que todos os deuses são manifestações diferentes de um único Deus. Além disso, no culto popular figuram também demônios, certamente não como objeto de amor e veneração, mas como objeto de temor, espíritos nocivos que devem ser aplacados. Entre esses dois extremos está a religião hindu propriamente dita, com seus valores espirituais. É abertamente monoteísta, embora não consiga se libertar perfeitamente nem da metafísica monista nem da mitologia politeísta.

a) *Doutrinas fundamentais do hinduísmo*. Os três temas da teologia hindu são *Brahma, Brahmanda* e *Atma*, ou seja, Deus, mundo e alma. Ao expor as doutrinas do hinduísmo seguiremos a mesma ordem.

Deus. Deus é *Sat-Cit-Ananda, Nitya, Paripurna*, ou seja, existência-inteligência-beatitude, eterno, infinito. Para a metafísica, esse Deus é impessoal, absoluto, fora do qual não existe nada. Para a teologia, por sua vez, Deus é pessoal e o mundo, embora dependa totalmente de Deus, é uma realidade por si só. O hinduísmo moderno aceita as duas sentenças como enunciados parciais das verdades que se completam reciprocamente. Quanto a Deus, considerado em si mesmo, isto é, *ad intra*, ele é impessoal, Brahman; em relação ao mundo, porém, ou seja, *ad extra*, é pessoal, Jsvara. Nesse ponto a mitologia completa o conceito: Deus, na sua relação com o mundo, se apresenta em três diferentes formas: como criador, conservador e consumidor. Eis a *Trimurti* (tríade divina), a qual, ainda que essencialmente diferente do conceito cristão de Trindade, tem pronunciada semelhança externa com ela. Essa doutrina serviu também para a reconciliação das duas principais seitas hindus que adoravam respectivamente Vishnu e Shiva.

Uma outra doutrina que também se tornou central no hinduísmo pós-cristão é a de *Avatara* (a descida de Deus), a chamada encarnação, que no entanto deve ser chamada mais de teofania. Sempre que o mundo se encontra em um grave perigo espiritual, Vishnu, o conservador, desce em forma visível para salvá-lo. Há uma dezena de Avatara, algumas das quais infra-humanas. As mais importantes são Krishna e Rama, os principais objetos da devoção hindu. A religião de *Bhakti*, ou seja, o amor de Deus, recebeu um forte impulso dessa ideia de encarnação.

Um complemento da doutrina da encarnação é o de *Arciavatara*, isto é, uma espécie de presença real de Deus no ídolo. De acordo com essa doutrina, quando o ídolo é consagrado, Deus o assume como seu corpo e ali habita.

O mundo. O hinduísmo acredita no eterno retorno do cosmos, que periodicamente aparece e desaparece. É Deus quem o evoca do estado implícito para o explícito, com uma ação denominada criação, e depois de um certo período o reduz ao estado originário. Nessa condição, o mundo permanece escondido em Deus, indistinguível dele. Mesmo no estado explícito, o mundo, embora distinto de Deus, não é independente dele: este é o sustento (*adhara*) e o movente interno (*antar-yamin*) de todas as coisas. Por trás dessa doutrina, porém, está o espectro da identidade fundamental do mundo com Deus, que o hinduísmo jamais conseguirá esconjurar. A mitologia enumera catorze mundos que constituem o universo, dividido em sete superiores e sete inferiores. Nossa terra é a mais baixa dos mundos superiores; possui, contudo, esta singularidade: enquanto todos os outros mundos são *Bhoga-bhumi* (lugar de prêmio ou castigo), só a terra é *Karma-bhumi* (lugar de provação). Cada ciclo cósmico se desenvolve em quatro longuíssimas eras de progressiva decadência. A mitologia só trabalha com números astronômicos. Estamos na última era do presente ciclo.

A alma e a sua transmigração. A salvação da alma é o único motivo para o qual existe não só a religião, mas também a filosofia hindu, que surgiu não pela curiosidade natural da mente humana, mas por uma exigência espiritual. Daí a espiritualidade excessiva do pensamento hindu, duvidoso da realidade das coisas materiais, mas nunca das espirituais. Nem sequer as poucas escolas que por algum tempo se professaram ateias tornaram-se materialistas ou irreligiosas: mesmo sem a fé em Deus, acreditavam na espiritualidade e eternidade da alma, e portanto na necessidade de salvá-la. Isso não é lógico, evidentemente; no entanto, teve êxito. É preciso lembrar que a mente hindu confia mais na intuição que na lógica.

A doutrina central do hinduísmo é *Karma-samsara*, ou seja, a transmigração das almas de acordo com a lei da retribuição. As almas são eternas, e desde a eternidade vêm peregrinando em uma interminável sucessão de nascimentos e de mortes. Sua condição de renascimento depende dos merecimentos e desmerecimentos adquiridos no passado. Entre as diversas formas de vida que a alma pode assumir, a humana é a única na qual ela pode merecer ou pecar; em todas as outras, a alma só passivamente expia uma parte muito pequena de seus débitos. Para a salvação, portanto, é preciso ter nascido ser humano, mas não é suficiente. No modo de vida comum, o novo débito que o homem acumula sempre ultrapassa a parte do antigo, que expia, de modo que por fim a alma se encontra ainda mais ligada à transmigração. Não há saída desse círculo inflexível sem os meios especiais que só a religião pode fornecer.

b) *Práticas essenciais do hinduísmo.* O nome genérico de práticas religiosas hindus é *Sanatanadharma* (a lei eterna) ou, de forma mais particularizada, *Varna-asrama-dharma* (a regra de vida segundo a casta ou o estado de vida). *Varna*, isto é, a casta, e *asrama* (o estado de vida) são duas instituições complementares: a primeira organiza a vida social, a outra a vida individual do hindu. O nome sânscrito "varna" significa cor, e originou-se da diferença racial entre os arianos invasores e o povo dravídico que subjugaram. Terminada a luta, o povo vencido com a religião é gradualmente admitido na grande família hindu, mantida porém rigidamente de lado. Com a preeminência dos sacerdotes, também entre os arianos surgiram distinções baseadas na profissão. Assim, formaram-se a casta sacerdotal (*brahmin*), a militar (*kshatriya*), e a plebeia (*vaisya*), as quais, juntamente com a casta servil (*sudra*), composta pelo povo subjugado, constituem a estrutura do hinduísmo. Por volta do primeiro milênio antes de Cristo, a casta tornou-se uma instituição religiosa, segundo a qual foram atribuídos os deveres religiosos e sociais de cada um. Assim, a casta tornou-se a fortaleza do hinduísmo, a ossatura que lhe dá a sua vaga, indefinível, mas fortemente sentida unidade, não obstante a falta de uma autoridade central e a presença de uma infinita gama de etnias e tradições. Mas, sob outro aspecto, os seus 25 séculos de história não foram muito gloriosos. Para uma grande parte do povo a casta foi um pesadelo intolerável.

A outra instituição, *asrama*, ou seja, o estado de vida, é menos conhecida, mas é muito mais sóbria e benéfica. A vida do hindu, no seu pleno desenvolvimento, passa por quatro estados sucessivos de progressiva espiritualidade. O primeiro é *Brahamaciarya*, ou vida de estudos sagrados; o segundo, *Garhastya*, isto é, vida de família; o terceiro, *Vanaprastha* (vida eremítica) e o último *Sannayasa* (perfeita renúncia). O primeiro estágio é obrigatório para todas as pessoas do sexo masculino das três castas superiores; o segundo, o casamento, para todos os hindus. Os outros dois não são obrigatórios, mas fortemente aconselhados aos brâmanes e aos príncipes, desde que já tenham cumprido os seus deveres familiares. Na prática, porém, os que sentem o chamado para a vida superior passam diretamente da vida de estudos sagrados para a de ascese.

Intimamente vinculados a esses estados há doze sacramentos denominados *Samskara*, que são, segundo a sua definição, "ritos sagrados prescritos pelos *Veda* para a purificação e perfeição da alma e do corpo". O mais importante é o *Upanayana*, o sacramento da iniciação, com o qual começa o estado de estudante. Isso dá o direito de ser nomeado *dvija* (regenerado) porque, como diz Manu, elimina todas as imundícies originais. Por toda a duração dos estudos, os alunos devem comprometer-se com quatro votos, ou seja, castidade, pobreza, estudos sagrados e ascese, e viver na casa do professor sob uma severa disciplina. Pode durar de oito a dezesseis anos, dependendo da casta e da capacidade do aluno. Hoje, porém, embora o sistema de educação tenha mudado totalmente, o estado citado se reduz a três dias simbólicos.

O segundo estado, o de família, é o coração do hinduísmo, e o casamento é um sacramento de importância primordial; de fato, para as mulheres e as pessoas de casta baixa, ele é também o sacramento da regeneração. No momento do matrimônio acende-se o fogo sagrado para a primeira imolação, que o casal deve conservar na sua casa por toda a vida, sem permitir que se apague. Nesse fogo se faz também todas as manhãs a imolação de arroz, frutas etc., que é o principal ato do culto hindu. Embora o chefe da família seja o principal funcionário religioso, não pode realizar nenhum rito sagrado sem a cooperação ativa da mulher, que por isso tem o título de *sahadharmini* (concelebrante). Há vários outros ritos sagrados domésticos, como os sacramentos menores, os funerais, os sufrágios pelos mortos, a leitura dos livros sagrados etc. Em suma, as práticas essenciais do hinduísmo realizam-se em família. Para os hindus, a própria casa é o templo principal e os ritos sagrados na família são os obrigatórios; as solenidades nos templos e as peregrinações são devoções livres. Isso explica as profundas raízes que o hinduísmo tem no coração do povo.

A vida eremítica praticamente desapareceu, porque não existem mais florestas acessíveis e salubres. Em contrapartida, a vida de ascetas mendicantes teve um grande florescimento. Embora originariamente isso fosse reservado às castas superiores, em seguida, por costume, todos passaram a ter acesso a ele, e tanto as mulheres quanto as pessoas da casta inferior o abraçam livremente. Quem deseja tornar-se *sannyasi* deve submeter-se a uma longa prova sob a direção de um asceta especializado, depois diante de quatro brâmanes pronuncia os seus votos de total renúncia oferecendo dois sacrifícios, um pela consagração da sua vida, o outro como exéquias por sua alma, porque morre para o mundo. A partir daquele momento, ele está acima de qualquer casta, não ligado nem às observâncias da casta nem aos ritos sagrados; sua única prática religiosa é a contemplação e a ascese. Não pode ter nem mesmo uma moradia estável; deve sempre vagar sem se deter em um lugar mais de três dias, mendigando apenas alimentos cozidos, simples, exceto a carne, as bebidas alcoólicas e as coisas delicadas; falar pouco, e nunca com mulheres, responder às perguntas apenas pronunciando o nome de Deus. Quando um asceta morre não realizam exéquias para ele, nem cremam os despojos, mas simplesmente o enterram como as crianças.

c) *A espiritualidade hindu*. A fonte da espiritualidade que transformou o hinduísmo pós-cristão é a *Bhagavad-Gita*. Quando esta surgiu, por volta do final do século III a.C., eram três as teorias predominantes em relação ao meio essencial da salvação. Para a *Vedanta*, o único meio é a sabedoria, ou seja, a realização intuitiva da própria identidade com o Absoluto. A *Mimamsa*, ao contrário, acreditava na prática dos ritos sagrados védicos como o único caminho de salvação; a *Yoga*, por sua vez, propunha o caminho de ascese e de abstração da mente, para que o espírito absorto no êxtase compreenda a si mesmo como diferente da matéria e se liberte. A *Bhagavad-Gita* admite todos esses caminhos como úteis para alguns em certas circunstâncias: mas o melhor caminho e o válido para todos é o de *Bhakti*, o amor de Deus pessoal e a dependência da sua graça.

Diferentemente dos outros caminhos que só os homens de alta casta podiam tomar, este está aberto para todos.

Essa mensagem suscitou um fervor universal e deu ao hinduísmo uma vida renovada. A partir do século VI temos uma grande multidão de almas enamoradas de Deus, algumas das quais deixaram por escrito as suas experiências espirituais, que trazem sinais de autêntico misticismo. A partir do século X, os teólogos começaram a examinar essas experiências dos místicos e a formular a *Bhaktisastra* (teologia do amor de Deus) e uma elaborada doutrina da graça (*prasada*). Essas doutrinas, sob alguns aspectos, aproximam-se muito das cristãs.

3. O NEO-HINDUÍSMO. O encontro com o → ISLAMISMO constituiu a primeira surpresa para o hinduísmo. Este não pôde absorvê-lo como fizera com tantas outras religiões; de fato, as primeiras incursões muçulmanas foram violentas e tinham a intenção de impor o islamismo aos hindus. O hinduísmo reagiu de maneira defensiva, reforçando as barreiras de casta e encerrando-se nelas. Desde aquela época, a casta permaneceu fechada, de modo que os estrangeiros não podem ser admitidos no hinduísmo. Nos séculos subsequentes, porém, depois que o islamismo se consolidou na Índia e o império dos Mogul predominou, ambas as religiões sofreram uma influência recíproca. O resultado, para o hinduísmo, foi uma ênfase maior em seu aspecto monoteísta, a luta contra a idolatria e a casta. Por outro lado, o sufismo deu um grande impulso à mística hindu.

Mas o neo-hinduísmo propriamente dito começou apenas com o contato com o cristianismo. Embora desde os primeiros séculos existissem comunidades cristãs em algumas partes da Índia, a influência que exerceram sobre o hinduísmo foi desprezível; eram grupos restritos, mais ou menos fechados, e o hinduísmo os tolerava como se fossem castas isoladas. No entanto, o advento do império britânico em 1800 mudou profundamente a situação. A nova legislação evidenciou os vários abusos, injustiças e imoralidades que havia tempo se haviam insinuado na estrutura social hindu. A cultura ocidental ainda estava imbuída pelos princípios cristãos, e a educação, quase sempre ministrada por missionários protestantes, compreendia a leitura da Bíblia. Tudo isso, confrontado com as condições do hinduísmo da época, deixou os intelectuais bastante embaraçados, despertando em alguns até mesmo desprezo, e não poucos se sentiram atraídos para o cristianismo.

A primeira reação a esse desafio foi um impulso para uma profunda reforma do hinduísmo, adotando sem reservas princípios cristãos. A associação "Brahma Samaj", fundada por Ram Mohan Roy em 1828, representa o primeiro grande movimento de inspiração cristã. O fundador admirava Cristo abertamente. Seu brilhante sucessor, Kesub Chandra Sem, foi ainda mais eloquente em relação a Cristo. Para ele, "Cristo vem cumprir e aperfeiçoar aquela religião de comunhão com Deus pela qual a Índia ansiava como o cervo anseia pela água". No entanto, isso não significa conversão ao cristianismo, mas antes absorção do cristianismo no hinduísmo. O hinduísmo, assim coroado com o cristianismo, se tornará a "Terceira Dispensação". É preciso notar um pensamento de Kesub, característico do neo-hinduísmo: "A nossa posição não é que todas as religiões contêm alguma verdade, mas que todas as religiões do mundo são verdadeiras, o que é muito diferente. A missão gloriosa da Nova Concessão é conciliar religiões e revelações, confirmar a verdade de cada uma das dispensações particulares e, partindo delas, chegar à verdade mais ampla e universal".

A Brahma Samaj renunciou à doutrina fundamental hindu da transmigração, denunciou a idolatria, a casta e todos os outros abusos do hinduísmo. A nota mais cristã dos Samaj é o seu zelo missionário, suas obras de caridade e de assistência social, o acento colocado na paternidade de Deus e a fraternidade dos homens de qualquer condição. O Brahma Samaj suscitou muitas controvérsias e oposições por parte dos hindus ortodoxos; mas a sua influência entre os intelectuais foi grande.

A esse movimento favorável ao cristianismo, logo se seguiu outro em sentido contrário. Na segundo metade do século XIX, os grandes orientalistas como Colebrooke, Max Müller, Coleman, Monier, Williams, começaram a publicar os frutos de suas pesquisas. Assim vieram à luz as antigas escrituras do hinduísmo, com todas as suas riquezas, até aquela época pouco conhecidas pelos próprios indianos. Naturalmente, isso suscitou um grande orgulho nos hindus e deu o impulso e também as armas para uma forte defesa do hinduísmo. Em 1875, um asceta brâmane, Dayananda Saraswati, fundou a famosa associação "Arya Samaj", cujo objeto é a reforma do hinduísmo para a volta à fonte, ou seja, os *Veda*. Dayananada denunciou o politeísmo, a idolatria e todas as práticas do hinduísmo posterior; para ele, o verdadeiro hinduísmo é apenas o védico. Além disso, ele foi um adversário declarado do cristianismo e forneceu a "Arya Samaj" todos os meios e métodos dos missionários cristãos para combatê-los eficazmente. Esta é, ainda hoje, a mais forte associação missionária hindu, que procura não apenas impedir a conversão dos hindus a outras religiões, mas também reconquistar os já convertidos.

A terceira fase da evolução do neo-hinduísmo, que continua ainda hoje, é uma defesa radical do hinduísmo, uma reinterpretação deste com a intenção de demonstrar que, corretamente entendido, ele não tem nada a ser corrigido ou modificado e nada a tomar emprestado do exterior, sendo a religião mais perfeita e universal que jamais existiu. A maior força desse movimento foi o famoso Swamy Vivekananda, discípulo de Ramakrishna Paramahansa. Depois de seu brilhante sucesso no Parlamento das religiões em Chicago, regressou à Índia e em 1897 fundou a sociedade missionária "Ramakrishna Mission" para a difusão de sua mensagem, que pode ser resumida desta forma: Deus, considerado em si mesmo, é impessoal, inapreensível; mas todas as criaturas são manifestações dela, a alma humana é essencialmente divina. Todas as religiões são verdadeiras e boas; por isso cada um deve permanecer na própria religião. O hinduísmo, porém, é superior a todas, e a única boa para a Índia. Mesmo os elementos aparentemente supersticiosos contêm valores espirituais e devem ser interpretados nesse sentido. O Ocidente tornou-se materialista, por isso a Índia deve difundir os seus valores espirituais também no Ocidente, aceitando todavia sua ciência e sua técnica. Esta é a quintessência do neo-hinduísmo, e todos os reformadores sucessivos construíram sobre essa base.

Entre os contemporâneos, o doutor Radhakrishan, ex-presidente da República indiana, é o maior apologista do neo-hinduísmo; sua brilhante apologia tornou-se particularmente eficaz pelo sincero amor pela humanidade que a inspira. Para ele, a paz do mundo e a unidade dos povos dependem da tolerância mútua das religiões e de sua eventual síntese em uma religião universal. Portanto, nenhuma religião deve reivindicar para si a verdade absoluta, mas todas devem respeitar-se reciprocamente e enriquecer-se mutuamente. Para ele, o hinduísmo é a religião verdadeiramente católica, porque contém uma completa gama de formas religiosas adaptadas a quaisquer condições de homens, e suscetível de aceitar em seu seio qualquer outra religião.

BIBLIOGRAFIA. ACHARUPARAMBIL, D. *Induismo: vita e pensiero*. Roma, 1976; ID. *La spiritualità dell'Induismo*. Roma, 1986; BASU, S. *Modern Indian Mysticism. A comparative and critical study*. Varanasi, 1974, 3 vls.; BEHARI, B. *Sufis, mystics and yogis of India*. Bombay, 1971; BHAGAT, M. G. *Ancien Indian Asceticism*. New Delhi, 1976; DHAVAMONY, M. *The Love of God according to Saiva Siddhanta*. London, 1970; DOWSON, J. *A Classical Dictionary of Hindu Mythology and Religion*. London, 1948; FARQUHAR, J. N. *Modern religious movements in India*. New Delhi, 1967; GLASENAPP, H. VON. *Le religione dell'India*. Torino, 1963; GONDA, J. *Change and continuity in Indian Religion*. The Hague, 1965; HERBERT, J. *L'Hindouisme vivant*. Paris, 1975; JOHANNS, P. *La pensée religieuse de l'Inde*. Louvain, 1952; LACOMBE, O. *Chemins de l'Inde et philosophie chrétienne*. Paris, 1956; MATTAM, J. *Land of Trinity: a study of modern Christian approaches to Hinduism*. Bangalore, 1975; NAVARANE, V. S., *Modern Indian Thought*. Bombay, 1967; PANIKKAR, R. *Spiritualità indú*. Brescia, 1975; PAPALI, C. B. *Hinduismus*. Roma, 1953, 1960, 2 vls.; ID. *I grandi passi dell'Induismo*. *Seminarium* 24 (1972) 276-315; ID. *Vedism and Classical Hinduism*. In *For a dialogue with Hinduism*. Roma, 1972, 7-66; RADHAKRISHNAN, D. *The Hindu view of life*. London, 1948; ID. *East and West in Religion*. London, 1949; SAUX, H. LE. *Sagesse Hindou, mystique chrétienne*. Paris, 1965; TUCCI, G. *Asia religiosa*. Roma, 1946; WALKER, B. *Hindu World: an encyclopedic survey of Hinduism*. London, 1968, 2 vls.; ZAEHNER, R. C. *Hinduism*. London, 1966.

C. B. PAPALI

HIPOCRISIA. É o vício mais reprovado e expressamente condenado por Jesus. Bastam algumas citações para defini-la e qualificá-la. Na parábola do publicano e do fariseu, é apresentação da hipocrisia como orgulhosa soberbia, que despreza o próximo, só exteriormente devoto a Deus e fiel à → LEI.

O Senhor adverte para não imitar as ações dos hipócritas (Mt 23,3) e explica por que: porque "dizem e não fazem"; "preparam fardos pesados e os colocam nas costas das pessoas, mas eles não querem mover um dedo": a hipocrisia, portanto, é falta de equidade; "fazem todas as suas obras apenas para ser admirados", "apreciam lugares de honra", "ouvir-se chamar de 'rabbi'", "ser cumprimentados nas praças" com todos os arabescos do cerimonial do Oriente, e de fazer com que os vejam com as faixas de pergaminho na testa e nas mãos, especialmente durante a oração nas esquinas das ruas, não tanto para evocar a lei de Deus quanto para chamar a atenção: a hipocrisia, portanto, é vaidade e ambição; é arrivista e gosta de aparecer e de ser apreciada; "vós fechais o reino dos céus diante dos homens": de fato, o fariseu hipócrita, com o seu exemplo e os seus discursos (Lc 11,52; Jo 7,8), impede que o povo aceite Jesus; "percorre terras e mares para fazer um único prosélito", mas com o seu orgulho depois escandaliza o prosélito: o hipócrita, portanto, faz o apóstolo à sua medida; o fariseu hipócrita sobrevive à custa de viúvas ricas, subtraindo dinheiro em troca de orações feitas de acordo com as intenções delas; a hipocrisia age em interesse próprio, o fariseu se preocupa com o pagamento do dízimo, mas não leva em conta a justiça e a misericórdia (beneficência e perdão); filtra cuidadosamente o mosquito e engole o camelo: a hipocrisia preocupa-se com o formalismo jurídico e não pensa nos graves pecados que são o ódio, a vingança, o engano e a injustiça; o fariseu preocupa-se com a pureza legal ao se pôr à mesa e não em seu interior repleto de roubo e ambição; antigamente, os pais dos fariseus mataram os profetas; os fariseus são filhos de assassinos; assassinos também eles; contra Cristo hoje, contra os apóstolos amanhã; "pois bem, preenchei a medida dos vossos pais": a hipocrisia chega ao delito.

Essa é a hipocrisia: vós, fariseus, "sois iguais a sepulcros caiados: bonitos de ver por fora, mas dentro estão cheios de ossos de mortos e de toda podridão. Assim também vós pareceis justos por fora diante dos homens, mas dentro estais repletos de hipocrisia e de iniquidade"; vós, fariseus, não sois nada mais que "serpentes, raça de víboras"; fazeis transbordar a taça da ira divina (matando Cristo e seus discípulos) e não podereis escapar de pagar a pena de todas as vossas injustiças e impurezas de coração e dos delitos de deicídio e de homicídio. O juízo da geena que aguarda os fariseus não é outra coisa que a sentença divina que os condenará ao fogo do inferno se não se arrependerem.

A hipocrisia é simulação; é querer parecer aquilo que não se é moralmente; simulação de boas qualidades que não se possuem. Por isso é pecado. E pode chegar ao pecado grave se despreza a virtude ou tende a um fim maldoso, utilizando meios maldosos.

A hipocrisia farisaica é a forma mais grave de simulação, de engano, de desprezo das virtudes. O cuidado com o aspecto externo, o formalismo jurídico, a simples pureza legal escondem toda a miséria do pecado e as suas espécies. No entanto, o mal está na raiz, está na soberba, na vontade orgulhosa, ambiciosa, vaidosa. O objetivo da hipocrisia é um objetivo egoísta; os meios são igualmente injustos. Tudo serve para a hipocrisia: maledicência e calúnia; maldades e armadilhas; ódio, vingança, delitos. A hipocrisia tem um medo terrível de uma coisa: de ser conhecida e descoberta nas suas simulações, daí o cuidado em esconder com todos os meios possíveis e com as meticulosas atenções legais a podridão interior e as ações maldosas.

Santo Isidoro, citado por Santo Tomás, diz que o hipócrita *"cum intus malus sit, ut bonum se palam ostendit"* (*STh*. II-II, q. 111). Santo Tomás observa que a hipocrisia é contra a verdade, tanto direta quanto indiretamente, e que o hipócrita é um fingidor, mas nem todo fingidor é hipócrita. Conta os casos de hipocrisia direta e indireta; hipocrisia direta é o caso do pecador que faz boas obras para ser visto pelos homens; ele não busca agradar a Deus, simula uma intenção santa que de fato não tem; o religioso, porém, que não se preocupa em atingir a perfeição e, no entanto, veste um hábito que o apresenta à sociedade como aquele que tende à perfeição, é um caso de hipocrisia indireta.

Os princípios morais sobre o pecado da hipocrisia podem ser resumidos nos seguintes: negligenciar inteiramente a santificação mas ter o cuidado de passar por santo, enganando seriamente o próximo, é pecado grave; simular certa perfeição, porém, é pecado leve; simular a verdade pregando um erro contra a fé é pecado gravíssimo.

Os casos de simulação devidos a histeria ou em geral a psicopatias religiosas, com manias de exaltações místicas, devem ser julgados objetivamente em cada pessoa. A hipocrisia é importante, mas atenuada ao menos por fatos psíquicos anormais.

BIBLIOGRAFIA. ORTOLAN, T. Hypocrisie. In *Dictionnaire de Théologie Catholique* VII, 305-309; *Trattato di etica teologica* 3, Bologna, 1981; SERTILLANGES, A. *La philosophie morale de St. Thomas d'Aquin*. Paris, 1922, 311-313.

D. MILELLA

HIPÓLITO DE ROMA (Santo).

1. NOTA BIOGRÁFICA. Um dos presbíteros mais eminentes do clero romano no início do século III, que, em 217, tendo frustradas as suas esperanças de ser eleito papa, se opôs a Calisto, sucessor de Zeferino, acusando-o de erro em relação ao dogma da Trindade e de laxismo; em outras palavras, teria permitido que uma matrona de origem gentílica contraísse matrimônio com um servo ou um homem de classe inferior, aceitado bígamos e trígamos entre os sacerdotes, manifestado uma condescendência excessiva para com os grandes pecadores. Banido para a Sardenha no ano de 235, durante a perseguição de Maximino o Trácio, juntamente com o papa Ponciano, se reconciliou com este e exortou os seus seguidores a reingressar à unidade da Igreja. De suas múltiplas obras, sobretudo exegéticas e polêmicas, bem poucas chegaram até nós inteiras.

2. OBRAS E PENSAMENTO. É digna de nota a sua interpretação alegórica; o esposo do Cântico é Cristo, a esposa é a Igreja ou a alma enamorada de Deus; na história de Daniel, Babilônia é o mundo, Dario e seus satélites são o diabo, príncipe deste mundo, e os seus satélites, o fosso dos leões é o lugar onde as almas dos mortos esperam a retribuição definitiva, os leões são os anjos do castigo; na história de Suzana, esta simboliza a Igreja, ao passo que seu marido Joaquim é Cristo, os dois velhos são o povo judaico e o pagão que perseguem a Igreja, o jardim de Joaquim é o lugar da divina vocação ou dos eleitos, o banho de Suzana significa o batismo, as duas servas são a fé e a caridade, os unguentos, os dons do Espírito, as angústias e os gritos de Suzana simbolizam as dificuldades dos eleitos aqui na terra. Por outro lado, muitos aspectos do Antigo Testamento são figuras de aspectos do Novo.

A *Traditio apostolica*, restituída a Hipólito em 1910 por E. Schwartz e em 1916 por R. H. Connolly, independentemente um do outro, é o mais antigo ritual ou cerimonial conservado na Igreja e teve grande influência sobre outras obras do mesmo gênero. É dividida em três partes: na primeira são estabelecidos os cânones da eleição e da consagração ou ordenação do bispo, dos presbíteros e dos diáconos, bem como da eleição de outros ministros da Igreja, é fornecido o texto das orações a ser recitadas na ordenação do bispo, dos presbíteros e dos diáconos, e, depois o rito da consagração do bispo, o texto da anáfora ou cânone da missa, de cunho cristológico; a segunda parte detém-se sobretudo em descrever o rito do batismo e a ordem a ser observada durante o último período do catecumenato; a terceira parte apresenta, entre outras coisas, normas para os tempos de oração e recomenda o uso do sinal da cruz quando se manifestam as tentações.

BIBLIOGRAFIA. pp. 10 e 16 (*Philosophoumena*); *Corpus Berol.*, t. I, 26 e 36; ADH. D'ALÈS. *La théologie de saint Hippolyte*. Paris, 1966; BARDY, G. *La vie spirituelle d'après les Pères des trois premiers siècles* II. Tournai, 1968, 177-191; BOTTE, B. *La Tradition apostolique*. Paris, 1946; *La Tradition apostolique de saint Hippolyte. Essai de reonstituition*. Munster, 1963; *Ricerche su Ippolito*. Roma, 1977 (com bibliografia); SIMONETTI, M. *Prospettive escatologiche della cristologia di Ippolito*: Bessarione I. *La cristologia nei Padri della Chiesa*. Roma, 1979, 85-101; TROIANO, M. S. Alcuni aspetti della dottrina dello Spirito Santo in Ippolito. *Augustinianum* 20 (1980) 615-632; ZANI, A. *La cristologia di Ippolito*, Brescia, 1984 (com ampla bibliografia).

MELCHIORRE DI SANTA MARIA – L. DATTRINO

HISTERISMO.

Os termos "histerismo" e "histeria", da raiz grega *ystera* (útero, matriz), tanto nos textos de literatura quanto de ciência, antigos e modernos, são usados com acepções muito diferentes. Os antigos reservavam-nos aos achaques das mulheres que, não tendo relações sexuais e tendo necessidade de líquidos indispensáveis ao metabolismo, teriam ocasionado deslocamentos uterinos, provocando assim os típicos sintomas de neurose histérica. Na Idade Média, o histerismo foi interpretado como influência das forças do mal sobre certas mulheres, chamadas bruxas e, algumas vezes, condenadas à fogueira. O histerismo é um mal-estar presente em homens e mulheres.

A definição precisa de histerismo ainda não foi formulada de modo satisfatório. É descrita, em vez disso, a *constituição histérica*, da qual é especificado o caráter histérico ou histeroide. A constituição histérica define uma personalidade doente, que pode revelar-se desde a infância: o indivíduo é particularmente impressionável, exageradamente sugestionável, extravagante, manhoso, distante da realidade, medroso, impressionável, mentiroso, falso, fingido, egoísta, alterado sexualmente e amoral, ambicioso, fanfarrão, exibicionista etc.

A etiologia do histerismo evidencia uma emotividade congênita (fato hereditário), fora da média, acompanhada de distúrbios secretórios, tróficos e motores; ela leva à manifestação das forças do subconsciente e causa a desagregação da consciência, na qual o subconsciente se sobrepõe ao consciente. Outras causas secundárias contribuem: cansaço físico, erros sexuais, intoxicações, ambiente inadequado, puberdade, menstruação, gravidez, conflito interior causado por insatisfação afetiva etc.

É falsa a opinião de que o histerismo é causado por abstinência de relações sexuais. Um componente histérico pode ser agravado pela idade, pela educação etc.

A sintomatologia do histerismo, que aqui nos interessa, é dada pela atividade ideomotora desenvolvida pela emotividade: a ideia desta ou daquela doença física se projeta nos aparelhos orgânicos e cria os sintomas da doença imaginada. Alguns destes são: lenta queda do paciente; sono aparentemente profundo com tremores nas pálpebras, rigidez muscular (mioclonia); respiração lenta, estados sonambúlicos, crepusculares, estuporosos, confusionais, delirantes, eróticos, luxuriosos, irônicos, penitenciais ou místico-religiosos; furor com mordidas, gritos etc.; delírios de transformação em criança, em animal, em personalidade famosa; mitomania; alucinações; arroubos de melancolia; fuga na doença; amnésia; tentativa de suicídio com preparação e cuidado com o ambiente e com o menor risco possível etc. Esses sintomas psíquicos são acompanhados por muitos outros de natureza física: paralisia; hiperestesia ou anestesia, particularmente do corpo; bolo histérico (nó na garganta); dores lancinantes de cabeça, como pregos na pele; nevralgias, anorexia etc.

Sigmund Freud e colegas, valendo-se das pesquisas empíricas com seus pacientes, consideram o histerismo uma doença psíquica, derivada de traumas psíquicos, que presumivelmente afetam um indivíduo já congenitamente neuropático, o qual se esforçou para se defender dos fatos traumatizantes e esquecê-los por serem repugnantes, mas que jamais descarregou adequadamente a emoção concomitante. Eles distinguem diferentes formas de histerismo: histeria de angústia; histeria de conversão (do dado psíquico ao somático); histeria de defesa; histeria hipnoide; histeria de retenção.

Os tratamentos podem ser associados com brandas intervenções farmacológicas e dietéticas; o mais importante, porém, é a assistência psicológica por parte de uma pessoa preparada e paciente que acompanhe o histérico em outro ambiente de vida, não dê importância a sua doença, faça com que se ocupe continuamente e o distraia procurando convencê-lo de que se trata de nervosismo, de hipersensibilidade etc. O casamento e muito menos as relações sexuais extraconjugais, por si sós, não são eficazes para resolver o distúrbio. Só a estima e o afeto equilibrado do psicólogo poderão reorganizar suficientemente a consciência alterada do histérico.

A pessoa histérica, em proporção direta à gravidade do histerismo, tem uma vida espiritual comprometida tanto no plano moral quanto no ascético e místico. Fora das crises típicas, a atividade psíquica do paciente se desenvolve do mesmo modo que a da pessoa normal, embora os processos emotivo-afetivos predominem sobre os lógicos e racionais e críticos. Portanto, o histérico tende à acomodação, aos desvios morais, mesmo se no confronto com os outros possa ser crítico e exigente. No plano ascético-místico, o histérico, consciente de que no seu ambiente são apreciados os valores religiosos de ascese, de penitência ou os fatos místicos, pode assumir atitudes penitenciais exibicionistas que depois não encontram o correspondente empenho com as exigências da moral cristã das virtudes teologais e morais. O histérico pode ostentar atitudes pseudomísticas: de êxtase, de locução que afirma vir do alto, de visões celestiais, ou então de humilhações demoníacas etc. Não é difícil diferenciar esses fatos de origem histérica daqueles autênticos que são bem raros: o paciente espera estima, juízos positivos, apoio à sua credibilidade, ignorando que o genuíno fato místico leva a uma humildade de si cada vez mais profunda, escondimento e desapego.

BIBLIOGRAFIA. HOROWITZ, M. J. *Histerical personality*. Jason Inc., New York, 1977, 1979; ROY, A. *Histeria*. J. Wiley & Sons, Chicago-New York, 1982.

G. G. PESENTI

HOMEM. 1. O HOMEM NA SAGRADA ESCRITURA. O termo "homem" frequentemente é assumido na Escritura como indicativo do ser humano (tanto no masculino como no feminino). A Escritura descreve em largos traços sua história espiritual. O home foi criado de modo a participar, mediante seu corpo, do universo material e, mediante seu espírito imortal, de Deus. É uma pessoa livre, não somente porque Deus lhe inspirou a vida, mas também porque o Onipotente lhe dá ordens obrigatórias (Gn 2,16 ss.): livre, mas não autônomo e até vitalmente dependente de Deus (Rm 2,14 ss.). A criatura humana é posta numa criação boa e bela (Gn 2,9), que ela deve dominar (Gn 1,28), mediante um trabalho pessoal que reflete a atividade e a contemplação divinas.

O homem é sociável por natureza. Dada a diferença dos sexos, é impelido a viver em sociedade sustentado pelo amor. A relação esponsal entre → ADÃO e Eva ficará como o ideal das relações, até para aquelas que ocorrem entre Deus e o seu povo. Era uma relação social inocente (eles "estavam nus [...] mas não sentiam vergonha"). Feito à imagem de Deus (Gn 1,26), o homem pode entrar num diálogo filial com Deus e refletir a perfeição divina sobretudo mediante a paternidade (procriação) e o domínio (sobre a criação).

Mas o projeto de Deus não se aperfeiçoa senão em Cristo; se o homem é feito à imagem de Deus, Cristo é "imagem de Deus" (2Cor 4,4; Sb 7,26); a ele deve se referir toda a criação (Cl 1,15 ss.). Se Adão deve estar em constante relação de dependência filial em relação a Deus, Jesus é o Filho de Deus que age de modo perfeito no Pai (Jo 5,19 ss.; 4,34). Cristo é o novo Adão, de quem se recebe a vida nova (1Cor 15,45.49). Assim Adão encontra o sentido do seu ser e da sua existência somente em Jesus Cristo, o Filho de Deus que se fez homem para que os homens se tornassem filhos de Deus (Gl 4,4 ss.).

Pelo pecado original a imagem de Deus, presente no homem, é desfigurada. Os progenitores constatam que estão nus (Gn 3,7 ss.). Isso simboliza a separação dos seres. Com efeito, Adão acusa Eva, rompendo a solidariedade com ela (Gn 3,12). Deus os castiga, reduzindo suas relações ao plano instintivo (concupiscência e dominação que acabam na procriação dolorosa, Gn 3,16); nasce ódio entre Caim e Abel (Gn 4); os homens não se compreendem em Babel (Gn 11,1 ss.); surgem divisões entre as nações.

O universo se torna hostil ao homem: trabalhar no suor uma terra hostil (Gn 3,17 ss.), numa criação sujeita à corrupção (Rm 8,20). O homem está sujeito a saborear a morte (Gn 3,19): deve praticar a lei para encontrar o caminho da vida (heteronomia); percebe a rebelião que se introduz em seu corpo (Cl 2,18; Rm 8,13), e por isso invoca o Salvador: "Infeliz que eu sou! Quem me livrará deste corpo que pertence à morte?" (Rm 7,24).

Realiza-se a nova e fundamental atitude da criatura pecadora: encontra ela sua salvação no Salvador. Cristo é fiel a Deus até a morte (Is 53,7); é o homem das dores (Is 52,14); intercede pelos pecadores e justifica a multidão (Is 53,11); fez-se pecado para que nós nos tornássemos justiça de Deus (2Cor 5,21).

O homem não pode voltar a ser o que devia ser ("à imagem de Deus"), se não se modela na imagem de Cristo (Rm 10,5 ss.), uma vez que Cristo é o mediador único entre Deus e os homens (1Tm 2,5). Todas as divisões se suprimem, uma vez que tudo é uma só coisa em Cristo (Gl 3,28). Inaugura-se a vitória do espírito sobre a carne (Gl 5,16). O homem novo "é renovado à imagem do seu Criador" (Cl 3,10), na medida em que se transforma na imagem do Senhor, que é Espírito (2Cor 3,18). A própria criação, sujeita à vaidade, agora geme em trabalho de parto, na esperança de ser revalorizada na glória final (Rm 8,18 ss.). E quando a morte for debelada o Filho devolverá o reino ao Pai, e assim Deus será tudo em todos (1Cor 15,24).

2. O HOMEM ESPIRITUAL. O homem conheceu a aventura do pecado. O Filho de Deus se encarnou entre nós para assumir a nossa carne e levá-la pela experiência pascal como espírito ressuscitado para a vida feliz trinitária. O Verbo encarnado permite ao Espírito Santo tornar-nos participantes de sua vivência pascal e assim usufruir em Cristo da felicidade divina.

Todo homem pode, desde já, se tornar criatura nova, segundo o que exige o reino de Deus, deixando-se inserir pelo Espírito Santo no mistério pascal de Cristo (Rm 6,3; Cl 2,12-13). Ele é chamado, no Espírito de Cristo, a se tornar co-criador em relação a si mesmo. A beleza do homem se propõe não como estado já adquirido, mas a ser aperfeiçoado ulteriormente no plano tanto ascético como humano. No plano ascético o homem tem o dever de levar a cabo a própria iniciativa programática e realizadora de forma individual-comunitária; no espiritual é convidado a ter uma disponibilidade à graça de Deus no Espírito de Cristo.

O aperfeiçoamento espiritual submete-se a um princípio de orientação fundamental: tanto mais se avança na experiência espiritual fundamental quanto mais aparece o próprio nada para deixar a iniciativa ao Espírito do Senhor. É a lei pascal: morrer a si mesmo para usufruir do poder do Espírito que nos espiritualiza em sentido caritativo.

Mestre → ECKHART, no tratado *Do homem nobre*, descreve em possíveis três etapas a promoção espiritual do homem em virtude do Espírito. Nelas pode-se observar que a iniciativa do homem vai sempre diminuindo até desaparecer totalmente a fim de que Deus se torne tudo em todos.

Inicialmente, homem espiritual é "aquele que se dobra diante de Deus e submete a ele tudo o que ele é e é seu, aquele que olha para Deus lá no alto, não para o que é seu, para aquilo que ele sabe estar atrás dele, debaixo dele, ao lado dele". Nessa submissão o homem toma consciência e ressalta que é outro que não Deus e que gloriosamente bom e amável é somente Deus.

Em segundo lugar, o homem é chamado a viver imerso ente os outros e entre as coisas criadas. Não basta submeter-se a Deus. Mesmo ao tratar com os outros e com as realidades criadas, ele jamais deve esquecer que tudo é propriedade de Deus e que tudo está intimamente orientado para ele. "Temos de saber que aqueles que conhecem a Deus na sua simplicidade, conhecem junto com ele também as criaturas." "Ora, os mestres dizem que quando se conhece a criatura em si mesma, o conhecimento se chama 'vespertino', pois com ele a criatura é vista na imagem de múltiplas distinções; mas quando as criaturas são conhecidas em Deus, esse conhecimento se chama e é 'matutino', e com ele as criaturas são contempladas sem nenhuma distinção, despojadas de toda imagem e livres de qualquer semelhança, no Um, que é o próprio Deus". Esse segundo grau indica uma ulterior unificação em Deus: o próprio sujeito, as criaturas e a realidade divina são vistas no Um.

Mestre Eckhart descreveu, finalmente, em que consiste a suprema perfeição espiritual, ao lembrar que há os que consideram que essa experiência espiritual é descrita por alguns como a consciência de a alma conhecer e contemplar Deus. Um estar consciente do próprio estado contemplativo de Deus e em Deus. Mestre Eckhart esclarece: "Todavia, eu afirmo com segurança que não é assim. Se é verdade que a alma, sem isso, não seria feliz, a beatitude, todavia, não reside ali, pois a primeira condição da beatitude é que a alma contemple a Deus sem véu algum. É dessa contemplação que ela recebe todo o seu ser e a sua vida e bebe na profundidade de Deus tudo o que é e não sabe nada nem do conhecimento nem do amor nem de outra coisa. Ela repousa toda e exclusivamente no ser de Deus e não conhece então senão o ser e Deus. Mas, quando ela sabe e reconhece que contempla e conhece e ama a Deus, isso é um sair fora e um retorno ao estado primeiro, conforme a ordem natural".

Se a alma está toda imersa no conhecimento contemplativo de Deus, significa que está toda embebida e identificada no Espírito, cuja vitalidade divina é unir a Deus, mediante Cristo glorioso. E, se a alma se torna consciente desse seu estado contemplativo e dele goza, entretém-se numa própria atividade humana criada. E isso é sumamente negativo pelo lado espiritual. O homem espiritual "recebe e consegue exclusivamente de Deus, junto de Deus e em Deus todo o seu ser, a sua vida e a sua felicidade, e não do fato de conhecer, contemplar e amar a Deus, ou de outra coisa semelhante. Por isso nosso Senhor diz com muita razão que a vida eterna está em conhecer Deus somente como único e verdadeiro Deus, não em conhecer que se conhece Deus".

Espiritualmente, o homem é grande quanto mais alcança o nada de si mesmo para deixar lugar ao Espírito em seu ser pessoal. Ele jamais será perfeito enquanto se constituir como alguma coisa que tem consistência autônoma independente do divino, mas ao mesmo tempo tem em si potencialmente grande bondade espiritual, já que docilmente disponível a se deixar impregnar pelo Espírito.

O homem espiritual permanece numa oração que o Espírito faz aflorar da profundeza do seu ser: "Ó Deus, que eu conheça somente a ti; que não tenha outra esperança de amor senão para ti e em ti; que em todo homem ou coisa criada não procure senão a tua presença; que eu seja dado a favorecer a grandeza tua que reluz em todo canto da criação. Ó Espírito de Deus, desce sobre mim, funde-me, plasma-me, enche-me, usa-me; Espírito de Deus, faz que eu seja matéria da tua graça, para que tu sejas tudo em todos".

3. MATURIDADE VIRTUOSA DO HOMEM ADULTO. O termo "homem" serve para indicar a personalidade já madura, em contraposição ao adolescente. Mas que significa adulto em Cristo? A expressão pode ser usada com vários significados. Em sentido canônico-sacramental é adulto quem recebeu os sacramentos do batismo, crisma e Eucaristia; mas em relação à própria vocação pode ser prescrita uma determinada idade superior (matrimônio, profissão religiosa). Em sentido ético-espiritual, adulto é quem sabe dar uma resposta conscientemente responsável ao chamado de Deus (criança de doze anos). Quanto mais a pessoa exprime consciência e liberdade na vida espiritual, tanto mais é considerada adulta. Nesse sentido, é considerado propriamente adulto quem expressa uma fé e uma caridade com as características psicológicas de oblatividade, liberdade, unificação interior etc. Essas expressões psico-humanas, em si mesmas, não prejudicam o grau de fé ou de caridade. Pode existir um grau elevado de fé num desdobramento psicológico neurótico, como um grau mínimo de fé pode se inserir numa humanidade muito adulta. Indicam somente a dimensão psicológica em que idealmente deveria se desdobrar a realidade adulta sobrenatural.

Realidade psicológica e realidade de graça não se põem num plano equivalente. Todavia, a distinção das duas ordens não suprime uma relação entre elas. Embora existindo a transcendência das realidades sobrenaturais em relação a seus condicionamentos psicológicos, dá-se interação entre eles. A realidade da graça exige e suscita o aperfeiçoamento no desdobramento psicológico, assim como ela requer e suscita uma cura dos desvios psíquicos. De modo semelhante, as exigências do crescimento humano requerem um desenvolvimento proporcional da realidade da graça. Assim a fé e caridade em Deus (como adultas) pressupõem um conhecimento explícito e consciente da mensagem de Cristo e da sua amizade sobrenatural; podem ser vividas em todo o seu significado e dimensão somente a partir do momento em que se desenvolvem numa experiência humana adequada.

O desenvolvimento psíquico, chegado à maturidade, pode mostrar uma tendência esclerótica, ao passo que a vida sobrenatural pode sempre crescer, progredir e se aperfeiçoar sem parar: o estado adulto sobrenatural é um estado estável, mas ao mesmo tempo continuamente disponível para ulteriores avanços. O homem, em relação à vida de graça, não tem idade: nem a idade nem a decrepitude física nem a degeneração psíquica alteram o seu rosto sobrenatural. "Se, em nós, o homem exterior se encaminha para a sua ruína, o homem interior se renova dia a dia" (2Cor 4,16).

Em sentido psicoespiritual, como é concebível o adulto em Cristo? O que se quer é ter presente a configuração adequada à nossa civilização ocidental democrática, uma vez que, conforme as civilizações, pode haver diferenciações.

A concepção moderna prefere apresentar a maturidade do adulto como completo desenvolvimento ordenado de todas as virtualidades latentes na pessoa (biopsíquicas, sentimentais e sexuais, racionais, sociais e espirituais). Há como que um concerto polifônico de funções vitais, agora maduras e harmoniosamente integradas no lugar a elas determinado pela hierarquia dos valores pessoais. Essa integral maturidade pessoal costuma se exprimir sociologicamente com o sentido da responsabilidade aceita. Adulto é quem realiza atos com conhecimento de causa, depois de reflexão ponderada, e aceita suas consequências sem lançar a culpa em outros ou em circunstâncias externas. A sua decisão é fruto de sábia prudência, que não se deixa arrastar por instinto ou sentimento nem submergir por sonhos e desejos; é visão realista de quem se quer responsável e sabe sê-lo. Uma vez que aceitou a responsabilidade da vida social, tem o sentido da vida comunitária: não se compromete, mas se esforça. Tem uma atitude de estabilidade e de paciente espera: não é atraído por tudo, de modo a se sujeitar a contínuas incertezas, arrependimentos, oscilações. A escolha o induziu a saber renunciar, fixando-se em determinados valores. Pode-se contar com ele: se se compromete numa dada direção, sabe ser fiel e perseverante. Entre as responsabilidades mais difíceis que o adulto é chamado a enfrentar estão principalmente as que dizem respeito à fé, à própria família e à profissão. A ausência dessas responsabilidades predispõe ao prolongamento da → ADOLESCÊNCIA para além da idade costumeira.

Uma segunda observação que sociologicamente caracteriza a idade adulta é o realizar-se da pessoa no amor oblativo: um aspecto pessoal que é pressuposto e é fundamento para o sentido de responsabilidade. Tal maturidade afetiva sabe abrir o ânimo ao → DOM DE SI, dom total e definitivo, e induz à comunhão com o outro, entendido na sua totalidade física, moral e sobrenatural. Um amor que não tem necessidade de imposições heterônimas: está interiormente ancorado em valores e sobretudo aberto e contido no sentido de paternidade e de maternidade espirituais. O adulto em Cristo está recolhido no amor exclusivo de Deus ou também dos outros homens? Segundo a mística clássica, unicamente Deus em Cristo é objeto imediato de amor caritativo. Santa → CATARINA DE GÊNOVA "dizia a Deus: Tu mandas que eu ame o próximo: eu não posso amar senão a ti, nem quero outra coisa misturada contigo. Como farei então, ó amor? Foi-lhe respondido interiormente que quem amava a ele amava tudo o que ele amava" (*Biografia*, c. 35). A espiritualidade moderna inclina-se a considerar que o homem deve ser amado em si mesmo e, amando-o com amor autêntico, com isso mesmo se exprime a caridade a Deus em Cristo. O Senhor não pode ser amado senão nos irmãos, e não existe caridade autêntica para com Deus senão a encarnada num fraterno amor humano.

O adulto está exposto a fraquezas. A preponderância da razão pode levá-lo a uma certa aridez na sensibilidade. Pensa que não deve esperar nada dos outros e talvez nem de Deus. Aqui está o motivo pelo qual o adulto não é espontaneamente religioso (como são, ao contrário, a criança e o idoso). Se continua religioso é por convicção racional e por dever, mais que por entusiasmo ou convicção sentimental: uma religiosidade, portanto, em si mais sólida. Os anos vividos enriqueceram o adulto de hábitos, que agora o dominam. Fechado em seu passado, que nele está incrustado em modos habituais de agir, sente-se não adequado ao presente que, com rapidez crescente, vai se modificando. Não conhece mais a alegria característica no jovem por sua exorbitante vitalidade; não sabe mais receber com frescor a mensagem dos homens e das coisas. Não persegue mais a obra sonhada na juventude; nem o trabalho lhe proporciona um alegre desafogo. O cansaço chega mais depressa e com menos facilidade ele recupera as forças. Percebe uma indiferença, que não se identifica necessariamente com a virtude da renúncia: não é o adulto que se separa dos bens desejados, mas são eles que se tornam inalcançáveis. Não existe mais a ambição de se superar, embora procure honras, sucessos e os outros sinais da consideração pública e do sucesso moral. Todavia, acomoda-se de bom grado no bem-estar e se compraz com uma fácil existência. A sua fase criadora não termina, mas a sua capacidade não se aperfeiçoa mais nem compreende mais a urgência de certas opções inovadoras. Se o adulto perde em dinamismo, ganha em lucidez: tem o sentido do possível, da medida e da segurança.

Na vida espiritual o adulto vai escorregando para o moralismo: substitui a liberdade interior, ricamente inovadora, por uma espécie de conformismo, de resignação ao preceito. Perde o gosto de tender à perfeição, para se acomodar num dever estereotipado. Procura persuadir a si mesmo de que tudo vai bem na sua vida: conserva a estima de si, exalta os seus bons sentimentos, ainda que eles sejam depois traídos por seus atos. Na verdade, a caridade não pode se fechar nos esquemas jurídicos de conformismo; ela põe constantemente em questão as situações estabelecidas e todos os sábios compromissos. A condição humana é de vivermos perenemente angustiados, entre o apelo da caridade e a falha resposta pessoal, no esforço de responder ao apelo de modo cada vez mais adequado.

O homem adulto pretende ir ao essencial e não atinge senão o abstrato; considera supérfluos os gestos, as palavras, os minutos de oração, os quais permitem testemunhar um amor gratuito para além do serviço eficaz; confunde a esperança em Deus com a vitalidade plena de otimismo, a luz da vontade divina com a limpidez dos silogismos, a amizade por Cristo com a desenvoltura. Seguro da sua força, arrisca fazer apostolado como se prestasse socorro a Deus. Com a sua vida religiosa, parece-lhe realizar uma defesa corajosa da Igreja; e, quando une sua voz ao canto do Credo, tem o ar de cantar o hino da pátria cristã.

Nem todos os adultos se deixam dominar por esses aspectos negativos e quando isso acontece pode-se verificar em modalidades e graus diferentes. Certamente, quando eles se movem nesses limites imperfeitos, procuram se legitimar, julgando-se não como de fato realmente são.

4. A PATERNIDADE. O termo "homem" é usado também para indicar um comportamento característico masculino, contraposto ao feminino. Existe, com efeito, uma espiritualidade tipicamente masculina, como uma propriamente feminina. A função paterna é um dos traços característicos da personalidade e da espiritualidade masculina.

A civilização judeo-latina funda-se na imagem arquetípica do *Pater familias*, monarca absoluto na comunidade familiar. A renovação dos costumes familiares parece que não conseguiu cancelar completamente esse arquétipo do inconsciente do homem moderno, embora ele não tenha um real valor jurídico-sociológico na sociedade. Na verdade, a autoridade educativa e doméstica, seja como título, seja como exercício, cabe tanto ao pai como à mãe. A pluralidade de tarefas permite maior riqueza e maior prudência compósita na própria autoridade. Por lei natural, para educar os filhos não basta nem somente o homem nem somente a mulher (1Cor 11,11-12): em relação à prole (geração e educação) a providência divina exige o homem e a mulher ao mesmo tempo. Eles são diferentes na idêntica natureza, a fim de que cada um deles se junte ao outro e o complete. Para realizar harmoniosamente essa colaboração, não é suficiente a simples soma de duas forças, cada qual agindo por conta própria; requer-se adequar os próprios esforços aos do outro, subordinar organicamente a obra particular de cada um a um pensamento comum, para um mesmo fim. Num pensamento e numa fé e num querer comum está a raiz de qualquer verdadeira colaboração.

A função paterna parece menos diretamente sugerida pelo instinto que a materna: o senso paterno é despertado bem tarde, com frequência na expectativa do primeiro filho; e mais por ternura e respeito à maternidade da esposa do que pelo sentimento causado pelo nascituro. A paternidade traz um enriquecimento humano ao homem, enriquecimento que ele reverterá para seus compromissos religiosos, civis e profissionais: adquire o senso da continuidade familiar, do comando, da maturidade e frescor da infância descoberta. Por meio da paternidade, o homem tem a impressão de que as suas faculdades atingiram sua maturidade. Por sua própria vida interior, ele percebe novas exigências; vem-lhe uma necessidade mais imperiosa de melhor amar a Deus, para melhor transmitir essa caridade aos próprios filhos.

Por meio do pai, estabelecem-se os contatos entre a família e o mundo externo. Absorto em preocupações profissionais, sociais e apostólicas, o genitor volta ao lar doméstico enriquecido pela experiência dos problemas humanos, que serão mostrados pelo próprio pai ao filho, que é assim introduzido lentamente na vida social e política. Muitas vezes os filhos confundem severidade paterna com ausência de afetividade: eles raramente têm confiança no pai. Mas recebem do pai o senso de segurança: com o desaparecimento dele sentir-se-iam sós na luta, sem tutela nem defesa.

O senso paterno não deve se exprimir nem num poder despótico de coação e de domínio nem num paternalismo que veja nos súditos perpétuos menores de idade: seu escopo é de conduzir o filho a uma plenitude de vida, educando-o a um prudente uso pessoal da liberdade.

A autoridade paterna deve ser fonte de criação, de desenvolvimento, de promoção no filho. O pai, autor de vida, tende incessantemente para a promoção daquele a quem deu a vida, para o fazer chegar a um estádio de perfeição ulterior. A autoridade paterna é um amor em ato que doa a vida e a engrandece. Não existe nobreza mais elevada do que a paternidade, uma vez que não existe amor mais gratuito. A vida do pai é uma vida de dom e de um dom sem medida.

A paternidade humana é uma revelação da paternidade divina; é como o sacramento vivo no plano humano. Por esse motivo, o pai não deveria negligenciar nada para que seus filhos tomassem consciência do → PAI CELESTE, de quem ele representa para eles a tradução humana e sensível. Quando ele ama os seus filhos com caridade teologal paterna, ama-os com o próprio coração de Deus, uma vez que nesse amor existe mais que uma simples imagem de Deus Pai: é uma participação criada, mas sobrenatural, da própria caridade divina. Quando o pai se desvia não trai somente a imagem paterna, mas a própria imagem divina na alma do seus filhos. Esse assunto é muito desenvolvido pela literatura sociopsicanalista de hoje em relação à "revolta contra o pai". A vida do pai deve ser luminosa e transparente, para que nela se faça aparecer Deus: ela eleva a Deus o canto da bênção e do reconhecimento. Na família humana, por meio da mão do pai, desce a graça abençoadora do Senhor.

5. O TRABALHADOR. O homem é tradicionalmente concebido como aquele que trabalha, constrói, edifica e transforma a realidade terrena. Mas essa atividade somente tem valor para a virtude que nele é suscitada e desenvolvida, ou alguma coisa ficará eternamente também do fruto realizado pelo trabalho?

Deus, mediante a criação (Gn 6,7), deu existência ao universo, mas não na sua forma definitiva: o mundo é destinado a um perene e incansável processo de renovação e de ulterior perfeição. A criação ainda não conheceu e apreciou o estádio terminal nem de seu valor meramente terrestre nem da sua inspiração espiritual. E, com a finalidade de reelaboração perfectiva da criação, Deus convocou a obra mesma do homem (Gn 1,27-28). O trabalho humano faz parte do primitivo desígnio criativo de Deus, antecedente ao pecado original.

Esses enriquecimentos, suscitados pelo trabalho, são talvez efêmeros? O universo é chamado à eternidade por intermédio do corpo humano, ao qual ele está ligado, uma vez que é necessário que o mesmo universo material adquira, a seu modo, "*quandam claritatis gloriam*" (cf. Rm 8,23). Essa transformação não é operada exclusiva e unicamente no final do mundo: já deve ser preparada pelos homens no decorrer dos séculos. O trabalho do homem pode tornar o mundo material semelhante ao que ele será, em seu estado definitivo, e pode inserir nele algumas prefigurações do universo renovado. Desde já e a cada instante a realidade terrestre é como que encaminhada para uma existência cada vez mais espiritual (1Cor 15,44-45). "O trabalho deve ser concebido e vivido como uma vocação e como uma missão; ou seja, como uma resposta a um convite de Deus a contribuir para a realização do seu plano providencial na história" (João XXIII, *Mater et Magistra*).

Pelo pecado original a desordem difundiu-se entre as coisas. Pela redenção de Cristo, o cristão é chamado a libertar as criaturas da escravidão da corrupção, uma vez que "a criação inteira geme ainda agora nas dores do parto" (Rm 8,22). O meio para realizar a missão criativo-redentora no universo é principalmente o trabalho humano, porquanto realizado como missão em união com Cristo. O homem é chamado a imprimir na matéria criada um reflexo de racionalidade, de humanismo, de espiritualidade e até de senso caritativo.

Todavia, numa perspectiva espiritual bíblica, o ponto de partida (ou proeminência finalística) não é oferecido pelo trabalho, mas pelo repouso. Com efeito, mediante o trabalho, o homem deve, em louvor de Deus, levar as coisas a uma perfeição superior. Mas como esperar orientar o universo para Deus, se Deus antes não o tiver contemplado e amado na própria alma? Como pensar em tornar as coisas semelhantes a Deus se antes não se subiu à união com ele? É sobretudo a liturgia dominical, que favorece e conserva nos cristãos a contemplação teológica. Para saber viver bem no tempo de trabalho, é preciso saber viver alguns instantes na contemplação da eternidade feliz. Somente assim o trabalhador saberá permanecer entre as coisas, com espírito de caridade, sem se perder na futilidade delas.

Do lado pastoral, o homem deve ser convidado a cristianizar e a consagrar o mundo, a difundir nele o pensamento social cristão, a viver com espírito missionário no reino de Deus, a se inserir vitalmente nos organismos de apostolado.

6. A CRISE DO HOMEM ADULTO. Para um homem, segundo um dado aproximativo, a idade adulta vai dos 30 aos 58 anos. A última fase dessa idade (45-58 anos) é chamada de período de crise. Uma etapa de limites muito incertos e mutáveis para cada indivíduo, uma crise mais psicológica que fisiológica.

O adulto em crise é tentado a se desencorajar. Sente-se empenhado na vida como num combate que agora não lhe oferece mais esperança. O seu ânimo é substituído por cansaço, desgosto, agressividade, falta de alegre ímpeto. O que mais arma ciladas a uma vida humana não é a falta de impulso, mas o desânimo; não o desespero, mas a incapacidade de esperar; não o horror de viver, mas o desgosto de viver. O que em termos teológicos se chama "acídia". Convicções e princípios que até então enriqueciam seu ânimo agora adquirem uma rígida dureza, que pode chegar (por volta dos cinquenta) até a intolerância e ao fanatismo. É sinal de um início de envelhecimento no qual o ser mesmo vai gradualmente mergulhando.

O adulto em crise sente crescer em torno de si uma grande solidão moral e espiritual. Mas se a solidão é suportável aos trinta anos, uma vez que não se dá atenção a ela, corta as forças depois da metade do caminho da vida. Solidão também porque esse homem não é mais acessível como antes, não sabe mais harmonizar a própria confiança; mantém-se instintivamente reservado. Tem agora uma experiência lúcida e intolerável da situação humana. O jovem acredita que a cada dia a vida recomeça; mas aos quarenta anos já sabe que a vida não recomeça mais, não se refaz mais; conhece as próprias atitudes e os próprios limites. "A quarante ans il sait donc. D'abord il sait qui il est" (Péguy). Agora vê o alcance da própria vida, sobretudo a recaída da sua trajetória. Não sabe mais invocar nem aceitar o devir com alegre impaciência; saboreia-o com gosto acre, como se o percebesse precário e cheio de responsabilidade.

Todavia, o adulto procura reagir a esse marasmo, esforçando-se por se considerar sempre forte como antes: quer conservar o que conquistou, sobretudo a estima social. Nele se alternam estados depressivos e violentas reações nas quais procura a afirmação de si mesmo. E talvez, para se livrar do temor de ficar atordoado, entrega-se a uma atividade frenética: a vida é breve, mede o tanto que lhe resta e vai se consumindo progressivamente de modo irreversível, e é preciso produzir logo.

Qual a solução para essa crise? A vida é uma perene peregrinação para Deus; é uma progressiva tomada de consciência de uma renovada conversão, para se unir mais profundamente ao Senhor. O erro do adulto foi o de ter se considerado num estádio estável e definitivo; e a crise o faz tomar consciência de quanto é necessário realizar uma transformação radical. O adulto, arrancado da segurança vital, lentamente é impelido a voltar sobre si mesmo para se readaptar às dimensões atuais da sua personalidade.

Trata-se de colher a própria experiência, expurgá-la dos aspectos caducos, exteriores, para fazer aparecer a sabedoria dos valores interiores, perenes. Agora ele sabe, por convicção profunda, que por si mesmo não sabe produzir a bondade que permanece perene; todo bem verdadeiro só pode vir de Deus. Tudo o mais é vaidade e agitação que atordoa. Até aquele momento a alma exercia uma caridade ativa: ela própria decidia, na sua generosidade, sobre quanto queria fazer. Agora é Deus que toma a iniciativa e decide. E a alma ama de tal modo seu Deus que a ele se abandona de bom grado com todos os seus desejos: sabe que tudo o que ele fizer será bom.

O adulto é convidado a não amar mais nenhuma coisa em si mesma; deve tornar cada vez mais perfeita a sua comunhão com os pensamentos, sentimentos e vontade de Cristo. Cristo se torna não somente o mais amado, mas o único amado: todos os outros amores devem ser guiados e amados por esse amor primeiro. Para esse fim o adulto não deve se mostrar desesperadamente preso a valores para ele agora ultrapassados: não um lamento sobre a vida que escapou, mas aceitação serena da nova vertente da própria existência, sem considerá-la menos bela ou menos fecunda do que outra. Também diante do contínuo desenvolvimento da vida, é preciso saber entrar no plano divino que perenemente se renova. Acredita-se ter chegado, mas é preciso partir. Acredita-se estar seguro numa ordem definitiva, mas tudo é posto em questão. Deus procede por fases sucessivas.

No desígnio divino observa-se uma série de aparentes rupturas, mas para quem sabe ver, por meio dessas crises, revela-se uma maravilhosa continuidade. A ação divina é renovamento e vida. Necessariamente inventa o novo, perseguindo o mesmo escopo. Tudo o que se vive, renova-se.

Continuar jovem é para alguns um programa; mas, nesse incessante caminho terrestre para o Senhor (que deve ser alcançado e amado no abandono progressivo dos outros bens), querer continuar jovem pode ser, sob certos aspectos, uma deplorável pobreza.

BIBLIOGRAFIA. BARTH, K. *Uomo e donna*. Torino, 1969; BRUNORI, N. *Maschilità e femminilità*. Firenze, 1952; CABODEVILLA, J. M. *Hombre y mujer*. Madrid, 1962; CAPONE, D. *L'uomo è persona in Cristo*. Bologna, 1973; DE FINANCE, J. *L'affrontement de l'autre. Essai sur l'altérité*. Roma, 1973; DINGEON, J. M. *Père et mère à l'image de Dieu*. Paris, 1960; *Divenir adulte*. Paris, 1958; GELIN, A. *L'homme selon la Bible*. Paris, 1968; GOFFI, T. *L'esperienza spirituale, oggi*. Brescia, 1984; ID. Maturità dell'adulto. *Studi Cattolici* 5 (1959) 44-46; JUNG, G. *L'homme à la découverte de son âme*. Mont-Blanc, 1958; *Le Père*. L'Anneau d'Or, 9-10 (1946); MARAÑON. *Âge critique*. Paris, 1934; MORK, W. *Linee di antropologia biblica*. Fossano, 1971; MÜHLEN, H. *Una mystica persona*. Roma, 1968; *Orizzonti di antropologia*. Brescia, 1974; PANNENBERG, W. *Che cosa è l'uomo?* Brescia, 1974; *Paternité et virilité*. Paris, 1963; PHILIPS, G. *Pour un christianisme adulte*. Tournai, 1962; POLANYI, M. *Studio dell'uomo*. Brescia, 1973; SAHUC, L. J. M. *Homme et femme*. Paris, 1960; SCHILLEBEECKX, E. *Dio, il futuro dell'uomo*. Roma, 1967; VON ALLMEN, J. J. *Maris et femmes d'après saint Paul*. Neuchâtel, 1951.

T. GOFFI

HOSPITALIDADE. Todos os povos orientais deram (e ainda dão) muito valor à hospitalidade, à qual atribuíam um caráter de sagrada inviolabilidade. Os hebreus a praticaram amplamente, e Deus abençoou, muitas vezes de modo visível, quem o fazia com generosidade. Podemos ver suas manifestações mais importantes em: Gn 18,3-9; Gn 19,2-3: Lot; Ex 2,19-20: Moisés; Js 6,23: Rahab; Jz 19: levita de Efraim; Jó 31,31-32 etc. A hospitalidade consistia em fazer o forasteiro pernoitar sob a própria tenda ou na casa e em dar a ele a possibilidade de se lavar os pés e de alimentar-se, o que se estendia naturalmente à comitiva que o acompanhava. Entre os cristãos, a hospitalidade, frequentemente denominada *humanitas*, foi considerada a manifestação mais autêntica da caridade e a ela se atribuía a mesma função expiatória da esmola. E percebemos que a hospitalidade realmente tinha esse caráter se pensamos nas dificuldades que os forasteiros encontravam, quase até os nossos dias, para conseguir albergues ou pousadas decentes. Os cristãos eram incentivados a cumprir esse dever de solidariedade humana pelos exemplos contidos na Escritura e pelos convites incessantes de seus pastores. Os Evangelhos demonstravam a eles que Cristo, depois de a ter recebido várias vezes, a incluía entre as obras de → MISERICÓRDIA, que o Juiz supremo lembrará no juízo final (Mt 25,34-46). A partir dos outros livros neotestamentários podiam constatar que os apóstolos sempre a haviam recomendado incisivamente: "Sede solidários... exercei a hospitalidade", prescrevia São Paulo aos Romanos (12,13; cf. Hb 13,2), aos quais recomendava a diaconisa Febe, provavelmente a portadora da carta, para que a acolhessem "no Senhor de maneira digna dos santos" e a assistissem "em toda tarefa em que ela tiver necessidade de vós. Pois ela foi uma protetora para muita gente, e para mim mesmo" (Rm 16,2). "Praticai entre vós a hospitalidade, sem murmuração", insistia São Pedro (1Pd 4,9); São João louvava o cristão Gaio pela hospitalidade que dava aos peregrinos e concluía: "Nós, pois, devemos acudir a esses homens, para nos mostrar cooperadores da verdade" (3Jo 8). A essa obra deviam se dedicar os bispos, os diáconos e as viúvas (cf. 1Tm 3,2; 5,10; Tt 1,8), ou melhor, esse ofício devia ser particularmente reservado aos diáconos, que eram responsáveis pela administração dos bens da Igreja e das ofertas dos fiéis. Ao comentar os textos acima citados, do Antigo e do Novo Testamentos, os Padres, os escritores eclesiásticos e os teólogos sempre aproveitaram a ocasião para exaltar o mérito e o dever da hospitalidade. Entre os inúmeros textos que poderíamos recordar, lembramos apenas alguns da Antiguidade cristã. São Clemente atribui à hospitalidade o primeiro lugar depois da fé (cf. *I Clementis*. 10, 7; 11, 1; 12, 1) e lembra as esplêndidas manifestações de hospitalidade da Igreja de Corinto (*Ibid.* 1, 2). A *Didaché* consagra o c. 12 a esse dever a ser cumprido com discernimento. Hermas o recomenda também ao cristão, "porque a hospitalidade é uma oportunidade para fazer o bem" (*Mand.* VIII, 10; cf. também *Sim.* VIII, 10,3). Aristides afirma que os cristãos alegram-se em receber em suas casas os peregrinos como se fossem verdadeiros irmãos (cf. *Apologia*, 15, in *L'apologia di Aristide*, Roma, 1950, 107-108). A Igreja de Roma é elogiada por São Dionísio de Corinto pela ajuda que prestava aos irmãos forasteiros (cf. Eusébio, *Hist. eccl.*, 4, 23, 10). Para Tertuliano, toda a cristandade era uma *contesseratio hospitalitatis* (*De praescritionibus*, 29). São Cipriano recomenda que se retire de seu patrimônio pessoal o necessário para socorrer os forasteiros (cf. *Ep.* 7, in *CSEL* 3, 2, 485). Não obstante as precauções que as comunidades recomendaram para evitar abusos — a *Didaché* ordenava que nenhum irmão apto para o trabalho fosse mantido mais de três dias (cf. c. 12) —, não faltaram desde a Antiguidade aproveitadores que se valiam habilmente da boa fé dos cristãos, como o astuto Peregrino, descrito por Luciano (*Peregrinus*, 16). Apesar dos abusos, o sagrado dever da hospitalidade não deixou de ser praticado na Igreja; aliás, essa *non mediocris virtus*, essa *publica species humanitatis*, nota peculiar de todo cristão, sobretudo de todo bispo (Ambrósio, *De Abraham*, 1, 5, 32: *PL* 14, 435; *De officiis*, 2, 103: *PL* 16, 131; cf. Agostinho, *Serm.* 355, 1, 3: *PL* 39, 1570; Sidônio Apolinário, *Ep.* 8, 9: *PL* 58, 578; Concílio de Paris do ano 829, c. 14; MGH, *Concilia*, II, 1, 621), se tornará uma característica do monasticismo tanto oriental (cf. Rufino, *Hist. monachorum*, 7: *PL* 21, 418; Paládio, *Hist. Lausiaca*, 14: *PG* 34, 1047 etc.; P. de Meester, *De monastico statu iuxta disciplinam byzantinam*, Cidade do Vaticano, 1942, 171-172.286-287) quanto ocidental (cf., p. ex., a *Regra* de São Bento, c. 53). De fato, todo monastério teve seu alojamento para receber peregrinos e viajantes (cf. Egéria, *Itinerarium*, Paris, 1948) e, além disso, junto aos locais de trânsito particularmente perigosos (cf., por exemplo, os muito frequentados picos alpinos do Grande e Pequeno São Bernardo) como nos grandes centros de peregrinação surgiram abrigos dirigidos por comunidades religiosas. Em Roma eram muito frequentes as várias *scholae* que recebiam os peregrinos de cada nação.

BIBLIOGRAFIA. Gorce, G. *Las voyages, l'hospitalité et le port des lettres dans le monde chrétien des IVe et Ve siècles*. Paris, 1925; Hospitalité. In *Dictionnaire de Spiritualité* VII (1969) 808-831; Nouwen, H. J. M. Hospitality. *Monastic Studies* 10 (1974) 1-48; Onory, S. Mochi. *Vescovi e città (secc. IV-VI)*. Bologna, 1933, 49-52; Ospitalità. In *Dizionario degli Istituti di Perfezione* VI (1980) 1.014-1.021; Seasoltz, R. Kevin. Monastic Hospitality. *American Benedictine Review* 25 (1974) 427-459.

A. P. Frutaz

HUGO DE BALMA. 1. NOTA BIOGRÁFICA. Sabemos muito pouco de sua vida. Descendente da nobre família de Balmey e Dorche, no Departamento de Ain, sudeste da França. Monge certosino na abadia de Meyriat, fundada por Ponce de Balmey, em 1140, foi prior da mesma abadia nos anos 1293-1295 e 1303-1305, data provável da sua morte.

2. OBRAS. É autor de um pequeno tratado de espiritualidade que o tornou famoso. A obra tem uma longa história bibliográfica e chegou até nós em diversos manuscritos, edições e traduções com diversos títulos: *De triplici via, Viae Sion lugent* e *Theologia mystica*. Publicada quase sempre entre as obras de São Boaventura, exceto na edição crítica de Quaracchi, como de autor incerto ou como autêntico fruto bonaventuriano, uma única vez — ao que sabemos — foi publicada sob o nome de Hugo de Balma numa tradução espanhola lançada em Sevilha, em 1514: *Sol de contemplativos, compuesto por / Hugo de Balma de la orden de los car / tujos...*

A obra, composta entre 1225 e 1290, foi atribuída, entre outros, a São Boaventura, a → GERSON, Enrico de Palma e a Ugo de Digna. Todavia, argumentos de crítica interna e os manuscritos mais antigos e dignos de crédito levam a atribuí-la a Hugo de Balma, certosino. Essa é hoje uma conclusão pacificamente aceita.

A estrutura da obra é simples e bem definida. Consta de um prólogo e de três capítulos dedicados às três tradicionais vias da vida espiritual: purgativa, iluminativa e unitiva. Termina com uma *quaestio unica* que ele chama de *quaestio difficilis*, na qual discute de forma escolástica se é possível um ato de amor místico "*sine aliqua cogitatione intellectus praevia vel concomitante*".

3. DOUTRINA. Os temas principais da sua obra e nos quais atinge certa originalidade são os seguintes:

a) A doutrina sobre a contemplação, na qual admite a dupla contemplação de Deus por via intelectual, uma ascendente, das criaturas a Deus, e a outra descendente, de Deus às criaturas; e a dupla contemplação amorosa, uma mediante o conhecimento antecedente das criaturas e a outra sem esse conhecimento precedente.

b) A doutrina das três vias. A sua obra, muito difundida na Idade Média, vulgarizou os conceitos das três etapas da vida espiritual, por estar estruturada, como se viu, nas três vias. Usa também a outra terminologia: *incipientes, proficientes* e *perfecti*.

c) A doutrina sobre as *aspirationes,* que dá o tom afetivo à oração e à contemplação balmiana. Nele, a oração afetiva se faz sistema doutrinal, pois acompanha a alma com diversas articulações, da primeira conversão até os graus supremos da vida mística. É esse um dos seus maiores méritos: ter introduzido sistematicamente a oração aspirativa ou afetiva no desenvolvimento da vida espiritual.

d) O amor sem conhecimento. Hugo foi sem dúvida o primeiro que formulou essa famosa teoria e soube lhe dar valor e estrutura científica, embora nisso seja grande devedor ao pseudo-Dionísio, sobretudo mediante Tomás Gallus; além disso deu-lhe divulgação, tornando-a popular. De qualquer modo, somos de parecer que Hugo não nega totalmente o elemento intelectivo antecedente e concomitante ao amor, como geralmente se crê. Para nós, ele quis apenas limitar o uso pleno do intelecto durante os últimos graus da vida mística. É essa a conclusão que se impõe ao examinarmos o contexto histórico da obra e da doutrina, a finalidade do escritor, e ao considerarmos o contexto literal próximo e remoto dos textos mais avançados. A sua doutrina, que reflete uma experiência vital e tem uma finalidade prática, não deve ser julgada com os critérios escolásticos da época, embora ele não ponha o problema em termos de escola. É, além disso, luminosa a sua doutrina sobre o amor místico, como causa do conhecer. A caridade, ao tornar a alma imagem de Deus, ao transformar o amante no amado, é causa de conhecimento; nesta vida é o único conhecimento válido.

4. FONTES E INFLUÊNCIAS. Com essa obra, Hugo se põe na vasta corrente antiintelectualista e antiescolástica que atinge o ápice nos séculos XII e XIII. É influenciado sobretudo pelo pseudo-Areopagita, diretamente e por intermédio do seu comentador Tomás Gallus. Além da Bíblia, há reminiscências de → RICARDO DE SÃO VÍTOR e algumas citações de Santo → AGOSTINHO. Sem dúvida, foi grandíssima a marca de sua influência, pois nele se inspiram todos os que escreveram sobre o tema do amor sem conhecimento ou da ignorância amorosa: Guido da Ponte, Gerson, Vicente da Aggsbach, → DIONÍSIO, O CARTUXO, Enrique → HERP, o autor anônimo do *Alphabetum divini amoris*, o anônimo inglês do século XIV, *Cloud of unknowing* (→ NUVEM DO DESCONHECIMENTO); sem negligenciar os escritores ibéricos, Eiximênis, García de → CISNEROS, Juan de los Angeles, Bernardino de → LAREDO e → ALVAREZ DE PAZ; e enfim os capuchinhos franceses do século XVII, Constantino de Barbanson, Benoît de Canfeld

e Laurent de Paris e os quietistas franceses do mesmo século.

> BIBLIOGRAFIA. ANDRÉS, M. *Los recogidos. Nueva visión de la mística española*. Fundación Universitaria Española, Madrid, 1975, 70-76; DE PABLO MAROTO, D. *Amor y conocimiento en la vida mística según Hugo de Balma* (pars dissertationis ad lauream in Pontificia Facultate Theologica SS. Theresiae et Joannis a Cruce in Urbe). Madrid, 1965; o mesmo na *Revista de Espiritualidad* 24 (1965) 399-447; ID. *Amor y conocimiento en la vida mística*. Madrid-Salamanca, 1979, 5-103; DUBOURG, P. La date de la "Theologia mystica". *Revue d'Ascétique et de Mystique* 8 (1927) 156-161; KRYNEN, J. La pratique et la théorie de l'amour sans connaissance dans le "Viae Sion lugent". *Revue d'Ascétique et de Mystique* 40 (1964) 161-183; LE COUTEULX, Ch. *Annales Ordinis Carthusianorum*. Montreuil, 1877-1888, I-III; MERTENS, Th. Het aspiratieve Gebet bij Hendrik Mande: invloed van Hugo de Balma? *Ons Geestelijk Erf* 58 (1984) 300-321; RUELLO, F. Statut et rôle de l'Intellectus et de l'Affectus dans la Théologie mystique de Hugues de Balma. In *Kartäusermystik und Mystiker* I (Analecta Carthusiana, 55). Salzburg (Universität), 1981, 1-46; STOELEEN, A. Hugues de Balma. In *Dictionnaire de Spiritualité* VII, 859-873.
>
> D. DE PABLO MAROTO

HUGO DE SÃO VÍTOR. 1. NOTA BIOGRÁFICA. Apesar das diversas pesquisas feitas, a pátria de origem de Hugo de São Vítor não foi identificada com absoluta certeza. Segundo a tradição vitorina, era nativo da Saxônia. A se dar crédito a dois manuscritos de Anchin e de Marchiennes (século XII), teria nascido em Ypres, embora Robert de Torigny, em 1154, lhe tenha dado a alcunha de *lothariensis*. Não sabemos se ele passou algum tempo entre os cônegos da assembleia de Hamersleben, na Saxônia, mas não poderia estar ligado de modo algum à dinastia dos condes de Blanckenburg. A origem flamenga, na qual já acreditavam Martène e Mabillon, é mais verossímil e explicaria como teria podido manter relações com a escola de Laon, que exerceu sobre ele certa influência. Deve ter entrado em São Vítor, em Paris, entre 1115 e 1120; aí a sua atividade de professor e de teólogo lhe mereceu o nome de "segundo Agostinho". Jamais foi prior nem subprior na abadia, sem dúvida por ter muito a fazer na promoção do ardor intelectual e do fervor espiritual entre os seus discípulos. Fez uma viagem à Itália entre 1131 e 1133 e sabemos que morreu em 11 de fevereiro de 1141.

2. OBRAS. A relação das obras de Hugo, mesmo limitada às que os críticos, depois de longas discussões, consideraram autênticas, é imponente. Ela atesta a extensão da sua cultura, a diversidade das suas capacidades e a amplitude de seus conceitos. Levou a cabo a obra de renovação da teologia latina no século XII, e o seu *De sacramentis christianae fidei* será uma das fontes principais na qual se inspirará Pedro Lombardo. Ele estudou o *De quatuor voluntatibus in Christo* e o *De sapientia animae Christi*. A ele se devem inúmeras anotações sobre as Escrituras e uma estranha obra metodológica, o *Didascalicon*, que trata das ciências humanas conhecidas por meio da razão para levar à ciência das Escrituras que fortalece a fé. A exposição moral e mística da Escritura o leva a desenvolver explicações espirituais sobre o tema da arca de Noé. Em outro registro, Hugo escolheu para comentar, de maneira muito pessoal, entre os escritos do pseudo-Dionísio que se encontram em São Vítor, a *Hierarquia mística*, cuja noção de participação será por ele retomada na sua doutrina sobre os sacramentos. Diversos opúsculos místicos, o *De arrha animae*, o *De laude charitatis*, o *De amore sponsi ad sponsam*, o *De meditatione*, o *De modo orandi* (mas infelizmente não o *De contemplatione*, no qual se manifesta a sua influência, mesmo sem ser obra sua) ilustram algumas etapas da subida mística.

Pode-se concluir que Hugo se havia nutrido de grandes escritores da patrística latina: → AMBRÓSIO, → JERÔNIMO → AGOSTINHO, lógico, Pelágio, → CESÁRIO DE ARLES, Gennadio, → GREGÓRIO MAGNO, nos quais busca inspiração mais que os imitar servilmente. Ao contrário, com exceção do pseudo-Dionísio, não consta que tenha se inspirado nas fontes gregas. Conhece também os medievais e os escritores que imediatamente os precederam. A sua teologia espiritual foi pouco estudada até os tempos recentes. O motivo poderia ser o fato de que ela se encontra em diferentes estados, em obras de gênero diferente, que tornam difícil a síntese.

3. DOUTRINA. O movimento que anima todo o pensamento hugoniano é o que vai da ciência à sabedoria; do que vê o olho da carne: o mundo, ao que vê o olho da razão: a alma, e ao que vê o olho da contemplação: Deus (*In hier. coel.* III: PL 175, 975-976A). Todos os conhecimentos das artes liberais serão postos a serviço da "filosofia", o valor mais alto compreendido, além disso, na teologia. "Aprende tudo e verás que nada é supérfluo" (*Didascalicon*, VI, 3: *PL* 176, 800D). Será por intermédio dos conhecimentos hierarquizados que o *lector artium* se tornará *lector sacer* e estudará a doutrina que lhe permitirá transformar-se em *homo interior*, em verdadeiro espiritual. A *lectio* o levará à *meditatio*, depois à *oratio*, até a obra boa que é a *operatio*, para chegar à procura amorosa que é a *contemplatio* (*Didascalicon*, V, 9; *PL* 176, 797AC). Esse empenho de todo o homem na via da ciência manifesta em Hugo um sentido concreto e otimista em relação à criação.

No estudo da Sagrada Escritura, o respeito dos vários graus se impõe do mesmo modo. A letra da Escritura é o princípio e o fundamento da doutrina sagrada. A Escritura é estruturada e não poderíamos nos aventurar a descobrir seu sentido espiritual sem termos passado primeiro pela letra. O sujeito da Sagrada Escritura é o Verbo encarnado, com todos os seus "sacramentos", "os que o precederam desde o início do mundo" (*De scripturis*, 17: *PL* 175, 24A); o que o *De sacramentis* retoma, distinguindo a obra da criação e a obra da restauração. Porque o tempo no qual ele se insere faz da obra divina uma "economia". A humanidade vinda do Deus vivo, por obra de Cristo e em Cristo, retorna a Deus para a vida eterna. A propósito dessa concepção pôde-se falar de consciência ativa da história (Chenu), que ocupa todo o tempo do *exitus* ao *reditus*.

Teríamos talvez de contrapor a esse otimismo o que é dito no *De vanitate mundi* e nas homilias *In Ecclesiasten*, cujos títulos exprimem suficientemente o desenvolvimento do pensamento? Como conciliar essa simpatia aberta e atenta às realidades terrestres com as reflexões desiludidas que nas duas últimas obras convidam à fuga do mundo? Hugo o afirma: as obras da criação são boas e louvável é a sabedoria que a elas se liga, mas não poderia satisfazer, porque o mundo que está no tempo é instável e provoca a miséria, é múltiplo e gerador de confusão. Somente o eterno é estável, somente o infinito pode preencher a alma humana. E o homem pecou, sua vista ficou obscura. É preciso, portanto, subir "das obras da criação por meio das obras da restauração" (*De arca morali*, I, 6: *PL* 176, 672D). É preciso se desapegar do sensível, tanto intelectualmente como afetivamente, recolher-se, tomar consciência do que é alma e se elevar a Deus "para ficarmos unificados por meio da dileção e ordenados por meio da discrição" (*In hier*. II, 1:

PL 175, 950D). É preciso passar pelos símbolos para chegar à realidade. "Os símbolos sensíveis e materiais são sinais, quer nas criaturas, quer na Escritura, quer nos sacramentos divinos que nos foram dados para fazer conhecer as realidades invisíveis" (*In hier*. VII: *PL* 175, 1053C). Em diversas obras, sob vários aspectos, Hugo esboça essa prática interior.

De arca morali (livro III) descreve de modo alegórico o crescimento da árvore da sabedoria. Ela é semeada pelo temor, regada pela graça. A semente apodrece na dor e a aparência do mundo se esvai. A fé a faz lançar raízes, a devoção a faz brotar. A compunção a faz sair de debaixo da terra e o desejo a faz crescer e subir ao céu. A caridade lhe dá a folhagem alta e larga (para os contemplativos e os ativos). A disciplina o adorna de flores. A virtude a faz produzir frutos, que a paciência e a perseverança levam à maturidade. Quando o fruto está maduro, está pronto para ser recolhido. O homem é o alimento de Deus, na contemplação (*PL* 175, 648A-664A).

In hierarchiam desenvolve temas dionisianos numa tonalidade agostiniana. Marca também a indispensável purificação que permite chegar ao invisível, à transformação unificante, à iluminação que converte (II, 1: *PL* 175, 938A). O olho da contemplação, diferente do olho da carne e do olho da razão, descobre o que lhe é interior e superior (*In hier*. III, 2: *PL* 175, 976; cf. *De sacr*. I, pars X, 2: *PL* 176, 329-330). O comentário traz também — por suas considerações sobre os sacramentos, sobre a Trindade, sobre a encarnação, especialmente sobre a mediação de Cristo, que explica o mundo e a história, o destino individual de todo homem e o destino coletivo da humanidade — uma visão histórica que Dionísio desconhecia. A ideia de participação e o valor do simbolismo profundo do universo juntam-se harmonicamente. "Se nós não cremos senão no visível que se mostrou, não seremos jamais participantes da verdade" (*PL* 175, 964A).

A purificação do olho interior leva também a uma reorganização do amor. Para Hugo, a *cupiditas* não se diferencia da *caritas* senão por sua orientação, que é perversa. De per si, o perfeito amor de si mesmo é também perfeito amor de Deus. O tema patrístico da *caritas ordinata* é posto aqui a serviço do conceito agostiniano segundo o qual quem sabe amar a si mesmo ama a Deus. Todo o solilóquio do *De arrha animae* visa convencer a alma que ela é "amável". Basta-lhe, para se convencer disso, contemplar as múltiplas garantias da predileção divina: a criação está a seu serviço; a redenção lhe foi concedida, foram-lhe oferecidos os sacramentos; foram-lhe prodigalizados favores espirituais. Essa é a caridade de Deus; por isso, o *De laude caritatis* (*PL* 176, 974BC) esclarece que ela faz Deus descer até o homem e faz o homem subir até Deus, que ela não é somente um dom de Deus, mas o próprio Deus (*PL* 176, 975): um amor espiritual que nenhuma partilha pode diminuir, que nenhuma participação pode dividir, um amor universal que atinge todo ser em particular, porque é também pessoal. Pessoal, mas não definitivo, como o demonstram as visitas de Deus, as suas presenças fugazes, que outra coisa não são senão penhor da posse eterna, um convite a procurar sempre (*De arrha animae*: *PL* 176, 968-970; *De amore sponsi ad sponsam*: *PL* 176, 990B).

É no limiar da posse beatificante para o qual levou o desejo admirado da plenitude de Deus que Hugo se detém. Não deu detalhes sobre esse apoderar-se, que vai além do discurso. Se mesmo Deus se derrama na alma, não lhe comunica, porém, toda a sua benevolência. Deve-se falar de uma experiência da ação divina, mais que de experiência de Deus. Nessa fase última, o vitorino usa também termos afetivos, além dos da contemplação: "*Ubi caritas est, ibi claritas est*" (*De sacr.* II, 13, 15: *PL* 176, 593D) e na *In hierarchiam* afirmará: "*Plus diligitur quam intelligitur, et intrat et appropinquat dilectio ubi scientia foris est*" (VI: *PL* 175, 1038D), ficando entendido que, uma vez que Deus é amor e verdade, a inteligência é sabedoria contemplativa e contemplação saborosa, percepção vital, mais que visão. Deus lá está quando Moisés fala com ele, mas não se mostra. A contemplação está reservada à outra vida (*De sacr.* II, pars XVIII, 16: *PL* 176, 613C). É portanto para a sabedoria última que Hugo arrasta o homem, por meio da ciência humana e da ciência divina da teologia. Hugo insiste nas etapas preliminares, mas, definitivamente, é o desejo místico que anima a sua procura científica em que as ciências humanas servem de preparação para o conhecimento experimental de Deus.

BIBLIOGRAFIA. 1) Obras: estão contidas in *PL* 175-177; *Didascalicon de studio legendi*. Ed. crítica de Ch. H. BUTTIMER, Washington, 1939 (excluído o livro VII, que é uma pequena obra distinta); *De gramatica*. Ed. De J. LECLERCQ, Archives d'Histoire Doctrinale et Littéraire du Moyen-âge 14 (1943-1945) 263-322; *De sacramentis*, trad. ingl. por R. J. DEFERRARI, Cambridge (Mass.), 1951 (sobre o texto crítico inédito de Ch. HENRY); BARON, R. (ed.). Epitome Dindimi in philosophiam. *Traditio* 11 (1955) 91-148; ID. Practica geometriae. *Osiris* 12 (1956) 176-224; ID. De ponderibus. Diffinitiones. Mappa mundi. *Cultura Neolatina* 16 (1956) 109-145; ID. *De contemplatione (La contemplation et ses espèces)*. Paris, 1958; *Didascalicon*. Trad. por J. TAYLOR. New York, 1961; WOLFF, P. (ed.). HUGO VON SANKT VIKTOR, *Mystische Schriften*. Trier, 1961; A RELIGIOUS OF C.S.M.V. (ed.). HUGH OF SAINT VICTOR, *Selected spiritual Writings*. London, 1962; BARON, R. (ed.). *Opera propaedeutica (Practica. De grammatica. Epitome)*. Notre Dame (Ind.), 1966; HUGUES DE SAINT-VICTOR. *Six opuscules spirituels*. Texte et trad. par R. BARON (*La méditation. La parole de Dieu. La réalité de l'amour. Ce qu'il faut aimer vraiment. Les cinq septenaires. Les sept dons de l'Esprit-Saint*). Paris, 1969; TAYLOR, J. (ed.). *The "Didascalicon" of Hugh of Saint-Victor. A medieval guide to the study of arts*. New York, 1981. Cf. *Grande Antologia Filosofica*, IV, 791-806.1.511-1.517; V, 229 e *passim*, 993-995.1243-1247; *Storia antologica dei problemi filosofici. Teoretica*, I, 640-647; *Religione*, 328-333.

2) Estudos: a) em geral: DE GHELLINCK, J. *Le mouvement théologique du XIIe siècle*. Bruxelles, [2]1948, 185-203; GRABMANN, M. *Geschichte der Scholastischen Methode*. Freiburg i. B., 1911, 229-323, vl. II; MIGNON, A. *Les origines de la Scolastique et H. de St.V*. Paris, 1985, 2 vls; OTT, L. *Untersuchungen zur theologischen Briefliteratur der Frühscholastik*. Münster, 1937, 348-548; VERNET, F. In *Dictionnaire de Théologie Catholique* VII, 240-308.

b) Para a vida e as obras: BARON, R. H. de St.V.: contribution à un nouvel examen de son ouevre. *Traditio* (1959) 223-297; ID. Note sur la succesion et la date des écrits de H. de St.V. *Revue d'Histoire Ecclésiastique* 57 (1962) 88-118; ID. L'authenticité de l'oeuvre de H. de St.V. *Revue des Sciences Religieuses* 26 (1962) 48-58. ID. Notes biographiques sur H. de St.V. *Revue d'Histoire Ecclésiastique* (1956) 420-434; BERTOLA, E. Di alcuni trattati psicologici attribuiti a U. di S.V. *Rivista di Filosofia Neoscolastica* (1959) 436-455; CROYDON, F. E. Notes on the Life of H. of St.V. *Journal of Theological Studies* (1939), 232-253; DE GHELLINCK, J. La table des matières de la première édition des oeuvres de H. de St.V. *Recherches de Science Religieuse* (1910) 270-289.385-396; ID. Un catalogue des oeuvres de H. de St.V. *Revue Néoscolastique de Philosophie* (1913) 220-239; HAURÉAU, B. *Les oeuvres de H. de St.V.* Paris, 1866 (reimpressão, New York, 1963); LOTTIN, O. Quelques recueils d'écrits attribués à H. de St.V. *Recherches de Théologie Ancienne et Médiévale* (1958) 248-284; ID. Questions inédites de H. de St.V. *Recherches de Théologie Ancienne et Médiévale* (1959) 177-213; (1960) 42-66; TAYLOR, J. *The origin and early life of H. of St.V.: an Evaluation of the Tradition*. Notre Dame (Ind.), 1957; VAN DEN EYNDE, D. *Essai sur la succesion et la date des écrits de H. de St.V.* Roma, 1960.

c) Para a doutrina em particular: BARKHOLT, E. *Die Ontologie des H.v.St.V.* Bonn, 1930; BARON, R. – DELHAYE, Ph. – LICCARO, E. *La filosofia della natura nel Medioevo.* Milano, 1966, 260-263.272-278.305-313; BARON, R. H. de St.V. et Pythagore. *Recherches de Théologie Ancienne et Médiévale* (1963) 145-148; ID. *Études sur H. de St.V.* Bruges, 1963; ID. *H. et Richard de St.V.* Paris, 1962; ID. L'idée de liberté chez saint Anselme et H. de St.V. *Recherches de Théologie Ancienne et Médiévale* 23 (1965) 117-121; ID. L'insertion des arts dans la philosophie chez H. de St.V. *Actes du IVᵉ Congrès International de Philosophie Médiévale.* Paris, 1967, 551-567; ID. Rapports entre st. Augustin et H. de St.V. Trois opuscules de H. de St.V. *Revue des Études Augustiniennes* (1959) 391-429; ID. *Science et sagesse chez H. de St.V.* Paris, 1957; BUSI, G. L'umanesimo di U. di S.V. e suo influsso. Giornale Italiano di Filosofia 19 (1966) 225-239; CALONGHI, L. *La scienza e la classificazione delle scienze in U. di S.V.* Torino, 1957; CHATILLON, J. H. de St. V. critique de Jean Scot. In *Jean Scot Erigène et l'histoire de la philosophie.* Paris, 1977, 415-431; COURCELLE, P. Le précepte delphique dans le "De contemplatione" issu de S. V. de Paris. In *Mélanges E. R. Labande.* Poitiers, 1975, 169-174; CUNNINGHAM, J. *The sacramental theory of H. of St. V.* Roma, 1963; DEL BASSO, E. Il "De arca Noe morali" di U. di S.V. *Atti dell'Accademia Pontiniana* 14 (1965); EHLERS, J. "Historia", "allegoria", "tropologia". Exegetische Grundlage der Geschichtskonzeption Hsv.S.V. *Mittelalterliche Jahrbuch* 7 (1972) 153-160; ID. H. von S.V. und der Viktoriner. In *Mittelaltertum* I, 122-204; EHLERS, J. *H. von St.V.* Wiesbaden, 1973; EVANS, G. H. of S. V. on history and the meaning of thing. *Studia Monastica* 25 (1983) 223-234; GRASSI-BERTAZZI, D. *U. di S.V.* Palermo, 1912; HOFMEIER, J. *Die Trinitätslehre des H.v.St.V.* München, 1963; KLEINZ, J. P. *The theory of knowledge of H. of St.V.* Washington, 1944; LACROIX, B. H. de St.V. et les conditions du savoir au Moyenâge. In *An É. Gilson Tribute.* Milwaukee, 1959; LASI, D. *Hugonis de S. V. theologia perfectiva. Eius fundamentum philosophicum ac theologicum* (Studia Antoniana, 7). Roma, 1956; LAZZARI, Fr. Il Commento "In Ecclesiasten" di U. di S.V. *Atti dell'Accademia Pontiniana* 12 (1963) 1-16; LICCARO, E. Alcune osservazioni su U. di S.V. grammatico e stilista. *Actes du IVᵉ Congrès International de Philosophie Médiévale.* Paris, 1967, 797-804; LICCARO, E. *Studi sulla visione del mondo di U. di S.V.* Trieste, 1970; MINUTO, F. Preludi di una teoria del bello in U. da S. V. *Aevum* (1952) 289-308; OSTLER, H. D*ie Psychologie des H.v.St.V.* (Beiträge, VI/1). Bonn, 1906; PIAZZONI, A. Il "De unione spiritus et corporis" di U. di S.V. *Studi Medievali* 21 (1980) 861-888; ROQUES, R. *Structure théologique de la "gnose" à Richard de S.V. Essais et analyses critiques.* Paris, 1962; SANTIAGO-OTERO, H. La sabiduría del alma de Cristo según H. de S.V. *Recherches de Théologie Ancienne et Médiévale* 34 (1967) 131-158; SCHLETTE, H. *Die Nichtigkeit der Welt. Der philosophische Horizont des H.v.St.V.* München, 1961; ID. *Weltverständnis und Weltverhältnis in den Schriften H. von S. V. Ein Beitrag zur Religionsphilosophie des 12. Jahrhunderts.* München, 1961; SCHNEIDER, W. A. *Geschichte und Geschichtsphilosophie des H.v.St.V.* Münster, 1933; SCHUETZ, Ch. *"Deus absconditus, Deus manifestus". Die Lehre H. von St.V. über die Offenbarung Gottes.* Roma, 1967; SHERIDAN, P. *Philosophy and Erudition in the "Didascalicon" of H. of St.V.* Fribourg, 1962; SIMONIS, W. *Trinität und Vernunft. Untersuchungen zur Möglichkeit einer rationaler Trinitätslehre bei Anselm, Abaelard, der Viktoriner, A. Gunther und J. Frohschammer.* Frankfurt, 1972; SQUIRE, A. Aelred of Rievaulx and H. of St.V. *Recherches de Théologie Ancienne et Médiévale* 28 (1961) 161-164; WEIDERT, A. *Heilsgeschichtliche Denken bei H.v. S.V. in seinem Hauptwerk "De sacramentis christianae fidei".* Trier, 1967; WEISWEILER, H. Zur Einflusssphäre der "Vorlesungen" H.s.v.St.V. In *Mélanges J. de Ghellinck.* Gembloux, 1951, 527-581, II.

G. DUMEIGE

HUMANISMO. Sobre o humanismo pode-se enfocar o discurso numa perspectiva histórica, literária, artística, filosófica, religiosa, ética e pedagógica. Em todos esses campos e nessas perspectivas, com efeito, o homem está no centro como sujeito e objeto, princípio e termo, problema e solução. Todas as interpretações históricas, as teorias pedagógicas, as expressões e as análises artísticas e culturais, as filosofias éticas e sociais, as ciências humanas desenvolvem na realidade um discurso humanístico.

A estupenda plasticidade do homem, a originalidade inexaurível dos indivíduos e dos grupos humanos em assimilar os influxos e em se adaptar aos ambientes históricos, sociais e cósmicos, e a riqueza prodigiosa de formas da cultura humana dão vida a uma grande pluralidade de humanismos, nada intercambiáveis no plano fenomênico e histórico, mas legítimos, na medida em que exprimem autenticamente o homem. Cabe à filosofia e à teologia, cada uma delas em sua ordem, traçar um discurso unívoco e universal sobre o humanismo, porque o homem é sempre uma realidade unívoca e universal, cuja natureza particular é expressa pela própria pluralidade dos humanismos e das civilizações. As *reflexões que seguem propõem-se identificar o humanismo numa predominante perspectiva teológico-espiritual, com particular atenção ao humanismo como ideal e programa de vida no âmbito da própria espiritualidade cristã.*

1. NOVO HUMANISMO. A nota característica dos nossos tempos é a consciência sempre mais viva e difusa da dignidade da pessoa humana, dos direitos da sua liberdade e dos deveres da sua responsabilidade ativa. Esse fato capital marca o advento de um "novo humanismo", que se exprime com caracteres de profundidade, de universalidade, de concretude e de integral compreensão dos valores humanos, que potencialmente o creditam como o único verdadeiro e eterno humanismo, com relação ao qual todos os outros humanismos não são senão interpretações parciais e aproximativas.

Na concepção do novo humanismo confluem os valores mais profundos, vitais e universais do homem. A responsabilidade ativa é indissociável da liberdade; a liberdade, por sua vez, é inseparável da consciência moral; a consciência, da espiritualidade viva; a espiritualidade, do anelo pela imortalidade e transcendência. O humanismo clássico e classicista, literário e artístico, estético e aristocrático, privilégio de uma elite, desprezador do *profanum vulgus* não é senão um humanismo amaneirado diante do novo humanismo que tira sua força das profundezas nas quais a consciência descobre a verdade e a dignidade do homem e as apreende como princípio dinâmico de crescimento e de desenvolvimento para todos os homens. Há quem tenha muito medo dessa universal consciência ativa da liberdade e da responsabilidade. A Igreja, porém, nela se compraz e a julga um fato de suma importância para a maturidade espiritual e moral da humanidade. (*GS* 55).

2. IGREJA E NOVO HUMANISMO. À luz da mensagem evangélica, o Concílio Vaticano II verificou terem crescido muito as possibilidades de um frutuoso diálogo com o novo humanismo. Com efeito, realiza ele em dimensões universais antigos e perenes fermentos evangélicos. A todos os homens, hoje mais que nunca unidos na consciência dos valores que formam a verdadeira substância e delineiam o verdadeiro rosto do homem, a Igreja é devedora e anunciadora da mensagem evangélica, mensagem que o novo humanismo não pode rejeitar sem comprometer dramaticamente suas conquistas e seus próprios fundamentos.

É precisamente na orientação para a consciência de si que a humanidade tem necessidade da revelação para descobrir todas as luzes do próprio mistério, e é exatamente no anelo da livre realização de si que ela tem necessidade, para não falhar, da graça de Cristo.

A versão antropocêntrica e a versão teocêntrica, sobre a qual se modelavam os antigos humanismos, contrapõem-se de fato também no âmbito do novo humanismo, o qual em grande parte se apoia em posições de contestação e de alternativa ao Evangelho e ao cristianismo. Todavia, a Igreja reconhece um válido interlocutor também nesse novo humanismo em versão antropocêntrica e polêmica, porquanto, fiel à doutrina tradicional, ela reconhece que a liberdade do homem, mesmo na sua limitação, conserva a capacidade de testemunhar até de modo notável os valores autênticos do homem. Perita em humanidade, a Igreja, na consideração do homem, não esquece "o eterno rosto bifronte dele"; todavia, prefere olhar hoje "a face feliz" do homem, derramando sobre o mundo humano uma corrente de afeto e de admiração e exprimindo a seu respeito não deprimentes diagnósticos e funestos presságios, mas encorajadores remédios e mensagens de confiança (PAULO VI, *Discurso de encerramento do Concílio Vaticano II*).

3. O VERDADEIRO HUMANISMO NÃO É ANTROPOCÊNTRICO. Mesmo reconhecendo um válido interlocutor também no humanismo antropocêntrico, a Igreja rejeita decididamente o antropocentrismo dele. Que o verdadeiro humanismo deva ser necessariamente antropocentrismo, no sentido preciso segundo o qual o homem é reconhecido como centro e fim último do homem, é afirmação de todas as filosofias imanentistas, é afirmação que está na base do ateísmo moderno e instiga a hostilidade do marxismo contra a religião e, em especial, contra o cristianismo, acusados de serem ópio do povo, ou seja, de provocarem a alienação do homem.

Não é preciso retomar aqui a contestação dos pressupostos gnosiológicos e ontológicos sobre os quais se presume fundamentar-se a negação de Deus para conter a visão do homem numa visão imanentista da realidade que converge para o homem como última e insuperável meta. O humanismo antropocêntrico não pode recorrer a argumentos intrínsecos porque não os tem nem os encontra; recorre, porém, ao movimento da história e ao fato de que o homem moderno não reconhece outros valores a ele superiores. Mas o movimento da história invocado como justificação de uma atitude humana é uma evidente petição de princípio, não sendo outra coisa a própria história senão o resultado de comportamentos humanos; o fato, aliás, do terrenismo do homem moderno, além de ser contradito pelo fato bem mais universal e constante do sentimento religioso dos povos, além de não ter a garantia de irreversibilidade, jamais poderá se tornar um argumento de direito, a menos que se queira aceitar a hipótese anti-humanista de um historicismo absoluto.

Se a Igreja rejeita o humanismo antropocêntrico, possível versão deformada de todos os humanismos, ela não rejeita o homem e não rejeita o humanismo, não reprova nenhum dos princípios e valores do novo humanismo: a dignidade da pessoa humana, a missão da liberdade, o direito-dever da responsabilidade. A Igreja acredita que a tentativa de invocar esses princípios para negar ou ignorar Deus leva também à negação e à falência do homem. O drama do humanismo antropocêntrico não é de ser um humanismo, mas de ser antropocêntrico. A julgar pelas últimas e lógicas consequências, entende-se que o humanismo antropocêntrico é um humanismo inumano e que a sua dialética constitui a tragédia do humanismo (cf. J. MARITAIN, *Umanesimo integrale*, Torino, 1962, 81).

Recusando a alternativa: ou Deus, ou o homem — que é o equívoco fundamental do humanismo antropocêntrico —, a Igreja salva o humanismo, porque garante seus fundamentos e exalta suas dimensões. O conceito da criatura racional rival de Deus é totalmente estranho ao cristianismo, religião do homem-Deus, o qual considera que quanto mais cresce a grandeza do homem tanto mais aumenta a glória de Deus, que no homem se reflete como na sua imagem viva: "*Gloria Dei vivens homo*" (Ireneu).

4. O VERDADEIRO HUMANISMO É CRISTÃO. Proclamando que "a mais alta razão da dignidade do homem consiste na sua vocação à comunhão com Deus" (*GS* 9), o Concílio Vaticano II confirmou que sem a instância religiosa e a aspiração à transcendência não se tem interpretação exata do homem. Professando, além disso, a própria fé no Senhor Jesus Cristo como único meio que permite ao homem realizar a comunhão com Deus, o cristianismo deve a seus princípios fundamentais a afirmação de que o verdadeiro humanismo é cristão. Há uma necessária e recíproca compenetração entre cristianismo e humanismo; o cristianismo não pode não ser humano, e o humanismo não pode não ser cristão.

Se humanismo significa tensão para os limites extremos das aspirações do homem, a vocação à comunhão com Deus, confiada em seu cumprimento às virtudes teologais e aos → DONS DO ESPÍRITO SANTO, alimenta e estimula ao máximo rendimento o dinamismo de crescimento do homem. Essa perene "conversão" da vida humana a Deus não significa de modo algum obliteração dos valores naturais e dos compromissos temporais diante dos quais o cristianismo não admite inibições. Ele está a serviço do homem, do homem todo, de todos os homens. O Evangelho não cancelou nenhum dos elementos que fazem do homem uma grande e maravilhosa criatura. Cristo, Filho de Deus, "entrou na história do mundo como o homem perfeito" (*GS* 38). A partir daquele momento nasceu também o verdadeiro humanismo.

Se o humanismo significa progresso em todas as vias que levam o homem a conquistas que, enriquecendo sua humanidade, se acrescentam à sua dignidade, exaltam sua liberdade, honram sua responsabilidade e sua reta consciência, entrelaçam com mais firmeza suas ligações de fraternidade, aprofundam seu conhecimento e domínio da natureza, então o cristianismo deve percorrer todas essas vias em virtude da sua vocação à comunhão com Deus, por força do seu específico dinamismo, à luz da sua visão global do homem e da humanidade, com o poder incomparável da graça, na fiel → IMITAÇÃO DE CRISTO, o homem perfeito, por cujo seguimento o homem se torna mais homem.

Proclamando-se o único verdadeiro humanismo, o cristianismo assume também a responsabilidade da difusão cada vez mais ampla e profunda do humanismo. Mas não o faz por motivos de triunfalismo e com pretensões de monopólio. Não nega a ninguém a possibilidade e a responsabilidade de contribuições originais e fecundas, pois respeita o valor da inteligência e da liberdade, estabelece uma clara distinção entre fé e razão, reconhece uma legítima autonomia por parte das realidades terrenas e das atividades mundanas. Universal e transcendente, o cristianismo não se confunde com nenhuma forma particular de cultura e de civilização, nem se deixa exaurir por nenhuma dessas formas. Com relação à multiplicidade das formas, pode-se dizer que o cristianismo não é um humanismo, mas com respeito aos valores profundos, essenciais e universais, deve-se dizer que ele é o humanismo e, por isso, pode impregnar todos os humanismos, ou seja, todas as formas de verdadeira civilização, integrando-as e fecundando-as.

5. HUMANISMO COMO PRIMADO DO SER. Em harmonia com a constante doutrina da espiritualidade cristã, o verdadeiro humanismo deve reconhecer o primado do ser sobre o ter. A norma fundamental do humanismo, que é um juízo e uma práxis dos valores humanos, é enunciada pelo Vaticano II: "O homem vale mais por aquilo que é do que por aquilo que tem" (*GS* 35). E é norma evangélica. De nada adianta ao homem ganhar o mundo inteiro se, depois, perde a si mesmo; e, com a finalidade de possuir e salvar a si mesmo, não é grande sacrifício a renúncia a todos os bens e riquezas.

O primado do ser não é talvez um dos profundos significados do Evangelho, ou seja, da boa nova anunciada aos pobres? O cristianismo deve defender a validade do anúncio e da promessa do Reino para todos aqueles que não têm outra riqueza senão o fato de serem homens. Para se pôr no caminho da salvação, ou seja, do desenvolvimento para a plenitude do ser, aqueles que possuem outras riquezas e valores devem se tornar espiritualmente pobres e pequenos como crianças. Isso quer dizer que, para a realização da salvação, Deus que é seu autor, não pede outra coisa ao homem senão sua liberdade, aquela liberdade pela qual ele é e se torna homem. O verdadeiro humanismo deve estar em harmonia com o Evangelho, o qual, destruindo os muitos ídolos adorados pelo homem, liberta-o de toda forma de alienação, leva-o à consciência e posse de si, condições indispensáveis para aquele contínuo aumento de humanidade que é o ideal e o programa de todo humanismo. Cristianismo e humanismo estão fundados na verdadeira liberdade, valor fundamental que faz o homem e pelo qual o homem se faz: o homem, pessoa livre, dignidade suprema, susceptível de crescimento que ela mesma atinge por meio de progressivas autorrealizações.

O humanismo profano imputa ao cristianismo uma certa frieza e reticência em relação aos valores humanos que não fazem parte da categoria do essencial. Mas com maior razão o cristianismo deve censurar no humanismo profano ou puramente terrestre uma imperdoável desatenção ao valor central e essencial, sem o qual toda construção fica sem fundamento e sem coesão. O humanismo terrestre não tem fidelidade ao homem e negligencia o primado do ser. A fidelidade ao homem e ao primado do ser é fidelidade ao Evangelho e a Cristo, o qual veio para salvar o homem, o homem todo, todos os homens.

Com o anúncio das palavras e da vida de Cristo, a Igreja ensina o homem a ser homem, a se tornar mais homem, superando cotidianamente as metas atingidas para conseguir a inexaurível plenitude de humanidade, cuja medida não é mais o homem, mas Cristo, o homem-Deus. Nesse caminho atingem-se grandezas autenticamente humanas e se realizam de modo superabundante as aspirações do autêntico humanismo.

6. HUMANISMO COMO DESENVOLVIMENTO. O reconhecimento do primado do ser não força o homem a um estado estático ou abstrato. Estranha prevaricação a de confundir o ser com a inércia, e a essência com a abstração! A alma do novo humanismo é a viva consciência da liberdade. Ora, graças à liberdade, a pessoa possui o seu ser de modo único, ou seja, o possui com a capacidade de total autorreflexão, de realização e de enriquecimento, de comunicação e de doação. Por isso essa consciência da liberdade está na origem do caráter dinâmico do novo humanismo, em função da plenitude do ser. É necessário ressaltar que o humanismo é dinamismo, desenvolvimento, crescimento, progresso. O sujeito do verdadeiro humanismo não é o humanismo mumificado, uma forma desencarnada ou uma ideia platônica; é o homem viador, ou seja, o homem em estado de via, a caminho, em devir, em tensão.

Mas o cristianismo detesta o contrassenso do devir indefinido e inatingível. Não suscita, como as filosofias do nada, o problema do homem para se congratular com sua angústia e com sua inútil paixão; não provoca o inquieto caminho do homem para ridicularizar seu vão errar. O vértice supremo do desenvolvimento, a meta em que o movimento dos espíritos e o caminho da história finalmente se aquietam na conclusão de suas vicissitudes existe e é claramente proposto pelo humanismo cristão. O desenvolvimento do humanismo tem na comunhão com Deus a sua meta, a sua plenitude, o seu senso completo.

O cristianismo quer ser desenvolvimento do homem "todo". O valor essencial não é contrário aos valores integrantes e complementares; neles, porém, tende a se encarnar e a se exprimir como em outras tantas aparições e presenças de si. O verdadeiro humanismo, com as suas inevitáveis exigências de escolha e de renúncia, não será jamais senão desenvolvimento de todo o humano que existe no homem, excluída toda mutilação e toda real humilhação do próprio homem. Consequentemente, desenvolvimento também de "todos" os homens; todo homem pertence à humanidade toda, todos os homens são "*veluti unus homo*" (Santo Tomás). O humanismo pleno não é uma vocação e uma possibilidade reservada somente a alguns homens, mas é patrimônio de todos os homens. O verdadeiro humanismo não pode ficar sem esse senso de solidariedade universal nas suas aspirações. Constituindo-se como Corpo místico de Cristo, a Igreja, também sob esse aspecto, se antecipou.

7. HUMANISMO E VIDA TEOLOGAL. O encontro entre cristianismo e humanismo é íntimo e necessário; nem o primeiro é concebível sem a abertura e a aspiração a uma autêntica plenitude humana, nem o segundo pode responder à integral vocação do homem se não é assumido na graça cristã da comunhão com Deus. A fé, a esperança e a caridade, princípios formais e eficientes da comunhão vital com Deus, não são de modo algum estranhas às aspirações e às realizações do programa humanístico da plenitude dos valores naturais e de compromissos temporais. A acusação de alienação feita ao cristianismo é superficial e, de qualquer modo, encontra a mais convincente confutação na teologia das virtudes teologais. O Vaticano II realçou a incisiva ação delas no plano das realidades temporais e mundanas.

Refletindo-se no plano da história e da vida temporal, a fé aclara tudo com uma luz nova, desvela as intenções de Deus sobre a vocação integral do homem e por isso guia a inteligência para soluções plenamente humanas (*GS* 11), manifesta a sua fecundidade ao penetrar toda a vida dos crentes, mesmo a profana (*GS* 21), oferece excelentes estímulos e ajudas para cumprir a missão da construção de um mundo mais humano e especialmente para descobrir seu pleno significado (*GS* 57).

O anelo escatológico da esperança repercute-se beneficamente no plano temporal, em que os generosos propósitos para a humanização do homem e do mundo são, no cristão, inspirados, purificados e fortificados em virtude do motivo, das aspirações e do dinamismo da esperança mesma (*GS* 38). A dissociação entre escatologia e encarnação não é conforme a teologia da vida cristã (→ ESCATOLOGISMO). De outra parte, os generosos propósitos voltados para a construção de uma ordem temporal mais perfeita, justamente em virtude da fé e da esperança por que são inspirados e confortados, param de pertencer à caducidade das coisas temporais, para elevar-se, juntamente com suas essenciais realizações, ao destino da indefectível eternidade (*GS* 39).

O cristianismo tem por lei fundamental o amor, e o Concílio nos adverte que a caridade é também "a lei fundamental da humana perfeição e, por isso, também da transformação do mundo" (*GS* 38). Esse conúbio da caridade e dos esforços humanos para a assunção do mundo no sinal do homem demonstra que nada é estranho à caridade: ela é a alma de toda a atividade do cristão, a qual não é nem exclusiva nem principalmente cultual e de devoção, mas também profissional e social, política, cultural, técnica, científica etc. Por isso "o homem pode e deve amar também as coisas que Deus criou" (*GS* 37). A provisoriedade do tempo e a caducidade da criação se resgatam pela encarnação do Verbo, que se prolonga na encarnação da caridade na história e no mundo, e se estende além do tempo; com efeito, a caridade permanece eternamente e não apenas como título de mérito pessoal, mas "permanece a caridade com seus frutos" (*GS* 39).

8. DIMENSÕES ABSOLUTAS DO HUMANISMO. O empenho pela plenitude humana em si e nos outros deve ser orientado para o desenvolvimento do mais alto valor da pessoa, e não há humanismo que possa se exonerar da identificação desse supremo valor, pois dele dependem a interpretação do homem, o significado da vida, a legitimidade dos outros valores e seu ordenado desenvolvimento. O mais alto valor, com efeito, exprime dinamicamente o elemento essencial, o fim necessário, a orientação perene e o termo absoluto de todos os valores.

À luz da vocação à comunhão com Deus, que é o supremo valor oferecido por Cristo ao homem, a pessoa humana se mostra como um elo entre o finito e o infinito, o visível e o invisível, como uma mediação entre o eterno e o efêmero, entre o absoluto e o relativo. A mediação a torna partícipe da dupla categoria: é um absoluto com respeito ao mundo visível e material, e é um relativo com relação a Deus e à sua glória.

Como representante de um absoluto, o homem deve realizar um humanismo transcendente.

Pretende-se falar aqui daquela primeira forma de transcendência que põe o homem no vértice da criação visível. Seja qual for a sua atitude em relação ao divino e ao sobrenatural, "o homem não se engana ao se reconhecer superior às coisas corporais e ao se considerar mais que simples parcela da natureza ou um anônimo elemento da cidade humana" (*GS* 14). A consciência da dignidade, liberdade e responsabilidade moral leva necessariamente a essa forma de transcendência que significa a emergência do homem acima de todas as realidades cósmicas, sociais e históricas, pelo privilégio da sua liberdade e pelo dever de uma total assunção de responsabilidade. Somente nesse sentido o humanismo pode reivindicar a centralidade do homem e pode se declarar legitimamente antropocêntrico.

Mas o caráter absoluto da pessoa humana está intimamente conexo à sua relatividade divina, que torna o homem transcendente por novo título com relação a todas as criaturas inferiores e finalmente transcendente no verdadeiro sentido também em relação a si mesmo: "O homem transcende infinitamente o homem" (Pascal). Nessa segunda forma de transcendência, o humanismo adquire a sua dimensão religiosa, dimensão necessária a despeito de todas as negações e experiências do humanismo ateu. Essa divina relatividade orienta o humanismo para as realizações máximas de seus princípios e de seus valores. A beleza do homem refulge porque o seu rosto é iluminado por Deus e não porque a sua face está voltada para a terra. Santo → AGOSTINHO fixou o princípio e o sentido do humanismo transcendente no natural *esse ad Deum* do homem: "*Fecisti nos, Domine, ad te*" (*Confissões*).

Nessa linha de abertura e de movimento para a transcendência, o cristianismo se propõe como a perfeição e a plenitude do homem e do seu humanismo. Com efeito, ele é a única possibilidade para a realização da comunhão interpessoal entre Deus e o homem na qual se acalma a inquietação existencial, realiza-se o anelo à transcendência verdadeira e todos os valores desembocam no valor infinito e eterno. Para ser verdadeiramente interpessoal, como é nas expectativas do homem e nos desígnios de Deus, a comunhão não pode ser senão um evento sobrenatural. E se delineia aqui uma outra dimensão do verdadeiro humanismo, a sobrenatural, especificamente cristã, não supererrogatória, mas decisiva com relação aos destinos do próprio humanismo. Com efeito, o homem tem um só fim último e uma só vocação integral, e eles são de ordem sobrenatural; portanto é lógico afirmar que o homem não atinge a sua perfeição senão sobrenaturalmente. Privado dessa dimensão sobrenatural e divina, nenhum ideal humano pode satisfazer as exigências do humanismo integral.

9. DIMENSÕES COMPLEMENTARES DO HUMANISMO. Podem ser chamadas de complementares, integrantes ou relativas as dimensões que o humanismo — ou seja, o crescimento e o desenvolvimento da humanidade — atinge nas múltiplas relações com os termos da próprias atividades colaterais e exteriores. Não é tarefa fácil enumerar todas as dimensões complementares do humanismo, mas não se pode deixar de ressaltar o fato de que três novas dimensões do humanismo — social, histórica e cósmica — chamaram a atenção da consciência moderna. Elas correspondem ao desenvolvimento do homem em suas relações com a sociedade, com a história e com o mundo.

Nessas vias a espiritualidade cristã impele, guia e sustenta todos os membros do Corpo místico. Sociedade, história e mundo: aqui se entendem em seu significado profano, na sua legítima autonomia, nas suas estruturas próprias, nas suas finalidades temporais, nas leis intrínsecas à sua natureza e a seu dinamismo. No passado, a espiritualidade cristã ficou muito unilateralmente presa à persuasão, por sinal justa, de que a missão da Igreja "não é de ordem política, econômica e social" (*GS* 42). Isso fez com que a espiritualidade se sentisse comprometida em relação à sociedade eclesial, à história da → SALVAÇÃO, ao mundo da graça, mas não igualmente em relação ao mundo cósmico, à história das civilizações, à sociedade natural dos homens. Nos dias de hoje, a Igreja tomou mais viva consciência de que justamente de sua missão religiosa é que "derivam encargos, luz e forças que podem contribuir para a construção e consolidação da comunidade dos homens segundo a lei divina" (*GS* 42). Por isso ela exorta todos os seus filhos a fim de que se tornem conscientes de serem "cidadãos de uma e de outra cidade" (*GS* 43). E eles o são, não apesar de, mas em virtude de seu cristianismo, que se estende, único e idêntico, a uma e a outra cidade, ao longo de todas as dimensões, essenciais e complementares, do verdadeiro humanismo. Os fiéis não são obrigados por sua fé a operar uma cisão interna, como se tivessem de agir como cristãos na cidade religiosa e como homens na cidade terrestre. A fé não justifica esses artifícios, mas alimenta e anima toda a atividade do homem, unificando-a e enriquecendo-a. Se estamos convencidos de que o verdadeiro humanismo não pode deixar de ser cristão e que nenhuma barreira limita os influxos da fé e da caridade no campo das atividades e responsabilidades humanas, então se entende também que o humanismo cristão não pode se desenvolver somente em dimensões verticais e essenciais, mas deve percorrer todas as vias em que a humanidade é chamada a imprimir a marca da sua liberdade e do seu domínio: as vias da comunhão dos homens e dos povos (humanismo social), da evolução histórica das civilizações (humanismo histórico), da penetração na criação e da posse dela (humanismo cósmico).

Nessas vias da expansão humana, a presença cristã é absolutamente inadequada. Por isso a lei de Cristo é inoperante, o mundo continua selvagem e cruel, a história registra sobrevivências e retornos de incivilidade, o domínio da criação e dos seus bens alimenta ainda a ferocidade dos homens e das nações, a corrupção avança e contamina todos os tecidos da sociedade. É necessário e urgente que a espiritualidade cristã prepare, promova e incremente a presença ativa dos cristãos, de modo particular dos leigos, em todos esses campos em que se jogam as sortes do humanismo pleno e integral. Embora, de fato, o destino pessoal esteja nas mãos de cada um, é impossível ignorar o fato de que ele está condicionado em larga escala justamente pelas realidades ambientais, que podem, portanto, se tornar instrumentos e ocasiões de salvação ou de perdição. O destino dos indivíduos e dos grupos, o crescimento e o êxito do humanismo dependem de densíssimas tramas sociais, da orientação da história e do progresso da ciência e da técnica.

10. HUMANISMO: COMPROMISSO DA ESPIRITUALIDADE. Três são as grandes diretrizes traçadas pelo Concílio para realizar o propósito da Igreja de tornar mais humana a humanidade: curar e elevar a dignidade da pessoa humana, consolidar a estrutura da sociedade, introduzir um sentido mais profundo na atividade dos homens (*GS* 40-43). A espiritualidade é assim solicitada a uma consciência mais viva e ativa de suas tarefas em relação ao homem e ao mundo. Independentemente da variedade das vocações particulares e das missões específicas, todos os membros da Igreja devem se sentir obrigados pelas diretrizes do Concílio. Nenhuma das grandes espiritualidades, sacerdotal, religiosa e laical, pode negligenciar as instâncias humanizadoras da vida teologal e da vocação cristã.

O humanismo foi sempre um compromisso de honra para toda a espiritualidade cristã. Procurou-se acreditar que, sob o perfil dos seus componentes complementares de que se falou acima, o humanismo tivesse se tornado monopólio dos leigos. Mas se se leva em consideração que a variedade de espiritualidade comporta *ipso facto* uma correlativa variedade de humanismo, dever-se-á dizer que o humanismo não é apanágio exclusivo dos leigos. Por sua escolha e por suas renúncias, os sacerdotes e os religiosos não estão condenados a um empobrecimento de humanidade e não são dispensados dos serviços do homem e do mundo. Por um infundado complexo de inferioridade, muitos sacerdotes e religiosos padecem de uma inútil inquietação e se deixam influenciar pelo fascínio da → SECULARIZAÇÃO, e se convencem que serviriam melhor a causa dos homens se renunciassem à sua missão toda sagrada, profética e escatológica. Do ponto de vista cristão, nada é mais anti-humanístico que a suposição, subjacente a esse estado de ânimo, de que os homens, por serem homens, não têm sobretudo necessidade daqueles bens que a mediação sacerdotal e o testemunho religioso tornam presentes e visíveis.

Pode-se considerar que a teologia do laicato, ela própria vinculada à descoberta do mundo e da história, tenha ampliado e aprofundado a visão humanística do cristianismo. Mas isso não quer dizer absolutamente que o cristianismo tenha sido reduzido a uma visão unidimensional, horizontal e secularizada do homem, de modo a excluir a possibilidade e a utilidade de uma contribuição à humanização de uma maneira diferente das atividades temporais e profanas. A secularização do cristianismo não pode ser o resultado da teologia do laicato nem a espiritualidade dos leigos deve reivindicar um monopólio sobre o humanismo cristão. Todo cristão, segundo a sua vocação e a sua espiritualidade, no ativo empenho pela plenitude da humanidade em si e nos outros deve realizar o próprio cristianismo como o mais alto serviço, a plenitude total, a perfeição real e a vocação integral do homem.

11. NOVO HUMANISMO E SANTIDADE. A moderna consciência cristã tão impregnada de humanismo deverá concretizar-se num novo tipo de santidade, ou, depois das afirmações e emulações humanísticas, tudo ficará como antes?

"É fácil ser santo quando não se quer ser humano" (Marx, cit. por J. MARITAIN, *Umanesimo integrale*, 133). Essa frase não tem sentido e está fundamentada numa completa ignorância dos termos. A verdade é bem diferente: quando não se quer ser humano, é impossível ser santo. Se poucos são os santos, isso depende do fato de que poucos são os cristãos que se empenham seriamente nos caminhos de um autêntico humanismo. Não se pode seguir Cristo na comunhão com o Pai sem o seguir no caminho de uma perfeita humanidade: "Todo aquele que segue a Cristo, o homem perfeito, ele próprio se faz mais homem" (*GS* 41). Deve ser evidente que, sem um humanismo realizado em conformidade e na medida da própria vocação cristã particular não floresce nenhum tipo de santidade. Essa ligação essencial exclui toda hipótese de novidade essencial no campo da santidade e da espiritualidade cristã como consequência do novo humanismo. De resto, a tipologia da santidade jamais dependerá essencialmente de descobertas e despertares da consciência humana.

Dito isso, deve-se acrescentar que a nova compreensão das realidades terrenas, o novo sentido dos valores humanos, o aprofundado conhecimento dos conteúdos salvíficos em relação ao homem todo, a descoberta da missão social, histórica e cósmica do cristão — colaborador de Cristo na salvação de todo o mundo e até por isso participante dos poderes messiânicos — põem a espiritualidade cristã na necessidade de enriquecimentos e de atualizações que não deixarão de lhe conferir uma fisionomia, em certo sentido, nova.

Paralelamente ao caminho percorrido pelo humanismo para a descoberta dos valores que o fazem essencial e universal, a espiritualidade cristã adquiriu um sentido mais centrado nos seus próprios valores essenciais, com a felicíssima descoberta da vocação universal à santidade, que volta a ser primariamente comunhão pessoal com Deus em Cristo, a qual, por sua vez, é a fonte original cristã da perfeição imanente ao homem. Isso faz com que a santidade possa ser considerada mais pela intimidade do amor que pelo heroísmo de todas as virtudes, mais pelo compromisso que pela renúncia, mais pela oração que pela ação, mais pela simplicidade e pela benevolência da relação com as criaturas que pelo heroísmo ascético. A espiritualidade reconhecerá as vias da santidade traçadas no coração mesmo das atividades e das profissões humanas e, digamos, profanas; isso inclui certa medida de dessacralização da santidade. Santidade que não está ligada a um estado de perfeição ou a um ministério sagrado. A contraposição entre o sagrado e o profano não implica nenhuma alternativa entre a espiritualidade e a santidade. A santidade moderna revelar-se-á mais livre com respeito ao devocionalismo e ao culturalismo, mais encarnada, porém, na profissão temporal e na situação existencial.

Outro lineamento da nova fisionomia da santidade será posto à mostra pela atenção e pela reavaliação do existencial como componente não inerme nem inerte do desenvolvimento humano. O primado da consciência, muitas vezes exaltado pelo Concílio, terá sobretudo seu mérito. Primado da consciência significa assunção necessária de responsabilidade pessoal diante do objetivo todo, inclusive as ordens constituídas e as próprias leis humanas; significa reavaliação da *prudentia* como norma e medida próxima da moralidade humana. Primado da consciência não quer dizer certamente anarquia, que sequer o apelo aos carismas poderá jamais justificar, mas quer dizer renúncia a considerar o conformismo como um valor, rejeição do legalismo e do formalismo, respeito intocável da decisão pessoal, evento central da salvação ao qual ministério, jurisdição, magistério, apostolado e testemunho estão totalmente ordenados e subordinados.

Algumas novas modalidades são previsíveis também no campo da práxis ascética. Sob a influência da espiritualidade monástica, as palavras de Cristo, que intima seus discípulos a renunciarem a tudo e a si mesmos, a tomar e carregar a cruz cada dia, receberam muitas vezes uma interpretação que, por ser muito literal, unívoca e desprovida de matizes, peca justamente por insuficiência de interioridade, de espiritualidade e de universalidade. Produzem assim a perda de consciência da vocação universal à santidade e a falsa coincidência do chamado à santidade com a vocação a um estado de perfeição. As palavras de Cristo continuarão como uma das regras de ouro da espiritualidade, mas com a condição de que de seu sentido literal não se faça um absoluto ascético e, muito menos, o absoluto espiritual. A nova espiritualidade exige o respeito da integridade e da hierarquia dos valores: "Tudo é vosso, mas vós sois de Cristo, e Cristo, de Deus" (1Cor 3,22-23). A verdade da nossa comunhão com Deus em Cristo não está condicionada pela renúncia à comunhão com as coisas e com o mundo, mas está condicionada pela afirmação dessa relação, atuável em formas múltiplas, mas todas igualmente legítimas e eficazes, se animadas pela vontade e pelo anelo da comunhão com Cristo.

BIBLIOGRAFIA. CASINI, L. *Storia e umanesimo in Feuerbach*. Bologna, 1974; *Dinnanzi al nuovo umanesimo*. Assisi, 1967; EHLEN, P. Umanesimo in K. Marx? *Rivista del Clero Italiano* 64 (1983) 507-509; ETCHEVERRY, A. *Le conflit actuel des humanismes*. Roma, 1964; GONZALEZ RUIZ, J. M. *Il cristianesimo non è un umanesimo*. Assisi, 1968; HEIDEGGER, M. *Lettera sull'umanesimo*. Torino, 1975; *La costituzione pastorale sulla Chiesa nel mondo contemporaneo. Esposizione e commento*. Torino, 1968; LANZ, A. M. Umanesimo cristiano perfezione spirituale. *Gregorianum* 28 (1947) 134-153; LUBAC, H. de *Athéisme et sens de l'homme*. Paris, 1968; ID. *Il dramma dell'umanesimo ateo*. Brescia, 1949; MARITAIN, J. *Umanesimo integrale*. Torino, 1962; MOELLER, Ch. *Umanesimo e santità*. Brescia, 1950; MOUROUX, J. *Senso cristiano dell'uomo*. Brescia, 1966; RAHNER, K. Umanesimo cristiano. In *Nuovi saggi*. Roma, 1969, 279-304; ROBERT, F. *L'humanisme: essai de définition*. Paris, 1946; SPIAZZI, R. *Il cristianesimo perfezione dell'uomo*. Alba, 1953; *Umanesimo e mondo contemporaneo*. Roma, 1954; *Umanesimo e mondo cristiano*. Roma, 1951; *Umanesimo e mondo moderno*. Roma, 1953; *Umanesimo e mondo precristiano*. Roma, 1950; Umanesimo e religioni. *Sacra Doctrina* 24 (1979) 161-300.

S. GATTO

HUMILDADE. Virtude moral que refreia o ânimo para que não tenda com movimento imoderado ao que está acima de si (*STh*. II-II, q. 161, a. 1); ou de modo mais amplo: aquela virtude que modera o desordenado desejo da própria grandeza e leva o homem ao amor da própria realidade conhecida à luz de uma sincera verdade.

1. NATUREZA DA HUMILDADE. A verdadeira natureza da humildade será encontrada na sua função de moderação do orgulho, que é um desvio de duas tendências legítimas postas por Deus na natureza humana: estima de si, desejo da estima dos outros. A primeira é a base da dignidade pessoal; o segundo é uma das bases da sociabilidade. Essas duas inclinações, embora em certo sentido providenciais, estão sujeitas a fáceis desvios. A humildade tem o propósito de se opor a esses desvios e manter a ordem na estima de si e no desejo da estima dos outros. É, pois, verdade e justiça, entendida aqui a justiça em sentido amplo, porquanto designa a disposição virtuosa que garante a cada coisa o lugar que merece. Os pagãos conheceram da humildade somente a modéstia e pelo que dela conheceram praticaram-na de modo muito imperfeito. Santo Tomás, porém, mostra que a humildade não se opõe nem mesmo a uma virtude que pareceria estar do lado oposto: a → MAGNANIMIDADE.

São vários os aspectos de uma mesma realidade que acabam pondo em movimento diversas energias. E é próprio da humildade um conhecimento da falta de proporções entre a realidade e os vãos desejos de coisas grandes que excedem as possibilidades do indivíduo. No plano prático, o conhecimento da própria deficiência forma a regra que dirige a vontade, e é nisso essencialmente que consiste a humildade (*Ibid.*, q. 161, aa.2 e 6). Para Santo Tomás ainda, a humildade deve se ligar como parte potencial à virtude da → TEMPERANÇA, a qual tem por objeto a moderação e repressão do ímpeto das paixões. E a humildade, uma vez que não é senão um freio do espírito humano em sua ânsia contínua de orgulhosa procura, faz parte dessa virtude mais geral.

2. HUMILDADE, REVELAÇÃO, ENCARNAÇÃO. A virtude da humildade cristã se enche de nova luz depois que a revelação mostrou mais em profundidade o contato da humildade com Deus, com a vontade livre do homem e com Jesus Cristo redentor e salvador do homem mediante o mais heroico exercício de humildade. Levando em consideração que todo pecado tem como elemento comum a rebelião à lei de Deus, entende-se que a humildade afeta todo o aspecto moral do homem na sua vida de retorno a Deus e que o nada da criatura diante de Deus ofendido pelo pecado se reveste de um sentido de confusão profunda.

Esse aspecto da humildade, que é o mais misterioso e o mais difícil para o coração humano, pode ser entendido na contemplação do mistério de Cristo, que o apóstolo São Paulo mostra como um mistério de humildade. O famoso texto cristológico da Carta aos Filipenses (Fl 2,6-11) diz que "Jesus Cristo: ele, que é de condição divina, não considerou como presa a agarrar o ser igual a Deus. Mas despojou-se, tomando a condição de servo, tornando-se semelhante aos homens, e por seu aspecto, reconhecido como homem; ele se rebaixou, tornando-se obediente até a morte e morte de cruz. Foi por isso que Deus o exaltou". Por esse preciso aspecto, a humildade tem uma luz própria no mistério da encarnação e da redenção.

3. NA ESCRITURA. A humildade bíblica é em primeiro lugar a modéstia, que se opõe à vaidade. O modesto, alheio a pretensões irracionais, não se fia no próprio juízo (Pr 3,7; Rm 12,3.16; cf. Sl 131,1). A humildade, que se opõe ao orgulho, está num nível mais profundo; é a atitude da criatura pecadora diante do Onipotente e do três vezes santo; o humilde reconhece ter recebido de Deus tudo o que tem (1Cor 4,7); servo sem valor (Lc 17,10), por si só não é nada (Gl 6,3) senão um pecador (Is 6,3 ss.; Lc 5,8). O humilde que se abre à sua graça (Tg 4,6 = Pr 3,34), Deus o glorificará (1Sm 2,7 s.; Pr 15,33).

Incomparavelmente mais profunda ainda é a humildade de Cristo, que, com seu despojamento, nos salva e convida os seus discípulos a servir seus irmãos por amor (Lc 22,26 s.), a fim de que em todos seja glorificado Deus (1Pd 4,10 s.).

a) *A humildade do povo de Deus.* Israel aprende a humildade, em primeiro lugar, fazendo a experiência da onipotência de Deus que o salva e que, somente ele, é o Altíssimo. Conserva viva essa experiência comemorando no culto as obras de Deus; esse culto é uma escola de humildade; louvando e agradecendo, o israelita imita a humildade de Davi, que dança diante da arca (2Sm 6,16.22) para glorificar a Deus, ao qual deve tudo (Sl 103).

Israel fez também a experiência da pobreza na prova coletiva da derrota e do exílio e na prova individual da doença e da opressão dos fracos. Essas humilhações os fizeram tomar consciência da impotência fundamental do homem, bem como da miséria do pecador que se separa de Deus. Assim o homem tende a se dirigir a Deus com um coração contrito (Sl 51,19), com aquela humildade feita de dependência total e de docilidade confiante, que inspira as súplicas dos salmos (Sl 25; 106; 130; 131). Os que louvam a Deus e lhe suplicam que os salve chamam-se muitas vezes de os "pobres" (Sl 22,25.27; 34,7; 69,33 s.); essa palavra, que antes indicava a classe social dos desventurados, assume um sentido religioso a partir de Sofonias: procurar a Deus significa procurar a pobreza, que é a humildade (Sf 2,3). Depois do dia de YHWH, o "resto" do povo de Deus será "humilde e pobre" (Sf 3,12; gr. *prays* e *tapeinos*; cf. Mt 11,29; Ef 4,2).

No Antigo Testamento, os modelos dessa humildade são Moisés, o mais humilde dos homens (Nm 12,3), e o misterioso servo que, com sua humilde submissão até a morte, realiza o desígnio de Deus (Is 53,4-10). Na volta do exílio, profetas e sábios pregarão a humildade. O Altíssimo habita com aquele que tem o espírito humilde e o coração contrito (Is 57,15; 66,2). "A consequência da humildade é o temor de Deus, a riqueza, a honra e a vida" (Pr 22,4). "Quanto mais fores grande, tanto mais é preciso que te humilhes, e encontrarás graça diante do Senhor" (Sr 3,18; Dn 3,39: a oração do ofertório "*in spiritu humilitatis*"). Enfim, segundo o que diz o último profeta, o Messias será um rei humilde; entrará em Sião montado num jumento (Zc 9,9). Realmente, o Deus de Israel, rei da criação, é o "Deus dos humildes" (Jt 9,11 s.).

b) *A humildade do Filho de Deus.* Jesus é o humilde Messias anunciado por Zacarias (Mt 21,5). É o Messias dos humildes que ele proclama felizes (Mt 5,4 = Sl 37,11; gr. *prays* = o humilde que a submissão a Deus torna paciente e manso). Jesus abençoa as crianças e as apresenta como modelos (Mc 10,15 s.). Para se tornar como um dos pequeninos a quem Deus se revela e que, só eles, entrarão no Reino (Mt 11,25; 18,3 s.) é preciso pôr-se na escola de Cristo, mestre "manso e humilde de coração" (Mt 11,29). Ora, esse mestre não é apenas um homem; é o Senhor que veio salvar os pecadores, tomando uma carne semelhante à deles (Rm 8,3). Longe de procurar a própria glória (Jo 8,50), ele se humilha até lavar os pés dos seus discípulos (Jo 13,14 ss.); ele, que é igual a Deus, se aniquila até morrer na cruz pela nossa redenção (Fl 2,6 ss.; Mc 10,45; cf. Is 53). Em Jesus se revela não apenas o poder divino sem o qual nós não existiríamos, mas a caridade divina sem a qual nós estaríamos perdidos (Lc 19,10).

Essa humildade ("sinal de Cristo", diz Santo Agostinho) é a do Filho de Deus, a da caridade. É preciso seguir a via dessa "nova" humildade, para praticar o mandamento novo da caridade (Ef 4,2; 1Pd 3,8 s.; "onde estiver a humildade, aí está a caridade", diz Santo Agostinho). Os que se revestem de humildade em suas relações recíprocas (1Pd 5,5; Cl 3,12) procuram os interesses dos outros e tomam o último lugar (Fl 2,3 s.; 1Cor 13,4 s.). Na série dos frutos do Espírito, Paulo põe a humildade junto da fé (Gl 5,22 s.); essas duas atitudes (traços essenciais de Moisés, segundo Sr 45,4) estão de fato conexas, sendo ambas duas atitudes de abertura a Deus, de confiante submissão à sua graça e à sua palavra.

c) *A obra de Deus nos humildes*. Deus olha os humildes e se inclina para eles (Sl 138,6; 113,6 s.); com efeito, não se gloriando senão de sua fraqueza (2Cor 12,9), eles se abrem ao poder da sua graça que, neles, não é estéril (1Cor 15,10). O humilde não obtém apenas o perdão dos próprios pecados (Lc 18,14), mas conta também com a sabedoria do Onipotente que ama se manifestar por meio dos humildes, que o mundo despreza (1Cor 1,25.28 s.). De uma humilde virgem, que não quer ser senão sua escrava, Deus faz a mãe do seu Filho, nosso Senhor (Lc 1,38.43).

Aquele que se humilha na prova sob a mão onipotente de Deus, fonte de toda graça, e participa da humilhação de Cristo crucificado será, como Jesus, exaltado por Deus, no tempo oportuno, e participará da glória do Filho de Deus (Mt 23,12; Rm 8,17; Fl 2,9 ss.; 1Pd 5,6-10). Com todos os humildes ele cantará eternamente a santidade e o amor do Senhor que fez neles grandes coisas (Lc 1,46-53; Ap 4,8-11; 5,11-14).

No Antigo Testamento, a palavra de Deus leva o homem à glória pela via de uma humilde submissão a Deus, seu criador e salvador. No Novo Testamento, a Palavra de Deus se faz carne para levar o homem ao cume da humildade, que consiste em servir a Deus nos homens, em humilhar-se por amor, com o fim de glorificar a Deus, salvando os homens.

4. NA TRADIÇÃO. Guiados pela revelação, os → PADRES DA IGREJA, os mestres do espírito, os teólogos, depois as virtudes teologais, fazem convergir seu ensinamento moral sobre a humildade. Santo → AGOSTINHO volta a Deus mediante o mistério da humildade revelado pela Sagrada Escritura (*Confissões*, VII, cc. 9-21 etc.). A ascese monástica oriental e ocidental vê a humildade como a autêntica medida do progresso espiritual.

É fundamental em → CASSIANO o livro IV, c. 39 das *Instituições* (*PL* 49, 198-199), feito próprio e completado por São Bento no c. 7 da sua *Regra*.

Todavia, para compreender exatamente o método monástico da humildade deve-se ter presente que São Bento, juntamente com toda a tradição ascética, considera essa virtude "como um sumário da vida espiritual, [...] de modo que ela compreenda no seu desenvolvimento todas as outras. Ele não considera a humildade uma virtude especial que se reata à temperança, mas a vê como a atitude da alma diante de Deus, em quem se reúnem os diversos sentimentos que nos devem animar como criaturas e como filhos adotivos" (C. MARMION, *Cristo ideale del monaco*, Padova, 1948, 214-215).

Essa concepção se espalha por todo o ensinamento ascético medieval sobre a virtude da humildade: assim São Bernardo no *De gradibus humilitatis* (*PL* 182, 941-972) e Santo Anselmo (*Liber similitudinum*, c. 99, n. 108: *PL* 159). Finalmente se tem a aprovação da enumeração beneditina em *STh*. II-II, q. 161, a. 6. A síntese de toda a mentalidade espiritual se tem na *Imitação de Cristo*, que já prenuncia tão bem a espiritualidade moderna; a obra se abre com o apelo à humildade (livro I, cc. 2.15.16.17); e a ela retorna em todos os livros como a um tema preferido (livro II, cc. 2,9.12; III, cc. 3.4.7.8.13.14 etc.; IV, cc. 15.18).

Para a espiritualidade franciscana, basta lembrar o canto da perfeita alegria, de São Francisco (*Fioretti*, c. 8).

Mais tarde, Santo Inácio, no final da segunda semana dos Exercícios (ed. J. ROOTHAN, Torino-Roma, 1928, 144 ss.), sugere três graus de humildade: o primeiro é um grau essencial para se salvar: é o que submete a alma à lei de Deus, quando obriga sob pena de pecado mortal; o segundo grau, mais perfeito, cria na alma uma completa indiferença de vontade e de afeto entre as riquezas e a pobreza, as honras e o desprezo, vida longa ou vida breve, desde que Deus seja igualmente glorificado. Por motivo algum do mundo, cometer um só pecado venial; o terceiro grau exige ainda mais: para imitar Jesus, preferir, como ele, a pobreza às riquezas, o desprezo às honras e o desejo de ser tido por homem inútil e néscio por amor de Jesus, que quis por primeiro ser considerado como tal, em vez de ser tido por homem sábio e prudente aos olhos do mundo. O ensinamento da escola francesa do século XVII encontra-se exposto por → OLIER na introdução ao *Catecismo cristão*: três os graus da humildade que convêm às almas em progresso: regozijo com o próprio nada e com a própria baixeza; amar ser conhecido por insignificante; desejo de ser tratado como infame. Nessa aniquilação de si mesmo, a alma está certa de encontrar Deus.

BIBLIOGRAFIA. BÉLORGEY, G. L'umilité... d'après saint Augustin. *Revue d'Ascétique et de Mystique* 28 (1952) 208-223; 31 (1955) 28-46; BIRKELAND, H. *'Ânîy und 'anâw in den Psalmen*. Oslo, 1933;

BLANCHARD, P. *Saint Bernard, docteur de l'humilité*. Revue d'Ascétique et de Mystique 29 (1953) 289-299; CATHREIN, V. *Die christliche Demut*. Freiburg, 1920; DEMAN, Th. Orgueil. In *Dictionnaire de Théologie Catholique* XI/2 (1932) 1.410-1.434; DOLHAGARY, B. Humilité. In *Dictionnaire de Théologie Catholique* VII/1 (1922) 321-329; Humilité. In *Dictionnaire de Spiritualité*,VII (1969) 1.136-1.188; MONLEON, D. J. *I dodici gradi dell'umiltà*. Milano, 1958; SCHAFFNER, O. Umiltà. In *Dizionario Teologico*, III, Brescia, 1968, 590-601; THIEME, K. *Die christliche Demut* I. Giessen, 1906; Umiltà. In *Dizionario dei Concetti Biblici del Nuovo Testamento*. Bologna, 1976, 1.902-1.910; Umiltà. in GOFFI, T. – FIORES, S. de (eds.). *Nuovo Dizionario di Spiritualità*. Cinisello Balsamo, ⁴1985, 1.610-1.621; πραΰς. In *Grande Lessico del Nuovo Testamento* XI, 63-79.

P. SCIADINI

HUMOR. O humor é "uma disposição afetiva fundamental, rica de todas as instâncias emotivas e instintivas, que dá a cada um dos nossos estados de ânimo uma tonalidade desagradável ou agradável, oscilante entre dois polos do prazer ou da dor" (J. Delay).

O humor é também chamado tom afetivo, tom sentimental, justamente porque "é uma peculiar sensação subjetiva, ligada às funções orgânicas e à cinestesia que imprime uma particular entonação agradável ou desagradável à consciência" (Cerletti).

Ocorre hipertimia se o humor é exaltado, hipotimia se diminuído, atimia se deficiente. As distimias indicam, porém, todas as perturbações. A função tímica é a regulação do humor. A catatimia descreve "mudanças de humor de início bom e muito breves, tanto no sentido da excitação como no da depressão ou da passividade" (Porot). Tenha-se presente em particular a hipertimia, "caracterizada por um extraordinário exagero do dom afetivo" (Cerletti).

Existem certamente disposições de humor de natureza constitucional que apresentam tipos chamados eufóricos, pessimistas, indiferentes ou entusiastas, apáticos ou exaltados.

Considera-se que estejam no centro da afeição e apresentam estados de mania e de → MELANCOLIA das quais respectivamente resultam ou o humor alegre e expansivo, ou o humor triste e os sofrimentos morais interiores.

Dão-se também processos de humor paralelos às modificações de caráter e a distúrbios de comportamento; nesses casos eles devem ser temidos "como prodrômicos de doenças orgânicas (meningites, encefalites) ou psicósicas (esquizofrenia, delírios crônicos); ou eles podem persistir como sequelas de algumas afecções (encefalites, confusões mentais, comoções cerebrais)" (Porot).

É interessante considerar em particular o quadro do humor nos indivíduos normais.

O humor se diz sereno ou indiferente: sereno quando não contém grandes tensões a respeito do passado ou do futuro; indiferente se tem facilidade de se adequar no tom do prazer ou da dor segundo o conteúdo sentimental. As variações fisiológicas são provocadas pelo surgimento de sensações agradáveis e de contentamento, e se tem alegria e bom humor; ou de descontentamento, e se tem tristeza e mau humor.

Deve-se observar a duração e a intensidade dessa variação do humor com diferenças também marcadas nos próprios sujeitos normais; isso depende de uma sensibilidade maior ou menor e da capacidade que tem o tom afetivo deles de ser influenciado. Surgem daí indivíduos frios ou de sensibilidade viva, ou seja, os emotivos lábeis ou os eufóricos e os disfóricos, os últimos orientados para a alegria e para a tristeza.

A exagerada alegria pode levar a um otimismo por demais grande, a excessiva tristeza a um forte pessimismo; ocorre a psicose chamada circular quando o sujeito passa da alegria à tristeza, e vice-versa, com intervalos de humor normal, sereno.

BIBLIOGRAFIA. CERLETTI, U. *Riassunto delle lezioni di clinica delle malattie nervose e mentali*. Roma, 1946; GOZZANO, M. *Compendio di psichiatria*. Torino, 1954; McGHEE, P. E. *Humour. Origins and development*. Oxford, 1979; OLIVERIO, A. *Biologia e comportamento*. Bologna, 1982.

D. MILELLA

HUMORISMO. É a particular disposição daquelas pessoas que tendem a considerar as vicissitudes da vida com um agradável senso de superioridade, sem cinismo, sem malevolência e sem cair como vítima da paixão (pensemos no significado antigo da *urbanitas* entre os romanos: cf. FORCELLINI, *Lexicon totius latinitatis*, IV, 872). O sentido inicial de "humor" foi de natureza nitidamente biológica e já se encontra nas doutrinas hipocráticas e galênicas. Na tardia Idade Média enriqueceu-se de um significado de natureza fisiológica e passou a ser usado no sentido de "temperamento" para indicar uma disposição e uma constante inclinação do indivíduo, praticamente um traço de sua personalidade. No século XVII, o sentido se restringe ao significado corrente para indicar uma natureza alegre e fantástica: da Academia dos Úmidos de Florença, cujos membros faziam profissão de estilo burlesco, à dos Humoristas, fundada em Roma em 1602, com a finalidade de recitar comédias brilhantes. É sabido que o termo teve uma especial acepção na linguagem anglo-saxã. Assim, o humorismo é uma variante do estilo cômico; uma manifestação mais inteligente e aristocrática do riso: na acepção comum, quem não tem humorismo não tem uma qualidade superior. O humorismo pode versar sobre coisas e objetos externos ao sujeito; mas pode também se exercer sobre o próprio sujeito, quando ele se desvincula de uma situação difícil, pinçando o que nela pode ser cômico.

Humorismo e vida espiritual. Não há nenhuma dificuldade para conciliar humorismo e vida espiritual. Aquele que sabe fazer humorismo sadio e elegante deve acentuar em si o sentido de um serviço social, e manter assim sadiamente alegre aqueles que lhe estão próximos; é o senso do equilíbrio natural no exame das situações dolorosas para não se tornarem agressivas. Por isso, o humorismo pode encontrar uma boa base de apoio na caridade cristã e na lembrança da fé: todo homem é um complexo de bondade e de maldade; todo fato, mesmo doloroso, é um ponto da divina providência para o governo do mundo; e o sentido da exageração do mal é muitas vezes fruto da emotividade, se não necessariamente da maldade; mas não tem sentido objetivo subestimar sua influência moral na vida de todo homem.

→ ALEGRIA.

BIBLIOGRAFIA. GANNE, P. *Claudel: Humour, joie et liberté.* Paris, 1963; GROTJAHN, M. *Saper ridere. Psicologia dell'umorismo.* Milano, 1961; ORIGLIA, D. Umorismo. In *Enciclopedia Filosofica.* Firenze, 1969, 687-688, VI (com bibliografia); PRAZ, M. Umorismo. In *Enciclopedia Italiana Treccani.* Roma, 1937, 671-672, XXXIV (com bibliografia).

M. CAPRIOLI

I

ÍCONE. A palavra "ícone", do grego *eikôn*, leva-nos a considerar as imagens sagradas veneradas particularmente no Oriente cristão e o papel especial que elas têm na espiritualidade litúrgica e na devoção individual.

Em sentido estrito, ícones são as imagens pintadas em tecido e coladas na madeira, segundo uma técnica particular que se torna uma autêntica prática espiritual por parte do iconógrafo ou autor do ícone; mas, em sentido amplo, são ícones os afrescos, os mosaicos, os ouros, bronzes, esmaltes, telas e bordados que seguem os mesmos padrões representativos da tradição eclesial do Oriente. A palavra ícone deu origem aos termos derivados de iconografia ou arte do ícone no que diz respeito a sua execução material; iconodulia ou veneração das imagens de acordo com os padrões da Igreja; iconoclastia ou luta contra as imagens que lembra a grande controvérsia sobre a veneração das imagens, encerrada em nível doutrinal pelo II Concílio de Nicéia (887); iconologia ou ciência dos ícones, de sua história e de sua interpretação autêntica.

O interesse pelo ícone no âmbito da liturgia e da espiritualidade, sempre vivo no Oriente cristão, tornou-se há alguns decênios patrimônio comum do Ocidente. Teve também uma confirmação autorizada por ocasião do décimo segundo centenário do II Concílio de Nicéia; naquela oportunidade, João Paulo II publicou a carta apostólica *Duodecimum saeculum* (6-12-1987) e o patriarca Demétrios I de Constantinopla apresentou um admirável documento sobre a teologia dos ícones (14-9-1987). Os documentos que mencionaremos constituem uma contribuição válida para a atualidade do ícone no âmbito da liturgia e da espiritualidade. Deixando de lado as questões mais especificamente históricas e artísticas, dirigiremos nossa atenção especialmente para a teologia do ícone, para a sua relação com a liturgia, para o interesse no âmbito da espiritualidade.

1. TEOLOGIA DO ÍCONE. O II Concílio Ecumênico de Nicéia, reafirmando a doutrina dos Padres e sobretudo de São João → DAMASCENO, mas ouvindo a opinião do povo de Deus, ressaltou alguns princípios que constituem a base da teologia do ícone. O fundamento sacramental do ícone é a encarnação do Filho de Deus que permite e encoraja a representação da sua imagem e dos episódios da sua vida. A regra de ouro é a identidade do ícone com a pessoa que representa. O sentido da veneração é a referência àquele que é representado, Deus em si mesmo, nas suas obras e nas suas criaturas. A garantia da verdade e da autenticidade da arte iconográfica é a Igreja com suas regras ou cânones para a pintura das imagens. Na complementaridade com a Palavra, da qual falaremos em seguida, a função do ícone consiste em levar à contemplação dos olhos aquilo que a Palavra oferece aos ouvidos. Mas, em suma, os ícones têm a função de suscitar a imitação: "Quanto mais se contemplarem essas representações por imagem, mais os que as contemplarem serão levados a se lembrar dos modelos originais, a se remeter a eles, a ser testemunhos deles, abraçando-os com uma veneração respeitosa, sem que essa seja uma adoração autêntica, que, segundo a fé, só se destina ao próprio Deus… A honra feita à imagem remonta ao seu modelo" (São Basílio). "Venerar uma imagem é venerar nela a pessoa daquele que ela representa" (cit. por O. Clément).

O fundamento do ícone é o mistério do Verbo encarnado, imagem do Pai no Espírito Santo (cf. Cl 1,15-20; Hb 1,1-4; Rm 8,28-30). Nele se reúnem o mistério de Deus que fez o homem a sua imagem e semelhança (cf. Gn 1,26) e o mistério do homem cujos traços Deus quis ter. No III Concílio de Constantinopla (também chamado de Trulano), os Padres se referem às imagens de Cristo com estas palavras: "Nós, portanto, decretamos que é necessário reconstruir os traços humanos de Cristo, nosso Deus, o Cordeiro que tira o pecado do mundo. De agora em diante, é preciso pintar o ícone de Cristo que é a forma perfeita de todos os seres pintados em cores, em vez de representá-lo pelo símbolo de um cordeiro como se fazia antigamente. Através desse procedimento, compreenderemos a sublime humilhação do Verbo de Deus e seremos levados a nos lembrar do seu ministério em relação à sua humanidade, sua paixão, sua morte e da redenção do mundo que daí derivou". Desse modo, todas as imagens remetem a Cristo como o "protótipo", como a imagem original à qual todos devem se conformar. Na riqueza dos diversos mistérios da sua vida, seu rosto e sua pessoa estão no centro da iconografia.

Na tradição oriental, o Espírito Santo é considerado o iconógrafo interior, o artífice da santidade, aquele que sela a imagem de Cristo em cada homem e em cada batizado, e aquele que leva a imagem para a completa semelhança, para a conformação a Cristo. Todo ícone, de Cristo, de Maria, dos santos, se remete à obra misteriosa do Espírito.

Maria, a Mãe de Deus, é representada nas imagens sagradas com uma grande e expressiva variedade de formas, algumas clássicas, como as recordadas por João Paulo II na encíclica *Redemptoris Mater*, n. 33. São igualmente importantes as representações da Mãe de Deus que se relacionam a episódios da sua vida ou da sua cooperação no mistério de Cristo, bem como as ligadas a tradições de ícones milagrosos que ainda hoje suscitam uma grande veneração nos fiéis.

Os santos também são representados com seu rosto ou nos episódios mais característicos de sua vida, sempre com imagens que remetem a Cristo, ícone original, e como fruto daquela misteriosa ação do Espírito Santo que revelou nas suas vidas a luz da santidade.

2. ÍCONE E ESPIRITUALIDADE LITÚRGICA. O lugar próprio do ícone é a → LITURGIA. Só a partir do fato litúrgico, da celebração do mistério da → COMUNHÃO DOS SANTOS, pode-se captar todo o sentido dos ícones sagrados, quer como misteriosas ilustrações da economia da salvação que se desenvolve na liturgia, quer como presenças de Cristo, de Maria e dos santos que ilustram a "communio sanctorum" que se realiza durante a celebração dos mistérios.

Só a partir da liturgia pode-se apreender o sentido do ícone na vida espiritual e o prolongamento da presença dos ícones em outros momentos da → EXPERIÊNCIA CRISTÃ, de que são exemplo a catequese e a oração pessoal.

A seguir, apresentamos com certa amplitude a relação entre ícone e liturgia e o lugar dos ícones na liturgia oriental.

O ícone e a liturgia. Na carta *Duodecimum saeculum* sobre o II Concílio de Niceia, escreve João Paulo II: "A Igreja grega e as Igrejas eslavas [...] consideraram a veneração do ícone como parte integrante da liturgia, à semelhança da celebração da Palavra. Como a leitura dos livros materiais permite que se compreenda a Palavra viva do Senhor, assim a ostensão de um ícone pintado permite que os que o contemplam se aproximem do mistério da salvação mediante a visão. O que de um lado é expresso pela tinta e pelo papel, de outro o é pelas diversas cores e outros materiais".

Esse texto, que reúne em síntese o ensinamento da tradição do Oriente e do Ocidente, oferece-nos o ponto de partida para uma série de reflexões sobre a sacramentalidade do ícone e sua relação com a liturgia celebrada.

a) *Palavra e ícone*. A primeira relação que deve ser destacada é a que existe entre palavra proclamada e palavra-imagem pintada.

A liturgia, enquanto celebração do mistério, compreende ao mesmo tempo o visível e o invisível, a palavra e o silêncio, o gesto e a imagem.

A visibilidade da Igreja é expressa pelos concelebrantes, os ministros e o povo, ícones vivos de Cristo, da Igreja esposa. Mas no interior da liturgia estão todos os sinais litúrgicos que tornam visíveis as relações com a Igreja celeste, com os mistérios celebrados, com a comunhão dos santos, imensa nuvem de testemunhos que estão presentes conosco na adoração do Cordeiro.

O comovente canto do *Cherubikon* o expressa assim: "Nós, que misticamente representamos os querubins e a Trindade vivificante, cantamos o hino 'Três vezes Santo', abandonamos agora todas as solicitações do mundo, para receber o Rei do universo escoltado invisivelmente pelas fileiras angélicas".

Os ícones nos revelam essa presença das realidades invisíveis e nos ilustram a concretude visível dos mistérios celebrados pela liturgia.

Uma série de considerações fundamentais assinalam a relação entre a palavra das Escrituras e os ícones. Podemos resumi-las nestes princípios:

— É axioma dos Santos Concílios da Igreja que "o que as palavras anunciam aos ouvidos, a pintura em um ícone o mostra silenciosamente aos olhos" (II Concílio de Niceia). "Determinamos que a imagem sagrada de nosso Senhor Jesus Cristo deve ser venerada com a mesma honra com que se venera o livro dos *Evangelhos*. Assim como graças às palavras contidas nesse livro nós todos chegamos à salvação, assim graças à ação que os ícones exercem com suas cores, todos, cultos e ignorantes, daí extraem um grande benefício. Através das cores, o ícone nos anuncia, faz valer em nós aquilo que é dito com as palavras. Assim, em conformidade com a razão e a mais antiga tradição, como o que se está honrando é o arquétipo, é conveniente honrar e venerar as imagens que derivam dele, como o livro sagrado dos Evangelhos e o uso da preciosa *cruz*" (IV Concílio de Constantinopla).

— Desse modo, o ícone realiza a complementaridade Logos-Palavra e Eikon-Imagem que convergem em Cristo, Verbo encarnado, Palavra e Imagem do Pai.

— A visão e a escuta são também os dois momentos da percepção do mistério mediante a fé; a imagem, que mostra em silêncio a palavra realizada, favorece a compreensão e a interiorização.

— O ícone lembra-nos que a palavra proclamada não é apenas mensagem mas parte integrante de uma revelação feita com eventos e palavras, episódios vivos da salvação em que está envolvido Cristo e ele envolve as pessoas. Aliás, Cristo revela e se revela não só com palavras, mas também com seus gestos, seja quando é criança (*in-fans*: não falante), seja quando deixa de falar no desnudamento da cruz, no misterioso silêncio do corpo deposto no sepulcro, na fulgurante glória da ressurreição.

Essa relação intrínseca entre palavra e imagem justifica a grande tradição oriental; o ícone, não menos que a palavra, está sujeito à interpretação autorizada da Igreja. Os ícones devem estar de acordo com a palavra; só assim são evangelizantes e têm a capacidade de transmitir, sem deformações subjetivas, a verdade dos episódios e eventos salvíficos. A imagem, portanto, condicionada pela verdade da palavra, é "canônica", autêntica. Além disso, expressa não a simples palavra evangélica, mas a palavra como foi compreendida pela Igreja e proclamada pela fé na liturgia. O ícone é *autêntica catequese mistérica*.

Portanto, assim como o Santo Evangelho, aqueles que chamamos de *santos ícones* merecem ser levados em procissão, receber a homenagem dos fiéis com o beijo, o incenso, os sinais de veneração.

b) *Os ícones, sinais sacramentais*. O ícone, ligado ao mistério da Palavra e ao serviço da Eucaristia, é um sinal sacramental. Antigamente talvez os ícones não recebessem uma bênção especial. A própria liturgia os tornava sagrados por sua presença nos mistérios divinos. Por isso, quando um rito tardio foi proposto para a bênção dos ícones houve certa polêmica, não desprovida de contestações.

Hoje há um rito de bênção dos ícones. Alguns os ungem com o "santo myron" para expressar ainda mais fortemente esse vínculo com Espírito que tudo penetra na liturgia. O desejo de tornar sagradas as imagens levou até ao abuso de misturar à tinta partículas do pão eucarístico. Um abuso que não tardou a ser condenado pela Igreja.

Com a bênção dos ícones, a Igreja pretende incluí-los entre os sinais sagrados para a celebração dos mistérios, para que sejam representados por eles; convida os fiéis à veneração dos "arquétipos", das pessoas vivas e dos mistérios vivos a que fazem referência. O ícone é sinal sacramental da festa celebrada, síntese da palavra, da oração e canto da Igreja naquele dia; tudo se reflete no ícone. É sinal do santo que é celebrado pela Igreja, como uma expressão concreta daquele rosto santo em que o divino iconógrafo, o Espírito Santo, imprimiu os traços do ícone original que é Cristo.

Alguns ícones especialmente venerados pelos fiéis, repletos da oração e da devoção, talvez lugar de uma manifestação milagrosa particular, tornam-se, com a veneração, lugares e presenças carismáticas e milagrosas para a Igreja. São muitas no Oriente essas humildes presenças carismáticas em torno das quais surgiram santuários e monastérios.

Integrado na celebração litúrgica, o ícone torna visíveis, na sua rica polivalência de representação, diversos aspectos dos sagrados e vivificantes mistérios que são celebrados. É sinal da presença do céu na terra, da comunhão com os santos "representados" e invocados na divina liturgia. A incensação do templo e dos ícones também expressa essa convicção da Igreja. O céu está presente na terra, a assembleia litúrgica é imagem da assembleia celeste e está em comunhão com ela.

Em sua expressão hierática, os ícones são um memorial de pessoas e eventos. Mas não um simples memorial subjetivo. Algo mais; uma mediação sacramental entre as pessoas reais representadas e nós que as veneramos e invocamos, porque nos falam de mistérios vivos, de pessoas vivas em Cristo.

O esplendor do ouro, a vivacidade das cores, o sinal da luz contribuem para criar, na atmosfera própria da liturgia, o sentido da comunhão entre céu e terra. Os grandes olhos das pessoas representadas, a posição frontal, o olhar luminoso que vem do fundo da alma, ajudam a tornar essas imagens uma presença ofertada, doada; sentimo-nos aceitos ainda antes de dirigir a elas o nosso olhar. Estão presentes antes que tomemos consciência de sua presença. É o mundo de Deus, sempre presente e atento para a Igreja a caminho.

Tudo convida ao diálogo do olhar, da oração, para se resumir em chamado à comunhão e depois, como se expressa o II Concílio de Niceia, à *imitação* dos "protótipos". É a nuvem dos homens bem-aventurados, dos testemunhos que nos rodeiam (Hb 12,1) e nos ajudam a manter o olhar fixo em Jesus, autor e consumador da fé.

Em suma, é na fé da Igreja e na sua bênção, no próprio mistério da Igreja que celebra e atualiza os divinos mistérios, que os ícones recebem toda a força da sacramentalidade. E é a fé dos cristãos que liga o visível e o invisível, em plena sintonia e lógica com a celebração litúrgica que é celebração da fé.

c) *Ícone e Eucaristia.* Toda a graça sacramental dos ícones, inseridos no momento da celebração litúrgica, tem uma referência final ao mistério eucarístico que é celebrado na divina liturgia e que é na verdade a síntese de tudo, o mistério repleto de vida, a comunhão nas coisas santas e, portanto, com o santo e os santos da terra e do céu.

A *iconóstase* que separa o santuário quer ser, na realidade, uma espécie de transparência de tudo o que ocorre na divina liturgia: síntese da história da → SALVAÇÃO presente, passada e futura; comunhão com Cristo e com os santos; participação dos mistérios da sua carne celebrados e recordados na oração eucarística e na proclamação do Evangelho.

A Eucaristia é preparada na "prótese" onde temos o ícone do nascimento do Senhor. O *evangeliário* traz gravada a ressurreição; a *antimension* representa a cena da deposição no sepulcro. O diácono reza diante das portas régias que trazem a cena da anunciação, e se dirige a Cristo e à Mãe de Deus, cujos ícones estão bem visíveis à frente. Verifica-se como que um acúmulo dos diversos mistérios celebrados.

Os ícones revelam de maneira visível toda a graça e o significado salvífico da Eucaristia, que nos oferecem para que possamos de algum modo comungar com os olhos dos celestes mistérios; ajudam do ponto de vista da catequese e da representação a ilustrar toda a riqueza da Eucaristia celebrada.

Por isso, alguns ícones são particularmente significativos por sua posição no conjunto do templo:

— O ícone da "Ceia Mística", muitas vezes colocada no centro da iconóstase que atualiza a memória de tudo o que está sendo celebrado. Ou então, ainda mais bela, a comunhão de Jesus aos apóstolos, que sublinha que ainda é o próprio Senhor quem, na assembleia eucarística, oferece aos seus o seu corpo e o seu sangue.

— O ícone da Trindade, frequentemente colocada na abside do santuário ou na iconóstase, é imagem do banquete eucarístico e da Trindade, imagem da *Igreja-una* ao redor da mesa eucarística.

Desse modo, Palavra, Eucaristia e Ícone, inseridos no movimento de celebração da palavra, dos cantos, dos gestos sacramentais, convergem para oferecer a possibilidade de uma plena participação nos santos mistérios, anunciados pela Palavra, tornados visíveis pelos ícones, cantados com a oração, transmitidos em Cristo e na força do seu Espírito com a Eucaristia.

d) *Ícone e oração da Igreja.* A variedade das representações iconográficas encontra um fundamento na riqueza dos temas mistéricos celebrados pela Igreja. Episódios da história da salvação do Antigo Testamento fazem reviver a preparação do Advento do Messias. Episódios evangélicos recordam palavras e eventos do Senhor. Os rostos dos apóstolos e dos santos, e, também antes, dos patriarcas e dos profetas, levam-nos a entrar em comunhão com toda a história da salvação.

Obviamente, os mistérios fundamentais são os que a Igreja celebra no → ANO LITÚRGICO e entres eles os que passaram a fazer parte do ciclo chamado *dodecaôrton*: as doze festas, entre as quais são enumeradas com variantes:

— Anunciação; Natal do Senhor; apresentação ao templo; Batismo de Jesus; Transfiguração; Ressurreição de Lázaro; Entrada em Jerusalém; Crucifixão; Descida aos infernos; Ascensão; Pentecostes; Assunção de Maria.

Mas na verdade outras festas são aqui propostas, entre as quais as mais recorrentes com ícones próprios são:

— Concepção de Ana; Nascimento de Maria; Apresentação de Maria no Templo; Ceia mística; *Epitafios trinos* ou Deposição no sepulcro;

As mulheres miróforas no sepulcro; Dúvida de Tomé; Exaltação da Cruz; Festa do Pokrov da Mãe de Deus...

Esses diversos ícones que manifestam a centralidade do mistério da salvação em torno de Cristo e da Virgem, ilustram também a riqueza das festas do ano litúrgico, com uma atenção especial aos mistérios de Cristo e particularmente do seu nascimento, teofania, metamorfose (Transfiguração!) e os momentos do mistério pascal celebrados com intensidade pela Igreja, do sábado de Lázaro até Pentecostes, com a riqueza iconográfica e hinográfica da Igreja oriental no → TRÍDUO PASCAL.

É aqui que o ícone na vida litúrgica se torna imprescindível continuidade com a Palavra, mas também *com a oração da Igreja*, expressa na variedade e beleza dos hinos e dos tropários da liturgia oriental. Podemos dizer que os ícones, além de ser reflexo fiel da Palavra evangélica, são síntese do ensinamento litúrgico da Igreja, como é proposto pela própria celebração. E o simbolismo litúrgico é traduzido no simbolismo pictórico do ícone.

Por isso existe uma unidade indissolúvel entre ícone e liturgia também desse ponto de vista da rica celebração das festas do ano litúrgico, para não falar dos ícones particulares e das festas próprias de alguns santuários.

Só com uma ampla referência à liturgia festiva de todo o ano é possível compreender plenamente o sentido de tantos ícones e pode-se explicar a variedade dos detalhes, comentário pictórico ao canto litúrgico.

São suficientes algumas alusões, vez que não podemos entrar na descrição da riqueza da relação entre iconografia e ano litúrgico, com um comentário pontual e recíproco entre ícone e textos da oração da Igreja.

e) *O iconógrafo ministro da Igreja*. Merece atenção especial o tema do ministério litúrgico do iconógrafo.

Se o ícone pertence à ordem sacramental e depende da Igreja, o iconógrafo é um ministro da Igreja que se põe a serviço da sua fé e da vida dos fiéis. A própria Igreja às vezes aceita o iconógrafo com uma bênção especial e com a unção das mãos com o "myron", para que, através do dom do Espírito, divino iconógrafo, possa realizar o seu ministério espiritual.

Em dócil obediência, ele aceita da Igreja os cânones da pintura e as normas da iconografia com suas técnicas próprias. Oferece à Igreja a inspiração pessoal e a marca original que pode deixar no ícone. Põe os seus talentos a serviço do povo de Deus e exerce o seu ministério espiritual de pintar ou de "escrever" o ícone, mostrando a luz do rosto e dos rostos de Cristo, de Maria, dos santos. Frequentemente o humilde iconógrafo permanece anônimo ou só é conhecido pelo esplendor ou genialidade da sua obra.

Enquanto realiza o ministério da iconografia, intensifica a oração, a leitura da Escritura, o jejum, para que sua arte seja fruto da contemplação, manifestação do mistério contemplado dentro de seu coração.

Por uma tradição muito antiga, considera-se que o iconógrafo participa do mistério da Transfiguração do Senhor, da luz do Tabor que se desprendeu do rosto de Cristo e chegou até os discípulos para que eles pudessem contemplar a sua glória. E é por esse motivo que deve iniciar o seu mistério pintando o ícone da Transfiguração.

Dessa maneira também o ícone permanece ligado a mundo de fé, a uma vida plenamente eclesial, ao universo dos sinais litúrgicos que permitem experimentar o *céu na terra*.

O ícone traz assim a marca sacramental da própria Igreja que o abençoa, a integra a sua liturgia para benefício comum dos fiéis.

O ícone na liturgia. Depois de ter visto o sentido sacramental do ícone e a sua função a serviço da Eucaristia e da celebração dos sagrados mistérios, vejamos agora concretamente qual é a colocação específica do ícone no momento da celebração litúrgica.

Digamos desde logo que os ícones fazem parte de um amplo e esplêndido projeto litúrgico, teológico e artístico que se desenvolveu amplamente durante os séculos, e teve a sua configuração definitiva especialmente nos países eslavos.

Uma ampla descrição dessa presença do ícone na liturgia exige pelo menos algumas palavras sobre o *templo* e sobre a *iconóstase*.

a) *O templo*. Todo o templo oriental é coberto de imagens. Ele deve ser o lugar da revelação e da comunhão dos mistérios, a síntese da história da salvação, do mistério da Igreja santa, do céu na terra e, portanto, da perfeita → COMUNHÃO DOS SANTOS, da assembleia que comunga com a Jerusalém celeste. Quem entra nele deve sentir que é um lugar habitado, iluminado pelas velas, perfumado pelo incenso, como permanência das orações feitas e dos mistérios transmitidos, sempre preparado para acolher e celebrar ainda os divinos mistérios.

Mesmo na estupenda variedade da arquitetura e da disposição iconográfica, podemos destacar alguns elementos simbólicos e estruturais comuns:

O templo geralmente é construído em *cruz grega* com uma cúpula central e outras acessórias, de modo que a cruz seja inscrita na terra. Externamente as cúpulas expressam o simbolismo da "proteção": o céu cobre a terra, a protege, se torna presente aqui e agora no lugar santo da máxima comunicação de Deus com os homens.

As *cúpulas* russas douradas, em forma de bulbo, expressam também um simbolismo: são como velas acesas, sinal das chamas vivas da oração que se eleva em direção ao céu. Quando refletem o sol do dia ou são iluminadas pela luz da lua, são um testemunho vivo, mesmo para quem observa a parte externa, do mistério que está presente no templo.

Da cúpula central interior frequentemente se destaca a imagem do *Cristo Pantokrátor*, em mosaico ou em afresco, que vê e preside tudo, chefe da Igreja reunida em oração. A cúpula é sustentada nos quatro lados por colunas, em que estão pintados os profetas ou, com mais frequência, os quatro evangelistas, segundo o módulo bizantino. Em outras cúpulas menores às vezes se encontra a imagem da *Theotókos*.

Na parede central para a qual olha a assembleia ou na abside, destaca-se ainda o Cristo *Pantokrátor* ou a imagem de Maria "Platytera ton ouranôn" (maior que os céus), ou então também a imagem da *Trindade* do Antigo Testamento, os três anjos sentados à mesa. São várias as interpretações dessa escolha das imagens. Às vezes se encontra também o juízo universal na parte posterior ou numa das paredes do templo.

Todo o templo é ornado com diversas cenas do Antigo e do Novo Testamento, dos Evangelhos apócrifos, das vidas dos santos, das próprias festas litúrgicas.

Às vezes, como em certos templos da Romênia, as paredes externas do templo também são pintadas, quase como se se quisesse representar plasticamente a "transparência" dos divinos mistérios ao exterior, a comunicação com o mundo e a história.

b) *A iconóstase e a sua disposição*. A iconóstase, como diz a palavra, é o lugar em que são apresentados os ícones. É a parede de separação entre a nave e o santuário, que delimita, portanto, o espaço sagrado da celebração dos mistérios.

A iconóstase teve uma longa evolução no decorrer dos séculos. No início, e ainda hoje em muitos lugares, era uma simples balaustrada funcional para a separação do lugar sagrado. Com o passar do tempo, transformou-se na parede divisória. Quanto mais essa parede se tornou complexa e alta, mais evoluiu a sua função iconográfica, a multiplicidade e a harmonia dos temas, quase como se quisesse tornar "transparente" a separação, para ilustrar com os ícones e acompanhar com a "presença" das imagens tudo o que ocorre no próprio santuário. Assim se tornou o *lugar dos ícones* e contribuiu muito para enriquecer os diversos temas iconográficos.

Os pontos de referência na *iconóstase* são as portas reais ou do *paraíso*, que estão no centro, e as portas *diaconais*, que ficam nos lados. Pelas portas reais só pode passar o sacerdote, vestido com seus paramentos. Pelas portas diaconais entram e saem os outros ministros.

Pela porta diaconal da direita saem as duas procissões que marcam os dois momentos característicos da liturgia bizantina:

— a procissão com o livro dos Evangelhos, ou pequena entrada para a liturgia da Palavra;

— a procissão com as santas ofertas, ou grande entrada, quando se canta, regularmente, o *Cherubikon*, para a liturgia eucarística.

Do ponto de vista iconográfico, as *portas reais* ou do *paraíso* são ornadas com a imagem da anunciação ou *Evanghelismòs*, uma vez que o anúncio a Maria, a encarnação, é a porta dos divinos mistérios da salvação. Essa imagem é acompanhada pelas figuras dos *quatro evangelistas*. Em algumas portas reais, no lugar dos evangelistas podemos encontrar também as imagens dos dois Padres gregos *João Crisóstomo e Basílio Magno*, aos quais são atribuídas as duas anáforas usadas na liturgia bizantina. Assim essas imagens nos lembram que das portas reais se lê o *Evangelho* e se pronuncia a homilia, e das portas reais sai o celebrante para o início da anáfora e para dar a comunhão eucarística. Algumas portas diaconais são ornadas com as figuras de santos diáconos, como por exemplo, Estêvão ou Romano o Melódio. O diácono realiza o seu ministério diante das portas reais, especialmente quando canta as intercessões, inclinando-se respectivamente diante de Cristo e diante de Maria Theotókos, comumente representados à direita e à esquerda das portas reais.

A *iconóstase* é uma realidade complexa e diversificada, muito diferente na apresentação e disposição das imagens. Na sua composição mais desenvolvida, pode ter até seis planos diferentes ou fileiras de imagens, dispostas mais ou menos das seguintes maneiras:

— no nível inferior pode haver ícones que ilustram os sacrifícios do Antigo Testamento;

— em um segundo nível, e é a parte mais importante da iconóstase, encontramos à direita de quem olha a imagem de Cristo e à direita a Theotókos; à mesma altura podem encontrar-se outros ícones de santos ou patronos da Igreja;

— em um plano superior podemos encontrar os ícones das festas (geralmente das *doze festas* = *dodecaôrton*) com diversas variantes; às vezes no centro se encontra, sobre as portas reais, o ícone da "Ceia Mística";

— ainda mais acima, podemos encontrar o grupo da *Deisis* ou Intercessão: no centro, Cristo mestre e juiz, nos dois lados respectivamente Maria, à esquerda, João Batista, à direita de quem olha, e ao lado de uma e do outro Pedro e Paulo, os arcanjos, síntese da Igreja apostólica e da Igreja angélica, ou também outros santos, todos em atitude de adoração de Cristo e de suplicante invocação. É o ícone da comunhão dos santos que intercedem por nós na santa liturgia;

— em outras fileiras superiores podemos encontrar os profetas que se voltam para a Mãe de Deus, como Virgem do sinal, termo último de suas profecias messiânicas; ou então os apóstolos ou outros profetas, tendo ao centro a imagem da Trindade do Antigo Testamento.

A iconóstase pode ter também ao alto a cena da crucifixão, com Maria e João aos pés do Crucificado.

Essa disposição obviamente está sujeita a muitas variantes e a diversas interpretações. Por exemplo:

Os ícones das *doze* festas podem ser aumentados ou diminuídos ou então substituídos por títulos especiais, por exemplo o ícone do *Pókrov* ou da "Proteção" de Maria. Às vezes algumas cenas que correspondem aos mistérios da Grande Semana são apresentadas em diversas formas sucessivas (crucifixão/deposição da cruz; descida aos infernos e aparição às mulheres mirófaras...).

Confere-se grande importância ao ícone da *Deisis*, que na iconografia clássica russa conservou obras-primas extraordinárias de Teófanes o Grego, A. Rublëv, das respectivas escolas. As imagens altas, estilizadas, de grandes dimensões, também eram feitas de maneira para ser vistas pelo povo a distância, em harmonia com o conjunto da iconóstase. A presença de Maria e de João Batista em atitude orante pode significar, de um lado, a realidade de Maria, a Mãe e Esposa, e de João, o "Pródromos", amigo do Esposo (como interpreta Evdokimov). Mas não se pode deixar de ver aí uma evocação da segunda vinda de Cristo, do Cristo que vem, anunciado por João, o Pródromos, e recebido por Maria, a Theotókos.

Seja como for, essa imagem traduz muito bem a intercessão dos santos celebrada no interior da liturgia eucarística.

É muito importante o ícone da "Ceia Mística" que acompanha o ícone da Quinta-feira Santa e da Eucaristia celebrada na divina liturgia. Às vezes esse ícone tem uma variante de grande impacto visual e se encontra na abside ou no santuário, com a *comunhão de Jesus aos seus discípulos*. Cristo, no interior de um pequeno templo, se inclina à direita e à esquerda — em duas imagens diferentes e complementares — para doar o corpo e oferecer o cálice, enquanto os apóstolos, à direita e à esquerda, em atitude de nobre devoção, se aproximam para receber a Eucaristia das mãos de Jesus. É o ícone da comunhão eucarística da Igreja.

Até nas expressões mais simples da iconóstase não deve faltar a imagem da anunciação nas portas reais, e os dois ícones de Cristo e da Theotókos à direita e à esquerda, para ser incensadas e veneradas durante algumas intercessões da liturgia e as orações finais de despedida.

Com razão, portanto, pela riqueza e essencialidade pictórica, a iconóstase foi definida "a Suma Teológica da Igreja do Oriente".

c) *Os ícones do santuário*. Na verdade, no interior do santuário não há apenas ícones especiais, e sim o ícone vivo dos celebrantes e o ícone misterioso da Palavra e dos sagrados dons do pão e do vinho.

O atento visitante do santuário não pode deixar de notar, porém, que há alguns ícones ligados a certos momentos da divina liturgia.

Além de ícones particulares que podem ficar na parede do santuário, aos quais já aludimos — às vezes também a própria *Deisis*, o *Pantokrátor*, a imagem de Maria Theotókos, a Trindade ou própria *Anástasis* como em Karive Daini em Istambul —, podemos notar estes ícones:

O ícone do Nascimento do Senhor preside a mesa da *Prótese* onde se realiza o rito da "Proscomidia" ou preparação.

Às vezes também se encontra o ícone do *Rosto de Cristo* ou *Ícone do Cristo Achirópita*, não feito pela mão do homem.

Embora não se possa falar de um *ícone propriamente dito*, notamos que muitas vezes a imagem da *Anástasis* aparece impressa em relevo em metal na lombada do *livro dos Evangelhos* que está no altar.

O altar, por sua vez, tem como ícone de grande nobreza a *cruz* com o Crucifixo, na variedade dos tipos iconográficos das diversas áreas culturais: às vezes com Maria e João, o sol e a lua, a cidade de Jerusalém, o crânio de Adão na pequena gruta escura, os anjos da paixão que voam em atitude de adoração...

E não devemos esquecer também que o *antimension* que o celebrante estende sobre o altar para nele colocar as santas ofertas representa a imagem do *Epitafios*, a deposição no sepulcro, com o corpo do Senhor rodeado de Maria, João Evangelista, as mulheres piedosas, José de Arimateia e Nicodemos.

d) *Os ícones festivos*. É de toda essa estrutura simbólica que de algum modo podemos dizer que *se destacam* os ícones festivos e dos santos que são apresentados à veneração dos fiéis na nave do templo. Trata-se dos *ícones portáteis*, dispostas sobre os *analoj* ou estantes de leitura para ser venerados, incensados, beijados pelos fiéis ou levados em procissão, dependendo das circunstâncias.

Lembramos, antes de tudo, os ícones de Cristo mestre e da Theotókos que estão na iconóstase mas também são apresentados para veneração nos *analoj*. O ícone da festa que é colocado no centro da nave diante do altar, ornado de flores, circundado de velas acesas, incensado durante a celebração.

O ícone da *Anastasis* pode ser exposto todos os domingos e durante todo o tempo pascal. Os outros, nas festas próprias. Para a festa da Ortodoxia, primeiro domingo da Quaresma, levam-se em procissão todos os ícones ao final da celebração.

Por outro lado, é sugestivo o papel do ícone do *Epitafios trino*, ou da deposição do corpo do Senhor no sepulcro, bordado com grande beleza e decoro. Ele é levado em procissão na sexta-feira santa durante o ofício da "Enkomia", deposta na mesa apropriada. Os fiéis, com grande fervor, acorrem para venerar essa imagem de Cristo, o Esposo deposto no sepulcro, fazendo gestos de prostração, trazendo flores e perfumes, beijando Cristo, num dos momentos mais comoventes da devoção popular da Igreja do Oriente.

A viva celebração da liturgia mostra-nos, portanto, essa relação viva, alegre e repleta de sentimentos com os ícones por parte do povo de Deus. Basta ver como são enfeitados, iluminados, beijados, contemplados em uma celebração litúrgica para se dar conta do papel essencial do ícone, da passagem da teologia à vida, da doutrina à prática.

e) *Da liturgia à vida do povo*. Como já observamos, os ícones são também a manifestação da continuidade entre a liturgia e a vida. Inseridos na viva devoção do povo, como presenças que prolongam a alegria e o compromisso da celebração, os ícones chegam às casas, no "Krasnij ugol" ou canto da beleza, ou nas paredes dos monastérios.

O canto da beleza é o lugar da oração em que se podem juntar os ícones familiares que pouco a pouco enriquecem esse patrimônio de devoção, ligado à lembrança de momentos litúrgicos como o nascimento, o matrimônio, quando é oferecido como presente o ícone adequado à circunstância.

E desses ícones se passa aos menores, simples, portáteis, que acompanham as viagens, numa misteriosa e inefável companhia, ao lado do Evangelho ou de toda a Bíblia, de um livro famoso de orações ou do livro da → *FILOCALIA*, como no caso do famoso livro do "Peregrino russo".

Dessa maneira, temos toda uma série de *fontes de inspiração* das quais brotou a imensa variedade de ícones orientais:

— da estrutura do templo, os ícones dos mosaicos, dos afrescos que ornamentam cúpulas, paredes e colunas, ou os próprios quadros que são pendurados nas paredes depois de ter sido venerados por ocasião da festa;

— da estrutura da iconóstase temos toda uma série de temas iconográficos propriamente ditos, os mais importantes: da *Deisis* aos ícones das festas, à Ceia Mística...;

— da própria liturgia, além dos ícones festivos, todos os outros ícones que têm enriquecido mutuamente a relação ícone-liturgia: festas particulares, ícones dos santos com sua vida, diversos ícones marianos com sua festa específica...;

— da vida familiar e da devoção expressa em diversas formas — basta pensar na iconografia do hino *Akathistos* frequentemente pintada em toda a série das 24 estrofes em quadros ou em ciclos de afrescos — são outras formas típicas da iconografia, mas sempre como sinal de continuidade de oração e vida, da liturgia que permanece central, fonte e ponto alto da iconografia.

Por isso, mesmo considerando a validade de uma recuperação da sensibilidade e da utilização positiva da iconografia oriental em nosso tempo e em nossas casas, continua a haver ainda uma espécie de *nostalgia*.

O lugar do ícone é a santa liturgia. Dessa liturgia recebe inspiração e valor, beleza e eficácia sobrenatural. E a liturgia é o lugar em que frequentemente nos faltam os ícones santos, esses rostos vivos e expressivos de Cristo e de Maria, dos santos e dos anjos. Temos necessidade de visualizar o mistério celebrado, na riqueza incomparável do → ANO LITÚRGICO, mas na nobre compostura dos ícones verdadeiros, autênticos, não banais, para recuperar plenamente também uma parte integrante do mistério da liturgia: a sacramentalidade dos ícones como presença do divino.

3. ÍCONE E ESPIRITUALIDADE. Se o ícone tem o seu lugar privilegiado na liturgia, assume também um papel de mediação eclesial para a devoção e a vida espiritual também fora do momento celebrativo. Eis alguns setores de uma espiritualidade do ícone como é vivenciada hoje na Igreja do Oriente e do Ocidente.

Pintar o ícone, ministério espiritual. Quem se dedica a pintar um ícone realiza um ministério eclesial e vive uma experiência tipicamente espiritual. O iconógrafo, como dissemos, obediente às leis da Igreja na maneira de preparar o ícone e na expressão fiel do mistério representado, vive em uma atitude espiritual de oração, acompanha o seu ministério iconográfico com a invocação do nome de Jesus, frequentemente observa o jejum para que possa "iluminar" a pintura com uma luz que expressa a própria contemplação. O famoso manual de iconografia escrito por Dionísio de Furna, monge do Monte Athos, *Hermenêutica da pintura* (ed. it. *Ermeneutica della pittura*, Napoli, 1971), traz conselhos específicos para realizar o mistério iconográfico que será "fonte de bênção e de graça" para aqueles que a ele se dedicam "devota e cuidadosamente".

A Igreja ortodoxa venera alguns santos iconógrafos, entre os quais se destacam Santo Alípio de Kiev e Santo Andrei Rublëv; este último, o famoso autor do ícone da Trindade, foi canonizado pelo Santo Sínodo de Moscou por ocasião da celebração do milésimo ano da fé na Rússia (1988).

Venerar os ícones: experiência de comunhão. A veneração dos ícones já é um momento expressivo de espiritualidade, uma atitude de fé e comunhão. Segundo o ensinamento do II Concílio de Niceia: "O beijo que se deposita nos ícones, segundo a nossa fé, assume o significado de veneração e não de um culto no sentido estrito do termo, que deve ser dirigido unicamente à natureza divina. Essa veneração é semelhante à que se presta à verdadeira e salvífica cruz, aos santos evangelhos e aos outros objetos sagrados... Porque a honra que se presta à imagem se refere ao original e aquele que venera o ícone venera nele a hipóstase que representa" (cf. DENZ. 600-601). Demétrios I reconhece que, além do momento litúrgico, os ícones participam da devoção dos fiéis com simplicidade e com familiaridade: "O ícone é também objeto da devoção e da oração nas casas das pessoas e em toda a vida pessoal dos cristãos, que nos momentos de recolhimento podem elevar os olhos e a alma para as santas imagens que santificam sua vida particular, tanto em seus quartos como em outros lugares. É compreensível e permitido".

Rezar com os ícones: pedagogia da contemplação. No âmbito da pedagogia da oração, hoje volta-se a valorizar a contemplação do ícone, tanto para a meditação pessoal quanto para a oração realizada em grupo. A presença dos ícones nas capelas e nas salas é um testemunho desse amor renovado pelas imagens sagradas que, enriquecidas com toda a teologia e a tradição espiritual do Oriente cristão, se põem hoje como mediações privilegiadas que "revelam" uma presença e favorecem um encontro. O valor da oração diante dos ícones está todo aqui: descobrir a presença para a qual se dirige o olhar e a oração, deixar-se evangelizar pelo conteúdo da imagem, despertar o sentido da presença interior de Cristo e da comunhão com a Virgem Maria e com os santos. A referência do ícone à Palavra favorece a integração daquele momento característico da oração que é a contemplação daquelas imagens que levam à luz dos olhos tudo o que a Palavra já levou à escuta interior. A riqueza iconográfica da Igreja oriental favorece uma contemplação que esteja cada vez mais em sintonia com os mistérios que a Igreja celebra ao longo do ano litúrgico. E o homem contemporâneo da civilização da imagem sente-se particularmente evangelizado e atraído por essa sugestiva arte iconográfica, repleta de beleza e de mistério.

Realizar o mistério do ícone: santidade e compromisso. Hoje a espiritualidade do ícone tende a superar certo sentimento estético e a integrar o elemento de veneração e de contemplação em um estímulo de santidade e de compromisso. De santidade, antes de tudo, porque a referência do ícone são as pessoas vivas, incluindo aquele que os venera e os contempla. Como escreve Demétrios I: "Não devemos nos esquecer que o ícone de Deus é o homem criado à imagem e semelhança de Deus; o homem que, embora tenha obscurecido essa imagem com a sua queda e o seu pecado, conserva a possibilidade de ser transfigurado na luz e na glória da hipóstase divina, assim como ela se reflete antes e sobretudo na presença hipostática do Senhor no ícone; e depois de todos os santos que souberam ser agradáveis a Deus". Contemplando os rostos santificados, somos impelidos a realizar em nós a perfeição da imagem na semelhança total a Cristo. Por isso, em uma teologia icônica, os russos dizem que os santos são "semelhantes a Cristo" e Maria é a "mais semelhante" ao Senhor. De outro ponto de vista que a espiritualidade moderna evidencia, quem contempla as imagens não pode esquecer que ícone vivo são todos os homens, todos os irmãos em que o rosto de Cristo pode trazer os traços da santidade evangélica ou também os sinais da sua paixão. Quem contempla os ícones não pode deixar de entrar em atenta contemplação de todo rosto que é ícone vivo de Cristo para irradiar na própria existência um fluxo de serviço e de caridade operante.

4. CONCLUSÃO. Gostaríamos de concluir esta exposição sobre os ícones na perspectiva da espiritualidade com dois textos sintéticos. O primeiro é ainda do patriarca Demétrios I de Constantinopla na sua carta comemorativa do XII Centenário do II Concílio de Niceia, com uma descrição do ícone e da sua função litúrgico-espiritual: "O ícone é uma obra de arte forjada e aperfeiçoada com uma adequada preparação da alma e do espírito. É por isso que ele nos revela a sua plena função. De fato, ele pressupõe três fatores que devem coincidir para que seja completo, venerável e santo. Em primeiro lugar, o pintor que concretiza o seu tema: o lado visível do invisível, o que é proposto à veneração, à oração e, por meio dela, a referência ao original. Em segundo lugar, a criação material na sua função espiritual particular: o ícone em si mesmo, que contém a hipóstase dos conceitos transcendentes da glória e da luz e que será portador e anúncio desses elementos quando for apresentado à veneração e à oração dos fiéis. [...] Em terceiro lugar, o homem que contempla o ícone, o fiel que se encontra diante dele, que, mediante a sua atitude adequada, se torna semelhante ao que é representado, e que diante dele é transfigurado, segundo as palavras de São Paulo: 'E nós todos que, de rosto descoberto, refletimos a glória do Senhor, somos transfigurados nesta mesma imagem, com uma glória sempre maior, pelo Senhor, que é Espírito' (2Cor 3,18)".

O segundo texto, de um autor católico, sensível à mensagem da Palavra e à mensagem do Oriente cristão, expressa uma experiência espiritual, uma advertência e um desejo: "Os ícones santos dão uma intensa alegria à fé e nos aproximam do universo divino a ser contemplado e a ser alcançado. Todos os temas são, na verdade, representados como 'transfigurados': no Senhor, na Mãe de Deus, nos anjos e nos santos se contempla já aquilo que eles são agora e que nós, com a graça divina, estamos a caminho de ser. Vamos pensar em tudo o que perdemos no Ocidente quando desperdiçamos, não conservamos, não continuamos a venerar os ícones santos em nossas igrejas. E em quanto enfeiam e embrutecem a alma as banalizações e coisificações do mistério, expressas no 'naturalismo'. E na infinita e incansável originalidade dos artistas dos séculos passados, cujos estilos, gostos e sensibilidade, formas, cores, variam quase sem fim, alegremente livres dentro de um 'cânone de fé' elevado agora à transfiguração da pura e transformante beleza. Hoje o ícone volta a ser objeto de atenção viva. Com razão. Ele merece plenamente tal atenção, mas é e continua a ser não uma peça de museu ou de coleção, ou de sala de visitas, e sim precioso espaço/tempo de veneração e de contemplação. É instrumento de singular eficácia catequética e mistagógica para as crianças e jovens, para todos, sempre" (T. Federici).

Na simbiose entre ícone e experiência espiritual, segundo a grande tradição eclesial, o crescente interesse pelas imagens sagradas pode tornar-se fonte de santidade e de compromisso, lugar de comunhão, de contemplação e de oração.

BIBLIOGRAFIA. Estudos sobre a iconografia em perspectiva teológico-espiritual: DONADEO, M. *Icone della madre di Dio*. Brescia, 1982; ID. *Icone di Cristo e dei santi*. Brescia, 1983; ID. *Le icone*. Brescia, 1980; EVDOKIMOV, P. *Teologia della belezza. L'arte dell'icona*. Roma, ²1981; FURNA, D. DE. *Ermeneutica della pintura*. Napoli, 1971; SENDLER, E. *L'icona, immagine dell'Invisibile. Elementi di teologia, estetica e tecnica*. Roma, 1983; TRUBECKOL, E. *Contemplazione nel colore. Tre studi sull'icona russa*. Milano, 1977; Para uma explicação dos diversos ícones: GHARIB, G. *Le icone festive della Chiesa ortossa*. Milano, 1985; ID. *Le icone mariane. Storia e culto*. Roma, 1987; MUZJ, M. G. *Transfigurazione. Introduzione alla contemplazione delle icone*. Cinisello Balsamo, 1987. Outras contribuições: CASTELLANO, J. Pregare con le icone. In *La preghiera. Bibbia, teologia, esperienze storiche*. Roma, 1988, 127-143, II; OUSPENSKY, L. *Théologie de l'icône dans l'Église orthodoxe*. Paris, 1980; SCHÖRBORN, C. VON *L'icône du Christ*. Fribourg, 1976; ŠPIDLÍK, T. – MIQUEL, P. Icône. In *Dictionnaire de Spiritualité* VII (Paris, ²1987) 1.224-1.239. Os documentos de JOÃO PAULO II *Duodecimum saeculum* e a carta do patriarca DEMÉTRIOS I sobre o XII Centenário do II Concílio di Niceia podem ser encontrados facilmente em *Il Regno. Documenti*, 1º mar. 1988, 148-156.

J. CASTELLANO

IDEAL. A palavra grega ἰδέα (de δεῖν = ver), transferida nas línguas neolatinas, dá origem ao termo "ideal" como substantivo e adjetivo. O substantivo remonta ao século XVIII e foi empregado para exprimir a encarnação irreal de uma perfeição qualquer; a irrealidade do ideal, contudo, não se resume a um aspecto meramente fantasioso, mas indica um valor com tripla função: de critério racional para medir e avaliar o grau da imperfeição nas coisas; de obsessão por uma contínua tensão à superação do limite imperfeito; de moralização do ato humano na adequação às normas do mais perfeito. Esse é também o sentido de ideal descrito por Immanuel Kant (*Crítica da razão pura*, Dialética, c. 3, seç. I-II). O termo "ideal" é empregado na literatura filosófica, particularmente nos setores da gnosiologia e metafísica, com significados diversamente especificados a cada vez, às vezes até contrários. O empirismo e o fenomenismo definem o ideal como uma simples expressão do pensamento, uma inexpressiva cópia que se opõe, portanto, à realidade. A complexa tendência do idealismo, ao contrário, aceitando o fenômeno como ocasião do desenvolvimento e revelação do pensamento, identifica o ideal com o real.

Em pedagogia fala-se em ideal educativo: é o resultado do amadurecimento humano ao qual um conjunto particular de normas pedagógicas pretende levar o homem autônomo e livre. Também aqui o ideal educativo se distingue segundo o enfoque característico que se deseja dar; basta pensar, por exemplo, no ideal do homem grego, romano ou renascentista. No campo artístico temos o ideal estético, igualmente entendido como suprema expressão da beleza criada pelo homem.

O termo "ideal", como adjetivo, corresponde aos significados assumidos pela palavra "ideia" e pelo substantivo "ideal", por sua vez usados permutavelmente: enquanto se refere à ideia, forma ou espécie intuível na multiplicidade dos objetos, o adjetivo significa formal, específico, perfeito; se a ideia é considerada simples representação ou objeto do pensamento, o adjetivo assume o significado de irreal; se, por outro lado, se refere ao seu substantivo, pode indicar algo que é perfeito ao máximo ainda que inatingível.

A espiritualidade cristã, mantendo-se em um plano realista e prático, limita-se a reconhecer no ideal apenas um índice de perfeição suprema em relação a um objeto, mas geralmente repleto de um dinamismo interior. Omitindo a noção vulgar que usa o termo "ideal" com especificações opostas, alguns contemporâneos preferem substituir esse termo pelo de valor. A relação entre o ideal e o valor é muito estreita; contudo, o ideal diz algo mais, precisamente o conceito de realização máxima das possibilidades de perfeição de uma coisa e ao mesmo tempo a maior força de atração. O ideal possui mais força para comover e atinge os aspectos da vida espiritual que envolvem o indivíduo. É verdade que os ideais estão desvinculados da realidade, enquanto são formas intelectuais de algo que deveria ser e que não é — ou seja, são objetivos a que se deve tender — mas eles permitem assinalar uma inclinação pessoal a pensar e a agir de maneira conforme ao ideal que se tem em vista; eles permitem também ressaltar uma predisposição constitucional.

A característica essencial do ideal é o seu dinamismo (do grego δύναμις = potência). Não interessa aqui nem o dinamismo filosófico clássico ou moderno, nem o científico. O dinamismo psicológico, por outro lado, tem algum interesse para o comportamento das diversas potências da alma ou das virtudes tanto individuais quanto sociais, das paixões da alma, dos fatos psíquicos etc. Mais comumente por dinamismo entende-se a potência de emoção ou de moção inerente a um ideal, a uma ideia, a um sentimento, a um comportamento. A graduação de potência caracteriza os diferentes ideais.

Podem-se dividir os ideais em objetivos e pessoais: os primeiros tem o caráter de objetividade em sentido estrito e indicam os tipos de perfeição de determinadas realidades com pouca ou nenhuma influência sobre o comportamento do indivíduo que os possui (por exemplo: o ideal de um governo democrático, o ideal de uma educação); os segundos, os de caráter pessoal, são parte integrante do sistema de motivação, e influem na personalidade e na conduta (por exemplo: o ideal do casamento, o ideal da vida religiosa, o ideal da responsabilidade moral). Os ideais pessoais se subdividem em personificáveis e em puramente conceituais: estes últimos permanecem na mente e, mesmo conservando suas próprias características, incluindo a potência emotiva, não são transferidos para uma pessoa física ou moral; ideais personificáveis, por sua vez, são refletidos em uma pessoa que se mostra como a melhor realização concreta de tudo o que de perfeito possui o ideal considerado (por exemplo: o ideal da maternidade considerado plenamente em ação na própria mãe ou em outra mulher). Os ideais personificáveis são fortalecidos emocional e volitivamente, e tornam-se parte integrante do sistema de motivação que é um instrumento poderoso para a orientação da conduta. A importância dos ideais personificáveis assume mais relevo na idade evolutiva do homem: eles influenciam positivamente os jovens mais que qualquer outra forma de ideal porque são dotados de maior carga emocional sustentada pela simpatia pela pessoa que encarna o ideal, e pela evidente possibilidade de uma aproximação própria ao ideal; podem ser prejudiciais porque comportam os riscos de uma cega adoração da pessoa que encarna o ideal almejado, de uma provável desilusão e desânimo na eventualidade de o ideal encarnado se revelar em sua crua realidade imperfeita, dado que nenhum homem é perfeito, da impossibilidade de aceitar as pessoas que não encarnam o ideal.

Como nos adolescentes predomina o radicalismo em todas as atitudes e nos jovens a propensão a qualquer forma de ideal, quando eles se voltam para um ideal, mesmo se equivocado, o buscam com a máxima dedicação. Os jovens, particularmente, sentem a necessidade de um ideal buscado por eles mesmos ou sugerido pelos educadores na direção dos valores vitais. Em todos os jovens, a riqueza do sentimento (comoções, entusiasmos, desalentos, amizades, generosidade, atividade externa), a fantasia e outras características não facilitam a escolha correta do ideal; portanto, devem ser direcionados quer para um ideal, quer para a pessoa que mais se aproxima do padrão de excelência do ideal escolhido.

Nos adultos, a presença de um ideal continua a ser indispensável. Mesmo para aqueles que alcançaram alguns objetivos como o da procriação ou o da posição social, deve permanecer um ideal que continue a justificar a atividade vital. Se deixou de existir um objetivo, ou, pior ainda, se há ausência ou renúncia a um ideal, cria-se no indivíduo uma tensão psicológica importante que compromete o equilíbrio da pessoa; surgem então as crises espirituais da idade madura, e pode acontecer de tudo: renúncia à luta, desvios afetivos, → PESSIMISMO, autodestruição etc. O ideal nostálgico do próprio "eu melhor" torna-se uma ideia fixa; tornam-se então indispensáveis o conhecimento da estrutura psíquica e a ajuda de uma mudança de rumo da vida com um ideal de ser adequado às possibilidades reais do indivíduo. Nesse ideal há uma força capaz de ajudar, algo que incentiva, que tranquiliza e revigora. Em particular para quem tem fé em Deus, o ideal de ser segundo o valor divino encontra também o conforto na graça.

O eu ideal, que todo homem maduro gostaria de ver realizado em si, se reduz a um ideal optativamente assumido pela própria pessoa na qual se descobriu intuitivamente o núcleo da bondade e dos valores pessoais. Ele é acompanhado pelos ideais da felicidade ou bem-aventurança que todo homem possui no fundo do seu programa teleológico. Estes são válidos objetivamente, mas no plano emocional se diluem em ideais mais próximos e mais personalizáveis.

Não faltam entre as pessoas adultas, de tendência esquizoide, os adeptos de ideais místicos, às vezes exóticos, de utopias irrealizáveis; enquanto recriminam os outros e a sociedade usando uma linguagem de alta moralidade, eles não fazem outra coisa além de idealizar a si mesmos, e correm o risco de comprometer o equilíbrio de si mesmos e a paz dos outros.

Com exceção daqueles que sofrem de psicopatias e têm por isso uma perspectiva falsa na escolha dos ideais, cada pessoa deve escolher, contemplar e buscar um ideal mais ou menos realizável. Na ascese cristã, fala-se de modelos, de tipos de santidade, diferenciados entre si, que poderiam constituir um ideal de cada crente, dependendo do próprio temperamento. Acima de qualquer tipo de santos, está o ideal da santidade personificado por Cristo. Uma apresentação histórica e calorosa da pessoa de Cristo pode orientar jovens e adultos a sentir Cristo como o ideal personificável mais eficiente e seguro.

BIBLIOGRAFIA. DEMAL, W. *Psicologia pastorale pratica*. Paoline, Roma, 1956, 148 ss.; KLUG, I. *Le profundità dell'anima*. Torino, 1954; KRECK D. et al. *Individuo e società*. Firenze, 1970, 473-476; MANCIA, M. *Superio e l'ideale dell'io*. Il Formichiere, Milano, 1979; MARCOZZI, V. *Ascesi e psiche*. Brescia, 1958, 120 ss.; MOUNIER, E. *Trattato del carattere*. Paoline, Roma, 1949; PERUGIA, A. *Questioni di psicologia*, Brescia, 1962, 522 ss.

G. G. PESENTI

IDENTIFICAÇÃO. É aquele processo psíquico, inconsciente, postulado preliminarmente por Freud, como o mecanismo capaz de resolver a problemática do complexo de Édipo. A competitividade que está na base do complexo de Édipo e o medo consequente a essa competitividade (medo de punição, que se expressa com o medo da castração) induzem a uma identificação com a figura parental vivida como agressor: a criança agora considera inútil continuar a competir com o pai e tenta imitá-lo, "tornar-se como ele" adiando assim o desejo de uma posse exclusiva do afeto feminino (mãe) para se empenhar em se tornar igual àquele que já possui esse afeto. Como se pode ver, portanto, a identificação é um mecanismo de defesa na medida em que o sentir-se igual a outro, o se tornar igual, permite a solução de um conflito fonte de ansiedade para quem lança mão do mecanismo identificatório. O que se teme em uma situação, a ameaça que supostamente nos vem de uma pessoa, de uma norma ou de uma estrutura social podem tornar-se muito menos ameaçadores até perder essa conotação assim que for reduzida a "distância psíquica" com a situação ameaçadora. Isso pode ser realizado por meio de uma "introjeção" da figura ou da situação vivida como ameaçadora.

Com muita frequência, o processo de identificação não ocorre como decorrência de estímulo vivido como ameaçador, e sim para realizar algum aspecto comportamental de uma pessoa, alguma característica dela que é vista como desejável: a maneira de falar, a profissão etc. A desejabilidade social de uma moda, de um consumo, o desejo de pertencer a um grupo, à certa classe social, a um clã, são todos elementos que podem levar à identificação. Os processos imitativos, que são um exemplo de comportamento típico da sociedade de consumo; o estrelismo no mundo dos espetáculos e dos esportes; os estereótipos da cultura, esses são apenas alguns exemplos de comportamentos derivados de contínuos processos de identificação a que o homem é solicitado na sua vida evolutiva. Gostaríamos de notar como a repetição contínua desses processos retarda ou muitas vezes até impede o amadurecimento da pessoa precisamente porque a detém nos aspectos infantis ou adolescentes. De fato, essa repetição contínua de processos de profunda natureza defensiva freia o desenvolvimento do mundo dos valores que nasce não tanto de defesas psíquicas quanto da livre atuação das potencialidades autônomas, não instituais, da personalidade.

Por isso, pode-se ver a identificação como uma maneira imatura de alcançar uma identidade própria. Pode-se estabelecer a proporção que existe entre imitação e identificação e a que relaciona modelação e identidade como semelhantes. A identificação tende a atuar exteriormente, a copiar o comportamento da pessoa a ser imitado sem chegar à realização do valor em si. Em contrapartida, tomar uma pessoa como modelo exige não tanto uma imitação exterior quanto a percepção dos valores realizados por aquela pessoa que impele a realizá-los em si na maneira apropriada e em sintonia com a própria personalidade. Desse modo, só se atinge uma identidade própria que consiste em realizar até os valores do outro, mas de maneira própria e autônoma. É claro, depois dessa distinção, que a identificação é dependência imitativa, carregada de oposição, porque por esta é solicitada em sua origem, ou seja, pelo medo da pessoa vista como agressor; ao contrário, a realização pessoal de valores, considerados realizados mesmo em outros, é uma atitude de autonomia e de maturidade: antes de tudo porque a realização de tais valores é integrada com as outras dimensões da personalidade que é considerada válida e consistente não por copiar o outro, mas por um valor intrínseco dela. Além disso, porque os valores podem ser vividos com criatividade e com a contribuição da própria individualidade.

Uma formação que tende à imitação produzirá pessoas imaturas e dependentes; a formação orientada para a realização de identidades diferentes e originais tenderá a produzir pessoas maduras e consistentes.

BIBLIOGRAFIA. MILLER, N. E. *Imitazione e apprendimento sociale.* Milano, 1977; MORINO, G. *Il concetto di identificazione.* Torino, 1980; MURPHY, G. *Sommario di psicologia.* Torino, 1957; MUSATTI, C. L. *Trattato di psicanalisi.* Torino, 1964.

C. SCARPELLINI

IGNORÂNCIA. O termo grego correspondente *agnoia* e *agnôsia* indica antes a falta de conhecimento de um objeto particular e determinado. No entanto, logo se usará *agnôsia* para indicar a falta completa de qualquer conhecimento. Assim, ignorância, em sentido absoluto, quer simplesmente significar ausência de cultura (PLATÃO, *Teeteto*, 176c.). Há depois o sentido ético dos estoicos e o sentido jurídico de Aristóteles. Para os estoicos, a ignorância é causa da maldade humana (DIÓGENES, VII, 93) e para Aristóteles a ignorância é a da lei (*Ética a Nicômaco*, III, 2). Encontramos esses dois sentidos claramente expressos na Septuaginta: "Se alguém, por descuido, comer do que é santo, deverá restituir o equivalente ao sacerdote, acrescentando um quinto" (Lv 22,14); "Se alguém pecou sem o saber, violando uma única de todas as proibições do Senhor, torna-se culpado e carrega o peso da sua falta... Quando o sacerdote tiver feito sobre ele o rito de absolvição do pecado cometido por inadvertência e sem saber, o pecado lhe é perdoado" (Lv 5,17.18). Isso é evidente em São Paulo quando escreve a Timóteo: "Mas foi-me concedida misericórdia, porque agi por ignorância, não tendo fé" (1Tm 1,13). É o mesmo o sentido jurídico em At 3,17: "Pois bem! Irmãos, eu sei que foi por ignorância que agistes, assim como os vossos chefes". Quanto aos Padres, por sua vez, vamos mencionar apenas a acepção jurídica no *Pastor* de Hermas (*Sim.* 5, 7, 3) e a acepção ética em Clemente de Alexandria (*Estromata*, VII, 16, 101, 1; I, 6, 35, 3). Enfim, vamos dizer simplesmente que os nossos manuais de teologia moral empregam particularmente o sentido ético do termo. De fato, depois de definir a ignorância como falta de um conhecimento em um sujeito capaz de tê-lo, seguem-se várias distinções. Fala-se assim de uma ignorância de direito, do fato e da pena em relação ao objeto; da ignorância superável e intransponível em relação à responsabilidade do sujeito, especificando além disso que a ignorância superável pode ser afetada, ou seja, desejada propositalmente, crassa ou supina, isto é, devida a total negligência; simplesmente superável pela negligência de uma pesquisa adequada. Fala-se, enfim, de ignorância antecedente, concomitante e consequente em relação à influência sobre a ação voluntária. A primeira desculpa o agente, sendo ela a causa da ação; a outra nem desculpa nem acusa, não tendo nenhuma influência; a última acusa simplesmente por ser desejada. Dito isso, vamos passar ao conceito religioso-ético, ou seja, dialogal da palavra, porque é o que realmente interessa. A Septuaginta já usa ignorância nesse sentido quando indica a falta de conhecimento do verdadeiro Deus como causa de desastrosas consequências morais e espirituais: "Eles não se contentaram em errar no conhecimento de Deus mas, vivendo no vasto conflito gerado pela ignorância, ousam dar a tais flagelos o nome de paz. Com seus ritos infanticidas, seus mistérios ocultos ou suas procissões frenéticas, com cerimônias extravagantes, não respeitam mais nem as vidas, nem a pureza dos casamentos, mas um elimina o outro traiçoeiramente ou o aflige pelo adultério. Tudo é confusão: sangue e assassinato, roubo e fraude, corrupção, deslealdade, distúrbios e perjúrio, inversão de valores, esquecimentos dos benefícios, contaminação das almas, perversão sexual, anarquia dos casamentos, adultério e devassidão. Pois o culto dos ídolos impessoais é o começo, a causa e o cúmulo de todo o mal" (Sb 14,22-27). Assim, se a ignorância de Deus é princípio, causa e fim dos delitos da vida privada e pública, também é verdade que o conhecimento de Deus é o único pressuposto válido de uma vida moral sadia e de uma firme devoção religiosa. Para os Padres, de fato, a palavra *gnôsis*, conhecimento, não indica apenas a visão estático-mística de Deus, mas também todo o itinerário espiritual de que ela constitui o termo final (CLEMENTE DE ALEXANDRIA, *Estromata*, VI, 7, 61). Portanto, para descobrir o verdadeiro alcance da ignorância de Deus e a repercussão que ela tem na vida espiritual é preciso saber o conteúdo do conhecimento de Deus. Para São Paulo, o conhecimento de Deus do cristão não é uma vaga especulação mas um conhecimento voltado para a graça divina que se realiza só em quem torna o próprio comportamento conforme ao espírito de Cristo, ou seja, à caridade teologal. O conhecimento de Deus torna-se, assim, um verdadeiro diálogo entre Deus, que conhece o homem, ou seja, o chama à salvação, e o homem que responde de acordo com as exigências da vontade divina. Ora, essa relação de conhecimento com Deus e com Cristo é entendida por João como uma comunhão personalíssima em que cada membro é determinado pelo outro no seu modo de ser: "Eu não rogo somente por eles, rogo também por aqueles que, graças à sua palavra, creem em mim: que todos sejam um, como tu, Pai, estás em mim e eu em ti" (Jo 17,20-21). Além disso, o conteúdo dessa relação comunitária do conhecimento de Deus é próprio da vida eterna: "Ora, a vida eterna é que eles te conheçam a ti, o único verdadeiro Deus, e àquele que enviaste, Jesus Cristo" (Jo 17,3). Contudo, isso só é verdadeiro quando o conhecimento é condicionado pela caridade, porque quem entra em contato vivo e vital com Deus se insere num circuito de amor: "Caríssimos, amemo-nos uns aos outros, pois o amor vem de Deus, e todo aquele que ama nasceu de Deus e chega ao conhecimento de Deus. Quem não ama não descobriu a Deus, porque Deus é amor" (1Jo 4,7-8). Portanto, para conhecer Deus é preciso amá-lo, mas isso não é suficiente, porque para amá-lo é necessário acreditar que se é amado por ele. "Todo aquele que confessar que Jesus é o Filho de Deus, Deus permanece nele e ele em Deus. Quanto a nós, conhecemos, por termos acreditado nele, o amor que Deus manifesta entre nós" (1Jo 4,15-16). Segue-se o período pós-evangélico, em que os Padres, quando não citam o Antigo Testamento, usam *gnôsis* para significar o conhecimento teórico sobretudo de Deus e de Cristo (cf. ATENÁGORAS, *Supl.* 13, 1; JUSTINO, *Apologia I*, 19, 6). Essa *gnôsis* leva à perfeição da existência, ou seja, à contemplação de Deus, ou então ao ágape entendido como teoria definitivamente possuída (*Estromata*, VII, 10, 55; 9, 73; 12, 70). É claro que o conceito escriturístico do conhecimento de Deus é muito mais rico porque compreende todas as relações existenciais entre os dois protagonistas da história da → SALVAÇÃO: Deus e o homem. Portanto, servimo-nos dele para circunscrever, concluindo, o sentido religioso-ético da ignorância. Ela não é simples falta de um conhecimento especulativo de Deus e das coisas divinas, nem tampouco falta do conhecimento de uma lei ou de uma obrigação moral. A ignorância é uma falta de conhecimento do dinamismo histórico da salvação, no qual se entrelaçam as relações vitais da aliança entre Deus e os homens. Em suma, a ignorância é, por um lado, o não conhecimento do amor de Deus pelo homem e por seu mundo e, por outro, a incapacidade do homem de testemunhar, na vida cotidiana, o seu amor existencial por Deus: ignorância é falta de uma verdadeira capacidade dialogal com Deus, com os homens, com o mundo.

BIBLIOGRAFIA. GALLI, A. La morale degli atti umani, *Sacra Doctrina* 28 (1983) 563-582; GÜNTHÖR, A. *Chiamata e risposta*. Roma, ³1983; Ignorance. In *Catholicisme* V. 1.201-1.208; HARING, B. *Liberi e fedeli in Cristo*. Roma, 1979-1982.

B. HONINGS

IGREJA. 1. A IGREJA COMO MISTÉRIO. Com o Concílio Vaticano II, o tema da Igreja, mais que qualquer outro, impôs-se com força à atenção da reflexão teológica. O Vaticano II foi o momento no qual os vários filões da pesquisa eclesiológica encontraram certa convergência e uma amálgama, ainda que não totalmente harmônica. Mas o fato peculiar emergido da reflexão da assembleia ecumênica foi ter posto o dado bíblico como fundamento da construção da doutrina sobre a Igreja. O Concílio, todavia, redescobrindo e restituindo o lugar de primazia à revelação também operou uma mudança radical de perspectiva no enfoque do discurso teológico: isto é, instituiu a práxis de fazer coincidir o objeto da teologia com a história da → SALVAÇÃO, que tem sua síntese e plena concretude no mistério de Cristo: "As disciplinas teológicas sejam renovadas por meio de um contato mais vivo com o Mistério de Cristo e com a história da salvação" (*OT*, 16). A própria *Dei Verbum* apresenta a revelação na dimensão histórica. Para ela, com efeito, os acontecimentos, juntamente com a palavra, são mediação da revelação divina e da comunicação com Deus ao ser humano (cf. E. CATTANEO, La categoria "storia" nel Vaticano II, in *Concilio venti anni dopo*, II, 13-32).

Também a reflexão teológico-espiritual sobre a Igreja tem de encontrar sua linha de colocação e de compreensão na perspectiva histórico-salvífica. Nessa ótica, a Igreja é compreendida como acontecimento salvífico, isto é, como a própria salvação em forma histórica. Desse modo, o fato Igreja se insere propriamente naquele quadro dominado pelo plano salvífico divino, desde sempre na mente de Deus, que nos foi dado conhecer em Jesus Cristo na plenitude dos tempos. Essa ligação intrínseca com o plano eterno de Deus, age de tal forma que a categoria de mistério, evidenciada pelo Vaticano II e fortemente reforçada pelo Sínodo extraordinário dos bispos em 1985, resulta a mais adequada para meditar sobre a Igreja. Consequentemente, colocar a Igreja na linha do mistério significa também renunciar a dar dela uma definição no sentido tradicional e limitar-se a fazer uma descrição. Com esse objetivo, na esteira do Concílio, o meio mais adequado parece o uso das imagens bíblicas.

I. *Na linha do mistério.* Falar da Igreja na perspectiva da história da salvação significa estimular o discurso teológico a transcender o aspecto visível e social para chegar até à fonte do mistério da Igreja. Chegando à fonte, descobriremos que a Igreja é aquele *mistério* "escondido há séculos na mente de Deus" (cf. Ef 3,9), que nos foi revelado em Jesus Cristo na plenitude dos tempos. A imagem de Igreja que vem do alto evoca a visão do Apocalipse, em que a nova Jerusalém parece "descer do céu, de Deus, como uma esposa adornada para o seu esposo" (Ap 21,2).

A via do mistério, aberta pelo Concílio, mostrou-se muito fecunda para a doutrina sobre a Igreja. A reflexão teológica, porém, com frequência deixou-se atrair mais pelo fascínio da novidade que pelo rigor científico. O mistério da comunhão trinitária revelou-se um cume sugestivo que, todavia, não exclui as vertigens. A dimensão mistérica, com efeito, se por um lado ornou com novo esplendor a face da Igreja, por outro lado serviu de pretexto para a proliferação de modelos eclesiológicos, os quais, além de fornecer uma visão unilateral da Igreja, quase sempre resultaram em contraste com o ensinamento do magistério eclesiástico (cf. G. Colombo, Il popolo di Dio e il mistero della Chiesa nell'ecclesiologia postconciliare, *Teologia* 2 [1985] 97-169).

A dimensão mistérica da Igreja, apesar das violências sofridas, permanece válida e eficaz, enquanto é de autêntica natureza bíblica. O conceito bíblico de → mistério, com efeito, fornece à reflexão teológica um instrumento válido para captar e fazer emergir o caráter de salvação do mistério da Igreja. E a nós, a quem interessa ver a Igreja como salvação na história, a escolha da linha do mistério faz-se obrigatória. A adesão foi posteriormente sustentada pelo ensinamento do Sínodo extraordinário dos bispos em 1985, o qual, celebrado por ocasião dos vinte anos da *Lumen gentium*, não se limitou a representar a imagem da Igreja do modo como emerge da constituição, mas fez uma leitura do mistério da Igreja em sintonia com as exigências dos tempos de hoje, que não coincidem com aquelas de vinte anos atrás. Entre os sinais dos tempos de hoje, declara o *Relatório final* do Sínodo, é necessário dar especial atenção antes de tudo "ao fenômeno do *secularismo*, [...] que consiste em uma visão autônoma do ser humano e do mundo, a qual prescinde da dimensão do mistério, antes, o minimiza e o nega. Esse imanentismo é uma redução da visão integral do ser humano" (*Relatório final*, II, A, 1). A porta do mistério é única que abre para a transcendência e para a comunhão pessoal do ser humano com Deus.

Um outro sinal peculiar dos nossos tempos, prossegue o documento do Sínodo extraordinário dos bispos, é "o retorno ao sagrado. Hoje, com efeito, há sinais de uma nova fome e sede de transcendência e do divino" (*Ibid.*). Por isso é necessário "abrir para os seres humanos o caminho para a dimensão do divino e do mistério" (*Ibid.*). "É desse modo que o Sínodo consegue centralizar o conceito do mistério em sua importância para o hoje: é preciso falar da Igreja como mistério para evitar uma interpretação diminuída e para alargar o ser humano para uma visão transcendente" (C. M. Martini, *Parole sulla Chiesa*, 53).

II. *Conceito do mistério.* A palavra "mistério" evoca de imediato algo de obscuro, estranho e oculto à razão humana. Mas não é desta ótica que partimos para descobrir o conceito de mistério e sim daquela da qual partiram os padres conciliares: da visão bíblica.

Na *Lumen gentium* o termo é usado com bastante frequência (pelo menos 23 vezes), além das 28 em que é empregada a palavra "sacramento", que pode ser considerada como tradução latina da grega *mystérion*. A importância do conceito de mistério para a doutrina sobre a Igreja foi claramente acentuada pelo Vaticano II e fortemente reforçada pelo Sínodo. Os padres conciliares, em razão de sua origem bíblica, consideram o conceito de mistério bastante adequado para designar a natureza da Igreja. Para eles, *mistério* "indica uma realidade divina transcendente, revelada e manifestada de modo visível" (cf. *Acta Synodalia*, III/I, 170). Ora, por realidade divina transcendente entende-se o próprio plano salvífico divino que nos foi revelado e realizado em Cristo Jesus. Nessa visão, a Igreja assume o significado de forma visível do plano salvífico divino, e vem colocar-se na linha dos acontecimentos salvíficos. A Igreja, então, antes de ser considerada como instrumento e sacramento deve ser vista como "a própria salvação em sua forma histórica e visível" (G. COLZANI, *L'uomo nuovo*, 150). Caracterizar a Igreja como forma histórica e visível da salvação faz nascer a exigência de considerá-la em sua origem divina, e de evidenciar o nexo intrínseco entre ela e o plano eterno da salvação. O Concílio, e mais explicitamente o Sínodo extraordinário, usam o termo "mistério" para indicar o plano salvífico divino em todas as suas fases: origem ou fase de planejamento, revelação ou realização, e, finalmente, concretização na história de forma visível. Na fase de planejamento, designa o "mistério de Deus", isto é, o imenso, misterioso e amoroso segredo de Deus, referente à salvação do ser humano por meio de Jesus Cristo no Espírito Santo (cf. *Relatório final*, II, A, 2). Em segundo lugar, é usado para designar a plena manifestação e realização do plano salvífico por meio de Jesus Cristo: "é o plano de amor salvífico revelado ao ser humano no Evangelho, para o qual cada um de nós, em Cristo e no Espírito Santo, é chamado à salvação" (C. M. MARTINI, ID., 53). No terceiro momento, a palavra mistério quer indicar a forma histórica e visível da salvação. Pelo conceito de mistério, então, entende-se o plano da salvação, nascido da fonte do amor do Pai, realizado por Jesus Cristo no Espírito, e que historicamente existe na forma de Igreja, a qual, dado o seu caráter de acontecimento salvífico, só pode ser compreendida em relação ao mistério do plano salvífico e a serviço do mesmo.

A Igreja, constituída como mistério de Deus que nos foi revelado por Jesus Cristo no Espírito Santo, além de ser sujeito crente deve ser considerada também como objeto de fé: crer na Igreja. Isto significa que ela "não deve ser entendida como ideia, hipótese subjetiva, mas como percepção objetiva de uma realidade específica" (M. SCHMAUS, *La fede della Chiesa*, IV. *La Chiesa*, 15). Consequentemente, "aquilo que a Igreja é verdadeiramente, manifesta-se unicamente ao que crê" (*Ibid.*, 14).

Neste ponto, torna-se cada vez mais forte a convicção de que o *evento-Igreja* não possa ser plenamente captado e expresso por intermédio das categorias humanas; assim, dada a sua complexidade, o instrumento mais adequado para a sua descrição parece ser a categoria de mistério. É nossa intenção situar-nos na dimensão do mistério para realizar a descrição da realidade da Igreja. Os pontos que desenvolveremos devem ser considerados somente aspectos do único mistério. O mistério da Igreja, então, é captado e apresentado na dimensão divina, na histórica, no aspecto missionário e, finalmente, no escatológico. Isto tentaremos fazer nos pontos: 2. *Mistério de convocação*; 3. *Igreja da Páscoa: mistério de comunhão*; 4. *Igreja para o mundo*; 5. *A Igreja e a Virgem Maria*.

2. MISTÉRIO DE CONVOCAÇÃO. O conceito de Igreja-comunhão floresce diretamente na Igreja como mistério. A *Lumen gentium* (n. 2), já vislumbra na criação dos primeiros pais a relação de comunhão de Deus com o ser humano. Essa relação, à qual se refere a constituição, apesar da presença do pecado, é de natureza indestrutível. A indestrutibilidade da relação é o fundamento e a razão da promessa da → ALIANÇA. Por outro lado, o documento conciliar, em harmonia com a tradição, vê na criação dos primeiros pais a prefiguração da Igreja. Também o Sínodo extraordinário dos bispos vê no mistério a fonte original da comunhão. Comentando o *Relatório final* do Sínodo, escreve Carlo Maria Martini: "Visto que a Igreja é mistério, a Igreja é mistério de comunhão e é sacramento de comunhão com Deus e de reconciliação dos seres humanos entre si" (C. M. MARTINI, op. cit., 55). O Sínodo especifica "que se trata da comunhão com Deus por meio de Jesus Cristo no Espírito Santo" (*Relatório final*, II, C, 1). Desse modo, uma Igreja que é caracterizada pelo mistério de comunhão, é uma Igreja que existe na história humana em virtude da convocação por obra do Pai, do Filho e do Espírito Santo. A *Lumen gentium* (n. 4) a define como "um povo reunido na unidade do Pai, do Filho e do Espírito Santo".

I. *Convocação trinitária*. O Novo Testamento, quando nos fala da Igreja como manifestação da multiforme sabedoria de Deus (cf. Ef 3,10), como realidade criada por meio de Jesus crucificado (Ef 2,15) e como aparição na história por obra do Espírito Santo (At 2,4 ss.) indica o mistério trinitário como única fonte da Igreja como mistério de comunhão.

I.1. *Obra do Pai*. São Paulo dá à Igreja o significado de "plenitude dos tempos", visto que a considera como realização do que Deus tinha estabelecido em Cristo desde a eternidade (cf. Ef 1,9-10). Dar ao mistério da Igreja o significado de plenitude dos tempos significa pensá-la como razão e escopo de todas as intervenções divinas de salvação. Nessa ótica, a Igreja tem um significado de convocação divina. Na Bíblia, com efeito, a convocação parece a razão e a plenitude de todas as intervenções divinas de vocação. Deus começa a manifestar o seu plano de convocação mediante a vocação de cada personagem. → ABRAÃO é chamado em vista da imensa descendência: "Em ti serão abençoados todos os povos da Terra" (Gn 12,3). → MOISÉS é chamado para fazer dele um grande povo. O próprio povo judeu é chamado como preparação para a formação da Igreja (*LG* 2). Pelo Novo Testamento parece que também Cristo foi desejado como "cabeça" e como "primogênito" (cf. Ef e Rm).

O Deuteronômio (9,10; 10,4) chama Israel de *qahal* de YHWH, isto é, a assembleia ou convocação de Deus. A palavra *qahal* é usada para designar a comunidade convocada por Deus no Sinai para o estabelecimento da aliança. A comunidade convocada no Sinai aparentou-se com Deus e teve como seu específico *o nome de YHWH* (cf. L. COENEN, Chiesa, in *Dizionario dei Concetti Biblici e Teologici*, 260). A intervenção divina de convocação criou vínculos indestrutíveis entre Deus e o seu povo. É esse vínculo especial que faz de Israel um povo peculiar entre todos os povos (cf. C. ROCCHETTA, *I sacramenti della fede*, 105). O dia do estabelecimento da aliança tornou-se por antonomásia o dia da convocação.

A pregação profética, especialmente no tempo do exílio, dá à convocação um significado escatológico. Os profetas anunciam uma nova comunidade, de dimensão universal, que Deus convocará na plenitude dos tempos para levar a salvação a todos os povos.

A comunidade neotestamentária também é chamada *ekklēsia toû theoû*, isto é, assembleia ou convocação de Deus (cf. At 20,28; 10,32; 11,16.22; 15,9; Gl 1,13; 1Ts 2,14; 2Ts 1,4), e é compreendida como o novo povo de Deus e como o verdadeiro Israel no Espírito.

I.2. *Obra de Cristo*. Paulo usa com frequência a expressão "Igreja em Cristo", ou "Igreja de Cristo": isto quer significar que a nova comunidade escatológica de Deus foi realizada por Jesus Cristo, e, também, a união íntima entre ela e Cristo.

A nova comunidade está tão intimamente unida a Cristo que é considerada como seu corpo. A relação com Cristo é de tal modo importante que constitui o "específico" do novo povo de Deus. Tudo isto nos leva a dizer que a Igreja constitui a razão da volição do Cristo por Deus: "a volição do Cristo é fundamentalmente a volição do Cristo como primogênito entre muitos irmãos, como cabeça do corpo que é a Igreja" (G. COLZANI, op. cit., 148).

O próprio Jesus manifesta sua vontade de formar a Igreja através de atos particulares, os quais se tornarão elementos constitutivos da Igreja após a Páscoa.

I.2.1 *Atos particulares*. Para a formação da Igreja, uma particular importância possui o fato da instituição da Ceia. Celebrada no contexto do banquete pascal judaico, ela assume o seu caráter e o valor e "memorial". Todavia, a partir daquela noite, o conteúdo do memorial não será mais a saída do povo de Deus do Egito e a aliança sinaítica, mas aquilo que se realizou naquela Ceia, isto é, a nova e eterna aliança. Jesus estabeleceu e inaugurou a nova aliança dando de comer aos seus o próprio corpo *imolado*, e de beber o seu sangue *derramado*. Jesus, ordenando que a partir dali fizessem o memorial daquela Ceia, manifestou a consciência sobre o longo período de separação dos seus antes de seu retorno definitivo. No tempo da espera, ele quis permanecer realmente presente entre os seus pela celebração do memorial da Ceia.

Diretamente ligado à instituição da Ceia é o ato da vocação dos discípulos (Mt 4,18-21; Mc 1,16-20; Lc 5,1-11). Ligado à formação da Igreja também está o gesto da "criação" do grupo dos "Doze", ou do Colégio apostólico (Mc 3,13-19).

Com a mesma clareza Jesus manifesta a sua vontade de convocação através da conferição da plenitude dos poderes ao grupo dos "Doze" (Mt 18,18; Jo 20,19-23), a especial vocação de Pedro dentro do Colégio e a conferição dos poderes pessoais (Mt 16,13-19; Lc 22,31-32; Jo 21,15-17).

I.3 *Convocada pelo Espírito Santo*. O envio do Espírito na Páscoa é o cumprimento da promessa feita por Jesus aos seus discípulos na última ceia (cf. *Dominum et vivificantem*, n. 3-7). com a missão do Espírito também "nasce" a Igreja (At 2,6; cf. *SC* 6; *LG* 2; *AG* 4), a qual torna-se, assim, a nova morada do Espírito no tempo de espera do retorno do Senhor. O Espírito foi enviado como fundamento e princípio unificador dos membros da nova comunidade. Ele tem a função de convocar incessantemente a Igreja de Cristo.

a) O Espírito, que habita *in aeterno* junto aos discípulos de Cristo (cf. Jo 14,16), realiza a ação convocatória antes de tudo nos apóstolos: "ficaram cheios do Espírito Santo" (At 2,4). A ação do Espírito é dirigida a provocar neles a adesão a Cristo morto e ressuscitado e ao escândalo da cruz, a reconstruir no Cristo ressuscitado o grupo dos Doze, tendo como chefe Pedro. O Espírito realiza tudo isto dando testemunho de Jesus em suas consciências e dando-lhes garantias da verdade sobre Jesus e o seu mistério.

b) O Espírito convoca novos membros para a comunidade do ressuscitado por meio dos apóstolos, aos quais doa a Palavra que tem o poder de agregar: "O Espírito dava-lhes o poder de manifestar-se" (At 2,4) "aqueles que tinham escutado o discurso creram, e o número dos homens chegou a cerca de cinco mil" (At 4,4).

c) O Espírito, por outro lado, age naqueles que escutam para dispô-los à acolhida da Palavra. A palavra anunciada pelos apóstolos, sendo dom do Espírito, possui o poder de abrir o coração dos crentes ao ensinamento apostólico, de convocar os fiéis à oração comum, à fração do pão, e realizar entre eles a união fraterna (cf. At 2,42).

II. *A convocação como "existencial" da Igreja*. A Igreja, surgida no dia de → PENTECOSTES, é uma comunidade convocada pelo Pai, pelo Filho Jesus Cristo e pelo Espírito Santo. A intervenção divina de convocação assume o significado de existencial peculiar da nova comunidade escatológica. Por isso o fato da convocação determina existencialmente tanto o modo de pensar da Igreja quanto o de viver. A nova comunidade escatológica, por causa de sua origem divina e da consciência de ser caracterizada pelo existencial da divina convocação, deve obediência incondicional a Deus em Cristo. A comunidade cristã, ao contrário das convocações humanas, é convocada pela iniciativa trinitária "não para tomar decisões, mas para aceitar obedientemente uma decisão de Deus, para acolher a sua palavra divina" (M. SCHMAUS, op. cit., 9).

O lugar histórico onde é manifestada à comunidade cristã a decisão irrevogável de Deus é a assembleia litúrgica. Isto porque a celebração litúrgica exprime concretamente a *ekklèsia* convocada pelas três Pessoas divinas. Na convocação ou assembleia litúrgica, Deus proclama a sua decisão irrevogável por meio da celebração feita pela comunidade, do memorial da Páscoa de Cristo, seu Filho. A comunidade exprime obediência recebendo o corpo eucarístico de Cristo glorificado. A obediência, então, traduz-se em vida vivida e em compromisso constante de fiel adesão ao chamado divino (cf. 2Ts 1,14; Ef 4,1).

O fato de existir como convocação da → TRINDADE determina necessariamente também a presença e a vida da comunidade cristã na história. A participação na história humana é vivida pela Igreja como caminho e peregrinação, mantendo o olhar fixo em sua origem trinitária. Nesse caminho ela tem de fazer resplandecer a comunhão trinitária, da qual é imagem, e evangelizar a comunhão dos seres humanos entre si. Por outro lado, por causa de sua natureza de sacramento da salvação, a Igreja é obrigada a inserir-se na história para fermentá-la, impulsioná-la e orientá-la inteira para Cristo, seu único e verdadeiro significado. "A Igreja vive no movimento rumo a Deus Pai por intermédio do Logos encarnado no Espírito Santo, o qual é o clima pessoal do amor que determina a atmosfera do 'povo' do Pai celeste. Desse ponto pode-se dizer que a Igreja é sempre evento e se realiza toda vez que se transcende para Deus na palavra e na oração" (M. SCHMAUS, op. cit., 21).

3. IGREJA DA PÁSCOA: MISTÉRIO DE COMUNHÃO. Com o dom do Espírito Santo doado pelo Cristo ressuscitado, entramos em contato com "a imagem do mistério da Igreja em sua dimensão humana" (G. PHILIPS, *La Chiesa e il suo mistero*, 119). Isso significa que o mistério da Igreja torna-se uma realidade histórica mediante o envio do Espírito Santo. O Vaticano II, com efeito, alinhado com os Atos dos Apóstolos, faz coincidir a manifestação visível da Igreja com o acontecimento de Pentecostes: "Foi no dia de Pentecostes que o Espírito Santo foi derramado sobre os discípulos, para permanecer com eles *in eterno*, e a Igreja apareceu oficialmente diante da multidão" (*AG* 4).

O Concílio também ensina que a Igreja existe como "organismo visível por meio do qual [Cristo Jesus] difunde sobre todos a verdade e a graça" (*LG* 8). A forma de organismo visível manifesta de modo ainda mais acentuado a natureza mistérica da Igreja. Nas *Animadversiones* os padres conciliares insistem com força em declarar que "o mistério da Igreja está presente e se manifesta na sociedade concreta. A comunidade visível e o elemento espiritual não constituem duas realidades diferentes, mas uma única e complexa realidade que compreende o elemento divino, o humano, os meios e os frutos da salvação" (*Acta Synodalia*, cit., 176). "A Igreja como mistério realmente apareceu nesta terra de forma concreta e tangível, e, deste modo, permanece presente, do contrário não poderíamos falar de mistério" (G. PHILIPS, op. cit., 108).

I. *Cristo ressuscitado princípio unificador no Espírito*. Nascida no dia de Pentecostes, a Igreja tem como fundamento Cristo ressuscitado e o seu Espírito. O Cristo no Espírito, que teve uma importância máxima na fase de preparação da Igreja é posto pela → PÁSCOA como fundamento da vida e da existência da Igreja. Mas o realismo da união entre Cristo e os membros de sua comunidade só pode ser compreendido à luz do evento pascal. Cristo, com efeito, somente em virtude da ressurreição tornou-se Pneuma, o Uno que se faz presente nos muitos e os reúne em si. Na ressurreição Jesus tornou-se corpo espiritual (cf. 1Cor 15,44). Desse modo, ele próprio torna-se fonte do Espírito para os seres humanos.

A humanidade de Cristo, na ressurreição, foi espiritualizada, mas não privada da corporalidade. A espiritualização inclui a libertação dos limites da carne. Com isso queremos dizer que Cristo-Pneuma tornou-se um ser em abertura total, em comunhão e doação de si (cf. G. ROSSÉ, *Voi siete corpo di Cristo*, 15). A existência de Jesus ressuscitado é uma existência libertada do tempo que separa e do tempo que fragmenta. A humanidade ressuscitada tornou-se, então, potência extensiva e reunificadora: "tornado Espírito, Jesus é capaz, no dom de si, de comunicar o Espírito, poder criador de Deus que vivifica e reúne, porque é o próprio amor de Deus comunicado" (*Ibid.*). A existência espiritual permite ao Ressuscitado entrar no ser humano e, ao ser humano, entrar no Cristo.

II. *Autodesignação da Igreja*. O mistério da Igreja existente nesta terra pode ser descrito utilizando as imagens bíblicas. Entre as inúmeras que a Bíblia contém, as mais adequadas para esse escopo são a imagem de *povo de Deus*, de *corpo de Cristo* e de *esposa de Cristo*. Estas imagens também servem para exprimir a fé da Igreja na inseparabilidade do divino do humano, na presença do Senhor ressuscitado e na relação real com Cristo glorificado.

a) *Complementaridade das três imagens*. Cada imagem exalta um aspecto particular do único mistério da Igreja em sua dimensão humana. Isto demonstra que nenhuma das três imagens, sozinha, é suficiente para descrever o mistério da Igreja como organismo visível. Mas cada uma deve ser completada com as outras duas. Com efeito, se com a imagem de povo de Deus podemos captar o aspecto visível e peregrino da Igreja em continuidade com o antigo Israel, devemos, então, recorrer à imagem de corpo de Cristo para explicar a comunhão íntima entre Cristo e a Igreja, que constitui a novidade própria da comunidade escatológica. A imagem de esposa de Cristo serve para descrever a relação pessoal da Igreja com o seu Senhor, e para evitar o risco da identificação entre Cristo e a Igreja, que, em vez disso, está presente na imagem do corpo.

Entre as três existe uma tensão permanente inclinada a nos dar um nexo entre os vários elementos e a nos fazer captar o dinamismo que vivifica a complexa realidade do mistério da Igreja em sua forma visível. Se as duas primeiras nos oferecem os elementos para a implantação ontológica, a terceira evidencia o aspecto relacional e dinâmico.

III. *A Igreja como povo de Deus*. a) *A Igreja herdeira do antigo Israel*. Antes de dar o conceito teológico de povo de Deus, será de grande importância evidenciar a continuidade entre o povo do Antigo Testamento e a comunidade neotestamentária. Permanecendo na linha da continuidade, além de captar o elemento que diferencia, evita-se a fratura entre o povo veterotestamentário e o neotestamentário. É exatamente em virtude da lei da continuidade que se pode falar da Igreja como verdadeira herdeira do antigo Israel. A comunidade neotestamentária é a plenitude da convocação sinaítica, é o cumprimento da promessa da mensagem profética. Entre as duas convocações emerge a relação que existe entre início e cumprimento. Como o início está intrinsecamente direcionado para o cumprimento, e o cumprimento é plenitude desse início, assim o antigo Israel é, de per si, direcionado para a Igreja, e a Igreja é plenitude de Israel. Mas, apesar dessa necessária reciprocidade, um elemento não é o outro. A distinção é ontológica.

O Novo Testamento destaca essa reciprocidade e, ao mesmo tempo, a novidade, passando à Igreja o significado e o conteúdo do conceito de povo de Deus. Mas não é pelo uso da expressão povo de Deus relativa à Igreja que o Novo Testamento opera essa passagem, e sim com o modo de entender a vida da comunidade cristã. Paulo, por exemplo, raramente usa a expressão povo de Deus para designar a Igreja, e nas raras vezes que a emprega são citações do Antigo Testamento. O raro uso da expressão quer dizer que o vocabulário "povo" exprime de modo menos abrangente aquilo que exprime a palavra *ekklêsia* (cf. H. Schlier, Ecclesiologia del Nuovo Testamento, *Mysterium Salutis* 7, 180 s.). O modo de proceder de Paulo é dar destaque ao nexo intrínseco entre o antigo povo e a Igreja.

b) *Conceito de povo de Deus*. Não entenderíamos o justo sentido da imagem de povo de Deus se antes procurássemos determinar o que é povo em geral, e em seguida procurássemos a diferença entre os outros povos e a Igreja (cf. M. Schmaus, op. cit., 43), porque começar pela análise do conceito de povo poderia conduzir a uma falsa interpretação de Igreja. "Pelo conceito de Igreja como povo de Deus entende-se uma comunidade desejada e criada por Deus, uma comunidade que serve a ele" (*Ibid.*). A diferença específica, com efeito, não está entre o povo de Deus e os outros povos, mas entre o povo veterotestamentário e o neotestamentário. Assim, por Igreja, como povo de Deus, entende-se uma realidade criada pela intervenção divina da convocação, na qual os membros estão vinculados reciprocamente pelo chamado divino. Pela expressão "povo de Deus" não nos referimos a um determinado grupo de pessoas contraposto a outro grupo, o da hierarquia. O conceito de Igreja, como povo de Deus, designa uma imensa unidade.

Um elemento essencial para o conceito de Igreja como povo de Deus é o caráter religioso. A aliança divina, com efeito, resulta essencial para a constituição do povo de Deus. Ela se insere na história do povo eleito, o liga a YHWH três vezes santo pelo vínculo indissolúvel, o faz ser o consagrado de Deus e o estabelece como sinal e instrumento de salvação para as nações. Também no novo povo de Deus, também chamado povo de Jesus Cristo, a aliança é um elemento determinante. A nova e eterna aliança foi determinada no sangue de Jesus Cristo. A sua inauguração marcou a queda de toda discriminação entre os povos, a salvação adquiriu a dimensão universal. Desde então, os judeus e os gentios formaram em Cristo crucificado o novo povo, e constituíram uma nova unidade espiritual no Espírito do Cristo glorificado.

O novo povo em Jesus Cristo é por natureza um povo sacerdotal, visto que foi tornado participante do sacerdócio de Cristo. A sua existência é caracterizada pela consagração divina: é uma consagração em Cristo. Por isso, o novo povo pode reunir-se para o culto a Deus, para celebrar os → SACRAMENTOS e desempenhar a função de sacramento visível de salvação para todos os homens (cf. *LG* 9).

c) *A presença de Cristo*. O que diferencia essencialmente a Igreja como povo de Deus do povo veterotestamentário é a presença de Cristo. O novo povo de Deus tem Cristo como *cabeça*, como *modo de vida*, como *lei* e como *fim* a ser alcançado (cf. *LG* 9).

Cristo tornou-se a cabeça e foi constituído Senhor do novo povo pelo mistério da morte e ressurreição. Nós fomos justificados pela participação em seu mistério pascal. Por isso o *modo de vida* da nova comunidade é o da liberdade dos filhos e não o da sujeição dos escravos. Habitando em nós o Espírito de Cristo, somos transformados em filhos livres de Deus. Também o novo povo tem uma lei, que não é mais a mosaica, mas o *novo mandamento*: amar como Jesus nos amou, até ao sacrifício da vida.

O *fim último* é Cristo, que iniciou na terra o Reino de Deus e o cumprirá no último dia, quando aparecerá como nossa vida e fará participante de nossa incorruptibilidade toda a criação (G. Philips, op. cit., 126).

d) *Povo peregrino*. A Igreja como novo povo de Deus, que tem Cristo como cabeça, vive na história não como sua morada, mas como peregrina e em marcha rumo à meta definitiva. A vocação escatológica é outro elemento essencial para entender o mistério da Igreja como povo de Deus. A dimensão escatológica não deve levar a pensar em uma fuga da Igreja da história para refugiar-se no espiritualismo. Não será permitido ao novo povo de Deus o mínimo desinteresse que seja pelo mundo dos seres humanos, porque este lhe pertence e lhe foi dado como lugar onde deve realizar-se a si próprio. Se o Senhor na glória é a destinação definitiva da Igreja, a história é o caminho para aí chegarmos. A Igreja, como povo de Deus, "no encontro e no diálogo com o mundo, compreende sempre mais profundamente a si mesma, muda em suas expressões e manifestações históricas segundo as exigências do tempo, traduz de modo sempre novo a sua mensagem e a sua forma de pensar e de exprimir-se nas várias gerações" (M. Schmaus, op. cit., 49).

IV. *A Igreja como corpo de Cristo*. A imagem da Igreja como povo de Deus deve ser completada com a da Igreja como corpo de Cristo, visto que o conceito de corpo exprime melhor a união entre Cristo e a Igreja. A imagem da Igreja como corpo de Cristo é própria de Paulo. Nas Cartas de Paulo, o conceito de Igreja como corpo de Cristo ocorre com muita frequência, mas nem sempre de forma igual. É notável a diferença entre o conceito que ocorre nas duas Cartas maiores — 1Cor e Rm — e aquele expresso nas Cartas da prisão — Ef e Cl. Nas primeiras, a imagem é usada para explicar a relação da comunidade local com Cristo; nas segundas, Paulo serve-se dele para apresentar a união íntima entre a Igreja universal e Cristo.

a) *Vós sois corpo de Cristo*. Segundo a doutrina das Cartas principais, os cristãos ou a comunidade local são corpo de Cristo ou corpo em Cristo. A chance de Paulo interpretar a Igreja como corpo de Cristo foi dada pelas várias situações da comunidade cristã de Corinto, na qual vigorava uma falsa concepção de liberdade, participava-se de banquetes sacrificais pagãos e havia a questão dos carismas.

Em 1Cor 6, Paulo parte da falsa concepção de liberdade para explicar aos cristãos de Corinto de que modo eles são membros de Cristo, e, assim, não podem dispor de si mesmos como quiserem. No batismo, diz Paulo, o ser humano inteiro, corporalmente existente, tornou-se propriedade do Senhor, portanto não pode mais fazer o que ele quiser. O Espírito Santo estabelece uma unidade tão íntima entre Cristo e os cristãos que, em virtude dela, os crentes estão totalmente sob o domínio de Cristo, ao qual devem plena obediência (cf. M. Schmaus, op. cit., 51).

A imagem da Igreja como corpo de Cristo é explicada de forma mais clara em 1Cor 10,14-17). A ocasião é dada pela participação dos cristãos nos banquetes sacrificais pagãos. O Apóstolo lembra que os cristãos, em virtude do → BATISMO, estão em comunhão íntima com Cristo, realidade essa que se opõe inevitavelmente à comunhão com os demônios, que se realiza participando dos banquetes sacrificais pagãos. Para Paulo, a comunhão com Cristo é real porque, na celebração da Ceia do Senhor, o cálice bento realiza a união com o sangue de Cristo, e o pão partido com o corpo do Senhor. Sendo um o pão que tornou-se corpo, todos formam um só corpo, o corpo de Cristo.

É em 1Cor 12 que Paulo expõe mais claramente a doutrina da Igreja como corpo de Cristo. A ocasião é dada pela presença, na comunidade, do fenômeno dos carismas. Paulo não reprova os carismas, antes vê neles os sinais de uma fé viva; mas, para prevenir o risco da destruição da unidade na comunidade, recomenda que eles sejam direcionados para a edificação da comunidade cristã, para o aumento da fé, da esperança e do amor. Para Paulo, os dons e carismas, provindo todos do único Senhor, devem servir para a construção da unidade na comunidade cristã. Expõe a tese da unidade através dos diferentes dons com a comparação do corpo humano (cf. 1Cor 12,12-27). O ensinamento de Paulo baseia-se no princípio: "*assim como o corpo é um só, mas possui muitos membros [...] assim é Cristo*". Desse princípio Paulo deduz que a unidade é o eixo do qual se deve partir para apresentar a doutrina sobre a comunidade cristã: existe primeiro o *corpo uno* e depois os muitos membros, que só podem existir porque são membros do corpo-uno. A unidade como realidade anterior é constitutiva também para a Igreja: ela é os muitos que se tornaram um pelo fato de que foram inseridos no Glorificado que se tornou Uno pela → RESSURREIÇÃO. A Igreja é uma por sua origem, a unidade que a fundamenta não é portanto o resultado da soma dos membros. A comunidade ou os muitos existem como manifestação visível da unidade.

A comparação do corpo humano serve para Paulo não tanto para proclamar a preexistência da unidade em relação às diversidades, mas para designar a identidade própria da comunidade cristã, a qual não é só uma sociedade comparável a um organismo, embora esse aspecto não lhe seja estranho, mas um fato cuja identidade está toda na realidade que a transcende: Cristo. Paulo afirma isto explicitamente no versículo 27, em que se lê: "vós sois corpo de Cristo". Pelo fato de que a comunidade cristã existe em Cristo recebe uma nova identidade, a de "corpo de Cristo". Dizendo isto, Paulo não fala mais da Igreja como de um organismo vivo qualquer, mas quer entender uma determinada pessoa: o *corpo de Cristo*. A comunidade cristã é uma pessoa, cujo nome é "Corpo de Cristo" (G. Rossé, op. cit., 21 s.).

b) *Sentido real da expressão*. À expressão paulina de 1Cor 12,12.27, quer no campo exegético, quer no teológico, é atribuído um sentido real, porque a ótica na qual é lida é a sacramental. Assim, os fiéis que estão incorporados em Cristo, por meio do batismo e da → EUCARISTIA, "tornam-se o seu corpo, ou seja, o seu corpo físico de indivíduo humano, não em sentido material — o que seria absurdo —, mas de modo misterioso ou místico" (G. PHILIPS, op. cit., 101; cf. *LG* 7; J. HAMER, *La Chiesa é una comunione*, 33; G. ROSSÉ, op. cit., 22). O sentido real é sugerido pela participação no corpo eucarístico, corpo de Cristo ressuscitado. Em 1Cor 10,16-17, a palavra "corpo" ocorre duas vezes. A primeira vez (v. 16) indica o corpo eucarístico do qual nos alimentamos, que é o corpo real do Senhor glorificado, identificado no Jesus histórico. A segunda vez (v. 17) designa o corpo composto pelos crentes. Não se pode pensar que Paulo, em um espaço tão curto, entenda dois sentidos diferentes: real, o primeiro, e simbólico o segundo, exatamente porque o segundo é fruto do primeiro. Com efeito, participando ou comendo o corpo real do Senhor glorificado, nós nos convertemos em corpo de Cristo (cf. M. SCHMAUS, op. cit., 52). Nessa linha também se situa o ensinamento conciliar: "A participação do corpo e do sangue de Cristo não faz outra coisa senão transformar-nos naquilo que tomamos" (*LG* 26). L. Cerfaux escreve: "Todos participamos de um único pão que é o corpo de Cristo; então, todos somos "um único corpo", o "corpo de Cristo" (*Cristo nella teologia di S. Paolo*, 296). Por isso, pelo termo "corpo", aplicado à comunidade cristã, não mais se entende "uma associação de crentes comparáveis a um corpo social, mas a uma só pessoa: exatamente o corpo de Jesus ressuscitado" (G. ROSSÉ, op. cit., 24). Existindo como corpo de Cristo, a Igreja "constitui, para o mundo dos seres humanos, a presença "visível" da pessoa do Ressuscitado; é a maneira com a qual Cristo está presente e age na história" (*Ibid.*, 25).

c) *Cristo, cabeça da Igreja, seu corpo*. Somente nas Cartas da prisão a Igreja universal é designada como corpo de Cristo. Nessas Cartas, pelo conceito de corpo acentua-se a relação singular que existe entre Cristo e a Igreja. A visão com a qual Paulo traça essa relação não é mais a sacramental das Cartas principais, mas a da cruz. O princípio unificador é Cristo crucificado e não a Eucaristia. Também a visão antropológica dessas duas cartas é diferente das anteriores. Nas duas Cartas menores Cristo assume a função de Cabeça, e o corpo não exprime mais a pessoa inteira, mas uma parte do organismo: o tronco.

Na visão dessas Cartas, destaca-se a recíproca pertença e a atração entre Cristo e a Igreja. Com efeito, falando de Cristo como cabeça não se pode pensá-lo separado ou ausente do corpo. A Igreja, antes, constitui o *plêrôma*, enche-a com a sua presença e divindade. Assim, falando do corpo que é a Igreja, deve-se dizer que "não é outra coisa senão o de Cristo que, por meio do Espírito, se estende inserindo em si os membros, construindo o próprio corpo (Ef 2,18-22)" (G. ROSSÉ, op. cit., p. 36).

Para entender a originalidade da doutrina dessas duas Cartas, convém partir daquilo que de novo é dito nelas, ou seja, que Cristo é a cabeça. Cristo é chamado cabeça não só do seu corpo que é a Igreja, mas também de todas as potências cósmicas (cf. Cl 2,10). Dar a Cristo o nome de cabeça significa, então, reconhecer sua soberania absoluta sobre o universo e sobre a Igreja.

Todavia, embora Cristo seja cabeça do universo e da Igreja, somente esta é chamada de seu corpo. Somente a Igreja possui uma posição privilegiada. Mas o privilégio é constituído não só pelo fato de que somente a Igreja, e não o cosmos, é corpo de Cristo, mas também porque a Igreja tem como Cabeça aquele que é a cabeça do universo. Pelo fato de ser o corpo da cabeça do universo, a Igreja participa também ela da realização da soberania de Cristo ressuscitado sobre o universo inteiro. Ela tornou-se o "espaço" da plenitude de Cristo, "o lugar onde se estabeleceu e está presente a plenitude de Cristo, que por meio dela inclui o tudo e o cosmos em sua plenitude" (H. SCHLIER, *Lettera agli Efesini*, 149).

A imagem de cabeça não exprime somente a supremacia de Cristo sobre a Igreja e (nela) sobre o universo. As nossas Cartas, com a imagem de Cabeça, também atribuem a Cristo outra função na Igreja: a de princípio vital. "A Cabeça possui, em relação ao corpo, um novo papel, não mais somente de autoridade mas de animação. Dela escorre, por meio das juntas e ligamentos, o influxo vital que alimenta o corpo de energia, garante a sua coesão e produz o crescimento harmonioso" (P. BENOÎT, *Corps, Tête et Plerôme dans les épîtres de la captivité*, in *Exegese et Théologie*, 133). Segundo a *Lumen gentium*, Cristo realiza essa função em relação à Igreja dispensando "continuamente os dons dos ministérios" (*LG* 7).

V. *A Igreja como Esposa de Cristo.* A imagem da Igreja como corpo de Cristo atinge a plenitude através da imagem da Igreja como esposa de Cristo. Essa imagem está contida em Ef 5,21-33. Com essa imagem, melhor que com a imagem do corpo, é evidenciada a distinção entre Cristo e a Igreja. A relação entre os dois é vista em um contexto novo e assume o caráter de face a face. A Igreja é apresentada na qualidade de sujeito ativo: "possui uma espécie de personalidade que lhe permite estar diante de seu Senhor e responder ao seu Amor e ao seu chamado" (G. Rossé, op. cit., 44). A relação entre Cristo cabeça e Igreja corpo é vista na linha do amor esponsal. Por isso, os dois estão frente a frente como parceiros: como esposo e esposa. Enquanto esposa, a Igreja assumiu a qualidade de uma pessoa. Desse modo, ela não só pode responder ao esposo, mas tem o poder de estimulá-lo a vir ao seu encontro: "O Espírito e a esposa dizem: 'Vem!', o esposo responde: 'Sim, eu vou em breve'" (Ap 22,17.20). Para a Igreja, a certeza de "seduzir" o esposo vem do fato de que a sua personalidade de esposa é fruto da imolação e do amor de Cristo por ela: "Cristo amou a Igreja e deu-se a si mesmo a ela [...] a fim de apresentá-la a si mesmo esplêndida [...] santa e imaculada" (Ef 5,25.27). A Igreja é esposa porque Cristo participou-lhe o seu amor esponsal. Assim, amando a Igreja, ele ama a si mesmo: "Quem ama a sua esposa ama a si mesmo" (Ef 5,28). Concluindo: pela nossa imagem evidencia-se que a comunhão entre Cristo e a Igreja é de tal intimidade e profundidade que transfere à Igreja todo o seu esplendor e a amabilidade da face de Cristo, para fazer da Igreja o espelho real no qual Cristo contempla e ama a si mesmo.

VI. *A Igreja animada pelo Espírito Santo.* A Igreja, que existe no mundo como povo de Deus, como corpo de Cristo e como esposa de Cristo, é uma Igreja animada e vivificada pelo Espírito Santo. Desde os tempos da tradição patrística, foi atribuída ao Espírito Santo, em relação à Igreja, a função de princípio vital que a alma exerce no corpo humano (cf. *LG* 7).

a) *Atividade carismática.* A ação do Espírito Santo, além de tornar Cristo ressuscitado presente na Igreja, é voltada a suscitar constantemente a adesão dos membros da comunidade a Cristo. Mas ao fazer isto o Espírito não parece vincular-se nem aos mistérios oficiais, nem aos leigos. A ação do Espírito, segundo testemunha a primeira Carta de Paulo aos Coríntios, atinge todos os membros da comunidade. Esse modo "livre" de agir do Espírito é expresso pela palavra "→ CARISMA". Esta palavra é usada para indicar o caráter de particular vigor e de imprevisibilidade desse tipo de ação do Espírito. O Espírito, que o Ressuscitado deu à Igreja, é perenemente inovador e criador, pelo qual a sua ação, ao suscitar novas formas de seguimento de Cristo, revela-se inesgotável.

Isto leva a deduzir que os carismas, característicos para a comunidade de Corinto, devem ter a máxima importância em cada tempo da Igreja (cf. *LG* 12).

A ação do Espírito, de modo invisível, derrama-se impetuosa como no dia de Pentecostes e acende um fogo que inquieta. O fogo aceso pelo Espírito é um fogo que perturba certo conformismo espiritual e uma certa forma tranquila e satisfeita de vida cristã.

Todavia, a ação do Espírito na Igreja, apesar do caráter de impetuosidade e de perturbação, é sempre uma ação que acende o fogo do amor a Cristo e aumenta o desejo de encontrá-lo.

b) *Princípio e força de amor.* O fato de que o Espírito Santo é entendido como o amor intradivino, isto é, como "amor doado pelo Amante e acolhido pelo Amado" (B. Forte, *Trinità come storia*, 133), dá à sua relação com a Igreja um caráter particular. A Igreja, pelo fato de ser convocada por aquele que é o amor pessoal trinitário, aparece como uma comunidade de amor. Ser comunidade de amor é o mistério mais profundo da Igreja. Tudo isto nos faz dizer que a Igreja existe como aliança de amor, ou seja, como aliança criada pelo amor de Deus e não como livre associação dos seres humanos. Apresentando-se como comunidade de amor, a Igreja nos parece uma mãe que gera os filhos para a salvação, buscando-a para eles e prevenindo-os; mas revela-se também como fraternidade na qual os indivíduos se unem e se vinculam reciprocamente. Por isso ela é concretamente a comunidade na qual se unificam o dom do amor que vem do alto e a resposta de amor que vem do ser humano (cf. M. Schmaus, op. cit., 61).

O fato de que a Igreja seja uma comunidade de amor não está em contradição com o outro fato: de que nela esteja o comando e a obediência. A qualidade de aliança de amor lhe confere o significado de forma visível do comando de Deus ao qual o ser humano deve obediência. A Igreja, com efeito, se é o sinal visível com o qual Deus empenhou-se de modo irrevogável em favor dos seres humanos, deve ser também o único sinal visível com a aceitação do qual o ser humano demonstra obrigar-se para Deus e obedecer-lhe. Por outro lado, por sua característica de comunidade de amor, a Igreja só se baseia no fundamento do amor; todavia, é da natureza do amor impor obrigações e responsabilidades. Por isso, como todo amor humano, o amor de Deus pode converter-se em lei para os seres humanos. O caráter de obrigação do amor de Deus, que na Igreja agarra o ser humano para Jesus Cristo no Espírito, está reunido na forma jurídica da Igreja.

O direito, nascido do amor, tem razão de existir como ajuda, uma norma para a realização da caridade. Na comunidade de amor convocada pelo Espírito Santo, o direito não existe em si mesmo, mas como serviço da caridade. Por isso, a figura jurídica da Igreja foi desejada por Cristo e vivificada pelo Espírito em função da realização da Igreja como comunidade de amor.

4. IGREJA PARA O MUNDO. Pelo fato de ser sacramento e instrumento de salvação universal, a Igreja considera a relação com o mundo igualmente essencial para o seu mistério. Com efeito, uma Igreja que existe como sinal ou forma visível da salvação universal é uma Igreja que não existe para si mesma mas para o mundo dos seres humanos. O mistério da Igreja, visto nessa ótica, além de nos fornecer a razão e o objetivo de sua existência, revela-nos uma dimensão nova da história. Esta, considerada em estreita ligação com o mistério da Igreja, aparece também como destinatária e lugar privilegiado da salvação. Esse fato quer significar que a relação da Igreja com o mundo é tão profunda de induzir-nos a falar de destinação e pertinência recíproca entre os dois. A coexistência de fato obrigatória, então, faz com que a salvação, por meio da Igreja, torna-se salvação da história, e a história torna-se história da → SALVAÇÃO.

I. *A Igreja, sacramento de salvação para os seres humanos.* O significado teológico da Igreja, como sinal visível e sacramento universal de salvação, consiste no fato de que a igreja é o sinal com o qual Deus dirige um apelo ao ser humano, pelo qual a Igreja-sinal é posta como *penhor* (cf. O. SEMMELROTH, La Chiesa sacramento di salvezza, *Mysterium Salutis* 7, 403 s.). A Igreja, então, é um sinal com o qual Deus empenha e vincula a si mesmo livremente em favor dos seres humanos. O sinal "Igreja" possui valor sacramental porque Deus, em Cristo e por meio Dele, manifesta visivelmente a sua decisão irrevogável em favor dos seres humanos, os quais, acolhendo isso na fé como penhor de Deus, recebem o poder de obrigar a Deus na fidelidade à sua palavra. Isto, objetivamente, significa para o crente que se Deus colocou a sua Igreja como sacramento de sua comunhão com o ser humano, e dos seres humanos entre si, a Igreja é verdadeiramente penhor e, então, garantia para o ser humano da recepção do dom da comunhão com Deus, e dos seres humanos entre si.

Consciente de sua natureza sacramental, a Igreja deve sentir o empenho de tornar-se crível: é crível na medida que deixa transparecer a união com Cristo, e na medida que consegue exprimir a adesão ao seguimento de Cristo crucificado. O Sínodo extraordinário dos bispos, com vigor Paulino, afirma: "A Igreja torna-se mais crível quando fala menos de si mesma e prega sempre mais Cristo crucificado (cf. 1Cor 2,2). Desse modo, a Igreja é sacramento, isto é, instrumento de comunhão com Deus e dos seres humanos entre si. [...] Toda a importância da Igreja deriva de sua ligação com Cristo. Tudo aquilo que se diz da Igreja deve ser compreendido à luz do mistério de Cristo ou da Igreja em Cristo" (*Relatório final*, II, A, 2.3). O seguimento de Cristo crucificado é a fonte da relação da Igreja com os pobres, de sua atenção à pobreza dos seres humanos e de sua presença no meio das diferentes carências humanas. Da relação dinâmica e coerente com Cristo também nascem todas as formas de caridade da Igreja, de uma Igreja pobre e gratificada pela misericórdia de Deus (cf. C. M. MARTINI, op. cit., 55).

II. *A Igreja, comunidade missionária.* Posta pelo amor de Deus como sacramento universal de salvação, a Igreja é por natureza missionária. Por isso, a ela compete o dever fundamental de evangelizar, isto é, de transmitir, "até aos extremos confins da Terra" (At 1,8), o testemunho de Cristo e seu mistério, recebido dos apóstolos. A missionariedade da Igreja tem a raiz em sua origem trinitária: "A Igreja peregrina é por sua natureza missionária, porque se origina da missão do Filho e da missão do Espírito Santo, segundo o desígnio de Deus Pai" (*AG* 2). Convocada pelo Espírito, amor pessoal trinitário, foi constituída como lugar da manifestação das missões divinas: nela, o amor do Pai envia o Filho para realizar a salvação e a libertação dos seres humanos; o Filho envia o Espírito para que os seres humanos possam apropriar-se da vida divina. A Igreja, no dia de Pentecostes, tornou-se "espaço" visível da Trindade econômica, espaço no qual a Trindade missionária introduz o mundo dos seres humanos e o cosmos inteiro à salvação.

A partir do Pentecostes, a Igreja inicia o caminho missionário na história. Durante essa peregrinação na história, a sua missão é voltada a "salvar e a renovar toda criatura, para que tudo seja restaurado em Cristo, e nele os seres humanos constituam uma só família e um só povo" (*AG* 1). A Igreja é missionária do amor do Pai e do dom da comunhão que o Pai, por Jesus Cristo no Espírito, lhe concede incessantemente; é missionária "da eleição, da misericórdia e da caridade de Deus, que se manifestam na história da salvação e que [...] comunicam e oferecem a salvação aos seres humanos em virtude do Espírito Santo" (CEI, *Comunione e comunità missionaria*, n. 5).

A dimensão missionária da Igreja impõe ainda duas considerações: a primeira, refere-se ao sujeito da missão, e a outra, concerne ao modo de participação na única missão da Igreja. Com relação à primeira consideração, o documento da CEI, *Comunione e comunità missionaria*, n. 5, declara: "A Igreja inteira é sujeito da missão. Ela, com efeito, é mistério de comunhão e sacramento de salvação". Já a *Lumen gentium* lembrava: "para a missão da Igreja [...] todos são destinados por meio do batismo e da confirmação" (*LG* 33). A fonte do direito e do dever de participação de todos os membros na única missão da Igreja é a incorporação a Cristo (cf. *AA* 3). A Igreja vive plenamente a sua vocação missionária, e esta é frutuosamente operante quando consegue envolver e a responsabilizar todos os seus membros. Caso contrário, pode-se afirmar que ela "se submeterá a uma espécie de automutilação toda vez que não se sentir operante em todos os seus membros" (S. DIANICH, *Chiesa in missione*, 261).

A segunda consideração se refere ao modo de exercer o serviço missionário e ao modo de os crentes participarem da única missão da Igreja: "para essa missão cada cristão é chamado a participar segundo o grau de seu ministério" (CEI, op. cit., 14). A diferença "depende da diversidade de ser pessoa na Igreja" (M. SCHMAUS, op. cit., 94); ou seja, a diferença é feita não por uma maior ou menor quantidade de tarefas e de ofícios, e sim por uma qualidade diferente, criada pelo sacramento da ordenação sagrada.

III. *A comunhão nascente da missão*. "O mistério de comunhão que faz da Igreja um povo reunido na unidade do Pai, do Filho e do Espírito Santo, é nascente de missão" (CEI, op. cit., 12). O testemunho do apóstolo João (1Jo 1,3) e a vida das primeiras comunidades cristãs demonstram que a comunhão que circula na comunidade impele os novos crentes para os caminhos da missão. Constatamos, com efeito, que é por virtude do Espírito que a comunhão da Igreja se abre do cenáculo para o cenário do mundo. É o Espírito que acompanha os primeiros missionários, e os outros depois deles, para pregar a Boa Nova de Cristo a todos. É ainda o Espírito que, na comunidade, escolhe, chama e envia os missionários (cf. At 13,2).

Para desenvolver a sua missão de comunhão, a Igreja tem de alcançar os dons divinos que a tornam "comunhão e comunidade missionária". Por isso, para tornar-se anunciadores da fé capazes de fazer novos discípulos, os seus membros devem escutar e assimilar a → PALAVRA DE DEUS, além de receber os "sacramentos, particularmente os sacramentos da iniciação cristã: o Batismo, fundamento da Igreja; a Confirmação e a Eucaristia, que os habilitam para a missão. [...] Sobretudo a Eucaristia, porque edifica a íntima comunhão de todos os fiéis no corpo de Cristo, os leva a fazer da própria vida um sacrifício para o resgate de muitos" (CEI, op. cit., 13).

A comunhão não só é a nascente, mas também a primeira forma da missão. Por isso, todo batizado "tem de sentir e acompanhar as exigências da comunidade missionária" (*Ibid.*, 15). Isto significa que a missão, para ser "verdadeiramente crível, tem de exprimir a plena comunhão eclesial" (*Ibid.*). Entre a comunhão e a missão há a relação existente entre causa e efeito. Por causa dessa relação intrínseca, deve-se dizer, como o documento da CEI, que "uma missão que não seja vivificada pela comunhão é equívoca" e que "uma vida de comunhão que não se abre para a missão é ambígua" (*Ibid.*, 18).

IV. *A Igreja missionária da unidade do gênero humano*. Pelo fato de vir do Uno, e de existir como forma visível da unidade trinitária, a Igreja é por vocação missionária da unidade do gênero humano. A *Gaudium et spes*, ao afirmar que "corresponde à íntima missão da Igreja promover a unidade" (n. 42), baseia-se e inspira-se na constituição dogmática *Lumen gentium* e, em particular, nas palavras: "A Igreja está em Cristo como sacramento, ou seja, sinal e instrumento de íntima união com Deus e de unidade de todo o gênero humano" (*GS* 42). Ou seja, em virtude de seu valor sacramental, a Igreja é um sinal e um instrumento que indica e produz na força de Deus. O que indica e o que produz? A união íntima do ser humano com Deus e a unidade de toda a humanidade (cf. C. M. MARTINI, op. cit., 66).

A *Gaudium et spes* atribui à Igreja, em virtude da sua dimensão de universalidade, não só a liberdade de formas particulares de cultura humana, mas também o poder de "constituir uma estreitíssima ligação entre as diferentes comunidades humanas" (*GS* 42). Isto faz compreender que o escopo da existência da Igreja como sacramento de comunhão "*é para que a humanidade seja una*", e é mistério e comunhão para que a humanidade entenda a sua vocação para a unidade" (C. M. MARTINI, op. cit., 67).

Também a história recebe um serviço essencial da existência da Igreja. Esta, com efeito, presente na história como mistério ou sacramento de comunhão, cumpre a função de indicar o fim para o qual a história é chamada, antes, a história assume o significado de história de nosso caminho e, junto conosco, do mundo inteiro rumo à unidade.

5. A IGREJA E A VIRGEM MARIA. A Igreja vê o seu mistério iluminar-se plenamente contemplando a vida e o estado de seu membro mais privilegiado. O mistério de Nossa Senhora deve ser considerado intrinsecamente ligado ao mistério da Igreja. A leitura do mistério da Virgem Maria dentro do mistério da Igreja é uma novidade operada pelo Vaticano II. Podemos entender de que modo foi possível ao Concílio realizar essa inclusão pelo fato de que os padres do Vaticano II tomaram como ponto de partida e de interpretação a história da → SALVAÇÃO. Inserindo-nos nessa linha, encontramos Nossa Senhora; com efeito, desde o início "da plenitude dos tempos" e desde os primórdios, ela aparece como o brotar da Igreja na história dos seres humanos. A perspectiva histórico-salvífica nos mostra a Virgem envolvida pessoal e ativamente na realização do plano de amor salvífico.

O capítulo 8 da *Lumen gentium* nos apresenta a questão da Virgem Maria intimamente ligada ao mistério de Cristo e da Igreja. Por esse fato, não só é importante mas essencial a presença ativa da Virgem na vida dos cristãos.

I. *A Virgem Maria na economia da salvação*. O mistério de Maria aparece como o ponto de ligação das duas economias, e o momento do encontro das duas alianças. Nela, com efeito, o Antigo Testamento atinge o vértice da tensão espiritual, e o Novo Testamento vê o início da "plenitude dos tempos". Como filha de seu povo, ela suplica a salvação, e como mãe do Salvador a indica já presente no mundo. O Concílio ensina: "com ela, excelsa Filha de Sião, após longa espera da promessa, cumprem-se os tempos e instaura-se uma nova economia" (*LG* 55).

A participação da Virgem Maria na realização do plano da salvação destaca-se e é ativa desde a Anunciação, na qual encontramos Maria plena e livremente aberta e disponível à → PALAVRA DE DEUS: "faça-se em mim segundo a tua palavra" (Lc 1,38). Já nessa atitude também podemos ver sintetizada a visão da vida cristã. Maria, por sua resposta livre e incondicional, ensina que a vida do cristão consiste primordialmente em aderir totalmente a Deus, em deixar que nele se realize a vontade divina e em tornar-se disponível para o serviço da obra da salvação (cf. G. PHILIPS, op. cit., 534).

Pelo cântico do *Magnificat* exalta-se a sua atividade de anunciadora das grandes coisas que Deus realizou nela em favor de seu povo: "grandes coisas fez em mim o Onipotente" (Lc 1,49), e das que realizará por meio de seu Filho que ela traz no seio. As "grandes coisas" que ela anuncia são os gestos que Jesus realizará em testemunho de sua messianicidade: elevará os humildes, encherá de bens os famintos, socorrerá Israel por causa da misericórdia prometida (Lc 1,52 ss.).

A atividade da Virgem Maria, durante o ministério público de Jesus, antes de tudo consiste em escutar a palavra do filho e em tornar-se sua discípula. Também esteve presente na vida de Jesus como cooperadora, conforme demonstram a sua intervenção em favor dos noivos em Caná da Galileia e a sua presença aos pés da cruz, na hora da morte do Filho.

II. *Nossa Senhora no mistério da Igreja*. A Bem-aventurada Virgem, pelo fato de que o seu mistério está intimamente ligado com o da Igreja, deve ser considerada, justificadamente, membro da Igreja. Dado que todo membro possui dons divinos para o bem comum, a Virgem também, enquanto membro excelso, possui um ministério próprio e funções para o bem de toda a Igreja.

a) *O ministério "materno" de Maria na Igreja*. A participação de Nossa Senhora na realização do plano salvífico não "obscurece ou diminui", diz o Concílio, a mediação única de Cristo. A associação da Bem-aventurada Virgem à obra da salvação não nasce de uma necessidade, mas unicamente "do beneplácito de Deus" (*LG* 60). A cooperação da Virgem Maria, pelo fato de nascer do beneplácito divino, em vez de diminuir exalta de modo mais elevado o poder de Deus, o qual mostra-se surpreendentemente mais poderoso usando de misericórdia e fazendo que outros façam aquilo que, por natureza, somente ele pode fazer: "O chefe que prefere operar sozinho não dá provas de seu poder. Bem mais forte é quem se mostra capaz de fazer outros participarem de sua obra" (G. PHILIPS, op. cit., 556). No caso da Virgem Maria, o poder de Deus manifestou-se mais surpreendentemente, e a sua glória refulgiu mais esplendidamente, fazendo-a participar ativamente, do que se Deus tivesse agido sozinho.

A Igreja, constituída no dia de Pentecostes sacramento universal de salvação (cf. *LG* 48), é o corpo de Cristo, Filho de Maria. Nesse corpo, cada membro tem seu próprio → CARISMA para a utilidade comum. A Virgem Maria, na qualidade de membro excelso, desempenha, para o bem dos outros membros, a função materna, que alguns chamam de "ministério materno". Esse ministério, ou singularíssimo ofício, nasce de ser Mãe de Cristo, cabeça do corpo que é a Igreja. Por isso Maria, se é realmente Mãe da cabeça do corpo, também é realmente Mãe do corpo da cabeça. O ministério de Maria possui sobretudo dimensão eclesial. Ou seja, refere-se aos membros todos juntos mais que singularmente: "o seu ser Igreja juntos". Nossa Senhora, no seio da Igreja, coopera para aumentar aquela unidade que Cristo realizou com a sua morte e ressurreição. Ela iniciou o seu ministério já no Cenáculo, mantendo unidos os discípulos à espera da vinda do → ESPÍRITO SANTO, e continua a manter unidos os corações dos crentes, para que o Espírito de unidade circule em todos os membros do Cristo ressuscitado.

b) *Nossa Senhora modelo da Igreja.* O fato sobre o qual se apoia o paralelismo entre Maria e a Igreja é a maternidade divina que une Maria ao seu Filho. A Virgem Maria, com efeito, pelo fato de que em sua união com a obra salvífica de seu Filho antecede todo membro da comunidade, constitui-se o *tipo* ou modelo da Igreja. Tipo ou *eikôn*, segundo o pensamento grego, constitui um início de realização. À luz desse conceito, Maria é tipo porque é o primeiro membro de um grupo em formação que influi nos outros membros, os arrasta e serve-lhes de exemplo. Para a *Lumen gentium*, em plena sintonia com o ensinamento de Santo → AMBRÓSIO, Maria é a imagem da Igreja enquanto é animadora da vida espiritual, na qual a virgindade desabrocha em amor materno. É por isso que a constituição determina: "A Mãe de Deus é figura da Igreja na ordem da fé, da caridade e da união perfeita com Cristo" (*LG* 63). Maria é *ícone* da Igreja, prossegue a constituição, como virgem e como mãe, e a ordem entre os dois vocábulos é intencional. A virgindade vem primeiro, mas deve ser entendida em toda a dimensão espiritual. Consiste na fé e na esperança. Ou seja, a virgindade está situada em relação à indefectível adesão da fé, na qual Nossa Senhora antecede a Igreja. A virgindade indica uma existência consagrada pela fé, isenta de toda dúvida, fiel a Deus que interpela. O fruto dessa adesão indefectível é a maternidade: "por sua fé e obediência, a Virgem Maria gerou na terra o próprio Filho de Deus, sem contato humano mas coberta pela sombra do Espírito Santo" (*LG* 63).

A Igreja, corpo do Filho de Maria, contempla em Nossa Senhora o modelo de sua maternidade, que igualmente se fundamenta na concepção do Verbo. A Igreja torna-se mãe acolhendo o Verbo e pregando-o, gera novos filhos para a salvação. Dessa acolhida da palavra que a torna mãe, Maria é o modelo mais excelso que a Igreja deve imitar. A maternidade da Igreja também precisa ser sustentada e vivificada pela virgindade. Também aqui o exemplo de Maria é essencial. Dele, a Igreja tem de aprender continuamente que a virgindade, ou a prática das virtudes teologais, também para ela é condição essencial de sua fecundidade (cf. G. PHILIPS, op. cit., 566 s.).

c) *Nossa Senhora, início e imagem escatológica da Igreja.* O estado glorioso da Virgem Maria também possui um significado importante para a Igreja. Representa para a Igreja "um sinal de esperança segura e de consolação, até que venha o dia do Senhor" (*LG* 68). Ela é a imagem e o início daquilo que a Igreja será em sua forma cumprida: "é imagem e início da Igreja como deverá ser consumada no tempo futuro" (*Ibid.*). Podemos chamar Maria de ícone escatológico da Igreja (cf. L. BOUYER, *Le culte de la Mère de Dieu*, 33). Tudo isto é ilustrado pela definição do dogma da Assunção. Ele representa um sinal de consolação e de esperança para a Igreja, mas também de antecipação e de garantia. A Virgem Maria está na plenitude do estado glorioso não como pessoa privada, mas como Mãe e como primeiro membro da Igreja. Maria na glória representa a meta segura e definitiva da Igreja, que, durante a sua peregrinação terrena, conhece trevas e provações. A Virgem Maria seguiu na frente para abrir-nos o caminho e para exortar-nos a um esforço constante.

BIBLIOGRAFIA. ACERBI, A. *Due ecclesiologie.* Bologna, 1975; ALIQUÒ, P. *La Chiesa popolo della Pasqua.* Cosenza, 1983; ANCILLI, E. (org.). *La Chiesa sacramento di comunione.* Roma, 1979; ANGELINI, A. – AMBROSIO, G. *Laico e Cristiano.* Genova, 1987; ANTON, A. *El misterio de la Iglesia.* Madrid, 1986; CEI. *Comunione e comunità missionária*; ATI. *Coscienza e missione della Chiesa.* Assisi, 1977; AUER, J. *La Chiesa universale sacramento di salvezza.* Assisi, 1988; BONIVENTO, C. *La Chiesa sacramento di salvezza per tutte le nazioni.* Roma, 1975; BOUYER, L. *La Chiesa di Dio, Corpo di Cristo e tempio dello Spirito.* Assisi, 1971; CATTANEO, C. (ed.) *Il Concilio venti anni dopo.* II – *L'ingresso della categoria "storia".* Roma, 1985; CEI. *Comunione e comunità.* 1981; ID. *Eucaristia, comunione e comunità.* 1983; CHENU, M. D. *La Chiesa popolo messianico.* Torino, 1967; CIOLA, N. *Il dibattito ecclesiologico in Itália. Uno studio bibliográfico (1964-1984).* Roma, 1986; CIPRIANI, S. *Per una Chiesa viva.* Milano, 1985; CITRINI, T. *Chiesa della Pasqua, Chiesa tra la gente.* Milano, 1985; COFFY, R. *La Chiesa.* Milano, 1986; COLOMBO, G. *Il "popolo di Dio" e il "mistero" della Chiesa nell'ecclesiologia post-conciliare. Teologia* (1985) 97-169; CONGAR, Y. *Saggi sulla Chiesa.* Brescia, 1967; ID. *Un popolo messianico.* Brescia, ²1977; DANICH, S. (org.). *Dossier sui laici.* Brescia, 1987; ID. *Chiesa estroversa.* Milano, 1987; ID. *Chiesa in missione.* Alba, 1985; ID. *La Chiesa mistero di comunione.* Torino, ²1982; ID. *Una Chiesa per vivere.* Torino, 1979; Documentos do Concílio Vaticano II; DUPONT, J. *Teologia della Chiesa negli Atti degli Apostoli.* Bologna, 1984; FAIVRE, A. *I laici alle origini della Chiesa.* Milano, 1986; FORTE, B. *La Chiesa icona della Trinità.* Brescia, 1984; ID. *Laicato e laicità.* Genova, 1987; GALLO, L. A. *Una Chiesa al servizio degli uomini.* Torino, 1982; GHERARDINI, B. *La Chiesa è sacramento.* Roma, 1976; GROSSI, V. – BERARDINO, A. Di. *La Chiesa antica: ecclesiologia e istituzioni.* Roma, 1984; HAMER, J. *La Chiesa è una comunione.* Brescia, 1983; HASENHÜTTL, G. *Carisma. Principio e fondamento per l'ordinamento della Chiesa.* Bologna, 1973; *I laici nella Chiesa e nella società.* Roma, 1987; JOURNET, Ch. *Per una teologia ecclesiale della storia della salvezza.* Napoli, 1971; KASPER, W. – SOUTER, G. *La Chiesa, luogo dello Spirito. Linee di ecclesiologia pneumatologica.* Milano, 1980; *La chiesa nel suo mistero.* Roma, 1983; III/I; *La Chiesa salvezza dell'uomo.* I – *Corso di teologia.* Roma, 1984; LAUDAZI, C. *La dimensione spirituale della Chiesa sacramento in Cristo nella "Lumen gentium".* Roma, 1978; LUBAC, H. de. *Meditazioni sulla Chiesa.* Milano, 1979; MARTINI, C. M. *Parole sulla Chiesa.* Casale Monferrato, 1986; MAZZONI, G. *La collegialità episcopale.* Bologna, 1986; MONDIN, G. B. *La Chiesa primizia del regno.* Bologna, 1986; PAVAN, P. *Chiesa fermento.* Casale Monferrato, 1987; PHILIPS, G. *La Chiesa e il suo mistero.* Milano, 1982; PORRO, C. *La Chiesa.* Casale Monferrato, 1985; RAHNER, K. *Saggi sulla Chiesa.* Roma, 1966; RATZINGER, J. *Il nuovo popolo di Dio.* Brescia, 1971; RAVATTI, L. *La santità nella "Lumen gentium".* Roma, 1981; ROSSÉ, G. *Voi siete corpo di Cristo.* Roma, 1986; SCHILLEBEECKX, E. *Per una Chiesa dal volto umano.* Brescia, 1986; SCHMAUS, M. *La fede della Chiesa.* IV – *La Chiesa.* Torino, 1973; SIMONE, M. (ed.) *Il Concilio venti anni dopo.* I – *Le nuove categorie dell'autocomprensione della Chiesa.* Roma, 1984; SÍNODO EXTRAORDINÁRIO DOS BISPOS. *Relatório final*, 1985; VALENTINI, D. *Il nuovo popolo di Dio in cammino.* Roma, 1984; ZIRKER, H. *Ecclesiologia.* Brescia, 1987.

C. LAUDAZI

ILUMINISMO MÍSTICO. Percorrendo a história da → ESPIRITUALIDADE CRISTÃ aparecem de tempos em tempos manifestações que são chamadas de "iluminismo", sem que nada tenham a ver com a época histórica do Iluminismo equivalente à *Aufklärung*. Tais são, por exemplo: os "→ ALUMBRADOS", da Espanha no século XVI, os "iluminados da Picardia" ou "guérinets" na França do século XVII e os "iluminados da Baviera" no XVIII. Comparando-os uns aos outros, encontramos entre os dois primeiros um fundo comum bem amplo, ao passo que o terceiro se mostra notavelmente distanciado deles.

Ao passar do nome à realidade, encontramos facilmente muitos outros movimentos espirituais que apresentam afinidades singulares, não obstante as diversidades da denominação, a distância de tempo e a variedade das áreas geográficas. Nas origens de muitos desses movimentos encontramos afirmada explicitamente às vezes a semelhança, outras vezes a coincidência com correntes espirituais precedentes. Os livros que combateram o → QUIETISMO dos séculos XVII-XVIII, os testemunhos dos processos e os documentos da Santa Sé que o condenam repetem insistentemente que as doutrinas e as práticas espirituais em questão haviam sido propostas anteriormente pelos alumbrados, pelos begardos e até pelos maniqueus. O mesmo ocorre com os documentos relativos aos alumbrados, aos begardos, aos frades do livre espírito e outras correntes. Chega-se até a identificar determinados ensinamentos nos de autores que foram condenados na Idade Média. É o caso, por exemplo, de Gerardo Segarelli e de sua seita dos "apostólicos" (na terceira proposição condenada de → MOLINOS com a bula *Caelestis Pastor*) ou o de Berengário de Montfalcon (na primeira proposição condenado de → FÉNELON no breve de Inocêncio XII *Cum alias*, 12 de março de 1699). Reunindo essas referências explícitas do magistério eclesiástico e comparando aos ensinamentos dos movimentos espirituais mencionados neles, podemos remontar aos primeiros séculos da Igreja através de um núcleo doutrinal, que, ao menos na aparência, é transmitido com pequenas alterações até tempos relativamente modernos. Como denominador comum, na historiografia contemporânea costuma-se aplicar a ele o nome de iluminismo espiritual, ou iluminismo místico.

Consideram-se iluministas aquelas tendências que, no processo de aproximação de Deus, ou de divinização do homem, tendem claramente para a passividade e o repouso da alma. Acentuam de maneira mais ou menos perigosa a influência mediante intervenções (iluminações, inspirações etc.) diretas de Deus. Consequentemente, a alma deve deixar-se levar por elas em vez de se deixar guiar pelos princípios da razão e das verdades de fé. A chave da vida espiritual é responder com progressiva passividade à iluminação vivificante de Deus. As implicações dogmáticas dessa atitude e suas derivações concretas na vida prática determinam as diversas manifestações ou correntes iluministas; mais ou menos ortodoxas, de acordo com sua relação com a doutrina tradicional; mais ou menos genéricas ou específicas, segundo a explicitação e aplicação desses postulados supremos.

É certo que, reduzida a esses extremos genéricos, existiu quase ininterruptamente uma corrente iluminista ao longo de toda a espiritualidade cristã. O problema fundamental surge quando se trata de identificar os seus momentos e suas expressões concretas. Seguindo a ordem cronológica, vamos assinalar os movimentos mais importantes.

1. **MESSALIANOS**. Os messalianos ou euquitas, ou ainda entusiastas, são a primeira manifestação de tipo iluminista com características bem definidas e práticas espirituais harmonicamente estruturadas. O primeiro sintoma revelador da sua tendência iluminista ou, se quisermos, da sua apresentação como um movimento espiritual é que os seguidores dão a si mesmos o nome de *precatores, orantes* ("euquitas"), *spirituales* (cf. *Documenta ecclesiastica christianae perfectionis studium spectantia* [= DE], n. 79-80).

A origem remonta à segunda metade do século IV e, ao que parece, o movimento nasce na Síria, estendendo-se à Mesopotâmia, depois à Panfília e à Licaônia. Tanto na origem quanto no desenvolvimento, as várias correntes geralmente entram em contato com resíduos maniqueus e manifestações da mística hebraica. Não obstante as repetidas condenações do magistério eclesiástico (Concílio de Éfeso de 431, Sínodo de Constantinopla de 750), o movimento sobreviveu até o século X. É algo mais que problemático que deles derivem os "paulicianos" e "bogomilas".

Como ocorre em relação a outros movimentos, é preciso distinguir nítida e claramente entre fontes originais, ou seja, os escritos próprios dos autores que deram origem e vida ao movimento, e as fontes secundárias e de síntese. Entre as primeiras, além do livro *Ascetikon*, de autoria incerta, devem-se acrescentar, segundo as pesquisas modernas, as *Homilias* atribuídas a Macário o Velho (o Grande, ou o Egípcio, morto por volta de 390; *PG* 34) e que a crítica moderna atribui a Simeão da Mesopotâmia, que seria o pai do movimento e o que mais o marcou até que Adelfo passou a ser o chefe.

Além dos erros relativos à Sagrada Escritura, à Trindade, a Jesus Cristo, ao batismo e ao pecado original, a doutrina espiritual resumida ou reduzida a proposições nos documentos de condenação é de caráter inegavelmente iluminista ou quietista, embora não pareça tão explicitamente formulada nos escritos dos mestres. Contudo, pode-se aceitar a afirmação explícita de que as proposições em seu conteúdo geral são extraídas dos livros dos messalianos (cf. JOÃO CRISÓSTOMO, *De haeresibus*, VI, 6: *PG* 94, 729; *DE* 85).

Em síntese, a crença original do movimento é: desde sua origem, no homem habita satanás numa forma consubstancial, dominando-o e impelindo-o ao mal. Coabita, contudo, com o Espírito Santo na alma. Nem os apóstolos nem inicialmente o corpo de Cristo estiveram livres desse princípio maligno. O batismo não chega a extirpar as raízes do pecado e do mal. A oração contínua ou permanente é a única solução porque só ela é capaz de libertar a alma do assédio do demônio e da sua infestação. Consequentemente, devem cessar todas as outras obras e preocupações, incluindo as de penitência (como o jejum e a abstinência) e de caridade (como a esmola etc.), para se consagrar inteiramente à oração. Por meio da oração contínua consegue-se expulsar o demônio e converter-se em ser puramente espiritual, favorecido por visões, revelações, profecias, interpretações dos segredos do coração. Pode-se até chegar a ver com os olhos corporais o Pai, o Filho e o Espírito Santo. Elevada desse modo, a alma não precisa de outras práticas ascéticas, convertendo-se ela mesma em divina e imortal, com uma imperturbável tranquilidade. Como em quase todos os movimentos, desse princípio provêm as aberrações práticas de inqualificável imoralidade. Na imperturbabilidade da alma, o corpo pode sentir e realizar movimentos e atos degradantes que se justificam até como meritórios e chegam a formulações impronunciáveis no campo sexual (cf. *DE* 80, 10; 81, 4; 82, 10; 84, 16-19; 86, 8).

2. BOGOMILAS. Com os nomes de bogomilas (amigos de Deus) e com outros nomes são conhecidos os iluministas surgidos no início do século X na Bulgária, segundo a opinião mais difundida, de origem semelhante, ao que se pensa, aos paulicianos provenientes da Ásia Menor e da Armênia, e decisivamente dualistas de tipo marcionita ou maniqueu; pelo mesmo motivo, semelhantes por sua vez aos cátaros e valdenses da Idade Média.

Apesar de sua base maniqueísta, coincidem na espiritualidade com o movimento precedente, e sem dúvida devem ser considerados iluministas rigorosos. Não apenas dependem diretamente dos messalianos em sua origem (cf. Eutímio Zigabense: *PG* 132, 12.90; 131, 47-58), mas com frequência se aplicam a eles os mesmos nomes, a ponto de muitas vezes se tornar difícil estabelecer a qual movimento se referem. Na sua forma mais avançada, a doutrina bogomila pode ser resumida deste modo: o homem nasce dominado pelo império de satanás, e mesmo se em sua elevação suprema atingir a impecabilidade será porque nele coexistem duas almas: uma impecável e outra sujeita ao pecado (que na verdade corresponde ao corpo, ou parte inferior). O batismo, comumente conferido na infância, não produz nenhum fruto nem torna realmente cristão se não é precedido de uma catequese ou instrução. Alguém só se converte em autêntico cristão mediante uma "transelementação" que o liberta do poder de satanás e que realiza uma nova conformação da alma por meio de uma meditação mística, pela imposição das mãos dos dispensadores do ministério e pelo sacrossanto conhecimento das coisas ocultas.

De nada adianta o batismo, nem a confissão dos pecados, nem as boas obras, sem os requisitos da iniciação, da doutrina ou da fé (cf. *DE* 131-132). Uma vez recebido o sentido intelectual do Espírito Santo, obtém-se uma absoluta imobilidade que impede de fazer o mal. É uma "iluminação" regeneradora que instaura a passividade ou imobilidade na mente e torna desnecessárias as manifestações habituais da devoção. Tudo o que o cristão faz será inútil enquanto não se tiver produzido a transelementação e a independência das duas almas. Chegados a esse ponto, graças aos "dispensadores da graça mística e através da instrução ou catequese", os verdadeiros cristãos não estão mais sujeitos à lei. Esse é um ponto de partida para os desvios morais, como em outros movimentos semelhantes.

A insistência de que a iniciação deve ser dada por mestres, "dispensadores" ou "interpoladores" testemunha bem claramente que, ao menos em certos grupos, vigorava o critério do ensinamento esotérico.

Se a confissão de alguns processados, como os monges da Bósnia, parece garantir as dependências e interferências dos bogomilas com outras correntes, é extremamente difícil pronunciar-se sobre o encontro deles com os remanescentes dos paulicianos e sua contribuição para o movimento dos cátaros na Itália e na França. Seu desenvolvimento específico não parece ultrapassar o território da Ásia Menor e dos Bálcãs, especialmente a Bósnia e a Bulgária. É um dos tantos casos em que é duvidosa a escolha entre coincidência, concomitância e dependência.

3. FRATRES DE LIBERO SPIRITU (OU *SECTA SPIRITUS LIBERTATIS* OU *FRATRES DE NOVO, ALTO SPIRITU, DE ALTISSIMA LIBERTATE* ETC.). Trata-se de um movimento amplo de ideias, de claro caráter iluminista, mas cujos limites geográficos e cronológicos é difícil estabelecer, já que na origem e no desenvolvimento estão implicadas várias correntes e autores. O movimento se reduz, contudo, à Baixa Idade Média, dado que os movimentos posteriores que levam o mesmo nome ou se agrupam sob a insígnia da *libertas spiritus* ou não derivam diretamente dessa corrente ou são epifenômenos religiosos não estritamente espirituais. É o caso dos taboritas da Boêmia no século XV, dos alumbrados espanhóis do século XVI, dos libertinos espirituais da França e da Suíça dos mesmos séculos XVI-XVII; os "ranters" (metodistas) ou "families" da Inglaterra, séculos XVII-XVIII, e os "iluminados da Baviera" do século XVIII.

Entre 1260 e 1400 há uma variedade de tendências espirituais implicadas com o "livre espírito" cujo genuíno vínculo histórico é difícil estabelecer.

Na desordenada proliferação de autores, correntes e tendências que confluem no "livre espírito", acreditamos que é necessário fazer uma distinção fundamental: os expoentes claros e específicos, de um lado, e de outro todas as manifestações de diferentes gêneros, as quais, em decorrência do ambiente que predominava na espiritualidade dos séculos XIII-XV, se colorem ou contaminam de algum modo com o "livre espírito", sem ter surgido como tais na própria origem.

a) A nosso ver, pertencem a essa segunda categoria os chamados "apostólicos" tanto de Tanchelin e Manassés em Flandres como de Arnoldo em Colônia, de Gerardo Segarelli em Parma etc.; os "cátaros" nas suas várias formas e lugares, ao menos no que têm de próprio e específico. Embora mais próximo nos seus postulados e orientações, também o "joaquinismo" é apenas indireta ou secundariamente iluminista vinculado com o "livre espírito", incluindo o caso de Arnaldo de Villanova (cf. FRANCESCO RUSSO, Saggio di bibliografia gioachimita, *Calabria Nobilissima*, 4 [1950] e 5 [1951]).

Pode-se pensar o mesmo de Speroni, Ortlieb e seus discípulos; bem como dos "amalricianos" condenados em 1210, e de outras tendências de tipo panteísta. Estão muito próximos ou se contaminam de "livre espírito" grupos de espirituais e *fraticelli* franciscanos, certos movimentos pauperistas e penitenciais como os "humilhados", os "pobres católicos" ou "pobres da Lombardia", nos mesmos moldes dos seguidores do cônego Guilherme de Cornelisz em Flandres, sem que nenhum deles fosse originariamente assim.

b) De estrito caráter iluminista com base no livre espírito parecem-nos, ao contrário: as "seitas do livre espírito", especialmente da Úmbria, de Flandres e do norte da França. A segunda manifestação seria identificada nos desvios de begardos e beguinas, considerando como caso típico o da poetisa → HADEWIJCH (*Dictionnaire de Spiritualité*, V, 1248-1249, e *Archivio Italiano per la Storia*, IV, 364-365). O fenômeno destes últimos é o que melhor ilustra como o iluminismo místico, entendido como aberração espiritual, define apenas o aspecto negativo de perigoso de correntes por si sós boas e elevadas nas suas origens ou nas suas aspirações. Todos sabem que, no caso dos begardos e beguinas, apenas uma parte resvalou para a corrente doentia e aberrante; mas isso em forma tão definitiva que costuma ser classificado como um movimento isolado de quietismo ou iluminismo como fazem os decretos de condenação e os que posteriormente (na época dos alumbrados e quietistas) querem buscar precedentes de inspiração ou coincidência. Do ponto de vista doutrinal, é indiferente considerá-los como forma particular do "livre espírito" ou como movimento isolado. Há uma conformidade absoluta no que se refere à doutrina espiritual.

Casos típicos e extremos na formulação são os de Berengário de Montfalcon (condenado em 1353) e o de Bertoldo de Rorbach (condenado em 1356; cf. *DE* 302-304).

Ao chegar à união suprema com Deus, a alma se vê totalmente pura, límpida e livre, num estado que se assemelha ao da inocência de Adão. Na sua realidade essencial, a união com Deus equivale a uma deificação total, a uma absorção da divindade, a qual introduz a alma no próprio mistério trinitário. É singular a afinidade da doutrina entre alguns desses pontos e os grandes místicos, → RUUSBROECK, São → JOÃO DA CRUZ, especialmente. Identificada a própria vontade com a vontade de Deus, praticamente as obras da alma são obras de Deus; em decorrência disso, ela se torna impecável. Como sempre, daí começam a derivar as deduções perigosas com aplicações degradantes. Enquanto permanece superado, como algo inútil, qualquer esforço ascético e qualquer prática pessoal das virtudes, na situação em que se desfruta da beatitude, deixa de existir qualquer responsabilidade em relação a possíveis ou reais limitações da sensualidade. A libertação que a íntima união com Deus produz se expressa nessa liberdade de espírito. Proclama-se a anulação de qualquer obstáculo para chegar à iluminação divina e ao extasiado prazer que se concede à alma em plena passividade; mas a anulação, perfeita na teoria, não produz na prática o domínio dos instintos inferiores. Encontra-se aqui o salto mortal do movimento, como o de todas as correntes pseudomísticas. Não se estabelece a devida correlação entre causas e efeitos na dinâmica vital do progresso espiritual. A diferença chave entre eles e a mística autêntica consiste nisto: na forma oposta (não obstante as semelhanças de vocabulário) de conceber a atividade e a passividade da alma; a ascética e a mística; o sofrimento ou a provação e o prazer ou o prêmio. A identidade entre o "livre espírito" e o quietismo é total; variam as expressões e o contexto histórico.

Como conclusão, podemos afirmar que o iluminismo místico substancialmente deve ser considerado como exagero ou desvio de aspectos e elementos válidos da espiritualidade cristã tradicional. Embora se apresente como constante histórica, o iluminismo se propaga em grupos relativamente reduzidos, conduzidos por algum líder doutrinal. Nunca chega a proporções nem universais nem nacionais. É um movimento de elite, e por isso oferece insistentemente um ensinamento esotérico cultivado em círculos ou cenáculos dedicado "à santidade", entendida à maneira deles. Apresenta-se de fato em todas as suas manifestações como busca de uma espiritualidade cristã em nível superior ao ambiente que o circunda. Todos os grupos que se empenham em encontrar métodos e fórmulas capazes de atingir esse nível espiritual nascem e se movem à margem da autoridade hierárquica e magisterial da Igreja. Mesmo quando denunciados e condenados, resistem tenazmente, considerando-se não apenas incompreendidos, mas até superiores e imunes a excomunhões e censuras. Como meta das grandes aspirações que inicialmente se propõem, procuram a deificação da alma por meio da superação das práticas exteriores e costumeiras da devoção tradicional. Mesmo quando o seu conteúdo doutrinal é diferente nos vários movimentos, todos coincidem naquela suprema finalidade. Julgam que o meio ideal para atingi-la é um processo de interiorização que insiste com maior ou menor exclusividade na atitude de abandono ou de passividade à ação de Deus, deixando uma limitada amplitude às luzes ou inspirações que transformam a alma infalivelmente. Nasce daí o sentimento de impecabilidade, de identificação com a vontade divina e do domínio do mundo à semelhança da inocência anterior ao pecado original. O esforço ou a iniciativa pessoal, mais que o exercício das virtudes ou a mortificação das paixões, deve orientar-se para obter e perseverar no repouso interior, no qual se desfruta da comunicação divina. Nas formas mais desenvolvidas, essa situação espiritual é idêntica à quietude perfeita, à contemplação de pura passividade. Quando esse estado se torna estável e até continuado, deve-se eliminar e abandonar não só os esforços ascéticos, mas também as práticas remanescentes de devoção, incluindo as prescritas obrigatoriamente pela Igreja. A transformação, por sua vez, realiza a anulação perfeita de tudo o que pode perturbar a alma e produz, em consequência, uma santa e total indiferença. Não há impedimento à comunicação direta entre a alma e Deus. Se na verdade a parte inferior, o corpo ou a sensualidade fazem sentir ainda o seu peso, os movimentos quietistas aplicam uma terapêutica em que revelam a periculosidade ou fatuidade de todas as suas pretensões exaltadoras: em alguns casos, o domínio das inclinações sensuais se une a certas práticas ascéticas, extravagantes, que degeneram em autênticos abusos; em outros casos, se pregam aberrações de manifesta imoralidade. Nesse campo prático das degradações de sabor orgiástico, produz-se o fenômeno comum da luta para manter os movimentos em grande segredo e sob a proteção de diretores ou mestres "iluminados", os únicos a possuir o segredo de ensinar o verdadeiro caminho da interioridade.

Deve-se a esses mestres o fato de nos movimentos mais modernos se difundir, como prática das almas "iluminadas", a frequente comunhão. As formas e as práticas degradantes foram ordinariamente os primeiros indícios e os motivos que levaram o magistério da Igreja a identificar os movimentos iluministas e a elaborar a síntese de sua respectiva doutrina. As condenações do magistério eclesiástico sintetizam, mais que o pensamento concreto de um autor (excetuando-os casos em que ele constitua uma prova), a ideologia que circulava naqueles ambientes saturados de falso misticismo, sem que por esses fatos se possam atribuir todas as proposições aos autores que — por prudência — foram colocados no índex por ocasião das diversas manifestações quietistas ou iluministas. Muitas vezes eles inspiraram ou alimentaram correntes. Outras vezes, foram verdadeiros líderes e mestres.

BIBLIOGRAFIA. ANGELOV, D. Le mouvement bogomile dans les pays balkaniques et dans Byzance. In *L'Oriente cristiano nella storia della civiltà*. Roma,

1964, 607-616; CAMPAGNOLA, S. Il movimento del "libero spirito" dalle origini al secolo XVI. *Laurentianum* 8 (1967) 251-263; GEBHART, E. *L'Italia mistica. Storia del Rinascimento religioso nel Medioevo*. Bari, 1924; GRUNDMANN, H. *Bibliographie zur Ketzergeschichte des Mittelalters* (1900-1966). Roma, 1967; GUARNIERI, R. Il movimento del Libero spirito. *Archivio Italiano per la Storia della Pietà* 4 (1965) 351-708; KNOX, R. A. *Illuminati e carismatici. Una storia dell'entusiasmo religioso*. Bologna, 1970; KOLAKOWSKI, L. *Chrétiens sans Église. La conscience religieuse et le lien confessionel au 17º siècle*, Paris, 1969; MANSELLI, R. *Studi sulle eresie del secolo XII*. Roma, 1953; ID. *Spiruali e Beghini in Provenza*. Roma, 1959; NIEL, F. *Albigeois et Cathares*. Paris, 1967; OLIGER, L. *De secta spiritus libertatis in Umbria saec. XIV. Disquisitio et documenta*. Roma, 1943; THOUZELLIER, C. *Hérésie et hérétiques: vaudois, cathares, patarins, albigeois*, Roma, 1969; VOLPE, G. *Movimenti religiosi e sette ereticali nella società medievale italiana: secoli XI-XIV*. Firenze, 1961.

E. PACHO

IMAGENS. São representações visíveis, obtidas por meio de desenho, pintura ou escultura, de um objeto ou de uma pessoa. Os salmanticenses dizem que etimologicamente a palavra "imagem" provém do verbo "imitar" (*imago = imitago*): isto é, significa que a imagem é quase a imitação da coisa que representa (*Tract. theol.* 21, disp. 37, par. 1).

1. HISTÓRIA. É preciso distinguir o uso das imagens de seu culto. A história ensina que houve homens que eram favoráveis ao uso, mas se opunham ao culto de imagens. A partir da história da Igreja sabemos que o uso precedeu o culto. O Antigo Testamento parecia contrário tanto ao uso quanto ao culto das imagens (Ex 24,4). Na verdade, essa proibição não foi absoluta, uma vez que os querubins da arca sagrada e a serpente de ouro foram verdadeiras imagens esculpidas e existiu o culto verdadeiro delas (Ex 25,18-23; Nm 21,8-9; 1Rs 7,23-38). Desde o início, a Igreja serviu-se de imagens no culto, como comprovam as pinturas e esculturas encontradas nas catacumbas. Quando em 726 a perseguição iconoclasta se acirrou, o uso e o culto de imagens certamente já vigoravam na Igreja havia séculos, e então tiveram de lamentar os abusos. As perseguições iconoclastas surgidas no Oriente tiveram repercussões também no Ocidente, onde foram logo condenadas nos Concílios romanos de 731 e 769. Na Idade Média e na época moderna o culto e o uso de imagens encontraram adversários (protestantes, calvinistas, wiclefitas, hussitas), embebidos de furor fanático não inferior ao dos iconoclastas bizantinos. Contra eles, o Concílio de Trento (DENZ. 986) proclamou novamente a legitimidade desse culto e definiu a doutrina da Igreja já afirmada no II Concílio de Niceia (787) e no IV Concílio de Constantinopla (869-870), repetindo que se deve prestar a devida honra e veneração às imagens de Cristo, de Nossa Senhora e dos outros santos, não porque elas contêm em si algo de divino que exige esse culto, mas porque a honra a elas prestada se refere às pessoas que elas representam. Essa doutrina foi reapresentada em forma jurídica pelo novo CDC (câns. 1.186-1.189). Nesses cânones são fornecidos os motivos teológicos do culto à Bem-aventurada Virgem Maria e aos santos, cuja intercessão e exemplo ajudam a edificação do povo cristão.

2. CULTO DAS IMAGENS. É a honra prestada às imagens sagradas, ou seja, às representações pintadas ou esculpidas de Jesus Cristo, de Maria e dos santos. A mesma honra é tributada às representações de seres incorpóreos e espirituais: a Trindade, Deus Pai, o Espírito Santo, os anjos. O culto das imagens é considerado relativo na medida em que não se refere diretamente à imagem, mas a Deus, ao santo etc. Ele não é necessário por si só; a Igreja, por motivos particulares, poderia até limitá-lo ou suprimi-lo por algum tempo. Se o defendeu com tanto fervor contra os iconoclastas e os outros adversários mais recentes, foi apenas porque estes o acusam de erro e de idolatria. O culto não é lícito, mas supersticioso, mas lícito e útil para a vida religiosa dos fiéis. O homem tem necessidade das coisas sensíveis e visíveis para se elevar ao conhecimento e ao amor das coisas espirituais e invisíveis. As imagens correspondem à tripla função de ornamento, de ensinamento e de estímulo à devoção. Elas decoram os lugares de culto, incentivando a devoção; levam os iletrados e ignorantes ao conhecimento dos episódios da história sagrada, das verdades sublimes ensinadas pelo catecismo; a visão de uma imagem, por fim, suscita sentimentos de respeito, de veneração, de culto, de amor e de confiança pela pessoa santa que representa e com a qual nos coloca em contato espiritual e em intimidade.

3. IMPORTÂNCIA PARA A VIDA ESPIRITUAL. Por meio do culto das imagens a alma é mais facilmente atraída à imitação dos "protótipos" representados e desse modo progride mais rapidamente na → VIDA INTERIOR. No que diz respeito ao culto das imagens, o II Concílio de Niceia (787) ensina claramente que quanto maior a frequência com que tais imagens são vistas mais se é estimulado a prestar a elas o devido culto sem, contudo, nada retirar da adoração devida a Deus (DENZ. 302). É bem claro, portanto, o grande valor da doutrina do culto das imagens para fomentar a vida interior. O IV Concílio de Constantinopla (869-870) compara o valor desse culto ao valor da Sagrada Escritura, em relação à salvação e à santificação das almas (DENZ. 337). Os próprios santos são um exemplo sempre vivo e comovente do culto das imagens; de fato, como revelam suas biografias, todos tiveram-nas em grande estima e se serviam delas para estimular a própria devoção e oração. A própria Santa → TERESA DE JESUS recomenda o culto das imagens mesmo nos estados superiores da vida espiritual (*Vida*, 7, 2; 9, 1; 11, 4; *Moradas*, VI, 9, 12-13).

Especialmente as imagens sagradas e milagrosas exercem uma grande influência na vida espiritual dos homens. Constituem uma prova evidente dessa influência os grandes santuários de nosso Senhor Jesus Cristo, da Virgem Maria e dos santos, onde as imagens deles são veneradas com culto público e com grande proveito espiritual para as almas que ali se alimentam na esperança deles e obtêm de Deus muitas graças.

BIBLIOGRAFIA. Encíclica *Redemptoris Mater*. Città del Vaticano, 1987; Exortações apostólicas *Signum magnum* de 13 de maio de 1967. In *AAS* 59 (1967) 465-475; GRUMEL, V. Images (Culte des). In *Dictionnaire de Théologie Catholique* VII, 766-844; KUNSTLE, K. *Ikonographie der Heiligen*. Freiburg Br., 1926; *Marialis cultus* de 2 de fevereiro de 1974. *AAS* 66 (1974) 113-163; SCHAMONI, W. *Das wahre Gesicht des Heiligen*, Munchen, 1949.

M. T. MACHEJEK

IMITAÇÃO (e SEGUIMENTO) DE CRISTO. O tema da imitação de Cristo é fundamental para a teologia espiritual da Igreja. Ela tem um duplo fundamento bíblico: um se remete ao conceito de "seguimento"; outro é o de "imitação". O primeiro é frequente e exclusivo dos quatro Evangelhos (com exceção de 1Pd 2,21 e Ap); o segundo é próprio e característico de um grupo de cartas de São Paulo.

Há similares de nosso tema em vários outros termos do Novo Testamento, como discípulo, imagem, irmão e outros, os quais, contudo, de um modo ou de outro, relacionam-se com os conceitos expressos pelas duas raízes ἀκολουθεῖν e μιμεῖσθαι, dos quais trataremos a seguir.

1. SEGUIR JESUS CRISTO. No atual estágio da redação neotestamentária, o seguimento de Cristo se apresenta às vezes como um simples acompanhamento material ou exterior, às vezes como um seguimento moral. Este último tem toda uma gama diversificada de significados.

Todos os textos que se referem ao nosso sujeito podem ser reunidos (cf. A. SCHULZ, *Nachfolgen und Nachahmen*, Munchen, 1962, 195-197) em suas classes: a) como simples seguimento externo, ou seja, ir atrás do Senhor que precede na viagem. Diz-se da multidão (Mc 3,7 e par.; 10,52 e par. etc.); dos Doze ou de algum dos μαθηταί (Mc 6,1; 14,54 e par. etc.). b) "Seguir" às vezes é usado em São João em sentido translato como equivalente de "crer" (Jo 8,12; 10,4; etc.). c) Mas, com mais frequência, em João "seguir" significa participar da mesma sorte do Mestre (Jo 12,26; 13,36.37 etc.; Ap 14,4). d) Alguns textos dos Sinóticos falam de seguimento como de um dever do discípulo de seguir os passos do Senhor (Mc 8,34b e par.; Lc 14,27 e Mt 10,38). e) Outras vezes "seguir" é equivalente a "discípulo", o que se verifica frequentemente nos Sinóticos, como em Mc 1,17 e par.; 1,18 e par.; 1,20 e par. etc. Também em Jo 1,40.43. f) O único texto em que Jesus é explicitamente proposto com a raiz verbal que estamos examinando como modelo ético se encontra em 1Pd 2,21 (cf. também Mt 8,34b e par.; Lc 14,27 e par.; mas para esses textos ver mais adiante).

A partir da relação dos textos, podemos ver bem que seguir Jesus não é um mero sinônimo de "imitar Cristo". A crítica literária — na qual não podemos nos deter aqui, contudo —, ao mostrar que o verbo "seguir" é próprio e quase exclusivo dos quatro evangelhos, impele-nos a buscar o significado originário do seguimento de Cristo na existência histórica pré-pascal do Senhor no ambiente judaico do seu tempo; a pré-história do conceito da imitação de Cristo, por sua vez, deve ser buscada em ambiente greco-helenístico. Realmente, o conceito de "seguir os deuses" era conhecido na língua grega profana dos tempos anteriores e posteriores ao Novo Testamento (cf. os célebres textos de EPITECTO, *Diss.* I, 20; 12, 8). A ideia de seguir Deus às vezes aparece, ainda que raramente, no Antigo Testamento para ressaltar a fidelidade para com o Senhor, considerado eventualmente como rei, pastor, esposo da nação eleita (cf. 2Sm 15,13; 1Rs 14,8; 18,21; Sl 80,2; Jr 2,2; Os 11,1; também Dt 6,14). Na verdade é inegável que os Evangelhos, ao usar o verbo ἀκολουθεῖν e seus compostos, refletem uma evidente característica local: a do discípulo que segue, ou seja, que acompanha o seu Mestre no ambiente palestino. Originariamente "seguir" expressa, mais que o seguimento exterior, também uma relação de submissão, de escuta e de respeito do discípulo em relação a seu Mestre. Que o seguimento de Cristo signifique tudo isso, mas transcenda o uso rabínico tradicional, já se pode intuir *a priori* do fato de o verbo "seguir" quando tem um valor religioso no Novo Testamento sempre é usado em relação a Jesus para indicar a relação única entre Cristo e seu discípulo. De fato, se existe uma expressão que a crítica literária mais exigente pode pôr com relativa certeza nos próprios lábios de Jesus, ela é precisamente o convite feito pelo Senhor aos primeiros discípulos (Mc 2,14; 10,21; Mt 9,9; Lc 9,59; 18,21; Jo 1,43 etc.): "Siga-me!". E não se trata simplesmente de passar a acompanhar um rabino para adquirir a formação científica profissional; e por um certo tempo, mais ou menos longo e determinado, mas certamente destinado a acabar. Quem "segue Jesus" rompe todos os laços com o passado. De fato, o discípulo de Cristo deve abraçar e no devido tempo promulgar com fidelidade absoluta a mensagem confiada a ele pelo Mestre. Assim, no nome do seu Senhor, exercerá poderes extraordinários; dará ordens até aos demônios e estes lhe obedecerão.

De fato, Jesus não é só mestre, e mestre único, mas também profeta e messias. Com a sua vinda, os últimos tempos irromperam na história do mundo e os seguidores de Cristo podem vislumbrar bem depressa a terrível sorte de seu Mestre. A vida do profeta efetivamente é repleta de responsabilidade e risco.

O Messias, por outro lado, é também "servo de Deus" e a ele estão reservados os sofrimentos mais atrozes. Quem segue Jesus não deve iludir-se de que terá uma sorte melhor que a reservada ao próprio Mestre, ou seja, de que poderá evitar as "tribulações" da era escatológica e as particulares reservadas àqueles que puseram a própria existência em comum com a de Cristo. E Jesus não esconde essas perspectivas tão pouco otimistas aos seus seguidores. Nesse contexto inserem-se também os conselhos evangélicos da renúncia às riquezas, às alegrias da família e até a si mesmos.

Contudo, seguir Jesus, mesmo se comporta tantos riscos e renúncias, bem como uma absoluta dedicação aos interesses do Mestre e do reino que ele veio fundar, não é algo triste em si mesmo; ao contrário, é repleta de alegre e jubilosa esperança. O seguimento de Cristo é confortado, de fato, pelas promessas mais animadoras e alegres, como o cêntuplo neste século e a vida eterna. A alegria da participação na salvação que o Messias traz aos homens no tempo escatológico é corroborada pelo penhor dos bens futuros, doado pelo Espírito Santo. O discípulo, permanecendo ao lado do Senhor, compreenderá cada vez melhor que Cristo não é apenas um profeta, um mestre e o Messias: mas é o Filho dileto do Pai.

O fato de ter havido um progresso na compreensão do seguimento de Cristo é bastante óbvio e hoje é demonstrado pela crítica literária dos escritos evangélicos. O apelo ao seguimento, feito por Jesus aos primeiros seguidores, continuou a ecoar na Igreja primitiva no tempo subsequente à Páscoa. Os fiéis agora vivem na comunhão espiritual com seu Senhor glorificado, mas ele está sempre presente entre os seus. Estes se submetem à sua palavra, que continua a ser sempre válida e salvadora. O apelo ao seu seguimento agora é estendido a todos os crentes: eles devem responder plenamente a esse convite segundo a vocação individual e o carisma particular.

É nesse contexto eclesial que seguir Jesus servirá para exprimir não só a atitude radical em relação a Cristo e a sua mensagem — ligar a própria vida a Cristo e ao seu reino — mas também uma atitude moral de um modo bem definido e preciso. Em uma época posterior, também uma realidade ontológica: o "seguimento" de Cristo será então sinônimo de imitação de Cristo. Santo → AGOSTINHO expressará muito bem a equivalência do seguimento com a da imitação: "*Quid est enim sequi, nisi imitari?*" (*De sancta virginitate*, 17: PL, 40, 411).

2. IMITAR JESUS CRISTO. Vimos que a ideia de Cristo como um modelo ético parece debilmente representada nos quatro evangelhos pelo conceito de seguimento. A crítica literária, aliás, considera esse mesmo conceito uma reflexão posterior à Páscoa, que explicita a ideia primordial encerrada no convite que Cristo faz ao seu discípulo. Será tarefa da segunda geração cristã esclarecer plenamente a ideia da imitação de Jesus Cristo.

São Paulo considera o "mimetismo" moral como consequência da radical conformação do crente a Jesus Cristo, realizada pela fé e pelos sacramentos da iniciação cristã. São João está de acordo com essa teologia, dado que para ele o seguimento de Cristo é um dom de Deus e é um fato escatológico: é a possibilidade oferecida aos fiéis de estar em comunhão com Jesus e, por meio dele, com o Pai celeste. Jesus promete a via e a glória através do caminho dos sofrimentos e da morte a todos os que receberam a graça da fé e do amor. Pode-se dizer que, para São João, os poucos crentes do período pré-pascal são apresentados como tipo dos verdadeiros fiéis de todos os tempos e de todos os lugares. Essa ampliação (ou melhor, aprofundamento) doutrinal, se revela uma reflexão teológica inicial nos escritos do Novo Testamento, ao mesmo tempo demonstra também a atualidade da mensagem de Jesus para as várias situações da Igreja.

Mas em São Paulo se encontra um desenvolvimento particularmente interessante da imitação de Cristo no significado forte de comunhão e de conformação vital com Jesus, morto e ressuscitado. Toda a mística paulina visa realizar da maneira cada vez mais perfeita a união misteriosa, mas muito real com o *Kyrios*. Essa união, realizada pela graça santificante, é o fundamento da imitação de Cristo porque é por meio da graça que o fiel é conformado à imagem do Filho unigênito, tornando-se um *alter Christus*. E como participa "sacramentalmente" da paixão e da glória do Senhor, assim deve moralmente assemelhar-se ao divino modelo e realizar ações dignas dele.

Esse conceito de imitação de Jesus Cristo evidencia a seriedade da vocação cristã, que encontra a sua expressão concreta mais adequada no → MÁRTIR e no asceta. Ambos estão mortos para o mundo: o primeiro fisicamente, o segundo moralmente. Mas todo cristão digno desse nome deve, de algum modo, "morrer com Cristo" na própria pessoa, participando da sua paixão, não só no batismo, mas também na própria vida de cada dia, para poder "ressurgir" com Cristo e ser uma nova criatura.

O conceito paulino da imitação, especialmente quando está inserido na teologia do Corpo místico, parece uma realidade não estática, mas repleta de dinamismo espiritual, que compromete continuamente os fiéis e seus pastores. Com o aumento da união e da conformação a Cristo, a imitação de Cristo se aperfeiçoa cada vez mais.

Sabe-se que ele "sacramentalmente" atinge o seu ápice aqui na terra na participação da Ceia do Senhor, considerada como sacramento e como sacrifício da nova aliança, e como sinal supremo de amor.

Da realidade ontológica (Cristo vive no fiel que ama e que "reforma" a sua imagem), brota como consequência natural a imitação ética: os sentimentos do cristão autêntico devem ser semelhantes aos que habitavam no coração de Cristo, todos impregnados do amor (ἀγάπη), porque agora se ama com o coração de Cristo (Fl 1,8; 2Cor 11,10; 12,9).

Nessa direção deve-se considerar também a imitação de Deus (Pai), também ela fundamentada na imitação de Cristo e que se manifesta e se realiza na vida vivida no amor.

BIBLIOGRAFIA. HEITMANN, A. *Imitatio Dei. Die ethische Nachahmung Gottes nach der Väterlehre der zwei ersten Jahrhunderte.* Roma, 1940; TILLMANN, F. *Die Verwirklichung der nachfolge Christi.* Dusseldorf, 1950; ID. *Die Idee der nachfolge Christi.* Dusseldorf, 1953; GILLON, L. B. *Cristo e la teologia morale.* Roma, 1961; SCHNACKENBURG, R. *Die sittliche Botschaft des Neuen Testamentes.* Munchen, 1962; SPICQ, G. *Théologie morale du Nouveau Testament.* Paris, 1965 (cf. t. II, 688-744); TURBESSI, G. Il significato neotestamentario di "sequela" e di "imitazione" di Cristo. *Benedictina* 19 (1972) 163-225 (com bibliografia); PINTO, L. DI. "Seguire Gesú" secondo i Vangeli sinottici. In *Fondamenti biblici della teologia morale.* Brescia, 1973, 187-251 (com bibliografia pp. 188 ss.); MATEOS, J. *Los "Doce" y otros seguidores de Jesús en el evangelio de Marcos.* Madrid, 1982; Sequela. In *Nuovo Dizionario di Spiritualità*, Roma, [4]1985, 1.431-1.443; COULOT, P. Jésus et le disciple. Étude sur l'autorité messianique de Jésus (Études bibliques, nouvelle série 8). Paris, 1987 (com ampla bibliografia pp. 277-318).

G. TURBESSI

IMOLAÇÃO. Significa propriamente a ação com que é oferecido ou realizado o sacrifício em que a vítima é morta, não importa se depois ela seja totalmente queimada em honra da divindade (holocausto), ou seja, parcialmente consumida pelo ofertante e pelo sacerdote. A intenção que impele o ofertante à imolação no sacrifício de holocausto é expressar da maneira mais radical o sentimento de adoração; no sacrifício expiatório (*pro peccato*) e no de reparação (*pro delicto*), pretendia-se expiar a culpa ou oferecer a reparação por um direito violado; no sacrifício pacífico, oferecido por agradecimento, por um voto feito ou por devoção espontânea, o objetivo mais evidente é entrar em comunhão com a divindade, além de invocar proteção e benefícios. No contexto da → ALIANÇA, os sacrifícios do Antigo Testamento indicam também gratidão, fidelidade aos deveres religiosos do culto e, pelo banquete sacrifical, também uma manifestação do vínculo comunitário.

1. EM CRISTO. Todos esses aspectos e também os do sacrifício incruento com a oferta de produtos vegetais, nas disposições e nos efeitos, adquirem toda a sua significação no sacrifício cruento e eucarístico no Novo Testamento e, portanto, também a imolação de Cristo assume a importância suprema como ação oblativa e sacrifical. De fato, Ele, "com um Espírito eterno se ofereceu a Deus como vítima sem mancha" (Hb 9,14). Sua atitude nasce da determinação profunda da sua vontade em obediência à vontade do Pai, tem suas raízes no primeiro momento da sua existência e a preenche inteiramente: "Eis que vim para fazer a tua vontade. [...] Nesta vontade é que fomos santificados pela oblação do corpo de Jesus Cristo, efetuada de uma vez por todas" (Hb 10,9 s.). Nós somos justificados gratuitamente, pelo magnânimo amor misericordioso do Pai, "em virtude da libertação realizada em Jesus Cristo. Foi a ele que Deus destinou para servir de expiação por seu sangue, por meio da fé" (Rm 3,24 s.); mas toda a vida de Cristo está na perspectiva do seu sacrifício e é uma existência consagrada no amor: "Cristo nos amou e se entregou a si mesmo a Deus por nós em oblação e vítima, como perfume de agradável odor" (Ef 5,2). Em consequência disso, o sacrifício de Cristo é a fonte única e perene da nossa redenção e santificação; a cruz, banhada por seu sangue, é o instrumento de propiciação por meio do qual o Pai, reconciliado conosco (cf. Cl 1,20; Ef 2,13.16-18), nos fala palavras de amor e nos dá o seu Espírito; do mesmo modo, em consequência disso a imolação de Cristo é a fonte e ao mesmo tempo o exemplar necessário da atitude de vítima de toda a vida cristã. Essa condição diz respeito a todos os cristãos e obviamente vai-se acentuando na medida em que a graça divina e a escolha de uma vocação comprometem mais radicalmente à santidade.

2. EM TODOS OS CRISTÃOS. Jesus enunciou a lei universal da abnegação e da assunção livre da cruz para todos os que querem ser seus discípulos (Mt 10,24), determinando exigências mais árduas para os mais comprometidos com a perfeição e com o seu seguimento (Mt 19,21). Paulo prega apenas Cristo crucificado (1Cor 1,23), alegra-se por não conhecer outros além dele (1Cor 2,2). Ele se orgulha da cruz do Senhor Jesus, pela qual o mundo é crucificado por ele e ele pelo mundo (Gl 6,14); a teologia da cruz é loucura e escândalo para aqueles que perecem, mas força e sabedoria de Deus para os chamados (1Cor 1,18); por isso ele tem orgulho de trazer no seu corpo espancado, ferido e doente os "estigmas" de Jesus (Gl 6,17), ou melhor, de ser reduzido quase a uma imagem de Cristo moribundo (2Cor 4,10). Na sua corrida para a perfeição, ele anseia participar dos sofrimentos do Mestre e tornar-se semelhante a ele pela morte (Fl 3,10), e considera um privilégio ser escolhidos para a perseguição por ele (Fl 1,29). Aliás, a luta e o sofrimento fazem parte da vida cristã (2Tm 3,12), uma vez que por muitas tribulações devemos entrar no reino de Deus (At 14,21); por isso o cristão não deve admirar-se de ser perseguido, pois essa é a sua condição no mundo (1Ts 2,3 s.; 1Pd 4,12); mais propriamente deve-se dizer que, pelo batismo, toda a sua vida é colocada sob o signo da paixão de Cristo (Rm 6,3 s.). No nível mais elevado da perfeição encontram-se as bem-aventuranças e as misteriosas alegrias de sofrer perseguições e sofrimentos por Jesus e pelo Evangelho (Mt 5,10; 2Cor 7,4; 1Pd 2,20; 3,14; 4,14). A importância do sacrifício e da imolação de Cristo no plano salvífico faz com que toda a existência do cristão adquira caráter oblativo e sacrifical e se ilumine na luz do mistério pascal. Se a nossa Páscoa é Cristo imolado, toda a conduta cristã deve ser nele pureza e verdade (1Cor 5,7 s.). Para Paulo, até a pregação se transforma em tarefa sacerdotal porque leva as pessoas a consumar a própria morte no batismo e a se tornar uma oferta aceita, santificada no Espírito (Rm 15,16), especialmente na perspectiva de que também o sangue do Apóstolo é derramado na oferta sacrifical da fé em Cristo morto na cruz (cf. Fl 2,17). O próprio → SACERDÓCIO DOS FIÉIS do novo povo de Deus, embora não seja ministerial e suas vítimas sejam espirituais (1Pd 2,5.9), seu sacrifício seja um sacrifício de louvor, fruto de lábios que confessam o seu nome (Hb 13,15), ainda assim comporta uma verdadeira participação no sacerdócio de Cristo com a incumbência ao culto de Deus, especialmente na Eucaristia (cf. *LG* 10, 34); aliás, para oferecer dignamente esse sacrifício espiritual devemos ir ao encontro de Cristo "carregando a sua humilhação", ou seja, a cruz (Hb 13,13). No fundo, a atitude dos fiéis e de toda a Igreja é a de caminhar, na corajosa e magnânima tensão escatológica, "de olhos fitos naquele que é o iniciador da fé e a conduz à realização, Jesus, o qual, renunciando à alegria que lhe era devida, sofreu a cruz, desprezando a vergonha, e assentou-se à direita do trono de Deus" (Hb 12,2).

3. NA TRADIÇÃO ESPIRITUAL. Essa condição de vítima da Igreja levou a tradição espiritual cristã a exaltar o martírio como forma ideal da conformação a Cristo e, portanto, como a meta do amor, não só na sua tendência unitiva, mas também como paixão pela Igreja e serviço fraterno. São os sentimentos de → INÁCIO DE ANTIOQUIA que antecipa com o desejo o ser devorado pelas feras para se tornar pão puro de Cristo e seu verdadeiro discípulo (Rm 4,1: *PG* 5, 689); desejo da luz, imitador da paixão do seu Deus (*Ibid.* 692), amor crucificado (*Ibid.* 693). Sentimentos que preenchem as cartas de Cipriano (*Pl* [cf. 81] 4, 425; [cf. 56] 4, 351; [cf. 77] 4, 416). É o desprezo das perseguições e dos tormentos que admira João → CRISÓSTOMO (*In Acta Apost. homiliae*, 52, 4: *PG* 60, 364). É o motivo que leva São → JERÔNIMO a afirmar: "A única resposta digna é pagar sangue com sangue" (*Cartas* 22, 39: *PL* 22, 428). É um dos motivos mais destacados pelo pseudo-Macário para definir o cristão perfeito (*Hom.* 12, 4: *PG* 34, 560; *Hom.* 17,1: *PG* 34, 617). Em → CATARINA DE SENA esse martírio espiritual é a paixão pela Igreja: "Tende certeza, dulcíssimos filhos, que, partindo do meu corpo, na verdade consumei e dei a vida na Igreja e pela santa Igreja". Santa Teresa aponta como objetivo das grandes graças místicas a total conformação ao Crucificado e o serviço incondicional pelas almas (cf. *Castelo*, VII, 4, 4-12). → JOÃO DA CRUZ vê na mais radical *kenosis* de Cristo o modelo necessário da purificação que introduz na união mística (*Subida*, 1, 13, 3 s.; 2, c. 7).

4. NO VATICANO II. O Concílio Vaticano II afirma com força a condição de vítima da Igreja como consequência da união com Cristo na realização do plano salvífico: "Peregrinando ainda na terra, palmilhando em seus vestígios na tribulação e na perseguição, associamo-nos às suas dores como o corpo à cabeça. [...] Mas, assim como Cristo consumou a obra da redenção na pobreza e na perseguição, assim a Igreja é chamada a seguir o mesmo caminho a fim de comunicar aos homens os frutos da salvação" (*LG* 7 s.).

O aprofundamento da teologia eucarística e do sacerdócio comum, que notamos em alguns documentos do magistério, vincula a imolação, como condição essencial à Igreja e aos fiéis, ao sacrifício eucarístico: "Participando do sacrifício eucarístico, fonte e ápice de toda a vida cristã, oferecem a Deus a vítima divina e com ela a si mesmos" (*LG* 11).

Como participação do estado de vítima de Cristo no Calvário ou na Eucaristia é descrita a vida espiritual das várias categorias que na Igreja encarnam a tendência à santidade.

a) Os sacerdotes, e analogamente todos os ministros sagrados nos vários graus, devem reproduzir essa imolação. Santificado e enviado ao mundo na forma de servo, Cristo se oferece como vítima voluntária, cumprindo assim o serviço sacrifical e a tarefa do bom pastor. Nesse modelo se inspira a espiritualidade do sacerdote que, buscando com Cristo continuamente a vontade do Pai, vive a ascética do pastor de almas; renuncia ao próprio interesse e ao próprio conforto, mortifica em si mesmo as obras da carne, está disposto até ao sacrifício da vida, abraça a humildade e a obediência, aceita com a alegria do amor as renúncias do celibato, abre-se para a pobreza voluntária. E como a caridade pastoral brota sobretudo do sacrifício eucarístico, centro e raiz de toda a vida do presbítero, a alma sacerdotal se esforça para refletir o que é realizado no altar: unindo-se ao ato de Cristo sacerdote, oferece-se totalmente a Deus todos os dias; alimentando-se do corpo de Cristo, participa da santidade daquele que se oferece como alimento aos fiéis. Para realizar esse ideal ele se esforça em penetrar cada vez mais a fundo o mistério de Cristo com o recolhimento e a oração. É um perfil de espiritualidade traçado em muitos documentos do magistério da Igreja, como na *Menti nostrae* de Pio XII, na encíclica *Sacerdotii nostri primordia* de João XXIII, em *Sacerdotalis caelibatus* de Paulo VI, mas sobretudo no decreto *Presbyterorum Ordinis* (cf. nn. 12-17).

b) A vida religiosa não menos evidentemente é apresentada na luz do sacrifício de Cristo. Se a virgindade é vista habitualmente como uma resposta excelente ao amor e afirmação da liberdade apostólica, a obediência e a pobreza constituem a imitação da aniquilação do Salvador (*LG* 42).

Particularmente a obediência exige a imolação, porque "pela profissão da obediência, oferecem os religiosos a Deus a inteira dedicação da própria vontade como sacrifício de si próprios" (*PC* 14) à imitação de Jesus Cristo que, assumindo a natureza de servo, pelos sofrimentos por que passou conheceu a prova da submissão orientada para o serviço dos irmãos (cf. *Ibid.*).

c) Também a espiritualidade dos leigos, caracterizada pela "índole secular" (*LG* 31), está sob a luz da imolação, uma vez que, para realizar o reino de Deus no Cristo morto e ressuscitado e conquistar a liberdade real, eles devem recorrer à abnegação de si mesmos, derrotar o pecado com a santidade, servir Cristo nos irmãos que só com a humildade e a paciência conduzem a ele (*LG* 36). Em especial, o Concílio ensina que "pelo trabalho oferecido a Deus, nós cremos que o homem se associa à própria obra redentora de Jesus Cristo, que conferiu uma dignidade eminente ao trabalho, quando em Nazaré trabalhou com as próprias mãos" (cf. *GS* 67; cf. n. 32.28). Com particular vigor é evocada a eficácia sublimadora da imolação eucarística: "Assim todas as suas obras, preces e iniciativas apostólicas, vida conjugal e familiar, trabalho cotidiano, descanso do corpo e da alma, se praticados no Espírito, e mesmo os incômodos da vida pacientemente suportados, tornam-se 'hóstias espirituais, agradáveis a Deus, por Jesus Cristo' (1Pd 2,5), hóstias piedosamente oferecidas ao Pai com a oblação do Senhor na celebração da Eucaristia" (*LG* 34).

Em conclusão, o Vaticano II pôde afirmar: "Nos vários gêneros de vida e ofícios uma única santidade é cultivada por todos aqueles [...] que seguem a Cristo pobre, humilde e carregado com a cruz" (*LG* 41).

BIBLIOGRAFIA. *Gesú Cristo, mistero e presenza*. Roma, 1971; Guibert, G. de – Daeschler, R. Abnegation. *Dictionnaire de Spiritualité* I, 67-110.

R. Moretti

IMPERFEIÇÃO. 1. NOÇÃO. O conceito de imperfeição pode ser considerado em diversas acepções. Em geral é um conceito negativo, relativo e contraposto ao conceito de perfeição que pode assumir valores diferentes dependendo dos aspectos da realidade a que se aplica.

Nossa consideração restringe-se ao campo moral, em que a imperfeição consiste na omissão de um bem, melhor por conteúdo e caráter cuja proporção e conveniência com o sujeito atuante são claras.

Essa imperfeição moral também é denominada positiva, para distingui-la da imperfeição negativa que consiste em uma falta de uma perfeição ulterior essencial a qualquer ato humano; a imperfeição negativa é, poderíamos dizer, a manifestação da imperfeição ontológica que a criatura traz em si e da qual nunca poderá se libertar; é a própria existência da criatura.

A questão assume um caráter decisivamente especulativo, prescinde da prática, ainda que sua solução tenha consequências extremamente importantes para a vida. Em poucas palavras, o núcleo da questão é o seguinte: omitir um bem melhor na prática é imperfeição ou pecado venial? E todos os vários enfoques possíveis do problema se reduzem a esse esclarecimento.

2. SOLUÇÕES CLÁSSICAS. As soluções dadas a esse problema, desde o seu surgimento até os dias de hoje, fundamentalmente podem reduzir-se em duas: imperfeição como ação boa, mas imperfeita, imperfeição como pecado venial. Os defensores da primeira solução (Lugo, salmanticenses, → GARRIGOU-LAGRANGE etc.) dizem que a omissão de um bem melhor é ação boa mas imperfeita, considerada a possibilidade que o homem tinha naquele determinado momento de realizar uma ação moral superior. Os defensores da segunda solução (Passerini, Hugueny, Ranwez, Barsi etc.), por sua vez, defendem o pecado venial dessa escolha, dada a impossibilidade naquele momento determinado de ter um motivo legítimo que justifique tal modo de agir. Praticamente os primeiros afirmam a existência da imperfeição moral, os segundos não (ao menos subjetivamente).

A uma dessas duas soluções devem ser ligados os outros autores que tentaram, se não resolver, ao menos esclarecer o problema; ainda que, obviamente, muitos deles de fato apresentam diversos matizes e destaques, não essenciais contudo aos objetivos da questão.

3. NOVAS PERSPECTIVAS. Nos últimos anos, diante das contínuas publicações e da constatação do importante contraste existente entre as duas posições, muitos autores, precisamente em decorrência da insatisfação derivada dessas soluções, sentem a necessidade de esclarecer mais exatamente a questão, de captar mais profundamente seus termos e, em consequência, indicar novos caminhos para solucioná-la.

Dois autores se distinguem nessa obra: Cortesi e Truhlar. O primeiro insiste em um enfoque puramente filosófico, eu diria, da questão. Quando se tem certeza de um bem concretamente possível, que nos é proposto como melhor para nós em relação a qualquer outro bem, não seguir aquilo é irracional e, portanto, é pecado. "O drama da vida humana, até simplesmente humana, e cristã está todo: a) em saber o que cada um concretamente deve fazer a cada dia, a cada hora, para ser ele mesmo, homem ou cristão, ou, do mesmo modo, para ser santo, perfeito, para atingir o seu objetivo; b) e em fazer o que se viu que se deve fazer, traduzindo a verdade em ação, vencendo particularmente as gravitações adversas que permaneceram em nós em decorrência do pecado original. Problema de luz e de força, de juízo e decisão coerente. Por outro lado, não devemos nos esquecer da graça de Deus, que é também uma realidade". Leis obrigatórias, portanto, são não só os preceitos positivos, mas também a norma interior racional no plano humano e a graça e a caridade no plano sobrenatural.

A questão da imperfeição moral, insiste Truhlar, deve ser vista a partir deste último ponto do preceito e do dinamismo da caridade. Depois de esclarecer a questão, ele afirma explicitamente que omitir o ato melhor não ordenado que alguém julga com certeza moral possível para ele *hic et nunc* é pecado. Peca não contra um conselho, mas contra a caridade.

4. ELEMENTOS PARA UMA SOLUÇÃO. Nesse contexto, procurando identificar mais precisa e profundamente os termos do problema, vimos que a falha fundamental inerente às soluções anteriores é uma visão legalista da questão (preceito e conselho, obrigação e não obrigação). Esclareçamos: em decorrência da sua elevação no plano sobrenatural, o cristão recebeu um novo princípio interno que dinamicamente o impele a atingir plenamente o seu objetivo: "Recebestes o Espírito", "não estais mais submetidos à lei, mas apenas à graça". Para quem descobriu como própria a lei da nova aliança, a questão não pode mais ser posta no plano de uma simples legalidade, mas deve ser situada no seu verdadeiro papel: como relação com Deus, disposição a aceitar a direção da sua graça como lei da própria vida.

Nessa perspectiva de graça e de amor, a questão adquire outro aspecto; não só não pode ser tratada em termos de obrigação, dever e pecado, mas a categoria "pecado" deve ser reconsiderada e vista sob o seu verdadeiro aspecto: como conflito com o Espírito, com a graça, com a caridade.

O ponto de partida para a solução do problema da imperfeição moral é portanto a graça, que é primordialmente comunicação pessoal de Deus ao homem. É Deus quem vem ao encontro do homem, toma posse dele, o transforma por meio da incorporação a Cristo em virtude do Espírito Santo. As pessoas têm diante de si: Deus, as três Pessoas divinas, e o homem. Deus em nós e nós em Deus. A partir desse momento começam a existir relações íntimas, profundas e amigáveis entre as Pessoas divinas e o homem. Começa um diálogo de amor entre eles.

Transformado por esse encontro, o homem pode e deve responder a ele. Pode fazê-lo devido à caridade que foi difundida com abundância em seu coração. Mas essa caridade, o ágape, não se torna o amor do amor enquanto este não a acolhe em si. De fato, o ágape é um amor inteiramente pessoal que deriva essencialmente de uma decisão livre, que provém do centro da pessoa; não é apenas um sentimento ou uma vontade, mas deve, segundo o exemplo de Cristo e seguindo o seu preceito, tornar-se vida e ação através da vigilância, da gratidão e da resposta às imprevisíveis iniciativas de amor por parte de Deus. No diálogo pessoal entre Deus e o homem a vida destes não deve ser senão uma atenção contínua, uma sensibilidade cada vez maior pelas contínuas manifestações de amor por parte de Deus. A vida do homem deve consistir unicamente em dar uma resposta pessoal a um Deus pessoal. O homem deve viver em cada instante a sua situação específica porque é lá que Deus vai ao seu encontro de uma maneira única e irrepetível. É a cada vez uma palavra de amor que Deus pessoalmente dirige ao homem e espera dele uma resposta pessoal de amor. A cada momento o homem é chamado a viver e a realizar cada vez mais plenamente a comunhão atual existente entre ele e a Trindade até atingir o pleno e definitivo desenvolvimento.

Daí provém a necessidade de uma visão nova, de uma visão religiosa do pecado; uma visão que deve absolutamente levar em conta que o homem se encontra diante de Deus. Graça e ágape na luz do encontro pessoal com Deus são, portanto, fatores inseparáveis e indispensáveis para uma verdadeira perspectiva religiosa da natureza do pecado.

É nessa perspectiva que vemos o pecado. O → PECADO é um não dito a Deus; é uma ofensa pessoal a Deus que tem todos os direitos sobre a criatura. É um egoísmo substancial, um amor desmesurado por si mesmo que se opõe à única solicitação divina: responder ao amor de Deus, amar a Deus com todo o coração, com todo o espírito e com todas as forças. É autonomia; é recusa do dom de Deus; é recusa do próprio Deus. É uma atitude pessoal de recusa diante de um Deus pessoal. É abandono de Cristo, resistência ao Espírito. Ruptura do diálogo de amor entre Deus e o homem. O pecado pertence à ordem religioso-moral, ordem de ação e expressão do eu em que o homem se realiza enquanto pessoa. Nessa ordem o pecado constitui uma reação negativa, uma recusa, uma resistência. É um não da pessoa que se fecha em si mesma quando se esperaria dela a abertura, por meio da gratidão, o dom de si, por meio da resposta ao apelo de Deus. É recusa da graça, falta de amor, ausência de vigilância, resposta negativa a Deus.

Nessa perspectiva, ainda é legítimo falar de imperfeição moral? Na presente visão há lugar para a imperfeição moral?

5. A IMPERFEIÇÃO MORAL É PECADO VENIAL. Em última análise, o conceito que todos os autores têm da imperfeição moral importa e implica um convite por parte de Deus a agir de uma determinada maneira, encerra uma inspiração do Espírito Santo que impele o homem a realizar de uma maneira específica uma situação concreta de sua vida.

Considerando esse mesmo conceito do nosso ponto de vista, julgamos poder dizer o seguinte: há duas pessoas uma diante da outra, Deus e o homem, Deus que manifesta ao homem o seu amor, Deus que se encontra com ele, Deus que lhe fala. Como é concebível que Deus fale, manifeste o seu amor e, por outro lado, não exija uma resposta, uma *redamatio* por parte do homem a quem se dirige?

O homem é chamado por Deus à visão trinitária: com esse objetivo, desde agora Deus se encontra com o homem transformando-o e tornando-o progressivamente capaz da sua última destinação. O homem, portanto, através da relação com Deus participa já atualmente, ainda que de maneira imperfeita, das riquezas do encontro trinitário. É elevado a um plano sobrenatural; mas é elevado não enquanto homem, mas enquanto este homem, enquanto pessoa. Nessa relação com Deus, o homem se encontra em cada momento na obrigação de realizar cada vez mais perfeita e intimamente o encontro com Deus até o seu pleno e definitivo desenvolvimento: o encontro trinitário nos céus. O caminho para chegar a esse encontro definitivo é o ágape, a grande lei da vida do homem, lei que se expressa em virtude de um princípio interno em uma contínua vigilância e se realiza em uma permanente gratidão por Deus.

O homem, nesse contexto, é chamado a cada momento a viver sua concreta e específica situação em que Deus se torna presente em um momento único que não mais se repetirá. É apenas essa situação que o homem deve viver; é apenas esse encontro com Deus que o homem é chamado a realizar. Não escolha entre essa coisa e outra a que Deus não o chama, mas a realização dessa situação concreta, a única que Deus apresenta ao homem, através da qual chama o home e dele espera uma resposta; Deus que fala e o homem que deve responder, Deus que ama e o homem que deve corresponder a esse amor. Deus espera do homem uma resposta de amor pessoal, específica e determinada. E em cada instante de sua vida o homem tem essa possibilidade e capacidade que lhe vêm do próprio Deus.

Como o homem pode se comportar diante de Deus que em uma determinada situação dirige a ele o seu chamado? Pode realizar plenamente a relação com Deus; pode romper completamente essa relação. Mas existe ainda a possibilidade de uma terceira atitude por parte do homem: ele permanece em relação com Deus, mas essa relação não é momentaneamente manifesta; ele permanece em diálogo com Deus, mas esse diálogo exclui, não leva em conta uma exigência particular, uma demanda concreta que Deus, no seu amor, se digna dirigir ao homem.

No primeiro caso, o homem vive plenamente a sua vida de graça; ama tanto fundamental quanto atualmente. No segundo caso, não vive de modo algum a sua vida de graça; não ama nem fundamental nem atualmente; peca mortalmente. No terceiro caso, o homem vive a sua vida de graça mas não plenamente; ama fundamentalmente, mas não atualmente; ou seja, o amor, que efetivamente permanece no homem, em determinado momento não é manifestado; peca venialmente. Nessa perspectiva não se vê outra possibilidade.

Ora, como no caso da imperfeição nos encontramos efetivamente diante de uma manifestação particular de amor por parte de Deus que chama o homem e o convida a realizar o contato e o diálogo, é inadmissível a existência da imperfeição, de uma entidade intermediária entre o ato bom e o pecado venial e muito menos da imperfeição concebida simplesmente como ato bom. A imperfeição é, portanto, simplesmente pecado venial.

6. CONSEQUÊNCIAS PRÁTICAS. É evidente a repercussão prática dessa conclusão: o homem não pode ser insensível ao convite e à → PALAVRA DE DEUS; todas as vezes que tem consciência de que Deus vai ao seu encontro com uma manifestação particular de amor, ele deve responder a esse amor; e assim, sempre, em todos os momentos, em qualquer manifestação.

Alguém poderia dizer: será que essa posição não é perigosa? Para ser sinceros, devemos dizer que essa visão dinâmica da vida cristã encerra grandes riscos. Mas é precisamente por isso que o homem tem necessidade de Cristo. Será Cristo quem ajudará o homem nessa escolha total e arriscada, arriscada porque total; será nele que o fará tomar a decisão definitiva de viver a vida cristã em toda a sua extensão e intensidade; será ele, enfim, que o fará viver dia a dia, segundo a segundo essa decisão.

O homem traz em si o risco de abraçar uma vida assim: é o risco de viver a graça, o risco de se encontrar com Deus. Poderíamos quase dizer que a vida cristã é essencialmente marcada pelo risco; uma vida que se abandona totalmente às imprevisíveis iniciativas do Espírito Santo; uma vida completamente vivida sob a ação poderosa e paterna do Senhor. É apenas nessa perspectiva que se compreende também a razão profunda da obrigação que todos os cristãos têm de tender à santidade e o caminho para chegar a ela; "com o fim de conseguir essa perfeição façam os fiéis uso das forças recebidas segundo a medida da doação de Cristo" (*LG* 40).

É evidente, portanto, que o ponto de partida para a solução do problema da imperfeição moral é a graça, o encontro pessoal com Deus. com isso, porém, não pretendemos rejeitar as categorias geralmente usadas no estudo do problema; mas, por outro lado, como é possível que alguém, ouvindo claramente a voz de Deus que o convida, que o chama, que lhe manifesta o seu amor, que o encontra pessoalmente, possa tranquilizar a própria consciência refugiando-se na mera categoria de "conselho", do "não dever", da "não obrigação"? Ou será que a lei "do Espírito de vida que está em Jesus Cristo" não tem nenhuma importância?

Na moral neotestamentária, na qual nos inspiramos para fazer estas reflexões, não existe a nua e crua categoria de dever e conselho, mas dever, obrigação moral e conselho, na sua fisionomia cristã, só podem, por princípio, ser vistos e apresentados em relação com a graça.

BIBLIOGRAFIA. BARSI, P. *Note storico-dottrinali sull'imperfezione morale.* Roma, 1961; CORTESI, L. L'obbligo del bene vitalmente proporzionato al soggetto. *Rivista di Ascetica e Mistica* 6 (1961) 87-114; GOFFI, T. L'imperfezione morale. *Rivista di Vita Spirituale* 10 (1955) 56-64; HILARIUS A WINGENE. De imperfectionibus positivis adnotationes quaedam. *Laurentianum* 6 (1965) 221-232; LANDUCCI, P. C. Meditando l'originalità del cristianesimo. Appello agli obbligatoristi. *Seminarium* 12 (1960) 9-20; TRUHLAR, C. V. Imperfezione positiva e carità. *Rivista di Ascetica e Mistica* 6 (1961) 204-213; ZOMPARELLI, B. *Il problema dell'imperfezione morale e l'incontro personale con Dio.* Roma, 1970 (com bibliografia).

B. ZOMPARELLI

INABITAÇÃO. Como a vocação do homem é a comunhão com Deus (cf. *GS* 19) e esta se realiza sobretudo na *koinônia* com as divinas Pessoas (cf. 1Jo 1,3), nenhum outro aspecto do mistério cristão toca mais de perto a perfeição espiritual quanto a inabitação. O Vaticano II ensina que "pela revelação divina quis Deus manifestar-se e comunicar-se a si mesmo e os decretos eternos de sua vontade acerca da salvação dos homens, a saber, para fazer participar os bens divinos, que superam inteiramente a capacidade da mente humana" (*DV* 6). Com essa revelação, Deus, no seu grande amor, fala aos homens como a amigos e se entretém com eles, para convidá-los e admiti-los à sua comunhão (cf. *Ibid.*, n. 2). Segue-se daí que a essência da revelação deve ser colocada precisamente no que ela nos diz do Pai, do Filho e do Espírito Santo, com especial atenção ao que eles operam na história da → SALVAÇÃO para a busca de sua íntima comunhão conosco. Com isso queremos afirmar que também o núcleo da → TEOLOGIA ESPIRITUAL está na busca desse mistério que domina a vida cristã desde a graça batismal até as supremas formas da experiência mística. Ela ocupa um lugar importante nas fontes bíblicas, na literatura espiritual, na → EXPERIÊNCIA CRISTÃ, na reflexão teológica.

1. NAS FONTES BÍBLICAS. Embora a inabitação trinitária seja um "fato" tipicamente neotestamentário, uma vez que a revelação trinitária caracteriza essencialmente o Novo Testamento, é preciso recolher algumas luzes do Antigo Testamento. A razão está na unidade da história da salvação, que é história também da espiritualidade e da santidade. O imenso progresso que a economia da revelação comporta não nos deve fazer esquecer a unidade. E se isso vale para a revelação do mistério de Deus em si mesmo, não é menos verdadeiro no plano da perfeição espiritual.

a) *Luzes do Antigo Testamento*. No Antigo Testamento duas coisas parecem-nos de grande interesse como prelúdio e premissa da revelação evangélica sobre esse assunto: a presença de Deus no meio de seu povo, o papel essencial do Espírito de Deus na experiência religiosa.

I. A presença de Deus. Um fato que incide profundamente na atitude religiosa de Israel é a consciência da presença de Deus. Esta se manifesta com os personagens mais representativos nas teofanias de caráter público, nos grandes acontecimentos, no culto. O objetivo era certamente a garantia do amor particular e da proteção eficaz de YHWH, mas era também o sinal de uma "consagração", o selo de um destino salvífico, o estímulo a uma resposta de culto e de amor, a uma vida de santidade (Ex 19,5 s.; Lv 1,44 s.). Deus se manifesta aos patriarcas com quem faz aliança. É o caso de Abraão: "Eu sou o Deus onipotente. Anda na minha presença e sê íntegro. Quero fazer-te dom da minha aliança entre ti e mim..." (Gn 17,1 s.). É confidencial o diálogo entre Deus e Abraão sobre a iminente destruição de Sodoma e Gomorra: "Irei eu esconder a Abraão o que faço?... Vou ousar falar ao meu Senhor, eu que não passo de pó e cinza..." (Gn 18,17.27).

A Bíblia ressalta que "o Senhor falava com Moisés face a face, como um homem fala com outro" (Ex 33,11). Insiste-se muito na teofania relativa à tenda do encontro. Quando Moisés entrava nela, "a coluna de nuvem descia, permanecendo na entrada da tenda. Então o Senhor falava com Moisés" (Ex 33,9). o povo se prosterna por respeito ao Senhor. Ao pedido de uma presença protetora Deus responde: "Caminharei convosco e te darei sossego" (Ex 33,14). Moisés expressa assim a sua confiança na presença de YHWH: "Se não caminhares conosco, não nos faça subir daqui. E com base em que poderemos reconhecer que eu e o teu povo encontramos graça aos teus olhos? Não será quando andares conosco?" (Ex 33,15 s.). Segue-se, sempre tendo como pano de fundo uma presença de Deus misteriosa e reveladora, o relato da grande visão com que Moisés foi conduzido por Deus à profunda contemplação do ser e das perfeições divinas (Ex 33,18-23). O texto sagrado fala-nos de uma viva luminosidade no rosto de Moisés depois dos diálogos com Deus na sua presença (Ex 34,33). É análogo o comportamento com → ELIAS, o homem que estava diante de Deus (1Rs 17,1), ao qual na caverna no Horeb ele se manifestou não no vento impetuoso, não no terremoto nem no fogo — sinais habituais das teofanias, mas no sussurar de um sopro tênue (1Rs 19,9-13).

Também a revelação do nome de YHWH contém o sentido de que ele está presente, sempre e em qualquer parte, e caminha com o seu povo (Ex 3,13 ss.; 33,16). A promessa dessa presença onipotente, feita por ocasião da aliança (Ex 34,9 s.), é renovada aos enviados para guiar o seu povo: Josué e Juízes (Js 1,5; Jz 6,16; 1Sm 3,19), os reis e os profetas (2Sm 7,9; 2Rs 18,7; Jr 1,8). O menino do qual, na profecia de Isaías, dependerá a salvação do povo, se chamará Emanuel, ou seja, "Deus conosco" (Is 7,14). A presença de Deus, de que a arca da aliança é o sinal, acompanha o povo que ela guia através do deserto e em que ele quer fazer a sua morada viva e santa. Deus prometera consagrar a tenda do encontro com a sua glória (Ex 29,43): "Morarei entre os filhos de Israel e, para eles, serei Deus. Reconhecerão que eu, o Senhor, sou o seu Deus, eu que os fiz sair da terra do Egito para morar no meio deles" (Ex 29,45 s.). De fato, quando foi concluída, Deus tomou posse dela com a sua "Glória": "A nuvem cobriu a tenda do encontro, e a glória do Senhor encheu a Morada" (Ex 40,34). O mesmo ocorre também depois da consagração do templo de Salomão (1Rs 8,10 s.). A restauração definitiva profetizada por Ezequiel é selada pelo retorno da "Glória" de Deus à cidade santa, cujo novo nome será "YHWH está lá". A presença de Deus, com todos os seus bens, indica que é realizada a essência da → ALIANÇA: o Senhor Deus de Israel, Israel povo de Deus (Ez 48,35).

Esse dom da presença de Deus produz um aprofundamento do sentido religioso, tanto na comunidade quanto no coração das pessoas. Segurança e confiança na benevolência e na amizade do Senhor, na luz do seu rosto, no amor do seu olhar: de fato, o sinal da benevolência é expresso com o fato de se encontrar graça aos seus olhos (Ex 33,12 ss.). O seu olhar dá a felicidade

(Sl 4,7): "Por isso meu coração rejubila, minha alma exulta" (Sl 16,9); antes de tudo, Israel vive na exultação porque caminha à luz do rosto de YHWH (Sl 89,16); a sua oração é: "Deus tenha piedade de nós e nos abençoe! Faça brilhar a sua face entre nós" (Sl 67,2), e pede que os olhos de Deus estejam sempre abertos para as suas orações (1Rs 8,29-52; 2Cr 6,20); do templo consagrado ao seu culto Deus afirma: "ali estarão sempre os meus olhos e o meu coração" (2Cr 7,16).

No coração do israelita desperta, consequentemente, um desejo ardente de encontrar o rosto do Senhor, especialmente no seu templo: "Como uma corsa anela pelas torrentes d'água, minh'alma anela por ti, meu Deus. Tenho sede de Deus, do Deus vivo: Quando entrarei para comparecer diante de Deus?" (Sl 42,2 s.). De fato, ele pode dizer ao Senhor: "Pois em ti está a fonte da vida, em tua luz vemos a luz" (Sl 36,10). A atitude típica do orante são os olhos abertos e elevados para o céu para ali buscar e encontrar o olhar de Deus: "Levantei os olhos para ti, que estás sentado nos céus" (Sl 123,1); olhos atentos como dos servos aos acenos dos patrões, mas sobretudo implorantes: "assim nossos olhos estão voltados para o Senhor, nosso Deus, à espera da sua compaixão" (*Ibid.*, 2). Como o dom da presença, assim a busca dessa presença é fonte de devoção interior e de felicidade: "Tenho sempre o Senhor diante de mim, com ele à minha direita sou inabalável. Por isso meu coração rejubila, minh'alma exulta e minha carne habita em segurança" (Sl 16,8 s.).

Em conclusão, a presença de Deus é muito mais que um vínculo ou sinal externo de pertença ao povo da aliança; assim como é afirmação concreta da intervenção poderosa e contínua de Deus na história da salvação, também por parte do homem ressalta um sentido, pessoal e comunitário, de dedicação religiosa, de compromisso moral, de contatos profundos com Deus. É a realização de uma verdadeira comunhão. Não será difícil ampliar a realidade dessa presença divina nas dimensões escatológicas em que o Apocalipse de João descreve a condição da Jerusalém celeste: "Eis a morada de Deus com os homens. Ele habitará com eles. Eles serão seu povo e ele será 'o Deus que está com eles'" (Ap 21,3). Diz o Altíssimo: "A quem tem sede, darei gratuitamente da fonte da água da vida. O vencedor receberá esta herança, e eu serei seu Deus e ele será meu filho" (*Ibid.*, 6 s.). A santa cidade que desce "do céu, de Deus, resplandecente da glória de Deus" (Ap 21,10 s.), tem nessa glória a luz que a ilumina (*Ibid.* 23). Os santos "lhe prestarão culto: verão sua face, e seu nome estará sobre suas frontes. Não haverá mais noite, ninguém mais precisará de luz da lâmpada nem da luz do sol, porque o Senhor Deus difundirá sobre eles a sua luz" (Ap 22,3-5). A força transformadora da presença de Deus, que marcará pela eternidade a perfeita inabitação na Igreja celeste, convida-nos a compreender também as primeiras palavras do Antigo Testamento.

II. O Espírito de Deus. Outro elemento importante para descobrir a teologia da inabitação no Antigo Testamento é o papel excepcional atribuído ao "espírito de Deus", que ajudará a compreender o papel atribuído ao Espírito Santo no Novo Testamento. Nascida da experiência do sopro vital e do vento impetuoso, a noção bíblica do "espírito de Deus" permanecerá ligada à ideia da misteriosa intimidade e pela arrebatadora força da atividade divina. Nos livros mais antigos do Antigo Testamento a noção do Espírito no homem é predominantemente violenta, repentina, transitória, portadora de efeitos externos, mas pouco a pouco o conceito vai-se aprimorando. Podem-se destacar claramente três categorias de efeitos: carismáticos, morais, messiânicos. Os efeitos carismáticos são produzidos habitualmente em homens escolhidos para uma missão excepcional: é o caso dos "juízes" que pela impetuosa invasão do espírito transformavam-se em irresistíveis salvadores de Israel (Jz 3,10; 6,34 ss.; 11,29). Mais tarde a presença do Espírito era reconhecida como mais íntima e mais contínua, como nos líderes habituais do povo de Deus. Parte do espírito de Moisés é transferido por Deus para os setenta anciãos (Ex 11,24-25); do mesmo modo, pela imposição das mãos de Moisés, Josué fica repleto do espírito de sabedoria (Dt 34,9); pela unção de Samuel, o espírito de YHWH cobriu Davi (1Sm 16,13); o espírito de Elias é herdado por Eliseu, que desse modo é reconhecido seu autêntico sucessor (2Rs 2,9.15); para Oseias o profeta é "o homem do espírito" (9,7); falando enquanto é iluminado pelo espírito, ele é a a "boca de YHWH" (Is 30,1).

O "espírito de Deus" não só se revela como "energia" divina que guia a história da → SALVAÇÃO, mas também como "luz" sobrenatural que abre a inteligência humana para o conhecimento do mistério e das intenções de Deus.

Os efeitos "morais" são realizados no interior do coração para gerar nele a conversão, a retidão, a docilidade aos mandamentos de Deus. A necessidade de tê-lo nasce e se torna mais aguda pela experiência da fraqueza humana. "Ensina-me a fazer a tua vontade pois tu é o meu Deus. Teu espírito é bom, que ele me conduza por uma terra plana!" (Sl 143,10). De modo mais profundo, o "espírito de Deus" aparece como verdadeiro e indispensável princípio da devoção no *Miserere*. O salmista se dá conta de que sua condição de pecador e muito profunda, e por isso pede: "Cria para mim um coração puro, ó Deus; enraíza em mim um espírito novo" (Sl 51,12). Ele sente que toda a sua força está no "espírito de Deus": "Não me rejeites para longe de ti, não retires de mim o teu espírito santo; restitui-me a alegria de ser salvo, e que me sustente o espírito generoso" (*Ibid.* 13 s.). Mais profunda ainda e sobretudo de dimensões mais amplas é a ação do "espírito de Deus" na profecia de Ezequiel sobre a era messiânica: "Farei sobre vós uma aspersão de água pura e ficareis puros; eu vos purificarei de todas as vossas impurezas e de todos os vossos ídolos. Eus vos darei um coração novo e porei em vós um espírito novo; tirarei de vosso corpo o coração de pedra e vos darei um coração de carne. Infundirei em vós o meu Espírito e vos farei caminhar segundo as minhas leis, guardar e praticar os meus costumes; [...] sereis para mim um povo e eu serei para vós Deus" (Ez 36,25-28). Esse já é um regime do Espírito, que Jeremias chama uma "nova aliança" (Jr 31,31-34). São Paulo recorrerá a esses textos para ilustrar a economia nova que é a do Espírito Santo derramado sobre a Igreja e sobre os fiéis (2Cor 3,6; Rm 2,29; 6,14; 7,6; 8,2 ss.).

Os efeitos "messiânicos" do "espírito de Deus", já resumidos na nova aliança e no coração novo por Jeremias e por Ezequiel, são anunciados por Joel quase como uma inundação do espírito: "Derramarei meu espírito sobre toda carne" (Gl 3,1). Os adultos e jovens, os filhos e as filhas dos escravos e das escravas: sobre todos, nos dias messiânicos, "derramarei o meu espírito" (*Ibid.* 2). Mas a plenitude do espírito será por antonomásia a derramada sobre o Messias, o ramo que nascerá do tronco de Jessé: "Sobre ele repousará o espírito de YHWH: espírito de sabedoria e de discernimento, espírito de conselho e de valentia, espírito de conhecimento e de temor de YHWH" (Is 11,2). A plenitude do espírito explica e garante a sua missão salvífica não menos eficazmente que a benevolência de Deus: "Eis o meu servo que eu apoio, meu eleito, ao qual minh'alma quer bem, pus sobre ele o meu Espírito. Para as nações ele fará surgir o julgamento" (Is 42,1). "O Espírito do Senhor Deus está sobre mim: o Senhor fez de mim um messias, ele me enviou a levar a alegre mensagem aos humilhados" (Is 61,1). Esse ensinamento tem um valor inequívoco para expressar a teologia neotestamentária sobre a inabitação do Espírito Santo.

b) *A doutrina do Novo Testamento.* No Novo Testamento, pode-se ver a inabitação sob dois aspectos muito estreitamente vinculados, mas não desprovidos de uma ênfase diferente: o aspecto que poderia ser denominado "estático", da união amigável, da fruição por conhecimento e amor; e o aspecto "dinâmico", a presença para realizar a santificação. O primeiro poderia ser considerado o fim e o fruto do segundo, na medida em que as Pessoas divinas realizam em nós a santificação para nos introduzir na sua comunhão amigável e na participação de sua vida.

Sinóticos e Atos. Como no ensinamento neotestamentário o segundo aspecto assume proporções maiores, até pelo fato de a salvação ser uma "história", e como no mesmo aspecto a ação do Espírito Santo parece desfrutar de uma predominância na atenção, a teologia da inabitação deverá voltar-se também para os Sinóticos e para os Atos: neles, de fato, a ação e a presença santificante do Espírito recebem muito destaque, quer em relação a Cristo, quer em relação aos fiéis. À ação do Espírito se deve a concepção virginal de Cristo (Mt 1,18-20; Lc 1,35 s.); ele desce sobre Jesus no batismo quase como se iniciasse a obra messiânica (Mc 1,9-11; Mt 3,13-17; Lc 3,21 s.); leva-o ao deserto para que seja tentado pelo diabo (Mt 4,1); do deserto, sempre impelido pelo Espírito (Lc 4,14), Cristo volta para a Galileia e ali inicia a pregação do reino de Deus (cf. Mc 1,14 s.); indo a Nazaré, Jesus aplica a si as palavras de Isaías: "O Espírito do Senhor está sobre mim: o Senhor fez de mim um messias" (Is 61,1 s.), dizendo: "Hoje esta escritura se realizou para vós que a ouvis" (Lc 4,21); graças ao Espírito realiza os milagres e combate o reino de satanás: "Esse Jesus, oriundo de Nazaré, sabeis como Deus lhe conferiu a unção do Espírito Santo e do poder; ele passou por toda a parte como benfeitor, curava todos os que o diabo mantinha escravizados" (At 10,28). O Espírito preenche Isabel (Lc 1,41), Zacarias (Lc 1,67),

Simeão (Lc 2,25-27); no Espírito Cristo batizará (Lc 3,16); o Espírito falará nos apóstolos, tornando-os intrépidos testemunhos de Jesus (Mt 10,20). Os Atos, por sua vez, poderiam ser denominados o Evangelho do Espírito uma vez que em cada passagem se fala da sua intervenção santificante e carismática. O Novo Testamento evidencia, na efusão e nos efeitos do Espírito, a realização do plano salvífico (At 1,5-8; 2,17-21): "Exaltado assim pela destra de Deus, ele recebeu do Pai o Espírito Santo prometido e o derramou, como estais vendo e ouvindo" (At 2,33).

Em São Paulo. A doutrina paulina, acentuadamente cristocêntrica, parece focalizar a atenção sobretudo para o lugar ocupado por Cristo ao realizar a história da salvação. A teologia da inabitação deve levar em conta essa perspectiva. Contudo, o pano de fundo do pensamento é evidentemente trinitário e apenas à luz da inabitação trinitária nos introduz de maneira viva na sua teologia da salvação e da santidade. A densa síntese que o Apóstolo, na Carta aos Efésios, faz da sua "sabedoria" sobre o mistério de Cristo pode servir de orientação para compreender as linhas fundamentais do seu ensinamento. Deus é o Pai de nosso Senhor Jesus Cristo (1,3-17); no seu amor, para que fosse magnificada a glória da sua graça e se realizasse o seu plano salvífico (1,11), doou-nos em Cristo, no seu Filho dileto, a adoção, a redenção dos pecados, a herança celeste (1,6 s.); com ele nos vivificou, com ele nos ressuscitou, nos fez sentar nas regiões celestes (2,5 s.). O Pai realiza tudo isso no Filho, ressuscitando-o dos mortos, glorificando-o, unificando todas as coisas nele e todas submetendo aos seus pés (1,10), fazendo-o cabeça da Igreja, seu corpo e plenitude (1,19-23). Nele nos marcou com o sinete do Espírito Santo (1,13); nele todos temos acesso ao Pai, em um mesmo Espírito (2,18); nele, com toda a Igreja, somos integrados na construção para nos tornarmos morada de Deus pelo Espírito (2,21 s.). A vida divina deve desenvolver-se e isso ocorre se o Pai de toda paternidade nos ilumina sobre o seu admirável plano salvífico (1,18 s.), nos corrobora por meio do seu Espírito no homem interior, faz com que Cristo habite em nós pela fé, faz com que nos enraízemos na caridade, imerge-nos no pleno conhecimento do mistério de Cristo, especialmente do seu amor, de modo a poder nos preencher de toda a plenitude de Deus (3,14-19). Como se vê, é um prodigioso dinamismo salvífico-cristológico em torno e dentro do homem, mas ele é realizado nas Pessoas divinas e tende a promover uma comunhão com elas. A atividade do Pai é concretizada no dom e no envio do Filho e do Espírito, mas ele é o termo último da oração e de todas as nossas relações filiais; as características que a sua ação assume gravitam em torno do amor misericordioso pelo homem, mas tudo nos leva a um amor único pelo Filho enviado ao mundo.

Para compreender o valor trinitário da obra salvífica de Cristo, é preciso ter presente que o Jesus de Paulo não é antes de tudo o da *kenosis* (Fl 2,8) e da semelhança na carne do pecado (Rm 8,3). É o Cristo no qual e pelo qual foram criadas todas as coisas e no qual sobrevivem (Cl 1,16-18); a imagem do Deus invisível, gerado antes de toda criatura (Cl 1,15; cf. 2Cor 4,4); resplendor da glória e expressão da essência do Pai, no qual ele nos falou, no qual fez até os séculos, a Palavra poderosa que tudo sustenta (Hb 1,2 s.); é aquele em que estão escondidos todos os tesouros da sabedoria, em que habita toda a plenitude da divindade corporalmente, de cuja plenitude fomos tornados partícipes nele (Cl 2,3-9). É ainda o Cristo ressuscitado por obra de Deus (2Cor 13,4), e constituído Filho de Deus no poder segundo o Espírito santificante (Rm 1,4), que se senta à direita da majestade do alto dos céus (Hb 1,3), tornou-se o Adão celeste, espírito vivificante (1Cor 15,45). Este é o Cristo "definitivo" a cuja imagem, por predestinação divina, somos chamados a nos conformar (Rm 8,29), que pela fé habita no nosso coração (Ef 3,17); que para nós se fez justiça e santificação (1Cor 1); que é a nossa vida, agora oculta em Deus, mas que um dia se revelará, transfigurando-nos também a nós na glória (Cl 3,2-4); este é Cristo que revestimos (Gl 3,27), o verdadeiro homem novo segundo o qual nos devemos renovar na santidade e verdade (Cl 3,10; Ef 4,27); nele somos vitalmente inseridos como brotos no tronco para formar uma única planta (Rm 6,5); este é o Cristo constituído cabeça da Igreja, do qual todo o corpo recebe movimento e para o qual cresce atuando na verdade e caridade (Ef 2,21; 4,12-16). Justamente nele o Pai nos doou tudo (Rm 8,32).

Paulo podia exultar com razão "à espera da bem-aventurada esperança e da manifestação da glória de nosso grande Deus e Salvador Jesus Cristo" (Tt 2,13). Nessa alta teologia do Filho dileto podemos compreender todo o valor do "acesso ao Pai" que é o fruto e a essência da obra de Jesus (Ef 2,18) e da perfeita inabitação gloriosa de Deus em todos, quando o Filho voltará a submeter todas as coisas, reunificadas nele, ao Pai (1Cor 15,28). Não é menos denso o valor trinitário do amor insuperável e eterno com que o Pai nos une a si em Cristo (Rm 8,39). Em conclusão, como o dom do Filho abre para nós a comunhão do Pai, assim a nossa vida "em Jesus Cristo" é ao mesmo tempo comunhão de irmãos ao Primogênito (Rm 8,29) e comunhão de filhos com o Pai.

Não menor nem menos rico de significado trinitário é a tarefa do Espírito Santo na teologia paulina; e com toda a tradição veterotestamentária sobre o "espírito de Deus" e especialmente com a experiência viva e abundante da Igreja e de suas próprias comunidades, o papel do Espírito devia necessariamente se impor. Recordemos rapidamente as suas várias atividades assinaladas pelo Apóstolo. O Espírito Santo é o dom do Pai e do Filho porque é chamado Espírito de Deus e também o Espírito de Cristo (1Ts 4,8; Rm 8,9-11; 1Cor 3,16 s.; 6,11 etc.). Ele nos é dado com superabundância no batismo (Tt 3,5 s.), tanto que nós bebemos dele (1Cor 12,13). Ele é o Espírito da adoção filial que, portanto, infundido em nossos corações, grita: Abbá, Pai (Gl 4,6; Rm 8,15) e dá testemunho ao nosso espírito de que somos filhos de Deus (Rm 8,16). Nós recebemos o Espírito como penhor da herança celeste (2Cor 1,22; 5,5; Ef 1,13); vindo ao nosso coração, ali difunde a caridade (Rm 5,5); ajuda a nossa fraqueza e reza em nós, inspirando-nos o que devemos pedir, porque ele sabe o que agrada a Deus, conhecendo as tendências profundas do coração (Rm 8,27). Ele perscruta todas as profundezas de Deus e as manifesta ensinando a sabedoria oculta velada no mistério, impenetrável à mente humana; que o homem terreno, obtuso às coisas do Espírito, não aceita, parecendo-lhe loucura, mas que o homem espiritual aceita e comunica com palavras dignas de tais realidades, sugeridas precisamente pelo Espírito (1Cor 2,10-15). Habita no homem como em um templo (1Cor 2,3); santifica não só o espírito, mas também o corpo (1Cor 6,19; 2Cor 6,16), no qual lança a semente da ressurreição gloriosa (Rm 8,11). Precisamente por ser Espírito de Cristo, ele transmite ao homem a pertença a Cristo (Rm 8,9); torna-se o princípio que conduz os verdadeiros filhos de Deus (Rm 8,14) e, em essência, torna os homens espirituais (Rm 8,9) e os transforma, de certa maneira, em Deus, porque "aquele que se une ao Senhor é com ele um só espírito" (1Cor 6,17). O homem que passou inteiramente ao seu domínio é enriquecido e embelezado pelos "frutos do Espírito", os quais indicam assim a fecunda maturidade do cristão (Gl 5,22). É próprio do Espírito Santo fortalecer "o homem interior" enriquecendo-o do amor, do conhecimento e de toda a plenitude de Deus (Ef 3,16). Também os carismas são dons múltiplos do mesmo Espírito que os concede com absoluta liberdade para a edificação do corpo de Cristo (1Cor 12,4-11). Paulo atribuiu a eles um valor relevante, apresentando-os em estreita harmonia com a pregação e a aceitação do Evangelho (1Ts 1,5 s.; 1Cor 2,4). O Espírito Santo domina, portanto, toda a existência cristã e determina seu desenvolvimento; é o Espírito da justificação e santificação (1Cor 6,11), da revelação profunda, da oração interior, da esperança escatológica, da íntima consolação, da liberdade espiritual, da fecunda maturidade cristã, da unidade do Corpo místico. E como é para nós o dom do Pai e do Filho, assim, apossando-se cada vez mais amplamente das nossas faculdades operativas, nos leva a viver uma vida filial em Cristo, na intimidade de um diálogo amoroso com o Pai. Para Paulo, a vida do cristão e da comunidade eclesial se desenvolve na luz da Trindade. A saudação de despedida da Segunda Carta aos Coríntios é como um programa: "A graça do Senhor Jesus Cristo, o amor de Deus, e a comunhão do Espírito Santo estejam com todos vós" (2Cor 13,13).

Em São João. Em São João o ensinamento sobre a inabitação é particularmente transparente, na medida em que a sua teologia está sempre centrada no Filho nas suas relações com o Pai; as relações com o Espírito Santo e conosco se dão sempre naquele contexto. Poder-se-ia dizer que a comunhão entre a Trindade e o homem constitui como que o núcleo da mensagem de João às Igrejas. No "prólogo" da Primeira Carta a atenção é toda dirigida para a experiência viva e imediata da vida eterna que estava junto ao Pai e que veio e se manifestou aos homens. O evangelista quer testemunhar e, como sua mensagem, transmitir às Igrejas a verdade e a alegria dessa experiência, para que os fiéis tenham a comunhão com os apóstolos, comunhão que é com o Pai e com o Filho. A palavra "comunhão" (*koinônia*) quer exprimir a comunhão de bens, dos pensamentos, dos sentimentos do coração, da vida, em uma imanência mútua que salva a transcendência de

Deus, mas ao mesmo tempo significa também as íntimas relações vitais entre a alma e as Pessoas divinas (1Jo 1,1-4). Com razão o Concílio Vaticano II (*DV* 1) tomou como ponto de partida essas palavras de João para afirmar o caráter de comunhão da revelação divina e do plano salvífico. À categoria da vida é preciso acrescentar as categorias da luz e da verdade, e consequentemente as da fé e do ágape. São todas categorias densas de luzes trinitárias. Para João, o Filho de Deus é essencialmente o Verbo revelador do Pai (Jo 1,1.9); como tal foi enviado e veio para habitar entre nós (*Ibid.* 1,14); trouxe, só ele, a graça e a verdade, porque só ele, Deus unigênito que está no seio do Pai, viu Deus e o revelou (*Ibid.*, 1,17 s.). Essa missão, a que Jesus consagrou toda a vida, foi fielmente cumprida, segundo o testemunho que ele mesmo deu diante do Pai e dos apóstolos: "Eu te glorifiquei sobre a terra, concluí a obra que me deste para fazer. [...] Eu manifestei o teu nome aos homens que, do mundo, me deste" (*Ibid.*, 17,4.6). Para João isso equivale a dar a vida eterna porque "a vida eterna é que eles te conheçam a ti, o único verdadeiro Deus, e àquele que enviaste" (*Ibid.*, 17,3). Como possuir a verdade e possuir a vida são praticamente a mesma coisa, o conteúdo trinitário delas manifesta o valor da inabitação na visão teológica de João. Ou melhor, Cristo Verbo e Filho, "caminho, verdade e vida" (*Ibid.*, 14,6), está tão unido ao Pai e no Pai, por suas palavras e pelas obras que realiza, que quem o vê vê o próprio Pai, e não apenas na visão eterna, mas já na vida presente, pela fé (*Ibid.*, 14,5-11). Como o conhecimento em João é posse e união, assim o é o ágape: de resto, a verdadeira caridade gera o conhecimento: "o amor vem de Deus. E todo aquele que ama nasceu de Deus e chega ao conhecimento de Deus. Quem não ama não descobriu a Deus, porque Deus é amor" (1Jo 4,7 s.). A recíproca imanência de Deus e do homem é a característica da caridade: "Deus é amor; quem permanece no amor permanece em Deus e Deus permanece nele" (1Jo 4,16). Para João, o amor é exigência de doação, e não só tranquila e alegre fruição: "Deus, com efeito, amou tanto o mundo que deu o seu Filho, o seu único, para que todo homem que nele crê não pereça, mas tenha a vida eterna" (Jo 3,16); uma afirmação repetida com força em 1Jo 4,9 s.

Há, portanto, uma ligação viva de realidade entre revelação, palavra, verdade, fé, amor, e em cada um desses aspectos a alma se põe em comunhão com o Pai e com o Filho. Especialmente nos discursos da última ceia pode-se notar essa passagem rápida e natural; os termos que entram em jogo nessa comunhão são as Pessoas divinas e o homem. Jesus está no Pai, e o Pai está nele: esta é a verdade que a fé deve professar (Jo 14,9-11), cuja posse crescente assinalará o progresso de uma vida no Filho e no Pai (*Ibid.*, 14,19 s.) e se tornará uma fonte inesgotável de alegria (*Ibid.*, 15,11; 16,22). Como Jesus está na sua palavra reveladora do Pai, assim ele está no amor com que é amado pelo Pai e em que o ama também observando a sua palavra. Analogamente, o nosso amor está em aceitar as palavras com as quais Jesus nos fala do Pai: do seu amor pelo Filho e por nós. Esta é a essência da nossa fé salvífica: "Todo aquele que confessar que Jesus é o Filho de Deus, Deus permanece nele e ele em Deus. Quanto a nós, conhecemos, por termos acreditado nele, o amor que Deus manifesta entre nós" (1Jo 4,15 s.). Nesse contexto adquirem todo seu significado as palavras com que Jesus nos revela o mistério da inabitação trinitária: "Quem se apega aos meus mandamentos e os observa, este me ama. Ora, aquele que me ama será amado por meu Pai, e eu, por minha vez, o amarei e me manifestarei a ele. [...] Se alguém me ama, observará a minha palavra, e meu Pai o amará: nós viremos a ele e estabeleceremos a nossa morada" (Jo 14,21.23). A vinda e a morada em nós do Pai e do Filho não são o privilégio de uma experiência mística, rara, mesmo se nesta possam encontrar uma ressonância psicológica particularmente intensa; elas se devem à fé e ao amor com que aceitamos plenamente e vitalmente o plano salvífico do Pai realizado em Cristo.

É o que se pode ver também a partir do ensinamento de João sobre o Espírito Santo. O Espírito realiza o nosso renascimento para além de toda lei da geração da carne, pois o que nasce do Espírito é espírito (Jo 3,6-8). Por Cristo glorificado será derramado sobre os crentes com a força de rios de água viva que remontam à vida eterna (*Ibid.*, 7,38 s.). Igualmente, por Cristo que retornou ao Pai será enviado à Igreja para que permaneça sempre nela: "É ele o Espírito da verdade, aquele que o mundo é incapaz de acolher, porque não o vê e não o conhece. Quanto a vós, vós o conheceis, pois ele permanece junto de vós e está em vós" (*Ibid.* 14,17). Também nas palavras de Jesus o Espírito é dinamismo santificador, e nessa mesma linha: reivindicador do mistério de verdade e de amor realizado e comunicado a nós em Cristo (cf. *Ibid.* 16,7-11). De fato, ele tem uma missão precisa: glorificar o Filho assumindo tudo aquilo que neste vem do Pai, princípio original de vida e de verdade, para levá-lo ao pleno conhecimento dos apóstolos e da Igreja (*Ibid.*, 16,13-15). Precisamente por essa sua missão de nos introduzir, "pelo conhecimento" típico em João, na "verdade" salvífica, o Espírito Santo, doado a nós como unção interior para iluminar e preservar (1Jo 2,20.27), é o sinal e o selo da habitação divina: "E nisto conhecemos que ele permanece em nós, graças ao Espírito que nos outorgou" (1Jo 3,24).

Nesse contexto adquirem significação da inabitação trinitária as instâncias de Jesus aos apóstolos a permanecer nele, a permanecer no seu amor (Jo 15,4.9), e mais ainda as instâncias ao Pai para que introduza os apóstolos e a Igreja no círculo da unidade do Pai e do Filho: "que todos sejam um, como tu, Pai, estás em mim e eu em ti. [...] Quanto a mim, dei-lhes a glória que tu me deste, para que sejam um como nós somos um, eu neles como tu em mim, para que eles cheguem à unidade perfeita e, assim, o mundo possa conhecer que tu me enviaste e os amaste como tu me amaste" (*Ibid.*, 17,21-3). A oração de Jesus, que não expressa apenas um pedido, mas anuncia a realização perfeita do plano salvífico, se encerra com a visão da vida eterna dos fiéis com ele, na contemplação beatífica da glória que ele deu no seu amor pela eternidade; ou seja, na contemplação da natureza divina transmitida pelo Pai ao Filho na geração eterna (Jo 17,24). Nessa visão, que tornará a alma semelhante a Deus (1Jo 3,2), a inabitação trinitária será perfeita.

Em conclusão, a visão bíblica das relações entre Deus e o homem encontra na inabitação trinitária a mais completa expressão, que segue um crescendo do Antigo ao Novo Testamento. A presença de Deus no meio de seu povo encontra o seu aperfeiçoamento na vinda do Filho unigênito para "colocar a sua tenda" entre nós na realidade da nossa carne. O Espírito de Deus preanunciado cada vez mais claramente como princípio interior de vida, infundido com plenitude em Cristo foi derramado por ele, glorificado, com a abundância de um raio sobre toda a Igreja. O Verbo, o Filho unigênito, nos revelou e nos comunicou a vida que estava junto ao Pai, os seus segredos de amor, a sua glória, por meio do Espírito que perscruta todas as profundezas de Deus.

Com uma fé total nós acreditamos no amor do Pai que nos foi transmitido pelo Filho e que se tornou clareza e sabedoria na ação interior do Espírito. Todo o homem, transformado em inteligência e amor, penetra a profundidade do mistério de Deus e vive a sua vida de comunhão com as Pessoas divinas. Logicamente, a inabitação trinitária passa a dominar toda a vida espiritual dos fiéis e da Igreja.

2. **NA TRADIÇÃO ESPIRITUAL.** Na tradição espiritual a inabitação encontra um testemunho contínuo sob todos os aspectos, de doutrina e de experiência, tanto nos Padres e escritores eclesiásticos, quanto nos místicos. Dada a amplitude do tema, aqui daremos apenas algumas indicações genéricas, pouco mais que uma relação.

a) *Nos Padres.* Eles não nos fornecem uma doutrina sistematicamente elaborada, e sim ocasional. Sobretudo os Padres gregos insistem nela: um dos motivos é a necessidade de combater as heresias antitrinitárias, especialmente dos arianos e dos macedonianos. Eles encontravam um argumento decisivo para a consubstancialidade e a divindade do Filho e do Espírito Santo na teologia da graça e da santificação: a qual, por isso, devia ser comum. Segundo essa doutrina, a filiação adotiva, ou o estado de graça, comporta uma "divinização" do homem. Ora, argumentam os Padres, a graça da filiação e o estado da "divinização" ocorre pelo contato e pela comunicação das Pessoas divinas à alma. Tais efeitos não podem ser produzidos pelas criaturas: divinizar é precisamente o efeito de Deus; a união a uma criatura não diviniza. Portanto, o Verbo e o Espírito Santo não são criaturas, mas são consubstanciais ao Pai. Além dessa razão, contudo, os Padres gregos revelam um acentuado interesse pela teologia e não menos pela devoção trinitária; especialmente os grandes mestres espirituais consideraram a contemplação trinitária como o ápice da vida espiritual.

No século I, → INÁCIO DE ANTIOQUIA, que gostava de se autodenominar "teóforo", escreve: "Cumpramos todas as nossas obrigações com o pensamento de que Deus habita em nós: seremos assim os seus templos e ele será o nosso Deus que habita em nós" (*Efes.* 15: *PG* 5, 657). No século II, Ireneu desenvolve a teologia da alma imagem de Deus e, contra os gnósticos, valoriza o próprio corpo humano pela presença do Espírito: "Quando o Espírito ligado à alma se une ao homem, por causa da efusão do Espírito o homem se torna espiritual e perfeito; e este é o homem feito à imagem e semelhança de Deus" (*Adversus haereses*, V, 6: p. 7, 1.137). Todo o desenvolvimento espiritual se dá sob a ação da Trindade: "O homem produzido e criado pouco a pouco se conforma à imagem e à semelhança de Deus que não é produzido. Por vontade do Pai, sob a ação do Filho e do Espírito, docemente ele progride e se eleva para a perfeição" (*Ibid.*, IV, 20, 5). No amplo panorama da teologia espiritual de → ORÍGENES a inabitação encontra um lugar importante. Também ele desenvolve a teologia da imagem, enquanto nas *Homilias sobre o Cântico dos Cânticos* desenvolve a temática da união da alma com o Verbo, quase em um amor nupcial. A alma que não tem Deus não tem Cristo, não tem o Espírito, está deserta; ela é habitada quando está repleta das Pessoas divinas. "Deus não habita a terra mas o coração do homem. Procuras a morada de Deus? Ele habita os corações puros... Em cada uma de nossas almas está escavado um poço de água viva, ali se encontra um certo sentido celeste, ali habita a imagem de Deus" (*Hom. 13 in Gen*; p. 12, 229-236). → CIRILO DE JERUSALÉM, descartando qualquer preocupação apologética, descreve com riqueza de imagens a ação do Espírito Santo na alma, especialmente nos sacramentos. A graça do Espírito é como a água que é assimilada em uma variedade maravilhosa de flores; sua vinda é doce e suave, fragrante o seu sentimento; como puro raio ilumina a mente para além de todo poder com os seus carismas; da sua poderosa e oculta ação brotam todas as iniciativas e virtudes: "É algo de grande, de onipotente nos seus dons, algo de admirável o Espírito Santo" (*Catequese*, 16, 12: p. 33, 948). Atanásio, Basílio, Gregório Nazianzeno e Gregório de Nissa são os que mais desenvolveram a teologia da "divinização" para a união das Pessoas divinas à alma, como já dissemos. Mas também fora da análise teológica a importância da inabitação é colocada em destaque do ponto de vista da vida espiritual: da pureza do coração, da oração, da contemplação. Falando dos efeitos da presença do Espírito na alma purificada dos pecados e pacificada nas suas tendências, escreve Basílio: "Ele [o Espírito Santo], guiado pelo sol, encontrando os olhos puros, te revelará em si mesmo a imagem [o Verbo] do invisível. Na bem-aventurada contemplação dessa imagem verás a inefável beleza do arquétipo [o Pai]. Por ele são elevados ao alto os corações, são guiados os fracos, são conduzidos à perfeição os adiantados. Ele, fazendo resplandecer os que são puros de todo pecado, torna-os espirituais pela comunhão que estabelece com eles" (*De Spiritu Sancto*, 9, 23: p. 32, 109). Eis como Atanásio afirma a ação da Trindade: "Como nós nos tornamos filhos e deuses por causa do Verbo que está em nós, assim seremos no Filho e no Pai, e seremos considerados 'um' neles, graças à presença em nós do Espírito que está no Verbo, o qual, por sua vez, está verdadeiramente no Pai" (*Contra Arianos*, III, 15). Gregório Nazianzeno: "Mas se no céu eu poderei abraçar-te, Trindade amada, não lamento que minha mãe me tenha dado à luz. Eu cantarei o meu nascimento para a alegria" (*O desejo de Deus*: *PG* 37, 1.433-1.435). Mereceria ser amplamente citado → DÍDIMO, O CEGO tanto por sua devoção quanto por seus escritos, como testemunha a elevada oração que encerra o segundo livro do *De Trinitate*. Entre os Padres, Cirilo de Alexandria talvez seja o que leva mais a fundo a doutrina sobre a imediação e a intimidade da ação santificadora das Pessoas, ilustrando a exposição com a famosa comparação do selo: "o Espírito não age em nós à maneira de um pintor que, permanecendo alheio à essência divina, reproduz os seus traços; não, não é assim que ele nos recria à imagem de Deus. É ele mesmo que, sendo Deus e procedendo de Deus, se aplica invisivelmente, poderíamos dizer como um selo na cera, às almas dos que o recebem; assim, pela comunicação que ele faz de si mesmo, devolve à natureza a beleza de outrora e refaz o homem à imagem de Deus" (*Thesaurus*, 34: *PG* 75, 609). O pseudo-Macário, nas cinquenta *Homilias*, deixou-nos páginas fascinantes. O eixo de seu ensinamento é a grandeza da alma humana que se tornou habitação do Espírito Santo: "Obra realmente grande, divina, admirável é a alma! Enquanto a criava, Deus não incorporava nada de mal à sua natureza, mas a plasmava de acordo com a própria imagem do Espírito" (*Hom.* 46, 5: *PG* 34, 792-796). Deus criou o homem, alma e corpo, para que seja a sua morada; nela deposita e acumula todas as riquezas do Espírito. Nenhuma inteligência humana pode medir a grandeza da alma, cujos segredos são revelados pelo Espírito Santo; embora por si mesma esteja infinitamente distante de Deus, agradou a ele, pela infinita ternura de amor, habitar nesta sua criação, admitindo-a à participação da sabedoria e amizade, chamando-a a permanecer nele, a ser sua pura esposa (cf. *Hom.* 49: *PG* 34, 812-816). Tornando-se perfeita, livre de toda mancha e compenetrada pelo Espírito, a alma se torna toda luz, olhos, espírito, alegria, amor, bondade, benignidade: imersa no Espírito, como uma pedra no oceano, é tornada conforme a Cristo (cf. *Hom.* 18: *PG* 34, 640). Lapidarmente escreve → EVÁGRIO PÔNTICO: "A alma espiritual é aquela que desfruta da contemplação da Santa Trindade". "Quando o espírito se torna digno da contemplação da Santa Trindade, por graça ele é chamado de deus, na medida em que chegou à imagem do seu Criador" (*Centuriae*, 3, 30; 5, 81; *Enchiridion asceticum*, 1.369.1.374).

Os Padres latinos não oferecem a mesma riqueza teológica. Alguns deles devem ser lembrados. Hilário, que no *De Trinitate* revela um forte desejo da busca de Deus, encerra o esplêndido trabalho com uma oração, que é também profissão de fé, para onde confluem fé e conhecimento, confissão da grandeza de Deus e do limite humano, senso da transcendência e da íntima presença de Deus no homem, o anseio espiritual para a Trindade (*De Trinitate*, 12, 52-57: *PL* 10, 466-472). Em → AMBRÓSIO predomina a atenção no Verbo em suas relações com o homem, especialmente através da humanidade de Cristo. "A alma do justo é esposa do Verbo. E quando o deseja chama por ele, solicita-o com insistência, se inclina com ardor para ele, ouve logo a sua voz, mesmo se não o vê, e reconhece de modo misterioso o odor da divindade" (*In Os.* 118, 6, 8). Como em todos os campos teológicos, → AGOSTINHO deixou também aqui a sua marca. Nos livros 9-15 do *De Trinitate* investigou profundamente o homem, a estrutura psicológica e a antropologia sobrenatural, para descobrir a imagem da Trindade. Ele abria assim o caminho para toda a investigação trinitária da Igreja latina, também para o que diz respeito à inabitação Uma humilde oração, reveladora dos sentimentos profundos da alma, encerra a sua obra-prima. → GREGÓRIO MAGNO ressalta sobretudo a ação poderosa do Espírito Santo nas almas, descrita magistralmente na *Homilia 30 sobre o Evangelho de João*, por ocasião da festa de Pentecostes (*PL* 76, 1.221-1.226).

b) *Na experiência mística*. A tradição espiritual mística, na sua doutrina, mas sobretudo na experiência, dá um testemunho não menos importante (cf. *O mistério do Deus vivo*, 273-394). Entre os místicos nórdicos encontramos → ECKHART, → RUUSBROEC, → TAULERO, → DIONÍSIO, O CARTUXO. São grandes teólogos e são influenciados bastante pelas correntes culturais de sua época, especialmente de tipo agostiniano e do pseudo-Dionísio; mas são também grandes espirituais. Um dos pontos fundamentais de sua síntese espiritual é o aprofundamento da alma como imagem da Trindade, atingindo às vezes expressões extraordinariamente ousadas; além disso o sentido aguçado do "Uno" levou a ver toda a criação envolvida na luz trinitária. Ruusbroec, por exemplo, caracteriza "as relações das Pessoas na divindade, um comprazer-se e infundir o amor em um abraço sempre novo em unidade [...] na efusão de amor foram feitas todas as coisas, e na fecunda natureza viva estão contidas todas as coisas como possibilidade. Na vida da natureza fecunda o Filho está no Pai, o Pai está no Filho e o Espírito Santo está em ambos: esta vida é uma viva unidade fecunda, origem e início de tudo o que vive e que foi criado. Por isso todas as criaturas estão contidas nela, como na sua eterna origem [...] são uma essência e uma vida com Deus [...] na mesma unidade que é fecunda segundo as processões das Pessoas, eterna união de amor que nunca terá fim" (*Livro da verdade mais elevada*, versão francesa, vl. II, Bruxelas, 1921, 216-277). Entre os nórdicos encontram-se insignes figuras femininas que nos deixaram o testemunho de suas experiências. → HILDEGARDA DE BINGEN, que com analogias extraídas das realidades da natureza procura ilustrar o mistério da Trindade; → HADEWIJCH, que fala do centro da alma "onde Deus se lança das suas profundezas" e onde ele "é para a alma o caminho da liberdade, para o fundo do Ser divino, que nada pode tocar a não ser o fundo da alma" (*Carta* 18); → MATILDE DE HACKEBORN, que nos apresenta a Trindade como viva fonte existente por si mesma, sem princípio, que dá existência e vida a todas as coisas (cf. *O mistério...*, 279); Gertrudes a Grande, que nos *Exercícios* nos deixou as descrições da sua alta transformação mística na Trindade. Na Itália encontramos duas outras grandes místicas: → ÂNGELA DE FOLIGNO e → CATARINA DE SENA. Ângela fala de si mesma como imersa em Deus, na intimidade das Pessoas divinas, como adequada à Trindade: "naquela Trindade que vejo com tanta escuridão, tenho a impressão de estar e jazer no meio" (*Autobiografia*, 177). Um dia ouviu do Senhor: "Filha da divina Sabedoria, templo do dileto, delícia das delícias e filha de paz: em ti repousa toda a Trindade, toda a verdade; assim tu me tens e eu te tenho" (*Ibid.*, 199). O mistério da Trindade tem uma ressonância imensa nas experiências de Catarina de Sena. Ela nos fornece uma doutrina bem elevada da Trindade, mas sobretudo, nas orações não menos que no *Diálogo*, revela uma alma totalmente imersa na Trindade, da qual ilumina todos os mistérios cristológicos, especialmente o do sangue de Cristo, bastante amado por ela. O *Diálogo* termina com uma oração à Trindade que é uma das mais elevadas da literatura espiritual cristã. Não só os mistérios da vida divina, mas a alma como imagem, a fé, o conhecimento interior, o progresso na transformação mística, e a própria Igreja são realidades sentidas no mistério trinitário (cf. *O mistério...*, 310-320). Na Espanha, encontramos três figuras excepcionais: → INÁCIO DE LOYOLA, → TERESA DE JESUS, → JOÃO DA CRUZ. Daniélou não duvida em afirmar que a graça característica de Inácio foi uma graça trinitária (La spiritualité trinitaire de saint Ignace, *Christus* 3 [1956/11] 354). A prova evidente nos é fornecida pelo próprio Inácio no *Diário espiritual*. O santo nos fala de "um amor que me atraía para a Trindade". "Fui inteiramente tomado pela devoção e amor que terminava na Santíssima Trindade" (*Diário*, 198). Segundo Nadal, não só o santo recebera a graça de poder se exercitar e repousar na contemplação da Trindade, mas também sua ação era alimentada por essa contemplação (*Epistolae*, IV, 355). A experiência trinitária teresiana nos é narrada pela própria santa. Essa experiência não só foi muito profunda, mas assinalou claramente o ápice da sua vida mística. Temos um relato nas *Relaciones* 14 e 15, de 1571. Mas as descrições mais vivas se encontram no *Castelo interior*, Moradas VII; o conhecimento é muito distinto e certo, manifesta a verdade da unidade divina e da distinção das Pessoas. A santa observa que nesse estado místico a companhia das Pessoas divinas é quase contínua, sentida e desfrutada em elevadíssimo silêncio de todas as coisas, na máxima profundidade da alma. "Aqui as três Pessoas divinas se comunicam com ela, falam com ela e a fazem compreender as palavras com que o Senhor disse no Evangelho que ele com o Pai e com o Espírito Santo viriam habitar na alma que o ama e observa os seus mandamentos. Oh Deus! Que diferença ouvir essas palavras e crer nelas, compreender, na maneira como disse, até que ponto elas são verdadeiras! A admiração desta alma aumenta a cada dia, porque lhe parece que as três Pessoas divinas não a abandonam nunca. Claramente, na maneira já mencionada, ela as vê residir em seu interior e sente sua divina companhia na parte mais íntima de si mesma, como em um abismo muito profundo, que ela, pela falta de compreensão, não sabe definir bem" (*Moradas*, 7, 1, 6 s.). Também em João da Cruz o ponto alto da experiência mística tem por objeto a manifestação e a intimidade das Pessoas divinas. O *Cântico espiritual* se encerra na perspectiva da vida trinitária que será dada na glória e da qual a alma experimenta, na experiência mística, quase uma antecipação. João fala sobretudo da suprema comunicação do Espírito Santo, na qual a alma ama a Deus com o seu mesmo amor (*Cântico*, estrofe 39, 2-13). Pode-se dizer que todo o estado místico descrito na *Chama viva do amor* é vivido na experiência trinitária: de fato, o próprio autor, no prólogo, justifica essas inefáveis experiências com as palavras do Evangelho de João sobre a inabitação (*Chama*, pról. 2). Introduz o comentário à segunda estrofe escrevendo: "Nesta estrofe, a alma faz com que se compreenda que são as três Pessoas da Santíssima Trindade, Pai, Filho e Espírito Santo, que cumprem nela a divina obra da união" (*Chama*, 2, 1). O livro se encerra comentando "o aspirar gostoso" de Deus na profundeza da alma como atividade do Espírito Santo na qual lhe dá como um "despertar do alto conhecimento da divindade": ele "a absorve profundamente em si, enamorando-a com força e delicadeza segundo o que ela viu em Deus" (*Ibid.*, 4, 17).

A experiência da vida trinitária encontra grandes testemunhos em Santa → MARIA MADALENA DE PAZZI (1566-1607), que nos seus arrebatamentos foi inundada pelas comunicações do Espírito Santo, especialmente no ciclo que se inaugurava em 8 de junho de 1585. As luzes dessas comunicações elevadas foram reunidas pelas freiras de sua comunidade, durante os êxtases e arrebatamentos, em cinco importantes manuscritos (O. STEGGINK, *Tutte le opere di santa Maria Maddalena de' Pazzi daí manoscritti originali*, 7 vls., Firenze, 1960-1966). Sobressai ainda mais a figura da beata → MARIA DA ENCARNAÇÃO (Maria Guyaart), que nasceu em Tours em 28 de outubro de 1599 e morreu em Québec em 30 de abril de 1672. As grandes visões e experiências trinitárias de 1625, 1627 e 1631, unidas à experiência da contínua presença do Verbo encarnado e, a partir de 1651, da de Maria, assinalam vértices de uma experiência mística extremamente elevada. Dela nos ficou o testemunho precioso de seus dois *Relatos*, um de 1633, o outro de 1653-1654. A experiência de vida trinitária está presente também no itinerário místico de São → PAULO DA CRUZ (1694-1775), embora este esteja centrado na paixão. Em tempos mais próximos a nós multiplicam-se esses testemunhos. Elena Guerra, que nasceu em Lucca em 1835 e morreu na mesma cidade em 1914, chamada a "missionária do Espírito Santo", foi a inspiradora da encíclica de Leão XIII *Divinum illud munus*, de 1897. A beata → ISABEL DA TRINDADE (1880-1906), do Carmelo de Dijon, conhecida em todo o mundo por sua espiritualidade inteiramente centrada na inabitação, à qual vincula uma rica vida teologal alimentada pela teologia paulina e joanina. A beata Teresa dos Andes, jovem carmelita chilena (1900-1920), que nos revela o seu rápido mas intenso itinerário espiritual nas suas *Cartas y Diario*. Itala Mela, que nasceu em La Spezia em 1904 e lá morreu em 1957, que pôde realizar a vocação beneditina apenas como oblata. Cultivou intensamente a espiritualidade trinitária fazendo dela o tecido de sua existência e o objeto de seu apostolado entre leigos e sacerdotes, a ponto de dirigir a Pio XII uma petição de uma encíclica sobre a inabitação A vida trinitária está presente na espiritualidade da insigne filósofa Edith → STEIN (Teresa Benedita da Cruz), que chegou ao Carmelo proveniente do judaísmo e foi morta na câmara de gás em Auschwitz em 9 de agosto de 1942. Testemunham essa experiência as suas obras *Endliches und ewiges Sein* (*Ser finito e Ser eterno*) e *Scientia crucis*. Tantas e tão ricas experiências servem para demonstrar quão grande é a importância da inabitação trinitária na vida da Igreja. Mas elas interpelam também o teólogo, chamando sua atenção para a necessidade de uma perspectiva mais trinitária para sua visão teológica do conjunto da revelação.

3. NO MAGISTÉRIO E NA REFLEXÃO TEOLÓGICA. a) *No magistério da Igreja*. O magistério nos legou dois documentos sobre a inabitação Na encíclica *Divinum illud munus* de 9 de maio de 1897, Leão XIII traça um panorama da ação do Espírito Santo na Igreja. A inabitação é chamada de íntima presença de Deus na alma pela graça, que comporta uma união de amor, de amizade e de suave fruição de Deus, superior a qualquer outro tipo de amizade. A inabitação no estágio terrestre se diferencia só pela condição e pelo estado daquela com que Deus torna bem-aventuradas as regiões celestes (*ASS*, 29, 644-58). O outro documento é a encíclica *Mystici Corporis*, de 29 de junho de 1943 (*AAS*, 35, 193-248); citamos a partir da versão italiana de *Discorsi e Radiomessaggi di S. Santità Pio XII*, Milano, 1944).

Pio XII não só lembra ao teólogo a ineludível obscuridade do mistério, mas louva e encoraja a busca conduzida por diferentes caminhos para que "da reta e assídua pesquisa dessa matéria, do conflito das várias opiniões, da contribuição das diversas teorias, desde que nessa pesquisa sejamos conduzidos pelo amor à verdade e pelo devido respeito pela Igreja, brotem e irrompam preciosas luzes, por meio das quais se faça um verdadeiro progresso nos estudos sacros sobre esse tema. Não recriminamos, portanto, os que tomam diferentes caminhos e métodos para tratar e ilustrar com todos os esforços o altíssimo mistério dessa nossa união com Cristo" (*Discorsi*, 305).

E, como lembramos esse documento, podemos lembrar também as normas precisas ali traçadas para o teólogo que não quiser se afastar da doutrina genuína e do reto ensinamento da Igreja: "ou seja, rejeitar, nessa união mística, qualquer maneira com que os fiéis, por qualquer motivo, ultrapassem a tal ponto a ordem das criaturas que até um único atributo de Deus eterno possa ser pregado neles como próprio. Além disso, firmemente e com toda a certeza, considerem que nessas coisas tudo é comum à Santíssima Trindade, na medida em que tudo diz respeito a Deus como suprema causa eficiente" (*Ibid.*, 305).

Não é supérfluo acrescentar que a encíclica, embora muito sobriamente, não deixa de fornecer alguma indicação que pode suscitar as reflexões do teólogo: "Diz-se que as Pessoas divinas inabitam, na medida em que, presentes de modo imperscrutável nos seres dotados de intelecto, põem-se em relação com estas por meio do conhecimento e do amor, de maneira inteiramente íntima e singular que transcende toda natureza criada" (*Ibid.* 306). E, remetendo-se ao ensinamento de Leão XIII na encíclica *Divinum illud munus* sobre a identidade substancial da união por graça na terra e no céu, parece querer aprofundar-se ainda mais nessa misteriosa realidade: "Naquela celeste visão será depois concedido aos olhos da mente humana, fortalecidos pela luz sobrenatural, contemplar de maneira inteiramente inefável o Pai, o Filho e o Espírito Santo, de assistir por toda a eternidade à processão das Pessoas divinas uma da outra, inebriando-se de um prazer muito semelhante ao que torna bem-aventurada a santíssima e indivisa Trindade" (*Ibid.*).

O Concílio Vaticano II não repropôs o ensinamento sobre a inabitação com os mesmos esquemas e categorias, e usa pouco a própria palavra, além de falar pouco do Espírito Santo. Vejam-se LG 4.9.10; UR 2. E, contudo, deve-se dizer que o Concílio abriu perspectivas novas e de grande interesse nesse campo, fornecendo-nos um vasto ensinamento sobre a ação do Espírito Santo na Igreja, ou seja, sobre o aspecto *dinâmico* da inabitação. Mais de uma vez apresenta a Igreja no mistério trinitário: LG 2-4; AG 2-4; UR 2. E é nesse contexto trinitário que a Igreja é denominada sacramento, sinal e instrumento da íntima união com Deus, com referência evidente à Igreja como mistério.

No entanto, é verdade que em ordem ao crescimento e à santificação da Igreja o Concílio fala com mais frequência de autodoação contínua do Espírito Santo. Observe-se a bela página que a *Lumen gentium* nos dá, com o n. 4, sobre essa ação multiforme do Espírito: nela, de fato, a Igreja é constituída Corpo místico (n. 7), sacramento universal de salvação (n. 48), corpo intimamente unido, vivo, dinamicamente orientado para o desenvolvimento (n. 7), povo de Deus santo e sacerdotal (n. 10), garantido na autenticidade e estabilidade da fé (n. 12), enriquecido de santidade (n. 39), em perene tensão para a perfeição escatológica (n. 48-49). Em uma perspectiva análoga, mas talvez mais sutil e analítica, se move a encíclica de João Paulo II *Dominum et vivificantem*, de 18 de maio de 1986 (*AAS*, 78 [1986], 809-900).

Essa visão tão profundamente teologal da Igreja não deveria deixar de suscitar o interesse do teólogo por novas reflexões sobre o mistério da inabitação trinitária, uma vez que essa eclesiologia está profundamente enraizada no mistério trinitário: do seu núcleo de sacramento de comunhão aos seus desenvolvimentos de propulsão apostólica e de vida de santidade.

b) *Principais tentativas teológicas*. A multiplicidade e divergências das opiniões dos teólogos não nos deve fazer acreditar que tudo esteja em discussão em relação ao mistério da inabitação: ao contrário, há um acordo unânime sobre os pontos fundamentais, os mais importantes sem dúvida também no campo da vida espiritual. Podemos enunciá-los sucintamente. Além da afirmação unânime do fato da inabitação e presença da Trindade na alma, os teólogos concordam em dizer que se trata de uma presença "real", não imprópria e metafórica; que as três Pessoas divinas inabitam; que a inabitação só ocorre nas almas ornadas da graça santificante e da caridade; que se trata da presença das próprias Pessoas e não apenas dos dons santificantes, embora também estes sejam necessários para que a presença se realize; que na origem de tal presença está uma ação divina particular, com que as Pessoas divinas pretendem se comunicar ao homem para introduzi-lo em sua intimidade. Muito comumente os teólogos admitem que o "conhecimento" e o "amor" entram como fatores necessários na inabitação, embora depois exista uma notável divergência ao avaliar e explicar a eficácia desses elementos para a "realidade" da presença. Enfim, comumente se admite que para afirmar a inabitação não são necessárias as atuais operações de conhecimento e de amor, não bastam os "hábitos", como podem estar presentes também em uma criança batizada ou em um justo que dorme. Então em que consiste a divergência de opiniões? Em apontar a razão última, íntima e formal de uma presença trinitária que seja verdadeiramente real e ao mesmo tempo própria das almas em graça. Em uma breve síntese teológica, como a presente, não podemos sequer pensar em uma exposição mesmo sumária das opiniões dos teólogos, quanto mais tentar avaliá-las. Por isso limitar-me-ei a indicar os caminhos principais seguidos na pesquisa, e acrescentarei algumas reflexões sobre o ensinamento de Santo Tomás. Podem-se reduzir a três os principais caminhos seguidos pelos teólogos na busca de uma solução.

Alguns acreditaram encontrar na causalidade divina a explicação da realidade e do caráter específico da presença trinitária, indo de uma causalidade de eficiência para uma de exemplaridade ou até para a causalidade quase-formal.

Outros quiseram explicar com as operações da alma em graça, operações de conhecimento e de amor, com que a alma se une às Pessoas divinas e espiritualmente as possui.

Outros, enfim, explicam realidade e especificidade da presença da inabitação com o conhecimento quase experimental — atual ou habitual — de Deus como presente em nós, recorrendo contudo, como a um pressuposto necessário, à presença comum, ou de imensidade, pela qual Deus está presente como causa universal em todas as criaturas.

Se quisermos dar alguma indicação mais detalhada, para simplificar, podemos partir de Deus como "princípio" ou como "termo" dessa presença.

I. Partir de Deus como princípio significa buscar aquela ação ou causalidade pela qual ele realiza na alma a sua presença e união.

Alguns parecem se contentar com a causalidade eficiente com que deus atua em todas as coisas; só que aqui temos um efeito inteiramente novo e singular; a graça santificante, com as virtudes e os dons, de que brotam também as operações de conhecimento e de amor da alma; operações que, aliás, por si sós não explicam a realidade da presença trinitária. Essa opinião é comumente atribuída a G. Vásquez, embora não faltem interpretações diferentes das suas afirmações. Em geral os teólogos que partem dessa direção descartam essa solução por considerá-la minimalista e buscam a resposta em uma teologia mais profunda da causalidade divina.

Petau julgou poder obter no estudo dos Padres gregos uma explicação que utiliza o conceito de causalidade "exemplar", ou melhor, de uma causalidade ainda mais íntima e profunda: aquela que na linguagem filosófica e teológica escolástica se denomina causalidade "formal", mas que aqui, tratando-se de conhecimento analógico, para evitar equívocos se atenua em "quase formal". Esta, em palavras simples, ocorre pela comunicação imediata de si e como que por uma atuação imediata, mais que por uma mera ação de eficiência. De acordo com essa opinião, as Pessoas divinas se comunicariam e se uniriam segundo a sua substância à alma, quase que reproduzindo a si mesmas nela. A comparação apresentada por eles, e usada pelos Padres gregos, é a do selo que imprime a sua marca unindo-se e comunicando-se à cera. Assim, em certo sentido, as Pessoas divinas se "selariam" na alma comunicando-lhes ao mesmo tempo o dom da graça santificante.

Com matizes notavelmente diferentes, essa opinião foi compartilhada por muitos outros, como Tomassin, Scheeben, Galtier. Só que, enquanto Petau julgou que se devia atribuir como que um direito de precedência nessa comunicação ao Espírito Santo por ser amor e dom, os outros rejeitam essa primazia e afirmam que as Pessoas divinas, com igual "direito", se comunicam, pela idêntica natureza, à alma, na qual causam uma imagem de si mesmas que implica uma relação a cada uma das Pessoas. Assim, por exemplo, Scheeben escreve que, devido à ação divina e à seladura "se copia a procissão daquela Pessoa segundo o seu caráter especificamente divino, e por isso essa Pessoa aparece como um selo que, impresso na criatura, nela a expressa vivamente na sua característica divina e hipostática" (*I misteri del cristianesimo*, Brescia, 1949, 119). Por meio da seladura são expressas não só a natureza divina, mas também as "propriedades pessoais", ou seja, os termos procedentes e imanentes na natureza de Deus; de modo que as Pessoas entram, quanto à natureza comum e quanto às características próprias, em íntima e vital relação com a alma, unindo-se, penetrando sua vida, dando-se e manifestando-se a ela.

Uma opinião análoga, especialmente pela insistência nas relações de causalidade quase formal, que K. → RAHNER compartilha essencialmente e que em certo sentido completa, a meu ver, a de M. de la Taille. Ele fala da graça como da "atuação criada por ato incriado", tomando como termo de comparação a atuação realizada pela pessoa do Verbo — ato incriado — na sua humanidade, e a realizada pela essência divina no intelecto humano no estado da visão beatífica. Analogicamente, na graça, a essência divina, como princípio vital incriado, realizaria a essência da alma unindo-se a ela, sem ser limitada por ela, e tornando-a, assim, apta radicalmente à visão beatífica. Dessa opinião se aproxima também M. Flick, que julga necessário aperfeiçoá-la sobretudo insistindo nas profundas e complexas implicações da amizade sobrenatural, que comporta não só as exigências de uma comunicação pessoal entre Deus e a alma na plenitude do conhecimento, do amor e da alegre posse, mas comporta também, preventivamente, uma mudança ontológica no sujeito ou pessoa humana, desde o simples estado de graça e antes daquelas operações para as quais deve dispor. Essa "atuação" profunda, não informativa, que se estende do estado de graça até os vértices da visão beatífica de Deus-Trindade, e por isso põe em relação a alma em graça até com cada uma das Pessoas divinas, parece para Flick a explicação mais satisfatória da presença trinitária.

II. Outros teólogos parecem dirigir a atenção sobretudo para Deus como "termo", ou seja, "objeto" — em termos escolásticos — das operações sobrenatural da alma em graça. Repito que aqui se fala de "linha operativa", ou seja, não necessariamente de "atos", bastando apenas os "hábitos" para estabelecer a relação do espírito com o objeto.

F. Suárez enunciou essa solução em toda a sua força, dando ao amor de amizade e ao conhecimento tal eficácia que não haveria necessidade de outra coisa para unir realmente Deus-Trindade e a alma, de modo que se, por hipótese absurda, Deus não estivesse realmente presente na alma pela presença de imensidade, se tornaria realmente presente em decorrência do amor e do conhecimento. Embora claríssima na afirmação, a opinião de Suárez não parece tão clara nas argumentações e sobretudo não parece captar a essência do problema: esclarecer não o "título" mas a "razão específica" da nova e real presença da Trindade.

No entanto, não falta clareza na exposição dos salmanticenses, que costumam ser apresentados na linha suareziana. Eles buscam a solução no mistério da graça santificante e da caridade. A graça na terra e no céu é substancialmente a mesma, só o estado é diferente. No estado perfeito da graça emana a luz da glória que torna possível a união imediata de Deus uno e trino com o intelecto humano, originando a visão beatífica. Pela identidade substancial da alma, a alma desde agora está "radicalmente" e "virtualmente" em relação com Deus como é em si mesmo: esta é uma relação real, embora na linha operativa. Os salmanticenses veem na caridade também a coisa mais evidente: ela, de fato, é idêntica agora e na vida bem-aventurada, e tem como termo Deus amado imediatamente em si mesmo, de modo que graças à caridade desde agora a presença de Deus "amado" é uma presença real. De acordo com esse raciocínio, na natureza e nas possibilidades da graça e na eficácia da caridade está a explicação de uma presença trinitária ao mesmo tempo especificamente distinta e real, sem necessidade de apelar à presença comum de imensidade.

Um grande número de teólogos, entre os quais se destacam João de Santo Tomás e, em tempos mais próximos, A. Gardeil, vê a razão de uma presença trinitária, específica e real, no conhecimento quase experimental de Deus. Trata-se de conhecimento e de amor, portanto de uma presença diferente; mas como se trata de experiência, o termo dessas nossas operações é Deus enquanto "presença". Contudo, eles esclarecem que a "realidade" da presença cognoscitiva pressupõe absolutamente a presença de operação: Deus deve estar ontologicamente presente na alma para que esta possa alcançá-lo com o amoroso conhecimento quase-experimental. Eis, por exemplo, uma afirmação de João de Santo Tomás: "Para que se manifestem as Pessoas, não conhecidas de uma maneira qualquer, mas como presentes intimamente, é necessário que essa manifestação ocorra segundo um contato de presença, com o qual Deus toque interiormente: e esse é um contato de operação, e portanto pertence à imensidade" (*Cursus theologicus*, IV, q. 43, disp. 17, a. 3, n. 13).

Esses autores tiveram o mérito de ressaltar o chamado conhecimento "por conaturalidade" ou "sapiencial", nascido e inteiramente vivificado pela caridade, de grande importância tanto do ponto de vista teológico quanto do antropológico e místico.

A partir dessas brevíssimas alusões a alguns dos mais conhecidos protagonistas da pesquisa teológica sobre esse tema será possível compreender mais facilmente a complexidade do problema, mas ao mesmo tempo o esforço dos teólogos em projetar no mistério um pouco de luz e em enfatizar o seu valor para a vida espiritual, também mística. Além disso, considerando que os teólogos mencionados são grandes estudiosos de Santo Tomás, perceberemos, a partir da própria diversidade de opiniões, que não é fácil captar todo o pensamento do Aquinata. Por isso, tentarei evocar os aspectos mais importantes do seu ensinamento, sem entrar em detalhes e em discussões.

c) *Pontos importantes do ensinamento de Santo Tomás*. Os principais lugares em que Santo Tomás trata da inabitação são os seguintes: *In I Sententiarum*, dd. 14-18; d. 37, q. 1, a. 2; *Summa contra Gentiles*, IV, cc. 20-22; *Summa theologica*, I, 1. 8, a. 3, a propósito das diversas maneiras da presença de Deus nas criaturas; q. 43, no contexto das "missões" das Pessoas divinas. Indicamos esquematicamente as passagens essenciais da síntese do Aquinata.

O fio condutor em toda essa elaboração teológica concebida em contexto trinitário é a "relação temporal"; as Pessoas divinas vêm ou procedem à santificação da criatura não porque estas sofram uma mutação, mas porque aperfeiçoam a criatura, fazendo com que adquiram uma nova relação para com elas.

A nova relação é com Deus — ou com as Pessoas divinas — possuído como fim último na maneira própria à criatura espiritual, ou seja, por conhecimento e amor. Eis uma afirmação a esse respeito: "Na processão do Espírito, no sentido em que agora falamos, ou seja, enquanto encerra a doação do Espírito Santo, não basta haver uma relação nova qualquer da criatura com Deus, mas é preciso que haja a relação com Deus como possuído, porque o que é dado a alguém é, de certo modo, possuído por este" (*In I Sent.* d. 14, q. 2., a. 2, ad 2).

Essa nova relação pode ser definida essencialmente como presença por conhecimento e amor, e portanto na perspectiva de "objeto" intimamente possuído. Assim Santo Tomás caracteriza a presença pela graça e a distingue claramente da presença comum ou da imensidade: "Superior a esse modo comum de presença existe um modo especial que é próprio da criatura racional, em que Deus é considerado presente com o conhecido no cognoscente e como o amado no amante. E como, conhecendo e amando, a criatura racional alcança o próprio Deus, de acordo com esse modo especial Deus não só está na criatura racional, mas habita nela como num templo" (*STh.* I, 1. 43, a. 3).

Essa presença de Deus-Trindade só é possível em decorrência da graça santificante. Insistindo no caráter de "ter" como correlativo da "missão" ou "doação" da Pessoa divina, escreve: "Podemos dizer que "temos" só aquilo que podemos "usar" ou "fruir" livremente. Ora, só podemos "fruir" da Pessoa divina em virtude da graça santificante" (*Ibid.*). E por isso ele afirma peremptoriamente que nenhum outro dom, nenhuma outra perfeição acrescida à nossa natureza, pode comportar essa missão e presença das Pessoas divinas, com exceção da graça (cf. *Ibid.* e I, q. 8, a. 3, ad 4).

Sempre levado pelo contexto trinitário, Santo Tomás, falando da missão invisível e santificante do Verbo e do Espírito Santo, determina o valor da sabedoria e da caridade como dons que se põem em relação com eles — e definitivamente com o Pai, princípio original da vida trinitária — insistindo ora no conceito de exemplaridade, ora no de posse: "na volta da criatura racional a Deus ocorre a processão da Pessoa divina, também denominada missão, na medida em que a relação própria da mesma Pessoa é copiada [*repraesentatur*] na alma por uma semelhança que nela é recebida, a qual é extraída e originada da mesma propriedade da relação eterna: como, por exemplo, o modo próprio com que o Espírito Santo é relativo ao Pai é o amor, e o modo próprio com que o Filho é relativo ao Pai é ser o seu Verbo que o manifesta. E, como o Espírito Santo procede na alma pelo dom do amor, assim o Filho procede pelo dom da sabedoria, na qual ocorre a manifestação do Pai, termo último a que nos referimos" (*In I Sent.* d. 15, q. 4, a. 1). Santo Tomás fala também da "seladura" pela qual as Pessoas imprimem alguns dons que conferem ao homem a possibilidade de conhecer e de amar (cf. *In I Sent.* d. 14, q. 2, a. 2, ad 2).

Na origem dos dons santificantes, fonte de união com as Pessoas por conhecimento e por amor, na vida presente ou na vida eterna, está a ação divina que produz esses efeitos admiráveis, e está ainda mais radicalmente o amor de Deus que o impele a se comunicar a nós no mistério da sua deidade e a nos transmitir a sua bem-aventurança e a sua vida trinitária. "Não nos poderia conferir um bem tão excelso a não ser nos amando" (*C. Gent.* 21). Esse é o motivo da amplitude que ele reserva à teologia do Espírito Santo e da caridade.

Do amor infinito que nos chama à sua comunhão, à graça, aos inúmeros dons santificantes, ao nosso incessante caminho que nos conduz cada vez mais ao âmago do mistério de Deus, à perfeita união na visão e no amor beatificante, tudo, na síntese de Santo Tomás, se desenvolve à luz da Trindade. Ele descreve as relações da criação com Deus fazendo uso da imagem de um movimento circular: todas as coisas retornam, como a seu próprio fim, ao princípio de que foram originadas. Por isso, precisamos explicar pelas mesmas causas tanto a origem das coisas quanto o retorno delas ao fim. "Pois bem, assim como a processão das Pessoas é a razão da origem das criaturas do primeiro princípio, assim ela deve ser a razão do nosso retorno ao fim, porque assim como fomos criados pelo Filho e pelo Espírito Santo, assim seremos reunidos ao fim último" (*In I Sent.* d. 14, q. 2, a. 2).

Uma visão teológica fascinante que nos permite ver não só a história da → SALVAÇÃO, mas toda a criação à luz da Trindade.

BIBLIOGRAFIA. ALONSO, F. *Relación de causalidad entre la gracia creada e increada*. *Revista Española de Teología* 6 (1946) 1-59; BERNARD, CH. A. L'esperienza spirituale della Trinità. In *La Mistica*. Roma, 1984, 295-321, II; BOURASSA, F. "Dans la communion de l'Esprit Saint". Étude Théologique. *Science et Esprit* 34 (1982) 31-56.135-149.239-268; ID. Les missions divines et le surnaturel chez Saint Thomas d'Aquin *Sciences Ecclésiastiques* 1 (1948) 1-94; BOUYER, L. *Il Consolatore. Spirito Santo e vita di grazia.* Roma, 1983; CAMELOT, P.-CH. L'Esprit qui fait vivre. À propos de l'experience de l'Esprit. *La Vie Spirituelle* 134 (1980) 421-436; CARBONE, V. *La Inabitazione dello Spirito Santo nelle anime dei giusti secondo la dottrina di S. Agostino.* Roma, 1961; CHAMBAT, L. *Présence et Union. Les missions des Personnes de la Sainte Trinité selon saint Thomas d'Aquin.* Abb. S. Wandrille, 1945; CHENU, M.-D. La nuova coscienza del fondamento trinitario della Chiesa. *Concilium* 17 (1981) 874-887; CONGAR, Y. M. *Le Mystère du Temple.* Paris, 1958; ID. *Je crois en l'Esprit Saint.* Paris, 1979-1980; CUNNINGHAM, F. L. B. *St. Thomas' doctrine on the Divine Indwelling in the light of scholastic tradition.* Dubuque, 1955; D'ONOFRIO, A. *Dio in noi. Presenza di Dio e inabitazione della SS. Trinità nell'anima.* Roma, 1982; DOCKX, S. F. *Fils de Dieu par Grâce* Paris, 1948; EMERY, P.-Y. *Le Saint Esprit, présence de communion.* Taizé, 1980; FITZGERALD, T. J. *De inhabitatione Spiritus Sancti Doctrina S. Thomae Aquinatis.* Mundelein, 1949; FORTE, B. *Trinità come storia. Saggio sul Dio cristiano.* Paoline, Roma, 1985; FROGET, B. *De l'habitation du Saint-Esprit dans les âmes justes.* Paris, 1929; GALTIER, P. *De SS. Trinitate in Se et in nobis.* Paris, 1933; GALTIER, P. *L'habitation en nous des Trois Personnes.* Paris, 1928; ID. *Le Saint-Esprit en nous d'après les Pères Grecs* Rome, 1946; GARDEIL, A. *La structure de l'âme et l'experience mystique.* Paris, 1927; GIOVANNA DELLA CROCE. Ruusbroec. In *La Mistica.* Roma, 1984, 461-493, I; HELEWA, G. L'esperienza di Dio nell'Antico Testamento. In *La Mistica.* Roma, 1984, 117-180, II; JOANNES A SANCTO THOMA. *Cursus Theologicus*, IV, q. 43, d. 17. Parisiis, 1884; LILLA, S. Dionigi. In *La Mistica.* Roma, 1984, 361-398, II; MAGGIONI, B. La mistica di Giovanni Evangelista. In *La Mistica.* Roma, 1984, 223-250, II; MERSCH, E. Filii in Filio. *Nouvelle Revue Théologique* 65 (1938) 551-582.681-702.809-830; MORENCY, R. *L'union de grâce selon S. Thomas.* Montréal, 1950; MORETTI, R. *In comunione con la Trinità.* Torino, 1979; *La Trinidad hoy.* Salamanca, 1979; ID. L'inabitazione trinitaria. In *La Mistica.* Roma, 1984, 113-138, II; ID. La Trinità vertice della teologia e dell'esperienza mistica. *Divinitas* 30 (1986/3) 219-239. ID. *Lo Spirito Santo e la Chiesa nell'insegnamento del Vaticano II.* Roma, 1981; ORTEGA, M. *El don del Espíritu Santo.* Buenos Aires, 1982; *Trinidad y vida mística.* Salamanca, 1982; PENNA, R. Problemi e natura della mistica paolina. In *La Mistica.* Roma, 1984, 181-221, I; PETAVIUS, D. *Dogmata Theologica* VIII, c. 5. Parisiis, 1865; PHILIPS, G. *Inhabitación trinitaria y gracia.* Salamanca, 1980; ID. *L'union personnelle avec le Dieu vivant. Essai sur l'origine et le sens de la grâce crée.* Gembloux, 1974; RAHNER, K. Zur scholastischen Begrifflichkeit der ungeschaffenen Gnade. *Zeitschrift fur Katholische Theologie* 63 (1939) 137-157; ROBERTUS A SANCTA TERESIA A IESU INFANTE (MORETTI). *De inhabitatione SS. Trinitatis. Doctrina S. Thomae in Scripto super Sententiis.* Romae, 1961; *Il mistero del Dio vivente.* Roma, 1968; RODRÍGUEZ, V. Inhabitación de la SS. Trinidad en el alma en gracia. *La Ciencia Tomista* 86 (1959) 65-115; SALMANTICENSES. *Collegii Salmanticensis Cursus Theologicus. De Trinitate*, d. 12. Parisiis, 1878; SALMONA, B. Gregorio di Nissa. In *La Mistica.* Roma, 1984, 282-313, I; SIMONETTI, M. Origine. In *La Mistica.* Roma, 1984, 257-280, I; SUÁREZ, F. *Opera omnia. De Trinitate*, lib. 12. Parisiis, 1856; TAILLE, M. DE LA. Actuation crée par l'acte incrée. *Recherches de Science Religieuse* 18 (1928) 253-268.297-325; TERRIEN, J. B. *La grâce et la gloire.* Paris, 1901; TRUTSCH, J. *SS. Trinitatis Inhabitatio apud Theologos recentiores.* Trento, 1949; URDÁNOZ, T. Influjo causal de las divinas Personas en la inhabitación en las almas justas. *Revista Española de Teología* 8 (1948) 141-202; VÁSQUEZ, G. *Comentariorum ac disputationum in I. P. S. Thomae tomus primus et secundus.* Lugduni, 1631.

R. MORETTI

INÁCIO DE ANTIOQUIA (Santo). 1. Discípulo dos apóstolos Pedro e Paulo, segundo sucessor de Pedro na sé de Antioquia e "Pai apostólico", foi condenado às feras por volta dos anos 110-130 e conduzido a Roma. Durante a viagem, a comitiva se deteve também em Esmirna e em Trôade, na Ásia Menor, de onde Inácio escreveu 7 *Cartas*: às quatro Igrejas que haviam enviado uma delegação para se despedir dele (Éfeso, Magnésia no Meandro, Trales e Filadélfia), à de Roma, para pedir que não interviesse em seu favor junto aos magistrados, à de Esmirna e ao seu bispo Policarpo para agradecer a hospitalidade. Só essas cartas são autênticas; mas elas, com o acréscimo de outras não autênticas, são conservadas em duas coleções principais. A *recensio longior*, que oferece um texto mais extenso, e a *recensio brevior*, que apresenta um texto menos amplo (nesta última falta a carta aos Romanos, mas seu texto menos amplo pode ser lido no *Martyrium colebertinum*); o texto autêntico é o da *recensio brevior* (sobre essa questão cf. A. CASAMASSA, *I Padri apostolici*, Roma, 1938, 111-133). São conservadas e consideradas autênticas sete cartas. Esse *dossier* é conhecido por Ireneu (*Adv. haer.* V, 28, 4), por → ORÍGENES (*Hom. in Lc* 6, 4) e por Eusébio (*HE* III, 36). Existem 5

Martyria, nos quais são narrados, de maneiras diferentes, os detalhes referentes ao seu processo, a condenação e a viagem de Antioquia a Roma; no entanto, nenhum deles merece ser considerado fonte histórica segura.

Onde quer que Inácio pudesse entrar em contato com os fiéis, ele os exortava a se guardar das sinuosas heresias (judaizantes e gnosticismo docetista) e a conservar intacta a fé recebida dos apóstolos, de modo que permanecessem unidos ao bispo, que foi enviado pelo Senhor para governar a sua família (*Efes.* 6, 1) e é o depositário e o guardião da verdadeira fé (numerosos textos). Ele tem palavras duras para os hereges e para as heresias: os hereges são "lobos" (*Filad.* 2, 2), "cães enraivecidos que mordem à traição" (*Efes.* 7, 2), "feras em formas humanas" (*Smirn.* 4, 1) etc.; as heresias são o "fétido unguento dos ensinamentos do príncipe deste século" (*Efes.* 17, 1), "danosos parasitas que geram frutos de morte" (*Trall.* 11, 1), "ervas daninhas que Jesus não cultiva e que não são a plantação do Pai" (*Filad.* 3, 1) etc. Ele manifesta um amor ardente e muito terno por Cristo, erigindo-se em incansável defensor da verdade da encarnação (*Efes.* 7,2; *Trall.* 9, 1-2; *Smirn.* 1, 1-3; 3; etc.) e da presença real de Cristo na Eucaristia (*Smirn.* 7, 1): a Eucaristia é "remédio da imortalidade e antídoto contra a morte, para viver sempre em Jesus Cristo" (*Efes.* 20, 2), é símbolo da unidade da Igreja e da comunhão com ela (*Efes.* 5, 2; 20, 2; *Filad.* 4); na vida de Inácio e na doutrina, tal como ele se revela a nós nos últimos dias de sua existência, tudo é cristocêntrico.

2. Cristo é a nossa vida verdadeira e eterna, o nosso único médico, o princípio da nossa incorruptibilidade, nossa única e comum esperança (*Efes.* 1, 1; 3, 2; 7, 2; 11, 1; 17, 1; 18, 1; 21, 1; *Magn.* 1, 2; 9, 1; 11; *Trall.* 2, 2; 9, 2; *Filad.* 11, 2; *Smirn.* 4, 1; etc.); é o sumo pontífice a quem foram confiados os segredos do Pai, portanto é o pensamento do Pai e a expressão da sua vontade, a boca infalível do Pai, o revelador do Pai, o nosso único mestre, a porta pela qual todos devem entrar para chegar ao Pai (*Efes.* 3, 2; 17, 2; *Magn.* 8, 2; 9, 1; *Rom.* 8, 2; *Filad.* 9, 1; etc.). Consequentemente, a vida do cristão deve tender a Cristo e, por meio dele, ao Pai; ela tem apenas um objetivo: encontrar e possuir Cristo e o Pai, unir-se estreitamente com ele já aqui na terra e depois eternamente na luz puríssima e no amor incorruptível. Porque os cristãos só existem em virtude de Cristo: eles são "ramos da sua cruz" (*Trall.* 11, 2); seus membros, precisamente devido a sua paixão e a sua cruz (*Efes.* 4, 2; *Trall.* 11, 2); "pedras do templo do Pai" que a cruz de Cristo eleva até o ápice e a ação do Espírito Santo mantém incessantemente sob a influência da sua paixão e morte (*Efes.* 9, 1); "portadores de Cristo" (*christophoroi*), "portadores de Deus" (*theophoroi*), "portadores do templo de Deus", ou seja, templos de Deus precisamente porque adornados dos preceitos de Cristo (*Efes.* 9, 2; 15, 3; *Filad.* 7, 2; *Magn.* 12). Em decorrência disso, a vida cristã deve ser vivida de acordo com o espírito de Cristo e à imitação de Cristo, para que responda plenamente às exigências e aos desígnios de Deus. É preciso aderir a Cristo por meio da → FÉ e da caridade, e nada preferir a ele: a fé está na base da vida cristã e é a guia do cristão, a → CARIDADE é o caminho ao longo do qual é preciso caminhar e o termo que é preciso alcançar na sua perfeição (*Efes.* 1, 1; 9, 1; 14, 1-2; *Magn.* 1, 2; *Trall.* 8, 1; *Smirn.* 6, 1; etc.). Assim os cristãos permanecem pregados à cruz na carne e no espírito (*Smirn.* 1, 1-2); não se deixam lambuzar pelo unguento do mundo nem corromper, mas se transformam no novo fermento que é Cristo (*Efes.* 17, 1; *Magn.* 10, 2); não fazem apenas obras espirituais, mas transformam também as feitas na carne em obras do espírito, de modo a ser reconhecidos como verdadeiros discípulos de Cristo e servir de exemplo para os outros (*Efes.* 8, 2; 10, 1-3; 15, 3; *Polic.* 6, 2); levam a efígie de Deus Pai através dos semblantes de Cristo (*Magn.* 5, 2); em uma palavra, são verdadeiros imitadores de Cristo, assim como Cristo é o verdadeiro imitador do Pai (*Efes.* 1, 1; 10, 3; *Magn.* 5, 2; *Trall.* 5, 2; *Rom.* 6, 2; *Filad.* 7, 2; etc.); são cristãos não só de nome mas em toda a verdade (*Trall.* 2, 1; *Magn.* 4; *Rom.* 3, 2; 7, 1; etc.).

A união dos fiéis com o bispo também ocorre em virtude de Cristo e em vista dele; a união é necessária, porque única é a Igreja, único o altar, único o sacrifício, única a oração litúrgica, único o bispo que é uma só coisa com o pensamento de Cristo, assim como Cristo é o pensamento do Pai (*Efes.* 3, 2; *Magn.* 7, 1-2; *Filad.* 4; etc.); a união deve ser perfeita, assim como é perfeita a união da Igreja com Cristo e a de Cristo com o Pai: um único e majestoso coro, com harmoniosa concórdia, para que, por meio de Cristo, se eleve uma única voz ao Pai e este reconheça nos fiéis os membros do seu Filho, e também para que os fiéis, fortalecidos com a força de Cristo, resistam a qualquer investida do diabo e, sobrevivendo, cheguem a Deus (*Efes.* 4, 2; 5, 1; *Magn.* 1, 2; 7, 1; etc.). Deve-se observar que Inácio utiliza mais de vinte vezes os termos "união" e "unidade".

3. Nos últimos dias de sua vida, ligado a Cristo que é a "comum esperança" dos cristãos, Inácio está inteiramente dominado pelo desejo de morrer mártir por Cristo: suas correntes são suas "pérolas espirituais" (*Efes.* 11, 2); morrendo mártir, imitará perfeitamente a paixão do seu Salvador, tornar-se-á um perfeito discípulo, um perfeito cristão (*Efes.* 1, 2; 3, 1; *Magn.* 5, 2; *Trall.* 5, 2; *Rom.* 3, 2; 4, 2-3; 6, 2; etc.), será o "fermento de Deus" transformado em "pão imaculado de Cristo", porque "moído pelos dentes das feras" (*Rom.* 4, 1). Eis a razão por que ele insiste para que os fiéis rezem por ele (*Efes.* 1, 2; *Trall.* 12, 3; *Filad.* 5, 1) e para que os Romanos não intervenham em seu favor.

BIBLIOGRAFIA. BARDY, G. *La vie spirituelle d'après les Pères des trois premiers siècles*. Paris, 1935, 19-33; BERGAMELLI, F. L'unione a Cristo in Ignazio di Antiochia. *Cristologia e catechesi patristica* 1. Roma, 1980, 73-109; ID. "Sinfonia" della Chiesa nelle Lettere di Ignazio di Antiochia. In *Ecclesiologia e catechesi patristica, Sentirsi Chiesa* 3. Roma, 1982, 21-80; BOUYER L. – DATTRINO, L. *La spiritualità dei Padri* (3/A). Bologna, 1984, 29 ss.43 ss.; CIRILO DE SANTA TERESA. La vita spirituale in S. Ignazio di Antiochia. *Rivista di Vita Spirituale* 1 (1947) 449-465; CRISTIANI, L. Saint Ignace d'Antioche. Sa vie d'intimité avec Jésus Christ. *Revue d'Ascétique et de Mystique* 25 (1949) 109-116; LEBRETON, J. *Histoire du dogme de la trinité dès origines au concile de Nicée*. Paris, 1928, 282-331, II; MERSCH, E. *Le corps mystique du Christ*. I, Paris, 1951, 296-307; PREISS, TH. La mystique de l'imitation du Christ et de l'unité de l'Église chez Ignace d'Antioche. *Revue d'Histoire et de Philosophie Religieuse* 18 (1938) 197-241; QUACQUARELLI, A. *I Padri Apostolici*. Roma, 1976, 95-153 (trad. em italiano das obras de I.); TOMIĆ, C. L'intima natura della vita cristiana secondo S. Ignazio martire. *Miscellanea Francescana* 54 (1954) 49-89; TRENTIN, G. Rassegna di studi su Ignazio d'Antiochia. *Studia Patavina* 19 (1972) 75-87 (ampla bibliografia).

MELCHIORRE DI SANTA MARIA – L. DATTRINO

INÁCIO DE LOYOLA (Santo). 1. NOTA BIOGRÁFICA. Nascido em 1491, em Loyola (Espanha), depois de ter recebido uma educação profundamente católica, partiu por volta de 1506 para Castela como pajem de Juan Velázquez de Cuéllar, "contador mayor" (ministro da Fazenda) do rei Fernando o Católico. Residia com a corte em Arévalo e viajava para outras cidades e lugares. Levou uma vida mundana, mas conservou sempre um profundo sentido de fé. Compôs algumas canções sacras: um poema a São Pedro e invocações a Nossa Senhora dos torneios. Quando Velázquez caiu em desgraça (1517), tornou-se cavalheiro de um parente seu, o duque de Nájera, vice-rei de Navarra. Na defesa da cidadela de Pamplona, caiu gravemente ferido pelos franceses (20 de maio de 1521).

Em Loyola, durante a convalescença, mudou radicalmente de vida, movido pela carta do *Flos sanctorum* de Tiago de Voragine e pela vida de Cristo de Ludolfo da Saxônia. Quis ir para a Palestina, para ali permanecer como cruzado espiritual. Começou a sua peregrinação no início de 1522. Depois de uma breve estada em Montserrat, onde fez por três dias a confissão geral e começou a praticar exercícios metódicos de oração, interrompeu provisoriamente a sua viagem e se deteve em Manresa, onde levou uma vida solitária por mais de dez meses, praticou e escreveu os *Exercícios*. Obrigado a deixar a Palestina (1523), começou a estudar em Barcelona (1524-1526), continuou os estudos em Alcalá de Henares (1526-1527), em Salamanca (1527), e sobretudo em Paris (1528-1535) onde obteve o grau de mestre nas Artes e reuniu ao seu redor os primeiros companheiros que em 15 de agosto de 1534 fizeram o voto de se dedicar às almas em espírito de pobreza, e de ir à Palestina para trabalhar pela glória de Cristo. Não podendo realizar essa viagem, depois de diversas tentativas de apostolado na Itália setentrional, reuniu todos os seus companheiros em Roma e decidiu fundar uma Ordem religiosa, que foi denominada Companhia de Jesus.

Eleito geral em 8 de abril de 1541, desenvolveu a sua atividade na organização da Ordem. Formou pessoalmente os seus filhos, enviando-os também às várias nações da Europa, da Índia, Congo, Etiópia e Brasil; obteve a aprovação dos Exercícios; ajudado pelo padre Juan Alfonso de Polanco, escreveu as *Constituições*; dirigiu o desenvolvimento da Ordem através de normas e diretrizes pessoais e com inúmeras cartas.

Ao mesmo tempo realizou um plano de apostolado e de reforma para a cidade de Roma: pregou cursos de exercícios, promoveu a frequência aos sacramentos e criou um centro de devoção e de renovação em Santa Maria della Strada (agora Jesus), ao lado do Palácio Veneza, onde Paulo III frequentemente gostava de se hospedar. Procurou remediar as chagas sociais principais: a das cortesãs, com a fundação da Obra de Santa Marta; das meninas em condição de risco, com o Conservatório próximo a Santa Catarina de Funari. Fundou associações e obras para os órfãos (Santa Maria em Aquiro) e pelas órfãs (Quatro Santos Coroados). Encarregou-se de ajudar os que passavam fome e não tinham moradia, a colônia judaica, os hospitais. Ensinou o catecismo pelas ruas de Roma. Ocupou-se também da educação religiosa da juventude. Fundou o Colégio Germânico. Morreu em Roma em 31 de julho de 1556. Foi beatificado em 1609 e canonizado em 1622.

2. ESCRITOS. Inácio não era um literato, tinha um estilo difícil e até incorreto. Não escreveu livros destinados à publicação, mas apenas obras com objetivos práticos. Nelas estão contidos princípios de espiritualidade e orientações práticas tão valiosas que o santo sempre foi considerado um grande mestre de vida espiritual.

Deixando de lado os *Exercícios*, dos quais se fala em outro verbete, podemos indicar os seguintes escritos:

Cartas. Conservam-se cerca de 7 mil, publicadas em doze volumes (*Monumenta Ignatiana. Epistolae*, Madrid, 1903-1913). De muitas temos apenas um breve resumo. Não poucas, sobretudo as dos primeiros anos, e muitas outras destinadas aos benfeitores ou aos jesuítas, são de cunho espiritual, mas também as de negócios muitas vezes contêm diversos princípios de doutrina espiritual. Servem principalmente para ver como interpretava e aplicava os princípios dos *Exercícios* às necessidades concretas de cada pessoa. Descobrem-se também muitos aspectos da personalidade humana do santo que permanecem ocultos em outros lugares. Também são importantes para a história espiritual e cultural do século XVI, uma vez que diversas cartas são endereçadas a grandes personagens da época: rei, cardeais, princípes, embaixadores etc.

Constituições da Companhia de Jesus. Além da estrutura jurídica da Companhia, nelas estão indicados claramente os princípios espirituais que formam a alma do instituto.

Diário espiritual. Inteiramente escrito pelo santo, apresenta as graças, visões e moções ocorridas de 2 de fevereiro de 1544 a 27 de fevereiro de 1545, enquanto tratava com Deus o ponto das Constituições referente à pobreza das sacristias das casas professas. É sem dúvida o escrito que conduz mais profundamente à alma do santo. É admirável a abundância e a intensidade das graças místicas e das visões principalmente trinitárias, mas é mais característico o fato de que tais graças tinham uma função não tanto diretamente contemplativa quanto ativa, no sentido de que lhe serviam de solução para um problema que tinha como legislador. Encontram-se portanto na linha do discernimento de espíritos dos *Exercícios*.

Autobiografia. Foi ditada por Inácio ao padre Gonçalves da Câmara, que no entanto tinha uma memória tão extraordinária que podia reproduzir exatamente até os mínimos detalhes daquilo que ouvia. Ali não está narrado o processo externo da vida, mas tem como objetivo principal evidenciar a maneira como Deus havia conduzido o santo à fundação da Companhia. É portanto uma fonte de primeira ordem para descobrir a evolução interna e o processo espiritual da sua alma.

3. DOUTRINA ESPIRITUAL. Inácio não a desenvolve organicamente, mas apresenta seus fundamentos e delineia suas linhas mestras nos *Exercícios* dos quais surgem determinadas consequências nas *Constituições*, e aplicações a muitas pessoas nas *Cartas*. Como a sua doutrina espiritual é muito rica e abarca campos bem amplos, não é de admirar que autores de várias épocas e mentalidades tenham visto nele características diferentes. Em geral, quase todas correspondem à realidade, mas abarcam apenas aspectos parciais. Assim, nos séculos passados se destacava principalmente a grandeza e a sublimidade. Esta era a nota distintitva para Ribadeneira, Lancicio, Nolarci, Franciosi e tantos outros. No princípio do século XX se começou a enfatizar os grandes conceitos espirituais. Assim, se disse que centrava tudo na maior glória de Deus (Brou), ou que tinha uma espiritualidade vital: inspirada na vida, adaptada às mais diversas realidades (Plus); ou que era uma espiritualidade trinitária, teocêntrica, cristocêntrica, eucarística, mariana (Böminghaus, De Guibert, Larrañaga, etc.). Nos últimos anos começou-se a examinar o ponto de vista próprio do santo em relação a essas grandes verdades. Assim De → GUIBERT julga que o traço característico é o serviço por amor; Deus é contemplado por Inácio na sua relação de Criador e providente guia do homem; Inácio responde com uma total dedicação. Para H. Rahner, Inácio é o homem que, com a sua luz interior, guiado pelo discernimento dos espíritos, consegue descobrir Deus em tudo, e chegar ao seu Criador através de todas as criaturas, ver a relação entre as realidades de ordem interna e externa: sobrenaturalidade e realidades terrestres, ser homem da Igreja e ao mesmo tempo reformador.

Chegamos, assim, via uma análise cada vez mais aprofundada, ao que acreditamos ser a atitude mais característica de Inácio: a transparência divina nas coisas, que lhe permitia descobrir em cada momento a voz de Deus em tudo. Mais que normas fixas, possui o segredo do passo divino: continua a caminhar, certo de poder amar e servir cada vez mais Deus em tudo (*Exercícios*, n. 233). Abraça todos os meios da maneira mais intensa. Procura a "maior" glória de Deus, o "maior" bem das almas. Sedento de Deus, quer aproximá-lo cada vez mais. Um "mais" dinâmico, escatológico, de peregrinação para a eternidade — ele que se definiu como o "peregrino" — domina a sua espiritualidade.

Sua espiritualidade é uma espiritualidade universal, que deseja integrar numa unidade transcendente as realidades opostas, não dominado por nenhuma paixão, mas à luz de Deus. Por isso encontrava a maneira de aproveitar valores que se encontram dispersos nos campos mais variados. Empregava todos os meios, como se com eles pudesse obter tudo, mas confiava unicamente em Deus, como se tudo dependesse unicamente dele. Unia o céu com a terra, os valores divinos, eternos, com os humanos e contingentes. O estudo e o trabalho eram oração, e a oração era trabalho para Deus. Servir Deus era amá-lo, e amá-lo, servi-lo. A definição de Nadal *contemplativus in actione* (*Epistolae*, ed. NADAL, IV, 651) é sem dúvida a que mais nos permite penetrar em seu espírito.

Sua universalidade procede da visão de Deus, da Trindade. Tudo procede da Trindade por Cristo à Igreja e aos homens. Tudo volta a Cristo, ou melhor, o próprio Cristo presente em tudo faz com que tudo se desenvolva até encontrar o seu cumprimento nele. Por isso, Inácio quer levar nos *Exercícios* a alma a Cristo, e por Cristo, em Cristo, ao Pai. Esse movimento circular de descida contínua das coisas de Deus e retorno a ele é a fonte da unidade e da universalidade da sua dedicação pessoal a Cristo, à Igreja e às almas. Sua sede de humildade e de pobreza, tão característica, é ao mesmo tempo premissa e consequência. Para "entrar" em Cristo e seguir o seu método, deve-se sair de tudo o que não seja conforme a Cristo ou não leve a ele (cf. *Exercícios*, nn. 97.167.189). Quer, na medida do possível, ser substituído por Cristo, viver sua vida. Por isso vive de maneira particular a obediência. E a maneira é "deixar-se mover e possuir pela poderosa mão do autor de todo o bem" (*Epistolae*, IV, 561-562) e "vestir-se de Deus", de modo que na verdade "pode dizer que não é ele quem vive, mas Cristo que vive nele" (cf. *Epistolae*, XII, 335).

BIBLIOGRAFIA. 1) Fontes: *Monumenta Ignatiana*: I série. *Epistolae*. Madrid, 1903-1913, 12 vls. (reprod. anastática, Roma, 1964 ss.); II série. *Exercitia et Directoria*. Madrid, 1918; *Directoria Exerc.* Roma, 1955; III série. *Constitutiones et Regulae*. Roma, 1934-1948, 4 vls.; IV série. *Scripta*, Madrid, 1904-1918, 2 vls. (Roma, 1943-1965).
2) Repertórios bibliográficos: GILMONT, J. F. – DAMAN, P. *Bibliographie ignatienne (1894-1957)*. Paris-Louvain, 1958; IPARRAGUIRRE, I. *Orientaciones bibliográficas sobre san Ig. de L.* Roma, 1965.
3) Biografias: além das clássicas de BARTOLI, D. Roma, 1.650 ss.; MAFFEI, G. P. Roma, 1.585 ss. e RIBADEIRA. Napoli, 1.572 ss.; registramos: DALMASES, C. DE. *La vita e l'opera di sant'Ignazio do Loyola*. Milano, 1984; GIORDANI, I. *Ig. di Loyola Generale di Cristo*. Firenze, 1941; INÁCIO DE LOYOLA. *Gli scritti*. Org. por M. Gioia. Torino, 1977; PAPÀSOGLI, G. *Sant'Ignazio di Loyola*. Roma, 1956; ID. *Sant'Ignazio di Loyola*. Milano, 1965; PARRAGUIRRE, I. – DUMEIGE, G. – CUSSON, G. Ignace de Loyola. In *Dictionnaire de Spiritualité*. VII. Paris, 1970, 1.266-1.318; VILLOSLADA, R. GARCÍA. *San Ignacio de Loyola, una nueva biografía*. Madrid, 1986; WULF, FR. *Ignatius of Loyola. His personality and Spiritual Heritage, 1556-1856*. Saint Louis (MO), 1977.
4) Estudos sobre a espiritualidade: DIEGO, L. DE. *La opción sacerdotal de Ignacio de Loyola y sus compañeros (1515-1540)*. Roma, 1975 (= CIS Recherches 7); GUIBERT, J. DE *La spiritualité de la Compagnie de Jésus. Esquisse historique*. Roma, 1953; IPARRAGUIRRE, I. *Tracce ignaziane per un impegno cristiano. Itinerario dello spirito*. Milano-Brescia, 1963; *La Trinidad en el carisma ignaciano. Historia, Escritura, Teologia*. Roma, 1982 (CIS nn. 39-40), também em francês e em inglês; LARRAÑAGA, I. *San Ignacio de Loyola. Estudios sobre su vida, sus obras, su espiritualidad*. Zaragoza, 1956; LETURIA, P. DE. *Estudios Ignacianos*, II. *Estudios espirituales*. Roma, 1957; OSUÑA, FR. *"Amigos en el Senor". Estudio sobre la génesis de la comunidad en la compañía de Jesus desde la conversión de san Ignacio hasta su muerte (1556)*. Roma, 1971 (= CIS Recherches 1); RAHNER, H. *Ign. von L. als Mensch un Theologe*. Freiburg, 1964; ID. *La mistica dei servizi. Ignazio di Loyola e la genesi*

storica della sua spiritualità. Milano, 1960; RAVIER, A. *Ignace de Loyola fonde la Compaigne de Jésus*. Paris, 1974; SALDARRIAGA, R. MEJÍA. *La dinámica de la integración espiritual. Buscar y hallar a Dios en todas las cosas*. Roma, 1980; SPANU, D. *Inviati in missione. Le istruzioni date da S. Ignazio*. Roma, 1979.

I. IPARRAGUIRRE

BIBLIOGRAFIA. BON, H. *Medicina e religione*. Torino, 1946, 221-226; LEROY, O. *Les Hommes Salamandres*. Paris, 1931; THURSTON, H. *The physical phenomena of mysticism*. Vers. It., Alba, 1956, 221-243; VEZZANI, V. *Mistica e metapsichica*. Verona, 1958, 194-196.

I. RODRÍGUEZ

INCOMBUSTIBILIDADE.

1. NOÇÃO. É o fenômeno em que o corpo humano, em contato direto com o fogo, não queima. Ou seja, por ela o corpo humano é imune à ação ígnea e não se trata, portanto, simplesmente do fato de não sentir a ação do fogo. A incombustibilidade às vezes se estende também às roupas. Assim, por exemplo, São → JOÃO EVANGELISTA saiu ileso da panela com óleo fervente em que havia sido colocado; Santa → CATARINA DE SENA, durante um êxtase, caiu deitada nos braços ardentes e permaneceu por muito tempo naquela posição sem se queimar. Relatam-se também episódios profanos, como do comedor de fogo Richardson ou do outro, Nathan Coker, o negro de Maryland.

2. EXPLICAÇÃO. Existem algumas condições naturais que conferem ao corpo humano uma incombustibilidade relativa; por exemplo, a mão banhada num líquido muito volátil pode passar, com os devidos cuidados, por um ferro incadescente. A imunidade (de curta duração) deve-se à camada isolante produzida pelo líquido volatilizado em volta da mão. O fenômeno da incombustibilidade não supera o poder do demônio, que pode impedir a ação do fogo sobre a carne humana.

Ainda não se sabe se em determinadas condições e circunstâncias o fato pode ser simplesmente natural. Para determinados casos parece que se deve necessariamente recorrer a causas sobrenaturais que poderiam muito bem explicar fatores naturais favoráveis. Por mais que pareça que os êxtases tornam particularmente imunes à ação do fogo, não se pode afirmar que eles transmitam normalmente a incombustibilidade, porque, se nesse estado o indivíduo não sofre a ação do fogo, passado esse estado ele em geral sente a dor da queimadura. Não é necessário o estado de êxtase para haver a incombustibilidade, pois há casos fora dele, por exemplo o da beata Ana de São Bartolomeu (*Dictionnaire de Spiritualité*, IV, 2.184).

A incombustibilidade poderia ser o efeito de uma participação adequada da impassibilidade dos corpos glorificados.

INDIFERENÇA.

1. NOÇÃO. No latim clássico, mais precisamente em Cícero, o termo "indiferença" traduz o sentido etimológico do grego *adiafora* (a = não, e *diafora* = diferença), para significar um estado de coisas que não é nem bom nem mau. É nesse sentido de amoralidade que a teologia moral usa o termo nas questões dos atos humanos indiferentes. Contudo, indiferença tem um sentido objetivo e um sentido subjetivo. O primeiro expressa identidade ou igualdade, o segundo exprime a atitude psicológica, tanto teórica quanto prática, de quem não faz diferença diante de duas ou mais alternativas. Alguns Padres, como Hilário (*PL* 23, 127) e → JERÔNIMO (*PL* 10, 210), usam o termo no sentido objetivo para indicar a identidade, ou seja, a unidade e a indiferença da natureza divina. Filástrio, no seu *Diversarum haereseon liber*, denomina indiferente o fato da comunicação dos ex-discípulos de Ário com os membros da Igreja católica (*CSEL* 38, 50). Na filosofia cínica estoica e cética emprega-se a palavra para as coisas que não são capazes de impelir a vontade nem ao ódio, nem ao desejo, nem à ação. Além do significado objetivo, há o religioso que vem desde o século XVII, com Bossuet, e particularmente no século XIX, aplicado também a qualquer forma de desinteresse, de recusa a tomar posição diante do fato religioso em geral e do cristão e católico em particular. Trata-se do chamado indiferentismo que se concretiza no desinteresse prático e teórico em relação a Deus, em relação ao valor das várias religiões e, portanto, das confissões dogmáticas. Isso explica a dificuldade de distinguir, ao menos nos documentos eclesiásticos do século XIX, o sentido exato de indiferença, precisamente porque esta é colocada junto e até identificada com incredulidade, neutralidade, irreligiosidade, ateísmo (cf. *Miravi vos*, de Gregório XVI; *Qui pluribus*, de Pio IX; *Pascendi*, de São Pio X, e também *Ad Petri cathedram* de João XXIII; *GS* 41.28). Seja como for, é certo que o sentido mais próprio do termo pertence ao campo ético, ou seja, à liberdade do agir humano para atingir seu objetivo.

2. INDIFERENÇA E VIDA ESPIRITUAL. Ora, tratando da indiferença na sua aplicabilidade à vida espiritual, não pretendemos falar da indiferença espiritual que é denominada abandono em Deus, mas da indiferença na conduta moral, contrária a uma vida de fé operante por meio da caridade. Essa indiferença consiste essencialmente em uma maneira relaxada e indolente de viver, caracterizada pela negligência nas práticas da vida religiosa e da observância dos preceitos de Deus e da Igreja. A oração, a participação ativa na celebração eucarística, a frequência aos sacramentos etc. têm pouca, para não dizer nenhuma importância. Aliás, em relação aos exercícios de devoção, da vida eclesial em geral, das instituições e das pessoas eclesiásticas em particular, o indiferente assume de bom grado atitudes de crítica difamante e demolidora. Externamente a indiferença muitas vezes se manifesta por meio de uma assustadora ignorância das coisas de Deus, quase sempre acompanhada de uma curiosidade pelas opiniões e as maneiras de ver que estão em moda. Quando é assim, mesmo se houvesse ainda uma observância de certas formas exteriores da vida religiosa e moral, não se trata de nada menos que indiferença autêntica. É lógico que essa indiferença, mesmo se encoberta por um véu de legalidade, assume outras formas dependendo de estar ligada a leigos, sacerdotes ou religiosos, uma vez que são diferentes as suas relações religiosas e diversos os seus compromissos morais. Contudo, essa heterogeneidade não exclui a homogeneidade essencial do fenômeno que estamos tratando. Acrescento ainda que a mentalidade dessacralizante de hoje torna-se cada vez mais uma fonte comum onde encontrar motivos para laicizar a própria forma de vida religiosa, moral e espiritual. É preciso fornecer a essa apatia espiritual os remédios que levam a retomar o gosto pelos valores da → VIDA INTERIOR. Assim, por exemplo, uma prática moderada de mortificações, um retiro espiritual, exercícios de devoção, uma boa confissão geral, uma direção apropriada, um esforço para meditar o Evangelho e, quando se trata dos jovens, uma atenta vigilância por parte dos educadores. Em suma, precisamente porque ócio, preguiça, inércia e todos os vícios estão de algum modo implicados no fenômeno religioso-ético e espiritual da indiferença, os remédios que se aplicam a eles também se aplicam a esta. Além disso, é útil uma prudente fuga do mundo.

BIBLIOGRAFIA. Gunthör, A. *chiamata e risposta*, Roma ³1983; Indifférence. In *Catholicisme* V, 1.504-1.510; Häring, B. *Liberi e fideli in Cristo*. Roma 1979-82; Indifférence. In *Dictionnaire de Spiritualité* VII, 1.688-1.708 (aspetto spirituale).

B. Honings

INÉDIA

1. NOÇÃO. Por inédia entende-se a abstenção total, por muito tempo, dos alimentos sólidos ou líquidos, como ocorreu na vida de alguns santos. Por exemplo, → ÂNGELA DE FOLIGNO viveu doze anos sem ingerir nenhum alimento; Santa → CATARINA DE SENA, cerca de oito anos; santa Liduína, 29 anos; Domingas Lazzari, 14 anos etc.: seu único alimento era a Eucaristia.

2. EXPLICAÇÃO. O organismo, na sua atividade vital, tem por natureza uma perda constante de matéria orgânica que deve ser substituída, sob pena de sobrevirem o enfraquecimento, a inação, a morte. Não é fácil determinar o quanto o organismo consegue resistir. O fato depende não só da constituição física da pessoa, mas também da sua constituição psíquica e moral. Além disso, parece que existem estados em que a pessoa viveu por muito tempo e até anos com uma porção mínima de alimentos nutritivos, sem que isso possa ser atribuído a alguma ação preternatural ou sobrenatural. Tampouco se demonstrou que o organismo é capaz de substituir as perdas com outro meio que não o alimento, como, por exemplo, a absorção cutânea de alimentos nutritivos não em forma de alimento sólido ou líquido. Até agora não se encontrou uma explicação natural satisfatória para os casos de inédia, embora alguns autores católicos não descartem sua possibilidade. Seja como for, para admitir o caráter sobrenatural de um fato concreto exigem-se diversas condições, uma vez que se pode facilmente cair na fraude consciente ou inconsciente, pode tratar-se de simples anorexia ou então pode ser fruto de uma ação do demônio bem como de forças naturais ainda desconhecidas. Seguindo as recomendações de Bento XIV, os autores em geral exigem: a) uma severa investigação sobre o fato e sobre sua duração, uma vez que não é fácil a vigilância absoluta de uma pessoa; b) que o jejuador conserve as forças físicas e morais (não seria suficiente um estado de letargia semelhante ao de alguns animais); c) a ausência de fome em plena saúde; d) o cumprimento dos deveres cotidianos; e) a exclusão de qualquer causa patológica; f) a certeza da santidade da pessoa que jejua, ou seja, que não o faça por vaidade ou por outro motivo humano; e se o realiza em plena submissão à obediência e sob a influência do Espírito Santo.

Pressupondo que o fenômeno depende de fatores sobrenaturais, alguns autores o explicam "como fato conatural ao estado de atividade sobrenatural a que a alma chegou por meio da atuação perfeita dos dons do Espírito Santo". "Pode ocorrer que a energia psíquica chegue ao corpo por alguma redundância, transformando-se em energia corpórea quando o corpo já está completamente submetido ao espírito" (Reigada, 373-374). Segundo outros autores, ao contrário, seria uma espécie de incorruptibilidade antecipada dos corpos glorificados, que suspende a lei da incessante deterioração dos órgãos e que dispensa também da lei correspondente da ingestão de alimentos (Ribet, Royo).

Contudo, o fato da inédia não é um indício de santidade, embora normalmente se verifique nas almas santas.

BIBLIOGRAFIA. REIGADA, I. G. M. *Los dones del Espíritu Santo y la perfección cristiana*. Madrid, 1948; THURSTON, H. *The physical phenomena of mysticism*. Vers. it., Alba, 1956, 411-463; ROYO, A. *Teologia della perfezione cristiana*. 634-636.

I. RODRÍGUEZ

INEFABILIDADE. Característica do primeiro Princípio, Deus, que, por sua absoluta transcendência, simplicidade, infinitude, é superior a qualquer conhecimento quiditativo, claro e próprio e adequado aos nossos conceitos e palavras. É uma característica comum a toda concepção religiosa: na filosofia hindu, em Platão, em → PLOTINO, em Fílon, nas religiões mistéricas, nos gnósticos etc. É particularmente acentuada na atitude mística, quer por parte do objeto, Deus, quer por parte do conhecimento com que o homem entra em contato com ele.

1. No que diz respeito ao cristianismo, encontramos na Bíblia o fundamento da inefabilidade de Deus, e de fato os Padres e os escritores bíblicos recorreram a ela. O conhecimento de Deus é incompreensível (Sl 139,6.17 s.); insondáveis os seus caminhos (Is 5,9) e suas obras (Eclo 8,17; Jó 42,3); não pode ser conhecido nem manifestado nem louvado dignamente (Sr 43,27-32); Deus é "o único que possui a imortalidade, que habita numa luz inacessível, que nenhum homem viu nem pode ver" (1Tm 6,16) e que só o Filho unigênito pode revelar-nos (Jo 1,18; cf. Mt 11,27); impenetráveis e abissais são especialmente os seus decretos para a salvação do homem (Rm 11,33); superior a qualquer conhecimento é o amor de Cristo (Ef 3,19). Paulo enfatiza particularmente a inefabilidade das verdades transmitidas a ele no famoso arrebatamento (2Cor 12,1-4).

A inefabilidade de Deus explica a preferência, na elaboração do pensamento religioso, pela chamada "teologia negativa", que em relação ao conhecimento de Deus procede mais negando que afirmando as várias perfeições encontradas nas criaturas. Deve-se buscar o fundamento precisamente na transcendência que distingue e separa radicalmente Deus de qualquer outro ser que constitui o objeto conatural do conhecimento humano. É claro que não se trata de mera incognoscibilidade nem tampouco de simples conhecimento metafórico; mas se deseja de Deus a maneira multiplamente imperfeita com que as várias perfeições são predicadas nas criaturas. Por isso a teologia negativa é corrigida e integrada pela "teologia de eminência", com que procuramos afirmar em Deus o que é por si só valor para além de qualquer limite. É o fecundo princípio que guia Santo Tomás em toda a sua teologia: "Deus, na vida presente, não pode ser visto por nós pela sua essência, mas é conhecido através das criaturas, segundo a relação de princípio e por meio da eminência e da negação" (*STh*. I, q. 13, a. 1).

2. Na tradição, são claras as afirmações, comuns desde os apologistas, de que o homem não pode conhecer Deus de maneira essencial e imediata precisamente por causa da transcendência divina e que, portanto, ele é realmente inefável. Assim afirma Justino: "Ao Pai de todas as coisas, sendo ingerado, nenhum nome é atribuído" (*Apologia II*: PG 6, 453). No *I livro a Autólico*, Teófilo de Antioquia, mesmo fazendo um quadro magnífico das perfeições divinas, demonstra um a um a insuficiência dos nomes divinos: "Nada pode dar-nos uma ideia ou uma noção de Deus" (*PG* 6, 1.227). É expressiva também a fórmula de Minúcio Félix: "*Eum digne aestimamus dum inaestimabilem dicimus*" (*Octavius*, 18: PL 3, 290). Falar de Deus por negação parece uma necessidade para os Padres. A trabalhosa ascensão de nosso pensamento é bem expressa por → NOVACIANO: "O que dizer ou pensar dignamente dele que é superior a todo discurso ou pensamento?

Só existe uma maneira — e mesmo esta, como podemos empregá-la, como a entendemos, como a compreendemos? — de afirmar Deus com a inteligência: pensá-lo como aquele cuja natureza e grandeza não só não podem ser compreendidas, mas nem sequer imaginadas"(*De Trinitate*, 2: *PL* 3, 890). É a posição de → EFRÉM nos discursos *Adversus scrutatores* (in *S. Patris N. Ephraemi Syri opera omnia...* ed. ASSEMANI, 3, 48.85); de Basílio que, contra Eunômio, afirma a incompreensibilidade da essência divina e o valor relativo dos "nomes" que atribuímos a Deus (*PG* 29, 533.544); de João → CRISÓSTOMO, nas Homilias *De incomprehensibili Dei natura* (*PG* 48, 701-748), contra as afirmações absurdas dos anomeus. A inefabilidade de Deus é ressaltada também por Hilário (*De Trinitate*, 2, 6-7: *PL* 10, 54.56).

3. Os escritores em que predomina a tendência mística são levados à afirmação da inefabilidade não só como característica do mistério infinito de Deus, mas também como modo próprio do conhecimento místico e de sua experiência pessoal. Em suas afirmações não se deve ver uma desvalorização, mas antes uma riqueza do conhecimento de Deus quer quanto ao conteúdo objetivo quer quanto à profundidade e intensidade. Sua linguagem, frequentemente simbólica e poética, e o seu recurso às categorias do conhecimento sensível, são igualmente indício da riqueza de um conhecimento vital e intuitivo. Será suficiente lembrar alguns expoentes: a semelhança de linguagem que podemos constatar nos místicos de todos os tempos deve-se menos à dependência literária que à semelhança substancial das experiências e as formas conaturais que as expressam: um fato tão mais óbvio na medida em que na experiência mística a primazia é da atividade afetiva, cuja linguagem é espontânea e universal. Qualquer místico se reconheceria nestas palavras de Gregório Nazianzeno: "Ó tu que estás além de tudo, com que outro nome posso chamar-te? Com que hino devo cantar-te? Nenhuma palavra pode exprimir-te. Qual mente será capaz de te apreender? Nenhum intelecto pode conceber-te. Só tu és inefável... Só tu és incognoscível... Tu és cada um e ninguém" (*PG* 37, 507-508). Gregório de Nissa descreveu magistralmente o conhecimento contemplativo como plenitude e inefabilidade no *De vita Moysis*, empregando também os símbolos da neblina e da escuridão da teofania do Sinai, tão comuns em seguida nas descrições dos místicos. Eis um trecho significativo: "Quando de fato (a mente) consegue transcender não só tudo aquilo que é perceptível com os sentidos, mas também tudo aquilo que se pode afirmar com o intelecto, e se penetra em maiores profundidades, então, envolto por todos os lados por uma escuridão invisível e incompreensível, vê Deus. Nisso consiste efetivamente o verdadeiro conhecimento de Deus, a visão dele: ver que ele não pode ser visto, que o seu conhecimento supera qualquer conhecimento, envolto por todos os lados pela incompreensibilidade como uma neblina" (*PG* 44, 376). É a mesma teologia que podemos ler no pseudo-Dionísio, especialmente no pequeno escrito da *Mystica theologia*, que foi tão bem recebido no decorrer dos séculos. São as mesmas categorias, em uma linguagem criativa e obscura: teologia negativa e eminencial, purificação não só dos afetos, mas também das imagens sensíveis, dos conceitos do conhecimento discursivo; a união pelo amor e pelo contato determinado pela revelação de Deus ao homem; o símbolo das trevas e da neblina significando a luz excessiva de Deus na transcendência e infinitude do seu mistério; a inefabilidade, portanto, também do contato e do conhecimento contemplativo que diviniza a alma. Essa doutrina, além de estar presente na *Mystica theologia* (quase em síntese no c. 1, *PG* 3, 997), encontra-se também em outras obras. São → MÁXIMO, O CONFESSOR (*S. Maximi scholia...*, *PG* 4, 15-432) segue e comenta Dionísio.

A doutrina sobre a inefabilidade encontra-se em todos os outros místicos: no *De septem itineribus aeternitatis*, do pseudo-Boaventura, atribuído a Rodolfo de Bribaco (século XIV); em → ECKHART: "*Deus ineffabilis et incomprehensibilis est, et in ipso omnia sunt ineffabiliter*" (cf. *Sermo* 4, 1); em → HADEWIJCH que fala de tocar Deus "acima dos sentidos e acima do entendimento, acima do conhecimento e acima da capacidade da criatura humana" (*Poesia* 16, vv. 131-133); em → RUUSBROEC e em outros místicos nórdicos, perscrutadores da alma-imagem e das profundezas da alma; em → ÂNGELA DE FOLIGNO, especialmente na "terceira transformação", na visão de Deus acima das trevas: "A alma é retirada de toda escuridão, e nela ocorre mais cognição de Deus do que eu poderia supor, com tal clareza e tal certeza e tão insondável abismo que não existe coração que possa entender de algum modo sobre isso entender ou pensar" (*Autobiografia*, Città di

Castello, 1932, 195, n. 121). Também Santa Teresa, falando da contemplação infundida na "quarta água" (oração de união), assim a define: "é um não entender entendendo" (*Vida*, 18, 14). A inefabilidade, sob todos os aspectos, domina a síntese espiritual de São → JOÃO DA CRUZ. Uma vez que entre as criaturas e Deus não existe semelhança essencial mas distância infinita, nenhuma delas pode servir como meio próximo ao intelecto para se unir a Deus (*Subida*, 2, 8, 3), por isso a alma deve conhecer Deus através daquilo que ele não é, e "deve necessariamente tender a ele não admitindo, mas renegando, até o extremo limite possível, as suas percepções tanto naturais quanto sobrenaturais" (*Subida*, 3, 2, 3). Caminhando na noite obscura da fé (*Subida*, 2, 3) e guiada por Deus através das trevas da contemplação infundida que lhe purifica radicalmente o sentido e o espírito, a alma gradualmente recebe uma mística compreensão muito pura e agradável e uma luz que transforma as suas potências divinamente (*Noite*, 2, 13, 1-11). As altas comunicações e operações que Deus realiza na alma são "toques substanciais": toque do Verbo, da divina substância, e por isso inefável (*Chama*, 2, 20); mas também um certo toque da alma com a divindade, "graças ao qual é o próprio Deus quem é sentido e saboreado", com notícias que "têm o sabor de essência divina e de vida eterna" (*Subida*, 2, 26, 5). Como na mais sublime contemplação a alma, desde a origem de suas potências, passa a resplandecer, a reverberar e a se transformar, em um único e simples ato de união, nas perfeições do ser divino (*Chama*, 3, 2 ss.), tudo o que se pode dizer em relação à realidade transmitida e à forma da comunicação é inferior à realidade, "porque a transformação da alma em Deus é inefável" (*Ibid.*, 8). A teologia espiritual do santo sobre a inefabilidade pode ser resumida nestas palavras: "É totalmente impossível dizer o que Deus transmite à alma nesta união íntima. Não se pode dizer nada sobre isso, assim como não se pode dizer nada que corresponda plenamente ao que Deus é em si, porque é ele mesmo quem se dá à alma com admirável gloria de transformação dela nele" (*Cântico B*, 26, 4).

BIBLIOGRAFIA. DIONÍSIO, O CARTUXO. *De fonte lucis.* a. 17; GARRIGOU-LA-GRANGE, R. *Le sens du mystère et le clair-obscur intellectuel.* Paris, 1934; HAUSHERR, I. *La méthode d'oraison hésychaste.* Roma, 1927; JOSEPH A SPIRITU SANCTO (LUSIT.). *Enucleatio Mysticae Theologiae* (ed. 1927). 17-25, 242-245; JOURNET, CH. *Connaissance et inconnaissance de Dieu.* Paris, 1943; LILLA, S. Dionigi. In *La Mistica.* Città Nuova, Roma, 1984, 361-398, I; LOSSKY, VL. *Théologie négative et connaissance de Dieu chez Maître Eckhart.* Paris, 1960; MARCHESI, G. Parola e silenzio dinanzi al mistero di Dio. *La Civiltà Cattolica* 132 (3/1981) 372-387; PHILIPPUS A SANCTISSIMA TRINITATE. *Summa Theologiae Mysticae* II. Tr. III, disc. 2, a. 3; SALMONA, B. *Gregorio di Nissa.* In *La Mistica.* Città Nuova, Roma, 1984, 281-313; SIMONETTI, M. *Origene.* In *La Mistica.* Città Nuova, Roma, 1984, 259-280.

R. MORETTI

INFÂNCIA ESPIRITUAL. Doutrina que considera Deus essencialmente como Pai amoroso, a quem corresponde a atitude da alma que se considera "filha" de Deus. O fundamento escriturístico dessa doutrina está em Is 66,12-13: "Seus filhos serão amamentados, carregados no regaço e acariciados sobre os joelhos. Acontecerá como a quem é confortado por sua mãe: sou eu que, assim, vos confortarei"; e em vários textos do Novo Testamento se enfatiza a necessidade de receber o reino de Deus como crianças (cf. Mc 10,14-15; Mt 19,14; Lc 18,16-17). A infância espiritual como doutrina desenvolveu-se gradualmente no interior do cristianismo. Na época patrística, os comentários ao Evangelho destacam a necessidade de se tornar crianças para entrar no reino dos céus (cf. SÃO LEÃO, *Sermo* 37: *PL* 54, 258C). Contudo, não existem esclarecimentos particulares. Na Idade Média, juntamente com a devoção pela infância de Jesus, desenvolve-se pouco a pouco o conceito de infância espiritual como doutrina. Temos as primeiras alusões a ela em São Bernardo, que destaca a necessidade de uma volta à infância citando o exemplo de São Paulo (*Sermão sobre a sua conversão*: *PL* 183C-365AB). Encontramos em → FRANCISCO DE ASSIS um grande propagador do espírito de infância e de simplicidade, ao passo que São Boaventura insiste na humildade e na simplicidade como condições essenciais para entrar no reino dos céus. Temos alusões a uma infância espiritual em → ÂNGELA DE FOLIGNO, → TAULERO e → RUUSBROECK, mas com → JULIANA DE NORWICH a doutrina adquire maior consistência. O espanhol Miguel de Medina escreve até um tratado de infância espiritual publicado em Toledo em 1570. Vestígios dessa doutrina encontram-se também no grande místico São → JOÃO DA CRUZ, mas quem tem o mérito de ter organizado sistematicamente a infância espiritual como doutrina é Santa → TERESINHA DO MENINO JESUS.

Respondendo à pergunta "o que se entende por permanecer pequenos diante de Deus", em 6 de agosto de 1897, ela responde: "É reconhecer o próprio nada, esperar tudo do bom Deus como uma criança espera tudo do próprio pai, e não se inquietar com nada, não acumular fortunas espirituais. Mesmo entre os pobres, se dá à criança o que é necessário, mas quando cresce o próprio pai não quer mais sustentá-lo, mas lhe diz: Agora vai trabalhar, você pode se sustentar. É para não ouvir isso que eu não quis crescer, sentindo-me incapaz de ganhar a vida, a vida eterna do céu! Permaneci pequena não tendo outra ocupação senão a de colher flores, as flores do amor e do sacrifício, e oferecê-las ao bom Deus para seu prazer. Ser pequenos é ainda não se atribuir as virtudes que se praticam, julgando-se capazes de alguma coisa, mas reconhecer que o bom Deus põe esse tesouro de virtudes nas mãos de seu filho para que se sirva dele quando precisar, mas é sempre o tesouro do bom Deus. Enfim, consiste em não desanimar por causa das próprias culpas, porque as crianças costumam cair muitas vezes, mas são pequenas demais para se machucar seriamente" (*Novíssima verba*, 6 de agosto de 1897). Assim, para Teresa de Lisieux, a infância espiritual se reduz a estes três pontos fundamentais: cognição da própria miséria, confiança no amor e na ação santificante de Deus até a audácia, colaboração generosa com a graça. Essa maneira de viver a vida espiritual está em estreita relação com o conceito básico da infância espiritual: Deus visto e considerado como amor misericordioso. Porque Deus é amor e é próprio do amor abaixar-se, é preciso que a alma permaneça pequena para permitir que Deus se incline para ela e faça resplandecer na miséria humana a grandeza e a eficácia do seu amor santificante. O abandono infantil da jovem carmelita é o reconhecimento mais explícito da ação de Cristo na alma. Assim, não só reconhecimento da ação da sua humanidade como instrumento com que a graça é transmitida ao homem, mas como ação do Verbo de Deus, autor da graça e santificador das almas, porque partícipe da própria natureza de Deus. Experimentado a própria impotência radical na ordem da graça, Teresa confia à ação de Deus todo resultado positivo reservando-se a busca da pequenez como fator determinante da eficácia do amor e da misericórdia de Deus na alma. Teresa compreende que a debilidade humana não é obstáculo para a santidade e que, portanto, para se santificar, basta colaborar generosamente com a graça que Deus oferece a todas as almas de boa vontade. A santidade, de fato, não está em relação direta com os esforços humanos, mas com a ação santificante e misericordiosa de Deus.

BIBLIOGRAFIA. CAMILO DO SAGRADO CORAÇÃO. *Dio e santità nel pensiero di S. Teresa di Lisieux*. Genova, 1962; ID. Penitenza e infanzia spirituale. In *Rivista di Vita Spirituale* 19 (1965) 179-195; *Nuovo Dizionario di Spiritualità*. Paoline, Roma, 1973, 665-674; PHILIPON, M. M. *S. Teresa di Lisieux. Una vita tutta nuova*. Brescia, 1950; PIAT, S. *S. Thérèse de Lisieux à la découverte de la voie d'enfance*. Paris, 1964; SIX, J. F. *La véritable enfance de Thérèse de Lisieux*. Paris, 1972; VÍTOR DA VIRGEM. *Nel cuore della Chiesa*. Milano, 1957.

C. GENNARO

INFANTILISMO. O infantilismo é a anomalia de uma pessoa adulta em que persistem as características morfológicas, sexuais e psíquicas próprias da primeira infância (1-3 anos) e da segunda (3-6 anos), e excluem as da pessoa adulta.

As formas do infantilismo são especificadas pela maior ou menor presença das características somáticas ou psíquicas: no infantilismo somático predominam no adulto as características infantis corpóreas (falta de barba ou de pelos, pele delicada, órgãos genitais não desenvolvidos etc.); o infantilismo psíquico é definido por uma afetividade própria da criança. Esta vive uma relação simbiótica e dependente, particularmente com a mãe, e não consegue distinguir os próprios desejos e intenções dos dela. A criança tem um autocentramento afetivo, na medida em que dirige o interesse dominante, desviado do exterior, para si mesmo. O comportamento infantil caracteriza-se também pela falta de afetividade que é ausência de sentimentos superiores de amor, ódio, esperança etc. A criança — em boa parte, também alguns adolescentes — é insegura, emocionalmente instável, egocêntrica e possessiva, exibicionista, tímida e irracionalmente agressiva, interessada no próprio corpo, especialmente nas diferenças sexuais.

Podem-se acrescentar à noção do infantilismo psíquico também a permanência das características próprias da adolescência: conflito com a autoridade, sugestionabilidade, medo do fracasso, aumento do narcisismo, medo dos ataques à autoestima, expectativas irrealistas, hipersensibilidade, intelectualização que às vezes se reveste de ascetismo, identidade pessoal frágil.

Observe-se que, antes de atribuir o infantilismo a um indivíduo, a organização da personalidade deve ser realizada e estabilizada nele, porque só então se verifica a cristalização das características infantis e do adolescente. Ainda que de forma imatura, o amadurecimento afetivo é atingido no primeiro decênio de vida e passa pela fase mais crítica e decisiva na segunda infância (dos 3 aos 6 anos).

O infantilismo pode ter múltiplas causas: anomalias genéticas (síndrome de Down); malformações congênitas, derivadas de infecções ou traumas da mãe durante a gravidez; sífilis de um dos pais; disfunção de glândulas endócrinas (tireoide, hipófise, atrofia das glândulas genitais); anomalias psíquicas, ou seja, a pouca dotação natural das funções psíquicas ou o desequilíbrio entre dotação intelectual e dotação afetiva; bloqueios ou atrasos imprevistos de evolução total ou apenas de evolução dos sentimentos.

Nos primeiros anos de vida os atrasos de evolução determinam fixações ou regressões. Uma regressão evidente, embora quase sempre de caráter temporário, ocorre em algumas crianças de 4-5 anos que, por diferentes motivos (ausência da mãe, nascimento de um irmão, métodos educativos deficientes), assumem atitudes próprias de crianças de 1 ano, chupando o dedo, sofrendo de enurese, recusando-se a se alimentar sozinhas. As fixações e as regressões, mesmo modificando-se sob influências culturais e sociais, podem subsistir por toda a vida se não são eliminadas no momento oportuno.

As anomalias de natureza endócrina podem ser combatidas com diagnóstico precoce e com tratamentos adequados. Para as anomalias de origem psíquica relacionadas ao infantilismo são urgentes uma pedagogia e uma assistência psicológica cuidadosas que reduzam as características infantis.

É difícil reconhecer o infantilismo de pessoas que apresentam comportamentos infantis apenas raramente e de pouca importância; o infantilismo grave é facilmente identificável, uma vez que as pessoas dependem das outras, carecem de autonomia, são suscetíveis às situações de frustração, são possessivas, egocêntricas. A psicoterapia pode resolver o problema; às vezes contribuem estímulos providenciais que ajustam a personalidade.

O infantilismo compromete proporcionalmente a espiritualidade da pessoa nas suas instâncias morais e religiosas, porque estas exigem uma psique equilibrada, livre, aberta ao exterior e capaz de resistir aos insucessos normais da vida. Portanto, os incentivos próprios da moralidade e religiosidade cristãs têm pouco sucesso nos indivíduos infantis, que, aliás, nem sequer se dão conta de sê-lo. Só um longo tratamento psicoterapêutico que livre o paciente do condicionamento das características infantis pode encaminhar a pessoa para os graus da perfeição cristã.

BIBLIOGRAFIA. ENGLISH, O. S. – PEARSON, G. H. J. *Problèmes émotionnels de l'existence.* Paris, 1957; HOROWITZ, M. J. *Histerical Personality.* Jason Aronson Inc. New York, 1977-1979; KAPP, F. Infantilismo. In *Dizionario Enciclopedico di Pedagogia* II. Torino, 1958, 683.

G. G. PESENTI

INFERNO. 1. O inferno é o mundo dos que não se salvam. Na escatologia "humana", é o estado daqueles que morrem em pecado mortal e ficam privados da comunhão pessoal com Cristo, com a Igreja eterna e com Deus Pai. A "plena" revelação do mistério do inferno foi reservada para o momento preciso da história da → SALVAÇÃO em que nos foi manifestada a plenitude do amor de Deus: em Cristo. A → ENCARNAÇÃO é essencialmente mistério de salvação e de amor; o Evangelho é "Boa Nova" e palavra de vida. O próprio Cristo revelou em toda a sua força o contramistério da recusa do amor, mistério de iniquidade e de morte. Na pregação do Senhor, o mistério é apresentado como privação definitiva da comunhão de vida com Deus: "separados" na sentença final, "expulsos" do banquete nas parábolas (Mt 25,41; 22,13; 25,30). Como estado de extremo sofrimento (Mt 8,12; Lc 16,23-25); contraposto à bem-aventurança e à comunhão beatífica (Mt 25,34); relacionado a satanás e aos seus anjos (Mt 25,41.46); resultado final do pecado não reparado, especialmente de certos pecados (contra a caridade fraterna: Mt 5,22; contra a compaixão: Mt 25,41-46; a desonestidade: Mt 2,27-30; a infidelidade: Mt 24,51; a incredulidade: Mc 11,16...; São Paulo fornece várias listas de pecados incompatíveis com a salvação: Gl 5,19-21; 1Cor 6,9-10; Ef 5,5); concretização da maldição divina no supremo juízo de condenação exercido por Deus sobre os anjos rebeldes e sobre os homens que não aceitaram o seu plano de salvação ("Porque tive fome e não me destes de comer, tive sede e não me destes de beber", Mt 25,42).

O magistério da Igreja captou no dado revelado algumas verdades de fé: que o inferno existe, que é eterno, que os condenados sofrem a privação de Deus. É constante na pregação da Igreja ao longo dos séculos a afirmação do inferno como realidade existente, latente sob a existência histórica do homem: embora jamais tenha sido canonizada a condenação eterna de um homem concreto, a possibilidade de cair no inferno é um risco real e concreto que todo ser humano corre. Esse é o sinal de numerosas orações litúrgicas (cf., por exemplo, a liturgia dos mortos e as invocações litânicas). Eis o juízo da existência e da história humana dado pelo Vaticano II: "Muitas vezes os homens, enganados pelo Maligno, se desvaneceram de seus pensamentos e mudaram a verdade de Deus em mentira, servindo a criatura mais que ao Criador (cf. Rm 1,21.25) ou, vivendo e morrendo sem Deus neste mundo, se expõem à condenação eterna" (*LG* 16).

2. À luz do dado de fato, a teologia tentou sondar o conhecimento do mistério do inferno em relação com a economia da salvação e na sua natureza íntima. O que é determinante e essencial no estado de condenação é a privação de Deus: pena do dano. Um fator complementar é o sofrimento infligido ao condenado por aquilo que na Escritura é chamado "fogo" ("fogo eterno", Mt 18,8; 25,41; Mc 9,42; "geena", Mt 23,33l 10,28; 18,9; "fornalha", Ap 9,12): pena do sentido. Ambas as penas são concebidas como derivadas de um duplo movimento desordenado imanente ao pecado (enquanto aversão a Deus e conversão à criatura), "infligidas" positivamente por Deus no seu juízo de condenação, como sanção da justiça vindicativa. Recentemente um grupo bem relevante de teólogos prefere explicar o mistério excluindo Deus de qualquer intervenção positiva nas penas ou no estado infernal. Não é ele que coercitivamente inflige o castigo ao pecador; os dois tipos de pena são simples resultados do pecado; o inferno é, em suma, a experiência do pecado, a sua maturação na pessoa do pecador, a cristalização irreversível da sua oposição a Deus que causa o sofrimento da sua ausência. A obstinação no pecado deve-se à exclusão definitiva da ação salvífica de Cristo. Assim, a pena do dano é imanente ao pecado. Do mesmo modo, a pena do sentido é a reação do universo perturbado pelo pecado, que impõe ora violenta ora dolorosamente a ordem ao pecador que abusou dele. Portanto, a pena do sentido é uma derivação interior do pecado enquanto realizado no cosmos (*conversio ad creaturas*). Uma explicação nova e profunda. Seria preciso completá-la com os textos evangélicos que falam do "juízo divino de condenação" ("afastai-vos de mim", "Ide embora, malditos", "lançai-os nas trevas exteriores").

3. Em relação com a nossa vida espiritual, é claro que o inferno não é apenas uma realidade escatológica futura e possível, mas sim latente e presente em cada pecado grave, objeto do juízo divino de condenação e princípio de morte eterna. O "pensamento" do inferno e a meditação voluntária dele não são, portanto, uma distorção do mistério cristão de salvação, nem uma evocação de verdades exóticas, utilizadas abusivamente com critérios ascéticos e pedagógicos unilaterais pelos mestres da espiritualidade. Vamos resumir brevemente: a) a meditação do inferno não pode ser realizada entre os objetos primários da reflexão cristã; o primeiro lugar é ocupado por Deus, Cristo, pela revelação do seu amor, a sua economia de salvação; b) tampouco se pode dizer que deva ser passagem obrigatória de uma determinada etapa da vida espiritual, nem exercício reservado *a priori* para determinados tipos de pessoas (pecadores, principiantes, depravados, monges...). Talvez em determinados períodos da história os mestres espirituais tenham insistido exageradamente no tema (penitentes medievais, formas mórbidas do barroco, → JANSENISMO...); é também possível que sua meditação seja contraproducente para certas pessoas seriamente cristãs: é típico o caso de Santa Teresa de Lisieux, para quem os sermões sobre o inferno durante os exercícios espirituais eram fisicamente extenuantes e espiritualmente deprimentes. É provável que a repugnância instintiva à meditação sobre o inferno agravou-se para o homem moderno; no entanto, é possível que essa repugnância seja uma máscara que esconde o fundo de angústia que atormenta todo espírito humano e que se tornou mais aguda no homem moderno: não simples angústia provocada pela percepção da morte como fim da vida, mas pelo mistério do "pós-morte"; porque

de fato o espírito é imortal e realiza a sua existência terrena na peregrinação e no risco, vividos na obscuridade da fé, em um terreno "pré-ocupado" pelo pecado. O fato de a vida de todo cristão ter como ponto de partida o pecado ("regenerado") e se desenvolver beirando sempre o perigo de pecar semeia como que um germe no espírito, o "temor" do "pecado pleno": o inferno Por isso o "temor do inferno" entra na estrutura psicológica da vida cristã. Jesus não orientou o medo do cristão para a morte corporal (não temais os que matam o corpo"), mas para o inferno como morte eterna: "temei muito mais aquele que pode fazer perecer a alma e o corpo na geena" (Mt 10,28). Isso explica por que o temor do inferno está presente no conjunto dos sentimentos genuínos do cristão e seja utilizado pelos grandes mestres da vida espiritual, dos Padres do deserto (CASSIANO, *Collatio* VIII) à Regra de São Bento (c. 7), dos *Exercícios* de Santo Inácio (I Semana, quinto Exercício) à mística de Santa Teresa (*Caminho*, cc. 40-42 e *Moradas*, VI, 7). Mas no cristão esse temor deve ser um traço do amor; não deve ser inculcado artificialmente a partir de fora, mas deve brotar diretamente de convicções interiores: percepção do misterioso plano de Deus para nós, do nosso estado de luta e da possibilidade de pecar. Um temor desprovido de elementos egoístas e servis. Santa Teresa de Ávila, nas VI Moradas, aborda diretamente esse tema, não de um ponto de vista teórico, mas experimental; para ela, nos últimos dias da vida mística o sofrimento dos pecados se reaviva, não em proporção ao seu número, mas ao amor com que agora são lembrados; do mesmo modo, o temor que nasce deles não recai sobre o inferno e as suas penas, mas sobre o perigo de perder Deus novamente. Nessa forma de temor, tem-se o absurdo da aceitação do inferno, se não inclui a separação de Deus: "Se ele deseja enviá-la (a alma) ao inferno… não sofre por isso, desde que para lá se dirija com o seu Bem" (*Vida*, 17, 2), Teresa de Lisieux tem um pensamento semelhante: "Pensei com dor que ele (Jesus) não podia receber nunca um único ato de amor do inferno; então lhe disse que, para agradá-lo, teria concordado em me ver lançada no abismo, para que ele fosse amado para sempre em um lugar de blasfêmia…" (*Manuscritos autobiográficos*, A, 5, 23). Suprema atitude cristã diante do inferno — vitória do amor sobre o temor —, que é acompanhada pela loucura de amor de São Paulo: "Sim, eu desejaria ser anátema, ser eu mesmo separado do Cristo por meus irmãos" (Rm 9,3).

→ ESCATOLOGISMO, → ÍNFEROS.

BIBLIOGRAFIA. *L'enfer*. Paris, 1949; RONDET, H. *Problèmes pour la réflexion théologique… L'enfer et la conscience moderne*. Paris, 1946 (espec. pp. 99-124); WINKLHOFER, A. Escatologia. In *Dizionario Teologico*. Brescia, 1966, 556-66, I.

T. ALVAREZ

BALTHASAR, H. U. VON *I novissimi nella teologia*. Brescia, 1967; ID. *Breve discorso sull'inferno*. Brescia, 1988; BORDONI, M. – CIOLA, N. *Gesú nostra speranza. Saggio d'escatologia*. Bologna, 1987 (com bibliografia sobre os novíssimos, pp. 255-261); GIUDICI, A. Escatologia. In FLORES, S. DE – GOFFI, T. (orgs.) *Nuovo Dizionario di Spiritualità*. Roma, ⁴1985, 493-509; GOZZELINO, G. L'inferno eterno. In QUARELLO, E. (org.). *Il mistero dell'aldilà*. Roma, 1979, 65-86; La discesa agli inferi. *Communio* (jan.-fev. 1981); POZO, C. *Teologia dell'aldilá*. Roma, ³1983.

M. CAPRIOLI

ÍNFEROS. A devoção popular imagina os mortos como "espíritos" aprisionados nos ínferos por satanás. É o que testemunha a Primeira Carta de Pedro, em que se lê que Jesus, depois de ter sido morto na carne, "mas restituído à vida segundo o Espírito", "foi pregar até aos espíritos que se encontravam na prisão, aos rebeldes de outrora", nos dias em que Noé construía a arca (1Pd 3,18; 4,6), bem como At 2,24.27 (libertação das prisões do Hades), Rm 10,7 ou Ef 4,8-9 (descida às "regiões inferiores" da terra). Essa imagem é empregada também por Jesus, quando promete a Pedro: "sobre esta pedra edificarei a minha Igreja e as portas dos ínferos não terão força contra ela" (Mt 16,18), para indicar que o "seguimento" leva o indivíduo, como toda a Igreja, a participar da vitória sobre a morte e sobre os ínferos, personificação do mal e do sofrimento (imagem que pode ser encontrada também no Antigo Testamento em Nm 16,33; Dt 32,22; Jo 7,9; Sl 6,6; 88,6.11-13; Is 14,9; Ez 32,18-22). Nesse sentido são compreendidos também os textos de Ap 20,1-3.10, que descrevem a vitória de Jesus nos últimos tempos, e de Mt 27,50-53, que esboça seus sinais precursores na morte de Jesus na cruz.

Podemos considerar o tema dos ínferos sob um duplo aspecto caracterizado pelo "abandono": o abandono como separação da vida por causa da morte; e o abandono como experiência mística.

A morte assinala a nossa separação da vida terrena e lança-nos num estado que pertence ao silêncio, porque não podemos dizer nada daquele que transpôs o limiar da existência. Por outro lado, a morte não é um acontecimento parcial, mas agarra o homem na sua totalidade. Assim, quando falamos da morte de Jesus, afirmamos que ele está realmente morto (ou melhor, esteve realmente morto e nesse sentido entrou no "reino dos mortos") e, portanto, afirmamos a sua solidariedade com os homens, não só em vida, mas também no sepulcro com os mortos, uma solidariedade evidenciada pelos antigos símbolos com a afirmação do "sepultamento dos três dias", mas substituída mais tarde pelo "descendit ad ínferos". Com o "descensus" deseja-se indicar o "caminho" para os mortos percorrido por Jesus para realizar a redenção, ou seja, a vitória sobre a morte, a partir "daqueles que dormem desde o princípio dos séculos" (PSEUDO-EPIFÂNIO [315-403], *Homilias para o Sábado de aleluia*; cf. ATANÁSIO [295-373], *De incarnatione*, 20; HERMAS [século II], *O Pastor*, Sim. IX, 16, 3-4; CLEMENTE DE ALEXANDRIA [séculos II-III], *Stromata*, VI, 6), e, nesse sentido, afirmar as dimensões universais da salvação. Ora, se é possível falar de um caminho que leva ao encontro entre o novo e o velho Adão, ele certamente não deve ser entendido em sentido espacial, mas nos remete à liturgia do sábado de aleluia, que nos exorta a participar em espírito da descida do Senhor (GREGÓRIO NAZIANZENO [329-390], *Or. In Sanctum, Pascha*, 45, 24).

Ao falar da descida aos ínferos, Von Balthasar enfatiza que ela representa o máximo da *kénosis* do Filho Jesus na morte e no comorrer com os pecadores e, portanto, a sua máxima distância do Pai. É aqui que aparece o mistério da morte do pecador, como separação definitiva de Deus, como "inferno", mas é também a partir daqui que se abre para o pecador a possibilidade de comunhão com Cristo e, portanto, de um caminho em que a morte conduz à ressurreição (*Mysterium paschale*, 289-324).

A descida aos ínferos, contudo, é também objeto de experiência espiritual, sobretudo de tipo místico. Os ínferos, por um lado, foram vistos por Agostinho (354-430) (no *De Gen. Ad litt.* VIII, 5, 9 s., sucessivamente retomado e aprofundado nas *Retractationes* 1.2, 24, 2); por Honório de Autun (século XII) ("*De animae exilio et pátria*", 14) e por outros (Scotus Eriugena [810-877] e Nicolau de Cusa [1401-1464]), não tanto como um "lugar" ou como um "sofrimento externo", mas como um estado espiritual de sofrimento interior muito intenso, provocado pelas imagens de corpos e almas cruelmente atormentados. Em decorrência disso, a reflexão subsequente entendeu, em medida cada vez maior, o inferno como o estado do eu prisioneiro de si mesmo e não libertado por Deus.

No Oriente, a experiência dos ínferos está ligada à luta contra os demônios, como testemunham monges e místicos gregos, ao passo que no Ocidente se remete à concepção neoplatônico-areopagita da "treva clara" de Deus e à da purificação da alma através das "provações" do abandono por parte de Deus.

Assim, vemos São → JOÃO DA CRUZ (1542-1591) afirmar que a alma, nesse estado, sente vivamente "a sombra e os gemidos da morte e os sofrimentos do inferno", porque se sente privada de Deus, castigada, rejeitada e indigna dele e lhe parece que ele se indignou contra ela. Esse é um sofrimento agravado pela convicção de que esse estado deve durar para sempre (*Noite*, 2, 6, 2). Segundo o testemunho de → VON BALTHASAR, A. Von Speyr († 1967), a mística que experimentou as noites escuras do espírito em estreita conexão com o → TRÍDUO PASCAL, pôde afirmar que aprendeu a conhecer realmente o que é o medo: um medo sobrenatural, cristológico, em que tudo parece absurdo, desprovido de sentido, inútil. Mas, quando saía desse estado e compreendia os frutos que trazia, não pedia outra coisa senão voltar a ele. A própria Von Speyr, além disso, considera que "a descida aos ínferos é a última consequência da encarnação" (*Mística objetiva*, 147).

Antes dela, muitos místicos experimentaram a graça dos ínferos: a beata → HADEWIJCH (XII-XIII); → MATILDE DE HACKEBORN e → MATILDE DE MAGDEBURGO (XIII); → ÂNGELA DE FOLIGNO, → TAULERO, Margarida Ebner e J. → RUUSBROECK (XIII-XIV); Henrique → SUSO, → CATARINA DE SENA e Walter → HILTON (XIV); Maria dês Vallées e Teresa de Ávila (XVI); → MARIA MADALENA DE PAZZI, São → FRANCISCO DE SALES, Rosa de Lima e → MARIA DA ENCARNAÇÃO (XVI-XVII); F. → SURIN (XVII); Teresinha do Menino Jesus (XIX); Alexandrina da Costa e Camille C. (XX). Vamos reler o testemunho de Alexandrina: "O Calvário estava nas trevas. E eu desci num lugar de trevas. E eu mesma fui a luz que tudo iluminou. Digo 'eu', mas não fui eu, porque eu sou trevas e morte. Foi aquela Vida que vivia em mim, que triunfou sobre o Calvário e sobre a Cruz. Desci como em um inferno, mas não um inferno de fogo, de maldição e tormentos, e sim para um inferno só de tremenda escuridão, onde não entrava luz nem alegria: era um inferno de cegueira e intensa ansiedade. Senti como se nosso Senhor estivesse em mim, contente, de braços abertos, transmitindo a própria alegria a uma multidão em expectativa. Senti que de novo saí dele, trazendo atrás de mim aquela fileira inumerável de seres que não eram corpos. Senti a alegria do Céu e de muitas almas. Eu senti e vi tudo, mas permaneci sempre imersa no sofrimento, na cegueira e na morte" (*La passione di Gesú in A. M. da Costa*, Torino, 1977, 170).

A experiência mística dos ínferos pode parecer incompreensível e às vezes cruel, mas na verdade deve ser inserida no profundo desígnio de amor e de misericórdia que o Senhor demonstra de maneira tão singular em relação a algumas almas privilegiadas. Compreende-se nesse sentido o convite do Senhor a → SILVANO DO MONTE ATHOS (1866-1938): "Mantém o teu espírito nos ínferos e não desesperes" (ARQUIMEDES SOFRÔNIO, *Silvano Del M. A.*, Torino, 1978, 66). De fato, tudo isso visa uma união mais íntima com Deus. Isso é possível porque, como diz N. → CABASILAS (XIV), "os homens foram levados pelo Senhor à plena posse de Deus e à união imediata com ele, depois que ele destruiu um triplo obstáculo: o da natureza, compartilhando a humanidade; o do pecado, morrendo na Cruz; e o da morte, com a sua ressurreição (*La vita in Cristo*, Torino, 1971, 182).

BIBLIOGRAFIA. BALTAZAR, H. U. VON. Mysterium paschale. In *Mysterium Salutis* VI. Brescia, 1971, 228-32.289-324; ID. Teologia della discesa agli inferi. In *La missione di A. Von Speyr*. Milano, 1986, 143-151; Enfer. In *Dictionnaire de Théologie Catholique* V, 28-120; Enfer. In *Dictionnaire de Spiritualité* IV, 719-745; SPEYR, A. VON *Mistica oggettiva*. Milano, 1975, 76-156.

A. GENTILI – M. REGAZZONI

INFIDELIDADE. Deve-se fazer uma primeira distinção entre a infidelidade para com os outros e a infidelidade para com as próprias ideias ou o próprio ideal. A primeira é sempre condenável porque significa a recusa de continuar a própria benevolência. Embora a benevolência não possa manifestar-se exteriormente sempre do mesmo modo, ela deve estar presente em um homem desinteressado, por estar baseada na dignidade natural e sobrenatural da pessoa humana. A infidelidade às ideias ou ao ideal não é condenável quando surge um ideal mais elevado; podemos até mesmo ser obrigados a renegá-lo quando percebemos que erramos e nos encontramos em erro. É o caso, por exemplo, da conversão ao catolicismo, que, pelo menos no início e quase sempre aos olhos dos correligionários que não percebem o drama interior, costuma assumir o aspecto de uma covardia, mas que se impõe como um passo decisivo para a luz.

Há diversas maneiras de ser infiel, tantas quantas são os tipos de fidelidade. No Antigo Testamento, a infidelidade é representada pelo povo de Israel que, apesar da benevolência constante de Deus, transgride tantas vezes as suas leis até se afastar completamente dele para adorar falsos deuses (Sl 77,8.57); um povo traidor, diz claramente Isaías (48,8), é como uma mulher adúltera, que renegou os próprios compromissos (Jr 3,20) prostituindo-se (Is 1,21). Mas essa infidelidade apenas enfatiza a fidelidade incondicional de Deus (Ne 9,22) e, por outro lado, prepara para a formação de um outro povo eleito, a Igreja. Esta será imaculada pelo sangue que Cristo derramou (Ef 5,25-27) e permanecerá unida a ele para sempre como o corpo permanece unido à cabeça (Ef 5,23).

Se é impossível que a Igreja seja infiel a Cristo, todo cristão pode quebrar os vínculos que o prendem a ele, antes de tudo pelo batismo, depois pelo sacerdócio ou pelos votos religiosos.

A infidelidade que se realiza na ruptura total e definitiva costuma ser o resultado de uma lenta evolução que se acentua através de pequenas infidelidades cada vez mais frequentes e mais graves que causam a anemia espiritual e apagam pouco a pouco a inspiração interior, que, ao contrário, deve animar toda a vida religiosa seja do católico seja do religioso, seja ainda do sacerdote.

Para evitar a infidelidade segundo os seus múltiplos aspectos morais, é preciso insistir toda a vida em uma fidelidade delicada e constante e fazer isso por amor a Cristo. No fundo, trata-se apenas de ser fiéis em tudo a ele e ao seu chamado contínuo.

BIBLIOGRAFIA. → FIDELIDADE.

A. DE SUTTER

INIBIÇÃO. 1. DEFINIÇÃO. Em fisiologia, a inibição implica uma diminuição ou suspensão temporária da função de um órgão, causada por um estímulo que irrita ou lesa um nervo, uma região nervosa ou um outro membro que tem relação com o sistema nervoso, do qual depende a função do órgão. Analogamente fala-se de inibição no campo da vida psíquica. Em primeiro lugar, deve-se distinguir a inibição das formas de atraso funcional dependentes das faculdades superiores do homem. A inibição não é a repressão que a vontade, no âmbito do inconsciente, pode exercer diretamente sobre os procedimentos do pensamento, da imaginação, da memória etc.; e muito menos se confunde com as discutíveis noções freudianas de "instância repressiva" (superego), de "remoção" (por parte do eu) das representações instintuais temidas, ou de outras noções afins.

O conceito de inibição pressupõe a conexão de fatos psíquicos capazes de se constituir em associações homogêneas e, portanto, também a prevalecer uns sobre os outros, a se substituir, a se atenuar, a se atrair, a se rejeitar. Essa inibição associativa é dividida em generativa e efetiva: a primeira se efetua entre dois elementos que se associam de maneira tênue ou não o fazem porque um deles já tem uma forte tendência para um terceiro elemento; a segunda surge do fato de a nova associação entre o primeiro e o terceiro elemento enfraquecer ou anular a tendência do primeiro para o segundo elemento. A inibição se nota também na dinâmica das emoções, dos estados afetivos, das tendências, das paixões onde praticamente vigoram as mesmas leis de tendência a se aproximar, rejeitar-se, enfraquecer-se, obscurecer-se em uma trama ainda mais complicada. O fenômeno inibidor, presente em todos os estados de atividade psicofísica, se mostra tão mais positivo quanto mais é ocasionado pela atividade de uma potência superior. A criatividade do intelecto ou mesmo um comportamento entusiástico implica uma grande inibição no setor das outras potências. Assim, pode-se considerar a inibição como uma diminuição ou suspensão de uma atividade psicofísica ou psíquica de uma potência, ocasionada por uma relação enfraquecida ou suprimida desta com os centros psíquicos ou sensoriais, em decorrência de uma atividade predominante de uma segunda potência que interfere na esfera da outra.

2. NA VIDA ESPIRITUAL. Se no plano ético a inibição não tem relevância direta porque é acessória a outras atividades e deve ser acompanhada da especificação de bem ou de mal, na fenomenologia da vida espiritual é comum perceber sua presença importante. A graça sobrenatural envolve a alma, as virtudes teologais e morais elevam as potências e podem orientar a → VIDA INTERIOR em direção superior à normal; aliás, sob a influência dos → DONS DO ESPÍRITO SANTO, podem levar a pessoa a um estado de contemplação (também chamado de oração) infusa ou mística. Sem pretender estabelecer uma identidade entre os fenômenos de inibição determinados por estados psíquicos naturais e os produzidos pela presença de forças sobrenaturais, a semelhança de desenvolvimento e de situação geral é relevante: também aqui vale o princípio de que a graça não suprime o dinamismo natural, mas se adapta a ele para potenciar suas melhores expressões. No estado de contemplação mística, a inibição corporal, especialmente dos sentidos periféricos, é frequente: a capacidade visual e auditiva se atenua, a tátil quase desaparece, instala-se uma espécie de afasia, a respiração torna-se leve e intermitente, a temperatura diminui nas extremidades dos membros, e às vezes ocorrem fenômenos de paralisia geral temporária (cf. SANTA TERESA DE JESUS, *Vida*, 18, 10 ss.). Observam-se fenômenos de inibição ainda mais na esfera do espírito. No início da contemplação mística (ela significa fixação da mente em Deus, sustentada pela fé caritativa e pelos dons intelectuais do Espírito Santo) assiste-se a uma inibição de representações e de afetos que torna difícil a meditação: é o estado de aridez, também denominado noite ativa do espírito.

Em um grau mais elevado de contemplação, na oração de recolhimento, a maior atividade da inteligência atenua a das outras potências e as reúne em torno de si. Em um grau ainda mais alto, na oração de quietude, a inibição das potências é evidente, de modo que os místicos falam de "sono das potências". À medida que a ação sobrenatural se torna mais profunda, os fenômenos da inibição se ampliam ainda mais: na união mística, que tem diferentes intensidades, todo o conjunto psíquico é subordinado à situação religiosa com uma total inibição temporária da sensibilidade e da atividade interior: os místicos falam insistentemente de "suspensão das potências". E no êxtase, além da inibição da sensibilidade periférica, da cenestesia, da memória, da imaginação, das tendências etc., nota-se a de forças físicas, a ponto de determinar os fenômenos extraordinários da irradiação, da → LEVITAÇÃO etc. No ápice da oração mística, chamada de união transformante, os fenômenos extáticos estão quase ausentes, e a alma do místico se encontra em um harmonioso e pacífico estado interior, quase como se demonstrasse que o esforço contemplativo visa reconstituir o homem em um perfeito equilíbrio psíquico, moral e sobrenatural: o triunfo constante do motivo sobrenatural inibe tudo o que é menos adequado a ele no dinamismo humano.

BIBLIOGRAFIA. FLOREY, E. *Nervous inhibition*. Oxford, 1961; GEMELLI, A. – ZUNINI, G. *Introduzione alla psicologia*. Milano, 1957, 204-222; HILGARD, E. R. *Psicologia*. Firenze, 1971, 360 ss.; PAVLOV, I. PETROVIC *Riflessi condizionati*. Torino, 1950; PINELLI, P. *Sonno, sogno, ipnosi e stati patologici di inibizione cerebrale*. Pavia, 1959; WOLPE, J. *Psychoterapy by reciprocal inhibition*. Stanford, 1958.

G. G. PESENTI

INIMIGOS (amor aos). O Antigo Testamento ignora o preceito do amor pelos inimigos, provavelmente para não abrir de algum modo as portas de Israel para os povos pagãos; a proximidade e o contato certamente teriam favorecido a idolatria. Nos Livros sapienciais encontra-se uma atitude latente de benevolência: é preciso superar as próprias inimizades (Pr 24,17-18), é preciso perdoar os próprios inimigos (Sr 28,1-17) e imitar a misericórdia com que Deus gratifica o seu povo (Sb 12,18-22). O preceito de amar os próprios inimigos brota espontaneamente no Novo Testamento do fato de que a redenção faz de todos nós filhos do mesmo Pai e, portanto, objeto de um amor superior, que dá direito ao perdão e à dileção apesar das ofensas. No entanto, Jesus o transforma num mandamento preciso (Mt 5,43-48; Lc 6,27-28), porque sabe quão custoso pode ser esse preceito. Trata-se, de fato, de esquecer, de superar, de vencer a própria limitação e o próprio egoísmo para seguir o exemplo do próprio Deus. No → PAI-NOSSO, Jesus nos oferece uma maneira prática de amar os inimigos, perdoando as ofensas. É o primeiro passo que devemos dar para imitar o Pai, que, embora fôssemos nós os seus inimigos, nos amou a ponto de sacrificar o seu Filho. A caridade é sempre algo concreto que expressa a única e total orientação para Deus. O apóstolo João é que dirá claramente os motivos desse preceito: a presença de Cristo em todo cristão (1Jo 4,12). A ele se dirige o nosso perdão e o nosso amor, mesmo se o seu rosto está oculto pelas aparências de uma pessoa indigna. Quem sabe não só perdoar mas também amar os próprios inimigos compreendeu o mistério da reconciliação realizada por Cristo, compreendeu que o amor de Deus é a realidade maior e mais divinizante e por isso quer buscá-la a qualquer custo, mesmo sob pena de renunciar a suas próprias reivindicações, à própria honra, ao direito, à justiça. Todas essas coisas são superadas por quem ama os seus inimigos, porque o amor tem um prêmio em si mesmo, que prescinde de qualquer outra coisa. Ele nos assimila e nos une a Deus, porque também nos inimigos Deus se encarna. O amor implica o perdão, o esquecimento de qualquer erro e de qualquer ofensa.

O verdadeiro amor pelos inimigos implica ainda a oração por eles. Rezar pelos que nos perseguem e nos odeiam não significa apenas rezar para que Deus lhes conceda a graça de abrir os olhos e ver o seu engano, mas significa sobretudo rezar para que Deus se conceda a eles em uma medida cada vez maior, para que abram sua alma para uma mais profunda posse divina.

BIBLIOGRAFIA. *Dizionario dei Concetti Biblici*. EDB, Bologna, 1976, 860; NOBLE, H. D. *L'amicizia com Dio*. Torino, 1940; PERRIN, J. M. *Il mistero della carità*. Roma, 1965; *Schede Bibliche Pastorali* V. EDB, Bologna, 1985, 2.553 s.

C. GENNARO

INSPIRAÇÕES DIVINAS. 1. NOÇÃO. As inspirações divinas são luzes interiores, impulsos, convites, chamados, remorsos etc. produzidos por Deus na alma, quer diretamente quer mediante leituras, meditações, sermões, exercícios de devoção etc. para iluminá-la, incentivá-la, confortá-la, animá-la, atraí-la para si para facilitar a virtude e a salvação final (cf. SÃO FRANCISCO DE SALES, *Filoteia*, 2, 14).

Atuam na esfera da graça atual e delas depende "o início do bom caminho, o progresso nele e a salvação eterna" (LEÃO XIII, *Divinum illud*, in *Acta Leonis XIII*, 17 [1898], 125-148). Diferem dos dons, que são hábitos infundidos e dispõem o homem a obedecer prontamente aos impulsos divinos (cf. *STh.*, I-II, q. 68, aa. 2-3).

2. A AÇÃO DO ESPÍRITO SANTO. As inspirações divinas fazem parte da misteriosa, vivificante e construtiva atividade, reservada ao Espírito Santo, na vida das almas: o início da justificação do pecador, a sua conversão (DENZ. 797) e

o desenvolvimento da santidade nas várias etapas da vida espiritual. Age nos incipientes como princípio de vida, banho de renovação, selo de consagração; nos proficientes é luz para o intelecto, força para o afeto, incentivo à ação; nos perfeitos é dom de liberdade, vínculo de unidade, penhor de herança (cf. SANTO TOMÁS, *In Is.* 44). Essa operosidade multiforme do Espírito Santo nas almas é ressaltada pelos textos sagrados com riqueza de informação. O Paráclito (Jo 4,16.26; 15,26; 16,7) desenvolve uma tríplice atividade: a) santificadora: Espírito santificador (Ef 1,17; Rm 1,4; 1Pd 1,2), regenera para a vida (Tt 3,5-7), forma o homem novo (Ef 3,16) e a nova criatura (2Cor 5,17), a consagra em povo de Deus (2Cor 5,17), em templo de Deus e em templo próprio (1Cor 6,19-20; 3,16-17); b) iluminadora: doador de conhecimento e de sabedoria (1Cor 12,8), instrui (Jo 16,15; Lc 12,11-12; 1Jo 1,2), manifesta e revela (Ef 1,17), ensina a rezar (Rm 8,26); c) unitiva: possui a alma (1Cor 6,19), cria e atesta a nossa filiação adotiva (Rm 8,16; Gl 4,5-6), difunde em nós a caridade (Rm 5,5), guia-nos para Deus (Rm 8,14), une-nos a Cristo (Rm 8,9), garante-nos que nos encontramos na caridade e em Deus (1Jo 4,19; 3,24), consagra-nos a Deus (Ef 1,13-14), insere-nos na vida trinitária em comunhão com o Pai e o Filho (1Jo 1,3), garantia e primícias da nossa glorificação total no céu (Rm 8,23). É a escada das nossas ascensões a Deus (IRENEU, *Adv. haer.* 3, 24, 1), é "o inspirador da fé, doutor da ciência, fonte do amor, disseminador de pureza, causa de todas as virtudes" (SÃO LEÃO MAGNO, *Sermo* 71).

3. FIDELIDADE ÀS INSPIRAÇÕES DIVINAS. É dócil aceitação divina da ação do Espírito Santo, seja qual for a forma com que atue na alma, sincero esforço de responder a essa ação, eliminando os obstáculos que possam impedi-la.

Obrigação da fidelidade. É condição absoluta para que a obra divina seja: a) aceita: as inspirações divinas foram comparadas, com uma imagem feliz, à fonte da água viva (Jo 4,14), ao vento que sopra onde e quando quer (Jo 3,8), a seta de fogo, a chuva revigorante, a raio de sol, mas se falta a nossa colaboração, morre-se de sede, fica-se asfixiado, frio, árido, nas trevas. Depende de nós se a ação divina é retardada, comprometida, anulada, com as consequências negativas não só para a santidade, mas para a própria salvação final. Deve-se abrir a porta para Deus que bate para não ser excluídos do banquete de vida (Ap 3,20); b) respondida: somos filhos de Deus em proporção à docilidade com que nos deixamos conduzir pelo Espírito Santo, mestre, guia seguro e artífice primeiro de santidade. É ele, de fato, quem move coração e vontade para que prontamente se realize o bem, em plena submissão e conformidade aos seus desejos. Colaboração tanto mais necessária e obrigatória na medida em que o Espírito Santo quer tomar posse absoluta da alma e criar no fiel aquele "espírito" — faculdade específica da nova criatura — que age à maneira de instinto sobrenatural, tanto mais poderoso e irresistível quanto mais viva é a nossa colaboração pessoal (cf. SANTO TOMÁS, *In Rom.*, 8, liç. 3); c) facilitada: ser repletos do Espírito Santo (Ef 5,18), viver do Espírito (Gl 5,25) e no Espírito (Gl 6,8) implica adesão plena a todas os seus pedidos e exigências. A perfeição é o fruto saboroso da nossa total disponibilidade para a secreta e admirável obra de transformação e de deificação do divino hóspede, de modo a ser verdadeiramente dominados, conduzidos e possuídos por ele, pela mais perfeita configuração a Cristo e ser e viver "ocultos com Cristo em Deus" (Cl 1,3-4). Haverá uma riqueza incomensurável de revelação: Deus se manifestará à alma (Jo 12,24); capacidade de penetração das realidades divinas: o Espírito Santo nos comunicará (1Cr 2,10-12) os segredos de Deus, que só ele conhece (*Ibid.*, 11). Mesmo as ações da alma, despojadas das formas humanas de entendimento e vontade, sob a ação do Espírito, se tornarão obras de Deus (cf. *Subida*, 3, 31, 8) e a própria alma que se deixou compenetrar inteiramente pelo Paráclito se transformará em chama de caridade pura (cf. *Chama*, 2, 2). O pressuposto para esse milagre de vida em Deus é a fidelidade incondicional e perene às inspirações divinas, coeficientes insubstituíveis de santidade e de → UNIÃO COM DEUS, nas formas experimentadas e descritas pelos grandes místicos.

Os componentes da fidelidade. As condições para uma colaboração verdadeira e positiva com as inspirações divinas referem-se tanto às disposições do intelecto quanto da vontade.

a) Condições intelectuais: *humildade* para não pôr uma barreira à luz do Espírito revelador. De fato, querer seguir as diretrizes do orgulho e agir de acordo com critérios e avaliações derivados de motivos puramente humanos, preferindo-os às moções do Espírito, significa fechar a mente a qualquer influência da graça. Certamente não se deve subestimar o bom-senso, que é sabedoria humana, mas ele é insuficiente para o estabelecimento sólido e seguro da vida espiritual. É indispensável o "Espírito de sabedoria", concedido somente a quem o pede e aceita em humildade de espírito. O homem psíquico, que põe a razão humana como medida para julgar tudo, permanece alheio à luz do Espírito Santo e não pode compreender as realidades da graça. Daí o perigo de permanecer na escuridão e ignorância sobre a própria situação espiritual se não decidimos preferir as iluminações divinas às nossas miopias humanas; *vigilância* para perceber a presença de Deus e ouvir sua voz. A atenção da mente a Deus é prejudicada pelas distrações e dispersões, causadas por excessiva curiosidade quer quanto a cognições profanas e acontecimentos mundanos, quer quanto ao estudo de verdades de ordem religiosa, feito exclusivamente com finalidade cultural. A hora da graça só é bem aproveitada se o espírito está tranquilo e unido a Deus; *cuidado* em discernir a ação de Deus daquela do demônio que pode se revestir de anjo de luz. Para não cair em perigosos enganos e nas redes do sedutor, é preciso muita cautela e inteligente prudência. Os critérios sugeridos, ao menos nos casos menos complicados, para distinguir as inspirações verdadeiras das falsas dizem respeito: aos efeitos que estas deixam na lama, ao objeto para que tendem e ação que sugerem, ao princípio de que partem e ao fim que desejam alcançar. É claro que se esse conjunto de causas, efeitos e modalidades não corresponde às condições, exigências de estado ou situações concretas em que nos encontramos, perturba, agita e envaidece a alma, é obra do demônio, do espírito do mal. Deus é paz e serenidade, e guia a alma para a perfeição própria de sua vocação específica.

Nos casos mais graves, é indispensável uma boa → DIREÇÃO ESPIRITUAL.

b) Condição para a vontade: *docilidade* em aceitar os impulsos da graça transmitidos à alma. Seria preciso repetir com Samuel: "Fala, porque o teu servo te escuta" (1Sm 3,10) ou com o Apóstolo: "Que devo fazer, Senhor?" (At 22,10) ou o "fiat" de Nossa Senhora; *sinceridade*, ou seja, decisão consciente de seguir, sem hesitações ou meios-termos, tudo o que o Espírito sugere. Eliminam-se a preguiça e a indolência, que influenciam negativamente o desenvolvimento da → VIDA INTERIOR; *constância* para não interromper a ação divina. Cada inspiração divina é uma nova e mais profunda tomada de posse de Deus na alma e, consequentemente, quanto mais perseveramos em responder à atividade divina, mais é elevado o ritmo impresso pelo desenvolvimento da graça de modo a sermos preenchidos pelo "conhecimento da sua (de Deus) vontade, em toda a sabedoria e penetração espiritual, [...] e nos comportar de maneira digna do Senhor, procurando a sua total aprovação, produzindo fruto por todo o bem que fizermos e progredindo no verdadeiro conhecimento de Deus" (cf. Cl 1,9-10).

c) Condições morais: *pureza de afetos* porque Deus não se doa a quem é escravo de paixões desordenadas, de apego às criaturas e aos bens terrenos. Do mesmo modo que o sol não atravessa um vidro embaçado — afirma o Doutor Místico —, Deus não entra na alma ocupada por outros amores. O dom do amor quer o coração livre e exige, para suas comunicações santificadoras, a mortificação dos apetites (cf. *Subida*, 2, 5-6); *recolhimento interior* fortalecido pela oração, pelo espírito de piedade, pela → PRESENÇA DE DEUS. "Em alma perversa a Sabedoria não entra; ela não habita um corpo sujeito ao pecado" (Sb 1,4) nem Deus fala ou se manifesta na agitação e na dissipação do coração. Entrar em si mesmos, em uma interiorização de vida, é urgente para usufruir o encontro com Deus e suas comunicações de graça.

→ INABITAÇÃO, → ESPÍRITO SANTO.

BIBLIOGRAFIA. TROMP, S. *De Spiritu Sancto anima Corporis Mystici*. Roma, 1932; GALTIER, P. *Le St. Esprit en nous d'après les Pères grecs*. Roma, 1946; ID. *L'habitation en nous des Trois Personnes*. Roma, 1950; PEDRO DA MÃE DE DEUS. Lo Spirito Santo nel IV Vangelo. In *Ephemerides Carmeliticae* 7 (1956) 401-427.

C. SORSOLI

Lo Spirito Santo nella vita spirituale. Roma, 1981 (espec. pp. 241-264); Lo Spirito Santo. *Rivista di Vita Spirituale* 37 (1983) 241-290; JOÃO PAULO II. Encíclica *Dominum et vivificantem*, 18 de maio de 1986. *AAS* 78 (1986) 809-900; CECCHINI, F. *Alla ricerca dello Spirito. Commento esistenziale all'enciclica "Dominum et vivificantem"*. Milano, 1987; MORICONI, B. Un cuore abitato dalla Spirito. *Rivista di Vita Spirituale* 41 (1987) 284-294; LAMBIASI, F. *Lo Spirito Santo: mistero e presenza*. Bologna, 1987 (com bibliografia).

M. CAPRIOLI

INSTINTO. O termo deriva de *in-stinguo* que equivale a incitar, estimular; corresponde em grego à palavra οἴμη ("preparar-se para agir") usada pelos estoicos. Reunindo tudo o que a experiência comum faz corresponder ao termo "instinto" e prescindindo das diversas interpretações dadas a ele pelas várias teorias psicológicas e biológicas (dos reflexos, dos tropismos e taxias, do ativismo subjetivo, da forma, do impulso etc.), o instinto pode ser descrito desta maneira: uma energia do indivíduo animal, orgânica, vital, congênita (com elementos psicológicos e biológicos), latente, inconsciente, comum à espécie a que pertence o indivíduo, que envolve ativamente todo o organismo específico, e destinada a desencadear uma atividade diversificada, gradual, adaptável, para afirmar de maneira determinista um valor fundamental da própria vida. O instinto aparece como um princípio ativo que "guarda as atividades do sistema nervoso central e periférico e do sistema endócrino", para aplicá-las em processos que levam necessariamente a realizar os objetivos da vida; mais que responder às necessidades ou às lacunas da vida, ele promove as fases da vida nos seus determinantes elementares.

Essa força germinal poderia encontrar inúmeras especificações dependendo do objeto externo a que se dirige (instinto da nutrição, da defesa, da geração, da maternidade, do jogo, da propriedade, da religião etc.); contudo, tendendo a afirmar valores da vida, a classificação dos instintos se reduz a um quádruplo aspecto de um só ou — caso se queira — de quatro instintos: do aumento da vida individual, da sua conservação ou de propriedade, da sua defesa, da sua reprodução ou instinto genético ou da sexualidade.

Essas energias estão condicionadas a todo o organismo, seja ele muito simples ou complexo, não só na sua estrutura, mas também na sua experiência de relação com o ambiente. Os instintos poderiam corresponder àquele apetite inato e natural de que fala a filosofia escolástica. Estes existem no animal e podem ser admitidos no homem, embora nele, diferentemente do animal, possam ser reconhecidos, disciplinados, educados, sublimados e até superados, ou seja, desmentidos por processos superiores (como ocorre no suicídio). A doutrina de Santo Tomás faz breves alusões ao instinto. No *instinctus naturalis* parece-nos vislumbrar aquela energia da vida que constitui o instinto. Santo Tomás diz que Deus o insere no animal para dirigi-lo, assim como se faz com um relógio (*STh.* I-II, q. 13, a. 2, ad 3), para que possa realizar movimentos internos e externos de caráter mecânico, biológico e psicológico; de fato, os animais e as crianças julgam necessariamente por meio do instinto (*Ibid.*, I-II, q. 83, a. 1) aquilo para o que se devem mover, deixando ao sentido do discernimento e da imaginação uma apreensão mais definida. O instinto natural impele para a vida: nos seus impulsos determina necessidades das quais surgem os apetites, as emoções, as tendências etc. dependendo da estrutura psicofísica do indivíduo. O instinto irradia com diversos movimentos para aqueles bens que a experiência estabelecerá como objetos convenientes e, portanto, desejáveis. Na ordem da providência, aparece como um ótimo garante da vida animal, porque se conforma ao ambiente quando é favorável à vida e reage a ele quando se mostra desfavorável a esta. No caso do homem, quanto mais o ambiente corresponde à sua dignidade, mais o instinto se organiza disciplinada e positivamente, tornando-se um fator fundamental de equilíbrio. Toda coerção, toda restrição indevida e prolongada parece determinar no instinto uma compensação que, por meios tortuosos, desemboca em desequilíbrios de apetites e de tendências.

De um ponto de vista moral e ascético, a educação dos instintos é muito importante porque os desequilíbrios nesse dinamismo essencial da vida, que parece se configurar até em uma estrutura orgânica, perturbarão os processos afetivos, ideativos, o comportamento social, a própria disponibilidade para a perfeição cristã. Mesmo quando a educação dos instintos foi harmônica e apropriada, e revela-se constante o predomínio da inteligência e da vontade sobre qualquer manifestação instintiva, em certos momentos a razão e a vontade se eclipsam ou se refugiam na sombra deles (no medo, no desespero etc.), os quais fazem sentir todo o peso de sua potência e dirigem o comportamento segundo aquela configuração a que foram obrigados na fase evolutiva.

O aspecto dos instintos humanos tem, desde o princípio, uma diversificação acidental, devida aos elementos herdados; esta pode se acentuar em seguida e fixar-se em profundidades difíceis de modificar. A carência de manifestações instintivas denuncia uma grave deficiência e propõe uma problemática humana de soluções normalmente negativas. Os instintos que mais tiranizam o homem no plano moral e ascético são os da nutrição e da geração, porque — de acordo com a doutrina ascética tradicional — fogem mais facilmente ao controle da razão e da vontade. O domínio sobre eles se impõe, portanto, para tornar possível a → ASCESE, e é parte da luta contra "a → CARNE", um dos três inimigos da perfeição moral. A apresentação negativa dos instintos na ascética deve-se às dificuldades que de fato se interpõem à aquisição das virtudes morais; não dá muita importância ao verdadeiro motivo remoto de sua intemperança. Na reconstituição do homem, no final dos tempos, é certo, ao menos para os justos, que todo indivíduo será perfeito na sua identidade, e os instintos, cuja função será supérflua (Jesus disse que no céu os bem-aventurados serão como os anjos: não se casarão nem serão dados em casamento, Lc 20,35), serão saturados pela superabundância da vida do espírito.

BIBLIOGRAFIA. BIRNEY, R. et al. *Instinct*. New York, 1961; FROMM, E. *Anatomia della distruttività umana*. Mondadori, Milano, 1975; GEMELLI, A. – ZUNINI, G. *Introduzione alla psicologia*. Milano, 1957, 319-341 (com nota bibliográfica); HELLER, A. *Istinto e aggressività*. Feltrinelli, Milano, 1978; HILGARD, E. R. *Psicologia*. Firenze, 1971, 490 ss.; KESTENBERG, E. J. – DECOBERT, S. *La fame e il corpo*. Astrolabio-Ubaldini, Roma, 1974; PATERNELLO, L. Orgasmo sessuale ed epilessia. *Archivio di Psicologia, Neurologia, Psichiatria, Psicopatologia* 24 (1963) 5-6.558; TIMBERGEN, N. *The study of instinct*. London, 1951; ZAVALLONI, R. *Le strutture umane della vita spirituale*. Brescia, 1971; ZUNINI, G. – PANZARASA, V. Istinto. In *Enciclopedia Filosofica*. Venezia-Roma, 1957.

G. G. PESENTI

INSTITUTOS SECULARES. O estado de consagração total sofreu movimentos alternados ao longo dos séculos. Em um primeiro tempo: fuga do mundo, abertura para Deus, para captar energias celestes a ser distribuídas a toda a Igreja. Em um segundo momento: volta para o mundo, abertura para os homens, ocupados na edificação da cidade terrena, para ajudá-los a construí-la segundo o desígnio divino. Essa volta para os homens por parte dos "consagrados" a Deus inicia-se com a atividade missionária dos cenobitas, aumenta com o dinamismo das Ordens mendicantes, intensifica-se com o ativismo das Congregações religiosas, atinge o ápice com o surgimento dos institutos seculares.

1. A HISTÓRIA. Os primórdios dos institutos seculares podem ser encontrados nas Terceiras Ordens das grandes famílias, através das quais se procura fazer com que o espírito evangélico chegue à massa dos fiéis. Uma tentativa ainda mais próxima do ideal desses institutos pode ser vista na "Companhia das Ursulinas no Século", fundada por Santa Ângela Merici e aprovada pelo papa Paulo III em 1544. Mas a verdadeira origem dos institutos seculares deve ser buscada no final do século XVIII e no início do século XIX. Em 18 de agosto de 1790, o padre Pedro José Picot de Clorivière fundava os dois primeiros institutos seculares: o sacerdotal do "Sagrado Coração de Jesus", e o feminino das "Filhas do Coração de Maria". Desde então "o Espírito Santo que incessantemente recria e renova a face da terra... chamou a si com uma grande graça particular muitos filhos e filhas, reunidos e organizados nos institutos seculares" (moto-próprio *Primo feliciter*, de 12 de março de 1948).

Na impossibilidade de citar todos os institutos surgidos em número cada vez maior no século XIX e na primeira metade do século XX, vamos limitar a pesquisa histórica às etapas realizadas por parte da autoridade eclesiástica em relação ao seu reconhecimento jurídico.

Na primeira metade do século XIX, segundo a opinião comum dos teólogos e dos canonistas, a essência do estado de perfeição exigia a profissão de votos públicos e solenes. Por isso, negava-se o pertencimento ao estado de perfeição não só aos institutos seculares, mas às próprias Congregações religiosas de votos simples.

Com o decreto *Ecclesia catholica* (1889), essa doutrina sofre uma primeira evolução: é declarado que do estado de perfeição fazem parte as Congregações religiosas de votos simples, mas não os institutos seculares. Com a constituição apostólica *Conditae a Christo* (1900), temos o reconhecimento jurídico das Congregações de votos simples, aprovadas pública e oficialmente pela Igreja; mas não há nenhum reconhecimento jurídico para os institutos seculares, privados de votos públicos, oficialmente aceitos e garantidos pela Igreja. O Código de Direito Canônico (1917) divide o único estado de perfeição em três seções: Ordens religiosas, Congregações religiosas de votos simples, Sociedades de vida comum sem votos. Os institutos seculares são ignorados e deixados de fora do estado de perfeição, entre as associações comuns de fiéis que integram o laicado cristão.

Continuando o desenvolvimento vigoroso dos institutos seculares, em 2 de fevereiro de 1947 Pio XII promulga a constituição apostólica *Provida Mater Ecclesia*, com a qual é aprovado um novo estado de perfeição: o próprio e característico dos institutos seculares, os quais recebem assim o seu reconhecimento e a sua posição jurídica, esclarecida pela *Lex peculiaris*, anexada à mesma constituição apostólica. Um ano depois, em 12 de maio de 1948, é promulgado o moto-próprio *Primo feliciter*, no qual, depois de ter elogiado a vitalidade dos institutos seculares, é esclarecido o pensamento da Santa Sé sobre alguns pontos, especialmente o da secularidade "na qual consiste toda a sua razão de ser".

O Concílio Ecumênico Vaticano II, no decreto *Perfectae caritatis*, substituindo o termo "estado de perfeição" pelo outro mais apropriado "estado de consagração", derivado da profissão dos → CONSELHOS evangélicos, reconheceu definitivamente aos institutos a honra de pertencer a esse estado. "Os institutos seculares, embora não sejam institutos religiosos, comportam verdadeira e completa profissão dos conselhos evangélicos no mundo, reconhecida pela Igreja" (*PC* 11).

2. NATUREZA. De uma correta interpretação dos documentos pontifícios e conciliares é possível deduzir as seguintes notas características dos institutos seculares.

Estado de consagração total. Esse é o primeiro elemento dos institutos seculares — distinguidos por isso das associações piedosas dos simples fiéis leigos —, como se pode deduzir a partir da documentação citada a seguir, que resume todas as outras que tratam desse tema. A profissão dos conselhos evangélicos nos institutos seculares "confere a consagração tanto a homens como a mulheres, a leigos e a clérigos que vivem no século. Por isso tenham principalmente como objetivo uma total dedicação de si próprios a Deus em caridade perfeita" (*Ibid.*).

Tendo o elemento essencial da consagração total (profissão dos conselhos evangélicos) e sendo desprovido apenas dos elementos "integrantes" (votos públicos, vida comum, hábito próprio), teologicamente esse estado tem a mesma dignidade do estado paralelo dos "religiosos".

Secularidade. Esse é o outro elemento característico dos institutos seculares. Deixando de lado também aqui as citações que se poderiam retirar da *Provida Mater* e do *Primo feliciter*, o decreto conciliar acima citado afirma: "Conservem ainda seus institutos a índole secular, que lhes é própria e peculiar" (*Ibid.*). Por esse elemento, o estado de consagração dos institutos seculares é um estado "novo", claramente distinto do "antigo" dos religiosos; é um estado que leva um membro a viver ao lado de um simples "leigo" com o qual tem em comum a inserção na vida familiar e social. Consagração e secularidade: esses dois elementos não devem ser considerados uma soma: um mais o outro; mas como uma unidade: um com o outro. Nada de mais errôneo que considerar esse estado como um estado religioso rebaixado e seus membros como "religiosos seculares". Do mesmo modo, nada de mais errôneo que considerá-lo um estado laico promovido e os membros como simples fiéis com um acréscimo marginal de consagração.

Apostolado. Com esse terceiro elemento característico, os institutos seculares atualizam, no que lhes cabe, a missão de consagrar o mundo estendendo a ele a obra de salvação de que a Igreja é portadora. Também aqui, secularidade e apostolado estão estreitamente vinculados; não sobrepostos, mas fundidos em unidade de vida tipicamente missionária. A conexão é tão profunda que "toda a vida dos membros dos institutos seculares [...] deve traduzir-se em apostolado" (*Primo feliciter*). Deve-se observar, enfim, a característica desse apostolado que não é tanto de ser exercido "no século", ou seja, entre as pessoas que vivem e atuam no mundo, mas também e sobretudo "com os meios do século", isto é, de consagrar os *negotia saecularia* a partir de dentro, exercendo-os em vista do fim predeterminado pelo Criador.

3. ESPIRITUALIDADE. A realização da tarefa a que é chamado o novo estado de consagração total será possível apenas e enquanto os membros dos institutos seculares tiverem uma carga de espiritualidade igual, se não superior, à dos consagrados "religiosos" separados do mundo. Com esse objetivo, é necessário em primeiro lugar que tomem consciência da presença do Espírito Santo. Em decorrência dessa inabitação, eles que, por natureza, podem ser inferiores aos outros homens, são no entanto autênticos "teóforos", portadores de Deus e de sua graça. E ainda que, às vezes, inferiores nos méritos a tantos batizados, têm contudo um → CARISMA particular do Espírito Santo para levar a termo a missão específica a eles confiada.

Outra nota fundamental do estado de consagração secular consiste na "valorização" das realidades temporais, em uma "visão exata de sinergia entre natureza e graça operante na salvação do redimido e, por meio dele, no mundo"

(G. Lazzatti, *Secolarità e vita consacrata*, 77). Guiados por esses princípios, os membros dos institutos seculares se tornarão guia e modelo dos outros cristãos, farão todos os esforços para "perscrutar os sinais dos tempos e interpretá-los à luz do Evangelho" (*GS* 4), farão compreender, com a sua ação, que a mensagem cristã, "longe de desviar os homens da construção do mundo [...] os obriga mais estritamente por dever a realizar tais coisas" (*Ibid.*, n. 34). Para agir eficazmente no exercício das realidades terrestres, os membros de tais institutos devem conciliar em sua vida as chamadas virtudes humanas e as tipicamente divinas. Sem perder o "sentido do pecado", sem confundir → SECULARIDADE com mundanidade, ou melhor, opondo-se a ela; radicados e baseados no espírito evangélico de humildade e de serviço; no quadro de uma conduta privada e pública, adequada às virtudes mais valorizadas hoje: lealdade, honestidade, coragem, otimismo, mentalidade aberta e saudavelmente moderna; no exercício da própria profissão realizada com competência e responsabilidade, mostrem uma vida digna, animado por uma fé viva, uma esperança certa, uma caridade ardorosa.

As ideias expostas até aqui foram corroboradas e esclarecidas melhor pelo novo *Código de Direito Canônico* (CDC), que estabeleceu definitivamente a natureza dos institutos seculares e a sua "situação" no âmbito da comunhão eclesial. Como não houve interpretações unânimes entre os autores que se ocuparam desse problema — depois do Vaticano Segundo — convém expor resumidamente tudo o que o CDC definiu de novo.

Do ponto de vista teológico — fundamento essencial do CDC —, a universalidade do povo de Deus é constituída pelos *fiéis*, ou seja, por aqueles que "sendo incorporados a Cristo mediante o → BATISMO são constituídos povo de Deus e, por isso, tornados partícipes de seu modo próprio do ofício sacerdotal, profético e régio de Cristo, são chamados a realizar, segundo a condição jurídica própria de cada um, a missão que Deus encarregou a Igreja de realizar no mundo" (cân. 204). No meio dos fiéis, por "instituição divina", foram constituídos os *ministros sagrados*, chamados também de *clérigos*, enquanto os outros fiéis são chamados *leigos*. "De uns e de outros provêm os fiéis que, com a profissão dos conselhos evangélicos mediante votos ou outros vínculos sagrados, reconhecidos e sancionados pela Igreja, são *consagrados* de modo especial a Deus e incrementam a missão salvífica da Igreja" (cân. 207). Por sua vez, o estado *único* de "vida consagrada" divide-se em duas formas: *institutos religiosos* e *institutos seculares*. "O instituto religioso é uma sociedade cujos membros, segundo o direito próprio, emitem os votos públicos, perpétuos ou temporários a ser renovados no fim do prazo e levam vida fraterna em comunidade. O testemunho público que os religiosos são instados a render a Cristo e à Igreja envolve aquela *separação do mundo* que é própria da índole e da finalidade de cada instituto" (cân. 607). "O instituto secular é um instituto de vida consagrada em que os fiéis, vivendo no *mundo*, tendem à perfeição da caridade e se empenham pela santificação do *mundo*, sobretudo atuando no interior deste" (cân. 710). Para evitar qualquer equívoco, no próprio CDC se esclarece: "Mantendo as disposições dos câns. 598-601 — referentes à profissão dos conselhos evangélicos de *castidade, pobreza, obediência*, comum a todos os institutos de vida consagrada — as constituições dos institutos seculares devem estabelecer os vínculos sagrados com que os conselhos evangélicos são assumidos no instituto e definir as obrigações que eles comportam, sempre preservando, porém, no estilo de vida, a *secularidade* própria do instituto" (cân. 712).

Um lema comum aos pastores e aos teólogos da época dos → PADRES DA IGREJA dizia: *Roma locuta est, causa finita*, a cátedra de Pedro falou, está resolvido — para o católico — qualquer questão. Esperamos que, depois de anos de discussões e polêmicas com visões parciais tanto de uma parte quanto de outra, seja aceita agora a definição da Santa Sé em relação à natureza e à situação dos institutos seculares no âmbito da plena comunhão de intenções, para a "edificação do reino de Deus".

BIBLIOGRAFIA. BALTHASAR, HANS URS VON. Cristiani nel mondo. *Studi Cattolici* 6 (1962); BEYER, J. *Les Instituts Séculiers*. Paris, 1954; CANALS, S. *Gli Istituti Secolari*. Brescia, 1957; COYNSCHE, S. Adnotationes ad Constitutionem Apost. "Provida Mater Ecclesia". *Apollinaris* (1949) 14-5; ESCUDERO, G. *Gli Istituti Secolari*. Milano, 1957; FIANO DA RAINHA DO CARMELO. Gli Istituti Secolari: laicali o religiosi? *Rivista di Vita Spirituale* 21 (1967); LAZZATTI, G. Il problema degli Istituti Secolari laicali. *Rivista di Ascetica e Mistica* 12 (1967); MAZZOLI, E. *Gli Istituti Secolari nella Chiesa*. Milano, 1969; ID. Gli Istituti Secolari nel nuovo CDC. *L'Osservatore Romano*, 9 fev. 1986;

Perrin, J. État de Perfection en plein monde. *La Vie Spirituele* 80 (1949) 266-272; Portillo, A. del. *Institutos Seculares*. Roma, 1952; Profili, L. Gli Istituti Secolari nei documenti pontifici e conciliari. *Rivista di Vita Spirituale* 21 (1967) 34-47: Id. Il posto e la missione degli Istituti Secolari in mezzo al popolo di Dio. *Rivista di Vita Spirituale* 23 (1969); Rahner, K. Riflessioni teologiche sugli Istituti Secolari. In *Missione e grazia*, Paoline, Roma, 1964; *Secolarità e vita consacrata*. Milano, 1966.

L. Profili

INTEGRAÇÃO AFETIVA. 1. NOÇÃO. A expressão "integração afetiva" é nova na terminologia espiritual, enquanto objeto de estudo particular. O encontro de afetos entre duas ou mais pessoas que, por essas trocas amorosas, sentem-se bem juntas sempre foi um fenômeno de amizade. Os amigos compartilham opiniões, conselhos, exortações, acordos ou divergências, recompensas ou recriminações, ajudas e condescendências, alegrias e sofrimentos. A integração afetiva é amizade, ainda que restrinja seu objetivo a alguns aspectos mais raros e delicados.

É comum que as palavras que envolvem valores humanos sejam utilizadas superficialmente, sendo atribuídas a indivíduos que na verdade não são portadores daqueles valores. As palavras *amizade, amigo, amigável* tornam-se banais a ponto de obscurecer o processo de aperfeiçoamento interior que elas comportam nas pessoas que pretendem cultivar a amizade. Para evidenciar conteúdos importantes da amizade, recorre-se a outras expressões linguísticas menos usuais e semanticamente mais eficazes.

A integração afetiva significa, em termos bem explícitos, quer um procedimento vital afetivo, quer uma realidade constituída repleta de afetos, em ação entre duas ou mais pessoas que vivem profundamente a amizade.

A integração afetiva, como locução, exprime em primeiro lugar o dinamismo dos afetos de parceiros que se encontram e pretendem sinceramente estabelecer uma amizade; em segundo lugar, indica o resultado feliz do processo afetivo. Seja como for, continua a ser uma sóbria paráfrase, hoje privilegiada, de uma amizade especial.

O primeiro termo *integração* evidencia o futuro de uma relação entre pessoas que conscientemente percebem um estado interior de insatisfação no próprio mundo afetivo, uma falta de animação dos sentimentos, uma incompletude dos valores exigidos mais ou menos conscientemente por seu espírito; por isso elas tendem a se integrar tanto nas respostas recíprocas a necessidades semelhantes da vida de relação, quanto às diversas carências e aos diferentes valores que elas podem trocar uma com a outra. Desse modo, tendem a uma completude de sinais afetivos, que determine no espírito afabilidade, satisfação, atividade.

O segundo termo, *afetiva*, indica os valores que o movimento de troca põe em jogo: os afetos humanos, ou seja, aqueles movimentos do espírito que surgem quando uma pessoa, encontrando outra, experimenta emoções de sinal positivo ou negativo que se resolvem em sentimentos superiores profícuos ou desfavoráveis. Os primeiros se dispõem em crescendo, e vão da apreciação de tudo o que se descobre de válido na outra pessoa ao desejo de aprofundar seu conhecimento; desta à benevolência dos valores da pessoa estimada e desejada; do sentimento de benevolência ao de oblação de diálogo, de companhia, de ajuda, de partilha; da oblação brota o sentimento do sacrifício pessoal pelo parceiro; sua lembrança, sua proximidade e sobretudo a sua presença determinam o sentimento da alegria, que pode estabilizar-se na felicidade da amizade.

Aos afetos positivos se contrapõem os negativos, que não nos interessam, porém: a indiferença para com a outra pessoa, o desafeto, a rejeição, a malevolência, o afastamento, o egoísmo, a tristeza e o desprazer em relação a ela.

2. PRESSUPOSTO EXISTENCIAL. A vida de cada pessoa humana, desde a concepção até a morte, desenvolve-se incessantemente em processos integrativos em diversos níveis, segundo as necessidades que se apresentam, seguidamente, no transcorrer da existência de cada um. O indivíduo humano tende à sua perfeição típica, através de múltiplos processos: de nutrição e de movimento, entrando em contato com inúmeros seres da natureza em que vive e à qual pede a matéria-prima para o crescimento e para a manutenção de si mesmo; de sensação e de reação que lhe permitem interessar-se pelo real, escolher e assumir entre os múltiplos seres, vivos ou não, os que mais lhe agradam; de cognição e de palavra que tornam possível ao espírito humano uma infinidade de ideias e de meios verbais para se unir ao mundo que o circunda; de desejo e de benevolência que o levam a selecionar os valores que lhe são agradáveis e adequados; de amor e de sacrifício, que lhe dão experiência de felicidade na relação com outras pessoas; de geração e de educação que o unem com outra pessoa com o objetivo de procriar e forjar uma terceira.

Esses procedimentos, tão diferentes uns dos outros, de assunção, de crescimento, de ação, de sensação, de conhecimento etc., demonstram a dependência essencial da pessoa dos outros seres que a acompanham no decorrer de sua vida. A dependência assinala a imperfeição do ser, física e espiritual.

É uma lei da vida que, quanto mais as funções vitais se elevam de valor, emancipando-se da matéria, revelam a maior necessidade de abertura para os seres semelhantes, para receber deles satisfação às carências que se experimentam. Nas funções do intelecto, do amor do livre-arbítrio, da vontade etc., abrem-se capacidades imensas para as pessoas que podem satisfazê-las.

Outra lei da vida é a reciprocidade entre aquele que precisa de aperfeiçoamento em uma certa ordem de valores e o que possibilita esse aperfeiçoamento, este também necessitado de encontrar alguém que valorize o seu dom e o gratifique tanto no seu estímulo para o desenvolvimento quanto no elogio de reconhecimento.

A irrepetibilidade de cada pessoa, constituída imperfeita nas suas qualidades e no seu desenvolvimento, torna necessário e possível o encontro com outra que supra as deficiências de maneira satisfatória.

O encontro, por outro lado, depende do livre-arbítrio de cada pessoa; de fato, este pode introduzir variantes de comportamento, tornando contingente o encontro de integração; mas confere à relação de amizade um interesse renovado, responsabilidade, cuidado constante.

A integração afetiva nutre-se também das diferenças e diversidades que caracterizam as funções de cada pessoa. Basta pensar nas diferenças qualitativas de inteligência (intuitividade, racionalidade, criatividade, contemplação), nos seus diferentes quocientes que podem ser medidos com múltiplos testes psicológicos.

3. **SUJEITOS.** Do conceito de integração afetiva excluíram-se explicitamente outros processos de integração humana. A relação amorosa pré-matrimonial, a relação sexual conjugal e extraconjugal, as relações carnais homossexuais, as relações anormais entre pessoas que têm alterações psíquicas que comprometem o equilíbrio médio de comportamento, escapam à integração afetiva.

A relação matrimonial pode constituir para os cônjuges uma ocasião e um incentivo para a integração afetiva entre eles mesmos, mas por si só não a comporta; ao contrário, a pressupõe.

A integração afetiva prescinde também dos procedimentos de integração dos outros instintos e das tendências que a pessoa, sociável por natureza, pode realizar com outros para garantir sua alimentação, proteção e defesa.

A integração afetiva não leva em conta nem sequer o fato de as pessoas se completarem umas às outras, no plano operacional do trabalho, da pesquisa científica, da educação, do lazer.

Todos os encontros e as relações de associação que fazem duas pessoas ficar juntas podem ser ocasiões e inícios de processo de integração dos afetos, mas serão estes que lhes darão seu pleno valor.

Os atores da integração afetiva são apenas as pessoas. A relação sentimental entre uma pessoa adulta e um objeto inanimado pode ser profunda e trazer equilíbrio, especialmente quando o objeto é o ambiente em que alguém vive em paz (o próprio país, a própria casa) e oferece pontos de segurança, marcas de boas lembranças, estímulos à ação. No entanto, a relação é unidirecional, no sentido de que a pessoa reduz os objetos a reflexo dos próprios sentimentos, para revivê-los de maneira reflexa. Às vezes, essa ligação com as coisas, quando é muito profunda, reduz a possibilidade da integração afetiva, quer porque nas coisas falta uma novidade de sentimento, uma vez que elas refletem univocamente e apenas quando a pessoa ali se encarna, quer porque as outras pessoas que convivem, sendo livres e diversamente relacionadas com o ambiente, refletem nas realidades circunstantes sentimentos de intensidade e qualidade diferentes, incomodando assim a outra pessoa, que chega a preferir o ambiente às pessoas.

A relação com os seres vivos vegetais (flores, plantas) tem a sua incidência positiva nos sentimentos de uma pessoa, enquanto o vegetal, objeto de atenção estética ou de cuidado, com o seu crescimento, florescimento ou frutificação, dá respostas variadas aos sentimentos que o cuidador deposita nele e que espera reflexamente significados do seu desenvolvimento. Uma flor ou uma árvore que cresce e se desenvolve, segundo as expectativas de quem cuida delas, aumenta neste o sentimento de esperança e de satisfação. Pode ocorrer uma relação nociva quando não deixa bastante espaço de tempo e de encontros para a experiência sentimental com as outras pessoas. Quem privilegia as relações com a natureza tende inconscientemente a dominar as pessoas, torna-se mais indiferente a elas e mais contencioso, porque as pessoas não correspondem tão precisamente às expectativas do outro como em geral faz a natureza, e possuem tal autonomia de expressões que não respondem aos limitados esquemas do naturista.

A literatura poética chegou ao absurdo figurado de qualificar o cão "o melhor amigo do homem". Uma pessoa consegue estabelecer em alguns animais domésticos ou domesticados uma corrente de reflexos condicionados que gratificam, na medida em que se mostram como respostas bastante conformes às expectativas de quem cuida do animal. No entanto, mesmo esses sentimentos se mostram ambíguos: podem ser benéficos para o adulto, quando as respostas do animal são avaliadas em termos de reflexos condicionados, nos quais existe a simples gratificação de tudo o que a pessoa fez para ter aquele comportamento positivo do animal; são sentimentos prejudiciais à pessoa se as reações do animal, correspondentes às expectativas do dono, são consideradas uma expressão livre ou quase, segundo os parâmetros de um afeto humano. Então o animal assume um papel indevido, substitutivo de outra pessoa.

As pessoas só tornam possível a integração afetiva porque o afeto humano que surge do conhecimento dos valores de uma outra pessoa tem a propriedade de crescimento indefinido na estima, benevolência e desejo, e encontra a sua plenitude e maturidade no correspondente afeto, livre e criativo, que renova posse e fruição. A reciprocidade nos afetos é a alma da integração afetiva.

Têm influência secundária na integração afetiva das pessoas a diferença de sexo, de maturidade, do estado de vida, da saúde, do patrimônio e da cultura.

A afetividade superior atua próximo às funções do espírito humano: inteligência, memória, apreço do belo, do bom e do honesto, liberdade, criatividade, vontade. São possíveis variações de grau entre dois protagonistas em benefício ora de um ora de outro; no entanto, ambos vivem os afetos de idêntica natureza e de igual dinamismo.

As variantes que o sexo pode introduzir na afetividade são contingentes e nunca impeditivas da integração afetiva. É sempre a afetividade que eleva a sexualidade e subtrai o casal (homem-mulher) dos riscos da própria sexualidade e a fortalece no controle do vigor sexual.

Mesmo a diferença de idade não traz muita dificuldade entre duas pessoas que possuem maturidade espiritual. A maior experiência de vida de uma pessoa pode favorecer a descoberta da outra pessoa, apta a criar entre as duas a integração afetiva. Se uma das duas fosse adolescente o resultado não poderia ser garantido, porque os afetos de uma pessoa não madura estão sujeitos à precariedade de uma experiência insuficiente e de uma consciência não estabilizada.

A diversidade de estado de vida de duas pessoas que promovem a integração afetiva entre si não constitui um obstáculo intransponível para esta, pelo simples motivo de que o encontro e a troca de afetos não põem em risco nem a fidelidade conjugal nem o celibato da ordem sagrada e da profissão dos conselhos evangélicos. A integração afetiva entre duas pessoas que pertencem a um casal diferente ou entre uma casada e um solteiro ou noivo, entre duas pessoas consagradas, entre uma de vida consagrada e outra de vida conjugal ou solteira ou noiva (as combinações podem ser ainda mais variadas em relação ao estado de vida), permanece e se desenvolve em um plano superior e destina-se precisamente a tornar mais garantidos os vínculos que consagram o âmbito da sexualidade, que destinam as energias pessoais ao cumprimento de seus deveres, em relação ao matrimônio ou ao estado celibatário ou então ao de vida consagrada. Quando a afetividade das pessoas é integrada, os ônus, decorrentes do próprio estado, são suportados com responsabilidade, e o sacrifício exigido não leva à ruptura do equilíbrio interior.

Os outros elementos que podem assinalar diversidade entre duas pessoas, como a saúde, o patrimônio e a cultura não desempenham um papel impeditivo da integração afetiva. A doença de uma pessoa ou das duas não impede de modo algum a troca de afetos. Muito menos a riqueza de uma pessoa e a pobreza da outra tornam difícil a relação de integração de afetos, porque nesta predominam os bens da mente e do coração. Nas pessoas diferenciadas culturalmente, deve haver uma base comum de inteligência equivalente, de modo que a parte carente possa assimilar alguns elementos culturais da outra.

Os fatores que contam na integração afetiva são os que podem desencadear afetos de igual intensidade e qualidade entre dois atores. A diferença nas funções espirituais, na educação civil, no comportamento ético, na religiosidade, quando é relevante, impede a formação da integração afetiva, mesmo se, às vezes, pode ser um incentivo a tentá-la. A divergência de um valor nos dois protagonistas deve encontrar compensação na sobra de outro valor, para que não faltem as gratificações em nenhum nível. Este, entre dois protagonistas que aspiram à integração afetiva, não deve ser muito diferenciado, porque ela se sustenta na consciência de que os valores pessoais de um devem encontrar no amigo um espaço adequado, um ventre vivo que os proteja, os alimente, os viva. Além disso, entre os dois amigos devem correr com a mesma rapidez e frequência as mensagens afetivas suscitadas pelos valores vividos. Isso não pode ocorrer se existe demasiada desproporção de valores, porque, nesse caso, também a esperança de quem possui mais de levar o outro a se aproximar de seu próprio grau deixa de ter fundamento.

4. DINÂMICA. Na integração afetiva o dinamismo é o da amizade profunda entre duas pessoas que quanto mais estão repletas de vitalidade espiritual mais estão inclinadas à reciprocidade da doação e da aceitação, para constituir aquele ponto alto de plenitude, em que não existem solidão, insegurança, insatisfação, melancolia, desconfiança, mas energia que faz predominar o senso positivo da vida.

A pessoa procura a outra e se deixa buscar e encontrar, reconhecendo na variedade de si mesma e na humildade para com a outra a própria necessidade de ter um parceiro que fundamente sua esperança de chegar à integração afetiva. Só quem não sabe evidenciar a própria realidade interior pode julgar-se autossuficiente, satisfeito, independente da contribuição de qualquer outra pessoa do grupo em que vive, ou então tão desprovido de tudo a ponto de se marginalizar: em ambos os casos recusa-se a privilegiar o entrosamento amigável com que poderia dar-lhe completude, educando-o para a humildade ou a confiança, para habitá-lo a uma benevolência altruísta.

O conhecimento torna-se esclarecimento do primeiro momento de atração recíproca: expor um ao outro os próprios valores e as próprias carências para que se aceite o bem e se avalie a ajuda que se pode dar leva a compreender a própria necessidade e a própria oferta. A ativação dos sentimentos de estima pelo carisma do outro e de misericórdia pelos seus defeitos, de benevolência pelo seu aprimoramento, comporta um fortalecimento da própria vitalidade afetiva e operativa.

O juízo positivo sobre a relação de compreensão das respectivas situações pessoais legitima a promoção de encontros frequentes, de confidências espontâneas, de escuta simpática, de condescendência, de conselho, de gratidão, de donativos. O consolo recíproco é confirmação de que a integração afetiva está ocorrendo. O fortalecimento da afetividade reduz a indiferença ou a aversão para com os outros, a parcimônia nos serviços gratuitos a terceiros, ao passo que alimenta os sentimentos de altruísmo, de magnanimidade e de magnificência.

Chega-se à correção do amigo, em caso de erro ou de culpa, como ponto alto da benevolência. Um ato ou um comportamento ético de um protagonista, que não coincide com o critério moral considerado válido por ambos, empobrece a troca de afetos, e desperta o desejo de restabelecer um equilíbrio de plena amizade. A observação corretiva é recebida como atestado de solícita benevolência e é capaz de estimular ainda mais o diálogo e levar a um aumento da integração afetiva.

Esta, ao se desenvolver, obriga a uma comunhão de vida cada vez mais contínua e intensa, que não necessariamente se deve resolver numa convivência constante; importa, porém, uma presença, no pensamento e no afeto, de interesses, de opções, de auxílios de uma para com a outra pessoa amiga. A intimidade amadurece no espírito uma vontade de sacrifício que só conhece os limites exigidos pelo estado de vida de cada um e do próprio papel familiar. O preço do sacrifício dá o grau da intensidade da integração afetiva.

É inerente à integração afetiva a afabilidade que se expressa nos protagonistas com momentos de satisfação, de contentamento, de alegria porque se possuem novos valores, se adquirem experiências de completude, se atendem a necessidades de segurança, porque se irradia alegria de viver.

Quando a integração afetiva se realiza entre cônjuges, ela eleva as relações eróticas e genéticas a sinal e estímulo do amor, naturalmente mais perfeito. Nesse caso, marido e mulher permanecem pessoas fiéis e livres, ligadas entre si e abertas aos outros, as mais felizes e as mais solidárias, polarizando em torno de si a admiração e oferecendo um paradigma de vida conjugal altamente sedutor.

Nos casais desiludidos, que continuam a convivência por motivos válidos (os filhos, a fé religiosa etc.), a integração afetiva torna-se inconscientemente uma busca contínua para atingir o equilíbrio espiritual que lhes permita reduzir a insatisfação familiar. A relação afetiva com uma outra pessoa casada ou livre torna mais aceitável o dever da conjugalidade, também sexual, da profissão, do compromisso social. Ninguém ignora as dificuldades de encontrar o parceiro adequado, que queira respeitar o âmbito dessa amizade que exclui as relações carnais e que ajuda a respeitar os compromissos assumidos no casamento. A integração afetiva de cônjuges com outras pessoas não é uma relação extraconjugal adulterina ou homossexual, mas um meio indispensável para sanar e sustentar uma convivência em limites aceitáveis, ao menos para aquele cônjuge que se sente insatisfeito em suas legítimas necessidades afetivas.

Para as pessoas livres do vínculo matrimonial, a integração afetiva torna-se uma urgência para evitar o retrocesso da vida sentimental, a introversão dos interesses pessoais, a aridez do espírito, a recusa da sociedade; ou então para impedir a superficialidade dos sentimentos, a dissipação destes em múltiplas direções, o desperdício de bens pessoais de mente e de coração, o menosprezo dos valores espirituais. A usura da solidão e do egoísmo leva a pessoa à melancolia, à inatividade arrogante, a ausência de afetos vitais. Apenas uma amizade particular, de natureza espiritual, pode manter elevada a qualidade da vida e alimentar um otimismo perene.

Para os sacerdotes, religiosos e freiras, a integração afetiva torna-se mais delicada e interessante, na medida em que a missão deles os insere virginalmente em uma comunidade em que devem infundir os seus afetos em benefício de muitos com os quais vivem ou colaboram e aos quais dirigem o seu serviço múltiplo e diversificado. A pessoa consagrada pela ordem sagrada ou pela profissão dos conselhos evangélicos é solicitada a encontrar o parceiro da integração afetiva no interior do grupo sacerdotal ou religioso do qual é membro, por óbvios motivos de afinidade espiritual, de clima ambiental mais protetor, de facilidade de encontros, de menores riscos de não observar os valores das pessoas presentes no próprio grupo. Mas não se pode excluir *a priori* a integração afetiva entre pessoas consagradas pertencentes a comunidades diferentes ou entre uma pessoa leiga e uma religiosa de mesmo sexo ou de sexo diferente, porque nem sempre o grupo ao qual a pessoa consagrada pertence tem o número de pessoas suficientes ou possui a pessoa adequada.

No caso de um entrosamento entre uma pessoa leiga e uma pessoa consagrada, as vantagens são bem diversificadas: a primeira recebe mensagens de afeto mais puro, de experiência religiosa mais profunda, de solicitações ascéticas mais importantes; a segunda é estimulada pelos afetos, surgidos em um contexto de vida secular, a respostas sentimentais ligadas aos sofrimentos e alegrias cotidianas que permeiam a vida de um leigo.

A integração afetiva entre pessoas consagradas (a hagiografia antiga e recente tem exemplos significativos) pode elevar-se a um acordo de sentimentos, de desejos, de propostas e de dons, que lhes permitiu fortalecer muito o compromisso vocacional de perfeição cristã, e desenvolver capacidades apostólicas que de outro modo teriam permanecido latentes.

5. OBJEÇÕES E GARANTIAS. A integração afetiva é possível teoricamente, mas — dizem — é praticamente arriscada em quase todas as variações de parceiros, porque entre os afetos manifesta-se a presença da sensualidade que é o primeiro canal de mensagens entre os dois protagonistas, e permanece sempre à espreita mesmo quando a integração afetiva se realiza de acordo com os padrões espirituais.

O próprio temor de não conseguir manter a integração afetiva fora da esfera sensual já cria atrasos e hesitações de busca e de escolhas, desperta suspeitas de ambiguidade ascética, induz a comprometer as relações tranquilas, no interior do grupo, especialmente quando os dois protagonistas são de sexo diferente.

A tradição ascética, que desde sempre reprova "as amizades particulares", dando a estas um significado negativo, julga as relações de amizade entre homem e mulher particularmente difíceis e perigosas, por causa das emoções sensuais e das pulsões sexuais.

Com certeza não é fácil conciliar as necessidades e as tendências elementares com os afetos que deliberadamente pretendem controlá-las, para que não alterem o rumo da relação que se instaura na integração afetiva. As funções superiores da pessoa devem ser treinadas desde cedo ao exercício das virtudes cardeais na perspectiva cristã. Ambos os protagonistas devem considerar-se capazes: de disciplinar seus instintos; de eliminar uma preferência predominante pelos valores naturais; de esclarecer a si mesmos o itinerário a ser percorrido e de corrigi-lo diante de riscos reais de comprometer os valores espirituais do parceiro; de não agir impulsivamente e muito menos com tolerância de expressões sensuais e eróticas deturpadas; de sair o mais cedo possível de estados de inquietação, de ansiedade e de coerção; de se precaver contra momentos de relação ambígua, em que o acordo se torna difícil e existe a possibilidade de uma ruptura, porque se manifesta um interesse egoísta, uma satisfação sensual ou uma nódoa de caráter sexual.

Os protagonistas devem ter bem claras as intenções, definir o comportamento para excluir explicitamente tudo o que deve ser evitado, e para criar espontaneidade e liberdade de afetos.

Atualmente, a análise mais aprofundada dos valores da pessoa humana e dos condicionamentos para a realização da sua maturidade demonstrou a igualdade entre homem e mulher sobre os valores superiores da mente e do coração. A revalorização das virtudes humanas e evangélicas da sinceridade, simplicidade, espontaneidade e fidelidade aos compromissos, a liberalização do problema sexual em termos mais científicos, a exaltação do amor entre pessoas responsáveis, o desmantelamento de tantos preconceitos ambientais, culturais e profissionais legitimam no plano prático um juízo mais otimista sobre a possibilidade psicológica e ética da integração afetiva entre duas pessoas de sexo diferente e de diferente estado de vida.

A realização da própria personalidade humana e cristã é a meta da integração afetiva de toda pessoa, que encontra nela equilíbrio, socialidade, eficiência. A integração afetiva não admite mesquinhez de interesses, pressa, apriorismos. Ela deve ser desenvolvida com a consciência da sua natureza e da sua finalidade, primeiro no núcleo familiar ou comunitário, procurando no círculo das pessoas mais íntimas aquela capaz de estabelecê-la. Só depois de ter inutilmente esgotado honestamente a busca de um parceiro entre os membros do grupo, pode-se procurar fora dele, dispostos a suportar maiores dificuldades.

As atitudes interiores dos dois protagonistas permanecem as principais garantias da integração afetiva. Acima de tudo está o conceito claro da integração afetiva, da sua complexidade, da sua preciosidade, da sua lenta evolução.

Uma segunda atitude é o interesse pessoal de ambos em promover os valores de cada um, consequentes aos dons de natureza, aos ideais de perfeição cristã, aos compromissos do estado de vida, às escolhas profissionais.

Uma terceira garantia é a constante verificação do caráter genuíno dos afetos para evitar qualquer equívoco tanto nas intenções quanto nos sinais. Portanto, torna-se indispensável um confronto das situações interiores e externas dos dois parceiros, para que o seu dever ascético de tender à perfeição cristã permaneça um critério de avaliação.

Naturalmente, na ascese própria da integração afetiva são partes indispensáveis a oração pessoal e litúrgica, a escuta da Palavra, a Eucaristia, a reconciliação sacramental, as obras de misericórdia espiritual e corporal.

→ AFETIVIDADE.

BIBLIOGRAFIA. GOFFI, T. *Integrazione affettiva del sacerdote*. Brescia, 1966; GREEN, A. *Le discours vivant: la conception psychanalitique de l'affect*. Presses Universitaires de France, Vendôme, 1973; PESENTI, G. G. Integrazione affettiva. *Rivista di Vita Spirituale*, Roma, 1974; PLÉ, A. *Vita affettiva e castità*. Paoline, Roma, 1965; POHIER, J. M. *Psychologie et théologie*. Paris, 1967, 265-281.

G. G. PESENTI

INTELECTO (ascese). Se com o termo "ascese" entendemos: exercício, esforço, então a ascese do intelecto tem as suas raízes na essência metafísica do homem; mas se, ao contrário, entendemos: esforço penoso, mortificação, purificação dolorosa, então ela tem suas raízes na história do homem decaído pelo pecado original.

O intelecto é a potência espiritual mais elevada do homem, a que faz dele uma pessoa. Santo Tomás diz que a pessoa *non tantum agitur sed agit*. O homem deve realizar a si mesmo, deve "fazer-se" na linha dessa faculdade graças à qual ele é pessoa, ou seja, na linha do intelecto. Deus não deu ao homem faculdades espirituais em estado perfeito; Deus cria em germe o homem, empenhando-o a realizar em si a perfeita humanidade.

A função do intelecto, nunca desvinculada do esforço ascético, acompanha o homem ao longo de todo o caminho para a sua perfeição natural e sobrenatural. Essa função, com suas implicações ascéticas e seus progressos positivos, é bem descrita pelo Concílio Vaticano II: "Participando da luz da inteligência divina, com razão o homem se julga superior, por sua inteligência, à universalidade das coisas. Exercitando a sua inteligência diligentemente através dos séculos, nas ciências empíricas, artes técnicas e liberais, o homem de fato progrediu. Em nossos tempos, sobretudo pesquisando e dominando o mundo material, o homem conseguiu notáveis resultados. Porém procurou sempre e encontrou uma verdade mais profunda. Pois a inteligência não se limita aos fenômenos, mas pode atingir, com autêntica certeza, a realidade inteligível, ainda que, em consequência do pecado, esteja em parte obscurecida e enfraquecida.

Enfim, a natureza intelectual da pessoa humana se aperfeiçoa e deve ser aperfeiçoada pela sabedoria. Esta atrai de maneira suave a mente do homem à procura e ao amor da verdade e do bem. Impregnado de sabedoria o homem passa das coisas visíveis às invisíveis.

A nossa época, mais do que os séculos passados, precisa desta sabedoria para que se tornem mais humanas todas as novidades descobertas pelo homem. Realmente está em perigo a sorte futura do mundo se não surgirem homens mais sábios. [...]

Pelo dom do Espírito Santo, o homem, na fé, chega a contemplar e a saborear o mistério do plano divino" (*GS* 15).

Além disso, se o homem descobrir que o caminho para sua própria perfeição individual o conduz necessariamente à estrada para o humanismo pleno, ou seja, para o desenvolvimento de todo o homem e de todos os homens (cf. PAULO VI, enc. *Populorum progressio*, n. 42), então ele perceberá que o "custo" de ser homem está sujeito a aumentos imprevistos e indefiníveis. Nessa perspectiva, o quadro ascético do esforço e da catarse intelectual, estendido nas suas dimensões sociológicas e históricas, se colore de luz mais dramática e, ao mesmo tempo, mais penetrante e difundida. O cristão deve sentir a sua responsabilidade pelo patrimônio cultural, científico e filosófico de toda a humanidade. Ele não deve se abster do esforço de ampliar os limites do saber e do conhecimento, recorrendo às dimensões transcendentes e escatológicas da sua vocação para justificar tal absenteísmo.

Essa responsabilidade ativa implica um esforço corajoso e um trabalho salutar, dos quais o testemunho autorizado é também o Concílio: "Nestas condições não é de admirar que o homem, sentindo a sua responsabilidade no progresso da cultura, alimente uma esperança maior, mas ao mesmo tempo contemple de alma angustiada as inúmeras antinomias existentes que ele próprio deve resolver" (*GS* 56). Dessas múltiplas antinomias, três particularmente atraem a nossa atenção, por suas evidentes implicações de natureza ascética: "Como se pode conciliar uma dispersão tão rápida e progressiva das ciências particulares com a necessidade de elaborar a sua síntese e de conservar nos homens as faculdades de contemplação e admiração que encaminham para a sabedoria? O que fazer para que a grande massa dos homens participe dos benefícios da cultura, quando simultaneamente a das elites não cessa de se elevar e de complicar sempre mais? Como, enfim, reconhecer legítima a autonomia que a cultura reclama para si, sem cair em um humanismo meramente terrestre e mesmo adversário da própria religião?" (*Ibid.*).

Por outro lado, se acrescentarmos a pergunta caracteristicamente cristã — como fazer para que a cultura seja impregnada de espírito evangélico, desde as raízes mais profundas até suas ramificações mais altas, de modo a se tornar premissa e mensageira da fé em todo o mundo? —, então poderemos dizer que traçamos o caminho de uma ascese moderna e apostólica do intelecto humano. Na constituição *Gaudium et spes*, nn. 53-62, os componentes do esforço intelectual encontram um desenvolvimento doutrinal profundo e exaustivo. O tratado tradicional da ascese do intelecto, no qual o problema é enquadrado nos seus termos essenciais e pessoais, ainda continua a ser o aspecto primário e a premissa fundamental da purificação e da elevação do homem para a verdade, termo e objetivo supremo da vida humana.

Refletindo sobre a natureza do intelecto humano e sobre a estrutura da operação intelectiva ligada objetivamente ao ministério dos sentidos, descobre-se facilmente que a raiz primeira e universal da ascese para essa potência é a exigência de imaterialidade, que é a condição *sine qua non* do conhecimento intelectual tanto por parte da potência quanto por parte do objeto. Ora, o objeto próprio e imediato do nosso conhecimento não é imaterial em ato, portanto não é inteligível em ato; deve ser desmaterializado para ser atualmente inteligível, e essa tarefa cabe à própria potência intelectiva. Essa é uma primeira raiz de um compromisso, de um esforço, de um trabalho árduo e raramente prazeroso para o intelecto que deve assimilar imaterialmente a si o objeto, enquanto os sentidos e a imaginação se recusam a libertá-lo da constrição da materialidade e das condições individuantes. Considerando esse empenho do intelecto mesmo restrito às realizações de ordem humana, ética, científica, filosófica etc., mostra-se evidente a necessidade de uma dura e vigorosa disciplina mental como condição absoluta de todo enriquecimento pessoal válido.

Uma segunda raiz da ascese intelectual provém da imaterialidade como exigência por parte da própria potência do intelecto, a qual tem um grau de imaterialidade proporcional ao seu objeto próprio, mas não em relação ao seu objeto adequado. O caso típico e, em certo sentido, o caso-limite é o da cognição de Deus. Aqui o intelecto humano se encontra diante de um objeto a que deve assimilar-se no termo imanente de sua operação natural, e que, contudo, transcende infinitamente a sua imaterialidade, condição, repetimos, sobretudo por parte da potência, e medida da percepção e da verdade. Por vocação natural, o intelecto dirige suas aspirações para esses pontos culminantes; os teólogos afirmam um desejo natural de ver Deus. Mas a essa vocação está ligado o árduo esforço diante do qual a covardia humana se recolhe na renúncia do ceticismo ou na rebelião do rejeição. Onde a coragem enfrenta o esforço, a atuação do desejo natural só progride para o seu cumprimento através da angústia mais viva do limite, que parece tão mais absurdo enquanto impõe obstáculos a um anseio que nasce da própria natureza intelectiva do homem.

Essa é pura ascese do intelecto, que reside na imanência de sua operação específica. Ela se torna mais difícil e combativa pela necessidade de repelir os ataques contínuos e insidiosos à sua liberdade e à sua interioridade, que são desencadeados pelas interferências e pelas solicitações dos sentidos e dos apetites sensitivos. No entanto, não cabe tratar desses aspectos aqui. Ao contrário, precisamos delinear a fisionomia "cristã" da ascese do intelecto porque aquela configurada pelos reflexos da imaterialidade não passa de uma premissa de ordem natural; a vida cristã não a rejeita, mas a acolhe e a insere em si, não sem transformá-la profundamente, porém.

A ascese do intelecto, como qualquer outra ascese, torna-se cristã quando se põe a serviço da caridade. Aqui perde a sua autonomia, mas aqui adquire a sua nobreza mais elevada e mais verdadeira. O preceito fundamental do cristianismo: "Amarás o Senhor teu Deus com todo o teu coração, com toda a tua mente e com toda a tua força" (Mc 12,30), é programático para toda a vida do homem, para a vida de todas as potências do homem. No preceito da caridade, o intelecto encontra a atribuição do seu dever e o empenho da sua ascese. Nada participa da vida cristã a não ser que se coloque a serviço da caridade. Cabe à caridade definir a ordem de serviço para as potências e as virtudes, porque ela é a rainha da vida espiritual. Ela exige do intelecto um tríplice compromisso correspondente ao seu tríplice aspecto:

a) A caridade é a virtude do fim último: o intelecto deve conhecê-lo; b) a caridade é a virtude do fim total: o intelecto deve concentrar-se em Deus; c) a caridade é a virtude do fim sobrenatural: o intelecto deve crer.

Nesse tríplice compromisso, ou melhor, sob esse tríplice aspecto do novo compromisso, o intelecto vai ao encontro de sua ascese, tanto mais preciosa e necessária à vida espiritual quanto mais ela traz o renegamento na profundidade e na intimidade do ser. O homem só é ele mesmo intimamente na vida do espírito; aqui morre para si mesmo para renascer em Deus.

a) *Conhecer Deus*. Embora a Sagrada Escritura (Sb 13,1 s.; Rm 1,18 s.) e os → PADRES DA IGREJA declarem que o conhecimento de Deus é possível e fácil para o intelecto humano, não devemos ocultar um aspecto desse conhecimento que nos leva à descoberta de um sofrimento e à necessidade de um esforço. Conhecer Deus como princípio das coisas é fácil e espontâneo; somos quase tentados a atribuir esse conhecimento à intuição. Mas é um conhecimento válido apenas no campo teórico, não ainda no plano prático da vida. Já observamos que a cognição imperfeita e analógica que o homem tem de Deus é um sofrimento íntimo para o intelecto que tende ao saber perfeito; além disso, o movimento de uma informação embrionária sobre Deus para um conhecimento mais profundo não ocorre sem um esforço intelectual que é motivo de desânimo para os fracos.

O conhecimento de Deus, como fim último da vida humana, a serviço da caridade, põe ainda mais exigências de dura ascese para o intelecto. De fato, é necessário um esforço vigoroso para não desistir, para não sofrer os encantamentos e as sugestões de fins imediatos e agradáveis à vista, para rejeitar dúvidas e incertezas, para defender o primado de Deus também na vida do pensamento. Um único pensamento, diz → JOÃO DA CRUZ, vale mais que o universo, por isso só Deus é digno dele.

Não se trata de anular e de renunciar à busca da verdade das coisas; ao contrário, daí derivará um impulso à plenitude dessas verdades que não pode ser alcançada se a meta final da mente não é Deus. Trata-se de compreender, não só como plenitude de verdade (conhecimento teórico), mas também e sobretudo como plenitude de vida (conhecimento prático), para todas as coisas e para todo o homem. Para tanto se impõe uma superação contínua, um movimento incansável, um progresso nos caminhos da verdade, que, mesmo adequado à natureza e à operação intelectiva, se depara muitas vezes com uma sensibilidade relutante e contrária, e com uma vontade preguiçosa e lenta.

b) *Concentrar-se em Deus*. Colocar-se a serviço da caridade implica ainda para a nossa mente uma orientação de toda a vida intelectual a Deus, fim total da vida humana. Deus é um fim que não se coloca ao lado dos outros, mas acima de todos eles; não se põe só num certo momento da vida, mas se impõe desde o início sem solução de continuidade.

A vida espiritual deve manter-se permanentemente orientada para Deus; isso não é possível sem uma função de guia por parte do intelecto, ao qual se exige que ilumine constante e cada vez mais profunda e eficazmente a beleza, a atração e a amabilidade infinitas e inesgotáveis de Deus. É verdade que isso não significa recusa das luzes que a mente descobre nas coisas, mas comporta certamente um esforço de contínua integração das verdades na Verdade, um esforço de constante elevação da mente a Deus, a serviço da caridade.

O que não serve para a caridade está inútil para a vida espiritual. O conhecimento autônomo, o saber pelo saber não encontra aceitação. O fim da ascese cristã consiste, em última análise, em subordinar a atividade de toda potência ao objetivo do amor, e em impor, consequentemente, a toda potência a renúncia à sua própria autonomia. É evidente, portanto, que o primado da caridade impõe uma purificação ascética ao intelecto, que adquire, sob o aspecto da resposta à caridade como fim total, o valor de consagração de todos os nossos pensamentos a Deus. Ela e necessária aos objetivos da totalidade que caracteriza o amor cristão. Uma dispersão de pensamentos só pode ser nociva. Pensa-se muito pouco em Deus; pensa-se nele demasiado superficial e fragmentariamente. Esse é o motivo frequente de tantas vidas espirituais que esmorecem. O intelecto cognoscente se torna mediador da irresistível atração de Deus para a vontade de quem ama. Para que o seu olhar penetre o mais profundamente possível no abismo da infinita amabilidade, o intelecto deve concentrar-se inteiramente em Deus.

c) *Crer em Deus*. Em última instância, a ascese cristã do intelecto corresponde às exigências da fé, início, raiz e fundamento de toda a vida cristã. O objetivo da caridade é sobrenatural; o nosso intelecto só pode alcançá-lo pela fé. Tudo o que dissemos até agora sobre a ascese da mente só se entende qualificado cristãmente por meio da ascese fundamental da fé, princípio do nosso conhecimento sobrenatural de Deus.

É conhecida a insistência com que os incrédulos acusam o cristianismo de ter sacrificado os direitos da razão à autoridade da revelação, que eles rejeitam em nome da autonomia da própria razão.

Não há dúvida de que a fé constitui uma dura ascese para a nossa mente. São Paulo tem consciência de que deve cativar todo o pensamento para o levar a obedecer a Cristo (2Cor 10,5), e São João da Cruz afirma que a fé é noite escura para o intelecto. A Sagrada Escritura diz que o homem justo "vive" de fé; mas sob o ponto de vista da tendência natural, o intelecto encontra a sua primeira "morte" nesta vida.

Aqui aparece a verdadeira dimensão da ascese cristão do intelecto; não se enfrentam e não se superam obstáculos e dificuldades para subir em direção à luz, mas para afundar nas trevas que são morte para os olhos da mente: morte viva, ativa, penetrante e transformante que tem o seu autor no próprio intelecto, potência elicitiva do ato de fé.

Mais que nunca, precisamente nessas proporções extremas, é preciso afirmar que a ascese da nossa mente está vinculada ao princípio do serviço à caridade. O desejo de ver Deus é despertado na vontade pelo intelecto. Ora "para ver Deus é preciso morrer", como havia intuído Teresa de Ávila. Para essa visão de nada adianta a morte corporal; o que conta é a morte espiritual, livre e amorosa, que quanto mais está próxima da vida tanto mais é profunda e íntima.

Sim, a fé coloca a mente na escuridão que é morte para a nossa inteligência. O intelecto não vê aquilo que a fé acredita sem ver. Mas, depois de tudo, existe uma lógica nesse salto no escuro. Deus, na sua essência, está além de todas as razões: ele é o Inteiramente Outro. A caridade o busca e quer unir-se a ele enquanto é Deus, ou seja, enquanto é o Inteiramente Outro. Por isso o intelecto serve ao amor nesse impulso se deixa de representar Deus com suas próprias ideias, com as imagens mendigadas das essências criadas. Nenhuma criatura pode servir de meio próximo para a → UNIÃO COM DEUS, afirma energicamente São João da Cruz.

O intelecto serve à caridade se renuncia, no plano da fé, a tudo aquilo que se torna evidente, a tudo aquilo que ele vê e que constitui a sua vida; ou seja, serve ao amor morrendo para si mesmo. Na vida espiritual, essa morte, no seu significado de obscurecimento de evidências criadas, deve ser definitiva; isso é essencial para a fé. Na visão beatífica, ao contrário, a fé desaparecerá para dar lugar à união imediata do intelecto com a luz divina e incriada.

Como essa é uma exigência inadiável para a vida de caridade, é necessário que o nosso intelecto. seja aplicado ao exercício cada vez mais perfeito da fé pura. Quanto mais a fé é pura tanto mais une a Deus; ora, quanto mais a fé se torna pura, mais o intelecto renuncia a penetrar nela com as suas luzes, as suas razões, com os seus entendimentos, com as suas reduções do mistério ao saber, com suas equações analógicas. Quanto mais a fé é pura, menos é contaminada pelas nossas evidências.

Deve-se aceitar que a fé cega, obscurece, mortifica o intelecto natural; acrescentamos, aliás, que isso ocorre além de qualquer medida previsível. Mas deve-se afirmar tranquilamente que nenhuma luz está tão próxima da verdadeira luz quanto esta treva, nenhuma vida estão tão próxima da verdadeira vida quanto esta morte.

BIBLIOGRAFIA. ESTANISLAU DA IMACULADA CONCEIÇÃO. Preghiera e ascesi della mente. In *Ascesi della preghiera*. Roma, 1961, 33-64; EUGÊNIO DO MENINO JESUS. Teologia e contemplazione soprannaturale. In *Voglio vedere Dio*. Milano, 1961, 446-468; FEDERICO DI S. G. Attività conoscitiva nell'orazione mentale. In *L'orazione mentale*. Roma, 1965, 43-68; GUITTON, J. *Il lavoro intellettuale*. Roma, 1955; HUERGA, A. Querella entre vida espiritual y vida intelectual. *Teología Espiritual* 5 (1961) 287-321; SERTILLANGES, A. D. *La vita intellettuale*. Roma, 1945.

S. GATTO

BARRIENTOS, U. Le "notti" mistiche. In ANCILLI, E. (org.). *Invito alla ricerca di Dio*. Roma, 1970, 193-243; GURRUTXAGA, E. La contemplazione "acquisita". In ANCILLI. E. – PAPAROZZI, M. (orgs.). *La Mistica. Fenomenologia e riflessione teologica*. Roma, 1984, 169-190, vl. II; HUERGA, A. *Il lungo cammino nella "notte"*. In ANCILLI. E. – PAPAROZZI, M. (orgs.). *La Mistica. Fenomenologia e riflessione teologica*. Roma, 1984, 219-251, vl. II; *La comunione con Dio secondo san Giovanni della Croce*. Roma, 1968; MORETTI, R. *L'amore stimola e feconda l'intelligenza della fede*. 113-136; RUIZ, F. Giovanni della Croce. In ANCILLI. E. – PAPAROZZI, M. (orgs.). *La Mistica. Fenomenologia e riflessione teologica*. Roma, 1984, 547-598, vl. I; ID. Il cammino della fede. In *La vita della fede*. Roma, 1972, 91-119.

M. CAPRIOLI

INTELECTO (dom do). Para descrever a natureza e as funções do dom do intelecto é necessário colocar-se no quadro das insuficiências humanas em relação ao fim sobrenatural. Essas insuficiências não são inteiramente preenchidas pelas virtudes infusas, que possuímos de maneira imperfeita. A necessidade dos dons é afirmada por Santo Tomás, precisamente pela constatação da inadequação do homem, ainda que enriquecido de virtudes infusas, em relação ao fim sobrenatural que deveremos conhecer, como diz o padre → GARRIGOU-LAGRANGE, "de maneira mais viva, mais penetrante, mais saborosa e para a qual teremos de nos dirigir com mais entusiasmo" (*Les trois âges de la vie intérieure*, vl. I, 97).

Convém determinar aqui o papel do dom do intelecto em preencher as deficiências do nosso conhecimento de Deus. Antes de tudo, é bom não se distanciar do significado etimológico mesmo quando temos de tratar de realidades sobrenaturais; ao contrário, devemos utilizá-lo, porque a escolha dos termos na revelação não é feita de maneira aleatória. Com o nome de intelecto (*intelligere = intus legere*), entendemos um conhecimento íntimo e profundo. Identificando o objeto do conhecimento intelectivo, compreenderemos o valor do significado etimológico. O objeto próprio do intelecto é a essência das coisas, escondida à percepção dos sentidos: a penetração na intimidade e na profundidade das coisas, além das aparências fenomênicas, é vocação e tarefa do intelecto, entendido como potência cognoscitiva natural.

O campo que se abre diante de nossa potência cognoscitiva com a descoberta da essência é de uma vastidão infinita; o homem não saberia que foi criado para o infinito se os olhos interiores não se abrissem para a visão do ser. Aqui está a verdade e aqui está a vida da alma.

Nesse imenso campo de luz, até quais profundidades poderá chegar naturalmente o intelecto humano? Ninguém pode responder positivamente; a nossa potência intelectiva, por natureza penetrante, manifesta uma graduação dessa sua força, proporcional ao valor primordial e a suas capacidades adquiridas. Embora uma resposta positiva seja impossível, a nossa rejeição do racionalismo, com a sua pretensão de fazer com que a nossa razão ocupe todo o espaço da verdade, e do idealismo, com a sua pretensão de erigir a razão humana como única fonte de verdade, é clara e radical, em nome de nossa própria razão. Nesses sistemas e em outros semelhantes, não há lugar para o sobrenatural. Nós afirmamos que a força de penetração de nosso intelecto depende do vigor natural ou adquirido do *lume intellectus agentis*, sempre e necessariamente limitado; em decorrência disso, a nossa atividade cognoscitiva não pode esgotar o campo da verdade e não pode penetrar até as últimas profundidades. Desse modo, permanece respeitado o espaço do sobrenatural, que é preenchido, no que diz respeito à vocação de penetrar até as intimidades ocultas, precisa e unicamente pelo dom do intelecto.

Em relação a essa função do dom do intelecto, que já revela o seu conteúdo essencial, Santo Tomás é preciso: "*Indiget ergo homo supernaturali lumine, ut ulterius penetret ad cognoscendum quaedam quae per lumen naturale cognoscere non valet; et illud lumen supernaturale homini datum vocatur donum intellectus*" (*STh.* II-II, q. 8, a. 1).

Deve-se ressaltar que Santo Tomás passa diretamente da potência intelectiva natural ao dom do intelecto, sem a mediação da fé. Esse silêncio pode causar admiração apenas se não se reflete no rigoroso nexo lógico do texto tomista. Por si só, não se deve atribuir à fé uma força penetrativa, e sim uma força adesiva; ela não é uma intelecção, mas um assentimento voluntário às verdades reveladas e sobrenaturais. A fé não acrescenta, por si só, novo vigor à nossa inteligência, mas amplia o campo da verdade, apresenta à inteligência um novo panorama em que ela, sob a ação iluminadora do Espírito Santo, pode penetrar intimamente.

Na solução ad 2, do mesmo artigo, Santo Tomás, insistindo na etimologia, em harmonia com a situação sobrenatural e com a afirmação do modo sobre-humano de agir por parte dos dons do Espírito Santo, enfatiza um aspecto importantíssimo do dom do intelecto: esse dom recebeu o nome da nossa potência cognoscitiva natural, na medida em que expressa uma perfeição muito simples e análoga, e não o nome de "razão", que expressa uma perfeição unívoca e intrinsecamente limitada. A razão não pode ser intuitiva, o intelecto sim. O nosso modo natural de entender é raciocinativo e, consequentemente, discursivo. Em outras palavras, se o dom do Espírito Santo leva a um entendimento sobrenatural e não apenas a uma adesão sobrenatural, ele deverá ser qualificado, não só e principalmente por parte do princípio agente (o Espírito Santo), mas também e sobretudo pelo modo de entender, de penetrar na intimidade das verdades divinas. Ora, só existe uma maneira sobrenatural de entender por respeito ao nosso intelecto raciocinante, e é a intuição da verdade. Em relação às verdades da fé, este é o modo próprio de entender do dom do intelecto: "*Ita se habet lumen superadditum ad ea quae nobis supernaturaliter innotescunt, sicut se habet lumen naturale ad ea quae primordialiter cognoscimus*" (*Ibid.*, ad 2). Em razão dessa penetração intuitiva, a nossa mente se encontra com a verdade divina, sem mediação da criatura, e por isso pode-se muito bem dizer que o dom do intelecto é uma participação e uma antecipação do *lumen gloriae*.

1. **DOM DO INTELECTO E FÉ**. Afirmar que o dom do intelecto é uma participação do *lumen gloriae* pode gerar a suspeita de que ele comporta, pelo menos, uma desvalorização da fé; de fato, a luz de glória dissipa para sempre a obscuridade da fé e a própria fé. Nada seria mais contrário às tarefas atribuídas ao dom do intelecto que essa suspeita; esse dom nos é dado porque temos mais fé e não porque temos menos. Penetrando profundamente no objeto material da revelação, o dom do intelecto não chega à evidência positiva e intrínseca da verdade, mas pode chegar até a certeza evidentíssima da credibilidade, que é o motivo formal da nossa fé, e pode chegar a ela a ponto de não duvidar dela minimamente por qualquer razão contrária (cf. II-II, q. 8, a. 2).

No entanto, seria totalmente contrário às premissas reduzir a função do dom do intelecto apenas à tarefa de aumentar a força de adesão às verdades reveladas. Ele não contribui apenas com a credibilidade, mas também com o conhecimento da verdade. São dois aspectos que se eliminam na luz da visão beatífica, que é imediata e positiva; não se eliminam à luz do dom, que nos leva a um penetrante conhecimento de Deus e dos seus mistérios ainda mediato e negativo. A essência divina e os aspectos positivos do mistério permanecem ocultos, mas o dom revela, com uma intuição infalível e com uma certeza insuperável, que nenhuma verdade se opõe à fé. Além disso, é preciso reavaliar o conhecimento negativo como o caminho privilegiado para chegar a Deus: "De Deus não sabemos o que é", afirma Santo Tomás; então compreenderemos que o intelecto penetra, seguindo esse caminho privilegiado, até o limiar da visão e, ao mesmo tempo, a fé ilustrada desse modo pela ação iluminadora do Espírito Santo continua formalmente trevas e escuridão para a mente.

O dom do intelecto supõe a virtude da fé pela conaturalidade da sua operação, e supõe a verdade da fé como matéria *circa quam* da operação. Por sua vez, a perfeição da fé, que se alcança na plena certeza, é efeito e fruto do dom (cf. *Ibid.*, q. 8, a. 8). Não é difícil se convencer disso, se se recorda, além do princípio eficiente da atuação do dom (o Espírito Santo), também o modo próprio do conhecimento no dom do intelecto, que é a intuição que nos dá o grau supremo da certeza. Não podemos absolutamente duvidar a não ser dos princípios imediatamente evidentes, que conhecemos intuitivamente e não discursivamente.

2. DOM DO INTELECTO E VISÃO DE DEUS. Contrariamente à fé que desaparece no limiar da visão, o dom do intelecto, mesmo sendo um inegável aperfeiçoamento da fé, persevera na pátria celeste, ou melhor, atinge sua mais alta perfeição intrínseca na glória (*STh*. I-II, q. 68, a. 6). Esse é um sinal evidente da íntima relação existente entre o dom do intelecto e a visão de Deus. Se ele é uma participação do *lumen gloriae*, princípio da visão intuitiva, comportará para a alma uma antecipação da própria visão de Deus.

"*In hac etiam vita, purgato oculo per donum intellectus, Deus quodammodo videri potest*" (*Ibid.*, q. 69, a. 2, ad 3). A afirmação dessa estupenda possibilidade oferecida ao homem por meio do dom do intelecto é plenamente conforme à experiência, ao testemunho e à doutrina dos maiores místicos da Igreja. É uma meta colocada no caminho mestre da vida cristã; é uma obtenção do desenvolvimento normal da graça e dos dons sobrenaturais.

Contudo, é necessário esclarecer a natureza dessa visão antecipada. A visão de Deus é dupla: perfeita e imperfeita. Na primeira, se vê a essência divina como é em si mesma, e esta procede do dom do intelecto no estado de consumada perfeição; na segunda, não se vê a essência divina como é em si mesma, mas se vê o que ela não é, no ato em que entendemos que ela transcende tudo o que se pode compreender com o intelecto; essa é a visão de Deus à qual chega o dom do intelecto no estado de caminho (*STh*. II-II, q. 8, a. 7).

Esse esclarecimento, necessário para não suprimir as distâncias nas perspectivas do caminho, não neutraliza, tornando-a inútil, a afirmação da possibilidade de aceder desde esta terra à visão de Deus. Para nós, Deus é o Inteiramente Outro; só podemos conhecê-lo melhor negando dele tudo o que não é ele. Chegar à perfeição desse conhecimento através da simples intuição da verdade: essa é a tarefa do dom do intelecto e essa é também a meta da mais elevada e autêntica contemplação mística. Não é ainda a perfeição do termo, mas é a perfeição do caminho; não é a perfeição do fim, mas é a perfeição dos meios oferecidos e empregados para a obtenção do fim.

3. DOM DO INTELECTO E PURIFICAÇÃO PASSIVA DO ESPÍRITO. As afirmações precedentes revelaram uma presença ativa do dom do intelecto na contemplação. O ato da contemplação tem o seu princípio na fé informada pela caridade e corroborada pelos dons intelectivos; entre estes, o dom do intelecto é princípio do conhecimento místico formal.

Mas para essa tarefa tão elevada outro dom se antepõe ao próprio dom do intelecto: a purificação do espírito. Repetimos a declaração explícita de Santo Tomás: "*In hac etiam vita, purgato oculo per donum intellectus, Deus quodammodo videri potest*" (*Ibid.*). A visão de Deus e a purificação do espírito são duas tarefas essenciais e inseparáveis do dom do intelecto. A precedência atribuída à purificação é de natureza, não de tempo. Tratar-se-á, aqui, não mais de purificação ativa ou ascética, mas de purificação passiva ou mística, precisamente por ser efeito da operação dos dons do Espírito Santo.

Não há pureza do intelecto a não ser na obtenção da verdade; o caminho da mente para a verdade é também o caminho para a sua pureza. A tarefa da purificação do espírito pelo dom do intelecto aparece, portanto, implicitamente afirmada no próprio momento em que lhe atribuímos a função de princípio elicitivo do conhecimento místico e contemplativo.

São → JOÃO DA CRUZ está plenamente de acordo com essa doutrina tomista. Cito apenas um trecho que acrescenta à doutrina as ressonâncias dramáticas da vida: "Para que a alma passe ao gozo das grandezas divinas, é preciso primeiro que a noite escura de contemplação a aniquile e destrua sobre as suas baixezas, colocando-a na escuridão, na aridez e no vazio de todas as coisas; porque a luz que se deverá infundir nela é realmente uma altíssima luz divina que ultrapassa qualquer outra luz natural, e não pode ser acolhida naturalmente no intelecto. Conclui-se, portanto, que o intelecto, a fim de se unir à suprema luz e se tornar divino no estado de perfeição, deve antes de tudo purificar-se e anular-se na sua luz natural, pondo-se atualmente no escuro por meio da obscura contemplação" (*Noite*, 9, 2-3).

Essa doutrina baseia-se em dois pressupostos: a) a insuficiência da purificação ativa do espírito e, consequentemente, a persistência de imperfeições contrárias à contemplação que os princípios da purificação ativa não podem erradicar; b) a insuficiência da fé como princípio elicitivo tanto da contemplação quanto da purificação, se não é corroborada pelos dons intelectivos e, em particular, pelo dom do intelecto.

Quanto ao primeiro, remetemos à doutrina geral sobre os → DONS DO ESPÍRITO SANTO, em que se fez alusão ao princípio; mas não será de todo inútil citar um texto de Santo Tomás que tem um valor especial em relação às tarefas purificadoras do dom do intelecto: "*Rationi humanae non sunt omnia cognita neque omnia possibilia, sive accipiatur ut perfecta perfectione naturali, sive accipiatur ut perfecta theologicis virtutibus; unde non potest quantum, ad omnia repellere stultitiam et alia hujusmodi… Sed Ille cujus sicentiae et potestati omnia subsunt, sua motione ab omni stultitia et ignorantia et hebetudine et duritia et caeteris hujusmodi nos tutos reddit. Et ideo dona Spiritus Sancti, quae faciunt nos bene sequentes instinctum ipsius, dicuntur contra hujusmodi defectus dari*" (I-II, q. 68, a. 2, ad 3).

Quanto ao segundo, o que pode causar admiração é a afirmação da insuficiência da fé em anular e obscurecer a luz natural do nosso intelecto, enquanto se sabe que ela é treva obscura para a razão humana. Por que recorrer à luz vivíssima da contemplação para realizar a anulação da luz natural? A fé obscurece, mas não é uma luz; tudo o que de luz parece brilhar nas proposições da fé é ainda irradiação da luz natural do nosso intelecto. As noções são humanas, naturais; a identidade dos termos é proclamada pela revelação, mas é e permanece obscura, não evidente. Portanto, o que existe nele de luz é natural e humano; o que existe nele de fé é obscuro e impenetrável. Então se compreende que a fé não purifica o espírito na mesma condição e do mesmo modo que a contemplação, que tem o seu princípio no dom do intelecto. A fé conserva a capacidade da razão de entender os termos do mistério por meio de analogias naturais, ao passo que as elimina radicalmente a alegria de ver sua relação intrínseca; aliás, a obscuridade da fé, quase por reação, estimula a mente a penetrar com a sua luz natural nas profundezas do mistério. Mortificada na sua sede natural de evidência, ela busca uma compensação, quase uma desforra. Facilmente esquece que está a serviço da caridade, e retorna a uma vida autônoma, fazendo da própria fé palco de seus exercícios e campo das suas especulações.

Assim, revela-se bem legítima a nítida contraposição entre a luz natural, que sobrevive da fé apesar da fé, e a luz vivíssima da contemplação mística que aquela obscurece e apaga, exaltando e consumando na perfeição a própria fé, que se encontra conaturalmente na margem oposta da luz natural.

4. A BEM-AVENTURANÇA DO DOM DO INTELECTO. Por sua relação imediata quer à visão de Deus, quer à perfeita purificação da mente, o dom do intelecto leva a alma para a bem-aventurança dos puros, aos quais é prometida a visão de Deus: "*Beati mundo corde, quoniam ipsi Deum videbunt*" (Mt 5,8). Uma visão antecipada de Deus, mesmo nos limites obrigatórios do estado de fé, não pode ocorrer sem uma antecipação de bem-aventurança; essa meta é imanente e formal em relação ao dom do intelecto. Mas se essa bem-aventurança supõe um mérito por parte da criatura, não é preciso ir longe para buscar o seu princípio. Esse mérito é a pureza da alma: pureza de vontade desvinculada de qualquer afeto desordenado; e pureza de mente livre de fantasmas e de erros. A primeira é disposição preliminar e remota; deriva das virtudes e dos dons que aperfeiçoam a vontade. A segunda é disposição próxima, é o prelúdio da visão, e deriva do dom do intelecto (cf. II-II, q. 8, a 7).

Assim é evidente que tanto o mérito quanto o prêmio da bem-aventurança dos puros são essencialmente efeito do dom do intelecto.

a) *Extensão do dom do intelecto*. Por sua íntima relação com a visão de Deus, que é o fim total da vida cristã, e com a fé, que é fundamento daquela, deve-se afirmar que o dom do intelecto não é limitado às verdades que são formalmente de fé, mas também àquelas que com ela estão relacionadas; o dom tampouco é limitado ao campo das verdades especulativas, mas se estende a toda a práxis da vida cristã, que brota da raiz única da fé: "O justo vive de fé" (cf. II-II, q. 8, aa. 2-3).

A penetração íntima, profunda, intuitiva da verdade da fé permanece o centro para o qual a ação do Espírito Santo dirige a mente, a vontade e as forças operativas do homem. Mas essa ação se estende em toda a vastidão do campo especulativo e prático, em que são operantes as premissas da visão de Deus.

Essa divina iluminação da mente poderá, portanto, revelar-se em todos os campos das atividades cristãs: na oração e no estudo, na contemplação e na ação, na santificação pessoal e no apostolado, na direção das almas e no governo da Igreja, na escolha da vocação pessoal e no cumprimento da própria missão, na família, na escola e na sociedade.

b) *Disposições e preparação*. A realização dos dons não compete à criatura, mas a Deus; contudo, a alma pode dispor-se a ela, porque a vida sobrenatural não é fragmentária, mas intimamente coordenada. Fidelidade à graça e humilde e fervorosa invocação do Espírito são as principais disposições sugeridas pela razão genérica dos dons; prática de uma fé viva, perfeita pureza de alma e de corpo e recolhimento interior são três disposições sugeridas pela razão específica do dom do intelecto.

O dom do intelecto é um aperfeiçoamento da fé; ele só se manifesta, normalmente, depois que a alma, no estado ascético, tiver realizado a sua missão de viver a fé e de viver de fé. Aliás, a fé, quanto mais viva, mais prepara para a atuação do dom do intelecto, porque ela mesma, sendo um simples assentimento à verdade, se aproxima mais do simples intuito da visão que do complexo discorrer do intelecto no seu modo humano.

A pureza da alma e do corpo é desejada naturalmente como disposição, porque o dom do intelecto tem a tarefa da purificação passiva da mente e, em colaboração com os outros dons da purificação passiva, que é por assim dizer perfeita, da totalidade do homem, para introduzir a alma além do limiar do mistério.

O recolhimento interior, por fim, responde a uma exigência particularmente válida no que diz respeito à operação do dom do intelecto, não só porque o Espírito Santo é o mestre interior, mas também porque a profunda intuição de Deus é inconciliável com a dispersão dos pensamentos, e só pode realizar-se no exaustivo empenho de todas as forças da alma no ato da contemplação.

Podemos sintetizar toda a doutrina exposta acima na definição do dom do intelecto dada pelo padre Royo Marin: "O dom do intelecto é um hábito sobrenatural, infundido com a graça santificante, pelo qual a inteligência do homem, sob a ação santificadora do Espírito Santo, é capaz de intuir as verdades reveladas especulativas e práticas tendo em vista o fim sobrenatural" (*Teologia della perfezione cristiana*, 234).

→ ESPÍRITO SANTO.

BIBLIOGRAFIA. GARDEIL, A. Il dono dell'intelletto. In *Lo Spirito S. nella vita cristiana*. Milano, 1960, 173-205; GARRIGOU-LAGRANGE, R. *Les trois âges de la vie intérieure*. Paris, 1938, I, 88.93.102; II, 309 ss.497-503.534-538; MARITAIN, J. Les degrés du savoir supra-rationnel. In *Les degrés du savoir*. Paris, 1932, 489-768; PHILIPON, M. M. Dono dell'intelletto. In *S. Teresa di Lisieux*. Brescia, 1954, 240-246; PHILIPON, M. M. *I doni dello Spirito Santo*. Milano, 1965 (pp. 171-202: *dono dell'intelletto*); TOMÁS DE AQUINO. *STh*. II-II, 8.

S. GATTO

INTENÇÃO. A pureza da intenção é a perfeição do motivo que nos faz agir. Muitos teólogos dizem que para que nossas ações sejam meritórias basta que sejam inspiradas por um motivo sobrenatural de temor, de esperança ou de amor. Santo Tomás certamente deseja que sejam feitas sob a influência ao menos virtual da caridade, ou seja, em virtude de um ato de amor de Deus posto precedentemente e cuja influência persevera. Mas acrescenta que essa condição se verifica em todos aqueles que estão em estado de graça e cumprem um ato lícito: "*Habentibus caritatem omnis actus est meritorius vel demeritorius*" (*De malo*, q. 2. a. 5, ad 7). De fato, todo homem bom nos leva a uma virtude; ora, toda virtude converge para a caridade, sendo ela a rainha que comanda todas as virtudes, assim como a vontade é a rainha de todas as faculdades. A caridade, sempre ativa, orienta para Deus todos os nossos atos bons e vivifica todas as virtudes, dando-lhes forma.

No entanto, se queremos que os nossos atos se tornem o mais meritórios possível, é necessária uma pureza de intenção muito mais perfeita e atual. A intenção é a coisa principal de nossos atos, é o olho que os ilumina e os dirige para o devido fim, é a alma que os inspira e lhe confere valor aos olhos de Deus: "*Si oculus tuus fuerit simplex, totum corpus lucidum erit*". Ora, três elementos dão às nossas intenções um valor especial.

a) Sendo a caridade a rainha e a forma das virtudes, todo ato inspirado pelo amor de Deus e do próximo terá muito mais mérito que os inspirados pelo temor ou pela esperança. Convém, portanto, que todas as nossas ações sejam realizadas por amor: assim, mesmo as mais comuns (como a alimentação e o lazer) se tornam atos de caridade e participam do valor dessa virtude, sem perder o próprio: alimentar-se para restaurar as forças é motivo honesto e, num cristão, até meritório; mas restaurar as forças para melhor trabalhar para Deus e pelas almas é motivo de caridade muito superior que enobrece esse ato e lhe confere um valor meritório muito maior.

b) Como os atos de virtude informados pela caridade não perdem o próprio valor, conclui-se que um ato feito com várias intenções juntas será mais meritório. Assim, um ato de obediência aos superiores realizado por um duplo motivo, por respeito à autoridade deles e ao mesmo tempo por amor a Deus considerado na pessoa deles, terá o duplo mérito da obediência e da caridade. Um mesmo ato pode, portanto, ter um tríplice ou um quádruplo valor: detestando os meus pecados porque ofenderam a Deus, eu posso ter a intenção de praticar ao mesmo tempo a penitência, a humildade e o amor de Deus; de modo que esse ato é triplamente meritório. É útil propor-se mais intenções sobrenaturais; mas deve-se evitar cair nos excessos procurando com demasiada ansiedade intenções múltiplas, o que perturba a alma. Abraçar as que espontaneamente se nos apresentam e subordiná-las à caridade divina, esse é o meio para aumentar os próprios méritos sem perder a paz de espírito.

c) Como vontade do homem é volúvel, é necessário exprimir e renovar frequentemente as intenções sobrenaturais; de outro modo, pode ocorrer que um ato começado por Deus continue sob a influência da curiosidade, da sensualidade ou do amor-próprio, perdendo assim uma parte do seu valor; digo uma parte porque essas intenções subsidiárias não destroem inteiramente a intenção principal, o ato não deixa de ser sobrenatural e meritório no seu todo. Não basta ordenar a nossa vontade uma vez, nem tampouco todos os dias, para Deus, porque as paixões humanas e as influências externas farão com que ela logo se desvie do caminho correto; é preciso frequentemente, com um ato explícito, reconduzi-la para Deus e para a caridade. Assim, as nossas intenções continuam a ser constantemente sobrenaturais, ou melhor, perfeitas e bastante meritórias, especialmente se acrescentamos a ela o fervor na ação.

BIBLIOGRAFIA. LUZÁRRAGA, J. La pureza de intención desde la espiritualidad bíblica. *Manresa* 57 (1985) 35-53; MOSCHETTI, A. M. Intenzione morale. In *Enciclopedia Filosofica*. Firenze, 1967, 993-995 (com bibliografia), III; POLLIEN, F. *La vita interiore semplificata*. Torino, 1949; Pureté-Purification. In *Dictionnaire de Spiritualité* XII/2 (Paris, 1986) 2.627-2.652, esp. 2.645-2.651.

E. ANCILLI

INTUIÇÃO. Tendo passado à significação de conhecimento intelectual a partir da significação etimológica de visão, a intuição parece voltar à primeira na aplicação ao conhecimento místico, alinhando-se a outros termos, como "gosto", "sabor", "contato" etc., usados pelos místicos para expressar suas experiências. A acepção não é a corrente de percepção original e profunda, conhecimento pronto e repentino, mas aquela, aceita também em filosofia, de conhecimento direto e imediato, diferente do mediato, discursivo ou indireto. Além disso, indica a percepção direta do existente, do individual, do concreto, da realidade como presente. Em sentido mais correspondente à tradição cristã, especialmente religiosa e mística, a intuição intelectual adquire o significado de experiência interior, participação amorosa e vital da verdade: acepções que se refletem também na simpatia intelectual bergsoniana que nos leva a penetrar e quase a nos fundir com o outro ser naquilo que ele tem de único e, consequentemente, de inexprimível. Pelo conjunto dessas características, a intuição é comumente vista como o ápice do conhecimento, mesmo por aqueles que a consideram ponto de chegada e fruto do longo caminho discursivo.

Em relação ao conhecimento contemplativo, geralmente se aceita a noção de Santo Tomás: "*simplex intuitus veritatis*", entendido como meta na qual "*omnes operationis animae reducuntur ad simplicem contemplationem intelligibilis veritatis*", ou seja, quando "*cessante discursu, figatur eius intuitus in contemplatione unius simplicis veritatis*" (*STh.* II-II, q. 180, a. 6, ad 2; cf. *Ibid.*, q. 180, a. 3c.). Mas no conhecimento contemplativo há muitos fatores que devem ser levados em conta para compreender o valor da intuição: a transcendência de Deus e ao mesmo tempo a sua íntima imanência em nós, a experiência e o primado da afetividade e da caridade, as relações e a influência recíproca entre amor e conhecimento. Os teólogos espirituais, unânimes em caracterizar com a intuição o conhecimento contemplativo, por causa das diferentes concepções e avaliação dos fatores que a compõem, não dão uma mesma explicação nem atribuem os mesmos limites a essa característica. Como não podemos entrar em análises detalhadas, limitamo-nos a lembrar os vários elementos que justificam concretamente a qualificação de conhecimento intuitivo atribuído à → CONTEMPLAÇÃO.

Além da graça incriada, que é a doação real das Pessoas divinas, há na alma justa a realidade, essencialmente sobrenatural, da graça santificante, das virtudes teologais, dos → DONS DO ESPÍRITO SANTO — independentemente de como são concebidos — e, enfim, da múltipla graça atual que põe em movimento todo esse organismo sobrenatural, em forma de vida recebida e vivida nas dimensões profundas da pessoa humana. De acordo com as descrições dos místicos, ao longo do itinerário interior que leva ao homem à união espiritual mais elevada, Deus opera misteriosos efeitos e se comunica com diferentes intensidades e evidências, até causar experiências vitais de tal potência e conteúdo que a alma as percebe cada vez mais como efeitos de manifestação da presença divina e repletos das perfeições próprias do ser de Deus. A ação divina parece exercer-se sobretudo sobre a vontade com a infusão de amor, sob a ação impetuosa do Espírito Santo; e portanto, mediante a atuação da caridade iluminada e enriquecida pelo dom da → SABEDORIA, se realiza na alma tal união e transformação com Deus, causa altíssima e fontal de todo ser e verdade, que o homem "*quase ex intimo sui et aliis iudicet et ordinet non solum cognoscibilia, sed etiam actiones humanas et passiones*" (*In III Sent.* D. 34, q. 1, a. 2). Trata-se de um conhecimento "*per quandam affinitatem ad divina*" (*Ibid.*, d. 35, q. 1, a. 1, s. 1), que brota precisamente do *pati divina* correspondente à comunicação espiritual realizada em nós pela caridade (cf. *Ibid.*, s. 3). Ação e comunicação divina, infusão de amor "passivo", transformação e "afinidade", conhecimento sapiencial: tudo isso constitui a experiência contemplativa. Aqui se trata de um conhecimento não abstrativo ou especulativo, mas que se desenvolve em uma realidade concreta, presente, apreendida por experiência vital. É um verdadeiro conhecimento intuitivo, em toda a plenitude da acepção, especialmente no que diz respeito ao aspecto da interioridade vital, da afinidade ou simpatia que nos introduz na intimidade do objeto e na globalidade da percepção. A diversidade das opiniões, e ela não é pequena, começa quando se trata de especificar exatamente o conteúdo dessa intuição. Aqui é suficiente lembrar que alguns pensam até, em casos excepcionais, em uma união momentânea com a própria essência divina, que comportaria no intelecto uma elevação transmitida a ele por certa participação da luz da glória (cf. FILIPE DA SANTÍSSIMA TRINDADE, *Summa theologiae mysticae*, II, Paris, 1874, tr. B, disc. 3, a. 5).

Outros reconduzem a imediação intuitiva experiencial no âmbito da caridade e, em decorrência da perfeição intrínseca dessa virtude, corroborada pelo dom da sabedoria, não veem inconvenientes em estabelecer um verdadeiro contato com a essência divina nessa linha de amor, de onde resultaria um conhecimento geral não claro, ou seja, não em linha de visão, do ser divino (cf. S. DOCKX, *Fils de Dieu par grâce*, Paris, 1948, 36-38.75-76.96-97). Outros preferem insistir na manifestação e percepção direta da diferente realidade sobrenatural da graça; na qual a relação a Deus, pela natureza da graça e pena inabitação da Trindade, é tão imediata que, sem nenhum procedimento discursivo e ilativo, o conhecimento experimental chega ao próprio Deus (cf. J. DE GUIBERT, *Études de théologie mystique*, Toulouse, 1930, c. 2, 77 ss.). Outros parecem acentuar antes o conhecimento experimental dos dons santificantes e dos efeitos maravilhosos produzidos na alma, reveladores da presença de Deus (cf. GARRIGOU-LAGRANGE, *Les trois âges de la vie intérieure*, II, Paris, 1938, 418-427).

As afirmações dos místicos, que são substancialmente as fontes da reflexão teológica, não parecem bastante claras para permitir uma explicação definitiva. Seja como for, em todas as soluções admite-se o caráter intuitivo desse conhecimento arcano de Deus.

BIBLIOGRAFIA. GARDEIL, A. *La structure de l'âme et l'expérience mystique.* Paris, 1927, 232-274, II; GUIBERT, J. DE. *Theologia spiritualis ascetica et mystica.* Roma, 1946, 338-355; MARECHAL, J. *Études sur la psychologie des mystiques.* Paris, 1937, 19-47.165-186.257-318, II; MARITAIN, J. *Les degrés du savoir.* Paris, 1932, 489-573; MOUROUX, J. *L'esperienza cristiana.* Brescia, 1956.

R. MORETTI

INVEJA. O termo "inveja" deriva de *video-in*, "olho dentro", ou *"in-videre"*, "olhar dentro", aumentando. É um pecado capital: tristeza pelo bem dos outros, como diminutivo do próprio valor pessoal.

Descartes indicou a base desse pecado na perversidade da natureza que faz com que nos entristeçamos pelo bem que coube ao próximo; e o distinguiu do ciúme considerado uma espécie de temor que nos agita ao pensamento de perder um bem possuído. Vitet separou claramente o ciúme da inveja: a inveja é uma tristeza pelo bem alheio, considerando-o uma diminuição do próprio; o ciúme, uma disposição a querer conservar o próprio bem acompanhado por uma inquietude mais ou menos racional e intensa contra quem suspeitamos querer participar dele.

A psicofisiologia vê na inveja um exagero do instinto de conservação; uma base orgânica precisamente como é o instinto de conservação que "têm todas as células vitais de um organismo que atraem e mantêm tudo o que pode alimentá-las e desenvolvê-las, e rejeitam tudo o que pode aumentar sua deficiência" (Arrighini).

A causa moral da inveja é a soberba; a → SOBERBA é amor desordenado de si e, portanto, não admite rivais; a inveja é amargura e sofrimento pelo valor superior do outro. O ambiente, a educação e, remotamente, a hereditariedade também influenciam a inveja.

As consequências da inveja são muitas e graves. O invejoso causa tormentos ao seu redor e se atormenta; "é um carrasco de si mesmo" (São Pedro Crisólogo) e de quem lhe é próximo. Recorre à maledicência e à calúnia, à atividade sorrateira, e acirra os ânimos; assume a pose hipócrita de afeto e sorri com amargura aos elogios feitos aos outros; tenta diminuir o mérito do próximo e está pronto a atingi-lo ou com o sarcasmo ou pelas costas; se o próximo cai é impiedoso em seus julgamentos públicos e privados.

Santo Tomás diz que na inveja há como que um princípio, algo como meio e um fim (*STh.* II-II, q. 36, a. 4); o invejoso, entristecido com o bem do próximo, considera-o causa do próprio mal e procura com todos os meios diminuir aquele bem aos olhos dos outros; alegra-se com o próprio sucesso e se amargura com o contrário; nas adversidades do próximo se alegra e se aflige com os seus progressos; chega assim ao → ÓDIO, tristeza habitual pelo bem alheio.

A responsabilidade moral da inveja em si é grave porque contraria a caridade; a caridade, de fato, recomenda que nos alegremos com o bem do próximo, ao contrário da inveja. Os movimentos não deliberados da inveja não são pecado; a aceitação de atos invejosos em coisas de pouca importância é pecado leve.

BIBLIOGRAFIA. ANTONELLI, F. *Psicologia dei vizi capitali.* Roma, 1972; DESBRUS, L. Envie. In *Dictionnaire de Théologie Catholique* V, 131-134; GÜNTHÖR, A. *Chiamata e risposta* III. Roma, 1984; JANVIER, E. *Esposizione della morale cattolica.* Torino, 1937, 51-67, VI; KLEIN, M. *Invidia e gratitudine.* Firenze, 1967; SERTILLANGES, A. *La philosophie morale de St. Thomas d'Aquin.* Paris, 1922, 392-395; TANQUEREY, A. *Compendio di teologia ascetica e mistica.* Roma, 1928, 845-852.

D. MILELLA

INVISIBILIDADE. É aquela faculdade por meio da qual o homem pode tornar-se invisível ou ao menos parece efetivamente invisível. No primeiro caso, temos a invisibilidade real por parte do objeto; no segundo caso, trata-se antes de uma espécie de cegueira do sujeito que não vê o objeto embora ele seja visível.

Um episódio famoso é o de São Vicente Ferrer, que, mesmo estando presente, não conseguiu ver a rainha de Aragona.

Pode-se determinar caso a caso se se trata de invisibilidade objetiva ou de cegueira; alguns episódios pertencem à primeira, ao passo que outros indiscutivelmente inserem-se na segunda. Esta é uma espécie de cegueira subjetiva, restritiva, que atinge algumas pessoas; por isso, enquanto as pessoas atingidas por ele não veem a pessoa, outras podem vê-la.

O fenômeno, em geral, deve-se à suspensão de algumas leis necessárias para que possa haver a visão material; quer impedindo a influência do objeto na potência visual, suprimindo ou modificando os elementos com os quais ela se realiza (ou seja, suprimindo as radiações de luz ou desviando-as), quer impedindo que a influência siga o curso normal nos órgãos do poder visual até chegar ao ato da visão.

BIBLIOGRAFIA. Bon, H. *Medicina e religione*. Torino, 1946, 240-241; Vezzani, V. *Mistica e metapsichica*. Verona, 1958, 196-198.

I. Rodríguez

IOGA. O nome "ioga" vem da raiz *yuj* que significa unir, ligar, manter junto, jungir. No primeiro sentido, qualquer exercício espiritual é chamado ioga, porquanto une a alma a Deus; assim, temos *jñāna-ioga*, *bhakti-ioga*, *karma-ioga* etc. Mas, quando se emprega ioga em sentido próprio, o termo assume o segundo significado, ou seja, "ligar"; com efeito, é uma disciplina ascética voltada a submeter as potências do corpo e da alma e a levar a mente à tranquilidade absoluta e ao êxtase libertador. A ioga propriamente dita assume diversas formas: *Rāja-ioga*, *Hatha-ioga*, *Laya-ioga* etc., a primeira das quais é a ioga clássica e supera de longe as outras formas, como resulta do mesmo apelativo *raja* (régio) que a qualifica, e que, por isso, nos detemos a considerar brevemente.

Embora a ioga já estivesse em uso nos séculos VI e V a.C., como se conclui dos antigos escritos sagrados hindus, um estudo científico desse sistema, *ioga-sūtra* atribuído ao autor Patañjali, foi escrito somente no início da era cristã. Esse sistema está radicado na filosofia *Sāmkhya*, segundo a qual o espírito se encontra envolto pela matéria devido à desordem da mente e somente por meio da tranquilidade perfeita o espírito pode dela se separar e se afastar. O fim, portanto da ioga, como definido pelo *ioga-sūtra*, é "citta vritti nirodha" (ou seja, manter sob freio os pensamentos). Consegue-se isso pela ioga por meio de oito graus; por isso se chama também *astānga-ioga* (ioga de oito membros). São eles: *yama, niyama, āsana, prānāyāma, pratyāhāra, dhāranā, dhyāna e samādhi*, dos quais os primeiros cinco constituem a preparação à ioga, ao passo que os três últimos são sua ausência.

Os primeiros dois graus, *yama* e *niyama*, são a preparação ética; o primeiro consiste na observância de cinco preceitos negativos, o outro na observância de outros tantos preceitos positivos. Diz o *ioga-sātra*: "*Yama* consiste em abster-se do assassínio, mentira, furto, incontinência e avareza. *Niyama* consiste na purificação, modéstia, mortificação, estudo e abandono em Deus" (sutra 30-32). Sem uma plena derrota dos vícios e uma diuturna prática das virtudes, ninguém deve aspirar aos ulteriores graus da ioga, porque, segundo os sábios antigos, a ioga, como a mesma filosofia, está ordenada à salvação da alma e fora de tal contexto nenhum exercício seria ioga.

Segue-se depois a preparação física por dois graus, *āsana* e *prānāyāma*. *Āsana* quer dizer composição do corpo e consiste numa série de posturas, às vezes dificílimas. Diferentemente da ginástica comum, seu objetivo não é o desenvolvimento dos músculos, mas, antes, a distensão e a harmonização do sistema nervoso. Um iogue jamais apresenta a corporatura de um atleta nem muita força física; mas o seu corpo é capaz de imensa resistência e tenacidade diante de obstáculos difíceis e em ambientes incômodos. Com esses exercícios o corpo se torna perfeitamente ágil e disposto a ficar calmo e composto em qualquer circunstância, deixando o espírito livre para se ocupar da meditação.

O quarto grau *prānāyāma*, o controle da respiração, é também ele um exercício físico, mas muito mais sutil e penetrante. A respiração tem um lugar intermédio entre os movimentos voluntários e os involuntários do corpo humano. Alguém a pode controlar quando quer, mas, deixada a si, ela continua de modo involuntário. Começando com a respiração, o iogue procura chegar pouco a pouco ao pleno domínio de todas as forças vitais do corpo e submeter à vontade as funções vitais como a digestão e a circulação. Por certo, poucos chegam até aí, mas não faltam casos de iogues que podem permanecer sem alimento por longos períodos ou até entrar num estado de hibernação. As experiências dos iogues demonstraram que o corpo humano tem muitas potencialidades ainda inexploradas. Essa parte de ioga separada da ioga clássica e desenvolvida à parte chama-se *hatha-ioga*, e é a mais conhecida no Ocidente.

O quinto grau, *pratyāhāra*, é uma preparação psíquica. Começa com a retirada dos sentidos externos dos objetos que podem comprometer o pleno afastamento da mente. Passa-se depois a um cuidado psiquiátrico com o objetivo de erradicar da mente as inumeráveis impressões e as imaginações aí acumuladas por anos. Nesse processo, porém, o próprio sujeito deve se comportar como psiquiatra. Com a sua parte intelectual ele se afasta como um espectador sentado à margem de um rio e, deixando a imaginação livre, olha com pleno desinteresse e indiferença tudo o que passa diante dele. O procedimento é longo e penoso, mas se diz que desse modo a memória se esvazia das fantasias inúteis de modo mais eficaz do que com a supressão forçada delas. Talvez os antigos sábios tenham ainda alguma coisa a ensinar à psiquiatria moderna.

Depois de toda essa preparação que dura vários meses ou anos, procede-se aos exercícios de ioga, que são *dhārana*, *dhyāna* e *samādhi*, ou seja, atenção, meditação e abstração, a qual termina no êxtase. Esses três graus são os mais longos e árduos.

Dhārana, a atenção, consiste em ter a mente toda aplicada a uma única coisa sem relaxamento ou divagação. O seu objetivo é a aquisição de "ekāgrata", vale dizer, tornar a mente aguda para a convergência de todas as suas forças num ponto. Para chegar a esse fim, o exercitante, depois de ter se protegido num lugar fechado e de ter composto o seu corpo numa das posturas cômodas aconselhadas pela ioga, põe diante de si o objeto conveniente, preferivelmente uma imagem sagrada, e procura manter os olhos fixos nela sem nenhum outro pensamento. Depois de um longo período, quando a prática já se tornou fácil e habitual, o objeto visível é substituído por um imaginário. Superada também essa prova, o objeto imaginário é substituído, por sua vez, por uma ideia puramente abstrata sobre a qual a mente se mantém fixa. Nesse grau de *dhārana*, o exercitante encontra gravíssimas dificuldades. Às vezes a mente é excessivamente agitada por vários objetos; outras vezes, fica passiva e sonolenta. Além das orações e da piedade para com Deus, os meios mais eficazes contra esses obstáculos são a perfeita continência e a prática de *prānāyāma*, respiração regulada.

Depois vem *dhyāna*, a meditação, que se define o contínuo fluxo de pensamento sobre uma verdade a ser assimilada. Ao escolher o objeto da meditação, porém, as várias escolas filosóficas e seitas religiosas diferem entre si. As seitas religiosas tomam os atributos divinos como objeto da meditação com o objetivo de chegar depois a um conhecimento intuitivo de Deus e a uma união beatífica com ele. Aqui nos detemos na ioga em sua forma originária, puramente filosófica, a qual fica totalmente no plano humano. Disso podemos deduzir até onde pode chegar o espírito humano, somente com suas forças naturais, ao se abstrair da matéria e ter o domínio de si mesmo. A meditação nesse caso se desenvolve em torno da essencial distinção e oposição ente a matéria e o espírito, a verdadeira natureza do espírito e a sua plena independência da matéria etc. Assim, pouco a pouco o espírito chega à plena discriminação e ao desapego das coisas externas. Por trás desse processo está a filosofia *Sāmkhya*, toda uma cosmogonia e psicologia, errônea sim, mas engenhosa.

Chegado a esse ponto, o exercitante está pronto para o último e mais radical passo da ioga. Se o espírito até aqui procurava livrar-se das coisas externas por meio do seu pensamento, agora deve se livrar do próprio pensamento. Dizem os filósofos da ioga que o pensamento é como uma mó: esmaga tudo o que nela é posto, e, se nela não se coloca nada, consuma a si mesmo. Gradualmente, a mente se liberta de seus pensamentos até ficar sem nenhuma ideia particular e ao mesmo tempo plenamente vigilante e ativa, o que evidentemente é empreendimento a ser admirado. Daí resulta uma experiência psíquico-intelectual que se chama *samādhi*, geralmente traduzida pela palavra "êxtase". Mas não é verdadeiro êxtase, no sentido de que a mente se encontre fora de si; antes, deve-se falar de *em-êxtase*, porque a alma se encontra num mundo novo, embora sem ideias particulares e, por isso, sem possibilidade de se exprimir. É um estado de tranquilidade e paz que a ioga filosófica considera como o último fim e bem-aventurança do homem.

Tudo isso é de grande utilidade tanto para a psicologia como para a teologia mística. O paralelismo entre as experiências da ioga e as da mística cristã é acentuado. Por exemplo, no início do estado de *samādhi* aparecem, segundo a ioga, certos fenômenos extraordinários e poderes sobre-humanos como o conhecimento intuitivo das coisas, inclusive os segredos dos corações, visão das coisas e eventos distantes, levitação etc. O exercitante é severamente advertido para jamais dar atenção a essas coisas nem desejá-las, a fim de que o seu progresso não seja comprometido para sempre. Igualmente, na mística cristã, nos primeiros passos da união mística se verificam fenômenos muito semelhantes aos supracitados, e o sujeito, para não impedir o seu progresso, deve deles se afastar (→ FENÔMENOS EXTRAORDINÁRIOS). Quais são os elementos naturais e quais os sobrenaturais nesses fenômenos? Um confronto com a ioga poderia lançar muita luz sobre a questão. De qualquer modo, o mundo moderno, tão extrovertido e inquieto, pode encontrar nos princípios da ioga alguma ajuda para a interioridade e a tranquilidade.

BIBLIOGRAFIA. ACHARUPARAMBIL, D. Lo yoga. In ANCILLI, E. *La preghiera. Bibbia, teologia, esperienze storiche*. Roma, 1988, 241-271, vl. II; AUROBINDO, Sri. *The synthesis of yoga*. Pondicherry, 1973; COSTER, G. *Yoga and western psychology*. London, 1949; DANIELOU, A. *Yoga, metodo di reitegrazione*. Roma, 1974; DASGUPTA, S. N. *Yoga as philosophy and religion*. London-New York, 1924; ELIADE, M. *Patanjali and yoga*. New York, 1969; ID. *Yoga, immortalità e libertà*. Milano, 1973; FEUERSTEIN, G. *The essence of yoga*. London, 1974; JACOBS, H. *Western psychotherapy and hindu sadhana*. London, 1961; MASSON OURSEL, P. *Lo yoga*. Roma, 1967; POTT, P. H. *Yoga and yantra*. The Hague, 1966; SMART, N. *The yogi and the devotee*. London, 1968; TUCCI, G. *The theory and practice of the mandala*. London, 1969; WOOD, E. *Great systems of yoga*. New York, 1954; WOODS, J. H. *The yoga system of patañjali*. Delhi, 1966.

C. B. PAPALI

IOZIF VOLOKOLAMSKIJ.

1. NOTA BIOGRÁFICA. Monge russo e reformador da vida monástica. Nascido em Iazvišče junto a Volokolamsk (1439-1440), não longe de Moscou, e batizado com o nome de Ioann, realizou os estudos no mosteiro da cidade natal. Aos vinte anos ingressou no mosteiro de Borovsk. Depois de dezoito anos sucedeu o próprio ecúmeno e mestre Pafnutij na direção da comunidade monástica (1477), mas a oposição e a resistência dos monges levaram-no, depois de longas peregrinações de mosteiro em mosteiro, a fundar seu próprio em Volokolamsk, em que introduziu a regra cenobítica no espírito de → BASÍLIO MAGNO e de → TEODORO ESTUDITA. Seu caráter inflexível suscitou-lhe inúmeros adversários, embora seja preciso reconhecer que sua personalidade teve uma grande influência na retomada da antiga observância.

No início dos anos 1470 difundira-se em Novgorod a heresia dos "judaizantes" que minava os próprios fundamentos da fé cristã ao negar a divindade de Cristo, reduzindo o cânone bíblico ao Antigo Testamento e abolindo os sacramentos. Iozif se empenhou vigorosamente em combater essa heresia, quer com os próprios escritos, quer solicitando a repressão do braço secular. Mais tarde, no Concílio de Moscou de 1503, contrapondo-se aos partidários de → NIL SORSKIJ († 1503), eremitas no território além do Volga, defendeu com sucesso a legitimidade dos bens monásticos. O espírito de sua reforma prevaleceu com o apoio do novo Estado que se formava em torno de Moscou e contribuiu para dar um caráter determinante ao monasticismo russo nos séculos subsequentes. Iozif morreu em 1515 e poucos anos mais tarde foi canonizado pela Igreja russa.

2. OBRAS. O *Prosvetitel* (Iluminador) é o primeiro manual apologético-dogmático na Rússia; foi escrito contra a seita dos judaizantes. Nessa obra estão expostos os elementos fundamentais da fé cristã e se justifica a severidade em relação aos hereges. As *Pis'ma* (Cartas) tratam da heresia judaizante, da direção espiritual, de questões políticas e eclesiásticas. A *Duchovnaja gramota* (Carta espiritual) é a Regra monástica que Iozif escreveu ao final de sua vida.

3. DOUTRINA. Preocupado com a pureza da fé, Iozif quer ensinar apenas aquilo que está contido nas Sagradas Escrituras. Com esse termo, porém, indica não só a Bíblia, mas também os escritos que os Padres nos deixaram. A humanidade de sua época, segundo Iozif, não é mais digna de ser iluminada diretamente pelo Espírito Santo; deve, portanto, contentar-se com a "segunda navegação", ou seja, em reunir e aceitar com fé humilde o testemunho divino das Escrituras. Por isso escreve a *Carta espiritual*, repleta de citações e de advertências extraídas das antigas regras cenobíticas. Adversário do movimento hesicasta, (→ HESICASMO) que começava a penetrar também na Rússia, sublinhou quase exclusivamente a observância da disciplina exterior, do trabalho monástico e da liturgia comum. Iozif considerava essa observância possível para todos: toda transgressão tinha origem na própria vontade ou na negligência. Na *Carta espiritual* ocupa um lugar muito importante a obediência ao superior, a responsabilidade e os deveres deste último. Na vida comum é particularmente importante o apoio recíproco na observância dos mandamentos e a → CORREÇÃO FRATERNA. Nesse sentido compreende-se a orientação de Iozif para a vida cenobítica segundo o ensinamento de Basílio e a crítica aos grupos de eremitas que se inspiravam em Nil Sorskij. A vida cenobítica exige uma legislação precisa e bem organizada, dividida entre trabalho e oração, em que tudo seja comum e não exista nada de próprio. A sua *Carta espiritual* teve um papel fundamental na história do monasticismo russo. Muitos discípulos, contudo, seguindo literalmente o mestre, caíram no formalismo e abriram caminho para os exageros dos velhos crentes.

BIBLIOGRAFIA. 1) Obras: *Prosvetitel'* (Iluminador), Kazan', 1857, 1896, 1904; Duchovnaja gramota (Carta espiritual). In MAKAREIJ. *Velikija Minej Cetti*. Petersburgo, 1868, setembro, 499-615; *Pis'ma* (Cartas). Ed. de A. A. Zamin – J. S. Lure. Moskva-Leningrad, 1959.
2) Estudos: KOLOGRIVOV, I. *Essai sur la sainteté en Russie*. Bugres, 1953, 214-257 (Trad. it. *I santi russi*. Milano, 1977, 223-255); LILIENFELD, F. VON J. Volockij und Nil Sorskij. *Zeitschrift fur Slavistik* 3 (1958) 786-801; MEYENDORFF, J. *Une controverse sur le rôle social de l'Église. La querelle des biens ecclésiastiques au XVI siècle en Russie*. Chevetogne, 1957; SMOLITISCH, I. *Russisches Mönchtum*. Wurzburg, 1953, 101-118.125.298-304; ŠPIDLÍK, T. *I grandi mistici russi*. Roma, 1977, 101-115; ID. *Joseph de Volokolamsk. Un chapitre de la spiritualité russe* (Orientalia Christiana Analecta 146). Roma, 1956 (cf. bibliografia).

T. ŠPIDLÍK – M. GARZANITI

IRA. De um ponto de vista clínico, a ira tem o substrato em um sistema nervoso excitável (nervosismo). A ira-paixão, na tradição escolástica, é precisamente um impulso indiferente ao bem ou ao mal, mais ou menos violento com transmutação orgânica, a reagir contra alguma coisa que é causa de conflito. O pecado da ira, por sua vez, é movimento desordenado que deseja chegar ao ponto de se vingar; chama-se impaciência quando a ira é uma disposição habitual a se inquietar; arrebatamento, se à impaciência acrescenta palavras e atos ameaçadores; violência, se a ira se manifesta em ações brutais; furor, se cega a razão. Do furor, repleto da ira, o ódio e a vingança: o ódio é a ira contínua; a vingança é a vontade de fazer o mal a qualquer preço.

A ciência procurou a base orgânica da ira e a identificou no instinto fisiológico da conservação: a ira até a vingança é sempre autodefesa do instinto da própria conservação. Há uma energia orgânica chamada hiperestenia e uma fragilidade também orgânica chamada de astenia: essas duas causas têm como efeito, respectivamente, a ira explosiva e a ira contida.

A *transmutatio organica* dos escolásticos na observação clínica moderna é descrita dependendo de a ira ser astênica ou hiperestênica. A ira astênica, também chamada ira surda, produz uma espécie de movimento da periferia para o centro e em vez de agredir, gritar, bater, manifestar-se abertamente, se contrai e se recolhe em si mesma. Daí a expressão comum: "morrer de raiva!".

A ira hiperestênica se dirige para a periferia, daí a expressão comum de que a ira ferve, sobe à cabeça; daí as expressões: "estar cego de raiva", "surdo de raiva". Há *causas influentes* e *concomitantes* da ira. Na *astenia* são a hereditariedade, o sexo, a idade, a constituição emocional e as condições climáticas. Na *hiperestenia* são o álcool, o tabaco, a cafeína, o cansaço, as doenças, por exemplo, as infecções hepáticas, a epilepsia.

É interessante observar que Aristóteles distinguiu três tipos de ira: a ira dos violentos que logo se irritam por um pequeno motivo; a ira dos que guardam rancor com a lembrança das injúrias recebidas; a ira dos obstinados que não descansam enquanto não se vingam.

O ponto de vista teológico-moral leva-nos à definição do pecado capital da ira: desordenado movimento da alma que deseja vingar-se; paixão despertada pelo apetite sensitivo que deseja fazer-se justiça.

A moral católica não ignora as observações filosóficas e clínicas, mas observa no conjunto o sujeito da ira, esse homem responsável que é todo chamas (também) de vingança e, com a indignação, sente também a aversão e o ímpeto do elemento irascível que lhe tolda a mente e o faz explodir por dentro e por fora. Esse homem cristão está em nítido contraste com duas virtudes eminentemente cristãs: a mansidão e a paciência.

Santo Tomás, com São Gregório, leva-nos a observar sua proliferação; a ira — diz ele — acende esse homem de raiva e produz nele pensamentos e projetos de vingança; a ira se apodera se sua língua e a faz prorromper até em palavras irreligiosas contra Deus; a ira agarra as faculdades físicas do seu corpo e as leva a ações externas até gravemente lesivas à vida dos outros (cf. *STh.* II-II, q. 158, a. 7).

A responsabilidade moral da ira se deduz: a) do ponto de vista do sujeito, e é pecado geralmente venial, salvo *per accidens*, se houver excessos graves, e nesse caso é pecado mortal; b) do ponto de vista do objeto, ou seja, enquanto é apetite desordenado de vingança, e é pecado geralmente grave; é contrária à ordem tanto da justiça quanto da caridade, por ser lesiva ao direito alheio e ao amor cristão. No entanto, muitas vezes pela deliberação geralmente imperfeita, mesmo *in re gravi*, os movimentos esporádicos de vingança são pecados leves.

Um problema é o da responsabilidade sobre a punição infligida com ira. Distingue-se aqui a ira-paixão da ira de moderada paixão. Esta é impulso a punir, mas moderado, portanto lícito porque tende a infligir o castigo na medida da justiça e para a emenda do réu; a ira-paixão é impulso natural e cego do apetite sensitivo a reagir; há a obrigação de mantê-lo sob o controle da razão e de moderá-lo caso seja impetuoso ou até de reprimi-lo. No entanto, no caso de um superior que deva punir um subalterno, o superior tem a obrigação de moderar qualquer movimento impulsivo desordenado, de modo que a pena seja proporcional à falta, e não exista punição com espírito de ódio ou de vingança.

Essa obrigação de moderar a ira é, por si só, pecado venial, a não ser no caso da ira-paixão que possa ser causa de ação em si gravemente ofensiva ao subalterno.

As consequências da ira são de ordem física e de ordem moral e social. Pertencem às primeiras as alterações do organismo e as afecções que se seguem a elas, como os distúrbios cardíacos, hepáticos, as neuroses etc.; às segundas, de acordo com Santo Tomás, as injúrias, o ódio, a vingança, a blasfêmia, as brigas, as guerras, as ofensas a Deus e ao próximo.

Os remédios contra o pecado capital da ira são indicados não apenas pela teologia moral e espiritual, mas também pela medicina. A medicina, em geral, indicou, para os hiperestênicos, tratamento sedativo e debilitante, a somaterapia conduzida com uma dieta de fácil digestão e vegetariana; o consumo de carne excita os nervos e pode levar a excessos, especialmente com a ira.

São muito úteis os exercícios físicos e o trabalho cansativo. Os astênicos, ou seja, todos os neuropáticos fracos de nervos, ao contrário, deverão recorrer a tratamentos tonificantes e reconstituintes, com uma alimentação substanciosa.

Os mestres de espírito observam que desde a infância, ou melhor, antes do nascimento, deve começar uma educação moral preventiva; os arrebatamentos irascíveis de uma mãe podem ter graves consequências no recém-nascido; os bons exemplos de brandura dos genitores, superiores, educadores têm uma influência notável sobre as novas gerações. Oferecem, portanto, estas orientações: prever a ira e procurar evitar todas as ocasiões; combater logo os impulsos de cólera e desviar ou mudar a conversa; retirar-se ou sair se necessário; refletir e demorar a responder; controlar-se antes de agir; meditar sobre a mansidão de Cristo e de Nossa Senhora, bem como na dos santos; e sempre, sobretudo, rezar.

BIBLIOGRAFIA. Antonelli, F. *Psicologia dei vizi capitali*. Roma, 1972; Blanc, G. Colère. In *Dictionnaire de Théologie Catholique*, II, 355-361; Janvier, E. *Esposizione della morale cattolica*. Torino, 1911, 295-307, vl. V; Meynard, A. *Trattati della vita interiore*. Torino, 1963, 49.89-93; Scherer, K. *Aggressività...* Bologna, 1981; Tanquerey, A. *Compendio di teologia ascetica e mistica*. Roma, 1928, 853-868.

D. Milella

IRENEU DE LIÃO (Santo). 1. NOTA BIOGRÁFICA. As notícias concernentes à vida e à atividade de Ireneu encontram-se em Eusébio (*História eclesiástica*, V, 20; V, 3, 4; V, 23-24) e em Jerônimo (*De viris illustribus*, 35). Nascido na Ásia Menor, onde foi discípulo de São Policarpo de Esmirna, parece ter permanecido por algum tempo em Roma, mas desenvolveu sua atividade em Lião, cidade em que sua presença é atestada a partir do ano 177: primeiro como sacerdote e "zelador do testamento de Cristo", depois como bispo. São três os principais aspectos de seu zelo pastoral: empenhou-se na difusão da fé cristã na Gália Lugdunense; opôs-se à expansão do gnosticismo valentiniano no Vale do Ródano; interveio, por volta do ano 190, na questão pascal junto ao papa Vítor, exortando-a à indulgência para com os bispos da Ásia que discordavam de Roma; por esse motivo a liturgia (3 de julho) apresenta-o como aquele que soube "abater as heresias com a verdade da doutrina e conferir boa estabilidade à paz da Igreja". Uma antiga tradição considera que ele morreu mártir, provavelmente no início do século III, durante a perseguição de Sétimo Severo.

2. OBRAS E DOUTRINA. São duas as obras cujo texto chegou até nós: uma de cunho catequético-expositivo, *Demonstração da pregação apostólica*, conservada em uma tradição armênia; a outra de cunho polêmico, com o título abreviado *Contra as heresias*, pretende desmascarar e refutar o → GNOSTICISMO; conferiu a Ireneu o título de "pai da teologia", e está conservada, além dos numerosos fragmentos gregos, em uma tradução latina que não é posterior ao século III.

No centro da doutrina de Ireneu encontra-se a ideia da "recapitulação" (*anakephalaiôsis*), em que retoma e desenvolve os ensinamentos paulinos sobre a oposição entre Cristo e Adão. Significa um novo início do gênero humano no Verbo encarnado, que se torna o novo Adão, o novo líder espiritual da humanidade e seu representante perfeito: tendo restaurado em si o estado primitivo do homem, ou seja, a criação à imagem e semelhança de Deus e a incorruptibilidade ou a imortalidade corporal com a sua ressurreição, o Verbo resume em si toda a humanidade, isto é, Adão e os seus descendentes considerados individualmente, e restaura para todos o antigo estado levando-o à sua definitiva perfeição, incluindo a imortalidade por meio da ressurreição final. Adão havia sido criado à imagem e semelhança de Deus por meio da sua vida intelectual, da filiação adotiva e da imortalidade; mas a sua desobediência ao preceito divino frustrou, por assim dizer, o plano do Criador: Adão se separou dele, tornou-se incapaz de conservar e de atingir ulteriormente a união com Deus e a imortalidade, tornou-se escravo do → DIABO — que Ireneu chama várias vezes de a "apostasia" — que, instigando-o à prevaricação, conseguira apoderar-se dele, embora injustamente; Deus porém, cuja misericórdia é infinita, se voltou para sua criatura querendo remediar sua situação: encarnou o seu Filho unigênito que, homem-Deus, conseguiu justamente derrotar o diabo nos limites da natureza humana e restabelecer a união com Deus e a imortalidade (cf. 3, 16, 6; 3, 18, 1-2 e 6-7; 3, 19, 1; 3, 20, 2; 2, 21, 1 e 9-10; 2, 22, 1 e 4; 3, 23, 1; 4, 40, 3; 5, 1, 1; 5, 2, 1; 5, 14, 1-2; 5, 16, 3; 5, 17, 1-4 etc.). O Verbo encarnado é mediador, deificador e redentor, tanto na sua encarnação quanto com sua morte na cruz; fez-se Filho do homem para que os homens pudessem se tornar filhos de Deus (inúmeros textos: cf. *Dictionnaire de Théologie Catholique*, VII, 2.470-2.483); é também o nosso mestre que nos revela o Pai, o único capaz de nos fazer conhecer o Pai (Mt 11,27), o Pai invisível tendo-se tornado visível no homem-Deus seu Filho (5, 1, 1; e, cc. 4-6); essa função de revelar o Pai, o Verbo a cumpre desde o início do mundo: Ireneu atribui a ele as "teofanias" do Antigo Testamento e vislumbra nelas uma preparação para a encarnação: o Verbo se habituou a descer e a subir para a salvação dos homens, e estes se acostumaram a se comunicar com ele — tal disposição divina é descoberta na própria encarnação: em Cristo, homem-Deus, Deus se habituou a habitar no homem e este a trazer consigo e a perceber Deus (cf. 2, 30, 9; 3, 20, 2; 4, 7, 2; 4, 12, 4; 4, 14, 1-3; 4, 20, 7-11 etc.) —; é, enfim, o nosso exemplar perfeitíssimo, o protótipo de uma humanidade perfeita: por isso quer passar por todas as fases e ser criança com as crianças, jovem com os jovens, adulto com os adultos, para santificar todos e ser para todos modelo na vida concreta (3, 22, 3-4; 3, 18, 7). Ao lado de Adão esteve Eva, cuja parte não era inteiramente passiva na ruína do gênero humano; ao lado de Cristo esteve Maria, cuja parte era no mínimo ativa na obra de salvação realizada por seu Filho; assim a "recapitulação de Adão em Cristo" se completa com a "recirculação de Maria em Eva": a obediência de Maria dissolveu o nó feito por Eva desobediente, de modo que a Virgem deve ser considerada a nova Eva — era o que anteriormente já dizia São Justino —, ou seja, a mãe espiritual dos homens redimidos por seu Filho (3, 22, 4; 5, 19, 1).

Só Deus que não tem origem é perfeito; enquanto criatura, o homem não é perfeito, mas deve tender à perfeição por meio de um contínuo progresso. Se no instante da sua criação ele é puramente passivo nas mãos do Criador, no seu caminho para a perfeição deve colaborar com Deus emprestando-lhe um "coração suave e flexível": a perfeição é o resultado da obra combinada de Deus criador e do homem colaborador, ao passo que a imperfeição deve ser atribuída apenas ao homem. Ora, como a carne não é excluída da salvação mas recuperará a imortalidade primitiva quando será ressuscitada no último dia, é preciso submetê-la com um lento trabalho à alma para que possa auxiliá-la, ou melhor, participar na nova vida dada a ela pelo Verbo encarnado (cf. 4, 37, 7; 4, 38, 1-4; 4, 39, 2-3; 3, 23, 5 etc.). Como na criação, assim no processo de santificação é conservada a "ordem hierárquica" que existe entre as Pessoas da Trindade: o Pai ordenou a criação, o Filho seguiu a ordem, o Espírito cuida das coisas criadas; continuando a missão do Verbo encarnado que nos deu a filiação adotiva, o Espírito nos santifica e nos une ao Filho, e este nos conduz ao Pai: o homem verá o Pai no céu quando tiver recebido a incorruptibilidade e a imortalidade; portanto o Espírito continua a desenvolver nos redimidos a ação que ele começou na Virgem no instante da encarnação e depois no Verbo encarnado durante a sua existência terrestre (cf. 3,

9, 3; 3, 11, 9; 3, 12, 1; 3, 16, 1 e 9; 3, 17, 1-2; 4, 33, 15; 5, 6, 2; 5, 8, 2; 5, 9, 1; 5, 12, 2; 5, 13, 4 etc.); além disso, operando no Verbo encarnado se habituou a habitar e a atuar nos homens (3, 17, 1). O Espírito é "o altar da nossa incorruptibilidade, a confirmação da nossa fé, a escada para a nossa ascensão ao céu", "a água viva" prometida por Cristo; ele dá vigor à novidade de vida, de culto etc., que o Verbo realizou com a sua encarnação (cf. 3, 24, 1; 5, 18, 2; 3, 10, 2).

BIBLIOGRAFIA. AUDET, TH. A. Orientations théologiques chez saint Irénée. *Traditio* 1 (1943) 15-54; BELLINI, E. *Contro le eresie*. Milano, 1980; BOUYER, L. – DATTRINO, L. *La spiritualità dei Padri* (3/A). Bologna, 1984, 18 ss.136 ss.167 ss.183; DATTRINO, L. La dignità dell'uomo in Giustino Martire e Ireneo di Lione. *Lateranum* 46 (1980) 209-249; JOPPICH, G. *Salus carnis. Eine Untersuchung in der Theologie des hl. Irenäus von Lyon*. Munsterschwarzach, 1965; JOSSA, G. Storia della salvezza ed escatologia nell'*Adversus Haereses* di Ireneo di Lione. *Augustinianum* 18 (1978) 337-376; MERSCH, E. *Le corps mystique du Christ. Études de théologie historique*. Paris-Bruxelles, 1951, 317-342, vl. I; ORBE, A. *Antropología de San Ireneo*. Madrid, 1969; ORBE, A. San Ireneo y la creación de la materia. *Gregorianum* 59 (1978) 71-127; PERETTO, E. *Epideixis*. Roma, 1981.

MELCHIORRE DI SANTA MARIA – L. DATTRINO

IRMÃOS DO LIVRE ESPÍRITO → ILUMINISMO MÍSTICO.

ISABEL DA TRINDADE.
1. NOTA BIOGRÁFICA. Isabel Catez nasceu em 18 de julho de 1880, perto do campo militar de Avor (Bourges) de uma família cristã. Em 1901, depois de longa espera, ingressou no Carmelo de Dijon e pronunciou os votos perpétuos em 1903. Sua vida interior no Carmelo divide-se em dois períodos: o da busca da intimidade com as três Pessoas divinas (1901-1905) e o caracterizado por seu novo nome: *Laudem gloriae* (1905-1906). Morreu depois de uma longa e muito dolorosa doença, durante a qual recebeu graças místicas, em 9 de novembro de 1906. Beatificada em 25 de novembro de 1984.

2. ESCRITOS. Isabel não compôs obras ou tratados. Deixou uma coletânea de 346 *Cartas*, a célebre *Elevação à Trindade* (1904), dois *Retiros espirituais* (1906), 124 *Poesias* para diversas circunstâncias (1902-1906) e algumas *Notas* espirituais, pertencentes em parte ao único caderno que restou do seu diário, no qual registrara os seus esforços ascéticos cotidianos. Essa coletânea foi incluída, na sua parte essencial, nas *Recordações*, livro composto pela madre Germana de Jesus, priora do Carmelo de Dijon na época de Isabel. As *Recordações* (1. ed. 1909) contribuíram decisivamente para fazer com que a vida e a espiritualidade de Isabel fossem conhecidas; apresentam até hoje uma fonte preciosa para qualquer estudo aprofundado, tanto de caráter doutrinal quando divulgativo, e ocupam um lugar de importância fundamental entre as obras de espiritualidade contemporânea. A *Elevação à Trindade*, escrita sob a moção irresistível do Espírito Santo, traduz uma riquíssima experiência da → INABITAÇÃO trinitária. Os dois *Retiros espirituais*: a) *O céu na terra* contém a resposta de Isabel a sua irmã Margarida que lhe pedira para explicar como era possível encontrar "o céu na terra"; b) o *Último retiro de Laudem gloriae* foi preparado com delicadeza filial para sua madre priora como "memorial" de seus contatos interiores com Deus, experimentados na última fase da sua existência terrena. Enquanto *O céu na terra* reúne em maravilhosa síntese os temas essenciais da ascese espiritual carmelita, nascidos do mais puro espírito bíblico, e reflete os princípios fundamentais da mística de São → JOÃO DA CRUZ e alguma concordância com o pensamento de outros mestres (em particular com → RUUSBROECK), o *Último retiro* se concentra, como ideia dominante, no ofício de um "louvor de glória" e desenvolve os temas mais característicos da sua vida interior, envolta, agora, na luz ofuscante de sua consumação mística.

3. DOUTRINA. Os escritos de Isabel, embora em sentido teológico não ofereçam uma doutrina propriamente dita, mas evoquem mais uma espiritualidade de caráter doutrinal ou uma doutrina de vida, refletem o seu constante empenho apostólico destinado a fazer com que as almas se enamorem dos valores transcendentais da → VIDA INTERIOR. Ela os propõe como os mais sublimes ideais contemplativos como alimento substancial que eleva ininterruptamente o pensamento para Deus. Em quase todas as páginas se concentra com maravilhosa segurança em um movimento essencial da vida cristã: "aderir a Deus com aquela contemplação simples que aproxima a criatura do estado de inocência em que Deus a criou" (*Último retiro*, 3). Essa ascese é ricamente alimentada pela palavra viva da

Sagrada Escritura, em particular dos textos de São → PAULO e de São → JOÃO EVANGELISTA, textos que Isabel interpreta exclusivamente em sua íntima relação com a vida espiritual, sem entrar na complexidade dos problemas exegéticos. Através de um conhecimento intelectual e afetivo do texto sagrado, ela pretende valorizá-lo para viver mergulhada na presença viva da → PALAVRA DE DEUS. Assim, utilizando amplamente a Sagrada Escritura como base do seu ensinamento espiritual, também a sua espiritualidade, considerada no caráter fundamental, adquire um forte acento bíblico, do qual surge a prodigiosa unidade do seu pensamento. Mas a sua espiritualidade, tendo sido amplamente enriquecida com contribuições da obra ascético-mística de Santa Teresa de Ávila e de São João da Cruz, apresenta-se ao mesmo tempo como espiritualidade que é substanciada na tradição contemplativa do Carmelo, tanto no seu conteúdo quanto nos seus princípios essenciais. Revelando com a sua vida e com o seu ensinamento os mais elevados ideais contemplativos do Carmelo, continua conscientemente o itinerário espiritual da Ordem.

Isabel convida ao → SILÊNCIO e ao → RECOLHIMENTO interior, como atmosfera vital para o desenvolvimento da vida de oração, e põe no centro de toda atividade sobrenatural a busca de → DEUS na fé e no amor. Considera sua principal tarefa iniciar as almas a viver em estreito contato com Deus Trindade: "A Trindade! Eis a nossa morada, eis a nossa cara intimidade, a casa paterna de onde não precisamos sair nunca" (*O céu na terra*, 1). Por sua compreensão sublime e também por sua reavaliação pessoal do mistério do "Deus em nós", é chamada a "santa da inabitação", título que merece plenamente, porque a inabitação divina "foi o belo sonho que iluminou toda a minha vida, fazendo dela um paraíso antecipado" (*Carta*, 1906). Viver no mistério de Deus presente na alma significa, diz ela, abandonar-se inteiramente a um movimento "interno". Consiste em mergulhar no "céu da alma" — que é o próprio Deus — para se concentrar neste céu da fé e do amor em cantar o louvor das perfeições divinas, antecipando e imitando a incessante ocupação dos bem-aventurados no céu. Isabel tomou emprestado de um texto de São Paulo (Ef 1,11-12) o nome *Laudem gloriae*, nome em que se encerra a sua vocação no seio da Igreja militante e a que teria cumprido ininterruptamente na Igreja triunfante (*Bilhete póstumo*).

Sentindo-se predestinada a ser um louvor da glória de Deus, em seu retiro *O céu na terra* delineia essa tarefa com surpreendente profundidade de penetração mística e com insuperável eficácia de expressão. É uma das mais belas páginas dos seus escritos: "No céu da sua alma — escreve — o louvor de glória já começa o seu ofício de eternidade... Cada um de seus atos, cada movimento, cada um de seus pensamentos, de suas aspirações, enquanto a enraízam cada vez mais profundamente no amor, são como que um eco do Sanctus eterno" (*O céu na terra*, último dia).

Esse aspecto importantíssimo e fundamental da sua espiritualidade é acompanhado por seu constante esforço para atrair as almas a se sentir chamadas e inseridas no mistério de Deus operante na Igreja. "A Trindade é o termo — diz —, Cristo é o caminho". Para chegar a Deus, a alma precisa "caminhar em Cristo", enraizar-se nele e conformar-se à sua paixão. Essa exigência cristocêntrica de Isbel, que a leva a um estudo aprofundado do Verbo encarnado, nasce da sua profunda convicção de que a transformação em Jesus crucificado constitui o único meio para remontar imediatamente a Deus, podendo superar só nele e com ele a infinita distância que a separa da perfeição do Ser divino. Nessa ascensão escolhe como modelo a Virgem *Janua coeli*, penetrando com rara intuição no mistério de Maria, que apresenta tanto na sua íntima relação com os "Três" quanto na sua coerência com a universalidade da obra redentora de Cristo, completando, desse modo, a sua espiritualidade com aquele tom mariano que combina perfeitamente com o ideal mariano do Carmelo.

BIBLIOGRAFIA. 1) Escritos: *Oeuvres complètes: J'ai trouvé Dieu*. Ed. crítica em três volumes, organizada por C. DE MEESTER; trad. italiana: *Scritti*. Roma, 1967; *Scritti spirituali di E. della T.* Apresentados por M. M. PHILIPON. Brescia, ³1980; *Elisabetta della Trinità racconta la sua vita*. Textos selecionados e apresentados por C. DE MEESTER. Roma, 1984; ISABEL DA TRINDADE. *Testamento spirituale*, textos selecionados e apresentados por E. ANCILLI, Roma, 1984.
2) Biografias e estudos: ANCILLI, E. *Ho creduto al Dio presente*. Torino, 1971; ARDENS, *Un balzo nel divino. Vita e pensieri di suor E. della T.* Roma, 1983; BALTHASAR, H. U. VON. *Suor Elisabetta della T. e il suo messaggio spirituale*. Milano, 1959; BORRIELLO, L. *Elisabetta della Trinità: una vocazione realizatta secondo il progetto di Dio*. Napoli, 1980; *Elisabetta della Trinità. Esperienza e dottrina*. Roma, 1980; GERMANA DE JESUS. *Ricordi*. Roma, ⁹1984 (a primeira edição é de 1909); MACCA, V. *Elisabetta della*

Trinità. Un'esperienza di grazia nel cuore della Chiesa. Roma, 1976; MEESTER, C. DE. Introducción a la obra y mensaje de Isabel de la Trinidad. *Revista de Espiritualidad* 39 (1980) 217-271; MORETTI, R. *Introduzione a Elisbetta della T. Vita, scritti, dottrina*. Roma, 1984; PHILIPON, M. M. *La dottrina spirituale di suor E. della T.* Brescia, 1959; ID. *L'inabitazione della Trinità nell'anima. La spiritualità di E. della T.* Milano, 1966; POINSENET, M. D. *Questa presenza di Dio in te.* Milano, 1971; SICARI, A. *Elisabetta della Trinità. Un'esistenza teologica.* Roma, 1984; cf. os números monográficos de: *Mount Carmel* 32; *Christliche Innerlichkeit* 19; *Vives Flammes* 151; *Rivista di Vita Spirituale* 38; *Miriam* 36; *Monte Carmelo* 92. Para a bibliografia, cf. SIMEONE DELLA SACRA FAMIGLIA. *Bibliografia di Suor E.d.T.* Roma, 1974.

GIOVANNA DELLA CROCE

ISABEL DE SCHÖNAU. 1. NOTA BIOGRÁFICA. Acredita-se que tenha nascido em 1129, filha do nobre renano Hartwig. Com doze anos entrou no mosteiro de Schönau, próximo de St. Goarshausen, onde recebeu o hábito beneditino e fez a profissão monástica em 1147. Apenas dez anos mais tarde foi nomeada *magistra*, ou seja, superiora direta das monjas. Morreu jovem (18 de junho de 1164), consumida por sofrimentos interiores, demasiado fortes para a sua frágil natureza. Sua fama se espalhou rapidamente. Suas relíquias foram conservadas em muitas igrejas. O valor da curta existência de Isabel deve ser considerado à luz do seu dom carismático. Foi vidente, e a partir de 1152 as suas → VISÕES influenciaram definitivamente todo o desenvolvimento de sua vida espiritual. Jamais teve a menor dúvida sobre a veracidade das manifestações sobrenaturais e das suas visões. Dessa convicção profunda obteve também a força de transmitir sua mensagem, uma força que destoa bastante de sua figura espiritual, mais tímida, de temperamento sensível e sugestionável, aberta a qualquer influência externa e frequentemente atribulada por sentimentos de angústia e de insuficiência. Contudo, não foram a santidade e a personalidade espiritual de Isabel, que constituíram sua surpreendente popularidade entre os contemporâneos, mas o conteúdo de suas visões e a realidade de seus conhecimentos por meio de penetração misteriosa no mundo sobrenatural. Suas visões foram traduzidas em latim por Egberto, seu irmão e monge beneditino, o qual, sabendo que sua irmã era uma escritora expressiva e dotada, mas de capacidade medíocre quanto à forma estilística, julgou-se autorizado a melhorar o texto, sem alterar a genuinidade do pensamento.

2. OBRAS. Difundidas em 148 códigos (entre eles 31 dispersos), compreendem: os *Libri visionum I-III* (o livro I, cc. 1-25 = *liber de temptationibus*, 1152-3, em que relata minuciosamente as suas tentações; o livro I, cc. 53-79, 1153-1154; o livro II começa em 1155, mas o livro III não contém datas). Trata-se de visões em forma de → DIÁRIO ESPIRITUAL. Mas enquanto os livros I e II, cc. 1-18 trazem o simples relato da sua vida interior e das suas visões, na segunda metade do livro II começa a se imiscuir um novo elemento de caráter didático que depois predomina em todo o livro III: nota-se claramente a influência de Egberto, que ordenou à irmã que resolvesse problemas teológicos por meio de penetração visionária ou de intuição mística. A mais viva polêmica encontrou o *Liber viarum Dei* (LVD) = *Decem exhortationes ad varios hominum status* (3 de junho de 1156 [ou antes?] — 22 de agosto de 1157). No entanto, são mais importantes as suas seis revelações sobre a assunção de Maria: *De resurrectione B.V. Mariae* (22 de agosto de 1156 — 25 de março de 1159 [?]) e as suas revelações sobre a lenda de Santa Úrsula: o *Liber revelationum de sacro exercitu virginum Coloniensium* (5 de setembro de 1156 — depois de 21 de setembro de 1157), difundido mais tarde em forma resumida com o título: *De secunda festivitate assumptionibus B.M.V.* e *Ordo passionis sanctarum undecim milium virginum*. Foram reproduzidas também em línguas vulgares inseridas nas coletâneas hagiográficas ou nos legendários, e catalogadas depois de 23 de setembro e depois de 21 de outubro. Nos séculos XIII-XIV receberam especial atenção as suas revelações sobre a assunção de Maria: Durando se refere explicitamente às visões da *religisissima mulier Elisabeth nomine de partibus Saxoniae* (G. DURANDO, *Rationale divinorum officiorum* Strasbourg, 1943, fol. CCXII); Bartholomaues de Bononia as toma em consideração em suas *Quaestiones de corporali B.M.V. assumptione* (Munster, 1952, 59-60), e em seguida se remetem a elas outras teólogos franciscanos, por exemplo, Mateus de Acquasparta (cf. C. PIANA, *Assumptio B.M.V. apud Scriptores saec. XIII*, Sibenici-Roma, 1942, 67 e 116-121).

Os *escritos menores* de Isabel são em parte extraídos de suas obras: a *Prophetia Elisabethae* de: *Visões*, livro I, depois c. 25 (vel 77); a oração *Tua sunt haec benigne Jhesu opera*, de: *Visões*, entre livros I e II; o *Sermo angeli*, de: LVD, c. 10; a *Protestatio angeli de annuntiatione libri viarum Dei*, de: LVD, ao final do c. 20. A *Visão de Potentino* não foi escrita por Isabel, mas por Egberto na forma de carta a Ulrico de Steinfeld. O *Epistolário* com 23 cartas (1154-1164): nele se encontram cartas a Santa Hildegarda, junto à qual Isabel buscou apoio, sendo não raro objeto de zombarias por parte dos que julgaram falsas as suas visões. Um *Ciclo de visões marianas pseudoelisabetanas* que apareceu no século XIV e se difundiu na Itália, onde foi inserido nas *Meditações da Vida de Cristo* de João de Caulis, foi escrito provavelmente por uma freira italiana que este relacionada com a Ordem franciscana. Erroneamente foi atribuído por alguns a Santa Isabel de Turíngia.

3. DOUTRINA. A mensagem das revelações de Isabel, hoje reavaliada à luz da teologia feminista, insere-se na grande transformação dos séculos XII e XIII, realizada através do "despertar evangélico". Ela levava à consciência de um Cristo descido entre os fiéis com a doçura da sua humanidade e à descoberta do papel da mulher no anúncio da salvação como instrumento de comunicações divinas. Contudo, não lhe reservava um lugar público na vida da Igreja. A mulher permanecia obrigada a se servir do conteúdo de "revelações" para transmitir aos teólogos as suas mensagens bíblico-espirituais, para apresentar críticas nas discussões da época, para influenciar o andamento político do próprio país, para responder às questões que os contemporâneos lhe apresentavam.

Isabel também não pôde elevar sua voz *ex cathedra*. Teve de se considerar *medium* de mensagens divinas, em grande parte endereçadas à própria comunidade beneditina, para iluminar e exortar monges e monjas. É característico do alcance da sua palavra que nas visões sobre o juízo final chegue a não excluir da condenação "etiam nostri Ordinis viros et mulieres". Em algumas visões, Isabel desenvolve discretamente os valores antropológicos do matrimônio, embora os considere inferiores aos do estado virginal. Nas grandes visões do céu distingue a *ordo virginum* (as mártires e as virgens consagradas) da *ordo mulierum* (mulheres casadas e mães "cum velaminibus candidis" para afirmar, contra o conceito tradicional, também escatologicamente o matrimônio como expressão e estado de plenitude do ser mulher. Ocupam grande espaço as visões mariológicas que refletem temas típicos do século XIII: Maria, Rainha e Dominadora do mundo (a *regalis femina* diante do globo de luz, símbolo do macrocosmo), a assunção corpórea de Maria, a Virgem na anunciação etc.

Entre as visões cristocêntricas, é importante a do rosto materno e feminino de Cristo. Nela, não originária em Isabel e retomada depois por → JULIANA DE NORWICH, é interpretada tipologicamente a natureza humana de Cristo como portador da salvação. Enquanto Isabel contempla uma figura feminina circundada pelo sol, mas obscurecida por uma grande nuvem, o anjo que a acompanha na visão lhe explica: "A virgem que vês é a sagrada humanidade do Senhor Jesus. O sol, em que a virgem está sentada, é a divindade que preenche e valoriza plenamente a humanidade do Salvador". Isabel afirma, teologicamente, essa visão com base na equivalência do conceito de "debilidade" (elemento feminino) da carne de Cristo com o da natureza humana em Cristo, de que brotou a "força" da salvação ou, em outros termos, toda a Igreja como instrumento de salvação: "Omnis virtus et fortitudo ecclesiae a Salvatoris infirmitate, quae secundum carnem infirmatus est", afirmação que encerra os três livros das visões.

4. INFLUÊNCIA. As visões de Isabel, que pertencem predominantemente às categorias de profecia ou de revelação, despertaram grande interesse quando ela ainda vivia e em toda a Idade Média, mais que as de Santa Hildegarda, mas provocaram também discussões e duras críticas. Esses dois fatos explicam tanto o contínuo aumento da coletânea de seus escritos quanto o motivo das eliminações feitas por Egberto nas redações B-E, em que eliminou todas aquelas visões que podiam chocar os contemporâneos ou obscurecer a boa reputação do monastério.

A importância da obra de Isabel, que reflete uma profunda devoção litúrgica, consiste também em ter dado à literatura e à arte medieval uma nova versão decisiva da lenda de Santa Úrsula. Alberico de Troisfontaines ressalta que I. teve o mérito de ter retificado os erros dos escritores anteriores.

BIBLIOGRAFIA. 1. STAPULENSIS, F. *Liber trium virorum et trium spiritualium virginum*. Paris, 1513; *Revelationes SS. Virginum Hildegardis et Elizabethae Schoenavgiensis... ex antiquis monumentis editae*. Coloniae, 1628, 167-225. Uma tradução italiana do livro II das *Visões* encontra-se no *Libro della spiritual gratia delle rivelationi e visioni della B. Mettilde V...*, Venezia, 1588, 201-246; *Il terzo libro delle meravigliose visione della B. Elisabetta vergine, monaca nel monastero di Scanaugia (!) nella diocesi Treverense, tradotto dal latino per R. D. A. Ballardini* (reimpressão, Venezia, 1606). O estudo fundamental: Koster, K. Elisabeth von Schönau. Werk und Wirkung im Spiegel der m. a. handschriftlichen Überlieferung. *Archiv für mittelrheinische Kirchengeschichte* 3 (1951) 243-315; *Schönauer Elisabeth Jubiläum 1965*. Praemonstratensi..., Schönau, 1965; Re, N. Del. In *Bibliotheca Sanctorum* XI, 730-2: verbete *Schönau E. Di*; Lunardi, G. E. di Schönau. In *Dizionario degli Istituti di Perfezione*, III, 1.110-1.101; Lewis, G. Jaron Christus als Frau. Eine Vision Elisabeths von Schönau. *Jahrbuch fur Internationale Germanistik* 15 (1983) 70-80 (Tradução inglesa: God's feminity: Medieval precursors of a current theological Issue. *Vox Benedictina* 2 [1985] 245-280); Gossmann, E. Das Menschenbild bei Hildegard von Bingen und Elisabeth von Schönau vor dem Hintergrund der fruhscholastischen Anthropologie. In *Frauenmystik im Mittelalter*. Ostfildern bei Stuttgart, 1985, 24-47; Ennehn, E. *Le donne nel Medioevo*. Roma-Bari, 1986, 164; Dinzelbacher, P. Die Offenbarunger der hl. E.v.S. In *Bildwelt, Erlebnisweise, und Ziettypisches*. Studien u. Mitteilungen z. Gesch. D. Benediktinerordens, 1986.

2) Não existe edição crítica das obras. Última tradução alemã: F. W. E. Roth. *Die Visionen der hl. Elisabeth und die Schriften der Äbte Ekbert und Emecho von Schönau*. Wien/Wurzburg, ²1886.

Giovanna della Croce

ISLAMISMO. 1. Premissas. Uma visão adequada do islamismo supõe a renúncia a pressupostos culturais externos, derivados de outras culturas, para uma aproximação mais exata do coração do Islã, que se apresenta ao mesmo tempo como religião, comunidade, civilização e cultura. Atendendo a essa exigência, gostaria de traçar, em nível histórico, os pressupostos culturais, teologais e filosóficos da cristandade latina que levaram a uma incompreensão fundamental do islamismo.

É preciso ter presente que o Islã, comunidade do profeta Maomé, desejada por Deus (Cor. 3, 110), animada pelo espírito de fraternidade (Cor. 49, 10), que faz dos crentes uma unidade, historicamente, por influência de teólogos, juristas, filósofos e por situações concretas dos países e dos povos de caráter cultural, social e político, revela também diversidade, que deve ser levada em conta, na medida em que constituem o ideal histórico concreto do Islã, fecundado pelo único ideal corânico (cf. L. Gardet, *Gli uomini dell'islam*, Milano, 1981, 1-11). Na mentalidade dos povos do Islã, a dialética unidade-diversidade apresenta-se, na verdade, "mais como impulso dinâmico que como tensão lacerante". Embora aqui vamos nos limitar a traçar em grandes linhas unitárias o complexo mundo cultural-civil e religioso do islã, sabemos bem que seria preciso penetrar no terreno histórico-geográfico, nas comunidades concretas, com suas evoluções sociais, políticas, econômicas, para apreender a vida e a mentalidade dos homens e do povo.

Nossa exposição, que seguirá uma ordem histórica, com o objetivo de evidenciar os denominadores comuns e os aspectos novos e diversificantes, se limitará a assinalar dois grandes momentos, que compreendem amplos espaços históricos: o *momento de fundação* da "cidade muçulmana" por Maomé, testemunhada pelo Corão, e o *momento de interpretação e de aplicação* da mensagem originária, ou seja, das tradições de Maomé (*hadîth*) e sua vida (*Sunna*), até as escolas sufistas e às irmandades; trata-se de dois momentos extremamente criativos e bastante indicativos para o conhecimento do Islã.

Não pressupomos nenhuma noção de "espiritualidade" para avaliar os elementos e as indicações oferecidos pelo Corão e pela tradição islâmica; pensamos que uma definição "própria" do Islã sobre a espiritualidade deverá emergir ao final e só então poderemos fazer referências comparativas.

O Islã se impõe à atenção do homem de hoje, não só por sua específica mensagem religiosa e cultural, mas também porque ele historicamente cruzou, em diversos momentos, a história dos povos e culturas ocidentais e orientais, dando contribuições e assumindo novos elementos ainda que transfigurados na identidade islâmica (basta lembrar o sufismo); além disso, a sua presença geograficamente notável hoje e o grande número de crentes (por volta de 800 milhões) merecem atenção.

2. A cristandade latina e o Islã. A leitura do Islã por parte da cristandade latina, sobretudo nos séculos XI-XIV, por causa das cruzadas, e depois nos séculos XV-XVI, em consequência das invasões turcas, percorre substancialmente quatro caminhos, que prejudicam a interpretação "islâmica" do Islã.

a) *Interpretação escatológica*. Esta remonta a Pedro de Cluny (século XII) e ao *corpus* cluniacense e consiste na visão do Islã segundo a estrutura histórico-teológica: diabo-Ário-Maomé-anticristo. A tonalidade fortemente escatológica na leitura da história contemporânea, já ativa, condicionada pela visão agostiniana, se expressa, no *corpus* de Cluny, com um processo de "personalização" dos eventos escatológicos, de modo que Maomé, embora não identificado com o anticristo, é envolvido no complicado plano diabólico-anticrístico, pela negação da filiação divina de Cristo, pela usurpação das prerrogativas messiânicas e proféticas e pela constituição de um império de fiéis contraposto ao cristão (cf. G. RIZZARDI, I teologi del sec. XII si interrogano sull'islam, *Teologia*, 1 [1986], 79-104). A mesma modalidade de interpretação do Islã está presente nos comentários ao Apocalipse (na interpretação da quarta besta do c. XIV e do cavalo branco) a partir de Joaquim de Fiore e Nicolau de Lyra até Pedro Aureolo, → DIONÍSIO, O CARTUXO e Ioannis Nannis de Viterbo (cf. ID., Maometto-anticristo in Nicola di Lyra e nei commentari all'Apocalisse, *Renovatio*, 4 [1986]). Ricoldo de Montecroce (século XIV), herdeiro da tradição precedente, repetirá essa interpretação no c. I da sua *Improbatio Alcorani* e, por sua vez, confiará essa herança à controvérsia do período humanista (Nicolau de Cusa, João de Torquemada e A. Spina).

b) *Interpretação cristológica*. A tentação de interpretar o islamismo como periferia do cristianismo e não como religião de inspiração monoteísta autônoma já está presente no *corpus* de Cluny, quando Pedro de Cluny, no prólogo do *Liber contra sectam sive heresim saracenorum*, se pergunta, como teólogo, se o Islã deve ser considerado erro ou heresia cristológica. A resposta é, com alguma hesitação: erro, ainda que ele não possa deixar de considerar Maomé herege (cf. G. RIZZARDI, La controversia cristiano-islamica latina nei secoli XI-XIV, *Renovatio*, 2 [1986], 276-286). O anseio missionário impelirá Guilherme de Trípoli a sobrepor a "cristologia" corânica à evangélica e a pronunciar o juízo: "quando fazem elogios e louvores a Jesus Cristo, a sua doutrina, a seu Evangelho, à Bem-Aventurada Maria Virgem e Mãe, a seus seguidores que nEle confiam, parece claramente que eles estão próximos da fé cristã e não distantes do caminho da salvação" (cf. G. RIZZARDI, La "cristologia coranica" di Guglielmo di Tripoli, *Teologia*, 3 [1984], 231-238). Nicolau de Cusa, herdeiro dessa tradição na sua *Cribratio Alcorani*, defenderá o princípio de que o Corão é a validação do Evangelho a ponto de o Evangelho ser a chave de leitura do Corão; e à luz desse princípio avaliará a "cristologia corânica" (cf. G. RIZZARDI, *Il problema della cristologia coranica*, Milano, 1982, 49-61). Apenas no século XIX, graças sobretudo à intervenção de E. Sayous (*Jésus Christ d'après Mahomet*, Paris, 1880, 90-91), se colocará fim ao mencionado preconceito teológico e a cristologia será considerada um dos temas corânicos no âmbito do absoluto monoteísmo de Deus.

c) *Interpretação eclesiológica*. A leitura eclesiológica do Islã é feita a partir de dois pontos de vista; antes de tudo como atentado à catolicidade da Igreja, portanto como ameaça ao núcleo eclesial. São recorrentes sentenças como esta: "a ignobilidade dessa infame instituição ofuscou a fama do cristianismo e eliminou o nome de cristão em quase todas as partes do mundo, da África, do Egito, da Etiópia, da Líbia, chegando às remotíssimas praias da Espanha" (Guiberto de Novigento). Humberto de Romanis descreve o pranto da Igreja como o pranto de Jerusalém desolada, com as mesmas lamentações de Jeremias: "Como então estava inteiramente só a cidade de Jerusalém, diz Jeremias, assim agora, ai de mim!, podemos nos lamentar e dizer: 'Por que está na solidão quase toda a Ásia, quase toda a África e grande parte da Europa e da Espanha, terras outrora repletas de cristãos?'". Mas, sobretudo de outro ponto de vista, justifica-se o uso da espada em relação aos sarracenos com um critério eclesiológico: "De fato, a vinha celeste plantada pelo Pai de família é estimulada ao crescimento correto graças aos raios solares, à chuva e ao vento, mas é conservada graças à espada se por acaso os inimigos quiserem arrancá-la" (cf. G. RIZZARDI, Le ragioni teologico-etiche della guerra antisaracena in Umberto di Romans, *Humanitas* 6 [1984] 906-908).

d) *Interpretação apologética*. Essa é a leitura mais comum do Islã, em perspectiva controversista, que tende à apologia do cristianismo no confronto com o islamismo. O confronto se dá segundo os dois paralelismos, absolutamente impróprios, Cristo-Maomé, Bíblia-Corão; no espírito do Islã, o confronto possível é Cristo-Corão, na medida em que tanto um quanto outro, nas respectivas fés, são encarnação divina. No que diz respeito ao confronto Cristo-Maomé, a controvérsia submete tanto Maomé quanto Cristo aos critérios da "*missio divina*", segundo as noções da teologia escolástica, ignorando o caráter humano e secular do profeta do Islã declarado pelo próprio Corão e não valorizando a categoria bíblica de profeta mais adequada para definir a missão de Maomé. Esse enfoque do problema, comum a toda a controvérsia, encontra no *De origine et fine Mahumetis et quadrupli reprobatione eius*, de John of Wales († 1285), o maior expoente (cf. G. RIZZARDI, La controversia con l'Islam di Iohannes Guallensis, *Studi Francescani*, 3-4 [1985], 245-269). Outro aspecto da apologética tradicional diz respeito ao valor da espiritualidade de Maomé e da sua lei: emerge o tema de profeta das armas, "parricida multorum, proditor, adulter nefandus, sine lege, prudens iuxta carnem" e a imagem de uma espiritualidade regulada pela permissividade e pela licença moral. Deve-se observar que o capítulo da espiritualidade islâmica é o mais incompreendido (cf. F. PEIRONE — G. RIZZARDI, *La spiritualità islamica*, Roma, 1986, 9-50).

O nascimento do orientalismo no século XVIII, guiado pelo princípio ler o Islã "ab intus", e a superação dos velhos critérios da teologia apologética contribuíram para uma nova compreensão do Islã, também do ponto de vista da sua espiritualidade.

3. O CORÃO. a) *Os fundamentos religioso-culturais da espiritualidade corânica*. Deus. O Deus corânico (*Allah*) é "o Dues! Ele é o Único! O Deus é impenetrável (*samadu*). Não gera e não é gerado. Ninguém é igual a ele" (sura 112). Ele é testemunhado na shahāda com a fórmula concisa: *Lā ilāh ill' Allah*: "não há outras divindades senão Deus". Portanto, o islamismo proclama um monoteísmo absoluto, pelo qual Deus exclui "associados", "filhos", "iguais" (Cor. 2, 22.116.221; 3, 151; 4, 48; 6, 1.14.19.22-24.41.64.74.100-107...; 7, 190 s.; 9, 28; 10, 28 s.; 12, 106; 13, 36; 14, 35; e assim por diante); exclusão intrínseca da Trindade cristã, se o Corão a conhecesse; exclusão de qualquer hipótese cristológica no sentido cristão (cf. G. RIZZARDI, *Il problema della cristologia coranica*, Milano, 1982) e leitura de Cristo no âmbito do absoluto monoteísmo de Deus. Deus é descrito com múltiplos atributos positivos, três nomes divinos sobretudo descrevem a essência de Deus. Deus é o Vivente (*al-hayy*), o supremo Real (*al-haqq*), o Misericordioso (*al-rahmān*) (cf. L. GARDET, Dio e il credente in Dio nell'islam, in *Religioni*, Fossano, s.d., 305 s.). Os atributos corânicos de Deus suscitarão na tradição muçulmana a "teoria" dos 99 belos nomes de Deus (cf. M. BORRMANS, I Bei Nomi di Dio nella tradizione musulmana, in *Dio nella Bibbia e nelle culture ad essa contemporanee e connesse*, Torino, 1980, 367 s.). O Deus corânico não "revela" a nenhuma criatura o seu íntimo mistério e não torna ninguém partícipe de sua vida íntima. Deus é e permanece transcendente em relação ao homem e à criação, embora próximo, por sua clemência e misericórdia, daqueles que o invocam: "somos mais próximos dele que a sua veia jugular" (Cor. 50, 16), "Deus se põe entre o homem e o seu coração" (Cor. 8, 24).

A relação íntima e profunda de Deus com o homem e com o cosmos passa pela *lei*, a ser compreendida como código interpretativo da realidade humano-cósmica e, portanto, garante de realização delas. Desse modo, a lei assinala o ponto máximo da presença dinâmica de Deus junto ao homem e ao mesmo tempo representa a melhor resposta do homem à ordem constituída por Deus no pacto originário (*al-mīthāq*, Cor. 5, 7, 12-13; 7, 93 s.).

O capítulo da "teologia" corânica de Deus tem o seu prolongamento na doutrina dos "sinais" de Deus. O Corão é um *sinal*: "... ele é um sinal de misericórdia, é um chamado às pessoas que creem" (Cor. 29, 51; 28, 2; 6, 156-158); "O Senhor fez chegar até vós uma prova irrefutável, é um sinal de orientação justa e de misericórdia abundante" (Cor. 6, 158). A criação é um *sinal*: "Olhai: na obra da criação dos céus e da terra, na alternância das trevas e da luz, no navio que sulca as ondas do mar (repletas de coisas úteis aos humanos!), na água que Deus faz chover do céu fazendo renascer a terra com nova vida depois da letargia... dever-se-iam observar os sinais para um povo inteligente" (Cor. 2, 164; 3, 190; 6, 158; 12, 3-4; 45, 2 s.). Os sinais não são provas para que se creia; eles são importantes apenas para aqueles que creem: "Mesmo se vissem todos os sinais não se dignariam crer" (Cor. 6, 25.46.49.65; 17, 51 s.; 30, 52 s.; 42, 35 s.). Os sinais são uma "lembrança"; não são para conhecer mas para "reconhecer" Deus já professado e em quem já se crê. Abraão, tendo interpretado "os sinais" do universo e dado testemunho ao único que é, é o símbolo privilegiado da fé no Único, antes ainda das leis de Moisés, de Jesus e de Maomé.

Antropologia corânica. Em uma visão antropocêntrica da criação, como considera o Corão, o homem é criado por Deus em ótima condição (Cor. 95, 4), é dotado de uma inteligência superior à dos anjos (Cor. 2, 29-30), e por isso se pede a eles que se inclinem diante de Adão; é o senhor das coisas (Cor. 2, 31; 7, 10), e por isso tudo o que existe no céu e na terra está a serviço do homem (Cor. 31, 19; 43, 12).

Mas o homem é "feito de argila" (Cor. 6, 2), é criado fraco (Cor. 4, 28; 30, 54), volúvel (70, 19), é negligente a ponto de se esquecer de sua identidade originária: Deus infundiu nele o seu espírito (Cor. 19, 29; 32, 9), plasmou-o na forma que ele quis (Cor. 82, 7-8), fez dele o seu "vicário" (Cor. 2, 30). Nesse aspecto do homem se insere o fato e o valor da "revelação" corânica, que não é revelação do mistério de Deus ou de um novo modo de ser do homem (homem escatológico), mas memória do estado originário, memória do pacto originário, materialmente simbolizado pela "Pedra Negra" e espiritualmente testemunhado pelo Corão. "Revelar" é, portanto, despertar o homem do sono e lembrar a ele o que significa ser homem (cf. S. H. NASR, *Ideali e realtà dell'islam*, Milano, 1974, 22-23). O homem a que o Corão se refere é o homem total, corpo e espírito, individual e social, desta e da outra vida. Na base do conceito de salvação no Islã está precisamente essa antropologia (cf. R. CASPAR, La ricerca della salvezza nell'islam, in *Religioni*, cit., 100 s.).

Escatologia corânica. Para o islamismo, o termo "escatologia" não deve ser entendido no sentido intensivo evangélico-cristão, mas como o "tempo" meta-histórico em que o homem obtém a felicidade, o prêmio (*sālama*): "os que tememos a Deus, que não alimentam dúvidas sobre a realidade invisível, que rezam no tempo estabelecido, que fazem esmolas daquilo que doamos, que creem na mensagem que te foi enviada e naquilo que antes de ti foi revelado em tempos antigos e sobretudo têm uma fé inabalável na vida futura, ei-los, estes seguem o caminho indicado pelo Senhor. Ei-los, estão repletos de felicidade!" (Cor. 2, 2-5; 3, 198; 9, 72; 11, 105 s.; 12, 109). Entrará na "casa da paz" (Cor. 6, 126-127; 16, 30), onde só "paz" se dirá e se ouvirá (Cor. 14, 23; 56, 25-26). O simbolismo "natural" descreve o objeto da felicidade (Cor. 46, 52-57; 76, 11-21) a ser interpretado segundo a lei hermenêutica do sentido profundo (cf. A. BORRUSO, Il paradiso e i mistici dell'islam, in *Atti del II Convegno internazionale "Incontro tra cristianesimo ed islamismo, misticismo cristiano e misticismo islamico"*, Palermo, 1984, 37-42), e se falará de paraíso como "segunda" criação (Cor. 10, 4). O caráter absolutamente "natural" da escatologia e da felicidade como bem dado exclui a hipótese de vocação sobrenatural, de um organismo sacramental e de uma ascética em relação com a "novidade" escatológica.

"Revelação" corânica. O "luminoso" Corão (Cor. 15, 1; 16, 43-44.64.89.98-103), obra sobre-humana (Cor. 17, 88-89), desce do alto (Cor. 20, 2-4), na "noite do destino" (Cor. 93), escrito em tábua bem protegida (Cor. 85, 21-22) e confiado a um homem impotente (Cor. 43, 31), em língua árabe para o povo árabe (Cor. 12, 1-2; 13, 27; 19, 113; 26, 192-199; 41, 44); é a prova evidente (11, 17) da "revelação" de Deus. Ele, livro misterioso claro só para Deus (Cor. 2, 213), é a Escritura autêntica (Cor. 98) que confirma a Escritura precedente (Cor. 5, 48; 10, 37; 26, 192-197; 46, 12) e ab-roga uma parte dela (Cor. 5, 15); ele é uma orientação para os crentes. É interessante ressaltar uma indicação de caráter espiritual dada pelo próprio Corão: a salmodia do Corão: "Permanece em pé, à noite... e recita, salmodiando, o Corão... a oração recitada ao anoitecer é mais propícia para a emoção mais intensa e para a recitação mais atenta e proveitosa, já que durante o dia estás inteiramente absorvido pelo trabalho" (Cor. 73, 2-7; 7, 204-207); observe-se que *Corão* (em árabe *al-Qor'ān*) significa "recitação".

As conotações extraordinárias do Corão e a sua origem transcendente, o seu caráter divino, já preparam a tese da especulação sucessiva que estabelecerá um paralelismo entre Cristo e Corão, um e outro "modalidades encarnativas" de Deus (cf. S. H. NASR, op. cit., 44 s.), desmentindo o paralelismo Corão-Bíblia, habitual na interpretação da tradição cristã latina.

b) *Elementos fundamentais de espiritualidade corânica*. A fé (*iman*) é a primeira atitude espiritual do muçulmano, entendida como testemunho dado à palavra de Deus. Em um primeiro momento, a fé é o ato do fiel que se protege do perigo do juízo e do inferno (Cor. 19, 71; 20, 118; 44, 50); em um segundo momento, a fé torna-se operante, porque a predestinação ao paraíso e ao inferno é fruto decorrente dos atos humanos (Cor. 8, 53; 13, 11); em um terceiro momento, coincidente com a pregação em Medina, a fé é assimilada à participação na "guerra santa", destinada ao sucesso da religião islâmica: a boa obra por excelência é a obediência a Deus e ao profeta no combate de defesa e propagação da fé. Permanece o fato de que, para além da variedade das obras requeridas, a fé sem as obras não tem valor.

A segunda atitude do *muslim* (crente) é *islam*, a submissão, o abandono a Deus (o radical *slm* determina o sentido tanto de *muslim* quanto de *islam*; *aslama*, de onde se origina *islam*, significa "abandonar-se", "render-se", "submeter-se"). O exercício da submissão é compreendido nos cinco preceitos, proclamados por um *hadīth* que faz Maomé dizer: "O Islã baseia-se em cinco fundamentos: a profissão de fé, a oração, o jejum do mês de ramadãn, a esmola e a peregrinação a Meca" (A. BAUSAN, *L'islām*, Milano, 1980, 43).

Profissão de fé (em árabe *shahāda*, "testemunho"): "Não há divindade além de Deus, e Maomé é o enviado de Deus". A primeira parte resume a mensagem religiosa do Corão, o núcleo essencial da oração; é a profissão de fé que faz o indivíduo muçulmano e o mantém na ortodoxia islâmica. A segunda parte assumirá maior destaque na tradição islâmica na medida em que Maomé será considerado, além de guia e fundador de uma nova civilização, também a perfeição da regra humana e o modelo da vida espiritual, bem como o Homem universal, protótipo de toda a criação. Talvez seja o caso de lembrar que a recitação da *shahāda* não é apenas cumprimento de adesão ao "credo", mas, como exige a mentalidade concreta e global árabe, é "estampar" no coração a realidade de Deus professada.

Oração (*salāt*, do verbo *sl*, que significa "dobrar"; outros termos usados são: *du'ā*, que significa "chamado"; *dhikr*, que significa "lembrança contínua" — do nome de Deus —; *tasbīh*, que significa "glorificação"): é uma "liturgia das horas". O estabelecimento de horas determinadas para a oração é uma indicação do Corão, que aconselha o meio da noite e o amanhecer como melhores momentos (Cor. 17, 78 s.; 20, 130; 76, 25-26); assim como a gestualidade (Cor. 4, 103; 7, 29.31) e também a orientação para a Mecca-qibla (Cor. 2, 142 s.). A oração como recitação do Corão e as modalidades exteriores e interiores da recitação constituem o conselho de toda a sura 73, muito apreciável. A oração ritual individual é obrigatória cinco vezes ao dia, enquanto a oração da sexta-feira é obrigatória para a comunidade. No Corão há orações recitadas permeadas por um espírito de devoção: Cor. 2, 286; 3, 8-9, 3, 26-27;147.191.193.194; 7, 126; 10, 10; 14, 35 s.; 40, 7-9; 46, 15; 59, 10; 60, 4-5.

O jejum (*sāum*) é prescrito por uma sura do Corão (2, 183-185). O texto estabelece uma relação entre o mês do ramadãn e a descida do Corão ("Mês de ramadãn! Naquele período fez-se descer o Corão, guia para os povos, orientação para os humanos") e indica como finalidade o louvor de Deus ("Quer que... proclameis a grandeza do Deus que vos guiou"). O jejum a ser vivido com alegria ("Deus deseja para vós felicidade e não tristeza") não tem nenhuma finalidade expiatória e redentiva, mas simplesmente é um ato de obediência à vontade de Deus. A tradição islâmica, em um *hadīth*, declara a origem hebraica do jejum (cf. R. ARNALDEZ, *Maometto*, Milano, 972, 165).

A esmola legal (*zakāt*, que significa "purificação" das próprias riquezas) não deve ser confundida com a voluntária e consiste em recolher, dependendo dos casos, um quinto ou um décimo da renda em favor do povo. O Corão especifica motivações, finalidades e modalidades dessa obrigação. Deve-se doar em esmola os bens porque estes não nos pertencem, a partir do momento em que "a Providência os prodigalizou a vós" (Cor. 2, 254) e o sucesso pessoal é só "o consentimento de Deus e o conforto das almas" (Cor. 2, 264). A esmola deve ser feita em segredo e com boas maneiras: "Não arruinai vossas esmolas cobrando-as e ofendendo, como faz aquele que doa os seus bens para que os homens o vejam" (Cor. 2, 266); a delicadeza no gesto é tão importante que, no caso de falta de meios, "dirija a eles ao menos uma palavra gentil" (Cor. 17, 28). Os destinatários da esmola são indicados pelo Corão: "Na verdade, as esmolas estão destinadas exclusivamente aos pobres, aos necessitados, aos encarregados de recolhê-las, àqueles cujo coração se quer conquistar, bem como para resgatar os escravos e os devedores, para a luta no caminho de Deus e para os viajantes" (Cor. 9, 59-60). Embora o valor da esmola seja predominantemente social, não se deve esquecer também o significado religioso e espiritual.

Peregrinação, exigida pelo Corão (2, 96-97; 22, 26 s.) nas duas modalidades: "grande" (*al-haǧǧ*, do radical vocalizado *haǧǧa*, que significa dirigir-se para uma meta precisa) e "pequena" (*Umra*, do radical vocalizado *amara*, que significa visitar) para quem é livre, saudável de corpo e autossuficiente quanto a alimento e transporte e capaz de manter a sua família na sua ausência.

A condição espiritual fundamental é o "temor de Deus", as finalidades são a purificação ("lavem bem a sua sujeira"), a remissão ("pedi remissão a Deus: Deus é generoso no perdão, Deus é copioso em misericórdia"), fazer o bem ("Deus conhece tudo o que fazeis de bem"), cumprir a "circum-ambulação em torno da casa antiquíssima", cumprir os sacrifícios ("o lugar de sua imolação é a casa antiga"). A peregrinação foi instituída como prática religiosa do islamismo nos últimos meses do ano de 630 (9º da Hégira) com um amplo ritual destinado à sacralização do peregrino (cf. F. Peirone, *Il Corano*, Milano, 1979, 476-478).

A terceira atitude é *ishāi*, bom comportamento, um conjunto de virtudes, como o temor reverencial, a devoção em relação a deus, a fidelidade à palavra dada, a preocupação com os infelizes, o pobre, o órfão e com a justiça de todas as coisas. Trata-se, no fundo, da moral corânica cujos princípios estão disseminados no Corão de maneira assistemática.

4. HADĪTH. O Corão é a primeira fonte da espiritualidade islâmica; mas ele logo passa a ser acompanhado pelo *hadīth* ("narração"), que é o relato/recordação das ações de Maomé e dos seus primeiros correligionários; trata-se, portanto, de uma tradição chamada *hadīth*. Todo crente tinha o dever de tomar o profeta e seus companheiros como modelo de vida e de até mesmo nas atividades menos importantes da vida agir como ele agira. Essa tradição devia ser conservada zelosamente e transmitida fielmente às gerações futuras. Enquanto no início a fonte mais autorizada e confiável sobre as palavras e atos do profeta eram os "companheiros do profeta", mais tarde tornaram-se os "sucessores dos sucessores", iniciando assim uma corrente de transmissão (*isnād* ou *sanad*). Um *hadīth* perfeito é constituído de duas partes: a primeira contém o nome das pessoas que transmitiram oralmente palavras e atos do profeta, segundo a técnica: "Ouvi de A, que o ouviu de B, que o soube de C… que o profeta disse ou fez isto ou aquilo". A segunda parte é o *matn* ou conteúdo real e efetivo da tradição transmitida; este é repleto de ensinamentos: pureza ritual, leis sobre os alimentos permitidos ou proibidos, leis civis e criminais, gentileza e boas maneiras, recompensa/castigo no último dia, inferno e paraíso, anjos, criação, revelação, histórias de profetas antigos. Em suma, ali se encontra tudo o que diz respeito à relação entre a divindade e o homem.

Sem os *hadīth* e a *sunna*, o Corão permaneceria em grande parte um livro fechado, na medida em que faltariam algumas indicações práticas para realizar o Verbo de Deus. Mas o que se deve ressaltar mais, no âmbito da vida espiritual, é que o crente muçulmano copia o mais de perto possível a exemplaridade de Maomé, como primeiro testemunho do Verbo de Deus e primeira imagem do homem islâmico. A tradição xiita e sunita afirma que Maomé não apenas é o homem exemplar, mas também o Homem universal, ou seja, o protótipo de toda a criação, a norma de todas as perfeições.

Com toda a probabilidade o lugar que a → "IMITAÇÃO DE CRISTO" ocupa na tradição cristã é semelhante à "imitação de Maomé" na tradição islâmica.

As grandes coletâneas de *hadīth*, particularmente as de al-Bukhārī (m. 256/870) e de Muslim (m. 261/875), remontam ao século IX da era cristã, terceiro da era islâmica.

5. O SUFISMO. O sufismo (*Tasawwuf*, termo que, segundo alguns, deeriva de *sūf*: "lã", tecido das vestes dos primeiros sufis, e segundo outros deriva de *safā*': "pureza", meta a que aspiravam os sufis) é o "misticismo" islâmico, feitas as devidas distinções, enquanto o sufismo é participação ativa em uma via espiritual e também intelectual (cf. S. H. Nasr, op. cit., 150). Quem participa do *Tasawwuf* é chamado *faqīr* ("pobre"; em persa o *faqīr* é também chamado *darvīsh*) ou *murīd* (o que busca a *Tarīqah*) ou "povo da rua" ou "povo do coração" e com outros apelativos.

Não levamos em conta esse fenômeno espiritual para definir a originalidade ou a dependência de outros fenômenos religiosos externos (cf. G. C. Anawati — L. Gardet, *Mistica islamica*, Torino, 1960, 13-14), mas para descrever o movimento no interior do islamismo, ou seja, o sufismo como um aspecto do Islã; portanto, as suas raízes corânicas, o seu vínculo com a tradição (*hadīth*) e a evolução histórico-sistemática.

Raízes corânicas. Há passagens corânicas caras aos sufis, às quais eles se vinculam para exprimir e incrementar a própria vida espiritual. Por exemplo, a contemplação da criação, como sinal de Deus (2, 21-22; 6, 95-99; 30, 22-27; 50, 6 s.); o anúncio da presença de Deus ao homem: "Eu estou perto" (Cor. 2, 186), "mais perto que a grande veia do peito" (50, 16); a descrição de Deus-luz: "Deus é a luz dos céus e da terra…" (24, 35-42); a viagem noturna de Maomé do templo da Meca ao templo celeste (17, 1); as visões de Maomé por ocasião da "revelação corânica" (53, 4-18), e em particular a mensagem do Corão a cada homem: o homem é o vicário de Deus (*khalīfa*), a quem até os anjos devem obséquio 2, 29-34) e está ligado a Deus por um pacto eterno (*mīthāq*; 7, 172). Alguns ensinamentos dos sufis têm origem corânica, como a "recordação" do nome de Deus (*dhikr*; 25, 18.29) e a "recitação" do Corão (73, 2-7; 7, 204-207). O núcleo da experiência sufista é a fé corânica na unidade e unicidade de Deus: da profissão da unidade se passará à aniquilação na Unidade, como diz al-Ghazali, "vendo apenas um Único, o sufi não vê nem sequer a si mesmo, estando imerso na Unidade, a sua personalidade se anula nessa Unicidade".

Vínculo com o "hadīth". Na época das grandes coletâneas canônicas de *hadīth* de al-Bukhārī e de Muslim, o movimento sufi há estava constituído e difundido e, por sua vez, os sufis haviam reunido um *corpus* de *hadīth* em apoio a sua espiritualidade, não autorizado pelas coletâneas oficiais. Contudo, em seus ensinamentos os escritores sufis valorizam as palavras e fatos da vida do profeta, adornando-os de traços esotéricos. Por exemplo, a viagem noturna de Maomé representa para os sufis a suprema experiência mística do profeta e um exemplo a ser seguido; Abū 'l-Qāsim al-Qushairī († 465/1074) redigiu uma obra à parte sobre esse tema reunindo diferentes versões do relato e numerosos comentários de sufi a respeito. Em referência ao êxtase beatífico de Maomé, se repetem as suas palavras: "Não sou como um de vós; na verdade, passo a noite com o meu Senhor, e ele me dá de comer e de beber" (Huǧwīrī, *Kash al-mahǧūb*, trad. R. A. Nicholson, Leiden-London, 1911, 283). Os sufis relembram a pobreza de Maomé e a apresentam como condição para a fé e desapego da mundanidade: "No dia da ressurreição, Deus dirá: 'Deixai-me aqui perto de meus amados'; e os anjos lhe dirão: 'Quem são os teus amados?', e Deus lhes responderá: 'Os pobres e os indigentes'" (Huǧwīrī, op. cit., 19); os sufis interpretam assim essa frase do profeta: "Afastei a minha alma deste mundo. Tive sede durante o dia e vigiei durante a noite, e é como se visse o trono de Deus se aproximar, e as pessoas do paraíso que se alegram juntas, e as do inferno que juntas se lamentam" (Kharrāz, *Kitāb al-Sidq*, trad. A. J. Arberry, London, 1937, 18). Mas entre as palavras do profeta destaca-se sobretudo o amor que constituirá a alma da vida contemplativa e unitiva do sufi: "Deus afirma: 'De nenhum outro modo o meu servo se aproxima de mim como quando cumpre aqueles deveres que lhe impus; e o meu servo continua a se aproximar de mim por meio das obras superrogatórias, enquanto eu não o amo. E quando o amo sou seus ouvidos, de modo que ele ouve através de mim, e seus olhos, de modo que ele vê através de mim, e sua língua, de modo que ele fala através de mim, e suas mãos, de modo que ele apanha as coisas através de mim'" (R. A. Nicholson, *Mistici dell'Islam*, trad. It. V. Vezzani, Torino, 1925, 98). O homem, única criatura capaz de amar na criação, é desejado por Deus para ser compreendido e amado. O profeta diz: "Minha terra e meu céu não me contêm, mas me contém o coração do meu servo fiel"; e ainda: "Eu era um tesouro escondido, e desejava ser conhecido; portanto, criei a criação para ser conhecido" (R. A. Nicholson, trad. it. cit., 76.79). Relacionando essas palavras ao homem, os sufis desenvolverão o tema do fiel que contempla os atributos divinos.

a) *As grandes etapas do sufismo*. Os estudiosos do islamismo observam uma evolução do movimento sufista de um momento predominantemente ascético, de contestação à decadência religiosa, a um momento positivo místico, a um momento de teoria teosófica (cf. G. C. Anawati, La mistica musulmana, in *La mistica non cristiana*, 375-471).

Momento ascético. A situação histórica que determina o nascimento do ascetismo é a das grandes conquistas do século I do Islã, que levara riquezas e poder às mãos de famílias estranhas à família do profeta (Mu'āwiya, 661-680; Yazīd, 680-683), com a consequência de uma vida mais fácil e desregrada, de decadência religiosa, de esquecimento da exemplaridade de Maomé. A transferência da capital de Medina para Damasco e mais tarde para Bagdá também significa um distanciamento do epicentro da espiritualidade islâmica.

O desgosto com a corrupção desenfreada nas altas esferas impele homens espirituais a se retirar da sociedade para se dedicar à austera ascética islâmica em alguns centros propulsores como Basra, Kufa, Khorasan.

A figura mais representativa dos dois primeiros séculos da hégira é indubitavelmente *Al-Hasan al-Basrī* († 772): sua doutrina ascética baseia-se no desprezo do mundo: "Guarda-te deste mundo com todo cuidado: é semelhante a uma serpente, suave ao tato, mas de veneno mortal". A pobreza e a abstinência, praticada pelos profetas e pelo próprio Jesus, são indicadas como pistas fundamentais da ascese.

Outro asceta do Khorasan, cuja conversão e busca espiritual tem aspectos legendários e sob certos aspectos comuns com a biografia de Buda (cf. A. J. ARBERRY, *Introduzione alla mistica dell'Islam*, Roma, 1986, 29), é *Ibrāhīm ibn Adham* († 777), de origem nobre e tocado pela graça enquanto levava vida dissoluta, que deve a sua conversão ao encontro com anacoretas cristãos, dos quais aprendeu o conhecimento de Deus: "Aprendi a gnose (*Ma'rifa*) — revelou a um discípulo (cf. ABŪ NU'AIM, *Hilyat al-auliyā*, Cairo, 1933-1938, VIII, 368) — de um monge chamado padre Simeão [...] então a gnose desceu ao meu coração". Entre suas sentenças, duas são memoráveis: "O serviço começa com a meditação e com o silêncio, rompido apenas pela menção (*dhikr*) de Deus"; e referindo-se a um estudioso de gramática declara: "Tem mais necessidade de estudar o silêncio". Um outro aluno da escola ascética de Khorasan é *Shaqīq de Balkh* († 810), cuja conversão coloca em evidência os contatos com expoentes de outras religiões; ele se encontrou com um sacerdote dos Khusūsīya, reconhecendo: "A minha ascese" (*zuhd*) deveu-se precisamente às considerações daquele turco". A referência à vida do profeta como exemplaridade indispensável é afirmada pelo asceta persa *'Abd Allāh ibn al-Mubārak de Merv* († 797), que no seu livro da ascese (*Kitāb al-Zuhd*) reúne uma série de *hadīth* sobre a abstinência do profeta a ser submetida a todos os ascetas. Pela originalidade de seu pensamento e pelo surgimento de um movimento subsequente (*Malāmatīya*) inspirado em seus princípios, lembramos *Bishr ibn al-Hārith al-Hāfī* († 841), a quem pertencem expressões como estas: "Esconde as tuas boas ações como fazes com as más"; o princípio assume depois os tons da indiferença e desprezo em relação às pessoas: "Deus te basta, escolhe-o como companheiro em lugar dos homens. Desconfia das pessoas de tua época. [...] É melhor morrer sós que viver" (cf. ABŪ NU'AIM, op. cit., VIII, 146.342). Com acentos menos melancólicos, mas com igual determinação, a famosa mística persa *Rābi'a* († 801), professa a austeridade, a renúncia e a abnegação. Renunciando ao matrimônio, afirma: "Existo em Deus e sou inteiramente sua, vivo à sombra de seu comando: minha mão deve ser pedida a ele não a mim" (cf. M. SMITH, *An Early Mystic of Bagdad*, London, 1935, 186). Enfrentando a doença, diz: "Penso que o Senhor ficou com ciúme de mim e quis me recriminar: só ele pode me fazer feliz". Essa mística é considerada a primeira entre os sufis a afirmar a doutrina do amor, como atesta um breve e famoso poema de sua autoria: "De dois modos te amo: com egoísmo,/ e como te convém./ É amor interessado nada fazer/ além de dirigir a ti cada um de meus pensamentos./ É amor puríssimo se levantares/ o véu que cobre o meu olhar adorante..." (cf. R. A. NICHOLSON, *The legacy of Islam*, Oxford, 1931). Seu amor puríssimo por Deus é celebrado na oração: "Oh Deus, se te adoro por temer o inferno, queima-me no inferno: se te adoro na presença do paraíso, exclua-me do paraíso; mas se te adoro por teu amor, então não me recuses a tua eterna beleza" (cf. R. A. NICHOLSON, *Mistici dell'Islam*, trad. it. cit., 112).

Portanto, os primeiros ascetas do islamismo vivem e pregam a rejeição da mundanidade, proclamam o princípio da abnegação até exaltar a solidão como estado ideal para ser totalmente de Deus e viver uma união amorosa com ele. O modelo da ascese é Maomé.

Momento místico. A ascese que se expressou no total desprezo das coisas terrenas, saindo dos limites restritos da contestação, se elevou para os ápices da experiência extática, elaborando uma teoria teosófica como justificação da práxis; o centro geográfico dessa progressiva evolução é Bagdá: "Sem dúvida o que favoreceu e estimulou essa transição foram as livres disputas entre cristãos e muçulmanos, ocorridas na corte abássida em um breve período de magnífica tolerância, bem como as traduções em árabe de Platão, Aristóteles e dos filósofos gregos tardios" (cf. A. J. ARBERRY, op. cit., 36-37).

O primeiro sufi, nascido em Basra e morador de Bagdá onde morreu em 837, que contribuiu amplamente para a passagem para o sufismo é *al-Hārith ibn Asad al-Muhasībī*, cujo nome já é um programa: "aquele que se exercita no exame de consciência", que influenciou al-Ghazālī no seu "al-Munqidh min al-dalāl" e al-Ǧunaid e ibn'Attar. Preso à tradição e estudioso de *hadīth*, embora criticado pelos tradicionalistas, colocou no centro da vida espiritual a retidão profunda da intenção, declarando a submissão dos atos individuais e sociais à vontade de Deus expressa na lei: "Com todo o coração busquei o caminho da salvação e, graças ao consenso dos crentes sobre o livro revelado por Deus, descobri que ele consiste no firme temor de Deus, em seguir suas ordens, em se abster daquilo que ele proibiu mas também daquilo que concedeu, em se adequar a todas as suas prescrições, em obedecer-lhe sinceramente e em imitar o seu profeta" (cf. A. J. ARBERRY, op. cit., 38-39). Mas o seu pensamento mais pessoal está contido em um tratado sobre o amor (*fasl fi 'l-mahabba*), em que diz, entre outras coisas: "O amante fala do amor segundo a iluminação que lhe é concedida; por isso se diz que o sinal do amor de Deus é a presença dos favores divinos no coração daqueles que ele escolheu de antemão para o seu amor" (*Ibid.*, 41).

Contemporâneo de al-Mahasībī foi *Dhū 'l-Nūn o Egípcio* († 861); a ele se deve a distinção, que posteriormente se tornará clássica e aperfeiçoada por outros místicos, entre "estações" e "estados": enquanto as primeiras podem ser conquistadas com esforço pessoal, os segundos são efeito da misericórdia divina. Suas ideias estão expressas em suas poesias, nas quais, segundo L. Massignon, revela uma riqueza sentimental perigosa, o amor pela alegria mística por si mesma. Ele usa a linguagem apaixonada do amante fiel como fizera antes dele Rābi'a de Basra, caracterizado por tendências decisivamente panteístas: "A febre ardente do meu coração/ devastou-me em todas as partes,/ destruiu todas as minhas forças/ reduziu a cinzas a minha alma" (cf. ABŪ NU'AIM, op. cit., IX, 390).

Quem chegou aos excessos da linguagem panteísta foi o persa *Abū Yazīd de Bistami* († 875); foi o primeiro sufi que, exaltado, encontrou Deus dentro da própria alma e escandalizou os ortodoxos dizendo: "Glória a mim! Como é sublime a minha majestade!". Em suas palavras: "quando o coração de um homem é tomado pela proximidade de Deus, todo o resto desaparece, tanto as intenções internas e insinuantes, quanto os movimentos externos dos membros", se prenuncia a teoria da anulação em Deus (*fanā*). Ele foi também o primeiro a utilizar a ascensão de Maomé (*mi'rāğ*) para exprimir a experiência extática: "Vi que o meu espírito era transportado aos céus [...] e passei a voar no ar do Absoluto, até que passei à esfera da Purificação, observei o campo da Eternidade e ali descobri a árvore da Unicidade" (HŪĞWĪRĪ, *Kashf al-mahğūb*, trad. R. A. NICHOLSON, Leiden-London, 1911, 238).

O desenvolvimento da doutrina do *fanā* como parte integrante de uma teosofia sistemática deve-se a *al-Ğunaid de Bagdá* († 910), discípulo de al-Muhasībī. Diferencia-se de seus contemporâneos pela completude e sistematicidade da sua especulação teosófica, conhecida graças a tratados descobertos recentemente. O ponto de compreensão da experiência mística é o pacto pré-eterno estipulado entre Deus e o homem, e mais particularmente a experiência existencial do homem "in mente Dei", antes ainda de entrar na existência histórica, na qual Deus é tudo para o homem. A experiência religiosa e mística é o esforço do homem de ter fé naquele pacto e de voltar ao estado em que se encontrava antes de nascer; a realização atravessa dois momentos: o primeiro, chamado *fana'* (morrer para si mesmos), o segundo, chamado *baqa'* (vida nEle); o primeiro momento não implica deixar de existir, mas transformar-se como indivíduo até se tornar eterno por meio de Deus e em Deus. União e separação de Deus são situações que se alternam dinamicamente, de modo que o amante desfrute a presença de Deus e depois também experimente a ausência do Amado, que é ao mesmo tempo sofrimento e alegria intensa; na ausência do Amado o amante se compraz com a presença de Deus no "sinal" da criação. Nessa especulação, Ğunaid não se dedica a conceber uma divinização do homem. Essa passagem realmente será feita por um outro grande místico, *al-Hallāğ* (m. 922), afirmando que o homem é um verdadeiro Deus; por isso será condenado à morte como blasfemo e à morte de cruz, como Jesus, que ele indica como modelo de divinização. A lenda da sua morte repete o relato da crucifixão de Jesus: "Quando foi conduzido à crucifixão e viu a cruz e os pregos, voltou-se para o povo e pronunciou uma oração, que terminava com estas palavras: 'Oh, Senhor, perdoa e tem piedade destes teus servos que estão aqui reunidos para me suplicar'..." (cf. R. A. NICHOLSON, op. cit., trad. it., 229). L. Massignon dedicou sua volumosa tese a esse místico.

Esses são os sufis mais lembrados na história islâmica, cuja linguagem, sobretudo em Rabi'a e Dhū 'l-Nun, frequentemente desemboca em poesias de amor, como se diz nestes versos: "Apoio-me no Amor de Deus, enquanto respiro, para ser um Amante perfeito até a morte".

b) *Os teóricos do sufismo*. A obra de preservação e de transmissão do ensinamento dos mestres sufis, já iniciada, encontra a sua completa realização no século X mediante "histórias" do sufismo organizadas de modo documentado e sistemático. Além disso, após a execução de al-Hallāğ, surge a exigência de preservar o movimento do juízo dos rigoristas ortodoxos firmes na defesa da doutrina tradicional. Nessa perspectiva se compreendem as obras dos primeiros teóricos do sufismo, como *Abū Sa'īd ibn al-A'rabī* († 952), que examina a vida e os ensinamentos dos grandes mestres sufis, infelizmente perdidos; *Abū Nasr al-Sarrāğ* († 988), que se dedica à análise das doutrinas e práticas sufistas, atento à terminologia técnica, à defesa da santidade, do poder taumatúrgico dos santos e de suas experiências extáticas, sem deixar de destacar também seus erros teóricos e práticos. Assim também *Abū Talib al-Makkı̄* († 996) pretende demonstrar a ortodoxia da doutrina e da prática sufi a ponto de afirmar que o modo de pensar e de viver do sufi representa a autêntica tradição do profeta e não o pensamento teológico: "neste deplorável século IV começaram a aparecer as obas de teologia escolástica (*Kalām*), [...] perdida a tal ponto a instrução (*'ilm*) dos devotos, anulado o conhecimento intuitivo (*ma'rifa*) dos que são firmes na fé" (ABŪ TA LIB AL-MAKKI, *Qūt al-qulūb*, I, 160). Por volta do final do século X aparece um terceiro tratado de *Abū Bakr al-Kalābādhī* († 1000) intitulado *al-Ta'arruf li-madhhad ahl al-tasawwuf* (A doutrina do sufi), de intenção abertamente apologética; no início do século XI *al-Sulamı̄* († 1021), além das biografias de sufi (*Tabaqāt al-Sūfīyīn*), escreve um comentário ao Corão realizado segundo a perspectiva do sufi; e no final do século XI aparece a famosa *Risāla* de *al-Qushairı̄* († 1072), que é um relato geral da estrutura teórica do sufismo.

A divergência entre doutrina clássica e doutrina sufista, a que até agora os autores citados pretendem dar uma resolução, é definitivamente resolvida com resultado positivo por *al-Ghāzīl* († 1111) com uma série de intervenções escritas, entre as quais sobressai a imponente obra-prima *Ihyā'ulūm al- dīn* (A retratação das ciências), na qual pretende provar que o caminho do sufi é a única maneira de realizar perfeitamente a vida devota do verdadeiro muçulmano monoteísta, tentando reconciliar assim o sufismo com a ortoxia muçulmana. Desse modo, ele consegue garantir à via mística um lugar no interior do islamismo oficial (está disponível em tradução italiana: AL-GHAZĀLĪ, *Scritti scelti*, org. por L. VECCIA VAGLIERI — R. RUBINACCI, Torino, 1970).

c) *Evolução do sufismo (séculos XIIs.).* O impulso e o prestígio que al-Ghazālī deu ao sufismo dão origem a duas orientações espirituais diferentes e com características distintas: a) orientação metafísica ou gnóstica; b) orientação "mística" popular no interior das irmandades religiosas. Na primeira perspectiva, a tradição sufista, colocando de lado o conhecimento intuitivo e afetivo (*ma'rifa*) do dado de fé, se dirige para a experiência mística, aplicando os critérios do conhecimento "metafísico" ou "gnóstico", sublinhando, por exemplo, a emanação do múltiplo a partir do Uno, as relações das criaturas com o Criador, a infusão (*hulūl*) de Deus na alma do místico, a identificação (*ittihā*) do eu humano com o eu divino e assim por diante.

Os personagens mais representativos dessa orientação são: *Suhrawardī* († 1191), que em sua obra principal *Hikmat al-ishrāq* (A sabedoria iluminadora) afirma que existe uma única Sabedoria e uma única tradição mística, expressa na história por grandes autores como Hermes, Aristóteles, Platão, pelos sábios da Índia e da Pérsia. Essa mesma Sabedoria é expressa também em roupagem corânica; a imagem corânica da Luz (Cor. 24, 35) está na base da gnose "iluminadora" segundo a qual existe uma irradiação da Luz originária, por graus, sobre todas as realidades, desde as esferas celestes até as corpóreas, físicas. Em decorrência disso, o objetivo da vida espiritual é testemunhar, graças ao próprio Deus, o Único, fonte da Luz, e realizar em si a unidade com o Uno, através da aniquilação (*fanā*) e da perenização (*baqā*). *No Irã ainda existem alguns centros com essa espiritualidade, reavivada no século XVII pelo escritor Sadr al-Dīn al-Shirazī († 1640).*

Ibn 'Arabī († 1250) escreveu, entre muitas outras obras, também *al-Futuhāt al-makkiyya* (As Revelações de Meca) e *Fusus al-hikam* (As joias da sabedoria), em que, valorizando amplamente culturas de várias origens (estoicismo, filonismo, neoplatonismo, → GNOSTICISMO), constrói a sua teoria do Logos, denominado com inúmeros outros sinônimos, a partir de três pontos de vista: a) *ontológico*: o Logos é a Realidade das realidades, princípio racional criador do cosmos; dele procede o universo assim como o particular do universal; ele é o domicílio das Ideias inteligíveis e dos Arquétipos do mundo do devir. Só o Homem perfeito o manifesta enquanto ele realiza a finalidade da criação; b) *místico*: todo profeta é um Logos, mas Maomé é o Logos, nele se unem como em um só Princípio universal as revelações e inspirações dos profetas; c) *mítico*: ibn-Arabī professa a eternidade de Maomé como Princípio cósmico, o espelho que reflete as perfeições de Deus. A linguagem é sugestiva, assim como a teoria exposta; a origem corânica dessas especulações não é imediatamente perceptível.

Ibn al-Fārid († 1235) é sobretudo um poeta enamorado a ponto de merecer o título de "Sultão dos apaixonados", que retoma e elabora, enriquecendo-a, a tradição sufista, mesmo que na linha de um monismo existencial. A experiência culminante do sufi consiste na identificação (*ittihā*) com Deus, em que a personalidade humana se esvazia para deixar triunfar ontologicamente a personalidade divina: "A saudação que lhe dirijo é pura metáfora; na verdade é de mim para Mim que vai a minha saudação". A unificação, em suma, é uma "confusão" com o Todo.

Al-Dīn Rūmi († 1247), nascido na Pérsia e fixado na Ásia Menor, o que explica o sobrenome "al-Rūmi" (o Bizantino), fundou uma ordem de dervixes. Sua obra memorável *Mathnavi* (47 mil versos em seis volumes) ilustra, com apólogos, reflexões, alegorias, o único tema: o que importa é o amor de Deus e a busca desse Amor, no qual é preciso se perder mesmo que com momentos dolorosos e conflituais: "Embora existam milhares de insídias diante de nossos pés [...] toda noite liberta os espíritos do nó do corpo [...] e os espíritos são libertados dessa jaula...".

d) *As irmandades*. A reconciliação do sufismo com a ortodoxia oficial devida a al-Ghazāli, e a consequente maior liberdade de expressão religiosa, favoreceu a influência entre sufismo e sentimento religioso popular; no fundo, o sufismo se dirigia mais ao coração que à mente e pregava uma maneira de se aproximar de Deus que passa pela devoção. Sobretudo duas práticas sufistas passaram facilmente à devoção popular: a prática do *dhikr* (recitação do nome de Deus) e o *samā* (oratório espiritual).

As irmandades se difundiram por todas as partes, embora com fisionomias diferentes determinadas pelo ambiente urbano ou rural, reunindo elementos tradicionais, crenças locais, folclore e práticas sufistas, dando lugar ao fenômeno denominado "regionalismo do Islã" que mudou em parte o seu aspecto geral. G. C. Anawati indica este quadro sintético das principais irmandades.

Entre as ordens urbanas originárias do Oriente Médio é preciso citar os *Qādiriyya*, fundados por 'Abd al-Qādir al-Jilāni, cujo centro se encontra em Bagdá, onde está sepultado o fundador. É uma das irmandades mais liberais. Em contrapartida, os *Rifā'iyya* revelam tendências fanáticas. Na África do Norte as irmandades assumiram o aspecto particular do "marabutismo" (o *marabut* é o homem santo, vivo ou morto, que possui o poder mágico da *baraka*).

Atualmente, as irmandades mais difundidas são: os *Qādiriyya* (Iraque, Índia, Turquistão, China, Núbia, Sudão, Magrebe); os *Naqshabandiyya* (Turquistão, China, Índia, Arquipélago Malaio); os *Shadiliyya* (Magrebe, Síria); os *Bektashiyya* (Turquia, pelo menos antes da reforma de Mustafa Kemal; Albânia, antes da instalação do comunismo); os *Tijaniyya* (Magrebe, África ocidental, Chade); os *Sanusiyya* (Saara, Hedjaz); os *Shatāriyya* (Índia, Malásia).

e) *Observações*. Traçamos um breve *excursus* histórico do movimento sufista; agora evidenciamos alguns pontos de passagem do itinerário espiritual.

A ascese é um momento fundamental preparatório da união mística. A doutrina amadurecida gradativamente no sufismo, a partir de Al-Misri (século IX), das etapas ou estações (*maqāmāt*) e dos estados (*ahwāl*), estabelece claramente o valor das etapas ascéticas, a que se seguem os estados, como efeitos da misericórdia divina. Segundo Sarrāǧ, são sete as etapas: o arrependimento, a delicadeza de consciência, a renúncia aos bens do mundo, mesmo quando legítimos, a pobreza, a tolerância das adversidades, a confiança em Deus, a adesão à Vontade divina. Em decorrência disso, a obtenção da perfeição é uma luta (o "grande" *jihād*) guiado por um diretor espiritual (*shaykh*), marcada pela meditação (*fikr*), pelo *dhikr* (recitação do nome de Deus), pelo exame de consciência (*muhāsaba*). Os "estados" a que se chega pela misericórdia divina, segundo Sarrāǧ, são dez: a atenção constante, a proximidade, o amor, o temor, a esperança, o desejo, a intimidade, a tranquilidade na paz, a contemplação, a certeza (cf. G. C. Anawati, *La mistica musulmana*, cit., 408-426).

O caminho para o Absoluto, preparado pela ascese, é marcado por dois momentos, um de descida em si (ênstase), o outro de saída de si (êxtase). A linguagem utilizada pelos sufis está ligada aos termos *taǧrīd* e *tafrīd* (primeiro par), *infirād* e *ifrād* (segundo par). O termo *taġrīd* indica o afastamento ascético do mundo, o não possuir nada em preparação para a união; o termo *tafrīd* indica o estado de "isolamento", para além de experiências espirituais e de estados espirituais. Os dois termos expressam, portanto, o esvaziamento de tudo o que não é o ser puro do homem como abertura e tensão para Deus. O termo *infirād* indica o momento subsequente a *tafrīd*, ou seja, a tensão ao isolamento do próprio Deus, mediante um "movimento aberto" devido à obra de Deus, em vista da participação do estado de transcendência de Deus Uno (*ifrād*). Desse modo, enquanto o primeiro par de termos ressalta o impulso do homem para a Unidade de Deus, o segundo par enfatiza o "direito" de participabilidade concedido por Deus ao crente, quebrando o muro da inacessibilidade à Unidade divina. Convém dizer que estamos diante de um processo de mística natural, embora a linguagem evoque o processo da mística sobrenatural.

Os caminhos da experiência da Unicidade de Deus indicadas pelos sufis são fundamentalmente dois:

— a experiência mística da Unicidade *por meio amoroso*, portanto uma fusão de amor, não uma fusão substancial, na medida em que o eu, ainda que em estado de vazio e de "isolamento", se interpõe entre os sufis e Deus; essa é a experiência promovida por Hallāğ;

— a experiência da Unicidade dentro do *estado de taġrīd, de fanā*: tudo o que o homem pode experimentar do Uno é o seu estado de isolamento, por meio da abolição de qualquer ação; o máximo de vazio radical do sufi é tudo o que o sujeito humano pode apresentar para a união com a Transcendência inacessível; essa é a experiência ditada por Bistami;

— a experiência da Unicidade é uma identificação (*ittihā*) em que a personalidade humana é anulada para dar lugar, ontologicamente, à personalidade divina; a identificação é a tal ponto que o eu não é mais distinguível do Ser absoluto, é uma confusão com o Si, com o Todo; essa é a experiência indicada por ibn al-Fārid. Podemos reduzir as três experiências a estes enunciados: a primeira é a Presença devoradora do Outro no amor, a segunda é a saída de si, a terceira é o eu no Si.

Ao expor o capítulo do sufismo islâmico, omitimos a apresentação das problemáticas relativas, que aqui nos limitamos a indicar. Discute-se um problema de caráter histórico, ou seja, as relações entre a experiência cristã e a muçulmana, entre as culturas (grega e iraniana) e o sufismo (cf. G. C. ANAWATI, *La mistica musulmana*, cit., 384-388); discute-se um problema de caráter teológico, ou seja, sobre a natureza da mística islâmica, enfatizando a distinção entre mística sobrenatural e mística natural (cf. L. GARDET — G. C. ANAWATI, *Mistica islamica*, Torino, 1960, 248 s.); busca-se os critérios de avaliação da mística muçulmana por parte dos próprios muçulmanos, como dimensão interior do Islã (cf. S. H. NASR, *Ideali e realtà dell'Islam*, Milano, 1966, 138 s.).

6. AVALIAÇÃO DA ESPIRITUALIDADE ISLÂMICA. A avaliação que adotamos move-se no interior do desenvolvimento histórico-espiritual do Islã, não em sentido comparativo externo, para ressaltar tensões internas, aspectos dinâmicos da espiritualidade islâmica. Desse ponto de vista observamos algumas dinâmicas em ação:

a) *A transição da lei de Deus ao Deus da lei*. Os momentos da transição mais precisamente são: obediência à lei (Corão), obediência ao espírito da lei (sufismo), obediência ao Deus da lei (sufismo). O Corão pede ao muslim a obediência à lei de Deus; a essência do bem é a obediência à lei, assim como a essência do mal é a desobediência à lei; para o muslim, a consciência, como princípio moral e como instância autônoma, não tem sentido. Por isso, a salvação está intrinsecamente ligada à obediência, porque o bem e o mal pertencem ao reino da lei. O sufismo realizará um salto qualitativo quando colocar no centro da consciência o amor ao Deus da lei; com o sufismo o caminho que leva a Deus é o amor, o amor puro, o amor em si mesmo, cantado com ímpeto poético por Rābi'a e elevado ao vértice do itinerário espiritual por al-Ghazālī.

b) *A transição do caminho do "justo" uso dos bens da terra ao caminho da ascese*. A indicação predominante no Corão sobre os bens da vida é de servir-se deles segundo a lei de Desu; pede-se ao muslim que passe do eixo hedonista ao eixo da "legalidade", ou seja, ao uso permitido por Deus, que corresponde às finalidades inseridas por Deus na ordem criatural, notificada pela lei corânica (Cor. 5, 88; 6, 141-142; 2, 187). O Corão traz também uma reflexão de tipo sapiencial sobre os bens da terra, que ressalta o caráter ilusório e equívoco do real (Cor. 3, 185; 48, 25; 58, 20) e o caráter efêmero da felicidade que depende do uso dos bens (Cor. 13, 26), em que os sufis se basearão para sua ascese, mas enfatiza-se predominantemente um caminho do "justo" uso e não da renúncia. O sufismo assinalará a transição para a ascese da renúncia, da abstinência, da morte de si na anulação. O problema do sofrimento, resolvido no Corão em termos sapienciais — ou seja, todo mal que atinge o homem é o que merecem as suas ações (Cor. 42, 30) ou então é provação da vida (Cor. 64, 11) —, segundo alguns (L. Massignon) é superado na leitura "martirológica" de al-Hallāğ, ao passo que para outros o sufismo o resolve no sentido tradicional.

c) *A transição do homem "vicário" de Deus ao homem "tabernáculo" de Deus*. De acordo com o Corão, a nobreza do homem deriva do fato de Deus ter-lhe infundido o seu espírito (Cor. 19, 29; 32, 9 s.), dando-lhe a forma mais perfeita (Cor. 96, 4), elevando-o a ser vicário (*Khalifa*) de Deus na terra, quer como teofania das qualidades de Deus, quer como intérprete inteligente dos sinais de Deus no universo, quer, enfim, como testemunha da sua existência, onipotência e misericórdia. Essa visão de eleição criatural do homem é ainda mais acentuada, na reflexão sufista, com a ênfase de uma segunda eleição que consiste em ser "tabernáculo" de Deus: o próprio Deus está no coração do fiel crente a ponto de realizar uma unidade na sua Unidade. Compreende-se, desse ponto de vista, o novo e amplo espaço criado por essa afirmação na área da espiritualidade.

d) *Também a figura de Maomé, no papel de modelo exemplar, sofre uma transformação*; ele, o selo dos profetas, o mentor divino (46, 9; 67, 26), portador da boa nova (Cor. 34, 28; 21, 106 s.), em um segundo tempo (*hadīth, sunna*) torna-se o intérprete por excelência do Verbo de Deus e a primeira imagem do homem islâmico na prática exemplar das virtudes morais, da lei; enfim, na tradição sufista, assume o papel de exemplar místico; durante a sua viagem noturna, os sufis entreveem, com riqueza de detalhes, as etapas e os estados da ascese e da mística.

Cristo passa por uma transformação semelhante: de profeta do monoteísmo, que desmente sua própria filiação divina (Cor. 5, 116) e de "escravo de Deus" no sentido islâmico, torna-se, na tradição sufista, o homem da ascese e o tipo exemplar do homem que é realmente Deus encarnado, segundo a linguagem de al-Hallāğ.

Assim, depois de destacar algumas das modalidades históricas da espiritualidade islâmica, poderemos concluir com um conceito sintético essencial, dizendo que para o islamismo espiritualidade é a consciência "revelada" e testemunhada de Deus Uno, expressa na observância da lei, com o objetivo de estender o domínio divino sobre o homem, sobre suas obras, sobre sua história.

BIBLIOGRAFIA. 1) Fontes: AL-BUHĀRĪ. *Detti e fatti del profeta dell'Islam* (org. por V. Vaccaro – S. Noja – M. Vallaro). Torino, 1982; AL-GAZĀLI. *Scritti scelti* (trad. de L. Veccia Vaglieri – R. Rubinacci). Torino, 1970; *Il Corano* (org. por F. Peirone). Milano, 1979; AL-TABARI. *La vita di Maometto*. Milano, 1985.
2) Informação geral sobre o islamismo: GARDET, L. *Dieu et la destinée de l'homme*, Paris, 1967; ID. *Gli uomini dell'Islam*. Milano, 1979; NARS, S. H. *Ideali e realtà dell'Islam*. Milano, 1974; NOJA, S. *Maometto profeta dell'Islam*. Fossano, 1974 (com bibliografia).
3) Ensaios sobre a espiritualidade islâmica: ANAWATI, G. C. La mistica musulmana. In *La mistica non cristiana*. Brescia, 1969, 377-471 (com bibliografia); BURCHARDT, T. *Introduzione alle dottrine esoteriche dell'Islam*. Roma, 1969; CASPAR, R. *Cours de mystique musulmane*. Roma, 1968; ID. La ricerca della salvezza nell'Islam. (Org. do Secretariado para os Não cristãos.) In *Religioni*. Fossano, s. d., 100-121; CRESPI, G. *Nel nome di Dio*. Milano, 1985; GARDET, L. – ANAWATI, G. C. *Mistica islamica*. Torino, 1980; *Atti del Convegno internazionale "Incontro tra cristianesimo e islamismo, misticismo cristiano e misticismo islamico"*. Palermo, 1984; GARDET, L. Dio e il credente nell'Islam. In *Religione*, Fossano, s.d., 304-323; GELOT, J. Il bene e il male nell'Islam. Fossano, s.d., 466-492; IDRIES SHAH, *La strada dei sufi*. Roma, 1971; MASSIGNON, L. *Essai sur les origines du lexique technique de la mystique musulmane*. Paris, 1954; ID. *La passion d'al-Hallaj, martyr mystique de l'Islam*. Paris, 1922; MORENO, M. M. *Mistica araba*. Roma, 1942; ID. *Antologia della mistica arabo-persiana*. Bari, 1951; PEIRONE, F. *L'Islam prega cosí*. Torino, 1968; PEIRONE, F. – RIZZARDI, G. *La spiritualità islamica*. Roma, 1986; VACCA, V. *Vite e detti di santi musulmani*. Torino, 1968.

G. RIZZARDI

IVANOV, VJAČESLAV IVANOVIČ. Poeta e pensador russo, 1866-1949. Nascido em Moscou, realizou os estudos na Europa ocidental. A partir de 1905 sua casa em Petersburgo torna-se lugar de encontro de poetas e pensadores religiosos. Depois da Revolução lecionou filologia clássica em Baku até 1924, depois se mudou para a Itália. Em 1926 fez profissão de fé católica. Lecionou literatura russa na universidade de Pávia e por desejo expresso de Pio XI lecionou língua paleoeslava no Pontifício Instituto Oriental de Roma, nos anos 1936-1943. Foi preciosa sua colaboração para a edição romana dos livros litúrgicos eslavos.

Entre suas numerosas obras, escritas em russo, alemão, francês e italiano, encontram-se: 1) livros de poesias (destacamos a coletânea *L'uomo*, em russo, traduzida para o italiano, Milano, 1946); 2) ensaios estéticos e críticos; 3) estudos sobre a história das religiões; 4) numerosas cartas. Em 1971 iniciou-se em Bruxelas a edição das *Obras completas* de Ivanov.

N. Berdjaev via em Ivanov. O representante mais refinado e universal da cultura russa do século XX e talvez de toda a cultura russa. Como o seu mestre → SOLOV'ËV, Ivanov desejou ser membro da Igreja universal sem renunciar aos valores culturais, litúrgicos ou místicos da Igreja oriental. Inspirando-se na doutrina platônica da *anamnese*, convenceu-se de que só o cristianismo é capaz de integrar e fazer reviver todos os valores culturais da humanidade. O objetivo da cultura e especialmente da arte é a "anamnese universal de Cristo". O problema da poesia é essencialmente um problema religioso. O poeta descobre a existência de dois mundos, o visível e o invisível, e compreende sua unidade; mostra, portanto, à humanidade o caminho a ser percorrido *a realibus ad realiora, per realia ad realiora*, do visível ao invisível, do mundo a Deus.

BIBLIOGRAFIA. Um número especial de *Convegno* (t. 15, nn. 8-12, Milano, 1934) é dedicado a Ivanov. Sobre seu pensamento religioso: SCHULTZE, B. Vjačeslav Ivanovič. *Humanitas* 2 (1947) 1.139-1.148 (um artigo aprovado pelo próprio Ivanov); ŠPIDLÍK, T. Un facteur d'union: la poésie. Viacheslaf Ivanoff. *Orientalia Christiana Periodica* 33 (1967) 130-138; ID. Ivanof, Viatcheslav Ivanovich. In *Dictionnaire de Spiritualité* VII, 2.311-2.312; TYSZKIEWICZ, S. L'ascension spirituelle de Wenceslas Ivanov. *Nouvelle Revue Théologique* 82 (1950) 1.050-1.062.

T. ŠPIDLÍK

J

JACOPONE DE TODI. **1. NOTA BIOGRÁFICA.** Jacopone (latim: *Jacobonus*) nasceu em Todi, da família Benedetti, entre 1230 e 1235. Tinha cerca de quarenta anos quando perdeu a mulher e se "converteu". Passou alguns anos como eremita penitente, ingressou na Ordem franciscana e, embora tivesse alguma cultura (não temos certeza, porém, se foi advogado), quis continuar irmão leigo. Nas discussões sobre a observância regular entre os franciscanos colocou-se do lado dos → ESPIRITUAIS, contra a *Communitas Ordinis*. Por causa de suas ideias espiritualistas passou alguns anos (1297-1303) na prisão. Morreu em Collazone (Perúgia) em 25 de dezembro de 1306, mas seu túmulo encontra-se hoje em San Fortunato, próximo de Todi (cf. *Martyrologium Franciscanum*, ed. 1939, em 25 de dezembro).

Jacopone é um dos mais famosos compositores de cantos de louvor da Idade Média. De sua autoria temos, além do mais célebre, em latim vulgar, *Stabat Mater*, uma centena de *Laudes*, ao passo que os escritos em prosa que às vezes se atribuem a ele são de autenticidade duvidosa. As *Laudes* podem ser divididas em quatro grupos: doutrinais, místicas, hagiográficas e satíricas.

2. PENSAMENTO ESPIRITUAL. Este pode ser depreendido apenas das *Laudes*, sendo portanto necessariamente fragmentário. Podemos distinguir sua doutrina espiritual em geral e a franciscana em particular. Quanto à primeira, ali encontramos a árvore da contemplação (motivo muito comum na Idade Média), "em que estão simbolicamente representados os graus através dos quais a alma chega à união divina. Ela realiza a sua ascensão para Deus passando sucessivamente por três árvores, a da fé, a da esperança e a da caridade" (FERDINANDO DE SANTA MARIA, *Rivista di vita Spirituale* 11 [1957] 80-81; cf. as *Laudes* 69, 88 e 89). Ali também encontramos enfatizado o fim prático: "sacudir a alma escrava do pecado e, uma vez que esta tenha adquirido a graça, acompanhá-la passo a passo no caminho de aproximação de Deus, em cujo amor perfeito consiste a verdadeira felicidade, o verdadeiro paraíso na terra" (*Ibid.*, 83). Jacopone obtém essa finalidade propondo a consideração do miserável estado dos pecadores e dos condenados ao inferno, bem como a consideração dos sofrimentos que Cristo sofreu para nossa salvação. Para melhor corresponder ao convite de Cristo, a alma é levada pelo caminho da penitência rigorosa, do desapego e da anulação. Ao desapego está vinculada a prática da perfeita pobreza. A união mística se efetua por meio do amor.

Quanto à doutrina espiritual franciscana de Jacopone, é preciso reconhecer-lhe uma contribuição parcial: a acentuação do amor até chorar porque "o Amor não é amado", a nota penitencial até a austeridade, as exigências no caso de isolamento e sobretudo a prática da pobreza mais radical. Por pertencer ao movimento dos espirituais, porém, Jacopone negligencia outros elementos da espiritualidade franciscana, como a sua nota apostólica e as respectivas exigências, a reverência e a submissão à Igreja hierárquica, a compreensão fraterna. Por isso é preciso distinguir a espiritualidade pessoal de Jacopone daquela mais autenticamente franciscana. Jacopone, aliás, se mostra discípulo espiritual de São Boaventura, mas concede demasiado espaço aos impulsos da própria natureza. Exerceu influência discreta, especialmente sobre os autores franciscanos e sobre escritoras clarissas. É o poeta do espiritualismo minorítico.

Quanto à santidade de vida de Jacopone, a questão continua aberta, vinculada aliás àquela da autenticidade da sua mística (para se diferenciar a mística da sua vida e a mística dos seus escritos). A tradição franciscana referente à santidade de Jacopone é antiquíssima (cf., por exemplo, *Catalogus sanctorum fratrum minorum*, de cerca de 1335, ed. LEMMENS, 9; A. PELAYO, *Cronaca dei 24 Generali OFM*, escrita por volta de 1380; BARTOLOMEU DE PISA, que, por volta de 1390, no famoso *Liber conformitatum S. Francisci*, o chama "santo"), mas o processo de beatificação, com base no culto *ab immemorabili*, está parado em decorrência de seus escritos satíricos (cf. *Acta OFM* 50 [1931] 50, n. 114).

De fato é difícil conciliar a mística eventualmente vivida com certas atitudes e escritos de

Jacopone. A nosso ver temos um caso característico em que é preciso distinguir bem a mística poética (artística) da mística religiosa. Talvez Jacopone seja mais um poeta místico que um místico poeta.

BIBLIOGRAFIA. APOLLONIO, M. *Jac. da Todi e la poetica delle confraternite religiose...* Milano, 1946; CASELLA, M. *Jac. da Todi. Archivum Romanicum* 4 (1920) 281-329.429-485; D'ASCOLI, E. *Il misticismo nei canti spirituali di Frate Jacopone*. Recanati, 1925; FERDINANDO DE SANTA MARIA. Un mistico del Duecento (Jac. da Todi). *Rivista di Vita Spirituale* 11 (1957) 69-90; GRISI, F. Jac. da Todi contro Bonifacio VIII. *Nuova Antologia* 493 (1965) 362-377; MACCARINI, F. *Jac. da Todi e i suoi critici*. Milano, 1952; NESSI, S. Jac. da Todi al vaglio della critica. *Miscellanea Francescana* 64 (1964) 404-432; NIGG, W. *Der christliche Narr.* Zurich, 1956.

A. MATANIĆ

JACULATÓRIA. As orações jaculatórias exprimem um modo universal de oração, que consiste em um movimento do coração e do pensamento voltados para Deus. Trata-se de fórmulas breves, extraídas da Escritura ou nela inspiradas, que se pronunciam em situações de alegria, de bem-estar, de paz, ou então de dor, de sofrimento e são comuns tanto aos santos quanto aos cristãos mais humildes.

Elas servem para renovar a consciência da presença de Deus, intensificam a → UNIÃO COM DEUS no → MOMENTO PRESENTE. São orações adaptáveis às ocupações cotidianas, pelas quais se pode permanecer em um clima de oração interior sem com isso interromper o trabalho.

Têm uma origem cujas raízes se encontram na primitiva história da Igreja, na época dos Padres do deserto. Em uma carta para Proba, Santo → AGOSTINHO († 430) fala deles nestes termos: "Dicuntur fratres in Aegypto crebras quidem habere orationes, sed eas tamen brevissimas, et raptim quodammodo jaculatas" (Afirma-se que os monges no Egito praticam orações frequentes mas brevíssimas, como lançadas com rapidez) (*Epist.* 130, 20).

Santo Agostinho usa o termo "jaculata" para descrever o dinamismo da oração, que do coração ou da vontade do orante, sob forma de suspiros, apelos brevíssimos, é "jaculada", lançada a Deus. A oração jaculatória foi também definida como "aspiração", para indicar uma oração breve e contínua como a respiração.

O beneditino Dom A. → BAKER († 1641) escreve que "essas aspirações são movimentos breves e vivos da alma, que se serve deles para expressar a sua sede, o seu desejo de Deus". E apresenta alguns exemplos: "Meu Deus, só tu me bastas!", "Que eu seja nada e tu sejas tudo, meu Deus", ou ainda mais sucintamente: "Ó amor!", "Bem infinito" (*A santa Sabedoria*).

São → FRANCISCO DE SALES († 1622) refere-se a elas com a imagem sugestiva do "buquê de devoção" (*Vida devota*, II, 6) ou "buquê espiritual".

Um outro autor espiritual, o teatino L. → SCUPOLI († 1610), afirma: "Costuma-se também rezar perfeitamente, estando na presença de Deus, com o pensamento, sem dizer nada, jaculando-lhe de tempos em tempos suspiros, dirigindo-lhe um olhar e um coração desejoso de agradá-lo, e um breve e ardente desejo que te socorra, de modo que o ames puramente, o honres e o sirvas" (*O combate espiritual*, 2, 14). Da mesma maneira, o barnabita F. la Combe († 1715), falando da oração afetiva ou aspirativa, diz: "Verifica-se oração afetiva quando o homem fala com Deus, com frequentes, espontâneos e breves impulsos de afeto, e anseia com amor arrebatador e ardente desejo a união com Deus, ou seja, o beijo da boca divina. Por isso é justamente chamada aspiração" (*Meditare*, Milano, 1983, 72).

Santo → AFONSO MARIA DE LIGÓRIO († 1787) chama os atos de amor aspirativo de "suspiros ardentes e fervorosas orações jaculatórias" (BOUCHAGE, *L'oraison alphonsiene*, Paris, 1932, 134). Em âmbito greco-eslavo, esse tipo de oração registrou um grande desenvolvimento com a difusão do "→ HESICASMO" (do grego *esychia*, quietude): a oração meditativa que sem dúvida é mais próxima da tradição bíblica, personificada por exemplo em → ELIAS, que "se prosternou por terra com a cabeça entre os joelhos" (1Rs 18,42) e mergulhando na oração interior (cf. Tg 5,17).

Nessa linha se situa a célebre "oração do coração" formulada nos *Racconti di un pellegrino russo*, Milano, 1973, 292.126.281, que remetem a uma tradição antiquíssima. No Oriente encontramos formas semelhantes de oração. Não alheia a influências judeo-cabalistas (a cabala é a doutrina místico-esotérica do hebraísmo medieval), na área muçulmana que se inspira no sufismo (a mística do → ISLAMISMO) encontramos a oração do "dikr", nascida em observância à norma do Corão: "Invocai Deus, invocai-o muito!" (*Corão*, 33, 41). "Dikr" significa lembrança, menção, e é o termo técnico para designar a glorificação de Allah mediante algumas fórmulas fixas, repetidas segundo uma ordem ritual em voz alta ou mentalmente.

Na Índia encontramos o "japa" ou oração repetitiva de determinados "mantras", cujas formas mais conhecidas são os Ramanama, ou invocação do nome (*nama*) de Rama, para não falar do OM, a sílaba sagrada por excelência, com que se exprime a inefabilidade divina e a admiração pela íntima percepção da Realidade última e suprema.

O zen-budismo, enfim, nos dá o exemplo do "Nembutsu", ou seja, a recitação do nome de Amida, fórmula de veneração do Buda da Luz infinita. A oração jaculatória varia em função da personalidade do devoto e da sua atitude mental.

O objetivo que se propõe é duplo: do ponto de vista psicológico, é deter o falatório mental, ao passo que do ponto de vista religioso leva a se concentrar no Nome fazendo-o passar dos lábios para a mente e o coração, que são os três grandes centros psíquicos sobre os quais muitas vezes traçamos o sinal de bênção em nossa prática religiosa.

No entanto, é preciso esclarecer que, em uma visão cristã, não se trata de "deter" e muito menos de "anular" a mente, mas de fazer pulsar em todas as direções do ser humano a plenitude da vida teologal imbuída de fé, esperança e amor apelando à misericórdia de Deus que salva. O que conta, portanto, não é a "repetição" do Nome, mas o "Nome" repetido, onde o Nome é a expressão repleta do divino e veículo de transmissão das próprias prerrogativas de Deus.

Podemos dizer, então, que as orações jaculatórias dispõem a alma para a união com Deus e em certo sentido também a conduzem a ela. Assim se expressam São Francisco de Sales (*Vida devota*, II, 13), Teresa de Ávila († 1582) (*Castelo, morada 7, 2*), São → JOÃO DA CRUZ († 1591) (*Chama, estr. 4*).

Não se trata, portanto, apenas de uma pia prática devocional, mas de autêntica via de acesso à perfeição e à experiência mística.

BIBLIOGRAFIA. Aspirations. In *Dictionnaire de Spiritualité* I, Paris, 1937, 1.017-1.025; COMBE, F. LA. *Meditare*. Milano, 1983; HERP, E. *Specchio della perfettione humana*. Venezia, 1546, livro 3, cc. 6.21.23; Jaculatoires. In *Dictionnaire de Spiritualité* VII, Paris, 1974, 66-67.

A. GENTILI – M. REGAZZONI

JAINISMO. O fundador desta seita foi um certo Vardhamana (comumente chamado Mahavira), descendente de uma nobre família da província de Vaisali. Nasceu pouco antes da metade do século VI a.C. e foi portanto contemporâneo de Buda. Aos trinta anos abraçou a seita dos ascetas fundada em Parçvanath por volta do século VIII a.C. Tendo-se tornado iluminado, depois de longas austeridades, começou a pregar. Por suas penitências mereceu o título de *Jina* (vencedor), e consequentemente os seus seguidores se chamaram *Jaina*. Ele não tencionava fundar uma nova religião, mas apenas continuar uma tradição ascética atribuída a alguns sábios chamados *Tīrthamkāra* (literalmente equivale quase a "pontífice"). Ele mesmo é considerado o quarto *tīrthamkāra* do atual círculo cósmico. Pregou nos reinos Magadha (South Bihar), Videha (Tirhoot) e Anga (Bhagalpore). Como tinha relações de consanguinidade com os reis daquelas regiões, pôde difundir facilmente a sua seita.

Morreu em Pawa, no distrito da moderna Patna, em 480 a.C., poucos anos antes de Buda.

Não se pode dizer que o jainismo seja uma religião em sentido estrito, uma vez que falta nela a ideia de um Deus pessoal. Contudo, se apresenta como um sistema religioso pelo fato de se dedicar unicamente à salvação das almas. De fato, possui alguns elementos religiosos: acredita na espiritualidade e imortalidade das almas; defende a vida ética e as práticas ascéticas como os únicos meios para a salvação da alma e honra as almas libertas como se fossem seres divinos. Além disso, a mitologia hindu tem grande participação no culto popular. Toda a seita jainista está organizada à maneira *samgha* (Ordem religiosa), que é constituída de monges, monjas, irmãos e irmãs leigos. Mais que em qualquer outra seita, o laicato se associa de maneira mais íntima à vida dos monges.

O jainismo existe apenas na Índia: nunca foi numeroso, provavelmente por causa da severidade de seu ascetismo e pelas leis exageradas do *ahimsa* (não causar danos). Tem atualmente um milhão e meio de adeptos. A seita *Çvetāmbara* encontra-se sobretudo na Índia meridional e a oeste da Índia setentrional. A seita *Digambara*, por sua vez, é difundida na Índia central e setentrional.

Com o passar do tempo, o jainismo foi assimilado ao → HINDUÍSMO, a ponto de hoje ser considerado uma seita. Nele se encontram alguns tipos de divisão de castas, embora na teoria a casta de cada um seja determinada não pelo nascimento mas pelas virtudes. A principal contribuição que o jainismo trouxe ao hinduísmo foi a teoria do *ahimsa* (não causar danos aos seres vivos). Os jainistas deram grande impulso à filosofia indiana.

1. DOUTRINA. Desde o seu início, o jainismo se dedicou aos estudos filosóficos, fazendo notáveis progressos nesse âmbito. Os jainistas foram excelentes dialéticos, e na crítica desenvolveram uma famosa teoria denominada *syād-vāda* ("doutrina da probabilidade") segundo a qual "nenhuma proposição é verdadeira em todo contexto, e toda proposição é verdadeira em algum contexto". A filosofia jainista é completamente realista e pluralista ao mesmo tempo; de fato, admite a realidade do mundo e a multiplicidade das coisas no mundo. As coisas, antes de tudo, se dividem em duas categorias genéricas: *Jīva* (vivos) e *Ahīva* (não vivos), cada uma das quais se subdivide em várias espécies. Os vivos são espíritos que se encontram ou no estado livre nos céus ou envoltos na matéria na terra em uma gama de graus que vai da planta ao homem; os não vivos ou são *mūrta* (corpóreos) como a matéria, ou *amūrta* (não corpóreos), como o espaço e o tempo. Aqui interessa-nos o aspecto religioso do jainismo referente à alma e ao seu destino eterno. Como o → BUDISMO, herdou do hinduísmo a doutrina *karma-samsāra*, ou seja, a doutrina da transmigração das almas, transformando-a no eixo de todo o seu sistema religioso. O vínculo e a libertação da alma são explicados por meio de sete princípios: *jīva* (espírito), *ajīva* (matéria), *āsrava* (influência), *bandha* (vínculo), *samvara* (limitação), *nirjara* (esvaziamento), *moksa* (libertação), os dois primeiros dos quais são respectivamente o sujeito e o instrumento do vínculo e da libertação, e os outros cinco são vários graus nesse processo.

Jīva (espírito). É essencialmente intelectual, mas sua ação é limitada pelo corpo no qual está encerrado: de fato, depende do organismo cognoscitivo que tem a sua disposição. Assim, embora a alma seja da mesma natureza, nas plantas se manifesta em um só sentido; em alguns insetos, em dois sentidos; e assim sucessivamente até o corpo humano, onde pode desenvolver a sua intelectualidade e agir livremente merecendo ou não merecendo. Nos outros corpos, a alma não merece nada, mas só recebe o fruto dos méritos passados.

Ajīva (matéria). Há duas formas de matéria: uma densa, que se percebe com os sentidos, e uma sutil, que não se percebe. Esta segunda forma, penetrando a alma, a prende. O jainismo é o único sistema que procura explicar a transmigração servindo-se de princípios puramente materiais.

Āsrava (influência). A alma é colocada em contato com a matéria por meio de cada um de seus atos voluntários, e, dependendo da intensidade do ato, uma quantidade proporcional de matéria sutil a penetra e a permeia. As ações, tanto boas quanto más, são a causa dessa penetração da matéria: respectivamente do mérito (*punya*) ou demérito (*pāpa*).

Bandha (vínculo). É o efeito da chamada influência da matéria na alma. A matéria, penetrando pouco a pouco, constitui certo corpo sutil, *karmaçarīra*, que a alma não pode abandonar nem mesmo no momento da morte; de fato, enquanto o corpo denso é externo, este é interno à alma. Eis a alma presa. Enquanto durar esse corpo sutil, a alma deve transmigrar de um corpo denso para outro. Cada ação realizada com intenção egoísta aumenta as dimensões do corpo sutil, enquanto cada sofrimento ou dificuldade a diminui. Comumente, porém, a quantidade que penetra supera a que é eliminada.

Samvara (delimitação). É o primeiro passo no processo de libertação. Antes de tudo deve-se impedir a ulterior penetração da matéria para que não se trabalhe inutilmente. *Samvara* é o dique que se constrói para deter o rio: são os atos de virtude, de renúncia, de paciência etc. que constituem essa barragem.

Nirjara (esvaziamento). Impedida a penetração ulterior da matéria na alma, passa-se à eliminação da matéria nela já acumulada. Isso pode ser obtido por meio de um duplo caminho: passivo e ativo. O primeiro é a eliminação involuntária (*akāma nirjara*), que acontece automaticamente pela simples tolerância da vida. É um caminho muito longo e, pela impossibilidade de impedir totalmente a penetração da nova matéria, não se verifica quase nunca. O outro é o caminho ativo e voluntário (*sakāma nirjara*), que consiste na austeridade: é muito curto e eficaz.

Moksa (libertação). É o fim último da vida humana e se define como "plena libertação de todo *karma* por meio do afastamento das causas do vínculo e da existência" (cf. *Sarvadarçana Samgraha*, c. VIII). Assim que se eliminou todo resíduo de matéria, a alma, por sua leveza e liberdade, sobe para os céus altíssimos "do mesmo modo que uma abóbora cheia de lama submerge na água até que, liberta da lama, espontaneamente sobe à superfície" (*Ibid.*).

2. ÉTICA. *Ahimsa* (não causar danos aos seres vivos) e ascetismo são duas notas dominantes do jainismo e ambas em grau extremo. Assim, por exemplo, um asceta jainista, para ser perfeitíssimo na observância da *ahimsa*, deve limpar o caminho diante de si para que não corra o risco de pisar em algum inseto; deve cobrir seu rosto para não aspirar seres vivos e filtrar a água para que, ao beber, não destrua sem querer alguma vida. Esses extremismos fazem parte da prática ascética. Toda a ética está encerrada em três pontos que se denominam *Triratna* (tríplice joia), e são: *reta fé* ou absoluta e firme adesão à doutrina jainista; *reta ciência*, ou seja, clara compreensão da natureza das coisas, distinção entre espírito e matéria etc. (toda a filosofia jainista está contida nesse princípio); *retos costumes*, que consistem na observância de cincos votos: a) o voto *Ahimsa*, de não causar danos a nenhum ser vivo tanto móvel quanto imóvel; b) o voto *Sunrta*, ou seja, a veracidade no falar e a abstenção de qualquer palavra que possa prejudicar os outros; c) o voto *Asteya* ou de não roubar ou tomar algo que não nos é dado livremente; d) o voto *Brahmacarya* ou de castidade nos pensamentos, nas palavras e nas obras; e) o voto *Aparigraha*, renúncia a todas as coisas e ao apego pelas coisas, mesmo pelas não existentes.

A esses votos se acrescentam as meditações, cinco para cada voto, para facilitar sua observância. Além disso, já leis sobre a abstinência, o jejum, a prática da austeridade etc. Ao explicar o quinto voto (a renúncia), os jainistas se dividem em duas seitas: *Digambara* e *Çvetāmbara*. A primeira exige dos ascetas perfeitos uma renúncia absoluta às coisas, o que os leva a andar inteiramente nus; por esse motivo são chamados *digambara* (vestidos de ar). A outra seita, por sua vez, permite mesmo aos ascetas perfeitos uma miniveste, desde que seja simples e limpa; por isso são chamados *çvetāmbara* (vestidos de branco).

O ascetismo perfeito não é obrigatório para todos. Os próprios votos admitem um grau duplo: brando e severo. Os leigos podem seguir o caminho mais fácil observando os votos de maneira suavizada; ou também, sem votos, observam ao menos alguma das disciplinas citadas acima. Esse caminho inferior não liberta mais diretamente a alma do *karma-samsāra*, mas apenas a dispõe a um grau mais elevado de ascetismo na vida futura, de modo que gradualmente chegue à plena libertação.

Natureza do nirvāna. Embora Deus seja excluído do sistema jainista, a ideia da divindade se mantém de algum modo na descrição das almas libertas. No *nirvāna*, a última libertação, as almas adquirem uma inteligência infinita, potência e beatitude, e permanecem assim para sempre: são praticamente deuses. O nome de deus não se aplica às almas que se encontram mais elevadas, mas a algumas libertas que se encontram ainda em um estado de algum modo transitório. Elas, de fato, mesmo tendo saído definitivamente desta vida terrena, devem esperar por algum tempo num céu intermediário, até que estejam perfeitamente purificadas. Nesse estado ainda mantêm relações com o mundo e com sua potência podem intervir para ajudar os homens, e por isso são invocadas como deuses. A elas pertencem o governo e o cuidado do mundo. As que estão plenamente libertas, por sua vez, não têm nenhuma conexão com o mundo nem cuidam dele; apenas os seus exemplos ajudam os homens que ainda se encontram no mundo.

BIBLIOGRAFIA. BARY, W. T. DE. *Sources of Indian Tradition*. Delhi, 1972; CAILLAT, C. *Les expiations dans le rituel jaina ancien*. Paris, 1965; GLASENAPP, H. VON. *Der Jainismus*. Berlin, 1925; JAINI, J. *Outlines of Jainism*. Cambridge, 1916; MEHTA, M. L. *Outlines of Jaina Philosophy*. Bangalore, 1954; PADMARAJIAH, Y. J. *Jaina theories of reality and knowledge*. Bombay, 1963; STEVENSON, MRS. S. *The heart of Jainism*. Oxford, 1915; TATIA, N. *Studies in Jaina Philosophy*. Banaras, 1951; *The Sacred Books of Jainas*. Lucknow, 1917-1937, 11 vls.; WILLIAMS, R. *Jaina Yoga*. London, 1963; ZIMMER, Z. *Philosophies of India*. New Jersey, 1974.

C. B. PAPALI

JANSENISMO. 1. ORIGEM E ASPECTOS DA SUA EVOLUÇÃO. Os termos "jansenista" e "janseniano" foram pronunciados pela primeira vez em 1641, um ano depois da publicação do *Augustinus* de Cornélio Jansênio. Em um primeiro momento esses termos foram símbolo de luta e de heresia, uma vez que a doutrina ensinada na obra foi considerada herética. O sentido de heresia foi confirmado pelas bulas de condenação *In inminenti* (1642) e *Cum occasione* (1653), não obstante a indignação dos discípulos de Jansênio que apelaram insistentemente ao "fantasma" e à *falsa et ficta haeresis*.

O jansenismo não demorou a se tornar um movimento multicor e multiforme, difícil de reduzir a unidade de ação e de doutrina. A constância com que, ao longo da história, os partidários da ideia jansenista proclamaram a sua fidelidade incondicional à doutrina católica não conseguiu ocultar evidentes desvios e justificar certo sentido de rebelião.

No estado atual da pesquisa, é preciso reconhecer que o termo "jansenismo" é historicamente pouco exato, se o ligamos necessariamente a um movimento herético. Nesse sentido não é apropriado nem sequer para a época combativa dos cinco artigos (cf. Denz. 1092-1096). Por esse motivo → Fénelon certamente estava certo ao garantir que as famosas cinco proposições não correspondiam exatamente ao jansenismo, uma vez que uma parte dos acusados, como tais, as condenava.

a) Com isso não queremos dizer que o jansenismo condensado nas teses condenadas do *Augustinus* não seja heterodoxo; isso significa apenas que se trata de um fenômeno tão complexo e heterogêneo que talvez nunca tenha sido precisado com exatidão em todas as dimensões, sem limitações de tempo e de espaço. Como se sabe, apresenta aspectos e manifestações que vão do sistema teológico, em que se fundamenta, às aplicações de direito, de política e de governo da Igreja, passando pelos vestígios rigoristas da moral católica e consequente interpretação espiritual da mensagem evangélica.

Embora este último aspecto seja o que nos interessa, as diversas faces do movimento estão de tal forma confundidas e misturadas que seria incompleta uma visão da espiritualidade jansenista se prescindisse da devida perspectiva geral da sua evolução.

b) Ele se apresenta na cena histórica como um movimento de reação teórica e prática que refuta as tendências progressistas do humanismo cristão e da Contrarreforma. Tem origem no campo dogmático combatendo o otimismo molinista a que opõe um agostinismo extremista e rigoroso. Naturalmente, não demora a invadir a moral e a vida religiosa, traçando um severo rigorismo em oposição às tendências mais modernas da época.

c) Quando quer dar consistência a suas ideias e pôr em prática os seus propósitos reformistas, procura o apoio da hierarquia eclesiástica, a única autoridade responsável pela disciplina vigente.

Ela termina recebendo sua expressão última nos decretos do Concílio de Trento, contra cujo espírito, e até conteúdo, se chocam as pretensões da nova teologia. Nesse choque está em jogo o jansenismo; estende uma mão amiga às ideias galicanistas e se salva de uma morte precoce.

d) Na aplicação dos decretos conciliares que regulamentam a disciplina e a vida da Igreja, os jansenistas passam a exaltar e a ampliar a autoridade dos bispos, que deve aumentar em proporção inversa à diminuição dos atributos pontifícios e das imunidades religiosas. Lançado desenfreadamente nessa linha, o jansenismo encontra, no seu caminho perigoso, o "jurisdicionalismo" e entra em acordo com ele. A partir de então as preocupações teológicas e espirituais do primeiro momento passam a segundo plano. Continuam ocultas no decorrer da história, produzindo estragos e desvios na espiritualidade católica graças ao impulso primitivo e ao apoio mais ou menos direto de todas as manifestações reformistas e antirromanas que se sucedem até o Concílio Vaticano I.

2. BASES DOUTRINAIS E FISIONOMIA ESPIRITUAL. O próprio credo dogmático do jansenismo nasce de uma raiz espiritual oculta desde a época da Reforma protestante. Apresenta-se como restaurador da devoção cristã, a seu ver enfraquecida desde tempos remotos. A vida e a doutrina devem atuar ao mesmo tempo nessa tentativa de retornar à pureza primitiva. Em ambas as direções, a teológica e a espiritual, confere-se ao cristianismo um tom rígido, anti-humanista e de claro teor calvinista.

a) *Princípios dogmáticos.* O pregador de dogmas da nova teologia foi Cornélio Jansênio, bispo de Ypres (1585-1638), que em seu célebre *Augustinus* (1640) construiu um sistema em que substitui a liberdade humana por um jogo de tendência e de impulsos quase mecânicos. Em síntese, o seu pensamento é o seguinte: → Adão era livre antes do pecado; se pecou foi porque possuía apenas a graça suficiente. Com o pecado perdeu a liberdade intrínseca e, em consequência, para qualquer ato bom o homem precisa da graça eficaz que determina necessária e infalivelmente a sua vontade. Isso significa que, depois do pecado original, o homem é intrinsecamente corrompido e dominado pela concupiscência. Ela o move irresistivelmente dependendo da natureza da inclinação ou *delectatio victrix*, último determinante da ação. Se o último determinante da ação é a *delectatio terrestris* ou amor natural, as obras consequentes são necessariamente pecados; se é a *delectatio caelestis* ou amor sobrenatural, as obras são infalivelmente boas. Em decorrência disso, a ação da graça é sempre eficaz e o homem não pode fazer nada por si só. Por esse motivo Deus predestina ao céu ou ao → INFERNO com vontade antecedente a qualquer consideração do mérito, e Cristo morreu apenas para os predestinados que recebem a graça eficaz. Não resta ao homem nenhuma outra liberdade além da exterior, ou seja, a imunidade de coação ou violência física externa.

De acordo com esses princípios iniciou-se a propaganda jansenista por meio da → DIREÇÃO ESPIRITUAL, da ação pastoral, de livros e opúsculos repletos do mesmo espírito. O grande apóstolo da espiritualidade jansenista e grande amigo de Jansênio foi Saint-Cyran (Jean du Vergier de Hauranne, 1581-1643), que atraiu para a causa o célebre mosteiro cisterciense de Port-Royal des Champs, as famílias Le Maitre e Arnauld, que dominaram o centro doutrinal e propagandista mais importante, ou seja, os solitários de Port-Royal, que teve como líderes, depois de Saint-Cyran, Antoine Arnauld (1612-1694) primeiro, e Pierre Nicole (1625-1695) depois.

A. Arnauld traçou o sistema sacramentário da nova moral jansenista na obra *De la fréquente communion* (1643); defendeu com todos os meios a causa jansenista das condenações romanas e propagou o movimento fora da França, fugindo para a Holanda em decorrência de perseguições; dali o jansenismo se difundiu nas outras nações europeias, adquirindo uma crueza e consistência especial na Itália do século XVIII e nos primeiros decênios do século seguinte.

b) *Normas de vida espiritual*. A espiritualidade jansenista passou por notáveis evoluções ao longo de sua história, como todo o movimento aliás. Primeiro e enquanto não ultrapassou as fronteiras da França, manteve um caráter predominantemente individualista ou pessoal, insistindo de preferência na → VIDA INTERIOR de cada indivíduo. Além das manifestações de tipo social, apresentou aspirações de reforma disciplinar.

Os primeiros mestres insistiam sobretudo nas disposições interiores que devem caracterizar a piedade e a devoção. Só quando começou a adquirir consciência de bloco ou de grupo começaram a se apresentar questionamentos referentes às expressões comunitárias da piedade, assim como das devoções. Nem sempre as respostas foram unânimes e claras. É o caso da devoção à Santíssima Virgem que, depois da publicação do famoso opúsculo *Monita salutaria* (1673), assumiu em alguns deles certo caráter nestoriano.

Após o despertar da "segunda época", a denominada quesneliana, começa a se afirmar com tenacidade e sistematicamente a reforma disciplinar e litúrgica jansenista, cuja última manifestação deve ser buscada no Sínodo de Pistoia. É nessa época que começam a se multiplicar as obras sobre a "verdadeira" devoção e que se declara guerra aberta contra as devoções tradicionais, como a *via crucis*, as indulgências e a do Sagrado Coração, embora não se tenha demonstrado historicamente que existe uma relação entre a atitude jansenista e as aparições de Paray-le-Monial.

No fundo, para toda a espiritualidade jansenista, é preciso levar em conta as tendências e orientações originárias do movimento, embora se trate de manifestações comunitárias ou sociais. Elas são o reflexo da mentalidade criada desde as origens e dos princípios dogmáticos que animam o movimento cismático.

Pressupondo-se que Deus tenha escolhido poucos, a atitude do cristão deve ser o "temor"; temor servil diante da perspectiva de não se encontrar no número dos eleitos. A graça que Cristo conquistou para os eleitos certamente chega até nós por meio dos → SACRAMENTOS, mas para recebê-los é preciso ter muita pureza e perfeição; poucos são dignos de recebê-los, portanto se apresentam mais como um fim ou um prêmio da perfeição que como meio para alcançá-la. A pureza necessária para se aproximar deles exige muita penitência e → DOMÍNIO DE SI. Por isso os exercícios preferidos do cristão devem ser a mortificação e a penitência, para não ser dominados pela *delectatio terrestris*. Além de ser de reparação, o exercício da penitência chegará a dar uma espécie de persuasão da própria eleição. Necessariamente, a autêntica penitência deve traduzir-se em um sentimento de humildade, que será, por sua vez, base da oração "do servo que se apresenta temeroso diante do seu Senhor".

3. ASPECTOS DA SUA EVOLUÇÃO HISTÓRICA. Seguindo as linhas-mestras da sua evolução histórica, podemos fazer a esta cronologia do jansenismo:

a) O jansenismo teológico se desenvolve certamente entre 1640 (época em que é publicado o *Augustinus*) e 1668-1669, data da chamada "paz

Clementina". São bem evidentes as suas relações com o galicanismo, mas nesse período mantém abertamente um caráter de predominância dogmática e espiritual. As polêmicas sobre a moral mantêm-se, contudo, em um plano de discussão teológica e se concretizam no proselitismo em favor de uma espiritualidade exigente e anti-humanista, estilo Saint-Cyran.

b) O jansenismo moralista e também o parlamentar se unem a partir de 1700, com o surgimento de Pascásio Quesnel. O que há nele de teológico e de disciplinar permanece inalterado até a aceitação da bula *Unigenitus* em 1728. Distinguem-se duas direções: a popular ou espiritual que se desdobra em tendências tão opostas como a do misticismo convulsionário de São Medardo ou de Fareins e a do ascetismo penitencial exacerbado da segunda geração de Port-Royal. Esta última por fim domina a situação e se estende para fora da França; e a aristocrática e teorizante que, refugiada no parlamento galicano, adota todas as posições do episcopalismo e se alia a algumas formas de regalismo. Esse movimento, mascarado em inúmeras formas, não faz outra coisa senão disseminar confusão e cizânia no conturbado campo dos sistemas morais.

c) O jansenismo reformista e jurisdicionalista, por sua vez, conhece a sua época de maior esplendor entre 1718 e 1794. A primeira data corresponde à fuga de Van Espen para o refúgio jansenista de Amersfoort; a segunda, à publicação da bula *Auctorem fidei*, que fulmina as ousadias e os excessos de Scipione Ricci na tentativa conciliar de Pistoia.

d) Há alguns anos começou a circular o termo "jurisdicionalismo" pela necessidade de reunir sob um mesmo denominador toda uma série de manifestações de estrita afinidade e parecidas com o jansenismo. Trata-se de movimentos históricos vivos, ligados a correntes cesaripapistas que, dependendo de suas peculiaridades doutrinais ou territoriais, recebem nomes diferentes: "galicanismo", "febronianismo", "jofesismo", "regalismo". Concordam em separar os poderes civis e eclesiásticos, mas transferindo aos primeiros os direitos inalienáveis dos segundos. Por isso transformam os antigos privilégios em direitos naturais do Estado, passando do jurisdicionalismo ao "jusnaturalismo".

e) Nos séculos XVII e XVIII essas correntes se estenderam por toda a Europa, com as doutrinas do jansenismo que age em duas frentes convergentes: o da hierarquia eclesiástica e o dos poderes públicos. O clero superior anseia em eliminar o mais possível a dependência de Roma, preferindo a tutela do Estado. Nasce assim o episcopalismo nacional, que se preocupa em aumentar as suas prerrogativas e imiscuir-se na coisa pública muito mais que do bem das almas. Ajudam-no em suas pretensões ministros prepotentes e monarcas absolutistas ou sacristãos. Todos se inspiram nos princípios galicanos e jansenistas para obter reformas jurídicas e disciplinares.

f) O precursor e arauto dessas ideias galicano-jansenistas foi o professor louvaniense Zeger-Bernard van Espen, conselheiro de príncipes e bispos, organizador de programas escolásticos nos círculos europeus. Não obstante as reiteradas condenações de seus escritos (1704, 1713 e 1732) sua influência foi enorme, e quando, em decorrência da suspensão *a divinis*, se refugiou no asilo jansenista de Armersfoort em 1728, seus livros e suas ideias tinham seguidores em todas as nações do velho continente.

O discípulo João Nicolau Hontheim encarregou-se de concentrar e sistematizar as suas doutrinas em *Iurisconsulti de statu Ecclesiae* com o pseudônimo de Justino Febrônio. Não adiantou muito nem mesmo a inclusão dessa obra no Índex por determinação de Clemente VIII em 1765. O jansenismo jurisdicionalista continuou o seu avanço até chegar à sua expressão mais audaciosa com o programa de reforma sancionado pelo Conciliábulo de Pistoia em 1786.

g) Na evolução histórica do movimento, Pistoia é um termo de importância excepcional. Evidencia o que era e o que significava realmente o jansenismo na confluência dos séculos XVIII e XIX. A expressão parlamentarista e jurisdicional está no auge; é ela que se opõe e desafia as legítimas forças da Igreja. Mantém-se oculta a corrente teológica e espiritual; por menos visível e combativa, não é certamente menos perigosa.

Em virtude dos princípios de autonomia que se vão difundindo de acordo com o regalismo e o galicanismo, o jansenismo reformista se julga bastante forte para estabelecer uma nova disciplina eclesiástica válida para toda a Igreja. Na verdade ainda não se desvaneceram os sonhos dourados alimentados na intimidade quer por Jansênio quer por Saint-Cyran.

No que concerne à vida interna da Igreja e à devoção do povo cristão, a reforma que se deseja impor desde Pistoia, não é outra coisa senão o retorno ao antigo e misterioso jansenismo dos tempos teológicos e espirituais. As decisões se reduzem a isso. Primeiro a aceitação dos quatro artigos galicanos de 1682. Depois a leitura e a meditação da Bíblia com os comentários de Quesnel. O complemento da espiritualidade, que as meditações de um mestre tão excelso deveriam fazer renascer nas almas fervorosas, era o novo código da devoção cristã: cautela no uso dos sacramentos; condenação das devoções nocivas como a do Sagrado Coração, da via-crúcis (→ CRUZ), dos → EXERCÍCIOS ESPIRITUAIS, das missões populares, das indulgências, das missas pagas etc.

Evidentemente o jansenismo não havia renunciado aos seus dogmas fundamentais. Se ousava se proclamar assim abertamente, é porque acreditava na própria realização e conhecia a difusão que atingira secretamente, graças ao apoio de numerosos simpatizantes, não poucos dos quais eram totalmente alheios às intenções dos promotores conscientes. Por outro lado, pecava por ingenuidade ao propor a abolição de todas as Ordens religiosas para substituí-las por uma só que devia adotar a regra e o espírito do mosteiro de Port-Royal. Seja como for, manifestações como a de Pistoia demonstravam claramente que o jansenismo não estava falido.

h) Sem dúvida alguma, a enérgica e válida constituição *Auctorem fidei* (agosto de 1794) desferiu um duro golpe no jansenismo ainda que não tenha conseguido destruí-lo completamente. Aproveitando as trágicas jornadas da Revolução e das provocações napoleônicas, o movimento pretendeu recobrar forças sustentando-se na impotência papal. Contudo, a sua tendência jurisdicionalista foi perdendo consistência e adeptos na hierarquia eclesiástica e teve de se refugiar nos ministros liberais, maçons e anticlericais.

Depois da sistemática condenação de 1794, o jansenismo sobrevive em duas tendências: a político-religiosa e a íntima da espiritualidade. A primeira, mais fácil de combater, representa um conjunto confuso de práticas e de ideias jurisdicionais da antiga tendência regalista, que não consegue eliminar a primeira geração liberal. Os tristes epígonos do movimento se prolongam por mais tempo exatamente nas nações que, como a Itália e a Espanha, haviam recebido a mensagem jansenista em épocas muito posteriores. Além disso, a reação ultramontana foi menos eficaz porque menos necessária. Nos albores do século XIX, a tendência rigorista e indefinida do jansenismo, vinculada por séculos à espiritualidade católica, era provavelmente mais perigosa que a vinculada às intervenções cesaripapistas da política europeia.

No que diz respeito ao segundo aspecto, embora o jansenismo dogmático do século XVII não resistisse aos golpes das condenações pontifícias, o veneno inoculado na devoção tradicional não deixou de produzir efeitos perniciosos, às vezes mortais. Desde os primeiros tempos iluminou um modo de ser cristão, uma forma de viver o espírito do Evangelho que não desapareceu completamente nem mesmo nos últimos tempos.

Voltou a brotar milhares de vezes em sistemas morais ou códigos disciplinares que descobriam a sua existência latente e criavam situações confusas. Os séculos XVII e XVIII testemunharam a confusão semeada pelos rigoristas e pelo relaxamento moral, provocada quase sempre pelos ataques jansenistas. Seus contatos exteriores e manifestos com a ortodoxia culminaram em Pistoia, onde praticamente sucumbem as suas veleidades. Prosperou, como constante histórica, o clima exigente e rigorista. Foi favorecido, em boa-fé, por almas grandes e espíritos generosos enganados pelas aparências.

Com o desmascaramento progressivo em todos os seus aspectos por causa da intervenção romana, os partidários do jansenismo de fé sincera e de convicções absolutamente católicas não percebiam que eram vítimas de uma mentalidade originada dos rigorismos pregados por Saint-Cyran e codificados por seu discípulo Antônio Arnauld. Foi necessária uma paciente e diuturna obra de reação para purificar a atmosfera espiritual viciada desde os tempos de Port-Royal.

BIBLIOGRAFIA. ADAM, A. *Du mysticisme à la révolte. Les jansénistes du XVIII siècle*. Paris, 1968; BATLLORI, M. En torno al jansenismo y al antijansenismo. *Archivum Historicum Societatis Iesu* 50 (1981) 144-151; CAFFIERO M. *Lettere da Roma alla Chiesa di Utrecht*. Roma, 1971; CEYSSENS, L. *La seconde période du Jansénisme. T. I. Les débuts: sources des années 1673-1676*. Bruxelles-Rome, 1969; CEYSSENS, L. Les jugements portés par les théologiens du Saint-Office sur les 31 propositions rigoristes condamnées en 1690. *Antonianum* 56 (1981) 451-466; CEYSSENS, L. – MUNTER, S. DE *Sources relatives à l'histoire du Jansénisme et de l'anti-jansénisme des années 1661-1672*. Louvain, 1970; COGNET, L. *Le jansénisme*. Paris, 1968; JANSEN, P. *Le Cardinal Mazarin et le mouvement janséniste français: 1653-*

1659. Paris, 1968; Matteucci, B. *Il giansesimo*. Roma, 1954; Id. *Scipione de' Ricci, saggio storico-teologico sul giansenismo italiano*. Roma, 1941; *Nuove ricerche sul giansesismo*. Roma, 1954; Orcibal, J. *Les origines du Jansenisme* (publicado desde 1946, já editados 5 vls.); Passerin d'Entrèves, E. Ricerche sul tardo giansenismo italiano. *Rivista di Storia e Letteratura Religiosa* 3 (1967) 279-350; Stella, P. Giansenismo e agiografia in Italia tra '700 e '800. *Salesianum* 42 (1980) 835-853; Id. *L'oscuramento della verità nella Chiesa dal Sinodo di Pistoia alla bolla "Auctorem fidei"*. *Salesianum* 43 (1981) 731-756; Id. *Il Giansenismo in Italia*. Vol. I/1- *Piemonte*. Roma, 1970; Taveneaux, R. Permanences jansénistes au XIXᵉ siècle. *XVII's* 32 (1980) 397-414; Zovatto, P. *Introduzione al giansenismo italiano*. Trieste, 1970; Id. Indagini sul giansenismo. *Divinitas* 14 (1970) 332-346.

E. Pacho

JEJUM. Jejuar significa a abstenção total ou parcial de alimentos e bebidas. Os motivos pelos quais se pode jejuar são inúmeros, mas substancialmente pertinentes a uma dupla ordem de considerações: exigência natural ou experiência religiosa. É exigência natural quando se impõe por instinto diante de particulares situações psicofísicas ou somente climáticas; assume, então, o significado de "repouso fisiológico" que favorece a desintoxicação do organismo. Exige a adoção de algumas medidas que favoreçam os seus efeitos benéficos: aceitação e graduação, um estado psicofísico e espiritual que evite a dispersão de energias, ambiente adequado, rico de paz e tranquilidade, tempo para praticá-lo (o ideal é uma jornada inteira periodicamente).

Podemos posteriormente acrescentar que se esse tipo de jejum for acompanhado por uma livre escolha pelo indivíduo, que age nesse sentido para exercitar as virtudes (em um contexto também estranho às prescrições da Igreja) e regula as suas modalidades de modo racional, é chamado pelos teólogos de "jejum moral filosófico".

O jejum traduz-se em experiência religiosa quando não se limita a influir beneficamente no físico, mas age também no espírito. A contribuição das diversas religiões, nesse sentido, é notável: basta pensar no hinduísmo, no islamismo e no judaísmo.

Para os orientais, pode-se fazer referência a Gandhi († 1948), que atribui ao jejum a única possibilidade de controle não só do paladar, para chegar à verdadeira felicidade, mas também aos outros sentidos, para "a conquista do mundo inteiro e para tornar-se parte de Deus" (*Antiche come le montagne*, 149-150).

O jejum físico, no entanto, deve ser acompanhado pelo jejum mental, sob pena de cair em hipocrisia e em ruína. Em cada caso, todavia, o jejum requer preparação para enfrentar não só a resistência interior, mas também a oposição de todos que logo se mostrarão preocupados pelas danosas consequências físicas que daí podem derivar.

O jejum pode ser prescrito à comunidade, como também pode depender da vontade de cada um, obedecendo a diversos objetivos: exercício de penitência, purificação para propiciar a comunhão do ser humano com Deus, expressão de luto ou de preparação para determinados rituais. Nesse último sentido, pode-se fazer referência ao ramadã (o nono mês do ano lunar muçulmano), que consiste na absoluta abstenção de alimentos, bebidas, fumo e relações sexuais, do amanhecer até o pôr do sol.

Quanto ao judaísmo, o jejum é louvado e ordenado, segundo emerge de várias passagens do Antigo Testamento (Tb 12,8; Jt 8,6; Jl 2,12-17; Est 4,16; 2Mc 13,12; Jz 20,26) nas quais se afirma que os judeus eram obrigados a jejuar no décimo dia do sétimo mês e que, durante o exílio, foi instituído o jejum do quarto, quinto e décimo mês. A crítica profética, todavia, sobretudo a de Isaías, sublinha que o jejum não será suficiente para aplacar o Senhor se não for acompanhado por uma verdadeira penitência e pela observância da justiça e da caridade (Is 58,1 ss.).

Fundamental, portanto, não é o jejum, mas a conversão à qual ele conduz.

A tradição da Igreja, além de fazer referência ao Antigo Testamento, se reporta ao exemplo de Jesus que jejua quarenta dias e quarenta noites no deserto (Mt 4,2; Mc 1,13; Lc 4,2). Embora Cristo não tenha imposto o preceito do jejum como superação dos exageros farisaicos (Lc 18,12), anuncia aos discípulos que deveriam jejuar à espera de sua volta, prescrevendo o modo de o fazer: evitar a ostentação e a hipocrisia (Mt 6,16-18). Assim, também os apóstolos jejuaram, sobretudo no momento da eleição dos ministérios (At 13,2-3).

O significado do jejum chega portanto carregado de valores cristológicos e sacramentais, com os quais é reproposto também no âmbito cristão. Nesse sentido, São Paulo convida a captar o sentido mais profundo do jejum, que vai além do aspecto físico (Fl 4,12; Rm 14,6.17; 1Cor 10,31; 1Tm 4,4-5; 2Cor 6,5-6.11-27) para situar-se em uma relação de maior comunhão com Deus, embora castigando o corpo e mantendo-o escravizado.

A Igreja, sucessivamente, fixou os dias do jejum — a *Didaqué*, 8,1 o prescreve na quarta-feira (traição de Cristo) e na sexta-feira (crucifixão) —, apesar de alguns Padres, como → JERÔNIMO († 419-429) (*Ep* 27) e Pedro Crisólogo (V) (*Sermo 11*), sustentarem que os apóstolos tenham ordenado o jejum somente na Quaresma. Entre os Padres e escritores eclesiásticos antigos que mais recomendaram a prática do jejum, devem ser lembrados: → TERTULIANO († 220) (*De jeiunio*, CCL 2, 1.257-1.277), o *Pastor* de → HERMAS (II) (*Similitudines*, V, 1-5); → CLEMENTE DE ALEXANDRIA (II-III) (*Pedagogo*, II,1); → ORÍGENES († 253) (*in Leviticum*, hom. 10); Atanásio († 373) (*Carta* I, 3-7).

Dos Padres orientais citamos São Basílio († 379): "O jejum é antigo, visto que teve origem com a criação do ser humano" (*Hom.* 1: *PG* 31, 168a; *Hom.* 2: *PG* 31, 185-197); Severo de Antioquia († 538), afirma que aquele que jejua dá à criação a sua glória primitiva (*Hom.* 68: *PO* 8, 367-388); → EVÁGRIO PÔNTICO († *c.* 399) (*Sommario di vita monastica*, Fil. I, 105); → DIÁDOCO DE FOTICEIA († *c.* 486) (*Definizioni*, Fil. I, 365); → MÁXIMO, O CONFESSOR († 662) (*Sulla carità, I Centuria*, Fil. II, 200); Pedro Damasceno (X-XI) (*Argomento del libro*, Fil. III, 71); → JOÃO CLÍMACO (VII) (*Scala Paradisi*, grau XIV: *PG* 88); → TEODORO STUDITA († 848) (*Serm.* 53-55, 59, 61); e entre os menores, Talasso Líbio e Africano (VII): "Quando jejuares até à noite, não te alimentes até saciar-te, para não edificares novamente aquilo que destruíste" (*A Paolo presbitero*, Fil. II, 337); Elias Presbítero e Ecdico (XII): "Nem o corpo pode ser purificado sem jejuns e vigílias, nem a alma sem misericórdia e verdade" (*Antologia gnomica*, Fil. II, 419.425). Entre os ocidentais são lembrados: João → CASSIANO († 435) (*Institutiones*, V, 21-27; *Collationes*, 17-26); Jerônimo († 419-420) (*Ep 130*, 10-11), para o qual o jejum é o fundamento das outras virtudes; → AGOSTINHO, que afirma que o jejum eleva o espírito (*De utilitate ieiunii*, CCL 46, 231-241); Santo → AMBRÓSIO († 397) (*De Elia et de ieiunio*); → LEÃO MAGNO († 461) (*De ieiunio decimi mensis*; *Tractatus de ieiunio quadragesimale* etc.). Pedro Crisólogo (*Serm.* 8, 41, 42, 43); Massimo di Torino (IV-V) (*Serm.* 50, 69); → CESÁRIO DE ARLES († 542) (*Serm.* 198); → GREGÓRIO MAGNO († 604) (*In evangelia I Hom.* 16).

Segundo a concorde tradição cristã, a prática do jejum aparece estreitamente ligada à conversão e à purificação interior. Essa prática, no arco da história da Igreja, nunca diminuiu, fosse em meio a excessos ou relaxamento.

O Concílio Vaticano II (const. lit. 110.189-198) a reevocou com veneração, confirmando o preceito do jejum pascal (chamado "jejum eclesiástico"), no início da Quaresma, sexta-feira da paixão e sábado santo. A Conferência episcopal italiana determinou, em seguida, que esse jejum obriga a fazer uma única refeição durante a jornada, permite tomar um alimento pela manhã e à noite, e inclui todos os fiéis dos 21 aos 60 anos completos. A esse respeito poderá ser de utilidade prática lembrar os três graus de jejum segundo a antiga práxis: abstenção de alimentos e bebidas (exceto água), que constitui a forma mais rigorosa; ingestão unicamente de frutas, que representa uma forma intermediária, também fisiologicamente eficaz; tomar somente pão (e água), nesse caso exige-se um mínimo de calorias conforme os compromissos da jornada; (por exemplo, como prescreve Santo Antonio Maria Zaccaria na *Constituição* dos barnabitas. *Escritos*, Roma, 1975, 232).

Os aspectos mais importantes do jejum são:

a) é considerado um momento de graça, capaz de fortalecer as virtudes, gerar oração, ser fonte de serenidade, doutor da "*esichia*" e precursor de todas as boas qualidades, e, sobretudo, permite ao ser humano abrir-se para um outro alimento: a vontade de Deus (Jo 4,31-34);

b) possui estreita ligação com a oração, conta-se somente com Deus (Tb 12,8; Jz 20,26; Sl 34,13); é gesto visível com o qual se pede perdão e misericórdia (Gl 1,14; 2,17; Jt 4,13; Mt 17,21; Mc 9,29); é sinal de amor pelos outros (Est 4,16; Sl 34,13; *Didaqué* 1,3); predispõe para uma empresa difícil (Mt 4,2; At 14,23; Ex 34,28; 1Rs 19,8; Dn 9,3.27; 10,12);

c) inclui a mudança de vida: com efeito, não possui validade em si mesmo, somente se for ligado à conversão (Mt 9,13; 6,16-18), segundo uma dupla direção: a autodisciplina e o exercício da caridade espiritual e material (Tb 4,8).

Convém observar que, em geral, o jejum não é intercambiável com a oração e as obras de caridade, por causa de seu peculiar significado. Só um falso espiritualismo pode considerar irrelevante a dimensão corporal do sacrifício.

Em suma, pode-se dizer que no âmbito cristão o jejum é muito mais experiência cristológica que exercício de pura ascese, visto que o objetivo da vida é a comunhão com Deus: o jejum libera a força vital da sujeição ao alimento e demonstra que é Deus que, na verdade, mantém a vida de nosso corpo.

Recapitulando, na prática do jejum cristão emergem quatro aspectos: 1. *teologal*, porque predispõe a encontrar Deus na essencialidade e é sinal de deificação do corpo que, levantado pelo Espírito, foge da necessidade de sua condição corruptível; 2. *existencial*, direcionado para decisões de vida que implicam na superação da provação; 3. *terapêutico*, enquanto nos cura da "fome de orgulho" de Adão; 4. *penitencial*, ao indicar o propósito de conversão e de purificação do coração.

BIBLIOGRAFIA. *Dictionnaire de Spiritualité*. Paris, 1974, 1.174, vl. VII; GANDHI. *Antiche come le montagne*. Milano, 1973; HAUSHERR, I. *Solitudine e vita contemplativa*. Brescia, 1978; PARAMAHANSA YOGANANDA. *L'eterna ricerca dell'uomo*. Roma, 1980; PAULO VI, Const. apost. *Poenitemini*, parte III, 3-4. In: *Enchiridion Vaticanum* I. Bologna, 1971, 2.081-2.082; SCHMITH, J. H. *Digiuno come rinnovamento físico, mentale e spirituale*. Torino, 1986; SHELTON, H. M. *Digiunare per guarire*. Roma, 1981.

A. GENTILI – M. REGAZZONI

JERÔNIMO (São). 1. NOTA BIOGRÁFICA. Nasce entre 340-7 em Estridão (pequena localidade situada nas fronteiras entre a Dalmácia e a Panônia) de família cristã. Enviado ainda jovem a Roma, para completar a formação literária, ali permanece por alguns anos (358-64), assistindo às aulas do célebre retor Donato: o estudo obstinado dos clássicos e a vida dissoluta caracterizam a estada na capital. Por volta do ano de 365, antes de se mudar para Trier, recebe o batismo. Saindo de Trier, estabelece-se em Aquileia (370-4?). Impelido pelo ideal ascético e por conflitos familiares, decide retirar-se para a solidão do Oriente. Chega a Antioquia, onde é acolhido bondosamente por Evágrio, o futuro bispo, e se isola por um ano no deserto de Cálcis, pouco distante da cidade onde vive a primeira grande experiência ascética. Doenças e incompreensões por parte dos monges, que o acusam de sabelianismo, tornam mais dura e árdua a solidão. Em 376 encontra-se de novo em Antioquia onde assiste às aulas de Apolinário (377-378) e se deixa ordenar sacerdote pelo bispo Paulino, com a explícita condição de não ser agregado ao clero antioqueno. De Antioquia transfere-se para Constantinopla (379-382) e ouve os discursos de Gregório Nazianzeno, de quem se torna admirador e discípulo. Em 382, com Epifânio de Salamina e Paulínio de Antioquia, zarpa para Roma "por necessidade da Igreja" (*Cartas* 127, 7). Em Roma (até o ano de 385) auxilia o papa Dâmaso no Concílio de 382 e torna-se seu secretário e confidente. São anos de intensa atividade de estudioso e formador de almas. No Monte Aventino, funda e dirige um cenáculo ascético, centro de alta espiritualidade: dele participam damas da aristocracia, entre as quais Marcela, com a mãe Albina e a virgem Asela, e Paula, com as filhas Eustóquia e Blesila. Com a morte de Dâmaso em 384 e a ascensão de Sirício ao trono pontifício, muitos integrantes do clero, atingidos e feridos por sua palavra fustigante e denunciadora dos abusos cometidos por eles, dirigem-lhe acusações infamantes. Indignado, deixa Roma e retoma o caminho para o Oriente. Desembarca em Antioquia com o irmão Pauliniano, o padre Vicente e alguns monges. Ao grupo se juntam Paula e Eustóquio com outras freiras. Jerônimo se dirige para Belém. Antes de se estabelecer ali, onde Paula fez construir dois monastérios, um para as freiras e outro para os monges, bem como uma hospedaria para os peregrinos, visita a Galileia e o Egito, onde encontra e ouve → DÍDIMO, O CEGO, a quem propõe problemas escriturísticos.

O ano de 386 marca a fase mais dinâmica da sua vida. Atividade ascética de árdua penitência, direção espiritual dos mosteiros, estudo aprofundado do hebraico, tradução e comentário dos livros sagrados, polêmica aberta contra Joviniano, Elvídio, João de Jerusalém, por causa da incômoda questão origeniana. Esta última polêmica torna-se mais aguda e violenta em decorrência da personalidade entusiástica e indômita de Jerônimo, da imprudência de Rufino, das interferências de Teófilo de Alexandria e de Epifânio de Salamina e sobretudo das manobras desleais de seus amgios romanos. Morreu em 30 de setembro de 420 (419?).

2. ESCRITOS. Entre os Padres dos séculos IV e V, o maior erudito é Jerônimo. A amplitude e solidez de sua cultura, especialmente nos campos escriturístico, histórico, geográfico e filológico,

consagram-no como um dos mestres mais admirados e venerados. Como exegeta, é sempre autoridade de primeira ordem. Devemos ter em mente que ele comenta os livros sagrados não em perspectiva puramente alegórica, nem estritamente literária, mas mistura uma e outra com equilíbrio de maneira a extrair considerações tanto de ordem científica quanto espiritual.

a) *Exegéticos*. Deixamos de lado os trabalhos de revisão e de tradução dos textos sagrados para nos limitar a avaliar apenas os comentários que constituem a parte melhor e mais importante do Jerônimo escriturista. O *Comentário aos profetas menores*, iniciado em 392 e concluído em 407, seguido pelos *Comentários aos profetas maiores*, escritos de 407 a 416. O de Jeremias fica incompleto. Acrescentam-se os *sobre o Eclesiástico* (386-387), *sobre alguns salmos*, *sobre o evangelho de Mateus* (398) e *sobre quatro cartas do Apóstolo*: Gálatas, Efésios, Tito e Filêmon (387-389).

b) Polêmicos. *Contra João de Jerusalém* (396), *Apologia contra Rufino* em três livros (401-402), *Contra Elvídio* (383), *Contra Joviniano* (393), *Contra Vigilâncio* (406), *Contra os Pelagianos*. Deve-se acrescentar a *Altercatio contra os luciferianos* (380?).

c) Históricos. *De viris illustribus*: contém informações sobre 135 escritores, de São Pedro ao próprio Jerônimo. Obra preciosa, não obstante as inexatidões, parcialismos e confusões. As *Biografias de São Paulo Eremita* (376), *de Malco monge* (386-387), *de Santo Hilarião* (391). As *Cartas* 60, 108 e 127 podem ser consideradas verdadeiras biografias de Nepociano, de Paula e de Marcela.

d) Epistolário. Compreende 125 *cartas* escritas por Jerônimo para vários destinatários, bem como cerca de vinte endereçadas a ele. São particularmente relevantes: as ascéticas, *a Heliodoro* (14), *a Eustóquio* (22), *a Nepociano* (52), *a Fúria* (54), *a Salvina* (79), *a Leta* (107), *a Rústico* (125), *a Principia* (127), *a Asela*; as científicas, escriturísticas e teológicas, especialmente as enviadas *a Agostinho* (102, 112, 115, 134, 141, 142, 143).

e) *Discursos a monges* reunidos por G. Morin em 1895, 1897 e 1901 (*Anedocta Maredsolana*, III): comentários espirituais aos Salmos e ao Evangelho de Marcos e homilias. Além disso, é preciso lembrar também as traduções de 78 *homilias* de → ORÍGENES (380-392), dos *Princípios* (399), das *Cartas pascais* de Teófilo de Alexandria, de uma *Carta* de Epifânio de Salamina, da *Regra* de São → PACÔMIO, do *Onomástico* e do *Cronicon* de Eusébio, com o acréscimo por parte de Jerônimo da continuação de 325 a 378.

Diante da múltipla e vasta produção literária é justificada a afirmação de Sulpício Severo: "Jerônimo está imerso dia e noite no estudo, afogado, por assim dizer, em seus livros; não se reserva uma hora de descanso: quem o procura não demora a encontrá-lo a ler ou a escrever, e não existe maneira de tirá-lo de sua mesa de trabalho, repleta de todo tipo de papelada" (*Diál.* 1, 9).

3. DOUTRINA. A riqueza de pensamento espiritual encontra-se no Epistolário de Jerônimo: nas cartas, o santo se revela mestre de vida, ainda que exigente e totalitário. Os destinatários pertencem a todas as classes sociais e estados de vida. O princípio que justifica a ascese cristã, em todas as suas manifestações, é a exigência de seguir e imitar Cristo: "A cada dia, quem acredita em Cristo toma a própria cruz, e se renega" no esforço de renovar o melhor possível a própria vida, conforme o próprio Cristo (*Cartas*, 121, 3). Quem tem a convicção de pertencer a Cristo vive o estado de renúncia de si, não só no tempo de perseguição e no martírio, "mas em toda conversa, ação, pensamento, discurso" para reafirmar a nova realidade de quem foi consagrado em Cristo. É a visão do cristianismo autêntico que Jerônimo apresenta aos fiéis, sejam eles pequenos ou grandes, vivam no mundo ou no deserto, casados ou consagrados, leigos ou sacerdotes. Cada estado de vida, com suas próprias exigências, tende a eliminar da alma tudo o que não corresponde à perfeita configuração com Cristo: "Não te é suficiente desprezar as riquezas, se não segues Cristo: segue Cristo quem deixa o pecado e vive a virtude" (*Cartas* 66, 8-12; cf. 77, 2). Jerônimo quer um cristianismo convicto, consciente e generoso e indica seus meios. a) O estudo e a meditação dos livros sagrados são para todos fonte de conhecimento para penetrar o mistério cristão, para vivificar o espírito e fortalecê-lo para o heroísmo (cf. *Cartas* 148, 14.24; 130, 20; 128, 4; 125, 7.11; 54, 10; 58, 9). Estudo e meditação que devem acompanhar o desenvolvimento espiritual desde a infância e perdurar por toda a vida. É nos livros inspirados que Deus fala à alma e lhe revela os segredos de santidade: "Quando rezas, falas com o Esposo; quando lês, é o Esposo que fala contigo" (*Cartas* 22, 25; 60, 10). b) A oração, que deveria ser contínua, mantém o contato com Deus e revigora a caridade (*Cartas* 22, 27; 148;

24, 15). c) O → JEJUM que serve para refrear os impulsos da natureza corrompida, para reprimir os movimentos inconvenientes da carne, para reparar as faltas cometidas e fortalecer o espírito, deve permanecer nos limites sugeridos pela prudência e pelas situações concretas de vida para não se expor ao perigo de fazer o jogo do diabo e se tornar impotente para cumprir o dever a que se está obrigado (cf. *Cartas* 52, 12; 130, 10-11; 148, 22). d) A Eucaristia, segurança no caminho: "Está sempre em perigo [...] quem se apressa em chegar à morada celeste sem o pão celeste" (*In Matth.* 2, 15).

Ensinamentos particulares. a) Os jovens: a formação cristã é esclarecida por Jerônimo em algumas *cartas*: expõe os princípios de uma boa pedagogia centrada na delicadeza dos sentimentos, dos afetos, no temor a Deus, na leitura dos livros sagrados, especialmente dos Evangelhos, no retiro, na oração e na separação dos sexos, na mortificação da gula, da vaidade, da loquacidade. O clima de família, sereno e honesto, é o elemento adequado para o crescimento na santidade e na virtude (cf. *Cartas* 107 e 128). b) Os esposos: Jerônimo desaconselha as segundas núpcias, mas tem o casamento em grande apreço, embora a ele prefira a virgindade (*Contra Joviniano*, 1, 3.12.16.26.32; *Cartas* 22,20; 148, 2-25). c) As viúvas: que o vazio deixado pelo marido seja preenchido por Cristo, o verdadeiro e grande amor. Que os prazeres lícitos cedam lugar à mortificação dos sentidos, que a vaidade seja substituída pela busca de → DEUS unicamente, o luxo seja sepultado na humildade, as conversas se transformem em oração e em leitura dos livros sagrados (*Cartas* 79, 1 e 75, 2). d) Os sacerdotes: o elevadíssimo conceito de sacerdócio em Jerônimo inspira-o a escrever páginas admiráveis sobre os deveres dos ministros de Deus. A *Carta* 52, a Nepociano, é um verdadeiro tratado sobre os deveres sacerdotais. A ciência necessária ao sacerdote: "A santa simplicidade só é útil para si mesmo: e quanto mais edifica a Igreja de Cristo pelo mérito da vida, tanto mais lhe é prejudicial se não sabe responder a quem a contradiz" (*Cartas* 53, 3); evitar os banquetes dos seculares, especialmente dos ricos porque participar deles seria algo indecente para um sacerdote do Crucificado e pobre (*Cartas* 52, 11); evitar a familiaridade com as mulheres: ou ignorar inteiramente as mulheres ou amá-las todas com o mesmo afeto sobrenatural e nunca ficar sozinho com elas, por causa da honra devida ao estado clerical e do perigo sempre atual de trair a consagração (*Ibid.*); evitar a avareza; o sacerdote; "que é parte do Senhor ou tem o Senhor como sua parte, deve comportar-se de modo a possuir o Senhor ou a ser possuído pelo Senhor" (*Ibid.*, 5); liberalidade para com os necessitados: "A glória do bispo (sacerdote) é prover às necessidades dos pobres. A ignomínia de todos os sacerdotes é buscar as próprias riquezas" (*Ibid.*, 6); estudo e pregação: que a Escritura seja o livro do sacerdote: "Lê com frequência as divinas Escrituras, ou melhor, que nunca a sagrada leitura caia de tuas mãos; aprende aquilo que deves ensinar" (*Ibid.*, 7). Ao estudo se acrescente a integridade de costumes para que não se perceba a contradição entre aquilo que se ensina e aquilo que se faz; é preciso "que a mente e a boca dos sacerdotes de Cristo concordem" e ao expor a doutrina se tenha presente a necessidade dos ouvintes e não a vaidade: trata-se de administrar o sacramento-mistério de Deus (*Ibid.*, 8). e) Os monges: o monasticismo, em sua realidade própria, é: vida angélica (*Cartas* 7), profética (*Cartas* 22, 9; *In Ezech.* II, 1, 17; *Cartas* 96, 12), apostólica (*Cartas* 14, 1), dinâmica (*Cartas* 130, 7), celeste (*Cartas* 24, 3; 125, 8). São essas características de vida que exigem do monge solidez de vocação, amor pela solidão, generosidade plena, desapego de tudo e de todos, sem excluir os parentes mesmo se esse desapego exige o heroísmo de passar sobre o corpo do próprio pai porque "a devoção por Deus não é crueldade" (*Cartas* 109, 3). Os benefícios da vida solitária, com contato com Deus, na caridade dos irmãos ou no silêncio da própria cela, são recompensa abundante para quem renunciou a tudo para seguir Cristo (*Cartas* 125, 7; cf. *Ibid.*, 9-19; *Cartas* 145). As tentações a que podem estar sujeitos os monges, a dureza da ascese exigida, as provações permitidas por Deus, os ataques do demônio são superados pela oração intensa e pela leitura dos livros divinos: "Jamais de tuas mãos e de teu olhar seja retirado o livro; aprende de cor o saltério; oração sem interrupção; sentido vigilante para que não se abra às tentações. O corpo como o espírito tenda a Deus [...] trabalha para que o demônio te encontre sempre ocupado" (*Cartas* 125, 12). f) A virgindade: Jerônimo, como → AMBRÓSIO e → CRISÓSTOMO, é cantor da virgindade. Prefere-a às núpcias (*Contra Joviniano*, 1, 3). A grandeza da virgindade não pode ser exposta aos perigos; é preciso protegê-la servindo-se dos meios mais adequados: a evocação do exemplo da Virgem Mãe (*Cartas* 22, 38); a oração assídua com preferência para o sinal da cruz (*Ibid.*, 37); a prudência no trato com os estrangeiros (*Ibid.*, 27); a mortificação dos sentidos para prevenir e domar o surgimento das paixões (*Ibid.*, 24); a separação de tudo o que é mundanidade, divertimento (*Ibid.*, 16); temor sagrado de ofender o esposo divino (*Ibid.*, 3); temperança, tanto na comida quanto na bebida, para não alimentar a fonte de concupiscência (*Ibid.*, 8; *Contra Joviniano*, 2, 8 e 2, 11). Apenas a fidelidade ao esposo Cristo confere a coroa: que todo o ser tenda a Cristo por consagrações renovadas em pureza de doação e de participação da própria vida do Esposo (*Cartas* 130, 7).

BIBLIOGRAFIA. CAPRIOLI, M. La pneumatologia dei testi sacerdotali in san Girolamo. In *Teologia del sacerdozio*, cit., t. 17, 79-126; *Ibid.* La sacramentalità dell'Ordine in san Girolamo. *Teologia del sacerdozio*. Burgos, 1976, 71-127, t. 8; GRIBOMONT, J. Saint Jerôme. *Dictionnaire de Spiritualité* VII, 901-912 (com bibliografia selecionada); GUTIERREZ, L. El monaquismo romano y san Jerónimo. *Communio* 4 (1971) 49-78; JERÓNIMO, S. *Lettere*. Trad. it. Roma, 1962; LAURITA, L. *Insegnamenti ascetici nelle lettere di S. Girolamo*. Nocera Superiore, 1967; PENNA, A. Girolamo. In *Bibliotheca Sanctorum* VI, 1.109-1.132; PERI, V. *Omelie origeniane sui salmi*. Città del Vaticano, 1980; RECCHIA, V. Verginità e martirio nei "colores" di S. Girolamo. *Vetera Christianorum* 3 (1966) 45-68; ROMANELLI, E. *L'attività ascetico-monastica di S. Girolamo a Roma*. Roma, 1957; STOICO, G. *L'Epistolario di san Girolamo*. Napoli, 1972; *Verginità e matrimonio nell'Epistolario* (Introd., trad. e notas de S. COLA). Padova, 1982; VISINTAINER, S. *La dottrina del peccato in S. Girolamo*. Roma, 1962.

C. SORSOLI – L. DATTRINO

JESUÍTAS (espiritualidade dos). As linhas determinantes dessa espiritualidade devem ser buscadas em primeiro lugar na Regra da Ordem, ou seja, particularmente na *Fórmula do Instituto*; em segundo lugar, na figura do fundador que, além de ter recebido do céu a inspiração para esse tipo de vida, a viveu com uma graça especial. Os escritos de Santo Inácio, tanto as *Cartas* que contêm os princípios espirituais que o dirigiam e por meio dos quais dirigia os outros, quanto as *Constituições* com as normas de atividade e de governo para a Companhia, são outro determinante do espírito e da maneira de ser jesuíta; mas são sobretudo os *Exercícios* os que desde o princípio tiveram a parte fundamental na formação dos primeiros deles. O mês dos Exercícios, imposto como formação e como experiência das coisas sagradas para os candidatos à Ordem (*Examen*, c. 4, n. 10), repetido depois durante o terceiro ano de provação, geralmente reduzido a períodos de oito ou dez dias por ano, desde o primeiro século da Companhia, continuou a dar à Ordem uma marca inaciana e pode-se dizer que a espiritualidade dos Exercícios é a espiritualidade da Companhia, uma vez que são a fonte da sua fecundidade espiritual e também o seu princípio norteador e unificador (cf. J. DE GUIBERT, Spiritualitè des Exercices et spiritualité de la Compagnie de Jésus, *Revue d'Ascétique et de Mystique* 21 [1940] 225-241).

1. O SERVIÇO DE DEUS. O ideal de perfeição de Inácio e dos seus *Exercícios* não é considerado tanto na "união amorosa com Deus", como o consideram Santa Teresa e São → JOÃO DA CRUZ, quanto no seu aspecto de serviço "amoroso" de Deus, ou seja, considerando, mais que a caridade "afetiva", a caridade "efetiva" no cumprimento da vontade divina. Os *Exercícios* começam expondo (n. 23) um ideal de vida que se resume em uma frase célebre: "O homem foi criado para louvar, venerar e servir a Deus". O interesse, considerando toda a estrutura do livro, concentra-se nas palavras "servir a Deus", que na vida prática significam louvor e devoção a Deus. No início de cada exercício ou de cada hora de contemplação pede-se a graça para que "todas as intenções, ações e obras sejam puramente ordenadas ao serviço e ao louvor de sua divina Majestade" (*Ibid.*, nn. 46 ss.).

Os *Exercícios*, como técnica de uma escolha de estado, lembram como norma suprema antes da escolha, na meditação dos três binários, "só o serviço de Deus, nosso Senhor" (n. 155); indicam nas escolhas tempos diferentes "para fazer uma escolha boa e santa em cada um deles" (n. 175); que existem diferentes maneiras de conhecer a vontade divina (nn. 178-188); e poder-se-ia acrescentar que ensinam a ouvir a vontade divina, "quando se tem bastante clareza e conhecimento, por experiência de consolações e desolações e por experiência de discernimento de vários espíritos" (n. 176).

As *Constituições* de Santo Inácio, fruto do espírito de seus *Exercícios*, frequentemente apresentam como meta das tendências da Ordem e como princípios práticos do seu governo o serviço divino e o maior serviço divino.

A psicologia do fundador reflete como característica pessoal o sentimento agora inabalável do serviço ao seu Senhor. Em sua juventude ele vivera no ambiente cortesão de Arévalo em que havia sido educado "a serviço do Príncipe". Essa mentalidade de serviço e de entrega se reflete em várias frases da *Carta de la perfección*, dirigida por Inácio aos estudantes de Coimbra; nela, ele sintetiza os motivos do serviço divino e a maneira de realizá-lo durante os estudos (Monumenta Historica Societas Iesu [= MHSI], *Sancti Ignatii epist.* I, 499-502).

Depois da conversão, decidiu procurar o maior serviço de Deus e de seu Jesus Cristo, que a partir de então permanecerá para sempre fixo em sua mente como cláusula final habitual de suas cartas: "O Senhor nos dê sua graça para que possamos sempre perceber a sua santíssima vontade e cumpri-la inteiramente" (cf. MHSI, *Sancti Ignatii epist.*, I, 99.107.122.169.171...).

Os discípulos de Santo Inácio infundiram na Ordem essa expressão de serviço a Deus e de busca da sua vontade. São Francisco Xavier, da distante China (1549), pedia ao pai de sua alma "que me recomendeis muito ao Senhor Deus [...] para que me conceda perceber a sua santíssima vontade nesta vida presente e me dê a graça para cumpri-la perfeitamente" (MHSI, *Epist. S. F. Xav.* II, 16). Em sua *Formula precandi pro se et pro aliis*, São Pedro Canísio insiste em que "*Fiat in me et de me, ubicumque verser et quidquid patiar, voluntas tua bona, beneplacens et perfecta*". O mesmo diz Jerônimo Nadal, em suas *Cartas* e escritos (cf. M. Nicolau, *Jeronimo Nadal*, Madrid, 1949, 388). O ideal de "servo fiel e amigo verdadeiro" de Jesus Cristo se realizará, sem exclusão de ninguém, no beato Cláudio de la → Colombière. Entre os livros clássicos dos escritores espirituais da Companhia, não podemos esquecer o popular Afonso → Rodríguez com o seu *Ejercicio de perfección*, o tratado *De la conformidad con la voluntad de Dios*, e G. E. Mieremberg, com a sua *Vida divina y camino real para la perfección*.

2. O MAIOR SERVIÇO DIVINO OU A MAIOR GLÓRIA DE DEUS. Já dissemos que, desde a conversão, Santo Inácio compreendeu, apoiado pela ação da graça, "que é melhor servir a Deus que ao mundo [...]. E no serviço de Deus estabeleceu como fundamento principal que é preciso seguir sempre o que é mais para a honra e a glória de Deus, fundamento único de toda a Companhia e regra segundo a qual todas as Constituições e os compromissos da Companhia foram examinados e devem ser sempre examinados" (J. Nadal, *Exh. 1557*, in MHSI, *F. narrat.* II, 5). O próprio Nadal diz em seus *Scholia*: "Se alguma vez lerdes nas Constituições apenas 'a glória de Deus' entendei 'a maior glória de Deus'. Porque foi a mente do Pe. Inácio que dirigiu tudo aquilo que ele determinava e tudo o que nós fazíamos para a maior glória de Deus Nosso Senhor e o fazia com pura intenção de perfeição" (ed. Prato 1883, 247).

A consequência dessa tendência ao maior serviço de Deus é a amplitude de ministérios que, por instituição pontifícia, a Companhia abarca na sua Regra ou "Fórmula" aprovada pelos papas, sob a expressão genérica do objetivo "para a defesa e a difusão da fé e para o benefício das almas na vida e na doutrina cristã". Faz-se também uma referência expressa a ela como meios para atingir esse objetivo: "a pregação pública, as lições e qualquer outro ministério da palavra de Deus, os exercícios espirituais, a formação das crianças e do povo no cristianismo, a consolação espiritual dos fiéis, ouvindo suas confissões e administrando-lhes os outros sacramentos"; e acrescenta ainda: "procurar favorecer a reconciliação dos dissidentes e o piedoso socorro e o serviço por aqueles que se encontram nos hospitais ou nas prisões e por todas as outras obras de caridade, segundo aquilo que julgamos mais oportuno para a glória de Deus e do bem comum" (Júlio III, *Exposcit debitum*, in MHSI, *Const.*, I, 376). "Quanto à intenção, não há outro objetivo que não o de sempre buscar a maior glória e honra de Deus, sempre buscar a maior caridade; a extensão é tanta quanto é extensa a caridade; os meios, todos os que se apresentam para que a humildade de um simples sacerdote possa exercer-se" (J. Nadal, *Exh. 3 Compl.* N. 73; MHSI, *Monum. Nadal*, V, 307).

Essa ideia da maior glória de Deus entrou também na oração litúrgica de Santo Inácio, escolhido *ad maiorem tui nominis gloriam propagandam*.

3. SERVIÇO DE GUERRA. Não obstante essa amplitude de visão ao conceber o serviço divino, o serviço que Inácio e os jesuítas prestam a Deus não é um serviço de corte, como podem ser o serviço no coro e as cerimônias solenes para celebrar a *opus Dei*. É um serviço de guerra, de ação e de ação rude e combativa. A imagem desse serviço militar, que já na *Fórmula do Instituto* é descrito com a expressão "combater sob o estandarte da cruz" (*sub crucis vexillo Deo militare*), passou também à oração da festa de Santo Inácio, em que ainda se pede "ut eius auxilio et imitatione certantes in *terris, coronari cum ipso mereamur in caelis*".

Essa característica militar e ativa da Companhia de Jesus (embora o nome de origem significasse simplesmente congregação dos que têm Jesus por chefe; cf. POLANCO, *Summarium de origine S.I.*, in MHSI, *F. narrat*, I, 204) tem seus antecedentes na psicologia cavalheiresca e militar do fundador e em duas meditações dos *Exercícios*: a do rei *temporal*, que chama à guerra; e a das *duas bandeiras*, que expressa a vida da Companhia pelo apostolado universal de Cristo "difundindo a sua sagrada doutrina entre as pessoas de qualquer estado e condição" na pobreza e na humildade (nn. 145-146).

Os inegáveis acentos bélicos das duas meditações, que são imagens da vida do jesuíta, encontram confirmação nas palavras que Ribadeneira põe nos lábios de Santo Inácio, quando compara a Companhia com a cavalaria ligeira: "Os nossos, dizia, são como cavalos ligeiros que devem estar sempre prontos a acorrer às contendas dos inimigos para atacar e retirar-se e estar sempre de um lado para outro em escaramuças. Por isso é necessário ser livre e sem encargos e funções que nos obriguem a estar sempre parados" (*Vida de S. Ignazio*, 3, 15).

4. VIRTUDES INTERNAS E DISCIPLINA INTERIOR DO ESPÍRITO. A consequência dessa mobilidade no serviço é a dispensa do coro e a permanência provisória em um lugar; sempre dispostos e prontos a "ir de um lado a outro do mundo dependendo do comando do Sumo Pontífice ou dos superiores" (*Const. S.I.* 6, 3, n. 5), com a consequente indiferença que devem ter para com as coisas do mundo onde não têm nenhuma morada permanente. Mas a falta do coro não impede, a história demonstrou-o inúmeras vezes, que os jesuítas possam alimentar o espírito com as mais requintadas riquezas litúrgicas que emanam da missa e da recitação do ofício durante todo o ano eclesiástico. (Para Santo Inácio, ver as suas *Ephemeris*, in MHSI, *Const.* I, 86-158; A. SUQUÍA, *La santa misa en la espiritualidad de S. Ignacio*, Madrid, 1950; sobre Santo Inácio e seus discípulos, "Liturgia y Ejercicios", *Manresa*, 20 [1948], 233-274).

Se a necessidade da ação apostólica impõe a moderação nas penitências exteriores não prescritas pela Regra fixa, se essas mesmas facilidades de ação dissuadem de levar um hábito severo, afastam dos costumes descorteses e aconselham uma vida comum, e "comum no aspecto externo pelos corretos respeitos, sempre visando o maior serviço divino" (*Examen*, I, 5), a falta dessas ajudas externas para sustentar o espírito, assim como as do coro e da estabilidade na vida monástica, aconselharam a insistência na disciplina interior do espírito recorrendo à modéstia exterior e à ordem do homem interior através do exterior; e, sobretudo, por meio dos sacramentos que atuam *ex opere operato*, e dos exercícios de meditação, oração exames, para que também *ex opere operantis* a alma esteja disposta a receber a moção do Espírito, que lhe impõe a vontade divina e esteja pronta a cumpri-la com perfeição. Se nisso existe um método ou um modelo, este não deve ser compreendido tão rigidamente a ponto de assumir o aspecto não mais de meio apenas, e sim de fim absoluto.

As funções do apostolado e, concretamente, o ofício de pregar e o serviço à Santa Sé, tendo de ser realizados de maneira pronta e com capacidade, obrigaram a Ordem a cultivar o estudo e a ciência. Por isso toda a espiritualidade da Companhia, com o passar dos séculos, é comumente sustentada por uma teologia sólida e segura. Vamos citar apenas Diego Laínez, Jerônimo Nadal, Francisco Suárez, Santo Roberto → BELARMINO, Luis de la Puente, Álvarez de Paz, Le Gaudier, L. De Grandmaison... Os escritores ascéticos em geral caminharam juntamente com a teologia. Entre estes últimos podemos citar inúmeros, entre os quais V. Cepari, V. Carafa, G. P. Oliva, N. Avancini, na Itália; P. de → CAUSSADE, L. → LALLEMANT, → SURIN, R. Plus, na França; A. Sucquet, H. Engelgrave, H. Hugo, J. Bourgeois, na Bélgica; L. de la Palma, F. Arias, P. Ribadeira, na Espanha, e outros.

5. A OBEDIÊNCIA. Se a Companhia é um exército que combate as batalhas do espírito obedecendo às ordens do Pontífice, compreende-se a necessidade de uma obediência perfeita "pelas ingentes necessidades da boa ordem e do acordo", bem como "para o exercício nunca bastante louvado da humildade". Por isso obedecem ao seu prepósito e nele veneram Cristo (JÚLIO III, Exposcit debitum, in MHSI, *Const.* I, 379). A obediência deverá ser pronta na execução, generosa na aceitação da vontade de quem comanda, perfeita e eficaz com eficácia total quando com cegueira iluminada o súdito julga ser melhor (ao menos para ele nas circunstâncias concretas do momento) aquilo que o superior, revestido de particular graça de Deus, lhe ordena, desde que não seja pecado (*Const.* 3, 1, n. 23; 6, 1, n. 1). A *carta* de Santo Inácio sobre essa virtude promoveu constantemente esse espírito na Ordem (MHSI, *Sancti Ignatii epist.* IV, 669-681).

Mas com prioridade de tempo os primeiros companheiros, antes de deliberar sobre a conveniência de prestar obediência a um deles, concordavam com a obediência particular ao Sumo Pontífice. Essa obediência foi prestada "pela maior abnegação das nossas vontades e pela direção mais segura do Espírito Santo" (*Exposcit debitum*, in MHSI, *Const.* I, 377). O voto de obediência ao papa para as suas missões inspirou-lhes uma adesão e um serviço particular à cátedra de Pedro.

6. CONTEMPLAÇÃO NA AÇÃO. Se a ação apostólica é, na linguagem tomista, *contemplata aliis tradere*, a vida de contemplação e de estudo, anterior ao apostolado, deve ser pressuposta na atividade própria da Companhia. A característica do seu espírito está na ambição de uma contemplação e de uma união com Deus que seja concomitante à própria ação. É de Santo Inácio a frase "encontrar Deus em todas as coisas", cujo significado não é senão este: a contemplação e o sentimento da → PRESENÇA DE DEUS e do afeto ou usufruto das coisas espirituais nas palavras, atos e em todas as coisas (J. NADAL, *Annot. in Exh*, n. 81: MHSI, *Monum. Nadal*, V, 162). E J. Nadal escreve que Santo Inácio era "contemplativo na ação" (*Ibid.*). Sua "elevação de mente", seu "agir em nosso Senhor", sua "familiaridade com Deus" na oração e em todas as ações são algumas das expressões para indicar o seu espírito contemplativo, marcadamente trinitário, em um mística de serviço a Deus e ao seu Cristo (cf. "La oración de S. Ignacio: Fórmulas que ela expresan", *Manresa*, 28 [1956], 91-104; V. LARRAÑAGA, *La espiritualidad de S. Ignacio comparada con la de S. Teresa de J.*, Madrid, 1944, 91-130.221-224; A. HAAS, *Ig.v.L. Das geistliche Tagebuch*, Freiburg, 1961, 96-111).

Além disso, Nadal acrescenta algumas palavras que revelam o seu pensamento sobre a oração dos jesuítas: "Vimos essa graça e essa espécie de luz interior da alma de Inácio [...]; e sentimos como derivado em nós um não-sei-quê daquela graça. Esse privilégio foi concedido ao padre Inácio e foi concedido também a toda a Companhia; acreditamos também que a graça da oração de Inácio e a sua contemplação está preparada na Companhia para todos nós e confessamos que está ligada à nossa vocação. Tendo pressuposto isso, colocamos a perfeição em nossa oração, na contemplação da Trindade, no amor de caridade e na união, estendida também ao próximo por meio dos ministérios da nossa vocação" (*Annot. in Exh.*, n. 82-83, in MHSI, *Monum. Nadal*, V, 162-163).

É inquestionável o apreço que a Companhia tem pela vida de oração e também pela própria contemplação infundida pela ação perfeita e eficaz nos seus resultados espirituais. Diego Laínez expressou-o muito bem quando escreveu que "a espada ou o martelo que não sejam bem empunhados e dominados por quem os usa não podem produzir um grande ferimento; é o caso da alma que, se não é bem possuída pelo Senhor, não pode produzir muito nos outros" (*Lainii Monum.* I, 35). Se o beato Pedro Fabro, em seu *Memorial de la oración* (*Fabri Monum.* 489-696), nos é apresetando como um sugestivo modelo prático da união da oração com o trabalho, e se São Francisco Xavier é o protótipo brilhante do homem contemplativo e repleto de Deus, dedicado à ação mais intensa, Jerônimo Nadal é o grande teórico dessa vida de contemplação na ação, formulada com suas teorias, segundo as quais a oração de uma Ordem apostólica deve inclinar à ação contra as falsas iluminações dos → "ALUMBRADOS" e dos "dejados", atuais na Espanha na época em que escrevia (cf. *Jer. Nadal*, 321-326.305-313.327-338). Santo Inácio recomendava a São Francisco de Bórgia a conveniência de buscar os dons místicos, os "santíssimos dons", "os quais não estão em nosso poder de modo a podê-los apanhar quando queremos, mas que são puramente dados por quem dá e pode todo bem [...] sabendo que sem eles todos os nossos pensamentos, palavras e obras se misturam, os frios com os perturbados pelas emoções, para que se tornem cálidos, claros, apropriados para o maior serviço divino" (*Epist.* II, 236). Se os excessos e as ilusões dos "iluminados" espanhóis e as imprudências de outros que não valorizavam suficientemente os *Exercícios* levaram alguns jesuítas a se precaver contra a oração mística (costuma-se citar A. RODRÍGUEZ, *Ejercicio de perfección*, I, 5, 4), logo se restabeleceu o correto equilíbrio graças ao superior-geral Cláudio Acquaviva (*Quis sit orationis et paenitentiarum usus in Societate. Epist. praep. gen.*, in *Epis. gen.* 21.909, I, 248-259); F. Suárez pergunta: "Como será possível unir uma ação tão intensa, professada pela Companhia, com uma contemplação tão perfeita?". E ele mesmo responde: "Em primeiro lugar, isso não é impossível se se possui a graça divina; e, por mais que pareça difícil, a virtude perfeita tem por objeto o que é difícil, mas a dificuldade pode ser superada pela graça da vocação, por meio da perfeita formação e o zelo providente da Ordem religiosa" (*De religione S.I.*, 1, 6, 9).

Não faltaram místicos jesuítas que realizaram esse ideal de vida contemplativa extraordinária. Além dos santos já citados e de outros que atingiram o ardor das virtudes, com frequência é mencionado Santo Afonso → RODRÍGUEZ, o humilde frei coadjutor, de altíssima oração; e são célebres também muitos outros.

7. TEOCENTRISMO TEOLÓGICO. O serviço de Deus e sua maior glória, que o jesuíta deve buscar, orientam o seu olhar e a sua intenção para Deus. Na *Fórmula do Instituto* afirma-se: "*curetque primo Deum... quoad vixerit ante oculos habere*" (MHSI, *Const.* I, 375-376). Para Deus e para o seu serviço começam os Exercícios, para Deus e para o seu amoroso serviço terminam, fechando perfeitamente o círculo, em Deus (*Exerc.* 23.233). As *Constituições* são o eco desse espírito, quando dizem "ter a intenção [...] até mesmo de todas as coisas individuais, pretendendo sempre e apenas servir e agradar a divina bondade por si mesma e pelo amor e os benefícios especiais com que nos provê, mais que por medo de castigos ou pela esperança de recompensas, embora deva ser auxiliada também com esses pensamentos". E no mesmo trecho se insiste para que as ações não tenham nenhuma outra teologia a não ser Deus, centro do amor. Porque se deve exortar "a buscar Deus Nosso Senhor em todas as coisas, separando, o mais possível, o amor de todas as criaturas, para colocá-lo no seu Criador, amando-o em todas as criaturas e todas as criaturas nele, segundo a santíssima e divina vontade" (*Const.* 3, 1, n. 26).

8. CRISTOCENTRISMO PEDAGÓGICO. Não contradiz o teocentrismo final, do qual falamos, um → CRISTOCENTRISMO pedagógico. Como Cristo é o caminho para o Pai, ninguém vai ao Pai a não ser por meio de Cristo (Jo 14,6). A maneira com que na Companhia se realiza essa verdade de toda ascética católica, nós a encontramos nas três semanas de contemplação intensa e única da vida de Cristo, durante o mês dos Exercícios; ela consiste em receber os princípios da via iluminativa e unitiva para o resto da vida. A contemplação da vida de Cristo geralmente continua mesmo depois (embora se admita que varie com outros temas de meditação); particularmente seguindo os evangelhos do ciclo litúrgico (por exemplo, nas meditações de São Francisco de Bórgia e de Nadal). O exemplo de Cristo é norma suprema "para manifestar a verdadeira doutrina de Cristo Nosso Senhor" com uma "humildade perfeitíssima", denominada "terceira maneira de humildade", que é a maneira de se submeter perfeitamente a Deus, quando "sendo iguais o louvor e a glória da divina Majestade, para imitar e se assemelhar mais atualmente a Cristo Nosso Senhor, quero e escolho a pobreza com Cristo pobre em vez de escolher a riqueza, as ofensas com Cristo ofendido e não as honras, e prefiro ser considerado insensato e louco por Cristo que primeiro foi considerado assim, em vez de sábio ou prudente neste mundo" (*Exerc.* 167).

Esse cristocentrismo será realizado experimentando os sofrimentos e as aflições de Cristo na sua paixão (*Exerc.* 203), na oração em uma comunhão de paixões, de sentimentos e de devoção nascida do amor; ou então no desejo de participar da comunhão de alegrias com Cristo, para alegrar-se intensa e desinteressadamente pela glória e a alegria de Cristo ressuscitado (*Exerc.* 221). Sempre com Cristo, que constitui o centro e o ímã que conduz ao Pai.

O nome de Companhia de Jesus combina com esse cristocentrismo. Aprovado e confirmado o nome com as bulas pontifícias, ele originou-se do nome com que eram chamados os companheiros em Vicenza, na Congregação fundada por eles, na qual Jesus era o preposto e o chefe (POLANCO, *Summarium de origine S. I.*, in MHSI, *F. narrat.* I, 204). Quando Sisto V quis mudar o nome da Companhia de Jesus, o geral da Ordem, Cláudio Acquaviva, explicou-lhe que não era questão de simples nome. Tirar o nome de Jesus seria o mesmo que tirar dos membros da Companhia o espírito interior de devoção e a coragem sobrenatural que animava os missionários quando ofereciam seu sangue pela salvação das almas... Eles o teriam visto como um doloroso despojamento que chega ao íntimo da alma... (A. ASTRAIN, *Historia de la C. de J. en la Asistencia de España*, III, 478-479). Seguir Jesus e sua companhia inclui todos os aspectos em que se pode considerar o Salvador, dados os múltiplos ministérios de que podem ocupar-se os jesuítas; inclui também, observando a história e o amplo catálogo de meditações formulado por Nadal (cf. *J. Nadal*, 199-203), o Cristo glorioso, que a liturgia considera de preferência; o Cristo histórico, que os franciscanos contemplam no nascimento e na via-crúcis (→ CRUZ); e enfim o Cristo eucarístico, tão unido à devoção ao → CORAÇÃO DE JESUS e à frequência aos sacramentos, que a Companhia promoveu desde suas origens.

Assim, Nadal podia afirmar que o fundamento da Companhia é Jesus Cristo crucificado, porque, assim como ele redimiu o gênero humano com a cruz e sofre todos os dias grandes aflições e cruzes no seu Corpo místico que é a Igreja, assim quem pertence à Companhia não se proponha nada mais além de buscar, seguindo Cristo nas muitas perseguições, a salvação de todas as almas com Cristo (*Exh. 1557*, in MHSI, *F. narrat.* II, 10).

Além do nome de Jesus, de sua paixão e sua cruz, também o Sagrado Coração contribui para formar o cristocentrismo. Desde os primeiros jesuítas como Nadal e Canísio, da restauração da Companhia com os padres Gautrelet, Ramière e os apóstolos populares dessa devoção que fazem parte dos servos de Deus (Tarín, Petit, Rubio...), é claro que a aprovação e a difusão do culto litúrgico ao Sagrado Coração de Jesus foram vinculadas de maneira especial ao nome de muitos padres da Companhia.

Com a devoção ao Sagrado Coração está unido o "Apostolado da Oração", considerado "forma perfeita de devoção pelo sacratíssimo coração de Jesus" (PIO XII, *Epist. ad praep. gen. S. I.*, in *AAS* 40 [1948] 501) e estendido a todo o mundo, com mais de 35 milhões de inscritos.

9. ESPÍRITO MARIANO. O que a teologia católica ensina sobre a parte de Maria em toda a espiritualidade autêntica é confirmado pela história, que evidencia a influência da Mãe do Salvador em cada um dos santos da Companhia e nas obras de assistência da própria Companhia. Os santuários de Aranzazu e Montserrat marcam duas etapas da conversão de Inácio. O dia da Assunção de Nossa Senhora é o dia dos votos dos primeiros companheiros em Montmartre. "Esta Virgem — escreve Simão Rodríguez —, todos os padres escolheram como propiciadora dos votos e como protetora e advogada junto ao Filho" (*De origine S. I.*, in *Monum. Roderici*, 458). Os colóquios com Nossa Senhora, durante os Exercícios, quando se trata de receber graças importantes (*Exerc.* 63.147), a profissão em São Paulo fora dos Muros, em Roma, diante de um altar de Nossa Senhora; o santuário de Nossa Senhora do Caminho... ressaltam a homenagem unânime que desde os inícios a Companhia fez à Mãe de Jesus. Seria demasiado longo falar do culto professado a Maria por santos como Estanislau, Luís, G. Berchmans, Afonso Rodríguez; e o que teólogos, oradores e santos homens apostólicos fizeram para difundir a devoção à Virgem, em particular à sua Imaculada Conceição. É notoriamente conhecido o espírito concepcionista dos jesuítas (cf. A. DRIVE, *Maria y la C. de J.*, Tortosa, 1916, 4-6). Dois importantes documentos pontifícios relativos às Congregações marianas (fundadas em 1563) assinalam dois aspectos dessa devoção mariana, a bula "áurea" *Gloriosae Dominae* de Bento XIV e a constituição *Bis saeculari* de Pio XII. Referem-se ao espírito apostólico que, mediante o patrocínio e o culto de Maria, essas Congregações difundiram e difundem no mundo com a espiritualidade cristocêntrica e de serviço à Igreja.

BIBLIOGRAFIA. ARRUPE, P. *La identidad del jesuita en nuestros tiempos.* Santander, 1981; BOULLAYE, H. PINARD DE LA. *La spiritualité ignatienne. Textes choisis et présentés.* Paris, 1949; BROU, A. *La spiritualité de S. Ignace.* Paris, 1928; FILOGRASSI, G. La spiritualità della Compagnia di Gesú. In *Le scuole cattoliche di spiritualità.* Milano, 1945, 121-166; GILMONT, J. F. *Les écrits spirituels des premiers jésuites. Inventaire commenté.* Roma, 1961; GUIBERT, J. DE. *La spiritualité de la Compagnie de Jésus*, Roma, 1953; KOTYLA, N. *Ignatius von Loyola und die Gesellschaft Jesu. Gottvertrauen fur die Zukunft.* Roma, 1971; LARRAÑAGA, V. *S. Ig. de Loyola. Estudios sobre su vida, sus obras, su espiritualidad.* Saragoza, 1956; *Lo spirito della Compagnia. Una sintese.* Roma, 1978 (= CIS Recherches 13); NICOLAU, M. Notas de la espiritualidad jesuítica. *Manresa* 25 (1953) 229-288; PACHO, E. La scuola ignaziana o gesuitica. In *Storia della spiritualità moderna.* Roma, 1982, 106-118; REPLINGER, H. J. Die Gesellschaft Jesu vom "Geist des Ursprungs" zu ihrer heutgen Sendung in der Kirche für die Welt. In *Geist und Geistesgaben.* Einsiedeln, 1980, 162-198; RUIZ JURADO, M. *Spiritualità di S. Ignazio. Genesi e strutture.* Roma, 1977; SALAVERRI, J. La identidad de la Compañía de Jesús. *Manresa* 46 (1974) 145-160.

M. NICOLAU

JESUS CRISTO. Jesus Cristo é o verdadeiro centro da revelação de Deus. E o é igualmente da vida e da experiência cristãs. Talvez hoje a centralidade de Cristo seja percebida com mais força que antes, como uma necessidade, como um dado da fé. Não é mais a evidência espontânea, mas o dom e o esforço da reflexão da fé. Esta se vê encarregada da árdua tarefa de criar um novo equilíbrio, ligando à pessoa de Cristo, um a um, todos os componentes essenciais da fé cristã. Se isso também apresenta os seus riscos, ainda assim constitui um fato positivo para os objetivos de um desenvolvimento maduro da experiência espiritual personalizada.

Nessa tarefa de reconstrução, cada grupo e cada crente vivem uma fase particular. Eis, em traços sumários, algumas tendências que caracterizam o ambiente atual: 1) *Atenção temática*: fala-se muito de Cristo em ambientes religiosos, artísticos, culturais, sociais, antissociais. 2) *Desconfessionalização*: em linha com a tendência precedente, todos se julgam no direito de ter a própria imagem e experiência de Cristo, sem se sentir vinculados a nenhum Credo, ortodoxia, Igreja particulares. 3) *Atitude informal*: priva-se Cristo de um pouco de sacralidade, para estabelecer relações de homem a homem, nas situações comuns da vida humana, nos problemas do nosso tempo, em um projeto de salvação histórica e existencial. 4) *Indeterminação da experiência*: muitas vezes é difícil distinguir se se trata de comunhão teologal ou de admiração humana, simpatia, sintonia existencial, afinidade em algum ponto do programa de ação.

Mesmo o cristão que dá à sua comunhão com Cristo profundidade teologal deve levar em conta essas tendências ambientais. Ele concorda com algumas delas, ao menos em parte, de maneira espontânea, mas deve conhecer as outras, porque se trata do mundo em que é chamado a viver e irradiar a sua fé.

Na breve síntese que oferecemos em seguida, consideramos em primeiro lugar o cristão plenamente convicto e dedicado a Cristo, sem que contudo deixe de levar em conta esses fatores ambientais que enriquecem e interpelam a nossa fé.

1. MISTÉRIO E EXPERIÊNCIA DE CRISTO. Falamos de Cristo como mistério, por causa da complexidade do seu ser divino e humano e de sua obra salvífica na história, da intensidade de graça e significado que encerra cada um de seus gestos e cada uma de suas palavras e da presença íntima e permanente que ele conserva em cada momento da Igreja e da humanidade. A força de sua pessoa tem origem em seu próprio ser e atuar, na maravilha transcendente do seu viver na história. Ele resume em si tudo aquilo que Deus é e faz em relação ao homem. Enfim, realiza o ser e a condição do homem, elevando ao máximo tanto a sua grandeza quanto a sua experiência da morte e dos seus limites.

A fonte primária e inesgotável para a revelação do mistério são os escritos do Novo Testamento. "Ninguém desconhece que entre todas as Escrituras, mesmo do Novo Testamento, os Evangelhos gozam de merecida primazia, uma vez que constituem o principal testemunho sobre a vida e a doutrina do Verbo Encarnado, nosso Salvador" (*DV* 18). A variedade de hagiógrafos e de pontos de vista revela-se benéfica, porque reflete com maior fidelidade a riqueza do mistério de Cristo e a variedade das formas que pode assumir a experiência de tal mistério entre os crentes. Desde o princípio, os cristãos viveram a comunhão com Cristo de formas diversificadas por situações religiosas e culturais, por especificidade de carisma ou formação.

Esse fato, por si só, já mostra que a experiência espiritual intervém desde o princípio como critério de leitura e interpretação do mistério de Cristo e dos fatos da sua vida. A experiência das comunidades primitivas deixou sua marca na redação dos escritos em questão. A partir da escolha dos fatos e das palavras de Jesus, da maneira de apresentá-los, podemos reconstruir a experiência cristocêntrica dos primeiros cristãos. E essa experiência cristã constitui parte essencial da própria revelação reproduzida nos escritos do Novo Testamento. A revelação plena efetivamente suscita e inclui a aceitação e a assimilação do mistério por parte do crente. Por isso, a espiritualidade se sente perfeitamente ambientada quando se aproxima do mistério de Cristo a partir de sua perspectiva particular de fé vivida.

Existe na *experiência* um traço hoje particularmente acentuado pela teologia e pela espiritualidade: a experiência de Cristo, em sentido subjetivo, a experiência que ele mesmo faz da sua comunhão com Deus e com os homens. Estamos mais acostumados a falar da "experiência de Cristo" no sentido da experiência que fazemos da sua presença e ação salvífica. A inovação relativa da nova posição oferece grandes benefícios à reflexão cristã do mistério de Cristo. Não se trata apenas de realidade ontológica e ação histórica, mas também de consciência pessoal e existencial do seu ser e da sua condição, de uma mediação vivida em todos seus componentes estruturais e funcionais.

"O amor humano de Cristo pelos homens é, de fato, a manifestação comunicadora do amor divino pelos homens: a misericórdia redentora do próprio Deus que chega até nós através de um coração humano. Mas juntamente com esse movimento de alto para baixo, que procede do amor de Deus para nós através do coração humano de Jesus, há no homem Jesus um movimento de baixo para cima, que parte do coração humano de Jesus, o Filho, para o Pai... Em Cristo, não só nos é revelado Deus e o seu amor pelos homens, mas também nos é mostrado por Deus o que é um homem que se abandona inteiramente a ele, o Pai invisível" (E. Schillebeeckx).

Dessa maneira, Cristo se converte realmente e conscientemente no centro e modelo de toda a vida cristã: vem a sê-lo desde o início dos tempos para sê-lo até o fim (Gl 4,4-7; Ef 1,3-4).

No plano de Deus. A presença de Cristo no mundo está ligada a uma longa série de relações cada vez mais íntimas de Deus com os homens, de modo especial com o povo de Israel. Desde o princípio, Deus anuncia sua intervenção salvífica (Gn 5,15) e mantém viva a esperança em tal intervenção com promessas e alianças: → ABRAÃO, → MOISÉS. Desse modo, o Messias futuro se converte pouco a pouco em um polo de atração religiosa e social para todo o povo. A importância e a novidade que a sua vinda representará nas relações de Deus com os homens se refletem em duas mudanças radicais que lhe são confiadas: abolirá o sacrifício ritual, centro do culto do Antigo Testamento (Mt 1,11 ss.) e substituirá a → LEI por outra mais interior (Gn 31,31).

Cristo apresenta-se na vida pública seguro de si e coerente com a ação e as promessas feitas por Deus no Antigo Testamento: o tempo está completo, o reino de Deus veio, convertei-vos e crede no Evangelho (Mc 1,14-15). Ele tem consciência de que se situa em um momento crucial da salvação, que ele mesmo é quem está encarregado de anunciar e realizar a salvação de Deus nos homens e de exigir deles aceitação e resposta com plena autoridade.

Ele é o revelador do Pai. "Ninguém jamais viu a Deus; Deus Filho único, que está no seio do Pai, no-lo revelou" (Jo 1,18). Fala de Deus com pleno conhecimento: da sua bondade para com todos (Mt 5,45), especialmente para com os pecadores (Lc 15,1 ss.), da sua presteza em ouvir e até em antecipar as orações (Lc 11,5-13). Ninguém, na história precedente da humanidade, nem sequer na intensa experiência religiosa de Israel, mostrara tal segurança e conhecimento em falar da vida íntima de Deus, da sua psicologia e dos seus sentimentos pelos homens. Pela palavra de Cristo, aprendemos quem é Deus, o que faz, o que dá, o que espera dos homens.

Mais que a linguagem direta e as palavras, são os fatos de Cristo que melhor revelam o Pai. Sua existência cotidiana, suas atitudes e gestos, suas ações e reações, são um reflexo fiel do modo de ser e atuar de Deus. Ele revela Deus sendo-o ele mesmo em condição humana e visível. Na atuação de Cristo, vemos a onipotência, a misericórdia, a bondade, a justiça, os atributos divinos em geral (Jo 5,19 ss.). A partir da vida do Filho, aprendemos a condição do Pai. Desde a encarnação de Cristo, Deus não é mais conhecido e apresentado de forma abstrata, mas com uma denominação referencial de tipo familiar: "Deus e Pai de Nosso Senhor Jesus Cristo" (Rm 15,6; 2Cor 1,3; 11,31; Ef 1,3; Cl 1,3; 1Pd 1,3).

Essa equivalência não é usurpação, mas fruto da unidade e da comunicação que existe entre ele e o Pai. O Pai julga, perdoa, fala e atua só por meio do Filho. O Filho julga, perdoa, fala e atua apenas de acordo com a vontade e a atuação do Pai. No momento particularmente grave da última ceia, ele afirma solene e explicitamente: "Aquele que me viu, viu o Pai. Por que dizes: Mostra-nos o Pai?" (Jo 14,9).

Com os homens. Ao mesmo tempo em que revela Deus, Cristo evidencia um outro aspecto da sua missão: o homem, a sua condição de pecador, a sua vocação divina, as exigências de uma vida coerente com essa vocação. É Deus para os homens e é homem entre os homens diante de Deus. Essa nova perspectiva é igualmente essencial no mistério do ser e da atuação de Cristo e na relação espiritual que o cristão estabelece com ele. Ele não se encarna apenas para dar e exigir em nome de Deus, mas também para responder e agir por parte do homem diante de Deus. A Carta aos Hebreus interpreta em sentido ascendente a → ENCARNAÇÃO: os homens são inclinados a oferecer sacrifícios de louvor e expiação a Deus, mas falta-lhes a capacidade de fazê-lo dignamente. Cristo se oferece para realizar como homem o sacrifício de toda a humanidade (Hb 10,1 ss.).

Cristo realiza a salvação humana a partir de dentro, em plena participação do ser e da existência dos homens, mais concretamente aos seus conterrâneos e contemporâneos. Homem em tudo, a não ser no → PECADO (Hb 4,15). Assume a condição humana sem evitar nenhum dos ônus que ela comporta: a oração custou-lhe lágrimas e aprendeu por experiência própria o que é obediência dolorosa (Hb 5,7-8).

A experiência espiritual de Cristo e as motivações profundas de sua ação foram parcialmente desvalorizadas na teologia e na espiritualidade, tendo-se abusado da "exemplaridade", colocando-a em primeiro plano como motivo principal. Na verdade, as atitudes e os gestos de Cristo respondem ao seu ser íntimo. Ele age assim porque é assim. Seus sentimentos e seus atos de caridade ou de condenação, seus tempos de oração, seu cansaço, brotam do seu ser íntimo, têm primordialmente valor constitutivo da sua pessoa e realizador da sua experiência. Quando sofre, ajuda alguém ou se isola de noite para rezar, não o faz em primeiro lugar para dar um exemplo, mas porque corresponde ao seu ser íntimo. Aliás, ele o fez também muitas vezes em que ninguém o viu e se edificou com isso. A categoria de ser exemplo e modelo para seus discípulos é produzida pela verdade existencial dos fatos. Se consideramos a exemplaridade como o nível único e total, nós a desvalorizamos, privando os fatos de verossimilhança e realismo. Cristo vive a sua própria condição filial, ao mesmo tempo divina e humana: por isso, serve de fonte da experiência espiritual do cristão.

Deus-homem. Enviado por Deus, representante dos homens, porque ele mesmo é Deus e homem. As funções correspondem ao ser, à pessoa individual. Exerce como própria a grandeza e o poder de Deus. Não obstante a discrição com que comumente age, emana de sua pessoa, sem que ele o pretenda, uma aura de autoridade que todos perceberam. E, como a maior naturalidade do mundo, não por condescendência ou adaptação, vive a realidade humana, física e psíquica, do crescimento, das mudanças, das circunstâncias históricas e geográficas.

O mistério de Cristo está na plenitude do seu ser divino e da sua realidade humana, em unidade de um eu pessoal. Por mistério entendemos aqui não uma realidade enigmática, mas a presença envolvente de um dom transbordante. Assim o vive Cristo. E, vivendo-o, ele o revela para nós. Ele sente repugnância diante do cálice da paixão e ao mesmo tempo se abandona com amor filial; (Lc 2,42); mesmo sabendo que tem tudo nas próprias mãos, eleva súplicas ao Pai (Jo 11,42), ama com intimidade de amigo e com profundidade de amor.

Os mistérios. Chamamos mistério de Cristo o conjunto de sua pessoa, vida, palavra, obra. E aplicamos esse mesmo termo a cada um dos fatos ou aspectos relevantes de sua existência, na medida em que participam plenamente da profundidade divina e da eficácia salvífica. Nesse sentido, fala-se dos "mistérios da vida de Cristo". A tradição espiritual os reuniu em seis momentos principais: encarnação, nascimento e infância, vida oculta, vida pública, paixão e morte, ressurreição e ascensão.

Cada um deles é dotado de uma consistência própria e pode dar lugar a uma experiência espiritual específica. O período da vida oculta é aquele que se presta menos à análise teológica e espiritual: embora esse mesmo anonimato se torne hoje portador de um significado particular para o homem que vive a sua existência disperso na massa da humanidade. Encarnação, nascimento, vida pública, morte e ressurreição, por sua vez, formam outras dimensões essenciais da existência cristã. Nenhum desses momentos pode ser absorvido pelos outros ou absorver os outros. Foram vividos por Cristo em sucessão temporal, mas fundidos em unidade de ser, visão e missão. O esquecimento ou a desvalorização de algum dos mistérios principais dá lugar a desequilíbrios no plano dogmático e no da vida espiritual.

Experiência diferenciada. Além de apresentar o mistério de Cristo, o Novo Testamento reúne e transmite a maneira como o acolheram os primeiros destinatários, a resposta dada por eles ao dom e à exigência do Evangelho. Ele oferece uma gama diversificada de reações: rejeição, indiferença, simpatia, fé simples, fé de discípulo incondicional. O Novo Testamento apresenta essas diferentes atitudes não como possibilidade ou esquema doutrinal, mas como fatos reais de indivíduos e de grupos.

Mas a experiência que mais penetra o mistério de Cristo é a experiência da comunidade crente. O Evangelho é aquilo que Cristo fez e disse, mas também é para nós aquilo que fez e viveu a Igreja primitiva, considerada no âmbito e nos conteúdos do Novo Testamento. As próprias referências históricas baseiam-se na atitude comprometida dos testemunhos, que captam sua porção de mistério por meio da fé e do amor. O Novo Testamento não é um texto teológico, mas um texto teologal.

Sem cair em exclusivismos ou preferências subjetivas, pode-se afirmar que a parte de mistério de Cristo mais diretamente assumida na consciência da comunidade primitiva é o binômio morte-ressurreição: "Foi levado à morte por nossos pecados e ressuscitado para nossa justificação" (Rm 4,25). A morte é o sacrifício da aliança, a harmonia entre amor e cruz que marcará toda a existência cristã: "Cristo amou a Igreja e se entregou por ela" (Ef 5,25). Na ressurreição estão resumidas todas as fases precedentes do mistério de Cristo, ali eles adquirem eficácia permanente e valor universal: os primeiros crentes formam a comunidade cristã sobre a base da experiência do Senhor ressuscitado.

Os hagiógrafos. Os autores do Novo Testamento complementam-se uns aos outros na apresentação dos vários aspectos que integram o mistério de Cristo e a correspondente experiência da Igreja primitiva. Em certa medida, pode-se falar de diferentes "cristologias". Cada uma tem os seus centros de maior luminosidade e suas lacunas ou aspectos menos desenvolvidos. São → JOÃO EVANGELISTA valoriza sobretudo a encarnação como presença de Deus entre os homens. Os → SINÓTICOS dão mais atenção aos fatos da vida pública e à paixão. São → PAULO concentra seu olhar na ressurreição, em Cristo glorioso.

Essa preferência dos autores corresponde às orientações predominantes no interior da comunidade. Vivem a totalidade do mistério, centrando-o em um ou outro de seus aspectos fundamentais. Essa modalidade, que já observamos nas páginas do Novo Testamento, acompanhará a → EXPERIÊNCIA CRISTÃ em todas as épocas posteriores.

2. PRESENÇA ATIVA. Os primeiros crentes enfatizam decisivamente o realismo da presença de Cristo e a imediação da própria relação com ele. "O que era desde o princípio, o que ouvimos, o que vimos com nossos olhos, o que contemplamos e nossas mãos tocaram do Verbo da vida [...] o que vimos e ouvimos nós vo-lo anunciamos, também a vós, para que também estejais em comunhão conosco" (1Jo 1,1-3). O próprio Jesus, com sua presença também sensível, prestou-se a uma experiência direta e imediata. Dessa imediação dependem uma série de atitudes essenciais na adesão do cristão à pessoa de Cristo.

A forma de relação baseada na presença sensorial se interrompe com a morte de Jesus. Foi um privilégio dos primeiros crentes, que tiveram a possibilidade de conviver com ele. Ao contrário, para o cristão das épocas posteriores, distância e tempo se interpõem entre a sua vida e a existência de Jesus na terra. Por outro lado, ser cristão exige comunhão direta e pessoal com Cristo. Com esse objetivo, não basta conhecer a descrição histórica que nos deixaram as testemunhas oculares, nem é suficiente viver a lembrança ou praticar os ensinamentos que eles nos transmitem.

O Ressuscitado. Com a → RESSURREIÇÃO, Cristo estabelece o fato e o modo de uma nova presença viva e permanente. Reintegra de uma só vez a sua pessoa e a sua obra: "Eis que eu estou convosco todos os dias, até a consumação dos tempos" (Mt 28,20). Presença plena, porque em sua pessoa se realizam todos os mistérios da sua vida terrena. Em Cristo ressuscitado, vivo, glorioso, estão resumidos todos os momentos anteriores, desde a encarnação até a morte. A presença do Ressuscitado confere possibilidade e realidade à nossa fé como encontro pessoal direto e experiência de comunhão em todos os tempos.

Em virtude da sua condição gloriosa e espiritual, o estilo da relação é novo e diferente. As próprias pessoas que o conheceram na terra notam a mudança que a ressurreição introduzira na forma de suas relações. Agora Jesus se comunica no Espírito e a aceitação ocorre na fé. A própria ressurreição é um fato percebido na fé. A nova forma de comunhão na fé não é um substituto do conhecimento sensorial de que desfrutaram os apóstolos. Já durante a vida de Cristo, a chave para o encontro profundo não eram os sentidos, mas a fé. Muitos tiveram contatos frequentes com ele sem chegar a conhecê-lo. Aliás, Cristo preanuncia a sua presença gloriosa no Espírito como superior: "É de vosso interesse que eu parta" (Jo 16,7).

Essa forma de presença e comunhão no Espírito e na fé possui todo o realismo de um verdadeiro contato espiritual. Cristo garante aos seus discípulos que parte, mas retornará, que permanece com eles, que não os deixa órfãos, que ele vive neles e eles vivem nele. Mas ao mesmo tempo afirma que parte, que vai ao Pai, que deixa o mundo. Essas afirmações implicam uma certa forma de ausência, que se prolonga da ascensão até a parúsia. No que diz respeito à experiência cristã, essa ausência é real e se deixa perceber.

Não se deve minimizá-la, porque isso levaria ao sentimentalismo e ao subjetivismo, com a identificação da presença espiritual de Cristo em imagens, mediações ou criações da própria subjetividade. Vivemos na fé a comunhão com o mistério. A continuidade, contudo, se mantém: Jesus permaneceu e vive no Espírito, na Bíblia, na Igreja, no irmão, na intimidade de cada pessoa através da fé e do amor.

Solidariedade. A raiz da presença de Cristo na história, na Igreja, no crente, é a ressurreição. Mas não como fato neutro, e sim como atualidade do Cristo total, que incorporou à substância do seu mistério o destino de todos os homens. Com a encarnação, ele estabelece um princípio de solidariedade, em virtude do qual o cristão vive a vida de Cristo, a sua morte e ressurreição. Ou seja, Cristo realiza os seus mistérios incorporando a todos, que assim os vivem nele. "Pois pelo batismo nós fomos sepultados com ele em sua morte, a fim de que, assim como Cristo ressuscitou dos mortos pela glória do Pai, também nós levemos uma vida nova. Pois se fomos totalmente unidos, assimilados à sua morte, sê-loemos também à sua Ressurreição" (Rm 6,4-6).

São Paulo exprime o fato e o modo da comunhão do cristão com Cristo nos mistérios de salvação por meio de vocábulos compostos, alguns inventados por ele: co-sofrer (Rm 8,17), co-crucificar (Rm 6,6), co-morrer (2Cor 7,3), co-sepultar (Rm 6,4), co-ressuscitar (Ef 2,6), con-viver (Rm 6,8), co-vivificar (Ef 2,5), co-fundados (Rm 6,5), co-herdeiros (Rm 8,17), configurar (Fl 3,10), con-formar (Rm 8,21), con-glorificar (Rm 8,17), co-sentar (Ef 2,6), co-reinar (2Tm 3,10).

Esse mesmo princípio de solidariedade atua também em direção inversa: se o cristão vive incorporado aos mistérios da vida de Cristo, Cristo se incorpora em todas as fases da existência do cristão: convive, morre com, ressuscita com cada um dos crentes e com a Igreja, que realizam essas experiências na própria experiência temporal.

Formas de presença. Embora Cristo tenha assumido uma condição espiritual e gloriosa, a sua presença mantém vivo o caráter de encarnação e, portanto, de uma certa sensibilidade nas mediações. "Para levar a efeito obra tão grande Cristo está sempre presente em sua Igreja, sobretudo nas ações litúrgicas. Presente está no sacrifício da missa [...]. Presente está pela sua força nos sacramentos [...]. Presente está pela sua palavra [...]. Está presente finalmente quando a Igreja ora e salmodia" (SC 7). A lista das formas indicadas pelo Concílio é mais uma exemplificação que uma enumeração exaustiva. Há também a presença no irmão, na natureza, nos fatos da história, nos acontecimentos da própria vida.

Todas essas formas de presença são "reais". A presença eucarística desfruta de um especial realismo, mas não se apropria exclusivamente da qualificação de "presença real". Tratando-se de um mesmo Cristo e de um mesmo mistério salvífico atuante em todas essas formas de presença, elas não podem ser consideradas como outros canais independentes de graça. Bíblia, → EUCARISTIA, comunidade, consciência pessoal, se completam como elementos diferentes de uma mesma comunhão total como Senhor presente.

A formulação dessa presença ocorre de várias maneiras. São Paulo usa "com" e "em", expressões de inserção ontológica, de solidariedade: Cristo em nós, nós em Cristo. A sensibilidade contemporânea julga mais naturais as expressões "para" e "com", utilizadas com sentido existencial de encontro. Enquanto "em" pode indicar uma simples presença material (Cristo em sua Igreja), "para" conota comunicação ativa. Predomina a categoria do encontro comunicativo, enquanto a solidariedade é mantida no plano ontológico.

Contemporaneidade. Sejam quais forem as circunstâncias, o tempo envolve intimamente a comunhão entre pessoas. Nossa relação é com Cristo vivo, o mesmo ontem, hoje e sempre (Hb 12,8). Mas essa relação presente fundamenta-se em realidades e manifestações da sua pessoa que tiveram lugar séculos atrás. Em suas celebrações, a Igreja vive a realidade do Cristo glorioso atual, Senhor de todos os séculos; mas o faz revivendo ao mesmo tempo os mistérios da vida terrena do Senhor, que são fatos da sua condição mortal.

Os → SANTOS viveram com realismo a contemporaneidade de Cristo, sem perceber a passagem do tempo, superada pela ressurreição e pela fé. O cristão que esteve presente no martírio de São Policarpo ambienta o fato com toda a simplicidade: "O martírio de São Policarpo ocorreu no mês de abril [...] sendo sumo sacerdote Filipe, procônsul Estácio Quadrato, sendo rei dos séculos nosso Senhor Jesus Cristo" (*Martírio de São Policarpo*, 21). Santa Teresa faz a seguinte confissão sobre si mesma: "O Senhor dera a ela uma fé tão viva que, quando ouvia outros dizerem que gostariam de viver no tempo em nosso

Senhor estava na terra, ria consigo mesmo, pois lhe parecia que possuindo no Santíssimo Sacramento o mesmo Cristo que então se via, não havia nada mais a pedir" (*Caminho de perfeição*, 34, 6).

Essa relação de contemporaneidade é vivida, na devoção cristã, não só em relação à pessoa de Cristo glorioso, mas também no que se refere aos mistérios de sua vida terrena: ternura diante do Menino de Belém, companhia na sua solidão do Getsêmani, compaixão por seus sofrimentos na cruz. Certos autores interpretam como anacrônicas essas atitudes espirituais, porque o único Cristo com que entramos em relação é aquele presente, que se encontra em estado de glória. Seria incongruente assumir uma atitude de tristeza ou de piedade diante de Cristo glorioso. Será que ainda podemos nos solidarizar com seus atos e estados de espírito depois de sua ressurreição?

Na verdade, isso não só é legítimo, mas também absolutamente necessário, quando se reconhece devidamente todo o valor da ressurreição. Pode ser que pessoas ou grupos tenham dado a essa experiência modalidades anacrônicas com relação a um Cristo inexistente. Mas a verdade é que a experiência autêntica da fé comporta um olhar retrospectivo. Nós nos comunicamos com Cristo, vivo e atual, conhecendo-o na história, em que ele nos revela o seu ser, a sua psicologia, a sua ação atuais. Esses conteúdos terrenos estão sempre presentes, de maneira mais ou menos explícita, na atual comunhão de fé e amor.

A diferença está no fato de que Cristo assume os mistérios da sua vida terrena na sua existência gloriosa, ao passo que nós nos aproximamos deles a partir de uma condição temporal: ou seja, seguimos toda a trajetória de sua vida, sem atalhos. Embora ele tenha ressuscitado, nós não o somos de forma total. A Igreja vive constantemente unida a Cristo morto e glorificado (*LG* 7). Como é possível que viva unida a Cristo morto, se hoje Cristo morto não existe? Precisamente porque, para se unir a Cristo, deve seguir toda a trajetória temporal dos seus mistérios, sem pular nenhum para aderir imediatamente à ressurreição.

Cada um dos mistérios da vida de Cristo tem consistência própria, embora eles constituam parte do mistério total da sua pessoa. Cada um deles é capaz de suscitar uma experiência apropriada no crente, com suas peculiares características espirituais e psicológicas. A ressurreição respeita e exalta essas peculiaridades e não as reduz ao denominador comum da glória. A Igreja vive com realismo o mistério da cruz e inculca no cristão sentimentos proporcionais, como forma de união com o único Cristo hoje glorioso. Em sua experiência espiritual, o cristão pode solidarizar-se sem anacronismo com os mistérios da vida terrena de Cristo, porque o Senhor glorioso nosso contemporâneo assumiu na sua pessoa ressuscitada esses mesmos mistérios com sua temporalidade.

3. **EXPERIÊNCIA CRISTÃ**. A presença pessoal e comunicativa de Cristo tem no crente uma ressonância imediata, que chamamos de experiência. É feita de acolhimento, resposta, comunhão, transformação. Corresponde ao sentido profundo do "conhecer" e do "ser conhecido", com que o Novo Testamento indica a relação íntima do cristão com Cristo: conhecer, amar, dar-se, possuir. Nenhuma forma de penetração intelectual ou de obediência a normas pode substituir a experiência vivida de comunhão. → MARIA SANTÍSSIMA e os apóstolos provavelmente sabiam menos verdades que nós sobre Cristo e contudo o conheciam de maneira infinitamente superior.

A experiência de Cristo em si mesma já tem um valor primordial, por aquilo que comporta de comunhão pessoal na fé e no amor. E a esse primeiro valor se acrescenta um outro benefício, o de reanimar todos os outros elementos da vida cristã: sacramentos, estruturas, leis, devoções, práticas... Elimina o caráter neutro de obrigações e práticas e os converte em meios e formas de manifestação de Cristo e de nosso encontro pessoal com ele.

A experiência é constituída de duas percepções simultâneas: experiência da pessoa de Cristo e experiência da própria condição de cristãos, do próprio ser renovados pela graça e pela presença do Senhor. Ambas as realidades estão conjugadas e se evocam mutuamente. Fazer experiência de Cristo é mais que conhecê-lo de perto. É manter viva a comunhão, acolhê-lo, sentir-se interpelados, transformados na sua vida, morte e ressurreição.

Os primeiros discípulos de Cristo se faziam guiar pela experiência. Convenciam-se pessoalmente e convidavam outros a fazê-lo: "Vinde e vede" (Jo 1,46). Já a partir desse primeiro momento, ficam como que fascinados por sua personalidade e decidem viver para sempre com ele. Mesmo depois da ressurreição, eles não renunciam aos dados da experiência terrena. Quando escolhem o novo apóstolo, estabelecem como condição que tenha sido testemunha dos fatos de Jesus, desde o batismo até a ressurreição (At 1,21-22). No clima da ressurreição, apelam à evidência da percepção sensorial mais imediata, para declarar a sua experiência integral do Deus encarnado (1Jo 1,1-3).

São João e São Paulo são os autores bíblicos que melhor expressaram a experiência da comunidade primitiva e de cada cristão, em resposta à presença e à ação do Senhor ressuscitado. As expressões desses dois autores apresentam indubitavelmente um fundo autobiográfico, sinal de intensa participação pessoal. Apesar disso, eles pretendem afirmar com toda a clareza que essa experiência não é privilégio dos apóstolos, e sim patrimônio de toda a comunidade cristã e de cada membro em particular.

São João prefere as imagens da videira e dos sarmentos, da morada interior, da amizade e da unidade. São Paulo se estende mais e é mais explícito. Desde a experiência de Damasco, sua vida e sua pregação centraram-se no mistério de Cristo morto e ressuscitado (1Cor 1,23), mistério de que cada cristão deve participar (Rm 6,1 ss.). Diante de certas manifestações do Senhor, recorre a expressões retiradas da experiência. Mas sobretudo insiste na comunhão habitual de duas vidas que se identificam: viver em Cristo, Cristo em nós; não sou eu que vivo, é Cristo quem vive em mim (Gl 2,20).

Há nessas expressões um eco intenso de experiência espiritual. Trata-se de simples incorporação sacramental através da fé ou também do reflexo de uma experiência de São Paulo propriamente "mística"? Não existe pleno acordo entre os autores. A. Wikenhauser responde afirmativamente, enquanto L. Cerfaux se mostra indeciso. Sem dúvida, não podemos esperar da terminologia paulina as precisões descritivas que a espiritualidade cristã elaborou em seguida: desenvolveu-se, além da linguagem, também a própria capacidade de introspecção. Mas, preservadas essas diferenças, a força da afirmação paulina, direta e insistente, evidentemente denota conhecimento de ordem propriamente mística.

Experiência atual. A experiência de comunhão faz parte da vida da Igreja e de cada cristão, com a mesma essencialidade que nos tempos do Novo Testamento. "A Igreja precisa refletir sobre si mesma; precisa sentir-se viva [...] precisa experimentar Cristo em si mesma, segundo as palavras do apóstolo Paulo: 'que ele faça habitar Cristo em vossos corações pela fé' (Ef 3,17)" (*Ecclesiam suam*, n. 10). Expressa e ressalta o duplo elemento da experiência cristã: experimentar Cristo e sentir-se viver como fruto da sua presença.

Como ocorria na Igreja primitiva, assim ao longo dos séculos e atualmente, a experiência de Cristo é ao mesmo tempo comunitária e pessoal. Mas até a mais desenvolvida, que alguns cristãos favorecidos pela graça possuem, costuma refletir maior conhecimento da Igreja em sua própria época e ambiente. Por isso, analisando as experiências dos santos, descrevemos implicitamente as experiências cristocêntricas da Igreja contemporânea a eles (→ CRISTOCENTRISMO).

Momentos da experiência. Falando da experiência de Cristo, os estudos de espiritualidade privilegiaram as suas manifestações místicas. Colocando essa experiência como elemento essencial de toda vida cristã, é oportuno distinguir aqui os momentos em que cada cristão faz ou pode fazer essa experiência sem a necessidade de atingir níveis místicos. Para que a consciência da comunhão seja realmente uma experiência, é preciso que o sujeito se encontre em atitude de intensa oração. A presença e a comunhão de Cristo é sentida em momentos decisivos da própria existência religiosa e humana. Assinalamos aqui cinco momentos sucessivos da experiência cristã: → VOCAÇÃO, → CONVERSÃO, seguimento, comunidade, missão.

Na *vocação*, a experiência de Cristo é feita em forma de presença interpeladora, porque se apresenta como dom de Deus e como chamado. A pessoa de Cristo interpela, põe em crise, obriga a tomar uma decisão pró ou contra. O cristão dá o primeiro passo no seu compromisso sentindo-se chamado por Deus em Cristo. Esse início temporal corresponde à predestinação eterna, que nos destina a ser conformes à imagem do Filho (Rm 8,29-30). A experiência se torna mais evidente e sensível nas vocações ulteriores que o Senhor realiza agora no âmbito da condição cristã: por exemplo, a vocação religiosa ao seguimento de Cristo.

A *conversão* é feito e prolongamento da própria vocação divina. Existencialmente falando, diríamos que é a resposta do homem ao chamado de Deus. A conversão não é mudança de conduta ética, mas nova orientação teologal de toda a pessoa e existência para Cristo. Exemplo típico é a conversão de São Paulo. Mais que uma mudança moral de vida, ela significou uma experiência de Cristo ressuscitado, um encontro, uma reorientação fundamental de todo o ser em torno dele. A conversão cristã é mudança de coração e mente, iluminados e assumidos pela pessoa do Senhor.

Com o *seguimento*, a conversão inicial se converte em uma forma de comunhão permanente de sentimentos e em amizade, convivência, conformação. Os apóstolos receberam um forte golpe com o convite de Cristo a deixar as redes e segui-lo. Mas eles fazem a experiência decisiva depois, quando efetivamente o seguem, ou seja, vão viver com ele e compartilhar o seu estilo de vida, as suas atividades, as suas preocupações. Seguir significa conviver, comungar, compartilhar. Disposição de espírito e forma de vida que traduzimos inadequadamente com: seguir, imitar.

A *comunidade* é o lugar geral da experiência de Cristo e uma de suas formas particulares. As primeiras aparições do Ressuscitado são dirigidas à comunidade. Mesmo quando ele se manifesta a indivíduos, ele os encarrega de dizê-lo imediatamente ao grupo apostólico. Na Igreja o cristão encontra a origem e a finalidade da própria experiência do Senhor. Na comunidade, ele crê, adora, celebra a presença salvífica de Cristo. A comunidade opera cristãmente em várias manifestações: celebração da Eucaristia, solidariedade fraterna, exigência moral.

Enfim, a *missão* é o momento culminante, o florescimento da → EXPERIÊNCIA CRISTÃ, que assume a forma da evangelização explícita ou do simples testemunho de vida. Quando anuncia o Evangelho ou simplesmente professa a sua vocação cristã, quando se presta de alguma maneira como instrumento de comunicação da graça, o cristão faz experiência viva do Senhor que atua nele por meio do seu Espírito. Todos os dias fazemos a experiência de levar adiante uma tarefa que supera a nossa capacidade. Na comunicação, obtemos uma consciência mais explícita da nossa própria graça e um conhecimento da ação do Espírito sobre os outros.

Atitudes. A comunhão interpessoal que indicamos com o nome de experiência contém em si toda a riqueza e a complexidade das pessoas que se comunicam. A natureza e a qualidade dessa experiência dependem delas.

Cristo apresenta-se na comunhão como é: Deus, homem, mediador, mestre, irmão, amigo, servo, senhor glorioso. O cristão reúne todos esses aspectos e responde em conformidade com a atitude do adorador, do discípulo, do imitador, do amigo, do irmão etc. Cada uma dessas perspectivas enriquece, sem quebrá-la, a unidade da comunhão, que se funda em primeiro lugar na unidade das pessoas.

Não é fácil obter uma completa harmonia entre essas modalidades. Do ponto de vista dogmático, fazem-se afirmações sem apontar o caminho para a experiência espiritual unitária. Cristo, enquanto homem, se oferece em sacrifício ao Pai; enquanto Verbo-Deus, recebe esse sacrifício com a Santíssima Trindade. Também enquanto homem, Cristo merece um culto de → ADORAÇÃO em sentido estrito, na sua pessoa e em cada um dos componentes de sua sagrada humanidade em referência à sua pessoa. Por outro lado, essa mesma condição de homem é o que o faz adorar conosco e em nós o Pai e o faz intervir nas nossas orações.

Essas várias atitudes devem coexistir em um mesmo espírito, para que tenha lugar uma verdadeira experiência de Cristo. O cristão oportunamente formado ali vive simultânea e sucessivamente. Segundo a graça e as circunstâncias, um ou o outro ocupa o primeiro plano da consciência. Os outros se deixam então perceber como fundo e complemento. Essa modalidade da experiência pode ser apreendida nas atitudes dos apóstolos durante os anos da vida terrena de Cristo, especialmente em São Pedro, que age com mais espontaneidade: mostra sentimentos imediatos de adoração sem por isso perder a confiança, outras vezes deixa que predomine nele a familiaridade com Jesus mesmo conservando o respeito por seu mistério.

Na história da espiritualidade, deparamos com duas experiências particularmente difíceis de conciliar: a adoração e a mediação, "ad Christum" e "per Christum". Houve excessos de um lado e de outro. Nos últimos anos, a liturgia fez grandes esforços para recuperar o sentido da mediação. "Realmente, em tão grandiosa obra, pela qual Deus é perfeitamente glorificado e os homens são santificados, Cristo sempre associa a si a Igreja, sua Esposa diletíssima, que invoca seu Senhor e por ele presta culto ao eterno Pai" (*SC* 7).

Em questão de experiência, não basta observar a exatidão ou inexatidão das fórmulas teológicas e litúrgicas. É preciso verificar a qualidade e a intensidade da experiência espiritual que as pessoas colocam sob essas fórmulas. E nem sempre a precisão formal corresponde ao valor efetivo. Com isso não se quer dizer que a fórmula verbal ou o gesto expressivo são indiferentes, quando se trata de alimentar uma verdadeira experiência do mistério de Cristo.

4. IMAGEM E HISTÓRIA. O mistério de Cristo, por sua profundidade e variedade de aspectos, não permite uma verdadeira visão unitária. Do mesmo modo, é impossível descrever a experiência em forma unitária. Apesar disso, o cristão não renuncia a criar para si uma imagem de Cristo e a unificar em torno dela os vários aspectos da sua pessoa, da sua obra, do seu significado para os homens. Essa profunda exigência de unidade corresponde ao fato real de que a comunhão com a pessoa é única.

Em todos os tempos, a devoção cristã percebeu a necessidade de concentrar em uma imagem simples e sugestiva toda a abundância de episódios, gestos, palavras, funções, títulos etc., com que a revelação manifesta o mistério do Senhor. É isso que chamamos de "imagem". Cada pessoa e cada época a formam com base em elementos extraídos da revelação, da própria experiência, do contexto cultural. A imagem que cada um forma para si influencia fortemente a experiência, a sua qualidade dogmática e espiritual. A imagem representa e resume aquilo que Cristo significa para aquela pessoa ou comunidade que a aceita ou a elabora. E, ao mesmo tempo, resume as atitudes de tais pessoas diante de Cristo.

Elementos. A imagem é integrada por vários elementos, que é oportuno esclarecer, porque se trata de elementos de natureza muito diferente. O elemento primordial são os dados da fé, Cristo não é uma ideia ou uma imagem, mas se serve de imagens e ideias para nos revelar o seu mistério pessoal. A maior parte das imagens são tomadas de cenas do Evangelho ou dos títulos e funções que Jesus se atribui: mestre, senhor, juiz… Ao elemento revelado cada época acrescentou a sua própria experiência e interpretação. O modo de pensar, sentir e viver oferece uma espécie de perspectiva, em virtude da qual as cenas evangélicas e os títulos adquirem um aspecto peculiar. O título de "rei", por exemplo, suscita reflexos diferentes na Igreja primitiva, na medieval e na contemporânea.

A tudo isso deve-se acrescentar o elemento visual: pintura e escultura particularmente. Além do seu próprio valor de aproximação sensível e de concretude, ele apresenta a eficácia de exteriorizar os elementos revelados e culturais da imagem, que cada pessoa ou época percebem. Não possuímos nenhum retrato de Cristo, nenhuma descrição detalhada de sua figura física que se imponha como representação universal. Ao contrário, os dados evangélicos sobre sua figura psicológica e moral são abundantes, mas também dispersos, e por isso deixam ampla margem para interpretações diferentes. A falta de um retrato original confere mais valor às várias representações, que não são simples herança histórica, mas interpretação criadora que os crentes fazem com base na própria fé e experiência. Eles projetam na imagem os próprios sentimentos e as próprias convicções.

Alcance. Na imagem distinguimos dois aspectos ou níveis, que vão de uma menor a uma maior profundidade: da imagem-expressão à imagem-interpretação. No primeiro caso, a imagem ocupa um lugar superficial. Há uma grande variedade de imagens que correspondem à sensibilidade dos crentes ou dos artistas: Cristo sofredor, íntimo, mestre, taumaturgo. Quando as imagens se mantêm nesse nível, em geral coexistem numa mesma pessoa, que utiliza uma ou outra de acordo com as circunstâncias.

Sob esse primeiro nível superficial esconde-se às vezes um outro mais profundo, o da "imagem-interpretação". Isso se verifica quando uma imagem determinada não corresponde apenas a um gosto estético ou sentimento de devoção, mas expressa uma verdadeira "cristologia", ou seja, uma visão totalizante e reflexa daquilo que Cristo é e significa para o homem e para a história. Nas imagens de Cristo profeta, libertador, crucificado, há em germe uma visão global do mistério de Cristo. Cada uma delas, tomada em profundidade, condensa uma maneira particular de estabelecer uma relação com Deus e com Cristo, de apreender o seu significado para a Igreja e para a humanidade.

Mas todas as experiências e imagens de Cristo contêm, mais ou menos explicitamente, uma "cristologia": por simples crença, por reflexão, por prática. Ela responde a estas perguntas fundamentais: Quem é Cristo? O que ele fez e faz por mim? O que significa nas minhas relações com Deus?

Inversamente, também as várias "cristologias" costumam produzir uma imagem correspondente e em sua mesma linha. Os fatos da história mostram que esse fenômeno é real, ainda que seja mais frequente o processo contrário: uma experiência ou sensibilidade preexistente que oferece estímulo e luz para elaborar uma "cristologia".

Finalidade. A imagem que formamos de Cristo desempenha várias funções em nível espiritual. Em primeiro lugar, a concretude. Para tratar com uma pessoa, o homem precisa fazer dela uma figura mais ou menos concreta. Os seres parecem abstrações para nós enquanto não os representamos de algum modo. Como a fé afirma que Deus é ser vivo e pessoal, resulta daí uma criação constante de "antropomorfismos". Esse fenômeno se verifica ainda mais no caso de Jesus, que sabemos encarnado e tratado por seus contemporâneos como uma pessoa normal, com sua figura corporal e sua psicologia. A imagem nos fornece precisamente esse suplemento de concretude de que a nossa fé e as nossas ideias necessitam para vivificar os seus conteúdos.

Além disso, há uma segunda função, já indicada no início, precisamente a da unificação das atitudes sugeridas por vários aspectos do mistério em uma comunhão total. A experiência espiritual é unitária, sintética, ao passo que a análise teológica aprecia o desmembramento. Privilegiar uma representação determinada de Cristo permite que a nossa relação com ele se unifique.

Funcionamento. A imagem funciona como via de acesso pela qual o crente penetra no mistério total. Escolhe-se um aspecto de maior relevo ou maior sensibilidade, que serve de ponto de contato para viver todos os outros. Quem toma como imagem preferida o Crucificado, o Menino no presépio, o Ressuscitado, não desconhece por isso os outros aspectos ou mistérios da vida e da pessoa do Senhor. Simplesmente os unifica em torno desse centro, para que cada um desfrute uma luminosidade especial. O ponto de chegada é sempre Cristo integral.

Esse princípio operativo deve-se às leis da consciência espiritual, que adquire mais intensidade à medida que se concentra. Obtém mais aplicação reduzindo o campo de atenção. É uma operação realizada tanto pelos indivíduos quanto pela coletividade e pelas épocas históricas. Para avaliar a situação efetiva de uma pessoa ou de uma época, é preciso distinguir o fenômeno do conteúdo. Seria uma distorção reduzir a experiência cristã de uma época determinada ao mistério ou aspecto que lhe serve de base. Recorrendo a um aspecto parcial do mistério, por exemplo a infância ou a cruz, um cristão pode viver a totalidade. Nem sempre a qualidade da experiência é medida pela importância objetiva do mistério escolhido. A Idade Média, centrada na → CRUZ, parece muito mais otimista e empreendedora que a época carolíngia, centrada na ressurreição.

Esse procedimento de concentração que parece normal na consciência espiritual presta-se, por outro lado, a reduções abusivas do mistério de Cristo. Isso ocorre quando o aspecto escolhido ou a imagem encerram todo o horizonte da experiência. A consequência será uma experiência unilateral, deformada. Esse perigo não é imaginário, porque se repete constantemente na história da teologia e da espiritualidade, na qual não faltam reduções cristológicas e reduções devocionais.

A explicação teológica do mistério de Cristo, na sua pessoa e na sua obra, também dá lugar a graves reduções de diferentes aspectos: redução do seu componente divino, do seu elemento humano, do seu ser pessoal ou da sua obra salvífica. Nesse sentido, é comprovada a existência de reduções abusivas de todos os tipos: teológico, antropológico, cristológico e soteriológico, histórico e existencial, escatológico e encarnacional. A frequência com que tais deformações se produzem não diminui sua gravidade e as consequências negativas que exercem na vida e na pregação da Igreja.

O mesmo perigo de unilateralidade e empobrecimento ameaça também certas "devoções". No contexto da imagem, têm a função de suscitar o afeto e a devoção, orientando-os para um sentido determinado. Efetivamente, na história da devoção cristã, deram lugar a experiências da melhor qualidade. Isso não impede que o perigo em questão exista e que se tenham verificado deformações. Certas devoções exacerbam a divisão dos aspectos, restringem o campo visual e acabam se materializando nas suas finalidades e nas suas expressões. Aumentam a afetividade na mesma proporção em que empobrecem a base dogmática. Com a multiplicação das devoções, devida à dispersão e à restrição de seu objeto, chega-se a perder de vista o mistério total. Por isso, a Igreja prefere que não se multipliquem os objetos parciais de culto e devoção à humanidade de Cristo. Proibiu, por exemplo, que se dedique culto especial à alma, às costas, ao rosto, às mãos, à cabeça de Nosso Senhor (cf. *AAS* [1938], 226-227; e A. BONHOME, in *Dictionnaire de Spiritualité*, III, 780-784).

Valor da história. À luz de tudo o que dissemos aqui sobre a imagem e a experiência, adquire importância inesperada a história da devoção cristológica nos vinte séculos de vida da Igreja. Nela, o mistério de Cristo atua através dos séculos, desenvolvendo sempre novos aspectos da sua riqueza inesgotável. Ele se revela capaz de estabelecer comunhão com todos, adaptando-se aos homens e às culturas, dando vida a experiências originais. Muitos desses reflexos do mistério passaram a fazer parte da imagem permanente de Cristo que vive na Igreja. E nós todos nos beneficiamos inconscientemente dessa herança.

A história da devoção cristocêntrica poderia ser traçada em diferentes níveis; o da liturgia oficial, o da devoção popular, o da experiência dos santos e dos espíritos privilegiados. Quer se escolha um desses caminhos, quer se sigam todos ao mesmo tempo, são obrigatórias certas normas elementares no momento de expor e criticar a história sobre um ponto tão delicado. Em primeiro lugar, deve-se avaliar a devoção em cada época pelo que é e vive, não pelo que lhe falta. Aprofundando o que possui, frequentemente se descobre que é por meio dela que se chegou ao centro do mistério, talvez sem conhecer ou sem imaginar outros caminhos. Revelam muito pouca sensibilidade a esse respeito alguns estudos modernos (Jungmann, Adam), que, em vez de aprofundar a experiência de cada época, a analisam unicamente em relação à semelhança ou diferença que apresenta com o esquema cristológico mitizado dos primeiros séculos. Uma outra norma, que já mencionei anteriormente, é a distinção que se deve fazer entre o mistério escolhido como via de acesso e a universalidade da experiência real. Em uma devoção talvez por si só irrelevante, a pessoa pode viver uma experiência espiritual intensa e autêntica do Senhor.

Apesar disso, parece evidente que entre certas pessoas e outras e entre certas épocas e outras existem diversidades notáveis de qualidade espiritual na experiência de Cristo. E a história deve ressaltá-lo, na medida em que é lícito um juízo humano sobre realidades tão íntimas.

Imagem primitiva. Ela é caracterizada pela concentração e sobriedade dos seus elementos. Nós a encontramos sobretudo nos símbolos e na → LITURGIA. A síntese é simples e essencial: Cristo, como havia sido anunciado pelos profetas, pregou o reino de Deus, morreu por nossos pecados e ressuscitou por obra de Deus. Por meio do batismo e da vida moral nova, participamos da sua ressurreição, à espera da sua vinda final. Em Cristo glorioso, essa imagem acentua a humanidade mediadora, que vivifica a ação da Igreja em todas as instâncias. Seguem-se daí uma série de atitudes que caracterizam a sua experiência espiritual: concentração no essencial, sentimentos de confiança ao lado de Cristo irmão, alegria pascal etc.

Figura medieval. As discussões cristológicas da época patrística marcaram a consciência cristã, levando-a a uma acentuação unilateral da divindade de Cristo. Na Idade Média os efeitos se fazem sentir. Como fator de equilíbrio ou contrapartida, atesta-se nesse período um interesse excessivo pela vida terrena de Cristo: gestos, palavras, cenas, lugares. Tudo isso é transformado em objeto de veneração, de meditação minuciosa e prolongada, de imitação detalhada, de contato com relíquias e locais. Falando em termos gerais, podemos dizer que o primeiro período da Igreja desenvolveu a devoção cristocêntrica no âmbito litúrgico, devoção da qual hoje vivemos; a Idade Média, ao contrário, mostrou-se imensamente criativa no campo da devoção popular e deixou uma herança permanente nesse sentido.

Evolução posterior. Nos séculos XVI e XVII, encontramos predileção pelos mistérios da vida terrena de Cristo, que se procura meditar, imitar, assimilar. Segue-se mais a linha da devoção medieval. Podemos assinalar alguns autores representativos de correntes: Santo Inácio para a meditação e a imitação; Santa Teresa para a defesa da humanidade de Cristo como único percurso em todas as etapas da vida espiritual; → BÉRULLE para a contemplação dos mistérios à luz do mistério do Verbo encarnado, com a harmonização de gestos e estados de espírito.

5. ENCONTRO COM CRISTO HOJE. Acima apresentamos sumariamente os aspectos e os conteúdos do mistério insondável de Cristo e alguns dos reflexos que ele teve na experiência dos cristãos no decorrer da história. Tudo isso constitui uma riqueza imensa e uma ajuda para nós, mas não substitui a nossa própria experiência. Ao contrário, com sua criatividade e seu relativismo, os crentes das épocas anteriores nos servem de exemplo e de estímulo na busca de uma compreensão do mistério de Cristo, que o torne significativo e relevante para o cristão e para o homem de nosso tempo. E não só de uma compreensão, mas de uma vida em comunhão de fé e amor com ele, como centro de toda a existência.

A experiência não se herda. Embora possua um patrimônio tão rico de revelação, doutrinas e experiências, o cristão atual precisa criar para si uma imagem de Cristo, que seja autêntica e correspondente ao próprio ser religioso e cultural: um rosto de Cristo que seja realmente o seu e seja também nosso. A história e a teologia não podem considerar que essa imagem já foi dada. O encontro de comunhão com uma pessoa não pode ser transmitido, porque é portador de amor e de outros ingredientes que não se transmitem por meio da informação. Se essa nossa imagem deve cumprir as funções que lhe foram confiadas, ela precisa ser viva e real. Além disso, deve ser fiel aos dados fundamentais do Novo Testamento.

O encontro com Cristo é expresso hoje mais profundamente na linguagem do "significado" que na da experiência, que sugere mais o conhecimento pessoal que nasce do comportamento. Esta pode ser feita com qualquer pessoa que cruze a nossa existência. O enfoque no nível de significado, ao contrário, exige que encontro tenha alcance radical e total. Que significado tem a pessoa de Cristo, com sua existência terrena e sua glória atual, para a vida do homem e o desenvolvimento da história, para dar unidade e objetivo a tudo o que o homem está vivendo sozinho ou em comunidade? A centralidade de Cristo é apreendida aqui, não só em sentido religioso e devocional, mas na forma mais totalizante e existencial que se possa imaginar. O significado se produzirá e será percebido quando os conteúdos do mistério se encontrarem com as áreas de interesse e sensibilidade do cristão atual.

Cristologias. Essa busca do significado no encontro do crente com Cristo tem mobilizado os maiores representantes da teologia contemporânea. A não ser nos séculos III e IV, a devoção cristocêntrica nunca dependeu com tanta imediação do pensamento teológico como hoje. Além da intensidade especial do fenômeno atual, o fato dessa interdependência é comum na história da humanidade. No fundo, corresponde a uma exigência interna do próprio mistério: "Todo esforço de compreensão da fé é uma teologia no seu sentido mais amplo e nesse sentido pode-se dizer com certeza que todos somos inclinados a um certo conhecimento teológico: os esforços de reflexão que os apóstolos tiveram de fazer para melhor compreender os mistérios divinos que o amor deles pressentia na pessoa do Mestre já eram um esboço de teologia. Deve-se dizer o mesmo das reflexões da Virgem Maria sobre a personalidade de seu Filho, cujo comportamento para ela desconcertante abria ao seu olhar de mãe profundidades divinas insondáveis" (R. Voillaume, *En el corazón de las masas*, Madrid, 1968, 291).

A teologia busca o significado por dois caminhos complementares: releitura e análise das fontes; tomada de consciência e interpretação da sensibilidade atual. A harmonia entre o que Deus oferece e o que o homem espera não é espontânea. Jesus teve de quebrar muitas imagens de falso messianismo, para oferecer ao homem a sua própria imagem verdadeira. Contudo, a sua atitude primeira não foi a de quebrar imagens e falsas esperanças, mas de buscar e utilizar na experiência dos seus contemporâneos todos os pontos que pudessem constituir uma base para a compreensão e a experiência do mistério; e distinguir no mistério, sem sacrificar a sua integridade, os aspectos que se mostravam mais necessários e inteligíveis.

Considerada a preocupação de buscar um significado, de olhar as coisas por parte do homem, explica-se a pluralidade das cristologias e a consequente pluralidade das interpretações. A modalidade que assume o encontro com o mistério, bem como a imagem que daí resulta, dependerá da experiência pessoal ou do grupo, dos valores da cultura colocados em evidência. Eis alguns traços que influem mais diretamente na espiritualidade.

a) Cristo como *homem* é o centro de todo o enfoque moderno existencial. O método reflete evidentemente a corrente humanista que domina a cultura atual. Mas tem fundamentos mais objetivos que a sensibilidade moderna como tal. Esse tipo de compreensão segue a trajetória dos primeiros discípulos, como é narrada nos Evangelhos. Sua experiência vai de baixo para cima, da superfície à profundidade: eles entram em contato com um homem completo e normal, que se mostra profeta, os desconcerta com a sua morte, na ressurreição é proclamado "Senhor" e senta-se à direita do Pai. Por outro lado, esse novo estilo tem a vantagem de compensar a unilateralidade da imagem generalizada nos séculos precedentes: o Verbo que assume a natureza humana, para agir por seu intermédio e ser adorado como Deus.

O enfoque moderno oferece-nos, ao contrário, um Cristo vivo e real, com todo o peso do homem e da história, que o torna atraente, encarnado no sentido mais completo da palavra. A partir desse ponto de vista, parece insuficiente o modo tradicional de considerar a "humanidade de Cristo", que foi considerado o ponto alto da encarnação realista. Essa "humanidade" apresenta-se como o revestimento da única Pessoa divina, objeto de devoção e imitação mais que realidade do ser próprio de Cristo, prioritária em relação a qualquer propósito devocional e imitativo.

b) Homem de *fraternidade* é outra das dimensões em questão. Cristo é irmão de todos os homens e produz solidariedade entre os homens. Ele é a pessoa que reúne todos no amor, independentemente da origem, das crenças, da moralidade deles. Não se apresenta em primeiro lugar como juiz ou critério para marcar a separação entre ortodoxia e heterodoxia, mas como o homem da amizade, da fraternidade. Reconhece os valores próprios de cada pessoa ou grupo, entra facilmente em comunhão com eles. Prefere os fracos e os pequenos. Com todas as graves limitações de que sofre essa imagem, ela evidencia com energia e realismo um dos grandes valores do Evangelho: a união de todos em Cristo.

c) Homem de *ação*. Eis outro setor de criatividade, em que se faz referência a uma nova imagem de Cristo. Nela se acentuam os traços dinâmicos e sociais da sua figura: profeta, libertador histórico de situações históricas. Essa nova imagem de Cristo parece ter maior alcance e ser mais aderente à história dos homens com todas as suas circunstâncias. Apresenta-se como uma reação à imagem precedente, considerada excessivamente interior e cultual.

Autocrítica. A tendência é que cada época viva e proclame com renovado entusiasmo as suas próprias descobertas, deixando à história subsequente a tarefa de criticar eventualmente os desequilíbrios e insuficiências. A teologia e a espiritualidade atuais teriam a tarefa de ressaltar as novidades que a nossa imagem de Cristo apresenta, bem como de avaliar os êxitos e os desvios dos séculos precedentes, enquanto deixariam aos futuros teólogos e historiadores a tarefa de fazer um julgamento de nossos próprios desvios e parcialidades.

Em matéria de experiência, não se pode proceder desse modo. E ainda menos quando a experiência se refere a Cristo, raiz e sentido total da nossa existência cristã. É preciso que a autenticidade diga respeito à própria experiência, e não ao juízo posterior. Concretamente, precisamos formular um juízo crítico sobre aquilo que estamos vivendo, como meio de discernimento, para fortalecer, corrigir ou eliminar aspectos da experiência atual.

O juízo espiritual sobre os novos enfoques é impreciso. Em primeiro lugar, é evidente que eles enriquecem o leque das imagens disponíveis para orientar a própria experiência e ação, despertam a sensibilidade diante das novas dimensões do mistério integral. Como as novas imagens são construídas com elementos da nossa cultura, apresentam-se como canais apropriados para expressar neles a experiência atual. São feitas à nossa medida.

Por outro lado, o próprio fato de sua adaptação à mentalidade e aos gostos do homem contemporâneo é um motivo para permanecer em guarda. A mentalidade moderna é extremista, e a cristologia segue esse mesmo modelo de exasperar as antinomias do mistério, convertendo-as em alternativas: Cristo intimista ou social, homem ou Deus, adoração ou solidariedade humana. Criticamos o monofisismo divinizante da espiritualidade precedente e caímos, por nossa vez, em algumas posições de monofisismo humanizante.

No todo, foram criadas as bases para um enfoque de compreensão íntima. O Evangelho mostra-nos que Cristo veio para salvar, para realizar as grandes aspirações que se aninham no coração dos homens: não só dos seus contemporâneos, mas também dos nossos. Ele o apresenta como revelador do mistério de Deus, desvelador do mistério do homem, realizador da solidariedade humana.

Mas tudo isso constitui apenas a base da verdadeira experiência espiritual cristã. Vamos procurar defini-la melhor em seguida. Não é raro que o excesso de problemática teológica dificulte a comunhão pessoal com o Senhor e crie um penoso dualismo entre "Jesus de Nazaré" que inspira uma vida no mundo e para o mundo e "Cristo ressuscitado" que orienta a celebração cultual e o encontro interior.

Comunhão com Cristo no tempo atual. O cristão atual se encontra com um repertório ilimitado de conhecimentos, de imagens e de vias de acesso ao mistério de Cristo. Mas todos os dados disponíveis, juntos ou separados, não bastam para produzir uma porção mínima de comunhão pessoal. A experiência de Cristo tem lugar em um nível diferente. As cristologias e os programas de apostolado centrados em sua pessoa não constituem por si sós experiência verdadeira, nem para quem os transmite, nem para quem os recebe.

Os pontos decisivos da comunhão autêntica com Cristo vivo e real são a fé, o amor, a esperança. Essas três atitudes cristãs fundamentais têm a vantagem de incorporar todo o dinamismo da pessoa e toda a realidade da história. São ao mesmo tempo profundamente pessoais e abertamente sociais. Constituem a única base sólida para uma verdadeira experiência cristã.

Por isso parece ambígua, e em certa medida errônea, a rejeição, por parte de certos teólogos e escritores, das chamadas atitudes intimistas diante de Cristo. Há nisso um aspecto ressaltado acertadamente: à comunhão íntima teologal com Cristo é preciso acrescentar o empenho, a ação, o encontro com a história, onde o Senhor trabalha para a salvação de todos os homens. Mas há também um outro sentido que é errôneo: importam pouco o diálogo pessoal face a face com o Senhor, os sentimentos, as motivações; o que conta é o empenho e a ação. Seria a destruição da vida teologal, que é antes de tudo adesão de fé e tensão de amor, ou seja, experiências e disposições interiores, que se prolongam na ação.

Não se trata de privilegiar a pura interioridade, mas de criar a relação total, que abarca comunhão pessoal e transformação do mundo. Há certas formas de aproximação de Cristo que, por si sós, não têm qualidade de → EXPERIÊNCIA CRISTÃ: conhecimento intelectual, conduta moral, compromisso social. Em geral, observa-se um deslocamento de preferências em matéria de mediações: das religiosas e interiores às sociais e profanas. Mas esse fato não isenta da interioridade da fé e do amor. Ao contrário, exige que ela seja mais intensa e penetrante. "Quem não conhece o rosto de Deus através da contemplação não poderá reconhecê-lo na ação, embora resplandeça no rosto dos humilhados e oprimidos" (H. U. VON BALTHASAR, *Solo el amor es digno de fe*, Salamanca, 1971, 101).

Essa síntese de comunhão íntima e ação, nós a vemos realizada nos grandes amigos de Cristo, segundo a vocação de cada um. São Paulo tem com o Senhor uma relação de comunhão mística e de serviço incansável. Uma outra grande mestra do recolhimento e da ação no seu encontro com Cristo é Santa Teresa. Queremos completar o quadro com outras duas figuras modernas. Charles → DE FOUCAULD sensibilizou-nos diante de Jesus, o homem das massas, o operário de Nazaré; e ao mesmo tempo acentua a disposição contemplativa e ele mesmo a vive. → TEILHARD DE CHARDIN, profeta da mediação cósmica, mostra-se, na sua relação com Cristo, cristão de uma grande interioridade teologal.

Experiência ordinária. Nós a denominamos ordinária não no sentido de medíocre, e sim por sua ordinariedade, mais que profundidade. Quando se fala da experiência atual, a atenção se concentra nas formas que apresentam maior novidade: impulsos proféticos, grupos militantes. Mas a vida da Igreja se alimenta sobretudo de fidelidade generalizada e de serviço habitual. Esse segundo aspecto também é portador de rica experiência espiritual.

O melhor dessa experiência de Cristo passa despercebido e não se divulga. Produz-se em forma de serviço, de abnegação, de oração prolongada, de comunhão fraterna, de ministério, de cruz. Um pequeno e sucinto quadro dessa experiência nos é fornecido por algumas pesquisas feitas, interpelando várias pessoas com a pergunta do Evangelho: Quem é Cristo para você? O que significa em sua vida? Foram publicadas em síntese as respostas dadas por cristãos de diferentes condições: políticos, artistas, pensadores, sacerdotes, religiosos etc. Esse tipo de pesquisas e respectivos livros apresentam um valor muito relativo do ponto de vista espiritual. Mas servem para sensibilizar a Igreja diante dessas formas habituais de experiência de Cristo; e oferecem nas "confissões" sugestões e estímulos para refazer pessoalmente a experiência e viver a própria forma de existência em comunhão com o Senhor.

Há também um outro nível de experiência cristã hoje muito desenvolvida, mas muito difícil de verificar. É o da → RELIGIOSIDADE POPULAR. De um ou de outro modo, a grande Igreja dos cristãos simples vive da sua relação ou comunhão com Cristo. Trata-se de pessoas que não escrevem, não respondem a pesquisas, para as quais a experiência não assume aquele grau de reflexão e tomada de consciência com que a vivem as pessoas de melhor formação cultural. Contudo, os estudos mais recentes de sociologia religiosa e as análises da religiosidade popular descobrem nas devoções dessas pessoas uma profunda comunhão com Cristo, que preenche os seus momentos de culto e o desenvolvimento normal de sua existência cotidiana.

O caminho da experiência. Indicamos os meios mais adequados para uma comunhão pessoal e comunitária com Cristo, comprovamos sua existência efetiva na Igreja atual. Falta determinar o processo em que essa comunhão se forma. Ao falar da "experiência de Cristo" referimo-nos não a "experiências" ou a momentos especiais de presença sentida, mas a um amadurecimento crescente em nós de toda a vida cristã, centrada na pessoa de Cristo. É um processo lento e gradual que converte o conhecimento em encontro, o encontro em amizade, a amizade em transformação. Nesse sentido, mesmo as pessoas com muitos anos de vida ainda precisam percorrer muito caminho para encontrar e "descobrir" Cristo.

Com profundo sentido cristão, os místicos utilizam a linguagem da busca, do encontro, da descoberta, referindo-se à comunhão com Cristo. É o que faz São → JOÃO DA CRUZ, no *Cântico espiritual*. A verdadeira experiência não se faz de uma só vez, nem mesmo entre aqueles que se tratam intimamente. Depois de três anos de convivência, Jesus tem motivos para se mostrar surpreso: "Há tempo tempo estou convosco, e ainda não me conheceis?" (Jo 14,9).

Nesse longo caminho de comunhão, todas as mediações são úteis. Nos momentos de euforia, indicam-se as preferências e as exclusões: um deseja apenas contemplação, um outro se limita a ver Cristo apenas nos oprimidos, um outro ainda pretende um Cristo secular ou um modelo de humanista dedicado a servir os outros. Isso pode ser suficiente em certos momentos ou situações. Mas a experiência cristã autêntica exige várias mediações, em diferentes medidas, para se encontrar com o mistério total. Encontra Cristo na interioridade teologal, na Igreja, no homem e na transformação da história, na natureza e no cosmos. Talvez, neste momento, fosse extremamente urgente reativar todas as fontes da experiência e restituir à imagem de Cristo a sua integridade.

Em consequência das fontes mais abundantes e garantidas da experiência de Cristo, produziu-se um fenômeno de *saturação*. Com a perda da sensibilidade, passam a servir de estímulos as novidades e os fenômenos marginais, que não são capazes de alimentar por muito tempo uma vida de fé e amor.

O "conhecimento" de Cristo a que aspiraram os apóstolos, os santos, os místicos, é toda a vida cristã. Não existem técnicas para garantir o resultado. Trata-se de viver toda a existência em disposição de acolhimento da ação de Deus e da voz dos irmãos. Muitos esperavam a vinda do Messias de forma espetacular. Ele viveu entre eles por muito tempo, mas eles não foram capazes de reconhecê-lo.

Se temos condição de ir além das análises teológicas e dos esquemas espirituais, podemos fazer uma verificação interessante. Os amigos de Cristo chegaram ao encontro e à comunhão com ele através de meios muito simples e diversificados. Um deles é a leitura e a meditação prolongada do Evangelho. Outro que se mostrou particularmente eficaz é a Eucaristia: celebração litúrgica e adoração pessoal silenciosa nas chamadas "visitas" a Jesus sacramentado. A convivência fraterna educa a sensibilidade e a liberdade para o encontro com Cristo. Há alguma coisa que confere realismo à comunhão crescente com Cristo: é a nossa própria existência, repleta de acontecimentos, serviços, sofrimentos, alegrias. Os que chegaram a ver tudo isso e a vivê-lo como realização do mistério de Cristo na própria vida, em forma de serviço, humildade, cruz, perdão, percebem que a comunhão se torna real e chega ao fundo da pessoa.

6. CRISTO ENTRE OS NÃO CRISTÃOS. O destaque que adquiriu esse fenômeno cultural e religioso obriga-nos a uma breve reflexão espiritual sobre seu significado e seu alcance. Fora da Igreja, assim como dos limites de qualquer crença religiosa, existem numerosas manifestações de profundo interesse para a pessoa e a obra de Cristo. O próprio cristão participa de muitas delas e sente que a própria experiência de Cristo é influenciada pela maneira como se aproximam dele os que não compartilham a fé eclesial.

Não obstante as afinidades e as influências recíprocas, é metodologicamente imprescindível analisar separadamente esses dois tipos de experiências, e isso em benefício de ambos. Se julgamos a experiência não cristã com os critérios da Igreja, passarão a primeiro plano as suas carências, sua heterodoxia, eventualmente sua superficialidade, ao passo que ficarão na penumbra os seus valores, os seus conteúdos, as suas motivações. Inversamente, se julgamos a experiência do cristão com o mesmo critério com que avaliamos o interesse dos movimentos extraeclesiais, pode ocorrer que reduzamos o crente ao nível de "simpatizante".

O fenômeno. É fácil evidenciar o fato do interesse geral pela pessoa de Jesus fora dos ambientes tradicionalmente cristãos. Ele se manifesta em todas as partes e não apenas nos planos especializados. Há sinais abundantes dele no mundo da filosofia, da literatura, da arte, da política, do espetáculo. Dois setores, contudo, mostram-se particularmente significativos: o envolvimento maciço e declarado dos movimentos de jovens; a aproximação abrangente das religiões mais importantes: judaísmo, islamismo, → BUDISMO...

Não é novo o fato de que pessoas que não pertencem à Igreja se aproximem de Jesus e tentem interpretá-lo. Com intenção polêmica ou conciliadora, a intenção se repete muitas vezes no decorrer da história. E, contudo, existe como que uma novidade no fenômeno que temos a oportunidade de presenciar. Para percebê-lo, basta distinguir algumas características dessa mentalidade.

"Jesus de Nazaré pertence à nossa herança cultural. Sua figura não é prisioneira do campo eclesial. A imagem de Jesus tem vida própria fora da Igreja. O fenômeno não é de todo novo, mas conhece hoje uma intensificação. Cada vez mais frequentemente, as referências não levam nem um pouco em conta as ortodoxias que controlavam sua imagem faz pouco tempo: não somente as Igrejas parecem estar perdendo cada vez mais o monopólio que possuíam da relação com Jesus e da elaboração de sua imagem, mas acontece até que é em nome de um certo "conhecimento" de Jesus que alguns se mantêm a distância da ortodoxia e das instituições que a defendem. As próprias Igrejas começaram a questionar não tanto a verdade do Jesus que receberam de sua própria tradição, mas o exclusivismo dessa verdade. Recusam-se a inserir na heterodoxia todos aqueles que vivem fora de seu âmbito regulador. Essa parece ser a maior novidade, ao menos em relação ao passado recente, no qual a linha de demarcação entre o verdadeiro e o falso coincidia com a que separava a instituição eclesial do resto do mundo" (Ses multiples visages, *Lumière et Vie* 22 [1973/112] 2).

Antes de formular um juízo, o cristão deve levar em conta modalidades do fenômeno contemporâneo e não se impacientar diante de manifestações tão estranhas como a tendência a desconfessionalizar e secularizar a imagem de Cristo. De fato, há pessoas que se aproximam diretamente da de Jesus, prescindindo da Igreja, porque já encontram uma certa imagem dele na cultura. E não faltam os que buscam um Jesus extraeclesial e acusam a Igreja de ter retirado sua universalidade, sua força profética e de tê-lo aprisionado em uma visão dogmática, lugares de culto, devoções, instituições. Jesus foi convertido em uma pessoa pública, e todos se julgam no direito de assumir uma atitude diante dele e de expressá-la de alguma maneira, prescindindo das interpretações oficiais.

Focalização cristã. A primeira reação diante desse fato deve ser de tom *apologético*: denúncia das inexatidões, das heresias que são abundantes nessa apresentação parcial e deturpada do mistério de Cristo. Efetivamente, são muitos os aspectos vulneráveis que se oferecem nela do ponto de vista dogmático. A posição apologética se enfraqueceu muito nos últimos anos. Temos mais consciência de que a maneira como outros chegam a Cristo é uma consequência de seu modo de vida, de sua cultura e de sua educação.

É mais frequente a atitude *pastoral*. O interesse geral pela pessoa de Cristo é assumido como o sinal de que chegou um momento de salvação: os homens estão agora em condição de ouvir o Evangelho, apresenta-se a grande oportunidade de anunciar Cristo em sua integridade. Essas interpretações seriam um terreno apropriado em que a Igreja pode semear. É oportuno conhecê-las, levá-las em conta, de modo a poder apresentar os conteúdos do mistério na medida da sensibilidade das pessoas.

Enfim, a atitude *espiritual*. O cristão sensível percebe que muitas dessas inquietações que impelem os não cristãos para Cristo também são suas. Certos anseios e esperanças são comuns. Por isso, em contato com essas interpretações, a própria fé só pode desenvolver-se e fortalecer-se. As imagens extraeclesiais de Cristo oferecem não só interesse apostólico, mas estímulo e alimento para a experiência eclesial.

Não deveria haver exclusivismos entre essas várias posições do cristão. Todas elas são legítimas e necessárias na Igreja. Do ponto de vista espiritual, é manifestamente a terceira que apresenta um interesse imediato.

Avaliação objetiva. Nas várias atitudes enumeradas acima, o fenômeno é avaliado do ponto de vista cristão, tendo em mente a ação pastoral ou o benefício pessoal. A perspectiva é normal e importante, mas não é a única. Aqui nos interessa observar e avaliar a experiência extraeclesial a partir do interior, ou seja, colocando-nos no lugar e na consciência dos que não possuem outras luzes.

É uma forma de comunhão, que não comporta todos os traços da fé cristã: adesão, conversão, confissão, comunidade, missão. Já dissemos que aqui não queremos julgá-la segundo esse modelo. A abordagem dos não cristãos é mais bem expressa em termos de simpatia, amizade, veneração, fé sem forma. Esses tipos de experiência são amiúde vinculados à ideia que cada um tem da salvação, da humanidade, de Deus, da fraternidade.

Eis alguns dos conteúdos da adesão, porque sobre a pessoa emblemática de Jesus o coração humano projeta muitas de suas aspirações e intuições mais profundas. Em tudo isso atua um dinamismo de base, que é a força da sua personalidade e a atração que exerce, com prioridade sobre qualquer interpretação.

a) Fé no homem. A presença de Jesus ajuda a recuperar a fé no homem, nas suas capacidades, na sua existência às vezes trágica e gloriosa. O homem se faz sendo, servindo, transgredindo, criando. Jesus é o homem da harmonia e da liberdade.

b) Personalização e modelos. A fé no homem se desenvolve com referência a grandes figuras, que cumprem a função de modelos, porque realizaram um valor em grau eminente, marcaram a história e conservam uma aura permanente de grandeza, atração, força inspiradora.

c) Inquietude pela comunidade crente. De modo latente, a veneração por Jesus encarna os traços da interpelação que o homem se dirige diante do fato da Igreja e das Igrejas. Estas não preenchem as suas aspirações de infinito ou de espiritualidade autêntica, e por isso ele resolve o problema dirigindo-se diretamente a Jesus em pessoa.

d) Deus, o ser e a imagem de Deus. Muitos contemporâneos rejeitam a ideia de Deus, mas aceitam Cristo. Essa aceitação apresenta-se como uma suplência provisória e um caminho para recuperar Deus em toda a sua realidade. O encontro com Cristo traz em germe a essência dessa comunhão.

A experiência limitada dos não cristãos convida-nos a ampliar o campo da busca espiritual. Todos os homens têm algo a testemunhar sobre Deus e sobre Cristo, porque todos de algum modo o encontraram pessoalmente em sua vida.

BIBLIOGRAFIA. 1) Bibliografias: ANCILLI, E. Indicazioni bibliografiche su Gesú Cristo. *Gesú Cristo mistero e presenza*, Roma, 1971, 701-719; DUPUY, B. D. Pour découvrir Jésus-Christ. Bibliographie organisée. *La Vie Spirituale* 109 (1963) 448-501; *Enciclopedia cristologica*. Alba, 1960; MARTINI, C. Saggio bibliografico orientativo su Gesú Cristo. *Cristo vita dell'uomo d'oggi, nella parola di Paolo VI*. Milano, 1969, 333-375.

2) Estudos: ADAM, K. *Cristo nostro fratello*. Brescia, 1968; ID. *Il Cristo della fede*. Brescia, 1959; BENOÎT, P. *La passione e la Risurrezione del Signore*. Torino, 1966; BERNARD, R. *La storia e il mistero di Cristo*. Mantova, 1964; BONHOEFFER, D. *Sequela*. Brescia, 1971; BONNEFOY, G. F. Il primato di Cristo nella teologia contemporanea. In *Problemi e orientamenti di teologia dommatica*. Milano, 1957, 123-235, vl. II; BOUYER, L. *La spiritualité du N. testament et des Pères*. Paris, 1969; CABASILAS, N. *La vita in Cristo*. Torino, 1972; CERFAUX, L. *Le Christ dans la théologie de saint Paul*. Paris, 1954; CERIANI, G. *Il mistero di Cristo e della Chiesa*. Milano, 1945; CICCARELLI, M. *I misteri di Cristo nella spiritualità francescana*. Benevento, 1961; *Come annunciare Cristo oggi*. Assisi, 1971; CONGAR, Y. *Il Cristo, Maria, la Chiesa*. Torino, 1964; *Cristo nella mia vita. Testimonianze di 350 sacerdoti*. Torino, 1968; *Cristologia y pastoral em América Latina*. Barcelona, 1966; DOYAN, J. *Cristologia per il nostro tempo*. Roma, 1971; DUPERRAY, J. *Il Cristo nella vita cristiana secondo san Paolo*. Brescia, 1946; DUPONT, J. *L'union avec le Christ suivant saint Paul*. Louvain, 1952; DURRWELL, F. X. *La risurrezione di Gesú mistero di salvezza*. Roma, 1969; ESPOSTI, F. DEGLI. *La teologia del sacro cuore di Gesú, da Leone XIII a Pio XII*. Roma, 1967 (bibl. pp. XXI-XXVIII); EVDOKIMOV, P. *Cristo nel pensiero russo*. Roma, 1972; GALOT, J. *Alla ricerca di uma nuova cristologia*. Assisi, 1971; ID. *La persona di Cristo*. Assisi, 1970; *Gesú nella letteratura contemporanea* (ed. J. IMBACH). Roma, 1983; GOFFI, T. *Gesú di Nazaret nella sua esperienza spirituale*. Brescia, 1983; GUARDINI, R. *La figura di Gesú Cristo nel Nuovo Testamento*. Brescia, 1964; GUILLET, J. *Gesú Cristo ieri e oggi*. Francavilla, 1965; HERIS, V. *Il mistero di Cristo*. Brescia, 1938; JUNGMANN, J. A. *La predicazione alla luce del Vangelo*. Roma, 1965; JURGENSMEIER, F. *Il corpo mistico di Cristo come principio dell'ascetica*. Brescia, 1937; *La figura di Gesú Cristo*. Firenze, 1976; LAFRANCE, J. *La conoscenza di Cristo nella preghiera*, Milano, 1974; LOEW, J. *Cristo chiamato il Cristo*. Brescia, 1971; MARMION, C. *Cristo vita dell'anima*. Milano, 1921; ID. *Cristo nei suoi misteri*. Torino, 1926; ID. *Cristo ideale del monaco*. Padova, 1931; MAZZOLARI, P. *Impegno con Cristo*. Pisa, 1943; MERSCH, E. *La théologie du Corps mystique*. Paris-Bruxelles, 1949; ID. *Le Christ, l'homme et l'univers*. Paris-Bruxelles, 1962; ID. *Morale e corpo mistico*. Brescia, 1955; MONACO, N. *La vita in Cristo*. Roma, 1938; MONDIN, B. *Cristologie moderne*. Roma, 1973; PAPI, M. *Il volto di Gesú*:

storia, arte, scienza. Frosinone, 1967; PORZIO, D. *Incontri e scontri con Cristo*. Milano, 1971; *Problèmes actuels de christologie*. Bruges, 1965; RE, G. *Il cristocentrismo della vita cristiana*. Brescia, 1968; ROSINI, R. *Il Cristo nella Bibbia, nei Santi Padri, nel Vaticano II*. Roma, 1980; SALET, G. *Cristo nostra vita. Saggio di teologia spirituale*. Milano, 1960; TRUHLAR, V. *Cristo nostra esperienza*. Brescia, 1968; TYCIAK, J. *Il mistero del Signore nell'anno liturgico bizantino*. Milano, 1963; WIKENHAUSER, A. *La mistica de san Paolo*. Brescia, 1958.

F. RUIZ

JOANA FRANCISCA FREMYOT DE CHANTAL (Santa).

1. VIDA. A região de Borgonha — famosa sobretudo na Idade Média pelos acontecimentos civis e religiosos singulares — deu origem a Santa Joana Francisca: a nobre família dos Rabutin-Chantal, em linha materna tinha até o privilégio de descender da própria família de → BERNARDO DE CLARAVAL em uma localidade não distante de Dijon, onde precisamente nasceu Joana em 23 de janeiro de 1572. Com apenas dezoito meses, perde a mãe, logo após o nascimento do irmão André, o futuro bispo de Bourges, que não terá pequeno papel — ao menos ocasional — quanto à vocação da irmã. Uma juventude dirigida com sábia e responsável solicitude por parte do pai, presidente do parlamento da região e que se ocupou da educação moral da filha até a idade do casamento, que Joana contraiu alegremente com o barão de Chantal em 1592: lar abençoado por Deus com o nascimento de seis filhos, dois dos quais destinados bem cedo ao céu. A provação dolorosa chegou repentinamente com o perturbador e trágico desaparecimento do ótimo esposo por um banal acidente de caça (1601): desgraça que dirigiu a viuvez da senhora de Chantal primeiro para uma vida de isolamento e de oração coroada com um voto de castidade e por fim para um generoso auxílio aos pobres, solicitude que ela já praticara desde criança e herança de família. A virtude da dama foi submetida a dura prova: em meio às dificuldades, criadas em grande parte pelo sogro que a obrigava a morar com ele ameaçando-a de privar os netos de uma grande herança, ela não encontrou consolo nem mesmo nas fortuitas e ansiadas direções espirituais: só o encontro com → FRANCISCO DE SALES, chamado para a pregação de Quaresma de 1604 em Bourges junto ao irmão André, dará uma decisiva reviravolta em sua vida de devoção e de ascese no espírito. Foi uma verdadeira libertação de uma dependência e sujeição rígida imposta imprudentemente por um diretor espiritual anterior. Encontro, portanto, que nada tinha de fortuito: ao contrário, havia sinais claros de que os passos tanto do orientador quanto da orientanda pareciam guiados do alto, ambos dedicados à busca de → DEUS e da sua vontade: no nível mais das almas que dos corpos, portanto. Os encontros, embora limitados e discretos, mas particularmente a frequente troca de correspondências, que durou sessenta anos, levaram a uma definitiva orientação da vida de Madame de Chantal, em quem Francisco de Sales encontrara o instrumento adequado para realizar sua futura obra. Depois de um necessário e digno encaminhamento dos filhos, Joana contribuiu para a fundação da Ordem da Visitação: o início da obra foi concretizado precisamente em 6 de junho de 1610, festa da Santíssima Trindade, no pequeno reduto da Galerie; assim, Madame de Chantal, agora Francisca Romana, juntamente com três outras bem-aventuradas discípulas de Francisco de Sales, lançou os fundamentos do humilde instituto, que o amor intenso a Deus no fervor da oração e no serviço aos irmãos necessitados dotou de consistência e de um crescente desenvolvimento. Mulheres dotadas de um saudável equilíbrio, votadas ao sacrifício de si: "pedras preciosas esculpidas pelo Espírito" para ser a base e o fundamento da nova instituição. Sob a orientação do bispo de Genebra e de madre de Chantal, Jeanne-Charlotte Bréchard, Jacqueline Favre e Anne-Jacqueline Coste encaminharam-se assim decisivamente e na serenidade do espírito para uma vida de perfeição, que refletia na prática as normas e os ideais estabelecidos na *Introdução à vida devota* e no *Tratado do amor de Deus*, manuais compostos naquele tempo pelo fundador. Dos encontros periódicos com as filhas diletas nasceram também os *Entretenimentos espirituais* que deram forma e consistência ao instituto: uma exposição serena no relato, forte nas diretrizes, tudo caracterizado mais por uma abertura coloquial e uma autêntica dedicação do coração e não codificado em uma rígida imposição normativa. Em um clima de simplicidade e de convivência tranquila subsistia uma bem orientada forma de liberdade do espírito. A intenção do fundador só podia ser a de "dar a Deus filhas de oração tão interiores que fossem julgadas dignas de servir a sua Majestade infinita e de adorá-lo em espírito e verdade". Ao mesmo tempo filhas da Santa Virgem e filhas da Igreja: em louvor e honra do mistério tão repleto de alegria, o da Visitação, e dedicadas à salvação de tantas almas.

É solene e admirável a declaração do fundador, dirigida a Madame de Gouffiers, em outubro de 1614: "A *Visitação* se coloca entre as Congregações como a violeta entre as flores: sabe que é baixa e pequena e tem cor menos vistosa. Basta-lhe que Deus a tenha criado para o seu serviço e para que fornecesse um pouco de perfume para sua Igreja" (*Carta* 1004: *Oeuvres*, XVI, 236).

Depois da morte do fundador, Madre de Chantal se confiará à orientação de → VICENTE DE PAULO (amigo do santo e preposto diretor espiritual do mosteiro de Paris) tanto para questões de administração quanto sobretudo para o caminho de buscar a própria meta ambicionada. E Deus abençoou a sua obra: no curto espaço de vinte anos, as fundações subiram de 13 para 86, até sua morte que chegou esperada e desejada em 13 de dezembro de 1641; e Vicente de Paulo viu a alma dela subir ao céu como um globo luminoso que se unia a um outro (o do fundador) para se fundir com a luz dos bem-aventurados, em Deus.

De ambos os fundadores, além das obras, sobreviveram por bondosa concessão de Deus os seus corações: vermelho o de Francisco de Sales, e túrgido o de madre de Chantal, o primeiro venerado na capela de Visitação de Triers (sede que sucedeu a de Belle-Cour em Lyon), e o segundo no mosteiro de Nevers.

A Visitação de Santa Maria celebrou, há não muito tempo, seu 375º aniversário de fundação: uma sobrevivência que tem algo de grandioso, e inspirou — na publicação comemorativa — as palavras ao mesmo tempo poéticas e proféticas: "e ainda é de manhã!".

2. OBRAS. A vida intensa quanto às várias fundações e sobretudo a diligente obra de consolidação do espírito da Visitação que fizeram de madre de Chantal uma dama errante do amor de Deus não lhe permitiram a calma da → CELA ou o uso frequente da pena. A parte consistente que permanece é fruto de uma fiel coletânea por parte das filhas espirituais; portanto, não escreveu muito, mas se escreveu foi mais com o coração que com a mão. Nela foi notável e digna de elogio a viva preocupação, uma fidelidade a toda prova, em querer transmitir intacto o espírito do venerado mestre. A solene proclamação das suas virtudes praticadas de modo heroico feita pela Igreja em 1751 (beata) e em 1776 (santa) selou a própria inspiração de seus escritos, além de se constituir em válida confirmação da tradição mantida e fortalecida.

a) *Epistolário*: pode ser considerada a parte mais notável, e mais tipicamente marcada por seu genial espírito de iniciativa. As cartas ocupam praticamente três quartos de toda a obra, que a fiel secretária, sobrinha adotiva e filha muito amada, Françoise De Chaugy, soube transcrever e transmitir às gerações seguintes: 5 grossos volumes dos oito que ela reuniu, incluindo o primeiro que é a biografia de sua autoria.

Com o subsídio das cartas, único meio de intercomunicação da época, a Madre pôde manter-se em certo e válido contato com as filhas e atingir com eficácia e imediação o coração delas: nesse aspecto ela conseguiu em grande parte imitar o estilo de Francisco de Sales. Uma capacidade igualmente externa; de fato, "ela ditava cartas bastante importantes com a mesma facilidade com que falava de outras coisas" (De Chaugy).

Sem dúvida existem elementos constitutivos de derivação e de afinidade com as do pai e mestre, que de fato contribuem efetivamente para enriquecer o patrimônio "salesiano", na acepção do espírito conservado na sua integridade. Com uma análise objetiva, ainda seria possível descobrir ali uma certa complementaridade fecunda e bem articulada, de modo que, enquanto em um se contempla uma doçura marcada pela → FORTALEZA, na outra se admira a fortaleza temperada pela → DOÇURA. Um → CARISMA felizmente transmitido, fundido em tal mescla que reflete ou responde ao método ou ao programa do "dulciter et fortiter" de sabor bíblico-sapiencial (cf. Sb 8,1). Ainda assim, temos de lamentar uma grave perda do Epistolário: um bom contingente é inteiramente destruído ou eliminado pela santa, temendo que suas cartas dirigidas a ele pudessem prejudicar a causa de beatificação do fundador: evidente excesso de temor e de humildade ao mesmo tempo. Teríamos, caso tivesse sobrevivido, um material amplo e diversificado a oferecer como segura perspectiva de leitura na introspecção do espírito salesiano. Seja como for, o que permanece, em geral, traz em si típicas conotações que refletem o ponto de vista de uma docilidade ao Espírito do Senhor e de um culto característico, o dedicado à Virgem Santíssima, Senhora e Padroeira da Visitação.

b) *Processo de beatificação do fundador*: o breve escrito poderia ser considerado um condensado sobre a espiritualidade própria do instituto. Anteriormente o superior dos cistercienses a convidara a redigir um dossiê como testemunho das virtudes exercidas pelo santo fundador: o resultado é uma *belíssima carta*, a respeito da qual o próprio Sainte-Beuve afirmará jamais ter lido algo melhor, um relato de elevada intenção e de adequado elogio. Esse relatório sintético havia sido precedido por um longo e trabalhoso esforço para preparar o encaminhamento e o processo da própria causa (1627).

c) *Exortações e Entretenimentos*: também nisso a discípula seguiu os passos do Padre e fundador; com temas desenvolvidos na esteira luminosa dos *Entretenimentos* expostos pelo santo: quase uma espécie de inspirada continuação da obra. "Com as conferências às irmãs e especialmente através de suas respostas às perguntas, que elas lhe dirigiam durante o recreio, madre de Chantal comentará e explicará, durante os dezessete anos que ainda viveu, as Constituições, as Regras e as Coletâneas das Normas" (A. Ravier). Os discursos comuns ou as ternas conversas tendiam a fazer reviver fielmente palavras e escritos do santo bispo: por isso se empenhou com todas as forças para que se evitasse o perigo de confiar às gerações vindouras uma documentação não exata. Por isso deu à edição que organizou dos *Entretenimentos* do fundador o título de "Vrays Entretiens", com a intenção de se contrapor energicamente ao inconveniente de uma publicação apressada, realizada por pessoas incompetentes e talvez não de todo desinteressada.

O instituto da Visitação assim criado e ampliado no seu todo constituía como que uma das expressões mais autorizadas na Igreja: seria possível esperar, portanto, a leitura de páginas escritas mais com o espírito que com a tinta (cf. 2Cor 3,3), capazes de veicular uma mensagem da mais elevada espiritualidade.

3. ESPÍRITO DA VISITAÇÃO. Não é fácil até mesmo para o historiador ou o especialista em → TEOLOGIA ESPIRITUAL traçar uma síntese da espiritualidade salesiana, mas seguindo madre de Chantal passo a passo pode-se ter a percepção segura de que uma das características que mais se destacaram nela foi precisamente a de querer conhecer, aprofundar e transmitir com fidelidade a mensagem do fundador. Por tudo isso teria se transformado em um empenho prioritário, quase como se quisesse completar ou levar a termo a obra de Francisco de Sales: assim, ao lado dele, como fundador, se ergue em toda a sua estatura moral a cofundadora. Ela podia, por sua vez, repetir como contrarresposta e confirmação aquilo que em um dos primeiros encontros ouvira o santo bispo dizer em tom confidencial mas firme (20 de abril de 1604): "Parece-me que Deus me dedicou unicamente a vós; estou cada vez mais seguro disso!". O pensamento de Joana no esclarecimento de tantos momentos empenhativos ou na solução de outros tantos aspectos espirituais torna-se mais que indispensável para dar a fisionomia verdadeira e genuína do espírito da Visitação. Não se está longe da verdade quando se pensa que na solene assembleia de Pentecostes, celebrada em 1624, colocaria um marco ao longo do caminho da história da Ordem: todas as filhas em torno da "mãe comum" na recordação do único pai e mestre! Assim, como exortação comum, se transcreve: "Começamos *todas juntas* a redigir em um só corpo a Coletânea das Normas, o Cerimonial, o Formulário, e outras disposições muito vitais para a perfeição religiosa".

Não seria possível escolher melhor tempo que o pentecostal para que o Espírito de Verdade velasse sobre o novo cenáculo, onde as almas esperavam na paz e na concórdia à assiduidade da oração e do entendimento fraterno. Deixará às filhas esta atitude particular de devoção e de dócil escuta do Espírito nos momentos mais delicados e resolutivos.

Na base do espírito da Visitação havia sido colocado e dado um conselho, ou melhor, uma regra de ouro havia sido consignada do pai à filha mais velha: "*É preciso fazer tudo por amor e nada pela força. É preciso amar mais a obediência que temer a desobediência*" (Oeuvres, XII, 359).

Não podia haver nada melhor para uma vida consagrada em tempo integral para a contemplação. Outro ponto fundamental era o mandamento, ditado em um dos *Entretenimentos*: "*Nada pedir, nada recusar*" (Entret. 21: Oeuvres, VI, 383). Em suma, a vida religiosa devia configurar-se no âmbito do reconhecimento total da vontade de Deus: vontade vislumbrada, aceita e decisivamente abraçada com amor; em suma, *amar-nos como Deus nos ama, ou como lhe agrada!* Às companheiras de viagem, voltadas para a única meta, podia repetir as palavras do Padre: "Elevemos portanto os nossos corações [...]: olhemos para aquele coração de Deus tão amável para conosco; adoremos, bendigamos a sua vontade: que eliminemos dela, sempre e em toda a parte, tudo o que não agradar a essa vontade".

Ao lado da adorável vontade de Deus vivida em alegria espiritual seria preciso colocar a prática da humildade: almas imoladas em holocausto a Deus, mas humildes no serviço cotidiano aos irmãos necessitados. Voltava ao conceito e à prática dessa virtude "salesiana", evocando as palavras do fundador: "Foi desígnio de Deus, ao instituir a Visitação, que nós fôssemos pequenos e realmente humildes. Se não fôssemos assim, anularíamos o desígnio do seu coração amoroso!" (DE CHAUGY, III, 482).

A alma assim disposta se encaminharia confiante e serenamente para a oração de quietude, para fixar-se em um estado de → UNIÃO COM DEUS quase contínuo. Gostava de dizer: "Não conhece nada mais feliz que a alma interior e de oração, que sabe conversar com Deus e unir-se com ele: ela — como observa o bem-aventurado padre — encontrou a sua alquimia para transformar todas as suas misérias no ouro de uma ardentíssima caridade" (cf. *Oeuvres*, IV Cat. II, 20).

E não foram poucas as almas que, no espírito da Visitação, viveram desse estado de oração contínua: almas dotadas de favores e carismas especiais. Um estado de união a Deus certamente não buscado ou pedido, mas, no caso, sofrido e totalmente dedicado à edificação comum. Alguns nomes entre os mais conhecidos: além de Santa → MARGARIDA MARIA ALACOQUE, a venerável madre De Chappuis († 1875); as servas de Deus irmã Anna Madalena Remuzat († 1730), irmã Benigna Consolata Ferrero († 1916), irmã Margarida Claret de la Touche, e para encerrar o nome bastante conhecido de irmão Francisca Teresa (Leônia), irmã da pequena Teresa de Lisieux.

No sagrado recinto da Visitação, tantas outras criaturas eleitas encontrariam depois o seu ninho; em parte, o fundador já o predissera, ao garantir: "Não vedes [...] que esta nossa pequena Congregação é como uma *fonte sagrada* na qual muitas almas encontrarão as águas de sua salvação? Por isso, não deixeis de nenhum modo de vos comportardes como 'mãe', embora as preocupações e as dificuldades de tal maternidade [espiritual] sejam múltiplas e obrigatórias" (*Carta* 1146: *Oeuvres*, XVI, 114). Era um evidente chamado à doçura e à mansidão própria do divino Salvador. Por isso o olhar final teria de apontar para esse coração adorável: daí o emblema da Visitação, em uma solene consignação por parte do fundador.

"A nossa casa da Visitação é, graças a ele, muito nobre, para ter o seu brasão, as suas armas, a sua divisa e o seu grito de guerra [...]; ou seja, tomar como emblema um coração traspassado por duas flechas, coroado de espinhos, carregado por uma cruz em que estão esculpidos os *nomes* sagrados de Jesus e de Maria, porque a nossa Congregação é obra do coração de Jesus e de Maria. O Salvador, morrendo, regenerou-nos na abertura do seu Coração sacratíssimo" (*Carta* 15: *Oeuvres*, XII, 63-64).

A visitação do coração, portanto, como ponto de referência final; nada de mais emblemático na espiritualidade salesiana: reúne tudo em si. E o coração de → FRANCISCO DE SALES foi uma autêntica reprodução do coração do Senhor Jesus "manso e humilde", um coração que ama, mas que ama com todas as forças! No amor nada de mais exigente: uma doação total, sem reservas. A essa perfeição de exigência divina Francisco de Sales levara a sua dileta filha, a madre de Chantal.

Nenhum retrato mais próxima da verdade que o descrito por De Chaugy: "Enfim deixo de considerar uma a uma todas as perfeições daquela esposa [de Cristo], para dizer que era toda bela! Todos recordam aquele *intenso recolhimento* que a mantinha cada vez mais recolhida em si mesma [...]; aquela *capacidade* para todos os tipos de serviços, fossem quais fossem [...]. Lembramos aquela *constância* sempre igual em qualquer acontecimento, aquele *olhar* sempre inflamado (de amor), sempre doce, sempre recolhido [...]; aquele enorme amor pela simplicidade da vida, aquele *esquecimento* de todas as coisas e de si mesma, com a contínua *recordação de Deus*; aquela *exatidão* indispensável em todas as pequenas práticas de virtude e de observância, aquele *cuidado assíduo* em conduzir o seu pequeno rebanho [...]. Eis os seus milagres: uma virtude completa!" (De Chaugy).

Retrato que certamente não escapa à admiração; ou melhor, que se impõe à imitação. Mas, ao apresentar a sua carteira de identidade e revelando ao mesmo tempo o sentido da precisão jurídica e a sua humildade, ela teria dito apenas isto: "*Meu nome é Joana Francisca Frémyot, comumente chamada de Chantal!*", como disse e está registrado no processo de beatificação de seu amantíssimo e dulcíssimo Padre.

Para dizer a verdade: não haveria nada melhor e de mais exaustivo para qualificá-la: ou seja, mostrá-la à luz de uma autêntica santidade.

BIBLIOGRAFIA. 1) Fontes: *Anné Sainte des religieuses de la Visitations Sainte-Mariae*. tt. I-XII, Libr. Prop. Cathol., Annecy-Lyon, 1867-1871; CHAUGY, FRANÇOISE-MARIE DE. *Sainte Jeanne Françoise Frémyot de Chantal: sa vie et ses oeuvres. Mémoires de la vie et les vertus.* Plon, Paris, 1874-1879, tt. I-VIII; SACRA RITUUM CONGREGATIO. *Processus gebennensis servae Dei Joannae Fr. Frémyot de Chantal fundatricis monialium Ordinis Visitationis Sanctae Mariae.* I pars 865, fol. 694; II pars 866, fol. 1333.
2) Obras: *Sainte Françoise de Chantal. Correspondance.* Édition critique (1605-1621). Cerf, Paris, 1986, t. I; Thomas, M.-G. (org.). *Giovanna di Chantal, Volerci come Dio ci vuole. Scritti spirituali.* Città Nuova, Roma, 1984.
3) Biografias: BOUGAUD, E. *Histoire de sainte Chantal et les origines de la Visitation.* Poussiègue, Paris, 1884, 2 vls.; DEVOS, R. Jeanne Françoise Frémyot de Chantal. *Dictionnaire de Spiritualité* VIII, 859-869.
4) Estudos e pesquisas: LADAME, J. *Jeanne de Chantal. Les saints de France et Notre Dame.* SOS, Paris, 1983; MÉZARD, R. *Doctrine spirituelle de sainte Jeanne-Françoise Frémyot de Chantal, fondatrice de la Visitation.* Monastère de la Visitation, Paris, ²1980; PEDRINI, A. *Il culto e la devozione a Maria nella vita e negli scritti di Giovanna Francesca Frémyot de Chantal.* SGS, Roma, 1984; ID. L'azione dello Spirito Santo nell'anima di santa Giovanna Francesca Fremyot de Chantal. *Ephemerides Carmeliticae* XXX (1979) 447-469; SERQUET, P. *De la vie dévote à la vie mystique pendant les années où s'élabore le Traité de l'amour de Dieu* (= *Études Carmélitaines*). Desclée de Br., Paris, 1958, 246-258.

A. PEDRINI

JOÃO BATISTA. Entre o Antigo e o Novo Testamento surge na Palestina um personagem excepcional que assinala a passagem da época judaica para os tempos messiânico-escatológicos. É João Batista, que se apresenta como asceta, profeta, mestre, batizante, precursor do advento do Messias e mártir.

1. FONTES. As notícias sobre a pessoa e a atividade do Batista nos são fornecidas pelos quatro Evangelhos canônicos, pelos Atos dos Apóstolos e pelo escritor judeu Flávio Josefo. Os Evangelhos sinóticos informam-nos sobre a origem do Batista, sobre seu ministério, mensagem e morte, enquanto o quarto Evangelho dá amplo destaque às relações do precursor com Cristo. Nos Atos dos Apóstolos menciona-se o batismo conferido por João (1,22; 10,37), o seu testemunho dado a Jesus (13,24-25) e se alude à existência em Éfeso de um grupo de discípulos do precursor (19,3). Flávio Josefo (*Ant. Jud.* XVIII, 116-119) lembra a vasta popularidade do profeta, suas relações com Herodes Antipas e seu fim violento.

As informações dos Evangelhos sinóticos refletem as tradições dos círculos de discípulos do Batista, que se tornaram seguidores de Cristo. São incertos os vestígios de testemunhos provenientes dos círculos joaninos, que não aceitaram Jesus como Messias. As informações fornecidas por Flávio Josefo, embora concordem substancialmente com os dados evangélicos, são unilaterais e parciais, devido a sua incompreensão do mistério cristão.

2. O MATERIAL EVANGÉLICO. Os três → SINÓTICOS começam a narração evangélica apresentando a figura do Batista em ligação com a profecia de Is 40,3 e com a de Ml 3,1 (Mt 3,3; Mc 1,2-3; Lc 3,4-6; 7,27); eles mencionam a pregação escatológica e social do precursor, bem como a sua atividade de batizante nas águas do rio Jordão (Mt 3,5-12; Mc 1,4-5; Lc 3,7-17). Os três enfatizam que João anunciou a vinda de *alguém mais forte que ele*, que batizará no Espírito Santo (Mt 3,11; Mc 1,7-8; Lc 3,16). À tríplice tradição pertence também a narração do batismo de Jesus por parte de João (Mt 3,12-14; Mc 1,9; Lc 3,21); faz-se alusão a isso também no quarto Evangelho (Jo 1,32-33). Herodes Antipas pensava que Jesus fosse o Batista renascido (Mt 14,1-2; Mc 6,14-16; Lc 9,7-9).

O elogio pronunciado por Jesus sobre o Batista é lido na dupla tradição (Mt 11,7-15; Lc 7,24-30); assim também a narração da embaixada enviada por João a Jesus (Mt 11,2-6; Lc 7,18-23) e o relato da prisão e da morte trágica do precursor (Mt 14,3-12; Mc 6,17-29).

Apenas Mateus identifica explicitamente o Batista com o profeta → ELIAS (Mt 11,14). Lucas, nos dois primeiros capítulos do Evangelho, narra a milagrosa concepção do Batista, seu nascimento e circuncisão, acompanhados de fenômenos extraordinários e um breve resumo de sua vida oculta (Lc 1,5-25.41-45.57-66). Esses textos, repletos de alusões ao Antigo Testamento e relidos à luz da fé pascal, são colocados em paralelismo com os eventos do aparecimento de Jesus na terra e têm o objetivo de evidenciar a superioridade e a divina missão de Cristo.

No quarto Evangelho o Batista é apresentado como um testemunho de Jesus (Jo 1,6-8.15.19-

36; 3,25-30); além disso, são fornecidos alguns detalhes topográficos relativos à atividade batismal do Batista e às suas relações com Jesus.

3. CONSIDERAÇÕES TEOLÓGICAS. Cada evangelista delineia a figura de João interpretando-a em função cristológica e tendo em vista objetivos pastorais e catequéticos.

a) *Mateus*, interessado em destacar o cumprimento das promessas divinas na comunidade suscitada por Jesus, vislumbra no Batista o profeta Elias (Mt 17,12-13), que é o precursor do dia do Senhor, ou seja, do tempo messiânico (cf. Ml 3,23; Mt 11,14; 17,10-13); desse modo confirma-se a dignidade messiânica de Jesus. Entre o Batista e Jesus estabelecem-se relações muito estreitas. Ambos pregam a conversão e o advento do reino de Deus (Mt 3,2; 4,17), dirigindo as mesmas invectivas contra os escribas e os fariseus (Mt 3,7; 12,34; 23,33). Ambos são considerados profetas pelo povo (Mt 21,26.45) e devem enfrentar a oposição da autoridade religiosa do país. Para Mateus, João representa uma ponte entre o Antigo e o Novo Testamentos; entre a obra do Batista e a de Jesus há uma linha de continuidade. O próprio Jesus reconhece o papel singular que o Batista desempenha no projeto salvífico de Deus (Mt 11,11.13).

b) Para *Marcos*, João Batista é um Elias oculto, cujos sofrimentos preparam o caminho do Senhor e servem como exemplo aos cristãos perseguidos. Na introdução ao Evangelho, Marcos supõe que João desempenha a função de Elias (Mc 1,2-3), já que ele prepara o advento do Messias pregando a penitência; de fato, essa era uma das principais funções do Elias que devia voltar à terra (Ml 3,23; Sr 48,10). Mas a equiparação do Batista com Elias devia permanecer oculta, assim como a dignidade messiânica de Jesus, até o momento da ressurreição (Mc 9,9). A detalhada descrição da decapitação do precursor, que lutou na obscuridade e na humilhação suportando uma morte ignominiosa, é um presságio da sorte final de Cristo. O Batista sofreu como Elias e por intermédio dessa paixão compartilhou misteriosamente o destino do Messias.

c) *Lucas* incorpora o Batista no grande esquema da história da → SALVAÇÃO, porque João inaugura o tempo do cumprimento dos oráculos, mas o seu ministério é completamente separado do de Jesus. A atividade do precursor como preparação para a vinda do Messias é a primeira etapa da época central da economia salvífica. O Batista é o último dos profetas e não é identificado nem com Elias nem com o profeta escatológico. Ele leva uma vida mortificada de oração e de jejum, sendo um grande mestre de vida espiritual. João é um personagem do Antigo Testamento, totalmente subordinado a Cristo, como o são a lei e os profetas. Aliás, o Batista leva a termo a espera do Antigo Testamento, porque a proclamação do juízo iminente, da penitência e dos deveres sociais abre caminho para a segunda fase do projeto salvífico centrado em Cristo.

d) No *quarto Evangelho*, o Batista, que se identifica com a voz (Jo 1,23), dá testemunho a Jesus como o primeiro cristão que confessa a fé pascal da Igreja, tornando-se a figura ideal do verdadeiro missionário de Cristo. João Batista conhece e proclama a preexistência eterna de Cristo (Jo 1,15.30), a sua dignidade divina (Jo 1,30), a sua obra redentora mediante a morte de cruz (Jo 1,29.36). Para o precursor, Jesus é o esposo (Jo 3,29), o Filho de Deus (Jo 1,34), aquele em quem permanece o Espírito Santo e que batiza no Espírito (Jo 1,32-33), o cordeiro que tira o pecado do mundo (Jo 1,29). Falando de si mesmo, João nega ser o Messias, Elias ou o profeta que deve vir (Jo 1,20-21); ele é apenas o amigo do esposo (Jo 3,29), que teve uma revelação divina especial (Jo 1,32-34) e foi enviado para dar testemunho ao Verbo encarnado, para que todos creiam nele (Jo 1,7).

4. PANO DE FUNDO HISTÓRICO. As várias narrações evangélicas, as diferentes interpretações teológicas dos quatro evangelistas, os testemunhos atribuídos a Jesus acerca do Batista fundamentam-se numa sólida base histórica.

a) *O profeta.* João, filho do sacerdote Zacarias, da casa de Abias (cf. Ne 12,4.17; 1Cr 24,10) e de Isabel, de descendência aarônica (Lc 1,5), nasceu durante o reinado de Herodes o Grande (40-4 a.C.), ou seja, antes de 4 a.C. Na juventude teve alguns contatos com o deserto de Judá. Quando chegou à idade de pelo menos 23 anos, por volta de 27/28 ou 28/29 d.C., começou sua atividade de profeta, no vale do Jordão, longe dos centros habitados. Vestia-se de peles (Mt 7,15) e levava uma vida ascética de tipo nazoreu, comendo gafanhotos selvagens e não carne, alimentando-se de mel sem álcool e observando o celibato. Seguindo o exemplo dos antigos profetas, como Elias, Jeremias e Ezequiel, anunciou o iminente juízo de Deus sobre o povo e a necessidade da conversão. Dirigia-se a todo o povo, mesmo aos devotos e aos observantes, convidando-os a uma mudança radical, que não implicava apenas uma melhoria moral, mas antes de tudo a renúncia a uma segurança e autossuficiência religiosa. A mensagem do Batista continha algumas ressonâncias escatológicas e morais, que pretendiam ressaltar a urgência inadiável da penitência. De nada valem os privilégios fundados na raça, na eleição divina ou na tradição religiosa; Deus exige uma adesão pessoal e concreta a sua vontade, a observância da lei mosaica e da justiça social (Mt 3,8-10; Lc 3,8).

b) *O batizante*. Os que aceitavam a sua mensagem e confessavam os próprios pecados eram imersos nas águas do rio Jordão. O batismo unido à conversão garantia a salvação no contexto do juízo iminente e preparava o advento do reino de Deus. O batismo de João apresenta alguns traços característicos, que o distinguem dos outros ritos análogos em uso no mundo judaico; ele ocorria em água corrente (Mc 1,5.9; Jo 3,23) e era administrado uma só vez pessoalmente pelo Batista. Também Jesus se fez batizar por João.

c) *O precursor*. O Batista anunciou também a vinda de *alguém mais forte que ele* (Mt 3,11; Mc 1,7; Lc 3,16; Jo 1,15.24), ou seja, de um Messias transcendente, que teria batizado com o Espírito Santo e o fogo, purificando aqueles que estão destinados à salvação e punindo os pecadores impenitentes. Esse Messias é o juiz universal que decide a sorte dos homens segundo o critério da reta conduta de vida (cf. Mt 13,30.40-42).

Parece que o Batista só tomou consciência da identidade de Jesus como Messias de maneira progressiva. O estilo messiânico de Jesus, que proclamava o Evangelho do Reino aos pobres (Mt 4,23; 5,3), acolhia os pecadores e curava os doentes, representou uma desilusão para João e seus discípulos, que esperavam um reformador apocalíptico no âmbito das instituições judaicas (Mt 11,2-6; Lc 7,10-13). O projeto messiânico de Jesus, que devia concluir-se com a morte ignominiosa de cruz em Jerusalém, provocou desconcerto e perplexidade no Batista e em seus seguidores. Também ele sofreu a prova da fé e precisou ler a atividade global de Jesus à luz dos oráculos do Antigo Testamento.

Jesus reconheceu no Batista um enviado de Deus, e por isso o teve em alta consideração (Mt 11,9.11; Lc 7,26-28) e vislumbrou em sua obra os sinais do iminente reino do Senhor.

d) *O mártir*. Tendo estendido sua missão também na Pereia, suscitando um movimento particular (Jo 3,23), João foi preso por Herodes Antipas, aprisionado na fortaleza de Maqueronte e depois condenado à morte (Mt 14,3-12; Mc 7,7-29; Lc 3,19-20).

O Batista se apresenta, ao final da história do Antigo Testamento e ao início do Novo, como uma figura única e extraordinária, com uma clara consciência do juízo iminente, pregando a conversão moral e anunciando um messianismo de tipo próprio, que não se identifica nem com o bíblico (de Davi, do Dêutero-Isaías, de Daniel), nem com o essênio. Selou sua vida heroica com o testemunho do sangue.

BIBLIOGRAFIA. BECKER, J. *Johannes der Täufer und Jesus von Nazareth*. Neukirchen-Vluyn, 1972; BENOÎT, P. L'infanzia di Giovanni Battista secondo Luca. *Esegesi e Teologia*. Roma, 1971, 253-330; BOISMARD, M.-E. Les traditions johanniques concernant le Baptiste. *Revue Biblique* 70 (1963) 5-62; INFANTE, R. *L'amico dello sposo, Giovanni Battista*. Napoli, 1984; KRAELING, C. H. *John the Baptist*. New York, 1951; LUPIERI, E. *Giovanni Battista nelle tradizioni sinottiche*. Brescia, 1988; ID. *Giovanni Battista tra storia e leggenda*. Brescia, 1988; MARCONCINI, B. La predicazione del Battista in Marco e Luca confrontata con la redazione di Matteo. *Rivista Biblica Italiana* 20 (1972) 451-466; ID. La predicazione del Battista. *Bibliotheca Orientalis* 15 (1973) 49-60; ID. Tradizione e redazione in Mt 3, 1-12. *Rivista Biblica Italiana* 19 (1971) 165-186; SCOBIE, C. H. H. *John the Baptist*. London, 1964; WINK, W. P. *John the Baptist in the Gospel Tradition*. Cambridge, 1968.

S. VIRGULIN

JOÃO BATISTA DE LA SALLE (Santo). 1. NOTA BIOGRÁFICA. Nasceu em Reims em 30 de abril de 1651. Realizou os estudos filosóficos na cidade natal e iniciou os estudos teológicos no Seminário de São Sulpício em 1670. Ao voltar a Reims pouco depois, em virtude da morte dos pais, teve contatos com N. Roland e com L. Barré, fundador das Irmãs da Providência para a educação das meninas pobres. Continuou seus estudos e em 1675 obteve o diploma em teologia. Em 1678, foi ordenado sacerdote em Reims; no mesmo ano morria o seu diretor, padre Roland, que lhe confiou o encargo de cuidar da Congregação das Irmãs do Menino Jesus para a educação das órfãs. Em 1681, aconselhado também pelo padre Barré, concedeu uma parte de sua casa aos professores que se dedicavam à educação de jovens, enfrentando forte oposição de sua família. As escolas se propagaram rapidamente. No dia da Santíssima Trindade de 1684, com outros doze companheiros, fez os votos religiosos por três anos, adotando o nome de "irmãos das escolas cristãs".

Morreu em 7 de abril de 1719. Foi beatificado em 1888 e canonizado em 1900.

2. OBRAS. *Les devoirs d'un chrétien* (Paris, 1703), *Exercices de piété à l'usage des écoles chrétiennes* (Paris, 1703); *Instructions et prières pour la sainte Messe, la confession et la communion* (Paris, 1703); no mesmo ano as *Règles de la bienséance et de la civilité chrétienne* (Paris), que atingiram mais de cem edições (ed. it., Turim, 1957). Em 1721, publicava em Avignon *Recueil de différents petits traités*, obra em que aprofundava o espírito do instituto e regulamentava seu comportamento exterior e interior. Em 1720, foi publicada *La conduite des écoles chrétiennes*, em Avignon (Paris, 1951); em 1726, *Les règles* (ed. it., Roma, 1966). Em 1730 foram impressas as *Méditations pour tous les dimanches et les principales fêtes*, em Rouen. *L'explication de la méthode d'oraison* foi publicada em 1739, em Paris.

3. DOUTRINA. No aspecto espiritual, o único que nos interessa aqui, caracteriza-se por um acentuado abandono à vontade de Deus, norma da sua vida e da sua espiritualidade. "Não quero que as almas se preocupem por causa das tentações, mas que se abandonem a Deus e a Maria" (*Carta* 101). No governo, quer que o superior "renuncie interiormente ao próprio espírito para agir sob a influência do Espírito Santo". Daí provém o interesse pela devoção ao Espírito Santo, um dos pilares em que se apoia a sua espiritualidade. Essa disposição de abandono da alma deve conduzi-la à adoração. A alma, por meio da oração, se esvazia de si e se preenche de Deus, mas é necessário esforço para esse vazio interior que Deus preencherá. O espírito de fé é absolutamente indispensável à → VIDA INTERIOR: durante a oração se manifesta na aridez, na indiferença a tudo o que não seja Deus, nas orações de sofrimento, das quais escreve: "A oração de sofrimento vale mais que qualquer outra, e quando o Senhor a concede deve ser considerada uma felicidade" (*Carta* 126). Sua doutrina sobre o método da oração deu lugar a uma técnica particular, que ele recomenda a seus companheiros e que consta de três partes: recolhimento (disposições), aplicação à matéria da oração, agradecimento. A parte mais importante é a primeira, na qual insiste sobretudo na → PRESENÇA DE DEUS. As fontes são numerosas: dignas de apreço são a sulpiciana, a carmelita, a de Santo Inácio, fundidas todavia numa síntese particular.

BIBLIOGRAFIA. AROZ, L. DE M. *Jean-Baptiste de La Salle. Documents Bio-bibliographiques*. Roma, 1977; BERNARD, F. – MAILLEFER, F. E. – BLAIN, J. B. *Index analitique cumulatif. Relevé des dits et des écrits attribués à Jean-Baptiste de La Salle*. Roma, 1980; FITZPATRICK, E. *La Salle, Patron of all Teachers*. Milwaukee, 1951; FR. DANTE. *Bibliografia lasalliana dalle origini al 1935*. Torino, 1935; FR. EMILIANO. *L'opera e el pensiero pedagogico del de La Salle*. Torino, 1946; FR. ISIDORO DE MARIA. *Vita di S. G. B. de La Salle*. Torino, 1951; FR. SECONDINO. *Bibliografia lasalliana dal 1935 al 1958*. Torino, 1958; HERMENT, J. *La spiritualité de saint Jean B. de la Salle*. Namur, 1936; HOYO, F. DEL. *Introducción a la psicología pedagógica de San J. B. de La Salle*. Madrid, 1960; LAPIERRE, CH. *"Marche en ma présence". Monsieur de La Salle (1651-1719)*. Caluire-et-Cuire, 1982; MAILLEFER, F. E. *La vie de M. Jean Baptiste de La Salle. Ed. comparée des manuscrits de 1723 et de 1740*. Roma, 1966; RAYEZ, A. *La spiritualité d'abandon chez le saint Baptiste de La Salle*. *Revue d'Ascétique et de Mystique* 31 (1955) 47-76; SAVINO, G. *Giovanni B. de La Salle*. In *Bibliotheca Sanctorum* VI, 946-59; TEMPRADO ORDIAZ, A. *La "Palabra" según La Salle. Mística y empleo de la misma en cuanto comunicación espiritual*. Salamanca, 1977.

F. ANTOLÍN RODRÍGUEZ

JOÃO BOSCO (São). 1. A VIDA. O santo que se tornará oportunamente o patrono da juventude pobre e abandonada nasceu em 16 de agosto de 1815 numa humilde cidade de Monferrato, nas proximidades de uma localidade que hoje, depois da canonização (1934), traz o seu nome, Castelnuovo Don Bosco. É recebido por um século conturbado por guerras e por uma sociedade a caminho de grandes transformações políticas e sociais: neles se imprimiria a marca de sua obra e do seu gênio. Não por acaso alguns autores, escrevendo sobre ele, o compararam, por contraposição, ao astro napoleônico no ocaso: surgia, portanto, como um astro realmente benéfico, para o bem da humanidade.

Na tenra idade de dois anos perde o pai, e essa será uma das primeiras e indeléveis lembranças de sua infância, como ele mesmo esclarecerá nas *Memórias do Oratório* (= *MO*): a providência dispunha que, sob o peso da indigência e da orfandade, se delineasse já o futuro "Pai dos órfãos".

É abundante a documentação que encontramos a respeito da sua juventude nas transcrições das *Memórias biográficas* (= *MB*) do santo: até a idade de dez anos, permaneceu sob os cuidados da mãe, Margarida, mulher muito devota, analfabeta, mas repleta dos dons do Senhor, que um dia seguirá o filho e será santamente envolvida na sua mesma missão grandiosa. Ele trabalhará como aprendiz no campo, numa fazenda distante de casa, para escapar às humilhações de seu meio-irmão Antônio, que não suportava sua dedicação aos estudos: como se fossem inutilmente eliminadas em decorrência do incessante e cansativo trabalho dos campos. Encaminhado aos estudos sob a orientação de um bondoso e respeitável sacerdote, D. Calosso, aprende os primeiros rudimentos do saber e do latim e assim poderá frequentar, mesmo em meio a enormes dificuldades, a escola da cidadezinha de Chieri. O talento precoce, do qual é fortemente dotado, lhe permite abreviar os cursos e as aulas, de modo que com mais ou menos vinte anos de idade poderá entrar no seminário, para seguir aquela vocação que já sentira — até por meio de sinais premonitórios em sentido sobrenatural — desde sua juventude. A seriedade nos estudos e a ótima orientação dos sacerdotes, como mestres espirituais ou professores nas matérias eclesiásticas, o levarão ao limiar do sacerdócio. É ordenado em Turim, por D. Fransoni, em 5 de junho de 1841; e já na solenidade da Imaculada Conceição do mesmo ano a providência lhe abria o caminho da sua futura missão, enviando-lhe um órfão, chamado Bartolomeo Garelli, que se tornará a pedra fundamental do nascente Oratório. O jovem sacerdote se confirmará na ideia da sua vocação em favor dos jovens órfãos: Turim naquela época estava literalmente lotada de jovens em busca de trabalho; e a isso o determinará com antevisão também o conselho do seu diretor espiritual, o Santo Giuseppe Cafasso, que o treinara durante muito tempo para a experiência penosa das prisões da cidade.

Através de múltiplas peregrinações, por causa de despejos, humilhações e intrigas políticas, finalmente o Oratório dedicado a São → FRANCISCO DE SALES estabelece sua sede definitiva em Valdocco, um fato também intuído em esclarecimentos superiores. Ao lado do Oratório se abrirão escolas também de artes e ofícios: desse modo aos inúmeros jovens, que o santo acolhia gratuitamente, ministrava-se a prática religiosa e a instrução necessária para a inserção no contexto social. No século XIX, Dom Bosco, em relação ao aprendizado, foi o primeiro a patrocinar o serviço manual dos jovens junto aos empregadores: uma forma antecipada de sindicato útil e desinteressado!

Como fundamento dessa formação, em seu objetivo global, em benefício dos jovens, o fundador estava instaurando e praticando aquele *Sistema preventivo*, que se baseava essencialmente numa tríplice estrutura de sustentação de: *razão, religião* e *amorosidade* (cf. *MB* VII, 761).

A intenção do pedagogo e do ministro da Igreja era formar, um dia, para a sociedade "bons cristãos e cidadãos honestos" (cf. *MB* XIV, 511). Seus jovens lhe dedicavam toda a confiança e amor, pois ele soubera encontrar facilmente a chave dos corações. De fato parecia que o santo, em sua jovialidade — ao estilo do apóstolo romano Filipe Néri —, desfrutava um privilégio extraordinário: recebera do Senhor o dom não só de amar, mas também de se fazer amar. No Oratório instaurara-se um clima de família intenso e profícuo; muitos se consideravam seus filhos caçulas, todos o consideravam pai. Não poucos deles, atraídos pelo fascínio de sua pessoa e de sua bondade, juntaram-se a ele como úteis colaboradores na obra educativa dos Oratórios; e assim o homem de Deus, aproveitando com santidade e inteligência o talento de cada um em suas frescas energias, logo lançava os alicerces daquela instituição religiosa que acalentava em sua mente. "Salesianos" foram denominados os primeiros que deram o seu nome e confirmaram seu generoso e espontâneo serviço por toda a vida: nomes como o de D. Rua, primeiro sucessor; D. Cagliero, futuro cardeal; D. Francesia, poeta e literato etc. Profética aquela data de 26 de janeiro de 1854: nasciam os primeiros "filhos de São Francisco de Sales", como gostava de chamar os seus colaboradores. Mas só em 18 de dezembro de 1859 a Pia Sociedade Salesiana tomará consistência e seu encaminhamento correto: e o número já é reconfortante, mais válida ainda a contribuição.

A pequena capela (ou alpendre) Pinardi (1846) foi substituída por uma construção propriamente dita (1852), também esta em honra do santo padroeiro, São Francisco de Sales: "a primeira igreja — dirá o próprio Dom Bosco escrevendo ao cardeal → ROSMINI — construída no Piemonte para a juventude" (cf. *Epist.* vl. I, 45).

Seguir-se-á depois a construção da basílica em honra de Maria Santíssima Auxiliadora (1868), meta de peregrinações e fonte de infinitas graças, prodígios e milagres, principalmente depois da bênção ministrada pelo santo. O incremento da Obra salesiana encontra a sua orientação natural primeiro na Itália e também na expansão para o exterior, e depois por volta de 1875 também para a América Latina. Abre-se assim o vasto campo das missões, como indicara a própria Virgem Maria nos frequentes sonhos ou visões de Dom Bosco. A proteção de Nossa Senhora, como fundadora e protetora da Obra, foi visivelmente constatada por ele e por seus filhos (cf. *Constituições salesianas*, art. 8). Dom Bosco costumava invocá-la com este novo título glorioso, de Maria Auxiliadora; mas o povo preferia chamá-la "a Nossa Senhora de Dom Bosco": de fato, parecia que, ao invocá-la, sob suas mãos floresciam os milagres, como por encanto. Esse foi sem dúvida o meio mais seguro para ganhar a confiança de várias entidades ou das próprias autoridades eclesiásticas. Além disso, não devemos esquecer que entre os primeiros e maiores benfeitores de Dom Bosco encontra-se a bela figura de Pio IX: a aprovação da Sociedade em 3 de abril de 1874 dependerá praticamente do seu beneplácito. "Faltava um único voto para a aprovação absoluta — contará o Pontífice a Dom Bosco. Pois bem, aquele voto foi o meu!" (cf. MB X, 796). Ao lado do papa ou em defesa da autoridade da Santa Sé, Dom Bosco não hesitará em se posicionar como destemido paladino da verdade: nos momentos tormentosos, em que se solicita a sua obra preciosa, desenvolveu com inteligência e tato sua política própria, que não era outra senão a que observasse e refletisse o Evangelho e o *Pater noster* (cf. MB VI, 679; VIII, 593). São suas palavras, a sua confirmação: apegado ao papa e à sua autoridade mais que o polvo ao recife (cf. MB VIII, 862). Será esse o programa da Congregação, uma forma de herança que não registrou no tempo quedas de nenhuma espécie: "[…] *pretendo que os salesianos trabalhem para a Igreja até o último suspiro*" (MB XIV, 220). O próprio Pontífice, nos momentos críticos, como os de setembro de 1870, não recorrerá a outros a não ser a Dom Bosco, atendendo, quase como se fosse uma indicação do céu, ao profético responso. De fato, naquela ocasião, foi este: "*A sentinela, o anjo de Israel fique no seu posto, mantenha a guarda da rocha de Deus e da arca sagrada*" (MB IX, 923). E Pio IX não se moveu. As dioceses da Itália depois poderão ser facilmente alcançadas e preenchidas pelos próprios pastores, com a nomeação de bispos idôneos nos anos 1870 e depois: o principal mérito caberá precisamente ao humilde padre de Turim. Ele demonstrou eterna gratidão ao santo Pontífice; mas irá embora lamentando não ter se encontrado com ele antes de sua morte: 7 de fevereiro de 1878. Ao anúncio desta o santo não hesitará em dizer: "Hoje se apagava o supremo e incomparável astro da Igreja. [...] *Dentro de pouquíssimo tempo certamente estará nos altares*" (MB XIII, 477). Só as intrigas das seitas maçônicas e as consequências sociopolíticas, que acabaram por repercutir também no âmbito da Igreja, atrasaram a profecia de Dom Bosco: presságio que hoje vê a sua mais plena e reconfortante realização.

O sucessor Leão XIII quis confiar ao santo, a quem estimava muito, a construção da basílica do Sagrado Coração no Castro Pretorio em Roma, concluída em maio de 1887, praticamente quase às vésperas da preciosa morte. De fato, no altar de Maria Auxiliadora em 16 de maio — durante a celebração da missa (denominada oportunamente *missa histórica*) — teve a confirmação de que completara a missão e que seu fim estava próximo. Entre contínuos chamados celestes e vozes interiores, comovido até as lágrimas, ouvia de novo as palavras do sonho que tivera aos nove anos de idade: — *A seu tempo compreenderás tudo!* (cf. MB I, 123-124). A própria Virgem lhe dirigira aquelas palavras: a Obra estava definitivamente completa! Os últimos meses de 1887 foram carregados de sofrimentos e de irremediáveis prostrações físicas: encerrava piedosamente a sua jornada terrena em 31 de janeiro de 1888.

A beatificação de Dom Bosco ocorreu em 2 de junho de 1929 e a canonização em 1º de abril de 1934: festa de Páscoa! Além disso, será proclamado patrono dos aprendizes e da editoria católica. O reconhecimento ulterior de sua obra benéfica era completado e ratificado com a proclamação da santidade de seus filhos e filhas: São Domingos Sávio (1954), Santa Maria Mazzarello (1951), beato Miguel Rua (1972), os mártires da China mons. Versiglia e D. Caravario (1984); com alguns veneráveis, D. Beltrami, príncipe Czartoryski, D. Rinaldi, e diversos servos de Deus. A árvore da santidade salesiana mostra assim os copiosos frutos de sua força e de sua espiritualidade.

2. AS OBRAS. Uma das tantas facetas da figura moral de Dom Bosco é esta: certamente uma das mais conspícuas, a de escritor. Seja como for, não o foi por profissão: não quis sê-lo nem teve tempo para tanto. Dedicou-se à escrita porque as necessidades o impunham: e não foi um esforço pequeno. Tinha a cultura indispensável: os estudos sérios de teologia; mas sobretudo o triênio (1841-1844) realizado no Internato eclesiástico de Turim sob a orientação de D. Guala e de D. Cafasso deu-lhe condições de empunhar egregiamente a pena. E o fez essencialmente por uma finalidade prática: em defesa da verdade católica diante da propagação da heresia valdense nos vales piemonteses, e em apoio e proteção dos jovens em situação de risco em questões de religião e de moral.

É imenso portanto o material sob o aspecto editorial: demonstram-no os *37 volumes em edição anastática* da *Opera omnia* de Dom Bosco (organizada pelo CENTRO STUDI DON BOSCO, UPS, Roma, 1976-1977). Por seu temperamento prático e por aquela inata capacidade de levar a termo e a boa conclusão qualquer empresa, o santo compreendeu a importância da boa impressão: no nível da cultura média incrementou as *Leituras católicas* (em 1870 chegaram a pelo menos 14 mil cópias: cf. *MB* IV, 533) e no âmbito religioso e de Congregação o *Bollettino Salesiano*: como órgão oficial de sua obra. Não negligenciou o setor da escola: quer, segundo a sua feliz expressão, sentar-se ao lado do jovem para instruí-lo e acompanhá-lo na cansativa ascensão da ciência: portanto, no âmbito escolar publicou a *Storia d'Italia* (obra elogiada pelo próprio Tommaseo: cf. *MB* VI, 291); o *Sistema metrico decimale* (na Itália talvez Dom Bosco tenha sido o primeiro a difundi-lo: 1845); a *Storia sacra* (1847: outra obra-prima ao lado da *Storia d'Italia*) e a *Storia ecclesiastica* (sem exageros ou distorções esta última foi um *best-seller* da época: ao menos 15 mil exemplares esgotados num mês; cf. *MB* X, 113). A nota mais relevante nessas obras — é opinião de muitos — foi a de uma linearidade a toda prova: dirigia-se às camadas médias e às de pouca cultura, aos jovens sobretudo.

Outro campo em que se especializou foi o da biografia ascética: breves vidas, em particular de rapazes "santos", como Domingos Sávio, Michele Magone e Francesco Besucco, seus alunos; enquanto a vida anterior de Luidi Comollo, seu conterrâneo e companheiro de seminário, exaltava as virtudes de um imitador de São Luís Gonzaga. Contribui muitíssimo para o desenvolvimento da devoção a publicação de *Il giovane provveduto* [*O jovem previdente*], um manual de devoção (1846); enquanto o autor ainda vivia teve ao menos *122 edições*, cada uma das quais de mais de 50 mil cópias (cf. *MB* III, 9). Por sua atividade livreira e editorial, pode muito bem ser chamado "um bom operário da pena" (A. Auffray). O título nada tem de limitador ou redutivo; seja como for, a ele se adiciona também o de singular diretor editorial: "Nesse aspecto Dom Bosco — segundo o pensamento de Pio XI — quis estar sempre na vanguarda do progresso!". As casas salesianas, nas cidades mais importantes, deviam incluir uma tipografia: pretendeu que houvesse uma verdadeira especialização por parte de seus filhos na arte do livro. Com esse objetivo não hesita em comprar a fábrica de papel de Mathi, em adquirir três máquinas tipográficas de último tipo da Alemanha (cf. *MB* XIII, 711). "Vocês verão! Teremos uma tipografia, duas tipografias, dez tipografias" (cf. *MB* VII, 56): e não foram apenas "sonhos"! Hoje no mundo salesiano não se contam mais as tipografias; também são numerosas as editoras. De resto, desde a segunda metade do século XX os filhos de Dom Bosco foram chamados a dirigir a Tipografia Vaticana.

O santo havia sonhado com a difusão da cultura clássica, mas particularmente da patrístico-ascética: pretendia republicar os Bolandistas, a *Opera omnia* de Francisco de Sales etc. Da modesta *Biblioteca della gioventú italiana* (que de 1869 a 1884 colocará mais de duzentos livros de bolso em circulação) se passará à respeitável *Corona Patrum* salesiana, à qual foram ligados os nomes renomados de D. Paolo Ubaldi, helenista, e Sisto Colombo, latinista, professores da Universidade Católica do Sagrado Coração de Milão.

Para um estudo mais amplo e exaustiva remetemos ao parágrafo de um capítulo do livro de D. Ceria: "La stampa salesiana", in *Annali della Società Salesiana*, I, Torino, 1941, 683-690.

3. O HOMEM — O HOMEM DE DEUS. Seria interessante a tentativa de reunir ao menos as várias definições (e são milhares, entre as mais diversificadas) que — no arco de cem anos desde o desaparecimento do santo — foram dadas ou oferecidas para qualificar seu pensamento, sua obra e sua pessoa: um balanço rico e, universalmente reconhecido, positivo. E contudo torna-se sempre um verdadeiro feito conseguir defini-lo plenamente ou colocá-lo em sua perspectiva correta, se já foi difícil para quem pôde conhecê-lo intimamente. É bem conhecida a expressão que aflorou aos lábios de São Giuseppe Cafasso — vale a pena recordá-lo — "e o fez para evidenciar a vida sacerdotal de seu penitente" (G. B. Lemoyne): — "Vocês sabem quem é Dom Bosco? Eu, quanto mais o estudo, menos o compreendo. Vejo-o simples e extraordinário, humilde e grande, pobre e ocupado em projetos imensos e aparentemente irrealizáveis e, contudo, embora impedido, diria, incapaz, consegui levar a termo esplendidamente as suas empresas. Para mim, *Dom Bosco é um mistério*! No entanto, tenho certeza de que ele trabalha para a glória de Deus, que só Deus o guia, que só Deus é o objetivo de todas as suas ações" (*MB* IV, 588).

Devemos reconhecer, como observa o famoso biógrafo, que "é um juízo, cujo valor transcenden as pequenas contingências nas quais é proferido" (E. CERIA, *Don Bosco con Dio*, LDC, Torino, 1945, 105).

Um mistério, portanto, e não é de admirar que continue a sê-lo. Mas essencialmente Dom Bosco é um *dom de Deus*: é o que podemos concluir a partir daquela insistente palavra, repetida três vezes: *Deus*! Resume-se assim de maneira — diríamos — exaustiva esse aspecto típico de Dom Bosco como *homem*, como *homem de Deus*: é o que comprovam também as novas Constituições salesianas (1984), quando afirmam: "O Senhor nos deu Dom Bosco como pai e mestre... Nele [há] uma esplêndida harmonia entre natureza e graça. Profundamente *homem*, repleto das virtudes da sua gente, ele estava aberto para as realidades terrestres; profundamente *homem de Deus*, repleto dos dons do Espírito Santo, vivia 'como se visse o invisível'" (art. 21). Oferece-nos um magnífico caminho a seguir.

I. *Profundamente homem*. É na natureza que a graça de Deus se deposita e trabalha nela, segundo Santo Tomás, e intervém não tanto para modificar, quanto para enriquecer, para elevar.

Em Dom Bosco brilharam essas qualidades humanas, como qualificação ou como complemento de todo um quadro biopsíquico, de corpo e de temperamento. Compreendemos assim aquele *profundamente* do texto: o lado socioantropológico não deve ser subestimado, e muito menos esquecido. Em particular observaram-se nele dotes ou qualidades que lhe foram indicadas como indispensáveis pela Santíssima Virgem no sonho que teve aos nove anos de idade (cf. *MB* I, 123-125): oscilam entre o dado físico e o dado moral, sempre na dimensão humano-terrena, devido à qual para ele será fácil estar "aberto às realidades terrestres".

Sobressaiu em Dom Bosco uma *robustez* incomum: de fato tinha uma constituição física saudável, embora tenha conhecido grandes restrições e contínuos sofrimentos quando criança. Foi proverbial a robustez de Dom Bosco, quase até os últimos anos de sua existência; depois tornou-se como que uma roupa puída, desgastada pelo tempo e pelo uso (cf. *MB* XVIII, 124.500). Ajudante no campo, aguenta o trabalho pesado das lavouras, dos dez aos dezesseis anos. Adolescente e depois jovem clérigo, demonstrou agilidade e destreza no corpo na qualidade de improvisado e hábil saltimbanco ou então defensor dos mais fracos, e confessará ter algumas vezes abusado de sua força! Favorecido por uma memória e uma inteligência prodigiosas, demonstrou e teve segura resistência primeiro ao estudo, depois ao trabalho: uma produtividade talentosa (aprendeu uma grande quantidade de profissões, das quais lançaria mão oportunamente no futuro). Capacidade de realizar com tenacidade qualquer empreendimento que lhe parecesse válido ou ao menos interessante. E aqui a robustez faz fronteira com a força, que é virtude mais moral que física. Então testemunhará: "Deus fez-me a graça de que o trabalho e o esforço, em vez de serem um peso para mim, conseguissem ser sempre uma ocasião de lazer e de alívio" (*MB* IV, 212). Em seu vocabulário a palavra "impossível" parecia não existir; poderia fazer sua a afirmação de um seu conterrâneo: "Somos uma raça de originais, que quando bate um prego ninguém consegue tirá-lo" (A. Brofferio). Diríamos melhor ou mais simplesmente: "repleto das virtudes de seu povo"; dotado de espírito que tende preferencialmente ao concreto; mais realizador que idealizador (cf. N. CERRATO, *Don Bosco e le virtú della sua gente* [= Collana Spirito e Vita 14], LAS, Roma, 1985). Tenacidade que beira ou poderia beirar a temeridade: na verdade, mais coragem que temeridade. No caso não teria chegado a tanto a não ser por um objetivo, ou melhor, por uma finalidade. Ei-la: "Para ganhar almas para Deus, eu corro para a frente até a temeridade" (*MB* XIV, 662). Como sábio mestre e educador, porém, um dia desaconselhará essa atitude de iniciativa quase intrépida em outros setores e dirá: "Vamos nos ater às coisas fáceis, mas [estas] sejam realizadas com perseverança" (*MB* VI, 9).

De qualquer modo, *homem* com seus limites, com suas fraquezas: as qualidades humanas ou dotes nunca são de todo perfeitas, ou melhor, sem indícios de precariedade: por isso subsistem zonas obscuras, que revelam toda a humanidade, mesmo nos santos. Elas se evidenciam nos próprios processos diocesanos ou apostólicos; e isso nem sempre é maneira inoportuna: o santo é visto em transparência, por assim dizer, à contraluz, e isso aumenta a possibilidade de perceber nele a influência divina. Além disso, será possível perceber nele um temperamento às vezes demasiado fechado, um rosto eventualmente toldado pela seriedade: isso especialmente nos primeiros anos. Mas é compreensível: conflito em família, depois, se não proibição completa, ao menos impossibilidade de ter facilitado o caminho para o ideal, para o estudo. Desmedido ou relutante em ceder sobre sua própria opinião ou sobre um projeto idealizado. Mas, com o passar do tempo, consciente de que essa sua impulsividade natural que poderia tê-lo transformado em uma pessoa violenta, teimosa, percebeu o engano, tentou moderar-se: e o reconhecerá; aliás, pedirá ajuda a seu próprio secretário, D. Berto, e com uma certa determinação: "Gostaria que você anotasse tudo aquilo que observar em mim de defeituoso e me dissesse" (*MB* XIV, 395). Para corrigir eventuais erros ou faltas, não poucas vezes chegou a obrigar suavemente o mesmo secretário a receber a sua humilde confissão. Com o objetivo de atingir uma visão mais objetiva de si mesmo e de seu estado espiritual, impôs-se (e isso desde os primórdios de seu exercício pastoral) a confissão frequente: "Tomarei o sacramento da penitência toda semana" (*MB* II, 124).

Devido à índole modesta e à própria condição de filho de camponeses quer viver a pobreza, mas ao mesmo tempo com dignidade. Especialmente nos últimos anos, ao aspecto externo se sobrepunha o que mais impressionava: ou seja, sua santidade. Um pouco baixo de estatura, modesto no aspecto e no andar: simples, quase tímido; mas palavra sábia, tranquila, fascinante. À primeira vista poderia impressionar seu aspecto desleixado: barba comprida, cabelos desalinhados, mas nele imediatamente se via o santo. De fato, se reconhecerá: "Tem um aspecto muito simples, sem que nada possa despertar entusiasmo, a não ser a *sua santidade*" (cf. *MB* XVI, 197).

II. *Profundamente homem de Deus*. Nele a natureza humana se harmonizava com a divina, que tomava a dianteira nos momentos mais decisivos ou em que se fazia necessária: em uma palavra notava-se nele, sacerdote, um saudável equilíbrio, uma mescla das forças humanas com as doadas pela graça. Foram três as virtudes pedidas pela Santa Virgem em sonho: *robustez, força* e *humildade*; enquanto se estabeleciam pouco a pouco, a do meio servia quase como ponto de ligação, um diafragma mais de vínculo que de distinção ou de separação. Uma força, portanto, que denotava a presença do divino: mais um dom do Espírito que uma aquisição por parte do empenho ou do esforço humano. Um olhar não de todo superficial podia descobrir que uma influência do alto guiava aquela harmonia de dotes e qualidades: uma exigência, portanto, de se abrir aos movimentos mais delicados do Espírito, dos seus dons e carismas.

Um asceta que se ocupava de um tema semelhante parece expressá-lo bem: "Nenhuma obra-prima é mais árdua e mais sublime que a obra-prima da perfeição cristã, que tem como artífice o Espírito Santo" (Idelfonso Schuster). Por isso as Constituições não hesitam em retomar o seu conceito fundamental: um *homem de Deus*, repleto dos → DONS DO ESPÍRITO SANTO. Teve dons superiores: experimentou em si fenômenos extáticos, foi instrumento nas mãos de Deus para prodígios portentosos. Mas sobretudo foi dócil à ação do Espírito, que nele modulava cada momento, cada ação. Conseguiu por isso ser um "contemplativo na ação", porque da ação quis ou aspirou a ser um místico. A seu modo, mas com toda a propriedade, compreendera o *êxtase da ação* ou oração vital do seu modelo e protetor, São Francisco de Sales. E isso a ponto de não se ter hesitado em dizer que ele era *a união com Deus* personificada, na tentativa de defini-lo com mais precisão (cf. A. PEDRINI, "L'unione con Dio nella dottrina e nella prassi salesiana: san Francesco di Sales e don Bosco", *Rivista di Vita Spirituale* 36 [1982] 189-201.576-588).

Uma santidade manifesta e oculta ao mesmo tempo: manifesta pelas operações prodigiosas, de que se fazia garante junto às almas em nome de Deus ou da Virgem Santíssima; oculta de maneira especial, porque gostava de ciumentamente conservar o mais possível encerrado dentro de si o mistério ou o segredo do grande Rei (cf. Tb 12,7). Foi necessária a virtude da humildade, a esse respeito: toda construção espiritual teria aumentado ou se elevado apenas se se lançassem os profundos alicerces da abnegação ou do esquecimento de si: e isso se manifestou, como se sabe, especialmente nos últimos tempos de vida. Preocupar-se apenas com o juízo de Deus, para estar realmente em sua presença em todos os momentos. Como quer tranquilamente demonstrar e depois deixá-lo como recordação aos jovens clérigos do seminário lombardo, que haviam vindo para vê-lo ou para ganhar dele um pensamento espiritual, em Roma em 10 de maio de 1887: "Imaginem, ver-me!? — dirá a eles. Sem dúvida pelo que dizem os homens! Mas o que Deus dirá de mim?... Preocupem-se sempre com o que o Senhor poderá dizer de vocês, não com o que de bem ou de mal dirão os homens!" (*MB* XVIII, 329).

Em relação a uma santidade vista em sua concretude essencial, assim se exprimia Mons. Tasso, bispo de Aosta, que foi aluno no Oratório com Dom Bosco nos anos 1861-1865: "Bastava ficar um pouco com ele para perceber logo que era realmente *homo Dei*: o sobrenatural transparecia em cada uma de suas palavras e de toda a sua pessoa. Sei disso por experiência própria!" (*Positio super virtutibus*, 417, par. 384).

Dom Bosco foi considerado *santo*: isso era convicção comum, especialmente entre o povo humilde. Uma velhinha de Lu Monferrato, depois de ter a sorte de chegar perto dele, não caberá em si de alegria e exclamará: "Agora posso morrer feliz; vi um santo!" (*MB* VI, 1030). Nele se via ou transparecia Deus na sua imagem bondosa, paterna: era o sobrenatural então que se libertava e docemente cativava. Ver Dom Bosco e sentir-se como que apaixonado por seu olhar eram a mesma coisa. Mas exteriormente não tinha nada de atraente; aliás, às vezes um aspecto desleixado escondia sua verdadeira interioridade. Seja como for, uma santidade reconhecida mesmo *nas altas esferas*; enquanto ele ainda vivia e depois de sua morte, o próprio sumo pontífice Leão XIII não hesitará em dizer em uma audiência particular: "Dom Bosco era um santo e do céu não deixará de ajudar o senhor". E ainda: "Dom Bosco é um santo. Só lamento estar velho e não poder contribuir para a sua beatificação" (*MB* XVIII, 848.581).

Mas a sua santidade tem uma característica: e muitos compartilham da convicção de que ele estivesse preocupado e se tivesse prodigalizado em fazer outros crescerem na santidade, ou seja, criar pequenos santos. À luz e na esteira dos ensinamentos de → FRANCISCO DE SALES, pensou que a santidade não só é feito para todos e para todas as condições de vida, mas também para todas as idades, portanto também para os jovens. Dom Bosco cresceu e educou os seus filhos para uma *santidade juvenil*. Em sua escola, de fato, se formaram diversos pequenos santos, como Domingos Sávio; e seu Oratório foi efetivamente uma forja de autênticos santos, imitadores de São Luís Gonzaga: ali foi possível admirar um florescer de anjos em carne e osso, e não poucos dotados de dons místicos. Levará o zeloso educar a se expressar com estas palavras: "A glória do Oratório não deve consistir apenas na ciência...; pois não é a ciência que faz os santos, mas a virtude" (*MB* VIII, 931). Ensinou o segredo da santidade, mas nas formas mais lineares. A santidade consistiria no "exato cumprimento do próprio dever e em ficar muito alegres": fundamentalmente, era uma remissão à espiritualidade de Filipe Néri. Seja como for, uma exigência formal de boa vontade, e de maneira um tanto exigente; o bom educador costumava dizer: "Deem-me um jovem que me ceda apenas dois dedos de sua cabeça e eu farei dele um grande santo!" (*MB* XVI, 197). O convite era ou devia ser formalmente feito a todos, como ocorre naquele sermão do primeiro domingo de Quaresma (1855): — "*É vontade de Deus que nos tornemos santos; é fácil fazer-se santos, e um grande prêmio está reservado no céu a quem se faz santo*" (*MB* V, 209).

Alegria e serenidade na terra, prêmio e felicidade para a eternidade; de fato, ele dirá ainda: "Quero ensinar-lhes a se tornarem santos, e feliz quem começa a se doar todo ao Senhor desde sua juventude" (*MB* VIII, 941). Na base de tudo, uma metodologia clara e segura, para atingir o objetivo: estruturava-se assim para toda categoria, pequenos e grandes, uma *espiritualidade* que não conheceria rigorismos ou sutis distinções: mais prática que teoria. Em resumo, indicar um caminho na vida cristã que fosse o mais comum possível, e na orientação mais breve. No âmbito da Igreja instaurava-se assim uma espiritualidade, a salesiana, ditada por um grande e válido mestre, segundo os preceitos de um novo método. Admirável é portanto o templo do Senhor que se edifica com pedras vivas e eleitas: Dom Bosco é uma delas; afirma-o com toda a propriedade o cardeal I. Schuster: "Para encontrar uma outra figura com as mesmas proporções de Dom Bosco é preciso remontar séculos na história da Igreja e chegar aos santos fundadores das grandes Ordens religiosas" (Discurso na paróquia salesiana de Santo Agostinho, em Milão, 11 de dezembro de 1938).

4. A ESPIRITUALIDADE SALESIANA. Do mesmo modo que os grandes santos de Ordens e institutos religiosos que transmitiram não só um carisma peculiar à própria instituição, mas também uma espiritualidade para todos os fiéis, para toda a Igreja, assim também Dom Bosco teve e deixou um perene patrimônio de espiritualidade característica. Ao lado da espiritualidade das Ordens monásticas e mendicantes (agostiniana, beneditina, franciscana, dominicana) ou das Congregações de vida contemplativa e ativa do passado (carmelita, jesuíta, oratoriana etc.), configura-se também a *salesiana*, que originariamente diz respeito e se inspira em São Francisco de Sales, mas que se constitui numa tipologia diferente na espiritualidade que Dom Bosco — diríamos com uma expressão moderna — realizou com sua própria marca de fábrica.

Impõe-se desde logo um esclarecimento, que aliás já está implícito na exposição: ou seja, deve-se primeiro descobrir a sua *derivação*, para depois determinar a *originalidade* desta nos seus elementos constitutivos.

I. *A derivação*. Como se sabe, a *espiritualidade salesiana* — no nome e no conteúdo — remete-nos à figura e à doutrina do santo bispo de Genebra († 1622). Dele, "Doutor do amor", se origina e se determina toda uma corrente de teoria e de prática ascética, que tem como eixo essencial o conceito e a prática da caridade e do amor. Lemaire, um dos mais respeitados intérpretes e críticos do pensamento do santo pastor, assim se expressa: "O bispo de Genebra é talvez o primeiro a estabelecer toda uma arquitetura da *vida espiritual* a partir do amor. [...] Nenhuma espiritualidade antes dele foi tão fortemente constituída na ideia-força do amor. Para ser mais exatos, o que é realmente próprio de São Francisco de Sales é que ele faz do amor o *início*, o *meio* e o *fim* da perfeição" (H. LEMAIRE, *S. François de Sales docteur de la confiance et de la paix*, Paris, 1963, 175).

Precisamente a essa espiritualidade do santo bispo saboiano se remeteu o fundador da Sociedade de São Francisco de Sales. Seja como for, não é que Dom Bosco tenha se limitado a tomar emprestado o nome (*salesianos* de Sales!), quase por conveniência ou praticidade apenas; mas ele apreendeu de Francisco de Sales o essencial, ou seja, aquele amor evangélico que constitui um poderoso impulso para qualquer organização, reservando-se o direito de situar num pano de fundo próprio o que seria sua característica. Apreendeu dele o melhor, ou seja, seu espírito em qualquer indicação de interesse vivo e que lhe fosse mais apropriado.

Portanto, observa um autor contemporâneo, cuja opinião compartilhamos plenamente: "Podemos dizer que o espírito de Dom Bosco é o espírito de São Francisco de Sales; mas que a *espiritualidade* de Dom Bosco não é a mesma do santo bispo de Genebra. A espiritualidade de Dom Bosco é uma espiritualidade nova, a qual, embora pertença à escola salesiana, tem portanto algumas características específicas que lhe conferem o direito de ser considerada à parte" (E. VALENTINI, S. François de Sales et don Bosco, *Mémoires et documents publiés par l'Académie salésienne* 69 [Annecy, 1965] 30).

Como comentário conclusivo, já em sua época assim observa o segundo sucessor de Dom Bosco: "Todos considerarão útil ouvir-se chamar com o nome de salesianos, que encerra em si um grandioso programa, e o estímulo mais eficaz a seguir as pegadas daquele Grande (Dom Bosco) que nos orgulhamos de ter como pai e como fundador" (P. ALBERA, *Lettere circolare*, Torino, 1965, 213).

II. *A originalidade*. Para comprovar e corroborar a ideia da santidade de um fundador seriam suficientes as suas obras, como indica o evangelho: *ex fructibus eorum* (cf. Mt 7,20). Todos sabem que agora as obras de Dom Bosco, por sua grandeza e por sua ampla influência, alcançaram o mundo inteiro, e continuam um prodigioso desenvolvimento em benefício de tantos jovens no seio da Igreja. Na origem de toda essa eficácia eclesial está a sua personalidade: um dos maiores gênios do século XIX. Apresenta-se particularmente como modelo de santidade, e portanto "a Igreja reconheceu nele a ação de Deus, sobretudo aprovando as Constituições (salesianas) e proclamando(o) santo" (art. 1). Nele brilharam as virtudes mais heroicas, constituindo-o verdadeiro mestre de uma nova espiritualidade. De fato, bem mais que uma doutrina, Dom Bosco deixou um espírito entre seus filhos para poder fazer com que eles vivessem a vida divina e encaminhá-los para a plena eficiência de seu ministério.

Ora, os elementos constitutivos dessa sua originalidade no espírito podem ser facilmente identificados, em sua característica e essência: em suma, podem constituir o núcleo carismático permanente da tradição salesiana. E é preciso reconhecer que ele mesmo teve consciência disso ao delineá-lo e ao transmiti-lo como herança, como patrimônio precioso à sua grande família religiosa e ao mundo inteiro. O espírito salesiano, por aquela imitação fundamental de Cristo e do seu Evangelho, é, segundo as novas Constituições: *união com Deus, sentido da Igreja, espírito de família, otimismo e alegria, trabalho e temperança,* e sobretudo *predileção pelos jovens* (art. 14). Tomando como eixo este último elemento e intuindo-o em toda a riqueza de suas diversas facetas, talvez possamos captar a quintessência da "espiritualidade salesiana", ou seja, na *caridade pastoral juvenil,* na *devoção sacramentária,* na *pedagogia otimista.*

II.1. *Uma caridade pastoral juvenil* (o ideal supremo). Com razão e conscientemente, este é o dado mais destacado no santo: não seria possível imaginar Dom Bosco a não ser *no meio* dos jovens. Encontramos uma representação plástica disso na majestosa estátua em São Pedro (obra do escultor Canonica: 1936), onde se nota a presença de dois jovens: Domingos Sávio e Zeferino Namuncurà, este último filho do grande Cacico dos Pampas da Patagônia: ambos detentores ou encaminhados para a glorificação dos altares.

Efetivamente, Dom Bosco nasceu e viveu apenas para os jovens: sua vocação foi uma vocação eleita, proveniente do alto, em forma de distinção, como se depreende daquele seu sono profético que teve aos nove anos de idade (cf. *MB* I, 123-126). Na verdade, "o Espírito de Deus formou nele um coração de pai e de professor, capaz de uma dedicação total" (art. 21). Seu biógrafo observará: "o projeto de viver entre os jovens, reuni-los, ministrar-lhes o catecismo, resplandecera em sua mente desde que tinha apenas cinco anos de idade" (*MB* I, 143). Ainda criança, maravilhado pelo comportamento dos padres da época, pouco sensíveis ou atentos às exigências dos meninos, ele desejará planejar para si uma vocação sacerdotal unicamente dedicada à salvação deles. Ao chegar ao sacerdócio e consolidar sua ideia de se dedicar a esse objetivo privilegiado, para eliminar qualquer benefício terreno, fará uma solene confirmação dela, quase com sabor de juramento: "Prometi a Deus que até o meu último suspiro estaria com meus jovens" (*MB* XVIII, 258). Aliás, até o esgotamento de suas energias: "O Senhor me enviou os jovens; por isso eu precisava me poupar nas outras coisas estranhas a eles e conservar a minha saúde para eles" (*MB* VII, 291).

Talvez excessiva? Não, mas certamente extraordinária. A esse respeito, escapará de seus lábios uma frase como esta: "Se eu dedicasse tanta solicitude para o bem de minha alma como a dedico para o bem das almas dos outros, poderia ter certeza de que me salvaria!" (*MB* VII, 250). Um amor grande, que tinha como modelo o amor do Senhor Jesus: dar a vida por aqueles que se ama. Não hesitará em manifestá-lo abertamente, precisamente no prólogo do livro que ele dedica à formação dos jovens, *O jovem previdente:* "Para mim é suficiente saber que vocês são jovens, para que os ame muito". Chegará ainda a testemunhar que "quando um jovem entra na casa (do Oratório), meu coração exulta, porque vejo nele uma alma a ser salva", e "quando é incluído entre meus filhos, então se torna a minha coroa" (*MB* VIII, 40). A intenção era amá-los *espiritualmente*: chegar a se apoderar do amor deles, só com o objetivo de fazer brilhar nele o amor de Deus. "Daria tudo para conquistar o coração dos jovens, para depois poder presenteá-los ao Senhor" (*MB* VII, 250).

Pode ser emblemático o primeiro encontro com o jovenzinho Domingos Sávio no outono de 1854: o santo teve a impressão de que tinha diante de si um bom tecido; e o rapaz lhe perguntou: "E para que pode servir esse tecido?". "Para fazer uma linda roupa e presenteá-la ao Senhor!". Ao santo educador só restará constatar e admitir que naquela alma a graça do Senhor Deus já trabalhara abundantemente (cf. *MB* V, 122-124).

Esse era um prêmio que Deus reserva ao seu fiel servidor: de fato, não foram poucos os jovens que Deus quis confiar a ele; deu-lhe de presente jovens santos; muitos deles dotados de dons carismáticos, como o dom da profecia. Esta será uma de suas convicções: "Há alguns jovens na casa (do Oratório) que superam Domingos Sávio na devoção. Mas especialmente um, pouco conhecido: este sabe dizer-me depois da santa missa as distrações e os pensamentos que eu tive enquanto a realizava!" (*MB* VI, 828).

Um amor pungente pela eterna salvação ou ao menos pelo interesse espiritual mais que por uma formação cultural ou social desses jovens: sua ação estava inteiramente voltada para a inspiração interior, ditada por uma caridade pastoral, solícita e profícua. Para esse objetivo único, generosamente se dedicará com todas as forças: "Enquanto tiver um resto de vida, vou consagrá-la inteiramente ao bem e ao benefício espiritual e temporal desses jovens" (*MB* XVIII, 457).

E manteve a palavra, dada a Deus, dada aos próprios jovens: até a doença final, já no leito de morte, quando já se sentia a deterioração do corpo — como nota o biógrafo —, exclamará em estado de inconsciência, batendo palmas: "Corram, corram para salvar aqueles jovens... Maria Santíssima, ajudai-os! Mãe! Mãe!" (*MB* XVIII, 530).

Com todos os meios, especialmente com os sobrenaturais.

II.2. *Uma devoção sacramentária e mariana* (o meio espiritual). Seu biógrafo, Dom Ceria, observa com razão que se existe uma palavra que diz algo aos filhos de Dom Bosco esta é certamente a "devoção": uma palavra que aliás diz muito, muito mais do que comumente significa à primeira vista (cf. *Anais*, I, 726). Para Dom Bosco a devoção foi um meio prático e extraordinário, realmente eficaz para a formação e a salvação dos seus jovens; naquela que foi a sua estratégia "espiritual", para ser um verdadeiro educador, o convite à → DEVOÇÃO, e à prática da virtude de graça com os → SACRAMENTOS foi o elemento essencial do projeto educativo. No entanto, não sem uma colaboração efetiva por parte dos próprios jovens: na verdade eles deviam tomar consciência de que aquele ele era um trabalho que os tocava de perto. Em público ou mesmo em particular, não escondia a sua intenção ou preocupação educativa: e com solícita intervenção a quem caísse sob suas mãos: "Ajude-me a salvar muitas almas e primeiro (de todas) a sua!" (*MB* III, 620).

Em primeiro lugar era preciso criar o ambiente propício: treinar as almas para uma devoção que de fato significasse amar a Deus, buscar a sua glória. O sucesso podia ser garantido onde vigorasse um clima de razão e de religião (cf. *MB* XIII, 920); sobretudo com a religião, a partir do momento em que esta "é a única capaz — segundo o seu pensamento — de realizar a grande obra da verdadeira educação": "mantendo a casa na devoção e na moralidade faremos a obra de Deus" (*MB* XV, 46).

Devoção e moralidade, um binômio inseparável; o segundo termo é garantido pelo primeiro. E os meios necessários para atingir o objetivo são os *sacramentos*; uso e frequência assídua e bem vigiada: por isso a devoção salesiana se configura como uma devoção *sacramentária*. Dom Bosco foi um apóstolo incansável dos dois sacramentos: confissão e comunhão; talvez nenhum outro como ele tenha confessado com resultado proveitoso e com alegria, naturalmente em relação aos meninos. A confissão como sacramento de reconciliação e como preparação segura para a santa comunhão, para o sacramento do amor. Para aproximar os jovens da confissão, Dom Bosco teve um segredo realmente inestimável como dom prodigalizado por Deus: possuía ou conquistava o íntimo dos corações; pois Deus lhe dera o dom de um coração magnânimo "amplo como a areia à beira-mar" (Dn 3,36): ele prodigalizara o dom do → DISCERNIMENTO DOS ESPÍRITOS e da perscrutação dos corações. A penitência era um meio não só de purificação, mas de verdadeira perfeição; de fato, ele costumava dizer: "Querem fazer-se santos? Pronto! A confissão é a fechadura, a chave é a confiança no confessor" (*MB* VII, 49). Inúmeros episódios de sua vida demonstram o caráter de uma paternidade amável e acolhedora; e eram estas as afirmações de uma sinceridade extrema: "A qualquer dia, em qualquer hora, contem comigo, mas especialmente *com as coisas da alma*. De minha parte, dou-lhes *todo o meu ser*; será pouca coisa, mas, quando lhes dou tudo, isso significa que não reservo nada para mim" (citado por P. BROCARDO, *Don Bosco, profondamente uomo, profondamente santo*, LAS, Roma, 1985, 34; cf. também *MB* VI, 386).

E, com a confissão frequente (até mesmo a cada oito dias, como aconselhava São Filipe Néri), a comunhão sacramental (cf. *MB* XIV, 46): superando os obstáculos e os rigorismos jansenistas próprios da época, Dom Bosco tornou-se apóstolo também da comunhão frequente (cf. *MB* XVIII, 438). Eis as palavras que dirigiu a um de seus colaboradores no apostolado juvenil: "'Veja' — dizia —, 'quando nas casas se negligencia a frequência aos santos sacramentos, estas não podem prosperar'. E os fatos depois lhe deram razão!" (*MB* XIII, 643).

Ora, a comunhão era considerada o remédio ou o tratamento eficaz para eliminar os defeitos e as próprias fragilidades humanas; de fato, ele dizia: "A primeira disposição para uma boa comunhão é uma confissão benfeita" (*MB* IX, 14). Seja como for, sempre por uma intensa vida de graça: "A comunhão é para quem deseja se tornar santo, não para os santos; os remédios são ministrados aos doentes, o alimento se destina aos fracos. Ora, como eu seria feliz se pudesse ver aceso em vocês [os jovens] aquele fogo que o Senhor veio trazer na terra!" (*MB* VII, 679).

Bem-entendido: não é que o santo admitisse superficialidades ou defendesse algum laxismo, quando não hesitava em desaconselhar a comunhão cotidiana aos seus jovens e sobretudo aos clérigos, caso estes não conseguissem perseverar oito dias em estado de graça (cf. *MB* XIV, 46); e ainda: "Gostaria que aquele que pela manhã se dirige à santa comunhão não se faça ver disperso ao longo do dia. Como podem ver, não lhes peço coisas difíceis!" (*MB* IX, 139), pois "quem não se dirige à comunhão com o coração vazio de afetos mundanos e não se lança generosamente nos braços de Jesus não produz os frutos, que como se sabe são *teologicamente* efeito da santa comunhão" (*MB* IX, 278). Mas o convite se estendia a todos, desejoso como era de fazer o bem a qualquer pessoa: "Todos precisam da comunhão; os bons, para continuar bons; os maus, para se tornar bons; e assim, [jovens], obterão aquela verdadeira sabedoria que vem do Senhor!" (*MB* XII, 567).

A espiritualidade salesiana de Dom Bosco não teria sua exata dimensão nem sua justa coloração se fosse desprovida da *devoção mariana*. O nome de Dom Bosco está indissoluvelmente ligado ao de Nossa Senhora: aliás — já em sua época — era corrente o costume de chamar Nossa Senhora Auxiliadora de *Nossa Senhora de Dom Bosco*. Ora, "essa denominação nascida da intuição de fé dos crentes é atribuída à história" (P. BROCARDO, *Don Bosco, profondamente uomo, profondamente santo*, 123). Sua ação apostólica e educativa seria desprovida de uma nota qualificante, se não se levasse em conta essa característica. Dom Bosco foi um verdadeiro devoto de Maria e portanto inculcou essa devoção em todos, especialmente em seus jovenzinhos: que vissem nela uma segunda Mãe, a verdadeira Mãe no aspecto espiritual. Para ele, Maria foi mestra e guia, para os seus protetora e padroeira: sua imagem devia sobressair em cada canto da casa, para que pudesse ser invocada e honrada como inspiradora e sustentadora da Obra (cf. *MB* VII, 334). Assim, não hesitava em dizer e em garantir: "Pode-se e deve-se dizer que a multiplicação e a ampliação da família salesiana são instituição de Maria Santíssima" (*MB* VI, 337).

O novo título, que lhe cabia para os tempos difíceis e calamitosos que estavam em curso, era o de sabor realmente "eclesial": Auxiliadora dos cristãos, ou seja, Mãe da Igreja. "Os tempos que correm são tão tristes, que precisamos que a Virgem nos ajude a conservar e a defender a fé cristã!" (*MB* VII, 334). Dom Bosco pretendeu inculcar essa devoção no coração de seus jovenzinhos porque a Virgem ama os pequenos e abençoa quem se ocupa da juventude (cf. *MB* XVI, 238). Por isso lhes garantia: "Basta que um jovem entre numa casa salesiana para que a Virgem Santíssima o tome sob sua especial proteção" (*MB* XVII, 144).

A devoção a Nossa Senhora no Oratório também esteve em função da boa educação do jovem: ali nada devia ser imaginado ou realizado a não ser em nome dela, como aliás a Obra havia começado desde o início em seu nome e por intervenção dela (cf. *Constituições*, art. 1).

II.3. *Uma pedagogia otimista, porque cristã* (o compromisso oblativo). Ao ideal supremo, conservado através da prática de meios sobrenaturais, segue-se o *compromisso oblativo* de quem se dispõe a ser educador. Está em curso uma pedagogia que se encontra no âmbito de uma salvação do homem em seu aspecto global: de *corpo*, de *alma* e de *espírito* (cf. 1Ts 5,23): educar no sentido cristão, onde a religião é elemento obrigatório. Daí a convicção de Dom Bosco: "Só a religião é capaz de realizar a grande obra da *verdadeira* educação" (*MB* III, 605). Uma atenta psicologia, iluminada pela fé, serve de guia para o educador: assim lhe facilita a introspecção na sua atitude sempre bondosa e condescendente. De fato, o homem, em sua limitação e finitude, é sempre suscetível de aperfeiçoamento; por isso, todos os que se dedicam a esse exercício cristão-social passam a se convencer de que trabalho e esforço não caem no vazio: há sempre uma margem de confiança e de esperança. A educação no estilo salesiano, como a concebida por Dom Bosco, é otimista. De fato, o santo garante: "Em cada jovem, mesmo no mais desventurado, há um ponto acessível ao bem; e o dever do educador é [o de] procurar esse ponto, esse fio invisível do coração e tirar proveito dele" (*MB* V, 367).

Ora, o educador, sempre segundo a clássica definição de Dom Bosco, é "um indivíduo (totalmente) consagrado ao bem dos seus alunos" (*MB* XIII, 322). Pode-se interpelá-lo com toda a segurança e confiança de que o jovem responderá, aliás implorará uma palavra de encorajamento! É surpreendente a concepção do santo educador e professor: "O jovem — costumava repetir Dom Bosco — prefere mais que os outros que lhe falem dos interesses eternos e sabe distinguir muito bem quem gosta e quem não gosta dele de verdade. Mostrem-se interessados, portanto, pela saúde eterna deles" (*MB* VI, 386).

Os primeiros colaboradores do santo tinham diante de si o seu exemplo admirável: haviam aprendido que "Deus é o fundamento do seu sistema (de pedagogia); e que na escola (dele) a ciência da saúde da alma tinha a primazia" (*MB* VI, 386). E ele deixou esse testamento aos seus continuadores: quis confiar a eles uma espiritualidade de pedagogia otimista, mas comprometida: "Devemos também sempre ter em vista o objetivo (essencial) da Sociedade (salesiana) que é a educação moral e científica dos jovens pobres e abandonados com aqueles meios que a divina Providência nos envia" (*MB* IX, 575).

Como consequência de uma pedagogia assim concebida e direcionada, podia-se esperar um bom resultado nos próprios educandos, de modo que, ao atingir a maturidade, poderiam ser uma verdadeira glória e coroamento do próprio educador, que poderia dizer, como o santo: "Vocês serão a luz que brilha no meio do mundo, e com seu exemplo ensinarão aos outros como se deve fazer o bem e evitar e fugir do mal" (*MB* XVII, 174). Mas, além do esforço e do talento humano, o alicerce sempre presente e que serve de base é essencialmente a confiança em Deus: a educação — como dizia o santo — é algo do coração (cf. *Epist*. IV, 209), e só o amor consegue alcançar a vitória, juntamente com a oração fervorosa: de fato, como escrevia numa carta a um de seus filhos espirituais: "A graça do sucesso de um jovem devemos obtê-la do coração de Deus com um espírito de grande sacrifício e de grande oração" (*MB* VIII, 243).

Compreendemos, portanto, como Dom Bosco pôde ser definido desta maneira tão surpreendente e perfeita: "Toda a vida de Dom Bosco foi uma vida de amor!" (*MB* XVII, 175).

BIBLIOGRAFIA. 1) Fontes: BOSCO, J. *Memorie dell'Oratorio di San Francesco di Sales, dal 1815 al 1855*. Org. por E. Ceria. SEI, Torino, 1946; ID. *Epistolario*. Org. por E. CERIA. SEI, Torino, 1955-1999; ID. *Opere edite*. Ristampa anastatica. I serie: Libri e opusculi. 37 vls., LAS. Roma, 1976; *Constituzioni della Società di San Francesco di Sales*. Testi critici, org. por F. Motto. Opere Don Bosco, Roma, 1982; LEMOYNE, G. B. – AMADEI, A. – CERIA, E. *Memorie biografiche di san Giovanni Bosco*. San Benigno Canavese (Torino), 1898-1939, 19 vls.

2) Monografias, estudos e pesquisas (último quinquênio): BALLESTERO, A. *Prete per i giovani*. Torino-Leumann, 1987; BIANCO, E. *La mano laica de don Bosco: il coadiutore salesiano*. LDC, Torino, 1982; BONGIOANNI, M. *Don Bosco tra storia e avventura*. SDB, Roma, 1985; BOSCO, G. *Memorie*. Transcrição em língua corrente. Org. por T. Bosco. LDC, Torino, 1985; BRAIDO, P. *L'esperienza pedagogica di don Bosco*. LAS, Roma, 1988; ACQUINO, G. *Psicologia di don Bosco*. SEI, Torino, 1988; CERRATO, N. *Don Bosco e le virtú della sua gente*. LAS, Roma, 1983; CICCARELLI, P. *Don Bosco alla ribalta*. SEI, Torino, 1983; COLLI, C. *Pedagogia spirituale e spirito salesiano. Abozzo di sintesi* (= Spirito e vita 9). LAS, Roma, 1982; *Don Bosco a servizio dell'umanità. Studi e testimonianze*. Roma, 1988; *Don Bosco nella storia della cultura popolare*. Org. por F. Traniello. SEI, Torino, 1987; *I laici nella famiglia salesiana*. SDB, Roma, 1986; MIDALI, M. *Costruire insieme la famiglia salesiana*. LAS, Roma, 1983; PEDRINI, A. *San Francesco di Sales e don Bosco*. SGS, Roma, ²1986; *Pensiero e prassi di don Bosco nel I centenario della morte (31 gennaio 1888-1988)*. Roma, 1988; *Ricerche Storiche Salesiane*. Revista semestral de história religiosa e civil. LAS, Roma, 1982.

A. PEDRINI

JOÃO CLÍMACO (São). 1. NOTA BIOGRÁFICA. João, chamado Clímaco (Ioannes o Klimakos), por causa de sua principal obra, a *Escada* (*klimax*), famoso abade do mosteiro do Sinai, viveu no século VII. As notícias que se referem a sua vida são escassas e incertas. Nada se conhece acerca de sua pátria, nem de sua família. Parece que ele teria abraçado a vida monástica ainda bem jovem e que foi discípulo do abade Martírio. Foi eleito abade do mosteiro do Sinai em avançada idade. Morreu na segunda metade do século VII.

2. ESCRITOS. Escrita por encomenda do abade João de Raithu, a *Escada do paraíso* é composta de trinta capítulos ou discursos de extensão díspar, que teriam a intenção de indicar os degraus da ascensão para Deus, à semelhança da escada bíblica de Jacó, em correspondência com os anos

da vida oculta de Jesus. A obra também é chamada de "tábua espiritual" (*plakes pneumatikai*). Pode ser dividida em três partes: a) início da vida espiritual: renúncia ao mundo (c. 1), separação interior (c. 2), entrada na vida religiosa (c. 3); b) luta contra os vícios e aquisição das virtudes: é a parte propriamente ascética que evoca a doutrina clássica dos mestres em que se inspira e que se torna norma de vida para os mosteiros, especialmente para os mosteiros egípcios (cc. 4-26); c) as fases mais altas da vida de perfeição (cc. 27-30). A exposição doutrinal nem sempre é logicamente concatenada: são bem perceptíveis desarranjos e inovações. Encontra-se quase como apêndice, ou complemento, à *Escada* (*PG* 88, 1165-1209) o *Livro para o pastor*: breve tratado em quinze capítulos sobre os deveres específicos dos superiores. São claras as afinidades entre o escrito de João Clímaco e a obra análoga de → GREGÓRIO MAGNO, *A regra pastoral*, traduzida para o grego por volta do ano 600. Afinidades que levam a suspeitar de uma dependência de João Clímaco em relação a Gregório Magno.

3. **DOUTRINA**. O pensamento espiritual de João Clímaco não é original, nem construído com rigor teológico. O estilo nem sempre lúcido, a serenidade do discurso, a insistência nos princípios basilares da → VIDA INTERIOR dão prova de que João Clímaco é o homem da experiência pessoal da → ASCESE e da → CONTEMPLAÇÃO, o mestre que guia, com prudência e clarividência, a alma na subida, indicando perigos, determinando deveres, apelando a ideais etc. O ideal do monge é o alcance da *hêsychia*, isto é, da tranquilidade interior e exterior. Para João Clímaco, o monge, seja ele eremita, cenobita ou que viva com um outro (*Escada*, cap. 1) é o cristão perfeito: "É cristão aquele que se esforça para seguir a Cristo, imitando-o tanto em palavras como nas obras, com decisões viris, e se comporta com reta fé e sem erros ou vícios, com a mente na Trindade Santa. É amante de Deus aquele que se vale das coisas dadas pela natureza e permitidas pela lei e não deixa de cumprir o bem que pode fazer. É continente aquele que, no vórtice das tentações, na agitação dos tumultos, na temeridade e nas insídias dos enganos, esforça-se por imitar com todo o empenho os costumes de quem está a salvo dos perigos.

É monge aquele que, em um corpo terreno e corrompido, quase como se estivesse fora do corpo, imita a vida e o estado dos seres celestes. É monge aquele que em nenhum tempo, lugar, em nenhuma atividade e ocasião, deixa de corresponder ao desígnio de Deus e a seus mandamentos. É monge aquele que é dominador violento e assíduo da natureza corrompida e guardião vigilante dos sentidos. É monge aquele que possui um corpo santo, uma língua pura e a mente divinamente iluminada. É monge aquele que, esteja acordado ou dormindo, está imerso na meditação da morte" (*Ibid.*, c. 1). Este é o ideal do monasticismo íntegro segundo a tradicional concepção para esse estado de vida. João Clímaco apresenta todos os requisitos para tornar a consagração a Deus, nas várias expressões e formas de vida abraçadas, o mais real e perfeita possível. Páginas luminosas sobre a obediência (Ibidem, c. 4), sobre a penitência (*Ibid.*, c. 5), sobre o senso de medida na oração e na contemplação (*Ibid.*, cc. 4. 7 e 18), sobre a castidade (Ibidem, c. 15), sobre a soberba (*Ibid.*, c. 23), sobre a caridade, que é, "segundo a sua qualidade, uma semelhança com Deus, que pode ser alcançada pelos mortais; segundo a sua eficácia, é quase uma embriaguez da alma; segundo a sua propriedade, é fonte da fé, abismo da paciência e mar da humildade" (*Ibid.*, c. 30). Segundo João Clímaco, a vida monástica é indispensável, dado que os monges exercem influência sobre a vida da Igreja em função de sua própria existência: "Uma vida angélica, mesmo que habitem um corpo mortal e corruptível" (*Escada*, c. 1).

BIBLIOGRAFIA. BARSOTTI, D. L'Amore di Dio in Giovanni Climaco. *Rivista di Vita Spirituale* 7 (1954) 179-185; CONNILEAU, G. Jean Climaque. *Dictionnaire de Spiritualité* VII, 369-89 (com bibliografia); GRIBOMONT, J. La Scala Paradisi. Jean de Raithou et Ange Clareno. *Studia Monastica* 2 (1960) 345-358; HAUSHERR, I. La théologie du monachisme chez saint Jean Climaque. *Théologie de la vie monastique*. Paris, 1961, 385-400; SAUDREAU, A. La doctrine spirituelle de saint Jean Climaque. *La Vie Spirituelle* 9 (1924) 352-370; SCHUSTER, I. La dottrina spirituale di S. Benedetto e la Scuola di perfezione di Giovanni Climaco. *La Scuola Cattolica* 72 (1944) 161-76; SOLAVILLE, J. Sain Jean Climaque. *Echos d'Orient* 20 (1923) 400-450; VOLKER, W. *Scala Paradisi. Eine Studie zu Johannes Climacus und zugleich eine Vorstudie zu Symeon den Neuen Theologen*. Wiesbaden, 1968.

C. SORSOLI – L. DATTRINO

JOÃO DA CRUZ (São). João da Cruz, o "doutor místico", é figura de primeiro plano da espiritualidade cristã e da literatura espanhola. Ele teve excepcional importância na história e hoje seu prestígio atinge o ápice. Em 1926, Pio XI o proclamava doutor da Igreja universal. A partir dessa data, a pesquisa histórica e doutrinal pôs em evidência novos aspectos de sua obra genial e a afinidade entre sua experiência fundamental e a experiência hoje vivida pela Igreja e pela humanidade em geral.

1. NOTA BIOGRÁFICA. O conhecimento da vida de João demonstrou-se como de importância primordial para se poder interpretar a sua personalidade e a sua doutrina. A atual reabilitação do santo se deve, em grande parte, aos seus mais recentes biógrafos (Bruno, Silvério e, sobretudo, Crisógono).

João de Yepes nasceu, caçula dentre três irmãos, em Fontiveros, localidade nos arredores de Ávila (Espanha), em 1542. Logo se tornou órfão de pai e passou a viver na miséria. A partir dos nove anos foi morar em Medina del Campo, onde viveu três experiências fundamentais. Demonstrou cuidado especial e vocação para servir aos enfermos, trabalho que desempenhou até os 21 anos. Dos 17 aos 21 anos, vai nascendo paralelamente nele uma outra inclinação bem nítida, o estudo dos clássicos no colégio dos padres jesuítas. Em 1563, entra no noviciado carmelitano da mesma cidade, tendo assumido o nome de João de São Matias. No ano seguinte, professa e parte para Salamanca, onde frequenta, durante quatro anos, os cursos de filosofia e teologia na universidade (1564-1568).

Um encontro casual com Santa Teresa de Ávila, às voltas havia anos com a reforma das carmelitas, leva-o a descobrir a direção definitiva a dar a sua vida. Em 28 de novembro de 1568, com outros dois confrades, inicia em Duruelo (Ávila) a reforma carmelita entre os religiosos. Inaugura una nova forma de vida e assume o nome definitivo: João da Cruz. Depois disso, passa a desempenhar as funções de educador e de superior.

Foi levado à prisão em Toledo por questões de jurisdição entre calçados e descalços (1577-1578). Durante nove meses, passou momentos muito duros, tanto do ponto de vista físico como do moral. Permanecerão vestígios disso em sua experiência mística e em sua obra como escritor. Na prisão, comporá grande parte de suas poesias: o *Cântico espiritual*, os romances, *A fonte*.

Ao fugir do cárcere, vai para Andaluzia: o Calvário, Baeza, Granada. Intensifica-se o ritmo de sua atividade como superior e diretor de almas. Mas isso não o impede de levar a termo a sua obra de escritor. E ainda compõe outras poesias e alguns avisos; amplia, sobretudo, o comentário aos grandes poemas. Em 1586, conclui o seu trabalho. A maior e melhor parte foi a que escreveu em Granada.

Nomeado como conselheiro-geral da reforma, transfere-se para Segóvia. Essa função lhe dá a oportunidade de se opor a certos programas inovadores acalentados por padre Nicolau Dória. Depois que se viu, em 1591, privado de todas as funções, retornou para Andaluzia. Morreu em Ubeda (Jaén) no dia 14 de dezembro de 1591. Dois anos depois, os seus restos mortais voltam para Segóvia, onde são conservados até hoje. São João da Cruz foi beatificado por Clemente X (1675) e canonizado por Bento XIII (1726). A sua personalidade foi constantemente submetida a graves deformações para poder ser interpretada à luz de uma parte fragmentária do seu próprio sistema. Foi acusado de individualismo, de rigorismo, de insensibilidade ao amor, à alegria, à beleza do criado. A história mais recente apresenta-o como profundamente humano, artista, moderadamente ativo. Tem-se, atualmente, o perigo contrário. Depois de ter descoberto a sua figura polivalente de místico, santo, pensador, poeta, escritor, artista, é fácil aferrar-se a algum desses valores, esquecendo os demais; ou captar unicamente os aspectos humanos do gênio, ignorando ou negando a atitude de fé e de busca do Deus-amor, que é a chave da sua personalidade e da sua obra.

2. ESCRITOS. No conjunto da sua vida, a obra do escritor ocupa um lugar secundário. Totalmente alheio às preocupações de um profissional da cátedra ou da pena, começa a escrever tardiamente, por volta dos 35 anos, redige sem pressa e quando tem tempo para tanto, deixa várias obras incompletas e não escreve nada nos últimos anos, quando os seus dotes teriam alcançado a maturidade plena (dos 44 aos 49 anos).

Para compreender a sua obra, é necessário ter presentes alguns fatores, como: a profunda preparação doutrinal, bíblica, teológica, filosófica, artística adquirida nos anos de Medina e Salamanca, e por meio do estudo e da reflexão pessoal; a experiência pessoal variada e intensa; o contato com o ambiente espiritual de seu tempo e com a experiência dos demais; o magistério oral intenso e prolongado em todo o arco de sua vida.

Contudo, o resultado da sua obra escrita é desproporcionalmente superior a tudo o que possamos deduzir à luz desses fatores. Fato surpreendente: a sua primeira composição é o *Cântico espiritual*, obra suma de toda a poesia espanhola!

A ordem em que sua obra escrita vai nascendo reflete a escala dos valores existente na mente do autor. As primeiras composições brotam espontaneamente em poesia, como expressão de uma experiência religiosa concentrada e impregnada de estética. Depois disso vem, em fragmentos dispersos, uma série abundante de avisos e de sentenças, fáceis de recordar e de exercitar. Objetivo deles é servir de auxílio a sua obra de diretor espiritual, visto que ele também é um apóstolo. Por fim, nascem as grandes obras, numa tentativa de fusão entre a poesia espontânea e as normas de vida. E não se esqueçam aqui os dois planos anteriores de escritor e teólogo.

Não por acaso João da Cruz escreve em poesia a parte melhor e mais autêntica da sua obra. Antes de tudo, ele a viveu, pensou e sentiu em forma de poesia, na qual encontra o modo conatural de se exprimir. Ele a considera o reflexo menos infiel do mistério de Deus, ao qual teve acesso por meio da fé e da doutrina e, além disso, com a experiência. Na poesia se conserva a realidade original em sua forma íntegra, tal como é percebida pelo místico. Os símbolos, sobretudo o da noite, em parte significam, em parte sugerem e reevocam.

O comentário traduz em conceitos ou prolonga a expressão, operando um notável empobrecimento do conteúdo do poema. Só fazendo violência a si mesmo e depois de muita insistência, decide-se a explicar alguns versos, advertindo expressamente o leitor de que "mesmo de que algum modo sejam explicados, ninguém se atenha à explicação" (*Cântico*, prólogo). Contrariamente ao que geralmente ocorre, no caso de João da Cruz, as explicações diminuem o valor dos ditos de amor. Ele prefere deixá-los "em sua amplidão" original, em vez de "reduzi-los a explicações (*Ibid*.). Este princípio de interpretação vale até mesmo para os avisos e para as sentenças espirituais, dado que eles são palavras de sabedoria mística, muito mais que normas de conduta.

A linguagem lírica, intencionalmente preferida, criou dificuldade e sobretudo desconfiança para com seus escritos. A tradição espiritual e a teologia haviam optado por uma dessas alternativas: linguagem simbólica para o campo devocional e sentimental, linguagem conceitual quando se trata de penetrar na essência da realidade. Tal mentalidade, que prevaleceu até as últimas décadas, levou a não se descobrir o valor filosófico-teológico da doutrina são-joanina.

A essa dificuldade de linguagem na leitura de seus escritos, acrescente-se uma outra, de conteúdo. A radicalidade das suas atitudes cristãs reflete-se em normas de conduta, à primeira vista, impraticáveis. Contudo, a severidade não se aplica diretamente à norma, e sim ao conteúdo espiritual que nela está encarnado. Para conteúdos essenciais, ele exige atitudes radicais e nítidas, não comprometidas: tudo, nada. Na realização "prática", ele é flexível, olhando para a pessoa individual e para o ambiente. Por princípio, ele rejeita visões e revelações; mas solicita que sejam respeitadas e ajudadas as pessoas que Deus guia por esse caminho (*Subida*, 2, 22, 19). O mesmo se pode dizer do uso do sentido (*Subida*, 3, 24, 4).

A obra escrita é relativamente curta: doze poesias, alguns avisos e cartas, quatro livros em prosa. No total, não se chega a um milhar de páginas. Conserva-se apenas o original autógrafo de algumas cartas e avisos. Não obstante isso, os códices que possuímos, por seu número e autoridade, oferecem garantias suficientes. Ao mesmo tempo em que se completam, as várias obras gozam de certa peculiaridade na experiência fundamental e no simbolismo. São perspectivas justapostas, mais que perspectivas em sucessão. Por esse motivo, convém examiná-las em sua individualidade. Sem dúvida, é necessário fixar entre elas certa ordem sequencial, como, aliás, fazem-no as várias edições: *Subida do Monte Carmelo, Noite escura, Cântico espiritual, Chama viva de amor*. João da Cruz deixou ainda alguns breves escritos que, postos no princípio de uma edição, podem servir de introdução.

Escritos breves. Entre as poesias não comentadas, há dois poemetos, um sobre a Trindade e sobre a encarnação, outro sobre o salmo *Super flumina*, notáveis pelo conteúdo teológico e pelo panorama salvífico. De grande beleza e intensidade, são os poemetos *A fonte* e *O pastorzinho*, que são acrescentados aos poemas que servem de base para as grandes obras. Na prosa, temos uma obra de caráter conventual, as *Cautelas* ("Instruções e cautelas a ser usados por aquele que quer ser verdadeiro religioso e atingir a perfeição"). O próprio título indica o gênero literário: normas destinadas a imunizar o religioso contra os perigos mais graves e frequentes que se encontram da parte do → MUNDO, do demônio e da → CARNE. As *Cautelas* não pretendem ser uma teologia da vida religiosa. No limite da finalidade que se propõem, demonstram fineza de observação e conformidade aos remédios. *Palavras de luz e de amor*: são 78 sentenças espirituais. Representam um gênero literário bastante cultivado pelo santo. O original autógrafo das *Palavras...* é conservado em Andújar (Jaén). Cada sentença sintetiza um pensamento denso de experiência e o seu conjunto constitui um êxito da expressão literária. Temas preferidos: o → RECOLHIMENTO, a renúncia, o amor, a estima pela razão natural, etc. Nesta pequena obra, encontra-se *A oração da alma enamorada*, de rara fineza de conteúdo e de expressão. O Epistolário: foi dolorosamente mutilado nos últimos meses de vida do Santo, por causa das calúnias e perseguições a que se viu submetido. Chegaram até nós uma trintena de cartas, um terço das quais de modo fragmentar. Todas dos últimos dez anos da vida de João da Cruz (1581-1591). Em sua brevidade, têm interesse autobiográfico, e até mesmo doutrinal, pelo modo com que aplica alguns princípios do sistema a pessoas e a situações específicas.

Subida-Noite. A inspiração fundamental desta obra encontra-se no poema "Em uma noite escura". O símbolo "noite" significa muito mais que uma simples negação. O próprio Deus e as realidades positivas, como a união, são parte dessa obscuridade plena de vida. João da Cruz expõe uma experiência original unitária, que encerra ação divina e resposta humana, iniciativa humana e resposta divina. Segundo dê-se o predomínio de uma ou de outra, falar-se-á de noite ativa ou de noite passiva, dois aspectos de uma realidade complexa. O santo preferiu estudá-las separadamente, dando lugar a duas partes em uma mesma obra: *Subida* e *Noite*. Do ponto de vista do conteúdo e da intenção são inseparáveis; no título, na subdivisão interna e no estilo, são distintas.

Subida do Monte Carmelo. Nesta obra, João da Cruz estuda a operosidade humana no processo de purificação que se baseia nas três virtudes teologais: → FÉ, → ESPERANÇA e → CARIDADE. O título provém de uma ilustração reproduzida no início: o "monte da perfeição". A subida implica atividade, esforço, despojamento, como dão perfeitamente a entender as breves frases que avoluma o sopé e o cume do monte. O próprio estilo é duro, paralelamente ao conteúdo. A obra se subdivide em três livros de 15, 32 e 45 capítulos. O primeiro livro é dedicado à purificação dos sentidos, os outros dois ao espírito e às potências da alma. João da Cruz interrompe a redação, sem ter concluído o tema da vontade, sem nem mesmo ter terminado a frase.

Noite escura. Complemento natural de *Subida ao Monte Carmelo*, redigido em forma de comentário, segue a ordem da estrofe e dos versículos. A atual divisão em livros e capítulos foi providenciada pelos editores, que consideram insuficiente a divisão original. O livro consta de duas partes: a noite dos sentidos e a noite do espírito: ambas em seu aspecto passivo. Cada um desses setores se desenvolve segundo um esquema uniforme: necessidade da noite, demonstrada pelas misérias que radicam na alma; realização da noite por meio do amor, na obscuridade do sofrimento; frutos admiráveis que se extraem dessa experiência, à primeira vista negativa e trágica. Também aqui a redação é bruscamente interrompida, assim que se anuncia a terceira estrofe. Dessa forma, seis estrofes ficam sem ser comentadas.

Cântico espiritual. "Onde te escondeste?". Assim se inicia o poema. É a obra que recebeu uma maior organização. Com ela se inicia e com ela se conclui a carreira de escritor de João da Cruz. É ainda a preferida de muitos leitores, que a consideram mais completa e mais agradável que *Subida-Noite*. João da Cruz trabalhou em *Noite escura* durante oito anos (1578-1586). Fruto das suas atenções e reelaborações são as duas redações, comumente denominadas "Cântico A" e "Cântico B", com sensíveis diferenças entre uma e outra. A primeira redação tem 39 estrofes, breve comentário, tom lírico. A segunda tem 40 estrofes, segue uma ordem distinta em quase a metade delas, comentário ampliado, tom mais doutrinal e pedagógico. A partir de 1922, alguns autores negaram a autenticidade desta segunda redação. A sua origem joanina é hoje fato plenamente aceito e certo. Normalmente fazemos referência a ela, visto que é a redação definitiva. Desenvolve-se na perspectiva do amor, utilizando o simbolismo do "→ MATRIMÔNIO ESPIRITUAL", com todas as suas ressonâncias bíblicas e eclesiais. O símbolo nupcial tem, ao menos em João da Cruz, o significado de doação pessoal e integral, não de ternura, prazer, sentimento. Para muitos, trata-se de símbolo hoje fraco e inexpressivo, porque não é compreendido em sua profundidade e até mesmo porque a mentalidade mudou.

O amor de que fala o *Cântico* é mais que um afeto da vontade. Engloba a disposição e o impulso de todo o ser na busca de uma pessoa e depois da união. Esse amor, em seus vários aspectos e dimensões, traça a trajetória mística e lírica da obra. São quatro as fases de maior destaque: desejos de amor e de privação (estrofes 1-12); primeiro encontro e união parcial (estrofes 13-21); união total e frutos desta união (estrofes 22-36); aspiração e glória (estrofes 36-40).

Chama viva de amor. Este título corresponde ao primeiro verso de um poema de quatro estrofes: "Ó, chama de amor viva!". O poema e o comentário foram escritos por encomenda de Ana de Peñalosa. Mais que analisar e explicar, canta o amor sublime, ápice da vida cristã e da vida mística, sem se decidir a considerá-lo um estado superior, como aquele descrito no *Cântico espiritual*. Aqui, a perspectiva é inteiramente trinitária. O Espírito tem o destaque que é dado a Cristo no *Cântico*. Um dos aspectos mais interessantes de *Chama*, no conjunto da obra, é justamente a sua dimensão trinitária. As várias estrofes, em vez de se sucederem como as fases de um processo, apresentam-se como panorâmicas distintas do mistério e de uma atitude específica diante do mistério, único e insondável. Existem em *Chama* três longas "digressões" (se assim podemos chamá-las), com as quais João da Cruz lança um olhar retrospectivo para o próprio percurso em suas etapas decisivas, as noites, acrescentando aspectos importantes a tudo que fora exposto em *Subida-Noite*.

3. DOUTRINA. A doutrina de São João da Cruz, enquanto vida, e por ter sido objeto principalmente do magistério oral, apresenta em seus escritos uma característica dinâmica. Isso faz que todos os elementos que intervêm se encontrem em movimento: o homem é um ser em busca, Deus é esposo e guia, o pecado é tendência sempre inquieta, a graça é amor em ato e inabitação. O dinamismo se deve às duas pessoas, Deus e homem, que são os protagonistas de uma longa história. As obras em prosa têm todas a estrutura de um movimento convergente, com uma meta bem definida: a união do homem com Deus. Com vistas a isso, põe em destaque o dinamismo e a luta, elementos constitutivos da vida cristã.

João da Cruz não descreve uma experiência espontânea. Escreve quando já levou a termo o percurso e contempla a vida em panorâmica, assinalando a cada etapa o valor que efetivamente lhe corresponde em todo o conjunto, que desse modo se torna distinto da primeira impressão que se tem no momento em que se vive a ação (*Noite*, prólogo). João da Cruz valoriza o tempo todo os fatos com base em princípios bíblicos, teológicos, filosóficos. O percurso é a todo momento interrompido por parênteses, digressões, capítulos doutrinais (*Subida*, 2, 5). Não por descuido ou por distração. Dessa forma, chegamos a descobrir um aspecto essencial do magistério joanino: mesmo apresentado em forma de desenvolvimento espiritual, trata-se na verdade de um verdadeiro sistema.

João da Cruz é doutor: mestre que transmite uma experiência divina, que a estuda teologicamente, que analisa a sua essência e o seu conteúdo. Como consequência do conhecimento que tem da realidade, transforma-se posteriormente em guia. A designação "practicien de la contemplation" com a qual J. Maritain quis caracterizá-lo é insuficiente e deformadora.

Aqui seguem os elementos mais substanciais do sistema. A fórmula anterior, união do homem com Deus, põe em destaque três elementos: Deus, homem, união. Deve ser completada com: união do homem com Deus em Cristo. Mesmo assim, contudo, não percebemos todo o dinamismo dos seus escritos. Nova fórmula: união do homem com Deus em Cristo por meio da fé, da esperança, da caridade. Esta fórmula nos satisfaz. Falta só completá-la com duas verdades subsidiárias: união implica renegação; as virtudes teologais culminam na → CONTEMPLAÇÃO.

O fator decisivo no processo espiritual é Deus, a sua ação, o seu interesse pelo homem. As ações do homem são consequência e não têm o mesmo valor da obra divina. Mas correspondem a ela. É a esse diálogo que se deve o fato de João da Cruz ter valorizado de modo insólito as virtudes teologais. Elas encerram o dar-se de Deus ao homem: Deus se dá na fé e no amor, em revelações e manifestações de bondade. São obra divina, antes de ser gesto humano ou tendência. Depois é que o homem corresponde nesse mesmo plano de fé e de amor.

A forma concreta com a qual João da Cruz apresenta a sua doutrina parece contrária a essa hierarquia. Fixa-se mais na mutabilidade do sujeito humano. A razão dessa preferência está demonstrada pelo fato de que a historicidade está do lado do homem, é ele que se transforma e também porque o desenvolvimento espiritual do homem torna visível a obra fermentadora da graça, em si imperceptível (*Subida*, 2, 17). À medida que o caminho avança, a descrição passa a destacar mais a obra divina, porque ela se torna mais visível. Mas permanece sempre como um princípio de interpretação: os elementos antropológicos da união têm um valor particular, pelo fato de serem reflexo e realização da graça. É por isso que João da Cruz lhes dá destaque, nunca em detrimento de seu teocentrismo: eles representam o desenvolvimento e o triunfo da graça.

A viagem é programada com toda a atenção ao sujeito mutante, o homem, tendo presente o que acabamos de dizer. João da Cruz conhece a divisão tradicional em três etapas: principiantes, proficientes, perfeitos; e outras denominações equivalentes. Entre uma e outra, há um vazio ou um momento de crise. Com as suas experiências e as suas profundas convicções, João da Cruz realizou aqui uma mudança radical. Não são as etapas que têm a maior influência no desenvolvimento espiritual, mas as crises, que deixam e ser exceção para se transformarem em experiência normal do processo. João da Cruz as chama de "noites". Todo o progredir é uma noite. Há, contudo, dois momentos de especial obscuridade e perigo: a passagem do sensível ao espiritual e do espírito a Deus. A perspectiva muda radicalmente: fundamento do caminho espiritual são as crises ou noites, as várias etapas, contudo, são reduzidas a parênteses ou momentos de repouso, para poder suportar a nova crise (*Noite*, 1, 8, 3; 2, 3, 2). O esquema pode ser reduzido a três etapas decisivas: noite do sentido, noite do espírito, união de amor.

"Para que uma alma atinja o estado de perfeição, ela geralmente deve passar antes por duas formas principais de noite, que os espirituais chamam de purificação da alma; nós as chamamos de noites porque a alma, tanto em uma como em outra, caminha como quem caminha à noite, no escuro" (*Subida*, 1, 1, 1). Com a mudança dos dois primeiros estados em noite, a vida espiritual assume um aspecto eminentemente dinâmico. Por mais movimentado que seja, o processo supõe temporariedade e duração, que resistem a todos os propósitos e a todas as impaciências. As virtudes amadurecem com o tempo e com o exercício (*Noite*, 1, 1, 3); Deus se adapta a esse ritmo e não ouve as súplicas "a fim de que, a seus olhos, chegam ao amadurecimento de tempo e de número" (*Cântico*, 2,4).

Por essa razão, João da Cruz não compreende as atitudes de alguns que "são tão impacientes que desejariam ser santos de um dia para outro... Ainda que alguns tenham tanta paciência nesse querer aperfeiçoar-se que Deus não poderia deixar de fazê-lo" (*Noite*, 1, 5, 3).

O processo parte de um chamado especial de Deus, que corresponde, da parte humana, a uma conversão específica (*Noite*, 1, 1, 2). Esse paralelismo e essa interdependência se dão em todos os níveis do processo. Guiando-se pelas ressonâncias antropológicas da graça, é mais fácil analisar o seu desenvolvimento. Trata-se de um processo de divinização: Deus transforma o homem em espelho de sua santidade, instrumento transparente de sua vontade e de sua obra. Em nível humano, comporta a espiritualização dos critérios submetidos à fé e ao amor submetido à caridade. O sentido mantém a sua vivacidade e o seu próprio objeto, porém, em função de valores não sensíveis. Isso o obriga a uma purificação muito dolorosa, mesmo que depois não saia melhorado em sua atividade. Trata-se, definitivamente, de um processo de transformação no íntimo do cristão com o propósito de desenvolver o seu ser filho de Deus.

a) *Educação do sentido*. Na linguagem de João da Cruz, entende-se por "sentido" o setor mais externo e superficial da pessoa humana e de seu agir. Ele inclui propriamente os sentidos exteriores, a imaginação, com as energias afetivas correspondentes. O real significado é mais vasto, incluindo a totalidade do homem, quando ele se rege pelos valores do sentido: homem sensitivo, sensual, animal, temporal etc. (*Subida*, 3, 26, 3). A sua influência sobre o equilíbrio humano é decisiva, ainda mais sobre o equilíbrio espiritual. "Deus não cai sob o sentido" (*Chama*, 3, 73). "A percepção material das coisas espirituais é tanto mais difícil quanto para um jumento a percepção das coisas racionais, se não mais" (*Subida*, 2, 11, 2). João da Cruz entende por sentido os critérios de juízo e de escolha do amor, que se regem pelo interesse, pelo egoísmo, pela comodidade, pela espetacularidade, pela utilidade imediata, pela abundância. Em tal estado, não é possível unir-se a Deus, nem entender o Evangelho. Muitos não superam essa primeira etapa, nem sabem o que significa vida espiritual. João da Cruz faz uma apresentação desfavorável dela porque pretende ultrapassá-la.

Vida do sentido. J. Baruzzi quis excluir do sistema são-joanino a existência de um primeiro estágio no qual o sentido fosse legitimamente educado e exercitado. Os textos dizem claramente que o santo quer e supõe uma fase de abundante exercício do sentido. Evita dar os detalhes, porque sobre ele muito já se escreveu. É verdade que, quando fala do sentido, o faz com certa condescendência que, às vezes, se transforma em fina ironia! Mas a sua posição é clara: aprova-o como estado provisório, condena-o e classifica como infantilismo quando tende a se converter em forma de vida permanente (*Subida*, 2, 12, 6).

No setor da piedade, a vida do sentido se caracteriza pela meditação discursiva e pelo fervor sensível. Convém fomentá-los, dado que servem para eliminar a imagem e o afeto pelos objetos sensíveis e mundanos (*Chama*, 3, 32). Sem que ninguém lhe recomende, eles mesmo cuidam para que abundem as imagens e os gostos. O desejo de ter imagens leva-os a buscar sempre novos livros, diretores espirituais, doutrinas, pensamentos. O fervor se manifesta na avidez com que se comportam em certos exercícios de piedade (ouvir missas, pregações, oração longa e frequente, mortificação corporal, por vezes, excessiva). Tudo isso é necessário para contrastar as tendências desreguladas, mesmo a custo de acumular material sensitivo do qual depois será necessário despojar-se. O motivo é fundamentalmente psicológico: imagens e afetos do mundo ainda conservam muita força de atração: "De fato, ocorre, e assim é, que a sensualidade com tantos desejos é movida e atraída pelas coisas sensíveis que, se a parte espiritual não é inflamada com desejos pelas coisas espirituais, não poderá vencer o jogo natural, nem entrar nessa noite do sentido, nem terá ânimo para permanecer na noite de todas as coisas, privando-se do desejo de todas" (*Subida*, 1, 14, 2).

Sobriedade incipiente. O exercício do sentido deve ser regulado tão rapidamente quanto possível, iniciando-se com o educá-lo a ser moderado nas coisas úteis e necessárias. O livro 1º da *Subida* (13) dá a propósito algumas normais gerais: "Creio que estes avisos que se dão agora para vencer os apetites, mesmo que breves e poucos, são tão úteis e eficazes quanto sucintos; de modo que aquele que verdadeiramente deseje exercitar-se neles não terá necessidade de outros, dado que com estes abarcará a todos".

São três sistemas diversos, com um pressuposto dogmático espiritual comum, que é o constante amor e a imitação de Cristo: moderar o uso dos sentidos, renunciando os objetos que se lhe oferecem "enquanto poderiam escusá-lo por bem"; a outra forma vai contra as paixões, estabelecendo uma ordem paradoxal de preferências: tender não ao mais fácil, mas ao mais difícil, não ao mais agradável, mas ao mais desagradável etc.; em oposição direta ao egoísmo: agir, falar, buscar o próprio desprezo e desejar que os outros façam o mesmo.

Cuidado passivo. O exercício sensitivo bem feito leva, por si mesmo, à simplificação, onde prevalece a atividade espiritual (*Subida*, 2, 12). Apesar de a passagem ser normal, nem por isso é menos dolorosa. E não há dúvida de que é preciso fomentá-lo expressamente, já que a sobriedade moderada que se pode alcançar com a ascese não basta para renovar o sentido. Seguindo o esquema dos sete vícios capitais, João da Cruz faz um inventário das imperfeições (e mais que imperfeições) que comumente se veem nas pessoas que vivem do sentido (*Noite*, 1, 2-7). Disso resulta um quadro muito negativo que leva à conclusão de que "nem mesmo desses defeitos, como de nenhum dos outros, a alma pode se purificar completamente, a fim de que Deus não a ponha na purificação da noite escura da qual falaremos a seguir" (*Noite*, 1, 3, 3).

Essa noite passiva é a contemplação infusa, realidade complexa em seu conteúdo e na terminologia. Encerra quase tudo o que há de divino e de eficaz no caminho espiritual a partir desse momento. Em linhas gerais, podemos dizer que é notícia e amor infuso. "A contemplação não é outra coisa que infusão secreta, pacífica e amorosa de Deus que, se for aceita, inflama a alma em espírito de amor" (*Noite*, 1, 10, 6). João da Cruz apresenta à consciência reflexa do sujeito um aspecto menos ameno. Não se valoriza a passividade à primeira vista. Ele adverte apenas que desaparece a segurança dos próprios meios, que se esvaem os discursos e o fervor. E são substituídos por experiências novas que, de imediato, parecem não ter grande importância, especialmente a dura e amarga inquietação de servir a Deus pensando que não se está servindo.

Dado que a experiência da noite passiva tem certas afinidades com outros fenômenos de ordem natural, João da Cruz dá alguns avisos que, tomados em conjunto, garantem o caráter sobrenatural dessa experiência. São: incapacidade de meditar, aridez nas coisas de devoção e nas do mundo, preocupação contínua em acreditar que não se está servindo a Deus (*Noite*, 1, 9). Os resultados dessa experiência são muito positivos (*Noite*, 1, 12-13). A descrição é feita em referência aos vícios capitais narrados no próprio livro. A dureza e a eficácia dessa primeira cura passiva mereceriam maior atenção, se não houvesse outra que lhe é superior em todos os sentidos.

b) *Renovação do espírito.* Tentaremos não definir muito estritamente as fronteiras antropológicas do espírito, porque aqui tudo se renova. Trata-se do mais profundo do homem e da capacidade que o abre a Deus. João da Cruz volta a assumir, em outra perspectiva, a purificação do sentido, "porque a purificação válida para o sentido ocorre quando, de propósito, começa a purificação do espírito" (*Noite*, 2, 3, 1). Ponto crucial da maturidade cristã, é aqui que João da Cruz manifesta os mais finos recursos da experiência e da doutrina. Por conta de sua dimensão psicológica, chama-se noite do espírito; observando seu conteúdo, o título que mais lhe convém é "noite da fé".

A noite da fé é igualmente a noite do amor e a noite da esperança. As virtudes teologais constituem o núcleo essencial dessa nova fase. Trazem o mistério de Deus ao homem e, por outro lado, apreendem a globalidade do homem em suas atitudes básicas, para reconstruí-lo. Têm uma função unitiva, primária, de → UNIÃO COM DEUS, e uma função negativa, complementar à função anterior, que ultrapassa os limites da criatura. Nos livros 2° e 3° da *Subida*, João da Cruz estuda a noite espiritual "ativa", na qual o homem conserva certa iniciativa e pode traçar programas. E facilita a análise ao acoplar virtudes e potências: intelecto-fé, memória-esperança, vontade-caridade (*Subida*, 2, 8). Esse esquema empobrece sensivelmente o impulso totalitário de qualquer das virtudes teologais, trazendo em contrapartida um pouco de luz. Na noite passiva do espírito, ainda se conservam as virtudes teologais, aplicadas ao homem em toda a sua integridade, sem distinção de potência.

A *fé* constitui um tema de destaque nos escritos são-joaninos. É o primeiro vínculo de união entre Deus e o homem. O uno e o outro intervêm como sujeitos pessoais e ativos nessa relação, mesmo que geralmente se diga que Deus é o objeto e o homem aquele que crê. A fé se centra no mistério de Deus: "Deus é a substância da fé" (*Cântico*, 1, 10; *Subida*, 2, 9, 1). O mistério pessoal de Deus que se dá em Cristo é síntese e fonte de todos os mistérios e dogmas particulares.

Deus é infinito, realidade ante a qual o espírito humano deve adotar uma atitude de transcendência, negando e superando os limites do ser humano (*Subida*, 2, 3-4), confiando-se à fé que nos mostra Deus como ele é em si. A radicalidade dessa posição no setor da fé possui um fundamento proporcional: Jesus Cristo, revelador do Pai, fundador de uma nova economia, mediador de maneira totalizante: "Deus doravante se cala, nada mais tem a falar, dado que o que outrora dizia por meio do profetas, nele revelou completamente, dando-nos o todo, que é o seu Filho" (*Subida*, 2, 22, 4).

O rigor e a minuciosidade com que João da Cruz analisa o lado humano da fé provém da fidelidade ao mistério de Deus: João da Cruz quer acolhê-lo sem que ele se deforme nem se apequene ao chegar ao homem. Para tal finalidade, é necessário antes adaptar o vaso que o acolherá. Com essa preocupação, João da Cruz retifica a atividade cognoscitiva em todos os seus níveis: sentidos exteriores, imaginação e fantasia, intelecto em suas múltiplas percepções (*Subida*, 2, 10). Não obstante as exigências totalitárias, João da Cruz tem em mente os princípios da economia divina, que guia o homem com suavidade e gradualidade, por meio do sentido, até alcançar as mais delicadas fibras do espírito (*Subida*, 2, 17). Os princípios que João da Cruz utiliza para a purificação da fé desfrutam de plena atualidade, como se nota pelo interesse que hoje suscitam nos ambientes mais variados. Muitos dos exemplos e aplicações (epifenômenos místicos) correspondem a situações que em seus tempos de → "ALUMBRADOS" eram motivo de grande perigo e de não poucas preocupações.

A *esperança* está enquadrada na psicologia da memória (*Subida*, 2, 2, 15). Apresenta vários problemas de índole teológica e antropológica. No plano espiritual, é prolongamento da obra da fé. Em virtude da duração que a recordação a eles confere, as experiências redobram o seu efeito, bom ou mau; as imagens sensíveis multiplicam o dano (*Subida*, 3, 5, 2); ao passo que a sobrevivência de certas graças sobrenaturais "significa possuir uma mina de bens" (*Subida*, 3, 13, 6).

A *caridade* ocupa um lugar primário, a título evangélico e até mesmo pela importância do setor humano do amor em que se encarna. João da Cruz fundamenta o tratado dessa virtude em dois princípios: o mandamento do amor, a hierarquia dos valores estabelecida pela fé.

João da Cruz extrai da Bíblia a formulação do primeiro mandamento, aprofundando o seu caráter de totalidade, ao qual geralmente não se dá destaque: "Amarás o Senhor teu Deus com todo o teu coração, com toda a alma e com toda a força. Onde se encontra tudo o que o homem espiritual deve fazer e que eu aqui devo ensinar para que verdadeiramente atinja a Deus com a união da vontade por meio da caridade. Porque com isso se ordena ao homem que todas as potências e desejos, e operações e afetos de sua alma, empregue-os para Deus, de modo que toda a habilidade e a força da alma não sirvam senão para isso" (*Subida*, 3, 16, 1; *Noite*, 2, 11, 4). Exigência ilimitada do amor que supõe valorização da fé, a fim de que o raciocínio posterior seja convincente: "Convém pressupor um fundamento, que será como o bastão no qual sempre nos deveremos apoiar...; e a vontade não deve gozar se não daquilo que é glória e honra de Deus, e que a maior honra que lhe podemos dar é servi-lo segundo a perfeição evangélica; e tudo o que está fora disso não tem valor algum, nem proveito para o homem" (*Subida*, 3, 17, 2).

João da Cruz não dispõe de uma terminologia abundante e precisa no campo afetivo. A divisão mais detalhada se faz com base nos objetos ou bens a que tendem o afeto e as paixões. João da Cruz enumera seis gêneros de bens: temporais, naturais, sensíveis, morais, sobrenaturais, espirituais (*Subida*, 3, 18 ss.). Estuda-os com atenção em sua própria natureza, examina os prejuízos que causam e as vantagens que se alcançam com uma conveniente educação nesse setor. A minuciosidade responde à infinita variedade de feições que o → EGOÍSMO adota para não ser descoberto pelas pessoas espirituais. Uma importante distinção é a distinção entre o amor generoso e o sentimento que se esconde no próprio sujeito. Este último não é unitivo (*Carta* 12).

A obra purificadora representa apenas uma das formas para inflamar o amor e, no sistema de João da Cruz, não é a mais importante. O *Cântico* segue uma perspectiva diversa: desenvolvimento positivo, presença do amor. Temos, em linhas gerais, um primeiro amor de ausência, no qual predominam a ansiedade e a procura. Segue-se posteriormente a união de amor, na qual prevalece o sentimento de plenitude. Tal plenitude deixa, contudo, um flanco aberto a novas ansiedades, dessa vez voltadas para a satisfação plena na glória.

Para João da Cruz, o caminho para o amor é tão importante quanto o caminho para a fé. A inquietude religiosa de nossos dias, que se remete ao santo quanto ao tema da fé e das dificuldades conexas, toca esse segundo aspecto, muito essencialmente unido ao aspecto anterior. Disso decorre que as soluções que apresenta resultam parciais e insuficientes. Para João da Cruz, os momentos mais árduos da noite da fé são compensados pela força do amor.

c) *Renovação do ser*. A renovação da qual acabamos de falar pertence à noite do espírito. Essa noite tem uma fase que merece ser particularmente considerada: a noite passiva do espírito.

Fé, esperança, caridade continuam a ser as protagonistas dessa nova experiência. O espírito humano é o sujeito delas, como já vimos em *Subida*; com uma diferença que salta aos olhos do leitor de *Noite*, 2: abandonando o nível das potências espirituais, ascende a um estrato inferior do homem, onde está em jogo a totalidade do ser. Aqui intervêm os mesmos fatores, em proporções diferentes. As virtudes teologais têm maior atividade e menos iniciativa. Deus age com maior iniciativa e profundidade, de maneira menos visível. Não se percebe a "passividade" como tal, e sim como diminuição da própria atividade, sem que se perceba que, de outro lado, tem-se substituição ou auxílio. João da Cruz deixou um estudo magistral dessa realidade, que podemos sintetizar. "Essa noite escura é um influxo de Deus na alma, que a purifica de sua imperfeição e ignorância habitual, natural e espiritual, que os contemplativos chamam de contemplação infusa ou teologia mística, na qual Deus instrui em segredo a alma na perfeição do amor, sem que ela nada faça nem entenda o que é essa contemplação" (*Noite*, 2, 5, 1). Esta apresentação do autor levará à mente do leitor, não habituado à linguagem são-joanina, mais confusão que clareza. Quase todas as palavras necessitariam de uma explicação. Talvez o conceito que mais se preste a confusão seja o de passividade. "Sem que ela nada faça" significa intensa atividade de amor fiel e perseverante, sem comprovar os resultados nem descobrir o significado final de tanto amor e de tanto sofrer.

Essa dolorosíssima experiência deve, por fim, acabar com as falsas representações que o homem faz de Deus, com os resíduos do egoísmo inerentes a sua atividade. Assim a fé o amor se purificam. E não apenas removendo o mal, mas recebendo novas capacidades, "vestindo-se de nova habilidade sobrenatural, segundo todas as suas potências, de modo que o seu agir se transforme de humano em divino, e isso é alcançado no estado de união" (*Subida*, 1, 5, 7).

A doutrina de João da Cruz adquire a essa altura uma confirmação especial. A experiência da noite passiva generalizou-se na Igreja e além dela, entre as pessoas e as comunidades que buscam Deus, tendo como resultado uma noite coletiva ou epocal.

d) *União de amor*. É considerada a última fase do itinerário espiritual. Impropriamente, porém, dado que tem início muito antes e se prolonga indefinidamente. Essa fase final não é uma etapa, mas acesso a um ritmo de crescimento que desmonta toda lei. João da Cruz não ousa dar um nome ao estado de amor "qualificado" de *Chama* (pról. 3). Em nível de perfeição, ressalta mais que nunca a variedade de medidas, a depender da graça recebida e das capacidades (*Subida*, 2, 5, 9-11); e enfatiza igualmente a norma são-joanina de dizer o máximo que pode ser, porque nisso tudo está incluso (*Cântico*, 14, 2).

João da Cruz começou a falar de união muito antes, porque ela se realiza desde o princípio. É a alma de todo o processo, considerando esse processo como experiência do homem que o vive e como sistema do autor que o explica. É a razão das renúncias por ele impostas na educação do sentido (*Subida*, 1, 11) e na renovação do Espírito (*Subida*, 2, 5). A união é um fator radical e onipresente no magistério são-joanino.

Quanto a seu conteúdo, uma primeira orientação nos é dada pelo próprio nome: união de amor, união com Deus, união divina etc. O nome foi escolhido intencionalmente e corresponde a uma atitude fundamental: "É o estado de perfeição, que aqui chamamos de união da alma com Deus" (*Subida*, argum.). É fácil descobrir o motivo fundamental da preferência: união estabelece o termo da plena realização do homem fora dele mesmo, em uma relação, concretamente em relação com Deus por meio da fé, do amor, da esperança. Até mesmo quando a união se faça acompanhar de uma grande perfeição ética, ou de um equilíbrio psicológico e moral, não é ali que está a força da → SANTIDADE CRISTÃ. A santidade da qual fala o Santo tem um caráter marcadamente trinitário e cristocêntrico.

João da Cruz não define a união de maneira uniforme e condensada. Ele a expõe progressivamente, à medida que os argumentos o requerem. Ela se compõe de duas linhas complementares: uma, de despojamento progressivo, até a total nudez; a outra, de crescente transformação e plenitude divina. Na primeira, acentua-se mais a transcendência de Deus, que predomina em *Subida-Noite*, onde encontramos a seguinte definição: "O estado de união divina consiste em ter a alma segundo a vontade uma tal transformação na vontade de Deus, a ponto de fazer que nela não se encontre nada de contrário a essa vontade, e sim que em tudo e por tudo o seu viver seja vontade somente de Deus" (Subida, 1, 11, 2). Tem caráter moralizante. *Chama* e *Cântico*, por sua vez, a descrevem na perspectiva de plenitude crescente até o extravasamento. A ideia de união é muito mais da mera falta de apetite ou da conformidade da vontade, como se vê na sucinta descrição que João da Cruz faz dela, no momento em que ela se realiza (*Cântico*, 22-23). União com Cristo, participação nos mistérios da → ENCARNAÇÃO e da → REDENÇÃO. Experiência, sobretudo, da filiação divina. As cinco últimas estrofes do *Cântico*, onde alcançamos uma verdadeira "convivência trinitária", põem a união em sua perspectiva e dimensões verdadeiras.

Nessa ocasião, João da Cruz apresenta atores que intervêm já desde o princípio, mesmo que impedidos por falta de preparação por parte do homem. No comentário às estrofes 38-39 do *Cântico*, ele explica o conteúdo da união mística apelando simplesmente para os cinco ou seis textos mais expressivos do Novo Testamento sobre a graça e a → INABITAÇÃO. É necessário ler essa página em sua integralidade. "Esse aspirar da aura é uma capacidade recebida pela alma na comunicação do Espírito Santo, o qual, com sua inspiração divina, a eleva de modo sublime e a informa e lhe dá capacidade, em vista de que ela inspire em Deus, a mesma inspiração de amor que o Pai inspira no Filho e o Filho no Pai, que é o próprio Espírito Santo, que nessa transformação inspira nela, no Pai e no Filho para uni-la a si... Parece-me que é isso que São Paulo quer dizer quando escreve: 'Visto que sois filhos de Deus, ele enviou a vossos corações o Espírito do Filho no qual grita: Abbá, Pai' (Gl 4,6)... Não é de admirar que a alma seja capaz de algo tão sublime... Não é possível saber nem descrever como isso ocorre. Só se pode dizer que o Filho de Deus nos obteve e mereceu-nos atingir tão sublime grau de poder ser, como diz São João (1,2), filhos de Deus…" (*Cântico*, 39-3-5). Esse será o tema de *Chama*.

Se quisermos ver, encontramos uma síntese dos diversos elementos ou fatores em *Cântico*, 22. São quatro: 1) união com Cristo, esposo e amante, esperança de todo o caminho; 2) transformação em Deus: "se há tal união das duas naturezas e tal participação da natureza divina na humana que, não mudando nenhuma delas em seu ser, cada uma parece Deus"; 3) perfeição moral, normalmente acompanhada da confirmação em graça; 4) tranquilidade moral, "deixai de parte e esqueçais todas as tentações, turbamentos, dores, solicitudes e atenções".

Com o passar do tempo e com o aumento da experiência, percebe-se em João da Cruz uma maior insatisfação no que concerne à união terrestre. As últimas estrofes do *Cântico*, que na primeira redação cantavam a última fase do caminho espiritual, são interpretadas na segunda redação do livro como tema da glória (*Cântico*, 36, 2). Realmente, a diferença entre união de amor na terra e união da glória depois não é tanta (*Chama* 1, 14).

BIBLIOGRAFIA. 1) Fontes e subsídios: LUIS DE SAN JOSÉ. *Concordancias de las obras y escritos del Doctor de la Iglesia san Juan de la Cruz*. Burgos, ²1980; OTTONELLO, P. P. *Bibliografia di san Juan de la Cruz*. Roma, 1967; SAN GIOVANNI DELLA CROCE. *Opere*. Versão italiana do padre Ferdinando de Santa María. Roma, ⁵1985; SAN JUAN DE LA CRUZ. *Obras completas*. Edição crítica e documentação histórica a cargo de Silverio de Santa Teresa. Burgos, 1929-1930, 4 vls.; ID. *Obras completas*. Lectura crítica, introducciones, bibliografia por J. V. Rodríguez – F. Ruiz. EDE, Madrid, ²1980.
2) Biografias: BRUNO DE J. M. *Saint Jean de la Croix*. Bruges, 1961; CRISÓGONO DE JESÚS SACRAMENTADO. *Vida de san Juan de la Cruz*. Madrid, ¹¹1982.
3) Introduções: GABRIELE DI SANTA MARIA MADDALENA. *San Giovanni della Croce, dottore dell'amore divino*. Firenze, 1937; ID. *L'unione com Dio secondo san Giovanni della Croce*. Firenze, 1951; GUILLET, L. *Introduction à saint Jean de la Croix*. Mame, Tours, 1969-1971; PEERS, F. ALLISON. *Spirit of Flame*. New York, 1944; RUIZ, F. *Místico y maestro san Juan de la Cruz*. Madrid, 1986.
4) Estudos: ALONSO, D. *La poesía de san Juan de la Cruz*. Madrid, 1966; BARUZZI, J. *Sain Jean de la Croix et le problème de l'expérience mystique*. Paris, ²1931; CRISÓGONO DE JESÚS SACRAMENTADO. *San Juan de la Cruz, su obra científica y su obra literária*. Madrid, 1929, 2 vls.; EULOGIO DE LA V. C. *San Juan de la Cruz y sus escritos*. Madrid, 1969; *La comunione con Dio secondo san Giovanni della Croce*. Roma, 1968; MOREL, G. *Le sens de l'existence selon saint Jean de la Croix*. Paris, 1960-1961, 3 vls.; RUIZ, F. *Introducción a san Juan de la Cruz: el escritor, los escritos, el sistema*. Madrid, 1968; SANSON, H. *L'esprit humain selon saint Jean de la Croix*. Paris, 1953; VILNET, J. *Bibleet mystique chez saint Jean de la Croix*. Bruges, 1949.

F. RUIZ

JOÃO DE ÁVILA (São). 1. NOTA BIOGRÁFICA.

Nasceu em Almadovar del Campo em 6 de janeiro de 1499, estudou em Salamanca (desde 1513) e em Alcalá (1520-1526). Ordenado sacerdote em 1526, depois da morte de seus pais vendeu suas ricas propriedades e se ofereceu como missionário para o Novo Mundo, mas o arcebispo de Sevilha obrigou-o a permanecer no sul da Espanha; por esse motivo será chamado "o apóstolo da Andaluzia".

Exerceu o seu ministério pregando em diversas cidades, organizando missões populares e ensinando catecismo, visitando os pobres e os doentes, formando com outros sacerdotes um grupo em que se praticava o estudo, a oração e a pobreza. De 1531 a 1533, tendo sido acusado de heresia, foi processado pela Inquisição. João não se defendeu, mas aproveitou a sua permanência na prisão para escrever (ou pelo menos esboçar) sua obra principal *Audi filia*. Segundo o seu biógrafo, frei Luís de → GRANADA, foi mais na prisão que nos estudos que ele compreendeu o seu tema preferido, o "mistério de Cristo". Em seguida o seu ministério continuou na mesma direção, criando centros de estudo (mais ou menos quinze fundações, entre as quais se destaca a universidade de Baeza, vários seminários e internatos), explicando a Escritura ao povo, organizando missões no sul da Espanha. Chamavam-no "mestre". Converteu João Cidad (São João de Deus) e influenciou a conversão de São Francisco Borja. A influência de João por intermédio de seus discípulos difundiu-se por toda a Espanha e também em outras nações. Um de seus discípulos mais importantes foi Diego Pérez de Valdivia, respeitável autor de espiritualidade e professor de Sagrada Escritura na universidade de Barcelona.

João renunciou a dois episcopados e ao cardinalato. Este em contato com Santa → TERESA DE JESUS, Santo → INÁCIO DE LOYOLA, São Francisco Borja, São

João de Deus, São → PEDRO DE ALCÂNTARA, São João de Ribera, frei Luís de Granada e outros.

Enfermo desde 1551, por volta de 1554 retirou-se para Montilla (Córdoba), onde permaneceu até sua morte (1569). Ali pôde escrever inúmeras cartas, revisou a edição definitiva dos *Audi filia* e escreveu o *Tratado sobre o sacerdócio*, os *Memoriais para o Concílio de Trento*, bem como numerosos discursos. Morreu em 10 de maio de 1569. Em 4 de abril de 1894 foi beatificado por Leão XIII; em 2 de junho de 1946, Pio XII proclamou-o patrono do clero diocesano espanhol; foi canonizado em 30 de maio de 1970.

2. ESCRITOS. *Audi filia*: esboçado na prisão (1531-1533), alterado pelos copistas, foi publicado contra a sua vontade em 1556 (com a consequente reação da Inquisição). A edição organizada pelo mestre é póstuma (1574). É um dos primeiros tratados de ascética e mística, escritos para o povo, com o objetivo de indicar o caminho da perfeição evangélica (ouvir a voz de Cristo esposo: *Audi filia*).

Epistolário: cerca de trezentas cartas, escritas para todos os tipos de pessoas. Provavelmente não existe nenhum autor do século XVI tão consultado quanto João. São sobretudo cartas de direção espiritual e de reforma de vida.

Homilias e Conferências: os temas das homilias fazem com que estas às vezes se transformem em verdadeiros tratados sobre assuntos fundamentais, como: a Eucaristia, o Espírito Santo, a Virgem Maria; são também muito interessantes as homilias do tempo litúrgico.

Tratado do amor de Deus: escrito breve mas denso de conteúdo teológico sobre o mistério de Cristo, orienta o leitor para o encontro pessoal com Cristo.

Tratado sobre o sacerdócio: é um esquema ordenado e amplo para organizar conferências para os sacerdotes. Foi escrito em Montilla por ocasião do Sínodo de Córdoba de 1563.

Memoriais para o Concílio de Trento e sugestões para o Concílio de Toledo: são tratados sobre a reforma conciliar e pós-conciliar. Contêm abundante material referente à seleção e educação dos candidatos ao sacerdócio (os seminários, formação permanente dos sacerdotes, atualização das estruturas, formação para a pobrezxa, comunidades sacerdotais, santidade do povo de Deus e em especial dos sacerdotes).

Outros escritos: *Regras espirituais* (coletânea de avisos ou conselhos de perfeição), *Introdução à Imitação de Cristo*, *Orações*, *Composições poéticas*, *Catecismo* em poesia, *Biografia da Senhora Sancha Carrillo* (obra perdida) e *Conferências sobre a Primeira Epístola de São João*.

3. DOUTRINA ESPIRITUAL. A doutrina espiritual de João está sistematizada principalmente na obra *Audi filia*, embora esteja presente em todos os seus escritos. No que diz respeito à espiritualidade sacerdotal, pode-se dizer o mesmo do *Tratado sobre o sacerdócio* em relação a todos os seus escritos sacerdotais.

a) Temas fundamentais. Poderiam ser resumidos da seguinte maneira: realização vital do mistério de Cristo, a Igreja como esposa de Cristo, a vida em Cristo (vida teologal como princípio da vida espiritual).

O mistério de Cristo (encarnação e redenção) é o tema fundamental da vida vivida e da doutrina de João: Cristo é a → PALAVRA DE DEUS, o esposo, que dá significado à dinâmica da perfeição cristã. Daí brota a união do cristão com Cristo crucificado (a "loucura da cruz"). A Igreja como esposa de Cristo (tema fundamental do *Audi filia*) dá um sentido a toda a perfeição cristã, como esforço de união e de identificação dos sentimetnos com Cristo unido à humanidade. A vida em Cristo é vida de fé, de esperança e de caridade, vida de justificação e de união com o Senhor. Nessa linha se remete várias vezes à *Imitação de Cristo* na prática dos → CONSELHOS evangélicos.

b) Vida de oração. No *Audi filia* descreve-se minuciosamente como se pode atingir uma vida de oração e de união com Cristo (cc. 68 ss.). Apresenta, especialmente, mediante um diálogo interno com Cristo, diversas maneiras simples de rezar. O c. 70 do *Audi filia* é um tratado de oração para todos os tipos de pessoas (importância, necessidade, meios). Nas *Cartas* encontram-se frequentemente esquemas de vida de oração e de retiro espiritual. Para ele tem uma importância fundamental o diálogo amoroso com Deus. Acima do método de oração, está à fidelidade ao Senhor, que muitas vezes porém pode exigir a renúncia a um modo concreto de oração. "Ouvi com atenção o que o Senhor diz. E, sobretudo com um olhar tranquilo e simples, observai o seu sacratíssimo coração, tão repleto de amor por todos. Precavei-vos de afligir o vosso coração com uma falsa tristeza" (*Audi filia*, c. 72).

Um dos temas principais da oração é a paixão de Cristo, para se adentrar na humanidade do Senhor e no seu esponsalício com a Igreja. Muitas vezes trata da oração cristã inserida na → LITURGIA, principalmente em relação com a celebração da Eucaristia no contexto dos vários tempos litúrgicos.

c) Doutrina ascética. Para viver o mistério de Cristo, o homem deve tomar consciência da própria condição de pecador. Daí o exercício do conhecimento de si, que conduz à humildade. Para ser fiéis à palavra de Deus, é preciso penetrar cada vez mais nesse conhecimento de si mesmo (*Ibid.*, cc. 56 ss.). Os meios para esse aprofundamento são a → MEDITAÇÃO, a → LEITURA ESPIRITUAL e o → EXAME DE CONSCIÊNCIA. Não se trata de um exercício e de um objetivo negativo, mas antes de um busca de Deus na própria realidade humana à luz do mistério de Cristo (*Ibid.*, c. 58).

É preciso fazer silêncio para ouvir a palavra de Deus, controlando as paixões, fugindo dos critérios humanos, dos prazeres do corpo, dos enganos do demônio, da falta de confiança e do desânimo. Os sofrimentos humanos (e as próprias dificuldades) acabam sendo uma ajuda para obter esse silêncio, desde que se mantenha o olhar voltado para a misericórdia de Deus em Cristo.

Para todo esse trabalho ascético é sumamente conveniente a → DIREÇÃO ESPIRITUAL (*Ibid.*, c. 28; *Carta* I etc.). Os dotes do diretor espiritual são resumidos nestas palavras: "pessoa culta e especialista nas coisas de Deus" (*Audi filia*, c. 55), que demonstre um espírito paterno e um desinteressado zelo apostólico. A vida ascética descrita por João poderia ser resumida numa vida de abnegação, entendida no significado integral do termo: conhecimento de si, humildade, silêncio, destruição do egoísmo e da vaidade etc., em união e à imitação de Cristo redentor. É Cristo crucificado e ressuscitado quem atrai para essa atitude que é fé, esperança e caridade: em uma palavra, é a vida em Cristo esposo. João fundamenta essa doutrina numa exposição doutrinal e escriturística e numa forma acessível e pedagógica.

d) Doutrina mística. Um dos temas fundamentais de João é o amor de Deus em Cristo. Apresenta o tema como verdadeira contemplação de Deus-amor (*Ibid.*, cc. 79 ss.). A doutrina sobre a → CONTEMPLAÇÃO e sobre as graças místicas é desenvolvida em vários escritos, especialmente na carta dirigida a Santa Teresa (*Carta* 158) e na terceira conferência (sobre os graus da oração) (cf. também *Audi filia* e diversas *Cartas*). A oração contemplativa é um dom de Deus que vai além daquilo que os nossos esforços poderiam obter. É uma "amorosa atenção" a Deus-amor. Contudo, os métodos de oração podem chegar a ser um obstáculo à ação do Espírito Santo. "É uma questão de graça": Deus "a doa a quem quer, sem levar em conta nem o lugar nem a pessoa".

A relação entre a vida ascética e mística aparece com muita clareza na descrição dos três graus da vida espiritual ou graus de oração: principiantes, proficientes e perfeitos. No primeiro grau predomina o esforço das potências, mas desde o início é preciso estar disponíveis à ação de Deus, tendendo a "um silêncio em Deus", "como uma criança ou como alguém que ouve o órgão e o aprecia... Estando sempre à escuta" (*Conferências*, III), seguindo "o exemplo de alguém que ouve quem fala de longe, ou do cão que espera o osso que desejam lançar-lhe" (*Ibid.*).

O segundo grau de oração comporta já uma ação mais profunda de Deus nas potências, particularmente na inteligência, que reduziu sua capacidade de meditar. Esse grau supõe uma busca do amor de Deus e do próximo. O terceiro grau é já uma união muito profunda no amor: "a inteligência é iluminada e a vontade inflamada pela posse de Deus" (*Ibid.*). Os dons místicos frequentemente pressupõem ou geram estados de aridez ou obscuridade espirituais, como uma noite escura ou "uma tenebrosa escuridão" (*Carta* 20). Em relação às consolações espirituais conserva-se um equilíbrio entre o desejo desordenado e o rigorismo desumano. Em relação aos fenômenos místicos extraordinários (visões, revelações etc.), diz que são possíveis, mas o Senhor não os concede "nem em decorrência de méritos, nem porque alguém seja mais firme, mas de preferência por ser mais fracos... Como não tornam alguém mais santo, não são dados aos que são mais santos" (*Carta* 158).

Na mesma *carta* ele resume e explica algumas regras para saber se esses fenômenos são obra da graça. E conclui: "mesmo quando sabe que provêm de Deus, o homem não deve deter-se muito, porque não existe santidade sem amor humilde por Deus e pelo próximo" (*Ibid.*). Essa é a experiência que o mestre resume nesta *carta* a Santa Teresa, alguns meses antes de sua morte, dando assim o *nihil obstat* à *Autobiografia* teresiana e abrindo caminho para a época de ouro da mística.

e) Espiritualidade sacerdotal. A escola sacerdotal de João é garantida por sua doutrina sobre o sacerdócio (*Tratado, Conferências, Cartas*,

Memoriais), pelos numerosos discípulos que a praticaram, e também pela influência que teve em seguida, especialmente na escola sacerdotal francesa. O estilo de sua escola sacerdotal pode ser resumido desta maneira: pregar o mistério de Cristo, educar os costumes cristãos e orientar as ações para a perfeição (união com Cristo-esposo), renovação da vida clerical segundo os decretos conciliares, não buscar cargos ou postos de honra, vida intensa de oração e de penitência, paciência nas contradições e nas perseguições, sentir com a Igreja, ensinar a doutrina cristã, a direção espiritual etc. É Cristo, "principal sacerdote e fonte do nosso sacerdócio", quem dá razão de ser ao ministério do sacerdote, cuja vida deve ser uma identificação de sentimentos e de vida com Cristo, com o olhar voltado para o Pai e para os homens (oração, apostolado), numa imolação de si mesmo. A própria oração sacerdotal vem a ser, nessa perspectiva, uma responsabilidade em relação aos interesses de Deus e aos problemas dos homens.

O sacerdote "ministro" representa a pessoa de Cristo sacerdote, e está a serviço do povo de Deus. Por isso é responsável, com Cristo, pela glória de → DEUS e pelos problemas dos irmãos. Na relação com Cristo se fundamentam a representação, a semelhança e a intimidade pessoal. A vida do sacerdote ministro é a cópia da vida de Cristo sacerdote: nisso consiste a santidade sacerdotal. Os escritos de renovação interior de João (especialmente os *Memoriais*) apresentam a santidade sacerdotal como princípio e fundamento da renovação da Igreja. Um delicado sentimento eclesial e uma profunda devoção mariana ajudam a descobrir o mistério de Cristo sacerdote (continuado nos seus ministros) em toda a sua grandeza.

4. INFLUÊNCIA. Segundo Daniel Rops (*La Chiesa del Rinascimento e della Riforma*, Torino, 1958, 31), a chamada "restauração católica teve como centro um personagem surpreendente, João, autor místico do admirável *Audi filia*, e apóstolo da palavra incansável..., levando em bolsa de caçador de Cristo presas preciosas como Luís de Granada, João de Deus e Francisco Borja".

São muitos os santos e os autores místicos que sofreram sua influência. Aos acima citados é necessário acrescentar autores posteriores, como Baltazar Alvarez, Antonio Cordeses, Luís de la Palma, Luís de la Puente, Afonso → RODRÍGUEZ, Luís de León, Afonso de Molina, talvez Lopez da Vega e São → JOÃO DA CRUZ; São → FRANCISCO DE SALES e Santo → AFONSO MARIA DE LIGÓRIO o citam frequentemente. Santo Antônio Maria Claret reconheceu explicitamente a influência dos escritos do mestre. A doutrina sacerdotal de João influenciou principalmente a escola sacerdotal francesa, como demonstra claramente De → BÉRULLE (MIGNE, *Oeuvres complètes de Bérulle*, Paris, 1856, 109).

BIBLIOGRAFIA. 1) Biografias: FR. LUIS DE GRANADA – L. MUÑOZ. *Vida del Padre Maestro Juan de Avila*, Barcelona, 1964.
2) Obras: BALUST, L. SALA – MARTÍN, F. Santo Maestro Juan de Avila. *Obras Completas*. Madrid, 1970, 6 vls.
3) Estudos: ABAD, C. M. La espiritualidad de san Ignacio de Loyola y la del beato Juan de Avila. *Manresa* 28 (1956) 455-478; CHERPRENET, J. *Le bienheureux Jean d'Avila, Écoute ma fille (Audi filia)*. Aubier, Paris, 1954; ESQUERDA BIFET, J. Jean d'Avila. *Dictionnaire de Spiritualité* VIII, 269-283; ID. *La oración contemplativa en relación a la devoción mariana, según el maestro Juan de Avila*. Instituto Español de Historia Ecclesiástica, Roma, 1978; HUERGA, A. El beato Avila imitador de san Pablo. *Teología Espiritual* 9 (1965) 247-291; JIMENEZ DUQUE, B. Juan de Avila en la encrucijada. *Revista Española de Teología* 29 (1969) 445-473; *Positio super canonizatione aequipollenti*. Romae, 1979; VILLOSLADA, R. G. La figura del beato Avila. *Manresa* 17 (1945) 253-273.

J. ESQUERDA BIFET

JOÃO DE JESUS MARIA. 1. NOTA BIOGRÁFICA. Nascido na Espanha, em Calahorra, em 1564, o seu nome era Juan de San Pedro y Uztarróz. Entrou a fazer parte dos Filhos de Santa Teresa, depois de ter frequentado a universidade de Alcalá de Henares, em Pastrana, no ano de 1583, foi ordenado padre em Gênova por volta de 1586. Humanista sofisticado e corajoso educador, intercala a sua atividade de escritor com a obra de formação dos noviços em Gênova e em Roma. Principal propulsor da reforma teresiana na Itália, desempenha um papel decisivo ao conferir à Congregação de Santo Elias novas constituições e todos os subsídios de formação espiritual e monástica que caracterizam até hoje a Ordem dos Carmelitas Descalços. Depois de ter assumido o cargo de terceiro superior geral da Ordem da Congregação italiana e de lhe ter imprimido a marca mais que notável da sua personalidade, deixa a existência terrena em Montecompatri em 1615.

2. OBRAS. João de Jesus Maria é o mais profícuo escritor dos carmelitas descalços, autor de mais de oitenta obras e opúsculos, alguns dos quais bastante relevantes, quase todos publicados por iniciativa própria dele e frequentemente reeditado em tempos recentes. Nos séculos passados, foram recolhidos em três edições de *Opera omnia*, a mais completa das quais tendo sido organizada pelo padre Ildefonso di san Luigi, OCD, em Florença, nos anos de 1771-1774. Esses escritos se distinguem, segundo o argumento, em anagógicos, monástico-disciplinares, ascéticos, políticos e literários. A marca mais característica de João de Jesus Maria se revela na obras de índole legislativa, de formação ascético-mística e de formação pedagógico-monástica.

O primeiro ciclo é representado, sobretudo, pelas *Constituições* dos carmelitas descalços, elaboradas entre 1598 e 1611, que levam profundamente impressos o estilo e a mentalidade de João de Jesus Maria. Seguem-se o *Ordinário* e as *Instruções* da mesma congregação.

No segundo ciclo, destacam-se a *Arte de amar a Deus*, a *Teologia mística* e a *Escola de oração*.

Do terceiro ciclo, o pedagógico-monástico, merecem ser citadas a justamente famosa *Instructio novitiorum* e a *Instructio magistri novitiorum*.

3. DOUTRINA. A obra legislativa de João de Jesus Maria tem, obviamente, como fonte primária a legislação espanhola anterior, mas contém elementos indubitavelmente característicos, que buscam o equilíbrio entre contemplação e ação apostólica. De fato, de modo notavelmente polemico, João de Jesus Maria por vezes põe em relevo o paralelismo: amor por Deus e amor pelo próximo, no esforço evidente de resgatar o amor ao próximo de uma posição de pouca consideração. O argumento do qual o seu esforço de resgate parte é duplo: como Ordem mendicante, a Ordem dos Carmelitas Descalços deve ser válido auxílio para os bispos na obra de salvação das almas; Santa Teresa, a reformadora da Ordem, é um ótimo exemplo de ação apostólica e, não menos, de contemplação. A consequência lógica dessa tomada de posição são as missões, às quais a Congregação da Itália começa a se dedicar.

O magistério ascético místico de João de Jesus Maria aprofunda as suas raízes nos místicos clássicos e, antes disso, nos místicos latinos. Na *Arte de amar a Deus*, João de Jesus Maria infunde o espírito de amor a Deus e ao próximo em conhecidos textos de Ovídio, dedicados à celebração do amor carnal. Na *Teologia mística*, ele acompanha, como um grande rio, toda a tradição mística clássica do pseudo-Areopagita, de São Boaventura, de → HERP, de Gérson, de → DIONÍSIO, O CARTUXO, validamente munida de repensamentos tomistas, da doutrina mística de Santa Teresa, como um grande filtro. A oração teresiana se concretiza na oração anagógica própria de João de Jesus Maria, que floresce inicialmente no primeiro noviciado italiano do convento de Santa Ana em Gênova e se difunde para nutrir o espírito dos carmelitas descalços até os dias de hoje. A proposta de João de Jesus Maria é uma oração intensamente afetiva, manifestação de uma relação profundamente pessoal entre a alma e Deus, que tende diretamente, para além e para fora de toda indecisão raciocinativa, à mais íntima união entre dois seres que se amam. Por fim, a *Escola de oração* pode ser considerada a obra de João de Jesus Maria que mais influência teve sobre a formação espiritual das gerações carmelitas, não porque seja a mais original ou a mais profunda, mas simplesmente porque é a mais simples e de índole decididamente de divulgação.

A pedagogia monástica de João de Jesus Maria se revela em toda a sua vivacidade e profundidade sobretudo na *Instructio novitiorum*. Historicamente bem enquadrada no clima de renovação pedagógica instaurado pela constituição *Cum ad regularem* de Clemente VIII, que apresenta uma legislação orgânica acerca da formação nos noviciados das Ordens regulares, rege otimamente o confronto com os esforços contemporâneos, alinhando-se com a obra de → BELARMINO e influenciando decisivamente a obra de José Calasanz. Os princípios de pedagogia humanística, cuja característica principal é a relação educador-educando, são transferidos para o interesse fundamental da relação entre o mestre e o noviço, que domina a obra de João de Jesus Maria. O constante recurso à *Suma* de Santo Tomás de Aquino, para ressaltar o valor das forças humanas orientadas para um esforço de progresso espiritual, confirma a validade de sua doutrina pedagógica.

À guisa de conclusão, é conveniente destacar a extraordinária modernidade de suas tomadas de posição. Pode-se afirmar tranquilamente que a problemática acerca do espírito da Ordem, suscitada no Carmelo teresiano à luz do Concílio Vaticano II, está contida em toda a sua vivacidade e atualidade na obra legislativa de João de Jesus Maria. E ainda podemos dizer que a atual instância de relações estritamente pessoais no campo dos contatos com Deus e com os educadores já está perfeitamente delineada na obra de formação espiritual e monástica de João de Jesus Maria.

BIBLIOGRAFIA. ANTONIO DI GESÚ BAMBINO. *Giovanni di Gesú Maria, Calagorritano*, O.C.D. *(1564-1615) e le sue opere di formazione spirituale.* Roma, 1960; EVARISTO DEL NIÑO JESÚS. Contemplación y teología mística según el padre Juan de Jesús María el Calagurritano. *El Monte Carmelo* 68 (1960) 199-240; GIOVANNA DELLA CROCE. La teología mística clásica en el pensamiento del venerable padre Juan de Jesús María. *El Monte Carmelo* 72 (1964) 423-446; Jean de Jésus Marie. *Dictionnaire de Spiritualité* VIII (1974) 576-581; PIERGIORGIO DEL SACRO CUORE. L'orazione degli incipienti nella dottrina del ven. Giovanni di Gesú Maria. *Rivista di Vita Spirituale* 16 (1962) 361-392; ID. *La contemplazione secondo il ven. padre Giovanni di Gesú Maria.* Cremona, 1950; ROBERTO DI SANTA TERESA. La contemplazione infusa nel ven. padre Giovanni di Gesú Maria. *Ephemerides Carmeliticae* 13 (1962) 650-690; STRINA, G. M. *La teologia mistica del ven. padre Giovanni di Gesú Maria, Carmelitano Scalzo, Calagoritano.* Gênova, 1967.

G. M. STRINA

JOÃO DE SÃO SANSÃO. **1. NOTA BIOGRÁFICA**. Jean de Moulin nasceu no dia 29 de dezembro de 1571, em Sans, de uma família abastada. Mesmo tendo perdido a visão aos 3 anos de idade, teve uma educação esmerada. Quando, em 1598, morrem seus pais, ele se volta definitivamente para Deus e passa a levar uma vida de nômade, até que, em 1597, se estabelece em Paris. Muitas obras espirituais, especialmente as dos místicos dos Países Baixos e do Reno, lhe eram muito familiares. Em torno do ano de 1600, travou contato com os carmelitas de Paris, da place Maubert. Em 1606, entrou para os carmelitas de Dol, na Bretanha.

Em 1612, ele se uniu à reforma de Touraine, com o nome de João de São Sansão. Os iniciadores desse movimento submeteram-no a grandes provas para examinar as suas virtudes e a sua doutrina, mas João de São Sansão superou brilhantemente todas as elas. Dali em diante, colaborou com a formação espiritual de muitas gerações de noviços e se tornou o conselheiro espiritual de muitas pessoas, tanto dentro quanto fora da Ordem, até a sua morte (em 14 de setembro de 1636).

2. OBRAS. Os escritos de João de São Sansão têm um caráter muito complexo. São resultado de conversações, instruções e conselhos, ou a expressão da experiência e da oração pessoal. Ele algumas vezes ditava, mas era mais frequente suas palavras serem anotadas depois; por isso é que se percebe a ausência de um trabalho sistemático e correto. Além disso, ele se exprime fazendo uso da difícil terminologia de seus autores preferidos, J. van → RUUSBROECK e E. → HERP. A edição completa de suas obras, cerca de sessenta tratados e contemplações, foi publicada junto com algumas cartas escritas de Rennes em 1658-1659, a cargo de Donaciano de São Nicolau. Contudo, ao organizá-la, Donaciano alterou os textos. Ainda está por ser feita uma edição crítica.

3. DOUTRINA. João de São Sansão foi buscar nos místicos da Baixa Germânia (isto é, Ruusbroeck e Herp), muito em voga em seu tempo, além da terminologia, também os fundamentos teológicos: doutrina trinitária, estruturação da alma e mística trinitária. Além disso, João de São Sansão é um dos escritores mais importantes da chamada "escola abstrata", que admite a possibilidade da união direta da alma com a essência divina.

Elemento característico de seu tempo é enfatizar o aniquilamento de si mesmo e insistir no puro amor. Aniquilamento de si e puro amor atingem o seu vértice maior no estado místico, que se reveste de um caráter estático. Pode-se, porém, depreender dos textos que João de São Sansão não admite nem um completo "aniquilamento", nem um completo "amor puro".

O ápice da vida espiritual é a caridade e o amor a Cristo. Como companheiro inseparável, o amor implica o desapego (humildade, mortificação, sofrimento, renegar a si mesmo). Amor e desapego nascem simultaneamente mediante todos os estados da vida espiritual. O amor conduz ao todo de Deus, o desapego ao nada da criatura. O amor leva o homem a recolher-se sempre mais em si mesmo, o desapego o afasta sempre mais do que não é Deus. Dessa forma, a vida espiritual leva, simultaneamente, ao nada e ao tudo; esse estado só é alcançado em plenitude no além, mas já aqui na terra é possível experimentá-lo, no mais alto estado místico, no qual a alma sabe estar sendo uma "só coisa" com Deus pela perda de toda consciência psicológica do criado e de si mesma. O amor tende à conformidade interna e externa com a divindade e a humanidade de Cristo. Além disso, considera-se que o homem deve viver essa vida divino-humana; deve perder-se totalmente na Pessoa divino-humana, até o ápice último e identificar-se com Cristo e em Cristo. Nessa fome, a vida de oração, ou seja, a oração de desejo, toma um lugar de destaque. As incessantes elevações do coração e do espírito desembocam na plenitude, à medida que a alma vai progredindo na vida espiritual. Tais elevações favorecem o → RECOLHIMENTO, purificam e fortalecem o amor. A oração conserva todo o seu valor até mesmo quando o recolhimento não é completo.

Para buscar o desapego, João de São Sansão indica dois antigos elementos carmelitas, a saber, o silêncio e a solidão. Ele ainda nos deixou textos sobre a mística mariana.

4. INFLUÊNCIA. A influência de João de São Sansão se fez sentir sobretudo nos escritores espirituais do movimento da reforma de Touraine, dos quais destacamos: Domingos de Santo Alberto, Leão de São João, Donaciano de São Nicolau, Hugo de São Francisco, Marcos da Natividade, Pedro da Ressurreição, Renato de Santo Alberto e Mauro do Menino Jesus. Para além do círculo dos reformadores, a doutrina espiritual de João de São Sansão é pouco conhecida. Isto se deve, em parte, à oposição sempre crescente contra a assim chamada "escola abstrata", que tinha em João de São Sansão um de seus principais representantes. Em meados do século XVI, esses escritores eram considerados na França como vinculados ao → QUIETISMO, o que retardou ou impediu a divulgação de suas obras.

BIBLIOGRAFIA. 1) Biografias e estudos: BOUCHEREAUX, S.-M. *La Reforme des carmes en France et Jean de Saint-Samson*. Paris, 1950; BRENNINGER, J. De Ven. Ioanne a S. Samsone. *Analecta Ordinis Carmelitarum* 7 (1930-1931) 225-258; 8 (1932-1936) 11-64; JANSSENN, P. W. L'oraison aspirative chez Jean de Sain-Samson. *Carmelus* 3 (1956) 19-48; *Jérôme de la Mère de Dieu, Le Venerable frère Jean de Saint-Samson, sa vie et sa doctrine*. Paris, 1925.
2) Obras: *Cantique spirituel sur la Naissance de Notre Seigneur*. Ed. por S.-M. Bouchereaux. *Analecta Ordinis Carmelitarum* 14 (1954) 132-136; *Épithalame de l'Époux divin et incarné et de l'Épouse divine*. Ed. por S.-M. Bouchereaux. *Carmelus* 1 (1954) 72-110.157-175; *Les oeuvres spirituelles et mystiques du divin contemplatif... et Donatien de Saint Nicolas*. Rennes, 1658-1659, 2 tomos; *Oeuvres mystiques*. Ed. por H. Blommestijn-M. Hout de Longchamp. Paris, 1984 ss. (vl. I: *L'Aiguillon-Épithalame*).

C. JANSSEN

JOÃO EVANGELISTA (São). 1. NOTA BIOGRÁFICA. As poucas notícias sobre João apóstolo e evangelista as encontramos nos quatro Evangelhos e em alguns outros livros do Novo Testamento. Ele era provavelmente oriundo de Betsaida, de família abastada: seu pai, Zebedeu, possuía muitos servos a seu serviço (Mc 1,20; Lc 5,12); sua mãe, Salomé (Mt 24,21; Mc 15,40), pertencia ao grupo das mulheres piedosas que ajudavam com as suas próprias posses Jesus e os discípulos (Mt 22,25; Mc 14,41; Lc 8,3); nós a encontramos aos pés da cruz (Mt 27,56) e, na manhã da ressurreição, foi testemunha, junto com outras mulheres piedosas, do sepulcro vazio (Mc 16,1). Antes de seguir Jesus, João e seu irmão, Tiago, foram discípulos do Batista, mas deixaram-no quando ele apontou em Jesus "o Cordeiro de Deus" (Jo 1,29); tendo voltado à Galileia, os dois irmãos retomaram o trabalho de pescadores, até serem chamados definitivamente pelo Senhor (Mt 4,21-22; Mc 1,19-20). Por conta de seu caráter impetuoso, foram apelidados de "Boanerges", ou seja, filhos do trovão (Mc 3,17); ambicionavam os primeiros lugares no reino de Deus (Mt 20,21); com Pedro e seu irmão, Tiago, João forma o grupo dos discípulos prediletos, presentes aos eventos da ressurreição da filha de Jairo (Mc 5,37), da transfiguração (Mc 9,2), da agonia no Getsêmani (Mt 26,37); João recebeu o encargo, juntamente com Pedro, de fazer os preparativos para a última ceia (Lc 22,18).

No quarto Evangelho, nem João nem Tiago são nomeados. Contudo, recorda-se "o discípulo que Jesus amava" (13,23; 19,26; 20,38; 21,7.20-23), como também um discípulo anônimo, apresentado como "o outro discípulo" (1,40; 18,15; 20,2-10). Apesar da dificuldade proveniente de Jo 18,15-16, geralmente se pensa que se trata da mesma pessoa, João Evangelista. As duas designações são explicadas pela presença de duas tradições.

Depois da ressurreição, João é recordado na lista dos apóstolos, onde ocupa o segundo lugar (At 1,3); é preso junto com Pedro (At 4,3-4); com Pedro vai para a Samaria, a fim de completar a obra do diácono Filipe (At 8,14); na Carta aos Gálatas, Paulo o chama, junto com Pedro e Tiago Menor, coluna da Igreja (Gl 2,9). Escritores antigos, como Santo Ireneu, são Justino, Polícrates, falam da estada de João em Éfeso: mas isso pôde ocorrer apenas depois da morte de Paulo (67 d.C.; cf. Rm 15,20). Sob Domiciano,

João foi exilado em Patmos, onde escreveu o Apocalipse. Tendo retornado a Éfeso, escreveu o quarto Evangelho; as três cartas, especialmente a primeira, dada a semelhança das ideias, supõem dependência do Evangelho, ou, pelo menos, da tradição nele recolhida.

Desde o século II, o Evangelho é conhecido e citado por vários autores (Santo Inácio, provavelmente; Papias, são Justino, são Policarpo). Também os papiros 52, 66, 75, escritos no Egito durante o século II e em princípios do século III, dão-nos a conhecer, de modo mais ou menos fragmentário, a existência de um texto do quarto Evangelho, quase idêntico ao nosso. As atribuições explícitas começam depois da segunda metade do século II (*Prólogo antimarcionita*, Santo Ireneu) e em seguida se fazem cada vez mais numerosos.

São de todos conhecidas as diferenças entre o quarto Evangelho e os → SINÓTICOS, diferenças que se referem: à pessoa de Jesus, a seu ensinamento, aos milagres-sinais, à escatologia dita "realizada". Geralmente se considera que João não conheceu os Sinóticos, mas que está perfeitamente a par da corrente da tradição sinótica, fato que explica muito bem os pontos de contato. "As diferenças, portanto, que se destacam entre o quarto Evangelho e os Sinóticos decorrem do fato de que João reporta o ensinamento de Cristo em uma formulação que reflete o seu gênero particular de pregação, o seu demorado repensamento e a sua profunda penetração da mensagem de Cristo e das exigências da vida cristã" (B. PRETE, *Vangelo secondo Giovanni*, Milano, 1965, p. 85).

Clemente de Alexandria já notara esse caráter especial do quarto Evangelho, chamando-o, por essa razão, de "evangelho espiritual". "Vendo que nos outros evangelhos se iluminava o lado humano da vida de Cristo... divinamente inspirado pelo Espírito, [João] compôs um evangelho que é verdadeiramente espiritual" (EUSÉBIO, *Historia ecclesiastica*, VI, 14, 7).

2. **DOUTRINA**. O tema fundamental no quarto Evangelho é a missão do Filho de Deus no mundo, que inclui: a sua preexistência, a sua vinda (encarnação), o seu retorno (exaltação). No âmbito desse tema central, encontramos outros que descrevem as realidades divinas ofertadas aos homens, ou o estado em que se encontrava o mundo quando da vinda do Filho de Deus.

a) *Missão*. Este tema, também o encontramos nos Sinóticos (Mt 5,7; Lc 30,23; especialmente em Mc 9,3; *ton aposteilanta me* = "aquele que me enviou"), mas é característico do Evangelho de João, no qual ocorre 23 vezes (*ho pempsas* = o mandante, ou seja, o Pai). Essa missão é expressa por meio dos verbos: mandar, enviar (3,7; 10,36); vir (1,15; 5,43) ser de (8,22); descer (6,38.42.52); sair (13,3; 16,27.28), que indicam ou o termo *a quo* ou o termo *ad quem* da missão. Outra série de verbos, como subir, deixar, andar, passar, indicam o retorno de Jesus ao Pai (7,33; 8,14; 13,1.33.36; 16,28;17,11.13). Como estamos vendo, a missão tem início junto a Deus, é destinada ao mundo, mas se conclui em Deus.

Preexistência: a missão em origem "do alto" ou "do Pai" (4,34; 7,29; 5, 24-30; 12,44-45; 13,20 etc.). Esses textos, aos quais podemos acrescentar o que é afirmado em 8,58 e 17,5, supõem a existência do Verbo junto ao Pai, antes da encarnação; mas a revelação clara, nós a temos no prólogo: "No princípio era o Verbo, e o Verbo estava em Deus e o Verbo era Deus" (1,1-3). Essa preexistência é apresentada como uma comunhão eterna do Pai com o Filho, como uma presença, uma imanência de uma pessoa na outra, que não destrói a distinção delas: "Eu e o Pai somos um" (10,30); "tudo o que o Pai possui me pertence" (16,15; cf. 17,10). Em virtude dessa comunhão eterna, Jesus pode afirmar possuir a onisciência de Deus (4,7; 13,1.3.11.18; 18.4); que Deus tudo pôs em suas mãos (3,35; 13,1.9; 5,19-23); a sua glória (17,22-24); cumprir as suas obras (5,36; 17,4); o poder sobre toda carne (17,2); ter em si mesmo a vida (5,26; 6,56). Dessa mútua presença deriva ainda um conhecimento mútuo: "Como o Pai me conhece, eu conheço o Pai" (10.15; 17,25); por isso é que o Filho pode revelar o Pai: "Ninguém jamais viu a Deus: apenas o Filho unigênito, que está no seio do Pai, ele o revelou" (1,18). Consequentemente as palavras, a doutrina de Jesus são do Pai (7,16): tudo o que Jesus possui o Pai o possui, foi-lhe comunicado pelo Pai.

Encarnação. O Filho de Deus comunica aos homens as realidades do mundo divino mediante a → ENCARNAÇÃO: "O Verbo se fez carne e veio habitar no meio de nós... pleno de graça e de verdade... de sua plenitude todos nós recebemos" (1,14.16). Neste mistério, o divino se une ao humano: se é afirmada no quarto Evangelho a divindade de Jesus, com a mesma evidência é posta em destaque a realidade de sua natureza humana (1,14; 6,42; 7,30; 11,35; 19,26). São de duas espécies os bens celestes trazidos ao mundo pelo Verbo encarnado: ele é o revelador de Deus e o comunicador da vida divina. — *Revelador*: o ser luz é afirmado de Deus: Deus é luz e nele não há trevas (1Jo 1,5); mas também o Verbo é luz; desde antes da encarnação, ele "era a luz dos homens" (1,4), mas na encarnação ele é "verdadeira" luz, ou seja, luz genuína, luz definitiva em comparação com as luzes parciais (livros sagrados, os profetas, o Batista), enviadas para dar testemunho da "luz" (1,7): o Verbo encarnado, identificando-se com a luz, é a perfeita revelação de Deus: "Eu vim ao mundo como a luz" (12,46). Mas qual é o significado desta luz? Ela tem três aspectos: intelectual porque destinada a iluminar as mentes (9,28-29.34); ético: põe de manifesto se as obras dos homens são boas ou más (3,19-21; 1Jo 2,9-11; 3,20); soteriológico: é aceitando a luz que nos tornamos filhos da luz (8,12; 12,35). Estudos recentes provaram posteriormente que o conceito de "verdade" nos escritos de João não deriva do dualismo helenístico ou gnóstico, nem, ao menos de modo total, do Antigo Testamento, onde signifca "fidelidade", mas dos escritos sapienciais, nos quais equivale à revelação dos mistérios divinos, logo, à verdade revelada. Esse uso é confirmado por aquilo que encontramos nos escritos de → QUMRÂN; consequentemente, a plenitude de luz que o Pai comunica ao Filho na eternidade torna-se, na encarnação, "verdade" para os homens. Mas, assim como o Verbo encarnado se identifica com a luz, também se identifica com a verdade. Está intimamente unido ao conceito de verdade o conceito de testemunho que vem das Escrituras (5,39), especialmente as profecias (12,38-40; 14,26; 19,24.36), sobre a divina missão de Jesus; o Pai dá o mesmo testemunho por meio das obras que lhe deu a cumprir (3,31-32; 1Jo 5,9-11); o Batista (1,6-9.19-36); Jesus em pessoa com os seus milagres, que são "sinais", quer dizer, manifestações da "glória" escondida, e com as palavras, entre as quais são de notar as "fórmulas de revelação": "Eu sou... o pão da vida" (6,35.48), "a luz do mundo" (9,5), "a videira verdadeira" (15,1.5) etc. [...] Essas fórmulas "têm sua origem nas teofanias e nas palavras de Deus no Antigo Testamento" (R. Schnackenburg) e indicam que as realidades presentes nos vários símbolos, mas de modo parcial, encontram a própria plenitude em Cristo. Algumas vezes, a frase "Eu sou" não é seguida por nenhum qualificativo (8,24.28; 13,19); confrontando-a com textos similares do Antigo Testamento (Ex 6,7; 7,5; 16,12; Dt 32,29; Ex 37,13), que põem em destaque as intervenções salvíficas de YHWH em favor de Israel, Jesus aparece como Salvador. Essas manifestações externas da "glória" são também glorificações do Pai que fala (7,16; 14,16) e atua (5,21; 7,8; 14,9-10) no Filho. Para o futuro, Jesus também anuncia o testemunho dos apóstolos, interiormente avalizado pelo testemunho do Espírito Santo (15,27). Todos esses testemunhos estão voltados para suscitar a fé na divindade e na missão de Jesus (14,1; 20,27). — *Comunicador de vida*: em sua preexistência junto ao Pai, o Verbo recebe a vida (1,4): "Assim como o Pai tem a vida em si (é o próprio ser, a plenitude e a fonte de toda vida), do mesmo modo concedeu ao Filho ter a vida em si mesmo" (comunicação total de um dom absolutamente divino, 5,26). O Verbo é destinado a comunicar aos homens essa vida, porque, tornando-se filhos de Deus, são salvos. Por isso é que as palavras de Jesus são "espírito e vida" (6,23); são "palavras de vida eterna" (6,68) e de fato vivificam aqueles que a aceitam (8,12: a luz da vida); ele é "o pão da vida" (6,35.48); a "ressurreição e a vida" (11,25); "como o Pai ressuscita os mortos e dá a vida, assim o Filho dá a vida àqueles que quer" (5,21). Essas afirmações deixam transparecer que o Verbo encarnado é o mediador junto ao Pai: "Ninguém vem ao Pai senão por mim" (14,6); ele é o caminho para o Pai porque comunica a verdade e a vida: "De sua plenitude todos nós recebemos" (1,16). Mas dado que os homens são partícipes das realidades do mundo divino, é necessário que a glória oculta na encarnação se manifeste plenamente no retorno de Cristo ao Pai.

Retorno. O retorno ao Pai é apresentado como uma "exaltação", termo que, como tantos outros em João, tem um significado ambivalente: elevação na cruz e exaltação da ressurreição e ascensão (3,14; 4.28; 12,31-34). A glorificação advém portanto em sentido oposto à "descida", quando o Verbo se fez "→ CARNE", palavra que na linguagem bíblica indica debilidade, enfermidade, mortalidade. Consequentemente, a "morte" incluída no termo "exaltação" não é desejada por si mesma, mas em vista da "glória", porque imolando sobre a cruz um corpo mortal Jesus conquista o direito a um corpo espiritual: mediante a purificação da morte, a "glória" oculta se irradiará externamente na glorificação de sua santa humanidade (cf. a oração de Jesus pela própria glorificação, 17,5). Mas também em vista da "vida", porque, se antes da exaltação de Jesus "o Espírito ainda não viera" (7,39), depois de sua glorificação ele se transformará em fonte perene e abundante de Espírito para todos aqueles que creem (7,38; 19,34): então a vida que Jesus trouxe ao mundo será comunicada na água e no Espírito Santo (3,5).

Esse modo de considerar a paixão à luz da "glória" por parte de Jesus explica perfeitamente o seu desejo que, do capítulo 7 em diante, se torna sempre mais premente, rumo à hora que lhe foi assinalada pelo Pai, outro termo característico do quarto Evangelho, que inclui a paixão, a morte e a ressurreição. Certamente o evangelista conhece o valor redentor da morte de Jesus (8,12: o bom pastor; 6,51; 12,24: a semente que deve morrer para dar fruto; 19,36: o cordeiro imolado, cf. 1Jo 1,7; 2,2; 4,10), mas ele gosta de apresentar a paixão sob o aspecto de triunfo (7,30; 8,20; 10,7; 12,23.27; 13,1-3 etc.): a morte é um retorno ao Pai, depois de haver realizado a obra que lhe fora reservado fazer (17,4). Exponhamos agora quais são, concretamente, as divinas realidades ofertadas aos homens e qual era a situação do mundo quando da vinda do Filho de Deus.

b) *Mundo e pecado*. Em João, a palavra "mundo" pode indicar: todo o criado, isto é, tudo o que existe fora de Deus: neste sentido, foi criado por Deus por meio de seu Verbo (1,3-10); a sede do homem e, portanto, o termo da missão do Verbo (3,19; 9,39; 16,28; 17,11); enfim, toda a humanidade enquanto necessitada de redenção (4,42; 6,33.51; 1Jo 2,2; 4,14). Estes últimos textos apresentam os homens em um estado de oposição a Deus. Tal oposição é expressa com as antinomias típicas de luz-trevas, vida-morte, verdade-mentira, graça-pecado, ser do alto-ser de baixo, escravidão-liberdade, fé-incredulidade, filhos de Deus-filhos do diabo. Não se trata de um dualismo ontológico de tipo gnóstico, que faz o mal e o bem derivarem de um mundo de dois princípios absolutos, um bom e outro mau: para João o → MUNDO é mau não porque seja matéria (nesse sentido, foi criado por Deus), mas porque se separou de Deus: portanto, uma oposição de natureza ética, que tem a sua explicação no pecado.

Para indicar → PECADO, o termo que ocorre mais frequentemente é *harmatia*; menos usado é o verbo *hamartanô*. O primeiro pode indicar: os pecados individuais (8,3.34); o pecado habitual: estado de inimizade com Deus (8,24; 15,22.24); ou é a personificação de uma potência hostil a Deus e a seu enviado (1,10; 17,9.25): é o mundo. Segundo as nuances da língua grega, o verbo *hamartanô* ainda pode indicar o ato pecaminoso, ou o estado de inimizade com Deus que dele decorre; outros termos são: *anomia* = oposição à vontade de Deus que se manifesta na lei (1Jo 3,4), *adikia* (= injustiça), recusa a entregar a Deus o que lhe é devido (1Jo 2,29; 5,17). O Evangelho dá a conhecer quais são, concretamente, as más disposições do coração que impedem de aceitar a oferta de salvação feita pelo Filho de Deus: o ódio à luz (3,19; 7,7); a falta de amor para com Deus (5,42; 8,47); julgar segundo a "carne", isto é, com desígnios humanos; o temor dos homens (12,42-43); o orgulho e a autossuficiência (9,28). É por isso que, em João, o termo "judeus", quando usado em sentido pejorativo (33 em 70 ocorrências), não indica apenas os inimigos do Senhor, ou seja, os chefes espirituais da nação que se recusaram a acolhê-lo, antes se torna o "tipo" dos incrédulos de todos os tempos. Em 1Jo 5,16, fala-se do "pecado que conduz à morte": provavelmente se trata de uma culpa no âmbito do pecado mortal a ser identificado com a incredulidade. Da mesma carta também podemos deduzir a existência do pecado venial (1Jo 1,8-10; 3,3.19).

Apesar de não serem do mundo, os discípulos de Jesus vivem no mundo, por isso o mundo os persegue e os odeia, como o fez com o seu Mestre (15,18–16,4); de fato, o amor ao mundo não está em acordo com o amor a Deus (1Jo 4,4; 5,19) porque é dominado pelas três concupiscências (1Jo 2,15-17): a da carne, a dos olhos e a da soberba da vida. Mas o mundo odeia os discípulos de Cristo sobretudo porque está em poder do maligno, "homicida desde o princípio" e "mentiroso e pai da vergonha" (8,44-45): toda a atividade do demônio tende a difundir o erro entre os homens. Consequentemente, todas as antinomias de que falamos reduzem-se a uma única luta entre Cristo e satanás: Cristo que veio destruir o reino de satanás, satanás que se esforça para mantê-lo e ampliá-lo. Veremos que nesta luta os homens não se mantêm indiferentes, mas se alinham com um ou outro dos contendores: é nesse momento que se realiza um "juízo" (9,38; 12,46).

c) *A fé*. A palavra "fé" ocorre apenas em 1Jo 5,4; é muito frequente o uso do verbo crer (*pisteuein*) nas duas formas: crer a alguém (*en tini*) e crer em alguém (*eis tina*): esta última frase, quando referida a Cristo, indica comunhão, união vital, total dedicação a ele e equivale à fórmula "crer em nome de". Em João, não aparece a palavra *metanoia* = "conversão", mas ela está contida no âmbito da fé: de fato, é impossível dar-se totalmente a Cristo sem dar um outro rumo à própria vida. Objeto dessa virtude é "a pessoa de Jesus e mais precisamente os títulos que ele se atribui: de Messias (9,35), de Filho de Deus (3,16.18.36; 6,40), de Salvador (8,24; 13,19), de enviado ao mundo por Deus (11,42; 17,8-21)" (Wikenhauser). Se, no ato de fé, na ausência de evidência intrínseca no objeto, intervém a vontade e, portanto, um princípio de amor, ela é, porém, sobretudo uma virtude intelectual, como indicam os termos: anúncio, verdade, confessar, escutar, receber (7,18; 8,37; 17,17). Crer é condição indispensável para tomar parte nos benefícios da encarnação. Se alguém não crê, permanece naquele estado de oposição no qual o Filho de Deus encontrou o mundo por ocasião de sua vinda. É esse o sentido das frases: ser do mundo, da terra (8,23; 16,19; 17,14.16 etc.); ser do demônio (8,44); ser de baixo (8,23); ser da carne (3,6). Por outro lado, se alguém aceita Cristo, passar então a ser: de Deus (8,47; 1Jo 3,10; 4,1-7); do Pai (1Jo 2,16); da verdade (18,37; 1Jo 3,19); do alto (8,23).

Segundo João, essa pertença à verdade é, pelo menos virtualmente, anterior ao ato de fé explícito, em virtude de certas disposições interiores que tornam possível ouvir a voz do Pai que chama a submeter-se a sua atração (6,44.45; 18,37). Apresenta-se aqui o problema do assim chamado determinismo em João, segundo o qual os homens se dividiriam em predestinados e não predestinados à fé. Se alguns textos parecem sufragar essa posição (6,44; 6,55; 10,26; 8,43.47; 12,39; 15,25), outros põem em destaque a livre aceitação do homem (3,19; 12,43; 15,22-24; 1,7.9.11; 6,33; 6,45; 15,6).

A fé apresenta vários graus. Inicialmente, temos um ato de confiança no Jesus taumaturgo; em 4,46-54 e em 9 podemos ver o progresso na fé do oficial régio e do cego de nascença, que em princípio acreditam no taumaturgo ou no profeta e depois reconhecem em Jesus o Filho de Deus. A fé em Jesus é causa do seu conhecimento, no qual podemos notar três modos, expressos com vários verbos: 1) ver (*blepein, theasthai, theorein, idein, horân*). Do uso que o evangelista faz deles depreende-se que além do elemento sensível, isto é, de Jesus e de suas obras, para ter uma visão de fé é necessária, sobretudo, a atração do Pai no íntimo da alma: de fato, quantos judeus viram Jesus e os seus milagres e não acreditaram (12,37; 15,22-24)! Só então é que o Pai se revela em Jesus (14,9-10) e os seus milagres são "sinais", ou seja, manifestações da "glória" oculta. Pode acontecer que o milagre seja reconhecido como tal, mas interpretado pelos presentes segundo um nível espiritual que Jesus não pode aceitar, pelo fato de ser muito imperfeito (6,14-15: multiplicação dos pães e messianismo político; cf. ainda 2,23-24). O elemento sensível indicado por aquela série de verbos está destinado a se extinguir porque concedido aos apóstolos para avaliar o seu testemunho (15,27; 1Jo 1,1-3; cf. Lc 1,2; At 1,21; 1Cor 15,5-9). Jesus considera perfeita a fé que se fundamenta sobre suas palavras (14,8-13): assim era a fé dos samaritanos (4,34-42). Por isso dirá a Tomé: "Bem-aventurados aqueles que, mesmo não vendo, crerem" (20,29). 2) Conhecer (*ginoskein*): indica uma penetração progressiva da verdade; a adesão vital a Jesus por meio da fé gera um conhecimento sempre mais perfeito dele, mas que porém exige uma fidelidade contínua a seus ensinamentos (8,31-32; 15,7-12); em virtude desse conhecimento sempre mais profundo, os fiéis, em 2Jo 1, são chamados *egnokotes* = "aqueles que possuem a verdade". Em 15,7-12, torna-se evidente que aquele que se deixa penetrar gradualmente pelo ensinamento de Jesus e o vive é verdadeiro discípulo de Cristo. 3) Saber (*eidenai*): este verbo põe em destaque a firme e inabalável certeza de se estar na verdade: ter o sentido, o instinto da fé. Em 1Jo 2,19-21, esse instinto da verdade, que permite aos fiéis rechaçar as seduções dos "anticristos", é atribuído ao "crisma", ou seja, ao ensinamento de Jesus, mas enquanto ele é interiorizado em nós na fé, sob a ação do Espírito Santo. (Estas duas últimas distinções foram propostas por I. de la Potterie, mas parecem ter várias exceções.)

A → FÉ, pois, em todos os seus graus, é o maior dom que Deus pode fazer aos homens, porque da aceitação ou da rejeição deles depende o entrar em sua posse (6,40.47; 11,25; 20,31; 1Jo 5,13) ou o ser excluídos (3,36; 8,24; 1Jo 5,10-12) da vida eterna.

d) *A vida eterna*. Em João, a palavra "vida" pode indicar a existência terrena (*psyché*) (13,37; 15,13; 1Jo 3,16), mas o termo mais frequente é *zoe*; geralmente é qualificada como "eterna" não só por sua duração para além da existência terrena ou de sua origem (dom divino), mas por sua natureza: é a vida que o Pai comunica ao Filho e que o Filho dá a todos os que aderem a ele com fé. Sendo essa a natureza dessa vida, ela não pode ser interrompida pela morte física, mas apenas pelo pecado (15,1-6; 1Jo 3.14-15). As exortações a permanecer, a habitar na luz (12,46), na palavra de Jesus (8,31), no amor (15,9-10; 1Jo 4,16), na verdade (1Jo 3,19), supõem essa triste possibilidade. Vejamos agora alguns temas que estão em relação direta com o tema da vida eterna e põem em destaque alguns de seus aspectos particulares.

Vida eterna e batismo: para receber o dom da vida, além da fé, faz-se necessário o → BATISMO: "Se alguém não nasce da água e do Espírito, não pode entrar no reino de Deus" (3,5). Muitos textos põem em evidência o realismo desse nascimento; 1,3: são excluídas todas as possíveis causas de um nascimento natural (o sangue, o desejo da carne, o querer do homem), fato pelo qual ele aparece como completamente divino; 3,6: o nascimento do alto se opõe ao nascimento da carne, no sentido bíblico que esta palavra apresenta; 3,4: Nicodemos entende as palavras de Jesus de um modo muito real; é de se notar, além disso, a frequência do verbo "gerar" e "ser gerado" na Primeira Carta (2,1-3; 3,9; 4,7; 5,11). Merece destaque particular 1Jo 3,1-2: "Vede que grande amor o Pai nos concedeu, que sejamos chamados filhos de Deus; e nós o somos... Caríssimos, desde agora somos filhos de Deus, mas que seremos ainda não se manifestou. Sabemos que, quando ele aparecer, seremos semelhantes a ele, já que o veremos tal como ele é". Deste texto se depreende: que o nosso nascimento sobrenatural se deve ao amor de Deus; que se trata de um nascimento real, não metafórico ("que sejamos chamados... e nós o somos"); somos filhos de Deus já desde esta terra: ora, mas essa filiação tende a um estado final perfeito; de fato, a nossa filiação adotiva participa aqui na terra do ocultamento de Cristo e do modo com o qual o Espírito age a partir do íntimo da alma (não se conhece imediatamente, mas por meio dos "frutos do Espírito", diria São Paulo: cf. Gl 5,22; Jo 3,7-9: a comparação com o vento). Para indicar essa nossa dignidade de filhos, João usa sempre o termo *teknon* e nunca o termo *yios*, sempre reservado a Cristo, ao passo que São Paulo usa a ambos para indicar a mesma realidade. O evangelista não insiste no aspecto negativo do nascimento do alto, isto é, sobre a libertação do pecado e das várias escravidões que dele decorrem; mas esse aspecto não lhe é desconhecido, como se depreende das antinomias luz-trevas, verdade-mentira etc.

Vida eterna e verdade: vimos que a luz, comunicada pelo Pai ao Filho, na encarnação se transforma em "verdade" para os homens: o Verbo apareceu "cheio de graça e de verdade" (1,14). Assim como a luz, também a verdade, além do aspecto intelectual, possui ainda os aspectos ético e soteriológico. Esse aspecto prático da verdade revelada explica as várias qualificações com as quais João a apresenta: ser da verdade (1Jo 3,19), comprometidos, interiormente orientados para a verdade; a verdade liberta (8,32): vivida nos vários atos, remove tudo o que se opõe a Deus e, portanto, leva a triunfar do maligno (1Jo 2,14), do mundo (1Jo 5,4); a verdade santifica (17,17: "consagrados" na verdade), transforma toda a vida em um testemunho a Cristo. Temos esse mesmo aspecto prático nas frases: fazer a verdade, andar na verdade (3,21; 1Jo 1,6; 2Jo 4; 3Jo 3-4); a fórmula "em verdade" resume todos esses aspectos: toda ação deve ser guiada pela verdade: por fim, na frase "na verdade e no amor" (2Jo 3), desvela-se a razão profunda do aspecto prático da verdade: ela está intimamente ligada à caridade, a virtude que aplica à vida (cf. Gl 5,6) a palavra de Cristo: de tal modo a verdade está ordenada ao desenvolvimento da vida eterna.

Vida eterna e caridade. No ato de fé com o qual o homem adere a Cristo, também está implícito um certo grau de amor, "mas esse amor nunca é chamado por São João de caridade" (Škrinjar): por esse nome ele designa a virtude infusa no ato do nascimento do alto: "Caríssimos, amemo-nos uns aos outros, porque o amor vem de Deus: todo aquele que ama é gerado por Deus" (1Jo 4,7). "Deus é amor" escreve exatamente duas vezes o evangelista (1Jo 4,8.16), maravilhosa frase com a qual, mais que dar uma definição de Deus, ele quer indicar que toda a sua atividade para com os homens é guiada pelo amor, tem a sua fonte e a sua motivação no amor. Uma primeira expansão desse amor nós a vemos no seio da → TRINDADE: o Pai ama o Filho com um amor eterno que se exprime no entregar a suas mãos todas as coisas (3,35), a luz (1,4.9), a vida (1,4; 10,17). Da Trindade este amor se efunde *ad extra*: na encarnação, nós temos a suprema manifestação do amor de Deus para com os homens: "Deus amou tanto o mundo que lhe deu seu

Filho unigênito" como redentor (3,16; 1Jo 4,9-10). João descreve as qualidades desse amor: é unitivo (1Jo 4,16): quem permanece no amor permanece em Deus e Deus, nele; pessoal: põe os indivíduos em comunhão com o Pai e com o Filho; preveniente: Deus nos amou por primeiro (1Jo 4,10-19); desinteressado: Deus ama para dar. Desses textos se conclui que o *ágape* é uma das componentes da vida eterna e que, por isso, não pode ser perdida sem detrimento, ao mesmo tempo, da dignidade de filhos de Deus: "Deus é amor; quem está no amor permanece em Deus e Deus permanece nele" (1Jo 4,16).

Mas também Jesus ama o Pai (14,31) e manifesta esse amor submetendo-se à sua vontade (5,30; 6,38), cumprindo os seus mandamentos (10,18; 12,49; 14,31), especialmente o de sacrificar a própria vida pelos homens (12,27-28; 14,31), o maior sinal de dileção (15,13; 1Jo 3,6) e de um amor levado até os extremos (13,1). A resposta do homem ao amor do Pai e do Filho consistirá em observar as palavras de Jesus (14,23-24; 15,10), os seus mandamentos, que são palavras e mandamentos do Pai: "Se observardes os meus mandamentos, permanecereis no meu, como eu observei os mandamentos do Pai e permaneço em seu amor" (15,10; cf. 1Jo 2,3-4; 3,22; 5,3): Jesus é o ponto de encontro do amor do Pai para com os discípulos e do amor dos discípulos para com o Pai. Entre esses mandamentos, há um que Jesus chama de "seu", de "novo mandamento" (13,34-35; 15,12-17): é a obrigação de amar o próximo assim "como Cristo nos amou", logo mais que a nós mesmos. Esse amor deve ser ativo, isto é, "com fatos e em verdade" (1Jo 3,18), e é sinal do genuíno amor para com Deus (1Jo 4,20-21). A caridade fraterna distingue os filhos de Deus dos filhos do diabo (1Jo 3,10-12.14). Para ser perfeito, o verdadeiro amor deve excluir todo temor: "Quem teme não é perfeito no amor" (1Jo 4,18); então os mandamentos "não são um peso" (1Jo 5,3). João foi acusado de particularismo por ter restringido o amor ao âmbito da comunidade dos fiéis: o próximo são os irmãos de fé, ao passo que, para os Sinóticos e para São Paulo, são todos os homens, até mesmo os inimigos (Mt 5,43-48). Mas isso depende do realismo com que o evangelista concebe o ágape: é um dom divino infundido no batismo que transforma o homem interiormente (1Jo 5,1-3) no plano ontológico; é evidente que só entre os filhos de Deus é possível amar-se com tal amor; os outros, contudo, não estão excluídos; são amados não porque são, mas para que venham a ser filhos de Deus (Santo Agostinho).

Podemos nos perguntar qual é a relação entre conhecimento e ágape. Em João, os dois conceitos estão intimamente unidos: "Todo aquele que ama é gerado por Deus e conhece a Deus. Quem não ama não conheceu a Deus, porque Deus é amor" (1Jo 4,7). Visto que se trata de um conhecimento de fé, podemos dizer que essa virtude é a luz do amor, mas o aspecto prático, unitivo, desse conhecimento se deve ao amor (Gl 5,6): em virtude da caridade, a fé não é apenas adesão intelectual, mas doação total, pessoal a Deus e a Cristo, mediante a qual os fiéis estão, permanecem no amor (15,9-10), na verdade (1Jo 3,19), na luz (12,46), têm comunhão com o Pai (14,23; 1Jo 4,15-16), com o Filho (6,56; 15,4-5): até mesmo quando a imanência é expressa com palavras que indicam diretamente conhecimento (10,14-15; 17,21-23) ou se fala apenas de conhecimento (como em 17,3, em que a vida eterna é apresentada como um "conhecer a ti, o único verdadeiro Deus, e aquele que enviaste, Jesus Cristo", o texto mais gnóstico do quarto Evangelho), supõe-se sempre que esteja "animado" pelo ágape. De fato, na linguagem bíblica, conhecer significa entrar na posse, na união com a pessoa amada, união que é causada pelo amor. É nesse sentido que podemos falar de "mística" em João: "Gozo atual por parte do crente dos bens propriamente divinos que devem ser a herança dos eleitos na bem-aventurança celeste" (Feuillet). Mesmo não havendo dúvida que João seja místico na verdadeira acepção do termo, ele apresenta esse conhecimento intimamente unido à caridade como patrimônio comum de todos os fiéis e não de um grupo de privilegiados: ora, se se tratasse de uma verdadeira experiência mística, "ela viria a ser encontrada de modo estável em todos os fiéis" (Škrinjar), o que é contrariado pela experiência. Além disso, o permanecer no Pai e no Filho depende da observância dos mandamentos em um espírito de amor (15,10; 1Jo 4,12.16), da luta contra o mundo (1Jo 2,16-17), do produzir frutos (15,5), deveres essenciais de todo cristão.

Vida eterna e esperança: um aspecto particular da teologia de João é a escatologia realizada. Enquanto nos Sinóticos e em São Paulo o dom da "vida eterna" e o "juízo de Deus" estão reservados para os últimos tempos (Mt 25,31-33.46; Rm 2,1-11; 2Cor 5,10; Fl 1,28: o juízo;

Mt 25,34.46: a vida eterna), ou seja, para o retorno glorioso de Cristo, nos escritos de João, são duas realidades deste mundo, dois fatos que já se realizam durante a vida do cristão: quem crê em Jesus passa da morte à vida (5,24); permanece no Pai e no Filho (6,57; 15,5; 1Jo 3,24; 4,12.16); quem come a carne e bebe o sangue de Cristo tem a vida eterna (6,40-47.54; 1Jo 5,11-12); a mesma afirmação vale para o juízo: "Quem nele crê não é condenado; mas quem não crê já foi condenado" (3,18) e, portanto, "a ira de Deus permanece sobre ele" (3,36). Jesus veio ao mundo para proceder a um "juízo", ou seja, a uma "escolha" (9,39; 12,46); desse texto, assim como de tantos outros, depreende-se que se trata de um juízo de condenação (3,16-21; 5,20-30; 8,15-17; 9,39-41 etc.) que ocorre no íntimo: é, antes de qualquer coisa, uma autocondenação (12,46-50).

Contudo, ao lado desses textos, há outros nos quais a escatologia é apresentada na forma tradicional: ali se fala do último dia (6,39-40.44.45; 11,24; 12,48), da ressurreição dos mortos (5,28-29; 11,24), do juízo final (5,45), da condenação dos réprobos (5,29), da confiança com a qual os fiéis irão ao encontro de Cristo na sua parúsia (1Jo 2,28). Estas duas séries de textos explicam-se muito bem quando se tem presente o aspecto de tensão, característico de João e de Paulo, entre a salvação possuída realmente, mas de modo instável e inicial na vida presente, e a sua perfeita realização na parúsia do Senhor. Esse aspecto existencial típico da escatologia realizada é exatamente um aprofundamento e uma interiorização da escatologia tradicional; dessa doutrina se infere que o momento verdadeiramente importante na vida do homem é aquele em que ele decide aderir a Cristo na fé ou rejeitar a sua oferta de salvação: a sanção externa do juiz divino ao final dos tempos só fará tornar estável e definitiva a opção que cada um fez no curso de sua vida terrena. No seu retorno em glória, Jesus tomará consigo os discípulos, para que eles ocupem o lugar que lhes foi preparado (14,2) e permaneçam para sempre onde ele se encontra (14,2-4), para contemplar a sua glória (17,24). É nesse encontro com Deus na eternidade que se manifestará plenamente o esplendor da nossa dignidade de filhos de Deus (1Jo 3,2). "Todo aquele que põe essa esperança nele torna-se puro, como ele é puro" (1Jo 3,3).

Frutos da vida eterna: o principal é a *koinonia*, isto é, a comunhão com Cristo (6,56; 15,4-5), com Deus (1Jo 4,15-16), com o Pai e com o Filho (14,23), com o Espírito Santo (14,17), com os outros fiéis (17,11.20.21), da qual deriva a certeza de ser amados pelo Pai (14,21; 16,27), amigos de Cristo (15,14), perdoados das culpas (11,51; 17,19), plenamente livres em virtude da verdade comunicada por Cristo (8,31-36), portanto, na paz e na alegria, mesmo em meio às tribulações (15,11; 16,20.224.33; 17,3; 1Jo 1,4). A imanência que existe entre o Pai e o Filho é comunicada por meio de Cristo também aos fiéis; dado que não é estática, mas dinâmica, está destinada a se tornar sempre mais interior por meio da vida de fé animada pelo ágape; outro efeito é a impossibilidade de pecar: em virtude da semente divina, "aquele que nasceu de Deus não comete pecado" (1Jo 3,9; cf. 2,13; 5,8); estas palavras parecem estar em contraste com 1Jo 1,8: "Se dizemos que somos sem pecado, enganamos a nós mesmos". Mas se trata apenas de uma impossibilidade de pecar relativa; o cristão não pode pecar do mesmo que já possui a vida eterna: é uma impossibilidade de pecar inicial, que se tornará perfeita e estável na eternidade. Em virtude da semente divina depositada em nós, começa a se realizar parcialmente a santidade que os profetas prometeram para os últimos tempos (Jr 31,33; Ez 11,19; 36,25). Da comunhão com as três Pessoas divinas deriva a confiança com a qual o cristão vai ao encontro do juízo de Deus (1Jo 2,28; 4,17). Fundamento desta confiança é o amor: "No amor, não há temor... o amor perfeito expulsa o temor... quem teme não é perfeito no amor" (1Jo 4,18).

Deveres do cristão: já se notou que em João não encontramos os extensos catálogos das virtudes e dos deveres a cumprir, ou dos pecados a evitar; João insiste na prática das virtudes que formam a essência da vida cristã: a fé unida ao ágape para o incremento da vida eterna. Recorda, contudo, aqui e ali, alguns outros deveres: o amor à tradição (1Jo 2,7.24; 3,11; 2Jo 6), a fuga da idolatria (1Jo 5,21), a mortificação (15,2: poda dos galhos inúteis para que a videira produza um fruto mais abundante; essa poda se dá mediante as tribulações e as perseguições: cf. 15,18-21; 16,1.4.20), a imitação de Cristo (16,33; 1Jo 2,2), a fuga do mundo e das três concupiscências (1Jo 2,16); a observância dos mandamentos (14,15-21; 15,10; 1Jo 3,22.24), especialmente o mandamento da caridade fraterna (13,34; 15,12; 1Jo 2,7; 4,21), portanto a esmola (1Jo 3,16-17), a hospitalidade (3Jo 5-8), a humildade em reconhecer-se pecadores (1Jo 1,8-10) e, portanto, a necessidade de purificar-se (1Jo 3,3) e de confessar os pecados (1Jo 1,9). Recomenda-se, sobretudo, a oração de união com Jesus (15,7), em seu nome (14,14; 16,23-24.26-27); nessas condições, a oração sempre será ouvida, porque o Pai ama os discípulos (16,27) e logo será fonte de alegria perene (16,23-24); deve ser universal, ou seja, pelo bem de toda a Igreja; com confiança, sem duvidar, na certeza de ser ouvidos "se o nosso coração não nos acusa" (1Jo 3,21). A união com Deus nos levará a orar segundo a sua vontade (1Jo 5,14-15), ou seja, a não pedir algo de contrário às exigências de seu amor.

e) *Batismo e Igreja*. O batismo, além de um efeito individual — nascimento do alto, infusão da vida eterna — produz ainda um efeito social: inserção na comunidade dos filhos de Deus. O termo "Igreja" etc. aparece três vezes na Terceira Carta (vv. 6.9.10) e indica sempre uma Igreja particular; o aspecto comunitário, porém, está presente em todo lugar e é expresso de vários modos.

O "novo povo de Deus": esta realidade é indicada pela contraposição aos fatos de maior destaque do êxodo a sua plena realização em Cristo: a Moisés, mediador da antiga aliança, Cristo, mediador da nova (1,17); ao cordeiro pascal, Cristo, o verdadeiro cordeiro (que se sacrifica na cruz para tirar o pecado do mundo: 1,29; 19,31-35; 11,51-53; 12,32); à serpente de bronze, Cristo elevado na cruz (3,14); ao maná, Cristo, pão celeste (6,32.49); à água milagrosa, Cristo fonte de água viva (7,37).

Outras imagens que indicam a mesma realidade: Cristo, novo templo (2,21), esposo do banquete messiânico (3,29); o bom pastor que agrega e dá a vida por seu rebanho (10,1 ss.); ele é a "vide verdadeira", e os discípulos são os ramos que por ele atingem a seiva vital (15,1 s.). São todas imagens que indicam uma única realidade: o novo povo de Deus que Jesus, enviado do Pai, com a sua atividade e especialmente com a sua morte, congrega em sociedade, com vistas à salvação.

São notas características: 1) *a universalidade*: dela podem todos os homens fazer parte (3,16); não basta descender de → ABRAÃO (8,33-39.53-56), mas é necessário aceitar Cristo com a fé e o nascimento da água e no Espírito Santo (1,11-13; 3,4-9); a vontade salvífica de Deus é universal (3,14-17); Jesus é o Salvador do mundo (4,42); por isso é que na última ceia ora pelos futuros discípulos (17,20); 2) *a santidade*: verdadeiros discípulos são aqueles que, como os ramos da videira, permanecem unidos a ele; portanto, é necessário que permaneçam, que caminhem na verdade, no amor, perseverem na comunhão com Deus, com Cristo; 3) *a unidade*: um só aprisco e um só pastor (10,16); uma só videira e muitos ramos (15,15): mas a raiz dessa unidade é a comunhão dos fiéis com o Filho e com o Pai: "Eu neles e tu em mim, para que sejam perfeitos na unidade" (17,23). Visto que essa comunhão é fruto da posse da vida eterna, do conhecimento da verdade e do dom do ágape, dá-se que essas realidades sobrenaturais têm também um valor eclesial (cf. 15,15; 10,14; 14,19-20; 1Jo 1,2-3); mas é sobretudo a caridade, o vínculo de união: "Dei-lhes a conhecer o teu nome e o darei a conhecer ainda mais, para que o amor com que me amaste esteja neles e eu neles" (17,26); unidade que tem o seu mais perfeito modelo no seio da Trindade: "Sejam um só... com tu, Pai, estás em mim e eu em ti... eu neles e tu em mim" (17,11.21.23). Esta união dos discípulos com o Filho, com o Pai e entre si será a mais evidente demonstração de que Jesus é verdadeiramente o enviado do Pai: "para que o mundo creia que me enviaste" (17,21).

A Igreja é hierárquica. A palavra "discípulos", além de indicar todos os que seguem a Cristo, designa especialmente os apóstolos, dos quais se recordam apenas alguns nomes; eles são os doze (6,68.71); Jesus é que os escolheu (6,71; 15,16); em virtude dessa eleição e da sua união com Cristo, eles produzirão frutos (15,1.16); têm o dever de continuar, em favor de todos os homens, a missão de Cristo (15,26; 17,20; 20,21); na última ceia, reza ao Pai para que os preserve do mal (17,15.18); para que os santifique na verdade (*Ibid.*) e promete enviar o Paráclito para reforçar o seu testemunho (15,26-27). À testa de sua Igreja põe Pedro; desde o primeiro encontro, quando mudou o nome dele de Simão para Cefas, anuncia-lhe o seu futuro ministério (1,42); a atribuição do encargo acontece depois da ressurreição, quando lhe confia o seu rebanho (21,15-17). Cristo confia à sua Igreja os sacramentos, dos quais se recordam: o batismo, o sacramento do novo nascimento (3,1-2); a → EUCARISTIA (como promessa); a → PENITÊNCIA (20,22-23), o sacramento da remissão dos pecados. Não faltam alusões mais ou menos evidentes aos sacramentos: a água viva, no diálogo com a samaritana (4,8-11), que se pode confrontar com o que Jesus diz em 7,38-39 (o envio do Espírito depois de sua glorificação) e ainda a iluminação do cego de nascença (9,5-8) parecem aludir ao batismo. Parece se referir aos dois sacramentos do batismo e da Eucaristia o episódio da água e do sangue saídos do costado de Cristo (19,34; 1Jo 5,6-7). A unção de Betânia ainda poderia evocar a extrema-unção, já em uso na Igreja primitiva (Tg 5,14).

f) *A missão do Espírito Santo*. Já no ministério público do Senhor, encontramos algumas indicações da atividade futura do Espírito Santo. Da teofania do batismo, João recorda especialmente a descida do Espírito Santo: de fato, é pela revelação do Espírito que conheceu aquele que teria batizado "no Espírito Santo" (1,34). É afirmada a necessidade do nascimento "da água e do Espírito" para entrar no reino de Deus (3,5); diz-se que Jesus possui o Espírito "sem medida" (3,34), por isso as suas palavras "são espírito e vida" (6,63) e um dia, depois de sua glorificação, tornar-se-á fonte inesgotável de Espírito para todos aqueles que nele creem (7,39), que adorarão o Pai "em espírito e verdade" (4,23.34), ou seja, a verdade trazida por Cristo ao mundo será interiorizada pela ação do Espírito que habita nos fiéis. Por essas poucas indicações, vemos que a atividade futura do Espírito está em dependência de Jesus e em relação com a verdade e a vida. Mas a revelação completa da natureza e da missão do Espírito, nós a temos nas promessas do Paráclito, feitas por Jesus na última ceia. Ali aparece, com toda a clareza:

Que o Espírito é Deus, assim como o Pai e o Filho. Realmente, ele tem o nome em comum com Jesus: é um outro Paráclito (14,16); permanece no interior da alma, do mesmo modo e nas mesmas condições do Pai e do Filho (14,23); deve-se preferir a vinda do Espírito Santo à própria presença visível de Jesus (16,7); por fim, em 16,26 (Espírito de verdade que procede do Pai), expressa-se, segundo alguns intérpretes, a eterna processão do Paráclito do Pai.

Distingue-se realmente do Pai e do Filho. Do Pai: é no Pai que sempre tem início a missão: ele é enviado pelo Pai (14,26); reporta tudo o que "ouve" do Pai (16,13). Mas também do Filho: Jesus ora ao Pai para que ele envie "um outro Paráclito" (14,16); o próprio Jesus o enviará da parte do Pai (15,26); o Paráclito dará testemunho de Jesus (15,26); reabilitará diante do mundo a pessoa e a obra de Jesus (16,8-12); levará a termo a revelação cristã, transmitindo aos apóstolos tudo o que receber da "propriedade" de Jesus (16,14); objetivo da sua missão no mundo será a "glorificação" do Filho (*Ibid.*). Dessas afirmações se conclui que as relações entre o Filho e o Espírito Santo são análogas às que intercorrem entre o Pai e o Filho: é o Pai que envia o Filho (7,28; 16,27; 17,8-18); o Filho revela exclusivamente aquilo que o Pai a ele manifestou (12,49; 14,24); ele dá testemunho da verdade (8,32; 18,37); na sua missão no mundo, o Filho glorifica o Pai (17,4).

De modo similar, o Espírito é enviado pelo Filho (15,26; 16,7); visto que é Espírito de verdade, instrui os discípulos na verdade; ele recebe de tudo aquilo que é próprio do Filho (16,13) e em sua missão glorifica o Filho (16,14). Contudo, essa analogia não exclui diferenças notáveis: a missão de Jesus é destinada a todos os homens (1,9), ao passo que o Espírito é enviado apenas àqueles que vivem na caridade (14,15); a missão de Jesus no mundo foi visível, o Paráclito, por sua vez, cumprirá sua missão desde o íntimo da alma (3,8; 14,17); além disso, o Espírito nunca é apresentado no ato de enviar o Pai ou o Filho: ele está em uma dependência de origem das duas primeiras Pessoas. No conjunto desses textos, o Pai, o Filho e o Espírito Santo apresentam-se como três Pessoas divinas realmente distintas entre si.

Examinemos particularmente a atividade do Paráclito: ela diz respeito à verdade e ao testemunho em favor de Jesus.

a) *A verdade*: a cátedra desde a qual o Espírito divino dispensa os seus ensinamentos é o interior da alma (14,17); condição necessária para ter essa presença é a posse da caridade (14,15-16): o mundo não pode receber o Espírito exatamente porque está privado de amor; o Paráclito ensinará e fará recordar aos discípulos tudo o que Jesus disse (14,25-26): o seu ensinamento consiste em recordar aos discípulos as palavras de Jesus. Ele não será portador de uma nova revelação porque não falará de si..., mas receberá daquilo que é próprio de Jesus (16,13.15); e também não se limitará a reevocar apenas materialmente as palavras de Cristo, mas fará penetrar o seu significado íntimo, de modo que venham a se tornar normas de toda a vida, ou seja, normas de santificação. Além disso, introduzirá em todos os aspectos da verdade revelada (16,13) e revelará "as coisas futuras" (16,13). Há quem veja nessas palavras a promessa do dom da profecia; outros, com mais razão, "a compreensão da nova ordem de coisas que proveio da morte e da ressurreição de Cristo", ou seja, o significado do tempo que transcorre entre a ressurreição e a parúsia: o tempo da Igreja.

b) Testemunho em favor de Jesus: está indicado em 16,7-15 qual seja a natureza do Espírito. Ali, o mundo, mediante a ação de juízo do Espírito Santo, é confrontado com as suas responsabilidades. O Paráclito demonstra a culpabilidade do mundo em três pontos: "quanto ao pecado" dos judeus que não acolheram Jesus; quanto a sua "justiça", quando afirmava ter sido enviado por Deus e pelo Filho de Deus; quanto ao "juízo de condenação" contra satanás, cujo reino foi destruído pela morte de Cristo (16,8-11). Segundo alguns autores, esse processo de reabilitação é feito na consciência dos discípulos para demonstrar-lhes a inocência de Cristo; para outros, o que nos parece mais justo, a demonstração será feita diante do mundo pecador, por meio dos discípulos, que serão usados "como instrumentos que lhe deem continuidade" (Wikenhauser). Esse testemunho contra o mundo dará aos que são "da verdade" ocasião de aderirem a Cristo. Sob esse aspecto, a atividade do Paráclito tem também uma função eclesial: a dilatação do reino de Deus. João, contudo, insiste na atividade interior em vista "da verdade". Essa ação interior do Paráclito que dá aos fiéis "o instinto da verdade", por meio da qual eles permanecem fiéis ao ensinamento de Cristo, é chamada na Primeira Carta, como já o vimos, crisma, ou seja, a doutrina de Cristo, só que interiorizada pelo Espírito.

Em todos esses textos, o Espírito realmente surge como Paráclito, isto é, o "chamado" (*advocatus* no sentido etimológico) para junto dos fiéis como amigo, como defensor, como consolador, como mestre, que explica esses encargos como a interiorização da verdade revelada, que, desse modo, se transforma em vida da alma. Sob esse aspecto, ele não é apenas Espírito de verdade, mas também Espírito Santo, porque isso não se pode dar sem a efusão da caridade. Essa ação santificadora também é desenvolvida pelo Paráclito por meio dos sacramentos: no batismo (3,4-6); na Eucaristia (6,63); na penitência (20,22). Com a sua presença interior em todas as almas que vivem na caridade, o Paráclito surge como a alma da Igreja (*LG* 7). Apesar de a sua ação ser essencialmente santificadora, não está excluído o aspecto carismático, porque a Igreja é hierárquica e, em seu âmbito, possui diversos ministérios; a ação do Espírito também se estende ao serviço que alguém venha a desenvolver no seio do novo povo de Deus. Tende a esse fim a exortação da Primeira Carta (4,1): "Caríssimos, não deis crédito a qualquer inspiração, mas ponhais à prova as inspirações para verificar se verdadeiramente provêm de Deus".

Agora podemos resumir rapidamente o caminho a ser percorrido pela alma em sua ascensão para Deus. O Verbo de Deus traz ao mundo: a verdade, a vida eterna, o amor porque o mundo é: mentira, pecado, morte, ódio. Apresentam-se ao homem duas alternativas: ou ele recusa a oferta de salvação ou a aceita na fé. É nesse momento que se cumpre o juízo. No primeiro caso, ele permanece no pecado; no segundo caso, na água e no Espírito Santo, recebe a vida eterna, vem a ser filho de Deus. Trata-se, contudo, de uma posse inicial que deve ser aperfeiçoada já nesta terra pela superação, na fé e no amor, das dificuldades movidas pelo "mundo" e pelo demônio. A posse estável e perfeita acontecerá no encontro com Deus na eternidade, quando "o veremos do modo como ele é".

BIBLIOGRAFIA. BLANK, J. *Krisis. Untersuchungen zur johanneischen Christologie und Eschatologie*. Freiburg, 1964; BRAUN, F.-M. *Jean le théologien*. Paris, 1959-1970, 4 vls.; ID. *La foi chrétienne selon S. Jean*. Paris, 1976; BROWN, R. E. *Giovanni*. Assisi, 1979, I-II; ID. *La comunità del discepolo prediletto*. Assisi, 1982; BULTMANN, R. *Teologia del Nuovo Testamento*. Brescia, 1985, 337-422; ID. *Das Evangelium des Johannes*. Göttingen, [11]1950; BUSSCHE, H. van den. *Giovanni*. Assisi, 1970; CASABÓ SUQUÉ, J. M. *La teología moral en san Juan*. Madrid, 1970; CONTI, M. *Il discorso del pane di vita nella tradizione sapienziale*. Levanto, 1967; CULLMANN, O. *Origine e ambiente dell'evangelo secondo Giovanni*. Torino, 1976; DODD, C. H. *L'interpretazione del quarto vangelo*. Brescia, 1974; ID. *La tradizione storica nel quarto vangelo*. Brescia, 1984; *Fede e cultura dal vangelo di Giovanni*. Bologna, 1986; *Fede e sacramenti negli scritti giovannei*. Roma, 1985; FERRARO, G. *L' "Ora" di Cristo nel quarto vangelo*. Roma, 1974; ID. *Lo Spirito e Cristo nel vangelo di Giovanni*. Brescia, 1984; FEUILLET, A. *Le mystère de l'amour divin dans la théologie johannique*. Paris, 1972; FORESTELL, J. T. *The word of the Cross. Salvation as Revelation in the Fourth Gospel*. Roma, 1974; GHIBERTI, G. *I racconti pasquali del c. 20 di Giovanni*. Brescia, 1972; HEISE, J. *"Bleiben-Menein" in den johanneischen Schriften*. Tubingen, 1967; JONGE, M. de (ed.). *L'Évangile de Jean*. Gembloux, 1977; KAPIAMBA, Mbombo. *Le* *groupe des disciples. Son itinéraire de foi selon le quatriéme évangile.* Roma, 1986; *La spiritualità del Nuovo Testamento.* Bologna, 1988, 219-252; LAZURE, N. *Les valeurs de la theologie johannique.* Paris, 1965; Le quatrième évangile. Une parole dans le temps. *Lumière et Vie* 149 (1980) 1-112; MARZOTTO, D. *L'unità degli uomini nel vangelo di Giovanni.* Brescia, 1977; MATEOS, J. – BARRETO, J. *Il vangelo di Giovanni.* Assisi, 1982; MOLLAT, D. *Saint Jean maître spirituel.* Paris, 1976; MOLONEY, F. J. *The Johannine Son of Man.* Roma, ²1978; ID. *The Word Became Flesh.* Dublin, 1977; PANCARO, S. *The Law in the Fourth Gospel.* Leiden, 1975; PANIMOLLE, S. A. *Il dono della Lege e la grazia della verità (Gv 1, 17).* Roma, 1973; ID. *L'evangelista Giovanni.* Roma, 1985; ID. *Lettura pastorale del vangelo di Giovanni.* Bologna, 1978, I; 1981, II; 1984, III; PASQUETTO, V. *Incarnazione e comunione com Dio.* Roma, 1982; ID. *Da Gesú al Padre. Introduzione alla lettura esegetico-spirituale del vangelo di Giovanni.* Brescia, 1983; ID. Rapporto fra motivi sapienziali e 'nomos' nella cristologia del quarto vangelo. *Sapienza e Torá. Atti della XXIX Settimana Bíblica.* Bologna, 1987, 165-210; POTTERIE, I. de La *Studi di cristologia giovannea.* Torino, ²1986; ID. *La passion de Jésus selon l'évangile de Jean.* Paris, 1986; ID. *La vérité dans saint Jean.* Roma, 1977, I-II; PRETE, B. Dati e caractteristiche dell'antropologia giovannea. *L'antropologia bíblica,* Napoli, 1981, 817-870; RICCA, P. *Die eschatologie des vierten Evangeliums.* Zurich, 1966; SABUGAL, S. *Christos. Investigación exegética sobre la cristologia joannea.* Barcelona, 1972; SCHNACKENBURG, R. *Das Johannesevangelium.* IV (= Ergänzende Auslegungen und Exkurse). Freiburg, 1984; ID. *Il vangelo di Giovanni.* Brescia, 1973, I; 1977, II; 1981, III; ID. *Il vangelo di Giovanni.* IV (Esegesi ed Excursus integrativi). Brescia, 1987; SEGALLA, G. *Gesú pane del cielo. Cristologia ed eucaristia in Giovanni.* Padova, 1976; ID. L'esperienza spirituale nella tradizione giovannea. *La spiritualità nel Nuovo Testamento.* Roma, 1985, 339-397; ID. *La preghiera di Gesú al Padre (Gv 17).* Brescia, 1983; ID. *San Giovann.* Fossano, 1972; STANLEY, D. M. *"I Encountered God". The Spiritual Exercises with the Gospel of John.* Saint Louis (MO), 1986; STEMBERGER, G. *La simbolica del bene e del male in san Giovanni.* Milano, 1972; THÜSING, W. *Die Erhöhung und Verherrlichung im Johannesevangelium.* Munster, ³1979; TRAETS, C. *Voir Jésus et le Père en lui selon l'évangile de Jean.* Roma, 1967; TRAGAN, P. R. *La parabole du "pasteur" et ses explications (Jn 10, 1-18).* Roma, 1980; TRÉMEL, B. Y. "Restare" negli scritti di Giovanni. *Communio* 5/26 (1976) 43-56; TUÑI, J. O. *Liberación y libertad del creyente en el cuarto evangelio.* Barcelona, 1973; VELLANICKAL, M. *The Divine Sonship of Christians in the Johannine Writings.* Roma, 1977; WALTER, L. *L'incroyance des croyants selon S. Jean.* Paris, 1976;

Segni e sacramenti nel vangelo di Giovanni. Roma, 1977; ZEVINI, G. *Vangelo secondo Giovanni.* Roma, 1984, I; 1987, II.

P. BARNAGLI – V. PASQUETTO

JOHANN ARNDT. 1. NOTA BIOGRÁFICA. Nasceu em 27 de dezembro de 1555 em Edderitz (Anhalt) de uma família luterana. Arndt Estudou primeiro medicina e depois teologia, sucessivamente em Helmstedt, Wittenberg, Estrasburgo e Basileia (1576-1579). Em 1583 era pastor em Badeborn, mas já em 1590 foi privado do cargo por não ter aderido à passagem de sua Igreja ao calvinismo, pois não queria renunciar ao → EXORCISMO durante a administração do batismo, e por ter defendido o culto das imagens nas igrejas, proibidas pelo decreto do bispo de Anhalt. Em seguida, tornou-se pastor em Quedlinburg, o nascente centro do espiritualismo místico protestante, depois em Brunswick (1599) e em Eisleben (1608). Foi o período em que se dedicou ao estudo dos grandes místicos medievais e a escrever sua obra mais importante: *Vom Wahren Christentum* (Do verdadeiro cristianismo). Não obstante a numerosa oposição, em 1611 foi nomeado Generalintendent em Celle, no principado de Luneburg. Em 1612 terminou o livro *Paradies-Gärtlein* (Pequeno jardim do paraíso), em que a interpretação do amor místico e esponsal descrito nos *Sermões* do Cântico de São Bernardo aparece como ponto de referência e de inspiração constante. Morreu em 11 de maio de 1621.

2. ESCRITOS. A obra mais difundida de Arndt é *Vom Wahrem Christentum,* publicada em Brunswick a partir de 1603. No protestantismo assumiu a mesma importância da *Imitação de Cristo* e foi o livro mais lido em todos os ambientes. Constitui de fato a primeira grande contribuição para um novo estilo de devoção que, como movimento, será chamado "→ PIETISMO"; é o final da crise espiritual das últimas décadas do século XVI e o início de um "renascimento da mística" na Igreja protestante. Divide-se em quatro livros: Livro da Escritura, Livro da vida (Cristo), Livro da consciência e Livro universal da natureza. Como tema dominante, Arndt desenvolve nesses livros os vários aspectos do renascimento espiritual do homem, ou seja, do seu caminho interior até a reconquista da sua imagem originária: a semelhança com Deus. Na convicção de que a teologia não é "ciência" mas "experiência vital e

prática", insere na obra longos trechos, por exemplo de → ÂNGELA DE FOLIGNO (no livro II, 13 ss.) e de → TAULERO (livro III), afirmando que esses textos foram escritos "para o homem interior", e não menos que os da Escritura. O ponto de partida de toda a exposição, repetidamente evidenciado, é a afirmação de 1Jo 5,4: "O que nasceu de Deus é vencedor do mundo", e precisamente na força da fé que produz a nova criatura, o homem vivo em Cristo (I, 5; II, 22).

A ideia do renascimento, esboçada já na carta introdutória de sua edição da *Theologia Deutsch* (1597), está presente também nos seus Comentários ao Saltério e ao catecismo de Lutero (*Auslegung des ganzen Psalters* e *Auselgung des Katechismus Lutheri*) e sobretudo no *Paradies-Gärtlein*. Esse livro devocional, dividido em três partes, das quais a última reúne os vários momentos da oração: a) segundo o Decálogo, b) enquanto agradecimento, c) consolação e aceitação da cruz e d) do próprio estado, e) louvor e alegria, é uma verdadeira joia de vida espiritual, de puro alento místico, amplamente inspirado no → CRISTOCENTRISMO de São Bernardo.

3. DOUTRINA. Nos escritos de Arndt prevalece a continuidade com a ortodoxia luterana. Contudo, pelo próprio fato de colocar no centro o renascimento espiritual e de se movimentar livremente no âmbito da "experiência" e da "fé vivificante e vivificada pelo amor", Arndt supera a atitude luterana de "somente pela doutrina" e a estreiteza do conceito de "justificação". Com as tendências contemporâneas, Arndt tende para o universalismo, afirmando a relação e correspondência recíproca entre cosmos e homem, entre macrocosmo e microcosmo, entre realidades externas e realidades interiores. Consequentemente, a natureza — considerada "espírito puro" — parece-lhe símbolo da atividade de Deus e símbolo da interioridade, concepção à qual permanecerá arraigado todo o pensamento simbólico do protestantismo.

Arndt põe o acento exclusivo na *interioridade*. Toda a devoção se resume na relação interior entre Deus e a alma e a alma com Deus, conteúdo específico da fé. "O verdadeiro culto e serviço de Deus" devem libertar-se "de qualquer manifestação externa", para construir "a igreja interior" do Novo Testamento que superou a lei e o rito do Antigo. Nessa "igreja interior" cada fiel vive individualmente em Cristo e Cristo nele (segundo Gl 2,20), ligado com os outros fiéis unicamente no Espírito de Deus que age em todos individualmente e produz o nascimento da nova vida. Essa presença de Cristo no fiel não apenas determina uma mudança radical no sentido da metanoia pedida por Jesus em vista do Reino, mas exige o seguimento de Cristo. Como? Não no sentido da *imitatio Christi* medieval, mas no viver "christiformiter" mediante a fé e no amor, transformando a doutrina evangélica em vida vivida, orientada para a progressiva aquisição das virtudes cristãs.

Com essa concepção da vida cristiforme, Arndt abandona o princípio luterano de "somente pela fé". Declara-o explicitamente no proêmio ao *Vom Wahren Christentum*: é preciso "embelezar a fé com o comportamento cristão e confirmá-la [...] com as virtudes cristãs", que não são simplesmente "os frutos que derivam da fé", mas devem ser praticadas juntamente com a fé em Cristo. Por isso: "O fundamento de toda a nossa religião cristã são a justiça da fé e a justiça da vida cristã" (I, 1).

Na linha do neoplatonismo, a vida cristiforme abarca todo o caminho ascético da penitência, da renúncia ao próprio eu, da crucifixão do homem velho, e culmina no amor de Deus. É preciso desvincular-se do mundo, chegar ao conhecimento de si mesmos, ingressar na solidão interior, onde ocorre o encontro da alma com Deus, que Arndt celebra como tema central da vida de devoção, muitas vezes recorrendo ao Cântico bíblico. É no encontro de amor com o amado Deus que o homem consegue retornar à sua nobreza originária desejada por Deus, e se restabelece a perfeita harmonia de toda a criação que "unanimemente confirma: o homem é a imagem de Deus" (IV, 22). Por isso a verdadeira vida do homem — a própria vida de Cristo no homem — é o amor. Como "quem sente em seu coração o amor, a caridade de Cristo, este experimenta Deus em si" e despreza tudo, para "saborear esse amor". Transbordando de alegria, Arndt exclama: "Senhor, não me dês outra coisa senão o teu amor. Mesmo que quisesses doar-me todo o mundo, não desejo outra coisa a não ser a ti e ao teu amor" (II, 27).

O encontro de amor da alma com Deus, que Arndt compara ao repouso do sábado, não significa ociosidade, distanciamento do mundo, passividade. O verdadeiro amor, no sentido da caridade de Cristo que "urge", exige sofrer com Cristo na luta cotidiana, na penitência, na contínua renovação interior, sustentada pela fé ativa e pela oração constante. Juntamente com fortes imperativos à vida ascética, Arndt se revela, especialmente no *Paradies-Gärtlein*, um "mestre indiscutível" da oração cristã, não ultrapassado por nenhum outro autor protestante até hoje.

4. INFLUÊNCIA. A influência de Arndt, que em certo sentido se tornou decisiva para o movimento do pietismo, limita-se aos ambientes protestantes. Seu *Vom Wahren Christentum* foi traduzido nas principais línguas europeias (em inglês foi publicado em Londres sucessivamente em 1712, 1714, 1720). Ph. J. Spener e Ch. Scriver serviram-se amplamente dessa obra para a pregação. P. Gerhardt inspirou-se no *Paradies-Gärtlein* para compor seis de suas canções sacras mais célebres (*Praxis pietatis melica*, 1653, 1661). Nos estudos protestantes recentes, a figura de Arndt e a sua doutrina espiritual são redescobertas e reavaliadas.

BIBLIOGRAFIA. 1) Obras: *Vom Wahren Christentum*. Leipzig, 1693, 1709 e (org. J. F. von Meyer) Frankfurt, ³1844. Nova edição revista org. por E. Jung-Claussen, Munchen.

2) Textos selecionados em: Zeller, W. *Der Protestantismus des 17. Jahrhunderts.* Bremen, 1962, 51-83; *Paradies-Gärtlein*. Nürnberg, s.a. (trad. it. da IIIª parte org. por Fabro. C. *La preghiera nel pensiero moderno.* Roma, 1979, 138 ss.

3) Estudos: Benrath, G. A. Johann Arndt und der Spiritualismus im 17. Jahrhundert. In Andersen, C. *Handbuch der Dogmen-und Theologiegeschichte.* Göttingen, 1980, 598-602, vl. II; Gherardini, B. *La spiritualità protestante*. Roma, 1982, 133-5.282-292; Koepp, W. *Johann Arndt. Eine Unterssuchung uber die Mystik im Luthertum.* Berlin, 1912; Id. *J. A. und sein "Wahres Christentum"*. Berlin, 1959; Schmidt, M. Arndt Johann. *Theologische Realenzyklopädie* IV (1979) 121-129 (com bibliografia); Stoeffler, E. Johann Arndt. In Greschat, M. *Gestalten der Kirchengeschichte.* Stuttgart, 1982, 79-98 (bibliografia), vl. VII; Wallmann, J. Johann Arndt und die protestantische Frömmigkeit. In Breuer, D. *Frömmigkeit in der fruhen Neuzeit.* Amsterdam, 1984, 50-74; Id. J. Arndt und die protestantische Frömmigkeit. *Jahrbuch der Hessischen Kirchengeschichtlichen Vereinigung* 35 (1984) 371-379; Weber, E. *Johann Arndts Vier Bucher vom wahren Christentum* (Studia irenica 2). Hildesheim, ³1978.

Giovanna della Croce

JOSÉ (São). Esposo da Virgem (Mt 1,16) e pai adotivo de Jesus (Lc 3,23). O nome, da raiz *yasaf*, significa acrescentar, "que o Senhor [me] acrescente" (cf. Gn 30,24).

1. FONTES. Mateus e Lucas são os historiadores e as fontes principais da sua vida, intimamente vinculada aos episódios da infância de Jesus. Não é muito o que eles nos relatam, mas é suficiente para nos fazer conhecer sua personalidade. Os Padres da época primitiva, mais preocupados em divulgar a mensagem redentiva de Cristo, ignoraram praticamente a figura de José, ou mesmo quando algumas vezes aludiram a ela foi apenas pela evidente conexão com o próprio mistério cristológico (São Justino, Santo Ireneu e → Tertuliano). No século IV desenvolveram o tema de José, entre os Padres gregos, especialmente São João → Crisóstomo (*Homiliae 3 et 4 in Matthaeum: PG* 57, 47); entre os Padres latinos, São → Jerônimo (*Adv. Helv.* 19: *PL* 23, 203), e Santo Agostinho (*Sermo* 51: *PL* 38, 338, e *De nuptiis et concept.*: *PL* 3, 421). São Jerônimo defende a perpétua virgindade de Maria e em concomitância a perpétua virgindade de José; o segundo trata da santidade, da genealogia, do casamento e da paternidade de José.

A esses dois segue-se um longo período de silêncio. O tema de José é retomado só nos séculos XII-XIII com os escritores eclesiásticos. No entanto, em sua *Suma*, Santo Tomás é lapidar, fala apenas da perfeição do casamento entre José e a Virgem e da sua perpétua virgindade (*STh*. III, q. 28, a. 4 e q. 28, a. 1, ad 2). Depois dele é famoso o discurso de J. → Gerson (1363-1429), realizado no Concílio de Constança, em 8 de setembro de 1416 (Considérations sur s. Joseph, in *Opera omnia*, 3, Antuerpiae, 1706, 824-268). Esse discurso impeliu P. d'Ally (1350-1420), arcebispo de Cambrai e antigo professor de Gerson, a compor um tratado sobre as doze glórias de São José (*Tractatus de 12 honoribus s. Joseph*, Strassburg, 1495). Cabe porém à escola franciscana o mérito de ter reapresentado e reavaliado a figura de José. Além de São Boaventura (cf. E. Longpré, L'insegnamento ascetico negli opuscoli di san Bonaventura, *Vita e Pensiero*, 23 [1932], 497, resenha de G. de Luca), devemos lembrar Pedro Oliva, discípulo imediato de São Boaventura, e Ubertino de Casale (*Arbor vitae crucifixae Jesu*, de 1305). Quem soube sintetizar bem o período precedente e dar um impulso e uma marca pessoal ao estudo do santo foi São → Bernardino de Sena (Sermo de sancto Joseph sponso B. Virginis, in *Opera omnia*, 3, Venetiis, 1590, 463), enquanto um verdadeiro tratado de teologia josefina foi escrito por

Isidoro Isolani no século XV (*Summa de donis s. Joseph*, Roma, 1887).

Enfim, um impulso decisivo para o desenvolvimento do culto e do estudo de São José foi dado, nos últimos cem anos, pelos papas. Em primeiro lugar, Pio IX, que, aceitando dois *postulata* um com a assinatura de 153, o outro com a de 43 superiores gerais de Ordens religiosas, em 8 de dezembro de 1870, com o Concílio Vaticano suspenso em decorrência de eventos bélicos, proclamou São José patrono da Igreja universal e elevou a festa de 19 de março a rito duplo de primeira classe (decreto *Quemadmodum Deus* de 8 de dezembro de 1870; *Acta papae Pii IX*, I, 5, 282), confirmando depois essa decisão com a carta apostólica *Inclytum patriarcham* de 7 de julho de 1871 (*Ibid.*, 331). Leão XIII, posteriormente, na festa da Assunção de 1889, promulgou a encíclica *Quamquam pluries*, o mais amplo documento pontifício acerca do santo, em que explica os fundamentos teológicos dos privilégios concedidos a São José e a sua missão na Igreja.

Na mesma linha continuaram Pio X, Bento XV, Pio XI e Pio XII. Pio XI exaltou várias vezes a fisionomia espiritual de José, propondo-o como modelo dos operários, dos esposos e como defesa segura diante do ateísmo militante. Pio XII, em 1º de maio de 1955, instituiu a festa litúrgica de São José operário, para que "[…] aceito desse modo pelos trabalhadores cristãos, e quase recebendo o crisma cristão, o 1º de maio, bem longe de ser o despertar de discórdias, de ódio e de violência, é e será um insistente convite à moderna sociedade para realizar aquilo que ainda falta para a paz social. Festa cristã, portanto; ou seja, de júbilo pelo concreto e progressivo triunfo dos ideais cristãos da grande família do trabalho" (*AAS* 47, 1955). E por fim João XXIII, em 9 de maio de 1960, com uma radiomensagem apontou em São José o exemplo de vida para resolver todos os problemas inerentes ao mundo do trabalho e dos trabalhadores, e, com a carta apostólica de 19 de março de 1961, colocou o Concílio Vaticano II sob a poderosa proteção de São José.

Desse modo, o movimento em torno do santo, silenciosamente iniciado pelo Evangelho, abre vastos horizontes e oferece sólidos fundamentos para avaliar plenamente sua vida, sua missão e seu alcance espiritual na Igreja.

2. NOTA BIOGRÁFICA. José era da linhagem de Davi. O anjo do Senhor o chama de "filho de Davi" (Mt 1,20), e Lucas observa que, para o recenseamento ordenado por Augusto, José viajou de Nazaré para Belém para ali se deixar registrar porque "era da casa e da família de Davi" (Lc 2,4). Seu pai, segundo Mateus (1,16), se chamava Jacó; segundo Lucas (3,23), Eli. Essa divergência deve-se ao fato, agora comumente aceito, de que Mateus fornece a genealogia natural de José, enquanto Lucas fornece a genealogia da Virgem, pela qual José, filho natural de Jacó, ao se casar com Maria, torna-se por adoção filho de Eli. Jacó seria portanto o pai natural, enquanto Eli é o pai legal e adotivo (cf. Santo Agostinho, *De consensu evangelistarum*, PL 34, 1072-1074).

De acordo com Hegesipo, teve também um irmão de nome Clopas ou Cleofas (Eusébio, *História eclesiástica*, 3, 11). Sua terra natal, com muita probabilidade, era Nazaré. De fato era nesse povoado que tinha seu domicílio na época da anunciação. Seu ofício era o de ferreiro ou de carpinteiro, como o termo grego *tektôn* (Mt 13,55) deixa entender, e como comumente foi interpretado na versão siríaca, copta, etíope e pelos Padres a partir do século II.

A razão de sua existência está na missão de proteger a Virgem e Jesus. E Deus o preencheu de dons e privilégios sobrenaturais que o tornaram apto a cumprir a sua missão (cf. *STh*. III, q. 27, a. 4). Seu encontro e o casamento com a Virgem também deve ser visto nessa perspectiva. Casamento que certamente ocorreu, por motivos de conveniência e de necessidade, quando ainda era jovem e não em uma idade avançada, como afirmaram os Apócrifos e um ou outro escritor eclesiástico, induzidos pelo motivo de salvaguardar a virgindade de Nossa Senhora. O casamento deles foi um casamento verdadeiro, ainda que virginal. Mateus chama José explicitamente de esposo de Maria, e esta de esposa de José (1,18.19.24). O mesmo faz Lucas (1,27; 2,5). Foi um casamento virginal porque tanto Maria (Lc 1,34) quanto José haviam pronunciado o voto de virgindade. É o que diz São Jerônimo: "Dizes que Maria não se manteve virgem, mas eu afirmo ainda mais: o próprio José também se manteve sempre virgem por Maria…" (*Adv. Helv.*: PL 23, 203). Santo Tomás explica esse casamento distinguindo nele o direito do seu uso (*STh*. III, q. 29, a. 2). Os Evangelhos evidenciam bem tanto a virgindade de Nossa Senhora quanto o fato de que José não teve participação alguma na concepção de Jesus (Mt 1,18-21; Lc 1,34-37).

A esse respeito é explícito o episódio de José, que não conhecendo o caráter prodigioso da maternidade de Maria, na sua justiça, quando percebeu que a esposa esperava um filho (Mt 1,16) pensou em repudiá-la secretamente, ou seja, de romper o contrato, sem denunciar a noiva. No entanto, tranquilizado e iluminado por um anjo sobre a origem do mistério, "acolheu em sua casa a sua esposa" (Mt 1,24). Esse episódio ocorre entre o período do noivado, que entre os hebreus tinha valor jurídico de casamento, e o casamento propriamente dito, que começava com a coabitação.

Pelo vínculo matrimonial José torna-se verdadeiro pai de Jesus. Com esse apelativo o chama Lucas (2,33), a Virgem (2,48), os conterrâneos (Jo 6,42). Não sendo pai natural, porém, é chamado pai legal, nutrício, virginal ou, com o nome tradicional, adotivo. O termo mais adequado parece o de "pai virgem": pai porque esposo da mãe de Jesus; virgem porque deve ser excluída qualquer intervenção na obra da encarnação. Esteve presente no nascimento do Senhor em Belém (Lc 2,17). Ali se encontrou com os pastores. Também esteve presente no ato da circuncisão e impôs o nome revelado a ele pelo anjo (Lc 2,21-25). Ofereceu Jesus no templo (Lc 2,22) e não sem sofrimento ouviu a profecia do velho Simeão, dirigida ao menino e a sua mãe. Voltando a Belém depois da apresentação, ocorre o encontro com os Magos, e na mesma noite, avisado por um anjo, fugiu para o Egito, para preservar o menino das insídias de Herodes (*Ibid.* 2,13). Avisado de novo pelo anjo (*Ibid.* 4,19-21) depois de um ano ou talvez depois de apenas dois meses, com a morte de Herodes, ocorrida no ano romano de 750, tomou o caminho de volta. Gostaria de voltar a residir em Belém, mas ao saber que na Judeia reinava Arquelau, tão cruel quanto seu pai Herodes, dirigiu-se para Nazaré, onde reinava Herodes Antipas. Ali fixou definitivamente o seu domicílio e viveu no silêncio com Maria e Jesus. Esse silêncio só é rompido com o episódio do desaparecimento de Jesus em Jerusalém, por ocasião da peregrinação da família ao templo (*Ibid.* 2,4). Depois disso, o Evangelho observa que Jesus voltou com os pais para Nazaré e era-lhes submisso (*Ibid.* 2,51) e diante deles progredia "em sabedoria, em estatura e em graça" (*Ibid.* 2,52).

Com esse episódio José aparece pela última vez no Evangelho. Nem sequer a sua morte é mencionada. No início da vida pública de Jesus, os evangelistas citam a mãe e os primos, mas não há nenhuma alusão a José. Também não o encontramos aos pés da cruz. Se estivesse vivo, certamente Jesus não teria confiado sua mãe a João. Isso leva a supor que no início da vida pública de Jesus, ao se aproximar o drama da redenção, José já havia deixado o lugar para o binômio Jesus-Maria. Foi-se no silêncio, assim como vivera.

3. **ESPIRITUALIDADE.** Seu silêncio não foi vazio, porém, mas prenhe de alta espiritualidade, entendida como profunda posse de Deus, união e transformação nele, enriquecimento e desenvolvimento das graças sobrenaturais, que Deus infundira em seu espírito para ser digno da sua missão. O Evangelho resume toda a sua santidade numa palavra: era justo (Mt 2,19), ou seja, era inocente, puro, casto, repleto de todas as virtudes, reto, no pleno domínio das suas paixões, no justo equilíbrio entre o humano e o divino, entre natureza e sobrenatureza.

Em sua vocação fundamentou sua vida, sem hesitações ou titubeios, em uma contínua, heroica e fiel dependência de Deus. No exercício mais perfeito das virtudes teologais.

Antes de tudo, do mesmo modo que a Virgem, aderiu a Cristo com fé, depois de ter um conhecimento apenas mediato e progressivo do mistério da → ENCARNAÇÃO. A fé guiou-o diante da milagrosa maternidade da sua esposa e diante de todas as provações dolorosas e as situações aparentemente incongruentes de sua vida.

Fé naturalmente sustentada pela esperança, que lhe forneceu um dinamismo sem tréguas e, ao mesmo tempo, coragem e alegria, saudável otimismo e amor.

Sobretudo o amor dominava a sua alma. Amor não apenas negativo, que exclui qualquer apego a finalidades terrenas, mas positivo, dinâmico, ascensional, transformante. Do humilde, silencioso e cotidiano trabalho elevou-se à mais profunda posse de Deus. Em Deus amou o próximo e em Cristo, proporcionalmente ao seu progressivo conhecimento, amou todos os futuros redimidos.

Tudo na mais perfeita humildade, com simplicidade e abandono, com coragem e prudência, virtudes próprias de quem é chamado a cumprir uma missão não comum.

Por esse motivo tornou-se modelo de todos os tipos de pessoas: das casadas como das virgens, das contemplativas, assim como das de vida ativa.

a) **Modelo dos trabalhadores.** Modelo, antes de tudo, porque viveu a sua missão com uma consciência clara e nítida das finalidades da vida, do seu destino e dos meios que Deus coloca à disposição para atingi-lo, e depois por ter consciência dos valores do trabalho. De fato, o trabalho, considerado nas suas características de aprimoramento pessoal, familiar e social, oferece um bom fundamento para o desenvolvimento espiritual do homem, na medida em que pode ser meio de redenção pessoal e de cooperação para a redenção universal.

José aceitou e viveu desse modo o trabalho, como lei de sacrifício expiatório e santificante, como cooperação para o plano criador de Deus, pelo qual as coisas são dominadas, transformadas e aperfeiçoadas. "Ao propor o exemplo de São José a todos os homens, que na lei do trabalho encontram assinalada a sua condição de vida, a Igreja pretende levá-los a perceber a grande dignidade que possuem, e convidá-los a fazer de sua atividade um meio poderoso de aperfeiçoamento pessoal e de mérito eterno. Quanta luz lança nessas verdades o exemplo de Nazaré, onde o trabalho é aceito com alegria, como cumprimento da vontade divina! E que grandeza adquire a figura silenciosa e oculta de São José pelo espírito com que ele cumpre a missão que Deus lhe confiou! Pois a verdadeira dignidade do homem não se mede pelo falso brilho de resultados estrepitosos, mas pelas disposições interiores de ordem e de boa vontade" (JOÃO XXIII, Radiomensagem aos trabalhadores, 1º de maio de 1960).

b) **Modelo de esposo e pai.** Foi próprio de São José fazer da união matrimonial um meio de complemento, de doação e de santificação. Doou-se à Virgem colocando-se, em uma visão mais ampla do amor, a seu serviço, e assimilando-se psicologicamente a ela, imprimindo a sua família o caráter da perfeita e ideal harmonia. Como pai jurídico de Jesus, empenhou-se, com amor, renúncias e sacrifícios na obra de providenciar-lhe o pão cotidiano, educá-lo e plasmar sua psicologia humana.

c) **Modelos dos contemplativos.** A intimidade com Deus foi o objeto primordial da vocação de José. Em volta de Jesus estavam polarizadas todas as suas potências, as suas forças, a sua razão de ser. Isso explica o seu desapego pelas coisas da terra, a sua calma, o seu profundo silêncio. É o santo do → RECOLHIMENTO, do discípulo sempre pronto a ouvir as inspirações internas.

d) **Patrono da Igreja.** Um dos títulos que põem José em contato direto com as almas é o de patrono da Igreja universal. Assim como Maria é mãe de Cristo e consequentemente mãe da Igreja, Corpo místico de Cristo, o mesmo ocorre com José. Leão XIII resume os fundamentos teológicos do patrocínio de José sobre a Igreja universal nos dois seguintes: por ser pai adotivo de Jesus e esposo de Maria; porque a sagrada família continha em germe os princípios da Igreja nascente. A extensão e a eficácia do patrocínio de São José se deduzem, uma, do atual estado de compreensão do santo patriarca, que em Deus, não mais por fé mas com a luz de glória, vê quanto tem relação com o Verbo (*STh*. III, q. 10, a. 2), a outra, de seus graus de glória e do título que eternamente lhe compete como pai adotivo do Verbo encarnado.

Desses mesmos títulos, esposo de Maria e pai de Jesus, parte o culto a ele tributado nos séculos. Na verdade o culto de São José foi levado em conta um pouco tarde. Além das poucas alusões que se fazem a ele por volta dos séculos VIII-IX, no Oriente nos sinassários, e no Ocidente nos martirológios, uma verdadeira contribuição essencial ao seu culto foi dada pelas grandes Ordens religiosas, pelos → FRANCISCANOS em primeiro lugar e depois pelos → CARMELITAS. Santa Teresa, particularmente, vislumbrou em São José um mestre de oração, um meio seguro que introduz à união com Maria e Jesus, que tem um poder de intercessão universal, superior e diferente de todos os outros santos (SANTA TERESA DE JESUS, *Vida*, 6, 6.7.8).

BIBLIOGRAFIA. BARBAGLI, P. *San Giuseppe nel Vangelo*. Roma, 1963; BESSIERES, A. *Présence de s. Joseph*. Paris, 1950; BROWN, R. E. *La nascita del Messia secondo Matteo e Luca*. Assisi, 1981, 151-210; DANIELI, G. *Giuseppe, figlio di David*. Padova, 1981; FLUNK, M. Le développement historique du cult de saint Joseph. *Revue Bénédictine* 14 (1897) 106 s.; GALOT, J. *San Giuseppe*. Milano, 1968; GERONIMO, A. DI *Il fabbro che lavoró con Dio*. Roma, 1966; HERRANZ, M. M. Substrato arameo en el relato de la Anunciación a José. *Estudios Bíblicos* 38 (1979) 35-55.237-268; HOLZMEISTER, U. *De sancto Joseph quaestiones biblicae*. Romae, 1945; La Sacra Famiglia. *Rivista di Vita Spirituale* 38 (1984) 15-128; LAURENTIN, R. *I vangeli dell'infanzia di Cristo*. Cinisello Balsamo, ²1986, 335-570; LEON-DUFOUR, X. L'annonce à Joseph. *Études d'Évangile*. Paris, 1965, 65-81; MAERTELET, B. *Joseph de Nazareth, l'homme de confiance*. Paris-Fribourg, 1974; SEYLAZ, A. *Giuseppe figlio di David e ultimo erede della promessa*. Roma, 1973;

STRAMARE, T. Giuseppe, uomo giusto, in Mt 1,18-25. *Rivista Biblica* 21 (1973) 287-300.

A. DI GERONIMO

JOSÉ DE JESUS MARIA (Quiroga). 1. NOTA BIOGRÁFICA. Nascido em Castro de Caldelas (Orense-Galícia) em 1562, pôde seguir a carreira de letras na universidade de Salamanca, graças à proteção de Andrés de Prada. Depois de concluir os estudos literários, quis dedicar-se ao serviço da Igreja: ignoramos quando e onde recebeu as ordens sagradas. Em 13 de julho de 1592 foi admitido para integrar o Capítulo da catedral de Toledo, mas logo renunciou ao seu benefício. Com a morte do cardeal arcebispo de Toledo, Dom Gaspar de Quiroga, em 20 de novembro de 1594, ficou livre da função e nos primeiros dias de fevereiro de 1595 já se encontrava no noviciado dos carmelitas descalços em Madrid. Emitiu os votos em 2 de fevereiro de 1596, ainda que, por alguns desvios de forma que desconhecemos, tenha tido de renovar a profissão em 11 de fevereiro de 1600. Por volta do ano de 1597 havia sido nomeado primeiro historiógrafo geral da reforma teresiana e desde então se dedicou com afinco à coleta de material para a redação da primeira história oficial da Ordem. Com exceção dos anos em que foi prior em Toledo (c. 1600-1607), sua vida foi inteiramente dedicada ao trabalho das pesquisas históricas e à composição dos numerosos tratados, especialmente hagiográficos e de tema espiritual. A violenta oposição sofrida por ocasião da publicação, no começo de 1628, de sua biografia de São → JOÃO DA CRUZ em Bruxelas e a reclusão no convento de Cuenca, com a qual é punido pelos superiores da Ordem, apressaram a sua morte, que ocorreu no convento daquela cidade em 13 de dezembro de 1628 (segundo outros no mesmo dia do ano de 1629). Sua memória logo foi reabilitada e a Ordem o considerou um dos filhos mais ilustres, publicando suas obras e defendendo-as (especialmente o seu binômio *Subida del alma — Entrada del alma*) diante da Inquisição espanhola e romana.

2. OBRAS. Entre os escritores espirituais da escola carmelita ocupa um lugar de destaque. Sua influência, que se limitou a ser relevante durante sua vida, foi aumentando com o passar dos anos após a sua morte, sem dúvida por causa da íntima relação de suas obras com a interpretação da vida e da espiritualidade de São João da Cruz, de quem foi o primeiro biógrafo e comentador. Essa influência se fez sentir também na Itália depois da tradução de suas principais obras místicas. A abundante atividade literária abrange sobretudo os campos histórico-hagiográfico, mariológico e espiritual. Eis os seus principais títulos: *Historia de la vida y singulares prerogativas del glorioso san Joseph* (Madrid, 1613); *Relación sumaria del autor deste libro y de su vida* (no início da primeira edição das obras de São João da Cruz: Alcalá, 1618); *Historia de la vida y virtudes del venerable p. fray Juan de la Cruz, primer religioso de la reformación de los descalzos de N. Señora del Carmen* (Bruxelas, 1628; trad. it., Brescia, 1638); *Historia de la Virgen María nuestra Señora* (Amberes, 1652); *Primera parte de las excelencias de la castidad* (Alcalá, 1601); *Subida del alma a Dios que aspira a la divina unión* (Madrid, 1656), com o seu complemento: *Segunda parte de la Subida del alma a Dios y Entrada en el paraíso espiritual* (Madrid, 1659; trad. it., Roma, 1664); *Concordancia mística en la cual se trata de las tres vías purgativa, iluminativa y unitiva* (Cartuja de Monte Alegre, 1667); *Don que tuvo Juan de la Cruz para guiar almas a Dios* (publicado pelo padre Gerardo no vl. III das *Obras de san Juan de la Cruz*, Toledo, 1914, 511-570); *Respuesta a algunas razones contrarias a la contemplación afectiva e oscura* (no mesmo volume do padre Gerardo, 571-576). Ainda continuam inéditas diversas obras conservadas na Biblioteca nacional de MadrId.

3. DOUTRINA ESPIRITUAL. A doutrina espiritual do padre José e o eixo de todo o seu sistema místico encontram-se especialmente em sua obra-prima *Subida del alma a Dios* (primeira parte) y *Entrada en el paraíso espiritual* (segunda parte). José divide a contemplação em dois tipos. Essa divisão é fundamental e retorna continuamente em seus escritos, constituindo a base de sua interpretação de São João da Cruz. Uma é exercida com a luz simples da fé e com os auxílios habituais da graça, e que portanto podemos realizar quando queremos, como qualquer outro ato de fé; é ilustrada pelo dom de sabedoria, mas à nossa maneira humana e inata. A outra, mais elevada, é exercida com meios sobrenaturais especiais e mais eficazes e com uma maior iluminação do dom do intelecto (e na contemplação afetiva e agradável também do dom de sabedoria), mas atua acima da nossa maneira humana e inata; logicamente, a alma só pode exercer essa contemplação quando Deus lhe permite. A primeira é chamada contemplação ordinária e comum, nunca ativa ou adquirida; a segunda, extraordinária ou passiva. O doutor providencial desta última foi São João da Cruz. A operação dos → DONS DO ESPÍRITO SANTO é dupla: uma que nunca é negada à alma disposta; a outra, mais elevada e perfeita, depende unicamente do beneplácito divino; a primeira é oculta e quase dissimulada e inerente à nossa maneira psicológica de atuar; a segunda mostra-se mais clara, evidente e superior à maneira inata de atuar nas nossas potências intelectuais e volitivas.

BIBLIOGRAFIA. ANTOLÍN, F. El P. José de Jesús María y su herencia literaria. *Monte Carmelo* 79 (1971) 77-124; ID. El Padre Quiroga escritor ascético-místico. *Monte Carmelo* 79 (1971) 213-242; ID. El problema de la Subida del alma a Dios del P. Quiroga. *Monte Carmelo* 79 (1971) 295-338; ID. Joseph de Jésus-Marie (Quiroga). In *Dictionnaire de Spiritualité* VIII, 1354-9; CAVALLERA, F. À propos de Joseph de Jésus Marie Quiroga. *Revue d'Ascétique et de Mystique* 12 (1931) 177-178; ID. Le Père Joseph de Jesús Marie et M. le chanoine Saudreau. *Revue d'Ascétique et de Mystique* 11 (1930) 407-411; CRISÓGONO DE JESÚS SACRAMENTADO. *Escuela mística carmelitana*. Madrid-Avila, 1930, 165-173; GABRIEL DE SAINTE MARIE-MADELEINE. Le double mode des dons du Saint-Esprit. *Études Carmélitaines* 19 (1934) 215-232; ID. La spiritualité carmélitaine. *Revue d'Ascétique et de Mystique* 15 (1934) 174-185; ISMAEL DE SANTA TERESITA. La corredención en el P. José de Jesús María. *Estudios Marianos* 19 (1958) 195-217; JUAN BOSCO DE JESÚS. La obra josefina del P. José de Jesús María (Quiroga), O. C. D. *Cahiers de Joséphologie* 29 (Montréal, 1981) 129-162; OTILIO DEL NIÑO JESÚS. Un mariólogo español del siglo XVII: R. P. José de Jesús María (Quiroga). *Revista Española de Teología* 1 (1940-1941) 1.021-1.056; ID. Un libro mariano inédito del P. José de Jesús María (Quiroga). *El Monte Carmelo* 48 (1944) 18-29.111.116; SILVERIO DE SANTA TERESA. *Historia del Carmen Descalzo*. Burgos, 1940, 76-98.450-480, t. IX.

SIMEONE DELLA SACRA FAMIGLIA

JOSÉ DO ESPÍRITO SANTO. Nascido em Huelva (Andaluzia), professou os votos em Córdoba no ano de 1683 entre os carmelitas descalços, foi por muitos anos professor de filosofia e teologia, várias vezes superior tanto local quanto provincial e definidor geral desde 1709, eleito superior geral da Congregação da Espanha em 1736, mas morreu apenas 42 dias depois. Logo se dedicou ao estudo de questões referentes à → TEOLOGIA ESPIRITUAL, motivo pelo qual os superiores gerais pediram-lhe que redigisse um *Curso de teologia místico-escolástica*. O primeiro volume foi publicado em 1720, e o último, o VI, em 1740, mas a obra ficou incompleta.

O *Curso* é constituído de uma introdução geral e de 53 *disputas*. Na introdução (vl. I), o autor explica natureza e a divisão da obra (*prolegomena*), trata de algumas questões fundamentais que fornecem a chave para a compreensão de toda a exposição (*mystica isagoge*), discorre sobre o objeto e a natureza da teologia mística, bem como do diretor "místico", ou seja, espiritual (*disp. Proemiales*). As disputas estão agrupadas segundo os cinco "predicáveis" da lógica, que são o gênero, a diferença, a espécie, o próprio, o acessório (*accidens*): o primeiro considera o sujeito "misticamente perfectível" por meio do "perfectivo místico" que é a contemplação, e como a alma por si só não possui aquela perfectibilidade, mas a recebe da meditação, se ocupa precisamente desta (*disp.* 1-6, vl. II); o segundo estuda diretamente o "místico perfectivo", ou seja, a contemplação considerada em si mesma (*disp.* 7-14, vl. II); o terceiro gira em torno da natureza "misticamente perfeita", em seguida examina a natureza da "perfeição mística" e os graus superiores da contemplação e da união mística (*disp.* 15-28, vls. III-IV); o quarto se detém na purificação ativa e passiva do sentido e do espírito como condição para a perfeição mística e, ao menos parcialmente, efeito da contemplação (*disp.* 29-53, vls. V-VI); o quinto deveria estudar os "fenômenos místicos extraordinários" que acompanham os graus superiores da contemplação, ou seja, o arrebatamento, o êxtase, as revelações etc., mas essa parte não foi escrita (cf. *prol.* 50-55). A → CONTEMPLAÇÃO é, portanto, o objeto próprio de todo o *Curso*, como aliás se diz explicitamente no início do vl. II, no proêmio aos "místicos predicáveis".

Ardoroso tomista, o autor afirma que a contemplação é essencialmente um ato do intelecto, embora se estenda necessariamente à vontade e embora o ato desta, ou seja, o amor, possa ser mais intenso que o do intelecto (*disp.* 12 e 18-19): a contemplação, sendo de caráter experimental, alcança Deus não apenas como objeto de conhecimento mas também de amor e de fruição, portanto supõe que, no seu exercício, a alma esteja intimamente unida a ele por meio da fé e da caridade (*disp. prooem.* 1, 85-98); em toda contemplação, que não retira o homem do seu estado de viandante, há necessidades de espécies tanto sobrenaturalmente infusas quanto apenas sobrenaturalmente coordenadas (*disp.* 14), e do recurso *ad phantasmata*, embora a contemplação possa ser tão arcana e elevada a ponto de tornar apenas perceptível aquele recurso (*disp.* 17); em relação à humanidade de Cristo, diz-se primeiro que ela não é objeto formal da contemplação e que, portanto, o contemplativo deve deixá-la atrás de si (*disp. prooem.* 1, 21-41), mas quando o autor trata da contemplação dos perfeitos afirma que ela não pode constituir um obstáculo à "paz contemplativa" e que, portanto, não se deve perdê-la de vista, principalmente porque Cristo é o esposo da alma contemplativa (*disp.* 26, 76-118; apoia-se na autoridade de Santa Teresa). A contemplação é essencialmente e adequadamente diferenciada em adquirida e infusa: está é intrinsecamente sobrenatural e supera a maneira normal de proceder do intelecto, aquela é apenas sobrenatural em virtude do seu princípio remoto e do seu objeto (*disp.* 7-8); mas no decorrer do caminho o autor acrescenta a elas uma contemplação adquirida que é intrinsecamente sobrenatural sem contudo ultrapassar a maneira normal de agir do intelecto (*disp.* 13, 46-53). O princípio formalmente elicitivo da contemplação infusa é a fé ilustrada pelos → DONS DO ESPÍRITO SANTO: essa contemplação é um ato de fé na sua substância, mas os dons influenciam o seu modo de ser a ponto de estabelecer uma "conaturalidade mística e afetuosa" entre a alma contemplativa e Deus contemplado; apenas três dons atuam efetivamente: o da inteligência, da → CIÊNCIA e da sabedoria, este último sendo de longe o principal (*disp.* 13 e 19); quando se trata da contemplação "supereminente", ou seja, "seráfica", exige-se a fé elevada pela ciência infusa (*disp.* 20).

Várias vezes o autor aproxima a contemplação terrestre da contemplação celeste e afirma que ela é o fim da nossa vida (cf., por exemplo, o proêmio ao segundo predicável); em conformidade com a tradição eclesiástica, coloca a substância da perfeição no amor (*disp.* 15-16); afirma também que a contemplação, enquanto participação da perfeição celeste, ou seja, bem-aventurança incoata, porque posse antecipada de Deus, é também substancialmente a perfeição (*disp.* 9 e 16); apesar disso, mesmo afirmando que devemos tender à perfeição da caridade (*disp.* 15, 37-38; 16, 154), nega que a contemplação, não apenas a infusa, mas também a adquirida, seja necessária para a perfeição da vida cristã (*disp.* 11); em outros termos, o autor admite uma distinção adequada entre a vida ativa e a vida contemplativa (*disp.* 10).

As principais autoridades em que o autor se baseia são Santo → TOMÁS DE AQUINO, que a reforma teresiana reconhece como seu "guia e mestre" (cf. *disp.* 23, 82); Santa → TERESA DE JESUS e São → JOÃO DA CRUZ, dos quais se diz que a primeira foi destinada por Deus a ser "a mestra da contemplação infusa" e o segundo "o mestre da contemplação adquirida", embora Teresa seja citada quando o autor fala da contemplação adquirida e João quando trata da infusa (cf. *disp.* 7, 30 e 32; cf. *Ibid.*, 12, e *disp.* 19, 141); os grandes místicos da escola carmelita, antes de tudo → FILIPE DA SANTÍSSIMA TRINDADE, sem contudo se declarar inteiramente de acordo com as teorias deles (cf. *prol.* 18).

Embora o *Curso* tenha sido, em sua época, recebido com grande aprovação, e ainda em nossos dias seja considerado um dos mais poderosos tratados da escola carmelita, não se pode negar que ele tem suas falhas: sofre a influência da Escolástica decadente, em cuja época foi escrita (não é exagerado dizer que dois terços consistem em objeções e respostas; em alguns pontos encontram-se questões cuja utilidade parece bem restrita), e do longo espaço de tempo que o autor teve de empregar para sua redação. Já mencionamos a questão da humanidade de Cristo e a da contemplação adquirida; podemos acrescentar o conceito de ciência aplicado à teologia mística (*disp. prooem.* 1, 142-165; *disp.* 13, 32-34); o lugar da purificação passiva do sentido, ou seja, se pertence à via purgativa, como insinua um *erratum corrige* da *disp.* 42, 1, ou à via iluminativa, como estava escrito no mencionado texto e se diz nos textos a que ele remete (*disp.* 29, 14, e *isag.* liv. 1, 45-51; liv. 5, 3-7); a opinião do autor sobre a necessidade da contemplação para a perfeição cristã, que não nos parece coerente com tudo o que ensina em seu *Curso*, etc. Por outro lado, o próprio autor confessa que teve de trabalhar no *Curso* em várias cidades e que nem sempre teve à disposição os livros desejados (*prol.* 24-25).

BIBLIOGRAFIA. CRISÓGONO DE JESÚS SACRAMENTADO. *La escuela carmelitana*. Madrid-Avila, 1930, 216-31; DALBIEZ, R. La controverse de la contemplation acquise. *Études Carmélitaines* 28 (1949/II) 81-145; FRENTZ, E. RAITZ VON. Wesen und Wert der Beschauung nach Joseph a Spiritu Sancto C. D. *Zeitschrift fur Aszese und Mystik* 3 (1928) 1-28; MELCHIOR A SANCTA MARIA. Doctrina P. Josephi a Spiritu Sancto de contemplatione infusa. *Ephemerides Carmeliticae* 13 (1962) 714-757.

MELCHIORRE DI SANTA MARIA

JOSÉ DO ESPÍRITO SANTO (Barroso). **1. NOTA BIOGRÁFICA.** Nasceu em Braga em 26 de dezembro de 1609, vestiu o hábito dos carmelitas do noviciado de Lisboa em 30 de maio de 1632, professando-os no ano seguinte. Fundou conventos em Braga (1653) e na Bahia (Brasil, 1665), sendo seu primeiro superior. Pode ser considerado um dos melhores escritores e pregadores da província portuguesa de São Filipe dos carmelitas descalços, que pertencia à Congregação da Espanha. Esse fato explica por que ele escreveu indistintamente tanto em português como em espanhol, e naturalmente em latim. Morreu no convento de Madrid em 27 de janeiro de 1674.

2. OBRAS E DOUTRINA ESPIRITUAL. Além dos muitos sermões e panegíricos, alguns dos quais foram impressos, e de um grupo de *Poezias varias*, que permanecem inéditas e parecem ter sido perdidas, as duas obras que deram um nome glorioso a José na escola mística carmelita são a *Cadena* e a *Enucleatio*, ambas póstumas. A *Cadena* foi publicada pela primeira e única vez até hoje em Madrid, quatro anos depois da morte do autor. Esta é sua ficha bibliográfica: *Cadena mystica carmelitana de los autores carmelitas descalzos... formada en método de las colaciones espirituales del Carmelo heremítico, por el muy reverendo padre fray Ioseph del Espíritu Santo, carmelita descalzo, portogués*, Madrid, 1678, in. Fo. Da maneira como chegou até nós, evidentemente obra incompleta, a atual *Cadena* é constituída de uma *Colación*, dividida em 40 *Propuestas*, cada uma das quais tem por sua vez um título, uma breve introdução ou estado da questão de que trata, uma série de respostas e uma conclusão. Ao final dessa *Primera colación* os editores publicaram duas *Propuestas* de outra *Colación* encontrada entre as cartas de J. sobre o voto seráfico de Santa Teresa, e que utilizam o mesmo método e possuem a mesma estrutura. Trata-se, portanto, de uma verdadeira *Catena*, não só de temas subordinados entre si para a solução de um tema principal, mas também de autores que pouco a pouco dão a sua opinião sobre os pontos doutrinais que se apresentam. As chamadas *Colaciones espirituales* de tão grande tradição na vida monástica eram conferências ou conversas sobre temas espirituais que eram realizadas entre os religiosos em determinados dias e solenidades. A matéria do livro é assim proposta pelo autor: "O que é teologia mística; qual a sua terminologia, seu nome, sua natureza, propriedades, as disposições e os atos que a precedem, a acompanham e a seguem" (Título, p. 1). No desenvolvimento desses temas, José compõe um tratado, no qual brilham com a mesma luz a ordem harmoniosa das questões e a profundidade teológica do raciocínio. Um dos principais méritos da obra e da sua atualidade é que ela constitui ainda hoje a primeira intenção de síntese e de sistematização da escola mística carmelita, apresentando as sentenças de mais de trinta de seus primeiros e melhores autores sobre as principais questões ascético-místicas. A obra manifesta uma tendência conciliadora na escolha das diversas sentenças.

O outro escrito intitula-se: *Enucleatio mysticae theologiae s. Doionysii Areopagitae...* (Colônia, 1884; ed. crítica, Roma, 1927). A obra está dividida em duas partes, a primeira das quais contém o comentário ao livro *De mystica theologia* do pseudo-Areopagita, enquanto na segunda são apresentados os comentários aos outros escritos do mesmo autor: *Epistolae De divinis nominibus* e *De coelesti et ecclesiastica hierarchia*.

A *Enucleatio* foi composta depois da *Cadena*, mas esta última não pode de modo algum ser considerada — como alguns quiseram sugerir — uma preparação e coleta de material para a *Enucleatio*. Esta remete o leitor 56 vezes à *Cadena*, ao passo que nesta última só cinco vezes se promete tratar alguns pontos especiais num futuro escrito, indeterminado, *De quaestionibus mysticis*. Os dois tratados possuem destinatários diferentes e foram portanto redigidos com critérios e gênero literário distintos.

Por algum tempo atribuiu-se a José um tratado espiritual, ainda inédito, que se conserva na Biblioteca Nacional de Madrid (ms. 6533) com o título: *Primera parte del Camino espiritual de oración y contemplación*. Mas em um amplo estudo, citado na bibliografia, demonstramos que a autoria dessa importante obra deve ser atribuída sem dúvida ao padre → TOMÁS DE JESUS.

BIBLIOGRAFIA. BARTHOLOMAEUS A SANCTO ANGELO – HENRICUS A SANCTISSIMO SACRAMENTO. *Collectio scriptorum*. Savonae, 1884, 352-353, t. 1; *Bibliotheca Carmelitico-Lusitana...* Romae, 1754, 158-162;

Crisógono de Jesús Sacramentado. San Juan de la Cruz. La vie contemplative selon l'enseignement traditionnel des Carmes déchaussés. V. P. Josephus a Spiritu Sancto (Lusitanus), C. D. *Études Carmélitaines* 15 (1930) 47-59; Gabriel de Sainte Marie-Madeleine. École mystique thérésienne. *Dictionnaire de Spiritualité* II, 171-209; Heerinckx, J. Doctrina mystica Iosephi a Spiritu Sancto, lusitani, O. C. D. *Antonianum* 3 (1928) 485-493; Rodríguez Cuesta, A. José del Espíritu Santo (Barroso). *Diccionario de Historia Eclesiástica de España*. Madrid, 1972, 1242, t. II; Siméon de la Sagrada Familia. La primera historia y síntesis de la Escuela Carmelitana de Espiritualidad. *El Monte Carmelo* 72 (1964) 185-195.

Simeone della Sacra Famiglia

JUDAÍSMO. 1. DEFINIÇÃO. A espiritualidade judaica poderia ser definida como a espiritualidade "da escuta"; ou seja, pode-se identificar sua singularidade em uma atitude particular do homem diante de Deus, uma atitude determinada, por sua vez, por uma disposição especial de Deus para com o homem. O lugar que em outras civilizações é ocupado pelos heróis e pelos filósofos é ocupado em Israel pelos → PROFETAS, isto é, por homens que se definem com base em uma capacidade particular de escuta que eles possuem diante da → PALAVRA DE DEUS. O profeta é, sem dúvida, "uma voz que grita", mas a sua voz nada mais é que o eco da voz de Deus, e ele só pode ser profeta porque, antes, foi impelido a captar o som da palavra divina. Podemos dizer que onde há espiritualidade judaica há profetismo, ainda que este tenha assumido, no desenrolar da história de Israel, formas e aspectos diversos. Já → ABRAÃO é profeta (Gn 20,7), e toda sua vida é a resposta, feita de fé e de obediência, àquela vontade que Deus pouco a pouco lhe manifesta. Sobre → MOISÉS afirmou-se que não houve profeta maior em Israel (Dt 34,10); o grande rei Salomão pede ao Senhor que lhe conceda "um coração atento, para governar o teu povo, para discernir entre o bem e o mal" (1Rs 3,9).

Essa posição de escuta — diálogo constante entre Deus e o homem em que se desenvolve toda a história de Israel — tem uma razão precisa, que deve ser buscada na posição especial em que Israel se encontra: ele é o filho primogênito de Deus; só a ele, entre todos os povos da terra, o Senhor disse: "Vós sereis o *meu* povo, e eu serei o *vosso* Deus". A escolha de Israel é uma realidade ontológica da maior importância, e coloca Israel em uma posição tal que, para ele, o encontro de Deus se realiza de forma diferente do que ocorre com os gentios. Enquanto a busca de Deus por parte dos pagãos se realiza sobretudo através de um trabalho especulativo que, partindo da consideração das realidades sensíveis, se encaminha para a abstração, Israel espera que o Senhor lhe "abra o ouvido", ou seja, o torne capaz de captar tudo o que ele revela de si através da história, da vida vivida de seu povo e das palavras de seus profetas.

Israel formulará o seu Credo nas palavras da Escritura: "Ouve, Israel: o Senhor é nosso Deus, o Senhor é um só. Amarás o Senhor teu Deus com todo o coração, com toda a alma e com todas as forças"; o significado da vida do povo eleito reside inteiramente na escuta, e na tentativa sempre renovada de responder com amor à palavra que o Senhor lhe dirige. A escuta, portanto, reflete-se diretamente sobre a vida moral, que é condicionada por tal escuta.

2. PERÍODO ANTIGO. Quando todos os povos multiplicavam os deuses de seu panteão, na tentativa de apreender a realidade transcendente e dar-lhe corpo, o patriarca Abraão orientava a sua vida com base no que o Deus único lhe ordenava. Embora seja mais exato falar, no que diz respeito àquele período, de henoteísmo e não de monoteísmo, é certo que na vida do patriarca há um só Deus, e que toda a sua vida pode ser considerada um diálogo a dois. Virão mais tarde os grandes profetas literários (a partir do século VIII), que afirmarão categoricamente: "Tu e nenhum outro; não existem outros deuses além de ti".

Quando a consciência do grego ainda geme, esmagada sem esperança sob o peso de pecados cometidos inconscientemente (vide o exemplo de Édipo), já havia tempo o Senhor dirigira a seu povo o convite: "Voltai, filhos rebeldes", abrindo diante dele o caminho da penitência, que a linguagem rabínica chamada de caminho do "retorno" (*teshubah*); ao apelo de Deus, Israel respondia: "Faze-nos voltar a ti, Senhor, e voltaremos" (Lm 5,21).

Enquanto a civilização grega se volta com pesar para o tempo passado, situando nos primórdios a era de ouro, passada para sempre, Israel ensina ao mundo a esperança, mostrando que o melhor está diante de nós, que o tempo, com o seu transcorrer, não empobrece e consome, mas enriquece: no fim dos tempos, o Messias virá, trazendo paz e bem-estar (Is 11,6 ss.), abolindo a doença e a morte (Is 35,5; 25,8), e renovando os céus e a terra, porque então nem o sol nem a lua brilharão, mas "é o Senhor que será para ti a luz perene, o teu Deus será o teu esplendor" (Is 60,19).

Em uma espiritualidade de "escuta", a palavra de Deus não pode deixar de ocupar o primeiro lugar, deixando o segundo à resposta a ela por parte do homem: a oração. O hebreu, de fato, faz da *Torá* o objeto constante da sua meditação, e nela procura Deus com todo o coração; o seu conhecimento é um dom divino, que o homem se empenha em preservar (Sl 118,33); nela o piedoso se deleita e "em plena noite levanto-me para celebrar-te por causa das tuas justas decisões" (Sl 118,62). *Torá* e oração ocupam o primeiro plano, na espiritualidade judaica, já na época do exílio babilônico, quando o hebreu se encontrava na impossibilidade de oferecer a Deus o culto cruento. *Torá* e oração constituem depois o fulcro da espiritualidade dos fariseus, que, no tempo de Cristo, são a corrente religiosa mais viva, mais difundida e mais válida.

3. A ESPIRITUALIDADE DOS FARISEUS. Apresenta um caráter popular, no sentido de desejar que cada um em Israel — que é todo povo sacerdotal — tome parte ativa no serviço de Deus, aquele serviço que a casta sacerdotal tendia a chamar para si. O estudo da *Torá* é colocado no topo na escala de valores, e quem se dedica a ele — mesmo um pagão — vale mais que o sumo sacerdote. A oração é considerada "sacrifício dos lábios", contrapondo-se, portanto, àquele culto sacrifical, que era domínio exclusivo dos sacerdotes.

A espiritualidade dos fariseus tende a imergir cada detalhe da vida de cada pessoa em um banho religioso. Os rabinos elevarão a 613 os preceitos, extraídos da *Torá*, que o israelita piedoso deve observar; a cifra é resultante da soma do número dos dias do ano mais o dos membros do corpo humano; deseja-se ensinar, assim, que não deve passar nenhum dia nem deve haver nenhuma parte do homem que não esteja empenhada no cumprimento dos preceitos de Deus.

Tem grande valor, portanto, a espiritualidade dos fariseus, mas é justamente em sua excelência que ela esconde uma semente de perigo: o esforço constante a que o fariseu é chamado pode induzi-lo a dar valor às obras humanas por si mesmas, esquecendo a obra que Deus realiza em cada um de nós e descurando o espírito com que elas são realizadas. Foi o erro em que caiu o fariseu da parábola (Lc 18,9 ss.) — que é um tipo humano universal — e que a própria literatura rabínica desaprovou com palavras vívidas.

A corrente religiosa representada pelos fariseus se concretiza em uma instituição: a sinagoga. Esta é a expressão da espiritualidade centrada na *Torá* e na oração, porque o culto que ali se desenvolve pode ser definido como culto da palavra de Deus, que o homem escuta e à qual responde com a oração. Por outro lado, as exigências do povo, que tendia a uma participação mais ativa na vida religiosa, encontram nela a sua satisfação, porque na sinagoga cada israelita piedoso é chamado a ler e a explicar a *Torá*. A sinagoga coloca-se, assim, em antítese ao templo, fortaleza da estirpe sacerdotal.

À leitura da *Torá*, em casa ou na sinagoga, é consagrado particularmente o sábado, eixo da vida religiosa do hebreu, sinal através do qual Israel vive a sua relação especial com Deus: a eleição, o pacto. Enquanto o sábado é "o encontro" semanal com Deus, o ano se desenvolve no ritmo das grandes festas religiosas, que se reúnem em um ciclo primaveril: Páscoa-Pentecostes, e em um ciclo outonal: a festa das Cabanas (*sukkoth*), precedida do Primeiro de Ano e do dia de Expiação. Nessas ocasiões realizam-se cerimônias especiais na sinagoga, ao passo que na Páscoa tem grande importância o rito doméstico da refeição.

A literatura através da qual conhecemos a corrente religiosa em questão se divide em vários ramos: há o *midrash*, ou seja, "pesquisa" do texto bíblico, que nos conserva a tradição viva no meio do povo em textos de caráter narrativo e edificante e também normativo; há o *Targum*, tradução aramaica do texto bíblico, às vezes com digressões e acréscimos; nasceu no interior da liturgia, para quem não compreendia mais o hebraico; há a *Mishnah*, coletânea das instituições religiosas, civis, penais etc. de Israel, de caráter predominantemente preceitual; há o *Talmude* que desenvolve amplamente a *Mishnah* e constitui um *thesaurus* da Tradição de Israel, refletindo sua vida em seus vários aspectos: ao lado da expressão da antiga sabedoria de Israel, ao lado das orações dos devotos que antepõem a *Torá* e o serviço de Deus à sua própria vida, encontramos ali normas de caráter civil e religioso, que se remetem à *Torá*, explicitando-a e adaptando-a às exigências dos tempos, e que ainda hoje constituem a base da vida de Israel. Ao lado desses ramos em que o acento farisaico é mais forte, há a apocalíptica, cuja tarefa principal é a de consolar Israel da miséria presente, e há enfim a mística, igualmente nascida no interior do judaísmo rabínico.

Será particularmente através da mística que estudaremos os vários aspectos que a relação com Deus assume em Israel ao longo do desenrolar de sua história. Não se pense que desse modo teremos uma visão parcial da espiritualidade de Israel, porque a mística judaica em geral não tem caráter esotérico, mas tende a se tornar fermento da massa; não se apresenta como força de oposição ou de revolução, mas como um meio para redescobrir e aprofundar valores tradicionais.

4. OS PRIMEIROS SÉCULOS DA ERA CRISTÃ. Na mística desse período é possível distinguir duas vertentes: uma que especula sobre a obra criadora de Deus (*maasē bereshith*) e encontra a sua expressão no *Livro da Criação* (*Sepher jesirah*), e a mística "da carruagem divina" (*maasē merkbah*); esta deve seu nome ao fato de que metade do itinerário do místico é a contemplação da "carruagem" celeste, ou seja, o trono de Deus. Os textos descrevem os "santuários" ultraterrenos através dos quais o místico deve passar para alcançar a visão, e as práticas ascéticas e outras às vezes não desprovidas de elementos mágicos que ele deve cumprir.

O interesse moral é despertado em um segundo momento; então a ascensão do místico torna-se ato de penitência, e em cada novo céu cuja entrada ele transpõe vê-se um nível moral mais elevado alcançado. É uma mística em que Deus é o absolutamente *Outro*, diante do qual o assombro do homem, admitido à contemplação da grandeza de Deus, não é superado no abandono de um encontro pessoal.

5. A IDADE MÉDIA. Chega-se assim ao limiar da Idade Média, quando o centro de gravitação da vida judaica se desloca pouco a pouco do Oriente para o Ocidente, e os interesses, antes concentrados quase exclusivamente em torno da *Torá*, se ampliam e se aproximam do campo dos estudos "profanos", sem que com isso a alma judaica, essencialmente religiosa, negue a si mesma: para Maimônides, o conhecimento metafísico não é resultado de investigações discursivas, mas de uma iluminação: o profeta, o homem que escuta a voz de Deus, é ainda uma vez superior ao filósofo.

A mística é permeada por preocupações morais. O Deus de Judas Levita (1085-1140?) é um Deus ativo e providente, que se inclina para o homem e o atrai, diferente do Deus dos filósofos, imóvel em uma eterna quietude. Ao Deus que o atrai o homem é chamado a responder com a atitude moral e religiosa de sua vida: o místico deve cumprir com alegria a vontade de Deus, e amar o próximo com verdadeira humildade; mas, acima de tudo, o místico deve responder a Deus com a oração e a contemplação, com a eterna nostalgia da criatura diante da insondável grandeza de um ser incomensurável, embora próximo.

No mesmo período, Bahjah ibn Paquda (primeira metade do século XI) escreve a obra que durante séculos alimentou a espiritualidade da sinagoga: *A introdução aos deveres do coração*, onde se fala daquele fermento interior, que deve dar vida ao cumprimento exterior dos mandamentos de Deus. Para Bahjah, o problema da vida religiosa se resolve somente no amor, e o amor não tem limites nem fronteiras.

Enquanto Judas Levita e Bahjah ib Paquda continuam a ser figuras isoladas, duas correntes místicas claramente identificadas surgem nesse período na Alemanha e na Espanha:

a) A primeira, o hassidismo, teve o seu auge entre 1150 e 1250, mas exerceu influência duradoura sobre os judeus alemães. A figura mais notável é Judas, o Piedoso da família dos Kalonimidas, que ocupa no interior do judaísmo um lugar semelhante ao de São Francisco no cristianismo. O hassidismo cria um novo ideal de conduta de vida e um novo tipo de homem: o piedoso (o *hassid*), que se distingue por seu espírito de renúncia aos bens deste mundo, por um extremo altruísmo, acompanhado da maior serenidade de espírito; a principal característica do homem piedoso é o espírito de oração, e por isso o judeu ideal já não é o doutor, que especula noite e dia sobre a *Torá*, mas o orante, que passa os dias fazendo suas as palavras dos → SALMOS.

O ideal moral é colocado em primeiro plano no hassidismo e supera em importância a visão mística: em lugar da viagem através das esferas celestes do visionário do primeiro período, encontramos aqui uma disciplina penitencial bem desenvolvida e complexa, provavelmente de inspiração cristã. Afirma-se a existência de exigências morais mais estritas que as ditadas pela lei e que seriam impostas apenas a alguns; começa-se assim a delinear a tendência, repleta de consequências, a uma distinção entre *Torá* e "lei celeste", que acaba por privar a primeira do seu valor absoluto.

O Deus da transcendência absoluta da mística do primeiro período torna-se o Deus a quem nos dirigimos "como um amigo fala a seu amigo", e nesse inefável diálogo o homem piedoso se dá conta, como já fizera Santo → AGOSTINHO, que Deus lhe é mais íntimo que sua própria alma.

b) Tem caráter mais especulativo o movimento místico espanhol.

Abulafia (nascido em Zaragoza em 1240) descreve em seus numerosos escritos, permanecidos quase todos inéditos, o tormento do homem que se vê colocado ao lado da corrente da vida cósmica, na qual é chamado a submergir-se; entre o fluxo da vida cósmica e ele se ergue uma espécie de muro, que mantém a alma prisioneira dentro dos limites da existência natural. Para transpô-lo, a alma deve "soltar as amarras" que a prendem, libertando-se da multiplicidade e inserindo-se na unidade originária. Chega-se a isso com a contemplação, que permitirá que o homem veja além das formas da natureza e o levará ao êxtase; chegando nesse ponto, Abulafia se limita a falar de "alegria imensa" e de "doçura do arrebatamento". No êxtase, o intelecto é iluminado; mas a luz da inteligência junta-se com o amor puro de Deus, e Abulafia considera o místico como discípulo dos profetas, nos quais amor de Deus e conhecimento dEle e de seus segredos não podem ser separados.

Outra corrente mística espanhola é representada por um livro, cuja autoridade quase chegou a se igualar à da própria Bíblia: o *Livro do Esplendor* (*Sepher ha-Zohar*), de Moisés de Lião, morto em 1305.

A visão da "carruagem celeste" (*merkabah*), em que se deleitavam os antigos místicos, é aqui superada na busca de um "*merkabah* interior", ou seja, do conhecimento do Deus oculto, que foge a toda definição e por isso é chamado *en-soph* ("sem fim"). Ele existe por si mesmo, como o carvão que se mantém mesmo sem a chama; mas, assim como o poder latente deste se manifesta só na chama, assim Deus pode ser conhecido só no mundo luminoso dos atributos. Em torno do *en-soph* se consideram dez zonas de manifestação de vida de Deus, as *sephiroth*.

A dimensão moral, bastante desenvolvida no *Zohar*, vincula-se a uma concepção do pecado, que se aproxima da concepção cristã do pecado original: o pecado, que remonta a → ADÃO, rompeu a unidade originária do todo e trouxe consigo consequências nefastas para toda a criação; no entanto, a unidade está destinada a se recompor no fim dos tempos, e para a restauração desta, o *tiqqun*, Israel trabalha com as boas ações e a oração.

Cada ação do homem é capaz de ter repercussões infinitas, porque o homem reflete em si mesmo a vida de Deus e assume em si as forças espirituais atuantes na criação; ele se põe, portanto, no centro dela, dotado do poder de interromper ou de facilitar o fluxo da vida divina no mundo. O valor supremo — que substitui o êxtase da mística precedente — é a *debhekuth*, a adesão contínua a Deus, uma relação constante com ele, que se realiza na vida cotidiana, e é capaz de se transformar em valor social.

6. O RENASCIMENTO. A cabala — que abriu um espaço no mundo cristão, apaixonando Pico della Mirandola, Paracelso, Reuchlin — renasce na terra de Israel, a Safed, e está ligada aos nomes de Moisés Cordovero e de Isaac Luria (1534-1572). Na terra dos pais a cabala se carrega de dinamismo messiânico, voltando-se para a esperança da redenção futura. Nascida após a expulsão da Espanha, transporta, pode-se dizer, o exílio no próprio Deus, explicando a criação com a teoria do *simsum*, termo que significa "concentração" ou "contração", mas na linguagem mística significa "retiro" ou "solidão"; entende-se com isso o "retirar-se" de Deus distante de um ponto de si mesmo, para dar lugar à criação: de algum modo, a criação torna-se assim o exílio de Deus de si mesmo.

Em relação à origem do mal, a cabala de Safed considera um duplo drama, no plano cósmico e no plano humano, em consequência do qual bem e mal se misturaram; nada está mais em seu lugar, tudo está em exílio. O drama cósmico parece ter sua origem no próprio ato criativo, o drama humano é consequência do pecado do homem. No mundo conturbado, contudo, está em desenvolvimento uma obra de reorganização, que precisa de um impulso por parte de Deus, mas não se cumprirá sem a colaboração do homem, considerado o eixo da vida cósmica. Entre as obras do homem, a oração ocupa o primeiro posto, porque com ela o homem organiza as várias esferas pelas quais passa para chegar a Deus. A oração assim concebida torna-se uma colaboração com o ato criador de Deus. A obra de reorganização será levada a termo com o advento do Messias, que assinalará o fim não só do exílio, que teve início com a destruição do templo, mas o fim também do exílio interior das criaturas, que começou com o pecado de Adão.

7. A ÉPOCA MODERNA. A tensão messiânica suscitada pelo cabalismo de Safed desembocou no movimento sabbatiano, que durante um ano, de 1665 a 1666, pareceu concentrar as forças hebraicas

em torno do pseudo-Messias, Sabbathai Zebhi, e ameaçou arrastar Israel para o antinomismo: o mal só é mal quando assim é considerado a partir de fora, mas na verdade é o meio para vencer o mal com suas próprias armas. A *Torá* perde qualquer valor absoluto, porque o valor secreto e real de uma ação não corresponde mais à sua conformidade com os padrões estabelecidos.

O sabbatianismo teve mais importância por suas repercussões que por si mesmo. Sua carga messiânica recaiu sobre o sionismo, assumindo caráter nacionalista e servindo de força de propulsão para a grande realização do Estado de Israel.

Seu antinomismo se ameniza no iluminismo hebraico que leva à assimilação. Esse movimento, que se iniciou no final do século XVIII na Alemanha, difundiu-se rapidamente na Europa e nos Estados Unidos, e constitui a base da posição assumida ainda hoje por amplas camadas do judaísmo. A concepção historicista, pela qual até a *Torá* era ligada ao tempo e às mudanças que ele traz, a necessidade de se assimilar à vida dos povos entre os quais os judeus viviam, são todos elementos que levam à afirmação de que é possível continuar a ser judeu mesmo sem seguir os preceitos da *Torá*. Os reformistas pretendem ser os herdeiros dos profetas, enquanto buscam a essência do judaísmo, livrando-a de superestruturas ritualísticas e normativas.

E, por fim, o componente místico do sabbatianismo é retomado no novo hassidismo. O movimento está ligado ao nome de Rabbi Israel ben Eliezer, denominado Baal Shem (1700-1760) e se desenvolve inicialmente sobretudo em Podólia e Volínia. Ele não traz nenhuma nova doutrina; novo é o entusiasmo e a alegria com que a vida religiosa é vivida, originando assim um novo tipo de homem, que considera como maior mal "esquecer que é filho de rei". O hassidismo — como o sabbatianismo — exalta o homem do espírito acima do doutor, e no vértice dos valores não põe o conhecimento da *Torá*, mas o carisma.

A concepção da vida é essencialmente dinâmica, e o êxtase, suprema miragem de todo místico, é alcançado através da ação realizada com o coração voltado para o céu. O componente essencial da espiritualidade hassídica é o serviço dos outros, realizado com humildade e amor; ele se torna serviço de Deus (culto) no tempo e no espaço, e dele brota "o inflamar-se", ou seja, o abraçar Deus além do tempo e do espaço.

A importância dada à personalidade humana degenera, numa segunda fase denominada dos *saddiqin*, em força magnética e dominadora dos outros, reaproximando-se dos elementos negativos do sabbatianismo. Mas, à parte esses exageros, o hassidismo trouxe realmente sangue novo às veias do judaísmo. Sua influência não se limita ao mundo de Israel; mas, na forma mais especulativa que assumiu num dos seus mais recentes e ilustres epígonos, Martin Buber, tornou-se parte integrante da concepção atual da existência humana. No pensamento de Buber, a vida é concebida como diálogo, em que "o homem se faz Eu no Tu". Reencontramos em Buber a disposição de escuta dos outros — e de todo o universo — que está na base da vida dos homens devotos; escuta dos outros que postula a escuta do Outro, daquele em que convergem todas as linhas das relações pessoais, chegando ao encontro com o Tu eterno.

E assim hoje a espiritualidade retorna uma vez mais à dos profetas, aos quais o Senhor "abriu os ouvidos", para que pudessem ser capazes de apreender de sua voz os mistérios da natureza e da história.

BIBLIOGRAFIA. CHOURAQUI, A. *La pensée juive*. Paris, 1965; EPSTEIN, J. *Il Giudaismo*. Milano, 1967; HESCHEL, A. J. *Dio alla ricerca dell'uomo*. Torino, 1969; MANDEL, A. *La via del chassidismo*. Milano, 1963; NOLA, A. M. DI. Ebrei. *Enciclopedia delle Religioni* II. Firenze, 1970, 765-1.012 (com vastíssima bibliografia); SCHOLEM, G. G. *Major trends in Jewish Mysticism*. London, 1955); ID. *Le origini della kabbalà*. Bologna, 1973; WAXMAN, M. *Introduction à la vie Juive*. Paris, 1958; ZOLLI, E. *L'Ebraismo*. Roma, 1953. Informações bibliográficas em matéria de religião e espiritualidade no periódico semestral *Immanuel*, publicado por The Ecumenical Theological Research Fraternity de Israel, Jerusalém. Está em processo de publicação uma tradução francesa do *Zohar*, da qual até agora saíram os dois primeiros volumes: tradução, notas e introdução, vl. I de B. MARUANI, vl. II de C. MOPSIK, Verdier, 1981, 1984. O *Guia dos devotos* de JEHUDAH BEM SHEMUEL O PIEDOSO possui uma tradução francesa parcial, mas abundante com contextualização histórica, realizada pelo rabino E. GOURÉVITCH, prefácio de Y. EISENBERG, Paris, Cerf, 1988.

S. CAVALLETTI

JUÍZO PARTICULAR. A escatologia cristã distingue em dois momentos o solene juízo de Deus: juízo universal no fim do mundo (*dies iudicii*: Mt 10,15; 1Jo 4,17; *dies Domini*: 1Cor 1,8;

1Ts 5,2); e juízo particular, ao final da vida terrena de cada homem. Na base deste segundo juízo está a verdade, simples e tremenda: Deus julga o homem (Mt 7,1; 1Cor 4,5; Rm 2,1-3). O juízo particular é a realização desse direito de Deus sobre sua criatura. Deus julga o homem em cada momento da sua vida. Mas existe um ponto final em que o juízo de Deus culmina e se consuma: é o momento em que termina a existência terrena ("estado de caminho") e começa a outra forma de existência ("termo", "eternidade"). O juízo particular é o ato com que Deus avalia o homem em toda a sua realidade: conduta, vida e pessoa; valores e desmerecimentos; não só em função ética, para premiá-lo ou castigá-lo; mas na sua qualidade de cristão redimido, para salvá-lo ou condená-lo: juízo de salvação ou de condenação; sem processo, inútil para Deus, mas com uma sentença executiva que decide a salvação ou não do homem, e que é irrevogável. A matéria do juízo serão os merecimentos ou desmerecimentos da nossa existência terrena enquanto partícipe da redenção de Cristo; o conteúdo da sentença será a condição da nossa existência eterna em relação ao Cristo salvador: permanecer "com Cristo" ou ser "separados" dele.

A existência do juízo particular depois da morte de cada homem teve pouca ressonância na consciência dos cristãos primitivos. A atenção da Igreja estava voltada para a espera do juízo universal: a parúsia de Cristo, a sua segunda vinda, era o ponto central da tensão escatológica vivida e sentida eclesialmente, como aliás já ocupara um lugar privilegiado na oração evangélica (Mt 10,15; 12,36; At 17,30 s.; 2Pd 2,9; 1Jo 4,17). O povo de Deus da nova aliança caminha para o Cristo glorioso, como o da antiga aliança vivera na espera do Messias. Esse contexto espiritual explica a falta de alusões expressas ao juízo particular no Novo Testamento. A parábola do pobre Lázaro (Lc 16,19-31), a promessa feita ao bom ladrão (Lc 23,43) e algumas passagens paulinas (Fl 1,21-23; 2Cor 5,6-8; Hb 9,27) contêm apenas possíveis alusões marginais. Ele recebeu atenção especial, contudo, da consciência cristã posterior, do magistério da Igreja (cf. DENZ. 856-9.1000.1304-1306: distinção entre retribuição pessoal e juízo final; *LG* 48), e da teologia da Idade Média e do Renascimento. Contra esta reagiu em parte a teologia moderna, para devolver ao juízo universal a sua importância original e encontrar o equilíbrio e também o sentido dos dois juízos. O fato do juízo particular, como evento salvífico, está no dogma da retribuição imediata de cada homem logo após a morte: prêmio ou castigo, céu ou → INFERNO, não em virtude de um processo ético automático, mas de um juízo de salvação ou de condenação.

Essa situação do dado revelado motivou duas explicações do juízo particular na teologia: de acordo com a primeira, o juízo particular seria uma atuação estrita e pessoal de Deus por meio de Cristo, uma concepção tradicional, portanto. De acordo com a outra, Deus julgaria cada um por meio da própria consciência: o juízo particular seria autoavaliação, autojuízo, exatíssimo e claríssimo, emitido pela alma no momento da morte (primeiro instante da sua existência incorpórea: primeiro encontro imediato consigo mesma), à luz da justiça de Deus, impelida pelo dinamismo interior da redenção que atinge cada homem (é o que dizem, com variantes pessoais, Beaudoin, Omez, Feuling...; cf. SANTO TOMÁS, *Suppl.* 69, 2). Essa interpretação interiorizada e humana do juízo particular, ao menos no que tem de exclusão da intervenção pessoal divina, não conseguiu suplantar a clássica, por várias razões: o homem não é juiz adequado de si mesmo, não só quando o corpo e os sentidos obscurecem o espírito, mas também quando se despoja deles e permanece apenas a alma; nem sequer então pode ser "medida" dos seus merecimentos ou desmerecimentos, assim como não pode ser para si norma radical de moralidade nem vivendo no corpo nem sem ele. Parece impossível que o justo sem a luz da glória seja capaz de discernir e de julgar o alcance do seu ser sobrenatural (a graça); impossível que o pecador — mesmo antes da sua cristalização definitiva (obstinação) — possua o equilíbrio na avaliação de si mesmo, sem cair no egoísmo ou no desespero, ou no desejo de aniquilação. No juízo, portanto, há um encontro com Deus, suprema medida dos valores morais humanos; não face a face, mas entrando em sua presença em forma misteriosa, na pessoa de Cristo a quem está reservado todo juízo (Jo 5,22); sem antropomorfismo processual, o seu juízo cairá evidencialmente na consciência do homem, que adequará o próprio juízo ao de Cristo; não em uma avaliação abrangente e genérica, mas clara e expressa, de todos os merecimentos e desmerecimentos que construíram ou minaram no tempo a pessoa, e nela o reino de Cristo. Um ato grandioso, porque terá para cada homem significado de salvação e de condenação: "*Idem homo et salvatur ex parte, et condemnatur ex parte*" (Santo Agostinho, *In Os. 118*, sermo 20, 58: *PL* 15, 1502).

A importância do juízo particular para a vida do cristão não está em ser um ponto de referência que lhe permite construir o seu presente à luz desse "futuro" encontro com Cristo. O juízo particular é um fato "escatológico", não estritamente "futuro". As realidades escatológicas já estão presentes em nossa vida de redenção. O juízo de Cristo sobre cada indivíduo já recai agora em nossa vida, em cada ação, valor ou miséria, medindo-a com critério definitivo. Remediando assim as deficiências inevitáveis da nossa condição presente: mesmo em relação a nós mesmos somos incapazes de separar nitidamente o ouro do refugo; não sabemos se somos dignos de amor ou de ódio (Qo 9,1); não só porque podemos entorpecer ou apagar o olhar da consciência, mas também porque somos simplesmente incapazes de uma introspecção que chegue à profundidade em que de fato urdimos o bem ou o mal. Somos cheios de lacunas na recordação do nosso itinerário moral; uma parte do nosso ser pessoal escapa sempre ao nosso olhar; tendemos à camuflagem e à involução. Temos necessidade não apenas de que Cristo julgue a realidade do nosso ser e da nossa obscura história interior, mas que nos defenda desse automatismo deformante que nos impele a nos esconder aos nossos próprios olhos; e que nos ajude a submeter o nosso juízo ao de Deus, para que nos absolva; especialmente em dois momentos da vida espiritual: ao fazer o → exame de consciência, e ao submeter o nosso juízo à sua sentença absolutória no sacramento da → penitência. A dominante em nossa atitude interior diante do juízo da nossa vida por Cristo não deverá ser o espírito de temor, mas o da esperança embebida de amor teologal. Como diz São Paulo: "O meu juiz é o Senhor" (1Cor 4,4); ou com o sentimento genuíno dos santos: "Será algo belo no momento da morte pensar que estamos prestes a ser julgados por aquele que amamos acima de todas as coisas" (Santa Teresa, *Caminho*, 40, 8).

→ escatologismo.

BIBLIOGRAFIA. Beaudouin, L. Ciel et résurrection. *Le mystère de la mort et sa célébration*. Paris, 1956; Brain, R. *Au bout du chemin. De la vie à la mort*. Paris, 1984; Dupuy, B. D. Les fins de la destinée humaine. Bibliographie organisée. *La Vie Spirituelle* 107 (1962) 561-580; En el fondo de la vida la muerte. *Revista de Espiritualidad* 40 (1981) 1-147; Guardini, R. *I novissimi*. Milano, 1950; Pozo, C. *Teologia dell'aldilà*. Roma, 1983; Publications recentes sur la mort. *Studia Moralia* 18 (1980) 339-368; Scheffczyk, L. Das besondere Gericht im Lichte der gegenwärtigen Diskussion. *Scholastik* 32 (1957) 526-541.

T. Alvarez

JULIANA DE NORWICH. Reclusa na igreja de São Juliano na cidade de Norwich (Inglaterra), é autora de *Revelações do amor divino*, em que narra uma série de "manifestações" místicas experimentadas por ela em 1373.

Não temos muitas informações sobre sua vida. Com base em seu livro podemos deduzir sua data de nascimento (1342), e um entre os vários testamentos locais em seu favor nos fornece a informação de que ainda estava viva em 1416 (morreu por volta de 1420). Margery Kempe relata-nos uma conversa pessoal que teve com Juliana durante uma visita, provavelmente entre os anos de 1400 e 1410. Não se sabe quando começou a habitar a sua cela de reclusa (→ reclusão). A igreja de São Juliano era administrada pelas monjas beneditinas de Carrow, e é possível que Juliana também tenha sido monja dessa abadia; a citação nas *Revelações* da *Vida de São Bento*, de São → Gregório Magno, e alguma outra alusão corroboram essa hipótese, mas não nos fornecem provas positivas.

Juliana teve a grande experiência mística de que trata — e que parece ter sido a única — quando tinha trinta anos e meio, provavelmente antes de se tornar reclusa. Quando jovem, Juliana havia pedido ao Senhor três graças: uma grave doença física para a sua purificação de qualquer tipo de apego terreno; uma visão corporal da paixão de Jesus Cristo, para poder participar dela com amor, como sua Mãe; e as três "feridas" espirituais da verdadeira contrição, a compaixão com Cristo nos seus sofrimentos, e o "desejo diligente" de Deus. Pedira as duas primeiras graças sob condição do beneplácito divino, e as esquecera, ao passo que a das três "feridas" lhe permanecera sempre presente.

De fato, em 3 de maio de 1373, Juliana caiu gravemente doente, e depois de três dias seu estado era tão grave que solicitou-se a presença do pároco para administrar-lhe os últimos sacramentos. Era a noite de 7 de maio. Quando Juliana pensava que estava prestes a morrer, todos os seus sofrimentos desapareceram, a cabeça de Cristo crucificado, que tinha diante dos olhos, pareceu tomar vida, e Juliana viu o sangue fresco escorrendo sob a coroa de espinhos. Essa visão corporal aparentemente esteve presente aos olhos de Juliana durante as cinco horas seguintes enquanto prosseguiam no íntimo de sua alma as quinze primeiras "manifestações".

Elas compreendem: o mistério da → TRINDADE, e o amor de Deus por sua criação; a queda do homem, a sua redenção, e a sua colaboração na própria salvação; a bondade essencial de todo ser, e o "não-ser" do pecado; a eficácia do sangue de Cristo em anular o pecado e em utilizar até o mal para a glória de Deus e felicidade dos eleitos; o valor do sofrimento pelo Corpo místico de Cristo; o amor de Deus pela alma, e a alegria suprema da união com ele.

A décima sexta "manifestação" ocorre na noite seguinte — depois de um período de dúvida por parte da própria Juliana sobre a autenticidade de suas experiências — e trata da → INABITAÇÃO de Deus na alma.

A característica das "manifestações" é o otimismo sereno de uma alma penetrada pelo amor confiante de Deus — confiança garantida pelo próprio Deus, de que "tudo será bom, e tudo será bom, e qualquer tipo de coisa será bom".

Há contudo certa dificuldade, devida mais à falta na autora de um vocabulário técnico-teológico, em conciliar com a doutrina da Igreja certas expressões doutrinalmente menos exatas.

A síntese de tudo encontra-se na segunda, e muito mais ampla, redação do livro, realizada vinte anos depois da primeira: "Desde o tempo em que se manifestou para mim desejei muitas vezes saber qual era a intenção de Nosso Senhor. E mais de quinze anos depois recebi uma resposta na compreensão do espírito, e era esta: 'Gostarias de saber a intenção do Senhor nisso? Presta atenção: o amor era sua intenção. Quem a revelou para ti? O amor. O que te revelou? O amor. Por que a revelou? Por amor…'".

Tudo é narrado com tal simplicidade, humildade e sinceridade, que não deixa dúvida no leitor sobre a santidade pessoal da escritora nem sobre a verdadeira sobrenaturalidade de sua experiência. Dá a impressão de um caráter vivo e equilibrado não diferente do de Santa Teresa, embora Juliana pareça fazer um contínuo esforço para esconder a própria personalidade e colocar em relevo a obra de Deus. Essa mesma preocupação em se ocultar revela-se nos retoques feitos para a segunda redação do livro.

BIBLIOGRAFIA. CLARK, J. P. H. Nature, Grace and the Trinity in Julian of Norwich. *Downside Review* 100 (1982) 203-220; COLLEDGE, E. – WALSH, J. (eds.). *A book of showings to the anchoress Julian of Norwich*. Toronto, 1978, 2 vls. (bibliografia vl. II, 761-773); KNOWLES, M. D. *The English Mystical Tradition*. London, 1966; *Libro delle rivelazioni*. Introd., trad. a partir do texto crítico e notas de D. Pezzini. Milano, 1984; LLEWELYN, R. *With pity not with blame. Reflections on the writings of Julian of Norwich and on "The cloud of unknowing"*. London, 1984; MOLINARI, P. *Julian of Norwich: the teaching of a 14th century English mystic*. London, 1958 (com abundante bibliografia); VINJE, P. A. *An understanding of love according to the anchoress Julian of Norwich*. Salzburg, 1983; WALSH, J. (org.). *Pre-Reformation English Spirituality*. London, 1965.

B. EDWARDS

JUSTIÇA. Virtude social, inerente à vontade e inclinada a estabelecer retidão e equidade nas relações humanas.

Do latino *jus* (direito), significa aquilo que é devido a um outro, e *dikaion* era denominado o justo dos gregos, quase como para significar a divisão igualitária entre duas coisas (cf. ARISTÓTELES, *Ethica*, 7).

No entanto, o conceito de justiça nem sempre teve o mesmo significado. Há uma diferença substancial entre o primitivo conceito dos filósofos e juristas greco-romanos e o dos pensadores cristãos.

1. CONCEITO DE JUSTIÇA NO MUNDO GRECO-ROMANO. O campo filosófico do mundo greco-romano é limitado à natureza. Assim, busca-se na justiça o princípio coordenador das relações humanas e naturais sem ultrapassar ou minimamente projetar tais relações para o sobrenatural e a eternidade.

Os pitagóricos, em primeiro lugar, desenvolvem uma verdadeira "filosofia da harmonia", que abrange todos os aspectos físicos, psíquicos e morais do universo animado e inanimado; a justiça é o resultado da harmonia dos opostos, a equivalência entre ação e reação. Para os estoicos é a virtude por excelência, porque dispõe o homem em relação aos outros. É virtude suprema também para Platão e Aristóteles. Para Platão, a justiça reside no domínio da razão sobre as faculdades irascíveis e concupiscíveis, de modo que cada faculdade cumpra ordenadamente aquilo que lhe cabe. Regula as relações sociais de maneira que cada um respeite o próprio campo objetivo, sem invadir o dos outros. Para Aristóteles, a justiça, considerada sob o aspecto geral de virtude, diz respeito à correta ordenação das faculdades da alma e a vida segundo a sua natureza, incluindo assim todas as virtudes. Enquanto virtude particular compreende o justo meio, segundo proporcionalidade aritmética (cf. *Ética a Nicômaco*, 5). Diferentemente de Pitágoras, porém, o meio da justiça não se refere a uma quantidade fixa, mas ao objetivo em relação ao que é próprio de cada um, que varia de uma pessoa para outra.

Com Cícero, o conceito de justiça, embora permaneça circunscrito pelo puro naturalismo, é considerado não mais apenas do ponto de vista objetivo, mas também subjetivo, como hábito da alma: "*Iustitia est habitus animi, communi utilitati conservata, suam cuique tribuens dignitatem*"(*De inventione*). Com outros termos, mas sem modificar a definição dada por Cícero, Ulpiano define a justiça deste modo: "*Perpetua et constanns voluntas ius suum cuique tribuendi*" (*Dig.* I, 1, 10 pr.). É portanto especificada como hábito estável e constante da vontade não mais da alma em geral, e o objeto que Cícero chama de dignidade é mais bem qualificado como *jus*, ou seja, direito ou propriedade. A norma da justiça torna-se assim o respeito, tanto positivo quanto negativo, daquilo que é direito ou propriedade de cada um.

2. A JUSTIÇA SEGUNDO O CRISTIANISMO. O cristianismo, sem destruir esses pressupostos, tendo em vista a revelação do homem interior e a visão sobrenatural da vida, reavalia e enriquece ao mesmo tempo o próprio conceito de justiça. Na Sagrada Escritura, justiça e santidade muitas vezes são assimiladas (Mt 5,6; 1,19), outras vezes a justiça compreende todas as virtudes ou é considerada justificação, infusão de graça e de virtude. No Antigo Testamento, em particular, denota as relações entre o homem e Deus. Posteriormente, com os profetas, passa a significar a avaliação objetiva do agir humano. Cada um pode merecer ou desmerecer, ser portanto objeto de favor ou de vingança. Além disso, cada um, nas relações com seu próprio semelhante, deverá ser julgado com base nessa avaliação objetiva.

Também nesse aspecto, porém, diferentemente do naturalismo pagão, para os judeus as relações que intercorriam entre eles deviam ser sempre consideradas à luz de Deus e da sua revelação (A. Descamps, Justice, in *Dictionnaire de la Bible. Supplément,* IV). Desse modo o fundamento da justiça era transferido da natureza para Deus, ou melhor, do mero *kosmos* à revelação e à influência que Deus de fato exerce nele.

O Novo Testamento acentua ainda mais essa dependência ou relação do homem com Deus. Antes de tudo proclama-se bem-aventurado aquele que tem fome e sede de justiça (Mt 5,6). No entanto, deve ser uma sede não de mera justiça exterior, como a farisaica, mas interior, penetrada e informada pelo amor de Deus (Mt 5,20), que busca não o próprio benefício, mas o reino de Deus em todas as coisas.

São Paulo frequentemente associa o conceito de justiça ao de santidade. Distingue a justiça de Deus da justiça do homem. Deus é essencialmente justo, é aquele que justifica. A justiça do homem é efeito formal da justiça de Deus e implica remissão dos pecados, amizade com Deus (Rm 5,11; 2Cor 5,18-19) e transformação interior do ser do cristão, que se torna uma "nova criatura em Cristo" (2Cor 5,17; cf. Ef 2,10; Cl 3,10).

Justiça e santidade. Podemos dizer, portanto, que na nova economia instaurada por Cristo justiça e santidade são dois termos que se completam mutuamente. Tomados isoladamente, porém, não expressam o sentido pleno das relações da criatura com o seu Criador. A justiça denota não só a correta disposição das relações do homem com Deus, mas também a participação analógica da justiça de Deus. A santidade é deificação. Segundo os Padres Gregos, é efusão e comunicação do Espírito Santo à criatura. Implica filiação adotiva e destinação à visão imediata de Deus. Considerados juntos, os dois conceitos denotam a elevação da criatura ao amor filial de Deus e a participação de sua justiça e santidade. Cristo é a causa eficiente e formal dessa justiça, e a criatura, não obstante a estreita e profunda intimidade com Cristo, continua a ser sempre indivíduo autônomo (Denz. 820; enc. *Mystici Corporis*).

Justiça moral. → LACTÂNCIO (*Inst.* 6, 11) reduz o servir Deus a *conservare iustitiam*. E Santo → AMBRÓSIO (*De officiis*) e Santo → AGOSTINHO (*Enchiridion ad Laurentium*) tratam da justiça subordinada e plasmada pelo amor, o que sobrenaturaliza o *jus*. Portanto, não só não se deve pagar o mal com o mal, mas é preciso dar o que é o *jus* objetivo de cada um, quanto é preciso também observar os laços de natureza e de graça que vinculam os homens entre si num único Corpo místico. Por isso, dividir as próprias riquezas com os pobres não é tanto um ato de caridade quanto de justiça, porque Deus criou todas as coisas em benefício de todos.

Justiça e caridade. Passa-se assim da simples busca do benefício, como afirmava Cícero, para uma profunda associação da caridade com a justiça. A caridade estimula e conduz à igualdade. Integra a justiça com uma espiritualidade interior e profunda, com uma visão mais elevada da vida, ao passo que a justiça, por si só, é mera exterioridade.

A síntese de uma com a outra dará à atividade humana o valor ético e moral próprio dos seres racionais (Pio XII, Alocução de 23 de março de 1952). Não existe, porém, uma subordinação da justiça à caridade, nem uma substituição da justiça pela caridade (como afirmavam os católicos do século XIX). O triunfo da justiça tampouco suprimirá a caridade (como afirmam os idealistas do materialismo histórico). As duas virtudes são formalmente distintas uma da outra. Na justiça se dá o que é devido estritamente ao outro, como à caridade se dá também o que não é devido. A justiça fundamenta-se na inviolabilidade dos direitos alheios, a caridade no amor ao próximo e vai além dos limites da justiça. A justiça baseia-se no *debitum*, a caridade, na *obligatio*. A caridade se desenvolve com a livre iniciativa e admite liberdade de escolha no modo e na quantidade, a justiça não dá alternativa: exige de modo absoluto que se reconheça e se dê a cada um o *suum* de acordo com a igualdade. Daí a insubstituibilidade da justiça pela caridade, e o respeito que ela exige, mesmo deixando à caridade a primazia entre as virtudes. Não se deve dar a título de caridade o que é devido por justiça (Pio XII, encíclica *Divini Redemptoris*) e, vice-versa, não pode haver verdadeira justiça sem caridade. A caridade sem justiça é falsa; a justiça sem caridade é morta. O mundo baseado apenas na justiça, apenas nos direitos, cria a injustiça (*summum jus, summa injuria*) (cf. Pio XII, Radiomensagem de Natal de 1942).

"Substancialmente, o cristianismo eleva o conceito de justiça tornando-a uma manifestação da vontade de Deus, virtude social eminente, fundamento da vida coletiva [...] e a Igreja salvaguarda a sua potência ao direito, enquanto defende nela um senso ético mais agudo, a ética da caridade anulando a separação que existia entre este e a moral, e submetendo-o àquela, com tendência a diluir uma na outra. A justiça flui desse modo, na caridade, diante dos homens, para concluir-se em eterna justiça, ou em eterno amor, diante de Deus" (I. GIORDANI, *Il messaggio sociale del cristianesimo*, Roma, 1958, 834).

3. O CONCEITO DE JUSTIÇA SEGUNDO SANTO TOMÁS. O conceito de justiça assim desenvolvido não é retomado plenamente na época da Escolástica. O próprio Santo Tomás, mesmo partindo da mesma definição de justiça dada por Ulpiano, prefere destacar os elementos objetivos aos subjetivos. Para Santo Tomás, a justiça, como qualquer outra virtude, é antes de tudo um "hábito", ou seja, uma disposição habitual do espírito, que tende a dar a cada um o que é seu, o que está estreitamente vinculado com uma determinada pessoa quer por direito natural, quer por direito positivo (*STh*. II-II, q. 58, a. 1). É hábito da vontade, já que o ato de dar a cada um o *suum* procede da razão e não pode proceder do apetite sensitivo, o qual é incapaz de considerar a proporção entre duas coisas (*Ibid.*, ad 4). Além disso, é constante e perpétuo, porque para o cumprimento da justiça se exige ou que o ato seja realizado ou que pelo menos se tenha sempre a vontade de realizá-lo. O que é preciso realizar na prática é dar ao ouro o que lhe é devido *ad aequalitatem* (*Ibid.*, 80, a. 1). Essa igualdade não se estabelece, como para Aristóteles, entre duas coisas diferentes, mas entre a coisa e a pessoa a que é devida (*Ibid.*, q. 58, aa. 10.11). E, como a justiça implica igualdade, ela não pode verificar-se entre Deus e o homem. Este, de fato, não pode dar a Deus uma recompensa equivalente, e por isso a lei divina não é considerada *jus* mas *fas*, pois basta que lhe entreguemos aquilo que possuímos. No entanto, a justiça tende a que o homem dê a Deus o que pode, submetendo-lhe totalmente a alma (*Ibid.*, q. 57, a. 1, ad 3). Além disso, na medida em que orienta os atos de todas as outras virtudes para o bem comum (*Ibid.*, q. 58, a. 5), se identifica com a retidão e a santidade de vida segundo a Escritura, e se diferencia da virtude particular que se divide em legal, distributiva e comutativa. O critério objetivo para distinguir a justiça das outras virtudes está na relação de direito entre a coisa externa e a pessoa a que é devida (*Ibid.*, a. 10).

Os modernos positivistas e racionalistas acusam Santo Tomás de, com esse critério objetivo, ter naturalizado a justiça; mas insistindo em critérios personalistas de força e utilidade, confundiram e subestimaram o próprio conceito. De fato, na prática, o que fundamenta um direito, ativo e passivo entre dois seres, não é a exigência entre a coisa e a força, mas a correlação entre a coisa e a pessoa. Só respeitando essa correlação e a característica "segundo igualdade" se dá um fundamento real à justiça. Ao contrário, quando se quer partir, como fazem os modernos, do direito subjetivo, entendido como faculdade de exigir uma coisa (*jus ad rem*), fazer ou não fazer alguma ação (*jus in re*), corre-se o risco de ir além do próprio direito e passar para os abusos de liberdade e de força, e para a arbitrariedade. O direito se põe por si mesmo, fora de posições subjetivas, embora esteja no sujeito a iniciativa de realizar ou não as ações.

A matéria da justiça é constituída pelas ações pessoais externas com as quais alguém passa a possuir e a usar aquilo que lhe é próprio e dá ao outro, indivíduo ou grupo, aquilo que ele tem direito. O objeto formal é o bem honesto considerado como relação aos outros. Daí a sua distinção das outras virtudes enquanto estas aperfeiçoam e ordenam o homem em si, ao passo que a justiça o faz em relação aos outros. Daí também a sua excelência na medida em que busca o bem comum. "Absolutamente falando, a maior virtude é aquela em que resplandece o bem da razão e, sob esta relação, a justiça supera todas as outras virtudes morais, sendo mais próxima da razão, quer no seu sujeito quer no seu objeto. Antes de tudo em seu sujeito, porque a justiça reside na vontade e a vontade é um apetite racional; depois no seu objeto e na sua matéria, porque ela concerne às operações que regulam não só o homem em si mesmo mas também a sua conduta em relação aos outros: é por isso que está escrito na *Ética*: 'a justiça é a mais bela das virtudes'" (*STh.* II-II, q. 58, a. 12).

O fundamento último da justiça é Deus, o qual impõe o fim e os meios para alcançá-la; o fundamento próximo é a inviolabilidade da pessoa humana (*C. Gent.* III, 112).

Por outro lado, existem diferentes tipos de justiça dependendo de entre quem surgem e se estabelecem as relações. Em geral, há três categorias de relações: entre uma pessoa e outra (justiça comutativa), entre os indivíduos e a sociedade (justiça legal), entre a sociedade e os indivíduos (justiça distributiva). O verdadeiro conceito de justiça verifica-se na justiça comutativa, uma vez que nas outras duas de fato não se verifica igualdade entre as partes.

a) Justiça comutativa (*aequalitas in commutationibus*): compreende todos os direitos e deveres que intercorrem entre uma pessoa e outra (direito à vida, aos bens, à fama etc.). Sobretudo regulamenta o direito de propriedade. É conatural ao homem o direito a possuir (*STh.* II-II, q. 66, a. 1). Quanto à sua essência, as coisas estão sujeitas à autoridade e ao domínio divino. Os próprios homens, quanto ao ser e ao agir, dependem de Deus (*Ibid.*, ad 1). Esse domínio tampouco pode ser participado ao homem. Quanto ao uso, por ser dotado de vontade e de razão, o homem é capaz de possuir as coisas e de se servir delas para a sua utilidade. Aliás, ele é o objetivo da criação (Gn 1,22) e todos os seres inferiores foram criados para ele (*STh.* II-II, q. 64, a. 1).

Essa capacidade se realiza com o domínio efetivo das coisas, com o direito exclusivo e inviolável. E esse domínio é um bem em si e em ordem aos outros, por três motivos: primeiro porque cada um é mais solícito na gestão de suas próprias coisas, e não das que compartilha com outros. Segundo, porque realizará mais ordenadamente a administração dos bens, enquanto a administração de muitos geraria confusão. E enfim porque a convivência pacífica é mais bem garantida, enquanto surgem frequentes litígios entre quem possui uma coisa divisível em comum (*Ibid.*, q. 66, a. 2).

Uma coisa é o direito à propriedade, porém, e outra coisa é o uso (*Ibid.*). Ao contrário do puro naturalismo de Aristóteles e de Platão, Santo Tomás nota que, em relação ao uso, o homem não deve possuir os bens exteriores como próprios, mas colocá-los ao serviço comum: "*ut scilicet de facili aliquis communicet in necessitates aliorum*" (*Ibid.*). E nisso se aproxima muito do espírito dos Padres. Platão, por sua vez, afirmava um comunismo extremista, não só dos bens exteriores, mas também das mulheres e dos filhos, para evitar litígios e inimizades, e uma certa comunhão de bens; o mesmo afirmavam alguns Padres (São Basílio, São João → CRISÓSTOMO, Santo Ambrósio e São → JERÔNIMO) no estado de natureza pura e no presente. Santo Tomás, seguindo as pegadas de Aristóteles, que condenara o comunismo platônico, atribuindo a causa das discórdias não ao direito de propriedade mas à maldade dos homens, admite também a comunhão dos bens, no estado de inocência, mas a exclui no atual estado de vida (*Ibid.*, ad 1 et 2).

No direito de propriedade, portanto, é preciso observar não só o seu valor pessoal, mas salvaguardar também o social. Na posse dessas finalidades sociais está a maior expansão da personalidade e da vida espiritual. Combinando os dois valores e submetendo o pessoal aos fins sociais confere-se à justiça a forma do amor.

b) Justiça distributiva: compreende as relações entre a sociedade e os indivíduos, e consiste em distribuir aos indivíduos, por parte dos representantes da sociedade, ônus e benefícios de maneira proporcional e igualitária. Supõe alguns deveres por parte de quem preside a comunidade e alguns direitos por parte dos cidadãos. O objeto formal é constituído pela reciprocidade dos direitos e deveres; o objeto material de qualquer bem em geral. É tarefa da justiça distributiva proteger os bens e os direitos dos membros; ajudar os mais proveitosos para o desenvolvimento da ciência e das artes; distribuir segundo os méritos os cargos públicos e as honras sem discriminação e parcialidade. Em um sentido mais amplo compreende também a distribuição equitativa entre uma nação e outra.

c) Justiça legal: é o conjunto das leis que determinam o que o indivíduo deve à sociedade para o bem comum. A sociedade é um corpo vivo e orgânico, superior às suas partes, e por esse motivo o bem das partes deve ser subordinado ao bem da comunidade. Não se trata, porém, de absorver e fazer com que o indivíduo desapareça na massa, mas de respeitar e conservar a autonomia da pessoa, e a sua transcendência sobre a sociedade, de modo que a perfeição do indivíduo se reflita na perfeição da sociedade. Aliás, é precisamente a perfeição dos indivíduos que aperfeiçoa a sociedade da qual eles são membros.

Segundo os pontífices, os bens a ser alcançados por meio da justiça legal são a prosperidade tanto da comunidade como dos indivíduos, o progresso dos costumes e a paz; ajudar e proteger os institutos familiares, defender a religião e a justiça entre as partes (cf. LEÃO XIII, *Rerum novarum*); a proporção dos salários e a justa divisão dos gastos públicos, o incremento das artes, da agricultura, da indústria e do comércio (cf. PIO XI, *Quadragesimo anno*).

Para realizar isso a Igreja indica e assinala um caminho intermediário entre o liberalismo e o socialismo. O liberalismo considera o Estado apenas tutor da livre iniciativa do homem. O socialismo, ao contrário, defende a intervenção do Estado (estatismo) para realizar a justiça social que o homem por si só não poderia realizar. No entanto, a verdadeira justiça é obtida quando se concilia, com determinados critérios, tanto a livre iniciativa quanto a intervenção do Estado.

d) Justiça social: poderia ser considerada uma decorrência da justiça legal, ou melhor ainda, a consequência da harmonização das três justiças. Tem como fim primário a promoção do bem comum, indiretamente o dos indivíduos, da família e da sociedade intermediária. Está acima dos bens particulares, pessoais e dos grupos, e por esse motivo os interesses particulares devem submeter-se às exigências da justiça social, aos valores supremos da comunidade. Por ela não é necessário sacrificar os valores dos indivíduos (marxismo) nem subordiná-la ao jogo dos interesses particulares (liberalismo). Para sua realização, exige renúncia e sacrifício, responsabilidade e constância, trabalho duro e comprometido (Pio XII).

Não exclui, ou melhor, requer a intervenção do Estado para que todos os indivíduos membros da sociedade possam participar dos bens materiais ou espirituais que ela possui, para aperfeiçoar-se na ordem natural e sobrenatural. Se tudo isso não é obtido em toda a sua amplitude e profundidade e não abarca todos os campos da cultura ou da propriedade, da vida do espírito e da economia nacional, não se verifica verdadeira justiça e sim injustiça.

e) A injustiça. A violação da justiça tanto como hábito quanto como ato é denominada injustiça. Pode ocorrer entre indivíduos e, portanto, no âmbito da justiça comutativa, ou então entre o indivíduo e a sociedade e vice-versa. Toda injustiça, além de ser uma ofensa a Deus, indica um dano objetivo causado ao próximo. Em um campo e no outro exige, portanto, reparação equivalente, ou seja, restituição dos direitos lesados e do objeto subtraído. A restituição é um ato de justiça comutativa (*STh*. II-II, q. 62, a. 1). Tem-se sempre a obrigação de restituir ao legítimo dono os seus direitos violados. No entanto, quando não é possível restituir a coisa em si ou em seu equivalente, deve-se oferecer uma compensação na forma possível (*Ibid.*, a. 2, ad 1).

A obrigação da restituição surge do dano real, injustamente infligido, dependente ou, como em alguns casos, independentemente da culpa teológica, quer o dano ocorra por uma causa direta ou indireta. Só a impossibilidade física ou moral desobriga da restituição imediata, que nesses casos é adiada ou às vezes anulada.

Mesmo no âmbito da justiça distributiva e legal surge a obrigação da restituição. O Estado é obrigado de fato a defender e respeitar os direitos dos mais fracos. É difícil estabelecer como, mas a justa proporção e distribuição dos bens aos cidadãos, a cada um segundo os próprios merecimentos, deve sempre ser respeitada.

BIBLIOGRAFIA. ABBAGNANO, N. Giustizia. *Dizionario di Filosofia*. Torino, 1977, 438-440; DEL VECCHIO, G. *La giustizia*. Roma, 1946; GUITTON, J. *Le catholicisme social face aux grands courants contemporaines*. Lyon, 1948; LAMBRUSCHINI, F. *La giustizia nella teologia morale e nella vita cristiana*. Brescia, 1968; LIO, E. De iure ut obiecto iustitiae apud S. Thomam, 2-2, q. 57, a. 1. *Apollinaris* 32 (1959) 16-71; MARITAIN, J. *La persona e il bene comune*. Brescia, 1948; MATTAI, G. Giustizia. *Dizionario Enciclopedico di Morale*. Roma, 1973; 415-428 (com bibliografia); PIZZORNI, R. M. *Giustizia e carità*. Roma, 1969.

A. DI GERONIMO

JUSTINIANO, PAULO. 1. NOTA BIOGRÁFICA. Tomás, depois frei Paulo, nasceu em Veneza em 1476, de família nobre. Em 1492 nós o encontramos em Pádua, onde frequenta os cursos universitários de filosofia e teologia. Um lento amadurecimento espiritual o transfere dos interesses intelectuais para os interesses bíblicos, induzindo-o a estudar particularmente os comentários às escrituras de Cassiodoro e de São → JERÔNIMO. Em 1506 encontra-se numa pequena casa em Murano, onde leva vida eremítica; em 1507, em Belém, faz uma experiência negativa de vida num convento franciscano, porque a falta de livros o impede de continuar os seus estudos; volta portanto à terra natal, onde retoma os seus aprofundamentos escriturísticos. A vida em comum com o filólogo Querini e o helenista Egnácio sugere-lhe tentar com eles uma experiência eremítica: depois de inúteis negociações com a abadia de Praglia, uma visita em Camaldoli chega a um bom resultado, e a decisão de se estabelecerem ali torna-se uma realidade para os três. Tendo-se retirado em seguida Egnácio, Justiniano e Querini emitem sua profissão em agosto de 1512. Mas o desejo de solidão e de profunda vida contemplativa de Justiniano não é satisfeito, e em 15 de setembro de 1520, com a permissão do papa Leão X, ele abandona Camaldoli: sua única aspiração é a de realizar e de viver a Regra de São Romualdo na sua plenitude; não pretende de modo algum fundar uma nova Congregação, e é só por uma série de circunstâncias que passa a dirigir uma nova família beneditina.

Em 1527 encontra-se em Roma, onde é preso e torturado, e a 28 de junho de 1528, ainda em Roma, onde está prestes a receber a jurisdição dos eremitérios do Monte Soratte, morre vitimado pela peste.

2. ESCRITOS. Ao período pré-monástico pertencem: *Cogitationes quotidianae de amore Dei* (1506); três comentários ao Gênesis: *Genesis historia*; *Genesis litterales quaestiones*; *Genesis spiritalis expositio* (1509); *Solum Christum sequi debemus*.

Ao período camaldulense são atribuídos: *Libellus* (1513) e *Memorial sobre a reforma*; *De Origenis erroribus* e *De Iohannis Cassiani erroribus* (1514); sobre temas de vida espiritual devem ser mencionados *De conversione* (1511), *De evangelicae doctrinae perfectione* (1511), *De XII gradibus de oboedientia* (1513), *De oratione* (1518), *De servanda etiam cum inimicis charitate* (1518); *Regulae Camaldulenses* (1516); *De vita christiana, religiosa et eremitica* (1521); *De praeceptis et consiliis evangelicis*; *De otio religioso* (1522), e a carta ao filósofo poeta Flamínio, *Da verdadeira felicidade* (1525-1526).

3. DOUTRINA. Justiniano está profundamente convencido de que o homem integral se realiza plenamente no amor contemplativo, no qual a "verdadeira filosofia" brota da Escritura e leva o homem ao íntimo conhecimento de Deus. Essa exigência interior de uma relação com Deus é a força que por toda a vida o impele ao estudo incessante da página sagrada e à busca de uma solidão que não seja vazio, mas plenitude de Deus.

Sua decisão de se isolar do mundo tem um objetivo bem preciso: realizar um *otium* de meditação e de trabalho, de reflexão e de contemplação; por isso, quando esse *otium*, pelas contínuas exigências da vida monástica, pelas pressões dos confrades para assumir postos de responsabilidade, torna-se impossível de realizar, ele resolve, em seu radicalismo, abandonar o retiro de Camaldoli. Mas será precisamente o abandono do eremitério que, contrariando seus planos, o empenhará profundamente na vida dinâmica de seu tempo, pelos contínuos encargos que lhe serão confiados.

Na verdade, a constante aspiração e a contínua busca de Justiniano para chegar a organizar uma vida eremítica baseada no *otium* não devem ser interpretadas como recusa dos interesses hoje denominados "horizontais", nem como descompromisso social, mas devem ser concebidas segundo uma perspectiva místico-eclesial. Segundo Justiniano, a ação atinge só um número limitado de pessoas e a sua eficácia está condicionada a um determinado espaço, ao passo que a meditação, inserindo-se na vida íntima da Igreja, alcança o mundo inteiro. O homem mais ativo que a comunidade cristã pode desejar é o que passa sua existência no *otium* contemplativo.

Na carta de 1525-1526 endereçada ao poeta-filósofo Flamínio, Justiniano dedica-se a demonstrar como a verdadeira sabedoria não provém da cultura greco-romana, mas da Bíblia. A felicidade é sabedoria amorosa e "efetiva" de Deus, e se conquista com o abandono de tudo o que não é Deus, com a adesão total a Deus até o eremitismo.

Toda a espiritualidade de Justiniano é renúncia à posse, é recusa das muitas realidades para a conquista da realidade única, Deus; é rejeição do que é efêmero para possuir desde o presente aquilo que é eterno.

BIBLIOGRAFIA. GIABBANI, A. *I camaldolesi*. Camaldoli, 1944; Giustiniani, Paul. *Dictionnaire de Spiritualité* VI (1967) 414-417; LECLERCQ, J. *Il beato Paolo Giustiniani: un umanista eremita*. Frascati, 1975; ID. *Un humaniste ermite: Le B. P. G.* Roma, 1951; MASSA, E. Giustiniani Paolo. *Bibliotheca Sanctorum* VII, 2-9 (com bibliografia selecionada); ID. Paolo Giustiniani e Gasparo Contarini: la vocazione al bivio del neoplatonismo e della teologia biblica. *Benedictina* 35 (1988) 429-474.

P. SCIADINI

JUVENTUDE. A época de preparação para a vida (matrimonial e profissional) se prolongou e em decorrência disso a pessoa conserva uma atitude juvenil por mais tempo (20-35 anos).

1. A MENSAGEM ESPIRITUAL DA JUVENTUDE. Os psicossociólogos gostam de fazer pesquisas que lhes permitam delinear as características gerais do jovem de hoje. Tais descrições nem sempre são plenamente válidas, não apenas pela variedade de comportamentos que os jovens oferecem (variedade que depende do caráter, educação, ambiente, profissão, correspondência espiritual dos indivíduos), mas também porque eles estão abertos a todas as novas solicitações humanas, que afloram no decorrer do tempo. A configuração espiritual do jovem mostra-se, portanto, em contínua evolução. Ele demonstra uma receptividade extremamente sensível e vital em todos os planos da sua vida psíquica e espiritual.

Essa extraordinária disponibilidade dos jovens para os novos valores é benéfica para o bem pessoal e comunitário. De fato, é na juventude que se decide a vocação pessoal do homem (profissão, casamento etc.). O jovem deve sentir-se inclinado a escolher em harmonia com os novos valores, que estruturam a sociedade futura. Em relação ao bem comunitário, cada geração tem a missão de fazer florescer, fortalecer e desenvolver um aspecto do bem humano, que passará a fazer parte do rol dos valores humanos comuns. Em sua sucessão, as gerações formam a humanidade em marcha. A juventude é necessária para que os valores de renovação sejam transmitidos permanentemente à humanidade. Enquanto a jovem está mais atenta aos valores da sua personalidade e à missão específica que deve desenvolver na comunidade, o jovem é sensível sobretudo aos valores sociais. Assim, a juventude é como que a epifania dos valores de toda civilização: valores ocultos entre as possibilidades da natureza humana, criada à imagem de Deus. Na sociedade a caminho, a juventude é o noviciado de uma humanidade que recomeça a cada nova época; é o perpétuo rejuvenescimento em todo o Corpo místico; é o vivo anúncio profético de que a Jerusalém celeste se aproxima. Em favor dessa missão espiritual o jovem possui dotes particulares. É própria do jovem uma certa abertura, caracterizada por uma fácil plasticidade. Há também em seu espírito o eco dos ideais sonhados na → ADOLESCÊNCIA. Tais aspirações facilmente se apresentam transformadas em ambiciosa vontade de renovar a vida social, em que ele vai se empenhando e de que depende a realização de sua personalidade. O fato de o jovem se deixar facilmente arrastar pelo extremismo e pelo fanatismo confere segurança ao seu gesto, o qual é chamado a realizar os valores ideais acima das estruturas sociais existentes. O jovem não mede consequências, e nada lhe parece impossível: parece temerário, mas oferece um enorme potencial de sacrifício; é inquietamente impetuoso, mas tem confiança de que dispõe de um tempo indefinido para qualquer veleidade planejada. Sobretudo, os jovens de hoje não gostam de se submeter a um regulamento. Eles gostariam de ser subvertidos pela novidade do espírito e não ficar prisioneiros de regulamentos.

Esse questionamento contínuo do mundo dos valores existentes desagrada os adultos, que são inclinados a frear a pressa impaciente e inovadora dos jovens. Diante da esclerose dos organismos, do endurecimento do hábito, da estagnação ou estreiteza dos idosos, a juventude se apresenta como a época da rejeição, das rupturas, das oposições, das contestações clamorosas e organizadas, da novidade original.

Ao lado do jovem moderno contestador revolucionário, nota-se também o jovem desprovido do sentimento de revolta, mesmo se desconfie amiúde do mundo dos adultos: como se, não querendo se tornar como os idosos, não visasse a uma meta totalmente diferente. Entre esses jovens é difusa a experiência da impossibilidade de mudar uma condição social que é considerada mutável e caótica. Não têm o desejo de mudar as linhas essenciais da sociedade, que pouco a pouco se institucionalizou. E contudo, insatisfeitos com a situação que já encontraram consolidada, querem atuar no interior do sistema e não para se opor a ele radicalmente; preferem construir para si mesmos um mundo individual em que podem buscar suas próprias identidades. Além disso, as profundas transformações desse período ofereceram aos jovens notáveis níveis de segurança em termos de bem-estar, de emprego, de proteção sindical e legislativa.

2. COMO TRATAR A JUVENTUDE SOB O ASPECTO PASTORAL. Uma ação pastoralmente educativa dirigida aos jovens exige prestar atenção em algumas considerações gerais. Antes de tudo, a juventude deve ser considerada não tanto uma simples passagem para a idade adulta; "ela é uma idade" (P. Valéry). O mundo juvenil deve ser estudado, compreendido e julgado como valor em si mesmo, e não com a preocupação de ver se ele é ou não radicalmente diferente do mundo dos adultos e das gerações anteriores; tampouco se deve buscar no comportamento dos jovens a confirmação ou a verificação de convicções pessoais. É necessário observar com serenidade a perene revolução da juventude. E os idosos não devem se opor a eles de modo repressivo, nem desafiar os jovens entusiasmos com crueldade pessimista, mas integrá-los e introduzi-los ao sentido do real e do compromisso responsável. João XXIII afirmava que é preciso ter em relação à juventude "uma avaliação mais otimista que no passado" (Discurso de 16 de setembro de 1962).

Deve-se criar um método apropriado de apostolado, um método que saiba acolher e valorizar as instâncias e as exigências modernas. Uma ação apostólica, que seja atualizada sobre os valores em fase de florescimento e capaz de oferecê-los aos jovens por intrmédio de uma expressão teológica e eclesial válida. Mais que aferrar-se aos desvios dos jovens, deve-se procurar indicar os valores para os quais eles possam se orientar. Se fosse possível introduzir a boa vitalidade juvenil na espiritualidade cristã, no apostolado eclesial e na reflexão teológica, seria certamente um Pentecostes renovado a comunidade eclesial (cf. PO 6.11). A pastoral da juventude não é só diaconia social, a serviço dos jovens e para o futuro da sociedade, mas também diaconia realizada por jovens, com sua criatividade juvenil característica. "A pastoral da juventude, enquanto autorrealização da 'Igreja jovem', é exercício da maturidade cristã e social na medida em que abre para os jovens a possibilidade de participar da estruturação da realidade eclesial e social" (Sínodo nacional alemão, 1974).

3. PROBLEMAS ESPIRITUAIS DOS JOVENS. Se os jovens têm uma mensagem espiritual a transmitir à comunidade humana e eclesial, seria errôneo considerar que neles os novos valores se apresentam espontaneamente de forma inteiramente válida. Esses valores são percebidos pelos jovens inconscientemente, de maneira vaga: eles precisam que o educar os individualize e os faça aflorar neles em toda sua autenticidade. Os jovens devem ser educados para os valores que eles mesmos enunciam na sociedade; devem ser iniciados a amar os bens cuja necessidade percebem profundamente, mas de maneira confusa.

Aqui mencionamos apenas três valores, dos quais os jovens são os enunciadores na comunidade: fé adulta, senso comunitário e amor oblativo.

a) *A fé religiosa nos jovens.* A sociologia religiosa oferece dados negativos impressionantes sobre o abandono da prática religiosa entre os jovens, e considera que isso seja resultado das seguintes causas: — faltou a eles uma instrução religiosa capaz de oferecer uma mentalidade integralmente cristã. Seus juízos são fundamentalmente profanos; — o desenvolvimento psíquico gera estados de espírito conflituosos com a autoridade familiar e de emancipação dos valores tradicionais religiosos impostos na família; neles está muito presente a exigência de uma fé pessoal e não meramente sociológica; — os jovens se introduzem na vida social e profissional, em que prática e cultura estão em antagonismo com a concepção cristã e religiosa; — por exigência de segurança os jovens se agrupam; e é o grupo que impõe aos membros valores e normas, que controla o comportamento deles mediante sanções tácitas ou manifestas.

A crise de fé nos jovens é crise de crença, suscitada por uma exigência de fé adulta: nesse sentido é fato não patológico, mas normal. Por uma boa solução dessa crise é preciso promover em cada jovem uma fé adulta. Com esse objetivo se sugere: — formar uma mentalidade cristã nos jovens mediante uma catequese, que saiba oferecer uma visão unitária da verdade católica (bem estruturada e vinculada em suas partes em torno da ideia central de Cristo) e ao mesmo tempo ofereça um conteúdo cultural moderno. O Espírito Santo faz amadurecer na cristandade aquele aprofundamento teológico da verdade evangélica que satisfaz os valores que surgem em determinada época e que os jovens captam de maneira mais imediata. Por isso não é suficiente estudar a doutrina para a juventude, mas é preciso pensá-la com esta, sabendo ouvir os jovens de hoje; — não só acreditar na autonomia e na liberdade dos jovens, mas realmente querê-la. Deus chamou o homem à grandeza da liberdade e a dialogar por amor com ele. O jovem deve tomar profunda consciência de que Deus não é estranho, mas que ele é amor interior ao espírito; deve convencer-se de que não está sujeito ao preceito exterior, mas é guiado pela íntima lei nova. Ao falar de Cristo, o jovem deve fazê-lo não com os termos do cristianismo, mas de quem tem uma experiência subjetiva intelectual e espiritual; — inserir o jovem em um grupo juvenil de apostolado, em que desfrute a autonomia própria do adulto em Cristo. O espírito missionário é uma exigência para o jovem, até para se sentir cristãmente apreciado na sociedade de hoje, que dá preferência ao que é eficiente e não ao que constitui valor. No grupo ele se sente apoiado, tem possibilidade de desenvolver as suas capacidades de iniciativa, sente-se responsável diante de Cristo e da Igreja dos próprios irmãos e do próprio tempo.

b) *O sentido comunitário no jovem.* Empenhando-se na vida social, o jovem precisa adquirir o sentido dos outros no bem comum; aceitar regras e sacrifícios no exercício de virtudes eclesiais e cívicas. As pesquisas psicossociológicas revelam nos jovens, em sua maioria, certa indiferença pelos valores comunitários. Eles demonstram uma anestesia moral nas relações com a sociedade; tratam a vida social organizada predominantemente como objeto de censura e de exploração. Preferem reunir-se em pequenos grupos espontâneos. Essa talvez seja uma consequência da educação recebida em família e na própria escola, onde o aluno não está responsavelmente presente de forma democrática.

A inserção comunitária do jovem deve necessariamente realizar-se na Igreja, na comunidade cívico-política e na profissão.

Em alguns setores de jovens há uma notável temática antirreligiosa e anticlerical. Para muitas jovens, em contrapartida, a vida religiosa representa o fator determinante para atingir o equilíbrio tendo em vista também o papel de esposa e de mãe.

Na prática, o que mais falta à juventude dos dias de hoje é o sentido eclesial. Para saber oferecê-lo aos jovens, o sacerdote deverá aproximar-se deles, inicialmente oferecendo relações amigáveis. Em especial, os espiritualmente distantes não pedem um apostolado que proponha um ideal, nem ser submetidos a um educador autoritário, mas tão só usufruir relações pessoais afetivas. Querem ser tratados como adultos independentes. Em seguida o sacerdote, por meio de sua amizade e do testemunho da própria vida altamente espiritual, conseguirá abrir o espírito dos jovens para o sentido comunitário eclesial. Assim, o jovem deixará de considerar a Igreja uma estrutura hierárquica ou organização sociopolítica, para ver nela o reino de Deus que todo fiel é chamado responsavelmente a construir.

Os jovens se interessam por política, considerando inadequado que uma pessoa permaneça totalmente alheia a ela, mas não se mostram dispostos a afirmar valores políticos. Por outro lado, não saberão oferecer uma contribuição eficiente se não se inserirem numa organização sociopolítica. Os jovens carecem do sentido de associação. A educação política dos jovens está essencialmente em fazer surgir neles um íntimo sentido comunitário cívico-político, e isso desde a adolescência. A partir do sentido do bem comum político será fácil abrir o espírito do jovem para o sentido comunitário internacional.

Um caso particular do sentido comunitário cívico é oferecido pelo serviço militar. Os jovens são chamados a ele assim que adquirem força física e capacidade de iniciativa responsável, mas ao mesmo tempo estão ainda próximos das atitudes de submissão já vivenciadas: o serviço militar tende a criar neles hábitos e reflexos de disciplina, necessários para uma situação de guerra. Esse nivelamento por baixo é condenável. É preciso ensinar os jovens a vivê-lo como se estivessem a serviço da comunidade nacional; o patriotismo (ou devoção à pátria) é um sentimento impregnado de reconhecimento e de amor oblativo.

Em geral, o jovem de hoje, na escolha da profissão, tende a decidir com base em critérios de rendimento econômico-social: seu ímpeto social revolucionário é enfraquecido pela atração das utilidades práticas das realidades terrestres. A jovem, por sua vez, se inicialmente parecia orientada não para uma carreira, mas para participar da profissão da maneira provisória à espera do casamento ou em alternativa a ele, ou ainda como complementar à situação profissional do marido, agora pensa em satisfazer sua própria vocação. As disponibilidades comunitárias femininas tendem cada vez mais a ser utilizadas de modo apropriado na comunidade econômico-social. No trabalho, a mulher não deve entrar em competição com o homem (tentação de eficiência), mas viver na atividade laboral na forma autêntica de mulher (missão de amor).

Hoje a sociedade se sente mais empenhada em promover a formação profissional dos jovens. Deve-se oferecer a eles (além da possibilidade de escolher livremente a profissão, da aprendizagem técnica, humana e social da profissão e de uma cultura geral adequada) sobretudo uma formação espiritual adequada. Os jovens devem descobrir que têm uma vocação ou chamado por parte de Deus; são os filhos enviados pelo Pai e vivificados sobrenaturalmente a cada instante pelo Espírito Santo na comunidade terrestre. Quando Deus chama exige uma resposta de maneira absolutamente original e insubstituível. Todo trabalhador é chamado a participar da missão criativo-redentora no universo.

c) *O amor oblativo no jovem.* O colegismo entre as jovens e os jovens é uma forma atual de socialização; é o prazer de estar juntos, prescindindo de preocupações ou implicações de natureza sexual, e portanto com espontaneidade, liberdade e naturalidade. É louvável a tarefa de realizar uma relação social dessexualizada por alguns anos, num grupo que o afirma e o proponha como valor. Isso permite a criação de amizades corretas e o surgimento de vínculos afetivos que podem se encaminhar para o namoro. Para se constituir, o colegismo exige a busca de áreas de interesses comuns, relativamente neutros, juntamente com o compromisso de respeito cavalheiresco sancionado pelo grupo. De maneira particular, pressupõe que os jovens tenham passado por uma forma de controle social, puramente exterior, para aquele controle confiado à interiorização de hábitos, de modo que no interior do grupo demonstrem autodisciplina e autocontrole no respeito do outro em uma visão caritativa.

O jovem sente um apelo profundo para o → MATRIMÔNIO, mas ao mesmo tempo uma angústia instintiva a se ligar definitivamente a alguém (Mt 19,10): tem medo de se tornar homem de um único amor. No entanto, o verdadeiro e definitivo progresso da personalidade está em amadurecer num amor oblativo, total e exclusivo por uma pessoa. A jovem, em contrapartida, normalmente logo aceita com excluvidade a ideia do casamento: nem mesmo a ocupação de cargos de responsabilidade social ou profissional constitui uma alternativa suficiente ou definitiva à meta matrimonial. Na verdade, a questão fundamental para uma jovem deveria ser outra: saber o que significa ser cristãmente uma mulher na família e na sociedade.

Os jovens têm o grande dever de vivenciar o próprio namoro como a iniciação para uma santidade comunitária, direcionada teologicamente para a realidade futura do casamento, célula do Corpo místico: os namorados devem preparar-se para transformar suas futuras relações mútuas à imagem de Cristo-Igreja. Espiritualmente o namoro é o tempo do Advento: uma iniciação a ser oferecida a dois nas relações e nas tarefas cívicas e eclesiásticas. Isso exige uma vida pessoal compartilhada tanto no plano da vida cristã profunda quanto no das atividades espirituais: arte de viver a dois. Concretamente delineiam-se três compromissos fundamentais: — iniciação dos namorados a reconhecer o primado do domínio de Cristo sobre o próprio amor. "Parece-me impossível fazer divisões. Amo Deus em ti, por tua causa e te amo perfeitamente em Deus" (L. Bloy). Nessa comunhão deve-se conferir um lugar eminente à oração falada, tanto falada como silenciosa; — caridade que respeita a pessoa do outro. Pureza que não é medo de infringir uma lei, e ainda menos medo do desejo físico, mas é irradiação do amor e da graça através de uma carne domada e continente; — amor aberto às responsabilidades apostólico-sociais: iniciação da doação dos namorados aos outros. Eles não devem isolar-se, mas introduzir-se na sociedade ou na Igreja, para doar a elas o seu amor comunitário; eles devem dar-se espiritualmente um ao outro para apresentar-se amorosamente junto com os outros.

BIBLIOGRAFIA. ALBERONI, F. *Classi e generazioni*. Bologna, 1970; BABIN, P. *I giovani e la fede*. Roma, 1965; BERNARDINI, M. *Giovani e progetto di vitta*. Torino, 1986; BOTTURINI, E. *Disagio giovanile e impegno educativo*. Brescia, 1984; CAMP, J. – CHABANNES, CH. *Les jeunes d'aujourd'hui*, Paris, 1967; CENTRO SALESIANO PASTORAL JUVENIL. *La preghiera dei giovani*. Torino, 1986; FOUCHARD, G. – DEVRANCHE, M. *Enquête sur la jeunesse*. Paris, 1968; *Giovani oggi. Indagine jard sulla condizione giovanile in Italia*. Bologna, 1984; GRASSO, P. G. *I giovani stanno cambiando*. Roma, 1963; GUERRE, B. *Pastorale et jeunesse travailleuse*. Paris, 1964; KENISTON, K. *Giovani all'opposizione*. Torino, 1972; LIPSET, S. M. *Studenti e politica*. Bari, 1968; LUTTE, G. *Giovani invisibili*. Roma, 1981; MAFFI, M. *La cultura underground*. Bari, 1972; MASTROFINI, F. – NANNI, A. *Giovani oggi. Uma penetrazione tra utopia e disincanto*. Roma, 1984; ROSSANDA, R. *L'ano degli studenti*. Bari, 1968.

T. GOFFI

K

KIERKEGAARD, SOEREN. 1. NOTA BIOGRÁFICA. Nasceu em Copenhague em 5 de maio de 1813. Recebeu a primeira educação do pai, que era muito sensível à problemática religiosa, dominado por vários complexos de culpa, e iniciou o filho a um cristianismo fechado e exigente, em que o pecado assumia um aspecto opressivo e o dever uma força inquietante. Na escola, Soeren foi um aluno inteligente; imergiu com paixão no estudo do grego e do latim; com entusiasmo se dedicou às indagações sutis a que o haviam acostumado as conversas do pai com seus amigos. Consolidaram-se nele a inclinação para a meditação e a capacidade imaginativa, já suscitada pela educação paterna. Ao frequentar a universidade dedicou-se aos estudos de teologia apenas esporádica e distraidamente, tanto que os conclui dez anos depois, em 1841, formando-se com uma tese sobre o *Conceito da ironia em Sócrates*. Ele ansiava encontrar uma verdade que fosse verdade para ele, uma ideia pela qual valesse a pena viver e morrer, e ao mesmo tempo permanecia indeciso sobre a orientação a dar à própria vida. A morte do pai em agosto de 1838 perturbou-o profundamente, especialmente porque o senhor de 82 anos lhe revelou um segredo de consciência que o atingiu com violência inaudita. Em 1840, ficou noivo de Regina Olsen, um noivado conturbado, tanto que o desmanchou no ano seguinte, o que não impediu a noiva de exercer sobre ele, e sobre sua atividade de escritor, uma influência determinante: a partir de então sua vida torna-se um diálogo ininterrupto com ela, idealizada, mas nem por isso menos viva. Nesse meio-tempo frequentou a universidade de Berlim, onde por alguns meses pôde acompanhar as aulas de Schelling. A partir de 1841 desenvolveu uma atividade prodigiosa em favor da verdade, publicando seus livros imortais, que influenciaram profundamente o pensamento moderno. Viveu na solidão, mas o seu isolamento e o seu silêncio foram povoados de crises angustiantes, perturbados por polêmicas e lutas contra as acomodações da religião oficial. Dois momentos culminantes de seu testemunho da verdade são constituídos pela polêmica com o jornal satírico *O corsário* e pelo conflito com o bispo Mynster. Sustenta a sua luta com o periódico *O momento*, que teve nove edições. Em 2 de outubro de 1855, enquanto voltava do banco de onde havia retirado suas últimas economias para publicar a décima edição, caiu ao solo atingido pela paralisia. Levado ao hospital, ali morreu em 11 de novembro.

2. ESCRITOS. A produção literária de Kierkegaard pode ser dividida em três grupos: *obras pseudônimas, obras religiosas, cartas*.

a) *Obras pseudônimas*: foram publicadas sob vários pseudônimos e exprimem diversas possibilidades de existência; nunca desenvolvem diretamente o pensamento do autor, embora contenham pensamentos realmente seus ou fatos não expressados de sua vida. Escritas entre 1843 e 1850, são as obras mais numerosas e mais conhecidas.

1843: *Aut-aut*: um livro muito amplo; o conjunto se apresenta como uma coleção de esboços, de ensaios, de tratados, que descreve o esquema dos estados de existência de acordo com o ponto de vista kierkegaardiano.

1843: *Temor e tremor*: uma meditação religiosa, de uma penetração lírica extraordinária, sobre o episódio de Abraão que sacrifica o filho Isaac; exalta a fé heroica em Deus, que supera a ética a ponto de suspendê-la.

1843: *A repetição*: estudo original e profundo sobre a figura bíblica de Jó, que se apresenta como modelo para todo homem na relação com Deus, que doa numa esfera superior o que parece ter tirado na esfera inferior.

1844: *Migalhas filosóficas*: um pequeno tratado que desenvolve o tema da possibilidade de ser cristão e o problema da fé considerado sob a forma de paradoxo: "É possível estabelecer um ponto de partida histórico para uma certeza eterna? Pode-se fundamentar a felicidade eterna num saber histórico?".

1844: *O conceito da angústia*: essa meditação religiosa sobre o pecado introduz no pensamento moderno um tema novo, impressionante, que teve um sucesso extraordinário. A angústia exprime no nível de consciência de si o desvario do indivíduo a quem se oferece uma pluralidade de possibilidades contraditórias.

1845: *Etapas no caminho da vida*: obra estilisticamente perfeita; uma coletânea de ensaios e esboços, um pouco como *Aut-aut*, mas numa forma mais elevada; é uma reflexão aprofundada e viva sobre as diversas etapas da existência, *estética, ética, religiosa*, ou seja, sobre as diversas atitudes que o homem pode assumir diante da vida.

1846: *Pós-escrito final não científico às "Migalhas filosóficas"*: uma obra volumosa, altamente filosófica, fortemente polêmica contra Hegel e a filosofia idealista, que pode ser considerada o manifesto do → EXISTENCIALISMO. É uma discussão sobre a verdade, que se conquista com a experiência vivida que faz com que a verdade seja a subjetividade. O cristão não é um conhecedor de conceitos e de argumentações lógicas, mas um pensador subjetivo.

1849: *A doença mortal*: estudo de antropologia religiosa que pretende esclarecer em termos de análise existencial a experiência do pecado; diante de Deus todos erramos, esse é o significado cristão do pecado. A atitude cristã consiste em aceitar a realidade do pecado na obediência da fé, compreendida como recurso à graça e confiança na salvação (*Gursdorf*).

1850: *Exercício do cristianismo*: "Exposição bíblica e definição cristã do conceito de escândalo". Trata da existência cristã na sua totalidade como vocação pessoal e como instituição social.

b) *Obras religiosas*: escritas de 1843 até os últimos anos, assinadas com o nome de Kierkegaard, expressam diretamente o seu pensamento. São textos especificamente religiosos, sermões, alguns dos quais foram lidos para o público, tratados de espiritualidade, meditações cristãs. A coleção dos discursos religiosos, denominados *edificantes*, atinge o total de 88; os mais famosos são: *O supremo santificador, O publicano, A pecadora, A pureza do coração, Os lírios do campo e os pássaros do céu, O evangelho do sofrimento, Para um exame de consciência, Discursos cristãos, Dois discursos em preparação para a santa Ceia*.

O mais importante dentre os livros edificantes foi publicado em 1847, com o título *Os atos do amor*: uma obra de espiritualidade, destinada a despertar o sentido esquecido do amor cristão.

c) *Cartas*, cuja parte mais interessante é constituída pelo *Diário*: deixadas inéditas por Kierkegaard, foram publicadas em parte depois de sua morte. O *Diário* é muito descontínuo como compilação e no conteúdo que apresenta. "Ele revela o espírito de Kierkegaard como nenhum outro de seus escritos, se não sempre pela perfeição do estilo, certamente pela sinceridade e intimidade, por uma profundidade de análise do homem interior e uma comoção de estilo que o aproximam das *Confissões* de Santo Agostinho. Acima de tudo, o *Diário* capta em estado nascente os pensamentos que depois preencheram os dois grupos precedentes" (C. Fabro).

3. **DOUTRINA**. Kierkegaard concebe a existência cristã como um itinerário em que o homem, através da reflexão e da aceitação da realidade, do esforço e do sofrimento, passa da fase estética à fase ética para chegar à fase religiosa, na qual o salto da fé encontra a salvação em Cristo. Ao apresentar esse itinerário, ele assume uma posição nova, pessoal, condicionada por seu temperamento, por seu ideal de vida, pela educação recebida no interior da confissão protestante e na sua família, do apego à filosofia contemporânea, da ação de ruptura com a cristandade estabelecida. A originalidade de seu posicionamento já se evidencia no primeiro momento religioso do itinerário, ou seja, no ato de entrada no cristianismo que ocorre de maneira dramática, isto é, pela experiência do pecado: "Só se entra no cristianismo com a consciência do pecado; pretender entrar nele de outra maneira significa cometer contra o cristianismo um delito de lesa-majestade" (*Scuola del cristianesimo*, Milano, 1947, 84).

A angústia. O pecado não é o dado primitivo da existência cristã, o fato originário que põe em movimento a atividade religiosa do homem. Antes dele há um outro elemento que desempenha um papel decisivo no complicado mecanismo da psicologia humana, *a angústia*; um sentimento que se aninha nas profundezas do ser e condiciona todas as suas manifestações. Ela não é algo determinado, não se refere a nada de preciso, é o puro sentimento da possibilidade, a relação do espírito consigo mesmo e com a sua condição; é como "a oscilação do espírito sobre o infinito vazio que o pressupõe por meio da possibilidade que é liberdade" (Fabro).

A angústia surge a partir de um estado de tensão, de uma situação de incerteza: o objeto que é o nada atrai, mas ao mesmo tempo repele, desperta o desejo, mas também o medo: "A angústia é o desejo daquilo de que se tem medo, uma antipatia simpática, uma força estranha que arrebata o indivíduo sem que ele possa nem queira se libertar dela, porque temos medo e mesmo assim desejamos aquilo de que temos medo. A angústia torna o indivíduo impotente, e o primeiro pecado acontece sempre nessa impotência; parece que falta a responsabilidade, e a sedução consiste precisamente nessa falta de responsabilidade" (*Diário*). A angústia pode ser definida como a vertigem da liberdade que surge enquanto o indivíduo está prestes a definir a síntese e a liberdade, e está estreitamente ligada à condição humana a ponto de se tornar insuperável: até o homem que realizou o salto no religioso é dominado pela angústia. Ele de fato se encontra "diante de Deus", mas na certeza angustiante da fé que é risco, e onde a angústia da incerteza é a única garantia possível. A angústia fundamenta-se portanto na própria estrutura problemática da existência, e de nada adiantaria a tentativa de destruir essa estrutura fundamental do eu: seria a tentativa impossível de negar a possibilidade do eu. A vida do homem está precisamente na possibilidade, na possibilidade que lhe é oferecida pela fé, que entre outras coisas o leva além da razão, porque "crer com a razão é impossível" (*Pós-escrito...*).

Depois de definir o conceito de angústia, Kierkegaard aprofunda-se em sua análise seguindo um procedimento psicológico-dogmático. Estuda-a em diversos momentos: na base do pecado original, visto como efeito da angústia e ao mesmo tempo como nova fonte dela; considera-a nos desdobramentos sucessivos quer sob o aspecto subjetivo quer sob o aspecto objetivo; considera-a ainda na perda da liberdade do indivíduo e na desintegração do espírito; estuda-a, enfim, no seu valor positivo como princípio que salva por intermédio da fé.

A fé. Oprimido pela angústia, o homem se refugia na fé para encontrar uma salvação. Mas é um passo extremamente difícil: ele encontra uma realidade que o supera, o desconcerta, em certo sentido o afasta. Mais que um passo deve haver "um salto" numa esfera superior, porque a fé está envolta no mistério, numa região inacessível à razão. O homem está diante daquilo que Kierkegaard chama de "absurdo" ou "paradoxo"; mas é um absurdo *sui generis*, diferente de qualquer outro que possa ser encontrado no âmbito da razão, que deriva da estrutura dialética da fé; não é um absurdo de deficiência de ser como o da lógica, mas de excesso de ser na medida em que indica a intervenção direta de Deus e introduz, portanto, "a qualidade divina" que é incomensurável com qualquer realidade finita. Todos os mistérios do cristianismo encontram-se na esfera do absurdo, porque todos indicam uma presença extraordinária de Deus; mas há um mistério que o expressa de maneira eminente: a pessoa de Cristo, em quem o Eterno se tornou histórico no tempo (*Pós-escrito...*). Assim, o absurdo da fé é o paradoxo do encontro de duas qualidades opostas, cuja existência se vem a conhecer, mas cujo "como" não se compreende. Este é em certo sentido a posição essencial do Absoluto, que exige do homem a sujeição total como simples instrumento da sua vontade.

Mais que uma conquista do homem, a fé é um dom de Deus, e consiste não em um princípio geral, mas numa relação pessoal entre o indivíduo e Deus, numa relação absoluta com o Absoluto. Ela é o domínio da solidão, onde o homem renuncia a toda segurança terrena e se abandona à paixão do eterno, num movimento duplo de renúncia ao tempo e ao mundo, e de retorno a si mesmo e ao mundo, tornando-se assim o verdadeiro eu numa síntese entre finito e infinito. A fase da fé é encarnada numa figura emblemática, Abraão, "o cavaleiro da fé", que percorre de modo extraordinário o caminho do absurdo (cf. *Temor e tremor*).

Provocada por Deus, a fé continua a ser uma tensão suprema; mas se é inquietude, é também certeza, uma certeza que deve ser conquistada dia após dia. Na luta cotidiana ela adquire um dinamismo de crescimento que aprofunda cada vez mais a relação com Deus, não por causa da erudição, mas por causa do compromisso moral e da paixão infinita.

Se de um lado a fé exige risco e sofrimento, de outro transforma, quase por uma força dialética, a obscuridade em clareza, o sacrifício em alegria, a luta em vitória. A fé dá, antes de tudo, uma *nova lucidez* que se desenvolve nas relações com Deus e leva a ter certeza da sua existência acima de qualquer dúvida, "acredita-se como se se visse"; além disso, ela situa o cristão numa perspectiva sobrenatural a partir da qual se olha o mundo e o tempo *sub specie aeterni*, à luz da providência, e se dá às coisas e aos acontecimentos um novo significado, diferente daquele imediato e superficial (*O evangelho do sofrimento*, *Discursos cristãos*).

Outro dom da fé é a *alegria cristã*, que brota da consciência de ser amados por Deus, assume um caráter muito elevado e se alimenta sobretudo de duas fontes, a *imitação de Cristo* e o *pensamento da eternidade* (*Discursos cristãos*).

Um outro fruto da fé é a vitória sobre todas as dificuldades da vida, sobre todos os enigmas do mundo, mas vitória sobretudo sobre o *tempo*, porque a fé, fundamentada em Deus eterno, introduz o homem na eternidade.

A contemporaneidade com Cristo. A fé, através da luta e do sofrimento, leva portanto o homem à certeza e à vitória; mas trata-se de uma certeza absoluta, de uma vitória excepcional, que dá a capacidade de transcender o tempo, de se encontrar com Cristo e se tornar "seu contemporâneo". Essa contemporaneidade com Cristo, se por um lado é fonte de alegria, por outro é motivo de tensão extrema, porque Cristo continua a ser sempre sinal de contradição. A fé do cristão deve continuar, assim, a "escandalizar" o mundo com a sua humildade, pobreza e sofrimento; só a esse preço e com a ajuda de Deus, será possível introduzir de novo o cristianismo, o autêntico, na humanidade. A contemporaneidade com Cristo mediante a fé faz com que não exista diferença entre os primeiros discípulos que estiveram em contato direto com ele e os outros que estão separados dele por muitos séculos. Aliás, os que vieram depois têm uma vantagem sobre os que viveram junto com Cristo e puderam vê-lo e ouvi-lo. De fato, é certo que toda a existência terrena de Cristo estava direcionada para a crucifixão, e a sua vida tinha significado em relação à sua morte; mas apenas após a morte ele se tornou aquilo que era, nas consequências de sua vida, que no entanto permanecem menos importantes que a própria vida. Em certo sentido, após a morte de Cristo, tornou-se mais fácil ser cristão do que era durante sua vida. Enquanto vivia, a sua missão era servir de modelo e aumentar o preço da verdade comunicada por ele a ponto de se fazer matar; só depois da morte ele pôde ajudar o cristão tornando-se o seu Salvador e Redentor.

No entanto, não foi a história que, por assim dizer, lhe deu razão, porque nesse caso ele estaria subordinado ao processo histórico; ao contrário, foi ele que se manifestou e se manifesta no processo histórico. E, se Cristo não se deixa condicionar pela história, então a sua crucifixão não ocorreu há vinte séculos, não é um fato ultrapassado: ela acontece hoje. Se o mal continua a se difundir a tantos anos de distância de sua morte, ele certamente redime os pecadores também hoje; ainda hoje continua a sofrer e a morrer. O cristianismo situa-se além da história, penetra no espírito, manifesta-se no interior de uma experiência singular porque é o indivíduo que interessa a Deus, e o interessa mais que toda a cidade.

Não existe, portanto, o discípulo de segunda categoria, porque do ponto de vista da fé o último discípulo é igual ao primeiro. A única diversidade consiste no fato de que a geração contemporânea apresenta a notícia aos que vêm depois, ao passo que tendo-a recebido na contemporaneidade imediata não deve nada a nenhuma geração. "A tensão da exigência da fé é igual, porque o paradoxo da sua exigência metafísica não admite gradações, ou seja, a crucifixão da razão é igual para todos. Assim, "o momento" é igualmente decisivo para todos, e o que torna o momento tão decisivo é precisamente o paradoxo" (*Migalhas filosóficas*).

Pensando na vida de Cristo, em sua morte, o cristão deve chegar a esta última conclusão: sou um pecador, necessitado de ser redimido. Então a redenção torna-se mais que um fato histórico, realizado num lugar e num tempo determinados, um fato divino, absoluto, que se propõe em todo o decorrer da história, tocando misteriosamente, mas realmente, todas as consciências individuais. Em decorrência da fé tornamo-nos, portanto, contemporâneos de Cristo, e por meio dessa contemporaneidade atingimos uma nova possibilidade de existência como síntese de efetiva salvação.

O indivíduo. Na relação com Cristo e com Deus existe uma só categoria através da qual o tempo, a história e a humanidade devem passar do ponto de vista religioso: a categoria do indivíduo. A proposta, sozinho contra todos, da categoria do indivíduo foi sentida por Kierkegaard como a própria missão pessoal, como o objetivo mais elevado e mais nobre do seu trabalho de escritor. Reagindo à mentalidade difusa e ao costume estabelecido, ele proclamou a necessidade de um cristianismo voltado para a pessoa, considerado e seguido como desenvolvimento da pessoa, que se põe em relação absoluta com o Absoluto, como "eu humano cuja medida é Deus", segundo a feliz expressão usada em *A doença mortal*.

Seria um erro acreditar que Kierkegaard proponha a alienação do indivíduo do contexto humano e social em que vive. De fato, uma vez atingida a plena maturidade humana e religiosa, o indivíduo não permanece fechado na solidão, interessa-se pelos outros e procura fazer com que sigam os seus passos. Se Deus o chamou, não foi apenas para sua salvação, mas para que ele a leve também aos outros; para que estes últimos, sacudidos pelo seu exemplo e por sua palavra, se sintam indivíduos e reconheçam a própria personalidade na relação com Deus. "A relação do indivíduo com Deus determina a sua relação com a comunidade; não é a relação do indivíduo com a comunidade que determina a sua relação com Deus. Assim o indivíduo impede que a comunidade se torne multidão" (do *Diário*). Na conquista do próprio ser o indivíduo vai certamente ao encontro de graves sacrifícios, "porque abandonar-se a Deus na qualidade de indivíduos leva à catástrofe mais intensa da existência" (do *Diário*), mas esse é o único caminho para chegar à elevação da pessoa e entrar na verdade e na alegria. Assim, vale a pena arriscar e entregar-se nas mãos de Deus, tendo em vista qual é o ponto de chegada.

Tornar-se indivíduo é o empenho de toda a vida cristã. Aliás, é verdade que Cristo é o salvador de todos, mas atinge cada homem individualmente, os salva um a um, ele que é o verdadeiro "Indivíduo". Deus quer o indivíduo que, por timidez, esperteza, medo, tende contudo a se esconder na multidão. Não há saída: para chegar a Deus é preciso enfrentar sozinho a viagem, ainda que seja para voltar a ela depois e permitir que Deus entre em contato com a humanidade.

Fé e existência. Kierkegaard viveu a sua dramática aventura em busca da verdade e da autenticidade da fé, na convicção profunda de ser amado por Deus, circundado pela providência e instado a dar uma resposta pessoal. A fé, antes de ser buscada e pregada racionalmente, segundo o seu ensinamento, deve ser existencialmente vivida, porque "só é possível possuir o cristianismo na sua realização, só é possível transmiti-lo na edificação e no despertar".

Essa característica é inerente à natureza do cristianismo, porque este, antes de se tornar doutrina, é uma realidade que envolve todo o homem para "convertê-lo". No centro da religião cristã há uma pessoa, Cristo, que deseja transmitir aos outros a sua vida.

Em polêmica com Lutero, que dava importância absoluta à palavra, Kierkegaard reafirma o primado da pessoa, que é garantia de verdade, ao passo que a palavra nunca fornece total segurança; aliás, foi esse o caminho que Deus escolheu para introduzir o cristianismo no mundo: ele entrou "de modo que a pessoa seja mais importante que a doutrina" (do *Diário*).

Não praticar o cristianismo equivale em certo sentido a negá-lo: ele só existe quando é inserido na vida. Ele conserva o seu dinamismo em todas as suas manifestações, realizando-se sempre em contato não com as ideias, mas com a realidade. Kierkegaard atribui um motivo profundamente teológico ao primado da existência no cristianismo, na medida em que o põe em relação com o Deus dos seres vivos. Essa relação deve ser total e não limitada a algum aspecto: vai-se ao Absoluto com um dom absoluto. Deus é o modelo do cristão que deve, por assim dizer, superar o seu ser dividido no tempo e adequar-se ao Eterno que é unidade: "Deus não pensa. Ele cria. Deus não existe; ele é eterno. O homem pensa e existe, e a existência separa pensamento e ser, os distancia um do outro na sucessão" (*Pós-escrito...*).

A ação é a verdadeira garantia do seguimento de um modelo, enquanto a admiração é um só aspecto dela; é da imitação que surge e é formado o conhecimento: "Assim como é um homem, assim é a sua imagem de Cristo". Precisamos nos sentir provocados pessoalmente pelo exemplo de Cristo. A vida não deve ser reduzida a um sistema, porque nesse caso ficaríamos fechados nele e nos esqueceríamos da realidade; é a vida que suscita a aspiração contínua, impele à ação, põe em movimento as faculdades do homem. Compreender abstratamente no "sistema" equivale a compreender na possibilidade; compreender concretamente, vitalmente, em contrapartida, significa compreender na realidade. No primeiro caso ficamos fora das consequências, permanecemos essencialmente inalterados; no segundo caso sofremos uma mudança. Kierkegaard exemplifica esse princípio com a experiência dos apóstolos que, quando foram prevenidos pelo Senhor que se escandalizariam no momento da paixão, não se convenceram disso; mas quando a paixão aconteceu se escandalizaram realmente, e só então compreenderam o anúncio de Cristo.

Há um motivo fundamental que impele o homem a reduzir a existência a sistema: a dificuldade que implica vivê-la em toda a sua dimensão, responder a todas as suas exigências.

Porque a existência é a tarefa mais fácil e mais difícil: existir é fácil; mas existir de verdade, portanto penetrar a própria existência com a consciência, ou seja, ir além dela quase na eternidade, ou então estar presente nela e manter-se a caminho, é algo realmente difícil; torna-se ainda mais difícil quando a existência é revestida pelo cristianismo.

O cristianismo compromete totalmente e para sempre, compromete por toda a eternidade; mas o esforço é compensado plenamente, porque então a eternidade se une com o tempo e passa à existência. O cristão pode dizer que realmente "tem na sua alma o Infinito".

BIBLIOGRAFIA. Armieri, S. *Kierkegaard e il cristianesimo*. Lugano, 1956; Cantoro, U. *Variazioni sull'angoscia di Kierkegaard*. Padova, 1948; Colette, J. *La difficoltà di essere cristiani. Soeren Kierkegaard*. Roma, 1970; Fabro, C. (org.). *Studi kierkegaardiani*. Brescia, 1957; Fabro, C. *Dall'essere all'esistente*. Brescia, 1951; Gigante, M. *Religiosità di Kierkegaard*. Napoli, 1972; Gusdorf, G. *Kierkegaard*. Paris, 1963; Jesi, F. *Soeren Kierkegaard*. Fossano, 1973; Jolivet, R. *Kierkegaard. Alle fonti dell'esistenzialismo cristiano*. Roma, 1960; Lombardi, F. *Soeren Kierkegaard*. Firenze, 1967; Mesnard, P. *Le vrai visage de Kierkegaard*. Paris, 1948; Navarria, S. *Soeren Kierkegaard e l'irrazionalismo di Karl Barth*, Palermo, 1943; Rizzacasa, A. *Kierkegaard. Storia ed esistenza*. Roma, 1984; Sciacca, F. M. *L'esperienza religiosa e l'io in Hegel e Kierkegaard*. Palermo, 1948; Stefanini, L. *L'esteticità come antitese in Soeren Kierkegaard*. Milano-Messina, 1943; Velocci, G. *Filosofia e fede in Kierkegaard*. Roma, 1976; Id., *La donna in Kierkegaard*. L'Aquilla, 1980; Wahl, J. *Études kierkegaardiennes*. Paris, 1938.

G. Velocci

L

LACTÂNCIO. Cecílio Firmiano Lactâncio foi professor de retórica primeiro na África e depois na Nicomédia, nesta a convite de Diocleciano, Convertendo-se à religião de Cristo, em 317 foi chamado à Gália por Constantino, que lhe confiou a educação de seu filho Crispo. Embora fale de Cristo e da religião cristã, Lactâncio se move preferencialmente no campo da teologia e da ética natural. Escreveu *De mortibus persecutorum* para demonstrar que a justiça de Deus triunfa sobre os maus e particularmente sobre os princípes perseguidores de cristãos e, pouco depois, as *Instituições divinas*, em que: demonstra a falsidade das religiões pagãs (I), aponta a causa do erro na obra dos demônios (II), trata da insuficiência da sabedoria humana para dar ao homem a verdadeira felicidade (III), afirma que só a religião cristã é a verdadeira religião e a verdadeira sabedoria, oferece a Deus o verdadeiro culto, ensina a verdadeira justiça, conduz o homem à verdadeira e eterna felicidade (IV-VII); no *De opificio Dei* descobre a providência divina na estrutura do corpo e da alma do homem; e no *De ira Dei* mostra que em Deus há tanto ira quanto bondade. A ele se atribui também o carme *De ave phoenice*, em que narra a maravilhosa história do pássaro fabuloso que renasce das próprias cinzas e que, na Antiguidade, é considerado símbolo da ressurreição.

BIBLIOGRAFIA. Monat, P. *Lactance et la Bible*. Paris, 1982; Perrin M. (org.). *Lactance et son temps. Recherches actuelles*. Paris, 1978; Pichon, R. *Lactance. Étude sur le moviment philosophique et religieux sous le règne de Constantin*. Paris, 1901; Quasten, J. *Patrologia*. Torino, 1967, 619-634 (com bibliografia) vl. I; Ripasarda, E. *Il carme "De ave phoenice" di Lattanzio*. Catania, 1959; Wlosok, A. *Laktanz und die philosophische Gnosis*. Heidelberg, 1960.

Melchiorre di Santa Maria – D. Dattrino

LÁGRIMAS. Fato psicológico, específico das almas que chegaram a um altíssimo grau de amor e de santidade. É o *donum lacrymarum* que se vincula à bem-aventurança de quem chora (Mt 5,5). Como Jesus chorou pela Jerusalém que rejeitou a salvação oferecida por Deus com tanta generosidade (Lc 19,41), assim a alma que ama chora pela ofensa que o pecado faz à bondade divina, especialmente no seu aspecto particular de recusa da graça. Para conseguir chorar por essa ingratidão humana, a alma precisa possuir uma fé ardente e um elevado grau de amor. Não é fácil conseguir se aprofundar tanto no amor de Deus a ponto de sentir quase um sofrimento físico por sua ofensa, contudo isso também pode ocorrer. As autênticas lágrimas não devem ser confundidas com os fáceis sentimentalismos de origem histérica. Deus nos pede mais um sofrimento de vontade que de sentimento. E para um progresso espiritual não é necessário fazer com que esse fenômeno penetre na vida interior. Contudo, como as mudas lágrimas de Maria significaram a sua participação total e profunda no mistério da redenção, assim também a alma enamorada pode chorar diante da renovação de um sofrimento que se consuma na ingratidão e no desprezo.

Jesus chorou diante do túmulo do amigo Lázaro. Essas lágrimas santificaram todas as lágrimas humanas, mesmo as que não são diretamente derramadas pela ofensa de Deus. Jesus sabe que deve santificar a vida humana e com a própria participação ensina que na vida é preciso compartilhar também o sofrimento. Precisamente por ser um peso, e talvez o mais difícil de suportar, o sofrimento não deve cavar um vazio em torno de si, mas deve despertar a compreensão, o alívio, o abrandamento. Nosso compadecimento tem o sentido de uma presença e um testemunho que só o cristianismo pode dar, porque ajuda a ver além das aparências e a lançar as âncoras da nossa esperança em Deus. Depois da amarga experiência do humano, as lágrimas preparam para o contato com Deus, porque em sua muda linguagem dizem que agora todo o ser se rende à verdade. Nessa rendição está o desejo de ser possuídos por Deus, porque a alma tem medo do vazio humano. As lágrimas são quase que a purificação dos nossos olhos para que possam, na segura esperança do perdão, ver melhor a luz que vem de Deus, que deseja iluminar todo o nosso ser.

BIBLIOGRAFIA. BORODINE, M. LOT. Le mystère du "don des larmes" dans l'Orient chrétien. *La Vie Spirituelle. Supplément* 48 (1935-1936) 65-110; GALOFARO JOLE. Il donno delle lacrime. *Rivista di Vita Spirituale* (1983) 379-383; SANTA TERESA DE JESUS. *Caminho*, c. 28; *Castelo*, 6, 6.

C. GENNARO

LÁGRIMAS DE SANGUE

Esse fenômeno também é denominado oftalmorragia.

1. NOÇÃO. a) A expressão pode ter um sentido figurado e então assume o significado de lágrimas derramadas em consequência de um violento sofrimento ou de uma amarga desilusão. Mas aqui não consideraremos esse aspecto do tema. b) Lágrimas de sangue são um fenômeno que consiste na efusão sanguinolenta através das mucosas da pálpebra.

2. EXPLICAÇÃO. É um fenômeno que, levando em conta circunstâncias de cada caso, tem muitos pontos de contato com a → HEMATIDROSE. O que se afirma em relação às glândulas sudoríparas pode ser afirmado também para as glândulas lacrimais. O caso mais frequente é que as lágrimas de sangue sejam decorrentes de uma hemorragia da conjuntiva, a uma ruptura vascular ou a uma ruptura do saco lacrimal ou das pálpebras. Os hemofílicos têm perda de sangue pela mucosa da pálpebra, assim como por todas as outras mucosas. Mais raramente o fenômeno pode ser causado por hemorragias nasais que seguem um caminho oposto ao normal e se efetuam no ângulo interno do olho, simulando assim um verdadeiro choro de sangue.

Embora as lágrimas de sangue sejam algo natural, ao menos em diversos casos, elas podem ser também efeito de uma causa preternatural, sobretudo divina, ou efeito — segundo nossa crença — da graça sobrenatural.

BIBLIOGRAFIA. BOM, H. *Medicina e religione*. Torino, 1946; ROYO, A. *Teologia della perfezione cristiana*. 628-630; SURBLED, G. *La moral en sus relaciones con la medicina y la higiene*. Barcelona, 1950, 11, c. 24, 702-704.

I. RODRÍGUEZ

LALLEMANT, LUÍS

1. NOTA BIOGRÁFICA. Nasceu em Châlon-sur-Marne em 30 de outubro de 1587; realizou os estudos no colégio dos jesuítas em Bourges, na época em que seus pais estavam no exílio. Seu temperamento fechado levou-o a participar da Congregação da Santíssima Virgem. Depois de um segundo ano de retórica em Verdun, em 10 de outubro de 1605 ingressou no noviciado dos jesuítas em Nancy. Fortes enxaquecas e graves problemas de estômago levaram os seus superiores a permitir que acompanhasse os cursos de filosofia e de teologia sem obrigá-lo a passar pelos colégios. Em 28 de outubro de 1621 emitiu os quatro votos da profissão solene na província de Paris. Durante pelo menos doze anos ensinou filosofia, matemática, teologia moral e escolástica e exerceu o ministério de diretor da Congregação em La Flèche (1616), Bourges (1618), Rouen (1619-1622), Paris (1626). De 1622 a 1625 foi professor de noviços e diretor do noviciado de Rouen; nesta cidade dedicou-se a socorrer as vítimas da peste. Isso o preparou para o encargo de instrutor para o período da terceira provação, que exerceu por três anos (1628-1630). As conferências que realizou durante esse período transformaram-se posteriormente na *Doutrina espiritual*. Motivos de saúde levaram-no a desistir de outro encargo em Bourges, onde foi sucessivamente prefeito dos estudos (1631-1633), e diretor (1634), antes de ser atingido pela morte, em 5 de abril de 1635.

No decorrer dessa existência muito simples, pediu três vezes para ser enviado em missão ao Canadá, de 1625 a 1629. Seu biógrafo descreve-o como uma pessoa humilde de coração e de modos, mais preocupado em colaborar discretamente que em tomar iniciativas pessoais, praticando a pureza de coração que ensinava. Sua pobreza ia do despojamento exterior à nudez de espírito. As oposições movidas a ele por alguns terciários e por alguns superiores não perturbaram sua serenidade de espírito. Impelido por uma devoção decididamente sacramental, confessava-se diariamente e honrava o Santíssimo Sacramento, a Virgem e São José. Suas capacidades como diretor eram indiscutíveis. Seu biógrafo fala de suas visões. A *Doutrina espiritual* demonstra que ele não dava nenhuma importância especial a essas visões.

2. OBRAS. Excetuando três ou quatro cartas desprovidas de grande interesse em relação a sua espiritualidade, Lallemant não deixou nenhum escrito de próprio punho. Isso suscita o problema da origem, da composição e da autenticidade da *Doutrina espiritual*. Durante seu terceiro ano, os padres J. Rigoulec († 1658) e J. → SURIN († 1663) fizeram anotações durante as conferências de

Lallemant. As do primeiro foram transmitidas ao padre Vincent Huby, depois ao padre Champion, que em 1694 publicou em Paris a edição *princeps* acrescentando-lhe como "anexo" dez capítulos esquemáticos reunidos pelo padre Surin, e uma biografia de seu herói. A respeito da *Doutrina espiritual*, o padre Champion afirmou que Rigouleuc, "longe de ter retirado a sua força, ao contrário a acrescentou". Se é assim, será que temos de admitir que houve modificações substanciais? Estudos aprofundados ressaltaram a igualdade fundamental do estilo. Outros, mais recentes, chegam à conclusão de que a estrutura interna, sua organização, sua distribuição e suas subdivisões são anteriores ao editor (P. Jimenez). A *Doutrina espiritual*, que contém algumas lacunas, preenchidas ao que parece por certas obras de Rigouleuc, não foi essencialmente modificada, portanto. Por isso podemos apresentá-la da maneira como foi publicada, ressaltando alguns de seus aspectos que poderiam suscitar problemas de interpretação.

3. DOUTRINA. A *Doutrina espiritual*, com abundantes subdivisões, contém sete princípios. O primeiro é a visão do fim. Inspirada no "Fundamento" dos *Exercícios espirituais*, acrescenta a eles uma nota de eudemonismo espiritual. "A inquietação e o vazio da alma só podem ser preenchidos por Deus... Essa atitude disporá contudo à perfeita submissão a Deus que deve reinar em nosso coração. Nisso consiste a felicidade."

O conceito de perfeição é o segundo princípio. O homem deve procurar realizar o dom total. Deve alcançar a nudez de espírito (II, I, 1, 3), deve "dar o passo"; este implica uma firme resolução de se centrar em Deus sem esperteza nem sutilezas. Daí a necessidade de se exercitar na fé, na confiança, na humildade, no amor pelos sofrimentos. Revelando um profundo conhecimento do seu instituto e manifestando um amor por Cristo inspirado em Santo Inácio, Lallemant passa a considerar a perfeição própria da Companhia de Jesus, perfeição de ordem apostólica, cujos meios para ser atingida serão à oração "prática", pela qual a vontade moverá as ações exteriores, e a obediência. Para essa obra da "segunda conversão", da qual já haviam falado os padres Rossignoli e Gaudier, que ele propõe aos religiosos que já possuem certa experiência da vida espiritual, Lallemant considera que a pureza do coração seja indispensável, porque se trata de um dom sem reservas.

O terceiro e o quarto princípios estão intimamente ligados. "Os dois elementos da vida espiritual são a purificação do coração e a direção do Espírito Santo. Esses são os dois polos de toda a espiritualidade" (IV, II, 7, 1). "A pureza do coração consiste em não ter nada no coração que seja minimamente contrário a Deus e à ação da graça" (III, I, 1): pecados veniais, resquícios de orgulho, imperfeição, todos devem ser eliminados mediante uma atenta vigilância sobre os movimentos da alma. Indispensável na ação apostólica, essa vigilância implica o discernimento e, consequentemente, o recolhimento. O convite à interioridade, tão característico do século XVII, assume aqui a forma de desenvolvimentos sobre o tríplice colóquio dos *Exercícios espirituais*. A docilidade ao Espírito Santo aprofunda e objetiva a inspiração inaciana, estabelecida pela Regra do → DISCERNIMENTO DOS ESPÍRITOS. Esta constitui o fundamento das orações e do exame. Lallemant esclarece que essa docilidade é vivida na Igreja e que esta não saberia se opor à obediência devida aos superiores; que ela impele a pedir conselho; enfim, que se faz sentir naqueles que são fiéis, mortificados, recolhidos. Nesse princípio, o mais extenso da *Doutrina espiritual*, o autor explica, seguindo as pegadas de Santo Tomás e de Santo Agostinho, os → DONS DO ESPÍRITO SANTO e as bem-aventuranças, mas suas reflexões são acompanhadas de psicologia espiritual e de estímulos precisos e muito práticos. O dom do → CONSELHO é objeto de uma insistência especial. Depois de ter ilustrado os frutos do Espírito, Lallemant explica como se realiza o discernimento entre os movimentos que levam ao bem e os artifícios do demônio.

O → RECOLHIMENTO e a → VIDA INTERIOR (quinto princípio) levam o homem a examinar os seus pensamentos e os seus afetos. A vida interior é imitação da suprema atividade de Deus no seio da Santíssima Trindade. A pureza do coração é necessária também aqui, como a oração que nos une a Deus (V, II, 2, 3), cujo primado é indiscutível. No capítulo em que recorda o vínculo entre vida interior e ocupações, Lallemant parece mais preocupado em estabelecer uma proporção, um equilíbrio, em vez de uma integração propriamente dita (III, II, 2 e 3). Talvez este seja o reflexo normal de um instrutor encarregado para essa mesma função, e convencido por experiência da necessidade de estabelecer a primazia da vida interior, num período em que a atividade era muito intensa, mas não sem riscos, na Companhia de Jesus. Desse modo, em alguns pontos acaba-se enrijecendo o pensamento de Santo Inácio.

Sexto princípio: a união com Nosso Senhor, "cujo motivo é fácil e conveniente para todos" (V, IV, 3, 2), será realizada por meio do conhecimento, do amor, da imitação, como no segundo prelúdio da II semana dos *Exercícios*. Outras expressões como "a aniquilação do Homem-Deus", os seus "estados" colocam-no numa perspectiva bastante berulliana, embora a realeza de Cristo, a imitação do Senhor na sua pobreza, na sua castidade, na sua obediência, na sua vida interior, manifestem as escolhas características de Lallemant, que fala pouco da vida apostólica. Nosso Senhor deve também ser amado no Santíssimo Sacramento. Esse → CRISTOCENTRISMO sólido e tranquilo é a resposta de Lallemand às discussões sobre o lugar que a humanidade de Cristo deve ocupar na vida espiritual.

O sétimo e último princípio trata da ordem e dos graus da vida espiritual e, em particular, da contemplação, "um conceito de Deus e das coisas divinas, simples, livre, penetrante, seguro, que procede do amor e tende para o amor" (VII, IV, 5, 1). Graça gratuita, caracterizada pela simplicidade com a qual ainda se realizam alguns atos, a contemplação extraordinária aumenta o cuidado das almas; é condição de uma ação apostólica. "Se não se recebeu esse dom excelente, é perigoso envolver-se demasiadamente naquelas funções que dizem respeito ao próximo" (VII, IV, 4, 3). Surin cita um aforismo diferente: "O ponto culminante da mais elevada perfeição neste mundo é o cuidado das almas". Essas contradições se resolvem em parte no exercício do amor (V, I, 1, 1) e na docilidade em relação ao Espírito Santo que infalivelmente ensina a encontrar a justa medida. Esses textos não se conciliam perfeitamente. É admirável, contudo, a maneira como os melhores discípulos de Lallemant, como Isaac Jogues e Julien Maunoir, conseguiram unificá-los na síntese viva de sua existência.

Exigente e lúcida, animada por uma vontade firmemente decidida a se doar a Deus, que facilitará a pureza do coração e concretizará a docilidade ao Espírito Santo, a *Doutrina espiritual* centra a contemplação do homem apostólico no Verbo encarnado, mas não se esquece de que ele também é o Cristo salvador, redentor e rei.

BIBLIOGRAFIA. 1) Biografias: CHAMPION, P. *La vie du p. L. Lallemant* (geralmente figura no início da *Doutrina espiritual*); JIMENEZ, J. Précision biographique sur le p. Louis Lallemant. *Archivum Historicum Societatis Iesu* 33 (1964) 269-332.
2) Obras: *Doctrine spirituelle*. Paris, 1914 e 1936 (com introd.); Quatre lettres inédites du p. Louis Lallemant. *Revue d'Ascétique et de Mystique* 15 (1935) 225-234.
3) Estudos: BOTTEREAU, G. Autour d'un billet inédit et de la Summa vitae du p. Louis Lallemant, SI. *Archivum Historicum Societatis Iesu* (1976) 219-305; ID. Pessimisme et optimisme du P. Louis Lallemant. *Archivum Historicum Societatis Iesu* (1984) 351-356; BOUVIER, P. Lallemant. *Dictionnaire de Théologie Catholique* VIII. 2459-64; BREMOND, H. *Histoire littéraire du sentiment religieux em France*. Paris, 1920, vl. V; COLOMBO, G. La dottrina spirituale di Luigi Lallemant, SI. *Spirito e Vita* (1978) 3-10.43-47; ID. *La "doctrine spirituelle" del P. Lallemant*. Estudo, introd. e texto. Casale Monferrato, 1984; JIMENEZ, J. En torno a la formación de la "Doctrine spirituelle" del p. Lallemant. *Archivum Historicum Societatis Iesu* 32 (1963) 225-292; KLEISER, A. Ein Französischer Mystiker aus dem 17. Jahrhundert. *Zeitschrift für Aszese und Mystik* 11 (1927) 155-164; PENNING DE VRIES, P. Louis Lallemant. *Geestelijke lezing uit de Sociëteit van Iezus*. Nijmegen, 1975, 204-213; POTTIER, A. *Le p. L. Lallemant et les grands spirituels de son temps*. Paris, 1928-1931, 3 vls.; POURRAT, P. *La spiritualité chrétienne*. Paris, 1928, IV; WEISMAYER, J. *Theologie und Spiritualität: Ein Beitrag zur theologischen Interpretation der Doctrine Spirituelle des P. Louis Lallemant*. Wien, 1974.

G. DUMEIGE

LAREDO, BERNARDINO DE. **1. VIDA.** – Nasceu em Sevilha, em 1482, de família ilustre. Dedicou-se aos estudos de arte e de filosofia; mais tarde, formou-se em medicina em Sevilha, passando a exercer a profissão de médico até por volta de 1507. Em 1510, aos 28 anos, entrou como frade converso no convento franciscano de São Francisco do Monte (Sevilha), onde transcorreu a maior parte de sua vida religiosa e onde morreu, provavelmente em 1540. Sua formação literária e teológica, mais que de tipo universitário, é de caráter pessoal, fruto de seu esforço e de sua constância.

2. OBRAS E DOUTRINA. Exceto suas obras de medicina (cf. Fidel de Ros), seus escritos são espirituais, embora de diferente índole e de diferente valor. Os primeiros foram alguns apontamentos ou *Notas à Regra franciscana*, em que expõe as obrigações do "frade menor". Não se conservaram ou, pelo menos, não foram encontrados. A obra mais famosa e importante apareceu em 1535, com o título de *Subida do monte Sião pela via contemplativa* (Sevilha). Publicou-se, a seguir, no mesmo volume, *Josefina, ou tratado das glórias de São José*, a primeira obra em espanhol sobre o assunto, reimpressa muitas vezes com a *Subida*, ou em separado. Ao rever a *Subida do monte Sião* para uma segunda redação (Sevilha, 1538), L., entre outras coisas, introduziu alguns capítulos novos que formam dois opúsculos: sobre a comunhão frequente, o primeiro, e sobre a devoção ao Sagrado Coração, o segundo (III, c. 32-39).

Na *Subida* encontramos exposta toda a sua doutrina espiritual. Como indica o próprio título da obra, ela quer ensinar o caminho da perfeição pela via contemplativa. A santidade é simbolizada numa subida da santa montanha de Sião e compreende três etapas fundamentais (em correspondência com as três partes em que se divide a obra). Seguem-se nesta ordem: o conhecimento prévio de si mesmo por meio do exercício da meditação; a consideração contemplativa da santíssima humanidade de Cristo e, enfim, a pura contemplação da divindade inacessível. Essas três etapas progressivas reduzem-se na exposição em três modos (conforme Santo Inácio) de consideração. Na segunda redação da obra (a de 1538), molda-a segundo o clássico módulo das três vias: purgativa, iluminativa e unitiva, que correspondem de modo geral aos três estágios espirituais, que para L. são quatro: principiantes, que meditam a própria miséria e o próprio nada; proficientes, que estudam os exemplos de Cristo para imitá-los; quase perfeitos, que contemplam a Deus por meio das criaturas; perfeitos, que se unem a Deus nele mesmo (*Subida*, III, 3-4). Não se trata de estágios diferenciados com precisão matemática, nem se pode fixar, segundo o autor, a duração de cada um. O que interessa é não se precipitar, não queimar etapas nem pretender chegar logo à sutil contemplação dos atributos divinos. E uma vez que a contemplação de quietude não pode ser contínua, nem mesmo nos perfeitos, eles devem de tanto em tanto "se exercitar na humildade, venerar as chagas do Salvador e procurar a Deus no espelho das criaturas" (*Ibid.*, 3).

A contemplação tem por objeto e termo último somente a divindade e, por isso, é superior a qualquer outra operação da alma, inclusive a meditação da paixão. As três classes de contemplação (por meio das coisas sensíveis, por meio dos símbolos criados, mas incorporais, por meio dos mistérios da divindade) podem se reduzir a dois graus fundamentais: a meditação, que equivale à contemplação imperfeita, especulativa, ativa, intelectual, e a contemplação perfeita, mística, passiva, afetiva, em que o objeto exclusivo é a essência divina. A primeira procede por inquisição e representa a atividade discursiva do intelecto ou razão natural; a segunda é própria da "pura inteligência", à qual se associa a vontade que se compraz no amor de Deus (*Ibid.*, 8 e 35).

Os espirituais, em geral, podem se dedicar à meditação ou à contemplação intelectual a qualquer momento e a seu bel-prazer. Ao contrário, não estão sempre dispostos à contemplação perfeita, pois os intervalos de inquietude são mais duradouros do que o tempo propício à perfeita e tranquilíssima contemplação (*Ibid.*, 35). Acontece com frequência de a meditação ativa e intelectual se simplificar pouco a pouco, transformando-se em oração tranquila, afetiva, passiva, podendo, assim, ser chamada de contemplação mista.

Se o exercício da contemplação intelectual é descrito com pormenores e abundantes comparações na primeira redação da obra, introduz-se na segunda uma longa descrição da união perfeita com Deus no ponto mais alto da vontade, sem intermediário conceitual. É a famosa via afetiva das aspirações inflamadas e dos desejos santos, por meio dos quais a alma voa para Deus, que lhe concede o repouso da quietude amorosa, tantas vezes quantas ela deseja (*ibid.*, 9). Sempre no método das *aspirações*, L. distingue duas categorias de espirituais: os que chegam a uma espécie de contemplação comum, com os costumeiros auxílios da graça, e os que se elevam até a quietude mística, passiva, infusa por Deus, superando todos os esforços naturais. Trata-se de um dom gratuito de Deus (*Ibid.*, 25.29.30). E, uma vez que a união perfeita não pode ser permanente nesta vida, é necessário recorrer também nesse estágio à meditação e à oração vocal.

Quando L. fala da união por simples amor, como termo do método das aspirações, não faz mais que seguir a tradição medieval sobre o assunto, em particular → HUGO DE BALMA e Henrique → HERP. Adere à linha afetiva, mas nega o conhecimento prévio e concomitante na pura e perfeita contemplação mística e não alude ao conhecimento anterior ou ordinário de cada exercício intelectivo. Como seus mestres, confronta apenas amor e conhecimento místico. O plano de vida traçado por L. em sua obra reduz-se a estes pontos capitais: conhecimento da nossa miséria, imitação de Jesus sofredor, conhecimento de Deus em suas obras e em si mesmo. Por meio dessas etapas, chega-se ao ápice da perfeição ou ao cume do monte Sião.

L. é, em grande escala, tributário da espiritualidade medieval; dentre os autores nos quais mais se inspira destacam-se: → RICARDO DE SÃO VÍTOR, Hugo de Balma e Henrique Herp. Em suas obras encontram-se também influências de São Gregório, da beata → ÂNGELA DE FOLIGNO, de Santa → CATARINA DE SENA e de → GERSON. Dentre os espirituais que tiraram proveito de sua doutrina destacam-se os confrades Martinho de Lilio e João dos Anjos, aos quais se deve acrescentar Santa → TERESA DE JESUS e → TOMÁS DE JESUS, Antonio de Molina e João Falconi de Bustamante. Embora sua doutrina, bem entendida, não tenha nada do → QUIETISMO, sua obra se difundiu entre os → ALUMBRADOS e os quietistas, graças à sua teoria da contemplação tranquila sob a fórmula do "não pensar nada".

BIBLIOGRAFIA. 1) Ed. de G. B. GOMIS (org.) in *Místicos franciscanos*, II, Madrid, 1948, 25-442. 2) Estudos mais importantes: BIENVENIDO FORONDA, Fray Bernardino de Laredo, OFM, su vida, sus escritos y su doctrina teológica ascético-mistica, *Archivio Ibero-Americano* 33 (1930) 213-350.497-516; JULIO ARAMENDIA, Las oraciones afectivas y los grandes maestros espirituales de nuestro siglo de oro. La escuela franciscana, Vble Bernardino de Laredo, *El Monte Carmelo* 36 (1935) 387-395.435-442; FIDEL DE ROS, *Un inspirateur de Sainte Thérèse: le frère Bernardin de Laredo*, Paris, 1948; S. BARROSO, *La "Subida del Monte Sion" y la "Subida del Monte Carmelo": dos sendas paralelas*, Murcia, 1970.

E. PACHO

LEALDADE. 1. VERACIDADE E LEALDADE. A atitude virtuosa da veracidade é muito rica de aspectos, cada um dos quais lhe confere uma característica particular. As diversas expressões da veracidade recebem nomes correspondentes: simplicidade, franqueza, lealdade, fidelidade, discrição. Essas virtudes colaterais sempre indicam o valor de veracidade mais ou menos completamente, mas são pontos de vista diferentes. De fato, subjacente a todos esses aspectos virtuosos há uma nota social comum: poder aceitar uma pessoa, sem medo de se apoiar unicamente numa aparência ou falso semblante. São denominações que caracterizam o modo como algum deles se manifesta, e portanto o crédito que se pode dar a ele. Se não houvesse essa confiança, não existiria mais a possibilidade de relações entre os seres humanos, não se constituiria uma comunhão dignamente humana. Em conclusão, nessas diversas atitudes virtuosas se manifesta um mesmo hábito, já que permanece a mesma razão formal, mas essa diversidade permite manifestar outros valores particulares. Embora as virtudes indicadas estejam unidas à mesma virtude da veracidade, na realidade existencial da pessoa, contudo, elas nem sempre estão necessariamente ligadas entre si. Pode-se encontrar, por exemplo, alguém que, embora seja franco, não é discreto; não será possível confiar-lhe um segredo. Convém recordar a nota específica de cada virtude que integra o valor espiritual da veracidade. Simplicidade: indica uma verdade expressa na sua genuína clareza, para além de qualquer ambiguidade. Discrição: ajuda a adequar a expressão ao conjunto das obrigações morais e não cai no excesso. Sinceridade: aspira à posse pessoal e à manifestação externa de uma verdade clara e cristalina; é contrária à hipocrisia, à falsidade, à simulação. Lealdade: evidencia claramente a verdade incômoda, mas salutar, mesmo correndo o risco de despertar o desprezo, a antipatia ou a inimizade; é contrária sobretudo à covardia, que faz silenciar, à submissão rastejante, à adulação mentirosa, e a qualquer atitude de esperteza ou de engano. Retidão: afim à lealdade, ela combina a veracidade com a coragem, a força de convicção e a disposição do espírito ao sacrifício.

Em particular, entre veracidade e lealdade existe uma relação substancial. A veracidade é mostrar-se com a vida e com as palavras como realmente se é; é dizer tudo o que se sabe. Não que seja um dever, isto é, bom manifestar sempre tudo o que se sabe, se pensa ou se é: mas, quando alguém se manifesta, deve ser verdadeiro. Às vezes a educação costuma corrigir expressões externas (palavras, atos, maneiras), de modo que sejam verdadeiras, sem se comprometer a cultivar uma disposição interior correspondente. Nesse caso, a pessoa tem uma boa criação, uma veracidade social ou jurídica, mas não uma bondade que a abarque totalmente em sua interioridade. Para elevar o espírito para uma veracidade virtuosamente integral revela-se mais que nunca preciosa a contribuição da lealdade. É essa virtude que gera um senso de retidão e de reverência em relação ao valor da verdade. A lealdade se constitui, se afirma e se desenvolve apenas onde a verdade constitui o critério supremo e inviolável do pensamento. Ela condiciona a esse ideal o interesse e o sucesso: gosta de dar testemunho da verdade, porque a considera superior a qualquer outro bem.

2. A LEALDADE E AS OUTRAS VIRTUDES MORAIS. A lealdade, sendo relação de "verdade confessada" (Ef 4,15), condiciona parcialmente a formação de qualquer outra virtude e de toda a personalidade. A ação virtuosa é uma ação de acordo com a verdade. Por isso a lealdade é tão repetida e insistentemente recomendada por Jesus no Evangelho (cf. Mt 5,13 ss.; 6,1 ss.; 7,15 ss.). Ela está na base da vida moral e espiritual; é como que o alimento das numerosas manifestações da vida pessoal e social.

Ao mesmo tempo, a lealdade depende muito de uma vida difusamente virtuosa; seu desenvolvimento é condicionado pelo fato de ser dependente de toda uma hierarquia vivida de valores, considerados de acordo com a verdade. A lealdade não pode constituir-se numa vida que seja dominada pelo interesse material hedonista ou pelo sucesso exterior. Nessa hipótese o espírito estaria disposto a recorrer até mesmo à mentira ou ao engano, sempre que isso favorecesse o sucesso ou a própria vantagem imediata.

De maneira particular, a lealdade constitui como que a raiz próxima das virtudes da fidelidade, da coerência, da franqueza e da honestidade. A fidelidade é uma espécie de lealdade consigo mesmos e com os outros; uma docilidade interior para com os valores aceitos; uma conciliação dos próprios atos ao que se prometeu. A fidelidade, por esse motivo, distingue-se da obediência: esta está sujeita à obrigação de comandos recebidos, ao passo que aquela dispõe o espírito a se obrigar a fazer algo por iniciativa própria, por uma maturidade espiritual interior obtida diante daqueles valores. A fidelidade indica uma certa autonomia interior, uma dependência apenas do bem consciente e amado. A coerência também depende da lealdade, uma vez que aquela expressa uma harmonia lógica entre princípios e conduta pessoal no decorrer do tempo. A franqueza, por sua vez, é uma típica manifestação da lealdade: ela torna mais fácil exprimir com clareza, simplicidade e respeito o próprio pensamento e a própria opinião, especialmente em situações difíceis, excluindo certa atmosfera de mistério e de hipocrisia. O homem franco e leal não apenas nada dissimula, mas nada tem a dissimular para ser respeitado e querido. Enfim, em relação às coisas, a lealdade assume o aspecto particular da honestidade, que dá a cada um o que lhe é devido. Por si só, a lealdade vai mais além da exigência da lei: é fidelidade mais apurada, é desinteresse mais absoluto que o ordenado pela probidade.

3. EDUCAÇÃO À LEALDADE. A lealdade é uma virtude muito importante para a formação espiritual do adolescente: sua presença condiciona a possível realização de uma maturidade espiritual.

Quais podem ser as sugestões pedagógicas fundamentais para educar para a lealdade? Antes de tudo, o próprio educador deve revelar-se modelo e exemplar de lealdade em todas as circunstâncias, oficiais e privadas: os adolescentes não devem perceber em seus julgamentos ou em suas iniciativas o anseio do interesse tacanho e da ambição mesquinha, que introduz difusa ambiguidade e dissimulação. Em segundo lugar, o educar deve empregar modalidades educativas que sejam apropriadas à fase evolutiva alcançada pelo educando. Antes da adolescência os jovens mentem por instinto de defesa, por vaidade ou por interesse. Facilita-se um comportamento leal fazendo com que eles desfrutem um ambiente tranquilo e jovial. Com a → ADOLESCÊNCIA surge o sentimento da honra, que é o estímulo natural da sinceridade e pode ser usado como meio de educação à lealdade. O adolescente que chegasse a compreender como a deslealdade sob qualquer forma é uma falta de coragem e uma negação prática de sua dignidade progrediria muito na aquisição do hábito da coragem e da liberdade interior; desse modo poderia realizar o ideal da educação cristã, que propõe ser "o homem de caráter segundo Jesus Cristo" (Pio XI, *Divini illius Magistri*), uma vez que o cristão tem como critério a lealdade, e como força para vivê-la, a presença do Espírito de Cristo em seu próprio espírito.

4. LEALDADE INTELECTUAL. A mensagem evangélica não pode ser experimentada em estado puro; ela está necessariamente encarnada numa determinada cultura teológica, numa dada espiritualidade eclesial, numa práxis cristã particular. Em decorrência disso, o Concílio Vaticano II convidou a meditar a mensagem evangélica à luz das condições transformadas dos tempos e das situações eclesiais presentes (*PC* 2). Uma tarefa que o cristão desempenha mostrando-se leal quer à mensagem evangélica quer aos sinais eclesiais que afloram no próprio tempo. Ele deve estar disponível ao bem espiritual, que vai assumindo

novos aspectos no decorrer da história salvífica, aceitando contestar uma mentalidade específica, que se mostrasse fossilizada sob uma cultura ultrapassada. O cristão é profeta por vocação, mesmo ao propor a espiritualidade cristã, não por gosto pela novidade, mas por fidelidade ao Espírito que guia a comunidade eclesial. Não é chamado a realizar estudos de pesquisa erudita para conhecer as experiências evangélicas da sociedade atual. Se medita a → PALAVRA DE DEUS na assembleia dos irmãos, se pratica a caridade fraterna entre os outros, se ouve as diretrizes do magistério na comunidade cristã, poderá ser favorecido pela luz do Espírito e mostrar-se leal diante das novas exigências de visão espiritual.

BIBLIOGRAFIA. CROIX, J. LA. *Il sentimenti e la morale*. Alba, 1955; GOFFI, T. *Carità, esperienza di Spirito*. Roma, 1978; HIRSCHMAN, A. *Lealtà, defezione e protesta*, Milano, 1982; JOLIVET, R. *Essai sur le problème et les conditions de la sincérité*. Lyon, 1951; NORA, G. DALLA La lealtà cemento della personalità. *Orientamenti Pedagogici* 3 (1956) 6-21; TRUHLAR, V. *Lessico di spiritualità*. Brescia, 1973, 325 s.

T. GOFFI

LEÃO MAGNO (São). **1. NOTA BIOGRÁFICA**. Originário da Toscana (cf. *Liber Pontificalis*, ed. DUCHESNE, I, 238), nasce em Roma (cf. PRÓSPERO DA AQUITÂNIA, *Crônica*, PL 51, 535-606; LEÃO MAGNO, *Ep*. 31, 4) por volta do final do século IV. Na capital realiza os cursos clássicos com brilhante sucesso, como demonstra a elegância de estilo dos discursos e das cartas. Abraça a vida eclesiástica e faz parte do clero da cidade, em que, por seus dotes intelectuais e organizativos, torna-se personagem de maior importância nos pontificados de Celestino I e Sisto III. É Leão, de fato, quem induz J. → CASSIANO a compor, em 430, o livro *Da encarnação do Senhor* contra o nestorianismo. Em 440, enviado pela corte imperial, viaja para as Gálias com a missão diplomática de reconciliar o general Écio e o governador Albino para evitar a guerra civil. No mesmo ano, em 19 de agosto, o papa Sisto morre e por unanimidade o clero elege Leão para a cátedra episcopal e o espera para a consagração. Leão volta a Roma e em 29 de setembro, entre a aclamação de todo o povo, começa a sua missão de pontífice. O momento histórico é um dos mais graves e complicados tanto para o Império quanto para a Igreja: Leão, homem de governo, excelente diplomata, sacerdote de Deus, traz uma contribuição altamente positiva tanto para o Estado quanto para a Igreja. É Leão quem salva o Império em dois momentos de particular perigo: em 451 está em Governolo para encontrar o "flagelo de Deus", Átila, que depois de ocupar grande parte do norte da Itália está em marcha para a conquista de Roma; e consegue convencer o bárbaro e as hordas de seus hunos a retomar o caminho para leste, além dos Alpes Júlias. Quatro anos depois, dada a inabilidade do novo imperador Petrônio Máximo, Leão impede, com o prestígio pessoal e com a autoridade de pontífice, o massacre dos romanos e a destruição da cidade por parte dos vândalos que, chefiados por Genserico, haviam ocupado Roma.

Mais trabalhosa e mais angustiante é a missão de Leão na vida da Igreja: bispo de Roma, metropolita da Itália centro-meridional e insular, primaz da Itália, patriarca do Ocidente e pontífice de toda a Igreja, Leão desenvolve uma atividade enorme. As gerações seguintes o chamarão "Grande" e com toda a razão. A *sollicitudo omnium Ecclesiarum* é o motivo dominante, poder-se-ia dizer único, da sua vida. Em Roma realiza os seus *Sermões* de ato conteúdo moral e espiritual, para formar no povo uma consciência viril e iluminada; ataca profundamente o maniqueísmo, importado da África com a invasão dos vândalos (*Serm*. 9.16.34.42.76), e a superstição (*Serm*. 27, 3; 57, 5). Como metropolita, reúne em torno de si, todos os anos, no aniversário da própria consagração episcopal, os bispos sufragâneos para tratar de problemas de interesse pastoral; em casos particulares, escreve-lhes cartas para lembrar-lhes as responsabilidades de seu ofício (*Ep*. 5 aos bispos da Toscana, Piceno e Campania; 16 ou 17 aos bispos da Sicília). Primaz da Itália, está em correspondência com as sés de Milão, Ravena e Aquileia. Metropolita do Ocidente, envolve-se diretamente nas situações particulares das várias Igrejas. Papa de toda a Igreja, posiciona-se de uma maneira nítida, clara e intransigente na questão monofisista suscitada por Êutiques, respaldado por Teodósio II. Na carta (*Ep*. 28) ao patriarca Flaviano, o *Thomus ad Flavianum*, expõe com clareza a doutrina da encarnação e das duas naturezas em Cristo, subsistentes na única Pessoa. Em 448 condena os fatos incômodos do conciliábulo efésio, o *latrocinum ephesinum*, como o define. No Concílio de Calcedônia, convocado pelo novo imperador Marciano, Leão envia os próprios legados para presidir em seu nome a assembleia solene composta quase exclusivamente por bispos orientais. Leão aprova os atos do Concílio, mas rejeita decisivamente o famigerado cân. 28 sobre os direitos do patriarca de Constantinopla, "a nova Roma", afirmando que o primado do pontífice romano deriva da instituição de Cristo e não da cidade de Roma, capital do mundo (*Ep.* 105, 3; 106, 4; 107, 1).

2. ESCRITOS. Leão não é homem de estudo, mas de ação. Não é escritor por vocação, mas passa a escrever por deveres do ministério. Os escritos que deixou giram em torno da formação espiritual dos fiéis e da defesa dos direitos da Igreja e das verdades.

A edição dos Irmãos Ballerini, transmitida na coleção Migne (*PL* 54-56), compreende: 116 *Sermones*, dos quais apenas 97 são certamente autênticos (*CCL* 138 e 139A, ed. A. CHAVASSE, 1972), e 173 *Epistulae* das quais 143 são de Leão e 30 de vários emitentes. Algumas cartas suscitaram dúvida. Infelizmente falta-nos ainda uma edição crítica completa das cartas leoninas: uma edição crítica parcial do *Tomus* (*Ep.* 28) e das cartas precedentes e sucessivas ao Concílio de Calcedônia (451) encontra-se em C. SILVA-TAROUCA (*Textus et Documenta*, Romae, 1932-1935). O valor dos *Sermones* e das *Epistulae* tem importância relevante tanto no aspecto histórico quanto espiritual. Os *Sermones*, escritos pessoalmente por Leão e não estenografados, têm um movimento solene, verdadeiramente pontifical, e são redigidos em um estilo nobre, a que o *cursus* confere majestade clássica. Quanto ao conteúdo, podem ser divididos em quatro tipos: penitenciais, festivos, panegíricos e ocasionais. Os penitenciais desenvolvem, em linha geral, o tema do jejum das quatro têmporas e estão agrupados em quatro séries: de dezembro (12-20), da Quaresma (39-50), de Pentecostes (78-81), de setembro (86-94). Os festivos celebram as solenidades do ano litúrgico: Natal (21-30); Epifania (31-38); Paixão-Páscoa (52-70); Ascensão (73-74); Pentecostes (75-77); Transfiguração (51). Panegíricos: Pedro e Paulo (82-83); São Lourenço (85). Ocasionais: para as coletas (8); sobre as bem-aventuranças (95); para a consagração a papa e para os aniversários.

3. DOUTRINA. Leão permanece sempre no terreno prático, evitando a pura especulação. Depende, quanto à formação teológica, de Santo → AMBRÓSIO, de Santo Hilário de Poitiers e, sobretudo, de Santo → AGOSTINHO. Dado o caráter eminentemente prático do ensinamento leoniano, destacamos os aspectos mais importantes da doutrina no setor espiritual.

a) A posição de Cristo e sua influência na alma. A → ENCARNAÇÃO do Verbo imprime à história uma nova reviravolta: é a nova criação, a palingênese que se cumpre no mundo. Leão sublinha essa realidade: "A malícia transformou-se em inocência, o passado no novo. Os distantes chegam à adoção, os estrangeiros entram na herança. Os ímpios tomam os caminhos da justiça; os avarentos tornam-se bondosos; os incontinentes, castos; os terrenos, celestes… A descida de Deus na condição humana elevou o homem à condição de Deus" (*Serm.* 27, 3). "Por causa da nossa enfermidade, abaixou-se ao mesmo nível de quem era incapaz de se elevar até ele… A luz iluminou os cegos, a virtude sustentou os fracos, a misericórdia voltou o olhar para os miseráveis" (*Ibid.*, 25, 3). "Ele (Cristo), assumindo a nossa natureza, tornou-se a nossa Escada, de modo que possamos subir até ele por meio dele mesmo" (*Ibid.*, 25, 5). Cristo apresenta-se como modelo de vida pela obediência, bondade, humildade, simplicidade de vida. É toda a vida do Redentor que se transfigura em exemplo luminoso: "Estas obras de Nosso Senhor, diletíssimas, são úteis para nós, não apenas pelo *sacramentum* (realidade luminosa) que contêm, mas também pelo exemplo que apresentam e que é convite à meditação" (*Ibid.*, 25, 5-6). Na redenção de sangue somos consagrados a Deus na nova aliança: "Para a salvação do mundo era oferecida a vítima (*hostia*) singular, e a morte de Cristo, o verdadeiro cordeiro […], transformava os filhos da promessa em filhos da liberdade. Confirmava-se também o Novo Testamento (aliança) e com o sangue de Cristo se escreviam (os nomes dos) herdeiros do reino eterno" (*Ibid.*, 68, 3). E, por causa dessa redenção, na união com Cristo cabeça já temos a garantia da glória: "Hoje, com Cristo penetramos nos altos céus e obtivemos, pela graça inefável de Cristo, muito mais do que perdemos por causa do demônio. Pois aqueles que o inimigo violento expulsou da primeira morada (Éden), o Filho de Deus, incorporando-os a si, os colocou à direita do Pai" (*Ibid.*, 73, 4).

b) Vida sacramental. Leão esclarece a realidade batismal em que a ação do Espírito Santo realiza o milagre do renascimento para a graça (*Ibid.*, 25, 5; 26, 2). A Eucaristia é para Leão a força unificadora com Cristo, transformadora em Cristo: "Escolhida a massa, fermentada da velha malícia, que a nova criatura se inebrie e se nutra do próprio Senhor. A participação do corpo e do sangue de Cristo tem o objetivo de nos transformar naquilo que tomamos, para que nos tornemos portadores integrais, em corpo e alma, daquele com quem e no qual morremos, fomos sepultados e ressuscitamos" (*Ibid.*, 63, 2; cf. 22, 3).

c) A Igreja, Corpo místico de Cristo. Nela Cristo torna perene a sua ação salvífica na transmissão das suas riquezas de graça e de vida. Devemos permanecer sempre unidos na Igreja para participar da vida da cabeça (cf. *Ibid.*, 23; 63, 3; 65, 4).

d) A vida cristã. Leão aponta alguns aspectos de vida em relação direta com Cristo. Ei-los: — reconhecer, antes de tudo, a nova dignidade que Cristo nos conferiu: "Reconhece, ó cristão, a tua dignidade e, tornado partícipe da divina natureza, não voltes, com uma conduta indigna, ao primitivo estado. Reflete de qual cabeça e de qual corpo és membro. Pensa que do poder das trevas foste transferido para a luz e para o reino de Deus" (*Ibid.*, 21, 3). — Ouvir Cristo, o enviado do Pai: "A este (Cristo) em quem me regozijei, cuja presença me manifestou e cuja humildade me glorificou, dai ouvidos. Ele é a verdade e a vida, minha força e minha sabedoria. Ouvi-o: ele [foi] preanunciado pelos mártires, pela lei, celebrado pela palavra dos profetas. Ouvi-o: ele que resgata o mundo com o próprio sangue, que prende o demônio e lhe arranca a presa, que lacera o quirógrafo do pecado, que infringe os pactos da prevaricação. Ouvi-o: ele que abre os caminhos do céu e, por meio do suplício da cruz, prepara para vós o degrau para ascender ao reino" (*Ibid.*, 51, 7). — Seguir Cristo que abriu e mostrou o caminho a ser percorrido com o exemplo e convida todos a apressar o passo porque "quem não progride desaparece e quem não conquista perde tudo" (*Ibid.*, 59,8). Daí a urgência de "correr com os passos da fé, com as obras da misericórdia e com o amor da justiça" (*Ibid.*). Precisamente as obras da justiça são resposta, na realidade de colaboração, à graça que é o dom de Deus: e essa colaboração garante a frutificação em bem e em santidade (cf. *Ibid.*, 64, 1; 35, 3; 48, 1). Coopera-se reproduzindo em si mesmos a vida de Cristo: no jejum que se torna purificação do espírito (*Ibid.*, 6, 2; 15, 2; 14, 4); na penitência que se torna um novo batismo e leva a uma maior configuração ao Cristo crucificado (*Ibid.*, 60, 4); na oração para facilitar o encontro com Deus (*Ibid.*, 15, 2); na humildade e simplicidade, porque Cristo viveu e agiu no silêncio e no escondimento: "A plena vitória, obtida pelo Salvador sobre o demônio, manifestou-se na humildade e completou-se na humildade [...]. Se, portanto, Deus onipotente, com as prerrogativas da humildade, levou a bom termo a causa de todos nós [...] quanto mais é indispensável que nós sejamos santos, que sejamos perfeitos? [...] Toda a realidade da sabedoria cristã, caríssimos [...], está na verdadeira e voluntária humildade que Cristo escolheu e ensinou, com fortaleza de ânimo, desde o ventre de sua mãe até a cruz" (*Ibid.*, 37, 2-3). Humildade na simplicidade, sinceridade, inocência: "Cristo ama a infância que é a primeira a querer consigo na alma e no corpo. Cristo ama a infância, mestra de humildade, espelho de inocência, exemplo de mansidão. Cristo ama a infância para a qual direciona os costumes dos grandes, para a qual remete a idade dos idosos e que apresenta como modelo para os que deseja elevar ao reino eterno... Amemos, portanto, a humildade, e que os fiéis considerem a soberba o maior mal" (*Ibid.*, 27, 4).

BIBLIOGRAFIA. BERARDINO, A. DI. (org.). *Patrologia III*. 1978, 557-578 (verbete redigido por B. STUDER, com ampla bibliografia); HUDON, G. *La perfection chrétienne d'après les sermons de s. Léon*. Paris, 1959; LAURAS, A. Études sur st. Léon le Grand. *Recherches de Science Religieuse* 49 (1961) 481-499; LORETI, I. La pneumatologia di S. Leone Magno. In *Spirito Santo e catechesi patristica*. Roma, 1983, 133-153. MARIUCCI, T. *Omelie e lettere di san Leone Magno* Torino, 1969; MOZERIS, D. *Doctrina s. Leonis Magni de Christo restitutore et sacerdote*. Chicago, 1940; NICOLAS, I. La doctrine christologique de st. Léon Le Grand. *Revue Thomiste* 61 (1951) 609-660; POLO, G. *Maria nel mistero della salvezza secondo papa Leone Magno* Vicenza, 1975; SOOS, M. B. DE. *Le mystère liturgique d'après st. Léon le Grand*. Münster, 1958; VALERIANI, A. *Il mistero del Natale*. Roma, 1983; ZANNONI, G. Leone I Magno. *Bibliotheca Sanctorum* VII, 1.232-1.278 (com abundante bibliografia).

C. SORSOLI – L. DATTRINO

LECTIO DIVINA. 1. O TERMO E SEU ALCANCE EXPRESSIVO. A expressão *lectio divina*, ao lado da de *lectio sagrada*, encontra amplo uso na literatura patrística dos séculos IV e V (cf. H. DE LUBAC, *Exégèse médiévale. Les quatre sens de l'Écriture*, I,

Paris, 1959, 82-84) em máximas incisivas como: *mens quotidie divina lectione pascatur* (Jerônimo), *divinae pabulo lectionis intentus* (Ambrósio, falando de um cristão). Com as Regras monásticas, essa *lectio* é consagrada como uma das práticas fundamentais da vida ascética, e lhe é reservada uma parte notável na economia da jornada do monge (cf. A. M. MUNDÒ, Las reglas monásticas latinas del siglo VI y la "lectio divina", *Studia Monastica* 9 [1967] 229-256). Então as alusões na literatura espiritual se multiplicam à medida que sua prática adquire mais extensão e profundidade. Entre os Padres, os que analisaram essa experiência com mais amplitude São → JERÔNIMO e → GREGÓRIO MAGNO. Deles as gerações monásticas da Idade Média aprenderam a fazer daquele exercício uma fonte de luz para o espírito: "*Sicut lux laetificat oculos, ita lectio corda*" (ALCUÍNO, *Epist.* 51: *PL* 100, 216). Acima de tudo, fizeram dele uma fonte de oração; é o poço de Jacó do qual se retiram as águas posteriormente infundidas na oração (cf. *Ibid.*, 1: col. 139).

Convém esclarecer brevemente o alcance evocativo do termo. É difícil encontrar um em nossa linguagem que dê conta de seu conteúdo. Não basta falar de leitura: com isso se indica algo demasiado superficial e muito pouco comprometido. Tampouco é melhor o de estudo, só porque indica uma atividade mais intensa; de fato, ele se situa num nível intelectual, e torna-se facilmente sinônimo de pesquisa científica ou de cultura. Mais próximo é o termo meditação, mas os métodos recentes de oração que o adotaram deram-lhe conotações de sistematicidade e de complexidade psicológica que os antigos ignoravam, e que igualmente ignora aquela escola de oração eclesial que é a liturgia. Também o adjetivo *divina* é rico de significado. Ele não tem apenas um sentido objetivo: uma leitura que tem por objeto os livros de Deus, a sua palavra; mas também subjetivo: uma leitura feita a dois, com Deus, coração a coração com ele, na intimidade de um diálogo.

A expressão é quase intraduzível na linguagem moderna. É mais fácil tentar fazer uma descrição dela com base em dados tradicionais. Eis uma tentativa de L. Bouyer: "É uma leitura pessoal da palavra de Deus, mediante a qual nos esforçamos para assimilar sua substância; uma leitura que se faz na fé, em espírito de oração, crendo na presença atual de Deus que nos fala no texto sagrado, enquanto nos esforçamos para estar nós mesmos presentes, em espírito de obediência e de completo abandono às promessas assim como às exigências divinas" (L. BOUYER, *Parola, Chiesa e sacramenti nel protestantesimo e nel cattolicesimo*, trad. it., Brescia, 1962, 17).

2. AS IDEIAS-FORÇA QUE COMANDAM A LEITURA. A convicção mais fundamental de fé que guia a leitura é esta: se na oração o homem fala a Deus, antes de tudo na leitura Deus fala ao homem: "*Com oramus, ipsi cum Deo loquimur; cum vero legimus, Deus nobiscum loquitur*" (ADALGERO, *Admon. Ad Nonsuindam reclus.*, c. 13: *PL* 134, 931 C. Outros textos monásticos são citados em *La preghiera nella Bibbia e nella tradizione patristica e monastica*, Roma, 1964, 645-646). O princípio, reafirmado na Idade Média com insistência martelante, já era clássico entre os Padres: "*Oras, loqueris ad Sponsum: legis, ille tivi loquitur*", dizia Jerônimo (*Epist.* 22, 25: *PL* 22, 411). É uma ideia exaltante que faz um dentre muitos gritar: "Ó doce colóquio, ó suave entretenimento!" (*L'exhortation de Guillaume Firmat*, ed. J. LECLERCQ, in *Analecta Monastica*, II [*Studia Anselmiana* 31], Roma, 1953, 43). Na sua redescoberta dos valores bíblicos tradicionais, o Concílio não podia deixar de reapresentá-la; e o faz através de um texto de Santo → AMBRÓSIO (*De officiis ministrorum*, I, 20, 88: *PL* 16, 50; cf. *DV* 25).

Essa convicção apoia-se em outras ideias-força de que é possível indicar apenas fugazmente: a) um sentido vivíssimo da transcendência da Palavra, "letra vinda do céu", diante da qual toda linguagem humana perde o brilho, "*Majestas Scripturarum*", gosta-se de dizer; "*Caelestis pagina regnat*", canta um poema. Multiplicam-se os adjetivos para qualificá-la: *divina pagina, sacra pagina, perennis pagina*... Permite-nos "beber na fonte do conhecimento de Deus". É um "beijo de eternidade" que preludia a contemplação do céu; Jerônimo não teme exclamar: "O reino dos céus é o conhecimento das Escrituras" (*In Matth.*: *PL* 26, 83A e 93A).

b) A clara convicção de que a Bíblia é um livro vivo. Sob as fórmulas está a presença misteriosa de Deus que me interpela. Ouvindo as suas palavras "é como se visse a sua própria boca" (GREGÓRIO, *Moral*, XVI, 25, 43; *PL* 75, 1142). A inspiração é vista como uma realidade sempre em ato. A Palavra é "fecundada milagrosamente pelo Espírito" que continua a animá-la com o seu alento, e garante a sua juventude perene. Por isso ela não transmite apenas uma mensagem:

constitui uma presença, é alguém. É o ato com que Deus me procura, se revela à minha disponibilidade e exige que eu me comprometa com ela. Resume-se num encontro com o Deus vivo. Daí deriva a eficácia salvífica da Palavra: das Escrituras "se bebe a salvação", diz estupendamente uma regra monástica (*Regula Ferioli* ou *Ferreoli Uzeticensis*, 24, in HOLSTENIUS, *Codex Regularum*, I, ed. Anastática, Graz, 1957, 156). E Ambrósio afirma que "está inserida nas veias da alma e nas potências interiores a essência da palavra eterna" (*In Ps.* I, 33: *PL* 14, 984).

c) Uma visão unitária que vê toda a Bíblia convergir para Cristo: "Toda a Escritura divina é um só livro, e este único livro é Cristo" (HUGO DE SÃO VÍTOR, *De arca Noe mor.* II, 8: *PL* 176, 642). Ele é o "*Verbum brevissimum*" que resume toda a revelação, e a peripécia decisiva que recapitula toda a história salvífica. Por isso ler a Escritura é ir em busca de Cristo. Nesse sentido → ORÍGENES, Ambrósio e Bernardo comentam o Cântico. Para eles, a exegese não é uma técnica, mas uma mística. O sentido da Palavra não é uma "verdade" impessoal: é a figura fascinante de Cristo. "Mal começaste a percorrer o código e já encontraste aquele que amas" (GUILLAUME FIRMAT, *L'exhortation...*, ed. cit., 36).

3. AS CARACTERÍSTICAS QUE A QUALIFICAM. Tal visão teológica dá origem a um tipo concreto de "leitura". Eis suas características mais importantes:

a) Leitura preparada pela ascese. De fato, a semente da Palavra quer ser recebida num terreno receptivo, na linha da parábola evangélica do semeador. Em outras palavras, é necessário um esforço ascético que desemboque na *puritas cordis*: com esse termo a Antiguidade indica a ausência de qualquer afeto pelas criaturas que distancie do amor de Deus e do sentido de sua presença. É liberdade total em vista de uma dedicação total a Deus. Ele só se revela plenamente a quem a alcançou: "*Impuris se Veritas non ostendit, non se credit Sapientia*" (BERNARDO, *In Cant.*, serm. 62, 8; II, Roma, 1958, 160). De fato essa pureza faz com que o olhar contemplativo se torne agudo e penetrante. Por outro lado, como o objetivo é um conhecimento vital, a leitura precisa situar-se num clima orante: "*orem ut intelligant*", dizia Agostinho (*De doctrina christiana* III, 37, 56; *PL* 34, 89). A oração, por sua vez, exige um pacato esforço de recolhimento: não é possível colocar-se "em religiosa escuta" (são as primeiras palavras da *Dei Verbum*) a não ser num clima de silêncio e de calma interior, que faça confluir na escuta todas as energias do ser: não só a cabeça, mas também o "coração" no sentido evangélico, ou seja, a morada mais íntima do universo interior. É uma atenção total (um exegeta protestante, Bengel, a expressara com esta fórmula escultural: *Te totum applica ad textum, rem totam applica ad te*), que depois se traduz numa adesão plena, num abandono completo.

b) Leitura dialógica. O diálogo reside na convicção de que "Deus agora fala comigo". Isso me coloca na atitude bíblica fundamental: escutar. Dali brota a relação religiosa: de fato, só na palavra, no diálogo, alguém se torna pessoa para nós. É o diálogo maravilhoso em que o eu divino faz de mim o seu interlocutor; dirige-me a palavra, e eu posso responder a ele. O diálogo se articula em alguns momentos fundamentais: — *Lectio*: é Deus quem fala. Não é a leitura de um livro, mas a escuta de alguém. É o momento em que "abro as velas ao Espírito Santo" (JERÔNIMO, *In Ez., praef. Ad l. XII, PL* 25, 369D), em que tenho a alegria de ouvir a voz autêntica do Senhor: *hodie se vocem eius audieritis...*; — *Meditatio*: trata-se de criar no íntimo do coração um espaço elástico de ressonância, para que a Palavra penetre nas regiões mais profundas do espírito e toque as fibras mais íntimas do coração. Deus disse a Ezequiel: "Recebe em teu coração todas as palavras que te digo" (3,10). Os medievais usavam o pitoresco "ruminação". É um recolhimento amoroso nos textos, num clima de calma contemplativa, que desemboca numa assimilação vital: a Palavra então chega a fazer parte de nós mesmos, modelando pensamentos, sentimentos, vida; — *Oratio*: é a oração que brota do coração ao toque da divina Palavra. Não há caminho mais fácil e mais seguro para nos expressarmos com Deus. Não há outra coisa a fazer a não ser ler, ouvir, "ruminar", e depois repetir a Deus tudo aquilo que ele nos disse depois de ter infundido naquelas palavras todo o pensamento, todo o amor e toda a vida. Por isso a oração cristã é fundamentalmente uma palavra restituída a Deus numa ação de graças, depois de ter posto nela o selo do nosso "Amém" num assentimento total; — *Contemplatio*. Contemplar é um ato simples e espontâneo, mas repleto de conotações religiosas: assombro, admiração, reconhecimento, adoração, canto, confissão, louvor. A oração torna-se um hino de admiração, em que a alma exprime em termos de louvor a doçura do que contemplou nele: "*Libet de te loqui, de te audire... de te conferre*" (Jean de Fécamp). Além disso, entre os antigos esta última etapa da *lectio* expressa uma experiência religiosa particularmente rica que é muito próxima do êxtase; uma fruição que parece antecipar o júbilo celeste.

No arco desse ouvir-responder insere-se toda a história salvífica, bem como todo o itinerário da oração cristã, até os cumes mais elevados da mística. A liturgia da Palavra reflete fielmente esse movimento da oração cristã. Jungmann falou justamente de um "esquema litúrgico fundamental" assim articulado: leitura: é Deus quem fala; silêncio: é o momento pessoal e meditativo da resposta; canto responsorial: é o momento coral da resposta que transforma a leitura em oração e em canto. Olhando a "Igreja que reza", redescobrimos o segredo contemplativo da tradição mais clássica.

BIBLIOGRAFIA. *Ascolto della parola e preghiera. La "lectio divina"*. Libreria Editrice Vaticana, 1987; BAROFFIO, B. La mistica della Parola. In ANCILLI, E. – PAPAROZZI, M. (orgs.). *La mistica. Fenomenologia e riflessione teologica*. Roma, 1984, 31-46, II; BIANCHI, E. *Dall'ascolto della Parola alla predicazione. Tracce per la "lectio divina"*. Magnano, 1983; ID. *Pregare la parola. Introduzione alla "lectio divina"*. Torino, 1974; LECLERCQ, J. *Cultura umanistica e desiderio di Dio*. Firenze, 1965; ID. Lectio divina. *Dizionario degli Istituti di Perfezione* V. Roma, 1978, 562-566; MAGRASSI, M. *Bibbia e preghiera*. Milano, 1973.

M. MAGRASSI

LEI. Na sua acepção genérica, o termo indica um princípio, uma norma, uma regra necessária que o agente deve seguir para que em sua atividade atinja o objetivo preestabelecido. Dependendo da natureza do sujeito e da necessidade da norma, a lei pode ser:

a) física, se se aplica a um ser desprovido de liberdade, que a segue mecanicamente, sem nenhuma possibilidade de escolha; b) artística, que supõe um sujeito agente psicologicamente livre, mas sem, por si só, obrigá-lo em consciência, ou seja, sem lhe impor nenhuma obrigação moral de agir daquela maneira determinada, e por isso a eventual não observância, mesmo voluntária, da lei poderia constituir um erro, mas nunca uma culpa; c) ética, é uma norma de atividade que diz respeito a um sujeito inteligente e livre a quem impõe a obrigação moral de agir daquela determinada maneira. Em outras palavras, a lei ética ou moral estabelece uma ligação necessária entre o fim e determinados meios, de modo que a ação não conforme a ela não pode conduzir ao fim desejado.

Obviamente, será desta última que nos ocupamos aqui. Em relação às outras, ela possui duas peculiaridades: é regra da atividade "livre" do homem (diferentemente da lei física) e tem força obrigatória em consciência (diferentemente da artística) (cf. *STh*. I-II, q. 39, a. 5c.).

1. **DIVISÃO E NATUREZA**. A lei, enquanto norma de atividade, é encontrada em qualquer sujeito agente. Portanto, até em Deus, supremo regente e ordenador do universo, existe uma lei: é o plano da sua divina sabedoria que dirige todas as coisas ao seu fim, cada uma segundo sua própria natureza (cf. *Ibid.*, q. 93, a. 1c.). Essa lei, que se fundamenta originariamente na infinita perfeição e imitabilidade da divina essência e é, portanto, "eterna" em Deus, torna-se "real e operante" no universo, quando ele decide criá-lo segundo uma ordem e uma maneira determinadas. Essa ordem é constituída e dirigida por leis ou normas que não são outra coisa senão a participação da própria lei eterna. Essa participação ou comunicação em relação às leis "morais naturais" é feita por intermédio da criação de uma determinada natureza inteligente com a sua finalidade e respectivas exigências, em relação às leis morais "positivas" através de uma comunicação explícita da divina vontade feita das mais diferentes maneiras, tanto direta quanto indiretamente. As leis e os mandamentos humanos, por sua vez, estão contidas na lei eterna enquanto supõem a lei natural (lei civil) e a lei positiva divina (leis eclesiásticas) e nelas se fundamentam. Relacionamos assim as diversas espécies de leis morais.

Lei natural, que se fundamenta imediatamente na própria natureza do sujeito e não pode, portanto, ser mudada. Enquanto deriva diretamente da lei eterna, ela é obrigatória antes de qualquer disposição do legislador humano e a sua necessidade é absoluta. Ela se revela à nossa consciência mediante as tendências naturais avaliadas e regulamentadas pela reta razão. Em decorrência da corrupção produzida pelo pecado, contudo, podemos também errar ao interpretá-la; por isso, para vir ao nosso encontro, Deus quis formular também de modo positivo suas diretrizes fundamentais. Elas constituem os preceitos do → DECÁLOGO.

Lei positiva, que tem sua origem imediata não na natureza mas na vontade do legislador que determina a lei natural. Essa lei será "divina", "eclesiástica" ou "civil" dependendo de o legislador ser o próprio Deus, a Igreja ou a autoridade civil. Enquanto determinação concreta da lei fundamental, ela pode ser alterada e admite exceções. Sua necessidade é relativa, e obriga em consciência em virtude do vínculo que tem com a lei natural e, por esta, com a lei eterna.

Um estudo específico e exaustivo de cada um desses tipos de lei encontra-se em qualquer manual de teologia moral fundamental. Dependendo do modo em que é imposta e observada, a lei costuma ser dividida ainda em "jurídica" e "moral" em sentido estrito. A lei "moral" é um vínculo interior que toca a consciência e envolve toda a pessoa, exigindo a adesão pessoal e uma observância voluntária e livre. A lei "jurídica" indica o vínculo exterior, aquela espécie de pressão externa que pode ser imposta pela sociedade, sem a participação da vontade do sujeito. Essa distinção é útil para esclarecer os conceitos, mas torna-se equívoca quando se tenta aplicá-la na prática para transformá-la em duas coisas diferentes. De fato, não se pode simplesmente separar a lei jurídica da lei moral. Elas representam os dois aspectos, interno e externo, da realidade. Afirmar o externo e rejeitar o interno é um evidente contrassenso. Qualquer lei ética, precisamente por ser dirigida a seres inteligentes, precisa ser observada de modo humano, por pessoas, não por autômatos. Isso significa que a lei jurídica é também moral e que a simples observância externa não é suficiente para que a pessoa possa considerar-se plenamente na ordem desejada. Em outras palavras, a lei jurídica enquanto tal indica o aspecto mais externo e superficial, tanto que alguém poderia satisfazer a obrigação jurídica sem por isso satisfazer toda a obrigação moral que a lei como tal sempre supõe, a ponto que sua observância "forçada" ou não voluntária pode ser suficiente diante da sociedade que julga a aparência, mas não diante da própria consciência. Se é de fato o valor que dita a norma e a justifica, não se pode, corretamente, observar a norma e rejeitar, ou ao menos negligenciar, o valor contido, o que seria um ato irracional. Escreve com razão o padre Häring: "Não se pode obrigar à moralidade (ao bem enquanto tal), porque ela reside essencialmente nos sentimentos. O sentimento não pode ser forçado.

Pode-se obrigar ao direito. Sem dúvida, porém, o cumprimento do dever jurídico é imperfeito se não é animado pelo sentimento moral. Exemplo: pode-se ser obrigado pelo direito a dar sustento aos genitores, mas não ao comportamento moral correto em relação a eles (a *pietas*)" (*La legge di Cristo*, I, 291).

A partir daí mostra-se mais evidente como é um erro depositar toda moralidade nas normas jurídicas e contentar-se simplesmente com sua execução material. Essa é uma tentação sempre presente, agravada pelo fato de que a lei humana, enquanto tal, só pode impor coisas externas e só pode julgar o cumprimento exterior. Não devemos nos esquecer nunca de que é o próprio Deus quem ratifica as leis justas, e ele não se contenta com o cumprimento material da obra; não é a ação que conta diante dele, mas a vontade e a intenção. A observância material é puro formalismo que mortifica a pessoa e destrói a moral, salva a "letra" e mata o espírito.

Para evitar esse perigo sempre iminente, é preciso tentar superar a mentalidade demasiado jurídica que nos condiciona e nos faz ver na lei tão somente a vontade de um superior e uma prescrição externa que limita a livre-iniciativa e impõe uma obrigação de que nos "livramos" com o cumprimento. Se tomamos a Sagrada Escritura percebemos que nela a lei não tem esse sentido. O termo "Torá" tem um significado muito mais amplo e muito menos jurídico; sem excluir o aspecto preceptivo, indica sobretudo um "ensinamento" dado por Deus aos homens. É o ato com que ele, na sua bondade, se inclina para os homens e lhes indica o bom caminho para alcançar a felicidade (Dt 10,13). A revelação do Decálogo não é um ato de autoridade por parte de um tirano nem tampouco de um Deus supremo dominador do universo, mas é a manifestação da vontade de um Deus salvador que ama Israel com um amor de predileção, não uma imposição e sim uma manifestação de amor e de bondade. Deus não impõe a lei para defender os seus direitos e privilégios, nem muito menos para limitar a liberdade humana, mas para indicar o caminho da vida e da salvação (Dt 4,1; 5,33; 6,20 ss.). Aliás, ela é parte integrante do dom da liberdade; de fato, foi depois da libertação do Egito que o Senhor, em sinal da liberdade reconquistada, deu uma lei ao seu povo. O servo efetivamente não tem lei própria mas vive sob a lei do patrão. Enquanto manifestação de amor e de vontade de salvação, a lei não é um simples código de prescrições, mas encontro com Deus vivo e presente. Para Israel, observar a lei significa ouvir a voz de Deus (Dt 3,19; 26,17), seguir o seu caminho, caminhar com ele (Dt 8,6; 11,22), imitá-lo. Enquanto expressão da vontade e da natureza de Deus, a lei não só não é uma imposição externa, mas a manifestação das mais íntimas exigências da própria natureza do homem que é, precisamente, "imagem" de Deus (Gn 1,26-27; 5,1.3; 9,6). "Assim, não só não nos encontramos diante de um peso imposto e violento, mas tampouco de uma simples obediência e gratidão que nascem como resposta à redenção. A lei nasce da verdadeira natureza do homem, não a que ele descobre com a razão, mas aquela (única real) que é fruto de revelação e que é definida por sua relação especial com Deus" (B. MAGGIONI, La legge è un dono dell'amore di Dio, *Rivista di Ascetica e Mistica* 10 [1965] 38-51). Essa concepção da lei que nós devemos recuperar, e a fidelidade com que foi observada, constitui a máxima glória do judaísmo. Também Jesus, contra os fariseus de seu tempo e de todos os tempos, insiste no papel fundamental do cumprimento interno como resposta da pessoa, e condena da maneira mais decidida o formalismo exterior. São Paulo, por sua vez, declara sem deixar margen para dúvidas que a lei, aquela verdadeira, eficaz, útil, santificante, é a interior: ou seja, o Espírito, a graça, o amor que impelem ao cumprimento externo que, por si só, não serve para nada, sendo ao contrário prejudicial e mortificante (Gl 2,16; 3,10.14; Rm 3,20; 2Cor 3,7-11).

Se a lei é considerada assim, não tem mais razão de existir a dificuldade que vê nela uma coerção e simples limitação da liberdade. A norma que a lei impõe não é arbitrária, mas o apelo de um valor que o homem deve sentir em si e fazer seu. Posto numa ordem de valores, ele deve se inserir e se adequar a ela, e saber escolher aquilo que para ele, dada a urgência e a dignidade, constitui o valor mais importante. Uma escolha arbitrária e fora de propósito não seria exercício de liberdade, mas ato irracional e desordenado. Para o cristão é evidente que a preocupação fundamental é escolher os valores mais aptos a realizar a sua vocação: a glória de Deus, que é de resto a própria perfeição e felicidade. A lei não tem outro objetivo senão ajudar nessa escolha. Para o crente, ela é um ato de amor com que Deus se inclina para ele e lhe indica o caminho a percorrer; por isso a sua atitude só pode ser a de quem, agradecendo, aceita e amorosamente obedece.

Esse ato de amor por parte de Deus é obrigatório para o homem, precisamente porque indica ao caminho necessário da salvação que Deus não pode deixar de querer. E é essa vontade de salvar que impele Deus a obrigar o homem a seguir o caminho que ele, na sua sabedoria, julga mais adequado. Sua disposição não é uma disposição arbitrária, mas a escolha de um bem que se impõe como normativo. Santo Tomás, ao falar da lei humana na prática, com razão a define como "uma organização da razão para o bem comum, promulgado por quem é responsável pela comunidade" (*STh.* II-II, q. 90, a. 4). Enfatizando o papel da razão, ele evidencia bem o aspecto fundamental da lei: ela é antes de tudo "razoável", ou seja, deve significar ordem e respeito pelos valores objetivos que a razão conhece e propõe e que depois a vontade impõe. Trata-se aqui de algo muito importante que deve ser ressaltado. Não é a vontade do legislador que se torna norma comum, mas é o bem comum reconhecido e proposto pela razão que se torna norma obrigatória mediante a vontade de quem tem a obrigação de cuidar dele e de defendê-lo. Isso corresponde perfeitamente à concepção que o Concílio nos apresenta da autoridade como ato de serviço. O superior assume o lugar de Deus quando, na qualidade de servo de todos, organiza as funções, dispõe os meios de acordo com uma ordem reconhecida, para o bem comum de todos. O ato da autoridade que impõe uma norma jamais poderá transformar-se em autoritarismo, mas em escolha responsável de bens e reconhecimento do valor normativo que estes possuem para si e para os outros. É por isso que só pode ser imposto por lei aquilo que é justo, moralmente possível e útil, que tem como fundamento último a natureza (elevada) e como guardião e vingador o legislador supremo que ratifica todas as leis justas e exige do homem a plena observância delas. Quem as viola não só erra contra a sociedade e a autoridade, mas contra o próprio Deus, de quem toda autoridade deriva.

2. LEI E OBRIGAÇÃO MORAL. Tal doutrina, claramente contida na revelação divina, deve ser lembrada porque com muita frequência hoje se finge ignorá-la. São Paulo é categórico sobre esse ponto: "Seja todo homem submisso às autoridades que exercem o poder, pois não há autoridade a não ser por Deus e as que existem são estabelecidas por ele. Assim, aquele que se opõe à autoridade se revolta contra a ordem querida por Deus, e os rebeldes atrairão a condenação sobre si mesmos. [...] A autoridade está a serviço de Deus para te incitar ao bem. [...] Por isso é necessário submeter-se, não somente por temor da cólera, mas também por motivo de consciência. Este é também o motivo pelo qual pagais impostos: os que os recebem são encarregados por Deus de se dedicarem a esse ofício" (Rm 13,1-3.4.5-6; cf. Pr 8, 15; Mt 2,21; 1Pd 2,3 ss.; Tt 3,1). O que São Paulo afirma aqui sobre as leis humanas vale obviamente também para aquelas eclesiásticas e divinas.

Diante de uma formulação tão clara e evidente, ficamos perplexos ao constatar como se difundiu tão amplamente entre os moralistas a teoria das chamadas leis puramente penais. Essas leis, de resto justas, não obrigariam em consciência a observar as disposições prescritas mas, ao contrário, imporiam a obrigação de aceitar a pena em caso de transgressão. Não é o caso de nos determos aqui nas várias tentativas imaginadas para tentar justificar essa teoria.

Praticamente, essa teoria nasceu da exigência de fugir ao absolutismo dos princípios e de preservar a consciência dos cristãos da sobrecarga das leis positivas, bem como do contínuo medo de pecar (B. Häring, op. cit., 331). Em nossos tempos a tendência de separar o direito da moral pode ter contribuído não pouco para fortalecê-la. Teoricamente ela supõe como fundamento um conceito não exato do legislador, considerado mais como superior dos súditos que como organizador do bem comum, de cuja vontade dependeria a obrigação em consciência da lei. Ora, isso não parece nem um pouco verdadeiro. O legislador, observa o padre Fuchs (*Theologia moralis generalis*, Roma, 1965, 125), determina, com sua lei, a lei natural segundo as necessidades e as indicações da realidade histórica, e em decorrência disso a lei positiva obriga do mesmo modo que a lei natural que aplica e determina. Desse modo depende da vontade do legislador a existência de uma determinada lei, mas não a sua obrigação em consciência, que nasce mais da própria natureza social do homem instado a colaborar para a obtenção do fim comum, precisamente através dos meios estabelecidos pela autoridade competente. Aliás, o único ofício do legislador humano é o de cuidar do bem social, não de decidir sobre a obrigação em consciência dos indivíduos. Ele não pode de modo algum entrar no íntimo da consciência e obrigá-la segundo sua vontade. A consciência não tem nenhuma outra obrigação a não ser com Deus e com a ordem correta que dele provém e a ele conduz. Consequentemente, não é a vontade do legislador que obriga a minha consciência, mas a racionalidade da sua disposição. "A obrigação da lei não deriva do apelo do legislador à consciência, mas da validade e justiça da lei" (*Ibid.*, 331).

De resto, os abusos que favorece e as consequências deletérias que inúmeras vezes já ocasionou certamente não depõem em favor dessa teoria. Hoje assistimos ao fenômeno de muitos cristãos, clérigos e leigos se sentirem muito tranquilos diante de Deus e da própria consciência quando conseguem "se safar". Quem, para dar um exemplo, considera obrigatórias em consciência as normas do código de trânsito? Pouquíssimos, não obstante a transgressão dessas normas coloque continuamente em sério perigo sua própria vida e a vida alheia. Quem se considera obrigado a informar as rendas com exatidão? Pouquíssimos, e isso obriga os governantes a aumentar exageradamente os impostos com a consequência de que aqueles que não podem deixar de declarar (frequentemente os mais pobres) são obrigados a pagar por quem pode e não o faz. Esses são apenas exemplos de uma situação que favorece desordens e injustiças e indica, algo que é muito sério, que a consciência, o sentido moral e Deus não entram de fato na maior parte da vida cotidiana. O "dar um jeito" torna-se a norma e a lei não é um guia, mas um obstáculo a ser contornado. Consideramos que para eliminar essa permissividade seria preciso insistir, sem meios-termos, precisamente como faz São Paulo, na obrigação de observar as leis não só por medo da punição, mas também por motivo de consciência (Rm 13,1 ss.).

3. LEI E CONSCIÊNCIA. Permanece, é verdade, o problema que a teoria das leis puramente penais queria resolver. Diante do número realmente excessivo de leis nem sempre necessárias, às vezes até ambiguamente injustas, o cristão não se encontra um pouco tolhido na sua liberdade espiritual e excessivamente coagido? Cremos que podemos responder recorrendo à maturidade dos súditos para serem responsáveis e saber observar as leis de modo "humano". Sem dúvida, essa maturidade e o senso de responsabilidade muitas vezes faltam, mas também é certo que jamais

serão obtidos distorcendo o conceito de lei e falsificando a consciência. Apenas para dar um exemplo: não é nem um pouco difícil fazer com que até uma pessoa simples compreenda que, se toda lei justa obriga em consciência, nem por isso exclui automaticamente qualquer dispensa da obrigação na prática. E aqui é precisamente a consciência que deve julgar com seriedade e senso de responsabilidade. Essa "autoisenção", feita através da virtude da prudência (*epikeia*), não é evitar a lei, mas observá-la na sua plenitude. A razão está no fato de que as palavras materiais da lei nunca ou quase nunca correspondem ao pleno sentido humano que ela possui; assim, elas devem ser interpretadas e observadas de modo humano e razoável, não mecanicamente. Não é evidente, por exemplo, que uma norma de trânsito admite mais facilmente uma dispensa num lugar fácil e deserto que em outro mais perigoso e frequentado? Seja como for, será sempre uma escolha que diz respeito à minha consciência e pela qual eu assumo, diante de Deus, toda a responsabilidade. Tanto a observância quanto a não observância material da lei não dizem respeito apenas a uma norma jurídica impessoal, mas à minha posição diante da ordem, do bem, de Deus.

Mas então será a própria consciência o árbitro e o juiz da obrigatoriedade da lei na situação concreta e determinada? Sem dúvida. E isso não deveria de modo algum suscitar espanto; de fato, não é a consciência o juiz último e inapelável diante da qual o próprio Deus se inclina? Não é ela o ato com que alguém se aplica pessoalmente a lei e atualmente julga a honestidade de sua ação concreta de modo a torná-la uma realização da tendência fundamental de toda a pessoa para o bem?

Extraímos algumas reflexões do artigo *Conscience*, escrito pelo padre Carpentier no *Dictionnaire de Spiritualité*.

Todos os equívocos que podem surgir dependem de uma falsa concepção tanto da lei quanto da consciência, concebidas como duas realidades antagônicas. Esta agiria como um impulso subjetivo, encarnação da liberdade que a lei, por sua vez, procura limitar e restringir a partir de fora. Isso é falso. A lei, quando se reduz a Deus (e isso ocorre sempre que é justa), é fundamentalmente amor. É impossível separá-la do legislador supremo, autor da vida, dispensador generoso da salvação, visível para todo cristão em Cristo. Diante dele a liberdade humana não é uma adversária. Foi Deus quem nos criou e quem nos quer livres. E toda a sua glória está na livre-iniciativa da nossa consciência permeada de amor. Quando o amor se deparar com nossas desordens interiores e nossas tendências insensatas, então se tornará coerção, exigência, violência, mas coação vivificante, exigência libertadora. O juízo da consciência propriamente dito é, portanto, essencialmente o livre discernimento do caminho que leva à vida, discernimento que é facilitado precisamente pela promulgação da lei que o indica. Não se trata de escolher entre duas direções que seriam o eu e Deus, a própria "liberdade" e a lei: todos os esforços, ao contrário, devem submeter essa falsa escolha à pureza de olhar que restabelece a união entre o eu e Deus, como entre o eu e os outros, entre a liberdade e a lei, que não é um obstáculo, mas uma boa ajuda para exercê-la.

Qualquer obrigação fundamenta-se na promulgação interior da lei divina primordial que se manifesta na sindérese e é atualizada no juízo da consciência. Esse juízo, portanto, é apenas o eco concreto em mim da lei divina, que desse modo não apenas não é uma mera fórmula objetiva, estranha ou até contrária à consciência, mas está intimamente inserida nesta como condição essencial de sua própria existência. A lei não seria lei moral, obrigação espiritual se não fosse continuamente interiorizada no juízo da consciência, a qual, por sua vez, é tal precisamente porque personifica uma norma e um valor que é vital para o homem.

4. LEI E SITUAÇÃO. Mas precisamente porque a lei não é "todo" o valor e Deus não fala através de "normas", ainda é tarefa da consciência saber escolher, interpretar e realizar os valores que não estão incluídos na norma e que, às vezes, até podem não se reduzir a ela. A situação concreta em que o homem é obrigado a atuar representa, também ela, uma presença e manifestação da vontade de Deus (como nos ensina a doutrina da criação, conservação e providência divina); através dela, assim como através da lei, Deus concretamente fala de modo único e irrepetível, porque cada um vive a "sua" situação de um ponto de vista espaçotemporal que nunca pode ser o de um outro. Por isso é exclusivamente tarefa da consciência do indivíduo ouvir essa voz e exprimir um verdadeiro juízo responsável sobre o que deve ser feito concretamente e como deve ser feito então.

Jamais se insistirá o suficiente nesse ponto, porque é o único meio de sair do infantilismo que todos temos um pouco, para nos tornarmos realmente maduros e responsáveis. E é também o único meio de compreender e tomar a lei por aquilo que ela realmente é: uma ajuda e um guia na escolha e no caminho do bem. Observar a lei não é sofrer a norma e segui-la passivamente, mas fazê-la própria, de modo a integrá-la na própria situação concreta para que se torne realmente diretriz e estímulo vital. É a pessoa que na e através da realidade concreta em que se encontra sente o chamado do bem (Deus) e por decisão pessoal responde a Deus que a chama pessoalmente, *hic et nunc*.

Ainda há muito a trabalhar para que venha a se formar entre os fiéis uma desejada maturidade de consciência. "Esta, obviamente", observa Rahner, "não consiste numa emancipação, numa rejeição das normas universais anunciadas pelo Evangelho e pela Igreja, apelando-se a uma situação única e própria da consciência, mas na capacidade autônoma de aplicar essas normas à própria situação concreta" (Situationsetik und Sündenmystik, *Stimmen der Zeit*, 145 [1949-1950] 336). As eventuais divergências reais entre as indicações da lei e a da situação, devidas muitas vezes à sempre deficiente formulação abstrata e geral de norma, serão resolvidas através do contato com a realidade em toda a sua plenitude. A lei é lei e deve ser observada só porque expressa e oferece um valor; no momento em que, pela ocorrência de circunstâncias particulares, isso não ocorresse, observá-la seria cometer um erro. Com isso não se quer dizer que a consciência pessoal seja independente do seu juízo; ela de fato é tal precisamente por ser "formada" pela lei, ou melhor, pelo valor que a lei quer exprimir e impor. Quem pretende que o único ou, ao menos, o supremo valor seja o seu arbítrio e não o bem já está fora da ordem e da verdade, e não poderá jamais assimilar a lei e vivê-la, e muito menos julgá-la; só poderá suportá-la ou transgredi-la, mas num caso e no outro sua consciência culpadamente errônea não o desculpará do pecado e do juízo.

A lei exprime o valor, e os valores eternos nunca mudam, não obstante a variação das situações. O ser humano mantém intacto o seu eu e as suas exigências fundamentais sob a incessante transformação das situações externas e das disposições subjetivas, porque as leis que as expressam também são mutáveis. É por isso que o homem não pode transgredir a lei natural sem contradizer a si mesmo, precisamente porque nenhuma situação concreta, por mais intricada que seja, poderá fazer com que ele não seja homem. Isso vale também para todas as outras leis, enquanto determinação e aplicação da lei natural; elas representam um valor universal que não pode ser transcurado. Mas, precisamente por ser determinação, alternativa (limitada) e escolha entre vários outros modos de realizar o valor fundamental, elas às vezes podem se revelar inadequadas ou menos adequadas que um outro meio possível de realizar o mesmo valor; nesse caso, a consciência, informada pelo amor do bem em questão, deverá decidir com um juízo responsável, e escolher.

"A norma [no seu espírito] deve ser sempre observada. No entanto, é preciso realizar a riqueza individual do ser [dos valores] que ultrapassa a universal. Porque não só o ser enquanto universal, mas também o ser na sua realização e no seu valor irrepetível constitui a 'norma' válida da nossa ação. Seremos preservados de uma concepção demasiado rígida das normas pelo contato com a plena realidade como dom do Criador, ou melhor, pelo contato vivo com Cristo na imitação" (Häring, op. cit., 287). Por outro lado, seremos salvos da permissividade e da leviandade pela consciência do nosso estado de dependência, pela consciência da nossa maldade e das insídias que o nosso egoísmo continuamente nos prepara, pelo amor pelo verdadeiro bem e pela convicção de que é só a lei de Deus que nos indica esse bem infalivelmente.

A "situação" — e a nossa vida é feita de situações — é um convite pessoal que pede uma solução. Todo o nosso esforço deve tender para isso: dar uma resposta boa e verdadeira, e a resposta é precisamente a ação pela qual optamos. A situação é um momento daquele diálogo jamais interrompido que é a vida humana, continuamente chamada pelas coisas, pelos homens, por Deus e, portanto, sempre comprometida a dar uma resposta consciente e pessoal diante dos problemas e dos valores que a solicitam; diante de Deus, de quem em última análise provém todo bem e todo chamado. A lei, na situação, é um caminho aberto, uma indicação de resposta verdadeira. O Espírito (e a graça) que está em nós ajuda-nos a conhecer bem o apelo divino, estimula-nos e nos move a responder positivamente. Se não fizermos resistência, a luz não nos faltará. Mas não devemos esquecer que a verdade não é algo vago e abstrato; ela é uma pessoa: Deus, o seu Cristo, a sua vontade em relação a nós. Essa verdade, esse bem, encontra-se no coração e na consciência do homem quando esta é conforme à doutrina e ao magistério da Igreja, uma vez que foi à Igreja que Cristo a confiou quando disse: *docete eos servare quecumque dixi vobis* (cf. *DH* 14). Se não nos esforçamos continuamente para "formar" a nossa consciência para tal fonte, se não vigiamos constantemente para manter e restabelecer a nossa liberdade na intenção do bem, demonstramos que não estamos muito inclinados para a verdade e corremos o sério risco de substituí-la pelo nosso egoísmo e pela nossa miserável comodidade. É preciso vigiar atentamente para evitar esse perigo grave e sempre iminente, conscientes de que, por causa da nossa corrupção e das nossas más inclinações, não somos mais naturalmente inclinados para o bem. Para tender a ele e alcançá-lo, temos de ir contra nós mesmos. Não é de admirar que o caminho que a lei nos indica seja duro e difícil, não é de admirar também que a lei seja sentida pela nossa natureza corrompida como uma imposição externa que contraria a nossa inclinação. Precisamos nos purificar; e a lei nos é dada para isso. Quando adquirirmos a capacidade de usar verdadeiramente a nossa liberdade, quando tivermos assimilado o bem a ponto de ele ser para nós nossa norma e inclinação "natural" e a nossa natureza for transformada de modo a ter em si, por assimilação, a sua norma de ação, então não agiremos mais por imposição, *quasi coacte a lege*, mas por conaturalidade, já que a lei não será mais norma externa mas "forma" da nossa potência operativa. Assim seremos lei para nós mesmos. É o que afirma São Paulo quando diz que o justo é sem lei, não porque não seja obrigado a observá-la, mas porque tende ao bem e à justiça por sua própria inclinação natural, sem necessidade de outros estímulos.

5. LEI DE CRISTO. No entanto, não podemos chegar a isso sozinhos. Infelizmente, por causa da nossa maldade interior e da concupiscência que nos domina, a lei, em vez de ser caminho para o bem, torna-se frequente ocasião de transgressão e, portanto, de pecado. O que é oferecido para a vida torna-se instrumento de morte. São Paulo, que compreendera bem todo o drama dessa situação, anuncia alegremente a solução. "Agora, pois, não há mais nenhuma condenação para os que estão em Jesus Cristo. Pois a lei do Espírito, que dá a vida em Jesus Cristo, liberou-me da lei do pecado e da morte" (Rm 8,1-2). Com a redenção de Cristo, toda contradição desaparece, porque através da sua morte ele nos liberta da nossa maldade interna e, doando-nos a sua graça por meio do Espírito de vida, torna-nos capazes de observar a lei que a partir desse momento deixa de ser ocasião e instrumento de pecado para se tornar realmente meio de salvação. Passando a constituir uma nova e mais perfeita aliança, Jesus leva a termo a lei (Mt 5,17) através da transformação interior e do dom do Espírito que move e sustenta a partir de dentro.

A lei essencial do cristão não é mais, portanto, um código de prescrições externas; ela é "impressa" em nós pelo Espírito Santo. Deixa de ser unicamente uma norma de ação para se tornar principalmente um princípio vital. Esse princípio é o próprio Espírito Santo, juntamente com os dons que produz imediatamente em nós: a fé e o amor.

Enquanto a outra lei é externa, *littera* como diz São Paulo, a lei de Cristo é essencialmente interna e vivificante, e tem o elemento externo apenas como consequência necessária (cf. *STh.* I-II, q. 106, aa. 1-2). Transformando-nos internamente e tornando-a conatural a nós, Cristo nos liberta da escravidão da lei. À medida que o Espírito, a graça e o amor tomarem posse do homem, ele se sentirá cada vez mais "liberto" do pecado que não terá mais domínio sobre ele, e será portanto cada vez mais "livre" para agir segundo a lei, que não parecerá mais uma imposição externa dura e mortificante, mas uma manifestação espontânea da própria lei de vida interior.

A plena transformação na lei do Espírito não ocorre, contudo, num momento; ela em geral se realiza de modo gradual e lento, e por isso a lei externa conservará sempre certo aspecto coercitivo. Enquanto não formos perfeitos, essa lei, como um bom pedagogo, continuará a nos guiar, a nos advertir, a nos estimular, a nos restringir. Isso explica por que ela é sempre concebida e sentida como algo exterior a que é preciso se adaptar, mesmo com dificuldade. Isso se verifica ainda mais marcadamente quando se trata de leis humanas que, por sua maior imperfeição e provisoriedade, não necessariamente representam um valor essencial que tenha correspondência nas leis do nosso dinamismo interior e espiritual. Mas mesmo isso não constitui algo apenas negativo porque a permanente problematicidade das leis humanas imperfeitas "obriga-nos a observar continuamente, para além daquilo que é regulamentado pela lei, as verdadeiras fontes do bem, do qual a lei humana pode conter apenas uma indicação. Treinado pela experiência dos limites da legislação humana, o cristão é levado a se espelhar na lei perfeita do amor, a se associar aos sentimentos de Cristo. É um bem que a imperfeição do sistema legislativo não permita que o homem se esqueça de que o direito e a observância da lei (escrita) são apenas uma parte da imperfeição moral... Estar sujeitos a uma autoridade humana leva o homem à humildade, à contínua consciência de que ele, segundo a sua natureza, não está imediatamente submetido a Deus. Sem dúvida, na oração podemos imediatamente falar com Deus. Mas a nossa obediência e o nosso amor só serão aceitos por ele com uma condição: ter o nosso lugar na comunidade, observando suas leis segundo as próprias forças e exercendo a caridade no âmbito do direito... A virtude da *epikeia* permite que o cristão descubra na sua união vital com Cristo o verdadeiro significado moral da lei para além da letra, necessariamente imperfeita e com frequência demasiado insuficiente. Essa mesma inadequação, aliás, representa para ele uma vantagem na medida em que o dissuade de uma obediência totalmente exterior e servil" (Häring, op. cit., 328-329).

Seja como for, comumente não existe outro meio para resolver certos dolorosos contrastes senão observar e imitar o nosso modelo: Cristo, que foi "obediente" até a morte.

BIBLIOGRAFIA. CHIAVACCI, E. – VALSECCHI, A. Legge. *Dizionario Enciclopedico di Teologia Morale.* Roma, 1973, 483-503 (com ampla bibliografia selecionada); FUCHS, J. *Theologia morallis generalis.* Roma, 1965; Gesetz. *Theologisches Begriffslexikon zum Neuen Testament.* Wuppertal, 1986, 520-534; HÄRING, B. *La legge di Cristo.* Brescia, 1969; Legge civile, Legge naturale, Legge nuova. In ROSSI, L. – VALSECCHI, A. (orgs.). *Dizionario Enciclopedico di Teologia Morale.* Cinisello Balsamo, 7 1987, 519-544; Loi. *Catholicisme* VII, 955-1.015; Loi. *Dictionnaire de Spiritualité* IX (1976) 966-84; MORALDI, L. Legge/Diritto. In In ROSSANO, P. – RAVASI, G. – GIRLANDA, A. (orgs.). *Nuovo Dizionario di Teologia Bíblica.* Cinisello Balsamo, 1988, 788-801.

A. PINA

LEIGOS (e ESPIRITUALIDADE LAICA).

Um renovado interesse em torno da questão dos leigos na Igreja e no mundo é confirmado por uma retomada de estudos teológicos, pastorais e espirituais depois de anos de esquecimento e, mais ainda, pelo Sínodo Geral dos Bispos (nono da série, incluindo os extraordinários de 1969 e 1985) celebrado em outubro de 1987. Eles permitem avaliar a distância que ainda existe entre as exigências e as expectativas, de um lado, e, de outro, as respostas até agora elaboradas pelo magistério, pela pesquisa teológica e pelo "senso de fé" da comunidade cristã. Certo índice de fluidez e de indeterminação das categorias fundamentais de ordem linguística e conceitual — sem esquecer os aspectos prático-pastorais — influi também sobre o esforço de delinear uma forma de espiritualidade peculiarmente laica, menos imprecisa do que foi até agora.

A partir dessa constatação, parece oportuno apresentar uma rápida resenha das várias posições atualmente em disputa sobre o tema fundamental da identidade dos leigos para depois, num segundo momento, passar a uma renovada compreensão do magistério do Vaticano II, e concluir, enfim, com as *perspectivas* gerais da espiritualidade vivida em condição secular. Não por acaso dizemos *perspectivas*, pretendendo olhar para o futuro, na convicção de que viver na mudança — singular característica epocal do período histórico em que se vive — comporta para os cristãos e para a Igreja a espera e a aceitação do inédito, da *novidade*, como dom do Espírito Santo. Se tudo já foi revelado, nem tudo o que provém da potência da Palavra ainda foi acolhido e, menos ainda, realizado.

Deu-se um notável passo adiante para delinear melhor a figura da vocação e da missão dos leigos na Igreja e no mundo com a exortação apostólica pós-sinodal *Christifideles laici* (= *CfL*) de João Paulo II, com data de 30 de dezembro de 1988, na qual, em cinco capítulos, partindo das conclusões do Sínodo dos Bispos de 1987, o Pontífice fala da dignidade dos fiéis leigos na Igreja-Mistério (c. I), na participação dos fiéis leigos da vida da Igreja-Comunhão (c. II), da corresponsabilidade dos fiéis leigos na Igreja-Missão (c. III), da sua administração da multiforme graça de Deus (c. IV) e da sua formação (c. V).

1. ORIENTAÇÕES TEOLÓGICAS. No centro do surpreendente interesse pela vida, pela vocação e pela missão dos leigos na comunidade cristã e o mundo se configura, de maneira progressiva, a redefinição da figura do sujeito interessado.

Uma simples relação das formas linguísticas usadas permite perceber logo que, sob a fluidez terminológica, emergem diversas aporias conceituais; de fato empregam-se os termos: *leigos* ou *cristãos*, sem acréscimos — *cristãos* (ou *fiéis*) *leigos* — *leigo cristão* — *leigo comum*. Cada escolha terminológica revela uma subjacente concepção de pensamento. Procurando nessa direção, pode-se dizer que hoje se confrontam entre si — às vezes com grande força polêmica — ao menos as orientações apresentadas em seguida. Não é por acaso que a exortação apostólica de João Paulo II (*CfL*), desde o título, emprega sempre *christifideles laici*, ou seja, *cristãos leigos*.

a) *A secularidade, característica própria dos cristãos leigos*. Em ordem cronológica, vem primeiro uma tendência que se costuma chamar (impropriamente) tradicional, na medida em que se presume que, dando uma certa interpretação ao Vaticano II, nos situamos na vertente de uma teologia igualmente tradicional (alguns críticos dessa posição parecem subentender: imóvel, desprovida de autêntica novidade e, além disso, anacrônica). O ponto fundamental dessa orientação é que a → SECULARIDADE é e deve ser considerada a nota característica — específica e peculiar — dos cristãos leigos.

Uma versão incisiva dessa posição pode ser encontrada no seguinte texto:

"Segundo o Concílio Vaticano II, a condição *eclesial dos leigos* é delineada *inseparavelmente* em relação à condição *batismal* e à condição *secular* deles.

Enquanto batizados, os leigos são com todo o direito fiéis incorporados a Cristo e à Igreja (cf. *LG* 31, primeiro parágrafo).

Por outro lado, o próprio Concílio apresenta a inserção dos leigos nas realidades temporais e terrenas, ou seja, a 'secularidade' deles, não apenas como um dado sociológico, e sim também e especificamente como um dado teológico e eclesial, como a modalidade característica segundo a qual viver a vocação cristã (cf. ainda *LG* 31, segundo parágrafo).

Os leigos possuem *uma única e indivisível 'identidade'*, enquanto *ao mesmo tempo* são membros da Igreja e membros da sociedade.

De sua típica condição eclesial os leigos derivam coerentemente sua participação na missão salvífica da Igreja: enquanto batizados, e portanto membros de Cristo e da Igreja, os leigos podem e devem viver sua responsabilidade apostólica não só nas realidades temporais e terrenas, mas também nas propriamente eclesiais; em decorrência de sua condição secular específica, os leigos são habilitados e empenhados como cristãos não só no âmbito da Igreja, mas também e propriamente no do mundo e das suas estruturas e realidades (cf. *AA* 5).

Na missão salvífica que a Igreja tem em relação às realidades temporais e terrenas — missão que é de toda a Igreja e, portanto, também dos pastores — os leigos, por causa de sua típica secularidade, têm um lugar original e insubstituível: 'Faz-se mister que os leigos assumam a renovação da ordem temporal como sua função própria e nela operem de maneira direta e definida, guiados pela luz do Evangelho e pela mente da Igreja, e levados pela caridade cristã. Cooperem como cidadãos com os outros cidadãos, com sua competência específica e responsabilidade própria. Procurem por toda a parte e em tudo a justiça do reino de Deus' (*AA* 7).

Paulo VI, na exortação apostólica *Evangelii nuntiandi* (n. 70), escreve sobre os leigos: 'O campo próprio da sua atividade evangelizadora é o mesmo mundo vasto e complicado da política, da realidade social e da economia, como também o da cultura, das ciências e das artes, da vida internacional, dos instrumentos da comunicação social e, ainda, outras realidades abertas para a evangelização, como sejam o amor, a família, a educação das crianças e dos adolescentes, o trabalho profissional e o sofrimento. Quanto mais leigos houver impregnados do Evangelho, responsáveis em relação a tais realidades e comprometidos claramente nelas, competentes para promovê-las e conscientes de que é necessário fazer desabrochar a sua capacidade cristã muitas vezes escondida e asfixiada, tanto mais essas realidades, sem nada perder ou sacrificar do próprio coeficiente humano, mas patenteando uma dimensão transcendente para o além, não raro desconhecida, irão se encontrar ao serviço da edificação do reino de Deus e, por conseguinte, da salvação em Jesus Cristo'.

A presença dos leigos cristãos no mundo deve ser corajosa e profética e poderá assumir várias formas de testemunho acompanhado sempre do discernimento evangélico e às vezes crítico" (Sínodo geral dos bispos, 1987, *Lineamenta*, n. 22-24).

Algumas passagens desse texto merecem destaque.

— A afirmação da especificidade secular não é um bloco errático ou uma flor selvagem desprovida de raízes; precisamente por ser específica, a identidade do leigo postula e remete à identidade comum do cristão que é assim em decorrência de sua incorporação a Cristo e da participação da função (*munus*) sacerdotal-profética-régia do próprio Cristo; consequentemente, o cristão participa da missão da Igreja segundo a própria medida dos dons e de funções. O que é comum é concretizado no específico, em constante e recíproca interdependência.

— É evidente que o horizonte temático é dado pelos princípios antropológicos (vocação universal à santidade) e eclesiológicos (Igreja como mistério e povo de Deus — corpo de Cristo — comunhão do Espírito Santo) do Vaticano II. Esses são assumidos e interpretados de acordo com duas categorias: *unidade* e *diversidade* (ou variedade) que permitem delinear melhor os critérios ou leis fundamentais de pertencimento dos cristãos à Igreja. Nascem aqui uma dialogicidade e uma dialética entre unidade e diversidade que leva ao esforço cotidiano de "viver a unidade na diversidade" e de "unificar os diversos". Um esforço que às vezes desemboca em alguma unilateralidade de acentuações, por parte dos autores que se reconhecem nessa orientação.

— Seja como for, a *secularidade* é para esses autores uma espécie de valor sociológico e ao mesmo tempo teológico, ou — se bem entendida — um elemento (não exclusivo) substancial característico da identidade teológica do fiel leigo (*christifidelis laicus*), diferentemente dos outros fiéis (ministros ordenados e "religiosos"). Realizar como cristãos a construção da cidade do homem (ou do *mundo*), ordenando-a corretamente para Deus e, por e com Cristo, é dom original que constitui uma vocação e uma missão igualmente originais na Igreja, a secular de que são legítimos titulares os cristãos leigos.

— A secularidade influencia não só a problemática original e moral, mas também a espiritual e ascética, de modo que, por graça vocacional, na existência do cristão o caminho para a santidade e o *apostolado* do mundo se conciliam bem; além disso o ser *no* mundo e *para* o mundo — sem ser *do* mundo — postula modalidades particulares *por intermédio* das quais (e não *apesar* das quais) os cristãos leigos são chamados a buscar o reino de Deus e seus sinais "tratando das coisas temporais" (*LG* 31).

Os não poucos matizes que acompanham a proposta e o desenvolvimento dessa orientação não facilitam sua apresentação exaustiva. Pode-se considerar que é expresso de forma orgânica pela chamada *teologia do laicato* que teve como maior intérprete o padre Y. M.-J. Congar dos anos 1950 (de 1953 são os famosos *Jalons pour une théologie du laïcat*) e por sucessivas reformulações que às vezes rejeitam seu nome. Muitos enfatizam as contribuições positivas e os limites dessa teologia; convém aqui destacar que ter qualificado os leigos e o laicato em função da *secularidade* é um sinal de continuidade (com a experiência do século XIX) e, ao mesmo tempo, de novidade no mesmo terreno; de sinal histórico e sociológico torna-se sinal teológico.

João Paulo II esclarece e aprofunda o aspecto da secularidade, como nota própria dos cristãos leigos: "O mundo torna-se o âmbito e o meio da vocação cristã dos fiéis leigos porque ele mesmo está destinado a glorificar Deus Pai em Cristo. [...] O ser e o agir no mundo são para os fiéis leigos uma realidade não só antropológica e sociológica, mas também e especificamente teológica e eclesial". Retoma depois a afirmação dos Padres sinodais ao final do Sínodo de 1987: "O caráter secular do fiel leigo não deve ser definido, portanto, apenas em sentido sociológico, mas sobretudo em sentido teológico" (*CfL* 16). E acrescenta: "A vocação dos fiéis leigos à santidade comporta que a vida segundo o Espírito se expresse de modo peculiar em sua inserção nas realidades temporais e em sua participação nas atividades terrenas" (*Ibid.*, 17). Conclui depois: "Um cenário maravilhoso se abre aos olhos iluminados pela fé: o de inúmeros fiéis leigos, homens e mulheres, que, precisamente na vida e nas ocupações do dia a dia, muitas vezes inobservados ou até incompreendidos [...] são obreiros incansáveis que trabalham na vinha do Senhor, artífices humildes e grandes [...] do crescimento do reino de Deus" (*Ibid.*).

b) *A laicidade como dimensão de toda a Igreja. A via dos ministérios*. Uma segunda orientação leva a resultados diferentes mesmo tomando como ponto de partida a intenção comum de aprofundar os dados — sobretudo eclesiológicos — do Vaticano II. Em síntese se propõe a via da *teologia dos ministérios* como capaz de resolver também o problema da identidade dos leigos na Igreja e como alternativa à via da *teologia do laicato* que se deseja levar a um maior amadurecimento de enfoque e de frutos.

As passagens principais dessa elaboração teológica parecem as seguintes.

— É preciso partir de uma dupla perspectiva. Antes de tudo, a ontologia da graça que permeia todo o enfoque do Vaticano II, evocando a presença eficaz e operante do Espírito Santo. Ela não permite colocar em primeiro plano o quadro das funções que o cristão é chamado a exercer (primeiro o ser depois o fazer); foi o que parece ter ocorrido quando se privilegiou o binômio clérigos-leigos. Em segundo lugar, a assunção da laicidade-secularidade, cujo valor foi — por assim dizer — imposto quer pela reflexão teológica (teologia da criação, das realidades terrestres, política, da libertação etc.), quer pelas aquisições das ciências humanas e da própria → SECULARIZAÇÃO.

O resultado dos dois pontos de vista conjugados é de não prescindir, na questão dos leigos, de um conjunto de conteúdos que podem ser sintetizados na fórmula: laicidade do mundo — laicidade da Igreja — laicidade na Igreja.

— Sobre a *laicidade do mundo* levam-se em conta as contribuições da reflexão teórica, desenvolvida também graças a Concílio Vaticano II, e que parecem suficientemente completas e concordantes. Entendida como legítima e saudável autonomia das realidades terrenas e histórico-humanas, a secularidade/laicidade fundamenta-se na visão cristã da criação e da unidade que existe entre criação e redenção (cf. *GS* 34-45). Os vários integralismos daí decorrentes — sempre muito insidiosos e ameaçadores — não podem dissimular o clamoroso contraste com o Vaticano II e a evidente distorção de algumas de suas interpretações redutivas e instrumentais.

— Mais complexa e sutil é a problemática inerente à assunção da *laicidade-secularidade na Igreja* com seus reflexos sobre a identidade e sobre a missão dos leigos.

Quando à identidade do leigo-cristão, de fato coexistem nos próprios textos do Vaticano II duas perpectivas: uma, que se pode definir como "cosmológica", vê o leigo a partir do seu estar no mundo, ou seja, enfatiza seu caráter secular; a outra, "cristológica", evidencia que ser leigos não é antes de tudo um estar no mundo, mas um estar em Cristo com certas modalidades. O aspecto eclesiológico das duas perspectivas leva a resultados diferentes.

A perspectiva cosmológica, de fato, é ainda funcional a uma visão da Igreja como sociedade perfeita, na qual os negócios internos são gerenciados pelo clero e os negócios externos são delegados a leigos. É a Igreja que tem em si uma contraposição entre clero e laicato, entre sagrado e profano, entre Igreja e → MUNDO.

Se se aceita a perspectiva cristológica, o quadro se inverte. O seu "pendant" eclesiológico é o da Igreja, como comunidade, em que antes e mais profundamente do que a distinção clero-leigo continua a haver uma igualdade radical fundamentada na inserção em Cristo, que torna todos os batizados membros do único povo de Deus e protagonistas da única missão de salvação. Isso já é expressivamente verificável no texto da *Lumen gentium*, no qual o capítulo sobre o povo de Deus precede os que falam da hierarquia e dos leigos. No CDC, com maior coerência, o capítulo sobre os leigos precede o capítulo sobre o sacerdócio ordenado. O binômio clero-laicato é substituído — para dizê-lo com Congar — pelo binômio comunidade-ministérios. A laicidade, portanto, não é o *proprium dos leigos*, mas uma dimensão comum de toda a Igreja que, como Cristo, está no mundo e para o mundo, mas também não é do mundo e contra o mundo. Todo cristão, bispo ou leigo, é chamado a viver todas as quatro coordenadas da relação Cristo-mundo, se quer ser integralmente cristão; as formas, como é evidente, são múltiplas.

No contexto da laicidade comum da comunidade cristã, cada fiel desempenha uma função precisa para a edificação do corpo de Cristo e para o seu prolongamento na história dos homens, acentuando uma ou outra característica da relação com o mundo. Não, portanto, uma massa amorfa ou abstratamente igualitarista, nem muito menos desprovida do papel autorizado dos ministérios ordenados, mas uma comunidade organicamente articulada nas variedades dos carismas e dos serviços/ministérios.

A Igreja toda ministerial não é a dos leigos clericalizados; ao contrário, é ela mesma "desclericalizada" e por isso capaz de animar criticamente a laicidade do mundo, instaurando um diálogo aberto e vigilante sem oposições aprioristicas e sem ingenuidades.

— O terceiro aspecto diz respeito à *laicidade na Igreja*, como "liberdade do cristão, primado da consciência e da motivação interior em relação à observância formal, responsabilidade de cada um em prol do crescimento da comunidade para a plenitude da verdade" (B. FORTE, *Relazione al Convegno ecclesiale di Loreto*, 1985).

A síntese é apenas esboçada e não se presta a observações conclusivas. No entanto, é mister advertir desde logo que as três dimensões da laicidade/secularidade são interdependentes, de modo que não se sacrifica uma sem prejuízo para as outras. Além disso, *leigo* não é apenas sinônimo de compromisso secular; seria melhor deixar de empregar esse termo, usando em vez dele o adjetivo (laico ou secular), para indicar uma dimensão necessária da Igreja missionária e ministerial, e criando uma terminologia mais ligada aos ministérios para indicar as várias "figuras" de cristãos.

c) *Do "leigo" ao "cristão" e "cristão comum"*. Uma última orientação se qualifica em decorrência de uma premissa metodológica que — aos olhos dos autores que a propõem — assume uma importância decisiva. "A questão do *leigo* é determinada fundamentalmente como a questão do *cristão* que perdeu a consciência do seguimento/diaconia com suas respectivas responsabilidades, constitutivas do seu estado de cristão, e consequentemente na exigência funcional e eficaz para recuperá-la" (G. COLOMBO, La teologia del laicato: bilancio di una vicenda storica, in *nella Chiesa e nella società*, 27).

Em outras palavras, a "figura" do leigo depende em via prejudicial da identidade e das condições do ser cristão. Aliás, teologicamente falando, é impossível propor o *específico* do leigo quando este é — e deve ser — interpretado segundo o ponto de vista teológico-fundamental da vocação cristã sem acréscimos. A questão laica, ou seja, da presença, da ação, da moral, da espiritualidade daqueles que se costuma chamar de leigos, deve ser abordada no âmbito da teologia prática (pastoral, espiritual, litúrgica, moral, social etc.) porque a teologia em sentido próprio, ao dizer "cristão", disse tudo.

Nessa perspectiva, a secularidade (ou laicidade) não deve ser enfatizada; apresentá-la como característica de toda a Igreja, portanto, ou é uma evidência óbvia por si mesma no sentido de que evoca a imprescindível mediação antropológica da autêntica fé e prática eclesial ou então se revela uma operação teologicamente inconsistente na medida em que se corre o risco de atribuir uma figura de valor à secularidade que acabaria sendo acrescentada de fora e extrinsecamente à fé. Trata-se de compreender melhor o Vaticano II; em vez de focalizar a atenção naquilo que é consequente e, portanto, secundário — a condição de secularidade — é preciso continuar a se aprofundar naquilo que o Vaticano II indica como primário, ou seja, o *ser cristão*. Tornam-se necessários consistentes aprofundamentos teóricos que releiam a condição do crente — de quem o menos que se pode dizer hoje é que é uma condição de desconforto em relação à cultura dominante — quer no quadro de uma eclesiologia concreta, quer ainda mais no quadro da antropologia teológica, envolvendo os campos da ética, da espiritualidade, da celebração da fé e da pastoral.

Outros acrescentam que o tema dos leigos deve ser repensado (ou reformulado) sobretudo em referência a categorias antropológicas, abrandando o vínculo tradicional com a problemática eclesiológica que tem como resultados não satisfatórios reduzir o problema da secularidade/laicidade a uma dimensão constitutiva de toda a Igreja ou então superar o esquema leigos/clérigos pelo outro de ministérios/comunidades.

Um ponto de vista e um critério de inspiração seguros dos quais partir para uma renovada reflexão sobre a identidade e a autoconsciência de ser cristãos (*fideles, christifideles*) é o de vocação/missão, à luz das Sagradas Escrituras. Daí resultariam várias tipologias vocacionais que permitem delinear melhor a identidade dos cristãos *comuns*, ou melhor, favorecer uma assunção pessoal cada vez mais consciente da objetividade da vivência cristã.

Com tudo isso, para além das aparências, não se cede à tentação ingênua de esquecer inteiramente a perspectiva tradicional que levou os leigos a se definirem segundo a secularidade. Há um patrimônio de verdade nessa perspectiva, que constitui um ponto de não retorno: "No fundo trata-se de reconhecer que os perenes valores cristãos devem ser vividos numa história concreta através daquela riqueza criativa que o Espírito de Cristo sabe extrair da inesgotável plenitude da vida de Jesus. [...] O que importa (para além do nome "leigo" ou outro) é que o *valor da laicidade* que todo cristão deve viver possa sempre encontrar aquelas modalidades concretas que a promovem de modo eficaz" (S. SERENTHÀ — A. CARGNEL, in *Laicità e vocazioni laicali nella Chiesa e nel mondo*, Roma, 1987, 56).

d) *Teologia e espiritualidade cristã-secular*. Do conjunto das três orientações depreende-se, entre outras coisas, que identidade teológica e espiritualidade cristã são reciprocamente dependentes ou pelo menos interagentes; da insuficiência da primeira em relação aos cristãos leigos (mas também das notáveis aquisições que o debate está trazendo para a consciência comum da Igreja) segue-se uma problematicidade pronunciada diante da espiritualidade laica, que a nosso ver prenuncia um decisivo passo adiante. Voltaremos às perspectivas mais adiante; aqui convém observar o impacto diferente das orientações teológicas sobre a espiritualidade.

A primeira orientação solicita uma formação espiritual (e cultural) capaz de configurar o fiel leigo como *ativo* e *responsável* na Igreja e no mundo. Uma espiritualidade, portanto, específica do cristão leigo, marcada pelo serviço e pela corresponsabilidade fortemente "apostólica" que *leva a sério* a história humana e a vive como "lugar" cotidiano de santificação a ponto de exigir dos cristãos leigos formas intensas de "consagração" em simbiose libertadora e perfectiva com a secularização. Os riscos da clericalização e da mundanização são reais; mas podem ser exorcizados com a aceitação plena e positiva do desígnio de Deus sobre as realidades criaturais, sobretudo aprimorando a própria competência profissional e técnica; com a conformação às exigências da moral, radicada na "lei" de Cristo; com uma participação cada vez mais ativa do mistério de Cristo com uma intensa "vida de graça".

Nas outras duas orientações, a espiritualidade leiga (sobretudo se entendida como espiritualidade dos leigos) mostra-se improponível por ser inconsistente. Confirmam-no indiretamente tanto as dificuldades de se referir a modelos concretos de espiritualidade laica quanto o anseio de querer dar um enfoque teórico ao problema. Mas, para além da primeira afirmação, não desprovida de um efeito chocante, indicam-se pistas de grande profundidade a percorrer. Trata-se de privilegiar a dimensão crística da espiritualidade que é tal enquanto realiza o seguimento de Cristo nas circunstâncias ordinárias e comuns da existência. "A espiritualidade do compromisso secular do crente não é realização vivida da fé cristã porque *consagra* o mundo ou então porque o *restitui à justa autonomia cristã* [...] E sim porque é *vida segundo o Espírito de Deus*: ou seja, capaz de evidenciar o caráter promissor da existência doado ao homem por Deus. [...] O compromisso é, portanto, o da própria fé: sem ele, ou sem a livre e obediente escolha de se confiar a Deus em Jesus, não existe fé cristã. Simplesmente. Qualquer outro compromisso, diferente dessa *fidelidade ao seguimento*, é também inteiramente relativo a ela. E portanto só por relação a ela pode tornar-se figura de valor da existência cristã" (P. SEQUERI, Le forme "laicali" della spiritualità cristiana, in *I laici nella Chiesa*, Torino-Leumann, 1986, 138).

Consequente a esse primeiro caminho, indica-se um segundo: assumir, aprofundar e repropor com novo testemunho as diversas modalidades com que homens e mulheres procuram traduzir na concretude da vida os traços essenciais do *ser cristão*. Trata-se de fazer emergir as diversas figuras de cristãos comprometidos no e pelo mundo e as diversas figuras de vocações leigas.

João Paulo II configura o fiel leigo como ativo e responsável na Igreja e no mundo, quando fala da participação dos fiéis leigos na vida da Igreja-Comunhão e da sua responsabilidade na Igreja-Missão (*CfL* 18-44). Mesmo se em determinadas circunstâncias particulares, eles, por uma delegação oficial dada pelos pastores, realizam algumas funções de culto (cf. *CDC*, cân. 230, par. 3), esse exercício não faz do leigo um pastor, e destaca a responsabilidade deles que se fundamenta no batismo, na confirmação e, para muitos deles, no casamento (cf. *CfL*, 23). Ou melhor, "a comunhão gera comunhão e reveste essencialmente a forma de comunhão missionária. [...] A comunhão e a missão estão profundamente ligadas entre si, compenetram-se e integram-se mutuamente, a ponto de a comunhão representar a fonte e, simultaneamente, o fruto da missão: a comunhão é missionária e a missão é para a comunhão" (*CfL* 32).

e) *Os cristãos leigos no Código de Direito Canônico*. Para deixar menos incompleto o panorama das orientações sobre a identidade dos cristãos leigos, não se pode deixar de fazer alusão à adoção do Vaticano II no recente Código de Direito Canônico (*CDC*, 1983). Em certo sentido, o novo Código "poderia ser visto como um grande esforço de traduzir em linguagem *canônica* a eclesiologia conciliar. Se é impossível traduzir perfeitamente em linguagem canônica a imagem da Igreja, contudo o Código deve sempre referir-se a essa imagem, como exemplo principal, cujas linhas deve expressar em si mesmo, quanto possível, por sua natureza" (JOÃO PAULO II, *Sacrae disciplinae leges*, Constituição apostólica para a promulgação do *CDC*, 26).

I. A condição do cristão leigo no ordenamento canônico é delineada sobretudo pelo elenco de direitos/deveres fundamentais apresentados nos cânones 224-231. No entanto, o elenco precisa ser completado com "as obrigações e os direitos comuns a todos os fiéis" (n. 224). A feliz novidade terminológica, a que recorre o CDC, é de grande relevo; *christifideles* (os *fiéis*, na fraca tradução para o português) e *christifideles laici* (os *fiéis leigos*) devem ser mantidos separados, embora nunca dissociados por serem reciprocamente interdependentes. O *fiel* representa a categoria básica que determina a razão de igualdade fundamental da qual se originam as diversidades subsequentes, de caráter funcional. Mais precisamente, a condição do fiel é em si definida, não genericamente uniforme nem abstrata, mas é como uma condição inicial que espera ser completada e chegar à plenitude. O *fiel leigo* — ao lado, junto e complementar ao fiel clérigo e ao fiel religioso — é uma forma, em si bem definida, que realiza a espera de completude e plenitude do fiel. Nem todos concordam em falar de *status* (estado de vida); contudo, parece difícil deixar de dar razão àqueles que afirmam que o *CDC* não abandona a doutrina tradicional dos diversos *estados* teológicos com relevância jurídica e social.

O fundamento e a raiz comum dos fiéis — que historicamente são perceptíveis e, por assim dizer, concretizados apenas enquanto leigos, clérigos ou religiosos — devem ser buscados no → BATISMO, graças ao qual são incorporados a Cristo e, portanto, à Igreja (cf. cân. 849); adquirem a condição de *pessoa* na Igreja (cf. cân. 96); enfim, em virtude da participação nas tarefas/missões de Cristo (*munera*), participam da única missão da Igreja com modalidades diferentes e específicas (cf. cân. 204.1). Trata-se, em suma, de uma condição crístico/eclesial, de caráter teológico-jurídico porque se fundamenta na ordem da graça com implicações institucionais.

O fundamento e a raiz comum dos fiéis — que historicamente são perceptíveis e, por assim dizer, concretizados apenas enquanto leigos, clérigos ou religiosos — devem ser buscados no → BATISMO, graças ao qual são incorporados a Cristo e, portanto, à Igreja (cf. cân. 849); adquirem a condição de *pessoa* na Igreja (cf. cân. 96); enfim, em virtude da participação nas tarefas/missões de Cristo (*munera*), participam da única missão da Igreja com modalidades diferentes e específicas (cf. cân. 204.1). Trata-se, em suma, de uma condição crístico/eclesial, de caráter teológico-jurídico porque se fundamenta na ordem da graça com implicações institucionais.

II. O *fiel leigo* é, portanto, uma manifestação (e concretização), eclesialmente relevante, o fiel-batizado. Seus deveres-direitos próprios e específicos, em acréscimo aos comuns que são decorrentes do fato de ser um fiel, são:

— realizar a própria vocação ao apostolado, tanto individual quanto associado, mediante um compromisso *comum* e *geral* pelo anúncio da salvação e mediante o dever *específico* de animar e aperfeiçoar a ordem das realidades temporais com o espírito evangélico (cân. 225);

— adquirir a necessária maturidade global da pessoa através da educação cristã (cf. cân. 217), enriquecida de uma sólida formação teológica que deve ser aberta aos leigos também no âmbito das universidades e faculdades eclesiásticas, bem como nos institutos de ciências religiosas, a ponto de poder receber a autorização para o ensinamento das disciplinas teológicas (cân. 229). Igualmente necessária é uma formação ministerial específica para os que chegam aos ministérios (cân. 231.1);

— exercer a reconhecida liberdade e a saudável autonomia na comunidade dos homens, na sua qualidade de cidadão e, ao mesmo tempo, de membro eclesial (cân. 227);

— assumir funções e cargos eclesiásticos, tornar-se especialistas ou conselheiros dos pastores, ter acesso aos ministérios não ordenados segundo as disposições adotadas (câns. 228 e 230);

— realizar a vocação conjugal como vocação e ministério conjugal com fundamento sacramental para a edificação do povo de Deus; assumir a responsabilidade da educação católica dos filhos e das escolas em geral (cân. 226).

III. Não faltam diferenças de interpretação e nuanças de enfoques.

Não parece imprópria a afirmação de alguns de que são rigorosamente exclusivos e próprios do fiel leigo apenas os direitos-deveres de animar com o espírito evangélico a ordem temporal e de desfrutar da liberdade necessária para cumprir essa missão. E isso com base no caráter secular do fiel leigo. Além disso, é bem acirrada a discussão de se os membros dos institutos seculares devem ou não ser considerados leigos. O ponto principal de pesquisa, como se depreende das interpretações dos estudiosos, diz respeito à acepção, à extensão e, antes disso, à verdadeira natureza da *secularidade* e ao significado de *caráter secular* afirmado como próprio e peculiar dos leigos na *Lumen gentium*, n. 31.

Tornam-se visíveis aqui as diferenças de orientação teológica, a que aludimos anteriormente. Essas diferenças não afetam um fato de enorme importância: o CIC aceita e codifica uma das mudanças mais significativas ocorridas com o Vaticano II, ou seja, a mudança de identidade do sujeito protagonista da vida eclesial. O *clérigo* é substituído pelo *fiel* e, em sua própria medida, também pelo *fiel leigo*. Trata-se de uma autêntica reviravolta que, ao menos em parte, permite explicar incertezas, confusões e necessidade de outros esclarecimentos.

2. O VATICANO II, PONTO DE CHEGADA E DE PARTIDA.

As variáveis anotadas, dando conta das várias orientações teológicas e da configuração do código de direito canônico, sobre a vocação e a missão dos cristãos leigos, impõem a todos — Igreja e indivíduos cristãos, mestres do saber e simples discípulos, responsáveis específicos e sujeitos comuns da vida eclesial — a obrigação de tomar como permanente e comum ponto de referência o Concílio Vaticano II. Ao enviar aos bispos o *Instrumentum laboris* do Sínodo dos bispos de 1987, João Paulo II afirma: "No Concílio contraímos uma dívida com o Espírito Santo, uma dívida que estamos saldando no constante esforço de compreender e realizar aquilo que o Espírito sugeriu à Igreja" no admirável evento do Vaticano II. Um evento que teve como principal característica colocar-se como síntese de continuidade e novidade, ponto de chegada e de partida.

Por esse motivo a compreensão do pensamento do Vaticano II mostra-se essencial e continuamente necessária; um retorno permanente e direto às fontes não pode ser desvinculado do esforço de interpretação que se fez delas. Se o magistério eclesial não pode ser separado do *sentido de fé* dos fiéis (cf. *LG* 12), torna-se necessária uma visão comparada e equilibrada das contribuições da reflexão teológica (em que de modo eminente, mas não exclusivo, se cristalizam conhecimento e consciência da comunidade eclesial) e daquelas do magistério da Igreja. Por mais que pareça paradoxal, é precisamente este último que parece ser instrumentalizado com hipóteses unilaterais e não corretas, como as de negligenciá-lo ou de divulgá-lo mecanicamente. Aceitar hoje o Vaticano II implica uma inteligente hermenêutica que não pode prescindir nem da autoconsciência da comunidade cristã e do trabalho teológico nem do desenvolvimento do magistério pós-conciliar (expresso particularmente no Sínodo dos bispos e, entre estes, o Sínodo extraordinário de 1985; depois nos documentos pontifícios e no episcopado). De uma leitura cronológica e às vezes ideológica dos textos, deve-se passar a uma leitura *lógica* do Vaticano II.

a) *Uma leitura lógica do pensamento do Vaticano II*. Duas anotações preliminares podem servir para esclarecer o que essa leitura comporta.

"Nos preciosos documentos (do Vaticano II) estão disseminados muitos elementos que, aproximados um do outro, contêm uma realidade multiforme, da qual a *imagem típica* do laicato aparece na riqueza de seus conteúdos. Mas não se trata, por assim dizer, de uma exposição *estática*. É algo vivo; tem em si a límpida vitalidade das fontes de água cristalina. Fontes singulares que remetem a Cristo, o divino artífice da Igreja, e — através de Cristo — à fonte primordial, que é Deus" (JOÃO PAULO II, in *L'Osservatore Romano*, 22 fev. 1987). A "leitura" da natureza e das tarefas dos cristãos leigos baseia-se não apenas na eclesiologia mas também na visão trinitária, cristológica e antropológica. O que é confirmado, aliás, também pela segunda consideração.

A leitura *lógica* dos documentos do Vaticano II não pode prescindir da "supremacia" que no conjunto dos próprios documentos cabe à *Dei Verbum*, da qual "dependem" a *Sacrosanctum Concilium* e a *Lumen gentium* e, por fim, a *Gaudium et spes* e a *Ad gentes*. Assim, o horizonte da vocação e da missão dos leigos não pode ser nem sociológico nem puramente funcional; ele é teológico e, portanto, trinitário-cristológico, eclesial, antropológico. Pode-se ver aqui uma certa superação da "teologia do laicato" ou, pelo menos, de um certo enfoque dado a ela.

Considerando essas premissas, para atingir uma compreensão mais plena do pensamento do Vaticano II é importante captar desde logo o ponto central de referência de que depende o enfoque geral da questão laica e em torno da qual se harmonizam todos os elementos envolvidos na reflexão. Ora, em decorrência das múltiplas razões de ordem prática (como estão expressas na *Lumen gentium*, n. 30) e de ordem teórica (como as suscitadas pela "teologia do laicato" e pelas expectativas do movimento apostólico das associações laicas, em particular da → AÇÃO CATÓLICA), não parece haver dúvidas de que o Vaticano II reconheceu esse ponto de referência e de concentração na relação singular que se verifica entre a Igreja — apreendida em sua realidade de mistério e povo de Deus — e os cristãos leigos, com a intenção de dar um sólido e não contingente fundamento à "promoção" deles exigida por fatos históricos bem conhecidos. É o que confirma a respeitável palavra do magistério: "O ponto de partida [para o esforço de aprofundar a figura do fiel leigo, esclarecendo sua extraordinária importância e atualidade no mundo de hoje] é o ensinamento do Concílio sobre a Igreja na sua realidade de *mistério, comunhão* e *missão* (JOÃO PAULO II, *Homilia* para o encerramento do Sínodo dos bispos, 20 out. 1987, n. 4; cf. *CfL* 18-44).

Se o ponto de referência que não se hesita em definir como essencial é a correlação, a relação leigos-Igreja, não se pretende dizer que seja o único; é mister apenas ressaltar que a terminologia de "cristãos leigos" não tem pleno sentido em relação ao paradoxo eclesial. A não ser que se atribuam a "leigos" significados que extrapolam a tradição cristã.

Eliminada a realidade misteriosa da Igreja, não há mais necessidade de recorrer ao conceito do termo "leigo" (um conceito, aliás, não de todo positivo se se consideram as aplicações que dele se fizeram em diversas situações e ocasiões). Em relação a Deus e à história humana, à realidade do "mundo", o termo *cristão* é exaustivo; não há nada mais a acrescentar que diga algo de significativo. No entanto, em relação ao povo de Deus, ao corpo de Cristo, à comunhão do Espírito Santo, ou seja, à Igreja (cf. *LG* 17), o termo "cristãos leigos" se torna necessário para indicar peculiaridade, riqueza, singularidade e originalidade, responsabilidade própria.

"Leigos na Igreja e cristãos no mundo" parece uma fórmula apropriada para dar um significado a um conjunto de questões que pedem para ser acolhidas no seu realismo, sem ênfases e sem reduções, mas também para captar melhor a mensagem conciliar.

b) *Autoconsciência da Igreja e reflexos sobre os leigos.* O ponto de partida e ao mesmo tempo o ponto de cristalização da reflexão sobre os cristãos leigos é portanto o ser, o viver e o agir da Igreja. A autoconsciência dos leigos é simétrica à autoconsciência da Igreja.

Na sua forma madura, a consciência que a Igreja tem de si é expressa no Vaticano II, "graça de Deus e dom do Espírito Santo, legítima e válida expressão ou interpretação do depósito da fé, como se encontra na Sagrada Escritura e na tradição viva da Igreja" (Sínodo extraordinário dos bispos, 1985, *Relatório final*, n. 2).

No espírito de uma mais profunda aceitação do Concílio Vaticano II, mostra-se fundamental delinear as constantes de uma nova eclesiologia (em que "nova" deve ser entendida segundo uma modalidade correta de sabedoria cristã: novo não é aquilo que vem depois, mas aquilo que leva a maior completude, aliás nunca definitiva, o antigo perene). A madura assimilação de tais constantes, embora possa criar outros problemas para uma compreensão aprofundada da própria Igreja, torna-se uma urgência necessária, uma confluência necessária em torno daquilo que deve ser comum, de todos. Ao mesmo tempo ilumina e dá destaque à incidência que elas têm sobre o tema da vocação e da missão dos cristãos leigos.

Igreja, sacramento. A vocação à santidade. Antes de tudo, a Igreja é mistério e sacramento, ou seja, sinal e instrumento. E ela o é a partir de Deus por Jesus Cristo em virtude do Espírito Santo; ela não vive de si, nem por si, não tem em si mesma a própria consistência. A Igreja é, portanto, *de unitate* (da *unidade*, como fonte; na *unidade*, como participação e distinção) de Deus Tri-Uno. Na Igreja estão sempre presentes duas faces: a da Trindade, ou seja, o mistério de Deus (a Igreja é ícone dele, presença misteriosa) e a da sua realidade sacramental, graças à qual é instrumento mais que sinal (cf. *GS* 45).

Se, portanto, é infundado e inconsistente qualquer enfoque eclesiocêntrico da fé e prática cristã, ao mesmo tempo é fora de lugar, por ser incompleto e equivocado, todo cristocentrismo e teísmo alternativo (Cristo, Deus: sim; Igreja: não). A natureza da Igreja é relacional; a Igreja é ela mesma se e quando expressa a comunhão do homem com Deus e a unidade, a reconciliação com os homens entre si. No mistério de Deus e de Cristo está o mistério da → IGREJA.

Em relação aos cristãos leigos brota daí uma indicação fundamental. Eles são primordialmente *chamados* destinados e portadores de uma vocação por parte de Deus a uma relação pessoal com ele no amor. "O chamado vem do Pai, se expressa na mediação do Filho que comunica aos crentes o Espírito Santo, o qual os torna capazes de corresponder plenamente ao apelo divino. A vocação cristã é assim a de participar da comunhão de amor da Trindade" (Sínodo dos bispos,

1987. *Instrumentum laboris*, n. 15). E a exortação apostólica *CfL* acrescenta: "A vocação à santidade deverá ser compreendida e vivida pelos fiéis leigos, não como uma obrigação exigente a que não se pode renunciar, mas sobretudo como um sinal luminoso do infinito amor do Pai que os regenerou para a sua vida de santidade. Tal vocação aparece então como componente essencial e inseparável de nova vida batismal e, portanto, como um elemento constitutivo da sua dignidade" (n. 17).

Deve-se acrescentar desde logo que se trata de uma vocação comum e universal. Enquanto comum, é de todos os crentes em Cristo (*christifideles*); aliás, de algum modo é de cada homem. Enquanto universal, expressa o universalismo da salvação em Cristo (At 1,8) e vem antes de qualquer problemática relativa ao encontro do Evangelho com as culturas (*implantatio evangelii*, inculturação) e antes da própria edificação da comunidade eclesial (*implantatio ecclesiae*) (cf. *CfL* 17).

Como tal, a vocação à santidade não é um elemento discriminante e, chamada dos leigos, é só em sentido afirmativo e enfático por razões históricas; nunca é exclusiva ou marginalizante. No fundo, é uma afirmação supérflua, e portanto deveria ser óbvia. Em vez disso, deve-se observar que a vocação à santidade condiciona também uma outra identidade da Igreja e de todos os seus membros, estando ligada — por assim dizer — à *implantatio evangelii et ecclesiae*. A santidade da Igreja e de seus membros é necessária para a evangelização e a autoedificação da comunidade eclesial.

Igreja, povo missionário. Unidade e diversidade. A Igreja é um povo missionário e evangelizante. "A Igreja é missionária por natureza" (*AG* 2).

A incisiva expressão é repleta de significados. Registramos aqui dois indispensáveis para afirmar a profundidade da natureza da Igreja e a consequente identidade dos leigos.

I. Em primeiro lugar, é indicada uma modalidade específica da vocação à santidade e da própria vida eclesial. Essa vocação, sendo uma comunhão de amor com Deus e com os homens, não pode ser realizada de modo individualista; é vocação pessoal e ao mesmo tempo comunitária (cf. *LG* 9). O chamado das Pessoas divinas reúne os que a aceitam, graças à força da Palavra, em relação mútua até formar a comunhão que é a Igreja. A face histórica dessa realidade de comunhão é manifestada por tímidas categorias humanas e bíblicas: povo de Deus, corpo de Cristo, esposa de Cristo, templo e também comunhão do Espírito Santo, família de Deus (cf. *LG* 6.7.9-17). Hoje se usa amiúde a categoria *comunidade* (como outrora se dizia de bom grado *sociedade*). Essas categorias ou descrições se completam mutuamente, não podem ser empregadas isoladamente e devem ser compreendidas à luz do mistério da Igreja em Cristo. A Igreja é sempre "creatura Verbi", daquele que é a Palavra.

Evidencia-se desde logo que na Igreja tudo é comum e, ao mesmo tempo, pessoal. Hoje, diante de um subjetivismo cada vez maior, convém sublinhar que tudo é primordialmente comum, de todos: o patrimônio inestimável do sacerdócio profético e régio de Cristo é transmitido a todos. Há um "princípio (ou critério) de totalidade" que não permite ser menosprezado. Também os que realizam sua vocação à santidade nas condições de vida comum de toda pessoa (família, profissão, construção da cidade do homem etc.) são partícipes desse sacerdócio de Cristo, ajudados pelo serviço dos que têm o mesmo sacerdócio mas com uma modalidade ligada ao sacramento da ordem e que o Vaticano II proclama diferente não só de grau porém na essência (*LG* 10). Evidencia-se também o duplo aspecto da identidade cristã vivida na Igreja; é pessoal e ao mesmo tempo comunitária. Como é pessoal, não poderá deixar de ser diferente, própria de cada um uma vez que cada pessoa é irredutível; como é comunitária, é plausível que surjam tarefas diversificadas mas sempre para a edificação comum. Enquanto se afirma a unidade ou a "totalidade" se afirma também a diversificação. Unidade e variedade/diversidade se implicam reciprocamente.

Não é de admirar que entre os membros da Igreja se verifique uma verdadeira distinção em relação a suas vocações, não só em relação à missão. O importante é que tais distinções não sejam recebidas como corpos separados ou "classes"; constituem apenas diferentes formas de vida.

II. Em segundo lugar, é indicada a íntima ligação entre a vocação à santidade e a missão. Trata-se do mesmo dinamismo vital que tende a ampliar a comunhão realizada na Igreja a todas as pessoas humanas: "assim a Igreja (e, nela, cada pessoa) reza e trabalha ao mesmo tempo, para que a plenitude do mundo inteiro passe ao povo de Deus, corpo do Senhor e templo do Espírito

Santo, e em Cristo, cabeça de todos, se dê toda honra e glória ao Criador e Pai do universo" (*LG* 17). A missão consiste em transformar progressivamente (observe-se o verbo usado, de caráter pascal: *passar*) o mundo dos homens e das coisas por meio do amor que vem de Deus e se torna manifesto na fé em Cristo.

Gostaríamos de ressaltar algumas coisas.

— O conteúdo da missão é o evangelho, a *Boa Nova* do amor de Deus por Cristo no Espírito Santo. Evangelizar é tarefa da Igreja que constitui um todo com a sua natureza: "evangelizar é a graça e a vocação própria da Igreja, a sua identidade profunda" (*EM* 14). Assim, é legítimo afirmar que a evangelização compreende progressivamente o anúncio, o serviço e a caridade operante, e que compreende em si a promoção humana, mas essas afirmações não devem diminuir a totalidade da primeira.

— O sujeito pleno de evangelização e de missão é a Igreja; trata-se de um sujeito coletivo, como comunidade, e de um sujeito personalizado, no sentido de que cada pessoa, com o próprio dom, é "titular" original de evangelização, desde que viva um forte "sentido de Igreja". A missão comum, em outras palavras, se concretiza em diversas *missões*, em que entram como elementos distintivos certamente os carismas e os ministérios, mas também as qualidades humanas, as responsabilidades, as necessidades efetivas da comunidade eclesial e da comunidade dos homens.

Aqui é possível apresentar uma hipótese interessante (alguns podem vê-la como o caminho a ser seguido): "A imediação de sua relação com o mundo dá à missão dos fiéis leigos a sua especificidade. Contudo, não seria correta uma distinção entre ministros ordenados e fiéis leigos que reservasse aos ministros ordenados o serviço da *comunhão* eclesial. De fato, a missão de *pregar* de modo autorizado a fé no mundo é confiada aos ministros ordenados, ao passo que os fiéis leigos têm a missão de *testemunhar* a fé e de permear de fé, de esperança e de caridade as relações humanas e todas as realidades do mundo. Reciprocamente, o serviço da comunhão eclesial faz parte também da vocação dos fiéis leigos, embora este seu serviço se realize de forma diferente do serviço sacramental dos ministros ordenados" (Sínodo dos bispos, 1987. *Instrumentum laboris*, n. 18). E João Paulo II relembra: "A vocação à santidade está intimamente ligada à missão e às responsabilidades confiadas aos fiéis leigos na Igreja e no mundo" (*CfL* 17).

Poder-se-ia acrescentar que *implantatio evangelii* e *implantatio ecclesiae* são tarefas comuns a cada um dos *christifideles*, além de serem tarefa geral da Igreja, mas a primeira é mais própria e peculiar dos cristãos leigos, ao passo que a segunda é mais coerente com o ministério dos ordenados (cf. *EM* 70). Desde que este seja sempre entendido no dinamismo vital que se verifica entre uns e outros. E desde que se compreenda bem o que significam os vocábulos "próprio" e "peculiar"; eles não indicam exclusividade e remetem ao que é comum, destacando aquilo que é específico.

Igreja, comunhão. Participação e pertença. A Igreja é comunhão. "A eclesiologia de comunhão é a ideia central e fundamental nos documentos do Concílio. A *koinonia*/comunhão, fundamentada na Sagrada Escritura, é tida em grande honra pela Igreja antiga e nas Igrejas orientais até os nossos dias. Por isso muito se fez desde o Concílio Vaticano II para que a Igreja como comunhão fosse mais claramente entendida e concretamente traduzida na vida. O que significa a complexa palavra 'comunhão'? Trata-se fundamentalmente da comunhão com Deus por meio de Jesus Cristo, no Espírito Santo. Essa comunhão se verifica na palavra de Deus e nos sacramentos. O batismo é a porta e o fundamento da comunhão na Igreja. A comunhão do Corpo místico de Cristo significa e produz, ou seja, edifica a íntima comunhão de todos os fiéis no corpo de Cristo que é a Igreja" (Sínodo extraordinário dos bispos, 1985. *Relatório final*, n. C/1).

A eclesiologia de comunhão não pode ser reduzida a meras questões organizativas ou de distribuição de poderes; contudo, ela comanda e ilumina o enfoque correto de aspectos centrais da vida eclesial. Vamos citar alguns. João Paulo II os menciona quando fala da participação dos fiéis leigos na vida da Igreja: nas Igrejas particulares e na Igreja universal (*CfL* 25), na paróquia (*Ibid.*, 26-27), sob diversas formas de participação (*Ibid.*, 28-29).

— *Unidade e multiplicidade na Igreja; Igreja universal e Igrejas particulares ou locais.* A Igreja é una e única; também por isso "a única e universal (seria melhor dizer 'a católica') está presente (*subsistit*, *LG* 8 e *CD* 11) verdadeiramente em todas as Igrejas particulares, e estas são formadas à imagem da Igreja universal de modo tal que a única Igreja católica existe em e através das Igrejas particulares" (Sínodo dos bispos 1985. *Relatório final*, n. C/2 que cita OE 7). De fato, a Igreja particular é aquela que o mundo vê; nela depois se faz mais viva e imperiosa a especificidade dos cristãos leigos e enriquece a identidade destes por meio da dimensão eclesial da *diocesanidade*.

— *Colegialidade, sinodalidade, participação e corresponsabilidade na Igreja*. Cada expressão indica uma realidade precisa: no conjunto, todas expressam a necessidade de participação e colaboração no interior da comunidade eclesial. Ali é evidente a necessidade quer de reconhecer as articulações quer de reunir as diversidades de modo que todos sejam honrados em sua dignidade e todos participem do único bem: um só Senhor, uma só fé, um só batismo.

Particularmente importante e exigente é a participação em relação aos cristãos leigos. Ela subentende a realidade da *pertença* e se realiza na participação das três "funções" (*munera*) de Cristo sacerdote, profeta e rei (cf. *LG* 10-12 e 34-36). Sobre a pertença, o fato da mais imediata relação com o mundo permite que os leigos levem para o interior da Igreja a realidade profunda do *humano* e do *cósmico*; graças à sua secularidade, os cristãos leigos unem a economia da criação com a da redenção, com uma típica função de *ponte*: "Os leigos são investidos dessa função que se tornou extraordinariamente importante e em certo sentido indispensável. E isso não para garantir à Igreja uma ingerência, um domínio nas realidades temporais e nas estruturas dos negócios deste mundo, mas para não deixar o nosso mundo terreno desprovido da mensagem da salvação cristã" (PAULO VI, *Aos intelectuais católicos*, 3 jan. 1964). Eles estão habilitados a isso graças a uma capacidade singular de "duplicação da psicologia de pertença tanto à comunidade eclesial quanto à comunidade temporal dos homens" (PAULO VI, *Ibid.*). Ao inserir, por assim dizer, o infinito nas "figuras" humanas, os cristãos leigos vivem as atividades humanas e as coisas suscitando nelas uma permanente, inquieta e salutar abertura para o reino e para o poder de Deus. Reconhecendo o poder de Deus no mundo, respeitando a natureza das coisas, orientando-as para cada homem, dirigindo o homem para Deus, o humanizam.

A pertença, portanto, ao povo de Deus-Igreja amplia o seu significado além do que dizem os números 14-16 da *Lumen gentium* para envolver o gemido próprio da criação.

Além disso, a participação dos *munera* de Cristo é própria de todos os fiéis, segundo a própria *medida* de vocação e de missão. O Vaticano II voltou a dar espaço e luz ao *sacerdócio comum* dos fiéis, mas também confirmou a tradição católica sobre o sacerdócio ancorado no sacramento da ordem (cf. *LG* 10). Em decorrência disso, entre outras coisas, há uma dupla modalidade de exercer o ofício do sacerdócio profético-régio: uma comum (ou secular) que se distingue da modalidade sacramental; com isso não se quer dizer que a primeira seja prerrogativa exclusiva dos leigos e a segunda dos clérigos, mas certamente é preciso sublinhar uma peculiaridade de uns e de outros.

Entre as questões vinculadas a isso, permanece sem solução ao menos ainda insatisfatória a da *participação*, ou melhor, coparticipação e corresponsabilidade dos cristãos leigos na direção da comunidade cristã. A perspectiva jurídica ainda parece predominante e não facilita uma solução.

c) *Convergências e aquisições sobre o tema dos leigos na Igreja e no mundo*. As constantes da nova eclesiologia, sumariamente relembradas, não excluem as variáveis, aliás de algum modo as exigem e as incentivam, favorecendo a contínua reflexão da Igreja sobre si mesma. Aqui se inserem as contribuições teológicas, numerosas e vivazes dos últimos tempos e, a nosso ver, preciosas e enriquecedoras. A impressão de diversidade e de desarmonia deve ser superada levando em conta a necessidade que cada autor tem de recorrer a uma perspectiva para observar a realidade complexa da Igreja; englobando num único panorama as várias perspectivas, será mais fácil ter uma visão do conjunto e do essencial.

Mesmo com algumas dificuldades em interpretar a variedade de perspectivas e de linguagens, sobre a vocação e a missão dos cristãos leigos, parece haver hoje uma convergência e coerência substancial sobre alguns pontos fundamentais. As atuais divergências, que continuam a existir, servem para ir além.

I. O povo de Deus é a realidade fundamental da qual se deve partir e que se deve ter em mente para uma interpretação da realidade da Igreja e dos cristãos nela presentes. Antes das especificidades e das articulações, é preciso assumir a realidade e a importância de ser um só povo, corpo, comunhão.

No horizonte do povo de Deus, ser leigos significa ser integralmente cristãos, membros da Igreja com todo o direito e membros comuns, ordinários, com uma partilha fundamental da humanidade e da historicidade do homem e com o encargo de anunciar e testemunhar a todos as grandes obras de Deus. Da teologia do laicato convém passar, por muitas razões, à teologia do povo de Deus.

No plano histórico-pastoral torna-se relevante o problema da *participação*. Ela não deve ser apenas proclamada, mas promovida, valorizada e respeitada. Seja como for, a primeira e fundamental participação continua a ser a participação da vida divina: a santidade, direito e dever de todo cristão.

Da santidade depende a plenitude de participação na vida e na missão da Igreja.

II. A unidade do povo de Deus, a sua característica sacerdotal-profética-régia, a sua messianidade se percebem e se realizam historicamente por meio da assunção pessoal delas. O povo de Deus é uma comunidade de pessoas, com vocação e missão personalizada. É preciso portanto reservar lugar para as especificações, as diversidades vocacionais e ministeriais. Conciliar unidade e variedade, totalidade e especificidade não é simplesmente um fato organizativo; é antes um obedecer às exigências do Espírito do Senhor; envolve não apenas a comunidade eclesial e a sua pastoral, mas antes disso envolve todo cristão na sua consciência e na sua experiência.

Cabem aos leigos seus próprios caminhos das vocações e dos ministérios eclesiais. Com essa afirmação evidencia-se, entre outras coisas, que o nome "leigos" é bastante inadequado para expressar tais realidades; é no mínimo demasiado geral e necessitado de especificações ulteriores. Vocações e ministérios de caráter profético e missionário indicam direções precisas, nem todas passíveis de ser resumidas no termo "leigos" e para as quais será preciso encontrar uma terminologia apropriada.

Numa Igreja toda vocacional e ministerial será conveniente dar lugar a vocações e ministérios que não sejam apenas os instituídos e reconhecidos, com clara modalidade secular no seu exercício. Não só a comunidade eclesial, mas também o mundo cultural, social e político necessitam de ministérios apropriados.

Duas rápidas observações sobre questões terminológicas. Um valor do termo *leigos* (e *laicidade*) deve ser reconhecido no fato de que designa os ministérios não ordenados; não é marginal se se pensa na estrutura apostólico-ministerial da Igreja (cf. *AG* 4); ele indica, além disso, uma modalidade de real participação da vida interna da comunidade eclesial e, mais radicalmente, do ministério de Cristo.

Os termos "ministério" e "ministerialidade" não são usados por todos com o mesmo significado; além disso, há divergência sobre a extensão deles e seu correto exercício na prática da vida eclesial, a ponto de haver quem duvide de que um cristão investido da responsabilidade ministerial possa ser considerado ainda entre os cristãos comuns (ou leigos). Daí a exigência de um esclarecimento ulterior ao menos para os ministérios não ordenados, delineando melhor a identidade de tais ministérios e precisando o mais possível suas modalidades de cooptação (com rito litúrgico ou com simples ato de natureza jurídica?) e de duração e término. A própria carta apostólica de Paulo VI *Ministeria quaedam* (1972) parece exigir uma reformulação, também levando em conta as aquisições amadurecidas na consciência contemporânea sobre a presença da mulher na sociedade e na Igreja. Seja como for, a nosso ver os problemas só afetam marginalmente a questão laica e devem ser tratados num âmbito próprio que envolve toda a Igreja. A reformulação de *Ministeria quaedam* de Paulo VI, proposta pelo Sínodo de 1987, foi objeto de estudo por parte de uma Comissão especialmente constituída por João Paulo II (cf. *CfL* 23).

III. A *secularidade* é uma realidade que interpela a Igreja. O ser e o existir das "coisas" ou do "mundo" não é neutro em relação à Igreja e vice-versa, como não são neutras as dimensões sociais e políticas da convivência humana. Consequentemente, existe uma dimensão secular de toda a Igreja, ou seja, um tipo particular de relação com o "mundo"; falta ver se é exercida com uma única modalidade ou, como parece óbvio, com modalidades diferentes.

É preciso reconhecer que o tema da secularidade com os problemas a ele vinculados representa um ponto de diversidade relevante na atual reflexão e quase um papel de tornassol para a diversidade das orientações teológicas. A partir da terminologia, existem não poucas divergências. Para alguns, *secularidade* e *laicidade* são equivalentes; outros consideram que laicidade é o termo cristão de secularidade, ressaltando o significado de destinação realizado por Cristo no coração das realidades terrenas (talvez seja exatamente o contrário); outros ainda observam que a secularidade não é apenas laicidade e que há duas categorias de seculares: leigos e clérigos; além disso, há os que não dão nenhum valor, ao menos teológico, à secularidade, termo que aliás não aparece no Vaticano II.

Na tentativa de captar, não sem esforço, os pontos convergentes e os que ainda são divergentes, temos o seguinte quadro.

Secularidade/laicidade. Secularidade é expressão plurivalente. Ela indica, antes de tudo, uma qualidade das realidades temporais ou terrenas que as caracteriza tanto no seu vínculo com a criação divina quanto na sua saudável autonomia (*saeculum*).

Secularidade indica também uma dimensão eclesial, uma propriedade de toda a Igreja que denota a sua relação com as realidades temporais e com o mundo. É exemplar, a esse respeito, um texto de Paulo VI: "A Igreja tem uma autêntica dimensão secular, inerente à sua íntima natureza e missão, cuja raiz se encontra no mistério do Verbo encarnado, e que se realizou de formas diferentes para os seus membros — sacerdotes e leigos — segundo o próprio carisma" (25º da *Provida Mater*, 7; 2 fev. 1972). Toda a Igreja existe, sem ser *do* mundo, profundamente *no* e *pelo* mundo como sacramento de salvação. Isso implica, progressivamente, o reconhecimento respeitoso da dignidade e da estrutura nativa do "mundano"; a acolhida confiante e a promoção do que é comum, de todos, igual no seu fundo essencial ("O homem e o humano, ou seja, a dimensão humana enquanto tal, representam verdadeiramente aquilo que faz a unidade e a igualdade de todos, também no interior da Igreja... Laicidade é a base originária que nos faz todos iguais; constitui a base e o fundamento do qual todos retiram alimento e orientação para o todo, e depois ao final em que todos terão cumprimento": L. SARTORI, "Pienezza della laicità", *Presenza Pastorale* 4-5 [1984]); a obra de discernimento (ou *reserva escatológica*) em decorrência da qual se apreende o limite próprio da realidade temporal enquanto criatura e enquanto atravessada pelo pecado, evitando fazer dela um absoluto e um ídolo; a corresponsabilidade — não amorfa, mas organicamente articulada nos vários carismas e ministérios — de todos os batizados para a missão intramundana da Igreja.

Deve-se acrescentar que secularidade/laicidade não é a totalidade da Igreja, mas representa um de seus componentes ineludíveis; privada da secularidade/laicidade, a Igreja correria o risco de se desnaturar e de se tornar incompreensível para os que ainda não conseguem apreender o seu *mistério*.

Índole secular. É expressão que aparece na *Lumen gentium*, n. 3 (*indoles saecularis*, traduzida nos *Lineamenta* do Sínodo dos Bispos de 1987 por: condição secular. Índole significa, na linguagem corrente, o conjunto das inclinações naturais que caracterizam as pessoas e, em sentido figurado, quer dizer o caráter, a natureza de alguma coisa). Ali é relacionada aos leigos como sua especificação peculiar.

Considera-se — não por todos, para dizer a verdade — que *índole secular* denota a especificidade quer da identidade quer, ainda mais, da tarefa própria dos fiéis leigos no cumprimento da missão da Igreja. Ela é redutível no fundo a uma *modalidade* que diz respeito ao compromisso do fiel leigo no mundo, mas também na Igreja. Uma modalidade que parece característica predominante da participação dos leigos no *munus regale*, obviamente em simbiose com os outros dois *munera* (cf. *LG* 34-37).

Entendida dessa maneira, a *índole secular* parece diferente, se não no conteúdo ao menos na extensão, da secularidade/laicidade. Mais particularmente:

— não é exclusiva e totalizante caracterização do leigo nem é o único elemento teológico que qualifica a condição (ou *status*) laica que, como se sabe, comporta também o sacramental (*LG* 31). Em outras palavras, não é o único elemento que entra na definição do fiel leigo: alguns, por outro lado, consideram que não existe uma suficiente fundamentação teológica dela;

— no entanto, é própria e peculiar dos cristãos leigos. Não simples dimensão sociológica, mas nota e modalidade eclesial que condecora, por assim dizer, o leigo, habilitando-o a garantir a unidade da missão de todo o povo cristão, na Igreja e no mundo (*LG* 31), porque constitui o ponto de sutura ("a ponte", diz Paulo VI) entre a Igreja e o mundo, vale dizer, entre a economia da criação e a da redenção. "Para ser 'ponte' precisamos ser solidamente cristãos e vigorosamente homens do nosso tempo, não para sofrer tudo o que há nele de corrupção, mas viver com linearidade, com coragem, mas com espírito aberto sua riqueza de experiência. Precisamos ser, em ambas as comunidades, vivos, ativos e responsáveis, uma vez que, como qualquer ponte, o leigo é submetido à *tensão da grande arcada*. É a única tensão da qual pode surgir essa 'duplicação psicológica' que deve reconduzir à unidade na consciência do leigo fiel a diferente e hoje tão distante experiência das duas comunidades às quais pertence" (V. BACHELET, in *Coscienza* 7/8 [1984]).

Os que observam que tudo o que foi dito diz respeito à Igreja no seu conjunto e em todos os seus membros devem ter em mente que a índole secular é dom próprio ao qual corresponde uma função igualmente própria; a secularidade — dimensão de toda a Igreja — não se realiza com a mesma intensidade e a mesma relevância eclesiológica no fiel que vive no século ("leigo" em sentido próprio) e naquele que vive "segundo o *status* clerical ou nos conselhos evangélicos".

Isso leva a dizer que o leigo na Igreja — o fiel leigo — é definido ontologicamente quer a partir da estrutura sacramental (*LG* 31, 1: batizado, não ordenado), quer pela índole secular, como modalidade secular própria e peculiar (cf. a esse respeito *Lineamenta*, n. 22, citado anteriormente);

— ela se realiza não tanto no convite feito aos leigos de aceitar generosamente a responsabilidade que lhes cabe na Igreja e no mundo (como aliás faz repetidamente o CIC) —, mas antes na aceitação de que a *indoles saecularis* põe alguns limites no interior dos quais o sacerdócio ordenado deve desenvolver a sua missão. Desse modo, a índole secular permite determinar com mais exatidão não só a natureza ontológica dos leigos, mas, por reflexo, também a dos ministros ordenados.

Em conclusão, a *índole secular* designa a modalidade peculiar de viver e exercer a dimensão secular de toda a Igreja por parte dos que vivem a sua fé e a sua experiência cristã "dentro" das circunstâncias comuns da vida e da história humana. As várias abordagens e interpretações dos teólogos constituem, a nosso ver, mais ênfases que afirmações exclusivas ou negativas desse dado. Surge daí uma viva tensão entre encarnação e escatologia, enfatizada de diferentes maneiras, mas jamais esquecida por ninguém. Se para os leigos se fala mais adequadamente de experiência encarnacionista ou encarnada, isso não significa que eles são dispensados, ou pior, subtraídos da contemplação.

A esse ponto o problema pertence mais à indicação espiritual, pastoral e "política" que à veritativo-especulativa. Como, de resto, toda a questão dos leigos é mais domínio da pastoral, da espiritualidade, da antropologia, da política, que da "dogmática" em sentido estrito.

3. PARA IR ALÉM. PERSPECTIVAS DE UMA ESPIRITUALIDADE VIVIDA NA CONDIÇÃO SECULAR. Da atenção comum e recorrente ao Vaticano II, mediante uma "leitura" agora necessariamente lógica deste e, portanto, tendo em conta a contribuição aos textos conciliares por parte dos documentos e dos gestos do magistério e ministério dos pastores, da pesquisa teológica e da experiência eclesial (solicitada, nos últimos tempos, também pela presença viva e às vezes inquieta dos novos movimentos e associações laicais), resultam uma base comum e a aquisição de parâmetros fundamentais que permitem ir além com vigilante prudência conjugada a uma necessária criatividade. E isso no campo mencionado das várias disciplinas pertencentes à teologia prática.

A teologia espiritual e, mais amplamente, a espiritualidade cristã recebem novo impulso. Mesmo na patente dificuldade de dar um perfil epistemológico mais sólido à espiritualidade e mesmo constatando a insuficiência atual do enfoque e dos resultados de uma "espiritualidade dos leigos" (com tendência a falar cada vez mais de uma "espiritualidade laica/secular", como de uma dimensão constitutiva da espiritualidade cristã), é possível delinear um horizonte no qual se move e se moverá no futuro a experiência dos cristãos leigos com o objetivo de ser autênticas testemunhas de Cristo no mundo mediante o binômio indissolúvel: vida segundo o Espírito/missão. Os cristãos leigos realizam o seu testemunho antes de tudo por intermédio de um contínuo crescimento no fato de ser discípulos de Cristo e na vida de graça; isso alimenta a participação deles na missão da Igreja que postula atitudes peculiares e uma formação permanente.

A estreita correlação entre teologia e espiritualidade, confirmada também pelo itinerário histórico da espiritualidade laica, permite apresentar alguns traços da própria espiritualidade laica, destinados a ser mais desenvolvidos no futuro. Também por esse motivo falamos de perspectivas.

a) *Unidade do povo de Deus e espiritualidade "popular"*. Está consolidada — embora sua realização continue problemática — a unidade fundamental do povo de Deus, em que todos gozam de igualdade em *dignitate et actione* (*LG* 32 e cân. 204-208). Todos são *christifideles*, e o são antes de qualquer outra conotação. A base dessa unidade é constituída pelo sacerdócio comum e pelo *sensus fidei*, conferidos a todos os fiéis pelo batismo. Por derivação, todos são partícipes do triplo *munus* de Cristo.

Segue-se daí uma espiritualidade *popular* (no sentido de *povo de Deus*), cujas principais expressões, que a concretizam e a enriquecem, são:

— uma espiritualidade *comum e comunitária*. Por ser comum, implica a aceitação, com discernimento evangélico, do que é comum ao homem e ao seu mundo (espiritualidade, portanto, humana e cósmica, com aspectos ecológicos), do que é comum aos cristãos (espiritualidade ecumênica) e do que é comum no sentido de ordinário e cotidiano (espiritualidade histórica, do dia a dia, do cotidiano). Por ser comunitária, postula um forte "sentido de Igreja" (espiritualidade *eclesial*, com o uso dos meios comuns da Igreja em vista do crescimento da vida de graça, não separando Palavra [informação] — sacramentos [liturgia] — caridade [serviço]; eclesial também como abertura à comunidade dos homens, com particular destaque da gratuidade, do voluntariado, do serviço aos desfavorecidos). Mas exige também uma valorização da convivência civil e dos projetos humanos destinados a um crescimento espiritual da humanidade (espiritualidade planetária e "política").

— uma espiritualidade *cristiforme*, com particular ênfase do fato de ser partícipes do sacerdócio profético e régio de Cristo na Igreja (espiritualidade sacerdotal-profético-régia que caracteriza a *imitação* de Cristo).

b) *Condição laica e espiritualidade secular.* Além disso, é relevante a consciência da diversidade que coexiste com a unidade do povo de Deus — corpo de Cristo. Trata-se da presença e da distinção originadas pelos carismas e ministérios, por sua natureza ordenados — sem perda de unidade — ao ser (estrutura) e ao agir (missão) do povo de Deus.

Essa distinção está na base dos diversos *status* (ou condições existenciais?) que encontram lugar no único povo de Deus: o *ordenado* ou clerical — o *laico* — o dos → CONSELHOS evangélicos (cân. 575). "Tais *status* desfrutam de igualdade constitucional e mantêm entre si uma relação circular que permite a cada *status* uma função eclesiológica específica, prioritária sobre a dos outros: a responsabilidade secular aos leigos, a pela unidade da Igreja aos clérigos, e a escatológica aos conselhos evangélicos, deixando emergir com mais clareza o elemento comum da igualdade" (E. CORECCO, in G. ALBERIGO; J. P. JOSSUA [orgs.], *Il Vaticano II e la Chiesa*, Brescia, 1985, 355-356).

A consequência disso é antes de tudo uma espiritualidade *sacramental* e *carismática*, sendo os sacramentos e o carisma a fonte singular (cf. *CfL* 16), com dois jatos, da unidade e diversidade da vocação e missão dos fiéis. De particular relevo, pela conjuntura cultural em que se encontra a civilização ocidental, é a dimensão carismática com seus impulsos de liberdade interior (livres *de* e livres *para*) e de contínua novidade, como superação dos riscos de imobilismo e de fechamento que vêm da institucionalização da vida, ainda que necessária.

Outra consequência é uma espiritualidade tipicamente *secular*, como peculiaridade dos que vivem na condição secular, ou seja, dos cristãos leigos. A principal característica dessa espiritualidade é a dimensão encarnacionista que os cristãos leigos acentuam na sua vocação e opção de vida; uma dimensão que implica uma mentalidade apropriada e um estilo de vida coerente. O principal problema é a unidade de vida, de modo que a contemplação e a ação não sejam separadas uma da outra; a plenitude da caridade, de fato, implica a totalidade. Nenhum aspecto da vida cotidiana pode permanecer alheio ao seu dinamismo que, em Cristo, tende à glória da Trindade e ao bem total dos homens. A novidade de vida, que brota como exigência necessária do ser cristãos no mundo, se realiza através de uma série de antinomias que devem ser levadas a uma síntese, com uma metodologia progressiva. Existem antinomias entre o ser em Cristo e o ser no mundo; entre pertencer à Igreja e ao mesmo tempo pertencer à comunidade dos homens; entre a oração e o trabalho; entre as exigências das pessoas e as da comunidade; entre amar o mundo e libertá-lo do pecado e da transitoriedade; entre o cotidiano e o festivo.

Só um estilo de vida segundo as bem-aventuranças e o exercício cotidiano de uma "contemplação no caminho" permitirão que os cristãos leigos sejam não prisioneiros comprometidos, mas testemunhos evangélicos, portadores de esperança, de alegria e de autêntica libertação. Além disso, o cotidiano deve ser redescoberto nos seus valores, mas também enriquecido de um "suplemento de alma", ou melhor, de uma completude que deriva de viver como "peregrinos com o alforje", que contém o Livro e o Pão e está adornado de gratuidade. Não pode faltar, enfim, a prática de uma saudável e equilibrada → ASCESE; mais que procurar suas formas particulares, a ascese é realizada através do exercício das virtudes que dizem respeito às relações interpessoais e sociais, como a probidade, a prudência, a sinceridade, o espírito de justiça, a gentileza e a cortesia, a força de espírito etc.

c) *Participação dos leigos na missão e espiritualidade sapiencial.* Por fim, é intuída e muitas vezes afirmada, em primeiro lugar pelos documentos eclesiais — mesmo que ainda não proposta de modo satisfatório —, a especificidade ou peculiaridade que os cristãos leigos têm no cumprimento da missão redentora da Igreja. Uma missão que, enquanto revela seu rosto na relação com a realidade mundana, não pode prescindir da comunhão, sendo esta a primeira forma de missão (cf. *CfL* 17).

O cristão leigo extrai os elementos da sua identidade, e principalmente os critérios da sua ação, da dupla pertença à comunidade eclesial e à comunidade dos homens. Em consequência disso, pode-se dizer que na elaboração dos critérios de ação contribuem não exclusivamente elementos sacramentais (destinados a tornar o homem *novo* em Cristo), mas também elementos seculares (próprios das realidades histórico-temporais, elaboradas pelas ciências e pelas técnicas, sempre sob a orientação do discernimento evangélico e verificadas na comunhão eclesial). Trata-se de assumir e viver a unidade dos diferentes. A própria ministerialidade, aliás, não esgota a secularidade e não a precede, mas a assume e a traduz em modalidades diferentes.

Nasce daí a espera de uma espiritualidade *sapiencial* que saiba conciliar entre si as exigências da revelação divina e da razão humana, do reino de Deus já presente e ainda não completo, da história da → SALVAÇÃO e da história dos homens e, em via progressiva, da autoridade e da autonomia, da caridade e da justiça, da esperança e do realismo, dos conflitos e da paz etc. Contribuirão muito para os conteúdos dessa espiritualidade de uma acurada competência de tipo tanto profissional como teológico e o exercício da própria função com espírito ministerial, ou seja, de autêntico serviço, que implica uma grande doação de si vivida como obediência filial a Deus e como solidariedade integral com o homem. O serviço cristão é sempre missionário.

Uma "figura" eminente de espiritualidade na condição secular parece-nos a pedida aos casais cristãos, tanto que não hesitarão em apresentá-la como típica, não exclusiva mas dominante e, em alguma medida, determinante para todas as outras formas. É uma espiritualidade secular, com os conteúdos já explicitados, acentuando sua característica missionária; é uma espiritualidade conjugal e, portanto, comunitária e eclesial, tendo como sujeito não cada pessoa e sim o casal humano, homem-mulher, marcado pelo sacramento do matrimônio; é uma espiritualidade ministerial por estar destinada ao testemunho e à proposta da novidade que envolvem os dons do amor humano, caracterizado pela sexualidade, e pela vida humana, captada em seus aspectos de procriação e educação. Por mais paradoxal que possa parecer, cabe à espiritualidade conjugal apresentar ao mundo, nas formas humildes da vida familiar, a mútua implicação que existe entre nupcialidade e virgindade, encarnadas socialmente em duas formas diferentes de vida, mas destinadas a se unificar no fundo do coração de cada pessoa, como se unificarão na experiência final da plena bem-aventurança (cf. Mt 22,29).

BIBLIOGRAFIA. 1) Documentos do magistério: além dos conhecidos textos do Concílio Vaticano II, assinalamos alguns documentos do magistério pontifício, do Sínodo dos Bispos e do magistério episcopal. a) Magistério pontifício: BENTO XV. *Maximum illud.* AAS 11 (1919) 440-455; COMISSÃO PONTIFÍCIA IUSTITIA ET PAX. *Che ne hai fatto del tuo fratello senza tetto?* 1987; ID. *La Chiesa e i diritti umani.* Roma, 1975; CONGREGAÇÃO PARA A DOUTRINA DA FÉ. Declaração sobre a questão da admissão das mulheres ao sacerdócio ministerial (15 out. 1976). Roma, 1976; *Immensae caritatis. AAS* 65 (1973) 225-237; JOÃO PAULO II. *Mulieris dignitatem.* 1988. ID. *Redemptor hominis. AAS* 71 (1979) 257-324; ID. *Catechesi tradendae. AAS* 1.277-1.340; ID. *Sollicitudo rei socialis.* 1987; JOÃO XXIII. *Pacem in terris. AAS* 55 (1963) 257-304; ID. *Princeps pastorum. AAS* 51 (1959) 833-864; Moto-próprio. *Ministeria quaedam. AAS* 64 (1972) 529-540; PAULO VI. *Evangelii nuntiandi. AAS* 68 (1976) 1-76; ID. *Octogesima adveniens. AAS* 63 (1971) 401-441; ID. *Populorum progressio. AAS* 59 (1967) 257-299; PIO XI. *Fidei donum, AAS* 49 (1957) 225-248; ID. *Rerum cclesiae,*

AAS 8 (1926) 65-83; Pio XII. *Evangelii praecones*. *AAS* 43 (1951) 497-528; Roy M. (cardeal). Reflexões por ocasião do décimo aniversário da *Pacem in terris*. Roma, 1973.

b) Sínodo dos bispos (e documentos pontifícios finais): *A catequese do nosso tempo*, 1977; *A evangelização no mundo contemporâneo*, 1974; *A família no mundo contemporâneo*, 1980; *A justiça no mundo*, 1971; *A vocação e a missão dos leigos na Igreja e no mundo*, 1987; *Christifideles laici*, 1988. (Obviamente, esse texto é muito importante. Tenham-se presentes tanto os trabalhos preparativos do Sínodo: *Lineamenta*, *Instrumentum laboris*, quanto as *Propositiones* dos Padres sinodais.); *Familiaris consortio*, 1981.

c) Magistério episcopal. Episcopado italiano: Assemblea generale dei vescovi, 1968; *Comunione, comunità e disciplina ecclesiale*, Roma, 1988. *Evangelizzazione e promozione umana*, Roma, 1976; *Comunione e comunità*, Roma, 1981; *Evangelizzazione e ministeri*, Roma, 1978; *Evangelizzazione e sacramenti*, Roma, 1973; *Evangelizzazione e sacramento del matrimonio*, Roma, 1975; *I ministeri nella Chiesa*, Roma, 1973; *l rinnovamento della catechesi*, Roma, 1970; *L'impegno missionario della Chiesa italiana*, Roma, 1982; *Riconciliazione cristiana e comunità degli uomini*, Roma, 1985; *Riconciliazione, fede e politica, aborto*, Roma, 1975; Outros episcopados. Francês: Vangelo e socialismo non sono incompatibili. *Il Regno Documenti* 11 (1972) 294 s.; Espanhol: Chiesa e comunità politica. *Il Regno Documenti* 3 (1972) 58 s.; Americana: Riflessioni teologiche sull'ordinazione delle donne (doc. 1), Comitato congiunto delle organizzazioni interessate allo status delle donne nella Chiesa (doc. 2), Basta con le situazioni di ingiustizia (doc. 3). *Il Regno Documenti* 18 (1973) 457 ss.; Alemão: Ministero e servizio pastorale nella comunità. *Il Regno Documenti* 17 (1974) 479-487; Brasileiro: La Chiesa fa politica. *Il Regno Documenti* 21 (1974) 576 s.; Latino-americano: *Medellín*. Textos integrantes das conclusões da II conferência geral. Trad. it. Roma, 1974; Francês. *Tutti responsabili? Il ministero presbiterale in uma Chiesa tutta intera ministeriale*. Trad. it. Torino, 1975; Francês. *Liberazione umana e salvezza in Gesú Cristo*. Trad. it. Torino, 1975; Alemão. Direttive per un ordinamento dei servizi pastorali. *Il Regno. Documenti* 15 (1977) 349-356; Latino-americano. *Puebla: l'evangelizzazione nel presente e nel futuro dell'America Latina*. Conclusões da III Conf. Geral. Trad. it. Bologna, 1979.

2) Bibliografia geral e resenhas bibliográficas: *L'apostolato dei laici*. Bibliografia sistematica, Università Cattolica del Sacro Cuore, Vita e Pensiero, Milano, 1957; Ciola, N. I laici nella Chiesa. In *Il dibattito ecclesiologico in Italia*. Uno studio bibliografico (1963-1984). Pontificia Università Lateranense, Roma, 1986, 109-119; Goldie, R. *Laici, laicato, laicità*. Bilancio di trent'anni di bibliografia. AVE, Roma, 1986; Guide bibliographique sur l'apostolat des Laïcs 1957-1961. *Bulletin de l'Apostolat des Laïcs*. Supplément 2 (1961); 1961-1962. *Ibid*. 1 (1963); 1962-1963. *Ibid*. 2 (1964); 1965-1966. *Ibid*. 3 (1966); Scola A. et al. *Il laicato*. Rassegna bibliografica. Libreria Editrice Vaticana, Città del Vaticano, 1987 (com bibliografia italiana, francesa, alemã, espanhola e inglesa); Tettamanzi, D. Saggio bibliografico sull'apostolato dei laici, *La Scuola Cattolica* 91 (1963) Suplemento 1 janeiro-abril, 17-41; Id. (org.). *I laici nella Chiesa*. Guida bibliografica tra due Congressi. Presenza Pastorale q. 1. Roma, 1967.

3) Verbetes em dicionários, vocabulários, enciclopédias etc.: Baruffo, A. Laico. *Nuovo Dizionario di Spiritualità*. Paoline, Roma, 1979, 810-28; Beni, A. Laico. *Nuovo Dizionario di Teologia*. Paoline, Roma, ³1982, 691-701; Bogliolo, L. Laici. *Dizionario del Vaticano II*. Roma, 1969; Congar, Y. M.-J. Laïcat. *Dictionnaire de Spiritualité* IX (1976) 79-108; Id. Laico. *Dizionario Teologico* II. Queriniana, Brescia, 1967, 122-144; Doni, P. Laicità. *Dizionario di Pastorale della Comunità Cristiana*. Cittadella, Assisi, 1980, 301-319; Erba, A. M. Laico (storia del). *Dizionario di Spiritualità dei Laici* I. OR, Milano, 1981, 369-393; Forte, B. Laicato. *Dizionario Teologico Interdisciplinare*, II. Torino, 1977, 333-345: Id. Laicità. *Nuovo Dizionario di Teologia*. Paoline, Roma, Suplemento, 2.004-2.013; Keller, M. Teologia del laicato. *Mysterium Salutis*. Queriniana, Brescia, 1975, 485-520, vl. 8; Laico. *Dizionario del pensiero protestante*. Herder-Morcelliana, Brescia, 1970, 295; Niermann, E. Laico. *Sacramentum Mundi*. Enciclopedia teologica. Morcelliana, Brescia, 1975, 651-666, vl. IV; Nola, A. Di Laicità. *Enciclopedia delle Religioni* III. Firenze, 1971, 1.436-1.456; Scabini, P. Apostolato (dei laici). *Dizionario di Spiritualità dei Laici* I. OR, Milano, 1981, 35-39; Id. Animazione del mondo. *Dizionario di Spiritualità dei Laici* I. OR, Milano, 1981, 23-28; Tettamanzi, D. Laici. *Dizionario Enciclopedico di Teologia Morale*. Paoline, Roma, ⁷1987, 485-501; Id. Laico (teologia del). *Dizionario di Spiritualità dei Laici* I. OR, Milano, 1981, 393-410.

4) Estudos: assinalamos autores e estudos (livros e artigos) em língua italiana, a partir de 1980, com preferência às perspectivas teológica e espiritual. As exceções se justificam pelo caráter fundamental de algum estudo, como na primeira seção.

a) Estudos de caráter fundamental. Consideramos assim os estudos que, pela credibilidade do autor e do conteúdo, são indispensáveis à compreensão dos temas de nosso interesse: leigos, laicato, laicidade: Balthasar, H. U. von Il laico e la Chiesa. In *Sponsa Verbi*. Brescia, 1972, 311-326 (cf. também 409-442: *Sulla teologia degli Istituti Secolari*); Id. Vi sono dei laici nella Chiesa? In *Nuovi punti fermi*.

Milano, 1980, 155-171; ID. *Gli stati di vita del cristiano.* Milano, 1985; BRUGNOLI, P. *La spiritualità dei laici.* Brescia, ³1971; CHENU, M.-D. "Consecratio mundi". *Nouvelle Revue Théologique* 6 (1964) 608-618; COLOMBO, C. La spiritualità del cristiano nel mondo contemporaneo. *Rivista del Clero Italiano* 49 (1968) 517-526; CONGAR, Y. M.-J. *Ministeri e comunione ecclesiale.* Bologna, 1973; ID. *Per una teologia del laicato.* Brescia, ²1967; Id. *Sacerdozio e laicato di fronte ai loro compiti di evangelizzazione e civiltà.* Brescia, ²1967; ID. *Un popolo messianico.* Brescia, 1976; GIORDANO, G. M. *La teologia spirituale del laicato nel Vaticano II.* Roma, 1970; GUANO, E. *I laici nella Chiesa.* Note sulla vita spirituale dei laici. *Conscienza* 10-11 (1960); *Il popolo de Dio nel cammino dell'umanità.* Documentazione del III Congresso mondiale per l'apostolato dei laici. Roma, 1970; *Laicità nella Chiesa.* Milano, 1977; *Laicità. Problemi e prospettive.* Milano, 1977 (com ensaio de LAZZATI, G. *Spiritualità cristiana laica*); ID. *Laicità e impegno cristiano nelle realtà temporali.* AVE, Roma, 1985; MAGRASSI, M. Elementi per una teologia e una spiritualità del laicato. *Orientamenti Pastorali* 30 (1982/9-10-11) 41-65; OBERTI, A. *Giuseppe Lazzati: vivere da laico.* AVE, Roma, 1987; *Per una nuova maturità del laicato.* AVE, Roma, 1986; *Consagrazione e secularità.* AVE, Roma, 1987; PHILIPS G., *Il cristiano autentico domani.* Assisi, 1973; ID. I laici. In *La Chiesa e il suo mistero* II, 341-388; ID. *I laici nella Chiesa.* Milano, 1956; ID. *Laicato adulto.* Roma, 1965; RAHNER, K. Il fondamento sacramentale dello stato laicale nella Chiesa. In *Nouvi saggi.* Roma, 1968, 417-443, II (cf. também 267-291); ID. L'apostolato dei laici. In *Saggi sulla Chiesa.* Roma, 1966, 213-265; ID. Laicato e vita religiosa. In *Missione e grazia.* Roma, 1966, 541-586; ROSA, G. DE. Il significato teologico della "consecratio mundi". *La Civiltà Cattolica* III (1963) 521-532; SCHILLEBEECKX, E. *Definizioni del laico.* In BARAUNA, G. (org.). *La Chiesa del Vaticano II.* Roma, 1965, 959-977; *Spiritualità dei laici.* Contributi di studio, Roma, 1966.
b) Outros estudos: ANGELINI. G. – AMBROSIO, G. *Laico e cristiano.* La fede e le condizioni comuni del vivere. Genova, 1987; ATI (Associazione Teologica Italiana). *Popolo di Dio e Sacerdozio.* Prassi e linguaggi ecclesiali. Padova, 1983; BRUNO, G. P. *Anche i cristiani sono laici.* La dimensione laicale della missione della Chiesa. Avellino, 1983; COCCOPALMERO, F. I "christifidelis" in genere e i "christifidelis" laici. In CAPPELLINI, E. – COCCOPALMERO, F. *Temi pastorali del nuovo Codice.* Brescia, 1984, 15-54; CORECCO, E. I laici nel Nuovo Codice di Diritto Canonico. In *Il nuovo Codice di Diritto Canonico.* Estudos, Torino, 1985, 80-104; *Dialoghi sulla laicità.* Presenza e significato dei laici nella Chiesa. Roma, 1986; DIANICH, S. *Dossier sui laici.* Gdt, Brescia, 1987; FAIVRE, A. I laici alle origini della Chiesa. Cinisello Balsamo, 1986; FORTE, B. *Laicato e laicità.* Saggi ecclesiologici. Genova 1986; GERARDI, R. *Ministero dei laici e sacramenti.* Roma, 1980; *I laici e la missione della Chiesa.* Milano, 1987; *I laici nella Chiesa e nel mondo.* Roma, 1987; *I laici nella chiesa.* Leumann, 1986; *Laici, laicità, popolo du Dio. L'ecumenismo in questione.* Napoli-Roma, 1988; *Laicità e vocazione dei laici nella Chiesa e nel mondo.* Cinisello Balsamo, 1987; MILITELLO, C. – MOGAVERO, D. (orgs.). *Laicichierici: dualismo ecclesiologico?* Palermo, 1986; REGNIER, G. *L'apostolato dei laici.* Bologna, 1987; SINISCALCO, P. *Laici e laicità.* Un profilo storico. Roma, 1986; TETTAMANZI, D. (org.), *Laici verso il Terzo Millennio.* Esortazione apostolica "Christifideles laici". Testo e commento, Roma, 1989.
5) Artigos de revistas: CAMAIANI, P. G. Laicato e clero nell'evoluzione della società moderna. *Il Regno. Documenti* 17 (1987) 556-563; CAMPANINI, G. Il laicato nella Chiesa di oggi. *Aggiornamenti Sociali* 38 (1987/6) 432-456; CANOBBIO G. Si può ancora parlare di laici e di laicato? *Presenza Pastorale* 67 (1986) 215-224; ID. La teologia del laicato dal Vaticano II ad oggi. *Presenza Pastorale* 53 (1983) 945-955; CITRINI, T. Il fondamento teologico della laicità alla luce della ecclesiologia conciliare. *Presenza Pastorale* 48 (1978/3-4) 27-40; COLZANI, G. Dalla teologia del laicato alla teologia della sequela. *Presenza Pastorale* 449-454; CORECCO, E. L'identità ecclesiologica del fedele laico. *Rivista del Clero Italiano* 68 (1987/3) 162-167; DIANICH, S. Laicità: tesi a confronto. *Il Regno. Attualità* 16 (1985) 459-460; GHIRLANDA, G. I laici nella Chiesa secondo il Diritto Canonico. *Aggiornamenti Sociali* 65 (1984) 337-385; I laici nella Chiesa e nel mondo. *Communio* 90 (1987); Il laicato, tema di um Sinodo. *Presenza Pastorale* 57 (1987/7-8), numero monografico; Laici cristiani per una parrocchia missionaria. *Orientamento Pastorale* 34 (1986/1-2); Laici e vita spirituale. *Presenza Pastorale* 53 (1983/3-4) número monográfico; LAZZATI, G. Il camino del laicato in Italia. *Vita e Pensiero* 1 (1983) 10-7; ID. Secolarità e laicità. *Attualità* 12 (1985) 333-339; OBERTI, A. Laici consacrati per la missione. *Rivista del Clero Italiano* 68 (1987/3) 662-668; Per uma ricezione effettiva del Sinodo dei laici. *La Civiltà Cattolica* q. 3.299 (1987) 417-429; PREZZI, L. Il laico nella Chiesa: una parola, mille problemi. *Attualità* 10 (1986) 278-282; Richerche e studi sul laicato. Contributo al Sinodo dei vescovi. *Lateranum* 53 (1987/2); SARTORI, L. Fierezza della laicità. *Presenza Pastorale* 54 (1984/4-5) 93-99; SCABINI, P. Parocchia, laici e laicità. *Orientamenti Pastorali* 32 (1984/4-5) 49-56; VANHOYE, A. Appunti sulla teologia del laicato. *La Civiltà Cattolica* IV (1987) 128-139; VANZAN, P. Le grandi linee del dibattito sinodale sui laici nella Chiesa e nel mondo. *La Civiltà Cattolica* IV (1987) 40-50; VERGOTTINI, M. Il dibattito sulla figura del

laico. *Rivista del Clero Italiano* 68 (1987/11) 777-785; 69 (1988/2) 140-147; Vocacione dei laici e Azione Cattolica. *Presenza Pastorale* 54 (1984/9) número monográfico; Vocazione e missione dei laici. *La Civiltà Cattolica* q. 3.250 (1985).

P. Scabini

LEITURA ESPIRITUAL. A leitura espiritual foi em todos os tempos um dos exercícios mais comuns e mais recomendados, não só às pessoas religiosas, mas em geral a todas as pessoas devotas, como aquilo que alimenta a verdadeira devoção e contribui muito para mantê-la.

Santa Teresa, falando justamente da leitura espiritual, diz não ser "menos necessária para o sustento da alma que o alimento é para o corpo". Por isso, todas as Ordens religiosas prescrevem um tempo particular para realizar uma prática tão importante, cujos efeitos benéficos se fazem sentir na vida interior de cada membro iluminando sua vontade com o conhecimento das verdades adquiridas.

Se o objetivo de toda vida espiritual é a → imitação de Cristo, é preciso que o fiel antes de tudo conheça Cristo; e quanto mais ele quer avançar na vida espiritual tanto mais necessita que Jesus lhe seja familiar. A leitura espiritual deve fornecer-nos, portanto, um conhecimento mais profundo de Cristo. Ora é nos Evangelhos e nas Cartas dos apóstolos que encontramos Jesus com todo o seu fascínio e seu mistério.

Antes de tudo no Evangelho, em que se revela e nos revela o inefável com palavras humanas, e que traduz o invisível em gestos fáceis, tornando-o compreensível para as nossas mentes fracas. Depois nas cartas, especialmente nas de São João e de São Paulo. "Ambos nos contam os segredos divinos que eles penetraram ou repousando a cabeça no coração do Mestre ou nas visões em que o próprio Cristo revelava as palavras arcanas que contêm o seu mistério" (Marmion). No entanto, é evidente que, para ter um conhecimento de Jesus que não seja só teórico, distante, abstrato, mas realmente vivo e presente, não basta uma leitura superficial e nem tampouco um frio estudo da Sagrada Escritura; ao contrário, é necessária uma abertura interior que, em reverente humildade, busque a figura de Jesus como os escritores sagrados a revelam para nós em sua espontaneidade e simplicidade. Só com essa atitude de sincero e humilde amor poderemos encontrar Jesus, encontrar, linha por linha, a sua divina figura terrena, aprender as suas palavras, que foram proferidas precisamente para nós, palavras que se tornarão assim fonte de contemplação e princípio de vida, revelando abismos insuspeitados de verdade e de amor. A Sagrada Escritura (e especialmente o Novo Testamento) deve ser, portanto, o primeiro e fundamental livro de leitura e de meditação de todo cristão.

Mas enquanto a → palavra de Deus na Bíblia está estabelecida para sempre, a voz da Igreja, da tradição se faz continuamente viva e se faz ouvir nas diferentes épocas de acordo com as oportunidades da vida. Além da Sagrada Escritura, portanto, uma infinidade de livros está à disposição do fiel; são inúmeros os autores que escreveram acerca da Bíblia, da liturgia, da ascética, da mística. O fiel só tem o trabalho de escolher, e essa escolha certamente recairá sobre aquilo de que a sua vida interior tem mais necessidade: serão livros que instruem, livros que despertam sentimentos e movem o coração, vidas de santos que põem diante dos olhos exemplos a ser imitados etc.

No entanto, se possível, a escolha deve ser feita com a ajuda de uma boa direção. O seguinte conselho de um conhecido autor espiritual é bastante oportuno: "Evita os livros que dividem demasiadamente a luz e se perdem em visões mesquinhas e em pequenas práticas, em que vegetarias como uma planta que cresceu na sombra" (De Pollien). O fruto da leitura depende muito da escolha dos livros, mas não pouco também do modo como estes são lidos.

Tudo o que dissemos acima em relação à leitura da Bíblia é válido para qualquer leitura espiritual; para uma leitura proveitosa devemos ainda observar o seguinte: 1) É preciso, antes de tudo, ler com atenção, portanto com certa lentidão, para que a leitura possa imprimir-se melhor e insinuar-se docemente na alma, "como um orvalho que cai gota a gota e desse modo penetra na terra". 2) É preciso ler também com devoção e recolhimento, porque essa boa disposição nos torna mais atentos e mais sensíveis às ideias que impressionam moralmente uma alma devota. A curiosidade é perniciosa e nos torna refratários às iluminações do Espírito Santo. 3) Se enquanto lemos nos sentimos impelidos a conversar com o Senhor de modo pessoal, é oportuno suspender a leitura para se deter um pouco com ele: esse é o objetivo mais importante da leitura espiritual, que jamais se deve perder de vista e que, ao contrário, deve ser estimulado. 4) Por isso devemos nos deter naquelas páginas que mais nos impressionaram, relendo-as, refletindo sobre elas; desse modo a leitura se tornará uma espécie de meditação, cujo incalculável fruto se fará sentir no decorrer do dia. Será o alimento da → PRESENÇA DE DEUS e para se manter em contato com ele o nosso pensamento recorrerá espontaneamente ao que tivermos lido.

Desse modo a nossa leitura será verdadeiramente fecunda e se transformará num encontro vivo com Jesus de quem receberemos os tesouros da graça.

BIBLIOGRAFIA. EUGENIO DEL BAMBIN GESÙ, M. *Voglio veder Dio*. Milano, 1953, 204-220; GIARDINI, F. La lettura spirituale, *Rivista di Ascetica e Mistica* 2 (1959) 119-141; LAPPLE, A. *Le message de l'Évangile aujourd'hui. Manuel pour la "lectio divina" et la méditation*. Paris, 1969; PANTONI, A. La "lectio divina" nei suoi rapporti con la Bibbia e la liturgia. *Vita Monastica* 14 (1960) 167-174; *Revista de Espiritualidad* 31 (1972) 267-354; TRUHLAR, V. Lettura (orgs.). spirituale. In RAHNER, K. – GOFFI, T. (orgs.). *Dizionario di Pastorale*. Brescia. 1979, 971.

E. ANCILLI

LEITURAS MÍSTICAS DA BÍBLIA. Ao lado de sua forma comum de se expressar, a vida cristã reconhece uma forma extraordinária ou carismática que, afirma o Concílio, deve ser aceita "com gratidão e consolação". Essas mediações humanas e experiências carismáticas, contudo, devem confluir no amplo leito bíblico-litúrgico-sacramental-eclesial para exprimir sua verdadeira função e sua providencialidade. Ao mesmo tempo, a Igreja nunca pode se empenhar nessas experiências a ponto de esquecer que o caminho principal e normal é constituído pelo Evangelho e por sua tradução na vida litúrgica e sacramental.

Entre essas experiências carismáticas encontram-se as releituras místicas da Escritura e sobretudo dos Evangelhos, releituras quase sempre atribuídas a visões e revelações. Ao percorrer o segundo milênio, desfilam diante de nossos olhos figuras de célebres místicos, que quase sempre compartilham algumas constantes: grande sensibilidade, aguda inteligência, uma rica bagagem de conhecimentos quase sempre inexplicável, vívida imaginação, fenômenos místicos tanto interiores quanto externos (→ ESTIGMAS); provações decorrentes de graves e persistentes estados de aridez que a mística atual identifica com a experiência do inferno (estado de desamparo da criatura pecadora compartilhado por Cristo no sepulcro); uma constante referência à Bíblia, à liturgia e à tradição espiritual e doutrinal da Igreja (ou melhor: estas revelações só retomam e a desenvolvem o patrimônio que nos é oferecido pelas Escrituras) e por fim um forte senso de responsabilidade eclesial e social que levou não poucas místicas a fundar ou a reformar mosteiros e casas reais, a promover a vida civil e cristã com intervenções junto a papas e soberanos (Maria Madalena de Pazzi, por exemplo, dispunha-se a "arrancar as ervas daninhas dos corações das criaturas, plantadas no jardim da santa Igreja").

"Visionária por natureza", a beneditina Santa → HILDEGARDA DE BINGEN (1098-1179), segundo os contemporâneos "continha e transmitia a palavra de vida" profusa, sobretudo, na obra principal *Scivias* (*Conhece os caminhos* de Deus), considerada por São Bernardo "uma grande graça que o Senhor queria manifestar à sua época".

Considerada até "magistra theologorum", a beata → ÂNGELA DE FOLIGNO (1248-1309), em seu *Livro das admiráveis visões, consolações e instruções* atinge alturas insuperáveis quando, meditando sobre a paixão de Cristo, vislumbra nela a loucura de um Deus crucificado e a tragicidade do destino humano. O papa Bonifácio IX reconhece que outra mística, Santa → BRÍGIDA DA SUÉCIA (ca. 1303-1373), "mereceu com a graça do Espírito Santo ter diversas visões e revelações e prever muitos eventos com espírito profético".

Livro das revelações também é o título da obra de → JULIANA DE NORWICH (1342-1416), em que a célebre reclusa, depois de visões que a acompanharam durante uma grave doença, tem a "revelação do indizível amor de Deus em Jesus Cristo" e sobretudo na sua paixão.

A carmelita → MARIA MADALENA DE PAZZI (1566-1607) teve repetidas visões do drama da paixão, mas penetrou também o mistério trinitário, contemplando especialmente a comunicação "respiratória" (espírito = respiração) entre as Pessoas divinas e suas criaturas: espirando, Deus doa a vida e inspirando atrai tudo para si, como repete a mística universal.

Há também *Maria de Jesus de Agreda* (1602-1665), franciscana espanhola, que escreve a *Mística ciudad de Dios*, uma obra repleta de visões e revelações concernentes à Virgem Maria desde a sua predestinação até a sua glorificação, obra que constituiu um verdadeiro campo de batalha teológica durante todo o século XVII (tanto nas universidades quanto por parte da própria Inquisição: a espanhola era favorável a ela, enquanto a romana era contrária; no fim, a Sé Apostólica impõe o silêncio sobre ssa obra, que, mesmo encerrando uma intuição mística singular, reflete os gostos daquela época).

Com Santa → VERÔNICA GIULIANI (1660-1727), clarissa capuchinha e renomada mestra de espírito, encontramo-nos diante de alguém de experiências místicas não comuns, distantes porém de aspectos destinados a suscitar juízos conflitantes. Do seu *Diário* (depois intitulado *Tesouro escondido*), extraímos interessantes anotações sobre a experiência carismática: "Quando se sentem arrebatamentos, num instante Deus dá alguma visão intelectual, ou então alguma significação de alguma luz sobrenatural. Parece que tudo o que a alma entende permanece impresso nela em letras de ouro e não é possível se esquecer disso. E quando parece que a alma faz essas ofertas a Deus, ela se encontra na presença do seu Senhor toda jubilante. Tem a impressão de ter saído de uma prisão muito escura e de se encontrar num instante colocada no seu centro que é Deus... nunca se separaria dele". Entre as experiências místicas de Verônica, poderíamos lembrar a "coroação de espinhos" (o próprio Cristo coroa a santa com sua coroa de espinhos).

Nessa linha se insere o testemunho de *Catarina Emmerick* (1774-1824), freira agostiniana, que escreve *A dolorosa paixão* e a *Vida* de Cristo.

O nome de Catarina evoca por associação os de *Gemma Galgani* (1878-1903), de *Teresa Neumann* (1898-1962) e de *Alexandrina da Costa* (1904-1955), que viveram de diversas maneiras os mistérios de Cristo, com particular predileção pelos dolorosos, e que deixaram amplo testemunho disso nas suas memórias. Em particular, Alexandrina da Costa, no seu *Diário*, assim descreve a descida aos infernos: "Desci num lugar de trevas. E eu mesma fui a luz que tudo iluminou. Digo 'eu', mas foi aquela Vida que vivia em mim, que triunfou no Calvário e na cruz. Desci como que num inferno de tremenda escuridão, onde não entrava nem luz nem alegria: era um inferno de cegueira e de ansiedade. Senti como se nosso Senhor estivesse em mim contente, de braços abertos, transmitindo a própria alegria a uma multidão à espera. Senti que de novo saí dele, levando atrás de mim aquela inumerável fila de seres. Senti a glória do céu e de muitas almas. Senti e vi tuto, mas permaneci sempre imersa no sofrimento, na cegueira e na morte". Na linha de uma interpretação espiritual dos Evangelhos é o *Poema do Homem-Deus*, de *Maria Voltorta* (1897-1961), uma reconstrução da vida de Jesus, seguindo o modelo das narrações evangélicas, pautada na história de Maria, desde sua remota vocação de criatura chamada a "conter o Incontível" à assunção ao céu: ou seja, trata-se de uma tentativa de integrar na narrativa sintética e fragmentária dos Evangelhos, com personagens, episódios e ensinamentos que abrem seções inteiramente novas. Na base está uma espiritualidade bíblica, litúrgica, sacramental e eclesial, que definem o que é chamado de "mística objetiva". Esta é proposta também na experiência de *Adrienne von Speyr* (1902-1967), mística suíça, que sob a orientação de Hans Urs → VON BALTHASAR ditou inúmeros escritos de exegese espiritual da Bíblia. Nela, a palavra revelada vive uma nova encarnação e se abre, segundo a melhor tradição patrístico-espiritual, a significados profundos e aplicações eficazes, sempre iluminados por uma tripla referência trinitária, mariana e eclesial. A mística da encarnação (visão positiva da corporeidade), da cruz (significado da morte mística, que ela experimentou nas repetidas descidas aos infernos) e a mística da ressurreição constituem nela um todo de fascinante beleza.

Um dado interessante a ser destacado é que as místicas citadas julgam unanimemente que escrevem quase sempre sob direta inspiração divina. Ora, a percepção e a relativa convicção própria dos místicos de ser receptáculo de revelações não significa que as mensagens divinas possam ser comparadas a uma voz em *off* e os seus destinatários a um mero instrumento de transmissão. As mensagens são filtradas por intermédio do sujeito e por esse motivo é difícil distinguir entre o que é decorrente de revelação propriamente dita e o que é fruto da inteligência, sensibilidade e cultura do homem. Explica-se assim por que certos detalhes são acidentais ou banais e certas visões insuficientes ou errôneas. É necessário, portanto, realizar uma verificação em âmbito histórico diante desses fenômenos, mas é preciso também ressaltar que as experiências místicas ampliam os limites das potencialidades e dos conhecimentos humanos e representam frestas ou janelas abertas para horizontes ilimitados. Em segundo lugar, não se deve forçar a distinção entre natural e sobrenatural, pois isso, mesmo superando as verdadeiras potencialidades do sujeito, não supera suas capacidades "obedienciais". Em terceiro lugar, como na esfera mais imediatamente experimentável, também na experiência mística verificam-se momentos de ilusão ou até de mentira: até a mística conhece patologias ou pode ser uma expressão delas (nesse caso se tratará daquele aspecto que é considerado "demoníaco").

É por esse motivo que os próprios místicos se põem em guarda em relação ao desejar ou do supervalorizar experiências-limite como as vividas por eles. A irmã angélica Paula Antônia Negri (1508-1555) escreve a esse respeito: "Quem deseja possuir Deus, não procure, não deseje dele recompensa, consolações, visitações, revelações, dons não pertinentes à saúde da alma". Aliás, como podemos nos aproximar de semelhante literatura com espírito supersticioso, mágico e fanático, trocando o substancial pelo acessório, sabiamente a Igreja considerou e considera que "às revelações privadas, mesmo se aprovadas, não se deve nem se pode dar o assentimento da fé católica, mas apenas o assentimento de uma fé humana, segundo as regras da prudência, com base nas quais essas revelações são prováveis e plenamente críveis" (Bento XIV).

BIBLIOGRAFIA. → COMUNICAÇÕES MÍSTICAS.

A. Gentili – M. Regazzoni

LEONARDO DE PORTO MAURÍCIO. 1. Nota biográfica. Nasceu em Porto Maurício, em 20 de dezembro de 1676, e realizou seus estudos em Roma no Colégio Romano dos jesuítas. Em 2 de outubro de 1698, abraçou o estado religioso entre os frades menores do "retiro" de São Boaventura no Palatino. Algum tempo depois de sua ordenação sacerdotal (25 de setembro de 1702), adoeceu gravemente de tuberculose. Recorreu à Virgem, prometendo-lhe dedicar sua vida à pregação das missões populares. Obtida a cura, pregou quase ininterruptamente por 44 anos, realizando 343 missões no Estado pontifício, no grão-ducado da Toscana, na república de Gênova (incluindo a Córsega) e em parte do reino de Nápoles. Em alguns lugares, os ouvintes chegaram a cem mil, os frutos foram maravilhosos por todas as partes. Trabalhou no interior de seu instituto para a consolidação dos "retiros", fundou a "solidão do Encontro" etc.

Morreu em Roma em 26 de novembro de 1751, logo depois de retornar da última missão na região de Bolonha. Foi beatificado por Pio VI em 19 de março de 1796, canonizado em 29 de junho de 1867 por Pio IX; em 17 de março de 1923, Pio XI o declarou patrono dos missionários nativos.

2. Obras. Algumas foram publicadas por ele mesmo: *Manual sagrado*, Roma, 1734 (para as religiosas); *Discurso místico moral*, Roma, 1737; *Diretório da confissão geral*, Roma, 1737; *O tesouro escondido ou virtudes e excelências da santa Missa*, Roma, 1737; *Via-sacra esclarecida e iluminada*, Roma e Lucca 1748 (considerações e orações para a via-crúcis) etc.

Outras, escritas para uso pessoal, foram publicadas depois de sua morte: *Sermões de Quaresma*; *Exórdios e sermões para as santas Missões*; *Exercícios espirituais*; *Reformas ou exames práticos*; *Exortações em honra do Santíssimo Sacramento*; *Fervorosos motivos para se converter nas procissões de penitência*; *Pequenos discursos em honra de Maria Santíssima*; *Propostas*; *Cartas* (no todo, em várias coletâneas, cerca de 450) etc.

3. Doutrina e espiritualidade. É característica a doutrina sobre a reforma das potências da alma (intelecto, memória e vontade) com o exercício vivo e ativo das virtudes teologais; por meio de uma fé tão viva, como se víssemos "com os olhos os mistérios revelados", de modo que a alma "volte a ver Deus em todas as coisas e oriente todas as coisas para Deus"; uma esperança muito forte, a ponto de considerar "moralmente certa a própria saúde", com um conceito tão grande da misericórdia de Deus a ponto de esperar sua própria salvação "sem passar pelo purgatório"; e uma caridade seráfica, não querendo ser inferior a ninguém nesse aspecto, mas "ombrear o amor supremo da própria Mãe de Deus"; aliás, numa exortação eucarística, expressa o desejo de amar Jesus como o seu divino Pai!

Daí os "avisos" que costuma deixar aos povos: a) "Nada contra Deus!", evitando até os menores pecados, o que o levava a distinguir um triplo grau de caridade: evitar os pecados mortais; evitar todo pecado venial deliberado; preencher todo beneplácito ou inspiração de Deus, em outras palavras buscar sempre o mais perfeito. b) "Nada sem Deus!", atuando não só no estado de graça habitual, mas com a ajuda da graça atual, pedida continuamente a ele em especial por intermédio da jaculatória "Meu Jesus, misericórdia". c) "Nada a não ser por Deus!", atuando e sofrendo com aquela intenção pura e simples que "rouba o coração a Deus", que é "a alma da vida espiritual", o caminho "mais curto e seguro da santidade".

Ele insistia particularmente nessa reta intenção: "Tudo o que fizer e pensar, pretendo fazê-lo tudo deliberadamente com esta única finalidade de amar e agradar a Deus" (*Propostas*, 10); "De todas as coisas devo fazer uma, ou seja, em todas as coisas devo buscar apenas agradar a Deus, realizando tudo em Deus, com Deus e por Deus" (*Ibid.*, 41). O objetivo de todas as suas *Propostas*, que contêm muitas ações realmente árduas e heroicas: manter-se "sempre ocupado em amar a suprema bondade de Deus" (*Ibid.*, 11).

Ensinava a alimentar na alma essa divina caridade, não só com a reta intenção, como dissemos, mas também: a) com a guarda do → CORAÇÃO por meio do desapego de qualquer coisa terrena, segundo o seu lema: *Unum cor, uni Deo!*; b) com o espírito de oração e com uma devoção profunda pela Virgem Imaculada, pela paixão do Senhor (particularmente com o exercício da *via crucis*, da qual se torna um verdadeiro apóstolo), pela divina Eucaristia, de modo a manter habitualmente "a amorosa união" e a "convivência interior" da alma com Deus; c) com uma perfeita conformidade à vontade de Deus em todas as tribulações, de acordo com outro de seus lemas: "Sofrer e amar!", sobretudo porque "sofrer por amor a Deus é muito mais precioso que atuar por Deus"; "não existe outra lenha para acender o fogo do amor de Deus que os sofrimentos internos e externos"; d) com a frequente repetição de quatro atos de amor (de complacência, de preferência, de benevolência, de contrição ou amor doloroso).

As *Propostas* podem ser consideradas um pequeno código de elevadíssima perfeição; e os princípios de vida interior, que ali estabelece para si, ele os repete depois, na ocasião propícia, também para outros, nas suas pequenas obras espirituais e em suas cartas, que constituem um excelente tratado de direção espiritual, na qual revela muita semelhança com São Francisco de Sales (A. GEMELLI, *Il francescanesimo*, Milano, 1932, 258).

Soube conjugar a mais intensa vida interior com a mais intensa e incansável atividade apostólica: "A minha vocação — escrevia a um companheiro — é a missão e a solidão; a missão estando sempre ocupado por Deus; e a solidão estando sempre ocupado em Deus".

BIBLIOGRAFIA. 1) Edições: *Collezione completa delle opere del b. Leonardo da Porto Maurizio*. Roma, 1853-1854, 13 vls.; *Oeuvres complètes du Bienheureux Léonard de Port-Maurice*. Paris-Tournai, 1858-1860, 8 vls.; *Operette e lettere inedite*. Arezzo, 1925; *Prediche della Missioni con l'aggiunta di necrologie, lettere e documenti inediti*. Arezzo, 1929; *Prediche e lettere inedite*. Quaracchi, 1915.

2) Biografias e estudos: COLOMBO, R. Il linguaggio missionario nel Settecento italiano. Intorno al "Diario delle Missioni" di san Leonardo da Porto Maurizio. *Rivista di Storia e Letteratura Religiosa* 20 (1984) 369-428; GUASTI, C. *Vita di s. Leonardo da P. M.* Prato, 1867 (reimpressa em 1951 organizada pelo padre SEVERINO GORI com o acréscimo de um apêndice sobre a espiritualidade do santo e outro sobre o seu método de missões); PACHECO, F. M. *S. Leonardi a Portu Mauritio doctrina de caritate*. Roma, 1963; POHLMANN, C. *Kanzel und Ritiro Der Volksmissionar Leonhard da Porto Maurizio*. Werl in Westf., 1955; POHLMANN, C. Léonard de Port-Maurice. *Dictionnaire de Spiritualité* IX (1976) 646-649; SBARDELLA, R. Leonardo da Porto Maurizio. *Dizionario degli Istituti di Perfezione* V (1978) 589-593; *Studi Francescani*, número especial no segundo centenário da morte (1751-1951) 1-4 (1952); VAGAGGINI, L. Altre lettere inedite di san Leonardo da Porto Maurizio. *Divus Thomas* 82 (1979) 157-166; WALLENSTEIN, A. Die Bedeutung des heil. Leonhardus von Porto Maurizio fur dei Verbreitung der Kreuxwegandacht. *Archivum Franciscanum Historicum* 37 (1944) 353; ID. Die beiden novizenmeister des hl. Leonhard von Porto Maurizio und ihr geistiger Einfluss auf ihn. *Archivum Franciscanum Historicum* 8 (1945) 40-81.

S. GORI

LEVIANDADE. 1. NOÇÃO. A leviandade é uma propriedade essencialmente da pessoa, e tem origem na mentalidade que se possui. Leviano é aquele que, por não ter pensado o bastante em seu objetivo, não sabe mantê-lo, e o abandona ou se dispõe a abandoná-lo diante do menor obstáculo e muitas vezes por mero capricho. A leviandade costuma ser diferenciada da instabilidade. A pessoa instável não tem força ou vontade de se manter firme num sentimento; e muitas vezes, mesmo quando não abandona um objetivo e não muda, gostaria de mudar. Enquanto a instabilidade provém da pouca força de vontade, a leviandade se origina da pouca força da mente.

Sob esse aspecto, a leviandade pode ser motivo de inconstância. Contudo, os dois aspectos podem existir um sem o outro. Uma pessoa que ama, por exemplo, pode ser por natureza leviana e, contudo, manter-se constante por algum tempo; do mesmo modo, poderia tornar-se inconstante sem ser tachada de leviana.

A leviandade pode conhecer um agravante: a volubilidade. Na volubilidade se evidencia certo prazer ou mania de mudar de ideia. A volubilidade é inconstância quase contínua e aceita de bom grado. Enquanto a leviandade se manifesta até com uma única mudança, a volubilidade exige mudanças mais frequentes e mais fáceis. Quem se submete a outros pensamentos, por motivos levianos e em curtos intervalos de tempo, é considerado volúvel.

2. LEVIANDADE COMO FALTA DE PRUDÊNCIA. A teologia escolástica diagnosticou a leviandade como uma falta em relação à prática obrigatória da virtude da prudência. Para que um ato seja prudente, normalmente deve ser precedido de uma reflexão: aconselhar-se e julgar sobre o que é conveniente fazer. Pode-se ir contra o conselho por meio da precipitação, assim como é possível ir contra o juízo por imprudência. Precipitação e imprudência que, embora formalmente diferentes, com muita frequência estão entrelaçadas e unidas entre si. A linguagem atual as usa como sinônimos. Esses dois vícios se unem e se implicam, sobretudo porque a imprudência não diz respeito apenas ao juízo final, que encerra o conselho e seguirá o preceito; ela pode se referir a todos os juízos que entram na deliberação e que podem dizer respeito a uma das partes integrantes da prudência (como memória, percepção das realidades presentes etc.). Mas enquanto a precipitação se opõe propriamente ao caráter possessivo do conselho, levando a queimar etapas, a imprudência está em contraste com a seriedade da avaliação. A precipitação é obtusa impaciência no agir; um não refletir suficientemente sobre o valor das circunstâncias que acompanham a ação. Hoje, precipitação e imprudência são indicadas genericamente com o único termo de leviandade. Certamente, nem sempre é fácil discernir a presença do vício de leviandade. A preocupação com o bem às vezes inclui disposição em julgar e agir rapidamente. Seja como for, é sábio não se abandonar exclusivamente aos impulsos do coração. Os homens muitas vezes são injustos não por maldade, mas por leviandade, precipitação, temeriedade ou imprudência.

A leviandade, além de indicar uma errada atitude imprudente, pode caracterizar uma consciência falha, que em seus juízos se mostre marcada por precipitação, desatenção, imprudência, superficialidade ou mentalidade obtusa e preconceituosa. Às vezes a leviandade pode parecer mais uma enfermidade que um pecado; quase uma manifestação de certa disposição psíquica. E, contudo, dada a grande influência que a prudência vem desempenhando na vida espiritual, é um dever agir sobre o próprio caráter que tende à leviandade, procurando modificá-lo ou pelo menos limitar ao máximo seus inconvenientes. Contra a leviandade, tradicionalmente se sugeriu acostumar-se a ouvir o conselho dos outros. É nessa consideração geral que se mostra oportuna a → DIREÇÃO ESPIRITUAL; sua tarefa não é tanto sujeitar a alma dirigida de modo a tomar o lugar do seu juízo prudencial pessoal, mas educá-la, de modo a torná-la pouco a pouco capaz (com a ajuda dos → DONS DO ESPÍRITO SANTO) a dirigir a si mesma.

3. LEVIANDADE COMO FALTA DE FORTALEZA E DE TEMPERANÇA. Para os modernos, a leviandade não remete tanto à falta de prudência quanto à sua consequência prática: a pessoa leviana é chamada de "borboleta", como o inseto que vai de flor em flor, deixando-se arrastar por aquilo que pode ser um momentâneo prazer sensível. Não se preocupa com os valores, aos quais deveria sentir-se vinculada. Assim que as disposições afetivas mudam, ou que um novo objeto vem despertar o desejo, o sujeito se sente como que fatalmente atraído pela nova perspectiva: não o detêm considerações prudenciais de oportunidade moral. Trata-se de uma predominância habitual do desejo momentâneo, sem submetê-lo a uma avaliação prudencial costumeira. Reconhece-se, em princípio, a oportunidade de decidir (e talvez de modificar o próprio comportamento) em conformidade também aos fatos novos ou a circunstâncias imprevistas, mas a decisão nova deve refletir as exigências de uma vontade boa. A pessoa é leviana não porque modifica sua atitude com base em avaliações sugeridas por novas situações objetivas, mas porque se mostra à mercê da afetividade do momento, se abandona à busca de prazeres sensuais, dedica-se ao prazer de viver de sensações.

Na concepção atual, portanto, a leviandade evidencia uma falha inerente às virtudes de

→ FORTALEZA e → TEMPERANÇA. O objetivo dessas virtudes é elevar a sensibilidade tornando-a inerente ao bem virtuoso. Certamente não é possível elevar o sensível a tal racionalização de uma única vez: só por vias de um esforço constante e ininterrupto é possível perseverar no bem, malgrado os atrativos sensíveis. Nesse esforço de domínio e de racionalização da sensibilidade desempenham um papel confortável algumas disposições psíquicas. São aquelas disposições que se vinculam ao sentido da constância, da perseverança e da continência.

Em um significado bastante diferente, às vezes se usa a expressão "levianamente". Desse modo, se diz, por exemplo, que alguém tratou um assunto com leviandade, ou seja, que ficou restrito à superfície, sem se aprofundar. Tal atitude talvez possa parecer conveniente e boa: como quando se toca superficialmente os defeitos alheios, ou seja, alude veladamente a temas delicados. Mas muitas vezes isso é reprovável: como no caso de se tratar, sem a prudência devida, um dado assunto de particular gravidade, ou não aprofundá-lo como seria necessário.

BIBLIOGRAFIA. LOCHT, P. DE *I rischi della fedeltà*. Assisi, 1973; PIEPER, J. *Sulla prudenza*. Brescia, 1956; ID. *Sulla fortezza*. Brescia, 1956; REGAMEY, P. *Frente a la violencia*. Madrid, 1964; RICOEUR, P. *Le volontaire et l'involuntaire*. Paris, 1963; SARANO, J. *L'equilibrio umano*. Assisi, 1970.

T. GOFFI

LEVITAÇÃO. 1. NOÇÃO. Com a palavra levitação começou-se a denominar, no século XIX, um fenômeno que consiste na elevação espontânea, na permanência ou no movimento do corpo humano no espaço sem nenhum apoio ou causa natural visível que o sustente. Geralmente se verifica durante o êxtase. Quando a elevação é pequena, denomina-se êxtase ascensional; se ela atinge grande altura, chama-se voo extático; se o indivíduo em êxtase corre velozmente rente ao chão, sem tocá-lo, chama-se corrida extática.

2. EPISÓDIOS. Narram-se episódios de levitação de muitos santos, embora não se tenha a mesma certeza histórica de todos. É indubitável, por exemplo, em Santa → TERESA DE JESUS e em outros santos. Algumas explicações propostas por estudiosos não católicos que negam o fato são inadmissíveis; referimo-nos às que a explicam como uma simples ilusão do sujeito ou como uma sugestão dos presentes causada pelo próprio místico. Se existem realmente neuropáticos que têm a ilusão de ser elevados no ar, não se pode concluir que o mesmo ocorra na levitação, pois desse modo não se explica como se produz a ilusão de todos os que presenciaram o fenômeno. Como de resto, observa igualmente Leroy, não se podem negar as invenções geniais porque uma infinidade de loucos acreditou falsamente ter o gênio. Sobre o segundo aspecto, observa ainda Leroy, os santos não desejam esses fenômenos; ao contrário, têm muito medo de ser encontrados em levitação; além disso, quantos santos não tiveram a levitação enquanto pensavam estar sós! Nesses casos, a sugestão causada pelo próprio místico mostra-se inexplicável.

3. CAUSAS. A levitação pode ser causada por Deus, pelos anjos e pelo demônio. Pode ser explicada naturalmente? Os autores católicos respondem negativamente quando se trata de levitação de certa importância; ao contrário, se se trata de levitação de pouca importância, o caso é diferente. O padre Thruston pensa que atualmente não é possível determinar se a levitação supera ou não as forças pscicofísicas da natureza. O motivo se encontra nos casos de levitação de objetos inanimados que ele admite. Outros, contudo, os negam. Seja como for, podem-se verificar algumas circunstâncias em que seja necessário recorrer a causas preternaturais ou sobrenaturais.

4. EXPLICAÇÃO. Foram muitas as teorias criadas por não católicos para explicar naturalmente a levitação. Mas os autores católicos em geral recorrem a uma causa preternatural ou sobrenatural, ao menos no que diz respeito à levitação que se verifica em determinadas circunstâncias. Não é o caso de mencionar aqui de maneira concreta as diversas hipóteses propostas sobre esse tema em geral. Contentamo-nos em citar algumas ideias de Santa Teresa de Jesus. Ela afirma que se trata de uma força sobrenatural que impele toda a pessoa para o alto: "Quando eu resistia, tinha a impressão de ter embaixo dos pés forças tão grandes que me levantavam; não sei a quê compará-las, mas era com um ímpeto muito maior que em todas as outras coisas do espírito; e eu ficava extenuada; porque é uma luta imensa e, enfim, produz um resultado mínimo quando Deus quer, porque não existe poder contra o seu poder" (*Vida*, 20, 6). "Algumas [vezes] conseguia fazer alguma coisa, mas com um esforço enorme, como se tivesse lutado contra um forte gigante e ficava cansada.

Outras vezes era impossível porque levava embora a minha alma e, quase sempre, também a mente, sem que pudesse impedi-la e algumas vezes, enfim, todo o corpo, até elevá-lo" (*Ibid.*, 4). A levitação é um efeito ou uma repercussão no corpo do voo do espírito (*Moradas*, 6, 5, 1). Na santa se unia a grandes efeitos: demonstração do grande poder de Deus; nas primeiras vezes em que se verifica, o fenômeno é motivo de grande temor; grande temor (envolto num enorme amor) de ofender Deus cuja majestade vislumbra; de modo que "faz com que os cabelos fiquem em pé" (*Ibid.*, 7); completo desapego das coisas da terrna, o que torna "a vida muito mais penosa" (*Ibid.*, 8).

BIBLIOGRAFIA. LEROY, O. *La lévitation. Contribution historique et critique à l'étude du merveilleux.* Paris, 1928; ID. Examen des témoignages sur la lévitation extatique chez sainte Thérèse de Jésus. *Revue d'Ascétique et de Mystique* 33 (1957) 302-313; THURSTON, H. *Fenomeni fisici del misticismo.* Alba, 1956, 21-56.

I. RODRÍGUEZ

LIBERALIDADE. Virtude que modera o amor ao dinheiro e torna o homem pronto a contribuir, segundo as normas da reta razão. A liberalidade é uma virtude, ou seja, uma força que impele a vencer o desejo inato de possuir e de atrair tudo para si. A liberalidade tem sua razão de ser no preceito do Senhor: "O que vos sobra, dai-o em esmola" (Lc 11,41) e na virtude da justiça pela qual, sendo os bens de toda a comunidade humana, quem carece do necessário deve ser provido por quem possui mais que o necessário. A liberalidade vai ao encontro de qualquer indigente sem muitos cálculos e exiguidades e com muita frequência sem que lhe tenha sido pedido nada. A verdadeira virtude sabe adivinhar e ir além das aparências. Ser liberais em dar é sobretudo sinal de desapego das próprias coisas e das próprias comodidades; precisamente por isso, até mesmo uma pessoa materialmente pobre pode ser liberal: basta lembrar-se do óbolo da viúva que depositou no tesouro do templo algumas moedinhas que constituíam porém todo o seu sustento (Mc 12,41). A liberalidade evita qualquer leviandade e por isso não é sinônimo de prodigalidade, porque ela avalia bem as necessidades alheias e as próprias possibilidades, colocando tudo numa relação de ajuda eficaz sem inúteis esbanjamentos. A beleza da liberalidade é evidenciada, por contraposição, pelo sentimento de instintiva repugnância que é produzido pela → AVAREZA. Se é tão bonito ir ao encontro de quem sofre e quem passa por dificuldades, é igualmente odioso fechar o próprio coração a quem tem necessidade ou explorar o indigente, abusando de sua miséria. A avareza e a usura são, de fato, dois pecados consumados em prejuízo da caridade e da justiça e quanto mais é odiosa a figura da pessoa avarenta porque tenta pensar somente em si mesma, tanto mais é digna de amor a pessoa liberal que abre o próprio coração e a própria alma à generosidade. A liberalidade pode chegar também a fazer abandonar tudo por amor aos pobres e a Cristo, como ocorre com os religiosos, e confiar a própria vida a um trabalho honesto e aos recursos da divina providência. No entanto, não se exige isso de todos, pois essa atitude tem algo de heroico, ao passo que a liberalidade é uma virtude que deve ter seu lugar em todo coração verdadeiramente cristão.

BIBLIOGRAFIA. HÄRING, B. *Testimonianza cristiana in un mondo nuovo.* Paoline, Roma, 1963; *Iniciação teológica.* Brescia, 1955, 771-772, III; *STh.* II-II, q. 117, a. 2.

A. GENNARO

LIBERDADE. A liberdade é elemento essencial para a natureza e para a dignidade do homem. Ela determina e esclarece a relação dele com Deus, em vista da salvação eterna. O aspecto antropológico-metafísico e teológico-bíblico da liberdade constitui, para a teologia moderna, um tema de particular importância e de profundo estudo, feito na intenção de conciliar os dois aspectos numa única acepção formal. Esses aspectos se evidenciam no âmbito da tradição, sobretudo nos textos relativos à dignidade da pessoa humana e aos seus princípios constitutivos. De fato, assim se expressam os principais documentos pontifícios, como as encíclicas: *Libertas praestantissima* (1880), *Quanta cura* (1864), *Immortale Dei* (1885) e os mais recentes: *Mater et Magistra* (1961) e *Pacem in terris* (1963). Eles oferecem a doutrina de uma idêntica continuidade de magistério sobre a pessoa humana no exercício da sua liberdade que encontrou nos documentos do Concílio Vaticano II a sua mais feliz expressão e foi aprofundada em relação à situação do homem moderno no mundo contemporâneo na instrução da CONGREGAÇÃO PARA A DOUTRINA DA FÉ sobre *Liberdade cristã e libertação* (1986), documento fundamental para a experiência cristã da liberdade estudada à luz da mensagem evangélica e do magistério da Igreja.

1. LIBERDADE ANTROPOLÓGICO-METAFÍSICA. a) *Liberdade da pessoa*. O homem se manifesta fundamentalmente livre no próprio ser, como sujeito responsável em relação ao bem objetivo e subjetivo, e é dotado do poder de decidir o seu destino e de se autodeterminar no bem. A liberdade da pessoa é: *psicológica*, na medida em que é inclinação natural, espontânea, instintiva para o bem necessário ao homem ou por ele pedido para ser feliz. Se a vontade não só determina o exercício da liberdade (liberdade de exercício), forçando a inteligência a conhecer e a aplicar os conhecimentos universais, mas também orienta a julgar e a escolher entre diversas possibilidades de igual importância, evidencia a liberdade de especificação; *moral*, caracterizada como ação deliberadamente desejada, em que a razão determina o livre-arbítrio a julgar racionalmente e segundo a lei moral (cf. *STh*. I-II, q. 17, a. 1, ad 2: *Radix libertatis est voluntas sicut subiectum: sede causa est ratio*). Ela condiciona o ato moral: o homem é capaz de dominar a sua vida sensitiva, ou seja, todos os instintos inferiores, e de elevar-se a verdades e a valores absolutos e de cumprir atos espirituais puros, que constituem a finalidade da liberdade moral. Quanto mais os objetos do conhecimento e da vontade são elevados, tanto mais nobre é também a liberdade. Esta permite deter-se neles, possuí-los e termina na posse do supremo bem. Nesse sentido, a liberdade moral é uma exigência fundamental da vida espiritual que garante a plena expansão da pessoa humana em vista do fim último.

b) *Liberdade e natureza*. As inclinações da natureza são orientadas apenas para o *bonum commune*, permitindo infinitas possibilidades de decisão tanto para o bem quanto para o mal. Além disso, a vontade natural (*appetitus naturalis*) da qual procede cada ato é excitada pela concupiscência e atraída pelo fascínio dos bens sensitivos (*bona delectabilia*). Por isso o homem pode abusar da própria liberdade, e por fraqueza, ignorância ou maldade transgredir a lei moral e, portanto, pecar. Trata-se aqui da relação entre a vontade da natureza e a vontade da razão, problema central na filosofia e nem sempre aprofundado e resolvido em conformidade com a doutrina católica, não obstante as importantes contribuições (positivas) dadas à ciência (Descartes, Kant, Heidegger, N. Hartmann). Aqui vale a doutrina de Santo Tomás, segundo a qual a vontade da razão, que compreende também as potências naturais, influi imediatamente sobre os instintos psicológicos, enquanto derivam da natureza e, portanto, sobre a liberdade psicológica. Por isso é possível que a própria vontade determine a relação ao bem sensitivo, evitando a ocasião e ajudando-se com a imaginação, para dispor e para educar a inclinação natural para a virtude, levando-a a uma progressiva transformação. A liberdade humana, portanto, não é só um exercício da inteligência; não nasce apenas da "boa vontade", em decorrência do raciocínio e em contínuo desenvolvimento para a ação da graça, mas exige e comporta também o progressivo aperfeiçoamento na natureza inferior. A desordem moral, por sua vez, causada e favorecida pela inércia, pela dispersão, pela amoralidade, acarreta diminuição, destruição da liberdade e até repressão e violência.

c) *Liberdade de direito*. A liberdade humana se estende aos diversos setores da vida política, social, religiosa, onde ela aparece como direito do indivíduo e das comunidades ao livre desenvolvimento autônomo. Distingue-se: *liberdade política* (democrática), à qual pertence a liberdade civil; *liberdade social*, que abarca todos os setores da vida pública, familiar e pessoal; *liberdade religiosa*, que significa o direito inviolável de professar a própria fé, em meio a uma sociedade de diferentes crenças religiosas, segundo o próprio conhecimento. Problemas atuais, especialmente da "teologia da → LIBERTAÇÃO" e da sua busca de unidade e de integração entre o reino de Deus e as libertações históricas. Já no Vaticano II o tema foi aprofundado no que se refere ao seu fundamento (a dignidade da pessoa humana) e a sua natureza (o homem, dotado de inteligência, tem a obrigação de buscar a verdade; para essa busca são necessárias a liberdade psicológica e a ausência de coerções exteriores) e é retomado na Instrução sobre *Liberdade cristã e libertação* que põe o acento na missão libertadora da Igreja (parte IV). Ela "tem a firme vontade de responder à inquietude do homem contemporâneo, oprimido por duras imposições e ansioso de liberdade". Por isso se propõe salvar os direitos transcendentais e divinos do homem e tende ao objetivo de levar a uma pacífica convivência social. Rejeita qualquer forma de absoluta independência de pensamento e de autonomia da razão (liberalismo filosófico), como na atual situação do mundo, onde o homem se define como "pura liberdade"; *liberdade da Igreja*: exigência absoluta que o Estado não pode impedir.

d) *Liberdade e dever.* O exercício da liberdade que excluísse o elemento divino e estivesse fora da justa relação com a autoridade de Deus não criaria nem buscaria o bem da pessoa humana e da sociedade. De fato, tudo o que é estrita e puramente humano é impotente e ineficaz, sempre que falta o divino. Este, contudo, respeita o humano e requer o livre consentimento do homem para atuar. A liberdade, assim entendida, não incorre no perigo de uma supervalorização unilateral (autônoma) e faz com que a liberdade de "dever" esteja acima da liberdade de "direito". "O homem livre é aquele que não é impedido no cumprimento daquilo que deve a Deus, aos homens, a si mesmo" (LACORDAIRE, *Oeuvres*, VII, 216). A liberdade exige a autoridade, e esta está a serviço daquela.

2. LIBERDADE TEOLÓGICO-BÍBLICA. a) *O conceito bíblico.* Com base nos principais textos da revelação, a teologia elaborou o duplo caráter da liberdade cristã: *Negativo*: esta é a liberdade da escravidão do pecado (Rm 6,11), da morte (Rm 6,18.22) e da lei mosaica (Gl 4,21-31), onde Paulo, por meio da alegoria de Agar e Sara, designa os cristãos como os "livres", os "filhos da promessa"). O cristão é o livre, o filho de Deus que Cristo libertou (Jo 8,36). A condição da sua liberdade é a fé em Jesus Cristo, na sua palavra e a perseverança nesta, porque só o Filho de Deus pode tornar livres (Jo 6,13.36). *Positivo.* A liberdade eleva a uma nova ordem, à justiça (Rm 6,16.18.19), a pertencer a Deus (Rm 6,22). Essa é a consequência da filiação ("Cristo nos libertou para que permanecêssemos livres", Gl 5,1; "fostes chamados à liberdade", *Ibid.* 5,13). Assim constitui o novo estado do crente, do redimido em Cristo, e é "própria dos cidadãos do reino de Deus" (PAULO VI, Alocução, 24 de dezembro de 1965). Ela tem lugar na Igreja, que é "o sacramento, o sinal sensível da liberdade" (K. Rahner). "Onde está o Espírito do Senhor está a liberdade" (2Cor 3,17). Na Igreja reina o Espírito libertador. Ela "é a comunidade dos chamados à liberdade de Deus..., a sede privilegiada dessa liberdade 'pneumática': é a sua presença concreta, a sua encarnação, o sinal da inserção dessa liberdade na história do mundo" (K. RAHNER, *Missão e graça*, 494).

b) *Liberdade e abertura a Deus.* O duplo caráter da liberdade revela que não pode significar apenas disposição autônoma e autodeterminação. A liberdade, por construtiva da pessoa humana, é sempre resposta ao chamado divino que, contudo, permite ao homem a plena liberdade de dar o seu consentimento (ou que torna possível o seu "sim"), de tal maneira que cada um de seus atos permaneça sempre, totalmente, "ato humano", deliberadamente decidido e, ao mesmo tempo, "ato divino". Essa disposição expressa a disposição totalitária do homem de receber a graça (através da palavra de Deus, a comunicação sobrenatural, o silêncio contemplativo), que o convida (na voz da consciência ou do dever).

Na liberdade se constrói o diálogo do filho confiante, que doa o próprio ser ao Pai celeste. Por esse motivo, a liberdade é essencialmente abertura para Deus, em Cristo, que disse que sua liberdade nos libertará (Jo 8,32). Só nele pode afirmar a si mesma, porque "liberta" e é levada por ele à plena possibilidade de realização. Assim, nele atinge a "verdadeira" liberdade, encerrada na infinitude de Deus, que nos foi prometida e dada no dom do Espírito Santo. Assim entendida, a liberdade será realmente liberdade no sentido mais pleno e mais significativo, porque todo ato humano, realizado em vista da salvação, traduz a atividade divina de libertação da liberdade, em Cristo, mediante a graça. Por parte do homem, significa uma decisão irrevogável diante de Deus, decisão que o homem deve enfrentar sozinho e que lhe faz experimentar, na absoluta solidão, a mais radical liberdade, que permite que Deus tome posse de seu íntimo.

Por isso a liberdade é, na vida mística, também a capacidade do homem de uma progressiva participação da vida de Deus, até a união transformadora. Essa capacidade é dom gratuito. Ela é pura potência de receptividade que permite a experiência de Deus com uma intensidade de amor cada vez maior, até a troca de amor com Cristo na igualdade de amor (João da Cruz), até a posse de todas as coisas em Deus (cf. a oração da alma enamorada de João da Cruz: "Meus são os céus...").

c) *Estrutura escatológica da liberdade.* A liberdade, mesmo tendo presente, antes de tudo, o atual estado de salvação do cristão, assume uma estrutura escatológica, por ser essencialmente dom da graça. Os homens vivem ainda na esperança, na espera da disposição definitiva de Deus, que é fazê-los entrar "na liberdade da glória dos filhos de Deus" (Rm 8,21). Uma antecipação dessa futura glória acontece, como afirma São → JOÃO DA CRUZ, na mais elevada vida mística, em que "a alma se tornou uma só coisa com o seu Dileto, de certo modo Deus por participação... Assim como Deus se doa à alma, com livre e gratuita vontade, assim também ela, tendo a vontade cada vez mais unida a Deus, doa a Deus o próprio Deus em Deus" (*Chama*, 3, 78). "Essa doação amorosa só é possível para um ser livre" (E. STEIN, *Scienza della croce*, 201), que aceita, em plena consciência, que se entregou à absoluta soberania de Deus. Da união das duas liberdades nasce, assim, uma nova estrutura escatológica, fundamento e fermento da vida contemplativa.

BIBLIOGRAFIA. ARDUSSO, F. Libertà cristiana e liberazione. *Rivista del Clero Italiano* (1986) 825-833; CAMPANINI, G. Libertà. *Nuovo Dizionario di Spiritualità*, 847-861; CENTNER, D. Christian Freedom and the Nights of St. John of the Cross. *Carmelite Studies* 2 (1982) 3-80; GIACOMO, F. DI Religione e libertà. *Teresianum* (1985) 169-188; LUBAC, H. DE. *Le mystère du surnaturel*. Paris, 1965; MACCISE, C. La teología de la liberación. *Teresianum* (1985) 293-329 (com bibliografia); PACHO, E. La espiritualidad teresiano-sanjuanista y la liberación. *Vida Espiritual* 47-49 (1975) 200-234; PASQUETTO, V. Il lessico neotestamentario della liberazione. *Teresianum* (1985) 265-291; PELLEGRINO, U. – GATTI, G. Libertà. *Dizionario Teologico Interdisciplinare* II, 390-408 (bibliografia); PIANA, G. Libertà. *Dizionario Enciclopedico di Teologia Morale*. Roma, 1973, 512-533 (com bibliografia); POUSSET, E. – GUILLET, J. – SOLIGNAC, A. – AGAËSSE, P. Liberté, Liberation. *Dictionnaire de Spiritualité* VIII, 780-838; RODRIGUEZ, J. V. La liberación en San Juan de la Cruz. *Teresianum* (1985) 421-454; SPICQ, C. *Charité et liberté dans le Nouveau Testament*. Paris, 1961.

GIOVANNA DELLA CROCE

LIBERTAÇÃO (teologia e espiritualidade da).

1. ORIGEM. A teologia e a espiritualidade da libertação nasceram como uma busca de resposta cristã diante da realidade concreta dos povos da América Latina.

Essa situação é trágica e evidentemente contrária ao projeto de Deus para a humanidade, a partir do momento em que a maioria da população, em um continente "cristão", vive em condições subumanas de miséria e exploração.

Para citar apenas uma estatística, reproduzida numa publicação de um órgão do episcopado brasileiro, a população do Brasil é assim constituída do ponto de vista econômico-social: 1% de muito ricos (entre os mais ricos do mundo), 4% de ricos, 15% de classe média, 30% de pobres e 50% de miseráveis. Considerando que miséria significa: fome crônica (fala-se de mais de 10 milhões de portadores de deficiências mentais ocasionadas pela fome sofrida nos primeiros anos de vida), carência de educação, de assistência sanitária, de participação, envelhecimento e morte prematura etc.

Esses e tantos outros números são dramáticos, não só na América Latina mas também em muitos outros pontos da terra. Contudo, uma coisa é falar de números ou ver imagens pela televisão, vivendo em um contexto confortável, seguro e opulento, e outra coisa é ter de enfrentar as situações concretas, viver no meio de sofrimentos indizíveis, da impotência e da morte de pessoas que se amam, que têm rostos concretos com nome e sobrenome... Os cristãos *não podiam*, de nenhum ponto de vista, permanecer indiferentes diante dessa situação. A Teologia da Libertação e a Espiritualidade da Libertação foram a resposta deles, que atingiu ampla notoriedade no mundo.

2. CARACTERÍSTICAS TÍPICAS. Quais são, em síntese, as características típicas da Teologia da Libertação? Um de seus aspectos, que toca intimamente a espiritualidade, foi a exigência da *práxis* transformadora, da ação concreta, que acompanhou com valor de prioridade a reflexão teológica e pastoral.

De tudo isso se compreende, portanto, que duas palavras-chave podem sintetizar a gênese, as raízes e o coração tanto da Teologia da Libertação como da sua espiritualidade. São elas: "compaixão" e "com-prometimento" (compromisso).

No entanto, é preciso esclarecer em qual sentido. Primeiro, a centralidade do pobre. É possível delinear rapidamente com algumas preposições a parábola histórica descrita pela "descoberta" do pobre por parte da Igreja: passou-se da ação *para* o pobre, para a ação *de* pobres, *com* o pobre e *a partir* do pobre. Uma das características mais notáveis, de fato, é o propósito de fazer do pobre um protagonista de primeira linha da Igreja e da transformação social. Conscientizar, encontrar maneiras para que o povo possa se expressar, se comprometer, se organizar, foi uma prioridade pastoral e da Teologia da Libertação. Descobriu-se que os pobres não têm apenas necessidades, limitações, perigos de que devem ser protegidos, mas têm também exigências, valores, um papel insubstituível a desempenhar na história.

Um meio privilegiado para que tudo isso fosse possível foram as *comunidades eclesiais de base*, pequenos grupos de cristãos — que agora se contam aos milhares — onde as pessoas se encontram para descobrir a → PALAVRA DE DEUS e experimentar a sua capacidade de transformação também social.

Por outro lado, no que diz respeito ao compromisso, uma característica típica dele é a exigência de racionalidade e de rigor científico, de conhecimento objetivo da realidade social mesmo nos seus aspectos estruturais, de eficácia em enfrentar os problemas concretos da sociedade, de participação em processos históricos de libertação.

3. METODOLOGIA. Por isso a *metodologia* da Teologia da Libertação, segundo o conhecido método ver-julgar-agir, se divide nos três passos seguintes:

— momento da análise social: *procurar compreender por que o oprimido é oprimido* (sem negligenciar os aspectos antropológicos e culturais, conhecer também os mecanismos estruturais, os interesses etc., que estão na raiz da opressão);

— momento interpretativo: à luz da palavra de Deus, *procurar compreender qual é o plano divino para a humanidade e compará-lo com a sociedade atual* (naturalmente, o teólogo da libertação se aproxima das Escrituras repleto da problemática, do sofrimento e da esperança e dos oprimidos, não para manipular ou submeter a palavra de Deus a uma ideologia, mas para "ter olhos" para encontrar na palavra divina luz e inspiração, ou seja, para tentar descobrir e ativar toda a capacidade de energia transformadora, também social, que os textos bíblicos contêm);

— momento prático: *tentar descobrir linhas operativas concretas para superar a pobreza, a exploração e todo tipo de opressão, de acordo com o plano de Deus*. Para não permanecer num nível enunciativo, espiritualidade ou de "boas intenções", é preciso levar em conta o que é historicamente praticável, os passos concretos a ser dados, não se detendo em microexperiências (úteis como lugar de "treinamento" para preparar homens novos, e como "sementes proféticas"), mas vinculando-as ao macrossistema, colaborando com as forças históricas positivas concretas presentes na sociedade e na Igreja.

4. CONTEÚDOS. E no que diz respeito aos *conteúdos*? O esforço da Teologia da Libertação é o de "revisitar" todos os temas tradicionais da teologia, a partir desta perspectiva: aprofundar, descobrir as suas potencialidades libertadoras, as suas capacidades de transformação social. Sabe-se que em toda realidade da fé pode-se encontrar uma dimensão *em si* (o que é aquela realidade, qual é a verdade em relação a ela), e uma dimensão *prática* (o que significa *para nós*). Pois bem, diante de qualquer realidade da fé e da situação social concreta, a Teologia da Libertação se pergunta: o que implica para a sociedade essa realidade cristã em que acredito, o que nos chama a viver, quais ações concretas devemos realizar para que aquelas verdades nos ajudem a realizar cada vez mais um mundo segundo o projeto do amor de Deus?

É também nesse sentido que se move a *espiritualidade* que surgiu no âmbito da Teologia da Libertação: ela quer focalizar a dimensão espiritual das lutas contra qualquer tipo de opressão e para a construção da justiça, da fraternidade, e de todos os aspectos que fazem uma humanidade segundo a vontade de Deus.

É a experiência de Deus, do Evangelho, da contemplação, na vida concreta. Mas vida concreta, para a Espiritualidade da Libertação, à luz da situação em que ela nasceu, implica o compromisso histórico, também estrutural, pela plena humanização, ou seja, pelo crescimento de todos os valores do reino de Deus na história concreta dos povos.

Não temos condição de fazer aqui uma descrição concreta de uma Espiritualidade da Libertação como a que tantos cristãos esboçam e vivem na América Latina, seja pelo espaço limitado de que dispomos, seja porque se trata de uma corrente que ainda se encontra em plena formação.

Por esse motivo, tomaremos alguns temas, clássicos ou não, da espiritualidade, e transcreveremos alguns textos da Espiritualidade da Libertação que a ela se referem.

Isso tem uma limitação e uma vantagem. A limitação de não oferecer ainda um quadro sistemático. A vantagem de evitar, o mais possível, uma interpretação parcial ou redutiva (ainda que uma certa interpretação seja inevitável a partir do momento em que os textos são escolhidos entre dezenas e centenas de outros possíveis).

Seja como for, os textos reproduzidos parecem-nos suficientes para oferecer com clareza, se não um panorama exaustivo, ao menos uma "amostra" indicativa da direção em que se move essa espiritualidade, os seus pontos principais e perspectivas.

O encontro com Cristo no pobre. "Toda teologia verdadeira nasce de uma espiritualidade, vale dizer, de um encontro, na acepção forte do termo, com o Deus que age na história. A Teologia da Libertação encontrou a sua fonte na fé que deseja combater a injustiça feita aos pobres. Não se trata apenas do pobre tomado individualmente, que bate à nossa porta para pedir esmola. O pobre a que nos referimos é a realidade coletiva das classes populares, que incluem bem mais que o proletariado estudado por Karl Marx. Trata-se de operários explorados no âmbito do sistema capitalista; de subempregados e de marginalizados do sistema produtivo — um exército de mão de obra de reserva, sempre pronto a substituir outros trabalhadores —; de trabalhadores braçais e camponeses privados da propriedade da terra que cultivam há anos, de boias-frias que funcionam como mão de obra sazonal. Esse bloco histórico-social constituído pelos oprimidos faz do pobre um fenômeno social. À luz da fé, o cristão descobriu nele a presença e aceitou o desafio do Servo sofredor Jesus Cristo. O primeiro momento é de contemplação silenciosa e amargurada, como se nos encontrássemos diante de uma presença misteriosa que chama a atenção. Em seguida essa presença se torna palavra. O Crucificado presente nos crucificados deste mundo chora e lança o seu grito de invocação: 'Tenho fome, estou na prisão, estou nu" (cf. Mt 25,31-46). Nesse ponto, mais que contemplação, o que se exige é uma ação eficaz de libertação. O Crucificado quer ressuscitar... O serviço solidário do oprimido significa então um ato de amor ao Cristo sofredor" (LEONARDO e C. BOFF, *Como fazer teologia da libertação*, Petrópolis, 1986).

Socialidade e dons do Espírito. "De modo todo particular, o Espírito se torna operante nas lutas e resistências dos pobres. Não é sem motivo que a liturgia o denomina 'Pai dos pobres'. [...] Piedade, sentimento de Deus, solidariedade, hospitalidade, fortaleza, sabedoria de vida, mesclada de sofrimento e de experiência, amor pelos próprios filhos e pelos filhos dos outros, capacidade de manter e celebrar a alegria em meio aos piores conflitos, serenidade com que enfrentam a dureza da luta pela vida, discernimento do que é possível e praticável, moderação no uso da força e resistência quase ilimitada para suportar a persistente e diuturna agressão do sistema econômico com a marginalização que provoca: *são outros dons do Espírito*, ou seja, formas da sua inefável presença e ação em meio aos oprimidos. Mas essa ação é ainda mais clara quando eles se insurgem, decidem tomar a história em suas próprias mãos, se organizam para reivindicações e transformações, e sonham dia e noite com uma sociedade que dê lugar para todos garantindo pão e dignidade. A história das lutas de libertação dos oprimidos é a história da chama do Espírito Santo no coração dividido deste mundo. Foi graças ao Espírito que não morreram e jamais morrerão, sob as cinzas da resignação, os ideais de igualdade e de fraternidade... a *pequena utopia* da possibilidade para todos de comer ao menos uma vez por dia, a *grande utopia* de uma sociedade sem exploração e organizada de modo que todos participem dela, enfim a *utopia absoluta* da comunhão com Deus numa criação totalmente redimida" (*Ibid.*).

Fraternidade. "A fraternidade cristã fundamenta-se naquela que pode ser considerada a grande revelação de Jesus ao coração do homem: o fato de que a irmandade humana tem um pai.

Essa talvez seja a diferença fundamental entre a fraternidade cristã e as outras buscas de fraternidade (laicas, marxistas etc.), cuja grande limitação é a vontade de construir uma irmandade sem pai. Isso é motivo de muitas frustrações ideológicas e do drama do ateísmo humanista e marxista, por outro lado portadores de ideais válidos; a fraternidade e a solidariedade humanas devem se referir ao Pai dos irmãos.

A ideia de que não existe verdadeira fraternidade sem uma paternidade comum e de que a paternidade comum cria fraternidade já pode ser vislumbrada no Antigo Testamento (Is 63,16; Ml 2,10). Mas foi o próprio Cristo que a transformou no centro de sua mensagem (Jo 20,17; Mt 6,9; Lc 11,2; Mc 11,25 etc.).

A fraternidade cristã, portanto, não é apenas secular e intramundana. Permite-nos esperar que ela certamente se realizará um dia, não obstante os limites humanos, dado que não é só produto dos nossos esforços, mas também a projeção da paternidade de Deus sobre a raça humana. Permite-nos suprimir qualquer tipo de discriminação, pois o fato de ter um Pai comum elimina qualquer pretexto de distinções ou de superioridades; superar a tentação de viver um cristianismo puramente *secular e fraterno*, pois, a partir do momento em que Deus se revelou a nós como Pai em Jesus, todo esforço sincero de criar a irmandade humana nos conduz ao Pai (até mesmo implicitamente), e prefigura a fraternidade definitiva de todos os homens nele. Permite-nos, enfim, superar a ideia de que a libertação é uma tarefa puramente temporal e política, enquanto é substancialmente a ação, na história, de Cristo libertador, dom do Pai, ainda que mediada no âmbito temporal" (S. GALILEA, *Espiritualidad de la liberación*, Santiago/Chile, 1973; trad. it., *Spiritualità della liberazione*, Brescia, 1974, 81-82).

Santidade e amor "político". "Mais que de teólogos, necessitamos de místicos. São estes que ajudam a transformar as mentes, a Igreja e a sociedade... A tradição cristã está acostumada à figura do santo asceta, que sabe dominar as suas paixões e é fiel observante das leis de Deus e da Igreja. Quase não se conhecem santos políticos e santos militantes. No processo de libertação conseguiu-se criar o clima para outro tipo de santidade: além de lutar contra as próprias paixões (tarefa permanente), luta-se contra os mecanismos de exploração e de destruição da comunidade. Emergem então virtudes difíceis mas reais: solidariedade com os integrantes da própria classe, participação das decisões comunitárias, lealdade em relação às decisões tomadas, superação do ódio contra as pessoas que são agentes dos mecanismos de empobrecimento, capacidade de dirigir o olhar para além dos interesses imediatos e de trabalhar por uma sociedade futura que ainda não se vê e que talvez não aproveitaremos. Esse *novo tipo de ascese* apresenta as próprias exigências e as próprias renúncias, para manter o coração puro e sempre orientado pelo espírito das bem-aventuranças" (L. BOFF, *Contemplativus in Liberatione, Revista Eclesiástica Brasileira*, 156 [dez. 1979], 561.579-580: número dedicado à espiritualidade da libertação, publicado ao mesmo tempo em seis revistas latino-americanas de língua espanhola, e depois pelo Centro de Estudios y Publicaciones com o título *Espiritualidad de la liberación*, Lima, 1982; trad. it., Mistica e politica: contemplativo nella liberazione, in *Il cammino della Chiesa con gli oppressi*, Bologna, 1983, 247-248).

"Aquele amor que é ao mesmo tempo resposta à vontade de Deus e ao agudo sofrimento da humanidade atual é o que chamamos de *amor político*...

Esse amor político tem características típicas... e comporta virtudes específicas. Exige uma ascese própria que remete à ascese fundamental cristã: a 'kenosis', ou seja, o abaixamento ao mundo da pobreza e dos pobres, como despojamento de si mesmos; a ascese necessária para a denúncia e o desmascaramento, para manter a paciência histórica e a solidariedade com os pobres. Promove o crescimento de uma fé e de uma esperança maduras, as quais, se conseguem perseverar e crescer, o fazem a partir do lugar que para eles implica a maior tentação. Facilita a criatividade cristã pastoral, litúrgica, teológica, espiritual, que se gera da 'inversão' da história (ou seja, a partir daqueles que 'não contam').

Suscita sobretudo, quase 'ex opere operato', a perseguição. A profecia de Jesus se realiza nesse campo inexoravelmente. Tal amor 'político', contrariamente a outros tipos de amor, desencadeia o sofrimento específico da perseguição por parte de todos os poderes deste mundo. Não qualquer tipo de cristão, mas sem dúvida os cristãos políticos, são atacados, difamados, ameaçados, expulsos, presos, torturados e assassinados... Por isso se deve falar de *martírio*...

Na ação política é necessário o espírito de Jesus: a pureza de coração, a castidade profunda para conhecer as coisas como são sem manipulá-las em benefício próprio, para analisar com sinceridade sucessos e fracassos nas lutas e nos projetos de libertação, para manter como critério de ação aquilo que mais convém às maiorias pobres e para superar a tentação do dogmatismo tão próximo da atividade política... Há necessidade de um coração misericordioso para não relativizar de maneira desproporcional o sofrimento do povo e reduzi-lo a necessário 'custo social', para não fechar o futuro ao inimigo reconhecendo o positivo que pode haver nele, para não sufocar a difícil possibilidade do perdão e da reconciliação. É necessária a humildade de se saber no fundo 'servos inúteis', também pecadores, para manter a gratuidade na ação, pedir força na dificuldade e levar adiante a libertação como alguém perdoado" (J. SOBRINO, *Liberación con espíritu*, Santander, 1985, 101-105, cf. 213).

Evangelho. Vida. Sociedade. "Costuma-se dizer que o Evangelho é a 'carteira de identidade' das comunidades eclesiais de base. De fato, ali se ouve, se compartilha e se crê no Evangelho. É à luz dele que os participantes refletem sobre os problemas da vida. Eis um traço típico da comunidade de base: ali o Evangelho é incessantemente confrontado com a vida e com as situações. Não é apenas um livro maravilhoso e consolador. Além disso, é também e sobretudo luz, fermento. Nessas camadas pobres, o Evangelho aparece tal como é: boa-nova, mensagem de esperança, de promessa e de alegria.

A relação entre Evangelho e vida implica um processo lento e difícil. No início, a Palavra leva a se interessar pelos problemas internos ao grupo, um sofrimento, um caso de desemprego etc. Com o tempo, o grupo se abre para a problemática social do ambiente, da vida ou do bairro. Numa fase ainda mais evoluída, o grupo se coloca politicamente diante do sistema social. Passa a questionar então o sistema vigente na organização social. A ação correspondente a esse nível de consciência é a participação dos instrumentos de luta do povo: sindicatos, movimentos populares de diversos tipos, partido etc.

O Evangelho, nas comunidades de base, é transmitido na maior liberdade. Todos podem falar. Todos são convidados a dar sua palavra sobre o Evangelho, a dar a própria opinião sobre um fato ou sobre uma determinada situação. Surpreendentemente, a exegese popular se aproxima muito da antiga exegese dos Padres da Igreja. É uma exegese que vai além das palavras e capta o sentido 'de vida' (ou espiritual) do texto. A vida é o lugar onde ecoa a palavra de Deus...

A Palavra evangélica realiza sempre uma demarcação do caminho de uma pessoa. Isso a leva a dizer: 'Quando ainda não conhecia a luz do Evangelho... Mas depois que passei a conhecer Jesus Cristo... Depois que entrei no caminho do Evangelho...'. Nas comunidades de base, o Evangelho se mostra realmente uma palavra transformadora" (L. BOFF, *Igreja: carisma e poder*, Petrópolis, 1982³; trad. it., *Chiesa: carisma e potere*, Roma, 1984, 213-215).

"Noite escura" da injustiça. "A tradição cristã... ao longo dos séculos testemunhou o deserto que a pessoa deve atravessar, aceitando a purificação do seu egoísmo, até chegar à terra prometida de um contato com Deus, simples, profundamente fortificante e alegre. São João da Cruz, talvez o mais profundo explorador desse itinerário, dessa marcha de libertação pessoal, falou de uma das suas etapas, longa, prolongada, dolorosa, como de uma 'noite escura da alma'.

A dimensão social da salvação, esta salvação na história, que é a salvação de todo o povo, especialmente do povo dos pobres, é também uma marcha, uma marcha de todo o povo para a sua libertação, através do deserto da injustiça estrutural e estabilizada que nos cerca. Para esse processo de libertação [...] não existe uma tradição cristã que esclareça o que significa pregar dentro da *noite escura da injustiça estrutural.*

Mas nesse itinerário espiritual da luta pela libertação na América Latina é muito importante perseverar na oração — mesmo se mal se balbuciam gemidos e gritos —, na medida em que nessa luta se purifica, numa singular 'noite escura', a nossa imagem de Deus. Através dessa purificação, no fogo lento do aprendizado da solidariedade com os pobres [...], temos de aprender a dialogar com Deus partindo da experiência da injustiça humana [...]. Temos de aprender [...] que a onipotência de Deus passa pela debilidade paciente de deixar o seu filho abandonado e assassinato na tortura da cruz [...], que Deus se revela em meio à luta pela justiça mais pelo amor de dar a vida pelos outros que pelo poder de impor a eles uma determinada forma de vida...

Assim deve pregar quem se empenha na libertação. Com modos novos. Dentro da noite escura da injustiça, que também se esconde sempre no nosso coração. E o principal compromisso é que essa oração purifique o nosso egoísmo para que se lute pela verdadeira justiça, aquela que se semeia num amor radical e por isso envolve um amor ainda mais radical" (J. HERNANDEZ PICO, A oração nos processos latino-americanos de libertação, *Revista Eclesiástica Brasileira*, cit., 595-597; cf. um estudo mais extenso e detalhado do tema in G. GUTIERREZ, *Beber en su propio pozo. En el itinerario espiritual de un pueblo*, Lima, ²1983; trad. it., *Bere nel proprio pozzo. L'itinerario spirituale di un popolo*, Brescia, ²1984, 114-123.174-177).

Cristo crucificado: perdão e abandono. "A morte de Jesus tem algumas causas bem concretas. Ele pregava a justiça (Mt 6,33) e a libertação dos oprimidos (Lc 4,18; Is 42,7). Por isso, pôs os ricos numa situação incômoda. Estes não suportaram a pregação de Jesus, ficaram incomodados com a popularidade dele e encontraram um jeito de matá-lo (Jo 11,46-53). Assim se explica a morte de Jesus, e é uma boa explicação! Mas essas explicações não são suficientes! O sofrimento e a morte de Jesus não se explicam apenas como uma reação violenta dos opressores contra Jesus. Como no sofrimento do povo, no sofrimento de Jesus há algo que não combina com essas explicações. É a oração do perdão e o grito do abandono!

Na hora de ser pregado na cruz, Jesus perdoou os seus carrascos: "Pai, perdoai-os, porque não sabem o que fazem!" (Lc 23,34). No momento da morte ele gritou do alto da cruz: "Meu Deus, meu Deus, por que me abandonaste?" (Mc 15,34).

Esses dois fatos não foram causados pelos judeus nem pelos romanos. Os judeus e os romanos tramaram e arquitetaram a morte, mas não arquitetaram o abandono nem o perdão. O abandono dependia do Pai, o perdão, de Jesus. Por que o Pai abandonou Jesus no momento da morte? Por que Jesus perdoou os seus carrascos no momento em que o colocavam na cruz? As causas econômicas, políticas e religiosas da morte de Jesus não explicam esses dois fatos. E aqui não se trata de um pequeno detalhe sem importância...

Perdão e abandono! Duas coisas que não se explicam racionalmente... Perdão e abandono! Foi através dessas duas portas, abertas por Jesus no momento da sua paixão e vividas pelo povo sofredor na vida de cada dia, que Jesus nos deu a chave para poder compreender...

Oferecendo o perdão aos seus carrascos, Jesus esclareceu o seu programa de justiça e de fraternidade. Ele não se deixou contaminar pela violência dos opressores. Mesmo sendo ferido, não feria; embora oprimido, não oprimia. Continuou fiel à atitude que havia tomado desde os primeiros passos. Não alimentava ódio e vingança, mas a reconciliação com todos, até com os seus opressores e carrascos!

Perdoar não é uma *reação* de retirada e de defesa diante de um inimigo mais forte. É uma *ação* criadora, provocada não pelo inimigo mas pela vontade de imitar Deus...

Perdoar não é sinal de fraqueza. É o contrário! É a expressão mais elevada da justiça e da fraternidade. É o único caminho transitável e realista para a libertação de *todos* neste nosso mundo marcado pelo pecado...

A força da repressão, mesmo matando Jesus, não conseguiu matar nele e nos outros a semente da justiça e da fraternidade que ele fazia germinar.

No perdão aparece o fruto da semente da resistência, escondido no terreno da vida do povo sofredor. A semente que resiste, que inspira toda a luta do Servo, do início ao fim, e que acaba se revelando no perdão, é esta: fé no outro, apesar de tudo; fé na possibilidade da sua recuperação!...

Sentir-se abandonado pelo Pai no próprio momento de morrer em obediência a ele, eis o maior mistério da cruz de Cristo! Em obediência ao Pai, Jesus assumiu a missão do Servo, enfrentou os conflitos, denunciou, lutou e pregou, venceu as tentações, percorreu o seu caminho com firmeza, com o passo do Servo, até chegar à reta final, para poder cair nos braços do Pai e dizer: "Tudo está consumado!" (Jo 19,30). E é exatamente nessa hora decisiva que o Pai o abandona e desaparece. Então, tudo está ameaçado de fracasso e de morte total! Sentir isso deve ter sido muito mais doloroso que todas as torturas que Jesus estava sofrendo.

Qual foi a reação de Jesus, além do lamento?

Jesus permanece fiel, não desespera e diz: "Pai, nas tuas mãos entrego o meu espírito!" (Lc 23,46). Embora abandonado, continua a crer que o Pai está com ele. Porque ele conhece o Pai (Mt 11,27; Jo 8,15; 10.15). Embora não veja o Pai, Jesus possui o dom do Pai que é a *vida* (Jo 5,26). Ele sabe que, dentro desta sua vida crucificada, o Pai luta ao seu lado contra as forças da morte que querem matá-lo. O Pai é efetivamente um Deus não dos mortos, mas dos vivos! (Mt 22,32). E nessa luta Jesus se doa por inteiro, sabendo que este é o caminho para poder conquistar a vida em abundância para todos (Jo 10,17-18; 12,25; 10,10).

Na hora de sofrer e de morrer, a forma de acreditar na presença do Pai foi acreditar no dom do Pai que é vida! Crer que aquela sua vida crucificada, abandonada e torturada era mais forte que o poder da morte que o massacrava. Esta foi e continua a ser a maior revelação que Jesus fez da presença libertadora do Pai em nossa vida!

Aqui tocamos a raiz e a fonte, de onde nasce a resistência do povo oprimido contra o sofrimento, contra a doença, contra a opressão, contra a morte. Sofrendo e morrendo abandonado pelo Pai, mas fiel à vida, Jesus alimentou as sementes da resistência, ocultas na vida do povo criada pelo Pai, e continua a alimentá-las até hoje. Esta é a vitória que, no final, vencerá a injustiça do mundo: a nossa fé no Deus da vida! (1Jo 5,4)" (C. MESTERS, *A missão do povo que sofre*, Petrópolis, 1981, 131-137).

Maria. "Um dos traços mais característicos e belos da devoção latino-americana provém do seu toque mariano. Maria é associada à paixão e à alegria do nosso povo; muitos lugares e inúmeras igrejas trazem o nome de Maria ou de alguma de suas festas. Nessa devoção predomina a dimensão de veneração e de culto; é menor a dimensão do seguimento e da imitação da vida e das virtudes de Maria.

Nos últimos anos e de modo cada vez mais extenso tem-se articulado um outro tipo de devoção, fortemente centrada no seguimento de Maria. Nas comunidades de base, nos grupos em que a dimensão política da fé se explicita e se exerce, apreciam-se em especial os traços marianos presentes naquele hino de louvor que é o *Magnificat*, em que se ressalta a denúncia, o anúncio, a profecia e a libertação. Esse aspecto quase não havia sido ainda tematizado na tradição mariana...

Coube ao nosso tempo elaborar uma imagem de Maria, mulher corajosa e forte, empenhada na libertação messiânica das injustiças histórico-sociais dos pobres. Essa imagem está agora nascendo no coração do nosso povo sofredor e oprimido e repleto de anseios de participação e libertação...

A dimensão libertadora de Maria foi solenemente ressaltada pela exortação apostólica de Paulo VI, *Para o culto da Bem-Aventurada Virgem* (1974), em que entre outras coisas se diz: 'Maria de Nazaré, mesmo completamente abandonada à vontade do Senhor, não foi de modo algum uma mulher passivamente remissiva ou dotada de uma religiosidade alienante, mas mulher que não duvidou proclamar que Deus é vingador dos humildes e dos oprimidos e derruba de seu trono os poderosos deste mundo (cf. Lc 1,51-53)'; e reconhecerá em Maria, que se destaca entre os humildes e os pobres do Senhor (*LG* 55), 'uma mulher forte, que conheceu pobreza e sofrimento, fuga e exílio (cf. Mt 2,13-23): situações que não podem escapar à atenção de quem quer responder com espírito evangélico às energias libertadoras do homem e da sociedade' (n. 37)" (L. BOFF, Maria, mulher profética e libertadora. A piedade mariana na teologia da libertação, in *A fé na periferia do mundo*, Petrópolis, 1983, 115-116.118-119).

5. **OUTRAS CARACTERÍSTICAS**. Vamos concluir a nossa breve antologia com um último texto que constitui uma síntese em que estão descritas esquematicamente outras notas típicas e fundamentais da Espiritualidade da Libertação nascida na América Latina:

"Uma teologia se revela autêntica na medida em que é capaz de inspirar e de sustentar o trabalho de evangelização e de suscitar uma espiritualidade. Teologia, espiritualidade e pastoral são, no catolicismo, realidades convergentes e indissociáveis [...] a espiritualidade é a teologia feita mística e vida.

Se toda espiritualidade cristã é seguir Cristo sob a orientação da Igreja, uma espiritualidade da libertação como *espiritualidade latino-americana* é seguir Jesus através das exigências e das motivações próprias de um compromisso cristão na América Latina. *Que aspectos apresenta essa espiritualidade?*

a) A espiritualidade da libertação põe o acento na humanidade histórica de Cristo, em Jesus de Nazaré. Encontra na sua vida e nas suas ações, bem como no ambiente concreto em que Jesus viveu, analogias históricas com a nossa realidade e com o modo de conduzir a evangelização num mundo de pobres e de marginalizados que não perdeu a esperança cristã.

Essa espiritualidade inspira-se no itinerário histórico que Jesus seguiu para cumprir a sua missão: a sua absoluta fidelidade ao Pai e à causa do Reino não obstante a luta, a perseguição e a solidão; o seu amor universal, mas 'particular' pelos pobres, pelos aflitos e pelos indefesos; sua compaixão pelas multidões; seu comportamento de pobreza, de misericórdia, de perdão. A espiritualidade que destaca o *seguimento do Jesus histórico*, que nos renova e nos vivifica com o Espírito de Jesus e que encontra em *Maria* o exemplo desse seguimento.

b) A espiritualidade da libertação recupera toda a força do sentido cristão do *pobre*, como uma presença privilegiada de Deus. Ajuda-nos a descobrir Deus no pobre, a purificar a nossa imagem de Deus como o Deus dos pobres, o Deus da justiça, o Deus Pai de todos que se revela sobretudo usando de misericórdia com os humilhados e oprimidos. Ajuda-nos a fazer do serviço ao pobre uma experiência de amor e de contemplação de Jesus, e um chamado a encontrá-lo mais profundamente na oração e nos sacramentos.

c) A espiritualidade da libertação requer que se redescubra o sentido autêntico da *contemplação* cristã: experimentar Deus na intimidade da oração, mas também no irmão, no pobre, na história. Exige que a contemplação e a oração se unam ao compromisso; que se verifiquem a oração com o compromisso e a qualidade evangélica do compromisso na oração, na contemplação do evangelho e na Eucaristia.

d) Viver uma espiritualidade da libertação significa também viver o valor redentor e libertador da *cruz*, seguir Jesus libertador até o sacrifício, unindo-se à sua liberação radical do pecado e de todas os tipos de escravidão humana.

e) Por fim, não existe espiritualidade libertadora na América Latina sem que se viva a *esperança* cristã, que brota da fé viva na ressurreição de Jesus, hoje operante como atuação e promessa da libertação total do homem e do seu mundo. Por causa da Páscoa de Jesus, a esperança nos diz que nem o pecado, nem a injustiça, nem a opressão terão a última palavra na história" (S. GALILEA, *La Teología de la Liberación después de Puebla*, Santiago/Chile, 1979; trad. it., *La teologia della liberazione dopo Puebla*, Brescia, 1979, 69-72).

6. DESAFIOS FUTUROS. Naturalmente, houve na Espiritualidade da Libertação deficiências e perigos não só esperados — linguagem insuficiente, lacunas teóricas, erros práticos —, que deram ocasião a críticas e hesitações. Dificilmente podia ser de outro modo, tratando-se de uma corrente histórica que tenta percorrer caminhos inéditos, e também pela complexidade e dificuldades das realidades enfrentadas, dos interesses em jogo, das tensões e conflitos suscitados. As críticas às vezes foram pertinentes — como reconhecem os próprios teólogos da libertação —, às vezes fruto de mal-entendidos, incompreensões devidas a pontos de vista diferentes, a desconhecimento; para tais críticas remetemos à literatura especializada, particularmente às duas instruções da SAGRADA CONGREGAÇÃO PARA A DOUTRINA DA FÉ: *Sobre alguns aspectos da teologia da libertação*, 6 de agosto de 1984; *Liberdade cristã e libertação*, 23 de março de 1986, com os respectivos comentários.

Faremos agora uma breve alusão a dois aspectos.

a) É claro que não se pretende identificar integralmente *libertação com redenção*. Como observa, entre outros, C. Molari, "o dom da liberdade não encerra todos os aspectos da salvação", ainda que também seja verdadeiro que, "se o Evangelho não consegue ser fermento de liberdade histórica para o nosso mundo, o seu anúncio salvífico não se mostra crível" (*Liberazione*, in *Nuovo Dizionario di Teologia*, Alba, 1977, 747). Ao responder à pergunta se a Teologia da Libertação é algo que se impõe a todos ou é uma teologia (legítima) entre tantas outras, os próprios teólogos da libertação esclareceram que ela não é exclusiva, mas tampouco é uma teologia qualquer, já que trata de uma questão que interessa a todos: a questão mundial da emancipação social das massas pobres; mesmo no caso de uma sociedade em que a miséria tenha sido eliminada, a Teologia da Libertação tem sua função na medida em que nos pergunta: quem são os últimos, as vítimas? *Nesse sentido a libertação constitui uma dimensão intrínseca, de agora em diante permanente, de qualquer teologia* (cf. C. BOFF, 15 tesi sulla teologia della liberazione, *Il Regno*, 12 [jun. 1986], 294).

b) É preciso dizer algo semelhante da espiritualidade que vai nascendo no âmbito da Teologia da Libertação. Não é "a" espiritualidade. Mas contém alguns elementos essenciais que tentam responder às dificuldades que os cristãos enfrentam quando "descobrem" o pobre, quando se empenham pessoalmente por uma sociedade diferente e para alcançá-la percebem a importância da análise estrutural e da inserção nos processos históricos de libertação. Como inserir-se nesses processos de maneira eficaz e real — com as diversidades e tensões que isso implica —, de uma maneira evangélica? Como fazer na própria vida "a síntese do militante e do místico, do político e do contemplativo"? (S. GALILEA, La liberazione come incontro tra politica e contemplazione, *Concilium*, 6 [1974]). Como empenhar-se no cerne da luta social sem permitir que isso sufoque as raízes místicas da nossa vida cristã, mas em vez disso nos leve a crescer na união com Deus, no amor evangélico aos irmãos? Nesse sentido, essa espiritualidade é, certamente, "parcial", setorial, circunstanciada, mas contém também dimensões, questões e pesquisas imprescindíveis. Sem dúvida, com a sua sede ao mesmo tempo de eficácia e gratuidade, de compromisso e contemplação, de concretude e mística, de profetismo e paciência histórica, de escolha concreta dos pobres sem excluir ninguém, de construção do reino de Deus *na* história concreta do mundo, e assim por diante, ela pode oferecer e sugerir muito a qualquer outra espiritualidade.

Observando hoje a Espiritualidade da Libertação, temos a impressão global de nos encontrar diante de um fenômeno em evolução. Os movimentos históricos são como as pessoas: precisam ter sua própria experiência, "capitalizar" os erros, precisar os conceitos, recomeçar sempre procurando "melhorar a mira". O importante é saber distinguir entre as ideias e as intuições justas, de um lado, e os eventuais e inevitáveis limites e fraquezas dos homens. Não se deixar desviar por estes é a única maneira de captar o desígnio de Deus para uma corrente histórica e conseguir acompanhá-la. Principalmente quando se trata de pessoas que têm uma missão *profética* (L. GALLO vê nisso a característica mais típica dessa espiritualidade: *Spiritualità dei movimenti di liberazione*, in A. FAVALE [org.], *Movimenti ecclesiali contemporanei*, Roma, 1982[2], 487; cf. C. GEFFRÉ, Apresentação de *Concilium*, 6 [1974]), e sabemos quanto é difícil, em tal posição, encontrar a linguagem e as atitudes mais corretas e equilibradas. "Cremos que se pode afirmar — diz G. GUTIERREZ — que uma linguagem profética e uma linguagem mística sobre Deus estão nascendo nestas terras de espoliação e de esperança, de sofrimento e de alegrias. A linguagem da contemplação reconhece que tudo provém do amor gratuito do Pai. A linguagem da profecia denuncia a condição — e as suas causas estruturais — de injustiça e de espoliação em que vivem os pobres da América Latina... Sem a profecia, a linguagem da contemplação corre o risco de não ser eficaz sobre uma história em que Deus opera e onde nós o encontramos. Sem a dimensão mística, a linguagem profética pode reduzir o próprio campo de visão e enfraquecer a percepção daquele que torna tudo novo... Cantar para libertar, ação de graças e exigência de justiça. Esse é o compromisso de uma vida cristã que, para além de possíveis evasões espirituais e de eventuais reducionismos políticos, quer ser fiel ao Deus de Jesus Cristo" (in *Páginas*, 63-64 [1984], 5; trad. it., Teologia e scienze sociali, *Il Regno. Documenti*, 29 [1984], 620-628).

BIBLIOGRAFIA. Para uma breve introdução à Teologia da Libertação: BOFF, C. 15 tesi sulla teologia della liberazione. *Il Regno. Attualità* 12 (1986) 293-296; BOFF, L. – BOFF, C. *Como fazer teologia da libertação*. Petrópolis, 1986; CAMBÓN, E. Cristianesimo e liberazione 1 e 2. *Città Nuova* 3 e 4 (1987); GIBELLINI, R. Origine e metodo della Teologia della Liberazione. *Rassegna di Teologia* 4 (1985) 303-324; ID. Temi e problemi della teologia della liberazione. *Rassegna di Teologia* 1 (1986) 34-62; SCANNONE, J. C. La teologia della liberazione: caratterizzacione, correnti, tappe. In NEUFELD, K. (org.). *Problemi e prospettive di teologia dogmatica*. Brescia, 1983, 393-424.
2) Sobre a Espiritualidade da Libertação, elencos bibliográficos in: BOFF, L. Mestre Eckhart: A mística da disponibilidade e da libertação. in *Mestre Eckhart. A mística de ser e de não ser*. Petrópolis, 1983, 11-48; BONNIN, E. *Bibliografía comentada sobre Espiritualidad y liberación en América Latina* (cita 76 trabalhos e anexa uma breve síntese em boa parte deles). In BONNIN, E. (org.). *Espiritualidad y liberación en América Latina*. Costa Rica, 1982, 183-204; GUTIERREZ, G. *Beber en su propio pozo. En el itinerario espiritual de un pueblo*. Lima, 1983, 12, n. 2; GUTIERREZ, G. *Hablar di Dios desde el sufrimiento del inocente. Una reflexión sobre el libro de Job*. Lima, 1986; GUTIERREZ, G. Una espiritualidad de la liberación. In ID. *Teología de la liberación. Perspectivas*. Salamanca, 1972, 265-273; RAMOS REGIDOR, J. La spiritualità della liberazione in America Latina. *Servitium* 47 (1986) 10-49; ID. Spiritualità della liberazione. In ID. *Gesù e la liberazione degli oppressi*. Milano, 1981, 422-438; SOBRINO, J. *Liberación con espíritu*. Santander, 1985, 65-6, n. 16.

E. CAMBÓN

LITURGIA. As relações que ocorrem entre a liturgia e a vida espiritual dos fiéis poderiam ser descritas à luz de uma feliz expressão da constituição litúrgica do Vaticano II: "A liturgia é o cume para o qual tende a ação da Igreja e, ao mesmo tempo, fonte de onde emana toda a sua força" (*SC* 10). De fato, a missão da Igreja coincide com as realidades salvíficas que são celebradas na liturgia: "A liturgia impele os fiéis, nutridos pelos sacramentos pascais, a viver 'em perfeita união' e pede que expressem em suas vidas o que receberam pela fé" (*Ibid.*). A vida espiritual dos fiéis, tarefa primordial da missão da Igreja, se expressa na Eucaristia, momento culminante da vida litúrgica, e dela obtém força e inspiração: "A renovação da aliança do Senhor com os homens na Eucaristia solicita e estimula os fiéis para a caridade imperiosa de Cristo" (*Ibid.*); "pois os trabalhos apostólicos se ordenam a isso: que todos, feitos pela fé e pelo batismo filhos de Deus, juntos se reúnam, louvem a Deus no meio da Igreja, participem do sacrifício e comam a ceia do Senhor. [...] Da liturgia portanto, mas da Eucaristia principalmente, como de uma fonte, se deriva a graça para nós e, com a maior eficácia, é obtida aquela santificação dos homens em Cristo e a glorificação de Deus, para a qual, como a seu fim, tendem todas as demais obras da Igreja" (*Ibid.*).

Essa nítida apresentação das relações entre liturgia e espiritualidade é o coroamento de muitos esforços de liturgistas e autores espirituais que, especialmente durante o século XX, se defrontaram com um problema vivamente debatido, cujos termos da questão nem sempre eram bem compreendidos. De fato, com a renovação litúrgica, a Igreja reencontrou de modo mais explícito e pastoral na liturgia "a fonte indispensável da vida cristã" (Pio X), ao final de um longo período de séculos em que a eficácia da celebração dos mistérios salvíficos havia sido parcialmente dificultada por graves carências teológicas e pastorais que impediam a plena compreensão do mistério por parte dos fiéis e a adequada participação da liturgia. Durante todos esses séculos, embora não tenha faltado aos fiéis a vitalidade litúrgica essencial proveniente dos sacramentos e da oração da Igreja, a vida espiritual caracterizou-se mais por outras expressões, devoções, oração, ascese, que desempenharam um papel substitutivo de "liturgia popular", quando as fontes genuínas da piedade cristã, especialmente a Bíblia e a liturgia, eram de algum modo vetadas ao acesso deles ou diminuídas em suas riquezas. Foi por esse motivo que a reaproximação dessas duas realidades, necessariamente indissolúveis, se fez com muito esforço, depois de um longo período de desconhecimento mútuo. Isso foi possível nas últimas décadas pelo aprofundamento teológico da natureza da liturgia e uma abertura pastoral progressiva da celebração dos mistérios; a vida espiritual dos fiéis, como esforço de perfeição cristã no âmbito teórico e prático, viu-se assim profundamente enriquecida e considerada a partir de sólidas bases sacramentais, à luz da revelação e da tradição mais genuína da Igreja.

1. A NATUREZA DA SAGRADA LITURGIA. Muitos possíveis mal-entendidos referentes à relação entre vida espiritual e liturgia devem-se a um falso conceito de liturgia. É preciso considerar falsos, superados ou incompletos os conceitos de liturgia que reduzem a celebração do mistério de salvação à expressão externa e suntuosa do culto, à simples regulamentação jurídica das cerimônias, ou então às categorias de culto ou expressão ritual da força de religião, que partindo de uma noção natural ou filosófica de religião, como expressa pelos historiadores das religiões ou pelos filósofos, reduz a liturgia a um simples culto dos homens a Deus, sem ressaltar a radical novidade que supõe o mistério pascal de Cristo, chave de compreensão da liturgia cristã.

a) *A liturgia segundo o Vaticano II.* Na *Sacrosanctum Concilium*, n. 7, encontramos uma descrição sumária do conceito de liturgia, em uma síntese teológica que reúne o melhor dos esforços de esclarecimento, feitos nos dias de hoje, na busca de uma exata apresentação da natureza da liturgia: "Com razão, pois, a liturgia é tida como o exercício do sacerdócio de Jesus Cristo, no qual, mediante sinais sensíveis, é significada e, de modo peculiar a cada sinal, realizada a santificação do homem; e é exercido o culto público integral pelo Corpo Místico de Cristo, Cabeça e membros". Vamos observar os elementos mais importantes dessa descrição:

I. O exercício do sacerdócio de Jesus Cristo. É o conceito chave e fundamental da teologia litúrgica, e deve ser vinculado às categorias teológicas essenciais que encontramos expressas nos n. 5-7 da *Sacrosanctum Concilium* que constituem o contexto da descrição: "história da salvação", "mistério pascal", "presença e ação de Cristo". De fato, no n. 5 se descreve o plano salvífico de Deus que conflui em Cristo, a dimensão universal e total da salvação dos homens, a realização trinitária: "Deus Pai [...] enviou o seu Filho, Verbo feito carne, ungido de Espírito Santo". Desde o momento de seu ingresso no mundo, Cristo é de fato o pontífice e o mediador. Esse sacerdócio exercido durante toda a sua vida atinge o seu ápice no mistério pascal "da sua bem-aventurada paixão, ressurreição da morte e gloriosa ascensão". Ora, em virtude da sua páscoa — a passagem gloriosa da morte à vida — Cristo continua no santuário celeste o exercício do seu sacerdócio à direita do Pai "sempre vivo para interceder" por nós (Hb 7,25). Essa sua presença garante a missão da Igreja, que, surgida como sacramento do lado de Cristo adormecido, permanece o lugar da sua presença salvífica na terra e exerce a missão de anunciar e realizar o mistério pascal entre os homens por meio da palavra e dos sacramentos (n. 6). Assim, na economia da salvação que vai de Pentecostes até a parúsia, a Igreja, por força do Espírito Santo, se torna o lugar da presença e da ação salvífica de Cristo por meio da palavra, dos sacramentos, da oração (n. 7). O sacerdócio de Cristo e o seu mistério pascal estão presentes no tempo e alcançam todos os homens na Igreja, especialmente nas ações litúrgicas.

II. Culto e santificação. O sacerdócio e a mediação do *Kyrios* glorioso têm um duplo movimento, característico da sua função pontifical entre Deus e os homens: o culto e a santificação. Cristo leva aos homens a salvação, os "santifica" por meio da sua humanidade, fonte do Espírito, prolongada agora nos sacramentos da Igreja, segundo as expressões fortemente personalistas dos Padres: "O que era visível em Cristo passou aos sacramentos da Igreja" (Leão Magno); "Tu, ó Cristo, te revelaste a mim, face a face; eu te encontro nos teus sacramentos" (Ambrósio). Do mesmo modo, o Senhor rende eternamente ao Pai o culto de amor e de obediência filial; ele permanece no céu, como esteve na terra, "o maior adorador do Pai, a realização absoluta e suprema da religiosidade" (Schillebeeckx). Nesse movimento cultual, Cristo associa sempre a si a Igreja, sua esposa muito amada, repetindo a Deus Pai, nela, o culto de toda a humanidade. Esse duplo movimento de santificação e de culto é expresso sinteticamente nos textos da *Sacrosanctum Concilium* em várias ocasiões: "Em Cristo ocorreu a perfeita satisfação de nossa reconciliação com Deus e nos foi comunicada a plenitude do culto divino" (n. 5); a liturgia é definida "a obra pela qual Deus é perfeitamente glorificado e os homens são santificados" (n. 7); a inserção concreta dos fiéis no mistério pascal se realiza com o batismo quando "recebem o espírito de adoção de filhos e assim se tornam os verdadeiros adoradores procurados pelo Pai" (n. 6). Culto e santificação estão intimamente ligados: a santificação é a primeira frase do diálogo da salvação; a iniciativa parte de Deus; realiza-se com palavras e obras; a palavra proclamada e acolhida com fé já pertence à ordem sacramental da santificação, como expressão da revelação da vida de Deus e do seu plano de salvação; a santificação compreende o duplo movimento de libertação do pecado com todas as suas consequências e doação de vida com toda a sua plenitude. O primeiro movimento da liturgia — dimensão descendente — é a santificação; nela resplandece a gratuidade e a iniciativa por parte de Deus em Cristo; o culto, por sua vez, é resposta à ação salvífica; é expressão de sentimentos filiais pelo Pai em Cristo (fé, esperança, amor, adoração, agradecimento, louvor, intercessão, arrependimento, resposta existencial na vida concreta); a liturgia realiza essa dimensão ascendente quando por Cristo dirige a sua resposta ao Pai no Espírito Santo. Não podemos desvincular o culto da santificação: não poderíamos render a Deus o culto desejado se antes não tivéssemos sido beneficiados por sua ação santificante na revelação e na graça; a santificação suscita a resposta de culto; a verdadeira glorificação, expressão máxima do culto ao Pai, consiste em conhecer, reconhecer, irradiar a sua santidade em nós. Toda a liturgia atualiza essa dupla dimensão, mesmo se em diferentes medidas e com ênfases diferentes: na liturgia da oração predomina o aspecto cultual, mas não falta a ação santificante; nos sacramentos emerge a santificação, mas eles mesmos são atos de cultos (*sacramenta fidei*); na Eucaristia, o culto e a santificação são expressos no grau mais elevado na oração eucarística e na comunhão.

III. O Corpo místico de Cristo. Em sua plenitude mistérica de Corpo místico de Cristo, a Igreja participa da santificação e do culto de Cristo. Ele "associa sempre a si a Igreja, sua Esposa diletíssima" (*SC* 7). O mistério da → IGREJA — povo de Deus hierarquicamente constituído — determina a natureza da liturgia como ato comunitário, hierarquicamente organizado, com caráter público. A sua dignidade de corpo sacerdotal faz das ações litúrgicas atos sagrados por excelência: "Toda celebração litúrgica, como obra de Cristo sacerdote e de seu corpo, que é a Igreja, é ação sagrada por excelência, cuja eficácia, no mesmo título e grau, não é igualada por nenhuma outra ação da Igreja" (*SC* 7).

IV. Expressão simbólica e eficaz. A visibilidade da Igreja, e o sentido antropológico integral da salvação, exigem que o duplo movimento da santificação e do culto se cumpra de maneira visível. O conjunto de sinais eficazes que constitui a liturgia na sua parte visível não é outra coisa que a expressão dessa mútua comunicação entre Cristo e a Igreja. Palavras, orações, ações, coisas, objetos, tempos, lugares, gestos que entram na liturgia devem ser vistos, na rica polivalência dos símbolos (humana, bíblica, cristã, eclesial), como expressão sensível da mútua comunicação pessoal entre Cristo e a Igreja no encontro santificante e cultual da liturgia.

Esses são, em síntese, os elementos fundamentais que constituem a natureza da liturgia segundo a definição da *Sacrosanctum Concilium*.

b) *Outra explicitação da natureza da liturgia.* Essa descrição precisa ser mais aprofundada, à luz de outros documentos conciliares, de modo a situá-la no conjunto da teologia do Vaticano II, cujo documento inicial é a constituição litúrgica. Antes de tudo, no que diz respeito a sua natureza do ponto de vista teológico.

I. A dimensão trinitária. Embora essa dimensão esteja implícita na descrição do n. 7, é preciso destacá-la. De fato, em sua dimensão descendente de santificação e ascendente de culto, a liturgia segue o esquema da economia da salvação nitidamente trinitário: o Pai por Cristo nos fala e nos santifica no Espírito Santo; no Espírito, por Cristo, prestamos culto ao Pai.

O Pai, como fonte e termo da liturgia enquanto atuação da salvação, ocupa um lugar de destaque; dele procede o dom da palavra e da vida eterna; para ele tende a nossa santificação e o nosso culto filial. Todas as orações litúrgicas expressam essa fé da Igreja e se dirigem de preferência a Deus Pai, especialmente na oração mais nobre da liturgia da Igreja, que é a oração eucarística.

O Espírito Santo. Sua ausência determinante na teologia litúrgica dos primeiros números da *Sacrosanctum Concilium* é demasiado evidente. A falta já foi observada em sua época, especialmente por parte dos teólogos orientais, católicos e ortodoxos. É uma falta que reflete a pouca sensibilidade pneumatológica da teologia ocidental católica; lacuna em parte preenchida em outros documentos conciliares e em geral na liturgia pós-conciliar. De fato, uma afirmação explícita de que a liturgia é sempre realizada no Espírito Santo, ou por força do Espírito Santo, encontra-se em outros textos do Concílio (*LG* 50; *PO* 5). O papel determinante do Espírito Santo na liturgia poderia ser proposto em síntese nestes termos: Não é possível a liturgia sem o Espírito Santo! (T. Federici); sem o Espírito Santo a liturgia é uma simples evocação! (I. Hazim). De fato, por sua natureza e nos seus componentes, toda liturgia deve ser essencialmente pneumatológica. A salvação, como vida do Pai em Cristo, no momento atual da economia trinitária, nos é oferecida no Espírito. O mistério pascal de Cristo chega até nós através do Espírito que é o dom de Cristo morto e ressuscitado à sua Igreja. O Corpo místico é animado pelo Espírito em todas as suas atividades. A santificação, que é um dos movimentos essenciais da liturgia, é obra do Espírito Santo, que assim é infundido no coração dos fiéis (Gl 4,6; Rm 8,15-16). Do mesmo modo, o culto, como resposta da Igreja por Cristo ao Pai, brota da força do Espírito. Assim, não existe ação litúrgica que não tenha necessidade de ser vivificada pelo Espírito Santo para ser eficaz: a Palavra proclamada com fé e ouvida com devoção (*DV* 1), a oração e o louvor, a ação santificante de cada sacramento. De fato, a reforma pós-conciliar dos ritos litúrgicos teve o cuidado de evidenciar esse papel santificante do Espírito nos momentos culminantes das ações sacramentais. No batismo: no prefácio de consagração da água, na fórmula batismal e na unção pós-batismal. No crisma, sacramento do dom do Espírito, em todos os momentos, mas especialmente na fórmula sacramental: "Recebe o sinal do Espírito Santo que te é doado". Na Eucaristia foram oportunamente reproduzidas as duas epicleses, antes e depois da consagração, que expressam da maneira mais clara a ligação indissolúvel entre a Eucaristia e o Espírito Santo, tanto para realizar a consagração e transformação das ofertas, quanto para a transformação da assembleia eucarística em verdadeiro corpo de Cristo por meio da comunhão do seu corpo e sangue gloriosos. Nas ordenações diaconais, presbiterais e episcopais, nos gestos da imposição das mãos e da unção (para os presbíteros nas mãos, para o bispo na cabeça) juntamente com os prefácios consagratórios, a realidade do Espírito para a missão específica do sacramento é claramente enunciada. Também nos sacramentos da reconciliação e da → UNÇÃO DOS ENFERMOS, as fórmulas centrais têm uma referência explícita ao Espírito "infundido para a remissão dos pecados" (reconciliação) e à "graça do Espírito Santo", como força para o doente (unção dos enfermos). No que diz respeito à oração, e mais explicitamente à oração litúrgica, basta lembrar o princípio enunciado na *Instituição geral da liturgia das Horas,* n. 8: "A unidade da Igreja orante é obra do Espírito Santo, que é o mesmo em Cristo, em toda a Igreja e em cada batizado. [...] Assim, não pode haver nenhuma oração cristã, sem a ação do Espírito Santo, que unindo toda a Igreja por meio do Filho, a conduz ao Pai".

II. A eclesiologia litúrgica. Uma melhor compreensão da liturgia nos é oferecida pela ampliação da perspectiva que em matéria eclesiológica nos é oferecida pelos outros documentos do Vaticano II, especialmente pela *Lumen gentium,* em dois pontos: a referência à Igreja local e o → SACERDÓCIO DOS FIÉIS.

A assembleia litúrgica como expressão da Igreja. Em coerência com a visão eclesiológica do Vaticano II, devemos afirmar que a liturgia, especialmente a eucarística, leva a Igreja a descobrir a sua essência naquela realidade de Igreja local que é expressão e realização da Igreja universal. De fato, já no Novo Testamento o termo *ekklêsia,* com que se traduz a expressão característica da assembleia litúrgica de Israel, designa ao mesmo tempo estas três realidades: a Igreja universal, comunidade de todos os batizados; a Igreja local, constituída em um determinado lugar; a assembleia litúrgica, reunida para celebrar o mistério de Cristo. Assim a Igreja manifesta sua universalidade, sua concretude histórica, geográfica e cultural, sua dimensão de comunhão cultual. Ora, é precisamente a liturgia que expressa no mais alto grau a essência da Igreja na reunião da comunidade local. Essa visão de uma eclesiologia litúrgica foi antecipada em *SC* 41 e 42, onde se fala do bispo que preside a celebração litúrgica, máxima expressão visível da Igreja, e das paróquias que de certo modo representam a Igreja visível estabelecida na Igreja. O texto fundamental dessa eclesiologia de comunhão é o n. 26 da *Lumen gentium*: "Esta Igreja de Cristo está verdadeiramente presente em todas as legítimas comunidades locais de fiéis, que, unidas com seus pastores, são também elas no Novo Testamento chamadas Igrejas. Estas são em seu lugar o povo novo chamado por Deus com a força do Espírito Santo e com grande abundância de carismas. [...] Nestas comunidades, embora muitas vezes pequenas e pobres, ou vivendo na dispersão, está presente Cristo, por cuja virtude se consocia a Igreja una, santa, católica e apostólica". Essa consciência da assembleia litúrgica como expressão e realidade da Igreja é fortemente expressa por esse texto da *Didascalia dos apóstolos* (século III): "Ensina o povo, com preceitos e exortações, a frequentar a assembleia e a não faltar nela de modo algum; que eles estejam sempre presentes e não diminuam a Igreja com sua ausência e não privem a Igreja de um de seus membros. Que cada um tome para si, e não para os outros, as palavras de Cristo: 'Quem não reúne comigo se dispersa'. Já que sois membros de Cristo, não queirais dispersar-vos da Igreja por não reunir-vos. Tendo a Cristo como cabeça, segundo a promessa dEle sempre presente e em comunicação convosco, não vos descuideis de vós mesmos, nem afasteis o salvador de seus membros, dividindo e dispersando seu corpo" (*Didascalia*, II, 59, 1-3, cit. in *PO* 6, nota 31). Essa plenitude eclesial que a assembleia litúrgica possui tem origem na presença de Cristo e no dom do seu Espírito através da palavra e dos sacramentos, especialmente a Eucaristia, que realiza a máxima comunhão vital com Cristo por parte de cada fiel e entre eles por meio da fé e do amor, na esperança da plena realização da → COMUNHÃO DOS SANTOS na glória de que a liturgia é sinal e antecipação (*SC* 8).

Há outros aspectos dignos de destaque nessa visão litúrgica da Igreja local. Ela evoca sempre a realidade completa, que é a Igreja universal, e a necessária comunhão hierárquica. Uma assembleia litúrgica expressa o seu ser Igreja de Cristo quando manifesta explícita e implicitamente a "Igreja" como o próprio Cristo a quis, com a sua "constituição hierárquica" e a sua "comunhão apostólica"; hierarquia e comunhão que são necessárias à dimensão de "legítima assembleia local". Por outro lado, a assembleia litúrgica local não pode deixar de expressar as características geográficas e os fatos históricos nas formas de culto e nos sinais de santificação que estão sujeitos a mudanças culturais, históricas e geográficas. Como lugar "onde floresce o Espírito" (Hipólito), a assembleia deve ser o espaço em que as diversas funções ministeriais e os múltiplos carismas dos fiéis são manifestados, como realização e sinal da Igreja "una, santa, católica e apostólica".

A assembleia como corpo sacerdotal. Um tema a que a *Sacrosanctum Concilium* apenas alude, mas que permanece no centro da teologia litúrgica, é o do sacerdócio dos fiéis. Uma breve menção é feita no n. 14 em que se fala do caráter comunitário da liturgia Mas não se faz ali uma exposição dos fundamentos bíblicos e teológicos e das expressões litúrgicas que isso comporta. A questão foi abordada diretamente nos nn. 9-11 da *Lumen gentium*. A assembleia aparece assim como um corpo sacerdotal que na comunhão do próprio batismo é unida a Cristo sacerdote e ao seu culto ao Pai, mesmo respeitando a dignidade própria do sacerdócio ministerial que, conferida por um sacramento especial, configura de uma maneira nova e essencialmente diferente o presbítero a Cristo na sua missão de chefe da Igreja. Os fiéis batizados, nos limites decorrentes da natureza dos sacramentos e da organização da Igreja, em virtude de sua configuração a Cristo por meio do batismo e do crisma, participam com pleno direito das ações litúrgicas, como explicita concretamente o n. 11 da *Lumen gentium*.

III. A antropologia litúrgica. Um enfoque correto da teologia e a espiritualidade da liturgia deve incluir também a dimensão antropológica. São os homens concretos e completos os destinatários da santificação; é o homem no seu todo que é envolvido na resposta cultual, com seus sentimentos mais nobres, com seus gestos característicos, com sua corporeidade. Aqui encontra sua correta aplicação o sentido comunitário da liturgia, a sua expressão simbólica em que está envolvido o homem na sua corporeidade, mas também as coisas, o cosmos, o tempo, o espaço. Uma atenta avaliação dessa dimensão leva à aceitação dos elementos válidos das diversas culturas, a uma necessária obra de adaptação da liturgia, já almejada pela própria *Sacrosanctum Concilium*, nn. 37-39. De fato, a liturgia destina-se ao homem concreto, à humanidade na sua dimensão geográfica e cultural, social e existencial. Aqui se evidencia claramente a distinção entre os elementos que são imutáveis na liturgia da Igreja e aqueles que estão sujeitos a uma mudança (*SC* 21). Por outro lado, deve-se lembrar que a liturgia, enquanto celebração da Igreja que é sacramento universal de salvação, é celebrada pelo bem de toda a humanidade.

2. RELAÇÕES ENTRE LITURGIA E VIDA ESPIRITUAL.

Para uma melhor exposição das relações existentes entre liturgia e vida espiritual dos cristãos é necessário apresentar alguns princípios teológicos e existenciais que podem ilustrar a mútua dependência.

a) *A vida espiritual em perspectiva litúrgica.* Um mal-entendido que pôde deturpar o enfoque das relações entre liturgia e vida espiritual foi o de reduzir esta última a um de seus aspectos preponderantes (oração, ascese, serviço heroico das virtudes, perfeição da caridade), às vezes até nos seus graus mais elevados (contemplação, martírio, experiência mística) sem indicar as raízes sacramentais dessas manifestações de vida cristã. Ora, é precisamente a visão da vida espiritual em perspectiva de "história da salvação" individual e comunitária, que reproduz o itinerário do chamado de Deus, a justificação, a santificação e a glorificação (cf. Rm 8,30) em Cristo e no Espírito, que estabelece o limite correto entre o que na vida espiritual é obra gratuita e preveniente de Deus e o que é confiado à livre resposta do homem que permite à ação do Espírito levar a termo o projeto de salvação. Nesse esquema dialógico que reproduz o diálogo universal da revelação e da salvação, encontramo-nos diante da obra de Deus que revela e doa a sua vida em Cristo e no Espírito e da obra do homem que acolhe, aceita, assimila e corresponde a esta graça. A ação de Deus exige a reação do homem (K. Rahner). Esta história da → SALVAÇÃO na sua realização pessoal, que é a vida espiritual ou o caminho da santidade, se realiza na igreja, sacramento de salvação, e se expressa na liturgia com suas palavras e ações é "história da salvação em ato", lugar da comunhão na vida trinitária por parte dos fiéis, mediante a proclamação da Palavra e a participação nos sacramentos, e ao mesmo tempo é momento culminante da resposta teologal por meio da oração e do culto sacramental. Não podemos compreender o sentido da vida espiritual nas suas expressões mais elevadas ou nas suas realizações comuns se não as reconduzirmos a esse esquema de "história de salvação" e não buscamos suas raízes e as realizações nas suas fontes sacramentais.

b) *"Fonte e ápice". A liturgia "fonte" da vida espiritual.* Essa afirmação central de *SC* 10, já mencionada, não tem necessidade de muitas demonstrações. Toda vida espiritual cristã nasce da escuta da Palavra que chama à conversão e leva ao batismo e ao crisma, se nutre com a Eucaristia, se restaura com a penitência. A vida cristã no Espírito, dada inicialmente no batismo, crisma, Eucaristia — a iniciação cristã —, cresce e amadurece em contato com as fontes da santidade, a comunhão com Cristo e o seu Espírito, que nos sacramentos da Igreja são transmitidos aos fiéis de um modo real, objetivo. A partir desse ponto de vista podemos afirmar que a espiritualidade cristã é essencialmente espiritualidade batismal: desenvolvimento harmonioso e coerente de todas as sementes de graça contidas no → BATISMO. Não existe estado de perfeição cristã, aspecto da santidade, estado da realização da união com Cristo, expressão externa de compromisso cristã na Igreja que não esteja contido na graça batismal como na sua semente. O próprio cumprimento da vida espiritual na glorificação não será outra coisa que o florescimento completo dessa realidade inicial que é precisamente chamada de *semen gloriae*. A perfeição e a → SANTIDADE CRISTÃ são o longo caminho de assimilação pessoal e de amadurecimento humano na história individual e coletiva dos dons e exigências do batismo. A liturgia permanece, portanto, a primeira fonte da vida espiritual como ponto de início, mas também a realidade constantemente presente em um batizado. Mas esse início é continuado, amadurecido e aprofundado através de outras expressões de vida litúrgica, especialmente o crisma, como dom do Espírito, a Eucaristia, renovação da comunhão com Cristo no seu mistério pascal e no seu corpo eclesial, a penitência que restabelece e leva a termo a graça batismal na sua dimensão de purificação e luta contra o pecado. A esses sacramentos deve-se acrescentar a citação da unção dos enfermos, que renova a graça batismal de inserção no mistério da morte de Cristo, como força de purificação e de luta diante da doença e da morte física. No que diz respeito aos outros sacramentos, é evidente que a dimensão específica de uma espiritualidade do próprio estado sacramental, sacerdócio ou matrimônio, tem a sua fonte na graça da configuração a Cristo como chefe da comunidade eclesial, no sacerdócio ministerial, e como mistério de união e de doação no amor fecundo de Cristo à Igreja, fonte e modelo de uma autêntica espiritualidade conjugal. A própria vida religiosa como "espiritualidade" no "seguimento de Cristo" e na "consagração" é hoje felizmente reconduzida às próprias fontes sacramentais do batismo e da crisma. Não é difícil reconduzir a essas fontes sacramentais também os aspectos de vida cristã que são como que as expressões de uma autêntica espiritualidade: a oração, realização da filiação divina, da comunhão com Cristo e da força do Espírito; as virtudes teologais, especialmente a caridade, doadas no batismo e alimentadas pela Eucaristia; o apostolado, exigência do compromisso de fé batismal e da dimensão de caridade, missão e serviço que brotam da Eucaristia...

A liturgia "ápice" da vida espiritual. A liturgia é também "ápice" da vida espiritual. O dom de Deus aos seus filhos, de que a liturgia continua a ser a fonte primária e fundamental, exige a resposta específica cristã por parte dos fiéis: fé, esperança, amor e compromisso concreto, louvor, agradecimento. Obviamente, toda a vida cristã é o lugar da resposta à graça e da sua realização existencial, mas é na liturgia que são expressos como "culto" em união com a Igreja e por meio de Cristo, no louvor e glorificação que o Corpo místico realiza no Espírito ao Pai por Cristo mediador, especialmente na celebração eucarística. Dessa resposta ao dom de Deus de que é entremeada a vida espiritual dos crentes, sabemos que pode ser realizada fora da liturgia em momentos culminantes (martírio, contemplação, experiência mística, oferta da própria vida, atos de caridade...). Mas todos encontram a sua suprema celebração sacramental na liturgia como expressão de culto de todo o Corpo místico de Cristo. Na liturgia, portanto, encontramos a fonte e o ápice da vida espiritual do cristão, porque nela se encontra a plenitude dos aspectos da história da salvação na celebração do mistério pascal de Cristo que é o seu centro, o caráter eclesial da santidade à qual somos chamados como povo de Deus; a liturgia, por sua vez, pede uma plena manifestação em todos os seus aspectos e exigências em uma abertura teologal que supõe sempre a plena realização das virtudes teologais e dos → DONS DO ESPÍRITO SANTO até o ápice da perfeição cristã.

c) *Santificação e culto em perspectiva existencial*. Os dois componentes essenciais da liturgia, santificação e culto, possuem um dinamismo necessário que ultrapassa os limites da ação litúrgica. As expressões com que sintetizamos as relações entre liturgia e vida espiritual, "fonte e ápice", são autênticas se abertas a todo o seu dinamismo. A vida espiritual encontra na liturgia a fonte e o ápice se ela é capaz de realizar uma exuberante existência cristã.

A santificação. O dom santificante da graça é oferecido aos crentes através da ação sacramental de Cristo na liturgia (*opus operantis Christi*); atinge o seu objetivo quando, devidamente aceito e assimilado pela Igreja (*opus operantis Ecclesiae*), na fé e no amor, permanece confiado ao dinamismo do Espírito que, com a colaboração do homem, o levará a sua realização na dupla dimensão da profundidade e da continuidade. Em primeiro lugar, a graça sacramental é dada através da corporeidade como sinal da santificação integral do homem em todo o seu ser, corporal e espiritual; a livre atuação da graça, de que o Espírito santificante permanece o princípio na necessária *sinergia* do homem com todos os seus recursos, deveria tomar todo o homem na sua integridade: iluminação na mente, força da vontade, graça curativa das tendências contrárias que ainda subsistem, purificação das atitudes do espírito, assimilação do pensamento, da ação e da vontade aos "sentimentos" de Cristo, de que toda graça sacramental é sinal e dom eficaz. A resistência oposta da natureza humana nos seus componentes psicológicos e sensíveis não permite que a graça, por si só eficaz, realize sempre toda a riqueza do encontro com Cristo e do dom do seu Espírito no seu dinamismo de perfeita santificação; a resposta do cristão nunca dá a medida do dom de Deus, mas só a medida do dom assimilado. Esse princípio de "realismo espiritual litúrgico" leva a uma dupla consideração. Na liturgia aparece o dom santificante de Deus em toda a sua gratuidade e sua eficácia, mas limitado pela receptividade pessoal do cristão; isso explica por que o encontro sacramental litúrgico deve repetir-se continuamente, segundo os ciclos normais de devoção litúrgica, para inserir no mistério de Cristo o mistério da própria existência e para permitir uma progressiva posse da graça sacramental. Esse dinamismo de santificação nos ensina que a receptividade da graça sacramental é tanto maior quanto mais intensas e firmes são as atitudes espirituais dos que participam da liturgia, quanto mais completa é a resposta teologal, mais profundamente enraizadas na vida as virtudes cristãs. Por outro lado, a dimensão simbólica da liturgia e a participação do corpo e da sensibilidade através dos sinais sacramentais são as expressões com que o cristão expressa uma resposta que gostaria de ser total, e os sacramentos realizam uma misteriosa, mas progressiva associação à liturgia de todas as dimensões espirituais e psicológicas do homem.

A mesma tese vale para o dinamismo de continuidade. A graça santificante permanece aberta à influência que deve exercer na vida do cristão além da liturgia, na vida comum, nos compromissos concretos em que deve viver a própria vocação cristã, e que devem ser permeados daquele dom que teve na liturgia a sua fonte, mas que exige uma continuidade. Nesse sentido, a liturgia é dinâmica porque leva os fiéis "a exprimir em sua vida e manifestar aos outros o mistério de Cristo e a genuína natureza da verdadeira Igreja" (*SC* 2), segundo aquela límpida frase da liturgia romana, resumo de uma autêntica vida espiritual litúrgica: "*ut sacramentum vivendo tenant quod fide perceperunt*" (cf. *SC* 10).

O culto. Também a resposta cultual impele a uma realização existencial. Esse princípio teológico tem também a vantagem de possuir uma apresentação ideológica mais perfeita: a teologia do culto cristão à luz da revelação. Os estudos recentes sobre a linguagem cultual do Novo Testamento e sobre a teologia do culto cristão insistem de uma maneira muito clara nessas convicções fundamentais. Nos escritos do Novo Testamento os autores sagrados descrevem a vida de Cristo, especialmente o seu retorno ao Pai — o mistério pascal de morte e ressurreição — e a vida dos cristãos, com termos especificamente cultuais. Os termos técnicos do culto — sacerdócio, sacrifício, culto, liturgia, templo, hóstia... — servem para descrever não um rito cristão específico, mas a vida e a paixão de Cristo interpretadas em perspectiva de culto, ou a existência cristã vivida como culto e sacrifício espiritual; assim, por exemplo, em Rm 12,1 o termo *latria* significa a vida cristã na caridade; em Rm 1,9, o ministério apostólico; em Hb 9,11 o verbete *leitourghia* significa o mistério sacerdotal de Cristo na sua passagem ao Pai; em 2Cor 9,12, a vida cristã de caridade; em Ef 5,2 o termo *thusia* significa a oblação de Cristo na sua morte; em Rm 12,1 e 1Pd 2,5, a vida dos cristãos. De maneira ainda mais clara, o termo "sacerdote" é aplicado a Cristo na sua vida e na sua morte redentora e na sua existência gloriosa que prolonga seus efeitos (Carta aos Hebreus), é aplicado aos cristãos em 1Pd 2,5.9, para exprimir sua capacidade de fazer da própria vida um culto espiritual, ao passo que em Ap 1,5-6; 5,6-10; 20,4-6 esse termo se aplica aos cristãos que alcançaram a bem-aventurança do paraíso, de maneira especial os *mártires*, que por sua oferta são particularmente assimilados a Cristo sacerdote. O motivo dessa linguagem cultual aplicada à totalidade da vida dos batizados deve ser buscado em uma atitude crítica da primitiva comunidade cristã em relação ao velho culto de Israel, considerado agora obsoleto (Lyonnet). O verdadeiro culto é a vida cristã, radicada no batismo, mistério que une misticamente os cristãos e suas atividades às de Cristo, aquele que inaugurou o novo culto no Espírito. A vida cristã é, em sentido amplo, "liturgia", como procura explicar Paulo em um texto central desta teologia nova do culto cristão: "E vos exorto, pois, irmãos, em nome da misericórdia de deus, a vos oferecerdes vós mesmos em sacrifício vivo, santo e agradável a Deus: este será o culto espiritual" (Rm 12,1); e São Pedro: "vós mesmos entrais como pedras vivas na construção da casa habitada pelo Espírito, para construir uma santa comunidade sacerdotal, para oferecer sacrifícios espirituais agradáveis a Deus por Jesus Cristo... Vós sois a raça eleita, a comunidade sacerdotal do rei, a nação santa, o povo que Deus conquistou para que proclameis os altos feitos daquele que das trevas vos chamou para sua maravilhosa luz" (1Pd 2,5.9). Essa teologia do culto não nega nem diminui o sentido das ações sagradas, especificamente cristãs que são os sacramentos e a oração; ao contrário, são elas que fundamentam a relação sacerdotal e sacrifical da vida dos cristãos para a comunhão com o mistério de Cristo celebrado, especialmente nos sacramentos da iniciação:

batismo, imposição das mãos para a imposição do Espírito, fração do pão como memorial do Senhor; essas ações, além disso, pertencem de modo eminente ao verdadeiro culto do Espírito, aos sacrifícios espirituais de que está permeada a vida cristã vivida na fé e na caridade.

Essa visão bíblica ilumina a teologia do culto no Vaticano II, especialmente na *Lumen gentium*, ampliando assim o enfoque um tanto restrito e negativo da constituição litúrgica acerca das ações dos fiéis fora da liturgia propriamente dita. De fato, nos nn. 9-10 e 12-13 da *Sacrosanctum Concilium* fala-se em termos negativos ou com expressões que acentuam a dicotomia entre a liturgia e a vida da Igreja fora da liturgia: "a sagrada liturgia não esgota toda a ação da Igreja" (*SC* 9); "a vida espiritual, contudo, não se esgota na participação apenas da liturgia" (*SC* 12). Na *Lumen gentium*, ao contrário, a relação é expressa em termos de continuidade, em decorrência do conceito de sacerdócio dos fiéis e de culto espiritual: "Pela regeneração e unção do Espírito os batizados são consagrados para formar uma morada espiritual, um sacerdócio santo, para oferecer sacrifícios espirituais por meio de todas as obras do cristão... Os fiéis, em virtude de seu sacerdócio régio, contribuem para a oblação da Eucaristia e exercem o sacerdócio com a oração e o agradecimento, com a abnegação e a operante caridade"; "a índole sagrada e a estrutura orgânica da comunidade sacerdotal são realizadas por meio dos sacramentos e das virtudes" (*LG* 11); doutrina que converge nesta solene afirmação do Concílio quando se fala do exercício do sacerdócio comum na vida dos leigos: "Todas as suas obras, preces e iniciativas apostólicas, vida conjugal e familiar, trabalho cotidiano, descanso do corpo e da alma, se praticados no Espírito, e mesmo os incômodos da vida pacientemente suportados, tornam-se 'hóstias espirituais, agradáveis a Deus, por Jesus Cristo' (1Pd 2,5), hóstias piedosamente oferecidas ao Pai com a oblação do Senhor na celebração da Eucaristia" (*LG* 34). Finalmente, como expressão sintética dessa doutrina é preciso citar a constituição apostólica *Laudis canticum* (1º de novembro de 1970): "Toda a vida dos fiéis, durante cada hora do dia e da noite, constitui como que uma *leitourghia* com que eles se oferecem em serviço de amor a Deus e aos homens, aderindo à ação de Cristo, que com sua morada entre nós e a oferta de si mesmo santificou a vida de todos os homens".

A teologia clássica e a moderna podem trazer alguma luz para justificar o enfoque do culto cristão nessa perspectiva; uma sensibilidade espiritual pode dar sua explicação exaustiva. A continuidade entre a liturgia e a vida dos fiéis não deve ser proposta em uma confusão de termos que significam coisas diferentes. Com a teologia clássica poderíamos distinguir entre a "liturgia como sacramento" e a vida cristã, nascida da liturgia como *res sacramenti*, a graça sacramental a ser realizada numa lógica continuidade existencial; por outro lado, sabe-se como a teologia moderna, nas suas corretas acentuações personalistas ou políticas, evidencia esse enfoque da terminologia clássica, às vezes sacrificando o *sacramentum* à *res sacramenti*. No que diz respeito à tensão cultual da existência para suas expressões litúrgicas, especialmente a Eucaristia, como diz o Concílio (*SC* 10), é preciso recorrer ao simbolismo das palavras e dos ritos para compreender como a oblação litúrgica da Igreja, enquanto comunidade local e universal, e enquanto sacramento da humanidade, resume a oferta de toda a vida dos cristãos e a une ao sacrifício recapitulador de Cristo, cabeça da Igreja e da humanidade. Uma autêntica sensibilidade espiritual pode dar concretude a esse enfoque doutrinal de toda a vida cristã como culto, sublinhando a frase do Concílio: "se praticados no Espírito" (*LG* 34), ou seja, na medida em que o agir cristão é guiado pelo Espírito e floresce em vida teologal, a existência dos batizados, na múltipla variedade de atos em relação a Deus e ao próximo, torna-se culto espiritual. Além disso, na celebração litúrgica, a profundidade da participação e o compromisso consciente de união ativa com Cristo e com a Igreja no Espírito Santo tornarão mais viva a oblação sacramental de toda a vida dos homens.

d) *Outros conceitos complementares sobre as relações entre liturgia e vida espiritual*. Tudo o que expusemos poderia ser suficiente para indicar a mútua relação que há entre a celebração litúrgica e a vida de perfeição cristã, mas gostaríamos ainda de ilustrar alguns aspectos dessa mesma realidade.

A liturgia, escola da vida espiritual da Igreja. Como Paulo VI afirmou no dia da aprovação da constituição litúrgica (4 de dezembro de 1963), a liturgia é "a primeira escola da nossa vida espiritual". Destaca-se assim o primado da liturgia e do papel pedagógico da Igreja para o seu conteúdo e a sua forma. Nenhuma outra doutrina, movimento ou escola de espiritualidade pode vangloriar-se de ser na mesma condição e com a mesma dignidade a "pedagogia espiritual" da Igreja. De fato, através da palavra, da catequese, dos múltiplos sinais e sacramentos, das orações, do canto, dos gestos, a liturgia realiza uma eficaz educação da fé e da vida do povo de Deus. Quem participa plena e conscientemente da liturgia não tem necessidade de outra escola de vida espiritual. Por isso, como testemunha a história, a vida espiritual dos fiéis se enfraquece ou empobrece notavelmente quando falta um profundo e constante contato com a liturgia da Igreja. Outros mestres de vida espiritual ou outras escolas de → ESPIRITUALIDADE poderão ajudar a aprofundar um ou outro tema ou aspecto da liturgia, especialmente os que comportam certa experiência dinâmica no indivíduo ou na comunidade, mas jamais poderão tomar o lugar da liturgia como primeira e fundamental escola da vida do povo de Deus. Por outro lado, no âmbito das diversas escolas e tradições espirituais, a liturgia exerce um papel de unificação e de equilíbrio necessários para reconduzir toda espiritualidade às suas fontes bíblicas e sacramentais.

A liturgia como experiência dos mistérios. A liturgia é também "mistagogia", iniciação aos mistérios, experiência do mistério. Essa definição torna a liturgia particularmente afim à vida espiritual que, por seu componente dinâmico, confere o correto destaque à experiência religiosa. Sem transpor necessariamente o limiar da experiência mística, mas aberta também a esses vértices de vida cristã para aqueles que receberam ou podem receber de Deus esse "carisma", a liturgia é experiência religiosa da vida em Cristo e na Igreja. Não é mera pregação dos mistérios ou reflexão sobre o mistério, mas celebração do mistério de Cristo e da existência cristã nele fundamentada. Uma experiência religiosa que, por seu componente simbólico, toma todo o homem na sua sensibilidade e na sua relação com as coisas e com a sociedade. Como toda experiência espiritual está sujeita a uma purificação, que supõe uma maior atenção aos valores teologais da liturgia na dupla dimensão de santificação e de culto, e uma capacidade para mergulhar na contemplação litúrgica com atos simples de fé e de amor, nos quais, através de uma plena participação corporal, o homem unifica todo o seu ser para Deus.

Celebração da vida espiritual. Em um sentido ainda mais existencial, a liturgia é "celebração", "festa". Esses conceitos antropológicos podem indicar muitas coisas. Momentos fortes em que resumimos, dando-lhe o sentido mais genuíno, uma vida passada e futura; senso de gratuidade: a festa vale por si mesma, sem que se pensa na utilidade ou no benefício. A assembleia litúrgica é sempre uma celebração alegre do mistério de Cristo e portanto da nossa vida como mistério inserido no seu. Ora, "toda assembleia é uma festa" (João Crisóstomo), pela presença do Senhor crucificado e glorificado em meio a nós, e pela celebração do memorial da Páscoa. A liturgia torna-se assim a celebração da existência cristã, tanto mais perfeita quanto mais continuidade existe entre a liturgia que se celebra e a vida espiritual em Cristo dos que são os protagonistas da "festa". Em cada assembleia resplandece a gratuidade do dom de Deus e a superabundância da sua graça. Na liturgia tomamos, por assim dizer, toda a nossa existência para colocá-la diante do Pai e oferecê-la por Cristo e no Espírito. Ela oferece ao cristão a possibilidade de atingir vértices de autêntica espiritualidade quando, esquecido de si, se volta para Deus numa atitude gratuita de louvor, adoração e agradecimento e exprime a perfeita glorificação de Deus, conhecendo e reconhecendo a obra de salvação.

3. ESPIRITUALIDADE LITÚRGICA. Tudo o que expusemos até agora demonstra claramente como a espiritualidade deve ser necessariamente litúrgica no seu nascimento, no seu amadurecimento, na sua consumação. A liturgia não é "uma" escola de vida espiritual, mas "a" escola de vida espiritual. Nesse sentido, não se pode falar de espiritualidade litúrgica como de outra escola de espiritualidade, à maneira de outras correntes espirituais da história da Igreja. "A espiritualidade ou é litúrgica ou não é espiritualidade cristã" (Jiménez Duque). Mas pode-se falar em sentido amplo de "espiritualidade litúrgica" na vida de um cristão ou de uma comunidade quando de modo concreto e consciente esta se adapta plenamente ao conteúdo, ao estilo e ao ritmo da liturgia da Igreja. Assim, o que vale especificamente para os que desejam viver de maneira mais consciente a liturgia em toda a sua completude vale também em sentido amplo para todos os cristãos.

a) *Alguns conceitos de espiritualidade litúrgica.* Com alguns autores que estudaram de modo particular essa questão, podemos descrever a espiritualidade litúrgica: "A tendência a unificar toda a atividade espiritual do indivíduo conformando-a e incorporando-a à ação cultual da Igreja" (G. Brasó). "Aquela espiritualidade em que a concretização específica e a relativa organização sintética própria dos diversos elementos comuns a toda espiritualidade católica, como meios para a perfeição, são determinados pela própria liturgia" (C. Vagaggini). "Espiritualidade litúrgica é o exercício autêntico da vida cristã como vida em Cristo, que tem origem nos sacramentos da iniciação, se exerce nas ações litúrgicas, especialmente na participação ativa da Eucaristia; delas provêm o testemunho em meio ao mundo e nelas tem o seu ápice; na esperança da definitiva realização escatológica" (B. Neunheuser).

b) *Algumas notas de uma espiritualidade litúrgica*. A enumeração de algumas notas características de uma espiritualidade litúrgica é feita segundo os conceitos que expressamos: toda espiritualidade é sempre litúrgica; assim, a liturgia caracteriza a vida espiritual da Igreja com algumas notas próprias. A enumeração pode parecer prolixa, mas tem a vantagem de oferecer ao mesmo tempo uma síntese e complemento da exposição feita anteriormente.

A espiritualidade litúrgica na sua dimensão trinitária é *teocêntrica*, porque dá o máximo destaque à ação de Deus e à sua iniciativa gratuita de salvação, e finalmente relaciona tudo a ele, em atitudes em que predomina o louvor, o reconhecimento, o agradecimento. É *cristocêntrica*, porque põe no centro da própria experiência Cristo no seu mistério pascal; vê nos sacramentos e especialmente na Eucaristia uma presença ativa e real de Cristo que transmite sua graça na multiforme riqueza sacramental e leva os fiéis à comunhão de vida com ele morto e ressuscitado; na oração e no louvor se une a Cristo que "reza por nós como nosso sacerdote, reza em nós como nossa cabeça, é pregado por nós como nosso Deus" (Santo Agostinho, *Enarr. In Ps.* 85, 1). É *pneumatológica* porque em todos os seus aspectos de santificação e de culto, nos seus componentes — palavra e sacramento — o Espírito do Pai e de Cristo permeia a liturgia para se transmitir à Igreja e a cada fiel e cumprir no Corpo místico o mistério da unidade em um só Espírito, e em cada cristão a total assimilação a Cristo. Mas por Cristo e no Espírito, a fonte última e o termo definitivo das ações litúrgicas permanecem sempre o Pai, que Cristo nos revelou e o Espírito nos impele a invocar corajosamente: "Abbà, Pai" (Gl 4,6).

Na dimensão eclesial, a espiritualidade litúrgica é *comunitária* porque ressalta o aspecto social do projeto salvífico, a união e a solidariedade de todos no pecado e na salvação, a unidade do povo de Deus, a comunhão do Corpo místico, a necessária *sanctorum communio* ("comunhão das coisas santas", segundo a expressão primitiva) de todas as legítimas assembleias locais dispersas pela terra; do ponto de vista espiritual, esse aspecto comunitário reafirma a exigência da caridade recíproca em Cristo e a interdependência de todos no crescimento comum rumo à santidade. A liturgia é também *eclesial* na medida em que as suas expressões de culto e de santificação são reguladas e estabelecidas pelas legítimas autoridades eclesiais, as quais, mesmo respeitando as tradições e culturas de cada Igreja local, zelam pela pureza e ortodoxia da unidade da própria fé apostólica.

A espiritualidade litúrgica é, em referência aos seus elementos constitutivos, antes de tudo *bíblica*; a → PALAVRA DE DEUS, de fato, ocupa um lugar eminente na liturgia, como componente essencial dos atos litúrgicos, como inspiradora do sentido de todos os sacramentos e orações; a liturgia é efetivamente a atualização da história da → SALVAÇÃO, no presente, proclamado pelas palavras e realizado nos sacramentos. É *mistérica* enquanto a experiência espiritual litúrgica passa pelos mistérios e sinais litúrgicos; a fé e a catequese ajudam a perceber o significado dos símbolos litúrgicos, que nos ajudam a estabelecer em uma riqueza inesgotável de sentido a comunhão ao mistério de Cristo; por ele o homem, como um todo, é elevado à participação da vida divina, e o próprio cosmos, nas suas criaturas, se torna meio e expressão da comunhão da humanidade com Deus. A espiritualidade, inspirada na liturgia, enquanto inspirada no ritmo temporal das celebrações da Igreja, é *cíclica*; nos diversos ciclos litúrgicos (diário, semanal, anual) com as próprias celebrações comemorativas específicas, o homem espiritual imerge a própria experiência e a existência concreta no mistério de Cristo; a oração cotidiana, com a santificação e a oferta de tempo, com o seu ponto culminante na Eucaristia, insere o tempo fugaz do homem, os seus esforços e o seu trabalho, no tempo salvífico de Deus; a comemoração semanal da ressurreição do Senhor no domingo renova na festa e no descanso o mistério da criação e da "nova criação" do Cristo ressuscitado, à espera da parúsia, o definitivo "dia do Senhor"; assim o homem faz do próprio trabalho e da própria vida uma preparação do reino que vem. No ciclo anual dos mistérios do Senhor, o cristão é colocado em contato com as realidades salvíficas dos mistérios da vida de Cristo e da sua morte gloriosa, às quais deve conformar a própria vida.

A espiritualidade litúrgica é também *pessoal*, ainda que comunitária. Na verdade, a comunidade, a assembleia litúrgica, é composta de pessoas vivas nas quais o projeto de salvação se realiza com especiais ressonâncias, com dons e missões específicos. A espiritualidade litúrgica é tanto mais rica quanto mais pessoal, ou seja, quanto mais pessoalmente vivida e assimilada nas circunstâncias concretas de cada membro da comunidade cristã com seus dons de natureza e de graça (caráter, mentalidade, qualidades, carismas, compromisso na Igreja e no mundo). Assim, através da santificação e do culto, a liturgia realiza o mistério da unidade no Espírito e a variedade nos dons e nos carismas.

Por seu dinamismo, a espiritualidade litúrgica é *missionária*; em outras palavras, ela tende a se manifestar ao mundo; a Igreja que se manifesta na liturgia como "comunidade convocada" (*ekklêsia*) tende a se tornar *epiphania*, manifestação do mistério de Cristo ao mundo com as palavras e com as obras. Na liturgia o povo de Deus vive o seu ritmo de sístole para se expandir no mundo em um movimento de diástole. A liturgia tende à *diakonia*, ao serviço dos irmãos na caridade.

Finalmente, a espiritualidade litúrgica é *escatológica*, tende à sua plena realização na glória; a santificação e o culto tendem para a sua perfeita expressão final na Jerusalém celeste. Toda celebração litúrgica, mesmo sendo uma pregustação misteriosa das realidades escatológicas, permanece como esperança e espera; todo encontro com Cristo na Igreja remete na esperança ao encontro definitivo com ele e à plena realização da comunidade escatológica; a liturgia suscita a "feliz esperança"; os textos litúrgicos retornam frequentemente a essa espera que nos sacramentos é já promessa parcialmente realizada; toda celebração é um *Maranatha* da Igreja e do cosmos, firmes na esperança da consumação final. Por outro lado, pode-se afirmar que a espiritualidade litúrgica é sempre implicitamente *mariana*; de fato, Maria é modelo da Igreja no exercício do culto divino; a partir da comunhão de Maria com o mistério de Cristo, a Igreja aprende as atitudes da escuta, da oração, da maternidade e da oferta (cf. *Marialis cultus*, nn. 16-20); a Virgem é também modelo por excelência da vida cristã como culto espiritual (*Ibid.*, n. 21). Por isso mesmo, quando não celebra Maria explicitamente, a Igreja se conforma explicitamente às atitudes da Virgem Mãe e revela a sua face "mariana".

4. PROBLEMAS PARTICULARES. Uma apresentação exaustiva da liturgia na sua relação com a vida espiritual exige a análise de algumas questões particulares que dizem respeito à relação entre liturgia e oração pessoal, ascese, testemunho em meio ao mundo, devoções. Os princípios anteriormente enunciados poderiam ser suficientes para esclarecer esses problemas, mas parece oportuno fazer alusão às relações específicas até mesmo em decorrência das discussões que certos temas suscitaram nas últimas décadas entre adeptos da espiritualidade e liturgistas.

a) *Liturgia e oração pessoal.* A oração pessoal é sem dúvida um dos momentos privilegiados em que se expressa a vida espiritual dos crentes, quer na sua expressão de oração vocal, quer se torne meditação, diálogo com Deus ou atinja a simplicidade da contemplação ou os vértices da experiência mística. Na espiritualidade dos últimos séculos, a oração com seus graus constituía, por assim dizer, a expressão em que a vida espiritual dos cristãos era medida como índice de santidade e de perfeição. A renovação litúrgica, promovendo outro tipo de espiritualidade, provocou uma crise ideológica e prática. Qual é a relação entre a oração pessoal nas suas formas e a liturgia? A resposta correta para esse problema não foi fácil. Muitos autores intervieram nesse problema que às vezes se tornou objeto de polêmica; frequentemente a oração pessoal tornava-se o problema em que em síntese se apresentavam as relações mais amplas existentes entre a vida espiritual e a liturgia.

Os momentos mais importantes desse esclarecimento sucessivo foram três:

I. A polêmica suscitada, em 1913, pelo monge beneditino frei M. Festugière, que reivindicava para a liturgia o direito de modelar a devoção da Igreja e a vida espiritual dos cristãos, para ir ao encontro dos graves problemas suscitados pela espiritualidade tradicional pós-tridentina, desvinculada ou contrária à liturgia, especialmente a inaciana, que exagerava o individualismo e o esforço pessoal. O padre jesuíta Navatel respondeu a essas posições, acusando o movimento litúrgico, defendendo a espiritualidade inaciana baseada na oração e na ascese; de suas posições só permaneceu a sua definição de liturgia e a aplicação desse falso conceito à vida espiritual: "Por liturgia se entende hoje, em geral, a celebração da missa, a administração dos sacramentos, a recitação do ofício divino. Mas no sentido mais usual a liturgia é para todo o mundo a parte sensível, cerimonial e decorativa do culto católico... Portanto, dado que a liturgia não é outra coisa que uma expressão sensível e figurativa do dogma e da fé, a sua força sobre as almas é proporcional antes de tudo à medida maior ou menor de fé e de devoção, e em segundo lugar à riqueza emocional dos assistentes". Nestes tempos um grande pioneiro da renovação litúrgica como D. Lambert Beaudoiun, sem polêmicas nem extremismos, traçava muito bem as grandes linhas da relação entre a vida espiritual e a liturgia no seu livro clássico *La pieté de l'Église*.

II. Um outro momento de discussão, mais complexo pelas intervenções e pelos problemas suscitados, é a chamada "crise litúrgica", na Alemanha, antes da Segunda Guerra Mundial (1930-1943). A redescoberta da liturgia através de estudos históricos e teológicos e o desejo de viver a vida espiritual na pureza das primeiras gerações cristãs levam a uma rejeição, ideológica e prática, de toda a devoção tradicional da Igreja, que se desenvolveu à margem da liturgia ou contra a genuína espiritualidade litúrgica. Posições extremas chocaram-se em duas polêmicas, com acusações levadas às autoridades eclesiásticas da Alemanha e da Santa Sé, que em sucessivos documentos e especialmente nas duas encíclicas de Pio XII, *Mystici Corporis* (1943) e *Mediator Dei* (1947), busca um equilíbrio doutrinal e pastoral nos limites da teologia e da ciência litúrgica da época.

III. A última questão que suscita certa dificuldade, pela retomada do tema das relações entre liturgia e vida espiritual, é a intervenção do casal Jacques e Raïssa Maritain, em seu opúsculo *Liturgie et Contemplation*, publicado em forma de artigo na revista *Spiritual Life* nos Estados Unidos em 1959. Nele se propõe novamente o grande tema das relações entre liturgia e oração privada, meditação, contemplação. O livro inclina-se para uma defesa dos valores tradicionais da interioridade, da oração, do silêncio e da contemplação, não suficientemente preservados, ou melhor, às vezes até criticados, por uma pastoral litúrgica pouco esclarecida; e nesse ponto merece um grande aplauso. Mas na exposição geral do problema e nas soluções específicas parece minado por um falso conceito de liturgia, relegado à categoria de um exercício da virtude da religião, contraposto a um conceito de contemplação em que esta é supervalorizada por ser realização das virtudes teologais e dos dons do Espírito Santo. O enfoque equivocado do problema está precisamente em ter excluído da liturgia, por preconceitos filosóficos e esquematismos escolásticos, o fato de que, a despeito do que se possa dizer de sua pertinência à virtude da religião (parte potencial da virtude moral da justiça), ela é essencialmente realização da vida teologal da Igreja em resposta ao dom santificante de Cristo e máxima atuação e presença do Espírito Santo.

Algumas intervenções do magistério da Igreja procuraram dar uma resposta equilibrada a esses problemas. Entre as intervenções mais respeitadas deve-se recordar a encíclica *Mediator Dei* de Pio XII.

Na terminologia e no pensamento teológico, ela responde à maneira como esse tema havia sido enfocado nas décadas precedentes. No segundo parágrafo do primeiro capítulo, dedicado a esclarecer a natureza, a origem e o progresso da liturgia, Pio XII trata desse assunto a partir de diferentes pontos de vista sob o título: "culto interno e externo". O pontífice expõe a doutrina de acordo com o princípio do equilíbrio e fala da necessidade do culto interno, como elemento principal da liturgia, da necessidade da "devoção subjetiva", para assimilar o dom objetivo da graça, da necessidade da meditação e dos exercícios de devoção, da cooperação da ação individual para a participação mais intensa da liturgia da superioridade da oração litúrgica sobre a oração privada. Essa exposição não escapa hoje às críticas, à luz dos documentos mais recentes da Igreja a esse respeito. De fato, acentua-se demasiadamente a dicotomia entre externo-interno, objetivo-subjetivo, quase como se a liturgia permanecesse no âmbito das coisas exteriores e tivesse necessidade da vida espiritual como acréscimo para torná-la mais digna. Um genuíno conceito de liturgia parte sempre da interioridade da comunhão de Cristo com a Igreja no seu mistério de salvação. Por outro lado, as relações entre a liturgia e as outras expressões da vida espiritual dos fiéis permanecem em uma excessiva dicotomia, nesse enfoque teológico.

Na constituição litúrgica *Sacro Sanctum Concilium*, o tema das relações entre a liturgia e a oração pessoal foi tratado no n. 12; mas ele ainda não conseguiu superar um enfoque dicotômico. Afirma-se a necessidade da oração privada em virtude do comando de Cristo, mas não se especifica qual é a sua relação íntima com a vida litúrgica. Em contrapartida, o problema parece ser abordado com mais clareza na *Instituição geral da liturgia das horas*, n. 9: De fato, nesse número, que é uma apologia da oração comunitária, se afirma indiretamente a dignidade da autêntica oração cristã feita em particular, à qual são atribuídas aquelas notas (cristológica, eclesial, pneumatológica) que a tornam oração "litúrgica" em sentido amplo: "Além disso, embora a oração que os membros da Igreja fazem em seu quarto e com a porta fechada [...] seja sempre realizada por Cristo no Espírito Santo, todavia cabe à oração da comunidade uma dignidade toda especial".

À luz desse progressivo esclarecimento, poderíamos estabelecer as relações entre a liturgia e a oração pessoal nestes termos:

A oração pessoal no dinamismo da santificação e do culto. Toda oração autenticamente cristã tem sua fonte na liturgia e é uma realização pessoal dela. O cristão reza em virtude do próprio batismo, por sua dignidade de filho de Deus, pela comunhão vital e amizade com Cristo, pelo dom do Espírito. A liturgia que renova essa graça batismal, aumenta a comunhão com Cristo e o dom do Espírito; no seu dinamismo de santificação, tende a se expressar em oração em qualquer momento, em qualquer circunstância, como realização concreta da graça sacramental recebida na celebração litúrgica. Por esse motivo, toda oração cristã é "litúrgica" enquanto realização do batismo, realidade permanente do cristão, e oferece à liturgia a possibilidade de se expressar em uma dimensão de continuidade em todos os momentos da vida dos fiéis; por isso a constituição sobre a liturgia das horas a qualifica como eclesial, cristológica e pneumatológica.

Em um sentido complementar, pode-se ver que a oração pessoal também pertence ao dinamismo do culto. Não há dúvida de que, no seu sentido genérico (oração e nas suas múltiplas formas que exprimem atitudes interiores em relação a Deus, a oração deve ser enumerada entre aqueles "sacrifícios espirituais" com que o cristão realiza o próprio sacerdócio existencial; a carta aos Hebreus chama a oração "o sacrifício de louvor, o fruto dos lábios que louvam o seu nome" (13,15). A oração pessoal é enquadrada teologicamente no âmbito da resposta ao dom de Deus, na continuidade da sua existência. Os cristãos do Oriente quase materializaram essa ideia de continuidade entre a oração litúrgica e a oração pessoal na invocação do nome de Jesus: "Senhor Jesus Cristo, Filho do Deus vivo, tem piedade de mim, que sou pecador"; oração que repete e enriquece a invocação *Kyrie Eleison*, tantas vezes repetida na liturgia oriental. Também com outras expressões de oração a continuidade entre a liturgia e a resposta pessoal é garantida, desde que sejam feitas no espírito da liturgia.

A liturgia, escola e modelo da oração pessoal. A liturgia deve desenvolver um papel determinante na orientação da oração pessoal. Sem pretender circunscrever toda oração pessoal ao âmbito da oração comunitária e às suas formas externas, a liturgia continua a ser a escola e o modelo da oração pessoal.

De fato, na liturgia o cristão aprende que precisa rezar sem jamais se cansar. O momento comunitário não dispensa da resposta pessoal; ao contrário, ele a estimula, a enriquece e alimenta.

Na escola da liturgia que extrai suas fórmulas de fé da revelação, da tradição e da fé da Igreja, a oração pessoal deve modelar-se para se tornar cada vez mais genuinamente expressão de oração cristã. A partir da liturgia, o cristão aprenderá qual é o sentido da sua oração: centrada gratuitamente em Deus, aberta à comunhão espiritual com Cristo e à sua mediação, dócil às moções do Espírito, motivo de toda oração. Na sua dimensão eclesial e comunitária, a liturgia educa para a comunhão espiritual pela oração, com toda a Igreja universal e local em uma abertura dos horizontes da intercessão sobre toda a família humana, nas pessoas concretas e nos acontecimentos cotidianos. A oração pessoal encontrará na oração da liturgia a sensibilidade para as atitudes mais puras e nobres da oração cristã, contidas quase que em um microcosmo, na oração eucarística (fonte, norma e síntese da oração da Igreja): escuta da Palavra, silêncio contemplativo, recordação das maravilhas de Deus, proclamação do seu louvor, agradecimento, oferta, intercessão, arrependimento, compromisso... Por fim, a liturgia dará à oração pessoal o viático da palavra de Deus e da fé da Igreja através das cartas, dos salmos, dos textos dos → PADRES DA IGREJA e dos escritores espirituais, das celebrações do → ANO LITÚRGICO.

A oração pessoal na liturgia. A realização pessoal da graça e sua expressão cultual que é a oração privada aprofunda no cristão a sua vida teologal e a sua comunhão com Cristo e o torna mais sensível e preparado para a participação litúrgica; quanto mais a oração do cristão é genuína, mais facilmente ele mergulha toda a sua pessoa na celebração litúrgica. A riqueza da experiência pessoal, da oração assimilada, trará experiência e acentos de profunda participação, por parte do celebrante e dos fiéis, na Palavra proclamada, meditada e pregada; no canto comum, nos formulários de oração da Igreja e nas expressões livres e espontâneas para as quais se abre a liturgia pós-conciliar, nas atitudes cultuais do corpo, a comunidade eclesial torna-se oração viva na medida em que a celebração é preparada por um fiel, profunda experiência de oração. A oração pessoal garante aquela "plena, consciente e ativa participação" (*SC* 14) que a Igreja deseja. A inserção do "sagrado silêncio" (*SC* 30) favorece a inserção da oração pessoal na harmonia da celebração.

b) *Liturgia e contemplação.* Tudo o que dissemos sobre a oração se aplica à contemplação na medida em que é uma forma eminente de oração nas suas expressões mais elevadas, caracterizadas pela atuação especial do conhecimento e do amor, pelo dom do Espírito, unificados pelo impulso do coração e da mente, abertas a uma influência predominante de Deus e a uma experiência extraordinária dos seus mistérios.

Raízes litúrgicas da contemplação. Com a liturgia e os Padres da Igreja, gostaríamos de lembrar que a liturgia tem suas raízes no batismo, como mistério de luz e "iluminação". São Basílio nos recorda: "Quem não foi batizado não foi iluminado. E sem a luz o olho não pode ver o seu objeto, nem a alma receber a contemplação de Deus" (*Hom. in bapt.* 13, 1). E o pseudo-Dionísio: "Embora seja próprio de todas as operações teárquicas transmitir aos fiéis a luz divina, foi precisamente esse sacramento que primeiro me abriu os olhos, e a sua luz original me permitiu contemplar a luz difusa nos outros sacramentos" (*Hier. ecl.* III, 1). Pode-se afirmar com Th. Camelot: "O batizado é chamado à contemplação. [...] Os Padres e a liturgia repetiram-no à saciedade; a graça do batismo é uma graça de luz que abre os olhos do coração e permite ao cristão 'ver' a Deus. [...] Por meio do batismo, o cristão é 'iniciado' nos 'mistérios', aberto desde então a todas as graças de contemplação, se ele tem o coração puro, e se Deus, em sua liberalidade inteiramente gratuita, a quer conceder a ele". Só podemos compreender o mistério da contemplação cristã à luz da sua raiz teológica. A contemplação é em suma um ato que expressa no maior grau a dignidade batismal do cristão naquela dimensão profética que consiste não apenas na proclamação das verdades da fé, mas também em uma certa experiência e inteligência sobrenatural das mesmas verdades (cf. *LG* 12; *DV* 8).

A própria história da espiritualidade confirma como a experiência contemplativa é sempre permeada de realidades litúrgicas. A atenção contemplativa se nutre da experiência dos santos, do alimento da palavra de Deus, do ritmo litúrgico da celebração dos mistérios de Cristo no ano litúrgico, e em particular da celebração eucarística e da comunhão, aberta às experiências místicas mais sublimes. Bastaria citar o caso de Santa → TERESA DE JESUS. A quase totalidade de suas experiências místicas mais importantes ocorre durante a celebração da Eucaristia, a comunhão ou a recitação do ofício divino; Cristo aparece sempre a Teresa ressuscitado e glorioso (*Vida*, 28, 3.8; 29, 4; 38, 21); as graças místicas são a experiência misteriosa de uma realidade que o Senhor realiza sempre com a Igreja em cada ação litúrgica: "Parecia-me que minha alma se fazia uma só coisa com o sacratíssimo corpo do Senhor" (*Relatos*, 49); "Foi-me dado entender que o corpo sacratíssimo de Cristo é recebido no interior da alma pelo seu próprio Pai" (*Relatos*, 57); a graça do → MATRIMÔNIO ESPIRITUAL recebida durante a comunhão de 18 de novembro de 1572 está na lógica do mistério de aliança que Cristo realiza com a Igreja sua esposa todos os dias na Eucaristia (cf. *Relatos*, 35). Assim, a experiência mística litúrgica de alguns santos, como Santa Teresa, cuja vida litúrgica revela-se extraordinária segundo o testemunho de seus contemporâneos, mesmo vivendo em uma época de decadência, confirma a partir de dentro as verdades teológicas que a Igreja proclama com a sua doutrina.

Se houve um empobrecimento da vida contemplativa na Igreja ou se esta degenerou por métodos ou por conteúdo em formas suspeitas, deve-se dizer que isso se deveu a um empobrecimento e um obscurecimento das fontes da contemplação cristã, que não são outra coisa senão as verdades da fé proclamadas pela liturgia e as realidades sobrenaturais que ela nos transmite. Mas os grandes contemplativos e místicos do Oriente e do Ocidente, em todas as épocas da história da espiritualidade, poderiam documentar como não existe dificuldade entre contemplação e liturgia, e como a contemplação e a experiência mística nascem da liturgia e para ela são ordenadas, como *sacramentum* ou como graça sacramental. Hoje é preciso reencontrar a relação fecunda entre essas duas realidades; de fato, as novas técnicas de contemplação, inspiradas nas grandes religiões orientais, podem tornar a contemplação dos cristãos paradoxalmente pouco cristã; a liturgia pode ser uma saudável correção de certas expressões ambíguas, e o alimento constante de uma genuína contemplação que, para ser cristã, deve sempre conduzir ao mistério trinitário e deve favorecer o crescimento em nós de Cristo e a docilidade ao seu Espírito.

Dimensões contemplativas da liturgia. Por sua natureza teológica e por seus componentes, a liturgia é ordenada à → CONTEMPLAÇÃO, torna-se contemplação. A unificação da mente e do coração e a participação do corpo, os textos e os sinais estão abertos a uma apropriação pessoal, a uma imersão em uma liturgia contemplativa. Esta, enquanto comunhão com Cristo, atualiza a fé e o amor — elementos essenciais da contemplação —; enquanto realizada "no Espírito", permanece aberta a uma profunda ação santificante deste que se torna "unção" interior de sabedoria e de caridade para participar mais intimamente no mistério. Essa dimensão contemplativa parece mais acentuada pelo conteúdo dos textos e pelas formas celebrativas na liturgia oriental; menos na ocidental, que acentua o sentido didático e pastoral. Mas sempre nos encontramos com uma liturgia que tende à contemplação, que deseja suscitar, como nos discípulos de Emaús — primeiros contemplativos de uma misteriosa liturgia feita de Palavra e Eucaristia —, luz para conhecer e desejo de amar. Mas exige também uma atitude contemplativa, ou seja: a preparação, a espera, o silêncio, a escuta, o canto... Uma verdadeira liturgia só pode ser a celebração do encontro da Igreja com Cristo na antecipação escatológica do Reino. Por isso, para ser celebrada em plenitude de graça, a liturgia exige que nos deixemos possuir pelo Espírito que unifica na comunidade a resposta cultual de fé, esperança e amor; todos os componentes da liturgia provocam e levam esta atitude interior: na contemplação, os gestos sacramentais assumem a nossa corporeidade e selam a união sacramental de Cristo com a Igreja; o "sagrado silêncio", felizmente introduzido na liturgia pós-conciliar, segundo o desejo da *Sacrosanctum Concilium*, n. 30, é a expressão da resposta inefável ao dom de Deus e do desejo de que este chegue às profundezas do homem.

A dimensão contemplativa da liturgia pode dar um justo equilíbrio à celebração de fundo didático e pastoral, que parece predominar nas celebrações de massa; ela pode também evitar certos perigos com que a celebração litúrgica pode se defrontar: horizontalismo, superficialidade, burocratismo, pressa... Ao final desta exposição subscrevemos de bom grado os dois princípios que C. Vagaggini propunha em 1962 em resposta ao casal Maritain em seu livro *Liturgia e contemplação*. A liturgia está subordinada à contemplação intralitúrgica; a contemplação extralitúrgica brota da liturgia e tende a ela como ao seu último objetivo. A urgência pastoral de reencontrar a harmonia dessas duas dimensões da vida cristã só pode beneficiar a contemplação, que será enriquecida, e a celebração litúrgica, que será vivificada.

c) *Liturgia e exercícios de devoção*. Outro elemento característico da vida espiritual são os exercícios de devoção, chamados tecnicamente de *pia exercitia*; são maneiras de expressar, em formas celebrativas semelhantes a formas litúrgicas, diversas devoções pelos mistérios de Cristo, de Maria e dos santos. Na sua origem histórica, esses exercícios piedosos nasceram à margem da liturgia oficial e de algum modo como substitutivos que o povo criou para viver a seu modo os mistérios essenciais da fé cristã. Ainda hoje os exercícios piedosos estão vinculados à liturgia por sua finalidade, na medida em que prolongam em formas populares a celebração dos mistérios. Assim, para falar daqueles exercícios piedosos recomendados pela Igreja, a via-crúcis (→ CRUZ) prolonga a meditação da paixão do Senhor que, como mistério de salvação, é celebrada na Eucaristia e mais particularmente como acontecimento histórico-salvífico se celebra na sexta-feira santa; o → ROSÁRIO propõe à reflexão e entrelaça na oração os diversos mistérios da vida de Cristo e de Maria.

O tema dos exercícios de devoção foi motivo de discussão durante o período da renovação litúrgica. A encíclica *Mediator Dei* de Pio XII defendeu a sua legitimidade e encorajou o seu uso. A *Sacrosanctum Concilium* também expressou um juízo positivo sobre eles, mas indicou o espírito que deve animá-los: "Os exercícios piedosos do povo cristão, desde que conformes às leis e às normas da Igreja, são vivamente recomendados, sobretudo quando se realizam por disposição da Sé Apostólica... No entanto, é preciso que tais exercícios, tendo em conta os tempos litúrgicos, sejam ordenados de modo a estar em harmonia com a sagrada liturgia, derivem de algum modo desta, e para ela encaminhem o povo cristão, uma vez que, por sua natureza, em muito os supera" (*SC* 13). O pensamento do Concílio poderia portanto resumir-se nestes princípios: — os exercícios de devoção tradicional, regulamentados pela Igreja, devem ser encorajados para a verdadeira devoção do povo de Deus, mas devem estar inteiramente subordinados à sagrada liturgia e em nenhum caso devem tomar o lugar desta; — na sua inspiração teológica e na sua celebração, devem estar em harmonia com a liturgia como expressão da fé da Igreja, na justa hierarquia de princípios dogmáticos e valores espirituais que a Igreja proclama no seu culto; — para eles, assim como para as outras expressões da vida espiritual, a liturgia continua a ser de qualquer maneira "fonte e ápice": devem buscar sua inspiração e às vezes até mesmo sua forma na liturgia e devem conduzir a ela como seu termo, na medida em que os mistérios comemorados e celebrados nos exercícios de devoção nos foram transmitidos objetivamente só na liturgia da Igreja. Os esforços pastorais das últimas décadas procuraram orientar algumas práticas de devoção do povo cristão para esses princípios.

Mas ainda restam alguns pontos em discussão sobre esse tema. O primeiro é o de determinar as condições que fazem de uma celebração devocional um "exercício piedoso" e não uma "ação litúrgica". Atualmente, o culto público da Eucaristia insere-se na categoria de ação litúrgica e não simplesmente de exercício piedoso, como se poderia considerar, enquanto forma devocional da Igreja do Ocidente; por sua vez, afirmou-se que o Rosário "é um exercício piedoso inspirado na liturgia e, se praticado segundo a inspiração originária, a ela naturalmente conduz, mesmo sem transpor o seu limiar" (*Marialis cultus*, n. 48). É preciso afirmar que os princípios teológicos que regulam a distinção entre liturgia e exercícios piedosos não estão inteiramente claros; de fato, muitos exercícios piedosos, se celebrados segundo o espírito da Igreja com formas baseadas na liturgia da comunidade eclesial, seriam no mínimo suscetíveis de ser declarados litúrgicos pela autoridade competente. O problema já havia se manifestado na época da renovação litúrgica; J. A. Jungmann, por exemplo, insistindo no aspecto de participação do povo de Deus nas funções eucarísticas ou marianas da tarde não hesitava em chamá-las pura e simples liturgia. Muitas vezes alguns princípios teológicos que procuram indicar a distinção entre celebração litúrgica e exercício piedoso exaltam as ações litúrgicas por sua eficácia intrínseca sobre os exercícios piedosos; sem dúvida, isso vale para as celebrações sacramentais, mas não podemos nos esquecer de que muitos exercícios piedosos em nível teológico têm os requisitos equivalentes de uma hora do → OFÍCIO DIVINO: oração comunitária, feita pela Igreja enquanto tal, suscetível de adotar o mesmo esquema celebrativo da oração das horas: proclamação e escuta da Palavra, salmos e hinos, orações de louvor e de intercessão; pode-se dizer o mesmo de certas formas devocionais tradicionais que se tornaram celebração litúrgica (procissão da apresentação do Senhor ou co *Corpus Domini*, ou do domingo de Ramos). O problema tampouco pode ser resolvido em termos apenas jurídicos, na medida em que seria liturgia apenas o que a Igreja definiu como tal; de fato, toda determinação da Igreja pressupõe a existência de componentes litúrgicos. O direito litúrgico supõe uma teologia litúrgica. Nesse campo, ainda aberto à pesquisa e à consequente aplicação pastoral, fazemos nossas as conclusões de S. Marsili: 1) "Continua a ser válido que qualquer forma de oração privada-individual, mesmo sendo, no plano cristão, feita no Corpo de Cristo, não é por si só manifestação do Corpo de Cristo e, portanto, não é ação litúrgica"; 2) "Toda forma de oração que a comunidade cristã realiza enquanto Igreja (corpo e cabeça, ou seja: 'povo unido ao seu pastor') com a intenção de celebrar o mistério de Cristo, deve ser considerada fundamentalmente 'litúrgica' e capaz de ser declarada tal"; 3) "A forma, o estilo, a língua [...] não influem, por si sós, no valor 'litúrgico' nem sem sentido positivo nem em sentido negativo"; 4) "Caberá sempre à autoridade magisterial da Igreja 'declarar' (não 'constituir') que um determinado 'exercício piedoso' — mesmo na sua forma própria e no seu estilo popular — é verdadeiramente 'liturgia' porque de fato realiza os 'componentes essenciais' de qualquer ação litúrgica autêntica".

BIBLIOGRAFIA. 1) Introdução à liturgia: *Anamnesis.* I: *La liturgia momento nella storia della salvezza.* Torino, 1974; *Nuovo Dizionario di Liturgia* (NDL). Roma, 1984; DALMAIS, I. H. *Iniziazione alla liturgia.* Torino, 1964; MARSILI, S. *Mistero di Cristo e liturgia nello Spirituo.* Roma, 1987; MARTIMORT, A. – G. *La chiesa in preghiera. Introduzione alla liturgia.* Roma, 1963; *Nelle vostre assemblee. Teologia pastorale delle celebrazioni liturgiche.* Brescia, 1970; VAGAGGINI, C. *Il senso teologico della liturgia.* Roma 1957; VERHEUL, A. *Introduzione alla Liturgia.* Milano, 1967.
2) A liturgia segundo o Vaticano II: BARAUNA, G. (org.). *La sacra liturgia rinnovata dal Concilio.* Torino, 1964; *Commento alla Costituzione sulla liturgia.* Brescia, 1964; JOUSSUA, J. P. – CONGAR, Y. M. *La liturgie après Vatican II.* Paris, 1967; *La Costituzione sulla sacra liturgia.* Torino, 1968; SCHMIDT, H. *La Costituzione sulla sacra liturgia.* Roma, 1966.
3) Liturgia e a vida espiritual: BEAUDUOIN, L. *La piété de l'Église.* Louvain, 1923; BOUYER, L. *La vie de la liturgie.* Paris, 1956; BRASO, G. *Liturgia e spiritualità.* Roma, 1958; FESTUGIÈRE, M. *La liturgie catholique.* Maredsous, 1923; GUARDINI, R. *Lo spirito della liturgia.* Brescia, 1931; HILDEBRAND, D. VON. *Liturgia e personalità.* Brescia, 1951; LANG, O. *Spiritualità liturgica.* Einsiedeln, 1977; *Liturgia e vita spirituale.* Torino, 1966; *Liturgie et vie spirituelle.* Paris, 1977; MARSILI, S. *La liturgia primaria esperienza spirituale cristiana. Problemi e prospettive di spiritualità.* Brescia, 1983, 249-276; NEUNHEUSER, B. *Spiritualità liturgica. NDL* 1419-1442; TRIACCA, A. M. *Spiritualità liturgica. Questioni fondamentali e princípi.* Roma 1974; VAGAGGINI, C. *Problemi e orientamenti di spiritualità monastica, biblica e liturgica.* Roma 1961.
4) Problemas específicos: CASTELLANO, J. *Preghiera e liturgia. NDL* 1.095-1.111; ID. *Religiosità popolare e liturgia. NDL* 1.176-1.187; ID. *La mistica dei sacramenti dell'iniziazione cristiana. La mistica. Fenomenologia e riflessione teologica.* Roma, 1984, 77-111, II; CORBOM, J. *Liturgia alla sorgente.* Roma, 1982; *Liturgia e spiritualità. Rivista di Pastorale liturgica* 3 (1984); *Liturgia, soglia dell'esperiena di Dio?* Padova, 1982; *Liturgia, spirito e vita.* Roma 1982; *Liturgie, spiritualité cultures.* Roma, 1983; *Ni Jerusalém ni Garizín. Revista de Espiritualidad* 150 (1979); TERRIN, A. N. *Leitourghia Dimensione fenomenologica e aspetti seotici.* Brescia, 1988.

J. CASTELLANO

LITURGIA DAS HORAS → OFÍCIO DIVINO.

LOCUÇÕES E SENTIMENTOS ESPIRITUAIS
→ COMUNICAÇÕES MÍSTICAS.

LOUCOS EM CRISTO (*Jurodivye*). A Enciclopédia russa de Bochaus (Peterburg, 1904, vl. 31, 421) define o tipo de vida dos "loucos em Cristo" como a atitude "dos que, impelidos pelo amor de Deus e do próximo, adotaram uma forma ascética de devoção cristã que se chama loucura por amor de Cristo. Eles renunciam voluntariamente não apenas às comodidades, aos bens da vida terrena, às vantagens da vida em comunidade, aos bens familiares, mas aceitam, além disso, ser considerados loucos, pessoas que não admitem as leis da convivência e do pudor e se permitem ações escandalosas. Esses ascetas não tinham medo de dizer a verdade aos poderosos deste mundo, de acusar todos os que tinham esquecido a justiça de Deus e de consolar aqueles cuja devoção se baseava no temor de Deus".

As palavras do Apóstolo: "Nós somos loucos por causa de Cristo" (1Cor 4,10) serviram de fundamento e de justificação para esse modo de viver (cf. também 1Cor 1,25; 3,19; 2Cor 6,8). Um tropário litúrgico eslavo (*Cetij Minei*, ed. do Patriarcado de Moscou, 1960, 171) em homenagem aos loucos em Cristo faz-lhes o seguinte elogio: "Depois de ter ouvido a voz do teu apóstolo Paulo — nós somos loucos por Cristo — o teu servo N. se tornou louco na terra". O termo "tolo", "louco" (μωρός), empregado por Paulo, expressa a inversão de valores que Jesus realiza no Novo Testamento (cf. KITTEL, t. 4 [1942] 850-852) e representa o juízo que o mundo faz dos cristãos (1Cor 1,18) e do mistério da paixão de Cristo. Em grego, para os "loucos em Cristo" se usa o termo σαλός, que tem uma ascendência siríaca (*sakla*), corresponde a μωρός e era associado ao termo grego corrente que significava "agitação", "tumulto". Na Rússia, em que o fenômeno teve mais difusão entre os séculos XV e XVI, se usava o mesmo termo σαλός sem traduzi-lo ou o de *pochab* (indecente, obsceno, sem pudor). Contudo, o termo corrente era *jurodivyj* que vem diretamente da tradução eslava de 1Cor 4,10. A forma antiga do termo, *urod* ou *uroden*, significava literalmente aborto, monstruosidade, mas foi logo abandonada e *jurodivyj* torna-se, no calendário eslavo, um título de santidade, como o de "mártir" ou de "confessor".

Características principais: 1. *A liberdade dos filhos de Deus* é a expressão que caracteriza melhor esse tipo de santidade. Trata-se em grande parte de uma reação ao predomínio da vida eclesial e social das leis escritas em detrimento da liberdade de consciência. A plena liberdade dos filhos de Deus é obtida com a ajuda dos mandamentos que encontramos nas Escrituras, das leis eclesiásticas, das regras monásticas e da → DIREÇÃO ESPIRITUAL, mas à medida que se desenvolve uma consciência pura se deve progressivamente superar a lei. O autor da *Vida* de Simeão Salos o afirma claramente: só quem se encontra nos degraus mais baixos e os imperfeitos precisam da lei e das explicações das Escrituras, mas para quem ama Deus a própria consciência (συνείδησις) é suficiente para escolher o bem (*PG* 93, 1669C).

2. *Apatheia e amor ao sofrimento*. Os loucos em Cristo manifestavam sua impassibilidade não só diante de tudo o que suscitava a concupiscência, mas também diante das intempéries, da fome, da sede e das doenças. O "louco em Cristo" quer lembrar que o ideal das pessoas espirituais deve ser a → APATHEIA perfeita, a indiferença por tudo aquilo que o mundo busca e valoriza. Muitas vezes o comportamento deles, ferindo o bom-senso e as regras da sociedade, suscitava fortes reações; eram surrados, insultados e expulsos. No entanto, eles não se defendiam, mas, alegrando-se com os golpes e os insultos, rezavam por aqueles que os perseguiam.

3. *A simplicidade do Espírito*. Em toda sociedade, valorizam-se a ciência e a erudição e, particularmente na Igreja, a ciência dos livros sagrados. Os antigos monges, contudo, costumavam se orgulhar de sua ignorância e evitavam qualquer tipo de erudição. → ANTÔNIO ABADE o dizia claramente: "Quem tem a mente sã não precisa de livros" (*Vitae Patrum*, *PL* 73, 158). Os "loucos em Cristo" que aspiravam seguir a voz da consciência pura também rejeitavam qualquer instrução. Muitas vezes, porém, eram dotados de uma ciência superior infundida no coração.

4. *Profecia e apostolado*. A vida dos "loucos em Cristo" mostra frequentemente que essa ciência é fruto da renúncia à sabedoria e às ciências humanas. Os "loucos em Cristo" predizem os acontecimentos futuros ou distantes e leem nos corações dos outros homens. Seu apostolado fundamenta-se nesse conhecimento íntimo da graça misteriosamente atuante nas almas. Paulo diz que a profecia é dada para o benefício comum (1Cor 12). Os "loucos em Cristo", em primeiro lugar, combatem a presença do demônio, onde quer que se apresente a ocasião e particularmente descobrem a presença dele nos corações humanos: renunciando a qualquer formalismo hipócrita, têm a coragem de revelar publicamente os erros dos poderosos. Daí derivou a sua grande popularidade entre o povo simples que os via como defensores dos pobres. Seja como for, evitavam qualquer ensinamento didático, preferindo recorrer à força dos gestos e à oração.

5. *Solidão*. Os loucos em Cristo aspiravam à solidão interior que defendiam mesmo no meio da multidão. Além disso, dormiam e pregavam em lugares solitários. E, se isso não era suficiente, iam para um lugar onde ninguém os conhecia e onde nem sequer conheciam a língua que ali se falava. No Oriente eram chamados "citas"; na Rússia, "alemães".

No Oriente antigo, entre os mais famosos "loucos em Cristo" recordamos Teodoro Salos, que é difícil identificar cronologicamente (*Acta Sanctorum*, 25 de fevereiro, t. 3, Antuérpia, 1658, 508); Simeão de Emesa († 550) (*PG* 93, 1169-1748; *Acta Sanctorum*, 1º de julho, t. 1, Antuérpia, 1719), que reuniu na sua pessoa todas as tradições e as lendas locais siríacas; André de Constantinopla (século X), de origem síria, particularmente venerado entre os eslavos que o associam à feseta da Proteção (em eslavo *Prokrov*) da Mãe de Deus. Segundo a lenda (*Acta Sanctorum*, 29 de maio, t. 6, Antuérpia, 1618, 1-111), ele teve a visão da Virgem que com seu manto protegia os fiéis; Máximo, o Kausokalybita († por volta de 1365), eremita do Monte Athos (cf. *Deux Vies de S. Maxime le Kausokalybite, ermite au Mont Athos*, ed. F. HALKIN, *Analecta Bollandiana*, t. 54 [1936] 38-112).

Na Rússia contam-se inúmeros loucos em Cristo muito venerados pelo povo. Particularmente na época de → IOZIF VOLOKOLAMSKIJ, em que na sociedade russa a moral cristã era muito frequentemente reduzida a uma observância exterior das regras e dos cânones eclesiásticos, os loucos em Cristo reagiram mostrando-se como protetores do povo e testemunhas de um cristianismo mais autêntico. Fedotov enumera 36 loucos em Cristo venerados como santos, mas o número deve ser maior, uma vez que quase toda cidade venera algum entre os seus patronos locais. Os viajantes estrangeiros que visitam o país no século XVI falam de "homens estranhos que caminham pelas ruas, com os cabelos soltos sobre os ombros, uma corrente de ferro no pescoço, e tendo como única roupa um pedaço de pano em torno dos quadris". Assim escrevia Fletcher (G. FLETCHER, *Of the Russian Common Welth*, London, 1591, c. 21). A

Igreja e o Estado não tardaram a reagir contra os excessos; mas só com Pedro o Grande, no início do século XVIII, o Estado perseguiu abertamente os loucos em Cristo fazendo com que a maioria fosse encerrada em monastérios. Quanto ao território, os loucos em Cristo pertenciam quase sempre às províncias de Novgorod e Moscou. Foi precisamente em Novgorod que surgiu um "alemão", Prokopij de Ustiug († 1302). "Alemães" deveriam ser também Isidor Rostovski († 1474) e Ioann Vlasaty († 1581), de quem se conservava até um saltério latino. Os mais populares em Novgorod, porém, foram Nikolai e Feodor, no século XIV. Moravam em duas margens opostas do rio Volchov, que divide a cidade. De tempos em tempos subiam na ponte, se insultavam, se batiam, se jogavam na água e depois voltavam para suas moradias. Esse devia ser um ensinamento em forma sarcástica aos cidadãos de Novgorod, que muitas vezes estavam em conflito entre si por causa da ponte que dividia as duas partes.

Moscou conserva as relíquias de seu patrono local, Vasili Blazennij († 1550). A tradição popular lhe atribui muitos relatos anedóticos, de estranhezas repletas de simbolismo.

A cidade de Pskov venera o seu *jurodivyj* Nikolai († 1576), que segundo a lenda teria salvo os seus concidadãos da fúria de Ivã o Terrível em 1570. Depois de tomar a cidade, o czar queria vingar-se com represálias. Mas quando saiu da igreja, onde participara da liturgia, o *jurodivyj* lhe ofereceu carne crua para comer. O soberano respondeu: "Sou cristão e não como carne na Quaresma". E Nikolai retrucou: "Mas bebe o sangue dos cristãos!".

No século XVIII viveu em Petersburgo uma mulher chamada Xênia, muito estimada pelo povo dos subúrbios.

O célebre monastério de Zadonsk, meta de peregrinação à tumba de → TICHON, abrigava um *jurodivyj*, Antonij Alekssevich († 1851). Ia cumprimentar os peregrinos que chegavam e dava a muitos um presente misterioso ou um aviso, o que levou a acreditar que era capaz de ler os pensamentos.

Concluindo, podemos dizer que nesses "loucos em Cristo" encontramos as verdadeiras notas da ascese cristã, embora muitas vezes possamos vislumbrar neles estranhezas e excessos. Mas é difícil avaliá-los bem, e os relatos e lendas populares às vezes mudaram sua verdadeira fisionomia histórica.

BIBLIOGRAFIA. BEHR-SIGEL, E. Les fous pour le Christ et la sainteté laïque dans l'ancienne Russie. *Irenikon* 15 (1938) 554-565; BENZ, E. Die Heiligen Narren. *Russische Heiligenlegenden*. Zurich, 1953, 425-434; ČIZEVSKIJ, D. Studien zur russischen Hagiographie. Die Erzählung vom hl. Isaakij. *Wiener Slavistisches Jahrbuch* 2 (1952) 22-49; FEDOTOV, G. P. The holy fools. *St. Vladimir's Seminary Quarterly* 3 (1959) 1-17; GAMAYOUN. Études sur la spiritualité populaire russe. *Russie et Chrétienté* (1938-1939) 57-77; KOLOGRIVOV, I. *Essai sur la sainteté en Russie*. Bruges, 1953, 261-273; KOVALEVSKIJ, I. *Jurodstvo o Christe i Christa radi. Jurodivye vostočnoj i russkoj cerkvi*. Moskva, 1895, ³1902; KUZNEZOV, A. *Jurodstvo i stolpničestvo*. S. Peterburg, 1913; NIGG, W. *Der christliche Narr*. Zürich-Stuttgart, 1956.

T. ŠPIDLÍK – M. GARZANTI

LOUCURA (da cruz). Certos aspectos da revelação e da própria experiência cristã são tão extraordinários e paradoxais que às vezes parecem até contrariar o bom-senso e a boa razão. Por isso, ao descrevê-los, os autores espirituais recorrem a expressões como "loucura da cruz" e similares. O primeiro a usar essa expressão na literatura cristã foi o apóstolo Paulo (1Cor 1,23.25).

O Antigo Testamento qualificara de "insensatos" os que pretendiam se opor a Deus. O dêutero-Isaías chega a ser sarcástico quando fala da estupidez dos adoradores de ídolos: "Um véu impede os seus olhos de ver e o seu coração de ouvir" (Is 44,18). Os pedidos de Deus eram considerados loucura; mas YHWH não tem dificuldade em demonstrar o contrário: basta que os abandone a si mesmos, e logo se verão perdidos. Enquanto os que acreditarem nas condições "paradoxais" estabelecidas por Deus encontrarão a salvação. Também a prova do Éden tinha, em última instância, esse significado.

Em outras palavras, Deus, para confundir as pretensões da razão, às vezes se compraz em seguir métodos desconcertantes: pede a → ABRAÃO o sacrifício do filho único; a Moisés, que enfrente impassível o desprezo de Faraó; a todo o seu povo, que o siga com confiança através do deserto.

Mas a expressão mais paradoxal dessa estranhíssima "política" é o servo de YHWH, ou seja, o homem das dores, o "desprezado pelos homens", que Deus escolhe para fazer dele a nossa salvação (Is 53,1-12).

Nessa corrente de pensamento, que vê a ação de Deus "destruir a sabedoria dos sábios" (Is 29,14; 1Cor 1,19), se insere São Paulo quando escreve que a cruz de Cristo é "escândalo para os judeus, loucura para os pagãos, mas para os que são chamados, tanto judeus como gregos, ele é o Cristo, poder de Deus e sabedoria de Deus" (1Cor 1,23-24). Se Deus escolhe esse caminho, evidentemente não o faz porque rejeita a sabedoria da boa razão: também esta é de fato dom dele e condição de prosperidade. Deus não condena a inteligência humana enquanto tal, mas a sua tola pretensão de alcançar sozinha a salvação. Para acabar de uma vez com todas com o orgulho da sabedoria deste mundo e mostrar com toda a clareza a gratuidade da salvação, Deus decidiu salvar-nos através do caminho mais inesperado, mais paradoxal e perturbador para a nossa razão: o caminho da cruz. A → CRUZ, suplício humilhante, instrumento de dor, que leva à suprema desventura da morte, é transformada por Deus em instrumento de redenção e de salvação.

Essa intuição posteriormente guia o Apóstolo a descobrir que a loucura da cruz é uma nota essencial a todo o mistério cristão. A verdade cristã, de fato, é difundida no mundo não pela persuasão do raciocínio, mas pela proclamação de uma mensagem; ela conduz não à evidência da demonstração, mas à obediência da fé (Rm 1,5; 1Cor 1,21). Ela comporta, portanto, a renuncia à sabedoria deste mundo, a crucifixão da razão, a abdicação do homem diante da sabedoria de Deus. Não se trata, segundo o Apóstolo, de simples reflexões da especulação, mas de uma atitude interior que deve ser característica dos verdadeiros cristãos: "Se algum de vós se julga sábio neste mundo, se faça louco para se tornar sábio; porque a sabedoria deste mundo é loucura diante de Deus" (1Cor 3,18-19; Gl 5,11). Na cruz de Cristo, transfigurada pela ressureição, São Paulo vê, portanto, duas coisas: primeiro, o instrumento de que a sabedoria divina se serviu para realizar a salvação; segundo, o sinal de um amor que supera toda compreensão: "Ele me amou e deu a sua vida por mim" (Gl 2,20). À loucura de um amor tão grande por parte de Deus, só um amor igualmente "louco" pode dar a resposta adequada. É por esse motivo que também Paulo, com fortes acentos, declara que aceitou "perder tudo", desde que "ganhasse Cristo" (Fl 3,8 ss.).

Na tradição espiritual cristã o tema do amor pela cruz se desenvolve de acordo com duas correntes, a primeira representada pelos mártires da fé e a segunda, pelos mártires do sofrimento. Os primeiros não só aceitam dar a vida para não trair a própria fé, mas frequentemente proclamam a sua grande alegria espiritual por se ver chamados a unir os seus sofrimentos aos sofrimentos de Cristo (Santo Inácio Mártir, Santas Felicidade e Perpétua, São João Brébeuf etc.). No segundo caso se trata de almas ocultas que, provadas no corpo e no espírito, dizem e repetem que estão contentes de viver sofrendo, em amorosa e adorante contemplação do mistério de Cristo imolado e glorioso (São → FRANCISCO DE ASSIS, Santa Liduína de Schiedam, Santa → MARIA MADALENA DE PAZZI, São → JOÃO DA CRUZ, Santa → MARGARIDA MARIA ALACOQUE etc.).

Nos escritos dos autores espirituais não se encontra o entusiasmo dos místicos; no entanto, também eles evidenciam esse aspecto da mensagem cristã e buscam sua explicação no amor inefável que levou o filho de Deus à loucura da cruz: "permita-me dizer que o teu amor chega à loucura. Diante desta loucura, como poderia o meu coração se lançar para ti? Assim, minha loucura é esperar que o teu amor me aceite como vítima" (TERESA DO MENINO JESUS, *Manuscrits*, II, Lisieux 1957, 236).

BIBLIOGRAFIA. MOLLAT, D. – DERVILLE, A. Folie de la croix. *Dictionnaire de Spiritualité* V. 635-650; NESTI, P. G. Saggio bibliografico su "Misterio della Croce et promozione umana". *La Scuola Cattolica* 105 (1977) 422-428; NICOLET, P. – SCHNEIDER, F. Folie de la prédication de la Croix (1 Co 1, 18-25). *Mort de Jésus*. 1984, 59-80; PLUS, A. *La follia della croce*. Torino 1935; ŠPIDLIK, TH. – VANDENBROUCKE, FR. *Fous pour le Christ*. *Dictionnaire de Spiritualité* V. 752-770; VOLF, M. The "foolishness" and "Wearness" of God: an exegesis of 1. Co 1, 18-25. *Studies in Biblical Theology* 9 (1979) 131-139.

A. TESSAROLO

LOURENÇO DA RESSURREIÇÃO (Nicolau Herman).

1. NOTA BIOGRÁFICA. Nasceu em Hériménil, na Lorena, em 1611. Depois de ter sido soldado, eremita e em seguida servo de Guilherme Fieubet, nobre francês e tesoureiro do rei da França, ingressou na ordem dos carmelitas descalços de Paris como irmão leigo, professando os votos em 1642. Ocupado por toda a vida nos humildes trabalhos do seu estado e purificado por sofrimentos físicos e espirituais, chegou a uma grande perfeição religiosa e foi enriquecido por abundantes experiências místicas, a ponto de muitas pessoas o considerarem seu diretor espiritual. Morreu em conceito de santidade no convento de Paris em 12 de fevereiro de 1691.

2. OBRAS E DOUTRINA ESPIRITUAL. Naturalmente não escreveu livros destinados à publicação. Suas obras *Máximas espirituais, Entretenimentos* e *Cartas* foram reunidas pelo abade José de Beaufort, vigário-geral da diocese de Paris na época do cardeal Noailles, e publicadas, juntamente com a sua biografia, em 1692 e 1694 com os seguintes títulos: *Abrége de la vie de Frère Laurent de la Résurrection, religieux convers des Carmes Déchaussés, ses Maximes spirituelles et quelques Lettres qu'il a écrites à des personnes de piété* (Paris, 1692); *Les Moeurs et Entretines du Frère Laurent de la Réssurection, avec la pratique de la présence de Dieu, tirée de ses Lettres* (Châlons, 1692). Nessas obras ensina a contínua presença amorosa de Deus, com total abandono nele, e a fuga de qualquer perturbação espiritual, embora às vezes acentue esses aspectos com algumas expressões que parecem obscurecer um pouco o valor dos exercícios ascéticos e das boas ações, e a esperança da retribuição a estas devida, algo jamais negado pelo autor. No entanto, essa tendência e o fato de Madame de → GUYON ter tentado justificar suas teorias iluministas com os escritos de Lourenço da Ressurreição e de estes terem sido incluídos em coleções de cunho quietista nos anos 1699 em Colônia e depois em 1710 por obra do ministro calvinista Pedro Poiret tornaram Lourenço da Ressurreição popular em certos ambientes inclinados ao → QUIETISMO e entre os protestantes, entre os quais as suas obras ainda hoje são muito difundidas. A ortodoxia de Lourenço da Ressurreição e a sua figura foram reavaliadas entre os católicos especialmente depois das edições e dos estudos de L. van den Bossche e S. M. Bouchereaux.

BIBLIOGRAFIA. São numerosos os estudos, também recentes, sobre a espiritualidade de Lourenço da Ressurreição e as edições de seus escritos. Fornecemos uma relação das principais edições: *Du bist mir nahe. Gesprache-Briefe.* Bearbeitet von W. HERBSTRITH, Munchen, 1986; GIALLANZA, J. The wisdom of Brother Laurence. *Mount Carmel* 32 (1984) 158-164; JOSEPH DE SAINTE MARIE. Lorenzo della Risurrezione: la vita nella presenza di Dio. *Rivista di Vita Spirituale* 39 (1985) 449-470; *L'experiénce de la présence de Dieu.* Texte établi para S. M. BOUCHEREAUX, et présenté par le R. P. FRANÇOIS DE STE. MARIE. Paris, 1948; *La práctica de la presencia de Dios (Coloquios, cartas, máximas).* Trad. del P. FAUSTINO DE LA SAGRADA FAMILIA. Nota histórica y bibliográfica del P. SIMEON DE LA SAGRADA FAMILIA. Madrid, 1972; *La pratique de la présence de Dieu.* Nouvelle édition, avec préface et notes de L. VAN BOSSCHE. Bruges, 1934; LANTRY, J. Brother Laurence and the presence of God. *Carmelite Digest* 1. San José, n. 2, 44-51; MACCA, V. *Camminare alla presenza di Dio: l'esperienza santificante di Lorenzo della Risurrezione.* Roma, 1977; NOYEN, C. Licht in ons hart. *Innerlik Leven* 28 (1974) 136-145; SUZANNE, P. M. Laurent de la Résurrection, carme déchaussé. *Dictionnaire de Spiritualité* IX, 415-417; *The practice of presence of God.* Translated into Modern Hebrew. Minster in Thanet, Kent, 1978; *The practice of the presence of God.* Translated by A. ATTWATER. Springfield, 1974.

SIMEONE DELLA SACRA FAMIGLIA

LOURENÇO DE BRINDISI (São).

1. NOTA BIOGRÁFICA. Giulio Cesare Russo, nascido em Brindisi em 22 de julho de 1559, após os quinze anos emigrou para Veneza; vestiu o hábito da Ordem dos capuchinhos em 1575 e foi ordenado sacerdote em 1582; morreu em Lisboa em 22 de julho de 1619. Realizou seus estudos filosóficos e teológicos em Pádua e, depois da ordenação, dedicou-se a um longo apostolado na Itália entre cristãos e judeus, dos quais conhecia a língua. Posteriormente foi provincial na província toscana (1590), vêneta (1594), helvética (1598) e mais tarde genovesa (1613); como definidor geral nos Capítulos 1596, 1599 e superior da Ordem no triênio 1602-1605, visitou a Áustria, a Morávia, a Estíria e a Espanha. Nos anos 1599-1602 e 1606-1610 realizou um grande apostolado em auxílio aos católicos e uma moderada polêmica entre os protestantes; apoiou também várias delegações pontifícias. Homem de um zelo extraordinário, dotado de carismas superiores, foi beatificado por Pio VI em 1783, canonizado por Leão XIII em 8 de dezembro de 1881, proclamado Doutor por João XXIII em março de 1959.

2. OBRAS E DOUTRINA. A *Opera omnia* é composta de 10 volumes e 15 tomos mais dois apêndices, publicados em Pádua entre 1928 e 1964; mesmo assumindo a forma oratória (excluiu a *Lutheranismi hpytotyposis* e a *Explanatio in Genesim*), muitas vezes os seus discursos, em um latim fácil e elegante que se fundamenta em passagem das Escrituras, constituem verdadeiros tratados e, ao menos no que diz respeito à doutrina espiritual, não é difícil distinguir um completo breviário de espiritualidade solidamente radicada na teologia, mas com aplicações concretas e práticas. Em

ordem de publicação a *Opera omnia* é dividida desta maneira: *Mariale* (I, 1928), que teve traduções e edições parciais e de verdadeiro valor a ponto de permitir que Lourenço de Brindisi seja incluído entre os mais elevados Doutores marianos; *Lutheranismi hypotyposis* (II/1-3, 1930-1933), uma refutação do luteranismo à qual, infelizmente, faltou uma atenta revisão do autor; *Explanatio in Genesim* (III, 1935), incompleta e não superior ao seu tempo, mas ainda assim uma obra notável; *Quadragesimale primum* (IV, 1936), amplo volume com diversos temas de pregação; *Quadragesimale secundum* (V/1-3, 1938-1940), com temas teológicos, morais e espirituais, que atingem as 1.700 páginas; *Quadragesimale tertium* (VI, 1941), quase 800 páginas de outros temas que costumam ser tratados na pregação de Quaresma; *Adventus* (VII, 1942), outros temas de pregação que geralmente tomam como ponto de partida, como os diversos quaresmais, do evangelho do dia; *Dominicalia* (VIII, 1943), amplas explicações dos evangelhos dominicais; *Sanctorale* (IX, 1944), panegíricos; *Quadragesimale quartum* (X/1-2, 1954-1956), igualmente rico em temas; o segundo volume contém também duas outras pequenas obras: *Commentariolum de rebus Austriae et Bohemiae* e *De numeris amorosis mystice in Divina Scriptura positis*.

Na ampla produção oratória, destinada aos simples fiéis, Lourenço de Brindisi fala de perfeição cristã e o princípio de que parte é que, se o homem é feito à imagem de Deus, o cristão não pode ser cristão se não se "edifica" à imagem e semelhança de Cristo (X/1, 36). Muito nobre por sua origem, por sua essência interior e pelo objetivo que adotou em sua vida (V/1, 239 s.), o cristão pode realmente considerar-se um *complexus miraculorum* (X/1, 27 s.33 s.) que fazem dele um *spiritualis Dei sacerdos*, o verdadeiro *homo theologicus* resultante de um duplo elemento constitutivo, ou seja, natureza perfeita *et supernaturalis gratia* (X/1, 24). Esse conceito é esclarecido recorrendo ao paralelismo com o *homo physicus*, que é composto de alma e corpo: como a alma informa o corpo, assim a forma da entidade nova, que é o cristão, deve ser buscada na *supernaturalis gratia*: daí a elevada nobreza dele que, no sentido pleno da palavra, é o *opus Excelsi*, a *nova creatura*, o *novus homo... creatus in iustitia et sanctitate veritatis* (*Ibid.*). Reduzida aos seus elementos essenciais, a vida cristã consiste em "obedecer ao Espírito Santo e resistir ao espírito maligno" (X/1, 66), duas faces de uma mesma realidade que se resume em "seguir Cristo" (X/2, 152), exemplar divino e visível (IV, 46 s.). A alma, feita *amica lucis veritatis* (V/3, 107), deve desprezar o mundo e suas concupiscências e servir unicamente a Deus, conceito resumido também na frase "retirar-se no deserto" com a mortificação dos sentidos externos e internos (IV, 51 s.). Na luta contra o pecado, que integra boa parte da vida purgativa, ele nota que, "superada a carne, os inimigos restantes são facilmente vencidos" (VII, 222), mesmo admitindo que o homem, "cidade de vícios a ser expugnada com a penitência" (IV, 6), deve constantemente guardar-se da ignorância, que assedia o intelecto, e da má vontade, que entorpece a vontade (IV, 53). Entre os meios apropriados para essa vitória, ele sublinha a reflexão sobre os efeitos trágicos produzidos pelo pecado e particularmente sobre a inquietação que ele traz enquanto *proprius locus cordis nostri virtus est, gratia Dei est, Deus ipso est*, sem os quais é perpétua falta de paz e de tranquilidade (IV, 150).

A via iluminativa caracteriza-se pelo exercício das virtudes e Lourenço trata o tema de maneira muito ampla; ele ressalta que "do mesmo modo que o homem é composto de muitos elementos", assim o cristão "se edifica com a contribuição de muitas virtudes", que lhe dão precisamente a sua própria fisionomia (IV, 16 s.); o exercício das virtudes é o único caminho para a vida (*Ibid.*, 193 s.), a única escada pela qual nos é dado ascender às coisas celestes (X/1, 12 s.). As virtudes podem ser internas, externas e mistas e, em ordem progressiva e ascendente, "purgativas, iluminativas e unitivas": ele conhece e adota a terminologia, já em uso, dos *incipientes, proficientes et perfecti* (VI, 732; X/1, 163). Entre as virtudes destaca a *pietas in Deum* (X/1, 29), como exigência da *lex amoris et pietatis evangelica* (VII, 330) e fundamentando-se, entre outras coisas, no espírito de oração, tema obviamente riquíssimo em Lourenço, que chama a oração de "batismo espiritual" (V/1, 316) e "que contém todos os bens" (V/2, 334), que examina nos diversos aspectos (X/2, 261-270) e inculca com grande eficácia (II/3, 64; V/1, 316; VII, 265; X/1, 139-146); mas em geral, até pelas exigências próprias do pregador, ele se limita a falar da oração ou vocal ou mental, sem entrar em detalhes, acrescentando que ela inclui "todas as virtudes" (X/1, 141), que é própria do cristão, das almas santas e dos bem-aventurados no céu (*Ibid.*, 143), que é necessária também "ao homem interior" porque *virtus virtutum et gratia gratiarum* (X/2, 266): o que significa que ele não se propõe um problema de graus nem sequer em forma distinta. Em outros lugares parece querer estabelecer uma espécie de itinerário espiritual, fixando as seguintes etapas: a) *elongari a mundo*; b) *Deum orare*; c) *humiliari*; d) *poenitentiae et misericordiae operibus incombere* (V/1, 151 ss.). Mais evidente é o valor atribuído às virtudes teologais: ele nota que a essência da "verdadeira religião" está contida no seu trinômio, ainda que também aqui em uma hierarquia de valores escreva que "as duas asas com as quais voamos para Deus" são a fé e a caridade, ou seja, o conhecimento de Deus e o amor a ele (VIII, 248; X/1, 38), sendo que este último inclui necessariamente o amor ao próximo sem o qual de nada valeria o próprio "mundo místico da Igreja" (V/1, 183).

Enfim, diríamos que o caráter profundo da espiritualidade laurenciana é cristocêntrico, e não só porque ele é franciscano e se baseia amplamente nas fontes franciscanas, mas por sua concepção do primado universal de Cristo que lhe inspira páginas de profunda teologia e espiritualidade, sobretudo pelo fato de que ele reconduz positivamente a Cristo qualquer forma de *askesis* e, portanto, de perfeição e santidade. É também por esse motivo que suas expressões devocionais típicas estão centradas em Cristo, e por reflexo na Virgem Mãe, uma vez que ele aplica à mariologia, de forma esplêndida, o princípio da analogia.

BIBLIOGRAFIA. 1) Bibliografia: *Lexicon capuccinum*. Roma 1951, 925-930; MARETO, FELIX A. *Bibliographia Laurentiana opera complectens an. 1611-1961 edita*. Roma, 1962;
2) Biografias: ARTURO DA CARMIGNANO DI BRENTA. *S. Lorenzo da Brindisi, Dottore della Chiesa*. 5 vls. Venezia, 1960-1963; FELLETTE, HIERONIMUS A. *S. Laurentii a Brundusio zelus apostolicus ac scientia*. Venezia, 1937.
3) Estudos: *Dictionnaire de Spiritualité* IX, 388-392; DOMINIC OF HERNDON. The absolute Primacy of Christ Jesus and His Mother according to St. Lawrence of Brindisi. *Collectanea Franciscana* 22 (1952) 113-149; HILARIUS A WINGENE. Spiritualitatis laurentianae lineamenta fundamentalia. *Laurentianum* 10 (1969) 413-433; LÁZARO DE ARPURZ. Espiritualidad de San Lorenzo de Brindis. *Estudios Franciscanos* 53 (1952) 221-234; METODIO DA NEMBRO. *Teologia e missioni in san L. da Br*. Roma-Padova, 1960; ROSCHINI, G. *La mariologia di S. Lorenzo da Brindisi*. Padova, 1951; *S. Lorenzo da Brindisi. Studi. Conferenze commemorative dell'edizione "Opera omnia"*. Padova, 1951.

METODIO DA NEMBRO

LOURENÇO JUSTINIANO (São). 1. VIDA E OBRAS. Nasceu em Veneza em 1º de julho de 1381. Aos vinte anos (1402) transferiu-se para a ilha de San Giorgio in Alga, onde havia pouco tempo se reuniam alguns jovens sacerdotes, nobres venezianos, para se dedicar à oração e à penitência, e com eles Lourenço (já diácono) fundou em 1404 a Congregação dos Cônegos Seculares de San Giorgio in Alga. Ali iniciou uma vida de penitência e de oração; também preferiu executar os serviços mais humildes (sua "delícia" era esmolar pela cidade). Em 1407, com 26 anos, ordenado sacerdote, por determinação de Gregório XII, veneziano, aceitou o priorado de Santo Agostinho de Vicenza, juntamente com o dos Santos Rustico e Fermo de Lonigo; mas depois de cinco anos renunciou a eles em favor de sua Congregação. Em 1409, foi eleito prior *ad annum* de San Giorgio; o mesmo ocorreu em 1413, 1418, 1421. Terminado o ano do terceiro priorado (1419), escreveu o seu primeiro trabalho *Lignum vitae*. Em 1423, enquanto em Veneza grassava a peste, os cônegos de San Giorgio dedicaram-se inteiramente a socorrer os pobres; Lourenço Justiniani esteve entre os primeiros. Com a ampliação da Congregação fora de Veneza tornou-se necessário, em 1424, um superior geral. A escolha só podia recair sobre Lourenço.

Depois de cumprir o ano de generalato, retirou-se na solidão de Santo Agostinho de Vicenza, onde escreveu os tratados *De casto connubio Verbi et animae* e *De disciplina et spirituali perfectione*; e em 1426, *Fasciculus amoris* e *De triumphali agone Christi*. Em 1427, teve de assumir novamente o generalato; o mesmo ocorreu em 1429, depois de um ano de intervalo, quando escreveu os opúsculos *De interiori conflictu* e *De complanctu christianae perfectionis*. Em 1431, a pedido dos cartuxos de Montello, compôs o tratado *De vita solitaria*; no ano seguinte, o tratado *De contemptu mundi*. Eventualmente, por ocasião das festas principais do Senhor, da Virgem e dos Santos, os "tratados" eram acompanhados por "sermões" (39 chegaram até nós). Admirado com a vida de Lourenço, Eugênio IV, que havia sido seu companheiro em San Giorgio in Alga, decidiu nomeá-lo para a sé de Castello (Veneza) em 11 de maio de 1433. Em 5 de setembro de 1433 Lourenço Justiniano foi consagrado bispo e tomou posse no dia 18 daquele mês. Embora pudesse se adequar à nossa condição, sua vida particular não mudou muito da vida que leva no claustro. Começou pela reforma da disciplina e dos costumes do clero, convocando em 1434 um Sínodo diocesano no qual promulgou sábias constituições. Quatro anos depois promulgou um pequeno código de quarenta constituições, que chamou de *Sunodicon*. Com os membros do claustro empregou suavidade e força, unida a uma prudentíssima caridade; e obteve sucesso. Regulamentou o Capítulo da catedral, especialmente sobre a residência e sobre a pluralidade dos benefícios. Para atender às sagradas funções criou seis novos benefícios menores. Instituiu um colégio perpétuo de doze pobres clérigos sob a imediata direção de um professor de gramática e um de canto eclesiástico. Publicou algumas constituições contra o luxo exagerado das classes elevadas e a maneira de se vestir das damas, que lhe produziram não poucas amarguras.

Em 1447 (durante a epidemia de peste que fustigava Veneza), indiferente à própria saúde, dedicou-se incansavelmente a acudir os afetados pela doença. Por volta de 1450, escreveu dois livros: *De spirituali interitu animae* e *De ejusdem resurrectione spirituali*; e o tratado *De institutione et regimine praelatorum*. Nicolau V, pela dignidade da república de Veneza e pela glória da república aristocrática de Gênova, com bula de 8 de outubro de 1851, suprimiu o patriarcado de Grado e o episcopado de Olivolo-Castelo e instituiu o patriarcado de Veneza com todos os direitos e as prerrogativas do patriarcado e do episcopado suprimidos, nomeando como primeiro patriarca de Veneza Lourenço Justiniano (que, esgotado pela nova responsabilidade de pastor de uma diocese maior e de metropolita e primaz, escrevia [1452] o tratado *De humilitate*, divulgado a seu pedido, para que fosse compreendido pelos fiéis, pelo camaldulense Mauro de Sant Mattia de Murano). Depois, dispôs-se a convocar o Concílio provincial para eliminar não poucos abusos, quando foi surpreendido por longa e grave doença. O Concílio, do qual infelizmente pouco resta, foi convocado para o quarto domingo depois da Páscoa (4 de maio) de 1455. Nesse meio-tempo, o patriarca, sempre angustiado pelas teorias contrárias à obediência, escrevia o tratado *De oboedientia* e em 1455 dava os últimos retoques ao tratado *De gradibus perfectionis*. Seu último trabalho devia ser um grito de amor: *De incendio Divini Amoris*. Morreu em 8 de janeiro de 1456. Foi canonizado por Alexandre VIII em 16 de outubro de 1690.

2. DOUTRINA. Se muito resta a fazer para conhecer a contribuição de Lourenço Justiniano para o desenvolvimento da sua Congregação, na reforma da sua diocese, resta ainda muito mais a fazer em relação aos seus escritos. Além de cerca de quarenta sermões, temos quinze obras escritas por ele, de 1419 a 1455. Elas se caracterizam por dois momentos: o monástico — que encontra o seu ponto alto no *De casto connubio*, como o vértice da perfeição interior — e o episcopal, no *De institutione et regimine praelatorum*, como o vértice do apostolado. Em ambos os escritos (assim como em todos os outros), há uma ideia principal, a sabedoria. Apesar da formação eclética de Lourenço Justiniano — quer em decorrência do ambiente em que vivia quer por exigências pessoais —, pode-se dizer que o elemento dominante da sua doutrina é a mística da eterna Sabedoria. O processo de santificação é concebido, de fato, como um progressivo conhecimento da Sabedoria encarnada, refletida no mundo exterior e interior, através de uma percepção "animal, intelectual e espiritual". A cada grau de seu conhecimento corresponde um progresso e uma posse dele no amor, até os cumes mais elevados da união transformadora, onde o Verbo toma posse plenamente da inteligência e da vontade. Então a alma, "tornada fecunda pelo Verbo de Deus e a ele aderindo, perceberá com o intuito da inteligência os inescrutáveis juízos dos segredos de Deus e os inefáveis mistérios da sua Sabedoria. Depois, verá Deus em si mesma e ela mesma em Deus e Deus em si. Em seguida, verá Deus nas criaturas e as criaturas em Deus..." (*De disciplina monasticae conversationis*, c. 24). A partir desse vértice, e só então, é possível tornar-se apóstolo, porque só então se conhecem os verdadeiros desígnios de Deus na salvação do mundo e se atingem as visões redentoras de Cristo e o seu apaixonante desejo pelas almas. Assimilado plenamente à Sabedoria encarnada na inteligência e na vontade, o sacerdote "sobe e desce, conquista e perde, ri e chora, enriquece e empobrece, é derrotado e vence, corre e descansa para se fazer tudo para todos e assim ganhar todos para Jesus Cristo" (*De oboedientia*, c. 28): ou seja, seu apostolado será "uma efusão daquilo que recebeu por infusão" da Sabedoria.

BIBLIOGRAFIA. A bibliografia laurenciana foi reunida nas duas publicações seguintes: TRAMONTIN, S. *Saggio di bibliografia Laurenziana*. Venezia, 1960; MARCO, F. DE. *Ricerca bibliografica su S. Lorenzo Giustiniani*. Roma, 1962. Dentre as publicações mais recentes, relacionamos aqui os estudos mais relevantes: AGRESTI, G. DI *La Sapienza, dottrina di spiritualità e di apostolato in S. Lorenzo Giustiniani*. Roma, 1962; BARBATO, N. *Ascetica dell'orazione in S. Lorenzo Giustiniani*. Venezia, 1960; COSTANTINI, A. *Introduzione alle opere di S. Lorenzo Giustiniani, Primo Patriarca di Venezia*. Venezia, 1960; FONTAINE, P. LA. *Il primo patriarca di Venezia*. Venezia, 1960; GEENEN, G. *Praerogativa Doctoris Ecclesiae in Operibus S. Laurentii Justiniani*. Roma, 1962; GIULIANI, S. *Vita e Dottrina*. Roma, 1962; GRACCO, G. *La fondazione dei canonici secolari di San Giorgio in Alga*. Rivista di Storia della Chiesa in Italia 23 (1959) 70-88; HUERGA, A. *Presencia de las Obras de S. Lorenzo Giustiniani en la Escuela de la Oración*. Roma, 1962; Lorenzo Giustiniani. *Dizionario degli Istituto di Perfezione* V (1978) 150-159; PICCARI, T. *Note marginali al Libello del Dottorato di S. Lorenzo Giustiniani*. Dictionnaire de Spiritualité IX (1976) 393-401; *San Lorenzo Giustiniani nel V centenario della morte: 1456-1956*. Venezia, 1959; TIEZZA, N. *La dottrina spirituale di San Lorenzo Giustiniani*. Belluno, 1977; TRAMONTIN, S. *S. Lorenzo Giustiniani nell'arte e nel culto della Serenissima*. Venezia, 1956.

G. DI AGRESTI

LÚLIO, RAIMUNDO. 1. NOTA BIOGRÁFICA. Nasceu em Mallorca, provavelmente em 1232. Casado e pai de família, na festa do Santo de Assis, em 1263, foi "iluminado" para começar outra vida, a de eremita contemplativo e penitente. Tornou-se terciário franciscano e se dedicou ao estudo, convencido da própria vocação missionária, para converter os sarracenos com escritos e pregação. Em 1270, começou com a atividade literária e em 1275 com as numerosas e variadas viagens, escrevendo nesse meio tempo obras e opúsculos. Viajou várias vezes para Mallorca e Montpellier, Roma e Paris, Túnis e Nápoles, Barcelona e Gênova, Armênia Menor (1301-1302) e Montpellier, Túnis (1307) e Avignon, Paris e Messina. Em 1315 viajou para Túnis pela última vez e por volta do final do mesmo ano sofreu o martírio por lapidação em Bugia, vindo a morrer em Mallorca nos primeiros anos de 1316 em decorrência dos ferimentos. Sepultado na igreja de São Francisco, já no século XIV foi cultuado como beato tanto na ilha natal quanto na Ordem franciscana. Em 1763 o papa Clemente XIII confirmou esse culto (cf. *Martyrologium Franciscanum*, em 29 de junho, em que se diz que Leão X já havia autorizado a celebração de missas e ofícios em sua homenagem). Lúlio tornou-se famoso, por sua ideia missionária e por seu caráter ardoroso, cavalheiresco, poético e filosófico e contemplativo-místico. É chamado "doutor iluminado".

2. OBRAS. Os escritos são cerca de 250, maiores e menores, em latim e em catalão, e é impossível enumerá-los aqui (os catálogos e edições podem ser consultados in W. W. PATZECK, *Raimund Lull. Sein Leben — Seine Werke...*, II). Pelo conhecimento de seu pensamento espiritual, as obras mais importantes são *Arte de contemplação*, *Livro de contemplação* e *O Livro do Ámigo e do Amado* (Deus). A edição mais importante desta última é: RAIMUNDO LÚLIO, *Il libro dell'Amico e dell'Amato*, Genova, 1932).

Muitas outras obras de Lúlio são relevantes também para a espiritualidade, como as teológicas sobre Cristo e sobre Nossa Senhora. A avaliação que se faz de Lúlio, franciscano cristocentrista e agostiniano-boaventuriano, é hoje comumente aceita, ao passo que se rejeita a velha acusação de Lúlio racionalista.

3. PENSAMENTO ESPIRITUAL. Embora a importância de Lúlio para a espiritualidade seja amplamente reconhecida, ele não é muito estudado a partir desse ponto de vista. Platzeck, o mais recente e respeitado biógrafo e estudioso de seu pensamento, o define paradoxalmente como "eremita a caminho", na medida em que, não obstante sua vocação eremítica, praticou e ensinou que a contemplação deve servir para a ação. Esse seu pensamento ligou-se ao mais fundamental referente a Deus, que é antes de tudo *bonitas diffusiva*. Daí ele extrai a conclusão de que também nós, se o possuímos verdadeiramente, devemos difundi-lo. É o primeiro princípio da "vida mista". Por isso Lúlio foi definido como "filósofo da ação", mas ele é antes o teólogo da ação. O objetivo supremo da nossa existência cristã é representado na figura do eremita contemplativo, que se dedica ao estudo sapiencial e à contemplação amorosa, que o leva à suprema bondade (Deus). Daí também a importância da oração, diferenciada em vocal, interna ou contemplativa e "praticada", oração que se realiza com as ações virtuosas (cf. a esse respeito algumas páginas em *Manresa* 30 [1958] 21-30.211-220). Assim, a nosso ver, Lúlio aproveita o pensamento de Santo Tomás da supremacia da "vida apostólica" também no que diz respeito apenas à vida contemplativa (*STh.* II-II, q. 188, a. 6): ou seja, procurar o bem não só para nós, mas com a ajuda da contemplação e pelo amor cristão, fazer com que também outros o alcancem. E isso até o heroísmo do martírio (como de fato o próprio Lúlio o demonstrou). Quando à busca de → DEUS, Lúlio também se inspira em São Boaventura: a criação, material e espiritual, manifesta os seus atributos, e nós o buscamos considerando a própria criação como obra de Deus. Portanto, a nossa criação não se limita à criação, mas passa aos atributos, às virtudes e às verdades de Deus, ao próprio Deus. Além disso, Lúlio ensina que a alma tem cinco sentidos espirituais: *cogitatio, perceptio, conscientia, subtilitas, animositas*. Eles devem ser todos absorvidos pela união contemplativa e, portanto, imeros em Deus como um vaso que, imerso no fundo do mar, é preenchido por ele.

BIBLIOGRAFIA. Abstemo-nos de ciar as edições das obras de Lúlio e a respectiva literatura, mas remetemos à obra de PLATZECK, E. W. *Raimund Lull. Sein Leben – Seine Werke...* Dusseldorf-Roma, 1962, 2 vls. (ali são estudados os princípios de seu pensamento filosófico). Para a espiritualidade em particular recordamos: BEAUCHEMIN, F. M. *Il sapere al servizio dell'amore*. Parma, 1937; BEHN, J. *Spanische Mystik*. Dusseldorf, 1957; GUIBERT, J. DE La méthode des trois puissances et l'Art de contemplation de R. Lull. *Revue d'Ascétique et de Mystique* 6 (1925) 367-378; ID. *Études de théologie mystique*. Toulouse, 1930, 299-310; HATZFELD, H. *Estudios literarios sobre Mística española*. Madrid, 1955; KLAIBER, L. Der Mystiker Roman Lull. *Geist und Leben* 23 (1950) 205-214; LLINARÉS, A. *Raymond Lulle, philosophe de l'action*. Grenoble, 1963; PLATZECK, E. W. La vida eremítica en las obras del beato R. Lullo. *Revista de Espiritualidad* 1 (1942) 61-79.117-143; PROBST, J.-H. Místicos Ibéricos: El beato R. Lull y S. Juan de la Cruz. *Estudios Franciscanos* 52 (1951) 209-224; TUSQUETS, J. *Ramón Lull pedagogo de la cristianidad*. Madrid, 1954.

A. MATANIĆ

LUMINOSIDADE. 1. NOÇÃO. É um esplendor que irradia do corpo humano dos santos, sobretudo nos momentos de contemplação e de êxtase. Em certos casos brilha apenas a cabeça, o rosto ou as mãos. Assim, não se trata simplesmente de esplendor do rosto e tampouco do fenômeno da luz exterior que se projeta sobre o corpo e o envolve.

2. EPISÓDIOS. O evangelista diz que na transfiguração o rosto de Jesus Cristo brilhou como o sol e suas roupas se tornaram brancas como a luz (Mt 17,2). Moisés desceu do Sinai sem saber que o seu rosto se tornara radiante a partir do momento em que falara com YHWH (Ex 34,29), e os hebreus tiveram medo de se aproximar dele (30). Citam-se também casos de santos.

3. EXPLICAÇÃO. Existe uma luminosidade biológica, mas não parece que seja semelhante à mística. Verifica-se em certos insetos (por exemplo: pirilampo), em alguns peixes e alguns vegetais marinhos que possuem uma luminosidade, ou melhor, uma fosforescência natural. Também os olhos de certos animais e de alguns pássaros tornam-se luminosos no escuro. Essa luminosidade, todavia, é decorrente de determinadas condições naturais, o que não ocorre na luminosidade mística.

Uma fosforescência fraca, difícil de perceber, pode verificar-se ocasionalmente, tanto pela presença de bactérias luminosas nas feridas quanto pela pele, em decorrência de suor. Existe também uma luminosidade que se verifica durante alguns estados de alucinação. O fenômeno se presta também à sugestão; diante de uma tênue luminosidade, a pessoa sugestionada pode aumentar exageradamente a sua intensidade. É preciso levar em conta esses fenômenos quando se trata de comprovar o fato através de testemunhos.

Nas sessões espíritas, parece que ocorrem fenômenos luminosos, mas a luminosidade está no ar, e não nos médiuns. Nesse caso, a fraude e o engano podem explicar muitas coisas, uma vez que geralmente o ambiente está na penumbra e repleto de mistério e é fácil recorrer à ajuda de fenômenos pirotécnicos. Contudo, parece que em muitos casos se provou que não se trata de fraudes. Por isso não é claro até que ponto a luminosidade natural pode chegar.

A luminosidade não supera as forças do demônio. Nesses casos, é claro, se observa mais o fenômeno exterior em si que o fato de que não pode ser desvinculado da causa.

Quase todos os autores católicos admitem uma luminosidade de ordem sobrenatural e exigem várias condições para declarar essa sua característica. A razão é que poderia ser ilusória, natural ou do demônio. A condição exigida da pessoa é a santidade de vida. As pedidas às testemunhas do fato são: que sejam numerosas, de modo que seu testemunho seja garantido e não se possa supor que se trata de desequilibrados, de alucinados ou doentes.

Exige-se que a luminosidade ocorra durante um ato religioso, em pleno dia ou, caso se verifique de noite, que a sua luz seja intensa como qualquer outra luz artificial ou como em pleno dia; que a sua duração seja notável e não apenas momentânea como uma faísca elétrica; enfim, que produza efeitos de santidade.

Para sua explicação teológica, alguns recorrem em determinados casos a uma ação milagrosa de Deus, ao passo que outros não veem nela nada mais que uma repercussão sensível no corpo da ação sobrenatural da alma divinizada. "Talvez a alma não faça outra coisa senão desencadear no corpo processos luminosos latentes e, fora da vida sobrenatural, ela é incapaz de colocá-los em prática de forma notável" (H. BOM, *Medicina e religione*, Torino, 1951, 237).

Seria como que uma participação antecipada da luminosidade do corpo glorificado.

BIBLIOGRAFIA. LEROY, G. La splendeur corporelle des saints. *La Vie Spirituelle. Supplément* 45 (1935) 65-85.139-160; 46 (1936) 29-43; ID. Le visage resplendissant de saint Thérèse de Jésus. *Revue d'Ascétique et de Mystique* 35 (1959) 194-199.

I. RODRÍGUEZ

LUXÚRIA. 1. NOÇÃO. Lúxuria (de *luxus*, excesso, exuberância), em sentido impróprio, indica qualquer excesso no alimento, nas bebidas e similares, e também se aplica aos animais e às plantas. Propriamente, como se entende aqui, enquanto é pecado capital, oposto à → TEMPERANÇA, é a busca desordenada do prazer sexual ou carnal, ou seja, daquele prazer que surge no apetite sensitivo a partir da comoção e alteração dos órgãos e dos humores que servem à procriação. Esse prazer carnal, caracterizado precisamente e derivado dessa comoção, não deve ser confundido com o prazer produzido por um objeto agradável ao sentido, mas sem comoções desse tipo, quer esse objeto seja capaz de provocar prazer carnal (tem-se então o prazer sensual), quer por sua natureza seja incapaz disso (prazer sensível). O prazer carnal, como a faculdade generativa e o uso desta, é dado diretamente ao homem com o único objetivo da procriação da prole, que só é lícita entre cônjuges legítimos. A luxúria, portanto, consiste em buscar exclusivamente o prazer carnal ou fora do casamento ou no próprio casamento, mas de maneira que a procriação da prole, pela qualidade do ato, não possa ser obtida.

O instinto sexual inato, específico no homem e na mulher, foi desejado por Deus como expressão do maduro e pleno pertencimento dos cônjuges no casamento e com a finalidade da procriação da espécie humana e, portanto, não constitui algo intrinsecamente mau, mas naturalmente bom, não menos que qualquer outro órgão ou outra disposição humana. O seu uso no matrimônio, ou seja, no interior dos limites estabelecidos por Deus, é conforme à vontade divina e por isso moralmente ordenado: "Por isso os atos pelos quais os cônjuges se unem íntima e castamente são honestos e dignos. Quando realizados de maneira verdadeiramente humana, testemunham e desenvolvem a mútua doação pela qual os esposos se enriquecem com o coração alegre e agradecido" (*GS* 49). A Igreja condenou como erro a concepção oposta dos maniqueus. Efetivamente, o instinto sexual, inserido maravilhosamente na natureza humana, representa uma energia primigênia criadora concedida por Deus.

2. MALÍCIA. Nos cônjuges só é um pecado grave buscar as satisfações ou realizar os atos que, por sua natureza, são contrários à finalidade do matrimônio, ao passo que é lícito desejar o prazer correspondente e os atos que conduzem ao mesmo fim; os atos que não são nem contra nem segundo o fim do matrimônio são considerados, em sua maioria, pecado venial (DENZ. 1159-2231).

Nos não casados é ilícito qualquer uso da faculdade generativa, quer porque na espécie humana a procriação e a educação da prole não podem realizar-se sem aquela colaboração indissolúvel que só se verifica entre os pais no matrimônio, quer porque, a partir do momento em que se admitisse o uso dessa faculdade fora do casamento, o homem procuraria o prazer nos lugares em que este não é acompanhado pelos ônus decorrentes do estado conjugal. Isso levaria ao amor vago e, consequentemente, ao abandono da prole não desejada e à extinção da sociedade humana (*Ibid.* 2.230). As razões alegadas valem não apenas para os atos externos consumados, mas também para os não consumados e para os próprios atos internos: desejos e complacências, porque neles já está implícita a vontade de violar a gravíssima lei da natureza e constitui perigo próximo de grave pecado. Por isso é preciso dizer que fora do legítimo matrimônio qualquer prazer sexual, desejado em si e com plena deliberação, é sempre pecado mortal (*Ibid.*, 717.2230). O prazer carnal, quando desejado só indiretamente, pode ser apenas pecado venial, que se tem quando se prevê, mas não se deseja com a vontade o prazer sexual, e ao mesmo tempo este não constitui, no caso concreto, um perigo próximo de grave pecado e há nele um motivo, proporcional ao perigo, de fazer a ação da qual se prevê que nascerá o pecado proibido. A opinião que afirma que o prazer carnal diretamente desejado pode ser apenas um pecado leve é especulativamente infundada e praticamente escandalosa e por isso condenada (*Ibid.*, 1.140).

A doutrina freudiana, que considera a libido como o centro de toda a atividade humana, é filosófica e moralmente inaceitável no seu todo, mas parece inquestionável que em nenhum campo da vida moral, como no da luxúria, têm um peso mais ou menos decisivo as predisposições biológicas, normais ou não, do sujeito, que alteram sua responsabilidade. É preciso também advertir que, por falta de conhecimento, ambiente ou educação, pode haver ignorância sobre o amplo campo, especialmente no que diz respeito aos atos internos, e não só em relação a estes, mas em todo o domínio que agora nos interessa; além disso, deve-se também considerar que, para a avaliação da culpabilidade da luxúria indireta, nos casos concretos, é necessário observar a gravidade do perigo em si e especialmente em relação ao sujeito e às causas subjacentes à ação. Em qualquer caso, esse pecado capital é a forma mais reprovável de intemperança, porque, por sua veemência, que quase absorve toda a alma, mais que qualquer outro pecado obscurece a razão e enfraquece a vontade (Rm 1,24-26; Ef 4,19).

3. SOLUÇÕES. Quem se abandona aos excessos da carne pode ser salvo, desde que recorra às soluções necessárias: vigilância e oração, segundo as palavras de Jesus "vigiai e rezai" (Mc 14,38).

a) "Vigiai!", ou seja, evitai os perigos. Aqui, sobretudo, vale a máxima: "Quem ama o perigo nele se perderá" (Sr 3,25). Por muitos caminhos o demônio se insinua na alma para acender nela o fogo da → CONCUPISCÊNCIA; e a primeira janela através da qual o pecado se esgueira é o olho. Para muitos uma imagem ruim ou um péssimo livro tornam-se o início de pecados lamentáveis! Uma segunda porta pela qual o pecado pode penetrar é a orelha. Ouvir palavras licenciosas enfraquece a barreira do pudor e torna-se motivo de imoralidade. Diante desse pecado uma solução indispensável é a fuga do perigo.

b) A solução mais eficaz é, contudo, a oração. Só com as nossas forças jamais conseguiremos nos manter puros; para esse objetivo, temos necessidade absoluta da graça divina. Devemos rezar várias vezes por dia, sobretudo no momento da tentação. A comunhão frequente nos une de maneira tão sólida e estreita a Cristo, que a sexualidade é freada e a alma recebe novas energias para as batalhas. O Concílio de Trento diz que a comunhão é um "antídoto contra o pecado". Jesus prometeu que "se alguém come deste pão viverá para sempre" (Jo 6,50).

BIBLIOGRAFIA. BRESCIANI, C. *Personalismo e morale sessuale*. C. Monferrato, 1983; DAVANZO, G. *Sessualità umana e etica dell'amore*. Milano, 1986; GATTI, G. *Morale sessuale educazione all'amore*. Torino, 1979; *Mystique et continence*. *Études Carmélitaines*, Paris, 1952; PLÉ, A. *Vita affettiva e castità*. Roma, 1965; TANQUEREY, A. *Compendio di ascetica e mistica*. Roma, 1948, 873-882.

E. ANCILLI

M

MACÁRIO (São). 1. NOTA BIOGRÁFICA. De Macário, o Grande, abade de Ceto, também chamado o Egípcio para distingui-lo de seu homônimo de Alexandria (também denominado "cidadão"), encontram-se informações em: *Historia Monachorum in Aegypto*, cc. 26-27; em *Historia Lausiaca* de Paládio, cc. 17-18; nas *Institutiones coenobitarum* de Cassiano, c. 5, 21, e nas *Collationes*, c. 5, 12; na *Historia ecclesiastica* de Rufino, 2, 4; na *História eclesiástica* de Sócrates, 4, 23-4; nos *Apophthegmata Patrum* (PG 65, 257-81). Segundo J.-Cl. Guy, a partir das fontes acima citadas é possível traçar as linhas gerais da vida de Macário o Grande: nascido por volta do ano 300, teria sido primeiro condutor de camelos ocupado no transporte de salitre; depois, por volta dos anos 339-340, ter-se-ia retirado para uma cela próxima da fronteira de uma aldeia egípcia; transferindo-se para outra aldeia para evitar a ordenação a padre, sofreu uma grave calúnia e foi obrigado a se afastar. Estabeleceu-se definitivamente em Cete. Entre os anos 330 e 340 teria conhecido Santo Antão e por volta de 339-340 teria recebido a ordenação sacerdotal. Em Cete formou uma pequena comunidade de que é "pai espiritual". O grupo de discípulos aumenta com o tempo e na escola de Macário se forjam santos e monges heroicos entre os quais Sisoes, Isaías, Pafnúcio, Zacarias, Teodoro de Ferme. Morreu por volta do ano 390, depois de ter sido exilado pelo sucessor de Santo Atanásio, o patriarca Lui, entre os anos 373 e 375.

2. OBRAS. Sob o nome de Macário chegaram até nós vários escritos que a crítica atribui a outros autores (cf. *CPG* 2.400-2.403). Talvez seja de Macário a carta em latim e em siríaco *Ad filios Dei* (PG 34, 406-410. Edição em latim de A. WILMART, *Revue d'Ascétique et de Mystique* 1 [1920] 58-83. O original grego ainda permanece inédito). Os outros escritos chamados pseudo-macarianos: diversos apoftegmas, 4 cartas, 2 breves orações, uma série de 50 homilias e uma segunda de 7 (PG 34, 449-822), ao que tudo indica, devem ser atribuídas a um certo Simeão, asceta da Mesopotâmia. A autoria macariana dessas obras se explica com a tentativa de contrabandear mercadorias de teor herético em território ortodoxo. Na verdade, a origem das obras é de ambiente messaliano ou, talvez, encratita mesopotâmico. Seja qual for a origem das homilias, é certo que, eliminadas algumas nuanças heréticas, a doutrina exposta é repleta de fermentos espirituais, dignos dos grandes mestres de espírito.

3. DOUTRINA. Embora os destinatários, tanto das cartas quanto das homilias, sejam os monges, os princípios doutrinais do pseudo-Macário são de alcance universal. O objetivo é formar o perfeito cristão, pressuposto para ser perfeito monge; a apresentação segue essa linha formativa com raro conhecimento do espírito. O mistério cristão, ou seja, a realidade cristã, está na ação iluminadora e santificante de Deus, que desce na alma e a transforma (*Da liberdade da mente*, 21). A resposta da alma está em se libertar de tudo para se dispor melhor a essa ação divina. A ascese do simples cristão e do monge é orientada nesse sentido. A perfeição é adquirida pouco a pouco, exige paciência e esforço contínuo, do mesmo modo que o crescimento físico do homem, das plantas ou da formação intelectual: "De fato, se nas coisas externas o homem percorre muitos degraus no progresso, quanto mais os mistérios celestes têm um desenvolvimento e incremento progressivo através de muitos graus; quem passar por muitos exercícios e muitos perigos se tornará perfeito" (*Hom*. 15,41). Macário menciona doze degraus ascensionais para quem tende à perfeição (*Ibid.*, 8, 4). Nessa ascensão, a cruz é elemento indispensável: "É preciso ser crucificado com o Crucificado, sofrer com quem sofreu. [...] É preciso que a esposa sofra com o esposo para se tornar copartícipe e coerdeira de Cristo. [...] Deve-se percorrer o caminho estreito para entrar na cidade dos santos" (*Ibid.*, 12,4). A → IMITAÇÃO DE CRISTO facilita a vitória sobre o demônio e sobre as paixões (*Ibid.*, 3, 6), alimenta a → UNIÃO COM DEUS e cria a pura caridade (5, 6), ensina a humildade verdadeira, no escondimento, no silêncio e separação de tudo e de todos, na consciência de ser um nada e de depender em tudo de Deus (*Ibid.* 15, 27). "Quanto mais (estas almas) se esforçaram para progredir e crescer na perfeição, tanto mais se consideram pobres, indigentes e sem nada... A humildade é o sinal do cristianismo" (*Ibid.*). À humildade Macário une a negação de si, o desprezo de si e a plena adesão à vontade de Deus (*Carta aos servos de Deus*). Essa ascese é alimentada e fortificada pela oração: ela ajuda a superar vitoriosamente o → COMBATE ESPIRITUAL, sempre difícil (*Hom.* 3, 3) e abre o caminho para a união mais elevada e inebriante com Deus (*Hom.* 6, 3). Mas a verdadeira oração exige, especialmente no início, o esforço para superar múltiplas dificuldades: distrações, sono, preguiça, fraqueza de espírito e a atenção da mente fixa em Deus, como o timoneiro dirige o navio para o porto (*Carta aos servos de Deus*), com paz e tranquilidade de espírito (*Hom.* 6, 3), no incessante trabalho de purificação do coração para contemplar Deus e refletir a sua luz (*Hom.* 17, 4) e reproduzir a imagem de Cristo exemplar de vida e de oração (*Hom.* 30, 4). Além disso: na oração superam-se as tentações do demônio *(Hom.* 26, 14), aceitam-se alegremente as provações e as aflições, penetra-se na realidade cristã e vive-se o espírito desta (*Da liberdade da mente,* 17; *Hom.* 26, 11; 17, 13).

BIBLIOGRAFIA. GUASTEN, J. *Patrologia.* Torino, 1969, 162-9, vl. II (com bibliografia); GUILLAUMONT, A. Le problème des deux Macaire. *Irenikon* 48 (1975) 41-59. SAUGET, J. M. Macario il Grande. In *Bibliotheca Sanctorum* VIII, 425-429; WILLEMART, A. La lettre de Macaire. *Revue d'Ascétique et de Mystique* 1 (1920) 58-83. Alguns trechos de Macário e do pseudo-Macário in BOUYER, L. *La spiritualità dei Padri* (3/B). Bologna, 1986 (nova edição organizada por L. DATTRINO – P. TAMBURRINO), 75.98-109.159.165.256 ss.

C. SORSOLI – L. DATTRINO

MAGER, ALOIS. 1. NOTA BIOGRÁFICA. Nasceu em 21 de agosto de 1883, em Zimmern, nas proximidades de Rottweil, e ingressou na arquiabadia de Beuron em 1903. A partir de 1919, passou a se ocupar "da mística e de tudo o que com ela tem uma atinência próxima ou distante. Em decorrência disso, pouco a pouco, submeteu a uma cuidadosa investigação todos os problemas mais importantes e vitais que se apresentam à mística atual" (*Mystik als Lehre und Leben,* 7). Publicou esses seus estudos precisamente no citado volume. Em 1927, foi chamado à faculdade de teologia de Salisburgo, como professor de filosofia, psicologia experimental e mística. A partir daquele ano, e até sua morte, Mager não só desenvolveu intensa e frutuosa atividade como professor e pesquisador, mas além disso, como um dos fundadores e mais dinâmicos diretores da *Salzburger Hochschulwochen,* de 1930-1931 em diante, exerceu uma enorme influência sobre o enfoque moderno da vida espiritual católica nos territórios de língua alemã. Em 1939, empreendeu uma longa viagem ao Japão, que o manteve ocupado por muto tempo na qualidade de visitador. Morreu em 26 de dezembro de 1946, precisamente enquanto elaborava os projetos para a nova atividade a ser desenvolvida após o fim da guerra.

2. ESCRITOS E PENSAMENTOS. Na grande série de suas publicações, assumem um valor permanente, sobretudo para os países de língua não alemã, as seguintes obras: *Mystik als Lehre und Leben,* Insbruck-Wien-Köln, 1934; *Mystik als seelische Wirklichkeit. Eine Psychologie der Mystik,* Graz, 1945-1946; no *Lexikon für Theologie und Kirche* (1. ed.), são de sua autoria os verbetes: *Johannes von Krenz,* V (1933), 509-512; *Mystik,* VII (1935), 406-412; *Theresia,* X (1938), 90-95. E enfim, como documento de irradiação acadêmico-pastoral, os sete volumes das *Die Salzburger Hochschulwochen* (Salzburg, a partir de 1931), organizados por ele.

Mager se dedica com paixão, em parte até com tom polêmico, especialmente à psicologia da mística, assim como ela é encontrada nas descrições que nos deixaram os grandes místicos reconhecidos pela Igreja, sobretudo por Santa → TERESA DE JESUS e por São → JOÃO DA CRUZ. A mística é uma experiência do divino (*cognitio experimentalis*), que teologicamente só se distingue da ascese com base no grau, mas psicologicamente também é diferente dela na espécie. Em seu estágio mais elevado, não pode ser obtida com as próprias forças; contudo, pode sempre ser buscada e humildemente implorada com a oração. O breve resumo que fornecemos dele reflete obviamente só na mínima parte a grande riqueza dos seus estudos aprofundados e das suas vastas exposições.

BIBLIOGRAFIA. ENGELMANN, U. A. A. Mager. *Dictionnaire de Spiritualité,* X. Paris, 1980, 71-73; GORDAN, P. *Lexikon fur Theologie und Kirche* (1961), 1274; UTTENWEILER, J. *Benedkitnische Monatschrift* 23 (1947) 148-155.

B. NEUNHEUSER

MAGNANIMIDADE. 1. DA GRANDEZA PAGÃ À CRISTÃ. A antiga sabedoria grega expressou o ideal de grandeza humana sob duas formas antitéticas. As pessoas de ação (Aquiles, Alcibíades, Filipe o Macedônio) perseguiam um ideal de via intensamente operante, dedicada a grandes façanhas dignas de admiração e de honras: elas consideram o mundo como testemunha da própria força gloriosa. Os filósofos (Sócrates e os estoicos), em contrapartida, exaltavam o homem que, desprezando as adversidades do mundo, sabia refugiar-se em uma autonomia interior.

As duas grandes correntes de espiritualidade do esforço e do recolhimento (ou seja, da conquista do mundo ou da fuga dele) persistem no cristianismo, mas renovadas. Para o cristão não existe mais a oposição entre homem e mundo, mas homem-mundo diante de Deus. Delineia-se assim a alternativa do cristão: conquistar Deus e o mundo em Deus (esperança teologal), ou então desprezar a si mesmo e ao mundo para dar destaque apenas a Deus (humildade cristã). Duas formas que, mais que se opor, necessariamente se fundem como aspectos complementares entre si: se foge desprezando a si mesmo e ao mundo para conquistar Deus, a si mesmo e ao mundo em Deus.

O ideal da magnanimidade cristã já é desenvolvido pelos Padres (particularmente por Clemente de Alexandria, → ORÍGENES, Santo → AMBRÓSIO). No entanto, eles se recolhem para meditar apenas na grandeza de Deus e, quando esta é transmitida ao homem, ela se torna simultaneamente princípio de elevada exaltação (já que o homem possui em si a própria grandeza de Deus) e, ao mesmo tempo, de profundo abaixamento (o homem é um nada diante de Deus a quem tudo deve). A magnanimidade torna-se a afirmação da grandeza de Deus na pequenez humana. Santo Tomás saberá realizar uma síntese harmoniosa de toda a concepção antecedente, tanto pagã quanto cristã. Ele reúne na magnanimidade as exigências tanto da espiritualidade do esforço (naturalismo antigo) quanto da espiritualidade do recolhimento (o sobrenaturalismo patrístico do nada da criatura comparada a Deus). Primado do sobrenatural na persistência do valor natural. Por causa do pecado original, as forças humanas se mostram feridas e diminuídas: a grandeza do homem, enquanto tal, é devolvida por intermédio da nova graça. Por esse motivo, a autêntica grandeza humana é a sobrenatural e a verdadeira magnanimidade é sobretudo a infusa (integrada pela esperança teologal).

Pela descrição da magnanimidade, enquanto a espiritualidade escolástica ressaltava a grandeza salvífico-caritativa da graça do Senhor, a espiritualidade contemporânea inclina-se a despertar no cristão o empenho heroico no Espírito de Cristo pela salvação-libertação da comunidade da pobreza e da sujeição desumana. Se para Santo Tomás os bens externos são apenas meios para a magnanimidade, virtude inteiramente interior, para a espiritualidade dos dias de hoje eles são a matéria em que se incorpora e se expressa a magnanimidade. A caridade é autêntica, se pratica na sua dimensão política revolucionária, libertadora. A magnanimidade cristã se propõe reformar as instituições e as organizações sócio-econômico-políticas à luz das exigências da caridade.

2. NATUREZA DA MAGNANIMIDADE. A magnanimidade direciona o espírito para tudo o que é grande e digno de honra; anima todas as outras virtudes, solicitando-as a preferir o que tem algo de grandeza. "Magnânimo é quem tende a realizar grandes ações em cada virtude" (*STh*. II-II, q. 129, a. 4). Presente em cada hábito virtuoso como parte integrante, a magnanimidade permanece, contudo, uma virtude autônoma, já que se detém em considerar apenas o aspecto de grandeza.

Certamente, nenhuma virtude se limita, por si mesma, à mediocridade. Para chegar à grandeza, uma virtude não precisa ser estimulada: o seu dinamismo interior a impele à perfeição. No entanto, quando o ideal de grandeza suscita vastas e notáveis dificuldades, a ponto de constituir um obstáculo especial, exige-se na alma uma atenção especial, de maneira que não se submeta e se adapte a realizações modestas, que não exigem demasiado esforço. E cabe à magnanimidade propor o que é mais excelente e perfeito na ação virtuosa, mesmo que exija sacrifícios notáveis para ser alcançado. Nessa propensão para o bem maior, a magnanimidade não faz senão assumir, moderar e regular a própria paixão da ação: ela é permeada pela esperança de sucesso e de vitória.

É natural que uma atitude magnânima seja altamente apreciada na sociedade, e portanto espere dela elogios e honras. A honra tem um vínculo natural com a virtude. Em decorrência do alto valor social que a honra possui, todos a buscam ardorosamente. Ninguém pode ser privado dela sem se sentir ofendido: "Os pobres têm mais necessidade de honra que de pão" (Bernanos). Eis por que cabe à magnanimidade, virtude da grandeza virtuosa, moderar e conservar na justa medida o gosto pelas honras, consideradas como nota expressiva real da grandeza virtuosa. Fala-se aqui das grandes honras, já que as pequenas podem ser dirigidas por uma virtude secundária, como a "filotimia". As paixões, quando moderadas, não se opõem à razão de modo prejudicial.

A magnanimidade ensina a não desejar as honras por si mesmas, mas a buscar a realização de grandes coisas dignas de honra; aliás, ela faz com que se rejeite e se repudie tudo o que soe a falsa honra. Continua essencial a subordinação da honra à prática virtuosa. O magnânimo não busca a honra, mas ser digno de honra: só quem é realmente virtuoso é magnânimo (*habilis ad magna, STh.*, I-II, q. 66, a. 4). São Francisco Xavier ambicionava naturalmente a glória (*extensus ad magna*), mas essa disposição só se tornou magnânima quando conquistou as merecidas honras pela difusão do reino de Deus. Na magnanimidade cristã a busca da honra terrena é relegada a segundo plano: a primazia é oferecida à honra que vem de Deus e que se manifestará na glória da bem-aventurança. A honra cristã está na participação da glória caritativa do Pai no Espírito do Senhor Jesus. É uma perspectiva essencialmente sobrenatural, própria da fé, que no entanto não renega o valor humano da honra terrenas: as introduz numa perspectiva hierárquica superior de bens. A magnanimidade considera as honras por parte de quem deve recebê-las, e não por parte de quem deve proporcioná-las. Ela se abre para as honras de modo virtuoso; é demasiado simples dizer que é preciso desprezá-las. Nesse caso, os outros não teriam o dever de realizá-las.

3. MAGNANIMIDADE E HUMILDADE. Mas a magnanimidade não está em contradição com a humildade? Pode-se ser ao mesmo tempo magnânimo e sinceramente humilde? Magnanimidade e humildade, virtudes complementares, consideram o valor da pessoa sob aspectos diferentes, destinados a se integrar entre si. A magnanimidade valoriza a bondade humana, como valor pleno de respeito; a humildade a julga na sua relação íntima e totalmente dependente de Deus. Diante da grandeza do homem, a magnanimidade convida a ter confiança nas suas potências realizadoras; a humildade quer que se reconheça que tudo é dom de Deus. Em outras palavras, a humildade é necessária para proteger a magnanimidade na sua autenticidade. De fato, o apetite de excelência é intimamente ameaçado de falta de comedimento; com facilidade faz com que nos valorizemos mais do que merecemos, levando-nos a buscar mais a exaltação pessoal que a realização de uma bondade suntuosa. A humildade, ancorando a alma na visão da grandeza de Deus, a ajuda a se equilibrar.

4. TAREFA DA MAGNANIMIDADE NA VIDA ESPIRITUAL. A magnanimidade desenvolve uma tarefa de importância primordial em toda a vida virtuosa, mesmo na sobrenatural, a ponto de — mesmo tendo o seu domínio especial e o seu objeto próprio — parecer uma virtude geral que exerce a sua influência sobre toda a vida espiritual. Para Santo Tomás, ela é ornamento de todas as virtudes (*STh.* I-II, q. 66, a. 4); faz ignorar a angústia do fracasso e induz com otimismo a arriscar em grandeza de maneira constante. A magnanimidade é verificação do verdadeiro *seguimento* de Cristo, que, por intermédio de seu Espírito, convida a participar da grandeza heroica da → CRUZ: a testemunhar nos tempos presentes as *magnalia Dei*, realizadas no Senhor Jesus (1Cor 6,20; 2Cor 4,10). Por meio do seu testemunho caritativo, o cristão impele as pessoas a louvar a Deus pelas grandezas de bondade que ele opera entre os homens (Sl 21,6; Lc 5,25), em virtude do Espírito de Cristo.

A autêntica espiritualidade cristã convida a reabilitar, na ordem sobrenatural, os valores naturais da coragem, da dignidade, da altivez, das aspirações às grandes coisas, e também às grandes honras, nas quais toda uma corrente espiritual só quis ver orgulho e ambição. Pode ser deletério que em certos livros de devoção se faça uso excessivo de uma fraseologia devota de humildade, enquanto se ignoram as virtudes da fortaleza e da magnanimidade. Especialmente entre os leigos, deve-se inculcar o sentido de responsável grandeza que eles difundirão nas próprias atividades humanas e cristãs. Eles devem suplicar a graça do Senhor e ao mesmo tempo ter confiança nas técnicas humanas: ser inclinados para o esplendor do bem. De maneira particular, os jovens precisam aprender pela virtude da magnanimidade que a vida virtuosa não é reduzida a algo de lânguido ou levemente adocicado agora ultrapassado; ela é uma vida ativa, que expressa fortaleza e magnanimidade.

Talvez a atual educação cristã dos adolescentes negligencie notavelmente de iniciá-los na virtude da magnanimidade. É verdade que a magnanimidade é uma virtude difícil: facilmente pode degenerar em prepotência e orgulho. Mas ela se revela insubstituível para que o adolescente saiba abrir-se alegremente ao ideal da vida virtuosa. Educam-se os adolescentes para a magnanimidade, de maneira particular, habituando-os a cultivar desejos grandes e bons, convidando-os a manter a confiança nas iniciativas, aproximando-os de pessoas magnânimas dignas da admiração deles, alimentando neles a alegria espiritual baseada na devoção ao → ESPÍRITO SANTO.

E, quando no contexto dos dias de hoje se solicita a vida magnânima, tende-se a apresentá-la em uma modalidade descristianizada. Deixa-se de indicar a forma caritativa da magnanimidade, de sugeri-la como expressão dos → DONS DO ESPÍRITO. Prefere-se exaltá-la como uma vida em criatividade e gratuidade.

5. PECADOS LESIVOS DA MAGNANIMIDADE.

A magnanimidade facilmente pode ser desvirtuada tanto por excesso quanto por falta. São vícios por excesso contra a magnanimidade: a) Presunção: reside em realizar ações superiores às próprias forças morais, ou imaginando que se pode prescindir da graça do Espírito. Uma confiança exagerada não tanto na ajuda de Deus quanto nas próprias capacidades. b) Ambição: um apetite desordenado de honra. O ambicioso toma um caminho mais curto e menos trabalhoso para chegar às honras: passa diretamente da esperança à honra sem se preocupar com a excelência das obras que merecem honra; basta-lhe que a aparência exterior virtuosa produza os mesmos resultados. c) Vaidade: exige o reconhecimento e o louvor pessoal, de modo exagerado, esquecendo-se de que toda grande obra fundamenta-se na graça de Deus em Cristo (Sl 23,8; Jr 22,11). A vaidade, enquanto impele à pequena glória, é um pecado mais leve, ainda que mais difundido, por estar ao alcance de todos. Falta da profundidade de orgulho (que pode ser encontrado na presunção e na ambição), mas sabe embriagar um espírito a ponto de induzi-lo a muitos outros pecados, até mesmo graves. Por isso ela é um pecado capital.

Pecado por falta é a pusilanimidade. O pusilânime instintivamente tem medo do grande: faz estimativas e cálculos, mas sempre com pequenos números ou até com frações. Não gosta de comprometer a própria vida com uma decisão irrevogável; se é induzido a ela, a questionará continuamente. Tem pavor do risco, do absoluto, do decisivo. Por esse motivo, seria deletério confundir pusilanimidade com humildade.

BIBLIOGRAFIA. CONNELL, F. J. Magnanimity: a priestly virtue. In *From an abundant spring. The Walter Farrell Memorial Volume (of the Thomist)*. New York, 1952, 28-38; GAUTHIER, R.-A. *Magnanimité, l'idéal de la grandeur das la philosophie païenne et dans la théologie chrétienne*. Paris, 1951; HAYEN, A. Laïcalt et magnanimité. *Nouvelle Revue Théologique* 85 (1953) 937-950; *Idéologies de libération et message du salut*. Strasbourg, 1973; POLI, C. La Magnanimità. *Rivista di Ascetica e Mistica* 2 (1957) 486-494; QUADAUPANI, P. *L'exacte mesure des vertus*. Paris, 1938; RAMIREZ, S. La Magnanimidad. *Lumen* 3 (1954) 3-19; ROYO MARIN, A. *Teologia della perfezione cristiana*, Roma, 1960, 704 ss.; RUBINI, V. *La creatività*. Firenze, 1980; TOMÁS DE AQUINO. *La fortezza*. Firenze, 1968; TRUHLAR, C. V. *Antinomie della vita spirituale*. Padova, 1967.

T. GOFFI

MAGNIFICÊNCIA. 1. A magnificência é uma virtude que induz a fazer coisas grandes e suntuosas sobretudo em obras externas (como atividades artísticas, construções, feitos e doações). Na época moderna, para realizar essa grandeza na ordem do "fazer" (artes e técnicas) é comum recorrer à máquina cibernética.

Esse ideal virtuoso implica a capacidade de arcar com grandes despesas: consequentemente, não pode ser praticado ou exercido de fato por todos, ainda que, como disposição de espírito, deva ser encontrado em toda pessoa. A viúva do Evangelho que doa a única moeda que possuía "oferece mais que todos os outros": age generosamente, tendo em conta os seus recursos. Um ato que evidencia uma louvável disposição interior de magnificência (Mc 12,43; Lc 21,3).

Normalmente, a prática da magnificência costuma ser favorecida por um ambiente em que predominem a saudável competição, a generosidade doadora, a esportividade leal. Quem não se destaca em nada, e desse modo é ignorado pela sociedade, é tentado a permanecer negligente e relapso, a não desenvolver os seus talentos, a jazer numa mediocridade obscura. São raras as pessoas que persistem numa atividade generosa de doação e de sacrifício unicamente pelo valor da ação ou por uma fé caritativa no Espírito de Cristo. Mas mesmo quando são inclinadas à doação dispendiosa precisam realizá-la por intermédio da presença de muitas virtudes. Com facilidade podem ser expostas a desvios, como: emulação para dominar e não para realizar coisas grandes; rivalidade que degenera em discórdia; inveja que envenena as relações, deslealdade e trapaças nos meios para obter o sucesso; vaidade e despotismo depois da vitória, rancor em caso de inferioridade.

A magnificência é virtude necessária para todos os que possuem grandes riquezas ou as administram (homens políticos, diretores de empresas e bancos, titulares de benefícios eclesiásticos etc.). O rico tem a possibilidade e, portanto, o dever de colaborar para a realização da obra criativa: missão do apostolado própria do laicato. É por esse motivo que a educação cristã deve incentivar os espíritos a se abrir para o sentido da verdadeira grandeza. A magnificência recebe um singular esplendor quando o magnífico em obras públicas sabe conservar a sua vida particular em um tom simples, modesto e reservado.

A magnificência exige, além da doação grandiosa, que ela seja realizada para uma utilidade humanitária e cristã em benefício de muitos. Sobretudo hoje, exige-se que a grandiosidade do dom se traduza em iniciativas em benefícios dos povos famintos e sofredores, mais que em obras de esplendor artístico. À imitação de Cristo, que assumiu a forma de servo para nos enriquecer da filiação divina (Fl 2,7).

A magnificência também é dom do Espírito que todo apóstolo deve suplicar com a oração para colaborar no advento do reino de Deus na história humana e mostrar aos homens a sua maravilhosa grandeza. Uma comunidade cristã sem o dom da magnificência é inadequada para testemunhar o sentido autêntico da vida nova no Espírito de Cristo.

2. A virtude da magnificência tem afinidade espiritual com a → MAGNANIMIDADE. Esta regula o uso das grandes honras, mas através da grandeza da virtude; a magnificência regula os grandes gastos de dinheiro, não diretamente por si mesmos, mas a serviço de grandes obras. A magnanimidade é uma grandeza de espírito em relação à ação virtuosa (*magna agibilia*); enquanto a magnificência se evidencia não sem cada ação, mas apenas em realizações exteriores grandiosas (*magna factibilia*). A magnificência prolonga e concretiza a intenção magnânima nas atividades materiais excepcionais.

Observou-se que a magnificência tem por objeto apenas os gastos suntuosos; os gastos pequenos em favor do bem são regulamentados pela liberalidade. É próprio desta virtude indicar o uso sábio do dinheiro em matéria comum. E é compreensível essa dupla virtude: entre grandes e pequenas riquezas empregadas não existe apenas diferença quantitativa; aquelas enfraquecem o espírito desorientando-o, estas o deixam bastante livre e tranquilo.

3. A magnificência pode ser afetada por dois vícios opostos: a) Parcimônia: não se gasta segundo as exigências requeridas pela dignidade da obra iniciada. É um mostrar mesquinhez nos grandes gastos, ao passo que a avareza é uma sovinice nos gastos comuns. A parcimônia, mais que prejudicar alguém, impede um bem maior; não torna um homem odioso, mas impede de emergir com esplendor. b) Profusão: é gastar inutilmente, além do que é útil para a obra; não se faz o grande, mas o rico que quer ofuscar (por exemplo, desperdiçando em bailes e festins).

BIBLIOGRAFIA. CHRISTOPHE, P. *Le devoirs moraux des riches*. Paris, 1964; *Due miliardi di affamati*. Verona, 1968; ELLUL, J. *L'uomo e il denaro*. Roma, 1969; GUTIERREZ, G. *Teologia della liberazione. Prospettive*. Brescia, 1972; LALOUP, J., MELIS, J. *Hommes et machines. Initiation à l'humanisme technique*. Tournai, 1953; MOLONEY, M. F. St. Thomas and Spencer's virtue of magnificence. *Journal of English and German Philosophy* 52 (1953) 58-62; SIEGFRIED A., BERDJAEV, N. et al. *Progrès technique et progrès moral*. Neuchâtel, 1947.

T. GOFFI

MARGARIDA MARIA ALACOQUE (Santa).

1. VIDA. A vida de Margarida Maria Alacoque não é longa, mas certamente movimentada, até mesmo dramática. Ela faleceu aos 43 anos de idade, tendo nascido em 22 de julho de 1647 em Lautecourt (Bourgnone). Desde a primeira infância, conheceu a dor e as várias restrições da vida, ao ver pesar sobre si o peso da orfandade. Por ocasião da morte do pai (1665), passará a sofrer maus-tratos junto com a mãe e inesperadas vexações da parte dos parentes, tendo sido reduzidas quase ao estado de escravidão. Por isso será obrigada a, desde pequena, viver afastada da própria casa, buscando amparo e conforto, primeiro, junto à madrinha e, depois, entre as monjas clarissas urbanistas de Charolles, às quais reservará uma perene recordação de gratidão. Passará o resto de sua juventude com os irmãos, junto à mãe, enferma e sempre indefesa.

O seu único conforto é o recurso à proteção da Virgem, à qual já se consagrara por inspiração divina (em 1651). Quando sentiu em si o despertar do chamado de Deus, com a idade de 24 anos, decidiu abandonar tudo para se isolar no silêncio do mosteiro de Paray-le-Monial: a escolha parecia ditada não tanto por fatores humanos, mas sobretudo por uma atração determinada do alto: "É aqui que te quero", na Visitação de Santa Maria. Ela o indicará na *Autobiografia*: "O Senhor dava a entender tudo isso a meu coração, que estava fora de si de tanta alegria; e eu não conhecia outro motivo para a minha vocação para a Ordem de Santa Maria senão o de ser filha da Virgem" (n. 35). Ali professará no dia 6 de novembro de 1672. Os inícios de sua vida religiosa já eram assinalados por surpreendentes experiências místicas, que depois viriam a tomar o nome mais significativo e verídico de revelações: várias na modalidade, exigentes no conteúdo e até mesmo numerosas na frequência. A crônica registra nada menos que oitenta ilustrações celestes semelhantes. Observa o historiador A. Hamon: "Santa Margarida Maria não encontrou a sua devoção por si mesma; ela lhe foi revelada por Nosso Senhor. Baseada no dogma, a devoção ao Sagrado Coração de Jesus subsiste por si mesma: [...] é a devoção ao Coração de carne, símbolo do amor de Jesus pelos homens, amor ultrajado que exige uma reparação" (in *Dictionnaire de spiritualité*, II/1, 1.033-1.034).

Ora, no âmbito restrito da clausura, essas visões só podiam suscitar perplexidade e surpresa. Aliás, a própria Regra "visitandina" era decididamente contrária a essas formas desviantes, ou, quando menos, pouco em acordo com o espírito comum. De fato, o gênero de vida que era privilegiado é sempre o habitual, o cotidiano: simplicidade máxima, total aniquilamento de si, vida de silêncio e de oração. Mesmo assim, para assegurá-la de que está no caminho certo, o próprio Senhor vem ao encontro dela, dando-lhe como auxílio, a partir de março de 1675, um padre espiritual de destacada virtude, o beato Cláudio de la → COLOMBIÈRE, superior da comunidade dos jesuítas do lugar. Pai e filha espiritual serão os primeiros a se consagrar ao Divino Coração no dia 3 de junho de 1675. A quase inesperada partida de seu confessor para a Inglaterra e a nova direção de madre de Greyfié só farão aumentar no ânimo da vidente a angústia e, do ponto de vista externo, as incompreensões: uma verdadeira agonia para o espírito. O Senhor lhe solicitara que se entregasse completamente a ele, emitindo o voto de vítima. Ela deveria oferecer-se e sacrificar-se pelos pecadores, pelo mundo inteiro, sem excluir o pequeno mundo de sua própria comunidade dividida e claramente incrédula.

O beato de la Colombière voltará no ano de 1681 para dar apoio moral à "crucificada", mas por pouco tempo, visto que o Senhor logo o chamaria a receber o prêmio eterno em 15 de fevereiro de 1682. Felizmente o ambiente já teria mudado de tom e de atitude: não são poucas as monjas que partilham os propósitos e os interesses da alma "privilegiada", inclusive a superiora. Quando menos, todas se veem gradualmente atraídas pela "novidade", porque estão convencidas da humildade e da santidade da coirmã, provada pelas vias mais inesperadas. Desse modo, o teor da vida, no interior da comunidade, se torna mais religioso e devoto por convicção.

Por isso, no dia 21 de junho de 1686, doravante decididamente superada a resistência de quase toda a comunidade, inclusive das coirmãs mais contrárias à nova devoção, é exposta a *sagrada imagem* pela primeira vez no coro, possibilitando proceder à solene celebração da festa no ambiente do claustro.

Seguem-se alguns momentos felizes e de verdadeiro aproveitamento para as almas: é o tempo durante o qual Margarida Maria ocupará também os cargos mais importantes (prudentemente ela renunciará ao cargo de superiora), na qualidade de assistente e de mestra das noviças. Desse modo, terá ocasião de infundir nas noviças a nova devoção, felizmente sem oposições ou limitações de nenhuma espécie. Até mesmo madre Melin e padre Robin apoiam abertamente as suas propostas e iniciativas, mediante a obrigação de registrar por escrito a "memória" das experiências místicas com as quais ela se via frequentemente envolvida; isto, porém, da parte dela, não sem relutância e fortes perplexidades interiores. Mas a isso se acrescentava o peso inevitável e quase opressor da obediência.

A imagem do Sagrado Coração (que ela idealizara) será exposta à veneração pública na capela do noviciado, conjuntamente com a adoração ao Santíssimo Sacramento. As manifestações de culto não tardarão a ultrapassar os limiares do mosteiro (1687), e assim a intensa piedade popular se une ao culto em um coro de entusiasmo e de fidelidade sincera. A visão de 2 de julho de

1688 mostrava claramente esse feliz e definitivo estado de coisas. Não que faltassem para tanto, quase como uma confirmação, sofrimentos e humilhações! As visões, contudo, atingiam o seu ápice e o seu epílogo com o triunfo do Sagrado Coração. Como confirmação de tudo isso, tem-se, com a visão de janeiro de 1690, a percepção do fim próximo. De fato, a morte viria colher Santa Margarida Maria Alacoque no dia 17 de outubro de 1690, em um sereno e dulcíssimo traspassamento.

Tendo sido reconhecidas as suas virtudes heroicas, ela veio a ser beatificada no dia 18 de setembro de 1864, por Pio IX, e canonizada no ano de 1920, por Bento XV. Pouco tempo depois, no dia 16 de junho de 1929, quase como uma forma de validação da missão coparticipada, o seu confessor e padre espiritual, Cláudio de la Colombière, também foi elevado à honra dos altares.

2. CONJUNTO DAS OBRAS. Não obstante a mais que discreta produção literária de Santa Margarida Maria Alacoque, assiste-se a um fenômeno curioso e surpreendente: mesmo não tendo sido dotada de grande cultura e ainda que por motivos contingentes, a Santa escreve — e com uma certa segurança — bastante, muito até; melhor, ela foi obrigada a escrever e o fez — dirá — "por obediência". As injunções lhe vinham de modo imperioso da parte do padre espiritual e da superiora; e nisso há uma providencial aproximação de maior clareza e de uma complementaridade explícita. Temos, portanto, um notável repertório histórico-hagiográfico, que forma uma espécie de *corpus* ascético-místico.

Autobiografia (= A, nn. 1-111): é o *opus magnum*, redigido por ordem de padre Rolin, cujo original é ainda hoje ciosamente conservado no arquivo do mosteiro (64 cartelas). Contudo, trata-se de uma obra cuja parte final ficou inacabada, mas que escapou da destruição por iniciativa de uma noviça de Santa Margarida Maria Alacoque. Por causa de sua originalidade, foi traduzida para o latim e posteriormente para o francês, numa versão corrigida por parte de um padre jesuíta, um tal de Galifet (1726-1733). Mas, por fidelidade, felizmente se fará um retorno ao original, mediante a atenta contribuição das monjas visitandinas e, sobretudo, pelo interesse válido e crítico de dom F. L. Gauthey, bispo de Besançon: *Vie de B. Marguerite M. Alacoque, écrite par elle-même*, 1876, e que será reeditada várias vezes: 1915, 1920.

Cartas: o epistolário consta de 149 cartas, e o tema dominante (devoção e obrigatoriedade de propagá-la) abarca todo o arco da argumentação. Daqui desponta em toda a evidência a atitude da humilde discípula, que permanece docilmente à escuta, e da apóstola fervorosa que não conhece limites para o cumprimento efetivo do mandato divino. Doravante, ela mesma percebe que seu destino se desenrola no interior de uma vontade que a supera e, ao mesmo tempo, a sublima. Ao reler algumas passagens ou ao destacar algum trecho das cartas, temos a impressão — em um crescendo impressionante — de que a leitura difunde uma paz suavíssima, capaz de iluminar todo e qualquer espírito e a de transfundir uma experiência forte e benéfica. Em boa hora se publicou uma mais que discreta tradução das cartas em língua italiana.

Escritos: são uma espécie de *Memórias*, redigidas por ordem de madre de Sumaise, poder-se-ia dizer, de modo autobiográfico. Uma autobiografia claramente menor, mas que pode ser, sem dúvida, considerada uma válida complementação à *Autobiografia* propriamente dita, mesmo que cronologicamente anterior a ela. Os *Escritos* são constituídos de *recordações* ou *memórias* que Santa Margarida Maria Alacoque teria completado, para "registrar por escrito tudo o que acontecia em seu interior".

Retiros, Fragmentos, Avisos, Conselhos, Instruções, Emendas, Orações, Exercícios, Cânticos etc. se seguem como elementos complementares, compostos por Santa Margarida Maria Alacoque. É um repertório especialmente genérico, aparentemente fragmentário, mas que se insere plenamente no contexto devocional, sempre em relação e para o incremento do culto ao Sagrado Coração de Jesus.

Todo esse profuso material (que ocupa cerca de três volumes) foi copidescado por dom Gauthey, que, por sua vez, se valera da obra histórica de dom Languet (1715). Desse modo, ele procedeu a uma edição completa e quase crítica. O volume I (664 páginas) traz os escritos e as versões das coirmãs contemporâneas, especialmente as das ex-noviças; traz, além disso, alguns relatórios de madre Greyfié e do irmão Crisóstomo. O volume II (860 páginas) é a *Autobiografia* propriamente dita. O volume III (830 páginas) contém todos os depoimentos dos processos de beatificação e de canonização, além de notícias e crônicas familiares e do mosteiro.

O conjunto das obras nos introduz facilmente por meio dos pormenores mais significativos e das relativas consequências de fundo ascético e místico naquela que é a espiritualidade do culto que Santa Margarida Maria Alacoque pretendia difundir em torno de si.

3. ESPIRITUALIDADE DA DEVOÇÃO AO SAGRADO CORAÇÃO DE JESUS.

Santa Margarida Maria Alacoque escreveu páginas sublimes. Prova disso é uma confirmação casual — que lhe escapou involuntariamente — feita ao padre Croiset, seu confessor e que é, quando menos, preciosa. "Quando escrevo depois de ter-me ajoelhado como um discípulo diante do mestre, escrevo segundo o que Ele me dita, sem me preocupar e sem pensar naquilo que estou escrevendo" (*Carta* 137: vl. III, p. 549). Como é natural, absolutamente tudo em honra do Sacratíssimo Coração: de fato se percebe nos escritos a dispersão da unção de sua graça, neles Cristo se revela na maneira em que é vivamente representado no Evangelho e visto à luz do Espírito de Verdade.

Na devoção ao Coração de Jesus, cujos segredos foram confiados de modo direto e privilegiado a Santa Margarida Maria Alacoque, o aspecto cristocêntrico é verdadeiramente fundador e de interesse primário. Não por acaso as revelações ocorrem diante do Sacramento do altar ou do Cristo eucarístico solenemente exposto para a adoração. Por isso também passa-se quase imperceptivelmente do Sacramento à Pessoa e da Pessoa ao Coração, sede e símbolo por excelência do amor misericordioso. Daqui decorre uma *espiritualidade* que chega à essência do mistério e o reproduz, revelando os celestes benefícios por ele efetuados. As palavras de Jesus, que ressoam frequentemente nas aparições, estão voltadas para requerer reparação pelas ofensas cegamente lançadas ou perpetradas pela maldade humana e, por fim, inclinadas para o propósito e o desejo de erradicar a indiferença ou o vilipêndio que circunda essa sua divina presença no *mistério-memorial* da sua paixão. Para renovar a face da terra espiritual, ou seja, das almas, era necessário que a apóstola assumisse corajosamente o divino mandato de modo específico. Desde a primeira revelação — ocorrida no dia 27 de dezembro de 1673, na festa do apóstolo e evangelista João, discípulo amado do divino Mestre —, o lamento do Senhor parece justificar-se e exprimir-se do modo seguinte: "*Eis aqui o Coração que tanto amou os homens e, em troca, só recebe ingratidão! O meu Coração é tão apaixonado de amor pelos homens... que, não podendo encerrar em si as chamas da sua ardente caridade, necessita que a expandas!... Eu te escolhi como abismo de indignidade e de ignorância para cumprir esse grande desígnio, a fim de que tudo pareça ter sido feito por mim!*" (*A*, n. 53).

As renovadas aparições, em um *crescendo* de novidade e de conteúdo quanto a compromissos e exigências, voltam a propor o problema de fundo: incrementar e difundir uma devoção semelhante como a mais adaptada às necessidades do mundo em desordem ou em perigo de perdição. Por outro lado, as rápidas transformações ocorridas na alma da vidente — em sua forma emblemática e exemplar — preparam-na para uma intimidade que leva ao noivado e ao matrimônio místico; diante das reiteradas perplexidades da santa e das oposições dos demais, o Senhor lhe dirá em um tom peremptório: "*Eu serei a tua garantia..., veremos então quem sairá vencedor!*" (*A*, nn. 43.47). A humilde discípula, posta diante das imperiosas exigências do Amor, recebe o ensinamento diretamente dele, do Mestre que lhe ensina a santidade: "Eu te tornarei incapaz de resistir a Mim" (n. 48); "... eu te assinalarei de tal modo com o sangue da minha cruz de modo a te fazer passar por mais humilhações e sofrimentos do que os que eu suporto" (n. 53). Por estímulo de uma veemente pressão de sabor caracteristicamente bíblico, como a de uma sedução amorosa vivida pelo profeta (cf. Jr 20,7), Santa Margarida Maria Alacoque confirmará: "Então, eu me abandonei ao divino Espírito e, confiando o meu coração ao poder do seu amor, ele me fez repousar sobre seu peito divino e me revelou as maravilhas do seu amor e os segredos do seu Sacratíssimo Coração" (n. 53).

Escolhida e consagrada como discípula predileta, à semelhança do Apóstolo que "Jesus amava" (cf. Jo 19,26), Margarida Maria Alacoque abria-se sempre mais ao conhecimento e à experiência daquele "mistério oculto desde os séculos" (cf. Ef 3,9), que finalmente encontraria sua revelação plena de forma mais ampla e universal. As adorações eucarísticas, a Hora Santa, as primeiras sextas-feiras de cada mês vêm desse modo destacar no ambiente em que ela vive os tempos fortes de reparação e de consagração. E o todo culmina na festa em honra do Coração de Jesus, na sexta-feira posterior à Oitava de Corpus Christi, exatamente em memória das divinas promessas feitas naquela solene revelação. "Jesus se apresentou a ela fulgurante de glória com as suas cinco chagas brilhantes como sóis..., e o seu peito se assemelhava a uma fornalha; e, tendo-se aberto, ela descobriu o amoroso e amável Coração que era a verdadeira fonte daquelas chamas..." (n. 55). E ainda ouviu o som de sua voz: "Tu não podes mostrar-me amor maior do que fazendo aquilo que tantas vezes te ordenei!..." (n. 92).

Desse modo, Santa Margarida Maria Alacoque vinha a se constituir — para o afirmar-se da nova espiritualidade — como a herdeira e a dispensadora dos tesouros ocultos e a portadora de uma mensagem de salvação.

4. ATUALIDADE DA MENSAGEM. Os benéficos efeitos que se manifestaram no âmbito da Igreja e da sociedade pela devoção ao Sacratíssimo Coração de Jesus — mesmo que só relativamente em nosso século XX — revelaram tanto a fundamentação das revelações, admitidas e reconhecidas pela Igreja, como a oportunidade de uma sempre renovada difusão dessa mesma devoção pelo incremento e para o bem das almas. É por isso que se observa muito justamente: "A espiritualidade da devoção ao Coração de Jesus representa um fato de grande importância; é o ponto de chegada de uma espiritualidade muito antiga e muito rica" (A. Tessarolo).

Mais que nunca, as comunidades eclesiais ou religiosas se dão conta da *atualidade da mensagem* que Santa Margarida Maria Alacoque veiculou no seio da Igreja, em particular com a revelação da "grande promessa", inserindo-a vivamente, felizmente, no setor litúrgico, simultaneamente no veio da tradição e da devoção. Para manter viva essa vitalidade — que está bem longe de exprimir-se de um modo exclusivamente intimista, captando assim a essência da vida e da prática cristã —, intervêm estruturas e fatores sabiamente incrementados, santamente realizados. Entram em domínio público os vários conceitos de culto e devoção, de emenda e de reparação, coisas solicitadas expressamente pelo próprio Cristo. De todo modo, o aspecto prioritário é o da consagração: as modalidades em ato se concretizarão pouco a pouco com o tempo. Particularmente a prática da primeira sexta-feira do mês — precedida por uma Hora Santa de adoração na quinta-feira anterior — encontrará uma acolhida particular em todos os ambientes, especialmente nos mosteiros e nos institutos religiosos ou seculares. Desse modo, o fermento da piedade implica e fortalece de modo efetivo a co-participação eclesial ou comunitária. O conhecimento aprofundado do Cristo e do seu mistério no dom gratuito de si mesmo mediante o seu preciosíssimo sangue, derramado do seu costado desde o alto da cruz, impulsiona não apenas as almas boas e timoratas ao fervor, mas também os pecadores mais empedernidos são convocados ao caminho do arrependimento por meio de um sincero retorno à prática religiosa e à vivência da graça. É o triunfo da misericórdia e do amor que, por se efetuar em um nível espiritual, certamente não é tão perceptível no exterior ou constatável por meio de dados estatísticos. São admiráveis as operações da graça divina, que são determinadas no íntimo dos corações. Com efeito, *é o Coração que fala ao coração!* Como por solene antecipação, ditada para conforto seguro, tem-se particularmente a consoladora promessa do Senhor: os sacerdotes responsáveis pelas almas teriam melhores condições de poder perceber esses surpreendentes fenômenos de conversão e, por vezes, até mesmo de santificação.

Entre as práticas mais aconselhadas ou divulgadas, temos ainda a da *oração*, ou *oferecimento diário*, de consagração ao Sacratíssimo Coração de Jesus, favorecida e incrementada em todas as ações do Apostolado da Oração. Mediante uma fórmula breve e simples se recolhe o melhor das intenções da Igreja e especialmente as do Sumo Pontífice. Portanto, a intenção, além de eclesial, configura-se de modo eminente também em nível ecumênico. Os folhetos distribuídos com solicitude e fervor de alma levam todos os meses esse sopro vital, que pode e deve ser expressão universal da Igreja, "na graça do Espírito do Santo para glória do Pai divino".

Não pouco mérito têm os padres jesuítas, que dirigem o Instituto Internacional do Sagrado Coração de Jesus e o Centro do Apostolado da Oração em Roma. Ao lado das monjas da Visitação — as primeiras depositárias da mensagem no que se refere ao tempo e ao lugar — se postam os filhos de Santo Inácio de Loyola, diretamente envolvidos na causa da difusão do culto, por força da relação mantida pelo beato La Colombière, "amigo e confidente do Coração de Cristo Senhor".

No campo devocional e operacional, todos os esforços são dignos de elogio. Entenda-se bem: para que a mensagem seja verdadeiramente atual e dê seguimento a sua benéfica influência sobre as almas, há necessidade de uma atualização continuada e indispensável, tanto nos modos de confirmá-la como também nas decisões de atuação. Há até mesmo muitas Congregações, surgidas tanto no século XIX como no século XX, que se põem na condição efetiva de plantar na base da consagração e de sua missão o culto ao Coração divino: os padres do Sagrado Coração de padre Dehon (França), as servas do Sagrado Coração (Espanha), as oblatas dos Corações de Jesus e de Maria, os padres do Sagrado Coração de Bétharram (França), os padres-apóstolos do Sagrado Coração de Montmartre (Paris) etc.

Nas formas e nos modos mais diversificados, mas sempre no propósito caracteristicamente eclesial, destacam-se principalmente o novo meio de santificação oferecido pela divina Misericórdia e a alegria de reconhecer o último esforço operado pelo amor de um Deus feito homem em favor do gênero humano, resgatado com o preço do precioso Sangue "como de um Cordeiro imaculado" (1Pd 1,19). Para esse propósito, estou convencido da validade de todas as iniciativas singulares ou individuais que intervenham oportunamente para defender a ideia da mensagem e da sua atualidade.

Por outro lado, não podemos esquecer os templos ou santuários providencialmente erigidos com o objetivo de tornar sempre mais difundido e público o culto ao divino Coração, verdadeiros centros de espiritualidade criados pelo fervor de associações ou de almas piedosas e santas: exemplo deles são Montmartre em Paris, o templo do Sagrado Coração no Panamá, o Tibidabo em Barcelona, além da basílica do Sagrado Coração de Jesus no Castro Pretorio em Roma, que faz pouco celebrou o seu I Centenário de consagração (1887-1987).

Por fim, para ressaltar todo esse aspecto específico de novidade e de atualidade se multiplicou a *publicação* de livros, de revistas e de escritos, segundo os princípios sobretudo da teologia e da ascética.

BIBLIOGRAFIA. 1) Fontes: *Vie et oeuvres de Sainte Marguerite Marie Alacoque* (par Fr.-L. GAUTHEY), J. de Gigord éditeur, Paris, 1920.
2) Obras: SANTA MARGHERITA MARIA ALACOQUE. *Autobiografia*. Ed. a cargo de L. FILOSOMI, Apostolado da Oração, Roma, 1983.
3) Biografias: BOUGAD, E. *Storia della Beata Margherita Maria Alacoque*. Bologna, 1875; DENFRILLE, J. Marguerite Marie Alacoque de Paray-le-Monial. In: *Itinéraires* 118 (1967). 156-170; HAMON, A. Vie de Sainte Marguerite Marie. In BEAUCHESNE, I. G. *Histoire de la dévotion au Sacré Coeur*. Paris, 1923; LANGUET, G. G. *La vita di Santa Margherita Maria Alacoque, apostola del Sacro Cuore*. Andria-Napoli, Dehoniane, 1982.
4) Estudos e pesquisas: BLANCHARD, P. *Sainte Marguerite Marie. Expérience et doctrine*. Paris, Alsatia, 1961; BECKER, G. de. Il culto del Sacro Cuore secondo Santa Margherita Maria. In: *Il Cuore di Gesù e la teologia cattolica*. Atti del I Congresso Internazionale del Sacro Cuore di Gesù a Barcellona. Bologna-Napoli, Dehoniane, 1965; GLOTIN, E. Jean-Paul II à Paray-le-Monial ou porquoi le Coeur. In: *Nouvelle Revue Théologique* (1986) 685-714; LADAME, J. *I fatti di Paray-le-Monial*. Napoli, Dehoniane, 1978; ID. *Doctrine et spiritualité de Sainte Marguerite Marie*. Montsurs, Résiac, 1979; PEDRINI, A. La devozione a Maria in Santa Margherita Maria Alacoque. In: *A Don Domenico Bertetto nel 70º suo Anniversario*. Roma, Vicenziane, 1987; SOLANO, J. Autenticità del carisma di Santa Margherita Maria Alacoque. In: *Mistica e misticismo*. Roma, CIPI / Passionisti, 1979, 550-556.

A. PEDRINI

MARIA DA ENCARNAÇÃO. 1. NOTA BIOGRÁFICA. Secularmente, Maria Guyart nasce em Tours a 28 de outubro de 1599, tendo recebido de seus pais comerciantes boa formação cristã. Aos dezessete anos, une-se em matrimônio a Claudio Martin, comerciante que vendia seda. Tendo se tornado viúva em 1619, com um filho de poucos meses, foi obrigada a abandonar o comércio. Em 1620 teve um êxtase, ocasião em que fez voto de castidade perpétua e uma confissão geral. O cisterciense dom Ramón de São Bernardo, seu segundo diretor espiritual, ordenou-lhe abandonar a meditação metódica. Em 1621, passou a trabalhar para a irmã e para o cunhado, a serviço dos quais permaneceu até entrar para a vida religiosa, em 1631. Foram anos e anos de vida ativa, durante os quais jamais abandonou o recolhimento interior. As graças místicas se sucediam para ela ininterruptamente; é bastante conhecida a sua visão da Trindade, de 1627. Depois que o seu filho cresceu, entrou, com certas garantias, para as ursulinas de Tours, em janeiro de 1631, em meio a um sofrimento moral dilacerante. Quando ainda era postulante, uma visão da Trindade a cumulou de graças. Fez a vestição religiosa no dia 25 de março de 1631 e professou em 1633. No ano seguinte, um sonho profético lhe mostrou o lugar para onde o Senhor queria que ela fosse, o Canadá. Mas, no convento, foi nomeada mestra de noviças, até que, depois de não poucas dificuldades a serem vencidas, pôde partir para o Canadá no dia 4 de maio de 1639, aonde chegou, depois de uma arriscada travessia, no dia 31 de julho de 1639. No Canadá, empenhou-se na consolidação do regime de vida das religiosas que dirigiu de 1639 a 1645 e de 1651 a 1667 e na consolidação das ursulinas, sem abandonar a assistência material e espiritual que prestava aos indígenas. Madre Maria da Encarnação morreu em Québèc no dia 30 de abril de 1672.

2. OBRAS. Madre Maria da Encarnação foi uma escritora prolífica, mas infelizmente sua obra não nos chegou integralmente. Em seu período de Tours, quando já era religiosa, escreveu a *Primeira relação* da sua vida, por solicitação do padre Georges de la Haye, SJ. Ali, fez relatório minucioso de todas as suas faltas. Chegaram até nós poucos fragmentos dessa relação, inseridos na *Vida*, publicada pelo padre Claude Martin. Entre 1631 e 1637, escreveu a *Exposition du Cantique des Cantiques*, na forma de breves pensamentos sobre a contemplação, com claras referências à vocação ursulina. Outra *Relation d'oraison* foi composta entre 1633 e 1635. São ainda do período de Tours as *Lettres de conscience* (1625-1634), as *Exclamations, Notes spirituelles, Elévation* (1625-1638) e a *École sainte ou explication familière des mystères de foi*, escrito para as noviças de Tours. Do período canadense, restaram a *Relation autobiographique*, de 1654, endereçada ao filho, que já se tornara beneditino na Congregação de São Mauro; uma *Mémoire*, escrita para complementar a *Relation* de 1654, escrita em 1656 e, por fim, as suas *Lettres*, de grande valor histórico. O seu filho, Claude Martin, OSB, encarregou-se da publicação de parte dessas obras, ligeiramente retocadas (Paris, 1677).

3. DOUTRINA. Não sem razão, Bossuet chamou madre Maria da Encarnação de a "Teresa da nova França". Em vários aspectos da vida, ela se revela uma alma excepcional, que segue uma via toda particular. Mesmo que no aspecto magisterial não atinja a mesma importância de Santa Teresa, se se excluírem a *École sainte* e a *Exposition du Cantique des Cantiques*, as suas *Relations* autobiográficas apresentam tal caráter de autenticidade e de clareza que a inserem entre os melhores testemunhos da vida mística. Os estudiosos não conseguem chegar a um acordo sobre a interpretação a dar da vida seguida por madre Maria da Encarnação. Os três estágios pelos quais passa a sua alma, dentre os quais o → MATRIMÔNIO ESPIRITUAL não pode ser considerado o último, apresentam possibilidades de novos avanços. Alguns estudiosos, como Jamet, Huijben, Catherinet etc., não acreditam que a via espiritual de madre Maria da Encarnação possa ser assimilada à via traçada por São → JOÃO DA CRUZ; mas Klein distingue ali uma confirmação dos ensinamentos do Doutor Místico. De todo modo, as descrições de madre Maria da Encarnação ilustram as afirmações do Doutor místico; ela representa a encarnação do ideal contemplativo apostólico em uma vida concreta. A sua espiritualidade cristocêntrica, voltada para o Verbo Encarnado e para o Sagrado Coração, apresenta características aparentemente sem similar em outros.

No campo especulativo, madre Maria da Encarnação escreve para as almas que desejam ardentemente serem de Deus (III, 409). Para chegar à união com Deus, a alma deve progredir em meio às diversas tentações e aflições, que são necessárias para a pureza do corpo e do espírito (II, 71). Pressuposta a decidida vontade de pertencer completamente a Deus (III, 387), a alma avança na vida espiritual com o apoio de um diretor (II, 207), ao qual deve obedecer com simplicidade (III, 327). A oração deve ser impregnada de espírito de amor, demorando-se menos na meditação e na conversação do que nos afetos (IV, 215). É necessário insistir, sobretudo, nos mistérios da vida e da paixão de Jesus (IV, 104). A oração está orientada para as ações, para pôr em prática as máximas do Senhor. Madre Maria da Encarnação, que foi misticamente iluminada sobre a pureza de Deus, mostra-se implacável contra os apetites desordenados e chega até a distinguir doze graus de pureza (II, 452-461), aos quais se pode chegar inclusive por meio de provações divinas (*Ibid.*). Na vida espiritual, ela faz uma distinção entre caminho ascético e caminho místico, que, apesar de ser gratuito, Deus só concede a quem se dispõe a recebê-lo (II, 146.257). A união mística tem os seus graus, dentre os quais se destaca o "receber o Espírito do Verbo encarnado", sobretudo no aspecto de vítima (IV, 256).

Os estudiosos também não conseguem chegar a um acordo sobre todas as fontes da espiritualidade de Maria da Encarnação. Certamente, por testemunho pessoal, sabemos que ela lia o Pseudo-Dionísio, Santa Teresa, os Salmos. A influência de Bérulle é admitida por Molien, Huijben, Cognet, sobretudo por meio do Carmelo de

Tours. Klein também pensa que a teoria da "adesão aos estados do Verbo encarnado" já se faz presente na *Relação* de 1654 e que "depende em grande parte de leituras que ela faz de Bérulle" (p. 218). Com tudo isso, a sua devoção pessoal ao Verbo encarnado se orienta melhor para a Pessoa divina. A sua linguagem mística tem muitos pontos de contato com a linguagem da escola francesa, assim como com a linguagem de São João da Cruz, que ela seguramente teve oportunidade de ler. Por seu lado, a sua devoção ao Coração de Jesus parece não ter sido influenciada por ninguém, dado que tem uma origem especialmente mística; mais que a ideia de reparação, ela discerne a ideia de altar, santuário e habitação das almas.

BIBLIOGRAFIA. CHABOT, M. E. *Marie de l'Incarnation, 1599-1672*. Montréal, 1969; CUZIN, H. *Du Christ à la Trinité d'après l'expérience mystique de Marie de l'Incarnation*. Lyon, 1936; HUIJBEN, J. La Thérèse de la Nouvelle France. *La Vie Spirituelle. Supplément* 22-24 (1930). 97-128; JAMET, A. *Marie de l'Incarnation. Écrits spirituels*. Québèc, 1929-1939; JETTE, A. *L'itinéraire mystique de la Vénérable Mère Marie de l'Incarnation*. Issoudun, 1938; ID. *La voie de la sainteté d'aprés Marie de l'Incarnation*. Ottawa, 1954; L'HEUREUX, M. A. G. *The mystical vocabulary of venerable Mère Marie de l'Incarnation and its problems*. Washington, 1956; LABELLE, S. *L'esprit apostolique d'après Marie de l'Incarnation*. Ottawa, 1969; LONSAGNE, J. Les écrits spirituels de Marie de l'Incarnation. Le problème des textes. In *Revue d'Ascétique et Mystique* 44 (1968) 161-182; OURY, G. M. *Marie de l'Incarnation. Correspondance*. Solesmes, 1971; ID. *Ce que croyait Marie de l'Incarnation et comment elle vivait sa foi*, Tours, 1972; ID. Marie de l'Incarnation, Ursuline, 1599-1672. In *Dictionnaire de Spiritualité* X, pp. 487-507; ID. *Marie de l'Incarnation. Physionomie spirituelle*. Solesmes, 1980; PENIDO, T. *Marie de l'Incarnation. Caracteres généraux de son mysticisme*. Freiburg, 1935; RENAUDIN, P. *Marie de l'Incarnation, Ursuline. Œuvres*. Paris, 1942 (publicação integral da *Relação* de 1654); ID. *Une grande mystique française au XVIIe siècle. Marie de l'Incarnation, Ursuline de Tours et de Québec. Essai de psychologie religieuse*. Paris, 1935.

F. ANTOLÍN RODRÍGUEZ

MARIA MADALENA DE PAZZI (Santa). 1. NOTA BIOGRÁFICA. Nasce em Florença, no dia 2 de abril de 1566. Segundo testemunhos concordes e recorrentes, recolhidos nos *Processos* (I, 96), "era dedicadíssima à oração e muito se deleitava na oração e no silêncio" desde a tenra idade de seis para sete anos. A prática da oração mental, buscada mediante renúncias interiores e penitências corporais, surpreendentes para uma menina, logo a levou ao limiar da vida mística. Fenômenos estáticos se verificaram com ela desde cerca de dez anos de idade. Depois de ter sido educada no mosteiro das cavaleiras de Malta, conseguiu dos pais permissão para entrar no Carmelo de Florença. Com a sua vestição religiosa (30 de janeiro de 1583), começou o noviciado sob a orientação de uma irmã eminente, Evangelista do Giocondo e sob a direção de um sacerdote piedoso e preparado, Agostinho Campi. Sua profissão (27 de maio de 1584) deu início à série dos grandes êxtases, que, de numerosos e espetaculares nos primeiros anos, foram rareando sempre mais, até desaparecerem por completo (24 de junho de 1604). Na festa da Santíssima Trindade (15 de junho de 1585), teve início um período de cinco anos no qual ela se viu submetida a provas muito duras, interrompidas por êxtases esplêndidos "para que ela retomasse as forças" (ms. IV, 138). Em um desses êxtases (20 de julho de 1586), ela foi chamada "à obra da renovação da Igreja" (ms. V, 1), em meio ao qual ditou em transe místico doze belíssimas cartas endereçadas a Sisto V, aos cardeais e a outras personalidades eclesiásticas do tempo. No período de cinco anos, passou, até a morte em 25 de maio de 1607, por uma aridez espiritual desoladora. Foi mestra de noviças e subpriora. Beatificada por Urbano VIII em 1626, foi canonizada por Clemente IX em 1669.

2. OBRAS. *A redação manuscrita* dos êxtases se deve à prudência de Pe. Agostinho Campi, que, a propósito de poder verificar as suas origens e natureza, ordenou à santa referir as próprias experiências interiores a religiosas encarregadas de registrá-las por escrito. Para completar o relato, geralmente muito pobre, tomou-se a decisão de fazer o registro durante o êxtase de tudo o que santa Maria Madalena de' Pazzi dissesse, anotando-se ainda os gestos mais significativos para uma compreensão mais facilitada do transe místico. Depois, a santa corrigia tudo quanto fora escrito. Temos assim a redação manuscrita de cinco volumes publicados em sua estrutura e forma originais de 1960 a 1966. Os escritos até agora conhecidos são fundamentalmente os mesmos publicados em 1611 por V. Puccini, o último confessor e primeiro biógrafo de santa Maria Madalena de Pazzi. Ele, além de misturar êxtases diferentes, refundiu parágrafos, mudou palavras e, o que é bem mais grave, desenvolveu, por vezes muito além da medida aceitável, um pensamento de poucas linhas. Mesmo assim, o pensamento dos manuscritos não foi alterado. Além dos mencionados cinco volumes e das 27 cartas familiares, possuímos um opúsculo de *Instruções e avisos dados fora do êxtase*, recolhidos por suas noviças, de índole claramente ascética. Os manuscritos têm até certo valor literário, mas são muito mais preciosos do ponto de vista doutrinal.

Santa Maria Madalena de Pazzi formou a própria cultura religiosa com base, além das Escrituras (com absoluta prevalência do Evangelho), sobre os *Solilóquios* de Santo → AGOSTINHO, sobre os escritos de Santa → CATARINA DE SENA e sobre as *Meditações da Paixão de Jesus* do padre Loarte, SJ. A influência dessas obras (em concordância com a teologia tomística e sobretudo com a espiritualidade de Santa Catarina de Sena) é o que há de mais visível nos manuscritos, os quais, mesmo em sua circunstancialidade e fragmentariedade, contêm uma doutrina espiritual complexa e de notável interesse.

3. DOUTRINA. A visão da vida espiritual nos é apresentada como em uma cena dupla: uma se desenvolve na eternidade, a outra, no tempo. A primeira nos introduz nos abismos da divindade, onde se encontra a explicação da segunda, que nos apresenta o mistério do Verbo encarnado e o caminho do homem para o céu. A explicação é dada com base no amor que anima e decide qualquer situação. Deus é essencialmente amor, repete inúmeras vezes santa Maria Madalena de Pazzi. A criação tem início como termo de excessivo amor e de plenitude transbordante. Com o pecado livremente cometido, a criatura se torna "incapaz de receber em si os dons de Deus" (III, 144). Só parcialmente o homem perde essa capacidade, porque nasce na Trindade "um novo conselho de humildade e de amor" (*Ibid.*) para redimir o homem, mediante a encarnação do Verbo. Um último "conselho amoroso" decide "conferir sublimes dons e graças" à criatura fiel e "a cada qual segundo a sua obra" (III, 146). Santa Maria Madalena de Pazzi desenvolve esses temas de modo desigual, apoiando-se preferentemente no segundo conselho, na obra da redenção. Apesar de afirmar repetidamente (II, 692; III, 59), na linha de outros místicos, que o Verbo se teria encarnado mesmo que o homem não houvesse pecado, ela o apresenta revestido com nossos corpos para redimir a nossa culpa. O único motivo de sua vinda foi o seu grande amor, que o levou à "loucura" da cruz, fazendo-o quase se "esquecer da sua sabedoria" (III, 122, 48). O Verbo nos redimiu por meio de sua humanidade, "tabernáculo de Deus" (II, 95), possuída pelo Espírito Santo "como se fosse dele" (II, 140). "Quem não passa por essa santa humanidade não pode atingir a salvação" (II, 149): é a "ponte" (II, 372), a "escada" (II, 328), o "navio que conduz ao porto" (IV, 623). O Verbo humanado, posto "como anteparo entre a ira de Deus e a iniquidade do homem" (IV, 620), é perfeito instrumento de redenção (II, 249) que, iniciada na dor, foi consumada na cruz. Nenhum tema retorna com tanta insistência na doutrina madaleniana como a paixão cruenta e interior (mental) de Jesus, frequentemente simbolizada pelo sangue, pelo qual a grande mística nutria uma devoção profunda. A "recriação" do homem por meio do sangue leva a humanidade a um plano de vida superior ao plano da justiça original, até mesmo aos próprios anjos (III, 281). O amor de Deus pelo homem, antes e depois da encarnação, "é tão diferente quanto a luz das trevas" (II, 689). A alma retorna a tamanha grandeza imitando com fidelidade Jesus, "livro de vida" (II, 859). A sua semelhança com Deus está em proporção à semelhança que terá com Cristo (IV, 657). Claramente cristocêntrica, a piedade e a doutrina de santa Maria Madalena de' Pazzi é também, em grande medida, mariana. Da "Bem-aventurada Virgem Maria" afirma-se a Imaculada Conceição (II, 689) e a santidade única: "Aquela que foi a mais santa é a mais santa na atualidade e há de sê-lo no futuro" (IV, 476), a maternidade espiritual (II, 79), a mediação de todas as graças (III, 59).

O retorno do homem a Deus é concebido como uma luta entre dois amores: o amor de si e o amor divino (IV, 660-704), gerado pela humildade. Depois da caridade não há nenhuma outra virtude sobre a qual ela mais insista. A soberba é destruição e desunião entre Deus e o homem, entre o homem e o homem (II, 495) (tem grande eficácia psicológica a descrição da soberba e dos outros vícios, por exemplo, II, 452 ss.); a humildade restabelece a união, como mãe do amor e abertura à graça, para a qual pode representar obstáculo a liberdade — grandeza e perdição do homem (III, 285) — dominada pela soberba. O retorno à pátria só pode ser realizado por meio de dois caminhos: um largo e um estreito ou *semita*; pelo primeiro caminham os leigos; pelo segundo, os religiosos (II, 167). São numerosas as descrições da → VIDA RELIGIOSA, com as suas virtudes específicas, as suas práticas (quase sempre as renúncias ascéticas, quase nada das orações), os seus possíveis problemas etc. A doutrina, mais teórica nos *Êxtases*, exclusivamente prática nas *Instruções*, não tem nada de específico, além do ardor e da grande paixão com que é expressa. Se mediante as virtudes cardeais (das quais são dadas breves descrições de sabor tomístico, por exemplo, III, 228) a alma se dirige a Deus (IV, 378), só se exercitando nas virtudes teologais é que adere a ele direta e intimamente (II, 270). Completamente tomada pelo amor, santa Maria Madalena de Pazzi pouco fala da fé, quase nada da esperança. O amor, do qual nos dá algumas classificações com base na intensidade e nos efeitos que produz (II, 438. 647; III, 177), é a chave abóbada de todo o edifício espiritual, guia todo acontecimento da nossa história divino-humana: "Criados por Deus por amor e com amor, é por esse caminho que devemos retornar a ele" (IV, 336). O amor assinala o progresso da alma pelo caminho desse retorno (III, 194). É significativo o fato de que a doutrina sobre os sacramentos, geralmente tão pobre, não o é quando se trata da Eucaristia, sacramento de amor. O verdadeiro amor a Deus exige o amor ao próximo: "Um não pode estar sem o outro" (IV, 690). O aspecto apostólico do amor, ressaltado com particular cuidado, tornou santa Maria Madalena de Pazzi aberta, até mesmo doutrinalmente, às preocupações dos tempos. A esse propósito, são muito significativos tanto o manuscrito V sobre a reforma da Igreja, como o retorno dos motivos dogmáticos discutidos (graça, livre-arbítrio, purgatório etc.), como ainda, por fim, as suas devoções (à humanidade de Cristo, ao anjo da guarda, às santas almas) tipicamente italianas e contrarreformistas. Mas a principal função do amor é unir a alma a Deus (II, 150.310 etc.). A → UNIÃO COM DEUS é uma necessidade do homem, para ele poder ser feliz (II, 2250.468), e é uma exigência do amor divino, que "não pode ver nada que não seja igual a si" (III, 127). A união exige profunda purificação, que assimila libertando, por meio da prática das virtudes, especialmente a humildade-amor, que conduz ao *aniquilamento*. A alma deve "nada querer, nada poder, nada sentir para tudo compreender" (II, 331). A intervenção de Deus, solicitada pela humildade e proporcionada pelo amor, é dolorosa porque purificadora e iluminadora: a alma deve recebê-la com humildade e abandono (IV, 455; II, 886 etc.). A aparente renúncia à ação, a que se alude nos manuscritos e que tanto apraz a alguns quietistas do século XVII, não é apatia estática, mas simples impressão psicológica do sujeito: "Deixar de agir é repousar-se toda em Deus, para que Deus aja nela e ela em Deus, e assim, de certo modo, ao agir, ela não se percebe agindo" (III, 169). Para chegar à transformação, na qual tudo é paz no fundo da alma, apesar das possíveis lutas na superfície, e na qual se tem particular conhecimento de Deus, causado pelo amor, deve-se transcender toda forma criada, até mesmo a própria humanidade de Jesus (II, 845). A alma transformada vive a vida de Deus, da qual "não pode mais sair" (II, 728), é preciosíssima para a Igreja (II, 79 etc.), não passará pelas chamas do purgatório (II, 246), a sua é uma morte de amor (II, 522). Portanto, a vida espiritual tem a forma de um círculo, animado pelo amor, que tem em Deus o seu ponto de partida e de chegada.

A influência exercida por santa Maria Madalena de Pazzi na espiritualidade, especialmente a italiana, dos séculos XVII e XVIII, foi notável: nesses dois séculos, veem-se numerosas edições dos *Êxtases* e mais de duzentos verbetes bibliográficos madelenianos. O mais famoso representante dessa influência talvez seja Santo → AFONSO MARIA DE LIGÓRIO, que em algumas obras ascéticas faz amplo uso da doutrina de santa Maria Madalena de Pazzi. No século XIX, temos uma crise que parece vir sendo lentamente superada em nossos dias.

BIBLIOGRAFIA. 1) Biografias: CEPARI, V. *Vita della serafica vergine S. Maria Maddalena de' Pazzi*. Roma, 1669 (o autor foi confessor extraordinário da santa, versão latina in *Acta Sanctorum* VI [1688] 25 de maio, pp. 249-304, reimpressão, Prato, 1892); PUCCINI, V. *Vita della Madre suor Maria Maddalena de' Pazzi*. Firenze, 1609 (de grande valor no que diz respeito ao confessor, versão latina in *Acta Sanctorum* VI [1688] 25 de maio, pp. 180-239); SUOR MARIA MINIMA DE GESÙ SACRAMENTATO. *S. Maria Maddalena de' Pazzi*. Firenze, 1941 (faz amplo uso das fontes).

2) Obras: BRANCACCIO, L. *Opere della B. Maria Maddalena de' Pazzi*. Napoli, 1643 (transcreve de Puccini e ignora os manuscritos); *Vita ed estasi di S. Maria Maddalena de' Pazzi, con l'aggiunta delle lettere*. Firenze, 1893 (Puccini modificado e ampliado, sem cotejo com os manuscritos); PUCCINI, V. *Vita della Veneranda Madre Suor Maria Maddalena de' Pazzi... con l'aggiunta della terza, quarta,*

quinta e sesta parte... (che) contengono le mirabili intelligenze... e molti suoi documenti per la perfezione della vita spirituale. Firenze, 1611 (em que se relata, com liberdade, a maior parte dos êxtases); STEGGINK, O. *I quaranta giorni*. Roma, 1952; *Opere*, Firenze, 1960-1966.

3) Estudos: a) Doutrinais: ERMANNO DEL SANTISSIMO SACRAMENTO. La Madonna nelle estasi di S. Maria Maddalena de' Pazzi. *Rivista di Vita Spirituale* 8 (1954) 475-487; ID. Gesù nelle Estasi di S. Maria Maddalena de' Pazzi. *Rivista di Vita Spirituale* 10 (1956) 78-92; ID. La vita religiosa in S. Maria Maddalena de' Pazzi. *Carmelus* 4 (1957) 253-272; ID. L'unione con Dio secondo S. Maria Maddalena de' Pazzi. *Ephemerides Carmeliticae* 8 (1957) 376-406; THOR-SALVIAT. *La dottrina spirituale di S. Maria Maddalena de' Pazzi*. Firenze, 1939 (não usa os documentos originais); b) sobre a vida mística da santa: ERMANNO DEL SANTISSIMO SACRAMENTO. Los éxtasis de S. Maria Maddalena de' Pazzi. *Rivista de* Espiritualidad 15 (1956) 184-201; LARKIN, E. A study of the ecstasies of the Forty Days of St. Mary Magdalene de' Pazzi. *Carmelus* 1 (1954) 29-72; c) Literários e histórico-críticos: ANCILLI, E. La passione di Cristo in S. Teresa d'Avila e in S. Maria Maddalena de' Pazzi. *La sapienza della croce oggi*. Torino-Leumann, 1976, 197-209, II; ID. *S. Maria Maddalena de' Pazzi: Estasi. Dottrina. Influsso*. Roma, 1966 (com vastíssima bibliografia); CANAL, A. A. Santa Maria Maddalena de' Pazzi e la Chiesa. *Presenza del Carmelo* 18 (1979) 65-70; CANDELORI, F. *Il mistero di Maria nelle opere di S. Maria Maddalena de' Pazzi*. Roma, 1984; ERMANNO DEL SANTISSIMO SACRAMENTO. I manoscritti originali di S. Maria Maddalena de' Pazzi. *Ephemerides Carmeliticae* 7 (1956) 323-400; GETTO, G. La letteratura ascetico-mistica in Italia nell'età del concilio di Trento e della Controriforma. *Belfagor* 4 (1948) 51-77; PAPÀSOGLI, B. *La parabola delle due spose: vita di S. Maria Maddalena de' Pazzi*. Torino, 1976; POZZANZINI, S. Santa Maria Maddalena de' Pazzi e la vocazione universale alla santità. *Presenza del Carmelo* 36 (1985) 12-28; POZZI, G. L'identico e il diverso in Santa Maria Maddalena de' Pazzi. *Freiburger Zeitschrift fur Philosophie und Theologie* 33 (1987) 517-551; SECONDIN, B. *S. Maria Maddalena de' Pazzi. Esperienza e Dottrina*. Roma, 1974; VALABEK, R. Mary, the Sun of Carmel: our lady in the prayer life of St. Mary Magdalene de' Pazzi. *Carmel in the World* 20 (1983) 30-49; VERBRUGGHE, A. *The image of the Trinity in the Works of St. Mary Magdalene de' Pazzi*. Roma, 1984.

E. ANCILLI

MARIA SANTÍSSIMA. O Concílio Vaticano II, na *Lumen gentium*, inseriu um dos mais ricos capítulos sobre "a Beata Virgem Maria no mistério de Cristo e da Igreja", oferecendo uma imagem sugestiva de Nossa Senhora. Como tipo e exemplo de vida teologal e de adesão a Cristo, no Cristo e com o Cristo, ela gera e aumenta a vida divina em cada uma das criaturas redimidas e, como Mãe de Deus e mãe dos homens, é digna do culto correspondente a sua dignidade e missão. Essa tríplice orientação apresenta o melhor esquema para uma síntese sobre Maria e sobre a vida espiritual. A doutrina do Concílio Vaticano II recebeu desenvolvimentos coerentes, referentes à espiritualidade mariana, na exortação apostólica de Paulo VI, *Marialis cultus* (de 1974), com atenção especial para com o culto litúrgico e a devoção popular. João Paulo II trouxe de novo à atenção a figura de Maria em uma meditação cuidadosa e pessoal dos textos conciliares, propondo-a como modelo e mãe da vida espiritual dos cristãos na sua encíclica *Redemptoris Mater* (de 1987).

1. MARIA, IDEAL E MODELO DA VIDA ESPIRITUAL. Os Evangelhos traçam uma imagem sóbria e delicada da Virgem, mostrando-a realmente unida, de uma maneira única, à Trindade no mistério da encarnação do Filho de Deus e intimamente vinculada aos homens. "Predestinada desde toda a eternidade para ser a Mãe de Deus" (*LG* 61; cf. *LG* 56), Maria "foi enriquecida por Deus dos dons correspondentes a tamanho ofício" (n. 56), a ponto de ser "toda santa e isenta de toda mancha de pecado, quase plasmada pelo Espírito Santo e tornada nova criatura, adornada desde o primeiro instante de sua concepção com os esplendores de uma santidade toda singular" (n. 56), "mãe do Filho de Deus e, por isso, filha predileta do Pai e templo do Espírito Santo" (n. 53).

Ela responde com o "sim" ao anjo que, saudando-a como "a amada" (cheia de graça, pede-lhe permissão para a encarnação do Verbo em seu seio (cf. Lc 1,28.38), aceitando desse modo o desígnio de amor que a insere de maneira singular na história da → SALVAÇÃO.

Esse "sim", que está no início consagrador de sua eleição especial, por ela mantido até mesmo ao pé da cruz (cf. *LG* 62), representa bem aquela que, segundo o Evangelho, é a sua "vocação", "ser a serva do Senhor" (Lc 1,38), completamente disponível à palavra que lhe vem dele. De fato, "ao aderir à palavra divina, tornou-se mãe de Jesus e, abraçando com toda a alma e sem nenhuma limitação de pecado a vontade salvífica de Deus, consagrou-se totalmente a si mesma como serva do Senhor à pessoa e à obra de seu Filho, servindo ao mistério da redenção sob ele e com ele" (*LG* 56). O título de "serva do Senhor", que aproxima aquela que mais se aproximou do Cristo-Messias as luzes e as sombras do "servo de YHWH" (cf. Is 42), enquanto denota a vocação-missão de Maria, mostra-a na verdadeira fisionomia espiritual oferecida pela revelação (cf. G. Lefebvre, La servante du Seigneur, *La vie spirituelle* 109 [1963/2] 291-316; Ortensio da Spinetoli, *Maria nella tradizione biblica*, c. 4, pp. 141-163). Nos mistérios da infância e da adolescência de Cristo, nos quais o seu serviço de mãe se realiza num plano de humilde e total dedicação (cf. Lc 1–2), nas montanhas da Judeia, onde, com o Cristo que leva em seu seio, serve como instrumento de nova alegria para Isabel e o Batista (Lc 1,43-44), em Caná, onde com sua discreta solicitação inaugura publicamente o "serviço" de graça para os homens que, por sua intervenção, "creem no Cristo" (cf. Jo 2,1-15), aos pés da cruz, onde une o seu sofrimento ao de Cristo pela redenção de toda a humanidade (cf. Jo 19,25-27), no grande serviço que o Cristo viera a terra render ao Pai, compromete humildemente a sua existência em um ministério de completa dedicação e generosidade para com o Redentor e para com a sua obra.

Para torná-la digna de tal serviço, Deus a preserva de toda mancha de pecado original, "redimida de modo sublime em previsão dos merecimentos de seu Filho" (*LG* 53), inundando-a de graça e de santidade desde o primeiro instante de sua concepção (cf. *LG* 56). Para viver em plenitude e sem divisão de espírito o próprio serviço, "não conhece homem" (Lc 1,34), em uma vontade de virgindade de corpo e de alma (cf. R. Laurentin, Court traité, 21) que toma completamente o seu ser, desse modo, excepcionalmente aberto à Palavra feita carne em seu seio e por ela recolhida e espiritualmente conservada em seu coração (cf. Lc 2,19.51), faminto de um contato íntimo e profundo com a verdade e o amor. Essa é a expressão da verdadeira riqueza interior daquela que "é a primeira entre os humildes e os pobres do Senhor, que com fé esperam e dele recebem a salvação" (*LG* 55), de Maria, a grande "pobre de YHWH", rica apenas da esperança teologal que com nada se compromete para buscar unicamente a Deus, para tender e unir-se só a ele e a sua salvação (cf. A. Gelin, *Il povero nella Sacra Scrittura*, Milano, 1956, c. 6, pp. 124-136; Paolo M. della Croce, *Maria e la povertà evangelica*, Milano, 1970).

A pobreza em espírito de Maria também ilumina a sua fé, a grande virtude que o Concílio Vaticano II ressaltou com toda a força na humilde Virgem de Nazaré, a qual, completamente liberta de si mesma, se lança com todo o ser rumo ao Senhor no qual crê completamente. Ela que, "por assim dizer, reúne em si e reverbera os dados máximos da fé" (*LG* 65), adere na fé, sem hesitação à vontade de Deus (cf. *LG* 63), coopera na fé com o mistério da salvação (cf. *LG* 56, 63). É com toda a força que a Virgem adere com seu intelecto à revelação de Deus, ou melhor, ao Deus que se revela, deixando-se levar com docilidade plena à contemplação da verdade que é o Deus-Amor, o qual se manifesta e se doa a ela como a nenhum outro homem. Dessa forma, Maria, nossa irmã, "avançou na condição peregrinante da fé" (*LG* 58), aceitando sem incertezas a misteriosa ação de Deus que, associando-a ao Cristo redentor em toda a obra da salvação, circunda-a de trevas e de obscuridade para que na fé, plena de obediência e de amor, realizasse a sua função de mãe dos que creem.

O Concílio Vaticano II costuma destacar essa vida de fé, aproximando-a da obediência e da caridade (cf. *LG* 53, 56, 61, 63). João Paulo II ressalta claramente a virtude da fé em Maria como resposta total ao desígnio de Deus, por meio de uma obediência autêntica da fé, segundo o sentido bíblico, que em Maria é total doação e entrega ao querer de Deus. Além disso, com características originais, seguindo a doutrina do Concílio Vaticano II, João Paulo II também destaca a peregrinação de fé realizada por Maria, a sua experiência de fé, que é como uma noite escura, que a leva a participar da *kenosis* de seu Filho (*Redemptoris Mater*, nn. 14-19). A obediência da Virgem é justamente uma expressão concreta da sua fé convicta e de sua entrega consciente e livre à ação de Deus, ao passo que a caridade era disponibilidade e dedicação ilimitada, na simplicidade e na humildade, à economia de graça que a queria entregue a Deus e sua obra de misericórdia. A sua vontade de virgindade, a nós revelada por Lc 1,34 (cf. Pietro della Madre di Dio, Quomodo fiet istud? *Ephemerides Carmeliticae* 8 [1957, pp. 277-314; R. Laurentin, *Structure et théologie de Luc*, I-II, Paris, 1957, pp. 175-188; Court traité, p. 24) e interpretada como voto ou propósito desde os tempos de Santo Agostinho (cf.

B. Laurent, Critique et mystique devant le voeu de virginité, *Revue d'Ascétique et de Mystique* 31 [1957] 225-248), é uma manifestação desse amor fiel que escolhia exclusivamente YHWH, uma resposta a uma escolha misericordiosa de Deus que, elegendo-a para si e para o seu mistério de graça no mundo, desde a eternidade a preparara e no tempo a fizera desabrochar para a vida sem mancha, com a consequente possibilidade interior de compreender de maneira única o Amor e as suas exigências profundas e de responder a ele para além de todo entendimento humano. A vontade de "não conhecer homem", que eleva Maria e seu esposo a um extraordinário ideal de pureza, é o oferecimento que a Virgem faz de si e de tudo o que lhe é mais precioso, José, ao Amor ex toto e a sua obra de graça.

A obra de graça foi se revelando a ela progressivamente segundo a economia da fé na qual Deus lhe manifesta um conhecimento profundo, mesmo que, evidentemente, não plena nem estritamente nocional como a de um teólogo, da divindade do Filho (cf. A. Martinelli, Essi non compresero, *Miscellanea Francescana* 67 [1967] 258-289). Maria foi levada a abrir sempre mais o seu espírito às efusões de uma caridade que a impulsionava a uma doação de obras, em perfeita sintonia de intenção e de querer, ao Senhor. O conhecimento, ou melhor, a experiência viva de Deus que se fez carne em seu seio, gradualmente a tornava mais elevada, atraindo-a para a torrente de vida da Trindade, a cuja ação ela se abandonava de modo tal a experimentar desde o início, em si, a presença das três Pessoas divinas em uma profundidade desconhecida pelos mais destacados místicos, mesmo por aqueles que chegassem ao vértice de sua comunhão com Deus (cf. P. C. Dorange, in *La Sainte Vièrge figure de l'Église*, p. 142). A caridade, inundando-a, não apenas a tornava dócil às mínimas moções do Espírito Santo, como a mantinha em tal grau de atenção interior a Deus e a sua ação que a cobria e permeava cada pensamento e ato seus, na fusão completa de sua vontade com a vontade divina, para a realização da qual foi a mais bem-aventurada entre todos (cf. Lc 11,27-28), num plano privilegiado "mãe", mesmo segundo o espírito (cf. Mt 12,50; Mc 3,35). O conhecimento experimental de Deus e a coerência da vida teologal em Maria alicerçam-se estritamente no deixar-se mover em tudo pelo Espírito Santo, sem que criatura alguma projete a própria sombra sobre ele (cf. *Subida*, 3, 2, 10). E a moção do Espírito de amor, Senhor absoluto de seu ser, arrasta-a sempre mais suavemente à busca contemplativa de Deus, comunicando-lhe uma experiência dele que só ela podia alcançar.

Não é possível definir nem analisar a experiência mística de Maria. Muitos teólogos se perguntaram se, mesmo peregrina, ela, em sua íntima comunhão com Deus, teria chegado a uma visão dele. Ao lado de uns poucos que gostariam que Maria, simultaneamente "viandante e compreensora", tivesse gozado da visão intuitiva da Trindade durante toda a vida, outros defenderam que Nossa Senhora chegou a contemplar *facie ad faciem* a divindade "algumas vezes", quando não "frequentemente" (cf. A. Martinelli, La Beata Vergine vide in terra da divina essenza, *Marianum* 19 [1957] 417-489), fundando-se principalmente no "princípio de eminência", segundo o qual "todos os privilégios que Deus concede a qualquer santo deve ter concedido a sua Mãe, formalmente, ou eminentemente, ou equivalentemente" (cf. K. Keupepens, *Marialogiae compendium*, Menin, 1942, 16-17). Ora, visto que muitos doutores afirmavam a concessão desse dom a Moisés e São Paulo, ele foi facilmente atribuído também a Maria, e isso se tornou "opinião ou sentença comum dos teólogos". Por outro lado, é preciso observar que muitos teólogos sustentam a existência do privilégio em Maria sem nenhuma referência a Moisés ou a São Paulo e, sobretudo, que todos o fazem "sem querer ultrapassar os limites de uma opinião piedosa e provável" (cf. J. de Aldama, ¿Gozó de la visión beatífica la Santisima Virgen alguna vez en su vida mortal?, *Archivio Teológico Granadino* 6 [1943] 139).

A opinião, que tem o apoio e o pleno consenso de toda a tradição mística carmelitana, não deve, porém, levar a esquecer o aspecto essencial da vida contemplativa de Nossa Senhora, que ultrapassa todo fenômeno, isto é, a sua experiência do divino em um contato íntimo e substancial que extrapola qualquer possível descrição. Quanto mais o contato com Deus na fé e na caridade se aprofunda, mais intraduzível se torna: ninguém se aproximou tanto de Deus em espírito quanto Maria, ninguém como ela percebeu no mais profundo do seu ser os "toques substanciais" da "suave mão de Deus", ninguém mais que ela atingiu a transformação total no amado, no dom e na posse plena para a qual "a sua alma foi tornada divina e Deus por participação, tanto quanto se possa na vida presente" (*Cântico B*, 22, 3). A ação de Deus que irrompeu em Maria, mais e melhor que em qualquer outra criatura, ocorria no mais profundo do espírito, o qual, comprometendo-se com o Senhor do modo mais puro, tornava-se verdadeiramente "um só espírito com ele" (cf. 1Cor 6,17). As "grandes realidades" operadas na Virgem pelo Onipotente (cf. Lc 1,48), na e além da maternidade divina, adquirem expressão mais concreta na plenitude da vida mística, pela qual, na fé, perenemente, contemplava Deus e, no amor, profundamente, fruía dele e, nele transformada, participava de sua vida na experiência mais elevada, mais contínua e mais segura de sua presença suave e delicada, da sua ação exclusiva e inesgotável, de sua posse completa e pacificante. São os termos que a teologia mística balbucia quando quer falar das experiências místicas mais elevadas, e não há dúvida de que jamais poderão ser aplicadas com maior certeza quando se trata de Nossa Senhora. A vida mística da Virgem é contemplada sobretudo em uma ótica de comunhão "secreta" e "substancial" profundíssima com a vida das três Pessoas divinas. Carismas e fenômenos místicos, que podem lhe ter sido concedidos, não resistem diante desse contexto vital e da consequente experiência divina com toda a infusão de sabedoria e de senso do Deus vivo, com a afirmação poderosa das virtudes em sempre maior disponibilidade à graça, ou seja, à ação da vida divina que a mergulhava sempre mais em Deus e sempre mais lhe ampliava o espírito a serviço de Cristo e de seus irmãos.

De fato, deve-se considerar que a extraordinária experiência, única, do divino que Maria teve, à parte de solicitar cada vez mais a sua correspondência e colaboração com Deus, levava-a a uma doação apostólica essencial, pela qual, esquecida de si, vivia para o Cristo e para os seus irmãos, imolava-se pelo Redentor e por seus desígnios de amor. Aquilo que Santa Teresa de Ávila afirmara da vontade de efusão apostólica daqueles que, tendo alcançado a mais íntima união mística com Deus, ardem de zelo pela saúde das almas, a ponto de não poder resistir à doação, fruto e fecundidade da transformação de amor com o Senhor (cf. *Castelo interior*, 7, 4, 6.11-15), só se realizou plenamente na Virgem imaculada que, identificada com Deus — na máxima medida possível a uma criatura — em uma vida teologal constantemente alimentada pelo Espírito Santo, queria sempre mais o que Deus queria, trabalhava pela realização do desígnio de Deus, doava-se para o cumprimento do seu plano de misericórdia, ordenado para a salvação de todos os homens. As dimensões externas de uma doação assim têm um valor muito relativo diante do aspecto mais íntimo e autenticamente apostólico: Maria, perdida em Cristo e em Deus, amava todos os homens com o coração do próprio Deus, assim como com o coração e no coração de Deus, a todos ama e por todo o sempre congrega, até a consumação dos séculos. A participação singular de Nossa Senhora no mistério da salvação, a sua colaboração de amor e de dor para a redenção da humanidade constituem sua fiel e generosa cooperação para a economia da salvação, que queria Maria "cheia de graça" e transformada em Deus, para que ela, mais ativa e fecundamente, pudesse ser a rainha dos apóstolos e a mãe universal (cf. BENIAMINO DELLA TRINITÀ, Regina Apostolorum, *Rivista de vita spirituale* 8 [1954] 390-406).

Por isso, "a eminente santidade de Maria não foi apenas um dom particular da liberalidade divina, mas igualmente fruto da contínua e generosa correspondência de sua vontade livre às moções internas do Espírito Santo" (Paulo VI, *Signum magnum*, in *AAS* 59 [1967] 469). Trata-se de uma livre e total comunhão de pensamentos, de sentimentos, de ideais com o desígnio santificante da Trindade, para a qual "toda a vida da humilde serva do Senhor... foi uma vida de serviço amoroso" (*Ibid.*, p. 470). O serviço como concretização coerente do amor total em uma fé ilimitada e transparente é o grande exemplo pelo qual, na história da Salvação a Virgem Imaculada, mãe de Deus e mãe dos homens, é o tipo e o exemplo visível da comunhão teologal com a Trindade e da doação à Igreja e pela Igreja.

2. A INFLUÊNCIA MATERNA DE MARIA NA VIDA ESPIRITUAL. O Concílio Vaticano II enfatizou vigorosamente a parte ou o múnus de Maria na economia da salvação, trazendo à luz a especial "influência" materna de graça que ela exerce na vida espiritual dos homens. "A Bem-aventurada Virgem Maria, junto com a encarnação do Verbo divino, predestinada desde toda a eternidade a ser a Mãe de Deus, por disposição da divina Providência, foi nesta terra a alma-mãe do divino Redentor, generosa companheira do todo singular e serva humilde do Senhor. Ao conceber Cristo, ao gerá-lo, ao alimentá-lo, ao apresentá-lo no templo, ao sofrer com seu Filho a morte de cruz, cooperou

de modo especial com a obra do Salvador, com a obediência, a fé, a esperança e a ardente caridade, para restaurar a vida sobrenatural nas almas. Por isso fui para nós a mãe na ordem da graça" (*LG* 61).

É por isso que a influência particular da Virgem na vida espiritual dos homens está vinculada a sua maternidade de graça, que, por sua vez, se funda na ativa participação de Maria no cumprimento do mistério pascal do Senhor, pelo qual os homens, tornados "em Cristo novas criaturas" (2Cor 5,17; Gl 6,15), "são chamados e são de fato filhos de Deus" (1Jo 3,1). A vocação à salvação em Cristo, o dom nupcial da graça que em Cristo nos deifica, a adoção que, pela ação do Espírito Santo nos torna "filhos no Filho" do Pai são realidades que se inserem na vida dos homens por meio do mistério do Salvador, para a realização do qual Maria, por eterno desígnio de Deus, intervém como "generosa companheira absolutamente singular" (*LG* 61).

Essa intervenção de Maria, que tem o seu momento constitutivo essencial na encarnação, pela qual, ao dar a vida à cabeça da Igreja, a Virgem criou um vínculo especial com todos os que viriam a ser membros do Corpo místico do Senhor (cf. Pio X, *Ad diem illum*, AAS 36 [1903-1904] 452-453; Paulo VI, Discurso conclusivo da 3ª sessão do Concílio Vaticano II, AAS 56 [1964] 1015), encontra sua expressão plenária na conjunção com a vida de Cristo, completamente ordenada à integração da humanidade na amizade divina. "De fato, Maria, por sua íntima participação na história da salvação" (*LG* 65), "foi unida a Cristo por um vínculo estreito e indissolúvel" (*LG* 53), e "essa união da mãe com o Filho na obra da redenção se manifesta no momento da concepção virginal de Cristo, até a morte dele" (*LG* 57).

Claro que se, por vontade divina, a obra de Cristo tem a sua eficácia salvadora na sua paixão e morte, Maria, especialmente por "sofrer com o Filho que morre na cruz, cooperou de modo particular com a obra do Salvador... para restaurar a vida sobrenatural nas almas" (*LG* 61). É justamente a dolorosa colaboração com a obra consumatória da salvação, pela qual Maria "sofreu profundamente com seu Unigênito e se associou com ânimo materno ao sacrifício dele, dando com amor o seu consenso à imolação da vítima por ela gerada" (*LG* 58), que a tornou de modo pleno, ao lado do novo Adão, nova Eva, mãe de todos os viventes (cf. Gn 3, 20; *LG* 56). As palavras do Cristo morrente: "Eis o teu filho... eis a tua mãe" (Jo 19,26.27), com o magistério ordinário da Igreja e pela exegese mais rigorosa, são sempre mais compreendidas no sentido preciso de maternidade espiritual universal, o que dá às expressões do Redentor um valor quase de anúncio constitutivo daquilo que o mistério pascal, que se realizava, estava para operar no novo nascimento de todos os homens em Cristo, ao qual Deus desejava que Maria estivesse tão intimamente unida (cf. M. Braun, *La mère des fidèles*; M. de Goedt, Bases bibliques de la maternité spirituelle de Notre Dame, *Bulletin de la Societé Française d'Études Mariologiques* 16 [1959] 34-53; R. Laurentin, *La Madonna del Vaticano* II, 130-131; I. de la Potterie, La parole de Jésus "Voici ta mère" et l'accueil du disciple, *Marianum* 36 [1974] 1-39).

A maternidade espiritual de graça da Virgem, que desemboca nesses fundamentos seguros, se encaixa, por meio do mistério de Jesus, em toda a história da salvação. "Verdadeiramente mãe dos membros [de Cristo], por ter cooperado com a caridade por ocasião do nascimento dos fiéis na Igreja, os quais são os membros da Cabeça" (Santo Agostinho, *De s. virginitate*, 6; *LG* 53), Maria continua a exercer essa maternidade "sem interrupções na economia da graça" (*LG* 62). "Visto que, segundo a sábia e suave disposição divina, o seu consentimento livre e a sua generosa cooperação com os desígnios de Deus tiveram e ainda têm uma grande influência na realização da salvação humana" (Paulo VI, *Signum magnum*, loc. cit., p. 470), Maria "continua agora no céu a realizar a sua função materna cooperadora no nascimento e no desenvolvimento da vida divina em cada uma das almas dos homens redimidos" (*Ibid.*, 468).

Nessa colaboração com o nascimento e desenvolvimento da vida divina, ou — como o formula a Lumen gentium — na geração e na educação dos irmãos do Primogênito (*LG* 63), consiste essencialmente a maternidade espiritual de Maria, realidade misteriosa, mas não menos verdadeira, "que transcende o espaço e o tempo e pertence à história universal da Igreja" (Paulo VI, *Signum magnum*, 474) e que constitui concretamente a sua mediação de graça. O termo, indicado timidamente e após longas discussões (cf. G. Besutti, *Lo schema mariano al Concilio Vaticano II*, 128.134.146.188.207.227-228), admitido, entre outros, no n. 62 da constituição *De Ecclesia*, encontra-se intimamente inserido em toda a trama do c. 8 da *Lumen gentium*, que tem o cuidado de explicar como essa "função" de Maria "de nenhum modo obscurece ou diminui... a única mediação de Cristo, antes mostra a sua eficácia; qualquer influência salutar da Bem-Aventurada Virgem sobre os homens não nasce da necessidade, mas do beneplácito de Deus, provém da abundância de merecimentos de Cristo, funda-se na mediação dele, depende dela absolutamente e só por ela alcança toda a sua eficácia; em nada impede o contato imediato dos que creem com Cristo, antes o facilita" (n. 60). João Paulo II quis relançar a doutrina da mediação materna de Maria, ressaltando a referência a Cristo e ao Espírito Santo, que sustenta essa mediação (*Redemptoris Mater*, nn. 38-42); ele também quis trazer à luz a necessária relação de todo fiel com a Mãe de Cristo e, portanto, a dimensão mariana dos discípulos de Cristo. A entrega recíproca da Mãe e do discípulo ocorrida aos pés da cruz é o modelo da intimidade com a qual todo cristão é convidado a receber Maria entre os seus bens mais caros e preciosos (*Redemptoris Mater*, n. 45).

Portanto, a atividade mediadora de Maria, que haure toda a sua força do Cristo e de seus merecimentos, dá-se toda em função de um ministério de graça, orientado a tornar presente e sempre mais operante nos homens a vida divina. A intervenção concreta, ordenada por Deus, na obra da regeneração e da formação do Cristo em cada um dos fiéis (cf. Gl 4,19), faz com que Maria seja verdadeiramente mãe da nossa vida espiritual, sobre a qual exerce uma influência cujo dinamismo não conhece limites além daqueles da imagem do Primogênito, que cada um deve refletir em si segundo o desígnio eterno de Deus, específico para cada indivíduo, mas por meio do qual a obra materna de Maria Virgem, segundo são Luís Maria Grignon de Montfort, que certamente depende da de → BÉRULLE (*Grandezze di Gesú*, VII, 3), tem pelo Espírito Santo e pelo Espírito Santo uma força vital para formar Cristo nas almas. "Deus Espírito Santo — escreve Montfort no Tratado da verdadeira devoção —, por ser estéril em Deus, ou seja, por não produzir outra pessoa divina, torna-se fecundo por meio de Maria, por ele esposada. Com ela, nela e por ela, ele produz a sua obra-prima, que é um Deus feito homem, e produz todos os dias até o fim do mundo os predestinados e os membros do corpo dessa cabeça adorável. Por isso, quanto mais encontra Maria, sua cara e indissolúvel esposa, em uma alma, tanto mais se torna operante e poderoso para formar Jesus Cristo nessa mesma alma, e essa alma em Jesus Cristo. Com isso, não se está querendo dizer que Maria Virgem dê a fecundidade ao Espírito Santo, como se ele não a tivesse. Sendo Deus, ele tem a fecundidade, isto é, a capacidade de produzir, nem mais nem menos que o Pai e o Filho, mesmo que não a reduza ao ato, não produzindo outra pessoa divina. O que se quer dizer é, sobretudo, que o Espírito Santo, pela intervenção da Virgem, pela qual ama fazer-se servir, se bem que não tenha disso a mínima necessidade, reduz ao ato a própria fecundidade, produzindo nela e por meio dela Jesus Cristo e os seus membros" (nn. 20-21). O texto, certamente ousado, tem o mérito de trazer à luz a íntima relação de Maria com a Santíssima Trindade, especialmente com o Espírito Santo, na admirável função da geração sobrenatural dos cristãos, na formação de Cristo em cada um dos fiéis (cf. J. ALONSO, "Infecundidad 'ad intra' e infecundidad 'ad extra' del Espíritu Santo. En torno a um texto famoso del S. L. M. G. de Montfort", *Ephemerides Mariologiae* 1 [1951] 351-378).

Tal formação se inaugura concretamente para cada homem exatamente no → BATISMO. Esse sacramento, ao tornar o homem partícipe da vida divina, consagra-o para sempre a Deus e a seu amor e o põe em comunhão inefável com o Pai, que, com sua caridade, torna o pecador filho de adoção, purificado pelo sangue redentor de Cristo, para ser membro vivo e atuante da Igreja. Porque "por seu sangue alcançamos a redenção" (Ef 1,7) e se operou a grande paz (cf. Cl 1,20). O batismo nos mergulha no mistério da morte do Cristo pela ressurreição para a nova vida que ele nos mereceu, ao lado da qual a economia da salvação colocou a Virgem.

"Todavia, por si mesmo, o batismo é apenas o início e o exórdio, porque tende inteiramente à conquista da plenitude da vida em Cristo" (*UR* 22). A perfeição da vida em Cristo supõe que, por meio de uma fidelidade a toda prova às leis de morte e de vida da graça batismal, o homem se abandone sempre mais coerentemente à caridade, vê-se mover exclusivamente pelo Espírito de Deus (cf. Rm 8,14). E esse aperfeiçoamento do homem novo, que a cada dia busca refletir em si os sentimentos de Cristo (Fl 2,5) na justiça e na santidade da verdade (cf. Ef 4,22-24), deve alcançar o homem perfeito, a medida da idade na qual se tenha a plenitude de Cristo (Ef 4,13). Para tanto é necessário o esforço de crescer sob todos os aspectos naquele que é a cabeça (*Ibid.*, 6). Só assim o dinamismo do batismo, incrementado por toda a atividade sacramental e sobretudo pela → EUCARISTIA, encontra a seu caminho perfeito, abrindo à caridade a união e a transformação em Cristo, pela qual o homem pode dizer: "Não sou mais eu que vivo, mas Cristo vive em mim" (Gl 2,20), ou, ainda melhor: "Para mim, o viver é Cristo" (Fl 1,21). Ao mesmo tempo, em tal plenitude de vida "em Cristo Jesus", o batizado se torna uma força viva em meio ao povo de Deus. A caridade teologal, fé vivida na busca de → DEUS e na doação de seu amor aos irmãos, faz com que o cristão concorra para a edificação do corpo de Cristo (Ef 4,12), no qual é testemunha do Cristo ressuscitado e da fecundidade da sua graça. A própria "morte cotidiana" (cf. 1Cor 15,30) do fiel, os seus sofrimentos, como "completamento daquilo que falta aos sofrimentos de Cristo", tornam-se instrumento de graça "em favor de seu corpo, que é a Igreja" (cf. Cl 1,24). Dessa forma, morte e vida, crucifixão e ressurreição, dor e glória são elementos de vida cristã que envolvem profundamente o batizado em seu itinerário de perfeição, na sua vida de indivíduo unido a Cristo na comunhão com o povo de Deus, pelo qual quanto mais ele crucifica o velho homem, abandonando-se ao dinamismo da vida nova de ressuscitado com Cristo, tanto mais sente o impulso para a caridade (cf. 2Cor 5,14), que o anima a se esquecer de si mesmo pelos irmãos, a gastar-se e a consumir-se em benefício deles (cf. 2Cor 12,15), a viver e a morrer pela Igreja. É a plenitude da graça batismal que, alimentada e aperfeiçoada pela Eucaristia, transfigura quem crê em Cristo e o põe em um contato vital novo com a Trindade, pela qual é de algum modo absorvido, para transfundir dela para si o fogo e o amor em uma doação apostólica que reflita algo da perene e inextinguível doação de Deus.

A Virgem é mãe espiritual dos homens porque, com Cristo e dependentemente do Cristo, está e estará presente "na regeneração e formação" (*LG* 63) dos homens, "até o coroamento perpétuo de todos os eleitos" (*LG* 62). O seu trabalho multiforme e toda a sua salutar influência sobre os homens (*LG* 60) estão sintetizados na atividade amorosa pela qual gera e desenvolve em cada fiel a vida divina (cf. PAULO VI, Professio fidei, 15, *AAS* 60 [1968] 438). Tudo isso projeta a sombra mariana sobre a graça batismal e sobre os desenvolvimentos posteriores da vida divina do batizado, vida divina à qual está sempre vinculada uma ação da perene colaboradora de Cristo "na condução dos homens à salvação: trata-se de uma verdade consoladora que pelo livre beneplácito do sapientíssimo Deus faz parte integrante do mistério a salvação humana e que, por isso, deve ser levada em conta pela fé de todos os cristãos" (PAULO VI, *Signum magnum*, *AAS* 60 [1968] 468).

Quanto ao mais, essa obra segue no ocultamento, segundo o estilo de humildade e de silêncio que o Evangelho nos transmite ao delinear Maria. Contudo, algumas vezes, como resulta da história das conversões (cf. V. Capánaga, La Madonna nella storia delle conversioni, Roma, 1955) e da hagiografia (cf. S. Ragazzini, *Maria vita dell'anima*, Roma, 1960), ela se faz sentir de modo claro e até mesmo extraordinário, fato pelo qual a resposta fiel do homem à Trindade e a gradual e sempre mais plena e coerente aceitação da inserção no mistério de Cristo e da Igreja tornam-se inequivocamente um parto que conclui uma interminável gestação de amor da Virgem, um admirável trabalho feito por ela de educação materna para a graça e para suas exigências, uma formação para o amor teologal perfeito e para suas leis purificadoras e transformadoras. Maria continua a intervir junto "aos irmãos de seu Filho ainda peregrinos e expostos a perigos e afãs" (*LG* 62; *AA* 4). João XXIII afirmou: "Portanto, agrada à piedade filial considerá-la no princípio de toda a vida cristã, acompanhar com vibrante cuidado o seu harmonioso desenvolvimento, coroar sua plenitude com a sua presença materna" (*AAS* 55 [1963] 10).

Na dura luta contra o pecado, Maria assiste os filhos para que, a cada instante, eles saibam viver a *abrenuntio* do batismo, que abre para uma comunhão sempre mais íntima com o Espírito. Para isso Maria intervém com a sua ação de graça, pisando continuamente a cabeça da serpente, no perpétuo "hoje" cantado pela liturgia da Imaculada e que convém à missão de quem está sempre ao lado de Cristo, em todas as lutas e em todos os triunfos sobre satanás (cf. Pio X, encíclica *Ad diem illum*, in: *AAS* 36 [1903-1904]

459). É a poderosa ajuda dada aos filhos para a contínua conversão sempre mais plena a Cristo e a seu amor, conversão que dá ao batizado o tom e a fidelidade que o constituem como aquele que vive verdadeiramente para Deus.

No período das iluminações, a influência materna de Maria é a de apoio, porque a "noite" dos sentidos e do espírito, purificando posteriormente a alma, conduza-a com rapidez e segurança à união divina (cf. *Noite*, 2, 1, 1). Na grande hora "amarga e terrível, horrenda e assustadora" (cf. *Ibid.*, 1, 8, 2), Maria é quem dispõe a criatura ao encontro novo e profundo com Deus, libertando-a de toda escória, de toda busca de si, intervém "sem perturbar a evolução do desígnio de Deus, sem opor obstáculo ao poder benfeitor da sua luz nem à eficácia de sua ação. Intervém, mas como são suavemente delicadas e delicadamente maternas as suas intervenções!... Sombra silenciosa na noite, Maria expande a doçura sem suprimir o sofrimento, cria uma penumbra sem dissipar a obscuridade" (MARIA EUGÊNIA DO MENINO JESUS, *Sono figlia della Chiesa*, Milano, 1964, parte V, c. 5, p. 412).

Toda essa gama de intervenções discretas e delicadas faz parte da sua obra de educação espiritual para a fortaleza cristã, em vista do encontro com Deus em espírito completamente purificado, que por meio da obscuridade da noite se dispõe à invasão da luz de Deus. O tema da noite e da luz, tema batismal evocado pela liturgia pascal, tem aqui a sua aplicação concreta. Maria "iluminadora", como a chamou a teologia medieval, com solicitude materna, exerce mais poderosamente a sua influência quanto mais potente for a ação da graça de Deus. No fim das contas, trata-se de dar as possibilidades mais vastas à graça batismal em suas dimensões de adesão a Deus no amor teologal e na fé. Enquanto a purificação liberta o coração de toda adesão desordenada e dispõe para o acolhimento de toda a verdade, a ação preponderante do Espírito se faz sentir de maneira mais forte no estímulo ao exercício das virtudes que o tornam autenticamente filho de Deus e irmão de Jesus Cristo. É a hora simultaneamente dolorosa e feliz da invasão da graça: poder-se-ia em certo sentido falar de uma aceitação plena das exigências deificantes da graça em uma "regeneração" mais renovada e mais profunda, na qual Maria se faz mãe em disponibilidade plena ao Amor e mestra de uma oração contemplativa incipiente, reveladora dos mistérios ocultos de Cristo e de Deus. Ajuda o cristão a se libertar interiormente de tudo quanto possa ser separação entre Deus e ele, de tudo quanto possa representar obstáculo ao olhar ininterrupto de fé dirigido a Deus, a fim de que possa realizar-se com a Palavra a perene comunhão de coração a coração, que foi o segredo de sua comunhão com o Amor-Verdade (cf. Lc 2,19.51).

Mas Nossa Senhora não se pode ver limitada em sua ação de instruir o cristão nos caminhos misericordiosos de Deus e de atraí-lo para sondar as riquezas escondidas em Cristo (cf. PIO IX, encíclica *Ad diem illum*, AAS 36 [1903-1904] 452) e de alcançar-lhe a sabedoria (cf. LUÍS MARIA GRIGNON DE MONTFORT, *L'Amore all'eterna sapienza*, p. 209); com Deus, ela quer coroar no fiel a sua obra materna levando-o até a consumação do amor na transformação plena em Cristo. De onde se deduz que a transformação de amor é o termo da formação que ela espera incansavelmente *donec Christus formetur* (cf. Gl 4,19) e perfeitamente no cristão. E dado que só se tem tal perfeição e amadurecimento no estado de união, quando na posse completa de Deus, o homem "se torna Deus por participação, tanto quanto possível nesta vida" (*Cântico B*, 22, 3), por fim realizando no amor o *ex toto* do mandamento primeiro e máximo, tal é a meta rumo à qual se orientam as "influências salutares" da Virgem.

Os místicos, referindo-se à alegoria nupcial na qual a Escritura fixou de maneira admirável a relação de YHWH com Israel (cf. V. DELLAGIACOMA, *Israele sposa di Dio*, Pontificia Università Urbaniana, Roma, tese de doutorado), relações que tiveram uma realização ainda mais sagrada nos esponsais de Cristo com a Igreja e, na Igreja, com cada fiel individualmente, viram a expressão máxima da união do cristão com Deus no noivado espiritual e, ainda mais no → MATRIMÔNIO ESPIRITUAL. No primeiro, o cristão diz o seu "sim" completo e verdadeiro ao Amor, em um abandono teologal tão pleno que "a vontade de Deus e da alma tornam-se uma única vontade em um consenso disponível e livre" (*Chama de amor vivo*, B, 3, 24); o segundo, por sua vez, é "uma transformação total no Amado, na qual ambas as partes cedem uma à outra, com uma transferindo a posse toda de si para a outra com certa consumação de união amorosa" (*Cântico espiritual*, B, 22, 3).

A → HAGIOGRAFIA percebeu que para muitos servos de Deus, que deixaram os ecos de suas comunicações íntimas com Deus no noivado espiritual e até mesmo no matrimônio espiritual, há uma sempre uma intervenção "sensível" de Nossa Senhora, por meio da qual, por vezes, recebe-se o dom da aliança mística. Para além dessas percepções, que, mais do que constituir a união, simbolizam-na em seu grau máximo, enfatiza-se que a presença perenemente operante de Maria no mistério da graça, faz-se mais viva e poderosa na medida da irrupção de Deus no homem. E visto que nesses estados elevados o influxo de Deus se faz extraordinariamente poderoso, a ponto de tornar a criatura "passiva", não há dúvida de que também a ação materna de Maria, perenemente vinculada ao Cristo em todo o mistério do amor comungado, torna-se mais eficaz que nunca. O noivado assumido por Maria em Nazaré, por meio do "sim" dito a Deus em nome de toda a humanidade, realiza-se concretamente para os indivíduos que querem plenamente em si o desígnio de graça anunciado na encarnação, no nome de Maria e por uma especial intervenção de Maria. Como um influxo particular de Maria, consuma-se a união transformante com Deus, pela qual se delineia e se configura perfeitamente no cristão a imagem do filho de adoção que acolhe plenamente em si o dom da graça da Trindade.

Ora, esse influxo materno de Maria supõe uma presença operante que de certa maneira "modifica" a graça que atinge o homem, tornando-a, de certo modo, "mariana" (cf. J. Galot, L'intercession de Marie, in: H. de Manoir, Maria, 548-9, vl. VI.). Tal presença, por vezes, se torna "experiencial" na sensação profunda e certa que têm dela os servos de Deus na experiência mística. Trata-se de uma consciência contemplativa de Maria em Deus, pela qual o homem pode, sem detrimento da unidade e da simplicidade da contemplação infusa, "perceber" a Virgem intimamente unida ao Senhor na comunhão da salvação (da qual a vida mística é uma expressão plenária) e unida ao Cristo na operação transformante.

A análise teológica ainda não aprofundou suficientemente a experiência mística da presença mariana, para que se possam definir com segurança a sua natureza e suas várias modalidades. Contudo, não se pode pôr em dúvida a sua possibilidade: dados bastante seguros da hagiografia no-la atestam, como pode ser esclarecido pelo fato de que, na contemplação, a alma também pode experimentar na ação simplíssima de Deus modalidades dessa ação ou a especificação de algum atributo seu (cf. Gabriel de Santa Maria Madalena, *Rivista di Vita Spirituale* 5 [1951] 30-31). A Mãe de Deus, tão intimamente associada aos mistérios da nossa fé, pode muito bem ser objeto dessa experiência contemplativa. Se, portanto, se reflete, como já se mencionou, que a graça implica uma marca mariana porque, por vontade de Deus, Maria foi unida ao Cristo na obra de redenção e está a ele unida em toda a história da → salvação, melhor se compreende que a conotação mariana da graça, atuante em nós, pode levar a experienciar a presença daquela que, com Cristo e em dependência de Cristo, "colabora com amor materno para a obra de nossa regeneração de educação" (*LG* 63).

Em nossa visão, de todo modo, a experiência da presença de Nossa Senhora é uma graça especial, "não concedida a todos; e quando Deus… favorece por meio dela uma alma, ela pode muito bem perdê-la, se não for fiel" (São Luís Maria Grignion de Montfort, *Segreto di Maria*, p. 52).

Presença e experiência da presença de Nossa Senhora ressaltam a realidade da ação e do influxo com os quais Maria segue todo irmão do Primogênito, até a consumação do amor, na perfeição da vida cristã. Exprimem muito bem que "a generosa cooperação de Maria para o desígnio de Deus teve e ainda tem uma grande influência na realização da salvação humana" (Paulo VI, *Signum marialis*, loc. cit., p. 470). Põe em destaque a realidade da afirmativa do Concílio Vaticano II: "Com a sua maternal caridade, [Maria] toma a seus cuidados os irmãos de seu Filho ainda peregrinos… enquanto não forem conduzidos à pátria bem-aventurada" (*LG* 62). É um cuidado materno de "múltipla intercessão" (*LG* 60), e com ela a Virgem Mãe de Deus, em nosso modo de ver, alcança imediatamente, no Cristo e com o Cristo, cada um dos fiéis no mais profundo do ser. Assim se compreende melhor "a participação que tem Maria no influxo com o qual o seu Filho… se diz que reina na mente e da vontade dos homens" (Pio XII, encíclica *Ad coeli Reginam*, *AAS* 46 [1954] 636; cf. ainda o discurso de 10 de dezembro de 1954, *AAS* 46 [1954] 662-663), como em tal modo o conceito de regeneração e de formação que o Concílio Vaticano II atribui a Maria em relação aos cristãos tem o significado objetivo que parece fazer destacar ainda a insistência com que o Concílio Vaticano II fala da maneira especial com que Nossa Senhora "coopera" com o Salvador (cf. *LG* 53.56.61 [*AA* 4]) em favor de nossa inserção e de nosso crescimento espiritual em Cristo e na Igreja.

3. O CULTO A NOSSA SENHORA. "Maria, por ser Mãe Santíssima de Deus, que tomou parte nos mistérios de Cristo, pela graça de Deus exaltada, depois do Filho, sobre todos os anjos e sobre todos os homens, é merecidamente honrada pela Igreja com um culto especial" (*LG* 66). Ao retomar tais motivos na exortação apostólica *Signum magnum*, Paulo VI acrescenta a eles o fato da maternidade espiritual de Maria sobre a Igreja (Signum magnum, loc. cit., 466-467). Sobre essas razões, na base das quais, como facilmente se pode ver, está a relação íntima de Maria com o Cristo Salvador, funda-se o culto à Virgem Santíssima, culto altamente fecundo de graça para cada homem e para todo o povo de Deus, que vem a ser considerado pela Igreja um dos grandes meios de santificação. É aquilo que Paulo VI relembrou na exortação apostólica *Marialis cultus*, dedicada ao ordenamento e ao desenvolvimento do culto a Nossa Senhora (*AAS* 66 [1974] 113-168).

É que Maria está completamente voltada para Cristo e para Deus (PAULO VI, Discurso conclusivo da 3ª sessão do Concílio Vaticano II, in: *AAS* 56 [1964] 1.017; SÃO LUÍS MARIA GRIGNION DE MONTFORT, *Tratado da verdadeira devoção*, 225), fato pelo qual "nenhum encontro com ela pode deixar de ser encontro com o próprio Cristo" (PAULO VI, encíclica *Mense maio*, in *AAS* 57 [1965] 5). O culto a ela é, portanto, um ato de obséquio Àquele que tanto a amou e tanto a uniu a si, um encontro de fé com Aquele que por meio dela alcançou os homens e uma manifestação de submissão Àquele que dispôs que Maria, com o seu "serviço", colaborasse para aproximar os homens, por meio de Cristo, da Trindade.

Esta simples enunciação manifesta a razão pela qual o culto a Maria deve ser "especial" e "inteiramente singular" (*LG* 66). O Concílio Vaticano II evita chamá-lo tecnicamente de hiperdulia, mas o conceito de tal nome tipicamente ocidental é praticamente admitido pelos apelativos usados e pelos princípios teológicos postos como fundamento do próprio culto, sendo o primeiro deles a eminente realidade da *Theotokos*.

A maternidade divina de Nossa Senhora, contudo, ao mesmo tempo em que especifica o culto *omnio singularis* a ela devido, diz, per se, claramente, que esse obséquio ou ato de submissão, que procede do reconhecimento de sua excelência (cf. SÃO JOÃO DAMASCENO, *Orationes de imag.* I, 14; II, III, 27: *PG* 94, 1244.1347.1355) difere substancialmente do culto de adoração tributado ao Pai, ao Filho e ao Espírito Santo, adoração que o culto a Maria, em sua "relatividade" essencial, promove e estimula. Também não podemos esquecer que ela é a via régia para Cristo, nosso Senhor (cf. SÃO LUÍS MARIA GRIGNION DE MONTFORT, *Tratado da verdadeira devoção*, 152-159), necessariamente leva ao Salvador e à Trindade, termo de toda a sua atividade de graça, realidade viva com a qual ela está intimamente unida e para a qual opera. "Maria é sempre caminho que leva a Cristo", afirmou na *Mense maio*, repetindo o que já fora dito pelos pontífices seus predecessores, Paulo VI (in: *AAS* 57 [1965] 253), e a vida dos grandes enamorados de Nossa Senhora é o testemunho mais eficaz para provar que o culto a Nossa Senhora é o meio feliz e seguro de aderir a Cristo e viver o seu mistério de graça transformante em Deus, nas pegadas e junto àquela cuja existência foi toda busca de Deus e do seu amor. A experiência pastoral cotidiana mostra como e quanto um culto esclarecido e fervoroso a Maria torna verdadeiramente "cristã" uma vida e de que modo, na fidelidade à graça que sabe efundir-se em caridade-doação, torna-a realmente deiforme.

a) Com essa convicção, o Concílio Vaticano II insistiu para que esse culto: seja generosamente promovido por todos os filhos da Igreja; seja especialmente expresso por meio da liturgia; não negligencie as várias práticas de piedade e os exercícios marianos aprovados pela Igreja.

I. A generosidade recomendada pretende abrir os espíritos a uma compreensão objetiva, sem avarezas, de Nossa Senhora e do culto a ela devido. A Mãe de Deus, que serviu "como companheira generosa" (PIO XII, constituição *Munificentissimus*, in *AAS* 42 [1950] 768) ao mistério da redenção pelo qual o homem foi reinserido na corrente da vida divina e cuja "generosa cooperação com os desígnios de Deus teve e ainda tem uma grande influência na realização da salvação humana" (PAULO VI, *Signum magnum*, loc. cit., 470), tem todo o direito ao obséquio devoto dos filhos, que reconhecem, submetendo-se a elas, a parte e a missão que dizem respeito à Virgem no plano salvífico de Deus. Um culto generoso, que evita minimalismos e maximalismo, tem o equilíbrio da graça e busca em seu movimento, enquanto possível, seguir o estilo e a medida do próprio Deus para como a "benignamente amada" (cf. Lc 1,28), por ele elevada com a divina maternidade e as, consequentemente, estreitíssimas relações com a Trindade, acima de todas as outras criaturas, celestes e terrestres (cf. *LG* 53). É a própria fé que, levando "a reconhecer a preeminência da Mãe de Deus" (*LG* 67), move generosamente o cristão à submissão e ao ato interno ou externo no qual o culto, sob o impulso do Espírito Santo, se concretiza.

II. A Igreja, na "celebração do ciclo anual dos mistérios de Cristo, venera com particular amor Maria Santíssima, Mãe de Deus, indissoluvelmente unida à obra de salvação de seu Filho" (*SC* 103). "Ápice para o qual tende a ação da Igreja e, ao mesmo tempo, fonte da qual procede toda a sua força" (*SC* 10), a liturgia nos sacramentos é a comunicadora do mistério de graça que põe em comunhão com Deus e com o Corpo místico, ao passo que oração é a voz da esposa que, movida e guiada pelo Espírito Santo, eleva-se com o Cristo ao Pai, adorando, louvando, agradecendo, implorando graça e perdão.

Em sua vida litúrgica, a Igreja, desde os tempos mais remotos, sentiu a necessidade de exprimir de maneira explícita o seu culto a Maria. A sua "memória" na grande oração eucarística, anterior a São Leão Magno (440-461), era precedida, já nos séculos III-IV, pela introdução de festas que, pouco a pouco, foram aumentando, até mesmo em consequência de uma maior compreensão da função de Maria na economia da salvação ou de fatos prodigiosos que a piedade do povo de Deus não hesitava em atribuir à intercessão da Mãe de Deus. As festas, as celebrações do sábado e outras formas, como o hino acatista no Oriente e o ofício de Nossa Senhora no Ocidente, tornaram sempre mais viva a presença de Nossa Senhora no exercício do sacerdócio de Jesus Cristo, isto é, no culto público e integral do Corpo místico de Jesus Cristo, da cabeça e dos membros (cf. *SC* 7), favorecendo um conhecimento verdadeiro de Maria e do seu mistério e, ao mesmo tempo, assegurando às fórmulas pelas quais o culto se exprime seriedade dogmática, orientação cristológica, sobriedade de expressão, amor sem sentimentalismos. O culto litúrgico de Nossa Senhora ainda ressalta poderosamente a exigência interior do Corpo místico de ressaltar socialmente o lugar único que cabe à Mãe de Deus e Mãe da Igreja na comemoração do mistério de Cristo e na consequente veneração (cf. M. PEINADOR, De rationibus cultus erga B. V. M. iuxta Const. de s. Liturgia, *Ephemerides Mariologicae* 15 [1965] 83-93). O convite a dar o lugar principal nas expressões de culto à liturgia, ao mesmo tempo em que visa ajudar a sair de individualismos perigosos, muito nocivos à piedade autêntica, pretende levar a entender que Maria, desse modo exaltada por Deus em seu Cristo e com o seu Cristo, recebe o melhor testemunho de veneração da Igreja, que, na expressão do seu culto, está sob a ação especial do Espírito de verdade (cf. *Marialis cultus*, nn. 1-23). Na trilha da doutrina conciliar e da reflexão teológica e litúrgica contemporânea, a liturgia da Igreja exprime com grande riqueza a presença de Maria no mistério de Cristo ao longo do → ANO LITÚRGICO. Com a publicação da *Collectio Missarum de Beata Maria Virgine* (1987), o culto mariano na Igreja se tornou especialmente enriquecido, como jamais ocorrera na história. As 46 novas fórmulas, dispostas em sintonia com a celebração do ano litúrgico, oferecem doutrina segura à piedade dos fiéis, exprimem mais variada riqueza espiritual no que se refere à Mãe do Senhor, com textos nos quais a teologia e a espiritualidade mariana se fundam.

III. Mesmo que a liturgia, como culto público e integral do Corpo místico de Cristo, deva ter o primado absoluto no culto dos fiéis, ela não "esgota toda a ação da Igreja (*SC* 9.12). Por isso, o Vaticano II "recomenda vivamente os exercícios de piedade do povo cristão, desde que conformes às leis e às normas da Igreja" (*SC* 13), exortando "os filhos da Igreja... a terem em grande estima as práticas e os exercícios de piedade para com ela [Maria], recomendados ao longo dos séculos pelo Magistério da Igreja" (*LG* 67). Claro que tais exercícios devem estar em sintonia com a liturgia, de algum modo dela extraindo inspiração e a ela conduzindo (cf. *SC* 13).

Depois de todos esses esclarecimentos, todos podem entender que os exercícios de piedade não apenas são legítimos, mas também necessários (cf. P. FERNÁNDEZ, El culto extralitúrgico y su necesidad, *Salmanticensis* 15 [1968] 379-396). De fato, o homem, sob o impulso da fé e da caridade, sente a necessidade sobrenatural da comunhão com Deus e com a Virgem mesmo fora da celebração litúrgica, necessidade que se concretiza em atos e exercícios que dizem aquilo que o Espírito sugere por meio de uma expressão de culto tanto mais válido quanto mais diretamente aprovado pela Igreja.

O Vaticano II não quis nomear explicitamente nenhum desses exercícios, até mesmo por conta da diversidade que há no uso deles, tanto no Oriente como no Ocidente. Mesmo assim, meio que indicando justamente as práticas de piedade mariana, Paulo VI observou na encíclica *Christi Matri*: "O Concílio... mesmo não expressamente, mas com clara indicação, afervorou o ânimo de todos os filhos da Igreja pelo Rosário" (*AAS* 58 [1966] 748; cf. ainda *Singularis prorsus*, *AAS* 57 [1965] 378). Certamente, se há um exercício de piedade que ajuda a ver Maria à luz do mistério de Cristo na liturgia, esse exercício é o → ROSÁRIO, no qual oração vocal e meditação amorosa seguem o Redentor e aquela que por desígnio de Deus é sua companheira inseparável em toda a história da → SALVAÇÃO, nas alegrias, nas dores e na glória nas quais o mistério pascal do Verbo encarnado se realizou e terá cumprimento por Cristo e Maria na glória de todos os eleitos.

A tradição ascética, da Idade Média em diante, teve o Rosário em grande estima. Por meio dele, os santos realizaram prodígios de graça, atraindo os homens à conversão e à santificação. A história da salvação, mesmo em suas dimensões atuais, encontra no Rosário sua feliz expressão: desde o anúncio da salvação até o triunfo de todos os salvos com Cristo e com Maria, tudo se encaixa no arco das divinas misericórdias que é apresentado e contemplado com ânimo pela própria Virgem, a qual, por meio da repetição da fórmula de saudação do anjo da encarnação, do grito de Isabel e da invocação da Igreja, inicia — com a pedagogia do olhar e da atenção da mente e do coração, facilitada pela fórmula repetida com simplicidade — na participação viva no mistério de Cristo. A liturgia apresenta o mistério do ciclo anual com fórmulas oficiais que são a voz da Igreja unida a sua Cabeça; o Rosário, com fórmulas fundamentalmente reveladas e com a contemplação dos maiores mistérios de Cristo e da Virgem, continua no fiel a ação das celebrações litúrgicas, fazendo fermentar na oração contemplativa a riqueza de graça que quer nos inserir no Salvador e em sua Mãe e companheira (cf. PAULO VI, exortação *Recurrens mensis*, *AAS* 66 [1969] 649-654; *Marialis cultus*, nn. 42-50; L. BOUYER, *Introduzione alla vita spirituale*, Torino, 1965, c. 3, 109-117).

Essa oração, "síntese do Evangelho" (PIO XII, *Philippinas insulas*, *AAS* 38 [1946] 417), pode ser revista e atualizada em aspectos secundários, mas em sua estrutura essencial deve permanecer sendo o *exercitium pietatis* por excelência em honra de Nossa Senhora; a oração que inicia o fiel no mistério de Cristo Salvador em união com Maria; a elevação de todo o ser, de corpo e alma, à contemplação amorosa do desígnio de graça que, por meio de Maria, Cristo nos deu porque quer perenemente efundir sobre nós os seus tesouros até mesmo por meio daquela que é a humilde e generosa serva do Salvador no mistério de chamado de todos ao Amor (cf. R. MASSON, Le Rosaire après le Concile, *Marianum* 30 [1968] 218-252, com bibliografia atualizada sobre o Rosário e as questões que ele suscita).

Ao lado dessa prática de piedade, ao longo de sua história, a Igreja aprovou e estimulou muitas outras. Não é possível nem conveniente elencar aqui nem mesmo as principais. Entre todas elas, seja-nos permitido recordar o escapulário do Carmelo, que, para além das que podem ser as suas contestáveis origens, quer ser para os fiéis um sinal de fraternidade com Maria na participação em seu ideal de comunhão com Deus, que está no centro da espiritualidade da família carmelitana, da qual o cristão, de certo modo, passa a fazer parte. "O sagrado escapulário é certamente, como veste mariana, sinal e garantia da proteção da Mãe de Deus... um espelho de humildade e castidade, uma expressão simbólica das orações por meio das quais invocam o auxílio divino, um convite à consagração a Maria" (cf. PIO XII, *Neminem profecto*, in *AAS* 42 [1950] 390-391). Lembrança das virtudes de Maria, com as quais o fiel quer, por meio do escapulário, se revestir, é um impulso incessante da celeste Mediadora a reviver a sua vida de doação a Cristo e aos irmãos, de modo a poder se tornar uma manifestação viva da Virgem e do seu poder transformador de graça no mundo.

b) O Vaticano II não apenas revela a necessidade do culto mariano e as várias formas nas quais ele pode e deve se exprimir, mas acena também aos elementos que o constituem: a veneração e o amor, a oração e a imitação (*LG* 66). A enumeração, mesmo sem a intenção de ser exaustiva (cf. em *Marialis cultus*, n. 22, uma enumeração mais ampla dos elementos de culto), é clara e essencial.

A veneração, que em seu significado pleno se confunde com o culto, é o ato de obséquio por meio do qual o cristão reconhece em Maria a parte que Deus lhe assinalou na economia da redenção, venera nela as admiráveis condescendências e favores da graça e, justamente por isso, se submete ao desígnio do amor de Deus realizado em Maria, Mãe do homem-Deus. Tudo isso nasce de uma fé iluminada e segura, que sabe escrutar inteligentemente o mistério de Cristo e de Maria. Por isso, uma veneração autêntica deve se alimentar e revigorar continuamente no "estudo da Sagrada Escritura, dos santos Padres e doutores e das liturgias da Igreja, conduzido sob a guia do Magistério" (*LG* 67). De tal modo, sem cair em exageros nem mesquinharias, a veneração da Virgem se mantém no núcleo da mais pura tradição santificante da Igreja e é fecunda de graça.

O amor é consequência de uma veneração que, na fé, reconhece a função de Maria. E, visto que tal função é completamente materna (cf. *LG* 62.63), o encontro de fé do Cristão com ela não pode não desabrochar como amor de compaixão, de benevolência, de abandono filial e de conformidade, que leva a seguir Nossa Senhora, a servir a ela, a agradecer-lhe, a louvá-la, a zelar por sua honra, a fundir-se com a sua vontade, que é vontade de amor generoso a Cristo e aos irmãos. Desse modo, para muito além de qualquer sentimentalismo, contra o qual o Concílio põe em guarda (*LG* 67), o verdadeiro amor a Maria coincide com a atenção delicada a evitar tudo aquilo que possa representar obstáculo ao dom da graça e, sobretudo, com a busca generosa e o cumprimento fiel da vontade de santificação do Cristo e de Nossa Senhora.

Foi assim que entenderam e viveram o amor mariano os seus verdadeiros devotos, e os frutos de santificação que amadureceram neles são expressão de quanto esse amor serve de glorificação à Trindade (cf. P. STRÄTER, Il culto di Maria forza e sostegno della vita cristiana, *Mariologia*, Torino, 1958, 12-40, III).

A invocação resume a veneração, porque procede do reconhecimento da excelência do poder da Mãe de Deus e, ao mesmo tempo, manifesta o amor dos filhos que sabem que podem recorrer confiantemente àquela que é conhecida como advogada misericordiosa, socorro benigno, auxiliadora validíssima, mediadora poderosa (cf. *LG* 62). Desde as suas origens, a Igreja invocou a *Theotokos*, sob cuja proteção os fiéis implorantes se refugiam em todos os perigos e necessidades (*LG* 66). Por isso se compreende a insistência dos pastores e dos santos em recomendar o contínuo recurso a Maria, a segurança com que afirmam que a oração perseverante à Virgem é um apelo contínuo a Deus, com o qual Nossa Senhora está inseparavelmente unida, é um encontro de graça que cria na alma exigências de união sempre mais íntima com Deus e de doação sempre mais operosa aos irmãos, é esperança certa de salvação. Isso vale, sobretudo, para a Ave-Maria, que os santos repetiram sem se cansar e recomendaram como meio da comunhão com Maria, que se transforma em comunhão com Deus.

A imitação de Maria é fortemente ratificada pelo Vaticano II, que mostra a Virgem, já o vimos, como tipo, exemplo, modelo e recorda que a "verdadeira devoção procede da fé verdadeira, pela qual somos levados a reconhecer a preeminência da Mãe de Deus e somos impulsionados ao amor filial para com a nossa Mãe e à imitação de suas virtudes" (*LG* 67). Apesar de essa imitação não pertencer à essência do culto, que, por si só, exige apenas o ato de obséquio que reconhece a excelência de quem veneramos com a manifestação externa da nossa submissão interna, na linha da devoção mariana, ela se torna uma exigência. O ato de obséquio a Maria, quanto mais vivificado pela fé e apoiado pelo amor, leva a servir a Maria, a invocá-la e contemplá-la, cria necessariamente exigências ineludíveis de imitação. E quanto mais o culto se torna devoção filial, contemplação amorosa, abandono confiante, tanto mais modela a mente, o coração, a vontade, as disposições, as atitudes do filho de acordo com as da Mãe. Um culto mariano se vontade de imitação das disposições íntimas de Maria e do seu serviço fiel a Cristo e a sua obra, demonstraria que a fé e o amor, que são a própria essência do culto, não têm a vivacidade requerida exatamente pela natureza do culto, o dinamismo transformador, exigência do amor.

c) Veneração, amor, invocação e imitação, ao mesmo tempo em que conferem um conteúdo objetivo ao culto, plasmam o verdadeiro devoto de Maria, aquele no qual "a vontade de se doar solicitamente em tudo o que diz respeito ao serviço de Deus e de Maria" (cf. *STh.* I-II, q. 82, a. 1) se faz vida. Nisso consiste a devoção em sua acepção teológica e é justamente esse o valor realista que é levado em conta em todas as variadas formas nas quais a devoção pode se encarnar, no pleno respeito à psicologia dos indivíduos singulares, assim como sobretudo, no respeito às moções particulares da graça.

Por isso é necessário sempre distinguir nitidamente devoção e devoções. A devoção, tendo presente o plano atual da economia da salvação que uniu indivisivelmente Maria a Cristo na obra da nossa regeneração e formação, deve ser classificada como necessária, pois quem não acolhe Maria desse modo, não adere ao mistério de graça que Deus manifestou e realizou na plenitude dos tempos. As devoções são livres e facultativas, devendo se inserir na vida religiosa de cada um de acordo com a atração interior e o fruto que trazem.

Isso deve ser aplicado também às várias formas de piedade mariana que floresceram no decorrer dos séculos e que são objetivamente santas e santificantes. Basta refletir, por exemplo, na "verdadeira devoção" que, na senda dos elementos mais antigos, foi ensinada e divulgada por são Luís Maria Grignion de Montfort no Tratado da verdadeira devoção e no Segredo de Maria. As associações dos sacerdotes de Maria, de Maria rainha dos Corações, além da Legião de Maria e da Milícia da Imaculada, todas impregnadas de espiritualidade montfortiana, dão demonstração de quanto é válida a devoção que pretende consagrar o fiel a Jesus pelas mãos de Maria, levando-o a viver concretamente os compromissos batismais, realizando tudo por meio de Maria, com Maria, em Maria e por Maria (*Tratato della vera devozione*, pp. 257-265). A fórmula não é exclusiva de Montfort (cf. M. M. DUBOIS, *Petite somme mariale*, II, Paris, 1961, p. 55), assim como não são típicos dele alguns elementos que, por exemplo, encontraram notável desenvolvimento antes dele, mesmo com matizes mais místicos que ascéticos, em Maria de Santa Teresa, reclusa terciária carmelita (1623-1677) e em seu diretor, o carmelita → MIGUEL DE SANTO AGOSTINHO (1621-1684), autor do opúsculo *De vita mariaeformi et mariana in Maria et propter Mariam* (1699-1671), por meio do qual transmite e codifica com expressões muito semelhantes àquelas que Montfort usará cem anos depois, as experiências místicas e as intuições da sua filha espiritual, que são certamente a mais notável e rica experiência mariana que se conhece (cf. VALENTIM DE SANTA MARIA, La vita mariana nella vita e nella dottrina di Michele di Sant'Agostino, *Rivista di Vita Spirituale* 18 [1964] 498-518). Trata-se de ótimos meios de graça que, porém, não parecem poder adaptar-se a todos indistintamente, nem aconselháveis a todos, especialmente quando, como acontece no caso de Montfort, certas componentes da "devoção" estão ligadas a termos (escravidão) ou práticas (disciplinas) que, legítimas em si, podem parecer repugnantes e difíceis para almas que não compreendem a sua necessidade. Justamente por isso o próprio são Luís Maria Grignion de Montfort observou que a sua "verdadeira devoção" supõe um chamado especial do Espírito (cf. *Tratato della vera devozione*, pp. 152.119; 55.112.117). Deus não chama todos os homens pelo mesmo caminho, nem exige de todos eles que seja aceita do mesmo modo a grande graça que se chama Maria.

Por isso Pio XII, no discurso da canonização de Montfort, mesmo destacando os méritos marianos do ensinamento dele, viu-se no dever de acrescentar: "A verdadeira devoção, a da tradição, a da Igreja, a do bom senso cristão e católico, tende essencialmente para a união com Jesus, sob a orientação de Maria. Formas e práticas dessa devoção podem variar de acordo com os tempos, os lugares, as inclinações particulares. Nos limites da sã e segura doutrina da ortodoxia e da dignidade do culto, a Igreja deixa aos seus filhos uma justa margem de liberdade. Ela sabe, por outro lado, que a verdadeira e perfeita devoção não está exclusivamente ligada a essa ou aquela modalidade, de modo que uma delas possa vir reivindicar o seu monopólio" (*AAS* 39 [1947] 413). O essencial é que, na base de uma verdadeira devoção, esteja aquilo que serviu de fundamento à verdadeira devoção de são Luís Maria Grignion de Montfort, como enfatizava o papa: "A firme convicção na poderosíssima intercessão de Maria, a vontade decidida de imitar as virtudes da Virgem das virgens, o ardor do veemente amor de Maria por Jesus" (*AAS* 39 [1947] 413).

Não há a menor dúvida de que é esse o núcleo da doutrina proposta e vivida pelo santo, assim como não se pode duvidar de que uma autêntica e verdadeira devoção deve apresentar as características claramente descritas por ele: ser interior, terna, santa, constante, desinteressada (*Tratato della vera devozione*, pp. 106-110). Só assim ela pode ser santificante e não uma caricatura, como acontece no caso dos falsos devotos críticos, escrupulosos, exteriores, presunçosos, inconstantes, hipócritas, interesseiros (*Tratato della vera devozione*, pp. 93-193). A verdadeira devoção, mesmo podendo provir de um pecador que implora misericórdia e conversão, não tem nada disso. "Filial" em sua origem e em sua expressão (cf. *LG* 53.57), cria no espírito devoto da Mãe a sua mesma humildade e a disponibilidade a Cristo e ao seu amor, porque se torna, a cada dia, mais um meio pelo qual o fiel é transformado, por Maria, em Cristo. Ela reflete, tanto quanto possível, os sentimentos de Cristo pela Mãe e abre o filho às disposições que vão cada vez mais facilitando a Nossa Senhora a sua obra materna, que educa para a docilidade para com a graça da Trindade. Formas, expressões, práticas, exercícios podem mudar, dado que os homens mudam e os tempos se sucedem. Só o que não muda, nem pode mudar, é a íntima disposição de fé que impulsiona o cristão a venerar, amar, invocar, imitar Maria, porque essa é a vontade de Deus, que uniu para sempre a Virgem ao Cristo no mistério da salvação e da santidade.

Levando-se tudo em conta, "verdadeira devoção", ou seja, a melhor devoção a Maria, será concretamente aquela que: — seja a resposta de cada um à vocação e à moção interior e pessoal do Espírito Santo; — una mais fortemente e mais generosamente a Deus; — mais favoreça o dinamismo da graça educadora de Maria, que é essencialmente orientada para formar e transformar em Cristo; — erradique mais firmemente o egoísmo e o amor-próprio, libertando a alma para que, na mansidão e na suavidade do Cristo e de sua Mãe, sem obstáculos, viva dos interesses de Deus e dos irmãos, pronto a dar-se por eles até a morte, mesmo a morte de cruz; — na caridade, sustente e alimente nos filhos a disponibilidade plena da Mãe para com Cristo e para com sua obra, na decidida vontade de doar-se e de estar a serviço do Salvador e de sua Igreja.

Quando a devoção é fecunda desse modo, certamente é santa e santificadora, e o culto e o amor para com Maria se transformam em uma intimidade de graça sempre mais profunda com o Cristo e com a Trindade. A maternidade espiritual de Maria atinge então, por meio do devoto, o fim que Deus determinou para ela: gera e educa para a vida teologal plena, na qual é a máxima glória que o homem pode dar à Trindade.

BIBLIOGRAFIA. 1) Obras gerais: BERTETTO, D. *Maria Madre universale nella storia della salvezza*. Firenze, 1969; DUBOIS, M. *Petite somme mariale*. Paris, 1957-1961, 2 vls.; FIORES, S. DE. *Maria nella teologia contemporanea*. Roma, 1987; FIORES, S. DE., MEO, S. (eds.). *Nuovo Dizionario di Mariologia*. Cinisello Balsamo, 1985; MANOIR, H. DU. *Maria. Études sur la Ste. Vièrge*. Paris, 1949-1971, 8 vls.; POZO, C. *María en la obra de la salvación*. Madrid, 1974; *Maria mistero di grazia*. Roma, 1974 (cf. BESUTTI, G. *Panorama bibliografico*. Ibidem, pp. 304-334); ROSCHINI, G. *Maria SS. nella storia della salvezza*. Isola Liri, 1969; STRÄTER, P. e colaboradores, *Mariologia*. Torino, 1952-1958, 3 vls.; *Theotokos. Enciclopedia mariana*. Genova-Milano, 1958.

2) Maria na Sagrada Escritura: ASCENSIO, F. *Maria nella Bibbia*. Roma, 1967; BRAUN, F. M. *La Mère des fidèles*. Paris-Tournai, 1954; DEISS, L. *Marie fille de Sion*. Paris, 1958; FEUILLET, A. *Jésus et Marie*. Paris, 1974; GALOT, J. *Maria nel Vangelo*. Milano, 1964; ORTENSIO DA SPINETOLI, *Maria nella tradizione biblica*. Bologna, 1967; SERRA, A. Bibbia. *Nuovo Dizionario di Mariologia*. 231-311; SPADAFORA, F. *Maria nella S. Scrittura*. Roma, 1963.

3) Maria na liturgia: CASTELLANO, J. "La Vergine nella Liturgia", in *Rivista di Vita Spirituale*, 28 (1974), pp. 431-462; *Il culto di Maria oggi*, Cinisello Balsamo, 1985; *La Madonna nel culto della Chiesa*, Brescia, 1966; OURY, G. M. *Marie mère de l'Église dans l'année liturgique*. Paris, 1966.

4) Maria e o magistério pontifício: *Doctrina Pontificia*, IV. *Doctrina Mariana*, Madrid, 1954 (dos símbolos a 1954); *Maria Santissima (Insegnamenti Pontifici [1743-1958])*. Roma, 1959; PONTIFICIA ACADEMIA MARIANA INTERNATIONALIS. *Redemptoris Mater. Contenutti e prospettive dottrinali e pastorali*. Roma, 1988.

5) Maria e o Concílio Vaticano II: BESUTTI, G. *Lo schema mariano al Concilio Vaticano II*. Roma, 1966; *Comentarios a la Constitución sobre la Iglesia*. Madrid, 1966 (sobre o capítulo 8, cf. pp. 924-1.084); FIORES, S. DE. *Maria nel mistero di Cristo e della Chiesa*. Roma, 1968; *La Madonna nella Costituzione "Lumem gentium"*. Milano, 1967; LAURENTIN, R. *La Madonna del Vaticano II*. Bergamo, 1966; PHILIPS, G. *L'Église et son mystère au II Concile du Vatican*. Paris-Tournai, 1967-1968 (sobre o capítulo 8, cf. vl. II, pp. 207-289).

6) Maria e a vida espiritual: AFONSO MARIA DE LIGÓRIO, *Le glorie di Maria*. Napoli, 1950; BERNADOT, M. *Marie dans ma vie*. Paris, 1937 (edição italiana: Torino, 1950); BERNARD, R. *Le mystère de Marie*. Bruges, 1955 (edição italiana: Milano, 1954); GARRIGOU-LAGRANGE, R. *La Mère du Sauveur et notre vie intérieure*. Lyon, 1941 (edição italiana: Firenze, 1954); GIRAUD, S. *De la vie d'union à Marie*. La Salette, 1864 (edição italiana: Milano, 1949); JOÃO DE JESUS HÓSTIA. *Notre Dame de la mondei du Caril*. Tarragona, 1951; *La Madonna nella nostra vita*. Roma-Zurich, 1971; *La Sainte Vièrge figure de l'Église*. Paris, 1946; *La teologia mariana nella vita spirituale*. Milano, 1948; *Maria mistero di grazia*. Roma, 1974; MATALLÁN, S. *Presencia de María en la experiencia mística*. Madrid, 1962; MIGUEL DE SANTO AGOSTINHO. *De vita mariaeformi et mariana in Maria proter Mariam*. Mechliniae, 1669 (edição em italiano in Maria Madre e Regina, Roma, 1950); MONTFORT, L. M. G. DE. *Traité de la vraie dévotion à la Sainte Vièrge*. Paris, 1843; NEUBERT, E. *La vie*

d'union à Marie. Paris, 1955 (edição italiana: Catania, 1958); PROFILI, L. *Maria guida all'imitazione di Cristo*. Milano, 1959; RAGAZZINI, S. *Maria vita dell'anima*. Roma, 1960; ROSCHINI, G. *La consacrazione a Maria*. Rovigo, 1954; ROYO MARÍN, A. *La Virgen María. Teología y espiritualidad mariana*. Madrid, 1968.

7) Alguns estudos específicos: ALLEGRA, G. Trahe nos Virgo Immaculata. *Antonianum* 29 (1954) 439-474; BASÍLIO DE SÃO PAULO. La experiencia mística de María. *Maria et Ecclesia* 6 (1959) 351-382; ID. La maternidad de María en el Purgatorio místico, ilustrada com el ejemplo de santa Gemma Galgani. *Estudios Marianos* 7 (1948) 241-285; CERIANI, G. Funzione di Maria nella santificazione delle anime. *Tabor* 11 (1957) 476-490; GREGÓRIO DE JESUS CRUCIFICADO. La acción de María en las almas y la mariología moderna. *Estudios Marianos* 11 (1951) 253-278; HENRIQUE DO SAGRADO CORAÇÃO. En torno a la percepción o experiencia mística de María. *Revista de Espiritualidad* 13 (1951) 189-204; ILDEFONSO DA IMACULADA. Elementos físico-marianos en la gracia y en la mística. *Estudios Marianos* 7 (1948) 197-240; ID. Influjo maternal de María en la vida interior. *Alma Socia Christi* 11 (1953) 25-36; NEUBERT, E. L'Action de Notre Dame dans la progression de la vie spirituelle. *Cahiers Marials* 3 (1959) 397-404; NEUBERT, E. L'union mystique à Marie. *La Vie Spirituelle* 50 (1937) 15-29; NICOLAS, M. J. L'Expérience mariale catholique. *Bulletin de la Societé Française d'Études Mariales* 20 (1964) 65-78; NILO DE SÃO BRICARDO. La devozione mariana e la santificazione delle anime. *Maria nell'economia della salute*. Milano, 1953, 139-159; PRUMMERER, H. Maria in der Mystik. *Geist und Leben* 20 (1947) 53-71; ROMANO DA IMACULATA. Devozione a Maria e perfezione, in *Rivista di Vita Spirituale*, 14 (1960) 328-368; SEGUNDO DE JESUS. La acción de María en las almas. *Revista de Espiritualidad* 13 (1954) 145-188; THRUHLAR, K. Das Mystische Leben der Mutter Gottes. *Gregorianum* 31 (1950) 5-34.

V. MACCA

MARMION, COLUMBA. 1. NOTA BIOGRÁFICA. Nasce em Dublin no dia 1º de abril de 1858. Entrou no seminário para estudar filosofia e teologia em preparação para o sacerdócio. Cinco anos depois, foi destinado ao Colégio Irlandês, em Roma, para completar o curso de teologia. Foi ordenado sacerdote no dia 16 de junho de 1881. Um mês depois, regressou a Dublin, onde permaneceu por cinco anos, primeiro como vigário na paróquia de Dundrun, depois como professor de filosofia em Clonliffe. Contudo, já fazia tempo que sentia o chamado à vida religiosa. Influenciado por uma visita a Monte Cassino (quando ainda era estudante em Roma), decidiu-se pelos beneditinos, que naquele tempo ainda não estavam presentes na Irlanda. Diante disso, Columba Marmion deixou sua pátria e entrou em 21 de novembro de 1886 na nova abadia de Maredsous. Ali permaneceu durante oito anos, cumprindo diversos encargos: foi professor de filosofia e de teologia na escola da abadia, mestre de cerimônias nas celebrações litúrgicas, assistente do mestre de noviços na formação dos jovens monges e, por fim, pregador apóstolo no ambiente paroquial e clerical nas cercanias de Maredsous. Depois desse primeiro período, começa uma segunda etapa, em Louvain, para onde Columba Marmion é transferido em abril de 1899, como prior da nova fundação de Mont-César. Ali permanece por dez anos como professor de teologia dogmática e diretor espiritual dos estudantes. O terceiro e último período da vida monástica de Columba Marmion começa no dia 28 de setembro de 1909, dia em que foi eleito terceiro abade de Maredsous. Ele não apresentava altas capacidades administrativas, mas concebia o seu ministério de abade como *vices Christi* para os seus monges. Desse modo, foi um verdadeiro pai espiritual e pastor para a comunidade. A partir de 1915, a saúde física de Columba Marmion enfraqueceu-se muito. Contudo, depois de um período de repouso, pôde retomar os seus trabalhos apostólicos. Morreu no dia 30 de janeiro de 1923, vítima de uma epidemia de *influenza*.

O processo diocesano em vista da causa de beatificação ocorreu nos anos 1957-1961. O decreto aprobatório dos escritos do servo de Deus foi publicado em 1973. Posteriormente, em 1984, o material foi dado a um relator da Congregação para as Causas dos Santos para preparar a *Positio* que será submetida à discussão sobre as virtudes heroicas.

2. OS ESCRITOS. Os livros de Columba Marmion, que se tornaram clássicos da espiritualidade, nunca foram compilados diretamente por ele. Os pensamentos que neles contidos foram muitas vezes explicados e elaborados pelo autor em suas conferências e retiros. Numerosas pessoas anotavam e coligiam as suas palavras e, por fim, decidiu-se fazer uma coleção sistemática das suas meditações e publicá-las. Dom Raimond Thibaut tornou-se o escriba devoto, o herdeiro e o apóstolo dos ensinamentos de Columba Marmion. Foi assim que surgiram as três principais obras que formam a substância da doutrina de

Columba Marmion: *Le Christ vie de l'âme*, Maredsous, 1918 (tradução italiana: *Cristo, vita dell'anima*, Milano, 1946, 11ª edição); *Le Christ dans ses mystères*, Maredsous, 1919 (tradução italiana: *Cristo nei suoi misteri*, Torino, 1967, 11ª edição); *Le Christ idéal du moine*, Maredsous-Paris, 1922 (tradução italiana: *Cristo ideale del monaco*, Padova, 1923). Tão logo foram publicados, obtiveram um sucesso imediato e universal, com um suceder-se de edições e traduções em uma dúzia de línguas.

Outros escritos de Columba Marmion são: *Sponsa Verbi. La Vièrge consacrée au Christ*, Maredsous, 1923 (tradução italiana: Praglia, 1929); *L'union à Dieu d'aprés les lettres de direction de dom Marmion*, Paris, 1934 (tradução italiana: *L'unione com Dio nelle lettere di direzione di dom Marmion*, Firenze, 1934); *Le Christ idéal du prêtre*, Maredsous, 1951 (tradução italiana: *Cristo ideale del sacerdote*, Milano, 1962); *The English Letters of Abbot Marmion 1858-1923*, Baltimore-Dublin, 1962. Além disso, ainda se publicaram muitas antologias dos seus escritos.

3. DOUTRINA. Columba Marmion desenvolve toda a sua doutrina espiritual sobre a realidade central da nossa adoção filial em Cristo. O pensamento fundamental, que retorna continuamente em todas as suas meditações, é: Deus nos predestinou a ser seus filhos adotivos por meio de Jesus Cristo (Ef 1,5). Columba Marmion nunca se cansou de expor o desígnio divino da salvação, o mistério escondido desde todos os séculos e revelado em Cristo. Esse mistério diz respeito à paternidade de Deus, que desde a eternidade gera um Filho e exerce a sua paternidade sobre os homens por meio da graça da adoção sobrenatural que os eleva acima de sua natureza para poderem participar da vida divina. A ingratidão do homem que rejeitou tamanha intimidade é superada por meio da encarnação do Filho de Deus e da redenção por ele levada a cabo. Ao longo dos séculos, a Igreja, cuja cabeça é o Cristo, dá seguimento à obra redentora do Filho sob a ação santificadora do Espírito Santo. Desse modo, Cristo surge como estando no centro do desígnio divino da nossa salvação. A santidade consiste, para todos, em receber a vida divina por meio de Cristo, único mediador, e em preservá-la e aumentá-la sempre por meio da união íntima com ele, e essa é a verdadeira vida da alma. Vê-se assim que para Columba Marmion não há outra forma de santidade fora da plena conformidade a Cristo. O Pai nos ama enquanto vê em nós os traços de seu Filho dileto. Sendo Deus e homem perfeito, Cristo é o modelo único de toda perfeição. Seguindo as pegadas de Santo Tomás de Aquino, Columba Marmion demonstra como Cristo é a causa *exemplaris, satisfactoria, meritoria* e *efficiens* da nossa santidade, porque foi ele quem efetuou a redenção por meio do sacrifício da própria vida e nele, doravante, está o infinito tesouro das graças que nos vêm por meio dos sacramentos e da fé pessoal. Columba Marmion é um mestre nesse campo: ele meditou profundamente sobre o mistério de nossa adoção divina em Cristo e deu todas as demonstrações de sua importância para a santificação das almas. Tudo se concentra em Cristo; e o → CRISTOCENTRISMO da sua doutrina conduziu à consciência e à prática cristã das verdades perenes que, à época, pareciam esquecidas. A sua mensagem poderia ser sintetizada nas palavras: "Toda a nossa santidade consiste em tornar-nos por meio da graça aquilo que Cristo é por naturez: um filho de Deus".

Depois de ter exposto os desígnios divinos para nós em Cristo, Columba Marmion indica o caminho para a realização desse mistério na alma. O fundamento está na fé na divindade de Cristo: "Sois filhos de Deus pela fé em Cristo Jesus" (Gl 3,26). Mas a fé só não basta; faz-se necessário também o batismo, o sacramento da adoção divina, que introduz a alma no mistério da morte e da vida de Cristo. Depois desse primeiro sacramento, a vida do cristão consiste no dúplice aspecto de "morte para o pecado" e de "vida para Deus". A primeira se realiza por meio do sacramento e da virtude da → PENITÊNCIA; a segunda por meio da → EUCARISTIA, a oração litúrgica e pessoal, o exercício das virtudes, especialmente a caridade que deve penetrar e sublimar toda a atividade cristã. Todo esse itinerário espiritual se desenrola sob a proteção materna de Maria, que "forma Jesus" em nós, a fim de que a alma atinja a plenitude da adoção filial na vida eterna, co-herdeira com Cristo, *in sinu Patris*.

Cristo vida da alma é o resultado de uma longa reflexão pessoal e de um estudo teológico transformado em contemplação viva. Dizia o cardeal Mercier: "Com esse livro, dom Columba Marmion leva a tocar a Deus". E realmente, para Columba Marmion, a teologia é um trabalho de amor. Os seus tratados não consistem em questões abstratas e controversas, mas sobretudo em um estudo contemplativo do mistério de

Deus e da sua atualidade para a vida espiritual cotidiana.

Para Columba Marmion, a liturgia é, assim como a teologia, fonte de contemplação e de santidade. O fruto de sua profunda vida litúrgica está contido no segundo volume, *Cristo em seus mistérios*. Outra vez, é a pessoa de Cristo que domina a cena. Os mistérios da vida do Senhor são nossos, porque, além do fato de tê-los vivido por nós e de ser nosso modelo neles, Cristo — como cabeça de seu Corpo místico — viveu-os juntamente conosco, segundo as expressões paulinas: fomos "sepultados *com* ele na morte... fez-nos reviver *com* Cristo... *Com* ele também nos ressuscitou e nos fez sentar nos céus, *em* Cristo Jesus" (Rm 6,4; Ef 2,4-6). A "virtude dos mistérios" de Cristo não passa, antes permanece no decorrer de todos os séculos, porque ele, sentado à direita do Pai, nos comunica sempre as graças já merecidas, "sendo sempre vivo para interceder em nosso favor" (Hb, 7,25). Por meio da leitura do Evangelho, mas especialmente por meio da liturgia da Igreja, a alma entra em contato com os mistérios da vida de Cristo. Além disso, seguindo um pensamento retomado dos → PADRES DA IGREJA, Columba Marmion demonstra como cada mistério do → ANO LITÚRGICO tem a sua própria beleza e a sua graça particular. Dessa forma, a graça particular do Natal é diferente da pascal, e a graça da Epifania não é a da Transfiguração. Essa *vis mysterii* é diferente para cada celebração e põe a alma em harmonia com o pensamento e com a vida da Igreja em um momento determinado do ciclo litúrgico. Para Columba Marmion, a liturgia não consiste apenas na harmonia do ritual, na beleza do canto ou no esplendor das cerimônias; é algo de mais profundo e importante a "força do mistério celebrado", que deve se tornar patrimônio da alma para transformá-la em Cristo.

Para algumas almas escolhidas, assim como para o próprio Columba Marmion, a via para a união com Deus implica a observância dos → CONSELHOS evangélicos. Em *Cristo, ideal do monge*, expõem-se as linhas mestras da vida religiosa. Tendo estudado, meditado e vivido durante muitos anos a Regra de São Bento, Columba Marmion podia expor as suas imensas riquezas espirituais às almas consagradas que buscavam luz e força para abandonar-se mais completa e perfeitamente a Deus. Cristo, como indicado no título, é sempre o ideal proposto por Columba Marmion. Depois de ter esclarecido a natureza e as formas da vida religiosa, ele demonstra o caminho que se deve seguir na *sequela Christi*. Surge, então, o duplo aspecto da vida cristã, mas agora muito mais profundamente vivido: o aspecto de "morte" (abnegação, compunção, obediência, pobreza etc.: *Reliquimus omnia*) e o aspecto de "vida" (o ofício divino, a oração pessoal, o zelo apostólico, a paz interior: *Secuti sumus te*).

Marmion exerceu um apostolado muito específico em favor dos consagrados no sacerdócio de Cristo. O último volume, o que completa o *corpus asceticum* de Columba Marmion, *Cristo, ideal do sacerdote* (publicado apenas em 1951), revela-nos o tesouro da sua espiritualidade sacerdotal. Para ele, o sacerdote é o ungido de Deus, um *alter Christus*, que deve viver de um profundo espírito de fé e aspirar a uma santidade elevada. Desse modo, o sacerdote deve ser uma fonte e uma inspiração de perfeição para todos os fiéis: *eluceat in eis totius forma justitiæ*. O sacerdote recebe os seus poderes sobrenaturais do sacerdócio de Cristo e só os exerce na dependência dele. Por isso ele tem necessidade de uma fé ardente e de um espírito de oração que darão ardor, entusiasmo e convicção pessoal a todas as ações sagradas que ele realiza. Para o sacerdote, assim como para o monge ou para qualquer outro fiel — mas com mais razão para o sacerdote —, Cristo deve se tornar tudo: o Alfa e o Ômega. Os seus estudos teológicos devem se fazer acompanhar pela oração e pela contemplação, de modo que a sua vida desponte como "uma teologia viva". Nunca deve se esquecer da própria dignidade: é sacerdote sempre e para sempre. "Antes de qualquer outra coisa, sejais sacerdotes" (*Conferência aos sacerdotes*, Louvain, 1902-1903).

Marmion viveu profundamente a própria doutrina, antes de pregá-la. Isso explica em grande parte a atração vital de sua doutrina sobre tantas almas. Ele falava *ex abundantia cordis*, sem se limitar às numerosas notas previamente escritas. Ele sabia as epístolas de São Paulo quase de cor e se tem a impressão, durante a leitura de seus livros, de se poder contemplar Cristo e o seu mistério por meio da contemplação inspirada do Apóstolo.

Como diretor espiritual, Columba Marmion era um verdadeiro mestre. Cheio de bondade e de compreensão, clarividente e eminentemente prático, sabia adaptar-se a todos. Para muitas almas, desencorajadas pela complexidade de seus sistemas, ou vagando no escuro, Columba

Marmion sabia simplificar e iluminar a via da perfeição, levando-as a Cristo. O caráter sobrenatural de sua doutrina (não apenas moralista), a unidade e a clareza de exposição, a unção a ela conferida pelo contínuo apelo às Escrituras, a convicção pessoal e os numerosos exemplos tomados da própria experiência, tudo contribuía para fazer de Columba Marmion um grande apóstolo, cujo espírito se conserva operoso e vivificante em seus livros. E isso faz dele um dos grandes mestres espirituais da primeira metade do século XX.

BIBLIOGRAFIA. *Abbot Marmion. An Irish Tribute.* Cork, 1948; BARRA, G. *Direttori spirituali d'oggi.* Alba, 1956, 251-270; DELFORGE, T. *Columba Marmion, serviteur de Dieu.* Maredsous, 1963; EGUREN, J. A. Dom Columba Marmion. *Manresa* 45 (1973) 365-384; HOUTRYVE, I. VAN. *L'esprit de Dom Marmion.* Tournai, 1947; *La Vie Spirituelle* 78 (1948/I) 1-128 (o número todo é dedicado a Columba Marion); *Mélanges Marmion.* Paris, 1939; MIONI, M. A. Dom Columba Marmion. Un maestro di vita spirituale. *Tabor* 28 (1974) 350-357; MORINEAU, B. M. *Dom Marmion, maître de sagesse.* Paris, 1944; PHILIPPON, M. M. *La doctrine spirituelle de Dom Marmion,* Paris, 1954; RYELANDT, I. The sources of Dom Columba Marmion's spiritual doctrine. *American Benedictine Review* 2 (1951) 13-37; THIBAUT R. (org.). *Présence de dom Marmion: mémorial publié à l'occasion du XXVe anniversaire de sa mort.* Paris, 1948; ID. *L'idée maîtresse de la doctrine de dom Marmion.* Maredsous, 1947; ID. *Un maître de la vie spirituelle: Dom Columba Marmion, Abbé de Maredsous (1858-1923).* Namur, 1929. Para uma bibliografia mais ampla: *A Benedictine Bibliography. An author-subject union list.* Collegeville (Minnesota), 1962, vl. I, nn. 7.576-7.640; vl. II, nn. 6.790, 6.807.

P. BOYCE

MÁRTIR. 1. Os termos "mártir" e "martírio" derivam do grego: *martys* = testemunha, *martyrion* = testemunho; há também o termo *martyrein* = dar testemunho. O sentido etimológico adquire uma importância especial quando se trata de um testemunho dado diante do tribunal em favor da verdade: são inúmeros os textos do Novo Testamento nesse sentido. Também no Novo Testamento o termo "mártir" é empregado num sentido inteiramente particular: para os apóstolos que deverão dar testemunho da vida, morte e ressurreição de Cristo em todo o mundo, a começar de Jerusalém (Lc 24,46-48; 1Cor 15,14-16; At, *passim*); além disso, ressalta-se que os seguidores de Cristo têm a obrigação de confessar o seu nome diante dos homens se querem que o próprio Cristo os reconheça como seus diante do Pai celeste (Mt 10,32-33). Ora, à imitação de Cristo que foi odiado pelo mundo e deu testemunho da própria missão diante de Pôncio Pilatos (Jo 15,18; 1Tm 6,13), os seus seguidores serão odiados, perseguidos, atormentados, condenados à morte (Mt 10,17-24; Jo 15,18-21; At 9,16 etc.); contudo, essa perseguição por causa de seu nome é incluída entre as bem-aventuranças (Mt 5,10-12); aliás, chamados a dar testemunho por ele, seus discípulos devem colocar toda a sua confiança na assistência especial do Espírito Santo (Mt 10,18-22), a perda da própria vida pelo Senhor sendo a suprema manifestação de amor que se possa dar a ele (Mt 10,39; Jo 13,13). Sabemos que, logo após o Pentecostes, a perseguição se desencadeou contra os apóstolos e os outros seguidores de Cristo (At); que, na história da Igreja, há um período que se pode chamar por excelência a era das perseguições e, portanto, a era dos mártires, período que termina com a paz de Milão no ano 313; que, além disso, a perseguição por causa do nome de Cristo perturbou quase todas as épocas da vida da Igreja e ainda se faz sentir em algumas regiões.

Isso explica por que, pouco a pouco, o testemunho de Cristo, selado com a morte, passou a ser considerado o "martírio" por excelência e por que aquelas testemunhas foram chamadas os mártires por excelência; os termos passaram do grego para o latim e depois para todas as outras línguas que derivam deste ou sofreram a sua influência. Apesar disso, deve-se ressaltar que, nos três primeiros séculos, os termos são empregados num triplo sentido especificamente cristão: denomina-se mártir sobretudo aquele que dá a sua vida ou derrama o seu sangue por Cristo, e o seu testemunho recebe o nome de "martírio perfeito, consumado"; também se denomina mártir aquele que confessa a sua fé diante do tribunal ou é encarcerado por causa dela e o seu testemunho pode ser denominado um "martírio incoativo": embora o seu nome próprio seja o de "confessor" (*homologêtês*) e o seu testemunho deva ser denominado "confissão" (*homologia*), → TERTULIANO não hesita em lhe dar o título de "mártir designado", com uma evidente alusão aos "cônsules designados", porque em geral a sua confissão era coroada com o verdadeiro martírio; enfim, o termo "martírio" encontra-se onde se fala da vida dos que põem perfeitamente em prática os preceitos e os conselhos do Senhor.

A nítida distinção entre as duas primeiras categorias e, ao mesmo tempo, a atribuição do termo "mártir" à segunda evidenciam-se desde a carta das Igrejas de Lyon e Vienne, escrita imediatamente após a perseguição de 177-178: os fiéis que, deixados em liberdade, ajudavam os irmãos presos gostavam de dar a estes o nome de mártir, mas eles não se sentiam dignos de aceitar essa honra, porque verdadeiros mártires eram antes de tudo Cristo e depois os que já haviam derramado o próprio sangue por ele, enquanto eles se consideravam "vis e abjetos confessores" (EUSÉBIO DE CESAREIA, *História eclesiástica*, 5, 2, 2-4). O terceiro sentido que une o significado etimológico de testemunho ao aspecto de luta e sofrimento próprio dos dois primeiros pode ser abundantemente ilustrado por todos os séculos: → ORÍGENES fala dos fiéis cujas obras perfeitas resplandecem diante dos homens de modo a dar testemunho à verdadeira luz (*Comentário a João*, 2, 18; *Exortação ao martírio*, 21); → CLEMENTE DE ALEXANDRIA não hesita em chamar o seu cristão "gnóstico", ou seja, perfeito, um verdadeiro mártir: com a sua vida perfeita, ele confessa Deus incessantemente e infunde a sua fé à maneira de sangue atingindo assim a perfeita caridade (*Estromata*, 2, 20, 104; 4, cc. 4. 7 e 9); → MÉTODO DE OLIMPO afirma que a virgindade voluntariamente abraçada é um longo e árduo martírio: empenha a alma em uma luta olímpica de toda a vida, em que é preciso resistir continuamente às investidas das paixões (*Banquete das 10 virgens*, 7, 3, 156); depois da paz de Milão, a vida religiosa é apresentada como um martírio por → JERÔNIMO em um sermão sobre a perseguição dos cristãos e no seu comentário ao Salmo 115, por João → CASSIANO, em uma de suas *Conferências* (18, 7), pelo pseudo-Atanásio nas suas *Instruções aos monges* (*PG* 28, 1424), pelo pseudo-Basílio Magno nas suas *Constituições monásticas* (19), por → TERESA DE JESUS no seu *Caminho de perfeição* (12, 2) etc.; de maneira particular, a perfeita e voluntária pobreza é denominada martírio (ORÍGENES, *Exortação ao martírio*, 15; JERÔNIMO, *Homilia sobre Lázaro e o rico Epulão*), bem como a obediência religiosa (TOMÁS DE KEMPIS, *Sermão aos noviços*, 11), o culto da virgindade (AMBRÓSIO, *Das virgens*, 1, 3, 10; JERÔNIMO, *Cartas* 130, 5) etc.; de maneira geral, se afirma que servir Deus com total dedicação é um martírio (BASÍLIO MAGNO, *Homilias*, 19, 2; JERÔNIMO, *Cartas* 108, 31).

2. O martírio, considerado no seu sentido estrito, é proposto como uma das maneiras com que os seguidores de Cristo atingem a perfeição da vida cristã: por meio dele, assim como por meio do culto da virgem, se imita perfeitamente Cristo, nos unimos perfeitamente a ele, se manifesta de modo sublime o amor que se dedica a ele e a fidelidade inabalável que se tem por ele.

Os mártires são considerados os imitadores de Cristo: "Nós adoramos cristo porque é Filho de Deus; os mártires, por sua vez, enquanto discípulos e imitadores do Senhor, nós os amamos dignamente pelo apego insuperável que eles tiveram por seu Rei e Mestre" (*Martírio de Policarpo de Esmirna*, 17, 3; cf. INÁCIO DE ANTIOQUIA, *Efes.* 10, 1-3; POLICARPO, *Carta aos Filipenses*, 1, 1; *Carta das Igrejas de Lyon e Vienne*, in EUSÉBIO, *História eclesiástica*, 5, 2, 2; ORÍGENES, *Comentário a Jo* 2, 28; *Exortação ao martírio*, 36-37 etc.); é precisamente por meio do martírio que a pessoa se torna um "verdadeiro" discípulo de Cristo (INÁCIO, *Rom.* Cc. 4-6; *Efes.* 3. 1; *Trall.* 5, 2); é diante do martírio que o cristão manifesta a sua fidelidade a Cristo: Policarpo, convidado a renegar o Senhor, responde que ele já o serve há 86 anos sem jamais ter recebido a mínima injustiça, e que portanto não pode maldizer o seu rei e salvador (*Martírio*, 9, 3); condenados à morte por Cristo, os cristãos respondem com um *Deo gratias* ou com algo equivalente.

Durante o martírio, o cristão atinge a união com Cristo que depois é selada para sempre no céu com a morte. Como os mártires se deixam torturar e matar por amor de Cristo, o próprio Cristo sofre e luta neles, assim como dera a entender a Paulo no caminho de Damasco (At 9,4-5); de fato, é uma crença universal nos primeiros cristãos, aliás confirmada com fenômenos prodigiosos, que Cristo, ou o seu Espírito, assiste de modo especial os seus atletas no instante supremo e entretém com eles um diálogo misterioso para aliviar seus sofrimentos e fortalecer o seu espírito: pensemos no diácono Estêvão (At 6,10; 7,55-56), em Policarpo e seus companheiros (*Martírio*, 2, 3), nos mártires de Lyon e de Vienne em 177-178 (EUSÉBIO, *História eclesiástica*, 5, 1, *passim*), nos mártires de Palestina durante a perseguição de Diocleciano (EUSÉBIO, *Dos mártires da Palestina*, 2), em Felicidade de Cartago, que pôde com toda a segurança responder ao guarda que escarnecia dela quando, antes do tempo e depois de insistente oração de seus companheiros, com tanto sofrimento deu à luz o seu menino: "Agora, sou eu que sofro, mas na arena um outro sofrerá em mim e por mim, porque eu sofrerei por ele" (*Paixão de Perpétua e companheiros*, 15); com razão, portanto, → INÁCIO DE ANTIOQUIA pôde escrever: estar próximo da espada é estar próximo de Deus, estar com as feras é estar com Deus, "desde que se esteja no nome de Cristo" (*Esmirna*, 4, 3; cf. TERTULIANO, *Aos mártires*, 2) etc. Em suma, Cristo assiste de maneira especial os que são suas "testemunhas" por excelência, porque estes, imitando o amor com que deseja imolar-se pelos homens — Policarpo chama Inácio e seus companheiros de "os imitadores da verdadeira caridade" (*Carta aos Filipenses*, 1, 1) —, manifestam por ele um amor perfeito, sem o qual aliás os seus sofrimentos de bem pouco adiantariam, segundo o que diz São Paulo (1Cor 13,2; cf. ORÍGENES, *Homilias sobre os Números*, 14, 4; CIPRIANO, *Do bem da paciência*, 15; JOÃO CRISÓSTOMO, *Sermão pelo mártir Romano*, 1; etc.); portanto, com o martírio se alcança a "perfeita justiça", ou seja, a santidade, porque é a realização perfeita do primeiro e maior mandamento (TERTULIANO, *Scorpiace*, 6 e 9; CLEMENTE DE ALEXANDRIA, *Estromata*, 4, 4, 14; EFRÉM, O SÍRIO, *Hinos para os confessores e os mártires*, 5, 9; AMBRÓSIO, *Comentário ao Salmo 118*, 20, 57; AGOSTINHO, *Sermão 285*, 5; LEÃO MAGNO, *Sermão 85*, 1; *STh.* II-II, q. 124, a. 3 etc.). No entanto, trata-se do martírio em nome de Cristo, como se expressa Inácio (*Esmirn.* 4, 3): é o Evangelho que faz nascer o mártir (CIPRIANO, *Dos apóstatas*, 20); é a causa pela qual se é condenado, não a condenação ou a pena considerada em si mesma, que está na origem do martírio (AGOSTINHO, *Comentário aos Salmos*, 34, 2, 13; 68, 1, 9; *Serm.* 275, 1; 285, 2; 327, 1; *Cartas* 204, 4; 185, 9, 2 etc.); consequentemente, fora da verdadeira Igreja, ou seja, entre os hereges e os cismáticos, não existe um verdadeiro martírio (CIPRIANO, *Da unidade da Igreja cat.* 14; AGOSTINHO, *Comentário a Jo* 6, 23; *Cartas* 173, 6 etc.).

A união, já obtida durante o martírio, vem imediatamente depois da morte selada para sempre com a bem-aventurança eterna. Embora nos primeiros séculos da Igreja comumente se admitisse que a retribuição final não ocorreria imediatamente após a morte, mas no dia do juízo final — que se acreditava bem próximo —, fazia-se exceção para o martírio, ainda que, entre os autores modernos, Bardy, por exemplo, afirme o contrário: o martírio não só é considerado o segundo batismo que elimina todas as manchas do pecado, mas também como uma fonte de tantos e de tais méritos que não permitem um adiamento da coroa celeste (cf. HERMAS, *Pastor*, Simil. 8, 3, 6; 9, 28; *Paixão de Perpétua e companheiros*, 11-12; TERTULIANO, *Da alma*, 55; *Da ressurreição da carne*, 43; ORÍGENES, *Homilia sobre os Juízes*, 7, 2; CIPRIANO, *Do martírio de Fortunato*, pref., 4, 13; *Cartas, passim*; etc.). Além disso, o culto dos santos começou com o dos mártires e, desde os tempos antigos, não se fazem sufrágios ao Senhor em nome deles, mas eles são considerados nossos advogados e mediadores (*Martírio de Policarpo*, 18, 2-3; AGOSTINHO, *Sermões*, 159, 1, 1; 285, 5).

3. Dada a sublime dignidade do martírio, não é difícil compreender a atitude dos primeiros cristãos, que se manifesta de diversas maneiras.

Em primeiro lugar, há a profunda valorização e o ardente desejo do martírio, embora os fiéis, conscientes da própria fragilidade, confiem unicamente na ajuda misteriosa do Senhor. O ardente desejo do martírio manifesta-se particularmente em Santo Inácio de Antioquia, que escreve a sua carta aos Romanos por temer que eles intercedam em seu favor junto aos magistrados e o impeçam de colher a palma do martírio; sabe que, morrendo mártir, se tornará um "verdadeiro" discípulo de Cristo, imitando perfeitamente o Mestre divino, ou melhor, só assim se unirá para sempre a ele; considera as correntes, que carrega "pelo nome comum e pela esperança comum" (cf. *Ef.* 1, 2; 3, 1; *Tral.* 3, 3; 5, 2; 12, 2; *Filad.* 5, 2; 7, 2; etc.), como as suas "pérolas espirituais", "preciosas aos olhos de Deus" (*Efes.* 11, 2; *Esmirna*, 11, 1). Policarpo de Esmirna, já amarrado à fogueira e dirigindo uma última oração ao Senhor, também abençoa Deus porque o considerou digno de tomar parte, no número dos mártires, do cálice de Cristo (*Martírio*, 14, 2). A atitude dos fiéis diante dos "atletas" do Senhor é toda feita de amorosa veneração: São Paulo pede ao seu discípulo Timóteo que não se envergonhe dele, prisioneiro de Cristo (1Tm 1,8); Inácio lembra aos habitantes de Esmirna e ao bispo destes, Policarpo, que eles não tiveram vergonha de suas correntes, mas o cercaram de amor precisamente por causa delas (*Esmirna*, 10; *A Policarpo*, 2, 3); também Policarpo louva os filipenses por terem acolhido Inácio e seus companheiros como "imitadores da verdadeira caridade" e como prisioneiros "ligados por veneráveis correntes, que são o diadema dos verdadeiros eleitos de Deus" (*Carta aos Filipenses*, 1, 1). Orígenes nos fornece um exemplo memorável: aos dezoito anos de idade, por volta do ano 202, não hesitou em escrever a seu pai, preso por sua fé, para não mudar de opinião por causa de sua esposa e de seus sete filhos pequenos, e não deixou de assistir de todas as maneiras possíveis os "confessores" da fé, visitando-os nas prisões, acompanhando-os enquanto eram levados ao tribunal ou ao lugar do suplício, beijando-os publicamente etc.; em 235, escreveu uma exortação ao martírio para apoiar os amigos Ambrósio e Prototeto que haviam sido presos; na perseguição de Décio (249-251), soube pôr em prática os conselhos dados quinze anos antes, sendo preso e sofrendo tormentos indescritíveis.

Por outro lado, os próprios confessores, embora só tivessem um único desejo, ou seja, o de estar com Cristo, e um só medo, o de não se poderem unir a ele, como dirá → GREGÓRIO DE NISSA por volta do final do século IV (*Sermão pelos XL mártires*, 2), estavam convencidos de que o martírio era uma graça que não se podia merecer. Por isso, como se pode ver a partir dos antigos escritos, rezavam uns pelos outros, pediam as orações dos fiéis (assim fazia Inácio de Antioquia em suas cartas), pediam insistentemente a Deus a volta dos irmãos apóstatas (assim faziam os confessores de Lyon e de Vienne), recomendavam toda a Igreja a Deus em suas orações (foi o que fez Policarpo no momento de ser preso), perdoavam, à imitação do divino Salvador, os próprios perseguidores e carrascos (como fizeram Santo Estêvão, São Tiago o Maior em 43, São Tiago o Menor em 62) etc. Por isso se escondiam ou fugiam, sempre que possível, conscientes do preceito do Senhor (Mt 10,23): a apresentação espontânea de si mesmos aos juízes é unanimemente desaprovada — a única voz discordante é a de Tertuliano —: muitos que supervalorizaram as próprias forças retrocederam diante das feras (cf. *Martírio de Policarpo*, 4), e depois o martírio, embora seja uma graça inestimável, só se atinge por meio do homicídio que, por si só, desagrada ao Senhor e com o qual, consequentemente, não se pode contribuir formalmente (cf. CLEMENTE DE ALEXANDRIA, *Estromata*, 4, 10; ORÍGENES, *Exortação ao martírio*, 35; *Contra Celso*, 1, 65; *Comentário a Mt*, 10, 23; *a Jo*, 28, 18 etc.). Por esse motivo, enfim, os antigos escritores insistem na necessidade de uma preparação para o martírio, ao qual, aliás, os cristãos podiam ser chamados de um dia para o outro: Cipriano afirma que o adversário dos cristãos é a antiga "serpente" que conhece todas as artes da tentação e todas as maneiras de derrubar o adversário: se se encontra com algum cristão menos preparado, menos solícito, menos circunspecto, menos generoso, não tardará a enredá-lo, a enganá-lo e a tê-lo em seu poder (*Exortação ao martírio*, pref. 2); Tertuliano julga que a prisão é uma ótima preparação próxima: compara o cárcere aos pavilhões onde os soldados são treinados para a guerra, e ao campo onde os atletas se preparam para a competição e para a luta (*Aos mártires*, 3); de maneira geral, a perseguição é considerada um bem se contemplada do ponto de vista de Deus: é uma prova que este permite para despertar a fé, intensificar a vida cristã, manifestar sua graça e sua potência (cf. ORÍGENES, *Homilias sobre os Números*, 9, 2; *sobre Jeremias*, 4, 3; CIPRIANO, *Dos apóstatas*, 5; TERTULIANO, *Da fuga na perseguição*, 1; etc.).

A sublime dignidade do martírio e a influência que ele exercia na vida concreta dos primeiros cristãos devem-se também à autoridade que os "confessores" conquistavam após a perseguição, e pela veneração que cercava o corpo e a memória dos mártires. De fato, os que haviam confessado a própria fé diante dos tribunais sem derramar o sangue podiam servir de intercessores em favor dos apóstatas que pediam para ser readmitidos no seio da Igreja, embora coubesse unicamente ao bispo estabelecer as condições e readmitir à comunhão eclesiástica (é o que se pode depreender sobretudo das cartas de São Cipriano). Em relação aos mártires, depois de tê-los assistido com a maior caridade fraterna enquanto se encontravam nas prisões, os cristãos faziam de tudo para conservar suas relíquias e celebrar sua memória: recolhiam diligentemente o seu corpo, ou o que restava dele, e o colocavam em um lugar apropriado, considerando aquelas relíquias "mais preciosas que as pedras mais preciosas e mais dignas de apreço que o ouro", e esperando poder se reunir em torno delas "na felicidade e na alegria, para celebrar, com a ajuda do Senhor, o aniversário de seu martírio, para reevocar a memória dos que combateram antes de nós, e para manter exercitados e prontos os que terão de enfrentar a luta", como se expressa o autor anônimo do *Martírio de Policarpo* (18, 2-3); com a mesma intenção, Cipriano, escondido durante a perseguição de Décio, pedia a seus fiéis que anotassem fielmente o dia dos que eram levados à morte (*Carta* 37, c. V, 12). Esforçava-se também para obter os processos verbais do martírio desses cristãos ou, ao menos, de fazer uma narração fiel dele, embora ela tivesse principalmente o objetivo de servir de edificação.

Uma última reflexão deve ser evidenciada plenamente: a força apologética do martírio. Os cristãos eram acusados de vários crimes e submetidos a tormentos de ordem física e moral muito variados, mas a maneira de proceder dos juízes pagãos em relação a eles, além de ser injusta e contrária a qualquer legislação, era mais uma prova da inocência deles, enquanto a morte aceita por amor a Cristo era uma semente de novos cristãos, segundo as famosas palavras de Tertuliano: "O sangue dos cristãos é uma semente" (*Apologético*, 50; cf. JUSTINO, *Diálogo*, 110; *Carta a Diogneto*, 6, 9; ORÍGENES, *Homilias sobre Josué*, 9, 10; etc.).

4. Ao lado do martírio sofrido pela fé em Cristo, há o sofrido pela conservação da virtude: comparado ao primeiro, este manifesta a fidelidade inabalável ao Senhor e o amor absoluto que se tem por ele; duas notas características que se encontram no martírio de Santa Maria Gorete.

5. SENTIDO E PRESSUPOSTOS TEOLÓGICOS. Quando o Concílio Vaticano II afirma que a Igreja sempre venerou os mártires (*LG* 50), exprime uma verdade histórica pacificamente admitida por todos e será útil aprofundar seus pressupostos teológicos e sentido.

O mártir sempre foi considerado o expoente mais destacado e autêntico do cristianismo: por isso, sempre foi honrado pela Igreja. A autenticidade do cristão se reconhece na medida em que nele se pode reconhecer Cristo. Ora, o martírio constitui a imitação mais perfeita dele. De fato, com ele: "O martírio se assemelha ao Mestre que aceita livremente a morte pela salvação do mundo, e se conforma a Ele na efusão do sangue" (*LG* 42). A Igreja, no exercício do culto, se adequou aos diversos graus de semelhança com Cristo, honrando em primeiro lugar os que mais se destacavam. Era psicologicamente normal que num primeiro momento e instintivamente se captasse a semelhança externa com Cristo. O que mais impressiona na consideração do Senhor é a paixão cruenta, considerada como supremo testemunho de amor pelos homens (Jo 15,13; 1Jo 3,16). A medida do amor é dada pela capacidade de se sacrificar pelo amado: quanto mais se está disposto a sacrificar mais se deve dizer que se ama. O máximo que o homem pode sacrificar é a vida e Cristo a ofereceu pelos homens. Por esse motivo, era lógico que os cristãos considerassem como ápice da perfeição imitar realmente, na carne, aquela paixão.

Foi espontânea, portanto, a conexão da recordação deles com a da morte do Senhor, não apenas idealmente mas também o culto. Como o sacrifício eucarístico continua a anunciar a morte do Senhor até que ele venha (1Cor 11,26), nada de mais natural que se celebre a recordação durante a sua realização. Antes de serem compostas as missas em honra dos santos, os mártires encontram lugar na parte mais solene da missa, no cânon. Nele se recorda explicitamente a comunhão dos fiéis presentes no rito sagrado com a Bem-Aventurada Virgem Maria, com os bem-aventurados apóstolos e com os mártires, e se implora a graça de participar com os santos apóstolos e os mártires do Senhor. A preferência pelos mártires, com exclusão dos confessores, é justificada pelo fato de sua imitação mais evidente da paixão e morte do Senhor, que são renovadas no sacrifício eucarístico.

Os pensadores escolásticos ressaltaram ainda mais a intuição da Igreja primitiva, atribuindo ao martírio cruento uma virtude santificadora superior à do próprio batismo, que também representa ao vivo a morte e a ressurreição de Jesus, das quais são tornados partícipes (Rm 6,3-4). É o que testemunha Santo Tomás, que na *Summa* intui um confronto entre o batismo de água, de desejo e de sangue para ver qual deles é o mais eficaz. Ele conclui em favor do batismo de sangue em decorrência da maior configuração a Cristo que com ele se obtém: "Todo batismo deve sua eficácia à paixão de Cristo e ao Espírito Santo. Essas duas causas agem de modo eminente no batismo de sangue: de fato, a paixão de Cristo age no batismo de água só em virtude de uma representação figurativa; no batismo de sangue, ao contrário, age em virtude de uma concreta imitação dela. Do mesmo modo, o Espírito atua no batismo de água por uma certa virtude que ali se oculta; no batismo de sangue, por sua vez, atua por meio do amor mais fervoroso" (*STh*. III, q. 66, a. 12). Em outras palavras, para Santo Tomás o martírio é tão superior ao batismo, na virtude santificadora, quanto a eficácia da obra supera a da figura representativa.

a) *Disposições interiores.* É preciso evitar o risco de considerar o martírio de modo demasiado exterior: desse modo, se perderia inevitavelmente o sentido das coisas que a Igreja primitiva possuía. Se o martírio conformava tão evidentemente a Cristo, isso se devia menos ao fato da morte que ao motivo e às disposições interiores com que era sofrido. Não podia ser de outro modo para uma religião que dirige a própria mensagem e os próprios apelos ao homem interior, que avalia o homem não pelas aparências mas por seu interior, que distingue a qualidade dos frutos a partir da raiz que os produziu (Lc 6,43-44; Mt 7,16-18). A imitação externa não teria tido nenhum valor se tivesse faltado a interna. Para a realização desta existia um instituto jurídico apropriado, denominado *vindicatio martyrum.* Ele consistia no juízo com que a competente autoridade episcopal se pronunciava em relação à verificação concreta das condições consideradas essenciais ao martírio, para que este fosse digno do nome e do culto religioso. À luz desse juízo, pode-se traçar a figura do mártir desta maneira: é aquele que sofreu a morte corporal infligida a ele pelo tirano por ódio à fé e às virtudes cristãs para dar pleno testemunho a Cristo.

O sacrifício da vida só se compreende e tem valor se é sustentado pela caridade. São Paulo já conhecia a possibilidade de um martírio sem mérito e sem prêmio, o que se fundamentava na caridade: "Mesmo que distribua todos os meus bens aos famintos, mesmo que entregue o meu corpo às chamas, se me falta o amor, nada lucro com isso" (1Cor 13,3). Um motivo contrário à caridade tornaria estéril o sacrifício da vida, esvaziando-o de todo mérito. A ambição e as outras paixões ignóbeis deveriam ser excluídas para não se cansar inutilmente, para não construir o "favo sem mel". Permaneceu lapidar a frase com que Santo Agostinho exaltava a importância do elemento interior no martírio: *"Martyren non facit poena sed causa".*

Só com essas condições o martírio era perder a vida por aquela que prometia que esta seria reencontrada (Mt 10,39). Uma vida não sacrificada por Cristo é perdida para sempre, por todos. O martírio vive profundamente o ideal cristão encarnado em Cristo que se imola pela glória do Pai e pela redenção dos homens em supremo testemunho de fidelidade e caridade. Nele aparece mais claramente a assimilação a Cristo e em particular ao aspecto mais comovente dele, a paixão.

b) *O martírio espiritual.* O martírio aparecia como uma maneira privilegiada de ser santos, mas a própria santidade não era um privilégio reservado a poucos. A imitação de Cristo atingia o ápice no martírio, mas não se esgotava nele. Nessas palavras é possível resumir o fruto da reflexão que levou a Igreja a ampliar o primitivo conceito da santidade identificada no martírio e, consequentemente, a estender o culto também a seus outros filhos. A evolução aparece no século IV, a ela alude o Concílio Vaticano II quando afirma que "a estes acrescentaram-se logo outros que imitaram mais de perto a virgindade e a pobreza de Cristo" (*LG* 50).

O ambiente histórico apresentado pelo século IV pode ser considerado como o sinal dos tempos com que a providência encaminhou a Igreja na nova direção. Dois fatos caracterizam esse século. Ele de fato assinala o fim das grandes perseguições e o reconhecimento legal da Igreja por parte do Império romano, enquanto de outro lado assinala o máximo vigor do monasticismo. Os dois fatos parecem vinculados entre si; com o fim da possibilidade oferecida pelo regime de perseguição de imitar a paixão de Cristo, torna-se vivo e imperioso o desejo de imitá-lo o mais perfeitamente possível nas suas disposições interiores, na certeza de que tal imitação não é menos gloriosa que a inerente ao martírio.

O fim quase total do testemunho cruento dos mártires apresentou pela primeira vez o problema de uma Igreja santa sem santos atuais. Nos primeiros séculos, o grande número de mártires tornava a Igreja gloriosa e resplandecente de santidade. Com a paz, o esplendor de sua santidade parecia empalidecer. No entanto, ela não podia renunciar à sua fecundidade de santos: era e devia proclamar-se santa; disso dependia a eficácia da sua mensagem ao mundo que se abria diante dela esperando e implorando a salvação. As considerações sobre o aspecto interior permitiram superar o obstáculo. Valorizou-se o desejo do martírio e chegou-se até a uma concepção inteiramente espiritual deste. O desejo do martírio suscitou uma verdadeira prática ascética dele: os cristãos deviam cultivar a disposição interior e aceitar o martírio sempre que lhes fosse solicitado. O exercício é no mínimo atual uma vez que o próprio Concílio Vaticano II julgou oportuno lembrá-lo aos fiéis: "Se a poucos é dado (o martírio), todos, porém, devem estar prontos a confessar Cristo perante os homens, segui-lo no caminho da cruz entre perseguições, que nunca faltam à Igreja" (*LG* 42).

A análise do martírio acima realizada evidenciou que as disposições interiores se sobrepõem ao fato físico da morte. Nesse sentido, a santidade do martírio consistia na imitação das atitudes espirituais e dos sentimentos interiores de Cristo. Essa santidade podia florescer mesmo em tempos de paz. Se esta privava os cristãos da possibilidade de morrer mártires, deixa-lhes a de ser mártires no exercício perfeito das virtudes. Com essa aquisição de consciência pode-se falar de uma interpretação espiritual do martírio: os inimigos externos são substituídos pelos interiores, contra os quais cada homem deve empreender a luta oculta de que fala São Paulo (Ef 6,12); a morte corporal é substituída pela imolação interior; o mártir se demonstrava fiel até o derramamento de sangue; o virtuoso sacrifica a si mesmo no altar do próprio coração. A duração do martírio incruento compensa bem as atrocidades do cruento.

Consolida-se assim a convicção de que o testemunho a Cristo pode ser dado segundo formas externamente diferentes, mas profundamente idênticas pelo conteúdo interior de santidade.

Um exercício virtuoso perfeito, como é possível e exigido pelo cristianismo, contém o desejo do martírio, fornece a disposição interior para aceitá-lo quando realmente exigido, ou melhor, é até uma preparação para ele. Seja como for, confere a ele o valor mais precioso: em virtude do martírio incruento, o sacrifício cruento se torna meritório e digno de louvor. Em suma, estes são apenas dois aspectos do mesmo testemunho prestado a Cristo. Nesse sentido, todos os cristãos podem e devem ser mártires, se não com o sacrifício da vida, ao menos com o exercício crucificante das virtudes; todos podem igualmente merecer o prêmio se não a auréola do martírio, reservada à dificuldade especial deste (*STh. Supl.* 96, 1, 6).

O martírio espiritual, por sua vez, assume múltiplos matizes que vão do sofrimento moral ao ato de suportar o sofrimento físico, ao direcionamento da vida no plano dos conselhos evangélicos, ao cuidado pela família, ao trabalho ininterrupto e mortificante. O sofrimento moral pode muito bem sustentar a comparação com os tormentos mais atrozes infligidos aos mártires. É o caso da compaixão que nasce dos vínculos de sangue ou da amizade com quem sofre. O amor faz sentir como próprios os sofrimentos alheios. Por esse motivo Maria é invocada na Igreja como Rainha dos mártires (Lc 2,35). O doente que suporta com amor a doença, a inatividade humilhante que dela deriva, os sofrimentos físicos ou morais que a acompanham em união a Cristo sofredor pela salvação do mundo, não demonstra menor virtude que aquele que oferece a sua vida pelas mãos do carrasco (*LG* 41). Quem morre na prestação de um serviço de caridade heroica num leprosário sem dúvida apresenta uma marcada analogia com aquele que derrama o sangue realmente. O religioso que vive com fidelidade absoluta a Regra do Instituto a que pertence oferece a Deus um holocausto tão agradável quanto o oferecido pelo mártir. Ele não se pertence mais em nada: suas coisas, o seu corpo, suas possibilidades, sua vontade, tudo nele é sacrificado a Deus e deve servir só a ele. A igreja desejou que também no sinal litúrgico aparecesse claramente a semelhança que a vida religiosa tem com o sacrifício de Cristo: por isso determinou que a oferta que o religioso faz de si mesmo seja realizada no ato em que Cristo renova a própria imolação sobre o altar. O sacrifício do homem é tão elevado à participação do de Cristo que é o seu modelo e do qual o primeiro obtém a sua aceitabilidade e eficácia (*LG* 45). Aliás, essa convicção sempre foi viva na tradição monástica que considerou a profissão dos conselhos evangélicos como uma vida de martírio. O caráter de martírio aparece particularmente no exercício da castidade. Sua preservação exige uma luta e uma vigilância contínuas e representa uma vitória não menos gloriosa que a obtida pelos mártires. Os adversários que a atacam são muitos e fortes; quem deseja seriamente vencê-los deve submeter-se a um regime de severa ascese que abarca todas as manifestações da vida humana e exige, portanto, o exercício de todas as virtudes. Santo → AMBRÓSIO é explícito ao atribuir à castidade o caráter de martírio: "A virgindade não é digna de louvor tanto porque está presente nos mártires quanto porque ela, por si mesma, cria os mártires" (LAMBERTINI, *De servorum Dei beatificatione et beatorum canonizatione*, III, 11, 7).

As exemplificações poderiam continuar até esgotar o elenco dos estados de vida, das diversas condições, dos diversos ofícios que são compatíveis com a santidade. Seria fácil destacar a cada passo o aspecto difícil, árduo, doloroso que faz de qualquer comportamento humano correto uma participação da paixão de Cristo e uma imitação, ainda que incruenta, do martírio. A santidade sempre foi concebida na perspectiva do martírio. É particularmente significativo o caso do primeiro santo que, mesmo não sendo mártir, recebeu veneração na Igreja do Ocidente: São Martinho de Tours.

O fato, pela sua novidade, corria o risco de suscitar admiração: até então o culto só havia sido celebrado em honra dos mártires. Com base em quê se podia justificar o culto a São Martinho? Sulpício Severo, seu antigo biógrafo, responde à pergunta insistindo na sua identidade substancial com os mártires. De fato, se as circunstâncias históricas não lhe proporcionaram a oportunidade do martírio, ele o desejou ardentemente e com o exercício heroico das virtudes suportou um verdadeiro martírio espiritual.

BIBLIOGRAFIA. BROX, N. *Zeuge und Märtyrer*, Munchen, 1961; CAMELOT, P. TH. Martyr. *Catholicisme* VIII. 770-776; CAMPEN-HAUSEN, H. *Die Idee des Martyriums in der alten Kirche*. Göttingen, 1936; DELEHAYE, H. *Les origines du culte des martyrs*. Bruxelles, 1933; GALLINA, C. *I martiri dei primi secoli*. Firenze, 1939; HARTMANN, P. Origène et la théologie du martyre. *Ephemerides Theologicae Lovanienses* 34 (1958) 773-824; INDELICATO, S. Martire e Martirio. *Enciclopedia Cattolica* VIII (1952) 233-244; JOUASSARD, G. Aux origines du culte des martyrs dans le christianisme. S. Ignace d'Antioche, Rom. 2, 2. *Recherches de Science Religieuse* 38 (1951) 362-367; MACHEJECK, M. Il martirio cristiano. *Rivista di Vita Spirituale* 41 (1981) 110-123; MADOZ, J. El amor a Jesús Cristo en la Iglesia de los mártires. *Estudios Eclesiásticos* 12 (1933) 313-344; NOCE, C. *Il martirio. Testimonianza e spiritualità dei primi secoli*. Roma, 1987; PELLEGRINO, M. Eucaristia e martirio in san Cipriano. *Convivium Dominicum* (1959) 113-150; ID. La spiritualità del martirio. *Il martire e Cristo*. Torino, 1957; SORSOLI, C. Ascesi come preparazione al martirio. *Rivista di Vita Spirituale* 39 (1975) 46-71; ID. Martirio e immolazione sacrificale. *Rivista di Vita Spirituale* 39 (1975) 283-307; ID. La presenza di Cristo nei martiri. *Rivista di Vita Spirituale* 40 (1976) 301-325; VANDENBERGHE, B. H. Sainte Ignace d'Antioche, froment de Dieu et mystique du martyre. *La Vie Spirituelle* 84 (1951) 3-25; VILLER, M. Les martyrs et l'Esprit. *Recherches de Science Religieuse* 14 (1924) 544-551; ID. Martyre et perfection. *Revue d'Ascétique et de Mystique* 6 (1925) 3-25; ID. Le martyre et l'ascése. *Revue d'Ascétique et de Mystique* 6 (1925) 105-142.

A. CAPPELLETTI – M. CAPRIOLI

MATILDE DE HACKEBORN. 1. NOTA BIOGRÁFICA. Pouco sabemos da vida de Matilde de Hackeborn. Nasceu em 1241 (1242), de família nobre e rica, e com apenas sete anos de idade ingressou no mosteiro cisterciense de Rodersdorf, próximo de Halberstadt — onde sua irmã Gertrudes a havia precedido —, tornando-se depois sua abadessa em 1251, com apenas dezenove anos. Em 1259, a comunidade se transferiu para Helfta, próximo de Eisleben, que os irmãos de Gertrudes e de Matilde quiseram presentear às irmãs freiras. Jovem religiosa, Matilde foi incumbida de formar as educandas votadas à vida monástica, e foi professora da pequena Santa Gertrude, que um dia se tornaria sua amiga e confidente das suas graças místicas. Dotada de uma voz belíssima, Matilde exerceu por muitos anos a função de *cantrix*. Santa Gertrudes, sua primeira biógrafa, que a descreve como criatura amável e doce, sempre envolta numa atmosfera de serenidade e de paz, toda transformada em Deus, gosta de ressaltar a pureza da sua existência virginal. Compôs numerosas orações, infelizmente perdidas, e foi privilegiada com o dom de profecias. Depois de oito anos de grave doença, suportada com heroica paciência, morreu em 19 de novembro de 1288 (1289).

2. OBRAS E PENSAMENTO. O *Liber specialis gratiae* não foi escrito por Matilde, mas por Santa Gertrudes e por uma freira desconhecida, que, para dar maior "louvor a Cristo Nosso Senhor", começaram o relato das *Revelações e visões de Maria*, sem dizer nada a ela. O livro é dividido em cinco partes, em que estão não só as revelações mas também uma orientação segura para a busca e a prática da vida cristã mais perfeita por intermédio de uma maior correspondência à vocação divina e às graças que a acompanham. O livro I reúne as revelações que Matilde teve ao longo do ano e nas festas dos santos, particularmente da Virgem; no livro II expõe-se como ela chegou à sua configuração amorosa e total a Cristo; os livros III-IV, que giram em torno do louvor de Deus, trazem as instruções de Matilde para aumentar a atividade espiritual do homem e a sua correspondência à graça; o livro V fala finalmente das experiências de Matilde no encontro com outras almas e explica o motivo pelo qual Santa Gertrudes escolheu o título *Liber specialis gratiae*. No livro IV também estão inseridas as três cartas autênticas de Matilde.

A espiritualidade de Matilde de Hackeborn, como a de Santa Gertrudes, alimentou-se da liturgia, que constituía para ela não só uma reevocação, mas uma fonte inesgotável de transformação interior no sentido do mistério celebrado. No centro da sua vida espiritual, caracterizada por uma explícita direção vertical, em profundidade, para Deus presente na alma, figuram Cristo na sua humanidade (devoção ao → CORAÇÃO DE JESUS) e Maria como mediadora de todas as graças. Na humanidade de Cristo ela descobrira o modelo e o exemplar de toda perfectibilidade humana. (O mesmo exemplarismo se encontra mais tarde como um dos conceitos fundamentais da mística dominicana alemão; → TAULERO, beato → SUSO.) Em consequência disso, afirmou que só aderindo ao Cristo "humanado" o homem encontra o desenvolvimento da sua personalidade, porque só na medida da sua imanência e convivência com Cristo adquire sua redenção interior, para participar nela da liberdade dos filhos de Deus. Essa convicção, base do seu ensinamento espiritual, a impele a convidar continuamente à → IMITAÇÃO DE CRISTO, de modo a refleti-lo na própria vida e irradiá-lo em um dos seus mistérios ou em uma de suas virtudes. O *Liber specialis gratiae*, embora trate predominantemente de conhecimentos puramente sobrenaturais e infusos, portanto de mística experimental e nupcial, merece ser resgatado do esquecimento, porque oferece ao mesmo tempo uma sólida doutrina, tanto ascética quanto mística, enriquecida de numerosas instruções práticas para a vida espiritual, particularmente para atingir um contato íntimo com Jesus, encontrado no seu divino Coração como esposo, irmão, salvador, senhor e juiz. "In praesentia Dei stare" — fórmula que retorna com frequência no *Liber specialis gratiae* — é o segredo para subir aos mais altos cumes da união mística, experimentada simbolicamente como um viver no centro interior da casa (o coração) de Deus.

A mensagem espiritual de Matilde de Hockehorn, por estar centrada no louvor de Deus (omnia quae facit [homo], ad ejus laudem facit propter Deum), deixou traços de pouco relevo na lírica barroca alemã (Ângelo → SILÉSIO).

BIBLIOGRAFIA. 1) Escritos: BALTHASAR, H. U. VON. *Mechtild von Hackeborn. Das Buch vom strömenden Lob*. Textos selecionados e introdução, Eiseideln, 1955; BROMBERG, R. L. J. *Het Boek der bijozendere genade van Mechtild van Hackeborn*. Zwolle s.a. (1965); MULLER, J. *Leben und Offenbarungen der heiligen Mechtildis und der Schwester Mechtildis (von Magdeburg)*. Regensburg, 1880-1881, 2 vls.;

PAQUELIN, L. *Sanctae Mechtildis Virginis O.S.B. Liber specialis gratiae*. Paris, 1877.

2) Estudos: BROUETTE, É. Mechthilde de Hackeborn. *Dictionnaire des Auteurs Cisterciens*, Rochefort, 1978, 491 s.; HAAS, A. M. Themen und Aspekte der Mystik Mechtilds von Hackeborn. *Temi e problemi nella mistica femminile trecentesca*. Todi, 1983, 47-83 (com bibliografia); SCHMIDT, M. Elemente der Schau bei Mechthild von Magdeburg und Mechthild von Hackeborn. *Frauenmystik im Mittelalter*, Ostfildern, 1985, 123-151; SCHMIDT, M. Mechtilde de Hackeborn. *Dictionnaire de Spiritualité*, X (1978) 873-877 (com bibliografia); VAGGAGINI, C. La dévotion au Sacré Coeur chez Ste. Mechthilde et Ste. Gertrude. In *Cor Jesu*. II, Roma, 1959, 31-48; WALZ, A. Matilde de Hackeborn. *Bibliotheca Sanctorum* IX, 96-101 (com bibliografia).

GIOVANNA DELLA CROCE

MATILDE DE MAGDEBURGO.

1. NOTA BIOGRÁFICA. Não sabemos com precisão nem quando, nem onde nasceu Matilde de Magdeburgo, nem quem foram seus pais, mas pensa-se que seja originária da Baixa Saxônia, nascida por volta de 1207, de pais não nobres, que tiveram o cuidado de dar-lhe uma boa formação espiritual e literária. Já aos doze anos foi favorecida por graças místicas e visões. Por volta de 1230 ouviu o chamado de Deus ao isolamento e tornou-se beguina em Magdeburgo, sob a direção espiritual dos dominicanos. A partir daquele momento, dedicando-se a uma atividade silenciosa no serviço dos doentes e dos pobres, só aspirou à completa identificação com a vida de Cristo. Numa rígida ascese de aniquilamento e seguindo os impulsos da divina inspiração, logo alcançou a mais alta perfeição. Envolta na luz divina que se espalhou por toda a sua existência, e ferida pelo inefável amor de Deus, escreveu entre 1250-1265 (tempo em que havia sido dirigida por Henrique de Halle) a sua obra: *Das fliessende Licht* (*Lux fluens divinitatis*), em baixo alemão. O original se perdeu; só possuímos a tradução latina de 1290 e uma adaptação do original ao médio-alto alemão (meridional), realizadas por Henrique de Nördlingen (1344). Supõe-se que Matilde não tenha ingressado no mosteiro cisterciense de Helfta antes de 1270 e depois de ter cumprido os sessenta anos de idade. Sua vida foi um ato perpétuo de amor. A data de sua morte é incerta, entre os anos 1282/1294.

Matilde de Magdeburgo, figura pouco conhecida, é muitas vezes confundida com Matilde de

Hackeborn, com quem se encontrou no mosteiro de Helfta. Foi importante como escritora mística e poetisa, e como tal também é valorizada no âmbito alemão, ao passo que não se conhece suficientemente a sua figura espiritual. A atmosfera em que se moveu foi geralmente a de uma vidente, iluminada por revelações celestes. Sua obra, verdadeiro eco de uma vida imersa nos mais sublimes mistérios, reflete o processo vital na sua progressiva evasão do contingente e do temporal para o mais íntimo contato com Deus, até a total imersão no Deus trino. As estruturas de sua experiência mística no primeiro livro de *A luz que flui da divindade* revelam ainda as formas impessoais e objetivas de uma mística visionária, mas nos livros seguintes adquirem um caráter cada vez mais pessoal e afetivo. Sob a influência de uma profunda compreensão da humanidade de Cristo, começa a penetrar nelas o elemento esponsal e a alegoria nupcial, até atingir a perfeita união nupcial com o Verbo encarnado. Desse modo, em Matilde se realiza na mística alemã a transição da "tremenda experiência da *majestas Domini*" de Santa Hildegarda para a intimidade amorosa com Cristo "humanado" de Santa Gertrudes, e se introduz nela uma terceira época, de caráter especulativo e prático, com uma nova concepção da experiência unitiva.

O seu livro — o mais antigo livro de visões em língua alemã — traça o caminho ascético de 7 graus para chegar à união mística, entendida como *connubium* espiritual com Cristo, ou como união de essência (substancial) da alma com Deus. É pouco verossímil que a beguina de Magdeburgo possa ser identificada com Matilde de Dante. É verdadeira, porém, a característica que Dante lhe atribuiu: "Oh!, bela Senhora, que em raios de amor te aqueces".

BIBLIOGRAFIA. 1) Traduções latinas: *Liber specialis gratiae*. In *Revelationes Gertrudianae et Mechtildianae*. II. Paris, 1877; tradução em alemão moderno: *Das fliessende Licht der Gottheit*, Einsiedeln, 1955 e (org. por P. G. MOREL), Darmstadt, ²1969.
2) Estudos: ANCELET-HUSTACHE, J. *Mechtilde de Magdeburg. Étude de psychologie religieuse*. Paris, 1926; DICK, R. A. – ABRAHAM. *Mechthild's of Magdeburg "Flowing light to the Godhead"*. Diss. Stanford Univ., 1980; KAYSER, R. Minne und Mystik im Werke Mechthilds von Magdeburg. *Germanic Review* XIX (1944) 3-15; LUERS, G. *Die Sprache der deutschen Mystik des Mittelalters im Werke von Mechtild von Magdeburg*. Munchen, 1926; NEUMANN, H. Problematica mechtildiana. *Zeitschrift fur deutsches Altertum und deutsche Literatur* LXXXXII (1948-1950) 153-172; RUH, K. Amor di Dio presso Hadwijch, Mechthild de Magdeburgo e Margherita Porete. *Temi e problemi nella mistica femminile trecentesca*. Todi, 1983, 85-106; SCHMID, M. Elemente der Schau bei Mechthild von Magdeburg und Mechthild von Hackeborn. *Frauenmystik im Mittelalter*. Ostfildern, 1985, 123-151; ID. Mechtild von Magdeburg. *Dictionnaire de Spiritualité Ascétique et Mystique* X (1978) 877-885 (com bibliografia); VINCK, J. DE. *Revelations of Women Mystics*. New York, 1985.

GIOVANNA DELLA CROCE

MATRIMÔNIO. O matrimônio tem isto de particular para os cristãos: é uma realidade terrena, instituída por Deus desde o início da história humana, que se tornou mistério sacramental de graça na participação do mistério das "núpcias" escatológicas de Cristo com a Igreja. Sob ambos os aspectos, o matrimônio situa-se no quadro da revelação de Deus na história, de modo que o seu pleno significado pode ser delineado só à luz de tal revelação e da compreensão de fé da Igreja.

1. REVELAÇÃO BÍBLICA. A revelação bíblica, na sua globalidade, situa o matrimônio em relação às épocas fundamentais da história da → SALVAÇÃO: como realidade terrena, da criação a todo o Antigo Testamento; como mistério de graça, do evento de Cristo a todo o tempo da Igreja.

I. *A realidade terrena do matrimônio*. A *magna charta* do projeto originário de Deus sobre o matrimônio e da realidade terrena é constituída pelos três primeiros capítulos do Gênesis; os dois primeiros referem-se ao ideal originário do matrimônio; o terceiro permite ver o matrimônio numa situação marcada pelo pecado.

a) *O projeto originário de Deus sobre o matrimônio. O relato "sacerdotal"*. Essa narração começa com a criação do cosmos e dos vários componentes, segundo o esquema litúrgico dos seis dias, e se conclui com a criação do homem e o "descanso" de Deus criador. O mundo é concebido como um grande cenário preparado especialmente para acolher a criatura humana, como síntese e coroamento de todo o universo saído das mãos de Deus. Com solenidade, o texto bíblico introduz a deliberação divina que precede a criação do homem: "Façamos o homem à nossa imagem, segundo a nossa semelhança, e que ele submeta os peixes do mar, os pássaros do céu" (1,26). No plano literário, deve-se observar que a expressão "homem" (*adam*) se encontra no singular, mas tem um significado coletivo, tanto que no original hebraico o verbo seguinte está no plural ("submetam"). O gesto criador se refere, portanto, ao ser humano como tal, à humanidade composta ao mesmo tempo de homem e mulher, "macho" e "fêmea". De fato, o texto continua: "Deus criou o homem à sua imagem, à imagem de Deus ele o criou; criou-os macho e fêmea" (1,27). "Adam", *o homem,* não é um, mas dois; a imagem de Deus não está refletida num só rosto, mas em dois, profundamente unidos na identidade da mesma natureza humana e na complementaridade dos dois sexos, a ponto de constituir ao mesmo tempo a realização visível da única "imagem" de Deus. Quem é convidado a tomar posse da terra não é um indivíduo, mas *um casal.* A criatura humana é pensada e desejada por Deus na dupla versão masculina e feminina, com uma idêntica dignidade, mesmo em sua específica diversidade e complementaridade. *O homem e a mulher, juntos, constituem a imagem divina.* Assim, o casal macho-fêmea representa o projeto de uma humanidade completa, com a missão propriamente divina de transmitir a vida e de tomar posse da terra para desenvolver suas potencialidades a serviço do próprio desenvolvimento (1,28-31).

Esse casal é "abençoado" por Deus: "Deus os abençoou", afirma o texto bíblico (1,28). Tal "bênção" não é um simples voto; expressa a presença de Deus, e é uma palavra atuante de realidade. O matrimônio — já no plano natural — aparece assim em toda a sua sacralidade, como um encontro entre o homem e a mulher, desejado, "instituído" e santificado pelo próprio Deus em cuja presença se realiza e se desenvolve. O próprio dom da vida que brotará do encontro conjugal dos dois esposos será considerado um dom próprio de Deus (cf. Gn 4,1). Nesse quadro, o matrimônio não constitui apenas uma instituição humana ou convencional, porém mais profundamente uma *instituição sagrada, divina* que o próprio Senhor colocou como alicerce da edificação da humanidade neste mundo. "Deus os abençoou e lhes disse: 'Sede fecundos e prolíficos, enchei a terra e dominai-a. Submetei os peixes do mar, os pássaros do céu e todo animal que rasteja sobre a terra'" (1,28).

Ao final da criação, o autor bíblico expressa a complacência de Deus diante de sua obra, com a frase ritual ampliada para a ocasião: "Deus viu tudo o que havia feito. Eis que era muito bom" (1,31). Há nessas palavras o eco da "satisfação" de Deus diante da "maravilha" do casal que se põe agora como "interlocutor" (sua "imagem") para o cumprimento e a continuação da obra criadora na história.

O relato "javista" (2,4b-25). Este segundo relato, mais antigo que o primeiro no plano redacional, se expressa com uma linguagem muito popular e ainda assim extremamente expressiva e repleta de conteúdos.

Sobre a terra árida, sem vegetação e irrigação (2,4b-6), YHWH põe o homem que ele plasmou "com o pó apanhado do solo" e fez dele um ser vivo insuflando nele o "hálito da vida" (2,7). Imediatamente, para este homem, YHWH "planta" um jardim com árvores e vegetação de todo tipo, repleto de fontes e de rios (2,8-14). Nesse jardim o Senhor coloca o homem, para que "o cultive e o guarde" (2,15). Com uma ficção literária de notável efeito, o relato insinua que *o homem está só* e que nessa solidão ele se sente desconfortável e como que incompleto (2,18). Os animais que preenchem o jardim e aos quais o homem dá um nome para indicar a sua superioridade não satisfazem a exigência de amor e de comunhão que o homem percebe em si mesmo (2,18.20). Daí a iniciativa de Deus de criar a mulher (2,21-22). É notável que nesse segundo relato a formação da mulher não seja relacionada antes de tudo à procriação e à perpetuação da espécie, mas ao fato de que o homem não pode ficar só. "Não é bom para o homem ficar sozinho. Quero fazer para ele uma ajuda que lhe seja similar" (2,18). "Não é bom", ou seja, "não é conveniente", "não é próprio de sua natureza". "Uma ajuda que lhe seja adequada": um ser que tenha a sua mesma natureza — diferentemente dos animais examinados —, que o complete perfeitamente, igual em dignidade e ao mesmo tempo diferente para poder ser complementar ("similar"). A mulher que Deus apresenta ao homem, como companheira de vida e colaboradora, elimina radicalmente aquela espécie de incompletude na qual o homem acabara por se encontrar. O matrimônio aparece como a expressão eminente e mais direta dessa complementação. Seu objetivo é antes de tudo permitir que o casal se realize em uma comunhão total de vida e de doação de si. A descrição bíblica da criação da mulher é ao mesmo tempo simples e sugestiva: "Então o Senhor Deus fez cair num torpor o homem, que adormeceu; tomou uma das suas costelas e voltou a fechar a carne no lugar dela. O Senhor Deus transformou a costela que tirara do homem em uma mulher e levou-a a ele" (2,21-22). Para além do gênero literário, pode-se observar como o evento extraordinário da formação da mulher se realiza durante o *êxtase* do homem (um sono que não é o sono comum, mas uma espécie de estupor místico pela proximidade de Deus e a grande obra que ele realiza) e como é descrita como criação de um ser da mesma natureza do homem ("a costela"). No mundo inferior dos animais não se encontra de modo algum um ser que lhe seja "similar"; por isso Deus cria a mulher. Além disso, é de grande interesse o fato de ser o próprio Deus a conduzir a mulher, quase pela mão, ao homem e a apresentá-la a ele como se faz ao final de uma cerimônia nupcial, antes do casamento. Vendo a mulher, o homem prorrompe numa exclamação exultante: "Eis, desta vez, o osso dos meus ossos e a carne da minha carne! Ela se chamará '*ishsha* (mulher) porque de '*ish* (homem) foi tirada" (2,23). Na mulher, o homem vê finalmente a criatura "similar a ele" que lhe permitirá sair de sua solidão e realizar a sua natureza mais profunda. É por isso que o versículo seguinte (2,24) contém uma afirmação que não só é uma constatação, mas uma lei de vida, como expressão da vontade divina: os dois, homem e mulher, uma vez chegado o momento de sua maturidade, deixarão suas respectivas famílias para construir juntos uma família nova: "Por isso o homem deixa seu pai e sua mãe para se ligar à sua mulher, e se tornam uma só carne" (2,24). A expressão "por isso" é de passagem, mas evidencia a estreita relação entre o fato precedente (a formação do homem e da mulher e seu encontro sob a orientação de Deus) e o matrimônio como união total e estável de dois seres, homem e mulher, para formar "uma só carne". Esta última expressão é notável e destaca como o casamento implica uma união tão profunda e completa a ponto de comportar a fusão dos corpos como sinal de comunhão e de doação total de si entre homem e mulher. De fato, na linguagem bíblica, "carne" indica a pessoa humana total, mesmo que sob o aspecto corpóreo. A união física entre homem e mulher no matrimônio destina-se, assim, a manifestar e a favorecer a união de coração, de mente e de espírito entre dois seres. "Ambos estavam nus, o homem e sua mulher, sem sentirem vergonha um do outro" (2,25) A "nudez" na linguagem do Gênesis exprime a harmonia do homem e da mulher consigo mesmos e entre eles e é indicador da harmonia geral da natureza humana. Aqui não temos, portanto, apenas uma simples observação de caráter etnográfico, mas uma anotação teológica, concretizada em uma imagem plástica.

Esse casal que Deus cria e que se põe a caminho sob o olhar amoroso do Criador tem a tarefa de "cultivar" e "guardar" o mundo, reconhecendo a sua dependência do Senhor Deus e as suas leis: "Poderás comer de toda árvore do jardim, mas não comerás da árvore do conhecimento do que seja bom ou mau, pois desde o dia em que dela comeres, tua morte estará marcada" (2,16-17). Mesmo sem entrar no problema da interpretação particular desse texto, é evidente que o comando divino implica que o homem e a mulher reconheçam a soberania absoluta de Deus e a ela se adequem, sem querer ser lei para si mesmos. Assim, o maravilhoso projeto de existência a dois, desejado por Deus, é colocado agora nas mãos dos dois esposos que o realizarão se souberem reconhecer o seu Senhor e Criador e respeitarem as leis que ele lhes deu para o autêntico desenvolvimento de sua vida matrimonial/familiar e — em última análise — da história humana.

O casal (e a família que dele deriva) é chamado e empenhado *a caminhar na presença do Senhor*, reconhecendo-o como aquele que a supera e da qual depende em todo o seu ser (dependência ontológica) e agir (dependência moral). Se não o faz, arrisca o fracasso do projeto de Deus sobre o seu futuro e sobre o próprio futuro do mundo.

b) *O matrimônio em uma realidade de pecado.* Se o primeiro capítulo (relato "sacerdotal") e o segundo (relato "javista") nos descrevem o projeto originário de Deus sobre o matrimônio, o terceiro (que continua o relato "javista") nos mostra qual é a condição real, histórica, em que a humanidade acaba por se encontrar, e portanto o casal, em consequência do pecado original: uma condição que, mesmo não destruindo os traços essenciais do matrimônio desejado por Deus, os ofusca profundamente, comprometendo a maravilhosa harmonia do homem e da mulher em si mesmos, entre si e com YHWH, Senhor e Criador de todas as coisas.

O relato da queda (Gn 3). Para além das modalidades literárias pelas quais essa condição nos é descrita, não há dúvida de que a mensagem revelada diz respeito ao fato (misterioso, mas real) de uma transgressão da humanidade no estado original ao comando de Deus que introduziu um equilíbrio na natureza humana e na realidade do casal e do matrimônio. As consequências são imediatas: "Os olhos de ambos se abriram e souberam que estavam nus" (3,7). O despertar da vergonha pela própria nudez é, na linguagem bíblica, o sinal mais concreto da desordem introduzida pelo pecado na harmonia do casal e da criação. A essa desordem segue-se a tentativa de fugir do olhar de Deus, escondendo-se: "Entrementes ouviram a voz do Senhor Deus, que passeava no jardim ao sopro do dia. O homem e a mulher esconderam-se do Senhor Deus no meio das árvores do jardim…" (3,8). Assim que o homem e a mulher perdem a harmonia consigo mesmos, desobedecendo ao comando do Senhor, fazem também a experiência da própria miséria, a ponto de não poder suportar mais que o Senhor vá ao encontro deles para convidá-los a "passear" com ele ao "sopro" do dia. A perda da harmonia consigo mesmos e com Deus leva também à perda da harmonia recíproca. De fato, quando o Senhor pede contas ao homem e à mulher da situação em que caíram, cada um dos dois procura salvar a própria pele inculpando o outro (cf. 3,12-13). Assim, a relação marido-mulher é atingida precisamente no que devia constituir o seu fundamento: *a unidade e a doação de si*. O casal que, não se contentando em ser criado à imagem e semelhança de Deus, pretendera "tornar-se como Deus", tornando-se independente das palavras do Senhor e construindo para si um destino de felicidade e de glória fora do projeto divino, depara agora com todos os seus limites, com o jogo das acusações e da rivalidade, que tendem a deteriorar cada vez mais a harmonia conjugal e a realidade do matrimônio.

As "condenações" postas na "boca" de Deus descrevem a condição em que a humanidade vem a se encontrar em consequência do pecado original e atingem o homem e a mulher nas suas atividades essenciais: a mulher como mãe e esposa; o homem como trabalhador, ambos como criaturas em relação ao mundo da natureza e à condição particular em que o Senhor os havia colocado no início (3,16-24). Nesse ponto, o projeto originário de Deus sobre o matrimônio aparece profundamente alterado: em vez de ser "a companheira" do homem e sua igual (2,18-24), a mulher se torna a sedutora do homem, que a utilizará para ter filhos; em vez de ser o "jardineiro de Deus" no Éden, o homem lutará contra o solo que se tornou hostil e ao mesmo tempo a mulher fará a experiência angustiante do sofrimento e da morte; em vez de ser os "familiares de Deus", ambos se encontrarão fora da condição privilegiada de vida em que haviam sido colocados, e esse será o castigo mais grave.

Essa submissão do casal a uma realidade de pecado que o oprime e de que sofre as consequências não aparece, contudo, sem esperança ou sem saída. Na condenação que o Senhor dirige à serpente, causa e personificação do pecado, está contida uma promessa de libertação e de vitória final que desde o início marca a história da salvação. Embora insidiada pela "serpente", a humanidade poderá de fato evitar a sua mordida, graças a uma "estirpe" da "mulher" que derrotará definitivamente o mal (3,15). Para nós, cristãos, essa promessa já se realizou em Jesus, Senhor e Salvador da humanidade; mas antes dessa realização há toda a espera da humanidade que preenche o Antigo Testamento e constitui uma preparação para a revelação escatológica da nova aliança.

O testemunho do Antigo Testamento. A história do matrimônio no Antigo Testamento, além de ser marcada pelas caracterizações derivadas das culturas do antigo Oriente, é marcada sobretudo por dois aspectos que caracterizam os relatos do Gênesis: por um lado, o fato de que o matrimônio remonta a uma instituição divina e por isso deve ser considerado sagrado; por outro, o fato de que, como o pecado introduziu desequilíbrios no matrimônio, ele não mais aparece em todo o seu esplendor primitivo e, ao contrário, é ofuscado por não poucos elementos de negatividade.

A ideia da sacralidade do matrimônio consiste em ver o gesto matrimonial como um gesto que tem origem na "bênção" de Deus e se realiza na sua presença. Apenas no capítulo seguinte ao do pecado original ressalta-se como o dom da vida no matrimônio é eminentemente um dom do Senhor: "Adão se uniu a Eva, sua mulher. Ela engravidou, gerou Caim e disse: 'Adquiri um homem do Senhor'" (4,1). A mesma ideia se encontra em Noé (9,1), Abraão (21,1) e particularmente — em época muito mais tardia — no matrimônio de Tobias com Sara, cuja oração é uma verdadeira obra-prima de confiança e de espiritualidade do matrimônio: "'Bendito sejas, Deus de nossos pais! Bendito seja o teu nome em todas as gerações vindouras! Bendigam-te os céus e toda a tua criação por todos os séculos! Foste tu que fizeste Adão, foste tu que fizeste para ele auxiliar e amparo, sua mulher Eva, e de ambos nasceu a linhagem humana. Foste tu que disseste: Não é bom para o homem ficar só. Façamos-lhe uma auxiliar semelhante a ele. Agora, pois, não é um desejo ilegítimo que me faz desposar minha irmã que aqui está, mas o cuidado com a verdade. Ordena que haja misericórdia para com ela e comigo, e que ambos cheguemos juntos à velhice'. E disseram a uma só voz: 'Amém! Amém!'" (Tb 8,5-8).

No entanto, não podemos nos esquecer de que a história do matrimônio em Israel é marcada também pelas consequências do pecado original: o patriarcado e a poligamia (Gn 16,1-4; 1Sm 1,6; Dt 21,15-17); a pouca consideração pela mulher que é como que "adquirida" em troca de alguns serviços prestados ou como butim de guerra (Gn 29,16-28; Ex 21,7-8; Dt 21,10-11), e é propriedade do marido (Ex 20,17; Dt 5,21); o divórcio e o repúdio da mulher (Dt 24,1-4; 2Sm 13,14-18); a condenação da esterilidade vista como uma "maldição" de Deus (2Sm 6,33; Os 9,11); o adultério, não obstante a ordem contrária expressa pela *Torá* (Ex 20,14), com a condenação à morte dos culpados. Assim, ao ler o Antigo Testamento, não podemos fugir à impressão de uma degradação do ideal divino do matrimônio, embora não falte o convite dos profetas a uma concepção mais elevada da vida conjugal (cf. especialmente Ml 2,10-16). E essa era a contraditória reflexão de Israel: a realidade originária do matrimônio, assim como havia saído das mãos de Deus, antes de ter sido contaminada pelo pecado do homem, era repensada com nostalgia e com acentos de extraordinário lirismo (basta pensar no → CÂNTICO DOS CÂNTICOS que na origem era antes de tudo um poema nupcial) e vista como imagem — infelizmente também ela obscurecida — da aliança de YHWH com seu povo. Se olhará para essa realidade originária para anunciar a "novidade" (a nova aliança, a nova criação) que o Senhor teria manifestado nos tempos escatológicos: "Com efeito, assim como o jovem desposa a sua noiva, teus filhos te desposarão, e com o entusiasmo do noivo pela sua prometida, o teu Deus estará entusiasmado por ti" (Is 62,5).

II. *O mistério do matrimônio.* O Novo Testamento se refere à "realidade terrena" do matrimônio de uma dupla maneira (ou momento) complementar: por um lado, anuncia que "no início não foi assim" e chama a reconduzir o matrimônio ao projeto originário de Deus e a superar assim todas as degradações a que havia sido submetido ao longo da antiga economia; por outro, afirma em Cristo a irrupção dos tempos escatológicos da salvação, proclamando a novidade de vida do casal, convidada a ser sinal e participação viva da aliança irrevogavelmente realizada entre Cristo e a sua Igreja.

a) *O anúncio do Novo Testamento sobre o matrimônio.* Vamos nos deter em dois textos fundamentais: o sobre a questão do divórcio (Mt 19,3-9; par. Mc 10,1-12); e o sobre o "matrimônio e virgindade" de 1Cor 7.

A questão do divórcio (Mt 19,3-9; Mc 10,1-12). O diálogo entre os fariseus e Jesus sobre a questão do divórcio é de importância fundamental, porque, além da questão particular apresentada, nos introduz no anúncio neotestamentário sobre a realidade terrena do matrimônio.

Os fariseus perguntam a Jesus se é lícito repudiar a mulher "por qualquer motivo". Interpelam-no — diz o texto — "a fim de prová-lo" (19,3): trata-se, de fato, de ver a qual escola rabínica ele dará sua adesão, se à do rabi Hillel (mais rígida: admitia o divórcio só em poucos casos) ou se à do rabi Shammai (muito liberal: admitia praticamente o divórcio a qualquer pretexto, como, por exemplo, pela pouca habilidade da mulher em cozinhar...). Jesus responde prontamente, transpondo as posições das duas escolas com suas intermináveis casuísticas e reportando-se ao projeto primordial de Deus para o matrimônio: "Não lestes que o Criador, no princípio, os fez homem e mulher e que disse: 'Eis por que o homem deixará seu pai e sua mãe e se ligará à mulher, e os dois se tornarão uma só carne'? Assim, eles não são mais dois, mas uma só carne. Não separe, pois, o homem o que Deus uniu!" (19,4-6).

Os fariseus compreendem que foram radicalmente superados em sua problemática e então fazem uma última tentativa: "Por que então Moisés prescreveu que se desse um certificado de repúdio, quando se repudiar?" (19,7). E Jesus, retificando a pergunta, se remete de novo ao projeto inicial de Deus: Moisés não "ordenou" essa norma, apenas a "permitiu", "por causa da dureza do vosso coração, mas no começo não era assim" (19,7-8).

"Por isso vos digo: Se alguém repudia sua mulher e se casa com outra, comete adultério" (19,9).

"E se uma mulher repudia o marido e se casa com outro, comete adultério" (Mc 10,12). (A ressalva de Mt 19,9: "a não ser em caso de concubinato" falta nos outros textos paralelos [Mc 10,11 s.; Lc 16,18; 1Cor 7,10 s.] e é provavelmente um acréscimo do último redator do primeiro Evangelho, destinado a responder às preocupações do ambiente judeo-cristão a que o texto evangélico era dirigido. Entre as várias explicações, uma das mais acreditadas é a que dá ao termo porneia o significado de "concubinato", de matrimônio ilegítimo, irregular, e por isso inválido. A ressalva se explicaria nesse sentido. Seja como for, seria contrário a todo o contexto da passagem e à constante tradição da Igreja católica interpretar a ressalva como uma exceção de divórcio.)

A chave interpretativa própria desses textos é a referência constante de Jesus ao projeto originário de Deus sobre o matrimônio, que sublinha a sua vontade de restaurar a plena dignidade do matrimônio e proclamar em relação a ele a novidade do Evangelho da salvação: um casamento *monogâmico, único e indissolúvel*, instituído por Deus e que o homem recebe como um dom a ser conservado e respeitado. "Assim, eles não são mais dois, mas uma só carne. Não separe, pois, o homem o que Deus uniu!" (19,6). De fato, na visão bíblica, o matrimônio não pertence simplesmente à ordem das instituições humanas, mas — como vimos — é expressão do desígnio criador de Deus: é uma realidade desejada por Deus em favor do homem e da mulher e, em última análise, de toda a humanidade. E esse é o anúncio de Jesus sobre o matrimônio: ele restabelece a unidade e a indissolubilidade originária do matrimônio, abolindo a tolerância introduzida pela lei mosaica, e reconduzindo o matrimônio à sua beleza inicial.

"Matrimônio" e "virgindade" em 1Cor 7. Nesse texto, mais que tratar do matrimônio e da virgindade em todos os seus aspectos, Paulo pretende responder, quase ponto por ponto, aos quesitos que lhe haviam sido apresentados; assim, examina *a condição das pessoas casadas* (7,1-11), *o casamento entre cristãos e pagãos* (7,12-16) e *a condição das pessoas não casadas*: as virgens (7,25-35); os noivos (7,36-38); as viúvas (7,39-40).

O matrimônio, nesse âmbito, aparece como uma união desejada e estabelecida por Deus, que liberta o homem e a mulher do perigo da concupiscência (7,1-5.9) e indissolúvel (7,10); mas sobretudo ele representa *um dom de Deus*, do mesmo modo que a virgindade (7,7). Enquanto contrato de um batizado, o matrimônio possui *uma força santificadora* também para o outro cônjuge; talvez seja precisamente pensando nessa "força" que Paulo recomenda conservar a vida conjugal com o parceiro ainda não convertido: de fato, um pode salvar o outro (cf. 7,16). Além disso, Paulo se remete a uma ordem do próprio Senhor segundo a qual o matrimônio não pode ser dissolvido; em decorrência disso, um segundo casamento por parte de quem é separado é ilícito (7,10-11). Não se deve interpretar de outro modo a passagem em que o Apóstolo afirma que se o parceiro não crente deseja separar-se, a parte crente não deve ser "sujeita a servidão", no sentido de que não deve ser obrigada a qualquer custo a continuar essa convivência (7,15). Mesmo nesse caso, contudo, Paulo não fala de um novo casamento do cônjuge cristão; essa possibilidade só é prevista no caso de morte de um dos dois cônjuges (7,39; também Rm 7,1-3).

b) *"Este mistério é grande"* (Ef 5,32). No que diz respeito ao anúncio neotestamentário sobre o matrimônio e em particular à sua sacramentalidade, assume particular importância o texto de Ef 5,21-33, no qual as núpcias de dois batizados aparecem ao mesmo tempo como *sinal* e *participação* da aliança, das "núpcias" de Cristo com sua Igreja.

O texto de Ef 5,21-33. A estrutura desse trecho, particularmente complexo e repleto de conteúdos, pode ser representada desta maneira:

v. 21: submissão recíproca em Cristo;

vv. 22-25a: relação homem-mulher à imagem da relação Cristo-Igreja;

vv. 25b-27: o mistério pascal-batismal, fundamento da Igreja;

vv. 28-30: relação homem-mulher no interior da Igreja;

vv. 31-32: o mistério do matrimônio cristão no mistério de Cristo e da Igreja;

v. 33: exortação final ao amor recíproco.

"Submetei-vos uns aos outros no temor do Senhor" (v. 21). O versículo 21 liga o nosso trecho ao que Paulo disse anteriormente sobre a importância de viver no amor, "como Cristo nos amou e se entregou a si mesmo a Deus por nós em oblação e vítima, como perfume de agradável odor" (5,1 ss.) e sobre a necessidade de se manter "repletos do Espírito, com salmos, hinos e cânticos espirituais, cantando e celebrando o Senhor com todo o coração" (5,18-20). O mesmo versículo introduz, ao mesmo tempo, o tema dominante de todo o texto: a "subordinação recíproca" do homem e da mulher a Cristo. A expressão "no temor do Senhor" (*en phobô Christou*) indica, na linguagem bíblica, uma atitude de *respeito santo*, feita de amor, de veneração e de atenção afetuosa. Marido e mulher, juntamente com toda a Igreja, são chamados a ter essa atitude para com o Senhor Jesus e, nele, um para com o outro.

"Mulheres, sede submissas aos vossos maridos, como ao Senhor. Pois o marido é a cabeça da mulher, assim como Cristo é a cabeça da Igreja, ele, o Salvador de seu corpo. Mas, como a Igreja é submissa a Cristo, sejam as mulheres submissas em tudo aos seus maridos. Maridos, amai as vossas mulheres" (vv. 22-25a). Retomando o tema da "submissão" do v. 21, Paulo desenvolve agora a analogia da relação homem-mulher com base no modelo Cristo-Igreja. É claro que, fazendo essa analogia, o Apóstolo é obrigado a falar de subordinação da mulher ao homem, assim como a Igreja está sujeita a Cristo, principalmente porque a imagem de vida conjugal que ele tinha diante de si compartilhava perfeitamente essa concepção. Mas Paulo sabe muito bem que, na nova ordem inaugurada por Cristo, não só "não há mais nem judeu nem grego, não há mais nem escravo nem livre", mas "não há mais nem homem nem mulher", a partir do momento em que todos os batizados são agora "um" em Cristo Jesus (Gl 3,28). O que lhe interessa ressaltar é a atitude de recíproco *dom* que marido e mulher são chamados a expressar e a realizar com base no modelo do dom que Cristo faz de si à Igreja (cf. a expressão surpreendente e significativa do v. 23: "ele, o Salvador do seu corpo"). É o que se evidencia, aliás, na seção subsequente de nosso trecho.

"Como Cristo amou a Igreja e se entregou por ela, para torná-la santa, purificando-a com a água que lava acompanhada da palavra; ele quis apresentá-la a si mesmo esplêndida, sem mancha nem ruga, nem defeito algum; quis a sua Igreja santa e imaculada" (vv. 25b-27). O "como" inicial tem valor comparativo: o homem deve amar a própria esposa *como* Cristo amou a Igreja; naturalmente, nisso está implícito também o inverso. A ação de Cristo em relação à Igreja constitui o modelo da vida conjugal dos batizados, do homem e da mulher. Retomando um costume do antigo Oriente, segundo o qual a noiva, antes da celebração do rito nupcial, era lavada e enfeitada para ser apresentada ao noivo resplandecente de beleza, Paulo apresenta o sacrifício pascal de Cristo como o evento que purificou e tornou santa a Igreja. Esse evento se atualiza e se realiza através do "banho batismal acompanhado da palavra": nele a Igreja é gerada e tornada continuamente nova, "santa e imaculada". É toda a Igreja, no seu conjunto, que é agora purificada e santificada. O Apóstolo pensa na Igreja que emerge, de maneira permanente, da "pia" batismal, resplandecente e pura como uma esposa apresentada ao seu esposo.

Essa Igreja é um "corpo", como antes ressaltou repetidamente (cf. 4,4.15-16; 5,23); isso lhe permite voltar à analogia homem-mulher, mas no interior da Igreja e a partir da imagem do "corpo" relacionada aos dois cônjuges.

"É assim que o marido deve amar a sua mulher, como o seu próprio corpo. Aquele que ama a sua mulher ama a si mesmo. Ninguém jamais odiou a sua própria carne; ao contrário, nós a nutrimos e cercamos de cuidado como Cristo faz para com a sua Igreja, pois somos membros de seu corpo" (vv. 28-30). O amor recíproco entre o homem e a mulher tem um alcance igual ao amor que cada um tem por si mesmo, pelo próprio corpo. O modelo desse amor ("nutrir", "cuidar") é mais uma vez Cristo: "Como faz Cristo com a Igreja". O fundamento é que agora, mediante o → BATISMO, nos tornamos "membros do corpo de Cristo"-cabeça, "do qual todo o corpo, coordenado e bem-unido [...] recebe força para crescer, para construir-se a si mesmo no amor" (4,16). Desse modo, a analogia homem-mulher com a de Cristo-Igreja não é colocada apenas no nível de configuração externa, mas de *realidade*: o marido e a mulher, enquanto batizados, fazem parte do corpo de Cristo e vivem de modo próprio da sua vida na qual são chamados a crescer, amando-se reciprocamente a exemplo do amor recíproco de Cristo e da Igreja. É desse preciso contexto crístico-eclesial que Paulo deriva a afirmação decisiva dos versículos seguintes.

"É por isso que o homem deixará o seu pai e a sua mãe, ele se ligará a sua mulher, e ambos serão uma só carne. Este mistério é grande: eu, por mim, declaro que ele concerne ao Cristo e à Igreja" (vv. 31-32). O Apóstolo se refere ao relato do Gênesis sobre a instituição do matrimônio para nele ver expresso um profundo mistério: a prefiguração profética do "matrimônio" de Cristo com a sua Igreja. Esse "mistério", que permaneceu oculto por muito tempo, foi agora revelado como mistério de salvação a todas as nações (cf. Ef 1,9 ss.; 3,3 ss.). Dentro desse mistério situa-se o matrimônio entre batizados; ele é *sinal* e *participação* desse mistério. Se o "mistério" fundamental e fontal é a relação Cristo-Igreja, o matrimônio cristão *o exprime e o representa à sua maneira*: nisso reside o "donum gratiae" do mistério matrimonial, o fluir da graça a partir do mistério de Cristo e da Igreja em favor dos esposos cristãos.

A expressão: "Este mistério é grande: o digo em referência à Cristo e à Igreja", implica essa amplitude de significado. Se de um lado o matrimônio dos progenitores é "tipo" da *realidade* do "matrimônio" entre Cristo e a Igreja, por outro lado a realidade desse "matrimônio" é *modelo* e *princípio* da novidade específica do matrimônio entre dois batizados. O matrimônio cristão brota no interior da união total de Cristo e da Igreja: é dessa união que extrai à própria significação e realidade. O matrimônio cristão aparece, portanto, com um evento de graça que faz com que os esposos participem *do mistério de aliança* que une, de modo irrevogável, Cristo à Igreja e a Igreja a Cristo.

"Portanto, cada um, no que lhe toca, deve amar a sua mulher como a si mesmo; e a mulher, respeitar o seu marido" (v. 33). Depois de ter falado do profundo mistério do matrimônio como expressão e participação do mistério de Cristo e da Igreja, Paulo retoma agora e conclui a sua recomendação inicial para os esposos. O termo grego correspondente ao "portanto" introdutório tem o significado de "seja como for", quase como se Paulo quisesse dizer: "em todo caso, quer tenhais ou não compreendido o 'mistério' que vos expus, vivei no matrimônio no amor e no respeito recíproco como procurei ilustrar-vos até agora"; trata-se de uma exortação à maneira de inclusão.

O matrimônio no mistério da salvação. Retomando o simbolismo veterotestamentário das núpcias, Paulo integra a realidade terrena do matrimônio ao mistério da salvação: *mistério pascal* e *mistério de aliança de Cristo com a Igreja*. É nesse âmbito que deve ser situada a sacramentalidade do matrimônio cristão.

O mistério pascal. "Como Cristo amou a Igreja e se entregou por ela, para torná-la santa, purificando-a com a água que lava acompanhada da palavra..." (5,25b-26).

O nascimento da Igreja é descrito como um rito de casamento: Cristo faz surgir a Igreja realizando uma obra de amor ("... amou... se entregou por ela"). É esse o seu dom de núpcias: o mistério pascal que ele viveu como evento esponsal. Graças a ele, a Igreja pode ser apresentada ao Pai "santa e imaculada", como uma esposa ornada de beleza e esplendor. Esta obra de amor se realiza e se comunica de fato mediante a "água" batismal: é ali que a Igreja nasce e renasce continuamente.

Radicados em Cristo e na Igreja mediante o batismo, os esposos cristãos são chamados a reviver em si mesmos o próprio mistério: por isso deverão ser uma "só carne", como a Igreja é o corpo de Cristo, uma só realidade com ele.

O mistério da aliança de Cristo com a Igreja. "É por isso que o homem deixará o seu pai e a sua mãe, ele se ligará à sua mulher, e ambos serão uma só carne. Este mistério é grande: eu, por mim, declaro que ele concerne ao Cristo e à Igreja" (5,31-32).

O "mistério" (*mystêrion*) é, para Paulo, o desígnio salvífico de Deus, o projeto de aliança mediante o qual Deus transmite ao homem aquilo que possui de mais íntimo com o Filho e o Espírito Santo. Esse "mistério" foi mantido oculto por séculos, mas agora foi revelado na aliança que se realizou em Cristo com a Igreja. O matrimônio entre dois batizados participa desse mistério e tem como modelo a união que liga irrevogavelmente Cristo à Igreja e a Igreja a Cristo.

Vinculando-se ao ideal do matrimônio que precede o pecado original, o texto da Carta aos Efésios permite vislumbrar que a união total e indissolúvel de Adão e Eva encerrava de modo típico a união de Cristo com a sua Igreja. O matrimônio entre batizados, por sua vez, está em estreita ligação com o mistério salvífico de Cristo em favor da Igreja: é um evento de graça que assume a realidade terrena do matrimônio e o transforma, inserindo-o no mistério de aliança de Cristo com a sua Igreja.

Todo o contexto da Igreja, por outro lado, implica essa *correspondência* em nível profundo: Cristo-Igreja/homem-mulher, e revela a força santificante nova que o amor entre os esposos cristãos assume em decorrência do fato de que "Cristo amou a Igreja e se entregou por ela para torná-la santa, purificando-a com a água que lava acompanhada da palavra..." (5,25-26). Assim deve ser para o marido em relação à mulher e para a mulher em relação ao marido (5,28-33).

O matrimônio cristão é colocado em relação direta com o sacrifício pascal e participa do amor perenemente salvífico de Cristo pela Igreja. Os esposos cristãos entram como "parceiros" nesse mistério e tornam-se sinal vivo dele. É desse modo que o matrimônio cristão adquire toda a sua relevância eclesial para torná-la santa, purificando-a com a água que lava acompanhada da palavra…": a vida conjugal, vivida no amor e na graça batismal, torna-se testemunho do amor recíproco de Cristo e da Igreja e anuncia as núpcias escatológicas esperadas para os últimos tempos da salvação (cf. Ap 19,7-9).

"Este mistério é grande": o matrimônio entre batizados é sinal sacramental do mistério da salvação de Cristo e por isso é participação viva na Igreja da realidade de que é sinal e realização.

2. TEOLOGIA DO SACRAMENTO DO MATRIMÔNIO. Já como realidade terrena, o matrimônio revela-se — no projeto primordial da criação — de origem divina, com as conotações fundamentais da unidade e da indissolubilidade. O anúncio do Novo Testamento — como vimos — não é apenas de que o matrimônio é reconduzido ao seu ideal originário, mas que ele participa — enquanto contrato entre dois batizados — do mistério de aliança que flui de Cristo na Igreja e é, portanto, um mistério de graça e de santidade para os esposos. É a partir dessa consciência que a fé cristã, desde o início, afirmou o caráter sacramental do matrimônio. Os → PADRES DA IGREJA, com base nos textos bíblicos vistos e também numa leitura "tipológica" do episódio evangélico das bodas de Caná (Jo 4,46-54), repetidamente destacam como a inserção vital dos esposos cristãos no "casamento" celebrado entre Cristo e a Igreja constitui o fundamento do amor novo entre os cônjuges, chamados a "se amar como Cristo amou a Igreja e se entregou por ela". Essa correspondência Cristo-Igreja/marido-mulher não é vista — na perspectiva histórico-salvífica da teologia patrística — apenas no âmbito de modelo ou de exemplo, mas antes como expressão de uma real inserção-participação da realidade inferior da união conjugal à realidade superior — e propriamente sobrenatural — da união Cristo-Igreja. Foi desse modo que os Padres da Igreja sentiram e expressaram a ideia de uma elevação do matrimônio ao nível de sacramento.

A teologia escolástica aprofundará em várias direções o sentido de tal elevação. Por sua vez, o Concílio de Trento, em oposição às negações dos protestantes, definirá que o matrimônio cristão é um dos sete sacramentos da nova lei, instituído por Cristo e, portanto, um verdadeiro dom sacramental que confere aos esposos a graça santificante e as graças atuais necessárias ao cumprimento de seu estado de vida.

O Concílio de Trento explica, entre outras coisas, que a graça específica do sacramento do matrimônio deve ser vista segundo uma tripla finalidade: ela "*aperfeiçoa* o amor natural, *confirma* a unidade indissolúvel, *santifica* os cônjuges" (DENZ. 1.797). A relação amor-indissolubilidade-graça é afirmada desse modo na sua unidade mais profunda. Para o casal cristão, existe o amor humano de um lado e a indissolubilidade e a graça sacramental de outro, como algo que se sobreporia quase que a partir de fora; mas aquele mesmo amor que fundamenta a realidade terrena do matrimônio e que já em si mesmo implica a indissolubilidade é assumido e consagrado por Cristo no sacramento do matrimônio; como tal, ele "aperfeiçoa" o amor humano, "confirma" a indissolubilidade do pacto conjugal e "santifica" os cônjuges. O amor dos dois esposos — em todo o seu valor positivo — é assim assumido no amor de Cristo pela Igreja e torna-se o sinal e o modo concreto e imediato para viver a própria sacramentalidade do matrimônio cristão. O Concílio Vaticano II, particularmente na constituição dogmática *Lumen gentium* e na pastoral *Gaudium et spes*, enfatizou essa unidade harmônica entre a realidade terrena do matrimônio e a sua elevação sacramental. O ponto chave dessa unidade é a apresentação do sacramento do matrimônio na perspectiva da história da → SALVAÇÃO, da aliança entre Deus e Israel, entre Cristo e a Igreja. O simbolismo bíblico da → ALIANÇA, especialmente sob o aspecto esponsal, é retomado pelo Concílio através da evocação dos profetas Oseias, Jeremias, Ezequiel e particularmente da Carta aos Efésios. É nessa perspectiva que se evidencia a novidade e a riqueza específica do matrimônio cristão.

"Como outrora Deus tomou a iniciativa do pacto de amor e fidelidade com seu povo, assim agora o Salvador e o Esposo da Igreja vem ao encontro dos cônjuges cristãos pelo sacramento do matrimônio" (*GS* 48). É esse encontro do Salvador com os esposos na comunidade eclesial que funda a participação deles no amor total e santificante de Cristo por sua Igreja. Esse encontro é o início de uma presença permanente: de fato,

Cristo "permanece" com os esposos e se entrega a eles, "porque, da mesma forma que ele amou a sua Igreja e por ela se entregou, assim também os cônjuges possam amar-se um ao outro com fidelidade perpétua, com mútua dedicação" (*GS* 48). Na perspectiva do Concílio Vaticano II, a graça sacramental tem um caráter radicalmente eclesial, na medida em que funda um novo modo de ser na Igreja e faz da família que brota do sacramento do matrimônio "como que uma Igreja doméstica" (*LG* 11; *AA* 11), como que uma pequena Igreja — comunidade de graça e de santificação — no interior da grande Igreja, esposa de Cristo e seu corpo no mundo.

É desse modo que "o autêntico amor conjugal é assumido no amor divino, e é guiado e enriquecido pelo poder redentor de Cristo e pela ação salvífica da Igreja para que os esposos sejam conduzidos eficazmente a Deus e ajudados e confortados na sublime missão de pai e mãe" (*GS* 48). Por causa do sacramento do matrimônio, os esposos são portanto postos numa nova condição de ser e de vida em Cristo e na Igreja: uma condição de aliança que Deus estabeleceu com eles, como casal (e não só como pessoas isoladas), que completa e especifica a aliança batismal. Essa aliança exprime *o compromisso irrevogável de Deus* para com os dois esposos e desse modo "aperfeiçoa-conforma-santifica" o seu amor e o seu vínculo indissolúvel. Por sua vez, os esposos *se comprometem* diante de Deus a viver e a crescer nesta "aliança no Senhor" para a edificação da Igreja. A celebração sacramental do matrimônio *é o ato e o "lugar" em que o homem e a mulher acolhem a aliança de Deus, a encontram e se empenham a corresponder a ela, vivendo-a.*

I. *Sacramentalidade do matrimônio cristão.* A novidade específica do matrimônio cristão corresponde, portanto, à novidade absoluta trazida pelo mistério da aliança de Deus na história; ela tem a sua plenitude nas "núpcias" agora celebradas entre Cristo e a sua Igreja: o matrimônio entre dois batizados *se fundamenta* nesse mistério de aliança, *o expressa* e *o prolonga* na condição vocacional própria dos esposos no interior do corpo de Cristo que é a Igreja. É precisamente nesse âmbito que o magistério da Igreja, por ocasião do Concílio de Trento, definiu como *doutrina de fé* que *o matrimônio cristão é verdadeira e propriamente um dos sete sacramentos da nova lei, instituído por Cristo Senhor que confere a graça que significa* (cf. Denz. 1.801). O Concílio Vaticano retomou e reafirmou a mesma doutrina numa linguagem mais histórico-salvífica: "Cristo Senhor abençoou largamente esse amor multiforme originado da fonte da caridade divina e constituído à imagem de sua própria união com a Igreja. Pois, como outrora Deus tomou a iniciativa do pacto de amor e fidelidade com seu povo, assim agora o Salvador e o Esposo da Igreja vem ao encontro dos cônjuges cristãos pelo sacramento do matrimônio" (*GS* 48).

No plano da reflexão teológica, podemos "distinguir", no sacramento do matrimônio, três níveis fundamentais: o nível do *sinal sacramental,* o nível da *realidade* que o sinal significa e produz, e o nível da *realização* daquilo que se significou e acolheu na celebração do sacramento.

II. *O sinal.* O matrimônio entre dois batizados pertence à "gradual realização do mistério da salvação" e é "sinal do amor que une Cristo à sua Igreja". O pacto de vida que os dois cônjuges expressam e fazem um ao outro é assumido no projeto salvífico de Deus e torna-se *sinal sacramental* da ação de graça de Jesus Cristo em favor de sua Igreja.

O que constitui propriamente esse sinal sacramental?

a) *O consentimento recíproco.* No nível estritamente teológico, o sinal sacramental do matrimônio é constituído pelo *livre ato de vontade* mediante o qual os dois noivos fazem um *consentimento* recíproco, com um pacto irrevogável, doando e recebendo reciprocamente a si mesmos para construir o matrimônio. "A íntima comunhão de vida e de amor conjugal que o Criador fundou e dotou com suas leis é instaurada pelo pacto conjugal, ou seja: o consentimento pessoal irrevogável" (*GS* 48). Esse consentimento deve ser expresso de maneira perceptível, normalmente com palavras e gestos que manifestam a intenção interior. Precisamente porque o sinal sacramental do matrimônio entre dois batizados é constituído pelo consentimento entre dois, existe identidade entre o pacto matrimonial (ou contrato) com que o homem e a mulher estabelecem entre si a comunhão-comunidade de toda a vida e o sacramento do matrimônio; e não pode existir um válido pacto matrimonial de dois esposos cristãos que não seja ao mesmo tempo sacramento. Em decorrência disso, tudo o que torna nulo o pacto matrimonial (por exemplo: falta de liberdade em um dos dois cônjuges) torna nulo o próprio ato sacramental.

b) *Os esposos, ministros do sacramento.* Com base no que acabamos de dizer, é claro por que são os próprios esposos os ministros humanos (os que concretizam o ato) mediante o qual o sinal — nas condições estabelecidas pela Igreja — é expresso e o evento sacramental se realiza. Por causa de seu caráter batismal, os esposos realizam um verdadeiro ato de ministerialidade eclesial-sacramental. Se esse ato, com o consentimento recíproco que implica, constitui de fato o próprio sinal sacramental, os esposos são ministros do sacramento e consequentemente fazem parte do sinal sacramental integralmente entendido.

Não obstante as incertezas de alguns autores antigos, devemos dizer que não faz parte desse sinal *a bênção do ministro ordenado*; essa é uma doutrina comum, mesmo no Oriente, onde contudo essa bênção é exigida para a validade do ato matrimonial.

c) *A forma da celebração do matrimônio.* Em virtude do poder recebido por Cristo sobre o modo de celebrar os sacramentos, a Igreja tem *o direito de prescrever*, sob pena de nulidade, a forma de celebração do sacramento do matrimônio. Foi o que se fez tanto no Oriente quanto no Ocidente. No que diz respeito a este último, a forma exigida é a que prevê a presença do sacerdote ou de um seu delegado *para a própria validade do ato de celebração* (cf. a esse respeito e para as outras determinações, *Novo Código*, câns. 1.108-1.123). Em decorrência da missão de ensinar, a Igreja tem também o poder de estabelecer quais são os impedimentos que tornam nulo ou ilícito um matrimônio e de exercer o direito da dispensa de alguns deles (cf. *Novo Código*, câns. 1.073-1.107).

III. *A realidade.* Enquanto sinal da economia sacramental da Igreja, o matrimônio entre cristãos é de fato *um ato eficaz*, um ato objetivamente operativo daquilo que indica e significa. Ora, o que ele indica e significa é *a participação do mistério de aliança que liga sobrenatural e indissoluvelmente Cristo à Igreja e a Igreja a Cristo.* É esta *a realidade* (a *res*) profunda do sacramento do matrimônio que doa aos esposos um novo modo de ser na Igreja, colocando-os num estado de vida especial no interior do povo de Deus.

Em que consiste essa "realidade"?

a) *A graça sacramental.* O sacramento do matrimônio é *um evento de graça* e doa uma *graça sacramental própria.* Essa "graça", que expressa a própria presença do Senhor ressuscitado na vida dos esposos e o dom do seu Espírito, transfigura o amor humano dos esposos e o torna sinal, imagem viva, do mistério de Cristo e da Igreja. Isso significa — como consequência imediata — que o amor verdadeiro com que os esposos reciprocamente se comprometem um com o outro e se doam seguindo o modelo Cristo/Igreja, representa o modo concreto e visível com que eles manifestam e realizam a realidade profunda de seu vínculo sacramental "no Senhor". Sob esse aspecto, além disso, o sacramento do matrimônio representa *quase uma consagração* que recupera e transforma toda a existência dos esposos e funda sua própria espiritualidade na Igreja.

b) *Unidade e indissolubilidade.* Transfigurando a realidade terrena do matrimônio e "aperfeiçoando-confirmando-santificando" (cf. Denz. 1.797) o amor humano, o sacramento do matrimônio ratifica e realiza plenamente a unidade e a indissolubilidade do matrimônio. A graça própria que flui da participação dos esposos no mistério de aliança de Cristo com a Igreja os une um ao outro de modo inseparável e os chama a realizar uma aliança igualmente irrevogável. A aliança de Cristo com a Igreja é, em decorrência disso, o *princípio* e o *modelo* da aliança única e indissolúvel dos esposos. Só a morte poderá separar aquilo que Deus uniu (cf. Mt 19,3-9). "Da válida celebração do matrimônio surge entre os cônjuges um vínculo por natureza perpétuo e exclusivo" (*Novo Código*, cân. 1.134). Esse vínculo não representa de fato um simples acordo humano, mas uma aliança estabelecida *no* Senhor: uma aliança que se fundamenta na de Cristo com a sua Igreja, da qual reproduz precisamente a dimensão própria de unidade irrevogável.

c) *A fidelidade.* Da própria realidade do matrimônio como "aliança no Senhor" deriva a obrigação da fidelidade recíproca. Ao contrário de Israel, a Igreja, esposa de Cristo, é confirmada numa aliança definitiva e fiel por parte de Deus. O matrimônio cristão é figura e participação viva dessa aliança. A afirmação da exigência da fidelidade dos cônjuges cristãos — mais que da realidade terrena do verdadeiro amor — nasce portanto dessa natureza profunda do matrimônio. Essa "união íntima, doação recíproca de duas pessoas, e o bem dos filhos exigem a perfeita fidelidade dos cônjuges e sua indissolúvel unidade" (*GS* 48). Essa fidelidade-indissolúvel unidade é, aliás, a maneira concreta para manifestar e realizar o pleno significado do evento de graça do matrimônio. De fato, o "sim" que os esposos disseram um ao outro no Senhor agora passou a fazer parte do "sim" que Cristo disse à Igreja, e o reclama como resposta vivida à "realidade" que o sacramento do matrimônio realiza entre os esposos e para os esposos.

IV. *A realização*. O "sinal" e a "realidade" chamam a uma "realização": o mistério do matrimônio, como mistério de aliança em Cristo e na Igreja, deve de fato ser vivido, segundo *os objetivos* que lhe são próprios, como *vocação de santidade* e *ministério conjugal*, a serviço da comunidade eclesial e da sociedade humana.

a) *Os objetivos do matrimônio*. Já no nível de realidade terrena, o matrimônio visa por si mesmo à complementaridade/crescimento mútuo do homem e da mulher e à geração/educação dos filhos, em que se exprime e encontra pleno cumprimento a própria complementaridade/crescimento conjugal. "O homem e a mulher, que pelo pacto conjugal 'já não são dois, mas uma só carne', prestam-se mutuamente serviço e auxílio, experimentam e realizam cada dia mais plenamente o senso de sua unidade pela união íntima das pessoas e das atividades" (*GS* 48). "Por sua índole natural, o próprio instituto do matrimônio e o amor conjugal estão ordenados à procriação e à educação dos filhos em que culminam como numa coroa" (*GS* 48). Essa finalidade (ou duplicidade de fins coessenciais) é assumida e transfigurada, em toda a sua plenitude, pelo sacramento do matrimônio. Desse modo, "os cônjuges cristãos são corroborados e quase consagrados" pela graça do sacramento do matrimônio… "Exercendo seu múnus conjugal e familiar em virtude desse sacramento, imbuídos do Espírito de Cristo […], aproximam-se cada vez mais de sua própria perfeição e mútua santificação e, assim unidos, contribuem para a glorificação de Deus" (*GS* 48).

b) *A vocação à santidade*. Inserida no mistério de aliança Cristo/Igreja, toda a vida dos esposos é uma vocação à santidade. "Os cônjuges cristãos, em virtude do sacramento do matrimônio, pelo qual significam e participam do mistério de unidade e fecundo amor entre Cristo e a Igreja, ajudam-se reciprocamente a *alcançar a santidade* na vida conjugal, bem como na aceitação e educação dos filhos, e têm para isso no seu estado e função um dom especial dentro do povo de Deus" (*LG* 11).

O chamado à santidade na vida conjugal não é algo que se sobrepõe quase como se de fora à realidade do matrimônio entre dois batizados; ao contrário, *fundamenta-se* em seu próprio batismo — que é vocação universal à santidade (cf. *LG* 39-42) — e se *especifica* em relação ao dom e à condição própria dos cônjuges na Igreja. Essa especificidade caracteriza-se essencialmente pela *comunhão* entre os dois, na medida em que agora os esposos realizam a própria vocação não simplesmente como pessoas individuais, mas *como casal*, juntos. Com o sacramento do matrimônio, o vínculo de amor se torna um vínculo sacramental: duas vidas se unem sacramentalmente, para sempre; dois seres se comprometem, amando-se, a viver nessa nova condição de graça, criada por Deus neles e para eles, ajudando-se a crescer na fé. Não só se apoiam reciprocamente, mas *se santificam doando-se* e na mesma medida em que se doam um ao outro. Também a salvação se realiza em dois, e cada cônjuge é responsável, em certa medida, pelo outro.

c) *O ministério dos cônjuges*. Se o sacramento do matrimônio significa "dom de graça" e vocação de santidade, ele funda ao mesmo tempo o ministério próprio dos cônjuges cristãos para a edificação da Igreja no mundo. Juntamente com toda a Igreja, os cônjuges são chamados a "se tornar testemunhas daquele mistério de amor que o Senhor revelou ao mundo com a sua morte e a sua ressurreição" (*GS* 52). No encontro sacramental, o Senhor confia aos cônjuges um ministério próprio na Igreja, enriquecendo-os para tanto da sua graça e dos auxílios necessários, para que possam realizá-lo em toda a plenitude que exige.

O conteúdo desse ministério corresponde ao do próprio ministério de Cristo e da Igreja:

— é *um ministério profético*: de anúncio vivo, de transmissão da fé e de testemunho no interior da família e da sociedade para orientar uma à outra segundo Deus e os valores do Reino proclamado-inaugurado por Cristo;

— é *um ministério sacerdotal*: de culto espiritual, de glorificação de Deus e de santificação na oração, na escuta da → PALAVRA DE DEUS, na vida sacramental e na doação de si mesmos "em sacrifício vivo, agradável a Deus" (cf. 1Pd 2,5);

— é *um ministério régio*: de presença no interior do mundo para a sua transformação, na perspectiva da autêntica promoção do homem e da realização do projeto de Deus para a humanidade, e *de serviço* como "sal", "luz", "fermento", "sinal" do Reino agora presente.

Na realização de sua vocação à santidade e de seu ministério, os cônjuges se encontrarão diante de dificuldades, obstáculos e tentações de vários tipos; diante de tudo isso, são instados a confiar na divina providência e a cultivar uma espiritualidade plenamente pascal, segundo o modelo de Cristo que "amou a Igreja e por ela se entregou" (Ef 5,25).

BIBLIOGRAFIA. ADNÈS, P. *Il matrimonio*. Roma, 1966; CARRETTO, C. *Famiglia, piccola chiesa*. Roma, 1970; CORTI, A. *Matrimonio e vita coniugale alla luce dei documenti conciliari*. Milano, 1971; DOMS, H. Sessualità e matrimonio. *Mysterium Salutis* IV. Brescia, 1970, 409-464; GOFFI, T. *Spiritualità familiare*. Roma, 1965; GRELOT, P. *La coppia umana nella Sacra Scrittura*. Milano, 1968; *Il matrimonio cammino nella fede*. Roma, 1976; *La famiglia oggi e domani*. Milano, 1980; LECLERCQ, G. *Il sacramento del matrimonio*. Roma, 1975; LIGIER, L. *Il matrimonio. Questioni teologiche e pastorali.*, Roma, 1988; MAISTRAUX, R. *Matrimonio via alla santità*. Milano, 1965; *Mistero e mistica del matrimonio*. Torino, 1966; MICCI, C. *Il sigillo dell'amore*. Milano, 1986; RAHNER, K. Il matrimonio come sacramento. *Nuovi Saggi* III. Roma, 1969, 575-602; ROCCHETTA, C. Il sacramento del matrimonio. Em ID. *I sacramenti della fede*. Bologna, 1987; ID. Il matrimonio. In *I sacramenti, incontro con Cristo*. Milano, 1987; SCHILLEBEECKX, E. *Il matrimonio è un sacramento*. Milano, 1966; ID. *Il matrimonio realtà terrena e mistero di salvezza*. Roma, 1968; TETTAMANZI, D. *Il matrimonio cristiano oggi*. Milano, 1975; TETTAMANZI, D. *Sacramenti e spiritualità coniugale*. Roma, 1967; VOLLEBREGT, G. *Matrimonio nella Bibbia*. Bari, 1967.

C. ROCCHETTA

MATRIMÔNIO ESPIRITUAL. 1. Na teologia espiritual, "matrimônio místico" e "noivado místico" (ou matrimônio espiritual e noivado espiritual) são termos figurados. Foram introduzidos na literatura espiritual pela concepção nupcial da vida cristã, de nítido caráter bíblico. Abalizados pelo testemunho e pela experiência dos grandes místicos, os dois termos fizeram fortuna até entrar definitivamente na linguagem técnica. Na literatura espiritual dos últimos séculos designam já dois momentos ou duas fases distintas e bem caracterizadas da vida mística. Esse sucesso dos dois vocábulos e do simbolismo nupcial em que se integram deve-se à eficácia com que assumem e valorizam alguns elementos determinantes da vida cristã: especialmente o caráter primário e definitivo do amor, o significado estritamente pessoal ou interpessoal (Deus e homem) da vida cristã. São exatamente os dados fundamentais do símbolo nupcial, experimentados como conteúdo profundo do mistério da salvação e utilizados como chave de interpretação: a vida cristã é essencialmente um fato de amor; o seu desenvolvimento segue uma trajetória determinada por um regime de amor interpessoal, que mediante um processo de purificação e de espiritualização (namoro, noivado etc.) atinge a plenitude ou maturidade em um necessário vínculo de amor: a união de espírito de dois amantes, consumada misteriosamente na vida presente por meio da → FÉ e dos → SACRAMENTOS, e projetada para a futura vida beatífica.

Não é fácil estabelecer a origem literária dessa síntese doutrinal. Não existe um estudo histórico sobre o tema, apesar de sua importância. Tampouco se pode precisar até que ponto esteja presente na experiência religiosa universal, fora da literatura cristã. É possível assinalar três ordens de fatores inspiradores: os elementos alegóricos originais, tomados diretamente da vida nupcial humana, quer no seu valor sacramental, quer na sua experiência puramente natural; acima deles, a experiência profunda dos místicos, que captaram no fundo do mistério cristão a experiência do mútuo amor entre Deus e o homem, como uma experiência nupcial, em sentido analógico e no nível espiritual, mas real e intensa; finalmente, a revelação bíblica, que apresenta o mistério da salvação não só com a alegoria do amor humano, mas como um fato nupcial tanto no âmbito eclesial (Deus e o seu povo) quanto no âmbito individual, de pessoa para pessoa.

Alguns autores valorizam a primeira dessas três linhas de inspiração (L. BEIRNAERT, *Esperienza cristiana e psicologia*, Torino, 1965, especialmente na parte IV: "Caminhos e símbolos", "o significado do simbolismo conjugal na vida mística", pp. 318-329): o matrimônio humano, a partir desse ponto de vista, é por si só um símbolo capaz de transcender o quadro estritamente antropológico em que se realiza e se situar no plano das relações de amor e de fecundidade que existem entre Deus e o homem. Isso explicaria a constância com que em todas as religiões o matrimônio é visto como um fato intrinsecamente religioso, expressão das relações de Deus com a tribo ou com o grupo social humano em que se realiza; explicaria desde a origem por que, na Bíblia, Deus utiliza tanto esse símbolo, criado por ele mesmo, e por que a experiência cristã das relações com Deus tem necessariamente ressonâncias e implicações nupciais, na mesma proporção com que se encarna e se expressa em termos filiais ao se referir ao Pai ou com atitudes e sentimentos fraternos ao se associar a Cristo e aos outros homens.

2. Não obstante isso, o ponto de partida da interpretação nupcial da vida cristã se encontra, muito mais provavelmente, na Sagrada Escritura. Os livros sagrados não só alegorizam o amor humano, como reflexo e símbolo do amor que se realiza entre Deus e o homem na história da → SALVAÇÃO, mas também apresentam esta última como um "fato nupcial"; sem se contaminar com o materialismo e com o erotismo das mitologias e religiões limítrofes: transferindo o símbolo e a consequente versão da vida religiosa para um plano espiritual; reservando a iniciativa e a ação a YHWH ou a Cristo: é ele, YHWH ou Cristo, quem se enamora e leva ao casamento o seu povo ou a Igreja. Com uma dupla versão: em nível comunitário, situação nupcial permanente entre Deus e o homem; de Pessoa para pessoa, sem dissociar os dois planos. Mas com evidente predomínio da fórmula comunitária, tanto no Antigo quanto no Novo Testamento, Deus desposou Israel-povo desde os dias da adolescência, vividos no deserto (Jr 2,2); YHWH em seguida é traído com uma infidelidade que uma esposa qualquer não cometeria (2,32); e apesar disso YHWH continuará a ser seu esposo para sempre; desposou Israel em justiça, misericórdia e fidelidade (Os 2,21; cf. Is 49,18; 9,6; 37,32; 54,5; 62,5 e outros profetas: Jr 3,1-15; 5,7; 31-34; Ez 5,13; 87; 16,8; 23,5; 23,32-38; Os 1,1-9; 2,14-21; 4,16).

São Paulo permanece fiel a essa tradição temática. Por ele, a Igreja de Corinto desposou Cristo; está vivendo o período de noivado até que o próprio Paulo a apresente a Cristo como virgem casta (2Cor 11,2). Toda a Igreja, na relação com Cristo, é como a mulher casada em relação ao marido (Ef 5,23); não está sujeita a ele como à cabeça ("caput", *Ibid.*, 23-25), mas é amada por ele com amor esponsal (*Ibid.*, 25), a nutre e a sustenta (*Ibid.*, 29) e é ele que a apresentará a si mesmo ("paraninfo") pura e imaculada, sem mancha nem ruga (*Ibid.*, 26-27; cf. Gl 4,21-31). Um conceito semelhante da Igreja, esposa do Cordeiro, é encontrado no Apocalipse (19,7; 21,1-10; 22,18; cf. a imagem nupcial nas parábolas Mt 9,15; 25,1-12…).

3. O livro sagrado que serviu para a transposição do símbolo nupcial no plano das relações individuais do homem com Deus é o → CÂNTICO DOS CÂNTICOS. Os exegetas ainda não chegaram a um acordo sobre o sentido originário — individual ou comunitário, natural ou místico — do livro. Teve uma influência vital na espiritualidade cristã; não só como fonte de experiência (basta recordar entre os maiores expoentes São Bernardo ou Santa Teresa, que sente "grande alegria toda vez que ouve ou lê algum trecho dos Cânticos": *Conceitos*, pról.), mas também motivo de inspiração doutrinal e tema literário. (Uma visão de conjunto sobre o problema do Cântico na espiritualidade até o século XII encontra-se em F. OHLY, *Ohelied-Studien, Grundzuge einer Geschichteder Hoheliedanslegung des Abendlandes bis um 1200*, Wiesbaden, 1958).

Os Padres logo captaram o valor "típico" do casal central e do "fato de amor" que constitui a trama do livro (cf. ORÍGENES, *Homilias sobre o Cântico* e sobretudo os fragmentos do seu *Comentário ao Cântico*, PG 13, 83). No entanto, demoraram a perceber a evolução do amor que se desenvolve nos sete cânticos que compõem a obra, e que teria, sem dúvida, facilitado a sua aplicação ao desenvolvimento da vida espiritual individual. Essa descoberta exegética dos escrituristas do século XX (D. Lys, A. Feuillet…) tem um precursor, tardio mas glorioso, em São → JOÃO DA CRUZ, cujo *Cântico espiritual* é uma réplica do poema bíblico e um traçado progressivo do caminho da alma esposa para a maturidade do amor, até à união com o Esposo, passando pelas etapas do noivado e do matrimônio. Antes de São João da Cruz, São Bernardo e sobretudo → HUGO DE SÃO VÍTOR e o seu discípulo Ricardo já haviam aplicado à vida espiritual a terminologia e a ideia do "processo" nupcial. Antes deles, a espiritualidade monástica havia explorado copiosamente o tema, interpretando o esquema nupcial do Cântico tanto para as relações entre Cristo e a Igreja quanto entre a Igreja e a comunidade monástica, entre o indivíduo e a sua vida de amor. Beda já comentava: "*Omnis Ecclesia et unaquaeque anima sancta*" (*In Cant.*, PL 91, 1215); e São Gregório: "*Ecclesia vel quaelibet fidelis anima*"; "*quod generaliter de cuncta Ecclesia diximus, nunc specialiter de unaquaque anima sentiamus*" (*In Cant.*, PL 93, 479); e, com termos semelhantes, vários séculos depois Guilherme de São Teodorico: "*de Christo et Ecclesia… De Christo et sponsa, de Christo et christiana anima…*" (*In Cant.*, Sources Chrétiennes 82.97. Ver o estudo de E. BACCETTI, Il Cantico dei Cantici nella tradizione monastica, in *Bibbia e spiritualità*, Roma, 1967, 378-415. Segundo Baccetti, do século VI ao século XII predomina na literatura monástica a explicação eclesiológica do tema nupcial; a partir do século XII e sobretudo com São Bernardo se desenvolve a explicação mística, aplicada à comunidade monástica ou ao indivíduo, cf. 391 s.).

A primeira elaboração sistemática provavelmente se deve a → RICARDO DE SÃO VÍTOR; com base numa penetrante análise do processo do amor humano em quatro fases (*amor vulnerans, ligans, languens, deficiens*), eleva-se para uma visão panorâmica que enquadra todo o itinerário espiritual em um processo estritamente nupcial: "*De quatuor gradibus violentae caritatis*" (*PL* 196, 1.207-1.223). Os quatro graus são: *desponsatio, nuptiae, copula, puerperium* (*Ibid.*, 1.216). Na exposição de Ricardo, eles correspondem à meditação, contemplação, êxtase e fecundidade apostólica (*Ibid.*, 1.217-1.222). Noivado e matrimônio espiritual são duas jornadas iniciais da vida mística (*violenta caritas*); o primeiro, na origem da conversão; o segundo, durante a jornada de "avanço" (*Ibid.*, 1.219). Nesse quadro, Ricardo adapta ao seu esquema os textos do Cântico (cf. *Ibid.*, 1.216-1.217), desvinculados porém do contexto, sem percepção alguma do crescendo dramático dos protagonistas do livro bíblico. A exposição do teólogo vitorino era excessivamente artificiosa e desnaturada. Teve pouco sucesso na tradição literária posterior (cf. G. DUMEIGE, *Richard de Saint-Victor et l'idée chrétienne de l'amour*, Paris, 1952, 133-134). Quatro séculos depois será suplantada pela síntese de Santa Teresa e de São João da Cruz. Ambos os autores, com uma visão doutrinal substancialmente homogênea, consagraram definitivamente o símbolo nupcial, revalorizaram o seu conteúdo real de amor espiritual, e fixaram sua correspondência periódica com as últimas etapas do itinerário místico. A partir deles, a interpretação nupcial da vida cristã, no plano individual, torna-se patrimônio inquestionável da → TEOLOGIA ESPIRITUAL.

4. Em Santa Teresa de Ávila é evidente a dependência literária do Cântico dos Cânticos, e ao mesmo tempo a relação desta com a experiência mística da própria santa. Entre 1570 e 1575 ela escreveu o seu livrinho *Conceitos do amor de Deus*, glosa livre à maneira de elevação meditativa de alguns versículos do Cântico, onde temos já delineadas em sete capítulos as sete etapas da vida espiritual descritas pouco depois nas sete *Moradas* do *Castelo interior* (1577). Nas *Moradas* temos inesperadamente o símbolo nupcial, perfeitamente elaborado e articulado... Não o menciona na primeira parte da obra, moradas ascéticas (1, 2 e 3), nem na fase de transição (*Moradas*, 4). Já nelas o amor é a alma da vida cristã; mas é um amor muito fraco e indiferenciado. Só mais tarde assumirá formas nupciais. Acontecerá, segundo a autora, na vida mística (*Moradas*, 5, 6 e 7). Só o amor místico, portanto, transfere as relações com Deus para um plano nupcial, impondo-lhes um processo de desenvolvimento que termina no "matrimônio místico" (*Moradas*, 7), preparado por um estado pré-nupcial, o "noivado místico" (*Moradas*, 6), precedido por sua vez por um prelúdio afetivo, à maneira de educação amorosa, determinado pelo primeiro estado místico (*Moradas*, 5).

À primeira vista, essa redução elementar do itinerário místico a três graus nupciais parece uma simples adaptação do ritual matrimonial da época às enormes possibilidades da experiência mística; na verdade, o esquema corresponde à experiência pessoal da autora e a uma nítida síntese doutrinal dessas mesmas experiências. Ela utiliza os elementos imprescindíveis do ritual matrimonial contemporâneo para criar o símbolo; os três momentos importantes do processo de enamoramento são: as "visitas", encontros ou conhecimento direto dos dois enamorados (*Moradas*, 5, 3, 4-5); o "noivado", apresentação oficial e mútua promessa de se entregar um ao outro (*Ibid.*, 4-5); o "matrimônio", dom sacramental e posse mútua das pessoas, situação definitiva com estabilização no amor e na vida. Na experiência mística da santa, há um processo de amadurecimento interior e uma evolução das suas relações imediatas com Deus, que tornou possível a formulação dessa articulação trifásica do símbolo nupcial: a sua vida mística começou, efetivamente, com uma série de experiências de Cristo e de Deus, como pessoas imersas na sua própria vida; segue-se um período de violentos desejos e de nervosa esperança, êxtases e feridas de → AMOR, causadas pelo sentimento vivo de não posse, de não doação definitiva; por fim, ocorre um fato místico que muda repentinamente essa tensão violenta e introduz a santa no mar tranquilo do estado final: graça de entrada no "matrimônio místico" (cf. *Relatório*, 35; *Moradas*, 7, 1, 6; 2, 1); a partir desse momento, começa o estado de matrimônio espiritual que durará os últimos dez anos de sua vida. A partir desses dados experimentais se desenvolve a exposição doutrinal: uma visão límpida e profunda do mistério da vida cristã; o núcleo ou a essência dessa vida é vista como um fato de amor; estritamente interpessoal: duas pessoas — Deus e o homem — implicadas numa só vida. Humanamente não há nada mais adequado que o símbolo nupcial para expressar o realismo dinâmico e a totalidade de comunicação a que se abrem as duas pessoas. Despoja-o de qualquer referência corporal. Desvanecem-se os componentes eróticos. Considera-se o amor como força total e catalisadora das pessoas — duas pessoas de tipos diferentes —, capaz de desencadear um processo de aproximação moral, espiritual e ontológico. A meta final é "a união", incluindo nesse termo uma profunda riqueza de referências.

Nessa perspectiva são descritas as duas etapas finais do processo. Um prelúdio de atos específicos de conhecimento e de amor — fé e caridade — introduz em um estado de fortes desejos — esperança. É o estado de noivado. As sete *Moradas* o descrevem com um abundante relato fenomenológico: êxtases, sofrimentos purificadores, ímpetos violentos, chamados místicos, feridas interiores. Vive-se o drama da aproximação do mistério da presença da Pessoa divina, sem tocá-lo inteiramente. Os fenômenos violentos têm um duplo objetivo: reequilíbrio das forças psíquicas e morais para preparar o sujeito para o pleno ingresso no mistério; e estado de expectativa em vigilante tensão. Tudo com o objetivo de levar a pessoa humana a um nível em que possa realizar o encontro de espírito para espírito com o Deus pessoal. Cadinho de virtudes: no plano moral, humildade e fortaleza; no plano teologal, fé, esperança e amor. A expressão própria desse estado é o grau de oração correspondente: a oração é o meio para a relação direta e pessoal com Deus; contemplação mística, aberta às palavras divinas e canal para uma resposta perfeita. "Impulsos" interiores do Espírito (c. 2); "palavras e visões" puramente intelectuais (cc. 3 e 8-9) em que se dá início à comunicação direta de espírito para espírito; percepção profunda da presença de Deus no mistério do próprio eu (c. 8). Por fim, fortes desejos: ou possuir Deus, ou morrer para possuí-lo (c. 11).

Esse choque final é a ponte de entrada para o matrimônio espiritual, descrito como estado final da experiência mística; prelúdio da consumação do mistério da vida cristã, porque o matrimônio só será perfeito no estado beatífico (*Moradas*, 7, 2, 1). Descreve-o com traços muito mais lineares que o noivado. O estado final (estado de matrimônio místico) é introduzido por duas graças místicas, última intervenção fenomenológica; uma delas é trinitária, a outra, cristológica; presença e estável compreensão do duplo mistério, latente mas operante, no íntimo do sujeito. A profundidade da alma — espírito — e as profundidades do mistério divino — Trindade e humanidade de Cristo — se tocam no mistério de salvação que é a vida cristã. Sobrevém uma forma de paz, que protege contra o perigo do pecado, esconjura a interferência das desordens exteriores, consolida os vínculos que ligam a pessoa ao mistério da Igreja e obrigam a agir para ela e para o mundo: não existe amor sem "obras". A → UNIÃO COM DEUS é imersão na Igreja. Assim, o núcleo do estado "matrimonial", união a Cristo e à Trindade, tem como avesso e expressão necessária a união com a Igreja.

Esse quadro global tem o mérito de apresentar como base do simbolismo nupcial as profundezas do mistério da vida cristã existentes em toda pessoa. Sobretudo ao delinear em grandes traços o itinerário místico e apresentá-lo como expressão típica dos últimos graus com que pode atingir o dinamismo da graça no seu processo de amadurecimento. Foi por esse motivo que a teologia mística posterior aceitou em linhas gerais a síntese teresiana como esquema doutrinal de base, para com ele comparar e interpretar outras experiências e testemunhos místicos de caráter nupcial. Entres eles se destacam, tanto pelo valor doutrinal quanto pela qualidade, os livros de São João da cruz e de → MARIA DA ENCARNAÇÃO.

5. São João da Cruz, discípulo e mestre de Santa Teresa, a quem influencia e da qual depende precisamente para o material que serve de base para a visão nupcial da vida cristã, tem uma síntese doutrinal distinta, praticamente irredutível à da santa. Não é verdade que nele o símbolo nupcial é secundário e ineficaz, comparado aos seus outros símbolos: noite e chama. De fato, os poemas, que refletem mais imediatamente a sua experiência pessoal e que contêm em termos poéticos a sua síntese doutrinal, escondem invariavelmente um pano de fundo nupcial: é o caso do *Cântico* (entre o Esposo e a esposa), da *Noite* (cf. as estrofes 5-8), do *Pastorzinho* e também da

Chama (cf. o último verso). Nele a articulação do símbolo em termos periódicos — etapas da vida espiritual — não tem a nitidez das *Moradas*. Provavelmente porque a periodização e a geografia do itinerário espiritual são marginais em relação à perspectiva doutrinal do santo. Ele aceita sem excessivo rigor as divisões já clássicas em sua época: principiantes, proficientes e perfeitos; estados que correspondem às três vias: purgativa, iluminativa e unitiva (*Cântico B*, argumento 1-2), que por sua vez servem para articular o processo nupcial: o matrimônio espiritual se situa na via unitiva dos perfeitos; o noivado, na iluminativa dos proficientes; precedido por um longo período de uma, duas ou mais etapas, nas quais se forja e se consolida o amor, situadas na via purgativa dos principiantes. Esse traçado, complexo à primeira vista, é na verdade elementar e apenas esboçado, submergido pela doutrina das "noites", dupla série de purificações ativas e passivas, do sentido e do espírito. São estas que se entrelaçam diretamente com o símbolo nupcial. Depois das purificações passivas do sentido e do espírito, a noite do "vazio e das trevas" (*Cântico*, 13, 1) dá lugar ao "dia do noivado" (*Ibid.*, 14, 1), o que ocorre por volta do final da segunda via: "Neste dia abençoado não só cessam para a alma os anseios veementes e os lamentos amorosos [...], mas começa a viver num estado de paz, de alegria e de doçura amorosa [...] com a união do noivado" (*Ibid.*, 14, 2). Segue-se uma visão nova do mundo e de Deus presente nele: "O meu Amado é as montanhas...", ou seja, todas as belezas criadas. As notas características do noivado são o êxtase de amor (clima extático), as visitas do Amado (penetração no conhecimento do mistério de Deus), desejos ardentes de posse e de presença ilimitada da Pessoa divina; na linha do amor, a vontade chegou ao amor puro, liberto de qualquer desejo alheio: "A vontade de Deus e da alma são agora uma por um consentimento pessoal e livre; ela chegou à posse de Deus por força de vontade, tudo o que pode por meio dela e da graça" (*Chama B*, 3, 25). Tudo isso prepara para o estado final ("último estado de perfeição", argumetno 1; "o mais elevado", 22, 3; de "união perfeita", *Cântico A*, 17, 1; "estado perfeito", *Ibid.*, 16, 6; "de união e transformação", *Ibid.*, 17, 1), ele também integrado, como o noivado, de um ponto de partida e de um estado permanente. O estado do matrimônio espiritual "é sem dúvida muito mais elevado que o estado de noivado espiritual, porque é uma transformação total no Amado, no qual as duas partes se doam, com posse total de uma e da outra, com uma certa consumação da união de amor, com que a alma se torna divina e Deus por participação, na medida do que é possível nesta vida. Penso que esse estado jamais pode ser obtido sem que a alma seja confirmada em graça, já que se confirma a fé de ambas as partes, confirmando-se aqui a de Deus na alma. Esse é o estado mais elevado que pode ser alcançado nesta vida" (*Cântico B*, 22, 3; cf. *Chama*, 3, 25).

Como na elaboração de Santa Teresa, também na de São João da Cruz o dado fundamental é a importância do amor como força determinante da vida espiritual; isso faz com que a vida cristã seja essencialmente um drama pessoal entre Deus e o homem, e que a sua "história" em cada sujeito se realize num processo de amor, que parte das expressões elementares do amor humano, passa pela chamada igualdade de amor e culmina em um todo íntimo, estreitamente interpessoal, que o santo chama de união e que não só compromete os estratos da psique em que tem origem o fogo do amor, mas o que é mais pessoal em cada pessoa: abertura radical e comunicação total do homem e de Deus.

BIBLIOGRAFIA. ADNÈS, P. Mariage spirituel. *Dictionnaire de Spiritualité* X, 388-408; BEIRNAERT, L. *Esperienza cristiana e psicologia*. Torino, 1965; CASTELLANO CERVERA, J. La mistica dei sacramenti dell'iniziazione cristiana. In *La mistica. Fenomenologia e riflessione teologica*. Roma, 1984, 77-111, vl. I; CASTELLANO, J. Mística bautismal. Una página de san Juan de la Cruz a la luz de la tradición. *Revista de Espiritualidad* 35 (1976) 465-482; Mystique. *Dictionnaire de Spiritualité* X, 1.889-1.984 (especialmente 1.904-1.930 sobre o vocabulário dos místicos); PEPIN, F. *Noces de feu. Le symbolisme nuptial du "Cantico Espiritual" de saint Jean de la Croix à la lumière du "Canticum Canticorum"*. Montréal, 1972; SURGY, P. de. Les degrés de l'échelle d'amour chez Saint Jean de la Croix. *Revue d'Ascétique et de Mystique* 27 (1951) 237-59.327-346; ZABALZA, L. *El desposorio espiritual según san Juan de la Cruz* Burgos, 1964.

T. ALVAREZ

MATURIDADE PSICOLÓGICA. O uso da expressão "maturidade psicológica" como critério discriminativo é hoje tão difundido e habitual que não é possível prescindir dele. Maturidade, juntamente com outras palavras-chave, já faz parte da nossa cultura. No entanto, é difícil defini-la de maneira exaustiva e unívoca: é um campo muito amplo, passível de ser observado de diferentes pontos de vista, com limites ainda não claramente estabelecidos. Em geral, diz respeito ao esquema evolutivo de um organismo que, partindo de um início, chega a um ápice: implica, portanto, o pleno desenvolvimento de todas as capacidades, funções, órgãos, estruturas, sistemas etc., e a integração harmoniosa entre eles numa unidade individualizada e irrepetível disposta e pronta à obtenção dos objetivos e metas que especificam e qualificam sua natureza. O processo do início ao ápice é indicado como "amadurecimento", como "tornar-se maduro", "processo de diferenciação e integração" nas dimensões somática, psicológica e também espiritual.

1. DESCRIÇÃO E DEFINIÇÃO DE MATURIDADE. Falando de maturidade do ponto de vista psicológico, observamos que frequentemente são usados muitos outros termos como sinônimos, embora cada um deles tenha seus matizes particulares: "maturidade", "equilíbrio psíquico", "idade adulta", "normalidade", "saúde mental", "adaptação" etc. Não é fácil descrever a riqueza e a coerência que distinguem uma pessoa plenamente madura; são tantas as maneiras de crescimento quantos os indivíduos que crescem.

Dado que não existe um nítido consenso sobre uma definição de maturidade, as numerosas interpretações propostas pela psicologia, psiquiatria, sociologia e antropologia podem ser resumidas em algumas concepções alternativas, e por certos aspectos complementares, da maturidade.

Uma pessoa pode ser definida normal e madura se não apresenta nenhum estado patológico grave; a vasta gama de maneiras de funcionar expressa esquemas comportamentais aceitáveis, embora não ótimos: é o modelo *médico*, empregado predominantemente também na linguagem comum.

O segundo modelo baseia-se no conceito *estatístico* de sanidade e maturidade. O termo de comparação é constituído pela média na distribuição "normal" da curva de Gauss, pela qual a alta frequência de um dado comportamento no grupo de referência é índice confiável de normalidade. Esse critério tem graves limitações, na medida em que existem claramente estados frequentes e ainda assim indesejáveis e incapacitantes, como a ansiedade, e alguns raros mas desejáveis e sinal de um desenvolvimento sadio.

Uma terceira concepção da normalidade, vinculada à anterior, fundamenta-se na premissa de que o comportamento só pode ser julgado com referência ao contexto *social* em que acontece. A maturidade exige que a pessoa se conforme às expectativas normativas da sociedade; do contrário, ocorrem desvio e anormalidade. A dificuldade mais evidente que deriva da concepção estatística e cultural da normalidade é representada pelo perigo de identificar a normalidade com o conformismo e, em consequência, a anormalidade ou imaturidade com o não conformismo, a originalidade.

Em evidente contraste com as concepções precedentes, outra interpretação procura definir a maturidade como um estado desejável ou *ideal*, que representa um comportamento ótimo da personalidade. Contudo, como esse ideal "normal" se encarna de fato em poucas pessoas de sorte, esse nível poderia parecer uma "ficção ideal". Além disso, os critérios aptos a definir um estado ideal são mais difíceis de estabelecer e de avaliar, e dependem em maior medida de valores subjetivos em relação aos dos outros modelos acima mencionados. Seja como for, essa interpretação constitui um ponto necessário, especialmente para a prevenção dos estados patológicos e a otimização do funcionamento da personalidade.

A discussão sobre maturidade e saúde psíquica exige inevitavelmente terminologias que refletem valores, e isso impõe um problema epistemológico: dado que a maturidade comporta a referência aos valores, e os valores não caem sob o domínio de uma ciência descritiva como a psicologia, esta é competente para tratar desse tema? Os valores requerem o campo específico das ciências deontológicas como a filosofia e a teologia. Uma primeira distinção importante que se realiza é entre valores de bom funcionamento (como obra do organismo psíquico?) e valores de conteúdo (para quais fins o organismo psíquico funciona? Por exemplo, valores éticos, religiosos, sociais etc.). Contudo, muitas vezes é impossível definir a eficiência de uma maneira de se comportar prescindindo da admissão do fim que deveria ser alcançado. Por outro lado, uma absoluta neutralidade filosófico-antropológica conduz não a uma compreensão adequada da realidade do homem, mas a uma interpretação reducionista deste: é um mito insustentável. Mesmo os critérios aparentemente mais objetivos baseiam-se em juízos de valores, embora de maneira menos evidente e mais mediata.

Assim, parece impossível e não desejável manter os juízos de valor fora da concepção da maturidade. Pode ser positivo que o psicólogo seja não só um estudioso do homem, mas também um especialista nos valores da existência. No entanto, ele precisa saber que nesse setor está transpondo os limites do próprio saber específico, e que o quadro de tais valores deve ser explícito e consciente ao menos para si mesmo.

Apesar das diferenças terminológicas e das variações e ênfases particulares em relação ao conteúdo, os autores apresentam áreas de convergência muito amplas.

A maturidade não é uma qualidade isolada, tem muitos aspectos e cada um deles deve ser tomado em consideração ao determinar os critérios mediante os quais ela pode ser avaliada. Fala-se de maturidade física, intelectual, moral, afetiva e social. Para algumas dessas formas de maturidade (maturidade física, social, intelectual) existem critérios suficientemente aceitos para descrever suas características; o mesmo não ocorre em relação à maturidade "humana", "afetiva" e "moral". Embora cada uma delas destaque um setor da realidade global de maturidade, é difícil isolá-las. Aliás, não é oportuno mais que certo limite, na medida em que correríamos o risco de decompor artificialmente uma unidade viva. As linhas de demarcação, de fato, são tão imperceptíveis que muitas vezes se fala indiferentemente de maturidade humana e afetiva.

Diante das dificuldades de estabelecer o que é a maturidade, Zunini ressalta que geralmente são empregados três critérios; um de tempo: na idade madura, mas pode-se dizer para qualquer faixa de idade, temos certas características; um de nível: a maioria das pessoas daquela idade as possui; um de eficiência: a realização delas deve acontecer harmoniosamente e sem obstáculos excessivos (cf. *Homo religiosus*, 218).

Conclui-se assim que a maturidade é uma condição global que se qualifica por um específico modo de ser, por um estilo que escapa a medidas objetivas, mas se impõe de maneira característica: uma configuração que se identifica tanto por seus elementos quanto pela disposição destes. Ela é, ou indica, ao mesmo tempo *um estado* e *um processo*, um devir. É o estado alcançado ao final de um caminho evolutivo mais ou menos longo: desenvolvimento pleno e integração harmoniosa de todas as dimensões pessoas; coerência entre os diversos elementos da personalidade que faz com que o indivíduo tenha condição de estar presente para si mesmo e para o mundo de maneira construtiva. Refere-se à passagem gradual que o sujeito realiza da desorganização psicológica, típica dos primeiros anos de vida, à integração, coerência e construtividade da idade adulta. Além disso, indica a capacidade da pessoa de superar os conflitos e as frustrações de maneira eficiente; de tomar responsavelmente as decisões centrais da vida e realizá-las em situações concretas.

Tudo isso não deve fazer pensar que esse estado ideal seja obtido de uma vez por todas, se adquira por ancianidade, e que seja capaz de proteger contra qualquer conflito, preocupação ou ansiedade. Aliás, por sua espontaneidade e pelo desejo de experiência, por sua disposição em aceitar desafios, a pessoa madura está sujeita a riscos altos e previsíveis de derrota; no entanto, eles não a levam a uma retirada defensiva, a uma raiva hostil, a manobras para salvar a própria pele, mas as adversidades são aproveitadas como base de mais aprendizagem e sabedoria. Nesse sentido, o que melhor define a pessoa saudável, mais que a ausência de dificuldades e de sofrimento, é a sua capacidade de continuar a crescer.

A maturidade, portanto, não é algo estático. É um processo, nunca completo em absoluto, para níveis mais altos de integração pessoal: mesmo indicando um estado alcançado, supõe ao mesmo tempo o reconhecimento de outras metas a ser obtidas. Além disso, pode ser definida mais como o processo no tempo que como condição de cada momento. Observando a natureza evolutiva dos sistemas biológicos e psicológicos, ressalta-se o papel fundamental do processo de crescimento: superar positivamente a sucessão das fases evolutivas que levam ao funcionamento adulto e à maturidade.

As observações precedentes levam a concluir, com realismo, que o conceito de maturidade é relativo, por vários aspectos. O primeiro baseia-se na constatação de que os diversos campos da vida psíquica gozam de certa independência dos outros também na obtenção de uma "maturidade" própria, de modo que quase nunca os setores da personalidade estão igualmente maduros: alguns estarão mais evoluídos, e outros menos. E isso, juntamente com o fato de que sempre outras metas se apresentam no caminho para a maturidade, especifica esse processo ascensional como assintótico, ou seja, o fim nunca é alcançado de maneira absoluta, mas apenas aproximada.

O conceito de maturidade é, além disso, relativo à idade, na medida em que indica desenvolvimento adequado para uma dada faixa etária, por exemplo, um menino para a infância; um jovem de dezoito anos para a fase da adolescência. Mas também é verdade que não é necessariamente correspondente à idade cronológica, no sentido de que um adolescente, por exemplo, pode apresentar mais harmonia psíquica e maturidade que muitos adultos não evoluídos.

Por fim, deve-se ressaltar que, mesmo podendo descrever critérios gerais de maturidade, todo indivíduo cresce e amadurece à sua maneira, e o resultado final é sempre algo de único com tantas expressões possíveis e variações de um indivíduo para outro.

2. ÍNDICES E CRITÉRIOS EMPÍRICO-CULTURAIS DE MATURIDADE. Para poder avaliar o bom funcionamento do organismo psíquico é preciso ter condições de identificar e medir alguns índices confiáveis de tal funcionamento.

Os índices de fato analisados podem ser classificados de acordo com dois critérios: o primeiro critério permite distinguir entre *índices de superfície*, como os sintomas ou sinais, e *índices de origem*, ou seja, os fatores ou causas da adaptação ou desadaptação.

O segundo critério diz respeito ao tipo de conduta avaliada, e permite distinguir entre *índices subjetivos*, que se referem ao estado interior do sujeito, e *índices objetivos*, que partem do comportamento exteriormente apresentado (sucesso escolar e profissional, criminalidade, necessidade de tratamento psiquiátrico, relacionamento conjugal mantido ou interrompido...).

Os índices subjetivos, por sua vez, podem ser fundamentados em autoavaliação, ou seja, no juízo que o indivíduo faz de si mesma, da própria satisfação ou autoestima, ou na heteroavaliação, ou seja, no juízo que outros fazem do indivíduo (cf. A. Ronco, *Introduzione alla psicologia*, 101-102).

Desse modo, fizeram-se várias tentativas de descrever a maturidade em termos ideais; tais descrições em geral consistem em elencos de características que diferenciam a pessoa madura, saudável, plenamente funcionante. Esses critérios variam por número e acentuação entre os diversos autores, mas se encontra uma notável concordância entre as várias definições e sobre os temas gerais ressaltados. Eles são definidos com suficiente precisão por meio de instrumentos de ajuda e de heteroavaliação, e/ou as avaliações convergentes de vários juízos externos.

Não se trata, portanto, de critérios deduzidos de princípios absolutos, mas da observação de grupos de sujeitos por parte de especialistas: são critérios empíricos; além disso, refletem a cultura a que as pessoas em exame pertencem: são critérios culturais.

Sigmund Freud indica dois atributos característicos da pessoa madura: capacidade de amar e de trabalhar. A. Maslow, estudando personagens célebres, destaca catorze qualidades: percepção mais eficaz da realidade e relações mais fáceis com ela; aceitação de si mesmo, dos outros, da natureza; espontaneidade; capacidade de focalizar o problema; desapego; independência da cultura e do ambiente; contínua clareza de avaliação; horizontes iluminados; sentido social; relações sociais profundas mas selecionadas; estrutura democrática do caráter; segurança moral; senso de humor indulgente; criatividade (cf. *Motivazione e personalità*). Frequentemente, o número das características varia de quatro a seis, mas cada escolha é bastante arbitrária e pode ser questionada. O grande teórico da personalidade do ponto de vista psicológico, G. W. Allport, delineia os contornos da personalidade madura através de seis critérios fundamentais: a) Expansão dos limites do eu. Ela implica uma autêntica participação em importantes esferas da atividade humana, para além dos próprios interesses imediatos. b) Relação cordial com os outros. A extensão do eu torna a pessoa capaz não só de ter maior grau de intimidade, mas também de respeito e compaixão. c) Segurança emocional (aceitação de si mesmo). Ela se reflete tanto na tolerância à frustração quanto na confiança. d) Percepção realista, habilidade e dedicação aos próprios compromissos. Tem uma visão realista do mundo, das situações, dos problemas e age com empenho e responsabilidade no próprio trabalho. e) Compreensão de si e senso de humor. A capacidade de julgar a experiência pessoal é acompanhada de senso de humor: é preciso ter um maduro desprendimento para poder rir de si mesmo. f) Uma filosofia unitária da vida. O indivíduo maduro tem uma concepção esclarecedora e unificadora da vida da qual assume valores, objetivos e estímulo para a coerência (cf. *Psicologia della personalità*).

Vamos apresentar mais detalhada e integralmente cinco critérios que abrangem os diversos setores da maturidade psicoafetiva.

Quadro de referência adequado. Uma exigência típica humana é ter um quadro de referência satisfatório e eficiente. É um "contexto" muito geral, coerente em si mesmo, para inserir novas informações, relacionar experiências individuais. Assume a forma de um "sistema de pensamento" que se expressa na tendência crescente para a sistematização e teorização cada vez mais ampla e mais bem unificada. Esse quadro de referência abrangente permite fazer previsões de longo alcance, projetar-se no futuro, escolher comportamentos coerentes com o conceito que a pessoa tem de si mesma e dos próprios objetivos, selecionar e canalizar os motivos adequados ao "mundo" com que deseja entrar em contato, incluindo o dos valores.

A eficiência desse quadro se desenvolve em três setores: sentido de identidade pessoal; projetualidade ideal; confiança realista.

O primeiro é o fator do conceito de si mesmo (quem sou eu?). O conceito de si é adequado quando não é apenas externo, não se identifica com o papel social ou com a valorização dos outros, mas é baseado num sentimento de valor pessoal: capacidade, competência, dignidade, amabilidade... Um conceito, portanto, positivo. De fato, um conceito excessivamente crítico não constrói a pessoa sadia: ao contrário, esta apresenta um forte senso de identidade pessoal e uma autoestima realista.

O segundo setor é o campo dos valores, das metas a ser realizadas, que compreende a escolha de uma "filosofia de vida" (aonde devo chegar?). A maturidade precisa de uma concepção clara e unificadora da vida, do seu sentido e do seu objetivo. A pessoa forma o próprio "ideal de si", ou seja, a imagem daquilo que deseja se tornar; este se converte gradualmente num ideal diretivo e unificador da existência. Para ter uma vida organizada e direcionada para um fim é preciso ter uma orientação de valor e uma escala de valores, uma intenção principal pela qual viver. A maturidade é, portanto, capacidade de manter uma linha coerente de vida, referindo-se a princípios de conduta, a valores diretivos capazes de dar um significado à existência e um compromisso responsável na ação.

O terceiro setor é o da confiança e da esperança, que permitem ao sujeito "projetar" a si mesmo e o seu futuro (o que me é possível?). O sujeito sadio tem a certeza de agir de modo não exclusivamente determinado pelo ambiente e por seus hábitos; sabe que pode criar novos comportamentos, mudar, "crescer", com o realismo que leva em conta as situações objetivas. Tem a esperança de "ter os meios necessários para satisfazer os seus motivos mais urgentes, e especialmente a esperança de perpetuar a sua existência" (cf. A. RONCO, *Introduzione alla psicologia*, 108).

Conhecimento e aceitação de si. A pessoa madura é normalmente objetiva quando julga e avalia a si mesma. E essa é uma condição imprescindível para poder expressar avaliações objetivas diante da realidade em geral. Esse critério comporta a capacidade de intuição realista de si mesmo e a aceitação de si.

Esse conhecimento de si não é uma tarefa fácil, embora muitos considerem ter um alto grau de percepção. Significa captar de maneira realista os vários componentes do próprio eu: eu manifesto, eu latente; eu atual, eu ideal. Em síntese: "o que alguém é", "o que alguém pensa que é", "o que alguém quer ser". Idealmente, a compreensão de si se mede com a relação entre o segundo e o primeiro, fornecendo uma definição e um índice perfeito da sua intuição de si, da sua capacidade de autoobjetivação; no entanto, essa relação é influenciada por outro componente do eu, "o que os outros pensam que ele é".

A intuição de si em geral é acompanhada por uma boa dotação intelectual, com uma suficiente base de experiências cognoscitivas, de informações acumuladas e organizadas, e também por certa cultura.

O conhecimento de si abrange todos os aspectos positivos da pessoa em todos os níveis: físico, intelectual, afetivo, espiritual..., bem como habilidades abstratas e expressas. E ao mesmo tempo reconhece as limitações, as deficiências e até os resíduos infantis: contradições parciais e transitórias, motivações às vezes ambíguas, dificuldades mais marcadas em situações especiais... Isso demonstra que a intuição de si atinge também o eu latente; do contrário, ela permaneceria parcial, subjetiva e com frequência distorcida pelo uso predominante de mecanismos de defesa sobre os de controle que são próprios da pessoa madura.

Contrariando uma opinião comum mas ingênua, ignorar o próprio eu latente, especialmente se conflituoso, não ajuda a aumentar e a manter a autoestima, a defendê-la de percepções desagradáveis. E, no entanto, essa estima de base é fundamental para a aceitação plena de si. Juntamente com o conceito realista de si, deve andar junto com a aceitação e a acolhida profunda, calorosa, da própria individualidade: energias, potencialidades, dotes, valores e dignidade, sem ser parcial, focalizando apenas os fracassos e os aspectos negativos. Esse equilíbrio entre o elemento positivo e o negativo, a distância "ótima" entre o que alguém pensa que é e o que sente que deve ser (eu atual — eu ideal) são reconhecidos e aceitos pela pessoa madura. O resultado é uma imagem estável e positiva da própria identidade, aberta ao sorriso e ao senso de humor.

Segurança emocional. Uma vida emocional equilibrada significa proceder nos acontecimentos alegres e tristes da vida sem reações inadequadas. Estas deverão ser adequadas, ou seja, proporcionais à gravidade do estímulo: evento, pessoa, situação etc. A frieza e a sensibilidade excessiva não são indicadores de maturidade emocional. Além disso, elas serão diferenciadas, cada vez mais profundamente correspondentes à situação. A pessoa madura normalmente controla os próprios estados emocionais, mantendo-os nos limites de construtividade: comporta-se com naturalidade e liberdade de expressão sem se deixar invadir pela emotividade, ou sem chegar, por reação, à tentativa de repressão total de toda manifestação emocional. O maior perigo das emoções é a sua tendência a tomar a dianteira, a predominar sobre as decisões racionais e a guiar o comportamento; em todo distúrbio mental, de fato, há uma alteração mais ou menos grave da vida emocional. O controle não é supressão ou eliminação, admitido que fosse possível, nem pode ser absoluto e rígido, na medida em que até a pessoa madura pode ter capitulações. Em vez disso, é reconhecer, aceitar os próprios sentimentos, integrá-los na estrutura pessoal superando-os e canalizando-os em linhas construtivas.

Tudo isso não significa que a pessoa madura é sempre calma e serena; pode ser ansiosa, deprimida, irritada..., em certos momentos, como qualquer um. No entanto, as preocupações, os temores, as ansiedades... são contrabalançados por uma certa confiança de base. Essa atitude otimista, de segurança, fundamenta-se numa conveniente autoestima, o contrário de sentimentos exagerados de inferioridade, de incapacidade. Não se trata de segurança absoluta, o que não seria realista: quanto mais a pessoa cresce, mais assume responsabilidades, mais deve enfrentar riscos, mais aumenta a possibilidade de fracassar. Até o progresso na descoberta interior não está isento de conflitos e ansiedade. Ainda assim, a pessoa madura consegue ver as coisas na perspectiva correta, dominando os sentimentos negativos. Move-se, fundamentalmente, não obstante as dificuldades e até mesmo os insucessos, no triângulo mágico feito de confiança-segurança-otimismo.

A pessoa emocionalmente equilibrada tem a capacidade de distinguir entre sentimentos e vontade, entre o que é espontâneo e o que é adequado: sabe distinguir e emitir uma avaliação emocional e uma avaliação ulterior racional que serve de base para as escolhas mais significativas da vida.

Outro índice desse aspecto da maturidade é a tolerância à frustração e ao estresse. Juntamente com o sério esforço para fazer frente às exigências e aos compromissos da vida, assumindo responsabilidades, é enfrentar realisticamente os problemas (por exemplo, adiamentos, falhas, perdas, fracassos...) e os estados emotivos negativos que os acompanham sem reações excessivas ou de raiva, de depressão ou sentimento de incapacidade e inutilidade. É superar os obstáculos, ou contorná-los, saber esperar e preparar ocasiões melhores, e também aceitar o inevitável.

Sobre a base confiança-segurança se erguem a autonomia e a adaptação da pessoa. Autonomia entendida como capacidade de independência dos condicionamentos internos e externos, e possibilidade de livre escolha para o eu. Autonomia interior é ter superado as formas primitivas de motivação, ter-se libertado de comportamentos defensivos, ainda que nunca de modo absoluto, e dirigir-se para projetos ideais livremente buscados e escolhidos. Autonomia externa significa independência da cultura e do ambiente: comportamentos, atitudes, ideais etc. brotam fundamentalmente de escolhas livres e não de distorções e pressões sociais.

Adaptação indica certo grau obtido de harmonia entre as exigências interiores da pessoa e as que lhe são impostas pelo mundo objetivo em que vive. Comporta, portanto, uma relação harmoniosa com o próprio ambiente, mas não é conformismo, aceitação passiva e conformidade a normas e valores que a sociedade oferece. Em vez disso, expressa a versatilidade e a flexibilidade de comportamento que a pessoa adota em resposta a situações mutáveis e à diversidade das pessoas.

Relação cordial com os outros. O homem torna-se ele mesmo no âmbito psicológico só na relação social; a exigência de "ser com" é primária na sua estrutura, de modo que o indivíduo e o seu ambiente social formam uma unidade funcional. No entanto, uma madura vida de relação não é um simples processo de socialização por meio do qual o sujeito, impelido por várias necessidades, procura estabelecer relações interpessoais. Ao contrário, expressa as atitudes específicas através das quais a pessoa se insere de maneira plena e construtiva na sociedade e no grupo mais restrito.

É antes de tudo respeito pelos direitos e pelas necessidades alheias, pela individualidade do outro; é tolerância dos vários aspectos de diversidade: cultura, tradições, valores... Mas é ainda mais: é valorização do outro enquanto tal, das suas condições, dos seus valores, e portanto da sua dignidade. É compreensão cordial que indica capacidade de se inserir na situação e na vida do outro de maneira calorosa e amorosa, ou com compaixão, sem invasões, possessividade, mesquinhez. As pessoas maduras precisam de intimidade e de autonomia, e suas relações, amigáveis, familiares etc., são abertas, cordiais, harmoniosas e não de tipo possessivo e exclusivista. Tudo isso leva a instaurar um clima de comunicação e cooperação. Uma vida de relação madura expressa, em crescendo, a aceitação dos limites alheios, a vontade de ouvir e a tentativa de compreender o outro, a capacidade de encontrar um acordo e de colaborar.

Essa trama de atitudes nasce de uma realista confiança de base em relação aos outros, que é a consequência da confiança que a pessoa madura tem em si mesma. Sua madura e segura aceitação de si lhe permite colocar-se em relação com os outros com a mínima ansiedade e, portanto, também com uma hostilidade mínima, sem manobras de dominação, procurando demonstrar a debilidade dos outros e a própria força, ou de competitividade, tentando demolir as opiniões e as qualidades dos outros, por exemplo, com o sarcasmo, com querer dizer a última palavra etc.

As relações interpessoais caracterizam-se, portanto, não pela dependência, como necessidade absoluta e "vital" dos outros, nem pela independência, como incapacidade de adaptação, mas por uma autodeterminação flexível em que a pessoa respeita a liberdade dos outros e adquire a própria.

Afetividade adequada e sexualidade integrada. A afetividade é considerada uma dimensão fundamental da pessoa e, portanto, a maturidade afetiva é um requisito para o melhor funcionamento da própria pessoa. No entanto, existe muita discordância sobre o uso e sobre o significado do termo "afetividade". Muitos empregam indiferentemente afetividade e emotividade; ou então se fala de afetividade em sentido estrito e da emotividade como uma especificação da afetividade, ou vice-versa. É evidente que essa é uma realidade complexa e multidimensional que pode ser descrita, mais que definida, em linhas diferentes e complementares. Ela se refere e compreende necessidades fundamentais (amar e ser amado, proteger e ser protegido, dominar e ser dominado etc.) e por isso é o conjunto das reações internas e externas à satisfação ou frustração dessa trama de motivos. Assim delineada, envolve e catalisa as pulsões, as tendências inconscientes, os pensamentos, determinando as emoções, o humor, as paixões da pessoa e influenciando o seu comportamento. Precisamente por essa amplitude e complexidade, a maturidade afetiva tende a se identificar com maturidade psíquica em geral.

Afetividade é também a capacidade de experimentar sentimentos e emoções diante da realidade que circunda o homem: situações, objetos, pessoas, Deus... É, portanto, o conjunto dos sentimentos conscientes e inconscientes que experimentamos em relação a nós mesmos, aos outros e ao universo em geral. Consequentemente, é a parte de nós em que nascem e se desenvolvem os vínculos de harmonia ou de desarmonia muitas vezes inconscientes que nos fazem vibrar em acordo ou em desacordo com as pessoas e com as coisas: é o poder misterioso de "fazer-me presente" para as coisas, os fatos, as pessoas, e de torná-las presentes para mim. Essa possibilidade que o homem tem de criar laços atinge o seu máximo na capacidade de amar.

A afetividade (desejo-necessidade de ser amado e de amar...) é coextensiva a toda a pessoa, a permeia e a expressa como incompletude a ser realizada, lacuna a ser preenchida, ser em suspensão... Por esse motivo, a afetividade constitui o homem como ser de encontro, como "ser com", em comunhão, por essência. Ela projeta uma atuação da pessoa na comunhão do amor.

O homem é de fato um ser essencialmente "relativo a...", aberto, "chamado" no duplo sentido, correlativo, de "chamado" a ser amado e a amar, e de "quem chama" a ser amado e a amar. Aqui se insere o complexo capítulo da relação entre afetividade e sexualidade, como expressão da própria afetividade.

Fala-se de adequação e de fase evoluída da afetividade em relação à capacidade de amar e de ser amados, numa perspectiva em que o amor é visto como doação, respeito. Também a afetividade deve ser apreendida numa visão dinâmica, como outros aspectos da personalidade, e a oblatividade expressa o seu pleno desenvolvimento. De fato, no início o amor é narcisista: a criança não tem outro centro de interesse a não ser a satisfação imediata e completa das próprias necessidades; segue-se um período de narcisismo secundário em que são amadas também outras pessoas, mas principalmente como instrumentos da própria satisfação e de sustentação do eu. Só mais tarde, e nem sempre, se desenvolve o amor maduro. Há uma passagem de um estado de receptividade e de egocentrismo para um estado oblativo: de uma orientação captativa típica das fases evolutivas até a → ADOLESCÊNCIA, à orientação para um "amor verdadeiro", um amor pelo ser da pessoa amada. Oblatividade é respeito, altruísmo, doação, disponibilidade, delicada atenção que apreende a outra pessoa como um valor em si mesma. A capacidade de amar se move para esse horizonte, exigindo-o. Só a pessoa madura sabe querer bem: é capaz de se envolver, de ter intimidade, em relações familiares, de amizade, de amor etc., sem medo de "se perder", de desaparecer na relação; sabe aceitar o outro pelo que é, deixando-o livre e sem tender a impor os vínculos da obrigação, da dependência, da chantagem afetiva. É um traço característico das pessoas menos maduras desejar ser amadas muito mais do que estão dispostas a dar o próprio amor, mostrando uma "voracidade" de afeto excessiva, pouco realista, difícil de satisfazer, marcada pela dúvida, pela desconfiança e pela ansiedade. Quando amam, por outro lado, tendem a ser sufocantes, possessivas, exigentes na retribuição etc.

A maturidade afetiva compreende também a capacidade de ser amados: deixar-se querer bem, amar; aceitar as manifestações de simpatia, de reconhecimento, de apreciação sincera e realista, aceitando o dom do outro sem exageros e diminuições. Isso pareceria muito simples, além de gratificante, mas não é assim: receber serenamente supõe autoestima e segurança, sentido da própria dignidade e amabilidade, sob um aspecto de gratuidade; e exige ainda o reconhecimento da riqueza do outro e da própria indigência.

A pessoa madura é livre ao dar e livre ao receber, não centrada em si mesma, mas aberta para o amor. Não precisa dos outros para a própria segurança e gratificação, portanto pode amar os outros por aquilo que eles são e não pelo que oferecem, sem a ansiedade de receber, mas com o amor criativo de dar.

Admitir a própria finitude exige a necessidade de ser completado na relação com o outro, presente com toda a própria realidade, incluindo a dimensão profunda da sexualidade. "Afetividade" e "sexualidade" não têm o mesmo peso enquanto critérios de maturidade; contudo, se reconhece sua estreita ligação e a interdependência na integração da personalidade. Sabe-se que a vida sexual humana deve ser considerada o indicador mais sensível das tendências básicas de cada indivíduo, até mesmo das mais controladas e menos expressas.

A sexualidade normal exige uma tripla maturidade: generativa, entendida como capacidade de manter relações sexuais e como possibilidade de criação; psicossexual, que expressa a orientação normal para pessoas de sexo oposto, depois de ter superado as fases de narcisismo e da homossexualidade; afetiva, como capacidade de amar, com toda a riqueza acima mencionada. Por esse motivo, a sexualidade não pode ser reduzida a genitalidade; esse é o aspecto do qual se pode prescindir sem danos para a saúde global da pessoa. Constata-se, no entanto, que atrasos ou regressões no desenvolvimento dos outros aspectos constituem causas primárias de infantilismo afetivo, e isso demonstra que a → SEXUALIDADE é um componente fundamental da vida afetiva.

Compreendemos assim que a primeira atitude para uma integração harmoniosa da sexualidade é reconhecer, apreciar e viver segundo a própria masculinidade ou feminilidade, como ser sexuado. Isso não significa necessariamente viver a relação amorosa com um homem ou uma mulher, tornar-se fisicamente pai ou mãe, embora estas representem realidades essenciais da vivência humana.

A sexualidade não é algo acrescentado à pessoa; é o modo próprio, específico do homem e da mulher, de ser colocar em relação com o "outro eu". A sexualidade está sempre presente em todos os casos: toda relação é sexualmente orientada. Ela dá ao encontro o seu caráter profundamente humano, a sua cálida intimidade, a sua poderosa energia que o vitaliza, com os traços típicos do homem e da mulher. A sexualidade é integrada antes de tudo se apreendida como valor, e não como algo negativo, indesejado, como algo a ser eliminado da relação. O ser, na sua intimidade consciente e inconsciente, aceita e aprecia todas as características da sua diferenciação sexual, incluindo riscos e vantagens.

Em uma perspectiva em que se tem a capacidade de perceber os valores autênticos, sem hesitações e na máxima fidelidade à verdade, o valor intrínseco da sexualidade deverá ser apreendido e aceito em seu lugar correto na escala de valores, um lugar importante como valor de expressão e como fator integrativo. De fato, a sexualidade e em particular o comportamento sexual, não só como atuação mas também como necessidade, é uma "expressão", uma manifestação da pessoa: uma linguagem sutil mas clara com que o ser humano expressa as suas atitudes mais profundas. A função sexual, por sua intensa vivacidade experiencial, apresenta-se, de maneira mais direta que os outros comportamentos humanos, como a tradução em linguagem psico-orgânico-comportamental das atitudes, da posição íntima da pessoa diante de si mesma (conceito de si), diante dos outros, diante da vida em geral e diante dos valores. Assim, a sexualidade não recebe a sua tipicidade exclusivamente do impulso biológico, mas de toda a pessoa que, por meio dela, se expressa e toma posição: é, portanto, condicionada por toda a estrutura pessoa e, por sua vez, de certo modo a condiciona.

A consequência dessa compreensão e aceitação é uma conduta sexual em nível "humano", pela qual o sujeito se considera mais "digno", adquire e fortalece um sadio conceito de si, no nível profundo de vivência, e a esse conceito de si integrado relaciona situações e satisfações impulsivas que se apresentam.

Outro elemento a ser considerado na avaliação do equilíbrio sexual é a oblatividade. Não é verdadeiramente adulto quem tem relações sexuais, simplesmente, mas quem é capaz de aceitar até as últimas consequências a função sexual, que tende à procriação.

Nesse ponto deve-se retomar e aplicar o conceito de oblatividade como sinal de respeito, de responsabilidade e de dom. A pessoa madura centra a relação não primariamente no aspecto sexual, as na outra pessoa, exprimindo atenção, cuidado, ternura por ela e pelo que pode nascer de seu encontro. É o aspecto oblativo do amor que predomina como expressão do sentimento de ser "um para o outro".

Para atingir esse nível, é preciso ter superado as fases de desenvolvimento precedentes: a captativa da criança, cujo amor depende daquilo que recebe; a narcisista do adolescente, que busca a si mesmo ao doar o seu afeto; a passional do jovem que deseja experimentar apenas a alegria egoísta da relação heterossexual. Esse crescimento positivo não é obtido sem conflitos, luas, renúncias. Além disso, o desenvolvimento da oblatividade não acontece por uma espécie de substituição de uma fase pela outra, e sim mediante uma integração dessas fases. As características das primeiras fases continuam a existir sempre durante toda a vida da pessoa normal. Mas a fase madura deve tornar-se dominante. No entanto, o amor conhece flutuações, áreas de transição sucessivas e até regressões: é um itinerário a ser percorrido criativamente. A pessoa oblativa, que não existe em estado puro, sabe aceitar esses movimentos, orientá-los de modo razoável sem desanimar, para o bem do outro, procurando um equilíbrio entre o amor, o respeito e a estima por si mesma e o amor por todos, num tipo de relação em que estão envolvidas todas as dimensões do ser, psíquica, afetiva e espiritual.

Concluindo, é óbvio notar que os diversos aspectos da maturidade se implicam e se requerem reciprocamente; estão tão interligados que em parte se sobrepõem. São as diversas faces de um poliedro, que transmitem uma à outra as luzes e as eventuais obscuridades.

BIBLIOGRAFIA. AGRESTI, G. *Maturità umana e critiana.* Milano, Ancora, 1983; ALLPORT, G. W. *Psicologia della personalità.* Zurich, PAS, 1969; CIAN, L. *Cammino verso la maturità e l'armonia.* Torino, LDC, 1984; DOMINIAN, J. *Maturité affective et vie chrétienne.* Paris, Cerf, 1978; ECK, M. L'équilibre de la personnalité. *La Vie Spirituelle. Supplément* 53 (1960) 132-154; FALORNI, M. L. *Aspetti psicologici della personalità nell'età evolutiva.* Giunti, Firenze, 1968; FILIPPI, L. S. *Maturità umana e celibato.* Brescia, La Scuola, 1970; GIORDANI, B. *Vita affettiva della religiosa.* Roma, Antonianum, 1971; GROESCHEL, B. J. *Crecimiento espiritual y madurez psicológica.* Atenas, Madrid, 1987; JAHODA, M. *Current concepts of positive mental health.* New York, Basic Books, 1958; Madurez e inmadurez en la vida religiosa.

Revista de Espiritualidad 189 (1988); MASLOW, A. H. *Motivazione e personalità*. Roma, Armando, 1970; MATIGNON, R. *Équilibre psychique et vie consacrée*, Toulouse, Privat, 1965; *Maturazione affettiva della donna*. Alba, Paoline, 1970; MORCIANO, A. *Maturità affettiva e sviluppo della personalità*. Lecce, Congedo, 1973; ORAISON, M. *Vivere da adulto*. Cittadella, Assisi, 1976; PARROT, P. – ROMAIN, R. P. Maturité affective et vocation sacerdotale. *La Vie Spirituelle*. Supplément 46 (1958) 307-322; RONCO, A. *Introduzione alla psicologia* I. Roma, LAS, 1971; ROYCE, J. *Personalità e salute mentale*. Torino, SEI, 1964; SCHALLER, J. C. *Morale e affettività*. Marietti, Torino, 1965; SCHNEIDERS, A. A. *L'armonia interiore dell'animo e la salute mentale*. Torino, SEI, 1969; SOVERNIGO, G. *Come amare. Maturazione affettiva e orientamento*. Torino, LDC, 1979; SZENTMÁRTONI, M. Maturità affettiva. *Orientamenti Pedagogici* 32 (1985) 120-128; TEJERA DE MEER, M. L'affettività nell'età evolutiva e il divenire dell'amore. *Orientamenti Pedagogici* 98 (1970) 364-376; ZUNINI, G. *Homo religiosus*. Il Saggiatore, Milano, 1966.

C. BECATTINI

MÁXIMO, O CONFESSOR (Santo).

1. NOTA BIOGRÁFICA. Máximo, chamado o Confessor por ter testemunhado a fé na perseguição de Constante II sem sofrer o martírio, é o principal representante da Igreja oriental no século VII. Nascido na Palestina, filho de um samaritano e de uma escrava persa, por volta do ano 580, renuncia à brilhante carreira à qual havia sido encaminhado e se retira no mosteiro de Crisópolis (Scutari) por volta do ano 613. Os estudos, tanto profanos quanto sagrados, a dura ascese a que se dedica transformam o funcionário público em um monge muito culto e perfeito. Pouco antes do ano 626 deixa o mosteiro por medo da invasão persa e se retira, primeiro no Egito e em seguida na África proconsular. No Egito, encontra-se com São Sofrônio, modelo da ortodoxia contra o nascente monotelismo. Em Cartago defende vitoriosamente uma disputa com Pirro, sucessor de Sérgio na sé de Constantinopla, exilado por motivos políticos em 642; Pirro admite os erros e aceita a fé católica. Em 646, Máximo vai para Roma com o próprio Pirro, que renova a abjuração da heresia monotelita, mas pouco depois recai no erro e é excomungado. Em Roma, Máximo desenvolve intensa obra em defesa da verdade e no Concílio de Latrão, convocado pelo papa Martim I em 649, tem um papel de importância fundamental: com abundante florilégio patrístico e com inteligência, desmonta o erro monotelita, tanto sob o aspecto filológico quanto teológico. Torna-se, também aos olhos dos orientais, o mais qualificado expoente da oposição católica ao *Ectesi* de Heráclio e ao *Typos* (édito) de Constante II, e é alvo preferido dos inovadores de Bizâncio. Em 653, preso em Roma é conduzido a Constantinopla: submetido a várias tentativas e ameaças para subscrever o *Typos*, permanece irremovível e é exilado com os dois discípulos, Anastásio o apocrisário e Anastásio o monge. Depois de sete anos, Máximo, juntamente com os fiéis discípulos, é chamado de volta do exílio para novos interrogatórios e pressões. Tudo é inútil: Máximo reafirma a sua fidelidade à doutrina da Igreja. É flagelado, tem a mão direita amputada e cortam-lhe a língua. Os dois Anastásios sofrem a mesma tortura. Espera-os um novo exílio no Cáucaso. Morre em 13 de agosto de 662.

2. ESCRITOS. A tradição conservou cerca de noventa escritos atribuídos a Máximo, mas ainda não existe uma edição crítica (*CPG* 7.688-7.721). Ele é teólogo, filósofo e místico. Seus escritos refletem esse triplo aspecto da sua personalidade formada com base na doutrina neoplatônica e aristotélica, escriturística e patrística, em particular, de → GREGÓRIO DE NISSA e do pseudo-Dionísio, por ele identificado como discípulo de Paulo. Com grande acuidade, Máximo comenta as passagens mais obscuras desses dois escritores (cf. *PG* 91, 1.061-1.418 e 415-432; 527-576). São especialmente importantes: a) Escritos teológicos: *Disputa com Pirro*, na qual Máximo desenvolve a doutrina da dupla vontade em Cristo; *Opúsculos teológicos e polêmicos*, coletânea de breves estudos sobre pontos controversos entre católicos e monofisitas ou monotelitas; *Da processão do Espírito Santo; Da alma*. b) Bíblicos: *Cronologia abreviada da vida de Jesus*: 65 respostas às questões propostas a ele pelo amigo Talássio; *Opúsculo a Teopemeto* sobre dificuldades referentes a alguns versículos do Evangelho; dois tratados: *Exposição sobre o Salmo 59 e sobre o Pater Noster*; este trabalho tem caráter essencialmente teológico e moral. c) Ascéticos: *Livro ascético*, diálogo entre um abade e um jovem monge sobre os deveres da vida religiosa; *Capítulos da caridade*: são quatrocentos números concisos, nos quais se desenvolve o tratado de vida espiritual ascético-mística centrado na caridade, início e fim do itinerário espiritual; *200 Capítulos* teológicos e outros (ao todo 243) afins aos precedentes pela forma e conteúdo; *Mistagogia* em 24 capítulos.

3. DOUTRINA. O pensamento doutrinal de Máximo é uma síntese de cultura clássica (aristotelismo) e pensamento patrístico; centra-se em Cristo, causa meritória da nossa salvação e causa exemplar para a nossa deificação. A → IMITAÇÃO DE CRISTO é lei suprema da vida cristã e, em particular, da vida consagrada. O exemplo de Cristo humilde e obediente é expressão mais alta e perfeita da adesão a Deus e do cumprimento de sua vontade. Somos aceitos por Deus em proporção à reprodução de Cristo em nós, quer quanto à oração quer quanto à ascese, ao exercício das virtudes. No *Livro ascético*, Máximo desenvolve esse tema de espiritualidade, com força de argumentação e acuidade psicológica. Ele reconhece a tripla divisão de graus no caminho para Deus: os tementes que, afastando-se do pecado, permanecem nos átrios do templo da virtude; os proficientes, que lentamente tomam o caminho do bem e da retidão moral; os perfeitos, que atingiram o vértice da virtude (*A Talássio* 10). A condição para se aproximar de Deus é o afastamento total das paixões, uma vez que é impossível levantar voo se nos mantemos ligados até a um único fiozinho de mal: "Só quando a mente for plenamente livre dos afetos (terrenos) poderá proceder à contemplação das coisas (celestes), tendendo ao conhecimento da Trindade" (*Capítulos da caridade*, 1, 85). O caminho é muitas vezes minado pela ação demoníaca que se insinua em todas as atividades do homem, sem excluir a contemplação (*Ibid.*, 2, 9) e que deve ser neutralizada pelo cristão com a vigilância, a paciência e a oração (*Ibid.*, 1, 36; 6, 13, 92; outros capítulos 71, 72, 121 etc.). A alma deve conhecer o que leva ao bem: as boas disposições naturais, as virtudes e a boa vontade; e o que leva ao mal: as paixões, os demônios e a má vontade, para empenhar-se a fundo, eliminando tudo o que pode retardar ou impedir o bem (*Ibid.*, 2, 32). Todo estado de vida pode realizar a perfeição se faz bom uso dos bens tanto espirituais quanto corporais, tanto internos quanto externos ao homem. É precisamente a partir do uso correto ou do abuso de tais bens que somos justos ou pecadores (*Ibid.*, 2, 75; 3, 4). A própria profissão do monasticismo é um contrassenso se, à realidade exterior, não corresponde uma realidade interior e operante, ou seja, pureza de coração, desapego das vaidades, espírito de oração (*Ibid.*, 2, 45; 4, 50). A perfeita adesão à vontade de Deus, em todas as suas manifestações e em todas as suas exigências, constitui a regra primeira para qualquer progresso verdadeiro na santidade, para viver, na profunda paz interior, a tranquilidade de espírito, a perfeita caridade (*Carta* 1 a Jorge, prefeito da África; *Exposição sobre o Pater Noster*). Em particular, a oração, tanto ativa quanto contemplativa, torna-se força dinâmica para o controle pleno de si e para realizar aquele "retorno à integridade de natureza, não solicitada por nenhum estímulo rebelde externo nem atraída por nenhum fascínio de vício" (*Ibid.*). A condição para a verdadeira oração não é só o esforço de manter o recolhimento interior, mas também de ordenar a oração ativa para a contemplação, para ter as duas formas de oração perfeita, correspondentes a dois momentos particulares da vida espiritual nos quais predomina ou o elemento humano ou a intervenção divina (*Capítulos da caridade*, 2, 5-6). Com a ação pessoal, o orante, livre das distrações, vive o recolhimento e a intervenção de Deus, iluminador e purificador, chegando ao estado de altíssima → UNIÃO COM DEUS que é a expressão mais elevada de oração (*Ibid.*, 2, 61). Nesse estado de oração, a alma recebe a riqueza de luzes de sabedoria e de conhecimento de Deus (*Ibid.*, 69; *A Talássio*, 44), mas sobretudo possui a caridade, purificada de toda escória, caridade pura que deifica quem a possui, inserindo-o na intimidade misteriosa e vivificante com Deus, própria da alma esposa.

BIBLIOGRAFIA. BALTHASAR, H. U. VON. *Liturgie cosmique. Maxime le Confesseur*. Paris, 1947; BOUYER, L. *La spiritualità dei Padri* (3/B). Bologna, 1986: nova edição organizada por L. DATTRINO – P. TAMBURRINO, 16.125.159.171 ss. (com bibliografia); DALMAIN, J. H. La fonction unificatrice... d'après les oeuvres spirituelles de saint Maxime le C. *Sciences Ecclésiastiques* 14 (1962) 445-450; DIDIER, M. TH. Le fondement dogmatique de la spiritualité de saint Maxime. *Échos d'Orient* 29 (1930) 269-313; HEINZER, F. – SCHÖNBORN, CH. (eds.). *Maximus C. Actes du Symposium sur Maxime le C. Fribourg, 25 septembre 1980*. Fribourg, 1982 (com bibliografia); PIRRET, P. *Le Christ et la Trinité selon Maxime le Confesseur*. Paris, 1983; VILLER, M. Aux sources de la spiritualité de saint Maxime. *Revue d'Ascétique et de Mystique* 11 (1930) 156-184; VONA, C. Massimo il Confessore. In *Bibliotheca Sanctorum* IX, 42-47.

A. SORSOLI – L. DATTRINO

MEDITAÇÃO. 1. MOTIVOS DE INSPIRAÇÃO BÍBLICA. Para apreender o sentido profundo da meditação na vida da Igreja é necessário pesquisar as fontes.

Será conveniente aprofundar o sentido da meditação como nos é revelado na tradição bíblica. O homem bíblico não pratica sistematicamente aquela forma típica de oração que a Igreja ocidental designou com o termo específico de "meditação". Isso não significa que o ato em si da oração meditativa lhe seja alheio. Aliás, a Bíblia nos fornece muitos exemplos, e sua organização temática permite-nos traçar estas três categorias de oração meditativa: a oração sobre o livro da Torá, o recurso meditativo dos atos salvíficos de Deus na história, a meditação na esperança voltada para o cumprimento das promessas de Deus.

A primeira atitude fundamental de meditação apresentada pela Bíblia é da pessoa que se põe diante do livro da Torá em uma posição de escuta obediencial e de aprendizado amoroso. O convite divino dirigido a Josué para "meditar dia e noite" (Js 1,8) sobre a Torá de modo a poder ter sucesso em suas ações soa como programa religioso para todo israelita que se dispõe a habitar na terra que o Senhor lhe dá: a posse da terra e a prosperidade de Israel nela são condicionadas pela observância da Torá. Daí a urgência do convite programático dirigido a Josué: "Que o livro desta Torá jamais se afaste de tua boca" (*Ibid.*; cf. também Dt 17,18 s.). O tema é evocado no início do Livro dos Salmos: "Bem-aventurado o homem que... medita a Torá dia e noite" (Sl 1,1 s. e também Sl 118 [119], 16.97.99.148). Esse "meditar" a Torá implica ao mesmo tempo tanto a interioridade da pessoa quanto a sua corporalidade: ele se revela sonoramente no humilde murmúrio memorizante e assim ocorre na "boca" do orante (cf. Js 1,8; Dt 6,7; 11,19; Sl 34,28; 36,30 etc.), mas tem origem na interioridade da pessoa, em seu coração (cf. Sl 38,4). Essa relação orante com a Torá não deve ser depreciativamente interpretada como zelo indiscreto e legalista: ao contrário, o amor pelo Deus dos pais se concretiza na assimilação amorosa da sua "Instrução", que é o significado originário de Torá, confiada a Israel no Sinai (cf. Sr 6,37; 14,20 s.; 39,1-3).

A Bíblia conhece também a vigília meditativa orientada para a recordação dos eventos prodigiosos do Senhor na história da → SALVAÇÃO. O orante do Salmo 62,7 confessa: "Quando em meu leito penso em ti, passo horas invocando a ti". A silenciosa recordação realizada na noite é oração: o pensamento da intervenção do Senhor suscita no orante a alegria e esta se transforma em louvor. Nos Salmos de lamentação 76 e 142 a aflição do orante é superada graças à lembrança meditativa dos portentos realizados pelo Senhor na história da salvação. "Em mim o fôlego se acaba, a desolação está no meu coração. Evoco os dias de outrora, repito para mim tudo o que fizeste, repito para mim a obra das tuas mãos" (Sl 142,4 s.). E ainda: "Relembro-me de Deus e gemo; quanto mais penso nisso, tanto mais o meu espírito se confunde. Reflito nos dias de outrora, nos anos de antigamente. De noite, relembro-me do meu refrão, meu coração torna a ele, e o meu espírito se pergunta... Repito para mim tudo aquilo que fizeste, volto a pensar nos teus feitos" (Sl 76,4.6 s.13). A meditação silenciosa é o momento privilegiado para recordar, no espírito, as grandes intervenções de Deus na história: a memória anula a distância e cria a presença; é como se o orante assistisse diretamente aos prodígios do êxodo, do Sinai, do deserto. Daí renasce a esperança. Os três textos sálmicos demonstram que a história da salvação podia tornar-se objeto de reflexão orante, sobretudo em momentos pessoais de dúvida e de aflição.

Existe, contudo, um texto fundamental, o quarto mandamento segundo a versão deuteronômica sobre o descanso sabático (D5 5,12-15), que de algum modo institucionaliza a obrigação da memória histórico-salvífica. Aqui o conteúdo direto do comando consiste na interrupção de toda obra e não prevê o cumprimento de atos cúltico-religiosos específicos. Mas a motivação acrescentada no versículo 15 (cf. particularmente v. 15b) revela que o rigoroso descanso sabático tem como objetivo a memória dos eventos do êxodo: "Tu te lembrarás de que, na terra do Egito, eras escravos e que o Senhor, teu Deus, te fez sair de lá com mão forte e braço estendido. Eis por que o Senhor, teu Deus, te ordenou guardar o dia do sábado". Não se fala aqui de recordação-memorial cúltico: trata-se, portanto, de uma recordação realizada no íntimo da pessoa e no restrito âmbito da família.

Essa terceira atitude meditativa é inteiramente orientada para a frente, para o futuro cumprimento das promessas de Deus e do seu plano histórico-salvífico. O texto de Sr 39,7 enuncia como tarefa do escriba sábio a "meditação (reflexiva) sobre os mistérios de Deus"; aqui o termo "mistérios" deve ser compreendido à luz do *mystérion* paulino: ou seja, designa o plano divino da salvação, particularmente na sua dimensão futura e escatológica. Um exemplo concreto dessa "meditação" na espera e na esperança é oferecido pelo comportamento de Daniel. "Eu, Daniel, meditava sobre o (significado do) número de anos que, segundo a palavra do Senhor ao profeta Jeremias, devem-se completar a respeito das ruínas de Jerusalém: setenta anos" (Dn 9,2). A atenção reflexiva de Daniel ao significado da profecia de Jeremias sobre os setenta anos não é apenas pesquisa especulativa, mas é meditação orante (cf. *Ibid.*, vv. 4 ss.) do profeta, agora consciente de que se encontra no limiar da plenitude dos tempos, às vésperas do cumprimento definitivo das promessas divinas.

É nessa última linha que se insere o único exemplo neotestamentário de reflexão meditativa e orante: é a atitude da Virgem Maria que se interroga no seu coração sobre o significado das palavras e dos eventos verificados em torno dela (Lc 2,19.51). A unicidade do exemplo do Novo Testamento põe em absoluto destaque a exemplaridade da Virgem como modelo de oração meditativa. O verbo que Lucas usa não é mais o refletir separado e objetivo de Sr 39,7 e Dn 9,2, mas é a expressão propriamente bíblica "conservar no coração", que o Antigo Testamento reserva àquelas pessoas envolvidas diretamente em um desígnio divino e que "conservam em seu coração" uma palavra profética, cujo significado não é plenamente claro para eles no momento (Gn 37,11; Dn 4,28 Septuaginta e cf. 7,28). O Evangelho diz que Maria "conserva em seu coração", ora com cuidado e por muito tempo (Lc 2,19), ora com intensidade (Lc 2,51), as palavras proféticas, para ela arcanas, expressas primeiro pelos anjos e pelos pastores (2,8-20) e depois por Jesus aos doze anos (2,49 s.). Maria conserva em si a lembrança e se pergunta (2,19) sobre o significado desses eventos. O seu gesto, contudo, transcende o significado imediato da palavra. A sua posição é estruturalmente semelhante à de Daniel: ela sente que o plano escatológico divino da salvação agora começou a se realizar e que a sua pessoa está diretamente envolvida nele. Maria apreende a urgência da hora escatológica e se preparara para a irrupção da plenitude dos tempos colocando-se na atitude da reflexão orante e vigilante. A oração meditativa é o clima adequado para a vigília da espera para a vinda do fim. Esta é a escolha própria do sábio. Assim Maria é apresentada pelo evangelista Lucas, nas duas breves anotações de 2,19.51, como a exemplar Virgem sábia (cf. Mt 25,1-13) que espera na vigília orante e meditante o cumprimento definitivo das promessas de Deus, a vinda do Esposo.

2. NATUREZA. Em sentido genérico, a meditação é a atenta reflexão sobre qualquer objeto do pensamento, sobretudo de natureza religiosa, moral e filosófica, com o objetivo de investigar o seu conteúdo, compreender a sua essência, deduzir as suas consequências. No sentido que a espiritualidade católica lhe atribui, é a forma mais simples da oração mental. Consiste em refletir sobre as verdades da fé, para penetrar o seu significado íntimo, embeber com elas a mente e o coração, nutrir-se delas visando ao próprio aperfeiçoamento moral, e de uma mais íntima união com Deus. A matéria da meditação é principalmente a → PALAVRA DE DEUS, mas podem ser também as verdades e os ensinamentos contidos na liturgia, nos documentos eclesiásticos, nos escritos e nas vidas dos santos; as verdades eternas.

a) Refletir sobre o objeto da meditação praticamente significa enquadrá-lo no conjunto das verdades reveladas, analisá-lo sob todos os seus aspectos (especialmente sob o moral e o ascético) à luz do magistério eclesiástico, com particular referência às necessidades atuais da própria alma. Um trabalho minucioso, de paciência e de tenacidade; desenvolvido em profundidade, voltando e retornando à verdade examinada, até fazê-la própria. Um trabalho, portanto, essencialmente pessoal, já que alguém só assimila aquilo que, ajudado pela divina graça, encontra por si mesmo. Um processo análogo ao que se desenvolvia no coração da Mãe de Deus, quando ela estava tomada pelo mistério que se operara nela, e que continuava na vida do Filho: "Quanto a Maria, ela retinha todos esses acontecimentos, meditando-os em seu coração" (Lc 2,19).

Uma reflexão feita de maneira superficial ou seguindo a trilha do pensamento alheio (por exemplo, seguindo uma meditação já realizada por outros) teria apenas um efeito passageiro, que, logo dispersado pelos sucessivos movimentos da alma, deixaria o espírito aparentemente saciado, mas na verdade desnutrido. As meditações já realizadas poderão ser muito úteis, especialmente para os principiantes, como fonte de que extrair a matéria da meditação, e também como modelo em que se inspirar para fazer as reflexões. Mas no momento de entrar em oração devem ser deixadas de lado; a menos que se deseje transformar a meditação em "leitura meditada", que é algo bem diferente da meditação propriamente dita. Para eliminar as eventuais dificuldades que sujeitos pouco inclinados ao raciocínio poderiam encontrar ao fazer as reflexões, deve-se observar que a palavra "refletir" contém todos os modos de pensar: discursivo e intuitivo, sintético e analítico, teórico e prático, teológico e evangélico etc. Daí uma grande liberdade na maneira de penetrar e aprofundar a matéria da meditação.

As reflexões, também denominadas considerações, devem ser feitas sempre em espírito de fé, e não com intenções científicas. Neste último caso, teríamos uma especulação filosófica e teológica, mas não uma reflexão religiosa, destinada a desabrochar nos afetos, e depois nos atos da vontade, ou seja, nas resoluções em vista da prática das virtudes cristãs, e do exercício do amor de Deus, em que consiste precisamente o fruto essencial da meditação. "A meditação — escreve São Francisco de Sales — não é outra coisa senão um pensamento atento, reiterado, voluntariamente mantido no espírito, para promover a vontade e os sadios afetos e resoluções" (*Tratado do amor de Deus*, 6, 2). Além disso, deve-se observar que as considerações devem ter o cuidado de evitar o excesso de tensão, a minuciosidade exagerada na análise, a confiança excessiva nas próprias forças: a oração é obra mais divina que humana.

b) Além do elemento sobrenatural, sempre presente na oração cristã, são três os componentes da meditação: o exercício da memória, do intelecto e da vontade: a memória que recorda; a inteligência que reflete e deduz as consequências; a vontade que, iluminada pela inteligência, se determina para o bem. Para uma correta compreensão do exercício das três faculdades da alma durante a meditação, deve-se observar que elas não acontecem ali na ordem em que a psicologia as enumera: primeiro a memória, depois a inteligência, por último a vontade. De fato, esta ordem não é nunca, ou quase nunca, seguida. No decorrer da meditação, a ocorrência dessas fases costuma ser determinada não tanto por uma ordem lógica, mas por influências de ordem afetiva. As reflexões, feitas em espírito de fé, já são desde o início impregnadas de vontade. Entre memória, inteligência e vontade há uma contínua osmose. Um invisível fio condutor as move constantemente em direção ao fim supremo da oração: a elevação da alma para Deus.

É fácil estabelecer quanto tempo deve ser dedicado ao exercício da memória: o suficiente para evocar à mente, no ato de iniciar a meditação, a matéria já preparada anteriormente. Menos fácil é determinar o tempo a ser dedicado ao trabalho da inteligência, ou seja, às considerações. Não há dúvida de que elas devem ocupar toda a meditação: "A oração — escreve Santa Teresa de Ávila — não consiste em pensar muito, mas em amar muito" (*Moradas*, 4, 1, 7). Mas elas tampouco podem ser muito curtas, feitas apenas pelo tempo necessário para "mover a vontade": seriam ineficazes. Se o tempo dedicado às considerações for muito limitado, as convicções serão pouco profundas, e, consequentemente, os movimentos da vontade serão fracos. As considerações devem merecer sempre o tempo conveniente. Cada um, com a própria experiência, encontrará a medida necessária pouco a pouco. Seja como for, deverão ser feitas apenas em vista do fim prática, imediato, de mover a vontade, mas sobretudo para impregnar a alma de pensamentos fortes e sobrenaturais, o *húmus* do qual germinarão os afetos saudáveis e as resoluções firmes.

De qualquer modo, dado que a parte essencial da meditação é constituída pelos atos da vontade, todas as vezes que durante as considerações surgirem os afetos, será preciso suspender o trabalho da inteligência e dar-lhes livre acesso, e só voltar as reflexões quando estes cessarem (cf. São Francisco de Sales, *Introduzione alla vita devota*, 2, 8; L. da Ponte, *Meditazioni*, introdução geral, 5). Por "afetos" entendemos, com o padre Brou, "os movimentos que nascem da vontade, em consequência das operações do intelecto... Mas os afetos não esgotam as potencialidades da vontade, nem são o fim da oração. O amor deve ser prática, e tender às obras..." (*Sant'Ignazio maestro d'orazione*, 148-149).

Quando o trabalho da inteligência é bem conduzido, o surgimento dos afetos é espontâneo. É o momento misterioso da transição de uma oração feita predominantemente de reflexões para uma oração formada substancialmente por atos da vontade: a alma que conhece Deus mais intimamente, que conhece melhor a si mesma, que vê a própria deformidade, concebe o desejo de se redimir, de reparar o passado, de fazer própria a vontade de Deus, pedir-lhe a ajuda necessária para traduzi-la na prática. O exercício da vontade vem a se concluir praticamente com a formulação de resoluções ou propósitos. Alguns autores pensam que a meditação não deve necessariamente terminar com resoluções explícitas. Em todo caso, haveria o exercício dos afetos, a adesão a Deus com atos da vontade, ainda que de maneira indeterminada. Outros têm opinião diferente. Seja como for, tratando-se de principiantes, e portanto de indivíduos ainda não solidamente formados para a virtude, nunca deveria faltar a formulação dos propósitos para começar a praticar logo, assim que acabar a meditação (cf. São Francisco de Sales, op. cit.; G. Lercaro, *Metodi di orazione mentale*, Genova, 1957, pp. 255-256; P. C. Landucci, *Formazione seminaristica moderna*, Torino, 1962, 471). Os métodos de oração mental, normalmente, ao fim da meditação, antes ou depois dos propósitos, aconselham um "colóquio" final ou com o Senhor, ou com a Virgem etc., dependendo da matéria meditada e das necessidades da alma. Alguns fornecem até normas a ser seguidas depois da meditação, como um exame sobre a maneira como esta se desenvolveu, a tomada de notas etc.

c) A meditação, por sua característica fundamental, também é denominada "oração discursiva" (do baixo latim *discurrere*: correr de um lado e de outro); e é também designada como a "oração dos principiantes". Introduzido por meio dela no mistério de Deus, o orante pouco a pouco se prepara para aquele colóquio mais íntimo com ele, que é próprio das formas superiores de oração mental, como a oração afetiva, e a contemplação adquirida (isso para permanecer apenas nas formas de oração comum). Mas nem sempre toda alma deve necessariamente passar cedo ou tarde da meditação para essas formas superiores de oração. Pode ocorrer que alguns, por toda a sua vida, sintam a necessidade de se manter ancorados na oração discursiva, sem que por isso possam ter pouco estímulo para a perfeição ou pouco amor por Deus. No entanto, se a alma, a partir de sinais claros e inequívocos, tomar consciência de que o tempo das reflexões passou para ela, faria mal em insistir na oração discursiva. Segundo São → João da Cruz, os sinais são três; dois negativos: impossibilidade de meditar com a imaginação, aridez nas coisas de Deus, e falta de desejo de aplicar a imaginação e o sentido na reflexão religiosa. O terceiro sinal é positivo: conhecimento e afeto se orientam para um outro caminho, o de abandonar os exercícios do intelecto, da memória e da vontade, para ficar com atenção amorosa diante de Deus, em paz interior, quietude e repouso (João da Cruz, *Subida*, 2, 13, 2-4).

3. **ORIGENS E VALOR**. a) A meditação sempre foi valorizada na cristandade, porque sempre se sentiu a necessidade de "refletir" sobre a palavra de Deus. Mas foi na Idade Média que ela teve um lugar bem determinado entre os exercícios de devoção. Na *Scala paradisi*, ou *Scala caustralium*, a escada "pela qual o homem sobe da terra para o céu", ela representa o segundo degrau: o primeiro, a *lectio*; o segundo, a *meditatio*; o terceiro, a *oratio*; o quarto, a *contemplatio*. Mas se na *Scala paradisi* a meditação é designada como o segundo degrau, isso deve ser entendido na ordem lógica; quanto à eficácia, ela deve ser considerada (segundo a avaliação do próprio autor da *Scala*) o primeiro. Os místicos da Idade Média, muito mais que seus predecessores (os primeiros ascetas cristãos), deram destaque a seus benefícios: "Ela é", explicam eles, "o meio indispensável para descobrir a verdade, tanto a verdade científica quanto a religiosa. Sem ela, nada se pode conhecer, nem se pode examinar o estado da própria consciência. É ela que nos preserva e nos liberta dos maus pensamentos. É por meio dela que adquirimos um conhecimento profundo das verdades divinas, conhecimento que se transforma em amor. A meditação, vista sob todos esses diversos aspectos, é a "consideração", na qual São Bernardo resumia toda a devoção: ela o principal degrau que é preciso subir para se elevar à contemplação mística. Esse papel preponderante da meditação é muito bem descrito pelo autor da *Scala paradisi*. A leitura apresenta a verdade; mas é a meditação que a esmiúça, a mastiga, a rumina e a reduz, por assim dizer, em mingau para nutrir sua alma" (Pourrat, III, 3).

Com o surgimento dos primeiros métodos de oração (século XIV), a quádrupla divisão (*lectio*, *meditatio* etc.) pouco a pouco caiu em desuso; mas a meditação, por seu lugar primordial ocupado nos exercícios de devoção, fez com que os dois termos, oração mental e meditação, se tornassem sinônimos. Em outras palavras: de elemento da oração mental, o termo "meditação" passou a significar o tipo de oração em que aquele elemento predomina; portanto, a significar oração mental em geral (cf. G. Lercaro, op. cit., 3). Além disso, o fato de a meditação ser realizada, sobretudo pelos principiantes, segundo um método fez com que ela fosse também denominada "oração metódica".

b) No passado, nunca se questionara se a meditação devia ou não ser considerada oração mental propriamente dita. Foi só por volta das primeiras décadas do século XX que alguns escritores de espiritualidade lhe contestaram esse título. Mais que oração, ela passou a ser denominada prelúdio, propedêutica para a oração; o "pensar" ainda não é rezar, mas "só quando o pensamento é suspenso, e o coração entra em ação, começa a verdadeira oração" etc. Quem defendeu essa opinião foi sobretudo H. → BREMOND (*Introduction à la philosophie de la prière*, Paris, 1929, 111 ss.). As razões apresentadas para negar à meditação o título de verdadeira oração podem ser resumidas nas seguintes: refletir e raciocinar são operações próprias do estudioso; de modo algum podem ser consideradas oração; a oração deve ser sempre possível, ao passo que a meditação nem sempre é possível: por cansaço, pelas ocupações ou por incapacidade mental etc.; a meditação, desconhecida na Antiguidade cristã, é fruto do ascetismo do século XVI (cf. J. DE GUIBERT, *Théologie spirituelle*, Roma, 1952, 212).

Mas a maior parte dos escritores de ascética, mesmo os modernos, continua a considerar a meditação como verdadeira oração mental. Entre eles, J. de → GUIBERT, que, mesmo admitindo uma meditação que seja em algum grau oração (o teólogo, por exemplo, que medita sobre a Trindade para chegar a uma definição exata dos atos nocionais, não reza, mas estuda), a contrapõe claramente à meditação comumente entendida, ou seja, à reflexão organizada sobre um tema da vida sobrenatural, feita no decorrer da oração mental; precedida, portanto, da oração de pedido, inteiramente orientada não para a especulação, mas para o bem da alma permeada de atos de amor, de adoração, de agradecimento etc. Essa meditação, que pode realizar-se sob a forma de colóquio com Deus (exemplos incomparáveis: as *Confissões* de Santo Agostinho e os *Diálogos* de Santa Catarina de Sena), ou que até, na forma mais simples, pode inspirar-se nas técnicas contemplativas da Igreja oriental (por exemplo, a invocação do nome de Jesus), deve assim ser considerada verdadeira oração. Mas, continua De Guibert, se essa meditação não assumisse a forma de colóquio, e "permanecesse pura reflexão da alma que se entretém consigo mesma", ainda poderia ser considerada oração? Sem dúvida. São → FRANCISCO DE SALES considera a meditação "primeiro grau de oração e teologia mística" (*Tratado do amor de Deus*, 6, 2); Luís de → GRANADA declara expressamente: "Nós chamamos igualmente de oração mental a meditação ou a consideração das coisas de Deus" (*Memorial da vida de Deus*, 6, 1). Antes de São Francisco de Sales, Luís de Granada, → HUGO DE SÃO VÍTOR e Santo → TOMÁS DE AQUINO também faziam da meditação uma das partes essenciais da oração. Se a meditação, conclui De Guibert, no sentido que hoje damos à palavra, frequentemente foi diferenciada no passado da *oratio* ou oração — entendida no sentido restrito de pedido ou de encontro com Deus —, no entanto ela sempre foi considerada parte integrante da oração mental; portanto, como oração, no sentido habitual que se dá à palavra: elevação da alma para Deus, com o objetivo de melhor servi-lo e de santificar-se mais. "E de fato, a não ser que se queira renunciar a esta definição da oração, clássica depois de São João Damasceno, não vemos como se pode afirmar que a meditação (de que estamos tratando aqui) não é verdadeira oração. A nossa alma, de fato, se eleva a Deus com os atos da inteligência não menos que com os da vontade; e a partir do momento em que esses atos da inteligência (tanto raciocínios quanto intuições) são ordenados à finalidade total da oração, não vemos por que eles mesmos não seriam oração, no sentido estrito da palavra" (cf. J. DE GUIBERT, La méditation est-elle une prière", *Revue d'Ascétique et de Mystique*, 11 [1930], 337 ss.).

Por outro lado, é inegável que nem todos são capazes de fazer meditação. Mas, observa ainda Guibert, isso não significa que ela não é verdadeira oração. A afirmação de que a meditação se originou do ascetismo do século XVI é desprovida de fundamento (já vimos ao falar das origens); ela remonta à mais remota Antiguidade cristã (cf. J. DE GUIBERT, *Théologie spirituelle*, Roma, 1952, 212-213). Entre outros autores, observa o padre Ledrus: "A meditação católica, antes de desembocar no colóquio íntimo, por si só já é oração. Ela considera o seu objeto, a palavra de Deus, como a porta do céu: não pretende possuir sua chave com seus raciocínios, muito menos de arrombá-la com a força da penetração mental; o intelecto meditativo, enquanto discorre, bate discretamente à porta, para que seja aberta de dentro" (La meditazione, in *La preghiera*, Milano, 1947, 50).

4. NECESSIDADE. Pode-se falar da necessidade da meditação sob um duplo aspecto: a) necessária como é necessária a oração mental em geral;

b) necessária como meio comum de encaminhamento para as formas superiores de oração mental.

a) A meditação foi constantemente considerada pela tradição católica como meio muito eficaz para se manter no fervor espiritual. Os sumos pontífices, especialmente a partir de Pio X, a recomendaram constantemente como tal. Na exortação *Haerente animo*, de 4 de agosto de 1908, dirigida ao clero, São Pio X afirma: "É meio essencial para progredir na virtude consagrar a cada dia um pouco de nosso tempo para a meditação das coisas eternas. Não existe sacerdote que se possa eximir dela, sem nota de grave incúria, e sem prejuízo a sua alma" (*ASS* 41, 555-577). Na exortação *Menti nostrae*, de 23 de setembro de 1950, igualmente dirigida aos sacerdotes, Pio XII diz: "Assim, consideramos ser grave a nossa obrigação de vos exortar à prática da meditação cotidiana [...]. De fato, como o estímulo da perfeição sacerdotal é alimentado e fortalecido pela meditação cotidiana, assim da negligência e do desprezo dessa prática nasce a fraqueza do espírito, que leva a devoção a diminuir e esmorecer, e não apenas cessa ou é retardado o impulso à santificação, mas todo o ministério sacerdotal sofre não poucos danos. Por isso é fundamental afirmar que nenhum outro meio tem a eficácia particular da meditação, e que a prática cotidiana desta é portanto insubstituível" (*AAS* 42, 657-702).

b) Também como meio de encaminhamento, a meditação deve ser considerada necessária, em geral. A não ser que a alma seja predisposta por graças particulares, o principiante que se dedica à oração mental, logo de dá conta de que entrou num terreno desconhecido. Ele tem absoluta necessidade de um guia. A meditação o introduz gradualmente nos caminhos de Deus: com o trabalho da inteligência, ele penetra profundamente as verdades da fé; com o exercício da vontade, constantemente voltada para a realização da vontade divina, ele evita percorrer falsos caminhos, desperdiçar preciosas energias, julgar que já chegou ao porto, quando na verdade talvez esteja muito distante dele. Uma mente iluminada e um coração purificado constituem a base insubstituível de uma verdadeira e profícua oração. Em geral, chega-se a ela com o esforço, muitas vezes penoso, da meditação.

Pode ser útil, como hoje se ensina em não poucas "escolas de oração", recorrer às técnicas orientais: concentrar-se na respiração, ficar sentados em contato com o chão, salmodiar os textos sagrados etc. para libertar o pensamento de divagações e para concentrar a atenção no mistério escolhido para a meditação. E é por se ter aplicado a ela de modo muito sumário que muitas almas vegetam em uma devoção sentimental e superficial; é por ter desejado se libertar muito cedo das dificuldades do trabalho da meditação, e chegar ao repouso de uma oração simplificada, que, não obstante uma inegável boa vontade, a oração destas almas permanece vazia, distraída, ineficaz e incapaz de obter-lhes uma forte e íntima união com Deus (cf. J. DE GUIBERT, *La méditation est-elle une prière?*, cit., 343).

Uma oração sem reflexão não pode durar muito tempo: faltaria o óleo para a lâmpada. Enquanto se tratar de breves colóquios, a alma conseguirá se manter unida a Deus, mas quando a oração dura horas (a menos que o orante tenha alcançado os graus superiores de oração, onde predominam os afetos ou a intuição amorosa), comumente há necessidade de uma volta constante às considerações: e isso até para se purificar das ideias não compatíveis com a doutrina católica, que o espírito, mais ou menos inconscientemente, absorve no contínuo contato com o mundo. O desejo de eliminar da oração tudo o que estritamente intelectual esconde um grave perigo, também ligado às práticas orientais. Por exemplo, o zen — o termo deriva do chinês "Ci'an", que indica uma forma especial de meditação — tende para o vazio mental que — segundo os budistas — é a Suprema Realidade. Alcançar o vazio significa, na linha do zen, alcançar Deus com a prática de uma concentração no "nada", um caminho absolutamente oposto ao da meditação cristã. O → ZEN é uma tradição de disciplinas psicológicas e espirituais que ajudam a chegar a uma forma de consciência que permite viver com serenidade, mas não substitui a meditação cristã. Não é "meditação" em sentido ocidental, porque não conduz à plenitude — o todo — de Deus. Também no caso de aplicar o método da escola zen ou da meditação transcendental, corre-se sempre o risco de que a vida espiritual termine nos momentos mais importantes, ou seja, na meditação, com o apoio numa única ideia pobre, invariavelmente a mesma. Para impedir que a meditação se transforme numa atividade puramente raciocinante, a solução não consiste em eliminar a atividade cognoscitiva, mas em torná-la religiosa, oracional. Isto se faz precisamente durante a própria meditação (cf. Federico di San Giovanni della Croce, Attività conoscitiva nell'orazione mentale, in *L'orazione mentale*, Roma, 1965, 45-51).

BIBLIOGRAFIA. Bernard, Ch. A. *La preghiera cristiana*. Roma, 1976; Bortone, E. *Invito alla meditazione*. Roma, 1963; Brou, A. *Sant'Ignazio maestro d'orazione*. Roma, 1954; Combe, F. de La. *Meditare*. Milano, 1983; Galot, J. *La preghiera, intimità filiale*. Francavilla, 1967; Guardini, R. *Introduzione alla preghiera*. Brescia, 1954; *L'orazione mentale*. Roma, 1965; Lallemant, L. *La dottrina spirituale*. Casale Monferrato-Milano, 1984; Lercaro, G. *Metodi d'orazione mentale*. Genova, 1957 (com bibliografia); Luca, G. de. *Meditazione e preghiere*. Roma, 1965; Maritain, R. *Vita di preghiera, liturgia e contemplazione*. Roma, 1979; Mello, A. de *Un cammino verso Dio*. Roma, 1980; *Preghiera ed esperienze di preghiera*. Padova, 1978; Tillmann, K. – Peinen, H. T. von. *Guida alla meditazione cristiana*. Brescia, 1980. Para a meditação de tipo oriental, cf. Cox, H. *La svolta ad Oriente*. Brescia, 1978; Dumoulin, H. *A history of Zen Buddhism*. New York, 1963; Johnston, W. *Christian Zen*. New York, 1971; Id. *Silent music: the science of meditation*. New York, 1974.

F. Foresti – E. Bortone

MEDITAÇÃO CRISTÃ E PRÁTICAS MEDITATIVAS ASIÁTICAS

Parece-nos indispensável aplicar ao fato religioso a *visão universalista* que é típica da cultura moderna e não pode ser alheia à Igreja que se define católica. E, se é verdade que toda grande religião tem sua própria autonomia e autossuficiência, hoje não se pode mais imaginar que cada uma viva encerrada em si mesma. Em segundo lugar, a Igreja se faz promotora do *diálogo* mesmo diante das outras religiões: "Por intermédio do diálogo, vamos fazer com que Deus esteja presente entre nós, para que, enquanto nos abrimos um ao outro, nos abramos também a Deus. [...] O fruto do diálogo é, portanto, a união entre os homens e a união dos homens com Deus, que é fonte e revelação de toda a verdade e cujo Espírito guia os homens para a liberdade só quando estes se fazem encontro um para o outro com toda a honestidade e amor" (João Paulo II, Aos expoentes das religiões não cristãs, 5 de fevereiro de 1986). Em terceiro lugar, e em consequência disso, a Igreja pretende intensificar a "*relação amigável* entre crentes de diversas religiões", relação que nasce "do respeito e do amor pelo outro" (João Paulo II, Ao Secretariado para os não cristãos, 3 de março de 1984).

São muitos os campos em que essa amizade é chamada a se concretizar, mas o espiritual goza de primazia absoluta. É assim que "homens radicados nas próprias tradições religiosas podem compartilhar suas experiências de oração, de contemplação, de fé", obtendo "enriquecimento recíproco e fecunda cooperação na promoção e preservação dos valores e dos ideais espirituais mais elevados do homem (Secretariado para os Não Cristãos, *A Igreja diante dos seguidores de outras religiões*, 1984, n. 35).

Em quarto lugar, é convicção comum que as religiões são chamadas a compartilhar suas *riquezas espirituais*. A assembleia geral dos bispos da Ásia já se pronunciara em relação a isso nestes termos: "A oração asiática tem muito a oferecer a uma autêntica espiritualidade cristã: uma oração ricamente desenvolvida de toda a pessoa na unidade de corpo-psique-espírito; a contemplação caracterizada por uma profunda interioridade e imanência; os livros e as escrituras sagradas veneráveis; as tradições de ascetismo e renúncia; os métodos de concentração descobertos pelas antigas religiões orientais; as formas simplificadas de oração (com que as pessoas) tão facilmente dirigem a Deus o coração e a mente na sua vida cotidiana" (Declaração Final da II Assembleia Plenaria do FABC, Barrackpore [Calcutá], 1978, n. 32).

Enfim, a Igreja é movida por um sincero *anseio evangelizador* também no que concerne aos valores religiosos de toda a humanidade e na sua maneira de se traduzir em oração. E, como "a verdadeira evangelização se realiza no respeito e na escuta do outro" (João Paulo II, Ao Secretariado para os Não Cristãos, 3 de março de 1984), o cristão, por um lado, "descobre com alegria e veneração as sementes do Verbo" encerradas nas grandes tradições religiosas (*Ad gentes*, n. 11) e se pergunta como "pode acolher na própria vida religiosa tradições ascéticas e contemplativas cujas sementes foram inseridas por Deus em culturas antigas, anteriormente à pregação do Evangelho" (*Ibid.*, n. 18). Por outro lado, não pode deixar de recordar a exortação de São Paulo a "submeter tudo a discernimento, tomando assim todas as coisas em consideração e conservando o que é bom" (cf. 1Ts 5,21). Convite de que se fazem porta-vozes os próprios expoentes mais estimados das religiões asiáticas, quando denunciam, juntamente com ilustres mestres cristãos, o "prurido de novidade" (cf. 2Tm 4,3-4) e os modismos que impelem não poucos a se voltar para o Oriente, ou quando exortam seus discípulos ocasionais a reencontrar nos grandes guias espirituais do Ocidente o que buscam com esforço ou que polemicamente rejeitam no cristianismo. Para não falar de sua tristeza diante da proliferação de "falsos mestres" (2Pd 2,1) e de "espíritos sedutores" (1Tm 4,1) que deturpam a genuína espiritualidade asiática e prejudicam um sério diálogo inter-religioso.

1. A ORAÇÃO DO CRISTÃO. *Do silêncio à palavra.* Detrás de cada oração, da mais íntima à mais manifesta, esconde-se uma percepção da Realidade originária e íntima a que tudo se relaciona. Além disso, o homem persistiria inutilmente na busca do Absoluto se este já não tivesse se manifestado de alguma maneira. Em outras palavras, o cristão reconhece, por um dom de graça não desvinculado de circunstâncias históricas (com base nas quais o Evangelho teve uma difusão preponderante no Ocidente e no Oriente Próximo), que "o mistério guardado no silêncio" (Rm 16,25) por séculos e séculos, por fim se revelou aos homens e que, se é legítimo admitir que houve um tempo em que "a mais nobre verdade era o silêncio" (*Prasannapada*, 57, 8), nestes "últimos tempos" (cf. Hb 1,1) conclusivos da história a Palavra de Deus "estabeleceu sua morada entre os homens" (Jo 1,14), porque o Pai "nos falou em seu Filho (Hb 1,2). Do Verbo "nascido do silêncio" (INÁCIO DE ANTIOQUIA, *Ad Magnesios*, 8, 2; *Sources chrétiennes* 10, 74-75) e feito homem, pode-se afirmar o que → JOÃO DA CRUZ põe nos próprios lábios de Deus: "Eu vos disse toda a verdade na minha Palavra, ou seja, no meu Filho e não tenho nada mais a vos manifestar, dando-o a vós por irmão, mestre, preço e prêmio" (*Subida*, 2, 22, 5). Em decorrência disso o cristão é particularmente atento à "revelação" com que "Deus invisível, levado por seu grande amor, fala aos homens como a amigos e com eles se entretém, para os convidar à comunhão consigo e nela os receber" (*Dei Verbum*, n. 2).

Além disso, ele pode reconhecer com mais profundidade a presença de Deus no mistério da criação, nos acontecimentos da história e sobretudo no sacrário do próprio coração. Enfim, à luz do Verbo que para ele se faz encontro no Cristo morto e ressuscitado, pode apreender e valorizar ainda mais os testemunhos religiosos inseridos na cultura e na tradição dos povos e ver neles em ação o único Espírito que tudo permeia e vivifica.

A Trindade. Tomando como ponto de partida um princípio familiar aos seguidores de Buda, podemos afirmar que também o cristão desenvolve a própria mente através da referência a *três joias* (*Canone buddhista. Discorsi brevi*, Torino, 1968, 122): Deus, a sua Palavra que é a própria Pessoa de Cristo e a comunidade que é a Igreja. A doutrina e o testemunho de Cristo permitem-nos contemplar a vida íntima de Deus, que se articula em três pessoas, Pai, Filho e Espírito Santo, e experimentar a oração como progressiva participação no *mistério trinitário*. Assim, o cristão se dirige ao Pai em atitude de abandono filial; vale-se da mediação de Cristo "sempre vivo para interceder por nós" (cf. Hb 7,25); reconhece no Espírito Santo o motivo de toda oração verdadeira: "Orai no Espírito Santo" (Ef 6,18; Jz 20) (Instrução Geral sobre a Liturgia das Horas [IGLH], n. 8).

Certamente não esquecido de que "a Trindade é amiga do silêncio" (ADAM DE PERSEIGNE, *Epistola* 20: *PL* 211, 683), o cristão, além do caminho inefável, conhece o caminho exprimível por excelência na sua relação com Deus, que é a própria oração de Jesus: o → PAI-NOSSO. Nela, o duplo movimento de Deus para o homem e do homem para Deus se solda em perfeita unidade, a partir do momento em que a vontade do Pai se transfere do céu para a terra, de modo que a terra possa enfim entrar no céu como auxílio dos meios indispensáveis; o pão sobre-substancial, o perdão dos pecados e a libertação do mal.

O princípio da Palavra. As considerações relativas à segunda joia deslocam a nossa atenção para a Palavra viva de Deus que, nas suas diversas articulações, constitui o paradigma não só da oração mas da vida cristã. Por isso vamos mencionar um esquema não ignorado pelos antigos Padres, mas estabelecido completamente na época subsequente. Com base nele, podemos falar de cinco aspectos ou graus: a leitura, a meditação, a oração, a ação e a contemplação (HUGO DE SÃO VÍTOR, *De Meditatione*, 2, 1: *PL* 176, 993. Cf. GUIGO II, *Scala claustralium*, PL 184, 475-478). A *leitura* põe em evidência o primado da Palavra na vida cristã.

Na sua Palavra "o Pai que está nos céus vem carinhosamente ao encontro de seus filhos e com eles fala; a → PALAVRA DE DEUS é "sustentáculo e vigor para a Igreja [...], firmeza da fé, alimento da alma, pura e perene fonte da vida espiritual" (*Dei Verbum*, n. 21). A Igreja celebra a divina Palavra na liturgia sacramental e na de louvor e recomenda a sua piedosa e assídua leitura na meditação "a fim de que se estabeleça o colóquio entre Deus e o homem" uma vez que "a Ele falamos quando rezamos; a Ele ouvimos quando lemos os divinos oráculos" (*Dei Verbum*, n. 25). É precisamente esse o aspecto que nos interessa de perto: a meditação da Palavra.

Para o cristão, *meditar* é propriamente recordar (no sentido literal de dar de novo o coração) com intensa ocupação da alma a palavra de Deus em uma posição de escuta obediencial e de aprendizagem amorosa. Trata-se de "meditar dia e noite" sobre a lei do Senhor (cf. Js 1,8), empenhando ao mesmo tempo tanto a interioridade da pessoa quanto a sua corporalidade, no humilde murmúrio memorizante que sobe do coração aos lábios do orante (cf. Js 1,8 e Sl 39,4); ou então se trata de "meditar" sobre as intervenções prodigiosas do Senhor na história da → SALVAÇÃO (Sl 77, 12-13; 143,5), à espera da plena revelação dos mistérios de Deus (cf. Sr 39,7 e Dn 9,2), que se manifesta em Cristo. Nessa linha se insere a atitude de Maria que atinge "a sublimidade do conhecimento de Cristo Jesus" (Fl 3,8), refletindo em seu coração sobre os eventos salvíficos com atenção, intensidade e continuidade (cf. Lc 2,19-51). Exposta nas páginas dos dois Testamentos, a presença de Deus na história da salvação continua desse modo na vida de cada homem (cf. 1Tm 4,15) e do mundo inteiro. É por esse motivo que, sob o impulso da doutrina apostólica, desde dos inícios do cristianismo, cada um de seus membros se dedicava a "mortificar as obras da carne" (cf. Rm 8,13) e abria o coração para o "fruto do Espírito" (Gl 5,22), garantindo ao mesmo tempo à oração o conjunto de requisitos indispensáveis que são a castidade (cf. 1Cor 7,5.35), a solidão (Mt 6,6), o silêncio (Sl 37,7), a vigília (Sl 119,148; Mt 26,41) e o jejum (Tb 12,8; 1Pd 4,7). A ação entendida como dedicação amorosa e generosa aos irmãos não pode abandonar o esforço de santificação pessoal, de que é aliás o indício mais seguro. Com o coração purificado e transbordante de amor, o cristão se enriquece daquele patrimônio de virtudes cujo fruto maduro conduz ao "pleno conhecimento de nosso Senhor Jesus Cristo" (2Pd 1,8; cf. Fl 3,8). Nele, que é a porta (cf. Jo 10,9), o orante vê aberto o acesso à → CONTEMPLAÇÃO.

Um dom que se torna tarefa. A *contemplação*, quer seja vivida no segredo da alma, quer tome como ponto de partida os símbolos da criação ou os eventos salvíficos apreendidos através da Palavra, celebrados na liturgia ou representados nas santas imagens, não é outra coisa senão uma "atenção amorosa" (JOÃO DA CRUZ, *Subida*, 2, 13, 4) ao mistério, onde as faculdades discursivas e imaginativas cedem lugar àquele "conhecimento de amor" (ANÔNIMO, *The cloud of unknowing*, c. IV, University Press, Oxford, 1973, 17 ss.; [Ed. bras., *A nuvem do desconhecimento*, Teresópolis [RJ], Lótus do saber, 2007]) em que os místicos fazem consistir o grau supremo não só da oração, mas da vida espiritual. Desse modo o homem participa efetivamente da própria vida trinitária em que as Pessoas divinas transmitem a sua Fonte (o Pai) através de Palavras (o Verbo) de Amor (o Espírito). O contemplativo, para expressar-nos com uma terminologia inspirada na mística vedântica que define a Trindade com o nome de *Sat-Cit-Ananda*, descobre o rosto do ser perfeito (o Pai), que vive na consciência absoluta (o Verbo) de uma Bem-aventurança eterna (o Espírito Santo).

A partir do que dissemos até aqui evidencia-se que toda a experiência de oração do cristão é posta sob o signo da iniciativa divina, que se torna inteiramente preponderante quanto mais nos aproximamos do encontro com um Deus que desnuda e veste, e se revela muito terno e insustentável. Tudo isso não exime o homem da sua parte, como costumam afirmar os mestres espirituais. São Boaventura afirma que "embora a contemplação ocorra por meio da graça, ainda assim se vale da ação humana" (*Collationes in Exaemeron*, 2, 30). É acompanhado por Santa → TERESA DE JESUS quando escreve: "Se fizestes o possível para vos disporder à contemplação, não deveis temer ter trabalhado em vão" (*Caminho*, 18, 3).

Fases da vida espiritual. Para os efeitos do diálogo inter-religioso não é importante apenas exibir o próprio documento de identidade, relativo neste caso à oração, mas também encontrar pontos de confluência na visão da experiência espiritual mais genericamente compreendida. A esse respeito pode ser útil lembrar que o esquema tripartido que estabelece o caminho através das etapas da *purificação*, da *iluminação* e da *união mística*, feito precisamente pela espiritualidade cristã, tenha correspondentes singulares também nas religiões asiáticas, como, por exemplo, o triplo ioga do *karma*, do *jnana* e da *bhakti*. Aqui, é suficiente notar que esse caminho se desenvolve tanto através do trabalho interior quanto por meio dos sacramentos da iniciação cristã, como o batismo, a confirmação, a Eucaristia, e a graça da remissão dos pecados, concedida mediante a penitência sacramental.

Nisso podem-se encontrar importantes analogias, mas também profundas diferenças com a prática religiosa do → HINDUÍSMO e do → BUDISMO (tântrico). É de grande importância notar o destaque que as religiões asiáticas dão à purificação interior. Bastaria citar os primeiros degraus do caminho iogue, estabelecidos por Patanjali: *Yama*, o esforço de não infringir aqueles que *grosso modo* correspondem a alguns dos dez mandamentos bíblicos e *Niyama*, que diz respeito à ascese e à devoção a *Ishvara*, o Deus do iogue.

Não diferentemente, o óctuplo caminho da espiritualidade budista, além da compreensão das quatro Nobres verdades, ligadas à *realidade, origem, superação do dukka* (imperfeição, impermanência e consequente sofrimento que caracterizam a condição de vida do homem na terra), prescreve sua *realização* concreta através da correção no pensar, no falar, no agir, na conduta da vida, o esforço correto, a prática da atenção e da concentração. A mística cristã, por sua vez, fala de dois aspectos no processo de purificação, dependendo de predominar a iniciativa do homem ou a de Deus, que "poda o sarmento a fim de que produza mais frutos" (cf. Jo 15,2). Quanto ao primeiro aspecto, já se evidenciaram os requisitos de ordem ascética que acompanham os discípulos de Jesus. Quanto ao segundo, o crente é associado à *kenosis* ou esvaziamento de Cristo experimentado sobretudo na sua imersão nas entranhas da morte (cf. Fl 2,5-11). É a morte mística, que tem um singular paralelo na "grande morte" da tradição budista, praticada no radical desapego que tem no exercício meditativo o momento fundante e culminante. A Bíblia não afirma que "nenhum homem pode ver Deus e continuar vivo" (Ex 33,20)? Então, não será menos verdadeiro que para "ver Deus" é preciso, de alguma forma e de alguma maneira, morrer.

Da mística ao mistério. Quanto à *iluminação*, trata-se de uma experiência que assume notável destaque em todas as tradições religiosas. No passado, os cristãos que recebiam o batismo eram chamados os iluminados, e Cristo era a luz deles (cf. Ef 5,14; Justino, *Apologia I*, 61, 12: *PGH* 6, 421-422). Exprimindo-se numa linguagem não teísta e segundo uma perspectiva imanentista, os seguidores de Buda, o Iluminado, se esforçam "para chegar ao estado de iluminação suprema" (*Nostra aetate*, n. 2, que se refere obviamente ao budismo mahayana) e atuam para que cada ser vivo consiga alcançar a mesma meta. Para o cristianismo, não diferentemente de muitas correntes do hinduísmo, a experiência religiosa desemboca no *encontro místico* com Deus. Vivido pelo cristão na gratuidade do dom e em perspectiva trinitária, esse encontro harmoniza, assim como ocorre na própria vida de Deus onde convivem o um e o múltiplo, distinção e comunhão.

Além disso, o cristão considera a própria experiência *mística*, que de algum modo o assimila aos seguidores das outras religiões, como uma realidade que só atinge a sua verdade e a sua plenitude abrindo-se ao *Mistério*, ou seja, só conjugando iniciativa humana e graça que vem do Alto e nos é doada graças à paixão e ressurreição de Cristo. Por fim, não devemos esquecer que, para o cristão, a experiência mística, nos seus aspectos essenciais, é vocação fundamentada no batismo, que nos torna filhos do Filho, e descortina as misteriosas profundezas da Eucaristia. Aqui a assimilação com Cristo, que faz de nós membros de seu corpo e seus consanguíneos (cf. Ef 3,6; Cirilo de Jerusalém, *Catequese*, 22: p. 33, 1.099-1.100), e a adoração amorosa do Deus feito carne representam o ápice da vida espiritual e constituem o penhor da vida eterna. Quanto aos aspectos extraordinários e mais propriamente carismáticos que vão do êxtase às visões e que se destacam em não poucos místicos e místicas cristãs, deve-se dizer que respondem aos secretos desígnios da graça livremente prodigalizada por Deus e nunca desvinculada das potencialidades da natureza e da correspondência humana.

2. PRESSUPOSTOS PARA A INTEGRAÇÃO. *Sincretismo e diálogo*. O cristão considera que o Deus trinitário, em cujo seio a unidade subsiste na pluralidade e esta converge para a unidade, está na origem das "*diversas economias*" (Ireneu de Lião, *Adv. haereses*, 4, 28, 2: *PG* 7, 1062) ou vias de acesso ao divino que historicamente floresceram na terra. Desse modo, quem nos últimos tempos falou no Filho não deixou e não deixa de suscitar nos homens mensageiros e testemunhas qualificados (cf. Hb 1,1). Aliás, os cristãos pensam que só transpondo a lógica trinitária da relação intradivina para a relação entre o homem e Deus e a relação entre homem e homem, o mundo encontrará a tão desejada salvação, tanto sob o aspecto individual quanto sob o aspecto social. Em outros termos, as religiões são como outros caminhos que conduzem, com diferentes percursos, ao único vértice da salvação (cf. *Lumen gentium*, n. 16 e *Nostra aetate*, n. 2). Aos corajosos escaladores o cristão anuncia uma "boa notícia": que a meta se tornou seguramente acessível e pode ser alcançada até pelo último, pois em Cristo "os homens encontram a plenitude da vida religiosa" (*Nostra aetate*, n. 2).

Nele Deus visitou o seu povo, solidarizou-se com o homem pecador compartilhando o seu destino de morte e com a sua ressurreição ofereceu a todos e a cada um a possibilidade de uma eficaz, definitiva e gloriosa recomposição do próprio ser único e pessoal, em cujo corpo, psique e espírito convivem muitas vezes em recíproco e doloroso conflito. Esse conjunto de considerações explica por que a Igreja considera negativamente qualquer forma de *sincretismo* religioso que, minimizando as diferenças, privaria as religiões de toda a riqueza de uma relação dialética amigável e fecunda.

A Igreja prefere favorecer o diálogo sincero e respeitoso, com o qual os valores religiosos comuns podem ser evidenciados e se promove *a integração* de tudo o que é mais autêntico nas respectivas tradições espirituais.

As polaridades da vida mística. Isso comporta alguns esclarecimentos que indicamos de maneira sucinta.

a) A *religião da Palavra* e a do *silêncio*, em que, por exemplo, se quis identificar cristianismo e budismo, não devem ser consideradas caminhos contrapostos. No Evangelho, Cristo admite que se pode adorar "aquilo que não se conhece" (Jo 4,2) e Paulo fala em Atenas aos cultores do "Deus desconhecido", dizendo-lhes que quer anunciar "Aquele que adorais sem conhecer" (At 17,23). Sucessivamente, Agostinho falará de um "Deus altíssimo e muito próximo, muito remoto e muito presente" (*Confissões*, 6, 3, 4: *PL* 32, 721) e Nicolau de Cusa, precisamente dialogando com um "pagão", resumirá sua fé com uma expressão lapidar: "Como ignoro, adoro" (*Dialogus de Deo abscondito*). Essas duas abordagens, efável e inefável, do mistério têm igual direito de cidadania e devem se encontrar no coração do homem e manifestar toda a sua fecundidade na palavra orante e na oração silenciosa.

b) *Entrar em si mesmos e abrir-se para Deus*. Assim, seria igualmente errôneo contrapor *enstase* a *êxtase*, entendendo por enstase a penetração no próprio centro interior e por êxtase a abertura para o divino. Os místicos cristãos não se cansam de advertir que se alguém "se prepara para perscrutar as profundezas de Deus, deve primeiro se dirigir para as profundezas do seu espírito" (RICARDO DE SÃO VÍTOR, *De gratia contemplationis. Beniamin maior*, 3, 8: *PL* 196, 118). Ou ainda, e em termos mais essenciais: "Passando através de si, (o homem) se eleve além de si mesmo" (RICARDO DE SÃO VÍTOR, *De praeparationi animi ad contemplatione. Beniamin minor*, 83: *PL* 196, 59), de modo que "a alma reúna as suas faculdades e entre dentro de si com o seu Deus" (TERESA DE JESUS, *Caminho*, 28, 4). A enstase, portanto, tão cara às tradições hinduístas e budistas (o *samadhi* é o ápice do caminho iogue, e o *zan-mai* é premissa para a iluminação para o budismo zen), postula o êxtase, e este último é abertura silenciosa ou dialogante para o divino, acompanhada pela amorosa abertura para o irmão. Em relação a esta última observação, é significativo o fato de que em Cristo no Tabor o *êxtase* da transfiguração foi diretamente associado ao *êxodo* da Páscoa (Lc 9,31), quando ele "deu sua vida em resgate" por toda a humanidade (cf. Mt 20,28). Na mesma linha devem ser consideradas as outras célebres polaridades da mística universal, como trevas-luz, vazio-cheio, nada-tudo, profundo-supremo, interno-externo, ausência-presença, silêncio-palavra, solidão-comunhão, morte-vida e assim por diante. A vida religiosa, não diferentemente da humana, é marcada por polaridades e circularidades. Os grandes místicos privilegiaram ora uma ora outra das polaridades acima citadas. Poderíamos recordar o "nobre e amoroso nada" do homem que se oferece "ao outro e santo tudo" de Deus (ANÔNIMO, The book of privy counseling, in *The cloud*, cit., 149-150) ou o convite à prática da "nudez e do vazio", onde "a alma saboreia Deus obscura e secretamente" (JOÃO DA CRUZ, *Chama B*, 3, 51).

c) *Pressupostos doutrinais*. Observou-se várias vezes que as práticas meditativas asiáticas se remetem a *pressupostos doutrinais* específicos que frequentemente estão ou parecem estar em contraste com a visão que o cristão tem de Deus, do homem e do cosmos, visão que tem uma perspectiva realístico-personalista, ao passo que na Ásia predomina uma visão quase sempre não personalista que tende a privilegiar o aspecto impermanente e ilusório da realidade. Além disso, não é incomum o fato de determinadas experiências que o cristão vive e teoriza com linguagem teísta se encontrarem na Ásia vividas e expressas em linguagem não teísta. Além disso, deve-se recordar que no confronto inter-religioso às vezes se verificam semelhanças superficiais de termos e de conceitos que escondem divergências profundas e, também, divergências na superfície que escondem profundas e inesperadas convergências, quando não verdadeiras identidades. Mas a diversidade, que às vezes se revela radical, consiste no próprio conceito de salvação, privilegiando o cristão a iniciativa divina sobre qualquer outro tipo de anseio ou esforço humano, ao passo que as tradições religiosas asiáticas se centram precisamente nestes últimos. Dito isso, bastará notar que qualquer caminho verdadeiro de interioridade, quando percorrido de maneira correta, não pode deixar de encontrar consenso e partilha por parte dos cristãos, sobretudo quando, como veremos imediatamente, se trata de meios que pretendem desenvolver a atenção e o silêncio interiores.

3. EXPERIÊNCIAS DE INTEGRAÇÃO. *Meditação como ponto de encontro*. Consideramos que a prática meditativa é o verdadeiro ponto de encontro orante com as grandes religiões asiáticas. E é a esse aspecto que limitamos as nossas indicações, não sem ressaltar que é impossível propor uma coparticipação das respectivas *práticas iniciáticas ou culturais*. De fato, elas exigem por parte de todas as religiões uma plena partilha dos respectivos credos e um treinamento adequado. A Igreja católica, segura de ser compreendida pelas outras grandes religiões em relação a esse aspecto, pede que seja compreendida e respeitada a exigência de não ministrar qualquer sacramento a quem não professa a fé cristã e não pertence à comunidade eclesial. Recomenda o mesmo aos cristãos em relação aos cultos próprios das outras religiões. Isso não impede de modo algum uma participação interior e como que de fora da oração dos irmãos, independente da maneira como esta se expresse, participação capaz de apreender em toda manifestação religiosa autêntica e em espírito de discernimento, um idêntico anseio pelo divino e uma idêntica Presença que opera tudo em todos.

As escrituras asiáticas. Passando a algumas considerações particulares, pretendemos agora examinar as contribuições mais importantes que a espiritualidade asiática pode trazer à espiritualidade cristã, e isso seja no sentido de compreender melhor as potencialidades das nossas tradições, seja no sentido de encontrar novas e ulteriores confirmações para tudo o que já forma incansável anseio pelo divino que arde no coração dos crentes.

a) O interesse pelas grandes religiões da Ásia comporta antes de tudo o conhecimento das respectivas *escrituras sagradas*, que se está difundindo cada vez mais também no âmbito cristão. Sem dúvida, trata-se de livros que, embora contenham coisas imperfeitas e efêmeras, não deixam de refletir, com diferentes intensidades, a multiforme sabedoria de Deus difundida na criação e no coração do homem (cf. Rm 1,20) e ao mesmo tempo manifestam o esforço da mente humana para desvendar o mistério que nos circunda (*Nostra aetate*, n. 1). Como já se costuma fazer para os escritos veterotestamentários, ainda que de maneira obviamente analógica, o cristão saberá apreender à luz do Evangelho tudo o que nos textos sagrados das outras religiões se refere exclusivamente ao contexto cultural em que eles foram redigidos, tudo o que reflete "o raio da Verdade que ilumina todos os homens" (*Ibid.*, n. 2), tudo o que ainda fosse expressão daquela decadência geral da mente e do coração que se pode encontrar inevitavelmente em todas as obras humanas, mesmo que não desprovidas de um genuíno espírito religioso. São Paulo já falava de "sombras" que não deviam ser confundidas com a "realidade", que é Cristo (Cl 2,16).

b) *Experiência de toda a pessoa*. Um dos aspectos bastante elaborados e cultivados da mística asiática consiste na *integração da prática espiritual* em todas as dimensões da pessoa. No exercício meditativo adquirem importância, portanto, a posição capaz de levar à quietude e à interioridade, o gesto expressivo de estados de espírito abertos à comunicação com o divino, a visualização e consequente interiorização de imagens sagradas e de símbolos religiosos, a concentração na respiração como ritmo vital para dividir a oração ou que serve de apoio para a atenção.

Esse conjunto de propostas dá mais evidência a práticas em geral não desconhecidas pela mística cristã e agora amplamente documentadas na literatura que se ocupa desse tema, a começar das *Novas maneiras de rezar* de São Domingos e das indicações contidas nos *Exercícios* de Santo

Inácio. Parece-nos que não é necessário insistir, uma vez que é algo evidente, na necessidade de não confundir os meios como fim, embora a experiência de oração que converge para Deus por intermédio de Cristo no Espírito recorra sempre a mediações que o cristão deverá interiorizar cada vez mais.

c) *Oração de repetição-ressonância*. O encontro com as religiões asiáticas levou os cristãos a redescobrir e enriquecer aquele modo de oração que se baseia na repetição-ressonância de um nome ou de uma fórmula divinos, conhecido a partir de Agostinho com o termo de *jaculatória*. Seu equivalente nas religiões asiáticas é o *mantra*, definido desta maneira pelas *Upanishades*: "A sílaba OM — o mantra por excelência — é o arco; o Atam ou alma é a flecha; o Brahman, Deus, é o alvo" (*Mundaka Upanishad*, 2, 2, 4: *Upanishad*, UTET, Torino, 1976, 377). É como dizer que toda vez que a alma quer imergir em Deus pode adquirir impulso a partir da invocação intensamente repetida do seu nome.

Também em relação a essa forma de rezar a literatura é hoje extremamente repleta de aprofundamentos e de informações. Trata-se de um modo de rezar difundido em todas as religiões, onde se passa do inefável anseio pelo divino encerrado no *Om*, que goza de um caráter quase universal, à invocação do nome de *Jesus* por parte do homem *pecador*, cara aos irmãos do Oriente cristão e de que poderá ser encontrado um equivalente na prática ocidental do → ROSÁRIO, também ela centrada em torno dos mesmos eixos: a referência a Jesus, fruto bendito do ventre de Maria, e à nossa condição de pecadores. E também em relação a isso será supérfluo notar que não a repetição material do nome, mas a intensidade teologal da invocação e as esferas divinas que abrem o coração, tocado pela graça, constituem o valor e o mérito dessa maneira de rezar.

d) *Cultivar a atenção*. No âmbito cristão têm particular aceitação as práticas meditativas capazes de desenvolver a *atenção*, que não se deixou de considerar a essência da oração ou ao menos uma condição preliminar indispensável para ela. O budismo *theravada*, por exemplo, apresenta com modalidades diferentes a clássica meditação *vipassana*, que parte do pressuposto de que a atenção não é apenas um fato mental, mas comporta uma consciência que se desenvolve a partir da esfera física, passando pela esfera psíquica da pessoa. Também a esse respeito, o cristão sabe muito bem que atenção significa tensão para... e não poderá deixar de perceber, na base do próprio campo de percepção iluminado pela fé, aquele que está diante da porta do coração e bate, esperando ser acolhido (cf. Ap 3,20).

Uma outra prática meditativa muito difundida entre os cristãos na Ásia não menos que no Ocidente é a chamada meditação *za-zen*, em vigor desde tempos muito remotos entre os budistas japoneses. Também se quis encontrar uma surpreendente analogia com a obra mística do autor anônimo da → NUVEM DO DESCONHECIMENTO, surgida entre os frades cartuxos no século XIV. Também a esse respeito bastará notar que o *Mu* (nada), em que o meditador budista exprime até as últimas consequências a via negativa para o mistério, não pode deixar de esconder o *Tu* divino, mesmo que sempre envolto nos véus da incognoscibilidade intelectual, mas passível de ser alcançado pelos anseios amorosos do coração. Pois é aqui que a oração dos cristãos exprime todo o seu esplendor: na tensão amorosa do coração que se sobrepõe à escuridão em que a mente está imersa.

Respirar com ambos os pulmões. Acolhendo o convite de João Paulo II a "respirar com ambos os pulmões, o ocidental e o oriental" (Ao Sacro Colégio, 28 de junho de 1980, n. 14), consideramos que a troca de experiências espirituais com os irmãos do Oriente cristão constitui o melhor caminho para se abrir ao diálogo com as grandes religiões asiáticas. Os *cristãos orientais*, de fato, conservam e praticam em sua experiência religiosa não poucos dos aspectos que vimos considerando até aqui: uma certa integração psicofísica da oração, típica do → HESICASMO; a invocação incessante do nome de Jesus, o Salvador; a veneração dos santos ícones, cuja contemplação é portadora de luz e de energias espirituais, para não falar das práticas ascéticas, da primazia da interioridade e da aguçada sensibilidade trinitária. Talvez através dessa mediação será menos difícil aceitar, em espírito de discernimento, as contribuições da mística asiática.

4. EXAMINAR TUDO COM DISCERNIMENTO — UMA AVALIAÇÃO MADURA. A primeira tarefa que nos cabe está encerrada nas palavras de Paulo: "Examinai tudo com *discernimento*" (cf. 1Ts 5,12). Pede-se ao cristão que "aprofunde as suas convicções" (Rm 14,5) e aprenda a "julgar o que é correto", recorrendo à própria capacidade crítica inata (cf. Lc 12,57) constantemente iluminada pelo

Espírito do Senhor, mas também educada por "uma apropriada catequese" que os próprios bispos da Ásia consideravam indispensável "antes de introduzir novas formas de oração e de meditação" (Recomendação da II Assembleia Plenária FABC, cit., n. 4). Parece-nos que um sinal da maturidade cristã consiste na capacidade de manifestar a própria identidade religiosa, testemunhando-a com franqueza na verdade e na caridade. Outro sinal está sem dúvida ligado à atitude de benévola atenção e de apreciação respeitosa em relação a tradições espirituais que, segundo Paulo VI, "trazem em si o eco de milênios de busca de Deus" (*Evangelii nuntiandi*, n. 53).

O chamado da Ásia. Os pastores e os guias espirituais, além disso, são solicitados a prestar muita atenção àqueles que se abrem às *experiências ascéticas e místicas das religiões asiáticas*. Até os mais excelsos tesouros da espiritualidade são condicionados pela receptividade humana, e o homem, com a própria finitude e a própria culpabilidade, pode lançar uma sombra às vezes inquietante sobre tudo o que é por si sagrado e divino. A esse risco estão expostos tanto os cristãos quanto os seguidores de outras religiões. Na experiência religiosa, mesmo na objetivamente mais sublime, não há nada de automática, e em qualquer caso vale a regra de que a oração manifesta a própria autenticidade na vida que acarreta, como por outro lado a vida atinge a própria verdade nos momentos de oração em que o homem se relaciona como Ser que a tudo preside e tudo explica.

Assim, tudo o que é inautêntico na prática religiosa, tudo o que nela ainda traz o sinal da divisão, deve ser atribuído à corrupção do coração humano e ao engano do tentador.

Unificação interior. Pretendemos esclarecer os objetivos que podem ser alcançados quando nos abrimos às práticas meditativas da Ásia. Uma das que encontram mais crédito no Ocidente está ligada a um conjunto de exercícios que apontam para a *unificação interior*. No silêncio da mente, considerada fonte de todas as neuroses, será possível debelar a desordem e a ansiedade, com o aparato de situações desajustadoras que dilaceram o homem moderno.

A essa finalidade terapêutica, que pode ter importantes desdobramentos no plano espiritual para as pessoas sinceramente religiosas, não raro se contrapõe uma abordagem de ordem puramente psicológica, que tende a obter ou a fazer emergir estados de espírito marcados por sensíveis e profundas emoções, que nos casos extremos podem ir de um estado pseudomístico de quietude cataléptica para um estado de exaltação alucinatória. Tratar-se-á então de experiências falsamente libertadoras, pois conduzem mais a um fortalecimento do ego, fixando-o quase sempre numa dimensão ilusória.

Um segundo objetivo, que alguns querem alcançar, consiste na obtenção de *poderes* secretos de ordem mental ou volitiva, muitos dos quais são bem conhecidos na prática de ioga, por exemplo. Falou-se de tentação gnóstica no sentido de alcançar conhecimentos recônditos no mundo divino ou de realizar experiências esotéricas que vão além da experiência humana normal. Nada impede o homem de ampliar o campo das próprias cognições e das próprias capacidades, mas o objetivo da prática religiosa reside mais na conversão da vida e na sua abertura para o mistério que a envolve e a transcende. Aqui o cristão obtém a mais elevada sabedoria e a suprema potência, que segundo as palavras de Paulo podem ser obtidas exclusivamente se nos remetemos ao "escândalo" da cruz: "Pregamos Cristo crucificado... potência de Deus e sabedoria de Deus" (1Cor 1,23.24). Também em relação a isso é indispensável proceder com grande discernimento que desmascare eventualmente a ilusão de que o homem pode se salvar apenas com suas forças e quase sempre seguindo uma visão prometeica e mágica da vida. Algo que se aplica também a outro aspecto que estamos considerando, ou seja, a prática meditativa enquanto portadora de *cura*. Uma cura que não tenha em vista a vitória sobre a morte e a vitória preliminar sobre o pecado é definitivamente desprovida de sentido. Eis por que, mesmo apreciando experiências parciais de cura psicofísica, o cristão direciona o seu esforço para a perfeita libertação do mal. Ele não se esquece de que essa libertação passa pela cruz, a de Cristo não menos que a própria cruz. Portanto, tudo o que "anula o escândalo da cruz" (Gl 5,11), acaba anulando o homem na sua inesgotável sede de salvação global. Também a esse respeito, lembra-nos João, é preciso ter verdadeiro discernimento para não "diluir" ou "suprimir" Cristo (cf. 1Jo 4,3).

Processo de desvalorização. De tudo o que dissemos, evidencia-se que não são poucos os riscos que não só o cristão pode correr se se relaciona sem discernimento com as práticas meditativas asiáticas, mas que também as próprias grandes escolas espirituais da Ásia encontram sérias dificuldades quando são importadas para o Ocidente. Sempre que os métodos asiáticos são desvinculados de seu contexto religioso, assistimos a um *processo de progressiva desvalorização* de nobres tradições espirituais, cuja finalidade é a santidade pessoal e a benevolência universal (cf. *Sttanipata*, 1, 8: *Canone buddhista. Discorsi brevi*, UTET, Torino, 1968, 374).

Não por acaso expoentes do budismo contemporâneo puderam falar de "materialismo espiritual", indicando com esse termo a atitude inteiramente consumista com que muitas vezes as pessoas se servem de práticas iniciáticas ou simplesmente de métodos de meditação. Por outro lado, uma apropriada inculturação desses métodos deveria reduzir ao mínimo essencial tudo o que eles têm de esotérico ou de propriamente "alheio".

No entanto, parece-nos que não poucos, em vez de repensar em termos ocidentais e cristãos as grandes lições da Ásia, atribuem a elas uma eficácia misteriosa na medida em que são transpostas quase literalmente na linguagem e nos símbolos originários, e enquanto desaprovam o chamado colonialismo dos missionários em terras orientais caem no mesmo erro, inteiramente indiferentes às lições da história. Em não poucos casos, aliás, ocorrem formas de plágio ao se seguir mestres e ensinamentos, a ponto de se poder perguntar se se perdeu aquela liberdade com que Cristo nos libertou (cf. Gl 5,1).

Uma arma de dois gumes. Não é incomum que a aceitação das práticas meditativas da Ásia se revele para o cristão uma *arma de dois gumes*. Por um lado, elas conduzem a maior interioridade e ajudam não poucos a reencontrar o caminho perdido que leva a Deus, a Cristo, à Igreja. Por outro, podem aprofundar a rejeição da prática religiosa, sobretudo se até aquele momento havia sido percebida e vivida de modo formalista e exterior.

Será conveniente lembrar que aquele Deus que reside "no coração de todos os seres" (*Bhagavad Gita*, 10, 20) e no qual "vivemos, nos movemos e existimos" (At 17,28) é também o Deus que se revela em Cristo, atua na Igreja e se faz encontro no irmão. E isso segundo o já mencionado princípio de circularidade, com base no qual se passa do pessoal ao comunitário, do espontâneo ao institucional, da interioridade ao culto.

Assim, a experiência espiritual não conduz o homem a uma mera imersão nas profundezas abissais do próprio eu, quase como se navegasse em um mar sem praias, e tampouco o faz penetrar numa totalidade que tudo envolve, uma totalidade sem rosto e sem nome, mas se traduz no a-ti-por-Ti do amor que se celebra no coração do homem e espera se desenvolver em plenitude no seio da Trindade. "Se alguém me ama — afirmou Jesus — observará a minha Palavra e meu Pai o amará e nós viremos a ele e nele faremos a nossa morada" (Jo 14,23).

BIBLIOGRAFIA. *Alla ricerca di Dio. Le tecniche della preghiera.* Roma, 1978; ANÔNIMO. *Lo ioga cristiano.* Firenze, 1979; BALLESTER, M. Le tecniche di meditazione orientale di fronte alla meditazione cristiana. *La Civiltà Cattolica* 133 (1982/1) 246-261; BALTHASAR, H. U. VON Meditation als Verrat. *Geist und Leben* 50 (1977) 260-268; BRAHMACHARI, AMALDAS *Ioga. Esercizi preghiera unione.* Bologna, 1977; CHANET, J. M. DE *Ioga per cristiani.* Roma, 1960; CLÉMENT, O. *La rivolta dello spirito.* Milano, 1980; COOMARASWAMY, A. K. *Induismo e buddhismo.* Milano, 1987; ENOMIYA LASSALLE, U. M. *Meditazione zen e preghiera cristiana.* Roma, 1979; GRIFFITHS, B. *Matrimonio tra Oriente e Occidente.* Brescia, 1983; JOHNSTON, W. *Lo zen cristiano.* Roma, 1974; KADOWAKI, J. K. *Lo zen e la Bibbia.* Milano, 1985; MASSA, W. – JOHNSTON, W. *Rischi dell'incontro. Zen e vita del cristiano.* Milano, 1986; MELLO, A. DE *Un cammino verso Dio (Sadhana).* Roma, 1988; POLI, F. *Ioga e esicasmo.* Bologna, 1981; SAUX, A. LE *Preghiera e presenza.* Assisi, 1973; WALDENFELS, H. *Meditazione: est – ovest.* Brescia, 1987.

A. GENTILI

MELANCOLIA. O termo "melancolia" (do grego *melas* = negro, e *cholê* = bile) indica o estado patológico de depressão moral, que faz tudo parecer triste e habitualmente leva a mente a se fixar em coisas tristes. O principal efeito da melancolia é uma depressão dolorosa não suficientemente motivada por acontecimentos externos. Dessa depressão, nascem tristeza doentia e obstinada, pessimismo irrefreável e sentido profundo de falta de confiança e de anulação, que paralisam o pensamento e a ação. Esse estado pode ter várias causas: a hereditariedade, o ambiente, a morte de uma pessoa querida, uma desilusão afetiva, um desequilíbrio econômico, um insucesso no trabalho, e muitas vezes uma derrota no esforço moral.

Toda a atenção do melancólico é paralisada pela vida interior: tudo o que diz respeito ao exterior se torna tedioso. Da melancolia podem derivar, segundo a gravidade do estado patológico, vários delírios: de culpa, de miséria, de ruína própria e de outros, de indignidade e até de danação. Podem ser frequentes as ilusões e, nos casos mais graves, quando a consciência é completamente perturbada, até mesmo terríveis alucinações. O mal-estar psíquico e a perda da esperança levam ao desgosto pela vida e eventualmente até ao suicídio às vezes imprevisto (*raptus melanchonicus*), às vezes premeditado e preparado com habilidade. A intensa depressão afetiva faz com que o melancólico pareça alguém indeciso, abúlico, apartado da sociedade, taciturno, inerte e incapaz de empreender até mesmo as ações mais simples. No íntimo do espírito existe apenas tristeza e desconforto, contra os quais ele não combate, abandonando-se sem vontade nem coragem a um mudo desespero. Ele frequentemente se martiriza não pelo que aconteceu, mas pelo que está para acontecer.

Geralmente a melancolia é acompanhada por distúrbios de saúde: insônia, dificuldades digestivas, inapetência e prisão de ventre.

Nos dias de hoje, a melancolia pode ser tratada com muita facilidade: na sua forma típica e originária, se não é tratada, pode durar pouco mais de um ano; o episódio doentio passa, e o sujeito se encontra com alegria novamente em condições de pleno bem-estar, conservando de seu passado uma lembrança vaga e genérica. Algumas vezes, a forma depressiva pode durar alguns anos, alternando-se entre períodos de normalidade psíquica e períodos de crise melancólica.

Melancolia e vida espiritual. Pode-se falar de vida espiritual do melancólico? Essa pergunta supõe outra: pode-se falar de imputabilidade moral de um melancólico? Sem dúvida, pode haver casos em que a melancolia influi no sujeito a ponto de perturbar completamente o uso da razão e, portanto, eliminar o uso da liberdade e da imputabilidade. Mas, fora de tais casos-limite, pode-se falar de uma vida espiritual intensa mesmo em pessoas afetadas pela melancolia. Não raro, esses indivíduos são profundamente religiosos; aliás, observou-se que a melancolia traz não poucos benefícios para a santidade. "Não é pura coincidência que precisamente esse temperamento constitua uma grande porcentagem dos santos da Igreja. A inclinação acentuada para o próprio mundo interior, o apego à solidão, o voltar-se para si mesmos facilitam a oração mental. O melancólico possui a verdadeira disposição para a devoção. O anseio fundamental do seu coração é um desejo imenso de valores supremos, de felicidade sem fim, de refugiar-se em Deus, de vida eterna" (DEMAL, *Psicologia pastorale pratica*, 219). Santa → TERESA DE JESUS, no livro das *Fundações* (c. VII, ed. 1950, 988 ss.), fala de maneira bem dura das pessoas levadas pela melancolia, que considera como uma espécie de histerismo. Mesmo reconhecendo diversos graus desse estado patológico, em muitas almas a santa não hesita em reconhecer humildade, espírito de obediência, temor de Deus; não teme considerá-las submetidas por Deus a um purgatório antecipado; recomenda às prioras unir à necessária firmeza uma grande caridade e uma grande compaixão; de maneira particular, quer que essas pessoas estejam sempre ocupadas em algum trabalho; não permite que se dediquem e se concentrem demasiadamente na oração mental.

Também São → JOÃO DA CRUZ fala várias vezes da melancolia (que ele entende como qualquer anomalia psíquica); entre outras coisas, em seus escritos, propõe-se iluminar os confessores e as almas para ver claramente se a purificação da alma "tanto dos sentidos quanto do espírito provém de temperamento melancólico, de hipocondria ou de outra imperfeição do espírito" (*Subida*, proêmio, 6).

De fato, o demônio com muita frequência se serve do estado de depressão moral causado pela melancolia para suscitar na alma "movimentos torpes, com os quais, por pouco que a alma se deixe impressionar por eles, pode acarretar-lhe grave dano" (*Noite*, 1, 4, 3).

Os pontos fundamentais sobre os quais deve se alicerçar a vida espiritual do melancólico são particularmente os seguintes: oração frequente, ainda que não por muito tempo; prática da humildade, que recorda a nossa fraqueza e ajuda a suportar a si mesmo; abertura e confiança com um padre diretor ou padre confessor; virtude teologal da esperança, que sabe infundir "coragem, fortaleza e até entusiasmo, que se parece com o sucesso, nas provações e nas dificuldades da vida: porque sabemos com certeza que "os sofrimentos do tempo presente não são adequados para a glória futura" (Rm 8,4) (S. DAGNINO, *La vita interiore*, Milano, 1960, 404).

É o mundo da esperança cristã, que infunde alegria confiante até no sofrimento de uma existência obscurecida pela melancolia, e que dá força para resistir a suas extremas consequências.

BIBLIOGRAFIA. Cazzullo, C. L. – Martis, D. de. Nosografia psicopatologica e biologica delle sindromi depressive in rapporto alle moderne terapie. In *Il lavoro neuropsichiatrico*. Napoli, 1963, 649 s.; Cazzullo, C. L. Melancolia. *Enciclopedia Filosofica* IV. Firenze, 1969, 500-501 (com bibliografia); Demal, W. *Psicologia pastorale pratica*. Roma, 1956; Gemelli, A. La direzione spirituale e le anomalie mentali. *Rivista del Clero Italiano* 31 (1950) 277-285; Hagmaier, G. D. – Gleason, R. *Compendio di psichiatria pastorale*. Torino, 1967; Ibor, J. J. *Las neurosis como enfermedades del ánimo*. Madrid, 1966; Lloyd Jones, D. M. *Geistliche Krisen und Depressionen: Ursachen u. Uberwindung*. Bad Liebenzell, 1983; Niedermeyer, A. *Compendio di medicina pastorale*, Torino, 1955; Sinety, R. De *Psicopatologia e direzione spirituale*. Brescia, 1937; Tellenbac, H. *La melancolía. Visión histórica del problema: endogenidad, tipología y clínica*. Madrid, 1976; White, J. *The masks of at Depression and Suicide*. Leicester, Inter-Varsity Press, 1982.

M. Caprioli

MEMÓRIA. 1. As experiências psíquicas humanas, em relação a um retorno de atualidade, ora são reprodutíveis ora irreprodutíveis; entre estas últimas se encontram, por exemplo, os atos volitivos, os sentimentos; entre as primeiras, observam-se as experiências sensoriais e as imagens ou representações. A reprodução das representações é um dos mais interessantes processos interiores da fenomenologia psíquica, tanto para as ciências psicológicas quanto para as teológicas. Esse processo é denominado pelo termo memória. O conceito de memória enquanto faculdade ou potência da alma (distinta do intelecto ou com ele identificada) foi hoje abandonado; os psicólogos modernos preferem falar de função mnemônica, de processo memorativo, tomando como seu sujeito imediato o organismo psicofísico do homem. Às vezes a memória é denominada reminiscência, recordação, saber, imaginação. Genericamente se entende por memória a capacidade de evocar imagens ou representações percebidas pelo homem num tempo precedente com a característica de reconhecê-las circunstanciadas ao passado. Como as lembranças pertencem a um passado que envolveu o sujeito tanto psíquica quanto biologicamente, e esse passado de algum modo se manteve na pessoa, os psicólogos e filósofos sempre se perguntaram sobre o elemento misterioso que se depositou no homem e que lhe permite reproduzir uma representação há muito ausente da consciência. As explicações oferecidas ainda deixam o problema sem solução; fala-se de um vestígio mnéstico, de um engrama mnemônico que seria fixado fisiologicamente a qualquer estímulo no córtex cerebral e precisamente nos neurônios celulares, permitindo reconhecer a historicidade da imagem atual como pertencente ao passado. Foram identificados quatro aspectos que caracterizam a função mnéstica: fixação das representações, conservação, evocação, reconhecimento destas. A pesquisa experimental sobre o processo mnemônico esclareceu o fenômeno das associações das representações, cujas leis e fatos ilustram o dinamismo da memória. No primeiro momento de *fixação*, as representações, espontânea ou deliberadamente, se imprimem fita vital, obedecendo às normas que a pesquisa experimental evidenciou (referem-se às características da lembrança, em relação às repetições das imagens, ao seu conteúdo, e ao comportamento genérico do sujeito). Segue-se o momento da *conservação* das representações. Com exceção do elemento remanescente no córtex cerebral, a imagem fixada na psique tende a perseverar, a se manter intacta, dando a impressão de se defender contra o fluxo incessante de imagens, quer ligando-se primeiro com outras representações em associação em forma de rede, quer garantindo para si uma maior estabilidade em um conjunto de associações que se ligam entre si por vínculos de tempo, de lugar, de conteúdo etc. No entanto, a conservação das imagens é comprometida pelo fenômeno do esquecimento que apresenta uma regularidade evidente na sua flexão; o esquecimento também é apressado por inibições inconscientes e retroativas. Há ainda o fenômeno de deformação da lembrança, devida a causas afetivas, à concorrência de outras representações, a acomodação a quadros ideativos. A *evolução*: ela pode ser espontânea e voluntária. É espontânea sempre que a volta de uma representação ocorre em decorrência de uma situação nas associações de imagens, que determina o surgimento de uma imagem por ser contígua a outra anteriormente evocada ou por ser semelhante a ela ou então porque lhe é contrastante, por estar unida em relação especial ou temporal, ou por fim em decorrência de tendências ou de estados afetivos particulares. Na evocação voluntária, muitas vezes nos valemos de uma representação-guia e da mnemotécnica. O último aspecto fenomênico da memória é o *reconhecimento* da característica de lembrança a uma representação; é um aspecto essencial porque só ele permite distinguir a verdadeira lembrança de uma criação atual da imaginação. Para o reconhecimento, valem os critérios de relação com o eu, de temporalidade, de espacialidade, de rapidez, de clareza, de amplitude da representação; eles permitem reconhecer à imagem uma existência anterior na própria psique e permitem também definir um intervalo entre a atual reprodução e a primeira manifestação.

Essa apresentação fenomênica da memória não resolve a questão filosófica sobre sua natureza, ou seja, se ela é pura reminiscência intelectual (Platão, → PLOTINO) ou é uma faculdade do composto humano (Aristóteles, Hegel, Bergson) ou ainda um fato interno de natureza física (positivismo, evolucionismo) ou enfim uma faculdade *sui generis* que não pode ser explicada (Reid). Santo Tomás afirma que a memória é dupla: a primeira, também chamada de reminiscência, conserva as imagens prescindindo de qualquer especificação particular de tempo: é uma potência estritamente cognoscitiva e não se distingue realmente do intelecto possível porque "*ad rationem potentiae passivae pertinet conservare sicut et recipere*" (*STh*. I, 1. 79, a. 7); a segunda é uma potência sensitiva que conserva as imagens passadas enquanto passadas (*praeteritum ut praeteritum*) e é definida *thesaurus intentionum*, ou seja, coleção das imagens sensíveis apreendidas por meio dos sentidos. Aplicando essa doutrina aos anjos e às almas separadas, Santo Tomás afirma que existe nos primeiros e permanece nas segundas apenas a memória intelectiva. Além disso, ele interpreta Santo → AGOSTINHO segundo o próprio ponto de vista. O bispo de Hipona distingue várias espécies de memória: uma do passado (o lembrar-se), uma segunda do presente (memória de si e de Deus), uma terceira das sensações passadas (*De Trinitate*, 14, 10). Parece difícil reduzir a doutrina agostiniana ao esquema tomista. Seja como for, permaneceu entre os escolásticos um pouco de incerteza sobre a distinção real entre intelecto e memória; alguns a aceitaram porque ela favorece um simbolismo trinitário e uma exigência de ascese.

2. O papel que a memória desempenha na vida teologal não é pequeno; de fato — segundo o conceito de Santo Agostinho — ela faz com que o homem tome consciência de si e de Deus e o impede de se afastar da luz e da vida divina para se dissolver nas trevas e na aridez das criaturas. Eticamente, a memória contribui para a perfeição do ato humano na medida em que apresenta aquelas noções e experiências que induzem a razão a emitir um juízo verdadeiro sobre a moralidade de um ato. Na → TEOLOGIA ESPIRITUAL a memória, distinta do intelecto e da vontade, foi considerada sede da virtude teologal da esperança e é relacionada à virtude cardeal da prudência e aos → DONS DO ESPÍRITO SANTO do temor (em relação com a esperança) e do conselho (em relação com a prudência). São → JOÃO DA CRUZ fala difusamente da purificação da memória, que considera indispensável, para que a alma possa se unir a Deus em perfeita esperança teologal (*Subida*, 3). Ele anota os danos que as lembranças atinentes a coisas terrenas podem causar à alma: inquietação e perda de tempo; afirma que o completo esquecimento das apreensões terrenas produz vantagens de tranquilidade, de paz, progresso de sabedoria humana e divina. Também as lembranças das coisas sobrenaturais (visões, revelações, locuções, sentimentos) podem impedir a união com Deus (em pura e íntegra esperança). O Místico Doutor argumenta desta forma: o que se espera não se possui, e quanto mais é forte a esperança de uma realidade tanto menores são as lembranças daquilo que é alheio à realidade esperada; agora a alma deve se unir a Deus na esperança teologal que reside na memória; portanto, quanto mais a memória for esvaziada de imagens alheias a Deus tanto mais se tornará forte a esperança dele, permitindo assim uma união cada vez mais íntima na espera dos seus auxílios e dele mesmo. A doutrina de São João da Cruz afirma a distinção da memória do intelecto e da vontade e se mantém na linha agostiniana.

Em todo o processo da perfeição, a contribuição positiva ou negativa da memória é considerada relevante. A ativação sobrenatural dela na lembrança das promessas divinas, dos benefícios divinos, alimenta obviamente a esperança teologal, que é alegre e certa espera da graça divina e da felicidade eterna. O conhecimento da fenomenologia própria da memória pode favorecer a extração de representações nocivas do campo mnemônico, ou então pode favorecer a aceitação das imagens que fortaleçam as virtudes teologais.

BIBLIOGRAFIA. BADDELEY, A. *La memoria. Come funziona e come usarla*. Laterza, Bari, 1984; CATTONARO, E. Memoria. *Enciclopedia Filosofica* IV. Firenze, 1969, 508-524; CORNOLDI, C. *Modelli della memoria*. Giunti Barbera, Firenze, 1978; EBBINGHAUS, H. *La memoria*. Zanichelli, Bologna, 1975; FERNANDEZ MANZANEDO, M. Doctrina tomista sobre la memoria. *Revista de Filosofía* III (1960); GEMELLI, A. – ZUNINI, G. *Introduzione alla psicologia*. Milano, 1957, 204-222; HILGARD, R. E. *Psicologia*. Firenze, 1971, 333-359 (com anotações bibliográficas na p. 712); HOUSTON, J. P. *Fundamental of learning and memory*. Academy Press, New York, 1981; KOHONEN, T. *Associative memory*. Heidelberg-Springer Verlag, Berlin-New York, 1977; NORMAN, D. A. *Memoria e attenzione*. Angeli, Milano, 1975; RONCATO, S. *Apprendimento e memoria*. Il Mulino, Bologna, 1982.

G. G. PESENTI

MENDICANTES. É o denominador comum de inúmeras Ordens e dos respectivos companheiros nascidos entre os séculos XIII e XVI. São eles: os → DOMINICANOS e os → FRANCISCANOS, os → CARMELITAS e os eremitas de Santo Agostinho (os → AGOSTINIANOS), os mercedários e os servitas, os jeronimianos [ou os jeronimitas] e os mínimos). A eles às vezes também se relacionam alguns outros, como os trinitários e os fatebenefratelli, mas estes são mendicantes apenas "juridicamente", na medida em que por autoridade pontifícia participam dos privilégios dos mendicantes. Dos oito anteriores, quatro são geralmente chamados grandes, e entre eles ainda se destacam os dois primeiros, os dominicanos e os franciscanos.

1. **NOTA HISTÓRICO-JURÍDICA**. Para compreender a origem das Ordens mendicantes em torno de 1200 é preciso remontar ao século XII, quando, ao lado das antigas Ordens monásticas e canonicais, compareciam movimentos espirituais denominados apostólicos ou evangélicos, a favor da prática e da pregação da pobreza evangélica, a de Jesus e dos apóstolos. Muitos desses movimentos acabaram em heresias, e muitos corriam o risco de recair nelas. Para providenciar tanto em relação a essas heresias quanto em relação aos fiéis uma saudável reforma católica, o Senhor deu à Igreja o grande Inocêncio II, que recebeu a abjura e a reconciliação com a madre Igreja de muitos ex-heréticos e que foi o primeiro a aprovar os propósitos de São → DOMINGOS DE GUSMÃO (1206) e de São → FRANCISCO DE ASSIS (1209). O IV Concílio de Latrão (1215) ocupou-se das novas fundações, aprovando-as, embora não sem dificuldades. Depois, durante o século XIII, elas se multiplicaram e cresceram de maneira admirável, quer numericamente quer em importância, e o II Concílio de Lião (1274) as reconfirmou *propter evidentem utilitatem*. Em seguida, todos os Concílios ecumênicos, incluindo o de Trento, se ocuparão delas, por diversos motivos.

Os papas que promulgaram os maiores documentos em favor dos mendicantes foram: Gregório IX (a primeira redação da bula *Nimis iniqua*), Alexandre IV, Clemente IV, João XXII, Eugênio IV, Sisto IV, Leão X, Paulo III, Paulo IV, Pio IV e, depois do Concílio de Trento, sempre para favorecê-las, Pio V. Deste último é conhecida a célebre bula *Etsi mendicatium Ordines*, de 1567, com a qual corrigia as disposições do Concílio de Trento referentes aos mendicantes (in *Bull. Rom.*, ed. COCQUELINES, IV, 2, 58). Na bula *Romanus Pontifex*, com a qual, entre outras coisas, em 1256, Alexandre IV condenava o difamatório livro *De periculis novissimorum temporum*, os membros das novas Ordens se chamam *mendicantes religiosos*, "*qui propter Deum sub arctissima paupertate mendicant, mundum cum suis opibus voluntaria inopia superantes…, qui salutem animarum zelantes, ardenter, et sacris studiis procurantes, multos in Ecclesia Dei operantur spirituales profectus…*" (*Bull. Rom.*, ed. cit., III, 1, 379). Nos documentos oficiais do mesmo Pontífice aparece com frequência o termo *perfectio evangelica*, que resumiria o ideal dos novos religiosos.

As novidades das Ordens mendicantes não passaram sem graves obstáculos na história. Especialmente por causa de sua atividade apostólica e educativa, submetidos diretamente ao Sumo Pontífice, eles foram muito combatidos, registrando numerosas polêmicas, lutas, acusações e apologias. Lembramos apenas os momentos mais críticos: por volta da metade do século XIII, a luta com o clero secular iniciada em Paris; na primeira metade do século XIV, sob o pontificado de João XXII, as discussões sobre a pobreza evangélica ou apostólica; na primeira metade do século XV, a necessária defesa de John Wicliff; enfim, na primeira metade do século XVI, a defesa de Lutero e de outros. Mencionamos esses momentos porque eles suscitaram muitas outras ocasiões quando se publicaram obras contra e a favor dos mendicantes e, ao lê-las, podemos conhecer melhor a atividade e a espiritualidade desses religiosos. Recentemente escreveu-se sobre aquela primeira polêmica do século XIII (o que pode ser aplicado a todas as que se seguiram): "A longa e vívida polêmica [...] inclui-se legitimamente no tema da espiritualidade porque — depurada dos personalismos e das intrigas — versava precisamente sobre as diferentes concepções da vida religiosa e sobre os meios mais apropriados para fazer com que cada fiel chegasse à perfeição. [...] A discussão era, mais que organizativa, de conteúdo espiritual e, malgrado as violências verbais e os egoísmos, ela foi um conjunto útil, tendo esclarecido melhor o objetivo essencial da consagração realizada mediante os votos por quem entre numa Ordem..." (P. BREZZI, *La spiritualità cattolica da Gioacchino da Fiore a Dante*, Napoli, 1965, 149-151).

Entre os maiores "ideólogos" e defensores dos mendicantes, do século XIII a 1545, figuram com importantes obras: → TOMÁS DE AQUINO, → BOAVENTURA DE BAGNOREGIO, John Peckahm, Pier Giovanni Olivi, Agostino Trionfo, Richard Conway, Willelm Woodfud, Thomas Netter dito Valdense, João de Montenegro, Gaspar Schatzgeyer, João de Deventer e muitos outros.

2. AS NOVIDADES E A ESPIRITUALIDADE COMUM AOS MENDICANTES. Em geral se enumeram quatro novidades comuns e características dos mendicantes: a pobreza coletiva e absoluta (incluindo até a expropriação das comunidades), o ministério apostólico-sacerdotal, a organização mais elástica ou mais dinâmica da vida claustral e a constituição democrático-centralista. Essas novidades não interferem igualmente na espiritualidade comum aos mendicantes, mas as mais incisivas são as duas primeiras (a pobreza absoluta e o apostolado múltiplo). Em essência tratava-se de imensas inovações da vida religiosa tradicional, predominantemente monástica e contemplativa, que tinha em vista a própria santificação e salvação. Até o desaparecimento dessas novas Ordens, a vida religiosa era concebida essencialmente como fuga do mundo, o mais possível, e como prática de rígidas observâncias comuns. Os mendicantes mudam muito quer o conceito da vida religiosa, quer o da vida apostólica e evangélica. Pode-se dizer com razão que por meio deles se colocam no grau intermediário entre os antigos monges (*Ordo monachorum*) ou cônegos (*Ordo canonicorum*) e os modernos "clérigos regulares". Por esse motivo, nas fontes medievais são chamados, no conjunto, *ordo pauperatis* ou então *Ordo praedicatorum*.

Nas obras dos autores mencionados e de outros "ideólogos" dos mendicantes, elaborava-se gradualmente a justificação da vida desses "modernos" (na época) religiosos. Seus autores elaborarão também o exato e exaltado conceito de "vida mista", que mais tarde será retomado pelos autores da Companhia de Jesus, como Jerônimo Piatti, Francisco Suárez e Roberto → BELARMINO.

As duas primeiras novidades dos mendicantes devem a origem a São Domingos e São Francisco. Nas bulas pontifícias da época elas são expressas frequentemente como "pregação da palavra de Deus na abjeção da pobreza voluntária". As duas outras novidades, por sua vez, devem ser consideradas em função das anteriores e não dependem tanto dos religiosos quanto da Igreja que as deseja e as canoniza. De fato, todos sabem que o Concílio de Latrão IV codificou a organização regional de Ordens religiosas e a celebração de Capítulos gerais. Nestes os superiores regionais legislam por toda a Ordem e elegem o superior geral, que tem a autoridade executiva sobre todos.

Sempre em decorrência das duas primeiras novidades, ainda na época do papa Inocêncio III, São Domingos e São Francisco encontram não poucas dificuldades: muitos consideravam impossível e perigosa a vida da pobreza absoluta e mendicante, ao passo que o ministério apostólico ou da pregação era reservado geralmente aos bispos e aos pastores de almas. Mas o papa Inocêncio III não tardou a compreender os propósitos dos dois fundadores, propósitos que aliás se conciliavam muito bem com os seus: reforma do clero e do povo.

BIBLIOGRAFIA. ANASTASIO DA MONTECASTELLI. *Il diritto di questua negli Ordini Mendicanti dal suo sorgere fino al Codice di diritto canonico*. Roma, 1951; BUGHETTI, B. Statutum concordiae inter quatuor Ordines Mendicantes annis 1435, 1458 et 1475 sancitum. *Archivum Franciscanum Historicum* 25 (1932) 241-256; CANDIDO, L. de. *I mendicanti. Novità dello spirito*. Roma, 1983; GÉNICOT, L. *La spiritualité médiévale*. Paris, 1958; LECLERCQ, J. *La vita perfetta. Spunti sull'essenza dello stato religioso*. Milano, 1961; LIPPENS, H. Le droit nouveau des Mendiants em conflit avec le droit coutumier du clergé séculier, du concile de Vienne à celui de Trente. *Archivum Franciscanum Historicum* 47 (1954) 241-292; MATANIĆ, A. Il pensiero di san Tommaso d'Aquino sulla vita religiosa, in particolare degli Ordini Mendicanti. *Antonianum* 38 (1963) 193-207; ID. San Bonaventura "secondo fondatore" dell'Ordine dei Frati Minori. *Studi Francescani* 55 (1958) 306-317; ID. La problematica della vita e dell'attività dei primi mendicanti. *Vita Minorum* 31 (1960) 4-19; ID.

Papa Innocenzo III di fronte a san Domenico e san Francesco. *Antonianum* 35 (1960) 508-527; MEERSSEMAN, G. Concordia inter quatuor Ordines Mendicantes. *Archivum Fratrum Praedicatorum* 4 (1934) 75-97; 5 (1935) 134-173; URRUTIA, I. A. de. *Régimen de las Ordenes religiosas a mediados del s. XVI y aportación de san Ignacio*. Madrid, 1962; VICAIRE, M. H. *L'imitation des Apôtres. Moines, chanoines et mendiants, IVe-XVIIIe siècles*. Paris, 1963 (versão italiana, Roma, 1964); ID. Recherches sur le premier siècle des Ordres Mendiants. *Revue des Sciences Philosophiques et Théologiques* 57 (1973) 675-691.

A. MATANIĆ

MENTE. A etimologia de "mente" é incerta; muito provavelmente deriva do grego (μιμνήσκω = lembrança; μένος = espírito, rad. μεν ou μαν, dos quais derivam os verbos latinos *memini, moneo* = fazer pensar) do qual provém o termo *mens*, mente; Santo Tomás faz derivar o termo "mente" de *mensurare* ou *metiri* (cf. *STh*. I, q. 79, a. 9, ad 4). Na literatura latina, esse termo teve uma significação variada, que compreendia o sentimento, a consciência, a inteligência, o discernimento, o pensamento, a opinião etc. Nas ciências sagradas, incluindo a filosofia antiga, entendeu-se por mente uma múltipla realidade espiritual; empregou-se o termo tanto em relação a Deus quanto em relação ao homem. Em relação a Deus, mente traduziu a palavra grega νοῦς que, por exemplo, em Anaxágoras significava a suprema inteligência ordenadora; Santo Agostinho também emprega o termo "mente" para indicar o Verbo, a verdade divina "*in qua sunt rationes rerum stabiles atque immutabiles*" (*De diversis quaestionibus*, 83, 46); também em seguida, nos diversos sistemas ideológicos, o termo era aplicado a Deus, e o idealismo (Spaventa) designava com ele o espírito absoluto. Em relação à criatura espiritual, as ciências sagradas empregam o vocábulo "mente" para designar muitas realidades: a alma humana, o espírito humano, ou seja, o conjunto das potências superiores da alma (o intelecto, a memória), uma doutrina particular, ou então a harmonia doutrinal de um pensador, e por fim um fecundo ordenamento ideativo de uma ciência adquirida com plenitude. O conceito de mente que está no lugar de alma humana é talvez o mais frequente. Assim o empregaram também Santo Tomás (*STh*. I, q. 16, a. 6, ad 1), muitos outros escolásticos, Campanella, Descartes, Spinosa e os empiristas ingleses; cada um deles adaptou o termo ao próprio esquema de teologia ou de filosofia. Santo Agostinho, ao contrário, trata da mente com um significado mais restrito, não entendendo a alma humana, mas a parte superior desta, ou seja, tudo o que na alma vai além da vida orgânica e do sentido (*De Trinitate*, 1, 15, 7); ele costuma também substituir o termo por "espírito" e "ânimo", que expressam o mais elevado grau intelectivo da alma. Segundo Santo Agostinho, na mente se ativam o intelecto (*intellectus* ou *intelligentia*) e a razão (*ratio*), que, no entanto, não são duas faculdades distintas: o primeiro é intuição das verdades primárias que são princípio do conhecimento, e é, portanto, luz da mente; a segunda é conhecimento das coisas sensíveis à luz das primeiras verdades. A presença dessas primeiras verdades imutáveis na mente remete à destinação essencial desta à percepção de Deus, suprema verdade, da qual procedem todas as primeiras verdades participadas, em proporção analógica à mente humana. Através dessas verdades, Deus é o fundamento e a origem das verdades humanas afirmadas pela razão. Ao movimento descendente das verdades de Deus para o homem corresponde um percurso ascensional da mente humana em busca da suprema verdade. Segundo Santo → AGOSTINHO, a mente também desemboca na vontade. Santo Tomás, além do primeiro significado, aceitando a definição da oração fornecida por São João → DAMASCENO: *oratio est ascensus mentis in Deum* (*De fide orthodoxa*, III, 24), dá ao termo "mente" um segundo sentido, ou seja, explica a oração como ato da parte intelectiva da alma, isto é, do intelecto (*STh*. II-II, q. 83, a. 1; *De Veritate*, 10, 1) ao qual consequentemente assimila a mente. Com esse significado, o termo é de uso frequente entre os autores de moral e de ascética. A mente com o significado de memória aparece nos escritos dos autores sagrados que identificam a memória com o intelecto, ou então — por sinédoque — a empregam para indicar as potências da alma.

BIBLIOGRAFIA. MENNINGER, K. A. *The human mind*. New York, 1945; PREDAZZINI, G. G. – SANTINELLO, G. Mente. *Enciclopedia Filosofica* IV. Firenze, 1969, 534-538; PUTNAM, HH. *Minds and machines in philosophical papers* II. Cambridge and New York, Cambridge University Press, 1975; RITCHIE, A. D. *The natural history of mind*. London, 1936; SNOECK, P. *L'igiene mentale e i principi* cristiani. Bologna, 1960.

G. G. PESENTI

MÉRITO. A palavra indica uma relação entre uma ação livre boa e um prêmio que a recompensa. Supõe que esse prêmio não é um fruto que brota inteiramente apenas da ação, mas que é concedido, ao menos sob algum aspecto, por outra pessoa, em consequência da ação realizada. Desse modo, o mérito se fundamenta nas relações que ocorrem entre duas pessoas: uma que faz a boa ação e a outra que concede o prêmio. Em decorrência disso, a natureza do mérito será muito diferente segundo a diversidade das relações pessoais e deverá ser avaliada especialmente quando se baseia nas relações entre pessoa criada e Deus transcendente. É o mérito de que falamos aqui diretamente.

1. NA SAGRADA ESCRITURA. Já no Antigo Testamento duas verdades impressionam. De um lado se afirma que as ações humanas têm certo valor diante de Deus: são dignas de punição (Gn 3,16-19) ou de prêmio (Dt 5,16; 6,2). Abraão é louvado e premiado por causa de sua obediência (Gn 22,18), e o povo eleito será protegido se conservar as leis de Deus (Ex 23,20-22). Por outro lado, o homem não pode valer-se de nenhum direito. Embora para Deus não haja acepção de pessoas (Dt 10,17), sua própria transcendência faz com que ele não esteja obrigado para com ninguém e faça misericórdia a quem quiser (Ex 33,19). O paradoxo retorna nas relações entre Deus e o povo eleito: a iniciativa da eleição vem de Deus, que o preparou gratuitamente (Ez 16,3-14), o amou como sua esposa (Os 2,19-24) e continua a amá-lo não obstante todas as infidelidades (Sl 88,29-52), porque ele permanece fiel (Sl 144,13). A observância das leis não comporta, portanto, nenhuma obrigação por parte de Deus, mas lhe permite comunicar os benefícios prometidos.

No Novo Testamento encontramos o mesmo paradoxo, mas numa perspectiva mais ampla e definitiva, a da glória celeste. Esta é comparada ao salário que o servo recebe pelo serviço (Mt 5,12; 24,46-47; 25,21), a um tesouro a ser acumulado (Mt 6,20), e cada um terá um prêmio proporcional às suas obras (Mt 16,27). São Paulo afirma a mesma doutrina (Rm 2,5-8; Ef 6,8); aliás, recorre a uma comparação tomada do atletismo de seu tempo: muitos corredores se esforçam para obter a coroa, nós devemos fazer o mesmo por uma coroa eterna (1Cor 9,24-27). Afirma-se também a liberdade divina: Deus, tão bom, pode dar além de qualquer medida, e ninguém tem o direito de protestar (Mt 20,8-15); e, mesmo se tivermos feito tudo o que devíamos fazer, ainda devemos confessar que somos servos inúteis (Lc 17,10). Aliás, mais que nos orgulhar por nossas boas obras, como fazia o fariseu (Lc 18,11-12), temos de pedir a misericórdia por nossas dívidas (Mt 6,12). Assim, devemos nos orgulhar apenas em Deus (1Cor 1,31; 2Cor 10,17-18), como fez o próprio São Paulo (1Cor 15,10; Gl 1,15-16). O paradoxo se resolve de algum modo quando temos presente que nossas boas obras se devem à influência vital de Cristo com que estamos unidos (Jo 15,1-6), são o fruto da nova vida recebida dele (Rm 6,4), fruto do Espírito Santo (Gl 5,22), que é o Espírito de Cristo. Portanto, se a glória eterna terá o aspecto de prêmio, será antes de tudo porque as nossas ações são valorizadas pelo princípio sobrenatural de que brotam. A necessidade do esforço pessoal não é diminuída: a caridade de Cristo nos compromete (2Cor 5,14) e devemos procurar fazer o bem (2Cor 9,8). No entanto, esse empenho não significa tanto um esforço decorrente da própria iniciativa quanto uma correspondência ao dinamismo interior da nova vida, recebida de Cristo e que procura manifestar-se no nosso próprio empenho. Assim, se esperamos com confiança uma retribuição futura (1Cor 15,58) porque Deus é justo (2Tm 4,8) e se a retribuição será diferente para cada um (1Cor 15,41-42); a nossa confiança baseia-se sobretudo na presença do Espírito Santo que age em nós (Rm 8,9-11) e no direito que nos dá a nossa própria filiação em Cristo (Rm 8,17). Por outro lado, se é lícito esperar aquela retribuição abundante (Rm 8,18; 2Cor 4,17-18) e deixar-se inspirar pela esperança da vida futura para tornar o nosso empenho mais intenso, mais profundo deve ser o desejo de agradar a Cristo (2Cor 5,8-9).

Segundo o Novo Testamento, a esperança da vida futura não se baseia num cálculo mercenário, mas em uma confiança em Cristo e no Espírito Santo, ao dinamismo do qual procuramos corresponder com solicitude. O mérito é precisamente o fruto dessa ação vital que Cristo pôde desenvolver na nossa livre atividade humana. Na sua controvérsia com os pelagianos, que atribuíam ao homem a faculdade de merecer a vida eterna sem a graça, Santo → AGOSTINHO só tem de retomar a doutrina do Novo Testamento. Ele a resume nesta fórmula, que em seguida se tornou tradicional e foi parcialmente repetida no Concílio de Trento: "Os teus méritos são um dom de Deus; portanto, ao coroar os teus méritos, Deus não os coroa como teus méritos, mas como méritos dele" (*PL* 33, 880; cf. DENZ. 810).

2. **NA REFLEXÃO TEOLÓGICA**. O próprio nome de mérito, cunhado provavelmente por → TERTULIANO, podia contribuir para um desvio em relação à doutrina escriturística, na medida em que sugeria um conceito jurídico e a ideia de certo direito. Foi isso que ocorreu, se não entre os grandes teólogos como Santo Tomás, ao menos entre os teólogos menores e, em consequência disso, entre muitos fiéis. Como os fariseus no tempo no Cristo só estavam preocupados com a observância da lei, entendida apenas de acordo com a letra detalhada e explicada por sua casuística, negligenciando o seu espírito, muitos cristãos concentraram todos os seus esforços nas boas obras, consideradas segundo o seu aspecto externo e transcurando o amor humilde e confiante em Deus. Procuraram multiplicar as obras o máximo para "adquirir méritos", ou seja, conforme a concepção deles, um direito a um prêmio cada vez maior. Ao fazer assim, caíram facilmente num formalismo ou num ascetismo exasperado. Querendo justamente reagir contra essa aberração, Lutero acabou caindo no extremo oposto, concentrando toda a sua atenção na confiança em Deus e desprezando o valor das boas obras. O perigo de exagero de ambas as partes continua atual, mesmo entre os católicos. Assim, é imprescindível ter uma doutrina equilibrada a esse respeito.

3. **NATUREZA**. É evidente que não se pode falar de mérito onde não existe liberdade de ação. Com o termo "liberdade" se entende a imunidade de uma influência criada, tanto interna quanto externa, que poderia determinar a ação em um sentido único: a paixão, a violência etc. Não se entende a ausência de toda obrigação moral, como se apenas as ações não prescritas pudessem ser meritórias. A razão é que até mesmo os preceitos podem ser observados com todo o empenho da livre vontade, que deseja se submeter à vontade de Deus.

E o Concílio Vaticano II afirma, sem fazer distinção entre → PRECEITO e conselho, que "cada qual, segundo os próprios dons e cargos, deve avançar sem hesitação pelo caminho da fé viva, que acende a esperança e opera por meio da caridade"; e conclui o mesmo parágrafo dizendo: "Assim, todos os que acreditam em Cristo serão a cada dia mais santificados nas condições, nos deveres ou circunstâncias de sua vida e graça a eles" (*LG* 41).

Quais são os fundamentos do mérito? É preciso considerar os dois aspectos da ação, indicados na Sagrada Escritura: é um fruto da vida divina em nós e é uma manifestação da vontade de se pôr a serviço de Deus. Enquanto a ação é fruto da vida divina, desenvolve suas virtualidades intrínsecas. Ora, a graça santificante é uma antecipação cada vez mais dela. A disposição habitual da graça à comunicação plena da vida trinitária torna-se atual na atividade boa do homem transformado e nessa atividade se desenvolve. Nossas relações com as três Pessoas divinas tornam-se mais íntimas; a morte não fará senão manifestar toda a sua sublimidade. Portanto, sob esse aspecto, o mérito consiste na relação necessária existente entre a graça, como é manifestada nas ações, e a vida futura. Aqui se fala de mérito *de condigno*, termo técnico com uma longa história; supõe uma estrita proporção entre o trabalho prestado e o salário a ser pago. A expressão vale aqui com mais razão que em qualquer outro caso. De fato, não pode existir uma proporção mais adequada entre ação e salário que a existente entre a graça operante na ação e a glória. Mas ao mesmo tempo percebe-se que, assim como a graça é um dom inteiramente gratuito de Deus, também o é a glória que é uma simples consequência dele. A frase de Santo Agostinho acima citada encontra aqui a sua completa justificação.

Para sua manifestação a graça exige a nossa livre colaboração. Enquanto é pessoa, o homem é capaz de recusar o convite divino ou de aceitá-lo, de ser rebelde ou de se manter aberto e dócil às suas exigências. Enquanto é pessoa criada, ainda que elevada à dignidade de filho do Pai, as relações pessoais não se desenvolvem num plano de igualdade. Completamente dependente de Deus, tanto na ordem sobrenatural quanto na natural, a pessoa humana por si só não é nem sequer capaz de aceitar a influência divina: nesse ponto a sua vontade deve receber a ajuda da graça. Desse modo, precisamente por ser dependente da influência atual de Deus, nenhuma ação humana pode criar qualquer direito a um prêmio. No entanto, como a própria ação também é fruto de um livre empenho, ela tem um valor moral intrínseco e, portanto, merece a consideração por parte de Deus. Sob esse aspecto fala-se de mérito não em sentido estrito, mas diminuído, de um mérito *de congruo*.

Assim, há dois aspectos complementares na ação sobrenatural do justo: o empenho da vontade e a sua fundamentação na vida divina. Segundo o primeiro, podemos falar de certo valor e mérito, mas é apenas pelo segundo aspecto que o mérito assume todo o seu significado. No entanto, o primeiro permanece insubstituível e o Concílio de Trento quer colocá-lo em destaque retocando a fórmula de Santo Agostinho: "É tão grande a bondade de Deus para com todos os homens que deseja que sejam méritos deles os seus próprios dons" (Denz. 810). "Reunir muitos méritos" é, portanto, uma fórmula ambígua que no seu verdadeiro sentido não deve significar outra coisa que fazer muitas ações boas em união com a vida divina recebida e plenamente dependente dela.

Vemos também que, como o mérito é apenas a orientação da nossa vida divina para a glória, na medida em que naquela vida se manifesta o nosso empenho atual, o mérito é inalienável. Falando com rigor, não se pode merecer por outra pessoa nem renunciar aos próprios méritos. Mas pode-se pedir a Deus que leve em conta as nossas ações para conceder graças a outros e para eximi-los de algumas penas temporais, devidas aos pecados que cometeram. É porque nossas ações podem obter para nós esses efeitos secundários que podemos renunciar a eles em favor dos outros. No entanto, como não existe uma orientação intrínseca para eles, o mérito de que se fala aqui, tanto para si quanto para os outros, será sempre apenas *de congruo*. Por outro lado, apelando ao amor misericordioso de Deus e à nossa amizade com ele, quanto mais íntima for esta mais forte será a nossa intercessão.

4. CONDIÇÕES DO MÉRITO. Entendendo o mérito no sentido estrito ou *de condigno*, suas condições decorrem evidentemente de sua natureza.

a) O homem deve estar antes de tudo em estado de graça: ninguém pode produzir frutos se não está unido com Cristo (Jo 15,4-5). Depois, o justo deve cumprir a ação com plena liberdade. Além disso, é uma verdade de fé que só se pode merecer enquanto se está na terra: com a morte se entra na fase definitiva, na qual não é mais possível fazer progressos substanciais.

b) A ação deve ser evidentemente honesta e sobrenatural. Procurando determinar mais acuradamente a sobrenaturalidade das ações meritórias, os teólogos concordam em afirmar que essas ações devem ser valorizadas pela vida divina, pela graça santificante. Assim, eles afirmam que existe uma ligação necessária com a caridade. Mas não há consenso entre os teólogos no momento de explicar melhor essa ligação: é suficiente a presença da caridade ou deve haver também uma influência positiva dela? A controvérsia não tem muita importância prática porque todos, ou quase todos, admitem que existe na verdade uma influência positiva, pelo menos implícita, porque, se um justo é interrogado sobre os motivos de suas boas ações, descobrirá que por trás de muitos outros motivos se esconde no fundo a vontade de fazer aquilo que Deus quer. Todos admitem também que quanto mais abertamente a caridade faz sentir a sua influência mais o ato adquire valor: nossas relações com o Pai são relações de filiação. Portanto, quanto mais explicitamente os nossos atos são inspirados pelo amor filial mais eles serão apreciados pelo Pai. Por esse motivo, é importante recorrer com frequência a esse motivo e procurar agradar a Deus em tudo, segundo o exemplo de Santa Teresa de Lisieux.

c) Algumas vezes, os autores colocam como condição do mérito uma promessa de Deus. Nesse caso, porém, se baseiam talvez em demasia sobre uma condição, que é certamente necessária quando se fala de mérito entre os homens: alguém não pode ter direito a um salário se outro, para quem presta o trabalho, não prometer pagar pelo serviço. Nós consideramos que, para o mérito sobrenatural e no sentido pleno em que o entendemos aqui, não é necessária uma promessa divina especial. É verdade que essa promessa foi feita na Escritura e também os documentos do magistério eclesiástico aludem a ela (Denz. 809); mas Cristo não fez outra coisa senão explicitar uma ordenação que ele mesmo já incluiu na graça santificante e manifestada nas obras. Glorificando o homem, Deus não cumpre tanto uma promessa quanto revela toda a beleza sobrenatural que o justo adquiriu pela sua vida. O juízo, no seu significado essencial, não deve ser equiparado a uma sentença judicial humana, mas é evidente manifestação da vida divina, assim como se tornou no momento da morte. Quando se fala de mérito em um sentido menos estrito, *de congruo*, podemos dizer que Deus considera benevolamente toda ação boa, até mesmo a do pecador. Assim, como condição desse mérito basta que a ação seja livre, honesta e livremente realizada aqui na terra. Se Deus a recompensa, será sempre porque ele é bom, não porque exista uma proporção intrínseca entre ação e prêmio.

5. O QUE SE PODE MERECER? A resposta decorre logicamente da natureza do mérito. Enquanto a ação boa brota da vida divina, é como esta ordenada para a vida eterna, que é o seu termo conatural. Por outro lado, sabemos que a vida se desenvolve e se aperfeiçoa na ação; o mesmo ocorre com a vida divina que nos é transmitida. Desse modo, o Concílio de Trento tem razão quando afirma que merecemos o aumento da graça e consequentemente da glória. No entanto, esse aumento não é obtido com as próprias forças: é um dom de Deus e isso não apenas enquanto supõe uma ação baseada num princípio divino, gratuitamente concedido; mas também porque o próprio aumento é um outro dom: ao esforço humano, sustentado pela → GRAÇA, corresponde uma outra comunicação da vida divina. Se todos os teólogos estão de acordo em afirmar que para cada boa ação, realizada com as devidas condições, o homem merece o aumento da graça, não concordam mais quando se perguntam se esse aumento é concedido logo, no próprio momento da ação. Não há nenhuma dificuldade quando alguém se empenha nisso com todo o fervor; mas a experiência parece mostrar que um cristão pode passar um longo período, ou até toda a sua vida, em uma falta de interesse desolador, sem que esteja em estado de pecado mortal. Realizará ainda boas ações, ao menos aquelas a que está obrigado; ninguém negará o valor meritório de tais ações, mesmo se este valor é reduzido ao mínimo. Mas aumentará também a sua vida divina, tão inconsistente? Devemos diferenciar cuidadosamente esse estado de falta de interesse dos períodos de depressão psíquica, que cada um, até o mais fervoroso, tem na própria vida espiritual; esses períodos fazem parte da vida normal, que tem alternativamente altos e baixos; por esse motivo o homem não renuncia a uma vida fervorosa e comprometida e não há razão para negar que o aumento correspondente ao mérito seja concedido imediatamente.

Para as ações realizadas na falta de interesse propriamente dita, alguns afirmam que o aumento da graça é concedido igualmente sem demora porque não há motivo para negar aquele pequeno aumento, pequeno desenvolvimento de vida, que a pessoa desinteressada ainda permite livremente realizar. Outros, ao contrário, afirmam que o desinteressado não tem condições de receber aquele aumento, pois não vive segundo as exigências da vida recebida: lhe dá bastante alento para poder sobreviver, não lhe dá ocasião para um maior desenvolvimento; essa ocasião só será fornecida quando o homem se livrar de sua falta de interesse e fizer um ato de caridade mais fervoroso; naquele momento a vida divina poderá retomar o desenvolvimento normal a que já aspirava em todos os atos sem entusiasmo precedentes. A controvérsia tem a sua importância para a vida espiritual porque permite ver, seja qual for a opinião que se defenda, o quanto é importante não apenas evitar a → TIBIEZA, mas manter-se abertos a uma caridade mais generosa. Esta faz sentir as suas exigências, tende a englobar toda a vida afetiva para canalizá-la para Deus. Mas, se é bom deixar-se prender por uma pessoa amada, também é doloroso se separar das coisas e pessoas queridas. Aqui o homem pode tergiversar e tentar meios-termos; no entanto, se não responde plenamente às exigências da caridade, impede o desenvolvimento da vida divina, à qual é convidado.

O mérito *de condigno* fundamenta-se na ordenação interna da graça ao seu aumento e à glória. Tudo o que está fora dessa ordenação não pode ser objeto desse mérito. Mas Deus concederá dons superabundantes por aquilo que se faz de bom: serão objetos de mérito *de congruo*: o dom da perseverança final, sem a qual a própria vida divina é interrompida; depois a graça da conversão após um eventual pecado mortal futuro; enfim, os bens temporais que podem favorecer o desenvolvimento da vida divina. O justo pode merecer todos esses dons *de congruo* também pelos outros. Ulteriormente, como até mesmo o pecador pode realizar boas ações, tanto naturais quanto sobrenaturais, também ele pode *de congruo*, mas em um sentido ainda mais reduzido, merecer outros bens, naturais e especialmente sobrenaturais que possam conduzi-lo finalmente à → CONVERSÃO. Deus não deixará ninguém sem nenhuma recompensa.

6. REVIVESCÊNCIA DOS MÉRITOS. É uma verdade admitida por todos que, quando um pecador se converte, pode receber a vida divina em todo o desenvolvimento ao qual havia chegado no momento do pecado; assim, pode continuar a progredir como se não tivesse ocorrido nenhuma interrupção. Isso significa que as três Pessoas divinas, perdoando completamente a ofensa, querem introduzir o homem na mesma intimidade de antes. Enquanto os pecados não renascem nunca mais, mesmo se o pecador recomeça a ofender a Deus, as boas ações, realizadas uma vez em estado de graça, readquirem o seu valor de antes. É isso que se entende quando se fala de revivescência dos méritos. Também aqui, porém, como se disse para o aumento da graça, muitos autores supõem não uma conversão qualquer, mas um ato de caridade fervoroso; no caso contrário, as boas ações, realizadas anteriormente, readquirirão o seu valor, é claro, mas o aumento que corresponde a elas só lhes será concedido quando realizarem um ato de caridade intenso.

Seja como for, evidencia-se sempre a gratuidade do novo dom de Deus. Como no Antigo Testamento, Deus voltava a tomar o seu povo eleito sob a sua proteção, todas as vezes que este retornava contrito, assim agora basta o retorno do filho pródigo para que o Pai lhe dê tudo o que tinha antes.

BIBLIOGRAFIA. BERROUARD, A. M. F. Le mérite dans les Évangiles synoptiques. *Ystina* 3 (1956) 191-209; ID. Le mérite dans les Epîtres de S. Paul. *Ystina* 3 (1956) 313-332; BIFFI, G. *Alla destra del Padre*. Milano, 1970; DIDIER, G. Désintéressement du chrétien. *La retribution dans la morale de saint Paul*, Paris, 1955; GHIBERTI, G. Retribuzione. *Nuovo Dizionario di Teologia* (1977) 1.290-1.307; HEINZ, J. Justification and merit: the interpretationm and evaluation of the concept of merit in modern catholic theology in relation to Luther's doctrine of justification. Dissertatio, Andrews University, 1982; HUGUENY, B. E. La revivescence des mérites dans le pécheur converti. *La Vie Spirituelle. Supplément* 25 (1930) 1-15; LETTER, P. DE. *De ratione meriti secundum Sanctum Thomam*. Roma, 1939; PESCH, W. *Der Lohngedanke in der Lehre Jesu, verglichen mit der religiösen Lohnlehre des Spätjudentums*. Munchen, 1955; PIOLANTI, A. La reversibilità dei meriti di un fedele a favore di un altro. *Tabor* 25 (1959) 160-176; QUARELLO, E. Cattolici e protestanti riuniti di fronte al valore meritorio delle opere buone? *Salesianum* 26 (1961) 134-152; REGUERO GÓMEZ, J. L. Algo más sobre la reviviscencia de los meritos. *Burgense* 2 (1961) 385-398; RUDONI, A. Retribuzione. *Dizionario Teologico Interdisciplinare* III (1977) 79-88.

A. DE SUTTER – C. LAUDAZI

MERTON, THOMAS. 1. VIDA E PERSONALIDADE. Thomas Merton nasceu em Prades, na França, em 31 de janeiro de 1915. Sua mãe era americana; seu pai, neozelandês. Ambos eram artistas. Foi educado nos Estados Unidos, na França e na Inglaterra. Na Columbia University de Nova York obtém o título de *Bachelor of Arts* em 1938 e, no ano seguinte, o título de *Master of Arts*. Por algum tempo lecionou na Columbia University e depois na St. Bonaventure University de Allegany, no estado de Nova York. Em 10 de dezembro de 1941 entrou na abadia cisterciense de Nossa Senhora do Getsêmani, onde recebeu o nome religioso de Luís Maria. Foi ordenado em 26 de março de 1949; em 1951 foi eleito mestre dos estudantes e em 1955, mestre dos noviços. Em 1965 retirou-se para um eremitério da sua abadia. Em 10 de dezembro de 1968 perdeu a vida num acidente em Bangcoc, para onde viajara para participar de uma conferência ecumênica.

Thomas Merton crescera sem uma educação religiosa. Quando adolescente se declarara ateu e vivera sem se preocupar muito com os princípios morais; mas uma série de influências o levaram gradualmente a Deus, à Igreja católica e à vocação monástica: a poesia de William Blake, Gerard Manely Hopkins e Dante derrubou a sua resistência à religião; a participação de um curso de filosofia escolástica na Columbia University e a leitura de *L'esprit de la philosophie médiévale* de É. Gilson deram-lhe uma noção clara de Deus e o respeito pelo pensamento católico; o *Ends and means* de Aldous Huxley o convenceu da realidade de uma ordem sobrenatural e da possibilidade de um contato verdadeiro e experimental com Deus. Essa convicção foi fortalecida nele pelo místico hindu Bramarchi que chamou a atenção de Merton para o misticismo católico.

A vocação contemplativa de Merton estava implícita na sua fé, fundamentada em princípios teológicos fortemente ligados entre si. Embora demonstrasse uma extraordinária capacidade de se perder na oração por longos períodos de tempo, ele não era de modo algum um misantropo introvertido. De fato, Merton sempre sentiu uma genuína necessidade tanto da solidão quanto do contato social. Essa necessidade não era egoísta. Ele sempre teve um interesse genuíno pelos outros, e durante o período que se seguiu à sua conversão não só se dedicou à oração e estudou os clássicos da teologia e do misticismo católico, mas também trabalhou com a baronesa Catherine de Hueck na sua *Madonna House*, centro social para os pobres do bairro do Harlem de Nova York, e mais tarde se manterá em contato com Dorothy Day e com o *Catholic Worker Movement*. Todos esses interesses deixariam uma marca na sua carreira.

É difícil avaliar a vida e mais ainda a personalidade de Thomas Merton. Estava convencido de que a oração, a meditação e a contemplação, mesmo no nosso mundo tecnológico, não deviam permanecer às margens da vida. Era um homem bem-humorado, jovial e de opiniões corretas, que não tolerava as tolices sentimentais. Alimentou entusiasmos aparentemente contraditórios, mas soube moderar tudo o que fez com uma férrea autodisciplina. Jamais desapareceu de sua personalidade aquele aspecto de desafio que devia levá-lo, de tempos em tempos, a realizar o imprevisível. Mostrava-se irritado com a falta de sinceridade, a arrogância e a mesquinhez que encontrou na vida religiosa. Não poupou suas observações satíricas nem sequer às excentricidades de sua comunidade. Mas no fundo de tudo isso sempre houve uma enorme compaixão pelas fraquezas alheias. Dedicou-se sem reservas à sua comunidade, e a maior parte dos monges do Getsêmani o amou de verdade. Sua complexa personalidade tornou-o objeto de especulações e de boatos sobre uma suposta crise vocacional nos anos 1960, mas a sua vocação, a despeito das aparências externas, tornou-se ainda mais forte. James Fox, o seu abade, afirmou que nenhum outro monge além de Merton lhe dera tanta preocupação, embora nenhum dos que ele conhecera fosse mais humilde e mais obediente a ele.

A contribuição de Merton à Igreja é variada. Embora muito conhecido como escritor, talvez seu trabalho principal tenha sido como formador de jovens religiosos para a sua abadia. Como escritor, deu forma às correntes de renovação que, na sua Ordem, haviam surgido desde os anos 1930, e a elas deu a sua contribuição. Foi uma voz para os homens de seu tempo e, talvez, mais que por aquilo que escreveu, mereça ser lembrado pela perspectiva de sabedoria contemplativa que infundiu nos problemas contemporâneos e que, através de seus livros, soube compartilhar com todos os homens.

2. ESCRITOS E IDEIAS. Thomas Merton era um escritor profícuo, que sentia continuamente a necessidade de dar forma exterior às suas reflexões. Considerava muito difícil levar adiante trabalhos longos; as formas literárias preferidas foram a poesia, a meditação breve e o ensaio. Embora não fosse um escritor displicente, como se vê pelas profundas revisões de um bom número de suas obras, teria sido melhor que alguns de seus manuscritos tivessem permanecido no seu arquivo particular: a grande quantidade de obras publicadas (mais de 29 livros), que continuaram a aparecer mesmo depois de sua morte, revela uma importante falta de uniformidade.

Merton não era um teólogo sistemático e não deixou uma doutrina organizada. Seus escritos abrangem uma ampla série de assuntos. Embora contenham elementos de discreto valor teológico, ele escreveu sobretudo como poeta e ensaísta. Suas tentativas no campo da teologia formal nunca tiveram muito sucesso.

A carreira literária de Thomas Merton pode ser dividida em cerca de quatro períodos: os anos pré-cistercienses; da entrada na vida religiosa a mais ou menos 1952 ou 1953; de 1953 a 1961; de 1961 até a morte.

a) *O período pré-cisterciense*. Se se excetuam algumas páginas do *Diário secular* (publicado apenas em 1959), que fornecem detalhes de sua vida, desde a conversão até o ingresso na religião, os escritos desse período — um grande número de escritos da juventude, muitos ensaios publicados, poesias, e até romances, dos quais apenas um, *My argument with the Gestapo, a macaronic journal*, foi publicado em 1969 —, não têm nenhum interesse para nós.

b) *De 1941 a 1952*. Os superiores de Merton não demoraram a perceber o alcance de suas capacidades literárias e, quase desde o início de sua vida religiosa, fizeram-no trabalhar como escritor. Sua primeira coletânea de poesias foi publicada em 1944. Além de escrever poesias, ele se ocupou da tradução de documentos oficiais de sua Ordem, de escritos históricos e de → HAGIOGRAFIA. Por volta de maio de 1947, ele já possuía cerca de doze escritos em elaboração. Entre eles estava a sua célebre autobiografia *A montanha dos sete patamares*, que depois da publicação, em 1948, se tornou um *best-seller* e o lançou numa carreira literária internacional. Esse trabalho (que Aldhelm Cameron-Brown definiu como "o canto de cisne do monasticismo do século XIX") leva o leitor ao mundo do jovem Merton. Tanto as contradições experimentadas em si mesmo quanto a influência psicológica e moral sofrida numa abadia em rápido progresso são evidentes nesse livro e em todos os outros trabalhos desse período. Seu estilo é insistente, algumas vezes acadêmico, com frequência excessivamente crítico. Ele faz muitas citações de autores espirituais famosos, mostrando assim que estava procurando articular uma doutrina ainda não assimilada. Tendia a considerar "o mundo" como um inimigo e às vezes as referências a ela degeneram em invectivas. A nota dominante nos escritos desse período é a busca da natureza e da função da contemplação e da vida contemplativa.

Além das hagiografias e dos trabalhos históricos desse período, merecem ser lembrados dois outros livros. Na primavera de 1949, foi publicado *Sementes de contemplação*, que alcança sucesso de público. Tratava-se de uma coletânea de reflexões pessoais, sem ligação entre si e bastante sintéticas, sobre a vida espiritual. O outro trabalho importante desse período é a *Ascensão à verdade* (edição original, 1951), uma introdução popular à espiritualidade de São → JOÃO DA CRUZ. Escrito em circunstâncias pouco felizes, era provavelmente o trabalho mais ambicioso que Merton já havia realizado. A obra não é destituída de méritos, mas o seu tortuoso desenvolvimento e o seu tom polêmico provavelmente a transformaram no trabalho menos bem-sucedido da produção do autor. Nunca mais ele se aventurou a realizar sérios tratados teológicos.

c) *De 1953 a 1961*. A publicação em 1953 de *Signo de Jonas*, uma atraente continuação da sua autobiografia, em forma de artigos selecionados do seu diário, revelou um Merton novo e mais maduro. O contato com os noviços, estudantes e estrangeiros amadurecera a sua atitude. Enquanto continua a explorar o significado da sua vida de contemplação monástica — como manifesta *A vida silenciosa* (1957) — vão desaparecendo de suas páginas as referências à sua vida interior; e o seu interesse, nesse período, começa a se voltar para os sofredores da humanidade. O ensaio e a meditação breve tomam o lugar das obras mais longas do período precedente e tornam-se a sua prosa preferida. As obras mais importantes desses anos são *O pão do deserto* (19153), uma coletânea de notas pessoais sobre o Saltério, e *Nenhum homem é uma ilha* (1955), um livro de reflexões sobre as verdades fundamentais da vida espiritual. Durante esses anos Merton continuou a escrever artigos, prefácios, resenhas e poesias. Muitos desses escritos foram mais tarde reunidos em livro. Uma série de artigos sobre a → DIREÇÃO ESPIRITUAL, por exemplo, foi publicada em 1960 em forma revista e ampliada como *Direção espiritual e meditação*. O seu *Wisdom of the desert*, publicado no mesmo ano, era uma coletânea e uma tradução das palavras dos Padres do deserto e anunciava um renovado retorno às fontes primitivas do monasticismo, que o interessavam cada vez mais.

Seja como for, o ano de 1961 foi de muitas maneiras o divisor de águas de sua atividade literária. Suas reflexões da primeira década sobre a identidade espiritual desembocaram no *Homem novo*, e um número de importantes ensaios sobre os mais variados assuntos do mesmo período foram publicados como *Problemas do espírito*.

d) *De 1961 até sua morte*. O próprio ano de 1961 não só viu chegar a termo o trabalho dos anos precedentes, mas também testemunhou, nos escritos de Merton, uma nova tendência que nada mais era que a expressão madura desses interesses que haviam contribuído para sua conversão. Durante esses últimos anos de sua vida o interesse pelos temas sociológicos se tornou cada vez maior e a atenção se dirigiu cada vez para mais longe, não só para o misticismo cristão primitivo, mas também para os místicos não cristãos. Essa mudança refletia, sem dúvida, a influência do Vaticano II e a diminuição da oposição a esse tipo de escritos por parte dos censores de sua Ordem. Mas se deve também a outro fator importante: a conquista de uma nova maturidade, que o libertou das preocupações sobre a natureza da contemplação e da sua vocação e lhe permitiu entrar em pacífico diálogo com "o mundo". O próprio Merton considera a descoberta do → ZEN o fator decisivo desse novo desenvolvimento. A disciplina oriental não só fortaleceu "o seu perspicaz realismo espiritual", mas lhe forneceu uma espécie de instrumento com o qual ele pôde conceitualizar, de certo modo, o "obscuro vazio" da contemplação e fazer vislumbrar os seus elementos essenciais.

A primeira indicação dessa mudança encontra-se em *Novas sementes de contemplação* (1961), que sutilmente revia e ampliava *Sementes de contemplação* e abria ainda mais a sua experiência contemplativa para as necessidades dos outros. O diálogo com o mundo foi empreendido de maneira ainda mais brilhante no *Diário de uma testemunha culpada* (1966) e obtém uma afirmação social mais forte nos ensaios de *Fé, resistência, protesto* (1968). Novos aspectos de Merton surgiram nos esboços de *Raids on the unspeakable* (1966) e nas fotografias publicadas por J. H. Griffin no livro *A Hidden Wholeness, the visual world of Thomas Merton* (1970). Entre as numerosas poesias desse período, a coletânea *The geography of Lograire* (1969) reflete o fascínio que os cultos e as culturas dos povos primitivos exercem sobre ele. Descobrimos sua volta ao primeiro misticismo cristão sobretudo em *Clement of Alexandria* (1963). Ele não ignorou nem sequer as fontes do pensamento oriental, como demonstrou no livro *The way of Chuang Tzu* (1965). O interesse de Merton pelo Oriente não era superficial. Foi reconhecido como um especialista em zen até pelos budistas. O diálogo com o Oriente encontrou provavelmente a sua melhor expressão na coletânea de ensaios *O zen e as aves de rapina* (1968). A popular coletânea de *Místicos e mestres zen* (1967) tem muito menos valor e é pouco satisfatória.

Embora suas obras orientais tenham atraído mais atenção, não devemos ignorar as obras sobre a espiritualidade cristã que datam desse período. *Vida e santidade* (1963) destaca admiravelmente os princípios básicos da vida espiritual e contém uma "teologia do trabalho", que integra completamente a santidade do leigo com a do religioso. No entanto, por diversas razões, o escrito desse período destinado a durar é *O clima da oração monástica* (1969), fruto de uma série de revisões de conferências sobre a vida monástica. Contém a mais tranquila e persuasiva apresentação que Merton fez da vida contemplativa para os homens de hoje à luz de toda a tradição cristã. Esse livro vai além de qualquer outra obra publicada antes e marca uma importante volta às fontes da vida contemplativa.

BIBLIOGRAFIA. BAKER, J. T. The Two Cities of Thomas Merton. *Catholic World* 211 (1970) 155-165; CAMERON-BROWN, A. Seeking the rinocerons: a tribute to Thomas Merton. *Monastic Studies* 7 (1969) 62-73; CASAGRANDE, M. Il monaco e il suo rapporto col mondo in Th. Merton. *Vita Monastica* 30 (1976) 203-212; CASHEN, R. S. Solitude in the thought of Th. Merton. *Cistercian Studies* 60, 1981; CILVETI, A. Th. Merton y S. Juan de la Cruz. *Revista de Espiritualidad* 36 (1977) 469-480; *Collectanea Cisterciensia* 39 (1977) n. 4; COSTELLO, H. Th. Merton. *Mount Carmel* 25 (1977) 184-204; Th. Merton. *Dictionnaire de Spiritualité* X, 1.060-1.065; DUMONT, CH. A contemplative at the heart of the world: Thomas Merton. *Lumen Vitae* 24 (1969) 633-646; DUMONT, CH. La vocation du Père Th. Merton. *Collectanea Cisterciensia* 48 (1986) 9-18; GIVER, D. W. *The social thought of Th. Merton. The way of nonviolence and peace of the future.* Chicago, 1983; GRIFFIN, J. H. *A hidden wholeness, the visual world of Thomas Merton.* New York, 1970; MIDDLETON, A. Th. Merton: the man, the monk and his spirituality. *Mount Carmel* 28 (1980) 4-25; O'HANLON, D. J. Merton on the life-style of the lay contemplative. *Spiritual Life* 26 (1980) 208-217; PADOVANO, A. T. *The human journey: Th. Merton, symbol of a century.* New York, 1984; QUINN, M. A. *Th. Merton's understanding of God.* Dissertação Marquette University, 1982; RANZOLI, S. Th. Merton: analisi di um messaggio. *Humanitas* 31 (1967) 198-213; RICE, E. E. *The man in the sycamore tree: the good times and hard life of Thomas Merton.* Garden City, 1970 (de controvérsia); SAID, M. B. Un moine du XX siècle: Th. Merton. *Comm. et Liturgies* 61 (1969) 446-454; SHANNON, W. H. *Th. Merton's dark path. The inner experience of a contemplative.* New York, 1981; Th. Merton, *Dizionario degli Istituti di Perfezione* V, 1.246-1.249 (com bibliografia); Th. Merton. *Catholicisme* VIII, 1.240-1.241; The great bell of Gethsemani, ringing in the night (simpósio). *Continuum* 7 (1969) 227-332; THEAHAN, J. F. Meditation and prayer in Merton's spirituality. *American Benedictine Review* 30 (1979) 107-135.

D. CUMER

METAPSÍQUICA. Etimologicamente deriva do grego μετα = além e ψυχή = alma. Também é denominada parapsicologia, metapsicologia etc. É a ciência que estuda os fenômenos paranormais. Não se trata de uma ciência isolada, mas antes de uma parte da psicologia experimental. Os fenômenos paranormais são fenômenos naturais não anormais que, ao menos aparentemente, parecem superar as forças naturais e aos quais não é possível dar uma explicação por meio dos dados atuais das ciências psicológicas, físicas, químicas ou biológicas e os quais postulam no homem a existência de atitudes e de forças que vão além das até agora conhecidas. Têm sempre um caráter psíquico, mesmo no caso de fatos puramente físicos, como as batidas e as luzes, admitindo que estes sempre se realizam com a participação do homem.

Os fenômenos metapsíquicos podem ser divididos em fenômenos físico-químicos e fenômenos de ordem psicológica. Entre os primeiros se incluem os *raps* (batidas, ruídos), os chamados fenômenos de psicocinesia (movimentos produzidos pelo espírito sem mediação nem dos nervos nem dos músculos), os chamados fenômenos de telecinesia (movimentos realizados a distância sem contato nem instrumento de transmissão), os luminosos, as variações de temperatura nos objetos e no ambiente circunstante, as aparições de fantasmas, as materializações ou as manifestações de ectoplasma etc. Entre os segundos: fatos de conhecimento extrassensorial (por exemplo: a → CLARIVIDÊNCIA, a → TELEPATIA, a psicometria), as premonições e as previsões, a xenoglossia, a escrita automática.

Em geral, a maior parte dos fenômenos não oferece garantias suficientes de autenticidade.

Contudo, parece impossível que todos possam ser não autênticos. Além disso, é preciso admitir a existência de alguns desses fenômenos porque se verificaram em todos os lugares e em todos os tempos; nos últimos tempos, muitos ocorreram sob um rígido e severo controle. Há testemunhos não só de testemunhas comuns, mas também de cientistas que observaram os fenômenos etc. Quanto aos fenômenos psicoquímicos, deve-se dizer que, à medida que os instrumentos de controle e os procedimentos de investigação progridem, o seu campo se vai reduzindo cada vez mais. Por outro lado, embora falando em termos gerais não sejam considerados impossíveis — alguns certamente o são —, ainda não foi possível fornecer a prova da existência de tais fenômenos. Ao contrário, alguns fenômenos de ordem psicológica têm suficiente base científica, apesar de ainda não se ter conseguido explicar sua verdadeira natureza ou a verdadeira causa. É o caso, por exemplo, da telepatia. Esses fenômenos devem-se a forças naturais novas, desconhecidas. A semelhança que esses fenômenos de percepção extrassensorial têm com outros que se verificam, embora de forma mais perfeita, nos animais levaria a tender para a resposta negativa. Eles parecem como resíduos de instintos primitivos. De fato, os conhecimentos humanos paranormais são mais desenvolvidos nas populações menos evoluídas. Poderiam também derivar da dinamogenia das imagens, do subconsciente etc. Wiesinger explica-os como resíduos dos dons preternaturais primitivos.

A → TEOLOGIA ESPIRITUAL pode obter benefício e ajuda da metapsíquica: para conhecer melhor o subconsciente e os instintos primitivos; para identificar as fraudes e os truques e para denunciar os falsos acontecimentos extraordinários; para conservar a saúde mental talvez perturbada pelos falsos fenômenos extraordinários; para discernir do que é realmente preternatural; para elaborar as explicações naturais de fenômenos falsamente atribuídos a causas preternaturais e para estabelecer os critérios que permitam reconhecer o paranormal passível de ser explicado naturalmente não obstante as suas aparências miraculosas.

Por esse motivo, a metapsíquica deve limitar-se ao próprio objeto, num plano puramente científico, sem se intrometer em outros planos que não lhe competem, como o religioso, o moral ou o filosófico.

BIBLIOGRAFIA. BALDUCCI, C. *Gli indemoniati*. Roma, 1959 (com abundante bibliografia); CASELLA, C. Metapsichica. *Enciclopedia Filosofica* IV (1967) 586-92; HEREDIA, C. M. *Los fraudes espiritistas y los fenómenos metapsíquicos*. Barcelona, 1946; PALMES, F. M. *Metapsíquica y espiritismo*. Barcelona, 1950; SHEPARD, L. (org.). *Encyclopedia of occultism and parapsychology*. Detroit, 1978; TONQUEDEC, J. *Meraviglioso metapsichico e miracolo cristiano*. Torino, 1959; VEZZANI, V. *Mistica e metapsichica*. Verona, 1958; WIESINGER, L. *I fenomeni occulti*. Vicenza, 1956.

I. RODRÍGUEZ

METÓDIO DE OLIMPO (na Lícia) (Santo). Foi o organizador da sistemática reação contra algumas ideias e contra a exegese alegórica de → ORÍGENES, mesmo servindo-se das mesmas armas em exegese e sendo tributário, como ele, do idealismo platônico. Assume a tipologia, a ascética e mística de Orígenes, interpretando a história sagrada como revelação progressiva. Imita os *Diálogos* de Platão e brilha por um singular esplendor de forma literária. Foi mártir na última perseguição (311). O texto grego dos seus escritos se perdeu, com exceção do texto do *Banquete* e de alguns fragmentos; mas a feliz coincidência do seu nome com o do apóstolo dos eslavos fez com que toda uma coleção fosse traduzida em paleoeslavo.

No *Banquete das dez virgens* — Marcela, Teófila, Tália, Teópatra, Talusa, Ágata, Proscila, Tecla, Ticiana e Domnina —, estas, reunidas no jardim de Arete (= virtude), louvam a virgindade que tem uma origem celeste, foi ensinada pelo Verbo encarnado, Príncipe das virgens (*archiparthenos*), encontra o seu modelo por excelência em Cristo (1, 1-2 e 4-5; 4, 3 e 6; 7, 2); é uma virtude heroica, um longo martírio, uma luta olímpica que exige temperamentos enérgicos (1, 1; 7, 3); é superior ao casamento, embora este não seja uma coisa ruim; é o triunfo total do espírito sobre a carne, restaura a incorruptibilidade do paraíso terrestre e antecipa a do paraíso celeste, fazendo a vida das virgens semelhante e próxima à vida dos anjos (4, 2 e 4, 5; 5, 8; 6, 1-2; 7, 5; 8, 1-4; 10, 1). A virgindade é uma atitude ao mesmo tempo interior e exterior: a virgem deve ser santa de corpo e de espírito e, portanto, vigiar todos os seus sentidos, a sua mente e o seu coração (5, 3-4; 6, 3; 11); é o dom mais precioso que se pode fazer a Deus: transforma o coração em um altar do Senhor sobre o qual são oferecidas vítimas agradáveis e é queimado incenso perfumado (5, 1 e 6-8); as virgens são, ao lado da humanidade de Cristo e da Igreja, as esposas do Verbo; já aqui na terra elas possuem uma beleza que é participação da beleza incriada, estão em harmonia com Cristo e aptas a colaborar com a salvação dos homens (6, 1-2 e 5; 7, 1-3 e 7-9; 3, 8).

> BIBLIOGRAFIA. BARDY, G. *La vie spirituelle d'après les Pères des trois premiers siècles.* Tournai, 1968, 138-149, II; BOUYER, L. – DATTRINO, L. *La spiritualitá dei Padri* (3/A). Bologna, 1984, 18.84 ss.116; *Corpus Berol.* 27 (1917); CROUZEL, H. Les critiques adressées par Méthode et ses contemporains à la doctrine origénienne du corps ressuscité. *Gregorianum* 42 (1962) 679-716; FARGES, J. *Les idées morales et religieuses de Méthode d'Olympe.* Paris, 1929; MUSURILLO, H. – DEBIDOUR, V. H. *Le Banquet.* Paris, 1963; PAVERD, F. DE. Poenitentia secunda in Methodius of Olympus. *Augustinianum* 18 (1978) 459-485; *PL* 18; ZEOLI, A. *Il Banchetto delle dieci vergini.* Firenze, 1952.

MELCHIORRE DI SANTA MARIA – L. DATTRINO

MÉTODO DE ORAÇÃO. 1. DEFINIÇÃO. O étimo grego da palavra "método" significa via, caminho, processo para alcançar um objetivo; portanto, indica um procedimento fundamentado em algumas regras e princípios. Esse continuou a ser o sentido no uso comum que faz de cada método um meio eficaz para atingir um objetivo poupando tempo e energias, sem erros e com os melhores resultados. Na → TEOLOGIA ESPIRITUAL, fala-se de método em sentido amplo para indicar o conjunto dos fatos, das normas, dos princípios que presidem o desenvolvimento da vida espiritual; usa-se o termo em sentido estrito para denotar um processo propedêutico à prática da oração mental entendida como elemento indispensável à ascese cristã para a perfeição. A oração mental — segundo a noção mais difusa — é um colóquio amoroso, espontâneo, interior da alma com Deus, acreditado presente, sobre verdades e fatos religiosos que atualmente interessam ao fiel. A relação desejada da alma torna-lhe possível uma experiência de busca, de proximidade, de intimidade com Deus que a prática da oração mental tornará cada vez mais sentida; para isso contribui a ajuda sobrenatural da graça que, segundo os mestres da doutrina espiritual, é o fator mais importante de toda experiência de bem. Isso não impede que a iniciativa humana busque o melhor modo de iniciar, sustentar e intensificar o colóquio divino; de fato, nem sempre está à disposição do orante um fato pessoal ou um chamado externo que introduza ao encontro com Deus; nem sempre o tema religioso de que o orante se ocupa oferece, a partir do exterior, riqueza de detalhes e de emotividade capazes de manter o diálogo vivo por muito tempo, atenta a escuta, afetuosa a simpatia. Isso costuma ocorrer com os incipientes da vida ascética cristã que, depois das ricas emoções dos primeiros tempos de sua conversão, não encontram facilmente as modalidades aptas a manter constante o tom dos afetos religiosos. Nesse caso, é indispensável o emprego da oração mental para estabilizá-lo; mas também esta se revela difícil se não se aplica um método de oração, ou seja, um conjunto de simples normas psicológicas e práticas. A oração mental é uma atividade humana que envolve as potências superiores do espírito, as representações da imaginação, os afetos, as tendências, a emotividade, em torno de um objeto religioso, com uma atitude de simpatia, para daí extrair um incentivo cada vez maior de adesão aos valores da religião. Precisamente a complexidade desse processo espiritual exige uma ordem de procedimento das várias funções, uma vigilância de desenvolvimento, um equilíbrio de aplicação dos vários fatores, e uma escolha do objeto religioso que constitui a plataforma do encontro entre a alma e Deus. A oração mental não é simples especulação em que se desenvolve a capacidade de intuição e de raciocínio, e muito menos uma divagação à mercê da fantasia, mas um encontro sério com a divindade para testemunhar submissão, honra e amor. O método de oração mental, além das normas relacionadas aos fatores internos e à escolha do tema, deve indicar critérios práticos em relação às condições subjetivas que podem ser gerais (do temperamento, do caráter), particulares (de inteligência, de vontade, de afetividade etc.), contingentes (de fervor, de falta de interesse); tampouco deve negligenciar as condições de ambiente em que a alma encontra o seu Deus (de tempo, de lugar, de duração, de auxílio etc.). Por meio desses expedientes o método de oração consegue constituir na consciência daquele que está no início do caminho ascético ou tem crises espirituais periódicas um conteúdo religioso amplo, profundo, e capaz de em seguida e com certa facilidade polarizar em torno de si as funções psíquicas e permitir a oração mental. Na história da vida espiritual cristã o método de oração teve os seus mestres em todas as épocas. Não são exposições minuciosas de dados psicológicos e empíricos, mas só linhas esquemáticas, essenciais a uma proveitosa ocupação da mente ao redor de um tema religioso. Os antigos, particularmente, tinham confiança na assistência do Espírito Santo, na eficácia das virtudes teologais, na beleza e bondade dos dogmas e dos fatos da Sagrada Escritura. Os autores medievais e os da época da Reforma definiram mais acuradamente os elementos metódicos, para garantir convicções religiosas mais estáveis que pudessem se sobrepor aos critérios de relaxamento difundidos no ambiente eclesiástico da época.

2. ELEMENTOS. Resumindo, os elementos metódos sugeridos podem ser organizados em quatro tópicos: as condições ambientais, as condições subjetivas, o objeto, e as partes ou pontos do método de oração.

a) As condições ambientais são os elementos mais externos do método de oração, mas eles constituem coeficientes válidos da atenção, entendida como a aplicação mais ou menos consciente da atividade cognoscitiva a um objeto, porque favorecem as suas propriedades desenvolvendo sua intensidade, restringindo sua extensão, e garantindo sua constância. Quanto mais são determinadas e cuidadas até em relação às exigências particulares do orante, tanto mais manifestam nele o grau de atenção voluntária que é o eixo da atividade meditativa. Nos principiantes, e em muitos dos agitados homens da civilização de hoje, o processo ideativo é facilmente distraído por múltiplos chamados externos; é indispensável criar um ambiente adequado ao recolhimento, ao silêncio, à mística penumbra. Segundo os critérios psicológicos mais comuns, o melhor tempo é o do amanhecer, do crepúsculo, da noite; o lugar mais adequado é o interior da igreja, do próprio quarto, ou ao ar livre no campo silencioso ou sobre montanhas solitárias; a duração mínima é de uns dez minutos, a máxima fica a critério do orante; a companhia de outras pessoas pode ser agradável e útil se elas também se ocupam na oração mental; o auxílio de livros, imagens, objetos devocionais, oportunamente escolhidos, é recomendável; a luz fraca, suficiente para quem quisesse recorrer à leitura, recolhe mais os sentidos externos que são veículo de inúmeras distrações; a posição do corpo, além de ser expressão da adaptação afetiva ao tema meditado, pode preceder e favorecer essa adaptação com a convergência dos olhos para um ponto externo ou interno, com os olhos fechados, a cabeça fixamente elevada ou reclinada, com a imobilidade composta ou o doce abandono do corpo, sentado, ou ajoelhado.

b) As condições subjetivas devidamente avaliadas podem orientar na preparação do ambiente, na escolha do tema para a meditação, ou também sobre a oportunidade de se dedicar ou não à oração. O bem-estar ou o mal-estar físico têm uma notável incidência sobre os estados afetivos e, portanto, sobre a própria atenção e sobre outras funções psíquicas, determinando nos principiantes ou nos espíritos áridos dificuldades muito graves; o temperamento, as características sensoriais, as propriedades da imaginação, da memória etc. fornecem sugestões disparatadas sobre a preparação das condições ambientais, sobre a escolha do tema, sobre a própria oportunidade de iniciar a oração mental ou substituí-la pela vocal ou litúrgica; a boa vontade de se ocupar de oração é a condição subjetiva mais importante porque impulsiona todo o aparelho psíquico aplicado à oração; sem uma boa dose dela, as dificuldades iniciais parecerão intransponíveis, e o fracasso da vida de oração parecerá definitivo; contribui para a boa vontade uma grande apreciação da oração mental como meio de perfeição cristã.

c) O objeto ou tema da oração mental é o ponto sobre o qual as indicações metódicas são mais numerosas. A escolha do tema geral em referência ao estado de vida (laico, eclesiástico, religioso), à idade, à cultura, interessa muito os mestres da vida espiritual: é o que comprovam os inúmeros manuais de meditação; a definição dos temas particulares segundo as fases da evolução ascética e as provas do espírito é profícua; a esquematização do tema obedecendo a pontos que permitem um movimento de pensamento é considerada útil; o mesmo se aplica à fixação de um ponto emotivo; a orante deveria preparar convenientemente o tema escolhido por ele ou aceito de bom grado; além disso, deveria preparar convenientemente o tema escolhido ou aceito voluntariamente por ele; por outro lado, deveria relacioná-lo, desde que já não estivesse por si mesmo, com uma realidade sublime, pela qual o orante professa a máxima simpatia e amor; a presença dessa realidade, quase um elemento catalisador, produz mais emotividade e ativa mais a vontade.

d) As partes da oração mental são as fases através das quais se desenvolve a atividade psíquica do orante, com o objetivo de conseguir a experiência religiosa proposta. A fase de preparação remota com a escolha das condições ambientais, do objeto particular, e a fase próxima com a releitura dos pontos do tema são indispensáveis para um bom início; a fase de fixação implica a ativação da imaginação que suscita as imagens adequadas ao tema e desperta a memória com lembranças oportunas; a fase de reflexão insere o orante na meditação do tema e na contemplação dele segundo se trate de uma verdade teórica ou de uma realidade concreta; a fase de juízo leva o orante à avaliação especulativa e prática do objeto meditado, em relação à própria santificação; a fase dos afetos permite que o orante expresse admiração, simpatia, agradecimento etc.; enfim, a fase da vontade, que obriga a alma à adesão cordial e aos propósitos de bem logicamente consequentes. As fases ou momentos da oração são passagens obrigatórias que disciplinam o mundo interior dos incipientes, tão aberto às influências externas e tão superficialmente afetivo.

3. VÁRIOS MÉTODOS DE ORAÇÃO. Os métodos de oração propostos ao longo dos séculos são inúmeros. Todos foram corroborados por experiência positiva e não se prestam a uma graduação de eficácia porque corresponderam ou correspondem a exigências particulares de pessoas e de épocas. Poder-se-iam distinguir em métodos objetivos, ascético-psicológicos, e empíricos. Os primeiros se preocupam principalmente em propor um tema bem disposto nas suas partes e nos seus pontos, com reflexões e afetos orientados para a melhoria interior, distribuído em uma semana, um mês ou em um ano litúrgico; os segundos se interessam mais pela disciplina das atividades psíquicas e em adequá-las à finalidade da oração mental, ora com predominância especulativa (→ HUGO DE SÃO VÍTOR), ora com predominância afetiva (→ CISNEROS, De Granada etc.), ora com predominância volitiva (Gracián etc.), ora com particular enfoque imaginativo-afetivo (método sulpiciano, lassaliano); os terceiros se preocupam mais com os elementos psicofísicos considerados eficazes para concentrar a atividade do orante para um determinado objetivo ascético (hesicastas). Todo método de oração é relativo, seja por estar destinado aos principiantes da vida ascética, seja por estar condicionado pelas situações particulares do orante, que podem variar. Todo método de oração é flexível e adaptável às condições de aproveitamento, de modo que com o progresso da → VIDA INTERIOR pode ser simplificado e abandonado. O que é considerado indispensável na via ascética normal é a fidelidade dos principiantes a um método de oração qualquer proposto enquanto ele não estiver tão impregnado de religiosidade a ponto de poder ter um imediato e doce colóquio com Deus.

O primeiro esboço de método de oração mental remonta a São Bernardo, que no *De consideratione* (2, 22 ss.) indica quatro pontos: considera sobre ti mesmo o que és, quem és, de onde provéns, como és; considera as coisas que são inferiores a ti; considera as coisas que estão ao teu redor; considera as coisas que estão acima de ti. No século XII, Hugo de São Vítor, no *De meditandi artifício*, alude a cinco tempos da atividade mental referentes a uma verdade: leitura para conhecer a verdade, meditação para familiarizar-se com a verdade, oração que eleva, reflexão que reúne os elementos da verdade, contemplação que alegra na verdade. No século XV, foi John Wessel Gansfort (1419-1489) quem propôs na *Scala meditatoria* as partes fundamentais do método de oração, de acordo com três degraus: o primeiro consiste na preparação do objeto da meditação isolando-o de todos os pensamentos estranhos; o segundo é o desenvolvimento do tema proposto com o emprego das faculdades interiores que se aproximam em torno da verdade; o terceiro é a apresentação a Deus dos propósitos, dos atos de agradecimento e de abandono nele. O discípulo John Mombaer de Bruxelas († 1502) enriquece o método de oração com muitas anotações na sua obra *Rosetum exercitiorum spiritualium et sanctorum meditationum* (tit. 20, par. 2). Ali, ele anota para o orante as condições gerais (pureza, fervor, humildade, silêncio, solidão) e ambientais de tempo (fixado, melhor de noite), de lugar (quietude e solidão), de posição (confortável, mas decorosa); sugere que sejam estabelecidos os pontos do tema selecionado e, em caso de instabilidade da mente, de ajudar-se com a leitura; depois descreve a sua "escada de meditação" de 22 degraus. Três são preparatórios sobre o tema de meditação (*quaestio, excussio, electio*); cinco se referem ao trabalho da memória (*commemoratio, consideratio, attentio, explanatio, tractatio*); em relação ao tema, o intelecto deve percorrer três degraus (*judicatio, causatio, ruminatio*) para formular um juízo pessoal sobre a verdade meditada; oito são reservados à vontade (*gustatio, querela, optio, confessio, oratio, mentio, obsecratio, confidentia*) que implora a graça de Deus; os três últimos (*gratiarum actio, commendatio, permissio*) encerram-se com a oferta incondicionada de si mesmos a Deus. Mombaer observa que a "escada" é um modo geral de meditação reservado aos principiantes, os quais devem perseverar, embora possam seguir a inspiração que permitirá pular um ou outro degrau. O contemporâneo García Ximenes de Cisneros († 1510), no *Ejercitatorio de la vida espiritual*, apresenta um método de oração mais sintético. Estabelece primeiro as condições gerais (purificação do coração do pecado grave, desprezo dos prazeres, liberdade das preocupações, ardente desejo de perfeição, prudência nos exercícios de devoção) e particulares (sobre o objeto de meditação e as circunstâncias ambientais, entre as quais a assiduidade cotidiana à oração mental), depois distribuir, de acordo com o uso corrente, para cada dia da semana um tema sobre os "novíssimos" ou sobre a vida de Cristo. Santo → INÁCIO DE LOYOLA valeu-se da obra de Cisneros para os seus *Exercícios espirituais* ou práticas religiosas que devem ser realizadas "para tirar do espírito os afetos desordenados e assim poder facilmente buscar e encontrar a vontade de Deus acerca da própria vocação e salvação da alma" (*Ann.* 1). Ali se encontram cinco esquemas metódicos (ou — se se quiser — um único esquema com cinco variantes na parte central, a meditação) de pouco valor se separados da importante circunstância do mês de exercícios em que Santo Inácio ocupa a alma do principiante. Um primeiro esquema implica uma oração preparatória, um prelúdio com composição de lugar e pedido de frutos espirituais, a meditação dividida em três pontos sobre cada um dos quais se exercem ordenadamente as três potências (lembrando, raciocinando e movimentando os afetos), o colóquio, a oração do → PAI-NOSSO. Esse método das "três potências" foi bem-sucedido praticamente na escola inaciana. Um segundo esquema simplifica a parte central do precedente, pedindo para a meditação um só ponto acerca do qual se desenvolvem os atos das três potências em um processo mais normal. Um terceiro esquema, chamado dos "cinco sentidos", substitui na meditação a atividade das três potências pela meditação dos cinco sentidos. Outra mudança no desenvolvimento da meditação é oferecida em um quarto modo em que o tema é dividido em duas partes em torno das quais se exerce a imaginação e a inteligência. Uma quinta variante da meditação consiste nos três momentos da atividade espiritual: observar, ouvir, louvar.

O dominicano Luís de → GRANADA (1508-1588), no primeiro tratado do seu livro *Oración y meditación*, tem um amplo estudo teórico sobre o método de oração mental. As cinco partes do método são: a) a preparação: prepara-se o tema à noite; ao despertar da manhã seguinte volta-se a pensar no tema; renova-se a reta intenção; pensa-se em quantos estão rezando naquela mesma hora; relembram-se os próprios pecados; considera-se a majestade de Deus; b) a leitura, que deve ser apreciada, lenta, descansada, breve, atenta; c) a meditação é dupla: imaginativa, se se trata de um fato e implica representação do fato, consideração do que se descobre, sentimento do que se considera; intelectiva, se o tema é especulativo e requer reflexão e sentimento; d) o agradecimento, que pode ser geral, particular, coletivo; c) o pedido de graça para o mundo, para a Igreja, para seus chefes e para o próprio orante. Luís de Granada registra muitas circunstâncias ambientais e preciosos destaques. O franciscano São → PEDRO DE ALCÂNTARA (1499-1562) acrescenta ao esquema precedente uma sexta parte: a oferta. Esses dois grandes mestres influenciaram diretamente os místicos carmelitas, em especial Santa → TERESA DE JESUS. Um carmelita, confidente de Santa Teresa de Jesus, o padre Jerônimo Gracián (1545-1614), em sua *Disciplina regular*, esclareceu a parte central do método de oração de frei Luís de Granada, distinguindo-a em três momentos e assim elevou a oito as partes da oração mental: a preparação para dispor o espírito a orar; a leitura; a meditação para esmiuçar o tema selecionado; a contemplação que permite se deter afetuosamente no aspecto luminoso do assunto meditado; a devoção ou dedicação da vontade do orante à vontade divina; o agradecimento pelos benefícios recebidos; o pedido de nova graça; o epílogo ou identificação do ponto mais tocante, com os respectivos propósitos de mantê-lo presente durante o dia. O padre Gracián avisa que o método de oração é proposto aos principiantes sob a orientação de um mestre espiritual. Outro mestre carmelita, o padre → JOÃO DE JESUS MARIA (1564-1615), em seu livro *A instrução dos noviços*, repete o esquema de Luís de Granada, preocupando-se em manter sob controle intelectual a atividade afetiva e imaginativa para que a oração não se transforme em um devaneio ou em um cadinho de sentimentalismos, e aconselha a escolha de um tema ligado à própria psique. Na *Filoteia*, São → FRANCISCO DE

SALES segue a tradição espiritual e recomenda "o ramalhete espiritual", ou seja, o epílogo do padre Gracián. Digno de destaque é o método de oração mental sulpiciano. Na corrente espiritual do cardeal Pedro de → BÉRULLE e do padre Carlos de → CONDREN, o beato Jean-Jacques Olier (1608-1657), no *Catecismo cristão para a vida interior* e na *Vida e virtude cristãs*, expõe os elementos do novo método de oração que o padre Louis Tronson (1622-1700) complementa em seus *Exames particulares*. São cinco partes: a preparação próxima (escolha do tema à noite, recolhimento até de manhã, pensar no assunto) e imediata (posição de joelhos, presença de Deus, unir-se a Jesus Cristo, invocação ao Espírito Santo, à Virgem etc.); a adoração, ou seja, considerar Jesus ator principal no tema escolhido, contemplando seus sentimentos e disposições; a comunhão, isto é, a transferência dos sentimentos e disposições de Jesus na alma do orante e a sua oferta a ele com o pedido a Deus de obter o espírito de Jesus; a cooperação, que implica para o orante bons propósitos segundo o beneplácito de Jesus e abandono à ação do Espírito Santo; a conclusão, que inclui o agradecimento e o pedido de perdão pelas imperfeições durante a oração. Santo → JOÃO BATISTA DE LA SALLE, nos escritos *Explicações do método de oração* e *Coletânea*, traçou um método de oração adaptado a seus religiosos; compreende quatro pontos: a preparação, em que são anotadas as habituais condições gerais e particulares; o recolhimento ou disposição em que se alimenta o sentimento da presença de Deus, universal, em si mesmos, no seu templo, e se produzem ações em relação a Deus (fé, adoração, agradecimento), a si mesmos (humildade, arrependimento, contrição) e a Jesus (aplicação dos seus méritos, união com ele, invocação do seu espírito); a aplicação ao tempo, ou seja, depois de ter refletido sobre a verdade e tomando-a como ponto de partida, realizam-se nove atos: três dirigidos a Jesus-Deus como acima; três dirigidos ao próprio orante, três em relação ao espírito de Jesus; a conclusão implica, além das indicações costumeiras, também o exame sobre a oração realizada. Santo → AFONSO MARIA DE LIGÓRIO não se afasta da tradição e nas obras *Prática do confessor* e *Verdadeira esposa* se baseia em Santa Teresa e em São Francisco de Sales. Um método de oração interessante é o hesicasta praticado pelos monges do Monte Athos (séculos XI-XIV), que ansiavam pela contemplação passiva de Deus; preparavam-se para ela com a purificação física (vigílias, jejuns etc.) e com a purificação mental que compreendia uma tripla ascese: da atenção, da vigilância, da sobriedade. A primeira é um método de oração: para alcançar o estado perfeito de não passionalidade é indispensável que no orante se determine uma concentração de todas as suas energias psíquicas e físicas em um ponto do seu corpo, quase um "centro" de unificação e coordenação; os centros que favorecem a atenção e a pacificação são quatro: o cérebro-frontal, situado na região interciliar, que favorece a atenção em uma ideia abstrata de pura intelectualidade, embora com uma certa dificuldade; o buço-laríngeo, situado na região do timo, em que pode ressoar docemente uma palavra que incorpora um pensamento e nele fixar a atenção; o peitoral, localizado na região do externo, em que a palavra se reveste de sentimento e onde a concentração é maior; o cardíaco, situado na parte superior do coração: é o centro mais adequado para fixar a atenção e aqui a inteligência adquire lucidez e poder de intuição, e o sentimento se enriquece de vivacidade e de pureza. Depois de ter escolhido o "centro cardíaco" como ponto de referência, deve-se fazer convergir para ele a atenção mental em relação ao estado de oração. São propostas algumas técnicas. A técnica direta (São Gregório Sinaíta, São Simeão Teólogo) implica algumas normas: recolher-se em um lugar solitário e fechado, sentar-se em um banco baixo, com a cabeça abaixada, apertando fortemente o queixo contra o peito até sentir dor no peito, nas costas, no pescoço, fixar atentamente o centro cardíaco, respirar o mais lentamente possível, repetir sincera e lentamente a jaculatória "Senhor Jesus Cristo, tem piedade de mim", alternar, em caso de cansaço, alguma salmodia ou leitura religiosa. A técnica indireta (São Nicéforo o Abstinente) propõe recolher-se ao quarto com as portas fechadas, sentar-se num canto escuro, concentrar o espírito em direção ao coração, fazendo com que as vias respiratórias acompanhem o pensamento, ou seja, acompanhar mentalmente a respiração lenta que se difunde nos pulmões em torno do coração, procurar segurar a respiração o máximo possível para fixar a atenção dentro do coração. A técnica mista aconselha sincronizar as batidas do coração com uma fase da respiração e com uma palavra da invocação "Senhor Jesus Cristo, Filho de Deus, tem piedade de mim, que sou pecador". Depois de, através da ascese da atenção, ter conseguido paz e silêncio interior, o orante controla os sentimentos e pensamentos que pululam no centro cardíaco, acentuando os que vêm do íntimo do ser e rejeitando aqueles que vêm de fora (ascese da vigilância). Segue-se a terceira ascese, da sobriedade que deve convencer o orante a renunciar às alegrias sensíveis e aos sofrimentos particulares, e esperar o aperfeiçoamento espiritual de Deus. Nas asceses descritas exige-se um mestre experiente. Deve-se notar a exclusão do centro abdominal porque, não obstante a repetição do nome de Jesus, suscitava sentimentos ruins e determinava manifestações passionais. As várias técnicas hesicastas são antes critérios de atenção que de oração, e constituem recursos para criar um clima de paz e de silêncio interior no qual o diálogo com Deus, ou melhor, a escuta de Deus, se torne mais fácil.

4. DIREÇÃO ESPIRITUAL E ORAÇÃO METÓDICA. Temos, portanto, inúmeros métodos de oração, os quais, embora compartilhem os mesmos elementos fundamentais, expressam as diversas atitudes das almas, inclinadas a se orientar mais para uma que para outra das verdades da fé, a sentir predominantemente a força da reflexão e do raciocínio ou a do sentimento e do coração. Resta à alma a liberdade de escolher mais um que outro método de oração; permanece a liberdade de variá-lo, até mesmo em função da diversidade de situações que a vida oferece; em outras palavras, a alma escolherá aquele método de oração que a graça do Espírito Santo e a voz do diretor lhe indicarem como o melhor caminho para chegar a Deus.

Para que o método de oração possa cumprir sua função de favorecer a abertura da alma para Deus e tornar pleno e perfeito o encontro com ele, deve adaptar-se à natureza e às leis da nossa sensibilidade e da nossa inteligência. Por isso, é necessário que cada um descubra o seu próprio método de oração. Nesse delicado trabalho de busca e de escolha é necessário o conselho e a orientação de um diretor espiritual: trata-se de ajudar cada alma a buscar a melhor maneira, para ela, de encontrar Deus. A iniciação à oração comporta mais uma direção viva que um ensinamento abstrato. Um livro, por melhor que seja, não é suficiente para aprender a meditar; qualquer método de oração é falho sem a instrução individual: Deus não confiou a educação das crianças aos livros, mas ao pai e à mãe; e o sacerdote é pai e mãe para os filhos de Deus. Um único conselho pode ser dado a quem deseja aprender esta arte: encontrar um mestre, um diretor espiritual, que o instrua nos primeiros exercícios, que o ajude, que o corrija, o acompanhe em tais esforços, e pouco a pouco o forme.

Iniciar as almas na oração mental é, aliás, um dos aspectos mais delicados, trabalhosos e difíceis da → DIREÇÃO ESPIRITUAL, aspecto em que mais se une a ação do diretor e a do Espírito Santo, na obra santificadora das almas. Essa direção deve tender não apenas a ajudar a alma na escolha do próprio método de oração, mas também a verificar sua fidelidade e a liberdade do uso, a indicar, à luz do desenvolvimento da oração, o tempo da sua superação. Ao aconselhar a escolha de um método de oração é necessário que o diretor espiritual (ou eventualmente a mestra das noviças) tenha presente a estrutura psicológica particular do orante, os diferentes limites do intelecto e da vontade, os vários modos de ação da razão e da afetividade, as condições de vida e de espírito, as necessidades e as inclinações de cada um. Assim, para alguns será mais adequado um método de oração mais racional e analítico, por serem movidos preferencialmente por verdades abstratas, ao passo que para outros, mais sensíveis ao exemplo e à vida, será mais proveitoso adotar um método de oração mais simples, mais flexível, que dê mais espaço para a intuição e a afetividade. É mister ter presentes essas diferenças na psicologia da oração para sugerir a cada um métodos condizentes com a própria personalidade, recordando que um método de oração imposto e adotado a partir de fora, em vez de favorecer, pode impedir a oração pessoal e a expansão da alma na linha traçada pelo Senhor.

A escolha do método de oração, bem como do seu uso, deve ser condicionada pela diferença e variabilidade da psicologia humana e pelas experiências religiosas de cada consciência.

Além disso, o diretor espiritual jamais deve esquecer que, para ser verdadeiro, o método de oração deve antes de tudo ser flexível e seguir o ritmo segundo o qual se desenvolve a caridade, fonte da oração. A alma nunca deve tornar-se escrava das estruturas do método de oração, o qual tem apenas a finalidade de ajudá-la. Se um tema de meditação leva a alma a constituir afetos e a perseverar neles, permanecendo no recolhimento, não deve abandonar essa excelente condição, enquanto puder mantê-la, para passar a outro tema. E, se por falta de tempo deve depois abandonar as outras partes da sua meditação, não importa, porque as diversas partes têm a finalidade de ajudar a alma a permanecer no estado de recolhimento e de amor, ao qual ela já chegou.

O método de oração, bem compreendido e bem aplicado, deve preservar sempre, ou melhor, favorecer e garantir o movimento da nossa liberdade espiritual, em todos os níveis, para nos tornar dóceis à graça. A liberdade põe a alma na condição de rezar à sua maneira; a oração se torna mais pessoal, mais profunda, mais verdadeira. Assim, a → VIDA INTERIOR e as relações com o Senhor ganham em profundidade e intensidade. O método de oração deve permanecer uma coisa essencialmente aberta, que deve alcançar e entusiasmar a alma, conduzindo-a não tanto a realizar atos, quanto a se dedicar, através dos atos, a Alguém que está presente nela. Desse modo, assumirá um procedimento inteligente e flexível, evitando apegar-se a ela como se fosse um instrumento infalível e quase mágico.

Por outro lado, depois de ter ajudado a alma na escolha de um método de oração, o diretor espiritual deverá ter o cuidado de controlar o uso inteligente de tal método e a fidelidade a ele diante das inevitáveis dificuldades dos principiantes, lembrando insistentemente que a oração exige empenho, atenção, perseverança, esta última sempre acompanhada de uma séria mortificação e de uma ascese cada vez maior. A fidelidade da alma será sem dúvida recompensada. A oração, depois das primeiras dificuldades, se tornará cada vez mais fácil, simples, contínua. A presença e a importância do pensamento discursivo tenderão a diminuir pouco a pouco e, portanto, também os atos, que na oração formam o método, se tornarão cada vez menos necessários.

O diretor espiritual deve ter presente uma lei psicológica fundamental e elementar, a de que os métodos de oração variam em relação à evolução da oração: quanto mais simples são esses métodos, mais a oração se torna teologal e contemplativa; quanto mais complicados, tanto mais a meditação (e na meditação o componente intelectual) assume nela o primeiro lugar. O uso do método de oração diminui à medida que a oração se simplifica, até o ponto em que o olhar silencioso — ato de caridade iluminado pela fé — começa a ser a atitude de fundo e uma necessidade essencial do orante. O método de oração deve favorecer a oração contemplativa, a oração teologal; deve conduzir a essa meta suprema que também assinala a sua superação e o seu fim. De resto, quem por toda a vida tem necessidade de seguir um método de oração para rezar intimamente, ou não possui uma vida orgânica de oração, ou então leva uma existência cristã morna, sem impulso e sem ardor. Portanto, levando a alma a essa atitude, que tem um pouco de êxtase e de céu, o método de oração cumpriu com sucesso a sua função instrumental e temporária, favorecendo a progressiva passagem do complicado mecanismo da meditação para uma forma de oração que tende a se expressar através de um simples olhar repleto de amor.

BIBLIOGRAFIA. ANCILLI, E. *Utilità di un metodo per l'orazione*. Roma, 1965; LARRAÑAGA, I. *Mostrami il tuo volto*. Roma, Paoline, 1985; LASSALLE, H. E. *Meditazione zen e preghiera cristiana*. Roma, Paoline, 1979; LERCARO, G. *Metodi di orazione mentale*. Milano, 1957 (com bibliografia).

G. G. PESENTI

MIGUEL DE SANTO AGOSTINHO. 1. NOTA BIOGRÁFICA. Miguel van Ballaert nasceu em Bruxelas em 15 de abril de 1621, de uma família profundamente católica. Em 1639, ingressou no convento dos carmelitas de Louvain, os quais se haviam associado à reforma de Touraine. Professou os votos em 14 de outubro de 1640, adotando o nome de Miguel de Santo Agostinho, e foi ordenado sacerdote em 10 de junho de 1645. Em 1646, quando era professor de filosofia em Gand, conheceu Maria Petyt, que o escolheu como diretor espiritual até a sua morte em 1670. Essas duas almas privilegiadas encontraram em suas conversas e na troca de correspondência um estímulo para a intensa vida espiritual e tiveram uma influência recíproca muito forte. A partir de 1648, ano em que Miguel de Santo Agostinho foi nomeado prefeito dos estudantes religiosos, até a sua morte, ocorrida em 2 de fevereiro de 1682, permaneceu no campo da vida espiritual a figura mais importante da província flamengo-belga, que se desenvolveu rapidamente. Foi provincial por dez anos, assistente provincial por doze, mestre de noviços por quatro e por dez anos prior da casa de noviciado em Malines. Soube manter a sua província em um alto nível espiritual, não obstante grandes preocupações e dificuldades, causadas por crises internas e guerras contínuas. Foi muito amado, especialmente pelos jovens, e conceituado diretor espiritual.

2. OBRAS E DOUTRINA.

A obra de Miguel de Santo Agostinho é bastante ampla. A maior parte dos seus escritos trata da vida espiritual. Jovem professor de filosofia, escreveu um tratado *De philosophia* e um *De jure et justitia*; em 1681, publicou uma *Collectio decretorum pro exactiori observantia constitutionum reformationis*. No mesmo ano, publicou-se *Gheestelycke Exercitiën voor Thien Daghen beschreven door Dom Sans Generaal der Feuillanten* (Exercícios espirituais para dez dias, de dom Sans, geral dos Feuillants). Os outros escritos, mais originais, sobre a vida espiritual, estão listados na bibliografia.

A doutrina de Miguel de Santo Agostinho está em estreito contato com a doutrina espiritual da reforma de Touraine. Aqui encontrou a terminologia e a estrutura para a vida espiritual, tão afim à dos grandes místicos do próprio país: → RUUSBROEC e → HERP. A finalidade da vida espiritual na terra — diz ele — é a conformidade com Deus ou a vida "divino-humana", isto é, a unidade, no conhecimento e no amor, com Deus que habita no nosso centro mais profundo e penetra todo o universo. O homem não pode alcançar esse objetivo a não ser em, por e com Cristo ou, pela graça de Cristo, em, por e com Maria. Segundo Miguel de Santo Agostinho, a vida espiritual forma uma unidade completa, na qual ascese e mística, atividade humana e divina, crescem juntas até formar uma totalidade equilibrada na vida divino-humana, a qual é uma imagem perfeita da vida de Cristo, Deus-homem. É verdade que no início são acentuados os exercícios de humildade e de abnegação, mas já então é preciso se dedicar aos exercícios da → PRESENÇA DE DEUS e à conformidade com a sua santa vontade. Esses exercícios logo serão os meios mais importantes para uma intensa vida espiritual. Para descrever a vida mística, Miguel de Santo Agostinho se aproxima de Ruusbroec e de → JOÃO DE SÃO SANSÃO.

A vida de Miguel de Santo Agostinho apresenta um teor fortemente devocional que aparece também nas suas obras. Desenvolveu uma estupenda doutrina mariana, imitada em grande parte por sua orientanda, Maria Petyt. Escreveu uma obra sobre a vida "Angélica", indicando, segundo princípios paralelos aos da vida mariana, um caminho que pode conduzir o homem em e com os anjos ao objetivo que é a vida divino-humana.

BIBLIOGRAFIA. 1) Biografias e estudos: CATENA, C. La consacrazione a Maria… nel ven. P. Michele di S. Agostino. *Analecta Ordinis Carmelitarum* 16 (1951) 3-46; ELISEO DELLE SACRE PIAGHE. Vita di unione com Maria… *Rivista di Vita Spirituale* 19 (1965) 451-473; HOPPENBROUWERS, V. Michael van de H. Augustinus. *Carmel* 2 (1949-1950) 155-173; JANSSEN, C. Het leven van P. Michael a Sto Augustino. *Jonge Carmel* (1944-1945) 1-62; MACCA, V. La vita mariana nella vita e nella dottrina di Micheli di S. Agostino. *Rivista di Vita Spirituale* 18 (1964) 498-518; STEGGINK, O. III centenario di P. Michele di S. Agostino carmelitano (1621-1684). *Presenza del Carmelo* 36 (1985) 29-36; TIMOTHEUS A PRAESENTATIONE. Vita Ven. P. Michaelis a S. Augustino. In *Introductio ad vitam internam*. Roma, 1926, VII-XL. 2) Obras: *Introductio in Terram Carmeli*, Bruxelas, 1659; *Inteydinghe Tot het Landt van Carmelus*, Bruxelas, 1659; *Het Godtvruchtigh Leven in Christo*, Bruxelas, 1661; *Pia Vita in Christo*, Bruxelas, 1663; *Onderwijsinghe tot sen grondighe Verlooghening he Sijns Selfs*, Michelen, 1669; *Institutionum Mysticarum libri quatuor*, 3 vls., Antuérpia, 1671; *Eensaemheydt van Thien Daghen*, Bruges/Bruxelas, 1677; *Het Enghels Leven*, Yperen, 1681; *Het Leven vande Weerdighe Moeder Maria a Sta Teresia (alias) Petyt*, Gent, 1683; *Introductio ad vitam internam*, Romae, 1926.

C. JANSSEN

MÍNIMOS (Ordem dos; O.M.). 1. DADOS HISTÓRICOS. Fundados por São Francisco de Paula em 1435, em Paola, na Calábria, tiveram a aprovação do papa Sisto IV (1474). A Ordem compreende três ramos: o primeiro (os frades), o segundo (as freiras) e a Terceira Ordem (os seculares, de ambos os sexos). A Regra própria, nas quatro redações, foi sucessivamente aprovada, primeiro por Alexandre VI (bula *Meritis religiosae vitae*, 1493; bula *Ad ea quae circa decorem*, 1501; bula *Ad fructus uberes*, 1502), depois por Júlio II (bula *Inter coeteros regularis observantiae*, 1506), que aprovou também o "corretório" ou estatutos penais (bula *Pastoralis officii*, 1506). A partir de São Pio V a Ordem foi incluída oficialmente entre os mendicantes (1567), desfrutando seus privilégios por concessão anterior de Sisto IV, confirmada por Inocêncio VII (1485) e pelos supramencionados pontífices. Análogas regras foram redigidas pelo santo fundador para a Segunda e para a Terceira Ordem e tiveram a aprovação pontifícia, a primeira em 1506, a segunda respectivamente em 1501, 1502 e 1506.

Ainda em vida do fundador, a Ordem se estendeu na Itália, França, Espanha e Alemanha, com 33 conventos na morte dele (1507); difundiu-se depois rapidamente, sobretudo naqueles países, até um máximo de 32 províncias monásticas com cerca de quatrocentos conventos e mais de 9 mil religiosos (séculos XVII-XVIII), muitos dos quais se destacaram pelas virtudes, méritos de cultura e de apostolado. Merecem especial menção, entre tantos, os beatos Nicolau Sábio, Gaspar de Bono, Tomás Felton, Carlos Luís Hurtrel, os veneráveis e servos de Deus Nicolau Barre, Boaventura Guona, Bernardo Clausi, Diego Perez, Tomás Luís Nuirate, Francisco Luís Táxi; a venerável irmã Filomena de Santa Colomba e irmã Consuelo Utrilla Lozano, da Segunda Ordem. A Revolução Francesa, primeiro, depois as sucessivas supressões das Congregações religiosas, realizadas naqueles países sobretudo no século XIX, debilitaram a Ordem, mas não a extinguiram; aliás, depois das primeiras décadas do século XX, ela retomou sua vitalidade, especialmente graças ao incremento das vocações chegadas também dos territórios além-mar.

A finalidade específica da Ordem é a penitência, motivada, sustentada e substanciada pela caridade, aberta às várias formas do apostolado.

2. ESPIRITUALIDADE. A humildade, de onde provém o próprio nome; a caridade: emblema e programa; a penitência: o meio e a expressão da imolação; solidão e silêncio, jejum e perpétua quaresma com a oração "pura e contínua" são a força da Ordem dos Mínimos. A austeridade e a simplicidade de vida, o retiro, o amor pelos humildes, o apostolado e a cultura direta das almas, a caridade eclesial e social (o lema *Charitas* é uma constante na iconografia da Ordem) constituem suas características mais notáveis e expressivas.

BIBLIOGRAFIA. BELLANTONIO, A. *La provincia napoletana dei Minimi*. Roma, 1964; CASTIGLIONE, A. (org.). *Regole e Correttorio dei Minimi*. Roma, 1978; GALUZZI, A. M. Minimi, in *Dizionario degli Istituti di Perfezione*, V, Roma, 1978, 1356-1361; ID. *Origini dell'Ordine dei Minimi*. Roma, 1967; ID. – DARRICAU, R. Minimes. *Dictionnaire de Spiritualité*, X, 1239-1255; *Identità dei Minimi, oggi* (Atas do Congresso de Paola, 26-29 dez. 1978). Cosenza, 1979; LAVONIUS, F. Chronicon generale Ordinis Minimorum (que tem como anexo o *Bullarium* da Ordem). Parisiis, 1635; *Acta Capitulorum Generalium Ordinis Minimorum*. Romae, vl. I, 1916 (atualizada com apêndice e índices analíticos em 1964); vl. II, 1922; MONTOYA, L. DE. *Crónica general de la Orden de los Mínimos*. Madrid, 1619; MOROSINI, G. FIORINI. *L'aspetto penitenziale della spiritualità dei Minimi*, Roma, 1976; ROBERTI, G. *Disegno storico dell'Ordine dei Minimi*. Roma, vl. I, 1902; vl. II, 1908; vl. III, 1922; ID., *S. Francesco di Paola. Storia della sua vita*. Roma, 1963; *San Francesco di Paola, Chiesa e società del suo tempo* (Atas do Congresso Internacional de Paola, 20-24 maio 1983), Roma, 1984.

A. BELLANTONIO

MINISTÉRIOS (Laicos). É comum o reconhecimento de que em torno do *ministério* e dos *ministérios* haveria mais clareza, além do necessário e contínuo aprofundamento: "A experiência que nestes últimos anos algumas Igrejas locais realizaram solicita uma renovada reflexão sobre os ministérios confiados aos leigos. Tal reflexão não pode prescindir de considerar atentamente a verdadeira natureza tanto do *ministério* eclesial, em geral, quanto da especificidade eclesial dos leigos, em particular, especialmente da sua condição *secular*. É preciso levar em conta que o próprio termo ministérios às vezes é usado com acepções de diferentes amplitudes" (SÍNODO DOS BISPOS, 1985, *Lineamenta*, n. 26).

Clareza terminológica, antes de tudo. Sem ilusões e sem pretensões, apresentamos uma proposta preliminar para encontrar uma convergência comum ou, pelo menos, para motivar uma tentativa comum no campo linguístico.

1. POR UM VOCABULÁRIO COMUM. *Diaconia* ou *ministério* (em sentido lato, usado no singular). Indica o serviço de toda a Igreja. Um serviço que revela a natureza profunda da própria Igreja, aberto a diferentes modalidades práticas, vivida a partir das atitudes concretas de Jesus Cristo, tendo como elemento central o dom gratuito de si que, por sua vez, se encontra na origem do dom (ou → CARISMA) de Deus (*graça e serviço-ministério* são dois conceitos correlatos e, em última instância, nunca separáveis um do outro).

Carisma ou *dom*. Trata-se de dons — gratuitos em sua origem e, consequentemente, gratuitos em seu uso — concedidos pelo Espírito do Senhor a cada membro da Igreja em vista da edificação da comunidade e do cumprimento da sua missão. Quanto ao conteúdo, tem o mesmo significado de ministério; mas indica antes a fonte e uma modalidade de uso deste. Às vezes é empregado também para indicar a vocação cristã. Sempre acentua a impenetrável liberdade e novidade do Espírito.

Ministérios (no plural). São as formas históricas e "institucionais" com as quais a comunidade cristã concretiza a diaconia (ministério/serviço) de toda a Igreja. Usa-se também no singular (para uma pessoa, para a Igreja local ou universal; por exemplo: ministério conjugal, ministério de evangelização etc.), mas, por motivo de clareza, é ou deveria ser sempre especificado ou qualificado pelo adjetivo (ordenado, laico, conjugal, pastoral etc.).

Ministério ordenado (ou sacerdócio ministerial, ministério sagrado, ministério hierárquico, ministério pastoral). É próprio e peculiar de homens que têm na Igreja um carisma peculiar e que a Igreja encarrega de um serviço preciso por meio da ordenação (= invocação do Espírito Santo e imposição das mãos por parte do bispo e do presbitério), com valor sacramental. Ele compreende os graus de bispo, presbítero, diácono, que — com uso extensivo — são chamados também de pastores.

A identidade precisa do diácono permanente ainda suscita problemas na reflexão teológica e na prática pastoral.

Ministérios instituídos. São aqueles não ordenados, criados pela Igreja mediante uma destinação precisa ou mediante um sinal público de reconhecimento, como, por exemplo, um sinal litúrgico.

"Os ministérios instituídos de que falamos se caracterizam pelo rito litúrgico de sua administração, que, contudo, não limita seu exercício à esfera estritamente litúrgica. O rito litúrgico, por outro lado, não é o único modo de aprovação e de investidura dos ministérios. Ao lado do rito, e equivalente na substância, pode haver também o reconhecimento canônico, ou então o consentimento tácito e efetivo da autoridade eclesiástica" (*EM* [= *Evangelização e ministérios*] 67).

Ministérios instituídos são hoje o leitorado, o acolitado e, a nosso ver, o ministério conjugal e o dos exorcistas. Podem-se assimilar aos ministérios instituídos os *litúrgicos*, que se desenvolvem no interior da celebração (cf. *SC* 29).

Sobre a noção de *ministério não ordenado*, ao qual pertencem os ministérios instituídos, os reconhecidos e os de fato — como se dirá —, os bispos italianos observam: "A noção de ministério não ordenado pode ser apreendida a partir dos elementos que concorrem para a sua composição. [...] Antes de tudo, o ministério é originariamente determinado por um dom de Deus. Em outras palavras, o ministério não ordenado nasce de uma vocação que é dom e graça do Espírito Santo, o qual chama qualquer um a oferecer o próprio esforço pela Igreja... Em segundo lugar, o ministério é um serviço nitidamente eclesial na sua essência e na sua destinação... não é um serviço temporário e transitório, que qualquer pessoa, a pedido ou por generosidade, poderia oferecer em dada circunstância. O ministério exige certa estabilidade, ao menos o compromisso de alguns anos, se não a doação de toda a vida. O ministério, que surge no interior da comunidade e vive para o bem da comunidade, deve ter a aprovação da comunidade e, na comunidade, de quem deve exercer o serviço da autoridade. As formas desse reconhecimento público são múltiplas...; no entanto, o reconhecimento que manifeste a toda a comunidade a qualidade do serviço é indispensável" (*EM* 68).

Ministério reconhecido é o serviço extraordinário da distribuição da Eucaristia, "pelo campo mais restrito e pelas circunstâncias excepcionais em que pode ser desenvolvido. É um encargo [...] permanente, concedido em relação a verdadeiras necessidades especiais de situações, de tempos e de pessoas" (*EM* 66).

Ministérios de fato são "os ministérios que, sem títulos especiais, realizam, na prática pastoral, serviços públicos consistentes à Igreja... Um dos exemplos mais evidentes é o dos catequistas, um dos mais prósperos em não poucas Igrejas locais" (*EM* 67). Devem-se acrescentar alguns serviços litúrgicos, o serviço dos responsáveis das associações e movimentos eclesiais, algumas formas de serviço social e cultural e, talvez, de voluntariado. As próprias "agregações de fiéis" (associações, movimentos e grupos) são consideradas por alguns como ministérios de fato; pessoalmente seremos mais cautelosos.

Enfim, para os compromissos de caráter ocasional, sem um mínimo de estabilidade e continuidade, preferimos usar a palavra geral: *serviços, atividades* ou *compromissos, encargos* etc. Parecem-nos assim também os laicos em sentido estrito, ou seja, exercidos por fiéis na sua qualidade de cidadãos da cidade do homem que, todavia, nunca renunciam à inspiração da fé. Por motivo de clareza, também o termo sacerdote deve ser substituído por um mais preciso como presbítero, padre...

2. MINISTÉRIOS CONFIADOS AOS LEIGOS, MINISTÉRIOS LAICOS, MINISTÉRIOS EM CONDIÇÃO LAICA? Se o vocabulário tem sua própria importância (mas também inconstância), será conveniente orientar-se para uma formulação mais convincente quando se fala da relação entre ministérios e cristãos leigos. Trata-se de ministérios *confiados* aos leigos? Aqui surge espontaneamente a pergunta: por quem? A quem e em que condições? Além disso, com essa palavra não se corre o risco de inutilizar a realidade da Igreja toda ministerial, relegando o ministério a um recinto fechado e elitista?

Outros dizem: ministérios laicos e até ministério laico. Também aqui convém perguntar: com qual acepção de laicidade? Significa simplesmente ministérios não ordenados? Se se parte da laicidade, como dimensão da Igreja, não será preciso afirmar que todo ministério, até mesmo o ordenado, é em sua medida laico?

As perguntas são legítimas e abertas à necessidade de esclarecimento, como reconhece o documento de trabalho (*Instrumentum laboris = IL*) do Sínodo dos Bispos de 1987. "Existe uma situação de fato sobre o exercício dos ministérios não ordenados confiados aos leigos que exige atentos esclarecimentos. Parece necessário definir a diferença entre as tarefas comumente assumidas por leigos e os ministérios ordenados. Isso só será possível depois de ter delineado a identidade do ministério eclesial confiado aos leigos, nas suas conotações essenciais e características.

Além disso, será necessário, considerando a diretriz estabelecida pelo Código de Direito Canônico, abordar uma série de questões de importância relevante:

— qual é a instância que autoriza a criação de tais ministérios na Igreja;

— qual deve ser a modalidade de cooptação dos leigos aos ministérios não ordenados (com rito litúrgico ou com simples ato de natureza jurídica?);

— qual deve ser a duração e a modalidade de término de tais ministérios" (n. 32). Seja como for, tais perguntas não podem pôr em dúvida algumas realidades fundamentais que têm o apoio da tradição eclesial e nos orientam a falar preferivelmente de ministérios vividos na condição laica e a ela vinculados. Vamos relembrá-las rapidamente.

a) Antes de tudo, é essencial, quando se fala de ministério, a referência a Cristo que "se fez servo, *diácono*, de todos" (São Policarpo). Da sua diaconia/ministerialidade Cristo, no Espírito Santo, fez partícipe a Igreja quer como sujeito coletivo, de modo que se pode dizer que a Igreja é inteiramente ministerial, quer como comunidade de pessoas às quais compete uma participação ministerial a título geral — na qualidade de membros do povo de Deus — e uma participação ministerial específica, dependendo do dom especial recebido e da aceitação desse na forma de serviço concreto, de algum modo reconhecido e presente na Igreja, dotado de uma forma elementar de continuidade. O ministério sacerdotal, profético e régio de Cristo é vivido no Espírito pela Igreja e pelos cristãos em virtude dos princípios ou critérios interativos de totalidade e diversidade.

b) Na Igreja está presente de modo originário e singular o *ministério ordenado*. Qualquer redução ou desvirtuamento de tal ministério, mas também uma indevida amplificação, sobretudo de tarefas, não contribuem positivamente para a identidade da vocação e da missão da Igreja e dos seus membros. Chamar outros ministérios de *não ordenados* não nos parece querer introduzir na comunidade eclesial veleidades classistas, embora reconheçamos os limites da denominação. Em vez disso, será conveniente ressaltar o andamento circular da relação ministério ordenado/ministérios não ordenados: um e os outros interagem reciprocamente e constituem um *unicum* que só pode ser obtido através das diferenças (cf. *LG* 10).

c) Todos os membros da Igreja, também os que são denominados cristãos leigos, têm acesso ao ministério de Cristo na Igreja em virtude de um direito nativo adquirido por meio sacramental (o batismo) e carismático. A *atribuição* a eles de ministérios só pode referir-se, portanto, à verificação de modalidades históricas e de determinadas formas ministeriais e, mais profundamente, a certificação de uma real autenticidade ministerial.

A lúcida visão da *Evangelii nuntiandi* (= *EN*) — ainda não a consideramos superada — esclarece, no n. 70, que, segundo a doutrina do Concílio, todos os fiéis são chamados, em virtude do → BATISMO, a participar da única e global missão da Igreja (cf. *LG* 33-36; *AA* 3). No entanto, uma das formas tipicamente laicas de participação está ligada "à vocação *específica* dos leigos postos no mundo e na direção das mais variadas tarefas temporais. Sua função primária e imediata não é a instituição e o desenvolvimento da comunidade eclesial — *específico* dos pastores —, mas a realização de todas as possibilidades cristãs ocultas, porém já presentes e atuantes na realidade do mundo. O campo *próprio* da sua atividade evangelizadora é o mundo vasto e complicado da política, da realidade social, da economia, bem como da cultura, das ciências e das artes, da vida internacional, dos instrumentos da comunicação social, e também de outras realidades particularmente abertas à evangelização, como o amor, a família, a educação das crianças e dos adolescentes, o trabalho profissional, o sofrimento".

Comentam os bispos italianos: "Aqui se abre sem dúvida um horizonte bastante amplo para os ministérios da animação cristã da ordem temporal, e da promoção humana, os quais, como tais, fazem parte da missão da Igreja. De fato, tudo aquilo que entra na ordem da evangelização poderia ser objeto de ministério eclesial. Assim, se 'houver leigos penetrados de espírito evangélico, responsáveis por essas realidades e explicitamente empenhados nelas, competentes em promovê-las e conscientes de que têm de desenvolver toda a sua capacidade cristã muitas vezes mantida oculta e reprimida', parece-nos que à presença cristã no mundo, e às elaborações de seus futuros projetos, é oferecida uma variada e providencial gama de autênticos ministérios laicos" (*EM* 73).

Tudo isso, obviamente, não exclui a presença de cristãos leigos chamados a tarefas e funções particulares e a serviços de ministérios predominantemente intraeclesiais (cf. *EN* 73). No entanto, é inegável que, no exercício de tais funções e serviços, eles jamais poderão renunciar a uma dimensão ou modalidade laica específica.

d) Questões particulares sobre os ministérios passíveis de ser compartilhados por cristãos leigos surgem em relação aos cônjuges cristãos e às mulheres.

Sobre o *ministério conjugal*, limitamo-nos a defender sua verdade. "Em virtude do sacramento, os esposos são consagrados para ser ministros de santificação nas famílias e de edificação da Igreja. [...] Os cônjuges realizam o seu ministério e empenham o seu carisma na preparação específica dos noivos para o sacramento do matrimônio [...], na catequese familiar e paroquial, na promoção das vocações, especialmente daquelas de consagração especial [...]" (*ESM* [= *Evangelização e sacramento do matrimônio*] 104-106).

Paulo VI assim se expressou: "Deve-se dar espaço [...] para os casais e [...] ajudar as comunidades paroquiais e diocesanas a reconhecer o papel deles de 'protagonistas da pastoral' que lhes provém da graça do sacramento. Em uma sociedade que marginaliza cada vez mais a família e, praticamente, tende a anular sua consistência e suas tarefas nas realidades civis e na educação dos filhos [...], devemos empenhar-nos em promover o *ministério dos cônjuges*, antes de tudo em relação ao aumento da fé dos filhos; além disso, em relação à evangelização dos casais e das famílias fracas na fé, com as quais eles têm contatos diários de vizinhança, de trabalho, de situações muitas vezes totalmente fechadas a outras presenças eclesiais; em relação, por fim, aos noivos, que se preparam para o casamento" (25-4-1977).

Afirmamos, portanto, que se trata de verdadeiro ministério com suas próprias características de *conjugalidade* (é um ministério do casal, homem-mulher, marcado pelo sacramento matrimonial), de *secularidade* ou *laicalidade* (destinado particularmente a valorizar o cotidiano, o dia a dia, o doméstico, a anunciar o Evangelho aos que estão distantes e a destacar os sinais do Reino, como a paz, a justiça e a solidariedade) e, enfim, de singular *humanização* (porque os cônjuges são a título especial chamados e habilitados a inserir na história humana os dons da vida e do amor, necessários para que se instaure a civilização do amor, onde cada pessoa seja integralmente humana).

O problema, hoje muito percebido e ainda repleto de não poucas dificuldades, da configuração ministerial das mulheres não deve ser menosprezado nem a busca de soluções deve ser adiada indefinidamente (cf. *Inter insigniores*, Declaração Vaticana, 1977).

Concordamos que, no futuro, devemos reservar maior atenção "à presença da mulher na Igreja, aos vários serviços que ela de fato já presta tanto para o anúncio da Palavra e para a catequese como para a formação cristã e para as múltiplas atividades caritativas e sociais. Não tanto para 'aceitar' as novas situações, na medida em que a 'promoção da mulher' é considerada um 'sinal dos tempos', mas antes para recuperar experiências de vida eclesial que, tendo sido úteis à Igreja em outras fases, se mostrarão preciosas também para a Igreja de hoje. Para tanto, é necessária uma revisão de mentalidades, para aceitar todas as sugestões que surgem não apenas da experiência, mas também da vida de uma Igreja que é mistério e comunhão" (*EM* 77).

Pode-se acrescentar que o acesso das mulheres aos ministérios instituídos dos dias de hoje e, em alguma medida, ao diaconato não encontra mais razões intransponíveis e teria como resultado uma nova vitalidade eclesial.

3. **ESPIRITUALIDADE E MINISTÉRIOS EM CONDIÇÃO LAICA.** O enfoque dado a este verbete obriga a evidenciar a necessária relação entre ministerialidade e espiritualidade. Além das indicações gerais, às quais remetemos, é preciso ressaltar as evidências e as exigências próprias de uma vida segundo o Espírito vivida por quem tem consciência e experiência ministerial na condição laica. Julgamos que essas anotações serão proveitosas também para quem vive o ministério em condição religiosa, não ordenada, embora com as devidas adaptações.

Deve-se dar um primeiro destaque à necessidade do *discernimento espiritual*. Para os cristãos, os sinais dos tempos não consistem em uma simples mudança das condições históricas; ao contrário, eles buscam nas circunstâncias novos apelos de Deus a uma resposta cristã e eclesial mais concreta (cf. *GS* 11 e *IL* 37).

Daí a necessidade cotidiana de jamais se restringir a uma busca individualista de Deus ou em uma forma exclusivamente "eclesiástica" do próprio ministério, mas de se esforçar para responder às necessidades atuais do mundo. Para ser autêntica, a vida espiritual do ministro em condição laica deve saber discernir na fé a voz de Cristo que chama também nas aspirações e nas expectativas dos homens. Sensibilidade e solidariedade para com as necessidades do homem darão um timbre particular à sua vida espiritual se estiverem unidas a presteza e a criatividade, procurando novas ou antigas soluções para os problemas.

Um caminho aberto na vida espiritual é também a de dar *forma laica* aos grandes dons-compromissos da pobreza, da castidade e da obediência. Se é tarefa de todos os cristãos leigos, o é sobretudo dos que exercem um ministério na condição de leigo, os quais, como construtores do povo de Deus e também como construtores do homem, dão um vivo testemunho de responsabilidade eclesial e "provocam" todos os irmãos a levar à mais elevada maturidade as tarefas vinculadas com o fato de ser cristãos na Igreja e no mundo. Esse é um tema que ainda necessita ser aprofundado; ser pobres, hoje, ser brandos e obedientes, ter sempre o coração puro enquanto se usam os bens, autoridade e sexualidade, incluindo a genital, é um capítulo ainda incompleto. A quem cabe escrever suas linhas mestras? Consideramos que entre os primeiros devem estar os portadores de ministérios.

Também a → ASCESE é inseparável da vida espiritual e é um componente necessário dela. Todos os cristãos leigos são instados a avançar com a ajuda do Espírito "pelo caminho da fé viva, a qual acende a esperança e atua por meio da caridade" (*LG* 11). Isso não ocorre sem um grande esforço de libertação das raízes egoístas e sem um programa de vida que pede fidelidade, ordem interior e vontade coerente.

O compromisso ascético daqueles que vivem o ministério na condição de leigos, além das exigências comuns, requer o cuidado também com os aspectos eclesiais e sociais da vida cotidiana. É preciso corrigir os defeitos que impedem a vida comunitária, eclesial, familiar e civil, alimentando o espírito de colaboração e solidariedade e a disponibilidade para o serviço. É preciso, ainda, aprimorar o próprio serviço com as qualidades próprias de um voluntariado aceito e procurado, como são a gratuidade, a continuidade e o desprendimento. Quanto a esse ponto adquirem destaque especial as virtudes referentes às relações sociais, como a prudência, a honestidade profissional, o espírito de justiça, a não violência, a sinceridade e a lealdade, a força de espírito e — à semelhança de T. More — a autoironia, o sadio humorismo de se saber necessários e ao mesmo tempo tão imperfeitos e "inúteis" (cf. *AA* 11).

Há, enfim, uma exigência da espiritualidade ministerial que parece abranger todas as outras e que deixamos por último precisamente por seu caráter de síntese. É a exigência que comunhão que leva os ministros a realizar na prática de sua experiência uma profunda unidade de vida no Espírito que configura Cristo, sacramento de Deus, cabeça da Igreja e Senhor dos homens.

Um aspecto particular dessa exigência espiritual é a *comunhão e corresponsabilidade das três formas (ou estados) de vida da experiência cristã*. Todos sabem que *forma laica*, *forma religiosa* e *forma ministerial presbiteral* no fundo constituem formas comprovadas, com suas próprias exigências e problemas. Os "→ ESTADOS DE VIDA" (essa expressão parece-nos imprópria) jamais podem ser compartimentos incomunicáveis, porque são ordenados reciprocamente, com um percurso circular. Isso deve ser evidente sobretudo naqueles que vivem o ministério na condição de leigos porque, a nosso ver, são chamados precisamente a romper as separações que acontecimentos históricas muitas vezes criaram, encerrando numa solidão perigosa ou, no mínimo, estéril pessoas que deveriam mostrar de maneira evidente a realidade fecunda da corresponsabilidade.

"A relação entre os três estados de vida, se, de acordo com a doutrina do Concílio de Trento, se acentua a preeminência do estado da virgindade e do celibato, tem um percurso circular. Pode-se dizer que, em certo sentido, ao estado de vida laica são ordenados os outros dois, mas também é preciso reconhecer que, sob outros pontos de vista, ao estado presbiteral ou ao estado religiosa são por suas vez ordenados os outros. De fato, os estados de vida recebem o seu significado profundo em relação à perfeição do amor, meta comum de todos os fiéis. Por esse motivo, um existe para o outro. Sob esse aspecto, todo estado de vida realiza plenamente alguma coisa que é essencial também para os outros dois. O estado presbiteral representa a garantia permanente da presença sacramental da redenção cristã em qualquer tempo e lugar. O estado religioso testemunha a exigência de absoluto intrínseca ao "dever ser" cristão, que preme todo fiel a fazer coincidir o mais possível o "ser" e o "dever ser". O estado laico, por fim, conduz à santificação de todas as condições humanas na comunhão com a Trindade.

Essa circularidade de comunhão é o fundamento adequado da edificação recíproca e da corresponsabilidade eclesial comum dos três estados de vida, de modo que, ordenadamente e com as devidas distinções, todos testemunhem visivelmente a caridade de Cristo e a santidade de Deus: 'Sem dúvida a vontade de Deus é esta, que vos santifiqueis' (1Ts 4,3). De fato, diante de Deus o grau de santidade não depende do estado de vida, mas da perfeição na caridade" (Sínodo dos Bispos, 1987, *Instrumentum laboris*, n. 33).

4. UMA ÚNICA FONTE, COM DOIS JATOS. Evidencia-se claramente a necessidade de buscar sempre e com lúcida consciência a fonte da espiritualidade ministerial. Essa busca parece-nos o horizonte claro e promissor de toda a espiritualidade ministerial. Não por acaso, a incluímos como conclusão.

A fonte límpida, fecunda e misteriosa do ministério da Igreja e, nele, dos múltiplos ministérios é única, ou seja, o mistério do Senhor Jesus em seu Santo Espírito. Por outro lado, à nossa observação humana a unicidade dessa fonte se apresenta tanto como a mistura de duas diferentes energias divinas, a de Cristo e a do Espírito Santo (jamais separáveis uma da outra), quanto como passíveis de ser concretizadas historicamente nos sacramentos e nos carismas, incomparáveis dons do Espírito do Senhor, com os quais "torna os fiéis de todas as ordens aptos a assumir várias obras e encargos, apropriados e úteis às necessidades da Igreja, à renovação e ao desenvolvimento desta" (*LG* 12).

Os ministérios, portanto, e sobretudo o ministério geral que torna a Igreja "totalmente ministerial", brotam tanto dos sacramentos como dos carismas. Ou melhor, todo ministério tem em si uma dimensão que é, ao mesmo tempo, sacramental e carismática, em um admirável equilíbrio cuja perfeição e extensão nos escapam. No decorrer da sua peregrinação na história humana, em decorrência da qual "a Igreja lentamente cresce em meio às tribulações" (cf. *LG* 5), são possíveis os riscos de acentuações desmedidas ou até de reduções equivocadas, de modo que a Igreja se mostra apenas sacramental para alguns, apenas carismática para outros. Isso aconteceu e ainda poderá acontecer, na falta de uma atenção global capaz de unir os distintos e de distinguir para unir.

Por exemplo, no projeto do Senhor Jesus sobre a Igreja o ministério ordenado ocupa um lugar irredutível, graças ao qual bispos, presbíteros e diáconos são constituídos pastores para que a mensagem dos apóstolos sobre Jesus seja contínua e fielmente transmitida, comunicada e vivida e para que a comunidade dos fiéis seja harmoniosa e solidamente constituída. É um ministério simultaneamente sacramental — através do batismo e da ordem — e carismático. Mas não faltaram momentos em que se perdeu essa conexão e se chegou a fazer da hierarquia algo formal e centralizador. Ocorreu também o contrário, com resultados confusos e equivocados. Na verdade, ordenados e leigos derivam sua identidade e sua missão da mesma fonte que alimenta tarefas diferentes e nem todas com a mesma necessidade, embora iguais em dignidade (cf. *LG* 10 e 32).

Com os ministérios leigos procura-se fazer progredir com mais clareza e coragem, através do estudo e do diálogo sobre esse tema, também a ação pastoral para uma Igreja mais compartilhada nas suas responsabilidades e mais participada na sua missão salvadora. "Por esse caminho far-se-á florescer novamente em todos o sentido de pertencimento alegre e responsável à Igreja, que conduz a ela, e portanto a Cristo, todo dom e todo serviço destinado ao crescimento do reino de Deus" (*EM* 69).

BIBLIOGRAFIA. 1) Documentos: *Catechesi tradendae*. Esortazione apostolica di GIOVANNI PAOLO II, 1979 (per i catechisti); *Evangelii nuntiandi*. Esortazione apostolica di PAOLO VI, 1975 (per i misteri laicali); *Evangelizzazione e ministeri*. Documento pastorale CEI, 1977; *Evangelizzazione e sacramento del matrimonio*. Documento CEI, 1975; *Familiaris consortio*. Esortazione apostolica di GIOVANNI PAOLO II, 1981 (per il ministero coniugale); *I ministeri nella Chiesa*. Documento pastorale, CEI 1973; *Il diaconato permanente in Italia*. Documento CEI 1972; *Il laico cattolico testimone della fede nella scuola*. CONGREGAZIONE PER L'EDUCAZIONE CATTOLICA, 1982; *Il rinnovamento liturgico in Italia*. Nota pastorale CEI, 1983; *Immensae caritatis*. Istruzione della SACRA CONGREGAZIONE PER I SACRAMENTI, 1973; *Istituzione dei ministeri*. Documento CEI, 1980; *La formazione dei catechisti nella comunità cristiana. Orientamenti Pastorali*. CEI, 1982; *La formazione teologica nella Chiesa particolare*. Nota pastorale CEI, 1985; *Magistero e teologia nella Chiesa*. Documento CEI 1968; *Ministeria quaedam*. Motu proprio di PAOLO VI, 1972; *Sacrum diaconatus ordinem*. Motu proprio di PAOLO VI, 1967; *Ultimis temporibus*. Documento sul sacerdozio ministeriale. SINODO DEI VESCOVI, 1971.

2) Estudos: para a referência geral ao tema do ministério, limitamo-nos a assinalar: DIANICH, S. verbete no *Nuovo Dizionario di Teologia*. Paoline, Roma, ³1982, 902-931 (que interpreta ministério como sinônimo de ministério ordenado ou pastoral); cf. também MARRANZINI, A. Ministeri. *Dizionario Pastorale della Comunità Cristiana*. Cittadella, Assisi, 1980, 351-359, com excelente bibliografia (também em referência ao ecumenismo e à questão da mulher).

Para o nosso tema, cf. CARD. CÈ, M. *Ministeri istituiti e ministeri straordinari dell'Eucaristia*. OR, Milano, 1976; EPISCOPATO FRANCESE. *Tutti responsabili nella Chiesa?* LDC, Torino-Leumann, 1975; SARTORI, L. (org.) *I ministeri ecclesiali oggi*. Borla, Roma, 1977; I ministeri non ordinati. *Rivista Liturgica* 3 (1986) número monográfico com estudos de CITRINI, T. *La ministerialità nella Chiesa oggi*, pp. 365-381; COLOMBO, G. *Condizioni di ministerialità nella Chiesa per uma piena attuazione della riforma liturgica*, pp. 330-339; GIOVANOLI, G. *I ministeri nel popolo creistiano*, pp. 303-329; MENEGHETTI, A. *Donne e liturgia. Status quaestionis della problematica in corso*. pp. 382-391. PETROLINO, E. *I ministeri laicali nell'insegnamento dell'Episcopato italiano*. pp. 340-364.

Para questões particulares mencionadas no texto, destacamos: DIANICHI, S. *Teologia del ministero ordinato*. Paoline, Roma 1984; GALOT, J. *La donna e i ministeri nella Chiesa*. Cittadella, Assisi, 1973; GOLDIE, R. *Il laicato prima e dopo il Concilio*. In VANZAN, P. (org.). *Il laicato nella Bibbia e nella storia*. AVE, Roma 1987, 137-149.171-172; *La donna nella Chiesa e nella società. Per um bilancio interdisciplinare*. AVE, Roma 1986, especialmente pp. 176-182 (com boa bibliografia); LODI, E. Ministero della donna; problematica attuale. Rassegna bibliografica. *Rivista Liturgica* 63 (1976) 677-689; PATTARO, G. Il ministero coniugale è regale, sacerdotale, profetico. *La Famiglia* 121 (1987) 38-58. SCABINI, P. Sollecitudine pastorale della Chiesa per il matrimonio. In CAPPELLINI, E. (org.). *Il matrimonio canonico in Italia*. Queriniana, Brescia 1984, 251-291, particularmente 282-283; SCARPAZZA, B. *Il ministero della copia cristiana*. EMP, Padova, 1978; TETTAMANZI, D. *Il ministero coniugale*. AVE, Roma, 1978; VANHOYE, A. I cristiani, re e sacerdoti. In *Sacerdoti antichi e nuovo sacerdote secondo il NT*. LDC, Torino-Leumann, 1985, 215-237.

P. SCABINI

MISANTROPIA. O termo indica o sentimento habitual de aversão à sociedade e ao consórcio humano, ou por ódio a determinadas categorias de pessoas das quais se recebeu ou se crê ter recebido algum mal, ou por desprezo genérico pelos outros homens, ou por incapacidade de tomar parte ativa na vida, incapacidade essa causada por um complexo indefinido de inferioridade. Consequentemente, procura-se a solidão, a vida apartada, com fuga intratável a toda forma de sociabilidade. Pode ser causada por temperamento melancólico, ou por causas secundárias, que podem, momentaneamente, alterar a índole do homem, e pode apresentar diversos graus. A misantropia é como um estado de timidez permanente. A tendência a fugir ao consórcio humano, se é habitual, cria na sociedade indivíduos estranhos à vida comum e social, seres passivos, prontos somente a receber os benefícios e avessos a dar sua obra de contribuição. Todavia, se dotado de outros dotes de inteligência e de coração, o misantropo pode produzir obras literárias e artísticas de não pequeno serviço à sociedade.

Não há dúvida nenhuma de que também em um ser com tendências à misantropia pode existir uma intensa vida espiritual. Mais, a doutrina cristã, intensamente vivida, ajuda não poucos a sair de si mesmo e a entregar-se ao bem dos outros. É preciso muito esforço pessoal para esquecer de si mesmo e se tornar útil aos outros. Deve-se fazer entrar no ânimo do misantropo o sentido da solidariedade humana. Ninguém pode fazer tudo sozinho; todos, porém, podem se ajudar para a consecução do bem comum e do ideal comum. Toda sociedade terrena é feita de indivíduos que, estimulados pela consecução do bem comum, dão sua contribuição pessoal, livre e consciente de forças, de conselhos e de meios.

Sob o aspecto cristão, os levados à misantropia têm na doutrina da Igreja um forte incentivo para a superação de si próprios. A verdade de Jesus Cristo, cepa de que todo cristão é ramo que deve se alimentar da mesma seiva vital, que recebe e passa aos outros (cf. Jo 15,1 ss.); a doutrina paulina da sociedade cristã, Corpo místico de Cristo, dotada de membros que sob a guia e a influência da mesma cabeça cumprem determinadas e específicas funções para o bem de todo o organismo (cf. Ef 1,22; Pio XII, Mystici Corporis, *AAS* 24 [1943] *LG* cc. 1 e 4); a consciência da dignidade humana, elevada pelo sacramento do batismo à filiação divina e, "com o sacramento da confirmação, vinculada mais perfeitamente à Igreja e enriquecida por especial força do Espírito Santo", que de modo mais exigente obriga "a difundir e defender com a palavra e com a obra a fé como verdadeiro testemunho de Cristo" (cf. *LG* 11); a consciência de que, com o sacramento da → ORDEM sagrada, alguns dos fiéis "são postos em nome de Cristo e por sua autoridade no pastoreio da Igreja, com a palavra e a graça de Deus" (*Ibid.*): são, em síntese, alguns conceitos humano-cristãos que ajudam o misantropo a uma inserção mais ativa na comunidade civil e cristã e a não se fechar em si mesmo.

O Concílio Vaticano II, na consideração teológica sobre a natureza da Igreja, considerada antes de tudo "como um sacramento ou sinal e instrumento da íntima união com Deus e da unidade de todo o gênero humano" (*LG* 1) e que deu o carisma sobrenatural e teológico à sociedade do homem, fez seguir na constituição pastoral *Gaudium et spes* um profundo exame sobre a natureza social do homem. Suas considerações ajudam sem dúvida o homem a sair do sentimento de aversão à sociedade e ao consórcio humano que a misantropia faz surgir no ânimo humano. Não somente "a razão mais alta do homem consiste na sua vocação à comunhão com Deus" (*GS* 19), mas "o homem por sua íntima natureza é um ser social, e sem as relações com os outros não pode viver nem explicar seus dotes" (*Ibid.*, n. 12). "Antes — diz ainda o Concílio —, o Senhor Jesus, quando ora ao Pai para que 'todos sejam uma só coisa, como eu e tu somos uma só coisa' (Jo 17,21), pondo-nos diante de horizontes inacessíveis à razão humana, sugeriu-nos certa similitude entre a união das Pessoas divinas e a união dos filhos de Deus na verdade e na caridade. Essa similitude manifesta que o homem, que na terra é a única criatura que Deus quis por si mesma, não pode se encontrar plenamente senão mediante o dom sincero de si" (*Ibid.*, n. 24). Pode-se afirmar com razão que "a vida social não é algo externo ao homem" e que "o homem cresce em todas as suas qualidades e pode responder à sua vocação mediante as relações com os outros, os deveres mútuos, o colóquio com os irmãos" (*Ibid.*, n. 25). O homem, por isso, se enriquece natural e sobrenaturalmente, não fugindo do próximo, mas abrindo-se a ele e aceitando todos os aspectos positivos que todo homem carrega consigo.

BIBLIOGRAFIA. BISSONNIER, H. *Educazione religiosa e turbe della personalità*. Torino, 1970; CONDREAU, G. *Angustia y culpa, problemas fundamentales de la psicoterapia*. Madrid, 1968; LAGO, G. DEL. *Dinamismo della personalità e grazia*. Torino, 1970; LANDER, R. *Loneliness is for Living*. Notre Dame (IN), 1978; Loneliness. *The Way* 16 (1976) 234-324; MAGGIALI, A. *Formazione dei seminaristi al senso comunitario*. Milano, 1964; NOSENGO, G. *L'educazione sociale dei giovani*. Roma, 1955; PRADEL, H. *Formazione del senso sociale*. Roma, 1961; ROLHEISER, R. *The loneliness factor: its religious and spiritual meaning*. Denville (NJ), 1979; RUDIN, J. *Psicoterapia e religione*. Torino, 1968; SARANO, J. *La soledad humana*. Salamanca 1970; SOLIGNAC, P. *La nevrosi continua*. Roma, 1977; TOURNIER, P. *Dalla solitudine alla comunità*. Torino, 1961; ZAVALLONI, R. *Compendio di psicologia pastorale*. Torino, 1968.

M. CAPRIOLI

MISERICÓRDIA (obras de). 1. A misericórdia é um aspecto do amor que, ao ver no próximo a indigência, leva a agir para aliviá-la. No homem, é sempre limitada, pois os meios à disposição jamais são suficientes para eliminar toda a miséria da face da terra. Jesus fez dela preceito positivo: "Sede misericordiosos como o vosso Pai" (Lc 6,36). A medida da sua misericórdia, Deus a mostrou de modo tangível e inequívoco no Filho. A conduta de Jesus serve para nós como ensinamento e advertência, tanto mais que ele, por ser Deus, jamais partilhou conosco a miséria mais radical, a do → PECADO, que, ao contrário, nós sempre partilhamos com os nossos semelhantes. A misericórdia de Jesus teve a máxima eficácia porque nele habitava o próprio poder de Deus; em nós ela é sempre proporcional à nossa real união com Deus, porque somente ela e somente o desejo de possuir Deus podem nos dar a coragem de renunciar a nós mesmos para socorrer as necessidades dos outros. Jesus foi misericordioso com todos. Curou os doentes, curvou-se sobre eles com a sua onipotência e deu a alegria de viver a todos os que encontrou em seu caminho. Nenhum foi mandado de volta sem ter sido ouvido, mesmo quando os beneficiados nem sequer se preocuparam em agradecer seu benfeitor. Jesus derrama suas lágrimas sobre o túmulo do amigo, e a sua bondade floresce em milagres, que, se atestam a grandeza e a onipotência divina, demonstram ao mesmo tempo quanto desagrada a Deus a dor e o sofrimento do homem. Também no campo espiritual, sobretudo nele, Jesus demonstrou a maior compreensão pela fraqueza humana. A seus discípulos dirá: "Não vos digo (de perdoar) até sete vezes, mas até setenta vezes sete" (Mt 18,22). O Mestre se comove diante da fraqueza humana e dá o perdão também a quem não o pede explicitamente (como no caso da adúltera); implora o perdão para seus algozes "porque não sabem o que fazem" (Lc 23,34) e, como afirma Paulo, fez-se "pecado" por nós, para destruir radicalmente a nossa miséria (2Cor 5,21). Não poderia se manifestar mais que isso a bondade divina em relação ao nosso abatimento. A nossa caridade deve se cobrir de misericórdia e ser, assim, revelação não só de bondade, mas de ajuda concreta. Essa ajuda deve refazer as forças, as energias, sobretudo a esperança na vida, que é dom de Deus. Se a maldade humana, o egoísmo, as desgraças semeiam a injustiça, a desigualdade e a miséria, a misericórdia cristã tem o dever de trazer de volta o equilíbrio à sociedade, segundo o que diz o Apóstolo: "Carregar o peso uns dos outros, assim cumprireis a lei de Cristo" (Gl 6,2).

2. A necessidade de concretizar esse nobilíssimo sentimento de caridade desemboca nas obras de misericórdia espirituais e corporais. O cristão deve saber que essas obras não são algo de acessório ou de facultativo, mas a expressão concreta da caridade, uma obrigação precisa que traz um compromisso em relação a Deus e em relação aos outros. Antes de qualquer coisa, temos a obrigação de ir ao encontro das necessidades espirituais do próximo. Quantas vezes não nos encontramos diante de uma alma incerta, perdida, que não sabe como se comportar; é preciso um impulso que ajude a superar os obstáculos e a torne capaz de enfrentar de modo cristão as próprias responsabilidades. Se se encontra uma mão caridosa, esses obstáculos são removidos com facilidade e a alma retoma o seu caminho com confiança e serenidade.

Uma segunda obra de misericórdia é a de instruir os ignorantes. A coisa mais bela que manifesta a grandeza humana é a inteligência que Deus nos deu para que seja a luz da nossa vida e para que por meio dela o homem se torne rei da criação. Se essa inteligência, em vez de se desenvolver e de conquistar a verdade, permanece ineficiente, o homem é quase reduzido ao estado animal, incapaz de gozar de todas as belezas espirituais e materiais que Deus pôs na vida. Se muitos cristãos não estão à altura de suas responsabilidades é porque a moral que vivem não é suficientemente amparada numa instrução conveniente no campo espiritual. Aquele pouquinho de catecismo que se aprende de cor na juventude não é suficiente para fundamentar convicções que depois deem a força de enfrentar as lutas que a vida apresenta. O ensinamento afasta a ignorância, ilumina os motivos que determinam as próprias escolhas morais, reforçando a vontade, gera o gosto pela verdade, segundo o qual cada um é estimulado a prosseguir pessoalmente na procura e no estudo.

Uma terceira obra de misericórdia é admoestar os pecadores. Infelizmente, certos hábitos e certas modas se expandem na vida porque talvez não se tenha a coragem de os enfrentar logo, com caridade, para os combater; e assim, mais cedo do que se pensa, o mal avança. Às vezes, há quem não consiga ver o mal por causa dos muitos preconceitos que o condicionam. A caridade impõe que se ajude a eliminá-los para libertar a inteligência das sombras morais que a mantêm prisioneira.

Uma quarta obra de misericórdia é consolar os aflitos. Não é fácil atingir esse objetivo. Antes de qualquer coisa, é preciso amar realmente aqueles que pretendemos consolar e com cujos sofrimentos queremos entrar em comunhão; somente assim poderemos depois calar no coração deles e lhes despertar as forças que ainda restam sob o peso da prova. Somente assim se pode, com a ajuda de Deus, aliviar realmente quem sofre e infundir em seu coração nova energia e vigorosa confiança na vida. A verdadeira consolação é dada somente por um amor que se inclina com compaixão e procura compartilhar de modo cristão a cruz.

Uma quinta obra de misericórdia espiritual é perdoar as ofensas; exige-se que compreendamos a fraqueza dos outros e que a esqueçamos. Quando nós, infelizmente, ofendemos alguém, apelamos para nossa leviandade, para nossa distração momentânea, procuramos todos os modos para nos desculpar e fazer entender que não agimos por maldade premeditada, mas somente por uma fraqueza momentânea, compreensível em qualquer ser humano. Esse raciocínio muito natural, justamente porque em geral é assim que acontece, nós o devemos adotar em relação aos outros e perdoar, passando sobre a possível malícia dos outros, procurando esquecer, na caridade e no amor.

Outra obra de misericórdia que realmente custa é suportar as pessoas importunas. Esse aborrecimento não é muitas vezes um incômodo físico, uma espécie de tortura que nos é imposta pelo aspecto desagradável do próximo, mas um incômodo espiritual, no sentido de que muitas vezes as pessoas, ao acreditar estarem nos fazendo algo agradável, ou, com mais frequência, para se livrarem de pesos morais que as afligem, obrigam-nos a ouvir seus enjoados e intermináveis discursos. Já foi dito, com razão, que "é fácil falar, é difícil saber calar, mas é mais difícil ainda saber escutar". É autêntica obra de misericórdia deixar que os outros se "esvaziem" em nossos ombros, suportar pacientemente os discursos-rio do próximo que a nós não interessam; é um exercício de paciência e de bondade que eleva os ânimos, tranquiliza-os e torna-os prontos a enfrentar com maior serenidade as futuras dificuldades da vida.

A última obra de misericórdia espiritual é orar a Deus pelos vivos e pelos mortos. A oração consiste sempre em interpor os méritos de Jesus a favor dos que ainda lutam na vida, ou pelos que devem purificar a própria fraqueza depois do juízo divino. É um refrigério que podemos obter da bondade divina, que nada nega a quem pede com fé; também essa é uma consequência da autêntica caridade cristã que deseja o bem de todos, na consciência da fraternidade espiritual que nos une a todos no Cristo.

Há ainda outras sete obras de misericórdia corporal: dar de comer a quem tem fome, dar de beber a quem tem sede, vestir os nus, acomodar os peregrinos, visitar os enfermos, visitar os encarcerados, sepultar os mortos. A respeito dessas obras queremos apenas observar que, felizmente, a caridade organizada de hoje e as mudadas condições da civilização facilitam muito sua observância e reduzem muitas vezes a urgência no nosso ambiente mais próximo, mas não se pode ficar surdo diante dos dramáticos apelos que nos vêm de muitas partes do mundo, sem renegar o próprio cristianismo. Já se fez muito para tornar a vida mais fácil e menos pesada; todavia, também entre nós, é sempre urgente o problema da fome e da desocupação, e sempre temos os pobres entre nós, aos quais deve chegar a nossa misericórdia.

BIBLIOGRAFIA. CARMELO, C. Le opere di misericordia. *Rivista di Vita Spirituale*, 1983, 384-397; *Dizionario delle Concordanze Bibliche*. Bolonha, Dehoniane, 1976, 1.013-1.323; GABRIELE DI SANTA MARIA MADDALENA. *Intimità divina*. Roma, 1972; HÄRING, B. *Testimonianza cristiana in un mondo nuovo*. Roma, Paoline, 1963; HELEWA. G. Beati i misericordiosi. *Rivista di Vita Spirituale* 1985, 533-546; 1986, 5-29.113-126.220-239; LEFEBVRE, E. *Amare Dio*. Sorrento, 1962; MERTON, TH. *Nessun uomo è un'isola*. Milano, 1956; *Nuovo Dizionario di Spiritualità*. Paoline, Roma, 1979, 396 ss.; PERRIN, J. M *Il mistero della carità*. Roma, 1965; PERRIN, J. M. *L'évangile de la joie*. Paris, 1954; *Schede Bibliche Pastorali* V. Bologna, Dehoniane, 1985, 2.408.

C. GENNARO

MISSÃO. 1. TEOLOGIA, PASTORAL E ESPIRITUALIDADE DA MISSÃO. Jesus se apresentou como "enviado para levar aos pobres o evangelho" (Lc 4,18). Sua missão vem do Pai (Jo 10,36) e se realiza sob a força do Espírito Santo (Lc 4,14; Jo 20,21-23). E é essa missão que Jesus comunica à Igreja e de modo especial aos apóstolos (Jo 17,18; 20,21).

A *teologia* se interroga sobre a *natureza da missão*; a *pastoral* estuda como realizar a *ação missionária*; a *espiritualidade* se interessa pelas *atitudes interiores da evangelização*.

À luz dos textos inspirados, especialmente do Novo Testamento, a missão aparece como a ação específica de Jesus. O Senhor é "o ungido" ou consagrado pelo Espírito Santo com o objetivo de realizar a missão do anúncio do Evangelho (Jo 3,17.34; 7,16; 10,36; 11,42; 14,24; 17,19; 20,21; Lc 4,18; Hb 3,1).

A missão que Jesus recebe do Pai é missão *profética* (anúncio), *real* (serviço de bom pastor). Os "apóstolos" receberam a mesma missão de Jesus com o objetivo de *ensinar, batizar, santificar, perdoar, dirigir...* (Mt 28,18-20; Mc 16,15-16; Lc 24,47-49).

Essa missão continua na *Igreja*, sempre sob a ação do Espírito Santo (At 1,4-8; Jo 20,21-23; Rm 1,1-4). "A missão da Igreja realiza-se mediante uma ação pela qual, obedecendo à ordem de Cristo e movida pela graça e pela caridade do Espírito Santo, ela, de modo pleno e atual, se faz presente a todos os homens e povos, para os conduzir com o exemplo da vida e da pregação, com os sacramentos e os outros meios da graça, à fé, à liberdade e à paz de Cristo, tornando-lhes livre e segura a possibilidade de participar plenamente do mistério de Cristo" (*AG* 5).

Dos textos escriturísticos e do ensinamento da Igreja emergem várias perspectivas ou *dimensões a respeito da missão: salvífica* e teológica (desígnios salvíficos universais de Deus), *cristológica* (mandamento de Cristo), *pneumatológica* (a ação do Espírito Santo), *eclesiológica* (natureza missionária da Igreja), *antropológica* e *sociológica* (atenção às realidades humanas), *escatológica* (tensão de esperança e transcendência), *pastoral* (ação apostólica), *espiritual* (atitude pessoal e comunitária) etc. Esses enfoques sobre a missão refletem-se nas *encíclicas missionárias pontifícias*, especialmente em *Maximum illud* (Bento XV, 1919), *Rerum Ecclesiae* (Pio XI, 1926), *Evangelii praecones* (Pio XII, 1940), *Fidei donum* (Pio XII, 1957), *Princeps Pastorum* (João XXIII, 1959 etc.).

A doutrina conciliar do *Vaticano II*, especialmente no decreto *Ad gentes* (1965), apresenta a *natureza da missão* (*AG* I) como fundamento da *ação missionária* (*AG* II), que todas as *Igrejas particulares* devem desenvolver (*AG* III), por meio dos missionários (*AG* IV), de uma oportuna organização (*AG* V) e *cooperação* missionária (*AG* VI). A doutrina pós-conciliar, que emerge principalmente da exortação apostólica *Evangelii muntiandi* (1975), ressalta o conteúdo bíblico da *missão de Cristo que se prolonga na Igreja* (*EN* 1); desse modo, aprofunda-se o *conceito e o conteúdo da missão* (*EN* II e III), os *aspectos pastorais* (*EN* IV-VI: meios, destinatários, operários da missão), as atitudes interiores do evangelizador e o *espírito da evangelização* (*EN* VII).

A missão e a ação evangelizadora sempre foi uma *realidade* na Igreja de todas as épocas, embora com limitações, mas o *conceito teológico e pastoral* sobre a missão teve uma *evolução contínua*. Durante os séculos XVI-XVII (na abertura de novos caminhos para a América, a África e a Ásia), o conceito teórico de "missão" ou "*missões*" apresentava-se em estreita relação com os territórios dependentes da Propaganda Fide (fundada em 1622), os quais às vezes eram também aqueles em que prevalecia a reforma protestante.

No início do século XX, a teologia sobre a missão sofreu algumas oscilações e acentuações interessantes: *vontade salvífica de Deus e conversão dos pagãos* (J. Schmidlin), "*implantar a Igreja*" (P. Charles), *estender o reino de Cristo* (Grentup), *dilatar e revigorar a fé*, colaborando para sua propagação (catecismos centro-europeus) etc. Os diversos autores e estudiosos podem ser agrupados segundo o *conceito de salvação*, de *propagação da fé*, de *pertença ao Corpo místico* etc., que eles exprimem, com referência de alguns acenos às perspectivas básicas da missão: trinitária, cristológica, pneumatológica, eclesiológica, antropológica etc.

O *Concílio Vaticano II*, de fato, deixa entrever *todas as dimensões* supraindicadas, ressaltando, porém, o *mandato missionário de Cristo* (*AG* 3), a *sacramentalidade da Igreja* (*AG* 1: "sacramento universal da salvação") e a *responsabilidade da Igreja local* (*AG* III), sem esquecer a dimensão trinitária e pneumatológica da missão. Nesse contexto mostra-se de modo mais claro *o objetivo da primeira evangelização*: "O fim próprio dessa atividade missionária é a evangelização e a implantação da Igreja nos povos e grupos em que ainda não criou raízes" (*AG* 6). A orientação de "estabelecer a Igreja" encontra-se muitas vezes nos textos conciliares (cf. *LG* 17; *AG* 1.5.6.15-16.25.37.49).

As *motivações* para realizar a atividade missionária são, ao mesmo tempo, *linhas de força* que servem de fundamento para a *teologia*, para a *pastoral* e para a *espiritualidade* missionária. O decreto conciliar *Ad gentes* apresenta uma relação muito rica e variada: realizar a vontade salvífica universal de Deus, cooperar para o crescimento do Corpo místico, praticar a caridade na sua dimensão universal, glorificar a Deus, fazendo com que o homem chegue à perfeição em Cristo etc. (cf. *AG* 7).

Essa doutrina bíblico-teológica pré-conciliar e pós-conciliar continua a ser atual, quando se trata de avaliar e purificar algumas *correntes missiológicas hodiernas*.

São principalmente duas essas *teorias e correntes novas* sobre a missão: uma que enfatiza a *ação divina*, um tanto à margem da realidade de Igreja, e uma outra que prefere o *aspecto antropológico e sociológico* da missão. A *primeira* está relacionada com vários títulos: "missio Dei", "reino de Deus" (existente em todas as religiões), "osmose" (difusão do cristianismo sem o anúncio), "salvação" por meio de todas as religiões, "Cristo Logos" (em oposição ao Cristo histórico) etc. A *segunda* admite também diversas formulações: "shalom", "êxodo", anúncio da "libertação", "cristologia cósmica", serviço "humanista", "diálogo inter-religioso", "inculturação" etc. As expressões podem ser válidas se se apresentam como um *aspecto* da evangelização.

Na realidade, essas novas tendências podem ser harmonizadas com *equilíbrio* à luz do *mistério da encarnação*, na sua integridade (Cristo Deus e homem), que se prolonga na *Igreja* instituída pelo Senhor, como *mistério, comunhão e missão*. Ao mesmo tempo, essas tendências, juntas, podem ajudar a corrigir os pontos de vista unilaterais.

As orientações conciliares e pós-conciliares são um ponto de referência para uma autêntica teologia pastoral e espiritual da missão. O decreto conciliar *Ad gentes*, a exortação apostólica *Evangelii nuntiandi*, o documento de *Puebla* (especialmente para a América Latina) e os discursos do papa em suas viagens missionárias apresentam um conceito cada vez mais dinâmico e eficiente da missão, a qual abraça harmonicamente todas as dimensões acima relacionadas: "A evangelização conterá sempre também (como base, centro e ao mesmo tempo vértice do seu dinamismo) uma clara proclamação de que, em Jesus, Filho de Deus feito homem, morto e ressuscitado, a salvação é oferecida a todo homem, como dom de graça e misericórdia do próprio Deus. Não mais uma salvação imanente, à medida das necessidades materiais ou até espirituais que se exauram no quadro da existência temporal e se identificam totalmente com os desejos, as esperanças, as ocupações, as lutas temporais, mas sim uma salvação que ultrapassa todos esses limites para se realizar numa comunhão com o único Absoluto, o de Deus: salvação transcendente, escatológica, que tem certamente o seu início nesta vida, mas que se completa na eternidade" (*EN* 27).

Da *teologia* sobre a missão passa-se facilmente à *pastoral* e à *espiritualidade*. Com efeito, a missão no seu aspecto prático se transforma em *ação "social"*. Do mandato de Cristo ("envio", "missão") passa-se à *ação pastoral* e à *vida coerente (espiritualidade) das pessoas e das comunidades*. Todo membro da Igreja participa da missão de Cristo segundo a própria vocação: leiga, religiosa ou vida consagrada, sacerdotal, ministerial. A *espiritualidade da própria vocação* está em estreita relação com a *dimensão missionária* da mesma vocação nas derivações pastorais mais concretas de profetismo, culto, realeza, serviços...

A *ação evangelizadora* é uma consequência essencial da missão. A comunidade cristã é "comunidade evangelizadora" (*EN* 14). "Evangelizar, com efeito, é a graça e a vocação própria da Igreja, a sua identidade mais profunda. Ela existe para evangelizar" (*EN* 14). A Igreja responde assim para agradecer pelo chamado a ser povo de Deus (cf. 1Pd 2,9). "Evangelizar é, antes de tudo, testemunhar, de maneira simples e direta, Deus revelado por Jesus Cristo, no Espírito Santo" (*EN* 26).

"Evangelizar" é, portanto, a ação "social" que se segue ao mandato da missão. A Igreja evangeliza, ao anunciar, ao dar testemunho, ao celebrar os mistérios de Cristo redentor, ao comunicar a salvação humana integral. Essa ação é eminentemente comunicativa da *caridade* como vida divina (vida em Cristo e no Espírito), que constrói cada pessoa e as comunidades, configurando-as a Cristo. "Evangelizar" (eu-angello) é *anúncio, presença, realização, comunicação* do *fato salvífico e alegre* de Cristo, Filho de Deus feito homem e Salvador nosso (Lc 2,10-12), morto e ressuscitado (At 2,32). Essa ação evangelizadora deve chegar a *todos os povos* (Mc 16,15; Mt 28,18), pois Cristo morreu pela salvação de todos (2Cor 5,15).

O apóstolo, enviado para evangelizar, deve viver e expressar uma atitude de vida em sintonia com o que desempenha no campo da evangelização. O *estilo de vida ou espiritualidade* corresponde à missão recebida e realizada na ação evangelizadora.

Há ainda outro aspecto essencial da pastoral e espiritualidade missionária: a *animação e cooperação missionária da comunidade*. Com efeito, o apóstolo, ao evangelizar, tem a missão de tornar missionária a própria comunidade, de modo que ela colabore com responsabilidade para a evangelização universal. As encíclicas missionárias e o decreto conciliar *Ad gentes* (c. VI) dão grande destaque a esse tema básico a fim de que seja uma realidade a natureza missionária da Igreja. As *Pontifícias Obras Missionárias* (Propagação da Fé, Infância Missionária, Obra de São Pedro Apóstolo, União Missionária) são um instrumento privilegiado e prioritário para a animação missionária de todo o povo de Deus, acima e além de qualquer instituto missionário em particular.

A *animação missionária* é o estilo de ação pastoral para fazer com que as pessoas, as instituições e as comunidades cristãs vivam a espiritualidade e a responsabilidade missionária universal. Trata-se, portanto, de redimensionar a vida pessoal e comunitária, tendo em vista a missão universal, especialmente na primeira evangelização ou evangelização "ad gentes". As *motivações* que se enfatizam são as mesmas da vocação missionária de todo membro da Igreja: exigências da caridade (desígnios salvíficos universais), senso de amor de Igreja local e universal, ser membro do Corpo místico, o mandato missionário de Cristo etc. Os *meios* concretos para uma reta "animação" correspondem à sua finalidade: meios espirituais (oração, sofrimento), materiais (ajudas econômicas), vocacionais etc. Tudo isso supõe o fato de criar uma mentalidade missionária e de desenvolver uma boa pastoral vocacional em toda a comunidade eclesial (*AG* 23.29.36-39).

2. O ESPÍRITO DA EVANGELIZAÇÃO. O fato ou *a realidade da espiritualidade missionária* existe desde o início da Igreja, pois nela sempre existiram apóstolos e comunidades empenhadas de modo generoso e vital na evangelização local e universal, na primeira evangelização e na evangelização permanente. A expressão "espiritualidade missionária", porém, é empregada pela primeira vez no século XX (C. Carminati, *Il problema missionario*, Roma, 1941, c. V: Spiritualità missionaria; G. B. Tragella, *Per una spiritualità missionaria*, Roma, 1948; VI Semana Missiológica di Burgos: *Espiritualidad Missionera*, Burgos, 1954 etc.).

Oficialmente, a expressão "espiritualidade missionária" aparece pela primeira vez no decreto conciliar *Ad gentes* (ano 1965), em que se confia à Congregação para a Evangelização dos Povos a tarefa de "promover a vocação e a espiritualidade missionária, o zelo e a oração pelas missões, e fornecer informações autênticas e oportunas a respeito delas" (*AG* 29).

O contexto dessa afirmação conciliar ("espiritualidade missionária") acena para a missão ou evangelização nos três níveis: o que é a missão (*teologia*), como realizar a missão (*pastoral*), qual é o *estilo de vida* mais conveniente para o exercício da missão (*espiritualidade*). Portanto, é uma "espiritualidade" para a missão e provinda da missão.

Evangelii nuntiandi (1975) dedica seu último capítulo a esse nosso tema, falando do "espírito da evangelização" (*EN* VII). A palavra "espírito" é explicada como "atitudes interiores que devem animar os operários da evangelização" (*EN* 74).

O "espírito" ou estilo de vida da evangelização, em *Evangelii nuntiandi*, é posto em estreita relação com a realidade de uma Igreja missionária instituída por Cristo com o objetivo de evangelizar (*EN* I-III). É, portanto, um estilo de vida como resposta essencial e "vital" à vocação missionária e como entrega generosa à ação evangelizadora (*EN* IV-VI). Por isso, a missão "merece que o apóstolo lhe consagre todo seu tempo, todas as suas energias e lhe sacrifique, se necessário, a própria vida" (*EN* 5).

A espiritualidade era apresentada nas encíclicas missionárias no conjunto das virtudes do evangelizador. Nessa mesma linha, ainda que num contexto mais harmônico, o decreto conciliar *Ad gentes* descreve os "missionários" (*AV* IV) como portadores de uma "vocação especial" (*AG* 23), a qual requer uma "vida autenticamente evangélica", que é fidelidade generosa ao chamado para se tornarem coerentes com as exigências da missão (*AG* 24).

Os "missionários" (como todos os outros apóstolos) "devem se renovar dia a dia em seu espírito" (*AG* 24), adquirir uma "vida espiritual" e uma "formação espiritual", doutrinal e prática, "a fim de que a vida de Jesus aja no coração daqueles a quem são mandados" (*AG* 25). Essa mesma vida espiritual, por ser missionária, ajudará a avaliar melhor a formação teológica e pastoral sobre a missão.

Os temas teológicos e pastorais sobre a missão trazem necessariamente consigo uma dimensão espiritual. De fato, a missão é uma *resposta vital e diligente* em relação aos desígnios salvíficos e universais de Deus (dimensão salvífica e trinitária); é *a realização generosa* do mandato missionário de Cristo (dimensão cristológica) e *fidelidade incondicional* à missão e ação do Espírito Santo (dimensão pneumatológica), é *amor e, sendo de Igreja* (dimensão eclesiológica), é *tensão de esperança* em relação ao Reino definitivo (dimensão escatológica), é *sintonia com a caridade do bom pastor* que se faz presente na Igreja e no mundo por meio dos serviços ou ministérios das pessoas chamadas à missão (dimensão pastoral). A *dimensão espiritual* não é paralela nem estranha às outras dimensões, mas faz descobrir, salvando a especificidade de todas, que cada dimensão deve se pôr em relação com as outras. A especificidade da dimensão espiritual da missão convida a procurar e apresentar elementos e temas específicos.

A "espiritualidade missionária", como "espírito da evangelização" e dimensão espiritual da missão, delineia o estilo de vida do apóstolo, o qual deve se renovar constantemente (cf. *AG* 24). A renovação espiritual pressupõe e exige uma renovação da teologia e da pastoral missionária. Dessa renovação "interior", de atitudes, emergirá uma renovação missionária em toda a Igreja (cf. *AG* 35).

A renovação espiritual não é exclusiva do apóstolo ou missionário, pois é um elemento essencial de toda vocação cristã com sua dimensão missionária: "Como toda a Igreja é missionária e como a obra de evangelização é um dever fundamental do povo de Deus, o sagrado Concílio convida a todos a uma profunda renovação interior, a fim de que, tendo uma viva consciência da própria responsabilidade em ordem à difusão do Evangelho, assumam sua parte na obra missionária entre os povos" (*AG* 35).

A *espiritualidade missionária* como *renovação eclesial* é a chave da *eclesiologia conciliar*: ao viver a sua realidade de "mistério" ou "sacramento" de Cristo (*LG* I), como "comunhão" fraterna e povo de Deus (*LG* II), a Igreja, em cada um de seus membros e de suas vocações (*LG* III-VI), torna-se missionária e "sacramento universal de salvação" (*LG* III-VI; cf. *AG* 1). Desse modo, a natureza missionária da Igreja expressa-se como maternidade (instrumento de vida nova em Cristo e no Espírito Santo) que encontra na Virgem Maria seu protótipo (*LG* VIII; cf. *AG* 4).

Quando a comunidade eclesial, "santa e ao mesmo tempo sempre necessitada de purificação, incessantemente se aplica à penitência e à sua renovação" (*LG* 8), "a luz de Cristo se reflete no rosto da Igreja" (*LG* 1). Então a própria Igreja se mostra como "sacramento", ou seja, transparência e sinal portador, "sinal e instrumento da íntima união com Deus e da unidade de todo o gênero humano" (*LG* 1).

A força missionária da Igreja "mistério" ou "sacramento" aparece na sua realidade de "comunhão", como "um povo reunido pela unidade do Pai, do Filho e do Espírito Santo" (*LG* 4). Se a comunidade cristã se propõe "a fazer crescer cada dia mais a vida cristã entre os fiéis", então será capaz de poder "chamar todos os homens para o seio da Igreja" (*SC* 1).

3. SIGNIFICADO DA ESPIRITUALIDADE MISSIONÁRIA. A espiritualidade missionária põe em relação duas realidades cristãs: espiritualidade e missão. Cada uma dessas realidades abarca um campo muito amplo. No nosso caso, trata-se de *uma vida segundo o Espírito* que nos faz participar fiel e responsavelmente da *missão de Cristo*.

"Espiritualidade" cristã significa viver e "caminhar segundo o Espírito" (Rm 8,4.9), ou seja, "caminhar no amor" (Ef 5,1). O crente tenta viver a grande realidade cristã e missionária do → BATISMO como participação na vida trinitária de Deus Amor: no Espírito por Cristo em direção ao Pai (cf. Ef 2,18; *LG* 4).

A espiritualidade cristã concretiza-se na atitude descrita pelas bem-aventuranças: "Sede perfeitos como é perfeito o vosso Pai que está nos céus" (Mt 5,48). É a mesma atitude da ordem do amor como expressão da vontade salvífica e universal do Pai (Jo 13,34-35).

A espiritualidade missionária é um *estilo de vida* que corresponde ao mandato missionário de anunciar o Evangelho a todos os povos. As *linhas fundamentais* da espiritualidade cristã em geral coincidem com as *dimensões da missão*: seguir a vontade salvífica de Deus (dimensão teológica e trinitária); seguimento, relação, imitação, configuração, encontro com Cristo (dimensão cristológica); fidelidade à ação do Espírito Santo (dimensão pneumatológica); "comunhão", amor e sentido de Igreja (dimensão eclesiológica); compromisso fraterno (dimensão antropológica) etc.

De fato, a atitude pessoal e espiritual prévia de todo teólogo e agente de pastoral condiciona a sua teologia e pastoral sobre a missão. A realidade da missão não brota propriamente de uma teoria, mas procede de Deus (por meio de Cristo e no Espírito) e se torna experiência e encontro íntimo com Deus (dimensão espiritual).

Do encontro com Deus (em Cristo), passa-se a entender melhor e viver mais generosamente a missão sem fronteiras na comunhão de Igreja. A cristologia e a eclesiologia, bem como a pastoral e a missiologia, refletem sempre as atitudes interiores, espirituais e pastorais do teólogo e do apóstolo.

As "atitudes interiores" da evangelização (*EN* 74) são, portanto, o seu estilo de vida e o seu "espírito" de apostolado. Devem se traduzir em fidelidade generosa à vocação e à missão do Espírito (*EN* 75), como fidelidade ao mandato missionário de Cristo e aos desígnios salvíficos do Pai.

Os *elementos fundamentais* da espiritualidade missionária deverão ser extraídos da *figura do bom pastor*, o qual se deixa pressentir mediante as *figuras missionárias* de Pedro e Paulo até nossos dias. As "atitudes interiores" dos santos missionários, que constituem o "espírito" deles e estilos de evangelização, são sempre válidas e fundamentais. É precisamente essa atitude espiritual dos santos que ajuda os apóstolos de todas as épocas a enfrentar fiel e generosamente as novas situações no campo apostólico.

Outros *elementos complementares* da espiritualidade missionária poderiam ser elaborados, ao se tomar como ponto de referência o estilo missionário em cada época histórica da Igreja. Nesse caso, seria necessário ligar as figuras missionárias (santos, fundadores etc.), obras apostólicas, documentos etc., discernindo o que é de valor permanente e o que é transitório ou talvez até ultrapassado e imperfeito.

As *encíclicas missionárias* oferecem abundante doutrina sobre as virtudes apostólicas e sobre o estilo da evangelização, embora nem sempre apresentem uma elaboração sistemática e uma síntese global. Após o *Vaticano II*, pode-se construir melhor uma síntese da "espiritualidade missionária" (*AG* 29), ainda que os textos apresentem somente elementos descritivos (*AG* 23-24). *Evangelii nuntiandi* oferece uma verdadeira síntese ordenada e relativamente completa, relacionando no capítulo final ("o espírito da evangelização"), os pontos básicos: *vocação* (*EN* 74; cf. n. 5), fidelidade ao *Espírito Santo* (*EN* 75), *autenticidade* e testemunho (*EN* 76), *unidade* e fraternidade apostólica (*EN* 77), serviço da *verdade* (*EN* 78), *caridade* apostólica (*EN* 79-80).

Deve-se ressaltar a importância dos *carismas missionários específicos*. Com efeito, emergem da realidade missionária *figuras e instituições* centradas em alguns elementos essenciais, até podermos falar de *espiritualidade missionária específica*. Tudo depende do tom que o *carisma fundante* confere ao conceito de missão, à metodologia e especialmente às *virtudes do apóstolo* e ao estilo de vida comunitária e de grupo.

As *linhas básicas* da espiritualidade missionária podem ser encontradas nos três elementos que compõem a "vida apostólica": *sequela Christi* (generosidade evangélica), fraternidade e vida comunitária do grupo, disponibilidade missionária. Na realidade, é esse último elemento (a *disponibilidade para a missão*) que estabelece de um modo novo a generosidade evangélica e a vida fraterna do apóstolo em geral e do missionário em particular.

Uma boa síntese de espiritualidade missionária pode emergir também destes elementos: realidades apostólicas e estilo de vida com que se encaram (na história passada e na presente) linhas de espiritualidade e virtudes concretas, meios e serviços para adquirir essas virtudes etc.

Poder-se-ia falar da espiritualidade missionária como parte integrante e *função específica da missiologia*. À função teológica, pastoral, histórica, jurídica, comparativa etc. acrescenta-se a função espiritual.

4. DIMENSÕES DA ESPIRITUALIDADE MISSIONÁRIA. A espiritualidade missionária pode ser analisada sob diferentes perspectivas, ângulos ou dimensões, entre as quais fazemos emergir três: espiritualidade missionária do cristão, espiritualidade do apóstolo e missionário, espiritualidade cristã em relação à espiritualidade não cristã.

a) *Espiritualidade cristã, espiritualidade missionária*. A dimensão missionária da espiritualidade cristã é fundamental para poder entender a importância das outras perspectivas. Com efeito, a espiritualidade missionária do apóstolo, especialmente daquele que trabalha no campo da primeira evangelização (o missionário "ad gentes"), não é um aspecto independente, mas é uma dimensão que encontra as suas raízes na realidade cristã do batizado.

Todo elemento e realidade cristã tem a sua perspectiva missionária universal: a *palavra* revelada, *Cristo salvador*, o dom da *fé*, o *batismo*, a *Eucaristia*, a natureza da *Igreja*, a *oração* etc.

A espiritualidade cristã, em sintonia com essas realidades, é essencialmente missionária. O caminho da *perfeição* cristã se torna abertura aos desígnios salvíficos e universais de Deus Amor, que transcendem o espaço e o tempo.

A peculiaridade do cristianismo nesse campo da espiritualidade (por exemplo, na contemplação) é precisamente *a iniciativa* de Deus. É ele que inesperadamente se manifesta por meio da sua palavra ("revelação") e ainda mais concretamente por meio de Jesus, o Verbo encarnado, a Palavra pessoal de Deus. A palavra revelada e a Palavra pessoal de Deus foram dadas ao mundo para a salvação de todos os homens.

Se a espiritualidade cristã é uma resposta à palavra de Deus para viver em Cristo a vida nova do Espírito, deve necessariamente se tornar *compromisso* de comunicar essa palavra a todos os irmãos. A Igreja está sempre em estado de anúncio e de evangelização: "pretende propor a genuína doutrina sobre a revelação e a sua transmissão, a fim de que para o anúncio da salvação o mundo inteiro, por ouvir, creia, por crer, espere, por esperar, ame" (*DV* 1).

O cristão que recebe e medita a → PALAVRA DE DEUS deve estar consciente de que todos os homens foram eleitos em Cristo desde toda a eternidade (Ef 1,4) e que tudo deve ser instaurado em Cristo (cf. Ef 1,10). Pelo fato de receber e meditar o mistério de Cristo, o cristão é chamado a "anunciar aos gentios a inescrutável riqueza do Cristo" (Ef 3,8).

Cristo, o Verbo feito homem, Palavra pessoal do Pai, aparece sempre como "Salvador do mundo" (Jo 6,42), "para dar a vida ao mundo" (Jo 6,51). Jesus é o "Salvador de todos os homens" (1Tm 4,10; cf. Tt 2,1), segundo o significado do nome que é também a sua razão de ser (cf. Mt 1,21). Pelo fato de ser *sequela Christi*, imitação, união e configuração a ele, a espiritualidade cristã supõe sintonia com os seus desígnios de salvação: "vinde a mim todos" (Mt 11,28), "tenho outras ovelhas" (Jo 10,16)... A espiritualidade cristã, verdadeira vida em Cristo, não pode deixar de lado o fato de que "Cristo morreu por todos" (2Cor 5,15).

A salvação em Cristo não está circunscrita a uma só época e a um só setor geográfico e cultural. A mensagem cristã de salvação insere-se vitalmente no crente para poder ser comunicada a todos: "O que o Senhor outrora pregou ou nele se realizou para a salvação do gênero humano deve ser proclamado e difundido até a extremidade da terra, a começar por Jerusalém, de tal modo que o que outrora foi realizado para a comum salvação realize-se completamente em todos no decurso dos séculos" (*AG* 3).

A *fé* significa acolhimento da palavra de Deus e do mistério de Cristo como é. Por isso, "a fé, na sua mais profunda essência, é a abertura do coração humano diante do dom: diante da autocomunicação de Deus no Espírito Santo" (*Dominum et vivificantem*, n. 51). A Igreja agradece por esse dom, dispondo-se a ser instrumento, a fim de que outros homens recebam esse dom de Deus.

A gratuidade do dom da fé lembra a todos os crentes que a vocação cristã é vocação à santidade e ao apostolado. Com quanto mais autenticidade se vive a fé cristã, tanto mais se sente o chamado urgente de comunicá-la a todos os redimidos. A aceitação generosa e compromissada da fé suscita apóstolos que se dedicam a colaborar para a extensão do reino de Deus nesta terra para preparar a vinda do Reino definitivo, "a fim de que Deus seja tudo em todos" (1Cor 15,28).

O agradecimento pela própria fé exprime-se espontaneamente no desejo de comunicar a fé aos irmãos. Essa atitude espiritual encontra diversas formulações segundo as épocas: propagar a fé, estabelecer a Igreja, estender o Reino etc. Essas formulações teológicas e pastorais resumem-se numa só: *ser fiel ao mandato missionário de Cristo* (Mt 28,19-20; cf. *AG* 5).

Desde o momento do *batismo*, que comunica a configuração a Cristo, o cristão dá início a um caminho de vida nova, que é de santidade e apostolado. "Os fiéis, incorporados na Igreja com o batismo, são deputados ao culto da religião cristã pelo caráter e, sendo regenerados para serem filhos de Deus, são obrigados a professar publicamente a fé recebida por Deus mediante a Igreja" (*LG* 11).

A vida cristã encontra na *Eucaristia* o seu centro, pois nela se faz presente o mistério pascal. Participar do sacrifício e sacramento da Eucaristia significa inserir-se no dinamismo missionário da Igreja: "A Eucaristia se apresenta como fonte e ápice de toda a evangelização" (*PO* 5; cf. *LG* 11; *SC* 10).

Ser *Igreja* é participar da sua *natureza missionária*, pois ela "existe para evangelizar" (*EN* 14). A espiritualidade cristã é autêntica quando é *espiritualidade de Igreja*. "Com efeito, a comunidade dos cristãos jamais se fecha em si mesma. Nela a vida íntima — a vida de oração, a escuta da Palavra e do ensinamento dos apóstolos, a caridade fraterna vivida, o pão partido — não adquire todo o seu significado senão quando se torna testemunho, quando provoca a admiração e a conversão, quando se faz pregação e anúncio da boa nova. Assim, toda a Igreja recebe a missão de evangelizar e a obra de cada um é importante para o todo" (*EN* 15).

Quando a espiritualidade cristã é vivida de modo mais autêntico, o fiel aprofunda melhor o mistério trinitário, o qual se reflete na unidade vital da Igreja, que é *mistério, comunhão e missão*:

"A Igreja peregrina é, por sua natureza, missionária, porquanto tem sua origem na missão do Filho e na missão do Espírito Santo, segundo o desígnio de Deus Pai" (*AG* 2).

Todo cristão recebe a vida nova do *Espírito Santo* que o estimula a dizer o "→ PAI-NOSSO" e a viver a caridade. A *oração cristã* do "Pai-nosso", por sua natureza, tende a ser a *oração de toda a humanidade* (*AG* 7).

O caminho da oração, que é "caminho de perfeição", leva à união com Cristo "Salvador do mundo" (Jo 4,42), "Salvador de todos os homens" (1Tm 4,10). A oração e a perfeição cristã tornam-se sintonia com a oração e os desejos de Cristo: "Pai, que conheçam a ti, o único Deus verdadeiro e aquele que tu enviaste, Jesus Cristo" (Jo 17,3).

b) *Espiritualidade do apóstolo e especialmente do "missionário"*. Espiritualidade missionária é, portanto, uma atitude existencial de fidelidade, generosidade, disponibilidade etc. por parte do apóstolo. Podemos distinguir ainda entre o apóstolo em geral e o apóstolo que é enviado à "primeira evangelização": evangelização "ad gentes", estabelecimento da Igreja, colaboração entre as Igrejas etc. Esse "apóstolo" é comumente chamado de "missionário".

A espiritualidade do apóstolo está em estreita relação com a missão como mandato e como ação evangelizadora. A sua espiritualidade é justamente "missionária", pois é uma atitude de fidelidade e de generosidade referente à missão. A sua santidade consiste em exercer "as próprias funções com empenho sincero e incansável" (cf. *PO* 13). Nessa perspectiva, não existe dicotomia entre a → VIDA INTERIOR e a ação, mas "unidade de vida" para seguir o exemplo de Cristo, tanto na oração como na ação. A caridade do bom pastor ajuda a transformar em unidade toda a vida do apóstolo.

A espiritualidade missionária encontra um ponto de *equilíbrio entre as tensões* que habitualmente estão presentes na vida apostólica: serviço e consagração, proximidade (imanência) e transcendência, ação externa e vida interior, instituição e carisma etc. Uma vez que "a caridade é como a alma de todo apostolado" (*AA* 3; cf. *LG* 33), a harmonia entre vida interior e ação externa tem a sua origem na vida teologal: "o apóstolo se exercita na fé, na esperança e na caridade que o Espírito santo difunde nos corações de todos os membros da Igreja" (*AA* 3).

A vida espiritual do apóstolo consiste na união com o Senhor; por isso "a fecundidade do apóstolo depende da união vital com Cristo" (*AA* 4). Os meios da sua vida espiritual são os meios comuns a todo cristão, mas de modo especial se torna meio específico a própria vida apostólica como prolongamento da palavra, do sacrifício e da ação salvífica e pastoral de Cristo.

A espiritualidade do "missionário" da primeira evangelização é fundamentalmente a mesma de todo apóstolo, mas com algumas referências especiais que brotam da sua vocação específica (*AG* 23). Toda vocação tem seus carismas próprios e graças especiais que exigem uma atitude particular. É, portanto, uma espiritualidade que diz respeito ao primeiro anúncio e estabelecimento da Igreja nas situações humanas e religiosas, as quais exigem uma dedicação e preparação especiais. O Concílio Vaticano II faz referência a algumas orientações: autenticidade e transparência das bem-aventuranças para os não crentes e os não cristãos, universalismo, resposta generosa ao chamado, fortaleza na dificuldade da primeira evangelização, confiança e audácia, "vida verdadeiramente evangélica", testemunho "martirial", alegria nas tribulações, obediência eclesial, renovação permanente, espírito de pobreza e de sacrifício, zelo apostólico etc. (cf. *AG* 24-25). Essas linhas de espiritualidade exigem uma *formação permanente* (*Ibid.*) para poder enfrentar situações novas e difíceis, como as da perseguição, inculturação, relação entre evangelização e desenvolvimento (e justiça), crescimento da Igreja local etc.

c) *Espiritualidade cristã em relação à espiritualidade não cristã*. O fenômeno religioso mais importante do século XX é o encontro entre as religiões não cristãs e o cristianismo no plano de "experiência de Deus" e de "caminhos" de contemplação. As religiões não cristãs já empreenderam um "caminho" ("método", "ioga", "zen", "rito"…) para o único e mesmo Deus, mas se encontram com o mistério do Absoluto, que escapa à experiência e reflexão humana, ultrapassando-as. Portanto, interrogam ao cristianismo, a seus santos ("místicos") do passado e a seus evangelizadores de hoje se existe outra "experiência" de Deus. O fenômeno se repete de modo análogo na relação com a sociedade secularizada: "O mundo… exige evangelizadores que lhe falem de um Deus, que eles conheçam e que lhes seja familiar, como se vissem o Invisível" (*EN* 76).

Essa interrogação é o desafio mais desconcertante que teve a Igreja durante estes últimos tempos. A espiritualidade missionária enquadra-se, portanto, nessa perspectiva: "O mundo exige e espera de nós simplicidade de vida, espírito de oração, caridade para com todos e especialmente para com os pequenos e pobres, obediência e humildade, desapego de nós mesmos e renúncia. Sem esse sinal de santidade, a nossa palavra dificilmente abrirá caminho no coração do homem do nosso tempo, mas corre o risco de ser vã e infecunda" (*EN* 76).

Não se pode responder a esse fenômeno apenas com uma exposição teórica mais apta ou com uma metodologia técnica mais perfeita. A semente do Evangelho e a "preparação evangélica" que se encontra em muitas culturas, povos e religiões tem necessidade de ver uma transparência do Evangelho. A peculiaridade do cristianismo não consiste em apresentar uma ideologia e uma técnica mais perfeita sobre a vida profunda do homem (espiritualidade), mas em anunciar a "gratuidade" da irrupção de Deus no mundo: revelação propriamente dita, encarnação do Verbo, redenção em Cristo morto e ressuscitado presente na Igreja e no mundo. Somente o mistério de Cristo pode iluminar os problemas profundos abertos na ciência humana, nas culturas e nas religiões (cf. *GS* 22).

A experiência espiritual do missionário apoia-se no dom de Deus em Cristo, que chega ao homem também nas situações de "silêncio" e "ausência" de Deus: encontro com Cristo ressuscitado presente, o "Verbo" (Palavra) e "Emanuel" (Deus conosco). Dessa fé existencial, alimentada no diálogo frequente com Cristo presente (Palavras, Eucaristia...), brotam os gostos evangélicos que deixam transparecer o discurso da montanha e o mandamento do amor.

A espiritualidade cristã que transparece na vida do missionário é, portanto, um elemento fundamental e privilegiado de evangelização, tanto no plano de um mundo secularizado, como no das religiões não cristãs.

5. TEMAS FUNDAMENTAIS DA ESPIRITUALIDADE MISSIONÁRIA. a) *Síntese doutrinal*. Para poder aprofundar o tema da espiritualidade missionária não é suficiente indicar o seu significado e as suas dimensões. É também necessário apresentar uma *síntese doutrinal* que deixe entrever os pontos principais de um conjunto de temas satisfatório e completo. Tanto o decreto *Ad gentes* (nn. 23-25) como a exortação *Evangelii nuntiandi* (c. VII) dão algumas indicações.

Esse conjunto e síntese doutrinal poderiam brotar da definição sobre a espiritualidade missionária, apresentando todos os seus elementos por uma via dedutiva: natureza, níveis e dimensões, meios etc. Poderia também surgir de uma análise indutiva das realidades concretas da vida missionária: situações atuais, história, dificuldades, antropologia, cultura, Igreja local etc. O melhor método é sempre o que se integra com ambas: elaborar uma doutrina espiritual que brote da mensagem evangélica pregada na Igreja e vivida pelos santos missionários para poder responder às situações apostólicas atuais.

Uma sucessão de temas completa e sistemática deve fazer referência à figura do bom pastor e dos seus apóstolos, às realidades da ação evangelizadora, que exigem um estilo especial de vida, aos documentos da Igreja (por exemplo, *Ad gentes*, *Evangelii nuntiandi*), às figuras missionárias da história, aos carismas dos fundadores e dos institutos missionários etc.

Ao seguir essas orientações, podemos entrever o arco aproximativo de uma série completa de temas sobre a espiritualidade missionária:

— *Fidelidade* ao *Espírito Santo* (na missão recebida de *Cristo*).

— *Vocação* missionária.

— Os carismas da *comunidade* apostólica.

— As *virtudes concretas* que derivam da *caridade pastoral*.

— A *oração* na sua perspectiva missionária.

— O amor e sentido de *Igreja*, mistério, comunhão e missão.

— A figura de *Maria*, Mãe e Tipo da Igreja.

Cada um desses temas (e de outros que deles derivam) poderia constituir um verdadeiro tratado de espiritualidade missionária. Deve-se também lembrar tanto o *aspecto pessoal* do missionário como o *aspecto comunitário*, sempre na linha da *sequela Christi* para a missão. A pessoa do apóstolo e a comunidade evangelizada devem se abrir ao universalismo da Igreja.

Convém pôr em evidência alguns temas espirituais de grande atualidade: a *experiência* cristã de Deus, as *bem-aventuranças* evangélicas, como proximidade dos pobres e transcendência (*esperança*), o mistério da *conversão* vista à luz da *renovação* pessoal e eclesial, a vida interior em relação com a ação apostólica (*equilíbrio* entre oração e ação) etc. Ao mesmo tempo, a espiritualidade é apresentada como *resposta existencial* às novas *situações pastorais* de hoje. E entre todos esses temas, há dois verdadeiramente básicos, que podem centralizar toda a exposição da espiritualidade missionária: a *fidelidade à missão do Espírito Santo* e a *vocação missionária*.

b) *Fidelidade à missão do Espírito Santo*. O tema do Espírito Santo é eminentemente missiológico e "espiritual": a missão recebida de Cristo com a força do Espírito Santo transforma o apóstolo ("espiritualidade": vida nova no Espírito) e se torna a alma de toda a ação evangelizadora.

De fato, a Igreja se torna missionária no dia de Pentecostes. O Cenáculo é sempre um ponto de referência para a missão e para a vida "espiritual" do missionário: "De Pentecostes, com efeito, é que começaram os 'atos dos apóstolos', do mesmo modo como, por obra do Espírito Santo na Virgem Maria, Cristo fora concebido e, pela descida ainda do Espírito Santo nele, que orava, Cristo fora levado a desempenhar seu ministério" (*AG* 4; cf. *LG* 59; *EN* 82; *RH* 22).

É o → ESPÍRITO SANTO que infunde no coração dos fiéis e dos apóstolos a mesma atitude de Cristo. Por isso, a espiritualidade missionária se apresenta como fidelidade ao Espírito Santo, que realiza na Igreja a mesma missão de Cristo. O Senhor ressuscitado, que primeiro foi enviado e movido pelo Espírito (Lc 4,1.18), comunica essa missão à Igreja: "Como o Pai me enviou, assim eu vos envio... Recebe o Espírito Santo" (Jo 20,21.22).

Em Cristo, a unção e missão do Espírito Santo penetram todo o seu ser e toda a sua ação apostólica: encarnação (Mt 1,18.20; Lc 1,35), batismo (Jo 1,33.35), Nazaré (Lc 4,18), deserto (Mc 1,12), pregação com a força do Espírito (Lc 4,14), alegria no Espírito (Lc 10,21), novo templo que comunica a água do Espírito (Jo 7,37-39; 19,34), comunicação da missão do Espírito (Jo 20,22).

A força e a missão do Espírito de Jesus são agora força e missão da Igreja (At 1,4-8): a Igreja recebe o Espírito com plenitude (At 2,4) para evangelizar com audácia (At 4,31). Todo apóstolo, como Paulo, sente-se impulsionado e "prisioneiro", fascinado pelo Espírito (Rm 15,18; At 20,22). As notas características de um novo Pentecostes e de novas graças do Espírito nos apóstolos e nas comunidades eclesiais são postas em evidência pela Igreja primitiva: "atendiam constantemente com um só coração à oração com... Maria, a Mãe de Jesus" (At 1,14; cf. *EN* 82; *RH* 22; *Dominum et vivificantem*, n. 66).

A evangelização, como prolongamento da ação salvífica de Cristo, é, portanto, eminentemente pneumatológica: "É ele que, hoje como nos inícios da Igreja, opera em todo evangelizador que se deixa possuir e levar por ele" (*EN* 75).

A espiritualidade do missionário consiste nessa *fidelidade generosa* ao Espírito Santo. A ação do Espírito guia o apóstolo para o *deserto* (Lc 4,1), para a pregação e a evangelização dos *pobres* (Lc 4,18), para a *alegria* da Páscoa (Lc 20, 21 s.). O apóstolo dever ser fiel à *presença, iluminação e ação* do Espírito, que o transformará em testemunha de Cristo (Jo 14,26; 15,26-27; 16,14).

Essa fidelidade ao Espírito ("espiritualidade") concretiza-se na relação com Deus, abertura à sua palavra, disponibilidade para a sua ação salvífica. Para esse objetivo, o apóstolo terá necessidade de *discernimento*, seguindo as linhas bíblicas acima relacionadas: *deserto* (oração, sacrifício, humildade, vida ordinária de "Nazaré"), *pobres* (amor preferencial pelos que sofrem), *alegria* (esperança, confiança, dinamismo pascal e compromisso evangélico). A via do discernimento transforma as dificuldades numa nova possibilidade de doação a exemplo do bom pastor. A capacidade de evangelizar os pobres (Lc 4,18) dependerá do fato de transformar as dificuldades e o deserto (Lc 4,1) em caridade pastoral (Hb 9,14; Jo 19,34). Ser "Eucaristia", ou seja, pão partido para os pobres, pressupõe viver a pobreza de Belém e a imolação da cruz.

c) *Vocação missionária*. O Concílio Vaticano II, ao apresentar as linhas e as virtudes da espiritualidade do missionário, o faz em referência à sua "vocação especial" (*AG* 23). Entre as tarefas da Sagrada Congregação para a Evangelização dos Povos, o próprio Concílio relaciona também a de "promover a vocação e a espiritualidade missionária" (*AG* 29). Também a *Evangelii muntiandi* se refere ao tema da vocação do evangelizador como ponto fundamental do "espírito da evangelização" e ponto de referência das "aptidões interiores" do apóstolo (*EN* 74).

A vocação missionária pode ser estudada no plano teológico (existência, natureza), pastoral (ação pastoral para suscitar as vocações) e espiritual (sinais de vocação, fidelidade etc.).

A existência de uma vocação missionária especial (cf. *AG* 23) exige uma atitude espiritual particular. Todo cristão deve conhecer e viver a dimensão missionária da própria vocação (leiga, religiosa, ou de vida consagrada, sacerdotal). O missionário deve viver a espiritualidade cristã segundo as linhas do seu estado de vida e da sua vocação específica.

Como acontece com toda vocação cristã, também a vocação missionária se caracteriza por alguns sinais: intenção reta, decisão livre, idoneidade (qualidade). Esses sinais são abonados pela admissão da Igreja. "Realmente, são distinguidos com uma vocação especial aqueles que, providos de natural aptidão e idôneos por qualidades de inteligência, se sentem prontos a empreender a atividade missionária... Eles, enviados pela legítima autoridade, apresentam-se por fé e obediência junto dos que estão distantes de Cristo" (*AG* 23).

A *reta intenção* se expressa nas motivações para a missão: comunicar a fé, estabelecer a Igreja, estender o Reino, levar os não crentes à plenitude em Cristo etc. A *decisão livre* se constata pelas aptidões constantes em relação à primeira evangelização. As qualidades e as virtudes (*idoneidade*), que supõem a reta intenção e a livre decisão, podem ser sintetizadas, ao seguirmos os textos pré-conciliares (encíclicas), conciliares (*AG* 23-25) e pós-conciliares (*EN* 74-80):

— fortaleza diante das dificuldades da missão,

— compreensão, paciência, humildade, sensibilidade e caridade em relação aos valores autênticos das religiões não cristãs e das situações humanas de não crença,

— orientação sobrenatural integral na evangelização das situações sociológicas e históricas,

— gestos de vida que tornem transparente o Evangelho,

— senso e amor da Igreja local e universal na obediência e na comunhão,

— entendimento e vivência do carisma missionário da própria instituição.

A fidelidade inicial deve amadurecer progressivamente no decurso da vida missionária, de modo que se torne uma atitude permanente de *decisão, doação e alegria*. As dificuldades ambientais e históricas (mesmo nas situações de crise vocacional) não devem diminuir as exigências da vocação missionária, mas, antes, servir de motivação e de estímulo para apresentar e viver as exigências evangélicas com todas as suas consequências. Com esse objetivo, servirá de ajuda eficaz o aprofundamento do carisma do próprio grupo e instituição missionária. Por isso, a *formação permanente do apóstolo*, especialmente a espiritual, é parte integrante do processo mesmo da maturidade vocacional (cf. *AG* 23-26).

Essas orientações de espiritualidade missionária, de modo particular a fidelidade à ação do Espírito e, portanto, à própria vocação, serão a garantia para enfrentar os temas teológicos sobre a missão e os novos métodos de pastoral missionária. A espiritualidade missionária ajuda a descobrir e viver a iniciativa de Deus no *dom da missão*. Assim, a Igreja "é estimulada pelo Espírito Santo a cooperar para que se torne efetivo o plano de Deus, o qual constituiu Cristo princípio de salvação para o mundo inteiro" (*LG* 17).

BIBLIOGRAFIA. 1) Teologia e pastoral da missão: AGENEAU, R. – PRYEN, D. *Les chemins de la mission aujourd'hui*. Paris, 1972; CATARZI, D. *Teologia delle missioni estere*. Parma, 1958; CHARLES, P. *Missiologie*. Louvain-Paris, 1939; ESQUERDA BIFET, J. *Teologia della evangelizzazione*. Roma, Pontificia Università Urbaniana, 1980; ID. *Pastoral misionera*. Madrid, Sociedad Atenas, 1987; *L'activité missionnaire de l'Église. Décret "Ad gentes"*. Cerf, Paris, 1967; *L'annuncio del Vangelo oggi*. Pontificia Università Urbaniana, Roma, 1977 (Commento all'esortazione apostolica *Evangelii nuntiandi*); *Le missioni nel decreto "Ad gentes" del Concilio Vaticano II*. Pontificia Università Urbaniana, Roma, 1966; LOPEZ GAY, L. La misionología postconciliar. *Estudios de Misiología* 1 (1976) 15-56; LUBAC, H. DE *Le fondement théologique des missions*. Paris, 1946; MASSON, J. *La missione continua*. EMI, Bologna, 1975; MASSON, J. *Le missioni nel Vaticano II*. Torino, 1966; *Missiologia oggi*. Pontificia Roma, Università Urbaniana, 1985; MONDREGANES, PIO DE. *Ayudadme. La cooperación misionera a la luz de la teología católica*. Madrid, 1959; NEMBRO, METODIO DA. *Missiologia*. Roma-Milano, 1961; OHM, TH. *Faites de disciples de toutes les nations,* 3 vls. Paris, 1965-1967; PAVENTI, S. *La Chiesa missionaria*. Roma, 1950; PERBAL, A. *Premières leçons de théologie missionnaire*. Paris, 1937; RETIF, A. *La mission. Éléments de théologie et spiritualité missionaire*. Tours, 1963; SEUMOIS, A. *Théologie missionnaire*. Roma, OMI, 1973-1981, 5 vls.; SHORTER, A. *Theology of mission*. Cork, 1972.

2.) Espiritualidade da missão: CARMINATI, C. *Il problema missionario*. Roma, 1941, c. V (Spiritualità missionaria); *Espiritualidad misionera* (VI Semana de Misiones). Burgos, 1954; ESQUERDA BIFET, J. *Espiritualidad misionera*. BAC. Madrid, 1982; ID. *Spiritualità e missione*. Bologna, EMI, 1985; *Lecciones de espiritualidad misionera*. Claretiana. Buenos Aires, 1984; *My Witnesses. Missionary Spirituality*. Roma, CIAM, 1982; PARDILLA, A. *La figura bíblica del apóstol*. Claretianum. Roma, 1982; PAVAN, A. La nuova figura del missionario. *Seminarium* 25 (1973) 1.038-1.064; RAGUIN, Y. *I am sending you. Spirituality of the missioner*. EAPI. Manila, 1973; REILLY, M. C. *Spirituality for mission*. New York, Orbis Book, 1978; SEUMOIS, A. *L'anima dell'apostolo missionario*. Milano, 1961; *Spiritualità della Missione*. Roma, Teresianum, 1986; Tragella, G. B. *Per una spiritualità missionaria*. Roma, 1948.

J. Esquerda Bifet

MISTÉRIO. Essa palavra, na marcada acepção com que é hoje usada, nós a encontramos na teologia em torno dos últimos cinquenta anos, sobretudo com o aparecimento da chamada "teologia dos mistérios", de Odo → casel; além disso, somente no Concílio Vaticano II, com as constituições *Sacrosanctum Concilium* e *Lumen gentium*, é que o termo "mistério" encontrou, por assim dizer, um reconhecimento universal; com efeito, foi elevado a conceito-chave, muito adequado, para exprimir muitos conteúdos essenciais da realidade cristã, sobretudo no que diz respeito à sua relação com a história da → salvação e seu íntimo nexo com o evento salvífico que se realizou em Cristo. Apesar de tudo isso, porém, a história e a teologia dessa palavra são muito antigas e de tal importância que reportar-se às origens do termo equivale a levar ao auge perspectivas essenciais da Escritura e dos Padres.

Sejam quais forem as primeiras e mais distantes origens do termo, o fato é que a palavra mistério, antes usada nos escritos gregos do Antigo Testamento, é depois tomada de empréstimo pelos escritos do Novo Testamento e adquire uma importância realmente central em São Paulo. Um ulterior dado de fato, característico e importante, é o seguinte: desde os primeiríssimos documentos da latinidade cristã, para traduzir o significado usa-se a palavra *sacramentum*, de modo que desde então as duas palavras permanecem quase que indissoluvelmente unidas, dando origem a uma história de forte intercâmbio que atualmente atingiu novo ápice.

1. Não podemos aqui relembrar as origens primordiais da palavra e, portanto, em particular, nem sequer analisar suas eventuais correlações com os chamados "cultos mistéricos", de cunho helenístico. Pode até ser que Casel tenha exagerado um pouco a importância dessa correlação (seja como for, realmente não nos parece desprovida de valor!). De fato, porém, temos de partir do primeiro surgimento desse termo nos livros gregos do AT: em textos como o de Tb 12,7; Jt 2,2; Dn 2,18 s.27-30, bem como no de Sb 14,15, o vocábulo grego *mystêrion* designa um plano mantido secreto, um desígnio (da divindade), que, depois, porém, são revelados, ou um rito cultual pagão. Se nos → sinóticos o termo aparece apenas (no singular e no plural) para designar a realidade do reino de Deus, destinada a se manter oculta à massa e revelada unicamente aos eleitos (Mc 4,11; Mt 13,11; Lc 8,10), assume em São Paulo uma importância muito maior. Nele se encontra, à primeira vista, isoladamente, com uma série de diferentes acepções. Paulo é o atual dispensador dos "mistérios de Deus" (1Cor 4,11); prega insistentemente a sabedoria de Deus *in mysterio*, "a sabedoria de Deus, misteriosa, escondida e que Deus, antes dos séculos, destinara de antemão para a nossa glória" (1Cor 2,7). Em Rm 11,25, fala do mistério do endurecimento de Israel; em 1Cor 15,51, do mistério da nossa transfiguração, destinada a se realizar no momento em que o Senhor voltar; em Ef 5,32, nos mostra a união conjugal como um grande mistério, por causa do simbolismo que o liga à união de Cristo com a Igreja; maior do que os ocultos m. anunciados pelo dom das línguas é o amor (1Cor 13 e 14); existe também um mistério da iniquidade (2Ts 2,7). Apenas na carta aos Efésios e na carta aos Colossenses, porém, é que o termo "mistério" eleva-se a conceito central, introduzido para explicar toda a complexa realidade de Cristo. O objetivo da atividade apostólica é o de levar à *agnitionem mysterii Dei, Christi* (Cl 2,1-2): observe-se aqui, entre parênteses, o típico salto dessa *epignosis* existencial. Esse mistério, oculto desde antes dos tempos na mente de Deus, como mistério do seu desígnio divino de recapitular tudo em Cristo, revelado somente agora na Igreja, nos vem dizer que também os pagãos como os judeus são chamados "à mesma herança, para formar o mesmo corpo e para serem participantes da mesma promessa, por meio do Evangelho" (Ef 3,6), na plenitude de realização que nos é descrita em Ef 1-3. A missão de graça destinada ao Apóstolo é precisamente a "de anunciar aos gentios as imperscrutáveis riquezas de Cristo e fazer resplandecer aos olhos de todos qual é a realização do mistério oculto desde os séculos na mente de Deus..." (Ef 3,8 s.). Logicamente, logo acontece de nos perguntarmos como tal termo tenha podido elevar-se a semelhante posição-chave. Com efeito, ele exprime aqui todo o complexo da economia salvífica divina, tal como chega a se realizar em Cristo, com a particular ênfase segundo a qual é confirmado que aqueles aos quais é concedida a salvação são feitos coparticipantes do evento

salvífico que se realizou em Cristo; por isso acabam "com ele vivificados, ressuscitados e sentados nos céus" (Ef 2,5 s.). Aqui se trata, obviamente, de algo oculto, a que é, porém, essencial o ser-revelado-por-Deus, o tornar-se visível, a concreta e até tangível realização.

2. Todo exame teológico profundo dessas afirmações sempre teve de, necessariamente, chegar a elaborar o motivo constituído por esse mistério. É precisamente isso o que aconteceu, de maneira bem nítida, também no primeiro grande esboço teológico da cristandade, ou seja, na teologia de → ORÍGENES. Para Orígenes, toda a história da salvação é *mystêrion*; e, de sua parte, toda essa história está cheia de mistério; Deus nos escondeu, mas, ao mesmo tempo, nos manifestou nos mistério do Antigo Testamento o mistério de Cristo, de toda a sua vida e de toda a sua obra de salvação. Por sua vez, a ação salvífica de Cristo, a plenitude de todos os seus mistérios, oculta em si o *mystêrion* da nossa existência cristã, porquanto o mistério da Igreja — no mistério da Palavra e no mistério dos santos ritos — nos faz participar do único mistério de Cristo. O mistério da Igreja, ou seja, do Cristo presente em nós atingirá a sua perfeição quando for revelado o mistério do reino de Deus, ao fulgurar a parúsia de Cristo.

Quase as mesmas observações são feitas também por outros Padres dos séculos III e IV, quando enfocam o mistério de Cristo em todos os seus múltiplos aspectos. Com incisividade, talvez a mais contundente de todas, dele nos fala São → GREGÓRIO DE NISSA: "A noção de *mystêrion* abraça nele dois elementos. De um lado, o mistério encarna, segundo a concepção paulina da palavra, a mesma economia de salvação mediante a qual o poder de Deus opera a redenção e a definição da natureza humana. Essa economia apresenta um desenvolvimento progressivo. Desabrochada no Antigo Testamento, é substancialmente realizada por Cristo no Novo Testamento, estendendo-se na Igreja a todos os homens... Eis por que o culto cristão se apresenta como uma eficaz comemoração dos grandes eventos do Antigo Testamento e do Novo Testamento. O último é realmente a continuação do primeiro. Entre a prodigiosa travessia do Mar Vermelho, a ressurreição de Cristo e o batismo, vige a mais rigorosa continuidade... De outra parte, porém, se o mistério do culto se nos mostra como uma ação sagrada que prolonga as grandiosas obras de Deus, ele parece, igualmente, como uma realidade espiritual posta em prática por meio de gestos visíveis. Deve-se observar que isso vale para o desenvolvimento da economia de salvação. Tanto os acontecimentos do Antigo Testamento quanto as ações históricas de Cristo, bem como os ritos do culto são sacramentos; ou, em outros termos, são todos fatos dotados de um aspecto visível, que contêm, porém, um aspecto invisível... Chegamos assim à seguinte definição do mistério cultual: é uma imitação ritual dos acontecimentos do Antigo Testamento e das ações históricas do Cristo, que produz, porém, uma participação real de conteúdo oculto de tais acontecimentos e de tais ações..." (DANIÉLOU, *Le mistère du culte dans les sermons de st. Grégoire de Nysse*, 91 s.).

Embora essa bem articulada síntese chegue apenas ao século IV, os seus princípios básicos remontam ainda a Orígenes. Ao mesmo tempo, porém, assistimos a outro fato de grandíssima importância na história espiritual: as mais antigas testemunhas da latinidade cristã, como traduzem elas a arcana palavra *mystêrion*? Em primeiro lugar, as mais vetustas versões latinas da Bíblia, que remontam já aos primeiros decênios do século II, seguidas por → TERTULIANO e Cipriano na África latina, souberam encontrar de uma maneira surpreendente (e realmente apropriada, temos de admitir hoje) um único termo muitíssimo adequado, precisamente a palavra *sacramentum*. Empregam apenas esse termo, evitando, portanto, com muito cuidado o vocábulo exótico *mysterium*, num primeiro momento não acolhido ainda no léxico latino (contrariamente ao que fará mais tarde a Vulgata de São → JERÔNIMO, que conhece ambas as expressões). À primeira vista, isso pode parecer um tanto estranho. No latim clássico, a palavra *sacramentum* é usada sobretudo para designar o juramento prestado pelos soldados à bandeira, a promessa de fidelidade ao serviço por parte dos que a ele se obrigam fazendo apelo e se consagrando à divindade; e, além disso, também a soma que num processo judiciário é deixada como caução, sempre sob uma análoga evocação da divindade. Para traduzir o termo grego *mystêrion* é agora tomada de empréstimo essa palavra, evidentemente por causa da implícita consagração à divindade nela contida, quando é usada para indicar a entrada do soldado em serviço; o termo é aceito em toda a amplitude dos seus significados, mas agora, precisamente por força do seu primitivo significado latino, ressaltando-se mais uma vez o alcance concreto: rito de iniciação, de solene promessa, de santificação. É óbvio, aliás, que nem sequer o resto fica excluído. Daí nasce, portanto, mais ou menos a seguinte escala de conteúdos: a expressão *mystêrion-sacramentum* designa: a economia salvífica de Deus, a obra de salvação como é realizada por Deus no âmbito da história salvífica do Antigo Testamento e do Novo Testamento; em particular as ações salvíficas de Cristo, que culminam no mistério pascal, no *sacramentum paschale*; a Igreja no seu conjunto, os seus ritos de salvação; a doutrina da fé, em seu caráter de ocultação e, ao mesmo tempo, na sua aberta pregação aos fiéis. É assim que se nos apresenta essa palavra nos latinos da África, não por último em Santo → AGOSTINHO, depois nos Padres latinos em geral e, enfim, de maneira grandiosa em → LEÃO MAGNO. O grupo de acepções do termo, que pouco a pouco é usado com toda a liberdade, de modo misto, com o vocábulo exótico *mysterium*, é muito amplo: vai do concreto desígnio e da concreta ação salvífica de Deus até o concreto rito salutar e ao abstrato conteúdo doutrinal. Como radical comum de todos esses significados, pode-se indicar o recôndito segredo de uma realidade divina que é revelada por Deus, seja mediante o desenvolvimento tangível da história salvífica, seja sob o véu de um sinal sensível que oculta e ao mesmo tempo deixa claro o que produz.

3. A Idade Média aceitou o rico significado dessas palavras, embora com diferenças no uso que delas faz: em geral, o termo *sacramentum* é usado (não exclusivamente, porém) em sentido cultual concreto; o termo *mysterium*, ao contrário, (mas também ele não de modo exclusivo) é empregado para indicar os eventos histórico-salvíficos e o depósito doutrinal; de modo especial é aplicado predominantemente à Eucaristia. Santo → TOMÁS DE AQUINO é um exemplo extremamente indicativo. Ele nos fala do mistério da encarnação, dos mistérios do Verbo encarnado, mas também dos "*sacramenta Ecclesiae quibus salutem consequimur*" (*STh.* III, prol.; *Ibid.*, III, q. 60, prol.). Define o *sacramentum* como "*signum rei sacrae, in quantum est santificans homines*" (III, q. 60, 2c.); esses *signa* existem, segundo ele, em sentido verdadeiro, também no Antigo Testamento (*Ibid.*, ad 2). De modo mais detalhado, o *sacramentum* é: "*signum rememorativum eius quod praecessit, scilicet passionis Christi, et demonstrativum eius quod in nobis efficitur per passionem Christi, sc. gratiae, et prognosticum, idest praenuntiativum futurae gloriae*" (III, q. 60, 3c).

O Concílio de Trento se esforça por usar uma linguagem mais exata, aplicando a designação de *sacramentum* exclusivamente aos sete grandes ritos salvíficos da Igreja, que subsistem precisamente em número setenário, nem mais nem menos (sess. 7, cân. 1); todavia, o mesmo Concílio, na sessão 22, indica-nos o fluxo de água e sangue brotados do lado de Cristo como um *sacramentum (quod) hac mixtione (vini cum aqua) recolitur* (c. 7), exortando os sacerdotes, durante a homilia da missa, a explicar um ou outro *hujus sacrificii mysterium* (c. 8).

O Vaticano II, enfim, retomou plenamente o uso originário desse termo; falando-nos repetidamente de *sacramentum* e de *mysterium* também num contexto diferente dos sete grandes sacramentos. Assim, por exemplo, indica-nos o *totius Ecclesiae mirabile sacramentum* (*SC* 5), o *mysterium Christi* (*Ibid.* 2.5 e passim); a constituição *Lumen gentium* dedica ao *mysterium Ecclesiae* até mesmo um capítulo (1º).

4. O restabelecimento dessa antiga terminologia não é de modo algum um fato casual ou meramente arbitrário. Nele se expressa, porém, a vontade de concentração da ideia que fazemos de nossa fé, ideia que tende a se reduzir à suas linhas mais essenciais, visando criar uma síntese de todos os fatores substanciais do mais recente esforço teológico. No presente contexto, a dupla terminológica *mysterium-sacramentum* representa o conceito-chave, para chegar a uma compreensão unitária de toda a história salvífica e realidade salutar cristã. Ao tentar resumir tudo, podemos afirmar que o *mysterium-sacramentum* cristão designa a ação salvífica de Deus, que se revela de modo forte no Antigo Testamento, em Jesus Cristo e na sua Igreja, especialmente nos seus ritos litúrgicos, em harmônico encadeamento dessas várias fases e, ao mesmo tempo, com uma polarização escatológica sobre o último cumprimento delas na parúsia de Cristo e no estado subsequente.

São duas as coisas energicamente confirmadas pela expressão técnica *mysterium-sacramentum*: em primeiro lugar, o desenvolvimento histórico-salvífico do *mysterium*; em segundo lugar, a sua proposta (ou seja, a sua ocultação e a sua contemporânea revelação) sob o véu de sinais sensíveis, que indicam e imitam o elemento transmitido, atribuindo assim, em virtude do poder de Deus, uma abertura de acesso ao mistério fontal.

A visão histórico-salvífica nos abre a grandiosa perspectiva da nossa salvação, que Deus Pai projetou e fixou desde toda a eternidade, propondo-se "na plenitude dos tempos… recapitular em Cristo todas as coisas" (Ef 1,10). A execução desse plano é, porém, por sua vez, total e absolutamente histórica. Mostra-se, com efeito, na eleição de Abrão e da sua posteridade, na extradição dos filhos de Israel do país da escravidão, quer dizer, no "êxodo", que, a partir de então, sempre representou em toda a história da salvação o arquétipo da salvação já prenunciada em figura no Antigo Testamento e realizada concretamente em Cristo e, enfim, comunicada a nós no presente histórico-salvífico do Novo Testamento, na Igreja de Cristo e nos seus ritos de salvação. A oração depois da 3ª *lectio* da vigília pascal nos confirma isso de modo expressivo: "*Deus, qui primis temporibus impleta miracula novi Testamenti luce reserasti, ut et Mare Rubrum forma sacri fontis existeret, et liberata plebs ab Aegyptiaca servitute christiani populi sacramenta praeferret; da, ut omnes gentes, Israelis privilegium merito fidei consecutae, Spiritus participatione regenerentur*". Essa visão das coisas, que é, aliás, a da Sagrada Escritura, dos Padres, da liturgia romana e de todas as outras liturgias, não tira absolutamente nada da grandeza de Cristo, mas a coloca grandiosamente no centro focal de toda a história salvífica: "… *intelligant redempti tui, non fuisse excellentius quod initio factus est mundus, quam quod in fine saeculorum Pascha nostrum immolatus est Christus*" (*Or. 1 in Vigilia Paschali antiqua*). Os milênios da história salvífica veterotestamentária preparam e delineiam as poderosas dimensões da obra da salvação realizada por Cristo; ela é cumprimento, ápice, centro gravitacional de tudo; dela admite-se agora que participam todos os tempos da Igreja, a fim de que a única ação salvífica de Cristo, prefigurada no Antigo Testamento, agora presente com mais densa realidade sobre todo o arco de tempo do Novo Testamento, venha realmente se pôr no centro focal de toda a história, até o momento em que chegará a seu estádio perfeito na eternidade do reino de Deus.

De outra parte, para nós a atual fase da salvação, que é o tempo da Igreja, representa na verdade a hora típica e decisiva. Nela, o mistério de Cristo evolui para o *mirabile mysterium Ecclesiae* (SC 5), por meio da pregação da Palavra e realização da obra salvífica, nela anunciada "por meio do sacrifício e dos sacramentos, sobre os quais se apoia toda a vida litúrgica… Assim, mediante o batismo, os homens são inseridos no mistério pascal de Cristo… Do mesmo modo, toda vez que eles participam da ceia do Senhor, proclamam a morte até quando ele vier… Desde então, a Igreja jamais deixou de se reunir em assembleia para celebrar o mistério pascal… em louvor da sua glória por força do Espírito Santo" (*Ibid.*, n. 6). Os mesmos efeitos benéficos são proporcionados aos homens por todo o grupo dos sacramentos e dos → SACRAMENTAIS (nome hoje dado genericamente pela teologia dogmática aos ritos que são, sim, *sacramenta*, mas apenas em sentido lato). "Assim, a liturgia dos sacramentos e dos sacramentais oferece aos fiéis bem dispostos a possibilidade de santificar quase todos os acontecimentos da vida por meio da graça divina que flui do mistério pascal da paixão, morte e ressurreição de Cristo; mistério do qual derivam sua eficácia todos os sacramentos e sacramentais" (*Ibid.*, n. 61).

Como o *mysterium Christi* exprime o louvor e a oração de impetração, posta em nossos lábios por Cristo na sua qualidade de sumo sacerdote do Novo Testamento, ele continua, porém, sua ação sacerdotal mediante a Igreja, "que louva o Senhor incessantemente e intercede pela salvação do mundo não apenas com a celebração da Eucaristia, mas também de outros modos, especialmente com o ofício divino" (*Ibid.*, n. 83).

Esse *mysterium Christi*, porém, é concretamente solenizado pela Igreja na celebração semanal da Eucaristia, no domingo, e na sua festa anual, no domingo de Páscoa. "No decurso do ano, distribui todo o mistério de Cristo, da Encarnação e da Natividade até a Ascensão, ao dia de Pentecostes e à espera da feliz esperança e do retorno do Senhor" (*Ibid.*, n. 102). Todas essas celebrações são *mysteria*, no sentido de que, sob o véu da palavra pregada e dos sinais indicativos, ocultadores e, ao mesmo tempo, reveladores, nos dão acesso ao mistério fontal de Cristo e, respectivamente, nos tornam presente esse mistério fontal em toda a sua força salutar. "Lembrando desse modo os mistérios da redenção, ela abre aos fiéis as riquezas das ações salvíficas e dos méritos do seu Senhor, de modo que se tornem de algum modo presentes a todos os tempos, para que os fiéis possam entrar em contato com eles e ficar cheios da graça da salvação" (*Ibid.*, n. 102).

Nessas frases e em tantas outras semelhantes da *Sacrosanctum Concilium* (cf., por exemplo, n. 2.6.7.47 etc.), encontramos o problema que fora debatido com particular paixão na longa "controvérsia sobre a doutrina dos mistérios", descobrimos la *théologie des mystères* em sentido estrito; nos mistérios da Igreja, nos mistérios do culto torna-se presente a obra salvífica de Cristo. A esse propósito, deve-se dizer que, obviamente, o Concílio não pretende de modo algum resolver, nem de fato resolveu, a debatida questão, que continua sempre um assunto da pesquisa teológica. Todavia, é também verdade que o Concílio, ao admitir uma distinção praticamente vigente anteriormente, embora deixando em aberto o problema do "como" se realiza tal presença, afirma com clareza o fato de uma "certa qual" presença: *quodammodo praesentia reddantur, ea attingant et gratia salutis repleantur*. A visão apresentada nessa doutrina oferece a possibilidade de ver e valorizar melhor o evento da salvação, colhendo-o no seu alcance universal que transcende toda limitação de tempo, a ponto de nos pôr diretamente em contato com a ação histórica da salvação feita por Cristo: "*Christo confixus sum cruci*" (Gl 2,19); "*convivificavit nos Christo, consuscitavit nos, consedere nos fecit in caelestibus in Christo Jesu*" (Ef 2,5 s.). Dessa estreitíssima comunhão de vida com a obra salvífica do Senhor nasce toda a nossa vida cristã como vida *in Christo Jesu*, voltada a fazer com que em nós, na Igreja, especialmente nos seus ritos sacramentais, nos mistérios do culto vistos como *culmen et fons* de toda a sua ação (cf. *SC* 10), e ainda nessa mesma sua ação vista como testemunho pulsante, fortificada com a energia adquirida do Senhor, torna-se presente hoje e no tempo, aqui neste mundo, o mistério salvífico de Cristo. É precisamente nesse sentido, com aguda interpretação de tudo o que lhe diz respeito, que nos é dito: "*Liturgia enim, per quam, maxime in divino Eucharistiae sacrificio, 'opus nostrae redemptionis exercetur', summe eo confert ut fideles vivendo exprimant et aliis mnanifestent mysterium Christi et genuinam verae Ecclesiae naturam...*" (*SC* 2).

O *mysterium* (ou *sacramentum*) é decerto um elemento complexo, ricamente estruturado. Está, com efeito, escondido em Deus desde toda a eternidade como mistério do seu desígnio de salvação; nos é revelado nos mistérios da história salvífica do Antigo Testamento e do Novo Testamento e, portanto, por último, na maneira mais sublime e concreta, no mistério de Cristo pascal e, por isso, da Igreja, em que todos são inseridos na compacta articulação do único corpo que tem Cristo como cabeça; nela, mediante os mistérios cultuais, a Eucaristia e todos os outros sacramentos nos é comunicado o único mistério de Cristo, à espera de que o reino de Deus, já atualmente presente nos mistérios da Igreja, graças à parúsia de Cristo seja conduzido a seu estádio último e perfectivo.

Como se vê, o único mistério de salvação preordenado por Deus, que é ainda o mistério de Cristo, é realmente complexo na sua estrutura. O único conceito, que resume tantas realidades, refere-se, porém, à unidade inerente a essa complexidade, indicando o dinâmico vínculo que une todas essas diversas fases da história salvífica com uma forte carga energética propulsiva, a qual impulsiona irresistivelmente para Cristo, para o cumprimento da sua obra de salvação, até que ela tenha atingido o estádio perfeito de reino de Deus na sua parúsia. A pregação, a celebração desse único e, todavia, tão complexo mistério exige a ativa participação de quem está atento a celebrá-lo; requer a absorção na ação de Cristo, com o objetivo de "repisar as pegadas" do caminho que leva a seu mistério pascal, sondando assim até o fundo as dimensões da obra salvífica de Cristo, de modo a compreender o *agapê* de Cristo que ultrapassa toda ciência e conhecimento e ficar cheio da (inexprimível) e total plenitude de Deus (cf. Ef 3,18 s.).

Essa realidade visualizada do mistério (desígnio salvífico de Deus, história da salvação, ação de Cristo, ritos cultuais da Igreja) é o dado positivo fundamental; por derivação dela, adquire depois importância também a visão mais abstrata da doutrina, do mistério da fé e do conteúdo substancial da vida cristã. Nesse contexto, assume gradualmente uma acentuação cada vez mais forte o sinal próprio do mistério; nós falamos dos mistérios da fé, da Trindade, da encarnação, da Eucaristia, qualificando-os como *mysteria stricte dicta*, que não são acessíveis ao intelecto natural.

Embora haja muito ainda a fazer, especialmente na explicação teológica desses nexos de interdependência, pode-se afirmar que essa visão das coisas e o conceito unitário de mistério "oferecem uma ótima possibilidade de interpretar o vasto grupo dos eventos da revelação, entendendo-os no seu íntimo contexto operativo e significativo, tirando dele profundas repercussões que se refletem na teologia e na piedade prática, como também nos problemas de caráter ecumênico" (V. Warnach, *Mysterientheologie*, in *Lexikon fur Theologie und Kirche*, VII [1962], 726).

BIBLIOGRAFIA. BALTHASAR, H. URS VON. *Parole et mystère chez Origène*. Paris, 1957; BOUYER, L. *Mysterium. Du mystère à la mystique*. Paris, 1986; DANIÉLOU, J. Le mystère du culte dans les sermons de St. Grégoire de Nysse. In MAYER, A. *Vom christlichen Mysterium*. Dusseldorf, 1951, 76-93; FILTHAUT, TH. *Die Kontroverse uber die Mysterienlehre*. Warendorf, 1947; GNILKA, J. Mysterium in der Hl. Schrift. In *Lexikon fur Theologie und Kirche* VII (1962) 727-729; LUBAC, H. DE *Exégèse médiévale. Les quatre sens de l'Écriture*. Paris, 1959-1964, 4 vls.; ID. *Histoire et esprit*. Paris, 1950; NEUHUEUSER, B. Mysterium in der christl. Tradition. *Lexikon fur Theologie und Kirche* VII (1962) 729-731; ID. Mysterium theologie. In *Sacramentum Mundi* III (1969) 645-649; ID. Mistero. *Nuovo Dizionario di Liturgia*. Cinisello Balsano, 1984, 863-883; RUFFINI, E. – LODI, E. "Mysterion" e "Sacramentum". *La sacramentalità negli scritti dei Padri e nei testi liturgici primitiva*. Bologna, 1987; SANTAGADA, O. D. Dom Odo Casel. *Archiv fur Liturgiewissenschaft* 10 (1967) 1-77; SOOS, B. DE. *Le mystère liturgique d'après St. Léon le Grand*. Munster i. Westfalen, 1958; VAGAGGINI, C. Idee fondamentali della Costituzione "Sacrosanctum Concilium". In BARAUNA, G. *La Sacra Liturgia rinnovata dal Concilio*. Torino-Leumann, 1965; VISENTIN, P. "Mysterion-Sacramentum" dai Padri alla scolastica. *Studia Patavina* 4 (1957) 394-414; WARNECH, V. Mysterientheologie. *Lexikon fur Theologie und Kirche* VII (1962) 724-727.

B. NEUNHEUSER

MÍSTICA. A palavra, que deriva do adjetivo grego *mystikos*, originalmente comportava sempre o conceito de segredo, quer fosse aplicada a um conhecimento reservado a alguns, quer a uma iniciação cultual, cujos ritos não podem ser comunicados a estranhos. Além disso, nos dois casos, tinha ela uma explicação religiosa: o conhecimento secreto por excelência é o que se refere à divindade. Parece que somente num segundo momento é que a palavra se tornou de uso profano. Na língua atual a palavra é empregada quer como adjetivo quer como substantivo. Todavia, no uso corrente ela sempre manteve algo do seu significado primitivo, ou seja, compreende um aspecto irracional e suprarracional de uma coisa, de um conhecimento ou de um ideal, embora lhe acrescentando uma característica fortemente emotiva ou até sentimental em virtude da qual um ideal ou um princípio são reconhecidos como implícitos e invioláveis (mística do racismo, do comunismo etc.). Às vezes a palavra assume um sentido pejorativo; nesse caso, místico equivale a sonhador, ou seja, aquele que perdeu o contato com a situação concreta. Limitamo-nos aqui ao sentido religioso da palavra.

Até nossos dias o significado religioso da palavra permaneceu mais ou menos o derivado do uso que dela fez Platão. Segundo ele, a divindade é transcendente em relação à nossa inteligência, a qual, todavia, pode ter dela certo conhecimento que, embora obscuro, é real e permite que os privilegiados penetrem a esfera divina. Trata-se de um conhecimento "místico", que não se pode exprimir de modo tão perfeito como um conhecimento racional, mas que é, antes, sugerido por meio de imagens e de símbolos. Têm eles, portanto, um significado mais secreto do que dizem por si mesmos, um sentido místico. Eis dois significados da palavra: aplicada em primeiro lugar ao próprio conhecimento divino, ela se refere a seguir ao significado secreto dos vocábulos que devem comunicá-la.

A palavra "mística" não se encontra nas Sagradas Escrituras; ela é introduzida na literatura cristã pelo platonismo da escola de Alexandria. Examinemos, em primeiro lugar, o significado derivado, como já se encontra em Orígenes, e como o encontramos ainda hoje: sentido místico da Sagrada Escritura; o cálice místico, o Cordeiro místico etc. Vamos nos deter no primeiro significado, o conhecimento de Deus. Nem todo conhecimento divino é místico; o conhecimento místico tem um caráter suprarracional, é de certo modo intuitivo, simples. Diferentemente da escola neoplatônica, o conhecimento místico cristão é efeito de uma especial ação de Deus, que faz sentir a sua presença. A partir do século IV, começa-se a chamá-la de "teologia mística", expressão que no século V → DIONÍSIO AREOPAGITA adotará como título de um pequeno tratado. Por causa de sua pretensa origem pós-apostólica será considerado muito respeitável e como obra clássica durante toda a Idade Média. O adjetivo "místico" está assim ligado ao substantivo "teologia" e não é usado senão raramente fora desse contexto, com exceção do "sentido místico" da Escritura e para "Corpo místico" do Cristo. Mas a história própria do substantivo "teologia" deu lugar, pouco a pouco, a uma distinção, que encontramos pela primeira vez em → GERSON (1363-1429), entre o aspecto prático e o aspecto especulativo da teologia mística. O primeiro é o conhecimento experimental de Deus, conhecimento na obscuridade, para o qual são suficientes a fé e a caridade; o segundo consiste numa reflexão doutrinal sobre esse conhecimento e pressupõe, portanto, um intelecto bem formado. A partir do século XVII, a expressão "teologia mística" é reservada ao segundo aspecto, ao passo que o primeiro é indicado por "contemplação", que já estava em uso nos séculos anteriores, mas que tem o inconveniente de não ter, de per si, o sentido restrito de conhecimento experimental e obscuro de Deus; daí a origem de numerosas controvérsias. Por seu lado, a teologia mística, passou ainda por outras vicissitudes. Foi estendida ao estudo de todos os problemas da vida espiritual; mas volta a seus próprios limites, quando a seu lado surge a teologia ascética, não sem com isso, todavia, favorecer o conceito de que há duas vias distintas para atingir a santidade, uma puramente ascética, e a outra mística. A controvérsia entre contemplação e santidade deu lugar a um aprofundamento ulterior do conceito da mística, que se separa um tanto das suas origens platônicas, mas que parece, de outro lado, capaz de compreender aspectos diversos da vida divina, da qual o cristão pode participar e que se encontra no Novo Testamento.

1. DEFINIÇÃO. É a que é proposta sobretudo por J. MARITAIN (*Vita di preghiera*, 1924, Torino, 1961, 70-90). A vida mística é a que é caracterizada pela influência habitual dos → DONS DO ESPÍRITO SANTO. Para tornar essa definição independente da teoria dos dons, digamos que a vida mística se desenvolve sob a influência particular e habitual do Espírito Santo. Ora, essa influência pode se manifestar especialmente no domínio do conhecimento e durante a oração: será o estado de "contemplação" mística, ou se fará sentir mais forte nas atividades do cristão posto diante das dificuldades da vida. No segundo caso, a oração, embora se tornando mais simples e mais penetrante, nem sempre apresentará as características da contemplação mística. Essa a razão que leva J. Maritain a falar de uma "contemplação imperfeita ou dissimulada que permeia a sua própria atividade" (p. 86). É claro, todavia, que em um como em outro caso está presente a influência habitual do Espírito Santo.

2. CARACTERÍSTICAS DA VIDA MÍSTICA. Elas podem se resumir assim: é uma experiência de Deus, passiva e simples. E, uma vez que falamos de mística católica, temos de lhe acrescentar uma qualidade teológica, a ortodoxia.

a) *Passividade*. Ontologicamente falando, toda atividade da criatura depende da iniciativa de Deus, da qual recebe toda perfeição. Antes de ser ativa, a criatura é passiva. Queremos falar aqui de uma passividade "experimentada": o homem se sente dirigido, iluminado por Deus. Essa impressão de passividade pode ser mais ou menos forte, conforme acompanhe a ação cuja iniciativa se tem a consciência de conservar, ou que pareça superar totalmente essa iniciativa. Habitualmente, contudo, ela não exclui a liberdade: o místico não é um autômato e permanece consciente de poder resistir à moção divina, pelo menos no que diz respeito à essência da comunicação divina; porque para os aspectos secundários e acessórios, a liberdade pode ser suprimida em alguns casos, por exemplo, de êxtase, de → LEVITAÇÃO etc. Passividade, além disso, não significa inatividade; ao contrário, justamente porque a alma se sente movida pelo Espírito Santo, está muito empenhada na ação, ou, se se trata de contemplação, conhece mais intimamente o mistério divino.

Dessa primeira característica se revela a gratuidade. O místico está perfeitamente consciente de que ele é incapaz de conseguir isso com as próprias forças. Embora se torne capaz e até deva se dispor a ela com uma vida moral elevada e generosa, ele não pode reclamar nenhum direito a tal invasão consciente da vida divina. Deus permanece soberanamente livre no dom de si mesmo: ele se manifesta a quem quer, como quer.

b) *Simplificação*. Depois de um período de repetidos esforços ascéticos, necessários a quase todo instante para vencer as dificuldades, sobrevém um período de relativa estabilidade durante o qual se vê espontaneamente o bem a ser realizado e para o qual se procede naturalmente. O mesmo fenômeno acontece durante a oração silenciosa; por meio da meditação amorosa dos mistérios divinos chegou-se a uma visão sintética, e os movimentos amorosos brotam espontâneos. Tudo isso não constitui ainda a vida mística, pois é o fruto natural do esforço humano e porque a pessoa se sente ainda "tomada" por Deus. Mas não há mais um grande passo a ser dado; mais exatamente: o homem não pode fazer mais, e tudo agora depende da livre iniciativa de Deus, que, por meio de luzes interiores e de uma força acrescentada, fará com que cumpra atos de virtude, às vezes muito difíceis, com espontânea facilidade, ou concederá, especialmente durante a oração, uma inteligência penetrante e insuspeita do amor de Deus e do mistério da salvação.

Temos de observar que a simplificação se realiza lentamente e que, consequentemente, o esforço pessoal exigido pode permanecer por muito tempo a característica dominante. Simplificação nos místicos não é empobrecimento e é isso que a distingue da simplificação patológica. Nesse caso, a vida parece girar em torno de algumas ideias fixas e é sempre incapaz de se abrir e de se adaptar à realidade concreta e em movimento. A vida mística, ao contrário, enriquece-se continuamente e, embora gire em torno de poucas ideias centrais, percebe cada vez melhor seus diferentes aspectos e suas infinitas possibilidades de aplicação. Além disso, se nos casos patológicos se constata um entorpecimento progressivo, o místico mostra-se mais livre nas suas ações. Entre os primeiros encontramos uma desagregação, entre os segundos, uma síntese; esse é um dos critérios mais importantes da verdadeira mística.

c) *Experiência de Deus*. Tem-se a consciência de estar em contato imediato com Deus. Essa consciência é muito vaga e indefinível e não é possível descrevê-la com palavras claras. Será, em geral, mais manifesta no estado de contemplação, mas está também presente na ação e nas orações que não são rigorosamente contemplativas. Coisa muito importante a ser anotada: sentir-se tomado por Deus nem sempre é uma consolação ou algo delicioso. O contemplativo passa por noites extremamente dolorosas; São → JOÃO DA CRUZ fala até da "noite horrível da contemplação" (*Noites* 2, 1, 1); e os místicos da ação passam por humilhações interiores e exteriores, além de insucessos sem fim. A presença de Deus pode ser particularmente mortificante.

d) *Ortodoxia*. Entendemos por essa palavra a perfeita conformidade à doutrina da Igreja, seja moral, seja dogmática. Esse critério teológico é até negativo no sentido de que se ele está ausente não se poderia falar de mística católica autêntica; mas a sua presença não é, evidentemente, de per si, uma garantia suficiente. Qualquer mística é fruto de um desenvolvimento das graças habituais: da graça santificante e das virtudes infusas. Por esse motivo mesmo, ela é impossível num pecador. Além disso, uma vez que essas graças têm essencialmente um aspecto eclesial, não podem evoluir senão em relação à Igreja e, muito menos, não podem levar a ações ou doutrinas a ela contrárias. O místico, tanto quanto o simples cristão — e mais ainda que ele —, está sujeito às orientações da Igreja. Isso é o que recusavam aceitar os quietistas e os protestantes. Jamais um místico pode apelar para a própria experiência para se opor ao magistério da Igreja.

3. A VIDA MÍSTICA NO NOVO TESTAMENTO. Ainda que o vocábulo esteja ausente, numerosos textos permitem encontrar nele uma autêntica vida mística. Observe-se, em primeiro lugar, o critério negativo já estabelecido por São Paulo contra aqueles que gostariam de pregar um outro evangelho, apoiando-se numa visão (Gl 1,8). Mas passemos a indícios positivos.

Cristo, Verbo de Deus (Jo 1,1) conhece o Pai (Jo 7,29; 8,55; 10,15) e o Pai lhe mostra tudo o que ele faz (Jo 5,20). Cristo sabe que é uma só coisa com ele (Jo 10,30), faz o que ele faz (Jo 5,17.19), e são suas as palavras do Pai (Jo 14,24). Age também sob a influência do Espírito Santo (Lc 3,22; 4,1.14.18). Cristo é, portanto, o grande místico. Ora, ele é a luz dos homens (Jo 1,4 ss.) aos quais veio comunicar o seu conhecimento do Pai (Jo 1,18) a fim de que todos sejam filhos da luz (Jo 12,36; Ef 5,8; 1Ts 5,5). Essa comunicação da ciência divina não se dá somente de fora, por meio da pregação, mas também por meio da uma iluminação interior; junto com o Pai, Jesus vem habitar nos que o amam e se manifesta e eles (Jo 14,21.23) e a iluminação será dada pelo Espírito que estará igualmente presente em todo cristão (Jo 14,16-17) e terá por função especial fazer entender melhor o mistério do Cristo (Jo 14,26; 15,26; 16,13). Estaria talvez completamente escondida a presença das três Pessoas divinas e a iluminação? Deixamos de lado os textos em que se trata de carismas: são esses efeitos particulares que não são concedidos a todos (1Cor 12). Em outros, São Paulo vê todos os cristãos, sem distinções; todos receberam o Espírito e por meio dele estão unidos a Cristo (Rm 8,9-11; 1Cor 13,16). Ora, o Espírito não está inativo: une-se ao nosso espírito para atestar que nós somos filhos de Deus (Rm 8,16); faz-nos gritar com confiança: Abbá, Pai (Rm 8,14-15; Gl 4,6); vem em ajuda à nossa fraqueza e implora por nós com gemidos inexprimíveis (Rm 8,26); instrui-nos (1Cor 2,10); é fonte de alegria (1Ts 1,6) e de paz (Rm 14,17). Será que São Paulo pensava que todos os cristãos estão, de igual modo, sob a influência do Espírito Santo? É por demais realista para assim pensar: uns são espirituais, outros, carnais; os primeiros são capazes de compreender um ensinamento elevado, mas os segundos não suportam senão o leite das crianças (1Cor 3,1-3). Será o mesmo no que diz respeito à docilidade à iluminação interior. Só gradativamente é que o Espírito poderá explicar toda a sua ação. Eis por que o Apóstolo augura a seus cristãos que Deus se digne lhes dar "um espírito de sabedoria e de revelação", a fim de que conheçam verdadeiramente Cristo (Ef 1,16-20) e a fim de que, "radicados e fundados na caridade", sejam capazes de "conhecer o amor de Cristo que ultrapassa todo conhecimento" (Ef 3,17-19). Isso será provocado pelo Espírito por meio do qual se fortifica "o homem interior" (Ef 3,16). O cristão pode crescer "sob todos os aspectos em direção àquele que é a cabeça, Cristo" (Ef 4,15) e chegar à plenitude do desenvolvimento da inteligência que o fará "penetrar no perfeito conhecimento do mistério de Deus" (Cl 2,2-3). Esses textos nos parecem indicar claramente uma experiência mística: ficamos mais influenciados pelo Espírito Santo e penetramos no mistério de Jesus Cristo; quanto mais nos tornamos espirituais, tanto mais o dom do batismo penetra a consciência. Nos filhos perfeitos do Pai será o Espírito que os animará (Rm 8,14) e eles poderão dizer: não sou eu, mas é Cristo que vive em mim (Gl 2,20).

4. O ESTUDO DA MÍSTICA. Uma vez que a vida mística é uma experiência do influxo divino, pode ser estudada sob diversos aspectos. Como experiência humana, faz parte do campo da psicologia e da filosofia; como efeito da influência divina e referida a Deus, como seu objeto, é estudada pela teologia. Deve-se, todavia, insistir sobre o caráter complementar de tais estudos. A teologia não poderia, sem graves inconvenientes, deixar de lado as descrições psicológicas e a psicologia correria o risco de cair em erro, ao não levar em conta a doutrina teológica.

a) A psicologia estuda e descreve a experiência como é, abstraindo, em seu modo de proceder, da natureza ontológica dos fatos. Ela procura entendê-los e estabelecer as leis que a governam. Ao falar de leis, não se quer, claro, estabelecer uma necessidade *a priori*, mas formular um esquema segundo o qual as experiências de fato costumam aparecer ordinariamente (a teologia afirmará, de um lado, a soberana liberdade de Deus e, de outro, a adaptação geral dos seus dons ao mecanismo humano; Deus é livre, mas não caprichoso). É claro que para entender a experiência mística deve-se levar em consideração as pessoas por ela favorecidas, a idade, sexo, cultura e, sobretudo, suas convicções religiosas. Não se pode misturar, por exemplo, os místicos muçulmanos, católicos, hindus etc., pois, assim agindo, despreza-se o que é para eles de importância capital na experiência mesma deles. Isso vale ainda mais se se deseja estender o campo das pesquisas aos que não admitem senão um panteísmo muito vago. Para bem compreender a experiência, é também necessário considerá-la em função de toda a vida mental e moral do indivíduo. Isso permitirá sobretudo julgar a sua riqueza e a sua autenticidade, como no caso de Santa Teresa de Ávila, às vezes considerada, sem razão, um caso patológico.

Para estabelecer leis é preciso necessariamente poder observar muitas experiências. Aqui a psicologia da m. se encontra diante de uma dupla dificuldade. Primeira, essas experiências não se produzem sob comando; não podem ser provocadas artificialmente porque dependem da livre iniciativa de Deus. Além disso, a experiência mística é, por essência, intimamente pessoal e não pode, portanto, ser conhecida senão por testemunho próprio. Ora, isso já contém certa interpretação subjetiva, embora inconsciente. A tarefa da psicologia será, portanto, juntar o mais possível as diversas descrições feitas pelos místicos sobre seus estados, examinar seu valor e compará-los, para discernir algumas constantes que se encontram em toda a parte. Nem todos os testemunhos têm o mesmo valor; segundo um parecer unânime, o de Santa Teresa de Ávila merece um lugar especial por causa da sua sinceridade psicológica, das suas descrições detalhadas e, além disso, por causa dos repetidos exames de que foi objeto no decurso da sua própria vida. O ideal seria que um psicólogo sagaz fosse, ele próprio, favorecido por uma experiência mística. Eis por que o místico São → JOÃO DA CRUZ, que dá prova de uma profunda intuição psicológica e teve contatos com vários místicos e em particular com Santa Teresa, aproxima-se muito desse ideal. Na falta de experiência pessoal, uma vida profundamente religiosa é uma ajuda valiosa para o psicólogo.

Mediante esse trabalho de classificação e de confronto, a psicologia chegará a distinguir o que é acessório (êxtases, estigmas etc.) do que é essencial. A seguir, procurar-se-á fazer uma síntese da vida mística para determinar sua evolução normal.

b) A filosofia estuda os fenômenos místicos como casos particulares de experiência religiosa. É claro que a posição metafísica terá uma influência decisiva sobre a interpretação dos fatos registrados pela psicologia. Se se nega a existência de um Deus pessoal, far-se-á apelo seja a causas patológicas, seja a fatores naturais conhecidos, seja ao inconsciente. A filosofia examinará essas várias explicações e concluirá que elas são insuficientes. Somente com a admissão de um Deus pessoal e transcendente é que se poderão resolver todos os problemas que são postos pela mística. Isso é particularmente verdade quando se reconhece com J. Maréchal que, tendo chegado ao cume da contemplação, os místicos percebem que têm uma intuição "imediata" de Deus. Seja como for, é preciso considerar que o fenômeno místico no seu todo não pode ser nem uma ilusão nem uma experiência de natureza panteísta, embora cada caso particular deva ser cuidadosamente examinado.

c) A teologia, para estudar os fenômenos místicos, parte da doutrina da graça, da → INABITAÇÃO e dos dons. Transformado, por virtude do batismo, numa nova criatura e tendo em si as Pessoas divinas como causa e como objeto de conhecimento e de amor, o cristão está ordenado a uma participação cada vez mais completa na vida trinitária. É absolutamente normal que a influência divina se faça sentir mais e que as três Pessoas manifestem mais explicitamente sua presença; e isso não apenas durante a oração, mas também na vida cotidiana, quando se age de modo sobrenatural, pois as potências estão elevadas e divinamente transformadas por meio das virtudes e abertas à influência do Espírito Santo por meio dos dons, segundo a doutrina tomista. Tendo estabelecido essas bases segundo a Sagrada Escritura e a tradição, e a seguir a um aprofundamento mais especulativo, a teologia utiliza as conclusões da psicologia para seguir a evolução da graça, do início até o pleno desenvolvimento. O objetivo desse estudo é duplo: conhecer e dirigir; e os dois são importantes. O conhecimento neste caso tem por objeto o que é essencial à virtude cristã: as virtualidades da graça aparecem em todo seu esplendor nos místicos; o estudo de seu testemunho será de particular ajuda para penetrar o sentido dos textos escriturísticos referentes ao estado do cristão. O outro fim é prático é a direção. Dirigir quer dizer, antes de tudo, dar o impulso; é precisamente ao propor o ideal místico na sua verdadeira luz que se suscitará o entusiasmo.

Aqui se pergunta se a vida mística é necessária à santidade. Se se aceita a definição dada acima e se se distingue bem a contemplação mística da vida mística, parece que se deveria responder afirmativamente, pelo menos como regra geral. Quanto mais se avança na vida espiritual, mais o Espírito deverá tomá-la sob sua influência. É necessário ter uma vigilância e uma delicadeza quase contínuas para perceber as suas iluminações e para seguir docilmente as suas inspirações. Mas, de outra parte, somente com as próprias forças não se consegue evitar todos os defeitos; um Outro deve se mover, e ele o faz realmente, se formos fiéis: será o Espírito Santo que tomará pela mão a obra da perfeição. Embora não se deva estabelecer questão prévia alguma à liberdade divina, os casos em que Deus ficaria oculto às almas generosas deveriam parecer uma grande exceção. Aqui os textos citados mais acima assumem toda sua força.

Muitas consequências brotam da afirmação feita acima: 1) Todos são chamados à vida mística, como todos são chamados à santidade. É verdade que nem todos são chamados ao mesmo grau de santidade ou de vida mística; isso depende da predileção divina, da constituição natural de cada um em particular, de seu ambiente etc. 2) Todos podem desejar a vida mística, na qual se está tão explicitamente sob o impulso do Espírito de santidade. Ao suscitar esse desejo é necessário, porém, insistir na preparação ascética exigida, na abnegação necessária para ser dócil às moções do Espírito Santo. 3) Pode-se permitir e até aconselhar a leitura de obras místicas para encorajar as almas a uma maior generosidade, desde que essas sejam equilibradas e não deixem de lado o fiel cumprimento de suas obrigações cotidianas. Não é um perigo quimérico querer se dispensar do esforço ascético para degustar a presença de Deus. Observe-se, todavia, que essa presença é exigente e muitas vezes mortificante. 4) A direção de almas que apresentem aspectos místicos requer uma grande discrição; se é preciso, absolutamente, excluir uma grande credulidade, seria igualmente nefasto deixar-se transportar por uma excessiva timidez, sem falar do desprezo que alguns nutrem por qualquer fato místico. É preciso ter confiança no Espírito Santo e estar à escuta das suas manifestações. Muitas almas não progridem mais, talvez, depois de um primeiro período de fervor, porque seu diretor não ousa lançá-las na via do dom total de si mesmas nem encorajá-las, propondo-lhes a união íntima com Cristo, como a que se realiza na mística. 5) Todo diretor deve adquirir um conhecimento profundo da vida mística, para saber discernir em todos os ambientes as almas generosas, propor-lhes um ideal elevado e lhes dar conselhos adultos.

BIBLIOGRAFIA. ANCILLI, E. – PAPAROZZI, M. (orgs.). *La mistica. Fenomenologia e riflessione teologica.* Roma, 1984, 2 vls.; BALDINI, M. *Il linguaggio dei mistici.* Brescia, 1986; *Grandi mistici.* Bologna, 1987, 2 vls.; CERFAUX, L. *Le chrétien dans la théologie paulinienne.* Paris, 1962; DAVY, M. (org.). *Encyclopédie des mystiques.* Paris, 1972; *Mistica e misticismo oggi.* Roma, 1979; GARDEIL, A. *La structure et l'âme de l'expérience mystique.* Paris, 1927, 2 vls.; GARRIGOU-LAGRANGE, R. *Perfection chrétienne et contemplation.* St. Maximim, 1923; HUBY, J. *Mystiques paulinienne et johanique.* Paris, s.d. (1946); LEBRETON, J. *Tu solus sanctus. Jésus vivant dans les saints. Études de théologie mystique.* Paris, 1948; MARÉCHAL, J. *Études sur la psychologie des mystiques.* Paris, 1937-1938, 2 vls.; MARITAIN, J. e R. *Vita di Preghiera.* Torino, 1961, 70-90; RAVIER, A. (org.). *La mystique et les mystiques.* Paris, 1965; STOLZ, A. *Theologie der Mystik.* Regensburg, 1936; TRUHLAR, K. V. *Christuserfahrung.* Roma, 1964; ID. v. *De experientia mystica.* Roma, 1951 (com ampla bibliografia) [vers. it. *L'esperienza mistica. Saggio di teologia spirituale.* Roma, 1984]; *Vita cristiana ed esperienza mistica.* Roma, 1982; WIKENHAUSER, A. *La mistica di S. Paolo.* Brescia, 1958; WULF, F. *Mystik. Handbuch theologischer Grundbegriffe,* vl. I. Munchen, 1963, 181-193.

A. DE SUTTER

MÍSTICA NÃO CRISTÃ. 1. O FATO MÍSTICO ENTRE OS NÃO CRISTÃOS. A história comparada das culturas e das religiões há muito vem oferecendo à reflexão do filósofo e do teólogo numerosos fenômenos que têm uma surpreendente analogia com os fenômenos descritos pelos grandes místicos cristãos, fenômenos estudados particularmente nestas últimas décadas sob o perfil teológico, filosófico, histórico e filológico.

São conhecidos, também aos não especialistas, os resultados surpreendentes — sem excluir os estados extáticos — a que chegam ascetas iogues, budistas, muçulmanos, neoplatônicos (o próprio → PLOTINO), graças a uma rígida e metódica disciplina do corpo e do espírito. Ainda que se deva considerar que não poucos fatos apresentados como místicos não sejam senão ilusões e interpolações psicológicas, está fora de dúvida, todavia (e seria apriorístico e danoso negá-lo), que em alguns casos nos encontramos diante de algo autêntico e verdadeiro. O testemunho secular, uniforme e definitivamente concordante, reunido em ambientes culturalmente evoluídos, como no caso da mística indiana, muçulmana, judaica, helenística, de homens que, por um desejo de evasão das dificuldades temporais, sacrificaram tudo não pode ser um testemunho de doentes e de desequilibrados.

Basta pensar na experiência secular da Índia: persistente e homogênea afirmação de um absoluto que é atingido mediante uma técnica aguda, ao termo de uma introversão purificadora e desnudante e oferecida como tal somente pela iniciativa humana. Esses homens dizem ter uma experiência do absoluto e a esse absoluto chamam de *Atman* — o Si.

2. MÍSTICA MONISTA E MÍSTICA MONOTEÍSTA. Aqui se impõe logo um esclarecimento: antes de resolver o problema de saber se é possível uma mística natural, deve-se observar que uma diferente concepção religiosa da vida estabelece e condiciona uma diferente experiência interior, mesmo no plano natural. Por isso, deve-se enfatizar uma primeira diferenciação que se dá entre as místicas — tanto da Índia como de fora da Índia — de formulação nitidamente monista, de uma parte, e as místicas monoteístas, de outra, que professam e existência de um Deus uno, transcendente, que comunicou a outros sua palavra.

A sede de absoluto, a ruptura de qualquer apego ao eu contingente e a vocação à interioridade é uma dimensão comum a todas as correntes místicas. O misticismo começa com o desapego do mundo exterior e com a vitória sobre as paixões, prossegue na meditação e na contemplação e tem como fim e conclusão a união completa com o Absoluto. Mas se as primeiras, monistas, se desenvolvem numa linha predominantemente intelectual, as segundas, pondo o acento no dom de si a Deus, desenvolvem-se segundo as exigências e a dinâmica do amor.

Para os místicos monistas da Índia, como para Plotino (cuja mística é muito mais afim da indiana do que poderia parecer à primeira vista), a realização suprema consiste no fato de que o homem se torne por natureza o que tem em si de absoluto. Enquanto os que professam uma religião transcendente têm como ideal doar-se a Deus, os que têm um conceito monista do mundo põem como ideal do homem ser ele mesmo. O esforço deles é uma superação do contingente para procurar em si mesmos um absoluto sobre o qual repousar.

3. EXPERIÊNCIA DO SER OU PRÉ-MÍSTICA. É possível tal superação, tal realização? Muitos estudiosos da mística comparada respondem afirmativamente e tentam dar uma justificação, com base também nos princípios da psicologia e da metafísica tomista. Sabe-se que na presente condição carnal o espírito está como prisioneiro da mobilidade, da multiplicidade, da exuberância fugaz de fenômenos e de operações que emergem em nós provindos da noite do inconsciente. Normalmente, a atenção ao mundo sensível é condição natural de equilíbrio mental. Esse equilíbrio pode ser rompido por análises psicológicas particulares que levam a uma dispersão, ou a uma perigosa introversão (manias, fixações, alucinações etc.), a qual pode levar, por sua vez, a estados esquizofrênicos ou patológicos.

Se, porém, a reflexão, apoiada em sólidas e equilibradas estruturas psíquicas, é acompanhada por uma apropriada técnica de espoliação e por uma progressiva obra catártica, pode se pôr em condição de passar da experiência comum da existência da alma a uma experiência excepcional que toca as profundezas da própria alma, atravessando o eu empírico para o si absoluto. Parece que se deve conceder, no plano filosófico — segundo as sólidas e insistentes descrições que nos chegam, especialmente da Índia —, que os ascetas orientais se despojam de tal modo de toda imagem, de toda representação particular e de toda operação distinta a ponto de reduzir de certo modo, por um ato negativo e de extremo silêncio, a alma e o intelecto deles a uma espécie de autoentendimento radical.

É um movimento de introversão e de subida do sujeito espiritual, candidato ao alcance e ao contato fruitivo das suas origens, que se realiza geralmente mediante três grandes etapas: a) fixação da atividade mental (higiene física, mental e moral), destinada a unificar o eu empírico, separando-o das coisas externas ilusórias; b) recolhimento: preparação mediata de ordem psicológica em que o pensamento elaborador deixa de tomar consciência de si mesmo como subjetividade; c) absorção, ou seja, êxtase: denudação mental e concentração perfeita do pensamento, mediante a qual o extático adquire uma intuição do seu eu nas profundezas do ser e, ao mesmo tempo, tem consciência da fundamental identidade da alma individual com as forças cósmicas (Brahma), em que se realiza o domínio do espírito sobre o corpo e sobre a natureza externa. O sensível exterioriza, esvazia, dispersa, torna vão o real e lhe dá a ilusão de que ele se dissolve no fluir do efêmero, de que toda a vida se reduz a um perene suceder-se de emoções. Às margens desse vórtice não cabe outra coisa senão a fuga do sensível e do externo para refúgio nas profundezas do ser.

A alma, portanto, mediante uma drástica purificação, quase se esvazia de toda operação particular e de toda multiplicidade fenomênica e parece conhecer negativamente, mediante o vazio e o aniquilamento de todo pensamento originado de fora, a maravilhosa metafísica, o absoluto, a perfeição de todo ato e de toda perfeição, que é o existir, o próprio ser substancial. E tudo isso é acompanhado de uma intensa alegria, uma expressão de transcendência sobre o tempo e sobre o espaço, uma sensação de se encontrar acima das categorias de bem e de mal. É um processo de introversão e de esvaziamento que exige uma *energheia*, um ato vital sumamente imanente e ativo.

O vazio é o termo a que tendem esse processo e essa experiência; não somente a sua condição, mas o seu *medium* graças ao qual o profundo e insondável existir da subjetividade é levado — negativamente — ao estado de objeto, não certamente de um objeto exprimível em conceitos, mas de um objeto inteiramente inexprimível e como que engolido na noite, na qual o espírito mergulha para a ela se unir. Na experiência mística cristã, o vazio — a noite — é uma condição da contemplação, ativamente preparada pela alma; é sobretudo passivamente recebida pela influência divina, mas o seu meio formal é soberanamente positivo: a união de amor, sob a moção do Espírito Santo. Aqui, porém, o vazio é não apenas condição, mas meio formal de experiência, o fim a que se tende. A experiência mística natural é como um lento trabalho de morte, uma arte de entrar vivo na noite (conhecida por Platão, mas em que se destacam particularmente os indianos), uma morte que não é a morte evangélica para dar lugar a outro, mas uma morte metafísica para separar do corpo as atividades do espírito.

É, todavia, no plano natural, a experiência mais puramente existencial que se dá. É uma experiência não do que é a alma, mas da sua existência. Na ordem das essências, ela não atinge senão o conteúdo das suas operações, um fluxo de fenômenos, mais ou menos profundos, adquiridos reflexivamente. Essa experiência tende até a purificar, a reduzir e a aniquilar o fluxo permanente dos fenômenos com o objetivo de conquistar, para além dele, a permanência do eu.

Especialmente a tradição do pensamento indiano e monista, fora dos fenômenos parasitários, dos mimetismos e das interferências neuropáticas, confirma claramente esse alcance puramente existencial do eu, revelando-se como uma experiência mística de ordem natural, uma experiência fruitiva do absoluto, que é o ser substancial da alma e, nele e por ele, em alguns casos, do absoluto divino. Com efeito, apesar de seu monismo teorético, o extático hindu fala muitas vezes do absoluto como do senhor, do ser supremo e até do dono do universo. Em sua atitude há, portanto, um elemento de adoração incompatível com a sua metafísica. Aqui nós entramos num outro aspecto do problema.

4. EXPERIÊNCIA DA IMENSIDADE DE DEUS OU MÍSTICA NATURAL. Pode-se falar de uma experiência natural, não só do próprio existir, mas também de um absoluto divino, pelo menos nas religiões teístas que admitem uma transcendência? Muitos o consideram possível. Trata-se, dissemos, na pré-mística natural, de uma experiência do ser. Ora, é precisamente nas profundezas do ser que se insere a presença de Deus. Deus habita no profundo de todo ser com a sua imensidade. Ele ocupa, penetra e sustenta por dentro todas as coisas criadas. Nada pode continuar a existir se não é sustentado pela mão onipotente de Deus. Assim, a mesma conservação das coisas não é senão uma contínua criação. E, como nada há de mais íntimo a uma criatura que a sua própria existência, é justamente nessa intimidade que se exerce a ação divina, com a qual Deus a põe e a conserva no ser. Deus une sua essência à criatura com o vínculo da causalidade que a torna totalmente dependente dele, tributária do seu poder e penetrada até o fundo pelo olhar da sua onipotência criadora. As criaturas são enquanto são nele, dele, por meio dele. Trata-se, evidentemente, da presença de Deus autor da natureza, de uma presença de imensidão, não de uma presença por graça.

Admitida como possível essa distinção, ter uma experiência somente da presença de imensidade não poderia levar o homem a uma verdadeira amizade com Deus e, por isso, a transcendência e gratuidade da experiência mística sobrenatural não seria posta em questão. A mística natural não constitui certamente uma via natural para chegar a Deus como ele é em si mesmo. Não existe uma via natural para um termo sobrenatural.

Admitindo-se, porém, uma experiência de Deus, presente por sua imensidade, acaba-se por admitir a possibilidade de uma "verdadeira" mística natural, como admitem, entre outros, Maritain e Gardet. Quando o homem tiver atingido o último estádio do seu ser, toca em Deus, entra em contato com seu habitante interno e descobre a origem do seu ser. Decerto, mais que Deus em sua imensidade, trata-se, antes, dos efeitos criados por essa presença, como recebidos pela alma. A ação de Deus é experimentada não direta nem imediatamente, mas em seu efeito e por meio dele. Não é Deus em sua imensidade que é atingido experimentalmente, mas o efeito dessa presença numa existência singular. De modo concreto, aqui, Deus parece ter sido atingido no ser substancial da alma; uma experiência, portanto, que se tem — é útil repeti-lo — na ordem existencial e não na das essências. Portanto, como conclusão, nos limites em que a alma e a natureza são participações da essência divina, parece ser possível atingir, sempre mediante um processo de disciplina mental e física, a intuição ou contemplação do ser da alma como está radicado na essência divina. Dissemos mediante um processo mental e físico, porque a mística natural se desenvolve num plano nitidamente gnoseológico.

5. MÍSTICA CRISTÃ EM PAÍSES NÃO CRISTÃOS. A distinção entre união intelectual e união de amor deve, com J. Maritain, ser considerada fundamental. Uma união exclusivamente intelectual jamais ultrapassa a ordem da natureza, no sentido de que a filosofia e a teologia cristã dão a essa palavra. Com o amor têm-se, porém, experiências e modos de contemplação mística e também experiências místicas sobrenaturais. Antes, onde realmente existe uma experiência mística por união de amor, essa experiência é sobrenatural. Ora, temos entre os não cristãos testemunhos tais que somos obrigados a admitir que eles comportam, pelo menos de modo participativo, uma união de amor com a causa suprema, da qual a alma espera a graça. Aqui se transcende evidentemente a experiência do si (subjetiva) e a vaga experiência de uma presença divina de imensidade, para entrar num estado de verdadeira amizade com Deus. Pensemos nos videntes e nos cantores da escola indiana Bhakti (que conheceu seu maior florescimento na época cristã), os quais põem em relevo o aspecto teísta da contemplação, conseguida mediante a caridade e o culto a um Deus de amor e de graça; pensemos no hassidismo israelita, no sufismo islâmico e particularmente no famoso, mas não único, caso Hallaj, que morreu mártir de Deus, para o qual "a essência da essência é o amor". O → ISLAMISMO, com efeito, é talvez o ambiente religioso em que podemos melhor descobrir a coexistência da mística natural e da mística de Deus.

Perguntamos: teriam tido esses ascetas, esses videntes orientais uma autêntica experiência passiva de Deus na plenitude do seu mistério? É necessário observar logo que a distinção entre o plano natural e o sobrenatural é, em concreto, muito difícil na forma das místicas naturais, que se expressam com a linguagem do amor. Seja como for, se a opinião mais comum dos teólogos contemporâneos nos ensina que a fé sobrenatural explícita no Deus uno e remunerador é suficiente para assegurar a fé implícita nos outros mistérios divinos, é evidente que a vida da graça, oferecida a todos os homens, pode existir numa alma reta em qualquer ambiente religioso e cultural. E, mais, é certo que a Igreja na sua realidade mística vai além das fronteiras e dos limites da Igreja visível e que o Espírito de Cristo, como claramente afirmou o Concílio Vaticano II, opera misteriosamente em todos os homens (*LG* 16). Ora, se nós entendemos a vida mística como um florescimento normal da vida da graça, é evidente que Deus pode elevar essas almas ao mistério vivido da sua vida íntima participada. De outra parte, não é crível que Deus se recuse a almas de boa-fé, que põem a piedade e o amor em primeiro lugar e invocam a ajuda da sua graça, a eles não revelada.

Pressuposto isso, não vemos a razão por que certas formas de experiência mística, como as que se realizam, por exemplo, na citada escola da Bhakti indiana e entre alguns muçulmanos e budistas, não possam ser um encontro e uma composição do movimento ascensional da ioga e das disciplinas da contemplação natural do si, com toques sobrenaturais da graça e do amor, que criam um regime mental e moral proporcionado ao desenvolvimento normal de uma experiência mística sobrenatural. Evidentemente, superamos aqui a pré-mística e a mística natural, para entrar na terra santa da mística cristã. Trata-se do problema da mística cristã em países não cristãos: um campo, o do estado dos dons da graça além das fronteiras da Igreja visível, não ainda suficientemente explorado.

6. Portanto, em conclusão, há entre os não cristãos uma pura experiência filosófica, metafísica do próprio existir, que constitui uma pré-mística; parece haver uma experiência natural, mediata, de uma presença divina de imensidade, que constituiria a mística natural.

Os fenômenos que nascem dessas experiências são uma conquista pessoal, coroamento de prolongados e tenazes esforços ascéticos, graças aos quais a pessoa se eleva até o si ou a Deus e o encontra no modo permitido às potências naturais, com um grau de intensidade e de pureza proporcional à eficácia da disciplina ascética; são o resultado terminal de um gradual desenvolvimento, previsível consequência dos exercícios preparatórios antecedentes. Nessa mística a iniciativa é do sujeito.

Ao contrário, na mística cristã, ela é, na sua fase essencial, um fato original, novo na vida espiritual; não é o término natural do movimento catártico que vem como consequência da disciplina do sujeito, mas sobrevém de causa extrínseca, como um "dom especial", absolutamente gratuito, imprevisível, imerecido, da graça divina.

O que dizer, então, da mística cristã entre os não cristãos? Seja-nos permitido evocar, como conclusão, alguns princípios formulados por → GARRIGOU-LAGRANGE e por J. Maritain em dois diferentes estudos sobre o assunto (R. GARRIGOU-LAGRANGE, *Le Sauveur et son amour pour nous*, Paris, 1933, 456-459; J. MARITAIN, *Les degrés du savoir*, Paris, 1932, 450.756.761).

a) A verdadeira mística, a cristã, que comporta ou, pelo menos, prepara proximamente o conhecimento quase experimental de Deus presente em nós, não é possível fora do estado de graça. A simples natureza não pode conhecer a Deus na sua essência e no seu mistério, com um conhecimento vital que leve à união com ele e quase à sua experimentação sobrenatural: assim, sem a graça não se tem uma verdadeira mística que realmente interiorize a alma, levando-a até a luz abissal de Deus.

b) O estado de graça é possível fora da Igreja visível e se efetua nos homens que, ao fazerem, com o socorro da graça atual, o que está a seu alcance, chegam a amar eficazmente a Deus mais do que a si mesmos com um amor de estima, se não com um amor sentido. *Facienti quod est in se (cum auxilio gratiae actuallis), Deus non denegat gratiam (habitualem).*

c) As graças místicas impropriamente ditas, ou menores, não só são possíveis fora da Igreja visível, mas podem ser muito frequentes nas melhores almas em estado de graça, para suprir a indigência de tais ambientes, onde os filhos de Deus que ali se encontram têm tão poucos recursos. Assim, as almas que, no sentido teológico, estão verdadeiramente em boa-fé e com boa vontade podem chegar a um verdadeiro espírito de oração, como observaram com muita frequência os missionários. Consequentemente, podem existir tentativas mais ou menos duráveis de intimidade com Deus, especialmente se no ensinamento religioso restam vestígios do Evangelho, como na doutrina do islã e em certas suas tradições.

d) Quanto às graças místicas propriamente ditas, ou maiores, pelas quais a alma chega aos altos estados místicos, descritos por Santa Teresa depois das IV *Mansões* (recolhimento passivo e oração tranquila), são possíveis fora da Igreja visível, porque "a graça das virtudes e dos dons" podem ser ali desenvolvidos, embora de modo mais difícil. Mas tudo leva a pensar *a priori* que essas graças místicas propriamente ditas, já raras na Igreja visível, sejam raríssimas nesses ambientes, para além da suas fronteiras.

Tudo isso na ordem das possibilidades. E, se da ordem das possibilidades passamos à da existência, é muito mais difícil um pronunciamento. É necessário, em cada caso, um sério trabalho de análise e de confronto, em que devem se encontram a perícia do teólogo-psicólogo com a do histórico-filólogo.

BIBLIOGRAFIA. ACHARUPARAMBIL, D. L'esperienza di Dio: indú e cristiana. In *Chiesa locale e inculturazione nella missione.* Bologna, 1987, 298-320; ID. *Spiritualità e mistica indú.* Roma, 1982; CUTTAT, J. A. *La rencontre des religions.* Paris, 1957; DAVI, M. M. *Encyclopédie des mystiques,* Paris, 1972; *La mistica non cristiana.* Brescia, 1969; *La mistica. Fenomenologia e riflessione teologica.* Roma, 1984, 2 vls.; MARÉCHAL, J. *Études sur la psychologie des mystiques.* Bruxelles, 1937-1938; MONCHANIN, J. *Mystique de l'Inde, mystère chrétien.* Paris, 1974; PARRINDER, G. *Mysticism in the world's religions.* London, 1976; RAVIER, A. *La mystique et les mystiques.* Paris, 1964; *La mystique et les mystiques.* Paris, 1965; SAUX, H. de. *Éveil à soi, éveil à Dieu.* Paris, 1971; THILS, G. *Religioni e cristianesimo.* Assisi, 1967; ZAEHNER, R. C. *Mysticism sacred and profane.* Oxford, 1971; ID. *Hindu and Muslim mysticism.* New York, 1972.

E. ANCILLI

MISTICISMO. Da mesma raiz das palavras "mistério" e "mística", o vocábulo "misticismo", de formação mais recente, é empregado, às vezes, em sentido pejorativo. Os autores católicos o contrapõem então a "mística" para indicar todo desvio que assuma as aparências de mística, como a teosofia, o espiritismo, o → QUIETISMO. Alguns autores não católicos consideram que qualquer experiência mística seja ilusória e, consequentemente, reúnem todas as suas formas, em qualquer religião em que se encontrem, sob o mesmo epíteto depreciativo. Misticismo é estendido também a qualquer sentimento vago de religiosidade, ou também de sentimentalismo fanático sem fundamento racional, ou a um idealismo irreal que não leva em conta possibilidades concretas. Esse sentido pejorativo não é, todavia, geral; em muitos casos, o vocábulo misticismo será simplesmente usado no lugar de vida mística ou do estudo dela. Pode também significar a autêntica atitude religiosa de quem "tende" a uma vida mística e procura para ela se preparar por meio de uma abnegação generosa e da oração. Diante de semelhante gama de significados, é claro que será necessário verificar, caso a caso, o sentido que lhe dá cada autor determinado.

BIBLIOGRAFIA. → MÍSTICA e, além disso: CAPPS, W. HOLDEN – WRIGHT, W. M. *Silent fire: an invitation to Western mysticism.* St. Francisco, 1978; DEWAN, S. *What is mysticism?* Armistar, 1980; FURSE, M. L. *Mysticism, window on a world view.* Nashville, Abington, 1977; JOHNSTON, W. *The inner eye of love: mysticism and religion.* St. Francisco, 1978; KATZ, S. T. *Mysticism and religious tradition.* New York, 1983; KIRLY, R. *The mission of mysticism.* London, 1979; KVASTAD, N. B. *Problems of mysticism.* Oslo, 1980; *Mysticism: spiritual quest or psychic disorder?* New York, 1976; PANDIT, M. LAL Christian mysticism. *The Living World* 82 (1976) 443-459; PHILIPS, P. *Bibliography on Western mysticism.* Washington DC, 1977; PODIMATTAM, F. The universal call to mysticism. *Jeevadhara* 7 (1977) 471-497;

WOODHOUSE, H. F. The Holy Spirit and mysticism. *Irish Theological Quarterly* 44 (1977) 58-66.

A. DE SUTTER

MODERAÇÃO. A moderação pode ser sinônimo de critério, medida, discrição. A moderação a respeito das paixões é temperança, se voltada para o bem; com efeito, sendo as paixões impetuosas, poderiam se exceder; a moderação as freia, submetendo-as à discrição da razão guiada pela fé.

Ao cultivar as paixões boas, como os fervorosos desejos na meditação, a moderação tempera a tensão ou o esforço que pode exceder-se e chegar a um desgaste mental e físico; modera o zelo com o critério sadio, com a fidelidade à obediência, com equilíbrio e discrição também nas mais intensas atividades apostólicas, e aconselha também o devido repouso físico ou o retiro espiritual.

A ambição, os egoísmos, os interesses humanos se apresentam às vezes em meio às mais santas e altas aspirações; a moderação orienta a alma à glória de → DEUS e faz superar os excessos e as neuroses do espírito exaltado.

D. MILELLA

MODÉSTIA. A virtude da modéstia tira o nome do fato de que ela "modera" ou regula os atos que apresentam medíocre dificuldade. Opõe-se, por isso, à imodéstia, que é o voluntário defeito de moderação nos referidos atos. Assim entendida, a modéstia pode ser de quatro espécies: duas dizem respeito aos atos internos e são a humildade e a solicitude; duas, porém, se referem aos atos externos e são a decência no comportamento e a moderação no ornamento. Usa-se, todavia, restringir o sentido do termo à decência e à reserva do comportamento externo, insistindo por isso particularmente no respeito ao próprio corpo e ao dos outros, como a Bíblia recomenda (cf. 1Cor 6,15.19); sobre a necessidade de fugir à ocasião de pecado, especialmente da impureza, comportando-se como o pudor exige e freando os sentidos (cf. Mc 9,43-47; 1Cor 15,33; Tg 1,26), e sobre a utilidade do recolhimento para a → VIDA INTERIOR. A preocupação em evitar as culpas contra a castidade suscita uma viva problemática que toca as questões da moda no vestuário e as relativas ao caráter pecaminoso dos atos imodestos; o desejo de auxiliar a interioridade inculcou com insistência formas particulares de modéstia cristã e religiosa, como a dos olhos, às vezes codificadas em regras pelos fundadores de Ordens religiosas. São célebres, entre outras, as "regras da modéstia", de Santo → INÁCIO DE LOYOLA. Ao julgar os exemplos dos santos no setor da modéstia, é preciso levar em consideração também hábitos do tempo deles e das formas de boas maneiras em uso, tendo-se como certo o empenho deles de se porem com a modéstia em melhor condição de → UNIÃO COM DEUS e de exercício de delicada caridade e humildade. E é precisamente esse empenho que deve ser ressaltado e imitado.

BIBLIOGRAFIA. HOCEDEZ, E. Pour la modestie chrétienne. *Nouvelle Revue Théologique* 52 (1925) 396-413; Modesty. *New Catholic Encyclopedia* IX. London, 1967, 996-997; O'RIORDAN, S. Modestie. *Dictionnaire de Spiritualité* X. Paris, 1980, 1.442-1.445; RONCALLI, A. G. Sull'immodestia del vestire. In *Scritti e discorsi* III (1957-1958) Roma, 1960.

U. ROCCO

MOISÉS. 1. NO ANTIGO TESTAMENTO. Sobre a vida de Moisés, do nascimento até a morte, a Bíblia (sobretudo em Ex, Nm e Dt) nos oferece uma documentação riquíssima que deve ser considerada histórica não apenas com base em argumentos de ordem teológico-dogmática, mas também em relação à crítica, como se reconhece hoje, também por parte de historiadores não ligados a tradições religiosas. Resumimos as passagens mais importantes. Exposto no rio Nilo, depois do nascimento, o pequeno Moisés é salvo pela filha de Faraó, que o faz educar na corte; apesar disso, já adulto declara-se solidário com o seu povo oprimido e se vê obrigado a fugir para o deserto, onde se casa com Séfora, a filha do madianita Jetro (Ex 2). Na visão da sarça ardente (revelação do nome de YHWH), Deus lhe confia a missão de libertar o povo (Ex 3). As vicissitudes que precedem o êxodo (as dez pragas do Egito) são narradas em Ex 5–10; os capítulos 12 e 13 tratam dos pontos culminantes da Páscoa (os ázimos) e da morte dos primogênitos. Segue a passagem pelo Mar Vermelho com o cântico da vitória divina (Ex 14–15), a história do maná e das codornizes (Ex 16), o milagre da água que ele fez brotar da rocha e a vitória sobre Amalec obtida enquanto Moisés orava com as mãos levantadas (Ex 17). De Ex 19 a Nm 10, assistimos aos fatos do Sinai: a teofania, o → DECÁLOGO e a primeira aliança (Ex 19,20.24), depois a triste história do bezerro de ouro, seguida pela grande visão de Deus, que, em certo sentido, é o centro espiritual da vida de Moisés e a aliança renovada (Ex 32-34). De Nm 10 ss. sabemos da longa estada em Cades e do itinerário até as estepes de Moab. Notemos o episódio da serpente de bronze (Nm 21,8 ss.). O Deuteronômio, depois de uma recapitulação de toda a lei em estilo parenético e na forma literária de três grandes discursos de Moisés, nos informa sobre os últimos eventos e sobre sua solitária morte no limiar da terra prometida.

2. NO JUDAÍSMO PÓS-BÍBLICO, podem-se distinguir três correntes: a "helenística", que transforma Moisés num herói, de que se confirma tanto a antiguidade como a originalidade (por exemplo, é até mesmo identificado com *Mousaios*, o mestre de Orfeu: cf. EUSÉBIO, *Praep. evang.*, 9,27); exemplo típico desse gênero é a *Vida de Moisés*, escrita por Fílon de Alexandria, que nos apresenta um Moisés modelo exemplar da "vida perfeita e contemplativa" que é o ideal pessoal desse escritor. A corrente "palestina popular", representada por certos apócrifos (*Apocalipse de Moisés, Assunção de Moisés*), prefere ver Moisés no fulgor dos milagres, sim, mas também no mistério dos sofrimentos (*b. Sota* 14a refere a Moisés o texto de Is 53,12), e vê nele e em seus feitos uma prefiguração típica do Messias e da salvação final (cf. *Qoh rabba* 1, 28 ad 1, 9). A "espiritualidade farisaica", porém, de São Paulo — que nisso dá um testemunho muito claro — até A. Neher, nosso contemporâneo, quase identifica a pessoa e a obra de Moisés com a lei.

3. NO CRISTIANISMO. No Novo Testamento, onde lemos o nome de Moisés por bem oitenta vezes (nenhum outro personagem do Antigo Testamento é lembrado tanto assim), encontramos uma vasta gama de aspectos sob os quais Moisés nos é apresentado nos ditos de Jesus e nas afirmações dos hagiógrafos. Muitas vezes lhe é atribuída a missão de profeta (Dt 18,15.18; cf. também Jo 1,45; 5,46; At 3,22; 7,37; 26,22; 28,23). Ressalte-se Lc 24,27.44 ss. e At 26,22, em que lhe é atribuído ter profetizado sobre a paixão de Jesus (provavelmente com referência a Dt 18,15.18, vendo no próprio Moisés, personagem marcado pelo sofrimento e pela incompreensão, o tipo de Cristo sofredor); outras afirmações de Moisés interpretam-se como profecias sobre a ressurreição (Lc 20,37; cf. 16,29.31), sobre a missão entre os gentios (Rm 10,19) etc. Elementos do midrash sobre Moisés parecem ser aceitos em Mt 2; At 7,22.23.30; 2Tm 3,8; At 7,38; cf. Gl 3,19 e Hb 2,2; Tg 9. Sobre o papel escatológico de Moisés, cf. Mt 17,1-8 (Mc 9,2-8 e Lc 9,28-36), Jo 5,45-46 e Ap 15,3 (talvez também 11,1-13).

Já claramente enunciada no Novo Testamento e depois continuada na Igreja dos primeiros séculos (de que dão testemunho também as pinturas nas catacumbas) é a tipologia "Moisés e o Êxodo"; "Jesus e a salvação" (cf. Jo 6,31-32; At 7,17-44; Hb 11,23-29). Os temas principais são: o batismo (passagem do Mar Vermelho e a água da pedra), a Eucaristia (maná), a cruz (a serpente de bronze e Moisés orante com os braços estendidos) e, finalmente, o Êxodo como símbolo da salvação em ponto de morte (cf. *Commendatio agonizantis: "Libera... animam... sicut liberasti M. de manu Pharaonis"*). De um gênero bem diferente é a interpretação mística da vida de Moisés, cujo exemplo clássico é a *Vida de Moisés* escrita por Gregório Nisseno, o qual não apenas faz uso da metáfora do êxodo do Egito, ao falar do caminho espiritual, mas expõe e comenta a vida de Moisés no sentido de um verdadeiro itinerário dos inícios da vida espiritual até os mais altos cumes da contemplação unitiva. Embora seja talvez muito trabalhoso transpor toda a vida de Moisés para um plano de alegoria mística, continua sendo verdade que a visão narrativa em Ex 34 é um dos fatos mais excelsos na história mística de todos os tempos (cf. *STh* I, q. 12, a. 11, ad 2; II-II, q. 174, a. 4c. etc.; *Subida*, 2,24, 3 e 26, 4; *Chama*, 1, 27; 3, 4; 4, 12).

BIBLIOGRAFIA. ALONSO-SCHÖCKEL, L. Jeremías como anti-Moisés. De la Tôrah au Mesie. In CARREZ, M. – DORÉ, J. – GRELOT, P. (eds.). *Mélanges Henri Cazelles*. Paris, 1981, 245-254; AUZOU, G. *Dalla servitù al servizio*. Bologna, 1975; ID. *De la servitude au service. Étude du livre de l'Exode*. Paris, 1961; BROCK, S. Some Syriac Legends concerning Moses. *Journal of Jewish Studies* 33 (1982) 237-256; BUBER, M. *Mosè*. Torino, 1983; BUIS, P. Les conflits entre Moïse et Israel dans Exode et Nombres. *Vetus Testamentum* 28 (1978) 257-270; BUTLER, T. C. An anti-Moses tradition. *Journal for the Study of the Old Testament* 19 (1979/12) 9-15; CAVALLETTI, S. Gesù Messia e Mosè. *Antonianum* 35 (1960) 94-101; CAZELLES, H. *Alla ricerca di Mosè*. Brescia, 1983; *Concilium* 23 (1987) 23-175; *Nuovo Dizionario di Teologia Biblica*, Cinisello Balsamo, 1988, 1.025-1.032; DEXINGER, F. Der Prophet wie Mose in Qumran und bei den Samaritanern. In CAQUOT, A. (ed.). *Mélanges bibliques et orientaux en l'honneur de M. Mathias Delcor*.

Neukirchner Verlag, Kevelaer, 1985, 97-112; Donaldson, T. L. Moses typology and the sectarian nature of Early Christian anti-judaism: a study of acts 7. *Journal for the Study of the New Testament* 12 (1981) 27-52; Garcia de la Fuente, O. La figura de Moisés en Ex. 18, 15 y 33, 7. *Estudios Bíblicos* 29 (1970) 353-370; Hermann, S. *Il soggiorno di Israele in Egitto*. Brescia, 1972; Mann, Th. W. Theological reflexions on the denial of Moses. *Journal of Biblical Literature* 98 (1979), 481-494; Moessner, D. G. Jesus and the wilderness generation: the death of the prophet like Moses according to Luke. *Society of Biblical Literature Seminar Papers* 118 (1982) 319-340; *Moïse, l'homme de l'alliance*. Paris, 1954; Neher, A. *Moïse et la vocation juive*. Paris, 1957; Nicholson, E. W. *Exodus and Sinai in history and tradition*. Oxford, 1973; Nielsen, E. Moses and the Law. *Vetus Testamentum* 32 (1982) 87-98; Renaud, B. La figure prophétique de Moïse en Ex 3, 1 – 4, 17. *Revue Biblique* 93 (1986) 510-534; Esodo, un paradigma permanente; Saouth, Y. *Il messaggio dell'Esodo*. Roma, 1980; Wachinger, L. Buber und Freud: Ihre Deutung der Mose-Uberlieferung. *Stimmen der Zeit* 96 (1978) 754-62; Walkenhorst, K. H. Warum beeilte sich Moses niederzufallen? *Biblische Zeitschrift* 28 (1984) 185-213.

S. Diedl

MOLINOS, MIGUEL. 1. Nota biográfica. As fontes biográficas são escassas, genéricas e muito parciais. Nascido em Muniesa (Teruel, Espanha), no dia 29 de junho de 1628, educado de modo cristão, pertenceu desde a infância a várias associações religiosas do lugar, entre outras à do Santíssimo Sacramento. Iniciou na terra natal os primeiros estudos e talvez também a carreira eclesiástica. Em 1646, aos dezoito anos, transferiu-se para Valencia, onde obteve um benefício eclesiástico na igreja de Santo André, terminou os estudos preparatórios ao sacerdócio no colégio de São Paulo, dirigido pelos jesuítas, e foi ordenado sacerdote no dia 21 de dezembro de 1652. Parece que se formou em teologia no mesmo colégio. Iniciou seu apostolado como capelão de religiosas e em algumas missões populares. No dia 26 de dezembro de 1663, partiu para Roma, aonde chegou, no fim do mesmo ano, com o encargo de reativar o processo de beatificação de Ierónimo Simón de Rojas. Por diversas vezes mudou ali de residência e logo se tornou famoso pela → direção espiritual, que exerceu, primeiro, entre os compatriotas associados da irmandade chamada "Escola de Cristo", falsamente entendida como quietista (M. M. Pelayo, Dudon etc.). A sua extraordinária e singular direção espiritual cresceu rapidamente, conquistando adeptos em todas as classes sociais, até mesmo entre alguns cardeais, bem como Cristina, da Suécia. E, por coincidir ela no tempo e, parece, na doutrina espiritual com os propagadores do → quietismo na Itália, começaram a circular boatos suspeitos sobre sua vida e sobre seu magistério. Para fazer cessar esses boatos e para deixar claro seu pensamento, publicou suas obras, em 1675-1676. A polêmica, que nessa ocasião se acentuou, durou dez anos e praticamente terminou com sua prisão, a mando do Santo Ofício, no dia 16 de julho de 1685. Com ele fechado no cárcere, iniciou-se um longo processo, que se encerrou com a condenação de 68 proposições (28 de agosto de 1687), sentença de abjuração e consequentes penas canônicas (3 de setembro de 1687) e sentença final com a bula *Coelestis Pastor*, de Inocêncio XI (20 de novembro de 1687). Sendo-lhe imposta uma duríssima penitência, além da prisão perpétua, passou os últimos anos da sua vida nas prisões do Santo Ofício até 29 de dezembro de 1696, quando "morreu cristãmente, depois de ter recebido os santos sacramentos".

2. Obras. Foi dito que escreveu de dez a doze mil cartas, número exagerado, que nenhum crítico moderno aceita. Atualmente conhecem-se uma dezena delas, algumas publicadas por A. Martín Robles: *Del epistolario de Molinos*, Madrid, 1912. As obras, em ordem cronológica de composição e de publicação, são: *Breve tratado da comunión cotidiana*, Roma, 1875; *Guía espiritual que desembaraza al alma y la conduce por el interior camino para alcanzar la perfecta contemplación y el rico tesoro de la interior paz*, Roma, 1675; existem duas redações da obra, uma é a supracitada, a outra figura como ms. na Biblioteca Vaticana, lat. 8593; *Cartas a un caballero español desengañado para animarle a tener oración mental dándole modo para ejercitarla*, Roma, 1676; *Defensa de la contemplación*, ms. Vaticano lat. 8604, publicada recentemente pela primeira vez (Madrid, 1983). No prelo, outra edição crítica organizada por mim para a coleção "Espirituales Españoles". Acrescentem-se os *Biglietti di direzione spirituale*, as *cartas*, *os papéis vários* reunidos no processo e conservados no Arquivo do Santo Ofício até o ano de 1798, quando foram queimados intencionalmente com todo o dossiê do processo (cf. *Revue d'Ascétique et de Mystique* 14 [1933] 314).

3. DOUTRINA. Geralmente (com raríssimas exceções), o pensamento de Molinos se expõe tomando-se como base a condenação do Santo Ofício e a bula *Coelestis Pastor*. O motivo parece claro. Na sentença de condenação diz-se que tanto as graves acusações de imoralidade como as doutrinas proscritas não somente procedem de testemunhas dignas de fé como também foram tomadas *ex tutis litteris et scriptis*; elas são genuínas e correspondem ao sentido reconhecido pelo autor. Nada do que lhe é atribuído no documento de condenação aparece nas cartas que chegaram até nós, nem sequer na única obra manuscrita, a *Defesa da contemplação*. Com relação às obras publicadas, a situação é desconcertante; foram aprovadas para impressão pelos censores romanos de grande fama teológica e, até, pelo mestre do sagrado palácio. Eles não descobriram erro algum. Depois de sua condenação, todos os escritores antiquietistas admitiram claramente que em tais obras estava condensada essa doutrina. Defenderam-no até os especialistas modernos, como M. Pelayo e Dudon. Essa opinião não tem consistência científica. O que não encontraram os censores, também nós não o podemos encontrar. Segue-se que, se Molinos ensinou o que lhe é atribuído nos documentos de condenação, escreveu-o nas cartas e nas obras que não chegaram até nós e que foram irremediavelmente perdidas quando foram queimados os documentos do processo. No estado atual da documentação, deve-se distinguir necessariamente entre a doutrina dos seus escritos conhecidos e o ensinamento provindo do processo.

A doutrina proposta nas obras concentra-se no tema da contemplação, como meio e caminho seguro, fácil e mais breve para chegar à união perfeita com Deus e à perfeição a ela necessariamente ligada. Ela é exposta diretamente na *Guía espiritual* e nos escritos complementares, *Cartas a um caballero español* e *Defensa de la contemplación*, sobretudo na última, que é um aperfeiçoamento da *Guía*. Quaisquer que tenham sido suas intenções, ele, no primeiro opúsculo publicado sobre a comunhão cotidiana, não faz mais que propagar a prática que já tinha muitos seguidores tanto na Espanha como na Itália. O que lhe é atribuído na condenação sobre esse ponto não tem apoio nos escritos, ainda que, talvez, o autor tenha exagerado na prática as normas e os princípios que figuram na obra. A síntese da sua doutrina pode ser compendiada assim: ele não se dirige a todos indistintamente, mas somente a quem tem "bem mortificados os sentidos e as paixões". A essas almas quer ensinar ao "caminho interior" da contemplação; um dos dois modos que existem para chegar a Deus. Diante do outro, o da meditação, ou discurso próprio dos principiantes, "o recolhimento interior ou contemplação adquirida" é mais puro e nu. Não nega nem despreza a meditação, mas quer ensinar o caminho interno da contemplação. Uma vez expostas as dificuldades e os obstáculos desse caminho e postas em evidências as exigências que requer, analisa sua natureza. Substancialmente, trata-se de caminhar "em fé e silêncio na presença de Deus", uma vez que a alma na contemplação deve "fixar em Deus a vontade, com repulsa de pensamentos e de tentações, com a maior calma que seja possível". É esse um "alto modo de orar". Praticado com constância, pode atingir uma duração ilimitada. "Posta a alma na presença de Deus, com perfeita resignação, por meio do ato puro de fé, ela continua sempre na oração e, fora dela, em virtual e adquirida contemplação" (*Guía*, 1, 14). Molinos não exclui a humanidade de Cristo, como objeto e termo da atenção simples e amorosa da alma em contemplação.

Para chegar à segurança e ao progresso na via da contemplação, é de capital importância e de peremptória necessidade um mestre perito ou um diretor espiritual, cujas qualidades e cujos deveres são analisados num quadro brilhante (*Guía*, 2). A alma deve se submeter totalmente a ele, com docilidade e com confiança. Com intensa aplicação e com decidido empenho, chega-se à doce quietude da contemplação infusa (*Ibid.*, 3), cujas relações com a adquirida jamais são esclarecidas por Molinos. É aqui que se pode descobrir um passo em falso ou, pelo menos, uma falta de ilação em seu sistema. Chega-se à contemplação infusa por meio de dolorosas purificações passivas, descritas por Molinos, em extraordinária concordância com São → JOÃO DA CRUZ. Somente por esse meio, juntamente com a mortificação pessoal ou ativa, é que se consegue a perfeita anulação das paixões e a morte dos sentidos, do próprio julgamento, dos afetos, das inclinações, dos desejos, dos pensamentos. Chega-se assim à "suma felicidade e paz interior", à agradável quietude em que a alma se rejubila em tudo, e de sua calma interior "extravasa para o exterior um perfume e uma sensação de Deus" (*Ibid.*, 3, 21).

A doutrina de Molinos sobre a contemplação chega a paralelismos extraordinariamente próximos aos de São João da Cruz e aos da escola carmelitano-teresiana em geral. Assim como é proposta na *Guía*, apresenta posições um tanto unilaterais que se prestam a dúbias interpretações. A excessiva insistência na atitude contemplativa da alma desvaloriza muito a meditação para quem não é principiante. A consequência é um apelo fácil a uma duração ilimitada da contemplação, mais que alterná-la com a meditação discursiva, e a imprecisa distinção entre o que é pessoal e ativo e o que é passivo e sobrenatural ou extraordinário. Mais, porém, do que posições rígidas e exclusivistas, trata-se de impulsos por demais unilaterais; por isso M. pôde se defender na sua obra inédita *Defensa de la contemplación*, sem se contradizer nem renunciar à doutrina exposta na *Guía*. Mais que da contemplação, trata-se de um esclarecimento sobre a importância e sobre o lugar que ocupa a meditação na vida espiritual da grande massa de espirituais. Indiretamente, justifica seu pensamento sobre a contemplação, invocando as maiores autoridades em matéria espiritual. Descobre assim as fontes nas quais se inspirou ao compor a *Guía*, inspirando-se de modo especial no magistério de São João da Cruz.

Os artigos fundamentais condenados (cf. DENZ. 1.221-1.288) referem-se à oração de quietude, totalmente passiva, e à conciliação desse estado com pensamentos e ações imorais, sem responsabilidade pessoal, porquanto violências diabólicas. Trata-se da doutrina típica de todas as manifestações quietistas através da história, com variantes puramente acidentais.

BIBLIOGRAFIA. DUDON, P. Le quiétiste espagnol Michel Molinos (1628-1696). Paris, 1921; ELLACURIA BEASCHOECHEA, J. *Reacción española contra las ideas de Miguel de Molinos*. Bilbao, 1956; EULOGIO DE LA VIRGEN DEL CARMEN. *El* quietismo frente al magisterio sanjuanista sobre la contemplación. *Ephemerides Carmeliticae* 13 (1962) 353-426; FERNANDEZ ALONSO, J. Una bibliografía (leg. biografia) inédita de Molinos. *Anthologia Annua* 12 (1964) 203-321; LEA, H. CH. Molinos and the Italian Mystiques. *The American Historical Review* 11 (1906) 243-262; MILLOSEVICH, F. Molina y Molinos. *Ricerche Religiose* 18 (1947) 97-115; NICOLINI, F. Su Miguel Molinos, Pier Matteo Pietrucci ed altri quietisti segnatamente napoletani. *Bollettino dell'Archivio Storico del Banco di Napoli* 3 (1951) 88-201; PAQUIER, J. Molinos. *Dictionnaire de Théologie Catholique* X, 2.187-2.192; RAMON ROBRES. En torno a Miguel de Molinos y los orígenes de su doctrina. Aspectos de la piedad barroca en Valencia (1578-1691). *Anthologia Annua* 18 (1971) 353-465; TELLECHEA IDIGORAS, I. Dos originales manuscritos de la "Guía espiritual" de Molinos. Nota para una edición crítica. *Anthologia Annua* 8 (1960) 495-518; ID. Una apologia inedita di Molinos. Scioglimento di alcune abiezioni fatte contro il libro della "Guida spirituale". *Salmanticensis* 27 (1980) 49-81; ID. Molinos y el pietismo alemán. El cliché de los Acta eruditorum (1687). *Diálogo Ecuménico* 15 (1980) 267-289.

E. PACHO

MOMENTO PRESENTE. 1. A doutrina sobre o momento presente é um dos conceitos mais úteis de toda a vida cristã e deve ser seu centro de gravidade. E isso por duas séries de motivos: alguns de ordem psicológica, outros de ordem sobrenatural.

Sob o ponto de vista simplesmente psicológico, não é nem sábio nem inteligente preocupar-se com o passado e com o futuro; com efeito, o primeiro não existe mais e o segundo não é nada seguro. Quem pensa muito no passado e se preocupa com o futuro desperdiça energias. Sobre o passado e sobre o futuro temos de nos contentar em pensar simplesmente, o necessário para desfrutar as experiências do primeiro e para preparar os planos do segundo, prevendo diligentemente as possíveis complicações.

Mas há também motivos de ordem sobrenatural ou de fé: e são as frequentes recomendações do Espírito Santo que encontramos aqui e ali na Escritura: "Não estejais preocupados em relação à vossa vida...", recomenda-nos Jesus, "... não vos preocupeis, então, com o dia de amanhã..., a cada dia bastam as suas penas" (Mt 6,25.28.31.34; Lc 12,22.26.30); "Não vos preocupeis com coisa alguma" (Fl 4,6); "Confiai-lhe toda a vossa inquietude, porque ele tem cuidado de vós" (1Pd 5,7), pois Deus, de fato, "pode realizar muito mais que tudo o que pedimos e imaginamos" (Ef 3,20).

Para o autêntico cristão, portanto, na preocupação, na angústia e na agitação há razão de desordem, porque sabe, por fé, e o sente no íntimo do seu espírito (cf. Rm 8,16), que tudo o que lhe aconteceu ou que lhe vai acontecer é querido ou permitido por seu Pai celeste, o qual contou todos os cabelos de sua cabeça e nenhum deles cai sem sua permissão (cf. Mt 10,29-31). Deus "é"; Deus "sabe"; Deus é "Pai"; e isso lhe basta.

Se é verdade que Deus é infinitamente previdente e sapiente, a sua graça deve chegar a nós "sob medida": a cada necessidade, a "sua" graça; por conseguinte, somente quando chegar "aquele" determinado futuro, de qualquer natureza que seja, é que chegará, por isso, a graça.

Temos de fazer uma última e importante observação: o momento presente nos chega denso de vida eterna, no sentido como a teologia nos ensina, ou seja, que cada instante pode ter uma repercussão eterna, ou, por outra, pode aumentar o capital de graça nesta vida e de glória na futura: "Com cada ato meritório — ensina Tomás de Aquino —, o homem merece um aumento de graça" (*STh*. I-II, q. 114, a. 8). Cada momento presente é, como foi dito, um "paraíso em botão"; "Em cada um de teus momentos — diz Francisco de Sales —, como num pequeno caroço, está contido o bem de toda a eternidade" (*Carta* 1.156).

2. Se é verdade o que dissemos sobre a natureza do momento presente, deve-se logicamente concluir que ele deve ser a "pedra preciosa" e o "tesouro do campo" para cuja aquisição temos de "vender tudo" (cf. Mt 13,44-45). Necessariamente, as nossas faculdades superiores devem ter a preocupação de que o momento presente tenha o máximo peso meritório e a máxima repercussão eterna: com efeito, todo o resto é um "não ser", um delicado invólucro, uma "perda" (Fl 3,7-8), uma "neblina, que é visível por alguns momentos e logo desaparece" (Tg 4,14), "feno… e como a flor do feno. Secou-se o feno e sua flor murchou" (1Pd 1,24). No rumo da repercussão eterna de cada um dos momentos presentes devem ser, portanto, aplicadas as palavras de Jesus: "Não junteis para vós tesouros na terra… Acumulai para vós tesouros no céu" (Mt 6,19-20). Memória, intelecto, vontade deveriam ser totalmente unificados e pacificados na contemplação do "conteúdo eterno" de cada momento presente.

3. Os possíveis inimigos do rendimento eterno do momento presente são os cinco sentidos e as quatro paixões principais: amor, dor, esperança, temor, muitas vezes ativados pelos sentidos.

Não é difícil demonstrar de que modo os sentidos podem ser inimigos do momento presente. Tomemos, por exemplo, o sentido da vista, que, por ser o mais cognitivo, juntamente com a audição, é o que mais pode prejudicar. Na medida em que permitirmos que as imagens — filtradas pela vista — se depositem e "impressionem" a alma em profundidade e por longo tempo, as nossas faculdades se deixarão "distrair" por elas e, consequentemente, se aplicarão com menor vigor ao conteúdo eterno, o qual ficará mais ou menos empobrecido. E essa atividade mortificante do sentido da vida pode se exercer em dois tempos, ou seja, não somente durante a ação (por exemplo, na projeção de um filme), mas também depois; com efeito, o sentido interno da fantasia pode ressuscitar as imagens às quais a vida deu, anteriormente, acesso muito fácil. É essa a explicação psicológica das clássicas distrações com as quais somos frequentemente atormentados.

Do mesmo modo funcionam e perturbam os outros sentidos; porém, como se disse, os que mais distraem são a vista e o ouvido.

Em concreto, como norma ascética, temos de nos esforçar por realizar a célebre sentença de Santo Inácio: "Todos, com a máxima diligência, estejam atentos a controlar os próprios sentidos, a fim de que estejam protegidos de toda afeição desordenada", ou seja, temos de nos esforçar por ver sem olhar, por ouvir sem escutar, por roçar sem tocar.

Todos sabem que isso comporta um trabalho de purificação e de ascese, o qual, normalmente, não é nada breve e fácil; para nos darmos conta disso, basta ler o chamado tratado das paixões, em que Santo → AGOSTINHO descreve magistralmente a luta que teve de enfrentar para pôr em ordem o uso dos seus sentidos (cf. *Confissões*, X, 30-40).

4. Os sentidos, muitas vezes, põem em movimento as quatro paixões principais, porque lhes oferece um objeto repugnante ou atraente. É o caso de citar o pensamento de Jesus: ele nos convida ao banquete eterno do seu amor, oferecendo-nos o "paraíso em botão" de cada momento presente, mas nós nos escusamos, dizendo "Comprei um terreno, comprei cinco juntas de boi, acabo de me casar" (cf. Lc 14,15-21). São as pessoas que se deixam sufocar pelas preocupações, pelas riquezas e pelos prazeres da vida e, como bem observa São Lucas, "não chegam a amadurecer" (Lc 8,14). Sem metáforas: quanto mais uma alma se angustia e se regozija com aquilo com que não deveria se angustiar nem se regozijar; quanto mais espera e teme o que não deveria esperar nem temer, tanto mais esvazia o conteúdo eterno de cada momento presente, o qual, precisamente, "não chega a amadurecer" plenamente, porque outros amores-dores-esperanças-temores heterogêneos e contrários ficam em tumulto nas faculdades, impedindo que tenham a concentração e unificação de que se falou.

5. Também nesse caso é preciso intervir com um exercício análogo àquele de que se falou para regular-acalmar-ordenar os sentidos e as paixões: com efeito, da paz deles "dependem", como diz muito bem São João da Cruz, "inumeráveis bens" (*Subida*, 1, 13, 5), que são precisamente todos e cada um dos momentos presentes com o máximo peso meritório nesta vida e com a máxima repercussão eterna na outra.

6. Concluindo e sintetizando, podemos resumir toda a vida cristã, considerada em seu duplo aspecto: dinâmico positivo e dinâmico negativo, em torno da doutrina do momento presente.

A pessoa mais inteligente é aquela que, vencendo, com uma ascese progressiva e bem conduzida, a hipnose do sensível e a escravidão das paixões (aspecto dinâmico-negativo da vida cristã), é capaz de ficar, de modo total e completo, no momento presente, mantendo-se, antes-durante-depois, sob a influência do Espírito de Cristo (cf. Rm 8,14), o qual deveria preceder-acompanhar-encerrar (cf. DENZ. 809) cada ato, a fim de que seja completo nele e produza muito fruto (cf. Jo 15,4-5; 1Cor 10,31; Cl 3,17).

7. Cada qual poderá entender como a doutrina sobre o momento presente simplifica, facilita e, se quisermos, torna até mais doce e atraente a prática da vida cristã, que, muitas vezes, se confunde com "as práticas de piedade" ou com o "tempo que se passa na igreja". Não há quem não veja como essa ideia é imprecisa, incompleta e nociva, sobretudo porque divide e quebra a unidade que deve governar toda a vida cristã: a qual, justamente porque vida, quanto mais é "una" e unida, tanto mais será autenticamente cristã; consequentemente, ela deve ser um todo vivo e ininterruptamente em ato, como Deus, que é sua fonte.

A doutrina sobre o momento presente, que nos lembra que ele pode vir a nós carregado de energias divinas, nos faz concluir que continuamente podemos hauri-las, continuamente podemos e devemos nos santificar, aumentando o capital de graça nesta vida e de glória na outra, mesmo quando estamos ocupados em ações que, por seu invólucro externo, poderiam parecer totalmente estranhas à piedade. O que não é verdade. Desde que as façamos "em Jesus e no nome de Jesus", essas ações são santificantes, porque sua verdadeira alma é o Espírito de Cristo, o qual as transforma em amor, em piedade, em vida eterna. Cada momento presente torna-se, por assim dizer, um sacramento no sentido de que se torna um canal de vida divina.

Todo cuidado, portanto, deve ser empregado para não pôr divisão onde ela não existe; tudo pode e deve se tornar sagrado e santificante; nem temos de considerar o tempo passado fora da igreja como algo estranho à aplicação interior. Não se quer, com isso, diminuir a absoluta necessidade do recolhimento e da piedade "propriamente dita", pois será precisamente na proporção dela que toda a nossa vida permanecerá unida. O que se quer fazer observar é que também fora da piedade propriamente dita se pode e se deve continuar plenamente o nosso trabalho de santificação sem complexos, os quais se expressam em nostalgias, em desânimos, em lamentações.

Essa orientação é um dos motivos dominantes do Vaticano II (cf. *AA* 2.4-7.11.13.16; *LG* 31-38.39-43; *PO* 3; *GE* 2.8).

BIBLIOGRAFIA. → PRESENÇA DE DEUS.

A. DAGNINO

MONASTICISMO. 1. ETIMOLOGIA. A palavra grega μοναχός, que deriva de μόνος, "só" e "único", é recorrente, ainda que de um modo não tão frequente e quase sempre como adjetivo, tanto na literatura grega e helenística como na Bíblia dos Setenta e em Fílon Alexandrino. Aparece também nos escritores gnósticos e nos ortodoxos do cristianismo antigo (para um olhar panorâmico das várias acepções do verbete "monge" e derivados, cf. G. W. H. LAMPE, *A Patristic Greek Lexicon*, fasc. 4 [1965] 879-880). O primeiro que usou o vocábulo na literatura eclesiástica e no significado técnico que depois se tornará tradicional foi Eusébio de Cesareia. Entre os ocidentais, São → JERÔNIMO é o primeiro a usar a forma latinizada *monachus*. Antes dele, a peregrina Egéria, em sua viagem, tinha falado dos *monazontes*, forma latina de μοναχός, que, todavia, não se firmou depois.

Com a palavra "monge", os antigos escritores designavam uma categoria de cristãos que, por desejo da maior perfeição, se retiravam, de modo mais ou menos radical, do comércio dos próprios semelhantes para, em lugares afastados, levar uma vida de oração e de austeridade.

A tradição quer que essa fuga do mundo esteja em relação com a terrível perseguição do imperador Décio, de 250. Naquela ocasião, certamente, muitos cristãos egípcios fugiram das cidades e das vilas e se embrenharam pelas impérvias solidões do deserto (EUSÉBIO, *História eclesiástica*, 6, 42). Terminada a perseguição, nem todos retornaram às antigas moradias, julgando que o deserto fosse o lugar mais adequado para a vida perfeita. Quando, mais tarde, a paz de Constantino e a conversão em massa do mundo pagão baixaram o teor heroico da antiga vida cristã, muitos fiéis foram de novo para o deserto para manter altíssimo o nível moral, herdado do período dos mártires. Esses cristãos serão denominados monges.

Embora etimológica e originalmente o verbete "monge" designasse o eremita (ou anacoreta), ou seja, o asceta cristão que vivia sozinho no deserto (ἔρημος), bem cedo, todavia — decerto desde o início do século IV —, a palavra passou a designar também o cenobita (do grego κοινός = comum, e βίος = vida), isto é, o asceta que vive com outros ascetas animados pelo mesmo ideal de solidão, em agrupamentos mais ou menos numerosos e mais ou menos separados, até materialmente, do resto dos homens e da própria comunidade dos batizados. Bem cedo, aliás, entendeu-se por monge predominantemente o cenobita, designando-se o solitário, que vivia sozinho, com o nome de eremita e de anacoreta. Esse último termo, todavia, em sentido técnico, designa o asceta que leva uma vida semicomunitária, ou seja, o membro de uma colônia de eremitas. Essa vida se passava na "laura", que teve muito sucesso na Palestina e se assemelhava a uma cartuxa no monasticismo hodierno.

Além dessas espécies e denominações de monges, muitas outras se encontram na literatura ascética do Oriente e do Ocidente, como "recluso", "estacionário", "dendrita", "estilita" etc. São Bento, no c. I da sua *Regra*, afirma que, na sua época, eram quatro as espécies de monges: "cenobitas", "eremitas", "sarabaítas" e "giróvagos", das quais as últimas designavam respectivamente uma degeneração da vida comum e da solitária.

Antes de expor a origem, remota e próxima, do monasticismo cristão, mencionemos o fenômeno do não cristão.

2. **MONASTICISMO NÃO CRISTÃO.** Embora o fenômeno monástico no seio do cristianismo tenha atingido tais proporções a ponto de atingir profundamente tanto o crente como o estudioso, ele não é um fato único na história das religiões. E se explica não apenas por uma eventual vocação sobrenatural por parte de Deus, mas também psicologicamente, no plano puramente humano, considerando o componente ascético latente de certo modo em toda profunda convicção religiosa. Isso estimulará quase necessariamente algumas almas eleitas e mais sensíveis aos valores do espírito a levar até as últimas consequências a sua total procura de → DEUS (ou do divino) e da salvação. Diante desse objetivo, serão postas de lado todas as atividades exteriores consideradas obstáculo a esse fim supremo. Nesse contexto pode surgir, de modo quase espontâneo, o pensamento de uma associação ascética em vista de uma consecução mais fácil do ideal comum.

Essa segregação da massa dos outros homens para conseguir tal fim eminentemente religioso pode se realizar sob o estímulo de diversos elementos, que devem ser avaliados caso a caso, nas várias formas de associações ascéticas e levando-se em conta os respectivos princípios filosóficos, culturais e teológicos. "Solidão, ascese, contemplação: o monasticismo cristão realiza por iniciativa própria um dos tipos ideais mais profundamente radicados na estrutura mesma da natureza humana. A história comparada das religiões encontra seu equivalente nas culturas mais diversas: Índia, Ásia Central, China, talvez América pré-colombiana" (H. I. MARROU, *Nouvelle histoire de l'Église*, t. I, Paris, 1963, 311).

a) *Precursores do monasticismo na religiosidade greco-helenística*. No mundo religioso oficial da Grécia e de Roma, não somente se reconhece o ascetismo monástico, como parece totalmente ausente qualquer elemento genuíno de ascese. Não apresenta aspecto muito diferente a religião dos antigos impérios da Ásia ocidental. A religião não parece visar a um horizonte ultraterreno; estão sempre em questão o bem material do indivíduo, da família, da tribo e do Estado. Não se nega que no exercício prático do culto tenha havido sacrifícios pessoais e renúncias, mas se trata de uma ascese material. Assim, a castidade das vestais de Roma (de resto, nem sempre voluntária e perpétua), se foi certamente um belo exemplo para o mundo pagão, não estava, todavia, voltada para uma perfeição individual, mas, antes, em função da prosperidade do Estado. Desse exemplo — e de outros do mesmo gênero —, concluir que a Antiguidade jamais tenha tido alguma noção de ascese privada e coletiva seria apressado e fundamentalmente falso.

Prescindindo-se de algumas antiquíssimas intuições orientais, é certo que na Grécia, desde a época anterior aos pré-socráticos, mas especialmente nos séculos VI-V a.C., percebeu-se fortemente uma espécie de dualismo ético e ontológico. Ressaltou-se, então, que algo divino devia existir no homem, embora unido a um elemento inferior. A alma começou a ser considerada prisioneira na matéria corporal. Essa concepção dualista está na base das doutrinas órficas e da religiosidade mistérica. Ela nutriu e estimulou também a especulação filosófica da Hélade por todo o tempo de sua longa história. Ora, os setores órficos, os adeptos dos cultos mistéricos (pelo menos no período inicial) e os seguidores da filosofia (de um modo mais ou menos permanente) estavam muitas vezes reunidos em outras tantas associações e confrarias em que o objetivo religioso, ético e ascético, se nem sempre predominante, estava, todavia, presente. Isso vale sobretudo para os tempos mais recentes, para os quais, aliás, se possui uma documentação mais segura e abundante.

Os mais próximos dos monges cristãos parecem ser os discípulos de Pitágoras, que professavam a procura da sabedoria sob um fundo declaradamente ascético. Talvez eles representassem a encarnação dos postulados órficos. "Era uma vida de iniciados, à qual se podia ter acesso somente depois de um longo tirocínio. Com alegria se sujeitavam às mais duras renúncias, como a abstinência de muitos alimentos, a obediência plena ao mestre, o despojamento dos bens individuais e o afastamento dos prazeres sensíveis. Praticavam os exames de consciência e, às vezes, também a segregação ascética e o silêncio religioso" (G. TURBESSI, *Ascetismo e monachesimo prebenedittino*, Roma, 1961, 32-33). Esse aspecto ascético aparece também no neopitagorismo, no qual se acentua o elemento místico e a aspiração teosófica e adivinhatória. O filósofo da era helenística não é tanto um pensador em estado puro quanto um sábio diretor de consciência, um consolador do sofrimento humano, uma espécie de sacerdote e de mediador entre o mundo divino e o humano.

b) *O monasticismo indiano*. Na Índia, encontram-se os paralelos mais vistosos com o monasticismo cristão. A península indiana mostra-se ao longo dos séculos como a terra prometida da contemplação e da vida monástica. A especulação indiana está fundada na religião e tende decididamente para o problema ascético do conhecimento das vias da salvação. Muitas delas foram identificadas, mas a mais nobre é considerada a via do conhecimento. Entre as diversas e, muitas vezes, contrastantes experiências religiosas da Índia, queremos acenar apenas para as doutrinas do → JAINISMO e do → BUDISMO. Essas duas correntes religiosas nos interessam não somente por sua tendência ascética e mística — comum a todas as formas da religiosidade indiana —, mas especialmente por suas características associações monásticas. E elas apareceram na mesma época (séculos VI-V a.C.) e para responder a uma idêntica problemática. Têm também um objetivo semelhante: a transmigração e o alcance do estado nirvânico por parte da alma, definitivamente livre da matéria. Ambas, enfim, representam um desvio das doutrinas védicas, como eram interpretadas pelos brâmanes e pelos upanixades.

É inútil acrescentar que o budismo deve sua expansão e sua conservação sobretudo à obra dos seus monges, numerosíssimos em todas as épocas, conhecidos até no Ocidente helenístico, embora de uma forma mais ou menos vaga e provavelmente apenas nos ambientes eruditos. Megastenes, que fora encarregado pelo rei Seleuco Nicátor de várias missões junto ao rei indiano Sandocathos (indiano Chandragupta), publicou, em seu retorno, em 291 a.C., os seus *Indaca*, nos quais, entre outras coisas, se falava de duas espécies de ascetas indianos: os *pramnai* e os *sarmanai*. Esses últimos podem ser tanto os eremitas da floresta da civilização brâmane como monges budistas (cf. H. de LUBAC, *La rencontre du bouddhisme et le l'Occident*, Paris, 1952). Eles são lembrados por Alessandro Polystore (80-60 a.C.) e depois também por Fílon de Alexandria e por Clemente de Alexandria. Em Mani (nascido em 216 d.C.) percebe-se uma dependência do budismo. Em → PLOTINO é inegável uma influência da religião indiana. Bardesane fala de Brâmanes e de Sarmanes, eremitas os primeiros e cenobitas os segundos. O mundo cristão conheceu algo do Buda Sakyamuri por meio da *Vida dos Santos Barlaão e Josafá*, que é uma reconstrução cristã de uma biografia do douto Buda. Mas foi Marco Polo o primeiro a revelar ao Ocidente o autêntico rosto do budismo (DE LUBAC, op. cit., 20 ss.).

A ideologia budista e os seus monges tiveram influência sobre a origem do ascetismo associado no seio do povo de Israel? Embora isso tenha sido às vezes afirmado, ninguém até agora conseguiu prová-lo. Antes, dada a diferença essencial entre os dois sistemas religiosos, parece inverossímil qualquer dependência que atinja os aspectos substanciais da espiritualidade judaica. De resto, não se prova sequer a influência sobre algum elemento secundário do judaísmo.

c) *Monasticismo judaico e monasticismo cristão*. O monasticismo judaico dos terapeutas e dos essênios aprofunda suas raízes na espiritualidade tradicional de Israel, mas o seu aparecimento oficial com contornos bem definidos verifica-se apenas nos séculos que precedem imediatamente a era cristã. E desaparece da história com a catástrofe da nação no tempo de Vespasiano e de Tito.

Das fontes literárias antigas, especialmente de Fílon e de Flávio Josefo, e das modernas descobertas arqueológicas de → QUMRÂN, o monasticismo judaico mostra-se articulado na tríplice forma de eremitas, de cenobitas e de anacoretas ou semieremitas. A esse último tipo pertencem os terapeutas egípcios, tão bem descritos por Fílon no *De vita contemplativa*.

Os ascetas de Qumrân são hoje mais bem conhecidos porque, além do recurso às fontes antigas, o estudioso pode ter acesso direto à regra deles, aos hinos e a outros escritos que, com os bíblicos, serviam para plasmar a espiritualidade deles e distingui-las das demais seitas do judaísmo. E é evidente que se trata de uma séria ascese. Além da renúncia à posse individual dos bens, da continência perfeita e da submissão aos legítimos superiores, os ascetas de Qumrân exaltam o valor da oração, professam grande respeito pelo Senhor, não desvinculado, porém, de um ardente ímpeto de piedade.

Ao confrontar o movimento ascético judaico com o cristão, não nos esqueçamos de que o primeiro é de origem sacerdotal e está articulado sobre o sacerdócio, ao passo que o segundo foi no início — e por muitos séculos depois — um movimento totalmente leigo. A escatologia essênia tem evidentemente um fundo diferente da cristã. No estádio atual dos nossos conhecimentos, pode-se determinar a medida com que o monasticismo judaico influenciou o monasticismo cristão?

É esse um problema que as modernas descobertas arqueológicas aguçaram, mas não resolveram. Até hoje não se pode demonstrar uma dependência direta; mas parece possível alguma influência secundária que terá chegado aos monges cristãos mediante a teologia espiritual dos judeo-cristãos. De resto, se se admite alguma relação entre São → JOÃO BATISTA e os ascetas de Qumrân, pode-se ainda falar de uma contribuição ideal da corrente essênia ao monasticismo. O Batista, com efeito, foi considerado pelos monges de todos os tempos como um exemplar ideal deles. Existem certamente semelhanças entre as práticas ascéticas dos primeiros monges e as dos essênios: fuga do consórcio mundano, retiro para lugares desertos, vários exercícios espirituais, tanto no período de iniciação como no desenvolvimento da vida cotidiana. Aliás, o edifício central de Qumrân lembra por sua estrutura a laura e outros semelhantes ascetérios cristãos. Todavia, exigências cronológicas parecem excluir a dependência direta do monasticismo em relação aos essênios, pois eles tinham já desaparecido havia um bom tempo da cena do mundo quando surgiram os primeiros monges cristãos.

Acima de qualquer analogia e semelhança com algumas práticas religiosas e comunitárias, permanece a substancial diferença dos motivos ideais que inspiraram os dois movimentos ascéticos. A mesma observação é motivada por pressupostos diferentes. Assim, o celibato essênio encontra sua justificação no desejo da mais absoluta pureza ritual, ao passo que a castidade monástica vincula-se aos exemplos do Novo Testamento e aos motivos teológicos expostos por São Paulo nas suas cartas. A → IMITAÇÃO DE CRISTO é que está na base do monasticismo cristão e de todo ascetismo digno desse nome. O Messias, porém, entre os qumrânicos, se tinha, além do aspecto sacerdotal, também o político, não tinha, porém, nenhuma missão exemplar ou de redenção.

3. ORIGEM DO MONASTICISMO CRISTÃO. A tradição católica foi sempre constante em afirmar que o monasticismo se vincula substancialmente ao exemplo e ao ensinamento de Jesus mediante a doutrina do Novo Testamento e a prática do ascetismo dos primeiros séculos, que atinge o ponto culminante no martírio e na virgindade. Muito diferentes e contraditórias ao longo dos séculos foram, porém, as opiniões expressas em alguns ambientes acatólicos e racionalistas em relação a esse problema. Relacionaremos algumas que mais fizeram falar de si e que, embora abandonadas hoje pela massa dos estudiosos, demonstram negativamente a importância da questão. Wicleff († 1384) afirmava que todas as Ordens religiosas são invenções do demônio e quem delas faz parte torna-se incapaz de observar os mandamentos de Deus. Um posicionamento mais maciço contra as Ordens religiosas e seus votos foi defendido pelos reformadores do século XVI (Lutero, Calvino e outros ainda), e pouco depois os Centuriatos de Magdeburgo quiseram afirmar que, no plano histórico, o monasticismo era uma instituição puramente humana e nada tinha a ver com o Evangelho de Jesus Cristo. Mas, sobretudo nos últimos cem anos — mais precisamente do fim do século XIX e nos primeiros decênios do século XX —, a opinião tradicional encontrou opositores aguerridos e extremamente eruditos. Eles podem ser agrupados em três categorias principais.

a) *O monasticismo é substancialmente um produto de origem não cristã.* O mais célebre defensor dessa teoria foi E. Weingarten, que, depois de ter relegado para o reino da fantasia as fontes do monasticismo primitivo, como a *Vita Antonii*, de Santo Atanásio, tentou demonstrar que ele provinha dos possessos e reclusos do templo de Serápides de Menfis. A passagem do monasticismo pagão ao cristão teria acontecido no tempo de Juliano o Apóstata. A cristianização do movimento foi completada por Basílio o Grande e atingiu a perfeição por meio de São Bento, no Ocidente, que uniu ao monasticismo basiliano o trabalho e a vida em meio ao povo cristão.

Foi imenso o rebuliço suscitado pela hipótese de Weingarten; mas os opositores foram muito mais numerosos do que os defensores, mesmo no campo não católico. Entre os que retomaram e expuseram as ideias de Weingarten devem ser lembrados Flinders Petrie, Ravilot, Kenyon, Wilamowitz, Beloc, Beule-Lecrey (para esses autores, cf. E. BUONAIUTI, *Le origini dell'ascetismo cristiano*, Pinerolo, 1928). Amelineau pensou até que os monges do Egito do século IV não fossem cristãos, mas pagãos, embora a Igreja os tenha incluído entre os confessores da fé (*Histoire des monastères de la Basse Egypte*, Paris, 1894). Preuschen, embora considerando totalmente fantástica a construção de Weingarten, admite que ela inclua um pensamento certo porque os possessos eternizam o objetivo comum a todo ascetismo: tornar-se como possesso da divindade, ou seja, viver apenas para Deus. Entre os opositores de Weingarten, uma avalanche de novas hipóteses, igualmente caducas, como a de Hilgenfeld, que, depois de uma rigorosa crítica de Weingarten, afirmava que o monasticismo cristão deriva do monasticismo de Buda, por meio do movimento essênio e terapêutico.

b) *O monasticismo considerado um sincretismo de elementos cristãos e não cristãos.* Muitos opositores de Weingarten, embora condenando seu radicalismo, aceitaram em parte sua hipótese e viram no monasticismo cristão a resultante do ascetismo cristão e pagão. Assim, W. Gass observa no monasticismo a união do elemento cristão com o pagão, representado, o primeiro, pela renúncia e pelo sacrifício e, o segundo, pela fuga do mundo.

D. Völter vê nos primeiros monges cristãos do Egito a fusão das ideias sociais e religiosas dos *Circumcilliones* com elementos ideais e místicos da filosofia grega e helenística, sobretudo como se encontram em Platão e Fílon. Zöchler observa no monasticismo, ao lado de inegáveis influências cristãs, não poucas influências estranhas, representadas sobretudo pela filosofia helenística e pela religiosidade asiática. Foi depois da paz de Constantino que esses elementos estranhos puderam entrar para o seio da Igreja, aberta então ao mundo circunstante. Em particular, ele nota influências hebraicas mediante os terapeutas, egípcias por parte dos reclusos de Serápides, filosóficas por parte dos cínicos da Ásia Menor. Para R. Reitzenstein, o monasticismo é um produto do clima caótico, mas fervoroso em religiosidade, dos primeiros séculos da era cristã. De todo aquele turbilhão ideal, o monasticismo representa a síntese melhor, realizando as aspirações mais nobres da tradição pagã, filosófica e mistérica, e as mais altas do pneumático e do mártir, características da experiência cristã no período pré-constantiniano. Segundo E. Buonaiuti, que tem alguns pontos de contato com o autor precedente, o ascetismo é uma corrente adventícia na tradição cristã: o conceito de ascese, bem como o próprio vocábulo, são estranhos ao horizonte das experiências neotestamentárias.

c) *O monasticismo como produto de um cristianismo decadente e mal entendido.* E. Lucius admite que os monges consideravam Jesus Cristo o modelo deles, mas deplora o aspecto excessivamente negativo da vida monástica primitiva, que não corresponde ao ideal do Evangelho. A. Harneck, embora admitindo que no cristianismo primitivo tenha havido verdadeiros ascetas, nega que a vida monástica esteja vinculada à experiência espiritual deles. Segundo ele, os monges são os sucessores dos montanistas e dos encratitas: são os reacionários da Igreja, a qual do fervor de seita entusiástica e zelosa estava se transformando em cosmopolita e mundana. Os monges dos séculos IV-V, diferentemente dos heréticos acima lembrados, reconheceram à Igreja o direito à existência, e a Igreja reconheceu esse mesmo direito a eles. Houve então o curioso paradoxo de uma Igreja que, embora se tornasse cada vez mais mundana, exaltava um ideal de santidade cada vez mais alto, vivido pelo monasticismo.

Não é o caso de fazer aqui a crítica detalhada das hipóteses acima lembradas. E isso por diversos motivos. Em primeiro lugar, porque todo erudito, antes de estabelecer a própria teoria, procurou demolir a de seus predecessores. E, em geral, conseguiu muito bem refutar as hipóteses dos outros, ao passo que foi menos feliz ao encontrar argumentos para estabelecer os próprios pontos de vista em bases seguras. Além disso, no próprio campo não católico houve uma forte reação por parte da crítica histórico-literária às teses acima expostas. A crítica estava agora dotada de possibilidades desconhecidas à geração de estudiosos anterior. A esses críticos mais recentes não foi difícil basear o monasticismo primitivo no movimento ascético cristão anterior. Desse modo, quase todas as opiniões acima expostas perdiam toda consistência. Mas elas eram vulneráveis também sob outros pontos de vista. Veja-se — como exemplo — a teoria de Weingarten. Ela suscitou uma enorme surpresa nos ambientes eruditos e teve também alguns seguidores; mas foi logo atropelada pela crítica histórico-literária. Entre os opositores, recordemos K. Sethe, R. Reitzenstein e R. Moes. Não nos estenderemos a falar dos eruditos católicos que defenderam com sucesso a opinião tradicional sobre a origem do monasticismo; recordemos apenas Butler, Berlière e Gabillot. Sob o ponto de vista crítico, são particularmente interessantes os estudos de von Hertling Heussi (sobretudo), Döries, Bouyer. Desde 1933, H. Kock conseguira sem dificuldade incluir o monasticismo no ascetismo cristão anterior. Isso, como se disse, foi sempre defendido pelos católicos de todos os tempos.

O debate sobre a origem do monasticismo serviu, em última análise, para rejuvenescer a sentença tradicional católica. Depois de tantos estudos, ela surgiu numa nova luz e como fortalecida, tendo passado então pelo crivo da crítica mais exigente e depurada dos elementos caducos, lendários e inconsistentes. O termo cronológico para o fim da maior parte das disputas em torno da origem do monasticismo pode ser fixado no período intermédio entre as duas recentes guerras mundiais. Nos dias de hoje, apenas alguns seguidores tardios das teorias superadas e confutadas fizeram ouvir sua voz, mas sem apresentar novos e válidos argumentos. Um exemplo é a recente obra de J. Leopoldt.

Ao ressaltar a diferença substancial entre o monasticismo cristão e similares formas de ascese associada ou individual, no plano teológico, não se quer negar de modo algum a existência de muitas semelhanças no plano ascético e institucional. Essas analogias encontram sua verdadeira explicação não tanto numa dependência doutrinal (indemonstrável historicamente e absurda sob o ponto de vista ideológico) quanto na comum natureza do homem, o qual, submetido a análogas experiências religiosas, reage, naturalmente, de maneira bem homogênea.

4. TEOLOGIA DO MONASTICISMO. Se se acalmou a polêmica sobre a origem do monasticismo e se se aproximaram as posições dos católicos e dos não católicos sobre a gênese do estado religioso na Igreja, a problemática sobre o monasticismo antigo, todavia, não está nada encerrada. Dir-se-ia que as mais profundas pesquisas dos últimos decênios a ampliaram muito e a tornaram mais atual, quer em seus aspectos histórico-literários, quer em seus pressupostos teológico-espirituais; suas conclusões mais dignas de crédito serão logo expostas de modo breve. É inútil ressaltar que agora nos referimos de modo explícito somente ao monasticismo cristão primitivo e da época clássica, a que fizemos referência antes, e ao que continua ainda hoje sua tradição gloriosa.

O monge é o tipo do "homem novo", como se mostrou o fiel aos olhos da fé depois de sua participação no mistério pascal. Ele aspira a ser plenamente a imagem de Jesus Cristo, morto e ressuscitado. Está no mundo, mas não é do mundo, porque a sua vida está escondida com Cristo em Deus e é toda ela um canto de louvor à glória do Pai. Ressuscitado com Jesus Cristo, ele não procura senão as coisas do céu, e o seu olhar está constantemente fixo lá em cima, onde se encontra seu Senhor.

O monge está como morto para as coisas transitórias do mundo e para as preocupações terrenas. É um verdadeiro cidadão de outro mundo, que é esperado e surgirá com todo seu esplendor no fim dos tempos, mas que já irrompeu com Cristo ressuscitado no século presente, como é testemunhado pela presença do Espírito

Santo e de seus dons. O primeiro de todos "os frutos do Espírito" é o amor (*agapê*) e com ele e dele a alegria, a castidade e muitos outros.

Partindo desses pressupostos explicam-se os epítetos dados à vida monástica pela teologia patrística e medieval. Ela é "uma vida *angélica*, porque vive uma existência celeste na procura de Deus, no seu louvor incessante e no desprendimento da terra. É uma vida *profética*, porque exprime uma mensagem de penitência e de perdão, de espera e de vigilância; lembra aos cristãos descuidados que estamos a caminho da verdadeira pátria. É uma vida *evangélica*, porque o exemplo e a doutrina do Mestre são sua única norma. É uma vida *apostólica*, porque nela se deixa tudo para estar sempre próximo a Jesus e segui-lo aonde quer que vá, na renúncia mais completa e no amor mais devoto. É uma vida de *testemunho* (ou de *martírio*), porque por amor de Deus proclama-se diante dos homens a veracidade do Evangelho, a possibilidade da sua atuação com a ajuda do Onipotente" (G. Turbessi, op. cit., 183).

O monasticismo não é, porém, um gênero de vida exotérica, no seio do cristianismo, como podiam ser os órficos para a antiga Grécia e os qunrâmicos para Israel. O monasticismo exprime o integralismo evangélico, revivido à luz da escatologia neotestamentária. Viu bem a antiga Igreja do Oriente, ao considerá-lo o coroamento de toda a existência da sociedade cristã. O monasticismo representa a cúpula do edifício sagrado, a qual faz verdadeiramente parte da construção, embora sendo seu cume e perfeição última. Eis a definição do monge segundo São → Teodoro Estudita: "É monge aquele que olha somente para Deus, que se dedica somente a Deus e que, não querendo servir senão a Deus somente, estando em paz com Deus, torna-se causa de paz para todos os outros" (*Piccola catechesi*, 39; ad. Auvray, 142-143).

A vida monástica, todavia, embora sendo um carisma particular, é um bem comum para toda a cristandade. E isso tanto no plano das realidades sobrenaturais, por causa da contribuição própria dada de tantas formas ao Corpo místico, como no plano social, por sua característica missão exemplar. Simplesmente com sua existência, o monge lembra ao fiel as exigências fundamentais de toda vocação cristã, como a pertença ao século futuro e a transitoriedade deste presente, a necessidade da imitação de Cristo, do desapego e da mortificação, o empenho do colóquio amoroso com o Pai, o desejo ardente do advento do Reino e do triunfo final de Deus.

Do que se disse, intui-se que é impossível compreender plenamente o monasticismo cristão sem a fé em Deus e em Cristo.

Com isso não se quer negar a contribuição do monasticismo também para a civilização humana; mas isso foi considerado pelos monges um elemento secundário, embora necessário, da vida deles. Na Regra de São Bento, por exemplo, o trabalho representa um dos três componentes essenciais do dia monástico (cap. 48). Todavia, ele conserva seu aspecto fundamental "ascético": "a fim de que em todas as coisas Deus seja glorificado" (*Ibid.*, c. 57, 9).

BIBLIOGRAFIA. Bacht, H. *Das Vermächtnis des Ursprungs. Studien zum fruhen Mönchtum*. Wurzburg, 1984; Bouyer. L. *La vie de St. Antoine. Essai sur la spiritualité du monachisme primitif*. Abbaye S. Wandrille, 1950; Colombás, G. M. *El monacato primitivo*. I. *Hombres, hechos, costumbres, instituciones*; II. *La espiritualidad*. BAC 351 y 376. Madrid, 1974-1975; Dattrino, L. *Il primo monachesimo. Spiritualità cristiana. Storia e testi* 3. Roma, 1984; Deseille, P. *L'Évangile au désert*. Paris, 1965; Guillaumont, A. *Aux origines du monachisme chrétien. Pour une phénoménologie du monachisme*. Abbaye de Bellefontaine, Bégrolles-en-Mauges, 1979; Heussi, K. *Der Ursprung des Mönchtums*. Tubingen, 1936; Kock, H. *Quellen zur Geschichte der Askese und des Mönchtums in der alten Kirche*. Tubingen, 1933; Leopoldt, J. *Griechische Philosophie und fruhchristliche Askese*. Berlin, 1961; Linage Conde, A. *El monacato en España e Hispanoamérica*. Universidad Pontificia, Salamanca, 1977; Lohse, B. *Askese und Mönchtum in der alten Kirche*. Munchen-Wien, 1969; Malone, E. E. *The Monk and the Martyr*. Washington, 1950; Morard, F. E. *Monachos, Moine. Histoire du terme grec jusqu'au IVe siècle. Influences bibliques et gnostiques*. Fribourg, 1974; Nagel, P. *Die Motivierung der Askese in der alten Kirche und der Ursprung des Mönchtums*. Berlin, 1966; Penco, G. Recenti pubblicazioni di storia del monachesimo. *La Scuola Cattolica* 110 (1982) 436-450; Id. *Storia del monachesimo in Italia. Dalle origini alla fine del Medioevo*. Milano, ²1983; Pericoli Ridolfini, F. S. *Alle origini del monachesimo. Le convergenze esseniche*. Roma, 1966; Piel, A. (ed. e apres.). *Les moines dans l'Église. Textes des souverains pontifes*. Paris, 1965; Resch, P. *La doctrine ascétique des premiers maîtres égyptiens du IVe siècle*. Paris, 1931; Rigaux, B. L'idéal d'un moine de Qumrân à la lumière des écrits de la M. Morte. *Revue Générale Belge* 98 (1962) 1-19; Rousseau, O. *Monaquisme et vie religieuse d'après l'ancienne tradition de l'Église*. Chevetogne, 1957; Turbessi, G.

Regole monastiche antiche. Roma, 1974; ID. *Ascetismo e monachesimo prebenedittino*. Roma, 1961, 189-217.Tratados muito completos sob todos os aspectos: Monachisme. *Dictionnaire de Spiritualité* X, 1.524-1.617 e Monachesimo. *Dizionario degli Istituti di Perfezione* V, 1.672-1.742.

G. TURBESSI – D. DE PABLO MAROTO

MONASTICISMO ORIENTAL. 1. FORMAS DO MONASTICISMO ORIENTAL. Apesar das diversas críticas e restrições canônicas, a vida anacorética solitária é considerada por muitos autores orientais a mais autêntica expressão monástica que corresponde ao próprio nome (*monachos*, que vive sozinho; *anachôrêsis*, retirar-se do mundo). Os antigos filósofos já elogiavam a solidão como meio para se dedicar à filosofia. Para → PLOTINO a vida solitária é a vida divina, que não sofre a distração dos sentidos. Entre os cristãos, o "teólogo do deserto", o grande defensor da solidão é sobretudo → EVÁGRIO PÔNTICO († 399), cujas obras foram lidas pelos monges. A tríplice solidão (das coisas materiais, da palavra e a solidão do coração) foi exposta pelos hesicastas como programa de vida espiritual. A objeção, feita já por São Basílio e muitas vezes repetida nos tempos recentes, ou seja, se os monges orientais teriam esquecido o preceito da caridade, não vale para os verdadeiros hesicastas. Não eram sacerdotes, mas simples monges para os quais o objetivo da vida era chegar à → UNIÃO COM DEUS, por meio da oração contínua; por isso o monge era chamado de "monotropos" (São → NILO), aquele que tende a uma só coisa, a Deus.

De outra parte, já desde o início do monasticismo surge também a forma cenobítica (São → PACÔMIO é contemporâneo de Santo Antônio). Os partidários dessa forma alegam as muitas vantagens da vida comunitária: o mosteiro é a imagem da Igreja primitiva de Jerusalém, quando a comunidade dos fiéis tinha um só coração e uma só alma (At 4,32); no cenóbio há uma comunidade dos bens espirituais e dos carismas pessoais; o máximo obstáculo à união com Deus é a vontade própria, que não é superada senão por obediência; na comunidade é fácil encontrar uma → DIREÇÃO ESPIRITUAL; há, além disso, uma santa emulação no exercício das virtudes; é verdade que a regra impõe várias preocupações, mas, de outra parte, tira a preocupação maior, a do amanhã, do alimento, da moradia; no cenóbio, a vida é ordenada, tudo se faz segundo discrição e medida: a oração, o trabalho, as loas divinas; a vida comum é mais fácil, adequada a todos e não menos meritória.

Não é de surpreender, portanto, que houvesse no Oriente os que polemicamente tomassem partido por essas duas formas de vida religiosa. A exposição de → CASSIANO (*Collationes*, c. 19: *PL* 49, 1125 s.) é plena de serenidade e admite que, enfim, os dois gêneros de vida são "parciais". São Basílio (*Regulae fusius tractatae*, c. VII: *PG* 31, 928-933), ao contrário, critica severamente os anacoretas: o homem não é um "animal solitário" (*zoon manastikon*), mas *koinobitikon*, social; ninguém é suficiente a si mesmo nas coisas materiais, tampouco nas coisas espirituais; a vida solitária contradiz a lei da caridade fraterna: o solitário não pode observar todos os mandamentos de Cristo, tampouco tem a possibilidade de o fazer; falta-lhe a correção fraterna e está, pois, exposto às ilusões; falta-lhe o estímulo dado pelos exemplos dos outros, os seus carismas individuais não trazem fruto porque não são postos a serviço dos outros.

No decurso da história, a tendência cenobítica prevaleceu também no Oriente. No século XI, o Nicon da Montanha Negra afirma que os Padres não admitem outra regra monástica senão a de São Basílio. De perfeito espírito cenobítico está permeada também a *Hypotyposis* dos estuditas, que foi aceita em todo o mundo bizantino como norma de perfeição monástica. De outra parte, desde o século X, nos próprios cenóbios, já se toleram os que se separam da comunidade, procurando a paz ("hesychia") nas celas separadas, nas grutas, nas choupanas. Foram numerosos sobretudo no Monte Athos. O *Typikon*, de João I ("Tzimiskes"), em 975, aprovou essa prática, mas com certos limites. Logo foram escritos *Typici* para os solitários (por exemplo, de São Cristódulo para os hesicastas da ilha de Patmos), onde se determina o alimento, o modo de orar etc. Na Rússia, a vida eremítica floresceu, sobretudo nos séculos XIV-XV, nos bosques ao longo do Volga. No início do século XVI, surgiu uma áspera discussão entre os partidários do cenobitismo rígido (→ IOZIF VOLOKOLAMSKIJ) e a tendência eremítica (→ NIL SORSKIJ). No moderno direito oriental, a vida eremítica, bem como a cenobítica, são consideradas uma forma normal de vida religiosa. Ainda que as velhas prescrições canônicas exijam que um solitário seja primeiro formado num monastério de que dependerá também depois, existiam e existem no Oriente várias formas de vida eremítica. Os monges que vivem totalmente sozinhos e nos lugares desertos chamam-se "anacoretas" ou "eremitas". Suas moradias se chamam "hesicasteria", "eremiteria". Houve no Oriente ascetas cristãos que passaram sua vida dentro de cavidades de grandes árvores; e lhes foram dado o nome de "dendritas". Muito mais difusos foram os "estilitas", sobretudo nos arredores de Antioquia, de Constantinopla e de Tessalônica. Os "reclusos" ("enkleistoi", "zatvorniki") são monges que se fecham numa cela por toda a vida ou por certo tempo. Foram numerosos na Síria e nas ilhas do Mediterrâneo (Cipro, Rodi...). Os "silenciários" observaram o voto de não falar com ninguém, ainda que vivessem em meio à comunidade, como São Saba o Jovem († 1349), que observou o silêncio por 25 anos, levando uma vida de peregrino. Nos cenóbios se observa muitas vezes essa prática na Quaresma ou com a aproximação da morte. "Hesicastas" se chamam com frequência os monges que se separam da vida comum para se dedicarem à oração na solidão nas vizinhanças do mosteiro.

Como é natural, entre o cenobitismo perfeito e o eremitismo rígido foram encontradas no decurso da história várias formas intermediárias. A palavra "laura" corresponde mais ou menos ao latim *vicus*. É usada desde o século IV, sobretudo na Palestina, para indicar as "aldeias" dos monges. A mais antiga é a de Pharan, no deserto de Judá, fundada em 323-330 por São Caritone. As lauras consistem em celas separadas, não muito distantes entre si, tendo no centro uma igreja. Os monges gozavam de certa independência, sendo cada um "hegúmeno na própria cela", como os caracteriza São Saba. As grandes lauras foram fundadas no século V por São Saba e Santo Eutímio. Logo se difundiram em todo o mundo bizantino. Em tempos recentes laura é um título honorífico reservado aos grandes mosteiros.

"Skete" (em eslavo "skit") é uma instituição semelhante à laura. O nome evoca a vida que levavam os antigos ascetas no deserto, no Egito: "Scaetis". Diferentemente da laura, as celas de uma skete, que se chamam "kalybai", são mais distantes uma da outra e, muitas vezes, em lugares de difícil acesso. No Monte Athos uma caliba é geralmente habitada por três monges. Ao todo há doze "sketai", das quais quatro se tornaram monastérios cenobíticos.

A "idiorritmia" provém do grego *idios rhytmos*, uma vida independente. No início, foi considerada vício; mais tarde, porém, foi considerada uma forma legal. Alguns pensam que esse gênero de vida tenha aparecido no Monte Athos, no fim do século XIV, como uma forma de decadência do cenobitismo; outros, ao contrário, pensam que se trate de uma união entre os "celiotas" (habitantes de celas separadas). Um mosteiro idiorrítmico é composto pelas "famílias" dos monges (não mais de sete). O alimento, recebem-no, em parte, do mosteiro e, em parte, é procurado pelo trabalho. Somente em determinados dias os monges participam das loas divinas na igreja e da mesa comum. Tanto os canonistas como as autoridades hierárquicas consideram essa forma de vida um relaxamento e procuram limitar o número dos monastérios idiorrítmicos.

O nome dos "sarabaítas" é de etimologia incerta. São monges que vivem independentes de qualquer monastério. São considerados uma forma de decadência do monasticismo porque "se afastam da comunidade dos cenóbios e cada qual se preocupa das próprias necessidades" (Cassiano, *Collat.* 18, 7: PL 49, 1093 s.).

No Ocidente, já na Regra de São Bento, insiste-se na estabilidade do lugar para o monge. No Oriente, ao contrário, houve desde o início uma grande liberdade em escolher um lugar adequado para a vida ascética. Mas logo não faltaram também aqui as sanções canônicas contra os que sem a permissão dos superiores mudavam de moradia (por exemplo, as leis de Justiniano; cf. *Novellae*, 3, 2; 5, 7; 123, 42); mas nem sempre foram observadas. Veem-se, portanto, no Oriente, várias formas de monges peregrinos. Na Antiguidade cristã fala-se dos "boskoi", pastores, errantes por lugares desertos. Alguns deles nem sequer usavam roupa e se nutriam de ervas: "herbívoros". Os monges giróvagos entre os bizantinos chamavam-se "kaviotai". Entre os búlgaros existiam os chamados "taksidioti", que eram monges mendicantes, interditos, porém, pelas autoridades eclesiásticas. Mais facilmente foram tolerados os peregrinos ("strannik"), na Rússia, os quais não raramente recebiam também um subsídio financeiro do governo.

Ser expulso da própria pátria era considerado na antiguidade uma das mais graves calamidades. Certos monges, porém, escolhiam livremente a moradia num país cuja língua nem sequer conheciam, precisamente para se exercitarem melhor na solidão e no abandono à providência. Esse gênero de ascese se chama a "xeniteia, xenia"; foi praticado com muita frequência pelos monges georgianos. Foi também um dos motivos por que São Nilo foi para Grottaferrata, embora sendo de origem grega.

2. NATUREZA DA VIDA MONÁSTICA. a) *O monge, sucessor dos mártires.* Nos primeiros séculos da era cristã, o ápice da perfeição foi expresso no título glorioso de mártir. Mas Santo → INÁCIO DE ANTIOQUIA já avisava que não é dado a todos morrer por Cristo na arena; o que se exige de todos é a disposição interna. O mártir confessa a fé em Cristo com a morte, mas todos nós — observa → CLEMENTE DE ALEXANDRIA — somos obrigados a confessar essa fé com a vida (*Stromata*, 4, 4). Os primeiros monges, com efeito, procuravam o martírio, mas em vão; então Deus lhes demonstrou outro martírio, o da "consciência". A virgindade é muitas vezes comparada à morte pelo Cristo. Cedo, todos os títulos dados aos mártires atribuem-se também aos monges: também eles são atletas de Cristo, milícia espiritual, "exército" dos monges. A profissão monástica, como o martírio, é considerada como um novo batismo.

b) *A vida monástica é a vida cristã na sua pureza.* Segundo o direito canônico hodierno, estamos habituados a distinguir o "estado de perfeição" do estado de simples cristãos. A distinção, porém, não é adequada na concepção dos grandes fundadores de vida monástica no Oriente. O *Sermo asceticus*, atribuído a São Basílio (*PG* 31, 881B), declara solenemente que a vida ascética não pode ter outro objetivo senão o comum a todos os cristãos, ou seja, a salvação das almas. Por isso, os autores espirituais escrevem suas instruções para os "cristãos". São João → CRISÓSTOMO, com uma pitada de polêmica, assegura que a palavra "monge" nem sequer se encontra na Sagrada Escritura (*PG* 47, 372). O título das *Regras morais*, de São Basílio, fala do que é próprio dos cristãos. A instrução de São → GREGÓRIO DE NISSA ao monge Olímpio fala da perfeição e de como deve ser o cristão (*PG* 46, 256), pois há uma vocação comum para todos: "chamar-se cristão".

Consequentemente, certos autores, como São Basílio, não fazem a distinção entre "conselhos" e "preceitos" tão conhecida no direito latino: o monge é o que quer sejam observados todos os preceitos do Evangelho, sem exceção. Isso, porém, não quer dizer que não conheçam os votos religiosos. Muitas vezes se faz distinção entre as "virtudes da alma" e as do "corpo". As últimas não são as próprias virtudes (*aretai* ou *erga*), mas o que os latinos chamam de *instrumenta virtutum* (*ergaleia aretôn*), os meios para adquirir a virtude. O monge faz a profissão de usar desses meios. Todo cristão é obrigado à pureza da mente, à renúncia do mundo, à fé na providência. O monge quer atingir esse objetivo, usando como meio os votos de castidade, pobreza, obediência.

Segue-se que no Oriente a diferença entre a espiritualidade dos religiosos, dos leigos, dos sacerdotes seculares foi sempre mínima ou nenhuma. Usavam os mesmos livros, se lhes recomendava o mesmo modo de orar e os mesmos jejuns e abstinências, segundo a possibilidade de cada um. Não eram raros os leigos devotos receberem, antes de morrer, o hábito "angélico" dos monges.

c) *A vida angélica.* Embora São Paulo chame todos os cristãos de cidadãos do paraíso (Fl 3,20), o verdadeiro paraíso sobre a terra é, segundo a terminologia no Oriente, o → DESERTO, ou, em geral, toda a vida monástica. Os milagres característicos dos monges confirmam essa concepção (por exemplo, os animais obedecem ao homem de Deus, o qual não sente nem frio nem o ardor do sol etc.). Na terminologia litúrgica e canônica dos bizantinos, o *bios angelikos* significa exclusivamente o estado monástico. Por isso, e até com muita frequência, os santos monges conversam visivelmente com os anjos e por eles são protegidos e assistidos. A vida deles, portanto, imita a dos puros espíritos.

A virgindade é a virtude angélica, como insinua a própria Escritura: depois da ressurreição os homens serão como anjos, *isangeloi* (Lc 20,34 s.; Mt 22,30; Mc 12,15). Embora o monge permaneça na sua constituição corporal, vive, segundo São → JOÃO CLÍMACO (*PG* 88, 6330), como se não tivesse carne; por isso, seu mérito pela vida pura é maior. A virgindade é uma vida nas "regiões supraterrestres" (METÓDIO DE OLIMPO, *Symposion*, 8, 2), retorno à vida do paraíso. Alguns gregos, seguindo São Gregório de Nissa, consideram a vida do sexo como consequência do pecado.

Os jejuns monásticos, a sobriedade, as vigílias são considerados imitação do modo de viver angélico. Os puros espíritos não comem nem dormem. Por isso, julga Santo Arsênio que uma só hora de sono deveria bastar para um monge, verdadeiro atleta de Deus (*PG* 65, 95). Uma vez que os anjos são perfeitamente livres de todas as paixões corporais, o monge aspira a uma → APATHEIA perfeita pela renúncia de todas as coisas deste mundo. Entre os espíritos não há nem ricos nem pobres, todos participam da riqueza de Deus. Assim fazem os monges, observando a pobreza individual perfeita e gozando, segundo suas necessidades, dos bens do mosteiro. Os anjos são os ministros de Deus, executores da sua santa vontade. Assim, o monge pela renúncia à vontade própria, torna-se, sob a obediência, servo de Deus. A verdadeira caridade fraterna faz o que fazem os anjos, ajuda o próximo no caminho da salvação.

Entre as virtudes "angélicas", porém, no Oriente, o primeiro lugar diz respeito à contemplação. Os anjos contemplam continuamente a face de Deus (Mt 18,10), servem, portanto, como exemplo aos que se nutrem com o "pão dos anjos", ou seja, a contemplação (ORÍGENES, *De oratione*, 27, 10). O monge é monge, diz Evergetinos (*Synagôgê*, Constantinopla, 1861, 75), porque dia e noite conversa com Deus e não pensa em nada mais. A oração sem cessar é a restituição do estado paradisíaco, quando o homem vivia na intimidade (*parrhêsia*) de Deus, quando "circulava nas alturas" (*meteôroporein*: São Gregório de Nissa, *PG* 46, 813).

A liturgia é uma obra dos anjos, cujo dever principal é glorificar a Deus. Existem, portanto, nas biografias dos santos, muitos episódios que ilustram milagrosamente a união dos monges e dos anjos no ofício litúrgico. O modo de recitar os salmos alternativamente teria sido ensinado pelos anjos (CASSIANO, *Instit.* 2, 5-6), os anjos acorrem para assistir aos louvores divinos no mosteiro, servem ou até concelebram na sinapse eucarística, sobretudo no momento da oblação.

d) *A vida monástica é uma vida de penitência*. A necessidade da penitência cabe a todos os cristãos; de outra parte, os monges, por sua profissão, pertencem aos "felizes… que choram" (Mt 5,4), revestidos da veste e da maneira de viver de pessoas que estão no luto, como já adverte São Basílio.

Se quisermos entender por "ascese" a purificação e o exercício nas virtudes e por "mística" a união com Deus, então os monges orientais demonstram ter sempre acreditado com firmeza no nexo inseparável entre ambas, pois a ascese leva seguramente à mística. Por esse motivo não raramente se impunham privações heroicas e, em geral, gostam de falar mais da mortificação que da caridade, bem conscientes de que fim e objetivo de todos os exercícios ascéticos é sempre o amor de Deus (cf. TEODORETO, *Religiosa historia*, *PG* 82, 1397 s.).

Depois de ter superado as tendências encratitas, os Padres reconhecem de bom grado o valor do corpo humano, "órgão da alma" (SANTO IRENEU, *Adv. haer.* II, 33, 4-5). Mas, de outra parte, insistem na necessidade de subjugar e de humilhar esse "amigo ingrato e insidioso" (JOÃO CLÍMACO, pp. 88, 901), refúgio das paixões. O mesmo vale para o "mundo". Todas as coisas visíveis são criadas para nos levar à contemplação de Deus. Os monges, porém, não querem esquecer a fraqueza do homem corrompido pelo pecado; portanto, mais que a "contemplação natural" (sobre a qual se difundem os teoréticos da contemplação), pregam a renúncia de todas as coisas e a mortificação dos sentidos.

Exercícios particulares de ascese monástica são esquematicamente enumerados por Eustácio de Tessalônica (*De emendanda vita monastica*, pp. 135, 798); houve entre os monges os que não cortavam os cabelos, que dormiam sobre a terra nua ("chameuniai"), os descalços, os nus ("gymnitai"), os cobertos com lama ("rypontes"), os que não se lavavam ("aniptoi"), que não lavavam os pés ("aniptopodes"), os silenciosos, os habitantes nas grutas ("spelaiotai"), os que portavam cadeias ("siderophoro"), os que viviam sobre colunas ("stylitai"), nas árvores ("dendritai"), os sepultados na terra ("chostoi"), os reclusos, os que ficavam sempre de pé ("stasis"), os peregrinos, os estultos pelo amor de Cristo ("saloi, jurodivyje") e, como observa Eustácio, "os que de mil diferentes modos renunciaram ao mundo".

Ao termo latino "jejum" corresponde o grego *monophagia*, que significa a limitação dos alimentos na quantidade — por exemplo, comer uma só vez ao dia. A *xerofagia* se assemelha à "abstinência" dos latinos. Mas há muitos e diferentes usos e vários graus dessa abstinência (por exemplo, abstinência somente de carne, ou de ovos, ou de leite etc.). Em certos dias litúrgicos a xerofagia é prescrita a todos os fiéis, ao passo que para os monges considera-se normal a xerofagia cotidiana. Os russos distinguem nove diferentes graus de abstinência. Os monges jacobitas alternavam sete semanas de jejum com sete semanas de plena refeição; a carne, porém foi proibida severamente por Rabula, bispo de Edessa († 435). Absoluta proibição da carne valia também para os monges nestorianos ("O monge que come a carne faz o mesmo pecado que um secular ao pecar com uma mulher"). Entre os maronitas, a severa xerofagia é praticada entre os solitários, nos mosteiros é possível a dispensa pelo bispo ou pelos superiores. Para os monges armênios são permitidos peixes nos dias em que os simples fiéis podem comer a carne. Os monges coptas, ao permanecerem fora da clausura, podem se adaptar ao uso dos fiéis.

e) *Os monges orientais e o trabalho apostólico*. Quando, no século passado, William Palmer interrogou os monges russos a respeito do apostolado, recebeu esta resposta: "A missão dos monges não é estudo nem trabalho de qualquer gênero; a tarefa deles é cantar o ofício, viver para a salvação de sua alma e fazer penitência por todo o mundo".

Com referência ao código de Justiniano (*Novellae*, 133), com frequência se acreditou que o monasticismo oriental fosse exclusivamente de tendência contemplativa. Mas há uma incompreensão. Quando os teóricos do monasticismo afirmam com São Basílio que o fim da vida monástica é salvar a alma, ressaltam esse aspecto, ou seja, que as obrigações pastorais não derivam da profissão monástica. Não se exclui, porém, que certos monges — segundo São João Crisóstomo, devem ser apenas os que já chegaram a certa perfeição — sejam postos a serviço do próximo e da Igreja. Já no monasticismo antigo são numerosos os exemplos desse serviço.

É interessante observar nessa ocasião uma especial instituição entre os armênios. *Vartaped* era chamado o monge que, depois de ter feito certos estudos superiores, ordenara-se sacerdote e gozava de certos privilégios. O título é ao mesmo tempo um grau acadêmico e uma função religiosa, unida à bênção e à atribuição da jurisdição por parte do bispo para pregar a doutrina. O nome significa "mestre", "doutor". O mosteiro de Kabeliansk foi um grande ateneu para a formação desses mestres.

Apesar de certas admoestações e precauções, até canônicas, contra a permanência de jovens nos mosteiros, na realidade muitas célebres escolas estavam anexadas aos mosteiros bizantinos, algumas de grau universitário (como em São Mamede em Constantinopla, na Ilha Andros, no Monte Athos) com grandes bibliotecas. A reforma dos mosteiros russos sob Pedro o Grande impõe a obrigação de terem escolas e orfanatos. Semelhantes prescrições contêm também o Conselho de Moscou, dos anos 1917-1918. Vários institutos desse gênero são dirigidos na Grécia pelas monjas. "A alma da criança é ainda plástica, e os hábitos adquiridos — sob os exemplos monásticos — lhes facilitarão a escolha do bem" (São Basílio, *PG* 31, 952-957).

BIBLIOGRAFIA. Benz, E. *Patriarchen und Einsiedler. Der tausendjährige Athos...* Dusseldorf-Köln, 1964; Cappelli, B. *Il monachesimo basiliano ai confini calabro-lucani*. Napoli, 1963; Chitty, D. J. *The desert a city. An introduction to the study of Egyptian and Palestinian monasticism under the Christian empire*. Oxford, 1966; Colombás, G. M. *Paradis et vie angélique*. Paris, 1961; Delehaye, H. *Les saints stylites*. Bruxelles, 1923; Doens, I. *Monastères orthodoxes en Grèce*. Irénikon 34 (1961) 346-392; Festugière, A. J. *Antioche païenne et chrétienne. Chrysostome et les moines de Syrie*. Paris, 1959; Id. *Les moines d'Orient*, I-II. Paris, 1961 s.; Frank, S. *Angelikos bios*. Munster, 1964; Gribomont, J. Naissance et développements du monachisme chrétien. *Dictionnaire de Spiritualité*, X, 1.536-1.547; Guillou, A. Il monachesimo greco in Italia meridionale e in Sicilia. In *L'eremitismo in Occidente*. Milano, 1965, 355-381; Herman. E. La "stabilitas loci" nel monachesimo bizantino. *Orientalia Christiana Pariodica* 21 (1955) 115-142; Kammerer, M. *Les monastères d'Égypte*. Paris, 1926; *Le millénaire du Mont Athos*, I-II. Chevetogne, 1963 s. (para a bibliografia sobre o Monte Athos nos últimos anos, cf. *Ostkirchliche Studien* 15 [1966] 92 s.); Leroy, J. *Moines et monastères du Proche-Orient*. Paris, 1958; Lilienfeld, F. Von *Nil Sorskij und seine Schriften*. Berlin, 1963; Malone, E. E. *The monk and the martyr*. Washington, 1950; Mattews, D. – Nordini, A. *The monasteries of Debra Damo, Ethiopia*. Oxford, 1959; Meinardus, O. *Monks and monasteries of the Egyptian Deserts*. Cairo, 1961; Menthon, B. *Une terre de légende. L'Olympe de Bithinie*. Paris, 1935; *Monachesimo orientale. Atti del convegno di studi orientali*. Roma, 1958, Nicol, D. M. *The Rock Monasteries of Thessaly*. London, 1963; Pujol, C. *De religionis orientalibus ad normam vigentis iuris*. Roma, 1957; Řezáč, J. *De monachismo secundum recentiorem legislationem russicam*. Roma, 1952; Rouët de Journel, M. J. *Monachisme et monastères russes*. Paris, 1952; Savranis, D. *Zur Sociologie des byzantinischen Mönchtums*. Leiden-Köln, 1962; Skrobusha, H. *Sinai*. Olten-Lausanne, 1959; Smolitsch, I. *Russisches Mönchtum*. Wurzburg, 1953; Špidlík, T. Ermites en Orient. *Dictionnaire d'Histoire et de Géographie Ecclésiastiques*. XV. 766-771; Id. *Joseph de Volokolamsk. Un chapitre de la spiritualité russe*. Roma, 1956; Id. *La spiritualità dell'Oriente cristiano. Manuale sitematico*. Roma, 1958, 23.248.303 etc.; Spunda, F. *Greichische Mönche*. Munchen, 1928; *Théologie de la vie monastique. Étude sur la tradition patristique*. Paris, 1961; Tyszkiewicz, S.

À propos du monadisme oriental. *Gregorianum* 35 (1955) 660-663; VÖÖBUS, A. *Histoire of Ascetism in the Syrian Orient*. Louvain, 1958-1960; ID. *Syriac and Arabic Documents regarding Legislation to Syrian Ascetism*. Stockholm, 1960; VOS, S. DE. Le monachisme orthodoxe en Yougoslavie. *Irénikon* 34 (1961) 217-231; WHITE, H. G. E. *The monasteries of the Wadi'n Natrûn*. New York, 1931-1933, I-III. Vários artigos in *Dizionario degli Istituti di Perfezione*. Roma, 1973 s.

T. ŠPIDLÍK

MONOTONIA. Indica a sucessão constante de ações ou fatos que deixam de interessar por falta de variedade, gerando uma desagradável impressão de excessiva uniformidade. Toda realidade (seja interna, seja externa) é, de per si, única e irrepetível; daí, porém, não resulta que muitas coisas sejam semelhantes não somente em si, mas também no modo de se realizar, de se repetir, de se seguir (monotonia objetiva), a ponto de dar quase naturalmente uma impressão desagradável de excessiva uniformidade em quem as observa ou as vive (monotonia subjetiva).

1. NATUREZA. Considerada sob o ponto de vista psicológico, a monotonia é a repercussão e a reação subjetiva a uma situação real, conscientemente percebida como monótona, ou seja, desprovida de variedade e de atração. É um estado, portanto, que depende das percepções íntimas e subjetivas, e é primariamente uma disposição da alma, uma espécie de indolência e de congelamento que pode ser causado seja pela "pobreza" da realidade mesma com a qual se entra em contato e que muitas vezes se é obrigado a suportar, seja — e com muito mais frequência — pela incapacidade de o indivíduo encontrar novidade e interesse nos acontecimentos da existência humana. A monotonia, então, pode se definir como o estado de quem perdeu a capacidade de se maravilhar, de procurar a novidade cotidiana nas atividades usuais, de quem abdicou de viver mais intensamente e de lutar contra a tendência egoística que obriga a uma medida pessoal tudo o que não é ele mesmo. Ela é, portanto, de modo especial, um estado de ânimo, não uma situação externa. Enquanto se "participa", ou se está em "sintonia" com o ambiente externo, de modo que ele represente uma manifestação da nossa vida que continuamente se renova, não se pode falar de monotonia, a não ser, talvez, de modo aparente. Na realidade, ela acontece somente quando não se vive plenamente, refletindo a realização incompleta das potencialidades da pessoa em relação ao ambiente considerado objeto de experiência. Ela está normalmente unida a um sentimento íntimo de solidão que designa uma não completa realização do amor. É esse o fator subjetivo que nos faz sentir a vida pesada e monótona. O perigo maior da monotonia, causa e efeito do nosso amor, é precisamente o de tornar insosso o amor e até de o estiolar, e sem ele nada entusiasma; e o que é um tanto pesado se torna logo difícil e tedioso. Daí se explica por que as coisas que exigem trabalho, sacrifício, renúncia, mortificação tornam-se com muita facilidade aborrecidas e monótonas. O fato, porém, é que a falta de variedade nos acontecimentos cotidianos pode facilmente gerar falta de interesse e de desejo, que, por sua vez, produz aborrecimento e fastio.

Isso acontece porque não experimentamos diretamente a nossa vida senão nas operações, as quais, quando têm sempre o mesmo objeto e a mesma forma, acabam por ser sempre menos estimulantes porque psicologicamente menos percebidas (*ab assuetis non fit passio*), a ponto de tornar imperceptível e não interessante e, portanto, monótona, a própria vida. Temos necessidade de estímulos que nos façam vibrar, que lembrem nossa íntima realidade e nos façam sentir que estamos vivendo.

Portanto, concluindo, ainda que a monotonia não esteja nas coisas, mas num estado de ânimo do sujeito, não se pode negar que haja situações, combinações reais externas que, de per si, tendem a produzi-la. Ela significa falta de encontros com a vida e pode ser ocasionada pelo ambiente ou pela natureza mesma da atividade a que alguém é obrigado a se dedicar, em si muito pobres para poder satisfazer a necessidade vital e a riqueza de expansão do sujeito para poder absorver e justificar seu impulso; fundamentalmente, porém, é verdade que ela é constituída pelo "retiro" e pela incapacidade do indivíduo de participar e de viver os valores que o circundam e, às vezes, lhe são impostos, e de vibrar em uníssono com eles. Com muita frequência, acontece-nos viver na superfície e exteriormente, sem que as ações que realizamos sejam efetivamente a nossa vida, manifestação e estímulo ao mesmo tempo de uma necessidade e de uma atitude profunda, que é a expressão de uma opção fundamental, a qual indica o rumo e dá o significado a toda uma existência. Quem tem a paixão por uma determinada atividade e fez dela a razão da sua vida não a considera aborrecida nem monótona porque para ele isso é viver e de viver não se cansa. Mas quem se dedica a uma ocupação sem interesse e sem paixão não pode deixar de sentir peso e mal-estar, porque não é expressão da "sua" vida, continuando como algo que não toca o ânimo nem exprime sua necessidade vital. Uma vida, então, que se apoiasse e se desenvolvesse nesse ritmo seria necessariamente desprovida de interesse e, portanto, monótona. Fica claro assim que, quando se fala de monotonia de uma vida, essa última não se toma no seu significado primordial de princípio intrínseco de atividades, mas no sentido mesmo de atividade com referência aos objetos que a determinam.

Sendo, portanto, a monotonia um estado de ânimo dependente de percepções íntimas e subjetivas, nela influem os mesmos fatores que contribuem para a formação da personalidade: temperamento, sexo, idade, virtude, educação… Quem é naturalmente otimista julga facilmente belo e interessante o que o pessimista somente com dificuldade achará apenas suportável. O segundo, portanto, muito mais do que o primeiro, será levado a sentir a monotonia. Foram destacadas diferenças individuais importantes a respeito de sensibilidade à monotonia externa. No campo puramente material e humano as pessoas pouco inteligentes parecem mais facilmente adaptáveis a trabalhos em si monótonos. "As pessoas inteligentes, porém, são muito mais sensíveis ao aborrecimento em relação ao trabalho monótono… Certas situações, ao se tornarem muito simples para as possibilidades do sujeito, mostram-se monótonas e dão lugar ao aborrecimento com relativas manifestações de indiferença e de inquietação" (Falorni).

2. MONOTONIA E VIDA ESPIRITUAL. Na ordem da vida espiritual, o perigo da monotonia não nasce tanto da facilidade quanto do fato de que a vida da graça está por sua natureza fora de qualquer experiência, sem reflexos psicológicos registráveis; e não é fácil, sob o ponto de vista humano, sentir certas ações como manifestações vitais de uma vida que nós não percebemos, justamente porque elas são incapazes de se inserir na corrente da vida e da experiência divina. Somente a fé nos guia na vida espiritual, e a fé é obscura e impalpável. Na ordem do espírito exige-se mais sensibilidade para sentir a vida, mais capacidade para encontrar aspectos novos e pessoais. A monotonia aqui deriva da dificuldade de compreender e de perceber o sentido vital das ações; por isso se corre o risco de "atravessar" a realidade (se é vista sob o ponto de vista apenas humano), ou, pior ainda, de apenas a roçar (se somos superficiais), sem nela encontrar coisa alguma que consiga entreter a consciência e fazê-la sentir que vive.

Fatalmente, cai-se, então, na rotina, no aborrecimento, na monotonia.

"À primeira vista, pode parecer estranho que o homem seja tão facilmente sugestionável a ponto de não se empenhar com invencível coragem no cumprimento dos seus exercícios ascéticos: oração, meditação, exames, recitação do ofício, leituras espirituais etc. Do momento em que alguém está em estado de graça de Deus e, portanto, tem o amor divino, poderia parecer que todas essas coisas devessem se tornar fáceis, quase como uma necessidade do coração… Mas, apesar das muitas frases feitas dos livros espirituais, a execução de todas essas coisas práticas custa muito à natureza humana; são algo árduo, oficial, trabalhoso, muito mais que ensinar, estudar, escrever, pregar, fazer trabalhos materiais. É estranho que escritores de coisas ascéticas recusem pôr em evidência as dificuldades psicológicas intrínsecas ao exercício fervoroso, ou melhor, mesmo somente correto das supracitadas práticas; e até, não raramente, falam delas como de ações deliciosas, facílimas. Mas a experiência comum, mesmo de almas retas e cheias de boa vontade, testemunha abertamente o contrário" (Colosio).

A vida espiritual consiste em recomeçar continuamente desde o início, sempre na luta contra os defeitos costumeiros, que mais ou menos se repetem sempre nas mesmas circunstâncias, dada a regularidade da vida, especialmente da vida religiosa. Sabemos todos que não existe perfeição para o homem a caminho; a santidade nesta terra não consiste em ser perfeito, mas em tender para isso, ou seja, em combater contra a imperfeição até o fim.

Se não se tem coragem, decisão e força de vontade, cai-se com muita frequência na tentação de deixar correr, e, então, fatalmente, a vida espiritual definha, por falta do dinamismo interno, que é característica essencial de toda vida verdadeira. Se há alguma estrutura externa (por exemplo, organização de uma comunidade religiosa), o exercício das chamadas práticas de piedade poderá talvez continuar indefinidamente, mas, não sendo mais manifestação (e estímulo) de vida, essas práticas serão suportadas como inevitáveis imposições e não poderão, portanto, deixar de ser percebidas senão como aborrecidos, tediosos, fastidiosos, monótonos e inúteis exercícios.

É verdade que a vida espiritual como comunicação com Deus-Amor não pode ser em si monótona; mas essa vida, nós não a percebemos sensivelmente e podemos, portanto, correr o risco de não perceber como vitais nem sequer as atividades a que ela, por exigência intrínseca, nos impulsiona. E é precisamente aqui que pode ter origem o sentido de aborrecimento e de tédio por falta de interesse em relação a objetos e ações não sentidas e, portanto, repetidas somente de um modo mecânico. Daí à indiferença e ao desleixo o passo não é longo, e muito facilmente se dá esse passo, com a consequência de agravar a situação e de aumentar a monotonia. A desproporção psicológica entre o que sentimos ser e o objeto a que tendemos e ao qual procuramos voltar nossas ações cria um estado de mal-estar. "Por mais que a graça lance uma ponte metafísica entre Deus (objeto altíssimo) e nós (sujeito paupérrimo), sob o ponto de vista da psicologia experimental fica sempre para o homem que não atingiu os estados místicos uma enorme distância, que cria fatalmente uma tensão, a qual, com o tempo, cansa, como se cansa nossa alma de tudo o que é por demais sublime, de tudo o que é muito elevado, e os olhos ficam ofuscados por uma luz por demais ofuscante" (Colosio).

Acrescente-se a necessidade radical que nós, homens, temos de variedade, de distensão, de concretude, de repouso em objetos adequados e apropriados, ou seja, que correspondam e satisfaçam às tendências vitais e possam se constituir como objetivo imediato de vida. Ora, as tendências da nossa pobre humanidade, que mais sentimos, não são, com muita frequência, as da graça. Isso nos explica melhor como a monotonia se apodera mais facilmente das almas em que a graça domina menos as tendências naturais. À medida que Deus e o seu amor se apoderam mais da alma, ela julga cada vez mais natural viver a vida divina e fica, portanto, menos sujeita ao peso da monotonia.

Podemos concluir que também a vida espiritual está sujeita à monotonia, e talvez mais que a natural; e é uma monotonia "dolorosa" porque necessariamente conexa com uma espécie de vazio e de incerteza, de desilusão e de insatisfação.

Também nossa vida ordinária pode ser monótona na repetição mecânica de gestos e ações; essa monotonia pode ser tediosa e enfadonha, mas não é, de per si, dolorosa, porque essas ações se realizam no nosso clima humano, sensorial, tangível e são proporcionais às nossas capacidades.

Tomemos o caso da oração, que é a manifestação mais típica e mais profunda da vida espiritual. Ela apresenta muitas dificuldades psicológicas e é pesada; "cavar um buraco por três horas é muitas vezes mais agradável que fazer uma hora de oração mental" (R. Madden) e, normalmente, é decerto mais fácil. Somente almas que atingiram um elevado grau de purificação e de santidade e aquelas que não sabem o que significa orar — porque jamais experimentaram isso com seriedade —, podem afirmar o contrário. O cansaço, a aridez, a distração são companheiras de que somente a morte nos separará.

Isso não pode deixar de causar profundos sofrimentos ao que crê e que sabe que precisamente na oração está sua vida, à qual, por isso, não pode de modo algum renunciar.

3. REMÉDIOS. "Tudo o que tende a promover o fervor tende também a tornar menos sensível o peso da monotonia". O padre Faber, de quem é esse áureo princípio, considera a mortificação o meio prático mais eficaz para superar a monotonia, "especialmente a mortificação corporal, a qual sempre é também a via mais curta para chegar ao encorajamento e à alegria sobrenatural".

"Alegria e entusiasmo" são talvez os remédios mais radicais. É preciso ter entusiasmo pela vida em geral e especialmente pela própria, disposição fundamental de abertura e de esperança: a vida é bela e vale a pena ser vivida. Sobretudo estar convicto da beleza e validade do próprio destino e da própria vocação; isso será de estímulo contínuo para abraçar com generosidade tudo o que ela comporta. Manter sempre vivo o ideal e se esforçar por ver em cada ação um degrau para atingi-lo. A felicidade sobre esta terra consiste no estímulo e na ânsia que nos estimula para a meta: o momento em que alguém se considera "chegado" marca também o início da desilusão, porque os ideais terrenos são todos ilusões. "A vocação cristã exige empenho numa contínua resposta ao chamado de Deus, numa renovada conversão" (Goffi). Temos de acreditar firmemente que o homem é feito para se renovar sempre e que o seu último fim consistirá numa festa contínua e sempre nova, numa doação de amor.

O amor; eis o remédio para todos os males espirituais, inclusive a monotonia. Onde não há amor surge necessariamente a monotonia; mas onde o amor de Deus domina toda a vida, dificilmente a monotonia poderá se firmar.

A caridade para com o próximo, pois, nos fará experimentar precisamente na obsessiva necessidade que tem o outro do nosso tempo e da nossa compreensão o estímulo de aventura dinâmica, a novidade, a contínua surpresa de nossos breves dias terrenos.

BIBLIOGRAFIA. COLOSIO, I. Come quando e perché la vita spirituale è monotona. *Rivista di Ascetica e Mistica* 3 (1958) 185-201.

A. PIGNA

MONTANISMO. Iniciado na Frígia, por volta de 170, por um tal Montano, que antes de sua conversão fora sacerdote de Apolo e de Cibele, o movimento montanista apresenta-se como um espécie de iluminismo. O montanismo, sob o ponto de vista dogmático, é dificilmente vulnerável; na realidade, é uma falsa mística na qual a revelação ou a inspiração privada se rebela contra a autoridade eclesiástica. A Montano se uniram logo duas mulheres, Maximila e Priscila, ou Prisca, que tinham abandonado o próprio marido. Fontes históricas para conhecer esse movimento são Eusébio (*Hist. eccl.* 5, 16, 10; 5, 16, 17), Tertuliano (*Adv. Prax.* 1), Cipriano (*Ep.* 75, 10), Jerônimo (*Ep.* 41, 3 ss.) e Epifânio (*Haer.* 49, 1, 2-4). Teve sua origem em Ardabau, vila da Misia, nos confins da Frígia (razão pela qual os montanistas são também chamados de frígios ou catafrígios), espalhou-se logo pela Ásia Menor e chegou até a África proconsular, onde teve a adesão de → TERTULIANO, que fundou uma seita especial chamada tertulianismo. Os seus primeiros profetas, afirmando falar em êxtase, apresentavam a própria pregação como uma nova revelação, ou seja, a terceira revelação, que era a do Espírito Santo e devia levar à perfeição a economia do Pai e a do Filho, manifestadas respectivamente no Antigo e no Novo Testamentos; eram iminentes o fim do mundo e o advento do reino milenário (de que se fala em Ap 20,4-6): a nova Jerusalém devia descer do céu e se estabelecer numa planície da Frígia, perto de Pepúzio (por isso os montanistas são também chamados de pepuzianos. Pepúzio foi por eles chamado de "nova Jerusalém"); foi ali constituída, com os bens de todos, uma casa comum e organizada a propaganda da "nova profecia" com agentes escolhidos e pagos. Sob o ponto de vista da vida religiosa, punha-se o acento nos seguintes aspectos: repúdio de toda autoridade eclesiástica e submissão incondicional aos "novos profetas" por meio dos quais o Espírito Santo falava; proibição das segundas núpcias ou, pelo menos, desprezo das primeiras; condenação irrevogável dos réus de três delitos "capitais", apostasia, homicídio e adultério; prescrição de severíssimas práticas de penitência, especialmente no campo do jejum. Muito cedo a autoridade eclesiástica interveio com a excomunhão; Constantino M. ordenou o sequestro dos escritos deles e Arcádio, em 398, decretou sua destruição pelo fogo.

BIBLIOGRAFIA. ALAND, K. *Bemerkungen zum Montanismus und zur fruhchristlichen Eschatologie.* Gutersloh, 1960; BOUYER, L. *La spiritualità dei Padri* (3/B). DATTRINO, L. – TAMBURRINO, P. (org.). Bologna, 1986, 193; FAGGIOTTO, A. *L'eresia dei Frigi.* Roma, 1924; ID. *La diaspora catafrigia. Tertulliano e la nuova Profezia.* Roma, 1924; HOLLARD, A. *Deux hérétiques: Marcion et Montan.* Paris, 1935; LABRIOLLEX, P. DE *Les sources de l'histoire du Montanisme.* Paris, 1913; Id. *La crise montaniste.* Paris, 1913.

MELCHIORRE DI SANTA MARIA – L. DATTRINO

MORAL. 1. DEFINIÇÃO. Os costumes e os usos exteriores de um povo são indicados no vocabulário grego pelo termo *ethos*, que deriva da raiz hindo-germânica *svedh*: fazer própria uma coisa, habituar-se, ou *svadha*: hábito, costume. Isso indica que os usos de um povo ocupam um lugar importante no conceito da moralidade. Todavia, a moral apresentaria assim um aspecto muito unilateral, pois se limitaria apenas aos lados exteriores e sociais da vida e dos costumes. É verdade que as expressões "ética" e "eticidade" são usadas nesse sentido externo e social da moral, mas isso está incorreto quando nos referimos às origens das palavras latinas *moralis* e *moralitas*. Sabemos que Cícero cunhou o termo *moralis* em correspondência ao termo grego *ethos* (*De fato*, 1, 1). Ora, entre os pensadores gregos, essa palavra raramente quer refletir o conceito de costumes de um povo; ela significa, antes, o conjunto das disposições espirituais e emotivas de um homem. A moral, portanto, é também e sobretudo uma realidade interior e pessoal. Há, evidentemente, um nexo entre os dois aspectos, como, aliás, resulta do parentesco etimológico, pois também *ethos* deriva de *svedh* ou *svadha*. Portanto, a moral indica a ciência das disposições internas e pessoais do homem com suas expressões externas e sociais. Observemos que se trata especialmente de disposições e de expressões da atividade livre do homem diante do supremo valor existencial: Deus. A respeito delas, pois, a ciência não descreve apenas como são de fato, mas também como devem ser de direito. A moral é, portanto, não tanto descritiva quanto normativa: toda atividade livre do homem está moralmente sujeita a uma norma. Portanto, o conceito normativo de moralidade, ou seja, um complexo de normas, é fundamental e específico para a ciência moral. Todavia, é precisamente nesse caráter obrigatório que temos de captar a distinção entre moral e moralismo. No fim do século XIX, o imperativo categórico de Kant tinha ocupado o lugar do ideal moral: cumprir o dever porque dever. Não é de espantar se a moral se reduzia a duas coisas: o dever de estado e o princípio de autoridade.

Transportada para Deus, esse conceito da moral fez dele um legislador austero, que ameaçava continuamente com o inferno. Todavia, quando abrimos a Bíblia, em vez de um manual de moral e de ascese, encontramos riquíssimos temas morais, como: coração, caridade, fé, aliança e diálogo com Deus. Decerto, daí não se concluem regras precisas para ter uma vida modelo a ser desempoeirada semanalmente com uma costumeira confissão. Eis um esboço do que poderia se chamar moralismo, de um lado, e moral, de outra.

2. MORAL E NOVO TESTAMENTO. A primeira pregação cristã contém um elemento moral que está sempre ligado ao mistério de Cristo ressuscitado, do qual o homem participa por meio da → FÉ e do → BATISMO: apareceu aos próprios onze, quando estavam assentados à mesa, e lhes censurou a incredulidade e dureza de coração, porque não tinham acreditado nos que o tinham visto ressuscitado. Depois lhes disse: "Quem crer e for batizado será salvo. Quem não crer será condenado" (Mc 16,16). Por isso, os onze devem "fazer de todos os povos discípulos, batizando-os em nome do Pai e do Filho e do Espírito Santo, ensinando-os a guardar tudo o que vos mandei" (Mt 18,19-20). É especialmente São Paulo que proclama a salvação do homem por meio da fé no Cristo ressuscitado: "Nós também vos anunciamos a Boa-Nova, que a promessa feita a nossos pais foi cumprida por Deus em favor de nós, seus filhos, ressuscitando Jesus... Irmãos, ficai sabendo agora que é por ele que nos é anunciado o perdão dos pecados, isto é, de tudo quanto pela lei de Moisés não pudestes ser justificados. Todo aquele que nele crê será justificado" (At 13,32-33. 38-39). São Pedro já havia dito: "'Por isso toda a casa de Israel deve saber com certeza que Deus entronizou como Senhor e Cristo este Jesus que vós crucificastes'. A estas palavras, sentiram o coração despedaçado e disseram a Pedro e aos demais apóstolos: 'Irmãos, que devemos fazer?' Pedro lhes respondeu: 'Convertei-vos e cada um peça o batismo em nome de Jesus Cristo, para conseguir perdão dos pecados. Assim, recebereis o dom do Espírito Santo'" (At 2,36-38). Ressurreição de Jesus, fé, metanoia e batismo por parte do homem, eis os componentes essenciais da moral pascal de Cristo. Melhor, à Boa-Nova, ao querigma da ressurreição do senhor Jesus Cristo deve corresponder a didaquê da fé, do arrependimento, do batismo. A moral parte assim, quanto ao homem, do arrependimento dos pecados para entrar numa comunhão vital com o Ressuscitado mediante a fé e o batismo. Com razão, portanto, o Apóstolo podia escrever: "Assim, pois, justificados pela fé [e pelo batismo], temos paz com Deus, por meio de Jesus Cristo nosso Senhor" (Rm 5,1).

A partir desse momento, porém, existe um paralelo entre Cristo e nós: "Porque se fomos incorporados a Cristo, por uma morte solidária com a dele, também o seremos por solidária ressurreição. Nós bem sabemos que o nosso homem velho foi crucificado com Cristo para que este corpo pecador fosse destruído e não tenhamos mais de viver escravizados ao pecado" (Rm 6,5-7). A moral se torna, portanto, uma vida vivida a serviço de Deus: "oferecei-vos a Deus e fazei de vossos membros armas da justiça a serviço do mesmo Deus" (*Ibid.*, 6,13). Não basta, porém. Justamente porque concebe a vida moral em correspondência a seu querigma sobre nosso ser em Cristo, São Paulo tem muitas outras expressões morais. Fala-nos, por exemplo, da religião como culto de Deus: "Eu vos peço... que ofereçais os vossos corpos como uma oferta viva, santa e agradável a Deus. Que este seja o vosso culto espiritual... transformai-vos pela renovação do espírito, para chegardes a conhecer qual seja a vontade de Deus, a saber, o que é bom, agradável e perfeito" (*Ibid.*, 12,1-2). A seguir, concretiza-se a união de caridade existente entre todos os membros do único corpo de Cristo: "Que o vosso amor seja sincero. Odiai o que é mal e abraçai o que é bom. Amai-vos uns aos outros com amor fraterno, rivalizai uns com os outros na honra recíproca. Tende um zelo sem desfalecimento. Sede fervorosos de espírito e servi ao Senhor. Alegrai-vos na esperança. Perseverai na tribulação e sede constantes na oração. Socorrei os santos que sofrem necessidades. Esforçai-vos na hospitalidade, exercei a hospitalidade solicitamente. Abençoai os que vos perseguem; abençoai e não os amaldiçoeis. Alegrai-vos com os eu se alegram. Chorai com os que choram. Desenvolvei entre vós o espírito da concórdia. Não tenhais gosto pelas grandezas, antes deixai-vos atrair pelo que é humilde; não vos considereis como sábios. Não pagueis a ninguém mal por mal. 'Procurai fazer o bem para com todos os homens.' Vivei em paz, com todos, se for possível, e no que depender de vós. Não façais justiça por própria conta, caríssimos, mas deixai agir a cólera de Deus, porque está escrito: 'A mim pertence a vingança. Eu farei justiça', diz o Senhor. 'Pelo contrário, se teu inimigo tiver fome, dá-lhe de comer; se tiver sede, dá-lhe de beber. Se fizeres isto amontoarás brasas vivas sobre sua cabeça.' Não te deixes vencer pelo mal, mas vence o mal pelo bem" (Rm 12,9-21). Esse acento sobre a caridade assume, pois, o valor de lei, até de lei única. "Não tenhais dívida com ninguém, a não ser a da caridade mútua; pois quem ama o próximo cumpre plenamente a Lei. Porque os mandamentos 'não cometerás adultério; não matarás; não roubarás; não cobiçarás', e qualquer outro mandamento se resumem nesta fórmula: 'Amarás o teu próximo como a ti mesmo'. A caridade não faz mal ao próximo. A caridade é, portanto, o pleno cumprimento da Lei" (*Ibid.*, 13,8-10). Por tudo isso, já fica evidente que a moral insiste nas disposições de fé em Cristo e de caridade em relação ao próximo, com as correspondentes necessárias expressões externas. Portanto, não basta uma fé caridosa ou uma caridade fiel; há também necessidade de leis. O apóstolo não deixa possibilidade de equívocos a respeito: "Bem sabeis que determinações vos demos pela autoridade do Senhor Jesus... que vos afasteis da impureza... Com respeito ao amor fraterno... já aprendestes de Deus a vos amardes uns aos outros... Contudo, nós insistimos, irmãos, em que vos aperfeiçoeis ainda mais. Procurai sobretudo viver calmos, ocupados em vossos afazeres e em trabalhar com as vossas mãos, como vos recomendamos" (1Ts 4,2-11). E se note o caráter religioso dessas leis morais: "quem despreza essas normas não despreza um homem, mas a Deus que, além do mais, vos dá o seu Espírito Santo" (*Ibid.*, 4,8). Também São Pedro pormenoriza a lei geral da fé caridosa, ao escrever: "Todos, enfim, cultivai o espírito de concórdia, de compaixão, de amor fraterno, de misericórdia e humildade. Não pagueis mal com mal, nem injúria com injúria. Pelo contrário, respondei bendizendo, já que fostes escolhidos para ser herdeiros da bênção" (1Pd 3,8-9). Com mais detalhe ainda se expressa São Paulo: "Revesti-vos de toda ternura, bondade, humildade, delicadeza e paciência, como escolhidos de Deus, seus santos e muito amados. Suportai-vos uns aos outros. Perdoai-vos mutuamente, sempre que alguém der a outro motivo de queixa. Como o Senhor vos perdoou, assim também vós" (Cl 3,12-13). Vê-se assim que as grandes leis fundamentais de Cristo, a da fé e a da caridade, são concretamente determinadas, ou melhor, aplicadas a qualquer classe de vida. E isso precisamente para promover a caridade: "Pedi que ficasses em Éfeso para proibir que alguns ensinassem doutrinas... que levam mais às discussões do que a plano divino da salvação que está baseado na fé. A finalidade mais importante da pregação é a caridade que nasce de um coração puro, de uma boa consciência e de uma fé sincera. Como alguns se afastaram desta norma, eles se entregaram a falatórios. Eles não compreendem nem o que dizem nem as questões que defendem, apesar de se apresentarem como doutores da lei. Sabemos que a lei é boa, se for usada como se deve. Sabemos que ela não foi feita para o justo, mas para os transgressores da lei e rebeldes, os ímpios e os pecadores, os sacrílegos e os profanadores, os que matam seus pais e mães, os outros assassinos, os imorais, os homossexuais, os traficantes de escravos, os mentirosos e os que juram falso e tudo o mais que contraria a doutrina certa. É isto o que nos ensina o Evangelho de Deus glorioso e bendito, que a mim foi confiado" (1Tm 1,3-11). Portanto, para São Paulo, as leis são boas desde que delas se faça um uso legítimo, quer dizer, com a condição de que toda lei particular tenha a sua origem na lei fundamental da fé caridosa. Isso supõe que a obrigatoriedade das leis particulares não provém, definitivamente, dessas mesmas leis, mas da lei da fé e da caridade. "Em Cristo nem a circuncisão vale coisa alguma, nem a incircuncisão, mas a fé animada pela caridade" (Gl 5,6). A moral cristã não exclui, portanto, a obrigatoriedade das leis; todavia, elas não têm valor quando seu caráter obrigatório não encarna o espírito de Cristo, a caridade. É exatamente assim que o Aquinata percebe o aspecto principal da nova lei e, portanto, de moral, na graça do Espírito Santo, que justifica o homem na perspectiva da redenção de Cristo (*STh*. I-II, q. 108, a. 1; cf. também q. 106, aa. 2.3).

3. MORAL E MORALISMO. Ora, é fácil descobrir em que consiste o chamado moralismo, também chamado de legalismo ou formalismo. Deve-se dizer, antes de qualquer coisa, que ele não consiste na exclusão de todos os outros valores, exceto a virtude. Esse triunfalismo da virtude como o apresenta Senne (*Traité de morale générale*, Paris, 1949, 716) tem um parentesco com a concepção socrática e histórica. Para Bouyer, o moralismo significa a diminuição, para não dizer a eliminação da graça e dos sacramentos, pois ele exalta o esforço, a obediência, a renúncia não para corresponder à graça de Deus, mas para adquirir a salvação com as próprias capacidades (*La spiritualité du Nouveau Testament et des Pères*, Paris, 1960, 25). É claro que para o filósofo francês o moralismo está no fato de uma desconfiança em relação aos valores humanos, ao passo que para Bouyer ele está no não levar em conta o divino na moral. Tocam-se aqui elementos que, postos juntos, formam a salutar tensão moral e ascética entre dom de Deus e empenho do homem. Leis e autoridade ocupam o lugar do meio para realizar o reino da caridade, da justiça, da paz de Cristo. Por isso, o moralismo consiste, antes, na consideração externa das leis, sem dar importância às intenções fundamentais da fé e da caridade. O moralismo é a observância da letra sem o espírito; é o *ethos* do fariseu: "Ai de vós, fariseus, que pagais o dízimo da hortelã, da arruda e de todas as hortaliças, e vos descuidais da justiça e do amor de Deus. Devíeis fazer estas coisas, sem esquecer aquelas" (Lc 11,42). O moralismo é a atitude psicológica de quem se preocupa apenas com a observância externa e literal das leis, prescindindo do valor intrínseco e espiritual das mesmas. O formalismo, enfim, não enraíza as leis particulares na lei fontal porque fundamental da fé caridosa. Por isso, o formalismo deseja o imobilismo da letra mortífera das leis, em vez do dinamismo do espírito vivificante da lei: Cristo.

BIBLIOGRAFIA. GILLEMAN, G. *Il primato della carità in teologia morale*. Brescia, 1959; GOFFI, T. – PIANA, G. (org.). *Koinonia (Etica della persona)*. Brescia, 1984, vl. I; GRISEZ, G. *Christian Moral Principles*. Chicago, 1983; GUNTHÖR, A. *Chiamata e risposta*. Roma, [4]1984; HÄRING, B. *Verso una teologia morale cristiana*. Roma, 1968; ID. *La morale è per la persona*. Roma, 1972; LECLERCQ, J. *L'insegnamento della morale*. Alba, 1951; PESCHKE, K. H. *Etica cristiana*. Roma, 1986; *Persona, verità e morale*. Atti del Congresso Internazionale di Teologia Morale (Roma, 7-12 aprile 1986). Roma, 1987.

B. HONINGS

MORAL E ESPIRITUALIDADE. O enunciado da relação entre moral e espiritualidade quer ser exposto aqui depois da palavra "moral" de modo concreto para não encerrar o assunto na discussão abstrata sobre as relações entre teologia espiritual e teologia moral; mas, de outra parte, é amplo quanto podem ser amplas as ressonâncias de um tratado de *espiritualidade* e um discurso sobre a *vida moral*.

Vamos tomar o assunto na concretude da vida e não simplesmente das hipóteses teóricas sobre as relações entre dois campos da ciência teológica, ainda não totalmente determinados, e estabeleçamos numa *perspectiva cristã* o discurso concreto sobre as relações de uma vida espiritual e as suas exigências éticas e morais.

A determinação sobre o âmbito *cristão* é necessária, embora não se devesse esquecer que a sabedoria espiritual de todos os tempos viu claro na interdependência entre uma vida espiritual e uma vida ética — quer nos antigos filósofos gregos, como Platão e Aristóteles, quer também nas grandes religiões orientais, como o → HINDUÍSMO, que põe na base de um caminho espiritual, como no caminho da Astanga Ioga — as exigências éticas básicas, sem as quais as conquistas espirituais são uma vã ilusão.

A referência à espiritualidade cristã e à vida moral cristã oferece logo a concretude da figura de Cristo, "mestre e modelo divino de toda perfeição", bem como fundamento sobrenatural, medida e termo de identificação vital para o cristão. Vêm dele, portanto, a norma ética e as possibilidades de uma autêntica espiritualidade cristã, num realismo que remete com coerência a toda a sua doutrina moral, a seu exemplo, à sua graça. Essa problemática que está hoje no centro da ética cristã foi amplamente desenvolvida pela Comissão Teológica Internacional no documento sobre os *Princípios da moral cristã*, de 1974, numa visão que cobre ao mesmo tempo a perspectiva puramente ética e a que poderíamos chamar da espiritualidade.

De resto, o tema está no centro do interesse atual de alguns autores sensíveis à relação dinâmica entre o ético e o espiritual na história e nas diversas soluções hoje oferecidas pelos autores contemporâneos.

Trata-se, portanto, desde o início, de esclarecer logo alguns princípios que regulam a relação entre espiritualidade e vida moral.

Em primeiro lugar, *afugentar logo a suposição* de que possa haver uma autêntica espiritualidade sem o compromisso decidido, coerente e fiel de uma vida moral segundo a lei de Deus, própria da natureza, os ensinamentos do Evangelho, as obrigações morais e profissionais de cada um na Igreja e na sociedade. Está sempre à espreita a tentação quietista de uma justificação ou autojustificação do próprio comportamento moral na qual uma estranha espiritualidade gera igual estranha vida moral subjetiva, que prescinde da lei de Deus e das elementares exigências da moral cristã. Também não estão ausentes hoje esses equívocos grosseiros em cultores de certas técnicas de contemplação e de espiritualidade que chegam a verdadeiras aberrações.

Em segundo lugar, acho que é necessário *afirmar as relações*. Um correto entendimento das exigências prévias da espiritualidade cristã engloba nela a vida moral evangélica com todas as suas concretas exigências vitais. Aliás, como uma vida moral cristã não se encerra num puro e simples comportamento ético, quando, de fato, o agir cristão é sustentado pela graça, quando exprime a união com a vontade de Deus e segue os ditames evangélicos do imperativo cristão, o seu horizonte não pode deixar de ser senão o da → SANTIDADE CRISTÃ, da conformação a Cristo, da plenitude da vida moral e, portanto, de uma concreta e coerente espiritualidade cristã.

Procurando completar o que já foi exposto no verbete → MORAL, limitar-nos-emos a lembrar alguns importantes princípios da doutrina conciliar e do magistério de João Paulo II, completados com uma referência a uma série de orientações fundamentais nas quais emerge a devida continuidade entre o aspecto ético da vida cristã e a sua necessária guia a partir de uma progressiva maturidade cristã. Essa última parece mais coerente com o projeto da espiritualidade, mas não pode absolutamente prescindir de uma coerente realização moral. De fato, o que está inscrito na natureza do homem e na sua consciência não pode ser posto à parte na perspectiva de uma autêntica espiritualidade cristã na qual Cristo é plenitude de revelação, mas também modelo supremo de vida.

1. **UMA VISÃO UNITÁRIA**. À luz da revelação do Antigo e do Novo Testamento, é evidente que a relação entre vida moral e espiritualidade se estabelece em termos de harmonia.

Os valores éticos que Deus manda seu povo praticar, embora semelhantes em muitas coisas à legislação dos povos vizinhos, são vividos não como valores fins em si mesmos, mas como atitudes que permitem estar em comunhão com Deus mediante o dom da lei, que é pura manifestação da → ALIANÇA. Se o Senhor censura no Antigo Testamento o comportamento do povo e parece não gostar da observância de certas prescrições suas no âmbito cultual, é porque muitas vezes essas práticas estão desprovidas do correspondente valor ético ou porque estão fechadas em si mesmas e não abertas à verdadeira comunhão com Deus e sua vontade. Aliás, é também esse o comportamento de Jesus, que critica os fariseus, mas confirma e aprofunda as exigências morais com a sua palavra e o seu exemplo, até a manifestação suprema da perfeição do amor para com o Pai e para com os irmãos.

Encontramos a mesma perspectiva nos escritos apostólicos, especialmente nas cartas paulinas. Todas as prescrições do viver moral são confirmadas em chave cristã, como provindas da adesão a Cristo, da comunhão com a sua pessoa e com o seu mistério mediante o → BATISMO, no imperativo categórico de viver segundo as exigências da vocação cristã, sob a guia do Espírito, cujos frutos são a manifestação dessa vida no cristão em oposição clara às obras e aos frutos da → CARNE.

A vida moral, portanto, na doutrina do Antigo e do Novo Testamento é exigida, integrada, assimilada numa perspectiva que se poderia chamar espiritual, cristã, dando a essas palavras o sentido amplo e importante que elas devem ter sempre.

A *vida cristã*, com efeito, é sinônimo de *vida "em Cristo"*, com todo o apelo concreto e ideal à pessoa, às palavras, ao exemplo do Senhor; e está fundada na comunhão com ele no batismo, cheio, como se disse, de exigências de obediência e de "conformação" a ele.

A *espiritualidade* ou *vida espiritual* tem também uma óbvia referência *ao Espírito*, a viver segundo o Espírito, em suprema docilidade àquele que guia os filhos de Deus até a perfeição do amor.

A vida moral cristã é precisamente vida *em Cristo* e *no Espírito Santo*, vivida pelo homem cristão com todas as exigências éticas inscritas na sua consciência, no seu ser feito à imagem e semelhança de Deus, na sua dependência como criatura de Deus, percebida agora em plena luz mediante a plenitude da revelação e da graça em Cristo Jesus.

As possíveis dissociações teóricas e práticas que se verificaram ao longo da história entre esses dois elementos devem ser debitadas ou a uma *desagregação* da visão unitária da teologia da vida cristã — que tornou autônomas, sob o ponto de vista da reflexão, realidades que na vida são até muito unitárias, como a fé e a moral, a espiritualidade e a prática eclesial —, ou a uma *acentuação* de alguns aspectos, com prejuízo da visão de conjunto.

Isso se reflete, obviamente, também na nossa questão, ainda *sub judice*, sob certos aspectos, e na qual alguém, atento à problemática aqui tratada, indicou um problema e estabeleceu um quesito.

"A relação concreta entre ético e espiritual, oferecida em contínua variação, exigiria ser indagada e documentada criticamente para cada fase da sua história... As várias situações históricas a respeito da relação entre ético e espiritual deveriam ser confrontadas com a palavra revelada, para verificar de que modo e em que medida terá havido experiências cristãs verdadeiramente evangélicas". O quesito versa sobre o fato de que hoje, mais que nunca, nos tornamos conscientes da existência desse problema. "Isso é sinal — pergunta esse autor — de uma decadência ético-espiritual, ou constitui a prova de uma promoção da consciência cristã?" (T. Goffi).

Se a pergunta deve ser dada sob o ponto de vista do magistério mais recente da Igreja, deve-se afirmar que nos orientamos de preferência para um discurso unitário e promovemos uma vida moral numa autêntica perspectiva de espiritualidade.

Uma série de dados confirma isso. Ainda que — como foi revelado por alguns, no Sínodo extraordinário dos bispos, em 1985 — tenha faltado no Vaticano II um magistério explícito sobre os grandes princípios da moral cristã, quando nos documentos é proposto o *ethos* pessoal, eclesial, familiar, social do cristão, isso é posto numa perspectiva bíblica, sacramental, numa orientação decisiva para a consecução da perfeição e da santidade evangélica; aliás, não há nenhum discurso de tipo espiritual que não se baseie na concretude da vida moral, da coerência com a lei de Deus e com as exigências do Evangelho de Cristo.

Dois exemplos podem ser aqui suficientes para ilustrar essa afirmação.

No capítulo V da *Lumen gentium* sobre a vocação universal à santidade, a relação entre vida *moral e espiritual* é afirmada na forma mais esplêndida, seja com apelo a Cristo mestre e modelo de toda perfeição, seja mediante uma rica proposta de perfeição cristã, baseada no exercício das virtudes e deveres do próprio estado, com acento sobre a caridade para com Deus e para com o próximo. A proposta dos nn. 40-42 da *Lumen gentium* é uma síntese de moral cristã, aberta ao ápice da perfeição no amor, oferecida a todos e a cada um dos cristãos, com o olhar em Cristo e sob o impulso do Espírito.

O segundo exemplo é o da *Gaudium et spes* e diz respeito justamente ao tema do *matrimônio e da família*. Toda a ampla perspectiva desse documento sobre a dignidade do matrimônio e da família tem como ponto de referência o discurso sobre a *própria santidade* (*GS* 48) que ultrapassa todo o tratado sobre o objetivo, os direitos, as exigências do matrimônio com toda a sua comprometida e multiforme "espiritualidade", que se apoia no respeito do desígnio original do Criador, na dimensão cristológico-eclesial do matrimônio, na graça que "quase consagra" os cônjuges, da referência à caridade, antes, à *tríade teologal* da fé, da esperança e da caridade, que deve estar na base de tudo, de maneira que os cônjuges "tendam a alcançar cada vez mais a própria perfeição e a mútua santificação e, por isso, participem juntos da glorificação de Deus" (*GS* 48). Trata-se aqui, obviamente, de um discurso de espiritualidade matrimonial e familiar que seria vão sem as exigências éticas do verdadeiro amor conjugal. Aliás, não se trata de uma abstrata moral conjugal que não seja sustentada, alimentada, auxiliada por uma autêntica espiritualidade.

Essa linha de pensamento encontra-se em todo o magistério pontifício atual e de modo particular no magistério de João Paulo II, tão firmemente apoiado na concretude da ética cristã, sensível à dimensão espiritual do homem, melhor, da humanidade, numa indissolúvel aliança. Muitas páginas da *Redemptor hominis* poderiam ser referidas aqui. Limito-me a citar algumas frases significativas do n. 18 da encíclica, dedicado à Igreja solícita da vocação do homem em Cristo. Numa ardente súplica ao Espírito Santo, o papa põe em evidência a aspiração da humanidade aos vários valores humanos, como um desejo de Espírito, de espiritualidade, contra os materialismos que asfixiam a nossa época: "Essa súplica ao Espírito, que deseja precisamente obter o Espírito, é a resposta a todos os 'materialismos' da nossa época. São eles que fazem nascer tantas formas de insaciabilidade do coração humano. Essa súplica se faz sentir de diversas partes e parece que frutifica também de diferentes modos. Pode-se dizer que nessa súplica a Igreja não está só? Sim, pode-se dizer, porque 'a necessidade' do que é espiritual é expressa também por pessoas que se encontram fora dos confins visíveis da Igreja... Essa invocação ao Espírito e pelo Espírito não é outra coisa senão um constante introduzir-se na plena dimensão do mistério da Redenção, no qual Cristo unido ao Pai e com todos os homens, comunica-nos continuamente o Espírito que põe em nós os sentimentos do Filho e nos orienta para o Pai. É por isso que a Igreja da nossa época — época particularmente faminta de justiça, de paz, de amor, de bondade, de fortaleza, de responsabilidade, de dignidade humana — deve se concentrar e se reunir em torno desse mistério, encontrando nele a luz e a forma indispensáveis para a própria missão". Eis o problema e o esboço da solução unitária em dimensões universais. Fome de verdadeira experiência humana, de valores éticos; fome de espiritualidade, de Espírito. Antídoto contra os materialismos. Missão da Igreja para toda a humanidade em contato, absolutamente necessário, com Cristo redentor do homem, fonte da sua dignidade e com o Espírito: "De fato, se o homem é a via da vida cotidiana da Igreja, é necessário que e própria Igreja esteja sempre consciente da dignidade da adoção divina que o homem obtém, em Cristo, pela graça do Espírito Santo, e da destinação à graça e à gloria".

2. EXIGÊNCIAS DE UMA RELAÇÃO UNITÁRIA ENTRE ESPIRITUALIDADE E VIDA MORAL. Afirmada a visão unitária que a revelação e o magistério da Igreja dão ao nosso tema, parece oportuno ressaltar algumas exigências ou leis dessa relação unitária. Limitamo-nos a enunciar quatro princípios.

I. Hoje, parece ser absolutamente necessário afirmar a *centralidade de Cristo* na moral e na espiritualidade. A referência à sua pessoa, doutrina, ação, exemplos confere uma profunda seriedade e uma concretude evangélica ao discurso sobre a ética e sobre a espiritualidade, mesmo nos ápices da experiência mística. O agir cristão é assim *personalizado*, torna-se a *história de um encontro com Cristo na sua humanidade e na sua divindade*, com a norma do agir humano e com a realização ideal da dignidade do homem. Encontra-se aqui o princípio da unidade entre moral e espiritualidade, a integração dos aspectos. Sendo, pois, o primogênito, o protótipo e a imagem original do homem, ele revela o homem ao homem e lhe confere *na verdade da revelação* a norma do seu comportamento, *na vida da redenção* a possibilidade de realizá-la. Mas o Cristo da moral e da espiritualidade cristã não é um Cristo distante, mas presente. A relação com ele não é a que se pode ter com um mestre do passado, cuja doutrina se procura aceitar e cujos exemplos de vida se procura seguir.

Somente uma desagregação entre o Cristo da história e o Cristo da fé provoca ruptura entre a moral e a espiritualidade, pelo menos sob o ponto de vista da vivência concreta. Permito-me aqui enunciar um princípio cristocêntrico que liga indissoluvelmente *o aspecto ético do cristonomismo ao aspecto espiritual do cristocentrismo*. A vida cristã é *vida em Cristo; ninguém, portanto, pode viver em Cristo se não vive como Cristo*, ou seja, segundo as suas palavras, os seus exemplos, os seus comandos. Emerge aqui, claramente, a profunda exigência ética, a referência ao Evangelho, com todas as suas exigências, a seriedade do compromisso do discípulo no seguimento. Mas é igualmente verdade que *ninguém pode viver como Cristo se não vive nele*, em comunhão de vida, no seu Espírito, no seu Corpo. Emerge aqui a exigência da "comunhão" com Cristo e com o seu Espírito na Igreja, mediante a vida teologal, sem a qual se manifesta vã toda tentativa de verdadeiro seguimento. O cristão na sua relação com Cristo é discípulo e é crente, um membro do seu corpo. Se a dimensão de seguimento o remete espontaneamente ao Jesus do Evangelho, a sua condição de fiel, de batizado o põe em contato com Cristo, que está hoje à direita do Pai e vive na sua Igreja. Sem o Espírito de Cristo não se vive o Evangelho de Cristo. Mas sem o Evangelho vivido não se possui o Espírito do Senhor. A fé em Cristo e a comunhão com ele nos remetem inexoravelmente à vida moral evangélica, às normas do seguimento, numa indissolúvel exigência de vida moral e de espiritualidade. Em Cristo, como Cristo. Eis uma síntese que se abre a toda a riqueza ético-espiritual do cristonomismo e do cristocentrismo, até os vértices da conformação com ele, passando obviamente pelas exigências da → CRUZ e pela conformação com a sua paixão, critério original que serve para o discernimento de toda ética e de toda espiritualidade que carregue o nobre título de "cristã".

II. O segundo ponto de referência é a *antropologia*; a verdadeira, que parte do dogma da criação e da redenção. A antropologia do homem, criatura de Deus, sua imagem e semelhança, e mesmo *imagem voltada à plena semelhança*. Portanto, imagem que encontra sua marca original em Cristo, a cuja imagem fomos feitos e a que temos de nos conformar. Com muita frequência, se esquece essa antropologia concreta, como se — pelo fato de que o homem não se preocupa com Deus — o próprio Deus tivesse se tornado indiferente ao homem. A criaturalidade não se perde no homem; a dependência de Deus permanece sempre origem da sua dignidade, mas também responsabilidade de uma relação, de um comportamento, de uma procura da própria verdade e das leis que estão impressas nessa imagem.

Com muita frequência esquecemos que a verdadeira visão do homem é, como diz O. Clément, "uma antropologia na qual se entra mediante o arrependimento", ou seja, mediante a *conversão*. Do antropocentrismo ao teocentrismo, melhor, ao → CRISTOCENTRISMO.

Não há, portanto, uma moral ou uma espiritualidade que não deva partir do fato *original da imagem e semelhança* no dinamismo da sua tensão para a plena realização, para o fim último. Mas isso comporta uma ética e uma espiritualidade da *conversão*, como fato decisivo e orientador da vida para Deus, uma ética e uma espiritualidade da *conversão*, como fato decisivo e orientador da vida para Deus, uma ética e uma espiritualidade da *redenção*, sem a qual não floresce a virtude autenticamente cristã nem se tem uma espiritualidade na qual se realizam os dinamismos do perdão, da mudança, da renovação interior, da libertação do homem, que é *modelado pela redenção* e se torna imagem do Crucificado ressuscitado.

Nessa referência antropológica encontra-se ainda a unidade entre espiritualidade e vida moral, entre o projeto original de Deus e a sua plena realização em Cristo, entre as exigências antropológicas da moral e da santidade e a realização humana da espiritualidade, em cujo ápice não pode haver senão o *homem cristão*, perfeita realização do projeto de Deus, imagem realizada, semelhança bem sucedida na conformação a Cristo.

III. Um terceiro elemento que caracteriza essa visão unitária é a *centralidade das virtudes teologais* e sua capacidade de ser guia e norma da ética e da espiritualidade dos cristãos. Sabemos que a fé, a esperança e o amor constituem a novidade e a atitude fundamental do cristão. Nelas convergem o dom da graça e a resposta do homem, a atuação do Espírito Santo e a correspondência humana. Elas nos põem em contato imediato com Deus, são capazes de totalizar em sua direção toda a atividade humana, e estão unidas entre si.

Já se enfatizou que a grande novidade ético-espiritual do Vaticano II foi justamente ter posto o acento no valor da vida teologal como vida da Igreja, nestas orientações básicas: a) as virtudes teologais são o eixo dinâmico e essencial de todo o plano salvífico: revelação de Deus e resposta do homem; b) são o elemento que caracteriza a santidade eclesial e todas as outras formas de espiritualidade dela derivadas; c) nelas se incorporou toda a atividade humana e religiosa do cristão, inclusive a que se refere ao mundo e aos homens.

A atividade teologal para ser atuação do Espírito e resposta do homem, para a referência a Cristo, que é seu fundamento e motivação, para a capacidade que tem de unir o homem com Deus possui uma verdadeira dinâmica espiritual e caracteriza o agir do cristão como um agir "espiritual", movido pelo Espírito que nos faz acreditar, esperar e amar. Ela realiza a vocação cristã, que é precisamente vocação teologal.

A ação diretiva, porém, dessas três virtudes *não gira em vão*; tem conteúdos precisos nas virtudes morais, até em todas as exigências morais do cristão, as quais, vividas e revestidas das virtudes teologais, tornam-se caminho de santidade, exercício de uma exuberante e concreta vida espiritual, abrindo-as à heroicidade que caracteriza a santidade exemplar e canonizada pela Igreja.

Parece-me urgente a recuperação da harmonia entre virtudes teologais e exigências éticas em todos os níveis da reflexão teológica e da educação moral e espiritual. Sem as virtudes teologais, muitas vezes a moralidade se torna uma ética impossível, um esforço voltado à falência, um comportamento cristão moralista mais que moral e, portanto, sem profundidade e sem perseverança. Mas é igualmente verdade que uma vida cristã sem uma concreta e coerente prática das virtudes morais, da ascese, é somente uma quimera, quando não é uma caricatura de vida angélica, um misticismo vazio e falso.

IV. Digamos finalmente uma palavra sobre o *dinamismo do crescimento*. A conformação a Cristo, a realização do projeto divino sobre o homem, a vida teologal são elementos que supõem e exigem um crescimento, uma maturação, um caminho. É ela uma insuprimível exigência da moral e da espiritualidade cristãs. As virtudes teologais estão destinadas a crescer; as virtudes morais, a se enraizarem como *ethos*, comportamento normal e inato do cristão. A maturação é lenta. O crescimento supõe uma visão clara das etapas a serem percorridas e uma coerente pedagogia para superar os obstáculos que se interpõem; supõe também a consciência de que Deus trabalha na santificação e muitas vezes estende suas exigências *para além do justo meio* e das normais respostas, para momentos de intensa responsabilidade a seu respeito, exercendo um amor paterno que muitas vezes não compreendemos e solicitando respostas que não tínhamos posto nos nossos programas.

A mesma maturidade psicológica, moral, social, a crescente responsabilidade do cristão na Igreja e na comunidade, a inserção responsável na família e na sociedade são momentos em que o crescimento moral e espiritual se apresenta cheio de novas respostas e de generosidade. Não são apenas as *obrigações morais* que crescem, mas também as *motivações teologais* que devem se radicar e purificar para uma autêntica harmonia da vida espiritual.

Na realidade, é Deus que põe os limites e traça as metas da virtude moral e da espiritualidade, provocando com diversas graças diretas ou indiretas, mediante as mediações da sua presença e da sua vontade, o crescimento do cristão.

Por isso, em concreto, é Deus que fixa o verdadeiro significado e a verdadeira medida de uma autêntica vida moral cristã com suas impreviságeis exigências que apresenta ao homem a fim de que, livremente, a ela possa aderir.

Nesse progressivo caminho de crescimento não se podem queimar as etapas, não se podem saltar as exigências prévias. É preciso caminhar na fidelidade, com atenção a Deus e à sua vontade, ao código de comportamento "filial" que Ele dita ao coração do cristão, em comunhão de fé e de vida com a Igreja.

É verdade, todavia, que todo crescimento é determinado por uma maturação das virtudes teologais, por uma reestruturação moral e psicológica, por uma maior docilidade e generosidade, por uma mais clara conformação a Cristo e por um maior e mais criativo amor pela Igreja.

Sobre o pano de fundo da relação vida moral e espiritualidade, surge o santo cristão ou a santidade realizada, numa medida coerente de abertura à graça e correspondência humana. E também isso é providencial. → VON BALTHASAR observa que o discurso da teologia moral mudaria radicalmente se em vez de insistir na costumeira figura do pecador comum se assumisse a imagem arquetípica do santo.

Disso talvez tenha necessidade hoje o discurso concreto da teologia moral, como foi equacionado pelo Vaticano II e pelo magistério de João Paulo II, o qual também na sua encíclica *Redemptor hominis* apresenta essa visão do homem, tocado pelo mistério da redenção e levado até o esplendor da santidade no serviço, ou seja, na liberdade pela qual não é *servo de ninguém*, senão de Cristo, *não se serve de ninguém*, mas serve a todos com a sua vocação real de santidade que é a realeza do serviço com a qual se chega a "tal maturidade espiritual" que é preciso defini-lo como um "reinar". Ora, conclui o papa, "para poder digna e eficazmente servir aos outros é preciso saber dominar a si mesmo, é preciso possuir as virtudes que tornam possível esse domínio". Há aqui uma "participação na missão real de Cristo — própria de seu 'ofício real' — estreitamente ligada a toda esfera da moral cristã e ao mesmo tempo humana". Estamos de novo na convergência de uma espiritualidade/santidade do serviço de Cristo e dos irmãos, ligada a uma vida moral digna desse nome no plano humano e cristão.

Consideramos oportuno concluir esta primeira parte da nossa exposição lembrando que a visão unitária entre o moral e o espiritual, claramente afirmada na revelação e proposta de novo com diversos acentos no magistério atual da Igreja, adquire consistência à luz desses quatro princípios do cristocentrismo, da antropologia revelada com as suas exigências éticas e espirituais, da predominante direção das virtudes teologais que revestem as virtudes morais, mas na perspectiva de uma coerente e perseverante dinâmica.

No âmbito da teologia moral, como no da teologia espiritual, seria necessário tratar com mais amplitude e concretude esse tema da dinâmica, do itinerário espiritual ou do crescimento que é ao mesmo tempo psicológico, moral e espiritual, superando certa visão estática da moral ou uma excessiva esquematização dos itinerários espirituais, muitas vezes reduzidos a setores da própria vida espiritual — como a oração — e não ao crescimento harmônico de todo o homem.

Hoje, também nos movimentos leigos mais confirmados, o tema do caminho, da maturação, do crescimento é reproposto como chave de espiritualidade. O importante é que não se esqueça que esse caminho tem desde o início obrigações morais indiscutíveis e que somente num coerente crescimento que parte do conhecimento do homem, da sua vocação, mas também do seu original desvio com o pecado, é que se pode iniciar um caminho que leve para a santidade, sem pular as etapas e as obrigações de uma vida moral, coerente com a vocação cristã e com a precária situação do homem pecador, necessitado de um contato contínuo com as fontes da redenção. Também nisso a *Redemptor hominis*, de João Paulo II, é rica de ensinamentos e de propostas.

Essa perspectiva corresponde plenamente ao ensinamento dos grandes mestres da espiritualidade cristã. Bastaria simplesmente lembrar aqui a doutrina de São → JOÃO DA CRUZ sobre o caminho da vida espiritual que não se realiza senão com a negação dos vícios e dos apetites e num adequado crescimento nas virtudes morais, guiadas sempre pelas virtudes teologais e por elas continuamente informadas, especialmente pela caridade (cf. *Subida*, 3, 16,1-2).

3. CONCLUSÃO. Espiritualidade e vida moral em regime cristão são duas realidades indissociáveis. Se se acentua a espiritualidade como → EXPERIÊNCIA CRISTÃ que se orienta para a santidade, não se pode prescindir em seu delineamento e em seu caminho, até o próprio vértice da vida espiritual, de uma coerente vida moral humana e cristã; antes, ela se mostrará na total adesão ao plano de Deus, na conaturalidade e na gratuidade de um viver moral, jamais em oposição ao querer de Deus. Se, porém, se põe o acento na vida moral para esclarecer as exigências irrenunciáveis e concretas do agir humano em todas as suas dimensões, segundo as normas da consciência e da revelação, não se deve esquecer que essa moral cristã é cristocêntrica e cristonômica e, portanto, tende à conformação do homem a Cristo.

Se a palavra "espiritualidade", com todas as suas conotações, indica o horizonte da plenitude, a abertura para a santidade realizada, o conceito de vida moral neste caso ressalta o realismo, a consistência, a raiz, o critério de discernimento de toda verdadeira espiritualidade cristã.

O desígnio de Deus é unitário. A revelação com a qual Deus se dá a conhecer e faz conhecer o mistério da sua vontade tem como horizonte final a plena participação da vida divina (cf. *DV* 2). Igualmente, a dignidade do homem como criatura de Deus, à sua imagem e semelhança, tem um horizonte de comunhão perfeita com o seu Criador: "A razão mais alta da dignidade do homem consiste na sua vocação à comunhão com Deus. Desde seu nascimento, o homem é enviado ao diálogo com Deus; não existe, com efeito, senão porque, criado por amor por Deus, dele sempre por amor é conservado, nem vive plenamente segundo a verdade se não o reconhece livremente e se não se confia a seu Criador" (*GS* 19).

Esse projeto divino sobre o homem realiza-se em Cristo e na economia do Espírito e é vivido numa coerente resposta de vida, que é dada fundamentalmente por meio das virtudes teologais e das exigências morais percebidas e animadas por essas virtudes. O agir moral do homem em Cristo não pode deixar de ser um projeto de santidade, ao mesmo tempo glorificação de Deus e plena realização das mais nobres aspirações e possibilidades do homem, como se mostram realizadas em Cristo e nos santos cristãos.

É preciso, portanto, que o horizonte da moral, bem como o da espiritualidade, sejam levados a essa convergência do plano divino e que se desenvolva na Igreja a adequada pedagogia da vida moral que a abre progressivamente às exigências da → SANTIDADE CRISTÃ nas quais a vida do homem atinge seu próprio fim.

BIBLIOGRAFIA. BERNARD, CH. *Vie morale et croissance dans le Christ.* Roma, 1974; COMMISSIONE TEOLOGICA INTERNAZIONALE. Principi di morale cristiana. *Enchiridion Vaticanum*, vl. V. Bologna, 1979,

612-661; GOFFI, T. *Etico-spirituale. Disssonanze nell'unitaria armonia.* Bologna, 1984; GOFFI, T. – PIANA, G. (ed.). *Vita nuova in Cristo. Morale fondamentale e generale.* Brescia, 1983; ID. Il vissuto personale etico. *Corso di Teologia Morale.* II. *Diakonia. Etica della persona.* Brescia, 1983, 9-56.

J. CASTELLANO

MORTE. Na Sagrada Escritura e no uso cristão, o termo "morte" designa quatro realidades distintas: morte eterna (inferno); morte da alma ou morte espiritual (pecado); morte mística, inserção do cristão na morte e ressurreição do Cristo (batismo e mistério pascal); morte física ou corporal (cessação da vida no organismo humano). Vamos nos deter apenas sobre a última, que, como se verá, é, no pensamento cristão, um ponto focal para o qual convergem as outras três.

Na sua materialidade biológica e ontológica, a morte é a separação de alma e corpo no homem. Essa noção clássica da filosofia e da teologia cristãs supõe a concepção do homem integrado por dois elementos substanciais, alma e corpo, pertencentes a duas ordens: espírito e matéria (SANTO TOMÁS, *C. Gent.* II, 57). Noções essas pouco claras ou quase totalmente ausentes no Antigo Testamento, salvo fugazes referências nos livros sapienciais mais tardios (Ecl 9; Sb 2-5; Sr 14, 38.41; Jó...); pode-se dizer que a ideia e o sentido da morte são apenas esboçados na revelação veterotestamentária.

Somente com a morte-ressurreição de Cristo é que a morte do homem adquiriu significado pleno, humano e salvífico; somente no Novo Testamento é que se revelou seu significado, *mysterium mortis* (*GS* 22).

Os dados importantes do pensamento cristão são: a) a morte não somente é o termo de um processo biológico, mas também o ponto de chegada de um processo ético-religioso, ou seja, fim do "estado de vida"; b) no outro extremo desse processo está instalado um fato humano imoral e irreligioso: o pecado, causa da morte e chave do seu significado; por causa dele a morte é pecado e condenação; c) assumida pelo Cristo na cruz como meio de salvação, é transfigurada em vitória, em meio de nova vida; tanto em si mesma quanto no homem que morre em Cristo; d) com duas características: a morte tem caráter definitivo, porquanto marca o fim irreversível do processo de maturação moral de cada homem e, ao mesmo tempo, provisório, porquanto inicia-se para o corpo e para o espírito uma etapa transitória de separação violenta que terminará com a ressurreição; é universal (salvo as exceções sumamente problemáticas de Henoc [Gn 5,24; Ecl 44,16; Hb 11,5], de Elias [2Rs 2,9-12] e da última geração humana [1Ts 4,17]); ignoram-se sua hora e seu modo, condição essa que agrava a projeção da sua presença ao longo de toda a vida humana.

Ressaltem-se apenas as consequências mais importantes desse quadro esquemático. Como termo do estado de vida, a morte põe fim a uma situação de risco e de instabilidade; transfigura radicalmente a esperança e as outras virtudes, a vida do homem "peregrino"; fixa-o na estabilidade do bem e do mal (confirmação ou obstinação); põe o selo da irreversibilidade na vida humana, com exclusão de toda reiteração dos processos biológico (reencarnação), ético (metempsicose purificativa) ou sobrenatural (apocatástase e novas redenções). A morte é efeito do pecado (Gn 2–3; Sb 2,24; Rm 5,12...): isso não exclui o fato de ela ser, realmente, o resultado de um processo biológico, como nos outros seres vivos; significa apenas que no plano original de Deus o homem (toda a humanidade) foi preservado contra o desenvolvimento desse processo; que o pecado anulou o plano de Deus e sujeitou novamente o homem ao processo de caducidade (Rm 5,21; 6,23; Tg 1,15); que cada homem concreto, mesmo o de hoje, poderia não morrer; que, de fato, em todo homem a morte é efeito do pecado e traz a lume sua presença na humanidade; é o seu castigo e a sua condenação: "juízo de condenação de Deus para todo homem" (Concílios Arausicano II e Tridentino; cf. DENZ. 172 e 788).

Cristo mudou o significado da morte, não a suprimindo nem a evitando, mas aceitando-a por amor (Jo 13,1), realizando nela o ápice do aniquilamento quenótico da → ENCARNAÇÃO (Fl 2,8), elevando-a a função redentora por antonomásia (Rm 5,6; 1Cor 15,54), vencendo-a e transcendendo-a com a → RESSURREIÇÃO para entrar assim na glória do *Kyrios* (Lc 24,25). Com isso, a morte humana perdeu objetivamente e de um só golpe o seu caráter triunfal de vitória satânica sobre o homem e seu aguilhão de lúgubre e suprema miséria (1Cor 15,26.54.56).

A vitória de Cristo realiza-se subjetivamente na morte de cada homem, quando aceita "comorrer" com ele misticamente pelo batismo (Rm 6,4) e, definitivamente, quando, vivendo em Cristo, morre realmente nele, *in Domino*. Batismo e morte são "regeneração" e o *dies natalis* do cristão. Lembremos o uso litúrgico da Igreja, que celebra o *dies natalis* do → MÁRTIR ou do santo na data da morte. Santo Inácio já escrevia aos Romanos: "Aproxima-se o meu nascimento... deixai que eu vá para a luz; somente quando chegar lá é que serei um homem" (VI, 2). E Santo Agostinho: *ex vinculo carnis in locum natus est angelorum* (*Sermo* 381: *PL* 39, 1683). Para São Paulo "morrer em Cristo" é o resultado do "viver em Cristo" (Rm 6,8.11) próprio do cristão. Assim, a morte completa no cristão o mistério do → BATISMO, que o associa ao Cristo em virtude da morte do Senhor participada misticamente (Fl 3,21; 2Tm 2,1; Ef 2,6; Cl 2,12); a morte de cada um faz cair os véus que escondem a sua figura em nós e nos põe diante dele: é a hora do encontro. Desse modo, em Cristo "santificam-se e adquirem significado novo a vida e a morte" do homem; "por Cristo e em Cristo se ilumina o enigma da dor e da morte, que, fora do seu Evangelho, nos esmaga" (*GS* 22).

Sem dúvida, nem a → REDENÇÃO nos livrou da morte nem a revelação dissipou a obscuridade que a circunda e a esconde a nossos olhos. Ao contrário, na nova economia, a densidade das realidades sobrenaturais acumuladas na morte de quem morre em Cristo mantém-se velada pelo obscuro fenômeno da morte natural: o mistério da morte física serve de invólucro opaco ao conteúdo sobrenatural do *mysterium mortis*. Obscuridade agravada não somente pela total incontestabilidade do momento preciso em que se realiza a morte "toda", mas também pela paradoxal desproporção que existe entre a grande debilidade psíquica e moral do homem que morre e o peso de tantas e tais realidades que confluem sobre ele naquele momento.

A maioria dos homens evita instintivamente a preparação e prefere chegar ao momento supremo sem o enfrentar positivamente. Também para a maioria, a morte se situa no extremo de um processo de enfraquecimento e de queda física, psíquica e moral, precisamente quando, no momento final do processo, vai se adensar misteriosamente a responsabilidade da vida toda, apresentando-se pela última vez a possibilidade de optar entre o bem e o mal. Esses motivos levaram os teólogos modernos a estudar com mais atenção o mistério da morte na sua condição existencial. As afirmações principais das novas teorias são: a) existência de um momento de lucidez ou de especial iluminação interior no instante indivisível em que a alma se separa do corpo; graças a isso, o espírito humano, ainda peregrino, poderia pela primeira vez julgar e querer (= decidir), sem o contrapeso das paixões nem a sombra da ignorância; b) possibilidade de uma escolha moral entre bem e mal, capaz de assumir em intensidade toda a vida passada e dela se tornar responsável; c) essa escolha plenamente livre, última e definitiva, determinaria a fixação da vontade no bem (confirmação), ou no mal (obstinação) pelo resto da existência (eternidade); d) na economia sobrenatural, todo esse drama está circundado e embebido pela graça, por uma graça proporcional à excepcionalidade desse supremo momento.

Sem partilhar de todas essas afirmações, em bloco, optaram por essa "iluminação" teólogos de grande prestígio e de diferentes formações ideológicas, como Glorieux, Manyà, Troisfontaines, → RAHNER, Boros. Não se pode dizer, porém, que, em conjunto, a teoria tenha tido aceitação favorável por parte da teologia católica. Nem parece que supere o estado de uma bela hipótese, não muito consistente. Nem os fundamentos filosóficos que a apoiam nem as razões teológicas apresentadas (estrutura interna do "instante" da morte, motivação da fixação eterna do espírito humano no bem e no mal, viabilidade do purgatório etc.) correspondem à seriedade das afirmações anteriores. A profundidade do mistério da morte não reside na estrutura psicológica ou ontológica do último instante, mas na presença da morte de Cristo na nossa; inserção da nossa morte na sua: terminar de comorrer e de cossepultar-nos para corressuscitar. Dessa dimensão cristológica, nitidamente sobreposta aos fatores biológicos, morais e ontológicos da morte do homem deriva a atitude especialmente nova que o cristão deve adotar diante dela, nos dois momentos da existência: na mesma morte e por toda a vida.

A santificação da última hora foi sempre uma das grandes preocupações da Igreja: testemunhar e proteger o caráter sagrado do momento da morte; inculcá-lo ao homem; dar a ele todo seu esforço santificante: presença e assistência da Igreja para a pessoa que morre, sacramentos, orações litúrgicas. Estende até a morte a última influência do batismo: a morte deve, de fato, consumar o que o batismo misticamente iniciou no cristão: "com a santa unção e com a oração do sacerdote, a Igreja inteira recomenda os doentes ao Senhor sofredor e glorificado, para que alivie suas penas e os salve, e até os exorta a se unirem espontaneamente à paixão e morte de Cristo" (*LG* 11).

A Igreja se propõe, sobretudo, santificar esse momento com a Eucaristia, memorial da morte do Cristo, dada como viático para a passagem do tempo para a eternidade; e assiste esse ato com uma especial e intensa ação litúrgica, de origem antiquíssima. Com orações e invocações que querem exprimir os sentimentos cristãos do assistido, dirigi-los e sustentá-los; "santificar o seu último respiro"; invocar e convocar a Igreja triunfante (*Subvenite*...); dar um último toque sagrado ao corpo já despojado e na terra, que está prestes a recebê-lo em confiança. De dois motivos está repleta a intenção pedagógica da Igreja nesse último esforço de aproximação do cristão: a) antes da morte, fortificá-lo na luta; sob o ponto de vista humano, a morte é "agonia", duplo combate: contra a fraqueza da carne e do espírito (dor física, angústia, impotência) e contra os assaltos diabólicos: satanás era o senhor da morte (Hb 2,14); o seu espírito tentador, mentiroso e invejoso é real, invisível, mas misteriosamente presente; contra ele, a Igreja prega e convoca os anjos e os santos; b) para depois da morte, interessa reavivar a fé na nova vida, *vita mutatur, non tollitur*. Nem catástrofe nem fim de uma tragédia, mas "sono", "passagem", Páscoa individual. Certeza de continuar a vida na outra margem da Igreja. Paz e serenidade, esperança e abandono em Deus. Fé. São os sentimentos com que a Igreja procura elaborar a atitude interior do cristão moribundo, convencida de que a última hora opõe ao dever de se santificar dificuldades particulares que vêm de dentro do sujeito; pressão de sentimentos e de preocupações profanas, fraqueza e impotência diante do inelutável, medo instintivo de entrar na eternidade (também os santos o experimentaram; provou-a de modo muito humano Jesus no Getsêmani); clara consciência da própria condição de pecador. E no cristão de hoje a situação se agrava, ou seja, ele é assediado psicológica e tecnicamente por preocupações de outro gênero, às vezes inspiradas por uma piedade humaníssima e apoiadas pela ciência, concentradas no ideal de dissipar complexos de angústia, suprimir a dor e retardar a hora, com prolongamento ilimitado da vida, mesmo sob o risco de que o fim, sempre inevitável, aconteça num organismo sem recursos conscientes nem reflexos morais ou espirituais; fica obrigado a morrer de morte biológica, pouco decorosa para o homem e pouco digna do cristão. Daí a importância da presença litúrgica da Igreja: assiste todo cristão, supre e dá apoio ao impotente. É exemplar a morte de Santa Teresa de Ávila: "Enfim, Senhor, morro filha da Igreja" (cf. *GS* 18).

Para a vida espiritual cristã, não é de menor importância a projeção e a presença da morte na vida toda. A morte do homem não é apenas o último ato de um processo biológico, como no animal; no homem é prevista e pré-vivida; por isso está presente ao longo de todo o curso da vida, levedando-a e condicionando-a; talvez de modo latente, mas sem trégua. Fonte de um inexaurível sentimento de angústia. Causa, às vezes, de rebelião, de indiferença, de abatimento ou de desespero. Assim é do lado humano. Manifestação do "juízo de condenação", que é a morte para todo homem. No cristão, o significado profundo da morte mudou, mas não foram supressos os reflexos que a sua presença, pressentida, provoca no fundo da natureza. Daí os ensinamentos evangélicos sobre a atitude fundamental do cristão diante dela: aceitação do seu mistério e vigilância na expectativa da sua chegada; temas codificados pela ascética nos tratados clássicos da "arte de bem morrer" (→ BELARMINO, ↓ JOÃO DE JESUS MARIA, ↓ AFONSO MARIA DE LIGÓRIO).

Antes de qualquer coisa, aceitação da vontade de Deus. O cristão não está isento dos sentimentos mais humilhantes da natureza: medo (*cruciatur*, "aflige-se com o pensamento da dor e da dissolução do corpo; e, mais ainda, pelo temor de uma destruição definitiva", *GS* 18), repugnância instintiva, rebelião de espírito. Vale para ele, em toda a sua plenitude, o exemplo do Cristo agonizante: "seja feita a tua vontade...; Pai, nas tuas mãos...". Vigilância e esperança, segundo as orientações das parábolas: a vida inteira é como a noite; o óleo da lâmpada são as obras boas; estar em vigília na tensão necessária da vida cristã; saber que é o Senhor que está por vir infunde esperança; não saber quando, porém, exige um estado permanente de alarme. "Sem a esperança da vida eterna, a dignidade humana é lesada de maneira muito grave... e os enigmas da vida e da morte, da culpa e da dor permanecem sem solução, tanto que não raramente os homens mergulham no desespero" (*GS* 21).

Num plano mais elevado, o significado cristão da morte dá origem a um novo movimento do espírito, altíssima experiência de vida sobrenatural: o desejo e o amor da morte. No Antigo Testamento a morte era considerada puro mal. Como tal, detestável; objeto de temor; puro castigo, miséria e condenação. O cristão, porém, pode ver por trás dela a plenitude da vida; ponte e porta de passagem para a grande Páscoa final. Por isso, pode amadurecer nele o desejo da morte. Não da morte pela morte, mas pelos bens a que nos leva. *Cupio dissolvi* para estar com o Cristo (Fl 1,23). O ardente desejo de São Paulo não foi um caso único. Passou como herança aos santos de todos os tempos. Tem-se sua expressão antonomástica nos mártires e nos místicos.

Santa Teresa e São → JOÃO DA CRUZ puseram em verso o refrão "morro porque não morro". O último santo é o teórico da morte por amor. Em páginas sóbrias e ardentes delineou-a na primeira estrofe da *Chama*, 29-36: a vida no corpo é de fato uma "tela" que separa de Deus e "impede a união da alma com ele". O amor crescente a torna tênue e frágil (*Ibid.*, 29). O amor puríssimo investe contra ela e a golpeia para destruí-la: não pode suportar que "uma vida tão miserável e fraca impeça a outra tão sublime e vigorosa" (*Ibid.*, 31) nem se resigna "a morrer uma morte provocada por doença ou por velhice" (*Ibid.*, 30); assim um ataque final, "um ímpeto de amor, mais repentino e mais forte e vigoroso do que os anteriores, rompe a teia e leva embora a joia da alma. E assim a morte de tais almas é muito suave e muito doce, mais que o fosse a vida espiritual de toda a existência" (*Ibid.*, 30). O último ato de amor tem a eficácia de condensar e pôr aos pés de Deus toda a vida, "os primeiros anos e os últimos", com "todas as riquezas da alma", como "rios de amor da alma que (por ali) entra no mar... tão largos e profundos que já parecem mar" (*Ibid.*, 30). Nessa mesma visão de místicas alturas, o grande santo, no *Cântico*, chama a morte de "amiga e esposa", e o seu encontro de "dia de matrimônio e de núpcias" para o cristão (*Ibid.*, 11,10).

BIBLIOGRAFIA. BLANCH, A. El hombre ante la muerte en la literatura moderna. *Razón y Fe* 206 (1982) 298-314; BORDONI, M. *Dimensioni antropologiche della morte*. Roma, 1969; BOROS, L. *Mysterium mortis*. Brescia, 1969; CABODEVILLA, J. M. *32 de diciembre: la muerte y después de la muerte*. Madrid, 1969; GODIN, A. *Mort et présence. Étude de psychologie*. Bruxelles, 1971; GUERRA, S. La superación de la muerte por la meditación. *Revista de Espiritualidad* 40 (1981) 119-147; *Il dolore e la morte nella spiritualità dei secoli XII-XIII*. Convegni del Centro di Studi sulla spiritualità medievale. Todi, 1967; *La morte incontro com la vita*. Roma, 1972; MAERTENS, T. *La liturgia della morte. Dottrina e pastorale*. Catania, 1962; MARTINO, E. DE. *Morte e pianto rituale nel mondo antico: dal lamento pagano ao pianto di Maria*. Torino, 1958; PROSPERI PORTA, G. *Mysterium mortis*. Roma, 1982; RAHNER, K. *Sulla teologia della morte*. Brescia, 1965; RATZINGER, J. *Escatologia. Morte e vita eterna*. Assisi, 1979; RUIZ DE LA PEÑA, J. *El hombre y su muerte en la teología actual. Génesis y valoración crítica*. Burgos, 1971; SCIACCA, F. *Morte e immortalità*. Milano, 1959; SOLER POLA, M. *Existencialismo y esperanza en la teología de la muerte*. Roma, 1972; TROISFONTAINES, R. *Je ne meurs pas...* Paris, 1960; ID. La mort, une nouvelle naissance. *La Foi et le Temps* 1970; VORGRIMLER, H. *El cristiano ante la muerte*. Barcelona, 1981.

→ ESCATOLOGISMO.

T. ALVAREZ

MORTIFICAÇÃO. → ASCESE, → INDIFERENÇA → PURIFICAÇÃO → DESPOJAMENTO.

MOVIMENTOS ECLESIAIS. 1. ATUALIDADE. Um dos fenômenos mais característicos da Igreja de hoje é o rico florescimento dos chamados — com uma terminologia usual — movimentos eclesiais.

Trata-se de um fenômeno complexo e rico que, já faz vinte anos, foi definido como "o Pentecostes do laicato", para pôr em destaque que nesses movimentos estavam especialmente envolvidos os leigos e que esse fenômeno não podia deixar de ser atribuído à poderosa presença e ação do Espírito na Igreja.

Na realidade, basta olhar à nossa volta, descobrir a variedade e a força desses movimentos para entender logo que não nos encontramos diante de uma realidade programada no laboratório de uma pastoral feita de modo teórico; não nasceram de exigências do organograma de uma pastoral de conjunto. Nas origens de muitas dessas experiências encontramos uma verdadeira ação do Espírito Santo, na concretude e na humildade das coisas simples, dos episódios carismáticos, das pessoas que foram revestidas misteriosamente de uma missão e foram dotadas de qualidades específicas para agir em sintonia com o Espírito.

A atualidade deles não é um fato simplesmente cronológico de existência ou de coexistência no tempo e no espaço da Igreja de hoje, mas de uma verdadeira resposta — muitas vezes já há tempo esboçada de modo profético — às necessidades da Igreja.

Sua afirmação numérica e sua rápida ampliação, muitas vezes com a dimensão da universalidade da Igreja, não poderiam ser explicadas senão como resposta a uma necessidade, como providencial pedagogia de Deus, que vem ao encontro das necessidades de todos os tempos, mediante o método cristão, radicado na consciência da origem do homem e no seu destino religioso, o qual leva a "evocar e ouvir" a vocação sobrenatural, segundo uma fórmula cara ao fundador de um desses movimentos, padre Luigi Giussani.

A força deles não está radicada nas estruturas, embora elas existam e sejam necessárias para manter viva a vida e as obras e prover à formação e ao compromisso dos membros; está radicada nos corações, passa pela personalização da fé e da vida cristã, em harmonia com a lenta passagem ocorrida nos últimos decênios na vida da Igreja, do cristianismo convencional ao cristianismo convicto. Um cristianismo convicto que não fica fechado no individualismo, mas que, com uma característica dos movimentos de hoje, harmoniza a vocação pessoal à fé, na Igreja, com a dimensão de comunhão que é também própria do Evangelho.

A variedade dos movimentos, que às vezes pode provocar rejeição ou desorientação, é testemunho da riqueza da graça de Cristo e da multiforme ação do Espírito na unidade da fé e da comunhão eclesial. Não é diferente das realidades que na história nasceram como testemunho da variedade carismática do Evangelho — as diversas expressões de vida cristã consagrada, os diversos carismas — e que ainda hoje são chamadas a ser a seu modo "movimentos", carismas vivos, presenças dinâmicas numa Igreja que é toda "movimentada", sob a guia do Espírito, para a plenitude do Reino. Talvez a grande lição carismática que vem das Ordens e Congregações religiosas pode iluminar a compreensão desse fenômeno atual; e a experiência secular de comunhão eclesial pode orientar o problema que hoje parece estar no centro dessa realidade dos movimentos: a justa colocação e orgânica comunhão na Igreja universal e na Igreja local.

O tema dos movimentos pertence ao mesmo tempo à vida da Igreja e ao âmbito da espiritualidade católica contemporânea. Podem ser avaliados como fenômenos puramente sociológicos, acentuando os dinamismos de agregação e de compromisso social. A perspectiva com a qual são aqui considerados é, antes, a da eclesialidade e da espiritualidade. Com efeito, emergem por sua vitalidade eclesial e pelas novas sínteses de vida evangélica vivida.

a) *Movimentos no dinamismo do Espírito*. No respeitável dizer de João Paulo II, "deve-se observar que o Espírito, para continuar com o homem de hoje o diálogo iniciado em Cristo e continuado no decurso de toda a história cristã, suscitou na Igreja contemporânea múltiplos movimentos eclesiais. Eles são um sinal da liberdade de formas em que se realiza a única Igreja e representam uma segura novidade, a qual espera ainda ser adequadamente compreendida em toda a sua positiva eficácia para o reino de Deus, que opera no hoje da história".

Essas palavras do papa parecem querer ressaltar a normal eclesialidade dos movimentos numa história de salvação na qual opera continuamente o Espírito Santo para rejuvenescer e embelezar a esposa de Cristo, para torná-la capaz de responder aos novos desafios e para levar a termo a plenitude do Evangelho. São, portanto, fruto de uma história e de uma história de salvação.

Eles se apresentam em plena continuidade com outras formas de experiências do Espírito em outros momentos históricos. A novidade, talvez, esteja em algumas características desses movimentos eclesiais de hoje: uma peculiar síntese harmônica de valores evangélicos para os cristãos de hoje, uma missão eclesial característica de renovação e de missionariedade, um predomínio de difusão no laicato católico, um desejo de empenho e de testemunho no mundo de hoje.

Entre as características mais importantes que são dimensões de espiritualidade, notamos: a predominante característica de laicidade cristã, sua índole carismática no âmbito de comunhão em todos os níveis — até a comunhão dos bens! —, a abertura ecumênica que serve de ponte no diálogo da vida e das iniciativas apostólicas com outros irmãos cristãos e até no diálogo inter-religioso com outras denominações religiosas, o forte chamado à → EXPERIÊNCIA CRISTÃ pessoal e comunitária, o empenho eclesial e social, sua dimensão de catolicidade e universalidade nas diversas vocações eclesiais.

Há tempos, já, uma respeitável revista de espiritualidade escrevia sobre esse fenômeno: "Parte integrante, se não essencial, da espiritualidade de uma época são os movimentos espirituais que nela nascem e as correntes de espiritualidade que a impregnam. Quando os historiadores do século XXI se perguntarem qual foi a contribuição religiosa do século XX, deverão se reportar a esses movimentos espirituais atuais, para definir a nossa história, do mesmo modo que nós nos voltamos para o monasticismo para definir a Idade Média, ou ao Renascimento humanista para definir a época moderna".

b) *A caminho, com a Igreja do nosso tempo.* A emergência atual do fenômeno dos movimentos corre o risco de fazer esquecer um dado importante. Não são um fenômeno de hoje; não são o produto de um refluxo dos anos Oitenta. São parte integrante da história da salvação do século XX, o século que R. → GUARDINI definiu como o tempo em que "a Igreja desperta nas almas"; e é por isso que todos nasceram com um agudo senso de eclesialidade e todos têm, como característica comum, um grande amor pela Igreja e um sincero desejo de servi-la e de torná-la presente na sociedade de hoje.

Com efeito, o arco dos movimentos eclesiais se estende praticamente dos primeiros decênios do século até nosso tempo. São, portanto, movimentos que caminharam com a Igreja e que agora são conaturais com a sua história recente, antes do Concílio e no período pós-conciliar.

O Movimento de Schöenstatt, a "Legio Mariae", o Movimento dos → FOCOLARES, os Cursilhos (→ CURSILHOS DA CRISTANDADE), Les Équipes Notre-Dame, para citar apenas alguns mais conhecidos, nasceram no período dos primeiros cinquenta anos do século XX. "→ COMUNHÃO E LIBERTAÇÃO", o Movimento Oásis, o Movimento polaco "Luz e Vida" e o Movimento Familiar Cristão têm como data de nascimento o decênio entre os anos 1950 e 1960. As comunidades neocatecumenais (→ CATECUMENATO), a Renovação no Espírito (movimento → CARISMÁTICO), L'Arche de Jean Vanier, os grupos "Igreja viva" nasceram por volta do Concílio e no pós-Concílio.

Para todos, o evento conciliar foi um momento importante de verificação e de renovação, de atualização da mentalidade e das estruturas. E para todos o período do pós-Concílio foi um momento de prova, muitas vezes de vitalidade desconcertante diante do desfalecimento que se experimentou em outras áreas da Igreja, ponto seguro de referência de valores espirituais, de amor à Igreja e de reserva de esperança num momento de crise. Nesse sentido, falou do fenômeno dos movimentos o cardeal Suenens, quando também ele, protagonista do Concílio, foi atingido pelo fenômeno que chamou de "a noite escura da esperança".

Essa pertença dos movimentos à história espiritual do nosso tempo, é oportuno, parece-me, pô-la em destaque para afirmar a conaturalidade eclesial desse fato, que alguns veem, infelizmente, como uma presença embaraçosa. Eles — é bom que se diga — nasceram da Igreja, viveram com a Igreja, são Igreja do nosso tempo.

É também interessante observar o surgimento desses movimentos em diversas áreas geográficas e culturais da Igreja: na velha Europa, necessitada de uma profunda renovação espiritual e de uma nova evangelização; no leste europeu à procura de formas de experiência eclesial em regimes hostis à religião; nos Estados Unidos, berço da Renovação carismática; nas grandes áreas do continente latino-americano. E não faltam movimentos mais recentes na África e no Oriente próximo ou mais distante e remoto. Todavia, é fenômeno de grande importância constatar que há grande mobilidade desses movimentos, uma grande capacidade de criar raízes por toda a parte, de se tornarem presentes no coração da vida eclesial das mais diferentes nações.

Não se deve esquecer outro fato providencial. O fenômeno dos movimentos não é exclusivo da Igreja católica. Expressões semelhantes de renovação encontram-se nas Igrejas ortodoxas e em alguns setores das Igrejas protestantes; e não se deve esquecer que há também relações amigáveis de participação entre movimentos católicos e movimentos não católicos e até não cristãos.

É como dizer: encontramo-nos na vida da Igreja de hoje, com a sua abertura ecumênica, com o seu diálogo interreligioso.

No âmbito dos movimentos existe plena participação na vida e na vitalidade da Igreja católica neste momento da história. Uma vitalidade que, podemos logo deixar bem claro, parece mais medida pela dimensão da Igreja universal do que pela de cada Igreja local.

c) *Uma eclesialidade plenamente conciliar.* A eclesialidade dos movimentos leigos do nosso tempo não deve ser buscada numa eclesiologia justaposta ou a ser inventada. Eles, muitos deles, já estavam presentes na vida da Igreja quando era elaborada a constituição conciliar *Lumen gentium* e o decreto sobre o apostolado dos leigos.

Com razão, portanto, os movimentos leigos podem ser referidos a textos eclesiais precisos, como *Lumen gentium*, n. 12, que fala da dimensão profética e carismática da Igreja, ou todo o c. IV sobre o laicato. Obviamente, eles são explicitamente considerados sob o título geral de associações ou grupos de leigos no decreto *Apostolicam actuositatem*, que, como sabemos, não quis se referir de maneira genérica aos leigos, ou a uma forma única de organização de leigos, como seria a → AÇÃO CATÓLICA, mas abriu espaço para reconhecer quanto de novo já estava nascendo na Igreja.

Mais; sem querer com isso atribuir um monopólio aos movimentos, podemos nos perguntar se não terão sido esses grupos que cumprem e traduzem em vida muitas das instâncias conciliares, levando em consideração um fenômeno que muitas vezes se encontra na vida da Igreja; aos grandes momentos de magistério eclesial corresponde também o surgimento de expressões carismáticas que levam a cabo as instâncias desse magistério. A Palavra e o Espírito, o magistério e a resposta. E o Concílio Vaticano II, neste como em outros setores, tinha necessidade desse sopro vital para tornar vivas e atuais as páginas inspiradas que propunham o chamado universal à santidade, o despertar da consciência eclesial dos leigos, a presença eficaz deles na Igreja e na sociedade.

Justamente por isso, a vida da Igreja nos últimos decênios pôs em destaque nos momentos mais altos da continuidade conciliar a presença eficaz dos movimentos e a contribuição deles. Basta pensar na respeitável presença dos representantes dos movimentos nos Sínodos sobre a evangelização e a catequese, na valiosa contribuição deles nos Sínodos sobre a família, sobre a reconciliação e a penitência e no Sínodo extraordinário, de 1985, vinte anos do fim do Concílio Vaticano II. Por isso, o documento desse último Sínodo, o Relatório final, ressaltou a eficaz presença deles na vida da Igreja e de serem um dos fenômenos mais positivos do período pós-conciliar: "Os movimentos apostólicos e os novos movimentos de espiritualidade, se permanecem retamente na comunhão eclesial, são portadores de grande esperança" (*Relatório final*, II, A, 4).

d) *No Sínodo dos leigos, de 1987*. A questão dos movimentos eclesiais teve sua grande consagração eclesial no Sínodo sobre o laicato, de 1987. O *Instrumentum laboris*, em preparação ao Sínodo, tinha reunido algumas das instâncias propostas pelos movimentos, e eles tinham se preparado para esse encontro eclesial com um especial congresso realizado em Castelgandolfo, no início do mês de março de 1987, culminado por um importante discurso programático de João Paulo II, que tinha ilustrado especialmente o n. 12 da *Lumen gentium* como a "magna charta" dos movimentos eclesiais.

Na celebração do Sínodo foram expressamente escolhidos entre os membros, entre os *auditores* e as *auditrices* como representantes do laicato católico, diversos representantes da área dos movimentos. Entre eles, alguns fundadores, como L. Giussani, J. Vanier, Kiko Arguello, Chiara Lubich.

O tema dos movimentos eclesiais polarizou a atenção do Sínodo, até porque não faltou certa chispa de polêmica em torno do assunto mais delicado da inserção na Igreja local. Se, de uma parte, como foi observado, a liberdade do Espírito e a força carismática da Igreja está na base dos movimentos, a submissão deles aos legítimos pastores e à eficaz inserção na Igreja local e na pastoral geral deve ser afirmada e vivida com convicção. Foram exigidos para os movimentos critérios precisos de eclesialidade e claras condições para a aprovação deles por parte da Igreja.

Algumas dessas instâncias pastorais dos bispos foram reunidas em algumas "Propositiones" votadas no fim do Sínodo — "Propositiones" que tiveram certa reestruturação no documento pós-sinodal *Christifideles laici*, como se dirá no momento oportuno.

Com o competente acolhimento do fenômeno dos movimentos eclesiais na grande assembleia sinodal e com as orientações que nasceram, pode-se dizer que a vitalidade dos movimentos não foi prejudicada, a contribuição deles para a renovação da Igreja e para a sua missão foi plenamente reconhecida e se abriu um período promissor de mais concreta e convicta posição na orgânica comunhão com a Igreja universal e com as Igrejas locais.

2. PRESENÇA CARISMÁTICA. Falar de uma presença carismática dos movimentos na Igreja significa aprofundar sua natureza, não no simples associacionismo pastoral, mas na procura de uma razão mais profunda que bem poderíamos chamar de uma "experiência do Espírito" para o bem da Igreja. Podemos aplicar em certo sentido a essas realidades contemporâneas o que o Concílio afirmou, ao falar do nascimento de experiências de vida religiosa: "Por desígnio divino, desenvolveu-se uma maravilhosa variedade de comunidades

religiosas, que muito contribuíram para que a Igreja não somente esteja bem preparada para qualquer obra e disposta ao serviço para a edificação do corpo de Cristo, mas, embelezada também com a variedade dos dons dos seus filhos, apareça igualmente como uma esposa adornada para seu esposo e por meio dela se manifeste a multiforme graça de Deus" (*PC* 1).

Alguém poderia contestar a legitimidade dessa citação neste contexto. Mas parece que ela manifesta bem, mediante uma comprovada experiência de Igreja, o sentido profundo de uma variedade de carismas, dons do Espírito, que tornam a comunidade eclesial, no dinamismo da história, preparada para a consecução da sua missão, embelezada pela variedade dos dons, epifania da multiforme sabedoria de Deus e da graça de Cristo. Antes, em sintonia com a teologia que está subjacente a esse texto no qual a Igreja destaca a riqueza do seu devir histórico, podemos descobrir tanto a possibilidade de um enriquecimento carismático da Igreja universal, como uma lógica renovação da Igreja local, que não é uma realidade sacramental estática, mas dinâmica.

Essa presumível qualificação carismática dada aos movimentos deve ser, obviamente, confirmada pela Igreja e verificada na aprovação explícita ou implícita do movimento. Podemos dizer, em geral, que, ao longo da história dos últimos decênios, Paulo VI e João Paulo II não hesitaram em dar essa qualificação aos movimentos; falaram de verdadeiros carismas e, portanto, de dons do Espírito para a renovação e a edificação da Igreja. Segue-se que eles devem confiar-se, com docilidade, ao Espírito, mas sem extinguir a novidade por ele suscitada, na comunhão da Igreja e a seu serviço; devem se submeter com igual senso de confiança ao discernimento e aprovação da hierarquia.

A novidade carismática não pode deixar de ter o seu fundamento na profunda inspiração evangélica da vida que suscita. Muitas vezes se trata de uma das novas sínteses evangélicas que, com originalidade, ressaltam um valor essencial do Evangelho em torno do qual, como num feixe ligado por uma ideia-força, se reúnem os outros valores evangélicos. Alguém descreveu essa realidade com uma figura eloquente: "Os verdadeiros fundadores de movimentos espirituais — escreveu dom Cordes, citando → VON BALTHASAR — souberam olhar para o núcleo do Evangelho através de uma janela particular aberta pela primeira vez".

É no coração do Evangelho que se encontra a unidade de inspiração e é nessa particular perspectiva que se pode descobrir a particular ilustração carismática. E como esses movimentos incluem, em sua grande maioria, leigos cristãos, essa síntese não podia deixar de ser uma proposta espiritual de ampla base evangélica e de sólida fundamentação batismal.

Não é aqui o local para tentar uma justificação teológica desse fato nem, muito menos, para ilustrar os diferentes carismas evangélicos dos movimentos. Mas na globalidade do nosso discurso podemos tentar oferecer uma resposta ao porquê do florescimento desses fenômenos eclesiais no nosso tempo.

Podemos sem dúvida considerar que a ação do Espírito que guia a Igreja em direção a seu aperfeiçoamento no Reino se faça sentir em concomitância com as necessidades e as situações do caminho histórico do povo de Deus. As figuras carismáticas de → FRANCISCO DE ASSIS e de → CATARINA DE SENA respondem às necessidades do tempo deles. O florescimento de santos da Reforma católica é fruto do Espírito que acompanha a Igreja num momento difícil. A enorme quantidade de Institutos religiosos e missionários que nasceram no século XIX e no início do século XX respondem a uma situação de profunda necessidade de presença apostólica da Igreja na progressiva laicização dos Estados, na abertura de novos campos de evangelização.

Hoje, a novidade carismática vem dos movimentos leigos. Por quê? A resposta poderia ser delineada como fez de modo autorizado Von Balthasar num seu escrito, ao recorrer a estas três razões fundamentais.

a) *O chamado universal à santidade*, tão instantemente proposto no Vaticano II, lembrou a força e a radicalidade da vocação do leigo no mundo. Os movimentos favoreceram fortemente essa proposta com uma oferta de espiritualidade, de compromisso, de formação e de estímulo comunitário. Muitas vezes esses movimentos influenciaram favoravelmente nesse sentido até algumas comunidades religiosas ou membros de tais comunidades, rejuvenescendo seu espírito.

b) *A centralidade da vocação leiga* surgiu no Concílio Vaticano II num momento no qual a Igreja tomou consciência da sua missão universal na nossa sociedade que, pelo fenômeno da → SECULARIZAÇÃO e da tecnização tem uma absoluta necessidade de leigos. Colocam-se eles na justa mediação entre a Igreja na qual vivem e à qual pertencem e o mundo no qual estão imersos e operam. Podemos muito bem afirmar que os movimentos leigos, ao favorecer a plenitude da vida cristã e ao chamar os leigos a se comprometerem no mundo, estão determinando com eficácia esse compromisso e essa presença de fronteira na missão da Igreja, com sua vida e sua preparação técnica, profissional e até com seu compromisso político.

c) *A liberdade dos movimentos* em comparação com outras expressões de vida associada leiga. "Num período de transição — escreve Von Balthasar — a hierarquia tinha reconhecido com clarividência a necessidade de reconhecer aos leigos sua função de mediação com o mundo, mas tinha ligado fortemente essa função à hierarquia, como se apenas ela — e não a totalidade da Igreja — fosse responsável pela evangelização do mundo. Aconteceu assim que associações leigas, promovidas com zelo pela Igreja, tivessem no início a possibilidade de desenvolver uma ação muito importante; mas, com os anos, essa ação diminuiu sensivelmente e as estruturas erigidas outrora puderam ser conservadas em vida pela Igreja, com 'engenhoso' apoio".

Encontramos nos movimentos certa liberdade reconhecida pela Igreja no agir das pessoas e dos grupos. E isso parece ser conatural à experiência dos leigos no mundo. "As normas e as tentativas oferecidas pela fé e pela teologia para os problemas da humanidade são certamente fundamentais e vinculativas tanto para os leigos cristãos como para o resto da humanidade não cristã. Mas seria uma presunção para o clero e para os teólogos querer eles mesmos guiar a aplicação nas esferas econômicas, políticas e culturais dos princípios da fé. É esse um campo aberto à responsabilidade dos leigos cristãos que, com a força espiritual e a liberdade de associação, levam luz e coragem a essa difícil tarefa".

Porém, o aspecto carismático dos movimentos pode ser visto de outros ângulos; um deles é a efetiva aceitação que teve entre as pessoas, até uma profunda identificação com o movimento e a sua espiritualidade, no sentido de pertença a essas comunidades vivas e na plena participação das atividades, chegando até a uma generosa comunhão dos bens materiais.

Os movimentos leigos não teriam hoje a presença que têm se não tivessem sido portadores de uma mensagem esperada, provocadores de um encontro, talvez inconscientemente desejado, com Cristo e com a Igreja.

Muitas vezes o impacto do encontro com um movimento tem a força de uma conversão ou de uma nova compreensão da própria vocação cristã. O testemunho das pessoas, o fascínio da espiritualidade, o fato de a Igreja comunidade acontecer num grupo que humanamente se sente compromissado na vivência evangélica da caridade, da oração, do compromisso concreto no mundo tornam crível a proposta cristã, muitas vezes relegada a uma ideologia inatingível. O encontro com um movimento marca muitas vezes o encontro com Cristo e se torna "uma vocação na vocação". As metas inatingíveis da oração e da santidade começam a se mostrar mais próximas e reais; o discurso do Evangelho é capaz de ser posto em prática; a Igreja aparece ao grupo como uma comunidade de irmãos em que nos conhecemos por nome e nos comprometemos como pessoas.

Poder-se-ia objetar que tudo isso pode ser encontrado normalmente também na concreta experiência de uma comunidade eclesial paroquial. Certamente. Mas o fato é que os movimentos muitas vezes são mais capazes de uma proposta cristã concreta e acessível, de oferecer uma amizade cristã mais próxima, de preencher com um ideal de vida o desejo latente de uma aspiração à santidade, de encontrar de novo realidades nas quais outrora se acreditara e depois tinham desaparecido do horizonte da vida, a partir da crise da juventude, do ritmo do trabalho e das dificuldades da vida.

Os movimentos, além disso, ao percorrerem um caminho de maturidade cristã e eclesial, encontraram a sabedoria de uma pedagogia espiritual e apostólica, para transmitir e encarnar os valores fundamentais da oração, da comunhão fraterna, do compromisso. São solícitos ao renovarem constantemente os encontros para manterem viva na perseverança a complexidade da vida cristã.

Possuem, além disso, uma verdadeira pedagogia espiritual nos conteúdos e no método, e uma forma peculiar de exprimir o sentido comunitário da Igreja, de torná-la presente em ambientes e situações necessitadas de testemunho e de evangelização.

Essa atenção pessoal, essa capacidade de contínua proposta ideal, de atualização na comunhão, de estímulo recíproco no compromisso, ainda que não seja uma realidade fácil e que até é um compromisso na perseverança, garante o crescimento da pessoa numa experiência cristã séria. É o método da → EXPERIÊNCIA CRISTÃ autêntica com a qual se adquirem as evidências e os convencimentos pessoais que muitas vezes não se atingem com mil pregações; aqui se chega à sabedoria dos Padres do deserto, na famosa proposta de → EVÁGRIO PÔNTICO: "A uma teoria pode-se responder com outra teoria, mas quem afinal poderá contestar a vida?". Onde a proposta cristã se torna vida, o cristão atingiu a sabedoria que vem da experiência, iluminada pela doutrina autêntica.

É esse, sem dúvida, o segredo dos movimentos. Fossem apenas os entusiasmos a ajudarem sua difusão, apagar-se-iam como fogo de palha. Sabe-se que os movimentos muito exigem e o fazem com perseverança, com fadiga e com sacrifício; mas a constatação de que alguma coisa age lentamente com a aproximação do Evangelho à vida preenche as secretas aspirações do coração.

E é nessa perspectiva que agem a verdade e a seriedade evangélica e eclesial dos movimentos.

Como oportunamente já escreveu R. Laurentin, um movimento eclesial tem um futuro se responde a autênticas necessidades espirituais das pessoas e dos grupos na Igreja; se está baseado em valores essenciais da vida cristã; se é capaz de viver no hoje da história sem nostalgias de um passado que não existe nem fugas para um futuro ainda imaginado, mas caminha no dinamismo da comunhão com a Igreja, sob a ação do Espírito.

Eis por que não se pode deixar de ver o fenômeno dos movimentos eclesiais do nosso tempo como uma realidade nascida da Igreja e na Igreja do nosso tempo, por obra do Espírito, mas como uma resposta total a instâncias espirituais, culturais, sociais que, na única inspiração evangélica que a todos une em Cristo, se desdobra numa fecunda e variegada multiplicidade, não dessemelhante da que podem oferecer a unidade e a variedade de outras formas de vida eclesial. São uma presença providencial, especialmente para a promoção espiritual e o compromisso do laicato. Presença certamente significativa na crise pós-conciliar para uma reserva de espiritualidade e de esperança eclesial. E basta até um simples aceno, dom do Espírito à Igreja, para uma capacidade de agregação dos jovens do nosso tempo ao compromisso do Evangelho.

Ainda que possa parecer muito exclusiva a nossa afirmação, não se pode esquecer que aos movimentos foram agregados e neles recuperados muitos jovens, os quais teriam, de outro modo, se perdido, tornando inúteis valiosas energias espirituais e apostólicas para a Igreja.

A exortação apostólica pós-sinodal *Christifideles laici*, n. 24, confirmou a natureza carismática da Igreja e o livre doar-se do Espírito Santo aos fiéis, homens e mulheres, mediante os carismas que são dados para o bem comum e submetidos ao discernimento dos pastores. Nesse dinamismo dos carismas situa-se o discurso sobre as associações leigas ou agregações eclesiais, com sua diversidade e sua providencial presença na Igreja de hoje e às quais é dedicado o n. 29. Fala-se, com efeito, de um novo momento de agregação, de uma grande diversidade de movimentos, mas com uma profunda convergência na finalidade que os anima: a participação responsável na missão da Igreja para levar o Evangelho de Cristo aos homens da nossa sociedade. Às muitas razões que favoreceram a agregação dos fiéis em torno de um movimento ou de uma associação leiga o documento acrescenta, quase como secreta fonte e razão eclesiológica, o fato de que, juntos, num movimento, somos "sinal da comunhão e da unidade da Igreja em Cristo", citando *AA* 18.

Sob o ponto de vista jurídico, o documento pós-conciliar lembra e garante a liberdade associativa dos leigos codificada no recente documento da Igreja.

3. CRITÉRIOS DE ECLESIALIDADE E DE EFETIVA COMUNHÃO ECLESIAL. O discurso sobre os movimentos eclesiais desenvolveu-se nos últimos decênios em torno do tema do discernimento e das notas eclesiais ou critérios de eclesialidade que garantem sua plena ortodoxia e ortopraxis.

Deve-se dizer que, na realidade, a exortação *Evangelii nuntiandi*, de 1974, já havia desenvolvido uma rica criteriologia eclesial em relação às comunidades de base, aplicável, porém, a outras realidades agregativas da Igreja do nosso tempo. O n. 58 da exortação é, na realidade, um ponto de referência que não deve ser esquecido.

O surgimento da Renovação carismática, com o entusiasmo dos aderentes e o florescimento de fenômenos extraordinários, tinha sugerido, desde 1974, uma série de orientações para o discernimento eclesial, que os bispos dos USA, com grande oportunidade, tinham proposto para a guia dos fiéis.

A CEI, em uma sua nota pastoral, de 1981, sobre os critérios de eclesialidade dos grupos, tinha posto mais o acento na comunhão eclesial e na inserção adequada na Igreja local num momento particular; a emergência dos movimentos eclesiais nos anos 1970 e 1980, ao mesmo tempo em que trazia uma grande vitalidade à Igreja italiana, não estava isenta de polêmicas e de contraposições entre diversos grupos.

Diversos teólogos e mestres de espiritualidade tinham, de certo modo, preparado o caminho, ao considerar que um discernimento eclesial devia ser exercido em relação aos movimentos para sua plena eclesialidade e para a guia e a orientação dos fiéis. De nossa parte, desde 1976, tínhamos sintetizado em quatro grandes critérios para os movimentos o necessário discernimento de renovação: a) a comunhão com a Igreja na doutrina e na prática; b) a verificação da autenticidade mediante os frutos de renovação; c) a perspectiva de um dinâmico amadurecimento das pessoas e dos grupos como critério de crescimento em santidade e apostolado; d) a comunhão na unidade de todos os carismas para o serviço do Evangelho.

A exortação apostólica *Christifideles laici*, n. 30, não deixou de estabelecer critérios claros e precisos de discernimento e de reconhecimento das agregações leigas, chamados também de "critérios de eclesialidade". De modo unitário, propõem-se os seguintes, que aqui resumimos:

— a primazia dada à vocação à santidade como crescimento para a plenitude da vida cristã e perfeição da caridade;

— a responsabilidade de confessar a fé católica, em comunhão com o magistério, de modo que todo movimento seja lugar da proclamação e da resposta da fé, ambiente de educação à fé;

— o testemunho firme e convencido da comunhão com os pastores da Igreja, o papa e os bispos;

— a conformidade e a participação no objetivo apostólico da Igreja, para uma efetiva cooperação na nova evangelização;

— o compromisso de uma presença na sociedade humana para o serviço da dignidade integral do homem.

A esses critérios se juntam os frutos concretos que nascem para o bem da Igreja. Dentre esses frutos é preciso destacar toda uma série de valores espirituais que, da experiência concreta, já se encontram presentes nos movimentos, ou seja, o gosto renovado pela oração, pela contemplação, pela vida litúrgica e sacramental; a animação para o florescimento das vocações ao matrimônio cristão, ao sacerdócio ministerial, à vida consagrada; a disponibilidade para participar dos programas e das atividades da Igreja...; o compromisso catequético e a capacidade para formar os cristãos; o impulso para uma presença cristã nos diversos ambientes da vida social e a criação e animação de obras caritativas, culturais e espirituais; o espírito de desapego e de pobreza evangélica para uma mais generosa caridade em relação a todos; a conversão à vida cristã ou o retorno à comunhão dos batizados "afastados".

Todos esses critérios e frutos são um desafio aos movimentos para operar e viver na novidade carismática do Evangelho e na missionaridade que requer a urgência da nova evangelização, no limiar do terceiro milênio.

Esses critérios, de outra parte, ajudam a enfrentar um dos temas mais difíceis de inserção dos movimentos na Igreja de hoje: a relação com a Igreja universal e a referência à Igreja local. Ainda que para esse tema não faltem algumas orientações no documento pós-sinodal (cf. nn. 25-28), permitimo-nos desenvolvê-lo com certa amplidão.

a) *Eclesialidade dos movimentos: elementos fundamentais*. A plena eclesialidade dos movimentos leigos depende essencialmente da realização neles de algumas condições indispensáveis: a plena conformidade na sua doutrina e a sua prática com o magistério da Igreja; a plena comunhão com o papa e com os bispos; a aprovação implícita ou explícita por parte da Santa Sé ou das Igrejas particulares, segundo a norma do direito; a harmônica colaboração na pastoral da Igreja universal e local, segundo o próprio → CARISMA e os próprios estatutos aprovados pela autoridade competente.

Não se deve esquecer que muitas vezes o reconhecimento de um movimento por parte da Igreja passa por provas dolorosas de obediência e de amor que, se vividas na fidelidade e na humildade, contribuem a longo prazo para incrementar a maturidade e a universalidade do próprio movimento, para ter a garantia de uma plena aprovação eclesial que facilita e assegura sua expansão entre o povo de Deus.

De onde podem vir essas dificuldades? Certamente os carismas não existem em estado puro senão em Deus; muitos elementos humanos os condicionam; a novidade da doutrina ou da prática pode suscitar dificuldades de acolhimento;

nem todos os grupos ou aderentes chegam a ter uma maturidade; nem se pode exigir logo que se chegue a uma plena comunhão orgânica com a pastoral da Igreja, sem esperar pacientemente que se percorra um itinerário obrigatório de identificação e de comunhão.

De resto, temos de dizer isso, muitas das críticas que frequentemente são lançadas contra os movimentos poderiam ser salutares pontos de referência para uma plena autocrítica por parte de outros componentes da vida das Igrejas locais, a começar pelas instituições pastorais das dioceses e pelas experiências apostólicas das paróquias.

b) *Na perspectiva da Igreja universal.* É razoável pôr logo em destaque, em harmonia com a doutrina do Vaticano II, que o primeiro ponto de referência para certas realidades de índole carismática, como são os movimentos, deve ser procurado na Igreja, sem uma apressada distinção entre Igreja universal e Igreja local. Serão, definitivamente, a própria graça do Espírito e os frutos dela oriundos que mostram bem se uma realidade tem uma dimensão de serviço que se exaure numa Igreja local ou se se trata de um fenômeno de alcance mais amplo que pode se reportar à autoridade da Igreja universal.

É hoje célebre e iluminadora, a esse propósito, a importante opinião do então cardeal J. Ratzinger, numa sua conferência sobre a Igreja universal e Igreja local, com um esclarecimento sobre a relação de ambas com o fenômeno dos movimentos. Partindo da observação de que em outros tempos iniciativas carismáticas, como a das Ordens mendicantes, iam além dos limites da Igreja locais e que tais carismas tiveram de recorrer à autoridade do primado universal de Pedro, que garantiu sua plena eclesialidade e usufruiu da ação missionária deles, afirmava: "Também hoje conhecemos de novo o fenômeno dos movimentos apostólicos supraterritoriais provenientes de baixo, em que aparecem novos carismas que reanimam a pastoral territorial. Também hoje encontramos certos tipos de movimento que não podem ser reduzidos ao princípio episcopal, mas que se apoiam, antes, quer no nível teológico, quer no prático, no Primado, o qual é assim, novamente ainda, fator de um vital e frutuoso pluralismo na Igreja, justamente pelo fato de que ele permite colocar sua unidade numa realidade concreta".

O paralelismo com as Ordens mendicantes da Idade Média é eloquente. A vida religiosa, recorrendo ao ministério de Pedro, jamais constituiu Igrejas locais paralelas, mas procurou levar ao âmbito das Igrejas locais o próprio serviço e a própria espiritualidade, sem renunciar jamais ao próprio dom carismático, mas permanecendo aberta a uma missionaridade universal. O mesmo se poderia e deveria dizer dos movimentos: presença viva e carismática nas Igrejas locais, abertura de serviço universal e de missionaridade; tudo, porém, garantido pela suprema autoridade da Igreja.

No atual debate sobre a relação Igreja-movimentos, a observação do cardeal Ratzinger é valiosa no plano teológico e prático. Trata-se, na realidade, de um princípio amplamente posto em prática pelo comportamento dos últimos pontífices em relação aos movimentos e salvaguardado pelas normas recentes do Direito Canônico.

No que diz respeito ao comportamento dos papas, os fatos são bem conhecidos. Devemos especialmente à clarividência de pontífices, como Pio XII, João XXIII, Paulo VI e João Paulo II a promoção e o encorajamento dos novos movimentos eclesiais. Eles acolheram a novidade carismática, o dinamismo apostólico e a oportunidade de renovação que vêm desses movimentos. Essas novas realidades eclesiais encontraram nos sucessores de Pedro, antes e depois do Concílio Vaticano II, simpatia, apoio, aprovação, às vezes admoestações e correções para uma plena integração da sua experiência na vida da Igreja.

O recurso ao carisma de Pedro demonstrou-se providencial para o discernimento eclesial, num acolhimento que garantiu à Igreja do nosso tempo autênticos dons do Espírito, verdadeiros colaboradores na missão universal da Sé de Pedro.

A atual orientação da Santa Sé de fazer convergir os movimentos leigos para o Pontifício Conselho para os Leigos é uma medida prática de grande destaque, capaz de garantir a plena eclesialidade dos movimentos numa perspectiva universal.

O Código de Direito Canônico garante a liberdade de associação dos leigos, prevê a ereção de associações públicas e privadas de fiéis; algumas delas podem ser de caráter internacional e, portanto, de "direito pontifício". Todas essas normas não devem ser postas de lado no momento da convergência entre aprovação por parte da Igreja universal e necessária inserção na Igreja local.

c) *Em comunhão com a vida e a missão da Igreja local.* Hoje a tarefa mais urgente, talvez, dos movimentos é o de encontrar um equilíbrio entre a sua dimensão universal e a necessária inserção a serviço da Igrejas locais, oferecendo às comunidades diocesanas e paroquiais, além do exemplo de uma efetiva e afetiva comunhão com os pastores, a contribuição carismática da espiritualidade e do serviço apostólico. Devem se tornar críveis na sua eclesialidade, inserindo-se harmoniosamente na pastoral geral, sem esmagar o próprio dom e serviço, mas, ao contrário, abrindo no diálogo concreto mais vastos horizontes à pastoral diocesana e paroquial.

E é ainda nessa mesma perspectiva de comunhão eclesial que os próprios movimentos devem encontrar entre si a recíproca estima e colaboração, tantas vezes lembradas por João Paulo II, que permanecem ainda hoje um premente augúrio para uma mais válida colaboração e testemunho na unidade eclesial.

É óbvio, portanto que, segundo a doutrina da Igreja e claras evocações do Direito Canônico, a inserção concreta dos movimentos em suas presenças e atividades específicas passe pelo acolhimento dos pastores. É também necessário que todos os movimentos se insiram com sua específica força carismática, dada para o bem comum na Igreja; ponham-se a serviço das dioceses e das paróquias para construir a única Igreja de Cristo, para embelezar a única esposa do Senhor.

É bem verdade que um pastor da Igreja local permanece livre para acolher ou rejeitar a presença na diocese de um dado movimento, embora aprovado pela Santa Sé. Mas não deveria fazê-lo sem graves motivos e sem ponderado discernimento eclesial. Poderia ficar sem um dom do Espírito para a sua Igreja. O discernimento eclesial indicado pela *Lumen gentium*, n. 12 exorta os pastores a não extinguir o Espírito!

Nesse tema que fica no centro do debate atual, parece-nos que devemos proporcionar alguns esclarecimentos de fundo que podem ser úteis para um justo enfoque sob o ponto de vista teológico.

Em primeiro lugar, quando um movimento traz em si a garantia de uma aprovação da Santa Sé, a inserção na vida e na pastoral da Igreja local deve se fazer no respeito recíproco, ou seja, na convergência da vida e da ação pastoral do movimento no âmbito da Igreja local, com a legítima autonomia que a Santa Sé garante a uma instituição eclesial. Obviamente, o amor pela Igreja e pelos próprios pastores fará com que, além de ser testemunho da autenticidade dos movimentos

como plenamente "eclesiais", se torne efetiva e visível comunhão com a vida e a missão da Igreja, segundo o próprio carisma.

Os movimentos devem ser uma presença viva e carismática na Igreja; devem oferecer à Igreja o particular dom de graça que o Espírito Santo suscitou para o bem dos fiéis. Muitas vezes eles oferecem experiências de vida, métodos de pastoral a serviço dos grupos especializados, presenças cristãs em situações que não são atingidas ordinariamente pela pastoral diocesana ou paroquial. Ao mesmo tempo em que deve crescer nos movimentos a intencionalidade e a efetiva ação eclesial do apostolado deles, deve também crescer na Igreja local a capacidade de valorização e de acolhimento de tudo o que fazem os movimentos e que outros — compreendida a própria pastoral paroquial — não fazem; por exemplo, a evangelização de ambientes, a pastoral e espiritualidade familiar, o testemunho junto aos afastados, o diálogo inter-religioso, a presença cultural.

Esses dois princípios talvez não resolvam todos os problemas se não nos pusermos no dinamismo de comunhão missionária, que é a própria Igreja, animada pelo Espírito, na unidade e na diversidade, na liberdade com a qual Deus concede os seus dons e habilita em todos os tempos e em todos os lugares o povo de Deus a cumprir a missão de salvação.

É nessa perspectiva dinâmica, de contínua renovação e enriquecimento que a Igreja universal e, portanto, a Igreja local ficou e fica aberta aos → DONS DO ESPÍRITO SANTO, aos carismas pessoais e coletivos com os quais o Senhor quer levar à plenitude a compreensão e a realização do Evangelho.

d) *A relação entre Igreja universal e Igreja local e o tema dos movimentos.* A esta altura convém dar uma definição teológica e fazer uma aplicação prática.

Não existe um modelo estático ou "estandardizado" de Igreja local a ponto de dispensar a multíplice ação do Espírito que renova toda a Igreja, que a acompanha no seu caminho histórico, que a impulsiona para o cumprimento do reino na parúsia. Toda Igreja local deve estar atenta ao que o Espírito diz às Igrejas, mediante os seus múltiplos dons.

Poder-se-ia lembrar aqui a mesma descrição de Igreja local feita pelo decreto *Christus Dominus*, n. 11 e retomada no Código de Direito Canônico, cân. 369: "A diocese é uma porção do povo de Deus que está confiada às curas pastorais do bispo, coadjuvado por seu presbítero, de modo que, ao aderir a seu pastor e por ele unido por meio do Evangelho e da Eucaristia, no Espírito Santo, constitua uma Igreja particular na qual está verdadeiramente presente a Igreja de Cristo, una, santa, católica e apostólica."

Numa primeira e apressada leitura desse texto parece que na Igreja local não haja espaço para os movimentos ou outras formas de vida carismática, como a vida religiosa. Tal leitura, obviamente, seria redutiva.

Temos de reconhecer, antes de qualquer coisa, que, em torno da figura do bispo e da Eucaristia, em toda a sua plenitude de significado, reúne-se a Igreja inteira, que se expande em sua missionaridade. E isso indica, sem dúvida, a convergência absolutamente necessária das experiências e das atividades da Igreja local no princípio hierárquico visível, que é o bispo, e na celebração sacramental da vida de toda a Igreja, que é a Eucaristia.

A força dinâmica, a capacidade de fazer emergir uma Igreja de Cristo, presente no mundo e na história com toda a sua vitalidade, está radicada em dois componentes essenciais da Igreja local que não devem ser desprezados: o Evangelho e o Espírito Santo. Ora, o Evangelho é a palavra viva de Cristo, capaz de suscitar experiências de vida e formas apostólicas encarnadas da multiforme graça de Cristo. Do mesmo modo, a presença do Espírito Santo na Igreja local não pode deixar de ser reconhecida nas forças vivas que ele suscita por uma presença salvífica do mistério de Cristo na história. Com razão, portanto, essa presença do Espírito justifica a normal atividade de tantas formas de vida evangélica por ele suscitadas, da vida religiosa aos novos movimentos eclesiais.

O próprio bispo, que é princípio de unidade, é chamado a ser sensível no discernimento para acolher o florescimento do Evangelho e para fazer convergir para a unidade os dons carismáticos que o Espírito semeia no povo de Deus. A Igreja particular não pode deixar de se haver com o poder do Evangelho, que a anima por dentro, suscitando generosa vitalidade; não pode deixar de estar atenta à multiforme graça do Espírito. Caso contrário, pode correr o risco de rejeitar ou de não acolher os dons que Cristo faz à sua esposa, as energias vitais que o Espírito derrama na Igreja, para uma adequada presença e testemunho do Evangelho da salvação.

Nessa vitalidade do Evangelho e nessa presença dinâmica do Espírito deve-se ver a possibilidade de uma presença ativa e convergente dos movimentos nas Igrejas locais.

Há, porém, outro aspecto que não pode ser esquecido. As Igrejas locais são feitas sacramentalmente à imagem da Igreja universal. Seu arquétipo é a Igreja universal com toda a riqueza de dons e com toda a complexidade da missão universal para a salvação da humanidade. É ordinariamente no âmbito teológico da Igreja universal que se faz o discurso sobre presenças carismáticas do tipo da vida religiosa e dos movimentos leigos. É ordinariamente à autoridade do papa e da Santa Sé que se reportam essas realidades. Certamente, não para pular por cima da autoridade legítima do bispo, mas para se situar na Igreja una, santa, católica e apostólica. A "missão" conferida pelos papas a tantas experiências de vida religiosa para o bem da Igreja universal demonstra essa dimensão de universalidade que, com razão, de fato e de direito, é reconhecida também hoje aos movimentos.

As Igrejas locais, portanto, não podem deixar de espelhar a riqueza e a variedade dos dons que o Espírito difunde em benefício de todo o povo de Deus. Correm o risco de oferecer uma imagem pobre se se recusam a tender, pelo menos idealmente, à riqueza da imagem própria e arquetípica que é a Igreja universal. Correm o risco de se encontrar sem os recursos próprios para uma efetiva missão na sociedade e na história, se recusam as forças que o Espírito suscita de tempo em tempo para essa presença dinâmica do Evangelho.

Desse duplo esclarecimento teológico deveria surgir a orientação prática para um diálogo vital e para uma inserção dinâmica — não isenta das devidas tensões — num discernimento do plano divino a respeito da presença dos movimentos nas Igrejas locais e sua contribuição na vida e na pastoral da Igreja local, no nível diocesano e paroquial. E aqui a ascese da unidade, o diálogo da caridade, o dinamismo da comunhão que se abre a soluções não humanas, mas sobrenaturais, têm ainda muito a caminhar.

Muitas vezes, como ressaltou por diversas vezes João Paulo II, o problema que continua aberto hoje é o da inserção dos movimentos nas Igrejas locais e do recíproco diálogo de acolhimento e de colaboração entre todos os componentes da Igreja. Os múltiplos defeitos humanos, os bairrismos, as incompreensões — que, às vezes, provêm de preconceitos ou de falta de informação — tornam difícil a comunhão, quando na realidade é essa a fórmula vencedora do testemunho eclesial e da sua capacidade missionária.

Uma cordial abertura na verdade e na caridade levará a um enriquecimento notável na Igreja. Mas isso requer, como se dizia, ascese de comunhão, fidelidade ao próprio carisma, abertura ao comum desígnio do Espírito na Igreja e para a humanidade. Melhor, a gratuidade do serviço e a eclesialização da própria vida e do próprio trabalho apostólico continuam sendo um critério de discernimento válido e um indício de maturidade das pessoas e das instituições. O humilde reconhecimento dos dons alheios é capacidade de reconhecer a obra de Deus nos outros e de respeitar o dom do Espírito. Nenhum movimento, embora sendo Igreja, é *a Igreja*. Todos os componentes juntos do povo de Deus formam, no plano universal e local, a Igreja segundo o projeto de Deus para a salvação do mundo.

Não se deve esquecer, portanto, e até deve ser favorecido com todas as energias, o diálogo para uma convergência de vida e de plano apostólicos dentro das dioceses, com a riqueza que cada qual carrega e que pode se tornar não apenas, mas também estímulo para os outros. Sob a guia do bispo, todos devem convergir idealmente para a única Eucaristia, ou seja, para o único Cristo eucarístico que faz a Igreja na força do Espírito. Com efeito, é na Eucaristia que se encontra a unidade da Igreja e onde todos os carismas descobrem a oculta capacidade de comunhão dinâmica com a qual o Espírito da unidade os habilita a viverem uns para os outros, uns com os outros, para a única missão de Cristo mediante sua Igreja.

4. CONCLUSÃO. A presença dos movimentos espirituais e eclesiais é um fenômeno típico do nosso tempo. A experiência deles interessa a espiritualidade sob diversos aspectos. Como experiências tipicamente evangélicas, eles estão em continuidade com outros fenômenos da vida da Igreja que a história da → ESPIRITUALIDADE CRISTÃ documenta e estuda com atenção. Como portadores de novas sínteses de vida evangélica para o nosso tempo e de maneira especial para o laicato, eles se mostram fecundos e eficazes fenômenos do Espírito, ainda que necessitados de discernimento e de orientação espiritual. Na medida em que houver nos movimentos uma dinâmica continuidade com a espiritualidade da Igreja de todos os tempos, a → TEOLOGIA ESPIRITUAL pode colher a novidade e a persistência de certos conteúdos fundamentais (oração, ascese, apostolado, comunhão fraterna), a emergência carismática com que são vividos alguns valores evangélicos (Cristo, Maria, o Espírito, a Igreja). Muitas vezes, na raiz da fundação deles emerge com clareza um testemunho ou um mestre de espiritualidade que deixa uma herança espiritual de experiência e de doutrina.

A atual atenção dada especialmente à inserção eclesial dos movimentos não deveria fazer esquecer a novidade fundamental deles, que consiste, sem dúvida, numa séria proposta de espiritualidade vivida para o nosso tempo, pelo menos nos movimentos eclesiais que hoje, por sua universalidade, emergem com clareza no panorama da Igreja.

BIBLIOGRAFIA. 1) Resenhas fundamentais: FAVALE, A. (ed.). *Movimenti ecclesiali contemporanei. Dimensioni storiche, teologico-spirituali e apostoliche.* Roma, ²1982; *I movimenti nella Chiesa degli anni '80.* Milano, 1982; MINA, C. *Nove movimenti di laici oggi.* Roma, 1969; SECONDIN, B. *Segni di profezia nella Chiesa. Comunità, gruppi, movimenti.* Milano, 1987. 2) Artigos de dicionários: FAVALE, A. Movimenti ecclesiali. *Nuovo Dizionario di Mariologia.* Cinisello Balsamo, 1986, 963-985; GUERRA, A. Movimientos actuales de espiritualidad. *Nuevo Diccionario de Espiritualidad.* Madrid, 1983, 970-982; SECONDIN, B. Movimenti e gruppi nella Chiesa. *Dizionario di Spiritualità dei Laici.* Milano, 1981, 68-84. 3) Números monográficos de revistas: I movimenti ecclesiali. Esperienza e teologia. *Credere Oggi* 5 (1983) 17; I laici nella Chiesa e nel mondo. *Rivista di Vita Spirituale* 4-5 (luglio-ottobre 1987); I movimenti ecclesiali. *La Scuola Cattolica* 5 (settembre-ottobre 1988). 4) Outras contribuições: BEYER, J. Nuovi carismi dello Spirito nella vita della Chiesa. I "movimenti ecclesiali". *Vita Consacrata* 23 (1987) 143-156; CASTELLANO, J. Movimenti spirituali moderni. Criteri di discernimento. *Rivista di Vita Spirituale* 30 (1976) 162-181; ID. Tratti caratteristici dei movimenti ecclesiali contemporanei. *Rivista di Vita Spirituale* 39 (1985) 560-573; *Gruppi movimenti associazioni. Quale pastorale vocazionale?* Roma, 1987; *I movimenti nella Chiesa. Atti del II Colloquio Internazionale.* Milano, 1987; LEHMANN, K. I nuovi movimenti ecclesiali: motivazioni e finalità. Il Regno. Documenti 32 (1987) 27-31.

J. CASTELLANO

MULHER. 1. A MULHER NA SAGRADA ESCRITURA. Na Sagrada Escritura, a mulher aparece igual ao homem e, ao mesmo tempo, subordinada a ele, como um seu complemento (Gn 1–3). Ela introduz o pecado, embora seja o homem que assuma definitivamente a sua responsabilidade. Todavia, o seu dever de mãe abre uma esperança de redenção (Gn 3,15). Em Israel, a mulher não possui uma tarefa sacerdotal, nem participação oficial no culto: em dadas ocasiões, é reconhecida como profetiza (Ex 15,20 ss.; Jz 4), e exerce a sua influência também no campo religioso.

O Senhor quis nascer de uma mulher (Gl 4,4). Maria, virgem e mãe, cumpre em si o voto feminino da fecundidade; ao mesmo tempo, realiza a consagração virginal. Ela encarna o ideal da mulher: dá à luz ao Príncipe da vida; pratica a maternidade espiritual numa fé virginal (Lc 11,28 ss.); é figura da Igreja, esposa e virgem (Ef 5,23).

Através de Maria, a mulher pode tornar-se símbolo da alma crente. É compreensível, então, por que Jesus aceita que piedosas mulheres o sigam (Lc 8,1 ss.), toma como exemplo as virgens fiéis (Mt 25,1 ss.) e confia às mulheres uma missão (Jo 20,17). É compreensível, também, que na Igreja antiga, a exemplo do homem, a mulher tenha participação leiga na vida litúrgica e sacramental e desempenhe tarefas eclesiais (At 1,14; 9,36; 12,12; 16,14 ss.).

São Paulo elaborou uma teologia da mulher, sobretudo em relação à virgindade, à qual ela é chamada (1Cor 7,35). O ideal da virgindade não ignora que a mulher deve desempenhar uma missão cristã também no casamento, no qual ela é imagem da Igreja diante de Cristo (Ef 5,22). Na vida da Igreja, a mulher assume um lugar próprio. Ela traz o véu na assembleia eclesial, uma vez que a sua dignidade cristã não a libera de sua dependência ao marido (1Cor 11,2 ss.); em relação à missão magisterial hierárquica, não pode ensinar na Igreja (1Cor 14,34); tem a chance de profetizar (1Cor 11,5), uma vez que o Espírito não conhece distinção de sexo; em sua casa é chamada a dar testemunho por meio de uma "vida casta e cheia de respeito" (1Pd 3,1 ss.; 1Tm 2,9); em especial, possui um lugar importante na comunidade eclesial quando é viúva idosa (1Tm 5,9). A mulher possui uma sua vocação específica, caracterizada pelo seu ser feminino e pela tarefa que desempenha na comunidade cívico-eclesial no desenrolar-se da história salvífica à sombra da figura da Virgem Mãe. Essa vocação específica insere-se em uma comum e geral vocação, co-participada juntamente por homem e mulher: dar testemunho em si próprios da imagem de Deus, revelada de modo perfeito em Cristo (1Cor 11,12; Gl 3,28).

No Apocalipse (c. 12), tem-se a visão da mulher celeste: é Maria que, a exemplo da Igreja, dá à luz ao corpo de Cristo; ela é também o modelo daquilo que toda mulher, em seu coração, deseja tornar-se. Na carta apostólica *Mulieris dignitatem* (15 ago. 1988), João Paulo II aprofunda o tema bíblico que trata da mulher. Do Livro do Gênesis constata (Gn 1,27) que homem e mulher são ambos seres humanos, de grau igual, ambos criados à imagem de Deus. O ser humano é uma pessoa, e em igual medida o homem e a mulher. Cada ser humano é imagem de Deus, enquanto criatura racional e livre, capaz de conhecê-lo e amá-lo. O homem não pode existir sozinho, mas em relação com outra pessoa humana: o homem para a mulher, e a mulher para o homem. Essa unidade dos dois é sinal da comunhão interpessoal, e indica que na criação foi inserida uma certa semelhança da comunhão divina. Ao alcançar essa comunhão, ambas as partes são de ajuda recíproca (nn. 6-7). O pecado perturbou essa relação original entre o homem e a mulher, constitui uma ruptura e constante ameaça exatamente em relação a essa *unidade dos dois*, que corresponde à dignidade da imagem e semelhança de Deus em ambos. Gn 3,16, que fala do domínio do homem sobre a mulher, indica a perturbação e a perda daquela estabilidade, daquela fundamental igualdade, que, na unidade dos dois, o homem e a mulher possuem; mas implica também a recíproca relação do homem e da mulher no casamento, em que, no dom recíproco de si, ambos podem encontrar-se como verdadeira unidade dos dois, segundo a dignidade da pessoa. A união matrimonial exige o respeito e o aperfeiçoamento da verdadeira subjetividade pessoal dos dois (nn. 9-10). Após examinar a linha de conduta de Jesus em relação à mulher (nn. 12-16), a *Mulieris dignitatem* enfrenta a dupla dimensão da vocação da mulher, a maternidade e a virgindade, em que, sob diferentes aspectos, a mulher realiza a sua pessoa e a sua capacidade oblativa (nn. 17-22), para em seguida passar ao grande mistério das relações Igreja-esposa de Cristo, sintetizadas nas relações nupciais: Cristo esposo-Igreja esposa de Cristo, em que a dimensão simbólica do "grande mistério" possui uma particular riqueza (nn. 23-25.27). Na conclusão, o papa exorta a agradecer a Deus "pelo mistério da mulher", pelos frutos da santidade feminina, e pede a todos que as inestimáveis manifestações do Espírito (1Cor 12,4) concedidas às mulheres sejam atentamente reconhecidas e valorizadas (n. 31).

2. A MULHER NA IGREJA. Homem e mulher na Igreja possuem fundamentalmente os mesmos direitos. O batismo, que os incorpora a Cristo, os constitui membros da comunidade eclesial, súditos em marcha rumo ao Reino de Deus (cf. *LG* 32). Para São Paulo, se existe igualdade entre homem e mulher em relação à salvação, estes desempenham, porém, funções diferentes (1Cor 12,13; Gl 3,28): no culto divino a mulher é subordinada ao homem, já que possui por modelo e medida a subordinação da Igreja a Cristo. A lei canônica propôs como disciplina vinculadora a indicação paulina (cân. 1024): a mulher não pode ser membro da hierarquia em sentido restrito, nem ter o primeiro lugar no culto.

Essa situação eclesial da mulher depende só de conveniências e usos sociais? A emancipação social da mulher pode ser praticada também no sentido da Igreja? Alguns teólogos luteranos, distinguindo no Novo Testamento as questões de disciplina das de salvação, incluem o ministério sacerdotal entre as funções da instituição ou organização. O ministério institucional é um simples instrumento a serviço do Evangelho, e pode variar no tempo e no espaço, de uma Igreja para outra. É abusivo e contrário ao Evangelho ligar a salvação a uma forma determinada de ministério. Assim, a proibição de as mulheres chegarem ao ministério da Palavra é uma questão de oportunidade, que não implica com o ser da Igreja. A Sagrada Congregação da Doutrina da Fé reforçou a rejeição ao sacerdócio ministerial para as mulheres (Declaração *Inter insigniores*, 15 out. 1976, in *Enchiridion Vaticanum*, vl. V, 1.392-1.423). Na carta apostólica *Mulieris dignitatem*, João Paulo II reafirma a validade dessa rejeição (n. 26).

Através do batismo, a mulher também participa do sacerdócio de Cristo, difundido entre todos os fiéis: a exemplo do homem é chamada a compartilhar a mesma vida divina, a ser membro do Cristo integral, a participar dos esponsais espirituais e invisíveis da Igreja com Cristo, a gozar a mesma bem-aventurança. Também a mulher, como o homem, tem direito ao → APOSTOLADO na Igreja (*LG* 23; *AA* 25). Na evangelização, ela tem uma tarefa e uma sensibilidade particulares, reconhecidas pela Igreja (cf. SAGRADA CONGREGAÇÃO DA EVANGELIZAÇÃO DOS POVOS, *A função da mulher na evangelização* (19 nov. 1975), in *Enchiridion Vaticanum*, vl. V, 978-1.007).

Na época de hoje, a mulher adentrou à vida econômica, política e social, inserindo aí um sentido de humanidade: suavizou as relações interpessoais, difundiu a consciência pelas necessidades dos marginalizados, dos fracos e sofredores; fez emergir a exigência da instauração de uma civilização mais personalista. Para essa missão que ela desempenha, reconhece-se a necessidade de dar-lhe uma educação e uma instrução capazes de habilitá-la às suas tarefas; ela tem de poder atingir uma vida humanamente livre, dignamente pessoal, elevadamente social. "As mulheres já trabalham em quase todos os setores da vida; convém, então, que elas sejam capazes de desempenhar plenamente os seus deveres segundo o seu caráter próprio. Deve ser um dever de todos fazer com que a participação pessoal e necessária das mulheres na vida cultural seja reconhecida e promovida" (*GS* 60; cf. 9.52).

Do mesmo modo, também na comunidade eclesial a mulher é chamada a dar testemunho, entre os homens, da beleza encarnada do Espírito de Cristo. Como nos tempos apostólicos, o impulso caritativo da mulher deve continuar a concretizar-se na fundação de comunidades de fraternidade religiosa, em atividades missionárias para a propagação da fé (*AG* 12), em apostolado familiar e educativo (*AA* 9), no testemunho evangélico entre as atividades profissionais e sociais. (*AG* 21) e em promover uma cultura humano-cristã. O seu amor caritativo e oblativo permanece a grande mensagem cristã, que ela é chamada a revelar no seio da humanidade. A comunidade eclesial deve empenhar-se em promover cristãmente a mulher, de maneira que saiba desempenhar a sua missão caritativa.

3. A MENSAGEM ESPIRITUAL DA MULHER. Entre a vocação comum a cada criatura humana e a pessoal estritamente incomunicável, deve-se admitir uma vocação específica da mulher. Essa vocação é condicionada pela natureza feminina, revelada pelo papel desempenhado pela mulher na história da → SALVAÇÃO, confirmada pela sua missão na sociedade e na Igreja, dominada pela figura de Maria, a Virgem-Mãe. Por sua natureza feminina e pela graça que é chamada a participar dentro do Corpo místico, a mulher é a palavra viva da qual Deus se serve para manifestar ao mundo um aspecto de seu amor pela criatura.

MULHER

Procurando traçar as características do homem e da mulher, é preciso descartar toda ideia de superioridade ou de inferioridade (encíclica *Pacem in terris*). Segundo São Paulo (Ef 4,22-23), a mulher não deve submeter-se ao homem, como o inferior sob o superior, mas apenas manter a sua posição em relação ao outro: são dois iguais que assumem reciprocamente uma posição conveniente, um em relação ao outro. Entre a vocação do homem e a da mulher existe uma complementaridade (1Cor 11,12), as duas inserem-se numa única vocação, inteiramente dedicada a restaurar na criatura a imagem de Deus (Gl 3,28). No Corpo místico, o homem e a mulher, considerados isoladamente, parecem incompletos: só são realmente eles mesmos em seu diálogo constantemente renovado, na reciprocidade fundamentada na graça. A Igreja de Jesus Cristo não pode alcançar a sua plenitude sem essa participação completa de todos os seus membros.

Não há virilidade e feminilidade no estado puro. Elementos masculinos e femininos compenetram-se em cada pessoa. Mas o predomínio de um e de outro, fundamentados na diferença de sexo, é um dado de manifesta evidência. Por outro lado, a imagem da mulher vem parcialmente transformando-se no decorrer do tempo, delineando-se de modo desigual segundo os ambientes sociais. Por essa razão, justificadamente muda a condição social da mulher, aprofundando-se e determinando-se muito mais os seus direitos e deveres.

Qual será, então, a mensagem espiritual que a mulher desenvolve na vida cristã? Junto aos → PADRES DA IGREJA e entre a maioria dos teólogos escolásticos, a mulher era considerada à sombra da figura de Eva: o elemento fraco, a tentadora na qual jamais se devia confiar. Uma criatura que não alcança sozinha o espírito: o homem situa-se como intermediário entre ela e Deus. Todavia, a → TEOLOGIA ESPIRITUAL também pôde enriquecer-se grandemente com a experiência mística das grandes santas.

Em geral costuma-se reconhecer que a mulher tem uma vida sumamente dependente das forças instintivas e carnalmente vitais de seu ser: mas ao mesmo tempo ela é mais espontaneamente atenta e sensível aos valores gratuitos e desinteressados. Entre o instinto carnal e a intuição mística, ela intui como uma ligação íntima. Por sua dependência do elemento pessoal, por sua abertura espontânea para o → DOM DE SI, mais rapidamente e mais facilmente que o homem ela adere à religião. Necessitada de um apoio ou aprovação exterior que lhe garanta o seu valor vê satisfeita, na prática religiosa, a sua necessidade de segurança. Possui uma natureza fundamentalmente receptiva e acolhedora. Proporciona-lhe um grande equilíbrio pessoal sentir-se ligada a Deus; se por um motivo qualquer o seu sentido do divino se atrofia, toda a sua irradiação materna e social é insidiada e desconexa.

A mulher não só percebe mais facilmente as realidades espirituais e sobrenaturais, mas as vive mais conscientemente. Nela existe uma ligação muito íntima entre sentir e viver. Para amar, a mulher precisa sentir que crê. Parece que a natureza feminina tem necessidade de uma certa impregnação de sua sensibilidade para poder viver em plenitude as suas convicções. As verdades religiosas, penetrando no coração da mulher, assumem uma ressonância extraordinária. Que se trate de Deus, de Cristo ou da Igreja, a mulher tende a perceber o imenso conteúdo de todas essas verdades. De modo particular, ela é sensível para intuir e captar o mistério da união de Cristo e da mulher na Virgem.

Não é possível que tais dons ou graças tenham sido dadas à mulher sem conferir-lhe uma missão: "a personalidade feminina, em sua estrutura física e psíquica responde a um plano particular do Criador" (Pio XII). O papel da mulher é viver em seu íntimo as realidades espirituais para torná-las sensíveis aos outros; deve manifestar que a sua "vida está escondida com Cristo em Deus" (1Cor 3,3); deve representar de algum modo a vocação da religiosa devoção de toda a humanidade redimida diante de Deus.

A raiz subjacente, que alimenta a devoção religiosa feminina, é a vocação da mulher para o amor. Com efeito, se o homem, chamado por Deus, recebe sua vocação como uma missão ou atividade a ser cumprida, a mulher percebe ali um abandonar-se ao Senhor, um viver intimamente entregue a ele. O seu dom é amar, com um amor feito antes de tudo de esquecimento de si e de dom e oferta aos outros. A maternidade, em seu significado profundo, é um símbolo disto.

Em uma visão cristã, o amor ao qual a mulher se sente votada é a caridade, por intermédio da qual ela pode dar aos outros o bem maior, o próprio Cristo. O ágape se apossa da atividade feminina, divinizando-a: pela caridade ela ama com o próprio amor do Senhor. A mulher tem de receber o ágape caritativo para comunicá-lo. Um papel essencialmente mediador, que a mulher pode desempenhar, já que o seu sexo quase que a preestabeleceu na ordem da receptividade, nas categorias do acolhimento. É esse o sentido profundo de sua conivência com a caridade.

A mulher tem de empenhar a sua caridade em uma dupla perspectiva: em fazer florescer o amor cristão nos espíritos e em introduzir uma inspiração caritativa nas estruturas sociais. Antes de tudo, a mulher tem de enriquecer os espíritos humanos com a doçura caritativa. O coração da mulher é um instrumento grandemente dócil às exigências da caridade; ela possui uma natural compaixão pelos pequenos e fracos, uma atenção respeitosa pelos outros, a capacidade de identificar-se com os seus sentimentos e assumir as suas intenções, de compartilhar no íntimo a vida do outro em qualquer expressão de dor ou de alegria, e deseja servir de modo desinteressado. É por intermédio do outro que a mulher realiza a sua personalidade e a sua missão, ela é a colaboradora e a inspiradora que sabe tornar o homem confiante em sua obra. "A mulher é chamada a revelar à humanidade as grandezas da caridade. A dignidade da mulher está intimamente ligada com o amor que ela recebe pelo próprio fato da sua feminilidade e também com o amor que ela, por sua vez, doa. [...] A mulher não pode reencontrar a si mesma senão doando o amor aos outros" (*Mulieris dignitatem*, n. 30).

A mulher, por outro lado, é chamada a oferecer uma alma caritativa à cidade que o homem vai construindo, a harmonizar homogeneamente as contradições que pululam na vida pública. Uma civilização exclusivamente viril torna-se fatalmente desumana e ímpia. A mulher personaliza a civilização, que o homem tende a racionalizar de modo excessivamente mecânico. Ela faz florescer e desenvolve nela os valores humanos e cristãos. A mulher possui uma riqueza espiritual que ainda não foi acolhida e valorizada na atividade econômica, política e social; as suas virtudes ainda não podem exteriorizar-se e exprimir-se na comunidade cívica, já que a vida pública é falha nas estruturas capazes de despertar e de exigir o dom feminino. "As reservas do ser feminino são aquelas nas quais a humanidade ainda não chegou com solidez" (E. Mounier).

A caridade da mulher deve exprimir-se de forma singular na vida conjugal. Pelo casamento, a mulher realiza uma união intimamente profunda com o homem: uma ligação estreita que possui seu arquétipo na relação íntima Cristo-Igreja. Nos primeiros anos do casamento, ela sonha compartilhar tudo com o marido, mas dá-se conta de que os espíritos não concordam facilmente. É a vida conjugal que vai evoluindo continuamente em facetas e exigências sempre novas e imprevistas, e procura uniformizar-se de forma mais profunda com a caridade do Senhor. Ela tem de viver a missão da sua fase, em vez de lamentar a da fase anterior, na certeza de que a nova realidade que se abre, não é menos bela, menos rica ou menos fecunda que a outra: tem de deixar-se conduzir providencialmente pela graça.

Na tarefa materna está recolhida a eminente dignidade da caridade de uma mulher. Nela, a maternidade domina a estrutura física, as qualidades espirituais e a riqueza dos sentimentos: é a vida ordinária pela qual atinge a sua perfeição natural e sobrenatural. A criança, estruturalmente, é toda orientada para a mãe: tudo que vem dela, ou lhe diz respeito, repercute na criança de imediato. Eis por que a mãe deve consagrar-se a ela e mostrar-lhe, com amabilidade, a profundidade e a extensão de sua caridade. Se não se recorre à primazia da caridade, "não se pode dar uma resposta completa e adequada à interrogação sobre a dignidade da mulher e sobre a sua vocação" (*Mulieris dignitatem*, n. 29).

A caridade da mulher deve difundir-se não somente nos membros da família, mas também no ambiente familiar. A casa é o lugar do intercâmbio do amor consagrado por Cristo: ela protege a sua fecundidade, fortifica a sua fidelidade, renova a sua fragrância; ela participa dessa grande vocação do amor humano, chamado a deixar transparecer um pouco do amor infinito que intercorre entre as pessoas divinas. É como uma alma na casa, que lhe confere uma face de amor e de verdade. A mulher possui o dom de perceber as qualidades das coisas, as suas exigências, o seu lugar certo. A casa bem organizada convida os que nela habitam a render graças pela vida que lhes foi doada; faz surgir em seus espíritos o desejo do canto de alegria, como um louvor interior e perene a Deus. Também porque no lar haverá uma imagem do Senhor, que favorecerá o perpetuar-se de um culto familiar. É verdade que às vezes a mulher casada, ocupada com os cuidados e ternuras de sua família, sente como um tanto enfraquecido o transporte religioso, que sentia antes. Talvez porque agora busca na religião menos apoio. Quando jovem buscava na religião uma força que permitisse à sua personalidade estabelecer-se e expandir-se, orientava potências afetivas e sentimentos para ela, que agora são absorvidos por deveres conjugais e maternos. Agora é adulta, e é uma relação adulta que deve ter com Deus: o seu desprendimento atual pela prática religiosa eclesial não significa, necessariamente, que a sua fé foi sacrificada, mas que deve cultivar um cristianismo mais verdadeiro e mais desinteressado.

Em tanta riqueza de bondade espiritual, todavia, também no espírito feminino observam-se sombras de desordem; o amor oblativo da mulher é manchado pelos vestígios do pecado original. São defeitos propriamente femininos: referir-se a realidades concretas, mas só sentir estados de espírito; confundir os desejos do Senhor com os seus impulsos para ele, a confiança da fé com o fervor sensível, a vontade de Deus com as necessidades impostas a si mesma; acreditar que não sabe mais rezar, já que não se sente mais transportada afetivamente na oração; sonhar que entretém Jesus em si, quando se cansa nas lides com uma tarefa interior, multiplica orações vocais ou inventa mil práticas; na → DIREÇÃO ESPIRITUAL, inconscientemente buscar um conforto afetivo, uma comunhão com o outro, um apoio humano. Às vezes a mulher não percebe o que é essencial por excesso de compaixão, de admiração ou de falta de coragem (como as mulheres de Jerusalém, que apiedavam-se de Jesus sem perceber o drama do mundo que se desenrolava no Cristo, Lc 23,27). Na tendência de humanizar o conceito de Deus, a mulher pode sofrer várias decepções: abandonar-se à exaltação, sentimentalismo mórbido e superficialidade. O seu sentido por tudo o que é íntimo e subjetivo a leva a pecar por mesquinharia, pedantismo, parcialidade ou injustiça; a sua tendência para a concretude pode transformar-se em fonte de curiosidade, em avidez de sensações novas; o seu amor não lhe permite sofrer desilusões e com facilidade entrega-se ao ciúme.

A mulher tem necessidade de deixar-se lacerar pela emoção e pelo sonho. Diante de sua aceitação passiva dos acontecimentos, tem de ser chamada para uma ação clara e firme: o seu espírito de iniciativa e de dedicação espontânea precisa desenvolver-se em uma ação apostólica eclesial. Enquanto voltada para o amor e a → VIDA INTERIOR, ela tem de saber encontrar-se com o homem exteriorizado em seus compromissos, e, confrontando a sua atividade específica com a do homem, não deve sentir e cultivar sentimentos de inferioridade.

4. O ESPIRITUAL ESSENCIAL DA MULHER. O movimento feminino de hoje conscientizou que inaugurar um novo estilo espiritual para a mulher interessa não só à classe feminina, mas à vida espiritual em sua integralidade. Recolocar em questão a relação homem-mulher é recolocar em discussão a concepção espiritual evangélica como foi tradicionalmente indicada, até porque o feminismo contemporâneo é um fenômeno não de elites mas de massa.

A expressão bíblica *ezer kenegdo* (Gn 2,18-20), com a qual se indica a mulher em relação ao homem, significa "uma ajuda que seja contrária". Confrontando-se com o outro feminino, o homem masculino compreende a própria espiritualidade e é continuamente estimulado a aperfeiçoá-la. Diga-se o mesmo para a mulher. Para que o encontro-confronto seja fecundo de novas experiências cada vez mais autênticas, é preciso que o outro permaneça em sua autonomia, que esteja frente a frente numa independência que gera colóquio, e que os dois saibam referir-se a Cristo extraindo graças em modalidades próprias, de modo a tornar mais rica a participação humana com a do Espírito do Senhor.

O Evangelho apresentou as várias vocações carismáticas da mulher dentro de uma determinação comum: "a primeira que". Maria, a primeira na qual se encarna o Verbo; Isabel, a primeira que o proclama; a samaritana, a primeira que escuta o plano da nova religiosidade; Madalena, a primeira que adora o Ressuscitado; Maria, a primeira que deixa de lado toda ocupação humana para escutar a palavra de Jesus, e assim por diante. Essa vocação feminina indicada pela Bíblia foi continuada pela mulher na Igreja. "Do mesmo modo que a Igreja, em sentido hierárquico, é dirigida pelos sucessores dos apóstolos, logo, pelos homens, é igualmente e ainda mais verdadeiro que as mulheres a conduzem no sentido carismático do mesmo modo e talvez ainda mais" (JOÃO PAULO II, discurso no parque dos Príncipes, Paris).

Essa observação bíblica sobre a mulher não é referente ao elemento fundamental da espiritualidade feminina. Sabe-se que viver espiritualmente em sentido cristão significa participar do mistério pascal de Cristo em virtude do Espírito, a fim de nos pneumatizarmos para ser membros ressuscitados do Cristo integral. Com relação a essa experiência espiritual fundamental existe diferença de integração entre homem e mulher? A mística feminina tradicional com frequência centralizou-se na pessoa de Jesus, apontado como esposo seja pelas imagens bíblicas do casamento entre Deus e Israel ou Igreja, seja porque a mulher confere à espiritualidade o seu aflato afetivo feminino. Em algumas místicas modernas Jesus é amado como mãe que nutre: "A mãe humana — exclama → JULIANA DI NORWICH em êxtase — nutre o filho com o seu leite, mas a nossa mãe amada, Jesus, nos alimenta de si mesmo".

Meister → ECKHART convida a superar esses simbolismos místicos e conceber o homem e a mulher ambos gerados em Cristo pelo Espírito. "Eu digo: se Maria não tivesse, antes de tudo, concebido espiritualmente a Deus, ele não teria nascido dela corporalmente. [...] É coisa mais cara a Deus ser gerado espiritualmente de toda virgem, de toda alma boa, que ter nascido corporalmente de Maria" (*Sermone* 22).

À medida que se penetra na vivência mística, desaparece a preocupação de fazer um discurso espiritual distinto para o homem e para a mulher. A divisão é um tanto viva no plano ascético, em que o elemento sensível é preponderante. Enquanto no plano espiritual místico, em que o fator espiritual começa a estar qualitativamente presente e operante, a separação se enfraquece e não adquire importância. São Paulo afirmava: "Revesti-vos de Cristo (isto é, de seu Espírito), já não há mais o homem e a mulher, pois todos vós sois um só em Jesus Cristo" (Gl 3,23). Eis porque São → JOÃO DA CRUZ, expondo uma experiência mística, é indiferente ao apresentar uma espiritualidade que tenha a impressão masculina ou feminina. A experiência mística transcende o aspecto quer masculino, quer feminino, para perder-se no Espírito.

5. CRISE DA MULHER. A missão feminina do amor usufrui de duas tendências humano-instintivas. Antes de tudo, o amor na mulher corresponde à necessidade que ela tem de atrair sobre si a atenção: anseia encantar para receber homenagens, para ser idolatrada. E isto, não tanto para ser possuída, mas para completar em si valores que permitirão ao homem realizar a sua missão criadora. Por outro lado, o amor na mulher exprime uma exigência de doação materna. Mas também aqui não se trata somente da necessidade do filho, embora a mulher possa considerar assim. Antes, é a necessidade de "fazer nascer" e de "fazer crescer" alguém. A mulher ambiciona consagrar-se inteiramente ao ser que ama, desaparecer nele, a fim de que ele tome a sua grandeza e cumpra a sua missão.

A tendência ao amor pode sofrer na mulher uma dupla crise:

a) Quando, já mulher madura, vê-se obrigada a permanecer solteira. Nesse estado, percebe como uma renúncia implícita à sua feminilidade: energias substanciais e atitudes inatas são inutilizadas, e não podem ser anuladas nem florescer alegremente. Em consequência, surge uma inquietação interior e exterior, e, no conjunto, uma constante insatisfação de si mesma, que pode desprender a solteira da vida religiosa. O que ameaça a mulher, nesse caso, é o depauperamento de suas faculdades humanas e daquelas especificamente femininas. O remédio está em atuar em uma ordem humano-sobrenatural a sua missão: ela tem de se tornar útil em toda parte onde houver vidas humanas em perigo ou oprimidas pelo sofrimento, de modo a difundir o seu amor altamente caritativo.

b) Por volta dos 45-55 anos a mulher percebe em si mesma mudanças fisiológicas: é a crise da menopausa. A mulher perde o seu poder de maternidade: não pode mais ter filhos, e os que existem estão emancipando-se dela. Além disso, a mulher sente-se desflorescer em sua beleza, com a impressão lacerante de não ser mais amada ("Nous ne connaîtrons plus de matins triomphants", Péguy); tem a impressão de ser inútil, à margem da vida, já que não é mais amável nem amada; sente-se agressivamente estranha ao ambiente ao qual até então se havia doado; tem a exasperação inquieta e instável da → ADOLESCÊNCIA. Parece-lhe estar submersa em um enorme marasmo, duvida de tudo, sobretudo de si própria.

Diante dessa crise, a mulher assume as atitudes mais disparatadas. Se for bem equilibrada e amada por seu marido, geralmente suporta essas transformações físicas sem inquietar-se muito com elas, até sem quase percebê-las: interpreta-as mais como um amadurecimento que um envelhecimento. A mulher, todavia, que há tempos tem motivos para duvidar do amor de seu marido, que é inclinada a sentimentos de inferioridade, que possui tendências pessimistas, encontra uma razão para duvidar de si mesma. Agindo assim ela amplia e aprofunda a sua labilidade fisiológica e psíquica; até pode despertar em si as crises afetivas já amargamente provadas em sua adolescência, ou seja, as crises de ciúme e de abandono. Procura evadir-se refugiando-se no farisaísmo religioso, em atividades esportivas e sociais, e em aventuras amorosas.

A solução para essa crise não está nem na atitude de revolta, nem em uma aceitação tristemente resignada, mas em uma plena e serena acolhida da nova realidade: é preciso abrir-se em busca da nova personalidade e para uma nova missão. Trata-se de passar da maternidade biológica à espiritual. A mulher tem de tornar-se desejada por suas qualidades espirituais, pela sociedade, pelos filhos, pelo marido. "Não precisas de mim como no passado, mas eu preciso que se tenha necessidade de mim para que eu seja feliz" (Caterina Mansfield). A verdadeira solução está em aprofundar a sua vida espiritual e em interiorizar-se com consciente serenidade confiante. Se falta a união íntima com Cristo, cai-se necessariamente em um egoísmo reivindicador, áspero e insaciável. Mas, se a mulher está entregue à caridade, pode serenamente (sem empecilhos carnais) dedicar-se inteiramente à vida da alma. Torna-se um ser humano mais completo: a sua feminilidade, compenetrada e harmonizada com caracteres masculinos, já não lhe causa mais obstáculos em prodigalizar-se e em promover caritativamente o bem espiritual da humanidade.

João Paulo II fala do "mistério da mulher" e, na conclusão da *Mulieris dignitatem* escreve: "Meditando o mistério bíblico da *mulher*, a Igreja reza para que todas as mulheres reencontrem nesse mistério a si mesmas e a sua vocação suprema" (n. 31).

BIBLIOGRAFIA. ADAM, A. *Cristo e la donna*. Roma, 1961; ALLMEN, J. J von. *Maris et femmes d'après Saint Paul*. Neuchâtel, 1951; ANCILLI, E. *La donna nella Chiesa*. Roma, 1969 (com ampla bibliografia); BOFF, L. *Ave Maria: il femminile e lo Spirito Santo*. Assisi, 1982; CAMELOT, P. TH. *Virgines Christi*. Paris, 1944; CARINI ALIMANDI, L. *Presenze di donna*. Roma, 1985; CLOSTERMANN, G. *La coscienza della donna*. Roma, 1959; Conception chrétienne de la femme. *Lumière et Vie* 8 (1959) 43; D'EAUBONNE, F. *Le féminisme*. Paris, 1972; DALY, M. *La Chiesa e il secondo sesso*. Milano, 1982; DEUTSCH, H. *La psychologie des femmes*. Paris, 1953, 1955, 2 vls.; EVDOKIMOV, P. *La femme et le salut du monde*. Tournai-Paris, 1958; FABRIS, R. – GOZZINI, V. *La donna nell'esperienza della prima Chiesa*. Roma, 1982; FAULHABER, M. von. *Donne nella Bibbia*. Torino, 1952; FIRESTONE, S. *La dialectique du sexe*. Paris, 1970; FIRKEL, E. *Destino della donna*. Torino, 1959; FRIEDAM, B. *La mistica della femminilità*. Milano, 1972; JOÃO PAULO II, Carta apostólica *Mulieris dignitatem*, 15 de agosto de 1988; KETTER, P. *Cristo e la donna*. Torino, 1953; *La donna nella Chiesa e nel mondo*. Napoli, 1988; *La donna nella Chiesa e nella società. Per un rilancio interdisciplinare*. Roma, 1986; *La donna nella Chiesa oggi*. Torino, 1981; LOMBROSO, G. *L'âme de la femme*. Paris, 1959; MONEY, J. – TUCKER, P. *Essere uomo, essere donna*. Milano, 1980; RIVA, A. *Donna: punto zero?* Roma, 1981; SCARVAGLIERI, G. *La religiosa e la condizione femminile*. Roma, 1981; SCHLUSSLER, E. F. *En mémoire d'Elle: Essai de reconstruction des origines chrétiennes selon la théologie féministe*. Paris, 1986.

T. GOFFI – M. CAPRIOLI

MUNDO. Talvez nenhum problema seja hoje mais urgente para a ação pastoral da Igreja, mas também para a vida espiritual dos cristãos do que o de discernir qual deva ser a atitude dos cristãos diante do mundo. Tem-se uma situação de fato, cujas causas históricas são múltiplas, mas que se reduzem todas — de um modo ou de outro — à pretensão de autonomia do mundo com respeito não só à Igreja, mas ao próprio Deus. É para enfrentar essa situação que o Concílio elaborou a "constituição pastoral sobre a Igreja no mundo contemporâneo", a *Gaudium et spes*. Mas, se essa constituição enfrenta esse problema sob o ponto de vista da ação pastoral da Igreja, é mais sob o ponto de vista da vida espiritual dos fiéis que temos de considerá-lo aqui. Os dois pontos de vista se completam e, em parte, se superpõem.

A primeira coisa a ser feita para discernir a atitude do cristão diante do mundo é de esclarecer sua natureza. Por isso, interrogaremos primeiro a Sagrada Escritura e depois a filosofia; para chegar, enfim, a ver como o mundo se situa em relação à redenção; daí poderemos deduzir qual deva ser a atitude cristã diante do mundo.

1. O MUNDO NA REVELAÇÃO. É conhecida a ambivalência do mundo na Bíblia: bom, porque criado por Deus, objeto até da vinda do Salvador, ele está, por outro lado, totalmente sujeito ao poder do maligno e se opõe a Cristo. Parece que o melhor modo para ver como essas diferentes asserções se harmonizam entre si seja considerar que a Bíblia nos oferece dois significados principais da palavra mundo: um em relação à criação, o outro em relação à redenção.

a) Em relação à criação, o mundo é essencialmente "o céu e a terra" e tudo o que eles encerram

(Gn 1,1; 2,4). Com respeito a Deus, o mundo parece ao mesmo tempo como inteiramente distinto e separado dele (cf. Sl 8,2), mas também como o que reflete algo da sua glória e, por isso, do seu ser (Sl 19; Sb 13,3 s.). Por ser obra sua, o mundo está inteiramente sujeito a Deus (Gn 8,22; Sl 24,1); mas Deus, que o criou para o homem, entrega-o nas mãos dele para que ele seja seu senhor (Gn 1,29 s.; 2,15), não, todavia, sem certo limite, o qual indica que, nesse domínio, o próprio homem está submetido e ordenado a Deus (Gn 1,16 s.). Duas verdades fundamentais já se evidenciam: que o mundo é essencialmente bom, por ser obra de Deus (Gn 1,31; 1Tm 4,4), e sinal dessa bondade são a harmonia e a unidade que reinam no universo; que este mundo é, não menos essencialmente, o do homem, antes de se tornar — após a multiplicação do gênero humano — o dos homens. Isso implica duas coisas: que o homem viverá no mundo, realizar-se-á no mundo, mas também que o mundo terá o próprio destino ligado ao do homem. O mundo é um todo ligado a Deus por meio do seu chefe, que é o homem. Mas o homem, por ser livre, tem também o poder de se servir do mundo para se opor a Deus, para tentar ser sem Deus; esse é o significado profundo do pecado original. É uma tentativa de "ser" sem Deus, pela mediação do mundo, para ser autônomo, sem depender nem de Deus nem de ninguém — significa, essencialmente, "ser como deuses" —, mas, de um modo ao mesmo tempo necessário e contraditório, é preciso que seja por meio da mediação do mundo que o homem tente ser autônomo. O resultado dessa tentativa é a ruptura da unidade original, é a morte. A Escritura sublinha fortemente essa ligação do mundo com o homem na queda: é por causa dela que o mundo é "maldito" (Gn 3,17) e que a morte entrou nele (Sb 2,24). E São Paulo não dirá nada de novo ao reafirmar isso (Rm 5,12). Essa ligação do destino do mundo com o do homem, seu chefe, comporta que o mundo participa não somente de sua queda, mas também da sua redenção, e também isso a Escritura nos ensina (Is 65,17 66,22; Rm 8,19; 2Pd 3,13; Ap 21,1). Antes, porém, de abordar essa consideração da ordem da redenção, temos ainda de dar destaque a um elemento de capital importância, dentro da ordem da criação, ou seja, a existência de seres intermediários entre o mundo do homem e Deus: os anjos. Eles aparecem primeiramente num papel mau e destruidor (Gn 3), mas têm também um papel bom e propício (Tb 12,14-21; Lc 1,26). Sabemos assim que há anjos bons e anjos maus e que eles têm um papel determinante nos assuntos humanos. Sem pertencer — falando propriamente — a nosso mundo, eles estão, portanto, em relação com ele, e não se pode, consequentemente, ignorá-los para compreender a história.

Assim, portanto, o mundo como criação é esse conjunto que forma um todo, em cujo comando está o homem e que deve ser reconduzido a Deus pelo homem. Ele permanece essencialmente bom, mesmo depois do pecado, pois continua a cantar a glória de Deus, mas está num estado de divisão; é um mundo perturbado, em consequência da recusa que o homem opôs ao plano da união de Deus. Essa é, portanto, a condição atual do mundo, e é sobre ele que se realizará a redenção.

b) Em relação à redenção, o mundo é sempre "a terra e tudo o que ela contém", ou seja, a criação, em cuja chefia é posto o homem. É, pois, "materialmente" a mesma realidade. Todavia, é agora vista não mais como saída das mãos do Criador, na sua constituição ontológica, mas como alguma coisa que, depois de ter sido subvertida pelo homem, deve ser retomada pelas mãos de Deus, por assim dizer, em vista da reparação, ou, em outros termos, como matéria sobre a qual se realizará a redenção. Daí os dois rostos que o mundo terá, de acordo com a atitude que tomará diante dessa nova iniciativa divina: de rejeição ou de aceitação.

É como pecado que o mundo é mau, ao acrescentar à recusa inicial do dom do Criador, a recusa infinitamente mais culpável do dom do Redentor (Jo 1,10 s.; 15,22). O pecado do mundo, pelo qual ele se assume como mundo mau, oposto a Deus, é o de não acolher o dom de Deus, é de não crer (Jo 16,9; 8,24). E se não pode crer é porque procura a própria glória (Jo 5,44). E é também porque está sujeito ao poder de satanás (Jo 8,44; 14,30). É depois dessa recusa confirmada que o príncipe deste mundo vem (Jo 14,30) e que "o mundo todo" está sujeito a seu poder (1Jo 5,19), ao poder dele, "o deus deste século" (2Cor 4,4). E em razão da sua unidade, o mundo, assim oposto a Deus, é mau não somente no seu elemento espiritual — o coração do homem que recusa Deus —, mas até no seu elemento material, e em particular na "carne", que é "vendida como escrava do pecado"

(Rm 7,14). Este mundo odeia Deus, primeiro na pessoa do Cristo (Jo 7,7), depois em seus discípulos (Jo 15,18 s.) a quem não cessa de perseguir (Mt 24,9; Ap 12,17).

Todavia, "Deus amou tanto o mundo que deu seu Filho Único...". O mundo de que se fala aqui é certamente o mundo depois da recusa do Criador; do contrário o dom do Filho não teria sido necessário; mas é também o mundo anterior à recusa desse Filho e ao qual esse Filho é oferecido precisamente para que ele o receba como seu Salvador e encontre assim a vida. Isso é evidente; com efeito, assim continua a passagem citada: "que deu seu Filho Único, para que todo o que crer nele não morra, mas tenha a vida eterna" (Jo 3,16). É nesse sentido que o Filho não vem para condenar, mas para salvar o mundo (Jo 3,17; 12,47): ele vem para tirar o pecado do mundo (Jo 1,29), esse pecado que foi a recusa de Deus. Se, apesar dessa intenção divina, há, todavia, um "julgamento do mundo" é unicamente porque o mundo persiste no próprio pecado, e o leva até o auge, rejeitando agora Deus, que vem como redentor. É por esse mundo da segunda e definitiva recusa que Cristo não ora (Jo 17,9); e é pelo mundo culpado apenas pela primeira recusa que ele continua a orar a seu Pai: "para que o mundo creia" (*Ibid.* 17,21) e "saiba que tu me enviaste e que os amaste como tu me amaste" (*Ibid.* 17,23). É, portanto, dessa fé, dessa aceitação de Deus como redentor que depende toda a salvação do mundo: "e esta é a vitória que vence o mundo, a nossa fé" (1Jo 5,4). O mundo da primeira recusa é chamado a vencer a si mesmo e a vencer ao mesmo tempo o mundo da segunda recusa, por meio de fé, que é a aceitação do dom de Deus. Mas, como sabemos, essa recusa é sugerida ao homem pelo demônio. A vitória de Cristo se apresenta, portanto, como uma vitória sobre o demônio, príncipe deste mundo (Jo 12,31; Lc 10,18; Ap 12,9; 20,1-6). Essa vitória já foi conseguida, como o testemunham a ressurreição e a ascensão de Cristo e, de outra parte, está ainda por ser atingido por parte dos que creem em Cristo sacrificado e vitorioso. E é precisamente porque Cristo é vitorioso que a vitória dos cristãos se apoia essencial e radicalmente na fé deles em Cristo; por meio dela eles permitem que sua vitória se estenda a eles e, por meio deles, ao mundo.

Algumas observações se impõem a propósito dessa concepção bíblica do mundo, a primeira e mais importante das quais é fazer ressaltar que o mundo é apresentado na Bíblia numa perspectiva essencialmente histórica. Isso não impede que a Bíblia nos apresente também uma cosmologia (Jó; Livros sapienciais) e uma ontologia (Gênesis); Deus é, e o mundo é porque Deus o faz ser, e o mundo é para Deus, de quem canta a glória. Esses dados são da mais alta importância, porquanto são eles que fundamentam e fixam a autonomia (relativa), ou melhor, a especificidade da ordem criada diante de Deus. Mas não é menos verdade que é essencialmente uma história o que a Bíblia nos conta: o mundo teve um início e caminha para o fim, a parúsia, e o intervalo é ocupado pela luta entre o bem e o mal. Apresentação existencial também, porque o mundo não é descrito por si mesmo, mas na sua situação diante de Deus, numa relação da qual o homem é ao mesmo tempo objeto, centro e mediador.

Essa distinção entre a ordem ontológica — à qual corresponde a apresentação do mundo em relação à criação — e uma ordem histórica — praticamente a da redenção — é muito importante, porque é ela, como vimos, que nos permite compreender as afirmações aparentemente contraditórias da Escritura a respeito da bondade ou da malícia do mundo: ontologicamente bom em virtude da criação, é entregue ao mal por causa da primeira recusa do homem. Mas esse mal não é ainda definitivo: de uma parte, com efeito, a estrutura do mundo é fundamentalmente boa e, de outra parte, sobretudo, o mundo é chamado a uma bondade ainda maior, porque Deus vem retomar sua obra partida e desunida pelo homem para salvá-lo. E é com respeito a essa segunda iniciativa divina que o mundo se torna definitivamente bom se a aceita, ou mau se a recusa. O mundo está, portanto, essencialmente "em situação", "em devir"; e o responsável pelo seu destino é o homem para o qual o mundo é feito e em cuja chefia ele é posto. E o homem, agora, é primariamente o Cristo; e, definitivamente, é para o Filho de Deus, feito homem, que o mundo existe.

Enfim — última observação —, o que caracteriza ainda a visão bíblica do mundo é a sua unidade. O mundo forma um todo, um conjunto de relações hierarquicamente ordenadas. A primeira é que liga o homem, seu chefe, a Deus; a segunda é a que liga o mundo material ao homem e, por meio dele, a Deus. O pecado, ao romper a primeira e fundamental ligação, rompe também as outras: é em sentido literal que o mundo está destruído, desunido. A → REDENÇÃO — nesse sentido — aparecerá como uma obra de reunificação. Mas, antes de considerar como a sua obra se estende ao mundo inteiro, é preciso considerar — embora brevemente — a contribuição da filosofia a nosso problema.

2. O MUNDO NA FILOSOFIA. Consideramos agora o mundo na filosofia e na tradição cristã como influenciada por essa filosofia. Se o dualismo ontológico do → GNOSTICISMO e se o monismo do → PANTEÍSMO (e do estoicismo) não podiam influenciar diretamente o pensamento dos Padres, o platonismo, porém, e o neoplatonismo — este último tingido às vezes de gnosticismo — foram muito cedo assumidos pelo pensamento cristão, tão profundamente marcado pela oposição paulina entre a → CARNE, *sarx*, e o espírito, *pneuma* (Gl 5,17; Rm 7,14). De Santo → AGOSTINHO a Tomás de Kempis e além, há toda uma corrente de espiritualidade e de teologia que será marcada por essa oposição. O que a distingue do neoplatonismo e, mais ainda, do gnosticismo é o sentido muito vivo que ali se conserva do valor do mundo criado. O *contemptus mundi* monástico será acompanhado quase sempre pela admiração diante das obras do Criador. Não será sempre assim no → JANSENISMO e no → PROTESTANTISMO. O pensamento aristotélico, retomado por Santo → ALBERTO MAGNO e depois por Santo Tomás, permitirá à teologia fundar esse otimismo fundamental diante da criação. Período de equilíbrio, que não durará; e o Renascimento virá fazer com que dessa vez a balança caia do lado do mundo, numa adoração neopagã dos seus valores e, sobretudo, da mais bela das suas obras, o homem. O surgimento quase simultâneo das ciências naturais e do idealismo, em filosofia, levará o homem, de uma maneira paradoxal, a aumentar incessantemente o seu conhecimento e o seu domínio científico e técnico sobre o mundo material, mas também a sua dúvida filosófica sobre a natureza profunda e até sobre a existência deste mundo. O resultado de tal estado de coisas e o modo para sair de uma situação tão insustentável será a criação dos grandes sistemas filosóficos do século XIX, idealistas (Hegel) ou positivistas (Comte), mas todos concebidos sob o signo da história e todos, enfim, apoiados no mundo, ainda que o homem (Comte) ou o Espírito (Hegel) seja seu ápice. Marx dará, portanto, um passo muito lógico, ao retomar, para "materializá-lo", o sistema de Hegel. Sabe-se também de que modo — como reação contra esse último, que sob seus mitos sufocava o homem — → KIERKEGAARD lançou o seu grito violento de protesto. E não é por acaso que tenha sido um pensador cristão a dar início ao despertar salvífico do que se chamará depois de "→ EXISTENCIALISMO".

Positivismo, cientismo e materialismo continuam, todavia, o próprio curso com seu mito do "progresso", imergindo como nunca o homem no mundo. Esse erro tem um nome bem preciso, que é preciso entender em seu significado filosófico-teológico profundo antes de pensar nas suas formas contingentes, políticas ou não: é o progressismo. Pode-se defini-lo como a confusão das perspectivas escatológicas do Evangelho com o mito positivo-científico do necessário progresso do mundo "Progresso, ideia ateia por excelência", dizia Simone Weil, numa intuição muito precisa. Mas à parte esse erro do século, que deve ele mesmo provocar uma reação por parte dos crentes, duas verdades fundamentais tiveram seus valores restabelecidos pela filosofia moderna: que o mundo tem uma história (pensemos, mais próximos de nós, no marxismo e nos diversos evolucionismos), e há nisso uma verdade valiosa diante do racionalismo dos séculos XVII e XVIII; que este mundo é o do homem, ou que — e é a mesma coisa — o ser do homem é "um ser no mundo" (Heidegger), "um ser ao mundo" (G. Marcel).

Como se vê, encontramos aqui verdades que pertencem propriamente à revelação. Elas trazem consigo duas consequências capitais: em primeiro lugar, que não pode haver inteligência adequada (por mais que possa sê-lo) do mundo que não seja também histórica (o que não exclui, mas, antes, pressupõe uma ontologia); e, em segundo lugar, que a salvação, ao permanecer, e porque é, antes de qualquer coisa, a do homem, deve se estender à totalidade da realidade do mundo Não está, portanto, somente na sua alma, mas em toda a sua realidade social, cultural, física; é ao redimir em si todo seu próprio ambiente, o mundo, que o homem se salva. Essa grande verdade — negada pelo protestantismo e pelo jansenismo e que, quando se desvirtua, se torna progressismo — é a que a espiritualidade cristã deve saber assumir hoje para responder às necessidades dos crentes e, mais particularmente, dos leigos. A pergunta que ela formula é a seguinte: como a redenção atinge o mundo? Ou, mais imediatamente, como salvar o mundo? Como me salvar no mundo, salvando-o, e sem me deixar perder por ele?

3. O PLANO DA SALVAÇÃO DO MUNDO. Deus criou o mundo. O homem o "partiu" com seu pecado, introduziu nele um germe de desintegração e de morte. Mas Deus retomou sua obra para resgatá-la, fazendo-se homem ele próprio com o objetivo de restabelecer a ligação entre o mundo e Deus: o homem que aceita essa salvação retorna a Deus, e refere o mundo a ele; o homem que a rejeita se estabelece definitivamente no mundo, é "deste" mundo que recusa crer, ou seja, que rejeita Deus. Segundo a ordem da criação, o homem situado no mundo e à sua frente encontra nele o seu ambiente natural de vida e a mediação necessária da própria realização. Essa realização, todavia, não deve e não pode se realizar — esse é o plano divino — senão na subordinação à realização que o homem encontra ao aceitar a relação de reconhecimento, feita de obediência e de amor, que o une a Deus, seu criador. É a recusa dessa subordinação, a ruptura dessa primeira ligação e a tentativa de se realizar por si, imediata e exclusivamente no mundo e por meio do mundo, que constitui o pecado original. A consequência é dupla: é exatamente o contrário do que o homem tinha querido encontrar, é sua própria sujeição a este mundo, que ele queria possuir sem Deus, e é a desintegração deste mesmo mundo e da sua própria vida, é a morte. E não esqueçamos esta outra sujeição que o pecado traz consigo: a sujeição do homem àquele que é chamado o príncipe deste mundo e que tinha inspirado essa recusa e essa tentativa de autonomia absoluta.

A redenção não é senão a nova tentativa com a qual Deus procura restabelecer a relação primeira do homem com Deus, e não o pode fazer sem entrar na luta com as sujeições nas quais o homem se pôs por seu pecado: → CONCUPISCÊNCIA, demônio. Mas, como a ordem da criação foi apenas perturbada e não abolida, a relação fundamental do homem com o mundo continua; ele é sempre o ambiente em que o homem vive e deve se realizar, dentro de sua relação primeira com Deus. A redenção terá, portanto, como objetivo e como efeito final restabelecer o homem no seu ambiente, segundo o estado de integridade em consonância com a ordem da criação. Isso acontecerá no momento da vinda definitiva do reino de Deus, quando o "último inimigo a ser aniquilado será a morte" (1Cor 15,26) e aquele que tinha poder sobre ela, o → DIABO (Hb 2,14).

Daí a situação paradoxal do homem cristão no mundo: ele continua a estar nele como no próprio ambiente, pelo fato de que a ordem ontológica da criação continua, e é por isso que Cristo "não pede" a seu Pai que tire os seus discípulos do mundo (Jo 17,15). Muito mais, eles continuam a estar nele para reconduzi-lo a Deus, para "recapitular em Cristo todas as coisas" (Ef 1,10). Mas ao mesmo tempo eles estão vigilantes para escapar às suas seduções e a seu poder: "Não vos conformeis com este mundo" (Rm 12,2); "Não ameis o mundo nem coisa alguma que existe nele" (1Jo 2,15). Essa situação se esclarece à luz do plano histórico da redenção, como nós o traçamos de modo esquemático e como se cumpre completamente o Cristo, Deus feito homem para reconduzir os homens e seu mundo a Deus e restabelecer assim o reino de Deus no mundo.

Mas não é suficiente dizer que a redenção se cumpre em Cristo e por meio de Cristo, Deus feito homem. É preciso pôr no centro de nossa reflexão o ato central com o qual se realiza essa redenção, a → CRUZ, e ver o papel essencial que o mundo nela desempenha. A cruz, com efeito, é o ato com o qual o homem se deixa esmagar pelo "mundo" que se pôs contra ele, pondo-se ele próprio, por meio do mundo, contra Deus. Na cruz, o homem — e é o Filho do homem que realiza esse gesto — não deixa que nada "do mundo" penetre em seu coração e é de fora que "o mundo", recusa de Deus, o destrói. Mas é precisamente isso que lhe permite realizar-se a fim de que o mundo não esmague o Filho do homem sem que ele consinta pessoalmente. E esse consenso é um ato de submissão que se dirige ao Pai e não ao mundo, a Deus sem cuja permissão "o mundo" não teria nenhum poder sobre o Filho do homem (Jo 7,30; 10,18; cf. 19,11). Portanto, o homem restabelece, assim, a ligação primeira do seu ser, o que o une a Deus, e Deus não pode deixar de recompensar essa submissão, restabelecendo o homem em sua condição primitiva; restitui-lhe, além da vida da alma já restabelecida por essa submissão (dada depois pelos cristãos em Cristo e por meio de Cristo), também a vida física (agora inacessível à morte) e o domínio do cosmos, e um cosmos agora harmonizado, porque restabelecido também ele pelo homem na sua relação original com Deus. Mas, sabemos, se o estado do "homem novo" (Ef 3,24) é incomparavelmente superior ao primeiro, ao da criação antes do pecado, isso se deve não tanto — por maiores que sejam — às qualidades que mencionamos, mas, sobretudo, ao fato de que no Filho de Deus feito homem, o homem é feito "filho de Deus", participante da própria vida da Trindade. O cosmos, ou o próprio mundo participa de certa maneira dessa dignidade inaudita, porque "o homem", que é agora seu centro e seu ápice, seu "chefe", e por meio do qual ele fica ligado a Deus, é ele próprio o Filho de Deus. O mistério da → ENCARNAÇÃO redentora se estende ao mundo inteiro e ao mundo na sua totalidade.

Mas é preciso que se esclareça bem que não é de repente que o Cristo restabelece o reino do seu Pai. Sem dúvida, a sua vitória foi definitiva. Mas precisamente porque ela deve se estender à humanidade e ao mundo inteiro, e no respeito das suas leis próprias e, portanto, permitindo que o homem desempenhe seu papel, essa vitória não se realizará em toda a sua extensão e não estenderá seus efeitos ao mundo inteiro senão de modo progressivo e dialético. Num primeiro momento, Cristo funda um reino antes de qualquer coisa espiritual, embora com as estruturas da encarnação que lhe são necessárias, a Igreja. A Igreja é um reino espiritual em primeiro lugar para o fim que lhe é destinado: estabelecer o reino de Deus no coração dos homens. Mas isso não é senão o primeiro momento, o germe da totalidade do Reino. E a humanidade assim santificada interiormente tem por missão estabelecer esse reino de Deus na sua totalidade, instaurando-o em toda a dimensão "carnal" do homem (como oposto a "espiritual"), fazendo reinar no mundo a justiça e a santidade do Salvador. É esse um dos significados principais do "tempo da Igreja"; o outro, que de fato é o primeiro, encontra-se na missão de evangelização.

Mas, como "o mundo", como pecado não cessa — sob o impulso do seu príncipe — de se opor a Deus, a situação presente do homem no mundo é essencialmente uma situação de luta, cujas duas opções possíveis são as seguintes: ou o homem, ao perseverar na sua recusa de Deus, procura como nunca realizar-se sem Deus, e — não o podendo senão por mediação do seu ambiente existencial conatural, o mundo — se torna e "é", propriamente falando, "o mundo" (de passagem, ressaltamos: quão profundamente fundamentado está o modo de falar do Apóstolo, quando chama simplesmente de "o mundo" esse mundo da recusa de Deus; e o alcance escatológico do progressismo, o qual não é senão essa tentativa do mundo de se construir por si). Ou — segunda opção possível — o homem aceita o dom de Deus no Cristo e, retornando por meio dele e nele a Deus, reconduz a Deus o mundo inteiro. Como? Já o dissemos no que diz respeito ao essencial (restabelecimento no homem da ligação que une o homem a Deus), mas nos resta ainda ver as tarefas que isso comporta.

4. A ATITUDE DO CRISTÃO DIANTE DO MUNDO. O problema da atitude do cristão diante do mundo, ou das obrigações do cristão dentro do mundo e diante do mundo é muitas vezes assim estabelecido. Perguntamo-nos, em primeiro lugar, se o cristão deve participar do esforço dos homens em prol de um mundo humanamente melhor: procura da paz, da justiça, desenvolvimento da cultura, da ciência, de todos os valores humanos, organização dos passatempos etc. E como, com razão, se responde afirmativamente, perguntamo-nos depois de que modo esse esforço contribui para o estabelecimento do reino de Deus. Não é por acaso, ou depois de um esquecimento, que nós não seguimos esse caminho, mas porque o consideramos falso. E isso por duas razões principais: porque ele isola indevidamente esse problema e não permite considerá-lo no seu justo lugar, ou seja, na perspectiva do mistério da salvação — e as considerações precedentes tinham como objetivo restabelecer essa visão de conjunto; e também porque ele conduz necessariamente a falsear a concepção histórica da salvação, ao induzir insidiosamente a imaginá-la como a ser ainda realizada (de modo absoluto) e, consequentemente, todo o esforço humano sobre o mundo seria uma parte primordial para realizá-la.

Essa reviravolta da perspectiva da história da → SALVAÇÃO causa uma transformação da própria noção de salvação. A salvação está, substancialmente, realizada; o Reino já está instaurado, pelo menos radicalmente, em Jesus Cristo. O Concílio o lembrou com muita firmeza: "A renovação do mundo está irrevogavelmente determinada" (*LG* 48). Certamente, ela está ainda por se completar. Mas, pelo fato de se tratar de um aperfeiçoamento que parte de uma "aquisição" já possuída, a vitória de Cristo, e não da conquista de uma realidade ainda totalmente posta no futuro, a concepção cristã do valor do trabalho humano para a salvação do mundo distingue-se radicalmente da de todas as ideologias, bem como a sua própria concepção da salvação ultrapassa infinitamente a delas. O fim de todos esses esforços não é para o cristianismo fazer vir ao mundo uma realidade que não existiria ainda de modo algum (visão marxista da história, devendo a luta dialética das classes ser "superada" pela realidade futura que virá), ou que não seria senão o termo, mas — situando-se no mesmo nível de todo esse trabalho (progressismo cientista do materialismo prático) — explicar neste mundo todas as energias e todas as virtualidades dessa realidade já constituída: o Reino que Cristo conquistou com a sua vitória. Portanto, é como vitorioso que o cristão vive e opera "no" mundo e a sua atitude não é de luta "contra" ele senão na medida em que o próprio mundo se opõe a Deus. É como vencedor que o enfrenta, embora o mundo, nessa recusa, devesse esmagá-lo, pois esse aniquilamento não pode ser senão provisório. Mais ainda, ele é o instrumento necessário da sua vitória; foi por meio da cruz que Cristo triunfou do mundo e restabeleceu a relação de amor do homem para com Deus; é, pois, pelo mesmo caminho, fundamentalmente, que o cristão deve dar à vitória de Cristo toda a sua extensão no mundo. Mas ele sabe, por outra parte, que essa plenitude não chegará senão no fim dos tempos, no momento do retorno glorioso de Cristo.

É a partir disso e nessas perspectivas que pode haver uma espiritualidade da vida cristã no mundo. Procuremos traçar brevemente suas grandes linhas.

a) A primeira coisa que o cristão deve fazer é tomar consciência do seu "estar em Cristo". Indubitavelmente, ele está sempre "no mundo" e isso ele o vê. Mas está também e em primeiro lugar "em Cristo", e isso ele corre o risco de esquecer. Ora, "se alguém está em Cristo, é uma nova criatura" (2Cor 5,17), e essa criatura nova é o princípio da renovação do mundo na sua totalidade. É aí, portanto, em si mesmo, no Cristo que habita em seu coração por meio da fé (Ef 3,17) que o cristão deve "estar" em primeiro lugar. E é a partir de Cristo e na sua luz que ele deve adquirir a própria visão do mundo e da história e, em seguida, inserir-se concretamente, viver no mundo, precisamente para submetê-lo a Cristo e reconduzi-lo por meio dele e nele ao Pai. O Espírito Santo é em nós aquele que trabalha para essa grande obra. Por meio dele, a criação nova se realiza em nós e, por nosso meio, no mundo inteiro.

b) Se está "no Cristo", o cristão continua, todavia, "no mundo" por expressa vontade do Senhor, conforme a ordem da criação e o plano da salvação (Jo 17,15-18; Mc 16,15). Segundo a ordem da criação, o homem é um "ser no mundo", ou seja, é nele e com sua mediação que ele se realiza, psicológica e sociologicamente. A salvação cristã, portanto, não consiste de modo algum numa evasão do mundo, à moda platônica e gnóstica. O homem deve, portanto, assumir o mundo, mas isso de acordo com a economia da salvação. Este mundo, com efeito, é um mundo decaído, dividido, "quebrado" pelo pecado; o homem deve, por isso, viver nele não somente porque é essa a sua condição de ser, a sua "condição existencial" por ordem da criação, mas também porque é essa a sua missão de reparação, segundo a ordem histórica da redenção. Como ele deve realizar essa missão e o que ela comporta exatamente é o que diremos logo. Mas antes temos de ressaltar ainda o que segue.

c) Este mundo-oposto-a-Deus não está apenas fora do cristão; está também nele pelo pecado. É isso que fundamenta o mandamento de não ser do mundo (Jo 15,19; 17,14), de arrancar o olho, se é para nós ocasião de queda (Mt 18,8 s.). Esse preceito evangélico é por si só a justificação — e definitiva — do *contemptus* e da → *FUGA MUNDI*: não implica nenhuma condenação da criação e nenhuma renúncia ao desígnio da salvação do mundo. Lembra apenas ao cristão que este mundo, na qualidade de pecado e capacidade de recusa, está nele, tem poder sobre ele, e que é melhor para ele renunciar, de resto, apenas por um tempo — o desta vida — a uma parte dos seus bens naturais, se isso é necessário para entrar na vida eterna — onde encontrará a integridade do próprio ser —, do que gozar agora de todas as realidades terrestres e enveredar pela via da geena sem fim (*Ibid.*). Seria contradizer não somente toda a tradição cristã, mas também os dados fundamentais da revelação da história da salvação, como o mais elementar bom-senso (pensemos na ascese das religiões não cristãs e até na do mundo da ciência ou do esporte) pretender que tal renúncia não seja mais necessária hoje.

d) Estando no Cristo e, ao mesmo tempo, no mundo, com o dever de resistir à suas seduções e à sua capacidade de recusa e de oposição a Deus, o cristão, já o dissemos acima, tem por missão reconduzir esse mesmo mundo a Deus. Como o fará? Evidentemente, não o poderá fazer senão partindo de Cristo, no seu prolongamento, "em virtude dele" e à sua imagem. Ora, vimos mais acima que Cristo triunfou do mundo, deixando-se vencer por ele. Com efeito, essa vitória que o mundo consegue sobre Cristo, consegue-a em seu próprio terreno e em seu próprio nível, que é o das realizações temporais imediatas (era já o nível no qual se situava a tentativa de autonomia de Adão). Mas, assim agindo, permite que Cristo consiga a sua vitória no nível em que ele próprio está situado: "o meu reino não é deste mundo" (Jo 18,36). Essa vitória é a de restabelecer, aceitando o aniquilamento feito pelo mundo, a relação de amor que une o homem a Deus; e com isso a salvação do mundo inteiro fica assegurada.

Todavia, o cristão não tem simplesmente a missão de reproduzir a obra de Cristo. Tem também, segundo a disposição da economia divina da salvação, a de "completá-la" (cf. Cl 1,24; Ef 4,11-16), estendendo seus efeitos ao mundo inteiro: primeiro a todos os homens, que é preciso conduzir a esse reino de Cristo que "não é deste mundo" (Jo 18,36); é o sentido que pretende São Paulo nas duas passagens citadas há pouco; e depois ao mundo inteiro, que é preciso reconduzir a Cristo como à sua cabeça (Ef 1,10-22 s.; Cl 1,15-20). E é aqui que aparece em sua luz mais forte a tensão interna da situação do cristão no mundo. Com efeito, se a cruz pode, a rigor, ser suficiente para levar o reino de Cristo ao coração dos homens, ou seja, "salvá-los" — e daqui já resulta que um mínimo de estruturas e, portanto, de vida de ordem temporal e intramundana é necessário —, é claro, em todo caso, que, para irradiar a luz de Cristo sobre a totalidade das realidades humanas e intramundanas, exige-se um esforço que se situa especificamente nesse âmbito e que, de per si, tende ao sucesso.

Por causa do seu batismo, o cristão tem, portanto, diante do mundo decaído uma dupla tarefa, que deriva igualmente da graça de Cristo. A primeira tarefa, de evangelizar os homens, é a do apostolado e da missão. Fundamentada no sacerdócio e na função profética de Cristo, ela cabe, propriamente falando, à hierarquia, mas todos os fiéis são chamados a colaborar (cf. *LG* 33-35): tem por objetivo conduzir todos os homens à fé e de fazê-los discípulos (Mt 28,19). Com isso, o homem é salvo (Mc 16,16): obtém a remissão dos pecados (Lc 24,27) e recebe a vida eterna (Jo 20,30); é subtraído "a este mundo perverso" (Gl 1,4). A segunda tarefa do cristão situa-se diretamente no âmbito do próprio mundo e é a de fazer penetrar nele a luz de Cristo, ou — o que é a mesma coisa — reconduzi-lo sob o senhorio "capital" do Cristo. Fundado em seu domínio universal (1Cor 15,27-28), ou seja, em seu poder real, essa tarefa, tendo de ser realizada com o exercício das obras temporais, diz respeito especificamente aos leigos (*LG* 36), não tendo a hierarquia senão uma função iluminadora (*Ibid.*, n. 37; cf. n. 26; a função "diretora" não se exerce diretamente nem pessoalmente senão no campo do apostolado e da missão: *Ibid.*, n. 27), e, eventualmente, auxiliar e subsidiária (pensemos na imensa missão propriamente temporal e civilizadora da Igreja hierárquica e monástica da Idade Média).

É a essa segunda tarefa que, muitas vezes, nos referimos quando se estabelece o problema da atitude do cristão diante do mundo. Mas, como já mostramos, esse problema não pode ser corretamente resolvido se não é considerado em seu todo e, sobretudo, posto numa visão geral da história da salvação. Nessa perspectiva, podemos situar exatamente o lugar dessa tarefa intramoderna ou temporal entre as obras da salvação, para começar — e esse esclarecimento não é menos importante — a ver que ela se distingue radicalmente da tarefa evangelizadora, sejam quais forem as relações de ajuda recíproca que ocorram entre elas. Ora, serão precisamente essas relações que determinarão a atitude cristã perante o mundo. Parece que ela está perfeitamente expresso pelas palavras de Cristo: "Acima de tudo, tende todo o interesse pelo Reino e pela justiça de Deus, e todas estas coisas vos serão dadas a mais" (Mt 6,33). "Todas estas coisas" são o comer, o beber, o vestir, coisas todas elas com que "os pagãos se preocupam (ou seja, os homens mundanos)" (*Ibid.*, 6,32); numa palavra, são as realidades terrestres, os bens deste mundo, o primeiro dos quais é a paz, fruto da justiça nacional e internacional. Decerto, o cristão deve trabalhar, empregando os meios adequados, técnicos, políticos etc., para obter esses bens. Mas deve, sobretudo, não esquecer — e isso é particularmente verdadeiro num mundo de pecado — que eles são, antes de qualquer coisa, um dom de Deus e não podem estar "acima" desse dom. Consequentemente, é sobretudo na procura "acima de tudo" do reino de Deus e da sua justiça — aquela de que fala São Paulo aos Romanos e aos Gálatas, "justiça de Deus", "justiça da fé" (Rm 10,3; cf. Fl 3,9) — que ele trabalhará para obter os bens de que os pagãos estão à procura. Afirmar isso não é excluir a necessidade da ação temporal, mas restabelecer a hierarquia dos valores e das urgências. Ligado a Deus pelo homem, o mundo — e todos os bens nele contidos — não pode ser harmoniosamente ordenado em vista do homem senão na medida em que estiver primeiro ligado e ordenado a Deus, e isso se faz por meio da fé do homem, mediante a "justiça" e mediante o amor que estão em seu coração.

Mas, se a procura do reino de Deus e da sua justiça ocupa o primeiro lugar, o homem deve, não menos, trabalhar nas tarefas deste mundo; não somente porque essa é a ordem da criação, que continua, mas também porque é essa a da redenção. E isso de dois modos: primeiro porque é nesse trabalho contra o mundo, que se tornou hostil, que o homem é chamado a se purificar e a "expiar" (Gn 3,16-19; Jo 16,33), e é aqui que se fundamenta o trabalho em seu aspecto "penoso"; e depois porque, com esse trabalho, o homem deve positivamente procurar, na "virtude" de Cristo, restaurar a ordem da criação destruída pelo pecado, e isso fundamenta o valor positivo do trabalho como extensão à totalidade do mundo do reino de Cristo. Mas nesse esforço, para evitar todo desânimo e toda confusão, o homem deve se lembrar de duas coisas: que o estado de plenitude do Reino não é para o tempo presente (muito mais, ele é advertido de que guerras, injustiças, desordens aumentarão e somente com a parúsia o Reino será restabelecido e será um "dom" de Deus: cf. Mt 6,33; Ap 21,2: a "cidade santa" desce do alto); que na dupla missão que lhe é atribuída — evangelização e instituição, por meio das obras temporais, do Reino na totalidade da realidade do mundo — há uma hierarquia e até uma dialética, segundo a qual se o esforço temporal pode contribuir para estabelecer essa ordem (e até para tornar possível, ou pelo menos para favorecer a evangelização, cf. *GS* 39), é fundamentalmente por meio da evangelização e a cruz que a ordem total do reino de Deus é restabelecida (*Ibid.*, n. 38).

Daí se conclui que não apenas o engenheiro, o professor, o técnico, o político cristão, mas também, e até em primeiro lugar, o monge no seu mosteiro, a carmelita na sua clausura colaboram para o estabelecimento da realeza de Cristo sobre toda a criação.

Quanto aos esforços do homem na ordem propriamente temporal e intramundana, eles são como um esboço — a ser retomado sempre, a ser aperfeiçoado sem interrupção — que o Cristo assumirá e transformará no momento da sua volta na glória, como viera para assumir e para transformar o mundo na sua primeira vinda. Daí a importância, o valor, mas também os limites desse esforço: ele não proporciona por si mesmo o reino de Deus — esse, já o dissemos, é um dom de Deus, ser-nos-á dado "do alto" e, no esplendor que o encobrirá, é desproporcional ao que nossos esforços podem —, mas dá a Cristo a matéria que ele assumirá para dela fazer o seu Reino. Portanto, nem empreendimentos prometeicos — e assim se evita se ver condenado à pena de Sísifo —, nem desobrigação gnóstica ou sem esperança. O cristão que trabalha no mundo sabe que é, também aí, um colaborador de Deus, um colaborador "inútil", certamente — e isso indica a desproporção existente entre o dom de Deus e a realização do esforço humano —, mas um colaborador cujo esforço é exigido; Deus quer, com efeito, que a sua criatura livre e inteligente cumpra a sua função antes, a fim de poder vir ele mesmo a assumir as suas obras, a "salvá-las" e a transformá-las, levando-as a uma meta de perfeição e de "glória" insuspeita. E Deus não virá a assumir este mundo — que o esforço do homem procurará aperfeiçoar, mas ao mesmo tempo o seu pecado continuará a desfigurar — senão quando ele tiver atingido o grau de "perfeição" por ele fixado na sua sabedoria e na sua previdência. Qual é esse grau? E, sobretudo, em que consiste essa perfeição? Eis o que ninguém poderá dizer. Porque ao mesmo tempo em que vemos a ciência e a técnica prosseguirem em suas conquistas, assistimos a uma decadência dos costumes e da civilização e, contemporaneamente, a uma crescente extensão do ateísmo (*GS* 7.19). O progresso no sentido do bem, todavia, não está hoje apenas no campo da ciência e da técnica. Há no plano humano e também no plano da fé, ao lado de todas as desordens e frente a elas, realizações surpreendentes (pensemos na dedicação suscitada em muitos para enfrentar o drama da delinquência juvenil, os aprofundamentos teológicos e bíblicos, a multiplicação das vocações em muitos países da Igreja do silêncio, para dar apenas alguns exemplos). Um e outro progresso, o do bem como o do mal, devem estar presentes na consciência do cristão, quando ele se interroga sobre o que deve ser a sua atitude no mundo e diante dele e quando se pergunta qual o valor do seu trabalho temporal em relação à redenção. E precisamente porque se trata de uma tarefa que é essencialmente de redenção e não simplesmente de construção do mundo, e porque tal redenção se realiza segundo essa dialética do bem e do mal e a partir do mistério pascal, a tarefa temporal do cristão não pode ser considerada nem ter valor isoladamente. Ela se situa dentro desse mistério da redenção em que se mostra essencial, mas posta em segundo lugar, vindo depois do dever que nós chamamos de evangelização, em cujo início está toda a função sacerdotal (ministerial e comum). Juntas elas formam um todo. E, consequentemente, justo como a missão de evangelização, a tarefa propriamente temporal do cristão não tem, em conclusão, seu sentido, seu valor e seu pleno alcance senão a partir de Cristo. Dizer isso não é fazer desaparecer indevidamente a ordem natural, a da criação, mas simplesmente lembrar que ela se efetua mediante o mistério da encarnação e que se estende assim a toda a criação. Ora, Cristo já veio, ele já nos salvou. É, pois, sobre essa vitória que se funda nossa esperança, é a essa fonte que o nosso esforço, tanto de evangelização quanto de cristianização da ordem temporal, encontra a própria orientação e haure as próprias forças. Mas essa vitória, cabe a nós "completá-la" neste tempo misterioso da Igreja e segundo uma dialética mais misteriosa ainda, que vê o bem e o mal progredirem juntos. Nessa situação, os nossos olhares se concentram no retorno glorioso de Cristo: para nos preparar para lhe oferecer o fruto "inútil" e, todavia, necessário das nossas fadigas para a evangelização e transformação do mundo — e o que ele virá assumir do modo como lho tivermos preparado — e, sobretudo, para esperar dele essa transformação; então será a glória, o último ato e o triunfo final da salvação e da redenção do mundo

BIBLIOGRAFIA. BRAUN, F. M. *Jean le théologien*. Paris, 1966 (espec. vl. 3, pp. 78-93); DANIÉLOU, J. *L'oraison, problème politique*. Paris, 1965; FESSARD, G. *De l'actualité historique*. Bruges-Paris, 1960, 2 vol (espec. vl. 2, I e II parte); JOURNET, CH. Le sens du mot "monde". *L'Église du Verbe incarné*, III. Paris, 1969, 78-93; LOCHET, L. *Fils de Dieu*. Paris, 1964 (espec. c. 12: *Situation du chrétien dans le monde*); LYONNET, S. Il dialogo tra la Chiesa e il mondo. Rileggendo la costituzione "Gaudium et spes". *La Civiltà Cattolica* 133 (1982/III) 105-17; ID. La vocation chrétienne à la perfection selon S. Paul. *La vie selon l'Esprit. Condition du chrétien*. Paris, 1965, 217-38; ID. Perfection du chrétien "animé par l'Esprit" et action dans le monde selon saint Paul. *La vie selon l'Esprit. Condition du chrétien*. Paris, 1965, 239-62; Monde. *Dictionnaire de Spiritualité* X, 1620-46; SPICQ, C. *Dieu et l'homme selon le Nouveau Testament*. Paris, 1961; ID. *Théologie morale du Nouveau Testament*. Paris, 1965, 2 vl.

JOSEPH DE SAINTE MARIE

ÍNDICE DE VERBETES DESTE VOLUME (II)

ECKHART, JOÃO (*D. Abbrescia; Giovanna Della Croce*)
ECOLOGIA (*T. Goffi*)
ECUMENISMO (*S. Virgulin*)
EDUCAÇÃO (*A. Mercatali*)
EFRÉM (Santo) (*C. Sorsoli; L. Dattrino*)
EGOÍSMO (*C. Gennaro*)
ELIAS (*S. Siedl*)
EMOÇÃO (*G. G. Pesenti*)
EMULAÇÃO (*S. Riva*)
ENCARNAÇÃO (*F. Ruiz*)
ENCRATISMO (*Melchiorre di Santa Maria; L. Dattrino*)
ENTUSIASMO (*G. G. Pesenti*)
EPIFANIA (*S. Mazzarello; J. Castellano*)
EQUILÍBRIO (*A. M. Perrault*)
ERASMO (*E. Pacho*)
EREMITISMO (*G. Cacciamani*)
EROS E ÁGAPE (*A. Gentili; M. Regazzoni*)
ESCADA (*G. Penco*)
ESCAPULÁRIO (*E. Ancilli*)
ESCATOLOGISMO (*T. Alvarez*)
ESCRÚPULO (*T. Goffi*)
ESLAVOS ORIENTAIS (espiritualidade dos) (*T. Špidlík*)
ESPÉCIE (*R. Moretti*)
ESPERANÇA (*A. de Sutter; M. Caprioli*)
ESPÍRITO SANTO (*F. Lambiasi*)
ESPIRITUAIS (*A. Matanić*)
ESPIRITUALIDADE (*A. Matanić; M. Caprioli*)
ESPIRITUALIDADE (escolas de) (*A. Matanić; M. Caprioli*)
ESPIRITUALIDADE CRISTÃ (história da) (*E. Ancilli*)
ESPIRITUALISMO (*C. Fabro*)
ESPORTE (espiritualidade do) (*A. Marchetti; M. Caprioli*)
ESTADOS DE VIDA (*A. Marchetti; M. Caprioli*)
ESTÉTICA (*P. Sciadini*)
ESTIGMAS (*I. Rodríguez*)
ESTILITAS (*E. Ancilli; D. de Pablo Maroto*)
ESTUDO (*T. Goffi*)
ETERNIDADE (*M. Bordoni*)
ÉTICO-ESPIRITUAL (*T. Goffi*)
EUCARISTIA (*J. Castellano*)
EUDES, JOÃO (São) (*F. Antolín Rodríguez*)
EUSÉBIO DE VERCELLI (*L. Dattrino*)
EUTRAPELIA (*M. Caprioli*)
EVÁGRIO PÔNTICO (Santo) (*C. Sorsoli; L. Dattrino*)

EXAME DE CONSCIÊNCIA (*A. Cappelletti; M. Caprioli*)
EXEMPLO (*E. Bortone*)
EXERCÍCIOS ESPIRITUAIS (*I. Iparraguirre*)
EXISTENCIALISMO (*A. Fabro*)
ÊXODO (*G. Helewa*)
EXORCISMO/EXORCISTA (*C. Balducci*)
EXPERIÊNCIA CRISTÃ (*A. Guerra*)
EXPIAÇÃO (*A. Tessarolo*)
ÊXTASE (*T. Alvarez*)
EXTROVERSÃO E INTROVERSÃO (*G. Pesenti*)
FABER, FREDERICK WILLIAM (*B. Edwards*)
FAMÍLIA (*T. Goffi; M. Caprioli*)
FAMILIARIDADE (*C. Gennaro*)
FANTASIA (*G. G. Pesenti*)
FÉ (*A. de Sutter; M. Caprioli*)
FÉNELON (*P. Zovatto*)
FENÔMENOS EXTRAORDINÁRIOS (*V. Macca; M. Caprioli*)
FENÔMENOS MÍSTICOS
FEOFAN ZATVORNIK
FERVOR (*B. Gennaro*)
FIDELIDADE (*A. de Sutter; M. Caprioli*)
FILIPE DA SANTÍSSIMA TRINDADE (*Esprit Julien*) (*Simeone della Sacra Famiglia*)
FILOCALIA (A) (*T. Špidlík; M. Garzaniti*)
FOCOLARES (Movimento dos) (*J. Castellano*)
FORTALEZA (*T. Goffi*)
FRANCISCANOS (*A. Blasucci*)
FRANCISCO DE ASSIS (São) (*A. Blasucci*)
FRANCISCO DE SALES (São) (*A. Pedrini*)
FRAQUEZA (*T. Goffi*)
FRATICELLI (*A. Matanić*)
FRUIÇÃO (*A. Grion*)
FRUSTRAÇÃO (*G. G. Pesenti*)
FUGA MUNDI (*F. Sesé*)
GABRIEL DE SANTA MARIA MADALENA (*A. de Sutter*)
GAGLIARDI, ACHILLE (*I. Iparraguirre*)
GARRIGOU-LAGRANGE, REGINALD (*A. Huerga*)
GENEROSIDADE (*T. Goffi*)
GENUFLEXÃO (*G. Picasso*)
GERSON, JEAN CHARLIER DE (*A. Combes*)
GERTRUDES DE HELFTA (conhecida como "Gertrudes a Grande") (*Giovanna della Croce*)
GESTOS CORPORAIS (*J. Castellano*)
GIORDANO DE RIVALTO (Beato) (*P. Grossi*)

ÍNDICE DE VERBETES DESTE VOLUME (II)

GNOSTICISMO (*Melchiorre di Santa Maria; L. Dattrino*)
GRAÇA (*A. de Sutter; C. Laudazi*)
GRAÇAS (abusos das) (*A. de Sutter*)
GRAÇAS (confirmação em) (*A. de Sutter*)
GRAÇAS DE ESTADO (*A. de Sutter; C. Laudazi*)
GRANADA, LUÍS DE (*A. Huerga*)
GREGÓRIO NAZIANZENO (São) (*C. Sorsoli; L. Dattrino*)
GREGÓRIO DE NISSA (São) (*C. Sorsoli; L. Dattrino*)
GREGÓRIO MAGNO (São) (*B. Calati; L. Dattrino*)
GUARDINI, ROMANO (*F. Boyce*)
GUIBERT (DE), JOSÉ (*A. Liujma*)
GULA (*P. Sciadini*)
GUYON, JEANNE MARIE BOUVIER DE LA MOTHE (*Giovanna della Croce*)
HÁBITO (*G. G. Pesenti*)
HADEWICH (*Giovanna della Croce*)
HAGIOGRAFIA (*P. Molinari*)
HEDONISMO (*P. Sciadini*)
HEMATIDROSE (*I. Rodríguez*)
HERMAS (*Melchiorre di Santa Maria; L. Dattrino*)
HEROÍSMO (*M. T. Machejek*)
HERP, HENRIQUE (*A. Matanić*)
HESICASMO (*T. Špidlík*)
HIEROGNOSE (*I. Rodríguez*)
HILDEGARDA DE BINGEN (*Giovanna della Croce*)
HILTON, WALTER (*B. Edwards*)
HINDUÍSMO (*C. B. Papali*)
HIPOCRISIA (*D. Milella*)
HIPÓLITO DE ROMA (Santo) (*Melchiorre di Santa Maria; L. Dattrino*)
HISTERISMO (*G. G. Pesenti*)
HOMEM (*T. Goffi*)
HOSPITALIDADE (*A. P. Frutaz*)
HUGO DE BALMA (*D. de Pablo Maroto*)
HUGO DE SÃO VITOR (*G. Dumeige*)
HUMANISMO (*S. Gatto*)
HUMILDADE (*P. Sciadini*)
HUMOR (*D. Milella*)
HUMORISMO (*M. Caprioli*)
ÍCONE (*J. Castellano*)
IDEAL (*G. G. Pesenti*)
IDENTIFICAÇÃO (*C. Scarpellini*)
IGNORÂNCIA (*B. Honings*)
IGREJA (*C. Laudazi*)
ILUMINISMO MÍSTICO (*E. Pacho*)
IMAGENS (*M. T. Machejek*)
IMITAÇÃO (e SEGUIMENTO) DE CRISTO (*G. Turbessi*)
IMOLAÇÃO (*R. Moretti*)
IMPERFEIÇÃO (*B. Zomparelli*)
INABITAÇÃO (*R. Moretti*)

INÁCIO DE ANTIOQUIA (Santo) (*Melchiorre di Santa Maria; L. Dattrino*)
INÁCIO DE LOYOLA (Santo) (*I. Iparraguirre*)
INCOMBUSTIBILIDADE (*I. Rodríguez*)
INDIFERENÇA (*B. Honings*)
INÉDIA (*I. Rodríguez*)
INEFABILIDADE (*R. Moretti*)
INFÂNCIA ESPIRITUAL (*C. Gennaro*)
INFANTILISMO (*G. G. Pesenti*)
INFERNO (*T. Alvarez; M. Caprioli*)
ÍNFEROS (*A. Gentili; M. Regazzoni*)
INFIDELIDADE (*A. de Sutter*)
INIBIÇÃO (*G. G. Pesenti*)
INIMIGOS (amor aos) (*C. Gennaro*)
INSPIRAÇÕES DIVINAS (*C. Sorsoli; M. Caprioli*)
INSTINTO (*G. G. Pesenti*)
INSTITUTOS SECULARES (*L. Profili*)
INTEGRAÇÃO AFETIVA (*G. G. Pesenti*)
INTELECTO (ascese) (*S. Gatto; M Caprioli*))
INTELECTO (dom do) (*S. Gatto*)
INTENÇÃO (*E. Ancilli*)
INTUIÇÃO (*R. Moretti*)
INVEJA (*D. Milella*)
INVISIBILIDADE (*I. Rodríguez*)
IOGA (*C. B. Papali*)
IOZIF VOLOKOLAMSKIJ (*T. Špidlík; M. Garzaniti*)
IRA (*D. Milella*)
IRENEU DE LIÃO (Santo) (*Melchiorre di Santa Maria; L. Dattrino*)
IRMÃOS DO LIVRE ESPÍRITO
ISABEL DA TRINDADE (*Giovanna della Croce*)
ISABEL DE SCHÖNAU (*Giovanna della Croce*)
ISLAMISMO (*G. Rizzardi*)
IVANOV, VJAČESLAV IVANOVIČ (*T. Špidlík*)
JACOPONE DE TODI (*A. Matanić*)
JACULATÓRIA (*A. Gentili; M. Regazzoni*)
JAINISMO (*C. B. Papali*)
JANSENISMO (*E. Pacho*)
JEJUM (*A. gentili; M. Regazzoni*)
JERÔNIMO (São) (*C. Sorsoli; L. Dattrino*)
JESUÍTAS (espiritualidade dos) (*M. Nicolau*)
JESUS CRISTO (*F. Ruiz*)
JOANA FRANCISCA FREMYOT DE CHANTAL (Santa) (*A. Pedrini*)
JOÃO BATISTA (*S. Virgulin*)
JOÃO BATISTA DE LA SALLE (Santo) (*F. Antolín Rodríguez*)
JOÃO BOSCO (São) (*A. Pedrini*)
JOÃO CLÍMACO (São) (*C. Sorsoli; L. Dattrino*)
JOÃO DA CRUZ (São) (*F. Ruiz*)
JOÃO DE ÁVILA (São) (*J. Esquerda Bifet*)
JOÃO DE JESUS MARIA (*G. M. Strina*)

ÍNDICE DE VERBETES DESTE VOLUME (II)

JOÃO DE SÃO SANSÃO (*C. Janssen*)
JOÃO EVANGELISTA (São) (*P. Barnagli; V. Pasquetto*)
JOHANN ARNDT (*Giovanna della Croce*)
JOSÉ (São) (*A. di Geronimo*)
JOSÉ DE JESUS MARIA (Quiroga) (*Simeone della Sacra Famiglia*)
JOSÉ DO ESPÍRITO SANTO (*Melchiorre di Santa Maria*)
JOSÉ DO ESPÍRITO SANTO (Barroso) (*Simeone della Sacra Famiglia*)
JUDAÍSMO (*S. Cavalletti*)
JUÍZO PARTICULAR (*T. Alvarez*)
JULIANA DE NORWICH (*B. Edwards*)
JUSTIÇA (*A. di Geronimo*)
JUSTINIANO, PAULO (*P. Sciadini*)
JUVENTUDE (*T. Goffi*)
KIERKEGAARD, SOEREN (*G. Velocci*)
LACTÂNCIO (*Melchiorre di Santa Maria; D. Dattrino*)
LÁGRIMAS (*C. Gennaro*)
LÁGRIMAS DE SANGUE (*I. Rodríguez*)
LALLEMANT, LUÍS (*G. Dumeige*)
LAREDO, BERNARDINO DE (*E. Pacho*)
LEALDADE (*T. Goffi*)
LEÃO MAGNO (São) (*C. Sorsoli; L. Dattrino*)
LECTIO DIVINA (*M. Magrassi*)
LEI (*A. Pina*)
LEIGOS (e ESPIRITUALIDADE LAICA) (*P. Scabini*)
LEITURA ESPIRITUAL (*E. Ancilli*)
LEITURAS MÍSTICAS DA BÍBLIA (*A. Gentili; M. Regazzoni*)
LEONARDO DE PORTO MAURÍCIO (*S. Gori*)
LEVIANDADE (*T. Goffi*)
LEVITAÇÃO (*I. Rodríguez*)
LIBERALIDADE (*A. Gennaro*)
LIBERDADE (*Giovanna della Croce*)
LIBERTAÇÃO (teologia e espiritualidade da) (*E. Cambón*)
LITURGIA (*J. Castellano*)
LITURGIA DAS HORAS
LOCUÇÕES E SENTIMENTOS ESPIRITUAIS
LOUCOS EM CRISTO (*Jurodivye*) (*T. Špidlík; M. Garzanti*)
LOUCURA (da cruz) (*A. Tessarolo*)
LOURENÇO DA RESSURREIÇÃO (Nicolau Herman) (*Simeone della Sacra Famiglia*)
LOURENÇO DE BRINDISI (São) (*Metodio da Nembro*)
LOURENÇO JUSTINIANO (São) (*G. di Agresti*)
LÚLIO, RAIMUNDO (*A. Matanić*)
LUMINOSIDADE (*I. Rodríguez*)
LUXÚRIA (*E. Ancilli*)
MACÁRIO (São) (*C. Sorsoli; L. Dattrino*)
MAGER, ALOIS (*B. Neunheuser*)
MAGNANIMIDADE (*T. Goffi*)
MAGNIFICÊNCIA (*T. Goffi*)

MARGARIDA MARIA ALACOQUE (Santa) (*A. Pedrini*)
MARIA DA ENCARNAÇÃO (*F. Antolín Rodríguez*)
MARIA MADALENA DE PAZZI (Santa) (*E. Ancilli*)
MARIA SANTÍSSIMA (*V. Macca*)
MARMION, COLUMBA (*P. Boyce*)
MÁRTIR (*A. Cappelletti; M. Caprioli*)
MATILDE DE HACKEBORN (*Giovanna della Croce*)
MATILDE DE MAGDEBURGO (*Giovanna della Croce*)
MATRIMÔNIO (*C. Rocchetta*)
MATRIMÔNIO ESPIRITUAL (*T. Alvarez*)
MATURIDADE PSICOLÓGICA (*C. Becattini*)
MÁXIMO, O CONFESSOR (Santo) (*A. Sorsoli; L. Dattrino*)
MEDITAÇÃO (*F. Foresti; E. Bortone*)
MEDITAÇÃO CRISTÃ E PRÁTICAS MEDITATIVAS ASIÁTICAS (*A. Gentili*)
MELANCOLIA (*M. Caprioli*)
MEMÓRIA (*G. G. Pesenti*)
MENDICANTES (*A. Matanić*)
MENTE (*G. G. Pesenti*)
MÉRITO (*A. de Sutter; C. Laudazi*)
MERTON, THOMAS (*D. Cumer*)
METAPSÍQUICA (*I. Rodríguez*)
METÓDIO DE OLIMPO (na Lícia) (Santo) (*Melchiorre di Santa Maria; L. Dattrino*)
MÉTODO DE ORAÇÃO (*G. G. Pesenti*)
MIGUEL DE SANTO AGOSTINHO (*C. Janssen*)
MÍNIMOS (Ordem dos; O.M.) (*A. Bellantonio*)
MINISTÉRIOS (Laicos) (*P. Scabini*)
MISANTROPIA (*M. Caprioli*)
MISERICÓRDIA (obras de) (*C. Gennaro*)
MISSÃO (*J. Esquerda Bifet*)
MISTÉRIO (*B. Neunheuser*)
MÍSTICA (*A. de Sutter*)
MÍSTICA NÃO CRISTÃ (*E. Ancilli*)
MISTICISMO (*A. de Sutter*)
MODERAÇÃO (*D. Milella*)
MODÉSTIA (*U. Rocco*)
MOISÉS (*S. Diedl*)
MOLINOS, MIGUEL (*E. Pacho*)
MOMENTO PRESENTE (*A. Dagnino*)
MONASTICISMO (*G. Turbessi; D. de Pablo Maroto*)
MONASTICISMO ORIENTAL (*T. Špidlík*)
MONOTONIA (*A. Pigna*)
MONTANISMO (*Melchiorre di Santa Maria; L. Dattrino*)
MORAL (*B. Honings*)
MORAL E ESPIRITUALIDADE (*J. Castellano*)
MORTE (*T. Alvarez*)
MORTIFICAÇÃO
MOVIMENTOS ECLESIAIS (*J. Castellano*)
MULHER (*T. Goffi; M. Caprioli*)
MUNDO (*Joseph de Sainte Marie*)

Este livro foi composto nas famílias tipográficas
Frutiger, Minion e Bwgrkl*
e impresso em papel *Offset* 63g/m²

*Postscript® Type 1 and True Type fonts Copyright © 1994-2006 BibleWorks, LLC
All rights reserved. These Biblical Greek and Hebrew fonts are used with permission
and are from BibleWorks, software for Biblical exegesis and research.

Edições Loyola

editoração impressão acabamento

rua 1822 n° 341
04216-000 são paulo sp
T 55 11 3385 8500
F 55 11 2063 4275
www.loyola.com.br